Vahlens Großes Marketinglexikon
in zwei Bänden

dtv C.H. Beck

Vahlens Großes Marketinglexikon

Band 1: A–L

Herausgegeben von
Prof. Dr. Hermann Diller

2., völlig überarbeitete und erweiterte Auflage

Verlag C.H. Beck München
Deutscher Taschenbuch Verlag

Ungekürzte Ausgabe

Deutscher Taschenbuch Verlag GmbH & Co. KG
Friedrichstraße 1a, 80801 München
© 2001 Verlag Franz Vahlen GmbH, Wilhelmstraße 9, 80801 München
Druck und Bindung: Druckerei C.H. Beck, Nördlingen
(Adresse der Druckerei: Wilhelmstraße 9, 80801 München)
Satz: Fotosatz H. Buck, 84036 Kumhausen
Umschlaggestaltung: Bruno Schachtner, Dachau

Gedruckt auf säurefreiem, alterungsbeständigen Papier
(hergestellt aus chlorfrei gebleichtem Zellstoff)

ISBN 3 423 50861 2 (dtv)
ISBN 3 8006 2775 2 (Beck/Vahlen)

Vorwort

Vahlens Großes Marketinglexikon wendet sich an alle in Unternehmen, Verwaltungen, anderen Organisationen, aber auch selbständig tätige Personen mit oder in gehobener Ausbildung, die bei ihrer täglichen Arbeit auf Fragen des Marketing stoßen und sich aus erster Hand in verständlicher und übersichtlicher Form über dieses Fachgebiet informieren wollen. Ohne Lehrbücher oder Monographien ersetzen zu können, soll das Fachlexikon auch für Studenten und Dozenten an Universitäten, Fachhochschulen, Verwaltungs- und Wirtschaftsakademien sowie anderen Ausbildunginstitutionen präzise Definitionen sowie Überblicksinformationen und die wichtigsten, für die praktische Arbeit bedeutsamen Erkenntnisse der Marketingwissenschaft anbieten. Das Werk stellt damit weder ein Handwörterbuch im wissenschaftlichen Sinne noch einen praktischen Ratgeber für ökonomische Laien, sondern ein Nachschlagewerk dar, das einerseits präzise Grundlageninformationen und andererseits einen Überblick über das vorhandene Wissen anbietet, ohne dieses Wissen in allen Details darzustellen. Typische Anwendungsfälle für ein solches Werk sind:

- Nachschlagen eines dem Nutzer nur ungenau bekannten Begriffs, wie z.B. „Product placement",
- Suche nach Unterteilungen für das „Sponsoring",
- Suche nach Hintergrundinformationen und Wertungen von elektronischen „Entscheidungsunterstützungssystemen",
- Erschließung der Kernaspekte des „Beziehungsmarketing" für einen Aufsatz oder Vortrag,
- Suche nach Einordnungsmöglichkeiten für ein Thema wie die „Positionierung",
- Einblick in die spezifischen Marketingprobleme einzelner Branchen, z.B. beim „Medizin-Marketing",
- Suche nach „Einstiegsliteratatur" in ein Thema wie das „Innovationsmanagement".

Einbezogen wurde das gesamte Basiswissen der Marketingwissenschaft einschließlich deren Spezial- und wirtschaftlich bedeutsamen Nachbar-Disziplinen, z.B. der Statistik, des Marktrechts, der Wirtschaftsinformatik, der Volkswirtschaftslehre, der Verhaltenswissenschaften und der Handelsbetriebslehre. Auch verbraucherpolitische und ökologische Aspekte des Marketing werden abgedeckt. Selbst auf steuerliche Aspekte wird eingegangen, soweit sie für die praktische Arbeit im Marketing von Bedeutung sind. Besondere Aufmerksamkeit wurde Begriffen mit großem Problemgehalt (z.B. Online-Marketing, Strategisches Marketing, Marketingorganisation) oder hoher Aktualität (z.B. Strategische Allianzen, Internet, Handelsmarken, Licensing) gewidmet.

Auch wenn auf diese Weise das Lexikon mehr als 5.400 Begriffe behandelt, hätte man leicht auf ein Vielfaches dieser Anzahl kommen können. Wir sind jedoch nicht der Versuchung erlegen, alle Begriffe aufzunehmen, auf die wir bei der weitgespannten Sucharbeit gestoßen sind. Ausgespart haben wir zunächst Banalbegriffe, deren Erklärung auf der Hand liegt und die keinen theoretischen Hintergrund besitzen. Ausgeschlossen wurden ferner i.d.R. Personen- und Institutionennamen sowie Berufsbezeichnungen aus dem Bereich des Marketing. Nicht behandelt werden auch spezifische Länder, nationale oder internationale Institutionen, soweit sie nicht besondere Bedeutung besitzen, und Persönlichkeiten aus der Marketing-Historie.

Bei vielen Stichworten gerade aus dem Marketingsektor stellte sich die Frage, ob der Sachverhalt unter dem englischen oder dem deutschen Begriff abgehandelt werden sollte. Ohne den üblichen Sprachgebrauch hier außer Acht zu lassen, haben wir uns bemüht, möglichst deutsche Begriffe zu verwenden und in Zweifelsfällen vom englischen auf den deutschen Begriff zu verweisen.

Bei der Auswahl der Begriffe, die ausführlicher behandelt werden sollten, stützten wir uns auf den Sachverstand von mehr als 250 Experten, die in den jeweiligen Sachgebieten seit vielen Jahren forschen bzw. praktisch tätig sind. So bringen in diesem Werk nahezu alle Inhaber deutscher Marketing-Lehrstühle ihr jeweiliges Spezialwissen ein. Dem Leser bietet sich also „Marketing aus erster Hand".

Zur besseren Erschließung des Stoffes seitens des Nutzers des Lexikons haben die Autoren und die Schriftleitung die Stichworte durch Verweise miteinander verkettet. Dabei wurde bewusst davon abgesehen, im Text jeden Terminus, der auch ein Zugriffsstichwort darstellt, mit einem Pfeil zu versehen. Vielmehr wurde ein selektives System entwickelt, das durch seine vertikale Struktur den Leser einerseits (durch Rückverweise) zu umfassenderen und Überblick verschaffenden Oberbegriffen und andererseits (durch Vorverweise) zu Spezialstichworten mit detaillierten Ausführungen leitet. Um den Stoff nicht zu stark aufzusplitten, wurde er bei bestimmten Begriffen nicht mehr weiter aufgeteilt, auch wenn dies möglich gewesen wäre. In solchen Fällen erschließen aber zahlreiche Verweisstichworte den jeweiligen Text. Horizontale Brücken zu Begriffen, die anderen Stichwortgruppen zugehören, werden nur geschlagen, wenn dies für das Verständnis der Darlegungen geboten erscheint. Durch dieses selektive Verweissystem erhoffen wir uns eine größere Informationsverdichtung und verminderte Suchzeit beim Benutzer. Weitere Benutzerhinweise finden sich im Übrigen auf Seite IX.

Bezüglich des Qualitätsstandards haben wir uns insbesondere darum bemüht, präzise, verlässliche, auf das Wesentliche beschränkte und verständliche sowie übersichtliche Informationen zusammenzutragen. Eine ausführliche theoretische Herleitung wird der Leser deshalb ebenso vergeblich suchen wie ausführliche historische Betrachtungen, Ableitungen von Theoremen oder wissenschaftliche Diskussionen und Problematisierungen. Dazu dient die am Ende der Stichworte jeweils angegebene Literatur.

Vahlens Großes Marketinglexikon ist das Werk von insgesamt 265 Autoren aus Wissenschaft und Praxis, deren Auswahl in dem Bemühen erfolgte, den Leser aus kompetentester Quelle zu informieren. Auch das Marketing stellt heute bereits ein Arbeitsgebiet dar, bei dem kaum ein Fachvertreter alle Teilgebiete gleichermaßen abdeckt. Die arbeitsteilige Aufbereitung des Stoffgebietes wurde ergänzt durch eine intensive Querkoordination seitens des Herausgebers. Zur Vermeidung von Redundanzen, zur Abstimmung von begrifflichen Differenzen oder zur Harmonisierung der Stoffsystematiken war so manche Änderung der Originaltexte erforderlich. Für das bemerkenswerte Verständnis der Autoren für diese Eingriffe möchte ich mich besonders bedanken.

Besondere Probleme bei dieser Neuauflage erbrachten die neuen Stichwortwelten des Internet und des Beziehungsmarketing, wo häufig „alter Wein in neuen Schläuchen" dargeboten wird. Wir haben deshalb aus Gründen der Aktualität z.T. auch modische Begriffe zumindest in Verweisform aufgenommen, um den ratsuchenden Lesern hier Hilfestellungen zu leisten. Gelegentlich waren dabei gewisse Überschneidungen freilich nicht zu vermeiden. Der um nahezu 1000 Seiten gewachsene Umfang zeigt freilich, wie dynamisch sich das Marketing in den letzten 10 Jahren als Wissensgebiet entwickelt hat und wie schwierig der Überblick über dieses Gebiet heute geworden ist. Umso mehr hoffen wir, mit dem vorliegenden Werk einen hilfreichen Beitrag sowohl für den Leser geben zu können, der gezielt nach bestimmten Begriffen oder Konzepten sucht, als auch für den, der an umfassenderer Aufklärung über bestimmte Marketingbereiche interessiert ist.

Der Redaktionsschluss für die meisten Beiträge lag im Frühjahr des Jahres 2000. Bei einem so umfassenden Anspruch, wie ihn ein Fachlexikon der vorliegenden Art verfolgt, wird es sich auch nicht ganz verhindern lassen, dass der eine oder andere Leser in Einzelfällen nicht fündig wird. Für solche Fälle erbittet die Redaktion Ihre Rückmeldung, um entsprechende Lücken ausmerzen zu können. Zu diesem Zweck ist jedem Band des Lexikons eine entsprechende Antwortkarte beigefügt. Allen, die davon Gebrauch machen und so Anstöße für das unablässige Verbessern des Werkes geben, möchten wir schon jetzt danken.

Besonderen Dank gebührt den im Verfasserverzeichnis aufgeführten Autoren, hier vor allem jenen, die für ein ganzes Sachgebiet verantwortlich zeichnen. Besonders hervorheben möchte ich diesbezüglich die Kollegen Prof. Dr. *Klaus Backhaus* (Investitionsgütermarketing), Prof. Dr. *Oskar Betsch* (Finanz-Marketing), Profes. Dr. *H. Böhler* und *M. Hüttner* (Marktforschung), Prof. Dr. *Hermann-Josef Bunte* (Wettbewerbsrecht), Prof. Dr. *Werner Delfmann* (Logistik), Prof. Dr. *Rolf Federmann* (Steuern und Marketing), Frau Prof. Dr. *Ursula Hansen* (Ökologische Aspekte und Nachkaufmarketing), Prof. Dr. *Lutz Hildebrandt* (Multivariate Analyseverfahren), Dipl.-Kfm. *Björn Ivens* (Internationales Marke-

Vorwort

ting, Prof. Dr. *Richard Köhler* (Marketing-Controlling) und Dipl.-Kfm. *Björn Negelmann* (Internet).

Die Hauptlast der organisatorischen Arbeiten lag bei *Doris Häusner* und in der Endphase auch bei Dipl.-Kffr. *Bernadette Sager*. Für die äußerst mühevolle und zeitraubende Erstellung und Anpassung der Abbildungen sorgten *Brigitta Czurda, Izabella Domarecka, Patrick Heyer* und *Stephan Kirsch*. Ihnen gebührt allen mein besonderer Dank.

Für druckfähige Manuskripte sorgten in vorbildlicher Weise und unermüdlichem Einsatz *Doris Häusner, Emma Langolf* und *Monika Uhlendahl*. Darüber hinaus haben zahlreiche Mitarbeiter des Lehrstuhls direkt oder indirekt am Entstehen dieses Werkes produktiv mitgewirkt. Auch ihnen gilt mein verbindlichster Dank. Ich hoffe sehr, dass sich unser aller Einsatz für den Nutzer des Lexikons im Sinne des Marketing in echten „Benefits" (→ Nutzen) niederschlägt.

Nürnberg im April 2001   Hermann Diller

Benutzerhinweise

1. Die Stichwörter sind als Folge der EDV-gestützten Textverarbeitung streng alphabetisch geordnet, wobei freilich einige auf das Sortierprogramm zurückgehende Besonderheiten erwähnt werden müssen.
   Besteht ein Stichwort aus mehr als einem Wort (z.B. Persönlicher Verkauf), so ist der Anfangsbuchstabe des ersten Wortes (hier: P) für seine alphabetische Grobeinordnung maßgeblich. Die genaue Platzierung innerhalb des Buchstabens erfolgt wiederum stets streng alphabetisch, sowohl für zusammengesetzte Worte (z.B. „Tourismusmarketing"), für Stichworte, die mit Bindestrich verbunden sind (z.B. „Online-Marketing") als auch für Stichworte, die aus mehreren Worten zusammengesetzt sind (z.B. „Marketing für freie Berufe"). Beispiele: „Marketing" vor „Marketing-Audit" vor „Marketingbudget" vor „Marketing für freie Berufe" vor „Marketing-Geschichte" vor „Marketingkultur"; „Standort im Handel" vor „Standortmarketing"; „Stichproben, verbundene" vor „Stichprobenverteilung".
   Begriffe, die innerhalb eines Stichworttitels in Klammern stehen, werden nicht berücksichtigt, z.B. „Werbegeschenke (Werbegaben)" vor „Werbegeschenke, steuerliche Aspekte". Die Umlaute ä, ö, ü werden wie a, o, u behandelt, ß wird in ss aufgelöst. Die alphabetische Einordnung von mit Ziffern oder Zahlen beginnenden Stichwörtern (z.B. „6-3-5-Methode") wird durch das jeweilige Zahlenwort bestimmt (also: Stichwort ist zu finden unter „Sechs-Drei-Fünf-Methode"). Scheint ein zusammengesetzter Begriff zu fehlen, suche man diesen unter dem mutmaßlich wichtigsten Bestandteil (z.B. „internationale Warenwirtschaft" unter „Warenwirtschaft, internationale").
   Im Sprachgebrauch übliche Abkürzungen verweisen auf das ausgeschriebene Stichwort (z.B. „DIN" verweist auf „Deutsche Industrienorm").
2. Ob ein Stichwort im Singular oder Plural erscheint, hängt von logischen Erfordernissen und sprachlichen Gepflogenheiten ab.
3. Nicht ohne Willkür wurde das Problem gelöst, ob ein Sachverhalt unter seinem deutschen oder seinem englischen Terminus erläutert wird, sofern beide Termini gebräuchlich sind (Beispiel: „Händler-Promotions" - „Retailer Promotions"). Querverweise sichern auf jeden Fall den raschen Zugriff.
4. Zu Beginn eines Stichworts werden in Klammern die geläufigsten Synonyme aufgeführt, wobei die englische Fachsprache angemessen berücksichtigt ist (Beispiel: „Ausstrahlungseffekt (spill over-Effekt)").
5. Soweit ein Begriff mindestens zwei ganz verschiedene Sachverhalte umschreibt (Beispiel: „Absatz"), sind diese durch Verwendung von Ziffern (1., 2., ...) voneinander abgehoben. Der Stichworttext beginnt dann stets mit einer Ziffer. Ziffern und Kleinbuchstaben innerhalb des Stichworttextes dienen der Untergliederung des Stichwortes.
6. Verweispfeile verbinden Stichworte innerhalb einer Begriffshierarchie oder schlagen Brücken zu benachbarten Stichwortfamilien. Verweise auf einen anderen Begriff finden sich innerhalb eines Artikels grundsätzlich nur bei seiner ersten Nennung.
7. Wichtige Stichwörter werden in der Regel durch zwei bis fünf Literaturhinweise abgerundet.
8. Alle Basisstichworte sind über die Initialen des Vor- und Nachnamens des Verfassers (bzw. der Verfasser) dem „Urheber" zurechenbar. Die Entschlüsselung der Signaturen ist über das Verfasserverzeichnis möglich.
9. Alle im Text verwendeten Abkürzungen sind in der Regel an Ort und Stelle, ansonsten in einem entsprechenden Verzeichnis, erklärt.

Verfasserverzeichnis

Dr. *Jost Adler*, Universität Trier (J.Ad.)
Prof. Dr. *Dieter Ahlert*, Universität Münster (D.A.)
Prof. Dr. *Sönke Albers*, Universität Kiel (S.A.)
Dr. *Jenny Amelingmeyer*, Technische Universität Darmstadt (J.A.)
Dr. Dr. *Dirk Annacker*, Humboldt-Universität zu Berlin (D.An.)
Prof. Dr. Dr. *Ulli Arnold*, Universität Stuttgart (U.A.)
Dipl.-Kffr. *Rowena Arzt*, Universität zu Köln (R.A.)
Prof. Dr. *Klaus Backhaus*, Universität Münster (K.B.)
Prof. Dr. *Ingo Balderjahn*, Universität Potsdam (I.Ba.)
Prof. Dr. *Axel Bänsch*, Universität Hamburg (A.B.)
Prof. Dr. *Klaus Barth*, Universität Duisburg (K.Ba.)
Prof. Dr. *Hans Bauer*, Universität Mannheim (H.Ba.)
Dr. *Carsten Baumgarth*, Universität Siegen (C.Bau.)
Dr. *Thomas Bausch*, Universität Augsburg (Th.B.)
Prof. Dr. *Tomás Bayón*, International University Bruchsal (T.B.)
Prof. Dr. *Christian Behrends*, Fachhochschule Fulda (C.B.)
Prof. Dr. *Gerold Behrens*, Universität Wuppertal (G.B.)
Dr. *Siegrid Bekmeier-Feuerhahn*, Universität Paderborn (S.B.)
Prof. Dr. *Martin Benkenstein*, Universität Rostock (M.Be.)
Em. Prof. Dr. *Ludwig Berekoven*, Universität Erlangen-Nürnberg (L.B.)
Prof. Dr. *Ralph Berndt*, Universität Tübingen (R.B.)
Prof. Dr. *Peter Betge*, Universität Osnabrück (P.B.)
Prof. Dr. *Oskar Betsch*, Technische Hochschule Darmstadt (O.B.)
Dr. *Frank Bilstein*, Simon, Kucher & Partners, Bonn (F.Bi.)
Dipl.-Kfm. *Oliver Blank*, Universität Bamberg (O.Bl.)

Prof. Dr. *Friedhelm Bliemel*, Universität Kaiserslautern (F.Bl.)
Dr. *Christian Blümelhuber*, Universität München (C.Bl.)
Prof. Dr. *Franz Böcker* †, Universität Regensburg (F.B.)
Prof. Dr. *Heymo Böhler*, Universität Bayreuth (H.Bö.)
Dipl.-Kfm. *Yasemin Botzug*, Humboldt-Universität zu Berlin (Y.B.)
Dipl.-Kffr. *Gabriele Brambach*, Universität Erlangen-Nürnberg (G.Br.)
Dr. *Arno Brandt*, Norddeutsche Landesbank, Hannover (A.Br.)
Dipl.-Kfm. *Ingolf Braun*, Universität Mannheim (I.B.)
Prof. Dr. *Klaus Brockhoff*, WHU Koblenz, Vallendar (K.Br.)
Dr. *Karsten Bruchmann*, Deutsche Lufthansa AG, Frankfurt a.M. (K.Bu.)
Prof. Dr. *Manfred Bruhn*, Universität Basel (M.B.)
Dr. *Urs Brumbacher*, Universität Fribourg (U.B.)
Prof. Dr. *Hermann-Josef Bunte*, Universität der Bundeswehr Hamburg (H.-J.Bu.)
Prof. Dr. *Joachim Büschken*, Katholische Universität Eichstätt-Ingolstadt (J.Bü.)
Dr. *Jens Cornelsen*, GfK AG, Nürnberg (J.C.)
Prof. Dr. *Reinhold Decker*, Universität Bielefeld (R.D.)
Prof. Dr. *Werner Delfmann*, Universität Köln (W.De.)
Prof. Dr. *Erwin Dichtl* †, Universität Mannheim (E.D.)
Dr. *Markus Dichtl*, Metro AG, Düsseldorf (M.D.)
Prof. Dr. *Hermann Diller*, Universität Erlangen-Nürnberg (H.D.)
Dr. *Marc Drüner*, Technische Universität Berlin (M.Dr.)
Dipl.-Kfm. *Christian Duchmann*, Technische Universität Dresden (C.D.)
Dipl.-Kfm. *Florian Dullinger*, Universität München (F.D.)
Dr. *Dagmar Durlacher*, Wirtschaftsuniversität Wien (D.D.)
Dr. *Uwe Ellinghaus*, BMW AG München (U.E.)

Em. Prof. Dr. *Werner Hans Engelhardt,* Universität Bochum (W.H.E.)
Prof. Dr. *Bernd Erichson,* Universität Magdeburg (B.E.)
Prof. Dr. *Franz-Rudolf Esch,* Universität Gießen (F.-R.E.)
Dr. *Michael Eßig,* Universität Stuttgart (M.E.)
Prof. Dr. *Rudolf Federmann,* Universität der Bundeswehr Hamburg (R.F.)
Dr. *Cai Fischer,* Hornbach Baumarkt AG, Bornheim (C.F.)
Dipl.-Kfm. *Lars Fischer,* Universität Göttingen (L.F.)
Dipl.-Kfm. *Marc Fischer,* Universität Mannheim (M.F.)
Dr. *Sabine Fließ,* Fern-Universität Hagen (S.F.)
Prof. Dr. *Jörg Freiling,* Universität Bremen (J.F.)
Pierre Freimüller, Geschäftsführer appunto communications, Glattbrugg, Schweiz (P.F.)
Prof. Dr. *Hermann Freter,* Universität Siegen (H.F.)
Mag. *Raimund Fuhri,* Wirtschaftsuniversität Wien (Ra.F.)
Prof. Dr. *Michael Gaitanides,* Universität der Bundeswehr Hamburg (M.G.)
Prof. Dr. *Karen Gedenk,* Universität Frankfurt a.M. (K.G.)
Dr. *Norbert Gerth,* Universität GH Kassel (N.G.)
PD Dr. *Hans Jürgen Geßner,* Universität Göttingen (H.-J.Ge.)
Prof. Dr. *Herbert Gierl,* Universität Augsburg (He.G.)
Dr. *Thomas Goerdt,* BMW AG, München (T.G.)
Dr. *Peter Götz,* Bosch-Siemens-Hausgeräte GmbH, München (P.G.)
Dipl.-Kfm. *Matthias Gouthier,* Katholische Universität Eichstätt-Ingolstadt (M.Gou.)
Dipl.-Kffr. *Cornelia Grimm,* Universität Erlangen-Nürnberg (C.G.)
Prof. Dr. *Andrea Gröppel-Klein,* Universität Frankfurt/Oder (A.G.-K.)
Prof. Dr. *Bernd Günter,* Universität Düsseldorf (B.G.)
Dr. *Alexander Haas,* Universität Erlangen-Nürnberg (A.Ha.)
Prof. Dr. *Günter Haedrich,* Freie Universität Berlin (G.H.)
Dr. *Henric Hahne,* Assistent d. Geschäftsleitung, Henkel KgaA, Düsseldorf (H.Ha.)
Dr. *Bernd Hallier,* EuroHandelsinstitut e.V., Köln (B.H.)

Prof. Dr. *Peter Hammann,* Universität Bochum (P.H.)
Prof. Dr. *Ursula Hansen,* Universität Hannover (U.H.)
Prof. Dr. *Karl-Werner,* Hansmann Universität Hamburg (K.-W.H.)
Prof. Dr. *Werner Hasitschka,* Wirtschaftsuniversität Wien (W.H.)
Dr. *Gerhard Hausruckinger,* Roland Berger & Partners Ltd., London, GB (G.Ha.)
Dr. *Klaus Heinzelbecker,* BASF AG, Ludwigshafen (K.H.)
Dipl.-Kfm. *Andreas Helemann,* Universität Duisburg (A.He.)
Dr. *Gabriele Helfert,* Technische Universität Karlsruhe (G.He.)
Dr. *Thorsten Hennig-Thurau,* Universität Hannover (Th.H.-T.)
Prof. Dr. *Arnold Hermanns,* Universität der Bundeswehr München (A.H.)
Prof. Dr. *Andreas Herrmann,* Universität Mainz (An.He.)
Prof. Dr. *Harald Herrmann,* Universität Erlangen-Nürnberg (H.He.)
Dipl.-Kffr. *Anja Heymann,* Technische Universität Dresden (A.Hey.)
Prof. Dr. *Lutz Hildebrandt,* Humboldt-Universität zu Berlin (L.H.)
Dipl.-Kfm. *Tomas Hinzdorf,* Katholische Universität Eichstätt-Ingolstadt (T.H.)
Prof. Dr. *Heinrich Holland,* Fachhochschule Mainz (H.H.)
Dipl.-Kfm. *Michael Holtz,* Universität Rostock (M.Ho.)
Dr. *Steffen Hormuth,* Technische Universität Berlin (S.H.)
Dipl.-Kfm. *Bernd Huber,* Technische Universität Berlin (B.Hu.)
Dr. *Frank Huber,* Universität Mainz (F.H.)
Dr. *Reinhold Huber,* DER Deutsches Reisebüro GmbH, Frankfurt a.M. (R.H.)
Dr. *Oliver Hupp,* GfK AG, Nürnberg (O.H.)
Em. Prof. Dr. *Manfred Hüttner,* Universität Bremen (M.H.)
Prof. Dr. *Wolfgang Irrgang,* Fachhochschule München (W.I.)
Dipl.-Kfm. *Björn Ivens,* Universität Erlangen-Nürnberg (B.I.)
Dr. *Kurt Jeschke,* Universität Hannover (K.J.)
Dr. *Andreas Kaapke,* Universität zu Köln (A.Kaa.)
Prof. Dr. *Klaus Peter Kaas,* Universität Frankfurt a.M. (K.P.K.)
Prof. Dr. *Andreas Kaiser,* Fachhochschule Ravensburg (A.K.)

Verfasserverzeichnis

Dr. *Beate Keitz v.*, Institut von Keitz, Saarbrücken (B.v.K.)
Dr. *Dietmar Keller*, Technische Hochschule Aachen (D.K.)
Mag. *Dietmar Keppling*, Wirtschaftsuniversität Wien (D.Ke.)
Dr. *Daniel Klapper*, Humboldt-Universität zu Berlin (D.Kl.)
Prof. Dr. *Michael Kleinaltenkamp*, Freie Universität Berlin (M.K.)
Dr. *Ralph Kloth*, Universität Duisburg (R.Kl.)
Em. Prof. Dr. *Hans Knoblich*, Universität Göttingen (H.K.)
Dr. *Lutz Köhler*, Quelle AG Fürth (L.K.)
Prof. Dr. *Richard Köhler*, Universität zu Köln (R.K.)
Prof. Dr. *Udo Koppelmann*, Universität zu Köln (U.Ko.)
Dipl.-Kfm. *Martin Kornmeier*, Technische Universität Dresden (M.Ko.)
Dr. *Norbert Kotzbauer*, Universität Regensburg (N.K.)
Prof. Dr. *Manfred Krafft*, WHU Koblenz, Vallendar (M.Kr.)
Dr. *Sabine Kramer*, Quelle AG Fürth (S.K.)
Prof. Dr. *Werner Kroeber-Riel* †, Universität Saarbrücken (W.K.-R.)
Prof. Dr. *Eberhard Kuhlmann*, Technische Universität Berlin (E.K.)
Prof. Dr. *Knut Kühlmann*, Berufsakademie Stuttgart (K.Kü.)
Dr. *Helmut Kurz*, Wirtschaftsuniversität Wien (H.Ku.)
Prof. Dr. *Alfred Kuß*, Freie Universität Berlin (A.Ku)
Dipl.-Psych. *Carmen Lakaschus*, Universität Frankfurt a.M. (C.L.)
Dr. *Erik Lehmann*, Universität Konstanz (E.L.)
Dr. *Wolfgang Lenzen*, A.C. Nielsen GmbH, Frankfurt a.M. (W.Le.)
Dr. *Wilfried Leven*, Universität Trier (W.L.)
Dipl.-Kfm. *Thomas Lingen v.*, Universität Frankfurt a.M. (T.v.L.)
Prof. Dr. *Michael Lingenfelder*, Universität Marburg (M.Li.)
Prof. Dr. *Jörg Link*, Universität GH Kassel (J.Li.)
Dr. *Thorsten Litfin*, Simon, Kucher & Partners, Bonn (Th.L.)
Manfred Löhmer, A.C. Nielsen GmbH, Frankfurt a.M. (M.L.)
Dr. *Joachim Lücking*, Europäische Kommission, Brüssel (J.L.)
Prof. Dr. *Kasimir Magyar*, Interface AG Zolikon (K.M.)

Prof. Dr. *Wolfgang Männel*, Universität Erlangen-Nürnberg (W.Mä.)
Dr. *Jürgen Maretzki*, Universität Magdeburg (J.Ma.)
Prof. Dr. *Hubert Marschner*, Universität Innsbruck (H.Ma.)
Dipl.-Kfm. *Gerold Massing*, A.C. Nielsen GmbH, Frankfurt a.M. (G.Ma.)
Prof. Dr. *Joseph Mazanec*, Wirtschaftsuniversität Wien (J.M.)
Dipl.-Kfm. *Christopher McLachlan*, Universität Trier (C.McL.)
Prof. Dr. *Heribert Meffert*, Universität Münster (H.M.)
Dipl.-Ök. *Bernd Meier*, Universität GHS Duisburg (B.M.)
Max Meier-Maletz, AMA GmbH, Meerbusch (M.M.-M.)
Prof. Dr. *Wolfgang Meinig*, Universität Bamberg (W.M.)
Prof. Dr. *Günther Meissner* †, Universität Dortmund (H.-G.M.)
Prof. Dr. *Peter Mertens*, Universität Erlangen-Nürnberg (P.M.)
Dipl.-Ök. *Ralf Metzenthin*, Universität Bochum (R.M.)
Prof. Dr. *Anton Meyer*, Universität München (A.M.)
Dipl.-Kfm. *Jörg Meyer*, Universität Trier (J.Mey.)
Prof. Dr. *Margit Meyer*, Universität Würzburg (M.M.)
Dr. *Gundolf Meyer-Hentschel*, Meyer-Hentschel Management Consulting, Saarbrücken (G.M.-H.)
Dr. *Magdalena Missler-Behr*, Universität Augsburg (M.MB.)
Dipl.-Kfm. *Franz-Josef Mues*, PPD Marketing Services, Bad Homburg (F.-J.M.)
Prof. Dr. *Hans Mühlbacher*, Universität Innsbruck (H.Mü.)
Dipl.-Betriebsw. *Dieter Müller*, ARD-Werbung, SALES & SERVICES, Frankfurt a.M. (D.M.)
Dipl.-Kffr. *Iris Müller*, Universität Erlangen-Nürnberg (I.M.)
Prof. Dr. *Stefan Müller*, Technische Universität Dresden (S.M.)
Prof. Dr. *Lothar Müller-Hagedorn*, Universität zu Köln (L.M.-H.)
Prof. Dr. *Günter Müller-Stewens*, Hochschule St. Gallen (G.M.-S.)
Dipl.-Math. *Silke Münster*, Hamburg (S.Mü.)
Dipl.-Kfm. *Björn Negelmann*, Universität Erlangen-Nürnberg (B.Ne.)
Prof. Dr. *Bruno Neibecker*, Technische Universität Karlsruhe (B.N.)

Dr. *Ralph Niederdrenk*, capiton AG, Berlin (R.N.)
Dr. *Steffen Oehme*, Oberarzt an der Ostseeklinik Damp (St.Oe.)
Dr. *Wolfgang Oehme*, Dr. Oehme Consulting, Pinneberg (W.Oe.)
Prof. Dr. *Otto Opitz*, Universität Augsburg (O.O.)
Dr. *Rainer Palupski*, Unternehmensberater, Hattingen (R.Pa.)
PD Dr. *Jochen R. Pampel*, Universität Erlangen-Nürnberg (J.R.P.)
Dr. *Michael Paul*, Simon, Kucher & Partners, Bonn (M.Pau.)
Prof. Dr. *Hans Pechtl*, Universität Greifswald (H.P.)
Dr. *Erwin H. Plank*, Wirtschaftsuniversität Wien (E.H.P.)
Prof. Dr. *Wulff Plinke*, Humboldt-Universität Berlin (W.P.)
Dipl.-Kfm. *Markus Preißner*, Universität zu Köln (M.P.)
Dr. *Verena Priemer*, Marketmind, Wien (V.P.)
Prof. Dr. *Robert Purtschert*, Universität Fribourg (R.P.)
Dr. *Tilmann Raff*, Universität Trier (T.R.)
Dr. *Marianne Reeb*, Technische Universität Berlin (M.Re.)
Dipl.-Wirt.-Inf. *Jan Remmert*, Universität zu Köln (J.R.)
Prof. Dr. *Mario Rese*, Universität GH Paderborn (M.R.)
Dr. *Frank Riedel*, Technische Universität Berlin (F.R.)
Dipl.-Kfm. *Frank F. Riedmüller*, Universität der Bundeswehr München (F.Ri.)
Dipl.-Kffr. *Isabell Ries*, Universität Saarbrücken (I.R.)
Claudia Rivinius, STI – Gustav Stabernack GmbH, Lauterbach (C.R.)
Dipl.-Kffr. *Ruth Rochel*, A.C. Nielsen GmbH, Frankfurt a.M. (R.R.)
Prof. Dr. *Hermann Sabel*, Universität Bonn (H.S.)
Dipl.-Kffr. *Bernadette Sager*, Universität Erlangen-Nürnberg (B.Sa.)
Prof. Dr. *Henrik Sattler*, Universität Hamburg (H.Sat.)
Prof. Dr. *Christian Schade*, Humboldt-Universität zu Berlin (Ch.Sch.)
Dr. *K.-H. Schaffartzik*, Verbraucherzentrale NRW, Düsseldorf (K.H.Sch.)
PD Dr. *Andreas Scharf*, Universität Göttingen (A.Sch.)
Prof. Dr. *Hans-Otto Schenk*, Universität Duisburg (H.-O.S.)

Prof. Dr. *Fritz Scheuch*, Wirtschaftsuniversität Wien (F.Sch.)
Prof. Dr. *Helmut Schmalen*, Universität Passau (H.Sch.)
Dipl.-Kfm. *Markus Schmidt*, Procter & Gamble GmbH, Schwalbach (M.Sc.)
Dipl.-Oec. *Inga D. Schmidt*, Universität St. Gallen (I.Schm.)
Dipl.-Math. *Kerstin Schmitt*, Universität Frankfurt a.M. (K.S.)
Dipl.-Kfm. *Wolfgang Schmitz*, Schott Glaswerke AG, Mainz (W.S.)
Dr. *Kai Schober*, Berger & Partner, München (K.Sch.)
Dipl.-Päd. *Ingo Schoenheit*, Universität Hannover (I.Sch.)
Dr. *Marcus Schögel*, Universität St. Gallen (M.Sch.)
Dipl.-Ök. *Ulf Schrader*, Universität Hannover (U.Sch.)
Prof. Dr. *Hendrik Schröder*, Universität GH Essen (H.Schr.)
Dipl.-Kfm. *Stefan Schwanenberg*, Universität Augsburg (S.Sch.)
Dipl.-Kfm. *Ulf Schwarting*, Universität Bremen (U.Schw.)
Prof. Dr. *Günter Schweiger*, Wirtschaftsuniversität Wien (G.Sch.)
Dipl.-Kfm. *Alfred Schwemin*, Universität Duisburg (A.Sc.)
Prof. Dr. *Christoph Senn*, Universität St. Gallen (C.S.)
Prof. Dr. *Günter Silberer*, Universität Göttingen (G.S.)
Prof. Dr. *Hermann Simon*, Simon, Kucher & Partners, Bonn (H.Si.)
Prof. Dr. *Bernd Skiera*, Universität Frankfurt a.M. (B.S.)
Prof. Dr. *Albrecht Söllner*, Universität Münster (A.S.)
Dipl.-Vw. *Martin Spann*, Universität Frankfurt a.M. (M.S.)
Dipl.-Kfm. *Rolf Spannagel*, FfH Institut für Markt- und Wirtschaftsforschung GmbH, Berlin (R.Sp.)
Prof. Dr. *Günter Specht*, Technische Hochschule Darmstadt (G.Sp.)
Dipl.-Kfm. *Klaus-Ulrich Sperl*, Universität München (K.-U.S.)
Dipl.-Kffr. *Susanne Spintig*, Universität Erlangen-Nürnberg (S.S.)
Prof. Dr. *Dirk Standop*, Universität Osnabrück (D.St.)
Prof. Dr. *Bernd Stauss*, Katholische Universität Eichstätt-Ingolstadt (B.St.)
Prof. Dr. *Hartwig Steffenhagen*, Technische Hochschule Aachen (H.St.)

Verfasserverzeichnis

Dr. *Nancy Storp,* The Boston Consulting Group, München (N.St.)
Dr. *Ralf Strauß,* Consulting Partner Group, Frankfurt a.M. (R.St.)
Mag. *Andreas Strebinger,* Wirtschaftsuniversität Wien (A.St.)
Prof. Dr. *Otto Strecker,* Universität Bonn (O.St.)
Dr. *Georg Tacke,* Simon, Kucher & Partners, Bonn (G.T.)
Prof. Dr. *Bruno Tietz* †, Universität des Saarlandes, Saarbrücken (B.T.)
Dr. *Wilfried Tietz,* Universität Erlangen-Nürnberg (W.Ti.)
Dr. *Elisabeth Tolle,* Technische Hochschule Aachen (E.T.)
Prof. Dr. *Torsten Tomczak,* Universität St. Gallen (T.T.)
Prof. Dr. *Armin Töpfer,* Universität Dresden (A.T.)
Prof. Dr. *Bartho Treis,* Universität Göttingen (B.Tr.)
Prof. Dr. *Volker Trommsdorff,* Technische Universität Berlin (V.T.)
Prof. Dr. *Kai-Ingo Voigt,* Universität Erlangen-Nürnberg (K.-I.V.)
Dipl.-Kffr. *Anna Voutchkova,* Universität Erlangen-Nürnberg (A.V.)
Dr. *Ralf-Peter Wagner,* Universität Bielefeld (R.Wa.)
Dipl.-Kfm. *Markus Weber,* Universität Trier (M.Web.)
Prof. Dr. *Rolf Weiber,* Universität Trier (R.Wei.)
Prof. Dr. *Peter Weinberg,* Universität Saarbrücken (P.W.)
Dr. Dr. *Enno Weiß,* FIV Consulting GmbH, Nürnberg (E.W.)
Dipl.-Ök. *Michael Welling,* Universität Bochum (M.W.)
Dr. *Konrad Weßner,* Unternehmensberater, Nürnberg (K.We.)

Dr. *Jörg Westphal,* RBR Marketing Partner GmbH, Wiesbaden (J.We.)
Dipl.-Kfm. *Rüdiger Wiechers,* Dresdner Bauspar AG, Bad Vilbel (R.Wie.)
Prof. Dr. *Klaus-Peter Wiedmann,* Universität Hannover (K.-P.W.)
Dr. *Raimund Wildner,* GfK AG, Nürnberg (R.Wi.)
Dipl.-Kfm. *Thorsten H. Wilhelm,* Universität Göttingen (Th.W.)
Prof. Dr. *Frank Wimmer,* Universität Bamberg (F.W.)
Dipl.-Kffr. *Iris Winkler,* Deutsche Bank, Frankfurt a.M. (I.W.)
Dr. *Urban Kilian Wißmeier,* Universität der Bundeswehr München (U.K.Wi.)
Prof. Dr. *Günter Wiswede,* Universität zu Köln (G.W.)
Dipl.-Ök. *Reinhard Witt,* A.C. Nielsen GmbH, Frankfurt a.M. (R.W.)
Dr. *Norbert Wittmann,* Werbegruppe Nymphenburg, München (N.W.)
Mag. Dr. *Karl Wöber,* Wirtschaftsuniversität Wien (K.Wö.)
Dipl.-Kfm. *Jens Wohlfahrt,* Universität Göttingen (J.W.)
Dr. *Georg Wübker,* Simon, Kucher & Partners, Bonn (G.Wü.)
Prof. Dr. *Gerhard Wührer,* Universität Linz (G.Wüh.)
Dipl.-Kffr. *Miriam Yom,* Universität Göttingen (M.Y.)
Prof. Dr. *Cornelia Zanger,* TU Chemnitz-Zwickau (C.Z.)
Prof. Dr. *Joachim Zentes,* Universität Saarbrücken (J.Z.)
Prof. Dr. *Klaus Zoller,* Universität der Bundeswehr Hamburg (K.Z.)
Dr. *Tanja Zweigle,* Manager BBDO Consulting GmbH, Düsseldorf (T.Z.)

Abkürzungsverzeichnis

a.a.O	am angegebenen Ort
Abb.	Abbildung
AbfG	Abfallbeseitigungsgesetz
Abk.	Abkürzung
abs.	absolut
Abs.	Absatz
Abschn.	Abschnitt
AER	American Economic Review
AfA	Absetzung für Abnutzung
AG	Aktiengesellschaft
AGV	Arbeitsgemeinschaft der Verbraucher
AKA	Ausfuhrkredit-Gesellschaft mbH
AktG	Aktiengesetz
Anm.	Anmerkung
AO	Abgabenordnung
Art.	Artikel
asw	Absatzwirtschaft
Aufl.	Auflage
AWG	Außenwirtschaftsgesetz
AZO	Arbeitszeitordnung
BB	Der Betriebs-Berater
BBankG	Bundesbankgesetz
Bd.	Band
BDI	Bundesverband der Industrie
BDU	Bundesverband der Deutschen Unternehmensberater
best.	bestimmt
BetrVG	Betriebsverfassungsgesetz
BewG	Bewertungsgesetz
BGB	Bürgerliches Gesetzbuch
BIP	Bruttoinlandsprodukt
bit	binary digit
Bp.	Beispiel
bpi	bytes per inch
Bsp.	Beispiel
BSP	Bruttosozialprodukt
bspw.	beispielsweise
BSTBl	Bundessteuerblatt
bzgl.	bezüglich
bzw.	beziehungsweise
ca.	circa
CAD	computer aided design
CAE	computer aided engineering
CAM	computer aided manufacturing
CAP	computer aided planning
cif	cost, insurance and freight
COMECON	Council for Mutual Economic Assistance
c.p.	ceteris paribus
CPM	Critical Path Method
CPU	Central Processing Unit
DBW	Die Betriebswirtschaft
DFü	Datenfernübertragung
d.h.	das heißt
DIB	Deutsches Institut für Betriebswirtschaft e.V.
DIHT	Deutscher Industrie- und Handelstag
DIN	Deutsche Industrie Norm
Diss.	Dissertation
DIW	Deutsches Institut für Witschaftsforschung
DLG	Deutsche Landwirtschafts-Gesellschaft e.V.
DStR	Deutsches Steuerrecht
DStZ	Deutsche Steuer-Zeitung
DSWR	Datenverarbeitung, Steuer, Wirtschaft und Recht
DWGK	Deutsche Gesellschaft für Warenkennzeichnung mbH
EAN	Europäische Artikelnummer
ECU	European Currency Unit
eG	eingetragene Genossenschaft
EG	Europäische Gemeinschaft
EHI	Europäisches Handelsinstitut
Erl.	Erläuterung
EstG	Einkommensteuergesetz
etc.	et cetera
EU	Europäische Union
e.V.	eingetragener Verein
evtl.	eventuell
EWS	Europäisches Währungssystem
f.	folgende
ff.	fortfolgende
fob	free on bord
FuE	Forschung und Entwicklung
GATT	General Agreement on Tariffs and Trade
gem.	gemäß
GewO	Gewerbeordnung
GewStDV	Gewerbesteuerdurchführungsverordnung
GewSt	Gewerbesteuergesetz
GfK	Gesellschaft für Konsum-, Markt- und Absatzforschung

Abkürzungsverzeichnis

GG	Grundgesetz
ggf.	gegebenenfalls
GmbH	Gesellschaft mit beschränkter Haftung
GUS	Gemeinschaft Unabhängiger Staaten
GuV	Gewinn- und Verlustrechnung
GWB	Gesetz gegen Wettbewerbsbeschränkungen
HDE	Hauptgemeinschaft des Deutschen Einzelhandels
HdSW	Handwörterbuch der Sozialwissenschaften
HdWW	Handwörterbuch der Wirtschaftswissenschaften
HGB	Handelsgesetzbuch
h.M.	herrschende Meinung
Hrsg.	Herausgeber
HWB	Handwörterbuch der Betriebswirtschaft
HWF	Handwörterbuch der Finanzwirtschaft
HWO	Handwörterbuch der Organisation
HWR	Handwörterbuch des Rechnungswesens
i.A.	im Allgemeinen
i.A.a.	in Anlehnung an
IDN	Integriertes Text- und Datennetz
i.d.R.	in der Regel
i.d.S.	in diesem Sinn
IdW	Institut der Wirtschaftsprüfer
i.e.S.	im engeren Sinne
IHK	Internationale Handelskammer bzw. Industrie- und Handelskammer
INCOTerms	International Commercial Terms
insb.	insbesondere
i.S.	im Sinne
ISDN	Integrated Services Digital Network
i.S.v.	im Sinne von
i.Ü.	im Übrigen
i.V.m.	in Verbindung mit
IWF	Internationaler Währungsfond
i.W.d.	im Wege der/des
i.w.S.	im weiteren Sinne
Jg.	Jahrgang
JiT	Just in Time
JMR	Journal of Marketing Research
JoM	Journal of Marketing
KAM	Key Account Management
KG	Kommanditgesellschaft
KGaA	Kommanditgesellschaft auf Aktien
KRP	Kostenrechnungspraxis
KWG	Kreditwesengesetz
LadschlG	Ladenschlussgesetz
LAN	Local Area Network
lfd.	laufend(e)
LMKV	Lebensmittel-Kennzeichnungsverordnung
lt.	laut
LZ	Lebensmittelzeitung
MAIS	Marketinginformationssystem
max.	maximal
m.E.	meines Erachtens
Mio.	Million
MIS	Managementinformationssystem
Mrd.	Milliarde
n.h.M.	nach herrschender Meinung
NLP	Neurolinguistische Programmierung
o.a.	oben angeführt
o.Ä.	oder Ähnliches
o.g.	oben genannt
OHG	Offene Handelsgesellschaft
p.a.	per annum
PIMS	Profit Impact of Market Strategy
POP	Point of Purchase
POS	Point of Sale
PR	Public Relations
RabattG	Rabattgesetz
rd.	rund
RoI	Return of Investment
Rspr.	Rechtsprechung
S.	Seite
s.a.	siehe auch
SG-DGfB	Schmalenbach-Gesellschaft-Deutsche Gesellschaft für Betriebswirtschaft e.V.
s.o.	siehe oben
sog.	sogenannt
Sp.	Spalte
SPSS	Superior Performance Software Systems
StB	Der Steuerberater
StBA	Statistisches Bundesamt
Syn.	Synonym
Tab.	Tabelle
TUI	Touristik Union International
u.a.	unter anderem
u.Ä.	und Ähnliches
u.A.m.	und Andere(s) mehr
Übers.	Übersetzung
u.dgl.m.	und dergleichen mehr
USP	Unique Selling Proposition

Abkürzungsverzeichnis

UStG	Umsatzsteuergesetz
usw.	und so weiter
u.U.	unter Umständen
u.v.m.	und vieles mehr
UWG	Gesetz gegen den unlauteren Wettbewerb
v.a.	vor allem
VDA	Verband der Automobilindustrie
VDI	Verband Deutscher Ingenieure
Verf.	Verfasser
vgl.	vergleiche
vglw.	vergleichsweise
v.H.	von Hundert
WiSt	Wirtschaftswissenschaftliches Studium
wistra	Zeitschrift für Wirtschafts-, Steuer-, Strafrecht
Wisu	Das Wirtschaftsstudium
WiWo	Wirtschaftswoche
WoPG	Wohnungsbauprämiengesetz
WPO	Wirtschaftsprüferordnung
WZG	Warenzeichengesetz
ZAW	Zentralverband der deutschen Werbewirtschaft e.V.
z.B.	zum Beispiel
Zfb	Zeitschrift für Betriebswirtschaft
ZfbF	Zeitschrift für betriebswirtschaftliche Forschung
ZfgSt	Zeitschrift für die gesamte Staatswissenschaft
ZfO	Zeitschrift für Organisation
Zugabe VO	Zugabeverordnung
z.T.	zum Teil
ZVEI	Zentralverband der Elektrotechnischen Industrie
z.Z.	zur Zeit
zzgl.	zuzüglich
z.Zt.	zur Zeit

A

AAAA
Abkürzung für American Association of Advertising Agencies, der Vereinigung und Interessensvertretung der Werbeagenturen in den USA.

ABC-Analyse
stellt ein verallgemeinerbares, einfaches Verfahren der → Programmstrukturanalyse dar, bei dem eine Rangreihe aller Objekte des betrachteten Programms nach ihrem Erfolgsbeitrag (z.B. Umsatz, Deckungsbeitrag) gebildet wird, anschließend diese Beträge kumuliert und in drei (ABC) oder vier (ABCD) Gruppen eingeteilt werden. Ziel dieses Verfahrens ist es, die Umsatz- oder Erfolgskonzentration nach Absatzsegmenten (z.B. Produkte, Kunden, Distributionskanäle, Verkaufsgebiete) darzustellen. Die aus der ABC-Analyse gewonnenen Informationen werden genutzt, um → Produkteliminierungen durchzuführen oder Hinweise für das → Kundenmanagement im Rahmen der → Kundenanalyse zu gewinnen. Allerdings werden bei der zumeist umsatzbezogenen ABC-Analyse Auswirkungen auf die Deckungsbeitragsstruktur grob vernachlässigt. So zeigen *Scheiter/Binder* für einen Hausgeräte-Hersteller, dass gerade B-Kunden eine hohe Profitabilität aufwiesen, während die meisten A-Kunden als Verlustbringer eingeschätzt wurden. Zudem bleiben Potenziale der Absatzsegmente und Unterschiede in der Reaktion auf Marketing-Maßnahmen unberücksichtigt.

M.Kr.

Literatur: *Scheiter, S.; Binder, C.:* Kennen Sie Ihre rentablen Kunden?, in: Harvardmanager, 14. Jg. (1990), Heft 2, S. 17-22.

Abflussquote
bei der Standortanalyse (→ Standort im Handel) benutzter Korrekturfaktor für den Anteil des Nachfragepotentials im Einzugsgebiet, der nicht innerhalb dieses Gebietes selbst gedeckt wird, sondern in andere Gebiete abfließt.

Abgeleitete Nachfrage
→ Investitionsgütermarketing

Abgestimmtes Verhalten
Verhalten von Unternehmen oder Vereinigungen von Unternehmen, das nach dem → GWB nicht zum Gegenstand eines Vertrages gemacht werden darf, ist gem. § 1 GWB verboten. Die beteiligten Unternehmen gehen dabei – anders als bei vertraglich herbeigeführtem Einvernehmen – keine rechtliche Verpflichtung ein, sich in Zukunft in bestimmter Weise zu verhalten, stimmen aber ihr Verhalten ab, um gleichförmiges Marktverhalten von Wettbewerbern zu erreichen, und gehen von der Erwartung aus, dass die anderen Unternehmen sich entsprechend der Abstimmung verhalten. Die für einen freien und unbeeinflussten Wettbewerb typische Ungewissheit über das Marktverhalten der Mitbewerber ist damit ausgeräumt. Das abgestimmte Verhalten erreicht eine Aufgabe der – sonst nur vom Wettbewerb kontrollierten – Unabhängigkeit des wettbewerblichen Handelns. Eine absolute Sicherheit in dem Sinne, dass ein Abweichen des anderen Unternehmens von dem aufeinander abgestimmten Verhalten ausgeschlossen ist, wird von der Rechtsprechung nicht gefordert. Abgestimmtes Verhalten ist von dem nicht verbotenen → Parallelverhalten dadurch abzugrenzen, dass dem koordinierten Verhalten eine Abstimmung vorangehen muss. Das durch die 2. GWB-Novelle von 1973 in § 25 Abs. 1 GWB eingefügte und seit der 6. GWB-Novelle in § 1 GWB geregelte Verbot abgestimmter Verhaltensweisen dient dem Schutz vor möglicher Umgehung des Kartellverbotes des § 1 GWB (→ Kartell).

H.-J.Bu.

Abhängige Variable
Begriff aus der → Datenanalyse, der auf jene Größe Bezug nimmt, die vom Forscher als von einer anderen Größe abhängig postuliert und entsprechend statistisch behandelt wird. In → Experimenten spricht man auch von Treatment-Variablen.

Abhängigkeit, beziehungsspezifische
bezeichnet das Phänomen, dass Anbieter auf die Aufrechterhaltung von → Ge-

Ab-Hof-Verkauf

schäftsbeziehungen zu bestimmten Partnern (v.a. Kunden, Lieferanten) angewiesen sind. Im Verhältnis zweier Geschäftspartner zueinander wird mit Blick auf gegebene Abhängigkeitsverhältnisse zwischen Dependenz und Interdependenz unterschieden. Im erstgenannten Fall ist die Abhängigkeit im Wesentlichen einseitig, im letztgenannten gegenseitig. Beziehungsspezifische Abhängigkeiten ergeben sich aus der Marktstruktur (z.B. geringe Zahl von Abnehmern in der Automobilindustrie), aus den Merkmalen des Marktpartners (z.B. Umsatzgröße im Falle von Key Accounts), aus dem Austauschobjekt (z.B. Relevanz eines Zulieferteils für das Folgeprodukt) sowie aus dem Austauschprozess (z.B. Atmosphäre des Austauschs). Da sich vor allem mit dem Zustand einseitiger Abhängigkeit Machtasymmetrien ergeben, wird im Falle der Ausübung vorhandener Macht oft signifikanter Einfluss auf die Tauschbedingungen genommen. Es ergeben sich → Beziehungsrisiken. J.F.

Literatur: *Freiling, J.*: Die Abhängigkeit der Zulieferer, Wiesbaden 1995.

Ab-Hof-Verkauf

Ausdruck der von landwirtschaftlichen Erzeugerbetrieben in Erweiterung ihrer originären Tätigkeitsfelder wahrgenommenen Einzelhandelsfunktion, indem Frischeprodukte des Obst- und Gemüseanbaus sowie der Milch- und Tierproduktion direkt an interessierte Endverbraucher verkauft werden (→ Direktvertrieb). Vor dem Hintergrund eines sich verstärkenden Gesundheits- und Sicherheitsbedürfnisses im Ernährungsverhalten der Bevölkerung werden insbesondere der Direktvermarktung von Nahrungsmitteln aus ökologischer Erzeugung erhöhte Wachstumsraten eingeräumt. Die meisten deutschen Öko-Betriebe vermarkten ihre Produkte zu einem großen Teil (auch) direkt. Dabei dominiert zwar nach wie vor der Ab-Hof-Verkauf, wenn auch zunehmend ergänzt durch andere Formen der Direktvermarktung, wie in → Markthallen, auf → Wochenmärkten oder per Lieferdienst bzw. „Gemüseabo" (→ Verkaufswagen); vom zunehmenden distributionswirtschaftlichen Engagement in → Erzeugerorganisationen für Bioprodukte und dem Liefergeschäft im Rahmen der indirekten Vermarktung über den → Einzelhandel einmal abgesehen (→ Bioläden). H.-J.Ge.

Abladegeschäft → Außenhandelsgeschäft

Ablenkung

Gefahr für die → Werbewirkung bei der Verwendung stark aktivierender Reize in der Kommunikation (→ Aktivierung). Stärker aktivierende Gestaltungselemente ziehen die Aufmerksamkeit auf sich und können bei ungenügender Integration die Beachtung anderer wichtigerer Elemente verringern. Dies ist besonders gravierend, wenn durch ablenkende aktivierende Reize, z.B. durch Blickfänge, die Schlüsselelemente (Marke und Schlüsselbotschaft) nicht aufgenommen werden. Dieser Gefahr kann durch eine aktivierende Gestaltung der Schlüsselelemente selbst begegnet werden. Eine andere Möglichkeit besteht in der Verknüpfung der aktivierenden Gestaltungselemente und der zu lernenden Werbebotschaft zu Wahrnehmungseinheiten, die von den Umworbenen zusammenhängend aufgenommen werden. Ablenkung kann aber auch bewusst zur Verminderung von → Reaktanz eingesetzt werden. Dies kann in einem TV-Spot z.B. durch einen fremdsprachigen Akzent des Sprechers oder durch nicht zu den Bildszenen passende Texte geschehen. Durch Ablenkung kann man die innere Gegenargumentation unterbinden, die üblicherweise dann auftritt, wenn der Empfänger anderer Meinung ist. Allerdings wird dadurch meist das Verständnis verringert. Diese Technik wird hauptsächlich bei solchen Personen wirksam, die von vorneherein eine dem Beeinflussungsziel entgegengesetzte Meinung vertreten.

G.M.-H./F.-R.E.

Abmahnung

Der Klage gegen → unlauteren Wettbewerb muss nach der Rechtsprechung regelmäßig eine erfolglose Abmahnung vorausgehen, deren Kosten der Verletzer zu tragen hat. Die Abmahnung ist die Aufforderung zum Inhalt, ein bestimmtes wettbewerbswidriges Verhalten, das in der Abmahnung in konkreter Form bestimmt sein muss, zu unterlassen. Wird derjenige, dem wettbewerbswidriges Verhalten vorgeworfen wird, nicht abgemahnt, erkennt er aber im Rechtsstreit die Klage sofort an, so treffen den Kläger die Kosten des Rechtsstreits gem. § 93 ZPO. Nach der Rechtsprechung ist der Verletzer verpflichtet, dem Abmahnenden die Kosten der Abmahnung nach §§ 681, 670 BGB zu erstatten. Nach § 13

Abs. 5 UWG i.d.F. von 1986 kann der Unterlassungsanspruch nicht geltend gemacht werden, wenn die Geltendmachung missbräuchlich ist, insb. wenn sie vorwiegend dazu dient, durch die Abmahnung Gebühren zu beschaffen. Der Gesetzgeber wollte damit Missbräuche bekämpfen, die Ende der 70er/Anfang der 80er-Jahre auftraten, als Gewerbetreibende in großem Umfang wegen geringfügiger Verstöße Abmahnungen aussprachen, um Aufwendungen und Kosten der Rechtsverfolgung geltend machen zu können (*„Abmahnvereine"* oder *„Gebührenvereine"* genannt). Durch die Novelle 1986, aber bereits vorher durch die von den Spitzenverbänden der Wirtschaft erlassenen „Grundsätze für die Tätigkeit von Wettbewerbsvereinigungen", ist dem Missbrauch der Klagebefugnis zum Gebührenbeschaffungszweck wirksam begegnet worden. H.-J.Bu.

Abonnementgeschäft

im → Direktvertrieb benutztes Instrument der → Kundenbindung, bei dem Käufer i.a. durch Vorauszahlung eines ermäßigten Preises das Recht und z.T. auch die Pflicht auferlegt wird, bestimmte gleichartige Leistungen in bestimmten Zeitabschnitten zu erwerben. Üblich ist das Abonnementgeschäft z.B. beim Vertrieb von Zeitschriften oder Theaterplätzen, aber auch bei → Buchgemeinschaften.

Abonnementszeitschriften

→ Zeitschriften, die vorwiegend oder ausschließlich im Abonnement bezogen werden bzw. nur so bezogen werden können. Meist handelt es sich um → Fachzeitschriften.

Abonnementszeitungen

→ Zeitungen, die im Gegensatz zu → Kaufzeitungen vorwiegend im Abonnement bezogen werden oder nur im Abonnement erhältlich sind.

Abribus → Lichtwerbung

Abruf → Rahmenvertrag

Im Rahmen von Jahresverträgen Aufforderung des Käufers oder seines Spediteurs an den Lieferanten zur Absendung der Ware. Zahlreiche Käufe werden im internationalen Handel anstelle eines im Vorhinein fixierten Liefertermins „auf Abruf" getätigt.

Absahnstrategie → Skimming-Strategie

Absatz

1. im funktionalen Sinne Verkauf von Gütern gegen Entgelt als Schlussphase des betrieblichen Leistungsprozesses (→ Marketing, → Marketingprozesse).
2. im Sinne des Prozessergebnisses das mengenmäßiges Verkaufsvolumen einer Unternehmung innerhalb einer Periode. Es kann in Stück- oder Volumen- bzw. Gewichtseinheiten erfasst werden.

Als Zielgröße für den Markterfolg (→ Marketingziele) weist der Absatz einige Nachteile auf: Er stimmt bei längeren Produktionslaufzeiten u.U. nicht mit dem Verkaufserfolg überein, weshalb z.B. im → Investitionsgütermarketing häufig stattdessen das Auftragsvolumen als Zielgröße verwendet wird. Weiterhin lässt er sich über das Sortiment hinweg nicht – wie der Umsatz – aufrechnen, und schließlich lässt er bei Qualitätsunterschieden kaum zwischenbetriebliche Vergleiche zu. Andererseits ist die Mengenbetrachtung für eine Produktivitätsanalyse (z.B. Absatz pro Kunde, Verkäufer etc.) aufgrund fehlenden Bewertungseinflusses u.U. vorteilhafter. Der Absatz lässt sich unter Bezugnahme auf Kunden- bzw. Auftragszahl und Bestellhöhe sowie Kaufhäufigkeit weiter aufschlüsseln (→ Marketing-Controlling). H.D.

Absatzbehinderung

kann als eine Form des → Behinderungswettbewerbs → unlauterer Wettbewerb i.S.v. § 1 UWG sein. Die Absatzbehinderung kommt in vielfältigen Formen vor. Ihr Ziel liegt stets darin, den Zugang des Mitbewerbers zum Markt und zum Absatz auf dem Markt zu beeinträchtigen. Das behinderte Unternehmen wird in seinen Möglichkeiten begrenzt, sich mit seinem Angebot an den Verbraucher zu wenden und ihn zu erreichen. Bei der Absatzbehinderung wird ein Verhalten unter dem Gesichtspunkt des Konkurrentenschutzes betrachtet. Entscheidend für die Unlauterkeit ist, dass ein Unternehmen den Kaufentschluss der Kunden nicht durch die Güte der eigenen Leistung beeinflusst, sondern durch die Behinderung der Konkurrenz. Dies widerspricht den Grundsätzen des Leistungswettbewerbs und ist unlauter.
Typische Beispiele für unlautere Absatzbehinderung sind: Abfangen von potentiellen Kunden des Mitbewerbers in unmittelbarer

Absatzfinanzierung

Nähe des Ladengeschäftes des Konkurrenten; Verteilen von Handzetteln auf öffentlichen Straßen über eine längere Zeit in unmittelbarer Nähe des Konkurrenzgeschäftes; Aufkaufen der Konkurrenzware, um den Mitbewerber mit seinem Angebot vom Markt zu verdrängen; identische Nachahmung eines Original-Erzeugnisses, das kurz vor der Einführung auf dem Markt steht und wegen der schon vertriebenen Nachahmung kein Interesse mehr findet; Konkurrenzvereitelung, z.B. durch Ausnutzung eines internationalen Rechtsgefälles. Die Grenzen zwischen der dem Wettbewerb und der Werbung immanenten und damit zulässigen Beeinträchtigung des Mitbewerbers im Absatz und in der Werbung zur unzulässigen, weil die Grenzen der wettbewerblich Erlaubten überschreitenden Absatzbehinderung sind im Einzelfall fließend.

H.-J.Bu.

Absatzfinanzierung

Absatzerleichterung durch Finanzierungshilfen in Form von speziellen Absatzförderungskonditionen, → Krediten oder → Kreditsubstituten. Das Unternehmen tritt dabei mit seinem Marktpartner entweder auf direktem Wege – wie im Falle spezieller Konditionen – oder indirekt – z.B. über außenstehende Kreditinstitute – in Verbindung (→ Konditionenpolitik).

Konditionen werden speziell von Herstellern zur Absatzförderung im Handel eingesetzt; Beispiele: → Rabatte (Funktions- oder Stufenrabatte für den Groß- und Einzelhandel, Mengenrabatte, Zeitrabatte, Treuerabatte für Verbraucher), Lieferbedingungen (Umtauschrecht, Verzicht auf Porti- und Frachtenberechnung durch Lieferung frei Haus), spezielle → Zahlungskonditionen, wie die Inzahlungnahme gebrauchter Ware, und Sonderkonditionen (Baukostenzuschüsse, Prämien, Werbepauschalen, Mietzahlungen usw.).

Im Rahmen von Finanzierungskonditionen lassen sich → Lieferanten- und → Konsumentenkredite als absatzfördernde Maßnahmen von den Kreditsubstituten unterscheiden. Letztere umfassen neben den Refinanzierungsmöglichkeiten wie Factoring und → Forfaitierung auch Sachmittelüberlassungsverträge (→ Leasing) und Kombinationen des Liefer- und Finanzierungsgeschäftes in Form von → Beteiligungen.

Neben dieser funktionalen Unterteilung der Absatzfinanzierung ergeben sich in Abhängigkeit vom Absatzweg (Konsumenten, Handel oder ausländische Geschäftspartner), der Finanzierungsart (bankmäßig oder nicht-bankmäßig) sowie der Güterart (Investitions- oder Konsumgüter) weitere Systematisierungskriterien.

Die konsumentenorientierte Absatzförderung beinhaltet zum einen die Konsumentenkredite der Sparkassen, Banken und Genossenschaften in Form von Kleinkrediten und Anschaffungsdarlehen, deren Vergabe durch Bankkredit- und Scheckkarten erleichtert wird, und zum anderen die nicht-bankmäßigen Finanzierungshilfen, unter denen alle Krediteinräumungen des Verkäufers an den Käufer zusammengefasst werden: Anschreibenlassen, Monats- und Wochenrechnungen, Teilzahlungskredite, Kredite von Kreditvermittlungsbüros und i.w.S. auch Leasingofferten.

Speziell auf den Handel ausgerichtete, ggf. mit Vorzugskonditionen ausgestattete bankmäßige Instrumente sind die Beleihung von Waren oder Wertpapieren durch eine Bank (Lombardkredit), Darlehen auf den Warenbestand und Diskontkredite. Zusätzlich bieten sich Herstellerleistungen durch Gewährung von Lieferantenkrediten, Wechselkredite und die schon genannten Sonderkonditionen als Maßnahmen zur Finanzierung des Absatzes an. Eine neuere Form der Absatzförderung (mit Finanzierungsaspekten) im Einzelhandel ist das → Franchising, bei dem der Franchisor den rechtlich selbständig bleibenden Franchisees gegen Entgelt das Recht einräumt, bestimmte Waren oder Dienstleistungen in einer vertraglich fixierten Form anzubieten. Die Kosten für den Franchise-Nehmer sind i.d.R. an den erzielten Umsatz gekoppelt: zwischen 1 und 3% des Umsatzes werden an den Franchise-Geber für erbrachte Dienstleistungen abgeführt. Dafür unterhält er ein ständiges Auslieferungslager beim Franchise-Nehmer, der somit Kapitalbindungen im Lager vermeidet.

Neben speziellen Außenhandelskonditionen existieren für Auslandsgeschäfte zusätzlich zu den üblichen Privatdiskontkrediten (der Exporteur zieht auf seine Hausbank einen Wechsel) die Finanzierungsmöglichkeiten durch Kredite der Ausfuhrkreditbank GmbH (AKA) sowie Avalkredite in Form von Bürgschafts- und Garantiekrediten (Hermes Kreditversicherungs AG und Deutsche Revisions- und Treuhand AG). Zunehmend bedeutsam werden Euro-Kredite. Für das Export-Geschäft mit

Entwicklungsländern werden langfristig geregelte Absatzgüterkredite geboten einschließlich staatlicher Entwicklungshilfen. Eine Sonderstellung nimmt die → Forfaitierung ein. Sie beinhaltet grundsätzlich den Ankauf von einzelnen langfristigen Forderungen eines Lieferanten aus einer Exporttätigkeit mit Investitionsgütern durch ein Finanzierungsinstitut (Forfaitist) unter Übernahme des Ausfallrisikos.

Neben dem → Factoring (Gesamtankauf von Forderungen bei Zahlungszielen >30 Tage) findet auch das → Leasing eine zunehmende Verbreitung im Außenhandelsgeschäft. Dem Importeur wird über eine dort ansässige Leasing-Gesellschaft, die i.d.R. über ein inländisches Schwesterunternehmen kontaktiert wird, die Leasingmöglichkeit als liquiditätswirksames Finanzierungsangebot offeriert.

Für Investitionsgüter bieten sich als absatzfinanzierende Instrumente die Kreditsubstitute Leasing, Factoring und die Beteiligungsfinanzierung im Anlagenbau an (→ Anlagengeschäft), während im Bereich der Konsumgüter die Konsumentenkredite neben speziellen Leasingformen für höherwertige Konsumgüter dominieren. Eine weite Verbreitung finden Leasing-Verträge für Automobile, Video- und Fernsehgeräte mit Laufzeiten von i.d.R. nicht unter einem Jahr. P.B.

Literatur: *Steffenhagen, H.:* Konditionengestaltung zwischen Industrie und Handel, Wien 1995.

Absatzförderung

nicht mehr üblicher, da zweideutiger Begriff für den Einsatz von Marketing-Instrumenten zur Forcierung des Absatzes. I.e.S. synonym zu → Verkaufsförderung.

Absatzform

überholter Begriff aus der → Vertriebswegepolitik, wobei Absatz mit Hilfe unternehmenseigener → Verkaufsorgane, mit Hilfe von → Absatzhelfern und unter Nutzung von → Marktveranstaltungen unterschieden wird.

Absatzforschung → Marktforschung

Absatzhelfer

in den Vertriebsweg eines Gutes eingeschaltete → Verkaufsorgane, die zwar rechtlich selbständig sind und insofern den → Absatzmittlern ähneln, aber in Gegensatz zu diesen kein Eigentum an der Ware erwerben. Typische Absatzhelfer sind Kommissionäre, → Makler und → Handelsvertreter. I.w.S. zählen zu den Absatzhelfern auch alle → Marketingdienstleister, die den Absatzprozess mit ihren Dienstleistungen unterstützend begleiten.

Literatur: *Olbrich, R.; Schröder, H.:* Absatzhelfer, in: *Köhler, R.; Tietz, B.; Zentes, J.* (Hrsg.): Handwörterbuch des Marketing, Stuttgart 1995, Sp. 12–19.

Absatzkanal → Vertriebswegepolitik

Absatzmarktforschung
→ Marktforschung

Absatzmethode

uneinheitlich gebrauchter und überkommener Begriff für Marketing-Instrumente aus dem Bereich der → Vertriebswegepolitik (s.a. → Vertriebssystem).

Absatzmittler

rechtlich und wirtschaftlich selbständige Personen und Institutionen, die in den Vertrieb von Waren und Dienstleistungen vermittelnd eingeschaltet werden und die selbst im Gegensatz zu den → Absatzhelfern Eigentum an den Waren erlangen. Man unterteilt die Absatzmittler in den → Einzel- und den → Großhandel.

Absatzmittlerselektion

Entscheidungsbereich der → vertikalen Marketingstrategie und der → Vertriebswegepolitik. Im Rahmen der Absatzmittlerselektion legt ein Herstellerunternehmen fest, welche Handelsunternehmen es im Rahmen seines → vertikalen Marketing bearbeitet (→ Distributionsgrad). Dabei lassen sich drei unterschiedliche Selektionsstufen unterscheiden:

– die *Universaldistribution*, bei der keine Einschränkung der Absatzmittler vorgenommen wird (→ Ubiquität)
– die *selektive Distribution*, bei der die Anzahl der zu bearbeitenden Absatzmittler durch qualitative Kriterien (wie z.B. Kooperationsbereitschaft, Beratungs- oder auch Serviceleistungen) begrenzt wird (→ Selektivvertrieb)
– die *exklusive Distribution*, bei der die Zahl der Absatzmittler sowohl durch qualitative als auch quantitative Kriterien (wie z.B. Anzahl der Händler pro Re-

Absatzorganisation

gion) beschränkt wird (→ Exklusivvertrieb).

Für die Absatzmittlerselektion lassen sich verschiedene Auswahlmethoden wie Scoringmodelle oder auch → Portfoliomodelle anwenden.　　　　T.T./M.Sch.

Literatur: *Irrgang, W.*: Strategien im vertikalen Marketing, München 1989.

Absatzorganisation
→ Marketingorganisation

Absatzplanung → Marketingplanung

Absatzpolitik
früher üblicher Begriff für den Einsatz der absatzpolitischen Instrumente, der sich aufgrund des umfassenderen Verständnisses des → Marketing überholt hat.

Absatzpolitische Instrumente
Synonym für → Marketing-Instrumente, z.T. aber auch als deren Unterklasse der Aktionsinstrumente zur Marktbeeinflussung in Abgrenzung von den Informstionsinstrumenten der Marktforschung.

Absatzpotential
analoger Begriff zum → Marktpotential auf Unternehmensebene, d.h. der unter bestmöglichen Bedingungen und Anstrengungen erzielbare → Absatz eines Unternehmens.

Absatzprognose
wissenschaftliche Aussage über zukünftige, den Absatzmarkt betreffende Ereignisse, die auf Beobachtungen und auf eine sachlogische Begründung gestützt ist. Die Absatzprognose muss auf der Analyse von Beobachtungen der Vergangenheit beruhen, damit sie empirisch fundiert ist und kein bloßes „Tippen" darstellt. Darüber hinaus erfordert sie grundsätzlich eine sachlogische Begründung sowie die Angabe der Voraussetzungen, unter denen sie abgegeben wird. Mit dieser Bedingung grenzt man die wissenschaftliche Prognose von der irrationalen Prophetie ab.

Der Vorgang der Absatzprognose kann als Prognoseaufgabe formuliert werden. Diese umfasst den gesamten Prognosevorgang und wird zweckmäßigerweise in einzelne zeitlich aufeinander folgende Schritte zerlegt:

(1) Darstellung des Prognosegegenstandes
Hierunter versteht man die Definition der ökonomischen Größe, die prognostiziert werden soll sowie die Festlegung des Prognosehorizontes, d.h. des Zeitraumes, für den die Prognose abgegeben werden soll. Ferner ist darüber zu entscheiden, ob eine → Punktprognose oder eine → Intervallprognose für den Prognosegegenstand geeigneter erscheint.

(2) Formulierung eines Erklärungsmodells des Prognosegegenstandes
Im Rahmen des → Prognosemodells werden theoretische Hypothesen über die Beziehungen des Prognosegegenstandes zu anderen Größen, die seine Entwicklung erklären könnten, beschrieben. Unter einem Prognosemodell versteht man ein System, in dem die beobachteten Werte der zu prognostizierenden Größe untereinander oder mit den Werten anderer Größen nach bestimmten Regeln so verknüpft werden, dass als Ergebnis Prognosewerte ermittelt werden können. Modelle, die nur die Werte der zu prognostizierenden Größe verwenden, ohne Einflüsse anderer Größen zu betrachten, sind Entwicklungsprognosen, z.B. das Modell des → Lebenszyklus oder punktuelle → Nachfrageschätzungen z.B. für Partiegeschäfte. Bei Wirkungsprognosen wird dagegen der Einfluss von Aktivitäten des Unternehmens (Preisstrategien, Werbeaufwand) auf den Absatz bzw. Umsatz des Unternehmens prognostiziert.
Wichtige Modellarten der Entwicklungsprognose sind neben dem Lebenszyklusmodell die Modelle zur → Markenwahlentscheidung sowie die → Kaufeintrittsmodelle für Neuprodukte. Gegenstand der Wirkungsprognosen ist v.a. die Ermittlung von → Marktreaktionsfunktionen und die Modellierung der Kaufneigung (→ Lavington-Modell).

(3) Untersuchung der → Zeitstabilitätshypothese
Dabei ist die Frage zu beantworten, ob sich das Erklärungsmodell als Prognosemodell eignet und die beobachteten Gesetzmäßigkeiten der Vergangenheit in Zukunft ebenso gelten werden.

(4) Prüfung der Messbarkeit der Variablen

(5) Suche nach messbaren Daten
Für quantitative Prognosen müssen die Daten in Form einer Zeitreihe (z.B. reales Bruttosozialprodukt der BRD in DM von 1960 bis 1988) vorliegen.

(6) Test des Erklärungsmodells durch Vergleich und statistische Auswertung der Zeitreihen (→ Regressionsanalyse)

(7) Anwendung eines Prognoseverfahrens
Zur numerischen Auswertung der Absatzprognosemodelle benötigt man → Prognoseverfahren. Qualitative Prognoseverfahren, mit denen → heuristische Prognosen erstellt werden, arbeiten verbal-argumentativ und liefern, wie z.B. die → Szenario-Technik, nur eine grobe Beschreibung der möglichen zukünftigen Entwicklung der Absatzsituation bei alternativen Rahmenbedingungen. Liegen vom Absatzmarkt Zeitreihendaten vor, so können quantitative Prognoseverfahren auf statistischer Grundlage herangezogen werden.

(8) Kritische Beurteilung der Prognoseergebnisse
Der letzte Schritt eines Prognosevorgangs muss die kritische → Prognosebeurteilung sein. Hier ist zunächst zu prüfen, ob das Prognosemodell dem Problem angemessen und in sich geschlossen (konsistent) ist. Darüber hinaus sollte die Gültigkeit der → Zeitstabilitätshypothese nachgewiesen werden. Die abschließende Beurteilung einer abgegebenen Prognose lässt sich durch den Vergleich der Prognosekosten mit der Prognosequalität durchführen, wobei die Qualität mit statistischen → Prognosefehlermaßen, die auf der Abweichung des prognostizierten vom tatsächlichen Wert des Prognosegegenstands basieren, gemessen wird.

Für die Absatzprognose von Konsum- und Investitionsgütern können Prognosen von gesamtwirtschaftlichen Größen (z.B. Bruttosozialprodukt, Arbeitslosenquote, Zinsniveau u.a.) als externe Variable in Prognosemodellen verwendet werden. In der BRD werden v.a. auf dem Gebiet der Konjunkturprognose in regelmäßigen Abständen Prognosen für die wichtigsten gesamtwirtschaftlichen Größen erstellt und veröffentlicht. Sie können wiederum als Grundlage für Prognosen mit der → Indikator-Methode bzw. für → multiple Regressionsprognosen dienen. Zu diesen lfd. Prognosen gehören die Vorausschätzungen

– des Sachverständigenrates zur Begutachtung der gesamtwirtschaftlichen Entwicklung, der jedes Jahr im November ein Jahresgutachten vorlegt, in dem neben einer Analyse der Wirtschaftsprozesse im abgelaufenen Jahr auch eine Prognose der wirtschaftlichen Entwicklung erstellt wird;
– der Bundesregierung, die im Januar jeden Jahres in ihrem Jahreswirtschaftsbericht die für das lfd. Jahr angestrebten Ziele und wirtschaftlichen Maßnahmen darlegt, sowie
– der Arbeitsgemeinschaft deutscher wirtschaftswissenschaftlicher Forschungsinstitute, die zweimal jährlich (Frühjahr und Herbst) für das lfd. bzw. nächste Jahr eine Gemeinschaftsprognose der wirtschaftlichen Entwicklung in der BRD veröffentlicht.

Neben diesen lfd. Prognosen existieren noch zahlreiche andere Informationsquellen:

– Wirtschaftsprognosen der OECD
– Prognosen der einzelnen Wirtschaftsverbände
– Prognosen mit Hilfe von ökonometrischen Modellen bei Universitäten (z.B. Bonner Modell), bei größeren Unternehmen (z.B. IBM), bei öffentlichen Institutionen (z.B. Bundesbank) und bei Wirtschaftsforschungsinstituten (z.B. Deutsches Institut für Wirtschaftsforschung, Rheinisch-Westfälisches Institut für Wirtschaftsforschung). K.-W.H.

Literatur: *Brockhoff, K.:* Prognoseverfahren für die Unternehmensplanung, Wiesbaden 1977. *Frerichs, W.; Kübler, K.:* Gesamtwirtschaftliche Prognose-Verfahren, München 1980. *Hansmann, K.-W.:* Kurzlehrbuch Prognoseverfahren, Wiesbaden 1983. *Mertens, P.* (Hrsg.): Prognoserechnung, 5. Aufl., Heidelberg 1994.

Absatzquote

→ Marketing-Kennzahl für den Beschäftigungsgrad eines Unternehmens, die sich aus dem Quotienten zwischen den am Markt absetzbaren Warenmengen (Absatzpotential) und der Produktionskapazität eines Unternehmens ergibt.

Absatzradius

geographische Reichweite des Vertriebsgebietes eines Unternehmens.

Absatzreichweite

im → Internationalen Marketing gebräuchlicher Fachterminus für die durch rechtliche oder andere Umstände u.U. begrenzte Möglichkeit zur räumlichen Ausdehnung des Geschäftes.

Absatzrisiko

Absatzrisiko

spezielle Ausprägung von → Marketingrisiken, die sich im Nichterreichen der geplanten Zielerreichungsausmaße beim → Absatz niederschlagen.

Absatzschätzung → Nachfrageschätzung

Absatzsegmentrechnung

→ Erfolgsanalyse bzw. -kontrolle im Marketing nach Teilausschnitten der betrieblichen Produkt-Markt-Beziehungen, denen sich Kosten und Erlöse gesondert zurechnen lassen.

Als unterschiedliche Absatzsegmente werden voneinander abgegrenzt: Produkte oder Produktgruppen, Aufträge, Kunden(gruppen), Absatzwege, Verkaufsgebiete. Entsprechende Produkterfolgsrechnungen, Auftragserfolgsrechnungen, → Kundenerfolgsrechnungen usw. dienen dem verfeinerten Aufspüren absatzwirtschaftlicher Gewinn- oder Verlustquellen. Sie sind damit zugleich Grundlage für eine selektive Absatzpolitik, d.h. für eine vorrangige Ausrichtung der Marketing-Aktivitäten auf überdurchschnittlich Erfolg versprechende Teilbereiche der Marktbeziehungen.

Grundlage einer vielseitig aufgebauten Absatzsegmentanalyse ist die → Deckungsbeitragsrechnung. Dabei erscheint das Direct Costing zwar für die stückbezogene Produkterfolgsrechnung geeignet; aber in Bezug auf andere Absatzsegmente ist das Rechnen mit relativen Einzelkosten angemessener, da auf den verschiedenen Zurechnungsebenen i.d.R. pro Periode auch Fixkosten schlüsselungsfrei zugeordnet werden können.

Die Absatzsegmentrechnung knüpft hierzu an eine Bezugsgrößenhierarchie an, wie sie beispielhaft in der *Abb.* angedeutet ist. Von unten nach oben gesehen, weist diese Bezugsgrößenhierarchie logische Verkettungen auf: Kosten, die auf unteren Ebenen bereits als relative Einzelkosten erfasst werden können, lassen sich der nächsthöheren Hierarchiestufe ebenso eindeutig als Einzelkosten zuordnen (s. Pfeilverbindung). Auf jeder höheren Bezugsgrößenebene kommen Kostenbeträge hinzu, die erst dort ohne Schlüsselung zurechenbar sind. Beispiele: Versandkosten beim Gesamtauftrag, kundenspezifische Besuchskosten bei den Kunden(gruppen), Mietkosten für ein Verkaufsbüro auf der Ebene „Verkaufsgebiet".

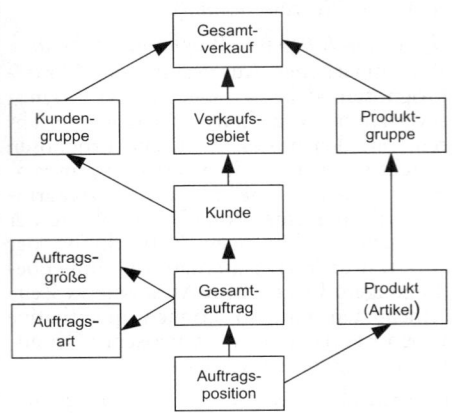

Bezugsgrößenhierarchie in der Absatzsegmentrechnung

Es genügt also, die Kostendaten mit Deskriptoren so zu kennzeichnen, dass jeweils die niedrigste Stufe der Bezugsgrößenhierarchie definiert ist, ab der die Kostenart direkt (als relative Einzelkosten) verrechnet werden kann.

Neuere Informationstechniken erleichtern die Durchführung *mehrdimensionaler Absatzsegmentrechnungen*, beispielsweise die Analyse von Produktdeckungsbeiträgen, wie sie in verschiedenen Verkaufsgebieten und dort wiederum in unterschiedlichen Absatzwegen erzielt worden sind. Für solche vielseitigen Datenauswertungen kommt die Nutzung eines → Data Warehouse mit Hilfe von OLAP-Tools in Betracht (online Analytical Processing), wie dies u.a. im R/3-System von SAP geschieht.   R.K.

Literatur: *Albers, S.:* Absatzsegmentrechnung, in: *Tietz, B.; Köhler, R.; Zentes, J.*(Hrsg.): HWM, 2. Aufl., Stuttgart 1995, Sp. 19–28. *Köhler, R.:* Beiträge zum Marketing-Management, 3. Aufl., Stuttgart 1993, S. 383 ff.

Absatztheorie
→ Marketing-Wissenschaft,
→ Marketing-Theorie

Absatzweg → Vertriebswegepolitik

Absatzwirtschaft

im *institutionellen Sinn* (als Gegensatz zur Beschaffungs- und Produktionswirtschaft) alle Organe und Institutionen einer Volkswirtschaft, welche die Verwertung betrieblicher Leistungen auf Absatzmärkten betreiben oder fördern. Hierzu zählen insb.:

- Verkaufsorgane der Industrie,
- Handelsbetriebe, oft auch Absatzmittler genannt (→ Handel),
- → Absatzhelfer, d.h. selbständige Betriebe zur Unterstützung des Absatzprozesses (z.B. Marktforschungsinstitute, Werbeagenturen, Spediteure, Versicherungsgesellschaften, Marketing-Beratungsunternehmen, Messegesellschaften, Makler),
- institutionalisierte Marktveranstaltungen (z.B. Messen, Ausstellungen, → Auktionen, → Warenbörsen).

Im *funktionellen Sinn* umschließt Absatzwirtschaft alle betrieblichen → Marketingprozesse zur Bewältigung der bei der Leistungsverwertung anfallenden Aufgaben.

H.D.

Abschlussbindungen

schreiben dem Abnehmer einer Ware vor, wie er mit dieser Ware umzugehen hat. Unterschieden werden Verwendungsbeschränkungen, Ausschließlichkeitsbindungen, Kopplungsgeschäfte und Vertriebsbindungen. Da Abschlussbindungen die Gestaltungsfreiheit von Verträgen einschränken, unterliegen sie der Missbrauchsaufsicht der Kartellbehörden (§ 16 GWB). Grundsätzlich sind diese Vertragstypen zulässig, erst die missbräuchliche Bindung kann die Kartellbehörde zu einem Eingreifen veranlassen. Als Missbrauch ist eine vertragliche Bindung dann einzustufen, wenn durch sie entweder

- eine für den Wettbewerb auf dem Markt erhebliche Zahl von Unternehmen gleichartig gebunden und in ihrer Wettbewerbsfreiheit unbillig eingeschränkt ist oder
- für andere Unternehmen der Marktzutritt unbillig beschränkt wird oder
- der Wettbewerb auf dem Markt für diese oder andere Waren oder gewerbliche Leistungen wesentlich beeinträchtigt wird.

Bei *Verwendungsbeschränkungen* wird der Vertragspartner verpflichtet, die Ware oder gewerbliche Leistung nur in der vom Lieferanten vorgeschriebenen Weise, etwa in der Produktion, zu verwerten.

Ausschließlichkeitsbindungen enthalten die vertragliche Verpflichtung, keine Geschäftsbeziehungen mit Dritten aufzunehmen. Bedeutung erlangt hat dieser Vertragstyp vor allem als Bezugsbindung im Rahmen von Bierlieferungsverträgen.

System der Vertriebsbindungen

(Quelle: *Ahlert, D.*, Distributionspolitik, 3. Aufl., Stuttgart, Jena 1996, S. 198.)

Abschlussgeschäft

Kopplungsgeschäfte sind Verträge, bei denen der Abnehmer zum Kauf weiterer Waren oder gewerblicher Leistungen verpflichtet wird, die lediglich Nebensachen im Verhältnis zur eigentlichen Hauptsache darstellen.

Vertriebsbindungen schreiben dem Abnehmer vor, an wen, wohin und wann dieser die Produkte des Lieferanten weiterzuvertreiben hat (vgl. *Abb.*). Mit einer derartigen Bindung kann sich der Lieferant vor einem unerwünschten Intrabrand-Wettbewerb zu schützen versuchen.

Vertriebsbindungen werden insbesondere im Rahmen des → Selektivvertriebs vereinbart, um für die → Vertriebswegepolitik des Herstellers zu gewährleisten, dass der Erstabnehmer den weiteren Vertrieb auf die vom Hersteller bestimmten Abnehmerkreise und/oder Absatzgebiete beschränkt.

Vertriebsbindungssysteme, wie sie etwa in der Unterhaltungselektronik- und Kosmetikbranche anzutreffen sind, sollen die Verhaltensabstimmung zwischen den Vertragspartnern erleichtern, die Einhaltung der Vertriebswegebeschränkung sicher stellen sowie einen Schutz gegen Außenseiter bei lückenloser Bindung aller Abnehmer der Ware bieten. Letzteres ist die Voraussetzung dafür, dass der Hersteller rechtliche Ansprüche gegenüber vertragsbrüchigen Systemmitgliedern und gegenüber Außenseitern, die die Ware durch den Vertragsbruch eines Systemmitglieds erhalten haben, erfolgreich geltend machen kann.

H.Schr./D.A.

Literatur: *Ahlert, D., Schröder, H.:* Rechtliche Grundlagen des Marketing, 2. Aufl., Stuttgart u.a. 1996, S. 86-92.

Abschlussgeschäft → Fremdgeschäft, → Einkaufsgemeinschaft

Abschlusssignale → Verkaufsabschluss

Abschlusstechnik → Verkaufsabschluss

Abschlussvertreter → Handelsvertreter

Abschneideverfahren („cut off"- oder „Konzentrationsprinzip")
spezifisches → Auswahlverfahren für → Stichproben. Dieses nicht zufallsgesteuerte Verfahren wird insb. in der Investitionsgütermarktforschung angewandt. Es besteht in der Konzentration der Auswahl auf die für wesentlich gehaltenen – oder überhaupt identifizierbaren – Teile der Grundgesamtheit, also, umgekehrt ausgedrückt, dem Abschneiden der als weniger relevant erachteten oder schwer auszumachenden. In dem Falle, dass die Größenordnung dieser weggelassenen Gruppe bekannt ist, vermag man sogar ungefähre Vorstellungen über den möglichen Fehler zu entwickeln; in gewisser Weise kann das Verfahren als besondere Variante einer → geschichteten Auswahl – der Auswahlsatz in einer bestimmten Schicht beträgt 0 – gedeutet werden.

M.H.

Abschöpfungsstrategie
→ Skimming-Strategie

Abschriftenquote → Preisabschriften

Absteigerung (Auktion auf Abstrich, Abstrichverfahren)
Erscheinungsform der Versteigerung, bei der ein Auktionator ausgehend von einem Höchstpreis diesen sukzessiv solange verringert, bis ein Käufer sich zum Kauf bereit erklärt (→ Auktion).

Abstimmungs-PR → Politische PR

Abwehrvergleich
→ Vergleichende Werbung

Abweichungsanalyse
→ Erlös-Abweichungsanalyse

Abwerbung
von Kunden oder Arbeitnehmern ist dem Wettbewerb immanent, kann daher nur wettbewerbswidrig sein, wenn diese zum → Vertragsbruch verleitet werden oder wenn deren Vertragsbruch gefördert wird. Voraussetzung ist, dass die Abwerbung als Mittel im Wettbewerb eingesetzt wird. Häufig wird für diese Fälle auch der Begriff „Ausspannen" verwendet.

H.-J.Bu.

Abwicklungsgeschäft
→ Kommission, bilanzielle und steuerliche Behandlung

Account-Management
→ Key-Account-Management

ACD (Automatic Call Distribution)
→ Call Center

ACE → Lebensstil-(Lifestyle-)Konzepte

ACNielsen

Die A.C. Nielsen Company wurde 1923 in Chicago Ill. von Arthur C. Nielsen Sr. zusammen mit drei anderen Ingenieuren als → Marktforschungsinstitut gegründet. In den ersten Jahren nach der Gründung wurden Interviews mit Verbrauchern und Händlern durchgeführt, wie sie in der Umfrageforschung üblich waren. 1933 konnte der Nielsen-Gesundheits- und Körperpflege-Index und der Nielsen-Lebensmitteleinzelhandels-Index, beide auf Basis von → Handelspanels, in den USA etabliert werden. Beide Indizes wurden kontinuierlich erhoben und standen alle zwei Monate zur Verfügung. Im Unterschied zur bisher üblichen Praxis präsentierten speziell dafür ausgebildete Kundenberater die Nielsen-Index-Ergebnisse persönlich mit Hilfe von Schaubildern bei den Klienten. Auf diese Weise erhielten die Bezieher von Nielsen-Diensten eine bessere Interpretation des Zahlenmaterials für ihre Marke und für ihre Konkurrenzprodukte und konnten die Nielsen-Marktdaten direkt zur Steuerung und Kontrolle logistischer, verkaufsfördernder, werblicher, produkt- und preispolitischer Maßnahmen des Marketing und vieler anderer Unternehmensprozesse verwenden. Die Bedeutung der von Nielsen gelieferten Paneldaten spiegelt sich u.a. darin wider, dass die dort verwendeten → Nielsen-Regionalstrukturen Eingang in die Untergliederung der Absatzstatistik und auch der Verkaufsgebiete vieler Konsumgüterunternehmen fanden.

Nach dem Krieg führte Nielsen die Handelspanel-Forschung in Kontinentaleuropa ein, 1954 in der Bundesrepublik Deutschland. 1990 ist die Nielsen-Handelspanel-Forschung in 27 wirtschaftlich wichtigen Ländern der Welt vertreten.

Abgesehen von den kontinuierlichen Erhebungen im Lebensmitteleinzelhandel und in Geschäften, die Gesundheits- und Körperpflegemittel verkaufen, führt Nielsen seit Jahren diese Art der Marketing-Forschung auch in anderen Einzelhandelszweigen und im Großhandel durch. Darüber hinaus wurden die Aktivitäten ausgedehnt auf das Testmarketing, Handelsbefragungen, Verbraucherforschung und die Werbebeobachtung. Seit 1950 gibt es auch Angebote im Bereich der → Fernseh-Zuschauerforschung.

Außer den genannten Aktivitäten diversifizierte die A.C. Nielsen Company in verschiedene andere Sektoren. Das Coupon-Clearing (→ Coupon-Anzeige) hilft den Werbungtreibenden und dem Handel – insb. in den USA – bei der Abwicklung der riesigen Couponmenge, die bei Verkaufsförderungsaktionen verwendet werden.

Im Laufe der Zeit vergrößerte sich die Mitarbeiterzahl der Nielsen Gruppe beträchtlich. Während das Unternehmen 1954 weltweit rd. 2000 Beschäftigte zählte, stieg ihre Zahl 1999 auf ca. 18.500.

Anschrift: ACNielsen GmbH, Ludwig-Landmann-Str. 405, 60486 Frankfurt/M.

ACNielsen AdEx (Advertising Expenditure Measurement)

AdEx, die Werbestatistik der ACNielsen Werbeforschung, umfasst die Erhebung des Werbeaufwands in klassischen Medien wie Publikumszeitschriften (ca. 410), Fachzeitschriften (ca. 190), Zeitungen (ca. 260), Stadtillustrierte (ca. 120), Fernsehen (ca. 26 TV-Sender und 4 Regionalfenster), Hörfunk (ca. 55 Funksender) und Plakat (ca. 350.000 Flächen). Die Erhebung basiert auf Beobachtung der Werbeträger und Werbemittel sowie ergänzenden Meldungen der Werbeträger. So können die Ausgaben für Werbemaßnahmen und deren Verteilung auf die wichtigsten Medien ermittelt werden. Alle Werte werden „Brutto" erhoben, d.h. ohne Berücksichtigung von Rabatten seitens der Werbeträger. R.J.

ACNielsen Brand Performance System

Unter diesem Begriff bietet ACNielsen ein von *K. Brandmeyer* und *R. Schulz* entwickeltes Programm zur Bestimmung des → Markenwerts an (Weiterentwicklung der „Nielen-Marken-Bilanz"). Das praxis- und ganzheitlich orientierte Instrument macht die Bestimmung und Steuerung von Markenwerten möglich und gehört zu den ersten diesbezüglichen kommerziellen Angeboten für die Markenartikelindustrie am Markt.

ACNielsen Homescan™ Consumer Panel

repräsentative Gesamtheit von Haushalten, die per Handscanner regelmäßig über ihre Einkäufe von Gütern des täglichen Bedarfs berichten. Anfang 2000 umfasste es 8.400 Haushalte mit rund 23.000 Personen, in denen das Kaufverhalten aller Personen ermittelt wird.

ACNielsen Homescan^{TM} Single Source, ein Subpanel des Homescan Panels, verknüpft zudem die Einkaufsdaten mit den Daten über das Fernsehverhalten derselben Haushalte. 4.500 der 8.400 Panel-Haushalte sind mit einem TV-Meter ausgestattet, mit dessen Hilfe das Fernsehverhalten sekundengenau und personenindividuell gemessen werden kann. Damit lässt sich analysieren, welche Auswirkungen ein Werbespot auf das tatsächliche Kaufverhalten des Zuschauers hat. Nur so sind auf realem Kaufverhalten basierende Werbewirkungsanalysen und eine an Käuferzielgruppen ausgerichtete Mediaplanung möglich.

Durch die gleichzeitige Erfassung von Kauf- und Media-Daten können nicht nur Analysen über das Konsumverhalten – wie beispielsweise Käuferprofile, Markenwechsel-Betrachtungen oder Käuferwanderungen – erstellt, sondern auch wertvolle Hilfestellungen für die Mediaplanung und Werbewirkungsforschung gegeben werden. Wann welche Konsumzielgruppen vor dem Fernseher anzutreffen sind oder welche Auswirkungen Werbung auf das tatsächliche Kaufverhalten hat, kann damit überprüft werden. W.Le.

ACNielsen INF*ACT Workstation

ein von der → ACNielsen Company angebotenes integriertes System, das als Plattform und Ausgangsbasis für Marketinginformations- und -steuerungssysteme dient. Die Unternehmen besitzen mit der INF*ACT Workstation eine Nutzeroberfläche zur Analyse ihrer Daten und zur Anfertigung unterschiedlichster Präsentationen. Interne und externe Massendaten lassen sich einfach und schnell zusammenspielen und in Reports und Grafiken individuell und übersichtlich darstellen. R.W.

ACNielsen Kontrollierter Markttest

Von ACNielsen angebotener kontrollierter → Markttest. Es handelt sich um einen Real-Life-Test zur Absicherung von Produkt-, Sortiments-, Packungs- und Preisentscheidungen sowie zur Überprüfung von Platzierungs- und Verkaufsförderungsmaßnahmen am Point of Sale. In einer Stichprobe von Einzelhandelsgeschäften realisieren und kontrollieren speziell dafür ausgebildete Mitarbeiter die definierten Testmaßnahmen. Festgestellt wird, wie die Testmaßnahmen den Absatz und das Verbraucherverhalten beeinflussen.

Die Absatzauswirkungen bestimmter Marketingmaßnahmen werden *vor* der nationalen Umsetzung gemessen und bewertet. Entscheidungsalternativen können gegeneinander beurteilt werden, dadurch wird das Risiko von Fehlentscheidungen minimiert.

Die Zusammenstellung der Stichprobe ist nahezu beliebig über Vertriebstypen, Handelsorganisationen und Regionen hinweg möglich. Insgesamt steht ein Pool von mehr als 200 Testgeschäften in den Testregionen Hamburg, Köln, Düsseldorf, Rhein-Main, Stuttgart und München für Testvorhaben zur Verfügung.

Im Durchschnitt werden 20 Testgeschäfte für einen Test benötigt, in denen ca. 30.000 bis 40.000 Haushalte einkaufen. Deren Einkaufsverhalten wird nicht konditioniert.

Der ACNielsen Kontrollierte Markttest verbindet die Vorteile eines Labortests (= alle Bedingungen werden überwacht) mit den Vorzügen eines Feldexperiments (= große Realitätsnähe). G.Ma.

ACNielsen MarketTrack

ACNielsen MarketTrack ist ein neues, scanningbasiertes Handelspanel, das schnellere, detailliertere und mehr Analysemöglichkeiten für Marketingaktivitäten liefert. Die Informationen in der MarketTrack-Datenbank ermöglichen die Bewertung der wichtigsten Entwicklungen für alle Einzelartikel, die Marke, die Warengruppe und Marktsegmente (für Key-Account oder Region).

Mit MarketTrack lassen sich die Gründe für die Umsatzentwicklung und der Marktanteil eines Produktes detailliert darstellen. Die Leistung eines Produktes kann beurteilt und die Effektivität von Marketing- und Vertriebsstrategien bewertet werden. Durch wochengenaue Datenabgrenzung ist die Überprüfung der Effizienz taktischer Maßnahmen am POS, die Analyse des Einflusses von Neuprodukteinführungen und Line Extensions sowie die Messung der Effizienz kurzfristiger Preisaktivitäten möglich.

Im Vergleich zum traditionellen Handelspanel liefert MarketTrack mehr Informationen durch optimale Marktabdeckung (alle Märkte, auch die ohne Scannertechnologie, werden erfasst). Die Informationen durch wochengenaue Abgrenzung sind aktueller (d.h. Wochen in der Datenbank entsprechen den Kalenderwochen, beispielsweise Umsatzentwicklung in Wochenabständen bei Produkteinführung), und detaillierter durch die Produkterhebung, die nun alle Items berücksichtigt. Das Handling ist durch flexiblere Datenbanken einfacher, Analysen können leichter durchgeführt werden. Es besteht außerdem die Möglichkeit, in die MarketTrack-Daten Homescan-Daten (Haushaltspanel-Daten) zu integrieren.

MarketTrack Datenbanken beinhalten z.B. Basis- und Zusatzabsatz, Promotion- und Non-Promotion-Verkäufe, numerische und gewichtete Regal- und Displaydistribution, Tageszeitungsinsertion und Handzettel, Basis- und Promotion-Preis etc. R.R.

ACNielsen-Regionalstrukuren

Marktinformationen wie Media-Reichweite und Strukturen der Bevölkerung werden für das → Marketing erst dann praktikabel, wenn sie auch regional aufbereitet genutzt werden können. Dabei legt man nach der gebietsspezifischen Bedeutung einer Warengruppe, Marke oder Zielgruppe eines umworbenen Verbraucherkreises größere oder kleinere regionale Einheiten bei Entscheidungen im Marketing-Mix zugrunde.

Die größten und bekanntesten regionalen Einheiten sind die ACNielsen-Gebiete. Auch die Bundesrepublik Deutschland wurde in einzelne Gebiete aufgeteilt. Solch ein ACNielsen-Gebiet stellt, mit einer arabischen Ziffer bezeichnet, eine bestimmte regionale Einheit dar, die sich entweder über eine bestimmte politische Gebietseinheit (z.B. Bundesland) oder eine Zusammenfassung mehrerer solcher Einheiten erstreckt. Die Verwendung dieser politischen Gebietsabgrenzungen für statistische Zwecke ist aus Gründen der Vergleichbarkeit mit anderen Zahlen der → Amtlichen Statistik nötig. Des Weiteren werden die ACNielsen-Gebiete für die regionale Auswertung der Ergebnisse der lfd. Panelerhebungen gebraucht. Die seit 1991 gültige Aufgliederung der ACNielsen-Gebiete sieht wie folgt aus:

Nielsen-Gebiet 1: Schleswig-Holstein, Niedersachsen, Hamburg, Bremen
Nielsen-Gebiet 2: Nordrhein-Westfalen
Nielsen-Gebiet 3a: Hessen, Rheinland-Pfalz, Saarland
Nielsen-Gebiet 3b: Baden-Württemberg
Nielsen-Gebiet 4: Bayern
Nielsen-Gebiet 5: Berlin
Nielsen-Gebiet 6: Mecklenburg-Vorpommern, Brandenburg, Sachsen-Anhalt
Nielsen-Gebiet 7: Sachsen, Thüringen

Abgesehen von dieser Standardaufteilung nach Nielsen-Gebieten, können gebietliche

ACNielsen-Regionalstrukturen

ACNielsen Gebiete	ACNielsen Standard-Regionen	ACNielsen Ballungsräume
Gebiet 1: Hamburg, Bremen, Schleswig-Holstein, Niedersachsen	Nord: Schleswig-Holstein, Hamburg Süd: Niedersachsen, Bremen	① Hamburg ② Bremen ③ Hannover
Gebiet 2: Nordrhein-Westfalen	Ost: Westfalen West: Nordrhein	④ Ruhrgebiet
Gebiet 3a: Hessen, Rheinland-Pfalz, Saarland	Ost: Hessen West: Rheinland-Pfalz, Saarland	⑤ Rhein-Main ⑥ Rhein-Neckar
Gebiet 3b: Baden-Württemberg	Nord: Reg.Bez. Stuttgart, Karlsruhe Süd: Reg.Bez. Freiburg, Tübingen	⑦ Stuttgart
Gebiet 4: Bayern	Nord: Ober-, Mittel-, Unterfranken, Oberpfalz Süd: Ober-, Niederbayern, Schwaben	⑧ Nürnberg ⑨ München
5: Berlin		⑩ Berlin
6: Mecklenburg-Vorpommern, Brandenburg, Sachsen-Anhalt		⑪ Halle/Leipzig
7: Thüringen, Sachsen	West: Thüringen Ost: Sachsen	⑫ Chemnitz/Zwickau ⑬ Dresden

Sondertabellierungen auch entsprechend den Wünschen der Hersteller nach regionalen Einheiten – wie z.B. Verkaufsbezirken – erstellt werden.

ACNielsen SPACEMAN
Von ACNielsen entwickeltes Programm zur → Regalflächenoptimierung. Es ermöglicht Industrie- und Handelspartnern, Warenumschlag, Bevorratung und Gewinnspanne zu optimieren und damit die gemeinsame Investition in die zwei wichtigsten Einzelhandelsressourcen Waren und Verkaufsraum optimal zu nutzen.   R.R.

ACNielsen Werbeforschung S + P
→ ACNielsen AdEx

Across the boarder-Trade
→ Dienstleistungs-Marketing, interkulturelles

ACT → Ad*Vantage

Action-Getter → Handlungsauslöser, → Kataloggestaltung

Adaptive Conjoint Analyse
→ Conjoint Analyse

Adaptive Filtering
→ Information Filtering, → Personalisierung

Adaptive Selling
Es gibt viele Bücher, die bestimmte Erfolgsrezepte für den → Persönlichen Verkauf anpreisen. Ihnen ist gemein, dass sie ganz bestimmte Verhaltensweisen von der Anbahnung eines Kundenkontaktes bis zum Abschluss empfehlen (→ Verkaufstechniken). Ein solches gleichsam programmiertes Verkaufen würde dem Verkäufer erlauben, in jedem Stadium des Verkaufsprozesses diejenige Verhaltensweise einzuschlagen, die sich in der Vergangenheit als besonders effektiv erwiesen hat („Canned Selling"). Da der Verkaufserfolg aber von vielen situativen Faktoren abhängt, halten Kritiker diesem Vorgehen das „Adaptive Selling" entgegen, bei dem der Verkäufer vor allem darin trainiert wird, Kunden zuzuhören und genau auf seine Wünsche zu reagieren (s.a. → Soft Selling).   S.A.

Literatur: *Spiro, R.L.; Weitz, B.A.:* Adaptive Selling: Conceptualization, Measurement, and Nomological Validity, in: Journal of Marketing Research, Vol. 27 (1990), S. 61–69.

Adaptives Filtern
Variante der → autoregressiven Verfahren im Rahmen der → Absatzprognose, die nur die tatsächlichen Zeitreihenwerte benutzt, um das zukünftige Verhalten einer Zeitreihe zu prognostizieren. Das adaptive Filtern legt dieselbe Prognosegleichung zugrunde wie das → Box-Jenkins-Verfahren:

$$x_t = a_1 x_{t-1} + a_2 x_{t-2} + \ldots + a_p x_{t-p} + e_t - b_1 e_{t-1} - \ldots - b_q e_{t-q}$$

(x = Zeitreihenwerte, e = Störvariable, a und b zu schätzende Parameter)

Die beiden Verfahren unterscheiden sich allerdings bei der Schätzung der Modellparameter a_i und b_i: während *Box/Jenkins* ein nicht-lineares Gleichungssystem verwenden, begnügt man sich beim adaptiven Filtern mit einer linearen Approximation des Gradienten der Zielfunktion, die zu folgenden dynamischen Anpassungsfunktionen führt:

$$a_{it} = a_{it-1} + 2Ke_t x_{t-1} \quad (i=1,\ldots,p)$$
$$b_{it} = b_{it-1} - 2Ke_t e_{t-i} \quad (i=1,\ldots,q)$$

Dabei wird die Schnelligkeit der Anpassung über eine Lernkonstante K gesteuert, die im Bereich $0 < K < (1/(p+q))$ liegen muss. Der Vorteil des adaptiven Filterns gegenüber dem Box-Jenkins-Verfahren liegt in dem erheblich verringerten mathematischen Aufwand und der leichteren Programmierbarkeit. Dem steht die geringere Genauigkeit und die Unsicherheit bei der Wahl der Lernkonstanten K gegenüber.   K.-W.H.

Literatur: *Hansmann, K.-W.:* Kurzlehrbuch Prognoseverfahren, Wiesbaden 1983.

Adaptoren → Körpersprache

Ad-Click (Click-Through)
ist eine Maßzahl der → Mediaanalyse im Internet und kennzeichnet die Effektivität eines → Werbebanners. Mit dem Ad-Click wird der Mausklick eines Internet-Nutzers auf einen Werbebanner gezählt, der den Nutzer direkt auf die Web-Site des Werbetreibenden führt.

Add-a-card
im Rahmen des → Direct-Response-Marketing eingesetzte Sonderinsertionsform in Zeitschriften, wobei im Endlosdruck hergestellte Postkarten oder Sticker auf die An-

zeige geklebt werden, um Leserreaktionen zu erleichtern. Eine aufwendigere Alternative sind sog. „see and write"-Karten, die einzeln angeliefert und eingeklebt werden.

Added value → Begleitende Dienste

Additive Differenzheuristik
→ Kaufentscheidungsheuristiken

Ad-hoc-Studie
Marktforschungsstudie zur Klärung eines aktuellen Problems ohne Einbindung in eine längerfristig angelegte Studie oder ein entsprechendes Erhebungssystem.

Ad-hoc-Werbung
Form der → Bandenwerbung bei Sportveranstaltungen, bei der eine Buchung jeweils nur für ein Ereignis oder eine bestimmte Ereignisserie (z.B. alle Länderspiele innerhalb eines Jahres) erfolgt und das Werbemittel auf sog. Reitern angebracht wird.

Ad-Impression (Ad-View)
ist eine Maßzahl der → Mediaanalyse im Internet und bestimmt die Zahl der Zugriffe, die in einem festgelegten Zeitraum für ein bestimmtes Werbebanner stattgefunden haben. Die Zugriffe ergeben sich aus den Aufrufen der werbetragenden Web-Site (→ Page-Impression) und kommen dem klassischen Sichtkontakt gleich.
Die Ad-Impressions unterteilen sich in drei Untergruppen: Während ein *„Graphical Ad-Impression"* die erfolgreiche grafische Übertragung eines Banners an einen Browser darstellt, ist ein *„Textual Ad-Impression"* nur die Übertragung der textbasierten Version eines Werbe-Banners. Dieser Fall tritt dann ein, wenn z.B. ein Benutzer das Laden von Grafiken in seinem Browser deaktiviert oder einen textorientierten (nicht graphik-fähigen) Browser einsetzt. Als weitere Abgrenzung zählt das *„Cached Ad-Impression"*, worunter man einen zwischengespeicherten Werbungsabruf versteht. Es handelt sich um die erfolgreiche Übertragung eines Banners aus dem Zwischenspeicher eines Browsers. Die *„Total Ad-Impressions"* erfassen die Summe aller Sichtkontakte mit einer Werbeanzeige.
B.Ne.

ADM (Arbeitskreis Deutscher Markt- und Sozialforschungsinstitute)
→ Marktforschungsverbände

ADM-Master-Sample
Beim ADM-Master-Sample handelt es sich um eine konkrete „koordinierte nationale Stichprobe". Das Anliegen dabei ist, eine methodische Grundlage und Auswahlbasis zur Bildung einer Bevölkerungsstichprobe für die Bundesrepublik Deutschland unter Einhaltung bestimmter Qualitätsstandards zu schaffen, auf die bei Stichprobenziehungen im Rahmen spezifischer Marktuntersuchungen Bezug genommen werden kann.
Die o.a. Bezeichnung ist, obzwar in der Praxis üblich, nicht ganz exakt. Das Verfahren hat sich nämlich im Zusammenhang mit der Durchführung von „Leseranalysen", im Rahmen der → Mediaforschung in Zusammenarbeit mit der früheren AG.LA („Arbeitsgemeinschaft Leseranalyse" – heute: → AG.MA) mit dem ADM (→ Marktforschungsverbände) entwickelt. Mitte der 70er-Jahre wurde diese enge Verbindung zum ADM gelockert und der „Club der 13" gebildet, dem neben der AG.MA und einer Reihe von „ADM-Instituten" auch solche angehörten, die nicht Mitglied des ADM waren. Die konkreten – gezogenen – Stichproben stehen im Prinzip nur den Mitgliedern zur Verfügung. Insbesondere im Kontext der Medienanalyse spricht man auch vom „koordinierten AG.MA-Stichprobensystem".
Als Auswahlbasis für das Master-Sample dient die sog. Ziehungsdatei. Sie beruht auf der Ergänzung der Bundeswahldatei des Statistischen Bundesamtes mit 80.024 amtlichen Stimmbezirken (Stand 1999 bezüglich der Bundestagswahl vom 16.10.1994) durch eine sog. Begehungsunterlagendatei, Mikrozensusresultate sowie eine sog. Gemeindedatei. Dabei hat man Wahlbezirke mit weniger als 400 Stimmberechtigten regional zusammengefasst, so dass am Ende 61.904 originäre und 6.765 aggregierte Bezirke vorliegen. Die so definierten Gebiete fungieren nun als kleinste Auswahleinheiten (Sampling Points) für die erste Stufe eines → mehrstufigen Auswahlverfahrens. Es umfasst in der Regel drei Auswahlstufen.
Auf der ersten Stufe erfolgt eine Ziehung der vorbezeichneten Sampling Points, und zwar unter Schichtung resp. Anordnung (→ geschichtete Auswahl) nach Schichtungsmerkmalen, welche die Ziehungsdatei enthält (geographische Lage der Gemeinden, Gemeindegröße, Bevölkerungsstrukturdaten etc.). Die Auswahlchance eines Wahlbezirks ist hierbei proportional zur

Adoptertypologie

Anzahl seiner Haushalte. Bei der Ziehung kann nach Ost- und Westdeutschland differenziert werden. Im Westen umfasst jede gezogene Stichprobe, auch als „Netz" bezeichnet, 210 Sampling Points, die dann mit 48 ostdeutschen zu einer gesamtdeutschen Stichprobe mit insgesamt 258 verknüpft wird.
In der zweiten Stufe erfolgt dann seitens der Institute in jedem „Netz" die Auswahl von Haushalten. Da die unterschiedliche Anzahl von Haushalten pro Sampling Point bereits bei deren Ziehung berücksichtigt wurde, kann nunmehr eine uneingeschränkte Zufallsauswahl vorgenommen werden. Dafür stehen verschiedene Möglichkeiten zur Verfügung.
Das gilt auch für die dritte Stufe, die Auswahl der zu befragenden Person. (I.d.R. wird nämlich nur eine Person pro Haushalt befragt; damit handelt es sich um eine Haushaltsstichprobe.) So kann die Auswahl mittels des → Geburtstagsverfahrens erfolgen; andere Möglichkeiten sind das „Verfahren der Zufallsreihe" und der „Schwedenschlüssel". M.H./U.Sch.

Literatur: *Hüttner, M.:* Grundzüge der Marktforschung, 6. Aufl., München 1999. *Schaefer, F.* (Bearb.):* Muster-Stichproben-Pläne, hrsg. v. ADM, München 1979. *Löffler, U.:* Die Historie der ADM-Stichprobe. *Behrens, K.; Löffler, U.:* Aufbau des ADM-Stichproben-Systems, beide in: *ADM; AG.MA* (Hrsg.): Stichprobenverfahren in der Umfrageforschung, Opladen 1999.

Adoptertypologie

Segmente von Mitgliedern eines sozialen Systems, die im → Diffusionsprozess einer → Innovation gemeinsame Merkmale aufweisen: *Adopter* haben im → Adoptionsprozess eine positive Adoptionsentscheidung getroffen und gehören zu den Konsumenten/Anwendern des neuen Produkts, wobei sich je nach Nutzungsintensität zwischen „heavy users" und „light users" differenzieren lässt. Neben diesen Übernehmern der Innovation sind weitere Gruppen an potentiellen Adoptern abzugrenzen, die sich im spezifischen Status ihres Adoptionsprozesses unterscheiden: *Passive* sind Mitglieder des sozialen Systems (Marktsegment), die sich noch nicht für die Innovation interessiert haben. Dies kann darauf zurückzuführen sein, dass sie die Innovation noch nicht kennen oder vorab als irrelevant einstufen. *Rejektoren* haben die Innovation nach einem expliziten Entscheidungsprozess abgelehnt. Eine Übernahme der Innovation erscheint erst möglich, wenn sich die Rahmenbedingungen verbessern bzw. die diffusionsendogenen Einflussfaktoren stärker werden. Zu den *Interessierten* zählen Mitglieder, die sich gerade in einem Entscheidungsprozess befinden. Sie sind besonders sensitiv für Marketing-Aktivitäten und sozialen Einfluss. *„Postponers"* sind schließlich Nachfrager, die – mit Blick auf die gegenwärtige Innovationstechnologie – ihre Adoptionsentscheidung in die Zukunft verschieben, da sie eine (bessere) Innovationsgeneration erwarten (→ *Leap-frogging-Behavior*).
Hinsichtlich der Kommunikationswirkung sind insb. Rejektoren und unzufriedene Adopter potentielle Quellen für negative Informationen über die Innovation (→ persönliche Kommunikation).
Die soziodemographische Charakterisierung von Übernehmern nach dem Zeitpunkt der Adoption im Diffusionsprozess lässt erkennen, dass frühe Übernehmer („innovators" und „early adopters") häufig einen höheren sozialen Status aufweisen und weltoffener als Nachzügler („laggards") sind. Frühe Übernehmer besitzen außerdem meist bessere Kenntnisse über die Innovation, mehr Erfahrung mit „ähnlichen" Produkten oder haben eine höhere Nutzungsintensität in der Produktkategorie. Eine mittlere Position in diesem Verhaltensmuster nimmt die „early majority" bzw. „late majority" ein.
In einer einstellungsbezogenen Typologie kennzeichnet das Konzept der *„innovativeness"* das Interesse und die Prädisposition eines Nachfragers gegenüber einer Innovation (novelty seeking). Mit einer hohen *„innovativeness"* gehen Persönlichkeitsmerkmale wie Vorurteilslosigkeit, Selbstbewusstsein oder geringe Risikoscheu einher. Der Innovator besitzt in dieser Interpretation eine hohe „innovativeness" und stellt neben einem Prestige-, Leistungs- oder Aufwandstyp ein mögliches Verhaltensmuster im Adoptionsprozess dar.
Eine in → Diffusionsmodellen verwendete Segmentierung unterscheidet die Käuferschaft in *Innovatoren* und *Imitatoren* hinsichtlich ihres Verhaltens gegenüber sozialem Einfluss (→ Diffusionsprozess):
Innovatoren entscheiden über die Adoption einer Innovation unabhängig von der Übernahmeentscheidung der anderen Mitglieder des sozialen Systems, was zu zwei Extremtypen im Verhalten führt: *Pioniere* sind Innovationen umso aufgeschlossener, je höher

der Neuigkeitsgrad der Innovation ist. Sie sind werbeempfindlich und weisen nur eine geringe Preiselastizität auf. *Resistoren*, der zweite Extremtyp, stehen außerhalb der Kommunikationsbeziehungen im sozialen System. Sie besitzen eine hohe Rigidität gegenüber Veränderungen und lassen sich auch durch Werbung kaum erreichen; deshalb gehören sie lange Zeit zu den Passiven im Adoptionsprozess.

Imitatoren orientieren sich am Verhalten der anderen Mitglieder im sozialen System, d.h. sie reagieren stark auf sozialen Einfluss. In einer Abgrenzung hinsichtlich der Quelle des sozialen Einfluss, lässt sich zwischen „Informations-", „Erfahrungs-" und (sozialen/ökonomischen) „Druckimitatoren" unterscheiden, bezogen auf den → Adoptionsprozess kann imitatives Verhalten in den verschiedenen Stufen auftreten (Imitations-Netz-Modell). Im Vergleich zu den Pionieren sind Imitatoren weniger werbeempfindlich; ihre Preiselastizität ist größer. Innovatoren und Imitatoren treten über den gesamten Diffusionsprozess hinweg auf. Tendenziell sind Pioniere (Resistoren) unter den frühen Übernehmer („laggards"), Imitatoren in der „early" und „late majority" überrepräsentiert. H.P.

Literatur: Rogers, E. M.: Diffusion of Innovation, 4.Aufl., New York 1995. *Pechtl, H.:* Innovatoren und Imitatoren im Adoptionsprozess von technischen Neuerungen, Köln 1991. *Pohl, A.:* Leapfrogging bei technologischen Innovationen, Wiesbaden 1996.

Adoptionsprozess

kennzeichnet im Rahmen des → Diffusionsprozesses einer → Innovation den Prozess der individuellen Übernahme der Neuerung durch einen Nachfrager (Mitglied eines sozialen Systems). Hierbei lassen sich mehrere Teilphasen und Ergebnisse abgrenzen (vgl. *Abb.*):

In der Phase der Ideengenerierung (Meinungsbildung; *persuasion*) entwickelt der Nachfrager – nach der Kenntnisnahme der Neuerung (*awareness*) – ein Interesse daran, sodass er die Innovation als prinzipielle Handlungsalternative für ein Konsum-/Anwendungsproblem ansieht (Ideenakzeptierung). Danach beginnt ein Entscheidungsprozess, der mit der Adoption (Übernahme) oder Rejektion (Ablehnung) endet. Die aktive Informationssuche ist in dieser Phase am intensivsten. In der Implementierung wird die Innovation beim Anwender installiert und „ans Laufen" gebracht. Im Rahmen der Anwendung bzw. des Konsums bewertet der Nachfrager die Innovation. Mangelnde Zufriedenheit kann zur Abschaffung der Innovation führen bzw. keine weitere Ausdehnung des Innovationseinsatzes bedeuten. Bei Verbrauchsgütern unterbleiben Wiederholungskäufe (→ Wiederkaufverhalten). Technische Innovationen werden in einem Unternehmen häufig nicht sofort in allen Teilbereichen eingesetzt, sondern schrittweise übernommen. Die erstmalige Übernahme einer Neuerung hat oft nur den Charakter eines Pilotprojektes. Bei einer positiven Bewertung wird der Einsatzbereich dann vergrößert (*intrafirm diffusion*).

Der Nachfrager muss keineswegs alle Phasen in des Adoptionsprozesses durchlaufen (→ Adoptertypologie). Viele Mitglieder brechen den Adoptionsprozess bereits in der Phase der Ideengenerierung ab oder wissen überhaupt nichts von der Existenz der Innovation. Es muss daher erst eine „Diffusion der Innovationsidee" (Ideendiffusion) stattfinden, bevor die physische Verbreitung der Innovation "anlaufen" kann. Bei Innovationen mit einem raschen technischen Fortschritt können Nachfrager auch ihren Entscheidungsprozess stoppen und eine Adoptionsentscheidung in die Zukunft vertagen, da sie eine (bessere) Innovationsgeneration erwarten (Leapfrogging). In diesem Fall kehrt der Adoptionprozess wieder in die Stufe der Ideengenerierung zurück.

Das Ergebnis des Adoptionsprozesses ist von bestimmten Eigenschaften der Innova-

Phasen des Adoptionsprozesses

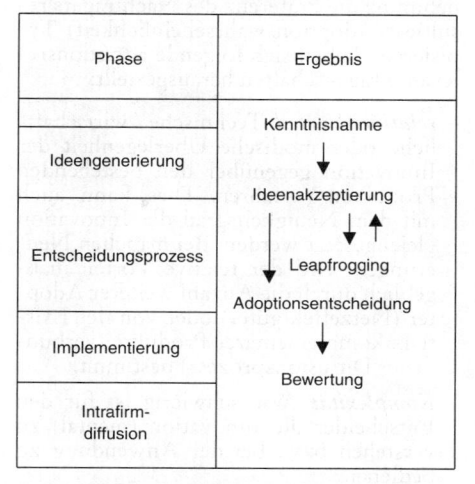

Phase	Ergebnis
Ideengenerierung	Kenntnisnahme ↓ Ideenakzeptierung
Entscheidungsprozess	↓ ↑ Leapfrogging Adoptionsentscheidung
Implementierung	↓ Bewertung
Intrafirm-diffusion	

tion abhängig, aus deren subjektiver Wahrnehmung die Präferenz des Nachfragers resultiert (Adoptionswahrscheinlichkeit). Typisierend haben sich folgende adoptionsrelevante Eigenschaften herausgestellt:

- *relativer Vorteil:* Technische / wirtschaftliche oder modische Überlegenheit der Innovation gegenüber den bestehenden Produkten/Verfahren. Dies kann auch mit dem Neuigkeitsgrad der Innovation gleichgesetzt werden. Bei manchen Neuerungen wird der relative Vorteil maßgeblich durch die Anzahl weiterer Adopter (Netzeffektgüter) oder von der Existenz komplementärer Produkte (verbundener Diffusionsprozess) bestimmt.

- *Komplexität:* Wie schwierig ist für den Entscheider die Innovation (mental) zu verstehen bzw. bei der Anwendung zu bedienen?

- *Komplementarität:* Entspricht die Innovation dem Werte- und Normensystem des potentiellen Adopters bzw. passt sie in seine bisherige technische Infrastruktur?

- Das *wahrgenommene Risiko* (→ Kaufrisiko) beschreibt das Ausmaß, mit dem ein potentieller Adopter die Nichterreichung des erwarteten relativen Vorteils fürchtet. Hohe Komplexität und mangelnde Kompatibilität führen bei technischen Innovationen ferner zu einem Anlaufzeitrisiko. Schließlich sehen vor allem Nachfrager mit einem Leapfrogging-Verhalten das Risiko einer zu frühen Einführung der Innovation.

- Eine differenzierte Rolle im Adoptionsprozess nimmt der *Preis* bzw. die *Investitionssumme* ein: Einerseits beeinflussen sie über die Einkommensrestriktion die Finanzierungsprobleme bei der Anschaffung der Neuerung. Zum anderen bestimmen sie die Höhe des wahrgenommenen ökonomischen Risikos.

- *Beobachtbarkeit* bzw. *Mitteilbarkeit*: Von der *Kommunikationsneigung* der Innovation hängt es ab, wie schnell Mitglieder des sozialen Systems von den Adoptionen anderer erfahren, bzw. wie leicht Erfahrungen mit der Innovation anderen vermittelt werden können. Die Kommunikationsneigung bestimmt damit, in welchem Umfang sozialer Einfluss bei der Diffusion einer Innovation zum Tragen kommt.

Empirische Untersuchungen zeigen, dass die adoptionsrelevanten Eigenschaften in einem komplexen Interpendenzverhältnis hinsichtlich ihrer Wahrnehmung und ihrem Einfluss auf die Präferenz für die Innovation stehen. Ferner können sich Wahrnehmung und Wichtigkeit von Eigenschaften im Laufe des Adoptionsprozesses aufgrund von Lernprozessen oder neuen Informationen erheblich ändern. Allgemein kann unterstellt werden, dass sich eine Innovation umso schneller verbreitet, je größer relativer Vorteil, Komplementarität und Kommunikationseignung sind. Mit höherer Komplexität, steigendem Risiko oder Investitionssumme nimmt die Diffusionsgeschwindigkeit ab. H.P.

Literatur: *Gatignon, H.A.; Robertson, T.S.:* Innovative Decision Processes, in: *Robertson, T.S.; Kasserjian, H.H.* (Hrsg.): Handbook of Consumer Behavior, New Jersey 1991, S. 317-348. *Rogers E. M.:* Diffusion of Innovations, 4. Aufl., New York 1995. *Schmalen, H.; Pechtl, H.:* Technische Neuerungen in Kleinbetrieben, Stuttgart 1992. *Schmalen, H.; Pechtl, H.:* Die Rolle der Innovationseigenschaften als Determinanten im Adoptionsverhalten, in: ZfbF, 48. Jg. (1996), S. 816-836.

Adressbücher

Zu den Adressbüchern i.S. der Typologie der → Werbeträger gehören alle Arten von gedruckten Adressverzeichnissen ohne Rücksicht auf ihre Anordnung und leitenden Merkmale, auch wenn sie zum überwiegenden Teil systematisch geordnete Anschriften enthalten, v.a.: Telefonbücher, Gelbe Seiten, Einwohner-Adressbücher, Fernschreibverzeichnisse, Internationale und Export-Adressbücher, Fachadressbücher und andere.

Als Werbeträger haben sie für den Werbungtreibenden den Vorteil einer sehr langen Lebensdauer und versprechen so v.a. bei kleinen Auflagenziffern hohe Reichweiten und hohe Kontaktchancen. Ein Nachteil der Adressbuchwerbung liegt hauptsächlich darin, dass sie sich oft als Tummelfeld von Betrügern erwiesen hat. Um dies einzuschränken, formulierte der Verband Deutscher Adressbuchverleger e.V. in seinen Richtlinien neue Grundsätze für ethisch einwandfreie Adressbuchwerbung nach den Kriterien der Titelwahrheit (Titel und Untertitel dürfen keine falschen Erwartungen suggerieren), der Mindesteintragung (brauchbare Anschriften der Eintragungen), der Aktualität (jede neue Ausgabe muss den neuesten

Stand repräsentieren) und der Verbreitung (Verlag hat eine Verbreitungspflicht).
In jüngster Zeit entwickeln → Adressverlage entsprechende elektronische Dienste und Datenbankangebote und generieren content für verschiedene Informationsdienste im Internet. E.L.

Adressenabgleich
→ Doubletten-Abgleich,
→ Adressmanagement.

Adressenaktualisierung
eine der wichtigsten Aufgaben im Rahmen des → Adressmanagement. Erfahrungsgemäß gelten Adressbestände, die länger als ein halbes Jahr nicht verwendet oder nachrecherchiert wurden, als nicht mehr aktuell. Die Aktualisierung geschieht anhand von Retouren, Kundenkorrespondenz, Telefonaten mit Kunden, Einwohnermeldeamtsanfragen bzw. Melderegisterauskünften oder via Sekundärverzeichnissen (s.a. → Adressengewinnung).

Adressenanalyse
Die Adressenanalyse ist Teil des → Adressmanagement und dient der Bildung von Kundenclustern im Hinblick auf ähnliche Verhaltens- bzw. Reaktionsmuster. Aus Sicht des → Direktmarketing geht es dabei in erster Linie um die Typologisierung der Adressbestände im Hinblick auf die Reaktionswahrscheinlichkeiten im Falle der Direktansprache (→ Response) bzw. grundsätzliche Angebotsaffinitäten. Wichtige Ansatzpunkte zur Bildung derartiger Cluster ist die Auswertung von Vergangenheitsdaten, z.B. im Rahmen von Bestellwert- oder Postleitzahlenanalysen bzw. Lost order-Analysen. Zum Einsatz kommen hier vor allem Multivariate Analysetechniken, wie die Regressionsanalyse, die Faktorenanalyse oder die Clusteranalyse. Immer beliebter wird in diesem Zusammenhang auch die → mikrogeografische Segmentierung der Bestände. Die segmentative Nutzung der Adressbestände führt im Ergebnis zu Kosteneinsparungen und zu besseren Aktionsergebnissen, indem zum Beispiel Streuverluste minimiert werden. In engem Zusammenhang mit der Adressenanalyse steht die Adressenbewertung (s.a. → Database-Marketing, → Data-Mining). N.G.

Literatur: *Belz, C.* (Hrsg.): Strategisches Direct Marketing, Wien 1997, S. 253 ff.

Adressengewinnung (List building)
Teil des → Adressmanagement, der dem Aufbau bzw. der Ergänzung und Optimierung eigener Datenstämme für das → Direktmarketing dient. Es stehen folgende Varianten zur Verfügung:
(1) Auswertung frei zugänglicher interner oder externer Adressquellen (Kundenanfragen; Messekontakte; Telefonbücher; Branchenverzeichnisse; Messekataloge; Teilnehmerlisten von Kongressen/Tagungen; Händlerlisten; Handelsregister etc.);
(2) Bezug der Adressen von darauf spezialisierten Dienstleistern (z.B. Adressverlage);
(3) Selbstgenerierung im Rahmen von breit streuender → Direct-Responsewerbung (z.B. Coupon-Anzeigen) bzw. im Rahmen von Beilagenwerbung auch im Werbeverbund mit anderen Unternehmen (Pressebeilage; Paketbeilage; Rechnungsbeilage oder Produktbeilage).
(4) Rückgriff auf sog. → Freundschaftswerbung. N.G.

Literatur: *Fischer, H.; Hölscher, U.:* Entscheidungsprozesse bei der Anmietung von Adressen im Business-Bereich, in: *Dallmer, H.* (Hrsg.): Handbuch Direct Marketing, 7. Aufl., Wiesbaden 1997, S. 495-507. *Lehr, G.:* Entscheidungsprozesse bei der Anmietung von Adressen im Consumer-Bereich, in: *Dallmer, H.* (Hrsg.): Handbuch Direct Marketing, 7. Aufl., Wiesbaden 1997, S. 467-494.

Adressenpflege (List Maintenance)
→ Adressenaktualisierung

Adressenselektion
die exakte und nach festgesetzten Kriterien definierte Auswahl von, für eine bestimmte Aktion des → Direktmarketing, infrage kommender Adressen (→ Adressliste). Ziel der Adressenselektion ist das Herausfiltern passender Adressen aus dem gesamten Pool an internen und externen Datenstämmen. Selektionen sind dabei anhand mehrerer verknüpfter und nach logischen Gesichtspunkten zusammengefaßter Kriterien möglich (z.B. Geschlecht, Alter, Wohnort, Nationalität, soziale Schicht, Produktinteresse). Die Kriterienauswahl wird dabei maßgeblich beeinflußt durch das Aktionsangebot als solches, die Art und den Zeitpunkt der geplanten (Direkt)Ansprache und das allgemeine Aktionsziel (steht eine bestimmte Streuung im Vordergrund, oder dominieren

Adressenvermittler (Listbroker)

eher Wirtschaftlichkeitsaspekte). Die größte Herausforderung dabei ist es, aus den vorhandenen Kundenprofildaten die Affinität in Bezug auf die geplante Aktion herauszulesen. Die wichtigsten der dabei zum Einsatz kommenden Methoden der Adressenselektion zeigt die *Abbildung*.

Hilfestellung und Anregungen geben hier auch → Adressverlage, → Adressenvermittler (Listbroker) bzw. → Direktmarketing-Agenturen. Das Ergebnis der Adressenselektion ist die sog. *Brutto-Adressmenge* (s.a. → Adressmanagement). Die Adressenausbeute hängt dabei v.a. ab von der vorhandenen Datenqualität (Art/Anzahl der je Adresse vorhandenen Informationen bzw. deren Aktualität und Zuverlässigkeit). In Abhängigkeit von dieser kann ein und dasselbe Selektionskriterium einen harten oder weichen *Cut-off* bedeuten. Entsprechend wirkt auch die Datenqualität prädeterminierend auf die Auswahl des Selektionskriteriums. In jedem Falle sinnvoll ist daher eine genaue Analyse der Datengüte im Hinblick auf Umfang und Belegungsdichte der einzelnen Datenfelder. N.G.

Literatur: *Bruns, J.*: Direktmarketing, Ludwigshafen 1998, S. 77ff.

Adressenvermittler (Listbroker)

auf die Vermittlung von Adressen spezialisierter Dienstleister des → Direktmarketing. Als Broker zwischen werbetreibendem Unternehmen und Eigentümer von Adressen (→ Adressverlage) mietet und vermietet er in fremdem Namen und Auftrag fremde Adressen. Dabei hat er einerseits die Aufgabe, dem Anwender geeignete Fremdadressen (→ Adressliste) zu vermitteln. Andererseits schützt er jedoch die Adressverlage vor Adressenmissbrauch, indem er die verwendeten Adressen dem Werbetreibenden nicht namentlich bekannt macht. Dieser erfährt folglich nur von denjenigen Adressen, die auf die Direktwerbung reagieren. Dem Adressenvermittler werden unter Vertrauensschutz die Adressdaten vom Adressverlage zur Verfügung gestellt, die der Anwender anschließend mieten kann.

Zu den angebotenen Dienstleistungen zählen dieselben Services, wie sie auch Adressverlage bereithalten (s.a. → Adressmanagement). Als Spezialist weiß der Adressenvermittler zudem, welche Adressen, wo, zu welchen Kosten, Lieferzeiten, Lieferformen, Lieferbedingungen etc. erhältlich sind und hat weit reichende Kontakte innerhalb des Marktes. Auch hilft er bei der Aufstellung von geeigneten Adressenprofilen, die denen der Zielgruppe des Unternehmens am besten entsprechen. Eine weitere wichtige Dienstleistung des Listbrokers ist der *Adressabgleich* zwischen gemieteten und vorhandenen Adressen des Werbetreibenden, sodass Letzterer nur Gebühren für die echten Fremdadressen zu entrichten hat. Bei der Weitergabe bzw. -vermittlung von Adressdaten sind von den Adressenvermittlern die einschlägigen Datenschutz-Bestimmungen zu berücksichtigen. Unabhängige

Verfahren der Zielpersonenselektion

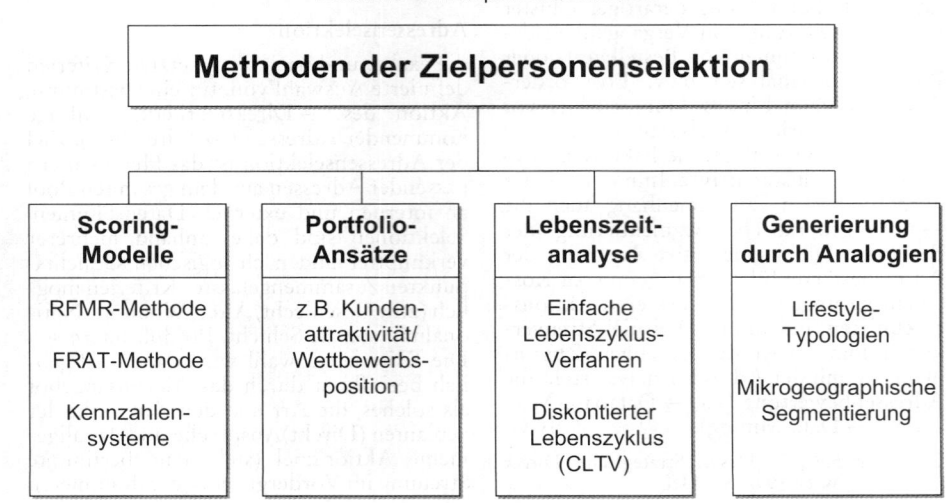

Methoden der Zielpersonenselektion

Scoring-Modelle	Portfolio-Ansätze	Lebenszeitanalyse	Generierung durch Analogien
RFMR-Methode	z.B. Kundenattraktivität/ Wettbewerbsposition	Einfache Lebenszyklus-Verfahren	Lifestyle-Typologien
FRAT-Methode			Mikrogeographische Segmentierung
Kennzahlensysteme		Diskontierter Lebenszyklus (CLTV)	

Adressenvermittler gibt es in Deutschland relativ wenige. Meist handelt es sich um Tochterunternehmen großer Adressverlage.
N.G.

Literatur: *Dallmer, H.* (Hrsg.): Handbuch Direct Marketing, 7. Aufl., Wiesbaden 1997, S. 495-507. und S. 467-494.

Adressierte Werbesendung (Mailing)

Nennt man Werbemittel mit aufgedruckter Empfängeradresse (→ Personalisierung) zum Zweck der direkten und persönlichen Ansprache einer selektierten Empfängergruppe durch den Absender. Sie ist das wichtigste Werbemittel der → Direktwerbung, auf das 33% aller Ausgaben im Rahmen der Direktwerbung (entspricht ca. 6 Mrd. €) entfallen. Die Spannbreite möglicher Einsatzformen ist breit und reicht von einer einfachen Postkarte bzw. Werbebrief bis hin zu einem umfangreichen Paket mit → Katalog und Produktmustern, Kleingeschenken oder Gewinnspielen. Die klassische Variante der adressierten Werbesendung, das sog. *Mailing-Package* bestehend aus Versandumschlag, → Werbebrief, → Mailingbeilage (Prospekte, Kataloge etc.) und Antwortmöglichkeit (→ Responsemittel) i.S.v. Coupons, Karten etc. Im Hinblick auf Kosten-Nutzen-Gesichtspunkte sollte grundsätzlich zwischen *Solomailings*, → *Vario-Mailings* und → *Gemeinschaftsmailings* abgewogen werden.

Der große Vorteil der adressierten Werbesendung ist der geringere → Streuverlust. Konsequenterweise gilt die genaue Auswahl und Definition der Zielgruppe, wie auch das zugehörige → Adressmanagement als das wichtigste Erfolgskriterium bei der Aktionsplanung. Schätzungen gehen davon aus, dass die Hälfte des geplanten Werbeerfolges (→ Response) durch Zielgruppenauswahl und bestimmt wird. Weitere Pluspunkte der adressierten Werbesendung sind die persönliche Ansprache durch → Personalisierung, wodurch eine deutlich stärkere Aktivierungsleistung beim Empfänger erzeugt wird sowie der innerhalb bestimmter Portoklassen unbeschränkte Werberaum. Entscheidender Kostenfaktor bei der Planung ist das zu zahlende Porto-Entgelt. Hier existieren unterschiedliche Portoklassen mit jeweils verschiedenen Anforderungen im Hinblick auf Format und Gewicht der Sendung (→ Infobrief; → Infopost). Am weitesten verbreitet ist der sog. *Standardbrief* (Gewicht bis 20g, im Lang-DIN-Format). Sobald ein Gewicht von 50g (*Kompaktbrief*) überschritten wird, lässt sich das Format frei wählen, was neben der größeren Gestaltungsfläche auch positive Effekte auf den Aufmerksamkeitswert hat. Allerdings stehen dem auch deutlich höhere Portogebühren gegenüber. Praktische Orientierungs- bzw. Planungshilfe im Hinblick auf Anforderungen und Kosten bieten die in den meisten Großstädten vertretenen Direct Marketing Center der Deutschen Post AG (s.a. → Portooptimierung).

Eine Mailingaktion erfordert das Durchlaufen und die terminliche Fixierung folgender Schritte: (1) Festlegung der Aktionsziele; (2) Zielgruppenbestimmung; (3) Zielpersonenselektion (→ Adressenselektion); (4) Zusammenstellung und Produktion der Mailingbestandteile (→ Werbebrief, → Mailingbeilage, → Responsemittel, → Handlungsauslöser); (5) Kostenkalkulation; (6) Versand des Mailings; (7) Reaktionserfassung (→ Response); (8) → Fulfillment; (9) Erfolgsermittlung (→ Direktmarketingerfolg).

Das Ziel einer Mailing-Aktion liegt nicht immer im unmittelbaren Verkauf. Oft steht dieser erst am Ende einer Kette aufeinander folgender Kontakte. Mailing-Aktionen lassen sich daher danach unterscheiden, inwieweit sie *einstufig (One-Shot-Mailing)* oder *mehrstufig* angelegt sind bzw. in welchem Umfang weitere Ansprachenformen (→ Telefonmarketing bzw. Außendienstbesuch) integriert sind (→ Direktmarketing).

In seiner einfachsten, aber auch relativ teuersten Variante, dem sog. *One-shot-Mailing* handelt es sich um ein einmaliges und meist isoliertes Angebot für eine Produktart, z.B. im Rahmen von Produktneueinführungen, Sonderangeboten, Kennenlern-Angeboten oder Ausverkäufen. Als Regel gilt: Je einfacher bzw. preisgünstiger das Angebot, umso eher wird es sich um ein einstufiges Aktionsmuster handeln. Je erklärungsbedürftiger ein Angebot, umso eher wird mit einem weiteren Mailing oder anderen Ansprachenformen nachgearbeitet.

Im Falle einer *mehrstufigen* Mailing-Aktion erfolgt im Anschluss an die erste Aussendung z.B. ein zweites *Nachfass-Mailing* (→ Nachfasswerbung), mit dem gezielt Nichtreagierer der ersten Runde nochmals zu einer Reaktion aufgefordert werden. Auch denkbar ist in diesem Zusammenhang eine inhaltlich-orientierte Aufteilung. Dabei werden im Rahmen der ersten Phase „schlanke" sog. *Teaser-Mailings* oder *Ad-*

Adressierung

vanced-Letter (i.d.R. eine Postkarte) als Vorabinformation verwendet, deren Hauptaufgabe darin besteht, Interessentenadressen zu gewinnen bzw. ein grundsätzliches Angebotsinteresse zu initiieren. Aufgabe der zweiten Mailing-Welle wäre es dann, umfassendere Informationen z.B. in Form eines Katalogs zu verbreiten und konkrete Bestellmöglichkeiten anzubieten. In der Praxis üblich geworden ist es darüber hinaus, der Werbesendung weitere Kontaktmedien zur Seite zu stellen. Insbesondere das Telefon nimmt dabei heute eine nicht mehr wegzudenkende Ergänzungsfunktion im Rahmen der Responsebearbeitung oder als Nachfassmedium wahr (vgl. *Abb.*). Gängig ist aber auch der Einsatz von Werbesendungen als Interessenfilter im Vorfeld kostenintensiver Außendienstbesuche.

Die *Akzeptanz* adressierter Werbesendungen ist nach – freilich parteiischen – Marktforschungsergebnissen der *Deutschen Post AG (1997)* hoch: 73% der privaten Empfänger adressierter Werbesendungen und 51% der Empfänger im Business-Bereich gaben an, die enthaltenen Informationen zu nutzen. Und bei 25% (privat) bzw. 9% (geschäftlich) der Empfänger führten adressierte Werbesendungen zu einem Response (Informationsnachfrage; Angebotsanfrage; Bestellung; Händlerbesuch). Privatkunden, die adressierte Werbesendungen ablehnen, können sich dadurch schützen, dass sie sich direkt (schriftlich) an das betreffende Unternehmen wenden oder sich in die sog → *Robinson-Liste* des Deutschen Direktmarketing Verbandes e.V. DDV eintragen lassen. Verstöße gegen den (schriftlichen) Wunsch eines Kunden, keine Mailings mehr zu erhalten können mit Abmahnungen und Geldstrafen zwischen 2.500.-- und 5.000,-- € geahndet werden. N.G.

Literatur: *Bruns, J.*: Direktmarketing, Ludwigshafen 1998, S. 105ff. *Gutsche, A.H.*: Konzeption einer Direktwerbe-Campagne, in: *Dallmer, H.* (Hrsg.): Handbuch Direct Marketing, 7. Aufl., Wiesbaden 1997, S. 191–199. *Holland, H.*: Direktmarketing, München 1992, S. 93ff. *Vögele, S.*: Dialogmethode: Das Verkaufsgespräch per Brief und Antwortkarte, 9. Aufl., Landsberg/Lech 1996. *Zehetbauer, E.* (Hrsg.): Das große Handbuch für erfolgreiches Direktmarketing, Landsberg/Lech 1995, Teil 4.1, S. 1ff.

Adressierung

Aufbringen der Adresse und aller zugehöriger Attribute auf ein im Rahmen des → Direktmarketing zu verschickendes Werbe-

Einsatz von Mailings im Rahmen von mehrstufigen Mailingaktionen

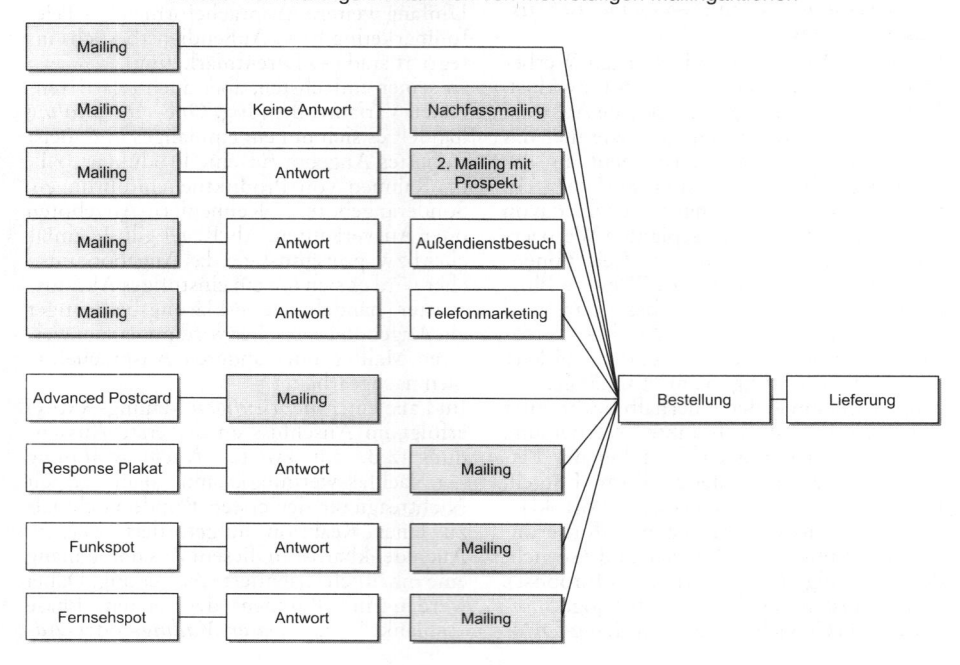

mittel (i.A. → adressierte Werbesendung). Das Adressieren von Werbemitteln unterscheidet die individuelle Form der Direktansprache von der anonymen Massenansprache. Durch die Adressierung soll die persönliche Kundenbeziehung betont werden und dadurch ein größerer → Response sichergestellt werden (→ Personalisierung). Die Art und Weise der Adressierung hängt im Wesentlichen von der vereinbarten Adressenlieferform oder der Speicherart der Adressen ab. Man unterscheidet grob zwischen *direkter* Adressierung mittels (Laser-)Aufdruck und sog. *indirekten* Verfahren, bei denen Adressen auf Endloslisten (*Chesire-Etiketten*) bzw. selbstklebende und gummierte Etiketten aufgebracht werden. Für letztere Formen kommen allerdings beträchtliche Zusatzkosten hinzu (ca. 5,- bis 12,50 € per tausend) (s.a. → Lettershop). N.G.

Adressliste

Zusammenstellung affiner Adressdaten für die persönliche und differenzierte bzw. individuelle Ansprache von Kunden/Interessenten im Rahmen des → Direktmarkting (siehe auch → adressierte Werbesendung). Grundsätzlich sind folgende Adressformen zu unterscheiden:
- *Eigenadressen*: aus internen Datenbeständen stammende Adressen, resultierend aus den eigenen Marktaktivitäten. Diese können weiter differenziert werden in *aktive Adressen* (bestehende und aktuelle Kundenbeziehung; Stammkunden), *inaktive Adressen* (bestehende Kundenbeziehung bei der allerdings über einen längeren Zeitraum hinweg kein Kontakt stattgefunden hat); *Interessenten* (keine bestehende Kundenbeziehung);
- *Fremdadressen*: über Dritte bezogene, meist gemietete Adressen von potenziellen Kunden (→ Adressengewinnung/-beschaffung; → Adressverlage; → Adressenvermittler).

Im Hinblick auf die Erfolgswahrscheinlichkeit einer Adresse (→ Response) kann grob zwischen „kalten" Adressen und „heißen" Adressen unterschieden werden. Bei *heißen Adressen* liegen positive Erfahrungswerte im Hinblick auf die Akzeptanz von Direktmarketingmaßnahmen seitens des Adressaten vor (s.a. → Postkäuferadressen). Bei *kalten Adressen* hingegen liegen über das mögliche Reaktionsverhalten des Adressaten in Bezug auf Direktansprache keinerlei Informationen vor, d.h. es handelt sich um noch nicht auf → Response geprüfte Adressen. Die Bereitstellung der Adressen erfolgt in Form von Cheshire-Etiketten, selbstklebenden oder gummierten Adressen sowie auf Datenträger bzw. online (→ Adressierung). N.G.

Adressmanagement (List Management)

Sammelbegriff für alle Tätigkeiten in Zusammenhang mit der Bereitstellung von → Adresslisten. Die Notwendigkeit für ein Adressmanagement ergibt sich unmittelbar aus dem Anspruch des → Direktmarketing, für eine persönliche und differenzierte bzw. individuelle Ansprache von Kunden/Interessenten dialogfähig strukturierte Daten bereitzuhalten.

Neben der laufenden *Adressenpflege* gehört die *Adressenoptimierung* im Rahmen der Aktionsvorbereitung zu den wichtigsten Aufgaben des Adressmanagement. Sie dient der gezielten Qualifizierung bzw. nochmaligen Selektion der für den jeweiligen Aktionszweck geeignetsten Adressen. Ziel ist es demnach, aus der im Anschluss an die → Adressenselektion vorliegenden *Brutto-Adressmenge* diejenigen Adressen herauszufiltern, die den größten Aktionserfolg (→ Response bzw. → Direktmarketingerfolg) versprechen. Die Bestimmung der gewünschten und gesuchten *Netto-Adressmenge* erfolgt v.a. anhand folgender Arbeitsschritte:

(1) Adressenbereinigung (List-cleaning): Überprüfen und Verdichten der Datenstämme im Hinblick auf unbrauchbare, weil inaktuelle Adressen, Mehrfachadressen (→ Doubletten-Abgleich), gesperrte Adressen (→ Robinson-Liste), fehlerhafte Adressen, Risikoadressen (mangelnde Bonität) etc. (s.a. → Purge-List).

(2) Adressenaufbereitung/-qualifizierung: Bevor die Adressen eingesetzt werden können, müssen diese im Hinblick auf die korrekte postalische Schreibweise, Briefanrede oder Telefonnummer aufbereitet werden (Informationsanreicherung). Hierunter fällt auch die Einpflege von „Umzüglern". Zur Qualifizierung können eigene Vertriebsmitarbeiter oder Call-Center herangezogen werden oder es wird auf die Serviceangebote von Spezialdienstleistern zurückgegriffen (→ Adressverlag). Teilweise ist aber auch die Durchführung von Testmailings notwendig (*Listentest*).

Adressquellen

(3) → *Adressenanalyse*: Sie dient der Bildung von Kundenclustern im Hinblick auf ähnliche Verhaltens- bzw. Reaktionsmuster.

(4) *Adressenbewertung*: Sie bietet die Chance der Erhöhung des → Response, indem die einzelnen Adressen anhand spezifischer Datenmerkmale auf ihre Reaktionswahrscheinlichkeit hin bewertet werden. Auf derartigen *Mail-order-Indices* aufbauend kann dann der ganze Listenbestand im Hinblick auf Reaktionswahrscheinlichkeiten strukturiert werden (s.a. → Database-Marketing).

Die Adressenoptimierung dient damit sowohl der Kostensenkung wie auch der Ergebnisverbesserung. Zum einen werden Adressen, deren Ergebniswahrscheinlichkeit in einem Missverhältnis zu den geplanten Kontaktkosten stehen, im Vorhinein aus dem Pool herausgenommen, um so Porto- und Produktionskosten zu sparen. Zum anderen wirkt dieser Filter positiv auf den Response, indem nur diejenigen Adressen kontaktiert werden, die eine hohe Antwortwahrscheinlichkeit aufweisen. N.G.

Literatur: *Huldi, C.*: Mittels Datananalyse und Kundenbewertung zu Effektivität im Direct-Marketing, in: *Dallmer, H.* (Hrsg.): Handbuch Direct Marketing, 7. Aufl., Wiesbaden 1997, S. 603-617. *Schefer, D.*: Moderne Verfahren zur Qualifizierung von Adressbeständen, in: *Dallmer, H.* (Hrsg.): Handbuch Direct Marketing, 7. Aufl., Wiesbaden 1997, S. 619-631.

Adressquellen
→ Adressengewinnung/-beschaffung

Adressverlag

auf das → Adressmanagement spezialisierter Dienstleister, dessen Services v.a. im Rahmen des → Direktmarketing genutzt werden. Das Geschäft der Adressverlage besteht dabei zuvorderst in Erfassung, Aktualisierung und Pflege von Adressstämmen. Interessant aus Sicht der Werbetreibenden ist der Adressverlag als Lieferant sog. → Fremdadressen für die Neukundengewinnung (→ Adressengewinnung). Das in diesem Zusammenhang angebotene Serviceangebot kann folgende Schritte umfassen: Zielgruppenberatung (Erstellung des Kunden- bzw. Adressprofils); Adressenauswahl; → Adressenoptimierung; → Adressenselektion; → Adressenanalyse; Adressenbereitstellung; Adressenaufbereitung; → Dubletten-Abgleich; Kompilierung; Aktionsauswertung (s. auch → Adressliste).

Größter Aktivposten der Unternehmen ist deren umfangreiche Datenbank (→ Database-Marketing), wobei neben dem Umfang v.a. die Adressgüte (Art/Anzahl der je Adresse vorhandenen Informationen bzw. deren Aktualität und Zuverlässigkeit) als zentrales Bewertungskriterium gelten. Entsprechend unterliegen die Listen guter Adressverlage einer ständigen → Adressenwartung. In jüngster Zeit ist dabei von den Adressverlagen unter dem Schlagwort → mikrogeografischer Segmentierung ein Optimierungsansatz entwickelt worden, der Affinitäten zwischen unterschiedlichen Adressen auf Grund von wohngebietsbezogenen Life-Style-Clusterungen erkennt und so die Adressenselektion auch bei geringer Informationsdichte der einzelnen Adressen (fehlende Profildaten) ermöglicht.

Die Bedeutung des → Adressmanagement kann nicht genug hervorgehoben werden, denn in der Praxis gilt neben der genauen Auswahl und Definition der Zielgruppe v.a. die Güte der Adressdaten als das wichtigste Erfolgskriterium im Rahmen der Aktionsplanung. Schätzungen gehen davon aus, dass die Hälfte des geplanten Werbeerfolges durch die Zielgruppenauswahl und das richtige Adressmanagement bestimmt wird. Bei Branchenadressen werden derzeit Gütegarantien abgegeben, die eine hohe Marktabdeckung von 95% bei einer Zustellbarkeit von 97% erreichen. Bei der Weitergabe bzw. -vermittlung von Adressdaten sind von den Adressverlagen die einschlägigen Datenschutz-Bestimmungen zu berücksichtigen.

Bei der Auswahl der Adressen ist auf eine möglichst große Affinität der Fremdadressen zum eigenen Kundenkreis zu achten.

Moderne Adressverlage liefern die ganze Bandbreite von Adressen: Privatadressen, Berufsadressen, Branchenadressen. Das Adressenangebot liegt seitens des Adressverlages in katalogisierter Form (Adresskataloge; Datenkarten) mit genauer Zielgruppenbeschreibung (unterteilt jeweils nach speziellen Gruppenkriterien), Mengen, Bezugsformen, Preisen, Einsatzbedingungen etc. vor. Die Bereitstellung der Adressen erfolgt anhand von üblichen Listen- oder Datenträgerformaten per CD/Diskette, Magnetband bzw. online (→ Adresslisten). Die Adressenpreise schwanken je nach Art und Qualität zwischen 40 und 150 € pro Tausend Adressen und einmaliger Nutzung. Allerdings sind neben den reinen Mietpreisen bei der Wirtschaftlichkeitsbetrachtung von

Fremdadressen auch Kriterien wie Adressqualität und Responsibilität (→ Response) zu berücksichtigen.
Hervorzuheben ist, dass die in Rechnung gestellten Preise keine Kauf- sondern lediglich Mietpreise sind, die i.d.R. eine einmalige Nutzung der Adresse vergüten. *Kontrolladressen* innerhalb der Adresslisten, die unter der Aufsicht des Vermieters stehen, lassen Verstöße schnell erkennen, was Vertragsstrafen bzw. den Ausschluss weiterer Belieferungen zur Folge hat. Um den Adressenmissbrauch zu verhindern, werden häufig auch → Adressenvermittler (*Listbroker*) eingesetzt, die dann alle anfallenden Serviceleistungen übernehmen, dem Unternehmen aber die verwendeten Adressen nicht bekannt machen. Bekannte Adressverlage sind *Deutsche Post AG; AZ Bertelsmann; Hoppenstedt* oder *Schober*. N.G.

Literatur: Dallmer, H. (Hrsg.): Handbuch Direct Marketing, 7. Aufl., Wiesbaden 1997, S. 495-507 und 467-494.

Advanced Letter/Postcard

sog. Ankündigungsschreiben (*teaser mailing*) im Rahmen des → Direktmarketing, das dem Empfänger für die nächsten Tage ein Angebot, einen adressierten Werbebrief, einen Telefonanruf oder einen Besuch ankündigt.

Ad*Vantage / ACT

System von → Werbetest für Pretests von Werbemitteln, insb. → TV-Spots, das von der US-Firma *McCollum-Spielman Worldwide* entwickelt wurde und seit 1984 von der → *GfK* für den europäischen Markt adaptiert und in Lizenz angeboten wird (s.a. → Werbeexperimente).
Für einen Test werden mindestens 125 Warengruppenverwender in ein Studio eingeladen. Um eine besondere Sensibilisierung für Werbung zu vermeiden, wird als Zweck der Einladung die Beurteilung eines Fernsehprogramms angegeben. Die Fiktion wird fast bis zum Ende des Tests aufrecht erhalten. Die Datenerhebung erfolgt seit 1999 mit Computerterminals mit berührungsempfindlichen Bildschirmen und einer speziellen Software durch die Testperson.
Die wichtigsten Ergebnisse des Tests sind:
– *Durchsetzungsvermögen* des Werbemittels (oder *Awareness*): Anteil der Testpersonen, der sich nach einmaligem Kontakt mit dem Spot und nach ca. 20 Minuten (zur Vermeidung von Erinnerungen aus dem Kuzzeitgedächtnis; die 20 Minuten sind mit Filmvorführungen und Fragen dazu gefüllt) an den Werbefilm erinnert. Der Wert drückt die Fähigkeit des Spots aus, Aufmerksamkeit zu erzeugen.
– *Motivationale Schubkraft* (oder *Persuasion*): Zu Beginn des Tests wird bezüglich der relevanten Warengruppen gefragt, welche Produkte beim Kauf bevorzugt werden. Nach insgesamt zwei Werbekontakten wird gefragt, welche Produkte sich die Testperson in den Einkaufskorb wünscht, von dem zwei bei einem Gewinnspiel am Ende des Tests verlost werden. Die motivationale Schubkraft ist der Anteil der Personen, die bei der Gewinnfrage die beworbene Marke nennen, obwohl sie bei der Einstiegsfrage eine andere Marke genannt haben. Der Parameter ist ein Maß dafür, inwieweit es dem Spot gelingt, neue Käufer zu gewinnen. Bei einer GWA/GfK-Studie hat sich die motivationale Schubkraft als bester Prediktor dafür erwiesen, ob ein Spot zusätzliche Abverkäufe generieren kann.
– Darüber hinaus werden herangezogen:
– *Likings*, d.h. Angaben zum Gefallen des Spots.
– *Beurteilung einzelner Elemente* des Spots. Diese werden am Ende des etwa 90-minütigen Tests abgefragt, wenn es nicht mehr erforderlich ist, die Fiktion eines Tests des Fernsehprogramms aufrecht zu halten.

Die Beurteilung des Spots erfolgt durch Vergleich der genannten Parameter eines Films mit allen bisher getesteten Filmen insgesamt oder auch der betreffenden Warengruppe. Aufgrund der Vielzahl bisher durchgeführter Tests (in Europa 6000, in Deutschland 2800) steht dafür eine große Datenbasis zur Verfügung.
Weitere Versionen von Ad*Vantage erlauben es in ähnlicher Form Print-, Kino- und Radiowerbung zu beurteilen. R.Wi.

Adventure Merchant

Aventurhandel (Aventur, Abenteuer, mhd. anventiure). Begriff aus dem frühen → Internationalen Handel: Der Kapitalgeber trug die Gefahren der See, der Kargator begleitete die Ladung (Superkargo, span. carga = Last, Ladung) und verkauft die Ware in Übersee, wobei der Erlös in Geld (Contanten) oder Waren (Retouren) angelegt wurde.

Adverse selection
→ Informationsökonomik

Advertorial
Kunstwort, das die Verbindung von Werbung (advertising) und redaktionellem Beitrag (editorial) zum Ausdruck bringt. Um am „Vertrauensvorschuss", den Reportagen, Dokumentationen und Essays im Gegensatz zu Werbeanzeigen oder Spots genießen, partizipieren zu können, werden Werbebotschaften so gestaltet, dass sie sich auch beim zweiten Hinsehen nicht vom redaktionellen Teil des Mediums unterscheiden. Um diesem „Mimikri" zum Erfolg, d.h. zur Glaubwürdigkeit zu verhelfen, muss eine Werbemaßnahme für jede Zeitung oder Zeitschrift neu gestaltet werden, jeweils im Einklang mit deren Stil und Redaktionskonzept.

Ad-View → Ad-Impression

Advocacy Behavior
Beeinflussung eines Kaufprozesses, insb. im → organisationalen Beschaffungsverhalten, bei dem von einem → Meinungsführer im Buying Center offen für oder gegen eine Lösung votiert wird. Basis dafür kann dessen Kompetenz, aber auch eine Liason mit anderen Organisationsmitgliedern sein. Im Gegensatz zum → Gatekeeper agieren Advokaten zumindest unternehmensintern öffentlich sichtbar und können insofern ihrerseits besser beeinflusst werden.

AE-Provision
Form der Vergütung für → Werbe- oder → Mediaagenturen, bei der Auftraggeber für die ausschließliche Annoncen-Expedition, d.h. die Schaltung fertig vorbereiteter Annoncen in Werbeträgern, dem Durchführenden eine Vergütung zukommen lässt.

Affect Transfer Model (ATM)
ist die Bezeichnung für ein → Werbewirkungsmuster, welches sich auf gering produktinvolvierte Werbeadressaten mit geringer Produktklassenvertrautheit bezieht. Es lässt sich als verbal-qualitatives → Werbewirkungsmodell grob, wie in der *Abbildung* zu diesem Stichwort, veranschaulichen: Das geringe Involvement der Adressaten führt dazu, dass sie als Folge einer als angenehm empfundenen Werbemittelgestaltung zunächst eine positive *Einstellung zur Werbung eines Produkts (Marke)* und mittels Transfer eine positive *Einstellung zum Produkt (Marke)* entwickeln.

Das Affect Transfer Model (ATM)

Marketingbezogene Werbekenntnisse
↓
Einstellung zur Werbung der Marke
↓
Markenbezogene Eigenschaftskenntnisse → Einstellung zur Marke → Kaufbereitschaft

(Quelle: *Steffenhagen, H.*, Wirkungen von Werbung – Konzepte, Erklärungen, Befunde, Aachen 1996, S. 130)

Das Affect Transfer Model lässt sich zum einen unter Rückgriff auf das Phänomen der Klassischen Konditionierung, zum anderen unter Bezugnahme auf Assoziations-Netzwerkeffekte begründen: Soll ein Konsument sich „eine Meinung zu einem Produkt machen", so greift er unter Low Involvement-Bedingungen auf peripher gebildete Assoziationen zurück; siehe auch → Dual Mediation Model. H.St.

Literatur: *Shimp, T.A.:* Attitude Toward the Ad as a Mediator of Consumer Brand Choice, in: Journal of Advertising, Vol. 10 (1981), No. 2, S. 9-15. *Mitchell, A.A.; Olson, J.C.:* Are Product Attribute Beliefs the Only Mediator of Advertising Effects on Brand Attitude?, in: Journal of Marketing Research, Vol. 18 (1981), S. 318-323.

Affekte → Emotionen

Affiliate Group → Information Filtering

Affiliate-Programm (Partnerprogramm, Associate Program, Revenue Sharing Program)
Im → Online-Marketing eingesetzte Werbevereinbarung zwischen einem Online-Händler und seinem Affiliate (engl. „Angegliederter") über die Schaltung eines aktiven → Werbebanners auf der Web-Site des Partners. Im Gegenzug erhält der Partner eine Provision von den Umsätzen der Kunden, die über seine Web-Site auf das System des Händlers geschickt wurden.
Das Affiliate-Programm baut somit aus vertriebspolitischer Sicht ein Netz von virtuellen Kommissionären auf. Die Programme gibt es sowohl in der einstufigen als auch in

der mehrstufigen Form, wo der Partner selbst neue Partner anwerben und von deren Umsätzen mit profitieren kann (→ Multi-Level-Marketing).
Das Programm ist nicht nur eine Vertriebs-, sondern auch eine Werbemaßnahme im Internet. Jede Bannerschaltung auf den Partnerseiten steigert die Bekanntheit des Händlers. Weiter unterstützen die Affiliate-Programme auch den Gedanken der Vernetzung im Internet. Gegenüber anderen Werbeformen hat das Programm den Vorteil, dass nur Werbekontakte bezahlt werden, die auch zu einer Transaktion führen. Hinzu kommt, dass man auch in Nischen vordringt, in die man ansonsten keine „normale" Banner-Werbung schalten würde, da die Frequentierung und somit die Aussicht auf Profit relativ gering ist.
Letztendlich haben die Programme auch eine kundenbindende Funktion bezüglich der angeworbenen Partner. Die Partner, oftmals selbst Kunden des Händlers, werden somit in die Wertschöpfung integriert. Vielfach lassen sich die Provisionen auch nicht in monetäre Werte umwandeln, sondern nur beim nächsten Kauf des Partners beim Händler anrechnen.
Als Pionier der Affiliate-Programme in den USA gilt die Internet-Buchhandelsfirma *Amazon.com*, die seit Januar 1997 ein solches Partnerprogramm anbietet. Im Jahr 2000 lag die Anzahl der Partner schon bei mehr als 500.000. Das Großverzeichnis von Partnerprogrammen im Internet *Referit.com* hat inzwischen schon über 1100 Programmanbieter aufgelistet, und täglich kommen fünf bis zehn weitere hinzu. An der Spitze stehen auch hier etablierte Online-Händler wie *Amazon.com* und *MP3.com*.
Wichtige Erfolgsfaktoren der Affiliate-Programme liegen in der Provisionsgestaltung für die Gewinnung der Partner und in der Qualität der Integration des Programmes auf der Web-Site des Partners. So ist ein gezielter → Link auf die Bestellseite eines Produktes von Seiten des Partners effektiver als ein unbestimmter Link auf die Homepage des Online Händlers.
Je nach Art der Präsentation und Verlinkung unterscheidet sich bei einem effektiven Programm demnach auch die Höhe der Provision. Wird z.B. bei *Amazon.de* ein bestimmtes Buch im Umfeld einer Buchrezension direkt beworben, erhöht sich die Werbekostenerstattung auf 15 Prozent, sonst wird nur eine Provision von fünf Prozent gezahlt. Ein wöchentlicher E-Mail-Bericht

erlaubt eine direkte Erfolgskontrolle. Zudem bieten viele Programmbetreiber ihren Partnern darüber hinaus Tipps zur Gestaltung und Frequenzerhöhung ihrer Seiten. Einschränkungen ergeben sich derzeit noch aus Sicht des Rabattgesetztes und anderer Rechtsnormen, wie z.B. die Peisbindung für Bücher. Diese erlaubt keine Gewährung von Extra-Rabatten und bedingt eine Zusammenarbeit nur mit gewerblichen Partnern.
B.Ne.

Literatur: *Pütz-Lehmann, S.:* Partnerprogramme.com. Geld verdienen im Internet mit der Homepage, Book-on-demand, 1999. *Stephan, P.F.* Events und E-Commerce. Kundenbindung und Markenführung im Internet, Heidelberg 2000.

Affinität
1. Ähnlichkeit bzw. Nachbarschaft zweier Objekte im Rahmen der → Clusteranalyse.
2. Im Rahmen der Analyse von → Werbeträgern zeigt die Affinität die Nutzung einer Sendung oder eines Werbeblocks durch eine bestimmte → Zielgruppe im Verhältnis zur Nutzung der Sendung oder des Werbeblocks durch die Vergleichs- oder Referenzgruppe, im Allgemeinen also die Gesamtzuseher. Berechnet wird die Affinität im Allgemeinen als Index aus der kumulierten Reichweite in Prozent in der Zielgruppe und der kumulierten Reichweite in Prozent in der Referenzgruppe. Als Neutralwert gilt 100. Werte über 100 repräsentieren eine gute Ausschöpfung in der Zielgruppe; Werte unter 100 dagegen eine schlechte.

AFTD
Abk. für American Foreign Trade Definitions (→ INCOTERMS)

After-sales-service → Nachkauf-Service

AGB-Gesetz
→ Allgemeine Geschäftsbedingungen (AGB), → Rabatte

Agenda Setting
von den Kommunikationswissenschaften geprägter Begriff, der zum Ausdruck bringt, dass die Tagesaktualität von den Medien „gemacht" wird, indem sie über bestimmte Themen berichten und über andere nicht.
In der empirischen Forschung galt bislang zumeist dem Zusammenhang von Agenda Setting (Nachrichten) und Wählerverhalten die Aufmerksamkeit. Für die → Werbung ist die Thematisierungsfunktion und -macht

Agent

der Medien insofern von Bedeutung, als sie den Konsumenten dazu bringen, über bestimmte Marken, Produkte, Eigenschaften oder Werte nachzudenken bzw. zu diskutieren. Wenn es durch Öffentlichkeitsarbeit gelingt, ein Erzeugnis oder ein Unternehmen in einem positiven Zusammenhang zum Gesprächsthema zu „machen", so ist ein größerer Werbeerfolg zu erwarten, als wenn man im Stile der klassischen Medienverbund versucht, die Verbraucher unmittelbar von den Produktvorteilen zu überzeugen.

Literatur: *Eichhorn, W.:* Agenda-Setting-Prozesse: Eine theoretische Analyses individueller und gesellschaftlicher Themenstrukturierung, München 1996.

Agent → internationaler Vermittlerhandel, → Handelsvertreter

Agentur → Werbeagentur

Agentur-Partwork-System
→ Werbewirtschaft

Agentur-System
→ Vertriebssystem im indirekten Vertrieb, bei dem ein Hersteller oder Versandhändler seine Produkte über stationäre Händler vertreibt, die als → Handelsvertreter agieren, also kein Eigentum an der Ware erwerben und deshalb auch keine Preishoheit besitzen (→ Vertriebswegepolitik). Das System erlaubt damit eine Umgehung des Verbots der → Preisbindung, was vom Kartellamt so lange toleriert wird, solange der Preiswettbewerb dadurch nicht gefährdet wird. Darüber hinaus enthalten Agentur-Verträge oft gewisse Präsentations- und Bevorratungspflichten. Nachteile des Agentursystems sind die fehlende Risikobeteiligung des für den Absatz verantwortlichen Agenten und dessen marktgerechte Steuerung.

Agenturvergütung → Werbeagentur

Agglomeration
in der Standortlehre benutzter Begriff für die räumliche Konzentration von Betriebsstätten, die insb. für den → Standort im Handel akquisitorische Wirkung entfaltet, weil sie dem Käufer Einkaufswege erspart, Markttransparenz erleichtert und Einkaufserlebnisse vermittelt. Dabei unterscheidet man branchenungleiche und branchengleiche Agglomerationen. Letztere existieren z.T. abseits der Innenstädte, vielfach z.B. im Möbeleinzelhandel, wo besonderer Flächenbedarf besteht, der in den branchenungleichen Agglomerationen der Innenstädte Kostenprobleme aufwirft. Die Agglomerationsfähigkeit eines Gebietes ist insb. vom Kundenpotential und der Verkehrsanbindung abhängig.

Agglomerative Clusteranalyse

Agglomerative Verfahren der → Clusteranalyse ermitteln eine hierarchische Klassifikation nach folgendem Prinzip:
Bei vorliegender disjunkter Klassifikation $\kappa = \{K_1,...,K_s\}$ (→ partitionierende Clusteranalyse) werden zwei Klassen $K_i, K_j \in \kappa$ gesucht, die „optimal" fusioniert werden können. Für einen vorgegebenen Bewertungsindex der Form $v(K,L)$ (Distanzindex) sucht man die Klassen K_i und K_j, für die der Wert $v(K_i,K_j)$ minimal wird. Man erhält eine neue disjunkte Klassifikation, wobei die Klassenzahl um 1 reduziert wird. Verfahrensvarianten ergeben sich je nach Festlegung von v (→ Single Linkage, Complete Linkage, Average Linkage, Ward, Zentroid). Für diese und eine Reihe anderer agglomerativer Verfahren lässt sich die Anpassung der Indizes v bei Fusion zweier Klassen K_1 und K_2 durch die → Lance/Williams-Formel ausdrücken.
Offenbar kann man bei diesen Verfahren mit einelementigen Klassen starten. Der Fusionsprozess kann solange fortgeführt werden, bis sich die gesamte Objektmenge als einzige Klasse ergibt. Zur Interpretation des Ergebnisses wählt man jedoch die Fusionsstufe, in der der Wert v sprunghaft ansteigt (→ Ellbogenkriterium, → Dendrogramm).
In der Anwendung sind agglomerative Verfahren den → divisiven Verfahren aus Rechengründen vorzuziehen. Ein Optimum wird jedoch nur für jede einzelne Fusionsstufe erreicht, da erfolgte Zusammenfassungen nicht mehr rückgängig gemacht werden. Es empfiehlt sich, stufenweise → Austauschverfahren anzuwenden.   O.O.

Aggregierte Daten
Unter einer Aggregation von Daten versteht man die Zusammenfassung von Einzelwerten zu größeren Einheiten. In den aggregierten Daten ist die ursprüngliche Information nur noch als Aggregat, nicht mehr so detailliert wie ursprünglich, vorhanden. Aggregationen werden durchgeführt, um für die jeweilige Aufgabe die optimale Datenstruktur

zu erhalten. Will man beispielsweise für im Vorhinein bekannte → Zielgruppen Nutzungswerte ermitteln, so ist es vorteilhafter, auf der Basis von Zielgruppenaggregaten zu rechnen. Es gilt: Je höher die Datenbasis aggregiert ist, desto schneller laufen Auswertungen, aber desto weniger Auswertungstypen sind möglich.

Aggressionsstrategie
→ Marktaggressivität

AG.MA
Arbeitsgemeinschaft Media-Analyse e.V. Zusammenschluss von Werbemittlern und Werbeträgern sowie Werbetreibenden mit dem Ziel, → Mediaforschung zu betreiben, speziell die Erforschung der Massenkommunikation. Die Ergebnisse der Mediaforschung werden jährlich in der → Media-Analyse veröffentlicht, zweimal pro Jahr gibt es eine Berichterstattung für die Pressemedien und die Hörfunksender.
Anschrift: Arbeitsgemeinschaft Media-Analyse e.V., Am Weingarten 25, D-60487 Frankfurt am Mail, Tel. (069) 156805-0. http://www.agma-mmc.de

Agostini-Formel
Formel des französischen Medienforschers *Jean-Michel Agostini* zur Berechnung der Nettoreichweite einer bestimmten Werbemaßnahme bei gleichzeitiger Belegung verschiedener Werbeträger: Nettoreichweite = (Summe der Bruttoreichweite)^2 / (1,125 * Summe der Doppelleser + Summe der Bruttoreichweiten).

Agrarmarketing
Unter Agrarmarketing ist → Marketing, also die Planung und Durchführung von Maßnahmen zur Erschließung, Entwicklung und Pflege von Märkten, durch Unternehmen oder Institutionen des Agribusiness zu verstehen. Zum System des Agribusiness sind dabei alle direkt und indirekt an Produktion und Absatz von Nahrungsmitteln und anderen Agrarprodukten beteiligten Unternehmen und Institutionen zu zählen, also neben der Landwirtschaft (einschließlich Gartenbau und Forstwirtschaft) und den der Landwirtschaft nachgelagerten Handelsunternehmen sowie Ernährungsindustrie und -handwerk auch Hersteller von landwirtschaftlichen Betriebsmitteln, Unternehmen des Betriebsmittelhandels, des Lebensmittelgroß- und -einzelhandels sowie die Gastronomie und andere Großverbraucher von Nahrungsmitteln. Neben dem Kern des Agribusiness, der Produktion und Verteilung von Nahrungs- und Genussmitteln, nimmt in neuerer Zeit der Bereich der nicht der menschlichen Ernährung dienenden Agrarprodukte an Bedeutung zu. Hierzu zählen u.a. die Verwendung landwirtschaftlicher Rohstoffe in der industriellen Produktion von Nichtnahrungsmitteln (z.B. Stärke, technische Öle), die Energiegewinnung aus pflanzlichen Rohstoffen sowie die Produktion von Heilpflanzen für die Pharmaindustrie.

Im Vergleich zu anderen Märkten bestehen auf den Märkten für Agrarprodukte vergleichsweise einschneidende externe Rahmenbedingungen, die das Aktionsfeld des Agrarmarketing beeinflussen:

(a) Die *Gesetzgebung* gibt mit unterschiedlichen Zielsetzungen enge Rahmenbedingungen vor: Die Bestimmungen der → Lebensmittelgesetzgebung dienen dem Gesundheitsschutz der Verbraucher. Der Verbesserung der Markttransparenz dienen die Handelsklassen-Verordnungen und eine staatlich finanzierte → Preisberichterstattung. Durch agrarmarktpolitische Eingriffe wird versucht, die Einkommen der landwirtschaftlichen Produzenten zu stabilisieren (und/oder zu stützen). Diesem Ziel dienen vor allem staatliche → Marktinterventionen. Mit diesen Maßnahmen können Ausfuhrerstattungen für Überschussprodukte oder Außenhandelsschutz-Regelungen zur Begrenzung von Importen aus Drittländern verbunden sein.

(b) Die Agrarmärkte zeichnen sich durch vergleichsweise starke saisonale und jährliche *Angebots- und Preisschwankungen* aus. Auf einigen Teilmärkten sind darüber hinaus ausgeprägte zyklische Preis- und Mengenschwankungen zu verzeichnen.

(c) Im System des Agribusiness bestehen ausgeprägte strukturelle Unterschiede zwischen den einzelnen Elementen. Während im Bereich der Landwirtschaft eine große Zahl von Betrieben mit geringem wirtschaftlichen Einfluss agieren, ist z.B. im Lebensmittelhandel ein sehr hoher Konzentrationsgrad mit wenigen, wirtschaftlich starken Unternehmen zu verzeichnen (→ Nachfragemacht).

(d) Die *Nachfrage* nach Nahrungsmitteln weist im Vergleich zu anderen Konsumgütern eine Reihe von Besonderheiten auf, die

Agrarmarketing

z.T. als äußere Rahmenbedingungen des Agrarmarketing gesehen werden müssen:
- Bei wirtschaftlichem Wachstum kann in den meisten Volkswirtschaften ein abnehmender Anteil der Ausgaben für Nahrungsmittel an den Gesamtausgaben beobachtet werden (*Engel'sches Gesetz*). Dies führt tendenziell zu → Marktsättigung bzw. Überversorgung.
- Bei einigen Produkten sind starke *saisonale Schwankungen* der Nachfrage zu beobachten.
- Veränderungen der Einkaufs- und Ernährungsgewohnheiten der Verbraucher schlagen sich in *steigendem Außer-Haus-Verbrauch* und zunehmendem Verbrauch von *Convenience-Produkten* nieder.
- Der Nahrungsmittelverbrauch wird in besonderem Maße durch Änderungen von Verbrauchereinstellungen und durch den → *Wertewandel* beeinflusst. Genannt sei hier die Ablehnung bestimmter Formen der Tierhaltung aus ethischen Gründen.
- *Steigendes Gesundheits- und Umweltbewusstsein* führt zu einer Sensibilisierung der Verbraucher gegenüber manchen landwirtschaftlichen Produktionsverfahren und zu einer kritischen Haltung gegenüber dem Nahrungsmittelangebot. Die weiterhin steigende Nachfrage nach Bio-Produkten ist Ausdruck dieses Phänomens (s.a. → Ab-Hof-Verkauf).

Bei der Ausgestaltung der Aktionsbereiche des Marketing mit dem Ziel, dem Verbraucher gegenüber eine positive Differenzierung im Vergleich zu Wettbewerbern zu erreichen, sind die besonderen Eigenschaften von Lebensmitteln und die spezifischen Bedingungen auf den Lebensmittelmärkten zu berücksichtigen:

Die *Produktpolitik* in Unternehmen des Agribusiness wird durch den biologischen Charakter der landwirtschaftlichen Produktion beeinflusst. Es können erhebliche Qualitätsschwankungen bei den landwirtschaftlichen Roh- bzw. Frischprodukten auftreten, die eine Standardisierung im Zuge des Produktionsprozesses erschweren und häufig eine verbindliche Qualitätszusicherung durch den Anbieter verhindern.

Aus der besonders bei Frischprodukten, wie Obst und Gemüse, Frischmilch und frischem Fleisch sehr hohen Verderblichkeit von Lebensmitteln resultieren hohe Ansprüche an die *Warenbehandlung, Lagerhaltung und Distribution*, wiederum verbunden mit der Schwierigkeit der Einhaltung eng begrenzter Qualitäten. Der marketingpolitische Handlungsspielraum der Anbieter kann zusätzlich eingeengt sein, wenn das Angebot aufgrund saisonaler Produktion und eingeschränkter Lagerfähigkeit zeitlich begrenzt ist.

Im Zuge der Be- und Verarbeitung der landwirtschaftlichen Rohstoffe werden veränderte bzw. neue Lebensmittel erzeugt, die sich gegenüber den landwirtschaftlichen Rohprodukten in der Regel durch ein erhebliches Maß an *Zusatzleistungen*, z.B. verbesserter Lagerungsmöglichkeit, leichterer Zubereitung oder erhöhtem Genusswert auszeichnen. Die Möglichkeiten zur Beeinflussung der qualitativen Eigenschaften der Produkte und damit zur Produktdifferenzierung steigen dabei tendenziell mit zunehmendem Grad der Verarbeitung.

Der Handlungsspielraum in der *Preispolitik* der einzelnen Unternehmen der Lebensmittelwirtschaft ist im Hinblick auf die verschiedenen Teilmärkte unterschiedlich zu beurteilen. Während für die Anbieter landwirtschaftlicher Produkte im Direktabsatz an den Endverbraucher aufgrund hoher akquisitorischer Potenziale ein relativ großer Spielraum bei der Preisbildung gegeben ist, ist der Preis beim Absatz an die nachgeordneten Handels- und Verarbeitungsstufen kaum beeinflussbar, die Anbieter verhalten sich weitgehend als Mengenanpasser. Die Preisbildung des wertmäßig weitaus größten Teils der landwirtschaftlichen Produkte wird durch die EG-Marktordnungen beeinflusst, wobei dieser Einfluss bei den verschiedenen Produkten vom jeweils eingesetzten Marktordnungsinstrumentarium abhängt und sich unterschiedlich stark auf die Erzeugerpreise auswirkt. Der Absatz der Ernährungsindustrie an den Lebensmittelgroß- und -einzelhandel wird stark durch das häufig preispolitisch aggressive Verhalten des Handels bestimmt. Im Vergleich zu anderen Konsumgütermärkten wird der preispolitische Spielraum im Lebensmitteleinzelhandel in starkem Maße zur Differenzierung gegenüber konkurrierenden Anbietern genutzt, wobei insb. → *Sonderangebote* als Differenzierungsinstrument Verwendung finden (→ Profilierungsstrategie im Handel).

Die Entscheidungsmöglichkeiten im Rahmen der *Distributionspolitik* der Anbieter von Lebensmitteln unterscheiden sich auf den verschiedenen Teilmärkten und Handelsstufen sehr deutlich voneinander. Für den einzelnen Anbieter landwirtschaftlicher Produkte wird die Wahl der Absatzform weitgehend durch die betrieblichen Kapazitäten und die Lage des Betriebes bestimmt. Während ein Teil kleinerer Betriebe in verbrauchernahen Gebieten seine Chancen im Direktabsatz an den Verbraucher wahrnimmt (→ Ab-Hof-Verkauf), wird die Masse der landwirtschafttlichen Produktion über den privaten oder genossenschaftlich kollektierenden Großhandel an die Ernährungsindustrie bzw. das Ernährungshandwerk abgesetzt. Im Bereich des Ernährungshandwerks überwiegt der Absatz über eigene Ladengeschäfte direkt an den Verbraucher, während die Produkte der Ernährungsindustrie indirekt über die verschiedenen Stufen des Lebensmittelgroß- und -einzelhandels distribuiert werden. Die Lebensmittelhersteller sehen sich dabei mit einer zunehmenden Nachfragekonzentration im Verteilungsgroßhandel und der Bündelung der Nachfrage in den verschiedenen Organisationsformen des Lebensmittelgroß- und -einzelhandels konfrontiert, wodurch ihr distributionspolitischer Entscheidungsraum tendenziell abnimmt. Auf der Ebene des Einzelhandels ist ein steigender Marktanteil von Großbetriebsformen zu verzeichnen.

Der Einsatz von Instrumenten der *Kommunikationspolitik* beim Absatz von Lebensmitteln hat sich in der Vergangenheit aufgrund des starken Wettbewerbs unter den Lebensmittelherstellern infolge zunehmender Sättigungstendenzen beim Verbraucher von Lebensmitteln verstärkt. Die aus dem starken Wettbewerb resultierenden hohen Produktinnovationsraten bei Lebensmitteln erfordern hohe Werbungsausgaben für die Einführung und Bekanntmachung neuer Produkte, wodurch die Bedeutung der → Werbung als marketingpolitisches Instrument einen hohen Stellenwert erlangt. Neben den direkt auf das Image abzielenden Werbemaßnahmen durch die Lebensmittelhersteller und die speziell für Agrarprodukte sehr wichtige und vielfältig reglementierte → Warenkennzeichnung werden im Lebensmitteleinzelhandel in starkem Maße Maßnahmen der → Verkaufsförderung zur Differenzierung gegenüber den Wettbewerbern eingesetzt, wobei insb. → Preisaktionen durchgeführt werden, häufig ergänzt durch eine besondere Herausstellung der Produkte über Sonderplatzierungen und den Einsatz zusätzlicher Werbemittel am Verkaufsort.

Aufgrund der hohen physischen Homogenität der erzeugten Produkte und der Vielzahl der Anbieter gelingt es einzelnen landwirtschaftlichen Produzenten kaum, sich durch marketingpolitische Maßnahmen von ihren Wettbewerbern zu differenzieren und eine aktive Preispolitik zu betreiben. Im Vordergrund der betriebswirtschaftlichen Überlegungen steht deshalb für die Mehrzahl der Betriebe eine möglichst kostengünstige Produktion.

Eine der wenigen Möglichkeiten für einzelne landwirtschaftliche Betriebe, aktives Marketing zu betreiben, besteht im Rahmen des *Direktabsatzes* der erzeugten Produkte unter Ausschaltung der nachfolgenden Handelsstufen. Das traditionelle Sortiment des Direktabsatzes – vorwiegend frische Erzeugnisse wie Eier, Kartoffeln sowie Obst und Gemüse – wird dabei zunehmend ausgedehnt auf bearbeitete Produkte wie Fleisch- und Wurstwaren, Marmelade, Käse usw., die aufgrund der lebensmittelrechtlichen Bestimmungen in der Regel die Errichtung eigener Verkaufsräume auf den Betrieben erfordern. Daneben nutzen einzelne Landwirte auch die Möglichkeit, die traditionellen Absatzwege zu umgehen und ihre Produkte direkt an Großverbraucher wie Kantinen und Gaststätten oder an den Einzelhandel zu liefern. Auch bei diesen Formen des Direktabsatzes lässt sich durch eine konsequente Ausrichtung der Produktion der marketingpolitische Handlungsspielraum zusätzlich erweitern.

Marketing wird auf Agrarmärkten häufig in → Kooperation einer Vielzahl von Unternehmen durchgeführt. Dies hat seine Ursache in den geringen Marktanteilen und der schwachen Marktmacht der einzelnen Unternehmen. Am weitesten verbreitet sind Kooperationen, bei denen eine kleinere Gruppe von Unternehmen einzelne Marktaufgaben gemeinsam wahrnimmt (z.B. Marktforschung und Werbung, gerade auf Agrarmärkten aber häufig auch Produktpolitik oder Distribution). Man spricht hier von Gruppenmarketing. Unter Einschluss landwirtschaftlicher Betriebe finden sich aktuelle Beispiele dafür vor allem auf den Märkten für Produkte mit präzisierten Qualitätszusicherungen (z.B. pflanzliche oder tierische Erzeugnisse aus kontrollierter oder ökologischer Produktion). Verbreitet ist Gruppenmarketing auch in einigen Bereichen der Ernährungsindustrie (z.B. Gruppen von Molkereien, Gruppen von Brotfabriken).

Ähnlichkeitshypothese

Am Gemeinschaftsmarketing sind dagegen alle Unternehmen einer Branche (oder sogar mehrerer Stufen des Agribusiness) beteiligt. Eine besonders umfassend konzipierte Gemeinschaftsmarketinginstitution ist die *Centrale Marketinggesellschaft der deutschen Agrarwirtschaft mbH* (CMA). Sie wurde aufgrund des Absatzförderungsgesetzes vom 26.6.1969 gegründet. Die Finanzierung erfolgt durch obligatorische Beiträge der Land- und Ernährungswirtschaft. Gesellschafter der CMA sind die Spitzenverbände von Land- und Forstwirtschaft (55%) und von Ernährungsindustrie und -handel (45%). Die CMA setzt die nationale Herkunft deutscher Produkte als Differenzierungsmerkmal ein. Typisch ist – wie für jede Gemeinschaftsmarketinginstitution – der vornehmliche Einsatz von Instrumenten des kommunikativen Marketing (Werbung, Verkaufsförderung, Product Publicity). Jedoch sind die Bemühungen, auch auf weitere Aktionsbereiche des Marketing einzuwirken, beachtlich (Markierung qualitätsgeprüfter Produkte durch „CMA-Gütezeichen", Produktendkontrolle), durch CMA-Prüfsiegel für Fleisch und ÜPZ-Prüfzeichen für ökologische Produkte (Prozesskontrolle) und durch Ansätze für Markenbildung (z.B. „Ackergold"-Speisekartoffeln). Der erforderliche Interessenausgleich (horizontal wegen der Substitutionsbeziehungen zwischen den verschiedenen Agrarprodukten, vertikal wegen der nicht immer einheitlichen Interessen der Stufen des Agribusiness) wird oft als Schwäche einer solchen Gemeinschaftsmarketing-Institution bezeichnet, fördert aber die Kommunikationsintensität zwischen den Trägern der Institution. Bei zunehmendem Wettbewerb zwischen Lebensmitteln aller nationalen Herkünfte in der EG können die Marketingaktivitäten der CMA bei Einzelhandel und Verbrauchern weiter steigendes Interesse erwarten. Darüber hinaus bemühen sich auch Marketinginstitutionen um regionales Gemeinschaftsmarketing (in der Regel jeweils in der territorialen Abgrenzung der Bundesländer). O.St.

Literatur: *Strecker, O.; Reichert, J.; Pottebaum, P.*: Marketing in der Agrar- und Ernährungswirtschaft, 3. Aufl., Frankfurt 1996.

Ähnlichkeitshypothese
→ Organisationales Beschaffungsverhalten

AHP
→ Analytisch Hierarchischer Prozess (AHP)

AID (Automatic Interaction Detector)

Gruppe von Verfahren in der → Multivariatenanalyse, die primär im Rahmen der → Marktsegmentierung eingesetzt werden. Im → Direktmarketing wird AID beispielsweise bei der Optimierung von → Responsequoten von Mailings verwendet. Bei der Bewertung einer Versandaktion lässt AID eine Analyse darüber zu, welche Variablen (zum Beispiel soziodemographische Merkmale) hauptsächlich dafür verantwortlich sind, ob Kunden auf das Mailing geantwortet haben oder nicht. Zugleich kann ermittelt werden, welche spezifische Kombination aus soziodemographischen Einflussfaktoren für eine hohe Antwortquote verantwortlich ist.

AID wird überwiegend theoriebildend in der → Explorativen Forschung oder im → Data Mining eingesetzt. Teilweise kann es als Alternative zu den → Neuronalen Netzen oder zur multiplen → Diskriminanzanalyse verwendet werden.

Ziel von AID ist es, Interaktionen zwischen unabhängigen Variablen (von beliebigem Skalenniveau) aufzudecken und diese zur Varianzerklärung einer abhängigen (intervallskalierten oder dichotomen) Variablen heranzuziehen.

Grundlegendes Vorgehen von AID ist es, durch sukzessive Gruppenbildungen die Streuung einer abhängigen Variablen y bestmöglich zu erklären. Dazu wird der Datensatz auf jeder Segmentierungsstufe in zwei Gruppen aufgeteilt („binäre Segmentierung"), die sich ihrerseits durch eine bestimmte Kombination aus Merkmalsausprägungen auszeichnen. Als Trennkriterium bei der Segmentierung fungiert jene unabhängige Variable x_i aus x_n, die ein Maximum an Varianz der abhängigen Variable erklärt. Zielkriterium ist, dass die gebildeten Untergruppen untereinander so *heterogen* und innerhalb so *homogen* wie möglich gegenüber y sein sollten. AID basiert also – zumindest in seiner ursprünglichen Form – auf einem varianzanalytischen Segmentierungskriterium. Unabhängige Variablen, die auf einer bestimmten Segmentierungsstufe keinen ausreichenden Erklärungsbeitrag leisten konnten, können zudem auf einer nachgelagerten Stufe durchaus relevant sein. Formal lassen sich die zuvor beschriebenen Sachverhalte anhand der drei folgenden Gleichungen darstellen:

(1) $b_i = n_1(\overline{Y}_1 - \overline{Y})^2 + n_2(\overline{Y}_2 - \overline{Y})^2$

(2) $w_i = \sum_{k=1}^{n_1}(Y_{1k} - \overline{Y}_1)^2 + \sum_{k=1}^{n_2}(Y_{2k} - \overline{Y}_2)^2$

(3) $t_i = \sum_{l=1}^{2}\sum_{k=1}^{n_l}(Y_{lk} - \overline{Y})^2$

Gleichung (1) bezeichnet die mit den Gruppengrößen gewichtete Abweichung zwischen den einzelnen Gruppenmittelwerten und dem Gesamtmittelwert, d.h. die Streuung zwischen den Gruppen, im Folgenden *between-group sum of squares* (BSS) genannt. Gleichung (2) gibt die Summe der Streuungen innerhalb der einzelnen Gruppen um den Gruppenmittelwert wider, im Folgenden *within-group sum of squares* (WSS) genannt. Gleichung (3) schließlich entspricht der Streuung in der Grundgesamtheit und wird als *total sum of squares* (TSS) bezeichnet. Die binäre Segmentierung erfolgt nun so, dass die Streuung innerhalb der Gruppen (WSS) minimiert bzw. jene zwischen den Gruppen (BSS) maximiert wird. Formal wird die Entscheidung über die zur Segmentierung heranzuziehende Variable wie folgt getroffen:

$$\frac{BSS}{TSS} = \frac{n_1(\overline{Y}_1 - \overline{Y})^2 + n_2(\overline{Y}_2 - \overline{Y})^2}{\sum_{l=1}^{2}\sum_{k=1}^{n_l}(Y_{lk} - \overline{Y})^2} \to max!$$

Der Segmentierungsvorgang kann theoretisch solange fortgesetzt werden, bis sämtliche Prädiktoren zur Segmentierung herangezogen worden sind. Jedoch führt ein solches Vorgehen bei der Analyse von realistischen Problemstellungen schnell zu einer prohibitiv hohen Zahl notwendiger Segmentierungsschritte. Sowohl aus rechentechnischen Gründen als auch aus sachlogischen Überlegungen heraus greift AID deshalb auf verschiedene Konvergenz- und Abbruchbedingungen zurück. Konkret handelt es sich um Kriterien wie die minimal erforderliche Segmentgröße, minimale Inner-Gruppen-Varianzen, maximale Endgruppenzahlen oder minimale Zwischen-Gruppen-Varianzen. Nachdem ein Datensatz vollständig segmentiert wurde, generiert AID aus den identifizierten Abhängigkeitsverhältnissen zusätzlich einen sich verzweigenden hierarchischen Baum, der die vorherrschenden Interaktionen graphisch visualisiert („*Tree Analysis*"). Die Erklärungskraft einer unabhängigen Variablen x_i in Bezug auf die Streuung der abhängigen Variablen y ist dabei umso größer, je früher sie zur Trennung der einzelnen Gruppen herangezogen wurde. Die Reihenfolge, in der die unabhängigen Variablen zur Segmentierung verwendet werden, wird von AID *automatisch* ermittelt und entspricht dem Wesen von Data Mining-Verfahren.

Verschiedene Defizite beim ursprünglichen AID führten zu mehreren Modifikationen und Weiterentwicklungen des Ansatzes. Als problematisch erwies sich u.a., dass AID Stichprobengrößen von mindestens 1.000 Fällen für aussagekräftige Resultate benötigt und außerdem ausschließlich binäre Splits zulässt. Letztere Einschränkung erscheint jedoch für viele Fragestellungen des Marketing problematisch, da es durchaus von Relevanz sein kann, von Beginn einer Untersuchung an zu wissen, ob eine Variable eine Gruppe in zwei oder mehr Untergruppen teilt. Ausgewählte Weiterentwicklungen von AID sind in der *Tabelle* dargestellt. Ihnen gemeinsam sind zunächst Modifikationen beim Skalenniveau der in die Analyse einbezogenen Variablen sowie beim verwendeten Segmentierungskriterium.

Entwicklungsstufen von AID

Jahr	Verfahren	Bezeichnung
1970	AID III	
1972	THAID	Theta AID
1974	MAID	Multivariate AID
1975	CHAID	Chi-Squared AID

Von diesen Verfahren stellt CHAID in verschiedenerlei Hinsicht die bedeutendste Weiterentwicklung dar. So wird die bisherige Beschränkung auf binäre Splits aufgehoben. Zum anderen bestimmt CHAID, das in seinem Kern auf einem Kalkül der → Kontingenzanalyse basiert, χ^2-Werte zur Überprüfung des Zusammenhangs zwischen der jeweils untersuchten unabhängigen und der abhängigen Variable. Auf deren Basis und unter Berücksichtigung der entsprechenden Freiheitsgrade lässt sich dann eine → Hypothesenprüfung über die paarweise Unabhängigkeit beider Variablen

AIDA

durchführen. Im Gegensatz zum ursprünglichen AID, das die Segmente anhand derjenigen Variablen bildete, die die *meiste Varianz* erklärten, splittet CHAID die Gruppen nun anhand solcher Variablen auf, die die *höchste Signifikanz* aufweisen. W. Ti.

Literatur: *Sonquist, J.A.; Morgan, J.:* The Detection of Interaction Effects, Ann Arbor 1964. *Sonquist, J.A.; Baker, E.L.; Morgan, J.N.:* Searching for Structure, Alias – AID – III, Ann Arbor 1971. *Kass, G.V.:* Significance Testing in Automatic Interaction Detection, Weiwatersrand 1975.

AIDA (Internationale Vereinigung der Verteilung von Lebensmitteln und Gebrauchsgütern)

Die vor allem von Unternehmen der Lebensmittelwirtschaft getragene Vereinigung wurde 1952 gegründet. Der allgemeine Zweck der Vereinigung besteht im objektiven und wissenschaftlichen Studium der wirtschaftlichen und technischen Probleme der Distribution von Lebensmitteln und Gebrauchsgütern und im internationalen diesbezüglichen Wissenstransfer. Die AIDA veranstaltet pro Jahr zwei internationale Kongresse. Anschrift: Comite Belge de la Distribution, Rue Marianne 34, 1180 Brüssel/Belgien B.H.

AIDA-Modell (AIDA-Formel, AIDA-Regel, AIDA-Schema)

Ältestes und bekanntestes → Stufenmodell der Werbewirkung, das bereits 1898 von *E. St. Elmo Lewis* entwickelt wurde, um die Stufen eines Verkaufsgesprächs darzustellen (→ Persönlicher Verkauf). Es besagt, dass eine mit einer Werbebotschaft in Kontakt stehende Person die Wirkungsstufen Attention (Aufmerksamkeit), Interest (Interesse), Desire (Kaufwunsch) und Action (Aktivität/Kauf) in einer strengen hierarchischen Reihenfolge durchläuft. Diese Ansicht von einer linearen und stets notwendigen Abfolge der Teilwirkungen bilden zusammen mit deren geringen Differenzierung die Hauptkritikpunkte an diesem Modell, das auf die allgemeine Werbewirkung übertragen wurde. Seine Bedeutung beschränkt sich heute, trotz der zahlreich entwickelten Varianten (z.B. → AIDCA-Modell, → AIDCAS-Modell) auf die griffige Gliederung möglicher Teilwirkungen der persönlichen oder unpersönlichen Kommunikation.

AIDCA-Modell

Eine Weiterentwicklung des → AIDA-Modells der Werbewirkung, das zwischen den Stufen „Desire" und „Action" die Stufe der Vertrauensgewinnung beim Umworbenen („Confidence") einfügt.

AIDCAS-Modell

Eine Weiterentwicklung des → AIDA-Modells der Werbewirkung, das zum einen die Stufe der Überzeugung von den Produktvorteilen („Conviction") zwischen dem Kaufbegehren und dem Kaufakt einfügt und zum anderen postuliert, dass der Stufenprozess mit der Zufriedenheit der Käufer („Satisfaction") abgeschlossen werden muss.

AIM

ist die Abkürzung für „Association Européenne des Industries de Produits de Marque". Es handelt sich um den Europäischen Verband der Markenartikelindustrie mit Sitz in Brüssel. Er wird von z.Z. zehn nationalen Mitgliedsverbänden getragen, existiert seit 1967, vertritt die Interessen der europäischen Markenartikelindustrie und nimmt als Dachverband Koordinationsfunktionen wahr. In ihr sind (1999) mehr als 1.600 Hersteller aller Branchen und Größen zusammengefasst. M.B.

AIO-Ansatz → Lebensstilkonzept

Air-Movie → Luftwerbung

Airport-Center → Einkaufszentrum

AKA-Ausfuhrkredit-Gesellschaft mbH

zur kurz-, mittel- und langfristigen Refinanzierung von Exportgeschäften gegründete Institution in der Bundesrepublik Deutschland (→ Exportförderung, staatliche). Kurz- und mittelfristige Lieferantenkredite werden über den Plafond A (eigene Kreditmittel) und den Plafond B (Rediskontmöglichkeit bei der Deutschen Bundesbank) refinanziert.
Mittel- und langfristige Bestellerkredite werden über den besonderen Plafond C abgewickelt. Kreditnehmer können sowohl ausländische Käufer als auch Banken sein. Der Kreditantrag ist über eine der AKA-Konsortialbanken zu stellen. Der Höchstbetrag des Bestellerkredits entspricht der abzulösenden Exportforderung.

Der Exporteur hat die Möglichkeit, seinen Kreditbedarf bis zur Auszahlung des Bestellerkredites über einen anderen Lieferantenkredit der AKA zu decken. H.Ma.

Akkreditiv

Anweisung des Käufers an eine Zahlstelle (meistens Bank), den Fakturenbetrag oder einen Teil an den Lieferanten, gewöhnlich gegen Warendokumente (*Konossement*, Fakturen, Versicherungspolicen) zu zahlen. Akkreditive können widerruflich oder unwiderruflich, befristet oder unbefristet, bestätigt (durch Bank) oder unbestätigt sein. Die Einheitlichen Richtlinien und Gebräuche für Dokumenten-Akkreditive (ERA der Internationalen Handelskammer) haben heute weltweit Gültigkeit.

Akkreditive lassen sich im internationalen Handel sowohl für den → institutionellen Außenhandel als auch für den industriellen Direktvertrieb einsetzen. Ferner sind Akkreditive im → Export, Import und Transit sowie im → Countertrade einsetzbar. Im Rahmen langfristiger Geschäftsbeziehungen oder bei Rahmenverträgen verliert das Akkreditiv an Bedeutung und wird durch Bankgarantien ersetzt. H.Ma.

Literatur: *Marschner H.*: Lieferungs- und Zahlungsbedingungen, in: *Macharzina, K.; Welge, M.K.* (Hrsg.): Handwörterbuch Export und internationale Unternehmung, Enzyklopädie der Betriebswirtschaftslehre, Bd. XII, Stuttgart 1989, Sp. 1312–1322. *Schütze R.A.*: Das Dokumentenakkreditiv im internationalen Handelsverkehr, Heidelberg 1999. *Wolsing H.*: Das übertragbare Dokumenten-Akkreditiv, Stuttgart 1999.

Akquisitionskosten

Teil der → Vertriebskosten, die aufgewendet werden, um beim Kunden Aufträge zu erzielen, d.h. Kunden anzusprechen, zu informieren und zum Kauf zu bewegen (Bewirtungskosten, Präsentationskosten, Reisekosten, in manchen Ländern auch Bestechungsgelder). Man kann dabei fixe Kosten für die Akquisitionsbereitschaft (z.B. fixe Kosten eines Verkaufsbüros) und variable Kosten der Akquisition (z.B. Verkaufsprovisionen) unterscheiden.

Akquisitionsstrategie

Akquisitionen werden im angelsächsischen Schrifttum unter dem Terminus ‚Mergers und Acquisitions' abgehandelt. *Mergers (Fusionen)* bezeichnen den freiwilligen Zusammenschluss entsprechend einer Verschmelzung der Aktivitäten zweier vormals rechtlich und wirtschaftlich selbständiger Unternehmen. Akquisitionen werden im Einverständnis des zu übernehmenden Unternehmens oder aber feindlich (‚unfriendly takeover'), d.h. ohne Einverständnis, durchgeführt. Sowohl bei Fusionen als auch Akquisitionen kommt es zu einer Zusammenführung der beteiligten Unternehmen. Die Akquisitionsstrategie ist in diesem Zusammenhang ein Instrument der eigentlichen → Wettbewerbsstrategie. Oftmals sind sie im Rahmen von Überlegungen zur → Diversifikation eingebunden. Hierbei können drei strategische Beweggründe unterschieden werden:

(1) Finanzanlageorientierte Akquisitionsstrategien erfolgen primär in Bereichen, die in keinem Zusammenhang zu den belieferten Märkten oder Produktionen eines Unternehmens stehen. Im Mittelpunkt steht hier vielmehr die Realisierung einer möglichst hohen Rendite des investierten Kapitals.
(2) Marketingorientierte Akquisitionsstrategien konzentrieren sich auf die Realisierung von → Synergien im Absatzbereich bzw. auf den Zukauf von Marktanteilen oder Distributionsnetzen (→ Größenwettbewerb).
(3) Produktionsorientierte Akquisitionsstrategien zielen auf Gemeinsamkeiten sowie Ergänzungen in der Produktion im Sinne einer Kapazitätserweiterung und in der dem Prozess der Produktion vorgelagerten Forschung und Entwicklung ab, um aktiv das Wissen des Akquisitionskandidaten zu absorbieren (→ Technologie-Strategie). R.N.

Akquisitionsverbund

im Einzelhandel häufig auftretende Form des → Sortimentsverbunds, die zu komplementären Absatzbeziehungen auch zwischen solchen Produkten führt, die keine verwendungsmäßigen Interdependenzen aufweisen. Sie entsteht durch die Attraktivität eines Anbieters (insb. Handelsbetriebs), die – zusammen mit dem Bequemlichkeitsstreben der Nachfrager – zum Einkauf mehrerer Produkte bei einem Einkauf führt („one-stop-shopping"; s.a. → Sortimentspolitik, → Verbundangebote).

Akquisitorisches Potential

von *Erich Gutenberg* in die Betriebswirtschaftslehre eingeführter Begriff für die durch den Einsatz der Marketing-Instru-

Aktionärsinformation

mente erzielbaren dauerhaften und vom Angebotspreis unabhängigen Präferenzen bestimmter Abnehmer für einen Anbieter. Sie verschaffen auch auf Märkten mit konkurrierenden Anbietern einen quasi-monopolistischen Spielraum (→ Preispolitik). Messbar ist das akquisitorische Potential im Wege von vergleichenden Imageanalysen oder durch Messwerte für den → Markenwert bzw. Firmenwert.

Aktionärsinformation
→ Investor Relations

Aktionspackungen
sind Maßnahmen der konsumentengerichteten → Verkaufsförderung, die an der Verpackung des Produktes ansetzen. Sofern die Packungsgröße verändert wird, spricht man von → Sonderpackungen. Wird die Verpackung dagegen nur besonders aufwendig gestaltet, um das Thema der Aktion (→ Themenaktionen) aufzugreifen oder damit sie von Konsumenten später weiterverwendet werden können, spricht man von → Aktionsverpackungen.

Aktionspreisspiegel
auch als → Standardinformationsdienst von Instituten angebotener → Preisspiegel zur systematischen Beobachtung der Aktionspreise für eigene Artikel und solche von Wettbewerbern beim Handel. Die Daten werden nach verschiedenen Kriterien, insb. Artikel, Anbieter, Region und Zeitperiode, aufbereitet und beruhen auf systematischen Auswertungen der Preisanzeigen des Handels in einer repräsentativen Stichprobe von Tageszeitungen.

Aktionsrabatt → Rabatte

Aktionsverpackungen
gehören zu den → Aktionspackungen, welche wiederum zu den Instrumenten der → konsumentengerichteten Verkaufsförderung zählen. Es handelt sich um besondere Verpackungen eines Produktes, die zeitlich begrenzt im Rahmen von Verkaufsförderungsaktionen eingesetzt werden. Sie zeichnen sich im Gegensatz zu → Sonderpackungen nicht durch ihre Größe aus, sondern durch ihre aufwendige Gestaltung. So können sie zum einen das Thema einer Aktion (→ Themenaktionen) aufnehmen, indem sie beispielsweise bei einer Osteraktion mit Osterhasen dekoriert sind. Zum anderen können sie so hochwertig gestaltet sein, dass Konsumenten sie nach dem Verbrauch des Produktes für andere Zwecke weiterverwenden können (Zweitnutzenpackungen). Beispielsweise kann Schokolade in einer dekorativen Blechdose verpackt sein, in der später andere Dinge aufbewahrt werden können. Zu beachten ist, dass eine Produktverpackung, die wesentlich aufwendiger ist als notwendig, als Zugabe gilt. Sie ist unzulässig, sofern es sich nicht um geringwertige Artikel oder handelsübliches Zubehör handelt. Beispielsweise ist die Verpackung von Kaffee in Messbechern unzulässig, diejenige von Parfüm in Flakons dagegen handelsüblich.

Aktionswerbung
Unter Aktionswerbung versteht man Werbung im Rahmen konsumentengerichteter → Verkaufsförderung. Die häufigste Form der Aktionswerbung sind → Handzettel, Beilagen und Inserate. Aber auch Werbung am Point-of-Sale zählt dazu sowie aktionsartige Werbung in anderen Medien. Aktionswerbung wird meist zur Unterstützung anderer Verkaufsförderungsmaßnahmen eingesetzt. So sollen Handzettel und Hinweisschilder am Point-of-Sale (→ Regalstopper) häufig auf → Sonderangebote aufmerksam machen, und Radiowerbung kann beispielsweise auf ein → Gewinnspiel hinweisen.
K.G.

Aktive Metermessung
Begriff aus der → Fernsehforschung. Die aktive Metermessung bedeutet die Anmeldung einer Person am Messgerät (→ GfK-Meter) durch Drücken einer entsprechend zugeordneten Taste (→ Push-Button-Verfahren) auf der Fernbedienung des GfK-Meters.

Aktivierung (arousal)
In der Psychologie beschäftigt sich seit vielen Jahrzehnten die Aktivierungsforschung mit dem Einfluss der Wachheit auf das menschliche Verhalten (*Duffy*, 1962). Unter Aktivierung wird im Allgemeinen ein Erregungsvorgang verstanden, durch den der menschliche Organismus in einen Zustand der Leistungsfähigkeit und Leistungsbereitschaft versetzt wird. Der Aktivierungsgrad des menschlichen Organismus kann sowohl in Zusammenhang mit der Intensität als auch mit dem Bewusstheitsgrad psychophysischer Prozesse gesehen werden (*Bouc-*

sein, 1997). Die Stärke der Aktivierung ist ein Maß dafür, wie wach oder reaktionsbereit ein Individuum ist. Die Aktivierung kann von einem Minimum (Koma, Schlaf) über moderate Stufen bis hin zu einem Maximum variieren. Dabei wird zwischen tonischer und phasischer Aktivierung unterschieden. Die tonische Aktivierung bestimmt die länger anhaltende Bewusstseinslage (Wachheit) und die allgemeine Leistungsfähigkeit. Sie verändert sich nur langsam und ist häufig von tagesperiodischen Einflüssen oder lang andauernder bzw. intensiver externer Reizeinwirkung abhängig. Als phasische Aktivierung werden die kurzfristigen Aktivierungsschwankungen bezeichnet, die als Reaktionen auf bestimmte Reize auftreten und die spezielle Leistungsfähigkeit des Individuums bei einer Stimulusverarbeitung anzeigen. Die phasische Aktivierung ist eng mit dem Konstrukt → Aufmerksamkeit verbunden, also mit der kurzfristig erhöhten Sensibilisierung des Organismus, die dafür sorgt, dass biologisch bedeutsame Reize aufgenommen und irrelevante Stimuli gehemmt werden. Auslöser von Aktivierung können sowohl innere (z.B. Stoffwechselprozesse, gedankliche Aktivitäten) als auch äußere Reize sein.

Nach *Fahrenberg* (1979) sollte zwischen Aktiviertheit als Zustand einerseits und Aktivierung als Prozess andererseits unterschieden werden. Im angloamerikanischen Sprachgebrauch werden die entsprechenden Begriffe „activation" und „arousal" allerdings häufig synonym verwendet.

Im Rahmen des Marketing interessiert zum einen der Zustand der Aktiviertheit und dessen Einfluss auf das → Informationsverhalten (Informationsaufnahme, -wahrnehmung, Lernen, Gedächtnis) sowie zum anderen der Prozess der Aktivierung, also die Frage, wie durch die Kommunikationspolitik, insbesondere durch die Werbung oder die Kommunikation am Point-of-Sale, die Aktivierung verändert bzw. ausgelöst werden kann (*Kroeber-Riel/Weinberg*, 1999).

Die inzwischen als stark vereinfacht angesehenen *eindimensionalen* Vorstellungen der Aktivierung gehen von einem einzigen Aktivierungssystem aus, als dessen anatomische Grundlage die Formatio Reticularis (FR) angesehen wird (*Boucsein*, 1997). Die FR ist ein verzweigter und reich gegliederter Neuronenverband im Hirnstamm. Das eindimensionale Konzept kann wie folgt beschrieben werden: Alle sensorischen und motorischen Bahnen tragen über Kollateralen zur Gesamterregung der FR bei. Auch die FR selbst kann weite Teile des zentralen Nervensystems diffus erregen und damit in eine generelle Aktions- und Reaktionsbereitschaft versetzen. Infolgedessen könnte bei einer Zunahme äußerer und innerer Reize eine Erhöhung der allgemeinen Aktivierung bzw. eine Steigerung der Aufmerksamkeit eintreten, während Anpassung und Gewöhnung an solche Reize eine allgemeine Desaktivierung hervorrufen könnten.

Das Vorhandensein eines einzigen, übergreifenden Aktivierungssystems würde bedeuten, dass das Ausmaß der in einer konkreten Situation entfalteten Energie sich in der Messung verschiedener physiologischer Systeme ermitteln lassen müsste. Allerdings haben Studien gezeigt, dass die Interkorrelationen der Aktivierungsindikatoren gering sind. Diese Ergebnisse legen das Vorhandensein eines *mehrdimensionalen Konzeptes* nahe (*Le Doux*, 1996; *Boucsein*, 1997), das davon ausgeht, dass verschiedene Aktivierungssysteme existieren, die sich unterschiedlich auf die physiologischen Begleiterscheinungen und auf das Verhalten und Erleben der Aktivierung auswirken.

Boucsein stellt ein *dreidimensionales* Modell vor: Das erste System, als „allgemeines Aktivierungssystem" bezeichnet, greift die Vorstellungen des eindimensionalen Konzeptes auf, d.h. hier findet eine generelle Aktivierung in der FR als Begleiterscheinung des Reizeinstroms über Kollateralen des sensorischen Inputs statt. Dieses System regelt die allgemeine Wachheit. Die physiologischen Begleiterscheinungen lassen sich beispielsweise im EEG feststellen. Das zweite System, das vor allem emotionale Aktivierungskomponenten betrifft, wird als „Affect-Arousal"-System bezeichnet. Gesteuert durch die Amygdala beeinflusst es die Fokussierung der Aufmerksamkeit, die Auslösung von Orientierungsreaktionen und das Verhalten insgesamt über hypothalamische Reaktionsmuster. Physiologische Begleiterscheinungen zeigen sich beispielsweise in phasischen kardiovaskulären und/ oder in tonischen elektrodermalen Veränderungen. Auf der Verhaltens- und Erlebnisebene führt dieses System beispielsweise zur Reizabwehr und zur Bewusstwerdung negativer Emotionen. Das dritte System schließlich, welches überwiegend motivationale Aktivierungskomponenten betrifft, wird als „Preparatory Activation" bezeichnet, setzt Erwartungen in eine erhöhte Reaktionsbereitschaft um und interagiert mit

Aktivierung (arousal)

motorischen und prämotorischen corticalen Arealen. Hier können vor allem phasische elektrodermale Veränderungen zur physiologischen Messung herangezogen werden. Das „Prepatory Activation"-System ist nach *Boucsein* für positive Emotionen und die spezifische Verhaltensaktivierung zuständig.

Eine *Messung* der Aktivierung kann grundsätzlich auf drei verschiedenen Ebenen erfolgen:

(1) Messung auf der *physiologischen Ebene*: Dazu zählen elektrodermale Messungen (→ Hautwiderstandsmessung), Messung der Kreislaufsysteme (Herzschlag (EKG), Blutdruck, Vasomotorik), Registrierung der Aktionsströme der Muskeln mit dem Elektromyogramm (EMG), Aufzeichnung des Verlaufs der Hirnaktionsströme mit dem Elektroenzephalogramm.

(2) Messung auf der *subjektiven Erlebnisebene*: Hierzu zählen verschiedene Befragungsmethoden, mit denen die Probanden Auskunft über die wahrgenommenen inneren Erregungen geben sollen sowie Farb- und Musterzuordnungsverfahren (*Meyer-Hentschel*, 1983) (siehe auch → Emotion).

(3) Messung auf der *motorischen Ebene*: Ermittlung von unmittelbar beobachtbaren Verhaltensweisen, Registrierung der Mimik, Gestik (→ nonverbale Kommunikation), der Kopfbewegungen (Orientierungsreaktionen), → Blickregistrierung.

Die Zugrundelegung eines mehrdimensionalen Aktivierungskonzeptes legt es nahe, die unterschiedlichen Aktivierungspozesse mit neurophysiologisch begründbaren bzw. charakteristischen Indikatoren zu messen. Gleichfalls ist zu beachten, dass eine verbale Aktivierungsmessung (z.B. mit Items wie: innerlich erregt, aufgeregt, unruhig, lebendig) in Untersuchungssituationen versagen kann, in denen die Gefahr groß ist, dass die Probanden das Untersuchungsziel durchschauen und mit sozial erwünschten Antworten reagieren. In Bezug auf Muster- und Farbzuordnungsverfahren liegen noch nicht genügend Untersuchungsergebnisse vor, um abschließend die Reliabilität und Validität dieser Methoden zu bewerten.

Dagegen hat sich die Messung der elektrodermalen Aktivität (EDA, auch psychogalvanische Reaktion (PGR) oder hautgalvanische Reaktion (HRG) genannt) zur Ermittlung der Aktivierung als besonders zuverlässig erwiesen und eignet sich aufgrund der Unabhängigkeit von verbalen Auskünften auch für interkulturelle Vergleiche (→ Hautwiderstandsmessung).

Wirkungen: Die Aktivierung nimmt Einfluss auf die Informationsverarbeitung und damit auf die Leistung des Individuums. Die früheren Arbeiten zur Aktivierungswirkung (*Duffy*, 1962) gehen davon aus, dass es in Abhängigkeit von der Aufgabenkomplexität ein optimales Aktivierungsniveau gibt. Diese so genannte *Lambda-Hypothese* (auch umgekehrte U-Funktion genannt) besagt, dass bei zunehmender Stärke der Aktivierung zunächst die Leistung des Individuums ansteigt, bis sie von einer bestimmten Aktivierungsstärke ab wieder abfällt. Nach *Kroeber-Riel/Weinberg* (1999, S. 78ff.) wird die Lambda-Hypothese vor allem durch intuitive Einsichten getragen und kann der heuristischen Orientierung dienen. Die empirische Gültigkeit der Funktion wird ähnlich wie die eindimensionale Vorstellung von einem einzigen Aktivierungssystems mehr und mehr in Frage gestellt. Zum einen ist denkbar, dass in den unterschiedlichen Aktivierungssystemen unterschiedliche Funktionsverläufe zur Darstellung der Beziehung zwischen Aktivierung und Leistung existieren können. Zum anderen haben sich die bisherigen empirischen Einzeluntersuchungen zur Aktivierungswirkung in der Regel nur auf bestimmte Abschnitte der Funktion erstreckt. Die empirischen Ergebnisse reichen jedoch nicht aus, um die Lambda-Hypothese in ihrem gesamten Verlauf zu bestätigen. Die Wahrscheinlichkeit, dass durch in der Werbung benutztes Reizmaterial Überaktivierung ausgelöst wird, ist nur in Ausnahmefällen zu vermuten. Es ist dagegen anzunehmen, dass in der werblichen Kommunikation durch die Erhöhung des tonischen Aktivierungsniveaus die Effizienz der gesamten Informationsverarbeitung steigt und dass die durch einen werblichen Reiz kurzfristig ausgelöste phasische Aktivierung die Verarbeitungseffizienz dieses Reizes erhöht. Mit aktivierenden Stimuli kann die Informationsverarbeitung gesteuert werden, allerdings können die interindividuellen Unterschiede der ausgelösten Aktivierung hoch sein.

Die aktivierungsauslösenden Reize (*Berlyne*, 1974) können in drei Gruppen unterteilt werden:

(1) *affektive Stimuli*: Dazu zählen Variablen, die aufgrund angeborener Reiz-Reaktionsmechanismen oder aufgrund von Kon-

ditionierungen angenehme oder unangenehme Emotionen auslösen. Zu den positiven affektiven Reizen zählen im Allgemeinen → *Schlüsselreize* (Kindchenschema, Natur, Erotik – auch in Form von Attrappen) aber auch Stimuli, die für den Einzelnen eine besondere Bedeutung haben. Schlüsselreize können nicht nur visuell, sondern auch taktil und olfaktorisch wahrgenommen werden (z.B. spezielle Düfte). Stark affektive Reize wirken zwar stark aktivierend, bergen allerdings die Gefahr in sich, dass sie die gesamte Aufmerksamkeit auf sich lenken und das eigentliche Werbeziel verfehlt wird (→ Ablenkung, → Bumerangeffekt). Diese Fehlwirkungen können mit Hilfe der Blickregistrierung kontrolliert werden.

(2) *intensive Stimuli*: Sie wirken durch die physikalischen Eigenschaften und lösen als saliente Informationen reflexiv Orientierungsreaktionen aus. Zu dieser Kategorie zählen Lautstärke, Helligkeit, chromatische, auffällige Farben, also Stimuli, die aufgrund ihrer Intensität automatisch Aktivierungsprozesse provozieren. Die intensiven Stimuli wirken bezüglich der Aktivierungserhöhung recht zuverlässig, werden oftmals von den Rezipienten jedoch als unpassend, unglaubwürdig oder inhaltslos wahrgenommen (→ Reaktanz).

(3) *kollative Stimuli*: Als kollative Reizvariablen werden Stimuluskonstellationen definiert, die aufgrund ihrer Vielfältigkeit, ihrer Neuartigkeit oder ihres Überraschungsgehaltes stark aktivieren. Beispiele für kollative Stimuli am Point-of-Sale sind lebendig wirkende und agierende Puppen. Kollative Reize können allerdings auch nachteilige Assoziationen (z.B. Irritation) auslösen.
A.G.-K.

Literatur: *Berlyne, D.E.*: Konflikt, Erregung, Neugier. Zur Psychologie der kognitiven Motivationen, Stuttgart 1974. *Boucsein, W.*: Aktivierung, in: Handbuch Arbeitswissenschaft, hrsg. von *Luczak, H.* und *Volpert, W.*, Stuttgart 1997, S. 309-312. *Buck, R.*: Human Motivation and Emotion, 2. Aufl., New York et al. 1988. *Duffy, E.*: Activation and Behavior, New York 1962. *Fahrenberg, J.*: Psychophysiologie, in: *Kisker, K.P.; J.E. Meyer; C. Müller; Strömgren, E.* (Hrsg.): Psychiatrie der Gegenwart, Teil I: Grundlagen und Methoden, Berlin 1979, S. 91–210. *Kroeber-Riel, W.; Weinberg, P.*: Konsumentenverhalten, 7. Aufl., München 1999. *Meyer-Hentschel, G.*: Aktivierungswirkung von Anzeigen, Würzburg, Wien 1983.

Aktivierungstests

werden als apparatives Testverfahren innerhalb von psychologischen → Werbetests eingesetzt.
In Aktivierungstests wird die Reaktion der Zielpersonen auf Werbung auf physiologischem Wege gemessen, z.B. indem man den elektrischen Hautwiderstand (die psychogalvanischen Reaktionen) erfasst (→ Hautwiderstandsmessung). Die → Aktivierung zeigt an, ob die Werbung die Aufmerksamkeit der Zielpersonen erweckt und inwieweit sie emotionale Reaktionen hervorruft. Bei Werbespots lassen sich die Aktivierungsreaktionen in Form einer Aufmerksamkeitskurve darstellen (s.a. *Abb.* auf S. 40).

Aktualgenese → Ganzheitspsychologie, → Tachistoskop

Aktualisierungswerbung

ist eine → Werbestrategie, bei welcher als dominantes Werbeziel die Aktualisierung einer Marke, eines Unternehmens oder einer Institution im Vordergrund steht. Die Zielpriorität liegt dabei häufig auf Zielen wie Bekanntheitssteigerung oder Steigerung der spontanen Bewusstseinspräsenz. Anlässe für die Aktualisierungswerbung in der Marktkommunikation sind Relaunches; Anlässe in der Institutionellen Kommunikation sind z.B. Wahltermine bei der Politwerbung, kirchliche Feiertage bei der Spendenwerbung u.a.m.
H.St.

Akzeptanzforschung

Im marketingwissenschaftlichen Kontext bezeichnet Akzeptanz allgemein die Bereitschaft eines Käufers, eine gekaufte Leistung in einer konkreten Anwendungssituation auch tatsächlich zu nutzen (→ Adoptionsprozess). Entsprechend fokussiert die Akzeptanzforschung als Untersuchungsfeld die sog. Nutzungsphase von Produkten und analysiert die Voraussetzungen, die erfüllt sein müssen, damit eine dauerhafte Nutzung eines Produktes gewährleistet ist. Um ein umfassendes Verständnis von Akzeptanz zu erreichen, ist es sinnvoll, drei Betrachtungsebenen zu unterscheiden: Vor dem Kauf eines Produktes wird auf der sog. *Einstellungsebene* unterstellt, dass ein Käufer zunächst ein Abwägen von Vor- und Nachteilen vornimmt. In dieser Kaufentscheidungsphase muss der Nachfrager zu einer positiven → Einstellung gelangen, da diese i.d.R. als Voraussetzung und Motiva-

Akzeptanztest

Aktivierung im Spot-Verlauf

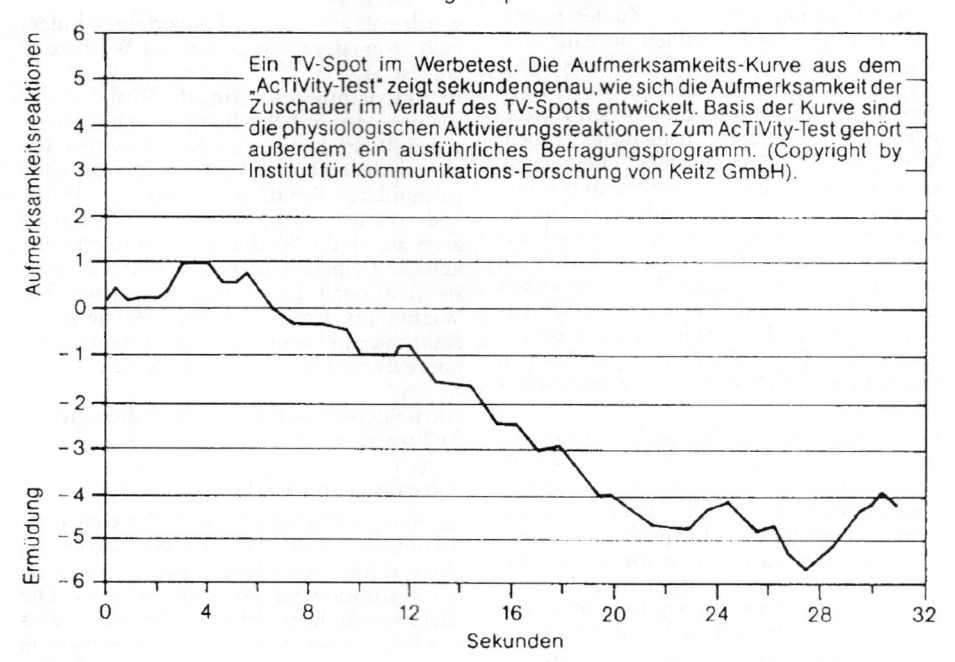

Ein TV-Spot im Werbetest. Die Aufmerksamkeits-Kurve aus dem „AcTiVity-Test" zeigt sekundengenau, wie sich die Aufmerksamkeit der Zuschauer im Verlauf des TV-Spots entwickelt. Basis der Kurve sind die physiologischen Aktivierungsreaktionen. Zum AcTiVity-Test gehört außerdem ein ausführliches Befragungsprogramm. (Copyright by Institut für Kommunikations-Forschung von Keitz GmbH).

tion zum weiteren Handeln angesehen wird. Liegt eine positive Handlungsbereitschaft vor, so erfolgt auf der sog. *Handlungsebene* die aktive Umsetzung der rationalen Bereitschaft und der vorgegebenen Handlungstendenzen in der Weise, dass ein Kauf des Produktes stattfindet (Transaktionsphase). Auf der sich anschließenden *Nutzungsebene* erfolgt dann die Transformation der Kaufhandlung in die tatsächliche, konkrete und aufgabenbezogene bzw. problemorientierte Nutzung eines Produktes in einer konkreten Nutzungssituation. Zur Erfassung der Akzeptanz existiert in der Literatur eine Reihe von Modellen, die sich in vier Kategorien unterteilen lassen: *Input-Modelle* versuchen nur die möglichen Einflussgrößen auf die Akzeptanz zu erfassen. Bei *Input/Output-Modellen* wird die Akzeptanz durch mögliche Einflussgrößen beschrieben und gleichzeitig die Auswirkungen dieser Größen auf das Verhalten des Anwenders bzw. Nutzers eines Produktes betrachtet (z.B. Zufriedenheit mit der Anwendung). Schließlich versuchen sog. *Rückkopplungsmodelle* die Rückwirkung möglicher Verhaltenswirkungen im Anwendungsprozess auf die ursprünglichen Einflussgrößen der Akzeptanz zu erfassen. In jüngster Zeit wurde auch versucht, *dynamische Akzeptanzmodelle*, z.B. → Hazardmodelle zu entwickeln, die einerseits Anhaltspunkte bereits für die Gestaltung von → Innovationen liefern und andererseits unterschiedliche Entwicklungen im Nutzungsprozess und deren Auswirkungen auf die Akzeptanz erfassen können.

Die Akzeptanzforschung wird in Zukunft eine immer größere Bedeutung erlangen, da die Entwicklungen im Bereich der Informationstechnik dazu geführt haben, dass in verstärktem Maße sog. → Nutzungsinnovationen am Markt erscheinen, bei denen die Erlöserzielung für den Anbieter primär erst in der Nutzungsphase erfolgt. R.Wei.

Literatur: *Kollmann, T.*: Akzeptanz innovativer Nutzungsgüter und –systeme, Wiesbaden 1998. *Lucke, D.*: Akzeptanz – Legitimität in der "Abstimmungsgesellschaft", Opladen 1995.

Akzeptanztest
→ Innovationsmanagement

Aleatorische Werbung
im Werberecht übliche Bezeichnung für Gewinnspiele, Verlosungen, → Preisausschreiben, Preisrätsel etc., die nach der

Spielverordnung und § 284 StGB keiner behördlichen Genehmigung bedürfen, sofern sie nicht → psychologischen Kaufzwang ausüben oder als wettbewerbswidrige → Zugaben anzusehen sind.

Alfred Gerardi-Gedächtnispreis
jährlich vergebener Nachwuchspreis des → *Deutschen Direktmarketing Verband e.V. DDV* für herausragende Studienarbeiten (Diplomarbeiten; Dissertationen) zum Thema → Direktmarketing (seit 1985).

Alleinbezugsverträge
sind Verträge, in denen der Lieferant den Händler verpflichtet, bestimmte im Vertrag bezeichnete Waren nur von ihm, dem Lieferanten, zu beziehen (→ Ausschließlichkeitsbindung). Sie sind nach deutschem Kartellrecht nach § 16 GWB grundsätzlich zulässig, unterliegen aber einer Missbrauchsaufsicht. Besonders wichtige Fälle sind Bierlieferungs- und Tankstellenstationärverträge sowie die Ersatzteilbindungen der Kraftfahrzeughändler. Alleinbezugsverträge, die geeignet sind, den Handel zwischen den EG-Mitgliedstaaten zu beeinträchtigen, unterliegen Art. 81 EGV und sind nach Art. 81 Abs. 3 EGV gruppenweise freigestellt, wenn sie die Voraussetzungen der bis zum 31. Mai 2000 geltenden Verordnung Nr. 1984/83 über Alleinbezugsvereinbarungen erfüllen (→ EG-Kartellrecht, → Gruppenfreistellung). H.-J.Bu.

Alleinstellungswerbung
liegt vor, wenn eine Werbeaussage den Eindruck erweckt, dass das Produkt oder die Unternehmung des Werbetreibenden eine alleinige Spitzenstellung am Markt einnimmt. Aufgrund von Formulierungen in der Werbeaussage, v.a. durch die Benutzung des Superlativs („Der Beste", „Die Größte") oder des Komparativs („Besser als andere") wird der Eindruck hervorgerufen, nur das werbetreibende Unternehmen sei Anbieter einer bestimmten Produktart, Qualität oder eines spezifischen Leistungsvorteils.
Die Beanspruchung einer Spitzenstellung für das eigene Produkt oder die eigene Unternehmung beinhaltet zugleich eine Aussage über die Leistung der Konkurrenten. Die daraus resultierende wettbewerbsrechtliche Problematik wird von der Rechtsprechung in Anwendung des § 3 UWG (→ Irreführende Werbung) in Verbindung mit § 1 UWG behandelt. Danach ist die Behauptung einer Alleinstellung grundsätzlich zulässig, sie muss aber nachweislich wahr sein. Als rechtlich unproblematisch gelten außerdem Behauptungen einer Spitzenstellung, wenn ein verwendeter Superlativ nicht vergleichend auf Produkte anderer Wettbewerber bezogen wird, er keine objektiv nachprüfbare Aussage enthält („Der beste Film des Jahres") bzw. auf den ersten Blick als nicht ernst gemeinte Übertreibung zu erkennen ist bzw. wenn der negative Komparativ verwendet wird („Es gibt keinen besseren als ..."). B.St./I.M.

Literatur: *Schräder, K.; Hohl, P.*: Wettbewerbsrecht und Werbung, Freiburg usw. 1999.

Alleinwerbung → Werbung

Allensbacher Werbeträger-Analyse (AWA)
seit 1958 jährlich veröffentlichte Ergebnisdokumentation der → Mediaforschung des Institutes für Demoskopie Allensbach, die u.a. die → Reichweite von Zeitschriften, Zeitungen, Hörfunk, Fernsehen, Kino und Außenwerbung enthält. Neben den Reichweitendaten enthält die AWA auch Angaben über die demographische Struktur der Mediennutzer, über Markt- und Zielgruppendaten und eine Beschreibung des Verbrauchsverhaltens der Zielgruppen.
Die AWA als → Markt-Media-Analyse ist besonders durch eine Einteilung der Zielgruppen nach psychographischen Kriterien gekennzeichnet, wie z.B. der Persönlichkeitsstärke. Die Erhebung erfolgt mit Hilfe eines Quota-Auswahlverfahrens und ca. 20.000 persönlichen Interviews bei der deutschen Bevölkerung ab 14 Jahren. Die Studie wird primär den → Werbeträgern, Verlagen, Agenturen und Werbetreibenden zum Kauf angeboten.
Anschrift: Institut für Demoskopie Allensbach, Allensbach am Bodensee. http://www.awa-online.de

Allfinanz
Produktpolitische Strategie von Banken und anderen Finanzdienstleistern zur Integration von bisher separierten Teilmärkten des Finanzdienstleistungsmarktes (→ Bankmarketing). Universalbanken werden erst dann zum Allfinanzanbieter, wenn sie in ihr Leistungssortiment Produkte aus dem Repertoire paramonetärer Institute (Versicherungen, Bausparkassen, Leasinggesellschaften, etc.) integrieren (→ Bancassurance). Umge-

kehrt entwickelt sich ein paramonetäres Institut zum Allfinanzanbieter, wenn es auch Bankleistungen anbietet.

Die Ursache für die strategische Überlegung der Kreditinstitute zum Aufbau von Allfinanzangeboten liegt in dem nach Art und Zahl immer größer werdenden Kreis von Konkurrenten im → Finanzdienstleistungswettbewerb. Zusätzlich zum gruppeninternen Wettbewerb der großen Bankengruppen (→ Bankenmarkt) stehen die Kreditinstitute im Wettbewerb mit Versicherungsunternehmen (→ Versicherungsmarkt), Bausparkassen (→ Bausparmarketing), Kreditkartengesellschaften, → Brokern, Finanzmaklern und mit Handels- und Industrieunternehmen (→ Autobanken).

Aus Sicht der Kreditinstitute lassen sich folgende *Ziele* der Allfinanzpolitik anführen:
- Ausschöpfung der vorhandenen Kundenpotentiale
- Nutzung der vorhandenen kostenintensiven Vertriebswege und Vertriebskapazitäten
- Erschließung neuer Ertragsquellen wegen der tendenziell enger werdenden Zinsmargen
- Bessere Kundenbetreuung
- Ausbau der Provisionsgeschäfte vor dem Hintergrund von Risiko- und Eigenkapitalerfordernissen sowie der erkennbaren Sättigungsgrenzen im Einlagengeschäft.

Die Konzeption und Umsetzung von Allfinanzstrategien für Kreditinstitute kann auf verschiedenen Wegen erfolgen (Konzernstrategie/Verbundstrategie) und wird je nach Situation des Einzelinstitutes unterschiedlich ausgeprägt sein müssen (→ Bankproduktinnovation). O.B.

Literatur: *Betsch, O.*: Allfinanz eine (un)mögliche Chance, in: bank und markt, 21. Jg. (1992), Nr. 11, S. 15-22. *Büschgen, A.*: Allfinanz als Marktbearbeitungskonzept privater Geschäftsbanken, Wiesbaden 1992. *Klein, W.*: Der lange Weg der Allfinanz – ein Konzept mit Zukunft in Europa?, in: Versicherungswirtschaft, Nr. 4, (1996), S. 218-226. *Weiß, U.*: Allfinanz in Deutschland: mehr stocks als socks, in: bank und markt, 26. Jg. (1997), Nr. 1, S. 23–27.

Allgemeine Geschäftsbedingungen (AGB)

sind nach § 1 AGB-Gesetz alle für eine Vielzahl von Verträgen vorformulierten Vertragsbedingungen, die eine Vertragspartei (der sog. Verwender) der anderen Partei (dem Kunden) bei Vertragsabschluss stellt, d.h. einseitig auferlegt. Allgemeine Geschäftsbedingungen werden im Einzelfall auch spezieller bezeichnet, z.B. als Verkaufsbedingungen, als Lieferungs- und Zahlungsbedingungen, noch allgemeiner als allgemeine Vertragsbedingungen oder im Einkauf als allgemeine Einkaufsbedingungen (→ Konditionenpolitik). Unerheblich ist der Umfang der AGB und die Form des Vertrages, demgemäß auch, ob die AGB Bestandteil der Vertragsurkunde selbst sind (sog. Formularvertrag) oder ob auf sie in dem eigentlichen Vertrag lediglich Bezug genommen wird. AGB liegen dann nicht vor, wenn die Vertragsbedingungen zwischen den Vertragsparteien im Einzelnen ausgehandelt worden sind (§ 1 Abs. 2 AGB-Gesetz). Im Übrigen haben Individualabreden stets Vorrang vor AGB (§ 4 AGB-Gesetz). AGB werden nur dann Bestandteil eines Vertrages, wenn der Verwender bei Vertragsabschluss ausdrücklich auf sie hinweist und die andere Partei nach der Möglichkeit, in zumutbarer Weise von ihrem Inhalt Kenntnis zu nehmen, mit deren Geltung einverstanden ist (§ 2 AGB-Gesetz). Diese Einbeziehungsvoraussetzungen folgen daraus, dass AGB keine Rechtsnormen sind, sondern lediglich vorformulierte Vertragsbedingungen des Verwenders. Von den Einbeziehungsvoraussetzungen machen §§ 23 Abs. 2 und 3 und 24 Satz 1 AGB-Gesetz wichtige Ausnahmen.

Die Funktion der AGB besteht einmal darin, den Vertragsabschluss dadurch zu rationalisieren, dass die Einzelheiten der vertraglichen Regelung für eine Vielzahl von Verträgen vorformuliert sind und nicht jeweils einzeln ausgehandelt werden müssen. Zum anderen regeln die AGB Einzelheiten des Vertrages oft über die lückenhafte gesetzliche Regelung hinaus, bedingen aber auch das Gesetz ab und schaffen häufig eine für den Verwender günstige Regelung. Gegenstand der AGB sind insb. Regelungen über Leistungsort und -zeit, Eigentumsvorbehalt, Haftung bei Leistungsstörungen, über Gewährleistungsansprüche bei Sachmängeln u.Ä.

Das AGB-Gesetz vom 09.12.1976 (in Kraft getreten am 01.04.1977) hat sich zum Ziel gesetzt, den Kunden vor einer unangemessenen Benachteiligung in seiner Rechtsstellung zu schützen. AGB unterliegen daher der Inhaltskontrolle durch die Gerichte. Dabei gilt, dass Bestimmungen, die nach den Umständen so ungewöhnlich sind, dass der Vertragspartner nicht mit ihnen zu rechnen

braucht (sog. überraschende Klauseln), nicht rechtswirksam Vertragsbestandteil werden (§ 3 AGB-Gesetz). Zweifel bei der Auslegung von AGB gehen zu Lasten des Verwenders (§ 5 AGB-Gesetz). Im Übrigen sind nach der Generalklausel des § 9 AGB-Gesetz Bestimmungen in AGB dann unwirksam, wenn sie den Vertragspartner des Verwenders entgegen den Geboten von Treu und Glauben unangemessen benachteiligen, also einseitig und ohne sachlichen Grund nur die Interessen des Verwenders berücksichtigen und einen vertraglichen Interessenausgleich nicht herbeiführen. Eine unangemessene Benachteiligung ist insb. anzunehmen, wenn die AGB-Regelungen mit wesentlichen Grundgedanken der gesetzlichen Regelung, von der abgewichen wird, nicht zu vereinbaren sind (§ 9 Abs. 2 Nr. 1 AGB-Gesetz) oder wesentliche Rechte oder Pflichten, die sich aus der Natur des Vertrages ergeben, so eingeschränkt werden, dass die Erreichung des Vertragszwecks gefährdet ist (§ 9 Abs. 2 Nr. 2 AGB-Gesetz). Über die Generalklausel hinaus enthalten die §§ 10 und 11 AGB-Gesetz Kataloge von verbotenen Klauseln, die stets zur Unwirksamkeit bei der Verwendung in AGB führen, z.B. die Freizeichnung für grobes Verschulden, die Verkürzung der gesetzlichen Gewährleistungsansprüche o.Ä. Diese Kataloge gelten nicht gegenüber einem Kaufmann oder einer juristischen Person des öffentlichen Rechts (§ 24 AGB-Gesetz). Sind AGB ganz oder teilweise nicht Vertragsbestandteil geworden oder unwirksam, so bleibt der Vertrag im Übrigen grundsätzlich wirksam, soweit dies nicht eine unzumutbare Härte für eine Vertragspartei darstellen würde. An die Stelle der unwirksamen Klausel tritt dann die entsprechende gesetzliche Regelung (§ 6 AGB-Gesetz).
Verwender von unwirksamen AGB-Klauseln können im Interesse einer möglichst großen Breitenwirkung von Verbraucher- oder Interessenverbänden, Handwerks- oder Industrie- und Handelskammer auf Unterlassung der Verwendung (bei Empfehlungen auf Widerruf der Empfehlung) in Anspruch genommen werden. Mit dieser Verbandsklage soll erreicht werden, dass gegen unangemessene Klauseln unabhängig davon vorgegangen werden kann, ob sich der einzelne Kunde gegen sie wehrt.

H.-J.Bu.

Literatur: *Bunte, H.-J.:* Handbuch der Allgemeinen Geschäftsbedingungen, 1982. *Ulmer; Brandner; Hensen:* AGB-Gesetz, 6. Aufl., 1989. *Schaal,*

P: Rabatt- und Konditionenpolitik, in: *Poth, L.* (Hrsg.): Marketing, 2. Aufl., Neuwied 1986, Abschnitt 32. *Tietz, B.:* Der Handelsbetrieb, 2. Aufl., München 1993.

Allgemeinstelle

für die → Plakatwerbung benutzte Anschlagsäule, -tafel oder -wand, die sich auf öffentlichen Plätzen befindet und für die Plakatwerbung mehrerer Werbungtreibender genutzt wird. Der Vertrieb erfolgt über die Gemeinden selbst oder von ihnen beauftragte Regiebetriebe. Die normale Anschlagdauer beträgt 10 Tage.

Allianz → Strategische Allianz

Alscal → Positionierungsmethoden

Altenmarkt → Seniorenmarkt

Alternativenbewusstsein → Preisinteresse

Alternativenweise Informationsaufnahme

Variante des → Informationsverhaltens von Konsumenten, bei der erst alle Informationen über interessierende Produkteigenschaften bezüglich einer Alternative aufgenommen werden, dann die Informationen über Eigenschaften einer weiteren Alternative usw. Alternativenweise Informationsaufnahme ist im Vergleich zu attributweiser mit größeren kognitiven Anstrengungen verbunden, da für einen Vergleich von Alternativen entweder die diesbezüglichen Informationen gespeichert werden müssen oder die Bildung einer Gesamtbewertung für jede Alternative vor einem Vergleich notwendig wird. Im Rahmen der → Kaufentscheidungsprozessforschung werden aus der Art der Informationsaufnahme Schlüsse bezüglich der zur Anwendung kommenden → Kaufentscheidungsheuristiken gezogen.

A.Ku.

Alternativfrage

in Befragungen eingesetzte Form der geschlossenen Frageformulierung, bei der zwei oder mehrere Antwortmöglichkeiten vorgegeben sind, zwischen denen der Befragte auszuwählen hat. Bei sog. Auswahlfragen gibt es dabei besonders viele Antwortmöglichkeiten, die u.U. auch auf Karten oder Listen vorgelegt werden können. Damit vermindert sich die Gefahr, mögliche Antworten bei der Fragebogenkonstrukti-

Alternativhypothese

on zu übersehen und das Befragungsergebnis entsprechend zu verfälschen.

Alternativhypothese → Signifikanztests

Alterseffekt → Kohortenanalyse

Altersstrukturanalyse

herkömmliches Instrument der → Marketingplanung bzw. des → Marketing-Controlling zur Steuerung der → Programmpolitik, das heute zunehmend durch → Portfolio-Analysen ergänzt oder ersetzt wird.
Man ordnet die Produkte den jeweiligen Phasen des Produktlebenszyklus zu und bestimmt für jede Phase den Umsatz- und Bruttoerfolgsbeitrag (→ Absatzsegmentrechnung). Je umfangreicher die Angebotspalette, desto eher kann eine Analyse der Altersstruktur Aufschlüsse verschaffen. Eine ungünstige Struktur ist durch einen hohen Umsatzanteil der Produkte in der Sättigungs- und Degenerationsphase gekennzeichnet. Auf diese Alterslastigkeit sollte mit höheren Innovationsraten bzw. beschleunigter Marktpenetration reagiert werden, um den Gefahren, die durch die zu erwartende → Produkteliminierung eintreten, erfolgreich begegnen zu können (→ Innovationsmanagement). Als günstig ist eine Bauchlastigkeit der Altersstruktur anzusehen. H.D.

Alt- und Abfall-Warengroßhandel

spezifischer Betriebstyp des → Großhandels, der sein Hauptbetätigungsfeld auf den Sektoren des Recycling und der Schrottverwertung findet. Das Sortiment ist überwiegend tief gegliedert (→ Spezialgroßhandel). K.Ba.

Ambivalenzkonflikt → Motivation

Ambulanter Handel

Sammelbegriff für jene → Betriebsformen des Einzelhandels, bei denen im Gegensatz zum → stationären Einzelhandel die jeweils geführten Waren entweder an wechselnden bzw. halbfesten Standorten (vgl. → Markthandel, → Straßenhandel, → Verkaufswagen) oder im Umherziehen (vgl. → Hausierhandel) zum Kauf angeboten werden. Die Handels- und Gaststättenzählung 1993 (Handelszensus) weist diesen Einzelhandelszweig mit rd. 29.000 Arbeitsstätten und rd. 64.000 Beschäftigten sowie mit rd. 7,1 Mrd. DM Gesamtumsatz für das Geschäfts- oder Kalenderjahr 1992 aus, was einem Anteil von rd. 1 % am Gesamtumsatz des institutionellen Einzelhandels entspricht. Der funktionelle Umsatz des ambulanten Handels – und damit seine eigentliche Bedeutung für die Versorgung der Bevölkerung mit Gütern des täglichen Bedarfs, wie insbesondere mit Lebensmitteln – dürfte indes wesentlich höher einzuschätzen sein, da die entsprechenden Umsätze der Handwerks- und Landwirtschaftsbetriebe im Handelszensus unberücksichtigt bleiben und die nur gelegentlich ambulanten Handel betreibenden Handelsbetriebe schwerpunktmäßig dem stationären Einzelhandel zugerechnet werden, von den Warenumsätzen des Schaustellergewerbes ganz abgesehen. Es verwundert daher nicht, wenn demgegenüber der Bundesverband Deutscher Schausteller und Marktkaufleute e.V. (BSM, vormals Hauptvereinigung des Ambulanten Gewerbes und der Schausteller in Deutschland e.V., HAGD) bereits für 1991 die Zahl der ambulanten Handel betreibenden Unternehmen (selbständige Reisegewerbetreibende) mit 315.600 angibt (Hausier-, Straßen- und Markthandel, Schaustellergewerbe) und den Gesamtumsatz mit 21 Mrd. DM beziffert, und dies noch unter Ausgrenzung der Verkaufswagen. H.-J.Ge.

AMF

Kommission der Arbeitsgemeinschaft Zeitschriftenverlage (AGZV) im Börsenverein des Deutschen Buchhandels, Frankfurt, und der Fachgruppe Fachzeitschriften im Verband Deutscher Zeitschriftenverleger (VDZ), Berlin, die als „Arbeitskreis Mediainformationen Fachzeitschriften" → Mediaanalysen für den Fachzeitschriftenmarkt organisieren und publiziert. Am bekanntesten sind die AMF-Karten, die regulieren, welche Merkmale in welcher Weise bei der Medianalyse von Fachzeitschriften aufbereitet werden sollen.

Amoroso-Robinson-Relation

in der → Preistheorie entwickelte Optimalitätsbedingung für gewinnmaximale Preise, wonach Grenzkosten und Grenzerlös gleich sein müssen. Im Monopol gilt also für den gewinnoptimalen Preis p^*, der → Preiselastizität ε und den Grenzkosten bezüglich der Menge K'_x:

$$p^* = (\varepsilon / (1 + \varepsilon)) \cdot K'_x$$

Dabei handelt es sich nur im Fall einer isoelastischen (multiplikativen) → Preis-Absatzfunktion um eine Bestimmungsgleichung, ansonsten wegen der wechselseitigen Abhängigkeit von ε und p* nur um eine Fixpunktgleichung.
Bei oligopolistischen Bedingungen muss die Relation um → Kreuzpreis- (ε_{ij}) und Reaktionselastizitäten (r) erweitert werden. Es gilt dann:

$p^* = ((\varepsilon + r \cdot \varepsilon_{ij}) / (1 + \varepsilon + r \cdot \varepsilon_{ij})) \cdot K'_x$.

Die Amoroso-Robinson-Relation dient eher theoretischen als praktischen Zwecken, weil sie sehr leicht deutlich macht, zu welchen Preiswirkungen veränderte Preis-, Kreuzpreis- oder Reaktionselastizitäten führen. H.D.

Amortisationsrechnung
→ Break-even-Analyse

AMOS
alternatives SEM-Programmsystem zu → LISREL, das sich insbesondere durch eine leicht zu handhabende grafische Oberfläche für die Spezifikation eines Kausalmodells auszeichnet. Alle Standardmodelle der Strukturgleichungsmethodologie sind grafisch über ein Pfadmodell spezifizierbar und werden direkt in ein Gleichungssystem überführt, so dass nur geringe mathematische Vorkenntnisse vom Forscher gefordert werden. Für komplexe Modelle, wie etwa bei Panelanalysen, Mehrebenenanalysen etc. und anspruchsvollen Anwendungen, z.B. für experimentelle Untersuchungen, scheint die Handhabarkeit und Leistungsfähigkeit von AMOS gegenüber den älteren Programmsystemen jedoch geringer zu sein; darüber hinaus werden auch Letztere mittlerweile grafisch unterstützt. Das Programmsystem ist unter SPSS einsetzbar und als PC-Version 4.0 vorhanden. D.An.

Literatur: *Arbuckle, J.:* AMOS User's Guide, Version 3.6, Chicago 1997.

Amtliche Statistik
Zu den wichtigsten externen Datenquellen der → Sekundärforschung, die einer Unternehmung für Zwecke der → Marktforschung zur Verfügung stehen, zählt die Amtliche Statistik. Entsprechend dem föderalen Staats- und Verwaltungsaufbau der Bundesrepublik Deutschland werden bundesweite amtliche Statistiken („Bundesstatistiken") in Zusammenarbeit zwischen dem Statistischen Bundesamt und den statistischen Ämtern der 16 Länder durchgeführt. Die Bundesstatistik ist weitgehend dezentral organisiert. Sie lässt sich grob unterteilen in eine „Allgemeine amtliche Statistik" sowie die sog. „Ressortstatistik". Erstere existiert entsprechend dem föderativen Aufbau der Bundesrepublik auf drei Ebenen:

– Statistisches Bundesamt,
– Statistische Landesämter und
– Statistische Ämter der Gemeinden.

Die Statistiken des Statistischen Bundesamtes tragen das Prädikat „amtlich". Dahinter steht die Verpflichtung, zuverlässige Daten nach den Grundsätzen der Objektivität, Neutralität und wissenschaftlichen Unabhängigkeit zu gewinnen. Die Grundsätze der statistischen Arbeit und die Aufgaben des Statistischen Bundesamtes sind im Gesetz über die Statistik für Bundeszwecke (BstatG) vom 22. Januar 1987 geregelt. Die statistischen Ämter handeln in gesetzlichem Auftrag. Zu jeder Erhebung bedarf es einer eigenen Rechtsgrundlage (Gesetz oder Rechtsverordnung).

Das Veröffentlichungsprogramm gliedert sich in insgesamt sechs Kategorien. Eine erste Kategorie bilden die „Zusammenfassenden Veröffentlichungen". Von herausragender Bedeutung sind dabei die Allgemeinen Querschnittsveröffentlichungen, von denen v.a. Folgende zu nennen sind:

– Das *„Statistische Jahrbuch für die Bundesrepublik Deutschland"* bietet den umfassendsten Überblick über das Zahlenangebot der amtlichen Statistik. Rd. 500.000 Daten aus fast allen Bereichen des wirtschaftlichen und sozialen Lebens haben diese Veröffentlichung zu einem unverzichtbaren Nachschlagewerk für Wirtschaft, Wissenschaft und Verwaltung gemacht.
– Das *„Statistische Jahrbuch für das Ausland"* liefert in Ergänzung zum Statistischen Jahrbuch für die Bundesrepublik Deutschland umfassende Informationen über die europäische Union und Daten des wirtschaftlichen und sozialen Lebens aus fast allen Ländern der Welt.
– Das *„Statistische Jahrbuch auf CD-ROM"* ist die elektronische Ausgabe des jährlich in gedruckter Form veröffentlichten Statistischen Jahrbuchs für die Bundesrepublik Deutschland und für das Ausland.

Amtliche Statistik

- Der *„Zahlenkompass"* ist ein jährlich erscheinendes Taschenbuch, das eine illustrierte und kommentierte Auswahl der wichtigsten Eckzahlen aus allen Arbeitsgebieten der amtlichen Statistik mit Vergleichsdaten für zurückliegende Berichtsjahre beinhaltet.
- Die Monatszeitschrift *„Wirtschaft und Statistik"* liefert sowohl in einem Text- als auch in einem Tabellenteil die jeweils neuesten Informationen der amtlichen Statistik.
- Beim *„Statistischen Wochendienst"* handelt es sich um eine besonders aktuelle Veröffentlichung, welche für Benutzer konzipiert ist, die unmittelbar nach Vorliegen der Zahlen im Statistischen Bundesamt informiert sein wollen. (Letztes Erscheinungsjahr war 1999; seit Januar 2000 werden die Daten im Internet zur Verfügung gestellt.)
- *„Konjunktur aktuell"* stellt monatlich die wichtigsten Konjunkturindikatoren übersichtlich in Tabellen, Grafiken und Texten dar. (Letztes Erscheinungsjahr war 1999; seit Januar 2000 werden die Daten im Internet zur Verfügung gestellt.)

Die zweite Kategorie des Veröffentlichungsprogramms bilden die *Fachserien*. Diese sind die Fachveröffentlichungen der eigentlichen Originalquellen. Die Fachserien (FS) sind nach großen Sachgebieten gegliedert:

- FS 1: Bevölkerung und Erwerbstätigkeit
- FS 2: Unternehmen und Arbeitsstätten
- FS 3: Land- und Forstwirtschaft, Fischerei
- FS 4: Produzierendes Gewerbe
- FS 5: Bautätigkeit und Wohnungen
- FS 6: Binnenhandel, Gastgewerbe, Tourismus
- FS 7: Außenhandel
- FS 8: Verkehr
- FS 9: Geld und Kredit
- FS 10: Rechtspflege
- FS 11: Bildung und Kultur
- FS 12: Gesundheitswesen
- FS 13: Sozialleistungen
- FS 14: Finanzen und Steuern
- FS 15: Wirtschaftsrechnungen
- FS 16: Löhne und Gehälter
- FS 17: Preise
- FS 18: Volkswirtschaftliche Gesamtrechnungen
- FS 19: Umwelt

Diese neunzehn Fachserien sind teilweise sehr tief in sog. *Reihen* untergliedert. Unter den Fachserien werden auch die Einzelveröffentlichungen geführt, welche z.B. zusammenfassende Übersichten geben oder Sonderbeiträge darstellen, in denen die Ergebnisse groß angelegter Einzelzählungen wiedergegeben werden, die nur in großen Zeitabständen stattfinden (z.B. Volkszählungen, Handwerkszählungen, Handels- und Gaststättenzählungen, Arbeitsstättenzählungen).

Weitere Kategorien sind Schriftenreihen zu Organisations- und Methodenfragen, Projektberichte und Klassifikationen. Ergänzend werden Veröffentlichungen zur Statistik des Auslandes und fremdsprachige Veröffentlichungen herausgegeben.

Das Statistische Bundesamt unterhält einen *Statistischen Informationsdienst*, an den sich Auskunftssuchende mit schriftlichen, elektronischen und telefonischen Anfragen wenden können. Die Pressestelle unterrichtet die Medien aktuell über die neuesten statistischen Ergebnisse, bietet Journalisten einen umfassenden Informationsservice, vermittelt Interviews und organisiert Pressekonferenzen. Eine Vielzahl der Pressemitteilungen sind über das Internet erhältlich. Darüber hinaus existiert ein Anrufbeantworter, der die jeweils neuesten Werte der Preisindizes für die Lebenshaltung durchgibt. Jährlich werden ca. 500 Mitteilungen aktueller Ergebnisse an die Presse weitergegeben.

Für die elektronische Weiterverarbeitung von statistischen Ergebnissen steht das Statistische Informationssystem des Bundes (*STATISBUND*) zur Verfügung. Der Zugang zu dieser Lieferdatenbank erfolgt über das Internet und ist kostenpflichtig. Auch verfügt das Statistische Bundesamt über eine umfassende Bibliothek. Ferner bietet das Statistische Bundesamt seit Mitte 1999 in einem Informationsbüro einen neuen Service, den so genannten *i-Punkt Berlin*, der die drei folgenden Bereiche umfasst: Die Information und Beratung über amtliche deutsche Statistiken für Kunden aus Politik und Wirtschaft im Großraum Berlin/Brandenburg, den *„Eurostat Data Shop"* mit einer bundesweiten Vermittlung von europäischen und internationalen Daten des Statistischen Amtes und der Europäischen Gemeinschaften und eine allen Nutzerkreisen offen stehende Präsenzbibliothek mit sämtlichen deutschen und europäischen amtlichen Statistiken.

Die *Statistischen Landesämter* haben ihren Sitz in den meisten Fällen in den entsprechenden Landeshauptstädten (Ausnahme: Bad Ems in Rheinland-Pfalz). Ihnen obliegt zum einen die Durchführung und Aufbereitung von Bundesstatistiken. Diese Ergebnisse werden oft in tiefer regionaler Gliederung veröffentlicht. Zum anderen werden aber auch eigene Erhebungen veranstaltet. Zum Veröffentlichungsprogramm gehören Jahrbücher, Monats- und Vierteljahresberichte, die differenzierte Informationen über die einzelnen Regionen liefern.

Auch in großen Gemeinden und bei den Kreisverwaltungen gibt es eigene statistische Ämter. Diese erfassen Daten über die Struktur einzelner Städte, veröffentlichen aber auch zusammenfassende Informationen für alle Städte, so z.B. das „Statistische Jahrbuch deutscher Gemeinden" (hrsg. vom Deutschen Städtetag) oder die Vierteljahreszeitschrift „Vergleichende Städtestatistik".

Dieses umfangreiche Datenangebot steht jedermann zur Verfügung. Es existiert ein detailliert gegliedertes Veröffentlichungsverzeichnis der Ämter. Über die allgemein zugänglichen Veröffentlichungen hinaus besteht die Möglichkeit, kostenlos oder gegen eine vergleichsweise geringe Gebühr spezielle Informationen zu erhalten oder sogar den eigenen Anforderungen genügende Sonderanalysen durchführen zu lassen.

Neben der allgemeinen Amtlichen Statistik existieren u.a. statistische Veröffentlichungen der Bundes- und Landesministerien, der Deutschen Bundesbank (z.B. Monatsberichte, Beihefte), der Bundesanstalt für Arbeit (z.B. Arbeitslosigkeit, offene Stellen), des Kraftfahrzeugbundesamtes (z.B. Zulassungen) oder auch der Sozialversicherungsträger. Diese werden unter dem eingangs erwähnten Begriff „Ressortstatistik" zusammengefasst. Das hier existierende Datenangebot für die Sekundärforschung sollte unter keinen Umständen unterschätzt werden.

Das Arbeiten mit Angaben der Amtlichen Statistik ist allerdings nicht frei von *Problemen*. Oft ist es schon sehr schwierig, die genaue Definition der Erhebungsbereiche und -einheiten nachzuvollziehen. Hierbei können zwar die Systematiken als Hilfestellung herangezogen werden, doch unterliegen auch diese infolge von Umstellungen im Zeitverlauf Einschränkungen. Häufig sind die erhobenen und veröffentlichten Daten, trotz der Verwendung der Systematiken, untereinander auch nicht vergleichbar. Dies gilt in ganz besonderem Maße, wenn internationale Vergleiche angestellt werden sollen. In manchen Fällen muss schließlich die Aussagekraft der Informationen relativiert werden, da Repräsentanzprobleme bestehen.

Ein großes Problem stellt das oftmals sehr hohe Aggregationsniveau dar. Ein weiteres Problem, das die Anwendbarkeit der Daten einschränkt, ist die manchmal mangelnde Aktualität. Oftmals werden sehr lange Erhebungsrhythmen angewendet, außerdem erfolgt die Veröffentlichung der Daten in vielen Fällen erst Jahre nach deren Erhebung. Für eine vollkommen fehlerfreie Analyse der zur Verfügung gestellten Daten ist eine äußerst tief gehende Einarbeitung in die Thematik notwendig.

Trotzdem ist das Datenangebot der Amtlichen Statistik die umfassendste und kostengünstigste externe Informationsquelle für Wirtschaft, Wissenschaft und Verwaltung. Der Informationssuchende erhält eine geballte Ladung an Daten, die – wenn man über die vielen Probleme hinwegsieht – Wertvolles leisten, v.a. aber oftmals die einzig zur Verfügung stehende Informationsquelle darstellen. Das Arbeiten mit den veröffentlichten Statistiken bildet deshalb sehr oft die Grundlage für Marktforschung und unternehmerische Entscheidungen.   S.S.

Literatur: *Hüttner, M.*: Grundzüge der Wirtschafts- und Sozialstatistik, Wiesbaden 1973, S. 28 ff. *Stat. Bundesamt* (Hrsg.): Veröffentlichungsverzeichnis, Stand September 1999.

Analytisch Hierarchischer Prozess (AHP)

Verfahren zur Strukturierung von komplexen Entscheidungssituationen und der kalkülhaften Bewertung von alternativen Strategien zur Problemlösung (→ Marketingziele). Eine Verallgemeinerung und Weiterentwicklung der ursprünglich von *Saaty* (1980) entwickelten und axiomatisierten Theorie stellt die Methodik des *Analytischen Netzwerk Prozesses (ANP)* dar. Die analytischen Komponenten des Verfahrens stehen für folgende Überlegungen:

1. Aufgliederung des Entscheidungsziels (z.B. Kundenbindung) in hierarchisch oder netzwerkartig verknüpfte Kriterien,

2. Verknüpfung von alternativen Strategien für harte und weiche Kriterien und

3. die rechenhafte Ermittlung von Kriteriengewichten und die Alternativenbewertung bei auch weichen Kriterien auf der Basis von paarweisen Vergleichen.

Analytisch Hierarchischer Prozess (AHP)

Die Verbundbeziehungen zwischen Kriterien und Handlungsalternativen zur Lösung des Bewertungs- und Entscheidungsproblems stehen für die Hierarchie bzw. das Netzwerk. Der Entwurf dieser Netzwerke kann auf der Basis und Zusammenfassung → kognitiver Landkarten erfolgen. Das Wissen um Konzepte und Wirkungsmechanismen kann dabei theoretischen Überlegungen und Hypothesen folgen und/oder den Überlegungen von Experten in einer Wissensdomäne entsprechen, prozesshaftes Vorgehen ist dazu notwendig:

Im ersten Schritt wird das *Bewertungsmodell* festgelegt. Hier wird die Wichtigkeit, Vorziehenswürdigkeit oder Wahrscheinlichkeit von alternativen Strategien festgelegt. (Erfahrungs-) Wissen, ökonomische, andere Standards oder direkte Vergleiche sind die Basis für diese Bewertung. Verschiedene Fragen sollten in diesem Zusammenhang geklärt werden, auf einige wird hier eingegangen: Was ist das Bewertungsziel? Hier ist zu berücksichtigen, dass alternative Strategien hinsichtlich eines oder mehrerer Ziele verglichen werden könnten. Sind mehrere Zielarten zu berücksichtigen, z.B. Kosten, Nutzen, Chancen, Risiken, so sind getrennte Modelle zu entwickeln, wobei die Gemeinsamkeit in den verschiedenen Strategiealternativen besteht. Die sind bezüglich ihrer Wirkung auf das Oberziel zu bewerten. Gibt es verschiedene Zukunftsszenarien, die im Prozess der Strategieumsetzung die Zielerreichung beeinflussen könnten? Im zweiten Prozessschritt wird die Hierarchie oder das Netz abgebildet. Die vollständige Offenlegung der Kriterien und deren Abhängigkeiten ist von entscheidender Bedeutung. Auf jeder Wirkungsebene finden sich zwei oder mehrere Elemente. Im gewählten Beispiel (vgl. *Abb.*) „Welche Marketingstrategie soll für ein problematisches Produkt eingeschlagen werden?" lautet das Oberziel „Angemessene Aktion für eine problematische Produktlinie". Interne und externe Wirkungsfaktoren können identifiziert werden. Kunden, Zulieferer, Vertriebssystem, Wettbewerb, Markt bzw. Finanzen, Mitarbeiter, Image, Synergien und Produktion beeinflussen die Entscheidung für die Strategieauswahl. Alternativ kann die Aufgabe, die Modifikation oder das Beibehalten überlegt werden. Dieses relativ einfache Modell geht von einer hierarchischen Ordnung aus, d.h. ist ein AHP-Modell. Wechselseitig abhängige Beziehungen, etwa auf der dritten Ebene könnten durch wechselseitig abhängige Verknüpfungen berücksichtigt werden, es handelt sich dann um ein ANP-Modell. Auf der Basis dieser Modellstrukturen wird im dritten Schritt die Ermittlung von Prioritäten erarbeitet. Die Messung von Einflussstärken (im ANP-Fall), die Festlegung von Kriteriengewichten und die Bewertung von Alternativen steht im Vordergrund. Die Summe der auf ein Element einwirkenden Prioritäten durch andere Kriterien ist stets Eins. Im gewählten Beispiel haben die einzelnen internen Elemente, Finanzen, Mitarbeiter, Produktion, Synergien etc. ein Wirkungsgewicht von insgesamt eins. Die AHP-Methode erlaubt durch eine spezielle Vorgehensweise (Paarvergleichsmatrix und Eigenwertmethode) die Verknüpfung von „harten" und „weichen" Daten und ist damit jedem Scoring-Modell überlegen. Die Bestimmung der Gesamtpriorität für eine Strategie erfolgt im vierten Schritt. Durch die Potenzierung von Blockmatrizen wird unter bestimmten

Modellstrukturen zur Bewertung von Strategiealternativen

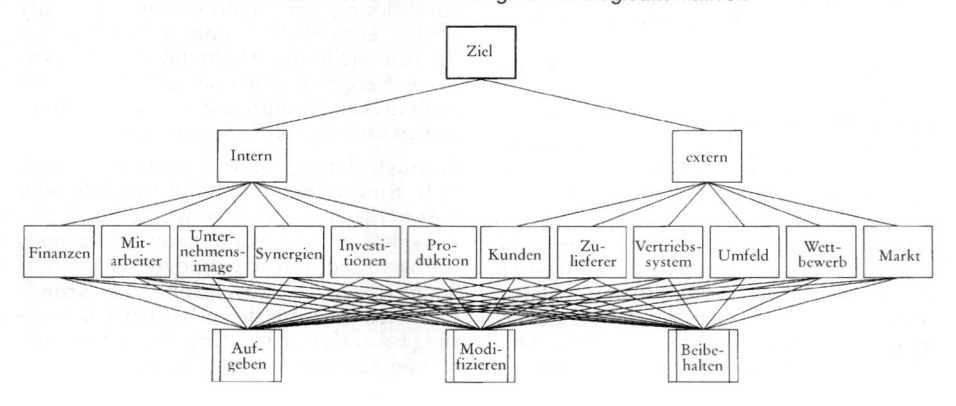

Nebenbedingungen rechenhaft eine Maßzahl für die relative Vorziehenswürdigkeit von Strategiealternativen ermittelt. Im gegenständlichen Fall würde sie Auskunft über die Vorteilhaftigkeit von „Aufgeben", „Beibehalten" oder „Modifizieren" geben. Im abschließenden Schritt der Sensitivitätsanalyse kann die Lösungsstabilität unter der Berücksichtigung alternativer Einflussgewichte vorgenommen werden.

AHP und ANP, die methodisch der → Conjoint Measurement Analyse nahe stehen und zur Klasse OR-basierter Entscheidungsmodelle zählen, zeichnen sich durch eine Reihe von Vorteilen aus: Transparenz durch die schrittweise und systematische Offenlegung von Kriteriengewichten und Bewertung; unterschiedliche Einschätzungen und implizite Vorannahmen können ausdiskutiert werden. Konsistenzkonformität bzw. Inkonsistenzen bei der Bildung der Präferenzurteile sind berechenbar. Gruppenentscheidungen werden durch die gemeinsame Modellierung des Entscheidungsproblems unterstützt, individuelle und kollektive Sichtweisen hinterfragt und diskutiert. Die Messung und Bewertung der Strategievarianten auf der Basis der verhältnisskalierten Berechnung erleichtert die kollektive Entscheidungsfindung. Der zunächst möglicherweise als Nachteil empfundene Zeitaufwand für die Modellerstellung wird durch die Lösungsgüte der Entscheidung relativiert. Zur Verfügung stehende Modellbanken wie „Hierarchon" für die verschiedensten strategischen Entscheidungen im Management vereinfachen das computergestützte Vorgehen. G.Wüh.

Literatur: *Saaty, Th.L.:* The Analytic Hierarchy Process, New York u.a.1980. *Saaty, Th.L.; Forman, E.H.:* The Hierarchon: A Dictionary of Hierarchies, Volume V, AHP-Series, Pittsburgh, Pennsylvania 1996. *Dellmann, K.; Grünig, R.:* Die Bewertung von Gesamtunternehmensstrategien mit Hilfe des Analytischen Netzwerk Prozesses respektive des Analytischen Hierarchischen Prozesses, in: *Grünig, R.; Paquier, M.* (Hrsg.): Strategisches Management und Marketing. Festschrift für Prof. Dr. Richard Kühn zum 60. Geburtstag, Bern, Stuttgart, Wien 1999, S. 33–56.

Anarbeitung

Umfasst als Funktionsfeld des → Großhandels alle Maßnahmen, die ein über den Produktionsverbindungshandel vertriebenes Produkt auf seinen Einsatz innerhalb der nachgelagerten Verarbeitungsstufe vorbereiten, ohne dass dabei der Materialcharakter grundlegend verändert wird (z.B. Schneide-, Säge-, Trennarbeiten). Dabei ist nicht immer eindeutig zu bestimmen, inwieweit die im Handel vorgenommenen Anarbeitungsmaßnahmen über den Bereich „handelsüblicher Manipulation" hinausgehen (→ Handelsfunktionen). W.H.E.

Literatur: *Schmäh, M.:* Anarbeitungsleistungen als Marketinginstrumente im Technischen Handel, Wiesbaden 1999.

Anbietergemeinschaft

projektbezogener Zusammenschluss mehrerer rechtlich selbständiger Anbieter zur gemeinsamen Projektabwicklung. Anbietergemeinschaften spielen v.a. im → Anlagengeschäft eine zentrale Rolle, da ein Anbieter häufig gar nicht in der Lage ist, ein Projekt alleine abzuwickeln, da er z.B. nicht über das notwendige technologische Know-how aus den verschiedenen benötigten Fachbereichen verfügt.

Aufgrund der Notwendigkeit zur Koalitionsbildung sind die einzelnen Anbieter dadurch bei der Erstellung ihres Angebotes nicht mehr völlig frei. Die Konditionen eines Angebotes sind mit den jeweiligen Partnern abzustimmen. Darin liegt ein erhebliches Konfliktpotential begründet, sodass die Partnerwahl und die vertragliche Zusammenarbeit der Partner bei der Angebotserstellung zu einem wichtigen Marketing-Instrument werden, da je nach relativer Machtposition in der Anbietergemeinschaft mehr oder weniger eigene Marketing-Vorstellungen durchsetzbar werden.

Für die gemeinsame Abwicklung eines Anlagenprojektes stehen im Wesentlichen drei Kooperationsmodelle zur Verfügung: → Generalunternehmerschaft, offenes oder stilles → Konsortium. K.B.

Andienung → Rahmenvertrag

Andler-Formel → Bestelldoktrinen

Anfragenselektion

Der projektspezifische Vermarktungsprozess im → Anlagengeschäft beginnt i.d.R. mit dem Erhalt einer Anfrage. Diesem Tatbestand kommt im gesamten Akquisitionsprozess eine besondere Stellung zu, da die Entscheidung über die Beteiligung an einer Ausschreibung bzw. die Erstellung eines Angebotes auf eine Anfrage bei freihändiger Vergabe erhebliche kostenmäßige Konsequenzen nach sich zieht. Mit der Anfragen-

Angebotsformen

Charakteristische Merkmale der Angebotsformen

Angebotsformen Merkmale	Kontaktangebot	Richtangebot	Festangebot
Verbindlichkeit	uneingeschränkt	uneingeschränkt	uneingeschränkt
Genauigkeit	hohe	sehr hohe	höchste
Informationsgehalt	begrenzt	umfangreich	umfassend
Aufwand	gering	durchschnittlich	sehr hoch

analyse und -bewertung wird versucht, diese Auswirkungen frühzeitig zu ermitteln und somit Hinweise zu liefern, ob ein Projekt weiterverfolgt werden soll oder nicht. Um die Angebotskosten, die im Falle eines Auftragsverlustes ungedeckt bleiben, zu begrenzen, ist eine selektive Anfragenbearbeitung dringend geboten.

Eine Schwierigkeit bei der Anfragenselektion liegt oft darin, die möglichen Risiken der Projekte frühzeitig zu erkennen und v.a. zu bewerten. Häufig reicht es nicht aus, das Ausmaß des einzelnen Risikos subjektiv zu beurteilen, z.B. als „groß" oder „gering", sondern es müssen die Kosten- und Ergebnisauswirkungen der Risiken quantifiziert werden.

Die Suche nach geeigneten Anfragebewertungskriterien ist deshalb so schwierig, weil zu Beginn der Angebotserstellungsphase häufig nur relativ vage Vorstellungen von der zu erbringenden Leistung bestehen. In Praxis und Wissenschaft sind verschiedene Verfahren zur Anfragenselektion vorgeschlagen und angewendet worden. K.B.

Literatur: *Backhaus, K.:* Planung im industriellen Anlagengeschäft, Düsseldorf 1984.

Angebotsformen

Anfragen auf Abgabe eines Angebots im → Anlagengeschäft können in verschiedenen Formen bedient werden. *Kambartel* unterscheidet drei Formen von Angebote: *Kontaktangebote, Richtangebote* und *Festangebote*. Die drei Formen unterscheiden sich im Hinblick auf Ihre Verbindlichkeit, Genauigkeit, Informationsgehalt und im Aufwand. Die nachfolgende *Abbildung* zeigt, durch welche Ausprägungen dieser Merkmale die jeweiligen Angebotsformen gekennzeichnet sind. K. B.

Literatur: *Kambartel, K.-H.:* Systematische Angebotsplanungen in Unternehmen der Auftragsfertigung, Möglichkeiten zur Rationalisierung der Angebotserstellung auf der Grundlage definierter Angebotsformen, Diss., Aachen 1973.

Angebotspreiskalkulation im Anlagengeschäft

Da im Angebotsstadium des → Anlagengeschäfts wegen der Individualität der einzelnen Projekte praktisch kein „Marktpreis" vorliegt, muss sich der Anbieter an internen Informationen zur Preisfindung orientieren, aus denen er einen Angebotspreis ableiten muss. Je nachdem, ob in der Vergangenheit ähnliche Aufträge abgewickelt worden sind oder die zu verkaufende Anlage vollständig neu entwickelt worden ist, werden unterschiedliche Verfahren der → Preiskalkulation benutzt (s.a. → Produkt(kosten)kalkulation).

Kann nicht auf konkrete Werte aus der Vergangenheit zurückgegriffen werden, werden Verfahren wie die „*Kilokostenmethode*" verwendet, bei der man „Erfahrungskostenwerte (von anderen Anlagen) je kg Anlage" benutzt. Ein weiteres Verfahren ist die *Einflussgrößenkalkulation* auf der Basis von Kostenfunktionen. Diese Kostenfunktionen auf Basis von Regressionsanalysen zeigen systematische Zusammenhänge zwischen Kosten und ihren Einflussgrößen (z.B. Bauvolumen) auf. Der *Modifikationspreisansatz* liefert Anhaltspunkte für die Schätzung der anfallenden Gesamtkosten eines Auftrages, wenn Informationen von ähnlichen bereits realisierte Projekte zur Verfügung stehen. Es werden dann Korrekturen hinsichtlich der projektspezifischen Besonderheiten, der Inflationsrate und ähnlicher Faktoren, vorgenommen.

Wegen der z.T. langen Laufzeit von Anlagengeschäften empfiehlt sich schließlich eine → durchgängige Produktkalkulation. K.B.

Angebotspolitik → Marketing-Mix

Angebotssysteme, computergestützte

Angebotssysteme bzw. Angebotsunterstützungssysteme sind ein Modul des → E-

Business, speziell des computergestützten Vertriebs (→ Computer Aided Selling). Sie werden oft nicht zentral, sondern in Vertriebsniederlassungen oder im Gespräch beim Kunden eingesetzt. Ziele von Angebotssystemen sind:

1. Korrekte Angebote
2. Treffende Angebote
3. Erweiterung der Dienstleistungen, z.B. um Finanzierungsberatung und Abschätzen der Folgekosten einer Investition im Kundenbetrieb (Wirtschaftlichkeitsrechnungen)
4. Aktueller Informationsstand aller am Angebot beteiligten Mitarbeiter und Mitarbeiterinnen, insbes. im Außendienst (ADM)
5. Sichere Beurteilung des Kunden und seines Bedarfes
6. Zielsichere Nutzung der eigenen Vertriebskapazität
7. Funktionsintegration, damit Befassung von möglichst wenigen Angestellten im Vertrieb und damit wiederum Begrenzung der Zahl der Mitarbeiter des Anbieters, mit denen der Kunde in Kontakt treten muss
8. Kurze Zeitspanne zwischen Kundenanfrage und Angebot
9. Gute Abstimmung Vertrieb – Produktion – Logistik
10. Vermeiden von Doppelentwicklungen beim Anbieter
11. Effizienter Know-how-Transfer zwischen den Mitarbeitern des Anbieters

Die *Abb.* zeigt die Komponenten eines idealen Angebotssystems. Dabei ist vorausgesetzt, dass der Kundenkontakt schon geplant ist, d.h. z.B., dass eine rechnergestützte Auswahl von Kunden, denen ein Angebot unterbreitet werden soll, nicht mehr stattzufinden hat.

(1) → *Kundendatenbank*: Für die Zwecke von umfassenden Angebotssystemen ist eine Kundendatenbank über ihre Funktion zur administrativen Abwicklung von Kundenaufträgen (z.B. Bonitätsprüfung, Angebotsbestätigung, Fakturierung) hinaus mit zusätzlichen Daten anzureichern. Beispiele sind Notizen über den letzten Besuch, Angaben, die zur Finanzierungsberatung wichtig sind (Rechtsform, Betriebsgrößenmaße für die Subventionsanalyse), und Hinweise auf Grundhaltungen des Kunden, wie z.B. Neigung zu konservativen/risikoarmen Technologien oder Innovationsfreudigkeit.

(2) → *Elektronischer Produktkatalog*: In vielen Branchen, z.B. in der Chemie-, Elek-

Komponenten eines idealen Angebotssystems

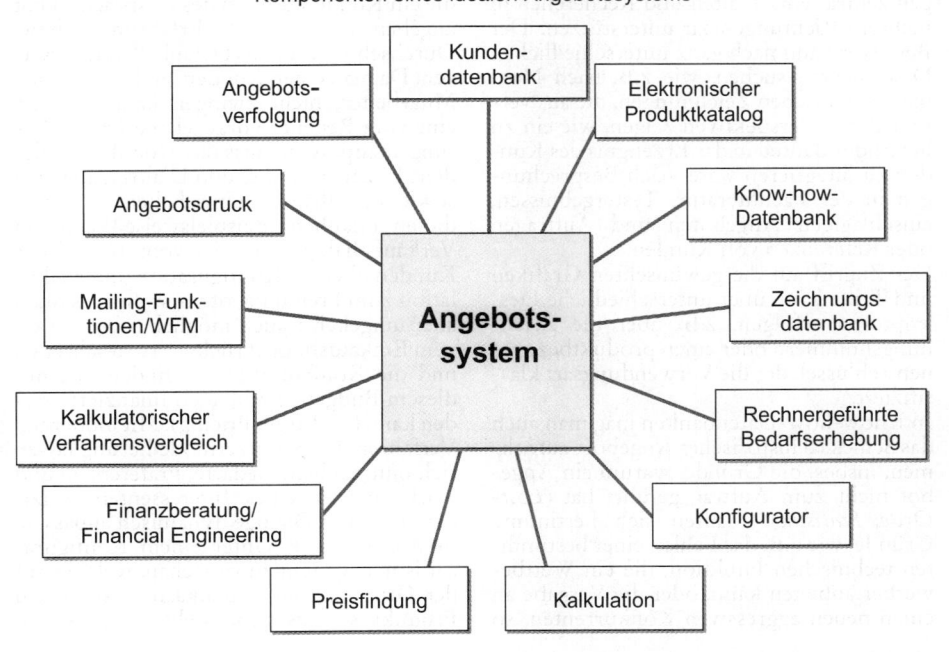

tro- und Computerindustrie, aber auch im Maschinenbau, sind die konventionellen Produktkataloge so kompliziert geworden, dass die Kunden sich darin immer schwerer orientieren können. Daraus resultieren letztlich zusätzliche Konsultationen und damit eine verstärkte Belastung des Vertriebs. Es liegt nahe, Produktkataloge als gemischte Daten-/Methodenbanken zu gestalten. Im Kern soll der elektronische Katalog über das einfache Blättern am Bildschirm hinaus Recherchen mit Deskriptoren erlauben. Zusätzliche Dienste sind technische Berechnungen, z.B. zur Dimensionierung, und/oder Kalkulationen zur betriebswirtschaftlichen Bewertung von Lösungsalternativen. Auch Submodule zur Konfiguration und solche zum Verfahrensvergleich (s. u.) sind zuweilen in elektronische Produktkataloge integriert. Zunehmend werden Produktkataloge im Internet gestellt, wo sie ein wichtiges Bindeglied zwischen Käufern und Verkäufern im Rahmen des so genannten E-Commerce bilden.

(3) *Know-how-Datenbanken*: Im → Investitionsgütermarketing steht weniger der Verkauf von physischen Produkten im Vordergrund, sondern der Abnehmer erwartet als integrierte Dienstleistung einen Beitrag zu einer bestimmten Problemlösung. Bei solchen Konstellationen ist es Aufgabe einer Know-how-Datenbank, die Problemlösungen zentral vorzuhalten und Recherchen in mehrere Richtungen zu unterstützen. Der Benutzer kann nach ganz unterschiedlichen Dokumenten suchen, wie z.B. nach Normen, technischen Zeichnungen, die aus verschiedenen Perspektiven zeigen, wie ein zu lieferndes Bauteil in das Erzeugnis des Kunden zu integrieren wäre, nach Besprechungen in der Fachliteratur, Testergebnissen, einschlägigen Angeboten und Aufträgen oder Referenzen von Kunden.

Der Zugriff auf die gewünschten Grafiken und Texte kann über unterschiedliche Deskriptoren erfolgen, z.B. über die Zeichnungsnummern oder einen produktbezogenen Schlüssel, der die Verwendungsart klassifiziert.

In Know-how-Datenbanken mag man auch das Schicksal historischer Angebote aufnehmen, insbes. die Gründe, warum ein Angebot nicht zum Auftrag geführt hat (*Lost-Order-Statistik*). Häufen sich bestimmte Gründe, wie z.B. das Fehlen einer bestimmten technischen Funktion, die ein Wettbewerber anbieten kann, oder die Vergabe an einen neuen aggressiven Konkurrenten, so gewinnt man hierdurch Hinweise für die Produkt- und Vertriebspolitik.

(4) *Zeichnungsdatenbank*: Zeichnungsdatenbanken im technischen Vertrieb sollen die Voraussetzung dafür schaffen, dass zumindest in einfachen Fällen Außendienstmitarbeiter zusammen mit dem Kunden alternative Lösungen am Bildschirm erarbeiten und der Kunde so frühzeitig einen Eindruck vom Aussehen des gewünschten Erzeugnisses erhält. Eventuell entfällt sogar die Anfertigung von Musterteilen. Oft entstehen während des Kundengesprächs handschriftliche Entwürfe, die sich einspeichern lassen. In der Konstruktion werden aus diesen Handskizzen CAD-Zeichnungen angefertigt. Damit kein Medienbruch entsteht, muss man im Außendienst einfache CAD-Systeme einsetzen. Die erhebliche Verbesserung des Preis-Leistungsverhältnisses der Speichermedien, z.B. die Entwicklung der optischen Speicherplatten mit ihren großen Kapazitäten, kommt derartigen Anwendungen entgegen.

(5) *Rechnergeführte Bedarfserhebung:* Bei Angebotssystemen besteht die Gefahr, dass die Dialoge zu lang bzw. zu langweilig ausfallen. Daher muss das System stark mit sogenannten intelligenten Checklisten operieren, die Fragen unterdrücken, wenn Informationen aus Antworten zu früheren Fragen abgeleitet werden können, oder Werte, die ein Kunde während des Gesprächs nicht angeben kann, durch Erfahrungs- bzw. Durchschnittszahlen (Default-Werte) ersetzen. Da man einen Kunden, anders als einen Mitarbeiter, nicht zwingen kann, sich an eine vom Rechner vorgegebene Dialogführung anzupassen, muss das Modul verschiedene Einstiegspunkte und Dialogsequenzen sowie das flexible Umschalten zwischen diesen erlauben. Beispielsweise kann ein Verkaufsdialog einerseits vom Bedarf des Kunden über die Konfiguration und Kalkulation zum Preisangebot vorstoßen; es muss aber umgekehrt auch möglich sein, von einem Einkaufsbudget rückwärts zu schreiten und die Konfiguration zu finden, die mit diesem Budget gerade noch finanziert werden kann (→ Target Pricing). Mit modernen Verfahren der Benutzermodellierung lassen sich mutmaßliche Bedarfe, Präferenzen und Vorkenntnisse eines Interessenten antizipieren und so Dialoge dynamisch anpassen.

(6) *Konfigurator*: Unter einem Konfigurator ist ein System zu verstehen, welches auf der Grundlage eines Baukastensystems ein Produkt so zusammenstellt, dass es den

Kundenwunsch möglichst gut erfüllt und sämtliche technischen Restriktionen einhält. Wegen der vielen Wechselwirkungen zwischen den einzelnen Komponenten und wegen der vielen Schnittstellen ist ein Trend zum wissensbasierten Konfigurator zu verzeichnen. Ein Konfigurator wird als passiv bezeichnet, wenn er lediglich überprüft, ob die vom Anwender getroffenen Konfigurationsentscheidungen zulässig (bzw. verträglich mit den Kundenanforderungen oder anderen bereits konfigurierten Elementen) sind. Aktive Konfiguratoren können auf der Basis der Anforderungen oder der bereits selektierten Optionen selbsttätig Komponenten konfigurieren bzw. dekonfigurieren.

(7) *Kalkulation:* In der Angebotsphase sind Detailkonstruktionen häufig noch nicht verfügbar. Damit fehlt es auch an einem detaillierten Mengengerüst, das die Grundlage einer konventionellen Zuschlagskalkulation sein könnte. Infolgedessen müssen Lücken oft durch Erfahrungswerte, grobe Schnellkalkulationen oder Empfehlungen aus Expertensystemen gefüllt werden.

(8) *Preisfindung*: Dieses Modul ist oft recht einfach, und zwar immer dann, wenn man auf Listenpreise zurückgreifen kann. Wenn jedoch der Übergang von der Kalkulation zur Preisfindung in stark umkämpften Märkten mit zahlreichen Überlegungen zur Bedeutung des Kunden, des Auftrags, der aktuellen Kapazitätssituation usw. verbunden ist, kann an die Abbildung von unternehmensinternen Richtlinien für die Ermittlung der Angebotspreise gedacht werden. Diese Richtlinien lassen sich im Angebotssystem als Entscheidungstabellen oder Regelwerke wissensbasierter Systeme hinterlegen (→ Preisorganisation).

(9) *Finanzberatung/Financial Engineering*: Finanzberatungsmodule beginnen mit der Analyse, ob dem Kunden eine Subvention empfohlen werden kann. Dann ist rechnerunterstützt zwischen Kauf, Miete und Leasing zu wählen. Aus der Vielzahl der Leasing-Varianten müssen geeignete selektiert und parametriert werden. Die Vorteilhaftigkeit von Finanzierungsalternativen lässt sich allein mit Methoden der Finanzmathematik, z.B. Barwertrechnungen, oft nicht hinreichend begründen, sodass Nutzwertanalysen zur Beurteilung qualitativer Vor- und Nachteile (z.B. flexible Umdisposition von Leasing zu Kauf) hinzugenommen werden müssen.

(10) *Kalkulatorischer Verfahrensvergleich*: Zu den Mehrwertdiensten eines umfassenden Angebotssystems gehört es, die Kosten abzuschätzen, die das gekaufte Wirtschaftsgut voraussichtlich im Betrieb des Kunden verursachen würde. Dabei kann mit der im Kundenbetrieb schon vorhandenen Lösung ebenso verglichen werden wie mit Angebotsalternativen (z.B. zwei verschiedene Spinnerei-Ausstattungen, zwei Nutzkraftfahrzeuge).

(11) *Mailing-Funktionen / Workflow-Management-Systeme*: Dieses Modul dient dazu, die verschiedenen Instanzen des Anbieters so zu koordinieren, dass die für das Angebot nötigen Informationen korrekt sind und schnell zusammengetragen werden; ferner müssen die Kontrollprozeduren an der richtigen Stelle eingesteuert werden. Hierzu dienen Electronic-Mail-Systeme und Workflow-Management-Systeme (WFM-Systeme). Bei WFM-Systemen übernimmt ein zentraler Rechner die Koordination: Er beauftragt die Instanzen im Anbieterbetrieb über elektronische Post in der richtigen Reihenfolge mit Detailaktionen. Ggf. bestimmt er diese Reihenfolge und die Art der jeweiligen Aufgaben in Abhängigkeit von rückgemeldeten Informationen über schon abgeschlossene Arbeiten. Die termingerechte Erledigung der delegierten Aufgaben wird vom Computer angemahnt.

(12) *Angebotsdruck*: Das Angebot ist auszudrucken oder über ein Netz an den Kunden zu überspielen. Eventuell wird man spezielle Meldungen an die Marktforschung oder die Lagerdisposition ausgeben.

(13) *Angebotsverfolgung*: Der Systembestandteil Angebotsverfolgung gibt in parametrierten Zeitabständen Hinweise, wenn bei einem Angebot nachzufassen ist. Hierzu kann die Historie der Offerte mitgeliefert werden. Soweit die Ergebnisse der „Nachfass-Aktion" Informationswert für das Marketing haben, sollten sie im Rechner abgespeichert werden. P.M.

Literatur: *Körsmeier, R.:* Kundennahe, rechnerunterstützte Angebotserstellung im Vertriebsaußendienst für komplexe Investitionsgüter, Düsseldorf 1996. *Mertens, P.:* Integrierte Informationsverarbeitung, Band 1: Administrations- und Dispositionssysteme, 12. Aufl., Wiesbaden 2000. *Mertens, P.; Schumann, P.:* Angebotssysteme – Anwendungen und Werkzeuge im Vertrieb, in: *Wildemann, H.* (Hrsg.): TCW-Report Nr. 7, München 1999. *Steppan, G.:* Informationsverarbeitung im industriellen Vertriebsaußendienst – Computer Aided Selling (CAS), Berlin u. a. 1990. *VDI-EKV* (Hrsg.): Angebotsbearbeitung – Schnittstelle zwischen Kunden und Lieferanten, Berlin u. a. 1999. *Rust, U.:* Intelligente Vertriebskonfiguration, in: Wirtschaftsinformatik 40. Jg. (1998) 1, S. 29-32.

Angebotstypen im Einzelhandel

ähnlich wie „Betriebstypen" mit unterschiedlichen Inhalten versehene Begriffskategorie, die in der Fachterminologie des Handels teils bedeutungsgleich mit den → Betriebsformen des Einzelhandels verwandt wird, teils auch nur zur Kennzeichnung ihrer möglichen Varianten dient (z.B. → Kaufhaus vs. Textilkaufhaus, Möbelkaufhaus u.a.). Mitunter soll der Angebotstyp in ausdrücklicher Abgrenzung gegenüber der Betriebsform „die marketingtechnische Gestaltung einer mehr oder weniger gleichartigen Gruppe von Einzelhandelsgeschäften verdeutlichen" (Ifo-Institut für Wirtschaftsforschung, München, mit den in der *Tab.* genannten „Angebotstypen").

Der Begriff „Betriebsform" erfasst nach diesem Verständnis die jeweilige „organisatorische Stellung bzw. Einbindung in ein größeres System oder einen Verbund" mit folgenden „Betriebsformen":

- Nicht organisierter Einzelhandel
- Genossenschaftliche Einkaufsverbände bzw. → Verbundgruppen (einschließlich der gruppeneigenen → Regiebetriebe)
- Privatwirtschaftliche Kooperationen bzw. Verbundgruppen (Freiwillige Kette u.a.)
- Groß- / Massen- → Filialunternehmen
- Warenhausunternehmen (einschließlich Kaufhausunternehmen)
- Versandhandelsunternehmen und
- SB-Warenhaus- / Verbrauchermarktunternehmen (Unternehmen, die überwiegend SB-Warenhäuser bzw. Verbrauchermärkte betreiben). H.-J.Ge.

Angebotsverfolgung

→ Angebotssysteme, computergestützte

Angewandte Forschung

→ Forschung und Entwicklung

Angriffsstrategie

bezeichnet eine → Marketingstrategie, die durch ein offensives Angriffsverhalten gegenüber den Konkurrenten geprägt ist. Sie ist somit eine spezifische Form der → Wettbewerbsstrategie, die sich durch eine hohe → Marktaggressivität auszeichnet.

Angstappell

ein besonders in der nicht-kommerziellen Werbung (z.B. in Antidrogenkampagnen) eingesetzter inhaltlicher Gestaltungsfaktor, bei dem furcht- bzw. angstinduzierende Botschaftselemente zur Verhaltensbeeinflussung eingesetzt werden (→ Werbegestaltungsstrategie, → Medienstil).

Zur Wirkung von Angstappellen liegen verschiedene Untersuchungen mit z.T. widersprüchlichen Ergebnissen vor. Diese werden damit erklärt, dass Angstappelle zwei Wirkungen haben können: Zum einen steigt mit der Stärke des Appells die Aufmerksamkeit und das Interesse am Botschaftsinhalt. Dadurch wird die Bildung einer positiven Einstellung und eine Steigerung der Handlungsabsicht bewirkt. Zum anderen löst der Appell ab einer bestimmten, subjektiv empfundenen Stärke Reaktionen zur Angstreduktion wie z.B. Vermeidungsverhalten und selektive Wahrnehmung aus. Weiterhin stuft der Empfänger die in der Botschaft zur Beseitigung der Gefahr vorgeschlagenen Verhaltensweisen schließlich als nicht mehr adäquat ein. Dies führt mit zunehmender Stärke des Appells zu einer negativen Einstellung gegenüber dem Botschaftsinhalt und zu einer Verringerung der angestrebten Wirkung.

Idealerweise sollte durch eine Werbung eine für die Zielgruppe nachvollziehbare Angst angesprochen werden, die sichtbar negative

Angebotstypen des Einzelhandels in Deutschland (Marktanteile in %)

Angebotstyp	1980	1986	1992	1995[2)]	2000[2)]
Versandhandel	5,5	5,3	5,4	5,5	5,6
Traditionelle Fachgeschäfte	55,4	46,7	38,2	35,4	27,2
Selbstbedienungs-/Fachdiskontgeschäfte	18,0	19,6	21,4	21,8	21,2
Kauf- und Warenhäuser	7,2	5,6	5,4	5,8	5,9
Fachmärkte	2,0	7,5	12,4	14,0	20,8
SB-Warenhäuser/Verbrauchermärkte	11,9	15,3	17,2	17,5	19,3

[1)] Gebiet der alten Bundesländer; [2)] Schätzung
(Quelle: *Ifo-Institut für Wirtschaftsforschung*, München)

Konsequenzen nach sich zieht. Des Weiteren müssen die angesprochenen Konsequenzen zu einer deutlichen Verbesserung der Situation führen, sodass die Zielgruppe diese Verhaltensweise übernehmen kann. Alleine dieser Anforderungskatalog zeigt die Komplexität solcher Werbung. Es ist deshalb zu befürchten, dass viele Konsumenten zwar den Angstappell noch aufnehmen, die positive Auflösung durch das Unternehmen jedoch nicht mehr. Angstappelle sollten deshalb mit Vorsicht eingesetzt werden. E.T./F.-R.E.

Literatur: *Blovsky, B.; Totter, S.:* Angstappelle in der sozialen Werbung, Werbeforschung & Praxis, Folge 2/1989, S. 69-71. *Henthorne, T.L.; LaTour, M.S.; Natarajan:* Fear Appeals in Print Advertising: An Analysis of Arousal and Ad Response, in: Journal of Advertising, Vol. 22 (1992), No. 2, S. 59–69. *LaTour, M.S.; Snipes, R.L.; Bliss, S.J.:* Don't be afraid to use Fear Appeals: An Experimental Study, in: Journal of Advertising Research, Vol. 36 (1996), No. 2, S. 59–67. *Strong, J.T.; Dubas, K.M.:* The Optimal Level of Fear in Advertising: An Empirical Study, in: Journal of Current Issues and Research in Advertising, Vol. 15 (1993), No. 2, S. 93–99.

Animatic → TV-Spot

Ankerpunkt-Methode
Bei der Ankerpunkt-Methode in der → Mehrdimensionalen Skalierung wird die Ähnlichkeit der Objekte im Verhältnis zu einem vorgegebenen Vergleichsobjekt, dem Ankerpunkt, beurteilt. Im Allgemeinen wird bei der Datenerhebung jedes Objekt einmal als Ankerpunkt herangezogen. L.H.

Anlagengeschäft
Bereich des → Investitionsgütermarketing, der vom Zuliefer-System- und vom → Produktgeschäft abgegrenzt wird. Unter kompletten industriellen Anlagen werden Leistungsangebote verstanden, die ein durch die Vermarktungsfähigkeit abgegrenztes, von einem oder mehreren Anbietern in einem geschlossenen Angebot erstelltes, kundenindividuelles Hardware- oder Hardware-/Software-Bündel zur Fertigung weiterer Güter darstellen. Die Hard- und Software-Elemente werden zum großen Teil in Einzel- oder Kleinserienfertigung erstellt und überwiegend beim Kunden zu funktionsfähigen Einheiten montiert.
Solche Leistungsangebote werden kundenindividuell konfiguriert und als Projekte einzeltransaktionsspezifisch ausgelegt. Aufgrund der hohen Komplexität solcher Projekte erstreckt sich der Vermarktungsprozess über einen relativ langen Zeitraum. Es lässt sich zeigen, dass dabei

– klar unterscheidbare (Teil-) Phasen definierbar sind,
– in denen unterschiedliche Marketingprobleme virulent werden, sodass es sich anbietet, die Marketingentscheidungen im Anlagengeschäft phasenspezifisch zu behandeln.

I.d.R. unterscheidet man bei der Vermarktung von Anlagengeschäften die Voranfragen-, Angebotserstellungs-, Kundenverhandlungs- und Gewährleistungsphase.
Zentrales Marketing-Problem in der Voranfragenphase ist es, durch gezielte Kommunikationspolitik eine Stimulierung des Bedarfs nach Industrieanlagen zu erzeugen. Ist dies gelungen, was sich in einer Anfrage dokumentiert, beginnt beim Anbieter die Angebotserstellungsphase. Zentrales Instrument ist hier die Anfragenanalyse und -bewertung, im Rahmen derer versucht wird, Informationen zu generieren, die Hinweise liefern, ob ein Projekt weiterverfolgt werden soll oder nicht. Für die → Anfragenselektion ist eine Vielzahl von Verfahren entwickelt worden. Gleichzeitig ist darüber zu entscheiden, ob das Projekt allein bearbeitet oder in Form von sog. → Anbietergemeinschaften ein Angebot erstellt werden soll. Neben der Wahl der rechtlichen Form der Anbietergemeinschaft stellt sich insb. das Problem der Wahl der Kooperationspartner. In der Angebotserstellungsphase ist auch eine Entscheidung über den Angebotspreis zu fällen. Neben der Höhe des Preises (→ Angebotspreiskalkulation) spielen auch Fragen der → Preissicherung eine Rolle, da das Anlagengeschäft i.d.R. ein mehrperiodiges Geschäft ist, in dem vielfältige Kostensteigerungen relevant werden können. Erfolgt die Vergabe im Wege einer → Submission, so sind die Besonderheiten der Submissionspreisfindung zu beachten.
Da das Anlagengeschäft häufig mit internationalen Kunden abgewickelt wird, kommt nicht zuletzt wegen der hohen Wertdimension von Anlagen der auftragsspezifischen Exportfinanzierung (→ Financial Engineering) zentrale Bedeutung für den Marketing-Erfolg zu.
Nach Angebotsabgabe beginnt die Kundenverhandlungsphase, in der Verhandlungen über technische Leistungsmodifikationen, die Auftragsfinanzierung und damit zusam-

menhängend die Zahlungsbedingungen und den effektiven Abschlusspreis relevant werden.
Das Marketing eines Anlagenlieferanten endet nicht mit dem Auftragseingang. Vielmehr ist es sinnvoll und wichtig, die Projektabwicklung so zu steuern, dass die vertraglich vereinbarten Leistungen so erbracht werden, dass beim Kunden keine Dissonanzen auftreten (→ Nachkaufmarketing). Da jedes abgewickelte Projekt für mögliche Folgeaufträge als → Referenzanlage anzusehen ist, bestimmt gerade das Kundenurteil die Erfolgschancen bei Folgeaufträgen (auch) mit anderen Nachfragern.
K.B.

Literatur: *Backhaus, K.:* Industriegütermarketing, 6. Aufl., München 1999. *Engelhardt, W.H.; Günter, B.:* Investitionsgüter-Marketing, Stuttgart usw. 1981.

Anlagenvertrag, internationaler

Vertragstyp, der die Abwickelung von → Anlagengeschäften im Industriegütermarketing regelt. Wird i.d.R. als autonomer Vertragstyp in Abgrenzung bspw. zum Werkvertrag gesehen. Der Auftragnehmer verpflichtet sich, eine Anlage zu projektieren, zu liefern, zu montieren, in Betrieb zu setzen und die Verantwortung für die fehlerfreie und erfolgreiche Errichtung der Gesamtanlage zu übernehmen. Der Auftraggeber nimmt die erforderlichen Mitwirkungspflichten wahr, zahlt den Vertragspreis und nimmt die Anlage ab. Besonderheiten dieses Vertragstypus liegen in seiner Komplexität, der Aufteilung in Teilleistungen sowie in der teilweisen inhaltlichen Unbestimmtheit, die sich aus den zugrunde liegenden langen Projektlaufzeiten ergibt. Hieraus ergibt sich regelmäßig die Entstehung sog. Claims, worunter Nachforderungen einer Vertragspartei zu verstehen sind. Sie sind Gegenstand des → Claim-Management. B.I.

Literatur: *Backhaus, K.; Köhl, T.:* Claim-Management im internationalen Anlagengeschäft, in: *Hübner, U.* (Hrsg.): Festschrift für Bernhard Großfeld zum 65. Geburtstag, Heidelberg 1999.

Anlaufkosten

→ Werbung, Aspekte der Besteuerung und Rechnungslegung

Anlegerverhalten

umfasst die Verhaltensweisen und Entscheidungen von Individuen, Unternehmen und nicht erwerbswirtschaftlichen Organisationen bei der Anlage finanzieller Mittel in Spar- und Termineinlagen, Wertpapieren (Aktien, Anleihen, Investmentzertifikaten), Unternehmensbeteiligungen, Kapitallebensversicherungen, Immobilienfonds und anderen Anlageformen zur Mehrung und Sicherung von Einkommen und Vermögen. Die Beschreibung, Erklärung, Prognose und Beeinflussung des Anlegerverhaltens ist eine Voraussetzung für ein zielgerichtetes Marketing von → Finanzdienstleistungen (→ Bankmarketing).
Die Erforschung des Anlegerverhaltens für die Zwecke des Marketing für Finanzdienstleistungen steht noch am Anfang. Die Erkenntnisse zum → Käuferverhalten lassen sich nicht ohne weiteres auf das Anlegerverhalten übertragen, obwohl es Wechselwirkungen zwischen beiden gibt. Bei Anlageentscheidungen geht es letztlich um Investitions- und Desinvestitionsentscheidungen, bei denen die Einkommensentstehung und Geldvermögensbildung im Vordergrund stehen. Kaufentscheidungen sind demgegenüber Konsumentscheidungen, die zur Einkommens- und Geldvermögensverwendung gehören. Zielgrößen von Kapitalanlegern sind Renditen, Risiken und Liquidität, Ziele von Käufern und Konsumenten sind Bedürfnisbefriedigung und Nutzensteigerung.
Die Analyse des Anlegerverhaltens ist insofern weniger komplex als die des Konsumentenverhaltens, als alle Zielgrößen in Geldgrößen überführbar sind, wenn man einmal davon absieht, dass ein Anleger bei seinen Entscheidungen ethische Unternehmensratings berücksichtigen kann. Normalerweise gibt es hier nicht das Problem der multiattributiven Nutzenbewertung von Produkten, der Abwägung zwischen mehreren Produkteigenschaften (→ Conjoint Measurement). Bei Anlageentscheidungen gibt es dafür andere Bewertungsprobleme, die in Kaufentscheidungen eine viel geringere Rolle spielen, v. a. die Bewertung von Risiko- und Zeitunterschieden bei Geldzahlungen.
In der Kapitalmarkttheorie wird das Anlegerverhalten bei Risiko mit Hilfe der Erwartungsnutzentheorie erklärt, deren Rationalitätsannahmen jedoch in der Realität nicht immer gegeben sind. Neuere Ansätze der mathematischen Psychologie (→ Prospecttheorie) versuchen dagegen, unterschiedliche Risikoeinstellungen bei Gewinnen und Verlusten, Verzerrungen und Schwelleneffekte bei der Wahrnehmung

von Risiken und ähnliche „Anomalien" zu berücksichtigen.
Seit einigen Jahren nimmt die Zahl der Menschen zu, die sich für Fragen der Kapitalanlage interessieren, die Informationen über das Geschehen an den Kapitalmärkten suchen, die sich aktiv um ihre Anlageentscheidungen kümmern und dabei, neben den traditionellen Anlageformen wie Sparbuch und Lebensversicherung, auch Aktien, festverzinsliche Wertpapiere und Investmentfonds in Betracht ziehen. Das Anlegerverhalten ist dadurch heterogener geworden und wird sich weiter verändern und ausdifferenzieren. Die Anbieter von Finanzdienstleistungen müssen sich darauf einstellen, indem sie den Markt nach Kriterien wie Einkommen und Vermögen, Risikoneigung, aber auch Lebenszyklus und Lebensstil segmentieren (→ Marktsegmentierung) und segmentspezifische Angebote entwickeln. K.P.K.

Literatur: *Oehler, A.:* Die Erklärung des Verhaltens privater Anleger, Stuttgart 1995. *Nitzsch, R. von; Goldberg, J.:* Behavioral Finance, München 1999. *Shefrin, H.:* Beyond Greed and Fear – Unterstanding Behavioral Finance and the Psychology of Investing, Cambridge, Mass. 2000. *Stüfe, K.:* Das Informationsverhalten deutscher Privatanleger, Wiesbaden 1999.

Anmutung

der Theorie der → Wahrnehmung entnommener Begriff, der auf die positiven oder negativen Stimmungen oder Gefühle Bezug nimmt, die ein Gegenstand insb. in der Frühphase der Wahrnehmung auslöst. Anmutung eines Konsumenten durch ein Produkt kann auch begriffen werden als das Ergebnis eines ersten Abtastens, inwieweit es dem Bedürfnisbündel entspricht. Diese unspezifischen, lediglich erahnten Eindrücke gegenüber einem Produkt oder auch Werbemittel werden umgekehrt auf das Objekt projiziert und damit als Eigenschaft des Objekts empfunden. Sie entscheiden außerdem auch über die Akzeptanz des Gegenstands. Eine positive Anmutung bedeutet eine vorbewusste, emotionale Hinstimmung, die auch die spätere Wahrnehmung färbt, wohingegen eine negative Anmutung emotionale Barrieren aufbaut. Im Zeichen der → Informationsüberlastung und stark → emotionaler Werbung kommt der Anmutung und ihrer Überprüfung durch apparative Erhebungsverfahren wie dem → Tachistoskop große Bedeutung zu. Man erkennt an ihr die Eindrücke, die bei auch nur sehr kurzzeitiger oder oberflächlicher Betrachtung entstehen (s.a. → Aktivierung). H.D.

Annexvertrieb → Verbundvertrieb

Annonce → Anzeige

Annoncen-Expedition

früher übliche Bezeichnung für → Mediaagenturen bzw. Anzeigenmittler, die in eigenem Namen und auf eigene Rechnung Anzeigenaufträge von Werbetreibenden an die Medienträger weitergeben.

ANOVA

Akronym für Analysis of Variance, → Varianzanalyse

ANP

→ Analytisch Hierarchischer Prozess (AHP)

Anpassungstest

Überprüfung im Rahmen der → Inferenzstatistik, ob die Hypothese der Übereinstimmung einer gegebenen empirischen Verteilung mit der postulierten theoretischen Verteilung auf einem bestimmten → Signifikanzniveau verworfen werden muss. I.e.S. handelt es sich meist um die → Normalverteilung (die in vielen Fällen, speziell bei kleinen Stichproben, vorausgesetzt werden muss). Solche „Tests auf Normalität" sind – schwächer – der allgemeine Chi-Quadrat-Test und – stärker – der → Kolmogoroff-Smirnoff-Test; in neuerer Zeit ist ein weiterer Test von *Martinez/Iglewicz* vorgeschlagen worden. M.H.

Anreizsysteme

→ Marketing-Koordination,
→ Außendienstentlohnung

Anschlusswerbung

spezifische Werbemaßnahmen zur Weiterführung bzw. Ausweitung der Geschäftsbeziehungen nach Ablauf eines Geschäftes bzw. einer Transaktionsepisode. Gelegentlich ist der Ablauf eindeutig festgelegt, etwa bei Versicherungen, häufig jedoch ungewiss, sodass auf statistische Erwartungswerte über den Ablauf einer Nutzungsperiode (z.B. bei LKW's) oder auf entsprechende Anfragen seitens des Außendienstes oder im Wege des → Direktmarketing zurückgegriffen werden muss.

Ansichtsbestellung

häufig angewandter Anreiz (→ Action-getter) zur Erhöhung des Response beim → Direktmarketing. Die Erfahrung zeigt, dass der Aufwand für die Rückgabe zugesandter Produkte den meisten Adressaten zu hoch ist, sodass die Retourenrate – abgesehen von Textilien und Bekleidung – meist unter 10% bleibt.

Anspruchsgruppe → Stakeholder

Anspruchskonzept → Nutzen

Antizyklische Werbung → Werbetiming

Antwortkarte (Reply-card)

wichtigstes → Responsemittel im Rahmen der → Direktwerbung. Vielfältige Einsatzmöglichkeiten, v.a. im Zusammenhang mit → adressierten Werbesendungen, Anzeigenwerbung (→ Tip-on-Card) oder als Selfmailer (→ Doppelpostkarte). Häufig schon personalisiert bzw. mit weiteren Erleichterungen versehen (Eindruck Bestellangebote; Freimachung etc.), ermöglicht die Antwortkarte eine schnelle Kundenreaktion (→ Response). Die Verwendung von Antwortkarten führt erfahrungsgemäß zu einem zwei- bis dreimal höheren Rücklauf als beim Einsatz von → Coupons. N.G.

Antwortquote → Ausschöpfungsquote

Antwortzeitmessung

Messung der Zeitdauer zwischen dem Ende der Fragestellung und dem Beginn der Beantwortung durch den Befragten. Im einfachsten Fall wird ein Stoppuhr verwendet; die Messung der Antwortzeit bietet sich aus Gründen der Messgenauigkeit besonders bei allen Formen der → computergestützten Befragung an.

Basishypothese ist die Annahme, dass die Überzeugtheit einer Antwort positiv mit der Dauer der Antwortzeit (→ Response Latency) korreliert ist. Inhaltlich identische Antworten können also zusätzlich nach ihrer Antwortzeit differenziert werden, um Auskunft darüber zu erhalten, wie sicher der Proband bezüglich seiner Antwort ist. Durch die zusätzliche Berücksichtigung der Antwortzeit steigt die Prognosegenauigkeit des zukünftigen Verhaltens. W.L.

Anzapfen

bedeutet das Verlangen von besonderen, zusätzlichen Leistungen des Lieferanten ohne entsprechende Gegenleistung des Abnehmers (→ Konditionenpolitik). Häufig wird solches Verlangen durch das Vorhandensein von → Nachfragemacht ermöglicht. In den Wettbewerbsregeln des Markenverbandes (WRP 1976, 576) ist das Anzapfen definiert als Forderung nach zusätzlichen Leistungen ohne Gegenleistung, die nicht unmittelbar mit dem Warenverkauf verbunden sind und zu deren Durchsetzung in offener oder verdeckter Form Druck ausgeübt wird. Als Beispiele für solche Leistungen sind dort genannt: → Eintrittsgelder zur Anbahnung und Zahlung zur Erhaltung oder Erweiterung der Geschäftsbeziehung, Listungsgebühren, Investitionsbeiträge, Einrichtungszuschüsse, Automationskostenbeteiligungen, Zuwendungen zu Jubiläen, Ausgleich für Schäden und Umsatzausfall im eigenen Risikobereich, übersteigerte Werbegeschenke, Barzahlungen statt handelsüblicher Werbepräsente. Auch in der gemeinsamen Erklärung von Spitzenorganisationen der gewerblichen Wirtschaft (→ „Sündenregister") sind derartige Verhaltensweisen als Gefährdung des Leistungswettbewerbs bezeichnet. Nur das Abpressen von Vorzugsbedingungen soll neben dem Bereich des § 20 Abs. 3 GWB auch den Bereich des § 1 UWG tangieren, wenn es den Bereich eines freien Aushandelns von Preis und Konditionen überschreitet. Die Androhung einer Ablehnung der Geschäftsverbindung bei Nichtannahme der gestellten Bedingungen soll regelmäßig noch aus dem Bereich üblicher Verhandlungsweisen führen. Die Vorzugskonditionen dürfen weder markt- noch leistungsbedingt sein. H.-J.Bu.

Anzeige (Inserat, Annonce)

→ Werbemittel, das meist in periodisch erscheinenden → Printmedien zur öffentlichen Ankündigung, Bekanntmachung oder als Werbebotschaft abgedruckt wird. Je nach Inhalt, Platzierung, Gestaltung und Form können Anzeigen wie in der *Abbildung* dargestellt unterschieden werden.

Anzeigen erbringen die quantitativ am stärksten ins Gewicht fallenden Erlöse für → Zeitungen und → Zeitschriften (bis zu 70%). Durch verstärkte Maßnahmen der Eigenwerbung und des Anzeigenmarketing (→ Verlagsmarketing) konnten die Print-

Typologie von Anzeigen

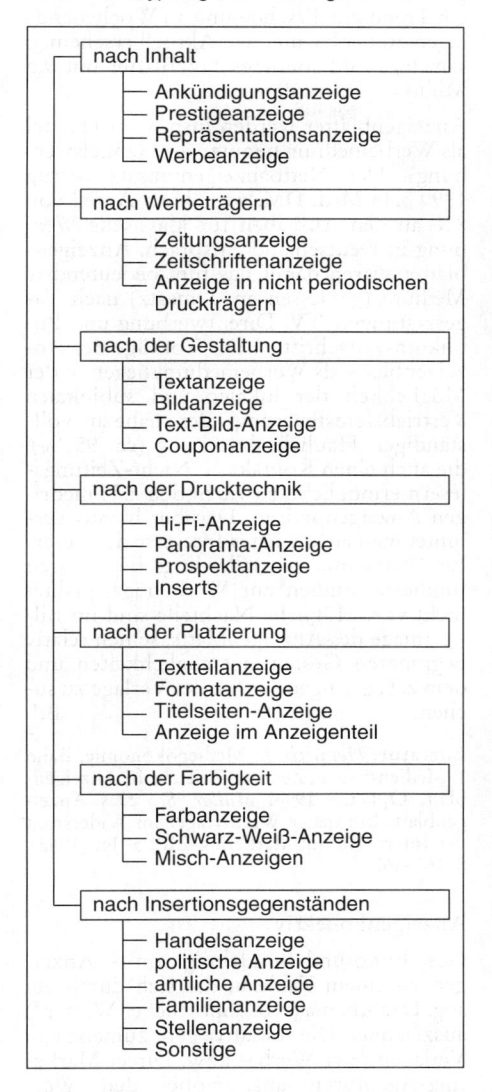

- **nach Inhalt**
  - Ankündigungsanzeige
  - Prestigeanzeige
  - Repräsentationsanzeige
  - Werbeanzeige
- **nach Werbeträgern**
  - Zeitungsanzeige
  - Zeitschriftenanzeige
  - Anzeige in nicht periodischen Druckträgern
- **nach der Gestaltung**
  - Textanzeige
  - Bildanzeige
  - Text-Bild-Anzeige
  - Couponanzeige
- **nach der Drucktechnik**
  - Hi-Fi-Anzeige
  - Panorama-Anzeige
  - Prospektanzeige
  - Inserts
- **nach der Platzierung**
  - Textteilanzeige
  - Formatanzeige
  - Titelseiten-Anzeige
  - Anzeige im Anzeigenteil
- **nach der Farbigkeit**
  - Farbanzeige
  - Schwarz-Weiß-Anzeige
  - Misch-Anzeigen
- **nach Insertionsgegenständen**
  - Handelsanzeige
  - politische Anzeige
  - amtliche Anzeige
  - Familienanzeige
  - Stellenanzeige
  - Sonstige

medien in den letzten Jahren eine erheblichen Steigerung der Anzeigeneinnahmen erzielen.

Bei der Anzeigenbeachtung gilt nach zahlreichen Untersuchungen die *Anzeigengröße* als wichtigster Faktor der Anzeigengestaltung, während die Wirkung der *Platzierung* umstritten und wohl auch vom Zusammenwirken mit anderen Faktoren abhängig ist. In der Praxis wird oft eine Platzierung im rechten oberen Teil wegen vermuteter höherer Aufmerksamkeitswirkung präferiert.

Im Übrigen ist die Wirksamkeit nach bisher vorliegenden Untersuchungen auch nicht durchgängig abhängig von der Einbindung der Anzeige in das Redaktionsprogramm, wobei üblicherweise Anzeigen im Anzeigenteil, *Formatanzeigen* (an zwei Seiten von Text umgeben und meist einzige Anzeige einer Seite), *Textteilanzeigen* (mehr als zwei Kontakträndern zu redaktionellen Teilen), *Panoramaanzeigen* (über mehrere Seiten) unterschieden werden. Anzeigen im vorderen und hinteren Teil eines Heftes stoßen etwa gleich häufig, im mittleren Teil dagegen weniger häufig auf Aufmerksamkeit, wobei jedoch Unterschiede zwischen verschiedenen Lesertypen auftreten. Unbestritten ist die bis zu 65% bzw. 30% höhere Wirkung der Rückseite bzw. Innenumschlagsseiten und der positive Einfluss dünnerer oder anzeigenarmer Hefte auf die Aufmerksamkeitsquoten.

Die Anzeigengestaltung wird zunehmend durch Blickregistrierungs-Analysen unterstützt. Dabei erkannte man einen erheblichen Einfluss der Anzeigengröße: Doppelseitige Anzeigen erreichten bis zu achtfache und ganzseitige bis zu viermal solange Betrachtungszeiten wie halbseitige. Farbanzeigen wird tendenziell eine höhere Wirkung gegenüber Schwarz-Weiß-Anzeigen attestiert, wobei aber auch hier viele Verbundwirkungen zu berücksichtigen sind. Wichtig ist hier, wie bei jedem Werbemittel, die innere und äußere Einheit unter Beachtung der Wechselwirkungen aller Einflussfaktoren (→ Gestaltpsychologie).

In einer entsprechend angelegten Untersuchung für Anzeigen in → Fachzeitschriften(!) von *Schweiger/Hruschka* (1978) ergab sich ein signifikanter Einfluss auf die Anzeigenwirkung durch folgende Einflussgrößen (in Klammer: Einflussstärke in Form des Regressionskoeffizienten):

– Anzahl der Zusatzfarben (+6.68)
– Anzahl der Schaltungen (–0,83)
– durchschnittliche Satzlänge (+0,33)
– flächenmäßige Bild-Text-Relation (–0,12)
– in Doppelseite mit Anzeigen (–13,35)
– im vordersten Heftteil (+11,18)
– i.a. Anzeigenteil (+6,20).

Anzeigen sind nach wie vor bei den Werbemitteln führend. Angesichts der Fortentwicklung der Satz- Druck- und Versandtechnik und des zunehmenden Einsatzes der Anzeige im → Direktmarketing (s.a. → Direktwerbung) durch Einbau von Response-Elementen (→ Coupons, → Tip-on

Anzeigenblatt

Karten etc.) nimmt die Qualität und Bedeutung der Anzeige sogar wieder zu.

Anzeigentests werden als Anzeigen-Pretests oder Anzeigen-Posttests durchgeführt (→ Werbetests). Der Pretest wird vor dem Erscheinen einer Anzeige durchgeführt und dient zur qualitativen Entscheidungsfindung zwischen mehreren Alternativentwürfen oder zur Abschätzung deren Werbewirksamkeit. Der Posttest wird nach dem Erscheinen zur quantitativen Ermittlung von Anzeigenbeachtung, Bekanntheitsgrad, Eindrucksstärke, Imageprofil und Markenprägnanz durchgeführt. H.D./E.L.

Literatur: *Bernhard, U.:* Blickverhalten und Gedächtnisleistung im visuellen Werbekontakt unter bes. Berücksichtigung von Platzierungseffekten, Frankfurt/M. 1978. *Gensch, D.H.:* Media Factors: A Review Article, in: JMR, Vol. 7 (1970), S. 216-225. *Schweiger, G.; Hruschka, H.:* Erklärung und Prognose der Anzeigenwirkung: Der Einfluss von Gestaltungsvariablen auf die Werbewirkung, in: Der Markt, 67. Jg. (1978), S. 81–90. *ZAW:* Werbung in Deutschland 1990, Bonn 1990.

Anzeigenblatt

Zeitungs- oder zeitschriftenähnliche Druckschrift mit hohem Anzeigenanteil, die mind. zwölfmal p.a. in regelmäßigen Abständen (meist wöchentlich) und in einem fest umrissenen Gebiet an alle Haushalte kostenlos und unaufgefordert verteilt wird. Im Gegensatz zu *Offertenblättern* enthalten Anzeigenblätter einen mit überwiegend lokalen Themen besetzten redaktionellen Teil, der etwa 30% des Umfangs ausmacht. Im Unterschied zu → Kundenzeitschriften, die z.T. ähnlich wie Anzeigenblätter aufgemacht sind, werden Letztere von Verlagen hergestellt bzw. vertrieben. Mangels Vertriebserlösen ist ein exakter Nachweis der Auflagen und Reichweiten nicht möglich. Aufgrund der Interessenkonflikte mit den Zeitungen sind Anzeigenblätter auch nicht in die → IVW aufgenommen. Deshalb haben die beiden Dachorganisationen der Anzeigenblatt-Verleger, der Verleger-Verband Deutscher Anzeigenblätter (VVDA) und die Arbeitsgemeinschaft Anzeigenblätter der Zeitungen (AdZ), eine Auflagenkontrolle durch unabhängige Wirtschaftsprüfer eingerichtet.

Nach Angaben des BVDA wurden Anfang 2000 von insgesamt 504 Verlagen 1311 Titel mit einer Gesamtauflage von ca. 88,5 Mio. Exemplaren vertrieben, wobei 55 Mio. wöchentlich erscheinen. Haupterscheinungstage sind Mittwoch und Donnerstag, wobei ein Trend zur Erscheinung an Wochenendtagen zu beobachten ist. Aktuell erscheinen samstags und sonntags 117 Blätter mit 9,5 Millionen Exemplaren.

Anzeigenblätter werden insb. vom Handel als Werbemedium benutzt (→ Handelswerbung). Der Nettoanzeigenumsatz betrug 1999 3,45 Mrd. DM, was einem Anteil von 8% an den Ausgaben für klassische Werbung in Deutschland entsprach. Anzeigenblätter waren damit das fünftbedeutendste Medium (gemessen am Umsatz) nach Tageszeitungen, TV, Direktwerbung und Publikumszeitschriften. Die Vorzüge des Anzeigenblatts als Werbemedium liegen in der Möglichkeit der lokalen und sublokalen Vertriebsfeinsteuerung, der nahezu vollständigen Haushaltsabdeckung (ca. 95 %), die auch einen Kontakt zu Nicht-Zeitungslesern ermöglicht, sowie in den z.T. niedrigen Anzeigenpreisen. Darüber hinaus vermutet man ein gezieltes Interesse des Lesers für Werbeanzeigen, allerdings liegen breit fundierte Studien zur Werbeträgerqualität nicht vor. Mögliche Nachteile sind im Billig-Image des Anzeigenblatts, seinen relativ begrenzten Gestaltungsmöglichkeiten und dem z.T. geringen Service der Verlage zu suchen. B.I.

Literatur: *Heinrich, J.:* Medienökonomie, Band 1: Mediensystem, Zeitung, Zeitschrift, Anzeigenblatt, Opladen 1994. *Müller, St.:* Das Anzeigenblatt. Ein neuer Werbeträger im Widerstreit der Interessen, in: Marketing-ZfP, 5. Jg. (1983), S. 161–163.

Anzeigenkollektiv

Gestaltung und Bündelung von → Anzeigen zu einem Tableau, das sich durch ein sog. Dachthema (z.B. „Sportlicher Winter") auszeichnet. Die Initiative geht zumeist von Verlagen oder Werbe- bzw. Direct Marketing-Agenturen aus, wobei den Werbungtreibenden eine Vielzahl von Vorteilen gegenüber einer traditionellen Platzierung versprochen wird (z.B. überdurchschnittliche Aufmerksamkeitswirkung, Bezug zum redaktionellen Umfeld). Jedoch müssen bei einem Anzeigenkollektiv auch Nachteile (z.B. Verzicht auf die Stärkung des eigenständigen Image, schädliche Ausstrahlungseffekte) in Kauf genommen werden.

A-Posteriori-Analyse

→ Informationswert

Apotheke

→ Betriebsform des Einzelhandels (Ladengeschäft), die pharmazeutische Erzeugnisse – vorrangig Arzneimittel – anbietet, mit dem Recht, diese ggf. auch auf Rechnung von Krankenkassen und Versicherungen zu verkaufen. Die ihr als → Fachgeschäft für medizinischen Bedarf per Legaldefinition auferlegte „Sicherstellung einer ordnungsgemäßen Arzneimittelversorgung der Bevölkerung" (§ 1 Apothekengesetz) macht sie jedoch zu einer Einzelhandelsinstitution besonderer Art: Der in ihr verkörperte Spannungszustand zwischen gesundheitspolitischer Zielsetzung und einzelwirtschaftlicher Interessenlage drängt nach öffentlich-rechtlichen Eingriffen und erklärt die Vielzahl der für die Betriebsführung und das Marketing der Apotheken verbindlich gesetzten Rahmenbedingungen: So z.B. hinsichtlich der Erlaubnis zum Betreiben einer Apotheke, die an die Approbation als Apotheker gebunden ist; so aber auch, was die Sortimentsbestimmung betrifft, die sich im Rahmen ärztlicher Verordnungsmöglichkeit und deklarierter Apothekenpflicht zu bewegen hat („Vollsortimentspflicht") und den diesbezüglichen Handlungsspielraum auf „freiverkäufliche Arzneimittel" (OTC – („Over the Counter-) Produkte) sowie auf „apothekenübliche Nicht-Arzneimittel" (Ergänzungssortimente) beschränkt (s.a. → Medizin-Marketing).

Trotz dieser und anderer Vorgaben hat sich das Leistungsprofil der Apotheken im Zeitablauf gewandelt, wie insbesondere aufgrund des Sachverhalts, dass sich die Zubereitung stofflicher Therapeutika inzwischen weitgehend auf die pharmazeutische Industrie verlagert hat, mit der Folge, dass für die Apotheker das im Studium erworbene pharmazeutisch-medizinische Wissen immer mehr in den Hintergrund rückt zugunsten einer eher distributionswirtschaftlich geprägten Funktionswahrnehmung (→ Medizin-Marketing).

Die *Werbung* der Apotheken ist durch die Werberichtlinien der Bundesapothekenkammer stark eingeschränkt und beschränkt sich praktisch auf die Schaufensterwerbung und die → Ladengestaltung und → Warenpräsentation. Als standeswidrig gelten insb. Anzeigen in Zeitungen und Zeitschriften, Prospekte, Adressbuchwerbung sowie jegliche Direktwerbung und Außenwerbung, die über die Kennzeichnung des Ladens selbst hinausgeht.

Hinzu kommen in jüngerer Zeit drei Aspekte des grundsätzlichen Wandels im Umfeld von Unternehmen der Pharmabranche, auf die es in marktstrategisch qualifizierten Denk- und Handlungskategorien im Sinne eines eigenständigen (sprich: profilprägenden) Apothekenmarketing zu reagieren gilt. Es sind dies

(1) die an die Stelle staatlich gelenkter Konzessionierung getretene *unbeschränkte Niederlassungsfreiheit* der Apotheken und die hierauf zurückzuführende, ständig steigende *Apothekendichte*,
(2) die Ausweitung des Marktes für *OTC-Produkte* bzw. die zunehmende Bedeutung alternativer Vertriebswege im Gesundheitsmarkt (→ Drogerien, Drogeriemärkte, → Reform- und Sanitätshäuser, → Supermärkte, → Verbrauchermärkte und → Bioläden) sowie
(3) die marktstrategischen Perspektiven der *Strukturreform im Arzneimittel- und Gesundheitswesen*, wie insbesondere die ertragsmäßigen Konsequenzen des diesbezüglichen Kostendämpfungsgesetzes.

Ende 1998 gab es in der Bundesrepublik Deutschland 21.556 öffentliche Apotheken; sie versorgten im Durchschnitt 3.800 Einwohner und erzielten insgesamt einen Jahresumsatz (ohne MWSt) von 47,9 Mrd. DM (Quelle: ABDA – Bundesvereinigung Deutscher Apothekerverbände).

H.-J.Ge./W.Oe.

Apparative Testverfahren → Werbetests

Apperzeption

Begriff aus der Theorie der → Wahrnehmung. Wahrgenommene Stimuli werden zunächst perzipiert, bevor sie durch Verknüpfung mit anderen Stimuli und kognitive Verarbeitung aufbereitet und zu einer bewussten Wahrnehmung oder → Anmutung verarbeitet werden.

Applause-Mail → Nachfasswerbung

Application-Engineering-Strategie
→ FuE-Strategie

Appraisal-Theorie → Emotionen

Apriori-Algorithmus
→ Assoziationsanalyse

A-Priori-Analyse → Informationswert

Äquivalenzziffernrechnung
→ Kalkulationsverfahren

Arbeitnehmererfindungen
→ Patentpolitik

Arbeitsgemeinschaft der Verbraucherverbände (AgV)

in Bonn und Berlin ansässiger Dachverband der → Verbraucherorganisationen in Deutschland. Er wurde 1953 gegründet, Mitglieder waren zunächst v.a. Frauen-, Familien- und Wohlfahrtsverbände; 1971 kamen die 11 Verbraucher-Zentralen aus den alten, 1990 die fünf Verbraucherzentralen aus den neueren Bundesländern hinzu. Derzeit (2000) verfügt die AgV über 38 Mitglieder einschließlich eines aus natürlichen Personen bestehenden Förderkreises. In der Satzung ist der AgV aufgegeben, dass sie sich

a) „… bei den für die Gesetzgebung und Verwaltung zuständigen Stellen sowie bei behördlichen und privaten Wirtschaftsorganisationen für die Interessen der Verbraucher einsetzt (Verbraucherpolitik, Verbrauchervertretung),
b) durch Förderung und Koordination der Tätigkeit der verbraucherberatenden Mitgliedsorganisationen und -institutionen sowie durch eigene Einrichtungen zur Unterrichtung der Verbraucher beiträgt" (→ Verbraucherberatung, → Verbraucherinformation).

Die AgV ist als Verbraucherlobby auf nationaler wie europäischer Ebene gegenüber Legislative und Exekutive aktiv und wirkt im Rahmen von Anhörungen und Stellungnahmen auf die Formulierung bzw. Novellierung verbraucherrelevanter Gesetze ein. Außerdem bringt sie die Verbraucherinteressen als Mitglied zahlreicher Gremien gegenüber Staat und Wirtschaft zur Geltung. Die rechtlich selbständigen Verbraucher-Zentralen koordinieren ihre Arbeit in einem Beirat der AgV.

In ihrer verbraucherpolitischen Arbeit erfährt die AgV Unterstützung durch wesentlich von den Verbraucher-Zentralen getragene Fachausschüsse. Damit ist ein Transfer der Verbraucherprobleme von der Basis bis zu rechtlichen Lösungen auf den Gesetzgebungsebenen gewährleistet.

Neben Broschüren gibt die AgV als Periodika wöchentlich den Pressedienst „Verbraucherpolitische Korrespondenz" (VPK) und quartalsweise das an Multiplikatoren gerichtete „AgV-Forum" heraus. Anschrift: Arbeitsgemeinschaft der Verbraucherverbände e.V., Heilsbachstraße 20, 53123 Bonn, mail@agv.de, www.agv.de.

K.-H.Sch.

Arbeitsgemeinschaft Fernsehforschung (AGF)

Die AGF – Arbeitsgemeinschaft Fernsehforschung – ist der Auftraggeber der → GfK Fernsehforschung für die Durchführung der kontinuierlichen Fernsehzuschauerforschung in der Bundesrepublik Deutschland. Sie wurde im Jahre 1988 gegründet. Mit Gründung der AGF wurden erstmals auch die Privatsender RTL und SAT.1 in die Verantwortung der Organisation der Fernsehforschung genommen. Später folgten TELE 5 und Pro 7. Nach der Schließung von TELE 5 wurde im Jahre 1993 das Deutsche Sport Fernsehen Mitglied, stieg aber Ende 1994 wieder aus der AGF aus. 1995 traten die Sender KABEL 1 und RTL 2 in die AGF ein. Heute besteht die AGF aus den Sendern ARD, KABEL 1, ProSieben, RTL, RTL 2, SAT.1 und ZDF. Die AGF ist als Gesellschaft des Bürgerlichen Rechts organisiert und trifft ihre Entscheidungen in der Regel einstimmig.

Als Eigentümer der von der GfK Fernsehforschung ermittelten Daten stellt die AGF diese auf Basis eines Lizenzvertrages ohne Einschränkungen auch Sendern zur Verfügung, die nicht Mitglieder sind. Außerdem regelt die AGF den Bezug der Daten für Werbungtreibende und Agenturen, sowie für sonstige interessierte Institutionen. Der zunehmende Umfang der Verwaltungsaufgaben hat dazu geführt, dass im Jahre 1996 eine AGF-Geschäftsstelle mit derzeit vier festen MitarbeiterInnen eingerichtet wurde. Sie dient außerdem als Ansprechpartner für alle Fragen an die AGF.

Geschäftsstelle: Eschersheimer Landstraße 25 – 276, 60322 Frankfurt/Main, Tel.: 069/955260 0, Fax: 069/955260 60.

Arbeitskreis „Gut beraten – zu Hause gekauft" e.V.

Interessenvertretung der im → Direktvertrieb operierenden Unternehmen. Vorrangiges Ziel des Arbeitskreises ist neben der Unterstützung seiner Mitglieder die Öffentlichkeitsarbeit und die Erarbeitung von Qualitätsstandards für den Direktvertrieb. Einen besonderen Arbeitsschwerpunkt bildet dabei die Darstellung der Seriosität die-

Formen grauer Märkte

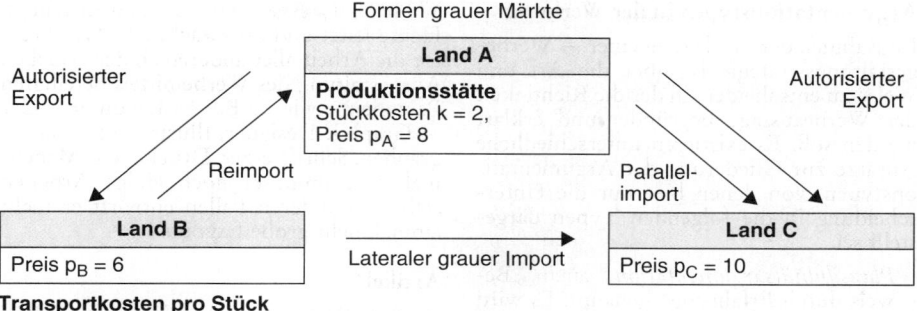

```
Autorisierter Export                                           Autorisierter Export
                    ↘         Land A            ↙
                              Produktionsstätte
                              Stückkosten k = 2,
                              Preis p_A = 8
              Reimport ↙                    ↘ Parallel-
                                              import
   Land B                                           Land C
   Preis p_B = 6  ──── Lateraler grauer Import ───→ Preis p_C = 10
```

Transportkosten pro Stück
zwischen A und B: 0,50
zwischen A und C: 1,00
zwischen B und C: 1,50
(Quelle: *Simon/Wiese*, 1995, S. 245)

ser Vertriebsform. In diesem Zusammenhang wurden bereits 1976 „Verhaltensstandards für den Direktvertrieb" formuliert, die von einer gemischt besetzten Kontrollkommission überwacht werden.
Anschrift: *Arbeitskreis „Gut beraten – zu Hause gekauft" e.V.*; Klugstr. 53; 80638 München; Telefon. 089/15 46 34 (s. auch → *Deutschen Direktmarketing Verband e.V. DDV*). N.G.

Arbitrage
1. Im internationalen Warenhandel der Schiedsspruch zur Erledigung von Meinungsverschiedenheiten zwischen Verkäufer und Käufer über Ausfall oder Einstufung gelieferter Ware. Eine bekannte Bedingung ist die *„Hamburger freundschaftliche Arbitrage"*. Insbesondere bei Geschäften mit gewissen Kulturkreisen, in welchen die Lösung von Konflikten vor ordentlichen Gerichten verpönt ist und häufig zum Abbruch von Geschäftsbeziehungen führen kann, stellt die Arbitrage oder Konziliation vor unabhängigen Instanzen eine verbreitete Lösung dar.
2. Von einem *Arbitrage-Geschäft* wird gesprochen, wenn Abnehmer Gewinne aus Preisdifferenzen zwischen zwei Märkten erzielen. Insbesondere im internationalen Marketing stellt das *Arbitragerisiko* eine bedeutende Gefahr für die Erreichung von Planabsätzen und –umsätzen auf den bearbeiteten Ländermärkten dar (→ Preiskoordination). Voraussetzung für Arbitrage-Geschäfte ist aus Abnehmersicht, dass die Arbitrage-Kosten (Suchkosten, Transportkosten etc.) niedriger sind als die erzielbaren Arbitrage-Gewinne und dass für den Transfer der Leistung zwischen Markt A und B keine grundsätzlichen (legalen, physischen etc.) Barrieren existieren. Letztlich entsteht Arbitrage also, wenn ein Anbieter die Grundvoraussetzung der → Preisdifferenzierung, die Isolierbarkeit der Teilmärkte, nicht garantieren kann. Aus Anbietersicht kommt es zu nicht intendierten Warenströmen, die auch als *graue Importe* bezeichnet werden. Hierbei werden Reimporte, → Parallelimporte sowie laterale graue Importe unterschieden (*Abb.*).

Erstere (Zweitere) treten auf, wenn im Exportland (Ursprungsland) ein niedrigerer Preis verlangt wird, als im Ursprungsland (Exportland). Laterale graue Importe sind am schwersten aufzudecken. Sie entstehen zwischen zwei Exportmärkten mit entsprechend hohen Preisunterschieden. B.I.

Literatur: *Simon, H.; Wiese, C.:* Internationale Preispolitik, in: *Hermanns, A.; Wißmeier, U.K.* (Hrsg.): Internationales Marketing-Management, München 1995.

Arbitragekosten
sind die Kosten, die entstehen, um ein Produkt von einer Region in eine andere zu transferieren und Gewinn bringend anzubieten. Überschreiten (internationale) Preisdifferenzen (→ Preisdifferenzierung) signifikant die Arbitragekosten, so entstehen → Parallelimporte (graue Märkte), die i.d.R. die Gewinne der Unternehmen schmälern und Imagepositionen (→ Geschäfts-, → Marken-, → Preisimage) beeinträchtigen.

Arena-Prinzip → Ladengestaltung

Argumentationstypen in der Werbung

Im Rahmen der Festlegung einer → Werbegestaltungsstrategie ist über die Art und Weise zu entscheiden, in der die Richtigkeit der Werbeaussage begründet und erklärt werden soll. Es existieren unterschiedliche Ansätze zur Gliederung der Argumentationstypen, von denen hier nur die Unterscheidung in die folgenden Typen dargestellt sei.

- *Plausibilitätsargumentation*, auch „Beweis durch Erfahrung" genannt: Es wird auf Alltagserfahrungen, Majoritätsverhaltensweisen, Traditionen etc. Bezug genommen, die nicht mehr kritisch reflektiert werden. (z.B.: „30 Millionen können sich nicht irren", „Parfum aus Paris").
- *Rationale Argumentation*: Als Beweis werden experimentelle oder empirische Daten (z.B. Ergebnisse eines Zahnpasta-Tests), Beispiele (z.B. Vorher-Nachher-Vergleich in der Waschmittelwerbung) oder Syllogismen (z.B. geringerer Wasserverbrauch schont die Umwelt; AEG-Geschirrspüler brauchen weniger Wasser, AEG-Geschirrspüler sind umweltschonend) angeführt.
- *Moralische Argumentation*: Es erfolgt ein Rückgriff auf allgemein anerkannte Werte und Regeln (z.B. Wo Hoffnung ist, ist Leben, amnesty international).
- *Taktische Argumentation*: Die Produkte der Konkurrenz werden abgewertet bzw. die Vorzüge des eigenen Angebots besonders herausgestellt („Keine herkömmliche Sonnenbrille beseitigt störende Lichtreflexe so wie Polaroid-Sonnenbrillen"). Dabei sind die juristischen Grenzen der → Alleinstellungswerbung zu beachten.

Ferner ist über den Einsatz der → zweiseitigen Argumentation zu entscheiden. E.T.

Arithmetisches Mittel → Mittelwerte

ARMA-Prozess → Box Jenkins-Verfahren

Arousal → Aktivierung

Art Director

für die gesamte visuelle Gestaltung von Werbemitteln verantwortliche Person in einer → Werbeagentur (→ Werbeberufe). Ursprünglich bestand die Hauptaufgabe von Art Directoren im Ankauf von Zeichnungen oder Malereien, die sie mit vorbereiteten Texten kombinierten und auf diese Weise zu Anzeigen zusammenstellten. Heute leitet und überwacht der Art Director die Arbeit aller anderen an der visuellen Ausgestaltung des Werbemittels beteiligten Personen, wie z.B. → Layouter oder → Graphik-Designer, Illustratoren, Photographen, Schriftsetzer, Drucker etc. Manchmal übernimmt er noch einige Arbeiten selbst, in anderen Fällen entwirft er nicht einmal mehr grobe Layouts.

Artikel

in der Praxis uneinheitlich gebrauchter Begriff für Einheiten des → Sortiments bzw. des Produktionsprogramms (→ Programmpolitik). Er bezieht sich entweder auf die kleinste, nicht mehr weiter teilbare Einheit eines Sortiments oder auf eine Gruppe von Sorten, die sich nur durch quantitative oder qualitative Merkmale wie die Größe, Farbe, Packungsmenge oder Form voneinander unterscheiden. Im erstgenannten Fall ist die Sorte Oberbegriff zum Artikel, im zweiten Unterbegriff. Wissenschaftlich üblich ist die zweite Interpretation.

Artikeldichte → Sortimentskontrolle

Artikelnummerierungssysteme

auch als Artikelcodierungssysteme bezeichnet, sind numerische Ordnungssysteme zur Identifikation und/oder Klassifikation von → Artikeln. Sie sind eine Grundvoraussetzung für die artikelspezifische Datenerfassung (→ Scanner) im Handel (→ Warenwirtschaftssysteme).
Artikelnummerierungssysteme können von Unternehmen individuell oder überbetrieblich erstellt werden. Beispiele für einheitliche (überbetriebliche) Systeme sind das EAN-System und das UPC-System.
Das *EAN-System* (Internationale Artikelnummerierung; früher: Europäische Artikelnummerierung) wurde 1977 als gesamteuropäisches Identifikationssystem entwickelt. Es löste das 1969 in der Bundesrepublik Deutschland geschaffene *ban-System* (bundeseinheitliche Artikelnummerierung) ab, das die Artikel identifizierte und klassifizierte, d.h. Artikel bestimmten Artikelgruppen, Warengruppen und Warenbereichen zuordnete. Die Europäische Artikelnummer umfasst 13 Stellen, die, wie in *Abb. 1* gezeigt, aufgeteilt sind. Neben dieser Normalversion der EAN-Nummer (13-stellig) gibt es die sog. Kurznummer, die aus 8 Stellen besteht. Diese Kurznummern sind zur

Abb.1: Struktur der EAN

Länder-Kennzeichen	Bundeseinheitliche Betriebsnummer [bbn]					individuelle Artikelnummer des Herstellers				Prüfziffer
4	0	1	2	3	4	5	0	0	3	1	5	4
Centrale für Coorganis. für die Bundesrepublik Deutschland	Franz Schuster KG Travestraße 20 23569 Lübeck					Lübecker Edelmarzipan Geschenkpackung 100g				99% Sicherheit

Auszeichnung kleinvolumiger Artikel bestimmt. Beide dienen der umfassenden handelsinternen Auszeichnung und Produktidentifikation von Endverbrauchereinheiten. Der EAN-128-Code ist ein 128 Stellen umfassender EAN-Code zur Etikettierung von Paletten, und ist somit ein spezielles Identifikations- und Kennzeichnungssystem von Versand- oder Handelseinheiten. Darüber hinaus existiert noch eine 14-stellige EAN-Nummer, welche ebenfalls ausschließlich zur Identifikation von Handelseinheiten (Bestell- und Liefereinheiten sowie sonstige standardisierte logistische Gebindeeinheiten) herangezogen wird und nicht an die Kassensysteme des Einzelhandels gelangt.

Die EAN-Nummern werden meist in Form eines maschinenlesbaren Strichcodes (Barcode, *Abb. 2*) auf den einzelnen Artikeln durch die Hersteller angebracht (Source Marking). Nicht herstellerausgezeichnete Artikel können zum Aufbau eines integrierten Warenwirtschaftssystems durch die Handelsbetriebe nach dem EAN-System ausgezeichnet werden (Instore-Auszeichnung). Die EAN-Nummern lassen sich auch in *OCR-Schriften* (Optical Character Recognition) darstellen, die dann mit speziellen Lesegeräten erfasst werden können.

Das amerikanisch/kanadische *UPC-System* (Universal Product Code) wird ebenfalls in zwei Versionen angeboten, in einer Normalversion (UPC A) mit 12 Stellen und einer Kurzversion mit 7 Stellen.

Die modernen elektronischen Kassensysteme sind in der Lage, sowohl EAN-Nummern als auch Artikelnummern nach dem UPC-System zu erfassen. Sie ermöglichen auch die Erfassung von Strichcodecodierungen und OCR-Schriften über Handlesegeräte. J.Z.

Abb.2: EAN in Strichcodedarstellung

Literatur: *Kotzab, H.:* Neue Konzepte der Distributionslogistik von Handelsunternehmen, Wiesbaden 1997.

ARW

Arbeitsgemeinschaft Rundfunkwerbung. Inzwischen als ARD-Werbung Sales & Services zur Durchführung der → Hörerforschung und Fernsehforschung im Rahmen der → Mediaforschung. ARD-Werbung Sales & Services GmbH Falkensteinstr. 77 60322 Frankfurt/Main, www.ard-werbung.de

Arzneimittelwerbung

im Heilmittelwerbegesetz geregelte Form der → Werbung speziell für Arzneimittel. Es gilt ein generelles Verbot der Werbung für verschreibungspflichtige Medikamente beim breiten Publikum. Nicht verschreibungspflichtige Arzneimittel außer Hypnotika und Psychopharmaka können in durch bestimmte Grundsätze der Kassenärztlichen Bundesvereinigung geregelten Grenzen beworben werden. Vorgeschrieben sind die Nennung der Anwendungsgebiete, mögliche Gegenanzeigen, Nebenwirkungen, Warnhinweise und weitere Informationsquellen.

Ärzte in der Werbung

leicht missbräuchliche Erscheinungsform der → Testimonialwerbung (→ Personendarstellung in der Werbung), die selbst vom → ZAW dann als unangebracht bezeichnet wird, wenn sie den (meist gewollten) Eindruck entstehen lässt, dass der Gegenstand der Werbung von einem Arzt angeraten, empfohlen oder begutachtet wurde. Auch die Formulierung „ärztlich empfohlen" ist außerhalb der Fachwerbung nicht zulässig und dort auch nur dann, wenn man die entsprechende Behauptung umfassend belegen kann.

Ärztebesucher

spezielle Bezeichnung für Außendienstmitarbeiter der Pharmaindustrie, die zum Zwecke der Information und Beratung von Ärzten diese wichtige Gruppe der Meinungsführer im Pharmamarkt betreuen. Nicht selten verfügen Ärztebesucher über eine medizinische oder pharmakologische Ausbildung und werden wegen des anspruchsvollen Klientels besonders intensiv geschult.

Arztpraxis

Es gibt drei Arten von Arztpraxen (s.a. → Medizin-Marketing):
(1) Die Einzelpraxis: Ein Arzt führt als selbständiger Unternehmer seine Praxis.
(2) Die Gemeinschaftspraxis: Mehrere Ärzte – meist einer Fachrichtung mit unterschiedlichen Schwerpunkten oder verwandter Fachrichtungen – schließen sich zu einer Praxis zusammen. Das Honorar wird zu gleichen Teilen auf die beteiligten Ärzte aufgeteilt. Die Gemeinschaftspraxis hat nur eine Kassennummer.
(3) Die Praxisgemeinschaft: Mehrere Ärzte schließen sich zusammen, bleiben aber innerhalb der Gemeinschaft selbständig. Das Honorar wird den beteiligten Ärzten im gleichen Verhältnis zugerechnet, wie sie Patienten behandelt haben. Jeder Arzt hat seine eigene Kassennummer.
Gemeinschaftspraxis und Praxisgemeinschaft können ein umfangreicheres Leistungsangebot vorhalten als die Einzelpraxis, was dem Patienten u.U. das Aufsuchen mehrerer Ärzte an verschiedenen Standorten erspart. W.Oe.

ASEAN

Association of Southeast Asian Nations. Form der wirtschaftlichen Kooperation zwischen südostasiatischen Staaten, vorerst ohne gemeinsamen Markt oder Freihandelszone (→ Handelszusammenschlüsse, internationale). Mitgliedsstaaten sind Brunei, Indonesien, Malaysia, Philippinen, Singapur, Thailand sowie Vietnam. Haupttätigkeitsfelder sind die Regulierung der Automobilproduktion und der Landwirtschaft. Auch ein Abbau der Zölle im Handel zwischen Mitgliedsstaaten wird angestrebt.
B.I.

ASSESSOR

Entscheidungsunterstützendes Modell zur Marktanteilsprognose im → Innovationsmanagement für Konsumgüter des täglichen Bedarfs. Es selektiert Neuproduktkonzepte anhand des geschätzten Umsatzpotentials schon vor der Testmarktphase. Da somit prospektive Flops nicht bis in die teure Testmarktphase weiterentwickelt werden müssen, sind erhebliche Kosteneinschränkungen möglich. ASSESSOR informiert auch über die Quellen des Marktanteils des neuen Produkts, d.h. darüber, ob hauptsächlich Käufe vom Wettbewerb oder von eigenen Produkten (Kannibalisierung) abgezogen werden. Es gibt Hinweise auf erforderliche Produktverbesserungen und wirksamere Kommunikationsstrategien. Der zu erwartende Marktanteil wird zum einen aus Produktpräferenzdaten und Labortestdaten berechnet. Unabhängig von den Präferenzdaten wird der Marktanteil auch aus Erstkauf- und Wiederkaufdaten nach dem Modelltyp von Parfitt & Collins (1968) geschätzt. Mit diesen Kaufdaten werden auch Analysen über mögliche Neuproduktkonzeptverbesserungen durchgeführt. Der erwartete Marktanteil wird als arithmetischer Mittelwert der beiden Schätzwerte berechnet. B.Hu.

Literatur: *Parfitt, J.H.; Collins, J.K.:* Use of Consumer Panels for Brand Share Prediction, in: Journal of Marketing Research, Vol. 5 (1968), S. 131–148. *Urban, G.L., Hauser, J.R.:* Design and Marketing of New Products, 2. Aufl., Englewood Cliffs, 1993.

Assimilations-Kontrast-Theorie

grundlegender kognitionspsychologischer Ansatz zur Erklärung der Reaktion von Personen auf bestimmte Stimuli. Die Theorie ist für verschiedene Marketingsachverhalte von Bedeutung, so z.B. die → Preisbeurteilung und die → Kundenzufriedenheit. Grundsätzlich wird davon ausgegangen, dass Konsumenten über bestimmte Ankerpunkte bzw. Vergleichsstandards verfügen, die von ihnen zur Bewertung von Informationen (z.B. einen Preis oder ein neues Produkt) herangezogen werden. Für das Urteil des Konsumenten ist es nun entscheidend, wie stark die erhaltene Information von seinem subjektiv gebildeten Vergleichsstandard abweicht. Der Konsument verfügt der Theorie zu Folge über einen Toleranzbereich („latitude of acceptance"), innerhalb dessen er eine psychologische *Assimilation* des empfangenen Stimulus mit dem Vergleichsstandard vornimmt. Ein Preis, dessen Abweichung vom Vergleichsstandard im Toleranzbereich liegt, wird vom Konsumenten entsprechend als akzeptabel angesehen; potenzielle Unzufriedenheit mit einem neuen Produkt wird nur abgeschwächt oder gar nicht empfunden. Hier besteht eine konzeptionelle Nähe zur Theorie der → kognitiven Dissonanz, nach der der Konsument auf Grund seines Streben nach kognitivem Gleichgewicht zu einer verbesserten Produktwahrnehmung gelangt. Überschreitet hingegen die Differenz zwischen der Wahrnehmung des Stimuli und den Erfahrungen des Konsumenten die (individuell unterschiedlichen) Toleranzwerte, so führt das Kontraststreben des Konsumenten zu einer wahrnehmungsbedingten Verstärkung der bestehenden Differenz – und zu einer Ablehnung des Produktes als „überteuert" bzw. zu entsprechend größerer Unzufriedenheit („*Kontrast*").

Th.H.-T.

Literatur: *LaTour, S.A.; Peat, N.C.:* Conceptual and Methodological Issues in Consumer Satisfaction Research, in: *William Wilkie* (Hrsg.): Advances in Consumer Research, Vol. 6. Ann Arbor 1979, S. 431–437. *Sherif, C.W.; Hovland, C.I.:* Social Judgement: Assimilation and Contrast Effects in Communication and Attitude Change, New Haven 1961.

Assistance-Leistungen

sind ergänzende Dienstleistungen von Versicherern, bei denen nicht der herkömmliche Versicherungs- und Kostenerstattungsgedanke, d.h. zumeist die Zahlung eines abstrakten Geldbetrages, im Vordergrund steht. Diese Dienstleistungsform wurde in Frankreich entwickelt und zielt darauf ab, den Kunden persönlichen Beistand und erlebbare schnelle Hilfe vor Ort zu geben. Assistance-Leistungen werden verstärkt zu einem strategischen Aktionsfeld des → Versicherungs-Marketing im Wettbewerb um die Gunst der Kunden. Neben den herkömmlichen Assistance-Leistungen, wie technischer Assistance (Pannen- Bergungs- und Abschlepphilfe) oder medizinischer Assistance (Benennung von Ärzten und Krankenhäusern bei einem Unfall im Ausland und Krankenrücktransport) setzen Versicherungsunternehmen verstärkt auf Care Management als neue Assistance-Leistung. Care Management umfasst die Unterstützung der Kunden über den Notfall hinaus durch Home Assistance (Vermittlung von Handwerkern, Schlüsseldiensten u. a.) und Pflege Assistance (Organisation von ambulanten Pflegediensten, Vermittlung von Rehakliniken) bis hin zur Job Care (Vermittlung von Personalberatern und Anschriften von Unternehmen, die Mitarbeiter suchen).

K.Kü.

Literatur: *Esser, M.; Hertel, A.:* Assistance erfolgreich gestalten, in: Versicherungswirtschaft, Heft 18 (1999), S. 1358-1361. *Farny, D.:* Versicherungsbetriebslehre, 2. Aufl., Karlsruhe 1995, S. 315. *Kühlmann, K.; Wolf, H.P.:* Marketing und Vertrieb, Hrsg. Berufsbildungswerk der Deutschen Versicherungswirtschaft, Karlsruhe 2000.

Assoziationsanalyse

spezielle Form des → Data-Mining, die auf so genannten *Assoziationsregeln* beruht. Diese beschreiben Beziehungen zwischen zwei gemeinsam auftretenden Tatbeständen, beispielsweise den Kauf zweier Artikel in einem Warenkorb, und eignen sich daher u.a. zur Identifikation von Verbundbeziehungen in Einzelhandelssortimenten (→ Verbundkauf). Die Güte einer Assoziationsregel kann durch zwei Parameter beschrieben werden: Die *Konfidenz* beschreibt die Zuverlässigkeit der Regel, der *Support* die Relevanz respektive Häufigkeit des gemeinsamen Auftretens der Tatbestände. Eine Assoziationsregel aus dem Kontext der Verbundanalyse könnte z.B. wie folgt aussehen: In 50 % (Konfidenz) der Fälle, in denen Waschpulver gekauft wird, befindet sich auch ein Weichspüler im betreffenden Warenkorb, wobei die genannte Produktkombination gerade in 5 % (Support) aller betrachteten Kaufakte vorkommt. Ein bekanntes Verfahren der Assoziationsanalyse ist der so genannte *Apriori-Algorithmus*.

R.D./R.Wa.

Literatur: *Agrawal, R.; Mannila, H.; Sirkant, R.; Toivonen, H.; Verkamo A.I.:* Fast Discovery of Association Rules, in: *Fayyad, U.M.; Piatetsky-Shapiro, G.; Smyth, P.; Uthurusamy, R.* (Eds.):

Assoziationsgeflecht

Advances in Knowledge Discovery and Data Mining, Cambridge 1996.

Assoziationsgeflecht

Erscheinungsform projektiver Techniken in der qualitativen Marktforschung, insbesondere der → Werbewirkungsforschung, bei der den Teilnehmern/-innen bestimmte Begriffe oder Einstellungsobjekte (Anzeigen, Produktnamen etc.) vorgelegt und unmittelbar darauf freie Assoziationen dazu protokolliert werden (→ Assoziationstest). Die Teilnehmer notieren dabei die Reihenfolge der Assoziationen und beurteilen im Anschluss an deren Nennung selbst, ob sie einen positiven, neutralen oder negativen Sachverhalt ausdrücken. Schließlich werden auch die Verbindungslinien zwischen allen Assoziationen eingezeichnet, soweit sie als zusammengehörend erlebt werden. Daraus ergibt sich graphisch ein Assoziationsgeflecht, das für vielfältige Auswertungen herangezogen werden kann. Es erlaubt die Analyse der Qualität der Assoziationen mittels inhaltsanalytischer Methoden, die Ermittlung der Bewertungen der Assoziationsinhalte, die auch zu einem Positivitäts- oder Negativitätsindex zusammenzufassen sind, sowie die Analyse der Sequenzen von Gedanken und Gefühlen, aus denen Rückschlüsse auf Reflexionsvorgänge möglich sind. Schließlich bietet das Assoziationsgeflecht die Möglichkeit, die subjektiven Verbindungen zwischen den Assoziationsinhalten zu untersuchen und zu einer entsprechenden Kategorienbildung vorzustoßen. Das Instrument dient damit der Erfassung latenter, evaluativer Aspekte von sozialen Repräsentationen über bestimmte Sachverhalte und zielt wie alle Assoziationstechniken auf die Erfassung spontaner Reaktionen, insbesondere Gefühlen und Gedanken, die Menschen zu einem Sachverhalt in den Sinn kommen, ab. Sie besitzen deshalb im Rahmen der marktforscherischen Begleitung des → Erlebnismarketing größere Bedeutung. H.D.

Literatur: *Kirchler, E.; deRosa, A.S.*: Wirkungsanalyse von Werbebotschaften mittels Assoziationsgeflecht, in: Jahrbuch der Absatz- und Verbrauchsforschung, 42. Jg. (1996), Heft 1, S. 67-89.

Assoziationstest

Erscheinungsform von projektiven Tests, bei denen assoziative Verknüpfungen mit bestimmten Begriffen, Sachen oder Konzepten tiefenpsychologisch erschlossen werden sollen. Zu den → Assoziationstests gehören z.B. das → Assoziationsgeflecht, der Wortergänzungs- und der → Satzergänzungstest sowie der thematische Apperzationstest. Zu den gestützten Formen von Assoziationstests können das semantische Differential, das → Polaritätenprofil oder ähnliche Zuordnungsverfahren gezählt werden.

Ästhetik → Produktdesign

Asymmetrische Information

Mit asymmetrischer Information wird in der → Informationsökonomik bzw. → Werbeökonomie der Zustand umschrieben, in dem mindestens ein Transaktionspartner unzureichend über Eigenschaften (unvollständige Information) und/oder Handlungen (unvollkommene Information) der Gegenseite informiert ist, die für die Wahl seiner Aktionen und der Auszahlungen relevant sind. Als Folge asymmetrischer Informationsverteilung zwischen Marktpartnern ergibt sich ein ineffizientes Transaktionsvolumen aufgrund positiver Informationskosten und Kosten opportunistischen Verhaltens. Die Möglichkeiten opportunistischen Verhaltens werden danach unterschieden, ob die Informationsasymmetrie vor dem Vertragsabschluss (ex ante), während der Vertragslaufzeit (ex interim) oder nach dem Vertragsabschluss (ex post) eine Entscheidungsrelevanz aufweist. E.L.

Literatur: *Lehmann, E.*: Asymmetrische Information und Werbung, Wiesbaden 1999. *Macho-Stadler, I.; Perez-Castrillo D.*: An Introduction to the Economics of Information, Oxford 1997.

Atomistischer Markt
→ Marktformenschema

ATS (Advertising Tracking Study)
→ Werbetracking

Attitude towards the Ad – Hypothese
→ Werbesympathie

Attraktionsmodell
→ Preis-Absatzfunktion

Attributdominanz → Irradiation

Attribut-Dominanzmodell
→ Kaufentscheidungsheuristiken

Attributionstheorie

Die verschiedenen Attributionstheorien des → Käuferverhaltens befassen sich mit Prozessen der subjektiven Zuschreibung, indem wir z.B. bestimmten Personen bestimmte charakterliche Merkmale oder Handlungsabsichten zuschreiben (s.a. → kognitive Prozesse). Im engeren Sinn versteht man unter Attribution die Zuschreibung von Ursachen (Kausal-Attribution). Solche Zuschreibungsprozesse sind entweder auf Personen (deren Intentionen, Motivation etc.) oder auch auf Objekte (z.B. deren Attribute) gerichtet. Die personbezogene Ursachen„forschung" kann sich dabei auf eigenes oder fremdes Verhalten beziehen. Eigenes Verhalten: Warum habe ich eigentlich dieses Produkt gekauft? Liegt es an mir oder am Produkt, daß ich mit diesem nicht zurechtkomme? Oder fremdes Verhalten: Ist der Verkäufer in diesem Falle wirklich glaubwürdig? Welche Absichten verfolgt mein Verhandlungspartner? Warum kaufen oder verwenden andere Personen, von denen ich mich abheben oder denen ich mich angleichen will, dieses Produkt? Und schließlich kann auch das Objekt selbst Gegenstand von Zuschreibungsprozessen sein: Ist der resultierende Nutzen tatsächlich auf das Produkt zurückzuführen? Am Beispiel: Lag es am Medikament, daß die Schmerzen aufhörten? Ist es nur dieses Medikament, das die erwünschte Wirkung hat oder könnte man auch ein anderes, z.B. billigeres nehmen?

Eine einheitliche Attributionstheorie existiert bislang nicht; es gibt lediglich Ansätze mit unterschiedlicher Reichweite. Am allgemeinsten dürfte die Kovariationstheorie von *Kelley* sein; sie beschreibt u.a. die Zuschreibung von Ereignissen auf drei Ursachenbereiche: Objekt (z.B. Produkt), Person (z.B. deren Begabung) und Umstände (z.B. eine besonders heikle Situation). Ob eine Zuschreibung auf Objekte, Personen oder Umstände stattfindet, hängt nach *Kelley* von der Verfügbarkeit bestimmter Informationen ab. Solche Informationen finden sich wiederum in drei Bereichen:

- *Konsensus*: Viele Personen verhalten sich auf diese Weise (z.B. Alle Kundenberater dieser Bank sind kompetent).
- *Distinktheit*: Auftreten nur bei bestimmten Ereignissen (z.B. der Verkäufer ist nur bei bestimmten Fragestellungen kompetent).
- *Konsistenz*: Häufiges Auftreten des Ereignisses im Zeitablauf (z.B. der Verkäufer war bisher eigentlich immer kompetent).

Ein Ereignis wird – dieser Theorie zufolge – dem Objekt zugeschrieben, wenn hoher Konsensus, hohe Distinktheit und hohe Konsistenz vorliegt. Ein Ereignis wird der Person (z.B. deren Intelligenz) zugeschrieben, wenn niedriger Konsensus, geringe Distinktheit und hohe Konsistenz gegeben ist. Ein Ereignis wird schließlich den Umständen (z.B. besonderem Zeitdruck) zugeschrieben, wenn geringer Konsensus, hohe Distinktheit und geringe Konsistenz vorliegt.

Attribution	Information		
	Konsensus	Distinktheit	Konsistenz
Stimulus	hoch	hoch	hoch
Person	gering	gering	hoch
Umstände	gering	hoch	gering

In allen Fällen, in denen Informationen über die drei Tatbestände nicht einzuholen oder defizitär sind, gilt, daß der Attribuierende einfache heuristische Regeln anwendet (z.B.: Was teuer ist, ist auch gut; Markenartikel garantieren Qualität; der Verkäufer kann mir nicht in die Augen sehen, also ist er unehrlich).

Diese Attributionstheorie ist im Bereich des Marketing bislang nur ansatzweise angewendet worden (→ Informationsverhalten). Von besonderem Interesse waren Attributionsprozesse bei der Informationsverarbeitung von Werbebotschaften (z.B. → Glaubwürdigkeit in der Werbung aufgrund einer → zweiseitigen Argumentation), Produktbeurteilung (Zuschreibung subjektiv empfundener Qualität, etwa aufgrund herausragender distinktiver Eigenschaften) sowie bei der Einschätzung der Intentionen von Verkäufern (z.B. Vertrauenswürdigkeit aufgrund bestimmter Argumentationsstile). Insbesondere erwiesen sich die zweiseitige Argumentation sowie wenig dominantes Auftreten (im Sinne von → soft selling) als vertrauensfördernd. Für die Einschätzung der Kompetenz eines Verkäufers ist es offenbar von Belang, wie „locker" er den Verkauf abwickelt. Andere Studien konzentrierten sich auf Konsistenzinformationen, wobei die Konsistenz von Verhandlungs-

mustern (z.B. systematisch abnehmendes Konzessionieren) dazu geeignet ist, Vertrauen zu schaffen und das Gefühl der → Fairness zu vermitteln.
Im Bereich der Produktverwendung ergeben sich Parallelen zur → Dissonanztheorie, wobei Attributionen als Rechtfertigungen des Kaufs dienen und eigenen Motivationen überlagert sind. In den Untersuchungen werden meist bestimmte Kaufgründe vorgegeben, die einmal auf das Objekt (Produkt), zum anderen jedoch auf bestimmte Umstände (z.B. Preisaktionen, differenzielle Verfügbarkeit) zurückgeführt werden. Häufig untersucht sind Attributionen bei Produktmängeln und schlechtem Service sowie Effizienzaspekte im Hinblick auf den angemessenen Umgang mit Produkten (z.B. komplexen technischen Gütern). Positive Produkterfahrungen werden häufig internal attribuiert, also sich selbst zugeschrieben, während Enttäuschungen eher dem Produkt, dem Verkäufer oder dem Geschäft zugeschrieben werden. Naturgemäß nimmt die Beschwerdeneigung zu, wenn dem Hersteller oder dem Dienstleister ein Verschulden attribuiert wird.
Nach *Weiner* ist die Dimension der *Kontrollierbarkeit* die Schlüsselvariable für die Verantwortlichkeitsattribution. Bei Zuschreibung von Verantwortlichkeit (z.B. für schlechte Servicequalität) sind negative kognitive und emotionale Reaktionen zu erwarten. Wird dagegen keine Verantwortlichkeit attribuiert (z.B. das Flugzeug kann wegen Nebels nicht starten), so können negative Bewertungstendenzen leicht neutralisiert werden. Negative Reaktionen werden auch dadurch abgemildert, dass sich der Hersteller oder der Dienstleister zu seiner Verantwortung bekennt und das betreffende Ereignis als Ausnahmeerscheinung (im Sinne der Distinktheit) deklariert.
Die jeweiligen Beispiele deuten bereits an, dass Anbieter systematisches *Attributionsmanagement* betreiben können. Den Kunden überzeugen, bedeutet auch, seine naiven Kausalhypothesen zu kennen und gezielt zu beeinflussen. Folgt man der Attributionstheorie von *Kelley*, so lassen sich sowohl Konsensusinformationen (z.B. Referenzlisten, Publikationen von Zufriedenheitsdaten, Einschätzung durch Experten, Marktanteilssteigerungen etc.), Distinktheitinformationen (z.B. Publikation von Testberichten, Darstellung von Besonderheiten, die „Kennerschaft" demonstrieren, Gespür für „kleine Unterschiede", Abhebungskriterien zu Konkurrenzprodukten im Sinne der Profilierung etc.), wie auch Konsistenzinformationen (z.B. Hinweise auf ISO-Zertifizierung, Betonung gleich bleibender Qualität, Zuverlässigkeit, Termintreue etc.), in die kommunikationspolitischen Bemühungen einbeziehen. Bei allen Steuerungsmöglichkeiten sollte man sich jedoch bewusst bleiben, dass Attributionen nicht immer fehlerhaft sind. Auch naive Kausalhypothesen müssen sich letztlich an der Realität objektiv gegebener Qualitätsstandards bewähren. H.W.

Literatur: Gross-Engelmann, M.; Wiswede, G.: Attribution und Kundenverhalten. Jahrbuch der Absatz- und Verbrauchsforschung, 2/1999. Niemeyer, H.G.: Begründungsmuster von Konsumenten. Attributionstheoretische Grundlagen und Einflussmöglichkeiten im Marketing, Heidelberg 1993.

Attributweise Informationsaufnahme

Variante des → Informationsverhaltens von Konsumenten, bei der die einzelnen Informationen in der Weise aufgenommen werden, dass nacheinander Einzelinformationen verwendet werden, die sich jeweils auf die gleiche Produkteigenschaft (z.B. Preis, Lebensdauer) bei verschiedenen Alternativen beziehen. Danach findet ein Übergang zu einer anderen Produkteigenschaft statt, hinsichtlich derer wieder mehrere Alternativen betrachtet werden usw. Attributweise Informationsaufnahme führt im Vergleich zu → alternativenweiser Informationsaufnahme zu einer Vereinfachung von Kaufentscheidungen, da dadurch der Vergleich von Alternativen und das frühzeitige Aussortieren ungeeigneter Alternativen erleichtert wird. Aus der Beobachtung, ob attributweise Informationsaufnahme stattfindet oder nicht, z.B. im Wege einer → Information-Display-Matrix, können im Rahmen der → Kaufentscheidungsprozessforschung Schlüsse auf die von Konsumenten angewandten → Kaufentscheidungsheuristiken gezogen werden. A.Ku.

Auch-Versender
→ Versandhandel

Audience Flow Analyse

Begriff aus der → Fernsehforschung. Die Audience Flow Analyse ist eine Sonderanalyse und berechnet die identische Seherschaft von im Sendeablauf eines Programms aufeinander folgenden Sendungen. Dadurch gibt sie Aufschluss darüber, welcher Anteil der Seherschaft einer zu untersuchenden Sendung von der vorherigen Sendung übernommen werden konnte bzw. an die anschließende Sendung übergeben werden konnte. Das Erzielen eines hohen Audience Flows, also im übertragenen Sinne einer hohen „Kundenbindung", ist eines der wichtigsten Ziele der Programmplanung der Fernsehsender. Mit der Audience Flow Analyse ist im Gegensatz zur Identitätsanalyse auch die Ermittlung längerfristiger Durchschnitte für Übernahme und Übergabe von Zuschauern auf bestimmten Programmplätzen möglich. B.Sa.

Audilog
im Rahmen der → Hörer- bzw. → Zuschauerforschung eingesetztes vorgedrucktes Tagebuch, in das Teilnehmer eines Panels eintragen, welche Sendungen sie gehört bzw. angesehen haben.

Audiometer → Hörerforschung

Aufforderungsgradient → Kaufmodell

Aufgabenübertragungstheorem
→ Verbands-Marketing

Auflage
für die → Reichweite einer Anzeige mitentscheidende Zahl der Exemplare einer Druckschrift. Man unterscheidet:
- *Druckauflage*: Gesamtzahl der Exemplare, die von einem Druckwerk gedruckt wurden abzüglich der makulierten Exemplare. In der → Mediaplanung ist die Druckauflage eine für die Planung von Beilagen und Prospektwerbung wichtige Plangröße,
- *Verkaufte Auflage*: Auflage, die gegen Entgelt an feste, zahlende Einzelbezieher und im zahlenden Sammelbezug (Abonnement) verbreitet wird,
- *Einzelverkaufsauflage*: Exemplare, die über den Einzelhandel abgesetzt werden, z.B. in Buchhandlungen, Supermärkten oder am Kiosk,
- *Tatsächlich verbreitete Auflage (tvA)*: Summe aller verkauften und unentgeltlich vertriebenen Exemplare einer Zeitschrift ohne Rest-, Archiv- und Belegexemplare. Die Werbetreibenden müssen die tvA als Planwert und Grundlage des → Tausender-Preises berücksichtigen (→ Leserschaftsforschung).

Auflagenanalyse
Analyse der Auflagenanteile nach Druckauflage, tatsächlicher Auflage, verkaufter Auflage, unentgeltlich vertriebener Auflage, Rest-, Archiv- und Belegexemplaren.

Aufmerksamkeit
zählt zu den → kognitiven Prozessen, die seit der „Kognitiven Wende" in den 50er und 60er-Jahren wieder verstärkt untersucht worden sind. Umgangssprachlich ist „Aufmerksamkeit" ein leicht verständlicher und fest umrissener Begriff. Für die Wissenschaft gilt dies nicht. Hier findet man viele Bedeutungsvarianten und unterschiedliche Forschungsansätze in verschiedenen Gebieten der Psychologie. Im Vordergrund der meisten Definitionen steht die zentrale Aufgabe der Aufmerksamkeit: die Selektion bzw. – aus der psychologischen Innenperspektive betrachtet – die Verteilung von Ressourcen bei der → Wahrnehmung. Dadurch werden Wahrnehmungen und innere Vorstellungen auf einen Ausschnitt eingeengt. Die fokussierten Teile werden im Bewusstsein hervorgehoben und deutlicher erfasst.
Warum hat die Aufmerksamkeit eine so zentrale Bedeutung? Die Umwelt stellt wesentlich mehr Informationen zur Verfügung als der Organismus wahrnehmen und verarbeiten kann. Betrachtet man speziell die Medienumwelt, dann wird die Zunahme der → Informationsüberlastung deutlich. Die Anzahl der Publikumszeitschriften hat sich in den letzten Jahren mehr als verdoppelt, die der Fernsehprogramme sogar vervielfacht. Daneben entstehen durch neue Technologien weitere Kommunikationsmöglichkeiten, die auch genutzt werden. Davon kann nur ein Bruchteil kognitiv verarbeitet werden. Eine Informationsselektion durch Aufmerksamkeit ist notwendig, denn sie schützt das Individuum vor Informationsüberlastung.
Die Bedeutung dieser Selektion für das Marketing ist offensichtlich. Die Menge der Wirtschaftsinformationen nimmt zu, aber die individuellen Verarbeitungskapazitäten sind biologisch begrenzt und verändern sich nicht. Dies hat zu einem intensiveren Informationswettbewerb geführt. Es wird immer schwieriger, die Aufmerksamkeit auf Produkte zu lenken und daher immer wichtiger zu wissen, wie durch Aufmerksamkeit Informationen selektiert werden.
Die Selektion erfolgt nicht zufällig. Sie kann bewusst und willentlich, aber auch unwill-

Aufmerksamkeitswert

kürlich ausgeführt werden. Für das Marketing hat die unwillkürliche Selektion die größte Bedeutung. Wie funktioniert sie? Im Laufe der Evolution haben sich verschiedene Gedächtnisprozesse (→ Gedächtnistheorien) entwickelt, durch die alle wahrgenommenen Umweltreize außerhalb des Bewusstseins analysiert werden. Spezifische Reize lösen Aufmerksamkeit aus und richten das Bewusstsein auf die gerade wahrgenommenen Objekte. Hierzu einige Beispiele:

- Objektive Reizeigenschaften wie Intensität, Größe, Farbe und Bewegung lenken die Aufmerksamkeit auf sich (→ Aktivierung). Dabei sind nicht die absoluten Werte der Eigenschaften entscheidend, sondern ihr *Kontrast* zum Umfeld. In einem sehr stillen Raum lenkt schon ein leises Geräusch die Aufmerksamkeit auf sich. In einem Raum mit höherem Geräuschpegel fällt dieses Geräusch dagegen gar nicht auf. In der Werbung werden diese Reizeigenschaften zur Aufmerksamkeitserzielung eingesetzt.

- Eine besondere Rolle spielen *neuartige und unerwartete Reize*. Wenn sie intensiv genug sind, lösen sie die Aufmerksamkeit reflexartig aus. Man nennt dies „*Orientierungsreaktion*". Dazu gehört die körperliche Hinwendung zum neuartigen Reiz, eine Sensibilisierung der Sinnesorgane und die Erhöhung der Reaktionsbereitschaft.

- Auch Stimuli mit erheblicher *subjektiver Bedeutung* sind Aufmerksamkeitsauslöser. Konkret: Interessante Themen und Bilder lösen Aufmerksamkeit aus. In der Werbung werden daher Bilder und Ereignisse gebracht, die für die Zielgruppe anregend sind. Dadurch wird die Aufmerksamkeit erhöht und auf die Werbung gelenkt (→ Medienstil).

- *Primäre Motive* wie Hunger, Durst und Sexualität lösen Aufmerksamkeit aus und richten die Wahrnehmung auf Möglichkeiten der Triebbefriedigung, z.B. durch den Kauf eines Produktes. Dies kann unterschiedlich instrumentalisiert werden, am einfachsten durch anregende Bilder, die entsprechende Motive auslösen. Es können aber bspw. auch gezielt Personen angesprochen werden, die wahrscheinlich hungrig sind, z.B. im Restaurant oder über Medien kurz vor der Mittagszeit.

G.B.

Aufmerksamkeitswert

Beachtungswahrscheinlichkeit, z.B. für ein Werbemittel oder eine Verpackung, der mit Hilfe eines → Werbemitteltests ermittelt werden kann.

Aufschlagskalkulation → Preiskalkulation

Auftragsabwicklung (Order Processing)

bezeichnet den → Marketingprozess der Übermittlung, datenmäßigen Bearbeitung und Kontrolle von Aufträgen, beginnend mit der Auftragsaufgabe bis hin zur Ankunft der Sendungsdokumente und Rechnungen beim Kunden. Im Mittelpunkt der Auftragsabwicklung steht somit der Formularfluss, das „Paperwork", zur Erledigung eines Auftrages. Dabei ist unter einem Auftrag die Aufforderung zur Deckung eines konkretisierten Bedarfs zu verstehen. Hinsichtlich des Bedarfs kann es sich um physische Produkte oder auch Dienstleistungen handeln. Die für die Auftragsabwicklung notwendigen Informationen umfassen u.a. Art und Menge der zur Bedarfsdeckung benötigten Güter sowie Angaben über Fälligkeit und besondere Liefer-/Empfangsbedingungen.

Initiiert wird die Auftragsinformation durch die Auftragserstellung beim Kunden. Die Aufträge können vom Kunden per Brief, Fernschreiber, Telefon oder elektronischer Datenverarbeitung, über einen Außendienstmitarbeiter, an ein dezentrales Verkaufsbüro oder direkt an die Zentrale des Lieferanten übermittelt werden (s.a. → CAS, → Angebotssysteme, computergestützte).

In einer Auftragsempfangsstelle des Unternehmens werden die Aufträge für die Weiterverarbeitung gemäß der Unternehmensanforderungen aufbereitet. Hierzu gehört zunächst, dass der Auftrag um möglicherweise noch fehlende Informationen ergänzt wird. Außerdem ist der Auftrag im Hinblick auf Preiskonditionen, Liefermodalitäten und die Bonität des Kunden zu überprüfen. Hierfür sind Abfragen aus der Kunden-, der Lagerbestands- und der Debitorendatei notwendig. Bei fehlender Verfügbarkeit der gewünschten Produkte im Lager (→ Lieferservice) kann die Auftragsabwicklung Maßnahmen im Bereich der Bestandsdisposition oder der Produktionsplanung in Gang setzen. Im Anschluss an die Aufbereitung erfolgt die Weiterverarbei-

tung der Aufträge zu Auftragsbestätigungen und internen Bearbeitungspapieren.
Mit Hilfe der aufbereiteten Aufträge erfolgt die Zusammenstellung (*Kommissionierung*) der Güter im Lager und anschließend der Versand. Hierbei fallen weitere Informationsverarbeitungsaufgaben an. So müssen die Lagerpapiere aufgrund ihres Inhalts und aufgrund der Organisation der Kommissionierung disponiert werden. Die Auftragsabwicklung liefert in dieser Phase Informationen für das gesamte Lagerwesen. Nach der Zusammenstellung erfolgt die Fertigstellung der Versandpapiere, die ggf. durch Fracht-, Transport- und Zeitdaten ergänzt werden müssen. Enge Informationsbeziehungen bestehen zur → Transportplanung, da die Verladung und der Transport der Güter durch die Informationsverarbeitung in dieser Phase ausgelöst werden.
Die *Fakturierung* der Aufträge kann nach oder vor (bzw. während) der Versanddisposition erfolgen. Im ersten Fall spricht man von Nachfakturierung, im zweiten Fall von Vorfakturierung. Bei der Vorfakturierung wird die Rechnung schon in der Phase der Aufbereitung und Umsetzung erstellt, also bevor die Güter physisch kommissioniert werden. Sie basiert auf der Überlegung, dass alle Schreibarbeiten sobald wie möglich gebündelt in einer Phase erledigt werden. Die Nachfakturierung stellt den Gedanken des schnellen Informationsflusses in das Lager in den Vordergrund.
Verschiedene Systeme der Auftragsabwicklung lassen sich danach unterscheiden, welche Instrumente zur Bewältigung des Belegflusses eingesetzt werden. Prinzipiell sind manuelle, maschinelle, automatisierte und integrierte Formen der Auftragsabwicklung zu differenzieren. Angestrebt werden bei allen Auftragsabwicklungsformen die Vermeidung von Handarbeit beim Schreiben, die einmalige Durchführung gleicher Informationsverarbeitungsaktivitäten und ein schneller Informationsfluss zu den Stellen, bei denen der auftragsorientierte Güterfluss beginnt. Funktionsintegrierte Konzepte stellen durch ein geringes Ausmaß an Arbeitsteilung, eine geringe Anzahl an Medienbrüchen, eine schnelle und zuverlässige Bearbeitung und ein hohes Maß an Abfragemöglichkeiten eine mögliche Alternative dar.
Die Struktur und die Prozesse der Auftragsabwicklung nehmen Einfluss auf die Wettbewerbsposition eines Unternehmens (→ Marketing-Logistik-Strategie). Der Aufbau eigener Auftragsabwicklungssysteme, insb. in Form von unternehmensübergreifenden, integrierten Informations- und Kommunikationsnetzen (→ Informations-Logistik), beeinflusst die Kosten (→ Logistik-Kosten), den → Lieferservice und die akquisitorische Wirkung der Marketing-Logistik. Steigenden Kosten der Auftragsübermittlung und -bearbeitung stehen geringere auftragsabwicklungsbedingte Lieferzeiten, höhere Liefergenauigkeit und erhöhte Konsolidierungspotenziale in der Warenverteilung gegenüber. Die akquisitorischen Wirkungen liegen im Aufbau von Markteintrittsbarrieren, von Kundenbindung und von informatorischer Kundennähe.

W.De./R.A.

Literatur: *Pfohl, H.-Chr.*: Logistiksysteme, 5. Aufl., Berlin u.a. 1996. *Schönsleben, P.:* Integrales Logistikmanagment, 2. Aufl., Berlin u.a. 2000.

Auftragserfolgsrechnung
→ Absatzsegmentrechnung

Auftragsforschung
→ Forschung und Entwicklung

Auftragsperiode → Lieferservice

Augenkamera → Blickregistrierung

Augenscheinvalidität (face validity)
→ Validität

Auktionen
Öffentlich angekündigte → Marktveranstaltung bzw. → Preisbildung, bei der Waren in einem Bieterverfahren verkauft werden. Üblicherweise werden in der Literatur vier verschiedene Auktionsformen unterschieden: die Englische Auktion, die Holländische Auktion, die Höchstpreisauktion und die Vickrey-Auktion. Bei der Englischen Auktion werden sukzessiv höhere Gebote in offener Form so lange genannt, bis nur noch ein Bieter übrig bleibt. Dieser Bieter erhält dann den Zuschlag zum Preis seines zuletzt genannten Gebotes. Bei der Holländischen Auktion wird ein vom Verkäufer festgesetzter Höchstpreis so lange gesenkt, bis der erste Bieter den gerade aktuellen Preis akzeptiert und somit den Zuschlag erhält. Bei der Höchstpreis- und Vickrey-Auktion gibt dagegen jeder Bieter sein Gebot verdeckt ab. Der Bieter mit dem höchsten Gebot erhält dann den Zuschlag. Bei der Höchstpreisauktion entspricht der

Kaufpreis seinem (d.h. dem höchsten) Gebot, während bei der Vickrey-Auktion der Kaufpreis dem zweithöchsten (d.h. dem ersten abgelehnten) Gebot entspricht.

Anbieter von Auktionen im Internet (→ Internet-Pricing) erfreuen sich großer Aufmerksamkeit seitens der Konsumenten und einer hohen Unternehmensbewertung. Dies hängt letztlich damit zusammen, dass im Bereich Business-to-Business und Business-to-Consumer ein Markt für verderbliche Produkte oder Restbestände mit einem einfachen Preismechanismus etabliert werden kann. Im Bereich Consumer-to-Consumer könnten Auktionen zukünftig die Rolle von Kleinanzeigenmärkten einnehmen, da bei Auktionen weitestgehend das Problem entfällt, dass kein Verkauf aufgrund zu hoher Preise zustande kommt.

Die Festlegung des Kaufpreises in einer Vickrey-Auktion anhand der Höhe des ersten zurückgewiesenen Gebotes bewirkt, dass die Teilnehmer mit ihrem Gebot den Kaufpreis nicht unmittelbar festlegen. Deswegen ist es für die Bieter in einer Vickrey-Auktion die beste Strategie, wenn sie Gebote in Höhe ihrer tatsächlichen Zahlungsbereitschaft abgeben. Sie erhalten dann entweder den Zuschlag und zahlen einen Preis der höchstens ihrer Zahlungsbereitschaft entspricht, oder sie erhalten den Zuschlag nicht. Ein kleines Beispiel verdeutlicht dies: Angenommen ein Bieter habe eine Zahlungsbereitschaft in Höhe von 100 DM. Gäbe er ein Gebot unterhalb seiner Zahlungsbereitschaft ab (zum Beispiel 95 DM), so erhielte er den Zuschlag nicht, wenn das höchste Gebot eines anderen Bieter 96 DM wäre. Gewänne er die Auktion nach Abgabe eines Gebotes oberhalb seiner Zahlungsbereitschaft (zum Beispiel 105 DM), so bestünde die Möglichkeit, dass das höchste Gebot eines anderen Bieters und damit der Preis seine Zahlungsbereitschaft ebenfalls übersteigt (zum Beispiel 104 DM). Hätte er in Höhe seiner tatsächlichen Zahlungsbereitschaft geboten, so hätte er aber den Zuschlag im ersten Fall zum Preis von 96 DM erhalten und damit einen um 4 DM niedrigeren Preis als seine Zahlungsbereitschaft bezahlt. Im zweiten Fall hätte er den Zuschlag nicht erhalten, da der Preis von 104 DM über seiner Zahlungsbereitschaft liegt. Aufgrund dieser anreizkompatiblen Eigenschaft ist in jüngster Zeit auch verstärkt vorgeschlagen worden, mit Hilfe von Vickrey-Auktionen Zahlungsbereitschaften zu erheben. Erste Versuche hierzu zeigen viel versprechende Ergebnisse. B.S./G.W.

Literatur: *McAfee, R.P.; McMillan, J.:* Auctions and Bidding, in: Journal of Economic Literature, Vol. 25 (1987), S. 699-728. *Skiera, B.; Revenstorff, I.:* Auktionen als Instrument zur Erhebung von Zahlungsbereitschaften, in: Schmalenbachs Zeitschrift für betriebswirtschaftliche Forschung, 51. Jg. (1999), S. 224-242. *Skiera, B.:* Auktionen, in: *Albers, S.; Clement, M.; Peters, K.* (Hrsg.): Marketing mit Interaktiven Medien. Strategien zum Markterfolg, Frankfurt am Main 1998, S. 297-310. *Kräkel, M.:* Auktionen und interner Beteiligungsmarkt, Wiesbaden 1992. *Wolfstetter, E.:* Auctions: An Introduction, in: Journal of Economic Surveys, Vol. 10 (1996), 367-420.

Auktion, internationale

nach internationalen Regeln durchgeführte → Auktion, bei der im Wege der Versteigerung (Lizitation) nicht fungible Waren (→ Commodity) durch einen Auktionator verkauft werden. Die Ware muss bei der Versteigerung präsent sein und kann nicht durch Muster vertreten werden. Im Vordergrund der Auktionsfunktion steht die rasche Abwicklung und Sicherheit von Geschäftsabschlüssen im internationalen Handel.

Internationale Auktionen haben besonders bei der Preisbildung von nicht fungiblen Commodities, v.a. bei landwirtschaftlichen Produkten (Rohwaren) und bei der Verwertung der Ergebnisse der Hochseefischerei große Bedeutung (→ Warenbörse). Da unterschiedliche Ernteerträge die Standardisierung nicht oder nur unzureichend erlauben, sind die auf Auktionen angebotenen Waren nicht börsenfähig. H.Ma.

AUMA (Ausstellungs- und Messeausschuss der Deutschen Wirtschaft)
→ Messepolitik (Aussteller)

Ausbeutung

Unter Ausbeutung (auch Ausnutzung fremder Leistung) versteht man im Wettbewerbsrecht ein unlauteres Nachahmen fremder Leistung. → Nachahmung ist grundsätzlich zulässig, auch dann, wenn sich ein Wettbewerber allgemein anerkannter Werbemethoden bedient und Ideen und Werbemaßnahmen aufgreift, die Allgemeingut geworden sind. Nur beim Hinzutreten besonderer Umstände ist die Ausbeutung wettbewerbswidrig. Dies gilt insb. dann, wenn fremde gewerbliche Schutzrechte verletzt werden oder sonst eine fremde schöpferische Leistung ausgenutzt wird. Die Ausbeutung fremder technischer oder geistiger Leistung ist zum größten Teil im Sonderrecht des gewerblichen Rechtsschutzes (z.B. Patentgesetz, → Markenrecht) und dem → Urheberrecht zugewiesen. Fehlt es an den materiellen und formellen Voraussetzungen eines Sonderrechtsschutzes, darf ein Leistungsergebnis grundsätzlich von anderen frei übernommen werden. Das Prinzip der Nachahmungsfreiheit wird erst dann eingegrenzt, wenn besondere wettbewerbliche Umstände hinzutreten, die die Ausbeutung wettbewerbswidrig machen, bspw. die Gefahr einer Herkunftsverwechslung oder die Ausnutzung des besonderen Rufes der fremden Leistung, womit eine Beeinträchtigung des Rufes der Originalware einhergeht. Eine weitere Fallgruppe ist die Ausbeutung fremden Rufes und fremder Werbung. Die Nachahmung fremder Werbung verstößt ebenfalls nur bei Vorliegen besonderer Umstände gegen § 1 UWG. Dabei sind die Täuschung über die Herkunft der beworbenen Ware, die Ausnutzung des Rufes fremder Ware und der Gesichtspunkt der Behinderung zu beachten. H.-J.Bu.

Ausfallquote

in der → Primärforschung prozentualer Anteil der „echten Ausfälle" an der Nettostichprobe (also nach Abzug der „stichprobenneutralen Ausfälle"). Damit ist die Verweigerungsquote („refusal rate") i.d.R. niedriger, da die Verweigerungen zumeist nur einen Teil der echten Ausfälle bilden.

Ausfuhr → Export

Ausfuhrhandel → Export

Ausfuhrkreditversicherung

→ Exportkreditversicherung, → Exportförderung, staatliche

Ausführungsgeschäft

→ Kommission, bilanzielle und steuerliche Behandlung

Ausfuhrvermerk

bei Auslandsgeschäften im Frachtbrief angebracht, bestätigt er, dass die Sendung zur Ausfuhr bestimmt ist und somit für eine eventuelle Frachtbegünstigung in Frage kommt (→ Export).

Ausgabenstruktur

Das → Einkaufsverhalten der privaten → Haushalte lässt sich in *qualitativer* Hinsicht charakterisieren, indem analysiert wird, welche Güter oder Dienstleistungen durch Kauf, Miete oder Pacht erworben werden.

Die Gesamtmenge der in einer Volkswirtschaft von Haushalten erworbenen Güter oder Dienstleistungen wird in der → amtlichen Statistik als „Privater Verbrauch" bezeichnet. Er kann nach einer Vielzahl von Kriterien unterteilt werden, so etwa danach,

– welcher Ausgabenanteil auf einzelne Warenbereiche, z.B. Wohnen, Ernährung, Kleidung, Bildung und Unterhaltung, Ferienreisen, einzelne Geldanlagemöglichkeiten (z.B. Wertpapiere, Versicherungen) entfällt,
– wie hoch innerhalb eines Warenbereichs die Ausgaben für einzelne Produktgruppen sind,
– wie viel Geld für einzelne Marken ausgegeben wird.

Der amtlichen Statistik können ferner Angaben zum verfügbaren Einkommen, dem privaten Verbrauch und der privaten Ersparnis entnommen werden (vgl. *Tab. 1*).

Die Höhe des privaten Verbrauchs darf nicht mit dem Umsatz im institutionellen Einzelhandel gleichgesetzt werden, da Teile des privaten Verbrauchs auch in andere Wirtschaftszweige fließen. Was die Verwendung des Einkommens für Käufe in einzelnen Warenbereichen betrifft, so ist die Untersuchung von Zeitreihen aufschlussreich. In *Tab. 2* ist angegeben, wie der Haushaltstyp 2 (das sind 4-Personen-Arbeitnehmer-Haushalte mit mittlerem Einkommen – zur näheren Charakterisierung vgl. Statistisches Jahrbuch 1999, S. 551f.) seine Ausgaben auf verschiedene Bereiche aufgeteilt hat. Wie zu sehen ist, verschieben sich die Gewichte zwischen den einzelnen Sektoren in bemerkenswerter Weise.

Auffallend ist, dass der Anteil, der auf Nahrungs- und Genussmittel entfällt, seit langem rückläufig ist. Beobachtungen dieser Art haben Versuche angeregt, langfristige Entwicklungen als Gesetze zu formulieren, wobei allerdings weitere Variablen, sog. erklärende Variablen, in die Analyse mit einbezogen wurden. Bereits 1857 stellte der preußische Statistiker *E. Engel* in Bezug auf Nahrungsmittel das *Engelsche Gesetz* auf: Die Nahrungsmittelausgaben nehmen bei

Ausgleichsanspruch

Tab. 1: Entwicklung des Privaten Verbrauchs
(Private Haushalte einschl. privater Organisationen ohne Erwerbszweck) in der Bundesrepublik Deutschland (bis einschl. 1990: früheres Bundesgebiet)

	1970	1975	1980	1985	1990	1995	1997
	in Mrd. Euro						
Verfügbares Einkommen	228,1	347,9	477,3	580,1	783,4	1138,3	1196,2
Privater Verbrauch	188,6	295,2	429,9	530,9	675,3	1009,0	1065,5
Private Ersparnis	39,6	52,7	47,4	49,2	108,1	129,1	130,7
Sparquote in %	17,4	15,1	9,9	8,5	13,8	11,3	10,9

(Quellen: *Statistisches Bundesamt* (Hrsg.): Statistisches Jahrbuch für die Bundesrepublik Deutschland, verschiedene Jahrgänge, Stuttgart (-Mainz); im Einzelnen: 1970: Stat. Jb. 1990, S. 584; 1975: Stat. Jb. 1980, S. 516; 1980)

steigendem Einkommen des Haushalts prozentual weniger stark zu als die Gesamtausgaben, womit ihr Ausgabenanteil sinkt. Dieses Gesetz gehört zu den empirisch bestfundierten ökonomischen „Gesetzen". Auch für andere Warengruppen wurde der Zusammenhang zwischen Einkommen und Ausgabenanteil untersucht. So werden heute ganz allgemein funktionelle Beziehungen dieser Art als *Engel-Kurven* bezeichnet. Die Lücke, die durch das Sinken des Anteils der Ausgaben für Lebensmittel entsteht, wird durch Ausgaben für andere Güter geschlossen. So stellte *C.G. Clark* als Ergänzung zum Engelschen Gesetz zum ersten Mal den *relativen Anstieg der Ausgaben für Dienstleistungen* (Bildung, Freizeit, Fremdenverkehr) dar. In der Tat weisen auch die in *Tab. 2* angegebenen Zahlen einen Anstieg der Ausgaben für Bildung und Unterhaltung aus. Untersuchungen der geschilderten Art werden vor allen Dingen in der makroökonomischen Konsumtheorie durchgeführt.

Für viele Branchen ist bedeutsam, ob die Verbraucher *Herstellermarken* oder *Handelsmarken* bevorzugen.

Tab. 3 zeigt, dass sich sowohl für Food- als auch für Non-Food-Artikel ein uneinheitliches Bild hinsichtlich der Umsatzanteile von Handelsmarken in verschiedenen Betriebsformen des Einzelhandels ergibt. Insgesamt nimmt die Umsatzbedeutung der Handelsmarken aber zu.

In Bezug auf das Preis- und Qualitätsniveau der gekauften Waren wurde in den letzten Jahren festgestellt, dass sowohl die hochpreisigen Waren der obersten Qualitätsstufe als auch die niedrigpreisigen Waren der unteren Qualitätsklasse ihre Anteile zu Lasten der Produkte mit mittlerer Qualität und mittlerem Preis ausdehnen konnten. Es wird vom *hybriden* (=gespaltenen) *Verhalten des Käufers* gesprochen. L.M.-H.

Literatur: *Backs, A.*: Abhängigkeit des Umsatzes vom Privaten Verbrauch, in: BAG-Nachrichten, 4/1986, S. 10–14. *Bruhn, M.*: Handelsmarken als strategische Option im Wettbewerb, in: *Beisheim, O.* (Hrsg.): Distribution im Aufbruch, München 1999. *Clark, C.G.*: The Conditions of Economic Progress, London 1940 (1957). *Pretzel, J.*: Die Entwicklung von Handelsmarken, in: *Bruhn, M.* (Hrsg.): Handelsmarken im Wettbewerb, Stuttgart, Frankfurt a. M. 1996. *Redwitz, G.*: Handelsentwicklung Wertewandel-Perspektiven für die Handelslandschaft, in: *Szallies, R.; Wiswede, G.* (Hrsg.): Wertewandel und Konsum, Landsberg am Lech 1991, S. 257-379. *Statistisches Bundesamt* (Hrsg.): Statistisches Jahrbuch für die Bundesrepublik Deutschland, Stuttgart (verschiedene Jahrgänge).

Ausgleichsanspruch

im HGB (§ 89b) abgesicherte Vergütung des → Handelsvertreters bei Beendigung des Vertragsverhältnisses zum Ausgleich jener Vorteile, welche der Handelsvertreter dem Unternehmen gebracht hat und an denen er nun nicht mehr teilhaben kann, insb. den Aufbau eines Kundenstammes.

Der Ausgleichsanspruch ist an bestimmte Voraussetzungen gebunden:

– Fortdauern erheblicher Vorteile aus dem Handelsvertretervertrag nach Beendigung des Vertragsverhältnisses. Bei Wiedererwerbung und Erweiterung der Geschäftsbeziehungen steht kein Anspruch zu, wenn dies einer Neuwerbung des Kunden entspricht.

– Vorliegen des Provisionsanspruches im Falle des Fortdauerns des Vertretungsvertrages.

Tab. 2: Ausgaben privater Haushalte (Typ 2)
für den privaten Verbrauch je Haushalt und Monat im früheren Bundesgebiet

	1970	1975	1980	1985	1990	1995	1998
Ausgaben für den priv. Verbrauch (in Euro)	556,8	920,8	1.249,1	1.463,3	1.765	2.097,8	2246,1
davon in %							
Nahrungsmittel, Getränke, Tabakwaren	35,3	29,8	28,1	25,7	24,1	21,8	20,4
Bekleidung, Schuhe	10,8	9,9	9,3	8,2	8,1	6,7	6,2
Wohnungsmieten	15,5	15,5	16,4	19,7	21,6	23,9	25,4
Energie (Elektrizität, Gas u. Ä.)	4,7	5,1	6,5	7,3	5,3	5,0	4,6
Möbel, Haushaltsgeräte u. Güter für die Haushaltsführung	9,0	9,9	9,4	7,0	7,2	6,7	6,9
Güter für Verkehr u. Nachrichtenübermittlung	10,9	13,8	14,0	14,8	15,9	17,2	17,2
Güter für Gesundheits- u. Körperpflege	3,6	3,0	3,0	3,1	3,7	3,4	4,2
Güter für Bildung u. Unterhaltung, Freizeit	7,3	8,9	8,6	10,0	10,6	11,3	11,5

(Quellen: *Statistisches Bundesa*mt (Hrsg.): Statistisches Jahrbuch für die Bundesrepublik Deutschland, verschiedene Jahrgänge, Stuttgart (-Mainz); im Einzelnen: 1970: Stat. Jb. 1975, S. 482f. und 484f.; 1975: Stat. Jb. 1977, S. 420f. und 422f.; 1980: Stat. Jb. 1984, S. 458f. und 460f.; 1985: Stat. Jb. 1988, S. 460f. und 462f.; 1990: Stat. Jb. 1991, S. 534f. und 536f.; 1995: Stat. Jb. 1999, S. 556f.; 1998: Stat. Jb. 1999, S. 556f.)

Tab. 3: Entwicklung der Handelsmarkenumsatzanteile in einzelnen Betriebsformen (ohne Aldi) und Warenbereichen

	Warenbereich	**1992**	**1995**	**1997**
SB-Warenhäuser	Food	4,0 %	5,2 %	6,4 %
	Non-Food	3,9 %	4,8 %	6,0 %
kleine Verbrauchermärkte	Food	7,3 %	7,5 %	8,4 %
	Non-Food	7,2 %	8,6 %	9,6 %
Supermärkte	Food	7,1 %	7,8 %	9,0 %
	Non-Food	8,5 %	9,8 %	11,7 %
Discounter	Food	11,2 %	23,7 %	25,5 %
	Non-Food	15,2 %	29,2 %	33,7 %

Basis: 1992: 108 Warengruppen Food und 69 Warengruppen Non-Food; 1995 und 1997: 164 Warengruppen Food und 94 Warengruppen Non-Food
(Quelle: *Bruhn* 1999, S. 790; *Pretzel* 1996, S. 133.)

- Billigkeit des Anspruchs unter Berücksichtigung der Vertragsdauer und der Schwierigkeit des Übergangs des Handelsvertreters in eine neue Beschäftigung.
- Angemessene Höhe des maximal eines Durchschnittsverdienstes in den letzten fünf Jahren.

Der Ausgleichsanspruch ist nicht im Voraus abdingbar und muss spätestens drei Monate nach Vertragsende geltend gemacht werden. Er gilt nicht bei schuldhaftem Verhalten des Handelsvertreters oder bei nicht durch die Unternehmung bedingter Kündigung. Bei Versicherungsvertretern gelten Sonderregelungen.

Ausgleichskalkulation, Kompensationskalkulation, Mischkalkulation

Bei der Ausgleichs- oder Kompensationskalkulation handelt es sich *nicht* um ein Kalkulationsverfahren mit dem üblichen Ziel, die Kosten einer betrieblichen Leistungsstelle (= Kostenstelle) oder einer Leistung (= Kostenträger) möglichst verursachungsgerecht zu ermitteln, um z.B. eine Grundlage für die Fixierung der Preisforderung für diese Leistung (→ Preiskalkulation) zu gewinnen. Die Ausgleichskalkulation hat vielmehr die Aufgabe, einer betrieblichen Leistung, beispielsweise einem von einem Einzelhandelsbetrieb angebotenen Artikel, Kosten in dem Maße zuzurechnen, wie er sie angesichts vom Markt gegebener oder dort durchsetzbarer Preise *tragen* kann.

Die Ausgleichskalkulation spielt vor allem in der Praxis der → Handelskalkulation eine bedeutende Rolle, weil in diesem Wirtschaftszweig, wie aber auch in anderen Branchen (z.B. im Bankbereich), die Anbieter in ihrer Preisstellung vielfach lokalen Branchenführern folgen und nicht die eigene Kostenkalkulation als Grundlage ihrer Preisforderungen ansehen. In diesem Fall dimensioniert die Differenz zwischen Verkaufs- und Einstandspreis den Rahmen der tragbaren Kostenbelastung, die im Extremfall für eine Ware sogar einen negativen Wert annehmen kann (→ Unter-Einstandspreis-Verkauf). Die Ausgleichskalkulation geht also von gegebenen Preisen aus und hat nicht den Zweck, einen Beitrag zu ihrer Fixierung zu leisten. Konsequenterweise gilt für dieses Kalkulationsverfahren daher auch nicht das *Verursachungs*-, sondern das sog. *Tragfähigkeitsprinzip* als Leitmaxime der Kostenzurechnung.

Im Handel wird dieses Verfahren mit Bezug auf das komplexe Sortiment häufig als „*Mischkalkulation*" bezeichnet. Damit wird zum Ausdruck gebracht, dass im Rahmen des Sortimentes Warengruppen oder Einzelartikel „gemischt", d.h. mit unterschiedlichen Handelsspannen kalkuliert werden, ohne dass diese Tatsache ihre Begründung in der unterschiedlichen Kostenverursachung findet. „Hoch" kalkulierte Waren (= „Ausgleichsgeber") stehen „normal" und „niedrig kalkulierten" (= „Ausgleichsnehmern") gegenüber, wobei im Einzelfall bewusst eine negative Spanne zwischen Einstands- und Verkaufspreis in Kauf genommen wird.

Der Grund dafür liegt stets in marketingpolitischen, insb. preis- oder sortimentspolitischen, jedenfalls nicht in kostenrechnerischen Erwägungen. Das Ziel besteht darin, innerhalb des Sortiments möglichst flexibel und zielgerichtet Chancen auf dem Absatz- und Beschaffungsmarkt zu nutzen (→ Preispolitik). So werden bspw., um absatzmäßige Verbundwirkungen zu nutzen oder sich den Kunden gegenüber als „preisgünstig" zu profilieren, im Sortiment Artikel zu Preisen angeboten, die nur einen niedrigen, keinen oder sogar einen negativen Deckungsbeitrag ermöglichen. Auf der anderen Seite werden ganze Warengruppen oder einzelne Artikel zu Preisen kalkuliert, die weit über der Summe aus Einstandspreis, zurechenbaren Handlungskosten und dem üblichen Gewinnaufschlag liegen. Hierbei wird dann das Ziel verfolgt, besonders hohe Deckungsbeiträge als „kalkulatorischen Ausgleich" dafür zu erzielen, dass man bei anderen Waren aus absatzpolitischen Gründen bewusst und gezielt auf Gewinn, oft sogar teilweise oder gänzlich auf Kostendeckung verzichtet hat (→ Preislinienpolitik).

Als *Rechentechnik* muss die Ausgleichs- oder Kompensationskalkulation dabei gewährleisten, dass der Verzicht auf Kostendeckung bei einzelnen Artikeln oder Warengruppen durch eine entsprechend hohe Kostenanlastung bei anderen Sortimentsteilen ausgeglichen wird, die dort in den Preisen ihren Niederschlag findet. Sie ermittelt die dafür erforderlichen Kalkulationsauf- und -abschläge mit Hilfe retrograder Kalkulationen und unter Zuhilfenahme globaler → Deckungsbudgets.

Ein kalkulatorischer Ausgleich kann im Übrigen nicht nur über verschiedene Artikel oder sonstige im Markt angebotene

Leistungen, sondern mit einer analogen absatzpolitischen Zielsetzung auch für substantiell gleiche Leistungen über einen Zeitraum hinweg – z.B. Saisonphasen – versucht werden (→ Preisvariation). C.B.

Literatur: *Barth, H.:* Kosten- und Leistungsrechnung im Handel, 2. Aufl., Wiesbaden 1985.
Diller, H.: Preispolitik, 3. Aufl., Stuttgart 2000.
Vormbaum, H: Kalkulationsarten und Kalkulationsverfahren, 4. Aufl., Stuttgart 1977.

Ausländersegment

Die 1999 in Deutschland lebenden 7,3 Mio. Ausländer stellten bislang eine häufig vernachlässigte → Zielgruppe im Marketing dar. Charakteristisch für dieses Segment ist, dass der durchschnittliche Bruttoarbeitsverdienst mit 3510 DM (im Jahre 1997) deutlich unter dem Einkommen der deutschen Arbeitnehmer liegt. Allerdings werden immer mehr junge Ausländer – meist Kinder der in den fünfziger und sechziger Jahren angeworbenen Gastarbeiter, die noch immer die Nationalität der Eltern haben – immer besser integriert. Dies bedeutet u.a. ein zunehmendes Bildungsniveau und steigende Einkommen unter jungen Ausländern. Eine spezielle werbliche Ansprache des Ausländersegments ist erst in den letzten Jahren im Zuge des Ethno-Marketing zu beobachten. Dabei versuchen mehr und mehr Firmen, Kampagnen auf ethnische Minderheiten zuzuschneiden, d.h. nicht eine bloße Übersetzung deutscher Anzeigen und TV-Spots vorzunehmen, sondern Konsumverhalten, Mentalität, Kultur und Wünsche ethnischer Minderheit in der Werbung zu berücksichtigen. B.Sa.

Auslandsagent
→ internationaler Vermittlerhandel,
→ Handelsvertreter

Auslandsbeschaffung
→ Internationalisierung im Handel

Auslandsmarktforschung

umfasst im Rahmen des → Internationalen Marketing die Sammlung, Analyse, Aufbereitung sowie Präsentation entscheidungsrelevanter Informationen über ausländische Märkte. Der Prozess der Auslandsmarktforschung sowie die Art der einzuholenden Informationen unterscheiden sich dabei grundsätzlich nicht von nationaler → Marktforschung. Allerdings fallen in den einzelnen Phasen zusätzliche Aufgaben an, die sich aus der Komplexität länderübergreifender Studien ergeben.
So ist bei der Konzeption einer Studie entweder die Koordination des Vorgehens zwischen den beteiligten Landesgesellschaften und der Unternehmenszentrale sicherzustellen, oder aber es muss ein → Marktforschungsinstitut mit Präsenz in den interessierenden Märkten beauftragt werden. Bei der Entwicklung des → Forschungsdesigns muss über die → Standardisierung des Instrumentariums entschieden werden. Die Datenauswertung setzt eine Analyse der Vergleichbarkeit der erhobenen Informationen voraus.

Zu den jeweiligen nationalen Quellen der → Sekundärforschung kommen im internationalen Kontext insb. folgende hinzu:

– Publikationen internationaler Organisationen (Weltbank, WTO, EU etc.)
– Publikationen und Archive von Ländervereinen
– Dokumente von Botschaften und Konsulaten, Außenhandelskammern (AHK), der → Bundesstelle für Außenhandelsinformationen (BfAi), bilateralen Handelskammern (deutsch-spanische, deutsch-amerikanische etc.), Vertretern der deutschen Wirtschaft.

Im Rahmen der Primärforschung stellt sich insbesondere die Frage nach der länderübergreifenden Anwendbarkeit von Erhebungsinstrumenten und Skalen. Grundsätzlich sind hier vier Vorgehensweisen denkbar (*Abb.*):

Skala	Messinstrument/Stimulusmaterial	
	international standardisiert	national differenziert
international standardisiert	„etic"	„modifiziert"
national differenziert	„ipsativ"	„emic"

Beim *Etic-Ansatz* der internationalen Marktforschung geht man davon aus, dass „kulturfreie" Messinstrumente existieren. Diese können in allen Ländern (lediglich sprachlich übersetzt) angewendet werden. Mit einem solchen Vorgehen soll eine Vergleichbarkeit der Ergebnisse gewährleistet werden. Der *Emic-Ansatz* versucht kulturellen Unterschieden zwischen Ländern zu entsprechen. Es wird anerkannt, dass manche Phänomene einzigartig für eine Kultur sind. Zu ihrer Erfassung bedarf es landesspezifischer Messinstrumente sowie geeigneter Skalen. Lösungen, die beide Positionen teilweise integrieren, sind *ipsativer* und *modifizierter Ansatz*.

Wird ein teilweise oder vollkommen standardisiertes Verfahren angewandt, so ist die Äquivalenz des Forschungsdesigns für die Erfassung der interessierenden Sachverhalte (Konstrukte, Skalen, Stichproben) sicherzustellen.

Bei der *Konstruktäquivalenz* ist zu hinterfragen, ob Objekte in verschiedenen Ländern die selbe Funktion erfüllen (funktionale Ä.). So dient z.B. ein Fahrrad in den USA als Sportgerät in der Freizeit, in China fungiert es in vielen Kreisen als Fortbewegungs- und Transportmittel. Ebenfalls kritisch ist, dass identische Konstrukte aufgrund ihrer Kulturgebundenheit unterschiedlich ausgedrückt werden (mangelnde *konzeptionelle Äquivalenz*). Bspw. finden Feiern in Deutschland häufig bei Essen und Trinken an einem Tisch statt, während in anderen Ländern der Tanz im Vordergrund steht. Dritter Aspekt ist die *kategorielle Äquivalenz*. Sie erfasst, ob Objekte oder Subjekte von Befragten aus verschiedenen Kulturkreisen in dieselbe Kategorie eingeordnet werden. Gelten etwa Zigaretten in den USA derzeit in den Augen vieler Menschen als gefährliche Drogen, so sind sie in Südeuropa ein weit verbreitetes und zugleich akzeptiertes Genussmittel.

Bezogen auf Messinstrumente und Skalen sind folgende Aspekte sicherzustellen: *Kalibrierungsäquivalenz* bezieht sich auf die Vergleichbarkeit der Einheiten, in denen Angaben zu Gegenständen erfolgen (Gewichte, Distanzen, Volumina etc.). Die *Übersetzungsäquivalenz* besagt, dass durch die Übertragung eines Ausdruckes oder einer Redewendung von einer Sprache in eine andere nicht die exakte inhaltliche Bedeutung modifiziert wurde. *Maßäquivalenz* beinhaltet die Verwendung sich entsprechender Maßeinheiten. B.I.

Literatur: Holzmüller, H.H.: Konzeptionelle und methodische Probleme in der interkulturellen Management- und Marketingforschung, Stuttgart 1995.

Auslandsrisiken

Grundlegendes Merkmal des → internationalen Marketing ist die tendenziell (im Vergleich zum nationalen Fall) erhöhte Intransparenz hinsichtlich Markt- und Umfeldfaktoren. Aus dieser Intransparenz ergibt sich für Unternehmen die Gefahr, aufgestellte Ziele nicht zu erreichen oder aber unvorhergesehene Verluste zu erleiden. Es ist → Marketingrisiken ausgesetzt. Das Auslandsrisiko setzt sich aus zwei Kategorien zusammen. Zum einen handelt es sich dabei um solche Risiken, die auch im Heimatmarkt drohen, deren Umfang aber im Auslandsgeschäft tendenziell erhöht ist. Zum anderen existieren im internationalen Geschäft zusätzliche, nur in diesem Kontext auftretende Risikoquellen.

In die erste Gruppe fallen das Markteintrittsrisiko, das Marktbearbeitungsrisiko, das Vertragserfüllungsrisiko, konjunkturelle Risiken sowie das Transport- und Lagerrisiko. Da es sich nicht um Spezifika des internationalen Marketing handelt, werden sie an dieser Stelle nicht weiter vertieft.

Spezifische Auslandsrisiken, zumindest aus der heutigen Perspektive eines in Deutschland ansässigen Unternehmens, sind das Enteignungsrisiko, das Dispositionsrisiko, das Transferrisiko, das Sicherheitsrisiko sowie Währungsrisiken.

Das *Enteignungsrisiko* bezieht sich auf die Gefahr eines teilweisen oder umfassenden Verlustes von Vermögen oder Rechten in einem Ländermarkt. Das Risikoausmaß ist abhängig davon, ob eine Entschädigung von der enteignenden Institution gewährt wird oder nicht. In ähnlicher Weise drohen Unternehmen in gewissen Ländermärkten Einschränkungen ihrer Verfügungsrechte über Ressourcen durch politische Institutionen (*Dispositionsrisiko*). Der Einfluss kann sämtliche Funktionsbereiche treffen und erfolgt zumeist in Form administrativer Auflagen (Absatzkontingente, Finanzierungsbeschränkungen etc.). Potentielle Beschränkungen der Mobilität von Ressourcen (z.B. Personal, Güter, Lizenzgebühren, Gewinne) über Ländermarktgrenzen hinweg werden als *Transferrisiko* bezeichnet. Ähnlich wie beim internen Dispositionsrisiko kommt es nicht zum Eigentumsverlust, sondern zu einer Behinderung der Verwendbarkeit.

Das *Sicherheitsrisiko* der Auslandstätigkeit bezieht sich auf drohende Schäden für betriebliche Ressourcen. Es umfasst die Gefährdung von Leben, Gesundheit oder Freiheit von Mitarbeitern und ihren Familien ebenso wie mögliche Beschädigungen von Maschinen, Gebäuden oder Gütern. Ursachen können in landesinternen oder internationalen Konflikten ebenso liegen wie in

gezielt gegen die Unternehmung gerichteten Aktionen.
Währungsrisiken schließlich ergeben sich bei Transaktionen zwischen zwei Ländermärkten, welche nicht dieselbe oder durch fixe → Wechselkurse verbundene Währungen verwenden. Das *Wechselkursrisiko* ergibt sich aus der Tatsache, dass die Kurse zwischen zwei Währungen variabel sind. Hält ein Unternehmen Kapitalbestände (z.B. aus Umsatzerlösen) oder Forderungen in Fremdwährung und verringert sich der Wert der entsprechenden Währung im Verhältnis zur nationalen Devise, so erleidet es einen Verlust. Das *Umrechnungsrisiko* ergibt sich bei Verwendung von Wertfeststellungsverfahren für die Bilanzierung, welche Unternehmen zu einer ungünstigeren Einschätzung von Aktiva verpflichten. Das *Inflationsrisiko* schließlich besteht in dem Umfang, in dem die Währung eines Ländermarktes internen Abwertungstendenzen ausgesetzt ist. So verlieren Liquiditätsbestände und Forderungen in Staaten mit hoher Inflationsrate schnell ihren Wert. B.I.

Literatur: *Meffert, H.; Bolz, J.:* Internationales Marketing-Management, 3. Aufl., Stuttgart 1998.

Auslandsstreckengroßhandel (Exportstreckenhandel)
→ Außenhandelsgeschäft,
→ Streckengeschäft

Auslandsvermittler
→ internationaler Vermittlerhandel,
→ Handelsvertreter

Auslandsvertrieb
→ Internationales Marketing,
→ Export,
→ Außenhandel, institutioneller

Auslandswerkhandelsgesellschaft
→ Außenhandel, institutioneller

Auslandswerksvertrieb
→ Außenhandel, institutioneller

Auslaufsortiment
ist ein → Sortiment oder ein Teilsortiment, das entweder nicht mehr aktuell ist oder dessen Saison ausgelaufen ist und das, um Lager- oder Verkaufsfläche frei zu bekommen und die Liquidität zu stärken, zu ermäßigten Preisen ausverkauft wird.

Auslieferungslager → Depot

Auslieferungszustand → Lieferservice

Ausschaltung des Handels
→ Konzentrationsstrategie

Ausschließlichkeitsbindungen
sind vertragliche Verpflichtungen zwischen Unternehmen über Waren oder gewerbliche Leistungen, die einen Vertragsteil in der Verwendung dieser oder anderer Waren und Leistungen (z.B. bestimmte Ersatzteile) im Bezug oder in der Abgabe anderer Waren oder Leistungen (z.B. Bierlieferungsverträge, Tankstellenpacht) oder in der Abgabe der gelieferten Waren an Dritte beschränken (s.a. → Alleinbezugsverträge) oder ihn verpflichten, sachlich oder handelsüblich nicht zugehörige Waren oder gewerbliche Leistungen abzunehmen (→ Koppelungsgeschäfte). Die entsprechenden Vereinbarungen sind nach deutschem Kartellrecht grundsätzlich zulässig, weil die Vereinbarung von Ausschließlichkeitsbindungen vielfach zur Einführung eines neuen Produktes erforderlich ist und weil nur durch derartige Verträge ein hinreichender Absatz gesichert werden kann (→ Vertriebswegepolitik). Die Kartellbehörde kann nach § 16 GWB Ausschließlichkeitsverträge mit sofortiger oder späterer Wirkung für unwirksam erklären, wenn durch das Ausmaß derartiger Beschränkungen der Wettbewerb auf dem relevanten Markt für diese oder andere Waren oder gewerbliche Leistungen wesentlich beeinträchtigt wird. § 16 GWB verbietet also nicht Ausschließlichkeitsverträge, schafft aber Eingriffsvoraussetzungen im Rahmen der Missbrauchsaufsicht der Kartellbehörden. Soweit Ausschließlichkeitsverträge zu einer sittenwidrigen Knebelung des Vertragspartners führen, können sie auch ohne Entscheidung der Kartellbehörden durch die Zivilgerichte gem. § 138 BGB für nichtig erklärt werden. Soweit Ausschließlichkeitsverträge geeignet sind, den Handel zwischen EG-Mitgliedstaaten zu beeinträchtigen, fallen sie unter das Verbot der wettbewerbsbeschränkenden Absprachen (Art. 81 EGV), können aber nach Art. 81 Abs. 3 EGV freigestellt werden. Durch die Verordnung Nr. 19/65 vom 02.03.1965 wurde die Kommission zur gruppenweisen Freistellung von bestimmten Ausschließlichkeitsverträgen ermächtigt (→ EG-Kartellrecht, → Gruppenfreistellung). H.-J.Bu.

Ausschließlichkeitsorganisation
→ Versicherungs-Marketing

Ausschnittdienst
Unternehmung der → Werbewirtschaft, die es übernimmt, für andere Unternehmungen die Anzeigenwerbung der Konkurrenten sowie die vom Auftraggeber selbst geschalteten Anzeigen in den wichtigsten Printwerbeträgern aufzufinden, auszuschneiden und zu sammeln.

Der Ausschnittdienst erfüllt damit eine wichtige Funktion bei der Kontrolle der Durchführung der eigenen Werbekampagne sowie auch bei der → Konkurrenzforschung.

Erscheinungszeitpunkte, Ausführung und benutzte Werbeträger der eigenen Anzeigen geben dem Auftraggeber Hinweise auf die Zuverlässigkeit der Arbeit seiner Werbeagentur. Aus Anzahl, Größe, Gestaltung und Häufigkeit der Schaltung von Anzeigen lassen sich Rückschlüsse auf das Werbebudget der Konkurrenten ziehen. Aus der Werbemittelgestaltung der Konkurrenten und den von ihnen benutzten Werbeträgern ist ihre angestrebte Positionierung am Markt abzuleiten. H.Mü.

Ausschöpfung / Ausschöpfungsgrad
Der Ausschöpfungsgrad ist definiert als das prozentuale Verhältnis zwischen der Anzahl der Haushalte, die in die → Stichprobe eingeflossen sind, und der Anzahl aller kontaktierten Haushalte. Basis hierzu ist die Gesamtmenge der Stichprobenhaushalte nach Bereinigung der stichprobenneutralen Ausfälle. Der erreichte Ausschöpfungsgrad (= realisierte Interviews) einer zugrundeliegenden Stichprobe ist ein Qualitätsmerkmal bei einer Random-Stichprobe. Die Reliabilität von Stichproben steigt mit zunehmender Ausschöpfung an, weil anzunehmen ist, dass sich die nicht erreichten Stichprobenelemente in systematischer Weise von den ausgeschöpften unterscheiden (s.a. → Redressment, → Non-Response-Problem). Im Fernsehpanel wird deshalb z.B. der Ausschöpfungsgrad für die Screenings und die Anwerbung dokumentiert.

Ausschreibung
speziell im → Anlagengeschäft verbreitete Variante der → Preisbildung in Form einer Aufforderung von Anbietern, Angebote für eine nachgefragte Leistung einzureichen, wobei die Anbieter das vorgeschriebene Verfahren beachten müssen. Es handelt sich dabei um ein Verfahren der organisierten Konkurrenz, dem bestimmte Spielregeln zugrundeliegen (→ Submission): Die Angebote sind bis zum Ende der Angebotsfrist geheim zu halten, Nachverhandlungen sind ausgeschlossen. Grundsätzlich sollen öffentliche Ausschreibungen veranstaltet werden, bei denen eine unbegrenzte Zahl von Anbietern aufgefordert wird, ein Angebot für eine nachgefragte Leistung abzugeben. Bei in Ausnahmefällen zulässigen beschränkten Ausschreibungen wird eine bestimmte Anzahl an Anbietern direkt zur Angebotsabgabe aufgefordert. R.B.

Außendienstanreize
→ Außendienstentlohnung

Außendienstberichtssysteme
Teilsektor von → Marketinginformationssystemen, bei denen die → Verkaufsorgane eines Unternehmens in systematischer Art, meist über schriftliche Meldebögen oder direkt in elektronischer Form, Auskunft über insb. folgende Punkte geben:

(1) Verlauf der Verkaufsgespräche (Kauf/Nichtkauf-Gründe, kritische Punkte, Verhandlungspartner etc.)
(2) Verkaufsergebnisse (Angebote, Aufträge, Absatzmengen, Umsätze, Termine etc.)
(3) Informationen über das Konkurrentenverhalten am Markt (Preise, Aktivitäten etc.)
(4) Allgemeine Marktinformationen

Außendienstberichtssysteme sind wichtige Instrumente bei der → Außendienststeuerung, aber auch für das → Marketing-Controlling. Die aktive Unterstützung der Motivation der Außendienstmitarbeiter zur sorgfältigen Berichterstattung ist deshalb nicht zu vernachlässigen. Trotzdem sind Außendienstbesuchsberichte häufig subjektiv gefärbt und auch von Subjektivismen und Eigeninteressen geprägt.

Ansatzpunkte zur Verbesserung des Außendienstberichtswesens ergeben sich durch folgende Punkte:

– Differenzierte Erfassung der Absatzpotentiale bei Kunden und potentiellen Kunden.
– Realistische Einschätzung der Konkurrenzsituation.

- Schulung und Motivation der Außendienst-Mitarbeiter für Informationsbeschaffungs-Aufgaben.
- Minimierung der administrativen Belastung durch Konzentration auf das Notwendigste.
- Nutzung moderner Technik, z.B. Notebooks und MDE-Geräte zur schnellen Erfassung der Informationen.
- Intensivere Ausschöpfung der Außendienstdaten für die Zwecke der Absatzplanung.
- Verbesserung des Nutzens von Außendienstberichtssystemen durch die Integration mit dem Außendienststeuerungssystem.

Aufschlussreich werden Außendienstberichte deshalb häufig erst durch statistische Aufbereitungen in Form von Quervergleichen, Häufigkeitsverteilungen, Kennziffernrechnungen etc. H.D.

Literatur: *Alquen, K.:* Das Informationssystem für Vertrieb und Außendienst, Ehningen bei Böblingen 1993. *Alquen, K.:* Software für Marketing, Vertrieb und Außendienst, Renningen-Mahlmsheim 1997.

Außendienstbeurteilung

In der → Verkaufs- und Außendienstpolitik ist eine formalisierte Leistungsbeurteilung viel häufiger als bei Mitarbeitern anderer Unternehmensbereiche zu finden, da bereits die erfolgsabhängige Entlohnung (→ Außendienstentlohnung) implizit eine Leistungsbeurteilung darstellt. Mit Hilfe der Leistungsbeurteilung sollen vor allem Entgelt-Differenzen (fixe und variable Teile) begründet und Personaleinsatzentscheidungen wie z.B. Versetzungen, Kündigungen oder Beförderungen unterstützt werden. Außerdem liefert die Leistungsbeurteilung Hinweise für notwendige Ausbildungs- und Trainingsmaßnahmen sowie die individuelle Beratung und Förderung der Verkaufsaußendienstmitarbeiter (VADM). Schließlich ermöglicht sie Bewährungskontrollen der eingesetzten Methoden zur Personalbeschaffung, -auslese und -ausbildung. Sie stellt damit ein wichtiges Instrument der Außendienstführung dar.

Da bei VADM das Ergebnis ihrer Verkaufsanstrengungen, meist der erzielte Umsatz oder Deckungsbeitrag, gut messbar ist, wird die Höhe des Umsatzes oder Deckungsbeitrages oder der Grad der Erfüllung von Umsatz- bzw. Deckungsbeitragsvorgaben vielfach als alleiniges Kriterium für die Leistungsbeurteilung herangezogen. Diese Vorgehensweise ist problematisch, wenn der erzielte Umsatz oder Deckungsbeitrag auch von anderen unternehmensexternen oder -internen Faktoren beeinflusst wird oder der VADM Tätigkeiten ausführen muss, z.B. Service-Leistungen und Berichterstellung, die nicht unmittelbar zu höherem Umsatz führen. In diesen Fällen ist es erforderlich, analog wie bei der Bestimmung gerechter → Umsatzvorgaben eine → Marktreaktionsfunktion des Umsatzes in Abhängigkeit von allen Einflussfaktoren zu schätzen, und zwar sowohl der vom VADM nicht beeinflussbaren Indikatoren des Marktpotenials (z.B. Einwohner) und der Unternehmenspolitik (z.B. Werbeausgaben) wie auch der vom VADM beeinflussbaren Faktoren (z.B. Anzahl von Besuchen). Diese gibt an, welche Umsätze ein durchschnittlicher VADM für sein Verkaufsgebiet erreichen müsste. Errechnet man dann auf der Basis der parametrisierten Reaktionsfunktion den Umsatz, den man bei ausschließlicher Berücksichtigung der vom VADM nicht beeinflussbaren Faktoren erwarten darf, so stellt die Differenz des tatsächlich erzielten zum erwarteten Umsatz die individuelle Leistung des VADM dar (*Albers* 1988). Ein neuerer Ansatz besteht darin, die Effizienz von VADM mit Hilfe der Data Envelopment Analysis zu messen. Dabei werden pro VADM die Input-Faktoren aller VADM so gewichtet, dass der daraus resultierende Quotient aus Output und Input für den betrachteten VADM maximal wird. Erreicht der VADM nur Effizienzgrade kleiner als Eins, so gibt es offenbar VADM, die unter gleichen Bedingungen mehr aus ihren Verkaufsgebieten machen (*Boles/Donthu/Lohtia* 1995).

Beabsichtigt man, weitere Dimensionen der Leistung eines VADM zu beurteilen, z.B. sein Managementpotential, seine Zusammenarbeit mit internen Stellen oder die Langfristigkeit der aufgebauten Kundenbeziehungen, so sind die im Personalwesen üblichen Einstufungsverfahren einzusetzen.
S.A.

Literatur: *Albers, S.:* Steuerung von Verkaufsaußendienstmitarbeitern mit Hilfe von Umsatzvorgaben, in: W. Lücke (Hrsg.): Betriebswirtschaftliche Steuerungs- und Kontrollprobleme, Wiesbaden 1988, S. 5-18. *Boles, J.S.; Donthu, N.; Lohtia, R.:* Salesperson Evaluation Using Relative Performance Efficiency: The Application of Data Envelopment Analysis, in: Journal of Personal Selling & Sales Management, Vol. 15 (Summer

1995), S. 31–49. *Jackson, D.W.; Schlacter, J.L.; Wolfe, W.G.:* Examining the Bases Utilized for Evaluating Salespeoples' Performance, in: Journal of Personal Selling & Sales Management, Vol. 15 (Fall 1995), S. 57-65.

Außendiensteinsatzplanung

Bei der Außendiensteinsatzplanung, die auch als → Außendienststeuerung i.e.S. bezeichnet wird, ist das z.T. auch der → Verkaufsorganisation zurechenbare Planungsproblem zu lösen, welcher Verkäufer welchen Kunden wie häufig besuchen oder welche Gesamtbesuchszeit widmen soll. Das Problem ist modelltechnisch ein kombiniertes Kapazitäts-, Zuordnungs-, Allokations- und Reihenfolgeproblem, das aufgrund seiner Komplexion nur hierarchisch gelöst werden kann. Auf der obersten Ebene ist die → Außendienstgröße, d.h. die Anzahl der Verkäufer k, festzulegen und mit dem übrigen → Marketing-Mix abzustimmen. Entscheidet man sich für eine eindeutig geregelte Kundenbetreuung, so ist für die gewählte Anzahl von Mitarbeitern eine → Verkaufsgebietseinteilung vorzunehmen. Da Kunden sehr heterogen mit ihrem Umsatz auf die Besuchstätigkeit reagieren und die Ressource der Arbeitszeit der Verkäufer knapp ist, stellt sich das Problem der → Besuchsplanung, d.h. der optimalen Besuchszeiten-Allokation oder Bestimmung optimaler Besuchshäufigkeiten. Zur eindeutigen Festlegung des Außendiensteinsatzes fehlt dann noch der zeitliche Bezug, d.h. die Lösung des Timing und Routing (Reihenfolge) der Besuche, was bei regelmäßiger und planbarer Besuchstätigkeit mit Hilfe der → Tourenplanung erfolgt. S.A.

Literatur: Albers, S.: Entscheidungshilfen für den Persönlichen Verkauf, Berlin 1989.

Außendienstentlohnung

Um im Rahmen der → Verkaufs- und Außendienstpolitik sicherzustellen, dass die Verkaufsaußendienstmitarbeiter (VADM) aus eigenem Interesse heraus das Unternehmensziel bestmöglich verfolgen, setzen Unternehmen im Rahmen der Außendienstführung vielfältige Anreize ein. Diese können sowohl finanzieller als auch nicht-finanzieller Art sein.

Unter nicht-finanziellen Anreizen versteht man im Wesentlichen solche, die den Status nach außen (z.B. Titel, Privilegien) und/oder den Status nach innen (z.B. Anerkennung, Karrieremöglichkeiten) betreffen. Empirische Untersuchungen haben gezeigt, dass solche Anreize einen direkten Effekt auf die Arbeitszufriedenheit haben, wobei unterstellt wird, dass zwischen Arbeitszufriedenheit und Arbeitserfolg ein enger Zusammenhang besteht, ohne dass dieser bisher empirisch eindeutig gezeigt werden konnte.

Als gebräuchlichste *finanzielle Anreize* haben sich ergeben:
– Höhe des Festgehalts,
– Vergünstigungen (z.B. Privatnutzung eines Firmenwagens, Übernachtungspauschalen),
– → Verkaufsprovisionen (z.B. auf den erzielten Umsatz),
– → Verkaufsprämien für bestimmte Leistungen, z.B. bei Erfüllung von Umsatzvorgaben oder bei guter Platzierung in → Verkaufswettbewerben.

Nach Einschätzung von Verkaufsmanagern sind von allen aufgeführten Anreizen diejenigen zur Stärkung des Status nach innen am effektivsten. Erst danach folgt die Wirksamkeit von Provisionen und Prämien. Nicht-finanzielle Anreize und die Höhe des Festgehalts sowie die Vergünstigungen bieten sich am ehesten an, wenn man die Verkäufer dazu motivieren will, möglichst hohe Verkaufsanstrengungen insgesamt zu erbringen. Beabsichtigt jedoch das Unternehmen eine Steuerung der VADM in gewisse Richtungen, z.B. Verkaufsanstrengungen in Relation zum Deckungsbeitragssatz, so kann man dies nur über nach Produkten oder Kunden differenzierte Provisionssätze oder Prämien erreichen.

Bei der Entlohnung fest angestellter Verkaufsaußendienstmitarbeiter (VADM) stellt sich das Problem der optimalen Höhe der Entlohnung und der Bestimmung des optimalen Mix zwischen den finanziellen Außendienstanreizen, d.h. dem Festgehalt und verschiedenen Möglichkeiten der variablen Entlohnung.

Die Höhe der Entlohnung entscheidet neben den Arbeitsbedingungen darüber, ob qualifizierte Verkäufer gewonnen und gehalten werden können. Theoretisch sollte man das Qualifikationsniveau solange steigern, wie der Grenzertrag aus der Qualifikation höher als die Grenzkosten der höheren Entlohnung ist. In der Praxis ist diese Frage wegen der schlechten Abschätzbarkeit der Umsatzwirkungen kaum analytisch lösbar. Deshalb findet man folgende Strategien:

a) Das Unternehmen gewährt seinen VADM Einkommen etwa in Höhe der Wettbewerber. Entsprechendes Zahlenmaterial liegt z.B. von der *Kienbaum* Vergütungsberatung vor. Begründet wird diese Strategie damit, dass es Unternehmen mit dieser Einkommenshöhe möglich war, genügend qualifizierte Mitarbeiter zu gewinnen und zu halten und so langfristig zu überleben.

b) Das Unternehmen bietet seinen VADM überdurchschnittliche Einkommensmöglichkeiten und kann somit überdurchschnittlich qualifizierte Verkäufer gewinnen und halten. Diese Strategie wird von vielen erfolgreichen Unternehmen wie z.B. IBM angewendet, weil man sich dadurch einen so großen Wettbewerbsvorteil verspricht, dass die erzielbaren höheren Deckungsbeiträge die höheren Personalkosten übersteigen.

c) Das Unternehmen bietet seinen VADM unterdurchschnittliche Einkommensmöglichkeiten und kann dadurch preiswerter anbieten als Wettbewerber, muss aber immer mit dem Weggang qualifizierter VADM rechnen.

Bei der Bestimmung des optimalen Mix von Entlohnungskomponenten wählen viele Unternehmen eine Kombination von Festgehalt, Provision und Prämie, da jede Komponente mit ganz spezifischen Vor- und Nachteilen verbunden ist:

a) *Festgehälter* vermitteln ein Gefühl sozialer Sicherheit und motivieren deshalb zu größerer Loyalität und gleichmäßigerer Leistung. Sie sind zweckmäßig, wenn die Ergebnisse der Verkaufstätigkeit nicht dem Verkäufer eindeutig zurechenbar sind oder Tätigkeiten zu erbringen sind, die sich nicht unmittelbar im Umsatz niederschlagen. Im Übrigen sind Festgehälter bei einer neuen → Verkaufsgebietseinteilung unproblematisch und führen bei überdurchschnittlich wachsenden Umsätzen zu sinkenden Vertriebskosten pro Umsatzeinheit.

b) *Verkaufsprovisionen* sind erfolgsabhängige Einkommensteile und motivieren am stärksten zu Verkaufsanstrengungen. Umsatzproportionale Provisionen vermeiden jedes Kalkulationsrisiko und erlauben bei geeigneter Differenzierung eine nach Produkt- bzw. Kundengruppen differenzierte Steuerung der Verkaufsanstrengungen. Allerdings ist bei Provisionen eine Überbetonung kurzfristiger Verkaufsanstrengungen zu befürchten. Entwickeln sich einmal die Umsätze generell schlecht, so besteht die Gefahr, dass die besseren Verkäufer das Unternehmen am ehesten verlassen.

c) *Verkaufsprämien* verleihen dem Unternehmen eine gewisse Flexibilität, da ihre Gewährung kurzfristig geändert werden kann. Mit Prämien kann auch der Einsatz von VADM, wie z.B. die Anzahl von Besuchen, belohnt werden, wenn das Ergebnis, z.B. der Umsatz, auch auf andere Erfolgsfaktoren, z.B. auf Werbung, zurückgeht. Allgemein erlauben Prämien die Motivation von VADM zu ganz konkretem Verhalten, wie z.B. der Neukundenwerbung oder dem Abgeben von Besuchsberichten.

Nach der Wahl einer Kombination von Entlohnungskomponenten interessiert im Wesentlichen die Frage, welchen Anteil das Festgehalt gegenüber den variablen Entlohnungsteilen haben soll. Aus Erhebungen der Kienbaum Vergütungsberatung hat sich ein Verhältnis von 70:30 für fixe versus variable Entlohnung herauskristallisiert.

Mit Hilfe der → Principal-Agent-Theorie und der Transaktionskostentheorie sowie empirischen Untersuchungen ist untersucht worden, unter welchen Bedingungen sich dieses Verhältnis zugunsten des Festgehaltes verschieben sollte. Danach ist der Festgehaltanteil höher zu wählen, wenn der Verkäufer mit hoher Unsicherheit konfrontiert und risikoscheu ist. Verfügt er über lange Berufserfahrung und handelt es sich um reife Produkte, so sollte der variable Teil ein stärkeres Gewicht erhalten.

Bei der konkreten Gestaltung eines Außendienst-Entlohnungssystems werden üblicherweise folgende Ziele verfolgt:

– Überschaubarkeit, damit die beabsichtigte Steuerungswirkung erkennbar ist,
– Einfachheit, damit der administrative Aufwand nicht zu hoch wird,
– Flexibilität, damit die Struktur des Entlohnungssystems erhalten bleiben kann, selbst wenn andere Marketing-Ziele oder Marktbedingungen herrschen,
– Fairness, damit die Verkäufer sich untereinander problemlos vergleichen können.

S.A.

Literatur: *Albers, S.:* Entscheidungshilfen für den Persönlichen Verkauf, Berlin 1989, S. 242–393. *Albers, S.:* Optimales Verhältnis zwischen Festgehalt und erfolgsabhängiger Entlohnung bei Verkaufsaußendienstmitarbeitern, in: Zeitschrift

Außendienstführung

für betriebswirtschaftliche Forschung, 47. Jg. (1995), S. 124-142. *Albers, S.:* Optimisation Models for Salesforce Compensation, in: European Journal of Operational Research, Vol. 89 (1996), 1–17. *Churchill, G.A.; Ford, N.M.; Walker, O.C.:* Sales Force Management – Planning, Implementation, and Control, 2nd ed., Homewood (Illinois) 1985, S. 433–485. *Krafft, M.:* Außendienstentlohnung im Licht der Neuen Institutionenlehre, Wiesbaden 1995.

Außendienstführung
→ Verkaufs- und Außendienstpolitik

Außendienstgröße

Die Größe einer → Verkaufsorganisation lässt sich mengenmäßig durch die Anzahl der Außendienstmitarbeiter und wertmäßig durch das Budget für die Personalkosten des Verkaufsaußendienstes ausdrücken. In der Bundesrepublik haben große verkaufsorientierte Unternehmen einige tausend Außendienstmitarbeiter. In der Lebensmittelindustrie umfassen die Außendienstmannschaften dagegen oft nur noch weniger als 100 Mitarbeiter. Eine Rangliste der größten Verkaufsorganisationen veröffentlicht jährlich die Zeitschrift „absatzwirtschaft". Dabei wird allerdings eine sehr weite Abgrenzung von Vertrieb vorgenommen, die z.B. auch den Technischen Kundendienst, Anwendungsberater, Mitarbeiter der Logistik sowie eigener Vertriebsniederlassungen miteinschließt. 1998 ergaben sich dabei für die größten 60 Vertriebsorganisationen Deutschlands folgende Kennwerte:

Ø Größe: 1.532 Mitarbeiter
Ø Umsatz pro ADM /p.a. 3.936.347 DM
Vertriebskosten in % v. Umsatz 11,95%

Für die Bestimmung der optimalen Außendienstgröße innerhalb der Außendiensteinsatzplanung findet man drei verschiedene Methoden:

(1) Budgetmethode: Innerhalb der Marketing-Mix-Planung wird ein Budget für den Verkaufsaußendienst festgelegt. Nach Abzug der Reise- und Verwaltungskosten wird das verbleibende Budget durch die durchschnittliche Einkommenshöhe eines Verkäufers geteilt, wodurch sich die Anzahl der zu beschäftigenden Verkäufer ergibt (zur Festlegung der Höhe siehe → Außendienstentlohnung).

(2) Arbeitslastmethode: Nach Festlegung der Besuchsnormen im Rahmen der → Besuchsplanung kann man den Zeitaufwand für alle Kundenbesuche errechnen. Dieser Zeitaufwand wird mit einem Faktor multipliziert, der den Aufwand für die Besuchsvor- und -nachbereitung, das Schreiben von Besuchsberichten sowie die Teilnahme an Schulungen berücksichtigt. Danach teilt man den Gesamt-Zeitaufwand durch die maximal zulässige Arbeitszeit eines Verkäufers und erhält die Anzahl der benötigten Mitarbeiter.

(3) Inkrementalmethode: Ausgehend von der bisherigen Anzahl von Mitarbeitern wird jeweils für einen um einen Verkäufer größeren oder kleineren Außendienst geprüft, welche unmittelbare Deckungsbeitragswirkung nach Berücksichtigung der veränderten Personalkosten eintritt. Dazu muss für den vergrößerten oder verkleinerten Außendienst eine neue optimale → Verkaufsgebietseinteilung und darauf aufbauend eine neue optimale Besuchs- und Tourenplanung bestimmt werden. Alternativ kann man auch eine Reaktionsfunktion des Umsatzes in Abhängigkeit von der Anzahl der Verkäufer schätzen. Der Prüfprozess wird iterativ solange fortgesetzt, bis weder eine Vergrößerung noch eine Verkleinerung der Anzahl der Mitarbeiter eine Ergebnisverbesserung bringen. S.A.

Literatur: *Albers, S.:* Entscheidungshilfen für den Persönlichen Verkauf, Berlin 1989, S. 503-535. *Albers, S.:* Außendienstgröße, in:. *Albers, S.; Hassmann, V.; Somm, V.; Tomczak, T.* (Hrsg.): Verkauf: Kundenmanagement, Vertriebssteuerung, E-Commerce, Loseblattwerk und Online-Dienst www.verkauf-aktuell.de, Gabler Wirtschaftspraxis, Wiesbaden 2000, Kapitel 04.02. *Lodish, L.M.; Curtis, E.; Ness, M.; Simpson, M.K.:* Sales Force Sizing and Deployment Using a Decision Calculus Model at Syntex Laboratories, in: Interfaces, Vol. 18 (Jan.-Febr. 1988), S. 5-20. *Hanser, P.:* High Speed Vertrieb. Die Kraft der Umsetzung. Ergebnisse der asw-Vertriebsumfrage '99, in: absatzwirtschaft (1999), Heft 10, S. 58-66.

Außendienst-Leasing
→ Contract Sales Forces

Außendienstmitarbeiterselektion

Die Kosten der Auswahl eines Verkaufsaußendienstmitarbeiters (VADM), nämlich die Kosten der Suche, der Vorstellung, der Auswahl, der Einarbeitung und Schulung, betragen in vielen Unternehmen bis zur Höhe eines Jahreseinkommens eines VADM. Falsch ausgewählte, d.h. später nicht erfolgreiche Verkäufer verursachen zusätzlich Minderumsätze, sodass der richtigen Auswahl von VADM eine Schlüssel-

rolle bei der Außendienstführung zukommt (→ Verkaufs- und Außendienstpolitik).
Das Problem der Außendienstmitarbeiterselektion besteht in der Attraktion und Auswahl von Bewerbern, deren Fähigkeitsprofil bestmöglich mit dem Anforderungsprofil für einen erfolgreichen Verkäufer übereinstimmt. Obwohl insb. von den Psychologen viele Studien mit dem Ziel durchgeführt worden sind, Eigenschaften erfolgreicher Verkäufer herauszufinden, sind keine generellen Erkenntnisse gefunden worden, da diese von vielen situativen Faktoren abhängig sind. Den Unternehmen wird deshalb empfohlen, mit Hilfe der → *Logistischen Regression* die Fähigkeiten zu identifizieren, die zwischen erfolgreichen und nicht erfolgreichen Verkäufern diskriminieren.
Nach Kenntnis des Anforderungsprofils sollte das *Fähigkeitsprofil* der Bewerber erhoben werden. Dafür kommen im Wesentlichen folgende Instrumente in Frage: Analyse der biographischen Daten, persönliches Interview, Tests (Intelligenz- oder Persönlichkeitstests) oder Assessment Center.
In vergleichenden Untersuchungen hat sich herausgestellt, dass die Validität von *persönlichen Interviews* aufgrund der subjektiven und nicht vergleichbaren Gespräche am geringsten ausgeprägt ist. Danach folgen alle Arten von *Tests*. Erstaunlicherweise kann man aus *biographischen Daten* (z.B. Alter und Ausbildung) besser auf den zukünftigen Erfolg schließen. Die höchste Prognosekraft weisen *Assessment Centers* auf, in denen Bewerber mit Situationen ihres Berufslebens konfrontiert werden und beobachtet wird, wie sie damit fertig werden. Beliebte Aufgaben sind das *Postkorbspiel*, das Beantworten von telefonischen Reklamationen und die unstrukturierte Diskussion. Die Anwendung von Assessment Centern ist allerdings mit den höchsten Kosten verbunden, sodass sie nur bei Rekrutierung einer großen Anzahl von VADM, wie z.B. in der Versicherungsbranche, empfehlenswert erscheint. S.A.
Literatur: *Churchill G.A.; Ford, N.M.; Walker, O.C.:* Sales Force Management, 5th ed., Chicago et al. 1997, S. 392–421. *Randall, E.J.; Cooke, E.F.; Smith, L.:* A Successful Application of the Assessment Center Concept to the Salesperson Selection Process, in: The Journal of Personal Selling & Sales Management, Vol. 5 (May 1985), S. 53-61.

Außendienstpolitik
→ Verkaufs- und Außendienstpolitik

Außendienst-Promotions
stellen Aktionen der → Verkaufsförderung dar, die sich an den Außendienst, d.h. an wirtschaftlich von den Industrieunternehmen abhängiges Verkaufspersonal, richten (z.B. → Reisende, → Handelsvertreter). Die wesentlichen Ziele, die mit Außendienst-Promotions verfolgt werden, sind die kurzfristige Mobilisierung des Leistungswillens (Motivation) und/oder die punktuelle Steigerung des Leistungsvermögens der Außendienstmitarbeiter. I.d.S. können Außendienst-Promotions als Aktions-Parameter der → Außendienststeuerung betrachtet werden, deren Charakteristikum der Einsatz von motivierenden Maßnahmen (→ Verkaufswettbewerbe), Informationen (→ Sales Folder, → Verkäuferbriefe und → Verkäuferzeitungen) und Schulungen zur kurzfristigen Stimulierung der Außendienstleistungen ist. T.T.
Literatur: *Bänsch, A.:* Charakterisierung und Arten von Sales Promotions, in: *Berndt, R.; Hermanns, A.* (Hrsg.): Handbuch Marketing-Kommunikation, Wiesbaden 1993, S. 563-575. *Cristofolini, P.M.; Goehrmann, K.:* Verkaufsförderungstraining für den Außendienst-Mitarbeiter – mit Seminarprogrammen, in: *Koinecke, J.* (Hrsg.): Arbeitshandbuch Absatzförderung, München 1979, S. 541–558.

Außendienststeuerung
Verkauft ein Unternehmen durch Verkaufsaußendienstmitarbeiter (VADM), so muss es im Rahmen der Außendienstführung versuchen, die Verkäufer zu motivieren, in seinem Sinne zu handeln (→ Verkaufs- und Außendienstpolitik). Dazu kann es entweder Ziele für den zu leistenden Einsatz (INPUT) oder für die zu erreichenden Ergebnisse (OUTPUT) vorgeben. In Verbindung damit kann es entweder zu erreichende Mengen vorgeben und deren Einhaltung sanktionieren oder Preise in Form von finanziellen „Vorteilen" für das Erreichen von Zielen spezifizieren. Kombiniert man die beiden Ausgestaltungsmöglichkeiten miteinander, so ergeben sich insgesamt vier grundsätzliche Alternativen für die Steuerung eines Verkaufsaußendienstes (*Abb.*).
Kann der Umsatz als Ergebnis der Verkaufsanstrengungen betrachtet werden, so empfiehlt sich eine Output-orientierte Steuerung der VADM, da der Umsatz einfach gemessen werden kann. Wird der Umsatz dagegen stark durch andere Marketing-Instrumente beeinflusst, so z.B. im Falle der Werbung beim Vertrieb von Markenarti-

Außengroßhandel

Alternative Formen der Steuerung eines Verkaufsaußendienstes

Bezugsgröße / Konkretisierungsgrad	Input / Aktivitäten	Output / Ergebnis
Mengen-Vorgaben	Detaillierte Besuchs-Vorgaben	Umsatz-Vorgaben
Finanzielle Anreize (Preise)	Prämien pro Besuch oder Merchandising-Aktivitäten	Provisionssätze bezogen auf den Umsatz

keln in der Lebensmittelindustrie, kann man einen VADM nicht ergebnisorientiert führen, da er den Umsatz als Ergebnis nicht durch eigene Aktivitäten vollständig selbst kontrollieren kann.

Besitzt die Verkaufsleitung bessere Informationen über die Attraktivität einzelner Kunden, so empfiehlt sich eine mengenorientierte Steuerung des Verkaufsaußendienstes. Detailliert vorgegebene Besuchspläne (→ Besuchsplanung) beobachtet man insb. bei VADM, die zusätzlich die Funktion des Auftragsannehmens und Zustellens von Ware übernehmen. Voraussetzung für diese Steuerungsform ist natürlich, dass die Ausführung eines vorgegebenen Besuchsplans genau kontrolliert werden kann. Besitzt das Unternehmen nur Informationen über das Marktpotential eines Verkaufsgebietes, so empfiehlt sich eine Steuerung über Umsatz-Vorgaben.

Eine Preissteuerung erscheint dagegen angebracht, wenn der VADM über bessere Marktinformationen als die Verkaufsleitung verfügt und deshalb besser abschätzen kann, welche konkreten Verkaufsanstrengungen notwendig sind. Dies gilt umso mehr, wenn der Verkäufer flexibel auf Änderungen von Verkaufsbedingungen reagieren muss. Dann nämlich können Umsatz-Vorgaben nicht vernünftig bestimmt werden. Bei einer Steuerung über Provisionen und Prämien kann auch die → Preisfestsetzungskompetenz an die VADM delegiert werden, sofern das Gewähren von Rabatten durch die VADM finanziell bestraft wird.

S.A.

Literatur: *Albers, S.:* Steuerung von Verkaufsaußendienstmitarbeitern mit Hilfe von Umsatzvorgaben, in: *Lücke, W.* (Hrsg.): Betriebswirtschaftliche Steuerungs- und Kontrollprobleme, Wiesbaden 1988, S. 5-18. *Krafft, M.:* An Empirical Investigation of the Antecedents of Sales Force Control Systems, in: Journal of Marketing, Vol. 63 (July 1999), S. 120-134.

Außengroßhandel

→ Großhandel mit Schwerpunkt im grenzüberschreitenden Warenverkehr. Je nach Richtung des Warenstroms ist zwischen dem *Importgroßhandel* (Wareneinfuhr), dem *Exportgroßhandel* (Warenausfuhr) und dem *Transitgroßhandel* (Warenbewegung zwischen zwei Punkten des Zollauslands durch das Zollinland) zu unterscheiden. Die Außenhandel betreibenden Unternehmungen des Großhandels lassen sich des Weiteren nach der Intensität ihrer regionalen Marktbearbeitung in Länderspezialisten (Konzentration auf ein Land oder eine geringe Zahl von Ländern) und Länderuniversalisten (generelle internationale Großhandelstätigkeit) unterteilen. K.Ba.

Außenhandel

grenzüberschreitender Warenverkehr einer Volkswirtschaft. Der Außenhandel umfasst die Gesamtheit der Warenexporte und -importe (→ Export, → Transithandel, → Generalhandel, → Spezialhandel).

I.w.S. ist jeder gewerbsmäßige Austausch von Gütern (Objekten) und Leistungen über zwischenstaatliche Zollgrenzen Außenhandel. Durch diese Auslegung des Begriffes wird nicht nur der institutionelle Außenhandel (→ Außenhandel, institutioneller) sondern auch der funktionale Außenhandel (der Außenhandel von Produktionsbetrieben i.w.S.) sowie die Tätigkeit anderer außenhandelsorientierter Dienstleistungsbetriebe (Transport-, Versicherungs-, Bankbetriebe) erfasst (→ Außenhandelsgeschäft). H.Ma.

Außenhandel, institutioneller

Im Gegensatz zum funktionalen Außenhandel umfasst der institutionelle Außenhandel alle Betriebe bzw. Institutionen, deren wirtschaftliche Tätigkeit ausschließlich oder überwiegend dem internationalen Handel (und damit überwiegend dem Großhandel) im funktionalen Sinne zuzuordnen sind.

Der institutionelle Außenhandel findet seine (bisher vernachlässigte) theoretische Fundierung im Wesentlichen durch die nachstehenden Wissenschaftsdisziplinen:

- Außenhandelstheorie (Theorie der komparativen Kosten – Ricardo, Theorie der komparativen Nutzen – Edgeworth)
- (Internationale) Betriebswirtschaftslehre bzw. Unternehmensführung
- Betriebswirtschaftslehre des Binnenhandels
- → Internationales Marketing

Im Rahmen allgemeiner betriebswirtschaftlicher Erklärungs- bzw. Forschungsansätze (entscheidungstheoretischer Approach, System-Approach, situativ-pragmatischer Approach) gewinnen folgende spezifische wissenschaftlich Ansätze an Bedeutung:

- *Comparativ Management-Approach* (vergleichende Unternehmensführung institutioneller Außenhandelsbetriebe);
- *Commodity-Approach* (Waren- und Technikorientierung im internationalen Handel, speziell im institutionellen Außenhandel; s.a. → Commodity);
- *Information-Approach* (Betriebsinformatik für institutionelle Außenhandelsbetriebe, innerbetriebliche und außerbetriebliche Informationsprozesse, speziell internationale (Markt)forschung, → Auslandsmarktforschung, Integration der Ergebnisse in das Außenhandelsmanagement);
- *Functional Approach* (Funktionsorientierung im institutionellen Außenhandel; ermöglicht erst die Analyse von Außenhandelstransaktionen);
- *Institutional Appro*ach (Betriebsformen und Betriebstypen des institutionellen Außenhandels);
- *Transaktions-Approach* (Produktivitätsorientierung, Transaktionskosten- und Transaktionsnutzen, Time- Management als Option der Produktivitätssteigerung durch intensivere Nutzung der vorhandenen Zeitressourcen);
- *Marketing-Approach* (Kunden- und Konkurrenzorientierung, → Internationales Marketing);
- *Segmentation Approach* (Länderorientierung und Auslandsmarktwahl (→ Länderselektion), Zielgruppenbestimmung (→ Marktsegmentierung))

Aus den genannten (sich teilweise überschneidenden) Perspektiven entwickelt der institutionelle Außenhandel seine strategische Grundorientierung. Neben den konstitutiven Entscheidungen sind jedoch lfd. Haupt- und Nebenstrategien zu entwickeln, welche integrativ alle betrieblichen Teilbereiche (bzw. Funktionen) des institutionellen Außenhandelsbetriebes erfassen (→ Handelsstrategien).

Nach der Hauptrichtung der Tätigkeit spricht man von agglomerierendem (Aufkauf-) und distribuierendem (Verteil-) Handel.

Nach der Zusammensetzung des Außenhandelssortiments institutioneller Außenhandelsbetriebe (Warenorientierung) unterscheidet man Sortimentsaußenhandel und Spezialhandel (→ Commodity). Mischformen sind heute charakteristisch für die strategische Positionierung im institutionellen Außenhandel. Ferner existieren zur weiteren Profilierung eine Reihe klassischer Außenhandelsgeschäfte, die zur Abwicklung operativer Außenhandelstransaktionen eingesetzt werden.

Die Bedeutung des institutionellen Außenhandels lässt sich durch seinen Anteil am Welthandelsvolumen abschätzen, an dem er zu etwa einem Drittel (genauere Daten liegen nicht vor) beteiligt ist. Der Anteil des selbständigen institutionellen Außenhandels in der BRD (Import/Export/Transit) liegt bei etwa 25 %, bezieht man den übrigen institutionellen Außenhandel mit ein, dürften zwischen 30 und 40 % des deutschen Außenhandels durch institutionellen Außenhandel abgewickelt werden.

Ebenso wie im Internationalen Marketing lassen sich im institutionellen Außenhandel Entwicklungsstufen erkennen, welche jedoch nicht zwangsläufig evolutorischer Natur sind (Problematik der Erfassung des Begriffs Internationalisierung).

Beim institutionellen Außenhandel ist es unerheblich, wer die Träger (Eigentümer) des institutionellen Außenhandels sind. Die Eigentumsverhältnisse charakterisieren die Macht- bzw. Abhängigkeitsverhältnisse. Danach lassen sich systemisch folgende institutionelle Außenhandelsbetriebe nach der Trägerschaft (internationale institutionelle Handelsarten) unterscheiden:

Außenhandelsagentur

- *Selbständiger Außenhandel* („Kaufmannshandel") als Einzelbetriebshandel, Gesellschaftshandel oder Gemeinschaftshandel. Bei letzteren schließen sich mehrere Außenhandelsbetriebe zwecks Durchführung des Außenhandels zu mehr oder weniger losen, zeitlich befristeten oder unbefristeten Transaktionen zusammen: Partizipations- bzw. *Konsortial-Geschäfte* (Metà-Geschäft, Terzo-Geschäft), Internationale Handelsvereinigungen (internationale Ringbildung, *Exportring, Exportvereinigung, Importvereinigung, Importring*) oder internationale Handelskartelle (Import-, Exportkartell).
- *Banknaher (bankeigener) Außenhandel*, bei welchem Banken institutionelle Handelsbetriebe führen (Gründung, Aufkauf).
- *Industrienaher (industrieeigener, produzenteneigener, angegliederter) Außenhandel*, der aus verschiedenen Motiven, meist aber zur Erfüllung von Aufgaben des industriellen internationalen Marketing, gegründet oder gekauft wird (Problem der Abgrenzung zum internationalen industriellen → Direktvertrieb). Wie beim selbständigen Außenhandel ist der Gesellschaftshandel weit verbreitet (Syndikat, Kontor). Viele Auslandsniederlassungen werden in Form institutioneller Außenhandelsbetriebe (jeweils nach nationalem Recht) geführt (z.B. *Exportniederlassung, Exportfabrikniederlassung, Auslandswerksvertrieb, Auslandswerkshandelsgesellschaft, Exportwerkhandelsgesellschaft*, industrielle *Trading houses*, → Sogo shosha). Aber auch betriebsfremde Außenhandelsgeschäfte werden von solchen institutionellen Außenhandelsbetrieben abgewickelt.
- *Sonstige produzentennahe Außenhandelsbetriebe* (Gewerbe, Land- und Forstwirtschaft, Fischerei, Energiewirtschaft, Bauwirtschaft, sonstige produzierende Dienstleistungsbereiche) betätigen sich im internationalen Handel.
- *Konsumentennaher Außenhandel* wird in marktwirtschaftlichen Systemen vorwiegend als Importhandel betrieben.
- *Staatshandel* kennzeichnet den institutionellen Außenhandel planwirtschaftlicher Systeme (Außenhandelsorganisation - AHO), welche auf diese Weise den Güteraustausch im Rahmen des internationalen Handels abwickelt. Im Rahmen der Umgestaltung in der UdSSR gewinnt jedoch künftig auch der funktionale Außenhandel der Industrie möglicherweise größere Bedeutung.

Der institutionelle Außenhandel lässt sich ferner unterscheiden in den *Eigenhandel* (Proprehandel), der im eigenen Namen und für eigene Rechnung durchgeführt wird, den (internationalen) *Vermittlerhandel* und *Mischformen*, welche sowohl Eigen- als auch Fremdgeschäfte durchführen. Häufig sind solche Mischformen im institutionellen Außenhandel durch das jeweilige nationale Recht mitbedingt.

Der institutionelle Außenhandel beschäftigt sich mit Waren insb. → Commodities, aber auch Dienstleistungen aller Art. Daraus resultieren Betriebstypen verschiedenster Art. Durch die Entwicklung des international orientierten Außenhandels (im Gegensatz zu binationalem Handel) steht der institutionelle Außenhandel in starkem Wettbewerb mit dem funktionalen Außenhandel von Produktionsbetrieben (internationaler industrieller Direktvertrieb). H.Ma.

Außenhandelsagentur
→ internationaler Vermittlerhandel

Außenhandelsfinanzierung

Es gilt – wie generell bei der → Absatzfinanzierung – die Überlegung der Gewinnplanung, die Zahlungsfähigkeit sowie die Minimierung der Finanzierungskosten auf → Außenhandelsgeschäfte → institutioneller Handelsbetriebe zu übertragen.

Nach der Fristigkeit der verschiedenen Finanzierungsvarianten im internationalen Handel (→ Handel, internationaler) wird zwischen kurz- und mittel- sowie langfristigen Finanzierungsmöglichkeiten unterschieden. Die Finanzierung kann über die Hausbank oder etwaige Spezialinstitute (etwa bei → Factoring) erfolgen.

Ein Auslandsgeschäft weist in der Regel vier Phasen auf, welche für die Finanzierung relevant sein können:

- die Beschaffungs- (Produktions-)phase
- die Transportdauer
- das eingeräumte Zahlungsziel
- die Dauer des Transfererlöses.

So werden bei der Vertragsgestaltung das Risikomanagement sowie Optionen der Zahlungsabwicklung (Zahlungsbedingungen) zu begleitenden Einflussfaktoren (→ Auslandsrisiken).

Zahlungsbedingungen als Grundlage der kurzfristigen Refinanzierung im internationalen Handel unterscheiden sich im Wesentlichen dadurch, dass die Zahlung unabhängig oder abhängig von der dokumentären Abwicklung, banklich abgesichert oder unabgesichert, erfolgt.

Die gebräuchlichsten kurzfristig wirksamen Zahlungsbedingungen sind

a) bei offener Rechnung (clean payment)
  - Zahlung vor Lieferung (Payment before delivery, advanced payment)
  - Zahlung bei Lieferung (payment upon delivery)
  - Zahlung nach Lieferung (payment after delivery)
b) bei Dokumenten-Inkasso (documentary collection)
  - Dokumente gegen Zahlung (documents against payment, d/p),
  - Dokumente gegen Akzept (documents against acceptance, d/a),
c) beim Dokumenten-Akkreditiv (documentary letter of credit),
  - Sicht-Akkreditiv (sight l/c),
  - Akkreditiv mit Wechselziehung (acceptance credit),
  - Akkreditiv mit aufgeschobener Zahlung (deferred payment).

Kurzfristig refinanzierte Lieferantenkredite sind

- Kontokorrentkredit,
- Bevorschussung von Dokumenten,
- Factoring (Ankauf von Auslandsforderungen durch einen Factor)
- Euro-Kredite,
- Refinanzierung auf Wechselbasierung (Diskontierung, Privat-Diskontkredit, Akzept-Rembours-Kredit),

Mittel- und langfristige Zahlungsziele werden sich vorwiegend im → Anlagengeschäft ergeben. Als mittel- und langfristige Finanzierungsoptionen stehen zur Verfügung:

- mittel- und langfristige Lieferantenkredite durch entsprechende Zahlungsziele,
- Refinanzierung über spezialisierte Kreditinstitute,
- Euro-Kredite,
- Forfaitierung. H.Ma.

Literatur: *Häberle S.G.:* Handbuch der Außenhandelsfinanzierung, München, Wien 1998. *Kuttner K.:* Mittel- und langfristige Exportfinanzierung, Besondere Erscheinungsformen in der Außenhandelsfinanzierung, Wiesbaden 1995.

Außenhandelsgeschäft

Im Marketing des institutionellen Außenhandels (→ Außenhandel, institutioneller) haben sich eine Reihe typischer Außenhandelstransaktionen herausgebildet, welche für bestimmte Vertragsgegenstände (→ Commodity), Länder und Situationen anwendbar sind.

(1) *Abladegeschäft* oder *Einfuhrgeschäft* zwischen ausländischem Verkäufer (Ablader) und einem Importeur sind klassische Transaktionen. Zur Vertragsanbahnung sind Korrespondenz, persönliche Besuche oder die Einschaltung von Vertretern des Abladers zu erwägen. Zum Kontrakt- bzw. Vertragsinhalt gehören die genaue Warenbezeichnung, Qualität, Menge, Preis, Liefer- und Zahlungsbedingungen, Verpackung, Versicherung, Dokumentenbestimmungen, rechtliche Fragen, Schiedsgerichtsvereinbarungen usw. Probleme kann die Mengenbestimmung bereiten. Neben Brutto- oder Nettogewichtsvereinbarungen könnte als Nachweis für das gelieferte Gewicht die Bescheinigung einer Kaigesellschaft, eines Frachtführers usw. vereinbart werden. Zur Qualitätskontrolle sind branchenmäßige Usancen zu beachten (→ Internationale Usancen). Wird die Qualität im Vertrag nicht definiert, so hat der Verkäufer mindestens die Durchschnittsqualität zu liefern, ansonsten ist die vereinbarte Qualität zu liefern. Um schwierige Qualitätsbeschreibungen zu umgehen, kann man nach Muster importieren.

Der Importeur muss die Importvorschriften klären und wird sich zur Erleichterung seiner Disposition den Versand anzeigen lassen. Da der institutionelle Händler die importierten Waren nicht im Produktionsprozess einsetzt, bieten sich verschiedene Optionen für den Weiterverkauf an:

(a) Der *Importeur* verkauft die noch nicht angekommene Ware zu den gleichen Importbedingungen aber zu einem höheren Preis an einen oder mehrere Interessenten. In letzterem Fall wird die Gesamtkonnossementpartie mit Hilfe der Reederei in *Konnossementsteilscheine* oder *Delivery Orders* oder *Kaiteilscheine* aufgeteilt, die den jeweiligen Käufern ausgehändigt werden. Damit erhalten sie die Verfügungsberechtigung über die Ware und können deren Herausgabe nach Eintreffen verlangen. Die Ware gelangt also nicht in das Lager des Importeurs.

Außenhandelsgeschäft

Damit ähnelt diese Transaktion einem *Exportstreckengeschäft*.

(b) Im verlängerten *Abladegeschäft* oder *Locogeschäft* verkauft der Importeur die Waren ab Kai oder Lager. Die Importabwicklung geht zu Lasten des Importeurs, auch wenn die Ware zurzeit des Verkaufs noch nicht eingetroffen ist (schwimmt).

(2) *Offerten-* und *Ordergeschäft* gelten als klassische internationale Handelsgeschäfte. Unterscheidungskriterium ist die Initiative zum Abschluss des Kontraktes. Im Offertengeschäft macht der Exporteur das Angebot, im Ordergeschäft geht die Anfrage vom Importeur aus. Als Ordergeschäft besonderer Art hat das *Indentgeschäft* besondere Tradition.

(a) *Internationale Know-how-Verträge* haben im institutionellen Handel besonderen Stellenwert beim internationalen Vertrieb von Konsumgütern sowie beim Einsatz von Serviceleistungen (Dienstleistungssektor) erhalten.

(b) *Internationale Franchise-Verträge* (franz. affranchir-Recht auf [Gebühren-] Befreiung) wurden um 1900 in den USA als vertikale Kooperationsform zwischen Industrie und Handel eingeführt. Heute sind solche Kooperationsformen auch zwischen internationalen Handelssystemen etabliert. Das Wesen eines internationalen Franchisesystems im institutionellen Außenhandel liegt im Export/Import eines Marketingkonzeptes. Dabei überlässt der Franchisegeber einem ausländischen Kooperationspartner (Franchisenehmer) gegen eine Gebühr (Franchise-fee) das Recht, das Unternehmenskonzept (evtl. auf spezifische Marktbedürfnisse adaptiert) als nationales Franchise(sub)system zu benutzen. Der Vorteil liegt für den Franchise-Geber in der Risikominimierung bei der ausländischen Marktbearbeitung durch Wegfall spezifischer Exportrisiken. Der Franchise-Nehmer übernimmt ein im Ausland bereits erfolgreiches Marktbearbeitungssystem. Besonderes Augenmerk ist der Produkthaftung zu schenken, welche als Importeur zunächst den Franchise-Nehmer trifft, der dann aber die Haftung auf den Franchise-Geber wälzen kann. Ähnliche Probleme ergeben sich auch in Hinblick auf fehlerhafte Informationen, die der Franchise-Geber dem Franchise-Nehmer überlässt. Angesichts der Problematik der sich international weiterentwickelnden Judikatur wird eine beiderseitig interessensgerechte Lösung nur durch eine Regelung im Innenverhältnis zwischen Exporteur und Importeur zu finden sein.

(c) *Internationale Lizenzgeschäfte* betreffen den institutionellen Außenhandel vorwiegend als Vermittler (internationaler Handelsvermittler), sodass hierbei keine Lizenzgebühr, sondern Provision für die erfolgreiche Vermittlung eines Lizenzvertrages fällig wird. Lizenzverträge beinhalten das Recht der Nutzung von technischem Know-how, welches in Form von Patenten vorliegt. Eine Unterart stellen Technologie-Transfer-Verträge dar, wo neben den Lizenzen auch das Recht zur Nutzung nicht geschützten technischen Wissens (Prozesse und/oder Produkte), z.B. in Form der Überlassung von Dokumentationen oder Fachpersonal übertragen wird.

(d) *Internationale Managementverträge* beinhalten unternehmerische Leistungen, wie etwa die Errichtung und Führung einer Marketingorganisation (z.B. Auslandsniederlassung). Dies kann auf Rechnung eines ausländischen Handelsbetriebes im Importland oder eines Drittlandes geschehen. Somit erhält das dienstleistende Unternehmen mit oder ohne (i.d.R. geringe) Kapitalinvestition Einfluss auf das strategische und operative Auslandsgeschäft. Auf diese Weise wird fehlendes Management-Know-how im Gastland ersetzt bzw. ergänzt, wodurch sich solche Konstruktionen vor allem für den Einsatz in Entwicklungs- und Staatshandelsländer eignen, die ein eigenes effektives institutionelles Handelssystem (Binnenhandel) einrichten wollen.

(3) *Konsignationslagergeschäft* (Kommissionsgeschäft, → internationaler Vermittlerhandel) ermöglichen dem Exporteur als Auftraggeber (Konsignant) in ein anderes Land Waren (Konsignationswaren) an den Beauftragten (Konsignatar) zu treuen Händen zu liefern. Dabei bleibt die Ware bis zum Verkauf Eigentum des Exporteurs. In Ländern, wo Eigentumsvorbehalt nicht oder nur schwer erreichbar ist, wird zur Absicherung solcher Transaktionen eine Bankgarantie durch den Konsignatar den Eigentümer vor Verlust im Konkursfalle schützen. Deutsche Exporteure können auch eine HERMES-Garantie beantragen.

Exportstreckengeschäfte (drop shipment, Internationaler Factor) führen institutionelle Außenhandelsbetriebe durch, bei welchen die Güter das eigene Lager (im Stammland oder Gastland) nicht berühren. Solche Händler verzichten u.U. zur Gänze auf eigene Lagereinrichtungen und führen lediglich Kontore (institutioneller Außenhandel, → Transithandel). Der Exportstreckenhändler holt bei potentiellen Lieferanten Festangebote ein, bei welchen zu den wichtigsten Konditionen die Lieferung in neutraler Verpackung, die Vermeidung eines Herkunftsnachweises sowie eine verlängerte Reklamationsfrist gehören, um den Exportstreckenhändler vor Ausschaltung zu schützen.

- *Transithandelsgeschäft* → Transithandel
- *Countertrade-Geschäfte* (Commercial Countertrade)
- *Switchgeschäfte* tätigen institutionelle Außenhandelsbetriebe als Eigenhändler nicht unmittelbar mit Händlern in devisenschwachen Ländern sondern die Transaktion wird über ein drittes Land (→ Transithandel, Countertrade) umgelenkt. Hierbei kann es sich um Warenswitch oder Devisenswitch handeln, je nachdem ob der Warenstrom oder die Gegenleistung über ein Drittland umgeleitet wird
- *Warentermingeschäfte* werden vor allem an internationalen Warenbörsen von Rohstoffhändlern getätigt. H.Ma.

Außenhandelskette

Als → Handelskette wird der Weg einer stofflich unverändert bleibenden Ware von ihrem Erzeuger bis zum nächsten Verwender definiert. Die im institutionellen Außenhandel empirisch feststellbaren, überaus unterschiedlichen Strukturen lassen sich nach verschiedenen wirtschaftlichen Kriterien gliedern: Der grenzüberschreitende Warenverkehr führt zu Außenhandelsketten, die nach ihrem Gliederungskriterium benannt werden:

- *Industriewaren- (Investitionsgüter-)ketten* führen durch Ver- oder Bearbeitung oder Nutzung zur Schaffung von neuen, andersartigen Produkten. Bei Rohwaren führen sie i.d.R. vom Urerzeuger zum Zwischen- bzw. Enderzeugungsbetrieb. Bei Halbwaren führt die Außenhandelskette zu einem weiteren (bzw. mehreren) Zwischenerzeuger oder zum Enderzeuger, bei Fertigerzeugnissen zu anderen abgeleiteten Betrieben.
- *Konsumwarenketten* führen zum letzten Verwendungsglied, nämlich den Konsumentenhaushalten.
- *Außenhandelsketten* bestehen entweder aus internationalen Eigenhändlern, internationalen Vermittlern oder aus Kombinationen aus diesen (internationale Händlerkette, internationale Vermittlerkette, internationale Händler-/ Vermittlerkette). H.Ma.

Außenhandelskonsortium

kartellähnlicher Zusammenschluss von Einzelwirtschaften zur Abwicklung umfangreicher Außenhandelstransaktionen. (→ internationaler Handel, → Außenhandel, institutioneller)

Außenhandelsstatistik

Die → amtliche Statistik verwendet zwei Konzepte zur Erfassung des → Außenhandels:

(a) Der Spezialhandel umfasst in der Einfuhr die unmittelbare Einfuhr von Waren in das → Zollgebiet und die Einfuhr von ausländischen Waren in ein Lager. Lager im Sinne der Außenhandelsstatistik sind die Freihafenlager und die Zollager, einschl. offener Zollager. In diese Lager können Waren aus dem Ausland unverzollt eingeführt werden. Sie dienen der Zwischenlagerung von Waren, die für den → Export bestimmt sind oder deren endgültiger Verbleib zum Zeitpunkt der Lagerung noch nicht feststeht.
In der Ausfuhr umfasst der Spezialhandel die gesamte Warenausfuhr aus dem Erhebungsgebiet der Außenhandelsstatistik (ohne Zollausschlussgebiet Büsingen, incl. Zollanschlussgebiete Jungholz und Mittelberg).
(b) Der Generalhandel umfasst die grenzüberschreitenden Warenströme (ohne → Transithandel und Zwischenauslandsverkehr). H.Ma.

Außenhandelsvertreter

→ internationaler Vermittlerhandel,
→ Handelsvertreter

Außenhandelsvolumen → Spezialhandel,
→ Internationaler Handel,
→ Welthandelsvolumen

Außenwerbeforschung

beschäftigt sich mit der Messung der Effizienz von Plakatstandorten (→ Außenwerbung). Die GfK Markforschung beispielsweise misst für etliche Plakatstellen in Deutschland einen Indexwert, den sogenannten *G-Wert*, der die Qualität jeder ein-

Außenwerbung

zelnen Plakatstelle vergleichbar macht. In die Bewertung des G-Wertes fließen sowohl Frequenzmessungen (wie viele Personen kommen am Plakatstandort vorbei?) getrennt für Fahrzeuge, Fußgänger und öffentliche Verkehrsmittel, als auch qualitative Sichtbarkeitskriterien (Erkennbarkeit des Plakatstandorts) ein wie z.B. Blickwinkel, Entfernung, Verdecktheitsgrad. Der G-Wert ist als Prognose interpretierbar, wie viele Passanten sich innerhalb einer durchschnittlichen Tagesstunde zwischen 7.00 Uhr und 19.00 Uhr an einem durchschnittlichen Wochentag (Montag bis Freitag) an ein durchschnittlich aufmerksamkeitsstarkes Plakat erinnern können. Plakatstandorte mit G-Werten über 100 sind also besonders aufmerksamkeitsstarke und damit für Werbetreibende besonders attraktive Plakatstellen. Ein ähnliches Verfahren ist das OSCAR-Modell.

Außenwerbung

umfasst als Sammelbegriff alle jene → Werbemittel, die außerhalb geschlossener Räume verwendet werden. Dazu gehören die → Plakatwerbung, die → Verkehrsmittelwerbung, die → Lichtwerbung, die → Luftwerbung und sonstige Mittel der Außenwerbung, wie z.B. Lautsprecherwerbung, Beschriftungen auf Giebeln, Fassaden und Dächern, Hinweisschilder auf Tankstellen, Gaststätten oder Beherbergungsbetrieben, Bandenwerbung bei Sportveranstaltungen, sowie Werbung in Telefonzellen, auf Ständern und in Vitrinen.

Gemessen an den gesamten Werbeträgereinnahmen rangierte die Außenwerbung 1998 mit 1100,8 Mio. DM und 3 % der Umsätze unter den weniger bedeutsamen, allerdings stark wachsenden Werbemitteln, wobei die Großflächenplakatwerbung mit 481,5 Mio. DM eindeutig vor der Verkehrsmittelwerbung mit 137,2 Mio. DM dominierte. Stark expandierend erweisen sich die zur Lichtwerbung zählenden City-Light-Poster.

Außenwerbung hat den Vorteil einer zumeist außergewöhnlich hohen Reichweite, bei gleichzeitig hoher Kontakthäufigkeit und im Vergleich niedrigen Kosten. Sie lässt allerdings keine A-priori-Selektion einer bestimmten Zielgruppe zu, sondern ist nur einer geographischen Segmentierung des Marktes zugänglich. Sie eignet sich daher am besten für die Unterstützung einer undifferenzierten Marktbearbeitungsstrategie. Bei ihrem Einsatz im Dienst einer differenzierten oder fokussierten Strategie ist mit hohen Streuverlusten zu rechnen.

Da die Mittel der Außenwerbung in Konkurrenz zu einer Vielzahl anderer Reizquellen stehen, setzt die rasche Erzielung der gewünschten werblichen Wirkung eine hoch kreative, aufmerksamkeitserregende Gestaltung voraus. Allerdings können werbliche Langzeitwirkungen, wie z.B: eine Erhöhung des Bekanntheitsgrades, auch durch eine Vielzahl flüchtiger dem Beworbenen unbewusst bleibender Kontakte mit Werbemitteln der Außenwerbung zustandekommen.

Kritisiert wird die Außenwerbung hauptsächlich wegen ihrer möglicherweise negativen Auswirkungen auf die Umwelt. So können z.B. Fassadenwerbung ein Stadtbild und das unkontrollierte Aufstellen von Plakatwänden das Bild einer Landschaft wesentlich beeinträchtigen. Kritik findet auch der Energieverbrauch, insb. bei der Lichtwerbung.

Die Interessen der Unternehmen der Außenwerbung werden im ZAW vom Fachverband Außenwerbung e.V., Ginnheimer Landstraße 11, 60487 Frankfurt/Main, (Tel: 069 – 70 90 59, Email: info@faw-ev.de, Internet: www.faw-ev.de) vertreten. H.Mü.

Ausspannen

Die wettbewerbswidrige → Abwerbung von Kunden oder fremden Mitarbeitern wird häufig auch als Ausspannen bezeichnet.

Ausstattungsschutz

Unter Ausstattungen versteht man im → Markenrecht die äußere Form, in der ein Unternehmen seine Waren oder Dienstleistungen in den Verkehr bringt, um sie von gleichartigen Waren oder Dienstleistungen Dritter zu unterzeichnen. Hierzu zählen die Verpackung insgesamt oder einzelne gestalterische Merkmale der Verpackung oder eine besondere Form z.B. einer Flasche. Bisher schützte § 16 UWG alle Kennzeichnungen, mit denen ein Gewerbetreibender individualisierbar wurde. § 16 UWG wurde durch das Markenrechtsreformgesetz vom 15.10.1994 aufgehoben und in das MarkenG übernommen. Damit wurde eine umfassende Regelung des gesamten → Kennzeichenschutzes auf der Grundlage des bisherigen Rechts geschaffen. Ebenso wie einem Markeninhaber steht auch dem Inhaber eines

Ausstattungsschutzes ein ausschließliches Recht (§ 14 Abs. 1 MarkenG) zu. Markenschutzfähig sind auch dreidimensionale Gestaltungen einschließlich der Form einer Ware oder ihrer Verpackung wie beispielsweise Flaschenformen. Unter den Begriff der Marke fällt damit auch die früher nach § 25 WZG geschützte Ausstattung. Die Ausstattung ist als Marke nicht eintragungsfähig. Materielle Schutzvoraussetzung ist die Unterscheidungskraft; fehlende Unterscheidungskraft kann infolge von Benutzung durch Verkehrsdurchsetzung ersetzt werden. Markenschutz entsteht durch Benutzung im geschäftlichen Verkehr, wenn die Ausstattung innerhalb der beteiligten Verkehrskreise als Marke eine Verkehrsgeltung erworben hat. Die Ausstattung muss dazu vom Verkehr als Kennzeichen aufgefasst werden. Für die Annahme einer Verkehrsgeltung muss ein so hoher Grad von Bekanntheit in den beteiligten Verkehrskreisen erreicht sein, dass die Ausstattung als Hinweis auf eine bestimmte Ware oder auf die Herkunft dieser Ware aus dem Betrieb verstanden wird.

Der Ausstattungsschutz gibt dem Gewerbetreibenden ein absolutes Recht, das in der Befugnis besteht, die Ausstattung im gesamten geschäftlichen Verkehr ausschließlich zu verwenden. Bei rechtswidriger Verletzung besteht ein Unterlassungsanspruch bzw. bei Verschulden ein Schadensersatzanspruch. Der Ausstattungsschutz besteht, solange die Ausstattung Verkehrsgeltung hat.   H.-J.Bu.

Ausstellungen
→ Messen und Ausstellungen

Ausstrahlungseffekt (spill over-Effekt)
positive oder negative Wirkung beim Einsatz absatz-, unternehmens- oder wirtschaftspolitischer Instrumente, die über den in der Planung abgesteckten segmentbezogenen oder zeitlichen Zielbereich hinausgeht.

(1) Im Rahmen der → Marketingplanung sind folgende Arten von Ausstrahlungseffekten besonders bedeutsam:
– Sachliche Ausstrahlungseffekte produktspezifischer Marketingaktivitäten auf andere Produkte im Leistungsprogramm (→ Sortimentsverbund),
– Ausstrahlung segmentspezifischer Marketingaktivitäten auf andere Zielgruppen (z.B. in Form der mehrstufigen Kommunikation),
– Ausstrahlungseffekte auf die externe Umwelt,
– zeitliche Ausstrahlung der Wirkung auf nachgelagerte Planungsperioden (→ Carryover-Effekt), die in Form von Wirkungsverzögerungen (*Decay-Effekt*) und von Beharrungseffekten (*hold-over-Effekt*) auftreten.

Derartige Effekte können im Wege ökonomischer Längs- oder Querschnittsanalysen gemessen werden (→ Marktreaktionsfunktion). Häufig jedoch treten erhebliche Daten- und Schätzprobleme auf.

(2) In der makroökonomischen Modellanalyse versteht man unter dem spill over-Effekt die Auswirkung von Marktstörungen auf andere Märkte, in der Ungleichgewichtstheorie die Tatsache, dass ein Wirtschaftssubjekt Angebots- bzw. Nachfragepläne auf anderen Märkten auf der Grundlage eines veränderten Optimierungskalküls unter Berücksichtigung der Rationierung revidieren wird.   H.D.

Austauschtheorie
ursprünglich in der Sozialpsychologie („social exchange") entwickeltes Konzept zum Zustandekommen sozialer Austauschprozesse, das auf dem Grundgedanken aufbaut, dass es wegen des (als Prämisse unterstellten) Nutzenmaximierungsverhaltens von Individuen nur dann zu (Markt-)Transaktionen kommt, wenn alle beteiligten Partner zumindest auf längere Sicht ein Gleichgewicht an Anreizen und Beiträgen aus den Transaktionen erkennen. Nach *Thibaut* und *Kelly* (1959) laufen dabei bei den Beteiligten soziale Vergleichsprozesse ab, für die zwei Standards relevant sind, an denen die Konsequenzen möglicher Handlungsweisen gemessen werden: Das auf Erfahrungen mit ähnlichen Situationen aus der Vergangenheit definierte Vergleichsniveau VN1 und das aus anderen (alternativen) Austauschbeziehungen erwartete Vergleichsniveau VN2. Dadurch kann belegt werden, dass aktuell günstige Interaktionsergebnisse nicht automatisch die Stabilität einer Beziehung garantieren und ungünstige Interaktionsergebnisse nicht automatisch zur Aufkündigung der Beziehung führen (s.a. → Beziehungsmanagement, → Interaktionstheorie). Darüber hinaus lassen sich auf diese Weise auch Machtpositionen beschreiben und erklären, was z.B. im Bereich

der empirischen Erforschung der Konflikte im Absatzkanal häufig Anwendung fand (→ Vertikales Marketing).

Kotler und später *Bagozzi* haben diese Grundgedanken zu einer Typologie von Austauschbeziehungen fortentwickelt, die für das „generische" Verständnis des Marketing grundlegend waren (→ Marketing-Theorie). Dabei werden utilaristische (auf den → Grundnutzen beschränkte) und symbolische (auf → Zusatznutzen aufbauende) Austauschwerte unterschieden und auch Mehr-Parteien-Austauschsysteme in die Betrachtung miteinbezogen. *Steffenhagen* (2000) entwickelte auf solchen Grundgedanken aufbauend ein austauschtheoretisches, auch den Grundprinzipien des Beziehungsmarketing entsprechendes Modell, welches das Zustandekommen von Käufen bzw. Verkäufen als Ergebnis positiver Nettonutzenempfindungen auf Seiten des Ver- wie des Einkäufers erklärt. Der Nettonutzen entsteht dabei nicht nur durch das Produkt und den Preis als Gegenleistung, sondern auch durch ergänzende Dienstleistungen des Verkäufers bzw. Eigenleistungen des Käufers, durch gegenseitige Übernahme bzw. Einräumung von Rechten (z.B. Abbuchungsrechte, Garantien) und durch sonstige (Gegen-)Leistungen. Daneben findet eine beeinflussende zweiseitige Kommunikation statt. *Steffenhagen* baut auf diesem Grundmodell eine entsprechende, neue Einteilung der Marketing-Instrumente auf.

H.D.

Literatur: *Pandya, A.*: Reflections on the Concept of Exchange: Marketing and Economic Structures, in: *Dholakia, N.; Arndt, J.* (Hrsg.): Reseach in Marketing, Vol. 2: Changing the Course of Marketing: Alternative Paradigms for Widening Marketing Theory, Greenwich (Conn.) 1985, S. 235-255. *Steffenhagen, H.*: Eine austauschtheoretische Konzeption des Marketing-Instrumentariums als Beitrag zu einer allgemeinen Marketing-Theorie, in: *Backhaus, K.* (Hrsg.): Deutschprachige Marketingforschung: Bestandsaufnahme und Perspektiven, Stuttgart 2000, S. 141-170. *Thibaut, J.W.; Kelley, H.H.*: The Social Psychology of Groups, New York u.a. 1959.

Austauschverfahren

Ausgangspunkt ist eine disjunkte Klassifikation $\kappa^0 = \{K_1^0,...,K_s^0\}$, die entweder zufällig gewählt oder geeignet berechnet wird (→ partitionierende Clusteranalyse). Für einen vorgegebenen Bewertungsindex der Form $b(\kappa)$ (→ Distanzen) sucht man verbesserte Klassifikationen $\kappa^1, \kappa^2,...$ mit $b(\kappa^1) > b(\kappa^2) > ...$ nach folgender Vorschrift:

(1) Für alle Objekte wird geprüft, ob $b(\kappa^v)$ kleiner wird, wenn i aus seiner Klasse in eine andere Klasse wechselt.
(2) Ggf. nehme man den Wechsel vor, der die maximale Abnahme von $b(\kappa^v)$ bewirkt, und erhält $b(\kappa^{v+1})$.
(3) Man iteriere, bis keine weitere Verkleinerung von b mehr möglich ist.

Für die Wahl von $b(\kappa)$ ergeben sich mehrere Möglichkeiten: Konstruiert man b in Abhängigkeit von → Distanzindizes auf Objektpaaren, so kommt man zum CLUDIA-Verfahren von Späth, verwendet man das → Varianzkriterium, so erhält man das klassische KMEANS-Verfahren.

Das Verfahren liefert in beiden Fällen ein lokal optimales Optimum. Da in jedem Schritt nur ein Objekt die Klasse wechselt, führt dieses Verfahren relativ langsam zum Ziel. Es empfiehlt sich daher, zunächst das Verfahren der → Iterierten Minimaldistanzpartition anzuwenden, um schnell in die Nähe einer günstigen Lösung zu gelangen. Anschließend nutzt man das angegebene Austauschverfahren. Liegt die Klassenzahl s nicht von vornherein fest, so wird man die Berechnungen für mehrere s durchführen. Bspw. kann man s durch geeignete Klassenfusionen (→ Agglomerative Clusteranalyse) verkleinern oder durch Klassenaufspaltungen (→ Divisive Clusteranalyse) vergrößern. Die Auswahl von s erfolgt dann im Anschluss an die wiederholte Anwendung des Austauschverfahrens durch das → Ellbogenkriterium.

O.O.

Literatur: *Späth, H.*: Cluster-Formation und -Analyse, München, Wien 1983.

Ausverkauf → Räumungsverkäufe

Auswahlfrage → Alternativfrage

Auswahlfehler

Systematischer Fehler, der durch fehlerhafte Handhabung des → Auswahlverfahrens bzw. bei Stichprobenerhebungen der Auswahltechnik und falsche Behandlung der → Stichprobe entsteht.

Auswahl mit Anordnung

spezifisches → Auswahlverfahren für → Stichproben. Die Elemente werden in Bezug auf bestimmte Merkmale sortiert (angeordnet); anschließend erfolgt eine systematische Auswahl.

Auswahl mit ungleichen Wahrscheinlichkeiten

Von Auswahl mit ungleichen Wahrscheinlichkeiten bei der Stichprobenbildung (→ Auswahlverfahren) spricht man dann, wenn die Auswahlchance von der Bedeutung (meist: Größe) des Elements abhängt. Deren Berücksichtigung kann bei der Auswahltechnik explizit geschehen oder auch nicht; sie kann ferner erwünscht sein oder nicht.

Beispiel: Bilden Haushalte die Auswahleinheit (→ Haushaltsstichprobe) und erfolgt daraus uneingeschränkte Zufallsauswahl, so haben entsprechend – bei einem Befragten pro Haushalt – Personen in größeren Haushalten eine geringere Auswahlchance. Würde dagegen eine – uneingeschränkte – Zufallsauswahl aus Personen geschehen (→ Personenstichprobe), so haben alle Personen, unabhängig von der Größe des Haushalts, in dem sie leben, die gleiche Auswahlchance.

Bei der → Hochrechnung können die ungleichen Auswahlwahrscheinlichkeiten wieder rückgängig gemacht werden. So lässt sich eine Personenstichprobe rechnerisch aus der Haushaltsstichprobe durch „Umgewichtung" herstellen. M.H.

Auswahlsatz

Verhältnis des Umfangs der → Stichprobe (n) zu dem der Grundgesamtheit (N).

Auswahlverfahren und -techniken

Aus Zeit- und Kostengründen wird in der → Marktforschung oft nur eine → Stichprobe untersucht. Gleichwohl sollen die Ergebnisse „repräsentativ" sein. Das kann im Prinzip auf zwei Wegen erreicht werden: einmal dadurch, dass man bewusst versucht, einen „repräsentativen Querschnitt" herzustellen, zum anderen mittels einer Steuerung durch den „Zufall". Die *Abb.* gibt eine Übersicht über die verschiedenen Auswahlverfahren und -techniken. Sie enthält neben den erwähnten beiden großen Gruppen, probability sampling („Wahrscheinlichkeitsstichprobe") und nonprobability sampling, „besondere Formen", die schwer einzuordnen sind: das → Schneeballverfahren, → Random-Route und – speziell für die Bundesrepublik – das → ADM-Master-Sample.

Bei der ersten Gruppe, den *Zufalls-Auswahlverfahren* („*Random-Verfahren*"), kann zwischen der „Normalform", der uneingeschränkten Zufallsauswahl, und diversen Sonderformen unterschieden werden. Die uneingeschränkte Zufallsauswahl ist dadurch gekennzeichnet, dass jedes Element die gleiche – positive – Chance hat, in die Auswahl zu gelangen. Sie orientiert sich am theoretischen Urnenmodell: Die Urne enthält gut durchgemischte Kugeln o.Ä.; ihr werden „per Zufall", also ohne irgendeinen subjektiven Einfluss, einzelne Elemente entnommen. Wegen des damit verbundenen großen Aufwands scheidet ein solches Verfahren, wie auch das Auslosen oder Auswürfeln, für die Praxis der Marktforschung meist aus. Dafür sind eine Reihe anderer Auswahltechniken entwickelt worden: → Zufallszahlenauswahl, → systematische Auswahl, → Schlussziffernauswahl, → Buchstabenauswahl, → Geburtstagsverfahren.

Zufallsstichproben sind berechenbar repräsentativ, weil der Fehler bei der strukturgleichen Abbildung der Grundgesamtheit als sog. → Zufallsfehler berechnet werden kann. Er sinkt mit zunehmendem Stichprobenumfang, ist aber auch von der Varianz des interessierenden Merkmals in der Grundgesamtheit abhängig. Insofern kann die Repräsentativität von Stichproben nicht allein am Stichprobenumfang festgemacht werden.

Zufallsstichproben sind aus Gründen der Objektivität die „sauberste", aber meist auch aufwendigste Form der Stichprobenauswahl. Sie besitzt ferner den Nachteil, dass die einmal ausgewählten Untersuchungseinheiten, z.B. Haushalte, nachträglich nicht mehr ausgewechselt werden dürfen, auch wenn Stichprobenausfälle zu verzeichnen sind (→ Ausschöpfungsquote, → Redressment). Ähnliche Probleme ergeben sich bei Nicht-Beantwortung einzelner Fragen. (→ Non-Response-Problem.)

Nicht zuletzt diese Probleme führten zur Entwicklung einiger *Sonderformen der Zufallsauswahl* (→ Auswahl mit ungleichen Wahrscheinlichkeiten, → Auswahl mit Schichtung, Auswahl mit Anordnung, → Klumpenauswahl, → Flächenauswahl, → mehrstufige und → mehrphasige Auswahl). Sie sind dadurch gekennzeichnet, dass in irgendeiner Weise eine Einschränkung des Zufalls erfolgt, sodass die Auswahlchancen nicht mehr gleich, aber noch angebbar (und von 0 verschieden) sind.

Autobanken

Auswahlverfahren und –techniken

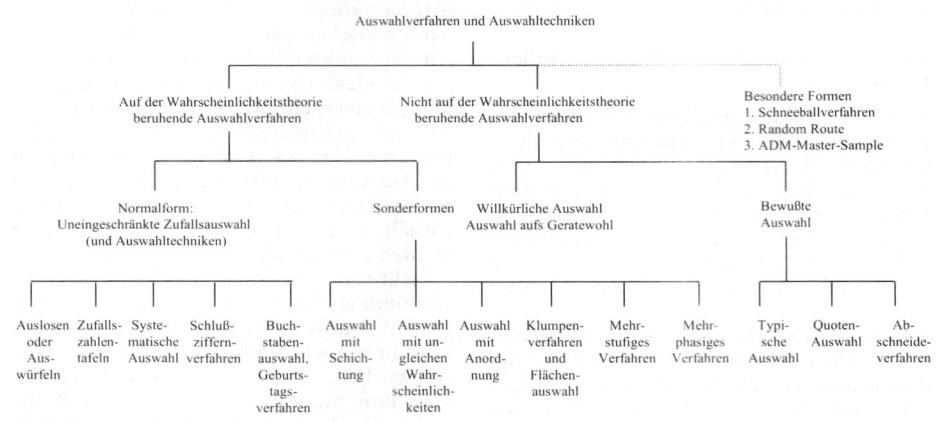

```
                        Auswahlverfahren und Auswahltechniken
                                       |
        ┌──────────────────────────────┼──────────────────────────────┐
Auf der Wahrscheinlichkeitstheorie    Nicht auf der Wahrscheinlichkeitstheorie    Besondere Formen
beruhende Auswahlverfahren             beruhende Auswahlverfahren                  1. Schneeballverfahren
                                                                                   2. Random Route
                                                                                   3. ADM-Master-Sample
        |                              |              |                    |
  Normalform:                    Sonderformen   Willkürliche Auswahl   Bewußte
  Uneingeschränkte Zufallsauswahl                Auswahl aufs Geratewohl  Auswahl
  (und Auswahltechniken)
```

| Auslosen oder Auswürfeln | Zufallszahlentafeln | Systematische Auswahl | Schlußziffernverfahren | Buchstabenauswahl, Geburtstagsverfahren | Auswahl mit Schichtung | Auswahl mit ungleichen Wahrscheinlichkeiten | Auswahl mit Anordnung | Klumpenverfahren und Flächenauswahl | Mehrstufiges Verfahren | Mehrphasiges Verfahren | Typische Auswahl | QuotenAuswahl | Abschneideverfahren |

(Quelle: *Hüttner*, 1999, S. 124)

Dagegen entspricht die sog. *willkürliche Auswahl*, die „Auswahl aufs Geratewohl", wie z.B. bei Straßenbefragungen, i.d.R. gerade nicht einer Zufallsauswahl und ist deshalb prinzipiell bedenklich. Man spricht in diesem Zusammenhang auch von *convenience sampling*. Hierzu kann auch das sog. self-selected sample, die „sich selbst wählende Stichprobe", gezählt werden, wie sie etwa entsteht, wenn ein „Befragungs-Computer" in einem Kaufhaus oder in einer Ausstellung postiert würde.

Für die Gruppe der *Nicht-Zufallsstichproben* wird z.T. auch die Bezeichnung „Beurteilungsstichprobe" („judgemental sample") verwendet, was zum Ausdruck bringt, dass hierbei subjektive Einschätzungen eine gewisse Rolle spielen. Der *typischen Auswahl*, d.h. der Auswahl der für „typisch" gehaltenen Elemente der Gesamtheit, ist dabei mit besonderer Skepsis zu begegnen, wenn das Typische lediglich nach subjektivem Ermessen bestimmt wird. Dieses Verfahren spielt in der Praxis der Marktforschung aber offensichtlich keine größere Rolle. Dagegen werden die beiden anderen Untergruppen der bewussten Auswahl, das → Abschneideverfahren und v.a. das Quotenverfahren, vergleichsweise oft angewandt. Dabei strebt man schon bei der Auswahl der Stichprobenelemente durch bewusste Selektion danach, „wichtige" Merkmale der Grundgesamtheit, wie das Geschlecht, das Alter oder die soziale Schicht, in der Stichprobe strukturgleich abzubilden. Über die Zulässigkeit eines solchen Vorgehens existiert ein alter und immer noch anhaltender Streit. M.H.

Literatur: *ADM Arbeitskreis Deutscher Markt- und Sozialforschungsinstitute e.V.; AG.MA Arbeitsgemeinschaft Media-Analyse e.V.* (Hrsg.): Stichprobenverfahren in der Umfrageforschung, Opladen 1999. *Cochran, W.G.:* Sampling Techniques, 3rd. ed., New York 1977 (dt. Übers. der 2. Aufl. 1963 unter dem Titel: Stichprobenverfahren, Berlin 1972). *Hüttner, M.:* Grundzüge der Marktforschung, 6. Aufl., München 1999.

Autobanken

Tochterunternehmen von Automobilkonzernen die neben der Händlerfinanzierung (Lager- und Vorführwagenfinanzierung) vor allem die Absatzfinanzierung in Form der Teilzahlungsfinanzierung und das Leasing-Geschäft betreiben (→ Finanzdienstleistungswettbewerb). Heute verfolgen die Autobanken das Konzept des One Stop Shopping: rund um das Auto platzierte Bank-, Leasing- und Versicherungsleistungen. Autobanken bieten Dienstleistungen an, die in einem logischen Verbund zum Kernprodukt „Auto" stehen. Dadurch ergibt sich mehr und mehr eine Loslösung von der reinen Produktorientierung hin zur Kundenorientierung. Auswahl, Finanzierung (bzw. Leasing) und Versicherung eines Autos werden so mit einem Ansprechpartner, den Vertragshändlern der Autohersteller, abgewickelt.

Für Unternehmenskunden bieten die Autobanken darüber hinaus weitere Dienstleistungen wie z.B. Fuhrparkanalysen bis hin zur laufenden Administration des Fuhrparks und weitere Serviceleistungen an. Ende 1998 unterhielten die Autobanken 3 Mio. Kreditverträge mit einem Kreditvolumen von 41 Mrd. EURO. Insgesamt wurden 1998 für private und gewerbliche Kunden 2,23 Mio. PKW und 125.000 sonstige Kraftfahrzeuge kreditfinanziert, womit ca. 40 % aller Fahrzeugkäufe von den herstellereigenen Autobanken finanziert oder verleast wurden. O.B.

Autokorrelation

Problem bei der Analyse von Zeitreihen mit der linearen → Regressionsanalyse. Es tritt auf, wenn die Annahme unkorrelierter Residuen verletzt ist mit der Folge (bei Autokorrelation 1. Ordnung), dass

(1) $E(\varepsilon_t, \varepsilon_{t-1}) \neq 0$

und es gilt

(2) $\varepsilon_t = \rho\varepsilon_{t-1} + u_t$ (für alle t)

mit dem Parameter $|\rho| < 1$ und u_t als eine normalverteilte Zufallsvariable. Obwohl die Schätzer des Regressionsmodells b unverzerrt (unbiased) sind, wird hier die Kleinste-Quadrate-Methode die Stichprobenvarianzen unterschätzen. Die Folge ist, dass die t-Tests die Regressionskoeffizienten im Modell eher überbewerten. Eine statistische Prozedur zur Identifikation von Autokorrelation lieferten *Durbin & Watson* mit einer Teststatistik. Die Statistik d wird aus den Residuen der Kleinsten-Quadrate Schätzung berechnet:

(3) $d = \dfrac{\sum_{t=2}^{T}(e_t - e_{t-1})^2}{\sum_{t=2}^{T} e_t^2}$

Der Durbin-Watson Test liefert keine exakte Signifikanzschwelle für d, sondern eine untere und eine obere Schranke d_U und d_O unter Berücksichtigung der Anzahl der Beobachtungen und der Anzahl der unabhängigen Variablen in der Regressionsgleichung. Die Entscheidungsregeln bei Annahme positiver Autokorrelation (mit der Alternativhypothese: $H_A : p > 0$) sind dann z.B.

(1) $d < d_U$ positive Autokorrelation
(2) $d_U \leq d \leq d_O$ ohne Aussage (Unschärfebereich)
(3) $d > d_O$ keine positive Autokorrelation.

Oft genügt zur Analyse der Autokorrelation das Scattergramm der Störterme. Eine Möglichkeit der Beseitigung der Autokorrelation besteht in der Differenzenbildung der Werte der Zeitreihe. L.H.

Literatur: *Kmenta, J.:* Elements of Econometrics, 2. Aufl., New York, London 1986.

Autokorrelationsfunktion
→ Box-Jenkins-Verfahren

Automatenverkauf → Warenautomaten

Automatic Interaction Detector → AID

Autoregressive Verfahren

Gruppe von → Prognoseverfahren, die den künftigen Wert einer Zeitreihe (z.B. Marktanteil) aus den Vergangenheitswerten derselben Zeitreihe regressionsähnlich ableiten (daher autoregressiv). Die Grundgleichung lautet:

$x_{t+1} = a_0 x_t + a_1 x_{t-1} + a_2 x_{t-2} + \ldots +$
$\qquad\quad + a_p x_{t-p} + e_{t+1}$

p ist die Ordnung dieses autoregressiven Prozesses, e_{t+1} die zufällige, nicht prognostizierbare Störvariable und $a_0, a_1 \ldots, a_p$ die zu schätzenden Parameter. p muss so gewählt werden, dass die Approximation von x_{t+1} befriedigend ausfällt.

Die einzelnen autoregressiven Verfahren bilden den Bereich der Zeitreihenanalyse und unterscheiden sich nur in der Schätzung der Parameter $a_0, \ldots a_p$. Mathematisch anspruchsvolle Verfahren, die aber trotzdem ihren Weg in die Praxis gefunden haben, sind das → Box-Jenkins-Verfahren und das → adaptive Filtern. K.-W.H

Avatar

virtuelle, dreidimensionale Person, die in einer künstlichen Wirklichkeit, der Virtuellen Realität, agiert. Nutzer der Virtuellen Realität können ihre eigene Person in einen Avatar projizieren und über diesen mit den Avataren anderer Nutzer kommunizieren. L.M.-H.

Literatur: *Alpar, P.:* Kommerzielle Nutzung des Internet: Unterstützung von Marketing, Produktion, Logistik und Querschnittsfunktionen durch Internet, Intranet und kommerzielle Online-Dienste, 2. Aufl., Berlin u.a. 1998.

AVE (Außenhandelsvereinigung des Deutschen Einzelhandels e. V.)

Die AVE wurde 1952 gegründet. Getragen wird die AVE von 8 Verbänden des Handels, die entweder eine bestimmte Vertriebsschiene oder eine bestimmt Branche repräsentieren sowie von 30 selbstimportierenden Unternehmen, schwerpunktmäßig des Einzelhandels. Aufgabe der AVE ist die Information und Beratung ihrer Mitglieder in allen Außenwirtschaftsfragen mit Schwerpunkt Importabwicklung, darüber hinaus Lobbytätigkeit gegenüber nationalen Behörden, den Organen der EU sowie den Regierungen der Lieferländer. Anschrift: Mauritiussteinweg 1, 50676 Köln.

B.H.

Average Linkage Verfahren

Das Verfahren führt eine → agglomerative Clusteranalyse mit dem Bewertungsindex

$$v(K, L) = \frac{1}{|K||L|} \sum_{i \varepsilon K, j \varepsilon L} d(i, j)$$

durch. Hinsichtlich des Umfangs der einzelnen Klassen liegt es zwischen dem → Single Linkage und dem → Complete Linkage Verfahren.

AWA
→ Allensbacher Werbeträger-Analyse

Awards → Qualitäts-Awards

Awareness Advertising

Form der internationalen Kommunikationspolitik; damit verfolgt ein Unternehmen das Ziel, bei seiner potentiellen Zielgruppe bereits spezifische Produkterwartungen bzw. -images aufzubauen, noch bevor es seine Produkte oder Dienstleistungen im Land anbieten kann.

S.M./M.Ko.

Awareness set → Consideration Set

A-Wert

Begriff aus der → Mediaforschung, der die Reichweite der → Außenwerbung kennzeichnet. Der A-Wert ist definiert als die Anzahl der Kontakte bzw. Kontaktchancen dividiert durch die Anzahl der Personen mal der Anschlagstellen im jeweiligen Gemeindegebiet.

B

Baby-Boomer
Vor allem in den USA gebräuchliche Bezeichnung für die vor dem sog. Pillenknick (etwa 1965) im „Baby-Boom" geborenen und deshalb für die demografische Entwicklung besonders wichtige Bevölkerungsgruppe, die ab der Jahrtausendwende den → Seniorenmarkt zu einer besonders wichtigen → Zielgruppe des Marketing gemacht hat.

Back-Data-Informationen
Marktforschungsdaten früherer Untersuchungen, welche unter Kostengesichtspunkten eine interessante → Sekundärdatenquelle sein können. Sie sind zwar nicht mehr ganz aktuell (z.B. Paneldaten des Vorjahres), können aber für bestimmte Fragestellungen (z.B. Einarbeitung in fremde Märkte) ausreichend sein.

Badge Engineering
Zur Kostensenkung im Rahmen der Produktentwicklung (→ Innovationsmanagement) verfolgtes Konzept, bei dem die Produkte zweier unterschiedlicher Firmen praktisch baugleich entwickelt und – abgesehen von bestimmten Badges, d.h. für den Kunden erkennbaren kleinen Äußerlichkeiten, wie dem Kühlergrill eines Automobils oder bestimmten Innenausstattungsmerkmalen, praktisch identisch auf den Markt gebracht werden. Vorläufer dieser Politik fanden sich auf dem Nutzfahrzeugsektor (Fiat Dukato und Peugeot Boxer), neuerdings wird das Konzept aber auch für markensensitive Konsumgüter, wie PKW's, praktiziert (z.B. Peugeot 806, Fiat Ulysse, Citroen Evasion, Lancia Zeta).
Badge Engineering bedeutet also die Vermarktung weitgehend baugleicher Produkte unter verschiedenen Markenlabels, was einer Standardisierung über Marken hinweg gleichkommt (→ Markenpolitik). Zielsetzung ist insbesondere die Reduzierung von Entwicklungs- und Produktionskosten, was wiederum die Wettbewerbsfähigkeit im globalen Wettbewerb zu steigern vermag. Besonders wichtig ist dies für die Nischenprodukte, bei denen das Absatzvolumen für die rentable Vermarktung seitens allein eines Anbieters nicht ausreicht. H.D.
Literatur: *Dudenhöffer, F.*: Baugleiche Autos – gut fürs Markenbild?, in: Harvard Business Manager, 17. Jg. (1995), Heft 2, S. 116-122.

Bagatellbekanntmachung
→ EG-Kartellrecht

BAG (Bundesarbeitsgemeinschaft der Mittel- und Großbetriebe des Einzelhandels e.V.)
Die BAG wurde 1949 gegründet. Die Mitglieder sind rd. 1.820 Einzelhandelsgeschäfte, davon 1.040 Kauf- und Warenhäuser einschl. Kleinpreisgeschäfte und 780 Fachgeschäfte der verschiedenen Sparten. Zweck der BAG ist die Wahrung und Förderung der beruflichen und gesellschaftlichen Gesamtinteressen der Mitglieder, also gegenüber Politik, Verwaltung und Wissenschaft. Darüber hinaus werden den Mitgliedern zusätzliche Leistungen angeboten, wie ständiger Erfahrungs- und Informationsaustausch, aktuelle Informationen und regelmäßige Durchführungen von Veranstaltungen. Die BAG verfügt über Landesorganisationen in Berlin, Bremen, Düsseldorf, Frankfurt, Hamburg, Hannover, Mainz, München, Saarbrücken und Stuttgart. Anschrift: Atrium Friedrichstraße, Friedrichstraße 60, 10117 Berlin B.H.

Balanced Marketing → Marketing

Balanced Scorecard
Management- und Controllingkonzept, das zur Umsetzung strategischer Ziele in operative Ziele und Maßnahmen sowie zum Performance Measurement dienen soll, wobei auf ein ausgewogenes Verhältnis von Markt-, Mitarbeiter-, Geschäftsprozess- und Finanzorientierung geachtet wird (→ Strategisches Marketing; → Marketing-Controlling). Das Wort „Balanced" bringt diese mehrdimensionale Ausgewogenheit zum Ausdruck. „Scorecard" (wörtlich: „Punktekonto", z.B. in einer Sportliga) ist eine Metapher, die auch mit „Berichtsbogen" nur unzulänglich übersetzt wird, da

Balanced Scorecard

diese Bezeichnung der Vielschichtigkeit des Gesamtkonzepts zu wenig entspricht.

Der Ansatz geht auf *Kaplan* und *Norton* und deren Kritik an einseitig finanzwirtschaftlich bzw. erfolgsrechnerisch ausgerichteten → Kennzahlensystemen (bspw. nach Art des DuPont-Schemas) zurück. Dementsprechend werden im Rahmen der Balanced Scorecard vier Blickrichtungen unterschieden und in ihren Zusammenhängen untersucht:
- die Kundenperspektive,
- die Perspektive der internen Geschäftsprozesse,
- die mitarbeiterbezogene Lern- und Entwicklungsperspektive,
- die finanzielle Perspektive.

Obwohl in allen genannten Bereichen *Kennzahlen* eine Rolle spielen, geht die Methodik der Balanced Scorecard weit über eine bloße Kennzahlenbetrachtung hinaus. Sie dient in erster Linie der *Umsetzung* grundlegender unternehmerischer *Visionen* und *Strategien* in Maßnahmen und operationale Ziele, woran sich dann → Ergebniskontrollen und lernfördernde Rückinformationen an die Aufgabenträger anschließen.

Die *Abbildung* deutet die vier Perspektiven, die Ausrichtung an strategischen Überlegungen sowie die vorgesehene Umsetzung in konkrete Ziel- und Handlungsvorgaben an.

Für die *Anwendung* des Balanced-Scorecard-Konzepts sind folgende *Schritte* erforderlich:
- auf eine Unternehmensvision gestützte Ableitung strategischer Ziele für alle vier Gestaltungsdimensionen,
- Verknüpfung strategischer Ziele unter Gesichtspunkten des Wirkungszusammenhangs,
- Definition von Maßgrößen für die strategischen Ziele,
- Festlegung operativer Ziele,
- Bestimmung der Maßnahmen zur Zielverwirklichung.

Unter *Marketing-Gesichtspunkten* ist im Rahmen der Balanced Scorecard die *Kundenperspektive* von vorrangiger Bedeutung. Aus der Vision, bspw. in Zukunft Marktführer in einem bestimmten attraktiven Kundensegment zu sein, leiten sich die strategischen Ziele einer hohen Kundenbindung und der Neuakquisition ausgewählter Kunden ab (→ strategisches Marketing). Diese Vorhaben werden in einem Wirkungszusammenhang mit den strategischen Zielen der Kundenzufriedenheits- wie auch der Marktanteilssteigerung gesehen. Über

Das Grundkonzept der Balanced Scorecard

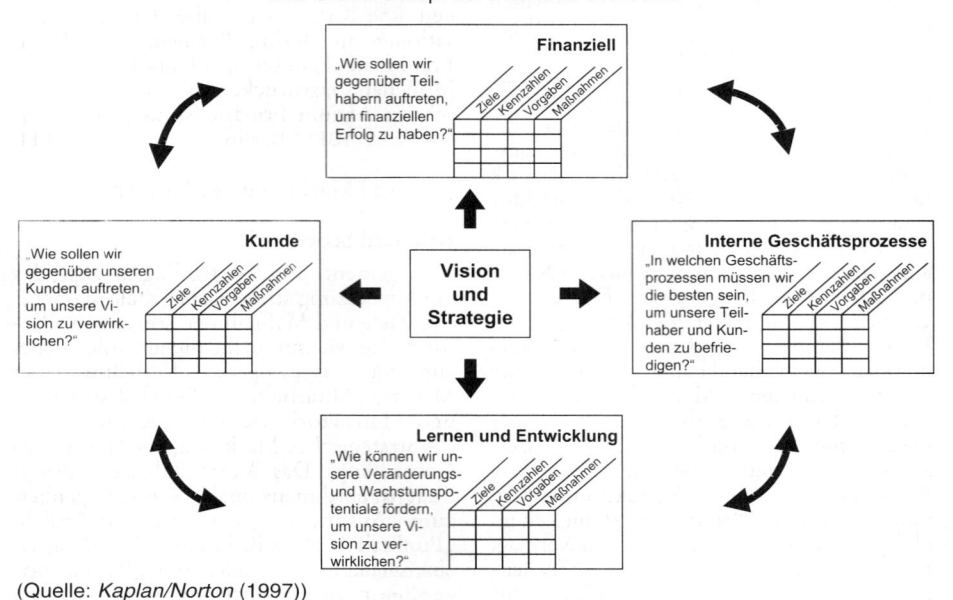

(Quelle: *Kaplan/Norton* (1997))

den Marktanteil und die Kundenprofitabilität besteht eine Verbindung zur finanziellen Perspektive. Über die Kundenzufriedenheit (durch Erfüllung von Kundenanforderungen) ergibt sich eine Verknüpfung mit der internen Prozessperspektive.
Kundenzufriedenheit, Kundenbindung, Neukundenakquisition und Kundenprofitabilität sind in konkreten Maßgrößen zu definieren (z.B., was die Kundenbindung betrifft, durch Angabe der maximal hinnehmbaren Kundenabwanderungsrate pro Periode). Operationale Ziele können bspw. in einer schnelleren Beschwerdebearbeitung und in einer flexibleren Anpassung der Produktion an besondere Kundenwünsche bestehen, um die Kundenzufriedenheit zu erhöhen. Daraus ergeben sich Vorstellungen über erforderliche Reorganisationsmaßnahmen auf dem Gebiet des Beschwerdemanagements bzw. über Maßnahmen zur raschen Berücksichtigung von Kundenwünschen im System des Total Quality Management.
In manchen Punkten erinnert das Konzept der Balanced Scorecard an das altbekannte Management by Objectives. Es ist im Ganzen aber umfassender und systematischer angelegt.
In organisatorischer Hinsicht ist es wesentlich, dass die strategischen Ziele für alle Aufgabenträger der verschiedenen Ebenen verständlich kommuniziert und operative Vorgaben entsprechend mehrstufig „heruntergebrochen" werden. Für die Überwachung der Zielrealisation kommen → Marketing-Kennzahlen, aber auch qualitative Angaben über die Zielerfüllung, in Betracht.
R.K.

Literatur: *Kaplan, R. S.; Norton, D. P.*: Balanced Scorecard. Strategien erfolgreich umsetzen (dt. Übersetzung von *Horváth, P. et al.*), Stuttgart 1997. *Seidenschwarz, W.*; *Gleich, R.*: Controlling und Marketing als Schwesterfunktionen. Balanced Scorecard und marktorientiertes Kostenmanagement als verbindende Konzepte, in: *Reinecke, S.; Tomczak, T.; Dittrich, S.* (Hrsg.): Marketing-Controlling, St. Gallen 1998, S. 258-272. *Horváth, P.*: Das Balanced-Scorecard-Managementsystem – das Ausgangsproblem, der Lösungsansatz und die Umsetzungserfahrungen, in: Die Unternehmung, 53. Jg. (1999), S. 303-319.

Ballon-Test

Variante projektiver → Tests, bei der in Form skizzenhafter Zeichnungen Szenen vorgezeigt werden, in denen Personen Unerwünschtes („Frustrationen") erleben (z.B. eine Panne mit dem Auto). Die Auskunftsperson soll sich nun mit einer dieser Personen identifizieren und artikulieren, was in deren leerer Sprechblase stehen könnte.

Bancassurance

Tendenz zur Ausweitung der Banktätigkeit in den Versicherungsbereich hinein. Dies wird durch Kooperationen zwischen Banken und Versicherungen, durch Gründung von Tochterunternehmen oder durch Beteiligung von Banken an Lebensversicherungen erreicht. In Deutschland wird der Begriff Bancassurance oftmals mit dem der → Allfinanz gleichgesetzt. Bei Bancassurance handelt es sich jedoch nur um einen Teilaspekt der Allfinanz, weil andere Unternehmen des finanziellen Sektors nicht mit einbezogen werden.
O.B.

Literatur: *Schierenbeck, H.; Hölscher, R.*: Bankassurance, 4. Aufl. Stuttgart 1998.

Bandbreite

Als Bandbreite wird die Datenmenge bezeichnet, die sich innerhalb eines bestimmten Zeitraums übertragen lässt (→ Internet-Technik). Während deutsche Universitäten innerhalb des Breitband-Wissenschaftsnetzes schnelle Internet-Verbindungen mit 155 Mbps nutzen können, müssen Privatleute meist mit 28800 bps auskommen. Beides sind aber nur theoretische Werte: Die tatsächliche Bandbreite fällt durch Datenstaus im Netz oft wesentlich geringer aus. Die heute vielfach auftretenden langsamen Verbindungen sind folglich auf die heute noch vorliegenden geringen Bandbreiten zurückzuführen. Dies führt dazu, dass beispielsweise auf den Einsatz von optisch ansprechenden Graphiken verzichtet wird. Neue Technologien sehen aber eine deutliche Erhöhung der Bandbreite vor.
B.S./K.S.

Bandenwerbung

Erscheinungsform der → Außenwerbung, bei der mit Hilfe von Schrifttafeln, Spruchbändern oder Plakaten auf öffentlichen Plätzen, insb. Sportplätzen, geworben wird. Besondere Wirksamkeit erreicht die Bandenwerbung bei Fernsehübertragungen von Sportereignissen, da hierbei erhebliche Reichweiten erzielt werden. Dies hat teilweise zu Konflikten mit den öffentlichen Rundfunkanstalten geführt, die z.T. Veranstaltungen mit speziell dafür installierten Banden bzw. Reitern nicht zu übertragen

Bandwagon-Effekt (Mitläufereffekt)

bereit waren. Laut UFA Sport erreicht Bandenwerbung via TV über einen Zeitraum von zwölf Monaten 87% der Gesamtbevölkerung und weist damit ein mit den klassischen Medien vergleichbar hohes Niveau auf. Allein in der ersten Fußball Bundesliga investierten Industriekunden in der Saison 1998/99 ca. 59 Mio. DM in Bandenwerbung.

Bandwagon-Effekt (Mitläufereffekt)
in der Mikroökonomie entwickeltes Konzept zur Erklärung nicht preisbedingter Nachfragezuwächse, die durch imitatives Verhalten der Käufer zustande kommen. Der Effekt tritt immer dann ein, wenn bei einer Preissenkung nicht nur ein Nachfragezuwachs in Höhe der Preis-Nachfragefunktion erfolgt, sondern darüber hinaus durch die nunmehr größere Käuferschaft ein Anreiz zur Imitation gesetzt ist, der zusätzliche Nachfragemengen erzeugt.

Bang-Tail-Rückumschlag (Bumerang)
Antwortumschlag in der → Direktwerbung mit einem integrierten → Coupon oder → Bestellschein in Form einer verlängerten Rückenklappe, die nach dem Ausfüllen abzutrennen und einzulegen ist (→ Responsemittel). Auf Grund des Sonderformats nur für große Auflagen geeignet.

Bankaußendienst
Der Bankaußendienst als Form des → Bankvertriebs wird durch speziell ausgebildete Mitarbeiter repräsentiert, deren Hauptaufgabe in der Akquisition und Betreuung von (Nicht-)Kunden außerhalb der Geschäftsstellen besteht. Die Struktur und Aufgabengebiete des Bankaußendienstes haben sich seit seiner Etablierung (etwa ab 1968) verschiedentlich geändert und den jeweiligen Wettbewerbssituationen angepasst. Hauptziele des heutigen Bankaußendienstes sind:

- aktive Ansprache der (potentiellen) Kunden
- absolute Kundennähe durch persönlichen Besuch
- zeitliche Flexibilität durch Orientierung des Besuchstermins am Kundenwunsch
- Kundenverbindung durch persönliche Kontakte.

Durch den Einsatz von Außendienstmitarbeitern wird eine gezielte und intensive Marktdurchdringung, die auf bestimmte Kundengruppen oder Marktsegmente ausgerichtet ist, möglich. Hauptzielgruppen sind „einkommensmäßig gehobene Privatkunden" und „vermögende Privatkunden" sowie potente Firmenkunden, da diese Segmente neben qualifiziertem Beratungsbedarf auch adäquate Ertragspotentiale kennzeichnen. Nach früherer Zurückhaltung gegenüber einem Hausbesuch wurde bei den angeführten Zielgruppen das Angebot eines Außendienstes zwischenzeitlich zu einem Qualitätsmerkmal und Kriterium der Konkurrenzfähigkeit.

Die Möglichkeiten und Grenzen des Bankaußendienstes ergeben sich u.a. aus der Eignung der Bankprodukte für den mobilen Vertrieb. Neben den „Außendienstprodukten" Bausparen, Lebensversicherung und Sachversicherung kommen vor allem Wertpapierfonds, Immobilienfonds und Baufinanzierungen in Frage.

In Zukunft werden sich verschiedene Formen des „Finanzaußendienstes" herausbilden:

- *Filialunabhängiger Bankaußendienst*, der fest in die Organisationsstruktur der Bank eingebunden ist. Im Vordergrund steht die Betreuungskomponente, weniger der Einzelproduktabsatz.
- *Finanzaußendienste* die aus strategischen Allianzen mit Versicherungsgesellschaften und Bausparkassen gebildet werden, woraus man sich insbesondere Synergieeffekte aus der gemeinsamen Nutzung unterschiedlicher Vertriebssysteme erhofft (→ Allfinanz).
- Einbindung von → *Strukturvertrieben* (Finanzmaklern) in ein mobiles Vertriebssystem, nachdem die Banken ohnehin Produktpartner dieser Vertriebsorganisationen sind.

Während die Mitarbeiter des bankintegrierten Außendienstes nur teilweise erfolgsorientiert entlohnt werden, werden die Mitarbeiter von strategischen Allianzen und Strukturvertrieben ausschließlich erfolgsorientiert honoriert.

Grundsätzlich gilt, dass beim Außendienstvertrieb die Vertriebskosten pro Abschluss höher sind als beim stationären Vertrieb. Die Rechnung geht also nur dann zugunsten des mobilen Vertriebs auf, wenn den höheren Vertriebskosten akquiriertes Geschäft von entsprechender Ertragshaltigkeit gegenübersteht. Derzeit ist davon auszugehen, dass bei qualifizierten Finanzdienstleistungen der Außendienst zu Lasten des

Filialvertriebs zunehmen wird und in einigen Jahren vom Gesamtvertriebsvolumen etwa 20 % auf sich vereinigen kann. O.B.
Literatur: *Betsch, O.:* Bankaußendienst, Frankfurt 1976. *Reichel, H. C.:* Die Intensivierung des Bankaußendienstes, Frankfurt 1992.

Bankenkarten → Kreditkarte

Bankenmarkt
Innerhalb des Bankwesens der Bundesrepublik Deutschland ist das Zentralbanksystem (Deutsche Bundesbank / Landeszentralbanken) und das Geschäftsbanksystem zu unterscheiden.
Das Geschäftsbankensystem in Deutschland wird als *Universalbanksystem* bezeichnet, weil die Universalbanken, die sowohl das Einlagen- und Kreditgeschäft als auch das Wertpapiergeschäft (Emissionsgeschäft/ Depotgeschäft) betreiben, rund zwei Drittel des gesamten Geschäftsvolumens auf sich vereinigen. Die Universalbanken betreiben grundsätzlich alle Bankgeschäfte bzw. → Finanzdienstleistungen, so weit dies einem einzelnen Institut gesetzlich erlaubt ist. Zu den Universalbanken gehört der privatrechtlich organisierte Kreditbankensektor (Großbanken, Regionalbanken und sonstige Kreditbanken, Zweigstellen ausländischer Banken), der fast ausschließlich öffentlich-rechtlich organisierte Sparkassensektor (Sparkassen, Landesbanken) und die Kreditgenossenschaften (Volksbanken- und Raiffeisenbanken) einschließlich der genossenschaftlichen Zentralbanken.

Zu den Spezialbanken, die sich auf bestimmte Geschäftssparten spezialisiert haben und teilweise in einer Konkurrenzbeziehung zu den Universalbanken stehen, zählen die Realkreditinstitute (Hypothekenbanken, Schiffspfandbriefbanken) sowie die Kreditinstitute mit Sonderaufgaben. In den letzten Jahren ist der Bankenmarkt durch erhebliche Konzentrationserscheinungen und einen branchenübergreifenden → Finanzdienstleistungswettbewerb gekennzeichnet. Einen Überblick über die Größenverhältnisse der einzelnen Institutsgruppen (Ende 1998) gibt die *Tabelle*.
Ende 1999 verfügen die Bankkunden in Deutschland über durchschnittlich 1,4 Bankverbindungen, deren Verteilung auf die einzelnen Institute bzw. Institutsgruppen auf S. 106 oben dargestellt ist O.B.

Banking by mail
ist die gezielte schriftliche Einzelansprache der Kunden von → Direktbanken mit einer Direct Mail (→ Direktmarketing). Über diesen Vertriebsweg kann der ausschließliche Kontakt zum Kunden dauerhaft nur dann erreicht werden, wenn
– die angebotenen Produkte bekannt und nicht erklärungsbedürftig sind,
– für die Angebote eine offenkundige Nachfrage vorliegt, und
– die Abschlüsse ohne persönlichen Kontakt durchgeführt werden können.

Der Vertrieb von Finanzdienstleistungen via Mailings wurde in Deutschland erstmals

Größenverhältnisse der deutschen Bankengruppen

Kreditinstitutsgruppen	Anzahl der Institute	Bilanzsumme in Mrd. EURO	Marktanteil gem. Bilanzsumme in %
Großbanken	4	432	15,8
Regionalbanken und sonstige Kreditbanken	237	235	8,6
Zweigstellen ausländischer Banken	82	53	1,9
Landesbanken	13	541	19,8
Sparkassen	594	456	16,7
Genossenschaftliche Zentralbanken	4	105	3,9
Kreditgenossenschaften	2.249	266	9,8
Realkreditinstitute	31	405	14,9
Banken mit Sonderaufgaben	14	234	8,6

Bankingshop

Bankverbindungen in Deutschland (Ende 1998)

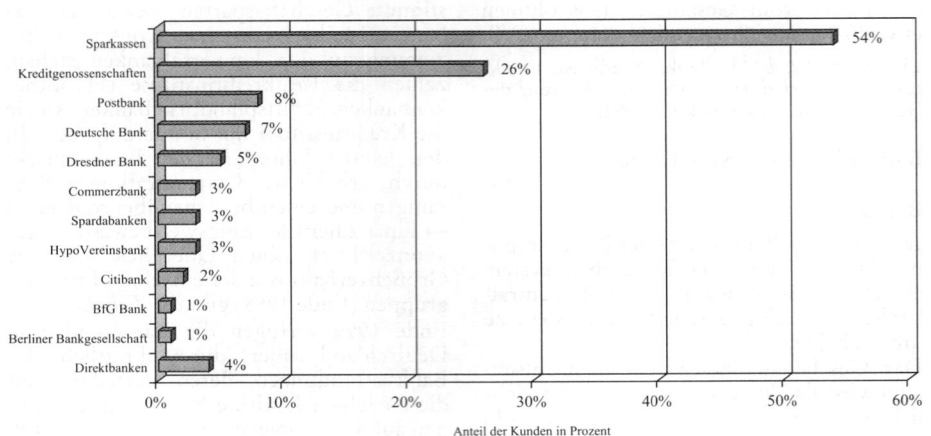

Bank	Anteil
Sparkassen	54%
Kreditgenossenschaften	26%
Postbank	8%
Deutsche Bank	7%
Dresdner Bank	5%
Commerzbank	3%
Spardabanken	3%
HypoVereinsbank	3%
Citibank	2%
BfG Bank	1%
Berliner Bankgesellschaft	1%
Direktbanken	4%

Anteil der Kunden in Prozent

1965 von der Bank für Sparanlagen und Vermögensbildung (heute: Allgemeine Deutsche Direktbank) eingesetzt.

Ziel des Banking by mail ist es, bei den umworbenen Personen eine sofort messbare Reaktion auszulösen. Diese kann entweder direkt zum Abschluss eines Bankgeschäftes oder zu einer Informations-, Angebots- oder Außendienstanforderung führen.

Eine gezielte Kundenansprache mittels Direct Mailing ermöglicht den Kreditinstituten die nachlassende Kontaktfrequenz zwischen den Kunden und der Bank zu erhöhen. Die Grundlage muss das Database Marketing bilden, das als fester Bestandteil in das Marketing der Kreditinstitute integriert sein muss. Mittelfristig ist auch der Einsatz des Data Mining und von Data Warehouses erforderlich, um eine optimale Kundenansprache zu erhöhen. Aufgrund der steigenden Zahl der Teilnehmer am Internet gewinnt neben dem klassischen Brief zunehmend auch die elektronische Mail bzw. E-Mail an Bedeutung. O.B.

Literatur: *Pischulti, H.*: Direct Mailing im Kreditgewerbe: nicht für alle(s), in: bank und markt, 23. Jg. (1994), Nr. 11, S. 28–34.

Bankingshop

Die Idee des Bankingshops hat ihre Ursprünge in den USA, als die Citibank bereits in den 60er-Jahren einige Filialen in Einzelhandelsgeschäften (Instore-Banking) eröffnete. Der Durchbruch mit einer neuen Konzeption dieser Shops kam allerdings erst in den 80er-Jahren. Zwischenzeitlich gibt es in den USA ca. 5000 Bankingshops.

Mitte 1996 wurden die ersten Bankingshops in Deutschland eingerichtet. Sie lassen sich durch mehrere Merkmale charakterisieren:

- Die Filiale der Bank befindet sich in einem Supermarkt oder SB-Warenhaus.
- Die Einrichtung der Filiale ist an die Form und Elemente des Ladenbaus im Einzelhandel angelehnt. Dadurch ist sie preiswert und flexibel.
- Die Öffnungszeiten des Bankshops sind mit denen des Supermarktes identisch.
- Die Mitarbeiter sind ausschließlich vertriebsorientiert und wenden sich mit ausgewählten, einfachen Produkten an die Privatkunden.
- Die Schalter sind offen und lassen keine Barriere zwischen den Kunden und den Mitarbeitern entstehen. Auch die Schwellenangst von Neukunden wird dadurch reduziert.
- Der Kunde hat die Wahl zwischen Selbstbedienung (→ Kundenselbstbedienung) und persönlicher Bedienung und Beratung
- Sachbearbeitung und Verwaltungstätigkeiten werden in Bankshops nicht wahrgenommen.

Nach derzeitigen Erkenntnissen gibt es in Deutschland ca. 600 Märkte, in denen sich die Eröffnung eines Bankshops rechnet. In Frage kommen in erster Linie Lebensmittelmärkte, in denen ein wiederkehrender Besuch von 1 Mio. Kunden und mehr pro Jahr stattfindet. Durch die Zusammenführung von Warenangebot und einer ausgewählten Palette von Bankdienstleistungen „unter einem Dach" profitiert auch der Handel und für die Supermarktbesucher entsteht ein Nutzenpaket von besonderer Attraktivität. Im Zuge der Restrukturierung des → Bankvertriebs werden Bankingshops im → Multiple-Channel-Vertriebs auch in Deutschland an Bedeutung gewinnen. O.B.

Literatur: *Gloystein, P.*: Neue Wege zum privaten Kunden, in: bank und markt, 27. Jg. (1998), Nr. 4, S. 12–18. *Leitermann, H.*: Bankfilialen in Supermärkten, in: *Betsch, O.; van Hooven, E.; Krupp, G.* (Hrsg.): Handbuch Privatkundengeschäft, Frankfurt 1998, S. 619-629.

Bankmarketing

Bankmarketing kann als der an den Kundenbedürfnissen orientierte, zielgerichtete Einsatz der absatzpolitischen Instrumente zur Überwindung der zwischen Angebot und Nachfrage bestehenden Marktwiderstände definiert werden. Stellt man allein auf den Einsatz absatzpolitischer Instrumentariums oder Marketing-Mix ab, dann haben Banken seit jeher Marketing betrieben. Die an den Kundenbedürfnissen orientierte Grundeinstellung der Unternehmensleitung (Marketing-Philosophie) hat sich dagegen erst später stärker herausgebildet. Seit Ende der 50er-Jahre hat die staatlicherseits geförderte Liberalisierung der Bankenmärkte, d.h. der Wegfall der nach der Weltwirtschaftskrise geschaffenen staatlichen Zins- und Wettbewerbsabkommen sowie der Bedürfnisprüfung für → Bankzweigstellen, eine Intensivierung des Wettbewerbs der Kreditinstitute unter Einschluss ausländischer Banken verursacht. Die Hinwendung zum Mengengeschäft (Retail banking) mit der breiten Bevölkerung ließ Käufermärkte und ein intensives Bemühen um Marktanteile entstehen.

Das zielgerichtete, nämlich planvolle und systematische Vorgehen in der Absatzpolitik (Marketing-Management) ist ebenfalls vor dem Hintergrund der Veränderung der Bankenmärkte vom Verkäufer- zum Käufermarkt zu sehen. Die aktuelle Branchensituation ist durch enorme Wettbewerbsintensität, eine hohe Ausschöpfung des Marktpotentials, verstärkte Konkurrenz aus dem Nichtbankensektor (Non- und Near-banks) und aus dem Ausland gekennzeichnet (→ Finanzdienstleistungswettbewerb). Weitere Faktoren sind die zunehmende Technologisierung (→ Electronic Banking), die Einrichtung und Nutzung neuer Vertriebswege (→ Bankvertrieb) sowie ein rationelleres und renditebewussteres Kundenverhalten, das zu einer vagabundierenden Finanznachfrage geführt hat.

Bei der Entwicklung von Marketingkonzeptionen ist den verschiedenen Besonderheiten der Bankleistungen Rechnung zu tragen (s.a. → Dienstleistungen).

– Bankleistungen sind grundsätzlich *abstrakt*, sie hängen meist mit Geld oder Geldwerten zusammen, die nicht der eigentlichen Bedürfnisbefriedigung dienen, sondern nur Mittel zum Zweck sind.
– Die Leistungsproduktion setzt in der Regel eine *intensive Kundenbeteiligung* voraus.
– Bankleistungen sind i. d. R. *nicht auf Vorrat* zu produzieren. Die mangelnde Lagerfähigkeit bedingt Just in Time-Konzeptionen und determiniert die *hohe Bedeutung des Faktors Zeit* bei der Leistungserstellung, die mit dem Leistungsabsatz i. d. R. uno actu einhergeht.
– Abstrakte Bankleistungen werden formbar durch *Vertragselemente*. Diese sind über die Allgemeinen Geschäftsbedingungen hinaus regelmäßig durch detaillierte vertragliche Bestimmungen geregelt.
– Die meisten Bankleistungen enthalten *Zeitelemente*, da die Geschäfte i. d. R. nicht in einem einmaligen Absatzakt ihren Abschluss finden.
– Das Leistungsobjekt „Geld", fehlende Qualitätsgarantien sowie die Absatzbeziehungen im Zeitablauf machen Bankleistungen zu *vertrauensempfindlichen Leistungen*.

Erklärungsbedürftigkeit und Vertrauensempfindlichkeit der Bankleistung bedeuten Marktwiderstände, die beim Einsatz des Marketing-Mix zu berücksichtigen sind.

„Ertrag vor Wachstum" mit steigender Bedeutung des Controlling kennzeichnet die gegenwärtigen Bankmarketingkonzeptionen. Im Zuge des → Lean Banking werden unter dem Gesichtspunkt neuer Zielgruppenbildung und entsprechender Umstrukturierung der Vertriebswege (→ Bankvertrieb), der → Produkt- und Sortimentspolitik sowie der → Preispolitik neue Ansätze gesucht. O.B.

Literatur: *Büschgen, H.-E.*: Bankmarketing, Düsseldorf 1995. *Süchting, J.; Heitmüller, H.-M.* (Hrsg.): Handbuch des Bankmarketing, 3. Aufl., Wiesbaden 1998.

Bankpreispolitik

Bankpreispolitik

Unter bankbetrieblicher Preispolitik versteht man ein System von Zielen, Grundsätzen und Regelungen, das die Bank in Zusammenhang mit der Planung, Entscheidung und Durchsetzung von Preisen für neue sowie für bereits im Angebot befindliche Bankprodukte definiert. Um die mit der Preispolitik angestrebten Ziele zu erreichen, ist eine → Preisstrategie zu entwickeln, die Entscheidungen, Maßnahmen und Verhaltensweisen festlegt. Schließlich ist für die Umsetzung der strategischen Vorgaben unter den gegebenen Rahmenbedingungen ein Preismanagement erforderlich (→ Preispolitik).

Unter Bankpreis versteht man die Entgelte, welche die Banken für Leistungen im Zahlungsverkehrsgeschäft, im Kreditgeschäft oder sonstigen Dienstleistungsgeschäft von ihren Kunden empfangen oder die sie im Anlagegeschäft ihren Kunden vergüten. Aktive Preispolitik kann außer über Zinsen, auch über eine Vielzahl von Preisstellungsvarianten sowie über Provisionen, Gebühren, Spesen oder Wertstellungen erfolgen (→ Preismodelle in Kreditinstituten).

Seit Aufhebung des Soll- und Habenzinsabkommen (1967) sind die Bankpreise in Deutschland frei vereinbar. Betriebswirtschaftlich ist die Preisbildung für Bankleistungen seit dieser Zeit den gleichen Kriterien unterworfen wie z.B. die Preisbildung für Industrieprodukte. Nach „innen" müssen die Preise so bemessen sein, dass sie die Kosten decken und einen Gewinnbeitrag leisten, und nach „außen" müssen sie so marktgerecht sein, dass sie von den Kunden akzeptiert werden.

Lange Zeit hat die Bankpreispolitik weder in der Theorie noch in der Bankpraxis besondere Aufmerksamkeit gefunden. Das rührte vor allem daher, dass der Wettbewerb in der Kreditwirtschaft in einem oligopolistischen Markt primär auf der Qualitätsschiene ausgetragen wurde. Hinzu kam, dass sich die Oligopolpreise so einpendelten, dass die daraus resultierenden Margen auch für Institute mit wenig effizienter Organisation und Produktion insgesamt zu positiven Deckungsbeiträgen führten. Zudem hat es sehr lange gedauert, bis sich in den Kreditinstituten eine konsequente Markt- und Produktorientierung durchgesetzt hat. Wo Produkte und Märkte nicht eindeutig abgrenzbar sind, können ihnen auch keine eindeutigen Preise zugeordnet werden. Außerdem war aufgrund der fehlenden Kostentransparenz in den meisten Kreditinstituten eine fundierte Preisdiskussion wenig fruchtbar. Ohne eine sorgfältig strukturierte Bankkostenrechnung lassen sich keine aussagefähige Produkt- und Kundenkalkulationen durchführen. Die Preispolitik auf der Basis der ermittelten Kosten war aufgrund der spezifischen bankbetrieblichen Kostenstruktur lange Zeit problematisch, da neben dem geringen Teil variabler Kosten in Banken hauptsächlich Gemeinkostencharakter aufweisende Fixkosten anfallen, die auf die einzelnen Leistungsarten häufig mit Hilfe meist willkürlich gewählter Schlüsselgrößen verteilt wurden. Schließlich verfügte der Kunde nicht über die entsprechende Markttransparenz, um Preisvergleiche anstellen zu können.

Die Rahmenbedingungen auf den Finanzdienstleistungsmärkten haben sich in den letzten Jahren verändert:

- In Marketingstrategien der Kreditinstitute erhalten die Preise für Bankdienstleistungen eine neue Rolle.
- Durch die oligopolistische Marktstruktur im Bankgewerbe wird der preispolitische Spielraum primär vom Reaktionsverhalten der Mitanbieter bestimmt, die ihrerseits auf preispolitische Maßnahmen eines oder mehrerer Konkurrenten entsprechend reagieren.
- Die Nachfrager auf den Finanzdienstleistungsmärkten (→ Finanzdienstleistungswettbewerb, → Bankenmarkt) besitzen mehr Fachkenntnisse, sind besser informiert und zunehmend preissensitiver. Inwieweit eine Bank über preispolitische Autonomie verfügt, hängt von der Preiselastizität der Nachfrage der Bankkunden ab. Diese resultiert aus der Markttransparenz der Kunden sowie aus den räumlichen, sachlichen und persönlichen Präferenzen, die zur Bindung eines Bankkunden an ein bestimmtes Institut (→ Hausbank-Prinzip) führen.
- Die Öffentlichkeit repräsentiert durch Verbraucherverbände, Politiker und die Medien, hat begonnen, Preise und Leistungen einzelner Banken miteinander zu vergleichen.
- In einzelnen Produktbereichen nimmt die Konkurrenz aus dem Non- und Near-Bank-Sektor sowie durch → Direktbanken stark zu. Hier wird der Wettbewerb überwiegend über den Preis ausgetragen.

– Durch ungeschickte Preispolitik haben die Banken ihr eigenes Image schwer belastet. Letztendlich haben das Wertstellungsurteil und das Hypothekenbankdarlehensurteil des Bundesgerichtshofes die Bankpreise zu „politischen Preisen" gemacht. Das ursprüngliche Schattendasein der Bankpreispolitik ist beendet. Die Bankpreispolitik ist zu einem wichtigen absatzpolitischen Instrument der Finanzdienstleister geworden.

Klar und verbindlich definierte Unternehmensziele sind die Basis für eine aktive Preispolitik und die Formulierung einer adäquaten Preisstrategie. Ziel dieses marktpolitischen Instruments ist die Fixierung solcher Preise, die sowohl den Rentabilitätserwartungen der Banken gerecht werden, als auch zur Stabilisierung und Verbesserung ihrer Wettbewerbsposition beitragen. Dabei müssen die Preise dem Gesamtbild bzw. Image des jeweiligen Institutes gerecht werden, da sie einen entscheidenden Knotenpunkt zwischen Bank und Kunden darstellen.

Mit der Preispolitik bzw. einer entsprechenden Preisstrategie können, mit unterschiedlicher Gewichtung, verschiedene Ziele verfolgt werden:

– Strategische Ziele, wie die Gewinnung neuer Kunden bzw. der Erhalt des bestehenden Kundenstamms.
– Betriebswirtschaftliche Ziele, wie z.B. die Penetration des → Electronic Banking durch preispolitische Maßnahmen und nicht zuletzt das
– Rentabilitätsziel, die Einnahmenverbesserung zur (Teil-)Kostendeckung z.B. im Zahlungsverkehr.

Unabhängig vom vorrangigen Wirtschaftsprinzip eines Kreditinstitutes sollten die Preise stets die Kosten decken und einen angemessenen Gewinnbeitrag erzielen. Kreditinstitute, die Leistungen unter den eigenen Kosten anbieten, können ohne entsprechenden Ausgleich nicht existieren und setzen ihre Existenz aufs Spiel.

Zur Preisgestaltung stehen den Kreditinstituten unterschiedliche traditionelle Instrumente der Preispolitik als auch neu konzipierte Preismodelle zur Verfügung.

Im Rahmen der traditionellen Bankpreispolitik lassen sich vier Ebenen der Preispolitik unterscheiden *(Abb. 1)*.

Abb. 1: Ebenen der Preispolitik

Preiszähler	Preisspaltung	Einzelpreise	
und	und	und	Preisdifferenzierung
Preisbezugsbasis	Pauschalpreise	Ausgleichspreisstellung	

Die Überlegungen beginnen bei den verschiedenen Elementen des Preises (Preisbezugsbasis / Preiszähler). Auf der nächsten Ebene stehen sich einerseits Einzelpreise für jede Leistung und andererseits ausgleichskalkulierte Preise als Entscheidungsalternativen gegenüber. Ferner hat die Bank die Wahl zwischen dem Prinzip der Pauschalpreise und der Preisspaltung und schließlich steht ihr das Instrument der Preisdifferenzierung zur Verfügung.

Ein grundlegendes Entscheidungsproblem der Preispolitik ist die Wahl der Preisbezugsbasis, wobei man hierunter quantitative oder qualitative Merkmale der Bankleistung, die als Anknüpfungspunkt der Preispolitik dienen sollen, versteht. Dabei wird zwischen Bestands- und Stromgrößen (Umsatz), Wert- und Mengengrößen sowie zwischen effektiven und fungierten Preisbezugsbasen unterschieden:

– Effektive Bestandsgrößen, z.B. die effektive Inanspruchnahme eines Kredites als Bezugsbasis für die Sollzinsberechnung.
– Fingierte Bestandsgrößen, z.B. die bereitgestellte Kreditlinie als Bezugsbasis für die Berechnung von Bereitstellungsprovisionen.
– Effektive oder fungierte Wertströme, z.B. Umsatz auf der größeren Seite des Kundenkontos als Bezugsbasis für die Ermittlung der Umsatzprovision bei Kontokorrentkrediten.
– Effektive oder fingierte Mengengrößen, z.B. die Anzahl der Buchungsposten für die Kontoführungsgebühr.

Nach herkömmlichen Vorstellungen ist das eigentliche Instrument der Preispolitik die Variation des Preiszählers, also die Höhe des Preises pro Einheit der Bezugsbasis: des Zinsfußes, der Provision oder der Stückgebühr. Um zum Gesamtpreis einer Leistung zu kommen, wird der Preiszähler mit der jeweiligen Einheit der Preisbezugsbasis multipliziert.

Bankpreispolitik

Da der Preiszähler oftmals im Blickpunkt des Kunden steht und ein niedriger Preiszähler optisch günstig wirkt, ist für Banken die Variation der Preisbezugsbasis besonders wichtig, weil durch die vielfältigen Wahlmöglichkeiten der Verhandlungsspielraum einer Bank erweitert wird. Schließlich ergeben sich aus der kombinierten Variation von Preisbezugsbasis und Preiszähler zahlreiche Preisgestaltungsmöglichkeiten, die einen exakten Preisvergleich durch den Kunden erheblich erschweren und zum Teil unmöglich machen. Durch die Verpflichtung der Preisangabenverordnung von 1985 wurde diese Intransparenz für den Kunden durch den Ausweis effektiver Jahreszinsen teilweise verbessert.

Neben dem Ansatz eines Pauschalpreises für eine Bankleistung oder ein Leistungspaket werden bei der Anwendung des preispolitischen Instruments der Preisspaltung die Preise für Bankleistungen, die meistens aus verschiedenen Einzelleistungen zusammengesetzt werden, in jeweils mehrere Teilpreise aufgespalten. Im Falle einer Kreditgewährung können z.B. Teilpreise in Form von Zinsen, Kredit- bzw. Bereitstellungsprovision sowie Spesen und Auslagen angesetzt werden. So besteht für die Bank die Möglichkeit, nachdem sie die Anzahl der Teilpreise erhöht hat bzw. bei der Verwendung mehrerer Bezugsgrößen, die Sortimentsleistungen mit absolut niedrigen Preiszählern anzubieten. Dadurch wird es möglich, dass die Summe der Teilpreise größer ist als der ursprüngliche Preis vor der Preisspaltung. Durch den Einsatz des Prinzips der Preisspaltung, die dem Kreditinstitut die Möglichkeit der optischen Preisverbilligung bietet, kommt auch die Anwendung des „Prinzips der kleinen Mittel" als verhandlungstaktisches Konzept zum Tragen. Dieses taktische Konzept bringt zum Ausdruck, dass der Gesamtpreisnachlass bei Konditionsverhandlungen durch gezieltes, geringes Nachgeben bei Teilpreisen größeren Begrenzungen unterliegt als bei Verhandlungen über den Gesamtpreis. Beim Kunden wird auf diese Weise auch der Eindruck des besonderen Entgegenkommens und die Vorstellung der korrekten Preiskalkulation seitens des Kreditinstitutes erweckt. Beides kann einen Beitrag zur Erhöhung der Kundenloyalität leisten.

Das Prinzip der Einzelpreise in seiner reinen Form geht von exakter Kostenerfassung und einheitlichen Gewinnaufschlägen aus. Bereits unterschiedliche Gewinnaufschläge bedeuten eine Abkehr von diesem Prinzip, da niedrige Margen oder gar negative Deckungsbeiträge eines Bereichs durch höhere Gewinne anderer Sektoren kompensiert werden.

Den Preisen für Einzelleistungen stehen die „Sortimentsangebote" und die „kundenindividuellen Bündelangebote" (→ Bankproduktbündelung) gegenüber, deren abweichende Ausgestaltung auf der unterschiedlich stark ausgeprägten Verhandlungsmacht einzelner Kunden beruht. Bei diesen banktypischen Angebotsformen (→ Bankproduktpolitik) betreiben die Kreditinstitute das Prinzip der → Ausgleichskalkulation.

Mit dem Prinzip der Ausgleichskalkulation beabsichtigen die Kreditinstitute, den Kunden durch das Angebot von wichtigen Grundleistungen zur Nachfrage nach Folgeprodukten zu bewegen. Auf diese Weise führen z.B. die Girokonten den Banken Kundeneinlagen zu, die einen weiteren Zinsnutzen mit sich bringen oder über die Einräumung von Dispositionskrediten zu Zinserträgen führen. Probleme ergeben sich bei diesem preispolitischen Konzept dann, wenn durch die unzureichende Kopplung der Marktleistungen die Kunden lediglich solche Leistungen nachfragen, deren Preise nicht kostendeckend sind. Diese Situation trifft in zunehmendem Maße zu, da der anspruchsvolle, zins- und kostenbewusste Kunde ein vagabundierendes Finanzverhalten aufweist und eine „Rosinenpickermentalität" an den Tag legt (→ Preisinteresse).

Tatsache ist, dass nicht jede Kundenverbindung von Anfang an ein Gewinn bringendes Engagement darstellt. Mit Hilfe der Ausgleichskalkulation kann dieser Verlust entweder sofort durch andere Kunden oder Kundengruppen ausgeglichen oder es kann in Zukunft ein positiver Deckungsbeitrag aus der Kundenverbindung erwirtschaftet werden. Kreditinstitute sollten sich jedoch nur so lange mit der Quersubventionierung defizitärer Kundenverbindungen befassen, wie noch Aussicht auf Ertragserzielung besteht. Aufgrund der veränderten Verhältnisse auf den Finanzdienstleistungsmärkten und der generell abnehmenden Kundenloyalität müssen sich die Kreditinstitute mit preispolitischen Grundsatzfragen und zukunftsweisenden Preismodellen auseinander setzen.

Eine → Preisdifferenzierung liegt dann vor, wenn ein Anbieter gleiche Leistungen zu unterschiedlichen Preisen anbietet. So ermöglicht die Preisdifferenzierung den Kre-

Abb. 2: Formen der Preisdifferenzierung

Form der Preisdifferenzierung	Beispiel für Kriterien der Preisdifferenzierung	Beispiele
regionale (räumliche) Differenzierung	Verteilung der Kunden auf verschiedene Gebiete	unterschiedliche Konditionen für Gebietsansässige und Gebietsfremde
zeitliche Differenzierung	zeitliche Inanspruchnahme durch die Kunden	Einführungssonderpreise bei neuen Produkten
sachliche Differenzierung		
• quantitative	Menge der abzunehmenden Leistung	unterschiedliche Zinssätze für verschiedene Einlagenbeträge und Laufzeitlängen
• qualitative	Verwendungszweck der Leistung	Zinsvergünstigungen bei Hypothekarkrediten für besonders umweltgerechte Baumaßnahmen (Solaranlage)
• personelle	Zugehörigkeit zu Kundengruppen	Preisermäßigungen für die Anteilseigner von Genossenschaftsbanken

ditinstituten, gleichzeitig in mehreren Marktsegmenten unterschiedliche Preise für gleiche oder gleichartige Leistungen anzusetzen. Ziel einer derartigen Preisdifferenzierung ist die effektive Ausschöpfung vorhandener Marktpotentiale.

Bei der Preisdifferenzierung kann man generell zwischen räumlicher, zeitlicher und sachlicher Differenzierung unterscheiden. *Abb. 2* gibt einen Überblick über einzelne Formen der Preisdifferenzierung.

Die Preisdifferenzierung nach regionalen und zeitlichen Kriterien spielt in der Kreditwirtschaft eine eher untergeordnete Rolle. Die Gestaltungsspielräume bei der sachlichen Preisdifferenzierung sind bedeutend größer. Besonders hinzuweisen ist in diesem Zusammenhang auf die Preisdifferenzierung im Kreditgeschäft auf der Basis von Bonitätskriterien und/oder der bereitgestellten Kreditsicherheiten. O.B.

Literatur: *Bernet, B.*: Bankbetriebliche Preispolitik, Bern u.a. 1996. *Christen, P.*: Preispolitik von Banken, Bern u.a. 1993. *Gehrke, J.*: Sonderangebote als preispolitisches Instrument von Kreditinstituten, Göttingen 1995. *Pfeufer-Kinnel, G.*: Preismanagement bei Kreditinstituten, Wiesbaden 1998.

Bankproduktbündelung

Der Ansatzpunkt für eine → Produktbündelung, der in jüngerer Zeit immer stärker zum Tragen kommt, kann auf absatzstrategischen Gründen (→ Bankprodukt- und -sortimentsstrategien) oder den geänderten Anforderungen des Marktes beruhen. Bei der Bündelung verschiedener Einzelprodukte zu umfassenden Problemlösungsangeboten (Packaging) werden vor allem komplementäre Produkte miteinander verbunden (z.B. Immobilien und Hypothekar- und Bausparbegeschäft) oder die Zubringerfunktion eines Bankproduktes gezielt genutzt (→ Cross-Selling). Produktbündelung wird ferner eingesetzt, um die überfrachteten Leistungsprogramme zu straffen und auf zielgruppengerechte Angebote zuzuschneiden.

Ein typisches Beispiel für eine Produktbündelung ist die Zusammenfassung von traditionellen Bankleistungen mit banknahen Produkten wie Bauspar- und Versicherungsleistungen, die gebündelt und geschlossen angeboten werden, dass der Kunde auf der Angebotsseite nur mit einem und nicht mit verschiedenen Partnern zur Nutzung von mehreren Teilleistungen in Verbindung treten muss (→ Allfinanz). Eine weitere Form stellt die Bündelung von komplementären Produkten oder die Bündelung von Produkten an ein Basisprodukt dar, zu dem die anderen Produkte einen Zusatznutzen vermitteln. Als typisches Beispiel kann das Girokonto angesehen werden, mit dem sich über den Zusatznutzen oder den komplementären Charakter andere Produkte verbinden. So bestehen Wechselbeziehungen zwischen dem Girokonto,

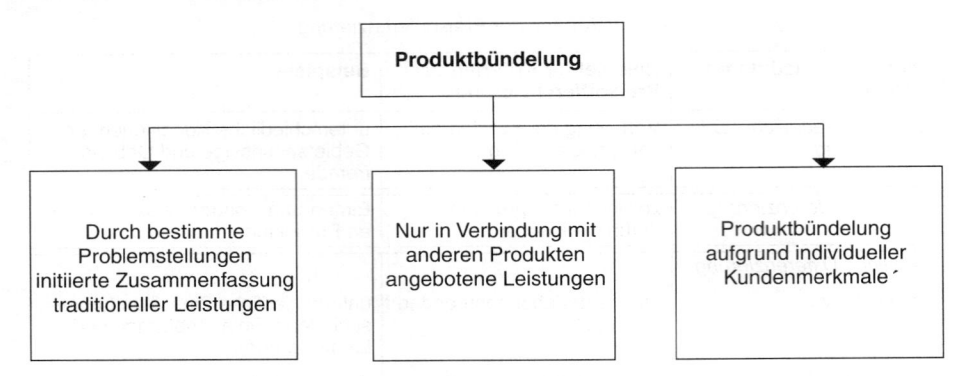

Bankprodukteliminierung

```
                    ┌─────────────────────┐
                    │  Produktbündelung   │
                    └──────────┬──────────┘
         ┌─────────────────────┼─────────────────────┐
         ▼                     ▼                     ▼
┌──────────────────┐ ┌──────────────────┐ ┌──────────────────┐
│ Durch bestimmte  │ │ Nur in Verbindung│ │ Produktbündelung │
│ Problemstellungen│ │ mit anderen      │ │ aufgrund         │
│ initiierte       │ │ Produkten        │ │ individueller    │
│ Zusammenfassung  │ │ angebotene       │ │ Kundenmerkmale   │
│ traditioneller   │ │ Leistungen       │ │                  │
│ Leistungen       │ │                  │ │                  │
└──────────────────┘ └──────────────────┘ └──────────────────┘
```

dem Dispositionskredit und den unterschiedlichen Produkten des Zahlungsverkehrs (einschließlich eurocheque-Karte und → Kreditkarten).

Bei der Produktbündelung liegt eine Produktzusammenfassung nach Zweckmäßigkeitsgründen vor, um den Kunden ein nach sachlogischen Kriterien abgegrenztes Leistungssortiment anzubieten. Auf bewusst absatzstrategischen Überlegungen basiert dagegen die Produktbündelung in Form der kundenindividuellen Angebotszusammenstellung. Dabei erfolgt eine zielgruppenorientierte Produktbündelung, die sich an Einstellungs- und Nutzungskriterien der jeweiligen Zielgruppe orientiert. Eine derart auf die individuelle Bedarfsstruktur ausgerichtete Produktbündelung bietet die Möglichkeit der Optimierung der Verkaufsprozesse und erhöht die Produktivität und Ertragskraft der Kreditinstitute durch Reduzierung von Streuverlusten. O.B.

Literatur: *Bernet, B.*: Bündelung und Entbündelung von Finanzprodukten, in: *Betsch, O.; van Hooven, E.; Krupp, G.* (Hrsg.): Handbuch Privatkundengeschäft, Frankfurt 1998, S. 369-385.

Bankprodukteliminierung

Bei der → Produkteliminierung werden einzelne Produkte planvoll aus dem Leistungssortiment genommen, um das Sortiment trotz horizontaler oder vertikaler Erweiterung für Kunden und Mitarbeiter überschaubar zu halten, oder es von solchen Produkten zu bereinigen, deren Ergebnisbeitrag unzureichend ist (Lebenszyklus-Konzept). Dabei kann man auch bei der Produkteliminierung zwischen horizontaler und vertikaler Bereinigung des Leistungsprogramms unterscheiden.

Die horizontale Angebotsbereinigung kann im Extremfall zur Entstehung von Spezialbanken (Produktspezialisten wie → Discount Broker oder Zielgruppenbanken) führen, wobei sich in der Kreditwirtschaft in den letzten Jahren ein gewisser Trend zu unterschiedlichen „Zielgruppenbanken" mit eindeutig definierten strategischen Geschäftsfeldern abzeichnet, da es so genannte „Bauchladen-Anbieter", die ein umfassendes Angebot zu einem günstigen Preis mit möglichst hoher Kundennähe offerieren, in Zukunft schwer haben werden. Das klassische Kreditinstitut vom Typ „kontinentaleuropäische Universalbank" ohne ein pointiertes zielgruppenspezifisches Profil wird immer mehr zum Me-too-Anbieter werden.

Eine wichtige Aufgabe im Rahmen der Produktpolitik besteht darin, die Kapazitätskosten des Kreditinstitutes von Bereitstellungskosten für Produkte mit mangelnder Nachfrage zu entlasten und das Sortiment von den Produkten zu befreien, die keine positiven Ergebnisbeiträge beisteuern. Wegen der spezifischen Merkmale von Bankprodukten lassen sich allerdings Kostenentlastungseffekte nur mittelfristig erzielen, da Finanzdienstleistungen in der Regel vom Kunden längerfristig genutzt werden und er mit dem Kreditinstitut eine Absatzbeziehung auf Zeit eingegangen ist. Außerdem besteht ein Produktzusammenhang innerhalb des Sortiments (→ Banksortimentspolitik), so dass ertragswirtschaftliche Gesichtspunkte nicht nur produkt- sondern auch kundenbezogen betrachtet werden müssen. Unter Berücksichtigung unterschiedlicher Interdependenzen kommen somit für eine Produktbereinigung nur jene Produkte in Frage, die keine oder nur eine unbedeutende Nutzenverbindung zu anderen (ertragsstarken) Produkten haben und eine Produkteliminierung nicht zur Beein-

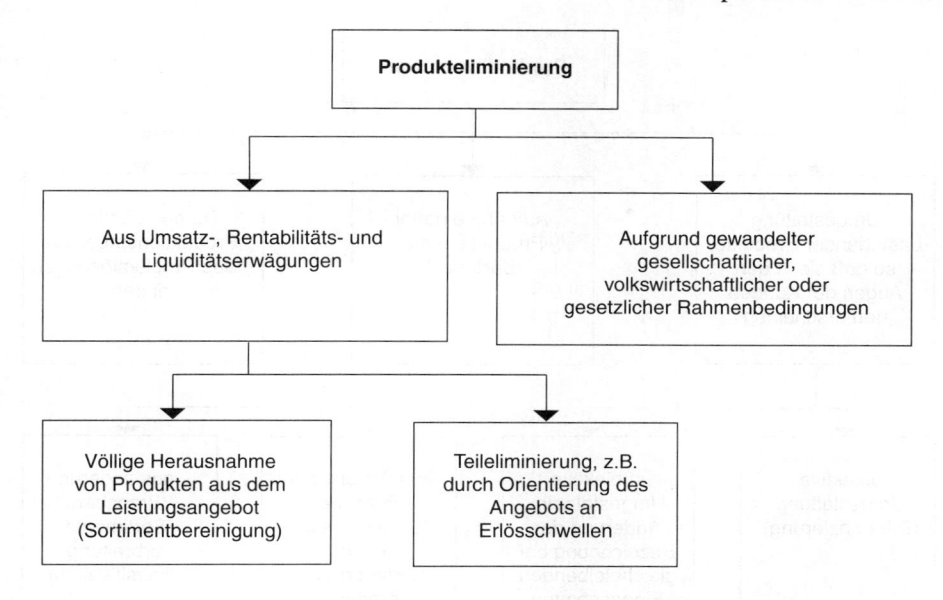

```
                    ┌─────────────────────┐
                    │ Produkteliminierung │
                    └─────────────────────┘
                     │                   │
          ┌──────────▼──────────┐  ┌─────▼──────────────────┐
          │ Aus Umsatz-,        │  │ Aufgrund gewandelter   │
          │ Rentabilitäts- und  │  │ gesellschaftlicher,    │
          │ Liquiditäts-        │  │ volkswirtschaftlicher  │
          │ erwägungen          │  │ oder gesetzlicher      │
          │                     │  │ Rahmenbedingungen      │
          └─────────────────────┘  └────────────────────────┘
```

┌──────────────────────┐   ┌──────────────────────┐
│ Völlige Herausnahme │   │ Teileliminierung,   │
│ von Produkten aus dem│   │ z.B. durch   │
│ Leistungsangebot   │   │ Orientierung des   │
│ (Sortimentbereinigung)│ │ Angebots an   │
│   │   │ Erlösschwellen   │
└──────────────────────┘   └──────────────────────┘

trächtigung von Gesamtgeschäftsverbindungen führt.

Sonderformen der Produkteliminierung stellen die Teileliminierung und die Substitution dar. Während man unter Substitution die geplante Herausnahme eines Produktes unter gleichzeitiger Einführung eines anderen Produktes versteht, wird bei einer Teileliminierung dem Kunden die Produktnutzung nur dann überlassen, wenn die Nutzungsintensität sicherstellt, dass damit ein positiver Deckungsbeitrag erwirtschaftet wird. Beispiele für Teileliminierungen sind Mindestsummen bei Ratenkrediten oder bestimmte Volumen bei Wertpapierdepots. Der Politik der Teileliminierung wird in Zukunft insbesondere in Zusammenhang mit der Preispolitik (→ Bankpreispolitik) noch wesentlich größeres Gewicht als bislang beizumessen sein. O.B.

Bankproduktinnovation

Das Sortiment der Kreditinstitute ist im Rahmen der → Banksortimentspolitik an den Anforderungen des Marktes auszurichten. Diese Anforderungen sind eine dynamische Größe, die einem immer schnelleren Wandel unterliegt und die Kreditinstitute zu produktpolitischen Reaktionen veranlasst. Andererseits werden Anforderungen des Marktes aktiv durch Initiative der Kreditinstitute aufgrund von Erkenntnissen der Bedarfsanalyse geweckt und gefördert. Durch Innovation wird ein – bezogen auf das Kreditinstitut oder den Gesamtmarkt – neu entwickeltes bzw. bisher nicht angebotenes Produkt in das Sortiment aufgenommen, um einen Wettbewerbsvorsprung in angestammten Märkten zu erlangen oder um in angrenzende Märkte einzudringen.

Der Begriff der Produktinnovation soll dabei so weit gefasst werden, dass es allein auf die Nutzenvorstellungen des Kunden und seine dadurch initiierte Nachfrage ankommt, ob ein Produkt als „neu" anzusehen ist. Bankprodukte können deshalb auch dann schon als Produktinnovationen angesehen werden, wenn sich aufgrund absatzpolitischer Maßnahmen ihr Image so weit gewandelt hat, dass sie aus Sicht der Kunden nicht mehr mit dem früheren Angebot vergleichbar erscheinen.

Eine derartige Umgestaltung bereits bestehender Produkte kann sowohl tatsächliche Änderungen der technischen Eigenschaften des Produkts als auch nur einen subjektiven Nutzen durch absatzpolitische Produktdifferenzierungen zum Gegenstand haben. Eine absatzpolitische Differenzierung durch Form, Farbe und Verpackung scheidet wegen der Stofflosigkeit der Bankleistungen aus. So hat sich die Möglichkeit der Variation der Namensgebung als Marketing-Instrument herausgebildet, um eine Unterscheidung von bisherigen eigenen

Bankproduktinnovation

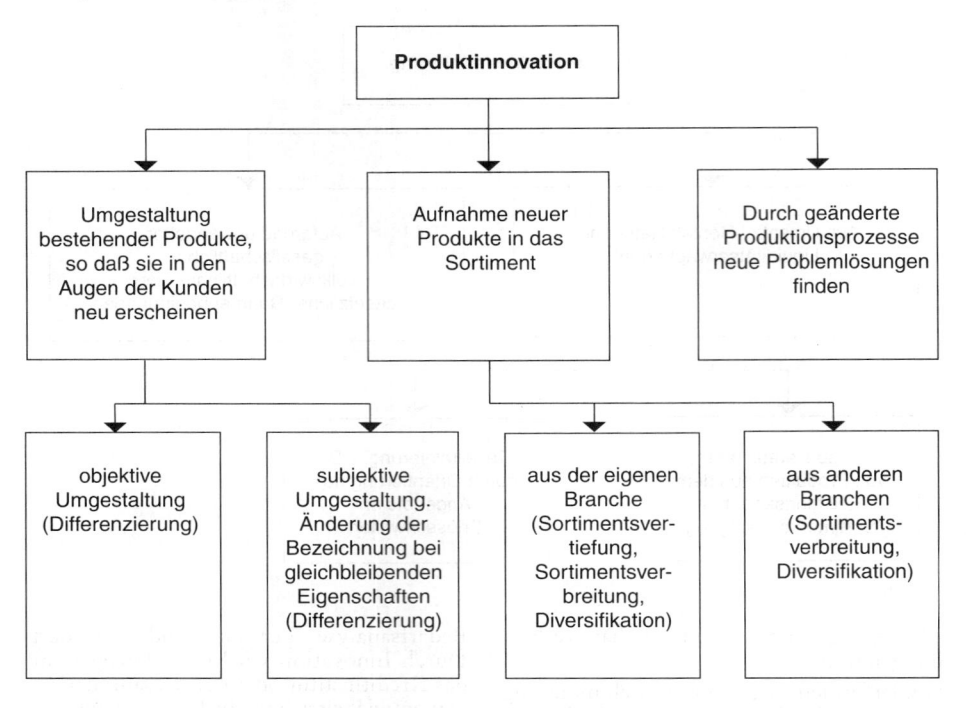

```
                          ┌─────────────────┐
                          │ Produktinnovation│
                          └─────────────────┘
         ┌───────────────────────┼───────────────────────┐
         ▼                       ▼                       ▼
┌──────────────────┐   ┌──────────────────┐   ┌──────────────────┐
│ Umgestaltung     │   │ Aufnahme neuer   │   │ Durch geänderte  │
│ bestehender      │   │ Produkte in das  │   │ Produktionsprozesse│
│ Produkte, so daß │   │ Sortiment        │   │ neue Problemlösungen│
│ sie in den Augen │   │                  │   │ finden           │
│ der Kunden neu   │   │                  │   │                  │
│ erscheinen       │   │                  │   │                  │
└──────────────────┘   └──────────────────┘   └──────────────────┘
     │        │              │        │
     ▼        ▼              ▼        ▼
┌─────────┐ ┌─────────┐ ┌─────────┐ ┌─────────┐
│objektive│ │subjektive│ │aus der  │ │aus      │
│Umgestal-│ │Umgestal- │ │eigenen  │ │anderen  │
│tung     │ │tung.     │ │Branche  │ │Branchen │
│(Differen│ │Änderung  │ │(Sorti-  │ │(Sorti-  │
│zierung) │ │der       │ │mentsver-│ │ments-   │
│         │ │Bezeich-  │ │tiefung, │ │verbrei- │
│         │ │nung bei  │ │Sorti-   │ │tung,    │
│         │ │gleich-   │ │ments-   │ │Diversi- │
│         │ │bleibenden│ │verbrei- │ │fikation)│
│         │ │Eigen-    │ │tung,    │ │         │
│         │ │schaften  │ │Diversi- │ │         │
│         │ │(Differen-│ │fikation)│ │         │
│         │ │zierung)  │ │         │ │         │
└─────────┘ └─────────┘ └─────────┘ └─────────┘
```

Produkten und sachlich gleichen Konkurrenzangeboten zu bewirken.

Als Produktinnovation i.e.S. und Kern der Produktpolitik kann die Aufnahme neuer Produkte in das Sortiment eines Kreditinstitutes angesehen werden. Dabei ist zwischen der Erweiterung des Sortiments um branchenfremde Produkte (→ Diversifikation; → Sortimentspolitik), der horizontalen Erweiterung und der → Produktdifferenzierung oder vertikalen Erweiterung zu unterscheiden (→ Banksortimentspolitik).

Durch Produktdifferenzierung werden bereits existierende Produkte in ihren Merkmalen Zweckbestimmung, finanzielle Ausgestaltung sowie Qualität so modifiziert, dass sie z.B. gewandelten Markterfordernissen oder veränderten geschäftspolitischen Vorgaben besser entsprechen. Eine zu starke Differenzierung des Produktprogramms belastet allerdings den technisch-organisatorischen Bereich des Kreditinstitutes sehr stark und fördert die Unsicherheit beim Bankkunden wegen mangelnder Überschaubarkeit und Transparenz des Sortiments. Daneben entsteht ein erhöhter Weiterbildungsaufwand für die Bankmitarbeiter. Es muss deshalb zu einem Ausgleich zwischen marktlichen und betrieblichen Interessen kommen, wobei Aufwand und Ertrag der Produktinnovation die Hauptkriterien der Einführungsentscheidung darstellen sollten.

Weitere wesentliche Aspekte bei der Produktinnovation sind die Vorschriften über das Eigenkapital und die Liquidität der Kreditinstitute sowie die Wirkungen des technischen Fortschritts. Die verschärften Anforderungen an die Eigenkapitalausstattung der Banken tragen dazu bei, dass es in Zukunft noch in stärkerem Maße als bislang zu den Aufgaben der Produktpolitik gehören wird, auch für den Wettbewerb um Eigenkapital und die Erfüllung der Liquiditätsnormen geeignete Produkte zu entwickeln. Außerdem gehen vom technischen Fortschritt wesentliche Wirkungen auf die Produktpolitik aus. Zum einen ermöglichen häufig erst technische Neuerungen die breite Einführung innovativer Produkte oder sogar ganzer Geschäftszweige (Bargeldloser Zahlungsverkehr im Mengengeschäft, → Electronic Banking), zum anderen beschränken insbesondere die installierten Datenverarbeitungskapazitäten und die Kosten der Systemumstellung die Entscheidungsspielräume der Bankproduktpolitik von der Abwicklungsseite her. Hinzu

kommt, dass durch die Erklärungsbedürftigkeit einzelner Bankprodukte dem elektronischen Vertrieb weitere Grenzen gesetzt sind.
Insbesondere an den Geld- und Kapitalmärkten sind in den vergangenen Jahren eine Vielzahl von Produktinnovationen zu verzeichnen. An den Geldmärkten wurden zahlreiche neue Instrumente eingeführt: Money Market Funds, Money Market Deposit Accounts, Repurchase Orders of Withdrawal, Money Market Certificates of Deposit, Share Draft Accounts und andere. An den Kapitalmärkten sind als wichtigste Finanzinnovationen zu nennen: Floating Rate Notes, Zero Bonds, Optionsanleihen, ECU-Anleihen. Der höchste Innovationsgrad war allerdings an den Terminmärkten, den Financial Futures, zu verzeichnen, unter denen man verschiedene Gruppen von Terminkontrakten versteht: Currency Futures, Interest Rate Futures, Stock Index Futures und Precious Metal Futures. O.B.

Literatur: *Binkowski, P.; Beeck, H.:* Finanzinnovationen, 3. Aufl., Bonn 1995. *Schuster, L.:* Innovationspolitik der Banken – Notwendigkeit oder Modeerscheinung, in: *Schuster, L.* (Hrsg.): Bankpolitik im Spiegel aktueller Themen, Stuttgart 1990, S. 82–97.

Bankproduktpolitik

Unter → Produktpolitik versteht man die Gesamtheit der geschäftspolitischen Entscheidungen und Maßnahmen zur Gestaltung der einzelnen absatzfähigen Bankleistungen sowie im weiteren Sinne des gesamten Leistungsprogramms (→ Banksortimentspolitik). Synonym hierfür wird der Begriff Leistungspolitik verwendet, wobei es keine einheitliche Abgrenzung des Begriffs „Leistung" gibt. Definiert man die Produktpolitik als Prozess, so umfasst sie Analyse, Konzeption, Einführung und Kontrolle neuer Produkte ebenso wie die Überprüfung, Modifikation und Eliminierung bestehender Produkte. Somit ist sie wesentlicher Bestandteil der Sortimentspolitik eines Kreditinstitutes und Element einer umfassenden Marketing- und Controllingkonzeption. Sie weist zahlreiche Interdependenzen zur → Bankpreispolitik, zum → Bankvertrieb und zur Kommunikationspolitik eines Kreditinstitutes auf.

Ziel der Produktpolitik ist es, im Rahmen vorgegebener rechtlicher Normen absatzfähige Bankleistungen zu erstellen, um die angestrebte Rentabilität des Institutes zu sichern und die vom einzelnen Institut definierten strategischen Geschäftsfelder erfolgreich zu bearbeiten. Dabei muss der Bank- als auch der Kundennutzen (Zwei-Gewinner-Modell) in gleichem Maße berücksichtigt werden.

Im Gegensatz zur gütererzeugenden Industrie sind betriebswirtschaftlich relevante Eigenarten der Bankprodukte, dass es sich um immaterielle, abstrakte Leistungen handelt, denen die Anschaulichkeit fehlt (→ Dienstleistung). Sie können vor dem Kauf nicht durch Auslage oder Muster begutachtet werden. Da sie in der Regel (Ausnahme Girokonto) keine Produkte des täglichen Bedarfs sind, fehlt den meisten potentiellen Nachfragern auch weitgehend die Vorstellung von ihren Möglichkeiten zur Bedarfsbefriedigung. Aus diesem Grunde sind Bankprodukte auch vielfach schwer verständlich und erklärungsbedürftig. Die menschliche Beratungsleistung geht somit oftmals als Qualitätsbestandteil in das Bankprodukt mit ein.

Die → Bankprodukt- und Sortimentsstrategien und ihre Gestaltungsmöglichkeiten sind zu einem Kernpunkt bankbetrieblicher Marktpolitik geworden, der in Vernetzung mit den anderen marktpolitischen Instrumenten aktiv gestaltet werden muss.

Ausgehend von einem gegebenen Produktsortiment einer Universalbank lassen sich folgende strategischen Handlungsalternativen bei der Produktpolitik unterscheiden:

– Produktinnovation (→ Bankproduktinnovationen)
– Produktbündelung (→ Bankproduktbündelung) und
– Produkteliminierung (→ Bankprodukteliminierung).

Die Produkt- und Sortimentspolitik wird für den Markterfolg der Kreditinstitute weiter an Bedeutung gewinnen. Weiter zunehmender Wettbewerb auf den Finanzdienstleistungsmärkten und eine veränderte Rollenverteilung im Prozess der Finanzintermediation (Non- und Near-Banks, ausländische Mitwettbewerber, Allfinanzkonzerne) werden zu weiter sinkenden Margen bei den traditionellen Bankprodukten führen. Eine wichtige Aufgabe der Bankproduktpolitik wird deshalb sein, bestehende Produkte so zu modifizieren und neue Produkte so zu konstruieren, dass die Erosion der Volumina und der Erträge im herkömmlichen Bankgeschäft aufgehalten bzw. kompensiert werden kann.

Bankprodukt- und -sortimentsstrategien

Zukunftsorientierte Perspektiven der Produkt- und Sortimentspolitik werden vor allem von den Aspekten der Finanzmarktintegration (Europäische Wirtschafts- und Währungsunion), der Neu- und Umstrukturierung der Vertriebswege (→ Bankvertrieb) sowie vom technischen Fortschritt im Bereich der Informations- und Kommunikationstechnologie abhängen. Zum einen wird die Selbstbedienung (→ Kundenselbstbedienung in Banken) auch im Zusammenhang mit der Entwicklung von Smart Cards neue Dimensionen erreichen und das Produktangebot muss hierauf angepasst werden. Vor allem aber die äußerst dynamische Entwicklung auf dem Gebiet der Informations- und Kommunikationstechnologie (Computer, Fernsehen, Video, Audio- und Telefondienste, Multimedia) werden nicht nur die Schnittstellen zwischen Bank und Kunde neu definieren, sondern eine enorme Herausforderung an die Produkt- und Sortimentspolitik darstellen. Während in der Vergangenheit Produktinnovationen im Wesentlichen ihren Ursprung in geänderten wirtschaftlichen Voraussetzungen beim Kunden hatten, wird die Produktinnovation in Zukunft in starkem Maße von der technischen Entwicklung initiiert. Das traditionelle Bankgeschäft steht erst am Anfang einer grundlegenden inhaltlichen, technologischen, organisatorischen und damit letztlich strategischen Neupositionierung. O.B

Literatur: *Kilhey, U.*: Die Bewertung des Erfolgs von Bankprodukten als Grundlage produktpolitischer Entscheidungen, Frankfurt a.M. 1987. *Bernet, B.*: Bündelung und Entbündelung von Finanzprodukten, in: *Betsch, O; van Hooven, E.; Krupp, G.* (Hrsg.): Handbuch Privatkundengeschäft, Frankfurt 1998, S.369-385. *Meffert, H.; Burmann, Ch.*: Value-Added-Services im Privatkundengeschäft der Banken, in: *Betsch, O.; van Hooven, E.; Krupp, G.* (Hrsg.): Handbuch Privatkundengeschäft, Frankfurt 1998, S. 387-396.

Bankprodukt- und -sortimentsstrategien

Ausgehend von einer detaillierten Kundensegmentierung (quantitativer Ansatz; soziodemographischer Ansatz, sonstige Segmentierungskriterien) bieten sich im → Bankmarketing für das Privatkundengeschäft einige alternative Produkt- und Sortimentsstrategien zur Auswahl. Die drei grundlegenden Denkansätze können anhand der folgenden Bezeichnungen charakterisiert werden: (1) Einzelprodukt-Strategie, (2) Baukasten-Strategie und (3) LEGO-Strategie.

Im Rahmen der *Einzelproduktstrategie* bietet die Bank eine Anzahl voneinander weitestgehend unabhängigen Produkten an. Die Produkte können zwar addiert, aber auch in beliebiger Kombination bezogen werden und weisen untereinander eine sehr geringe Vernetzung auf. So kann z.B. eine Versicherung am Bankschalter abgeschlossen werden, ohne dass der Kunde eine Kontobeziehung unterhält. Wohl wichtigster positiver Aspekt dieser Strategie ist, dass mit dem so definierten Produktangebot im Sinne eines Gemischtwarenladens eine sehr breite und heterogene Kundenschicht angesprochen werden kann. Auf der anderen Seite kann auf dieser Basis kaum eine einheitliche, auf klar abgegrenzte Kundensegmente ausgerichtete Marketingstrategie realisiert werden, weshalb sie auch wenig zukunftsträchtig ist.

Von einem anderen Ansatz wird die *Baukasten-Strategie* getragen. Hier stehen nicht einzelne Bausteine aus dem Leistungssortiment, sondern imaginäre Produktpakete im Mittelpunkt der Strategie. Der Kunde kann, entweder nach einem Puzzle-Ansatz oder nach einem Bottom-up-Ansatz aus einzelnen Bausteinen immer komplexere Produktbündel zusammensetzen. Bestimmte Bausteine können nur auf der Grundlage bestimmter anderer bzw. in bestimmten Kombinationen bezogen werden. Die Kombinationen sind dabei auf einzelne Kundensegmente ausgerichtet. Wird die Bündelung durch das Kreditinstitut selbst vorgenommen, handelt es sich um Packaging (→ Bankproduktbündelung).

Noch einen Schritt weiter geht die *LEGO-Strategie*. Aus einer begrenzten Anzahl uniformer Basiselemente (Produkte) wird letztendlich eine sehr große Menge individueller Lösungen zusammengesetzt. Daraus ergibt sich ein wesentlicher analytischer Unterschied zur Baukasten-Strategie. Mit der LEGO-Strategie werden keine fertigen Produkte verkauft, sondern die Elemente, aus denen ein Produkt entstehen kann. So kann man aus wenigen Grundbausteinen sehr individuelle Produkte gestalten, alle aus den gleichen Basiselementen aufgebaut und doch alle verschieden. Der Kunde definiert somit sein Produkt selbst. Anstatt den Kunden fertige Produkte und deren Variationen anzubieten, gilt es im Rahmen dieses Denkansatzes zu überlegen, wie man die Bankleistungen so weit in absatzfähige Grundkomponenten zerlegen kann, dass der Kunde sich selbst (oder in Zusammenarbeit mit dem Bankberater) ein auf seine Bedürfnisse maßgeschneidertes Endprodukt bzw. Sortiment zusammenstellen kann.

Alle drei Produkt- und Sortimentsstrategien können sowohl für bestimmte Marktnischen als auch zur Abdeckung eines Gesamtmarktes angewendet werden. Dabei wird der Baukasten- und der LEGO-Strategie in Zukunft die entscheidende Bedeutung zukommen, da die Kunden immer nachhaltiger und dringlicher Unterschiedliches wünschen. Diesem Anspruch kann man mit diesen beiden Strategien am ehesten gerecht werden, da der Kunde keine Bankprodukte sui generis nachfragt, sondern lediglich eine Befriedigung seiner unterschiedlichsten Bedürfnisse sucht.

Die Forderung, Bankprodukte zwecks rationeller und kostengünstiger Produktion standardisiert auszugestalten, steht im Widerspruch zu der Erkenntnis, dass Bankleistungen möglichst bedürfnisorientiert und damit individualisiert anzubieten sind (→ Individualisierung). Mit Ausnahme des gehobenen Privatkundengeschäfts und des anspruchsvollen Firmenkundengeschäfts stellt sich somit das Problem, Produkte so zu produzieren und im Markt zu positionieren, dass sie zwar weitestgehend standardisiert sind, aber dennoch individualisiert dargestellt werden können.

Eine mögliche Antwort zur Auflösung dieses Dilemmas könnte die individualisierte Massenproduktion sein (→ Mass Customization). Kreditinstitute haben sich lange Zeit darauf konzentriert, eine Vielzahl von Bankleistungen nach den Standards der industriellen Massenproduktion herzustellen. Dadurch wurden die Kreditinstitute zu „Produktionsfabriken" für Leistungen des Zahlungsverkehrs, standardisierter Programmkredite oder der Wertpapierverarbeitung. Oberstes Ziel ist die Kostenführerschaft. Es gilt Produkte zu Transaktionskosten herzustellen und anzubieten, die für den Kunden sicherlich preisgünstiger als bei „Einzelanfertigung" sind. Die alternative Philosophie der maßgeschneiderten Massenfertigung geht von einem anderen Denkansatz aus. Immer breiter aufgesplittete Märkte, heterogene Kundensegmente, kürzere Lebenszyklen von Produktinnovationen und die Anforderung, jedem Kunden möglichst maßgeschneiderte Produkte anbieten zu können, verlangen nach einer Produktionsstrategie, bei der Flexibilität, rasche Reaktion auf Marktveränderungen und Produktvielfalt die obersten organisatorischen Leitlinien sind. Hierbei steht nicht die Frage der Kostenführerschaft im Vordergrund, sondern die Aufgabe, Bankprodukte (aus standardisierten Einzelelementen) in einer so großen Vielzahl produzieren zu können, dass letztendlich jeder Kunde die Leistungskombination findet, die seinen spezifischen Bedürfnissen entspricht. O.B.

Literatur: *Betsch, O.*: Allfinanz eine (un)mögliche Chance, in: bank und markt, Nr. 11, 1992, S. 15-21. *Büschgen, A.*: Allfinanz als Marktbearbeitungskonzept privater Geschäftsbanken, Wiesbaden 1992. *Schierenbeck, H.; Hölscher, R.*: Bankassurance, 4. Aufl., Stuttgart 1998.

Banksortimentspolitik

Unter Sortimentspolitik versteht man im → Bankmarketing sowohl die Zusammensetzung als auch die Variation der qualitativen Struktur des Gesamtleistungsprogramms eines Kreditinstitutes. Die Aufgaben der Sortimentspolitik umfassen die zielbezogene Auswahl von Maßnahmen zur Realisierung und Optimierung des Gesamtangebotes eines Kreditinstitutes. Die Sortimentspolitik impliziert somit Entscheidungen über die den Kunden bzw. einzelnen Kundengruppen anzubietende Gesamtheit an Leistungen (finanzwirtschaftlicher bzw. auch nicht finanzwirtschaftlicher Art). Hierbei handelt es sich um strategische Managemententscheidungen, die sowohl von den Zielen und der geschäftspolitischen Grundkonzeption des einzelnen Kreditinstitutes als auch von marktmäßigen, innerbetrieblichen und rechtlichen Faktoren determiniert werden. Daraus ergibt sich, dass die Sortimentspolitik der Kreditinstitute nicht in einem Zeitpunkt festgeschrieben werden kann, sondern – analog der Produktpolitik – einen dynamischen Verlauf nimmt. Die Sortimentspolitik stellt somit einen permanenten Prozess dar.

Die Sortimentspolitik kann anhand dreier Gestaltungskriterien charakterisiert werden:

– Sortimentsbreite und -tiefe
– banktypisches und bankfremdes Sortiment
– Bankstandard- und Spezialsortiment.

Die *Sortimentsbreite* (breites oder schmales Sortiment) wird durch die Anzahl der Artikel bestimmt. Als Artikel können in der Bankwirtschaft die einzelnen Geschäftssparten (Interbankgeschäft, lang- und kurzfristige Kredite, Spar-, Termin- und Sicht-

Banksortimentspolitik

einlagen, Zahlungsverkehr, Wertpapiergeschäft, etc.) angesehen werden. Die Sortimentsbreite wird somit durch die einzelnen Geschäftssparten mit den beiden sortimentspolitischen Extremen der Universalbank und der Spezialbank geprägt.

Die *Sortimentstiefe* ergibt sich aus der Anzahl der Typen je Geschäftssparte. So z.B. im Kreditgeschäft das Angebot unterschiedlicher Fristigkeiten, verschiedener Absicherungsfazilitäten, Verwendungszwecke, Geld- oder Kreditleihgeschäfte und anderer Differenzierungsmerkmale.

Die Politik einer Breitenänderung des Sortiments, mit der in vielen Fällen eine Variation der Sortimentstiefe einhergeht, bedeutet oftmals die Entwicklung einer neuen Aufgabenstellung der Bank. Zu nennen sind hier die Entwicklungen zu sortimentsorientierten Spezialbanken (z.B. Hypothekenbank, Wertpapieranlagebank, Investmentbank, → Autobanken, → Discount Broker), kundenorientierten Zielgruppenbanken (Privatkundenbanken, Branchenbanken) und Allfinanzanbietern, wobei Letztere auch unter die Dimension „banktypisches und bankfremdes" Sortiment eingeordnet werden können.

Dem klassischen Bankier waren Überlegung zur Ausweitung seines Sortiments um bankfremde Leistungen fremd, während sich der heutigen Kreditwirtschaft die Frage nach der Erfolgsträchtigkeit und Vermarktungsfähigkeit eines Produktes stellt und ob die Aufnahme in das Sortiment mit dem Image des Institutes vereinbar ist. Darüber hinaus kann es sich auch um Leistungen handeln, die Kundendienstcharakter haben. Verschiedene derartige Zusatzleistungen sind historisch gewachsen, wie z.B. das Warengeschäft bei den Raiffeisenbanken (das allerdings immer weniger Bedeutung hat und in der Regel defizitär ist), oder das Reisegeschäft der Volksbanken, das sich aus dem Angebot von Mitgliederreisen für die Genossen entwickelt hat.

Die Eingliederung *bankfremder Leistungen* in das Sortiment bezweckt wie jede Sortimentsverbreiterung eine Ausweitung der Chancen der Kundenbindung durch eine mögliche Vollversorgung der Kunden mit banktypischen und in der Regel banknahen Leistungen. Grundgedanke dieser Entwicklung, die in den USA Ende der sechziger Jahre unter dem Begriff → Financial Services ausgelöst wurde, ist ein breit gefächertes Angebot von Finanzdienstleistungen, wie der Verkauf oder die Vermittlung von Konsumentenkrediten, Wertpapieren, Versicherungen bis hin zu Immobilien. Konzeptionen zur Abrundung der Produktpalette zwischen Kreditinstituten, Versicherungsgesellschaften und Bausparkassen sind auch in Deutschland seit langer Zeit durch die Verbundmodelle im Genossenschafts- und Sparkassensektor bekannt. Der über Jahrzehnte nur verhalten in Gang gekommene Entwicklungsprozess beschleunigte sich Mitte der achtziger Jahre und entwickelte sich in den neunziger Jahren zu einer systematischen Allfinanzpolitik.

Beim *Standardsortiment* handelt es sich um ein von einem Kreditinstitut angebotenes Leistungsspektrum, das ohne Berücksichtigung der Marktgegenseite aufgestellt wurde und die Gesamtheit der Marktpartner auf der Marktgegenseite ansprechen soll. Die Marktpartner haben lediglich die Chance, das Sortiment insgesamt oder Teile davon zu akzeptieren oder abzulehnen. Dagegen besteht das Spezialsortiment aus einer allgemeinen Leistungsbereitschaft, die zur Abgabe eines auf den individuellen Bedarf des Marktes ausgerichteten Leistungsangebotes bereit ist.

Das *Spezialsortiment* ist mit der Einzelfertigung oder einer individualisierten Standardfertigung (Zielgruppensortiment) vergleichbar, das auf den individuellen Kunden des Firmenkundengeschäfts, des vermögenden Privatkundengeschäfts oder allgemeiner auf die Zielgruppe der „durchschnittlichen" oder „gehobenen" Privatkunden ausgerichtet ist. Weitere Sonderformen ergeben sich aus branchenorientierten Angeboten, wobei hier aus der Zielgruppenorientierung (z.B. Deutsche Apotheker- und Ärztebank) eine Sortimentsorientierung resultiert. Das Standardsortiment entspricht der Massenfertigung und soll eine heterogene Kundenschicht ansprechen, wobei derartige „Gemischtwarenanbieter" bei der derzeitigen und künftigen Wettbewerbssituation auf den Finanzdienstleistungsmärkten und einer Fragmentierung der Nachfragerstrukturen ohne zielgruppenorientierte Sortimentsaufteilung wenig Überlebenschancen haben.

Schließlich sprechen Standard- und Spezialsortiment auch den Qualitätsaspekt der Bankleistung sowie das Preis-/Leistungsverhältnis an. Der Kunde erwartet beim Spezialsortiment (produkt- und/oder zielgruppenorientiert) generell eine bessere, weil auf den Einzelfall ausgerichtete Leistungsqualität.

O.B.

Bankvertrieb

Der Vertrieb von Finanzdienstleistungen wird durch die besonderen Charakteristika der Finanzdienstleistungen (→ Bankmarketing) determiniert, wobei die Vertriebspolitik für die künftige Wettbewerbsposition eines Finanzdienstleistungsanbieters eine dominante Stellung einnimmt (→ Finanzdienstleistungswettbewerb).

Die Funktion der bankbetrieblichen Vertriebspolitik besteht darin, die zwischen den Marktpartnern in Bezug auf die Umsatzbereitschaft bestehenden Spannungen zwischen Anbietern und Nachfragern von Bankdienstleistungen sowohl durch die Zuführung von Finanzdienstleistungen zum Verwender (→ Financial Services) als auch durch Wahrnehmung von Kontakt-, Informations- und Beratungsaufgaben abzubauen.

Die Entscheidung für eine bestimmte Vertriebsorganisation ist ein geschäftspolitischer Grundsatzbeschluss, der in der Regel nicht kurzfristig revidierbar ist. Die Vertriebsorganisation ist einerseits entscheidend für die Ausschöpfung des Absatzpotentials, und andererseits gehen von ihr wesentliche Einflüsse auf die Kosten- und Ertragsstruktur, den quantitativen und qualitativen Einsatz des Mitarbeiterpotentials, die Ausstattung mit Informations- und Kommunikationstechnologie und das Image eines Anbieters aus.

Die Entwicklung der Vertriebspolitik und der Vertriebswege kann in drei große Phasen unterteilt werden. Die erste Phase begann mit der Aufhebung des Gesetzes über die Niederlassungsfreiheit von Kreditinstituten im Jahre 1958 und war insbesondere darauf angelegt, den Kunden durch das Bereitstellen eines möglichst engmaschigen Netzes an → Bankzweigstellen entgegenzukommen. Die zweite Phase der Vertriebspolitik ist gekennzeichnet durch den mobilen Vertrieb. Einhergehend mit der Expansion von Zweigstellen wurden auch → fahrbare Zweigstellen in Betrieb genommen und Ende der sechziger Jahre wurden erste Versuche zur Schaffung eines → Bankaußendienstes initiiert. Seit den achtziger Jahren

Abb. 1: Vertriebssystem von Kreditinstituten

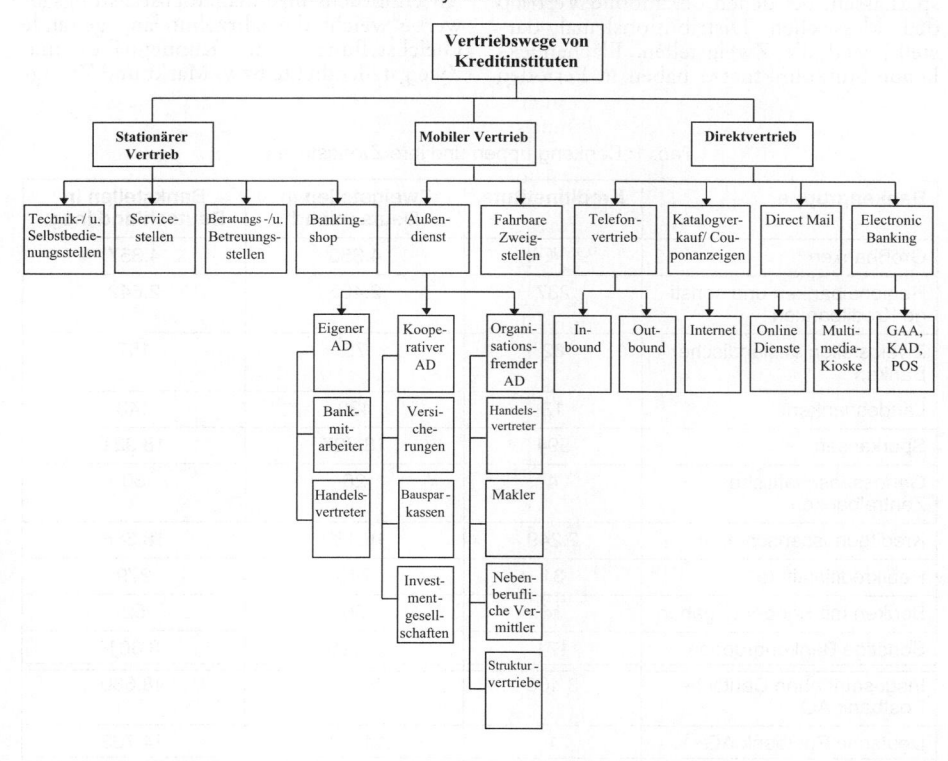

Bankzweigstellen

bestimmen im Rahmen der Allfinanzstrategien der Einsatz kooperativer Außendienste zur Nutzung von synergetischen Effekten und die Etablierung von → Strukturvertrieben das Marktgeschehen. Die dritte Phase schließlich umfasst den Vertrieb von Finanzdienstleistungen mittels des Einsatzes elektronischer Medien (→ Kundenselbstbedienung) seit Anfang der achtziger Jahre. Die bestimmende Determinante der neunziger Jahre bildet die fortschreitende Entwicklung der Informations- und Kommunikationstechnologie. Dadurch hat sich vor allem das → Direct Banking (→ Electronic Banking) durchgesetzt. Die unterschiedlichen Distributionskanäle der Kreditinstitute werden aus *Abb. 1* ersichtlich.

Eine Prognose über die Bedeutung bankbetrieblicher Vertriebswege in Europa und den USA für das Jahr 2006 wird aus *Abb. 2* ersichtlich. O.B.

Literatur: Betsch, O.; Wiechers, R. (Hrsg.): Handbuch Finanzvertrieb, Frankfurt 1995.

Abb. 2: Bedeutung bankbetrieblicher Vertriebswege im Jahr 2006

Europa	USA
1. Internet	1. Internet
2. Telefon	2. PC-Banking
3. Traditionelle Bankfiliale	3. Telefon
4. PC-Banking	4. Smart-Cards
5. Geldausgabeautomaten	5. Bankingshops
6. Smart Cards	6. Geldausgabeautomaten
7. Bankingshops	7. Interaktives Fernsehen
8. Interaktives Fernsehen	8. Traditionelle Bankfiliale
9. Bildschirmtelefon	9. Bildschirmtelefon

Bankzweigstellen

Die traditionelle Form des → Bankvertriebs (im Gegensatz zu Versicherungen und Bausparkassen, bei denen der mobile Vertrieb den klassischen Distributionskanal darstellt) sind die Zweigstellen. Flächendeckende Stützpunktnetze haben in Perioden mit hohem Wachstumstempo und volumenorientierter Marktanteilspolitik 1960–1985) zum Erreichen geschäftspolitischer Ziele beigetragen. In Zeiten des strukturellen Umbruchs im Finanzdienstleistungsgewerbe weicht die jahrzehntelang geltende Gleichstellung von Kundennähe und Zweigstellendichte bzw. Markt und Zweig-

Tab. 1: Bankengruppen und ihre Zweigstellen

Bankengruppe	Kreditinstitute	Zweigstellen in Deutschland	Bankstellen in Deutschland insg.
Großbanken	4	4.353	4.357
Regionalbanken und sonstige Kreditbanken	237	2.405	2.642
Zweigstellen ausländischer Banken	82	75	157
Landesbanken	13	430	443
Sparkassen	594	18.327	18.921
Genossenschaftliche Zentralbanken	4	26	30
Kreditgenossenschaften	2.249	16.139	18.388
Realkreditinstitute	31	246	279
Banken mit Sonderaufgaben	14	36	52
Sonstige Bankengruppen	171	3.190	3.361
Insgesamt ohne Deutsche Postbank AG	3.403	45.227	48.630
Deutsche Postbank AG	1	14.702	14.703
Insgesamt einschließlich Deutsche Postbank AG	3.404	59.929	63.333

Tab. 2: Zahl der Kreditinstitute und ihre Zweigstellen (Stand am Jahresende)

Kreditinstitute		Inländische Zweigstellen	Inländische Bankstellen insgesamt
1957	13.359	12.974	26.333
1962	12.960	19.267	32.227
1967	10.859	26.285	37.144
1972	7.199	35.391	42.590
1977	6.007	37.768	43.775
1982	4.940	39.913	44.853
1987	4.552	39.917	44.469
1990*	4.180	39.750	43.930
1990	4.719	44.345	49.064
1992	4.200	49.186	53.386
1995	3.784	48.224	52.008
1995*	3.785	67.930	71.715
1996	3.674	47.741	51.415
1996**	3.675	66.663	70.338
1997	3.577	47.086	50.663
1997**	3.578	53.186	66.764
1998	3.403	45.227	48.630
1998**	3.404	59.929	63.333

* ohne neue Bundesländer
** einschließlich Deutsche Postbank AG

stelle auf. Deutschland hat mit einer durchschnittlichen Versorgungsdichte von ca. 1.300 Einwohner pro Bankstelle und insges. rund 63.000 Bankstellen (Ende 1999) das dichteste Bankstellennetz aller Industrienationen (*Tab. 1*).

Ca. 80 % der Bankleistungen werden von den Kreditinstituten heute noch über den stationären Vertrieb abgesetzt. So ist das Filialgeschäft bei Kosten und Erlösen dominierend. Durchschnittswerte zeigen jedoch, dass einem Kostenblock von 88 % nur Bruttoerlöse von 76 % gegenüberstehen. Dies resultiert aus der „universellen" Geschäftstätigkeit der einzelnen Bankstellen und den sich daraus ergebenden Kapazitätsproblemen.

Nahezu die Hälfte der personellen Gesamtkapazität (45 %) werden für unlukrative Bedienungskontakte aufgewendet und nicht einmal ein Fünftel (18 %) für die im Normalfall ertragsstarke Beratung eingesetzt. Für Bearbeitungs- und Verwaltungstätigkeiten sowie für Overheadpositionen werden 37 % der Gesamtkapazität gebunden.

Die Bankfiliale wird in absehbarer Zeit für die in der Fläche vertretenen Kreditinstitute der Hauptvertriebsweg bleiben. Im Rahmen von → Lean Banking-Strategien und des Ausbaus des → Electronic Banking wird sich die Zahl der Bankfilialen in den kommenden Jahren weiter reduzieren (*Tab. 2*) und die verbleibenden Stellen werden in Technik- und Selbstbedienungszweigstellen, Servicestellen und Beratungs- und Betreuungsstellen (Center of Competence) restrukturiert und zu reinen Vertriebsstellen umgestaltet werden. Ferner werden traditionelle Zweigstellen auch durch → Bankingshops ersetzt. O.B.

Literatur: *Betsch, O.*: Grenzen der Zweigstelle, in: bank und markt, 17. Jg. (1988), Nr. 5, S. 5-15. *Fischer, Th. R.*: Erlebniswelt Bankfiliale, in: Betsch, O.; van Hooven, E.; Krupp, G. (Hrsg.): Handbuch Privatkundengeschäft, Frankfurt 1998, S. 605-617. *Kauermann, K.*: Ansätze für ein differenziertes Zweigstellennetz, in: bank und markt, 22. Jg. (1993), Nr. 1, S. 35-36. *Kuhn, W.*:

Banner-Rotation

Heutige und künftige Bedeutung des stationären Vertriebs über Zweigstellen, in: *Betsch, O.;Wiechers, R.* (Hrsg.): Handbuch Finanzvertrieb, Frankfurt 1995, S. 157-173.

Banner-Rotation
bezeichnet das Wechseln verschiedener Werbebanner auf einer geladenen Website, während der Internet-Nutzer die geladene Website betrachtet. Banner-Rotation ist gängige Methode der Werbeschaltung von kommerziellen → Online-Diensten, die damit mehrere Werbebanner-Schaltungen (→ Ad-Impressions) pro → Page-Impression realisieren können. Diese Methodik bietet für die Werbeschaltung im Internet die Möglichkeit, einen Werbebanner für eine definierte Netto-Reichweite auf verschiedenen Seiten innerhalb eines festgelegten Inhaltskontexts anzeigen zu lassen. B.Ne.

Banner-Tausch
ist eine Vereinbarung von Informationsanbietern im Internet, ihre Websites gegenseitig mit einem aktivierten Werbebanner zu verlinken. Der Banner-Tausch basiert auf dem Prinzip des Link-Exchange.

Banner-Werbung
Werbebotschaften auf interaktiven Bannern stellen eine Form (werblicher) Aktivinformation in interaktiven Medien (→ Internet, proprietären → Online-Diensten, → Kiosksystemen) dar. Werbetreibende nutzen bei der Schaltung von Bannern die Attraktivität und Nutzungsfrequenz bekannter Werbeträger, um Kontakte zu Nutzern herzustellen. Die *Integration in eine vorhandene Web-Site*, die *rechteckige Form* (468x60 bzw. 234x60 Pixel) und *Interaktionsmöglichkeiten* mit dem Betrachter sind zentrale Merkmale der Banner-Werbung. Über textliche und bildliche Botschaften auf Bannern lassen sich sowohl *kommunikative* (Bekanntheit, Wissensaufbau, Einstellungsänderung) als auch *verhaltensbezogene* → Werbeziele (Gewinnung von Site-Besuchern, Auslösung von Kaufhandlungen) realisieren. Die Gewinnung von Site-Besuchern erfordert eine aufmerksamkeitsstarke Bannergestaltung, eine zielgruppenspezifische Auswahl von Werbeträgern und eine Platzierung der Banner im Umfeld von redaktionellen Angeboten, die einen Bezug zum Werbeobjekt aufweisen.

Als *Bannerarten* lassen sich *statische* und *animierte* Banner unterschieden. Animation entsteht dabei durch das zeitlich verzögerte Anzeigen einer Folge von hintereinander liegenden Einzelbildern. Neuere Arten der Banner-Werbung stellen *HTML-*, *Java-* und *Rich Media Banner* dar. Sie ermöglichen den Einsatz zusätzlicher Kommunikationsmodi (z.B. Video- und Soundsequenzen) und erweitern die Interaktionsmöglichkeiten zwischen Werbetreibenden und Nutzern (z.B. Vorselektion von Informationen über Pull-Down-Menüs, Bereitstellung von Werbespielen). G.S./Th.W.

Literatur: *Silberer, G.* (Hrsg.): Interaktive Werbung, Stuttgart 1997. *Werner, A.*: Site-Promotion, Heidelberg 1998. *Henn, B.*: Werbung für Finanzdienstleistungen im Internet, Wiesbaden 1999.

ban-System
→ Artikelnummerierungssysteme

Barsortiment → Verlagsmarketing

Barter
einfachste Form des → Kompensationsgeschäfts, bei dem zwei Unternehmen wechselseitig Ware tauschen, ohne dass dabei Zahlungen erfolgen.

Barzahlungsnachlass → Rabattgesetz

Baseline-Verfahren
→ Verkaufsförderungs-Erfolgsmessung

Basement store
Verkaufsetagen im Untergeschoss eines → Warenhauses, das meist auf preisbewusste Kunden abzielt und mit einem eingeschränkten Sortiment relativ niedriger Qualität, überwiegend in Selbstbedienung und ohne besonderen Service ein auf Preisgünstigkeit ausgelegtes Sortiment anbietet. Basement stores waren ehemals Frequenzbringer für die Warenhäuser selbst, während sie heute gelegentlich wieder eingesetzt werden, um preisbewusste Verbrauchergruppen gezielt anzusprechen (z.B. „Schnäppchen-Markt" o.Ä.). H.D.

Bases II → Testmarktsimulator

Basisinnovation → Innovation

Basismedium → Mediastrategie

Basismodell → Preislinienpolitik

Bass-Modell

Aus der → Diffusionstheorie stammendes → Prognosemodell, das ausschließlich zur Prognose von Erstkäufen neuer Produkte herangezogen wird (→ Innovationsmarketing). Die zeitliche Verteilung der Erstkäufe wird als Diffusionskurve der Form

$$f(t) = \mu(t) [1 - F(t)]$$

dargestellt und kann als Dichtefunktion einer Zufallsvariablen interpretiert werden, die die Wartezeit eines Individuums zwischen Produkteinführung und Erstkauf angibt. Sie hat typischerweise einen glockenförmigen Verlauf. Dabei ist F(t) die s-förmig verlaufende korrespondierende Verteilungsfunktion und $\mu(t)$ die momentane Kaufbereitschaft im Zeitpunkt t. Sie wird durch

$$\mu(t) = p + q\, Y(t)/M$$

näher spezifiziert, wobei Y(t) die Anzahl der bis zum Zeitpunkt t kumulierten Erstkäufe und M die Anzahl der potentiellen Erstkäufer des Neuproduktes ist. p stellt als Parameter den innovativen, q den imitativen – von der Marktsättigung abhängigen – Anteil der momentanen Kaufbereitschaft dar. Unter der einschränkenden Homogenitätsannahme, die momentane Kaufbereitschaft sei für die gesamte Käuferschaft gleich, gelte die Beziehung

$$Y(t)/M = F(t);$$

d.h. der momentane Sättigungsgrad des Marktes für Erstkäufe entspräche annahmegemäß immer genau der Wahrscheinlichkeit eines Erstkaufes bis zu dem betrachteten Zeitpunkt. Für den Verlauf der Diffusionskurve gilt damit die Differentialgleichung

$$f(t) = [p + q\, F(t)] [1 - F(t)].$$

Gleichzeitig lässt sich der momentane Absatz an Erstkäufer, S(t), als

$$S(t) = M[p + q\, F(t)] [1 - F(t)]$$

darstellen. Mit Hilfe einer → Regressionsanalyse können nun die für die Ermittlung der Anzahl der Erstkäufe notwendigen Parameter p, q und M geschätzt werden. Es kann empfehlenswert sein, die Größe M subjektiv zu schätzen und die anderen Parameter analytisch zu ermitteln, wenn die zu einem frühen Zeitpunkt des Diffusionsprozesses zur Verfügung stehende Datenbasis relativ klein ist. Aufgrund solcher subjektiven Einflüsse und der hohen Fehlerwahrscheinlichkeit von datenarmen Schätzverfahren ist es notwendig, die Modellrechnung mit traditionellen, subjektiven Absatzschätzungen zu überprüfen. K.-W.H.

Baunutzungsverordnung

Der Standort stellt für Unternehmen jeglicher Art einen bedeutsamen Wettbewerbsfaktor dar (→ Standortpolitik). Dies gilt insb. für Einzelhandelsbetriebe, für die die Verbrauchernähe der dominante Standortfaktor ist (→ Standort im Handel). Der völligen Freizügigkeit in der Standortwahl steht in der Bundesrepublik Deutschland jedoch ein Geflecht von Rechtsvorschriften entgegen:

(1) das *Baugesetzbuch (BauGB)* von 1997, das einerseits selbstständige Gemeinden ermächtigt, eine eigene Gebietsplanung durchzuführen, andererseits sie darauf verpflichtet, öffentliche und private Belange bei ihrer Bauleitplanung zu berücksichtigen, sowie

(2) die letzte Novelle der *Baunutzungsverordnung (BauNVO)* von 1990, die im Wesentlichen eine Klassifikation von Baugebieten enthält, für die zur Wahrung ihres Charakters bestimmte Ausstattungsmerkmale, insb. mit der Bestückung von Gewerbebetrieben, festgelegt bzw. ausgeschlossen werden (§§ 2 bis 11 BauNVO). *Tab. 1* gibt einen Überblick über diese Gebietstypen und die dort jeweils zulässigen Einzelhandelseinrichtungen. Gewerbebetriebe. Von § 2 bis § 9 lässt sich eine Systematik erkennen, die eine gegenläufige Intensität von Wohn- und Gewerbenutzung der Gebiete vorsieht. Damit kommt deutlich die Vorstellung der Unverträglichkeit von Wohnen und Gewerbe zum Ausdruck. Gleichzeitig resultieren daraus eine Branchen- wie auch eine Betriebsgrößenbeschränkung für Einzelhandelsbetriebe. Die Branchenbeschränkung kommt für das reine Wohngebiet zum Tragen, weil dort z.B. keine Geschäfte des mittel- und langfristigen Bedarfs betrieben werden dürfen. Eine Betriebsgrößenbeschränkung ergibt sich hingegen für alle jene Gebiete, in denen die Umsatzleistung in allen Sortimenten den Bedarf der dort wohnenden Bevölkerung überschreiten müsste, damit die Rentabilität des Geschäfts gewährleistet ist.

Wesentlich einschneidender wirken die Vorschriften des § 11, 3 BauNVO auf die Entwicklung der Einzelhandelsstruktur ein. Die Bestimmung lautet wie folgt:

Baunutzungsverordnung

1. Einkaufszentren,
2. großflächige Einzelhandelsbetriebe, die sich nach Art, Lage oder Umfang auf die Verwirklichung der Ziele der Raumordnung und Landesplanung oder auf die städtebauliche Ordnung nicht nur unwesentlich auswirken können,
3. sonstige großflächige Handelsbetriebe, die im Hinblick auf den Verkauf an letzte Verbraucher und auf die Auswirkungen den in Nummer 2 bezeichneten Einzelhandelsbetrieben vergleichbar sind, sind außer in Kerngebieten nur in für sie festgesetzten Sondergebieten zulässig.

Auswirkungen im Sinne des Satzes 1 Nr. 2 und 3 sind insb. schädliche Umwelteinwirkungen im Sinne des § 3 des Bundesimmissionsschutzgesetzes sowie Auswirkungen

– auf die infrastrukturelle Ausstattung,
– auf den Verkehr,
– auf die Versorgung der Bevölkerung im Einzugsbereich der in Satz 1 bezeichneten Betriebe,
– auf die Entwicklung zentraler Versorgungsbereiche in der Gemeinde oder in anderen Gemeinden,
– auf das Landschaftsbild und
– auf den Naturhaushalt.

Auswirkungen im Sinne des Satzes 2 sind bei Betrieben nach Satz 1 Nr. 2 und 3 i.d.R. anzunehmen, wenn die Geschossfläche 1.200 qm überschreitet. Die Regel des Satzes 3 gilt nicht, wenn Anhaltspunkte dafür bestehen, dass Auswirkungen bereits bei weniger als 1.200 qm vorliegen oder bei mehr als 1.200 qm Geschossfläche nicht vorliegen; dabei sind in Bezug auf die in Satz 2 bezeichneten Auswirkungen insb. die Gliederung und Größe der Gemeinde und ihrer Ortsteile, die Sicherung der verbrauchernahen Versorgung der Bevölkerung und das Warenangebot des Betriebes zu berücksichtigen."

Der Sondergebiets- bzw. Kerngebietszwang besteht demnach nur für Einzelhandelsbetriebe aller Branchen und Agglomerationen von Einzelhandelsbetrieben, wenn deren Existenz sich nicht nur unwesentlich auf die Verwirklichung der Ziele der Raumordnung und der Landesplanung oder auf die städtebauliche Entwicklung und Ordnung auswirkte. Als Vermutungsregel für das Vorhandensein solcher Auswirkungen wurde die Geschossflächengrenze auf 1.200 qm festgesetzt. Die korrespondierende Verkaufsfläche beträgt etwa 700 qm. Von dieser

Die Zulässigkeit von Handelseinrichtungen in den verschiedenen Gebietstypen nach der Bau VO

§ der Bau NVO	Gebietstyp	Zulässige Handelseinrichtung
2	Kleinsiedlungsgebiet (Wohnen und landwirtschaftl. Nebenerwerbsstellen)	Der Versorgung des Gebiets dienende Läden, nicht störende Handwerksbetriebe, ausnahmsweise Tankstellen
3	Reines Wohngebiet (Wohnen)	Ausnahmsweise Läden und nicht störende Handwerksbetriebe zur Deckung des täglichen Bedarfs der Bewohner
4	Allgemeines Wohngebiet (Wohnen)	Die Versorgung des Gebiets dienende Läden, nicht störende Handwerksbetriebe, ausnahmsweise Tankstellen
4a	Besonderes Wohngebiet (Wohnen und Gewerbe)	Läden, Gewerbebetriebe aller Art, ausnahmsweise Tankstellen
5	Dorfgebiet, Land- und Forstwirtschaft (Wohnen)	Einzelhandelbetriebe der Versorgung der Bewohner dienende Handwerksbetriebe sowie nicht störende Gewerbebetriebe, Tankstellen
6	Mischgebiet (Wohnen und Gewerbe)	Einzelhandelbetriebe, sonstige Gewerbebetriebe, Tankstellen
7	Kerngebiet (untergeordnete Wohnfunktion)	Einzelhandelbetriebe, nicht störende Gewerbebetriebe, Tankstellen im Zusammenhang mit Parkhäusern und Großgaragen
8	Gewerbebetrieb (Gewerbe)	Gewerbebetriebe aller Art sofern sie (die Anwohner) nicht erheblich belästigen, Tankstellen
9	Industriegebiet (Gewerbe)	Gewerbebetriebe aller Art
10	Erholungsgebiet – Wochenendhausgebiet – Ferienhausgebiet – Campingplatzgebiet	Anlagen und Einrichtungen zur Versorgung des Gebiets
11	*Sonstiges Sondergebiet* – Kurgebiet – Ladengebiet – Gebiet für Einkaufszentren u. großflächige Handelsbetriebe – Gebiet für Messen, Ausstellungen u. Kongresse – Hochschulgebiet – Klinikgebiet – Hafengebiet	Keine Hinweise Keine Hinweise Vgl. §11, 3 BauNVO Keine Hinweise Keine Hinweise Keine Hinweise Keine Hinweise

Vorschrift nicht betroffen ist der funktionsechte Großhandel.

Erst im Zusammenhang mit den Großbetriebsformen zugrunde liegenden Marketing-Konzeptionen und dem BauGB wird die Brisanz des § 11, 3 BauNVO deutlich. Vornehmlich Verbrauchermärkte und SB-Warenhäuser, aber auch flächenintensive Fachgeschäfte, wie z.B. Einrichtungshäuser, sowie die explizit angesprochenen geplanten Einkaufszentren werden davon tangiert. Diese Einzelhandelsbetriebe bzw. -agglomerationen weisen aufgrund ihrer Konzeption einen erhöhten Flächenbedarf auf, sei es für Pkw-Stellplätze oder für ihre breiten bzw., wie z.b. beim Möbeleinzelhandel, tiefen Sortimente. Hinzu tritt, dass moderne, auf Selbstbedienung ausgerichtete „Gemischtwarengeschäfte" auf kostengünstige, weiträumige Standorte mit möglichst wenigen Bauauflagen angewiesen sind. Solche finden sich i.d.R. aber nur an der Peripherie von Siedlungen, den so genannten nicht-integrierten Lagen. Wegen des Raummangels und der wesentlich höheren Grundstückspreise bzw. Mieten in Kerngebieten kommen diese für flächenintensive Einzelhandelsbetriebe für Waren des täglichen Bedarfs kaum in Frage.

Die Einschränkung der Freizügigkeit von Gemeinden im Ausweisen von Sondergebieten für Einzelhandelsgroßprojekte ergibt sich aus § 34 i.V.m. § 35 BauGB. Die Ausweisung von Sondergebieten gem. § 11, 3 BauNVO ist im Außenbereich von Gemeinden nicht möglich. Somit verbleibt nur noch der unbeplante Innenbereich für derartige Projekte.

Bauvorhaben im so genannten unbeplanten Innenbereich, also innerhalb von im Zusammenhang bebauten Ortsteilen, sind nach § 34, 1 BauGB nur zulässig, wenn u.a. gewährleistet ist, dass sich das Bauvorhaben in die Umgebung einfügt, die Erschließung gesichert ist und diesem sonstige öffentliche Belange nicht entgegenstehen. Der Planungsspielraum insb. kleinerer Gemeinden in Bezug auf die Anwerbung von Einzelhandelsgroßprojekten wird durch spezielle Landesvorschriften weiter stark eingeschränkt. So sind z.B. in Baden-Württemberg Einzelhandelsgroßprojekte nur in Ober-, Mittel- und Unterzentren zulässig, die als solche im Landesentwicklungsplan ausgewiesen werden, nicht jedoch in den so genannten Kleinzentren.

Eine wesentlich stärkere Einschränkung der Freiheit in der Standortwahl, als sie aufgrund von § 11, 3 BauNVO vorgesehen ist, ergibt sich aus § 15 BauNVO. Danach sind sämtliche für die einzelnen Gebietstypen möglichen Anlagen im Einzelfall unzulässig, wenn sie nach Anzahl, Lage, Umfang oder Zweckbestimmung der Eigenart des Baugebietes bzw. dem vornehmlichen Zweck des Gebietstyps widersprechen. Die Unzulässigkeit kann sich auf unzumutbare Belästigungen oder Störungen im Baugebiet selbst oder in dessen Umgebung begründen. Sie können vom Bauvorhaben direkt (z.B. in Gestalt einer nicht in das Gebiet passenden Bauweise) oder aufgrund dessen Nutzung (z.B. als Einzelhandelsgeschäft) bewirkt werden.

§ 15 BauNVO fungiert durch die Einbeziehung sämtlicher Anlagen sowie baulicher Änderungen, Erweiterungen und Nutzungsumwidmungen als eine Generalklausel, die die Genehmigungsbehörde z.B. in die Lage versetzt, die Ansiedlung oder den Betrieb von Geschäften zu untersagen, auch wenn diese entsprechend dem Gebietstyp zulässig wären. Diese Eingriffe dürfen jedoch nicht zu einer ungerechtfertigten Bevorzugung bereits etablierter Betriebe gegenüber dem ansiedlungswilligen Betrieb führen, weil die Gemeinde als Planungs- und Genehmigungsbehörde beiden Teilen gleichermaßen verpflichtet ist. Im Einzelfall kann die Ablehnung eines Bauantrags bzw. die untersagte Umwandlung eines Großhandelsbetriebs durchaus eine Marktzutrittsbeschränkung darstellen, was aber als Nebenfolge vom Gesetzgeber hingenommen wird. Ausschlaggebend für die Ablehnung des Ansiedlungsbegehrens eines Einzelhandelsbetriebs dürfen nur mögliche städtebaulich nachteilige Folgen sein. Vereinbarungen zur Kostentragung bei ansiedlungsbedingten Straßenbaumaßnahmen sind dagegen zulässig (VGH Mannheim, Neue Zeitschrift für Verwaltungsrecht (1997), S. 1021). G.F.

Literatur: *Dichtl, E.:* Die Ansiedlung von großflächigen Betrieben des Einzelhandels im Spannungsfeld von Mittelstands- und Verbraucherpolitik, in: *Dichtl, E.; Schenke, W.-R.* (Hrsg.): Einzelhandel und Baunutzungsverordnung, Heidelberg 1988. *Finck, G.:* Versorgungszufriedenheit. Ein Beitrag zur empfängerorientierten Versorgungsforschung, Berlin 1990. *Frickert, H.-C.; Fiesler, H.:* Baunutzungsverordnung, 8. Aufl. 1993.

Bauspar(kassen)-Marketing

Bausparkassen sind Kreditinstitute, deren Geschäftsbetrieb darauf gerichtet ist, Einlagen von Bausparern (Bauspareinlagen) entgegenzunehmen und aus den angesammelten Beträgen den Bausparern für wohnungswirtschaftliche Maßnahmen Gelddarlehen (Bauspardarlehen) zu gewähren (Bauspargeschäft). Das Bausparen darf nur von Bausparkassen betrieben werden (§ 1 Abs. 1 in Verbindung mit § 16 Abs. 1 Bausparkassengesetz).

Das Bausparen basiert im Wesentlichen auf den in Deutschland angestammten Rahmenbedingungen der Wohnungsbaufinanzierung: Selbstgenutzte Wohnimmobilien werden steuerlich der Privatsphäre zugeordnet, d.h. es bestehen keine Abzugsmöglichkeiten für Schuldzinsen, Abschreibungen etc. Stattdessen erhalten Bauherren oder Käufer eine sog. *Eigenheimzulage*, und durch Wohnungsbauprämiengewährung sowie Zulagen für vermögenswirksame Leistungen wird die Eigenkapitalbildung gefördert.

Bausparverträge werden in allen Einkommensschichten, Berufsgruppen und Altersklassen abgeschlossen. Besonders vertreten sind junge Menschen. Die staatliche Wohnungsbauprämie und die Arbeitnehmersparzulage für vermögenswirksame Leistungen fördern den Abschluss von Bausparverträgen auch bei Personen, die noch keine konkreten Verwendungsabsichten haben. Die Attraktivität des Bausparens hat zur Folge, dass in Deutschland über 50 Prozent des neu errichteten und selbstgenutzten Wohneigentums von Bausparkassen mitfinanziert werden. Eine im Verhältnis zur individuell erbrachten Sparleistung geringe staatliche Förderung trägt während der Ansparphase dazu bei, Einlagen in mehrfacher Höhe der Förderbeiträge zu bilden. Die angesammelten Einlagen stehen nach der Zuteilung als Investitionsmittel zur Verfügung, zusammen mit dem Bauspardarlehen, das noch einmal in der Regel in mindestens gleicher Höhe wie die angesparten Eigenmittel ausgezahlt wird. Das heißt, die Mittel werden durch das Darlehen im Schnitt verdoppelt und erzeugen im Verhältnis zu den eingesetzten Fördermitteln eine gesamtwirtschaftliche Multiplikatorfunktion, die ein Vielfaches des Förderbetrages ausmacht. Die Bauspardarlehen werden üblicherweise an zweiter Rangstelle im Grundbuch abgesichert und doppelt so schnell wie eine Bankhypothek getilgt.

Insgesamt besitzen 33 % der Bundesbürger einen oder mehrere Bausparverträge mit einem Bausparvolumen von rd. 1,3 Bill. DM. Die Durchschnittshöhe eines Bausparvertrages beträgt 38 TDM.

Etwa 15 Prozent der gesamten wohnwirtschaftlichen Investitionsvolumina werden mit Bausparmitteln finanziert. Damit gehören die Bausparkassen zu den wichtigsten Institutionen der Baufinanzierung in Deutschland. Ein Viertel der Bausparmittel wird für den Gebrauchterwerb von Wohnungen verwendet. Gut die Hälfte entfällt auf den Neubau und werterhöhende Modernisierungen, 20 Prozent fließen in werterhaltende Maßnahmen.

Nachdem die Bausparkassen früher marktstrategisch gesehen neben anderen Kreditinstitutsgruppen – Banken, Sparkassen, Hypothekenbanken etc. – primär ein Eigenleben führten (Wüstenrot, BHW u. a.), hat sich das Bild inzwischen deutlich gewandelt. Die Bausparunternehmen sind mittlerweile in aller Regel eingebunden in Finanzdienstleistungskonzerne bzw. Verbundstrukturen (→ Finanzdienstleistungswettbewerb). Dabei haben sich prinzipiell vier strategische Konstellationen - insbesondere mit Blick auf die vertriebspolitischen Verhältnisse - herauskristallisiert:

– Bausparkassen mit Bank-/Sparkasseneinbindung (LBS, Schwäbisch Hall, Großbanken-Bausparkassen),
– Versicherungs-Bausparkassen (z.B. Allianz, Badenia, Colonia, Debeka),
– eigenständig operierende Bausparkassen mit Angliederung von Partnerunternehmen im Rahmen sog. „Mehrfinanzkonzepte" (Wüstenrot, BHW) und
– Direkt-Bausparkassen (Quelle).

Allerdings befinden sich diese Strukturen z. Z. aufgrund der sich im Finanzdienstleistungsmarkt generell deutlich neu orientierenden Anbieterverhältnisse teilweise wieder im Umbruch.

Da das Bauspargeschäft seit jeher zum Holgeschäft gehört, haben sich die Bausparunternehmen schon frühzeitig des marketingpolitischen Instrumentariums bedient.

Die *Produkt- und Preispolitik* standen dabei ursprünglich eher im Hintergrund, da das Bausparangebot nur im Rahmen durch das Bundesaufsichtsamt für das Kreditwesen zu genehmigender Tarife (§ 3 in Verbindung mit § 5 Bausparkassengesetz) betrieben werden darf. Nachdem Ende der 70er-Jahre u. a. aufgrund eingeschränkterer staatlicher Fördersysteme (Einführung von Einkommensgrenzen mit Reduzierung der Bausparprämiengewährung) die jährliche Neu-

Abb. 1: Tarifangebote der Bausparkassen

Tarifangebote	Besonderheiten	Zielgruppen	Verwendungszwecke
Finanzierungs-orientierte Tarife	Guthabenzins 2 / 2,5 / 3 % Darlehenszins 4 / 4,5 / 5 % mittlere Spar- u. Tilgungsbelastung 40 % Ansparung	insb. Bau- bzw. Kaufwillige	Erwerb von Haus- oder Wohneigentum, Modernisierungen
Rendite-orientierte Tarife	Guthabenzins 3 / 4 % teilw. mit Bonus und/oder Rückerstattung der Abschlussgebühr	insb. Jugendliche noch nohne konkrete Verwendungsabsichten	Vermögensbildung, Nutzung der staatl. Sparförderung
Variable Tarife	ganze Bandbreite der Spar- und Darlehenszins-kombinationen, Möglichkeiten der Nutzung von Optionen	alle Zielgruppen	alle Verwendungs-zwecke mit flexiblen Nutzungsmöglichkeiten

geschäftsproduktion absank, intensivierten die Bausparkassen ihre angebotspolitischen Anstrengungen. Es entstanden zielgruppengerechte Tarifkonzepte, mit denen den verschiedenen Nachfragesegmenten bedürfnisgerecht begegnet werden konnte. Zuerst wurden *Schnelltarife* offeriert, da aufgrund der nachlassenden Neugeschäftsproduktion die Ansparzeiten bis zur Zuteilung der Bausparmittel anstiegen. Sodann entwickelte die Branche sog. *Options-Tarife*, mit denen insbesondere jüngeren Kundengruppen mit noch nicht so ausgeprägten Verwendungsvorstellungen der Bauspargedanke nahe gebracht wird. Bei dieser Kundschaft steht erst einmal ein eher renditeorientierter Sparvorgang im Vordergrund. Heute kann die Bauspartariflandschaft etwa in das folgende Schema gebracht werden (vgl. *Abb. 1*).

Die bislang progressivste Entwicklung der Bausparbranche stellt ein *flexibler Tarif* dar, der unter Verzicht auf traditionelle Abschlussgebühren und sonstige im Vertragsablauf üblicherweise erhobene Gebühren auch ohne Bausparsumme auskommt.

Durch Erschließung neuer Tätigkeitsfelder (Gesellschaftsgründung, Beteiligung) haben die Bausparkassen die Möglichkeit zur → Diversifikation (§ 4 Bausparkassengesetz). Außerdem bieten die Bausparkassen aufgrund der inzwischen weitgehenden Einbindung in Finanzdienstleistungskonzerne bzw. Verbundstrukturen über das originäre Bausparangebot hinaus zur Kundenintensivierung bedarfsorientierte Finanzdienstleistungs-Komplettlösungen an: Sparpakete zur vollständigen Nutzung der staatlichen Sparkapital- und Vermögensbildung, Finanzierungen aus einer Hand zur gesamtheitlichen Finanzierung wohnwirtschaftlicher Maßnahmen, Immobilienvermittlungsleistungen, Versicherungen „Rund ums Haus und Wohnen" und manches mehr.

Das *Vertriebsmarketing* stand schon traditionell im Focus der Bausparkassen. Da diese aufgrund ihres Kollektivgeschäfts auf einen kontinuierlichen Mittelzufluss durch neue und bestehende Kunden angewiesen sind, wurde das vertriebspolitische Instrumentarium intensiv ausgebaut: Engmaschige Außendienstnetze, Bankverbünde und Versicherungskooperationen stehen im Mittelpunkt. Künftig entwickelt sich der Bauspar-Vertrieb zu vernetzten Multikanalkonzepten unter Einschluss elektronischer Vertriebskonzepte zur nachhaltigen Kundengewinnung und -bindung.

Diesem Zweck dienen auch die Instrumente des *Kommunikationsmarketing*. Die Bausparkassenwerbung und –PR fördert das Bausparkgeschäft bereits von Anfang an durch eine emotionale Ansprache zur Betonung des Wohneigentumsgedankens und der damit verbundenen (Alters-) Vorsorgeaspekte. Hinzu kommen inzwischen zielgruppengerechte Verkaufsförderprogramme zur anlassbezogenen Kundenkommunikation. Typisch ist ein Customer-Relationship-Marketing nach folgendem Schema (*Abb. 2*).

Abb. 2: Customer-Relationsship-Marketing bei Bausparkassen

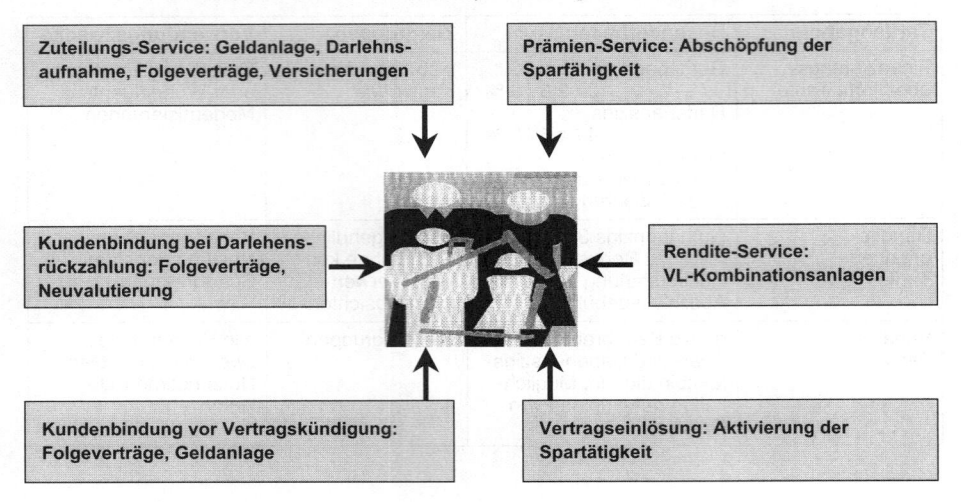

- Zuteilungs-Service: Geldanlage, Darlehnsaufnahme, Folgeverträge, Versicherungen
- Prämien-Service: Abschöpfung der Sparfähigkeit
- Kundenbindung bei Darlehensrückzahlung: Folgeverträge, Neuvalutierung
- Rendite-Service: VL-Kombinationsanlagen
- Kundenbindung vor Vertragskündigung: Folgeverträge, Geldanlage
- Vertragseinlösung: Aktivierung der Spartätigkeit

Die Zukunft des Bausparkassenmarketing erfordert umfangreiche Aktivitäten mit Blick auf das Euroland zur Ausdehnung des bisher auf den deutsch-österreichischen Raum beschränkten Bausparens. Erste Expansionsansätze sind mit Übernahme des Bauspargedankens durch die mitteleuropäischen Reformstaaten (Tschechien, Slovakei) gelungen. Darüber hinaus wird die Einbindung aller Marketing-Maßnahmen in das vordringende Internet vorrangig sein.

R. Wie.

Literatur: *Lehmann; Schäfer; Cirpka:* Bausparkassengesetz Kommentar, 5. Auflage, Bonn 1999. *Betsch; Wiechers:* Handbuch „Finanzvertrieb", Frankfurt 1995. Geschichte der Deutschen Bausparkassen in: Handbuch des Hypothekarkredits, 3. Aufl., Frankfurt 1993. Jahrbücher des Verbandes der privaten Bausparkassen, Bonn.

Bayerische Akademie für Werbung und Marketing (BAW)

vom → *Deutschen Direktmarketing Verband e.V. DDV* unterstützte Einrichtung an der seit 1987 das Fachstudium → Direktmarketing angeboten wird.
Anschrift: *Bayerische Akademie für Werbung und Marketing (BAW)*; Orleanstr. 34; 81667 München; Telefon: 089/48090924; *www.baw.online.de*

BBE (Betriebswirtschaftliche Beratungsstelle für den Einzelhandel)

Die BBE wurde 1953 gegründet und gehört mehrheitlich der → HDE. Sie ist als kommerzielle Beratungsfirma tätig. Das Spektrum der BBE umfasst Standortgutachten, Sortimentsberatungen, Unternehmensführung, Immobilienverwaltung, Seminare.
Anschrift: Gothaer Allee 2, 50969 Köln

BDEx (Bundesverband des Deutschen Exporthandels e.V.)

Der BDEx ist 1980 von den Mitgliedsverbänden der 1947 gegründeten Arbeitsgemeinschaft der Deutschen Exporteurvereine gegründet worden.

Der BDEx vertritt die Interessen seiner angeschlossenen Regional- und Fachverbände der Außenhandelsunternehmen in allen Bereichen des Exportes.

Der BDEx setzt sich auf marktwirtschaftlicher Grundlage ein für einen liberalen Welthandel und unterstützt seine Mitglieder in allen Exportbereichen wie

– Exportfinanzierung und -kreditversicherung

– Exportkontrollrecht

– Exportpreis-, qualitäts- und -mengenprüfungen und Exportzertifizierung

– Exportförderung und -beratung

– Öffentlichkeitsarbeit für den Exporthandel.

Anschrift: Gotenstraße 21, 20097 Hamburg

B.H.

BDH (Bundesvereinigung der Deutschen Handelsverbände)

Die Gründungsmitglieder des 1999 gegründeten Dachverbandes sind

- der → BFS
- der → BDEx
- der → BGA
- die → CDH
- die Hauptgemeischaft des Deutschen Einzelhandels e.V. (→ HDE)
- der → ZdK
- der → ZGV

Erster BDH-Präsident ist im Jahr 2000 *Michael Fuchs*, Vizepräsidenten *Hermann Franzen* und *Dietrich L. Meyer*. Die BDH soll die gemeinsamen Positionen des Deutschen Handels zu allen grundsätzlichen Fragen der Wirtschafts- und Sozialpolitik gegenüber Politik und Öffentlichkeit vertreten. Anschrift: Handelshaus, Am Weidendamm 1a, 10117 Berlin   B.H.

BDS (Bund Deutscher Schauwerbegestalter e.V.)

Seit 1925 bestehender Berufsverband der Schaufensterdekorateure und -gestalter, der Mitglied im → ZAW (Zentralausschuss der Werbewirtschaft) ist.

BDVT

Bund Deutscher Verkaufsfahrer und Verkaufstrainer e.V.; regional gegliederter Berufsverband meist selbständiger, im Bereich der → Verkaufsförderung und des → Verkaufstrainings tätigen Marketingdienstleister.

BDW → Kommunikationsverband

Bedarf

die an bestimmten Wirtschaftsgütern konkretisierten und damit schon mit gewissen Wert- und Preisvorstellungen verknüpften Bedürfnisse (→ Motivation). Um marktwirksam, d.h. zu → Nachfrage zu werden, muss der Bedarf durch → Kaufkraft gestützt sein und einem entsprechenden Güterangebot gegenüberstehen. Insofern ist der Bedarf nach bestimmten Gütern meist größer als die entsprechende Nachfrage. Man verwendet deshalb dafür auf aggregierter Betrachtungsebene auch den Begriff → Marktpotential.

Das Zustandekommen bestimmter Bedarfe wird im Rahmen der Theorie des → Käuferverhaltens zu beschreiben und erklären versucht. Daneben existiert eine eher deskriptive empirische Bedarfsforschung, die im Wege der (mehr oder minder zuverlässigen) Befragung, z.B. von Kaufabsichten oder Anschaffungsplänen der privaten oder gewerblichen Bedarfsträger, qualitative und quantitative Messungen des Bedarfs vornimmt. Sie wird überwiegend von den Unternehmen selbst bzw. von Marktforschungsinstituten durchgeführt und trennt oft nicht zwischen Bedarf und → Nachfrage.

Beim gewerblichen, z.T. aber auch beim privaten Bedarf kann man unter Rückgriff auf verschiedene Bedürfnisse Erst-, Erweiterungs-, Ersatz- und Rationalisierungsbedarf unterscheiden. Dadurch ergeben sich Anknüpfungspunkte für eine objektive Bedarfsmessung, wenn bspw. bekannt ist, wie lange die übliche Nutzungsdauer eines Produktes (z.B. PKW, LKW) ausfällt.

Im Investitions- und Produktionsgütersektor ist der Bedarf aus dem Bedarf der in der Produktionskette nachgelagerten Wirtschaftsbetriebe ableitbar („*abgeleiteter Bedarf*"). Häufig zieht man auch durchschnittliche Konsum- oder Verbrauchsquoten (Pro-Kopf-Verbrauch, Verbrauch pro Produktionseinheit nachgelagerter Stufen) zur Bedarfsschätzung heran, die dann mit der Anzahl der Bedarfsträger multipliziert werden. Stehen Vergangenheitswerte zur Verfügung, kann im Rahmen einer periodenbezogenen Bedarfsschätzung auch auf die üblichen Verfahren der → Absatzprognose und → Nachfrageschätzung zurückgegriffen werden.   H.D.

Literatur: Geyer, T.: Der Prozess der Bedarfsgestaltung in industriellen Unternehmen, Diss. Berlin 1970. *Balderjahn, I.:* Bedürfnis, Bedarf, Nutzen, in: *Tietz, B. et al.* (Hrsg.): Handwörterbuch des Marketing, 2. Aufl., Stuttgart 1995, Sp. 179-190.

Bedarfsmarktkonzept
→ Marktabgrenzung

Bedarfsverbund → Sortimentsverbund

Bedienungsanleitung
→ Gebrauchsanweisung

Bedienungsgroßhandel

stellt die traditionelle Form des → Großhandels dar. Die Übergabe der Ware an die Abnehmer erfolgt im Gegensatz zum → Selbstbedienungsgroßhandel durch Verkaufspersonal. Neben der intensiven Wahrnehmung der Raum- und Zeitüberbrückungsfunktion hat in den letzten Jahren eine als *Funktionenschöpfung* bezeichnete Erweiterung der absatzpolitisch relevanten Leistungen dieses Betriebstyps stattgefunden, so dass heute vielfach technischer Kundendienst, Mitarbeiterschulung und Sortimentsgestaltung in Einzelhandelsbetrieben, deren technische und kaufmännische Beratung sowie ein stufenübergreifendes vertikales Marketing in das Aufgabenfeld des Bedienungsgroßhandels mit einbezogen wird. K.Ba.

Bedürfnispyramide → Motivation, → Motive

Bedürfnisse → Motivation

Beeindruckungserfolg

von *Ch. Behrens* vorgeschlagene Kennzahl zur Beurteilung der Qualität der Werbemittelgestaltung. Sie ist definiert als Quotient aus der Zahl der „Werbebeeindruckten" und der Zahl der „Werbeberührten". Wegen Operationalisierungsproblemen hat sich die Größe in der Praxis nicht durchgesetzt.

Beeinflussbarkeit

im Rahmen der Kommunikationsforschung thematisiertes Konstrukt zur Kennzeichnung der Aufgeschlossenheit gegenüber kommunikativen Einflüssen, bei dem zielgruppenspezifische Unterschiede vermutet werden. Empirische Untersuchungen zeigten tendenziell größere Beeinflussbarkeit von Frauen im Vergleich zu Männern, Jugendlichen im Vergleich zu älteren Personen und Personen mit geringen gegenüber solchen mit hohem Selbstbewusstsein.

Befragung

Unter dem Begriff Befragung werden mehrere Erhebungsmethoden der → Primärforschung zusammengefasst, deren Gemeinsamkeit darin besteht, dass die Auskunftsperson durch verbale und andere Stimuli (schriftliche Fragen, Bildvorlagen, Produkte etc.) zu Aussagen über den Untersuchungsgegenstand veranlasst werden. Befragungsmethoden können nach dem Standardisierungsgrad, nach der Art der Fragestellung, nach der Kommunikationsform, nach dem Befragungsgegenstand, nach dem Befragtenkreis und nach der Befragungshäufigkeit eingeteilt werden.

Der *Standardisierungsgrad* einer Befragung bringt zum Ausdruck, inwieweit Wortlaut und Reihenfolge der Fragen festgelegt sind. Im Extremfall einer vollständig standardisierten Befragung liegt ein strikt einzuhaltender Fragebogen vor, in dem die Formulierung, die Reihenfolge, die Anzahl der Fragen und die Antwortmöglichkeiten vollständig vorgegeben sind. Weitere Regelungen betreffen das Interviewerverhalten.
Der Vorteil standardisierter Befragung liegt in der Vollständigkeit der Antworten, in der leichten Quantifizierbarkeit der Ergebnisse und in der hohen Zuverlässigkeit (→ Reliabilität), da der Interviewer keine Fragen hinzufügen und die Fragenformulierung und -reihenfolge nicht ändern kann (→ Interviewereinfluss). Einschränkungen können sich mitunter hinsichtlich der Gültigkeit (→ Validität) ergeben, wenn die Fragestellung und die Antwortvorgabe nicht die wahre Situation der Befragten erfasst.
Bei *teil- bzw. nichtstandardisierten Befragungen* liegt im ersten Fall nur ein → Interviewerleitfaden vor, wobei die Reihenfolge und die Formulierung der Fragen von Fall zu Fall variiert, im zweiten Fall ist nur ein Rahmenthema vorgegeben und dem Interviewer ist völlige Freiheit hinsichtlich der Abwicklung gegeben. Solche auch als → Tiefeninterviews bezeichnete Befragungen sind v.a. in der Anfangsphase von Forschungsvorhaben wertvoll, wenn es um die Präzisierung des Untersuchungsgegenstandes geht, da hier die verschiedensten Aspekte beleuchtet werden können und die freie Gesprächsführung die Auskunftsbereitschaft und Spontaneität der Befragten erhöht. Nachteilig sind die hohen Kosten und damit die geringe Anzahl der durchführbaren Interviews, der starke Interviewereinfluss und die geringe Reliabilität und Validität der Ergebnisse.
Nach der Art der Fragestellung (→ Fragebogen) unterscheidet man die *direkte* Befragung, bei der ohne Umschweife der zu erforschende Sachverhalt ermittelt wird (z.B. „Wie alt sind Sie"?), sowie die *indirekte* Befragung mit den beiden Unterformen der psychologisch zweckmäßigen Frage- und Antwortformulierung sowie der projektiven → Tests. Im ersten Fall versucht man, unwahre Angaben (z.B. Prestigeantworten) durch geschickte Gestaltung der Fragen und Antwortvorgaben zu vermeiden, im zweiten Fall soll der Befragte durch Präsentation mehrdeutiger Stimuli (z.B. Bilder, die den Konsum einer Marke oder eine Einkaufssi-

tuation zeigen) in die Antworten seine Meinung, Werte oder Vorurteile hineinprojizieren, sodass auf diesem Wege Aussagen gewonnen werden, die bei direkter Fragestellung nicht zu erhalten sind, da der Befragte diese Antworten nicht geben kann oder geben will.

Die drei Grundformen der Kommunikation sind die → mündliche, die → telefonische und die → schriftliche Befragung. Daneben finden sich die Sonderformen der → computergestützten Befragung. Alle drei Grundformen weisen spezifische Vor- und Nachteile auf, die bei ihrem Einsatz abzuwägen sind:

Bei *mündlicher Befragung* ist durch Anwendung geeigneter → Auswahlverfahren und durch die relativ hohe Antwortquote die Repräsentativität der Ergebnisse am ehesten gewährleistet. Hinzu kommt die große Flexibilität des Verfahrens, da grundsätzlich alle Arten von Stimuli und das gesamte Spektrum des Frage- und Antwortinstrumentariums einsetzbar sind. Nachteilig sind die lange Abwicklungsdauer, die hohen Kosten und die Möglichkeit des Interviewereinflusses.

Telefonische Befragungen leiden darunter, dass in manchen Grundgesamtheiten ein mehr oder weniger großer Teil der Befragten kein Telefon besitzt und eine höhere Antwortverweigerungsrate als bei mündlicher Befragung vorliegt. Daneben können nur einfache Sachverhalte und ein begrenzter Themenkreis erhoben werden. Vorteilhaft sind die schnelle Abwicklung (Blitzumfrage), die vergleichsweise niedrigen Kosten und die Abschwächung des Interviewereinflusses. Nach einer Context-Umfrage bei 121 der 125 deutschen Marktforschungsinstitute beträgt der Umsatzanteil der insgesamt 1,67 Mio. Telefonbefragungen 17,6%, der Anteil an allen Interviews (5,4 Mio.) dagegen 31%.

Schriftliche Befragungen weisen zumeist nur eine geringe Rücklaufquote auf, wodurch mitunter die Repräsentanz sehr eingeschränkt wird. Hinzu kommt, dass je nach Befragtenkreis erhebliche Rücksichten auf die Auskunftsfähigkeit der Personen genommen werden müssen. Des Weiteren fehlt die Kontrolle des Verständnisses, der Antwortvollständigkeit, der Einhaltung der Fragenreihenfolge und der Person, die den Fragebogen ausfüllt. Andererseits sind die Kosten relativ niedrig und der Interviewereinfluss entfällt.

Die Wahl der Kommunikationsform muss daher letztlich unter Beachtung der Forschungsfrage, der notwendigen Informationsqualität sowie der Zeit- und Kostenbeschränkungen erfolgen. In der Praxis werden zur Vermeidung der Vor- und Nachteile häufig Kombinationen eingesetzt (z.B. telefonische Gewinnung von Auskunftspersonen für eine schriftliche Befragung).

Dem *Befragungsgegenstand* entsprechend gibt es die Formen der *Einthemen-* und der → *Mehrthemenumfrage* („Omnibusbefragung"). Einthemenbefragungen erlauben die ausführliche Auseinandersetzung mit einem Themenkreis, Mehrthemenumfragen ermöglichen die Abfrage mehrerer unabhängiger Themenbereiche. Hierdurch lassen sich bei mehreren verschiedenen Auftraggebern nicht nur die Kosten senken, sondern auch unerwünschte → Ausstrahlungseffekte und → Konsistenzeffekte durch entsprechende Anforderung der verschiedenen Fragestellungen im Fragebogen verringern.

Hinsichtlich des *Befragtenkreises* kann sich die Befragung an *Abnehmer* (Konsumenten, industrielle Verwender), an *Händler* oder an *Experten* richten. Expertenbefragungen empfehlen sich insb. in der Anfangsphase größerer Forschungsvorhaben, wenn es darum geht, das Untersuchungsproblem zu präzisieren oder zusätzliche Einsichten zu gewinnen. In allen Fällen können die Personen einzeln (Einzelinterview) oder in Gruppen (Gruppeninterview) befragt werden. *Gruppeninterviews* haben den Vorteil, dass sich die Erhebungskosten verringern lassen und dass sich bei unstrukturierten Interviews die Teilnehmer wechselseitig ergänzen und anregen, sodass tiefergehende Einsichten gewonnen werden können. Nachteilig ist wiederum die mögliche Verzerrung der Ergebnisse durch Dominanz einzelner Personen oder durch Gruppendruck.

Nach der *Befragungshäufigkeit* ist zwischen *einmaliger* Befragung zu einem Thema und *mehrmaliger* Befragung zu unterscheiden. Die mehrmalige Befragung zum gleichen Untersuchungsgegenstand kann sich an jeweils unterschiedliche Stichproben wenden, wobei hier die Aktualisierung der Forschungsfrage im Vordergrund steht (z.B. die Analyse des Medienverhaltens), oder sie wird bei einer im Zeitablauf gleich bleibenden Stichprobe durchgeführt (→ *Panel*), um insb. Veränderungen im Zeitablauf bei einzelnen Zielgruppen festzustellen (z.B. Markenwechsel, Reaktionen auf Änderungen der Marketingmaßnahmen, Änderung der Konsumgewohnheiten etc.).

In der Marktforschungspraxis werden diese Grundformen zumeist zu geläufigen Erhebungsmethoden kombiniert. So werden in der → explorativen Forschung Endverbraucher und Experten durch Interviewer mündlich befragt, wobei die indirekte Befragung eingesetzt wird, um die Befragten in ihren Antwortspielräumen bzw. in den anzusprechenden Themenfacetten nicht einzuengen. Andererseits wird die bei → deskriptiver Forschung geläufige mündliche, schriftliche, telefonische oder computergestützte Befragung zumeist als standardisierte Befragung mit einem strikt einzuhaltenden Fragebogen durchgeführt, um die Vergleichbarkeit der Fragen und Antworten zu gewährleisten und um den Erhebungs- und Auswertungsaufwand bei großzahligen Stichproben in Grenzen zu halten. H.Bö.

Literatur: *Berekoven, L.; Eckert, W.; Ellenrieder, P.:* Marktforschung, 8. Aufl., Wiesbaden 1999, S. 98-112. *Böhler, H.:* Marktforschung, 2. Aufl., Stuttgart u.a. 1982, S. 76-92. *Hammann, P.; Erichson, B.:* Marktforschung, 3. Aufl., Stuttgart 1994, S. 78-98. *Hüttner, M.:* Grundzüge der Marktforschung, 5. Aufl., Berlin, New York 1997, S. 67-157.

Befragung per Attachement
→ E-Mail-Befragung

Befragungscomputer
→ Computergestützte Befragung

Begebbares Dokument
ein handelsfähiges Warendokument; Orderlagerschein, Konossemente und Ladeschein (→ Dokumente im internationalen Warenverkehr) zählen zu den Traditionspapieren, die mit der Übergabe Eigentum verschaffen.

Begleitende Dienste (added values)
Begleitende Dienste kommen im Rahmen der → Produktpolitik dazu in Betracht, den Produktleistungskern eines Unternehmens stärker zu differenzieren und deutlicher zu positionieren. In vielen Wirtschaftszweigen, wie etwa im Automobilsektor und der Branche für Unterhaltungselektronik, ist eine Homogenisierung des Kernprodukts zu beobachten. Um dennoch einen Vorteil gegenüber den Wettbewerbern am Markt zu erzielen, erweitern viele Anbieter ihre Offerten um produktbegleitende Dienste. Damit hoffen die Hersteller, den unterschiedlichen Wünschen und Vorstellungen der Nachfrager zu entsprechen, ihr Produkt hinreichend und nachhaltig zu differenzieren (→ Produktdifferenzierung) und dem Preiswettbewerb zu entgehen (→ Preisstrategie). Nutzentheoretisch argumentiert, dienen Dienstleistungen dazu, das Kernprodukt anzureichern und damit einen zusätzlichen Wert – einen *added value* – zu vermitteln. Im added value steckt das Potential zur Profilierung und Differenzierung der Unternehmensleistung. Ein Leistungspaket bestehend aus → Grund- und → Zusatznutzen sowie einem added value. Letzterer soll einen Vorsprung gegenüber den Konkurrenten am Markt erzielen. Dabei sind wie an jeden strategischen Wettbewerbsvorteil die folgenden Anforderungen zu stellen: Kunden müssen ihn wahrnehmen und für wichtig erachten und außerdem soll er dauerhaft sein.

In Anbetracht kürzer werdender Entwicklungszyklen und stagnierender Märkte erscheint die dauerhafte Aufrechterhaltung eines strategischen Wettbewerbsvorteils bei Produkten als äußerst schwierig. Oft sind Konkurrenten innerhalb weniger Wochen oder Monate in der Lage, ein erfolgreich im Markt eingeführtes Erzeugnis zu kopieren (→ Zeitwettbewerb). Dies hat zur Folge, dass Produkte austauschbar sind und die physikalisch-chemisch-technische Beschaffenheit ausgereizt ist. Dagegen bieten Dienstleistungen einem Anbieter die Möglichkeit, sich beispielsweise durch die Freundlichkeit und Hilfsbereitschaft sowie die Erfahrungen und Fähigkeiten seiner Mitarbeiter von den Konkurrenten abzuheben (→ Individualisierung). Ein Vorsprung bei diesen Wettbewerbsfaktoren ist für die anderen Akteure nur mit sehr viel Anstrengung aufzuholen, während sich ein Rückstand bei der technischen Ausstattung oder beim Produktdesign ohne weiteres wettmachen lässt. Beispielsweise können die Wettbewerber von *Caterpillar* eine neue Planierraupe innerhalb sehr kurzer Zeit nachbauen. Dagegen dauert es Jahre, bis sie das Service- und Ersatzteilnetz dieses Unternehmens imitieren und mit gleicher Wirtschaftlichkeit betreiben können.

Aus unterschiedlichen Studien geht hervor, dass die von Nachfragern wahrgenommenen und als wichtig eingestuften industriellen Dienstleistungen sehr nahe am Produkt und am Produktionsprozess liegen. Im Unterschied dazu sind alle als weniger wichtig angesehenen Serviceleistungen, wie etwa das → Financial Engineering oder die → Kundenberatung, ganz allgemeiner Art und sehr weit vom Erzeugnis entfernt. Offenbar erwarten die Kunden von ihren Lieferanten eine zuverlässige und schnelle Unterstützung beim Einsatz und bei der Anwendung des Produkts (→ Nachkaufmarketing, → Servicepolitik). Alle Dienste, die das eigene Geschäft des Kunden betreffen, wie kaufmännische Beratung, gelten als unbedeutend, wohl deshalb, weil man dem Anbieter keine Kompetenz zugesteht.

Angesichts dieser Befunde ist die bei vielen Unternehmen zu beobachtende undifferenzierte Ausweitung der Dienstleistungspalette sehr kritisch zu beurteilen. Während die Kosten der Etablierung von Dienstleistungen häufig erheblich sind, ist ihr Nutzen teilweise sehr gering, sodass ihre Wirksamkeit als competitive edge umstritten bleibt. Folglich ist der Ratschlag zu erteilen, bei der Konzeption und Etablierung eines Dienstleistungskranzes zunächst mit produktnahen Leistungen zu beginnen, bevor produktferne Leistungen in Betracht kommen (→ Kano-Modell).

Trotz der Bedeutung von produktbegleitenden Diensten für den Erfolg am Markt erfährt die Gestaltung des Servicekranzes bei vielen Unternehmen kaum Aufmerksamkeit. Als besonders problematisch erweist sich die strategische Ausrichtung, die organisatorische Einbindung und die Präsentation dieser Dienste am Markt. Offenbar schöpfen viele Anbieter das Potential von Diensten zur Erzielung von Wettbewerbsvorteilen nicht aus. Daher ist es unerlässlich, ein Konzept zur Planung und Kontrolle von Dienstleistungen zu installieren, mit dem eine systematische Ausgestaltung des Dienstleistungskranzes möglich erscheint. Darüber hinaus ist die Idee einer dienstleistungsorientierten Kultur im Unternehmen zu verankern. Hierbei bilden die Bedürfnisse der tatsächlichen und potentiellen Nachfrager den Ausgangspunkt der unternehmens- und produktpolitischen Aktivitäten. An.He./F.H.

Literatur: *Meffert, H.; Bruhn, M.:* Dienstleistungsmarketing, 2. Aufl., Wiesbaden 1997.

Begleitete Einkäufe

Bei dieser Methode der qualitativen → Marktforschung im Handel werden Kunden bei ihrem Einkauf begleitet und dazu angeregt, ihre Gedankengänge und Entscheidungsprozesse auszusprechen. Ziel der begleiteten Einkäufe ist es, Informationen über Einkaufsmotivation und Auswahlverhalten zu erheben sowie die Einflussmechanismen zu klären, die das Kaufverhalten auf der Verkaufsfläche verändern können, z.B. die Aufmerksamkeitszuwendung auf Werbung, Zweitplatzierungen, Sonderangebote. Im Gegensatz zu Fragebögen haben begleitete Einkäufe den Vorteil unmittelbarer Authenzität, da die Kundenäußerungen ohne Zeitverzögerung und Reflexion im realen Umfeld erfolgen. Je genauer das Verhalten der Kunden im Umfeld der Warengruppenabteilung erfasst wird, desto eher kann man Informationen über Warenplatzierung, Warenpräsentation und geeignete Kommunikationsmittel nutzen. Die Begleitung wird am besten von einer psychologisch geschulten Person unternommen, da der Kunde zwar zu Äußerungen ermuntert, aber nicht in seinen Entscheidungen beeinflusst werden darf. N.W.

Behaviorismus

Sammelbezeichnung für bestimmte psychologische Forschungsrichtungen, die die Entwicklung der modernen Psychologie und damit auch der → Konsumentenforschung maßgeblich gefördert und geprägt haben. Bis zum Ende des 19. Jh. war die Psychologie eher ein Ableger die Philosophie als eine eigenständige Wissenschaft. Ihre Theorien waren stark mentalistisch, d.h. auf Bewusstseinsprozesse fixiert, ihre wichtigste Erkenntnismethode war die Introspektion.

Das Entstehen des Behaviorismus ist ein klassisches Beispiel für einen „Paradigmawechsel" i.S.v. *Thomas S. Kuhn* (→ Paradigma). Nach vereinzelten, wegbereitenden Arbeiten war das auslösende Moment ein im Jahre 1913 veröffentlichter Aufsatz von *John B. Watson*, in dem ein ein neues Wissenschaftsprogramm konzipierte. *Watson* forderte eine Psychologie des Verhaltens statt eines Theoretisierens über innere Bewusstseinsvorgänge. Seiner Ansicht nach lassen sich objektive Erkenntnisse über die Determinanten des Verhaltens und seiner Änderungen nur auf beobachtbare Reiz-Reaktions-Prozesse gründen. Er setzte an die Stelle der Introspektion das kontrollierte Experiment als Weg zur Erkenntnis (→ S-R-Modelle).

Behavioristische Ideen wurden sehr schnell zur dominierenden Kraft in der amerikanischen Psychologie. Sie wurden v.a. von Lerntheoretikern wie *Clark Hull* (in eine mehr quantitative, mathematische Richtung) und *B.F. Skinner* (in eine extrem mechanistische Richtung) weiterentwickelt.

An den Arbeiten von Forschern wie *Skinner* werden auch die Schwächen eines überzogenen Behaviorismus sichtbar. Alle internen Bewusstseinsvorgänge werden ausgeklammert (Organismus als „Blackbox"), es entsteht die Gefahr eines theorielosen, bloßen Faktensammelns. Kritisiert wird v.a., dass sich die Ergebnisse der behavioristischen Forschung, die meist mittels komplizierter Apparaturen („Skinner-Box") in Tierexperimenten gewonnen werden, kaum auf den Menschen übertragen lassen.

Der sog. *„Neobehaviorismus"*, der v.a. in die Sozialpsychologie Eingang gefunden hat, versucht die genannten Schwächen dadurch zu überwinden, dass er sog. intervenierende Variablen in die Erklärung des Verhaltens einbezieht. Mit diesem von *Edward C. Tolman* eingeführten Begriff sind unbeobachtbare, interne Zustände und Vorgänge im Organismus gemeint (z.B. Ziele, Einstellungen, Wissen), ohne die ein Stimulus-Reaktions-Prozess nicht zureichend erklärt werden kann. Der Neobehaviorismus setzt mithin an die Stelle eines reinen S-R- (Stimulus-Response-) Modells ein erweitertes S-O-R-Modell, wobei O für „Organismus", d.h. die nicht direkt beobachtbaren intervenierenden Variablen steht. Dies bedeutet nicht unbedingt einen „Rückfall" in Spekulation und Introspektion, deren Überwindung das ursprüngliche Ziel des Behaviorismus gewesen war. Denn intervenierende Variablen sind nur dann in einem Erklärungsmodell zu rechtfertigen, wenn sie hinreichend gültig und zuverlässig gemessen werden können.

In den Theorien des → Käuferverhaltens, so weit sie sich auf psychologische Erkenntnisse und Methoden stützen, spielen rein behavioristische Ansätze nur eine untergeordnete Rolle. So erinnern etwa bestimmte stochastische Modelle des Konsumentenverhaltens an die Theorien von *Hull*. Der überwiegende Teil der Forschung, etwa so umfangreiche Gebiete wie die Erforschung von Einstellungen oder Informationsverarbeitung der Konsumenten, orientiert sich am neobehavioristischen Paradigma.   K.-P.K.

Literatur: *Neel, A.F.:* Handbuch der psychologischen Theorien, 2. Aufl., München 1974.

BehaviorScan

ist ein von der GfK angebotenes experimentelles Mini-Testmarktsystem zur Messung der Auswirkungen alternativer Marketingmaßnahmen einschließlich TV-Werbung auf das effektive Kaufverhalten von Panelteilnehmern. Es verbindet die Möglichkeiten der Scannertechnologie (→ Scanner-Panel) mit denen des Kabelfernsehens und der Mikrocomputertechnik im Rahmen eines kombinierten → Handels- und → Haushaltspanels. Das Kernstück des GfK-Behavior Scan bildet ein soziodemographisch repräsentatives Panel mit 3000 Haushalten (1000 ohne und 2000 mit Kabelanschluss). Die Haushalte sind jeweils mit einer Identifikationskarte ausgestattet, die bei jedem Einkauf an der Kasse vorgelegt werden soll. Mit Hilfe einer Kontrollnummer lassen sich an der Scannerkasse die jeweiligen Einkäufe jedem Testhaushalt individuell zuordnen und die Abverkäufe der verschiedenen Betriebsformen des Handels erfassen (→ Single Source-Ansatz).

Durch die non-reaktive Form der Datenerhebung bleibt gewährleistet, dass den Kunden der eigentliche Testzweck, nämlich das Abtesten bestimmter Produkte bzw. absatzpolitischer Maßnahmen, verborgen bleibt. Testeffekte können bei dieser Art der Beobachtung vernachlässigt werden.

Auf der Handelsseite bilden fünf Unternehmen des Lebensmittel-Einzelhandels aufgrund langfristiger Kooperationsvereinbarungen die distributive Basis. Die technische und methodische Besonderheit des GfK-Behavior Scan ermöglicht die gezielte individuelle TV-Werbeansprache jedes einzelnen verkabelten Testhaushaltes, indem Werbespots der regulären Fernsehprogramme durch die zu testenden Werbespots überblendet werden können. Das GfK-Behavior Scan stellt damit die am weitest gediehene Form des → Marktexperiments dar: Das bisher sehr begrenzte Marktgebiet (die Stadt Hassloch) ist relativ gut abgegrenzt, die Bevölkerungs- und Konsumstruktur ist weitgehend repräsentativ für den Bundesdurchschnitt, die örtlichen Tageszeitungen und Supplements sowie das Kabelfernsehen können in die Werbung einbezogen werden und Verkaufsförderungsmaßnahmen können in den mitwirkenden Einzelhandelsgeschäften durchgeführt werden. Damit lassen sich und Verkaufsförderungsmaßnahmen, Preistests u. Ä. durchführen. Da die verkabelten Panelteilnehmer zudem in Experiment- und Kontrollgruppe gesplittet werden können, die sich dann mit unterschiedlichen Werbespots über das Kabelfernsehen angesteuert werden, können alternative Spots bzw. unterschiedliche Werbebudgets etc. getestet werden. Die nichtverkabelten Testhaushalte in der Gesamtstichprobe dienen als zusätzliche Kontrollgruppe, um evtl. unterschiedliches Konsumverhalten zwischen verkabelten und nichtverkabelten Haushalten kontrollieren zu können. H.Bö.

Beherbergungsbetrieb

Beherbergungsbetriebe sind → Tourismusbetriebe, die gegen Entgelt Übernachtungsmöglichkeiten anbieten. Damit verbunden sind je nach Betrieb auch zusätzliche → Dienstleistungen, wie z.B. Verpflegung (Frühstück, Halb- oder Vollpension), Transfers, Wäscherei, etc. Diese Leistungen werden über verschiedene Vertriebswege entweder direkt an den Gast abgesetzt oder über → Reisebüros bzw. → Reiseveranstalter angeboten. Entsprechend der Zahl der Offenhaltetage gibt es Einsaisonbetriebe, Zweisaisonbetriebe (in den Zwischensaisonen geschlossen) und Ganzjahresbetriebe. Generell wird zwischen der gewerblichen Beherbergung (Hotel, Hotel garni, Gasthof, Pension) und der Parahotellerie (Campingplatz, Jugendherberge, Privatzimmer, Privatzimmer am Bauernhof, Kur- und Erholungsheime, Alpenvereinshütten) unterschieden.

Vor allem im Bereich der gewerblichen Beherbergung gibt es stark differenzierte Qualitäts- und Preisstufen, die die unterschiedlichen Ansprüche der Nachfrage widerspiegeln; im deutschsprachigen Raum gewinnen die Betriebe der gehobenen Kategorien allerdings an Bedeutung. Die Kategorisierung und dementsprechende Kennzeichnung der Beherbergungsbetriebe ist länderweise unterschiedlich geregelt (in Deutschland und Österreich z.B. mit 1 bis 5 Sternen). Hinsichtlich der Eigentümerstruktur, der Betriebsgröße und der Auslastung gibt es zwischen der Stadthotellerie und der Ferienhotellerie deutliche Unterschiede. Die Kettenhotellerie findet sich vorwiegend im städtischen Bereich, dringt aber verstärkt in den Bereich der Ferienhotellerie vor, die derzeit noch klein- und mittelbetrieblich strukturiert ist und in vielen Fällen als Familienbetrieb geführt wird. So ergibt sich z.B. für die rund 17.700 österreichischen gewerblichen Beherbergungsbetriebe nur eine durchschnittliche Unternehmensgröße von 37 Betten und eine durchschnittliche Bettenauslastung von weniger als 30%. D.Ke.

Literatur: *Freyer, W.:* Tourismus. Einführung in die Fremdenverkehrsökonomie, 5. Aufl., München 1995. *Wöber, K.:* Betriebskennzahlen des österreichischen Gastgewerbes. Bilanzjahr 1997, Wien 1999.

Behinderungswettbewerb

Unlautere Wettbewerbsmethoden (→ UWG), die sich die Behinderung des oder der Mitbewerber zum Ziel gesetzt haben, werden wettbewerbsrechtlich in der Fallgruppe der unlauteren Behinderung zusammengefasst. Die Behinderung des Mitbewerbers bewirkt, dass dieser seine Leistungskraft nicht entfalten, insb. seine Leistung auf dem Markt nicht anbieten kann. Es geht im Wesentlichen um Fälle der → Absatzbehinderung, des Boykotts, der → Diskriminierung, des Preiskampfes und bestimmter Arten der → vergleichenden Werbung. Der behinderte Mitbewerber wird dabei nicht um seiner selbst willen geschützt, sondern deshalb, weil das Gesamtsystem eines funktionsfähigen Wettbewerbs auf Dauer in Frage gestellt würde. Die Schwierigkeit besteht in der Abgrenzung zwischen zulässiger und unzulässiger Behinderung, weil jede Maßnahme im Wettbewerb, wenn sie erfolgreich ist, die Mitbewerber behindert. Unlauter wird die Behinderung, wenn der Mitbewerber in seinen wettbewerblichen Entfaltungsmöglichkeiten eingeengt und der natürliche Zugang zu den potentiellen Kunden durch gezielte Maßnahmen des Konkurrenten abgeschnitten oder in einer Weise erschwert wird, die über das eigene Werbeinteresse hinausgeht. Die Behinderung kann den Absatz, den Bezug von Waren und die Werbung betreffen (→ Marktaggressivität). Beim Behinderungswettbewerb gibt es Überschneidungen mit dem GWB. § 21 Abs. 1 GWB verbietet den Boykott. § 20 Abs. 1 GWB verbietet marktbeherrschenden und marktstarken Unternehmen die unbillige Behinderung. § 20 Abs. 4 GWB verbietet die unbillige Behinderung kleiner und mittlerer Unternehmen durch Wettbewerber mit überlegener Marktmacht. Zur Stärkung des gesetzlichen Instrumentariums gegen unbillige horizontale Behinderungen kleiner und mittlerer Unternehmen ist nunmehr in § 20 Abs. 5 GWB noch eine Beweisregelung eingefügt, um das wettbewerbspolitische Ziel einer wirksamen Gestaltung des Behinderungsverbotes zu erreichen. Danach obliegt es dem beklagten Unternehmen, wenn sich aufgrund bestimmter Tatsachen nach allgemeiner Erfahrung der Anschein ergibt, dass dieses Unternehmen seine Marktmacht im Sinne einer unbilligen Behinderung ausgenutzt hat, diesem Unternehmen den Anschein der Behinderung zu widerlegen und solche anspruchsbegründende Umstände aus seinem Geschäftsbereich aufzuklären, deren Aufklärung dem betroffenen Wettbewerber oder dem klagenden Verband nicht möglich, dem in Anspruch genommenen Unternehmen aber leicht möglich und zumutbar ist. § 20 Abs. 4 GWB ist ein Zeichen für die verstärkte Annäherung von GWB und UWG, insbesondere beim → Untereinstandspreisverkauf, die sich besonders deutlich beim Behinderungswettbewerb zeigt. Denn trotz der unterschiedlichen Zielrichtung von GWB und UWG kommt es entscheidend darauf an, ob im Einzelfall die Behinderung über das hinausgeht, was sich aus dem Wesen des Leistungswettbewerbs und aus dem Einsatz wettbewerbskonformer Mittel ergibt, sodass die Zielrichtung der Behinderung, der damit verfolgte Zweck und die hierzu eingesetzten Mittel von Bedeutung sind. Der Schutz nach dem UWG setzt zwar unabhängig von der Marktstruktur ein, entfaltet aber auf vermachteten Märkten die gleichen Wirkungen, wie sie die Vorschriften des GWB bezwecken. H.-J.Bu.

Behördenhandel
Lieferungen an Behörden öffentlich-rechtlicher Körperschaften sowie Leistungen für solche Behörden, für die, abweichend vom generellen Rabattverbot, Sondernachlässe oder Sonderpreise gewährt werden können.

Beihefter
→ Pressebeihefter, → Responsemittel

Beikleber
Werbeprospekt, der im Gegensatz zur losen → Beilage in Zeitschriften oder in Lesezirkeln fest eingeklebt wird.

Beilage (Insert)
Werbemittel, das eigenen Aussendungen bzw. Fremdaussendungen beigefügt wird. Im allgemeinen Kernbestandteil eines → Mailing-Package bzw. einer → adressierten Werbesendung. Ergänzt dort den → Werbebrief im Sinne eines weiteren Informationsträgers (Prospekt, Katalog) bzw. in Form eines → Handlungsauslösers (→ Mailingbeilage). Eine spezielle Variante sind → Billing-Inserts (Rechnungsbeilagen). Inserts werden auch im Rahmen von Verbundwerbeaktionen eingesetzt, dort als → Pressebeilage (Zeitung/Zeitschrift; Katalog), Paketbeilage oder Produktbeilage (engl.: *Blow-In*). N.G.

Beipackzettel → Warenkennzeichnung

Bekanntheitsgrad
v.a. in der → Werbung herangezogenes → Marketingziel bzw. → Marketingkennzahl, die angibt, wie viel Prozent einer bestimmten Zielgruppe eine Marke, Werbebotschaft, Firma oder andere Meinungsgegenstände kennen. Dies ist insb. bei low-interest-Produkten von Bedeutung, weil dort kaum Informationsbemühungen vor dem Kauf stattfinden und deshalb Marken bzw. Unternehmen, die „top of mind" sind, also am ersten ins Gedächtnis kommen, bessere Absatzchancen besitzen. Allerdings sagt der Bekanntheitsgrad noch nichts über die mit dem Meinungsgegenstand verbundenen Vorstellungen aus.
Die *Erhebung* erfolgt mittels Befragung, z.B. in → Mehrthemenumfragen, wobei das Erinnerungs- und das Wiedererkennungsverfahren zu unterscheiden sind. Ersteres verlangt Kenntnis ohne jegliche Erinnerungsstützen, wie Listen von Marken, Produktverpackungen o.Ä. („recall", aktive Kenntnis). Die Bekanntheitsgrade fallen deshalb dabei i.d.R. niedriger als bei gestützter Befragung („recognition", passive Kenntnis) aus, wo häufig zu hohe Werte aufgrund von Prestigeantworten zustandekommen. Andererseits gilt das Wiedererkennungsverfahren allgemein als valideres Verfahren (→ recognition-Test). H.D.

Bekleidungsmarketing
→ Mode-Marketing

Belegschaftshandel
Lieferung eigenerstellter oder -vertriebener Waren bzw. Leistungen an Werksangehörige, für die rabattrechtlich Sondernachlässe und Sonderpreise gewährt werden dürfen (§ 9 Rabattgesetz).

Below-the-line-Kommunikation
→ Kommunikationspolitik

Benchmarking
Methodik, die aus unterschiedlichen Gründen darauf abstellt, sog. „best practices" als Orientierungspunkt („bench-mark") zu identifizieren und unter Beachtung unter-

nehmungsspezifischer Besonderheiten zu Zwecken der Qualitätsverbesserung zu nutzen. Als Objekte des Benchmarking sind nicht allein Prozesse und Methoden, sondern z.B. auch Produkte anzusehen. Benchmarking wird im Regelfall branchenübergreifend betrieben, um nicht durch eine zu starke Verengung des Blickfeldes „best practices" zu übersehen. Gelegentlich wird ein Benchmarking aber auch auf die eigene Branche (mit Kunden, Lieferanten, aber auch Konkurrenten), mitunter sogar auf die eigene Unternehmung beschränkt. Letzteres wird dann vor allem praktiziert, wenn eine Abteilung von vorbildlichen Abläufen einer anderen profitieren soll. Als strukturiertes Verfahren setzt sich das Benchmarking grob aus folgenden Abschnitten zusammen:

– Planung, die sich aus einer Auswahl des Vergleichobjekts, einer Wahl geeigneter Partner sowie der Festlegung einer Methode zur Informationsgewinnung zusammensetzt.
– Analyse von Leistungslücken und deren Ursachen,
– Integration der Benchmarking-Befunde,
– organisationsspezifische Verankerung des neuartigen Wissens.

Das Benchmarking wurde als Instrument des → Qualitätsmanagements in der Praxis entwickelt. Daneben wird es auch im Rahmen der Konkurrenzanalyse benutzt, geht aber von seiner Intention weit über diese hinaus. Es erweist sich zunehmend mehr als Instrument des sog. „organisationalen Lernens" und wird als solches von grundsätzlicher Bedeutung bleiben. J.F.

Benefit segmentation → Präferenzpolitik

Benutzeroberfläche (user interface)
System aus Hard- und Software, das dem Benutzer das Arbeiten mit dem Computer erleichtert. Während frühere Benutzeroberflächen textorientiert waren, sind heute hauptsächlich grafische Oberflächen wie z.B. Windows 98 und Windows 2000 in Gebrauch. Bei der Entwicklung einer Oberfläche ist die leichte Bedienbarkeit unverzichtbar, da sonst der Zugriff auf das Angebot erschwert wird. B.S./K.S.

Beobachtereinfluss
Analog dem → Interviewereinfluss bei Befragung kann ein Beobachtereinfluss dadurch entstehen, dass der Beobachter bei offener bzw. teilnehmender → Beobachtung den zu beobachtenden Sachverhalt steuert, die Daten selektiv erfasst und bei nichtstandardisierter Beobachtung die Auswertung verzerrt. Empirische Befunde belegen, dass dieser Effekt sehr viel bedeutsamer als der → Beobachtungseffekt ist und die → Reliabilität von Beobachtungen u.U. erheblich einschränkt. H.Bö.

Beobachtung
Erhebungsmethode der → Primärforschung zur planmäßigen Erfassung (Registrierung) wahrnehmbarer Sachverhalte oder Vorgänge durch Personen bzw. Geräte. Der Vorzug einiger Beobachtungsmethoden gegenüber der → Befragung von Personen besteht darin, dass man nicht auf die Mitarbeit der Auskunftspersonen angewiesen ist. Daneben lassen sich durch Einsatz technischer Geräte bestimmte Sachverhalte mit größerer Genauigkeit erfassen (z.B. Registrierung von Abverkäufen durch → Scanner, → Blickregistrierung bei Betrachtung von Werbeanzeigen, apparative Registrierung des Fernsehverhaltens in Zuschauerpanels etc.).

Beobachtungsmethoden werden anhand des Standardisierungsgrades, nach dem Bewusstseinsgrad des Beobachteten, nach der Teilnahme des Beobachters und der Beobachtungsform untergliedert.

Der Standardisierungsgrad von Beobachtungen reicht von den Extremen der völlig standardisierten bis zur nichtstandardisierten Beobachtung. Im einen Falle liegt ein präzises Beobachtungsschema vor, in dem alle Beobachtungskategorien aufgeführt sind. Erfasst werden nur Sachverhalte, die in die angegebenen Beobachtungskategorien fallen. Diese Beobachtungsform eignet sich nur für relativ einheitliche, leicht überschaubare Vorgänge, schränkt aber andererseits den Beobachtereinfluss bei der Erfassung und Kodierung der relevanten Tatbestände ein. Demgegenüber eignet sich die nichtstandardisierte Beobachtung für komplexere Themen und für Themen, über die noch wenig bekannt ist.

Hinsichtlich des *Bewusstseinsgrades* der Beobachteten lassen sich folgende Fälle unterscheiden: Bei offener Beobachtung kennt der Beobachtete den Untersuchungszweck, die von ihm zu erledigende Aufgabe und er weiß, dass er beobachtet wird. Bei nichtdurchschaubarer Beobachtung ist der beob-

achteten Person das Untersuchungsziel nicht bekannt, bei quasibiotischer Beobachtung ist nur noch die Rolle als Versuchsperson bekannt und bei biotischer (verdeckter) Beobachtung herrscht völlige Unkenntnis über Ziel, Aufgabe und Tatbestand der Beobachtung.
Mit *Partizipationsgrad* wird die Teilnahme oder Nichtteilnahme des Beobachters am beobachteten Feld umschrieben. Bei teilnehmender Beobachtung greift der Forscher aktiv in das Geschehen ein, z.B. wenn er als Kunde im Geschäft auftritt, um das Beratungs- und Empfehlungsverhalten des Verkaufspersonals zu ermitteln (→ Mystery-Shopping). Bei nichtteilnehmender Beobachtung bleibt der Beobachter in räumlicher und personeller Distanz (z.B. Beobachtung des Leseverhaltens in Zeitschriften oder der Kundenwanderung in Geschäften durch verdeckte Videokameras). Die teilnehmende Beobachtung ist wegen ihrer hohen Kosten und des großen Zeitaufwands nur in beschränktem Umfang in den Frühphasen von Forschungsvorhaben einsetzbar, wenn es um die Gewinnung erster Hypothesen geht. Die nichtteilnehmende Beobachtung wiederum erlaubt nur die Erfassung einfacher Sachverhalte.
Neben der visuellen Beobachtung durch Personen gibt es vielfältige Formen der apparativen Beobachtung, sei es durch Tonband-, Film- oder Videoaufzeichnungen, durch Augenkameras zur Blickregistrierung, durch das Psychogalvanometer zur Messung des → Hautwiderstands, (→ elektrodermale Reaktion) oder durch das → Elektroenzephalogramm zur Messung von Hirnströmen etc. Die letztgenannten Formen dienen v.a. der Messung der verschiedensten Kommunikationswirkungen von Werbespots, Werbeanzeigen, Produktverpackungen und Ähnlichem. Größere Bedeutung haben zudem die Erfassung der Einkäufe von Haushalten bzw. der Abverkäufe von Handelsgeschäften durch Scannerkassen (→ Behavior Scan), die automatische Registrierung des Fernsehverhaltens sowie die Inventur der Lagerbestände in → Handelspanels (s.a. → Mobile Datenerfassung).
Den o.g. Vorteilen der Beobachtung stehen jedoch Nachteile gegenüber, die das Einsatzspektrum einengen: Insb. komplexere psychische Zustände (z.B. Motive, Einstellungen, Informationsverarbeitung) sind einer Beobachtung unzugänglich. Desweiteren treten bestimmte Sachverhalte nur in großen Zeitabständen auf, sodass die Erhebungsdauer sehr lang wird. Darüber hinaus treten erhebliche Probleme der Repräsentativität bei bestimmten Fragestellungen auf (z.B. kleine Stichproben bei Laborversuchen, unterschiedliche Kundengruppen bei Beobachtungen in Geschäften je nach Wochentag und Zeit) und schließlich liegt mitunter ein großer, die Reliabilität negativ beeinflussender Beobachtungseinfluss vor, wenn es sich um teilnehmende Beobachtung handelt (→ Beobachtungseffekt) bzw. wenn bei persönlicher Beobachtung bestimmte Sachverhalte selektiv wahrgenommen werden (→ Beobachtereinfluss).
Letztendlich bestimmen die Forschungsfrage und die Art der zu erhebenden Daten, ob die Beobachtung zum Zuge kommt und welche Beobachtungsmethode vorzuziehen ist. Abgesehen von der → Marktforschung im Handel, von → Produkt- und → Werbetests sowie der → Werbeträgerforschung kommt der Beobachtung meist eher subsidiäre Bedeutung zu, zumal sie auch eine Reihe ethischer Fragen aufwirft (→ Marketing-Ethik). H.Bö.

Literatur: *Böhler, H.:* Marktforschung, 2. Aufl., Stuttgart u.a. 1982, S. 92–96. *Hüttner, M.:* Grundzüge der Marktforschung, 5. Aufl., Berlin, New York 1997, S. 158-167.

Beobachtungseffekt

tritt dadurch auf, dass der Beobachtete unter dem Einfluss der → Beobachtung sein Verhalten ändert. Dies ist umso mehr zu erwarten, wenn der Beobachtete den Untersuchungszweck sowie die zu erledigende Aufgabe kennt und wenn er weiß, dass er beobachtet wird. H.Bö.

Beobachtungslernen

Erlernen von Verhaltensweisen durch Beobachtung eines sozialen Vorbilds, dessen Verhalten nachgeahmt wird (Imitation) bzw. verinnerlicht wird (Identifikation) (→ Sozialisatoren).

Bereitschaftskosten → Vorratskosten

BERI (Business Environment Risk Information)

Zur Beurteilung von Länderrisiken als Bestandteil der → Auslandsrisiken international tätiger Unternehmen werden qualitative mit quantitativen Beurteilungsmethoden kombiniert, um Indikatoren für ein Frühwarnsystem im → internationalen Marketing zu gewinnen. Die bekanntesten Bewertungen werden vom BERI-Institut, Genf, erstellt. Die BERI-Servicedienste beruhen im Wesentlichen auf Expertenaussagen, die in Form einer Panelerhebung dreimal jährlich das Investitionsklima von 48 Staaten beurteilen. H.-G.M.

Berichtigungswerbung (Corrective Advertising)

Im → Werberecht mancher Länder verankerte Verpflichtung für Unternehmungen, ihnen nachgewiesene werbliche Irreführungen dadurch zu korrigieren, dass sie in ihrer zukünftigen Werbung auf die Unrichtigkeit der früher aufgestellten Behauptungen hinweisen. Berichtigungswerbung wurde in den USA von der Konsumentenschutzabteilung der Federal Trade Commission (FTC) entwickelt und seit Beginn der 70er-Jahre verschiedentlich eingesetzt. In der Bundesrepublik Deutschland gehört sie nicht zu den werberechtlichen Sanktionsinstrumenten bei irreführender Werbung nach § 3 UWG.

Als wesentliches Argument für das Konzept der Berichtigungswerbung wird angeführt, dass eine bloße Untersagung einer nachweislich irreführenden Werbemaßnahme nicht verhindern kann, dass die durch die Irreführung erzeugten Einstellungen und Überzeugungen weiterhin bestehen und das Konsumverhalten der Verbraucher zukünftig bestimmen. Deshalb strebt man mit Hilfe der Berichtigungswerbung an,

– die Restwirkungen einer früheren irreführenden Werbung zu eliminieren,
– den ursprünglichen Wettbewerbszustand wiederherzustellen,
– ökonomische Vorteile aufgrund der irreführenden Werbemaßnahme zu beseitigen und
– mittels Abschreckung irreführende Werbung in der Zukunft zu verhindern.

In der Bundesrepublik wird die von verbraucherpolitischer Seite vereinzelt erhobene Forderung, Berichtigungswerbung als Sanktionsinstrument rechtlich zu verankern, von der Werbewirtschaft v.a. mit den Argumenten abgelehnt, Berichtigungswerbung sei

– schwer praktizierbar,
– untauglich wegen ungeklärter Wirkungen auf die Konsumenten in Anbetracht des zeitlichen Abstandes zwischen irreführender und korrigierender Werbung,
– schädlich wegen unkalkulierbarer und möglicherweise unverhältnismäßig hoher Straffeffekte für das Unternehmen.

B.St./I.M.

Literatur: *Stauss, B.:* Berichtigungswerbung, in: *Hansen, U.; Stauss, B.; Riemer, M.* (Hrsg.): Marketing und Verbraucherpolitik, Stuttgart 1982, S. 352–368. *Wilkie, W.L.; McNeill, D.L.; Mazis, M.B.:* Marketing's „Scarlet Letter": The Theory and Practice of Corrective Advertising, in: Journal of Marketing, Vol. 48 (1984), No. 2, S. 11–31.

Berner System

dient zur Analyse der → Körpersprache im Rahmen der → Nonverbalen Kommunikationsforschung. Ende der siebziger Jahre wurde dieses von *Siegfried Frey* und Mitarbeitern entwickelte Erhebungsinstrument vor allem zur Analyse des gestischen Verhaltens in Interaktionssituationen eingesetzt. Das Berner System lässt sich in verschiedene Arbeitsschritte einteilen:

(1) *Anfertigen* von Filmaufzeichnungen über das menschliche Ausdrucksverhalten. Diese Zwischenspeicherung ermöglicht eine wiederholte Betrachtung der nonverbalen Phänomene und erleichtert eine detailgenaue Beschreibung des Verhaltens.

(2) *Kodierung* der Filmaufzeichnungen mittels einer Zeitreihennotation. Bei der Zeitreihennotation wird das nonverbale Ausdrucksverhalten in eine räumliche und eine zeitliche Komponente gegliedert. Unter räumlicher Kodierung versteht man die Positionsbeschreibung für die Körperteile Kopf, Rumpf, Schultern, Oberarme, Hände, Oberschenkel und Füße. Zur Erleichterung der Notation haben *Frey* und Mitarbeiter einen Kodierbogen entwickelt, in dem die potentiell möglichen Positionen dieser einzelnen Körperteile aufgelistet sind. Die zeitliche Komponente findet Berücksichtigung, indem die Positionen der einzelnen Körperteile zu bestimmten Zeitabständen (meist in Halbsekundenschritten) notiert werden. Positionsänderungen über die Zeit kennzeichnen eine Bewegung.

(3) Die *Auswertung* der Notationen erfolgt mit Hilfe elektronischer Datenverarbeitungsprogramme. Als Ergebnis erhält man übergeordnete Kennziffern, Korrelationen und charakteristische Determinanten der Körpersprache.

Angesichts der detaillierten Notation der Körpersprache kann das System bei den unterschiedlichsten Forschungsfragen Anwendung finden und somit einen interdisziplinären Forschungstransfer erleichtern.

Berührungserfolg

Durch die strikte Trennung von Notation und Evaluation des Ausdrucksverhaltens bietet es einen hohen Objektivitätsgrad. Schließlich kann das unmittelbare „nonverbale feed-back" in Interaktionssituationen mit Hilfe der Zeitreihennotation identifiziert und interpretiert werden. Dadurch ist das Berner System besonders für die Analyse von Verkaufsgesprächen relevant. S.B.

Literatur: *Frey, S.; v. Cranach, M.*: Ein Verfahren zur Messung motorischer Aktivität. In: Zeitschrift für experimentelle und angewandte Psychologie, 1971, S. 392–410. *Frey, S.; Hirsbrunner, H.-P.; Pool, J.; Daw, W.*: Das Berner System zur Untersuchung nonverbaler Interaktionen: Die Erhebung des Rohdatenprotokolls., in: *Winkler, P.* (Hrsg.): Methoden der Analyse von Face-to-Face Situationen, Stuttgart 1981, S. 203–237.

Berührungserfolg

von *Ch. Behrens* entwickelte Kennzahl zur Beurteilung des Beitrags des Werbeträgers zur Gesamtwirkung der Werbung. Sie ist definiert als Quotient aus der Zahl der „Werbeberührten" und der Zahl der „Werbegemeinten" (s.a. → Beeindruckungserfolg).

Beschaffenheitsangaben

Nach § 3 UWG ist Werbung u.a. dann verboten, wenn sie irreführende Angaben über die Beschaffenheit von Produkten und gewerblichen Leistungen enthält (→ irreführende Werbung). Der Begriff der Beschaffenheitsangaben im Sinne dieser Vorschrift ist weit gefasst. Er beinhaltet i.e.S. Angaben über die einer Ware oder gewerblichen Leistung innewohnenden tatsächlichen und rechtlichen Eigenschaften (z.B. stoffliche Substanz, Güte oder Wirkungen) und i.w.S. alle Aussagen über tatsächliche oder rechtliche Umstände, die nach Auffassung der Verkehrskreise für die Würdigung eines Angebots bedeutsam sind (z.B. geographische Herkunft oder objektive, insb. amtliche Prüfungen; s.a. → Markenrecht).

Irreführend ist eine Beschaffenheitsangabe, wenn die ihr von den Verkehrskreisen zuerkannte Bedeutung nicht mit der wahren Beschaffenheit des Angebots übereinstimmt.
B.St./I.M.

Literatur: *Schräder, K.; Hohl, P.*: Wettbewerbsrecht und Werbung, Freiburg usw. 1999.

Beschaffungskontrolle

ist nach Planung und Durchführung die dritte Phase des → Beschaffungsmarketing. Man unterscheidet operative und strategische Beschaffungskontrolle. Die operative Beschaffungskontrolle setzt an einer direkten, eher zeitpunktbezogenen Messung der Ergebnisse von Beschaffungsaktivitäten an. Dazu werden in der Regel Kennzahlen wie (Liefer-) Servicegrad und Kosten je Bestellung herangezogen (Effizienzkontrolle). Im Gegensatz dazu stellt die strategische Beschaffungskontrolle die Richtigkeit des eingeschlagenen Weges von Einkaufsaktivitäten generell in Frage (Effektivitätskontrolle). Die Kontrollbemühungen erstrecken sich darauf, die Beiträge der Beschaffung zur langfristigen Sicherung von Erfolgspotentialen zu ermitteln. Grundlage der Beschaffungskontrolle ist ein leistungsfähiges Informationsversorgungssystem, das vom Beschaffungscontrolling und der → Beschaffungsmarktforschung zur Verfügung gestellt wird. U.A.

Literatur: *Buck, T.*: Konzeption einer integrierten Beschaffungskontrolle, Wiesbaden 1998.

Beschaffungskooperation

bezeichnet die freiwillige Zusammenarbeit von zwei oder mehr rechtlich und wirtschaftlich selbständigen Unternehmen im Bereich des betrieblichen Einkaufs mit dem Ziel, eine individuelle Besserstellung aller Partner zu erreichen (→ Kooperation). Dies geschieht entweder (a) durch die vertikale Zusammenarbeit zwischen Zulieferer und Abnehmer oder (b) durch die Bildung horizontaler → Einkaufskooperationen. Gerade die Automobilindustrie hat in den letzten Jahren eine Vielzahl von Partnerschaftsprogrammen mit Zulieferern etabliert (bspw. PICOS von Opel, POLE von Porsche oder das „Extended Enterprise"-Konzept von DaimlerChrysler). Ziel dieser Kooperationsform ist eine unternehmensübergreifende Zusammenarbeit mit wechselseitigen Vorteilen (Win-Win-Situation) bspw. durch Bestandsvermeidung im Rahmen von → Just-in-Time-Logistik. Die kooperative Verflechtung von Abnehmern, Zulieferern und Unternehmen der gleichen Wertschöpfungsstufe ist typisch für das besonders in Japan weit verbreitete „*Keiretsu*"-*System*. Keiretsus sind relativ stabile Netzwerke, die mehrere hundert Mitglieder umfassen können und sich um einen industriellen „Führer", bspw. einen Automobilhersteller, gruppieren. Das Keiretsu um Mitsubishi Motors umfasst bspw. ca. 350 Mitglieder. Die Stabilität des Keiretsu wird durch finanzielle Verflechtungen erhöht. So ist es nicht untypisch, dass ein Automobilhersteller Anteile an seinen Zulieferern hält, die allerdings überwiegend eine Größenordnung von 5% bis 10% nicht überschreitet. M.E.

Literatur: *Burt, D.; Doyle, M.:* Amerikanisches Keiretsu: Die neue Waffe zur Kostensenkung, Düsseldorf u.a. 1994. *Eßig, M.:* Cooperative Sourcing: Erklärung und Gestaltung horizontaler Beschaffungskooperationen in der Industrie, Frankfurt/M. u.a. 1999. *Himpel, F.:* Industrielle Beschaffungsnetzwerke: Theoretische Fundierung, Entwicklungsprinzipien und Gestaltungsaspekte, Wiesbaden 1999. *Pampel, J.:* Kooperation mit Zulieferern: Theorie und Management, Wiesbaden 1993.

Beschaffungsmarketing

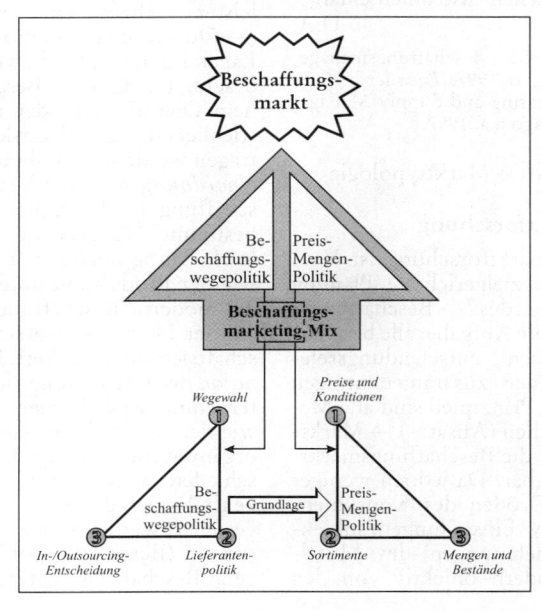

umfasst alle Maßnahmen zur effizienten, marktorientierten Lösung betrieblicher Beschaffungsaufgaben. Marktorientierung bezieht sich dabei (a) auf die Deckung der Materialbedarfe durch externe Lieferanten (dieser sog. *Fremdbezugsanteil* macht inzwischen in wichtigen Industriebranchen weit über 50% des Umsatzvolumens aus) und (b) auf die Nutzung von Beschaffungsmärkten zur Generierung und Erhaltung von Erfolgspotentialen, die zur Absicherung von Wettbewerbsvorteilen am Absatzmarkt beitragen. In diesem Sinne ist Beschaffungsmarketing integraler Bestandteil eines umfassenden Marketingkonzeptes von Unternehmen (→ Marketing). Man unterscheidet zwischen strategischem und operativem Beschaffungsmarketing. Im Rahmen des *strategischen* Beschaffungsmarketing wird auf der Grundlage einer vorgeschalteten Stärken-/Schwächen- bzw. Chancen-/Risiken-Analyse und basierend auf den Rahmenvorgaben der Unternehmensstrategie die → Beschaffungsstrategie entwickelt. Ähnlich dem Absatzmarketing werden die Instrumente des *operativen* Beschaffungsmarketing zielgerichtet eingesetzt und koordiniert („Beschaffungsmarketing-Mix"). Die beschaffungspolitischen Kerninstrumente umfassen die Preis-Mengen-Politik und die Beschaffungswegepolitik. Diese Instrumente werden durch vielfältige Informations- und Kommunikationsbeziehungen überlagert.

Im Rahmen der *Preis-Mengen-Politik* geht es sowohl um die Gestaltung der Transaktions- bzw. Beschaffungsobjekte selbst und damit um ihre materielle Beschaffenheit (technisch-qualitative Aspekte und Beschaffungsmengen) als auch um die Bestimmung der Gegenleistungspolitik (Preis- und Lieferkonditionen). Im Einzelnen handelt es sich dabei um folgende Instrumente (vgl. das Preis-Mengen-Dreieck in der *Abb.*):

Beschaffungsmarketing-Mix

Beschaffungsmarkt

- Preise und Konditionen (finanzielle Transaktionsaspekte)
- Mengen und Bestände (quantitative Transaktionsaspekte)
- Sortimente (qualitative Transaktionsaspekte)

Gegenstand der *Beschaffungswegepolitik* ist die Gestaltung der Transaktions- bzw. Beschaffungswege sowie die Entwicklung von Beziehungen zu geeigneten Transaktionspartnern (Lieferanten). Insofern legt die Beschaffungswegepolitik weitgehend den Rahmen für die Abwicklung der einzelnen Beschaffungsaktionen fest. Sie umfasst folgende Einzelbereiche (vgl. *Abb.* Beschaffungswege-Dreieck):

- Beschaffungswegewahl (direkte oder indirekte Transaktionen)
- Lieferantenpolitik (Auswahl des Transaktionspartners und Ausgestaltung der Beziehung): Lieferantensuche, -beurteilung, -selektion, -förderung (s.a. → Sourcing-Konzepte)
- In-/Outsourcing-Entscheidung für die Beschaffungsfunktion selbst (Gestaltung der eigenen strukturellen Voraussetzungen zur Abwicklung von Beschaffungsaktivitäten → Beschaffungsorganisation; Festlegung des konkreten Trägers).

Das Beschaffungsmarketing-Mix stellt – analog zum Marketing-Mix – die unternehmensspezifisch optimale Kombination der beschaffungspolitischen Instrumente dar.

U.A.

Literatur: *Arnold, U.*: Beschaffungsmanagement, 2. Aufl., Stuttgart 1997. *Leenders, M. R; Fearon, H. E.*: Purchasing and Supply Management, 11. Aufl., Chicago u.a. 1997.

Beschaffungsmarkt → Markttypologie

Beschaffungsmarktforschung

Die Beschaffungsmarktforschung ist Voraussetzung für die zielgerichtete Planung und Durchführung des → Beschaffungsmarketing. Sie hat die Aufgabe, alle beschaffungsmarktbezogenen entscheidungsrelevanten Informationen zusammenzutragen und aufzubereiten. Prinzipiell sind alle Methoden der klassischen (Absatz-) → Marktforschung auch auf die Beschaffungsmarktforschung übertragbar. Da jedoch weniger vorökonomische Größen des Konsumentenverhaltens (bspw. Einstellungen, subjektive Nutzenwahrnehmungen) im Mittelpunkt stehen, sondern objektiv von den Unternehmensaufgaben definierte Bedarfe, können wichtige Informationsbedarfe häufig aus sekundärstatistischen Quellen gedeckt werden. Von zentraler Bedeutung ist die Unterscheidung zwischen zeitpunktbezogener Beschaffungsmarktanalyse und zeitraumbezogener Beschaffungsmarktbeobachtung. Die Beschaffungsmarktanalyse kommt bspw. bei der Lieferantenauswahlentscheidung (→ Lieferantenpolitik) oder bei der Lösung von konkreten Spezialproblemen (Standortentscheidung etc.) zum Einsatz. Beschaffungsmarktbeobachtung gehört zum ständigen Aufgabenfeld eines Einkäufers und wird häufig durch allgemeine Markt(preis)indizes wie den BME/Reuters Einkaufsmanager-Index unterstützt. Besondere Probleme bereitet dabei die Prognose zukünftiger Entwicklungen auf den Beschaffungsmärkten.

U.A.

Literatur: *Lohrberg, W.*: Grundprobleme der Beschaffungsmarktforschung, Bochum 1978.

Beschaffungsorganisation

Die Beschaffungsorganisation schafft die strukturellen Voraussetzungen für die Realisierung eines erfolgreichen → Beschaffungsmarketing. Zu den Organisationsentscheidungen gehören drei Teilbereiche: Die *strategische In- / Outsourcingentscheidung* beschäftigt sich mit der Frage, inwiefern Versorgungsaktivitäten vom Unternehmen selbst erbracht oder an spezialisierte Dienstleister abgegeben werden können (→ Outsourcing). So werden Logistik- und Lageraktivitäten häufig von Spediteuren erbracht; die C-Teile-Beschaffung kann einem Dienstleister oder einer zwischenbetrieblichen → Einkaufskooperation übertragen werden. Im Rahmen der *Hierarchieeinordnung* wird die Verankerung der Beschaffung in der Unternehmenshierarchie bestimmt. Während der traditionelle Einkauf häufig anderen Funktionsbereichen wie der Produktion untergeordnet war, ist das moderne Beschaffungsmarketing direkt auf der Ebene des Vorstands bzw. der Geschäftsleitung verankert. Die *Binnenorganisation* der Beschaffung richtet sich nach unternehmensspezifischen Besonderheiten wie dem Zentralisierungsgrad der Gesamtorganisation. Prinzipiell muss dabei entschieden werden, ob Einkaufsaktivitäten zentral oder dezentral durchgeführt bzw. gesteuert werden sollen, nach welchem Kriterium (Beschaffungsobjekte, Verrichtungen, Beschaffungsmarktregionen) die Beschaffungsabteilung gegliedert wird und in welcher Form ggf. eine internationale Beschaffungsorganisation (International Procurement Offices / IPO) eingebunden ist.

U.A.

Beschaffungspolitik, internationale
→ Internationalisierung im Handel

Beschaffungsportfolio
Beschaffungsportfolios sollen dazu beitragen, situationsangemessene → Beschaffungsstrategien zu entwickeln. Dazu werden in der Regel zwei oder mehr Situationsdimensionen zu einer Entscheidungsmatrix verdichtet. Daraus lassen sich dann Strategieempfehlungen ableiten. Beispiele sind das Material-/Lieferantenportfolio von *Kraljic* (1988) oder die Wertigkeits-Risiko-Matrix von *Müller* (1990). *Kraljic* ermittelt anhand der Dimensionen Einkaufsvolumen und Versorgungsrisiko vier Materialtypen von unkritischen Gütern (Einkaufsvolumen und Versorgungsrisiko niedrig) bis zu strategischen Produkten (Einkaufsvolumen und Versorgungsrisiko hoch). Gleichzeitig werden Lieferanten über die Dimensionen Lieferanteil und Marktbedeutung in vier Kategorien von unkritischen Lieferanten (Marktbedeutung und Lieferanteil niedrig) bis zu Kernlieferanten (Marktbedeutung und Lieferanteil hoch) eingeteilt.

Dadurch ergibt sich ein zusammengeführtes Material-/Lieferantenportfolio, das die drei Strategiealternativen (1) Versorgungsrisiko vermeiden (bspw. durch Substitutionsprodukte), (2) ausschöpfen (bspw. durch aggressives → Beschaffungsmarketing) und (3) Position selektiv verbessern (bspw. durch → Lieferantenpolitik) ableitet (vgl. *Abb.*) U.A.

Literatur: *Kraljic, P.:* Zukunftsorientierte Beschaffungs- und Versorgungsstrategie als Element der Unternehmensstrategie, in: *Henzler, H. A.* (Hrsg.): Handbuch Strategische Führung, Wiesbaden 1988, S. 477-497. *Müller, E. W.:* Gestaltungspotentiale für die Logistik in der Beschaffung, in: Beschaffung aktuell, o. Jg. (1990), Nr. 4, S. 51-53..

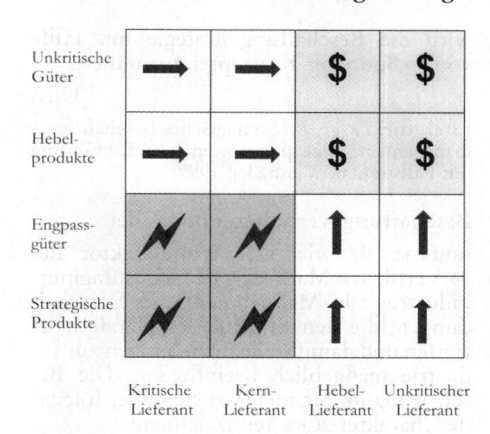

Beschaffungsstrategie
Die Beschaffungsstrategie ist eine Funktionalstrategie und damit einerseits in das Konzept des → Beschaffungsmarketing und andererseits in das strategische Management eines Unternehmens eingebunden. Strategisches Beschaffungsmanagement ist der Teil des strategischen Management, der die Schnittstelle zwischen dem Unternehmen und den Beschaffungsmärkten so gestaltet, dass dadurch → Wettbewerbsvorteile realisiert werden können. Traditionell zeichnet sich der betriebliche Einkauf durch eine kurzfristig-operative Orientierung aus. Er beschränkte sich darauf, vorgegebene Bedarfe nach definierten Vorgaben zu beschaffen. Erst durch die Wandlung der Beschaffung zu einem unternehmensübergreifenden → Supply Chain Management wurden die Erfolgspotentiale der Beschaffung erkannt und umgesetzt. Grundlage der Strategieformulierung sind dabei Bedarfs- und Marktanalysen bspw. mit Hilfe von → Beschaffungsportfolios. Die Beschaffungsstrategie umfasst sowohl strukturelle als auch marktliche Maßnahmen. Zu den strukturellen Elementen der Beschaffungsstrategie gehören bspw. effiziente Kommunikationsinstrumente (→ Elektronischer Einkauf) oder durchgängige Planungssysteme. Marktliche Elemente der Beschaffungsstrategie sind Entscheidungen über den Internationalisierungsgrad oder die Art der Beschaffungsobjekte. Dazu

wird die Beschaffungsstrategie mit Hilfe von → Sourcing-Konzepten formuliert.

U.A.

Literatur: *Large, R.:* Strategisches Beschaffungsmanagement: Eine praxisorientierte Einführung mit Fallstudien, Wiesbaden 1999.

Beschaffungsverhalten im Handel
umfasst als wichtiger Umfeldfaktor des → Vertikalen Marketing der Konsumgüterindustrie alle Maßnahmen und Entscheidungen, die den Einkauf des Handels betreffen und damit seine Beziehungen zur Industrie maßgeblich beeinflussen. Die Beschaffung im Handel lässt sich über folgende Charakteristika kennzeichnen:

- Handelsunternehmen weisen ein → *organisationales Beschaffungsverhalten* auf, d.h. es gelten ähnliche Bedingungen, wie sie im → Investitionsgütermarketing anzutreffen sind.
- Es handelt sich um eine *abgeleitete Nachfrage*, d.h. die Absatzmittler fragen bestimmte Leistungen der Hersteller nach, da nach diesen im Endkundenmarkt eine gewisse Nachfrage besteht.
- Die Beschaffungsprozesse aufseiten der Absatzmittler werden vielfach multipersonal durch *Einkaufsgremien* abgewickelt (→ Buying Center).
- Mehr oder weniger umfangreiche *Dienstleistungen* ergänzen das Leistungsangebot der Hersteller (→ Anreizsysteme zwischen Hersteller und Handel).
- Die *Beziehung* zwischen Hersteller und Handel sind von langfristiger Natur. Es bestehen häufig mehrjährige → Geschäftsbeziehungen, deren Intensitäten unterschiedlich ausgeprägt sind.
- Der Vermarktungsprozess verläuft *interaktiv*, d.h. Leistungen und Gegenleistungen beider seiten werden in einem persönlichen Verhandlungsprozess zwischen Hersteller und Absatzmittler festgelegt (→ persönlicher Verkauf, → Key-Account-Management).

Eine von *Kraljic* (1984) entwickelte Klassifikation von Beschaffungssituationen lässt sich auf die Beschaffungsbedingungen von Handelsunternehmungen übertragen (*Abb.*). Betrachtet werden zwei Kriteriengruppen:

- Kriterien, die die relative Bedeutung einzelner industrieller Leistungen für die Handelsunternehmen betreffen, z.B. Kostenanteil im Verhältnis zu den Gesamtkosten, Ergebniseinfluss, Bedeutung von Qualität und/oder Image der zu beschaffenden Leistungen für die Leistung und/oder für das Image der Handelsunternehmen („Bedeutung der zu beschaffenden Leistungen").
- Kriterien, die die Komplexität der Beschaffungsmärkte und damit das Beschaffungsrisiko kennzeichnen, z.B. monopolistische bzw. oligopolistische Strukturen auf der Industrieseite, technologischer Fortschritt, Eintrittsbarrieren, Logistikkosten, Verfügbarkeitsrisiko, Transparenz („Komplexität des Beschaffungsmarktes/Beschaffungsrisiko").

Die akquisitorische Wirkung bestimmter industrieller Leistungen auf die jeweilige Handelsunternehmen lässt sich mit Hilfe der Dimensionen „Bedeutung der zu beschaffenden Leistungen" und „Komplexität des Beschaffungsmarktes/Beschaffungsrisiko" einordnen. Werden die beiden Dimensionen kombiniert, so ergibt sich die in der *Abbildung* wiedergegebene Klassifikation. Zu unterscheiden sind vier Quadranten:

(1) *Unkritische Standardleistungen* zeichnen sich dadurch aus, dass deren Beschaffung für die Handelsunternehmen problemlos ist, da diese von zahlreichen Lieferanten angeboten werden und zudem die Bedeutung dieser Leistungen für den Handel gering ist. Im Lebensmitteleinzelhandel ist hier beispielsweise an Grundnahrungsmittel wie Mehl, Zucker, Salz etc. zu denken, aber auch an austauschbare Markenartikel, die eine geringe Umsatz- und Ergebnisbedeutung besitzen und lediglich zur Abrundung des Sortiments geführt werden (→ Sortimentspolitik).

(2) *Massen-/Standardleistungen* sind industrielle Leistungen, die zwar Relevanz für die Leistung der Absatzmittler besitzen, sich aber unbegrenzt und risikolos beschaffen lassen. Im Lebensmitteleinzelhandel sind dies beispielsweise austauschbare Markenartikel mit einer hohen Umsatzbedeutung, aber auch Nebenleistungen wie die Regalpflege oder die Durchführung von Verkaufsförderungsaktionen. Die zentralen Kriterien, anhand derer die industrielle Leistungsfähigkeit beurteilt wird, sind die dem Handel entstehenden Beschaffungs-, Lager- und Kapitalbindungskosten sowie die reibungslose Abwicklung physischer Distributionsaktivitäten. Das Verhalten der Handelsunternehmen bei der Beschaffung von Massen-/Standardleistungen ist durch

Klassifikation industrieller Leistungen aus Handelsperspektive (in Anlehnung an *Kraljic* 1984)

	niedrig ← Komplexität des Beschaffungsmarktes/Beschaffungsrisiko → hoch	
Bedeutung der zu beschaffenden Leistungen hoch	**2. Massen-/Standardleistungen** Relevante Leistungskriterien: - Kosten/Preis-Leistungsverhältnis - Management der physischen Distribution	**4. Strategische Leistungen** Relevante Leistungskriterien: - Verfügbarkeit über einen langen Zeitraum
niedrig	**1. Unkritische Standardleistungen** Relevante Leistungskriterien: - Funktionstüchtigkeit	**3. Engpassleistungen** Relevante Leistungskriterien: - Kostenmanagement - Zuverlässigkeit

das Ausnutzen der Einkaufsmacht, Lieferantenwechsel und Produktsubstitution, gezielte Preis- und Verhandlungsstrategien, Auftragsmengenoptimierung etc. gekennzeichnet.

(3) *Engpassleistungen* zeichnen sich dadurch aus, dass ihre Beschaffung – da sie nur von einer begrenzten Anzahl von Industrieunternehmen angeboten werden – für die Handelsunternehmen mit einem gewissen Risiko verbunden ist. Allerdings ist der Nutzen (Umsatz-, Gewinnanteil, Imageprofilierung, Steigerung der Kundenfrequenz etc.) dieser Leistungen für das jeweilige Handelsunternehmen relativ gering. Eine solche untergeordnete Rolle spielen für gewisse Lebensmitteleinzelhändler eine Reihe von Produkten aus dem Non-Food-Bereich (z.B. Markenprodukte der Spielzeug- und der Gartenwerkzeugbranche) oder Nebenleistungen wie die Durchführung von endkundengerichteten Preisausschreiben.

(4) *Strategische Leistungen* sind von großer Wichtigkeit für das jeweilige Handelsunternehmen und deren Beschaffung ist mit einem großen Risiko verbunden. In der Lebensmittelbranche können beispielsweise ein Markenartikel, der im Endkundenmarkt profiliert ist, oder eine effiziente Lösung der Verpackungsproblematik strategische Leistungen darstellen. Zentrales Ziel der Handelsunternehmen ist es, die Verfügbarkeit dieser Leistungen langfristig sicherzustellen. Im Extremfall heißt dies, dass die Eigenerstellung dieser Leistungen oder zumindest eine langfristige vertragliche Bindung mit dem jeweiligen Industrieunternehmen angestrebt wird (→ Handelsmarken, → Zulieferstrategien im vertikalen Marketing).

T.T./M.Sch.

Literatur: *Hansen, U.*: Absatz- und Beschaffungsmarketing des Einzelhandels, 2. Aufl., Göttingen 1990. *Kraljic, P.*: From purchasing to supply management, in: The McKinsey Quarterly (Spring 1984), S. 2–17.

Beschränkter Markt → Markttypologie

Beschwerdemanagement

Unter Beschwerdemanagement wird der aktive Umgang einer Unternehmung mit Kundenbeschwerden zum Zwecke einer systematischen Gestaltung und Verbesserung von Geschäftsbeziehungen verstanden. Als *Kundenbeschwerden* werden dabei vom Kunden eigeninitiierte schriftliche oder mündliche Äußerungen von Unzufriedenheit verstanden. Bei *Reklamationen*

Beschwerdemanagement

handelt es sich um eine spezielle Form von Beschwerden; sie liegen vor, wenn mit der Beschwerde kaufrechtliche Ansprüche bezüglich eines Produktes oder einer Dienstleistung artikuliert werden.

Beschwerdemanagement ist wichtiger Bestandteil solcher Marketingkonzepte, deren thematischer Schwerpunkt auf der Nachkaufphase liegt und die durch eine transaktionsübergreifende Orientierung gekennzeichnet sind (so insbesondere das → Nachkauf- und das → Beziehungsmarketing).

Zentrale *Ziele* des Beschwerdemanagements sind entsprechend die Wiederherstellung von → Kundenzufriedenheit und → Kundenbindung durch eine kunden-orientierte Bearbeitung des Anliegens des Beschwerdeführers. Für die Erreichung dieser Ziele ausschlaggebend ist die Erzielung eines hohen Maßes an → Beschwerdezufriedenheit. Weitere Ziele des Beschwerdemanagements sind die Vermittlung eines kundenorientierten Unternehmensimages und damit eng zusammenhängend die Initiierung von positiver → Mund-Werbung durch den Beschwerdeführer gegenüber anderen Personen, die Verhinderung von Kosten, die aus alternativen Handlungen des Kunden resultieren können (z.B. Abwanderung, negativer Mund-Werbung oder Beschwerden bei Drittinstitutionen, z.B. Verbraucherschutzorganisationen), sowie die Nutzung von Informationen aus Kundenbeschwerden zur Steigerung der Qualität von Leistungsprozessen und –ergebnissen im Rahmen der Marktforschung. Letzteres zielt auf die Gewinnung von neuen Produktideen aus Kundenbeschwerden, die Identifikation von Defiziten und die Reduktion von Fehlerkosten (vgl. *Abb.*).

Zentrale *Aufgabenfelder* des Beschwerdemanagements sind die Beschwerdestimulierung und –annahme (Input-Funktion), die Beschwerdebearbeitung und Problemlösung (Fallbearbeitungs-Funktion) und die Beschwerdeauswertung (Informationsgewinnungs-Funktion) einschließlich der Einholung des Kundenfeedbacks (Feedback-Funktion).

Ausgangspunkt der *Beschwerdestimulierung* ist die Erkenntnis, dass nur ein Teil der unzufriedenen Kunden eine Beschwerde gegenüber dem Hersteller des erworbenen Produktes bzw. der Dienstleistung artikuliert; die Höhe der Beschwerdequote (= Beschwerdeartikulationen / Anzahl unzufriedener Kunden) variiert dabei stark in Abhängigkeit von produkt- und personenbezogenen Merkmalen (z.B. Wert des erworbenen Produktes; Schwierigkeit der Nachweisbarkeit des Mangels; Ursachenattribuierung). Durch eine kundenorientierte Gestaltung von Beschwerdewegen ist es möglich, die Anzahl der sog. „unvoiced complaints" zu verringern und die Beschwerdequote zu steigern. Eine solche kundenorientierte Gestaltung muss insbesondere darauf abstellen, bestehende Beschwerdehemmnisse durch die Übernahme von Beschwerde-

Zielsystem des Beschwerdemanagements

Ziele des Beschwerdemanagements

- Gewinnung von Informationen für die Qualitätsverbesserung
  - ▶ Neue Produktideen
  - ▶ Identifikation von Schwachstellen
  - ▶ Reduktion von Fehlerkosten
- Verhinderung von Kosten aus alternativen Handlungen
  - ▶ Vermeiden von Abwanderung
  - ▶ Vermeiden von negativer Mundwerbung
  - ▶ Vermeiden von Drittbeschwerden
- Kundenbindung/Kundenzufriedenheit
  - ▶ Beschwerdezufriedenheit
- Vermittlung eines kundenorientierten Unternehmensimages
  - ▶ Positive Mundwerbung

kosten (z.B. kostenlose Beschwerdehotline) und die Transparenz und Öffnung von Beschwerdewegen (z.B. Beschwerdeannahme im Internet) zu verringern. Eine wichtige Barriere kann in der fehlenden Bereitschaft der Mitarbeiter zur Entgegennahme von Kundenbeschwerden bestehen.

Im Rahmen der *Beschwerdebearbeitung und Problemlösung* ist zunächst zu entscheiden, ob eine individuelle Fallprüfung oder eine pauschale Anerkennung der Beschwerden erfolgen soll, wobei Letztere mit geringen Fallbearbeitungskosten und einer kürzeren Bearbeitungszeit verbunden ist. Vor dem Hintergrund der Erkenntnisse der Beschwerdezufriedenheitsforschung (s.a. → Attributionstheorie) ist indes zu beachten, dass die Zufriedenheit des Kunden mit der Beschwerdebearbeitung nicht nur durch das Beschwerdeergebnis (z.B. Höhe des Schadensersatzes), sondern in vielen Fällen auch durch die Art und Weise der Gestaltung des Beschwerdeprozesses (z.B. des Grades an Individualität) beeinflusst wird. Bei der individuellen Fallprüfung geht es darum, die Berechtigung der Beschwerde zu untersuchen, eine Lösung auszuarbeiten, die geeignet ist, den Wünschen des Beschwerdeführers Rechnung zu tragen und diesen zufrieden zustellen, sowie den Beschwerdeführer von der Lösung des Problems in Kenntnis zu setzen. Auch die Wahl des Antwortmediums (Brief, Anruf, Email) sollte unter Abwägung der Kosten und der Kundenpräferenzen erfolgen.

Um die in einer Beschwerde enthaltenen Chancenpotenziale über die Lösung des Einzelfalls hinaus zu erschließen, bedarf es einer systematischen *Auswertung* des Beschwerdeanlasses und der Speicherung und Verknüpfung relevanter Informationen. Die Analyse des Beschwerdeanlasses kann im Rahmen eines Qualitätsmanagements zur Aufdeckung von Schwachstellen in der unternehmerischen Wertschöpfungskette dienen und zudem als qualitative Ergänzung von Verfahren der Qualitätsmessung herangezogen werden. Darüber hinaus enthält eine Kundenbeschwerde zahlreiche kundenbezogene Informationen, deren Abrufbarkeit zur Steigerung der Kundenorientierung in zukünftigen Interaktionssituationen beitragen kann. So wird der Kunde i.d.R. dankbar dafür sein, wenn im Fall eines späteren erneuten Defektes der Beschwerdebearbeiter in der Lage ist, die spezifische Beschwerdehistorie ohne ausführliche Erläuterungen nachzuvollziehen. Sinnvoll ist auch die Verknüpfung der Beschwerdedaten mit weiteren (beschwerdeunabhängigen) Informationen, so u.U. bisher getätigten Umsätzen. Das Einholen eines *Feedbacks* des Beschwerdeführers nach Abschluss der Beschwerdebearbeitung ermöglicht in diesem Zusammenhang die Erfassung seiner Beschwerdezufriedenheit. Zudem werden dabei grundlegende Informationen generiert, die für ein Beschwerdemanagementcontrolling von Bedeutung sind. Einem solchen Controlling kommt die übergeordnete Aufgabe zu, die Beiträge der einzelnen Aufgaben bzw. deren Ausgestaltung im Hinblick auf ihre jeweilige Eignung zur Erreichung der verschiedenen Ziele des Beschwerdemanagements zu überprüfen. Im Zentrum steht dabei die Frage, wie hoch das Ausmaß der erreichten Beschwerdezufriedenheit ist und welche Ursachen für eine eventuelle Beschwerdeunzufriedenheit von Kunden verantwortlich sind.

Mit der Implementierung eines Beschwerdemanagements gehen auf Grund seiner unternehmerischen Querschnittsfunktion komplexe Anforderungen an die organisationale und personalwirtschaftliche Gestaltung einher. In *organisationaler Hinsicht* ist zunächst die Frage zu beantworten, ob ein Beschwerdemanagement dezentralen oder zentralen Charakter aufweisen soll. Während eine dezentrale Gestaltung die Bearbeitung der Aufgaben verschiedenen Unternehmensbereichen zuweist (z.B. Beschwerdeannahme/Falllösung durch Filialen), sieht eine zentrale Gestaltung die Bearbeitung aller Beschwerden durch eine einheitliche Beschwerdeabteilung vor. Wichtiges Argument für eine dezentrale Gestaltung des Beschwerdemanagements ist die größere Kunden- und Problemnähe, mit der eine höhere Flexibilität und schnellere Fallbearbeitung möglich wird. Nachteile sind die Konfrontation von Kunde und Beschwerdeanlass in solchen Fällen, in denen sich die Beschwerde auf den jeweiligen Mitarbeiter bezieht, sowie der hohe Koordinationsaufwand, der vor allem in Bezug auf die Informationsspeicherung und -verarbeitung entsteht. Für ein zentralisiertes Beschwerdemanagement sprechen die im Laufe der Bearbeitung zu erwartenden Lerneffekte sowie die Möglichkeit des Einsatzes speziell für diese Aufgabe ausgebildeter Mitarbeiter; nachteilig sind die geringe Kundennähe und die Gefahr einer „Isolierung" der Beschwerdebearbeitung innerhalb der Unternehmung. In der Praxis finden sich zumeist sog. duale

Lösungen, die eine Kombination der Vorteile beider Varianten anstreben. Eine weitere organisationale Dimension betrifft die Gestaltung des Ablaufes des Beschwerdemanagements; hier muss zwischen dem Wechsel der Beschwerdezuständigkeit zwischen den verschiedenen Aufgaben und einer durchgängigen Zuständigkeit im Sinne eines „complaint ownerships" entschieden werden.

In *personalwirtschaftlicher Hinsicht* ist dafür zu sorgen, dass die im Rahmen des Beschwerdemanagements tätigen Mitarbeiter über spezifische Qualifikationen verfügen, die für eine kundenorientierte Gestaltung des Beschwerdeprozesses notwendig sind. Der Umgang mit Konflikten erfordert u.a. ein hohes Maß an → Sozialkompetenz und die Fähigkeit der → Perspektivenübernahme. Von grundlegender Bedeutung ist weiterhin das Vorhandensein eines Dienstleistungsbewusstseins („service mindedness") bei sämtlichen Mitarbeitern, die mit Kundenbeschwerden in Kontakt kommen. Die genannten Aspekte gilt es im Rahmen der Personalselektion und bei der Auswahl von Personalentwicklungsmaßnahmen zu berücksichtigen. Weiterführende Hinweise liefert das → Interne Marketing.

U.H./Th.H.-T.

Literatur: *Hansen, U.; Jeschke, K.; Schöber, P.*: Beschwerdemanagement. Die Karriere einer kundenorientierten Unternehmensstrategie im Konsumgütersektor, in: Marketing ZFP, 17. Jg. (1995), Heft 2, S. 77-88. *Stauss, B.; Seidel, W.*: Beschwerdemanagement: Fehler vermeiden – Leistung verbessern – Kunden binden, 2. Aufl., München 1998. *Riemer, M.*: Beschwerdemanagement, Frankfurt a.M. 1986.

Beschwerdeverhalten, Theorie des

Die Erforschung des Beschwerdeverhaltens ist Teilbereich der Theorie des → Käuferverhaltens. Sie hat einen theoretischen Zusammenhang mit der → Zufriedenheitsforschung, da Beschwerden in der Regel als Artikulation von Unzufriedenheit zu interpretieren sind. In der Theorienentwicklung hat insb. *Hirschman* (1974) mit seiner Analyse von „Abwanderung und Widerspruch" bei Konsumentenunzufriedenheit das Interesse auf die Kategorie „Widerspruch" gelenkt. In den USA – zunehmend auch in der Bundesrepublik Deutschland – entstand dann seit den 70er-Jahren eine Fülle von Beiträgen zum Beschwerdeverhalten. Im Kern geht es dabei um Aufklärung darüber, wie Konsumenten mit Unzufriedenheit umgehen und welche Determinanten zu den alternativen Handlungsformen Abwanderung, Widerspruch bzw. Beschwerde oder negative → Mund-Werbung führen. In quantitativer Hinsicht interessiert die Beschwerderate als Anteil von Beschwerdeführern an einer Gruppe unzufriedener Konsumenten. Als Determinanten sind derzeitig diskutiert und empirisch getestet:

1. Kosten/Nutzen- und Risiken-Einschätzungen der Kunden bei der Beschwerdeführung,
2. produkt- bzw. dienstleistungsspezifische Determinanten,
3. personenspezifische Determinanten,
4. situative Determinanten der Anbieterseite.

Erkenntnisse zum Beschwerdeverhalten stellen für die Unternehmen eine Grundlage des → Beschwerdemanagements dar. Gleichzeitig bieten sie Ansatzpunkte für verbraucherpolitische Maßnahmen, mit denen das kritische Artikulationsverhalten auf Verbraucherseite verbessert wird. U.H.

Literatur: *Hansen, U., Schoenheit, I.*: Verbraucherzufriedenheit und Beschwerdeverhalten, Frankfurt, New York 1987. *Jacoby, J., Jaccard, J. J.*: The Sources, Meaning and Validity of Consumer Complaint Behavior: A Psychological Analysis, in: Journal of Retailing, Vol. 57 (1981), No. 3, S. 4-24.

Beschwerdezufriedenheit

Wesentliche Zielgröße des → Beschwerdemanagements. Unter Beschwerdezufriedenheit wird grundlegend die Zufriedenheit eines Beschwerdeführers mit der Art und Weise verstanden, mit der das Unternehmen auf die geäußerte Beschwerde reagiert hat. Analog zur → Kundenzufriedenheit wird Beschwerdezufriedenheit überwiegend als Differenzkonstrukt modelliert, wonach es sich bei Beschwerdezufriedenheit um das Ergebnis eines intrapersonellen Abgleichs der Kundenerwartungen im Hinblick auf die Beschwerdebearbeitung mit den diesbezüglichen Erfahrungen handelt. Einen alternativen, auf die Verteilung von Beschwerdekosten und -nutzen abstellenden Erklärungsansatz bietet die → Gerechtigkeitstheorie.

Beschwerdezufriedenheit kommt eine große Bedeutung im Rahmen langfristiger Marketingkonzepte wie dem → Beziehungsmarketing und dem → Nachkaufmarketing zu. Ausschlaggebend dafür ist, dass ein hohes Maß an Beschwerdezufriedenheit

(a) die produkt- oder dienstleistungsbezogene → Kundenzufriedenheit des Beschwerdeführers positiv beeinflusst;
(b) mit der langfristigen → Einstellung des Beschwerdeführers gegenüber dem Unternehmen positiv korreliert;
(c) einen positiven Einfluss auf die → Kundenbindung des Beschwerdeführers zum Unternehmen ausübt;
(d) den Kunden veranlasst, positive → Mund-Werbung zu verbreiten, wobei diese weitaus stärker ausfällt als im Fall „normaler" Kundenzufriedenheit (vgl. Abb.).

Unterscheidet man zwischen potenzial-, prozess- und ergebnisbezogenen Merkmalen der Beschwerdezufriedenheit, so sind vor allem die wahrgenomme Kompliziertheit des Beschwerdeweges und die wahrgenommenen Beschwerdekosten wichtige Potenzialaspekte. Die Zufriedenheit mit dem Beschwerdeprozess wird u.a. von der Dauer der Beschwerdebearbeitung, der Freundlichkeit der Reaktion, der Individualität der Behandlung sowie der Sorgfalt der Bearbeitung bestimmt. In ergebnisbezogener Hinsicht ist entscheidend, in wieweit die Antwort und ggf. die Entschädigung des Unternehmens vom Kunden als angemessen empfunden wird. Alternative Dimensionierungen des Konstruktes unterscheiden zwischen „kalter" und „warmer" Beschwerdezufriedenheit (*Stauss*) bzw. zwischen einer ergebnisbezogenen, einer prozessbezogenen und einer interaktionsbezogenen Dimension (*Tax et al.*).

Das Ausmaß der Beschwerdezufriedenheit wird darüber hinaus von einer Vielzahl weiterer Faktoren beeinflusst, die durch das Unternehmen nicht steuerbar sind, aber im Hinblick auf die Beschwerdezufriedenheit berücksichtigt werden sollten. Hier sind zum einen kundenbezogene Aspekte wie die allgemeinen Beschwerdeeinstellungen und -erfahrungen des Kunden zu nennen. Zum anderen variiert die Beschwerdezufriedenheit auch mit der Art und dem Ausmaß des der Beschwerde zu Grunde liegenden Kundenproblems; so sind Probleme, die eine nachträgliche Korrektur zulassen (z.B. monetärer Schaden), i.d.R. einfacher zu beheben als solche Problemfälle, in denen eine derartige Korrektur nicht möglich ist (z.B. Verpassen eines wichtigen Termins). Allerdings zeigen empirische Untersuchungen, dass die Zusammenhänge hier äußerst komplexer Natur sind. Th.H.-T.

Literatur: *Hennig-Thurau, Th.*: Beschwerdezufriedenheit: Empirische Analyse der Wirkungen und Determinanten einer Schlüsselgröße des Beziehungsmarketing, in: Jahrbuch der Absatz- und Verbrauchsforschung, 45. Jg., Heft 2, S. 214-240. *Stauss, B.; Seidel, W.*: Beschwerdemanagement: Fehler vermeiden – Leistung verbessern – Kunden binden, München 1996. *Tax, S.S.; Brown, S.W.; Chandrashekaran, M.*: Customer Evaluations of Service Complaint Experiences: Implications for Relationship Marketing, in: Journal of Marketing, Vol. 62 (1998), April, S. 60–76.

Besitzstandseffekt

Menschen verlangen für den Verkauf eines Objekts etwa doppelt so hohe Preise, als sie für den Erwerb des betreffenden Objekts zu zahlen bereit sind. Dieser sog. Besitzstandseffekt wurde in zahlreichen Experimenten nachgewiesen (vgl. *Kahneman/Knetsch/*

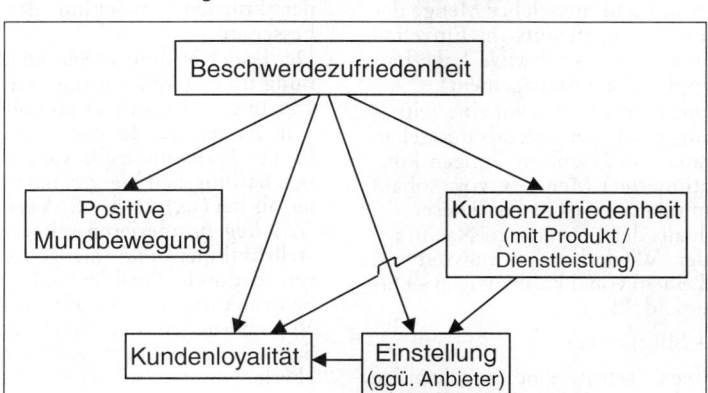

Folgen hoher Beschwerdezufriedenheit

Bestager

Thaler 1991) und findet im unterschiedlichen Verlauf der Wertfunktion der → Prospecttheorie über und unter dem Referenzpunkt Ausdruck. Die Erklärungsversuche für den Besitzstandseffekt reichen von Auswirkungen unterschiedlicher Antwortmodi in der Kauf- und Verkaufssituation über das sofortige Einrechnen des Objektes in den Besitzstand der Person (Referenzpunktverschiebung) bis zu evolutionstheoretischen Erklärungen. Ch.Sch.

Literatur: *Kahneman, D.; Knetsch, J. L.; Thaler, R. H.*: Anomalies; the Endowment Effect, Loss Aversion, and Status Quo Bias, in: Journal of Economic Perspectives, Vol. 5 (1991), S. 193–206.

Bestager → Seniorenmarkt

Bestandswerbung

Werbemaßnahmen, die sich im Gegensatz zur Neukundenwerbung auf bereits vorhandene Kunden eines Unternehmens beziehen und insb. auf → Kundenbindung zielen. Gegenstand solcher Werbeaktivitäten sind insb. das → Upgrading, → Cross Selling, → Anschlusswerbung sowie die Gewinnung zusätzlicher neuer potentieller Kundenadressen im Wege von → Kundenempfehlungen („Freundschaftswerbung"). Die Bestandswerbung erlangt insb. im → Database- und im → Online-Marketing ihre Bedeutung, wo die Kaufhistorie von Kunden genau dokumentiert und damit Ansatzpunkte für die gezielte Ansprache bestimmter Kunden, die aus dem Kundenbestand selektiert werden können, geschaffen werden. H.D.

Bestelldoktrinen (Dispositionsregeln, Bestellpolitiken)

legen fest, wann und in welcher Menge der Vorrat eines Wirtschaftsguts im Einzelfall zu ergänzen ist (s.a. → Selektive Lagerhaltung, → Supply Chain Management):

(s,x)-Doktrinen stützen sich auf eine zeitnahe Verfolgung des Lagerbestands und sehen die Auslösung von Nachbestellungen konstanter (optimierter) Menge x vor, sobald ein Bestellpunkt s erreicht ist. Dieser errechnet sich aus der „erwarteten Nachfrage während der Wiederbeschaffungszeit z", EN(z), und einem von ihr abhängigen → Sicherheitsbestand SB(z):

$s = EN(z) + SB(z) = s(z)$

(t,S)-Doktrinen sehen eine regelmäßige Feststellung des Lagerbestands nach jeweils t Perioden *(„Bestellzyklus")* vor und die Auffüllung dieses Bestands auf ein Sollniveau S. Dabei kann t wie oben x optimiert werden; bei einer erwarteten Nachfrage von d [ME/ZE] beträgt die erwartete Bestellmenge E(x)=t·d [ME]. Da die nächste Bestellung (und mit ihr die Möglichkeit einer Korrektur etwaiger Dispositionsfehler) erst t Perioden später folgt und diese erst nach weiteren z Perioden bestandswirksam wird, muss in S neben der erwarteten Nachfrage für den Zeitraum (t+z), EN(t+z), auch ein entsprechender Sicherheitsbestand, SB(t+z), berücksichtigt werden:

$S = EN(t+z) + SB(t+z) = S(t+z)$

(s,S)-Doktrinen kontrollieren den Lagerbestand in kurzen Zeitabständen oder permanent (Kontrollintervall → → 0). Ist dieser auf oder unter den Bestellpunkt s gefallen, so wird die Differenz zum Sollbestand S nachdisponiert. Hier gilt

$s = EN(z+\tau) + SB(z+\tau) = s(z+\tau)$
$S = EN(t) + s(z+\tau) = S(t+\tau)$

wobei EN(t) die erwartete Nachfrage während eines Bestellzyklus der erwarteten Länge t bezeichnet, also EN(t) = t·d = x.

Ein erster Vergleich dieser Doktrinen zeigt:

– *(s,x)-Regeln* erfordern *ceteris paribus* den geringsten Sicherheitsbestand, neigen allerdings zu Über- bzw. Unterreichweiten, wenn x nicht fortlaufend der aktuellen Nachfrageentwicklung angepasst wird; insbes. bei langen Bestellzyklen t=x/d kommt die Rückkopplung nachlassender Nachfrage auf die Bestellmenge u.U. sehr spät (Übervorratung).
– *(t,S)-Regeln* erfordern wegen ihres starren Bestellrhythmus den *c.p.* höchsten Sicherheitsbestand, passen sich aber mit verbrauchsorientierten Nachbestellungen der aktuellen Entwicklung der Nachfrage besser an.
– Der feste Rhythmus t vereinfacht die Planung und Durchführung von Vorratsergänzungen (Koordination von Bestellungen, Anlieferungen usw.). Da dies auch für den Lieferanten gilt, sollte die Wiederbeschaffungszeit hier *c.p.* niedriger ausfallen als bei (s,x)- und (s,S)-Verfahren.
– *(s,S)-Regeln* operieren mit variablen Bestellrhythmen *und* -mengen und reagieren dadurch flexibler auf momentane Schwankungen wie auf systematische Veränderungen der Nachfrage (Trend, Saison). Sie nehmen, auch bzgl. des Sicherheitsbestands, eine Mittelstellung zwischen (s,x) und (t,S) ein.

Dabei darf nicht verkannt werden, dass diese Flexibilität sich für das Umfeld, namentlich für den versorgenden Stützpunkt der Supply Chain („Lieferant"), als friktionsträchtige Varianz darstellt. Im engen Sinne der → Vorratskosten sind (s,S)-Verfahren zwar „optimal". Für die Gesamtkosten des logistischen Prozesses muss dies jedoch nicht unbedingt auch zutreffen.

Das (s,S)-Verfahren kann durch Angleichung des Kontrollintervalls → theoretisch sowohl (s,x)- wie auch (t,S)-Doktrinen nachbilden – erstere mit $\tau=0$ und $x=S$-s, Letztere mit $\tau=t$ und $s=S-1$. In der Praxis stellt jedoch das Kontrollintervall meist einen nicht frei veränderbaren Parameter dar, sodass zwischen den Verfahren nur bedingt gewählt und gewechselt werden kann.

Neben dem Sicherheitsbestand sehen Dispositionsregeln einen Zyklusvorrat x vor (s.o.), der entweder als konstante Größe – für (s,x) – oder als Erwartungswert optimiert werden kann: Fasst man die mit der einzelnen Vorratsergänzung verknüpften, von der Bestellmenge unabhängigen „Aktivitätskosten" zu Cl [DM/Order] zusammen und die zum Bestellwert (px) proportionalen „Niveaukosten" zu einem auf die durchschnittliche → Kapitalbindung $1/2 \cdot (p \cdot x)$ anzuwendenden Kostensatz C2 [DM/(DMxZE)], so erhält man als direkte Stückkosten der Bestellmenge x

$K(x) = p + Cl/x + 1/2 \cdot C2 \cdot p \cdot x/d$ (1)

oder als direkte Kosten pro Zeiteinheit des Bestellzyklus t

$C(t) = d \cdot p + Cl/t + 1/2 \cdot C2 \cdot p \cdot d \cdot t$ (2)

Minimierung von (1) bzw. (2) führt zu äquivalenten Ergebnissen

$x^* = \sqrt{[(2 \cdot d \cdot Cl)/(p \cdot C2)]}$ (3)

bzw.

$x^* = \sqrt{[(2 \cdot Cl)/(p \cdot d \cdot C2)]}$ (4)

Die als „Andler-Formel" bekannte Lösung (3) und ihr Pendant (4) berücksichtigen noch nicht die Auswirkungen, die x bzw. t auf die Lieferbereitschaft und den zur Realisierung eines geforderten → Servicegrads notwendigen Sicherheitsbestand haben. Bei unsicherer Nachfrage wird ein Optimum erst erreicht, wenn die gesamten Kosten für Lagerung und Erneuerung des Zyklusvorrats, Lagerung des Sicherheitsbestands und Beeinträchtigungen der Lieferbereitschaft ein Minimum annehmen. K.Z.

Literatur: *Naddor, E.:* Lagerhaltungssysteme, Frankfurt/M. usw. 1971. *Silver, E.A.; Pyke, D.F.; Peterson, R.:* Inventory Management and Production Planning and Scheduling, 3rd ed., New York 1998. *Tempelmeier, H.:* Material-Logistik, 3. Aufl., Berlin usw. 1995. *Zoller, K.:* Koordination und Wirtschaftlichkeit in Mehrprodukt-Lagern in: *Opitz, O.; Rauhut, B.* (Hrsg.): Ökonomie und Mathematik, Festschrift für Rudolf Henn, Heidelberg 1987, S. 504-512.

Bestellerkredit

Der Bestellerkredit ist ein im internationalen → Anlagengeschäft übliches Darlehen, das eine Bank im Exporteur-Land unmittelbar einem ausländischen Importeur/Besteller, dessen Bank oder der Regierung des Kundenlandes gewährt und zur Zahlung des Kaufpreises verwendet (→ Außenhandelsfinanzierung). Die Vermittlung findet ggf. über den Exporteur statt. Infolge seiner Zweckbindung wird der Bestellerkredit auch als gebundener Finanzkredit bezeichnet und die Auszahlung erfolgt zumeist direkt an den Lieferanten. Da die Auszahlung eines Bestellerkredites häufig pro rata Lieferung und Leistungsfortschritt erfolgt, erreicht der Exporteur bei dieser Finanzierungsform leistungsnähere Zahlungskonditionen und seine Finanzierungslücke vermindert sich. Durch seine ausschließliche Vermittlungsfunktion vermeidet der Exporteur im Gegensatz zum → Lieferantenkredit eine Bilanz- und Kreditlinienbelastung. Als Bedingung für die Gewährung eines gebundenen Finanzkredites verlangt die Bank vom Exporteur regelmäßig die Stellung einer sog. *Exporteurgarantie*, die dem Zweck dient, die Ansprüche der Bank aus dem Darlehensvertrag mit dem Besteller insoweit abzusichern, als sie nicht durch den Exportkreditversicherer gedeckt sind. Zu den vom Lieferanten zu übernehmenden Verpflichtungen zählt auch die Übernahme eines Zinszuschusses für den Fall, dass der dem Besteller konzedierte Angebotszins niedriger ist als derjenige Zins, den das Kreditinstitut fordert. K.B.

Literatur: *Backhaus, K.:* Industriegütermarketing, 6. Aufl., München 1999. *Voigt, H.; Müller, D.:* Handbuch der Exportfinanzierung, 4. Aufl., Frankfurt a.M. 1996.

Bestellmenge → Bestelldoktrinen

Bestellpolitik → Bestelldoktrinen

Bestellquote → Response

Bestellrhythmus → Bestelldoktrinen

Bestellschein
→ Responsemittel im Rahmen der → Direktwerbung. Einsatz v.a. im Zusammenhang mit einer Katalogaussendung (→ adressierte Werbesendung) bzw. wenn eine einfachere → Antwortkarte nicht mehr ausreicht (→ Container-Anzeige). Wichtige inhaltliche Anforderungen sind eine Ausfüll-Anleitung mit Beispiel, → Personalisierung, → Codierung sowie die juristisch erforderlichen Angaben (Unterschrift; Widerrufsrecht etc.) sowie ein Rückumschlag.
N.G.

Bestellservice → Zustellservice

Bestellsortiment
Das Bestellsortiment umfasst im Gegensatz zum Lagersortiment Artikel, die anhand von Katalogen oder Prospekten angeboten und dann, wenn der Kunde sie kaufen möchte, beim Hersteller oder Großhandel bestellt werden. Bestellsortimente sind im Möbelhandel oder bei Apotheken oft anzutreffen.

Bestimmtheitsmaß → Regressionsanalyse

Bestsellerlisten → Entertainment und Marketing

Besuchsberichte → Außendienstberichtssysteme

Besuchsplanung
Im Rahmen der → Außendiensteinsatzplanung wird durch die Besuchsplanung festgelegt, welcher Kunde wie häufig besucht werden soll. Alternativ wird auch ein Zeitbudget pro Kunde bestimmt, das der Verkaufsaußendienstmitarbeiter (VADM) auf die einzelnen Besuche nach eigenem Ermessensspielraum aufteilen kann. Das Besuchsplanungsproblem stellt sich, weil der VADM nur über eine begrenzte Zeitkapazität für Besuchstätigkeit verfügt und die Verkaufsgebiete (→ Verkaufsgebietseinteilung) i.a. so groß geschnitten sind, dass der Verkäufer seine Kunden nicht alle mit der wirkungsvollsten Häufigkeit besuchen kann. Berücksichtigt man die Tatsache, dass die Kunden mit ihrem Umsatz unterschiedlich auf die Besuchstätigkeit reagieren, so ergibt sich das Problem, die knappe Ressource der Arbeitszeit der VADM umsatzmaximal auf die Kunden individuell aufzuteilen.

In der Praxis wird dieses Problem häufig intuitiv durch Festlegen von *Besuchsnormen*, d.h. bestimmter Besuchshäufigkeiten, für verschiedene Kundengruppen gelöst. Typische Kundengruppen sind dabei Größenklassen und Alt- bzw. Neukunden. Im Allgemeinen zeigen aber die Kunden solcher Gruppen keine gleichartige (homogene) Reaktion auf Besuche. Außerdem kann für eine bestimmte Besuchsnorm erst dann das Einhalten der Zeitkapazität geprüft werden, wenn nach einer groben Tourenplanung die Reisezeit ermittelt worden ist. Bereits vor dreißig Jahren wurde deshalb das Entscheidungs-Unterstützungs-System CALL-PLAN entwickelt, mit dem auf der Basis kundenindividueller Reaktionsfunktionen des Umsatzes in Abhängigkeit von der Anzahl der Besuche eine umsatzmaximale Besuchszeiten-Allokation vorgeschlagen werden kann. Die Parameter der einzelnen s-förmigen oder konkaven Reaktionsfunktionen werden subjektiv von den VADM oder der Verkaufsleitung geschätzt. Bei der Restriktion der Zeitkapazität wird in approximierter Form die Reisezeit berücksichtigt. Dazu wird angenommen, dass die Kunden eines Subbezirkes zusammen auf einer Reise besucht werden können, sodass insgesamt gerade so viele Reisen zu diesem Subbezirk anfallen, wie ein Kunde dort maximal besucht werden soll. Aufgrund des möglichen s-förmigen Funktionsverlaufes arbeitet CALLPLAN mit einer leistungsfähigen Heuristik zur Lösungsfindung. Im Falle konkaver Funktionsverläufe, d.h. strikt abnehmender Grenzumsätze, lassen sich einfache Inkremental-Techniken anwenden.

In den letzten Jahren sind viele verschiedene Varianten von Entscheidungsmodellen zur Besuchsplanung vorgeschlagen bzw. implementiert worden. Diese gewährleisten z.B. die Einhaltung weiterer Restriktionen, die Berücksichtigung langfristiger Allokationsaspekte, die Optimierung unter Unsicherheit bei bestimmter Risikoneigung und die Einbeziehung von Kontrollmechanismen zur korrekten Schätzung der Reaktionsfunktionen durch die VADM. Eine Übersicht über diese Modellvarianten geben *Zoltners/Sinha* (1980) und *Albers* (2000).
S.A.

Literatur: *Albers, S.:* Entscheidungshilfen für den Persönlichen Verkauf, Berlin 1989, S. 88 – 241. *Albers, S.:* Besuchsplanung, in: *Albers, S.; Hassmann, V.; Somm, F.;. Tomczak, T.* (Hrsg.):

Verkauf: Kundenmanagement, Vertriebssteuerung, E-Commerce, Loseblattwerk und Online-Dienst www.verkauf-aktuell.de, Gabler Wirtschaftspraxis, Wiesbaden 2000, Kapitel 04.02., 1–23. *Lodish, L.M.:* CALLPLAN, An Interactive Salesman's Call Planning System, in: Management Science, Vol. 18 (1971), S. 25-40. *Zoltners, A.A.; Sinha, P.:* Integer Programming Models for Sales Resource Allocation, in: Management Science, Vol. 26 (1980), S. 242–260.

Beta-Koeffizienten

standardisierte Regressionskoeffizienten („Pfadkoeffizienten") in der → Regressionsanalyse, welche die Unterschiede in der Metrik der unabhängigen Variablen eliminieren und die Einflussstärke in Anteilen der Standardabweichung ausdrücken. Sie berechnen sich aus dem Produkt aus dem unstandardisierten Regressionskoeffizienten und dem Quotienten aus den Standardabweichungen der jeweiligen Einflussgröße und der abhängigen Variablen.

Beteiligungen

Beteiligungen sind gesellschaftsrechtliche Anteile an einer Unternehmung, die durch Geldeinlagen, Sacheinlagen, erbrachte Dienstleistungen oder Übertragung von Rechten (z.B. Patente, Wertpapiere) erworben werden.
Für kleinere und mittlere, nicht emissionsfähige Unternehmen bietet die Innovationsfinanzierung (Venture-Capital-Finanzierung) eine Möglichkeit zur Erhöhung des Eigenkapitals, die keine Verpflichtung zu Zinszahlungen bewirkt und die Aufnahme von Fremdmitteln (Kreditfinanzierung) erleichtert. Die i.S. der → Absatzfinanzierung angestrebte Absatzförderung liegt hier in der allgemeinen Stärkung des Abnehmers.
Es lassen sich direkte Beteiligungen (z.B. Aufnahme zusätzlicher Gesellschafter) von indirekten Beteiligungen (Beteiligungsfonds oder Beteiligungsgesellschaften) unterscheiden. Im Rahmen der Absatzfinanzierung werden Investitionsobjekte als Sacheinlagen speziell von Herstellern über direkte Beteiligungen angeboten. Im Anlagenbau (Großprojekte) bildet die Übernahme von Gesellschaftsanteilen durch die Anlagenhersteller eine verbreitete Form der Beteiligungsfinanzierung.
Venture-Capital-Finanzierung im eigentlichen Sinne beinhaltet dagegen eine indirekte Beteiligungsfinanzierung durch spezielle Corporate Ventures, die entweder von Banken oder Industrieunternehmen gebildet

werden. Finanzierungsziele sind hohe Liquidationswerte der Vermögensteile (Sacheinlagen, Gesellschaftsanteile, gesamte Unternehmung) und häufig auch Steuervorteile durch Verlustzuweisungen. P.B.

Beteiligungsuntersuchung
→ Mehrthemenumfrage

Betrachtungsdauer

Kriterium der → Werbewirkungskontrolle, mit dem der Aufforderungscharakter bzw. die Aufmerksamkeitswirkung eines Werbemittels überprüft werden soll. Die Messung erfolgt i.d.R. mit apparativen Verfahren oder durch → Beobachtung.

Betreibermodell

ist die häufigste Form der → Projektfinanzierung im → Anlagengeschäft. In einem Betreibermodell wird der Anlagenlieferant über das reine Liefergeschäft hinaus für den Betrieb der Anlagen verpflichtet. Er bleibt i.d.R. während der gesamten Projektlaufzeit mit dem ordnungsgemäßen und wirtschaftlichen Betrieb der Anlagen betraut. Außerdem beteiligt sich der Anlagenlieferant am Eigenkapital der Projektgesellschaft, sodass er eine Sponsorfunktion übernimmt. Der Besteller der Anlagen kann auf diese Weise den eigenen Kapitalbedarf verringern und erhält die Gewissheit, Anlagen zu erwerben, von denen auch der Lieferant glaubt, dass sie wirtschaftlich betrieben werden können. Im internationalen Sprachgebrauch werden Betreibermodelle, bei denen die Projektgesellschaft vom Staat eine u.U. zeitlich befristete Konzession zur Durchführung des Projektes erhält als *BOT-Modell* (Build-Operate-Transfer) bezeichnet. Eine Projektgesellschaft baut eine Anlage (Build), betreibt diese (Operate) und überträgt sie am Ende der Konzessionszeit an den Staat (Transfer). Das BOT-Modell wurde ursprünglich im Energiesektor für Kraftwerke eingesetzt. Im Laufe der letzten Jahre haben sowohl die Zahl als auch die Anwendungsmöglichkeiten der BOT-Projekte rapide zugenommen. Dabei hat sich eine Vielzahl von Variationen des Grundmodells entwickelt. Z.T. ist sogar gar keine Übertragung der Projektanlagen auf den Staat mehr vorgesehen. Beim Build-Own-Operate-Modell (BOO) wird die Betriebsphase für die Projektgesellschaft auf die wirtschaftliche Lebensdauer der Anlagen ausgedehnt. Eine solche Konstruktion kann notwendig sein, wenn der Betrieb der

Anlagen das Know-how des Anlagenbauers erfordert und sich dieses nicht auf einen anderen Betreiber übertragen lässt. K.B.

Literatur: *Backhaus, K.; Behrens, H.; Köhl, T.*: Varianten der Projektfinanzierung, Arbeitspapier des Instituts für Anlagen und Systemtechnologien Nr. 22, Münster 1997. *Hupe, M.*: Steuerung und Kontrolle internationaler Projektfinanzierungen, Europäische Hochschulschriften, Reihe 5, Band 1769, Frankfurt a.M. 1995.

Betriebsform des Einzelhandels

umfassendster, wenn auch unbestimmtester Entscheidungstatbestand im Rahmen des (Einzel-) → Handelsmarketing: So soll mit der Wahl der Betriebsform die für den jeweiligen Einzelhandelsbetrieb charakteristische Kombination bestimmter Strukturmerkmale und Geschäftsprinzipien zum Ausdruck gebracht werden. Die Betriebsform determiniert mithin eine Variante einzelhändlerischer Tätigkeit und dient dabei sowohl der betriebsindividuellen Profilierung als auch der strategischen Besetzung von Marktfeldern durch die Einzelhandelsunternehmung (→ Profilierungsstrategie im Handel).

Nun gibt es allerdings kaum einen Leistungsbereich im Einzelhandel, der nicht mit Rücksicht auf seinen distributionswirtschaftlichen Funktionsbeitrag in unmittelbarem Zusammenhang mit den jeweiligen Markterfordernissen zu gestalten wäre. Für die erwähnten Strukturmerkmale und Geschäftsprinzipien, die alternativ kombiniert die Betriebsform konstituieren, gilt das gleichermaßen. Die Betriebsform ergibt sich sozusagen über den ‚Umweg' von Ziel- und Mittelentscheidungen im Struktur- und Ablaufbereich eines Einzelhandelsbetriebs; sie kann insofern auch mit der Kurzformel „Institutionalisierung der einzelhandelsbetrieblichen Marketingkonzeption" umschrieben werden.

Als erste Konsequenz ergibt sich hieraus, dass die „Betriebsform" zwar eine das Betriebsgeschehen insgesamt erfassende Kategorie darstellt, die aber betriebsindividuell höchst unterschiedlich zu konkretisieren ist und daher mit betriebsübergreifender Gültigkeit nur bedingt normierungsfähig erscheint. Wenn in Handelswissenschaft und Handelspraxis trotzdem von alternativen und voneinander abgrenzbaren Betriebsformen die Rede ist, dann um den Preis eines relativ hohen Abstraktionsniveaus und der damit verbundenen begrifflichen Unschärfe.

Eine sachlogisch-konsistente und empirisch-gehaltvolle Bestimmung von Betriebsformen hätte insofern die Abklärung folgender Fragen zur Voraussetzung:

– Welchem *Erkenntnisinteresse* hätte die Systematisierung alternativer Betriebsformen zu dienen? (Profilierungsmöglichkeiten im Rahmen des Betriebsformenwettbewerbs? Identifizierung der strategischen Erfolgspotentiale der Betriebsformen zur Sicherung des Unternehmensbestandes? Integrationsfähigkeit der Betriebsform in stufenübergreifenden, namentlich herstellerseitig initiierten Vertriebskonzepten? Transparenz des Wirtschaftszweigs „Einzelhandel" hinsichtlich seiner betrieblichen Erscheinungsfomen unter volkswirtschaftspolitischem / binnenhandelspolitischem Kalkül?).

– Welche *sachinhaltlichen Ausdeutungsmöglichkeiten* wären damit im Einzelfall verbunden? (Spektrum der Strukturmerkmale und Geschäftsprinzipien nach Art und Ausprägungsgrad? Unternehmenspolitisch angezeigte Gestaltungsspielräume und Kombinationsmöglickeiten?)

– Welche *Methodik* würde sich zur Systematisierung anbieten? (Merkmalsisolierende Gliederung von Betriebsformen in einander ausschließende „Klassen"? Merkmalskombinierende Zuordnung von Betriebsformen zu qualifizierten „Typen"? Gedanklich entwickelte „Idealtypen"? Empirisch nachweisbare „Realtypen"?).

Vergewissert man sich daraufhin der von der Handelswissenschaft diskutierten bzw. von der Handelspraxis entwickelten Betriebsformen, so lassen sich insbesondere drei Systematisierungsvorschläge unterscheiden:

(1) Systematisierung der Betriebsformen durch Benennung von Kriterien aus dem *Strukturbereich* und der *Absatzpolitik* der Einzelhandelsbetriebe mit jeweils abgestufter Ausprägungsform, ob nun im eher konstitutiven oder eher abdingbaren Sinn (z.B. → Warenhaus vs. → Kaufhaus vs. → Fachmarkt vs. → Fachgeschäft), oder was die explizit marktpartnerbezogenen Transaktionsbeziehungen betrifft (z.B. → Ambulanter Handel vs. → Stationärer Einzelhandel vs. → Versandhandel vs. Online-Handel).

(2) Systematisierung der („wichtigsten") Betriebsformen unter dem Aspekt der gege-

Tab. 1: Betriebsformen[1] des Einzelhandels in Deutschland[2] (Martanteile in %)

Betriebsform	1986	1992	1995	2000[3]
Nicht organisierter Einzelhandel	16,0	13,8	12,0	11,5
Genossenschaftliche Einkaufsverbände bzw. Verbundgruppen[4]	30,4	30,1	29,6	29,3
Privatwirtschaftliche Kooperationen bzw. Verbundgruppen (Freiwillige Ketten u.a.)	14,4	14,7	14,8	15,0
Groß- bzw. Massenfilialunternehmen	20,2	21,9	23,5	24,0
Warenhausunternehmen[5]	6,0	6,0	6,3	6,4
Versandhandelsuntenehmen	5,4	5,4	5,2	5,4
SB-Warenhaus- / Verbrauchermarktunternehmen[6]	7,3	8,1	8,6	8,4

[1] Gliederung nach dem Schwerpunktprinzip der Tätigkeit;   [2] In Westdeutschland;   [3] Schätzung;
[4] Einschließlich der gruppeneigenen Regiebetriebe;   [5] Einschließlich Kauf-hausunternehmen;
[6] Unternehmen, die überwiegend SB-Warenhäuser bzw. Verbrauchermärkte betreiben

(Quelle: *Ifo-Institut für Wirtschaftsforschung*, München)

benen Wettbewerbsverhältnisse, wobei entweder der gesamte Einzelhandel interessiert (so z.B. das Ifo-Institut für Wirtschaftsforschung, München, das in diesem Zusammenhang allerdings abweichend vom allgemeinen Sprachgebrauch zwischen „Betriebsform" - als Ausdruck der Einbindung in übergeordnete → Verbundgruppen oder Filialsysteme - und → „Angebotstypen" - als Ausdruck der jeweils schwerpunktmäßig eingesetzten Wettbewerbsparameter - differenziert; vgl. *Tab. 1*); mitunter wird auch nur eine Branche, wie insbesondere der Lebensmitteleinzelhandel explizit erfasst (so z.B. die ACNielsen GmbH, Frankfurt am Main, im Rahmen des → AC NIELSEN-Lebensmitteleinzelhandels-Index (vgl. *Tab. 2*) oder des EHI-Euro-Handelsinstituts GmbH, Köln, im Rahmen seiner Strukturuntersuchungen der → SB-Läden).

(3) Systematisierung der Betriebsformen nach institutionsprägenden und möglichst überschneidungsfreien Merkmalen: So insbesondere im Rahmen der Handels- und Gaststättenzählung 1993 (Totalerhebung) zunächst nach den Betriebsformen Ambulanter Handel, Versandhandel und → Stationärer Einzelhandel sowie darüber hinaus hinsichtlich der „Ladengeschäfte" des sta-

Tab. 2: Einzelhandelstypen des Lebensmitteleinzelhandels in Deutschland

Einzelhandelstypen	Anzahl			Umsatz (in Mio. DM)		
	1.1.1999		Veränderung 1998:1997 in %	1998		Veränderung 1998:1997 in %
	abs.	%		abs.	%	
Verbrauchermärkte insgesamt	6.990	10,2	+3,6	93.100	48,7	+1,1
SB-Warenhäuser (> 5.000 m²)	664	1,0	+4,6	30.100	15,7	+2,0
Große Verbrauchermärkte (1.500 – 4.999 m²)	1.892	2,8	+4,3	30.500	16,0	+1,7
				32.500	17,0	
Kleine Verbrauchermärkte (800 – 1.499 m²)	4.434	6,5	+3,2	37.700	19,7	-0,3
Discountmärkte	10.087	14,7	+2,8	25.500	13,3	+2,4
Supermärkte (400 – 799 m²)	4.700	6,9	-1,1	34.900	18,3	-1,5
Restliche Geschäfte (< 400 m²)	46.623	68,2	-5,0	13.490	7,1	-4,9
große (200 – 399 m²)	5.110	7,5	-7,6	10.950	5,7	-4,7
mittlere (100 – 199 m²)	10.350	15,1	-5,3	10.460	5,5	-4,9
kleine (< 100 m²)	31.163	45,6	-4,5			-5,2
Insgesamt	68.400	100,0	-2,8	191.200	100,0	-0,2
Aldi	3.256	4,5	+8,5	31.900	14,3	+2,2
TOTAL	71.656	100,0	-2,4	223.100	100,0	+0,2

(Quelle: *A.C. Nielsen GmbH*, Frankfurt am Main (Lebensmitteleinzelhandels-Index))

tionären Einzelhandels nach den Erhebungsmerkmalen Warensortiment/Branche (Systematik der Wirtschaftszweige, Schwerpunktprinzip), Bedienungsform (überwiegend → Selbstbedienung oder überwiegend herkömmliche Bedienung) und Verkaufsflächengrößenklasse (mit betriebsformenspezifischen Schwellenwerten von 100, 400, 1000 und 3000 qm). Zu den entsprechenden Erhebungsergebnissen vgl. → Stationärer Einzelhandel (*Tab.*) und → SB-Laden (*Tab.*).
Sieht man einmal von gewissen begrifflich-systematischen Mängeln ab, die der einen oder anderen Typologie anhaften (Abstraktionsgrad, Überschneidungsmöglichkeit, häufig fehlende Kriterientreue, Benennung eines oder mehrerer Teilaspekte mit dem Risiko subjektiver Willkür), so sind es v. a. zwei Aspekte, die den Erkenntniswert der traditionellen Betriebsformentypologien relativieren:
(1) Zum einen handelt es sich bei der Formulierung von Struktur- und Handlungsalternativen in aller Regel um den begrifflichen *Nachvollzug* dessen, was die Handelspraxis *bereits verwirklicht* hat. Jede der genannten Betriebsformen trägt als Reflex auf jeweils aktuelle Markterfordernisse bereits zum Zeitpunkt ihrer erstmaligen Erfassung sozusagen den ‚Keim des Historischen' in sich. Für die prinzipiell perspektivisch orientierten, d.h. auf die Wahrung künftiger Marktchancen gerichteten Entscheidungen des Handelsmanagements wird die so verstandene „Betriebsform" allenfalls zu einer expost zu überprüfenden Entscheidungskategorie und stellt dann keine eigentliche Entscheidungsalternative mehr dar (vgl. → Betriebsformendynamik im Einzelhandel).
(2) Ein anderer Aspekt bezieht sich darauf, dass mit einer der Empirie nachempfundenen Betriebsform allenfalls ein statistisch nivellierter *Durchschnittstyp* beschrieben werden kann; er abstrahiert insofern weitgehend von dem am Marktgeschehen sich orientierenden absatzpolitischen Handlungsspielraum des Handelsmanagements. Das aber kontrastiert in bemerkenswerter Weise mit der Forderung, der zunehmenden ‚Verengung' betrieblicher Märkte bzw. der immer ‚schwieriger' werdenden ‚Verwertung' betrieblicher Leistungsprogramme durch differenzierte Marketingkalküle zu begegnen. Die begrifflich fixierte Betriebsform läuft mithin Gefahr, zur inhaltslosen ‚Worthülse' zu werden; sie bedarf daher in jedem konkreten Einzelfall der ‚Auffüllung' durch die betriebsindividuell festgelegte Konzeption. Das wiederum bedingt jedoch eine Alternativvielfalt, die im Sinne der Entscheidungslogik gar nicht zu überschauen, geschweige denn zu formulieren ist. H.-J.Ge.

Betriebsformendynamik im Einzelhandel

Ausdruck für den fast sprichwörtlich gewordenen „Wandel im Handel", so weit er sich auf den Prozess der Veränderung im Leistungsprofil etablierter → Betriebsformen des Einzelhandels und der durch sie repräsentierten Betriebsformenstrukturen im Einzelhandel bezieht. Der in der Bundesrepublik Deutschland zu beobachtende und seit Einführung der → Selbstbedienung Ende der 50er-Jahre beschleunigt verlaufende Wandel im betrieblichen Erscheinungsbild des Einzelhandels wurde maßgeblich von bereits erfolgreich umgesetzten Betriebsformenkonzepten des US-Einzelhandels geprägt – bei allen Modifikationen, wie sie der vergleichsweise anders geartete gesellschaftliche, sozialökonomische bzw. marktbezogene Hintergrund nahe gelegt hat:

– so z.B. was die *Entwicklung neuer Betriebsformen* betrifft (z.B. → Supermarkt, → Verbrauchermarkt, → Diskontgeschäft, → Fachmarkt, → Fabrikladen, → Tankstellenshop), um im Wettbewerb mit traditionellen Betriebsformen (z.B. → Fachgeschäft, → Warenhaus) sowie untereinander das einzelhandelsrelevante Marktpotential möglichst umfassend zu erschließen und auszuschöpfen;

– so aber auch, was das im Zeitablauf unterschiedlich gehandhabte *Wettbewerbsinstrumentarium der Betriebsformen* angeht, um den wechselnden Markterfordernissen und Marktchancen jeweils angemessen entsprechen zu können (vgl. z.B. die Sortiments-, Flächen- und Standortdynamik der o.g. Betriebsformen).

Bei der Suche nach allgemein gültigen, in Sonderheit betriebsformenübergreifend bedeutsamen Erklärungen für die Dynamik im Einzelhandel sind zahlreiche *Theorien* entwickelt worden. Man kann sie hinsichtlich der erklärenden Variablen und deren Verknüpfung unterteilen in jene mit eher deterministischem Aussagengehalt und jene, die dies unter Hinweis auf den damit verbundenen Reduktionismus im Realitätsbezug bewusst zu vermeiden trachten und

stattdessen zu interdisziplinär abgesicherten Tendenzaussagen gelangen.
(1) Stellvertretend für den ersten Ansatz sei die Theorie des *„Wheel of Retailing"* (*McNair*, 1931) genannt, die – ähnlich wie bei den Annahmen über den Lebenszyklus von Produkten – für das ‚Leben' einer Betriebsform (→ Lebenszykluskonzept im Einzelhandel) einen quasi-gesetzmäßigen Phasenverlauf unterstellt: Danach folgt dem zumeist preisinduzierten Markteintritt der Betriebsform (Entstehung) ein nach Umsatz und Marktanteil sich deutlich manifestierender und rasch ausgebauter Wettbewerbsvorsprung (Aufschwung), der aber durch die verstärkte Nutzung zusätzlicher Wettbewerbsinstrumente und den damit verbundenen Übergang vom Preis- zum Nichtpreiswettbewerb (→ *Trading up*) allmählich zu schwinden droht (Annäherung), bis die letztlich eingetretene Profilnivellierung im Mitbewerbervergleich eine Erfolg versprechende Ausgangssituation für die Etablierung neuer preisaktiver Einzelhandelsbetriebsformen schafft (Integration bzw. Rückzug).
Sieht man einmal von den prinzipiellen Schwierigkeiten ab, derartige Entwicklungsphasen hinlänglich abgrenzen zu können, was u.a. *Nieschlag* (1954) dazu veranlasste, das 4-Phasen-Schema zu einem 2-Stufen-Konzept zusammenzufassen (Entstehung / Aufschwung und Reife / Assimilation), so ist es insbesondere die nur eingeschränkte empirische Evidenz, die den Erkenntniswert des „Wheel of Retailing" begrenzt, ob dabei nun an die Fixierung auf das Preis/Leistungsverhältnis als einstiegsrelevante Marktlücke neuer Betriebsformen gedacht wird, aber auch die als quasi schicksalshaft unterstellte Unabänderlichkeit völliger Angleichung innovativer Betriebsformen an die bereits etablierten Institutionen des Einzelhandels betrifft.
(2) Den zweiten Ansatz repräsentieren insbesondere *dialektische Deutungsversuche* des Betriebsformenwandels (*Gist*, 1968) sowie deren Verknüpfung mit der „Theorie der natürlichen Auslese" (Sozialdarwinismus) zu einem offenen makroanalytischen Modell der Einzelhandelsdynamik (*Etgar*, 1984). Während in dialektischer Perspektive das Verhältnis zwischen bestehenden und neuen Betriebsformen im Sinne der „These" und „Antithese" interpretiert wird, die zu einer – wie auch immer kombinierbaren – Alternative („Synthese") herausfordern, interessieren im Fall der Erweiterung um den Aspekt der Anpassungsfähigkeit bei wechselnden Umweltbedingungen jene, das Verhältnis ‚Einzelhandelsinstitution – Umfeld' prägenden und unterschiedlich dimensionierten Wirkungsmechanismen, die nicht nur die Vielfalt der Betriebsformen an sich erklären („Variation Stage"), sondern auch zu ihrer möglichen Auslese („Selection Stage") bzw. zu ihrer Behauptung im Markt („Retention Stage") beitragen. Indem dieser Ansatz die Dynamik der Betriebsformen im Einzelhandel keineswegs als quasi-gesetzlich determinierbar betrachtet sondern als Folge von Wettbewerbsprozessen mit den hierfür maßgeblichen Gestaltungsprinzipien begreift, liefert er zwar keine ‚fertigen Antworten'; er regt jedoch zur ‚richtigen Frage' nach den treibenden Kräften des Wettbewerbs an und vermag so entscheidende Anstöße zur kritischen Überprüfung und ggf. marktgerechten Neupositionierung von Betriebsformen zu vermitteln.

Bei einer langfristigen empirischen Betrachtung beobachtet *Hallier* (1999) für den europäischen Handel seit 1800 jeweils 25-jährige Innovationszyklen:

– letzte Hochphase der großen europäischen Hafenstädte und großen Schifffahrtsgesellschaften
– erste Binnenhandelsorientierung durch den Zollverein
– Entwicklung lokaler Selbsthilfevereine der Arbeiter und Konsumgenossenschaften
– erste Kauf- und Warenhäuser
– Überregionalität durch Massendistribution und Einkaufsgenossenschaften
– erste Gründungswelle des Versandhandels und des Discounts
– Einführung der Selbstbedienung
– Segmentierung und Diversifikation des Handels
– Globalisierung durch Internationalisierung und E-Commerce H.-J.Ge.

Literatur: *Nieschlag, R.*: Die Dynamik der Betriebsformen im Handel, Essen 1954. *Schenk, H.-O.*: Marktwirtschaftslehre des Handels, Wiesbaden 1991. *Tietz, B.*: Binnenhandelspolitik, 2. Aufl., München 1993. *Köhler, F. W.*: Die Dynamik der Betriebsformen des Handels: Bestandsaufnahme und Modellerweiterung, in: Marketing ZFP, 12. Jg. (1990), S. 59-64. *Barth, K.*: Betriebswirtschaftslehre des Handels, 4. Aufl., Wiesbaden 1999. *Bauer, H. J.; Hallier, B.*: Kultur und Geschichte des Handels, Köln 1999.

Betriebshandel → Markttypologie

Betriebsstatistik

Neben der → Amtlichen Statistik wird im Rahmen der → Sekundärforschung insb. die Betriebsstatistik (synonym: Betriebswirtschaftliche Statistik) zur Lieferung von Daten bestimmter Tatbestände herangezogen. Sie kann – neben der Kosten- und Leistungsrechnung sowie der Investitionsrechnung – als eines der Hauptelemente des internen Rechnungswesens verstanden werden und ist somit eine der wichtigsten internen Datenquellen.

Die Betriebsstatistik stellt nicht nur bewertete Prozesse (z.B. Umsatzstatistik, Preisstatistik) dar, sie gibt auch in physikalischen Einheiten gemessene Sachverhalte wieder (z.B. Lagermengen, Verkaufsfläche, Personal). Die Daten müssen in entscheidungsrelevanter Untergliederung vorliegen. Hier empfiehlt sich bspw. die in der → Absatzsegmentrechnung übliche Untergliederung der Daten (Umsatz, Aufträge, Kosten etc.) nach

- Produkten bzw. Produktgruppen
- Verkaufsgebieten
- Absatzwegen
- Kunden bzw. Kundengruppen
- Auftragsgrößenklassen etc.

Verwendung finden die so ermittelten Daten in einer Reihe unterschiedlichster Analysen der Struktur und des Ablaufs entscheidungsrelevanter Tatbestände (z.B. Programmstrukturanalysen, Kundenstrukturanalysen, Deckungsbeitragsstrukturanalysen, Marktanteilsanalysen, Kostenstrukturanalysen, Vertriebserfolgskontrolle, u.v.m.). Dies geschieht nicht nur im Bereich der Problemerkennung und Ursachenanalyse oder bei lfd. Kontrollen, in immer stärkerem Maße dient die Betriebsstatistik auch als Grundlage für Entscheidungen im Rahmen sowohl der operativen als auch der strategischen Planung (→ Marketing-Controlling).

Zunächst ist aber festzulegen, über welche betrieblichen Vorgänge Daten in welcher Detailliertheit erfasst werden sollen. Es sind Überlegungen verfügbarer Datenquellen anzustellen (bspw. Bestellwesen, Scanning etc.). Die statistischen Methoden der Auswertung müssen festgelegt werden. Hierbei finden zunächst relativ einfache Verfahren (Absolutwerte, Verhältniszahlen, Indizes, Kreuztabellierungen etc.) Anwendung. Daneben ist es oft sinnvoll, komplexere Kennzahlen (z.B. Umsatz/Verkaufsfläche, Deckungsbeitrag/Umsatz) und → Kennzahlensysteme anzuwenden. Durch die Auswahl einer Spitzenkennzahl (z.B. Eigenkapitalrentabilität, Kapitalumschlag) und die Kennzahlzerlegung können die jeweiligen Haupteinflussfaktoren der Spitzenkennzahl analysiert werden, Schwachstellen aufgedeckt und notwendige Korrekturmaßnahmen eingeleitet werden. Es ist aber auch möglich, weiterreichende Analyseverfahren, wie z.B. → Korrelationsanalyse, → Regressionsanalyse, → Varianzanalyse, einzusetzen.

Grundsätzlich findet die Betriebsstatistik Verwendung als Ergänzung zu externem Material. Sind weder primäre noch sekundäre Daten extern erhältlich, kann sie auch als Ersatz für solche Informationen herangezogen werden.

Zur Bewältigung der anfallenden Datenmengen bedarf es einer firmeneigenen EDV. Die um die Ergebnisse der Betriebsstatistik erweiterte Datenbasis der traditionellen Marktforschung ermöglicht auch erst die Schaffung eines (mehr oder weniger) geschlossenen → Marketing-Informationssystems. R.H.

Literatur: *Hüttner, M.:* Grundzüge der Wirtschafts- und Sozialstatistik, Wiesbaden 1973, S. 35 ff.

Betriebstypen im Einzelhandel
→ Angebotstypen im Einzelhandel

Betriebstypeninnovation

ist in Analogie zur Produktinnovation (→ Innovation) die Entwicklung eines neuen Betriebstyps im Handel, auch eines Vertriebstyps wie Teleshopping, mit einer neuartigen Kombination von Merkmalsausprägungen. Betriebstypendeterminierende Faktoren sind insb. die Preisstruktur, die Branche und das Sortiment, die selbständigen Dienstleistungen, die selbständigen Finanzdienstleistungen, der Standort, die Ladeneinrichtung sowie die Kommunikationspolitik.

Bei der Betriebstypeninnovation lassen sich mehrere Strategien unterscheiden:

(1) Die *Selektions-* bzw. *Spezialisierungsstrategie*: Das Erkennen und die Abdeckung von spezifischen → Zielgruppen oder Zielmärkten;
(2) Die *Segmentierungsstrategie*: Die Aufteilung des Marktes in verschiedene Segmente bzw. die Veränderung der Anzahl bestehender Marktsegmente, für die je-

weils spezifische Betriebstypen entwickelt werden (→ Marktsegmentierung);
(3) Die *Analogiestrategie* (Nachahmungsstrategie): Die Anpassung an in- oder ausländische Betriebstypenvorbilder;
(4) Die Strategie der *Standardisierung* bzw. *Flexibilisierung*: Die Vereinheitlichung durch Standardisierung und durch Flexibilisierung von Grundmerkmalen eines Betriebstyps führt zur Erhöhung der Betriebstypenvariation;
(5) Die Strategie der *Verbindung von Betriebstypen*: Die Kombination mehrerer Betriebstypen unter einem Dach oder die Verschmelzung bereits bestehender Betriebstypen zu einem neuen Betriebstyp;
(6) Die Strategie der *Mischung von Bausteinen* bestehender Betriebstypen: Die Symbiose aus Elementen bestehender Betriebstypen.

In Anlehnung an das Konzept des Produktlebenszyklus (→ Lebenszyklus) wird bei den Lebenszyklustheorien der Betriebstypen (→ Betriebsformendynamik) ein spezifischer Verlauf der Entwicklung der Betriebstypen im Zeitablauf abgeleitet: Dieser Verlauf ist dabei in der ersten Phase durch das Auftreten o.g. Betriebstypeninnovationen gekennzeichnet. In der Wachstumsphase zeigen sich starke Umsatz- und Gewinnzuwächse sowie Marktanteilsgewinne. Die Vorteile, die anhand des innovativen Betriebstypes bestanden haben, werden aufgrund von internen Veränderungen, so aufgrund eines Komplexitätszuwachses und damit zusammenhängenden Kostenzuwächsen, relativiert. Mit Erreichen des Gewinn- bzw. Deckungsbeitragsmaximums beginnt die Reifephase, die durch abnehmende Grenzumsätze gekennzeichnet ist. In der Sättigungsphase ist ein Verlust von Marktanteilen zu verzeichnen. Dies ist durch das Auftreten neuer Konzepte und Innovationen begründet. Die Degenerationsphase kennzeichnet sich durch einen Verfall des Konzeptes, verbunden mit einem Absterben des Betriebstyps.

Neuere Betriebstypen des Handels sind u.a. → Shopping-Center, → Urban Entertainment Center, Convenience Stores, Off-Price Stores, → Fachmärkte oder → Fabrikladen. B.T./J.Z.

Literatur: *Barth, K.*: Betriebswirtschaftslehre des Handels, 4. Aufl., Wiesbaden 1999. *Glöckner-Holme, I.*: Betriebsformen-Marketing im Einzelhandel, Augsburg 1988. *Müller-Hagedorn, L.*: Der Handel, Stuttgart u.a. 1998. *Tietz, B.*: Der Handelsbetrieb, 2. Aufl., München 1993.

Betriebstypenmultiplikation, Betriebstypenfilialisierung
Wachstumsstrategie im Handel durch Vervielfältigung eines bewährten Betriebstypenkonzeptes mit einheitlicher Betriebstypenphilosophie an verschiedenen Standorten (Filialisierung). Eine moderne Form der Betriebstypenmultiplikation stellt das → Franchising dar. Die strategische Alternative → Betriebstypeninnovation ist erheblich risikoreicher (→ Handelsstrategien).

Betriebsvergleich
Zwischenbetrieblicher Vergleich von → Kennzahlen, welcher einmalig für einen bestimmten Untersuchungszweck oder in regelmäßigen Zeitabständen zur permanenten Kontrolle der Betriebsgebarung der am Vergleich beteiligten Unternehmen Anwendung findet.

Betriebsvergleiche können
– inner- oder zwischenbetrieblich,
– international, national oder regional,
– sektoral, intrasektoral (z.B. als Betriebstypenvergleich),
– branchen- oder betriebsgruppenspezifisch oder
– als Unternehmensvergleich

angelegt werden.

Unter formalen Aspekten lassen sich Total- und Partialvergleiche, Wert- und Mengenvergleiche sowie Zeitpunkt- und Zeitraumvergleiche unterscheiden. Inhaltlich knüpft man i.d.R. an den branchenspezifisch jeweils besonders wichtigen Produktivfaktoren im Handel bzw. den Prozessen oder Ergebnissen der Leistungserstellung an. Besonders aufschlussreich sind Betriebsvergleiche zur Einstufung der eigenen Entwicklung im Zeitablauf, z.B. als *Zeitvergleich* der Umsatz- und Kosten(arten)entwicklung und als *Strukturvergleich*, z.B. hinsichtlich Kostenquoten, Sortimentsquoten oder Bilanzquoten.

Der Betriebsvergleich gehört insb. im → Handels-Controlling zum Standardinstrumentarium der Marketingkontrolle, wobei sich die Vergleichsrechnung auf alle unmittelbar auf den Markt einwirkenden Einrichtungen des funktionalen und institutionalen Handels erstrecken kann und Erkenntnisse für die Planung der Marketingaktivitäten im Hinblick auf Absatzformen und Absatzinstitutionen liefert. In Abhängigkeit von der informatorischen Zielsetzung steht insb. die Gewinnung von absatzwirtschaftlichen Leistungskennzahlen wie Personalleistung, Personaleffizienz, → Flächenproduktivität und Lager- bzw. Kapitalumschlag im Vordergrund, welche durch Kosten- und Ergebnisvergleichszahlen, insb. im Zeitvergleich ergänzt werden. Sie ermöglichen auch die Beurteilung neuer Entscheidungsalternativen, z.B. Standorte, Verkaufsflächen oder Mitarbeiter, indem vom Durchschnittswert des möglichst spezifischen Vergleichs auf bestimmte Sollwerte „hochgerechnet" wird. Beträgt z.B. der jährliche Durchschnittsumsatz pro qm 10.000 DM und pro Beschäftigtem 200.000 DM, sollte eine 600 qm große Verkaufsstelle auf 600 x 10.000 = 6 Mio. DM Umsatz kommen und 30 (Dauer-)Mitarbeiter benötigen. Bei einem Durchschnittsbon von 60 DM entspricht dies 100.000 Kunden pro Jahr bzw. ca. 8.333 pro Monat bzw. ca. 320 pro Arbeitstag oder ca. 10 pro Mitarbeiter und Tag. Bei Werbekosten von 2% vom Umsatz sind rechnerisch Werbekosten von 120.000 DM zu budgetieren. Durch Kombination verschiedener Kennzahlen sind weitere betriebswirtschaftliche Kalküle und Sensitivitätsbetrachtungen anstellbar. Durch die Darstellung von Kosten-, Ertrags- und Leistungsverhältnissen in Relation zu anderen Unternehmungen übernimmt der Betriebsvergleich diagnostische Funktionen, indem er betriebliche Schwachstellen sichtbar macht; er erfüllt therapeutische Aufgaben, indem er dazu beiträgt, Ineffizienzen zu beseitigen. Des Weiteren dient die Vergleichsrechnung der Kontrolle der Wirksamkeit von Leistungsverbesserungen.

Voraussetzung für die Durchführung von Betriebsvergleichen ist zum einen, dass die beteiligten Unternehmungen materiell im Hinblick auf gleiche Strukturmerkmale (Sortiment, Standort, Betriebsgröße, Faktorkombination) vergleichbar sind, zum anderen müssen sie formell bezüglich einer einheitlichen Organisation der Buchhaltung vergleichbar sein. Schließlich sind einheitliche Definitionen der herangezogenen Kennzahlen erforderlich. Träger von Betriebsvergleichen im Handel sind in Deutschland neben den → Handelsverbänden insb. das → Institut für Handelsforschung an der Universität zu Köln und die → Forschungsstelle für den Handel (FfH) in Berlin. K.Ba./H.D.

Literatur: *Müller-Hagedorn, L.*: Die Fortentwicklung des Betriebsvergleichs zum Controlling-Tool, in: *Trommsdorff, V.* (Hrsg): Informationsmanagement im Handel, Jahrbuch der Forschungsstelle für den Handel Berlin (FfH) e.V., Wiesbaden 1995, S. 333–347.

BEUC → Verbraucherschutzvereine

Beurteilende Statistik → Inferenzstatistik

Beurteilungsstichprobe

im Gegensatz zur Wahrscheinlichkeits- oder Zufallsstichprobe bewusst gezogene Stichprobe ohne Zufallsmechanismus, bei der die Repräsentanz durch subjektive Beurteilungen geschätzt werden muss (→ Auswahlverfahren).

Bevorratungskosten → Vorratskosten

Bewegungssinn → Haptik

Bewirtungsaufwand (Bewirtungskosten)

sind in praxi bedeutsame → Vertriebskosten, für die umfangreiche steuerliche Regeln existieren.

Aufwendungen für die *Bewirtung* von Personen aus *geschäftlichem Anlass*,

– so weit sie *80 %* der Aufwendungen übersteigen,
– die nach der allgemeinen Verkehrsauffassung als *angemessen* anzusehen und
– deren Höhe und betriebliche Veranlassung *nachgewiesen* sind,

dürfen den Gewinn nicht mindern (§ 4 Abs. 5 Nr. 2 EStG).

Ein *geschäftlicher Anlass* besteht insbesondere bei der Bewirtung von Personen, zu denen schon Geschäftsbeziehungen bestehen oder zu denen sie angebahnt werden sollen oder bei Maßnahmen der Öffentlichkeitsarbeit. Nicht geschäftlich, sondern allgemein betrieblich veranlasst (und damit unbeschränkt abzugsfähige) ist die Bewirtung von Arbeitnehmern des bewirtenden Unternehmens. Geschäftlich veranlasst ist allerdings die Bewirtung von Arbeitnehmern von gesellschaftsrechtlich verbundenen Unternehmen (z.B. Mutter- oder Tochterunternehmen) und mit ihnen vergleichbaren Personen.

Bewirtungsaufwendungen (BA) sind Aufwendungen für den Verzehr von Speisen, Getränken und sonstigen Genussmitteln; ferner gehören dazu im Zusammenhang mit

der Bewirtung stehende Nebenkosten (z.B. Trinkgelder).
Von den verbleibenden Aufwendungen dürfen nur 80 v.H. den Gewinn mindern. Dies wirkt sich direkt auf Einkommen-, Körperschaft- und Gewerbeertragsteuer aus.
So weit die BA abzugsfähig sind, bleibt der *Vorsteuerabzug* erhalten. Die Vorsteuern auf den nichtabzugsfähigen Teil der Betriebsausgaben (z.B. 20% Anteil) sind ab 1.4.1999 vom *Vorsteuerabzug* ausgeschlossen (§ 15 Abs. 1a Nr. 1 UStG). Die nichtziehbare Vorsteuer selbst unterliegt dem gewinnsteuerlichen Abzugsverboten der §§ 12 Nr. 3 EStG bzw. 10 Nr. 2 KStG. R.F.
Literatur: Kommentierungen zu § 4 Abs. 5 EStG, R 21 EstR. *o.V.*, Die praktische Behandlung von Reisekosten, Bewirtungsspesen und verwandten Aufwendungen, 47. Aufl., Hannover 1999. *Stuber, H.; Nägele, G.:* Reisekosten, Bewirtung, Repräsentation im Steuerrecht, Stuttgart 1999.

Bewusste Auswahl

bei Teilerhebungen (Stichproben) anwendbares → Auswahlverfahren, bei dem im Gegensatz zur Zufallsauswahl der Untersuchungsleiter darüber entscheidet, welche Einheiten in die Stichprobe gelangen. Eine mathematische Bestimmung der Repräsentanz und Vertrauensbereiche ist damit nicht möglich. Trotzdem haben bewusste Auswahlverfahren in Form des Quotenverfahrens, der Auswahl nach dem Konzentrationsprinzip und der typischen Auswahl in der Praxis große Bedeutung erlangt, da sich gezeigt hat, dass diese Verfahren bei sorgfältiger Anlage durchaus ähnliche Ergebnisse erbringen wie Zufallsstichproben. Allerdings sind bewusste Auswahlverfahren von willkürlichen, d.h. solchen ohne System, zu unterscheiden.

Beziehungsebenen-Modell

1988 von *Diller* und *Kusterer* vorgestelltes Modell zur Strukturierung von → Geschäftsbeziehungen im → Beziehungsmanagement bzw. → Beziehungsmarketing. Es baut auf beziehungssoziologischen Konzepten des sozialen Austausch bzw. der interpersonellen Kommunikation auf und unterscheidet vier, in der Realität interdependente, aber aus analytischen Gründen separierbare Beziehungsebenen, auf denen sich Geschäftsbeziehungen abspielen und wo Beziehungsmanagement Ansatzpunkte zur aktiven Einflussnahme und Gestaltung finden kann (*Abb.*). Auf jeder dieser Ebenen sind ökonomische und soziale Austauschprozesse im Gange, deren Wahrnehmung durch die Geschäftspartner die subjektiv empfundene → Beziehungsqualität determinieren.

Auf der *Sachproblemebene* sind all jene Transaktionen angesiedelt, die der inhaltlichen Ausgestaltung der Geschäftsbeziehung gelten (was ist Inhalt des Geschäfts?). Hierzu zählen u.a. individuelle Produkt- und Programmanpassungen, zeitliche Absprachen, mengenmäßige Anpassungen, Austausch von Know-how, Preisverhandlungen etc. Am weitesten entwickelt ist diese Beziehungsebene im → Investitionsgütermarketing, insb. im → Anlagengeschäft und im → Teile-Marketing, aber auch z.B. im → Sponsoring oder bei FuE-Kooperationen.

Auf der *Organisationsebene* werden die formalen und informalen „Interaktionsschienen" und die „Verkehrsregeln" für die *Abwicklung* des Geschäftsverkehrs gestaltet (wie soll das Geschäft effizient geregelt werden?). Dabei geht es um die optimale Gestaltung der Waren- und Informationslogistik, des Zahlungsverkehrs und der Informationskanäle und -medien zwischen allen beteiligten Parteien (→ Marketing-Logistik).

Auf der *Machtebene* entwickeln sich im Laufe der Beziehungen wichtige Eindrücke über Art und Ausmaß der *Abhängigkeiten* von den jeweiligen Partnern, die das Beziehungsklima beeinflussen und insb. das Sicherheits- und Unabhängigkeitsstreben der Beteiligten tangieren. Gleichzeitig entsteht (und variiert) im Verlauf der Beziehungen in gewissem Umfang → *Vertrauen*, wenn deutlich wird, dass die subjektiven Leitbilder der gemeinsamen Aktivitäten harmonieren, ein längerer Zeithorizont der Beziehung Geben und Nehmen auf beiden Seiten zeitlich möglich macht und das Risiko von Investitionen in Geschäftsbeziehungen begrenzt bleibt.

Auf der *menschlich-emotionalen Ebene* geht es schließlich um ein Konglomerat von Wertetransaktionen, die von persönlicher Anerkennung und menschlicher Zuneigung über Offenheit, Dankbarkeit und Vertrauenswürdigkeit sowie sachlicher Kompetenz bis hin zur Selbstfindung und Bewusstseinserweiterung durch die Kommunikation mit dem Partner reichen. H.D.

Beziehungsebenenmodell von *Diller/Kusterer* (1988)

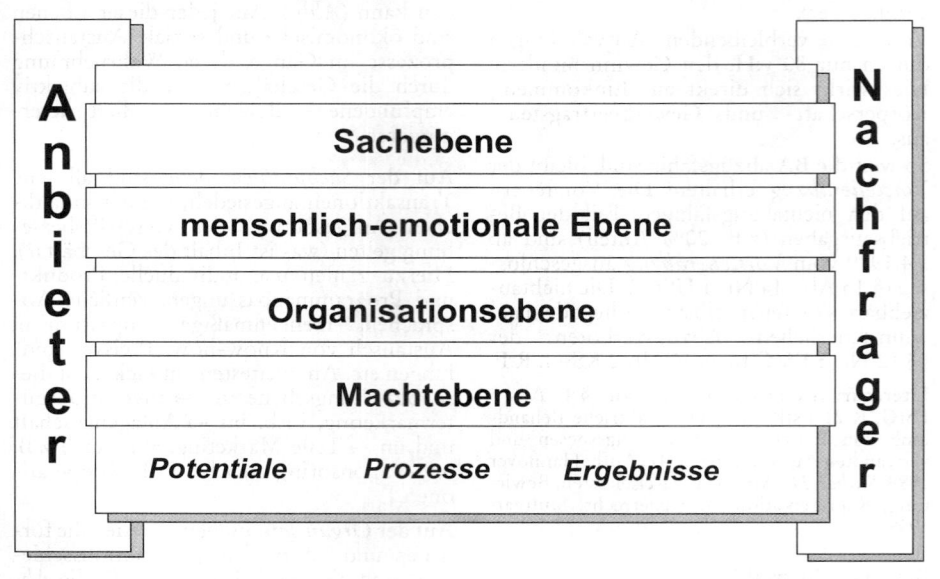

Anbieter		Nachfrager
	Sachebene	
	menschlich-emotionale Ebene	
	Organisationsebene	
	Machtebene	
	Potentiale Prozesse Ergebnisse	

Literatur: *Diller, H.; Kusterer, M.*: Beziehungsmanagement. Theoretische Grundlagen und empirische Befunde, in: Marketing-ZFP, 10. Jg. (1988), Heft 3, S. 211–220. *Diller, H.*: Geschäftsbeziehungen als Gegenstand der Konsumentenforschung, in: *Forschungsgruppe Konsum und Verhalten* (Hrsg.), Konsumentenforschung, München 1994, S. 201 – 214.

Beziehungserfolg → Kundenbindung

Beziehungshandel → Markttypologie

Beziehungsmanagement
Die aktive und systematische Analyse und Gestaltung von → Geschäftsbeziehungen zwischen zwei Unternehmen kann als eigenständiger und strategisch bedeutsamer Aufgabenbereich interpretiert werden, der weit über das übliche Verständnis des → persönlichen Verkaufs, der → Public Relations oder der herkömmlichen → Kundenanalyse und → Kundenerfolgsrechnung hinausgeht. Beziehungsmanagement ist vielmehr der Versuch, durch sorgfältige Analyse der Beziehungsstrukturen, -profile und -perspektiven mit verschiedensten Partnern aus dem gesamten Umfeld eines Unternehmens eine strategisch orientierte, auf spezifische Beziehungsziele hin ausgerichtete „Außenpolitik" zu entwerfen, die u.U. sogar spezifische Wettbewerbsvorteile durch größere Nähe zu diesen Partnern und Teilhabe am „Netzwerk" aller Partner verschafft (→ Wertschöpfungskette, → Strategische Allianzen). Inhaltlich lässt sich Beziehungsmanagement als aufeinander abgestimmte Gesamtheit der Grundsätze, Leitbilder und Einzelmaßnahmen zur langfristig zielgerichteten Anbahnung, Steuerung und Kontrolle von Geschäftsbeziehungen definieren. Unter → Geschäftsbeziehungen sind dabei alle von ökonomischen Zielen zweier Organisationen geleiteten Interaktionsprozesse zwischen je einem oder mehreren Personen auf beiden Seiten zu verstehen.

Wichtige *Beziehungsfelder* eröffnen sich der Unternehmung dabei sowohl in Form von horizontalen als auch von vertikalen oder lateralen → Kooperationen. *Horizontale* Beziehungen können z.B. bei der → Gemeinschaftswerbung, bei gemeinsamer → Forschung und Entwicklung oder bei internationalen → Joint Ventures eingegangen werden. *Vertikales* Beziehungsmanagement in Richtung Kunden heißt → Beziehungsmarketing. Es ist in langfristigen, d.h. einzelne Geschäftstransaktionen übergreifenden Geschäftsbeziehungen zu einzelnen Kunden, insb. → Key Accounts, in Franchise-Systemen, bei Just-in-time-Systemen, bei individueller Produktanpassung seitens der Lieferanten im → Teile-Marketing oder umgekehrt bei einer engen Abstimmung zu bestimmten Lieferanten im → Beschaffungsmarketing erforderlich. *Laterale* Beziehungen können bspw. zu Forschungsinstituten, Behörden oder Presseorganen gepflegt werden (→ Public Relations). Idealtypisch entspricht Beziehungsmanagement damit der „Außendiplomatie" in der Politik. Sie besitzt in einer Zeit, in der die Arbeitsteilung zwischen den Unternehmen ein solches Ausmaß erlangt hat, dass (re-)integrative Aktivitäten die Transaktionskosten in Grenzen halten, eine besondere strategische Bedeutung. Am deutlichsten sichtbar wird dies in der Zunahme sog. → Strategischer Allianzen, aber auch in der zunehmenden Verbreitung von → Kunden-Portfolios, die das strategische Bewusstsein bei der Verteilung von Ressourcen auf verschieden Kunden deutlich machen.

Wichtige *Ziele* in diesem Bereich sind die Erschließung von → Synergien, die Lösung von Sach- und Verteilungskonflikten und die Kreation bzw. Verbesserung von letztlich gewinnsteigernden Problemlösungen auf einer oder beider Seiten der Partner im Sinne einer Win-Win-Situation (Effektivität der Beziehung). Individuelle Problemlösungen in diesem Sektor sollen dabei sowohl die → Kundennähe und die → Kundenbindung erhöhen als auch die Schnelligkeit, Flexibilität und Wirtschaftlichkeit der Transaktionen i.S. einer Wertkettenoptimierung steigern (Effizienz der Beziehung). Stets ist zu fragen, welche Organisation des Geschäftsverkehrs mit diesem Partner am effizientesten ist und wo noch unerschlossene Rationalisierungs- und Gewinnpotenziale ruhen. Dazu setzt man auch die ganze Palette entsprechender Analyseverfahren z.B. der → Kundenanalyse ein. Bei Beziehungen zu Schlüsselkunden ist dies eine typische Aufgabe des → Key-Account-Managements. Aktives Beziehungsmanagement erfordert auch ein machtpolitisch geschicktes Vorgehen, etwa die Vermeidung oder den Abbau von beziehungsgefährdenden Machtungleichgewichten. Dies geschieht z.B. durch Erschließung neuer Machtgrundlagen wie Know How oder ökonomischer Tauschanreize, „Ausbeutungssperren" durch entsprechende Verträge oder Bemühen um gleichwertige Inputs und Bindungen in gemeinsame Aktivitäten. Relevant sind auch Steuerungs- und Kontrollrechte gemeinsamer Aktivitäten oder zumindest entsprechende Informationsrechte. Ferner ist es gelegentlich (z.B. durch technisch individuelle Systeme) möglich, Eintrittsbarrieren für den Eintritt anderer Unternehmen in die Geschäftsbeziehung aufzubauen (→ Wechselbarrieren, → In-Supplier). Hinsichtlich der emotionalen Atmosphäre in den Geschäftsbeziehungen gilt es die gegenseitige Sympathie, das persönliche Image und die private Beziehung zum Partner (und ggf. dessen Familie) durch persönliche Aufmerksamkeiten, vorteilhafte Eigendarstellung, professionelle Gesprächs- und Verhandlungstechnik (→ Verkaufsgespräch), Zuordnung „passender" Verhandlungspartner und einen persönlich konzilianten → Verhandlungsstil zu pflegen, der auf Interessen statt Positionen gerichtet ist (s.a. → Harvard-Konzept). Die *Abbildung* gibt einen schematischen Überblick über die generellen Ziele des Beziehungsmanagements.

Die Marketing-Wissenschaft befasst sich in den letzten Jahren zunehmend mit den Herausforderungen des Beziehungsmanagements. Hauptsächlich wird dabei auf die → Institutionenökonomie, die → Interaktionstheorie, die Theorie des sozialen Austauschs (→ Beziehungsebenen-Modell), auf spieltheoretische Modelle oder auf Konzepte der Kommunikationsforschung und der Theorie des → organisationalen Beschaffungsverhaltens zurückgegriffen. Relativ weit entwickelt ist bereits das → Beziehungsmarketing, bei dem → Kundenzufriedenheit und die → Kundenbindung im Mittelpunkt des Interesses stehen. Eher klassifikatorische Grundlagen liefert die traditionelle Kooperationstheorie. Hauptanwendungsgebiete sind das → Vertikale Marketing und das → Investitionsgüter- sowie das → Dienstleistungs-Marketing. H.D.

Literatur: *Diller, H.; Kusterer, M.:* Beziehungsmanagement. Theoretische Grundlagen und empirische Befunde, in: Marketing-ZFP, 10. Jg. (1988), Heft 3, S. 211–220. *Plinke, W.:* Die Geschäftsbeziehung als Investition, in: *Specht, G. et al.* (Hrsg.): Marketing-Schnittstellen, Stuttgart 1989, S. 305-325. *Sydow, J.:* Strategische Netzwerke: Evolution und Organisatiom, Wiesbaden 1992. *Sydow, J.; Windeler, A.* (Hrsg.): Steuerung von Netzwerken, Wiesbaden 1999. *Tietz, B.; Mathieu, G.:* Das Kontraktmarketing als Kooperationsmodell, Köln u.a. 1979.

Beziehungsmarketing

Definition und Abgrenzung
Beziehungsmarketing (BM, engl. Relationship Marketing) ist ein strategisches Kon-

Generelle Ziele des Beziehungsmanagement

POTENTIALERSCHLIESSUNG DURCH EXTERNE KOORDINIERUNG/KOOPERATION

	Synergie-potentiale	Innovations-potentiale	Senkung der Transaktions-kosten
• Technische Informationen • Markt-Informationen • Unternehmens-Informationen •	• F & E • Produktion • Qualität • Logistik •	• Lead-User • Simultaneous Engineering • Produktideen •	• Routinisierung von Transaktionen • Automatisierung • Vertrauen • ....
↓	↓	↓	
	Höhere Wert-schöpfung durch Synergieeffekte	Niedrigere Innovationskosten schnellere Innovation	

(Quellen: *Diller/Kusterer* (1988); *Schütze* (1992))

zept des → Marketing, bei dem der Marketingerfolg durch systematisches Management (d.h. Analyse, Planung, Kontrolle und Organisation) individueller Kundenbeziehungen im Hinblick auf die Etablierung und Pflege von kooperativen, d.h. auf langfristigen, gegenseitigen Nutzen ausgerichteten, → Geschäftsbeziehungen gesucht wird. BM ist ein Anwendungssektor des → Beziehungsmanagements und verfolgt somit dessen generelle Ziele der Erschließung von Synergien, der Senkung der Transaktionskosten im Geschäftsverkehr durch → Kooperation sowie der vom Unternehmen selbst und nicht fremd gesteuerten Entwicklung der Geschäftsbeziehungen nach Maßgabe deren langfristiger ökonomischer Bedeutung und der dafür in Kauf zu nehmenden Kosten. BM stellt somit eine an bestimmte Erfolgsvoraussetzungen (s.u.) gebundene Alternative zum herkömmlichen „Beeinflussungsmarketing" (*Diller* 1991, S. 162) dar, die seit den 90er-Jahren in vielen Wirtschaftssektoren zunehmend Verbreitung fand. Maßgeblich dafür waren vor allem:

– die *Sättigung* vieler Märkte und damit das verbundene Streben nach Ausschöpfung der Ertragspotentiale vorhandener Kunden anstelle der Gewinnung neuer Kunden,
– die Reduzierung der Kundenzahlen durch *Konzentrationsprozesse* und die damit einer gehende Steigerung der Abhängigkeit von bestimmten (Groß-) Kunden, die entsprechend individuell zu betreuen sind,
– der steigende *Kostenwettbewerb* mit Zwang zur Kooperation mit Kunden und Lieferanten im Sinne des → Supply Chain Managements,
– der steigende *Qualitätswettbewerb* im Sinne des → Total Quality Management (TQM) und der Orientierung an der → Kundennähe und → Kundenzufriedenheit als Maßstäbe für den Markterfolg,
– steigende *Dienstleistungsanteile* im Leistungsprogramm und dadurch bedingte engere, individuellere und persönliche Kontakte mit den Kunden,
– neue *Datenbank- und Kontakttechnologien*, welche die quasi-individuelle Bearbeitung einzelner Kunden auch in Massenmärkten ermöglichen.

Das BM hat insoweit vielfältige Wurzeln, u.a. im → Nachkaufmarketing, → Key-Account-Management, → Direkt- und → Database-Marketing, aber auch im Kontraktmarketing innerhalb der Wertschöpfungskette (→ vertikales Marketing). Neuerdings versuchen die Softwareberater das Konzept unter dem Begriff → Customer Relationship Management (CRM) mit informationstechnischen Tools neu zu besetzen, was jedoch zu kurz greift und dem generellen strategischen Charakter des BM nicht gerecht wird.

Charakteristika des BM
Das BM weist im Vergleich zum herkömmlichen Beeinflussungsmarketing drei charakteristische Merkmale auf, die sich in unterschiedlichen Anforderungen an das Vorgehen im Marketing-Management und an die Ausgestaltung des Marketing-Mix niederschlagen. *Nicht* entscheidend ist der (semantisch vielleicht nahe liegende) Einsatz persönlicher Kontakte als Hilfsmittel der Marktbearbeitung.

(1) Das BM orientiert sich erstens nicht am kurzfristigen Transaktions-, sondern am *langfristigen Beziehungserfolg*. Es folgt damit konsequent der Philosophie der → Kundenorientierung. Die strategische Perspektive des BM reicht somit zwangsläufig über einzelne Transaktionen hinaus und ist insofern *evolutorisch* auf die Dynamik des → Kundenlebenszyklus abgestimmt. Das Umsatzwachstum soll vordringlich durch → Kundenbindung und nicht durch Neukundengewinnung erfolgen. Dies erfordert keineswegs bedingungslose Investitionen in bestimmte Geschäftsbeziehungen, sondern bewusste Orientierung am sog. Customer-Life-Cycle-Value (CLCV), d.h. den Wertpotentialen einer Kundenbeziehung über den gesamten Kundenlebenszyklus hinweg. Ökonomisch vertretbar ist diese Philosophie der Kundenbindung also nur dann, wenn der ökonomische Nutzen einer Pflege der Geschäftsbeziehung größer als deren Kosten ausfällt und wenn die Priorität bei der Neukundengewinnung tatsächlich langfristig weniger gewinnträchtig als die Priorität der Altkundenpflege ist (→ Beziehungsrisiken). Die *Nutzeffekte* der Kundenbindung, nämlich v.a. (vgl. *Diller* 1996)

– mehr *Sicherheit* durch mehr Stabilität der Geschäftsbeziehung (Habitualisierung der Kaufentscheidung, Immunisierung und Toleranz der Kunden) und mehr *Feedback* vom Kunden,
– mehr *Wachstum* durch bessere Kundenpenetration, → Cross-Selling und Neugeschäfte über Kundenempfehlungen,
– größere *Profitabilität* durch bessere Amortisation der Kundengewinnungskosten bzw. wegfallende Opportunitätskosten der Neukundengewinnung, durch sinkende Transaktionskosten wegen kooperativer Abstimmung und Routinisierung des Geschäftsverkehrs und wegen sinkender Streuverluste bei der Marktbearbeitung sowie durch u.U. sinkende Preissensitivität der Kunden müssen also

Abb. 1: Gegenüberstellung des Beeinflussungs- und des Beziehungsmarketing (*Diller*, 1991)

Beeinflussungsmarketing	Beziehungsmarketing
(1) Orientierung am kurzfristigen Transaktionserfolg • Priorät der kurzfristigen Kundenabschöpfung • Wachstum durch neue Kunden • Transaktionsorientierte Sicht der Kundenbeziehung	(1) Orientierung am langfristigen Beziehungserfolg • Priorität der langfristigen Ausschöpfung aller Kundenpotentiale • Wachstum durch Kundenbindung • Evolutorisches Verständnis der Kundenbeziehung
(2) Priorität des Produkterfolges • Umsatz und Marktanteil als Marketingoberziele • Gesamtmarkt- oder Segmentbetrachtung im Marketing-Management • Kontrolle der Vorteilhaftigkeit von Transaktionen	(2) Priorität des Kundenerfolges • Kundennähe, -zufriedenheit und Kundenbindung als Marketingoberziele • Individuelle Steuerung von Kundenbeziehungen • Vertrauen in Fairness der Geschäftsprozesse
(3) Aktionistische Marketingprozesse • „Broadcasting"-Kommunikation • Standardisierte Marketingaktivitäten • Anonymes Massenmarketing • Klare Grenzen zum Kunden	(3) Interaktive Marketingprozesse • Dialog-Kommunikation • Individualisierte Marketingaktivitäten • Aktive Förderung der Interaktion • Integration des Kunden

die spezifischen Kosten der Kundenbindung, die sowohl bei der Vorbereitung dieser Strategie (z.B. durch Aufbau von Kundendatenbanken) als auch bei deren Umsetzung (z.B. im Wege des → Beschwerdemanagement oder durch → Kundenclubs etc.) anfallen, langfristig überkompensieren. Eine – methodisch freilich fragwürdige – Bestätigung fand diese Prämisse in der Studie von *Reichheld/Sasser* (1990).

(2) Ein zweites Charakteristikum des BM ist die Fokussierung des → Marketing-Managements am *Kundenerfolg* statt (allein) am Produkt- oder Sortimentserfolg. Verfechter des BM sehen prioritär den Kunden und nicht das verkaufte Produkt als Erfolgsträger. Insofern ist das BM immer auch ein Konzept des → Kundenmanagements und näher an der vertiebspolitischen Perspektive als an jener des Produktmanagements angesiedelt. Dies bedeutet auch eine Abkehr von einer ausschließlich aggregierten Marktbetrachtung zu Gunsten einer *kundenindividuellen Perspektive* des Managements (→ Individualisierung, → One-to-one-Marketing), nach welcher der Markterfolg langfristig nur durch im Vergleich zum Wettbewerb höhere → Kundennähe (interner Leistungsaspekt) und → Kundenzufriedenheit (externer Leistungsaspekt) erzielt werden kann. Diese Managementphilosophie beinhaltet demnach eine Abkehr von der – notfalls auch gegen die Interessen des Kunden betriebenen – kurzfristigen Umsatz- und Gewinnorientierung zu Gunsten einer langfristiger Orientierung an der → Beziehungsqualität. Der Marktanteil wird damit im Zielsystem des BM über die Kundenzufriedenheit, die Kundenpenetration und andere Maßstäbe des Kundenerfolges, statt über den Produkterfolg gesucht. Weil die Individualisierung schnell an Kostengrenzen stößt, rückt im BM der → *Kundenwert* in das Zentrum der Betrachtung. Das Ausmaß der Individualisierung bzw. Standardisierung der Marketingaktivitäten erfolgt auf Basis einer → Kundenanalyse und entsprechender Priorisierung von Kunden(gruppen) (s.a. → Upgrading).

(3) Eng verbunden mit der Individualisierung der Marketingaktivitäten ist drittens der *interaktive* statt einseitig aktionistische Charakter des BM (→ Interaktives Marketing). Dies schlägt sich z.B. in einer stärkeren *Dialogorientierung* der Kommunikationspolitik (z.B. via Internet, Call Center, Kundenclubs Coupon-Werbung etc) statt der klassischen, lautsprecherhaften Einweg–Kommunikation nieder. In manchen Branchen lässt sich die Interaktion sogar zu einer → *Kundenintegration* ausbauen, sei es im Wege der Vorwärtsintegration des Anbieters in die Wertschöpfungsprozesse des Kunden (z.B. Kundenschulung und –beratung, Übernahme das Lagerbestandsmanagements oder Co-Workership) oder durch Rückwärtsintegration des Kunden (z.B. durch → FuE-Kooperation oder → Just-in-Time-Logistik) in die Prozesse des Anbieters (s.a. → Customer Integration). Durch die enge Zusammenarbeit entstehen auch persönliche, d.h. emotional besetzte Beziehungen, welche im BM als Ansatzpunkte zur Verbesserung der Beziehungsqualität benutzt werden können (→ Beziehungsebenen-Modell). Die gegenseitige Kenntnis lässt das → Vertrauen zwischen den Geschäftspartnern wachsen und entlastet damit von ansonsten nötigen Kontrollprozessen. Ähnliches gilt für die Vernetzung der Kunden, etwa in Form von → Virtual Communities.

Ausgestaltungsmöglichkeiten

Die genannten drei Charakteristika des BM sind eng miteinander verwoben und ergeben zusammengenommen ein spezifisches *Marketing-Leitbild*, das für viele Bereiche der Wirtschaft neu ist, ja einen *Paradigmenwandel* bedeutet, da mit ihm viele herkömmliche Marketingprinzipien obsolet werden. Am wenigsten gilt dies für das → Investitionsgütermarketing, das schon immer stark von dem interaktiven und individuellem Geschehen zwischen Selling- und Buying Center geprägt war. Auch im → vertikalen Marketing und im → Dienstleistungs-Marketing kennt man die Beziehungspflege wegen der notwendigen persönlichen Kontakte mit den Kunden von jeher, wenngleich nicht in der systematischen und umfassenden Form, wie oben dargestellt. Auch die Kundenpriorisierung war bisher in wenigen Branchen besonders ausgeprägt, wenn man von der sehr groben Differenzierung in A-, B- und C-Kunden einmal absieht. Erst mit der Verbreitung des → Key-Account-Management kehrte die Idee der konsequenten Individualisierung in das Marketing dieser Branchen ein (vgl. *Diller* 1991), ohne dass der Anspruch auf massenindustrielle Vorteile aufgegeben werden musste (→ Mass Customization). Völlig neu ist das BM für die Konsumgüter-

Abb. 2: Programmtypen des Beziehungsmanagement

Marketing-Typ	Kundentyp		
	Individuelle Konsumenten	Absatzmittler	Gewerbliche Kunden
Kontinuitäts-Marketing	Kundenbindungs-programme	ECR	Supply Chain Management
Individual-Marketing	Data Warehousing / -Mining	Förderung des Kundengeschäfts	Key Account Management
Co-Marketing (Partnering)	Co-Branding	Kooperatives vertikales Marketing	Gemeinsames Marketing

(Quelle: *Parvatiyar /Shet*, 2000, S. 19)

branchen (Industrie wie Handel), in denen die Vermarktung immer als Massengeschäft interpretiert wurde, das von einem (scheinbar) anonymen Marktgeschehen geprägt ist. Moderne Techniken wie → Customer Relationship Management, → Call Center oder → Database-Marketing mit vielen individuellen Direktkontakten zum einzelnen Kunden machen aber auch dort ein BM grundsätzlich möglich.

Die Vielfalt der Ausgangsbedingungen legt freilich eine *Differenzierung des BM* nach verschiedenen Ausprägungen nahe. *Abb. 2* zeigt einen entsprechende Vorschlag von *Parvatiyar /Shet* (2000), in dem je nach Art der Kunden drei „Programmtypen" des BM unterschieden werden (s.a. → Geschäftstypen). Schon aus Gründen des Wettbewerbs werden sich im Laufe der Zeit weitere → entsprechende Differenzierungen und → *Beziehungsstile* des BM herausbilden. Sie entstehen aus der unterschiedlichen Betonung der in Abb. 1 beschriebenen strategischen Grundprinzipien des BM, die von *Diller* (1995) mit 6 I´s umschrieben wurden: *Information* (über die Kunden), *Investition* (in ausgewählte Kundenbeziehungen), *Individualisierung*, *Interaktion* mit und *Integration* des Kunden sowie eine übergreifende *Idee* zur wettbewerbswirksamen Profilierung des BM-Programms.

Das → Marketing-Mix im BM enthält dementsprechend ausgewählte bzw. spezifisch ausgestaltete Marketing-Instrumente. *Abb. 3* liefert dafür eine beispielhafte Auswahl, die deutlich macht, dass es im BM weniger um den Einsatz gänzlich neuer, sondern mehr um die prinzipientreue Ausgestaltung herkömmlicher Instrumente geht. Gänzlich kontraproduktiv zum Grundgedanken des BM wäre es, den Kunden wider seinen Willen binden zu wollen. Bei der Marketing-Mix-Gestaltung gilt es deshalb, die → Kundenbindungsmotive der jeweiligen Kunden(gruppe) zu überprüfen und die Aktivitäten auf die spezifische Motivsituation abzustimmen. *Abb. 4* gibt dafür einige Beispiele zur Verdeutlichung. Grundsätzlich stehen institutionelle (z.B. Beteiligung am Kundenunternehmen), vertragliche (z.B. langfristige Lieferverträge), technologische (z.B. proprietäre Systemtechniken) und emotional-psychologische Bindungsinstrumente (z.B. private Kontakte) zur Verfügung.

Welche *Eingriffsebenen* für ein aktives Beziehungsmanagement zur Verfügung stehen, macht auch das → Beziehungsebenen-Modell von *Diller/Kusterer* (1988, S.214) mit seinen vier Austauschebenen (sachliche, organisatorische, menschlich-emotionale und machtpolitische) deutlich. Auf der sachlichen Beziehungsebene geht es um ein an die Bedürfnisse des Kunden möglichst angepasstes Preis-Leistungs-Verhältnis, auf der Organisationsebene um eine effiziente Abwicklung der Informations-, Güter- und Geldströme zwischen den Beziehungspartnern, auf der Machtebene um eine Austarierung der wechselseitigen Abhängigkeit und auf der emotionalen Ebene um eine emotional ansprechende Geschäftsatmosphäre. Damit werden auch die persönlichen Beziehungen in das Gestaltungsfeld des BM integriert.

Voraussetzungen und Grenzen
Die Verfolgung des BM-Leitbilds kooperativer Geschäftsbeziehungen als strategische Ausrichtung des Marketing ist an *ökonomische Bedingungen* geknüpft, die keineswegs immer und vor allen nicht bei allen Kunden gegeben sind:
(1) Erstens ist zu prüfen, ob die Investitionen in bestimmte Kundenbeziehungen tat-

Beziehungsmarketing

Abb. 3: Ausgewählte Instrumente des BM

Instrumental-bereich / Prinzip	Produkt-Mix	Preis-Mix	Kommunika-tions-Mix	Distributions-Mix
Individualisierung	– Produktbaukasten – Individueller Produktzuschnitt – Added Value – Garantieleistungen	– Preisbaukasten – Treuerabatt – Kulanz	– Telefon-Marketing – Personalisierte Direkt-Werbung – Individualisierte Newsletter	– Elektronische Bestellmöglichkeiten – Individuelle Kunden-Manager – Individuelle Beratung – Schulung von Kundenpersonal
Investition und Selektion	– „One-to-one-" Segmentierung	– Bonusprogramm	– Kunden-Club – Kundenzeitschrift	– Key-Account-Management – Abgestufte Kundenbetreuung – Cross-Selling
Interaktion	– Werbegeschenke – Produktprobe	– Target Pricing – Bartering	– Response-Marketing – Beschwerde-Management – Telefonverkauf – Lieferantenbewertungssystem	– Empfehlungs-Aktionen – Interaktives Teleselling – „Soft Selling" – Redistributionssysteme
Integration	– Co-Makership – Simultaneous Engineering	– Kundenkarten mit Bonusprogramm	– EDI – Kundenforum – Ombudsmann – Vertikale Werbekooperation	– JiT-Systeme – Automatisches Nachordersystem – Abonnement-Verkauf – „Einstieg" in Netzwerke

sächlich belegbare Aussichten auf entsprechende *Rückflüsse* aufweisen. Dies erfordert die Analyse der spezifischen *Kundenwertpotentiale*, die z.B. bei häufigem Wiederkauf der Produktgattung c.p. höher sind als bei seltenem (→ Kundenwert). Entscheidende Bedeutung kommt ferner der *Bindungsbereitschaft* der Kunden zu (→ Kundenbindungsmotive). Sie fällt z.B. bei Großkunden im Handel derzeit oft noch sehr niedrig aus, wie die Erfahrungen beim → Category Management belegen. Angesichts der enormen Bedeutung einer oft sehr einseitig am Preis orientierten Lieferantenwahl mag dies auch kaum verwundern (→ Beschaffungsverhalten im Handel). „Partnering", wie das BM im vertikalen Marketing oft auch genannt wird, erfordert deshalb unter solchen Umständen zunächst erst einmal die Überzeugung potentieller Handelspartner von den Vorteilen des BM (→ Handelsorientierte Anreizsysteme). Wenn dies nicht gelingt, bedeutet das keineswegs den Verzicht auf die Bearbeitung dieser Kunden, sondern die Notwendigkeit einer Differenzierung der strategischen Grundhaltung gegenüber bindungswilligen und -unwilligen Kunden.

Einen wichtigen Einflussfaktor auf die Bindungsbereitschaft bei Konsumenten stellt das jeweilige *Produktinvolvement* dar, da bei hohem Produktinteresse vielfältigere Anreize zu einer für den Kunden interessanten Kundenbindung (z.B. individuelle Newsletter, Kundenclubs, Kundenevents etc.) gesetzt werden können. Entsprechende Marketingaktivitäten selektieren dann per se die interessierten und involvierten Kun-

Abb. 4: Gezielte Ansprachemöglichkeiten verschiedener → Kundenbindungsmotive

Bindungsfördernde Motive (vom BM zu unterstützen)			Bindungssenkende Motive (vom BM abzuschwächen)		
Loyalität	Kontinuität und Vertrautheit	Soziale Einbindung	Eigennutz	Abwechslung	Autonomiestreben
– Konzentration auf loyale Kundengruppen – Persönliche Beziehungen aufbauen – Kundeninvestitionen anstoßen (z.B. Grundgebühr, Kooperationsteam) – Kontakt zu anderen loyalen Kunden herstellen – Verzicht auf totale Vereinnahmung des Kunden – Anerkennung/Belohnung der Treue – Kulanz	– Marktposition behaupten oder ausbauen (d.h. weniger Wettbewerber) – Bestellprozess routinisieren oder automatisieren – Kaufprozess für Kunden vereinfachen – Beschwerdemanagement	– Persönliche Ansprache – Kundenclubs – Freizeitangebote – Kunden-Events – Reisen – Vorträge - Besichtigungen - Kurse - Feste – Zugehörigkeitssymbole	– Leistungsgarantien – Preisgarantien – Ausstiegsmöglichkeiten belassen – Kurzfristanreize vermindern bzw. in Langfristprogramme einbinden – Langfristvorteile vorrechnen – Cleverness betonen – Wechselkosten erhöhen	– Innovatives Leistungsprogramm – Vielfältige Kommunikation – Interessante Events – Kooperation mit Komplementäranbietern – Wechselnde Preisanreize (Bonus-Programme)	– Individualisierung – der Leistungsangebote – der Entgelte/Rabatte – der Kundenansprache – Abgestufte Bindungsprogramme – Verzicht auf „Fesselung" – Kritische Dialoge anbieten – Foren - Beschwerdekanäle - Ombudsmann - Schlichtungsverfahren

den aus der gesamten Kundschaft heraus, machen diese damit persönlich ansprechbar und für weitere Bindungsaktivitäten zugänglich (Selbstselektionseffekt von Kundenbindungsprogrammen).
(2) Zweitens begrenzen *Wettbewerber* mit ähnlichem strategischen Auftritt die Erfolgschancen des BM. Mit zunehmender Diffusion des BM-Konzeptes sind vor allem die wertvollen Kunden zunehmend durch Konkurrenten „besetzt", sodass ein Zeitwettbewerb um die schnelle Eroberung dieser Kunden einsetzen wird bzw. schon eingesetzt hat. Wie im herkömmlichen Marketing auch, kann dieser Wettbewerb nur durch spezifische Wettbewerbsvorteile gemeistert werden, die im Laufe der Zeit erodieren können und deshalb immer wieder neu fundiert werden müssen. Dabei könnte es im Laufe der Zeit auch zu *Abnutzungseffekten* des BM kommen, weil sich die Kunden an die besonders entgegenkommende Behandlung durch Ihre Lieferanten gewöhnt haben und darin keinen Grund mehr sehen, sich an sie zu binden („*Kundenzufriedenheitsfalle*").

(3) Dies weist bereits darauf hin, dass zum erfolgreichen BM drittens auch verschiedene *interne Fähigkeiten und Ressourcen* erforderlich sind, etwa eine spezielle *Beziehungskompetenz* des Personals, gut ausgebaute Informationssysteme, einschlägige technische und analytische Hilfsmittel, z.B. Call-Center-Techniken oder Kundenanalysen mit neuronalen Netzen (→ Data Mining). Die oft geforderte Kundenbegeisterung kann ohne entsprechend für die Kundenbetreuung motiviertes und geschultes Personal und durchgängige Kundenorientierung in der gesamten Unternehmensorganisation nicht erreicht werden (→ Kundenorientierung). Deshalb müssen auch organisatorisch die entsprechenden Voraussetzungen für ein effektives und effizientes BM geschaffen werden, etwa durch Definition von → Beziehungspromotoren oder Key Account-Managern.

Wissenschaftliche Überprüfung

Trotz einer seit Mitte der 90er-Jahre einsetzenden Flut von Studien und wissenschaftlichen Arbeiten ist der generelle Beleg für die tatsächliche *Wirksamkeit des BM* im Hinblick auf den Unternehmenserfolg bisher noch nicht erbracht. Dies kann angesichts der Komplexität der Wirkungszusammenhänge und der Vielzahl branchenspezifischer Einflussgrößen auf den Wirkungszusammenhang aber auch nicht verwundern. Die Studie von *Reichheld /Sasser* (1990) deutete (ohne wissenschaftliche Exaktheit) auf hohe Effektivität der Kundenbindung hin und wurde in der Fachwelt oft als Hauptbeleg dafür verwendet, dass die Kundenneugewinnung das Fünf- bis Siebenfache der Kundenbindung koste. Positive Wirkungszusammenhänge i.S. des postulierten Zielsystems erbrachten ferner solche Studien, in denen einzelne Merkmale der Beziehungsqualität (z.B. Langfristorientierung, Höhe spezifischer Investitionen, → Vertrauen etc.) als abhängige Variablen gewählt wurden (z.B. *Homburg* 1995; *Joseph et al.* 1995; *Kalwani/Narayandas* 1995; *Smith* 1997, 1998; *Peter* 1997; *Werani* 1998; *Walter* 1998). Fallstudienhafte Analysen der Wirkung spezifischer Instrumente des BM, etwa von Kundenclubs (*Diller* 1996), erbrachten überwiegend positive, aber bisher noch keineswegs generalisierbare Befunde. Aus der institutionenökonomisch fundierten BM-Forschung wurde deutlich, dass BM weniger für sog. Austauschgüter mit hohem Opportunismusspielraum als für Kontraktgüter sowie für kooperative Zulieferbeziehungen und das Systemgeschäft angebracht erscheint (z.B. *Kaas* 1995; *Söllner* 1993). In jedem Falle kann das BM trotz seiner derzeit großen Popularität nicht als absolute Normstrategie interpretiert werden.

Makroökonomische Aspekte

Volkswirtschaftlich betrachtet verlagert sich der Wettbewerb mit dem BM vom (Produkt-)Qualitäts- und Preiswettbewerb zum *Beziehungswettbewerb*, was angesichts der technischen Ausreifung vieler Märkte keineswegs als Nachteil angesehen werden muss. Die Hinwendung zu individuellen Angeboten und auch emotional positiv dargebotenen Dienstleistungen trifft vielmehr auf tatsächliche Bedürfnisse, wie z.B. die häufige Kritik am unfreundlichen Auftreten von Dienstleistungspersonal deutlich macht. Erkennbar ist aber auch, dass Kundenbindung in Form persönlicher Präferenzen *Markteintrittsbarrieren* aufbaut, die wegen des großen Zeitbedarfs bei der Vertrauensbildung weniger schnell eingeebnet werden können als z.B. technische oder preisliche Wettbewerbsvorteile. Andererseits ergibt sich Kundenloyalität nicht ohne Aufwand, sondern nur bei Inkaufnahme entsprechender Investitionen in eine Kundenbeziehung und damit verbundener Risiken. Aus Kundensicht steigt mit dem BM einerseits die Chance einer individuelleren Bedienung, gleichzeitig aber auch die Gefahr der preispolitischen Diskriminierung, weil die intimen Kundenkenntnisse und der Direktkontakt zum Kunden erheblich stärkere personelle → Preisdifferenzierungen zulassen.

Eine zweite mit dem BM verbundene makroökonomische Entwicklung ist die *Neuarrangierung der* → *Wertschöpfungsketten* in vielen Branchen. Immer mehr Unternehmen erkennen, dass sie nicht in allen Wertaktivitäten gleichermaßen wettbewerbsfähig sind, und verringern deshalb ihre Fertigungstiefe durch Auslagerung bestimmter Aktivitäten an andere Unternehmen, die dort Wettbewerbsvorteile aufweisen. Solche „Wertschöpfungspartnerschaften" erzeugen *Netzwerke* der Wirtschaft, welche die früher üblichen anonymen Märkte ersetzen. In dieser Weise eingebunden zu sein wird für die Unternehmen immer mehr zur Existenzfrage. Gleichzeitig erreicht die Spezialisierung in der Wirtschaft damit ein neues Niveau, bei dem sich die Unternehmen nicht mehr als Produzenten bestimmter Güter, sondern als Spezialisten für bestimmte Wertaktivitäten verstehen müssen.

Damit werden drittens völlig *neue Marktbedingungen* geschaffen, deren Zusammenwirken noch weitgehend unerforscht ist (Überblick bei *Hansen* 2000). Die früher durch den Marktmechanismus bewirkte Steuerung von Angebot und Nachfrage wird jedenfalls zunehmend auf das in den Unternehmen angesiedelte Beziehungs- und System-Management übertragen. *Arndt* (1979) spricht von „*domestizierten Märkten*". Typisch dafür sind Erscheinungen wie der „*gläserne Lieferant*", der seine Kostenstruktur gegenüber dem Abnehmer völlig offen legt. Auf dieser Basis wird es dann u.a. möglich, kooperatives → Target Pricing zu betreiben. Aber auch innerhalb kooperativer Unternehmenssysteme kann BM erfolgreich gepflegt werden, wie das Beispiel der Franchise-Ketten zeigt, bei denen jene über Vorteile im Wettbewerb verfügen, denen es besonders gut gelingt, ihre angeschlossenen Betriebe am besten zu koordinieren und zu motivieren. H.D.

Literatur: *Arndt, J.:* Toward a Concept of Domesticated Markets, in: Journal of Marketing, Vol. 43 (1979), No. 4, S. 69-75. *Bruhn, M.; Homburg, Ch.* (Hrsg.): Handbuch Kundenbindungsmanagement, Wiesbaden 1998. *Diller, H.:* Key-Account-Management als vertikales Marketingkonzept. Theoretische Grundlagen und empirische Befunde aus der deutschen Lebensmittelindustrie, in: Marketing-ZFP, 11. Jg. (1989), S. 213–223. *Diller, H.:* Entwicklungsstand und Forschungsfelder der Marketingorganisation, in: Marketing-ZFP, 13. Jg. (1991), S. 156-163. *Diller, H.:* Fallbeispiel Kundenclub – Ziele und Zielerreichung von Kundenclubs am Beispiel des Fachhandels, Ettlingen 1996. *Diller, H.; Kusterer, M.:* Beziehungsmanagement. Theoretische Grundlagen und empirische Befunde, in: Marketing-ZFP, 10. Jg. (1988), Heft 3, S. 211–220. *Dwyer, F.R., Schnur, P.H., Oh, S.:* Developing Buyer-Seller Relationships, in: Journal of Marketing, 51. Jg. (1987), No. 2, S. 11–27. *Hansen, U.:* Nachkaufmarketing. Ein neuer Trend im Konsumgütermarketing?, in: Marketing-ZFP, 14. Jg. (1992), S. 88-97. *Hansen, U.:* Lost in Relationship-Marketing Space: The Limitations of Relationship Marketing from the Perspective of the Consumer, in: *Hennig-Thurau, Th.; Hansen, U.* (Hrsg.): Relationship Marketing, Berlin u.a. 2000, S. 415-435. *Homburg, Ch.:* Kundennähe von Industriegüterunternehmen. Konzeption-Erfolgsauswirkungen-Determinanten, Wiesbaden 1995. *Joseph, W. B., Gardner, J. T., Thach, S.:* How Industrial Distributors View Distributor-Supplier Partnership Arrangements, in: Industrial Marketing Management, Vol. 24 (1995), S. 27-36. *Kalwani, M. U., Narayandas, N.:* Long-Term Manufacturer-Supplier Relationships: Do The Pay Off for Supplier Firms?, in: Journal of Marketing, Vol. 59 (January 1995), S. 1–16. *Kleinaltenkamp, M.; Plinke, W.* (Hrsg.): Geschäftsbeziehungsmanagement, Berlin u.a. 1997. *Plinke, W.:* Die Geschäftsbeziehung als Investition, in: Marketingschnittstellen. Herausforderungen für das Management, in: *Specht, G., Silberer, G., Engelhardt, W.H* (Hrsg.): Stuttgart 1989, S. 305-325. *Plinke, W.,* Ausprägungen der Marktorientierung im Investitionsgüter-Marketing, in: ZfbF, 44. Jg. (1992), S. 830–846. *Reichheld, F.R.; Sasser Jr., W.E.:* Zero Defections: Quality Comes to Services, in: Harvard Business Review, Vol. 68 (Sept.-Oct. 1990), S. 105-111. *Sheth, J.N.; Parvatiyar, A.* (Hrsg.): Handbook of Relationship Marketing, Thousand Oaks u.a. (Sage) 2000. *Smith, B.J.:* Selling Alliances – Issues and Insights, in: Industrial Marketing Management 26 (1997), S. 149-161. *Söllner, A.:* Commitment in Geschäftsbeziehungen. Das Beispiel Lean Production, Wiesbaden 1993.

Beziehungsnutzen → Beziehungsqualität, → Kundenbindungsmotive

Beziehungspromotor

Unternehmen unterhalten i.d.R. zahlreiche externe Beziehungen mit in den Wertschöpfungsprozess direkt oder indirekt integrierten Partnern. Hierunter fallen bspw. F+E-Kooperationen mit anderen Herstellern, Informationspartnerschaften mit Kunden oder aber Beziehungen zu Hochschulen und Instituten. Die optimale Integration dieser externen Inputs kann zur Schaffung strategischer Erfolgspositionen beitragen und stellt somit ein Aufgabenfeld für das → Beziehungs-Management dar. Vor diesem Hintergrund ist es Aufgabe des Beziehungs-Promotors (BP), den Erfolgsbeitrag der Außenbeziehungen zu optimieren.

Der BP ist ein Akteur im Unternehmen, der Austauschbeziehungen mit anderen Organisationen aktiv anbahnt, aufbaut, begleitet und in Teilen mit gestaltet. Die zentrale Herausforderung des Promotors liegt in der Überwindung von Beziehungs-Barrieren. Diese können sich z.B. aus der Unkenntnis geeigneter Partner, der mangelnden Kooperationsfähigkeit oder –willigkeit im eigenen Unternehmen oder beim potentiellen Partner ergeben.

Das notwendige Machtpotenzial zur Überwindung derartiger Beziehungs-Barrieren kann der BP u.a. aus seiner Fachkenntnis, seiner sozialen Kompetenz, seinem Charisma oder aber auch seiner hierarchischen Stellung im Unternehmen ziehen. Besondere Bedeutung kommt dabei seiner Stellung in sozialen Netzwerken zu. Je mehr bestehende Kontakte zu Personen mit Ressourcen und Einfluss, desto effizienter und effektiver kann er seine Aufgaben erfüllen. Diese umfassen folgende Aspekte:

1. *Initiierungsfunktion:* Nicht allen Mitarbeitern ist es möglich oder erlaubt, Kooperationspartner zu kontaktieren, z.B. weil dies ihrer hierarchischen Stellung nicht entspricht, weil finanzielle oder zeitliche Aspekte dies verbieten.
2. *Kontaktfunktion*: Der BP sucht geeignete Kooperationspartner und führt sie zusammen. Er sorgt dafür, dass sie über die entsprechenden Mittel sowie den richtigen Rahmen verfügen, um eine erfolgreiche Zusammenarbeit sicherzustellen.
3. *Dolmetscherfunktion:* Bestehen kulturelle, fachliche oder persönliche Unterschiede zwischen an einer Kooperation beteiligten Personen, ist es Aufgabe des BP, zu „dolmetschen" und die Verständigung zu erleichtern.

4. *Diplomatenfunktion*: Der Aufbau von Vertrauen und die Sicherung gegenseitigen Commitments gehört ebenso zu den zentralen Herausforderungen des BP wie die Vermittlung bei Konflikten.
5. *Informationsmanagement-Funktion*: Um das Ziel der Zusammenarbeit zu sichern, wacht der BP darüber, dass die beteiligten über das erforderliche Wissen verfügen und dass andererseits ein unerwünschter Abfluss von Informationen unterbleibt. Hierzu muss er wissen, wer welche Informationen zu empfangen hat.

Mit diesen zentralen Dienstleistungen begleitet der BP die entsprechenden Kooperationsprojekte von der Initiierung an. Ihm obliegt eine verantwortungsvolle Aufgabe, deren Umsetzung dem Unternehmen im Wettbewerb Vorteile sichert. B.I.

Literatur: *Walter, A.:* Der Beziehungspromotor. Ein personaler Gestaltungsansatz für erfolgreiches Relationship Marketing, Wiesbaden 1998.

Beziehungsqualität

Der Erfolg des → Beziehungsmarketing basiert im Fall einer Kundenbindung i.d.R. auf einer hohen Qualität der → Geschäftsbeziehung. Analog zum produkt- und dienstleistungsbezogenen Qualitätsverständnis beschreibt dabei Beziehungsqualität das Ausmaß, in dem die Geschäftsbeziehung in der Lage ist, die Wünsche und Bedürfnisse des Kunden im Hinblick auf die Geschäftsbeziehung zu erfüllen. Im Sinne einer ganzheitlichen Beurteilung der Geschäftsbeziehung umfasst die Beziehungsqualität zum einen eine leistungs- bzw. transaktionsbezogene Ebene und zum anderen eine beziehungsbezogene Ebene. Die Güte der Transaktion stellt dabei die Grundlage für eine erfolgreiche Beziehung dar.

Die leistungsbezogene Qualität der Geschäftsbeziehung kommt in der → *Kundenzufriedenheit* mit dem Leistungsanbieter zum Ausdruck. Hier bewertet der Kunde, in wieweit die bisher erfolgten Transaktionen mit dem Leistungsanbieter seine Bedürfnisse befriedigen konnten. Die Güte jener Aspekte der Beziehung, die nicht unmittelbar die erworbenen Kernleistungen betreffen, ist Gegenstand des kundenseitigen → *Vertrauens* in den Anbieter und des → *Commitment* des Kunden zur Geschäftsbeziehung. Vertrauen basiert auf der Einschätzung eines Geschäftspartners als zuverlässig und integer; Commitment beschreibt den Wunsch des Kunden, die Beziehung auch in der Zukunft fortzusetzen. Neben dem Bezugsobjekt unterscheiden sich Vertrauen und Commitment auch hinsichtlich ihrer zeitlichen Perspektive von der Kundenzufriedenheit: Während Kundenzufriedenheit das Verhalten des Anbieters in der Vergangenheit bewertet, erfolgt im Fall von Vertrauen und Commitment eine Einschätzung des zukünftigen Verhaltens des Anbieters.

Zwischen Kundenzufriedenheit, Vertrauen und Commitment als Dimensionen der Beziehungsqualität werden folgende komplexen Kausalbeziehungen postuliert (vgl. *Abb.*):

(1) *Kundenzufriedenheit und Vertrauen*: Das Zufriedenheitsurteil des Kunden steht in einem positiven Zusammenhang mit dem Vertrauen des Kunden in den Leistungsanbieter, und vice versa. Die Beurteilung eines Herstellers als „zuverlässig" auf der Grund-

Unterscheidung von Beziehungstypen anhand ihrer Beziehungsqualität

Kunden-zufriedenheit	Vertrauen	Commitment	Qualität der Geschäftsbeziehung (GB)
hoch	hoch	hoch	„Stabile" GB
hoch	hoch	gering	„viel versprechende" GB
hoch	gering	hoch	„Misstrauische" GB
hoch	gering	gering	„Promiskuitive" GB
Gering	hoch	hoch	„Frustrierte" GB
Gering	hoch	gering	„Unglückliche" GB
Gering	gering	hoch	„Unfreiwillige" GB
Gering	gering	gering	„Schwache" GB

Dimensionen der Beziehungsqualität

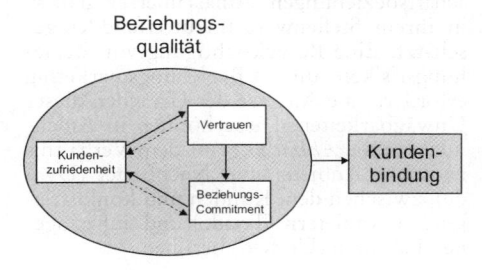

lage der bisherigen Erfahrungen ist ein wichtiger Teilaspekt einer hohen Kundenzufriedenheit und hat die Einschätzung des Leistungsanbieters als „vertrauenswürdig" zur Folge. Ein über einen längeren Zeitraum konsistent hohes Maß an Zufriedenheit ermöglicht dem Kunden folglich den Aufbau von Vertrauen in den jeweiligen Leistungsanbieter und damit einhergehend die Reduktion von Kontroll- und Sicherungsmechanismen. In umgekehrter Richtung wird die Zufriedenheit des Kunden auch von dem Ausmaß des vorhandenen Vertrauens beeinflusst. So ist anzunehmen, dass der mit der Existenz von Vertrauen verbundene Wegfall von Kontrollen mit einer unkritischeren Sichtweise des Kunden einhergeht, die eine (im Vergleich zu anderen, als weniger vertrauenswürdig eingestuften Wettbewerbern) „geschönte" Leistungsbeurteilung und eine entsprechend höhere Zufriedenheit zur Folge hat.

(2) *Kundenzufriedenheit und Beziehungs-Commitment*: Die Kundenzufriedenheit steht auch mit dem Commitment des Kunden in einem wechselseitigen positiven Zusammenhang. Die Folgen der Zufriedenheit des Kunden auf das Beziehungs-Commitment des Kunden können hinsichtlich einer kognitiven und einer affektiven Commitment-Komponente unterschieden werden. Im Hinblick auf die kognitive Komponente fördert eine hohe Zufriedenheit mit dem Anbieter die „innere Treueverpflichtung" des Kunden, da der Wechsel zu einem anderen Anbieter im Fall einer hohen Zufriedenheit für den Kunden größere Such- und Verhandlungskosten verursacht. Im Hinblick auf die affektive Komponente von Commitment kann festgestellt werden, dass wiederholte positive Transaktionen zum Aufbau emotionaler Bindungen an den Anbieter beitragen und über die Erfüllung sozialer und interaktionsbezogener Bedürf-

nisse „Zuneigung" entsteht. Umgekehrt ist der Kunde bestrebt, Unzufriedenheit, die mit der Existenz von emotionalen und/oder kognitiven Wechselbarrieren konfligiert, auf psychologischem Wege „umzuinterpretieren", um kognitive Dissonanz (→ Dissonanztheorie) abzubauen.

(3) *Vertrauen und Beziehungs-Commitment*: Schließlich steht das Vertrauen des Kunden in den Anbieter in einem positiven Verhältnis zum Commitment des Kunden zur Geschäftsbeziehung. So handelt es sich zum einen bei dem Aufbau von Vertrauen um einen (aus Sicht des Kunden) auch ökonomisch erstrebenswerten Vorgang, da dieser mit Effizienzsteigerungen für den Kunden verbunden ist; das Vorhandensein von Vertrauen in einen Anbieter fördert somit das kognitive Commitment des Kunden. Zum anderen geht mit dem Aufbau von Vertrauen die (i.d.R. unausgesprochene) Formulierung von Anforderungen an das soziale Verhalten des Anbieters einher – deren Erfüllung hat wiederum die Steigerung des affektiven Commitment zur Folge.

Die Kombination der Dimensionen Kundenzufriedenheit, Vertrauen und Commitment ermöglicht die Identifikation verschiedener Beziehungstypen anhand ihrer Beziehungsqualität (vgl. *Tab.*). Eine derartige Klassifikation von acht qualitativ unterschiedlichen Beziehungstypen liefert wichtige Hinweise in Bezug auf die Stabilität existenter Geschäftsbeziehungen und sollte den Startpunkt für konkrete Aktivitäten zur Steigerung der Qualität wichtiger Beziehungen markieren. Einen konkreten Messansatz der Beziehungsqualität, der die Dreidimensionalität des Konstruktes um die Unterscheidung von Potenzial-, Prozess- und Ergebnismerkmale ergänzt und sich an dem → Beziehungsebenenmodell von *Diller/Kusterer* orientiert, stellt das → KAMQUAL-Modell dar.

Das dreidimensionale Verständnis von Beziehungsqualität ist um weitere Konstrukte ergänzt worden, so z.B. um die Existenz kooperativer Normen, Opportunismus, Expertentum des Unternehmens und dessen Bereitschaft zur Investition. Allerdings weist eine solche Erweiterung Überschneidungen auf; zudem zeigen empirische Untersuchungen, dass Kundenzufriedenheit, Vertrauen und Commitment ein recht hohes Maß an Kundenbindung erklären. Viel versprechender als eine Erweiterung des Konstruktes Beziehungsqualität ist die Frage nach den grundlegenden → Kundenbin-

dungsmotiven, die zu einer hohen Beziehungsqualität führen. Sind solche Motive bekannt, kann durch die Vermittlung geeigneter Beziehungsnutzen („relational benefits") die Qualität der Geschäftsbeziehung systematisch verbessert werden. Während auf der Ebene der Transaktion bzw. des Produktes/der Dienstleistung eine Vielzahl unterschiedlicher Kaufmotive existieren, werden im Hinblick auf die Beurteilung der Beziehungsebene neben dem Streben den Kunden nach Vertrauen vor allem soziale Motive und Sonderbehandlungsmotive („special treatments") genannt. *Sozialer Beziehungsnutzen* betrifft den emotionalen Aspekt der Beziehung zwischen einem Kunden und einem Dienstleistungsmitarbeiter. Hierunter fallen das Entstehen von Bekanntschaften und Freundschaften, welche die traditionelle Unterscheidung von privatem Lebensumfeld und ökonomischen Austauschprozessen aufheben bzw. zumindest in Frage stellen. *Nutzen aus Sonderbehandlung* beinhaltet zum einen monetäre (z.B. Preisnachlässe) und bestimmte nichtmonetäre Vorteile (z.B. Zeitersparnis durch bevorzugte Behandlung), die der Kunde aus der Geschäftsbeziehung erfährt, zum anderen solche Nutzenaspekte, die auf der Individualisierung des Leistungsangebotes speziell bei „Stammkunden" basieren.

Th.H.-T.

Literatur: *Diller, H.:* KAMQUAL: Beziehungserfolge realisieren, in: absatzwirtschaft, Sonderheft 10/1996, S. 174-187. *Hennig-Thurau, Th.:* Die Qualität von Geschäftsbeziehungen im Dienstleistungssektor: Konzeptualisierung, empirische Messung, Gestaltungshinweise, in: *Bruhn, M., Stauss, B.* (Hrsg.): Jahrbuch Dienstleistungs-Marketing, Wiesbaden 2000. *Hennig-Thurau, Th., Gwinner, K.P., Gremler, D.D.:* Why Customers Build Relationships with Companies – and Why not, in: *Hennig-Thurau, Th., Hansen, U.* (Hrsg.): Relationship Marketing, Heidelberg 2000, S. 369-391. *Morgan, R.M., Hunt, S.D.:* The Commitment-Trust Theory of Relationship Marketing, in: Journal of Marketing, Vol. 58 (1994), July, S. 20–38.

Beziehungsrisiken

bezeichnen die auf sachlichen, persönlichen, macht- sowie organisationsbezogenen Faktoren beruhenden Unwägbarkeiten einer → Geschäftsbeziehung, die deren wirtschaftlichen Erfolg aufgrund unerwünschter Konsequenzen gefährden. Angesichts der Notwendigkeit vieler Anbieter, sich auf hart umkämpften Märkten die kritische Ressource Nachfrage zu sichern, werden Beziehungsrisiken beim Aufbau von Geschäftsbeziehungen oftmals übersehen bzw. in ihrem Stellenwert unzutreffend eingeschätzt. Eine Berücksichtigung von Beziehungsrisiken im → Beziehungsmarketing erfordert eine Analyse der Ursachen dieser Unwägbarkeiten. Diese können in Anlehnung an die *Abbildung* auf dem Verhältnis zwischen Anbieter und Nachfrager (Dyade), zwischen dem Kunden und konkurrierenden Anbietern (Triade) und auf exogenen Faktoren (Umfeld) beruhen.

Felder von Beziehungsrisiken
(i.A.a. *Plinke/Söllner* 1997, S. 341)

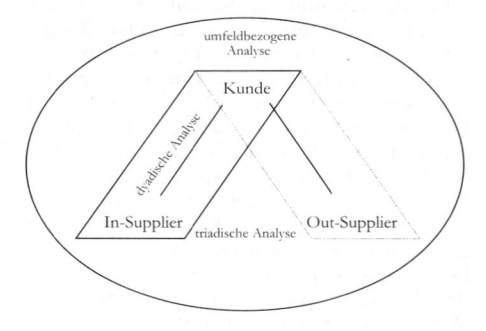

Grundsätzlich kann eine Geschäftsbeziehung als ein Investitionsobjekt betrachtet werden (*Plinke* 1989), bei dem anfängliche Auszahlungen in der Hoffnung getätigt werden, dass diesen spätere Einzahlungsüberschüsse gegenüberstehen, so dass sich die Investition rentabel gestaltet. Insbesondere die späteren Einzahlungsüberschüsse sind im Regelfall sehr ungewiss, und zwar aus folgenden Gründen:

(1) *Dyadische Analyse*: Generell besteht die Gefahr, die Bedarfssituation des Nachfragers falsch einzuschätzen, wobei sich die Fehleinschätzung sowohl auf die Preisbereitschaft als auch auf die Bedarfsmengen beziehen kann. Speziell ist festzustellen, dass das Management einer Geschäftsbeziehung die Vornahme partnerspezifischer Investitionen erfordert. Die entsprechenden Investitionsobjekte sind in anderen Beziehungen nicht oder nur eingeschränkt nutzbar: Es entstehen sog. „*beziehungsspezifische Quasirenten*", die ggfs. vom Tauschpartner vereinnahmt werden können. Dies gilt insbesondere dann, wenn dieser selbst nicht in vergleichbarem Umfang in die Geschäftsbeziehung investiert hat und sich

dem anderen Partner gegenüber opportunistisch verhält, wie dies mitunter in Geschäftsbeziehungen des Zulieferbereichs beobachtet werden kann (vgl. *Freiling* 1995).

(2) *Triadische Analyse*: Risiken ergeben sich ferner daraus, dass ein Anbieter mit anderen Anbietern in *Wettbewerbsbeziehung* steht, was zu der Gefahr führt, aufgrund von Wettbewerbsnachteilen vorübergehend oder dauerhaft den Kontakt zum Kunden zu verlieren. Gleiches gilt im Übrigen spiegelbildlich auch für den in der *Abbildung* nicht dargestellten Fall der Nachfragerkonkurrenz. Im Falle der Anbieterkonkurrenz entstehen einem In-Supplier dadurch Risiken, dass sein Kunde glaubhaft mit der Abwanderung zum Out-Supplier droht. Ein weiteres Risiko für den In-Supplier erwächst aus der Gefahr, dass sein in die Geschäftsbeziehung eingebrachtes Know-how zum Konkurrenten abfließt, was die eigenen Wettbewerbsvorteile zu erodieren vermag.

(3) *Umfeldbezogene Analyse*: Geschäftsbeziehungen sind Teil eines *Netzes organisationaler Beziehungen*. Von diesem Netzwerk können Impulse ausgehen, die eine konkrete Geschäftsbeziehung negativ beeinflussen. So kann etwa durch außenstehende Dritte bewirkt werden, dass eine Geschäftsbeziehung zwischen Anbieter und Nachfrager abgebrochen wird. Aus Anbietersicht gilt es, diese Risiken durch Informationsbeschaffung systematisch zu erfassen, um ggfs. risikoreduzierende Maßnahmen ergreifen zu können und einer nicht beabsichtigten Beendigung der Geschäftsbeziehung zu begegnen. J.F.

Literatur: *Freiling, J.*: Die Abhängigkeit der Zulieferer, Wiesbaden 1995. *Plinke, W.; Söllner, A.*: Screening von Risiken in Geschäftsbeziehungen, in: *Backhaus, K. et al.* (Hrsg.): Marktleistung und Wettbewerb, Wiesbaden 1997, S. 331–363.

Beziehungsstil

Unternehmen stehen bei der Gestaltung von Austauschprozessen mit Kunden zwei grundsätzliche strategische Orientierungen zur Verfügung → Beziehungsmarketing und Transaktionsmarketing. Aufgrund einer Erhöhung der Wettbewerbsintensität auf vielen Märkten und der sich daraus ergebenden Notwendigkeit, die Bindung existierender Kunden mit höherer Priorität zu forcieren als die Gewinnung neuer Kunden, haben zahlreiche Unternehmen sich verstärkt dem beziehungsorientierten Ansatz zugewandt.

In der wissenschaftlichen Literatur wird das BM als Meta-Strategie bisher nicht näher nach denkbaren Spielarten unterschieden. Inhaltlich werden nicht Verhaltens-, sondern Zielnormen diskutiert. Als Aufgabenbereich des BM wird der Aufbau, die Pflege und (wo sinnvoll und machbar) der Ausbau von langfristigen Austauschbeziehungen mit Kunden definiert. Hieraus lassen sich zunächst jedoch keine Aussagen darüber ableiten, *wie* ein Anbieter die → Geschäftsbeziehungen zu führen hat, welches Beziehungs*verhalten* er also an den Tag legen muss, um Geschäftsbeziehungen erfolgreich zu führen.

Dabei sprechen zahlreiche Gründe dafür, dass Unternehmen, die eine relationale Strategie für das Management aller oder ausgewählter Kunden verfolgen, hierfür sehr unterschiedliche Ansätze wählen können, ja sogar müssen, u.a.:

- Da das BM eine strategische Meta-Orientierung auf hohem Abstraktionsniveau ist, erlaubt es zunächst Anbietern nicht, sich vom Wettbewerb zu differenzieren. Dies muss über die konkrete Ausgestaltung des Ansatzes erfolgen (Notwendigkeit der Differenzierung).
- Da Anbietern im BM eine breite Palette beziehungspolitischer Instrumente zur Verfügung steht, verfügen sie gleichzeitig auch über die strategischen Möglichkeiten einer Differenzierung (→ Differenzierungsstrategie).
- Nicht alle Anbieter auf einem Markt verfügen über dieselben Ressourcen im Wettbewerb. Diese Restriktionen führen ebenfalls zu Variationen im Beziehungsverhalten.
- Neben Ressourcenrestriktionen verzerren aber auch zahlreiche interne (z.B. Ressortegoismen) und externe (Wettbewerber- oder Zulieferverhalten) Störgrößen die Ausgestaltung des BM (= operative Restriktionen).
- Die internen und externen Zielsysteme, welche das Handeln von Unternehmen leiten, können sehr unterschiedlich ausgestaltet sein.
- Unternehmensverhalten wird in hohem Maß durch die spezifische Unternehmenskultur determiniert. Die der Kultur zugrunde liegenden Werte und Normen variieren aber von Anbieter zu Anbieter.

Aus diesen Argumenten wird deutlich, dass in der Praxis eine Differenzierung des BM zu erwarten ist. In Analogie zum → Füh-

Beziehungszahlen   176

rungs-, zum → Werbe- oder zum → Verhandlungsstil von Unternehmen lässt sich hier auch vom Beziehungsstil des Anbieters sprechen. Das Stilkonzept erfasst (allgemein) das langfristige Verhalten eines Individuums oder einer Organisation bei der Ausübung einer bestimmten Tätigkeit. Dementsprechend beschreibt der Beziehungsstil das Verhalten von Unternehmen und ihren Mitarbeitern in langfristigen Geschäftsbeziehungen mit Kunden. Unterschiedliche Beziehungsstile lassen sich über die von Anbietern verfolgte spezifische Kombination von Handlungsoptionen im BM beschreiben. Dabei fließt eine Vielzahl von Aspekten in den Beziehungsstil ein.
So ist u.a. relevant, wie mit dem Kunden kommuniziert wird. Dabei kann z.B. der Umgang mit Informationen offen oder restriktiv, formal oder informell gehandhabt werden, es kann regelmäßig oder unregelmäßig zum Informationsaustausch kommen. Auch die Frage, ob Kundeninformationen systematisch gesammelt und ausgewertet werden, ist ein Teilaspekt.
Der Anbieter kann zudem in unterschiedlichem Ausmaß und auf unterschiedlichen Wegen Commitment zur Geschäftsbeziehung zeigen, etwa durch das Tätigen kundenspezifischer Investitionen, durch eine besonders intensive Betreuung des Kunden oder durch den Aufbau einer starken persönlichen Beziehung.
Im Umgang mit dem Kunden kann unterschiedlich stark auf Einflussnahme gesetzt werden. In Konfliktsituationen kann die Problemlösung dabei auf Persuasion, Verhandlung oder Machtausübung basieren. Im Fall von Konflikten kann eher eine gütliche Einigung im Vordergrund stehen oder aber eine Austragung mit allen Konsequenzen forciert werden.
Der Anbieter kann des Weiteren mehr oder minder kundenorientiert agieren, z.B. in Bezug auf Produktanforderungen, Zahlungskonditionen oder Serviceerwartungen, auf die Individualisierung des Angebotes oder hinsichtlich der zeitlichen Flexibilität in der Geschäftsbeziehung.
Hinsichtlich des Regelungsfundamentes können Transaktionen zudem verstärkt auf Vertrauen basieren, oder aber umfassend durch externe Versicherungs- oder eigene Kontrollmechanismen abgesichert sein.
Die Bindung des Kunden kann z.B. über die Begeisterung des Kunden für den Anbieter und seine Leistung, andererseits aber auch über die Errichtung von Austrittsbarrieren aus der Beziehung zu erzielen versucht werden.
Der jeweils einzigartige Beziehungsstil eines Unternehmens ergibt sich aus der Kombination der Elemente der Beziehungspolitik. Eine empirische Untersuchung von Beziehungsstilen fehlt bislang. Daher lässt sich auch keine Aussage darüber treffen, welche Stile in der Praxis besonders häufig vorkommen oder ob gewisse Stile zu einem besseren Beziehungserfolg (etwa zu höherer → Beziehungsqualität) führen. B.I.

Beziehungszahlen

sind → Marketingkennzahlen, bei denen zwei sachlich miteinander verwandte Größen, die gleiche Zeiteinheiten betreffen, zueinander in Beziehung gesetzt werden. Eine besonders wichtige Form der Beziehungszahlen sind Leistungskennzahlen, bei denen jeweils eine Ergebnisgröße einer Einsatzgröße gegenübergestellt wird.

Bezugnehmende Werbung

Fachterminus des → UWG und Sammelbegriff für die Ausnutzung fremder Leistungen und Ergebnisse in der eigenen Werbung („anlehnende Werbung"), für persönlich bezugnehmende Werbung sowie für → vergleichende Werbung. Alle drei Formen sind nach UWG grundsätzlich unlauter, wobei Ausnahmen in Fällen → allegatorischer Werbung, bei Abwehrvergleichen, Systemvergleichen und Auskunftsvergleichen zulässig sind. Im Hinblick auf die europäische Angleichung wird eine Auflockerung dieser strengen Bestimmungen diskutiert.

Bezugsbindung
→ Vertriebsbindungssysteme

Bezugsgruppe, Bezugsperson

soziale Gruppe (→ Gruppe, soziale) bzw. Einzelperson, an deren Kenntnissen, Einstellungen, Werten und Verhaltensweisen sich das Individuum ausrichtet. Die Ausrichtung kann sowohl Konformität – z.B. Kauf des gleichen Markenartikels – als auch Anti-Konformität (→ Subkultur) – z.B. Kauf eines anderen Markenartikels oder aber Kaufenthaltung – zur Folge haben (→ sozialer Einfluss). E.K.

Bezugskalkulation → Handelskalkulation

Bezugspunkt → Prospecttheorie

Bezugspunktsystem
→ Logistikkonditionen

BFS (Bundesverband der Filialbetriebe und Selbstbedienungswarenhäuser e.V.)
Der BFS ist 1988 entstanden aus der 1948 gegründeten ALF (Arbeitsgemeinschaft der Lebensmittel-Filialbetriebe) und dem 1968 gegründeten BdSW (Bundesverband der Selbstbedienungs-Warenhäuser). Der BFS vertritt die Interessen von Filialbetrieben mit Lebensmitteln und Spezial-Sortimenten, SB-Warenhäusern, Verbrauchermärkten und Fachmärkten und Lebensmittelabteilungen der Warenhäuser in der Bundesrepublik Deutschland und Berlin. Die wichtigsten Ziele des BFS sind:
- wettbewerbsneutrale Politik für alle Handelsformen unabhängig vom Standort
- mehr Marktwirtschaft durch Deregulierung
- eine verbrauchergerechte Ladenöffnungszeit
- keine handelsbezogenen Kartellnovellen
- ein wettbewerbsneutrales Baurecht
- Umweltsicherung unter marktwirtschaftlichen Rahmenbedingungen.

Anschrift: Handelshaus, Am Weidendamm 1a, 10117 Berlin. B.H.

BGA (Bundesverband des Deutschen Groß- und Außenhandels e.V.)
Der BGA wurde 1949 gegründet. Die Träger des BGA sind die zuständigen Landesverbände, die Bundesfachverbände des Rohstoff-, Halbwaren-, Investitions- und Konsumgütergroß- und Außenhandels und die Bundesfachverbände des Agrar- und Ernährungsgütergroß- und -außenhandels. Der BGA arbeitet durch Vorschläge und Stellungnahmen, Eingaben und Interventionen an der wirtschaftspolitischen Entscheidungsvorbereitung in Regierung und Parlament mit, vor allem in Fragen der Konjunktur- und Strukturpolitik, der Wettbewerbspolitik, der Währungs-, Kredit- und Geldpolitik, der Finanz- und Steuerpolitik, der Arbeits- und Tarifpolitik, der Außenhandels-, Agrar-, Europa- und Entwicklungspolitik, der Verkehrs-, Infrastruktur- und Umweltpolitik. Anschrift: Handelshaus, Am Weidendamm 1a, 10117 Berlin. B.H.

Bilanzierung und Marketing
→ Steuerliche Aspekte des Marketing

Bilanzpressekonferenz
→ Investor Relations

Bilderscheck
nach herrschender Rechtsprechung zulässige Form der Zugabe, bei der einer Produktpackung ein Gutschein beigefügt wird, der seinen Inhaber – ggf. nach Sammeln einer bestimmten Anzahl von Schecks – zum Bezug eines Bildes aus einer Bilderserie berechtigt. Ziel von Bilderschecks ist die Steigerung der → Markentreue insb. bei Kinder und Jugendlichen.

Bilderskala → Skalierungstechnik

Bildkommunikation (visuelle Kommunikation)
bezeichnet die → Kommunikation mittels Bildern. Dabei können die Bilder eine dominante oder neben dem Text eine untergeordnete Rolle spielen. Die Bildkommunikation ist ein Teil der → Kommunikationspolitik, speziell der → nonverbalen Kommunikation, die im modernen → Medienstil wichtige Funktionen übernimmt.

(1) Bedeutung der Bildkommunikation
Wir stehen an der Schwelle des Zeitalters der Bildkommunikation. Es wird von den Kommunikationsmustern des Fernsehens geprägt. Bilder, nicht Worte, werden immer mehr zur Grundlage menschlicher Überzeugungen und Meinungen. Wissenschaftler sprechen deshalb von einer „visuellen Generation", die die Sprachgeneration ablösen wird. Das gilt auch für die Marktkommunikation. Der visuelle Auftritt einer Firma oder Marke entscheidet in zunehmendem Maße über die Akzeptanz bei den Kunden, v.a. bei wenig involvierten Konsumenten. Das spiegelt sich auch darin wider, dass der Anteil der Bilder in der Anzeigenwerbung für Konsumgüter von 50 % in den 1950er-Jahren bis heute auf 70 % gestiegen ist und weiter wächst. Wirksame Kommunikation heißt deswegen in Zukunft v.a. Bildkommunikation. Darauf weisen auch neuere Ansätze im Marketing hin: Im Einzelhandel versucht man, den Verkauf durch den systematischen Einsatz von Bildern im Laden zu fördern: In den USA spricht man von „selling by pictures" und → „visual merchandising". In der Konsumgüterindustrie kommt man immer mehr zu der Einsicht, dass der Markterfolg mehr vom visuellen Profil der Marke als von den sprachge-

bundenen Kenntnissen über die Marke abhängt.

Die Macht der Bilder lässt sich mit Gesetzmäßigkeiten des menschlichen Gedächtnisses erklären. Unser Wissen darüber verdanken wir in erster Linie einem psychologischen Forschungszweig, der *Imageryforschung* genannt wird (nicht mit Imageforschung zu verwechseln): Unter *Imagery* versteht man die Entstehung, Verarbeitung und Speicherung von inneren Bildern, also von bildlichen Vorstellungen im Gehirn. Beispiel: Wenn jemand gefragt wird, welche bildlichen Vorstellungen er mit *Marlboro* verbindet, so taucht vor seinem inneren Auge der Cowboy in einer Wildwestlandschaft auf. Dieses innere Bild ist so klar, dass sogar die Krempe des Cowboyhutes beschrieben werden kann. Die in der Kommunikation benutzten Bilder – etwa eines Produktes oder einer emotionalen Szene – erzeugen im Empfänger solche inneren Bilder bzw. Imageryvorgänge. Von diesen hängt es ab, wie sich die dargebotenen Bilder auf das Verhalten auswirken. (Deswegen werden die Verhaltenswirkungen von Bildern oft als Imagerywirkungen bezeichnet.)

Eine besondere Schwierigkeit ist die Messung der Imageryvorgänge im Gehirn, weil die inneren Bilder eines Menschen oft nicht klar bewusst sind und sprachlich nur unzureichend ausgedrückt werden können. Da das Marketing die Wirkungen der Bildkommunikation empirisch kontrollieren möchte, wird die Messung der inneren Bilder zu einem neuralgischen Punkt der Marktforschung. Messansätze liegen vor (*Ruge*, 1988). Eine Reihe von Unternehmen und Marktforschungsinstitute führen bereits systematische Imagerymessungen durch.

Die für das Marketing entscheidenden Bildwirkungen lassen sich wie folgt zusammenfassen:

(a) *Schnelle Kommunikation* durch das Bild: Bilder werden im Gehirn weitgehend automatisch, mit geringer gedanklicher Anstrengung verarbeitet. Dadurch können Bilder besonders schnell aufgenommen werden. Um ein Bild geringer bis mittlerer Komplexität aufzunehmen, benötigt der Empfänger eine bis zwei Sekunden. In dieser Zeit können jedoch nur fünf bis zehn Wörter aufgenommen werden. Also: ein Bild gegen fünf bis zehn Wörter. In den meisten Fällen wird das Bild den Wettlauf bei der Informationsvermittlung gewinnen. Auf einen kurzen Nenner gebracht: Bilder sind „schnelle Schüsse ins Gehirn" (*Kroeber-Riel*). Die schnelle und mühelose Kommunikation durch das Bild entscheidet v.a. dann über den Kommunikationserfolg, wenn die Empfänger wenig involviert sind und sich der Kommunikation nur kurz und flüchtig zuwenden. Das ist v.a. bei der Werbung der Fall. Die mittlere Betrachtungsdauer für eine Anzeige beträgt maximal zwei Sekunden. In dieser kurzen Zeit wird fast nur die über das Bild vermittelte Information wirksam:

Abb. 1: Dominanz der Bildinformation in der Anzeigenwerbung

1 Elemente der Anzeigen	2 erforderliche Betrachtungszeit	3 tatsächliche Betrachtungszeit	4 entstehender Informationsüberschuss
Bild	2	1,3	35%
Text	33–38	0,7	98%
insgesamt	35,5	2,0	94%

[Anmerkung: Betrachtungszeit in Sekunden. Informationsüberschuss = Informationsangebot (erforderliche Betrachtungszeit) minus Informationsbeobachtung (tatsächliche Betrachtungszeit) in Prozent des Informationsangebotes.]

Abb. 1 zeigt, wie viel Zeit durchschnittlich aufgewendet werden muss, um die Sprach- und Bildinformationen einer Anzeige aufzunehmen (Sp. 2) und wie lange sich die Konsumenten tatsächlich diesen Anzeigenelementen zuwenden (Sp. 3). Rd. 70 % der Zeit entfallen auf das Bildmotiv der Anzeige, das sind 1,3 Sekunden. In dieser Zeit kann der Empfänger häufig die im Bild enthaltene Werbebotschaft aufnehmen und verarbeiten. Dagegen verdammt die kurze Betrachtungszeit des Textes die sprachliche Information zu weitgehender Wirkungslosigkeit (im Einzelnen: *Kroeber-Riel/Esch*, 2000; *Kroeber-Riel*, 1993).

Eine zentrale Herausforderung bildet deshalb die bildliche Vermittlung der *Schlüsselinformationen*. Diese können direkt oder indirekt durch das Bild vermittelt werden. Eine direkte bildliche Informationsvermittlung kann durch unmittelbare Abbildung eines Sachverhalts (z.B. Reifen mit Profil) oder über Side-by-side-Vergleiche erfolgen. Indirekte Informationsvermittlungen durch

Bildkommunikation (visuelle Kommunikation)

das Bild sind durch Nutzung von Bildassoziationen aufgrund der räumlichen Nähe der abgebildeten Bildelemente (Eine Zigarette fliegt durch den Weltraum: ehemalige Philip Morris-Werbung), durch Bildanalogien (ein Auto, so rassig wie ein Pferd) sowie durch Bildmetaphern (Der Kunde ist König, visualisiert durch einen ausgelegten roten Teppich) möglich. Von den Bildassoziationen bis hin zu den Bildmetaphern wird dabei der Interpretationsspielraum zunehmend eingeengt (*Kroeber-Riel*, 1993).

(b) *Emotionale Kraft des Bildes*: Das Bild – v.a. das Foto – ist eine analoge Abbildung der Realität. Es erzeugt im Empfänger die gleichen Wahrnehmungsbilder wie die Realität selbst. Bilder sind demzufolge in der Lage, die emotionalen Reize der Wirklichkeit zu „simulieren". Sie erzeugen dadurch stärkere Wirkungen als die sprachliche Darstellung dieser Reize: Z.B. erzeugen erotische Bilder wesentlich stärkere emotionale Reaktionen als die sprachliche Beschreibung erotischer Reize (→ emotionale Werbung). Eine schnelle und wirksame emotionale Beeinflussung ist deswegen v.a. auf den Einsatz von Bildern angewiesen – aber nur von solchen Bildern, die ein wirksames emotionales Schema im Empfänger ansprechen, nicht von Bildern, die nur einen indirekten (symbolischen, metaphorischen) Gehalt haben.

Beispiel: Die Anzeige einer spanischen Luftverkehrsgesellschaft soll dadurch emotionale Wirkungen entfalten, dass das Sonnenschema angesprochen wird („Die Sonnenroute der Iberia"). Ein solcher Appell wirkt aber nur, wenn dieses Schema durch ein geeignetes Bildmotiv (das typische Sonneneigenschaften wiedergibt) getroffen wird. In der *Iberia*-Anzeige wird nur eine Sonnenbrille dargestellt, welche die Sonne symbolisieren soll. Eine solche indirekte symbolische Ansprache wirkt weniger emotional als eine direkte Abbildung von Sonne.

Noch weiter vom emotionalen Eindruck entfernt ist die in *Abb. 2* wiedergegebene Anzeige der *Swiss Air*, die das Erlebnis des Verwöhntwerdens durch ein abstraktes Bild vermitteln will, in der die Erlebnisse, damit man sie überhaupt bemerkt, sprachlich angezeigt werden. Die entscheidende Regel zur Auslösung von emotionalen Wirkungen lautet also: Sprich durch das Bild ein vorhandenes inneres Schemabild an, das emotional besetzt ist. Dies können entweder biologisch vorprogrammierte Schemata (z.B. Augenschema, Kindchenschema), kulturell geprägte Schemata (wie Tropenschema, Mittelmeerschema) oder zielgruppenspezifisch gelernte Schemata (z.B. Fußballschema) sein (*Kroeber-Riel, Esch*, 2000).

Abb. 2

Überlegenes Bildgedächtnis: Die Auswirkungen der Bildkommunikation auf das Gedächtnis wurden bisher am meisten untersucht. Wir können nach dem heutigen Erkenntnisstand von folgender Gesetzmäßigkeit ausgehen:

- Reale Ereignisse werden besser erinnert als entsprechende Bilder.
- Bilder werden besser erinnert als konkrete Wörter.
- Konkrete Wörter werden besser erinnert als abstrakte.

Die praktische Anwendung für die Kommunikation ist offensichtlich: Nutze Imagerywirkungen, um die Botschaft im Gedächtnis der Empfänger zu verankern. Das bedeutet: Inszeniere so weit möglich die Botschaft durch Bilder statt durch Sprache. Beispiel: Der bildliche Vergleich von Produkteigenschaften (klassischer „side by side-Vergleich") führt zu stärkerer Erinnerung als eine rein sprachliche Darstellung

Bildkommunikation (visuelle Kommunikation)

der Produkteigenschaften. Darüber hinaus gibt es zahlreiche weitere Anwendungsmöglichkeiten wie die Verwendung von Bildelementen in Markennamen oder der Einsatz visueller Markensignale, wie dem *Lacoste*-Krokodil oder dem *Michelin*-Männchen (*Abb. 3*). Diese Bildsignale (visuelle Präsenzsignale) wirken als Gedächtnisstütze für die Marke, sie verbessern dadurch die gedankliche Markenpräsenz. Zudem lässt sich auch das → Markenimage durch Schlüsselbilder vermitteln. Ein Schlüsselbild ist das visuelle Extrakt der Positionierungsbotschaft. Es handelt sich um ein bildliches Grundmotiv, das über viele Jahre hinweg das Markenimage vermittelt (Beispiel: *Marlboro*-Cowboy).

Abb. 3: Visuelle Markensignale

(c) *Verhaltenswirkung des Bildes*: Die im Gedächtnis gespeicherten inneren Bilder haben einen starken Einfluss auf das Verhalten. Beispiel: Die bildlichen Vorstellungen, die mit einer Marke verknüpft sind, fördern die Markenpräferenz und das davon abhängige Kaufverhalten. Die Verhaltenswirkungen hängen jedoch davon ab, wie „lebendig" das innere Bild ist. Lebendigkeit („*vividness*") ist ein Fachausdruck der Imageryforschung, mit dem die Klarheit und Deutlichkeit bezeichnet wird, mit der das Gedächtnisbild vor den inneren Augen steht. Je lebendiger das innere Bild ist, umso stärker schlägt es auf das Verhalten durch (*Ruge*, 1988, *Kroeber-Riel*, 1986).

(d) Die *Messung* der Lebendigkeit innerer Bilder kann im einfachen Fall durch eine Befragung mittels der Marks-Skala erfolgen, etwa bezüglich der Lebendigkeit innerer Bilder wie folgt:

„Das innere Bild ist ...

- völlig klar und so lebendig wie die Realität
- klar und ziemlich lebendig
- mäßig klar und lebendig
- vage und undeutlich

Ich habe überhaupt kein Bild. Ich weiß nur, dass ich an ... denke."

Genauere Messungen erhält man mit Hilfe von → Bilderskalen.

Die in der Kommunikation benutzten Bilder rufen nur dann lebendige und verhaltenswirksame Gedächtnisbilder im Konsumenten hervor, wenn sie

- einen konkreten Inhalt haben,
- gestaltfest sind,
- nicht austauschbar sind.

Die gegenwärtige Marktkommunikation vernachlässigt in erheblichem Maße diese Erkenntnisse. Sie fabriziert eine vorwiegend stereotype, austauschbare und wenig wirksame Bilderflut.

(e) *Manipulationseffekt des Bildes*: Es wurde bereits hervorgehoben, dass Bilder die Realität „simulieren". Dieser Sachverhalt begründet nicht nur die stärkeren emotionalen Wirkungen der Bilder, sondern auch ihren Manipulationseffekt: Bilder werden als „zweite Wirklichkeit" weniger hinterfragt als sprachliche Darstellungen. Sie werden eher als Wirklichkeit akzeptiert. Dadurch entfaltet das Bild manipulative (= nicht durchschaubare) Wirkungen, die sich die Werbung zunutze machen kann.

Die manipulativen Wirkungen werden durch die automatische Bildverarbeitung im Gehirn unterstützt. Empirische Untersuchungen haben nachgewiesen, dass die Konsumenten, denen durch die Werbung Bilder dargeboten werden, weniger gedankliche Aktivitäten entfalten als die Empfänger sprachlicher Werbung und dass sie deswegen weniger innere Gegenreaktionen gegen die Werbung entwickeln. Man hat sich deswegen von der Ansicht entfernt, es wäre generell zweckmäßig, die Empfänger dazu zu bringen, sich gedanklich mit der Werbung auseinander zu setzen. Die passive und gedanklich wenig kontrollierte Übernahme von Bildinformationen aus der Werbung kann erheblich mehr Beeinflussungswirkungen auslösen. W.K.-R./F.-R.E.

Literatur: *Kroeber-Riel, W.*: Bildkommunikation, München 1993. *Kroeber-Riel, W.; Esch, F.-R.*: Strategie und Technik der Werbung, 5. Aufl., Stuttgart 2000. *Ruge, H.-D.*: Die Messung bildhafter Konsumerlebnisse. Entwickung und Test einer neuen Messmethode, Heidelberg 1988.

Bildschirmbefragung
→ Computergestützte Befragung

Bildschirmtext (BTX)
bezeichnet den ersten deutschen proprietären Dienst, der von der Deutschen Bundespost 1983 gestartet wurde. Btx basiert auf einer schmalbandigen Telekommunikationstechnik, die eine erste Übertragung von Text, einfachen graphischen Darstellungen und Daten ermöglichte.
Jeder Btx-Teilnehmer benötigte einen speziellen Btx-Decoder, um die Daten empfangen zu können. Die grafische Darstellung beschränkte sich auf die Übertragung von 24 Zeilen mal 40 Zeichen, was ein Grund für die geringe Nutzungsakzeptanz und das Scheitern des Dienstes war. Einen Relaunch fand der Dienst mit der Einführung einer grafischen Benutzeroberfläche und der Umbenennung zu Datex-J, was schließlich 1995 in den Dienst T-Online übergegangen ist.

Billigwarenstrategie
→ Preis-Qualitäts-Strategie

Billing-Insert
Spezialvariante der → Direktwerbung, bei der die Werbemittel (Prospekte, Antwortkarten etc.) zusammen mit eigenen oder fremden (z.B. Telefon-) Rechnungen versendet werden (*Double-Bill-Technik*; s.a. → Beilage). Die Antwortquoten liegen erfahrungsgemäß zwar deutlich niedriger, als bei klassischen Mailings (→ adressierte Werbesendung), allerdings fallen auch deutlich geringere Portokosten an (deswegen auch: *Free-Ride-Offer*). In gleicher Form ist dieser Ansatz auch auf den Versand von Kontoauszügen bzw. sonstiger Korrespondenz übertragbar.

Billings
von der Fachzeitschrift „Advertising Age" entwickelte Verrechnungseinheit für die von der → Werbewirtschaft erzielten Umsätze, die sich durch unterschiedliche Behandlung von Fremdkosten etc. nur schwer vergleichen lassen. Alle Provisionen und Honorare einer Periode ergeben dabei den Rohertrag (Etat mal Provisionssatz) oder „Gross Income", der mit dem Faktor 6,67 multipliziert wird, um die „equivalent billings" einer Agentur zu berechnen. Man schließt dabei also von den Agenturhonoraren auf den Bruttoumsatz von Agenturen.

Bill of entry
im → Außenhandel übliche Bezeichnung für einen Zolleinfuhrschein.

Binäre Segmentierung → AID

Bindeauflage
im Gegensatz zur Druckauflage jene Anzahl von Exemplaren eines Buches, Kataloges oder einer Zeitschrift, die nicht nur gedruckt, sondern auch gebunden und zum Vertrieb gegeben wurde.

Bindevariable → Single Source-Ansatz

Binnengroßhandel
Betriebstyp des → Großhandels, der im Gegensatz zum → Außengroßhandel den Schwerpunkt seiner Tätigkeit innerhalb der Zollgrenzen eines Landes entfaltet. Er kontrahiert sowohl auf der Beschaffungs- als auch auf der Absatzseite mit binnenländischen Marktpartnern, wobei grundsätzlich auch ausländische Waren umgesetzt werden können. K.Ba.

Binnenhandelspolitik
Der Austausch von Waren und Informationen, die Erbringung von Dienstleistungen

Binnenmarkt

und die Übertragung von Rechten vollziehen sich in einer Volkswirtschaft innerhalb einer bewusst gewählten Rechts- und Gesellschaftsordnung, deren permanente Perfektionierung ein wesentliches Aufgabenfeld der Binnenhandelspolitik darstellt. Daneben obliegt es dem Staat in der sozialen Marktwirtschaft, sich nicht – wie bei einem Wirtschaftssystem vom Typ des Laisser faire – mit einer passiven Rolle zu begnügen, sondern Zustandekommen, Formen und Auswirkungen von Transaktionen nach Maßgabe seiner ordnungspolitischen Zielvorstellungen mit den ihm zur Verfügung stehenden, möglichst marktkonform eingesetzten Mitteln zu beeinflussen. Dies bedeutet, um die Differenzierung an einem Beispiel zu verdeutlichen, dass sich hoheitliches Handeln nicht darauf beschränken darf, lediglich die Voraussetzungen für die Entfaltung eines wirksamen Wettbewerbs zu schaffen, sondern dass dieses auch für die tatsächliche Existenz eines solchen zu sorgen hat.

Die Binnenhandelspolitik muss sich somit zunächst mit der Steuerung des Zugangs zu einem Markt befassen, was im Einzelnen die Festlegung der Bedingungen für die Betätigung als Unternehmer, die Dimensionierung und Verteilung von Versorgungskapazität (z.B. über die → Baunutzungsverordnung) sowie die Beseitigung rechtlicher und faktischer Hemmnisse, die der Teilnahme am Marktgeschehen entgegenstehen, einschließt. Es ist sodann ein erklärtes Anliegen des Staates, mittelständische (Handels-)Unternehmen zu befähigen, systembedingte Wettbewerbsnachteile zu überwinden. Er leistet dazu seinen Teil, indem er

– die Qualität des Managements zu verbessern hilft,
– die zwischenbetriebliche → Kooperation fördert,
– Finanzierungshilfen bereitstellt,
– Innovationen durch → FuE-Förderungen vorantreibt,
– Wettbewerbsnachteile durch das Steuer- und Subventionsrecht mildert und schließlich
– Vorkehrungen trifft, Klein- und Mittelbetriebe stärker an Aufträgen der Öffentlichen Hand zu beteiligen.

Ein nicht weniger bedeutsames Betätigungsfeld der Obrigkeit bilden die Fixierung und Gewährleistung der rechtlichen Rahmenbedingungen für den Einsatz der absatzpolitischen Instrumente durch die Unternehmungen (→ Marktrecht). Hierbei geht es einerseits darum, welche Maßnahmen bei der Produkt- und Programmpolitik, der Preis- und Konditionenpolitik, der Distributions- und der Kommunikationspolitik aus der Sicht eines Anbieters grundsätzlich getroffen werden könnten, aus übergeordneten Gründen jedoch nicht ergriffen werden dürfen, andererseits um die für die Zielgruppe u.U. nachteiligen Folgen, falls von den Betroffenen – durchaus rechtmäßig – bestimmte Strategien verfolgt werden.

Hierunter fallen so verschiedenartige Regelungen wie das Gesetz über den Verkehr mit Lebensmitteln, Tabakerzeugnissen, kosmetischen Artikeln und sonstigen Bedarfsgegenständen, das Produkthaftungsgesetz, das → Patent-, → Geschmacksmuster- und → Gebrauchsmusterrecht, das Preisgesetz, → Rabattgesetz und die → Preisangaben-Verordnung, das Gesetz zur Regelung des Rechts der → Allgemeinen Geschäftsbedingungen, das → Ladenschlussgesetz ebenso wie Regelungen für sog. → Schluss- und Sonderverkäufe sowie das Gesetz gegen den unlauteren Wettbewerb (→ UWG) und die Zugabenverordnung.

Nicht zuletzt betrachtet es der Staat als eine vordringliche Aufgabe, den Leistungswettbewerb zu sichern und im Gefolge davon leistungsfremde Praktiken, insbesondere solche marktstarker Anbieter, wie z.B. → Absatzbehinderung und → Diskriminierung sowie andere Formen des Missbrauchs von Marktmacht, zu unterbinden. Hier zeigt sich, dass sich die Binnenhandelspolitik nur schwer gegenüber der Wettbewerbs- wie übrigens auch der → Verbraucherpolitik abgrenzen lässt. E.D.

Literatur: *Schenk, H.-O.*: Marktwirtschaftslehre des Handels, Wiesbaden 1991. *Tietz, B.*: Binnenhandelspolitik, 2. Aufl., München 1993.

Binnenmarkt → Markttypologie

Binnenzollfreizone → Zollgebiet

Bioläden

auch „Naturkostläden", „Ökoläden", vergleichsweise junge → Betriebsform des → Einzelhandels mit einem schmalen Sortiment überwiegend naturbelassener, „gesunder" Nahrungsmittel einschl. Frischwaren, was vom Qualitätsanspruch der angebotenen Artikel zumindest so viel bedeuten soll, dass sie aus kontrolliert biologischem Anbau stammen, umweltschonend hergestellt bzw. verpackt worden sind („Naturkost") und/oder – so weit wie möglich – keine chemischen Konservierungsstoffe enthalten (→ Bioprodukte). Darüber hinaus dienen Körperpflegemittel (natürliche Kosmetik, Seifen usw.), Drogerieartikel (Haushaltsreiniger, Waschmittel usw.), Haushaltsgeräte (Getreidemühlen, Keimgeräte usw.), Druckerzeugnisse (Bücher über Ernährung, gesundes Leben usw.) sowie spezifische Kundendienstleistungen (Informationen, Beratungen und Erfahrungsaustausch über Ernährung, Yoga, Meditation usw.) der zusätzlichen Profilierung – wie überhaupt die Bioläden nach Erscheinungsbild und Geschäftsgebahren im Allgemeinen betont unkonventionell auftreten (z.B. gepflegter Dilettantismus, kollektive Betriebsführung, originelle und beziehungsreiche Firmennamen) und sich eingedenk des Wandels der gesellschaftlichen Perspektiven überwiegend als alternative Einkaufsstätte mit vorrangig ökologisch verpflichteter Sortimentsausrichtung begreifen (→ Ökologisches Marketing). Die nach Sortimentsdimension und Verkaufsflächenkapazität zumeist kleinbetrieblich strukturierten Bioläden domizilieren überwiegend in innenstadtnahen Wohngebieten und sprechen hier vorrangig individualisierbare Käuferkreise an.

Gleichwohl hat die ungebrochene, das Angebot an Naturkost seit Jahren übersteigende Nachfrage zwischenzeitlich bewirkt, dass neben anderen, hierauf ohnehin spezialisierten Anbietern (z.B. → Reformhäuser, → Ab-Hof-Verkauf) sich auch der konventionelle Lebensmitteleinzelhandel (z.B. → Supermärkte, → Verbrauchermärkte, → SB-Warenhäuser) verstärkt dieses Sortimentsbereichs angenommen hat und so konsumentenseitig erweiterte Nachfragepotentiale erschließen konnte:

- ob nun in Gestalt qualifiziert umgesetzter *In-Store-Konzepte* (Bio-Theken, Bio-Regale, Sonderabteilungen bzw. → Shop-in-the-shop-Systeme) oder
- mit dem Anspruch ausschließlich Bio-Produkte führender *Vollsortimenter* (Naturkost-Supermärkte, Öko-Kaufhäuser, Öko-Einkaufszentrum).
- Bereits derzeit mit gut einem Viertel am Absatz aller Öko-Lebensmittel in Deutschland beteiligt (Quelle: Bundesverband Naturkost Naturwaren, Hürth) und in seiner unternehmenspolitischen Professionalität bzw. angebotspolitischen

Kompetenz den herkömmlichen Naturkostläden überlegen, wird der konventionelle Lebensmitteleinzelhandel zweifellos die weitere Entwicklung der Bio-Produkte-Distribution maßgeblich prägen – mit allen Herausforderungen, die sich damit den Bioläden in Zukunft unter Wettbewerbsgesichtspunkten stellen dürften.

H.-J.Ge.

Biometrie (biologische Statistik)
zahlenmäßige Erfassung von Messwerten und Indizes in der Biologie, sowie die Nutzung der Methoden der mathematischen Statistik zur Auswertung von Experimenten mit Objekten der Biologie, Medizin und Landwirtschaft. Sie liefert die Grundlagen für Methoden in der → Multivariatenanalyse. L.H.

Bionik
Aufstellen von Analogien aus dem Bereich der Biologie im Rahmen bestimmter → Kreativitätstechniken, insb. der → Synektik.

Bioprodukte
auch Ökoprodukte, aus ökologischem Anbau stammende landwirtschaftliche Erzeugnisse. Sie sind von den Produkten konventioneller Landwirtschaftsbetriebe zu unterscheiden.
Die meisten Erzeuger von Bioprodukten in Deutschland sind in Verbänden organisiert. Der Dachverband ist die Arbeitsgemeinschaft Ökologischer Landbau (AGÖL). Ihr gehören die Verbände Demeter-Bund, Bioland, Naturland, Biokreis Ostbayern, Gäa, Ökosiegel, Biopark, ANOG und BÖW an. Aufgabe der Verbände ist, ihre Mitglieder zu beraten und zu betreuen sowie sie in der Öffentlichkeit zu vertreten. Ferner vergeben sie Prüfsiegel zur Kennzeichnung der ökologisch erzeugten Produkte, sorgen für eine einheitliche Vermarktung und kontrollieren die Einhaltung der verbandsinternen und gesetzlichen Bestimmungen.
Der Vertrieb ökologisch erwirtschafteter Produkte findet auf verschiedenste Weise statt. Die direkte Vermarktung erfolgt im → Ab-Hof-Verkauf oder vom Marktstand aus. → Bioläden, → Reformhäuser, spezialisierte Online-Shops, eigens reservierte Bereiche im Supermarkt (→ Shop in the Shop), oder zunehmend auch der konventionelle Supermarkt bieten ökologische Waren an. Das Bio-Sortiment im Fachhandel umfasst

Biotische Beobachtung

derzeit die Warenbereiche Obst und Gemüse, Trockenprodukte, Milch- und Molkereiprodukte, Wurst- und Fleischwaren sowie Kosmetika.

Als problematisch bei der Vermarktung von Bioprodukten erweist sich die Unsicherheit in der Bevölkerung, inwieweit es sich bei Bioprodukten tatsächlich um solche handelt. Diese Zweifel werden durch das Ausnützen von Gesetzeslücken und damit entstandenen „Pseudo"-Bioprodukten verstärkt. Trotz einer EG-Verordnung zum ökologischen Landbau, welche Mindeststandards für die Erzeugung und die Kontrolle von Ökoprodukten festlegt, ist für den Verbraucher oft nicht eindeutig feststellbar, ob es sich um Produkte aus ökologischem oder konventionellem Anbau handelt. Oft verbirgt sich hinter Bezeichnungen wie „unweltverträgliche Produktion" oder „kontrollierter Vertragsanbau" eine Form der konventionellen Landwirtschaft. Geschützt sind durch die EG-Verordnung allerdings die Begriffe „Bio" und „Öko", die nur geführt werden dürfen, wenn mindestens 95% der Zutaten aus ökologischem Anbau stammen. Die Einführung des einheitlichen ÖPZ-Prüfsiegels durch die AGÖL und die Centrale Marketing Agentur (CMA) soll in Zukunft das Vertrauen in Bioprodukte weiter stärken (→ Ökologisches Marketing). Als weitere Herausforderung bei der Vermarktung von Produkten aus ökologischem Anbau erweist sich der relativ hohe Preis der Ware. Der Preisunterschied zu konventionellen Lebensmitteln beträgt durchschnittlich 60 %. Weit unter diesem Wert liegt die Preisdifferenz für einige Grundnahrungsmittel. So ist Mehl beispielsweise nur 7 bis 13% teurer als konventionelle Ware.

Im Jahr 2000 liegt der Absatz von Lebensmitteln aus ökologischem Anbau in Deutschland bei etwa 2,7% des Umsatzes im Lebensmitteleinzelhandel. Mit der Einführung des einheitlichen ÖPZ-Prüfsiegels ist auch die Hoffnung verbunden, dass die Biobranche in Zukunft nicht mehr nur eine Marktnische darstellt. Die Lebensmittelmärkte verschiedener europäischer Länder zeigen, je mehr Warenzeichen oder Zertifikate, desto geringer der Marktanteil der Bioprodukte. In der Schweiz hingegen, wo Bioprodukte schon 7% Anteil am Gesamtlebensmittelmarkt erreicht haben, werden 73% des Bioumsatzes unter einem einheitlichen Prüfsiegel des ökologischen Dachverbandes vermarktet.   B.Sa.

Literatur: *ZMP Zentrale Markt- und Preisberichtstelle:* Bioprodukte im Einzelhande, aus: Materialien zur Marktberichterstattung, Band 31, Bonn 2000

Biotische Beobachtung

verdeckte → Beobachtung, bei der der Beobachtete weder Ziel, Aufgabe noch Tatbestand der Beobachtung kennt.

Biotischer Test

→ Test, bei dem die Testperson weder das Ziel noch die Aufgabe des Tests kennt und ihr nicht bekannt ist, dass sie an einem Test teilnimmt.

Biotisches Leitfadeninterview

Qualitative Methode der → Online-Marktforschung. Dabei handelt es sich um einen gezielt erlebnisnah gestalteten Methodenmix aus Beobachtung und Interview, bei dem der Internet-Nutzer in der konkreten Nutzungssituation, also während seiner Sitzung, zu seinem Nutzungsverhalten bzw. zu seiner Bewertung bestimmter Online-Angebote befragt wird.

Bivariate Verfahren → Datenanalyse

Black Box

im Rahmen des → Behaviorismus entwickelte Modelltechnik, bei der lediglich beobachtbare Stimulus- und Reaktionsvariablen modelliert werden und die innerhalb des menschlichen Organismus ablaufenden Vorgänge als „Schwarzer Kasten", d.h. als unbeobachtbar, gelten (→ S-R-Modelle).

Blauer Engel → Umweltzeichen

Blickfangwerbung

→ Irreführende Werbung

Blickregistrierung

Methode der apparativen → Beobachtung, die der Ermittlung des Blickverlaufs über ein Werbemittel oder eine Packung dient. Die Aufzeichnung der Blickbewegung erfolgt mit Hilfe einer Augenkamera, die der Versuchsperson aufgesetzt wird und anhand der Pupillenbewegung registriert, über welche Teile der Vorlage der Blick streift. Bei der Blickregistrierung interessieren v.a. Fixationen, auf denen der Blick zwischen 200 bis 400 Millisekunden verweilt. Die schnellen Sprünge des Blicks zwischen den

Fixationen bezeichnet man als Saccaden. Nur während der Phase der Fixation besteht die Möglichkeit der Informationsaufnahme, sodass ihre Lokalisierung Anhaltspunkte dafür gibt, welche Teile der Vorlage beachtet werden. Auf diese Weise lassen sich z.B. grobe Fehler der Werbemittelgestaltung aufdecken und beheben (z.B. Ablenkungseffekte von Bildern, die dazu führen, dass der Markenname oder der Kern der Werbebotschaft nicht beachtet wird).
H.Bö.

Literatur: *Kroeber-Riel, W.; Weinberg, P.:* Konsumentenverhalten, 7. Aufl., München 1999, S. 261–265.

Blimps
Fachbegriff für Luftschiffe („Zeppeline"), die als Werbeträger im Rahmen der Außenwerbung eingesetzt werden.

Blindenwaren-Vertrieb
→ Gefühlsbetonte Werbung

Blindtest → Produkttest

Block-Design
spezifisches Design-Muster von → Experimenten. Bei der experimentellen Überprüfung von alternativen Marketingmaßnahmen (z.B. verschiedene Preishöhen, Verkaufsförderungsmaßnahmen, Produktvarianten etc.) hängt die Experimentwirkung u.U. von der Art des Geschäfts, der Periode oder dem Standort des Geschäfts ab. Um den Einfluss dieser Störvariablen zu erfassen, wird neben dem Experimentfaktor (z.B. alternative Preisforderungen) jene Störgröße zusätzlich betrachtet, von der zu vermuten ist, dass sie den größten Einfluss auf das Experimentergebnis hat (z.B. die Betriebsform als sog. Blockungsfaktor).
Ein mögliches Blockdesign bei Vorher-Nachher-Messung (→ Experiment) mit Kontrollgruppe kann z.B. folgendes Aussehen haben:

Betriebsform	
Supermarkt	EG: M_1 x M_2 KG: M_3 x M_4
Verbrauchermarkt	EG: M_5 x M_6 KG: M_7 x M_8

Dabei sind:
EG = Experimentgruppe
KG = Kontrollgruppe
x = Einfluss des experimentellen Faktors

M_1, M_3, M_5, M_7 = Messung der abhängigen Variablen (z.B. Absatzmenge des Produkts) vor Durchführung des Experiments

M_2, M_4, M_6, M_8 = Messung der abhängigen Variablen nach Durchführung des Experiments

Die Wirkung der Marketingmaßnahme (z.B. Preisänderung gegenüber bisherigem Preis) folgt dann für die Supermärkte aus ($M_2 - M_1$) – ($M_4 - M_3$), für die Verbrauchermärkte aus ($M_6 - M_5$) – ($M_8 - M_7$) (vgl. → Experiment). Auf diese Weise lässt sich einerseits überprüfen, welche Wirkung von einer Preissenkung überhaupt ausgeht und ob sich diese Wirkung in verschiedenen Betriebsformen des Handels unterscheidet. Ist Letzteres der Fall, so erlaubt die Blockung eine verbesserte Überprüfung der Signifikanz der Wirkungsunterschiede zwischen den alternativen Marketingmaßnahmen (hier Preishöhen) im Rahmen der → Varianzanalyse.
H.Bö.

Blow-In → Beilage

BLUE (Beste erwartungstreue lineare Schätzer)
Kriterium der Güte eines Schätzers für einen Modellparameter in der Ökonometrie. BLUE bedeutet, dass der Schätzer eine lineare Funktion der Beobachtungen in der Stichprobe ist, dass der Schätzer unverzerrt (unbiased) ist und eine geringere Varianz besitzt als irgendein anderer linearer unverzerrter Schätzer des Parameters. Diese Eigenschaften gelten nach dem Gauss-Markov Theorem für Kleinste-Quadrate Schätzer (→ Regressionsanalyse).
L.H.

Blueprint
→ Dienstleistungs-Design und -Gestaltung

Blueprinting → Kontaktpunktanalyse, → Kundenzufriedenheitsmessung

BMDP (ehemals BMD – Biomedical Computer Programs)
Standard-Softwarepaket zur → Datenanalyse im Rahmen der Marktforschung, das, ursprünglich für die Biometrie entwickelt, zwischenzeitlich auch in den Wirtschafts- und Sozialwissenschaften Verbreitung gefunden hat. Einzelheiten enthält das Handbuch von *Bollinger/Hermann/Möntmann,* BMDP Statistikprogramme für die Bio-,

Bonanalysen

Human- und Sozialwissenschaften, Stuttgart 1983. P.H.

Bonanalysen

sind detaillierte Auswertungen von Scanner-, Bon- und Kundendaten und ermöglichen Aussagen über das Kaufverhalten von Kunden im Rahmen der → Marktforschung im Handel. Das Hauptziel einer Bonanalyse liegt in der qualitativen Ermittlung von Verbundkäufen. Es soll untersucht werden, welche Artikel bzw. Warengruppen häufig miteinander gekauft werden (→ Verbundkauf) und ob ein Artikel Wechselwirkungen auf andere Artikel oder Warengruppen hat (→ Category Management). Daraus lassen sich Hinweise für eine adäquate Sortimentsgestaltung und Warenpräsentation gewinnen. Quantitativ zeigen Bonanalysen den Umsatzerfolg für bestimmte Warengruppen, Präsentationsalternativen oder Sonderangebote. N.W.

Bonus → Rabatte

Bonus-Programme

sind strategisch konzipierte Rabattsysteme (→ Rabatte), bei denen der Kunde bei Erreichung bestimmter Abnahmemengen bzw. entsprechender Punktwerte im Zeitablauf Naturalrabatte (z.B. Upgradings, Freiflüge), Sach- oder Geldprämien erhält. Bisher waren derartige Rabatte im Inlandsgeschäft mit Endkunden untersagt. Mit der Aufhebung des → Rabattgesetzes bieten sich mit solchen Programmen neue Möglichkeiten der → Kundenbindung, die freilich in dieser Form „erkauft" wird und damit – z.B. hinsichtlich Mund-Werbung – weniger effektiv als eine auf Vertrauen aufbauende Kundenloyalität ausfällt. Darüber hinaus gelten die betriebswirtschaftlichen Regeln der (mengenmäßigen) → Preisdifferenzierung. Letztlich handelt es sich bei Boni um → Nicht-lineare Tarife in Form von Mengenrabatten für Intensivkäufer. Grundsätzlich entfalten Bonusprogramme aber auch auf andere Kunden mit hohem → Preisinteresse große Anziehungskraft, wenn ihnen das Bonusziel grundsätzlich erreichbar und die ausgelobten Prämien attraktiv erscheinen. Sie konzentrieren deshalb u.U. ihre Einkäufe zwecks Bonuserzielung auf einzelne Anbieter. Große Anbieter mit breiten Sortimenten erzielen dadurch einen Wettbewerbsvorteil. Dieser kann u.U. aber durch horizontale Kooperation mehrerer Anbieter in sog. *Bonusnetzwerken* ausgeglichen werden. Allerdings sind nach wie vor die relativ engen Grenzen des lauteren Wettbewerbs (→ UWG), insb. bezüglich unlauterer Anlockung oder suggestiver Angebotspolitik, sowie der → Zugabeverordnung zu berücksichtigen.

Bonusprogramme besitzen eine Fülle von *Ausgestaltungsmöglichkeiten*, etwa hinsichtlich

– Prämien- bzw. Bonushöhe
– Progressionsverlauf
– differenzierter Bonifizierung verschiedener Produkte oder Kaufzeitpunkte
– Art der Prämien
– Anspar- und Verfallszeiträume
– beteiligter Anbieter bei der Bonusvergabe bzw. der Bonusverwendung.

Marketingpolitisch interessant sind Bonusprogramme v.a. deshalb, weil damit die meist ertragsstärkeren Intensivkäufer, z.B. die häufig reisenden Geschäftsleute mit Vollzahlertarif, angesprochen werden können, deren Bindung an den Anbieter im Sinne des → Beziehungsmarketing und der → Kundenwertorientierung besonders erwünscht ist. Darüber hinaus erhält man mit der erforderlichen Protokollierung der kundenindividuellen Kaufakte – meist via → Kundenkarte – eine vielfältig auswertbare *Datenbasis*, die auch für ein individuelles → Direktmarketing einsetzbar ist (→ Kundendatenbank).

Bonus-Programme sind auch im *Internet* eine gängige Methode der Kundenbindung. Wesentliches Novum sind hier die unternehmensübergreifenden Programme, bei denen ein unabhängiger Online-Dienst die Organisation und Durchführung des Programmes übernimmt. Dabei lassen sich auf den teilnehmenden Unternehmen Bonuspunkte oder Wertmarken für bestimmte Aktionen sammeln, mit denen dann bei dem Dienstleister Produkte oder Services erworben werden können. Zu unterscheiden sind hierbei transaktions- und nutzungsorientierte Programme. Transaktionsorientierte Programme wie z.B. *Payback* belohnen nur den Kauf von Produkten. Nutzungsorientierte Programme dagegen honorieren schon die Nutzung von Informations- und Werbeinhalten (→ Interstitials). H.D.

Boom → Branchenkonjunktur

BOO-Modell (Build-Own-Operate)
→ Betreibermodell

Bordreceipt
Bordbescheinigung; Formular zur Bestätigung der Warenanlieferung im → Außenhandel, die vom Ladungsoffizier eines Seeschiffes ausgestellt wird und häufig als Zahlungsdokument dient.

Börse
Erscheinungsform von → Marktveranstaltungen, bei der regelmäßig und dauerhaft an einem Ort standardisierte und in ihrer Beschaffenheit eindeutig beschreibbare („fungible") Güter gehandelt werden, ohne dass diese am Handelsort selbst anwesend sein müssen. Besonders verbreitet sind Börsen im Devisen- und Wertpapierhandel sowie bei Rohstoffen und landwirtschaftlichen Produkten. Aber auch Versicherungen und Frachtrechte werden an sog. Dienstleistungsbörsen gehandelt. Öffentliche Börsen unterliegen einer amtlichen Börsenaufsicht.

Börsenrabatte → Rabatte

Boston-Effekt
Synonym für den von der Boston Consulting Group erstmals postulierten Effekt der → Erfahrungskurve.

BOT-Modell (Build-Operate-Transfer)
→ Betreibermodell

Botschaft → Werbebotschaft

Boulevardzeitungen
→ Zeitungen, die vorwiegend als Einzel-Exemplare am Kiosk oder durch Straßenverkäufer verkauft werden und im Abonnement fast gar nicht bezogen werden können. Sie gehören zu den auflagenstärksten Zeitungen.

Boutique
zumeist kleinflächige → Betriebsform des → Einzelhandels, die mit einem in der Regel sehr begrenzten bzw. exklusiven Warenangebot in Verbindung mit qualifizierter persönlicher Beratung und emotional ansprechender Verkaufsraumgestaltung vor allem jene Verbraucher als Kunden zu gewinnen und zu erhalten trachtet, denen ein vergleichsweise hohes Maß an Modebewusstsein, Extravaganz und/oder ein ausgeprägtes Bedürfnis nach konsumgestütztem Individualisierung eigen ist (→ Mode-Marketing). Die von den Boutiquen jeweils geführten Artikel entstammen insofern folgerichtig überwiegend den Bereichen Bekleidung, Lederwaren, Einrichtungsgegenstände, Antiquitäten und Schmuck. Neben der empirisch dominierenden Erscheinungsform des rechtlich, organisatorisch und vom Betriebsstandort her verselbständigten Einzelhandelsgeschäftes werden Boutiquen auch im Rahmen von → Shop-in-the-shop-Konzepten großflächiger Einzelhandelsbetriebsformen, wie z.B. in → Warenhäusern und → Kaufhäusern eingesetzt – ob nun in eigener Regie als Spezialabteilung oder als betriebsfremde Unternehmung (Konzessionär) auf der Basis entsprechender Mietverträge. H.-J.Ge.

Box-Jenkins-Verfahren
wichtigste und in der Praxis weit verbreitete Variante der → autoregressiven Verfahren, die zur Absatzprognose *nur* die tatsächlichen Absatzwerte der Vergangenheit heranziehen. Jeder Zeitreihenwert ist als Summe der mit Parametern (a_i) gewogenen vergangenen Zeitreihenwerte plus einer Störvariablen e_t darstellbar:

$$(1) \quad x_t = a_1 x_{t-1} + a_2 x_{t-2} + a_3 x_{t-3} + \ldots + a_p x_{t-p} + e_t$$

Diese Gleichung heißt *autoregressiver Prozess p-ter Ordnung* (AR(p)-Prozess). Die Parameter a_i sind so zu schätzen, dass der Wert x_t möglichst gut angenähert wird. Dazu benutzen Box und Jenkins die *Autokorrelationsfunktion* r ($\tau = 1, 2 \ldots$), wobei τ den zeitlichen Abstand (time lag) bedeutet:

$$(2) = E[x_{t-\tau} x_t] / E[x_t^2]$$
$$= (a_1 E[x_{t-\tau} x_{t-1}] + a_2 E[x_{t-\tau} x_{t-2}] + \ldots$$
$$+ E[x_{t-\tau} e_t] / E[x_t^2]$$
$$= a_1 r_{\tau-1} + a_2 r_{\tau-2} + \ldots + a_p r_{\tau-p} +$$
$$+ E[x_{t-\tau} e_t] / E[x_t^2]$$

Da die Störvariable e_t mit den Zeitreihenwerten nicht korreliert ist, verschwindet der letzte Summand. Lässt man nun τ von 1 bis p laufen, erhält man ein lineares Gleichungssystem mit p Gleichungen, die sog. *Yule-Walker-Gleichungen* (wobei zu beachten ist, dass $r_0 = 1$ und $r_{-i} = r_i$). Wegen der Symmetrie des time lags gilt:

$$\begin{aligned}
r_1 &= a_1 + a_2 r_1 + a_3 r_2 + \ldots + a_p r_{p-1} \\
r_2 &= a_1 r_1 + a_2 + a_3 r_1 + \ldots + a_p r_{p-2} \\
(3) & \ldots \ldots \\
r_p &= a_1 r_{p-1} + a_2 r_{p-2} + a_3 r_{p-3} + \ldots + a_p
\end{aligned}$$

Brainstorming

Liegt ein AR(p)-Prozess vor, so sind alle Parameter a_i bis i=p ungleich Null, danach gleich Null. Man kann also die Ordnung p des Prozesses bestimmen, indem man für p die Werte 1,2,... einsetzt und das resultierende Gleichungssystem so oft löst, bis a_p gleich Null wird.

Ein zweiter Weg, Zeitreihen zu prognostizieren, besteht darin, den Zeitreihenwert x_t durch die Vergangenheitswerte der Störvariablen e_t auszudrücken:

(4) $x_t = e_t - a_1 e_{t-1} - a_2 e_{t-2} - \ldots - a_q e_{t-q}$

Diese Gleichung heißt *Moving-Average-Prozess q-ter Ordnung* (MA(q)-Prozess). Auch hier können die Parameter a_i und die Ordnung q in ähnlicher Weise ermittelt werden wie beim AR(p)-Prozess. Allerdings ist hier ein nicht-lineares Gleichungssystem zu lösen, was nur auf iterativem Wege oder durch eine Taylor-Entwicklung möglich ist.

Fasst man AR(p)- und MA(q)-Prozesse zusammen, so entsteht ein *ARMA(p,q)-Prozess*, der sich der Struktur einer Zeitreihe noch besser anpaßt. Mit ARMA-Modellen lassen sich jedoch nur stationäre Zeitreihen prognostizieren. Enthält eine Zeitreihe einen linearen Trend, so kann sie durch Differenzenbildung in eine stationäre Reihe umgeformt werden.

Trend-Reihe:

$x_t = a + b_t + e_t$

Differenzen-Reihe:

$x_t = x_t - x_{t-1} = a + b_t + e_t - a - b(t-1) - e_{t-1}$
$\quad = b + e_t - e_{t-1}$

Auf diese stationäre Reihe kann nun das Box-Jenkins-Verfahren angewendet werden. Anschließend muss die Differenzen-Reihe wieder „integriert" werden, um zur ursprünglichen Reihe zurückzukehren. Box und Jenkins haben diesen allgemeinen Prozess „Autoregressive integrated moving average" (ARIMA) genannt, um anzudeuten, dass auch nichtstationäre Zeitreihen prognostiziert werden können. K.-W.H.

Literatur: Box, G.E.P.; Jenkins, G.M.: Time Series Analysis, San Francisco 1976.

Brainstorming

Intuitiv-ganzheitliche → Kreativitätstechnik, bei der in Diskussionsform nach neuen Problemlösungen gesucht wird. Fünf bis sieben Teilnehmer diskutieren ca. 40 Minuten lang, wobei ein Protokollant die Beiträge aufzeichnet. Kritik ist währenddessen nicht gestattet, die Beiträge der anderen Teilnehmer können aufgegriffen, reflektiert und weiterentwickelt werden. Es besteht die Möglichkeit, der Phantasie freien Lauf zu lassen und sich von Konventionen zu lösen, um in kurzer Zeit möglichst viele Ideen zu produzieren. V.T./S.H.

Brainwriting → Kreativitätstechnik

Branchchenmesse
→ Messen und Ausstellungen

Branche

1. Bezeichnung für einen bestimmten Teilbereich des Handels, dessen Sortiment, das Branchen-Sortiment, durch eine Art von Verwandtschaft der geführten Artikel gekennzeichnet ist. Diese Verwandtschaft kann auf dem Material, aus dem die Artikel bestehen (Lederwaren, Textilien, Eisenwaren), oder auf dem Verwendungszweck (Nahrungs- und Genussmittel, Oberbekleidung, Schuhe) beruhen. Heute ist eine große Anzahl der Handelssortimente branchenübergreifend und marketing-orientiert gestaltet (→ Sortimentspolitik).
2. Ganz allgemein bezeichnet man als Branche auch einen bestimmten Wirtschaftszweig, wobei zur Abgrenzung meist auf herstellungs- oder materialbezogene Merkmale bzw. auf die in der → Amtlichen Statistik übliche Klassifikation zurückgegriffen wird. W.Oe.

Branchenkonjuktur

Im zeitlichen Verlauf unterliegen die Auftragseingänge, die Produktion und die Beschäftigung einer Branche oft spezifischen, vom gesamtwirtschaftlichen Konjunkturverlauf teilweise abweichenden zyklischen Schwankungen (→ Marktdynamik). Ungeachtet dessen durchläuft jeder Konjunkturzyklus einer Branche im Idealfall vier Phasen: Den Branchenaufschwung, - boom, -abschwung (Rezession) und die Branchendepression (Talsohle).

In der Aufschwungphase steigen die Produktion und der Absatz einer Branche stark an und die Arbeitslosigkeit nimmt ab. Oft steigt die Nachfrage in einer Branche so sehr, dass diese kurzfristig nicht gedeckt werden kann. Die Folge sind Preissteigerungen und eine stärkere Nachfrage auf den jeweiligen Beschaffungsmärkten, wo auch prompt die Rohstoffpreise und die Löhne steigen. Die Investitionen zur Kapazitätserweiterung führen zu einer erhöhten Kapitalnachfrage und damit einhergehend zu Zinssteigerungen. Die bereits gestiegenen Preise und Faktorkosten haben i.d.R. einen Rückgang der Exporte und einen Anstieg der Importe zur Folge. In diesem Stadium ist der Höhepunkt (Boom) erreicht.

Eine Abnahme von Auftragseingängen kann durch preisgünstigere ausländische Wettbewerber noch verstärkt werden. Hinzukommen kann ferner ein Technologie- und Qualitätsvorsprung. Aufgrund dieses Nachfragerückgangs stagnieren die Investitionen und die im Aufschwung geschaffenen Kapazitäten werden nicht mehr ausgelastet, die Gewinnerwartungen der Unternehmer sinken, es wird zunehmend mehr desinvestiert, indem die „Über"-Kapazitäten abgebaut und Arbeitskräfte freigesetzt werden. Die Rezession setzt ein. Das „Angstsparen" führt – in einer Gesamtschau – zu einer erhöhten Liquidität der Banken und damit zu fallenden Zinsen. Durch den Kapazitätsabbau sinken zumindest teilweise die Kosten und die Preise. Die Importe werden zunehmend teurer und die Exporte billiger. Der Abschwung kommt zum Stillstand (Depression). Durch den Preisverfall erhöht sich die Nachfrage in einer Branche, da der reale Geldwert zunimmt. Ein erneuter Branchenaufschwung setzt ein unter der Voraussetzung, dass Rationalisierungseffekte zu einer günstigeren Kostenstruktur und dann zu Preisreduzierungen führen und/oder neue Technologien in Produktion bzw. Produkten eine zusätzliche Nachfragestimulierung bewirken.

Es erscheint einleuchtend, dass gerade die Rezession viele Unternehmungen vor Probleme stellt, da der Realeinkommensschwund der Kunden mit einem Nachfragerückgang einhergeht. Dieser ist besonders in Gebrauchsgüterbranchen stark ausgeprägt, während in der Verbrauchsgüterindustrie weniger eine mengenmäßige Nachfragereduzierung zu verzeichnen ist, als vielmehr ein stärker ausgeprägtes Preisbewusstsein bei den Käufern (→ Preisverhalten). Unter diesem Gesichtspunkt kann es also auch in einer Rezession zu einem unterschiedlichen Verlauf von Branchenkonjunkturen kommen: Grundnahrungsmittel als typische inferiore Güter können dann – um Kosten bzw. Ausgaben durch Substitutionsprodukte zu reduzieren – z.B. in Relation stärker nachgefragt werden als höherwertige Ver- oder Gebrauchsgüter.   A.T.

Literatur: *Stobbe, A.*: Gesamtwirtschaftliche Theorie, Berlin, Heidelberg 1975. *Woll, A.*: Allgemeine Volkswirtschaftslehre, 13. Aufl., München 2000.

Branchenmarktstrategie
→ Rohstoff-Marketing

Branchenstrukturanalyse

von *M.E. Porter* entwickeltes, auf Erkenntnissen der Industrieökonomik aufbauendes und in den Bereich der strategischen → Umweltanalysen einzuordnendes Konzept des → strategischen Marketing, nach dem die Rentabilität jeder Branche durch fünf Wettbewerbskräfte determiniert wird, die wiederum von der zugrunde liegenden Branchenstruktur (technologische und ökonomische Merkmale einer Branche) bestimmt werden (vgl. *Abb. 1*):

1. *Verhandlungsstärke der Abnehmer*: Die Attraktivität einer Branche und hier insb. die Profitabilität wird wesentlich von der Verhandlungsmacht der Kunden bestimmt. Starke Abnehmer oder Nachfragemonopole können Preise und Qualitäten der Produkte und damit auch die Gewinnspanne bestimmen (→ Marktmacht, → vertikales Marketing).

2. *Verhandlungsstärke der Lieferanten*: Analog den Kunden können auch Lieferanten eine so starke Position besitzen, dass sie Preise und Konditionen (→ Konditionenpolitik) bestimmen. Falls die Unternehmen die höheren Kosten nicht über höhere Preise an ihre Kunden weitergeben können, ergeben sich direkte negative Konsequenzen für die Profitabilität der Branche.

3. *Bedrohung durch neue Konkurrenten*: Neue Marktteilnehmer bedeuten neue Kapazitäten und häufig auch neue → Wettbewerbsspielregeln, beides potenzielle Gründe für eine sinkende Rentabilität. Schutz vor neuen Konkurrenten bieten nur hohe → Markteintrittsbarrieren, die es für neue Konkurrenten unmöglich oder unattraktiv machen, in den Markt hereinzukommen.

4. *Gefahr durch Substitutionsprodukte*: Unternehmen müssen permanent damit rechnen, dass neue innovative Produkte (→ Innovationsmanagement) zur Verdrängung der existierenden Produkte führen. Änderungen im → Käuferverhalten können auch zu einer Substitution durch bestehende Produkte führen.

Branchenstrukturanalyse

Abb. 1: Elemente der Branchenstruktur

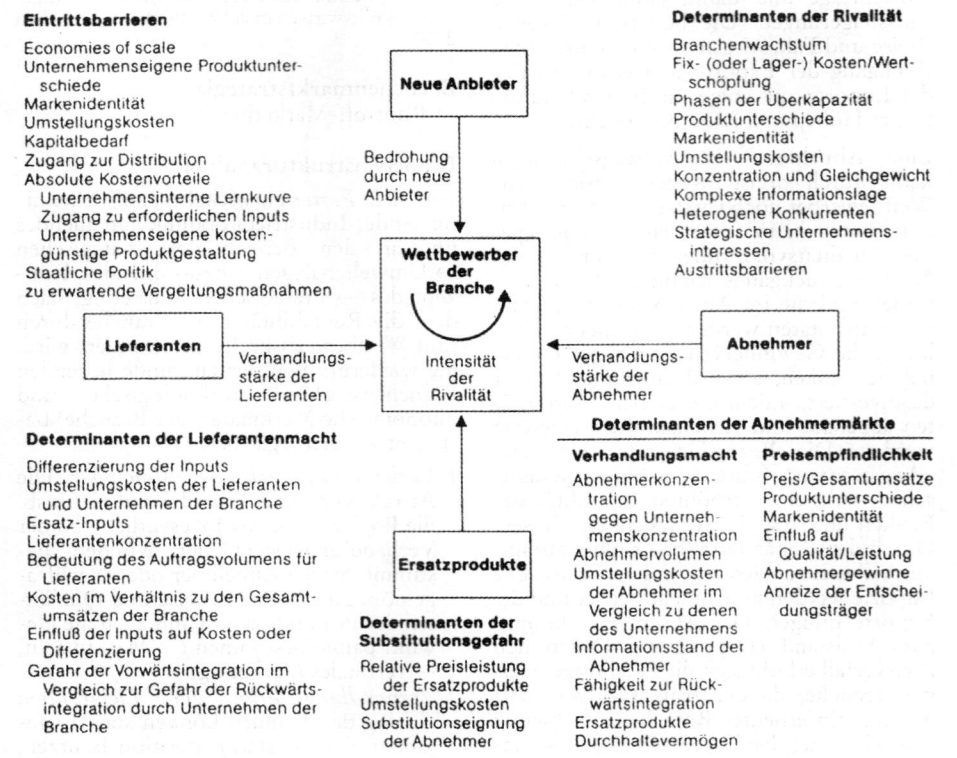

Eintrittsbarrieren
Economies of scale
Unternehmenseigene Produktunterschiede
Markenidentität
Umstellungskosten
Kapitalbedarf
Zugang zur Distribution
Absolute Kostenvorteile
 Unternehmensinterne Lernkurve
 Zugang zu erforderlichen Inputs
 Unternehmenseigene kostengünstige Produktgestaltung
Staatliche Politik
zu erwartende Vergeltungsmaßnahmen

Determinanten der Rivalität
Branchenwachstum
Fix- (oder Lager-) Kosten/Wertschöpfung
Phasen der Überkapazität
Produktunterschiede
Markenidentität
Umstellungskosten
Konzentration und Gleichgewicht
Komplexe Informationslage
Heterogene Konkurrenten
Strategische Unternehmensinteressen
Austrittsbarrieren

Determinanten der Lieferantenmacht
Differenzierung der Inputs
Umstellungskosten der Lieferanten und Unternehmen der Branche
Ersatz-Inputs
Lieferantenkonzentration
Bedeutung des Auftragsvolumens für Lieferanten
Kosten im Verhältnis zu den Gesamtumsätzen der Branche
Einfluß der Inputs auf Kosten oder Differenzierung
Gefahr der Vorwärtsintegration im Vergleich zur Gefahr zur Rückwärtsintegration durch Unternehmen der Branche

Determinanten der Substitutionsgefahr
Relative Preisleistung der Ersatzprodukte
Umstellungskosten
Substitutionseignung der Abnehmer

Determinanten der Abnehmermärkte

Verhandlungsmacht	Preisempfindlichkeit
Abnehmerkonzentration gegen Unternehmenskonzentration	Preis/Gesamtumsätze
	Produktunterschiede
	Markenidentität
Abnehmervolumen	Einfluß auf Qualität/Leistung
Umstellungskosten der Abnehmer im Vergleich zu denen des Unternehmens	Abnehmergewinne
	Anreize der Entscheidungsträger
Informationsstand der Abnehmer	
Fähigkeit zur Rückwärtsintegration	
Ersatzprodukte	
Durchhaltevermögen	

(Quelle: *Porter*, 1986, S. 26)

5. *Grad der Rivalität zwischen existierenden Wettbewerbern*: Die Rentabilität innerhalb einer Branche hängt ebenfalls von dem Grad der aktuellen Wettbewerbsintensität ab (→ Wettbewerbsstrategie im Lebenszyklus), der zwischen friedlich und kriegerisch variieren kann (→ Marktaggressivität, → Wettbewerbsstrategie). Wichtig ist i.d.R. die Frage, mit welchen Instrumenten der Wettbewerb primär ausgetragen wird. Bei vorherrschendem → Preiswettbewerb (→ konkurrenzorientierte Preisstrategie, → Preisstrategie bei Erfahrungskurven) befinden sich alle Unternehmen bis auf den → Kostenführer in einer schwierigen Situation. Bei Wettbewerb über vorwiegend nichtpreisliche Instrumente sind die Rentabilitätserwartungen i.d.R. besser.
6. Die globale oder Makro-Umwelt (staatliche, technologische, gesellschaftliche, ökonomische Faktoren) betrachtet Porter nicht als eigenständige Wettbewerbskraft.

Er lässt diese Faktoren vielmehr über die genannten Wettbewerbskräfte auf die Branche einwirken.

Die Branchenstrukturanalyse erlaubt die Einschätzung des Gewinnpotentials einer Branche und eine begründete Prognose (→ Prognosesysteme) der zu erwartenden Branchenentwicklung. Die Analyse der Branchenstruktur bildet insofern eine wesentliche Voraussetzung für die Bestimmung einer → Wettbewerbsstrategie. Durch die Wahl einer effektiven Strategie kann ein Unternehmen versuchen, entweder seine Position innerhalb einer gegebenen Branchenstruktur zu verbessern oder die Branchenstruktur selbst zu verändern.

Erweitert wird das Konzept der Branchenstrukturanalyse durch die brancheninterne Strukturanalyse. Diese erklärt Rentabilitätsunterschiede zwischen verschiedenen Firmen in derselben Branche. Unternehmen, die identische o.ä. Strategien verfol-

Abb. 2: Eine Karte der strategischen Gruppen in einer hypothetischen Branche

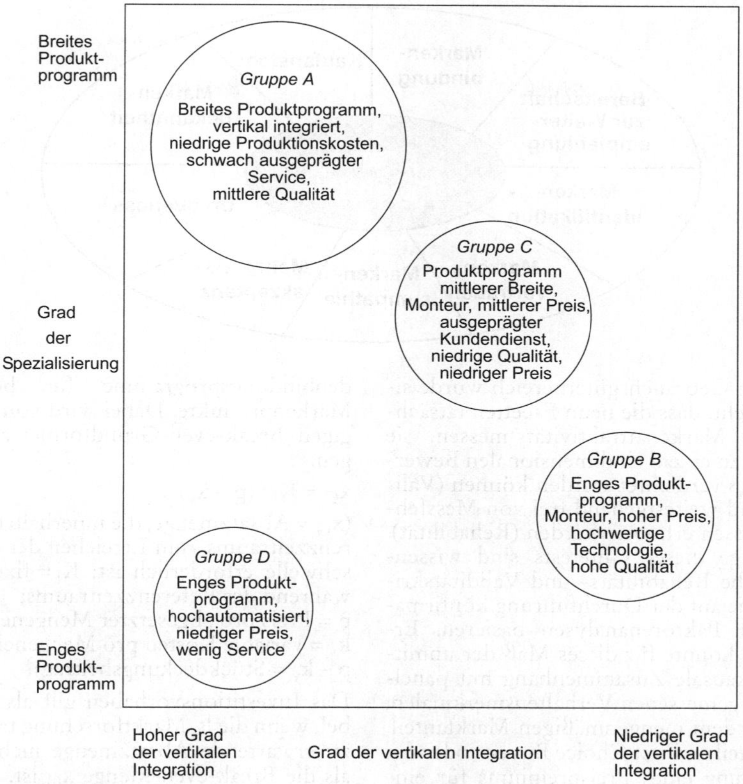

Gruppe A
Breites Produktprogramm, vertikal integriert, niedrige Produktionskosten, schwach ausgeprägter Service, mittlere Qualität

Gruppe C
Produktprogramm mittlerer Breite, Monteur, mittlerer Preis, ausgeprägter Kundendienst, niedrige Qualität, niedriger Preis

Gruppe B
Enges Produktprogramm, Monteur, hoher Preis, hochwertige Technologie, hohe Qualität

Gruppe D
Enges Produktprogramm, hochautomatisiert, niedriger Preis, wenig Service

Achsen: Breites Produktprogramm – Grad der Spezialisierung – Enges Produktprogramm; Hoher Grad der vertikalen Integration – Grad der vertikalen Integration – Niedriger Grad der vertikalen Integration

(Quelle: *Porter*, 1999, S. 179)

gen, werden dabei entsprechend den für den Branchenwettbewerb wichtigsten strategischen Dimensionen zu → strategischen Gruppen zusammengefasst. Diese können in einer strategischen Karte dargestellt werden (vgl. *Abb. 2*). Die grundlegenden Determinanten der Rentabilität eines Unternehmens sind dann die allgemeine Branchenstruktur, die Stellung seiner strategischen Gruppe gegenüber den fünf Strukturkräften und die Position des Unternehmens innerhalb seiner strategischen Gruppe. J.L.

Literatur: *Porter, M.*: Wettbewerbsstrategie, 10. Aufl., Frankfurt a. M. 1999.

Brand Equity → Markenwert

Brand Image → Image

Brand Name-Agentur → Markenname

Brand Potential Index (BPI®)

Der BPI stellt eine von der → GfK Marktforschung entwickelte Operationalisierung zur Messung eines verhaltenswissenschaftlichen → Markenwerts dar. Er spiegelt die Markenattraktivität, also die gefühls- und verstandesmäßige Wertschätzung einer Marke durch den Konsumenten wider. Diese Beurteilung resultiert aus einem Vergleich der Marke mit ihren Wettbewerbsprodukten und der Wahrnehmung ihres werblichen, kommunikativen oder preislichen Auftritts am Markt und mündet in einer entsprechenden Verhaltenstendenz.

Die Operationalisierung erfolgt im Einklang mit der einschlägigen Literatur mit Hilfe von neun Facetten, die die *Abb.* zusammenfasst.

Im Rahmen empirischer Güteprüfungen für Marken aus dem Bereich der Fast Moving Consumer Goods, dem Dienstleistungs-

Facetten des verhaltenswissenschaftlichen Markenwertes BPI®

(Abbildung: Brand Potential umgeben von den Facetten: Markenbindung, Kaufabsicht, Markenbekanntheit, Uniqueness, Mehrpreisakzeptanz, Markensympathie, Markenvertrauen, Markenidentifikation, Bereitschaft zur Weiterempfehlung)

und dem Gebrauchsgüterbereich wurde sichergestellt, dass die neun Facetten tatsächlich die Markenattraktivität messen, sie sinnvoll zu einem eindimensionalen Bewertungsmaß verdichtet werden können (Validität) und weitestgehend frei von Messfehlereinflüssen erhoben werden (Reliabilität). Grundlage dieser Gütetests sind wissenschaftliche Reliabilitäts- und Validitätskriterien, die auf der Durchführung konfirmatorischer Faktorenanalysen basieren. Ergänzend konnte für dieses Maß der unmittelbare kausale Zusammenhang mit panelgestützt gemessenen Verhaltensmerkmalen, wie z.B. dem mengenmäßigen Marktanteil, dem Anteil an First Choice Buyern oder der Entrichtung eines Preispremiums für eine Marke bestätigt werden. O.H./S.S.

Literatur: *Hupp, O.*: Die Validierung von Markenwerten als Voraussetzung für die erfolgreiche Markenführung, in: Planung & Analyse, Heft 5 (2000), S. 44.–47. *Högl, S.; Twardawa, W.; Hupp, O.*: Key Driver starker Marken, Frankfurt a.M., 2000

Brand-Price-Trade-Off
→ GfK Price Challenger

Break-even-Analyse

rechnerische Ermittlung der Bedingungen, unter denen für bestimmte absatzwirtschaftliche Aktivitäten gerade die *Gewinnschwelle* erreicht wird (d.h. Gleichheit der zurechenbaren Gesamtkosten und Gesamterlöse in einem Referenzzeitraum). Praktisch am geläufigsten sind Break-even-Analysen im Marketing für Neuproduktprojekte (→ Innovationsmanagement) und andere Investitionsentscheidungen, z.B. im Hinblick auf Werbekampagnen oder Kundenbindungsprogramme für bestimmte Markenprodukte. Dabei wird von der gängigen Break-even-Grundformel ausgegangen:

$$x_G = K_f : (p - k_v)$$

(x_G = Absatzmenge, die innerhalb des Referenzzeitraums zum Erreichen der Gewinnschwelle erforderlich ist; K_f = fixe Kosten während des Referenzzeitraums; p = Preis pro abgesetzter Mengeneinheit; k_v = variable Kosten pro Mengeneinheit; $p - k_v$ = Stückdeckungsbeitrag).

Das Investitionsvorhaben gilt als akzeptabel, wenn die lt. Marktforschung tatsächlich zu erwartende Absatzmenge nicht kleiner als die Break-even-Menge x_G ist. Die Einschätzung der Höhe der Gewinnschwelle bietet Anhaltspunkte zur Einschätzung des Risikos. Schließlich lässt sich das Kalkül auch zum Vergleich von Entscheidungsalternativen mit unterschiedlicher Kostenstruktur, z.B. bei verschiedenen Vertriebsorganen (etwa Vertriebsniederlassung vs. Handelsvertreter), einsetzen, ebenso zur Beurteilung von Preisalternativen.

Bei genauer Betrachtung zeigt sich, dass der einfach erscheinende Rechenansatz (der auf dem Direct Costing beruht; → Deckungsbeitragsrechnung) mehrere inhaltliche Probleme aufwirft. Insbesondere muss sorgfältig geklärt werden, was in die Größe K_f einzubeziehen ist. Es wäre unangemessen, durch rechnerische Umlagen auch solche Fixkostenbeträge anzulasten, die ohnehin schon aufgrund früherer Entscheidungen anfallen und in ihrer Höhe z.B. durch die Einführung oder Nichteinführung eines neuen Erzeugnisses überhaupt nicht verändert werden (bspw. anteilige Gehälter der vorhandenen Verkaufsleitung). Ein dadurch

bedingter hoher K_f-Betrag könnte rechnerisch zu einer so großen Sollabsatzmenge x_G führen, dass die Neuprodukteinführung unterbleibt, obwohl sie voraussichtlich Zusatzdeckungsbeiträge erbracht hätte, während die schon bestehende Fixkostensumme unverändert weiter anfällt.
Es ist also in diesem Zusammenhang auf den sog. Grundsatz der *Veränderungsrechnung* zu achten. Dieser besagt, dass bei einer Entscheidungsalternative nur jene rechnerischen Größen zuzuordnen sind, die durch die Entscheidung effektiv erhöht oder verringert werden. Schon bestehende fixe Kosten, die bei einem Verzicht auf das neue Produkt abgebaut werden könnten, gehören dementsprechend in die Größe K_f der Break-even-Formel (z.B. Abschreibungen auf eine Produktionsanlage, die für das neue Produkt einsetzbar ist, anderenfalls aber veräußert würde).
Ebenso sind in K_f alle durch das Neuproduktvorhaben hinzukommenden Fixkosten einzurechnen, bspw. das Gehalt eines dafür erst einzustellenden Produkt-Managers. Hierbei bleibt allerdings zu beachten (was in der einfachen Grundformel auch nicht berücksichtigt ist), dass es neben einmalig anfallenden festen Belastungen (z.B. Projektierungskosten) mit jedem Jahr revolvierend entstehende Fixkosten gibt (z.B. Gehälter). Je nachdem, wie lange der für Break-even-Analysen zugrunde gelegte Referenzzeitraum ist, muss insoweit also im Zähler der Formel eine Summierung bestimmter K_f-Beträge über mehrere Perioden erfolgen.
Ist das neue Produkt im Falle eines Kapazitätsengpasses nur herstell- bzw. absetzbar, wenn die Menge anderer Produkte zurückgenommen wird, so sind in die Break-even-Analyse entsprechende *Opportunitätskosten* pro Stück mit aufzunehmen, und zwar im Nenner der Formel als Ergänzung zu der Größe k_v. Hierdurch kommt zum Ausdruck, dass in der Engpass-Situation mit jedem Stück des neuen Produktes auf einen bestimmten Deckungsbeitrag der „verdrängten" anderen Erzeugnisse verzichtet wird. Dies ist für die Gewinnschwellenberechnung zu berücksichtigen.
Eine Abwandlung der Break-even-Analyse ist die *Payoff-Rechnung (Amortisationsrechnung)*. Dabei sind die Absatzmengen zu schätzen, die in den ersten Perioden nach der geplanten Investition tatsächlich zu erwarten sind. Gesucht wird die Anzahl der Perioden, die erforderlich erscheinen, bis die Größe K_f gerade durch die bis dahin kumulierten Gesamtdeckungsbeiträge (Stückdeckungsbeitrag, multipliziert mit der Absatzmenge pro Periode) ausgeglichen ist. Ein Neuproduktvorhaben wird beispielsweise auf dieser Grundlage akzeptiert, wenn die berechnete Payoff-Dauer nicht länger ist als ein unter Überschaubarkeits- und Risikogesichtspunkten vorgegebener Höchstzeitraum.

Ein wesentlicher Mangel der Break-even- und Payoff-Rechnungen besteht darin, dass sie die längerfristige Erfolgsentwicklung nach dem Erreichen der Gewinnschwelle unbeachtet lassen, also z.B. bei Produktinnovationen nur einen Teil des gesamten Produktlebenszyklus einbeziehen. Hieraus können Fehlentscheidungen resultieren, wenn die Gewinnschwelle rasch erreichbar ist, danach aber durch Nachfrageverschiebungen oder Kostensteigerungen Verlustperioden kommen. R.K.

Literatur: *Diller, H.* (Hrsg.): Marketingplanung, 2. Aufl., München 1998, S. 267 ff. *Schweitzer, M.; Trossmann, E.:* Break-even-Analysen, 2. Aufl., Berlin 1998.

Breitbandkommunikation
Übertragung oder Austausch von Information mit einer Bandbreite zwischen einem und fünf MHZ, z.B. für die Übertragung farbiger Bewegtbilder mit Stereoton.

Brick and Click → Electronic Shopping, → E-Commerce

Briefing
Als zentrales Element der → Werbeplanung stellt das Briefing jene Informationsgrundlage dar, die eine Werbeagentur (oder Werbeabteilung) von einer Organisation (oder dem Marketing-Entscheidungsträger der Organisation) zur Erarbeitung einer Werbekampagne vorgegeben erhält oder mit ihr (ihm) gemeinsam erarbeitete. Ein umfassendes Briefing enthält zweckmäßigerweise folgende Angaben:

(1) Konkrete Aufgabenstellung, übergeordnete Marketingziele und zu erreichende → Werbeziele;
(2) Bisherige Entwicklung, Eigenschaften (Vorteile), Verwendungszweck bzw. Tätigkeitsgebiet und gewünschte → Positionierung des zu bewerbenden Produkts bzw. der Organisation sowie darauf abzielende, bereits getroffene Entscheidungen und Maßnahmen im

Briefkastenwerbung

Bereich der Distributions- und Gegenleistungspolitik;
(3) Wichtigste Wettbewerber, deren Marktanteile, Positionierung und Marktkommunikationsanstrengungen;
(4) Beschreibung der Werbezielgruppe(n), ihrer Interessen, Einstellungen und Präferenzen, ihres Informations-, Kauf-, und/oder Verwendungsverhaltens;
(5) Zentrale Werbebotschaft bzw. angestrebter → USP, mögliche Argumente für eine → unterstützende Beweisführung sowie die gewünschte Anspracherichtung, d.h. Rahmenvorgaben für die konkrete Gestaltung der → Werbemittel, wie z.B. das Verhältnis von Bild zu Text;
(6) Zur Wahrung der → Corporate Identity bzw. des Markenbildes einzuhaltende, übergeordnete stilbildende Elemente, wie z.B. Farben, Schrifttyp oder Zeichen;
(7) In der Branche übliche werbliche Gepflogenheiten, die unbedingt Bestandteil der zu entwerfenden Kampagne sein sollten, wie z.B. die Teilnahme an einer bestimmten Messe oder die Aussendung von Werbegeschenken zu bestimmten Anlässen;
(8) Zur Verfügung stehender Werbeetat;
(9) Bei der Planung der Maßnahmen einzuhaltende Termine;
(10) In der Organisation und beim Auftragnehmer beteiligte Entscheidungsträger und Koordinatoren. H.Mü.

Briefkastenwerbung
→ Haushaltdirektwerbung

Brigitte-Frauen-Typologie
von der Frauenzeitschrift „Brigitte" im Verlag Gruner + Jahr, Hamburg, in der Zeit von 1973 bis 1983 in zweijährigem Abstand in der Bundesrepublik Deutschland durchgeführte → Verlagstypologie und → Markt-Media-Analyse, die die Zielgruppe der Frauen nach psycho-sozialen Kriterien qualitativ zu beschreiben versucht und quantitative Daten über Konsum und Besitz usw. erfasst. Seit 1984 analysiert die → Kommunikations-Analyse der „Brigitte" das Medienverhalten der Zielgruppe gegenüber einer Reihe von Publikumszeitschriften und dem Fernsehen, die Besitz- und Verbrauchsdaten für verschiedene Konsumbereiche und ermittelt psychologische Typen und Kommunikationstypen in verschiedenen Konsumbereichen. 2000 erschien die 10. Studie. Anschrift: Gruner + Jahr AG & Co – Druck- und Verlagshaus – 20444 Hamburg I.W.

Broker
1. engl. Bezeichnung für → Makler, inb. Börsenmakler; fälschlich gelegentlich auch für Großhändler im (internationalen) Warengeschäft gebraucht, die große Warenpartien aufkaufen und gegen eine Gebühr (brokerage) weiterveräußern.
2. Bezeichnung für eine spezielle Erscheinungsform des → Absatzmittlers im → Großhandel, insb. im temparaturgeführten Vertrieb („Frischdienst") für Frischwaren (z.B. Obst, Fleisch etc.), gekühlte Waren (z.B. Milchprodukte) oder Tiefkühlprodukte, der (zur Umgehung des Spediteurstatus mit entsprechendem Konzessionszwang) zwar Eigentum an der Ware übernimmt und insofern als Absatzmittler fungiert, vom Funktionsspektrum her aber eher einem → Absatzhelfer ähnelt, weil er keine eigene Sortiments- und Preispolitik betreibt. Hauptleistungsfeld der Broker ist vielmehr die in Form des Werkverkehrs (Warenbesitz!) betriebene Transportfunktion einschließlich der damit verbundenen Lagerungs-, Kommissionierungs-, Dispositions- und Auftragsabwicklungsaufgaben in der Feinverteilung von Konsumgütern. Wegen der Eigentumsübertragung übernehmen Broker auch Verderb- und Bestandsrisiken und erfüllen z.T. auch Finanzierungsfunktionen. In manchen Fällen reicht das Funktionsspektrum bis hin zum Regalservice im Einzelhandel (→ Merchandising). Die Rechnungsstellung erfolgt meist im Wege einer Pro-forma-Rechnung an den Händler, der aber eigenständige Konditionenvereinbarungen mit dem Hersteller führt und entsprechende Gutschriften von diesem erhält, so weit die Preise unter den pro forma-Beträgen liegen. Insofern ist die Preisvertraulichkeit im Absatzkanal für den Lieferanten gewährleistet.
Im Zusammenhang mit den Rationalisierungsbemühungen der Distribution (→ Marketing-Logistik, → ECR) übernehmen Broker in jüngster Zeit z.T. eine logistische Systemführerschaft im gesamten Absatzkanal und werden deshalb auch als → Systemlogistiker bezeichnet. Immer mehr Bedeutung im Funktionsspektrum gewinnt dabei die → Informations-Logistik

mit EDI, automatischer Filialdisposition und zeitgleicher Abbildung der Warenbewegungen sowie beleglosem Lager, aber auch technische Innovationen wie → Cross Docking-Stationen oder Mehrkammer-Fahrzeuge mit unterschiedlichen Kühltemperaturen.

In der TKK- und Frischwarendistibution erreichten die Broker 1995 nach Expertenschätzungen einen Marktanteil von ca. 40%, bezogen auf das Marktvolumen dieser Warengruppen von rd. 3,5 Mrd. DM. Überregional tätige Großbroker, wie die fz-Frischdienstzentrale GmbH & Co, erreichen ca. 2 Mrd. Umsatz (1997) und schlagen p.a. ein Volumen von rd. 550.000 to. Frisch- bzw. Kühlwaren um. H.D.

Browser

Als Browser bezeichnet man Programme, mit denen Daten aus dem World Wide Web abgerufen und graphisch dargestellt werden können (→ Internet-Technik). Moderne Browser unterstützen auch FTP und Gopher, können E-Mails versenden und für Videokonferenzen und als Newsreader eigesetzt werden. Die bekanntesten Browser sind der „Navigator" von Netscape und der „Internet Explorer" von Microsoft. Da der Zugriff auf das Internet eng mit der Anwendung eines Browsers verbunden ist, beeinflusst der Funktionsumfang des Browsers stark den Einsatz des Marketing im Internet. B.S./K.S.

Browser-Sharing

→ Customer Relationship Management

Bruttonutzenrechnung

im Handel weit verbreitete Variante der sog. Spannenrechnung (→ Handelskalkulation), bei der die kompensatorische Wirkung von → Handelsspanne (Abschlag) einerseits und Lagerumschlag andererseits im Hinblick auf den Periodenerfolg vor Abzug der Handlungskosten („Bruttonutzen"), aber nach Abzug der Warenkosten formelmäßig abgebildet wird:

$BN_{it} = LU_{it} \times HA_{it}$

BN = Bruttonutzen von Artikel(gruppe) i in Periode t

LU_{it} = Wareneinsatz

von i in t/Lagerbestand zu Einstandspreisen

HA_{it} = (Umsatz ./. Wareneinstand) x 100/ Umsatz

Der Bruttonutzen stellt also eine für Warengruppenvergleiche geeignete Kennziffer für den Bruttoertrags-Beitrag einer Warengruppe dar. Sie dient v.a. einer umschlagsorientierten Preiskalkulation im Handel.
H.D.

Bruttoreichweite

Summe der → Reichweiten verschiedener Medien ohne Berücksichtigung der Überschneidungen.

BSM (Bundesverband Deutscher Schausteller und Marktkaufleute e.V.)

→ Ambulanter Handel

B-t-B-Geschäft (Business-to-Business-Geschäft, B2B)

v.a. im → Online-Marketing übliche Bezeichnung für Geschäfte zwischen Gewerbetreibenden (→ Investitionsgütermarketing).

B-t-C-Geschäft (Business-to-Consumer-Geschäft, B2C)

v.a. im → Online-Marketing übliche Bezeichnung für Geschäfte zwischen einem Gewerbetreibenden und einem Endverbraucher.

Btx-Befragung

→ Computergestützte Befragung

Buchgemeinschaften

Buchgemeinschaften und Buchclubs erwerben von Verlagen das Copyright für Bücher und bieten diese ihren Mitgliedern in veränderter Ausstattung, zeitversetzt und mit erheblichem Preisvorteil in speziellen Prospekten an. Die Mitglieder sind i.d.R. verpflichtet, innerhalb einer festgelegten Zeit Waren mit einem bestimmten Warenwert abzunehmen; ist dies nicht der Fall, wird ihnen der Haupttitel des Kataloges zugesandt und in Rechnung gestellt (→ Abonnementgeschäft). Buchclubs operierten ursprünglich ausschließlich im → Direktvertrieb, nutzen inzwischen aber auch den stationären Handel als Vertriebsweg.

Im Jahr 1999 setzten die Buchgemeinschaften in Deutschland 673 Mio. DM um. Damit betrug ihr Anteil am Gesamtumsatz des Buchhandels 3,7 %. Die größte deutsche Buchgemeinschaft, mit 5 Mio. Mitgliedern

Buchstabenauswahl

und einer Ladenkette bestehend aus 291 Filialen, ist „Der Club" von Bertelsmann.

Buchstabenauswahl

spezifisches → Auswahlverfahren für Zufallsstichproben. Grundgedanke dieses u.Ä. Verfahren (→ Geburtstagsverfahren) ist es, die Auswahl nach Merkmalen der Elemente vorzunehmen, die in Hinblick auf den Untersuchungsgegenstand „zufällig" sind. Dazu gehört i.a. – auf mögliche Ausnahmen ist zu achten! – der Anfangs- oder auch Endbuchstabe des Familiennamens. Je nachdem, wie viele Elemente die Stichprobe enthalten soll, selektiert man aus der Personenliste demnach Personen mit bestimmten Anfangsbuchstaben. M.H.

Budget

im Rahmen der → Budgetierung festgesetzter Planwert für bestimmte Ausgaben bzw. Ausgabenkategorien in einer Planperiode. Während bei → organisationalem Beschaffungsverhalten Budgetentscheidungen relativ planmäßig gefällt werden (müssen), erfolgt die Budgetierung im privaten → Einkaufsverhalten wegen der Unsicherheiten beim Konsum eher habituell, d.h. unter Zugrundelegung bzw. Adaption gelernter Verteilungsregeln für die → Ausgabenstruktur. Eine geeignete Theoriegrundlage hierfür bietet die Theorie der → Kaufentscheidung sowie die → Prospect-Theorie mit dem → Mental Accounting-Konzept Budgetentscheidungen werden mit zunehmend frei verfügbarem Einkommen weniger dringlich. Lediglich für aufwendige Beschaffungen (Reisen, Haushaltsgeräte, Kraftfahrzeuge etc.) werden deshalb heute gezielte Ansparraten geplant. Die Budgetspielräume lassen sich kurzfristig durch → Absatzfinanzierung seitens der Anbieter, inb. → Leasing, ausweiten. H.D.

Budgetgerade → Indifferenzkurve

Budgetierung

auf der → Marketingplanung aufbauender Prozess der Erstellung und Zusammenfassung der in Geldeinheiten quantifizierten Vorgaben für bestimmte Organisationseinheiten (→ Marketingorganisation) für den Planungszeitraum, dessen Ergebnis in schriftlicher Form – als Budget – fixiert wird. Als Instrument des → Marketing-Controlling besteht das Ziel der Budgetierung darin, die im Rahmen der Planung erarbeiteten → Marketingziele in verbindliche Aktivitäten zu überführen, indem man mit der Zuordnung der Sollergebnisse die Verantwortung und den Maßstab für die tatsächliche Zielerreichung festlegt. Neben der Möglichkeit zur Steuerung und Kontrolle der operativen (Marketing-)Maßnahmen lässt sich auf diese Weise auch eine ganzheitliche Koordination der Unternehmensaktivitäten erreichen.

Um den skizzierten Ansprüchen gerecht zu werden, muss die Budgetierung sowohl auf der strategischen als auch auf der operativen Ebene ansetzen. Auf der strategischen Ebene geht es darum, zum einen die grundsätzliche Finanzierbarkeit des geplanten Aktivitätsniveaus angesichts nur begrenzter Mittel zu prüfen (Ressourcenaspekt) und zum anderen die betroffenen Stellen und Abteilungen frühzeitig auf die finanziellen Konsequenzen der → strategischen Marketingplanung hinzuweisen (Allokationsaspekt). Zu diesem Zeitpunkt kann man zwar nur auf unsichere Werte, etwa auf Basis von Prognosen (→ Prognosesysteme) oder Hochrechnungen, zurückgreifen. Da das Marketingbudget für eine gesamtunternehmensoptimale Lösung mit den Budgets anderer Unternehmensbereiche in einem sukzessiven und rekursiven Planungsprozess abzustimmen und ggf. zu revidieren ist (vgl. *Abb. 1*), können derartige (vorläufige) Daten jedoch dazu beitragen, dass sich der gegenseitige Abstimmungsprozess nicht zu zeitraubend, umständlich und konfliktträchtig gestaltet.

Ist das Marketingbudget festgelegt, geht es bei der operativen Budgetierung darum, die effiziente Höhe des Budgets für die verschiedenen Marketingfunktionen und -instrumente, also etwa die Kosten für → Marktforschung, Neuproduktentwicklung (→ FuE-Budget), neue Verpackungen, den Außendienst oder → Werbung oder – bei der → Budgetierung im Handel – für die einzelnen Filialen, zu ermitteln. Für die Frage, wie die insgesamt zur Verfügung stehenden Mittel verteilt werden sollen, hat das Operations Research zwar eine Reihe von Verfahren entwickelt. Deren Anwendung scheitert in der Praxis jedoch häufig am Fehlen bzw. an der Ungenauigkeit der dafür erforderlichen Daten. Man greift deshalb in aller Regel auf folgende Heuristiken zurück (s.a. → Werbebudgetierung):

Abb. 1: Die Grundzusammenhänge der langfristigen (strategischen) Budgetierung

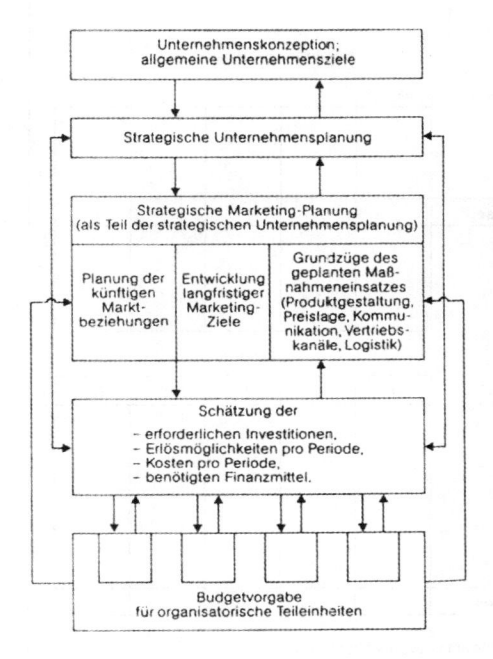

```
┌─────────────────────────────────────────┐
│   Unternehmenskonzeption;               │
│   allgemeine Unternehmensziele          │
└─────────────────────────────────────────┘
                    ↕
┌─────────────────────────────────────────┐
│     Strategische Unternehmensplanung    │
└─────────────────────────────────────────┘
                    ↕
┌─────────────────────────────────────────┐
│        Strategische Marketing-Planung   │
│ (als Teil der strategischen Unternehmens-│
│                planung)                 │
│ ┌──────────┬──────────┬──────────────┐ │
│ │Planung   │Entwicklung│Grundzüge des │ │
│ │der       │langfristiger│geplanten Maß-│ │
│ │künftigen │Marketing-│nahmeneinsatzes│ │
│ │Markt-    │Ziele     │(Produktgestaltung,│ │
│ │beziehungen│         │Preislage, Kommu-│ │
│ │          │          │nikation, Vertriebs-│ │
│ │          │          │kanäle, Logistik)│ │
│ └──────────┴──────────┴──────────────┘ │
└─────────────────────────────────────────┘
                    ↕
┌─────────────────────────────────────────┐
│            Schätzung der                │
│   - erforderlichen Investitionen,       │
│   - Erlösmöglichkeiten pro Periode,     │
│   - Kosten pro Periode,                 │
│   - benötigten Finanzmittel.            │
└─────────────────────────────────────────┘
                    ↕
┌─────────────────────────────────────────┐
│         Budgetvorgabe                   │
│   für organisatorische Teileinheiten    │
└─────────────────────────────────────────┘
```

– *Umsatz-, gewinn- bzw. deckungsbeitrags- oder marktanteilsorientierte Budgetierung:*
Bei diesen Verfahren werden die Budgets jeweils als ein fester Prozentsatz einer Bezugsgröße ermittelt. Der in der Praxis weitaus am meisten gebrauchte Bezugspunkt ist dabei der tatsächliche Umsatz der letzten bzw. der aufgrund einer Entwicklungsprognose geschätzte Umsatz der Planperiode. Von ihm wird ein bestimmter, erfahrungsgemäß unter Gewinnaspekten vertretbarer Prozentsatz als für die entsprechenden Marketingzwecke „abtretbares" Budget festgelegt. Bei den anderen Bezugspunkten erfolgt das Vorgehen analog. Bei diesen sog. Prozent-Methoden steht den Gefahren einer prozyklischen Absatzpolitik, der Umkehrung von Ursache und Wirkung sowie des fehlenden inhaltlichen Bezugs zu den geplanten Marketingmaßnahmen entgegen, dass dieses Vorgehen einfach und ohne großen Informationsaufwand ist, und speziell die umsatzorientierte Budgetierung das finanzielle Gleichgewicht eines Unternehmens nicht gefährdet, solange die Umsatzergebnisse in der kommenden Planperiode jene der vergangenen überschreiten.

– *Konkurrenzorientierte Budgetierung (Competitive-Parity-Methode):*
Das Budget wird auf Basis der Aufwendungen der Konkurrenten im relevanten Markt festgelegt. Dazu müssten zunächst die Aufwendungen der Wettbewerber, insb. der Share of Voice (Werbeanteil am Gesamtwerbevolumen), bekannt sein. Zudem unterstellt man mit diesem Verfahren, dass diese die gleichen Marketingziele verfolgen. Schließlich geht man nur unzureichend auf die spezifischen Stärken und Schwächen des eigenen Unternehmens ein (→ Stärken-Schwächen-Analyse).

– *Finanzorientierte Budgetierung (All-you-can-afford-Methode):*
In diesem Fall wird die Höhe des Marketingbudgets nach Maßgabe der in der Planperiode voraussichtlich verfügbaren finanziellen Eigenmittel festgelegt, wobei vorweg alle übrigen betriebsnotwendigen Aufwendungen zu berücksichtigen sind. Das Marketingbudget ergibt sich also als eine Residualgröße. Auch hierbei bleibt unberücksichtigt, dass das Unternehmen über eine aktive Marktbearbeitung unmittelbar Einfluss auf die Höhe des Cash-flow nehmen und sich damit u.U. aus einem prozyklischen Teufelskreis befreien kann.

– *Zielorientierte Budgetierung (Objective-and-Task-Methode):*
Nach Festlegung der Marketingziele des Unternehmens leitet man auf Basis geeigneter Analysen die zur Erreichung dieser Ziele erforderlichen Aktivitäten und die dafür anfallenden Kosten ab. Mit diesem zielorientierten Vorgehen wird der ergebnisbeeinflussenden Wirkung von Marketingaktivitäten und der aggressiven Komponente der Marketingphilosophie (→ Marketing (Grundlagen)) logisch Rechnung getragen. Allerdings bleiben finanzielle Restriktionen leicht unberücksichtigt. Darüber hinaus ergeben sich bei der praktischen Anwendung dieses Prinzips erhebliche Schwierigkeiten, weil sich im Allgemeinen nicht mit Sicherheit feststellen lässt, welches Marketing-Mix die günstigste Kosten-Ertragsrelation aufweist. Diese Problematik können marginalanalytische Ansätze (→ Marginalanalyse), Verfahren der Dynamischen Programmierung sowie geeignete → Simulationsverfahren mildern helfen.
Trotz der Schwierigkeiten bei der planmäßigen Ableitung von Marketingbudgets kann auf diese nicht verzichtet werden, wenn die Marketingplanung zum

Budgetierung

Abb. 2: Schema eines Produkt-Budgets

Produkt-Budget
Produkt

I. Produkt-Erlöse   Quartale

	Jahr	I	II	III	IV

1. **Umsatz-Erlöse** (gesamt)
2. **Erlösschmälerungen** (./.)
   - Rabatte
   - bes. Preisnachlässe, Boni
   - Retouren
   - Skonti

   Netto-Erlöse:

3. **Netto-Erlöse** nach
   - Kundengruppen
   - Regionen
   - Vertriebswegen

II. Kosten des Product Management (eigener Etat)   Quartale

	Jahr	I	II	III	IV

1. Gehälter
2. Sozialabgaben
3. Büromaterial
4. Raumkosten
5. Telefon, Fernschreiben
6. Porti
7. Reisekosten
8. Bücher, Zeitschriften
9. Fremdleistungen (Beratung etc.)
10. Gemeinkostenumlage/Verwaltung

eigene Kosten:

III. Produkt-Kosten in anderen Abteilungen (Kostenstellen) als anteilige variable Kosten
(Grenzplankosten, Stellenumlage)   Quartale

	Jahr	I	II	III	IV

1. **Bereich: Marketing**
   a) **Marktforschung**
      - Marktanalysen
      - spez. Tests
      - Umfragen
   b) **Werbung**
      - Werbemaßnahmen/-medien
      - Sachmittel
      - Muster, Kataloge etc.
      - Werbeforschung
   c) **Verkaufsförderung**
      - Verkaufsförderungsmaßnahmen
      - Verpackungsmuster
      - Displaymaterial
   d) **Vertrieb**
      - Dienstleistungen
      - Verkäuferschulung

   gesamt:

2. **Bereich: Forschung/Entwicklung**
   - Entwicklungsaufträge

   gesamt:

3. **Bereich: Beschaffung**
   - Beschaffungsaufträge

   gesamt:

4. **Bereich: Produktion**
   - Sondereinzelkosten

   gesamt:

   gesamt:

IV. Kennzahlen
Gewinnspanne, Umsatzrentabilität, Kosten-Umsatz-Relationen, gebundene Bestände, Verkaufssatz, Werbungssatz etc.

(Quelle: *Wild*, 1974, S. 334-335)

Führungsinstrument ausgebaut werden soll. Vor allem größere Unternehmen benötigen derartige Budgets zur Priorisierung und Koordination aller Teilplanungen sowie zur systematischen Festlegung der Verantwortung bestimmter Organisationsmitglieder für die Zielerreichung. Neben diesen Zielen sollen mit Hilfe der von den Mitarbeitern selbst entworfenen Budgets deren Motivation verstärkt und die planmäßige Inangriffnahme aller Marketingaktivitäten gefördert werden. Durch Vergleich der im Budget enthaltenen Sollergebnisse mit den Ist-Ergebnissen kann schließlich eine quantitative Basis zur Kontrolle und zur Mitarbeiterbeurteilung geschaffen werden.

Um speziell die organisatorischen Ziele der Budgetierung zu erreichen, muss jedoch sichergestellt sein, dass die budgetierte Stelle – wie etwa bei einem Profit Center – die erforderlichen Kompetenzen besitzt, um alle zum geplanten Erfolg erforderlichen Aktivitäten ergreifen zu können (Kongruenzprinzip), und dass sie nur für die tatsächlich beeinflussbaren Ergebnisgrößen verantwortlich gemacht wird (Beeinflussungsprinzip). Insofern ist die formale Ausgestaltung eines Budgets der jeweiligen Organisationsstruktur anzupassen. Im Falle einer produktorientierten Struktur mit Produktmanagern als Verantwortungsträgern für den Produkterfolg (→ Produktmanagement) könnte ein Budget die in *Abb. 2* dargestellte Form besitzen. Sie berücksichtigt durch eine horizontale Aufgliederung der Budgetdaten nach mehreren Planperioden die möglicherweise auftretenden Wirkungsverzögerungen und vermeidet damit eine allzu kurzfristige Ergebnisorientierung des Produktmanagers. Fasst man die Budgets aller Produktmanager zusammen und ergänzt sie durch die noch nicht verrechneten Kosten aller Marketingabteilungen, so ergibt sich das Marketing-Gesamtbudget, für dessen Einhaltung sich der Marketingleiter verantwortlich zeichnet.

Die Erstellung der Produkt- und Marketingbudgets kann retrograd oder progressiv erfolgen. Im ersten Fall liefern die Produktmanager zunächst eigene Budgetvorschläge, die dann gemeinsam mit dem Marketing- und den Abteilungsleitern durchgesprochen und aufeinander abgestimmt werden. Dieses Verfahren bietet aufgrund der aktiven Mitwirkungsmöglichkeit der Produktmanager einen höheren Motivationsanreiz als das progressive Vorgehen, bei dem der Marketingleiter bereits vor Erstellung der Produktbudgets zumindest grobe Vorgaben macht. Dafür werden zeit- und kostenintensive Koordinierungsaufgaben weitgehend überflüssig. Um die jeweiligen Vorteile miteinander verbinden zu können, werden in der Praxis nicht selten beide Verfahren kombiniert eingesetzt.

Sind die Umwelterwartungen für die Planperiode sehr unsicher, empfiehlt sich schließlich eine flexible Budgetierung, die beispielsweise unterschiedliche Sollleistungen und -kosten für verschiedene Konjunkturverläufe oder Konkurrenzaktivitäten festlegt. Damit wird einer schnellen Veraltung der Planentwürfe noch innerhalb der Planperiode vorgebeugt. A.Ha.

Literatur: *Diller, H.*: Marketingplanung, 2. Aufl., München 1998. *Wild, J.*: Budgetierung, in: Marketing Enzyklopädie, Bd. 1, München 1974, S. 325-340.

Budgetierung im Handel

Periodische Budgets sind ein wichtiges und weit verbreitetes betriebliches Führungsinstrument zur Planung und Steuerung der handelsbetrieblichen Teilbereiche (Beschaffung, Absatz, Abteilungen, Warengruppen) auf Grund rentabilitätsorientierter Sollvorgaben (→ Handels-Controlling). In den Budgets werden die Umsätze, die Roherträge (Deckungsbeiträge) und die Kosten der jeweiligen Bereiche für eine bestimmte Periode festgelegt. Als Planungsgrundlage dienen dabei die bekannten Ist-Werte der Vorperiode, die ggfs. zu korrigieren sind, wenn in der Planperiode Sondereinflüsse wirksam werden (z.B. Flächenzuwachs, Umbau, Auftritt neuer Wettbewerber etc.).

Die Aufstellung der Umsatzbudgets wird bei größeren Handelsbetrieben i.d.R. von den Bezirksleitern in Zusammenarbeit mit den Filialleitern nach Warengruppen getrennt vorgenommen. Die warengruppenspezifischen Sollroherträge bzw. → Deckungsbudgets werden dagegen meist vom Einkauf geplant und den Filialleitern vorgegeben. Innerhalb der Warengruppen verbleibt den Filialleitern jedoch ein Kalkulationsspielraum. Bei der Kostenbudgetierung sind die Vorperiodenwerte um voraussichtliche Kostensteigerungen (Tariferhöhungen etc.) zu korrigieren. Wichtige Kostenarten innerhalb des Kostenbudgets sind insbes. die Personal-, Raum-, Energie-, Porto-, Werbe- und Instandhaltungskosten sowie (z.T. aus Gründen der besseren Vergleichbarkeit mit anderen Filialen kalkula-

Built-in-flexibility

torisch angesetzte) Zinsen, Abschreibungen und Mieten.
Differenzierte Budgets sind notwendige Voraussetzung für differenzierte Kontrollrechnungen und dienen auch als Grundlage zur Erstellung von Kennzahlen im Rahmen von → Betriebsvergleichen.   K.Ba./H.D.

Built-in-flexibility
durch entsprechende Vorkehrungen am Produkt erzielbare Ausweitung des Verwender- oder Anwendungsbereiches von Produkte. Beispiel: Netzspannung für 120 und 220 Volt; Normanschlüsse für verschiedene Normensysteme bei Elektrogeräten, Heizungsanlagen für Gas- und Heizölverbrennung etc. (→ Produktgestaltung, → Mass Customization).

Bulk-Handel
lose Ware (Schüttgut, Sturzgut, Massengut) als Gegenstand von Handelsgeschäften. Das Massengut wird anglo-amerik. als Bulk-cargo, der logistische Vorgang als Bulk-transport bezeichnet.

Bulletin Board System (BBS)
ist ein Online-Dienst aus den Anfängen der elektronischen Datenkommunikation. Ein BBS bestand aus einem Rechner, in den man sich über eine Telefonleitung einwählen konnte und der die Funktion eines elektronischen Diskussionsforum besaß. Das BBS diente als Entwicklungsvorstufe zu den → Newsgroups oder den → Online Foren im WWW.

Bumerangeffekt
nennt man allgemein eine → Werbewirkung, bei der die Empfänger der Kommunikation in einer Weise reagieren, die den Absichten des Kommunikators entgegenläuft. Ursachen für Bumerangeffekte sind neben der → Reaktanz der Empfänger vor allem falsch eingesetzte → Aktivierung. Die aktivierende Gestaltung stimuliert in diesem Fall die Verarbeitung solcher Informationen, die nicht dem Werbeziel entsprechen. Dies ist meist dann der Fall, wenn starke Blickfänge verwendet werden, die selbst gut verarbeitet werden, aber von der Werbebotschaft ablenken (→ Ablenkung), oder wenn die Werbung aufgrund erhöhter Aktivierung zwar effizient verarbeitet wird, aber inhaltlich nicht auf das Werbeziel abgestimmt ist.   G.M.-H./F.-R.E.

Bumerangtechnik
→ Verkaufsargumentation

Bummelkäufer → Kundenlaufstudie

Bundesbank-Verfahren
→ Saisonverfahren

Bundesstelle für Außenhandelsinformation (BfAi)
Die Bundesstelle für Außenhandelsinformation (BfAi), Köln, hat als nachgeordnete Behörde des Bundesministers für Wirtschaft die Aufgabe, die außenhandelsorientierten deutschen, insb. mittelständischen Unternehmen bei der Informationsbeschaffung zu unterstützen (→ Exportförderung, staatliche). Im Einzelnen werden Korrespondentenberichte, Informationen aus auswärtigen Missionen, Nachrichtenagenturen und nationalen bzw. internationalen Organisationen sowie allgemein zugängliche Publikationen gesammelt, aufbereitet und ausgewertet. Die Informationen werden durch eigene Publikationen, durch Datenbankauskünfte und durch Einzelauskünfte außenhandelsorientierten Unternehmen zur Verfügung gestellt.   H.-G.M.

Bundling
→ Preisbündelung, → Produktbündelung

Business mission
→ Unternehmensmission

Business Process Reengineering
→ Prozessmanagement im Marketing

Business-to-Business-Werbung
→ Direktwerbung

Butterfahrten → Verkaufsfahrten

Buy-Back-Geschäft
→ Kompensationsgeschäft

Buying Center
In der Theorie des → organisationalen Beschaffungsverhaltens stellt das Buying Center die gedankliche Zusammenfassung aller am Kaufprozess beteiligten Personen dar. Damit wird zunächst der Multipersonalität gewerblicher Kaufprozesse Rechnung getragen, welche den Kaufprozess prägt. Manchmal bildet sich ein Buying Center nur temporär („*Investitionsausschuss*"), oft

ist es permanent installiert und in das → Beschaffungsmarketing integriert.

Im Buying Center bilden bestimmte Personen problembezogene formelle oder informelle Gruppen, welche den Kaufprozess vorantreiben bzw. gelegentlich auch bremsen. Die einzelnen Mitglieder übernehmen spezifische *Rollen* und *Funktionen*, deren Kenntnis für die zielgerechte Ansprache und Information besonders wichtig ist. Nicht selten gibt es dabei auch Meinungsverschiedenheiten und Konflikte innerhalb des Buying Center, die vom Selling Center ausgenutzt werden können, indem man z.B. der einen Gruppe hilft, sich im Entscheidungsprozess durchzusetzen. Für einen Lieferanten gilt es deshalb sorgfältig zu analysieren,

– wer zum Buying Center eines potenziellen Kunden gehört,
– welche *Rollen* er dort übernimmt und welchen *Entscheidungseinfluss* er nimmt,
– welches *Informations- und Entscheidungsverhalten* er dort aufweist.

Zum Buying Center zählen alle Organisationsmitglieder beim Kunden, die hinsichtlich der Beschaffungsentscheidung (wirksam) untereinander in Kommunikation treten. Nach einer *Spiegel*-Untersuchung von 1982 sind es im Durchschnitt vier Personen, die über alle Stadien des Kaufprozesses hinweg an der Kaufentscheidung immer oder zu bestimmten Zeitpunkten mitwirken. Daraus ergeben sich typische sachliche und zeitliche Einflussmuster, die auf Lieferantenseite zu berücksichtigen sind. Die Identifikation der Buying Center-Mitglieder erfolgt direkt durch Suche nach einflussreichen Personen und/oder durch Analyse bestimmter *Rollen* (Verhaltenserwartungen) bzw. *Funktionen* (organisatorisch zugewiesene Aufgabenbereiche) im Buying Center. Das bekannteste Rollenkonzept von *Webster/Wind* (1972) unterscheidet fünf Rollen:

(1) *Einkäufer* (Administratoren) wählen auf Grund ihrer formalen Autorität Lieferanten aus, verwalten und überwachen den Beschaffungsprozess (Einkaufsabteilung).
(2) *Benutzer* sind Personen, welche später das Produkt nutzen und somit intrinsisch motiviert sind, das am besten geeignete Produkt zu beschaffen, unabhängig davon, was es kostet. Sie besitzen oft den stärksten Einfluss auf den Kaufprozess.
(3) *Beeinflusser* nehmen formal nicht am Kaufprozess teil, beeinflussen ihn aber durch Beratung oder Meinungsabgabe. Hierzu zählen z.B. Consulting engineers, User Groups oder Fachkollegen aus anderen Firmen (→ Referenzen).
(4) *Informationsselektierer* (Gatekeeper) steuern den Informationsfluss und üben dadurch indirekt Einfluss auf die Entscheidung aus (z.B. Assistenten, Sekretärinnen).
(5) *Entscheider* besitzen die formale Macht der Auftragsvergabe. Sie sind häufig von wirtschaftlichen Motiven geprägt, aber auch von Nutzern und Beschaffern mehr oder minder beeinflussbar.

Witte entwickelte in seinem *Promotorenmodell* auf Basis empirischer Analysen bei der EDV-Beschaffung eine zweidimensionale Rollenaufgliederung in *Fach-* und *Machtpromotoren*, die sich durch den für die administrativen Abläufe zuständigen *Prozesspromotor* (*Hauschildt/Chakrabarti*) ergänzen lassen (s.a. → Innovationsorganisation). Damit wird die in der älteren US-Literatur vertretene Vorstellung eines alleinigen „Champion" im Entscheidungsprozess modifiziert. Fachpromotoren treiben den Entscheidungsprozess durch ihre hierarchieunabhängige Fachautorität, Machtpromotoren durch ihre Entscheidungsgewalt an. Beide Rollen sind für einen erfolgreichen Kaufprozess und die Überwindung von Kaufwiderständen seitens der sog. *Opponenten* wichtig. Letztere sind vom Lieferanten oft nur schwer auszumachen und deshalb besonders kritisch.

Mit dem Rollenverhalten der Buying Center-Mitglieder verbindet sich häufig ein bestimmtes *Informations- und Entscheidungsverhalten*, dessen Kenntnis für den Lieferanten Ansatzpunkte für die zeit-, personen- und sachgerechte Ansprache des Kunden liefert.

In neuerer Zeit wurde das Buying Center-Konzept zum *Buying Network-Konzept* weiterentwickelt. Dabei werden die Beziehungen zwischen den Mitgliedern des Buying Center, insb. die Kommunikationsstrukturen genauer analysiert, um deren individuellen *Einfluss* und *Macht* zu erkennen. Hierzu kann man auch bestimmte *Netzwerkrollen* (Liasons, Brücken, boundary roles, Zentrale etc.) zu erkennen versuchen. Naturgemäß fällt dies insb. Aussenstehenden jedoch relativ schwer, sodass

Buying Cycle

der Ansatz bisher eher von theoretischer Bedeutung ist. H.D.

Literatur: *Backhaus, K.*: Industriegütermarketing, 6. Aufl., München 1999. *Spiegel-Verlag* (Hrsg.): Der Entscheidungsprozess bei Investitionsgütern, Hamburg 1982. *Klöter, R.*: Opponenten im organisationalen Beschaffungsprozess, Wiesbaden 1997.

Buying Cycle → Nachkaufverhalten

Buying Network → Buying Center

Buy-response-Funktion

Aus Befragungen potenzieller Käufer, zu welchen Preisen sie ein bestimmtes (u.U. neues) Produkt kaufen bzw. nicht mehr kaufen würden (Vorlage von Preisreihen), lassen sich nach einem Vorschlag *Andrée Gabors* untere und obere Preisschwellenverteilungen ermitteln und durch gegenseitige Verrechnung zu einer Preis-Reaktionskurve umformen, die als *Preisbereitschaftsfunktion* oder Buy-response-Funktion bezeichnet wird (→ Preistests).
Es handelt sich somit um ein Modell der → Preisbeurteilung für Preiswürdigkeitsurteile bei → preisorientierter Qualitätsbeurteilung. Die Funktion hat häufig den in der *Abbildung* gezeigten log-normalen Verlauf. H.D.

Literatur: *Gabor, A.*: Pricing, Principles and Practices, London 1990.

BVH (Bundesverband des Deutschen Versandhandels e.V.)

Der Verband wurde 1947 gegründet und besteht zurzeit aus 182 Mitgliedern. Die Aufgaben des Verbandes sind die gemeinsamen ideellen und wirtschaftlichen Interessen seiner Mitglieder national und international wahrzunehmen und zu fördern. Die Wahrnehmung der Interessen nach außen – unter anderem durch ständige Gespräche mit der Bundespost, durch sachverständige Mitwirkung bei der Gesetzgebung in Deutschland und in der Europäischen Gemeinschaft, durch Presse- und Öffentlichkeitsarbeit und Zusammenarbeit mit anderen Verbänden – wird ergänzt durch die internen Verbandsarbeiten wie ständige Information der Mitglieder, Erfahrungsaustausch unter den Mitgliedern und Beratung der Mitglieder auf verschiedensten Gebieten. Anschrift: Johann-Klotz-Straße 12, 60528 Frankfurt. B.H.

BVL (Bundesverband des Deutschen Lebensmittel-Einzelhandels e.V.)

Nachfolgeorganisation des → HVL. Der BVL wurde 1917 gegründet. Ordentliche Mitglieder des Verbandes sind die Landesverbände der HDE oder an ihrer Stelle die Landesverbände, die Mitglied eines Landesverbandes sind. Der Zweck des Verbandes besteht darin,

Buy-Response-Funktion

idealtypische Veteilungsfunktion der Nichtkäufer (a) und daraus abgeleitete Buy-Response-Funktion (U (p) bzw. 0 (p) = Anteil der Nachfrager, die nicht kaufen, weil ihnen der Preis zu niedrig bzw. zu hoch erscheint)

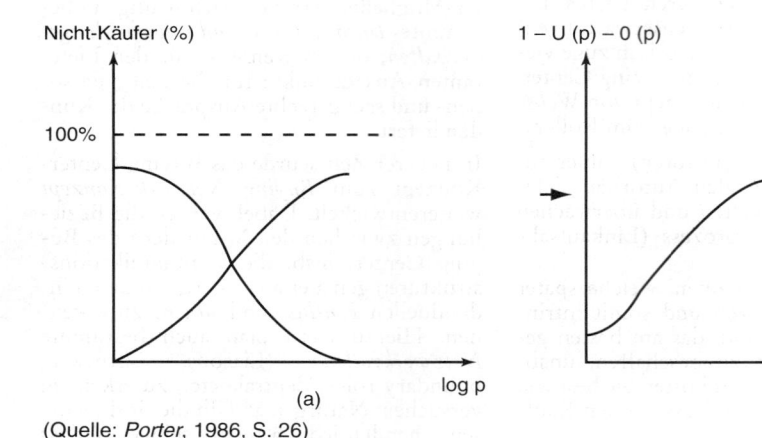

(Quelle: *Porter*, 1986, S. 26)

- die fachlichen Interessen des Lebensmittel-Einzelhandels gegenüber dem Gesetzgeber und den Behörden sowie der Öffentlichkeit zu vertreten,
- die fachlichen Interessen des Lebensmittel-Einzelhandels gegenüber anderen Wirtschaftsstufen zu vertreten,
- die Fachzusammenschlüsse der Landesverbände (Landesfachverbände und Landesfachgemeinschaften) und ihrer Gliederungen in der Hauptgemeinschaft des deutschen Einzelhandels zu unterstützen,
- die gewerblichen Belange, insbesondere auch im Sinne der Wettbewerbsgesetze zu fördern,
- als Rationalisierungsverband im Sinne des § 5, Abs. 1, Satz 33 des Gesetzes gegen Wettbewerbsbeschränkungen, Normungs- und Rationalisierungsvorhaben durchzuführen oder zu prüfen, dabei die Wirtschaftskreise, die durch die Vorhaben betroffen werden, in angemessener Weise zu beteiligen und die Normen und die Typen unverbindlich zu empfehlen. Anschrift: Ulrich-von-Hassel Str. 64, 53123 Bonn. B.H.

BVM (Berufsverband Deutscher Markt- und Sozialforscher) → Marktforschungsverbände

C

CAAS → Computergestützte Werbung

Cafeteria-System

eröffnen Kunden die Möglichkeit, sich Leistungsbündel nach ihren individuellen Bedürfnissen aus dem Angebot von verschiedenartigen Teilleistungen selbst zusammenzustellen. Die Kombination der Teilleistungen basiert dabei zumeist auf einer → Plattformstrategie der Anbieter, wobei die Einzelkomponenten in Form eines Baukastensystems miteinander kombiniert werden können. Cafeteria-Systeme bieten einen möglichen Anhaltspunkt zur → Individualisierung von Leistungsangeboten. J.Ad.

CALIS

Strukturgleichungsmodell zur Durchführung von → Kausalanalysen in der Software SAS. L.H.

Call-by-Call-Verfahren

ist eine Vertragsform für Dienstleistungen für → Kommunikationsnetze. Mit diesem Verfahren wählt der Kunde vor jedem Telefongespräch die Netzvorwahl der Telefongesellschaft, die ihm jeweils am besten geeignet erscheint. Er geht dabei, anders als im → Preselection-Verfahren, keine dauerhafte Vertragsbindung ein.

Call Center

ist eine Organisationseinheit eines Unternehmens oder ein rechtlich selbständiges Unternehmen mit dem Zweck, unter Einsatz des Telefons (→ Telefonmarketing) und anderer geeigneter Informations- und Kommunikationstechnologien einen serviceorientierten, effizienten und primär unternehmensextern gerichteten (individuellen) Dialog i.S. des → Beziehungsmarketing zu führen. Als wichtige Ziele, die mit der Errichtung eines Call Centers verbunden sind, können die Verbesserung der Servicequalität, Umsatzwachstum und die Kostenreduktionen durch Rationalisierungseffekte angeführt werden.

In Abhängigkeit vom Initiator eines Anrufes (Call) lassen sich *Inbound Calls* und *Outbound Calls* unterscheiden. Bei *Inbound Calls* nehmen Kunden aktiv den Kontakt zum Unternehmen auf. Inbound-Call Centers dienen dementsprechend häufig als zentrale Anlaufstelle eines Unternehmens und bieten einen Telefonservice in Form einer Informations-, Notfall- und/oder Support-Hotline an. Zudem bestehen weitere Aufgaben in der Annahme und Bearbeitung von Aufträgen, Bestellungen, Reservierungen und Beschwerden. Bei *Outbound Calls* geht die Initiative vom Call Center aus. Die Aufgabenschwerpunkte von Outbound-Call Centern liegen in der Marktforschung, z.B. Kundenzufriedenheitsbefragungen, der Neukundengewinnung und in jüngster Zeit verstärkt auch in der Rückgewinnung von Kunden, wobei hier allerdings rechtliche Grenzen zu beachten sind. Um die Kapazitäten eines Call Centers besser auszulasten, werden häufig sowohl Inbound- als auch Outbound Calls durchgeführt.

Zum erfolgreichen, d.h. qualitäts- und kapazitätsorientierten Betrieb eines Call Centers müssen insbes. organisatorische und technische Aspekte geplant, realisiert und kontrolliert werden. *Organisatorische* Fragestellungen betreffen primär die grundsätzliche Make or Buy-Entscheidung, die organisatorische Einbindung eines Call Centers in die unternehmerische Aufbauorganisation und die interne Struktur des Call Centers selbst. Angewandte *Basistechnologien* sind v.a. *Automatic Call Distribution (ACD)* und *Computer-Telefon-Integration (CTI)*. Dabei ist unter ACD eine automatische Weiterleitung bzw. Verteilung von eingehenden Anrufen innerhalb des Call Centers nach verschiedensten Kriterien, z.B. Auslastung und Kompetenzen (Skill Based Routing) der Agenten, zu verstehen. CTI ermöglicht eine persönliche Ansprache und individuelle Bedienung der Kunden durch eine Verknüpfung der Telefonanlage mit dem Computersystem (→ Database-Marketing).

Die Entwicklung geht immer stärker in Richtung der Integration verschiedenster Kommunikationsinstrumente in Call Cen-

tern, z.B. Fax, E-Mail und weitere Services im Internet, wie ein Call-Back-Button. Dementsprechend verändert sich das „klassische" Call Center durch den Aufbau multimedialer Kommunikationsstrukturen zu einem modernen *Communication-Center*.
M.Gou.

Literatur: *Schuler, H.; Henn, H.*: Call Center – der neue Dienst am Kunden, in: Harvard Business manager, 21. Jg. (1999), Nr. 3, S. 91–101.

Call Center-Recht (CCR)

CCR ist wie das → Internet-Recht kein dogmatisch abgegrenztes Rechtsgebiet, sondern umfasst die rechtlichen Regelungen zur Einrichtung und zum Betrieb von → Call Centern im Geschäfts- und Verwaltungsbetrieb von Unternehmen, Verbänden und Behörden. Soweit heute zunehmend das Internet zur Unterstützung herangezogen wird (auch sog. customer relations center), findet das → Internet-Recht Anwendung. Für den reinen Fernsprechbetrieb gilt die privatrechtliche Besonderheit, dass Angebote – wie beim Antrag unter Anwesenden – nach § 147 I BGB nur sofort angenommen werden können, wenn die Parteien nichts anderes vereinbaren. AGBs müssen schriftlich vorformuliert und bei Vertragsschluss ordnungsgem. in den Vertrag einbezogen sein (§§ 1 f. AGBG). Dafür genügt die Möglichkeit kostenlosen Herunterladens via hyperlink auf der web-Seite des AGB-Verwenders oder im Text des elektronischen Bestellformulars, nicht aber ein entsprechender Hinweis, nachdem der Kunde das Angebot abgegeben hat (dann neues Angebot gem. § 150 II BGB). Wird nun in den AGB die Annahmefrist auf ein telefonisches Angebot geregelt, so darf diese nicht unangemessen lange oder zu unbestimmt sein (§ 10 Nr. 1 AGBG). Angemessenheitszweifel können durch Bestimmbarkeitsmängel erschwert werden, so dass durch die Häufung beider Defizite § 10 Nr. 1 AGBG verletzt erscheint (vgl. BGH WM 1988, 1813). Sieht ein Gesetz Schriftform vor (z.B. § 4 I VerbrKrG, 5a II 1 VVG), so wird dadurch die persönliche Unterschrift auf dem Originaldokument erforderlich. Weder Fax-Signierung noch Verwendung einer nach dem SignG zertifizierten Signatur genügen. Bei § 5a VVG hilft nach umstrittener Ansicht die kostenlos von der www-Seite herunterladbare Verbraucherinformation weiter.
H.He.

Literatur: *Gimmy*, in: *Kröger*: Hdb. zum Internet-Recht, 2000 S.65 ff. *Herrmann*: VersR 1998, 931 ff.

CALLPLAN → Besuchsplanung

CAPI-Befragung (computer aided personal interviews)
→ computergestützte Befragung

Captive Audience

bezeichnet in der Theorie der → Zielgruppen eine geschlossene, homogene Gruppe von Individuen, die sich stark auf die ihnen kommunizierten Botschaften (→ Werbebotschaften) konzentrieren können, weil sie aufgrund bestimmter Umstände wenig abgelenkt werden, z.B. die Fluggäste während eines Fluges oder die Zuschauer eines Abenteuerfilmes. Durch die weitgehend gleich gelagerten Interessen aller Mitglieder und die starke Konzentration ergeben sich Erfolg versprechende Möglichkeiten, Werbe- oder PR-Botschaften gezielt und wirksam einzusetzen.
P.F.

Captive broker

Rechtlich selbständige Versicherungsvermittlungsunternehmen (→ Versicherungsmarketing). Sie befinden sich im Eigentum gewerblicher Unternehmen bzw. industrieller Unternehmen oder Konzernen. Für ihre Eigentümer übernehmen sie Risk Management Aufgaben und die Vermittlung von Versicherungen. Sie üben damit die Funktion eines Beschaffungsorgans für ihre Eigentümer sowie deren Mitarbeiter aus. Sie finanzieren sich über Provisionseinnahmen (Courtage), die sie von den Versicherungsunternehmen erhalten. Aufgrund der rechtlichen Auslagerung der Versicherungsvermittlung liegt kein Verstoß gegen das in den „Wettbewerbsrichtlinien" der Versicherer verankertem Provisionsabgabeverbot vor. Verschiedentlich werden die captive broker auch für externe Unternehmen tätig, mit denen die gewerblichen bzw. industriellen Unternehmen zusammenarbeiten.
K.Kü.

Caravan-Test

in der Praxis übliche Bezeichnung für einen → Produkttest, bei dem die Probanden an einem Standort mit entsprechendem Passantenstrom in einen Caravan oder Bus gebeten werden, um dort Produktbeurteilungen durchzuführen.

Das Verfahren besitzt den Vorteil schneller und kostengünstiger Kontaktierung von Zielpersonen; allerdings handelt es sich um eine willkürliche Auswahl ohne Möglichkeit zur Repräsentanzbestimmung (→ Auswahlverfahren). Man filtert die teilnehmenden Personen deshalb häufig nach bestimmten Quotenmerkmalen. Da zunehmend Dienstleister mit stationären Testbüros an Passantenschwerpunkten verfügbar sind, ist die Bedeutung des Caravan-Tests zurückgegangen.

Card-Deck (Card-Pack)

Spezialform des → Gemeinschaftsmailing, das aus 30–40 einzelnen Angebotskarten in Postkartenform besteht, deren eine Seite vom Anbieter werblich-verkäuferisch genutzt wird, während die andere Seite als Antwortkarte gestaltet ist. Diese werden zusammen verpackt oder als Booklet gebündelt (*Coupon-Booklet*) von einem koordinierenden Direktwerbeunternehmen im Auftrag der Werbetreibenden an eine gemeinsame Zielgruppe (v.a. im Business-to-Business-Bereich) gestreut. Beliebte Pools für Card-Decks sind Freiberufler, wie Ärzte, Rechtsanwälte etc.

Care Management
→ Assistance-Leistungen

Carryover-Effekte

liegen dann vor, wenn die Absatzchancen in zukünftigen Perioden durch das momentane Absatzniveau bzw. Maßnahmen vorgelagerter Perioden positiv oder negativ beeinflusst werden. Sie erschweren die → Marketingplanung und können entweder durch erst in einer späteren Periode auftretende Wirkungen („*Verzögerungseffekt*") oder durch periodenübergreifendes „Nachklingen" einer Marketingmaßnahme („*Beharrungseffekt*") bewirkt werden. Für Carryover-Effekte können unterschiedliche Ursachen verantwortlich sein:

1. Das → Wiederkaufverhalten wird von den Erfahrungen mit den früher gekauften Produkten und Marken bestimmt.
2. Ein Bedürfnis nach Abwechslung (→ Variety Seeking) führt dazu, dass ein einmal gekauftes Produkt innerhalb einer bestimmten Zeitspanne nicht noch einmal gekauft wird (z.B. bei Bekleidung).
3. Die Erfahrungen mit einem Produkt werden an Dritte weitergegeben (→ Meinungsführer; → Referenzen) und deren Kaufverhalten wird durch die erhaltene Information beeinflusst.
4. Der Gebrauch eines Produktes ist mit einer gewollten oder ungewollten Demonstration verbunden (→ Demonstrativer Konsum), die ein bestimmtes Verhalten bei bisherigen Nichtkäufern induziert.
5. Von einem Produkt ist insgesamt nur eine begrenzte Menge (Sättigungsmenge) absetzbar (z.B. Telefonanschlüsse, Bankkonten). Jede heute verkaufte Einheit reduziert somit die in Zukunft insgesamt noch absetzbare Menge.

Den aufgeführten Ursachen ist gemein, dass sie nicht direkt auf die Wirkung von Marketing-Instrumenten bezogen sind, sondern im Wesentlichen in den Charakteristika der Produkte, der individuellen Entscheidungsprozesse und des sozialen Systems begründet liegen. Das Vorliegen von Carryover-Effekten hat erhebliche Auswirkungen auf die langfristig optimale Festlegung des → Marketing-Mix, insbesondere der → Preisstrategie (s.a. → Ausstrahlungseffekte).

Bestehende Carryover-Effekte gilt es bei der Modellierung von → Marktreaktionsfunktionen zu berücksichtigen, um eine zu geringe Erklärungsgüte der Funktion und eine Fehlinterpretation der Schätzparameter zu vermeiden. Insofern ist es zweckmäßig, derartige Effekte durch sog. *Lag-Variablen* explizit in die Funktion aufzunehmen und die Größenordnung ihres Einflusses statistisch zu schätzen. Dabei lässt sich der *Verzögerungseffekt* beispielsweise wie folgt modellieren:

(1) $y_t = \beta_0 + \beta_1 x_{t-s} + u_t$

mit y_t: Zielausmaß (z.B. Umsatz) in der Periode t; β_i: Parameter der Funktion; x_{t-s}: absatzpolitische Aktivität zum Zeitpunkt t-s; u: Störgröße

Im Falle des *Beharrungseffekts* wird die unabhängige Variable y aus der Summe der in der Vergangenheit durchgeführten Maßnahmen erklärt, wie dies für das Beispiel nur einer unabhängigen Variablen folgendermaßen möglich wäre:

(2) $y_t = \beta_0 + \sum_{s=0}^{T} \beta_{t-s} x_{t-s} + u_t$

Da i.d.R. für eine solche Modellierung nicht genügend Beobachtungswerte vorliegen und gleichzeitig hohe Multikollinearität zu

Carryover-Koeffizient

erwarten ist, lässt sich diese Funktion häufig nicht sinnvoll schätzen. Dann muss man Annahmen über den (abnehmenden) Verlauf einer Maßnahme eines Zeitpunkts treffen. Diese Annahmen lassen sich in Form eines *Gewichtungsfaktors* w_s wie folgt in das Modell integrieren:

$$(3)\ y_t = \beta_0 + \sum_{s=0}^{\infty} w_s x_{t-s} + u_t$$

$$(\sum_{s=0}^{\infty} w_s = 1;\ w_s \geq 0)$$

Üblicherweise geht man bei der Verteilung der Gewichte („*Lag-Struktur*") von einer geometrischen Verteilung aus, die impliziert, dass die Wirkung einer Maßnahme in der ersten Periode am größten ist und dann exponentiell abnimmt. Unter dieser Annahme lässt sich die Funktion mittels der sog. *Koyck-Transformation* in eine lineare Funktion mit einem autoregressiven Term umwandeln und schätzen.

H.S./G.Wü./A.Ha.

Literatur: *Diller, H.:* Ausstrahlungseffekte, in: Wirtschaftswissenschaftliches Studium, 5. Jg. (1976), Heft 3, S. 97-104. *Topritzhofer, E.; Schmidt, B.:* Die Formulierung und empirische Ermittlung absatzwirtschaftlicher Reaktionsfunktionen, in: Das Wirtschaftsstudium, 7. Jg. (1978), S. 6-11.

Carryover-Koeffizient

erfasst → Carryover-Effekte in Absatz- oder Marktanteilsmodellen (→ Marktreaktionsfunktion). Der Carryover-Koeffizient gibt an, welcher Anteil des Absatzes in der aktuellen Periode t aus dem Absatz der Vorperiode t-1 erklärt wird. Empirische Werte des Carryover-Koeffizienten liegen in etwa im Bereich zwischen 0,3 und 0,6, wobei es zwischen einzelnen Produktgruppen erhebliche Unterschiede gibt.

CAS → Computer Aided Selling

Cash & Carry-Großhandel
→ Selbstbedienungsgroßhandel

Cash-Cow → Portfolio-Analyse

Cash-flow

Da der → Gewinn keine Zahlungsmittelbewegungen, sondern die erfolgswirksamen Teile der Vermögensveränderungen erfasst und dabei auch nur jene, die nicht erfolgsneutral sind, hat man in der Betriebswirtschaftslehre den Cash-flow als ergänzende Kennzahl entwickelt. Er spielt auch als → Marketingziel bzw. → Marketing-Kennzahl eine gewisse Rolle, weil er Aufschluss über die Ertragskraft eines Unternehmens oder Absatzsegmentes gibt.

Rechentechnisch ermittelt man den Cash-flow, indem man ausgehend vom Periodengewinn die in der Erfolgsrechnung enthaltenen, nicht zahlungswirksamen Erträge und Aufwendungen neutralisiert sowie alle erfolgsneutralen und deswegen nicht in der Erfolgsrechnung erfassten Zahlungen berücksichtigt:

	Jahresgewinn/Jahresverlust
+	alle nicht auszahlungswirksamen Aufwendungen
−	alle nicht einzahlungswirksamen Erträge
=	Cash-flow
+	einzahlungswirksame erfolgsneutrale Bestandsveränderungen
−	auszahlungswirksame erfolgsneutrale Bestandsveränderungen
=	Brutto-Cash-flow

Zu den nicht auszahlungswirksamen Aufwendungen zählen insb. die Abschreibungen, zu den nicht einzahlungswirksamen Erträgen der Zuwachs an Forderungen. Die Abgrenzung der erfolgsneutralen Bestandsveränderungen, die ein- bzw. auszahlungswirksam sind, erfolgt im Hinblick auf die Zielsetzung des Cash-flow, Aussagen über die Selbstfinanzierungskraft zu ermöglichen. Hierbei spielt es keine Rolle, ob der Rückfluss an Zahlungsmitteln aus betrieblich bedingten oder anderen Quellen stammt.

Der Cash-flow wird vom Finanzgebaren einer Unternehmung, der Investitionspolitik und dem Ausmaß der → Absatzfinanzierung sowie der Beschaffungsfinanzierung beeinflusst. Die Planung des Cash-flow kann Auskunft darüber geben, welche finanziellen Mittel künftig zusätzlich zur Verfügung gestellt werden müssen. Ein abnehmender Cash-flow verringert die Fähigkeit, Schulden zu tilgen und vermindert gleichzeitig die Kreditfähigkeit.

Das Verhältnis zwischen Fremdkapital und Cash-flow heißt *Verschuldungsgrad* und kennzeichnet die → Umschlagsgeschwindigkeit des Kapitals. Ein hoher Cash-flow ermöglicht die schnelle Rückzahlung des gebundenen Kapitals, bedeutet also auch ein vermindertes Risiko. Nicht zuletzt dieser Risikobewertungsaspekt macht den Cash-flow auch zu einer Zielgröße in der → Marketingplanung. H.D.

Cash Management

Bündel von nationalen und internationalen Bankleistungen im → Bankmarketing mit Hilfe des → Electronic Banking. Das Cash Management umfasst alle Maßnahmen einer sachgerechten Kassendisposition der Unternehmung und ist somit wesentlicher Bestandteil der kurzfristigen Finanzplanung. Zielsetzung des Cash Managements sind ein bestmöglicher Liquiditätsausgleich und im Falle international tätiger Unternehmen auch ein optimaler Währungsrisikoausgleich.
Die von den Kreditinstituten angebotenen Cash Management-Systeme weisen derzeit folgende Hauptbestandteile auf: Balance Reporting, Money Transfer, Netting, Pooling, Treasury Management und Sicherheitsüberwachung. O.B.

Catalog Showroom → Katalogschauraum

Category Captain
→ Category Management, herstellerseitiges

Category Killer
→ Betriebsformen des Einzelhandels, die herkömmliche Sortimentskonzepte überwinden und zu neuen Warenkategorien vorstoßen, z.B. bedarfskreisorientierte Einkaufsstätten („alles für das Brautpaar", „Alles für das Kind" etc.). Vorreiter solcher Konzepte waren die → Fachmärkte, insb. Baumärkte, die sich im Laufe der Zeit zu Warenhäusern für den Haus- Garten- und Wohnbedarf entwickelten.

Category Management (aus Handelssicht)

Neuartiges Steuerungssystem für Sortiment und Warenwirtschaft, das Ende der 80er-Jahre in den USA im Zusammenwirken von Handel und Industrie der Nahrungsmittelbranche als eines der beiden Arbeitsfelder des → ECR-Systems (Efficient Consumer Response), die sog. „Demand Side", konzipiert wurde. In Deutschland und anderen europäischen Ländern wird es in bilateraler Kooperation von Handels- und Herstellerunternehmen weiterentwickelt. Dabei dient die Koordination und Betreuung durch den ECR-Lenkungsausschuss Deutschland bei der → CCG (Centrale für Coorganisation) einer sinnvollen Standardisierung der sog. „enabling technologies" des Systems im Kontext aller europäischen ECR-Initiativen.
Unter dem Begriff *Category Management* werden drei der vier *ECR – Basisstrategien* zusammengefasst: die Sortimentsgestaltung (*Efficient Assortment*), die Absatzförderung (*Efficient Promotion*) und die Neuprodukteinführung (*Efficient Product Introduction*).
Diese übliche Abgrenzung des Arbeitsfeldes für das Category Management geht tendenziell allein von einem Verständnis des Handels als *Absatzmittler* der Hersteller aus und vernachlässigt spezifische Problemstellungen des Handels für die Steuerung von Sortiment und Warenwirtschaft. Im Handel wird das Category Management daher um einige wesentliche Inhalte weiter gefasst, die sich aus seinen spezifischen Aufgaben und Problemen ergeben.

Anlass und Ziele des Category-Managements
Den bedeutsamsten Anlass für den Handel, neue Verfahren und Strukturen für die Steuerung von Sortiment und Warenwirtschaft zu entwickeln, bildet – insbesondere im Nahrungsmittelbereich – der stetig zunehmende Wettbewerbsdruck bei stagnierenden Umsätzen. Fehlendes Markt*wachstum* zwingt zur besseren Markt*ausschöpfung*. Diese wiederum ist nur durch eine konsequente Verbraucherorientierung des Leistungsangebotes und durch eine überzeugende Profilierung der eigenen Leistung gegenüber den Wettbewerbern zu erreichen. Darüber hinaus zwingt der Preis- und Kostendruck zur Optimierung betrieblicher Strukturen und Prozesse. Diese markt- und betriebswirtschaftlichen Zusammenhänge finden ihren Niederschlag in spezifischen Ausprägungen des Category Managements der Handelsbetriebe. Alle Maßnahmen zusammen dienen letztlich der Sicherung und Verbesserung des betrieblichen Ergebnisses.

Handelsspezifische Aufgaben und Organisationsformen des Category Managements
Im Mittelpunkt aller Neuerungen steht die konsequenter als bisher realisierte *Güterumgruppierung* durch den Handel, die „Umsetzung fertigungstechnisch bedingter Programme in bedarfsorientierte Sortimen-

te" (*Barth*). Das Angebot an Waren und Dienstleistungen, das sich auch heute noch weitgehend an den Produktions- und Angebotsstrukturen der Hersteller orientiert, wird vom Handel zunehmend perfekter auf die Bedarfskomplexe und Einkaufsgewohnheiten der Konsumenten ausgerichtet.

Category Management bedeutet nicht einfach Warengruppen-Steuerung unter neuer Bezeichnung bei Nutzung einiger moderner Verfahren und Technologien. Es umfasst vielmehr eine ganze Reihe substantieller Neuerungen. Dies beginnt bereits mit dem inhaltlichen Verständnis und der Abgrenzung von Gliederungen innerhalb des Sortiments, der *Categories*. Diese werden allgemein als an den Bedürfnissen von Verbraucherzielgruppen ausgerichtete strategische Geschäftseinheiten verstanden und entsprechen oftmals eben nicht mehr den traditionellen Warengruppen. Ihre Struktur wird konsequent auf dauerhafte Konsumentenwünsche und –verhaltensweisen hin ausgerichtet, wobei auch die erforderliche Beratungsintensität und sonstige den Kundenwünschen entsprechende Serviceleistungen zu berücksichtigen sind.

Category Management zielt generell darauf ab, alle sortimentspolitischen und warenwirtschaftlichen Entscheidungen am betrieblichen Gesamterfolg auszurichten, nicht an isolierten Zielen und Interessen einzelner Funktionsbereiche (strategische Komponente). Aus diesem Grunde führt man die Ergebnisverantwortung für jede Category – von der Beschaffung bis zur Vermarktung – organisatorisch zusammen, insbesondere um die traditionellen Ziel- und Interessenkonflikte zwischen Einkauf und Verkauf zu vermeiden (organisatorische Komponente). Beide Funktionen werden zielorientiert koordiniert. Auf diese Weise soll sichergestellt werden, dass für die Steuerung von Sortiment und Warenwirtschaft nicht – wie häufig in der Vergangenheit – allein Einkaufspreise und Beschaffungskonditionen, sondern alle Komponenten der Ertragskraft der Categories und auch marktpolitische Erwägungen des Handelsunternehmens bestimmend sind. Dem Vertrieb obliegt dabei vorrangig die zielgruppen- und vertriebslinien-gerechte Strukturierung und Dimensionierung der Categories sowie die Gestaltung ihres Marktauftritts. Der Einkauf übernimmt primär – analog zum → Key-Account-Management der Industrie – die Funktion eines *Supplier Management* mit dem Ziel, das Leistungspotenzial potenzieller Lieferanten zu analysieren, geeignete auszuwählen und deren Potenzial für das eigene Unternehmen auszuschöpfen (→ Supply Chain Management).

Handelsbetriebliches Category Management beschränkt sich allerdings nicht auf die Auswahl von Lieferanten und die Festlegung der in einzelne Warengruppierungen aufzunehmenden Artikel, ihrer Preise (→ Category Pricing), Bestände, Kontaktstrecken und Standorte in den Warenträgern, also die sog. Sortiments- und → Regalflächenoptimierung. Es befasst sich vielmehr mit allen ergebnisbestimmenden Struktur- und Prozessmerkmalen der Categories, umfasst also auch die Steuerung zahlreicher category-spezifischer Betriebsprozesse, so z.B. im Bereich der → Handelslogistik. Hier nimmt man Einfluss auf die Gestaltung von Gebinden und Verpackungen, insbesondere auch im Hinblick auf den Handlings- und Entsorgungsaufwand. Ebenso fällt die Entwicklung category-gerechter Formen der Warenpräsentation sowie entsprechender Werbekampagnen und Verkaufsförderungsmaßnahmen in das Arbeitsgebiet des handelsbetrieblichen Category Management.

Teamorganisation und Aufgabendezentralisierung im Category Management

Die mit einem prozess- und ergebnisorientierten Category Management verbundenen komplexen Aufgaben können in der Regel nicht von *Category Managern* als Funktionsgeneralisten, sondern nur von Teams aus kompetenten Vertretern verschiedener betrieblicher Funktionsbereiche wahrgenommen werden. Daher ist mit der Einführung des Category Management meist die Bildung *bereichsübergreifender Teams* verbunden. Tendenziell wird auch eine weitgehende Aufgabendezentralisierung erfolgen, verstehen doch die Perfektionisten eines konsumentenorientierten Category Managements die Ausrichtung an den Verbraucherbedürfnissen sehr streng im Sinne einer *Kundenorientierung*. Daraus folgt die Idealvorstellung, für jedes einzelne Geschäft auf die Kundenstruktur und –bedürfnisse am Standort sowie die lokalen und regionalen Wettbewerbsgegebenheiten abgestimmte Categories zu definieren („Mikro-Marketing"). In der Praxis werden meist flexible Baustein-Systeme das Zusammenspiel zentraler und dezentraler Funktionen und Entscheidungskompetenzen im Category Management bestimmen. Die strategische Basis aller Aktivitäten von der Definition bis zur Präsentation der Categories im Markt wird in den Handelszentralen erarbeitet. Differenzierte Marktgegebenheiten, gruppenstrukturelle und organisationspsychologische Erwägungen legen es jedoch nahe, auch die regionale Großverteilerstufe und die Einzelhandelsebene in die Planung, vor allem aber in die operative Umsetzung einzubeziehen.

Instrumente des Category Management
Die Grundlage eines effizienten Category Managements im Handel bilden sehr differenzierte Marktbeobachtungen sowie detaillierte Struktur-, Prozess- und Kostenanalysen. Dazu zählen beispielsweise Kundenstruktur- und Sortimentsuntersuchungen, Studien des Informationsverhaltens der Verbraucher, Beobachtungen des Auswahl- und Kaufverhaltens der Kunden in den Märkten sowie Abverkaufs- und Warenkorb-Analysen. Die Ergebnisse dienen der Optimierung der Sortimente sowie des Bestands-, Flächen- und Prozessmanagements. Dafür werden EDV-gestützte Planungs- und Controllingtechniken genutzt, wie leistungsfähige Analyse- und Steuerungsinstrumente in Verbindung mit modernen Informations- und Kommunikationstechnologien, die generell für das Category Management unverzichtbar sind.

Category Management als wirtschaftsstufen-übergreifendes Prozessmanagement
Prozessorientiertes Denken zielt auf die Optimierung des gesamten betrieblichen Wertschöpfungsprozesses, erfordert daher die Aufgabe eindimensionalen Ressortdenkens. Dieser Forderung entspricht man im Category Management durch ein funktionsübergreifendes betriebliches Prozessmanagement. Die gleiche Betrachtungsweise lässt sich überbetrieblich auf die gesamte Wertschöpfungskette vom Hersteller bis zum Verbraucher übertragen, wird doch auch beim Durchlauf der Produkte durch die nachgelagerten Wertketten des Groß- und Einzelhandels in der Regel ihr Wert für die Letztverwender gesteigert. Aus diesem Grunde beschränken strategisch orientierte Herstellerunternehmen seit langem ihr prozessorientiertes Leistungs- und Kostenmanagement nicht auf den eigenen Betrieb, suchen vielmehr auch Einfluss zu nehmen auf die Leistungsprozesse im Handel mit dem Ziel, sich auf diese Weise zusätzliche Wettbewerbsvorteile zu schaffen. Sie werden aktiv bis an den Point-of-Sale, betreiben Regalpflege in den Märkten, befassen sich mit Sortiments- und Regaloptimierung und gestalten Verkaufsförderungsaktionen. Folgerichtig versuchen sie neuerdings auch, Einfluss auf das Category Management des Handels zu nehmen (→ Category Management, herstellerseitiges). Solche Aktivitäten

Spezifische Merkmale des Category Managements im Handel

Merkmale des Category Managements im Handel:

➤ Eine konsequente Kundenorientierung von Warensortiment und Leistungsangebot mit den Hauptzielen der Kundenbindung, der Profilierung gegenüber den Wettbewerbern, und letztlich der Ergebnisoptimierung;

➤ eine strategisch und differenziert an Bearfskomplexen und am Verbraucherverhalten ausgerichtete Strukturierung, Dimensionierung und Präsentation der Sortimente mit dem Ziel der Ansprache von Kundenzielgruppen und der Ausschöpfung ihrer Bedarfspotentiale;

➤ ein betriebsinternes funktionsübergreifendes Prozessmanagement mit dem Ziel, Reibungsverluste zwischen verschiedenen betrieblichen Leistungsbereichen, insbesondere zwischen Einkauf und Verkauf, zu vermeiden und dadurch den betrieblichen Wertschöpfungsprozess zu optimieren;

➤ die Realisierung der motivations- und effizienzsteigernden Effekte eines Lean-Management mit flachen Hierarchien, weitestmöglicher Dezentralisierung von Entscheidungskompetenzen und Team-Organisation;

➤ ein zunehmend betriebs- und wirtschaftsstufenübergreifendes Prozessmanagement mit dem Ziel, sich im Rahmen einer gesteigerten Total-System-Efficiency Wettbewerbsvorteile zu sichern;

➤ der Einsatz hochleistungsfähiger Analyse-, Steuerungs- und Kontrollinstrumente in Verbindung mit modernen Informations- und Kommunikations-technologien.

der Hersteller sind sicherlich geeignet, den Erfolg und die Wirtschaftlichkeit des Vertriebs ihrer Produkte zu steigern – durchaus mit positiven Konsequenzen auch für den Handel. Trotzdem stellt sich einem Handelsunternehmen die grundsätzliche Frage, ob es ausgewählten Herstellern Einfluss auf sein Category Management einräumen will. Neben begrüßenswerten Synergie-Effekten eines Zusammenwirkens sind nämlich auch Interessenkonflikte nicht auszuschließen.

Handelsbetriebe verfolgen nämlich mit ihrem Category Management nicht zuletzt das Ziel, sich für ihre Kunden möglichst deutlich erkennbar und überzeugend gegenüber ihren Konkurrenten zu profilieren. Im gesamten Marktauftritt, vom Erscheinungsbild der Märkte über die Gestaltung des Sortiments und seine Präsentation bis hin zu verkaufsfördernden Aktivitäten in den Märkten, erstreben sie eine Differenzierung von den Wettbewerbern. Hersteller, insbesondere Markenartikelanbieter, verfolgen dagegen das Ziel, ihren Marken und Produkten einen für den Verbraucher deutlich erkennbaren, unverwechselbaren *identischen* Marktauftritt zu sichern – auch in den Märkten der verschiedenen Handelsgruppen. Sortimentsbezogene Differenzierungsbestrebungen des Handels und markenbezogene Standardisierungsstrategien können im Category Management leicht kollidieren. Darüber hinaus ist auch die Gefahr nicht zu übersehen, dass bei der category-bezogenen „Kompetenz-Partnerschaft" mit *einem* Hersteller konkurrierende Wettbewerber dieses Industriepartners in einer Form diskriminiert werden, die nicht den Zielen und Interessen des Handelsunternehmens entspricht. Die Führungsrolle im Category Management muss daher stets beim Handel verbleiben, geht es doch im Wesentlichen um die Gestaltung der für seine Wettbewerbsposition und den Markterfolg bestimmenden Sortimente. Schließlich ist auch die mit einer Zusammenarbeit im Category Management zwangsläufig verbundene Offenlegung von Informationen über Umsatz-, Kosten- und Ertragsstrukturen nicht ohne Risiken. Im Einzelfall wird ein Handelsunternehmen daher sorgfältig und kritisch prüfen müssen, ob, in welcher Form und mit welchen Aufgaben kompetente Hersteller als sog. *Category-Captains* in einem als *Wertschöpfungspartnerschaft* verstandenen kooperativen Category Management mitwirken sollen. C.B.

Literatur: *Heydt, A. von der* (Hrsg.): Handbuch Efficient Consumer Response, München 1999. *Holzkämper, O.:* Category-Management: Strategische Positionierung des Handels, Göttingen 1999.

Category Management, herstellerseitiges

Aus Herstellersicht lässt sich Category Management als eine auf Produktkategorien bzw. Warengruppen basierende, hauptsächlich endverbrauchergerichtete und prozessorientierte → vertikale Kooperation von Hersteller und Handel beschreiben. Category Management ist Teil einer Konzeption des → Vertikalen Marketing, die als → ECR (Efficient Consumer Response) bekannt geworden ist und insbesondere im Bereich schnelllebiger Konsumgüter diskutiert wird. Als strategische Option im Vertikalen Marketing stellt Category Management eine kombinierte Form von Push- und Pull-Marketing dar. I.d.R. werden die Kooperationsfelder Sortimentspolitik, Verkaufsförderung sowie Produktentwicklung und -einführung unterschieden. Einzelnen Herstellern kann im Rahmen der Kooperation ein Beraterstatus (auch als *Category Captain-* oder *Category Consultant*-Position bezeichnet) für bestimmte Warengruppen durch den Handelspartner zugewiesen werden. Dieser Status verlangt vom Hersteller eine neutrale Haltung. Deren tatsächliches Vorhandensein wird in der Marketing-Literatur jedoch häufig angezweifelt und bildet den Hauptkritikpunkt am Category Management-Konzept.

Zur Umsetzung von Category Management müssen auf Herstellerseite zwei Aufgabenbereiche wahrgenommen werden. Erstens handelt es sich um Aufgaben zur direkten abgestimmten Steuerung der einzelnen Kooperationsfelder an der Schnittstelle zum Handel. In der Marketing-Literatur werden solche Aufgaben meist dem → Trade-Marketing, den funktionalen → Key-Account-Management oder ganz allgemein dem → Verkauf/Vertrieb (→ Verkaufs- und Außendienstpolitik) zugeordnet. Durch Category Management ändert sich hier weniger die Art der eingesetzten handelsgerichteten Marketing-Maßnahmen. Vielmehr ergeben sich Änderungen durch den vermehrten Einsatz computergestützter Informationsverarbeitungstechniken, das Bemühen um eine weitgehende vertikale Koordination der Marktbearbeitung sowie durch die Ausweitung der Herstellerperspektive von den eigenen Produkten und Marken auf die jeweilige Warengruppe.

Im Rahmen der kooperativen Sortimentspolitik, die im Prinzip eine Unterstützung des handelsseitigen Sortimentscontrolling (→ Handels-Controlling) darstellt, kommen insbesondere Verbundanalysen, Warenkorbanalysen (→ Bonanalyse), → Direkte Produkt Rentabilitätsrechnungen (DPR) sowie Programme zur → Regalflächenoptimierung zur Anwendung.

Kooperative Verkaufsförderung erfolgt bei Promotion-Planung (Abstimmung über die zu fördernden Produkte, Zeitplan etc.) sowie beim Promotion-Controlling. Während die Zusammenarbeit von Hersteller und Handel bei Neuprodukteinführungen (z.B. gemeinsame Durchführung von → Marktexperimenten und Wirtschaftlichkeitsrechnungen) üblich und zum Teil sogar notwendig ist, hat die Zusammenarbeit im Rahmen der Produktentwicklung kaum Verbreitung gefunden.

Interne Koordinationserfordernisse bilden den zweiten Aufgabenbereich des Category Managements. Insbesondere macht Category Management eine intensivere Koordination von Marketing- und Vertriebsabteilung notwendig.

Organisatorische Auswirkungen des Category Managements betreffen vor allem den Absatzbereich der Herstellerunternehmen. Im → Key-Account-Management hat Category Management in einigen Unternehmen zur Bildung von *Kundenteams* beigetragen, um Know-how und personelle Ressourcen direkt an der Schnittstelle zu einzelnen Handelspartnern zu verankern (→ Teamorganisation). Dadurch soll der gestiegenen Betreuungskomplexität Rechnung getragen werden. Category Management hat in anderen Fällen zur organisatorischen Verankerung oder zum Ausbau von *Trade-Marketing-Abteilungen* geführt. Diese zwischen Marketing und Vertrieb angesiedelten Integrationseinheiten nehmen funktionale Spezialistenaufgaben sowie Koordinationsaufgaben wahr. Solche Abteilungen werden in der Unternehmenspraxis auch als Handelsservice, Customer Marketing oder Sales Marketing Department bezeichnet. Durch die strategische Fokussierung auf Warengruppen im Category Management-Konzept steigt die Notwendigkeit einer abgestimmten Marktbearbeitung verschiedener Produkte und Marken (→ Markenpolitik) und damit auch der Koordinationsbedarf im → Produktmanagement bzw. Brand-Management. H.Ha.

Literatur: *Hahne, H.:* Category Management aus Herstellersicht, Köln, Lohmar 1998.

Category Pricing

Entsprechend dem warengruppenspezifischen Preisverhalten der Verbraucher muss die → Preispolitik im Handel zunehmend in das → Category Management (CM) und darin eingebundene Konzepte des → ECR (Efficient Customer Response) eingebunden und als „Category Pricing" (CP) ausgestaltet werden. CP ist Bestandteil des CM. Es folgt *preisstrategisch* der jeweiligen Rollenzuweisung für die Warengruppe (z.B. „Profilierung", „Pflicht", „Ergänzung" etc.) und den aus einer strategischen Analyse heraus erkennbaren Chancen und Risiken für diese Warengruppe im Umfeld der Unternehmung und den eigenen Category Stärken und -Schwächen. Dazu sind Preissensitivitäts-, Preisentwicklungs- und Preisabstandsanalysen sowie differenzierte Zielgruppenbetrachtungen erforderlich. Die Warenkörbe der eigenen Kunden werden analytisch durchleuchtet und mit den entsprechenden Werten von Wettbewerbern verglichen (vgl. *Fischer,* 1993; *Zeisel,* 1999). Scannerkassendaten können dabei mit entsprechenden Kennzahlensystemen wertvolle Hilfestellungen leisten. In Betracht kommen z.B. Koeffizienten für

- Category-spezifische Käuferfrequenzen und Kaufmengen bzw. Umsätze pro Einkaufsbon,
- Verbundhäufigkeit und Zentralität einzelner Artikel (in wie vielen Bons enthalten, mit welchen Artikeln wie oft zusammen gekauft?),
- Category-spezifische Durchschnittspreise und Spannen pro Bon,
- „*Conjoint Profit*", d.h. ein Verbundertrag, bei dem „...zunächst der Deckungsbeitrag aller in einem bestimmten Warenkorb enthaltenen Produkte festgestellt wird, um dann den Beitrag jedes Produktes nach Maßgabe des Umsatzes, den es erwirtschaftet hat, zurückzuschlüsseln. Anschließend wird für jedes Produkt über diese zurückgeschlüsselten Deckungsbeiträge summiert" (*Zeisel,* 2000, S. 91).
- spezifische Reaktionselastizitäten für den Einsatz von Preis-, Platzierungs- und Kommunikationsinstrumenten in spezifischen Warengruppen.

Mit den letztgenannten Größen kann insbesondere ein in dem Sinne *„effizientes" Pricing* unterstützt werden, so dass den oft sehr unterschiedlichen Preis- und Kreuzpreiselastizitätenelastizitäten durch Einsatz entsprechender Optimierungskalküle Rechnung getragen wird.

Bei der Umsetzung solcher Analysen im Rahmen des Category Pricing geht es vor allem um
- die Sortimentstiefe und -breite der Warengruppe.
- die optimale Preisliniengestaltung für die Warengruppe.
- die Regalflächenzuweisung für einzelne Artikel und Preislagen.
- die richtige Einfügung der Handelsmarken im Preislagengefüge.
- die optimale Anzahl und Artikelzusammensetzung von Preisaktionen samt der hierbei verfolgten Spannengestaltung und
- die Ausgestaltung der instore- und outstore-Preiswerbung. H.D.

Literatur: Diller, H.: Preispolitik, 4. Aufl., Stuttgart 2000, S. 473 ff. *Zeisel, S.:* Efficient Pricing und Efficient Assortment Planning für große Handels- und Dienstleistungssortimente, Münster 1999.

CATI (Computer Assisted Telephone Interview)

auch von Marktforschungsinstituten angebotene Form der → computergestützten Telefonbefragung, bei der der Interviewer die Fragen von einem Bildschirm abliest und die Antworten der Auskunftsperson über eine alphanumerische Tastatur eingibt. Dadurch ergeben sich besondere Zeitvorteile und Fehlerreduktionen sowie die Möglichkeit, noch während des Interviews Datenauswertungen in die Fragen einfließen zu lassen.

C&C-Betrieb
→ Selbstbedienungsgroßhandel

CCG (Centrale für Coorganisation GmbH)

Die CCG wurde 1974 gegründet. Sie wird zu je 50 Prozent der Anteile gehalten vom → Markenverband und von der → EHI GmbH. Die CCG ist ein Rationalisierungsverband des Handels und der Industrie. Sie erarbeitet und veröffentlicht Empfehlungen oder andere Arbeitsergebnisse, die der Rationalisierung des Daten- und Warenverkehrs und der Organisationsabläufe zwischen Herstellern und Handel dienen. Sie ist Mitglied und Nummernvergabestelle der EAN International in Brüssel. Der Aufsichtsrat der CCG ist zugleich das → ECR-Board Deutschland. Anschrift: Maarweg 133, 50825 Köln. B.H.

CC-Zeitschrift

im angelsächsischen Sprachgebrauch übliche Bezeichnung für jene Gruppe von Werbeträgern, die einer „Controlled Circulation", also einer adressenmäßig nachvollziehbaren Streuung unterliegen und nicht im Abonnement oder Einzelverkauf erworben werden. Hierzu zählen insb. → Kennzifferzeitschriften.

CDH (Centralvereinigung Deutscher Wirtschaftsverbände für Handelsvermittlung und Vertrieb)

Die CDH wurde 1902 gegründet. Sie hat gegenwärtig ca. 18.000 Mitglieder. Die CDH repräsentiert als Spitzenverband die Handelsvermittlerbetriebe aller Branchen, dazu gehören insbesondere die Handelsvertretungen als Marktpartner von Industrie und Handel. Offen steht die CDH aber auch für andere Unternehmen, die selbständig im Vertrieb tätig sind z.B. Industrievertretungen, Handelsagenturen, Vertragshändler, Vertriebsingenieurbüros etc. Der Verband vertritt die Interessen des Berufsstandes auf allen Ebenen im politischen Bereich, gegenüber dem Gesetzgeber und der Öffentlichkeit. Die Unterstützung der Mitglieder im Berufsalltag ist ein weiterer wesentlicher Aufgabenschwerpunkt. Dabei wird eine Vielzahl von Dienstleistungen angeboten z.B. Vertretungsvermittlung, Vertragsprüfung, Beratung in Rechts- und Steuerfragen, betriebswirtschaftliche Beratung, Weiterbildung, Nutzung von Rahmenabkommen und anderes mehr. Anschrift: Handelshaus, Am Weidendamm 1a, 10117 Berlin   B.H.

CD-Paradigma
→ Zufriedenheitsforschung

CD-ROM (Compact Disc-Read Only Memory)

Das Kommunikationsmedium CD-ROM ist technisch eine aus Polycarbonat gepresste Scheibe mit einer Dicke von 1,2 mm. Über CD-ROM- und DVD-ROM-Laufwerke (→ DVD-ROM) können die Daten einer CD-ROM gelesen werden. Dabei tastet ein Laser mit einer Wellenlänge von 780

Nanometer die auf einer Seite der CD-ROM eingeprägten Pits (kleine Ausbuchtungen) ab, wodurch eine relativ hohe Speicherkapazität von 650 MByte möglich wird *(single sided, single layer disc)*. Verschiedene Marktforschungsinstitute gehen davon aus, dass im Jahr 2001 mehr als 21% aller deutschen Haushalte einen PC mit integriertem CD-ROM-Laufwerk besitzen werden. Die CD-ROM wird sowohl im Business-to-Business als auch Business-to-Consumer-Bereich überwiegend als *Präsentations- und Informationsmedium* eingesetzt. Unternehmens- und Produktinformationen werden dabei in verschiedenen Kommunikationsmodi (Text, Bild, Ton, Bewegtbild) dargestellt. Werbespiele (Advertainment), elektronische Kataloge, Handbücher und Gebrauchsanweisungen stellen weitere Einsatzbereiche der CD-ROM im Marketing dar. Th.W.

Literatur: *Heimbach, P.:* Marktkommunikation mit digitalen Offline-Medien, in*: Silberer, G.* (Hrsg.): Interaktive Werbung, Stuttgart 1997, S. 23-70.

Census-II-Methode → Saisonverfahren

CERP (Confédération Européenne des Relations Publique)
Europäischer Dachverband der nationalen Public-Relations-Verbände

CETSCALE → Ethnozentrischer Konsum

CHAID → AID

Chamberlin-Hypothese → Preistheorie

Change Agent
→ Organisationsentwicklung

Chat
Engl. "Plauderei"; Synchrones, textbasiertes Kommunikationssystem des → Internet für → Interaktives Marketing mit und zwischen mehreren Teilnehmern im Internet. Synchrone Kommunikation bedeutet, dass die Interaktion zeitgleich (in Echtzeit) verläuft, was zur Folge hat, dass die Inhalte eines Chats, anders als in → Newsgroups, nicht archivierbar sind. Im Gegensatz zu Videokonferenzen oder dem Telefon erfolgt sie nicht visuell oder verbal, sondern rein schriftlich. Chat-Systeme ermöglichen sowohl die Kommunikation zwischen Einzelpersonen unter Ausschluss Dritter als auch die Interaktion innerhalb von Gruppen. Chats lassen sich in *moderierte* und *unmoderierte* Formen differenzieren. Bei moderierten Chats wird die Online-Kommunikation von einem Moderator auf ein bestimmtes Thema (z.B. Rockmusik) fokussiert. Eine Unterform des moderierten Chats stellt der *Expertenchat* dar, bei dem ein – häufig prominenter – Experte mit den Teilnehmern diskutiert. Unmoderierte Chats werden zwar meist auch in Hinblick auf einen bestimmten Themenkomplex initiiert, zeichnen sich aber aufgrund der fehlenden Moderation i.d.R. durch eine gewisse Ziel- und Belanglosigkeit der Kommunikation aus. Sie dienen in erster Linie der Unterhaltung und werden häufig von Privatpersonen angeboten. Moderierte Chatsysteme werden v.a. im Bereich des → Interaktiven Marketing und der → Virtual Communities eingesetzt. J.Mey.

Literatur: *Diller, H.:* Kunden-Chats: Innovatives Beziehungsmarketing, asw 6/1998, S.90–96.

Cheap Talk
Stellt im Rahmen der → Spieltheorie ein signalisierendes Koordinationsspiel dar, bei dem die Akteure keine Abmachungen in Form einer selbst bindenden Investition treffen können. Im Gegensatz zu einem Signalspiel (→ Informationsökonomik, → Spieltheorie) weist die Botschaft keinen bindenden und teils unüberprüfbaren Inhalt auf und stellt somit nur „billiges Geschwätz", also Cheap Talk, dar (→ Werbeökonomie). Die Abwesenheit einer bindenden Verpflichtung der Nachricht durch versunkene Kosten, wie im Signalspiel, erschwert die formale Analyse der Frage nach dem tatsächlichen Typ des Senders der Botschaft und kann zu der trivialen Aussage des „everything can happen" führen. Während bei Signalspielen nach so genannten Trenngleichgewichten gesucht wird, das sind Gleichgewichte, bei denen vom Signal direkt auf den Typ des Senders des Signals geschlossen werden kann (und somit zwischen den Sendern „getrennt" werden kann), ist dies bei Cheap Talk nur eingeschränkt möglich. Eine Koordination erfolgt nur dann, wenn es vom Sender der Botschaft keinen Anreiz geben kann, eine andere als die gesendete Botschaft abzugeben, die seinem tatsächlichen Typ entspricht. Einige Beispiele aus der Werbebranche können dies verdeutlichen: „*Persil-unser Bestes*" oder „*Dresdner Bank – Die*

Beraterbank". Im Gegensatz zu einer reinen Information wie *„Der Preis beträgt 29 Euro"*, sind die erwähnten Slogans nicht vollständig nachprüfbar. Eine Koordination erfolgt nur dann, wenn die Firma *Henkel KGaA* tatsächlich davon überzeugt ist, dass *Persil* ihr bestes Waschmittel ist und auch die Empfänger der Werbebotschaft davon überzeugt sind. Der Informationsgehalt bei Cheap Talk ist dann begrenzt, wenn der Sender der Botschaft einen Anreiz zum Lügen hat, wie es bei vertikal differenzierten Produkten der Fall ist. Bei horizontal diversifizierten Produkten (*„Nur dein Geschmack entscheidet"*) können Cheap Talkspiele zur Analyse von Positionierungsmassnahmen herangezogen werden (→ Positionierung, → Positionierungsmethoden).
E.L.

Literatur: *Crawford, V.; Sobel S.*: Strategic Information Transmission, in: Econometrica, Vol. 50 (1982), S. 1431-1451. *Farrel, J.*: Meaning and Credibility, in: Cheap-Talk Games, Games and Economic Behavior, Vol. 5 (1993), S. 514-531. *Lehmann, E.*: Asymmetrische Information und Werbung, Wiesbaden 1999.

Check-Out-Systeme → Scanner

Chipkarte → Elektronische Geldbörse

Chi-Quadrat Anpassungstest

→ nichtparametrisches Testverfahren zur Überprüfung der Anpassungsgüte der Verteilung der Stichprobenrealisationen an eine vorgegebene und vollständig spezifizierte → Verteilungsfunktion F_0. Will bspw. ein Einzelhändler untersuchen, ob sich der tägliche Kundenstrom zu gleichen Teilen auf seine 6 Filialen aufteilt, bietet sich dieser Test an. Kann davon ausgegangen werden, dass die Verteilungsfunktion stetig ist, und liegen wenige Beobachtungen vor, erweist sich meist der → Kolmogoroff-Smirnov Test als das bessere Prüfverfahren. Der Chi-Quadrat Anpassungstest kann Daten von beliebigem Messniveau verarbeiten. Die n Stichprobenvariablen $X_1,...X_n$ werden als unabhängig und identisch verteilt gemäß der wahren Verteilungsfunktion F vorausgesetzt. Die dem Testverfahren zugrunde liegenden Hypothesen lauten dann:

H_0: $F(x) = F_0(x)$ für alle x
H_1: $F(x) \neq F_0(x)$ für mindestens ein x

Zur Durchführung des Tests werden die n Beobachtungen $x_1,...,x_n$, also die Realisierungen der $X_1,...X_n$, in k disjunkte Klassen eingeteilt und die Anzahlen n_i der in Klasse i liegenden Werte ermittelt. Ferner werden die Wahrscheinlichkeiten p_i dafür bestimmt, dass eine Stichprobenvariable Werte in Klasse i annimmt, falls H_0 richtig ist. Als Realisierung der Teststatik V wird dann der folgende Wert berechnet [*Büning/Trenkler* (1994), S. 76]:

$$v = \sum_{i=1}^{k} \frac{(n_i - np_i)^2}{np_i}$$

Die Teststatistik ist unter H_0 approximativ Chi-Quadrat verteilt (→ Chi-Quadrat-Verteilung) mit $k-1$ Freiheitsgraden, wobei die Approximationsgüte stark von der Einhaltung der bei Bildung der k Klassen zu berücksichtigenden Bedingung

$np_i \geq 5$ für alle i

abhängt. Die Nullhypothese wird zum → Signifikanzniveau σ abgelehnt, wenn

$v \geq \chi^2_{1-\alpha;k-1}$, d.h. wenn die Prüfgröße

den Wert des $(1-\alpha)$ → Fraktils der Chi-Quadrat Verteilung mit $k-1$ Freiheitsgraden übersteigt.
T.B./M.MB.

Literatur: *Büning, H.; Trenkler, G.*: Nichtparametrische statistische Methoden, 2. Aufl., Berlin, New York 1994.

Chi-Quadrat Unabhängigkeitstest

auch Kontingenztest genannt, ist ein → nichtparametrisches Testverfahren zur Überprüfung der Unabhängigkeit zweier beliebig skalierter Merkmale. Ausgangspunkt ist eine $k \times l$ Kontingenztafel, die durch die k Klassen des ersten Merkmals (A) und die l Klassen des zweiten Merkmals (B) gebildet wird. Eine Klasse kann durch eine oder mehrere Merkmalsausprägungen bzw. bei ordinalen und kardinalen Daten durch disjunkte Teilintervalle gebildet werden. Das folgende Beispiel einer Kontingenztafel ist aus dem nominalen Merkmal Geschlecht (A) und dem klassierten Merkmal Preiseinschätzung (B) aufgebaut:

A \ B	70–79 Pf	80–89 Pf	90–99 Pf
weiblich	17	21	43
männlich	33	29	37

Innerhalb der Kontingenztafel werden die beobachteten Häufigkeiten festgehalten, die mit n_{ij} bezeichnet werden. Sie geben (im Beispiel) die Zahl derjenigen Fälle innerhalb aller n Beobachtungen an, bei denen die Ausprägung i des Merkmals A und die Intervallzugehörigkeit j des Merkmals B zusammen auftreten. Unter der Annahme der Unabhängigkeit der Merkmale A und B lassen sich die zu erwartenden Häufigkeiten wie folgt bestimmen:

$$\tilde{n}_{ij} = \frac{n_{i.}\, n_{.j}}{n} \quad \text{mit}$$

$$n_{i.} = \sum_{j=1}^{l} n_{ij} \quad \text{bzw.}$$

$$n_{.j} = \sum_{i=1}^{k} n_{ij}$$

Stellen die vorliegenden Beobachtungen eine Zufallsstichprobe vom Umfang n dar, können die Hypothesen

H_0: Die Merkmale A und B sind unabhängig

H_1: Die Merkmale A und B sind abhängig

mit Hilfe der Teststatistik V [Büning/Trenkler (1994), S. 222] mit der Realisierung

$$v = \sum_{i=1}^{k}\sum_{j=1}^{l} \frac{(n_{ij} - \tilde{n}_{ij})^2}{\tilde{n}_{ij}}$$

überprüft werden. V ist unter H_0 approximativ Chi-Quadrat verteilt (→ Chi-Quadrat-Verteilung) mit $(k-1)(l-1)$ Freiheitsgraden. Die Approximationsgüte hängt dabei stark von der Einhaltung der Bedingung $n_{ij} \geq 5$ (oder $\tilde{n}_{ij} \geq 5$) ab. Die Nullhypothese wird zum → Signifikanzniveau α abgelehnt, wenn

$v \geq \chi^2_{1-\alpha;(k-1)(l-1)}$, d.h. wenn die Prüfgröße den Wert des $(1-a)$ → Fraktils der Chi-Quadrat Verteilung mit $(k-1)(l-1)$ Freiheitsgraden übersteigt. T.B./M.MB.

Literatur: *Büning, H.; Trenkler, G.:* Nichtparametrische statistische Methoden, 2.Aufl. Berlin, New York 1994.

Chi-Quadrat-Verteilung

Die Chi-Quadrat-Verteilung ist, wie die → t- und → F-Verteilung, ein „Abkömmling" der → Normalverteilung. Mit der F-Verteilung hat sie gemein, dass sie – als Quotient von Quadraten – bei 0 beginnt und nicht symmetrisch ist, mit der t-Verteilung, dass sie nicht, wie eben die F-Verteilung, durch zwei verschiedene → Freiheitsgrade charakterisiert werden muss. M.H.

Chunk

→ Mehrspeichermodell,
→ Schlüsselinformation

Churnrate

insb. in der Telekommunikationsbranche gebräuchlicher Fachbegriff für das Ausmaß der Abmeldung von Kunden eines Dienstes (→ Kundenverlust-Analyse). Die Churnrate ist definierbar als Anzahl der Kündigungen in einem bestimmten Zeitraum dividiert durch den durchschnittlichen Kundenbestand in diesem Zeitraum. Größenordnungen von 15-25% gelten in der TK-Branche als normal (→ Kundenbindung).

CIES (Internationale Vereinigung der Filialbetriebe)

Die CIES ist eine 1953 gegründete Vereinigung von Einzelhandelsfirmen sowie Lieferanten von Dienstleistungen, Konsum- und Ausrüstungsgütern. Zentrales Anliegen der Vereinigung ist es, seinen Mitgliedern ein internationales Forum für den Meinungsaustausch zu bieten. Zu diesem Zweck werden jedes Jahr verschiedene Managementsymposien veranstaltet. Anschrift: 8, place d'Elena, 75783 Paris Cedex 16/Frankreich
B.H.

CIF

Abk. f. Cost, Insurance and Freight (→ INCOTERMS)

CIF-Agent

Sonderform des Exporthandelsvertreters (→ Internationaler Vermittlerhandel). Er vertritt meist mehrere Auftraggeber und bewahrt sich so eine unabhängigere Stellung gegenüber dem einzelnen internationalen Geschäftspartner. Er übernimmt für den Ablader den Warenverkauf. Interessierte Importeure wenden sich an den Cif-Agent zur Durchführung ihres Importgeschäftes, für welches die Lieferbedingung cif (→ INCOTERMS) üblich ist.
Der Cif-Agent fungiert bei Qualitätsdifferenzen auf Grund seiner einschlägigen Warenkenntnis (→ Commodity) als potentielle Schiedsstelle. Je nach Art der Funktionsaus-

City-Block-Metrik
übung und national gültigem Recht kann der Cif-Agent eine Zwischenstellung zwischen Exportvertreter und Internationalem Makler haben (→ Internationaler Vermittlerhandel, → Indentgeschäft, → Handelsmakler). H.Ma.

City-Block-Metrik
→ Mehrdimensionale Skalierung

City-Center → Einkaufszentrum

City-Light-Poster → Plakatwerbung

Citymarketing („Innenstadtmarketing")
→ Stadtmarketing

Claim-Management
bezeichnet das Management von Nachforderungen, die im Rahmen von → Anlagenverträgen entstehen können. Sie können auftreten, wenn eine Vertragspartei ihre Verpflichtungen nicht oder nur teilweise erfüllt, wenn sie aufgrund vertraglicher Regelungen Änderungen des Vertrages fordert oder aber wenn die Vertragsabwicklung durch Ursachen gestört wird, die keine der Vertragsparteien zu vertreten hat (Force Majeur, Acts of God). Sachliche Claims sind Ansprüche auf inhaltliche Vertragserfüllung, terminliche Claims beziehen sich auf Zeitpunkte und Fristen, finanzielle Claims betreffen die vereinbarte Gegenleistung. Das Claim-Management befasst sich mit der Einrichtung von Verfahrensweisen sowie von Instrumenten zur Auseinandersetzung mit Claims. Hierzu ist es erforderlich, potenzielle Veränderungen im Leistungsprozess frühzeitig zu erkennen, in ihren Änderungsauswirkungen zu quantifizieren, Anspruchsgrundlagen zu ermitteln und Schadensfolgen zu untersuchen. Da Claims aus erforderlichen Änderungen von Anlagenverträgen entstehen, liegen erste Ansatzpunkte jedoch bereits bei der Vertragsgestaltung, der Dokumentation des Projektes sowie der Schulung der eingebundenen Mitarbeiter. Die Verantwortung für das Claim-Management kann dabei bei dem Projektverantwortlichen, in Großunternehmen aber auch in speziellen Claim-Abteilungen angesiedelt werden. Strategische Bedeutung kommt dem Claim-Management durch die hohe Wettbewerbsintensität und die geringen Preisspielräume im internationalen → Anlagengeschäft zu. So müssen durch das Stellen von Nachforderungen zum einen entstandene Mehrkosten gedeckt werden. Zum anderen können zusätzliche Gewinnbeiträge, z.B. durch das Wecken von Sonderwünschen beim Kunden, durch die Zuordnung von hohen Gemeinkostenzuschlägen zu claimrelevanten Leistungen oder durch erhöhte Claimforderungen, erzielt werden. B.I.

Literatur: *Backhaus, K.; Köhl, T.:* Claim-Management im internationalen Anlagengeschäft, in: *Hübner, U.* (Hrsg.): Festschrift für Bernhard Großfeld zum 65. Geburtstag, Heidelberg 1999.

Clarifier-Konzept
→ Organisationales Beschaffungsverhalten

Clickstream Analyse
ist eine Methode der → Mediaanalyse und bildet die Basis für die → Personalisierung von Inhalten im Internet. Die Methode beinhaltet die Beobachtung und Auswertung der Nutzungsgewohnheiten von Benutzern einer Web-Site und kommt somit der klassischen → Kundenlaufstudie gleich.
Die Analyse erfolgt auf Basis des → Logfiles, in welchem alle Zugriffe auf einen Webserver erfasst werden. Mit Hilfe von Identifikationsnummern, die jedem Benutzer der Web-Site bei Aufruf der ersten Seite vergeben werden, filtert man alle Zugriffe eines Benutzers heraus und setzt sie anhand der Uhrzeit in einen chronologischen Ablauf, dem Clickstream. Der Clickstream kennzeichnet also den zurückgelegten Weg, der den Besucher innerhalb dieser Website zu einer bestimmten Information führt. Er gibt Aufschluss über mögliche Schwachstellen des Systems, z.B. Seiten, an denen der Benutzer vorzeitig aussteigt, sowie erste Nutzerprofile für die tiefergehende → Personalisierung der Inhalte. B.Ne.

Click-Through-Rate
ist eine Maßzahl der → Mediaanalyse im Internet und kennzeichnet den Kontakterfolg einer → Bannerwerbung. Sie bestimmt das Verhältnis der Anzahl der Sichtkontakte (→ Ad-Impressions) zur Anzahl der tatsächlich durchgeführten „Klicks" auf das Werbebanner (→ Ad-Click).

Client-Server (-System)
Client-Server ist die Bezeichnung einer bestimmten Art des Rechnerverbundes. Die Clients (eigenständige Anwender-PCs) sind mit einem oder mehreren Servern (Applikations- bzw. File-Server / Serversystem)

durch ein Netzwerk verbunden. Im Unterschied zu einem Großrechner-Terminal-Verbund werden Rechenleistungen nicht mehr zentral auf den Großrechner (Host) beschränkt, sondern auf die Clients übertragen. Ebenso können Datenbestände dezentral im Client-Server-Verbund verwaltet werden. Insgesamt zeichnet sich die Client-Server-Typologie gegenüber den Großrechnern durch eine größere Flexibilität aus. Ein weiterer Vorteil ist die Verbindung heterogener Rechnerwelten, wie z.B. UNIX-Systeme mit DOS-Systemen. Die Voraussetzung für ein erfolgreiches Client-Server-Konzept ist neben einem schnellen Netzwerk mit entsprechenden Übertragungskapazitäten auch die spezielle Software, die für dieses Konzept optimiert wurde.

Closed Bid → Submission

Club-Karte → Kundenkarten

Clusteranalyse

Die Aufgabe der Clusteranalyse als ein Verfahren der → Multivariatenanalyse ist die Zusammenfassung von bestimmten Objekten zu Clustern, Klassen oder Gruppen, so dass zwischen Objekten derselben Klasse größtmögliche Ähnlichkeit und zwischen Objekten unterschiedlicher Klassen größtmögliche Verschiedenheit erreicht wird. Ausgangspunkt ist dabei eine vorgegebene Menge N von Objekten; bei Fragestellungen des Marketing sind dies bspw. Konsumenten, Unternehmungen, Produkte, Regionen, Informationen und Daten. Zur Beschreibung der Objekte dient eine Auswahl M von Merkmalen, die für jedes Objekt erhoben werden. Mit Hilfe von Methoden der → Primär- oder Sekundärforschung wird jedes Objekt $i \in N$ auf jedes Merkmal $k \in M$ hin untersucht und durch die erhaltenen Ausprägungen a_{ik} beschrieben. Ordnet man die Ausprägungen in einer Matrix an, so spricht man von einer Datenmatrix. Für n Objekte und m Merkmale hat diese Matrix n Zeilen und m Spalten (vgl. Abb.).

Die Durchführung einer Clusteranalyse erfolgt prinzipiell auf der Grundlage von Bewertungskriterien über Ähnlichkeiten oder Verschiedenheiten von Objekten oder Objektmengen (→ Distanzindex), die i.d.R. aus der Datenmatrix je nach → Skalenniveau berechnet werden. Allgemein versteht man unter einer *Klassifikation* der Objektmenge N eine Menge $= \kappa = \{K_1,...,K_s\}$ von nicht leeren Objektteilmengen $K_1,...,K_s$. Der Index s steht für die Klassenzahl.

Datenmatrix der Clusteranalyse

$$A = \begin{pmatrix} a_{11} & a_{12} & \cdots & a_{1k} & \cdots & a_{1m} \\ a_{21} & a_{22} & \cdots & a_{2k} & \cdots & a_{2m} \\ \vdots & \vdots & & \vdots & & \vdots \\ a_{i1} & a_{i2} & \cdots & a_{ik} & \cdots & a_{im} \\ \vdots & \vdots & & \vdots & & \vdots \\ a_{n1} & a_{n2} & \cdots & a_{nk} & \cdots & a_{nm} \end{pmatrix}$$

Vor Anwendung eines Klassifikations- oder Clusteranalyseverfahrens ist zu klären, welchen Klassifikationstyp man anstrebt. So spricht man von *exhaustiver Klassifikation*, wenn jedes Objekt mindestens einer Klasse zugeordnet wird, andernfalls von einer nicht exhaustiven Klassifikation. Sollen je zwei Klassen keine gemeinsamen Objekte enthalten, so heißt die Klassifikation *disjunkt*, andernfalls nicht disjunkt. Ein disjunktes Klassifikationsergebnis bezeichnet man auch als *Zerlegung* oder *Partition* der Objektmenge, ein nicht disjunktes Klassifikationsergebnis auch als *Überdeckung* oder *Überlappung*. Werden Klassen schrittweise durch Fusion oder Aufspaltung von Objektteilmengen gebildet, so kann man die Klassen in einer Baumstruktur oder einem → Dendrogramm anordnen; man spricht in diesem Fall von einer hierarchischen Klassifikation oder einer Hierarchie.

Je nach Klassifikationstyp werden die relevanten Verfahren zur Berechnung einer Klassifikation mit dem entsprechenden Attribut versehen. So wurde eine Vielzahl von Verfahren der → partitionierenden und → hierarchischen Clusteranalyse entwickelt. Sollen Überschneidungen zugelassen werden, so sind insb. Verfahren zur Bestimmung → maximaler Cliquen in Betracht zu ziehen. Durch solche Verfahren wird in gewisser Weise das Problem angegangen, wie die zwischen sonst recht gut getrennten Klassen liegenden „Zwischenobjekte" zu erkennen und zu behandeln sind. Anstatt nun solche Objekte voll einer oder mehreren Klassen zuzuordnen, führt man für jedes Objekt i und jede Klasse eine Zahl zwischen 0 und 1 ein, die den Grad der Zugehörigkeit von i zuquantifiziert. Dadurch kommt man zu sog. *unscharfen Klassifikationen*, deren Berechnung mit Methoden der → Fuzzy-Clusteranalyse erfolgt.

Neuere Entwicklungen befassen sich mit Möglichkeiten, Clusteranalysen im Rahmen *stochastischer* Vorgaben durchzuführen. Man nimmt an, dass die Vektoren der Merkmalsausprägungen für die Objekte Zufallsvektoren sind und unterstellt für die Vektoren, die zu einer Klasse gehören, eine identische Verteilung. Derartige Ansätze werden in der *probabilistischen Clusteranalyse* behandelt. Schließlich versucht man im Rahmen von *bimodalen Clusteranalysen*, Objekte und Merkmale simultan zu klassifizieren. Dabei sind neben den Distanzen auf Objektpaaren (→ Distanzindex) auch Distanzen auf Merkmalspaaren und auf Objekt-Merkmal-Kombinationen zu formulieren. Auf der Basis der auf diese Weise gebildeten Distanzen können im Prinzip alle Verfahren der Clusteranalyse angewandt werden.

Die *Durchführung* von Clusteranalysen selbst erfolgt i.d.R. mit Hilfe leistungsfähiger DV–Programme bzw. –Programmsysteme. Im Gegensatz zum Beginn der Neunziger Jahre sind heute alle bekannten Statistiksoftwarepakete wie z.B. BMDP, JMP, SAS, SOLO/NCSS, S-PLUS, SPSS, STATGRAPHICS oder SYSTAT sowohl mit → partitionierenden als auch mit → hierarchischen Clusteranalyseverfahren ausgestattet. Das Problem großer Datenmengen und die Behandlung gemischtskalierter Datenmatrizen sind jedoch noch nicht überall zufrieden stellend gelöst. So sind bei den meisten Programmpaketen für größere Objektmengen (n > 1000) i.d.R. nur noch Austauschverfahren auf quantitative Merkmale sinnvoll anzuwenden. Rühmliche Ausnahme ist hier das Programm JMP, das hierarchische Clusteranalysen auch für deutlich größere Objektmengen ohne Probleme bewältigen kann. Allerdings bleibt festzuhalten, dass die Interpretation solcher Ergebnisse (→ Dendrogramme) im Allgemeinen erschwert ist. Bemerkenswert ist noch das Programmpaket S-PLUS, das neben einer Vielzahl von Clusterverfahren auch das von Kaufman und Rousseeuw stammende partitionierende Clusteranalyseverfahren CLARA (Clustering Large Application) anbietet, das speziell für große Datenmengen entwickelt wurde und ohne die sonst benötigte und stets mit Schwierigkeiten verbundene Vorgabe einer Startlösung auskommt. Auch die Bestimmung einer Distanzmatrix für gemischte Datenmatrizen, bei vielen Paketen ein ungelöstes Problem, kann mit Hilfe von S-PLUS adäquat gelöst werden. Noch besser sind hier allerdings Spezialpakete, die eine stufenweise Aggregation zu einer Gesamtdistanzmatrix anbieten. Hier sei insb. das Spezialpaket CLUSTAN genannt, das mit über 40 Ähnlichkeits- und Distanzindizes sowie einer breiten Palette an Algorithmen das wohl umfassendste Programmsystem zur Clusteranalyse darstellt. O.O.

Literatur: *Bock, H. H.:* Automatische Klassifikation, Göttingen 1974. *Kaufman, L.; Rousseeuw, P.J.:* Finding Groups in Data, New York 1990. *Späth, H.:* Cluster-Formation und -Analyse, München, Wien 1983.

CMA → Agrarmarketing

CMS → Content-Management

Co-Branding

Form der kooperativen → Markenpolitik, bei welcher zwei Hersteller von → Markenartikeln ihre jeweils bereits etablierten Marken gemeinsam für *ein* Produkt bzw. *eine* Dienstleistung verwenden (*Doppelmarkierung*), wie das z.B. *Schöller* und *Mövenpick*, *Nutrasweet* und *Coca Cola* oder die *Deutsche Bahn* und *City Bank* (bei der *Bahncard*) praktizieren. I.d.R. handelt es sich um komplementäre Produkte oder Dienste (z.B. Bahn und Mietauto, Bank und Unternehmensberatung), die eine gewisse → Integralqualität zueinander aufweisen. Im Falle vertikaler Kooperationen in der Branchenkette spricht man von → Ingredient Branding. Entwickelt sich die Kooperation zu einem synergetischen und für den Endkunden einmaligen Verbund, so entstehen → Systemmarken.

Die Ziele solcher → strategischer Allianzen liegen in folgenden Punkten:

1. Die Markenwerte der beteiligten Marken sollen durch Synergieeffekte bei der Markenwahrnehmung super-additiv gebündelt (→ *Produktbündelung*) und damit die Schlagkraft im Wettbewerb erhöht werden (*Differenzierungsvorteil*).
2. Durch einen → *Imagetransfer* können u.U. Imageverbesserungen erzielt werden.
3. Die *Markenbekanntheit* steigt durch das zweifache Trägermedium.

4. Gleichzeitig lassen sich u.U. → *Economies of Scale*, insb. bei der Markenwerbung, erzielen.
5. Es bieten sich Chancen zur gegenseitigen Erschließung des Kundenstamms und zur synergetischen Nutzung von Kundendaten.

Erkauft werden diese Vorteile durch höhere gegenseitige Abhängigkeiten und Inflexibilitäten, die den Spielraum der → Markenpolitik einengen. Auch eine Gefahr der Erosion des (isolierten) Markenimages der beteiligten Marken kann bestehen, wenn die Partner-Marken sich in unterschiedliche Richtungen entwickeln. H.D.

Literatur: *Ohlwein, M.; Schiele, Th.:* Co-Branding, in: WiSt, 23. Jg. (1994), S.577-578. *Rao, A.; Rueckert, R.:* Brand Alliances as Signals of Product Quality, in: Sloan Management Review, Vol. 36 (1994), No. 1, S. 87-97.

Cochran-Test (Q-Test)

→ nichtparametrisches Testverfahren, bei dem geprüft wird, ob sich zwei oder mehr abhängige Stichproben signifikant im Hinblick auf die Anteile dichotomer Variablen (mit zwei Ausprägungen) unterscheiden. Die Spaltensummen müssen bei zufälliger Verteilung theoretisch gleich sein, weshalb beim Q-Test mit Hilfe einer → Chi-Quadrat-Verteilung geprüft wird, ob die Spaltensumme dieser Hypothese entsprechen.

Codeplan → Datenanalyse

Codierung

1. Eine zum Zwecke der Erfolgsmessung v.a. im → Direktmarketing auf ein → Responsemittel aufgebrachter alphanumerischer Code zur Identifikation des verwendeten Werbemittels, der angesprochenen Zielgruppe, des Aktionszeitraums bzw. der eingesetzten → Adressliste (s.a. → Direktmarketingerfolg).
2. Vergabe von Ziffern für bestimmte nichtmetrische Variablenausprägungen in der → Datenanalyse.

Coincidental Check

Coincidental Checks sind Studien zur Validierung der Paneldaten (→ Panel), insbesondere in der → Fernsehforschung, wobei zwischen externen und internen Coincidental Check unterschieden wird:
Der *externe* Coincidental Check ist eine Befragung außerhalb des Fernsehpanels durch ein externes Institut. Dabei wird bei den Befragungspersonen ermittelt, welche Tätigkeit unmittelbar vor der Kontaktaufnahme durch den Interviewer ausgeübt wurde. Die Erhebung erfolgt telefonisch und computergestützt (CATI – computer assisted telefone interview). Es wird in einer unabhängigen → Stichprobe eine Fernsehreichweite erhoben, die der im Fernsehpanel der → GfK Fernsehforschung gemessenen Reichweite gegenübergestellt wird.
Beim *internen* Coincidental Check handelt es sich um eine Untersuchung zur → Reliabilität (Zuverlässigkeit) der Personenan- und -abmeldung am Messsystem im Fernsehpanel der GfK. Es wird bei der Befragungsperson ermittelt, welche Tätigkeit unmittelbar vor der Kontaktaufnahme durch den Interviewer ausgeübt wurde. Den Grad der Übereinstimmung zwischen den über das GfK-Meter registrierten Daten zur Fernsehnutzung und den Angaben der Befragten bezeichnet man als Coincidenz.

Collaborative Filtering
→ Information Filtering,
→ Personalisierung

Colorama
v.a. von der → Deutschen Eisenbahn-Reklame angebotene Form der → Lichtwerbung, bei der große Werbeflächen mit auswechselbaren Großdias, die von hinten durchleuchtet werden können, eingesetzt werden. Die Standorte befinden sich vorwiegend auf Bahnhöfen.

Colportagegeschäft
historisch erste Erscheinungsform des → Abonnementgeschäftes und → Versandhandels Mitte des 19. Jh., bei dem Probehefte und Prospekte von Zeitschriften durch Abonnementsammler von Wohnung zu Wohnung getragen und am nächsten Tag wieder abgeholt wurden.

Co-Makership (Co-Workership)
bezeichnet als inversen Fall der → Kundenintegration die Integration von Zulieferern in den Produktionsprozess eines Herstellers (→ Teile-Marketing). Die Wertschöpfungstiefe des Anbieters verringert sich im Extremfall auf die Integration der Teilleistungen verschiedener Zulieferer und die Distribution des Endproduktes. Voraussetzung für Co-Makership ist, dass die Zulieferer bereits im Entwicklungsprozess aktiv in die

Produktplanung und -entwicklung einbezogen werden, umso die eigene Wertschöpfungstiefe auf ihre → Kernkompetenzen abstimmen zu können (→ Simultaneous Engineering). M.Web.

Combination Store → Drugstore

Commission
→ Internationaler Vermittlungshandel, → Kommission, → Handelsvertreter

Commission Indent → Indentgeschäft

Commission Merchant
Ähnlich dem Internationalen → Factor übernimmt er das Absatz- und Inkassorisiko, dagegen steht beim Factor heute die Finanzierungsfunktion (Forderungshändler) im Vordergrund. Gelegentlich übernimmt er das gesamte Produktionsprogramm von Produzenten.

Commitment
mehrdimensionales theoretisches Konstrukt, mit dessen Hilfe die Bindung einer Partei (Person oder Organisation) an ein bestimmtes Bezugsobjekt (Sache, Person oder Organisation) abgebildet werden kann (vgl. *Tab.*). Das Commitment-Konstrukt ist zu einem wichtigen Erklärungsschema für → Geschäftsbeziehungen geworden. Durch eine differenzierte Analyse des Commitment in Geschäftsbeziehungen lassen sich Hinweise zum Management der → Kundenbindung sowie zum → Beziehungsmanagement und zum → Beziehungsmarketing ableiten.
Commitment in Geschäftsbeziehungen kann prinzipiell auf geleisteten Inputs oder auf erhofften Ergebnissen der Beziehung (Outputs) beruhen. Zu den Inputs, die zum Entstehen von Commitment beitragen, gehören bewusst getätigte Ressourcenallokationen, die nicht mehr oder nur teilweise rückgängig gemacht werden können (*spezifische Investitionen*) und gewachsene Bindungen zwischen den Akteuren, die teilweise auch ungeplant im Rahmen einer Beziehung entstehen können (*spezifische Werte und Werthaltungen*). Während spezifische Investitionen oft einen sachlichen Bezug haben (z.B. Investitionen in eine bestimmte Technologie) oder sich direkt auf eine bestimmte Organisation beziehen (z.B. Investitionen in Schnittstellen zu einem Just-In-Time Zulieferer) machen sich spezifische Werte und Werthaltungen oft an Personen fest (z.B. als → Vertrauen oder → Loyalität).

Die wichtigste Outputgröße, die ein Commitment zwischen zwei Parteien schafft, ist der *Beziehungserfolg* bzw. die → *Beziehungsqualität*. Der Beziehungserfolg beschreibt das eigentliche Ziel, das eine Partei in einer Geschäftsbeziehung verfolgt, nämlich die Lösung eines bestimmten Problems. Je größer der Beitrag des Partners (relativ zu anderen potenziellen Geschäftspartnern) zur Zielerreichung eines Akteurs ist, desto stärker ist dessen Bindung an den Partner. Gerade in langfristigen Geschäftsbeziehungen spielt dabei aber nicht nur das absolute Ergebnis eine Rolle in der Bewertung der Geschäftsbeziehung. Zahlreiche Studien weisen heute auch auf die Bedeutung einer „fairen" Aufteilung von Lasten und Nutzen aus einer Geschäftsbeziehung hin. *Beziehungsgerechtigkeit* und *Fairness* (→ Gerechtigkeitstheorie) sind daher als die zweite output-orientierte Commitment-Dimension zu betrachten.

Während in früheren Arbeiten die Dimensionen des Commitment im Mittelpunkt des

Objekte des Commitment

	Commitment wird empfunden von	
Commitmentobjekt	einer Person	einer Organisation (einer Gruppe von Personen)
eine Sache	Produktbindung Markenbindung Technologiebindung Systembindung	Produktbindung Markenbindung Technologiebindung Systembindung
eine Person	Personenbindung	Personenbindung
eine Organisation	Ladenbindung Lieferantenbindung	interorganisationale Geschäftsbeziehung

Interesses standen, interessiert heute vor allem die Struktur des Commitment zwischen zwei Parteien, also die Frage, ob die Bindung zwischen den Parteien symmetrischer oder asymmetrischer Natur ist. Aus der Struktur des Commitment ergeben sich unterschiedliche Risikopositionen für die beteiligten Parteien. Außerdem zeigt eine dyadische Betrachtung des Commitment in Geschäftsbeziehungen, wie sich das Commitment des einen Partners auf das Commitment des anderen Partners auswirken kann (*Abb.*).

So haben spezifische Investitionen des Unternehmens A nicht nur Auswirkungen auf das Beziehungsergebnis von A (Pfeil ①), sondern auch auf das Beziehungsergebnis des Unternehmens B (Pfeil ③), beispielsweise weil die Beziehung zu A nun stabiler ist. A.S.

Literatur: *Anderson, E.; Weitz, B.:* The Use of Pledges to Build and Sustain Commitment in Distribution Channels, in: Journal of Marketing Research, Vol. 29 (1992), No. 1, S. 18-34. *Bekker, H.S.:* Notes on the concept of commitment, in: American Journal of Sociology, Vol. 66 (1960), S. 32–40. *Söllner, A.:* Commitment in Geschäftsbeziehungen. Das Beispiel Lean Production, Wiesbaden 1993. *Söllner, A.:* Asymmetrical Commitment in Business Relationships, in: Journal of Business Research, Vol. 46 (1999), No. 3, S. 219-233.

Commodity

anglo-amerik. Ware, Handelsware, Rohstoff (s.a. → Einsatzstoffe-Marketing, → Rohstoff-Marketing, → Teile-Marketing).

(a) Als *Soft-Commodities* bezeichnet man börsenfähige Rohstoffe, welche nach ihrer Konsistenz als nicht-metallisch bezeichnet werden (Kakao, Getreide, Zucker etc.). *Hard-Commodities* werden an Metal-Exchanges gehandelt.

Für die Börsenfähigkeit von Commodities sind eine Reihe von Voraussetzungen erforderlich, wobei u.a. die Fungibilität (Vertretbarkeit der Ware) sowie die Standardisierung von Kontrakten für bestimmte Börsentransaktionen zu nennen sind.

(b) Im Rahmen von → Kompensationsgeschäften werden als Soft-Commodities Rohstoffe bezeichnet, die aus verschiedenen Gründen (z.B. Qualitätsmängel) im Gegensatz zu Hard-Commodities nicht börsenfähig sind und deshalb keine Kursnotierung erreichen (→ Warenbörse).

(c) Unter Commodities i.w.S. fallen alle goods (bewegliche Gegenstände) wie Business goods (Geschäftsgegenstände), Capital goods (Investitions- bzw. Industriegüter), Consumer goods (Verbrauchs- bzw. Konsumgüter), Staple goods bzw. Raw-material (Rohstoffe, Rohprodukte, Stapelware),

Die Struktur des Commitment in Geschäftsbeziehungen (dyadische Sicht) (vgl. *Söllner,* 1999)

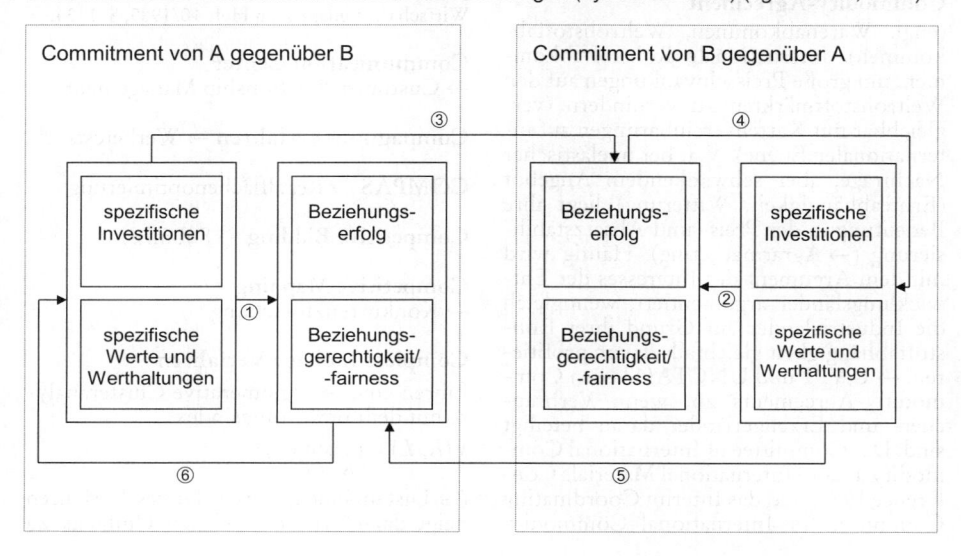

Commodity-Agreement

Goods and Chattels (bewegliche Sachen, persönliche Effekten).

In der Literatur finden sich zahlreiche Versuche, Waren (Handelswaren) nach verschiedenen theoretischen (meist deskriptiven und/oder typologischen) Ansätzen zu erfassen (→ Produkttypologie). Der *Commoditiy-Approach* geht von der Überlegung aus, dass der Umgang mit bestimmten Waren auch Konsequenzen hinsichtlich des internationalen strategischen und operativen Marketings (→ Außenhandelsgeschäfte) für den institutionellen Außenhandel (→ Außenhandel, institutioneller) mit sich bringt.

Über die genannten Warenkreise hinaus ist eine detailliertere Betrachtung von Commodities im Hinblick auf ihre Funktion im internationalen Handel zweckmäßig: So ist etwa zwischen Zulieferteilen als Halbfabrikaten (Halbwaren) oder Komponenten als Fertigteilen zu unterscheiden. Die Unterscheidung nach der Fertigungstiefe bzw. Verwendungsreife bringt Probleme hinsichtlich der begrifflichen Fassung des Fertigwarenhandels. Die Unterscheidung nach Neuprodukten oder Altwaren (internationaler Altwarenhandel) ist von geringerem Interesse.

Die Bildung von grauen (Zweit-) Märkten bei Fertigwaren (etwa im Kraftfahrzeugteilehandel oder bei Mikro-Chips) fördert die Einschaltung institutioneller Außenhandelsbetriebe zur Verwertung von Überschussproduktionen. H.M.

Commodity-Agreement

(engl. Warenabkommen, Weltrohstoffabkommen), internationale Rohstoffabkommen, um große Preisschwankungen auf den Weltrohstoffmärkten zu verhindern (vergleichbar mit Kartellvereinbarungen auf internationaler Ebene). V.a. bei unelastischer Nachfrage, aber schwankendem Angebot (Ernteabhängigkeit, Witterung) liegt ihre Bedeutung in der Preis- und Absatzstabilisierung (→ Agrarmarketing). Häufig wird mit dem Argument des Interesses der Entwicklungsländer argumentiert, wenngleich die Industrieländer auf Grund ihrer Rohstoffabhängigkeit gleichfalls davon profitieren. → GATT und UNCTAD lassen Commoditiy-Agreements zu, wenn Verbraucher- und Erzeugerländer daran beteiligt sind. Das Committee of International Commodity Trade (International Materials Conference 1951) und das Interim Coordinating Committee for International Commodity Arrangements (ICCICA), zwei Unterorganiationen der UN, befassen sich mit der Weltrohstoffpolitik. H.Ma.

Commodity Approach → Commodity, → Produkttypologie

Commodity-Exchange → Warenbörse, → Commodity

Commodity Future

(anglo-amerik.) Warentermingeschäft; s.a. → Warenbörse.

Common Carriage

Diese mit der Deregulierung im Energiesektor (→ Energie-Marketing) wichtig gewordene Frage betrifft das Problem der Einspeisung in und Durchleitung durch lokale, regionale oder nationale Netze. Sofern Energie-„Erzeugung" und Energieverteilung sich nicht mehr in einer Hand befinden, wird das Recht, bestehende Netze zu benutzen, zu einer existenziellen Frage für die Kraftwerksbetreiber, die auch gesetzlich gewährleistet werden muss. Um einen freien Marktzugang sowie einen europäischen Stromverbund zu ermöglichen, muss durch Common Carriage eine grundsätzliche Einspeisungs- und Durchleitungsmöglichkeit bestehen. Ein besonders schwieriges Problem ist in diesem Zusammenhang die Findung eines für beide Partner akzeptablen Preises für die Netznutzung. W.H.E.

Literatur: *Arndt, H.-W.:* „Common Carrier" bei Strom und Gas, in: Recht der Internationalen Wirtschaft, Beilage 7 zu Heft 10/1989, S. 1–34.

Communication Center
→ Customer Relationship Management

Compagnon-Verfahren → Werbetests

COMPAS → Regalflächenoptimierung

Competitive Bidding → Submission

Competitive Mapping
→ Konkurrenzforschung

Complete Linkage Verfahren

führen eine → agglomerative Clusteranalyse mit dem Bewertungsindex

$$v(K, L) = \max_{i \in K, j \in L} d(i, j)$$

(→ Distanzindex) durch. Dieses Verfahren neigt dazu, Klassen gleichen Umfangs zu bilden. Ferner kann man die Distanzen *d* beliebig monoton transformieren, ohne den Fusionsprozess zu verändern (→ Single Linkage Verfahren). O.O.

Comprador

Im Chinahandel sowie im Verkehr mit Japan wurde das Compradorsystem entwickelt. Der Comprador hat eine Mittelstellung zwischen Angestelltem und Kommissionär (→ Kommission). Entweder wird von ihm die Stellung einer beträchtlichen Kaution erwartet, oder er tritt als Teilhaber in das international tätige Handelshaus ein. Seine besondere Stellung beruht auf dem Vertrauen, das ihm seitens des beauftragenden Unternehmens einerseits und von der einheimischen Wirtschaft andererseits entgegengebracht wird. H.Ma.

Comprehension → Werbetests

Compunication

In den USA entstandener Begriff (Zusammensetzung aus „Computer" und „Communication") für alle Formen der technischen Kommunikation zwischen Mensch und Computern als auch zwischen Computern. Generell bezeichnet der Begriff die Verbindung der Informationstechnik mit der Kommunikationstechnik.

Computer Aided Selling (CAS)

bezeichnet ein Informations- und Kommunikationssystem für die → Außendienststeuerung im Rahmen des → Verkaufs auf der Basis des Einsatzes von mobilen Computern. CAS-Systeme sind formal durch die computergestützte Übertragung und Weiterverarbeitung von Informationen zwischen Verkaufsinnendienst und -außendienst und vice versa gekennzeichnet und insofern ein Teilmodul im → Electronic Business (s.a. → Angebotssysteme, computergestützte)

In der Vergangenheit war es vorrangiges Ziel des Einsatzes von CAS-Systemen, die Außendienstmitarbeiter bei ihrer Aufgabenerfüllung elektronisch zu unterstützen, um auf diesem Wege die Wirtschaftlichkeit des Außendienstes und damit die des gesamten Verkaufs zu erhöhen. Darüber hinaus sollen CAS-Systeme derzeitig und künftig eine wesentliche Verbesserung der Koordination aller vom Verkauf abhängigen Aktivitäten erreichen und einen Beitrag zur Beziehungspflege und damit zur → Kundenbindung leisten, und zwar durch eine prinzipiell verbesserte fachliche und persönliche Kompetenz des Außendienstmitarbeiters.

Hinsichtlich der technischen Konzeption eines CAS-Systems kann zwischen einer Hardware-, Software-, Kommunikations- und einer Schnittstellenkomponente differenziert werden. Das Problem einer adäquaten Auswahl der Hard- und Software-Komponente stellt sich jeweils für die Verkaufsleitung bzw. den Verkaufsinnen- und den Verkaufsaußendienst; für beide ist auch eine Kommunikationskomponente einschließlich des dafür notwendigen Netzes zur Informationsübertragung festzulegen. Hierzu bieten sich insbesondere internetbasierte Lösungen in Form des → Intranets an. Darüber hinaus sind Schnittstellen zum Zentral- bzw. Hostrechner für die Verbindung zum betrieblichen Informationssystem etwa auf der Basis von SAP/R3 erforderlich. Diese technischen Komponenten schaffen die grundsätzliche Voraussetzung für die Nutzung von mobilen Computern einschließlich des Datentransfers zwischen Außendienstmitarbeitern und ihrer Zentrale.

Um die Leistungen eines CAS-Systems realisieren zu können, ist neben einer bedarfsgerechten technischen Systemauslegung eine ziel- und aufgabenorientierte Informationsgrundlage erforderlich. Hierfür eignen sich in besonderem Maße → Datenbanken im Rahmen von → Marketing-Informationssystemen, da diese die notwendigen Datenzugriffe und Datenverknüpfungen ermöglichen. Wichtige Datenbankkategorien für CAS-Systeme sind Kunden-, Produkt-, Know-how- und Dokumentendatenbanken. Umfang und Komplexität der einzelnen Datenbanken sind sehr stark von der Branchenzugehörigkeit und der Unternehmensgröße abhängig.

Die konkreten Leistungen von CAS-Systemen werden im Verkaufsinnen- und -außendienst erbracht. Der Verkaufsinnendienst erfüllt zum einen Aufgaben eines verkaufsorientierten Informationsmanagements und zum anderen Aufgaben, die mit der Steuerung des Außendienstes verbunden sind. Im Rahmen des Informationsmanagements sind es drei Leistungsbereiche, die computergestützt erfüllt werden können:

– Informationsbereitstellung für den Außendienst,

Computergestützte Befragung

- Auftragsabwicklung,
- Verarbeitung von Informationen des Außendienstes

Bei der Steuerung des Außendienstes stehen
- Aktivitätenregelung,
- Tätigkeits- und Ergebniskontrolle und
- Schulungsaktivitäten

im Vordergrund.
Die Leistungen aus der Sicht des Außendienstes bestehen darin, dass
- Vorbereitung,
- Durchführung und
- Nachbereitung

von Kundenbesuchen unterstützt werden können.
Die bisherigen Erfahrungen mit CAS-Systemen haben den Nachweis einer Wirtschaftlichkeitsverbesserung im Verkauf erbracht, vor allem verursacht durch flachere Aufbauorganisationen. Hinsichtlich der Zielsetzungen, mit CAS-Systemen eine verbesserte Prozesskoordination im Marketing vom Verkauf und darüber hinaus mit den anderen Prozessbereichen der Unternehmung herzustellen und über eine verbesserte Kompetenz von Außendienstmitarbeitern ein höheres Kundenbindungspotenzial zu realisieren, liegen noch keine Erkenntnisse vor. Das Potenzial hierzu haben CAS-Systeme, da sie als unmittelbare Nahtstelle zu den Kunden und den Märkten anzusehen sind und in dieser Funktion die wesentlichen marktrelevanten Inputinformationen für die Gestaltung der Geschäftsprozesse nicht nur im Marketing liefern. A.H.

Literatur: *Hermanns, A.:* Computer-Aided-Selling (CAS), in: *Tietz, B.; Köhler, R.; Zentes, J.* (Hrsg.): Handwörterbuch des Marketing, 2. Aufl., Stuttgart 1995, Sp. 365-376. *Link, J.; Hildebrand, V.:* Database Markting und Computer Aided Selling, München 1993. *Schwetz, W.:* Computer Aided Selling. Auswahl und Einführung in die Praxis, Wiesbaden 2000.

Computergestützte Befragung

→ Befragung, bei der Computer zur Datenerfassung eingesetzt werden. Bei allen Systemen ersetzt der Computer zunächst den → Fragebogen, indem die Fragen auf dem Bildschirm erscheinen.
Eine erste Variante besteht darin, dass bei mündlicher Befragung der Interviewer die Fragen von einem transportablen Datenerfassungsgerät abliest und die Antworten der Auskunftsperson über eine alphanumerische Tastatur eingibt. Die Daten können auf der Diskette eingesandt oder an die Zentrale überspielt werden.
Stattdessen können in Teststudios auch Massenbefragungen erfolgen, bei denen die Befragten die Fragen ablesen und die Antworten selbst mittels eines Dateneingabegerätes eintippen.
Bei mündlicher Befragung wird mitunter das Scanning eingesetzt, indem man die Antworten im Fragebogen mit einem Strichcode versieht und die zutreffenden Antworten mit einem Lesestift abfährt. Die Daten werden von einem Personal Computer erfasst (→ Mobile Datenerfassung).
Eine weitere Form ist die Online-Befragung → Online-Marktforschung. Hierbei dient der PC oder das Fernsehgerät der Fragendarstellung, während die Telefonleitung den Datentransport übernimmt. Die Auskunftsperson gibt hierbei die Antworten in die Tastatur des PC bzw. des Fernsehgerätes ein. In den USA gibt es zudem Kabelfernsehen, bei dem die Antworten über einen Rückkanal erfasst werden (Zwei-Wege-Kabelfernsehen).
Ziele der computergestützten Befragung sind die Senkung der Interviewerkosten sowie eine schnelle und methodisch einwandfreie Datenerhebung.
Eine Weiterführung der computergestützten Befragung stellt die computer*gesteuerte* Befragung dar, bei der der Computer nicht nur als Speichermedium dient, sondern durch ein Interviewprogramm auch den Ablauf der Befragung steuert. Gegenüber herkömmlichen Befragungen ergeben sich folgende Vorteile:

- Vermeidung von Reihenfolgeeffekten durch Randomisierung der Fragenreihenfolge.
- Große Flexibilität der Befragung durch Berücksichtigung von abgefragten Informationen in den nachfolgenden Fragen (z.B. der Markenkenntnis).
- Leichte Handhabbarkeit komplexer Fragebögen mit häufigen Filterfragen.
- Sofortige Fehler-, Plausibilitäts- und Konsistenzkontrolle.
- Schnelle Auswertbarkeit abgeschlossener Interviews und Durchführung von Zwischenauswertungen.
- Überwachung der Stichprobenzusammensetzung bei → Quotenauswahl und Abbruch der Befragung, wenn sich die Ergebnisse stabilisieren.
- Einschränkung bzw. vollkommene Ausschaltung des → Interviewereinflusses.

Als Nachteil wird mitunter die mangelnde Akzeptanz des Mensch-Maschine-Dialogs bei den Befragten genannt. Demgegenüber erhöht die anonyme Abfrage bei heiklen Themen u.U. die Antwortbereitschaft.

H.Bö.

Literatur: *Kroeber-Riel, W.; Weinberg, P.:* Konsumentenverhalten, 7. Aufl., München 1999, S. 66 ff.

Computergestützte Werbung (Computer Aided Advertising System, CAAS)

heißt ein vom Institut für Konsum- und Verhaltensforschung der Universität des Saarlandes entwickeltes komplexes Computersystem zur Entwicklung und Kontrolle von Werbung. Dieses System setzt künstliche Intelligenz in Form von mehreren interaktiven → Expertensystemen ein, um praktische Probleme der Werbekreativität und der Werbebeurteilung zu lösen. CAAS umfasst die in *Abb. 1* wiedergegebenen Teilsysteme.

Abb. 1: Computergestützte Werbung

Benutzer-aufgaben	Kreation; Ideensuche	←→	Kontrolle; Analyse
eingesetzte Expertensysteme	Suchsystem	→	Beurteilungssystem
Computereinsatz für Umsetzung	Bildbank, Bildverarbeitungssystem	→	Datenbank, computergestütze Marktforschung

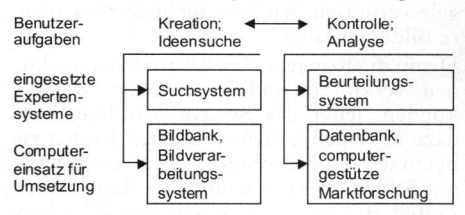

Das erste Teilsystem hat die Aufgabe, Entwürfe für die Werbung oder bereits eingesetzte Werbung zu beurteilen. Das Ergebnis besteht in einer Gesamtbewertung der Werbung und in einer Diagnose, welche die Schwächen und Stärken der getesteten Werbung sichtbar macht.

Die Arbeit mit diesem Expertensystem wird ergänzt durch eine Datenbank, die solche Daten speichert, die zur Beurteilung der Werbung benötigt werden (wie Anzeigen oder Budgets der Konkurrenz). Eine weitere Ergänzung besteht in einem computergestützten Marktforschungssystem. Dieses liefert Daten, die zur Werbediagnose einzusetzen sind, z.B. Ergebnisse einer Bildschirmbefragung. Das zweite Teilsystem dient dazu, die Kreativen beim Suchen nach neuen Ideen und Bildern für die Werbung zu unterstützen. Es gibt den Benutzern Anregungen für den kreativen Prozess und Hinweise für die Gestaltung wirksamer Bilder. Die Arbeit mit diesem System wird durch eine Ideen- und Bildbank ergänzt. Bei dem dritten Teilsystem handelt es sich um ein Beratungssystem, das Empfehlungen für die wirksame Gestaltung von Bildern vermitteln soll.

Die Systeme werden durch ein Bildverarbeitungssystem ergänzt: Diese Computersysteme ermöglichen es, visuelle Vorlagen (Bilder, Anzeigen, Storyboards) zu speichern und fast beliebig zu verändern.

Die Teilsysteme können interaktiv eingesetzt werden: So kann z.B. mit dem Beurteilungssystem eine Anzeige analysiert werden wie die Apple-Anzeige in *Abb. 2*. Der Computer erstellt dazu einen Ausdruck, aus dem die Schwächen dieser Werbung hervorgehen.

Abb. 2: Apple-Anzeigen

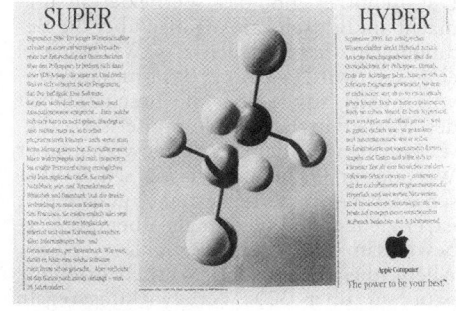

Aufgrund einer solchen Diagnose kann die ursprüngliche Anzeige so verändert werden, dass die Schwächen ausgeglichen werden. Dazu werden mit Hilfe des Bildverarbeitungssystems mehrere Alternativen erstellt, die dann wieder neu getestet werden können. Eine von mehreren Veränderungsalternativen der Apple-Anzeige wird in *Abb. 2* wiedergegeben. Üblicherweise wird

Computergestützte Werbung (Computer Aided Advertising System, CAAS)

diese Arbeit am Bildverarbeitungssystem von einem anderen (kreativen) Benutzer als dem Benutzer ausgeführt, der das Beurteilungssystem bedient.

Sollte das vorhandene Bild für den Werbezweck nicht geeignet sein, z.B. weil es eine zu geringe Aktivierungskraft hat oder zu wenig über die Werbebotschaft aussagt, kann nach der Diagnose das Suchsystem eingesetzt werden, um neue Bildkonzepte oder ein neues Bild für die getestete Werbung zu finden. Mit Hilfe des Beratungssystems können dann in Frage kommende Bilder optimiert werden. Dieses Suchsystem kann aber auch am Anfang der Systeminteraktion stehen und (bei der strategischen Entwicklung von Werbung) zunächst einmal dazu benutzt werden, eine neue Werbekonzeption zu entwickeln, die später mit Hilfe des Beurteilungssystems beurteilt wird. Alle hier beschriebenen Teilsysteme arbeiteten 1999 bereits, bis auf das Beratungssystem, für das ein Prototyp vorliegt. Die Interaktion der verschiedenen Teilsysteme lässt noch viele, teils technische, teils organisatorische Fragen offen.

Die Beurteilung der Werbemittel (Diagnosesystem) ist hierarchisch aufgebaut: Der Benutzer kann bei der Anzeigenbeurteilung zwischen einer strategisch orientierten Grobdiagnose, einer Anzeigenbeurteilung bei zwei Sekunden Betrachtungszeit und einer genaueren Beurteilung bei längerer Betrachtungszeit (bis 10 Sekunden) wählen. Die Beurteilung läuft wie folgt ab:

Der Benutzer gibt das Werbeziel an und macht am Bildschirm Angaben über die Bedingungen, unter denen das Werbemittel eingesetzt wird (z.B. über das Empfängerinvolvement), sowie über die Beschaffenheit des Werbemittels. Der Computer setzt diese Angaben zu dem Expertenwissen über Werbung in Beziehung, das in seiner Wissensbasis (→ Expertensysteme) gespeichert ist; er zieht dann Folgerungen über die Werbewirksamkeit, die er ausdruckt.

Allein die strategische Werbebeurteilung baut auf über 300 Werbewirkungsregeln (ohne Steuerungsregeln) auf. Diese Regeln können laufend ergänzt und speziellen Firmenansprüchen angepasst werden.

Das Suchsystem hat die Aufgabe, kreative Werbeleute beim Suchen nach neuen Bildideen – insb. für die erlebnisbetonte Werbung – zu unterstützen. Für dieses Computersystem musste zunächst eine Systemphilosophie mit bestimmten Heuristiken entwickelt werden.

Die Wissensbasis dieses Teilsystems ist auf diese heuristischen Erfordernisse ausgerichtet. Sie ist äußerst komplex aufgebaut, sodass hier einige Hinweise genügen müssen: Als Input für den kreativen Suchprozess liefert das System Tausende von Bildkonzepten. Der Benutzer gibt z.B. die gewünschte Position einer Marke mit Hilfe von Schlüsselbegriffen, wie „frisch und belebend", ein. Darauf reagiert das System mit einigen Bildideen, wie „Gebirgsbach, bunte Blumen, Blätter im Wind" usw. Nun ist der Kreative am Zuge und gibt weitere Bildideen ein. Wenn seine Vorstellungskraft nachlässt, vermittelt ihm das System wieder neue Ideen. Alle im Wissensspeicher vorhandenen Bildideen wurden durch eine Befragung nach den bildlichen Primärassoziationen zu den Schlüsselbegriffen gewonnen. Das ist deswegen erforderlich, damit die entwickelten Bilder tatsächlich die emotionalen Schemata der Umworbenen treffen. Das System trägt dazu bei, dass das Ergebnis nicht klischeehaft wird, sondern auf ein unterscheidbares eigenständiges Bild hinarbeitet. (Dazu werden sozialtechnische Regeln vermittelt, wie man nicht austauschbare Bilder gestaltet.)

Damit die Konzepte kreativ verarbeitet, d.h. neu verknüpft und interpretiert werden können, leitet das System den Kreativen dazu an, einen morphologischen Kasten zu benutzen (→ Morphologie). In einem letzten Schritt werden schließlich Regeln vermittelt, die dazu dienen, von den Bildideen zu fertigen wirksamen Bildern zu kommen. Das Beratungssystem dient der Optimierung der formalen Bildgestaltung. Dazu stehen eine Vielzahl möglicher Gestaltungsoperatoren zur Verfügung, etwa zur Farb- und Formgebung oder zur Gestaltung des Bildaufbaus, mit deren Hilfe man ein Bild verändern kann.

Die computergestützten Werbesysteme CAAS werden zu einer neuen Aufgabenteilung in der Werbung und zu neuen Organisationsstrukturen in den Agenturen führen.

W.K.-R./F.-R.E.

Literatur: *Behle, I.*: Expertensystem zur formalen Bildgestaltung, Wiesbaden 1998. *Esch, F.-R.*: Expertensystem zur Beurteilung von Anzeigenwerbung, Heidelberg 1990. *Esch, F.-R.*: Expertensysteme zur Unterstützung von Werbeentscheidungen, in: *Hippner, H.; Meyer, M.; Wilde, K. D.* (Hrsg.): Computer Based Marketing, Braunschweig, Wiesbaden 1998, S. 97–107. *Esch, F.-R.; Kroeber-Riel, W.* (Hrsg.): Expertensysteme für die Werbung, München 1994. *Neibecker, B.*:

Werbewirkungsanalyse mit Expertensystemen, Heidelberg 1990.

Computer Integrated Procurement (CIP) → Elektronischer Einkauf

Computerkids

Teil des → Jugendmarktes. Die derzeit 12- bis 29-jährigen sind die erste Generation, die mit der Elektronik aufgewachsen ist. Die Kinder des Informationszeitalters leben mit TV, Video und PC, mit Handy und/oder eigenem Telefonanschluss, mit Elektronik im Haushalt und im Auto. Sie sind in eine Welt nie da gewesener Komplexität des Wissens hinein gewachsen, an die sich die Erwachsenen erst noch gewöhnen mussten. Bald werden sie alle im Internet und damit im globalen Dorf zu Hause sein. Der Umgang mit Technik und Technologien fällt ihnen leicht. In ihrem Konsumverhalten spielt der *Anspruch an Technik* und an deren Convenience eine wichtige Rolle.

Dem häufig ausgedrückten Pessimismus älterer Generationen gegenüber der technologischen Faszination der Jugend und ihrem Eingehen auf Internet-Angebote kann man bei intensiverer Betrachtung von Einstellungen und Verhaltensweisen der Jugendlichen, nur was mögliche Inhalte angeht, Recht geben. Das Fernsehen konnte die Jugendlichen nicht davon abhalten zu reisen, zu tanzen und Sport zu treiben, einander zu treffen und miteinander etwas zu unternehmen, und es wird auch dem Internet nicht gelingen. Es zeigt sich, dass sich Jugendliche nicht nur in Chat-rooms mit Kontaktpartnern treffen, sondern dass sie gemeinsam mit Freunden Computer spielen, arbeiten und surfen. Für das Marketing bedeutet dies sowohl einen Zugang zur Kommunikation mit Jugendlichen als auch die Erweiterung der jetzt schon florierenden Märkte um Computer, Handy und Co.

Der → *E-Commerce* nimmt täglich zu – am schnellsten in den Reihen der Jugendlichen. Diese Entwicklung wird sich in den nächsten Jahren noch deutlich beschleunigen. 1999 findet sich die größte Zahl der Internet-Nutzer bei den 20- bis 29-Jährigen und den 30- bis 39-Jährigen. Die 12- bis 19-Jährigen werden aber rasch nachwachsen. Von den Internet-Nutzern gaben 35 % der männlichen und 21% der weiblichen Nutzer an, in den vergangenen 12 Monaten Online-Produkte geordert zu haben: Musik-CD's und Bücher, Computer/Computerzubehör und Software stehen dabei z.Zt. an der Spitze. Da der Online-Markt in einer frühen Entwicklungsstufe ist, wird er sich in den nächsten Jahren rasch ausweiten. Wenn in Zukunft beim Internetkauf keine Risiken

Anteile der PC- bzw. Internet-Nutzer in verschiedenen Jugendschichten

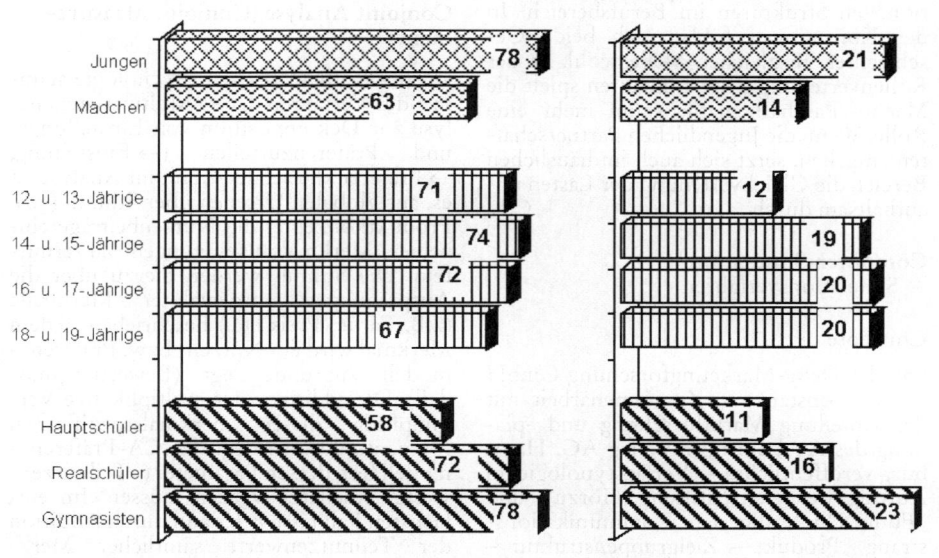

	PC-Nutzer	Internet-Nutzer
Jungen	78	21
Mädchen	63	14
12- u. 13-Jährige	71	12
14- u. 15-Jährige	74	19
16- u. 17-Jährige	72	20
18- u. 19-Jährige	67	20
Hauptschüler	58	11
Realschüler	72	16
Gymnasiasten	78	23

(Quelle: *Medienpädagogischer Forschungsverbund Südwest*; 803 Befragte – Spiegel 42/99)

Computer-Simulation

auftreten und die Vermarkter sich auf die jugendlichen Wünsche und Erwartungen einstellen, dürften die Marktchancen unabsehbar sein. Das bedeutet aber keine Abkehr vom Event Konsum.

Der Anstieg des Bildungsniveaus fördert die vielfältige Nutzung von Kommunikationsmedien. Im Verlauf der letzten 10 Jahre stieg die Zahl der Absolventen einer weiterführende Schule auf 32% und die Abitur – bzw. Hochschulabschlüsse auf 18%. Damit gehen 50% der Jugendlichen mit dem Abschluss einer weiterführenden Schule in den Beruf. Die Ausbildungswünsche der jungen Menschen richten sich auf Fächer bzw. Lernbereiche, die einen Nutzen für das praktische Leben versprechen, (z.B. BWL statt Soziologie). Der gute Bildungsfundus führt nicht nur zu mehr Auswahlmöglichkeiten hinsichtlich eines Ausbildungsplatzes bzw. einer ersten Anstellung, sondern auch zu mehr Selbstbewusstsein und Selbstsicherheit in allen Lebensbereichen.

Die Geschlechterdifferenzierung nimmt im Bereich der Einstellungen und Verhaltensweisen vor allem im Bereich Bildung und Beruf weiter ab. Damit treten immer mehr selbstbewusste junge Mädchen in den Wettbewerb um Studien- und Arbeitsplätze ein. Der Emanzipationsgedanke ist bei den weiblichen Jugendlichen kaum mehr relevant. Sie fühlen sich zu großen Teilen den männlichen Jugendlichen überlegen, haben aber noch Probleme mit verkrusteten, traditionellen Strukturen im Berufsbereich. In der Konsumwelt fühlen sich beide Geschlechter im gleichen Maße wohl. In der Rollenverteilung beim Einkaufen spielt die Macho-/Paschathematik kaum mehr eine Rolle. Wenn die Jugendlichen Partnerschaften eingehen, setzt sich auch im häuslichen Bereich die Gleichverteilung der Lasten unaufhaltsam durch. C.L.

Computer-Simulation
→ Simulationsverfahren

Concepte

von der Delta-Marketingforschung GmbH &Co., Konstanz, in Zusammenarbeit mit der Abteilung Marktforschung und -planung des Axel Springer Verlag AG, Hamburg veröffentlichte → Verlagstypologie im Auftrag der Zeitschriften „Hörzu" und „Funk Uhr", die den Kommunikationsstrang „Produkt – Zielgruppenstruktur – Creativconcept – Werbeträger – Leser und Verbraucher" zum Gegenstand hat. Die Untersuchung hat das Ziel, psychologische Orientierungsrichtungen auszumachen, mit deren Hilfe bestimmte → Zielgruppen über die kreative Konzeption einer Kampagne angesprochen werden können. Mit Hilfe der → Clusteranalyse wurde die Bevölkerung in 11 Personen-Cluster unterschiedlichen psychischen Zuschnitts und divergierender Lebensleitlinien gegliedert. Bei der Clusterbildung konnten 320 Variablen aus dem Bereich der psychologischen Statements, der → Einstellungen im sozialen Bereich und der verbal formulierten Leitbilder und Wunschziele wirksam werden, sodass eine ganzheitliche Betrachtung anhand des vollständigen Geflechts von Äußerungen und Einstellungen, das jede einzelne Person als Individuum charakatersiert, möglich wurde. I.W.

Confirmation-Disconfirmation-Paradigma (CD-Paradigma)

grundsätzlicher Ansatz der → Zufriedenheitsforschung, bei dem die Divergenzen zwischen → Kundenerwartungen und Kundenwahrnehmungen für die → Kundenzufriedenheit verantwortlich gemacht werden.

Confirming House
→ internationaler Vermittlungshandel

Conjoint Analyse (Conjoint Measurement)

aus der mathematischen Psychologie stammendes Verfahren der → Multivariatenanalyse zur Dekomposition von Einstellungs- und Präferenzurteilen (→ Einstellung, → Präferenz). Ziel der Conjoint Analyse ist es, aus globalen Urteilen über Stimuli (z.B. Produktkonzepte) die Nutzenbeiträge einzelner Merkmalsausprägungen zu ermitteln. Die Stimuli werden hierzu über die Ausprägungen ausgewählter Merkmale (z.B. Farbe, Preis etc.) beschrieben. Jedem Merkmal wird ein Nutzen- bzw. Präferenzmodell zugrundegelegt (Bewertungsmodell). Die additive oder multiplikative Verknüpfung dieser merkmalsspezifischen Nutzenfunktionen legt das CA-Präferenzmodell fest, dessen Parameter (=Teilnutzenwerte) geschätzt werden müssen. Im einfachsten Fall lässt sich dann durch Addition der Teilnutzenwerte sämtlicher Merkmalsausprägungen der Gesamtnutzenwert

Conjoint Analyse (Conjoint Measurement)

eines Produktkonzeptes berechnen (siehe *Abbildung*).

Das klassische Verfahren der (additiven) CA für nicht-metrische Daten nach *Kruskal* beruht auf dem Prinzip der monotonen → Varianzanalyse. Es verlangt eine schwach monotone Anpassung der Gesamtnutzenwerte an die Rangordnung der empirischen Präferenzurteile. Formal kann das Modell wie folgt dargestellt werden:

$$p_k \xrightarrow{f_m} z_k \cong y_k = \sum_{j=1}^{J} \sum_{m=1}^{M_j} \beta_{jm} \cdot x_{jm}$$

mit:

p_k = empirische Rangwerte der Stimuli (k=1, ..., K),

z_k = monoton angepasste Rangwerte,

y_k = metrische Nutzenwerte gewonnen durch Addition der Teilnutzenwerte der Merkmale,

β_{jm} = Teilnutzenwert für Ausprägung m von Eigenschaft j,

x_{jm} = Dummy Variable: falls bei Stimulus k die Eigenschaft j mit Ausprägung m vorliegt, sonst ,

f_m = monotone Transformation.

Zielkriterium ist eine Stress-Größe, die zu minimieren ist:

$$\underset{f_m}{\text{Min}}\,\underset{\beta}{\text{Min}}\,\text{Stress} = \frac{\sum\limits_{k=1}^{K} (z_k - y_k)^2}{\sum\limits_{k=1}^{K} (y_k - \bar{y})^2}$$

mit $\bar{y}$ Mittelwert der Nutzenwerte y_k.

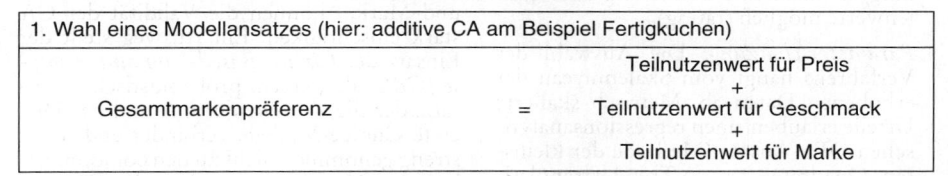

Wahl eines Modellansatzes

1. Wahl eines Modellansatzes (hier: additive CA am Beispiel Fertigkuchen)
Gesamtmarkenpräferenz = Teilnutzenwert für Preis + Teilnutzenwert für Geschmack + Teilnutzenwert für Marke

2. Schätzung der Nutzenfunktion
Teilnutzenwert Preis: 3 DM → 1,0; 4 DM → 0,6; 5 DM → 0,0
Teilnutzenwert Geschmack: Schoko → 0,3; Mandel → 0,0; Zitrone → 0,5
Teilnutzenwert Marke: Oetker → 0,4; Kraft → 0,0

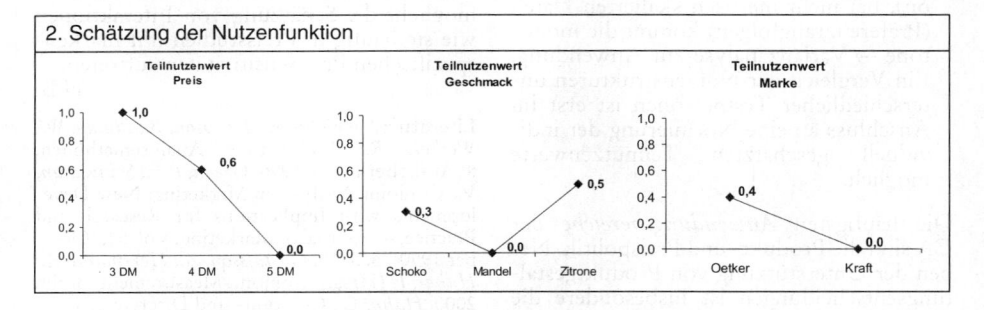

3. Simulation der Wahlhandlung				
	Produkt 1		Produkt 2	
Eigenschaft	Ausprägung	Teilnutzen	Ausprägung	Teilnutzen
Preis	DM 4.-	0,6	DM 3.-	1,0
Geschmack	Zitrone	0,5	Schoko	0,3
Marke	Oetker	0,4	Kraft	0,0
Gesamtnutzen (Summe aller Teilnutzen)	= 1,5 (präferiertes Produktkonzept)		= 1,3	

Im Rahmen einer CA sind folgende methodische Entscheidungen zu treffen:

1. Wahl eines *Präferenzmodells*: Meist Teilnutzenmodell mit additiver oder (weniger häufig) multiplikativer Verknüpfung.
2. Auswahl des *Erhebungsdesigns*: Entweder → Trade-off-Verfahren mit Vergabe von Rangplätzen für Ausprägungskombinationen jeweils zweier Merkmale oder Vollprofil-Verfahren mit verbaler oder bildlicher Darstellung aller als relevant erachteter Merkmale.
Um einer kognitiven Überforderung der Testpersonen vorzubeugen, lässt sich die Anzahl der zu bewertenden Stimuli durch Verkürzung des vollständigen auf ein → fraktionell faktorielles Design vermindern. Weitere Erleichterungen erreichen neuere Ansätze durch die Kombination dekompositioneller mit kompositionellen Befragungsteilen (*Hybride CA*).
3. *Bewertung der Stimuli*: Neben der üblichen Erhebung über Rangreihung (ranking) ist auch eine Bewertung über Skalenwerte möglich (rating).
4. *Parameterschätzung*: Die Auswahl des Verfahrens hängt vom Skalenniveau der erhobenen Daten ab. Metrisch skalierte Urteile erlauben einen regressionsanalytischen OLS-Ansatz (Methode der kleinsten Quadrate; s.a. → Trendextrapolation), bei nicht-metrisch skalierten Daten (Präferenzrangfolgen) kommt die monotone → Varianzanalyse zur Anwendung. Ein Vergleich der Nutzenstrukturen unterschiedlicher Testpersonen ist erst im Anschluss an eine Normierung der individuell geschätzten Teilnutzenwerte möglich.

Die häufigsten *Anwendungsbereiche* der CA sind die Produkt- und Preispolitik. Neben der Unterstützung von Produktgestaltungsentscheidungen ist insbesondere die Schätzung von Responsefunktionen (z.B. → Preis-Absatzfunktionen) eines der vorrangigen Einsatzgebiete der CA. Unter Zugrundelegung bestimmter → Kaufmodelle (häufig die First-choice-Regel, nach der ein Konsument das Produkt mit dem höchsten Nutzenwert auswählt) lassen sich auf Basis der berechneten individuellen Nutzenwerte Marktsimulationen durchführen und letztlich Marktanteile der simulierten Produktkonzepte prognostizieren. Die Methodik wird von vielen Marktforschungsinstituten als Standarddienst angeboten (z.B. → GfK-Optimizer und → Idea Map).

Die *Adaptive Conjoint Analyse (ACA)*, eine Hybrid-Variante der traditionellen CA, gewinnt in jüngster Zeit verstärkt an Bedeutung. Das computergestützte Verfahren (Copyright Sawtooth Software) passt während des Interviews Auswahl und Zusammenstellung der präsentierten Stimuli dem Antwortverhalten der Testpersonen an. Durch Trade-off-Entscheidungen zwischen unterschiedlich kombinierten, aber oft gleichwertigen Produktkonzepten generiert das Verfahren Informationen, die häufig eine validere Parameterschätzung erlauben als einem fixen orthogonalen Voll-Profil-Design, in dem Produktkonzepte auch deutlich unterlegenen gegenübergestellt werden. Während das traditionelle Vollprofil-Design lediglich einen sinnvolle Einsatz von bis zu 6 Merkmalen erlaubt, ermöglicht ACA so die Berücksichtigung von bis zu 30 Merkmalen.

Interaktionseffekte zwischen den berücksichtigten Merkmalen (z.B. zwischen Preis und Marke) können die Validität der CA stark einschränken. Ein Ausweg stellt der Einsatz der *Choice-Based-Conjoint-Analyse (CBC)* dar, einem probabilistischen Ansatz, der die Vorteile der CA und der Discrete Choice-Modelle verbindet und somit streng genommen nicht zu den conjointanalytischen Verfahren zu rechnen ist. CBC ermöglicht die Schätzung von Interaktionen wie sie häufig in Preisstudien mit markenspezifischen Preissensitivitäten auftreten.

H.B.

Literatur: *Backhaus, K.; Erichson, B.; Plinke, W.; Weiber, R.:* Multivariate Analysemethoden, 8. Aufl., Berlin u.a. 1996. *Green, P.E.; Srinivasan, V.:* Conjoint Analysis in Marketing: New Developments with Implications for Research and Practice, in: Journal of Marketing, Vol. 54, (October 1990), S. 3–19. *Gustafsson, A.; Herrmann, A.; Huber, F. (Hrsg.):* Conjoint Measurement, Berlin 2000. *Hahn, C.:* Conjoint- und Discrete Choice-Analyse als Verfahren zur Abbildung von Präferenzstrukturen und Produktauswahlentscheidungen, Münster 1997. *Wittink, D.; Vriens, M.; Burhenne, W.:* Commercial Use of Conjoint Analysis in Europe: Results and Critical Reflections, http://www.sawtoothsoftware.com, Sawtooth Software 1996.

Conjoint Measurement
→ Conjoint Analyse

Conjoint Profit → Category Pricing

Consideration Set

nennt man die Menge von Produkten, die dem Konsumenten am Beginn eines Kaufentscheidungsprozesses bekannt sind, als akzeptabel angesehen und deshalb in die weitere Auswahl einbezogen werden (s.a. → Preisinteresse). Die Zahl der zum consideration set gehörenden Marken ist typischerweise relativ klein (1–5 Produkte). Zur Menge der dem Konsumenten bekannten Marken (*awareness set*) gehören außerdem die abgelehnten Marken und die Marken, zu denen weder positive noch negative Einschätzungen existieren. A.Ku.

Consulting Banking

Durchführung von Unternehmensberatungstätigkeiten durch Kreditinstitute. Dies erfolgt bei Groß- und Regionalbanken in Form spezieller Abteilungen in der Bank oder durch Gründung eigener Tochtergesellschaften. Bei Sparkassen und Genossenschaftsbanken existieren Verbundlösungen im Rahmen der jeweiligen Regionalverbände. O.B.

Consulting Engineer

bevorzugt im → Anlagengeschäft und im → Internationalen Vermittlerhandel tätige, selbständige, international ausgerichtete Ingenieurbüros, die auch als unabhängige Berater und Vermittler tätig sind. Sie entwerfen Konstruktionspläne für die Errichtung von Industrieanlagen und sind meist auf bestimmte Fachgebiete und/oder Branchen spezialisiert (Brücken, Kraftwerke, Hafenanlagen, Flughäfen und deren Infrastruktur bzw. Flugleit-Einrichtungen). Regierungsinstanzen (unterentwickelter, aber auch industrialisierter Länder, → GATT) ziehen bei großen Bauprojekten solche Ingenieurfirmen heran, die ihnen jedes spezielle Projekt ausschreibungsreif (Tender) vorzubereiten haben. H.Ma.

Consumerism → Konsumerismus

Consumer Promotions

→ Verbraucher-Promotions

Container-Anzeige

spezifische Form der Anzeigen – bzw. → Direct-Responsewerbung, bei der auf einer klassischen Werbeanzeige ein Umschlag aufgeklebt wird. Enthalten sind neben Antwort- oder Bestellkarten teilweise auch Prospekte bzw. andere Formen der Angebotsinformation. Container-Anzeigen vermitteln ein breites Informationsspektrum und bieten auf Grund ihrer größeren Anreizwirkung (Umschlag öffnen) gute Rücklaufaussichten (→ Response bzw. → Direktmarketingerfolg), verursachen allerdings auch deutlich höhere Kosten als die anderen Varianten an Response-Anzeigen.

Containerverkehr → Transportplanung

Content-Analyse

systematische und meist quantitative Erfassung des Inhaltes von Werbemitteln und Werbeträgern nach bestimmten Kriterien. Die Content-Analyse ist im Sinne einer Bestandsaufnahme des objektiven Angebots einer Werbemaßnahme eine wichtige Voraussetzung für die Analyse der Reaktion bei Copy-Tests und Anzeigen-Tests (→ Werbemittel-Test).

Content-Management

bezeichnet ein systemgesteuertes Verfahren zur redaktionellen Pflege und Verwaltung der Inhalte einer Web-Site. Das Verfahren ist speziell für die Pflege großer, komplexer Web-Sites gedacht und unter den Gesichtspunkten der Aktualität und Individualität der Inhalte als Erfolgsfaktoren für die Internet-Kommunikation unverzichtbar.

Die technischen Systeme, so genannte Content-Management-Systeme (Kurz CMS), basieren in der Regel auf einer Datenbank und ermöglichen u.a. die Pflege der Inhalte durch Fachredakteure ohne HTML-Kenntnisse, die dynamische Generierung von HTML-Seiten unter Verwendung von festgelegten Seitenvorlagen und variablen Daten, die Event- oder nutzergesteuerte Präsentation von Inhalten (→ Personalisierung) und die Verwaltung der Nutzerrechte. B.Ne.

Content-Provider

sind Unternehmen und Organisationen, die Inhalte (Content) in elektronischen Netzwerken zur Nutzung oder zum Verkauf anbieten. Zu unterscheiden sind drei Typen:

(1) *Informationsproduzenten*, deren Geschäftszweck die Erstellung und der Verkauf von Informationen ist, wie z.B. Nachrichtenagenturen, Marktforschungsunternehmen oder TV-Produktionsgesellschaften.

Content-Sponsoring

(2) *Informationsvermittler bzw. -händler*, deren Geschäftsmodelle auf der „Veredelung" durch die semantische Bündelungen von Informationen und dem → Content Syndication basieren.

(3) *Informationsdistributoren*, deren Geschäftsziel die Verbreitung von Inhalten an Informationssuchende ist, wie z.B. Verlage, Medienanstalten oder Verbraucherinformationsdiensten.

Zudem wird im Internet die Funktion des Content-Providers auch vermehrt durch Unternehmen als Werbemöglichkeit in Form des → Content Sponsoring entdeckt.

B.Ne.

Content-Sponsoring

ist eine Form des → Sponsoring, bei dem Unternehmen als Sponsor elektronische Inhalte und Services bereitstellen oder deren Beschaffung bei einem anderen → Content-Provider finanziell unterstützen.

Der Trend geht heute jedoch zunehmend in Richtung eines Mix aus Kooperation und Content-Sponsoring. Bei einigen Online-Medien besteht die Möglichkeit, gegen Bezahlung eigene Services und Inhalte zu integrieren, die deren Online-Angebot auf sinnvolle Weise ergänzen.

B.Ne.

Content Syndication (Content Aggregation)

bezeichnet die Vermarktung und den Vertrieb von Informationsgütern. Dabei erfolgt oftmals eine „Veredelung" der Güter durch die semantische Kategorisierung und Bündelung mit Inhalten gleichen Kontextes. So werden z.B. Inhalte von Presseagenturen, Magazinen oder Inhaltsdatenbanken themenbezogen gebündelt, kategorisiert und in unterschiedlicher Aufbereitungsform (z.B. als Newsletter mit Kurzinformation oder vollständige Texte) an andere Online-Plattformbetreiber wieder verkauft. Die *Abb.* zeigt die unterschiedlichen Funktionen und das Erlösmodell eines Content Syndicators am Beispiel der Firma Business Media.

Was sich in Rundfunk- und Print-Medien schon lange bewährt hat, erlebt im Internet eine neue Dimension. Durch die virtuelle Automatisierung der Bündelung und Distribution der Inhalte lassen sich aktuelle Inhalte schneller und günstiger vertreiben. Zum anderen ist die Bereitstellung zielgruppenadäquater Informationsangebote ein entscheidender Erfolgsfaktor im Internet, was den Bedarf für Informationsvermittler definiert.

B.Ne.

Continuous Replenishment
→ ECR, → Quick Response Systeme

Contract Sales Forces (Außendienst-Leasing)

Außendienstmannschaften, die komplett und dedicated (=exklusiv) von Industrieunternehmen bei Sales Services Agenturen gemietet werden. Häufig entstehen Contract Sales Forces durch das Outsourcing von Vertriebsfunktionen (→ Outsourcing von Marketing), da viele Unternehmen den Flächenvertrieb (=Besuch der Geschäfte und Märkte) wegen veränderter und reduzierter Aufgabenstellungen nicht mehr zu ihren Kernkompetenzen zählen.

Die Bindung zwischen Kunde und Agentur ist bei Contract Sales Forces relativ hoch, da der Flächenvertrieb für einige Industrieunternehmen und Branchen nach wie vor einer

Funktionen und Erlösmodell des Content Syndicators Business Media

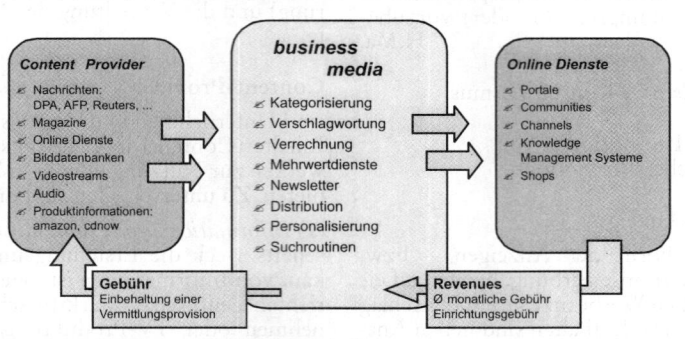

(Quelle: www.businessmedia.com/de/funktion.html)

der wesentlichen Marketinginstrumente ist. Die Gründe für das Outsourcen sind Flexibilität und Kosten. Agenturen, die den Außendienst für mehrere Kunden stellen, können wesentlich einfacher Mitarbeiterkapazitäten umdisponieren als ein einzelnes Industrieunternehmen, bei dem Außendienstreduzierungen i.d.R. mit Entlassungen verbunden sind. Die zunehmende Geschwindigkeit des Wandels in allen Märkten bedingt die zunehmende Flexibilisierung von Beschäftigungsmodellen, um schnell agieren und reagieren zu können. Contract Sales Forces bieten diese Flexibilität ohne gravierende Auswirkungen für die Mitarbeiter.

F.-J.M.

Controlled Circulation (CC)

Vertriebs- bzw. Versandmethode von Fachzeitschriften, mittels derer diese im Gegensatz zum → Wechselversand in eine vorgegebene Zielgruppe gesteuert werden. Voraussetzung ist eine → Adressliste, die die Selektion von Empfängern nach Zielgruppenkriterien – etwa Funktion und Stellung in einem Unternehmen – ermöglicht. Hilfsweise können auch Firmenadressen verwendet und mit Funktionszusätzen – etwa „Leiter Organisation" o.Ä. – versehen werden. Mittels CC lässt sich die Mediaeistung einer Publikation steuern und die werbliche Resonanz beeinflussen (→ Verlagsmarketing).

A.K.

Convenience goods

Im Rahmen des warentypologischen Ansatzes von *Miracle* (→ Produkttypologie) unterschiedener Produkttyp, der sich durch folgende Merkmalsausprägungen charakterisieren lässt: Verbrauchsgüter, Waren des täglichen Bedarfs, bekannte Erzeugnisse, Kleinobjekte (wertmäßig wie oft auch physisch), Massenerzeugnisse, markierte Waren, verpackungsbedürftige Waren, Waren des eher persönlichen Bedarfs, nicht modische Produkte. Beispiele sind Lebensmittel, Putzmittel, Zigaretten, Zeitungen. Es handelt sich also um Waren, die der Verbraucher möglichst bequem in der nächstgelegenen Einkaufsstätte erwerben möchte. Da ihm die gewünschte Ware bekannt ist und er meist keine Auswahl aus dem vorhandenen Angebot mehr zu treffen braucht, ist das wahrgenommene → Kaufrisiko gering. Der Kauf erfolgt i.d.R. unmittelbar nach Auftreten des Bedarfs.

H.K.

Convenience-Orientierung
→ Einzelhandel

Convenience Sampling
→ Auswahlverfahren und -techniken

Convenience Stores

mitunter auch „*Neighbourhood Stores*" genannt, US-amerikanische → Betriebsform des stationären Einzelhandels seit Ende der fünfziger Jahre, die nach Standort und Angebot auf die Bequemlichkeit eines zeitlich flexibel wahrzunehmenden Einkaufs von kurzfristig unverzichtbaren Konsumgütern innerhalb des Einzugsgebietes der unmittelbaren Nachbarschaft abstellt, ohne deswegen schon vom Leistungsprofil her mit dem Typ des traditionellen deutschen „Nachbarschaftsladens" identisch zu sein: So bieten die – in der Regel von kapital- und leistungsstarken Großunternehmen als Filial- oder Franchisebetriebe geführten – Convenience Stores in Gestalt verhältnismäßig kleiner → SB-Läden (Verkaufsfläche 200–300 qm) in Wohnungsnähe bei langen Ladenöffnungszeiten (7.00 – 24.00 Uhr, namentlich an Wochenenden) und eigenen Kundenparkplätzen ein begrenztes Sortiment an Nahrungs- und Genussmitteln einschl. Frischwaren und problemlosen Non-Food-Artikeln des täglichen Bedarfs an (2.500 – 3.000 Artikel) – wenn auch naturgemäß zu vergleichsweise erhöhten Preisen. Die Convenience Stores haben in der jüngeren Vergangenheit ihre Marktstellung anzahl- und umsatzmäßig auszubauen vermocht. Hintergrund hierfür sind die verstärkten Übernahme- und Fusionsaktivitäten maßgeblich expandierender Unternehmen in Verbindung mit einer systematischen Ausweitung ihres Waren- und Dienstleistungsangebots (wie z.B. um neue Fast-Food-Sortimente, Video-Verleih, elektronische Einkaufshinweise). Hinzu kommen jene Unternehmen, die von vornherein ihre Marktchancen weniger im Handel mit Waren als im Dienstleistungsbereich wahrnehmen (*Service Convenience Shops*) und dies im Rahmen ihrer Filialisierungspolitik auch erfolgreich (z.T. weltweit) umgesetzt haben (so z.B. *Kinko's Copies* im Bedarfsfeld Büro- und Privatkommunikation einschl. Computer-Service). In Deutschland werden die Convenience Stores und das ihnen zugrunde liegende Konzept der produkt- und dienstleistungsbezogenen Einkaufsbequemlichkeit bzw. Entlastung in al-

Convenience-Strategie

len konsumbedeutsamen Lebenslagen fast ausschließlich (noch) mit den Geschäftsfeldern der → Tankstellenshops, → Kioske, sowie Bahnhof- und Flughafenshops in Verbindung gebracht. H.-J.Ge.

Convenience-Strategie

leistungsbetonte → Marketingstrategie, die an dem kundenseitigen Bedürfnis nach Bequemlichkeit bzw. Annehmlichkeit (engl. convenience) ansetzt und deren Ziel darin besteht, den Kunden in möglichst effizienter Weise das Durchlaufen des gesamten Prozesses der Leistungsinanspruchnahme – von der Vorkauf- bis zur Nachkaufphase – zu ermöglichen.
Während im Rahmen des Leistungsangebotes häufig auf sog. Convenience-Produkte (z.B. Fertigmahlzeiten, vorgefertigte Produkte etc.) und –Dienstleistungen (z.B. → Zustellservices, Party-Service-Anbieter etc.) Bezug genommen wird, diskutierte man den strategischen Aspekt des Convenience anfangs vorwiegend in seiner (lebensmittel-)handelsspezifischen Ausprägung – als Convenience Shopping. Aus diesem Blickwinkel spricht man unter institutionellen Gesichtspunkten von → Convenience Stores, die als eine stationäre → Betriebsform des Einzelhandels der Nahversorgung und dem Impulskauf der Verbraucher dienen – etwa in Form von → Tankstellenshops, → Kiosken, Trinkhallen, Bahnhofshops, Imbissbetrieben mit Verkauf sowie Bäckereien/Metzgereien mit Zusatzsortiment. Aus einer umfassenden Perspektive sind Convenience-Strategien jedoch nicht an den Handel gebunden. Vielmehr stellen sie – freilich in jeweils marktspezifischer Ausformung – eine grundsätzliche strategische Option dar, die sich das auf vielen Märkten veränderte → Käuferverhalten zunutze macht, wie es etwa in Form des → Lean Consumption zum Ausdruck kommt.
Eine besondere Bedeutung kommt den Convenience-Strategien in der speziellen Form der Leistungsvereinfachung als einem der strategischen Bausteine des → Discounting zu. A.Ha.

Literatur: *Zentes, J.* (Hrsg.): Convenience Shopping. Bedrohung oder Chance für den LEH?, Mainz 1996.

Conversion Rate (Umwandlungsrate)

ist eine Maßzahl der → Online-Marktforschung und definiert den prozentualen Anteil der Online-*Käufer* an der → Click-Through-Rate. Die Rate bestimmt somit den Prozentsatz von Besuchern eines Online-Shops, der einen Kauf tätigt. Laut *Iconocast.com* liegen typische Werte zwischen 1 und 5 Prozent. Das bedeutet, dass von 100 Besuchern 95-99 den Shop wieder verlassen, ohne etwas gekauft zu haben. Die Erhöhung der Conversion Rate stellt deshalb im → Online-Marketing ein wichtiges, operatives Ziel dar, welches z.B. durch die Verbesserung der Navigationsführung oder die Vereinfachung des Kaufprozesses durch eine One-Click-Bestellung erreicht werden kann. B.Ne.

Cookie

Eine kleine Datei, die der Webserver auf dem Rechner der surfenden Person anlegt und in der Informationen gespeichert werden, die im Zusammenhang mit der aktuellen Webseite stehen (→ Internet-Technik). Der Webserver kann anhand dieser Datei den Benutzer identifizieren und die abgespeicherte Information abrufen. Dadurch ist vor allem das Anbieten eines personalisierten Angebots möglich. Dies kann sich beispielsweise darin äußern, dass ein Nutzer sich nur ein einziges Mal auf einer Website anmelden muss, damit er eine personalisierte Website oder auch personalisierte Werbung erhält. Der Einsatz von Cookies ist aber nicht unumstritten, da damit tendenziell auch ein gläserner Konsument geschaffen werden kann. Deswegen bieten die gängigen Browser auch die Möglichkeit an, dem Webserver das Anlegen von Cookies zu verbieten. Um den Einsatz von Cookies zu fördern, sollten Anbieter, die den Einsatz von Cookies vorsehen, deswegen sehr deutlich machen, welchen Zweck sie mit dem Einsatz von Cookies verfolgen. B.S./K.S.

Coombs-Skalierung

eindimensionale → Skalierungstechnik zur Messung von → Präferenzen, bei der Rangordnungen der Objekte, die bei allen Probanden erhoben wurden, den Ausgangspunkt bilden. Diese Rangordnungen werden sodann in einem iterativen Prozess mithilfe der → Mehrdimensionalen Skalierung in eine graphische Abfolge von Punkten transformiert, die Intervallskalenniveau besitzt.

Coopetition

Coopetition ist die Parallelisierung von → Kooperation und → Wettbewerb im Rahmen einer → Wettbewerbsstrategie. Hierbei kooperieren Unternehmen gezielt mit Konkurrenten in vorab festgelegten Bereichen interorganisationaler Austauschprozesse. Es handelt sich hierbei um eine so genannte Hybridform kooperativer Geschäftsbeziehungen, die auf Basis der Fragestellung Markt vs. Hierarchie zu unterschiedlichen Formen der Arbeitsteilung führt. Zielsetzung dieser Organisationsform ist neben einer höheren Effektivität, Effizienz, Flexibilität und Marktnähe die gezielte Nutzung von → Synergien (Kosten-/ Zeitvorteile und Risikoteilung), z.B. in → Forschung und Entwicklung, sowie ein zwischenbetrieblicher Kompetenztransfer.

R.N.

Coop-Mailing → Gemeinschaftsmailing.

Co-Produzenten-Ansatz, Prosumer

Unter dem Co-Produzenten-Ansatz wird ein umfassendes theoretisches Konzept verstanden, in dessen Zentrum die Rolle des Kunden im Prozess der Wertschöpfung steht. Der Ansatz legt dabei ein aktives Verständnis vom Kunden zu Grunde und sieht diesen als produktiven Partner der Unternehmung (→ Kundenintegration). Daraus ergeben sich konkrete Handlungsmöglichkeiten für eine dauerhafte und intensive Kooperation von Unternehmen und Konsumenten. Der Ansatz ergänzt und konkretisiert somit langfristige Marketingkonzepte wie das → Beziehungsmarketing und das → Nachkaufmarketing.

Im Rahmen des Co-Produzenten-Ansatzes wird davon ausgegangen, dass es sich bei Produktion und Konsum nicht um isolierte, zeitlich und sachlich strikt getrennte Vorgänge handelt, sondern Produktion und Konsum vielmehr interdependente und sich überlappende Bereiche der Wertschöpfung darstellen. Der Wert einer Leistung, interpretiert als realisierter Kundennutzen, wird von beiden Parteien jeweils *gemeinsam* geschaffen. Während das Unternehmen durch die möglichst effektive und effiziente Kombination seiner Produktionsfaktoren (z.B. interne Arbeitsabläufe, Qualifizierung des Kundenkontaktpersonals) Wertpotenzial generiert, bestimmt das Wissen, die Motivation und das Verhalten des Kunden über das Ausmaß, in dem das unternehmensseitig geschaffene Wertpotenzial genutzt und dabei tatsächlich Wert aus Sicht des Kunden geschaffen wird. Eine solche Co-Produzenten-Rolle des Kunden kann dabei nicht nur für Dienstleistungsinteraktionen (z.B. Behandlung des Arztes ist nicht erfolgreich, da Patient nicht die notwendigen Informationen über seine Krankheitssymptome gibt, die verschriebenen Medikamente nicht einnimmt etc.), sondern ebenfalls für den Konsum- und Investitionsgüterbereich festgestellt werden (→ Customer Integration)

Im Konsumgüterbereich kann sich die Co-Produktion von Unternehmen und Konsument auf verschiedene Phasen der Leistungserstellung und -verwertung beziehen und vielgestaltig ausfallen. Die verschiedenen Phasen sind Grundlage eines *modifizierten Wertkettenverständnisses* (Abb.), das zwischen Vorkaufwertschöpfung und Nachkaufwertschöpfung unterscheidet.

Während für die Vorkaufwertschöpfung die Rolle des Kunden auf die Bereitstellung relevanter Informationen (z.B. bei der Entwicklung und Produktion individualisierter Produkte) begrenzt ist, ist eine Co-Produktion nach dem Kauf in allen Bereichen des produktbezogenen → Nachkaufverhaltens (Vornutzung, Nutzung, Nutzungsbegleitung, Nachnutzung) möglich.

Schlüsselvariable für die Erzielung bzw. Nichterzielung einer hohen Wertschöpfung ist im Rahmen des Co-Produzenten-Ansatzes die jeweilige Kompetenz beider Akteure. Auf der *Kundenseite* sind in der Phase der Vorkaufwertschöpfung vor allem kommunikative und kreative Fähigkeiten des Konsumenten von großer Bedeutung für den erfolgreichen Verlauf der Kooperation (z.B. bei der Artikulation von Wünschen und Bedürfnissen im Rahmen der Produktentwicklung, etwa in Gestalt von Tiefeninterviews). Im Hinblick auf die Nachkaufwertschöpfung kommt der → Konsum-Kompetenz der Kunden und den damit verbundenen Kenntnissen und Fähigkeiten die größte Bedeutung für eine Realisierung der durch das Unternehmen geschaffenen Wertpotenziale zu.

U.H./Th.H.-T.

Literatur: *Hansen, U.; Hennig, Th.*: Der Co-Produzenten-Ansatz im Konsumgütermarketing, Darstellung und Implikationen einer Neuformulierung der Konsumentenrolle, in: *Hansen, U.* (Hrsg.): Verbraucher- und umweltorientiertes Marketing: Spurensuche einer dialogischen Marketingethik, Stuttgart 1995, S. 309-332.

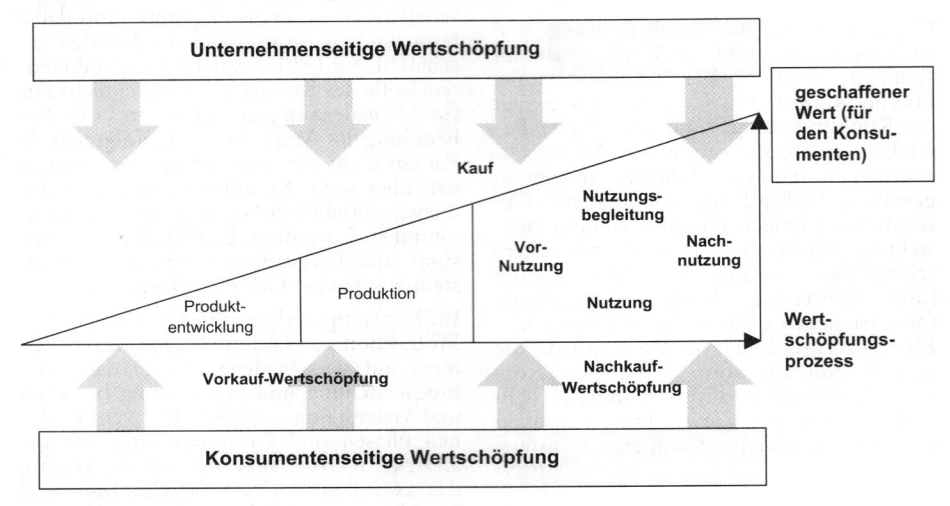

Wertschöpfungsverständnis des Co-Produzenten-Ansatzes

```
┌─────────────────────────────────────────────────────┐
│         Unternehmenseitige Wertschöpfung            │
└─────────────────────────────────────────────────────┘
       ↓      ↓      ↓      ↓      ↓      ↓
                                              ┌──────────┐
                         Kauf                 │geschaffener│
                              Nutzungs-       │Wert (für │
                              begleitung      │den Konsu-│
                         Vor-         Nach-   │menten)   │
                         Nutzung      nutzung └──────────┘
        Produkt-  Produktion    Nutzung
        entwicklung                            Wert-
                                               schöpfungs-
                                Nachkauf-      prozess
        Vorkauf-Wertschöpfung   Wertschöpfung
       ↑      ↑      ↑      ↑      ↑      ↑
┌─────────────────────────────────────────────────────┐
│         Konsumentenseitige Wertschöpfung            │
└─────────────────────────────────────────────────────┘
```

Copypreis

Fachterminus im → Verlagsmarketing für den Preis eines Zeitschriften- oder Zeitungstitels im Einzelheftverkauf, der meist höher als der Abonnementpreis liegt. Die Verlage stoßen dabei im Vertriebsmarketing oft auf weniger Preiswiderstand und -risiko als beim Anzeigenmarketing, sodass die Copypreise vieler Titel immer wieder mehr oder minder stark angehoben werden (für die 20 auflagenstärksten Publikumszeitschriften z.B. um durchschnittlich ca. 50% von 1980 bis 1990). Am wenigsten Gefahr droht dabei Titeln mit einer hohen → Leser-Blatt-Bindung. Nicht zuletzt deshalb wird bei Einführung neuer Titel meist eine → Penetrationsstrategie mit relativ niedrigen Startpreisen und z.T. kräftigen späteren Anhebungen verfolgt. H.D.

Co-Promotion

Co-Promotion ist der „demonstrativ gemeinsame Auftritt eigenständig profilierter Akteure bei der Durchführung eines Sub-Marketing-Mixes im Kontext ansonsten autonom durchgeführter Promotions" (Palupski/Bohmann, S. 260). Es handelt sich also um eine Spezialform der → Verkaufsförderung, bei der mehrere Akteure gemeinsam eine Aktion tragen. Dabei kann es sich um Unternehmen gleicher oder unterschiedlicher Wertschöpfungsstufen und gleicher, komplementärer oder unzusammenhängender Güterkategorien handeln.

Positive Wirkungen sind absatzseitig ein möglicher Auffälligkeitseffekt aus dem (überraschenden) Auftritt zweier Unternehmen in einer gemeinsamen Werbeaktion (Beispiel: Pepsi und Reebok), mögliche Imagetransfereffekte vom Image des einen auf jenes des anderen Partners (→ Imagepolitik).

Literatur: Palupski, R.; Bohmann, W. A.: Co-Promotion, in: Marketing ZFP, 16. Jg. (1994), Heft 4, S. 257-264.

Copy Strategy (Copy Platform)

Der Begriff wurde aus dem Amerikanischen unübersetzt in die deutsche Terminologie übernommen und deshalb unterschiedlich ausgelegt. Es handelt sich i.A. um eine schriftliche Fixierung wichtiger Vorgaben für kreative Lösungsansätze im Rahmen der Kampagnenentwicklung (→ Werbestrategie). Bei der Planung einer → Positionierungswerbung enthält eine Copy Strategy z.B. folgende Elemente:

1. Beschreibung der anzusprechenden → *Zielgruppe(n)*;
2. Hervorhebung des speziellen Nutzens (Vorteils), den ein Werbeadressat vom beworbenen Objekt (z.B. Marke, Firma) in besonderem Maße erwarten darf (→ *USP*);
3. Als „*unterstützende Beweisführung*" eine Begründung für die Glaubwürdigkeit dieses Nutzenversprechens;

4. *„Tonlage"* *(tonality)* bzw. Stil der Gestaltung von Werbemitteln.

Das unter Ziffer 2. erwähnte, beim Positionierungsziel im Mittelpunkt stehende Nutzenversprechen wurde von *R. Reeves* als *„Unique Selling Proposition"* (USP) bezeichnet. Dabei kann es sich im Einzelfall um ein verstandesmäßig-objektiv überprüfbares, technisch-wirtschaftliches Nutzenversprechen oder um ein lediglich subjektiv erlebbares, emotionales Nutzenversprechen (z.B. bezüglich eines Erlebnis-, Prestige-, Bequemlichkeitsnutzens, s.a. → emotionale Werbung) handeln. Der gewählte USP repräsentiert zwangsläufig das zentrale Imageelement, welches von der Zielgruppe mit dem beworbenen Objekt in Verbindung gebracht werden soll.

Eine Copy Strategy muss sich nicht nur auf eine geplante Positionierungswerbung beziehen. Bei anderen Werbestrategien tauchen anstelle der Positionierungsaussage in der Copy Strategy andere Werbeziele auf. Besteht das Werbeziel z.B. darin, die Verwendungsintensität eines Produktes zu steigern, so könnten in der Copy Strategy Hinweise auf die Vielfalt denkbarer Verwendungsarten oder -gelegenheiten eines solchen Produkts enthalten sein.

Bei der sprachlichen Fixierung einer Copy Strategy ist man i.A. bemüht, das Gewollte stark komprimiert zum Ausdruck zu bringen. Häufig wird eine angestrebte Positionierung in nur einem Satz festgehalten. (Beispiele: „Biovital gibt älteren Menschen ein neues Lebensgefühl und neuen Schwung"; „Auch im tiefsten Winter bringt Sie der VW sicher ans Ziel"; „Dieser Koffer ist unverwüstlich – Er hat einen Stahlrahmen".) Ein solcher Satz muss nicht, aber er kann im Rahmen des Textteils eines Werbemittels zum Slogan oder zur Headline werden.

H.St.

Literatur: *Aaker, D.A.; Myers, J. G.:* Advertising Management, Englewood Cliffs, N. J. 1975, S. 395-399. *Roth, P.:* Die Methoden der Werbeplanung, in: *Tietz, B.* (Hrsg.): Die Werbung, Band 1, Landsberg a.L. 1981, S. 628.

Copy-Test → Werbemittel-Test, → Werbetests

Corporate Behavior

Komponente der → Corporate Identity, die sich auf das von Außenstehenden erkennbare Verhalten der Unternehmensmitarbeiter, insb. deren Kontaktpersonal zum Kunden und der Repräsentanten bezieht. Es besitzt wegen seiner stets emotional besetzten Wahrnehmung für das → Geschäftsimage und die wahrgenommene → Dienstleistungsqualität eine nicht unwesentliche Bedeutung. Gepflegt werden kann es indirekt über entsprechende P.R.-Auftritte (→ Public Relations), insb. aber direkt bei allen Kundenkontakten, insb. an „Front-desk-Arbeitsplätzen" (Bedienungsschaltern), im Kundendienst (→ Kundendienstpolitik) oder bei Beratungsgesprächen.

Corporate Communications (Unternehmens-Kommunikation)

stellen im Rahmen der → Corporate Identity-Strategie einen Teilbereich des Corporate Identity-Mix neben dem → Corporate Design (Unternehmens-Erscheinung) und dem Corporate Behavior (Unternehmens-Verhalten) dar. Durch das kombinierte und integrierte Wirksamwerden dieser drei Bereiche soll die Identität des Unternehmens intern und extern konsistent vermittelt und damit ein gewünschtes → Image (Sollimage) im Sinne der unternehmerischen Zielsetzungen aufgebaut und erhalten werden.

Die Corporate Communications beinhalten in diesem Zusammenhang den systematisch integrierten Einsatz aller Kommunikationsinstrumente der Unternehmung. Ein derartiger integrierter Einsatz der Kommunikationsinstrumente setzt festgelegte Leitsätze für die Kommunikationsinhalte auf der Basis der Corporate Identity-Strategie voraus. Angestrebt werden damit Synergieeffekte bei den Kommunikationswirkungen, wobei eine effektivere und effizientere Erreichung der Imageziele im Vordergrund steht. Im Kern geht es darum, mit einem gegebenen Kommunikationsbudget bessere Kommunikationswirkungen zu erzielen oder die gleichen Kommunikationswirkungen mit einem geringeren Kommunikationsbudget zu erreichen. Die Corporate Communications steht somit im engen Zusammenhang zur → integrierten Kommunikation, vor allem dann, wenn sich die integrierte Kommunikation auf ein Unternehmen als Ganzes bezieht und nicht auf einzelne Marken, die innerhalb eines Unternehmens geführt werden.

Die Entscheidungen über die Art der einzusetzenden Kommunikationsinstrumente hängen im Wesentlichen von den kommunikativen Zielsetzungen und v.a. von den zu erreichenden internen und externen → Ziel-

Corporate Design

gruppen ab. Als unternehmensinterne Zielgruppen sind die Mitarbeiter nebst ihren Familien sowie die Eigentümer (Gesellschafter, Aktionäre) zu nennen.

Die unternehmensexternen Zielgruppen umfassen alle Anspruchsgruppen im weitesten Sinne:

Tatsächliche und potenzielle Kunden, Lieferanten und Kapitalgeber; Konkurrenten in derzeitigen und zukünftigen Märkten; eigene und fremde Interessengruppen; Publikums- und Fachmedien, gesellschaftliche und fachliche Multiplikatoren; lokale, regionale, nationale und internationale Öffentlichkeiten sowie staatliche und überstaatliche Institutionen.

Kommunikationsziel- und zielgruppenabhängig kommen jeweils unterschiedliche Kommunikationsinstrumente zum Einsatz; etwa die Personalwerbung bei der Personalbeschaffung, der Geschäftsbericht für die Aktionäre, die Kapitalgeber und die Multiplikatoren in der Finanzwelt im Rahmen der → Public Relations oder das Kunstsponsoring (→ Sponsoring) für die regionale Öffentlichkeit und die Mitarbeiter. Entscheidend für den integrierten Einsatz derartig heterogener Kommunikationsinstrumente ist die konsistente Berücksichtigung der festgelegten inhaltlichen Leitsätze für die Kommunikation.

Die Corporate Communications kommt dann nicht bzw. nicht voll zum Zuge, wenn eine integrative Verbindung von der Markenidentität mit der Corporate Identity des Unternehmens nicht erwünscht oder nicht oder nur z.T. möglich ist. Ein Beispiel dafür ist das Unternehmen *Procter & Gamble*, bei dem die einzelnen Marken (*Mr.Proper, Lenor, Ariel* usw.) getrennt voneinander geführt werden und nicht einheitlichen Corporate Communications-Regeln unterliegen. Regelungen für diese Fälle sollten allerdings Bestandteil der Corporate Identity-Strategie sein. F.-R.E.

Literatur: *Birkigt, K.; Stadler, M.M.; Funck, H.J.* (Hrsg.): Corporate Identity, Grundlagen-Funktionen-Fallbeispiele, 9. Aufl., Landsberg 1998.

Corporate Design

Das Corporate Design als Teilbereich und Instrument der → Corporate Identity umfasst alle visuell-stilistischen Ausdrucksformen des Unternehmens, v.a. bezüglich der Gestaltung der eingesetzten Schriften, Symbole und Farben. Corporate Design zielt als Variante der → Bildkommunikation auf die Erzeugung eines stets gleichen und damit einprägsamen Unternehmensbildes beim Kunden. Dies soll die Erhöhung des Bekanntheitsgrads als auch die Erzielung von positiven Wirkungen auf Firmenimage (→ Image) und -stil bewirken. Gleichzeitig bringt diese Maßnahme u.U. auch Rationalisierungsvorteile mit sich.

Entscheidend für die Wirksamkeit des Corporate Design sind neben einer professionellen Grafik eine konsequente Durchsetzung und eine Integration mit dem → Corporate Behavior und der → Corporate Communications. S.K.

Corporate Event → Event-Marketing

Corporate Finance

Im angloamerikanischen Raum umschreibt der Terminus Corporate Finance allgemein die Möglichkeiten und Grundlagen zur Bereitstellung von Finanzierungsmitteln für Unternehmen. Im Zuge der Globalisierung der Finanzmärkte und der Aszendenz des → Investment Banking fand der Begriff Corporate Finance seit Ende der achtziger Jahre auch in Deutschland weite Verbreitung. Selten wird er jedoch in seiner wörtlichen deutschen Übersetzung (Unternehmensfinanzierung) verstanden. Er kennzeichnet vielmehr eine Reihe anspruchsvoller Instrumente der Unternehmensfinanzierung und damit entweder in direktem Zusammenhang stehende oder eigenständige Beratungsleistungen.

Unter den vielschichtigen und dynamisch wachsenden Aktivitäten im Bereich Corporate Finance lassen sich folgende, i.d.R. außerhalb bilanzwirksamer Geschäfte anzusiedelnde Dienstleistungen subsumieren:

- Kapitalbeschaffung (Emission von Anleihen und Beteiligungspapieren inkl. des Going Public)
- Bereitstellung von Risikokapital (Venture Capital)
- Unternehmenshandel (Buy Out, Spinn Off)
- Abwicklung des Zahlungsverkehrs (→ Cash Management Systeme)
- Risiko-Management
- Portfolio-Management
- Finanzinnovationen (Futures, Optionen, etc.)
- Emissionsgeschäft
- Spezialfinanzierungen (Projektfinanzierung).

Die Verstärkung der Corporate Finance-Aktivitäten der Banken kann als strategische Gegenbewegung zur Disintermediation von Banken im traditionellen Kreditgeschäft interpretiert werden, wobei die Banken durch ihre Dienstleistungen neue, attraktive Geschäftsfelder erschließen wollen, um eine Kompensation von Ertragsausfällen zu erzielen. O.B.

Literatur: Betsch, O.; Groh, A.; Lohmann, L.: Corporate Finance, 2. Aufl., München 2000.

Corporate Identity

I.w.S. versteht man unter Corporate Identity (CI) die Profilierung eines Unternehmens zu einer „Unternehmensidentität" oder „Unternehmenspersönlichkeit". Dieser Begriff subsumiert alle Unternehmensaktivitäten zur Identifizierung gegenüber der gesamten Öffentlichkeit, die sich in Verhalten, Kommunikation und Erscheinungsbild des Unternehmens ausdrücken. Der Grundgedanke des Corporate Identity besteht in diesem Fall darin, ein Unternehmen möglichst klar, einheitlich und sympathisch darzustellen. Deshalb wird Corporate Identity häufig als konsequente Weiterentwicklung des → Public Relations-Gedankens aufgefasst. Beabsichtigt wird stets ein Goodwill-Transfer zu verschiedenen Sparten oder Produkten des Unternehmens. Dies steigert sowohl die Bekanntheit als auch die Akzeptanz des Unternehmens bzw. der betreffenden Produkte. Gleichzeitig wird die Verstärkung der Wirkung anderer Marketing-Mix-Maßnahmen erwartet. Enger interpretiert man – v.a. in der älteren Literatur – Corporate Identity als Aufgabe des → Corporate Design.

Verfolgt man die historische Entwicklung des Corporate Identity – Konzepts, können drei Stadien unterschieden werden: Zum ersten Mal wurde der Begriff Corporate Identity Anfang der siebziger Jahre in den USA von Design- und Werbeberatern verwendet. Man vermutete damals, dass sich die Kompetenz eines Unternehmens in einem bestimmten Produktbereich auf den Verkauf eines anderen Produktbereichs vorteilhaft übertragen lassen könnte (→ Programmpolitik). Zunächst zielte man lediglich auf die Durchsetzung eines einheitlichen Designs mit identischen Gestaltungsmaßnahmen ab. Übersteigerte Erwartungen und daraus erwachsende neue Anstrengungen führten Mitte der siebziger Jahre dazu, Corporate Identity auch inhaltlich, d.h. durch eine Botschaft, zu ergänzen. Seitdem bemüht man sich, die Firmenphilosophie auch nach außen zu kommunizieren. Dafür sind entweder klare und eigenständige Design-Konzepte oder entsprechende Slogans notwendig. Gelungene Corporate Identity-Konzepte werden auf Produktebene z.B. von der Firma *Braun*, *Lamy* oder *Erco* durchgeführt. Beispiele aus dem Handel für Unternehmenspersönlichkeiten sind *Ikea* oder *Douglas*.

Mittlerweile geht man zunehmend davon aus, dass die Solidarität und Identifikation der Mitarbeiter mit dem Unternehmen die entscheidenden Momente dafür sind, dass unternehmensexterne Zielgruppen Vertrauen zum Unternehmen gewinnen. Das dafür notwendige Verhalten der Mitarbeiter wird auch als (Soll-) Unternehmenskultur (→ Marketingkultur) bezeichnet.

Mittel der Corporate Identity sind jederzeit wiedererkennbare, leitbildfähige Zeichen- oder Symbolsysteme, die sich damit sowohl auf die Beschäftigten des betreffenden Unternehmens als auch nach außen, d.h. auf die weitere soziale Umgebung des Unternehmens richten. Diese Zeichensysteme finden sowohl im Rahmen der adäquaten → Corporate Communications als auch im tatsächlich realisierten → Corporate Behavior ihren Einsatz.

Die genauere psychologische Analyse der Wirkung von Corporate Identity-Maßnahmen zeigt, dass sowohl Lernvorgänge eingeleitet oder zumindest gefördert werden (positives Unternehmensimage – positive Hinstimmung zu den Produkten) sowie durch Signalreize Bewusstseinsvorgänge (Assoziationen) oder Verhaltenswirkungen ausgelöst werden. Auch sozialpsychologische Phänomene wie die Beeinflussung von Gruppenkohäsion, Gruppennormen, Einstellungen und Meinungen können in diesem Rahmen interpretiert werden. S.K.

Literatur: Birkigt, K.; Stadler, M. M.; Funck, H.J.: Corporate Identity, 9. Aufl., Landsberg a.L. 1998.

Corporate Image → Image

Co-Shopping (Power-Shopping)
→ Electronic Shopping

COSTA → Verkaufsgebietseinteilung

Cost per Contact (CPC)
→ Direktmarketingkosten

Cost per Interest (CPI)
→ Direktmarketingkosten

Cost per Order (CPO)
→ Direktmarketingkosten

Counter Trade → Kompensationsgeschäft

Country of Origin-Effekt
im → Internationalen Marketing bedeutsamer Einfluss des Herkunftslandes auf die Wahrnehmung und Beurteilung eines Produktes. Häufig werden die Begriffe ‚Country of origin'(-Effekt) und ‚Made in'(-Image) synonym verwendet. Denn die Herkunft (= ‚country of origin') eines Produktes bedeutet auch, dass dieses Produkt an dem betreffenden Ort hergestellt (= ‚made in') wurde. Allerdings führt der synonyme Gebrauch etwas in die Irre, zumal sich ‚Country of origin' dem Wortsinn entsprechend auf ein Land bezieht, während ‚made in' auch auf andere geographische Einheiten Bezug nehmen kann:
- Da manche Städte weltweit bekannt sind (z.B. New York, London) oder ein bestimmtes Image verkörpern (z.B. Kompetenz bei der Herstellung eines bestimmten Produktes), liegt es bspw. nahe, eine Stadt als Herkunftsort in den Mittelpunkt der Kommunikationsstrategie zu stellen (z.B. Aachener Printen).
- Regionen bzw. Bundesländer können ebenfalls die Funktion eines Imageträgers übernehmen.
- Angesichts der zunehmenden Tendenz zur Regionalisierung der Wirtschaftsräume (→ Handelszusammenschlüsse) werden auch supranationale Einheiten (z.B. Kontinente, Binnenmärkte oder andere Ländergruppen) als Herkunftsort genannt (z.B. „Made in Europe").

Immer häufiger stellt sich allerdings die Frage, ob geographische Einheiten als Herkunftsangabe überhaupt geeignet sind; denn im Zuge des ‚global sourcing' werden viele Produkte nicht mehr nur an einem Ort hergestellt, sondern in verschiedenen Ländern, sodass der wertbezogene Anteil des „Hersteller-Landes" (z.B. „Made in Germany") abnimmt (z.B. nur noch Montage oder Abpacken von in Osteuropa oder Südostasien hergestellten Einzelteilen). Als Lösungsmöglichkeit bietet sich deshalb bspw. an, statt ‚made in …' ,assembled in …' auf dem Produkt anzugeben. In dem Maße, in dem → Global-Player weltweit an Präsenz und Corporate Identity gewinnen, verliert das traditionelle Qualitätssignal an Wert, und Weltmarktführer ersetzen das einstmals begehrte „Made in Germany" selbstbewusst durch „Made by *Mercedes*", „Made by *Lufthansa*" oder „Engineered by *BMW*".

Mit der Strategie des ‚*borrowed origin*' wiederum wollen Unternehmen den Eindruck erwecken, ihr Produkt sei in einem bestimmten Land bzw. an einem bestimmten Ort hergestellt (z.B. wenn sich amerikanische Marken, wie *Häagen Dazs* (Speiseeis) oder *Reebok* (Sportschuhe) als niederländische oder britische Marken positionieren). Das Image eines Landes lässt sich schließlich auch durch ‚*foreign branding*' auf eine Marke transferieren. In diesem Fall wählt das Unternehmen einen Markennamen, der in der entsprechenden Landessprache ausgesprochen wird, um auf diese Weise eine bestimmte Herkunft zu suggerieren. So sind französisch klingende Markennamen bei hedonistischen Produkten besonders wertvoll und auch effektiver als die Angabe des Herkunftslandes.

Neben anderen kritisierte *Papadopoulos* (1993, S. 32) die Country of Origin-Forschung. Sie konzentriere sich zu sehr auf das ‚made in' und vernachlässige andere Formen der Kommunikation des Herkunftslandes (→ Konsumenten-Ethnozentrismus) *(Abb.1)*.

- Der Name des Unternehmens kann auf das Herkunftsland verweisen, z.B. *Deutsche Bank*, *British Petroleum* (*BP*).
- Der Markenname liefert direkt (z.B. *Cognac*) oder indirekt (z.B. durch die Phonetik) Hinweise auf die Herkunft des Produktes (z.B. *Volkswagen*, *Mitsubishi*).
- Auch das Markenzeichen gibt bisweilen zu erkennen, woher das Produkt stammt (z.B. weiß-blaue Flagge Bayerns als Logo von *BMW*).
- Daneben eignen sich u.a. Verpackung oder Werbung für eine ‚Country of origin'-Strategie.

Am schärfsten wurde die ‚Country of origin'-Forschung bislang allerdings wegen des fehlenden bzw. unzureichenden theoretischen Gerüsts kritisiert. Unklarheit besteht insbesondere bezüglich der Wirkungsweise des Herkunftslandes im Rahmen der Informationsverarbeitung bzw. Kaufentscheidung. Die ‚Country of origin'-Literatur geht davon aus, dass die ‚Made in'-Information drei verschiedene Prozesse auslösen kann: kognitive, affektive und normati-

Abb. 1: Möglichkeiten zum Hinweis auf die geographische Herkunft

Hinweis \ Geograph. Einheit	Stadt	Region	Staat	Supranationale Einheit
Herkunftsbezeichnung	• LOréal Paris • Paulaner München	• Champagner • Württemberger Wein	• Made in Germany • Made in Taiwan • … aus deutschen Landen (Lebensmittel)	• Made in Europe (Nokia)
Hersteller- / Markenname	• Warsteiner • Bitburger • Kölnisch Wasser • Dresdner Bank • Augsburg Airways	• Frankenbrunnen • BMW • WMF • BASF • Bayerische Hypobank	• German Wings • Deutsche Bank • Irish Moos • American Express • BP	• Europcar • African Safari Club • Eurocard • World Wide Web • UPS
Hersteller-Markenlogo Symbole	• Nürnberger Burg (Nürnberger Versicherung) • Bayerisches Staatswappen (Weihenstephaner Brauerei)	• Blau-weißes BMW-Logo • Mann mit Tiroler Hut (Almdudler)	• Weißes Kreuz auf rotem Hintergrund (Swissair) • Dänische Flagge (Scan Möbelhaus)	• EU-Zeichen bei Golf ‚Europe' VW
Werbeelemente	• Semperoper (Radeberger Bier) • Brandenburger Tor (Berliner Kindl)	• Bayerische Landschaft (Erdinger Weißbier) • Deutsche Küste (Jever)	• American-Football-Spieler an der Bar (Heinz-Ketchup) • Adlige Familie auf englischem Schloss (After Eight) • Italiener ‚Angelo' (Nescafé)	• Karibik-Ambiente (Bacardi) • Verschiedene Situationen mit UPS in unterschiedlichen Erdteilen

(Quelle: *Stich*, 1997, S. 10)

ve Prozesse. Unter allen Wirkungspfaden, entlang derer die Information über das Herkunftsland die Produktbeurteilung bzw. die Kaufentscheidung beeinflusst, sind die kognitiven Effekte die wichtigsten. Indem sie das Herkunftsland des Produkts als Schlüsselinformation heranziehen, vereinfachen die Konsumenten i.d.R. den zur Beurteilung des Produkts notwendigen Prozess der Informationsverarbeitung. In Bezug auf Produkte sind Schlüsselinformationen nichts anderes als die Zusammenfassung einer Reihe von Produktattributen, welche es dem Konsumenten erlauben, im Sinne von ‚mental short cuts' die Kaufentscheidung abzukürzen.

Für die Wirkungsweise des Herkunftslandes sind insbesondere zwei Prozesse bedeutsam.

(1) *Attributdominanz* ($A_1 \rightarrow Q_j$): Das Herkunftsland des Produkts kann als ‚Information chunk' dienen. *Han* (1989) bezeichnet diese ‚Made in'-Information als Summary Construct: Anstatt dazu viele einzelne Informationen zu verarbeiten, beurteilen Konsumenten ein Produkt, indem sie auf ein abstraktes Bewertungsschema zurück-

Country-Ratings

Abb. 2: Wirkungsweise des Country of Origin

1. Summary Construct/ Attributdominanz

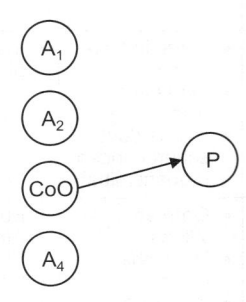

2. „Halo-Effekt"/ Irradiation

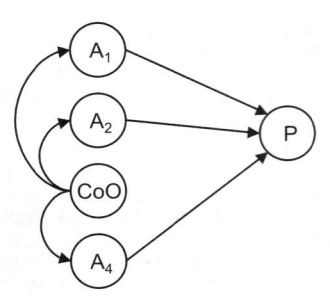

greifen, dem ein generelles, zumeist wertendes Urteil über die aus einem Land stammenden Produkte zugrundeliegt. Diese extrem starke Wirkung des Country of Origin lässt sich aber – wenn überhaupt – nur selten nachweisen. Zwar kam *Han* zu dem Ergebnis, dass Probanden, die mit den aus einem bestimmten Land stammenden Produkten (hier: Automobile, Fernsehgeräte) sehr vertraut sind, die Information „Herkunftsland" eher als Summary Construct verwenden, das ihr Gesamturteil über die Produkte direkt beeinflusst. Berücksichtigt man aber die Ergebnisse einer von *Peterson/Jolibert* (1995) durchgeführten Meta-Analyse, dann sind Zweifel angebracht. Während die unabhängige Variable Country of Origin im Schnitt immerhin noch 30% der Qualitätswahrnehmung erklären konnte, waren es im Falle der Kaufabsicht nur *0,19%* (vgl. Abb. 2).

Vermutlich wird die tatsächliche Bedeutung des Herkunftslandes in der realen Kaufentscheidung noch geringer sein, als dies die Ergebnisse der Meta-Analyse vermuten lassen, da dann situative Faktoren, z.B. begrenzte Ressourcen (Geld, Zeit, Energie, Wissen), Mangel an Optionen sowie der wahrgenommene soziale Druck (z.B. „Buy British!"), erheblichen Einfluss haben.

(2) *Irradiation*: Es ist anzunehmen, dass in der überwiegenden Zahl der Produktbeurteilungen bzw. Kaufentscheidungen Konsumenten der „Irradiation" erliegen. Auf die Wirkung des Country of Origin übertragen bedeutet dies, dass Konsumenten, denen es an den für eine Kaufentscheidung relevanten Produktinformationen mangelt oder die aus anderen Gründen (z.B. Vereinfachung der Kaufentscheidung) nicht auf weitere Informationen zurückgreifen wollen, vom Produktattribut „Herkunftsland" auf andere Produktattribute schließen.

S.M./M.Ko.

Literatur: *Han, C. M.*: Country Image: Halo or Summary Construct?, in: Journal of Marketing Research, Vol. 26 (1989), May, S. 22–229. *Papadopoulos, N.; Heslop, L. A.* (Eds.): Product-country Images: Impact and Role in International Marketing, New York 1993. *Peterson, R. A.; Jolibert, A. J. P.*: A Meta-analysis of Country-of-origin Effects, in: Journal of International Business Studies, Vol. 26 (1995), No.4, S. 83-900. *Stich, A.*: Herkunftszeichen als Qualitätssignal: Eine Erklärung der Nutzung eines extrinsischen Produktmerkmals als Qualitätssignal durch Konsumenten am Beispiel von Herkunftszeichen, Lohmar 1997.

Country-Ratings → Länderselektion

Coupon-Anzeige

spezifische Form der → Direct-Responsewerbung, bei der eine klassische Werbeanzeige um eine direkte Antwort- bzw. Bestellmöglichkeit zum Heraustrennen oder Herausschneiden (= Coupon) ergänzt wird (→ Responsemittel). Coupon-Anzeigen sind im Vergleich mit den anderen Formen der Response-Anzeige relativ kostengünstig aber auch schwächer im Rücklauf (→ Response bzw. → Direktmarketingerfolg).

Coupon-Booklet → Card-Deck

Coupons

gehören zu den → Preis-Promotions. Es handelt sich dabei um Wertgutscheine, die beim Kauf eines Produktes im Handel gegen einen Preisnachlass eingelöst werden können. Coupons sind vor allem in den USA ein zentrales Instrument der konsumentengerichteten → Verkaufsförderung. Sie sind dort zu über 80% in Zeitungsinseraten („Free Standing Inserts" bzw. kurz FSI) enthalten, die von Konsumenten ausgeschnitten und gesammelt werden können (s.a. → Bonusprogramm). Andere Medien der Verteilung sind beispielsweise der Versand per Direct Mail, der Aufdruck auf Kassenbons oder die Verteilung mit dem Produkt als Aufdruck auf der Verpackung („On-Pack") oder als Beigabe in der Verpackung („In-Pack").

In Deutschland sind Coupons laut eines BGH-Urteils sittenwidrig gemäß § 1 UWG, wenn der Preisnachlass mehr als 3% beträgt. Preisnachlässe von 3% oder weniger bilden aber keinen ausreichenden Kaufanreiz, sodass Coupons derzeit in der Praxis (noch) nicht relevant sind. Dies könnte sich im Rahmen der Harmonisierung der Gesetzgebung innerhalb der Europäischen Union allerdings bald ändern.

Die Vorteilhaftigkeit von Coupons ist äußerst umstritten. Coupons werden nur zu einem geringen Prozentsatz eingelöst, und die Kosten für die Verteilung und Administration sind erheblich. In den USA haben daher in den letzten Jahren einige Konsumgüterunternehmen den Einsatz von Coupons zurückgenommen. Die Anzahl verteilter Coupons hat dort Anfang der 90er-Jahre mit 310 Milliarden ihren Höhepunkt erreicht und ist seitdem zurückgegangen auf das Niveau von 276 Milliarden in 1997.

K.G.

Literatur: *Schultz, D. E.; Robinson, W. A.; Petrison, L. A.:* Sales Promotion Essentials, 3. Aufl., Lincolnwood 1998.

Cournot-Modell → Preistheorie

Coverage-Effekt

Repräsentanzeinschränkung beim → Handelspanel, das sich aus der in den seltensten Fällen gewährleisteten vollständigen Marktabdeckung ergibt. Die durchschnittliche Marktabdeckung liegt bei etwa 70%, in Ausnahmefällen aber noch erheblich niedriger. Die Ursachen liegen zum einen in zahlreichen Teilnahmeverweigerungen von Handelsunternehmen (z.B. Aldi) und zum anderen in der fehlenden Möglichkeit, alle Absatzkanäle, insb. die sog. Sondervertriebswege (Kioske, Fahrverkauf etc.) zu erfassen. Nicht zuletzt aus diesem Grund erklärt sich die zunehmende Anzahl von → Spezialpanels.

Co-Workership → Co-Makership

CPC

Cost Per Click: Die Kosten der Bannerschaltung in Bezug zur tatsächlichen Zahl der durch das Banner induzierten Zugriffe auf das eigene Online-Angebot (→ Banner-Werbung).

CPFR

im Rahmen des → ECR von Softwareanbietern entwickeltes Tool für Collaborative Planning, Forecasting and Replenishment. Es verbindet die entsprechenden Warenwirtschaftsdaten der beteiligten Partner und bereitet sie zu Bedarfsprognosen auf.

CPL

Cost Per Lead: Kosten der Bannerschaltung in Bezug zur Zahl der online gesammelten vollständigen Kontaktadressen (sog. „Leads"), z.B. im Rahmen von Gewinnspielen oder der Registrierung für bestimmte Online-Angebote (→ Banner-Werbung).

CPM (Critical Path Method)

Methode der → Netzplantechnik, die durch ihren relativ einfachen Aufbau (Struktur und Vorgangsdauern deterministisch) und ihre Anschaulichkeit in der Praxis weite Verbreitung gefunden hat. CPM-Netzpläne sind vorgangsorientiert aufgebaut (Tätigkeitsgraphen); die Vorgänge werden durch Pfeile symbolisiert, die Ereignisse durch Knoten dargestellt.

CPO (cost per order)

1. Begriff für die zur Anwerbung eines Abonnements durchschnittlich aufgewandten Kosten im → Verlagsmarketing.
2. In der → Online-Werbung Kosten der Bannerschaltung in Bezug zur Zahl der tatsächlich getätigten Online-Käufe auf der eigenen Homepage (→ Banner-Werbung).

CPS → Purchasing Card

Creative Director

für die kreative Arbeit am verbalen Teil der in einer → Werbeagentur produzierten Werbemittel und die damit beschäftigten Mitarbeiter (→ Texter) verantwortliche Person (→ Werbeberufe).

Creeping Commitment

Durch die zunehmend bessere Kenntnis verursachte und meist unbewußte („schleichende"), aber empirisch gut bestätigte Bindung von Nachfragern an Anbieter im Verlauf der → Geschäftsbeziehung, v.a. beim → Anlagengeschäft.

Critical Incident-Technik

Das Zufriedenheitsurteil eines Kunden und dessen Verbleib in der Geschäftsbeziehung mit dem Anbieter wird in starkem Maße durch auftretende Probleme und positive Erlebnisse beeinflusst. Die Kenntnis solcher kritischen Ereignisse („*critical incidents*") ist folglich wichtig für den Erfolg des Unternehmens, kann jedoch mit den traditionellen merkmalsorientierten Verfahren der → Kundenzufriedenheitsmessung nur sehr begrenzt geleistet werden. Einen spezifischen und leistungsfähigen Ansatz zur Ermittlung von kritischen Ereignissen stellt die sog. Critical Incident-Technik dar, die den qualitativen Verfahren zur Messung der (Dienstleistungs-)Qualität zugerechnet wird. Sie wurde zunächst in der Arbeitszufriedenheitsforschung angewendet (u.a. von *Herzberg*) und wird seit Mitte der 80er-Jahre auch im Marketingkontext eingesetzt.

Bei dem Verfahren werden kritische Ereignisse im Rahmen von persönlichen Interviews mit Kunden über zwei standardisierte Fragen erfasst: Zunächst wird der Kunde gebeten, an ein besonders negatives (oder auch besonders positives) Ereignis im Zusammenhang mit einem Unternehmen zu denken. Im Anschluss daran wird er vom Interviewer aufgefordert, dieses Ereignis detailliert zu schildern. Bei der Auswertung der erhaltenen Antworten muss geprüft werden, welche Antworten die Anforderungen an ein „kritisches Ereignis" erfüllen. Berücksichtigt werden solche Antworten, die

- sich auf eine konkrete Transaktion zwischen dem Kunden und dem betrachteten Unternehmen beziehen,
- ein starkes Gefühl der Unzufriedenheit (oder Zufriedenheit) zur Folge hatten,
- tatsächlich abgeschlossene Episoden schildern.

Anschließend müssen die für relevant erachteten Ereignisse in ein zu entwickelndes Kategoriensystem eingeordnet werden. Dieses Kategoriensystem sollte zum einen geeignet sein, redundante Informationen zu eliminieren, zum anderen jedoch der Differenziertheit und Präzision der Schilderungen angemessen Rechnung tragen. Die auf diese Weise identifizierten Ereigniskategorien sollten dann hinsichtlich ihres Potenzials zur Qualitätsverbesserung analysiert werden und entsprechende Verbesserungsmaßnahmen initiieren. Th.H.-T.

Literatur: *Bitner, M.J.; Booms, B.H.; Tetreault, M.S.:* Critical Incidents in Service Encounters, in: *Bitner, M.J.; Crosby, L.A.* (Hrsg.): Designing a Winning Service Strategy, Chicago 1989, S. 89-99. *Stauss, B.; Hentschel, B.:* Verfahren der Problemdeckung und -analyse im Qualitätsmanagement von Dienstleistungsunternehmen, in: Jahrbuch der Absatz- und Verbrauchsforschung, 36. Jg. (1990), Heft 3, S. 232–259.

Critical Path Method → CPM

CRM
→ Customer Relationship Managemenet

Cronbach's Alpha

Koeffizient zur Bestimmung der → Reliabilität einer Gruppe von Indikatoren (→ Operationalisierung), die ein Konstrukt oder (im mehrfaktoriellen Fall) einen Faktor eines Konstruktes messen. Er wird den Prüfverfahren der ersten Generation zugerechnet, denen heute die auf der → konfirmatorischen Faktorenanalyse basierenden Verfahren der zweiten Generation gegenüber stehen.

Der nach *L. Cronbach* (amer. Wissenschaftler, Psychometrie) benannte Koeffizient ermittelt die interne Konsistenz der für die Bestimmung des Konstruktes herangezogenen Indikatoren. Gegenüber anderen Maßen der internen Konsistenz, wie etwa der split-half-Methode, ist beim α–Test keine Parallelmessung erforderlich, Lerneffekte werden ausgeschaltet. Aufgrund seiner relativ unproblematischen Berechnung und Interpretation findet das Cronbach'sche Alpha verbreitet Anwendung. Die Bestimmung erfolgt anhand der Formel:

$$\alpha = \left(\frac{N}{N-1}\right) \cdot \left(1 - \frac{\sum_{i=1}^{N} \sigma_i^2}{\sigma_t^2}\right)$$

N bezeichnet die Anzahl der Indikatoren des Faktors, σ_i^2 ist die Varianz des Indikators i, σ_t^2 steht für die Varianz der Summe aller Indikatoren der Skala. Der Koeffizient

→ kann Werte zwischen 0 und 1 annehmen. Je näher der Wert an 1 liegt, desto höher die Reliabilität der Skala. In der Literatur sind widersprüchliche Angaben über Schwellenwerte, ab denen von einer befriedigenden internen Konsistenz einer Skala gesprochen werden kann, zu finden. Jedoch wird häufig auf den Vorschlag von *Nunally*, α solle einen Mindestwert von 0,7 erreichen, zurückgegriffen.

Der Wert des α-Koeffizienten wird von der Anzahl der Indikatoren, welche den Faktor messen, positiv beeinflusst. Eine große Zahl von Indikatoren kann also u.U. eine schlechte interne Skalenkonsistenz verdecken. Jedoch unterstreicht *Cronbach* selber, dass ein niedriges Alpha nicht zwangsläufig auf eine schlechte Reliabilität einer Skala hindeutet. Da Cronbach's Alpha ein konservativer Schätzer ist, ist die tatsächliche Reliabilität der Skala zudem grundsätzlich besser als durch den Koeffizienten suggeriert. Im Übrigen besteht die Möglichkeit, durch Elimination von schwach auf den Faktor wirkenden Indikatoren eine Verbesserung des α-Wertes zu erzielen. Für ein solches Vorgehen sind die Item-to-Total-Korrelationen zu prüfen. B.I.

Literatur: *Homburg, C.; Giering, A.:* Konzeptualisierung und Operationalisierung komplexer Konstrukte, in: Marketing ZFP, 18. Jg. (1996), S. 5-24.

Cross-Couponing → Preisbündelung

Cross cultural-Forschungsansatz

ist bestrebt herauszufinden, welche Theorien, Techniken, Praktiken etc. im → Interkulturellen Marketing universell anwendbar und welche spezifisch für eine bestimmte → Kultur sind. Im Gegensatz zum → Inter-cultural-Forschungsansatz versteht er sich als „kulturübergreifend". S.M./M.Ko.

Cross Docking

dient zur effizienten Abwicklung von Umschlagvorgängen ohne Zwischenlagerung in zentralen Lägern bzw. Verteilzentren (→ Depot). Voraussetzung hierfür ist eine zeit- und bedarfsgenaue empfängerspezifische → Kommissionierung sämtlicher Warensendungen (zumeist Fertiggüter auf Paletten). Die am häufigsten angewendete Form dieses logistischen Konzeptes ist das „Cross Docking von Paketen". Hierfür werden vom Lieferanten sortenreine Paletten an ein Verteilerzentrum gebracht. Ohne weitere Ein- und Auslagerungsvorgänge werden aus diesen Paletten in sog. Schnelldreherzonen filialbezogene Sendungen zusammengestellt und direkt an den Warenausgang durchgeschoben (vgl. *Abb.*).

Cross-Docking von einzelnen Paketen

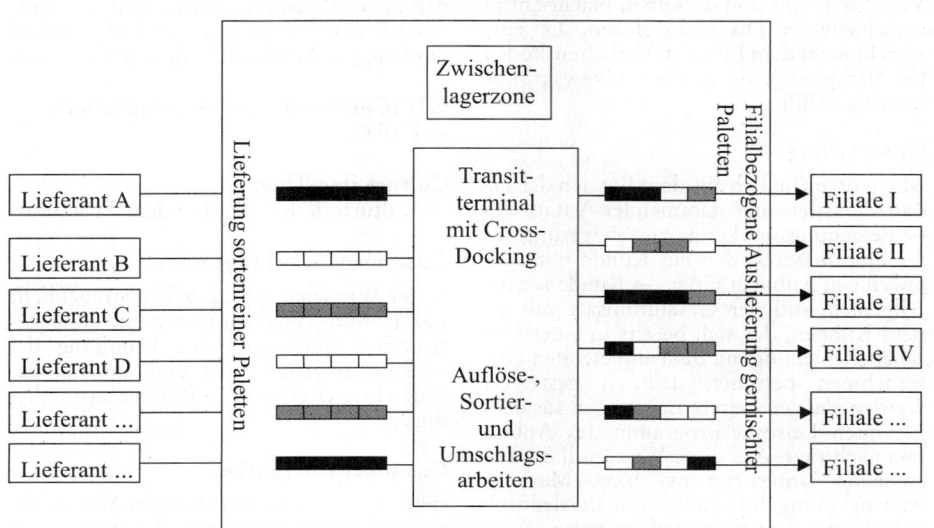

(Quelle: in Anlehnung an *Swoboda, B.; Morschett, D:* Cross Docking in der Konsumgüterdistribution, in: WiSt, 29. Jg. (2000), S. 331–334)

Cross-Impact-Analyse

Für eine reibungslose Abwicklung sind daher u.a. gemeinsame Barcodes und Palettenmarkierungsstandards bei den beteiligten Herstellern und Handelsunternehmen erforderlich, ebenso wie → Electronic Data Interchange Verbindungen zwischen Verteilzentrum, Filialen und Herstellern, standardisierte Verpackungen sowie eine hohe Anzahl von Wareneingangs- und -ausgangsdocks. J.Z.

Literatur: *Kotzab, H.*: Neue Konzepte der Distributionslogistik von Handelsunternehmen, Wiesbaden 1997.

Cross-Impact-Analyse

Die Cross-Impact-Analyse ist eine für → Frühwarnsysteme verwandte, qualitative Methode der Zukunftsforschung, die Wechselwirkungen zwischen den relevanten Faktoren, Trends, Ereignissen usw. eines bestimmten Problemfeldes (Interaktionseffekte) aufzeigt und damit Verständnis für Zusammenhänge schaffen soll. Ziel ist die Identifikation möglicher Kettenreaktionen im Problemfeld als Basis für die Bildung von Szenarien (→ Szenario-Technik). Darstellungsmittel ist die Cross-Impact-Matrix. G.M.

Cross-Linking → Link-Exchange

Cross-Posting

bezeichnet im → Online-Marketing das Verbreiten ein- und derselben Nachricht in verschiedenen Diskussionsforen. Es entspricht nicht dem Internet-Verhaltenskodex (→ Netiquette), da es die → Newsgroups unnötig anfüllt.

Cross Selling

ist ein ursprünglich aus dem Bereich der Finanzdienstleistung stammender Ansatz des → Beziehungsmarketing zur Steigerung des Gesamtumsatzes, den ein Kunde mit dem jeweiligen Anbieter tätigt (→ Kundenwert). Allgemein soll der Gesamtumsatz mit einem Kunden, der sich bereits in einer Geschäftsbeziehung mit dem anbietenden Unternehmen befindet, dadurch gesteigert werden, dass er weitere Leistungen aus dem gesamten Leistungsprogramm des Anbieters nachfragt. Auf diese Weise soll die bestehende Unternehmens- bzw. Markenwahrnehmung des Kunden und die dadurch aufgebaute Loyalität auf weitere Austauschprozesse übertragen werden, um neue Geschäfte zu ermöglichen. Häufig angewandte Strategie zur Realisierung von Cross-Selling-Potenzialen ist es, dem Kunden Produkte anzubieten, die mit der ursprünglich nachgefragten Lösung in einem (Nutzungs-)Zusammenhang stehen: Beispiele sind das Angebot von Installations- oder Versicherungsleistungen beim Kauf von Computersystemen oder die obligatorische Frage bei Fast-Food-Anbietern, ob man noch ein Getränk zu seinen Speisen wünscht.

Zentrales Hilfsmittel zur Identifikation von Cross-Selling-Potenzialen stellt das → Database-Marketing dar. Erst durch eine systematische Analyse der kundenspezifischen Nachfragestruktur wird es möglich, Bedarfslücken beim Nachfrager zu identifizieren und durch individuelle Ansprache zu schließen. M.Web.

Literatur: *Weiber, R.*: Der virtuelle Wettbewerb, Wiesbaden 2000.

Cross-subsidization

Strategischer Aspekt des → internationalen Preismanagement. Dabei nutzen multinationale oder globale Unternehmen Gewinne, die sie in einer Region des Weltmarktes erzielen, um in anderen Regionen mit diesen finanziellen Ressourcen aggressive Niedrigpreisstrategien zu fahren und ihre Konkurrenten in den entsprechenden Ländermärkten zu bekämpfen. Voraussetzung für Cross-subsidization ist die Existenz internationaler Preisunterschiede und der Ausschluss von → Arbitrage in bedeutendem Umfang (→ Ausgleichskalkulation). B.I.

CTI (Computer-Telefon-Integration)
→ Call Center

Culture free-These
→ Kulturfreie/kulturgebundene Produkte

Customer Care-Programm

in der Wirtschaftspraxis z.T. gebräuchliche Bezeichnung für alle internen und außengerichteten Aktivitäten zur Erhöhung der → Kundenzufriedenheit und zur Etablierung eines effektiven → Beziehungsmarketing.

Customer Integration

stellt eine managementbezogene Weiterführung des Gedankens der → Kundenintegration dar. Ausgangspunkt ist hierbei die Fragestellung, in welchem Umfang ein Nachfrager an der Leistungserstellung mitwirken will, kann und muss. Das Ausmaß der Kundenmitwirkung wird nicht ausnahmslos durch die angebotene Produktart bestimmt; kann sich also auch bei einer Produktart unterscheiden. Ein Unternehmen muss dementsprechend definieren, wo, wann und wie intensiv der Kunde an Definition und Realisierung der Problemlösung mitwirken kann oder soll. Die verschiedenen Ausprägungsformen lassen sich dementsprechend am Ausmaß der (benötigten) Integration der Nachfrager in den Leistungserstellungsprozess systematisieren. Das sog. Massengeschäft ist durch ein minimales Ausmaß an Customer Integration charakterisiert, bei dem sich das Ausmaß der Integration in erster Linie auf die reine Bedarfsäußerung und Produktbeschreibung beschränkt. Im Rahmen der → Mass Customization werden vorhandene Standardtechnologien neuartig und kundenindividuell kombiniert, während im Rahmen einer individuellen Leistungserstellung die Integration eines spezifischen Kundenproblems und damit verbundener Lösungsansätze den Ausgangspunkt für die Entwicklung kundenindividueller Technologien liefert (s. *Abbildung*). Je nachfragerindividueller bzw. einzelkundenbezogener die Problemlösungen gestaltet werden sollen, desto mehr verschmilzt der Wertschöpfungsprozess des Anbieters mit dem Nutzungs- oder Konsumtionsprozess des Nachfragers.

Zentrale Aufgabe der Customer Integration ist es, die gemeinsame Produktionstätigkeit von Anbieter und Kunde so zu gestalten, dass die → Kundenintegration störungsfrei, kostengünstig und reibungslos verläuft. Hierzu muss zunächst – sowohl beim Anbieter als auch beim Nachfrager – Transparenz darüber herrschen, wie und wo der Kunde bei der Leistungserstellung mitwirkt bzw. mitwirken kann. Eine Methode zur Identifikation von Ansatzpunkten der Customer Integration stellt das Blueprinting (→ Critical Incident Technique) dar.

Problematisch ist bei diesem Integrationsprozess die mangelnde Prozessevidenz auf der Nachfragerseite, da der Knunde oftmals nicht weiß, was er tun kann, um die Problemlösung zu optimieren und sie bestmöglich an seine Wünsche und Vorgaben anzupassen. Somit ist es Aufgabe des Anbieters im Customer-Integration-Prozess, dem Kunden so gut es geht aufzuzeigen, wie er sich bzw. "seine" externen Faktoren in den Leistungserstellungsprozess des Anbieters einbringen muss und kann. Grundvoraussetzung für erfolgreiche Customer Integration sind ausreichende Leistungspotenziale auf Anbieterseite, um den Kunden effektiv und effizient in den Wertschöpfungsprozess integrieren zu können. R.Wei./M.Web.

Literatur: *Kleinaltenkamp, M.; Fließ, S.; Jacob, F.* (Hrsg.): Customer Integration, Wiesbaden 1996. *Weiber, R.*: Der virtuelle Wettbewerb, Wiesbaden 2000.

Customer Relationship Management (CRM)

ist eine Methode des → Beziehungsmarketing und bezeichnet die aktive und systematische Analyse, Planung, Gestaltung und Kontrolle der Kundenbeziehung im Rahmen des ganzheitlichen Beziehungsmanagement und auf der Basis eines umfassenden elektronischen Informations- und Entscheidungssystems. Es integriert innovative,

	Ausmaß der Customer Integration →		
	Massengeschäft	**Mass Customization**	**Individuelle Leistungserstellung**
Ausmaß der Integration	gering	mittel	hoch
Art der Integration	Produktbeschreibung	Produktbeschreibung Anwendungsdefinition	Problemdefinition Lösungsansatz
Leistungsergebnis	fertige Standardprodukte	anwendungsbezogene Lösungen	individuelle Problemlösungen
technologische Basis	erprobte Standardtechnologien	neuartige Kombination von Standardtechnologien	kundenindividuelle Technologien, neuartige Kombination von Standardtechnologien

Customer Relationship Management (CRM)

meist auf die individuelle Ansprache basierende Informations- und Aktionsinstrumente und unterstützt den Aufbau einer langfristigen Kundenbeziehung *abteilungsübergreifend für alle kundenbezogenen Prozesse* über verschiedene Absatz- und Interaktionskanäle.

Im Rahmen der Informationsinstrumente erlaubt das CRM die IV-gestützte Sammlung, Verarbeitung und Auswertung von Kundeninformationen (→ Database-Marketing). Dies umfasst die Erfassung impliziter und expliziter Daten. Implizite Daten sind Beobachtungsdaten, die aus elektronischen Interaktionen, die z.B. auf der Web-Site oder an einem Kundenterminal gesammelt wurden. Bei diesem Vorgang spricht man auch von *User-Tracking* (→ Tracking). Explizite Daten sind Informationen aus der direkten Befragung, wie z.B. in einem → Call Center, durch den Außendienst oder das Verkaufspersonal, ein Direkt-Mailing mit Antwortkarte oder über ein Formular auf einer Web-Site (→ adressierte Werbesendung).

Auf der Aktionsseite unterstützt das CRM mit den bereitgestellten Informationen das an den Kundenproblemen und -prozessen ausgerichtete systematische Kundenmanagement über den gesamten → Kundenlebenszyklus und über alle Unternehmensbereiche. Das ganzheitliche Informations- und Entscheidungssystem bietet die Grundlage für die Entwicklung von Strategien zur differenzierten Kundenansprache und dem Angebot von kundenindividuellen Leistungspaketen und integriert alle IV-gestützten Maßnahmen kundenorientierter → Direktmarketing-Strategien, wie z.B. klassische Direktmailings, aktives und passives Telefonmarketing, Computer-Aided Selling und kundenindividuelles Online Marketing (→ e-CRM). Die integrierte Rückkoppelung der Informationen aus den Aktionen bietet wiederum automatische Kontrollmechanismen, welche die angewendeten Analysemethoden auf Basis der gewonnenen Kundeninformation sukzessiv überprüft und anpasst.

Damit kann CRM als Kreislauf aufgefasst werden, in welchem zunächst die Kenntnis (*„Analyse & Identifizierung"*) der bestehenden Kunden im Mittelpunkt steht. Das CRM unterstützende IV-System integriert die Daten in einer zentralen Datenhaltung (zumeist ein → Data Warehouse) und ermittelt kundenspezifische Profile und Zuordnungen zu definierten Kundensegmenten. Dabei kommen traditionelle, mehrdimensionale Verfahren der Konsumentenforschung sowie neuere analytische Verfahren des → Data Mining zum Einsatz. Diese erlauben auf der Basis bestehender Kundendaten etwa Aussagen über die Kundenprofitabilität, Präferenzmodelle sowie Wechselwahrscheinlichkeiten (→ Churnrate). Die größten Probleme entstehen hier oftmals bei der Aggregierung von Kundendaten von unterschiedlichen Datenbesitzern bzw. von Datenbeständen ohne einheitliche Zuordnungsmöglichkeiten durch Fehlen gleicher Entitäten in unterschiedlichen Datenbeständen (Key Identifier).

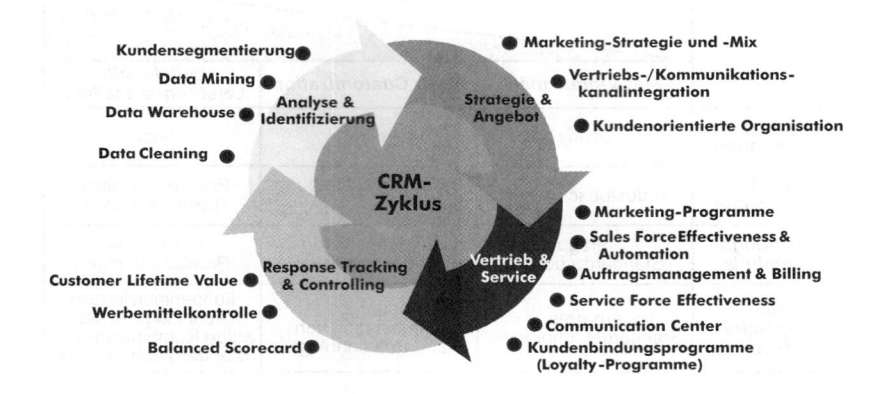

Aufbauend auf der Markt- und Kundenkenntnis können spezifische Kundenangebote entwickelt werden (*„Strategie & Angebot"*). Im Fokus steht hier die Entwicklung der Marktstrategie sowie die Integration unterschiedlicher Vertriebs- und Kommunikationskanäle. Die Entwicklung spezifischer Kundenangebote erfordert in aller Regel die unmittelbare Anpassung der bestehenden Organisationsstrukturen und Prozesse durch Reorganisationen und Schulungen, was als „kundenorientierte Organisation" umschrieben werden kann.

Die Umsetzung der Konzepte erfolgt in „*Vertrieb & Service*" unter Einbeziehung sämtlicher Kundenschnittstellen. Der Abschluss des eigentlichen Verkaufsvorgangs wird mit der Integration der Auftrags- und Kundendaten in die bestehenden Auftragsmanagement- und Fakturierungssysteme realisiert. Dienstleistungen nach Abschluss des eigentlichen Verkaufsvorganges umfassen Kundenbindungsprogramme, Maßnahmen zur Steigerung der Effektivität der Serviceorganisation oder auch Communication Center (→ Nachkaufmarketing). Unter *Communication Centern* werden die um Internet-Anwendungen erweiterten Call Center verstanden. Im Idealfall übernimmt der Call Center Agent Internet-basiert bei Rückfragen des Kunden die gerade betrachtete Web-Site und ergänzt diese gemeinsam mit dem Kunden um ggf. noch fehlende Informationen oder beantwortet Rückfragen (sog. *Browser Sharing*). Die → Kundenbindung beinhaltet neben den klassischen Kundenbindungsprogrammen wie Treuepunkten ebenso Web-spezifische Bindungsmaßnahmen wie Online-Communities.

Im Anschluss an die Umsetzung in Vertrieb und Service erfolgt die Kontrolle („*Response Tracking & Controlling*") der eingeleiteten Maßnahmen, etwa durch Errechnung des Wertes des Kunden über die gesamte Kundenbeziehung (sog. *Customer Lifetime Value*) oder durch Bewertung im Rahmen *eines Balanced Scorecard-Verfahrens*. Die Kontrolle erlaubt die Bündelung aller Erfahrungen innerhalb des Kreislaufs sowie die Planung weitergehender Maßnahmen.

Das CRM repräsentiert damit eine Anwendung und IV-gestützte Implementierung der Prinzipien des Beziehungsmarketings auf die Kundenbeziehung mit dem Ziel der permanenten Steigerung der Kundenbindung und der optimalen Abschöpfung des Kundenwertes über den gesamten Kundenlebenszyklus.
R.St.

Literatur: *Pine, J.; Peppers, R.; Rogers, M.:* Do you want to keep your customers forever?, in: Harvard Business Review, Nr. 3–4 (1995), S. 103–104. *Seybold, P. B.:* Customers.com. How to create a profitable business strategy for the Internet and beyond, New York 1998. *Strauß, R.; Schoder, D.:* e-Reality 2000 – Electronic Commerce von der Vision zur Realität. Status, Entwicklung, Problemstellungen, Erfolgsfaktoren sowie Management-Implikationen des Electronic Commerce, Frankfurt 2000.

Cybergeld → Elektronisches Geld

D

DAB (Digital Audio Broadcasting)

ist die Bezeichnung für ein digital ausgestrahltes Radioprogramm, für dessen Empfang spezielle Endgeräte benötigt werden. Dabei können neben Musik und Sprache in CD-Qualität auch Bilder und Texte übertragen werden. Zum DAB laufen derzeit verschieden Pilotprojekte in Deutschland, die zum Beispiel Staumeldungen und Umleitungsempfehlungen verknüpfen.

Dachmarke → Markenpolitik

Dachmarkenaktionen

sind Aktionen der konsumentengerichteten → Verkaufsförderung, an denen mehrere Produkte, die unter einer Dachmarke (→ Markenpolitik) geführt werden, beteiligt sind. Beispielsweise könnte die Beiersdorf AG eine gemeinsame Aktion für die unter der Dachmarke NIVEA vermarkteten Produkte NIVEA Creme, NIVEA Visage und NIVEA Duschprodukte veranstalten. Gegenüber getrennten Aktionen für einzelne Produktgruppen besteht der Vorteil beispielsweise darin, dass durch größere → Zweitplatzierungen eine höhere Aufmerksamkeit erreicht und durch gebündelte Aktionswerbung Kosten gespart werden.

K.G.

DAGMAR-Formel

ein im Buch von *Russell H. Colley* mit dem Titel „Defining Advertising Goals for Measured Advertising Results" entwickeltes → Werbewirkungsmodell, das die Stufen Schaffung von Bekanntheit, Erzeugung von Einsicht (comprehension) in den Nutzen eines Werbeobjektes, Entwicklung der Überzeugung (conviction), dem Inhalt der Werbebotschaft Folge zu leisten, sowie schließlich die „Tat" (action), i.d.R. den Kauf des Produktes, unterscheidet.

DAR-Test → Day-After-Recall-Test

Database → Kundendatenbank

Database-Marketing

ist ein Teil des → Direktmarketing und bezeichnet ein Marketing auf der Basis kundenindividueller, in einer Datenbank gespeicherter Informationen. Ziele und Entstehungsgründe stimmen grundsätzlich mit denen des → Direktmarketing und des → Dialogmarketing überein. Die *Besonderheit* des Database-Marketing liegt in der außerordentlichen Steigerung der Zielgenauigkeit, mit der – auch in Massenmärkten – den richtigen Kunden zum richtigen Zeitpunkt ein maßgeschneidertes Informations- oder Leistungsangebot gemacht werden kann.

Die *Selektion* der richtigen Kunden beruht dabei auf einer sehr genauen → Kundenanalyse, die sich heute der ausgefeiltesten Methoden bedient. Diese sorgfältige Evaluation aller Merkmale des Einzelkunden ist die Basis für alle weiteren Aktivitäten im Rahmen des Database-Marketing und sollte auch einen zentralen Aspekt im → Beziehungsmarketing darstellen. Denn auch in Märkten, in denen das Produkt selbst nur in standardisierter Form vorliegt, kann ein Interesse bestehen, den Markt bis auf die Ebene des einzelnen Kunden zu segmentieren (→ Marktsegmentierung). So ist bspw. die Identifikation von Groß-/Intensivverwendern, deren Nachfragepotenzial besondere Verkaufsanstrengungen rechtfertigt, für alle Unternehmen von grundsätzlichem Interesse. Das Nachfragepotenzial umfasst dabei auch den Teil der Nachfrage, der bei Konkurrenzanbietern gedeckt wird. Dieses Nachfragepotenzial bestimmt zusammen mit anderen Bewertungskriterien die Investitionswürdigkeit der einzelnen Kunden (→ Kundenwert). Gleichzeitig erlaubt es die Berechnung des eigenen Marktanteils beim Einzelkunden (→ Kundendurchdringungsrate). Ebenso ist hinsichtlich der weiteren Gestaltung von Kundenkontakten eine differenzierte Ansprache von Stammkunden (→ Einkaufsstättentreue), Erstkäufern oder bisherigen Nicht-Kunden erforderlich.

Database-Marketing

Gerade im Hinblick auf die Kommunikation mit dem Kunden ist die mögliche Bedeutung einer → *Individualisierung* hervorzuheben: Ob, wann und auf welche Weise ein Unternehmen mit einem bestimmten Informations-, Service- oder Leistungsangebot auf einen (potenziellen) Kunden zugeht, sollte im Idealfall unter Berücksichtigung aller kundenspezifischer Besonderheiten entschieden werden. Die spezifischen Besonderheiten der interessierenden – aktuellen oder potenziellen – Kunden müssen also zunächst einmal erfasst werden. Auf einer "database" (→ Kundendatenbank) werden für jeden Einzelkunden alle Informationen gespeichert, die für die Marketingaktivitäten gegenüber diesem jeweiligen Kunden von Bedeutung sein können.

Die *Abfolge* dieser Marketingaktivitäten des Database-Marketing kann, wie die *Abb.* verdeutlicht, im Prinzip als Regelkreis aufgefasst werden. Auf die Analyse- bzw. Bewertungsphase folgen die Planungs- und Kontrollphase; die gewonnenen Reaktionsdaten (→ Reaktionselastizität) dienen dazu, die database anzureichern, das Modell des Kunden zu verfeinern und damit den nächsten Aktionszyklus im Regelkreis auf eine noch erfolgsträchtigere Grundlage zu stellen.

Die auf der Grundlage der Kundendatenbank geplanten Maßnahmen beziehen sich grundsätzlich auf alle Instrumente des Marketing-Mix. Die jeweilige Gestaltung der Marketingmaßnahmen wird in ihrer Art, Häufigkeit und Intensität – vor dem Hintergrund der dabei anfallenden Kontakt- und Individualisierungskosten – von der Investitionswürdigkeit des jeweiligen Kunden abhängig gemacht. Im Folgenden seien beispielhaft Ansatzpunkte für die kundenindividuelle Ausgestaltung des Marketing-Mix aufgezeigt:

Im Rahmen der *Produkt- und Sortimentsgestaltung* erlaubt die Datenbasis in bestimmten Branchen, in denen entsprechende (Experten-)Systeme vorliegen oder sich in der Entwicklung befinden (Versicherungen, Finanzierung, Finanzanlage, Wohnungsbau, Großmaschinen, EDV-Anlagen usw.), eine automatische, kundenindividuelle Produktanpassung. In vielen Branchen muss die Produktindividualisierung aber auf ausgesuchte, besonders wichtige Kunden (Großabnehmer) beschränkt bleiben, insbesondere dann, wenn die Anfertigung von Sonder-

Aufgabeninhalte und Funktionselemente des Database-Marketing

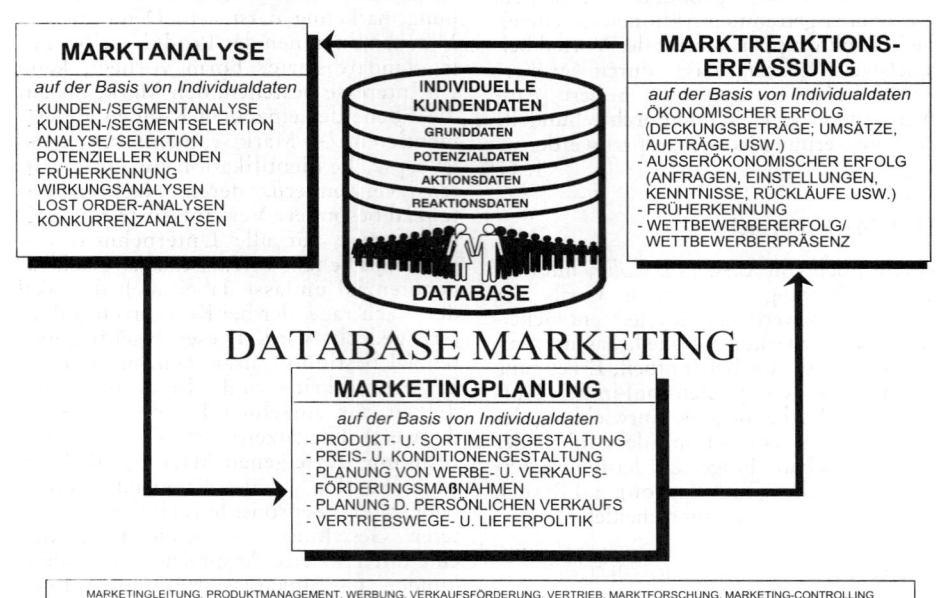

DATABASE MARKETING

MARKTANALYSE
auf der Basis von Individualdaten
- KUNDEN-/SEGMENTANALYSE
- KUNDEN-/SEGMENTSELEKTION
- ANALYSE/ SELEKTION POTENZIELLER KUNDEN
- FRÜHERKENNUNG
- WIRKUNGSANALYSEN
- LOST ORDER-ANALYSEN
- KONKURRENZANALYSEN

INDIVIDUELLE KUNDENDATEN
- GRUNDDATEN
- POTENZIALDATEN
- AKTIONSDATEN
- REAKTIONSDATEN

MARKTREAKTIONS-ERFASSUNG
auf der Basis von Individualdaten
- ÖKONOMISCHER ERFOLG (DECKUNGSBETRÄGE; UMSÄTZE, AUFTRÄGE, USW.)
- AUSSERÖKONOMISCHER ERFOLG (ANFRAGEN, EINSTELLUNGEN, KENNTNISSE, RÜCKLÄUFE USW.)
- FRÜHERKENNUNG
- WETTBEWERBERERFOLG/ WETTBEWERBERPRÄSENZ

MARKETINGPLANUNG
auf der Basis von Individualdaten
- PRODUKT- U. SORTIMENTSGESTALTUNG
- PREIS- U. KONDITIONENGESTALTUNG
- PLANUNG VON WERBE- U. VERKAUFSFÖRDERUNGSMAßNAHMEN
- PLANUNG D. PERSÖNLICHEN VERKAUFS
- VERTRIEBSWEGE- U. LIEFERPOLITIK

MARKETINGLEITUNG, PRODUKTMANAGEMENT, WERBUNG, VERKAUFSFÖRDERUNG, VERTRIEB, MARKTFORSCHUNG, MARKETING-CONTROLLING

(Quelle: *Link/Hildebrand*, 1993, S. 45)

oder gar Exklusivvarianten eines an sich standardisierten Produktes einen nicht unerheblichen Aufwand mit sich bringt. Die Merkmalsprofile der Kunden können im Übrigen auch für die Auslotung von → Cross Selling-Chancen genutzt werden und eröffnen dem Unternehmen gegebenenfalls die Möglichkeit einer → Diversifikation.

Hinsichtlich der *Preis- und Konditionengestaltung* bietet sich insbesondere die Abspeicherung abnehmerindividueller Zahlungskonditionen an, wie dies in vielen Unternehmen seit längerer Zeit bereits erfolgt, da hierbei häufig eine Vielzahl von unterschiedlichen Rabattarten gleichzeitig zu berücksichtigen ist. Durch die zahlreichen zusätzlich abgespeicherten Kundenmerkmale und die generell zunehmende Individualisierung des Marketing-Mix im Rahmen des Database-Marketing ist eine Tendenz hin zu einer noch stärker einzelfallbezogenen Preis- und Konditionengestaltung zu erwarten. So beziehen bspw. Systeme des → Yield-Management spezifische Nachfrage-/Kapazitäts-Relationen bei der Erstellung von preislich stark reduzierten Sonderangeboten ein.

Dem Bereich des *Kommunikations-Mix* sind die weitaus meisten der in der Literatur dargestellten Anwendungsfälle zuzuordnen. U.a. kommen folgende → adressierte Werbesendungen und Kommunikationsmittel zum Einsatz: → Werbebriefe jeder Art, → Prospekt/Katalog, → Telefon, Einladung zu Informations-, Vortrags- oder Seminarveranstaltungen, Angebot zu einem Produkttest, → Kundenzeitschrift und Clubmitteilungen. Art und Häufigkeit sowie Zeitpunkt der Ansprache des einzelnen Kunden erfolgt gemäß der Einstufung bzw. Bewertung des Kunden aufgrund seiner individuellen Merkmale, die sich im Zeitablauf natürlich immer wieder verändern können. So steht außer Frage, dass die Ansprache von Nachfragern, die bislang keine Kenntnis vom eigenen Unternehmen bzw. Angebot hatten, anders erfolgen muss als von solchen, die bereits ein konkretes Produktinteresse bekundet haben; Erstkäufer wiederum sind u.U. anders anzusprechen als Stammkunden. Kunden, die wiederholt Käufe mit hohem Auftragswert getätigt haben und zudem ein akzeptables Reklamations- und Zahlungsverhalten aufweisen, sollten mit aufwendigeren Aktionen (z.B. teure Kataloge, Einladung zu Veranstaltungen, Testangebote) angesprochen werden als der Durchschnitt. Die erhöhte Zielgenauigkeit der Ansprache dürfte im Übrigen einen Trend weg von Universalkatalogen hin zu Spezial- und Individualprospekten erwarten lassen.

Im *Distributions-Mix* muss der persönliche Verkauf als relativ teueres Marketing-Instrument besonders sorgfältig geplant werden. Dies gilt zum einen für die Frage, welche Kunden es überhaupt „wert" erscheinen lassen, von einem Außendienstmitarbeiter aufgesucht zu werden; daraufhin sind Besuchsdauer und -häufigkeit individuell festzulegen. Des Weiteren ist jeweils zu prüfen, in welcher Phase des Aktions-Reaktionszyklus der Einsatz des Außendienstes angemessen erscheint. Es sollte dabei nicht übersehen werden, welchen besonderen zusätzlichen Wert der Außendienst für die Erfassung eines breiten Spektrums von Reaktions- und Potenzialdaten hat. Ebenfalls in Abhängigkeit von der wirtschaftlichen Bedeutung der einzelnen Kunden können Lieferzeiten individuell festgelegt werden; insbesondere im Falle von Lieferengpässen sollten kundenspezifische Prioritätswerte die Reihenfolge der Auftragsausführung regeln.

Umfangreiche empirische Untersuchungen haben gezeigt, dass sowohl Großunternehmen wie auch mittelständische Betriebe in hohem Maße Gebrauch von Database-Marketing machen, dabei allerdings je nach Branche und Professionalität unterschiedlich vorgehen. J.Li.

Literatur: *Link, J.; Hildebrand, V.:* Database-Marketing und Computer Aided Selling, München 1993. *Link, J.; Hildebrand, V.:* Verbreitung und Einsatz des Database-Marketing und CAS, München 1994. *Link, J.; Hildebrand, V.:* EDV-gestütztes Marketing im Mittelstand, München 1995. *Link, J.; Brändli, D.; Schleuning, C.; Kehl, R.E.* (Hrsg.): Handbuch Database-Marketing, 2. Aufl., Ettlingen 1997. *Kehl, R.E.:* Controlling mit Database-Marketing, Ettlingen 2000.

Data-Mall → Data Warehouse

Data Mining (DM)

umfasst die automatische Identifikation nicht trivialer, aber dennoch interpretierbarer Zusammenhänge zwischen zwei oder mehr Variablen in großen Datenmengen und stellt einen zentralen Schritt im *„Knowledge Discovery in Databases"*-Prozess (kurz: KDD-Prozess) dar. Dabei steht die explorative Analyse der Daten im Vordergrund. Die Abgrenzung zur traditionellen

→ Multivariatenanalyse, in der zum Teil identische Methoden (z.B. Clusteranalyse) eingesetzt werden, ergibt sich aus der Perspektive, die dem jeweiligen Forschungsansatz zugrunde liegt. Traditionellerweise wird an die Datenanalyse – vereinfacht ausgedrückt – die auf substanziell begründete Hypothesen gestützte Aufgabe gestellt „Zeige, was im vorliegenden Kontext interessant ist!" (Top down-Ansatz). Die Aufgabe an das Data Mining kann hingegen durch die Maxime „Finde heraus, was interessant ist!" umschrieben werden (Bottom up-Ansatz). Der zuletzt genannte Ansatz bietet zwar aufgrund des theorielos anmutenden „Buddelns in der Datenmine" einerseits durchaus Ansatzpunkte für Kritik, er ermöglicht jedoch andererseits durch die explorative Vorgehensweise die Aufdeckung bisher nicht beachteter bzw. bekannter Zusammenhänge. Darüber hinaus eignet er sich gerade auch für die Auswertung von Datenbeständen mit sehr vielen Variablen, bei denen die Formulierung expliziter Hypothesen in Bezug auf die möglichen Variableninteraktionen komplexitätsbedingt aussichtslos erscheint.

Wesentliches Ziel des DM ist somit die Identifikation von *Mustern* in den vorliegenden Daten, um auf dieser Grundlage dann beispielsweise zukünftige Werte zu prognostizieren. Dazu sind Aufgaben der → Klassifikation (s.a. → AID) bzw. Segmentierung (→ Clusteranalyse) sowie der → Assoziationsanalyse zu bewältigen. Ein typisches Beispiel für eine entsprechende Klassifikationsaufgabe ist die Partitionierung potenzieller Kundenkreise entsprechend der Lukrativität unterschiedlicher Verkaufsförderungsmaßnahmen. Weitere in der Literatur dokumentierte DM-Anwendungen entstammen u.a. der Kreditwirtschaft (z.B. die Entscheidungsunterstützung bei Bonitätsfragen im Rahmen der Kreditvergabe oder die frühzeitige Aufdeckung von Kreditkartenmissbräuchen) sowie dem → Direktmarketing (z.B. die Selektion von Kundenadressen für gezielte Mailing-Aktionen). Assoziationsanalysen können z.B. die Untersuchung der Affinität der Käufer eines bestimmten Produktes zum Kauf anderer Produkte zum Gegenstand haben. Die damit korrespondierende Warenkorbanalyse kann sogar als Paradebeispiel eines Anwendungsgebietes von DM im Marketingkontext gesehen werden. Als fast schon „klassisches" Szenarium wird in der Literatur der gemeinsame Kauf von Windeln und Bier durch Väter, die beim Einkauf von Babyutensilien offensichtlich auch sich selbst etwas Gutes tun wollen, angeführt. Nichttriviale Verbundbeziehungen dieser Art dürften auf dem Wege der statistischen Prüfung a priori formulierter Forschungshypothesen nur schwer zu identifizieren sein. Der im Rahmen eines entsprechenden KDD-Prozesses gefundene Zusammenhang erfüllt auch die eingangs genannte Forderung nach einer sinnvollen Interpretierbarkeit.

Wird eine Bezugsvariable im DM extern vorgegeben, so bezeichnet man den resultierenden KDD-Prozess als „gelenkt", anderenfalls als „ungelenkt". Um die Aufgaben im Rahmen von Klassifikation und Assoziationsanalyse zu bewältigen, werden unterschiedliche DM-Ansätze, wie z.B. Assoziationsregeln, → Clusteranalysen, → Diskriminanzanalysen, Entscheidungsbäume und → neuronale Netze eingesetzt. Eine umfassende Systematisierung von Verfahren und korrespondierenden Anwendungen erscheint derzeit allerdings noch nicht sinnvoll, da laufend neue Vorschläge zur Diskussion gestellt werden. In vielen Fällen ist überdies der kombinierte Einsatz mehrerer Verfahren angebracht. Da bei der skizzierten Vorgehensweise Scheinkorrelationen im Vorhinein nicht gänzlich auszuschließen sind, empfiehlt es sich, aus einer großen Datenbasis mehrere disjunkte Stichproben zu ziehen, um die gewonnenen DM-Resultate zu validieren oder gegebenenfalls auch zu falsifizieren. Neben „klassischen" Datengrundlagen (wie z.B. POS-Scannerdaten) können DM-Prozesse natürlich auch auf den mehrdimensionalen Datengrundlagen eines betrieblichen → Data Warehouse gestartet werden. Einschlägige Software hierfür ist durch kommerzielle Anbieter verfügbar, beispielsweise in Form des IBM-*Intelligent Miner* und des SAS-*Enterprise Miner*.

R.D./R.Wa.

Literatur: *Fayyad, U.M.; Piatetsky-Shapiro, G.; Smyth, P.*: From Data Mining to Knowledge Discovery: An Overview, in: *Fayyad, U.M.; Piatetsky-Shapiro, G.; Smyth, P.; Uthurusamy, R.* (Eds.): Advances in Knowledge Discovery and Data Mining, Cambridge 1996. *Gaul, W.; Schader, M.*: Data Mining: A New Label for an Old Problem?, in: *Gaul, W.; Schader, M.* (Hrsg.): Mathematische Methoden der Wirtschaftswissenschaften, Heidelberg 1999. *Decker, R.; Wagner, R.; Knauff, N.*: Data Warehouse – Ein Instrument für Marktforschung und Management?, in: Marktforschung & Management, Jg. 42 (1998), Nr. 5, S. 172–176.

Datawarehouse → Data Warehouse

Data Warehouse (DW)

im engeren Sinne eine Datenbank zur Speicherung subjektorientierter, integrierter, nicht volatiler, zeitbezogener Daten eines Unternehmens. Die Datenspeicherung erfolgt zusätzlich zum Datenbestand in den operativen Systemen des Unternehmens, sodass anstelle einer Änderung der Daten durch Geschäftsprozesse sukzessive neue Daten in den Bestand aufgenommen werden können. Dies ermöglicht zeitraumbezogene, dynamische Betrachtungen statt zeitpunktbezogener „Schnappschüsse", wie sie für Auswertungen der Daten operativer Systeme typisch sind. In einem etwas weiter gefassten Begriffsverständnis umschreibt der Begriff des Data Warehouse die systematische Ansammlung historischer Daten sowie Instrumente zu deren Aufbereitung, Verdichtung und Auswertung. Durch die Integration der Daten verschiedener operativer Systeme sowie „externer" Quellen (z.B. Marktstudien oder Internet) ermöglicht die durch das Data Warehouse realisierte Datenbereitstellung die Befriedigung unterschiedlichster Informationsbedürfnisse in den Unternehmen.

Zur Datenmodellierung wird z.B. das *„Stern"-Schema* bzw. Erweiterungen desselben („Snowflake"-Schema, „Galaxy"-Schema) vorgeschlagen. Den Kern der Modellierung mit dem „Stern"-Schema stellt eine so genannte *Fakttabelle* dar, um die herum so genannte *Dimensionstabellen* angeordnet werden. Die Fakttabelle enthält qualifizierende Attribute der abgelegten Objekte, wie beispielsweise produktbezogene Verkaufszahlen oder Marktanteile. Eine Zuordnung zu einzelnen Verdichtungsstufen („Granularität"), wie z.B. Verkaufsgebieten oder Zeiträumen, erfolgt anhand der Dimensionstabellen. Die Daten können auf diese Weise in einem *„Datenwürfel"* in nicht vollständig normalisierter Form gespeichert werden. Bedingt durch die objektbezogene Datenmodellierung (im Gegensatz zur funktions- oder geschäftsprozessbezogenen Repräsentation in operativen Systemen) erlaubt das Data Warehouse

– kurze Antwortzeiten auch bei großen Datenvolumina,
– unternehmensweite Datenzugriffe auf einem dem jeweiligen Informationsbedürfnis entsprechenden Aggregationsniveau,
– die Einbindung unternehmensexterner Daten sowie
– die visuelle Präsentation der Resultate einer Systemkonsultation.

Um diesem Anspruch gerecht werden zu können, müssen die Daten aus unterschiedlichen Systemen zweckorientiert aufbereitet und nach einer entsprechenden Konsistenzprüfung vor weiteren Manipulationen im Zuge einzelner Abfragen geschützt werden.

Zur Datenexploitation können – wie dem in der *Abb.* dargestellten schematischen Aufbau eines Data Warehouse zu entnehmen ist

Schematischer Aufbau eines Data Warehouse

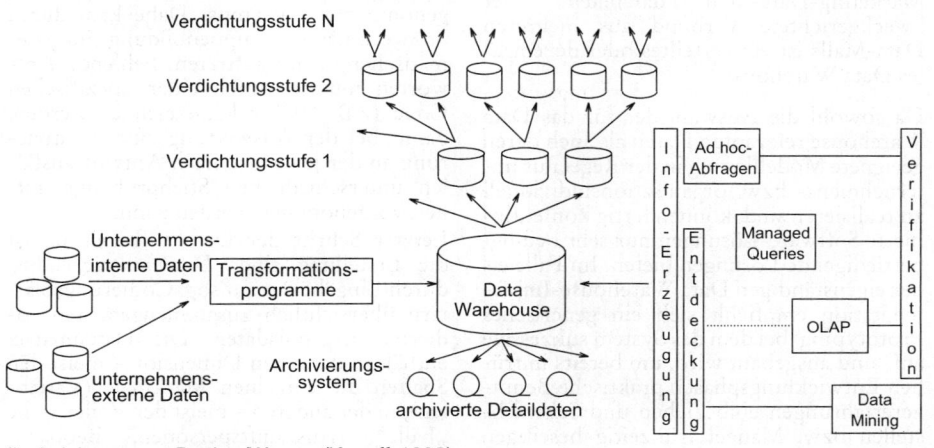

(In Anlehnung an *Decker/Wagner/Knauff*, 1998)

Datenanalyse

– Werkzeuge unterschiedlicher Funktionalität eingesetzt werden. Ad hoc-Abfragen und so genannte Managed Queries korrespondieren dabei mit den konventionellen Möglichkeiten der Datenbankabfrage. Das → On-Line Analytical Processing (OLAP) ermöglicht die Navigation des Benutzers in höherdimensionalen Datenstrukturen sowie den Wechsel der Aggregationsebene. Während also in konventionellen Datenbankabfragen bzw. in Ad hoc-Abfragen und Managed Queries der Abfragegegenstand vom Benutzer vorab spezifiziert werden muss, können durch das OLAP auch komplexere Zusammenhänge benutzergesteuert transparent gemacht werden. Die → Data Mining-Verfahren schließlich dienen der mehr oder weniger automatisiert ablaufenden Identifikation nicht trivialer (im Vorhinein vielleicht noch nicht einmal vermuteter) Zusammenhänge zwischen zwei oder mehr Variablen.

Die Datensammlung, -transformation und -modellierung im Data Warehouse in Verbindung mit dem Einsatz von Data Mining-Verfahren und anschließender inhaltlicher Aufbereitung der Resultate charakterisieren den sogenannten „Knowledge Discovery in Databases"-Prozess (KDD-Prozess).

Ein Data Warehouse kann Daten zu allen Funktionen und aus allen Abteilungen bzw. Geschäftseinheiten eines Unternehmens beinhalten. Kleinere abteilungs- oder funktionsspezifische Lösungen werden auch als *Data-Mall* bezeichnet. So können beispielsweise marketingrelevante Single Source-Daten die Grundlage für eine entsprechende Marketing-Data-Mall darstellen. Der zweckgerichtete Verbund aus mehreren Data-Malls ist ein verteiltes oder dezentrales Data Warehouse.

Da sowohl die Auswahl der für das Data Warehouse relevanten Daten als auch deren geeignete Modellierung in der Regel nur unternehmens- bzw. organisationsindividuell zu realisieren sind, können fertig konfektionierte Software-Lösungen nur sehr bedingt befriedigende Lösungen bieten. Im Falle einer eigenständigen Data Warehouse-Implementation empfiehlt sich ein generisches Prototyping, bei dem das System sukzessive auf- und ausgebaut wird, um bereits in frühen Entwicklungsphasen praktische Benutzererfahrungen einbeziehen und Schwachstellen bzw. Mängel frühzeitig beseitigen bzw. korrigieren zu können. R.D./R.Wa.

Literatur: *Chamoni, P.; Gluchowski, P.* (Hrsg.): Analytische Informationssysteme: Data Warehouse, On-Line Analytical Processing, Data Mining, Berlin 1998. *Decker, R.; Wagner, R.; Knauff, N.:* Data Warehouse – Ein Instrument für Marktforschung und Management?, in: Marktforschung & Management, Jg. 42 (1998), Nr. 5, S. 172–176.

Datenanalyse

Teilprozess und -aufgabe der → Marktforschung, bei dem die meist im Wege der → Primärforschung erhobenen Daten formal und statistisch aufbereitet werden. Die formale Aufbereitung umfasst zunächst die *Rücklaufkontrolle,* bei der die Urdatenträger (Fragebogen, Beobachtungsprotokolle etc.) auf Vollständigkeit und Plausibilität, ggf. auch auf Fälschungen (→ Interviewereinfluss) hin überprüft werden. Nach Feststellung der → Ausschöpfungs- bzw. → Ausfallquote bei Stichprobenerhebungen muss ggf. über eine Nachbefragung entschieden werden.

Zweite Teilaufgabe im Rahmen der Datenaufbereitung ist die *Verschlüsselung* der Daten, die insb. der elektronischen Auswertung der Daten dient. Dabei wird den einzelnen Ausprägungen aller Variablen ein spezifischer Code zugewiesen. Das entsprechende Schema heißt Codeplan. Der Codeplan enthält auch Angaben darüber, an welcher Stelle der elektronisch gespeicherten Datensätze die jeweilige Variable zu finden ist und welches Skalenniveau sie aufweist. Schwierigkeiten bereitet die Codierung insb. bei offenen Fragen und qualitativen Merkmalen, bei denen i.d.R. eine Klassifizierung inhaltlich ähnlicher Antworten vorgenommen werden muss. Dabei kann durch unzweckmäßige Gruppenbildung ein systematischer Fehler auftreten. Fehlende Antworten müssen durch einen spezifischen Code (z.B. "9") gekennzeichnet werden, damit bei der Auswertung eine Relativierung an jeweils je nach Antwortausfällen unterschiedlichen Stichprobengesamtheit vorgenommen werden kann.

Letzter Schritt der Datenaufbereitung ist die Erstellung einer *Datenmatrix,* i.d.R. durch Eingabe der auf sog. Codierungsblättern übersichtlich zusammengefassten codierten Ergebnisdaten. Die Datenmatrix enthält in der einen Dimension – meist den Spalten – die einzelnen Merkmale (Variablen), in der anderen – meist den Zeilen – die „Fälle" (Auskunftspersonen, Beobachtungsobjekte etc.). Die Fälle werden dabei

durchnummeriert und können für entsprechende Auswertungen schon a priori ganz bestimmten Untergruppen zugewiesen werden.
Bei teilcomputergestützten Befragungen entfällt ein Teil dieser Datenaufbereitungsaufgaben und die mit ihnen verbundenen Fehlerquellen. Trotzdem wird es auch dort notwendig sein, eine Plausibilitätskontrolle der Datenmatrix, z.B. im Hinblick auf die Einhaltung der Codespanne, durchzufahren, was in statistischen Programmpaketen (s.u.) auch maschinell durchgeführt werden kann.
Die *statistische Aufbereitung* der Daten als zweiter Bereich der Datenanalyse lässt sich unter methodischen Gesichtspunkten in uni-, bi- und multivariate Analysen differenzieren. *Univariate Verfahren* begnügen sich mit der Analyse einer Variablen und deren Ausprägungen. Über alle Untersuchungsfälle hinweg ergibt sich dabei eine → Häufigkeitsverteilung, die durch Berechnung von → Mittelwerten und → Streuungsmaßen komprimiert charakterisiert werden kann. Ziel der Datenanalyse ist hier also insb. eine → Datenverdichtung.
Bei den bivariaten Analysen wird dagegen durch Verknüpfung von zwei Merkmalen bereits der Versuch unternommen, Ähnlichkeiten zwischen Merkmalen und/oder Objekten sowie Zusammenhänge in Form von Korrelationen oder Abhängigkeiten zu entdecken (→ explorative Forschung) bzw. zu überprüfen (→ Inferenzstatistik). Als wichtigste Analysemethoden bieten sich hier die → Kreuztabellierung, die → Korrelationsanalyse sowie die (einfache) → Regressionsanalyse an.
Im Rahmen der → Inferenzstatistik wird insb. auf die (einfache) → Varianzanalyse zurückgegriffen. Im Rahmen der → Multivariatenanalyse werden in ähnlicher Untersuchungsabsicht wie bei der bivariaten Analyse drei oder mehr Variablen hinsichtlich ihrer inneren strukturellen Zusammenhänge analysiert. Dabei lassen sich Dependenz- und Interdependenzanalysen unterscheiden. Bei Dependenzanalysen wird der Einfluss mindestens einer unabhängigen (erklärenden) Variablen auf eine abhängige (zu erklärenden) Variablen untersucht. Bei der Interdependenzanalyse geht es um wechselseitige Einflüsse zwischen den Variablen. Die dabei angewendeten Verfahren dienen der → Datenverdichtung, etwa bei der → Faktorenanalyse oder der → Mehrdimensionalen Skalierung bis hin zur Überprüfung komplexer Strukturmodelle im Rahmen der → Kausalanalyse.
Da die Herauslösung lediglich einer oder einiger weniger Variablen in uni- bzw. bivariaten Analysen aufgrund der Nichtberücksichtigung essentieller Zusammenhänge leicht zu Fehlschlüssen führen kann, besitzt die Multivariatenanalyse in der Marktforschung einen besonders hohen Stellenwert.
Alle Analyseverfahren setzen ein bestimmtes → Skalenniveau der Variablen voraus, das deshalb vorab genau überprüft und am besten auch im Codeplan vermerkt werden sollte. V.a. die multivariaten Analyseverfahren erfordern darüber hinaus die Einhaltung bestimmter Verteilungsannahmen, meist die sog. Multinormalverteilung (→ Normalverteilung), so dass vor Anwendung der Verfahren zunächst → Anpassungstests durchzuführen sind.
Die *Abbildung* gibt einen zusammenfassenden Überblick über die wichtigsten in der Marktforschung angewandten Methoden, gegliedert nach dem vordringlichen Untersuchungszweck. Dabei wird deutlich, dass einzelne Verfahren durchaus unterschiedlichen Zielen dienen können. Weiterhin wird sichtbar, dass eine Reihe von Methoden sowohl in bivariater als auch in multivariater Form durchgeführt werden können.
Die statistische Komplexität vieler Auswertungsverfahren führt in der Praxis nicht selten zum unzulässigen oder gar unsinnigen Einsatz bestimmter Analyseverfahren. Dies gilt insb. bei Anwendung bestimmter statistischer Programmpakete, z.B. → SPSS, NCSS o.Ä., in denen dem Anwender ein schier unerschöpfliches Potenzial an Auswertungsmöglichkeiten angeboten wird, was leicht zu einem theorielosen Auswerten von Datenmatrizen führt. Seriöse Auswertungen basieren stattdessen auf einem im Vorhinein zumindest grob festgelegten Auswertungsplan, der von den Untersuchungszielen geleitet ist. Insb. bei der Analyse von Dependenzen sind dabei substanzwissenschaftlich gestützte Hypothesen erforderlich, die den Datenauswertungsprozess steuern können (→ Hypothesenprüfung).
Eine besondere Schwierigkeit der Datenanalyse im Marketing liegt darin, dass viele Daten kein metrisches Skalenniveau aufweisen, sondern qualitativer Natur sind (z.B. Käufer/Nichtkäufer, Käufer Marke A/Marke B etc., Anzeige A/B/C etc.). Während in der Inferenzstatistik mit den → nichtparametrischen Testverfahren für derartige Fälle

Datenaufbereitung

Wichtige Datenanalyseverfahren in der Marktforschung

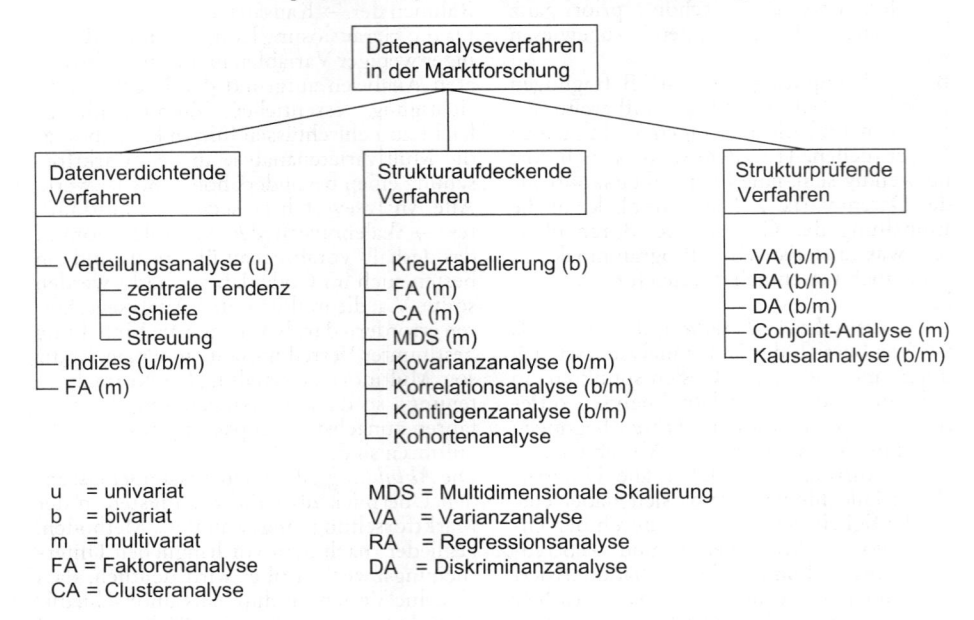

```
                    Datenanalyseverfahren
                     in der Marktforschung
         ┌─────────────────┼─────────────────┐
Datenverdichtende    Strukturaufdeckende   Strukturprüfende
    Verfahren             Verfahren           Verfahren
```

Datenverdichtende Verfahren:
- Verteilungsanalyse (u)
  - zentrale Tendenz
  - Schiefe
  - Streuung
- Indizes (u/b/m)
- FA (m)

Strukturaufdeckende Verfahren:
- Kreuztabellierung (b)
- FA (m)
- CA (m)
- MDS (m)
- Kovarianzanalyse (b/m)
- Korrelationsanalyse (b/m)
- Kontingenzanalyse (b/m)
- Kohortenanalyse

Strukturprüfende Verfahren:
- VA (b/m)
- RA (b/m)
- DA (b/m)
- Conjoint-Analyse (m)
- Kausalanalyse (b/m)

u = univariat
b = bivariat
m = multivariat
FA = Faktorenanalyse
CA = Clusteranalyse
MDS = Multidimensionale Skalierung
VA = Varianzanalyse
RA = Regressionsanalyse
DA = Diskriminanzanalyse

bereits seit langem eine Fülle spezifischer Statistiken zur Verfügung stehen, ist das Arsenal deskriptiver (inkl. erklärender) Analyseverfahren für nichtmetrische Variablen bisher eher beschränkt (qualitative → Datenanalyse, → Kontingenzanalyse). Ein v.a. in der wissenschaftlichen Marketingforschung nicht selten beschrittener Ausweg besteht hier darin, Objekte mittels → Distanzindizes z.B. hinsichtlich ihrer Ähnlichkeit zu verknüpfen und im Wege der → Mehrdimensionalen Skalierung (MDS) auf einer metrischen Skala abzubilden.

Die MDS weist einen weiteren Vorzug auf, der in der durch komplexe statistische Verfahren geprägten Auswertungsphase von nicht zu unterschätzender Bedeutung ist: Sie visualisiert Datenzusammenhänge, was nicht nur in der Phase der → Datenpräsentation, sondern schon während der Auswertungsarbeiten zur Entdeckung bzw. Überprüfung von interessanten Zusammenhängen von großem Vorteil ist.

Für diese wie für andere komplexe Analysen sind zwischenzeitlich Standard-Datenanalyse-Programmpakete nahezu unersetzlich geworden. Es handelt sich dabei um Programmsysteme, die neben Routinen zur Ein- und Ausgabe sowie zur Manipulation der Daten Programme zu nahezu allen statistischen Analysemethoden enthalten. Der Benutzer wird dabei mit einer mehr oder minder bequemen Oberfläche des Systems mit nur wenigen individuell auszugestaltenden Programmbefehlen bzw. -optionen konfrontiert. Zu den bekanntesten Programmpaketen dieser Art zählen → SPSS (Statistical Product and Service Solutions), → BMDP (früher BMD – Biomedical Computer Programs) → SAS (Statistisches Analyse-System). Darüber hinaus existieren spezifische Programme für einzelne Analyseverfahren (z.B. für → Clusteranalysen). Trends bei der Entwicklung von Datenanalysesystemen stellen Auswertungen von regelmäßig erhobenen und langfristig gespeicherten Daten über relevante Gruppen – etwa in Form des → Data Warehousing und → Data Mining – dar, die der Unterstützung der strategischen Unternehmungsplanung dienen. P.H.

Literatur: *Hüttner, M.:* Grundzüge der Marktforschung, 6. Aufl., Berlin 1999. *Kriz, J.:* Methodenkritik empirischer Sozialforschung, Stuttgart 1981. *Küffner, H.; Wittenberg, R.:* Datenanalysesysteme für statistische Auswertungen, Stuttgart 1985.

Datenaufbereitung → Datenanalyse

Datenbank

Als Datenbanken bezeichnet man EDV-mäßig organisierte Datenbestände, die hinsichtlich der Komplexität der Beziehungen zwischen den einzelnen Datenelementen und i.d.R. auch hinsichtlich des damit bewältigbaren Datenvolumens über einfache Dateien hinausgehen. Datenbanken sind wichtige Elemente für → Marketing-Informationssysteme. Dabei ist die Unterscheidung zwischen unternehmensinternen und externen Datenbanken von Bedeutung.

Die häufigsten internen Marketing-Datenbanken sind die → Kundendatenbanken sowie Produkt-, Auftrags-, Umsatz- und Vertriebsdatenbanken. V.a. die Kundendatenbank spielt im Rahmen des → Database-Marketing eine wichtige Rolle. Des Weiteren sind Datenbanken mit Paneldaten (→ Panel) oder mit Ergebnissen aus anderen → Standardinformationsdiensten der Marktforschung wichtige Informationsquellen.

Externe Datenbanken werden von kommerziellen halb- und staatlichen → Datenbankenanbietern (z.T. „Hosts" genannt) i.d.R. per Datenfernübertragung und gegen Gebühren zur Nutzung zur Verfügung (pay per use) gestellt. Die wichtigsten Marketinganwendungen hierfür liegen im Bereich der → Marktforschung. Dabei ist die Unterscheidung zwischen Textdatenbanken (Auswertung von Zeitschriften, Zeitungen, → Patentdaten usw.) und numerischen Datenbanken (z.B. Auswertung von Statistiken etc.) von Bedeutung.

Die Anforderungen, die eine Datenbank zu erfüllen hat, lassen sich stichpunktartig wie folgt charakterisieren:

- Speicherung einer Vielzahl sachlicher und fachlicher Informationen, um ständig wechselnden Fragestellungen gerecht zu werden,
- hohe Zuverlässigkeit,
- hohe Aktualität,
- anwendungsorientierte, auch für den Laien leicht erlernbare Abfragesprache,
- mehrdimensionale Abfragemöglichkeiten,
- komfortable Berichtgestaltung sowohl im Standard- als auch im individuellen Format.

Marketingrelevante Datenbanken enthalten folgende Informationskategorien:

- Welt- und volkswirtschaftliche Informationen,
- branchenwirtschaftliche Informationen,
- allgemeine Wirtschafts- und Marketinginformationen,
- Unternehmensnachweise und -profile,
- Produktnachweise und -informationen,
- Informationen bezüglich Geschäftsverbindungen.

S.S.

Literatur: *Heinzelbecker, K.:* Marketing-Informationssysteme, Stuttgart 1985. *Kmuche, W.:* Umgang mit externen Datenbanken, 4. Aufl., Planegg/München 1992.

Datenbankanbieter

sind im Rahmen der → Sekundärforschung nutzbare Organisationen, die zumeist auf kommerzieller Basis arbeiten und → Datenbanken für externe Nutzer zugänglich machen, indem sie Informationen durch Datenbanksysteme aufbereiten und Retrieval Tools (→ Marketing-Informationssystem) für die Rechner zur Verfügung stellen. Jeder der 1999 ca. 1.000 Datenbankanbieter bietet eine mehr oder weniger große Auswahl an Datenbanken an, die auf Hostrechnern gespeichert und mittels hostspezifischer Software durchsucht werden können. Im europäischen Raum hat sich für die Datenbankanbieter auch der Begriff Host durchgesetzt. Derzeit können folgende Datenbankanbieter unterschieden werden:

- Klassische Offline-Datenbank-Dienste, bei denen die Informationen schriftlich oder telefonisch abgefragt werden können.
- Klassische Online-Dienste bzw. Hosts, die Datenbanken im direkten Dialog über Telekommunikationsnetze den Nutzern zur Verfügung stellen.
- CD-ROM-Anbieter,
- Consumer-Online-Dienste,
- individuelle Datenbankanbieter im Internet: Angebote verschiedener kommerzieller Datenbasenproduzenten und unentgeltliche Inhouse-Datenbanken v.a von Ausbildungseinrichtungen, Bibliotheken mit ihren OPACs.
- → Suchmaschinen-Betreiber im Internet, die das Informationsangebot im Internet indexieren und dazu eigene Datenbanksysteme betreiben.

Datenbankdienste übernehmen für ihre Kunden eine Reihe von Dienstleistungen, wobei die Unterschiede im Dienstleistungsangebot zwischen einzelnen Anbietern z.T. erheblich sein können. Folgende Dienstleistungen sind möglich:

Datenerfassungssysteme

- Bereitstellung von Datenbanken (für Online-Nutzung i.d.R. 24 Std./Tag). Z.B. stellt STATISBUND (→ Amtliche Statistik) rund um die Uhr Informationen über den Datenbankabruf zur Verfügung.
- Schulungen und Einführungsseminare zur Einweisung der Kunden in jeweilige Retrievalsprache und neue Datenbankangebote.
- Gedruckte Dienste,
- Beratungsdienste über Hotlines, die den Kunden bei Schwierigkeiten im Zusammenhang mit der Recherche beraten können,
- Informationsdienstleistungen: Auftragsrecherchen, Profildienste, Volltextdienste,
- Private-File-Dienste: Aufbau und Betrieb privater bzw. Inhouse-Datenbanken im Kundenauftrag sowie
- Gatewaydienste.

Insbesondere die Anbieter von Online-Diensten produzieren nur in seltenen Fällen Datenbanken selbst. Meist werden mit Content-Produzenten Lizenzverträge geschlossen, die die Datenbank in Form eines maschinenlesbaren Magnetbandes, auf dem die Datensammlung gespeichert ist, liefern.

S.S.

Datenerfassungssysteme

werden im Lager-Management sowie im stationärem Handel zur artikelgenauen Registrierung von Artikelbewegungen am Wareneingang (Point-of-Receipt) und am Warenausgang bzw. Check-out (Point-of-Sale) eingesetzt. Sie werden durch die Entwicklungen auf den Gebieten Mikroelektronik und Lasertechnik ermöglicht und stellen eine technische Voraussetzung zum Aufbau von → Warenwirtschaftssystemen im Handel dar. Zu den elektronischen Datenerfassungssystemen zählen im wesentlichen Datenkassen, → Scanner, Lesestifte und –pistolen sowie andere Geräte der → Mobilen Datenerfassung (MDE).

Die Installation von elektronischen Check-out-Systemen schafft nicht nur die technischen Voraussetzungen zur Erfassung von Artikeldaten, sie ermöglicht die gleichzeitige Erfassung von Kunden- und Verkäuferdaten, die für das Marketing von Handelsunternehmen interessant ist. So kann im bedienungsorientierten (Fach-)Handel die Verkäufernummer am Check-out manuell mit eingegeben werden oder in Form eines Strichcodes bzw. in OCR-Schrift (z.B. auf Zusatzetiketten) eingelesen werden.

Die Erfassung der Kundendaten ist in die Erfassung kundengruppenorientierter Daten und die Erfassung kundenindividueller Daten zu unterscheiden. Kundengruppen können vorab z.B. nach den Merkmalen Alter und Geschlecht gebildet werden. Die von den einzelnen Kunden getätigten Einkäufe werden dann den entsprechenden Klassen zugeteilt.

Zur Erfassung kundenindividueller Daten stehen grundsätzlich mehrere Möglichkeiten zur Verfügung. Aus Marketingsicht bieten handelseigene → Kundenkarten die größte Flexibilität. Bei der Ausgabe dieser Kundenkarten, die aus der Sicht des → Handelsmarketing zugleich eine Individualisierung der Finanzdienstleistungen des Handels und weitgehende Diversifizierung ermöglichen (z.B. im Bereich der Bank- und Versicherungsleistungen, → Bank-Marketing) sowie zu stärkerer Kundenbindung führen, werden „Stammdaten" der Kunden (z.B. sozioökonomische Daten) erfasst und in der Kundendatenbank gespeichert. Diese kundenindividuell gespeicherten Stammdaten werden laufend um Transaktionsdaten ergänzt, die bei der Verkaufsabwicklung erfasst werden; hierzu zählen Artikeldaten, Artikelmengen, Preise, Zeitpunkte usw. Technisch erfolgt die Aufnahme z.B. über Chipkarten, Magnetstreifenkarten, Kundenkarten mit Strichcodierung durch entsprechende Peripherie-Geräte.

Die gleiche technische Grundstruktur zur Erfassung von Kundendaten und das gleiche Marketingpotenzial besitzen Kundenkarten, die von Marktforschungsinstituten herausgegeben werden. Dies gilt grundsätzlich auch für die → Kreditkarten der Kreditkartengesellschaften und die Debitkarten, die im Rahmen von PoS-Systemen bzw. elektronischen Zahlungssysteme (→ Electronic Funds Transfer, EFT) eingesetzt werden. Das Marketingpotenzial dieser Systeme ist jedoch aus datenschutzrechtlichen Gründen begrenzt.

J.Z.

Datenexploitation → Data Warehouse

Datenfernübertragung (DFÜ)

sind spezielle Formen der Datenübertragung über besonders hierzu geeignete Leitungswege. Sie dienen vor allem dem Datenaustausch zwischen verschiedenen Anlagen, die unter Umständen in verschiedenen Kontinenten stehen.

Datenfusionierung
→ Panel-Systemforschung,
→ Single-Source-Ansatz

Datenkassen → Scanner

Datenkommunikation
→ Kommunikationsnetze

Datenmatrix → Datenanalyse

Datenpräsentation
Die (interne oder externe) Datenpräsentation bildet den Abschluss einer Forschungsarbeit und kann durch ein → Marketing-Informationssystem erfolgen, schriftlich oder persönlich. Die Datenpräsentation stellt einen wesentlichen Schritt der → Datenanalyse dar, da sie letztlich das Mittel für den Wirkerfolg beim Auftraggeber ist.
Die schriftliche Datenpräsentation setzt sich gewöhnlich aus dem eigentlichen Berichtsteil und einem Tabellenteil zusammen. Letzterer enthält neben einer ausführlichen Methodenbeschreibung, die in einer sachlich notwendigen Detailliertheit tabellarisch aufbereiteten Einzelergebnisse. Eine erfolgreiche Datenpräsentation sollte folgende fünf Punkte berücksichtigen:

(1) Sie ist spezifisch auf eine Zielgruppe auszurichten.
Hier ist zum einen die fachliche Vorbildung der Adressaten zu berücksichtigen (z.B. Ingenieure oder Kaufleute), was sich u.a. auf die sprachliche Formulierung, die auszuwählenden Gesichtspunkte und die Art der → Visualisierung auswirkt. Zum Zweiten ist die Hierarchieebene der Adressaten im Unternehmen im Hinblick auf einen zweckmäßigen Verdichtungsgrad der dargestellten Inhalte zu bedenken.
(2) Sie ist klar zu strukturieren.
(3) Sie soll Interesse beim Auditorium erzeugen.
(4) Sie soll spezifisch und anschaulich sein.
So ist u.a. nach der Festlegung der zu treffenden Aussage und dem darzustellenden Vergleich die geeignete → Schaubildform zu bestimmen, und ist die Wirkung von Farben bewusst und konsistent einzusetzen.
(5) Sie soll auf Gesichtspunkte der Validität und Reliabilität eingehen.

Auf jeden Fall sollte immer die Stichprobengröße angegeben werden. Die Kernergebnisse sollten außerdem unterstützt werden durch Informationen über die Werte von Intervallschätzungen und Hypothesentests (→ Inferenzstatistik; → Hypothesenprüfung). Es sollte keinesfalls mehr Genauigkeit als vorhanden vorgetäuscht werden (z.B. durch Angabe von zu vielen Nachkommastellen). N.P./S.S.

Literatur: *Wohlleben, H.-D.*: Techniken der Präsentation, Giessen 1994. *Zelazny, G.*: Wie aus Zahlen Bilder werden, Wiesbaden 1999.

Datenschlüssel
sind alle Arten EDV-relevanter Klassifikationen, Nummernsysteme, Nomenklaturen etc. Solche Schlüssel haben beim EDV-Einsatz im Marketing große Bedeutung, da ungeeignete Datenschlüssel, die inkompatibel, inflexibel, schwer verständlich oder z.B. einfach nicht marketingorientiert sind (z.B. Produktklassifikationen entsprechend der Produktionssystematik, Kundenklassifikationen für Buchhaltungszwecke etc.), die effiziente Anwendung der EDV im Marketing stark einschränken können. (s.a. → Marketing-Informationssysteme). K.H.

Datenschutz im Internet
→ Internet-Recht

Datenschutz im Marketing
(1) *Grundsätzliches*
Datenschutz (privacy) stellt auf den Schutz der Privatsphäre natürlicher Personen ab. Er ist grundsätzlich geregelt im *Bundesdatenschutzgesetz* (BDSG), das anzuwenden ist, wenn personenbezogene Daten in oder aus einer Datei verarbeitet werden. Eine 1995 verabschiedete *EU-Richtlinie* zum Schutz natürlicher Personen bei der Verarbeitung personenbezogener Daten und zum freien Datenverkehr, deren Umsetzung in nationales Recht aktuell (2000) noch aussteht, verfolgt dasselbe Ziel.
Bei *personenbezogenen Daten* handelt es sich um Einzelangaben über persönliche oder sachliche Verhältnisse. Für die Nutzung zu Marketingzwecken interessieren dabei über Namen und Adresse hinaus Angaben zu soziodemographischen Merkmalen, zu individuellen Eigentums- und Ausstattungsverhältnissen sowie natürlich alle Daten zum manifesten Verhalten von Personen als Akteure in Betrieben (z.B. als Einkäufer oder Verkäufer) oder als Verbraucher – sei es in der Vorkauf- (Informationsverhalten, Mediennutzung, etc.), in der

Datenschutz im Marketing

Kauf- (Produktkäufe, Einkaufsstättenwahl, Preise, etc.) oder in der Nachkaufphase (Nutzungs- und Abfallverhalten, Beschwerdeverhalten, etc.). Geschützt werden eigentlich nicht solche Daten, sondern die Personen, sofern mit Hilfe der Daten Rückschlüsse auf sie möglich sind. Im Kern handelt es sich somit weniger um Daten- als um Persönlichkeitsschutz. Entsprechend BDSG ist die (automatisierte) Verarbeitung personenbezogener Daten prinzipiell verboten, jedoch in zwei Ausnahmefällen zulässig: Wenn es das BDSG selbst oder eine andere Rechtsvorschrift erlauben oder die (grundsätzlich schriftliche) Einwilligung der Betroffenen vorliegt.

Für das Marketing begründen sich Datenschutzanforderungen allerdings nicht erst aus dem bestehenden Rechtsrahmen, sondern möglicherweise schon aus ethischen Verpflichtungen heraus (→ Marketing-Ethik). Besondere Beachtung findet dabei die Datenschutzthematik seit längerem in der → Marktforschung; ansonsten wurde sie im Marketing weitgehend ignoriert. Mit der zunehmenden Bedeutung von → Direkt- und → Database-Marketing in Verbindung mit den neuen Technologien der *elektronischen Kommunikation* (Telekommunikation, Internet) hat sich Datenschutz aber in jüngster Zeit zu einer großen Gesellschaftsproblematik und Marketingherausforderung entwikkelt (→ Internet-Recht).

(2) *Datenschutz in der Marktforschung*
Im Gegensatz beispielsweise zu Adressverlagen und Auskunfteien wird in der Marktforschung (angesprochen sind hier in erster Linie Marktforschungsinstitute) keine personenbezogene Verarbeitung von Daten vorgenommen. Sie erfolgt hier immer in anonymisierter Form; die Untersuchungsergebnisse werden nach Gruppen zusammengefasst ausgewiesen (übrigens auch für juristische Personen). Bei der Datenerhebung fallen aber durchaus personenbezogene Daten an, nämlich *Adressdaten* zum Zwecke der Stichprobenbildung sowie die eigentlichen *Befragungs- oder Beobachtungsdaten*. Die Nutzung von Adressdaten, woher auch immer sie stammen, unterliegt im Prinzip kaum gravierenden Einschränkungen, wohl aber die Speicherung und Übermittlung von Erhebungsdaten in Verbindung mit Adressdaten. Ihre Verarbeitung wäre nach BDSG eigentlich nur bei vorheriger schriftlicher Einwilligung der Betroffenen erlaubt. Das hätte aber hohe Verweigerungsquoten zur Folge, und bestimmte Marktforschungsverfahren bzw. –vorgehensweisen ließen sich dann gar nicht mehr realisieren.

Schon 1979 wurde deshalb in einem Abkommen zwischen den Berufsverbänden der Markt- und Sozialforschung und den für den Datenschutz zuständigen obersten Behörden der Bundesländer ein praktikabler Ansatz zur Lösung dieses Konfliktes zwischen Datenschutz und Marktforschung vereinbart. Es erklärt den ESOMAR-Kodex für die Praxis der Markt- und Sozialforschung (→ Marktforschungsethik) mit seiner Forderung nach strikter Wahrung der Anonymität von Erhebungspersonen („Befragten") für verbindlich und befreit von der Verpflichtung zur vorherigen schriftlichen Einwilligung der Befragten. Dies unter der Voraussetzung, dass sich die Marktforscher (betriebliche Marktforscher, Institute) an mit den Behörden abgesprochene Verfahrensgrundsätze halten, deren Kernpunkt die strikte *Trennung von Adressteil und Frageteil* ist. Diese Grundsätze sind in einem *Merkblatt* festgehalten, das den Befragten als „*Erklärung zum Datenschutz und zur absoluten Vertraulichkeit Ihrer Angaben*" übergeben wird. Wo die Übergabe des Merkblattes nicht möglich ist (z.B. bei Telefoninterviews), gelten die Grundsätze in analoger Weise. Für die an Bedeutung stark zunehmende Online-Marktforschung hingegen ist zurzeit (2000) noch offen, ob das (Datenschutz-) Recht des Bestimmungs- oder des Ursprungslandes Anwendung findet. Hierzu hat die European Society for Opinion and Marketing Research (ESOMAR) jüngst eine *Verhaltensrichtlinie zur Durchführung von Markt- und Meinungsforschung unter Nutzung des Internet* vorgelegt, die ebenfalls Anonymität der Befragten postuliert.

(3) *Datenschutz im Direktmarketing bzw. Internetmarketing*
Wenngleich es also der Zielsetzung von Marktforschung gerade *nicht* entspricht, personenbezogene Daten zu verarbeiten, werden solche Daten im zunehmend bedeutsameren Direktmarketing doch vermehrt benötigt. Dessen Kennzeichen ist die Ansprache von Kunden(gruppen) anhand von *Adressen* (Anschrift, Telefon-, Telefax- oder E-mail-Adresse). Über → Direktwerbung hinaus geht es dabei aber vor allem um die *individualisierte Ansprache* des einzelnen Kunden auf der Grundlage *spezifischer Kundenmerkmale* (→ Database-Marketing).

Für Zwecke des Direktmarketing können dabei die reinen Adressdaten in teilweise sehr weit reichendem Masse ergänzt („qualifiziert") werden: Nicht nur um Angaben über soziodemographische Merkmale (Alter, Beruf, Einkommen, etc.), sondern auch über Besitz- und Ausstattungsmerkmale und um Daten zum Informations-, Kauf- und Verwendungsverhalten und damit zu persönlichen Einkaufsgewohnheiten, Konsumstilen, Bedarfen und Interessen. Begrenzt sind solche Daten bereits aus öffentlichen Quellen allgemein zugänglich; zum größeren Teil stammen sie aus internen Kundendateien oder von anderen Unternehmen (spezialisierte Adressenhändler oder Kundendateien dritter Unternehmen). Grundsätzlich dürfen solche personenbezogene Daten ohne Einwilligung der Betroffenen verarbeitet und für das Direktmarketing genutzt werden, so weit dafür ein „berechtigtes Interesse" vorliegt und gegenteilige schutzwürdige Interessen der Betroffenen nicht überwiegen. Direktmarketing wird heute als durchaus berechtigtes Interesse von Unternehmen verstanden.

Zu einer ganz neuen Dimension hat der Datenschutzproblematik das *Internet* verholfen (s.a. → Internet-Recht). Betreiber von Angeboten im World Wide Web, aber auch Marketing- und Werbeagenturen lernen aus der Interaktion mit dem Kunden und erstellen Anwenderprofile, die einen personalisierten Web-Auftritt ermöglichen. Zudem werden im Internet auf bestimmte „Verkehrsdaten" gestützte Dienste angeboten, auf die die Unternehmen zurückgreifen können. In einer One-to-One-Kommunikation bekommt der Kunde dann nur die Informationen und Angebote auf den Bildschirm, die ihn interessieren; der Anbieter kann seine Produkte und Dienstleistungen zielgenau vermarkten. Neben dem BDSG greift hier eine Reihe nationaler Spezialgesetze für den Telekommunikationsbereich sowie insbesondere die *EU-Richtlinie* über die Verarbeitung personenbezogener Daten und den Schutz der Privatsphäre in der elektronischen Kommunikation (sog. „ISDN-Richtlinie" von 1997, Anpassungsvorschlag von 2000; → Internet-Recht). Hier gilt, dass sich der Teilnehmer mit der Nutzung seiner Verkehrsdaten ausdrücklich (in der Regel elektronisch) einverstanden erklären muss. Er ist darüber zu informieren, welche Art von Daten zu welchen Zwecken verarbeitet wird, damit er dies erforderlichenfalls auch gezielt untersagen kann. Selbstverständlich ist es nicht erlaubt, Internet-Anwenderprofile ohne Mitwirken und Mitwissen des Internetnutzers zu erstellen. Die softwaretechnischen Möglichkeiten dazu bestehen allerdings, was dem Thema „Internet und Datenschutz" besondere Brisanz verleiht.

F.W.

Literatur: *Brecheis, D.:* Datenschutz und Direktmarketing: Probleme und Lösungsansätze. Schriftenreihe Schwerpunkt Marketing, Universität Augsburg, 3. Aufl. 1989. *Breinlinger, A.:* Rechtliche Aspekte des Database Marketing, in: Direkt Marketing, 11/1997, S. 6–11. *Schineis, M.:* Marketing und Datenschutz. Probleme, Lösungsansätze, empirische Ergebnisse. Schriftenreihe Schwerpunkt Marketing, Universität Augsburg 1989.

Datenverdichtung

Im Rahmen der → Datenanalyse umfangreicher Marktforschungsdaten ist es für das menschliche Gehirn häufig überaus schwierig, aus der unüberschaubaren Menge von Rohdaten Strukturen zu erkennen oder sich ein Gesamturteil zu bilden. Daher bedarf es der Anwendung systematischer Methoden der Datenreduktion und -verdichtung. Damit einher geht zwar stets ein objektiver Informationsverlust, dem jedoch ein subjektiver Informationsgewinn gegenüberstehen sollte.

Schon durch → Kreuztabellierungen lässt sich das Datenmaterial oftmals anschaulicher darstellen, wobei u.U. bereits Aggregationen erfolgt sind. Daneben kann eine weitere Komprimierung durch Kennzahlen der → Häufigkeitsverteilung bestimmter Merkmale statt Betrachtung der Urwerte erreicht werden (→ Mittelwerte, → Streuungsmaße).

Da mehrere Merkmale häufig genug überschneidende Bedeutungsinhalte haben und insofern eine gewisse Redundanz aufweisen, benutzt man auch die → Korrelationsanalyse und insb. die → Faktorenanalyse zur Reduzierung der ursprünglichen Datenmatrix. Während hier Variablen zusammengefasst werden, versucht die → Clusteranalyse mit ihren verschiedenen Varianten Objekte („Fälle") zu gruppieren und auf diesem Wege eine Komprimierung herbeizuführen.

Zur Datenkomprimierung i.w.S. kann man schließlich auch die Visualisierung von Datenstrukturen zählen (→ Datenpräsentation).

Datenselektion, z.B. durch → Marketing-Informationssysteme, die Berichte nur noch

Datenverschlüsselung

dann erstellen, wenn bestimmte Toleranzwerte überschritten werden, ist eine weitere Möglichkeit dem Phänomen der „Informationsarmut im Informationsüberfluss" zu entgehen. Am hilfreichsten dafür ist allerdings eine möglichst fundierte und klare Hintergrundtheorie, deren Modelle jeder Auswertung eine fundierte Basis verleihen.
P.H.

Datenverschlüsselung → Datenanalyse

Datenwürfel
→ On-Line Analytical Processing

Dauerniedrigpreisrabatte → Rabatte

Dauerniedrigpreis-Sortiment

Im Gegensatz zur → Dauerniedrigpreisstrategie für das gesamte Sortiment umfasst ein Dauerniedrigpreis-Sortiment nur einen Teil der Artikel. Diese werden auf Dauer zu einem im Vergleich zur totalen Preisspanne solcher Produkte niedrigen Preis angeboten. Dauer-Niedrigpreis-Artikel gibt es als marketingorientierten Sortimentsbereich in fast allen Warenbereichen der herkömmlichen, warenorientierten Sortiments-Gliederung (→ Sortimentspolitik). Man kann es als Discount-Vertriebsformen-Segment bezeichnen. Es findet sich heute nicht nur im Lebensmittelhandel, sondern hat auch in anderen Branchen Eingang gefunden.
Der traditionelle Einzelhandel versuchte die Discounter durch eine immer umfassendere und hektischer werdende Angebotspolitik abzuwehren. Diese Angebotspolitik führte aus zwei Gründen in eine Sackgasse:

1. Der Verbraucher erkannte mit der Zeit in den Angeboten keinen besonderen Leistungsbeweis der Handelsunternehmen mehr. Vielmehr wurde die Preispolitik des Handels durch die Angebote beim Verbraucher zunehmend unglaubwürdig. Dass ein Produkt heute billig, morgen teuer ist, war schwer einzusehen (→ Preisvariation).
2. Die zahllosen → Preisaktionen verursachten einen erhöhten Handlingaufwand, damit höhere Kosten. Der Preis und damit die Handelsspanne wurden dagegen gesenkt. Die meisten Aktionen verursachten Verluste und mussten aus dem restlichen Sortiment subventioniert werden. Die → Ausgleichskalkulation nahm ein nicht mehr zu vertretendes Ausmaß

266

ein. Darunter litt die Preisoptik des gesamten Sortiments.

Zurückgewinnung der Preis-Glaubwürdigkeit und Eindämmung der Mischkalkulation sind also die Ziele, die der Handel mit den Dauer-Niedrigpreis-Sortimenten verfolgt. Diese Ziele können nur erreicht werden, wenn die richtigen Artikel in diese Preislage eingeordnet werden. Es muss sich wie bei No Names (→ Markenpolitik) um „discountfähige" Artikel handeln, die der Verbraucher im Wege des Versorgungskaufs erwirbt. Die Preisbeständigkeit kann gegenüber einer aktionsbezogenen Preispolitik als psychologisches Element für die Positionierung benutzt werden (→ Preisehrlichkeit).

Die wichtigsten Kennzeichen des Dauer-Niedrigpreis-Sortiments sind:

– Die Niedrigpreislage ist das Ergebnis einer guten, mittleren Konsumqualität und einer niedrigen Handelsleistung,
– Die Andienung des Dauer-Niedrigpreis-Sortimentes erfolgt in einfachster Selbstbedienung: möglichst von der Palette weg und aus dem Karton heraus, eine Platzierung im Regal ist viel zu aufwendig,
– ohne Preisauszeichnung am Artikel, was eine erhebliche Einsparung von Personalkosten mit sich bringt,
– Werbung stark eingeschränkt, dagegen Hinweise am POS durch verkaufsfördernde Maßnahmen, wie Preisschilder, Deckenhänger, Plakate.

In der Praxis vorzufindende Fehler sind hauptsächlich:

– falsche Artikelauswahl,
– zu aufwendiges Handling, weil Platzierung im Regal und Preisauszeichnung am Artikel,
– Einbeziehung von Handelsmarken in die Dauer- Niedrigpreislagen. W.Oe.

Dauerniedrigpreis-Strategie

Die Dauerniedrigpreis-Strategie ist eine → Preisstrategie, bei der streng genommen vollständig auf den Einsatz von → Preis-Promotions verzichtet wird. Die Preise eines Händlers für das → Dauerniedrigpreis-Sortiment verbleiben also auf einem dauerhaft niedrigen Niveau. Auch ein Hersteller kann eine Dauerniedrigpreis-Strategie einsetzen, indem er gegenüber dem Händler im Rahmen von → Handels-Promotions keine → Rabatte einsetzt. In der Praxis werden Dauerniedrigpreis-Strategien allerdings kaum in dieser Reinform umgesetzt. Vielmehr äußern sie sich in der Regel so, dass *weniger* Preis-Promotions durchgeführt werden mit *geringeren* Preissenkungen und dass in der Werbung nicht Sonderangebote, sondern dauerhaft niedrige Preise in den Vordergrund gestellt werden.

Inwieweit eine Dauerniedrigpreis-Strategie vorteilhafter ist als eine Preis-Promotion-Strategie ist noch unklar. Für einen Verzicht auf Preis-Promotions sprechen vor allem Kosteneinsparungen aufgrund eines regelmäßigeren Warenflusses und eines geringeren Aufwands für die Durchführung von Verkaufsförderungsaktionen. Auch eine Steigerung der Marken- und Geschäftstreue wird durch den Einsatz von Dauerniedrigpreisen angestrebt. Dem steht jedoch gegenüber, dass Preis-Promotions eine → Preisdifferenzierung ermöglichen, bei der preissensible Konsumenten angelockt werden, während es weniger preissensible Konsumenten zum vollen Preis verkauft wird. Auch Unsicherheit über die Nachfrage kann es vorteilhaft werden lassen, Produkte erst zu einem hohen Preis anzubieten und dann gegebenenfalls Preissenkungen vorzunehmen. Schließlich werden oft Wettbewerbsargumente für den Einsatz von Preis-Promotions angeführt. Vor dem Hintergrund unterschiedlicher Konsumentenbedürfnisse ergeben sich im Rahmen der → Marktsegmentierung zumeist Marktgleichgewichte, in denen Anbieter mit einer Dauerniedrigpreis-Strategie neben solchen mit einer Preis-Promotion-Strategie existieren. K.G.

Literatur: *Blattberg, R. C.; Neslin, S. A.*: Sales Promotion. Concepts, Methods, and Strategies, Englewood Cliffs 1990. *Gedenk, K.*: Erfolgsanalyse und Planung von Verkaufsförderung, erscheint demnächst. *Simon, H.; Dolan, R.*: Profit durch Power Pricing. Strategien aktiver Preispolitik, Frankfurt, New York 1997.

Dauerwerbung

alle Werbemaßnahmen in der → Außenwerbung, die über längere Zeiträume in Form von Anschlägen, Schildern und Bemalung an Giebeln, Wänden, Fassaden und Dächern, Uhrensäulen etc., insb. in Gestalt von Neon- und → Lichtwerbung aller Art, durchgeführt werden. Dazu gehören auch die Fahrzeug-Außenwerbung in → Verkehrsmittelwerbung und die dauerbelegten Großflächen und Ganzsäulen mit wetterfester Bemalung oder mit darauf angebrachten dauerhaften Schildern. Allgemein wird bei der Außenwerbung zwischen Fassaden-, Giebel-, Dach- und → Lichtwerbung unterschieden.

DAU-Test

einfache bzw. unstrukturierte Form des → Usability-Testing (DAU = Dümmster Anzunehmender User) im → Online-Marketing. Ziel dieser Methode ist es, den User selbst bei völlig unsachgemäßem Nutzerverhalten zum Informationsangebot zu führen.

Day-After-Recall-Test (DAR-Test)

bezeichnet einen → Werbetest, bei dem am Tag nach der Ausstrahlung der Werbung Zielpersonen, die die Werbung gehört oder gesehen haben, telefonisch befragt werden. Er gehört zu den On-Air-Testverfahren, d.h. die Werbung wird in diesem Fall vor dem Test bereits ausgestrahlt (Post-Test).

DDV
→ Deutscher Direktmarketing Verband

Decision Calculus

spezifische Kategorie von → Modellen für die → Marketingplanung, die sich durch ihre besondere Benutzerfreundlichkeit auszeichnen und für → Entscheidungsunterstützungssysteme besonders favorisiert werden. *Little* sieht die Merkmale solcher Modelle in

- besonders einfachen Informationsverarbeitungsregeln,
- Integration von Erfahrungen des Modellbenutzers in den Entscheidungsprozess (z.B. Eingabe subjektiver Wahrscheinlichkeitswerte oder Parameterschätzungen),
- anpassungsfähige und
- robuste (auch für denkbare Grenzfälle logisch sinnvolle) Modellstrukturen (z.B. keine Marktanteile über 100%) sowie
- Überprüfbarkeit des Zustandekommens von Modellbefunden. H.D.

Literatur: *Little, J.D.C.*: Models and Managers: The Concept of a Decision Calculus, in: MS, Vol. 16 (April 1970), S. 466-485.

Decision Support-System
→ Marketing-Informationssystem

Deckenhänger

gehören zu den POS-Materialien, die vor allem im Rahmen der konsumentengerichte-

Deckungsbeitrag

ten → Verkaufsförderung eingesetzt werden. Es handelt sich um Hinweisschilder, die in Regalnähe von der Decke hängen und die Konsumenten auf das Aktionsprodukt aufmerksam machen sollen.

Deckungsbeitrag

Je nach Art der Kostenspaltung kennzeichnet der Deckungsbeitrag die Differenz zwischen Erlösen und variablen Kosten (Direct Costing-Rechnung) bzw. zwischen relevanten Erlösen und relevanten Kosten (relative Einzelkostenrechnung). Er ist ein zentrales → Marketingziel (s.a. → Deckungsbeitragsrechnung, → Erfolgsanalyse).

Deckungsbeitrags – Abweichungsanalyse

→ Erlös – Abweichungsanalyse

Deckungsbeitragskennzahlen

→ Marketing-Kennzahlen

Deckungsbeitragsrechnung

die Anwendung von Verfahren der *Teilkostenrechnung* für Entscheidungs- (Dispositions-) und Kontrollzwecke, in absatzwirtschaftlicher Hinsicht insb. für die Planung des Marketing-Mix und für die → Absatzsegmentrechnung. Unter *Deckungsbeiträgen* werden dabei Differenzen zwischen Umsatzerlösen und bestimmten Kostenkategorien verstanden. Sie stellen Bruttoüberschüsse und keine Nettoerfolge dar, weil in die Differenzberechnung nicht alle betrieblich anfallenden Kosten einbezogen werden. Je nachdem, welche Kostenkategorien für die Ermittlung von Deckungsbeiträgen berücksichtigt werden, lassen sich im Wesentlichen folgende Verfahrensansätze unterscheiden:

Das sog. *Direct Costing* geht von einer Trennung in beschäftigungsvariable und beschäftigungsfixe Kosten aus. Der zur Kompensation der fixen Kosten pro Periode erwirtschaftete Deckungsbeitrag ist hier als Differenz zwischen Umsatzerlösen und variablen Kosten definiert.

Beim Rechnen mit *relativen Einzelkosten und Deckungsbeiträgen* ist die Unterscheidung von Gemeinkosten und Einzelkosten das ausschlaggebende Kriterium. Es wird auf jegliche Schlüsselung von Gemeinkosten verzichtet, sodass Deckungsbeiträge – die dann zur Kompensation unverteilt gebliebener Gemeinkosten dienen – als Differenz zwischen Umsatzerlös und Einzelkosten des jeweiligen Rechnungsgegenstandes ermittelt werden. Der Einzelkostenbegriff ist in diesem Zusammenhang *relativ*. Güterverzehr, der in Bezug auf ein Stück des Produktes X Gemeinkosten darstellt (z.B. das Gehalt eines Produkt-Managers), lässt sich der Gesamtmenge des Produktes X pro Periode als Einzelkosten zuordnen. Was auch für diese Produktmenge pro Jahr noch als Gemeinkosten anzusehen ist (z.B. das Gehalt eines Produktgruppen-Managers), hat Einzelkostencharakter auf der nächsthöheren Bezugsgrößenebene, nämlich z.B. bei der Produktgruppe XYZ pro Periode usw. Dem Rechnen mit relativen Einzelkosten und Deckungsbeiträgen liegt somit die Vorstellung einer *Bezugsgrößenhierarchie* zugrunde.

Für beide Varianten der Deckungsbeitragsrechnung finden sich Anwendungsmöglichkeiten im Marketing. Bei kurzfristigen *Dispositionsrechnungen* kommt es zur Auswahl der erfolgsgünstigsten Handlungsalternative darauf an, diejenigen Erlös- und Kostenbeträge zu vergleichen, die durch die geplanten Aktivitäten verändert werden. Kosten, die unabhängig von der anstehenden Entscheidung (aufgrund früherer Festlegungen) für die Planperiode ohnehin schon fix gegeben sind, spielen für kurzfristige Optimierungsbetrachtungen keine Rolle. In der Deckungsbeitragsrechnung wird hier nach dem Grundsatz der *Veränderungsrechnung* vorgegangen, dem im Wesentlichen das Direct Costing entspricht.

So ist es bspw. bei Überlegungen zur kurzfristig gewinnoptimalen Absatzmengenplanung innerhalb eines bestehenden Sortiments üblich, eine Rangordnung der Produkte nach ihrer Erfolgsergiebigkeit („Artikelfavoriten") gemäß den absoluten Stückdeckungsbeiträgen (Erlös minus variable Kosten pro Stück) zu bilden. Eine Artikel-Rangfolge nach „Netto-Stückgewinnen" (d.h. Erlös minus volle Selbstkosten pro Stück) würde zu Fehlinformationen führen, da die herkömmlichen Gemeinkostenschlüsselungen nicht frei von Willkür erfolgen und weil die stückbezogenen Zuschlagssätze für fixe Kosten nicht unabhängig von den (erst noch zu planenden) Absatzmengen der Produkte sind.

Wenn allerdings ein betrieblicher Kapazitätsengpass besteht, ist für die Ergiebigkeits-Rangordnung nicht mehr der absolute Stückdeckungsbeitrag ausschlaggebend, sondern der sog. spezifische oder relative Deckungsbeitrag. Dieser ergibt sich aus dem Verhältnis „absoluter Stückdeckungs-

beitrag, dividiert durch die pro Produkteinheit benötigte Menge an Engpasseinheiten".
In jüngerer Zeit wird versucht, Kapazitätsgesichtspunkten dadurch Rechnung zu tragen, dass die Produkte außer mit ihren variablen Kosten auch noch mit *Prozesskosten* belastet werden. Das Argument lautet, dass die Prozesskosten ein Indikator für die Kapazitätsinanspruchnahme sind. Es werden in diesem Zusammenhang Überlegungen angestellt, inwieweit sich bei einer Outputverringerung bestimmter Produkte auf kurze, mittlere oder längere Sicht Kapazitäten abbauen ließen. Eine solche Verknüpfung von Deckungsbeitrags- und Prozesskostenrechnung darf aber nicht den Blick darauf verstellen, dass es sich bei Letzterer um Schlüsselungen fixer Gemeinkosten handelt, wie sie der Deckungsbeitragsrechnung an sich fremd sind (s.a. → Kalkulationsverfahren).
Auch für die kurzfristig ausgerichtete → *Preispolitik* bei Gütern der Massen- oder Serienproduktion spielt das Direct Costing eine Rolle. Dabei wird planerisch von einem retrograden Rechenschema ausgegangen, wie es in der *Abb. 1* angedeutet ist.

Abb. 1: Kurzfristige Preisplanung mit der Deckungsbeitragsrechnung

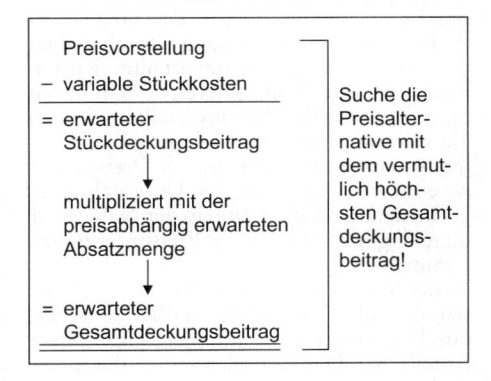

```
Preisvorstellung
– variable Stückkosten                    ⎫
= erwarteter                              ⎬ Suche die
  Stückdeckungsbeitrag                    ⎪ Preisalter-
            ↓                             ⎪ native mit
  multipliziert mit der                   ⎬ dem vermut-
  preisabhängig erwarteten                ⎪ lich höch-
  Absatzmenge                             ⎪ sten Gesamt-
            ↓                             ⎬ deckungs-
= erwarteter                              ⎪ beitrag!
  Gesamtdeckungsbeitrag                   ⎭
```

Werden verschiedene Preisvorstellungen auf diese Weise gedanklich in ihren voraussichtlichen Konseqenzen durchgespielt, so lässt sich anhand der Deckungsbeitragsrechnung jene Alternative bestimmen, die vermutlich am besten zur Kompensation und Überdeckung der fixen Kosten und damit zur *Gewinnoptimierung* geeignet ist.
Ähnlich wie bei der kurzfristigen Sortiments- und Preispolitik ist das Direct Costing auch zum Vorbereiten von Kommunikations- und Distributionsentscheidungen auf kurze Sicht einsetzbar, sofern in einem gegebenen Fixkostenrahmen nur die entscheidungsabhängigen Veränderungen von Erlösen und variablen Kosten gegenüberzustellen sind.
Wenn es allerdings um Marketing-Entscheidungen geht, bei denen unmittelbar auch über bisher beschäftigungsfixe Kosten disponiert werden kann (z.B. Fixkostenabbau bei einer Produktelimination oder Kapazitätsaufbau für ein neues Produkt), reicht das einfache Direct Costing nicht mehr aus. Hier ist das Rechnen mit relativen Einzelkosten und Deckungsbeiträgen geeigneter, da es der jeweiligen Entscheidungsalternative alle durch sie verursachten Kostenentstehungen oder Kostenentlastungen zuordnet. Sind für längerfristig wirksame Entscheidungen Fixkostenänderungen in späteren Perioden mitzubeachten, so stößt die Deckungsbeitragsrechnung ohnehin an ihre Grenzen, und es bieten sich dann eher investitionsrechnerische Kalküle an.
Ebenso gilt für rückblickende Kontrollrechnungen (→ *Erfolgsanalyse*), dass das Arbeiten mit Bezugsgrößenhierarchien und das Rechnen mit relativen Einzelkosten am zutreffendsten aufzeigt, wo (Brutto-)Gewinn- oder Verlustquellen liegen. Hier ist nicht die Aufteilung in fixe und variable Kosten der Hauptgesichtspunkt, sondern die schlüsselungsfreie Zurechnung von Erfolgsbestandteilen nach ihrer eindeutigen Zugehörigkeit zu Produkten, Aufträgen, Kunden(gruppen), Verkaufsgebieten, Besuchstouren, Marketing-Organisationseinheiten und sonstigen Untersuchungsobjekten (sog. Identitätsprinzip). *Abb. 2* ist ein Beispiel für eine entsprechend mehrstufige Deckungsbeitragsanalyse nach Abschluss einer Periode. R.K.

Literatur: *Glaser, K.:* Prozessorientierte Deckungsbeitragsrechnung, München 1998. *Köhler, R.:* Beiträge zum Marketing-Management, 3. Aufl., Stuttgart 1993. *Riebel, P.:* Einzelkosten- und Deckungsbeitragsrechnung, 7. Aufl., Wiesbaden 1994.

Deckungsbeitragsrechnung im Handel

insb. für Handelsbetriebe zu empfehlende kurzfristige → *Erfolgsrechnung*. Auf Grund einer differenzierten Kostenspaltung ermöglicht die Deckungsbeitragsrechnung auf der Basis relativer Einzelkosten neben einer artikelbezogenen Analyse eine Bewertung der Abteilungen, Filialen und Verkaufsbezirke einer Handelsunternehmung nach der Höhe ihrer Erlösüberschüsse, wel-

Deckungsbudget

Abb. 2: Mehrstufige Deckungsbeitragsrechnung

Aufträge	Besuchstour 1			Besuchstour 2			Besuchstour 3		Anderweitig erhaltene Aufträge
	A_1	A_2	A_3	A_4	A_5	A_6	A_7		A_8
Bruttoerlös	20 000	5 000	35 000	3 000	45 000	12 000	30 000		1 000
- Rabatte und andere Erlösschmälerungen	1 000	500	2 000	-	3 000	-	1 000		-
Nettoerlös	19 000	4 500	33 000	3 000	42 000	12 000	29 000		1 000
- direkt zurechenbare Kosten der Erzeugnisse	10 000	1 900	20 000	2 500	22 000	7 000	17 000		800
Deckungsbeitrag I pro Auftrag	9 000	2 600	13 000	500	20 000	5 000	12 000		200
- Auftragseinzelkosten (ohne Provision)	400	200	200	200	200	200	500		50
Deckungsbeitrag II pro Auftrag	8 600	2 400	12 800	300	19 800	4 800	11 500		150
- Provision	344	96	512	12	792	192	460		6
Deckungsbeitrag III pro Auftrag	8 256	2 304	12 288	288	19 008	4 608	11 040		144
Deckungsbeitrag I pro Besuchstour		22 848			288		23 616		
- Reisekosten		848			300		416		
Deckungsbeitrag II pro Besuchstour		22 000			-12		23 200		
Deckungsbeitrag I des Außendienstmitarbeiters				56 372					
- Telefonkosten				372					
- Festgehalt				2 000					
Deckungsbeitrag II des Außendienstmitarbeiters				54 000					

(Quelle: *Köhler, R.*, 1993, S. 372)

che sie über ihre direkt zurechenbaren Einzelkosten hinaus zur Deckung des restlichen Gemeinkostenblocks und des Gewinns erzielen können.

In einem ersten Schritt werden die Erlöse der zu untersuchenden Periode den artikelspezifischen Einzelkosten gegenübergestellt. Der so entstehende Deckungsbeitrag (Rohertrag) zeigt, in welchem Ausmaß die Artikel über ihre Einzelkosten (Warenstandskosten) hinaus zur Deckung der fixen und variablen Gemeinkosten sowie zur Gewinnerzielung beitragen. In einem zweiten Schritt wird der Deckungsbeitrag der Artikelgruppe ermittelt, indem die von dieser Artikelgruppe verursachten Einzelkosten zusammengefasst werden. Z.T. (z.B. bei Energie- und Raumkosten) wird dabei auf Kostenschlüsselungen zurückgegriffen. Schließlich ergeben sich die Deckungsbeiträge der Verkaufsabteilungen und Filialen nach Abzug der diesen direkt zurechenbaren Einzelkosten. Ferner besteht die Möglichkeit, durch Zusammenfassung regional verbundener Filialen weitere Deckungsbeiträge auszuweisen, indem die in einer Region angefallenen Werbe- und Fuhrparkkosten als Einzelkosten des regionalen Bereichs abgesetzt werden.

Leistungsgrenzen dieses Teilkostenverfahrens liegen zum einen darin, dass eine analytische Kostenuntersuchung durch einen u.U. zu großen Block unverteilter Kosten erschwert wird. Zum anderen besteht durch die relative Höhe der unverteilten Kosten die Gefahr einer Verschleierung von Kosten, sodass es in Bezug auf die Preispolitik zu einer die Liquidität der Unternehmung gefährdenden Kalkulation in der Nähe einer unzulänglich definierten Preisuntergrenze kommen kann.

Neuerdings wird im Rahmen der → Direkten Produkt-Rentabilität (DPR) versucht, durch genauere Kostenzurechnung höhere Anteile der Handlungskosten artikelspezifisch zu verrechnen. K.Ba.

Deckungsbudget

für kalkulatorische Zwecke vorgegebener Kostenbetrag im Rahmen retrograder → Preiskalkulation, der durch die Erlöse bzw. Deckungsbeiträge zu decken ist. Dem Gedankengut der Deckungsbeitragsrechnung entspricht die Vorgabe eines hierarchisch aufgebauten Systems von Deckungsbudgets.

Die für eine einzelne Leistungseinheit als absolute kostenmäßige → Preisuntergrenze vorgegebenen Einzelkosten lassen sich als stückbezogenes Deckungsbudget interpretieren, als einen Indikator also, der signalisiert, wie hoch der Stückerlös mindestens sein muss, damit kein negativer Deckungsbeitrag entsteht und es sich lohnt, das betreffende Produkt herzustellen. Da aber über die Einzelkosten einer Leistungseinheit hinaus ein mehr oder weniger großer Rest an ebenfalls noch zu deckenden Kosten verbleibt, sind für die Ermittlung von Preisuntergrenzen und für die (retrograde) Preiskalkulation den Verantwortlichen auch diese sonstigen Kosten, jeweils bezogen auf zurechenbare Kalkulationsobjekte, als Deckungslasten vorzugeben. Durch den Aufbau einer solchen Hierarchie von Deckungsbudgets, wie er in der *Abb.* schematisch veranschaulicht ist, werden Barrieren für eine zu nachgiebige Preispolitik, die häufig der Deckungsbeitragsrechnung als Mangel angelastet wird, errichtet. Zusätzlich werden auf diese Weise Sicherungsmaßnahmen gegen preis- und programmpolitische Entscheidungen, die auf lange Sicht Erlöse knapp über den Einzelkosten einer Leistungseinheit zulassen, getroffen.

In der ersten Hierarchieebene wird der „absolute" Preisuntergrenze in Höhe der für die Herstellung und den Absatz einer Leistungseinheit zusätzlich anfallenden Kosten ausgewiesen. In einer zweiten Ebene ist die Untergrenze für die Summe der Stückbeiträge der einzelnen Produkt- oder Leistungsart vorzugeben, und zwar in Höhe der nur der Produktart einzeln zurechenbaren Kosten. Besonders in nach Produktsparten divisionalisierten Unternehmen, in denen jeweils ein Vertriebsdisponent die Verantwortung für die Absatzpolitik einer ganzen Produktsparte trägt, sollte man in einer dritten Ebene, die zwar nicht den einzelnen Produktarten, aber den Produktsparten als Ganzes direkt zurechenbaren Kosten ausweisen und damit Untergrenzen für die Summe der Deckungsbeiträge aller Produktarten einer Sparte vorgeben. Dies ist die Grundlage dafür, durch preis- oder absatzpolitische Maßnahmen für Deckungsbeiträge zu sorgen, die die gesamten Einzelkosten der betreffenden Produktsparte voll abdecken. Anders als beim Arbeiten mit den Kalkulationsverfahren der traditionellen Vollkostenrechnung werden Entscheidungsträger nicht in ein starres Schema gezwängt. Vielmehr besteht aufgrund der damit vorliegenden Informationen die Möglichkeit, sich preispolitisch weitaus flexibler verhalten zu können und Angebotspreise unter Berücksichtigung der jeweils relevanten Marktlage (z.B. Inkaufnahme niedriger Deckungsbeiträge auf „schlechten" Märkten und Ausgleich durch überdurchschnittliche Deckungsbeiträge auf „guten" Märkten) festzusetzen (→ Ausgleichskalkulation, Kompensationskalkulation). Von der Unternehmensleitung wird dem Verantwortlichen nur vorgeschrieben, dass die Summe der Deckungsbeiträge aller Produktarten der von ihm betreuten Produktsparte höher ist als die Summe der Einzelkosten (das Deckungsbudget) dieser Sparte des Produktprogrammes. Welche Artikel bzw. welche Sorten ein nach den eben skizzierten Grundsätzen handelnder Vertriebsdisponent in erster Linie zur Erwirtschaftung des ihm vorgegebenen Deckungsbudgets heranzieht, bleibt ihm überlassen. Indem die Deckungsbeitragsrechnung ganz bewusst solche preispolitischen Dispositionsspielräume für notwendigerweise sehr sorgfältig nach den Grundsätzen dieses Systems der Kosten- und Leistungsrechnung ausgebildete Entscheidungsträger schafft, öffnet sie den Weg für eine bessere Ausnutzung der Marktchancen.

Da sich nicht sämtliche Kosten (z.B. Kosten der Unternehmensleitung) den einzelnen Produktsparten direkt als Einzelkosten zurechnen lassen, ist schließlich in einer vierten Ebene als Untergrenze für die Summe der Deckungsbeiträge aller Produktsparten ein Deckungsbudget für die Unternehmung als Ganzes vorzugeben. Bei der Anwendung der Deckungsbeitragsrechnung für die Preiskalkulation bzw. Preispolitik ist gleichzeitig die Unternehmensorganisation so zu strukturieren, dass sich die für die einzelnen absatzpolitischen Dispositionsbereiche Verantwortlichen miteinander darüber abstimmen können, wie sie gemeinsam für eine Deckung der den einzelnen Produktsparten nicht direkt zurechenbaren Kosten und darüber hinaus die Erzielung des angestrebten Gewinnes sicherstellen.

Durch diese Vorgehensweise ergibt sich insgesamt ein mehrschichtiges System von Budgetkategorien, dessen Beachtung in der Preiskalkulation und Preispolitik Vollkostendeckung für das Gesamtunternehmen sicherzustellen vermag. In diesem Anwendungsbezug führt ein Arbeiten mit der Deckungsbeitragsrechnung somit nicht zu einem Widerspruch zur Vollkostendeckung. W.Mä.

Decodierung

Deckungsbudget-Hierarchie als Basis für die Ermittlung von Preisuntergrenzen

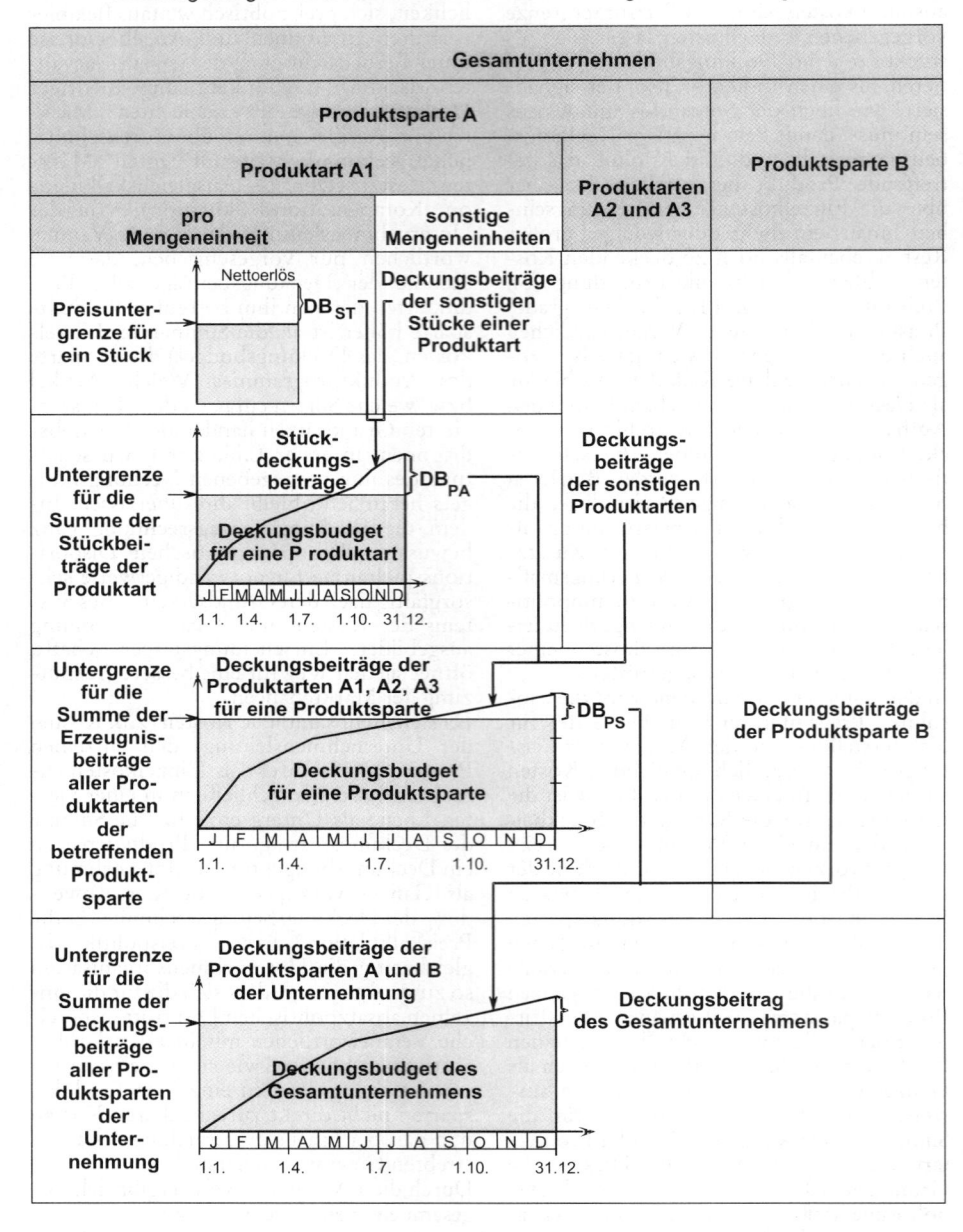

	Gesamtunternehmen			
	Produktsparte A			Produktsparte B
	Produktart A1		Produktarten A2 und A3	
	pro Mengeneinheit	sonstige Mengeneinheiten		
Preisuntergrenze für ein Stück	Nettoerlös / DB_{ST}	Deckungsbeiträge der sonstigen Stücke einer Produktart		
Untergrenze für die Summe der Stückbeiträge der Produktart	Stückdeckungsbeiträge / DB_{PA} / Deckungsbudget für eine Produktart / J F M A M J J A S O N D / 1.1. 1.4. 1.7. 1.10. 31.12.		Deckungsbeiträge der sonstigen Produktarten	
Untergrenze für die Summe der Erzeugnisbeiträge aller Produktarten der betreffenden Produktsparte	Deckungsbeiträge der Produktarten A1, A2, A3 für eine Produktsparte / DB_{PS} / Deckungsbudget für eine Produktsparte / J F M A M J J A S O N D / 1.1. 1.4. 1.7. 1.10. 31.12.			Deckungsbeiträge der Produktsparte B
Untergrenze für die Summe der Deckungsbeiträge aller Produktsparten der Unternehmung	Deckungsbeiträge der Produktsparten A und B der Unternehmung / Deckungsbudget des Gesamtunternehmens / J F M A M J J A S O N D / 1.1. 1.4. 1.7. 1.10. 31.12.		Deckungsbeitrag des Gesamtunternehmens	

Literatur: *Hummel, S.; Männel, W.:* Kostenrechnung 2, Moderne Verfahren und Systeme, 3. Aufl., Wiesbaden 1983, S. 96-110. *Riebel, P.:* Einzelkosten- und Deckungsbeitragsrechnung, 6. Aufl., Wiesbaden 1990, S. 475-513.

Decodierung

nennt man im Rahmen der → Werbepsychologie die Zuordnung einer (subjektiven) Bedeutung zu einem Zeichen. Die Verarbeitung eines Signals umfasst als Erstes seine

Entschlüsselung, seine Decodierung. Ein bestimmter verbaler oder nonverbaler Reiz muss bspw. als Name eines Freundes, eines Landes, als Markenzeichen oder als Bild einer Markenwerbung erkannt werden. Erst durch diese Entschlüsselung werden die aufgenommenen Signale zu Informationen für den Empfänger. Der Sender einer → Werbebotschaft sollte bei der → Encodierung beachten, dass das Verständnis eines Signals immer von der individuellen Persönlichkeit und Situation des Empfängers abhängt. Besonders komplexe Botschaften gefährden bei dem in der Werbung vorherrschenden geringen → Involvement das Verständnis oder führen zu Diskrepanzen zwischen Resultat und Absicht. Der Sender einer Botschaft sollte deshalb bei der Umsetzung seiner Botschaft immer beachten, ob die verwendeten Reize von den Zielpersonen verstanden werden. Dazu bieten sich → Werbetests an, die das typische Wahrnehmungsverhalten in der Realität berücksichtigen. Bezüglich der Beziehung zwischen beobachtbaren Zeichen und Decodierung wird unterstellt, dass Zeichen in einer dem symbolischen Vorverständnis entsprechenden Weise interpretiert werden, die Zeichen also eine „übliche" Bedeutung haben. Da die Zielperson die Botschaft immer im Hinblick auf eigene Wertvorstellungen, Erfahrungen und Bedürfnisse interpretiert, sind Missverständnisse durchaus möglich, d.h. die Werbebotschaft wird vom Empfänger anders interpretiert als vom Sender beabsichtigt (s.a. → Marketing-Semiotik). G.M.-H./F.-R.E.

Literatur: *Rosenstiel, L. von; Neumann, P.:* Einführung in die Markt- und Werbepsychologie, Darmstadt 1982.

Deduktiv-nomologischer Ansatz

auch in der → Marketing-Theorie und → Marketing-Wissenschaft gängiger Ansatz der → Wissenschaftstheorie, nach dem sich Ereignisse erklären bzw. nomologische Aussagen gewinnen lassen. Will man bspw. das Ereignis „Das Unternehmen entscheidet sich für den Aufbau einer Produktionsstätte." erklären (= Explanandum) und hat man in diesem Zusammenhang auf → hermeneutischem Wege, z.B. auf Basis von theoretischen oder Plausibilitätsüberlegungen oder über die Beobachtung, zwei Antecedens-Bedingungen

- „die Lohn- und Herstellungskosten sind gering." (= 1),
- „das Marktpotenzial ist groß." (= 2)

ermittelt, dann könnte man damit etwa die nomologische Aussage ableiten „Wenn in einem Auslandsmarkt die Lohn- und Herstellungskosten gering und das Marktpotenzial groß sind, dann entscheidet sich ein Unternehmen für den Aufbau einer Produktionsstätte (= Direktinvestition)" (vgl. *Abb.*).

Dem kritischen Rationalismus zufolge sollten Aussagen über (singuläre) Ereignisse mehrmals an der Realität überprüft werden, wenn man sie → generalisieren bzw. möglichst weitreichend, d.h. mit möglichst großem Raum- und Zeitbezug, formulieren möchte. Zu diesem Zweck muss man sich der zweiten erkenntnistheoretischen Option bedienen: sind Randbedingungen und Gesetzesaussagen bekannt, so kann man damit auch prognostizieren bzw. – um in der Sprache der Wissenschaft zu bleiben – Hypothesen formulieren. Lässt sich diese Prognose bzw. Hypothese in der Realität beob-

Wahl der Markteintrittsstrategie als erkenntnistheoretisches Problem

		Erkenntnisziel	
		Erklärung	Prognose
Explanans (= *nomologische Hypothese; Gesetzesaussage*)	Wenn in einem Auslandsmarkt die Lohn- und Herstellungskosten gering und das Marktpotenzial groß sind, dann entscheidet sich ein Unternehmen für den Aufbau einer Produktionsstätte (= Direktinvestition).	*gesucht*	*gegeben*
Randbedingung (= *Antecedenz-Bedingung*)	• die Lohn- und Herstellungskosten sind gering • das Marktpotenzial ist groß	*gesucht*	*gegeben*
Explanandum (*hier: Markteintrittsstrategie*)	Das Unternehmen entscheidet sich für den Aufbau einer Produktionsstätte.	*gegeben*	*gesucht*

DEFENDER-Modell

achten, gilt sie als bestätigt, andernfalls als zurückgewiesen bzw. falsifiziert.

S.M./M.Ko.

Literatur: *Müller, S.; Kornmeier, M.:* Interkulturelles Marketing, München 2002. *Chmielewicz, K.:* Forschungskonzeptionen der Wirtschaftswissenschaft, 3. Aufl., Stuttgart 1994. *Raffée, H.:* Marketing-Wissenschaft, in: *Tietz, B.; Köhler, R.; Zentes, J.* (Hrsg.): Handwörterbuch des Marketing, 2. Aufl., Stuttgart 1995, Sp. 1668-1682.

DEFENDER-Modell

von *Hauser* und *Shugan* 1983 vorgestelltes Modell der → Markenwahlentscheidung in Form eines joint space-Modells (→ Kaufmodelle), bei dem die Achsen des Wahrnehmungsraums als subjektiv perzipierte Eigenschaften pro Geldeinheit modelliert werden. Die Position eines Produktes entspricht dann nicht seinem Eigenschaftsvektor, sondern seinem Eigenschaftsvektor, dividiert durch den Produktpreis. Das setzt die (schwierige) Messung der Produktwahrnehmung auf ratioskalierten Merkmalsdimensionen voraus, wofür *Hauser* und *Shugan* ein Näherungsverfahren vorschlagen. Entsprechend dem Modell von *Lancaster* (→ Käuferverhalten) lassen sich dann aber in einer Indifferenzkurvenanalyse die Kaufentscheidungen durch eine einfache geometrische Betrachtung ableiten und analysieren.

H.D.

Literatur: *Hauser, J.R.; Shugan, S.M.:* Defensive Marketing Strategies, in: Marketing Science, Vol. 2 (Fall 1983), S. 319-360.

Degenerierte Lösung

Problem in der → Mehrdimensionalen Skalierung (MDS). Eine Lösungskonfiguration in der MDS gilt dann als degeneriert, wenn trotz eines ausgezeichneten Stress-Wertes die Stimuli nicht eindeutig positioniert sind. Eine Interpretation ist in solchen Fällen nicht möglich. In zweidimensionalen Lösungskonfigurationen treten zwei unterschiedliche Typen von degenerierten Lösungen auf. Beim ersten Typ werden die Stimuli in einem Kreis um den Ursprung angeordnet. In dieser Konfiguration spiegelt sich zwar wider, dass die Urteilspersonen die Stimuli als relativ ähnlich wahrnehmen, allerdings liefert die MDS keine Erkenntnisse über die Gründe dieser Wahrnehmung. Beim zweiten Typ einer degenerierten Lösung teilen sich die Stimuli in zwei Cluster am jeweiligen Ende der X-Achse auf („Hantelform"), ohne dass hierfür eine sinnvolle inhaltliche Begründung möglich ist. Diese Konstellation weist im Regelfall auf eine eindimensionale Lösung oder eine getrennte MDS für jedes Cluster hin. L.H.

Degustationen → Warenproben

Deliberate Clause

→ Versicherungsklauseln, englische (Institute Cargo Clauses)

Delivery Order

Lieferschein, Auslieferungsanweisung. Die Bezeichnung wird auch auf auf den Konossements-Teilschein angewandt (→ Außenhandelsgeschäft, → Dokumente im internationalen Warenverkehr).

Delkredere

Im Handelsrecht verankerte Gewährleistung für den Eingang einer Forderung, etwa jene des Kommissionärs gegenüber dem Kommittenten oder eines Einkaufskontors gegenüber den Lieferanten angeschlossener Einzelhändler (→ Fremdgeschäft). Im Rechnungswesen sind Delkrederekosten kalkulatorische, auf Basis von Erfahrungswerten bestimmte Kosten für den Ausfall bestimmter Forderungen und insoweit → Vertriebskosten (s.a. → Factoring).

Delkrederegeschäft

Übernahme der Ausfallbürgschaft durch → Einkaufsgemeinschaften. Die Warenbestellung des Mitgliedsunternehmens erfolgt direkt beim Vertragslieferanten, aufgrund vorheriger Rahmenverträge der Einkaufszentrale (Botenlösung). Die Zentrale wird über die Bestellung informiert und verbürgt sich gegenüber dem Lieferanten durch die Übernahme des Delkredere i.S. einer selbstschuldnerischen Ausfallbürgschaft, wenn das Mitglied seinen Verpflichtungen gegenüber dem Lieferanten nicht nachkommt. Der Ausfall gilt als eingetreten, wenn die Befriedigung nicht in einer bestimmten, vertraglich festgelegten Weise erfolgt, d.h. hier, wenn der Einzelhändler als Mitglied des Einkaufsverbandes als Schuldner nicht innerhalb einer bestimmten Frist nach Fälligkeit der Forderung an den Produzenten bzw. Lieferanten Zahlung geleistet hat.

B.T./J.Z.

Literatur: *Falk, B.; Wolf, J.:* Handelsbetriebslehre, 11. Aufl., Landsberg a.L. 1992, S. 109-110. *Tietz, B.:* Der Handelsbetrieb, 2. Aufl., München 1993, S. 264.

Delkrederevergütung
→ Zahlungskonditionen

Delphi-Methode

Variante der → heuristischen Prognose und spezielle Form der Gruppenprognose, die Anfang der 60er-Jahre innerhalb der RAND Corporation entwickelt wurde. Charakteristische Eigenschaften der Methode:

- Die Prognosegruppe besteht aus Experten, die sich mit unterschiedlichen Aspekten des Prognoseproblems beschäftigt haben.
- Die Experten bleiben untereinander *anonym*.
- Die Prognose vollzieht sich in mehreren *Runden*, zwischen denen eine *Informationsrückkoppelung* stattfindet.
- Der *Median* und die *Quartilspanne* der Prognosen jeder Runde werden den Experten mitgeteilt.

Ziel der Delphi-Methode ist es, während mehrerer Befragungsrunden eine Konvergenz der Einzelprognosen zu erreichen, ohne dass sich die Experten in Gruppendiskussionen gegenseitig beeinflussen.

Neben quantitativen Aussagen können auch qualitative Prognosen gewonnen werden. So ergab eine zu Beginn der 70er-Jahre durchgeführte Delphi-Anwendung zur „Zukunftgestaltung des Büroarbeitsplatzes", dass sich z.B. das Großraumbüro etwa 1976 durchsetzen würde. Zusätzlich wurde festgestellt, dass das Großraumbüro nicht für alle Tätigkeiten geeignet schien und ein starkes Prestigedenken der Angestellten dessen Verbreitung entgegenstünde. Weder die Entwicklung zur ausschließlichen Verwendung von Großraumbüros, noch der ausschließliche Einsatz von Einzelbüros wurde in den schriftlichen Begründungen der Experten für möglich erachtet. Vielmehr wurde ein Trend zu häuslichen Arbeitsplätzen mit allen Kommunikationsmöglichkeiten erwartet. K.-W.H.

Literatur: *Gisholt, O.*: Marketing – Prognosen, Bern u.a. 1976.

Demand-Pull → Marketing

Demarkation

Innerhalb von Demarkationsverträgen grenzten Energieversorgungsunternehmen auch verschiedener Stufen untereinander ihre Versorgungsgebiete ab (→ Energie-Marketing). Durch die Unterlassung der Geschäftstätigkeit innerhalb des Gebiets eines anderen EVU's wurde bewirkt, dass den Gebietskörperschaften jeweils nur ein Kontrahierungspartner gegenüberstand (→ Konzession, → Common Carriage). Dadurch wurde der Wettbewerb einschneidend beeinträchtigt, sodass im Zuge der Deregulierung die Demarkation aufgehoben wurde. W.H.E.

Demarketing

Einsatz der → Marketing-Instrumente zur Reduzierung oder Eleminierung von Güteraustauschprozessen oder ideellen Werten. Demarketing besitzt v.a. im Rahmen des → Öko- und → Sozio-Marketing Bedeutung, bei dem es oft um die Verminderung schädlichen Verhaltens, wie z.B. Rauchen, geht. Aber auch Wasserwerke, die für den sparsamen Umgang mit Wasser werben, betreiben Demarketing. I.B.

DEMON

(Decision Mapping Via Optimum Go-No Networks): Quantitatives Modell zur Bestimmung des gewinnoptimalen Neuproduktkonzepts und des ökonomischsten Prozesses des → Innovationsmanagement. DEMON besteht aus vier Elementen: Netzplan, Marketingzielsystem, Marketingplanungsmodell und Entscheidungsmodell. Der Netzplan dient zur Darstellung des Neuproduktplanungsprozesses als System sequentieller, voneinander abhängiger Entscheidungen (vgl. *Abb.*).

Für jede Entscheidung (Netzplanknoten) bewertet das Modell das vorgeschlagene Neuproduktkonzept hinsichtlich dreier Handlungsalternativen: (1) GO: Empfehlung der Markteinführung, da die vorgegebenen Marketingziele erreicht werden (2) NO: Abbruch, da das Konzept die vorgegebenen Ziele nicht erfüllt, (3) ON: Durchführung weiterer Tests und Studien, da zusätzliche Informationen für eine eindeutige GO- oder NO-Entscheidung nötig sind. Das Zielsystem erfasst den erwarteten Mindestgewinn, die Mindest-Amortisationszeit (Break-Even-Punkt), das akzeptierte Risikoniveau und das maximale Marktforschungsbudget. Das Planungsmodell bildet das Neuprodukt-Marketing-Mix ab (Produktleistungen, Distributionsquote, Preisniveau, Werbeplattform). Mittels empirisch ermittelter → Marktreaktionsfunktionen wird der zu erwartende Umsatz einer Mar-

Demonstrativer Konsum

DEMON

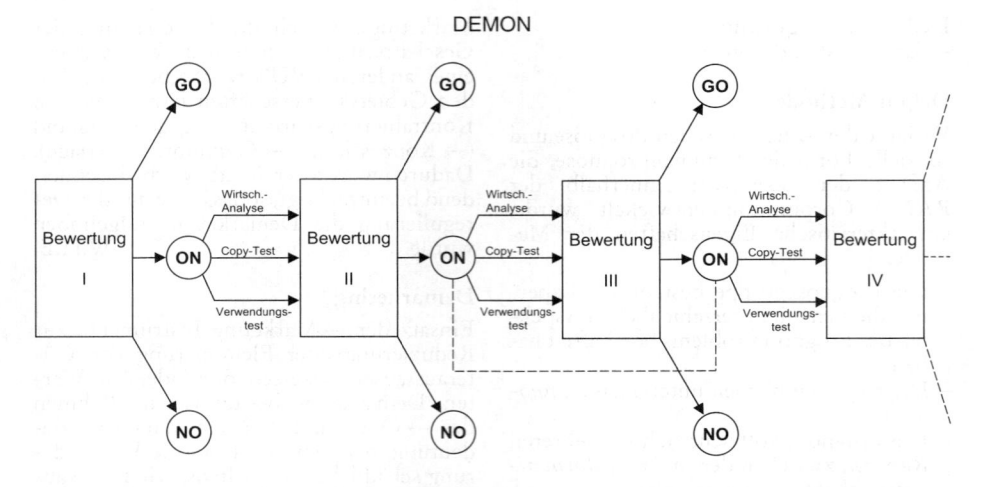

keting-Mix-Kombination (also eines Neuproduktkonzeptes) bestimmt. Im Entscheidungsmodell wird das vorgeschlagene Neuproduktkonzept anhand der im Zielsystem vorgegebenen Ziele und Restriktionen und der bisher zur Verfügung stehenden Informationen bewertet. Hier wird die Entscheidung über GO, ON oder NO gefällt. Das Entscheidungsmodell überprüft die erforderlichen Marktforschungsmaßnahmen (z.B. Copytest, Produkttest) auf ihr Kosten-Nutzen-Verhältnis, wobei der Nutzen in der durch zusätzliche Informationen zu erwartenden Risikominderung besteht. Hierdurch wird der gewinnoptimale Pfad im Netzplan bestimmt. DEMON liefert umfangreiche Informationen, die das Wissen des Marketingmanagers erhöhen und seine Urteilskraft schärfen können. Andererseits hat es einen Komplexitätsgrad, der das Modell für ungeschulte Praktiker als schwer durchschaubar, anspruchsvoll und arbeitsintensiv erscheinen lässt. V.T.

Literatur: *Charnes, A.; Cooper, W.W.; DeVoe, J.K.; Learner, D.B.; DEMON:* Decision Mapping Via Optium Go-No Networks – A Model for Marketing New Products, in: Management Science, Vol. 12 (1966), S. 865-887.

Demonstrativer Konsum

öffentlich sichtbarer Konsum von Gütern, die als Symbole einer Gruppenzugehörigkeit gelten (z.B. Markenkleidung und -schuhe für Jugendliche) (→ *Gruppe, soziale*) oder Wohlstand und *sozialen Status* (→ Status, sozialer) anzuzeigen geeignet sind („Luxusgüter" wie Pelze, Schmuck, teure Autos). E.K.

Demoskopie

ehemals als Dachbegriff für die die Umfrageforschung einerseits und die Meinungsforschung andererseits umfassenden Methoden der empirischen Sozialforschung eingeführter Terminus, der sich in dieser Funktion nicht erhalten hat, sondern heute weitgehend synonym für Umfrage- bzw. Meinungsforschung benutzt wird (s.a. → Marktforschung).

Dendrogramm

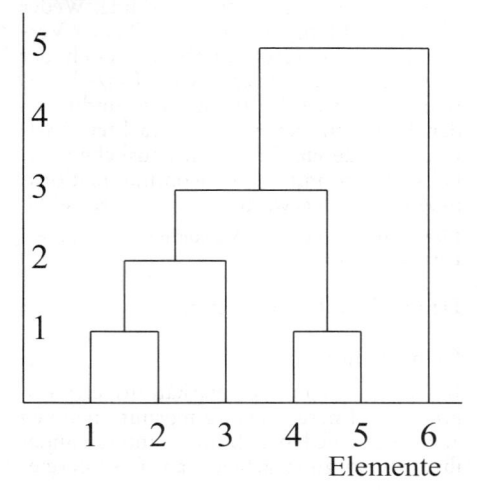

graphische Darstellung der Fusionierung bzw. Aufteilung von Elementen einer hierarchischen → Clusteranalyse in Form einer Baumstruktur mit den Elementen als Punkte der einen Achse und der Skala des jeweiligen → Distanzindex als zweiter Achse.

Man erkennt am Beispiel, dass die Elemente 1 und 2 sowie 4 und 5 am ähnlichsten sind (Distanzindex = 1) und deshalb zuerst fusioniert werden. Auf der nächsten Stufe wird 1 und 2 mit 3, dann {1,2,3} mit {4,5} und schließlich {1,2,3,4,5} mit 6 fusioniert. Bei diesem letzten Schritt liegt der Distanzindex bereits bei 5. Analog kann auch ein (umgekehrt gepolter) Ähnlichkeitsindex im Dendrogramm Verwendung finden. H.D.

Denotative Merkmale → Image

Depot (Lager, Lagerhaus, Warehouse)
ist ein Knoten im logistischen Netzwerk, in dem Güter vorübergehend festgehalten oder auf einen anderen durch das Netzwerk führenden Weg übergeleitet werden (→ Marketing-Logistik). Depots können somit sowohl Liefer- und Empfangspunkte als auch Auflöse- oder Konzentrationspunkte in einem Warenflussnetzwerk sein. In jedem Depot laufen grundsätzlich die gleichen Lager- und/oder Transportprozesse ab, die es im Rahmen der Vorratspolitik zu steuern gilt (→ Depotplanung). Dabei sind sechs Depotbereiche zu unterscheiden.
Im Depotbereich *Wareneingang* erfolgt die Güterannahme vom Lieferanten oder die Vorbereitung der Güter für die Lagerung. Hierzu gehören im Einzelnen: das Abladen der ankommenden Waren, die Wareneingangskontrolle sowie das Lagerfähigmachen der Waren. Der Aufenthalt der Güter im Wareneingangsbereich sollte so kurz wie möglich sein.
Im Depotbereich *Einheitenlager* stehen die Lagerprozesse im Vordergrund. Das Einheitenlager dient ausschließlich der Zeitüberbrückung von Gütern. Gehen die Einheiten nach der Auslagerung nicht direkt zum Warenausgang, sondern in ein Kommissionierlager, so werden die Einheitenlager auch als Reservelager bezeichnet, in denen die Güter in großen Mengen und Einheiten relativ lange lagern.
Im Depotbereich *Kommissionierlager* werden die Güter i.a. nur kurze Zeit in kleinen Mengen und Einheiten gelagert. Vornehmlich laufen dort Bewegungsprozesse ab, die der Konzentration oder Auflösung des Güterflusses dienen. Infolge des Kommissionierens verlassen die Güter diesen Lagerhausbereich nicht in dem Zustand, in dem sie eingelagert wurden. Durch die unterschiedliche Dominanz von Lager- und Bewegungsprozessen im Einheiten- und Kommissionierlager sind beide Depotbereiche verschieden zu gestalten.
Im Depotbereich *Packerei* wird der kommissionierte Auftrag zu einer versandfertigen Einheit zusammengefasst, wobei der Versand den Transport zu anderen innerbetrieblichen Stellen einschließt.
Der Depotbereich *Warenausgang* umfasst die Warenabgabe an den Empfänger inklusive der dafür notwendigen vorbereitenden Arbeiten. Hierzu gehören die Entgegennahme der Waren aus der Packerei, nach Kunden oder Versandart geordnete Zwischenlagerung bis zur Abholung, Disposition des abholenden Transportmittels und das Verladen. Wie im Wareneingang stehen auch hier die Bewegungsprozesse im Vordergrund.
Der Depotbereich *Lagerverwaltung* umfasst die Aufgaben der Steuerung und Koordination der Lager- und Bewegungsprozesse und bildet gleichzeitig die Schnittstelle des logistischen Subsystems Depot zum logistischen Subsystem → Auftragsabwicklung (Order Processing).

Ein Depot hat folgende Funktionen zu erfüllen:

– zeitliche Überbrückung,
– Reduktion von Unsicherheiten,
– Größendegression,
– Spekulation,
– Lieferzeitverkürzung,
– Sortierung und Konsolidierung sowie
– Flexibilitätssicherung.

Nach diesen funktionalen Gesichtspunkten können Depots in *Vorratslager*, *Umschlagslager* bzw. *Durchgangslager* und *Verteilungslager* unterschieden werden. Vorratslager erfüllen überwiegend Funktionen der spekulativen Lagerhaltung. Für Umschlags- bzw. Durchgangslager und Verteilungslager kommt es zu einer Funktionsverschiebung hin zu Sortier- und Konsolidierungsfunktionen.

In der Praxis sind folgende *Lagerbauformen* vorzufinden:

– Freilager,
– Bunker-/Silolager,
– Flachlager,
– Etagenlager,
– Hochregallager und
– Traglufthallenlager.

Depotplanung

Depotcharakterisierung

Funktionen	Arten/Bereiche	Stufen	Bauformen
Spekulation Vereinzelung Größendegession Unsicherheitsausgleich Lieferzeitverkürzung Flexibilitätssicherung	Vorrat Umschlag Durchgang Verteil Kommissionier Reserve Eingangs Einheiten	Werk Zentral Regional Auslieferung	Hochregal Paletten Flach Frei Silo Etagen Traglufthalle

An *Lagerstufen* werden i.d.R. Werks-, Zentral-, Regional- und Auslieferungslager unterschieden. *Werkslager* enthalten Produkte direkt nach ihrer Fertigstellung und dienen überwiegend dem kurzfristigen Mengenausgleich zwischen Produktion und Warenverteilung. In *Zentrallagern* hingegen wird das volle Sortiment der Unternehmung, häufig ergänzt um Fremdprodukte, gelagert. Die einer Absatzregion zugeordneten *Regionallager* bilden das Bindeglied zur Auslieferungslagerstufe und sollten eine kundennahe und schnelle Versorgung gewährleisten. Mehrstufige Depotstrukturen sind die Voraussetzung für → mehrstufige Lagerhaltung, die insb. von Unternehmen der multinationalen Ge- und Verbrauchsgüterindustrie realisiert werden. Die *Abbildung* fasst die Depotcharakterisierungen zusammen. W.De./R.A.

Literatur: *Pfohl, H.-Chr.*: Logistiksysteme, 5. Aufl., Berlin u.a. 1996. *Schulte, Chr.*: Logistik, 3. Aufl., München 1999.

Depotplanung

umfasst sämtliche Planungsaktivitäten, die die Struktur, den Eigen-/Fremdbetrieb und die Prozessabläufe in → Depots festlegen. Sie ist Bestandteil der → Marketing-Logistik und schafft Rahmenbedingungen für die Vorratspolitik. Bei der Depotplanung muss zwischen der Struktur- und der Ablaufplanung unterschieden werden.
In der *Depotstrukturplanung* wird der Aufbau des Depotsystems festgelegt. An Entscheidungen wird zwischen der Stufigkeit und der Netzdichte differenziert. Die Planung der Stufigkeit legt die Anzahl der Lagerstufen fest. Eine einstufige Lagerstruktur wird als Zentrallagerkonzept bezeichnet. Mehrstufige Lagerstrukturen weisen in der Praxis nicht mehr als vier Stufen auf. Im Rahmen der Planung der Netzdichte sind die Anzahl, die Standorte, die Kapazitäten, die Kundenzuordnung und die Aufbausequenz der einzelnen Depots im Zeitablauf festzulegen.
Die Frage des *Eigen- oder Fremdbetriebs* von Depots gewinnt zunehmend an Bedeutung. Durch die Auslagerung von Depots an wirtschaftlich selbständige → Logistik-Dienstleister sollen Spezialisierungsvorteile genutzt werden. Dem stehen insb. die höheren Fixkosten und die Beibehaltung der eigenen wirtschaftlichen Dispositionsfähigkeit gegenüber.
Die täglich neu festzulegende *Depotablaufplanung* legt die Kommissionierfreigabe, die Packbahnbelegung, die Verpackungsprozesse, die Verladung und die Transportprozesse fest und wird dabei selbst durch Strukturentscheidungen determiniert. Nur die Harmonisierung der einzelnen Warenbewegungen sichert den reibungslosen Ablauf und vermeidet Störungen, die möglicherweise zu einer Verlängerung der Lieferzeit und zur Verschlechterung der Lieferzuverlässigkeit führen können (→ Lieferservice).
Die derzeitigen Depotstrukturen in der Realität sind vielfach historisch gewachsen und zeitlich relativ stabil. Kennzeichnend für sie sind die hohe Zahl betriebseigener Auslieferungslager, der geringe Warendurchfluss, die hohen spekulativen Lagerbestände, der Schwerpunkt auf der Zeitausgleichsfunktion und schwerfällige Gestaltung der → Informations-Logistik. Häufig werden bestehende Depotstrukturen den aktuellen Entwicklungen (Tendenz zum Käufermarkt, kürzere Produktlebenszyklen, Reduktion der Auftragsgrößen bei Zunahme der Bestell- und Lieferfrequenzen, steigende Serviceanforderungen, Entwicklungen neuer Informations-, Kommunikations- und Lagertechnologien etc.) nicht mehr gerecht. Eine Neubewertung der derzeitigen Depotstrukturen und ggf. der gesamten Marketing-Logistikstruktur ist daher notwendig.

Depotplanung

Bei der *Standortplanung* von Depots kann zwischen Produktions- und Marktorientierung unterschieden werden: Bei Produkten, die im Distributionslager einer Behandlung zu unterziehen sind, bei längerfristiger Lagerung oder dislozierter Produktion kann ein produktionsorientierter Standort von Vorteil sein. Ist die Minimierung der Auslieferungskosten vorrangiges Ziel, so empfehlen sich marktorientierte Standorte. In der Standortfrage sind mindestens folgende Faktoren zu berücksichtigen:

- gefordertes Niveau des Lieferservice,
- Verteilung der Nachfrage über das Absatzgebiet,
- geographische Besonderheiten,
- zukünftige Nachfrageentwicklung,
- Verkehrsinfrastruktur,
- Transport- und Lagerhauskosten und
- das Arbeitskräfteangebot.

Zur Lösung von Standortproblemen gibt es eine Reihe von Operations Research-Verfahren. Wichtig, obwohl nicht einzig ausschlaggebend, ist ein Kostenvergleich. Relevante Kosten des Entscheidungsproblems der Anzahl der Depots sind Fixkosten und variable Umschlagskosten eines Lagers, die Kosten für den Transport von der Produktionsstätte zum Lager und für die Auslieferung der Produkte an die Einzelnachfrager. Folgende idealtypische Kostenverläufe lassen sich beschreiben (vgl. *Abbildung*): Die gesamten Transportkosten fallen zunächst degressiv. Je mehr Lager in der Nähe der Abnehmerstandorte errichtet werden, umso größere Anteile der Gesamtentfernung zwischen Produktion und Kunde können mit kostengünstigeren Massentransporten überbrückt werden. Sie steigen dann wieder an, wenn bei konstanten Bestellrhythmen die vielen Lager nur noch mit nicht mehr voll ausgelasteten Fahrzeugen beliefert werden. Eine Verringerung der Bestellzyklen führt dann zu höheren Lagerkosten. Die Lagerkosten steigen ferner in Abhängigkeit von der Anzahl der Lager. Mit zunehmender Lageranzahl verringert sich die durchschnittliche Lagergröße und somit sinkt der Automatisierungsgrad. Gleichzeitig erhöht eine für die Einhaltung des Serviceniveaus notwendige Ausweitung der Sicherheitsbestände zudem die Kapitalbindungskosten. Idealtypischerweise ergibt sich insgesamt

Optimierung der Depotanzahl

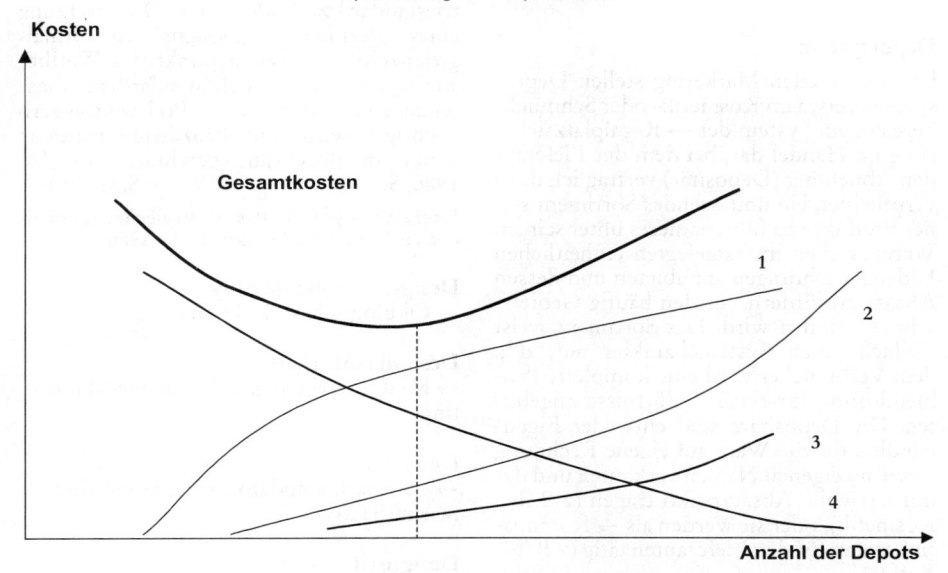

1: Depotkosten
2: Belieferungskosten
3: Lagerhaltungskosten
4: Auslieferungskosten

Depotsystem

ein U-förmiger Gesamtkostenverlauf in Abhängigkeit von der Depotanzahl.

Bei Änderung der räumlichen bzw. zeitlichen Nachfrageverschiebungen können einmal etablierte Depotstrukturen insb. unter Kostengesichtspunkten nachteilig werden. In dieser Entscheidungssituation sind zusätzlich die Depotstrukturänderungskosten mit in das Kalkül einzubeziehen. Sie setzen sich aus den Depoterweiterungskosten (durch den Ausbau eines Depots) und den Depotneubaukosten zusammen. Schwierigkeiten resultieren insb. daraus, dass die bisherige Planung der Kundenzuordnung zu den Depots durch zusätzliche Depots zu höheren Transportkosten führt. Notwendige Restrukturierungen – ausgelöst durch Nachfragestrukturveränderungen – sind i.d.R. wirtschaftlich nicht zu vertreten, sodass auch in der Aufbauphase von Depotsystemen Überkapazitäten bewusst in Kauf genommen werden oder der gesamte Lagerbereich schon zu Beginn der Tätigkeit rechtlich an Lagerspezialisten ausgelagert wird. W.De./R.A

Literatur: *Lambert, D.M.; Stock, J.R.*: Strategic Logistics Management, 3. Aufl., Boston 1993. *Pfohl, H.-Chr.*: Logistiksysteme, 5. Aufl., Berlin u.a. 1996.

Depotsystem

im → vertikalen Marketing stellen Depotsysteme, etwa im Kosmetik- oder Schmuckbereich, ein System der → Regalplatzsicherung im Handel dar, bei dem der Lieferant den Abnehmer (Depositär) vertraglich dazu verpflichtet, ein umfassendes Sortiment seiner Produkte zu führen, dieses unter seinem Warenzeichen in festgelegten einheitlichen Ladeneinrichtungen anzubieten und dessen Absatz zu fördern, für den häufig Gebietsschutz gewährt wird. Das Sortiment weist vielfach einen Systemcharakter auf, d.h. dem Verbraucher wird eine komplette Problemlösung für seine Bedürfnisse angeboten. Die Depositäre sind entweder Eigenhändler, die die Ware auf eigene Rechnung sowie im eigenen Namen verkaufen und damit das volle Absatzrisiko tragen (z.B. bei Kosmetik), oder sie werden als → Kommissionsagent für den Lieferanten tätig (z.B. bei Kaffee). H.Schr.

Depression → Branchenkonjunktur

DER → Aktivierung

Derivatmodelle → Modellwechsel

Design → Produktdesign

Design, dominantes

neuer Prozess oder neues Produkt, welche sich gegenüber anderen Prozessen oder Produkten durchsetzen und in einer bestimmten Branche bzw. Industrie oder auf einem Produktmarkt den Standard markieren (→ Innovationsmarketing). Das dominante Design repräsentiert in gewissem Sinne eine Norm, wie sich am Markt für Videorecorder demonstrieren lässt. Waren zu Beginn drei nicht kompatible Video-Systeme (*VHS, Beta, Video 2000*) verfügbar, so setzte sich erst im Laufe der Zeit *VHS* gegen die Konkurrenzprodukte durch. Eine ähnliche Entwicklung vollzog sich auf dem PC-Markt, wo sich in weiten Teilen der Welt *DOS* bzw. später *Windows* als Betriebssystem etablierten. Wer das dominante Design „besitzt", kann einen (Schlüssel-)Markt (bzw. -Märkte) im Regelfall schneller erschließen, was angesichts der immer kürzer werdenden Phasen der Marktverwertung bedeutsam ist. Auch aus einem weiteren Grund sollte Unternehmen daran gelegen sein, mit der eigenen Innovation den Industriestandard zu bilden: „Die Durchsetzung eines „dominanten Designs" ist oftmals gleichzeitig der Wendepunkt des Wettbewerbs, ab welchem sich Standardisierungstendenzen verstärken, Preiswettbewerb wichtiger wird und Prozessinnovationen damit an Bedeutung gewinnen" (Segler, 1986, S. 136). S.M./M.Ko.

Literatur: *Segler, K.*: Basisstrategien im internationalen Marketing, Frankfurt a.M. 1986.

Design for Disassembly
→ Ökologisches Marketing

Designer-Marken
→ Mode-Marketing, Bekleidungs-Marketing

Designor
→ Testmarktsimulator, simulierter Textmarkt (STM)

Designstil → Produktdesign

Desinvestitionsstrategie
→ Portfolio-Analyse

Desk research → Sekundärforschung

Deskriptive Forschung

→ Forschungsdesign der → Marktforschung, bei dem die Forschungsziele, d.h. die zu beschaffenden Informationen, im Gegensatz zur → explorativen Forschung genau festgelegt sind und im Gegensatz zu → Experimenten nicht auf die experimentelle Überprüfung von Kausalitäten zielen. Im Wesentlichen geht es um die Beschreibung von Märkten (demographische, sozioökonomische und psychographische Zielgruppenbeschreibung, Analyse des Kauf- und Verwenderverhaltens, Analyse der Konkurrenten, Marktanteile etc.), um die Prognose der Marktentwicklung sowie um statistische Analysen des Zusammenhangs zwischen Variablen (z.B. Erklärung der Marktanteilsentwicklung durch den Einsatz der Marketinginstrumente mit Hilfe der multiplen Regression).
Als Methoden der Informationsbeschaffung kommen insb. die standardisierte → Befragung, die → Beobachtung sowie die → Sekundärforschung und Auswertungen von → Panels in Frage. Bei Querschnittsanalysen stützt sich hierbei auf Daten, die sich nur auf einen bestimmten Zeitpunkt beziehen, während bei Längsschnittsanalysen Daten zu verschiedenen Zeitpunkten wiederholt erhoben werden, um Marktveränderungen zu verfolgen. H.Bö.

Detailkollekteur
→ Kollektierender Großhandel

DeTe Medien

Teil der → Werbewirtschaft. DeTeMedien geht aus der frühen Deutsche Postreklame GmbH hervor und ist eine 100-prozentige Tochter der Deutschen Telekom. Das Unternehmen ist Herausgeber und Verleger aller Telekommunikations-Verzeichnisse für die Dienste der Deutschen Telekom. Das Leistungsspektrum der DeTeMedien umfasst ferner Dialogmarketinglösungen wie Telefonkarten und Callingcards, diverse Infomationsdienste sowie die Vermarktung von Werbeflächen in Telefonzellen.

Determinationsindex

ist im klassischen Modell der Multiplen → Regressionsanalyse definiert als Prozentanteil der Varianz der abhängigen Variablen, der durch die unabhängige Variable erklärt wird. Der Koeffizient wird auch als das → Bestimmtheitsmaß bezeichnet.
L.H.

Deutsche Direktmarketing Akademie (DDA)

vom → *Deutschen Direktmarketing Verband e.V. DDV* unterstützte Einrichtung zur berufsbegleitenden Ausbildung zum Fachwirt → Direktmarketing.
Anschrift: Deutsche Direktmarketing Akademie (DDA), Elisabethstr. 14, 40217 Düsseldorf, Telefon: 0221/386880; *www.dda-online.de*

Deutsche Eisenbahn-Reklame

Teil der → Werbewirtschaft. Die Deutsche Eisenbahn-Reklame-GmbH vermarktet die Werbemöglichkeiten im Bereich der Deutschen Bahn AG. Hierzu gehören u.a Großflächenplakate, Werbung in und an Bahnhöfen wie Lichtwerbung und Prismenwender, die Verkehrsmittelwerbung im ICE, MET, EC/IC, die LokWerbung sowie die Direktwerbung in Bussen, Doppelstockwagen und S-Bahnen.

Deutsche Industrienorm (DIN)

Geschütztes Verbandszeichen des Deutschen Normenausschusses bzw. des Deutschen Institut für Normung, einem gemeinnützigen Zweckverband mit Sitz in Berlin. Das Institut ist Kristallisationspunkt aller Arbeiten auf dem Gebiet der → Normung in der Bundesrepublik Deutschland.

Deutsche Marketing-Vereinigung
→ Deutscher Marketing-Verband (DMV)

Deutsche Post AG

als ehemaliger Monopoldienstleister für postalische Serviceleistungen hat sich die Deutsche Post AG seit ihrer Privatisierung zum 1.1.1995 zunehmend auch dem Wachstumsfeld des → Direktmarketing geöffnet. Das angebotene Servicespektrum hat sich dabei von den ehemaligen Kerndienstleistungen → *Lettershop* bzw. Postversand im Sinne eines *Full-Service*-Dienstleisters auch auf alle anderen Bereiche, die mit der Planung, Steuerung und Kontrolle von Direktmarketingaktionen zusammenhängen. Selbstverständnis der Deutschen Post AG ist es dabei, als Motor der gesamten Direktwerbebranche neue Impulse für Wachstum und Weiterentwicklung des Direktmarketing zu geben. Dieses Engagement drückt sich u.a. institutionell in einem bundesweiten Netz von Direct Marketing Centern aus, deren Aufgabe es ist, besonders kleine und mittlere Unternehmen kompetent über Direktwerbung zu informieren. Ebenfalls kompetenzstärkend soll das Engagement im Bereich Grundlagenforschung wirken, dessen Ergebnis ein umfangreicher und regelmäßig erscheinender Katalog an Studien (*Direkt Marketing Monitor DMM*) zum Marktgeschehen im Bereich Direktmarketing ist. Hinzu treten Spezialstudien z.B. zur Messung des → Direktmarketingerfolgs. N.G.

Literatur: *Staab, H. B.*: Die Deutsche Post AG als Partner der werbetreibenden Wirtschaft, in: *Dallmer, H.* (Hrsg.): Handbuch Direct Marketing, 7. Aufl., Wiesbaden 1997, S. 115-133. *Zehetbauer, E.* (Hrsg.): Das große Handbuch für erfolgreiches Direktmarketing, Landsberg a.L. 1995, Teil 6.1, S. 1 ff.

Deutsche Postreklame → DeTe Medien

Deutscher Dialogmarketing Preis
Auszeichnung der besten *Kampagnen* im → Direktmarketing durch den → *Deutschen Direktmarketing Verband e.V. DDV* und der → *Deutschen Post AG*. Früher: *Deutscher Direktmarketing Preis*. Seit 1999 in acht Kategorien ausgeschrieben:
- gemeinnützige, gesellschaftliche und kulturelle Organisationen;
- Finanzdienstleistungen;
- Dienstleistungen;
- Medien;
- Kommunikation- und Informationstechnologie;
- Gebrauchsgüter und Industrieprodukte;
- Konsumgüter;
- Handel.

Über die Verleihung von Gold-, Silber- oder Bronze-Preisen in den einzelnen Kategorien hinaus, werden zahlreiche Sonderpreise verliehen.

Deutscher Direktmarketing Verband e.V. (DDV)
seit 1985 Interessenvereinigung der → Direktmarketing betreibenden Unternehmen. Hervorgegangen aus dem 1948 gegründeten *Allgemeinen Direktwerbe- und Direktmarketing-Verband e.V.* In diesem, dem *Zentralausschuss der Werbewirtschaft* (→ *ZAW*) angeschlossenen Verband sind neben Werbungstreibenden (Anwender von Direktmarketing) v.a. → Direktmarketing-Dienstleister, wie z.B. Direktwerbe-Agenturen, → Adressverlage und → Lettershops organisiert. Die frühere Organisation der Mitglieder in Fachgruppen wurde im Rahmen einer Verbandsreform durch ein System von Councils und Foren abgelöst. Im Council finden sich dabei Mitglieder gleicher verbandspolitischer Identität zusammen, während in den Foren branchenübergreifend thematisch gearbeitet wird. Als zentrale Aufgaben für sich sieht der DDV:
- Organisation des Informationstransfers zwischen den Mitgliedern (u.a. Ausrichter der jährlichen Fachmesse → DIMA);
- Erarbeitung von Qualitätsstandards und Ehrencodizes für die jeweiligen Fachgruppen und Mitglieder sowie Einrichtung der sog. → *Qualitätssiegel Zustellung*, → *Robinson-Liste*;
- Gezielte Öffentlichkeitsarbeit für eine breite Akzeptanz des Direktmarketing;
- Interessenvertretung des Direktmarketing in Zusammenarbeit z.B. mit der → Deutschen Post AG, dem → Datenschutz sowie Verbraucherverbänden;
- Einflussnahme auf die Entwicklung des Wettbewerbsrechts;
- Förderung und Schulung des Nachwuchses (u.a. Unterstützung der → *Deutschen Direktmarketing Akademie DDA* und der → *Bayerischen Akademie der Werbung BAW*; jährliche Ausschreibung des *Alfred Gerardi-Gedächtnispreises*).
- Jährliche Auszeichnung der besten Direktmarketing-Kampagnen und –Strategien (→ Deutscher Dialogmarketing Preis bzw. → EDDI (Erfolg durch Direktmarketing).

Anschrift: *Deutscher Direktmarketing Verband e.V. (DDV)*; Hasengartenstr. 14; 65189 Wiesbaden, Telefon: 0611/97793-0; www.ddv.de N.G.

Deutscher Marketing-Verband (DMV)
Dachorganisation des Deutschen → Marketing-Clubs, deren Hauptfunktion die Verbreitung von Information und Sachwissen über das Marketing und die Kontaktpflege zwischen Marketingwissenschaft und Verbänden darstellt. Hauptorgan der DMV ist die monatlich erscheinende „absatzwirtschaft". Satzungsgemäß verfolgt der Verein die Verbreitung der Marketingidee, pflegt entsprechende Kontakte zu öffentlichen und privaten Institutionen, initiiert und unterstützt die Gründung neuer Marketingclubs und setzt sich für den Wissenstransfer zwischen Marketing-Wissenschaft und Marketing-Praxis ein. Ein Mittel dafür ist der jähr-

lich verliehene Wissenschafts-Preis. Ein weiteres Instrument ist der Arbeitskreis Wissenschaft und Praxis, in dem Mitglieder von Marketingclubs und Angehörige der wissenschaftlichen → Kommission Marketing zusammenarbeiten. Höhepunkt der jährlichen Arbeit ist der „Deutsche Marketingtag", auf dem zahlreiche Referate zu einem aktuellen Rahmenthema gehalten werden.
Anschrift: Deutscher Marketing-Verband e.V., Haroldstr. 14, 40213 Düsseldorf, Tel. 0211/86406-0, Fax 0211/86406-40, E-mail: info@marketingverband.de

Devisen → Wechselkurs

Dialogfrage

bei → Befragungen eingesetzte Fragetechnik, bei der den Befragten zwei Sprechblasenfiguren vorgelegt werden, die einen Kurzdialog zweier fiktiver Personen mit meist entgegengesetzter Meinung über bestimmte Fragen enthalten. Die Befragten werden aufgefordert, sich für die eine oder andere Antwort zu entscheiden.
Das Verfahren ist bei komplexen Zusammenhängen sinnvoll, die das Ausdrucksvermögen der Befragungsteilnehmer überfordern könnten. Andererseits besteht die große Gefahr der Beeinflussung der Meinung der Befragten, wenn nicht alle relevanten Aspekte bei der Formulierung des Dialogs berücksichtigt werden.

Dialogmarketing

ist eine spezielle Ausprägung des → Direktmarketing, die durch ein besonders hohes Maß an Interaktionen (→ Beziehungsmarketing) zwischen Anbieter und Kunde gekennzeichnet ist. Interaktivität bezeichnet ein aufeinander bezogenes Handeln zweier oder mehrerer Personen; zwei oder mehrere Partner müssen also die Möglichkeit haben, auf Aktionen der jeweils anderen Seite durch eigene Aktionen zu reagieren.
Für Anbieter wird es unter den verschärften Wettbewerbsbedingungen zunehmend wichtiger, mit seinen Kunden in einen Dialog einzutreten. Durch sein besonderes *Dialogangebot* kann ein Unternehmen ähnliche strategische Wettbewerbsvorteile erringen wie durch sein *Leistungsangebot* (s. *Abb. 1*). Hinsichtlich letzterem gewinnt der Kunde (auch aus den zahlreichen Testberichten) den Eindruck, dass sich in vielen Produktbereichen ein Leistungsstandard herausgebildet hat, bei dem echte Überlegenheit eines Anbieters im Preis-/Leistungsverhältnis kaum noch anzutreffen ist.

Abb. 1: Möglichkeiten der Erringung strategischer Wettbewerbsvorteile

Merkmale des Leistungsangebotes, z.B.:	Merkmale des Dialogangebotes, z.B.:
Qualität Produktmerkmale	**Qualität** Informationsinhalte/ -präsentation
Schnelligkeit Produktentwicklung / -lieferung	**Schnelligkeit** Dialogeröffnung / -abwicklung
Individualisierung Produkteigenschaften	**Individualisierung** bezüglich Dialoginhalte
Convenience Produktbesichtigung / -lieferung	**Convenience** Einfachheit Dialog
Preiswürdigkeit Produkt incl. Lieferung	**Preiswürdigkeit** Kosten Dialog

(Quelle: *Link,* 1998)

Dialogmarketing

Für den einzelnen Kunden kann es daher höchst interessant sein, wieweit und wie überzeugend das Unternehmen für seine momentanen individuellen Bedürfnisse und Wünsche offen und ansprechbar ist, darauf dann jeweils rasch reagiert und somit vom Modell der Einweg-Kommunikation zum Modell der Zweiweg-Kommunikation bzw. zum Dialog überzugehen bereit ist.

Die Qualität des Dialoges mit dem Kunden beweist sich grundsätzlich sowohl im Bereich des Informationsinputs (→ Marktforschung) als auch hinsichtlich der Überzeugungskraft und Individualität der eigenen Angebotsinformationen (Produktpräsentation, z.B. auf dem Bildschirm). Dabei bestehen intensive Rückwirkungen von der Qualität der im Dialog erfassten Marktforschungsinformationen zur Qualität des Leistungsangebotes. Je perfekter es gelingt, die Bedürfnisse, Wünsche, Meinungen und Anregungen der einzelnen Kunden im Rahmen des Dialoges zu erfassen, desto größer sind die Chancen, daraus überlegene Produkt- und Dienstleistungsangebote zu entwickeln (→ Individualisierung).

Dialoge mit dem Unternehmen gewinnen ihren besonderen Wert für den Kunden ganz wesentlich durch die vom Unternehmen angebotene *Schnelligkeit* und *Individualisierungsbereitschaft*. Höchstleistungen diesbezüglich werden angestrebt und zunehmend erreicht durch den Einsatz kundenorientierter Informationssysteme: → Database-Marketing, → Computer Aided Selling (CAS) und → Online Marketing. Gerade die beiden letztgenannten Systeme können durch ihre enorme Verarbeitungsgeschwindigkeit und datenmäßig unbegrenzte Auskunftsbereitschaft die Schnelligkeit und Individualisierungsfähigkeit des Dialoges besonders eindrucksvoll steigern. Der Kunde kann unmittelbar – d.h. ohne Zeitverzögerung – die Auswirkungen seiner Spezifikationen auf wichtige Entscheidungsvariablen wie den Nettopreis erkennen und darauf wiederum entsprechend reagieren. In *Abb. 2* wird überblicksartig verdeutlicht, um welche Kundenspezifikationen und Entscheidungsvariablen es sich hauptsächlich handelt.

Aus *Abb. 2* ergibt sich zwangsläufig, dass diese hohe Dialogfähigkeit umso wichtiger ist, je mehr Individualisierungs- bzw. Spezifikationsmöglichkeiten dem Kunden seitens des Anbieters eingeräumt werden sollen. Da

Abb. 2: Interaktionsmatrix Verkaufsprozess

Kunden-spezifikation	*Sofortige* Rückmeldung über Konsequenzen für ...					
	Leistungs-anforderungen	technische Machbarkeit	ästhetischer Gesamteindruck	Nettopreis	Wirtschaftlichkeit und Einsatz	Lieferzeit
Leistungs-anforderungen	X					
gestalterische Spezifikationen						
Stückzahl	X	X	X			
Höchstpreis				X		
Wirtschaftlichkeit und Einsatz					X	
Lieferzeit						X

(Quelle: *Link/Tiedtke*, 1999, S. 5)

Individualisierung zu den beherrschenden Trends heutiger Märkte gehört, wird auch die Herstellung unmittelbarer und hoch interaktiver Kundenbeziehungen für viele Anbieter immer wichtiger.

Neben der Individualisierung im Rahmen des → *Verkaufsgespräches* spielt auch die Individualisierung und Intensivierung der *Kommunikationsbeziehungen* im Rahmen des Beziehungsmarketing eine immer wichtigere Rolle. Hier leisten speziell die Systeme des Database-Marketing wertvolle Dienste. Dialogfähigkeit im Sinne des Eingehens auf alle besonderen Merkmale der einzelnen Kunden wird hier selbst unter den Bedingungen von Massenmärkten zu bislang nicht vorstellbarer Leistungshöhe getrieben. J.Li.

Literatur: *Schleuning, C.:* Dialogmarketing, 2.Aufl., Ettlingen 1995. *Link, J.; Brändli, D.; Schleuning, C.; Kehl, R.E.* (Hrsg.): Handbuch Database-Marketing, 2. Aufl., Ettlingen 1997. *Link, J.; Schleuning, C.:* Das neue interaktive Direktmarketing, Ettlingen 1999.

Dialog-Technik
→ Hörfunkspot-Gestaltung

Dialogwerbung → Dialogmarketing

Diawerbung → Kinowerbung

Dichotomisierung
Aufspaltung einer Gesamtheit in zwei Teile. Bspw. kann man Fragen im Rahmen der → Datenanalyse dichotomisieren, indem die verschiedenen Antwortmöglichkeiten auf zwei Gruppen reduziert werden.

Dienstleistungen
sind angebotene Leistungsfähigkeiten, die direkt an externen Faktoren mit dem Ziel erbracht werden, an ihnen gewollte Wirkungen (Veränderung oder Erhaltung bestehender Zustände) zu erreichen (*Meyer*, 1993). Dienstleistungen können demnach anhand von zwei konstitutiven, nie vollkommen substituierbaren Eigenschaften, charakterisiert werden:

(1) direktes Angebot von Potenzialen in Form von Leistungsfähigkeiten und
(2) die Integration von externen Faktoren in die Prozessphase.

Das erste konstitutive Element zeigt sich darin, dass Dienstleistungen im Rahmen der Produktion direkt durch Übertragung menschlicher oder maschineller Leistungsfähigkeiten an externen Faktoren (Kunden oder deren Objekte) erbracht werden. Für einen reibungslosen Ablauf dieser Leistungserstellung müssen demnach Leistungspotenziale (interne Faktoren wie Mitarbeiter oder bspw. Fahrzeuge, die ergänzend zum Einsatz kommen) bereitgestellt werden, die über eine hohe Leistungsbereitschaft und Leistungsfähigkeit verfügen. So ist beispielsweise eine Operation nur dann durchführbar, wenn der Arzt und die benötigten medizinischen Instrumente bereitstehen und der Arzt aufgrund seiner Ausbildung die Operation auch ausführen kann. Je nach Art der Dienstleistungstätigkeit werden muskuläre, sensorische oder geistige Leistungsfähigkeiten der internen Faktoren beansprucht. Die Leistungsbereitschaft der internen Potenziale kann nach den Dimensionen räumlich (Operationsraum), zeitlich (Bereitschaft des Chirurgen), quantitativ (Bereitschaft einer ausreichenden Anzahl von Assistenten) und qualitativ (Ausbildung und Erfahrung des Personals) differenziert werden. Neben dem tatsächlich vorhandenen Know-how ist also insbesondere die Bereitschaft und Motivation für die Qualität der erbrachten Leistung entscheidend (→ Dienstleistungsqualität). Das → interne Marketing muss sich deshalb im Bereich des → Dienstleistungs-Marketing insbesondere mit Fragen der Qualifizierung und allgemein des Empowerment des Personals auseinandersetzen. Daneben haben die materiellen internen Faktoren wie Bürogebäude, das Wartezimmer beim Arzt oder die Kleidung des Paketdienst-Mitarbeiters als Substitut zur Beurteilung der Qualität aus Sicht des Kunden eine hohe Relevanz. Neben den internen Faktoren kommt dem Kunden als externer Faktor eine entscheidende Bedeutung zu. Je nach Art der Dienstleistung (personen- vs. objektgerichtete Dienstleistung) können Menschen (z.B. die verspannte Muskulatur vor einer Massage) oder deren Objekte (z.B. die Möbel beim Umzug durch die Spedition oder die Schuhe beim Schuhputzer) differenziert werden.

Im Gegensatz zur klassischen Produktion kann die Produktion der Dienstleistung aufgrund des zeitgleichen Kontakts zum externen Faktor in der *Prozessphase* nicht vom Absatz der Dienstleistung getrennt werden. Eine Lagerung von Zwischen- oder Endprodukten oder bspw. der Transport von Dienstleistungen wird dadurch nur eingeschränkt möglich.

Dienstleistungen

Während der Prozessphase gehen die vom Dienstleistungsanbieter bereitgestellten internen Faktoren (Vorkombination) direkt in die Dienstleistungsproduktion ein und werden auf den externen Faktor übertragen. Diese Phase wird auch als Transduktionsprozess (von transcedere = übertragen und Produktion) oder Endkombination der Dienstleistung bezeichnet. Durch die Integration übernimmt der Konsument einerseits eine Funktion als Co-Produzent und gleichzeitig als Konsument der Dienstleistung. In dieser Doppelrolle wird der Kunde einer Dienstleistung auch als *Prosumer* bezeichnet (s.a. → Co-Produzentenansatz).

Dabei existiert zu keinem Zeitpunkt ein Transferobjekt (Produkt), das wie bei der Sachleistung als Wert- bzw. Nutzensträger und damit als Qualitätsträger in einem Austauschprozess zur Bedarfsdeckung auf den Nachfrager übergeht. Auch aus diesem Grund gewinnt die Prozessphase der Dienstleistung für das Dienstleistung-Marketing eine herausragende Bedeutung. Diese *Marketingrelevanz der Produktionsfunktion* basiert darüber hinaus auf der Bedeutung, den die direkte Interaktion zwischen Mitarbeitern des Dienstleistungsanbieters und dem Nachfrager für die Dienstleistungsqualität und damit der → Kundenzufriedenheit und → Kundenbindung hat. Dabei kann sowohl die aktive Beteiligung und Mitwirkung (z.B. bei einem Workshop oder Seminar) als auch eine rein passive Teilnahme (z.B. bei einer Zahnbehandlung) der externen Faktoren am Erstellungsprozess der Dienstleistung erforderlich sein.

Die Beachtung der Spezifika von internem und externem Faktor, den beiden zentralen Produktionsfaktoren bei der Dienstleistung, ist darüber hinaus auch in den beiden anderen Phasen der Dienstleistung eine unterschiedliche Bedeutung beizumessen. Folgende Phasen bzw. Dimensionen (vgl. Abb.) werden unterschieden („*PPE-Ansatz*"):

1. *Potenzialphase:* Bereitstellung der leistungsfähigen und leistungsbereiten internen Faktoren sowie Auswahl der geeigneten externen Faktoren (z.B. Eingangstest für die Teilnahme an einem Seminar).
2. *Prozessphase:* Übertragung der menschlichen und maschinellen Leistungsfähigkeiten auf den externen Faktor.
3. *Ergebnis-* bzw. *Wirkungsphase:* Prozessuales Endergebnis (z.B. gelockte Haare nach einer Dauerwellenbehandlung) als eigentliches Ziel der Dienstleistungstätigkeit und dessen Folgen bzw. Wirkungen (z.B. Wiederherstellung der Gesundheit nach einer Operation oder besseres Aussehen nach einer Dauerwellenbehandlung).

Dimensionen einer Dienstleistung (PPE-Ansatz)

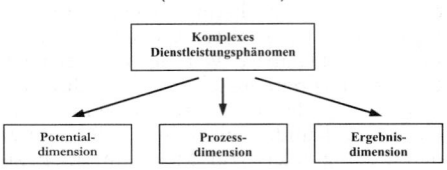

```
        Komplexes
   Dienstleistungsphänomen
    ↙        ↓         ↘
Potential- Prozess-  Ergebnis-
dimension  dimension dimension
```

(Quelle: *Meyer,* 1993, S. 179)

So ist etwa in der Potenzialphase nicht nur auf die Auswahl und Einstellung qualifizierter Mitarbeiter bzw. den Kauf geeigneter Maschinen, sondern auch auf der Kundenseite auf eine entsprechende Eignung zu achten. Eingangstests für bestimmte Seminare oder Altersfreigaben bei Kinofilmen sollen letztendlich dazu beitragen, die Gesamtqualität der Dienstleistung sicherzustellen und zu vermeiden, dass sich der externe Faktor entweder nicht wie gewünscht integrieren lässt oder bei kollektiv erbrachten Dienstleistungen den Prozess stört (z.B. alkoholisierte Fußballanhänger im Stadion). Die Prozessdimension der Dienstleistung erfährt durch den direkten Kontakt zwischen Anbieter und Nachfrager ihre für die Gesamtqualität der Dienstleistung entscheidende Bedeutung. Hier fließen darüber hinaus die für eine kontinuierliche Anpassung der Dienstleistung oder für grundlegende Dienstleistungs-Innovationen entscheidenden Informationen. Damit wird der Kunde in seiner aktiven Rolle nicht nur zum Co-Produzenten der Dienstleistung sondern in vielen Fällen zum eigentlichen Designer der Leistung (→ Dienstleistungs-Design). Den Mitarbeitern im direkten Kontakt kommt insofern eine herausragende Rolle zu als sie für die Wahrnehmung, Verarbeitung und Weiterleitung der relevanten Informationen, Anregungen oder auch Beschwerden verantwortlich sind.

Die oben gewählte Definition von Dienstleistungen erlaubt neben dieser prozessorientierten Sichtweise eine Anwendung sowohl auf Dienstleistungen als selbständige Absatzobjekte (z.B. Unternehmensberatung oder Gebäudereinigung) als auch auf Dienstleistungen als unselbständige Absatzobjekte wie Nebenleistungen, Verbundleistungen oder produktdifferenzierende Dienstleistungen im Rahmen der → Servicepolitik. Letztere gewinnen in der unternehmerischen Praxis zur Überwindung der Produkthomogenität in den verschiedensten Märkten zunehmend an Bedeutung (→ Begleitende Dienste). Diese Entwicklung verstärkt die vorhandene Tendenz der Ausweitung des tertiären volkswirtschaftlichen Sektors und wird in der öffentlichen Auseinandersetzung häufig unter Schlagworten wie dem Trend zur Dienstleistungsgesellschaft diskutiert. Grundlage dieser Aussagen sind die volkswirtschaftlichen Sektorentheorien auf deren Basis die statistische Systematisierung der unterschiedlichen Wirtschaftsbereiche in den meisten westlichen Ländern erfolgt. Nach dieser Systematisierung ist der Anteil des Dienstleistungssektors an der Gesamtzahl der Erwerbstätigen in allen westlichen Industrienationen stetig gestiegen. Allein zwischen 1985 und 1995 ist er beispielsweise in den USA von 69% auf 73,8%, in Japan von 56% auf 63,1% und in der Bundesrepublik Deutschland von 54% auf 60,5% angewachsen (vgl. *Tab. 1*).

Demnach ist der Dienstleistungssektor, gemessen an der Zahl der Erwerbstätigen, der mit Abstand bedeutendste Wirtschaftsbereich in den westlichen Industrienationen. Für die Bundesrepublik Deutschland zeigt *Tab. 2* die intersektorale Entwicklung von 1950 bis 1998.

Diese Verfahren einer sektoralen Gliederung der Beschäftigung leiden jedoch unter

Tab. 1: Anteil der Arbeitnehmer im Dienstleistungsbereich (in %) im internationalen Vergleich (1995)

USA	73,8
EU	66,0
J	63,1
D	60,5
S	72,4
F	70,5
GB	72,2
A	63,6

(Quelle: Daten des *Statistischen Bundesamts*)

dem Mangel, dass sie die eigentliche Tätigkeit, die von den Beschäftigten ausgeübt wird, nicht erfassen. Denn auch im industriellen Sektor werden vielfach Dienstleistungstätigkeiten ausgeübt. Je höher der Grad der vertikalen Integration der Unternehmen ist, desto weniger aussagekräftig ist die Zuordnung im Schema der sektoralen Gliederung. Deshalb wird im Rahmen weiterführender Berechnungen versucht, den Gesamtanteil der Dienstleistungstätigkeiten eines Landes zu erfassen. Dabei wird in der Regel auf die Klassifikation vom Wissenschaftszentrum Berlin für Sozialforschung (WZB) zurückgegriffen. *Tab. 3* zeigt die Erwerbstätigenanteile in Deutschland (1997) und den USA (1996) nach dem funktionalen Klassifikations-Schema des WZB und verdeutlicht, dass die Dienstleistungslücke geringer ist als in den Arbeitnehmerstatistiken ausgewiesen.

Tab. 2: Sektorenbezogene Entwicklung der Beschäftigtenzahlen (in %) in der BRD

Jahr	Sektor		
	Primärer Sektor (Landwirtschaft, Fischerei)	Sekundärer Sektor (Produzierendes Gewerbe)	Tertiärer Sektor (Dienstleistungen, inkl. Handel, Kreditinst., Vers.)
1850	54,6	25,2	20,2
1900	38,0	36,8	25,2
1950	21,6	43,5	34,9
1980	5,2	43,4	51,3
1990	3,5	39,7	56,8
1998	2,7	34,2	63,1

(Quelle: *Corsten*, 1997, S. 12 und *Statistisches Bundesamt*)

Dienstleistungs-Design

Tab. 3: Anteil der Dienstleistungstätigkeiten in Deutschland (1997) und den USA (1996) nach dem funktionalen Klassifikations-Schema des WZB (in %)

USA	Deutschland		
	West	Ost	Insgesamt
78,1	75,0	68,4	73,7

(Quelle: *DIW – Wochenbericht*, 35/1998)

Dienstleistungstypen

Zur weiteren Konkretisierung und Differenzierung der unterschiedlichen Dienstleistungsformen können zahlreiche Systematisierungsansätze herangezogen werden. So kann nach der markt- oder unternehmensgerichteten Dimension zum einen zwischen konsumtiven oder investiven *Kerndienstleistungen* und andererseits zwischen konsumtiven und investiven *Sekundärdienstleistungen* unterschieden werden (*Meffert/Bruhn*, 1997). Darüber hinaus existieren zahlreiche weitere Differenzierungen wie:
- persönlich erbrachte versus automatisierte Dienstleistungen,
- Objekt- versus personendominante Dienstleistungen (je nachdem, ob der interne Faktor Mensch oder überwiegend Objekte, etwa eine Maschine, die persönlich erbrachte Dienstleistung erbringen),
- objekt- versus personengerichtete Dienstleistungen (je nachdem, ob die persönlich erbrachte Dienstleistung am Mensch als externer Faktor oder an seinem Objekt erbracht wird),
- kollektive versus individuelle Dienstleistungen (je nachdem, ob die persönlich erbrachte Dienstleistung an mehreren Personen bzw. Objekten oder individuell erbracht wird) und
- unmittelbare versus mittelbare (mediale) Dienstleistungen (je nachdem ob eine räumliche Identität von internem und externem Faktor besteht oder nicht).

Dabei treten die Marketingspezifika von Dienstleistungen am deutlichsten bei den persönlich erbrachten Dienstleistungen und deren Modifikationen hervor. Der Ersatz menschlicher Leistungsfähigkeiten durch Objekte im Rahmen der Automatisierung führt in der Regel zu einer stärkeren Standardisierung der Dienstleistung (z.B. vollautomatische Waschanlage, Ticketautomat). Voraussetzung für eine Automatisierung ist, dass der Ablauf der Dienstleistung aufgrund einer hohen Homogenität der externen Faktoren weitgehend standardisierbar ist und damit nur eine geringe oder gar keine Individualität bei der Dienstleistungserstellung existiert. Häufig ist auch eine mangelnde Zuverlässigkeit der menschlichen Leistungsfähigkeit der ausschlaggebende Grund für deren Ersatz (z.B. Alarmanlagen statt Sicherheitsdienst oder Luftraumüberwachung mit Radar).

Darüber hinaus können persönlich erbrachte Dienstleistungen dahingehend modifiziert werden, dass ihre Verwendungsfähigkeit durch eine Veredelung verbessert wird. Der Prozess der Veredelung besteht aus drei klar voneinander trennbaren Stufen. Im Rahmen des Erstellungsprozesses wird die Leistungsfähigkeit zunächst an einem Speichermedium konkretisiert und damit konserviert (z.B. Aufnahme eines Songs im Tonstudio). Anschließend wird das Speichermedium in einem Produktionsprozess multipliziert (z.B. Vervielfältigung der CD's) und dann in einer dritten Stufe durch den Nachfrager selbst reproduziert (z.B. Abhören der CD, Anschauen eines Videos). Damit wird die Dienstleistung nicht nur haltbar sondern kann jederzeit und unabhängig vom Vorhandensein der internen Leistungsfaktoren erbracht werden. A.M.

Literatur: *Berry, L.; Parasuraman, A.:* Marketing Services, New York 1991. *Corsten, H.:* Dienstleistungsmanagement, 3. Aufl., München 1997. *Meffert, H.; Bruhn, M.:* Dienstleistungs-Marketing, 2. Aufl., Wiesbaden 1997. *Meyer, A.* (Hrsg.): Handbuch Dienstleistungs-Marketing, Grundlagen, Managementaspekte, Branchenkonzepte und Fallbeispiele, 2 Bände, Stuttgart 1998. *Zeithaml, V.; Bitner, M.:* Service Marketing, New York u.a. 1996.

Dienstleistungs-Design

Carl Sewell und *Paul B. Brown* bringen die Design-Problematik für → Dienstleistungen in ihrem Buch „Customers for Life" anschaulich auf den Punkt: „Being nice to people is just 20% of providing good customer service. The important part is designing systems that allow you to do the job right the first time. All the smiles in the world aren´t going to help you if your product or service is not what the customer wants" (*Sewell/Brown*, 1990, S. 24).

Design ist eine Aufgabe, der sich kein Anbieter entziehen kann. Und dies gilt nicht nur für die Anbieter von industriellen Erzeugnissen bzw. „materiellen Produkten", sondern auch für Dienstleistungen.

Dass gerade auch für das Dienstleistungs-Design die berühmte Formel „Services marketing is different" gilt, können wir anhand einiger zentraler Herausforderungen des Dienstleistungs-Designs belegen:

Definition der Leistung:
Bevor man sich der Frage widmet, wie denn nun eine Dienstleistung „designed" werden kann, muss ein zentrales dienstleistungstypisches Problem gelöst werden. Nämlich die Frage der „Definition der Leistung". Eine konkrete Dienstleistung ist nicht von sich aus definiert; sie hat keine raum-zeitliche Existenz und kann oft nur schwer beschrieben und verstanden werden. Dazu kommt: Dienstleistungen sind aufgrund von inter- und intrasubjektiven Schwankungen der internen Faktoren und von unterschiedlichen externen Faktoren in der Regel individuell, d.h. unterschiedliche Erstellungsprozesse laufen unterschiedlich ab und führen zu unterschiedlichen Ergebnissen. Das Design kann damit – im Gegensatz zum klassischen Industrie-Design – nicht an einem konkreten, meist standardisierten Objekt abgelesen werden, sondern manifestiert sich in den „Spielregeln", den geplanten Abläufen bzw. Prozess- und Ergebnisstandards.

Bewältigung der Komplexität:
Das Design umfasst im Dienstleistungsbereich sowohl das Engineering von Kontaktpunkten, Episoden, Aktivitäten und Geschäftsbeziehungen, von Angebots-, Produktions- und Vertriebssystemen als auch die Gestaltung der materiellen Realität einer Dienstleistung, also bspw. das Design der Umgebung der Leistungserstellung, der service-related-products, des graphischen Erscheinungsbildes oder der Kleidung des Personals. Diese knappe – natürlich nicht vollständige – Aufzählung macht schon klar, wie breit und heterogen das Aufgabenfeld ist und wie vielfältig die Anknüpfungspunkte zu anderen betrieblichen Entscheidungsbereichen sind. Die einzelnen Aufgabenkomplexe stehen dabei nicht nebeneinander, sondern sind in ein kompliziertes und komplexes Geflecht eingebunden, dessen Strukturierung und Bewältigung wichtig ist, um dem Kunden – im Sinne eines kundenorientierten → Marketing – auch qualitativ-hochwertige Leistungen bieten zu können.

Integration des Kunden bzw. des externen Faktors:
Nicht nur für Designfragen, sondern für das gesamte → Dienstleistungs-Marketing ist die Integration eines externen Faktors eine wichtige Herausforderung. Der Kunde ist Teil der Leistungserstellung, er ist Produktionsfaktor und Konsument in einer Person. Ein Design der Leistung muss also auch diesen oft unberechenbaren und nie autonom disponierbaren Faktor berücksichtigen. Der Kunde ist eine wichtige Komponente des Designs, in manchen Fällen ist der Kunde gar der Designer der Dienstleistung. Nämlich dann, wenn eben der Kunde bestimmte Vorgaben setzt oder einzelne Teil-Leistungen zu einem Gesamtkomplex formt (Angebots-Design). Verfahren, die die Integration des Kunden in den Design-Prozess unterstützen bzw. zum Inhalt haben sind bspw. das → Quality Function Deployment und das Conjoint Measurement.

Wenn wir unter dem Dienstleistungs-Design die konkrete Gestaltung einer Dienstleistung verstehen wollen, so sind vor allem die folgenden beiden Aufgabenbündel relevant:

(1) *Leistungsdesign*
Neben der Festlegung der Abfolge einzelner Teilsequenzen, der Realisierungszeit, des Timings und Erstellungsortes einer Dienstleistung sind es vor allem die Potenziale, die Variabilität, der Kontakt, die Integration und die Interaktivität, die das Leistungsdesign ausmachen. Im Einzelnen geht es dabei – ganz allgemein – um:

(a) die einzusetzenden *Potenziale*, also die menschlichen und maschinellen Leistungsfähigkeiten und Leistungsbereitschaften der internen und der externen Faktoren. Eine Dienstleistung wird also – im Gegensatz zur materiellen Sachleistung – nicht durch Prinzip, Verfahren, Größe, Farbe, Form, Material und Ornament bestimmt, sondern durch die die Prozesse determinierenden Potenziale. Die konkrete ärztliche Leistung wird bestimmt durch die Fähigkeit des Arztes zur Diagnose und Behandlung; die Dienstleistung eines Dozenten ist geprägt durch seine Fähigkeit, den jeweiligen Sachverhalt kompetent und anschaulich zu vermitteln, und seine Fähigkeit schnell zu laufen, ist die Basis der Leistung eines Sprinters. Zusätzlich muss der Dienstleister bereit sein, die Dienstleistung auch wirklich zu erbringen. Die Bereitschaft kann – Beispiel Polizei oder Bundeswehr – zur zentra-

Dienstleistungs-Design

len Aufgabe eines Dienstleistungs-Anbieters werden. Auch die Fähigkeiten des externen Faktors können die jeweilige Dienstleistung und auch das Dienstleistungs-Design determinieren. Beispielsweise prägen die Spielstärken der Schüler den Ablauf eines Tenniskurses, oder die Vorbildung der Teilnehmer die Inhalte eines Seminars. Besonders deutlich wird die Bedeutung der Fähigkeiten der externen Faktoren bei der Benutzung automatisierter Dienstleistungen. Die Fähigkeiten und Bereitschaften der jeweils agierenden Personen und/oder die Potenziale der Maschinen (z.B. Herz-Lungen-Maschine in der Intensivstation, das Überschall-Flugzeug oder die Taxi-Limusine) sind also der Kern des Dienstleistungsdesigns. Die Auswahl, der Aufbau und das Zusammenführen unterschiedlichster Leistungsfähigkeiten und Leistungsbereitschaften ist hier die zentrale Aufgabe.

(b) die *Variabilität*, also die Anpassungsfähigkeit bzw. Elastizität der internen Faktoren auf sich ändernde externe Faktoren

(c) die Identifikation und marketinggerechte Gestaltung der Kundenkontaktpunkte und damit der *Kontaktfaktoren* (Subjekte und Objekte). Für die Kontaktsubjekte als Gesamtheit der Personen mit Kundenkontakt müssen die während des „Produktions"-prozesses zu erfüllenden Aufgaben festgelegt werden. Dazu kommt die Gestaltung des Leistungsumfeldes, also der visuell, aural, olfaktorisch und taktil wahrnehmbaren „Umgebung" der Leistungserstellung, also des sog. *Servicescape*. Eine in der Praxis häufig unterschätzte aufbau- und ablauforganisatorisch wichtige Gestaltungsaufgabe ist dabei auch die Bestimmung der line of visibility, die die Bereiche, die die Kunden wahrnehmen von denen trennt, die für die Kunden unsichtbar sind. Dies bedeutet beispielsweise eine organisatorische Trennung unterschiedlicher Kontaktsituationen (z.B. telefonische und persönliche Annahme von Serviceaufträgen), weil sonst Kunden in der Warteschlange vor dem einzigen geöffneten Annahmeschalter immer unzufriedener werden können, wenn sie Mitarbeiter beobachten, die nicht bedienen, sondern telefonieren.

(d) die Form, die Intensität und Wirkung der *Integration* der externen Faktoren. Hierunter fallen auch Entscheidungen bzgl. der sog. „*Externalisierung*", also der Frage nach dem Aktivitätsgrad des externen Faktors. Die Übertragung von Teilaufgaben auf den Kunden (z.B. Selbstbedienung bei Frühstücksbuffets oder das Haarewaschen des Kunden selbst beim Frisörbesuch) gilt als interessante Rationalisierungsmöglichkeit vieler Dienstleistungen.

(e) die Planung der *Interaktivität* zwischen den externen Faktoren vor, während und nach der Leistungserstellung. Wenn wir an rivalisierende Sportfans oder das Studio-Publikum von diversen Game-Shows denken, wird die Bedeutung dieser Designkomponente klarer. Aufgabe ist es hier, eine positive Interaktivität – also eine gegenseitige Stimulierung der externen Faktoren wie sie beim gegenseitigen „Aufputschen" von Fußballanhängern im Fanblock (stark positive, emotionale Interaktivität) oder bei Studenten, die zusammen eine Fallstudie lösen (stark positive, intellektuelle Interaktivität) zu beobachten sind – zu unterstützen und eine negative Interaktivität möglichst zu vermeiden.

(2) *Angebots-Design*
Die Bedeutung sog. „Stand-alone-Dienstleistungen" nimmt stark ab. Angeboten und nachgefragt werden vielmehr Leistungsbündel, also Zusammenstellungen von unterschiedlichsten Dienstleistungen, materiellen Produkten (Waren) und/oder Rechten (Chancen). Betrachten wir solche Objektsysteme aus der Perspektive der Dienstleistung: Einerseits können materielle Produkte die Führungsrolle in solchen Angebotssystemen übernehmen, beispielsweise im sog. → Systemgeschäft in der Investitionsgüter-Industrie. Dienstleistungen sind dann häufig eher eine „Begleiterscheinung" mit dem Ziel, die Kernprodukte zu differenzieren (produktdifferenzierende Dienstleistung). Andere Leistungsbündel werden von einer Dienstleistung als der Kernleistung, um die sich dann verschiedene andere Objekte (Dienstleistungen, Rechte (Chancen) und Produkte) quasi herumgruppieren, dominiert.

Das Design, also die erarbeiteten und festgelegten Strukturen, Prozesse und Elemente können und sollten anschaulich dargestellt, d.h. visualisiert werden. Dazu bieten sich u.a. an (vgl. *Abbildung*):

(a) *Prozessketten:*
Prozessketten bilden insbesondere die Sequenzfolge einer Dienstleistung graphisch ab. Zusätzlich zu den einzelnen Prozessschritten können weitere Elemente des Dienstleistungs-Designs und/oder des Dienstleistungsmanagement aufgenommen

Dienstleistungs-Design

Beispiele für eine Prozesskette

Beispiel für eine Prozesskette
- Friseur -

> Kontaktaufn. d. Kunden
> - telefonisch
> - schriftlich
> → Kunde wünscht Termin
> → Kunde kommt in den Salon
> → Beratung
> → etc.

Problemfelder

Leitung besetzt	Bearb. dauert zu lange	Kunde wird nicht begrüßt	Beratung dauert zu lange
Kunde kennt Ansprechpartner nicht	Kein Termin frei ...	Kein Friseur frei Termin "vergessen" ...	Berater geht auf Wünsche nicht ein ...

Qualitätsmerkmale

Freundlichkeit	Höflichkeit	Flexibilität	Schnelligkeit
Erreichbarkeit	Termin frei?	Einfühlungsvermögen	Zuverlässigkeit
Höflichkeit	Freundlichkeit	Höflichkeit	Kompetenz
		Erreichbarkeit	

Standards

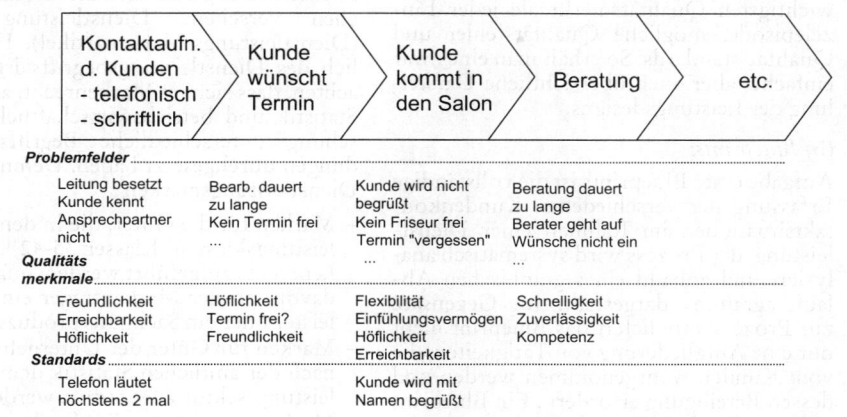

Telefon läutet höchstens 2 mal		Kunde wird mit Namen begrüßt	

Ausschnitt aus einem einfachen Blueprint
Beispiel: Beratungsgespräch eines Bestatters

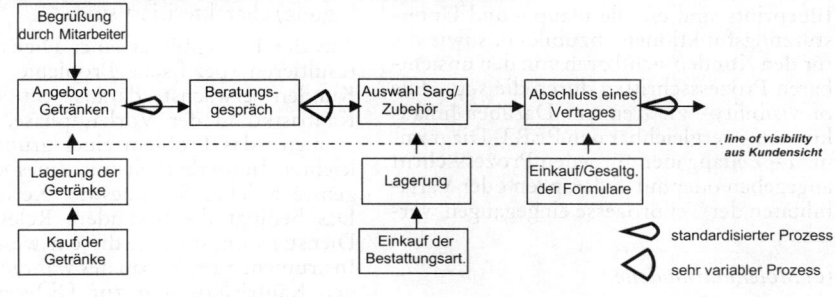

Begrüßung durch Mitarbeiter

Angebot von Getränken → Beratungsgespräch → Auswahl Sarg/Zubehör → Abschluss eines Vertrages →

line of visibility aus Kundensicht

Lagerung der Getränke — Lagerung — Einkauf/Gesaltg. der Formulare

Kauf der Getränke — Einkauf der Bestattungsart.

▷ standardisierter Prozess
◁ sehr variabler Prozess

Vereinfachtes Molekularmodell des Angebots "Flug"

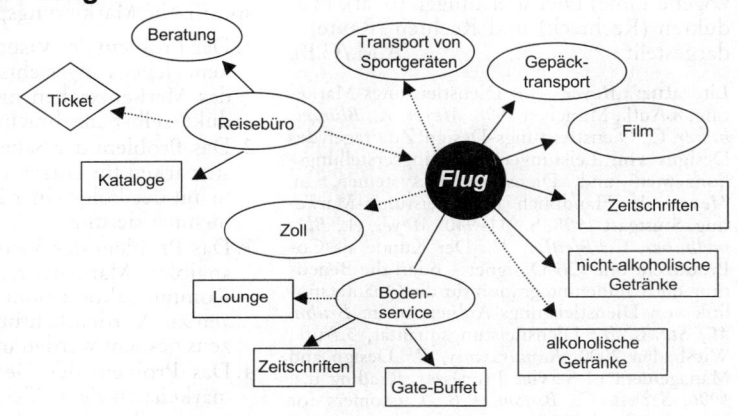

- Beratung
- Ticket
- Reisebüro
- Kataloge
- Zoll
- Lounge
- Zeitschriften
- **Flug**
- Transport von Sportgeräten
- Gepäcktransport
- Film
- Zeitschriften
- nicht-alkoholische Getränke
- alkoholische Getränke
- Bodenservice
- Gate-Buffet

werden, bspw. die jeweils notwendigen Fähigkeiten, oder konkreter: die einzusetzenden Mitarbeiter (Rollen), die Zeitdauer jedes Schrittes, aber auch die aus Kundensicht wichtigsten Qualitätsmerkmale jeder Einzelepisode, mögliche Qualitätsfehler und Qualitätsstandards. So erhält man eine zwar einfache, aber auch übersichtliche Darstellung des Leistungsdesigns.

(b) *Blueprints:*
Aufgabe eines Blueprints ist die vollständige Erfassung der verschiedenen Kundenkontaktsituationen im Rahmen einer Dienstleistung: der Prozess wird systematisch analysiert und anhand eines graphischen Ablaufdiagramms dargestellt. Im Gegensatz zur Prozesskette liefert das Blueprint nicht nur eine Aufgliederung von Tätigkeiten, die vom Kunden wahrgenommen werden und dessen Beteiligung erfordern. Ein Blueprint stellt auch Aktivitäten dar, mit denen der Kunde nicht unmittelbar zu tun hat, die für den Kunden quasi „unsichtbar" sind. Zentrale Aufgaben bzw. Inhalte umfassender Blueprints sind es, alle Haupt- und Unterstützungsfunktionen abzubilden, sowie die für den Kunden sichtbaren von den unsichtbaren Prozessschritten durch die sog. „line of visibility" zu trennen. Darüber hinaus können – vergleichbar den PERT-Diagrammen – Zeitangaben für jeden Prozessschritt angegeben oder auf Toleranzen oder Variabilitäten der Teilprozesse eingegangen werden.

(c) *Molekularmodelle:*
Mit Hilfe sog. Molekular-Modelle werden Angebotsbündel – bestehend aus fakultativen (gestrichelte Linie) und fixen (durchgezogene Linie) Dienstleistungen (oval), Produkten (Rechteck) und Rechten (Raute) – dargestellt. A.M./C.Bl.

Literatur: *Meyer, A.:* Dienstleistungs-Marketing, 8.Aufl., München 1998. *Meyer, A.; Blümelhuber, C.:* Dienstleistungs-Design: Zu Fragen des Designs von Leistungen, Leistungserstellungskonzepten und Dienstleistungssystemen, in: *Meyer, A.:* Handbuch Dienstleistungs-Marketing, Stuttgart 1998, S. 911–940. *Meyer, A.; Blümelhuber, C.; Pfeiffer, M.:* Der Kunde als Co-Produzent und Co-Designer – oder: die Bedeutung der Kundenintegration für die Qualitätspolitik von Dienstleistungs-Anbietern, in: *Bruhn, M.; Stauss, B.:* Dienstleistungsqualität, 3.Aufl., Wiesbaden 2000. *Ramaswamy, R.:* Design and Management of Service Processes, Reading u.a. 1996. *Sewell, C.; Brown, P.B.:* Customers for Life, New York 1990.

Dienstleistungsmarke

Dienstleistungsmarke
ist sowohl das – in der Regel rechtlich geschützte – Zeichen zur Identifikation von Dienstleistungen als auch die mit einem Zeichen versehene Dienstleistung selbst (Dienstleistungs-Markenartikel). Hinsichtlich des Dienstleistungsbegriffs ist zu beachten, dass sich im Markenrecht, amtlicher Statistik und betriebswirtschaftlicher Forschung unterschiedliche Begriffsverwendungen durchgesetzt haben. Demnach sind Dienstleistungsmarken

– Marken für die Güter, die in den Dienstleistungsklassen (Klassen 35-42) des Markenrechts aufgeführt werden, unabhängig davon, ob der Markenträger ein Dienstleister oder ein Sachgüterproduzent ist,
– Marken für Güter der Unternehmen, die nach der amtlichen Statistik dem Dienstleistungssektor zugeordnet werden,
– Marken für Güter, die durch ein hohes Maß an Intangibilität (Nichtgreifbarkeit) und die Notwendigkeit der Integration eines externen Faktors (Kundenbeteiligung) charakterisiert sind.

Aus der Intangibilität einer Dienstleistung resultieren spezifische Probleme: Für den Kunden erwächst daraus ein erhöhtes Kaufrisiko in der Vorkaufphase, für den Anbieter das Problem einer grundsätzlich leichten Imitierbarkeit und eines schwierigen rechtlichen Schutzes der Kernleistung. Das bedingt die besondere Relevanz der Dienstleistungsmarke, die ein wesentliches Instrument zum Abbau des wahrgenommenen Kaufrisikos und zur Differenzierung des Angebots darstellt.

Aus Intangibilität und Kundenbeteiligung erwachsen allerdings auch dienstleistungsspezifische Markierungsprobleme:

1. Das Problem der Visualisierung des Markenzeichens angesichts der Tatsache, dass das Markenzeichen nicht auf dem ‚Produkt' selbst angebracht werden kann.
2. Das Problem der Schaffung von Phantasiemarken für einzelne Leistungsangebote mit der Folge einer Dominanz der Firmenmarkierung.
3. Das Problem der Visualisierung des intangiblen Markenvorteils, sodass in der Kommuniaktionspolitik nach Alternativen zur Verdeutlichung des Kundennutzens gesucht werden muss.
4. Das Problem der Gewährleistung einer markenartikelgemäßen Qualitätskonstanz, weil die Dienstleistungsqualität von

Art und Umfang der Kundenbeteiligung und der kundenindividuellen Anpassung abhängt. B.St.

Literatur: *Stauss, B.:* Markierungspolitik bei Dienstleistungen – die „Dienstleistungsmarke", in: *Bruhn, M.; Meffert, H.* (Hrsg.): Handbuch Dienstleistungsmanagement, Wiesbaden 1998, S. 559 ff.

Dienstleistungs-Marketing

Begriff und Besonderheiten

In der Betriebswirtschaftslehre und insbesondere im Marketing nimmt das Dienstleistungs-Marketing eine Vorreiterrolle ein und gilt heute als ein wichtiger Motor der Marketing-Forschung: Eine Vielzahl an aktuellen Fragestellungen im Marketing-Management hat sich im Umfeld des Dienstleistungs-Marketing entwickelt und von diesem theoretischen Standort aus seinen Siegeszug durch andere Disziplinen und auch die Medien angetreten.

Auslöser für die aktuell intensive Beschäftigung mit Fragen des Dienstleistungs-Marketing ist das statistisch nachgewiesene starke Wachstum des tertiären Sektors, die Entwicklung der post-industriellen Wirtschaft zu einer Dienstleistungsgesellschaft und vor allem das Bewusstsein, dass eine rein auf materielle Sachgüter fokussierte Betriebswirtschaftslehre und Marketing-Forschung zu kurz greift und wesentliche Aufgaben und Probleme der Wirtschaftspraxis schlicht ignoriert (s.a. → Marketing, → Marketing-Geschichte).

Aufbauend auf einer eindeutigen Definition von → Dienstleistungen soll unter Dienstleistungs-Marketing die zielgerichtete systemspezifische (marktorientierte, zuteilungsorientierte oder zuwendungsorientierte) Ausrichtung, Führung und dementsprechende Gestaltung aller Aktivitäten von Dienstleistungen anbietenden Einzelwirtschaften (z.B. Unternehmung, Wohltätigkeitsorganisation, Universität, Freiberufler, Polizeibehörde) verstanden werden. Diese weite Begriffsauffassung beschränkt die Marketing-Anwendung nicht nur auf den Bereich von „Profitorganisationen in marktwirtschaftlichen Systemen", sondern erweitert den Anwendungsbereich des Dienstleistungs-Marketing auf andere Wirtschaftssysteme und den Nonprofitbereich.

Aufgrund der Spezifika von Dienstleistungen – insbesondere des direkten Angebotes von immateriellen Potenzialen und der Integration des externen Faktors in den Dienstleistungserstellungsprozess – ergeben sich einige marketingrelevante Besonderheiten.

(1) Individualität und Standardisierbarkeit

Dienstleistungen sind in hohem Maße individuelle Leistungen. Persönlich erbrachte Dienstleistungen sind oft sogar „doppelt individuell", weil sie sowohl für den Anbieter als auch den Nachfrager individuelle Leistungen darstellen. Damit sind sie zwangsläufig schwer standardisierbar.

Die Individualität durch den Anbieter beinhaltet inter- und intraindividuelle Schwankungen hinsichtlich Art und Güte der Ausführung. Dabei ergibt sich die Intraindividualität aus den Schwankungen in der Leistungsfähigkeit eines Dienstleisters durch Launen, Tagesverfassung, Sympathien usw. Andererseits schwanken auch die Leistungsfähigkeiten zwischen zwei oder mehreren Dienstleistern interindividuell, bedingt durch unterschiedliche Erfahrungen, unterschiedliche Fertigkeiten und verschiedene Ausbildung. Darin liegt auch der Grund für hohe bilaterale persönliche Bindungen, sodass beispielsweise Kunden häufig die Dienstleistungen eines bestimmten Angestellten in einem Frisörsalon wollen.

Individualität durch den Nachfrager (oder seine Objekte) bedeutet zum einen objektive Individualität (Varietät) der externen Faktoren durch deren Verschiedenheit (z.B. verschiedene Kopfform und Haarbeschaffenheit beim Frisör), zum anderen aber gleichzeitig subjektiv gewünschte Individualität (Varietät) der Dienstleistung (z.B. individueller Haarschnitt).

Diese doppelte Individualität erfordert vom Dienstleistungs-Anbieter erhöhte Variationsfähigkeit, erhöhte Improvisationsfähigkeit, erhöhte Flexibilität und gegebenenfalls bewusste Demonstration der Individualität (→ Individualisierung).

(2) Hohe Komplexität

Die zweite Basisbesonderheit betrifft die hohe Grundkomplexität von Dienstleistungen, die insbesondere durch die teilweise Immaterialität und die Simultanität von Produktion, Abgabe und Inanspruchnahme von Dienstleistungen konstituiert wird. Im Gegensatz zu Produkten entsteht bei der Erstellung von Dienstleistungen kein eigenständiger und isolierbarer Wert-, Nutzens-, Zeichen- und Qualitätsträger. Dies erschwert die Evaluierung von Dienstleistungen für den Nachfrager. Dienstleistungen unterliegen einer begrenzten Reversibilität. Der Umtausch oder die Rückgabe einer

Dienstleistungs-Marketing

Dienstleistung sind ausgeschlossen. Eine Nachbesserung ist nur bedingt möglich.

Vor Inanspruchnahme einer Dienstleistung können sich Anbieter und Nachfrager nur auf ein Leistungsversprechen, nicht auf ein konkretes, physisch präsentes Objekt einigen. Das „Kaufrisiko" bzw. die Unsicherheit vor der Inanspruchnahme ist für den Nachfrager vergleichsweise hoch. Dienstleistungen werden deshalb vielfach auch als Vertrauens- bzw. Glaubensgüter bezeichnet. Dies bedeutet gleichzeitig eine erschwerte Vergleichbarkeit von alternativen Dienstleistungen. Äußerlich wahrnehmbare (sichtbare, hörbare, fühlbare, riechbare) Informationssignale werden deshalb von Nachfragern häufig als Hilfsmittel zur Evaluierung und Konkretisierung der immateriellen Leistung selbst herangezogen. Die fehlende materielle Isolierbarkeit eines eigenständigen Zeichen- und Qualitätsträgers erklärt auch die besondere Problematik von → Dienstleistungsmarken.

(3) Dienstleistungs-Qualität
Kein Dienstleister kann eine vollkommene Konstanz seiner Leistungsfähigkeiten garantieren, und umgekehrt bedeutet eine unzureichende Anpassung seiner Leistungsfähigkeiten an die externen Faktoren sogar eine Abnahme der Qualität. Das Messen und Bewerten der → Dienstleistungsqualität ist oft schwierig, weil häufig objektivmessbare und materielle Prüf- und Bewertungskriterien eine wesentlich unwichtigere Rolle spielen als subjektive Empfindungen (wie empfundene Dauer der Wartezeit, Zufriedenheit) und Erlebnisse (wie Freundlichkeit des Personals).

(4) Speicherbarkeit und Lagerbarkeit
Grundsätzlich gilt: Die Dienstleistung kann vom Anbieter nicht gelagert und auf Vorrat „produziert" werden. Wohl aber können die externen Faktoren vor der Dienstleistungserstellung quasi „auf Vorrat" gelagert werden (z.B. die Patienten im Wartezimmer oder Krankenhaus oder Geräte vor der Reparatur). Eine anbieterautonome Disposition des „Produktionsprozesses" durch den Ausgleich von Über- oder Unternachfrage nach der Erstellung der Dienstleistung über eine Lagerhaltung von „Fertigprodukten" ist somit nicht möglich. Der Dienstleister hat demzufolge nur die Wahl zwischen dem Angebot von leistungsbereiten internen Faktoren quasi auf Vorrat oder dem Wartenlassen bzw. der Vorratslagerung von integrationsbereiten externen Faktoren.

Zusammengefasst gilt für Dienstleistungsbetriebe also: Bei Unternachfrage bleibt dem Dienstleister nur die Möglichkeit der Reduzierung des Niveaus der Leistungsbereitschaft, nicht wie bei Sachgüterproduzenten die alternative Produktion auf Lager, und bei Übernachfrage die Erhöhung des Niveaus der Leistungsbereitschaft und die Möglichkeit der Zwischenlagerung von externen Faktoren bzw. Wartezeiten für externe Faktoren, während in dieser Situation die Sachgüterproduzenten zusätzlich vom Lager absetzen können. Die zeitliche Pufferfunktion der Lagerhaltung zwischen Produktion und Absatz existiert bei Dienstleistern also nur eingeschränkt bzw. in völlig anderer Art und Weise, wenn es möglich ist, die externen Faktoren, also die Nachfrage, gewissermaßen zu puffern.

Angebotsbezogene bzw. nachfragebezogene Maßnahmen zum Kapazitätsmanagement sind zur Vermeidung von Leerkosten bzw. zur optimalen Potenzialausschöpfung im Rahmen des Dienstleistungs-Marketing von großer Bedeutung.

(5) Handel, Transport und Standort
Der Transport einer immateriellen Dienstleistung ist im Vergleich zum Transport einer materiellen Ware (stets in einer Richtung vom Anbieter zum Nachfrager, unabhängig davon, wer ihn durchführt) immer ein zweiseitiger Prozess. Abhängig von der Mobilität der externen bzw. internen Faktoren kommt der externe Faktor zum Dienstleister oder der Dienstleister zum externen Faktor oder sie sind durch einen medialen Kontakt miteinander verbunden (z.B. telefonische Beratung als mediale Dienstleistung).

Die Simultanität von Dienstleistungserstellung und -abgabe und das Fehlen eines isolierbaren Transferobjektes schließen einen Handel von Dienstleistungen aus, weil kein vom Ersteller losgelöstes Zwischenangebot und keine vom Letztnachfrager losgelöste Zwischennachfrage möglich ist. Möglich ist bestenfalls das Vermitteln von Dienstleistungen bzw. das Handeln mit Chancen auf Dienstleistungen (z.B. Eintrittskarten).

Damit bekommt die Standortfrage bei stationären Dienstleistern andere Prioritäten, weil eine vom Standort losgelöste Erstellung und Distribution einer Dienstleistung nur durch die eigene Mobilität des Dienstleisters bzw. des gesamten Faktorsystems möglich ist.

Eine Ausdehnung des Absatzraumes (Marktausweitung) eines Dienstleisters ist somit nur durch Standortmultiplikation (Filialisierung, Annahmestellen, → Franchising), permanente Standortverlagerung, mediale Dienstleistungserstellung oder indirekt, da Dienstleistungsexport ausgeschlossen ist, durch externen Faktor-(Nachfrager-)Import möglich. Filialisierung bzw. Franchising bedeutet dabei die Multiplikation sowohl von Produktions- als auch Absatzstätten mit der Folge vermehrter Führungs- und Kontrollaufgaben.

(6) Marketingrelevanz der Produktionsfunktion
Die Dienstleistungs-Produktion erfolgt durch die konstitutive Integration externer Faktoren in den Produktionsprozess nicht autonom. Der Produktionsprozess wird damit unmittelbar zu einem „Marketingprozess", die Produktionsfunktion zur Marketingfunktion. Zwischen Produktionsfaktoren und Kunden bzw. deren Objekten entstehen zwangsläufig marketingrelevante Kontaktbeziehungen. Produktion, Absatz und Verwendung (Konsum) sind dadurch in hohem Maße zeitlich und personell und – mit Ausnahme medialer Dienstleistungen – auch räumlich überlappt und miteinander untrennbar verschmolzen.

Das Erscheinungsbild aller internen Produktionsfaktoren mit Kundenkontakt (Kontaktobjekte und -subjekte) und das Verhalten der Mitarbeiter mit Kundenkontakt werden zu wichtigen marketingrelevanten Gestaltungsgrößen. Die Steuerung bzw. Beeinflussung des Integrationsverhaltens der externen Faktoren beeinflusst sowohl die Produktivität als auch die Beurteilung der erhaltenen Dienstleistung maßgeblich. Damit führt diese Aufgabe ebenso wie die Steuerung bzw. Beeinflussung des Interaktionsverhaltens der externen Faktoren untereinander (gegenseitige Störung oder Stimulierung) zu weiteren organisatorischen und marketingrelevanten Aufgaben.

Gestaltungsbereiche und Aufgaben des Dienstleistungs-Marketing

(1) Instrumenteller („7 P") Ansatz des Dienstleistungs-Marketing:
Die Autoren, die das Thema in der Tradition des instrumentellen Denkens angehen, identifizieren verschiedene Werkzeuge, deren Ausgestaltung und Kombination letztlich das Dienstleistungs-Marketing ausmachen. Die vier klassischen Instrumente Produktpolitik (product), Preispolitik (price), Distributionspolitik (place) und Kommunikationspolitik (promotion) werden im Dienstleistungsbereich ergänzt um die Gestaltung des materiellen Umfeldes (physical evidence), um die Gestaltung von Leistungsprozessen (processes) und um Mitarbeiterthemen (people). Die Problematik solcher Marketing-Mix-Ansätze und eines solchen Denkens in Instrumenten wird zunehmend kritisiert; trotzdem hält sich dieser methodische Zugang in Wissenschaft und Praxis hartnäckig.

(2) Angebotsbasierter, prozessorientierter Ansatz des Dienstleistungs-Marketing:
Betrachtet man das Dienstleistungs-Marketing dagegen aus der Perspektive des Angebotes, also aus der Perspektive des Leistungsversprechens (Versprechen, eine – wie auch immer definierte – Leistung bereitwillig, kompetent und fähig zu erbringen), so lässt sich ein Bündel von Aufgaben, sog. Funktionen, ableiten, die jeder Dienstleister zu lösen hat: Leistungsversprechen sind in einem ersten Schritt zu konzipieren und festzulegen; die Einhaltung dieser Leistungsversprechen muss den betroffenen Mitarbeitern ermöglicht werden. Anschließend werden die Versprechen nun vermarktet. Sie werden kommuniziert und mit den Erwartungen der Kunden abgestimmt. Es folgt die Erfüllung der Leistungsversprechen im Rahmen der Dienstleistungsproduktion. Daran schließt sich letztlich die Bestätigung der Leistungsversprechen durch die Pflege der Kundenbeziehungen an.

Diese Betrachtungsweise mit einem prozessualen Verständnis des Marketing und der Dienstleistung liefert eine wertvolle Strukturierung für die Aufgabenbereiche eines erfolgreichen Dienstleistungs-Marketing (s.a. → Marketingprozesse). In der Abb. werden diese überblicksartig dargestellt und voneinander abgegrenzt.

(a) Managementaspekte von Dienstleistungs-Anbietern: Am Anfang stehen konzeptionelle Managementfragen, mit denen sich ein Dienstleistungs-Anbieter auseinandersetzen muss. Angesprochen sind hier Fragestellungen wie die → Marketingkultur des Dienstleistungs-Unternehmens, das Leadership, die Unternehmensziele, aber auch Aspekte der Informationsinfrastruktur u.a. Marktforschung, Benchmarking, → Database-Marketing und Informations- und Monitoring-Systeme. Desweiteren sind dienstleistungsspezifische Besonderheiten

Dienstleistungs-Marketing

Systematisierung der Ansatzpunkte und Gestaltungsbereiche eines erfolgreichen Dienstleistungs-Marketing

---

Managementaspekte von Dienstleistungs-Anbietern
→ Kultur, Leadership, Ziele
→ Informationsinfrastruktur
→ Koordination und Steuerung
→ Strategien

Programmatische Aspekte des Externen Marketing
=
Leistungsversprechen konzipieren und festlegen
→ Marktprogramm
→ Operations-Programm

Programmatische Aspekte des Internen Marketing
=
Einhaltung der Leistungsversprechen ermöglichen

Kundengerichtete und kundeninitiierte Prozesse des Externen Marketing
=
Leistungsversprechen vermarkten
→ Kundengewinnungs-Marketing
= Leistungsversprechen kommunizieren und abstimmen
→ Integrations-Marketing
= Leistungsversprechen erfüllen
→ Kundenbindungs-Marketing
= Leistungsversprechen bestätigen und Kundenbeziehungen pflegen

---

Dienstleistungen auf Beschaffungs- und Internen Märkten

---

bei Managementthemen der Unternehmenskoordination und Steuerung wie Dienstleistungsorganisation, Controlling, Qualitäts- und Kapazitätsmanagement zu berücksichtigen. Nicht zu vergessen sind natürlich auch grundlegende strategische Entscheidungen (Wettbewerbs-, Internationalisierungs- und Rationalisierungsstrategien, Multiplikations-, Diversifikations- und Reduktionsstrategien) sowie die → Integrierte Kommunikation und das Markenmanagement von Dienstleistungen.

(b) *Programmatische Aspekte des Externen Marketing:* Soweit alle grundlegenden Managementfragen des Dienstleistungs-Unternehmens geklärt sind, folgt nun die Konzeption und Festlegung des Angebots des Dienstleisters, d.h. die Konzeption des Leistungsversprechens – oder anders formuliert: es werden jetzt die programmatischen Aspekte des Externen Marketing festgelegt. Unter der Überschrift Marktprogramm werden Entscheidungen hinsichtlich Zielgruppen, Positionierung, Leistungsprogramme, Dienstleistungsinnovationen, Garantien und Preise getroffen. Im Operationsprogramm müssen die Themenstellungen → Dienstleistungs-Design, also Fragestellungen, die sich mit Hilfe von Prozesskettenanalysen und Blueprints mit dem optimalen Leistungserstellungs-, Kundenintegrations- und Angebotsdesign von Dienstleistungen auseinandersetzen, sowie Distributions- und Vertriebsaspekte konkretisiert werden.

(c) *Programmatische Aspekte des Internen Marketing:* Aufgrund der Faktorintegration und des direkten Kundenkontaktes kommt dem internen, mitarbeiterbezogenen Marketing gerade im Dienstleistungsbereich ein besonders hoher Stellenwert zu. Die Einhaltung dieser Leistungsversprechen muss nun den betroffenen Mitarbeitern ermöglicht werden. Deshalb kommt bspw. Motivations- und Anreizsystemen, dem Empowerment und der Internen Kommunikation, die zu den zentralen programmatischen Aspekten des → Internen Marketing im Dienstleistungsbereich zählen, eine überragende Bedeutung zu.

(d) *Kundengerichtete und kundeninitiierte Prozesse des Externen Marketing:* Anschließend müssen die Leistungsversprechen vermarktet werden. Unter dem Motto „Kundengerichtete und kundeninitiierte Prozesse des externen Marketing" geht es um die konkreten Vermarktungsprozesse der Leistungsfähigkeiten bzw. Potenziale. Leistungsversprechen werden kommuniziert und mit den Erwartungen der Kunden abgestimmt. Es folgt die Erfüllung der Leistungsversprechen im Rahmen der Dienstleistungsproduktion. Als wichtige und in Praxis und Wissenschaft heftigst diskutierte Aufgabe schließt sich die Bestätigung von Leistungsversprechen durch die Pflege der Kundenbeziehungen an (→ Kundenpolitik). Die zentralen Schlagworte in diesem Kontext lauten also Kundengewinnung, -integration und dauerhafte -bindung. Die Aufgaben, die es zu lösen gilt, sind hier die Kommunikation und der „Verkauf", die Gestaltung der direkten Interaktion zwischen den Kontaktfaktoren im Leistungserstellungsprozess, sowie die Bindung der Kunden an den Anbieter oder Dienstleister.

(e) Dienstleistungen auf Beschaffungs- und Internen Märkten: Da Dienstleistungen nicht nur auf Absatzmärkten, sondern auch verstärkt auf Beschaffungs- und internen Märkten eine wichtige Rolle spielen, müssen Aspekte wie der "Kauf" von Dienstleistungen, die Personalbeschaffung sowie die Kunden- und Kostenorientierung interner Servicebereiche in der Dienstleistungs-Marketing-Konzeption genauso verankert werden wie alle relevanten Gesichtspunkte des externen Marketing.

Insbesondere die Branchen, in denen die Idee des Marketing nicht besonders populär ist und ein Professionalisierungsrückstand zu verzeichnen ist, sind längerfristig ein Garant dafür, dass das Dienstleistungs-Marketing noch lange im Rampenlicht des Interesses stehen wird. Gerade Branchen wie bspw. Gesundheit, Kultur und Wissenschaft, Bestattung, öffentliche Verwaltung und Dienste, soziale und politische Organisationen können sich nicht mehr lange den Ideen, Konzepten und Instrumenten eines kundenorientierten Marketing verschließen, denn: Die Emanzipation der Nachfrager macht auch hier nicht Halt, und der Wettbewerb wird sich auch in diesen Branchen zunehmend verschärfen. A.M.

Literatur: *Meyer, A.* (Hrsg.): Handbuch Dienstleistungs-Marketing, Grundlagen, Managementaspekte, Branchenkonzepte und Fallbeispiele, 2 Bände, Stuttgart 1998. *Meyer, A.:* Dienstleistungs-Marketing, Erkenntnisse und praktische Beispiele, 8. Aufl., München 1998. *Meyer, A.:* Dienstleistungs-Marketing, in: Marketing-Systeme, Grundlagen des institutionalen Marketing, hrsg. v. *P.W. Meyer u. A. Meyer,* Stuttgart u.a. 1990, S. 173–220. *Bruhn, M.; Meffert, H.* (Hrsg.): Handbuch Dienstleistungs-Management, Wiesbaden 1998. *Zeithaml, V.; Bitner, M.:* Services Marketing, New York 1996.

Dienstleistungs-Marketing, interkulturelles

muss gegenüber dem Interkulturellen Marketing (→ Marketing, interkulturelles) einer Reihe von Besonderheiten von → Dienstleistungen Rechnung tragen, d.h. Aussagen bzw. Erkenntnisse zum Interkulturellen Marketing sind nicht bzw. nur bedingt generalisierbar.

(1) Angesichts der charakteristischen Immaterialität von Dienstleistungen fällt es potenziellen (Neu-)Kunden schwer, deren voraussichtliche Nutzenstiftung einzuschätzen. Mehr noch als bei (konkreten) Produkten und mehr noch als im nationalen Kontext muss der Nachfrager im interkulturellen Umfeld deshalb „Surrogate" bzw. → Heuristiken, wie → Country of Origin, Unternehmensimage (→ Image), → Marke oder Garantiezusage in seine → Kaufentscheidung einfließen lassen. Dies gilt insbesondere für Märkte, deren Landeskultur sich durch starke Unsicherheitsvermeidung auszeichnet (z.B. Belgien, Griechenland, Japan). Da die deutschsprachigen Länder nicht nur von einer starken Tendenz zur Unsicherheitsvermeidung, sondern auch durch eine vergleichsweise geringe → Machtdistanz geprägt sind, bietet es sich hier an, mit Hilfe einer → Testimonial-Strategie Vertrauenswürdigkeit zu kommunizieren (s.a. → Kaufrisiko).

(2) Dienstleistungen sind nicht nur immateriell; sie können häufig auch nur durch „Integration des externen Faktors" erbracht werden. Deshalb spielen hier → Symbole in der Werbung und Rituale (z.B. Begrüßungsformen, Geschenke) eine besondere Rolle. Die häufig gegebene Notwendigkeit, den Kunden in den Produktionsprozess zu integrieren, setzt der Standardisierbarkeit der Leistung vielfach enge Grenzen. Dadurch kommt es immer wieder zu nicht vorhersehbaren und unkontrollierbaren personalen Einflüssen.

(3) Bedingt durch die sog. Standortgebundenheit von Dienstleistungen handelt es sich dabei vielfach um interkulturelle Kon-

takte, die aus vielerlei Gründen (wechselseitige Unkenntnis, positive wie negative Vorurteile, Missverständnisse) konflikthaft verlaufen können. Deshalb sollten Mitarbeiter von international tätigen Dienstleistern noch mehr über → interkulturelle Kompetenz verfügen als Mitarbeiter von internationalisierten Industrieunternehmen. Je nachdem, ob Produzent und/oder Konsument von Dienstleistungen mobil oder immobil sind, lassen sich gemäß der sog. Sampson-/Snape-Box vier Erscheinungsformen der Internationalisierung von Dienstleistungsunternehmen differenzieren:

- *Accross the border-Trade* (Wenn z.B. DaimlerChrysler mit Hilfe eines Call Centers in Belgien seine französischen Kunden betreut, können beide Seiten immobil sein.)
- *Domestic establishment-Trade* (Hier ist, wie im Falle einer Sprachschule für Ausländer, der Anbieter immobil, während die Nachfrager mobil sind.)
- *Foreign earnings-Trade* (In dem Maße, wie z.B. der Einzelhandel sein Knowhow und seine Konzepte standardisierte, wurde er international mobil und konnte seine an ihren jeweiligen Standort gebundenen Kunden bedienen.)
- *Third country-Trade* (Fluggesellschaften z.B. können im Prinzip weltweit, in der Realität aber nur dort, wo sie Länderrechte besitzen, Fluggäste fast jeder Nationalität befördern; hier sind beide Seiten mobil.)

Im deutschsprachigen Kulturraum hat der Dienstleistungssektor eine etymologisch erklärbare Hypothek der Semantik zu tragen. Während wir mit „dienen" Unterwürfigkeit, Abhängigkeit, minderwertige Arbeit etc. assoziieren, ist in konfuzianisch geprägten Ländern z.B. die der jeweiligen sozialen Stellung des Gegenüber angepasste Verbeugung Ausdruck eines der konfuzianischen Werte (→ Werte, konfuzianische) von Harmonie, die in sozialen Beziehungen herrschen soll. Auch die Bereitschaft, Dienstleistungen (z.B. durch ein Trinkgeld) zu belohnen, lässt sich teilweise mit kulturellen Einflüssen erklären. So werden in Ländern mit femininer Orientierung und geringer Machtdistanz (z.B. Dänemark, Finnland, Niederlande) signifikant weniger Berufe mit Trinkgeld bedacht als anderswo. Möglicherweise gelten dort aufgrund der engen, egalitären sozialen Beziehungen sowie der charakteristischen Wertschätzung von Fürsorglichkeit wechselseitige Dienste als normal, während leistungsorientierte Kulturen Dienste eher als „belohnenswerte" Sonderleistungen betrachten. Insbesondere dann, wenn eine Dienstleistung in ihrer Gegenwart erbracht wurde, sind Angehörige individualistischer Kulturen bestrebt, durch ein Trinkgeld oder Geschenk ihre „Schuld" zu tilgen und ihre Unabhängigkeit zurückzugewinnen. S.M./M.Ko.

Literatur: *Riddle, D.I.*: Leveraging Cultural Factors in International Service Delivery, in: *Swartz, T.A.; Bowen, D.E.; Brown, S.W.* (Eds.): Advances in Services Marketing and Management: Research and Practice. A Research Annual, Vol. 1, Greenwich/CT 1992, S. 297-322. *Sarathy, R.*: Global Strategy in Service Industries, in: Long Range Planning, Vol. 27 (1994), No. 6, S. 115-124. *Müller, S.; Kornmeier, M.*: Interkulturelles Marketing, München 2002.

Dienstleistungsmesse
→ Messen und Ausstellungen

Dienstleistungsqualität

ist die bewertete Beschaffenheit von Produkten, die überwiegend intangibel sind und einer Beteiligung des Kunden an der Leistungserstellung bedürfen (→ Dienstleistungen). Die Beschaffenheit der Dienstleistung kann aus Kunden- oder Unternehmensperspektive bewertet werden. Aus Kundenperspektive wird der Begriff Dienstleistungsqualität im Sinne der vom Kunden wahrgenommenen Qualität einer Dienstleistung verstanden. Aus Unternehmensperspektive erfolgt die Bewertung innerbetrieblich im Hinblick auf die Erfüllung interner Kriterien bzw. Standards. Entsprechend dieses Kriteriums der Beurteilungsperspektive lassen sich auch die in der Praxis zur Messung von Dienstleistungsqualität eingesetzten Verfahren in unternehmensorientierte und kundenorientierte Messansätze unterscheiden.

Beim Einsatz *unternehmensorientierter Methoden* erfolgt die Qualitätsbewertung von Mitgliedern des Unternehmens (Managern/Mitarbeitern). Objektive unternehmensorientierte Verfahren sehen vor, die Qualität anhand eindeutig festgelegter Kriterien und mittels einer intersubjektiv nachprüfbaren Vorgehensweise zu beurteilen. Hierzu gehört vor allem der Ansatz der Überwachung von Qualitätsstandards. Zu den subjektiven unternehmensorientierten Verfahren gehören Befragungen, in denen Mitarbeiter und Manager selbst die Bewertung vornehmen, und Analyseinstrumente, mit deren Hilfe Unternehmensangehörige Qualitätsprobleme identifizieren, bewerten und zu minimieren suchen (z.B. FMEA). Unternehmensorientierte Messansätze sind im Rahmen der Qualitätssicherung bedeutsam, aber in Bezug auf Dienstleistungen wegen deren spezifischer Merkmale nur in beschränktem Maße anwendbar und aussagefähig. Zum einen ist eine objektive Leistungsmessung aufgrund der Intangibilität nur in Grenzen möglich. Werden Dienstleistungen in einem Interaktionsprozess zwischen Mitarbeitern und Kunden produziert, variiert die Dienstleistungsqualität, so dass eine vollständige Leistungsstandardisierung entfällt. Zum anderen können subjektive Beurteilungen von Unternehmensangehörigen zwar Hinweise auf Verbesserungspotentiale geben, nicht aber die „Stimme des Kunden" adäquat simulieren.

Die *kundenorientierten Ansätze*, die die vom Kunden wahrgenommene Qualität messen, sind als subjektive Verfahren einzuordnen. Grundsätzlich lassen sich hier zwei Verfahrensgruppen unterscheiden: merkmals- und ereignisorientierte Ansätze (s.a. → Zufriedenheitsmessung).

Gemeinsames Kennzeichen *merkmalsorientierter Verfahren* ist die Annahme, dass sich das globale Qualitätsurteil eines Kunden als Ergebnis einer individuellen Einschätzung verschiedener Qualitätsmerkmale ergibt. Zu den wesentlichsten Verfahren gehören die einstellungsorientierte und die zufriedenheitsorientierte Qualitätsmessung. Die einstellungsorientierte Qualitätsmessung geht von der Annahme aus, dass die Qualitätseinschätzung des Kunden als gelernte, relativ dauerhafte innere Haltung gegenüber der Dienstleistung aufzufassen ist. Insofern eignet sich dieser Messansatz vor allem zur Ermittlung der Qualitätseinschätzung langfristiger Geschäftsbeziehungen. Die zufriedenheitsorientierte Qualitätsmessung folgt dem so genannten „Diskonfirmations-Paradig-ma", das Zufriedenheit/Unzufriedenheit als Ergebnis einer Abwägung zwischen erwarteter und tatsächlich erlebter Leistung definiert. Die Zufriedenheitsmessung eignet sich vornehmlich für die laufende Qualitätsbeobachtung. Die standardisierten und quantitativ ausgerichteten merkmalsorientierten Verfahren liefern repräsentative Ergebnisse, die eine Vergleichbarkeit im Zeitablauf und mit anderen Einheiten (z.B. Wettbewerbern) ermöglichen. Allerdings bieten die Ergebnisse nur begrenzte Informationen für konkrete Maßnahmen des Qualitätsmanagements.

Ereignisorientierte Qualitätsmessmethoden zielen darauf ab, die vom Kunden mit dem Dienstleister bzw. seinem Angebot erlebten Ereignisse zu erfassen und die in den Ereignisschilderungen enthaltenen Informationen über die wahrgenommene Dienstleistungsqualität auszuwerten. Die wesentlichen Verfahren sind die Beschwerdeanalyse (→ Beschwerdezufriedenheit), die → Critical Incident-Methode und die Sequentielle Ereignismethode. Im Vergleich zu den merkmalsorientierten Verfahren erweisen sich die ereignisorientierten Methoden als zeit- und kostenintensiv, geben keine repräsentative und zum Vergleich verwendbaren Ergebnisse. Sie enthalten jedoch eine Fülle sehr konkreter Informationen, die unmittelbar für Maßnahmen zur Verbesserung der Dienstleistungsqualität genutzt werden können. B.St.

Literatur: *Bruhn, M.:* Qualitätsmanagement für Dienstleistungen, 2. Aufl. Berlin 1997. *Bruhn, M.; Stauss, B.* (Hrsg.): Dienstleistungsqualität, 3. Aufl., Wiesbaden 2000.

Dienstleistungstest → Warentest

Dienstleistungsvertrag, technologischer → Lizenz

DIFACT → elektronische Vernetzung

Differenzierte Marktbearbeitung → Marktsegmentierung

Differenzierungsstrategie

Basisvariante der → Wettbewerbsstrategie i.S. Porters (→ Marketingstrategie), die nicht auf einen Kostenvorsprung, sondern auf die Schaffung eines → Wettbewerbsvorteils abstellt, um das Unternehmen mit seinen Produkten oder Dienstleistungen deutlich von der Konkurrenz abzuheben (s.a. → Profilierungsstrategie im Handel). Potenzielle Ansatzpunkte der Differenzierung sind z.B. (s.a → Produktdifferenzierung)

- → Image (z.B. Porsche),
- → Technolgie (z.B. Micrsosoft oder Intel),
- → Garantie- oder Servicedienstleistungen (z.B. Otto-Versand) und
- → Design (z.B. Bang & Olufsen im Hifi-Bereich).

Dies spiegelt sich dann auch in einer entsprechenden → Positionierung wider. Oft-

Diffusionsmodelle

mals sind Differenzierungsstrategien mit einer aktiven → Markenpolitik verbunden. Hierbei kommuniziert die → Marke die Differenzierungsstrategie deutlich nach außen. Eine erfolgreiche Differenzierungsstrategie führt in der Regel zu einer hohen → Kundenbindung sowie zu einer geringeren Preissensitivität. Voraussetzung ist die Erlangung und Behauptung eines echten, d.h. kundenrelevanten → Wettbewerbsvorteils.

Differenzierungsstrategien können nach modernem Strategieverständnis – insb. in späten Lebenszyklusphasen (→ Wettbewerbsstrategie im Lebenszyklus) entgegen der Porter'schen Dichothomie durchaus mit der Kostenführerschaftsstrategie verknüpft werden (→ Outpacing Strategie).

R.N.

Diffusionsmodelle

sind ökonometrische Modelle, die in mathematischer Form verhaltenswissenschaftliche Erkenntnisse der Adoptions- und Diffusionsforschung (→ Diffusionsprozess) abbilden. Damit zeichnen sie sich im Vergleich zu Verfahren der → Trendextrapolation durch einen größeren Realitätsgehalt aus.

Deskriptive Ansätze („Verhaltensmodelle") dienen dem besseren Verständnis der komplexen Zusammenhänge des Diffusionsprozesses aus makro- oder mikroökonomischer Sichtweise: Während makroökonomische Ansätze auf aggregierter Ebene den Ausbreitungsprozess im Gesamtmarkt beschreiben, bilden mikroökonomische Modelle auf Basis adoptions-theoretischer Erkenntnisse den individuellen Übernahmeentscheidungsprozess ab, wobei auch gedächtnispsychologische Elemente wie Vergessen und Lernen oder Unsicherheit integriert werden.

Mit Hilfe von Diffusionsmodellen lässt sich der Absatzverlauf einer Innovation zudem *prognostizieren* (→ Absatzprognose): Auf der Grundlage von Vergangenheitsdaten wird versucht, Aussagen über den zukünftigen Absatzverlauf der Innovation zu machen. Empirische Untersuchungen zeigen jedoch, dass die Prognosekraft von Diffusionsmodellen nicht überbewertet werden darf. Einerseits stehen eine große Anzahl unterschiedlicher Modellansätze zur Verfügung, die verschiedene Annahmen über das Verhalten der Mitglieder im Diffusionsprozess unterstellen. Darüber hinaus wächst mit zunehmendem Detaillierungsgrad des Modells die Zahl der zu schätzenden Parameter erheblich an. „Einfache" Modelle sind dagegen erst robust, wenn die Diffusion weit fortgeschritten ist.

Normative Ansätze (→ „Marketing-Mix-Modelle") gehen einen Schritt weiter und analysieren mögliche Wirkungen absatzpolitischer Instrumente auf den Diffusionsprozess. Wird das Diffusionsmodell zusätzlich um ein Kostenmodell erweitert, das die Produktionsstruktur (z.B. Erfahrungskurve) des Anbieters abbildet, können zudem (gewinn-)optimale Strategien z.B. für Preis und Werbung abgeleitet werden. Hierzu bieten sich mathematisch-analytische Ansätze an (z.B. Kontrolltheorie), in denen jedoch der Detaillierungsgrad der Modelle beschränkt bleiben muss. Mit Hilfe der Computersimulation können komplexere Diffusionsmodelle betrachtet werden: Es lassen sich neben dem Marketing-Mix und dem Kostenmodell auch Strukturelemente des sozialen Systems (→ Adoptertypologien) und Konkurrenzverhältnisse, aber auch Zeitabhängigkeiten (→ Hazard-Modelle) abbilden. Auf Basis dieser Modellspezifizierungen werden unterschiedliche Marketing-Strategien im Diffusionsprozess simuliert und so (nahezu) optimale Strategien aufgefunden. I.S.v. Sensitivitätsanalysen können darüber hinaus Auswirkungen veränderter Modellparameter auf die Strategien analysiert werden (Robustheit der Strategien).

H.Sch./H.P.

Literatur: *Mahajan, V.; Muller, E.; Bass, F.:* Diffusion of New Products: Empirical Generalizations and Managerial Uses, in: Marketing Science, Vol. 14 (1995), No. 3, S. G 79-G 88. *Mahajan, V.; Wind, Y.:* Innovation Diffusion Models of New Product Acceptance, Cambridge 1986. *Schmalen, H.; Binninger, F.-N.; Pechtl, H.:* Diffusionsmodelle als Entscheidungshilfe zur Planung absatzpolitischer Maßnahmen bei Neuprodukteinführungen, in: DBW, 53. Jg. (1993), H. 4, S. 513-527.

Diffusionsprozess

bezeichnet im → Käuferverhalten den Prozess der Ausbreitung einer Innovation in einem sozialen System. → Innovationen können dabei neue Ideen, Verhaltensweisen, Produkte oder Produktionsverfahren sein. Die Diffusion ist das aggregierte Ergebnis der individuellen Übernahmeentscheidungen (Adoptionen) der Mitglieder des sozialen Systems (Individuen, Gruppen, Organisationen). Diese Übernahmeentscheidungen sind wiederum Ergebnis eines komple-

Diffusionsprozess

xen individuellen Übernahmeprozesses (→ Adoptionsprozess).

Ein Diffusionsprozess liegt vor, wenn die Adoptionen im sozialen System zu unterschiedlichen Zeitpunkten auftreten. Der zeitliche Verlauf des Diffusionsprozesses wird in der *Diffusionskurve* abgebildet. Diese erfasst entweder die kumulierte Zahl der Adopter (X_t) bis zur Periode t oder die Zahl der Adopter (S_t), die in der Periode t die Innovation übernehmen (Diffusionsrate).

Die Diffusion ist umso weiter vorangeschritten, je mehr Mitglieder im sozialen System die Innovation übernommen haben. Dies wird durch den *Marktverbreitungsgrad* der Innovation erfasst, der den kumulierten Anteil der Übernehmer am gesamten Marktpotential (Größe des sozialen Systems) M darstellt. Eine Innovation ist umso erfolgreicher, je größer der erreichte Marktverbreitungsgrad in einer Periode t ist:

Marktverbreitungsgrad $= X_t/M$

Die *Diffusionsgeschwindigkeit* ist umso größer, je stärker das „Reservoir" an potentiellen Übernehmern ($M - X_t$) ausgeschöpft wird, d.h. je größer die Diffusionsrate im Verhältnis zum Käuferreservoir der Periode t ist:

Diffusionsgeschwindigkeit $= S_t/(M-X_t)$

Auf Adoption und Diffusion wirken eine Vielzahl von Einflussfaktoren (vgl. *Abb. 1*), deren Wirkungszusammenhänge in der Adoptions- und Diffusionsforschung untersucht werden. Zentrale Komponenten sind diffusionsexogene und diffusionsendogene Einflussfaktoren:

Die *diffusionsexogenen* Einflussfaktoren lassen sich einteilen in die Gruppe der

- Marketing-Instrumente der Anbieter: dazu zählen im Rahmen der Produktpolitik insb. die adoptionsrelevanten Innovationseigenschaften, sog. → Killerapplikationen sowie Preis und Werbung,
- ökonomischen, politischen und technischen Rahmenbedingungen des sozialen Systems,
- soziodemographischen Merkmale der Mitglieder.

Diffusionsexogene Einflussfaktoren steuern den Diffusionsprozess „von außen"; sie sind im Verlauf des Diffusionsprozesses jedoch nicht konstant: Ökonomische Rahmenbedingungen (z.B. Konjunktur) wan-

Abb. 1: Einflussfaktoren auf Adoption und Fusion

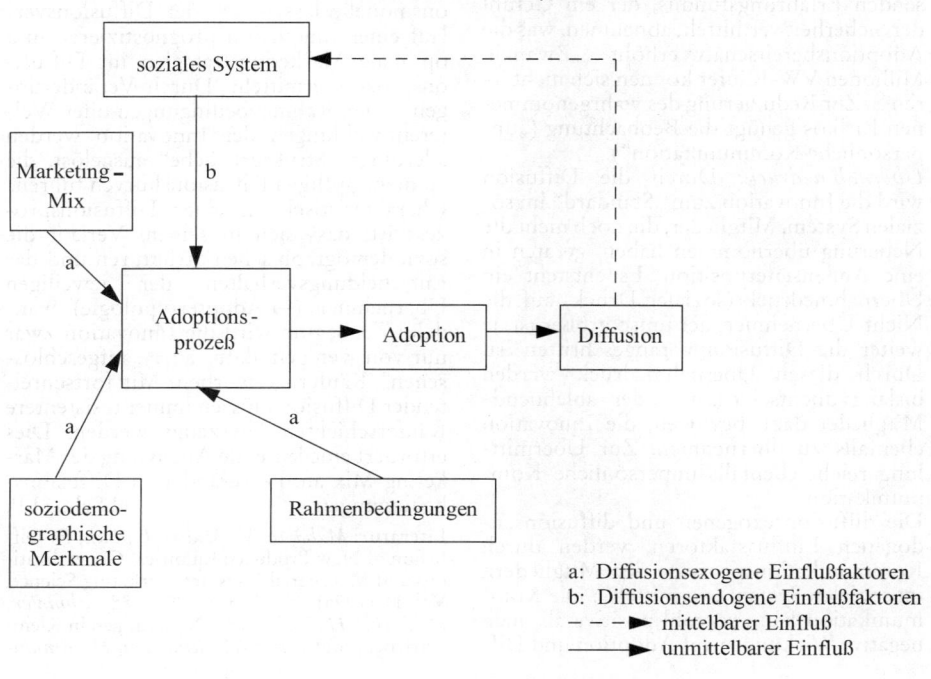

a: Diffusionsexogene Einflußfaktoren
b: Diffusionsendogene Einflußfaktoren
– – ▶ mittelbarer Einfluß
———▶ unmittelbarer Einfluß

Diffusionsprozess

deln sich. Ebenso kann die Innovation durch technischen Fortschritt verbessert oder auf Basis der Erfahrungen von Übernehmern weiterentwickelt werden. *Diffusionsendogene* Einflussfaktoren gehen unmittelbar aus dem Diffusionsprozess hervor und treiben ihn unabhängig von den diffusionsexogenen Einflussfaktoren voran. Durch die Ausbreitung der Innovation werden neue Adoptionen induziert; der Diffusionsprozess erhält so eine innere Dynamik. Diffusionsendogene Faktoren basieren auf dem sozialen Einfluss, der zwischen den Mitgliedern des sozialen Systems herrscht. Als wesentliche Komponenten lassen sich anführen:
Innovationsinformationen: Viele Mitglieder sind der Innovation gegenüber unentschlossen: Sie benötigen daher eine Vielzahl an Informationen, bevor sie sich zur Übernahme entschließen. Mit steigender Marktverbreitung nehmen die verfügbaren Innovationsinformationen zu, die über persönliche (Mund-zu-Mund) Kommunikation übermittelt werden.
Erfahrungsfundus: Zu Beginn des Diffusionsprozesses empfinden viele Mitglieder des sozialen Systems ein hohes – soziales, ökonomisches oder technisches – Risiko. Dieses wird aber durch eine steigende Marktverbreitung und einen dadurch wachsenden Erfahrungsfundus, der ein Gefühl der Sicherheit vermittelt, abnehmen, was die Adoptionsbereitschaft erhöht („Zwanzig Millionen VW-Käufer können sich nicht irren"). Zur Reduzierung des wahrgenommenen Risikos genügt die Beobachtung („unpersönliche Kommunikation").
Übernahmedruck: Durch die Diffusion wird die Innovation zum „Standard" im sozialen System. Mitglieder, die noch nicht die Neuerung übernommen haben, geraten in eine Außenseiterposition. Es entsteht ein Übernahmedruck (sozialer Druck) auf die Nicht-Übernehmer, der umso größer ist, je weiter die Diffusion vorangeschritten ist. Durch diesen Übernahmedruck werden bislang unentschlossene oder ablehnende Mitglieder dazu bewogen, die Innovation ebenfalls zu übernehmen. Zur Übermittlung reicht ebenfalls unpersönliche Kommunikation.
Die diffusionsexogenen und diffusionsendogenen Einflussfaktoren werden durch Kommunikationsprozesse den Mitgliedern im sozialen System „vermittelt": Die Kommunikation kann sowohl positive als auch negative Wirkungen auf Adoption und Diffusion besitzen: Diffusionsfördernd wirken die Werbung der Anbieter, der Erfahrungstransfer zufriedener Übernehmer und positive Informationen in neutralen Massenmedien (z.B. Testurteile). Diffusionshemmend sind dagegen die Kommunikationsaktivitäten der Konkurrenzanbieter, der Erfahrungstransfer unzufriedener Übernehmer oder negative Informationen von neutralen Massenmedien.

Abb. 2: Schiefer Produktlebenszyklus nach einem Modell des Bass-Typs (Modell Easingwood/Mahajan/Muller)

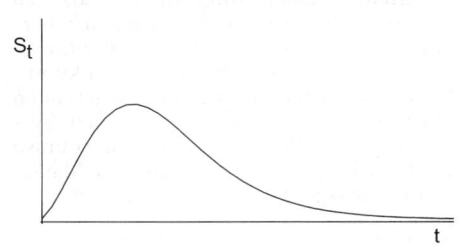

In der Realität resultieren aus dem gemeinsamen Wirken diffusionsexogener und diffusionsendogener Einflussfaktoren schiefe → *Lebenszyklen,* wie sie sich bspw. in Diffusionsmodellen des Bass-Typs ergeben (vgl. *Abb. 2*). Mit Hilfe solcher → Diffusionsmodelle lassen sich der Diffusionsverlauf einer Innovation prognostizieren und optimale Marketingstrategien im Diffusionsprozess ermitteln. Durch Veränderungen in den Rahmenbedingungen oder Weiterentwicklungen der Innovation werden allerdings „Strukturbrüche" ausgelöst, die zu mehrgipfligen Diffusionskurven führen. Charakteristisch für einen Diffusionsprozess ist, dass sich in seinem Verlauf die soziodemographischen Strukturen und das Entscheidungsverhalten der jeweiligen Übernehmer (→ Adoptertypologie) wandeln: Zu Beginn wird die Innovation zwar nur von wenigen, dafür aber „aufgeschlossenen" Käufern erworben. Mit fortschreitender Diffusion müssen immer resistentere Käuferschichten überzeugt werden. Dies erfordert eine laufende Anpassung des Marketing-Mix an die veränderten Diffusionsbedingungen. H.Sch./H.P.

Literatur: *Mahajan, V.; Muller, E.; Bass, F.:* Diffusion of New Products: Empirical Generalizations and Managerial Uses, in: Marketing Science, Vol. 14 (1995), No. 3, S. G 79-G 88. *Schmalen, H.; Pechtl, H.:* Technische Neuerungen in Kleinbetrieben, Stuttgart 1992. *Schmalen, H.; Binnin-*

ger, F.-M.; Pechtl, H.: Planung absatzpolitischer Maßnahmen bei Neuprodukteinführungen, in: DBW, 53. Jg. (1993), Heft 4, S. 513-527.

DigiBase

Von der GfK angebotenes Werbedokumentationssystem. Dabei werden TV- und Kino-Spots, Anzeigen in Publikumszeitschriften und Plakate erfasst, mit Beschreibungen versehen und in digitalisierter Form gespeichert. Der Kunde (Hersteller oder Agentur) kann dann die Werbung nach Warengruppe, Motivkriterien etc. selektieren und so Verwechslungsgefahren bei der Gestaltung der eigenen Werbung ausschließen.
R.Wi.

Digital Commerce
→ E-Commerce

Digitale Güter

sind Wirtschaftsgüter, die digitalisiert werden können (→ Digitalisierung) oder schon in digitaler Form existieren. Sie können digital produziert, übertragen und/oder benutzt werden. Digitale Güter lassen sich einteilen in digitale Informationsgüter (z.B. digitale Marktinformationen oder Software), digital erbrachte Dienstleistungen (z.B. Telekommunkationsleistungen) und digitalisierte physische Produkte (z.B. digitale Postkarten). Letztere beiden Arten werden gemein auch als → elektronische Produkte verstanden. Sie dienen lediglich der eindeutigen Abgrenzung des Untersuchungsgegenstandes von den anderen digitalen Gütern.
B.Ne.

Literatur: *Choi, S.-Y.; Stahl, D.; Whinston, A.:* The Economics of Electronic Commerce, Indianapolis 1998. *Shapiro, C.; Varian, H.:* Information Rules: A Strategic Guide to the Network Economy, Boston 1999.

Digitale Signatur
→ elektronische Unterschrift

Digitales TV (Digitales Fernsehen)

bezeichnet die Übertragung von Fernsehsignalen im digitalen Modus. Digitales Fernsehen bietet die Möglichkeit zur Übertragung von erheblich mehr Programmkanälen (z.Z. ca. 500). Erster Anbieter ist die Kirch-Gruppe mit dem Sender DF1. Wesentliches Problem der Markteinführung ist das nötige Endgerät: Derzeitige TV-Geräte basieren auf einer analogen Technik und bedürfen einer Settop-Box für den Empfang der digitalen Inhalte.
B.Ne.

Digitalisierung

beschreibt die Verwandlung von Informationen in digitale Einheiten, so genannten Bits (ausgedrückt in 0 und 1). Informationen können somit von Prozessen be- und verarbeitet werden und über elektronische Netzwerke transportiert werden, wobei die Kosten unabhängig von der Entfernung des zurückgelegten Informationsweges sind. Dabei erfolgt die Vervielfältigung der digitalen Information ohne Qualitätsverlust und zu Grenzkosten, die gegen Null tendieren. Die Verbreitung digitaler Informationen lässt sich nicht durch Ländergrenzen oder andere Beschränkungen behindern, denn der Marktplatz von Bits ist global.
Die Digitalisierung ist Grundlage und zugleich Kernelement elektronischer Märkte. Als Folge ergibt sich eine → Virtualisierung von Akteuren, Produkten und Prozessen, die sich in dem Phänomen → Marketspace konstituieren (→ Electronic Business).
Für das Marketing hat die Digitalisierung u.a. folgende Effekte:

– Die Digitalisierung ermöglicht die leichte Modifizierbarkeit und Teilbarkeit der Produkte und somit die Differenzierung und Individualisierung von Preis und Leistung durch Entbündelung und Neubündelung der Informationen.

– Die nicht vorhandene Abnutzung und kostenlose Reproduzierbarkeit von perfekten digitalen Kopien verringert die marginalen Produktions- und Distributionskosten. Andererseits erwächst aber auch die Gefahr der unerlaubten Vervielfältigung der Informationen, was v.a. Unterhaltungsprodukte und Software betrifft.

– Die Digitalisierung der informatorischen Marktprozesse führt zur Senkung der Transaktionskosten und zu höherer Markteffizienz. Die Marktprozesse verlieren ihre Einschränkungen hinsichtlich Raum und Zeit.

– Der Ersatz der persönlichen Beziehung zwischen den Marktpartnern durch den digitalen Kontakt erhöht die Gefahr zum opportunistischen Verhalten. Die steigende Markteffizienz birgt die Gefahr für eine Intensivierung des Wettbewerbs.

– Die digitale Wertschöpfung restrukturiert die → Geschäftsmodelle und hat die Spezialisierung auf die Kernkompetenzen zur Folge. Durch Kooperation und → elektronische Vernetzung bietet sich die Kombination von Kostenführerschaft und kundenorientierter Differenzierung.

Die Digitalisierung resultiert in einer Veränderung der Marktgrundsätze und bedeutet ein Umdenken in der Ausgestaltung des → strategischen Online-Marketing. B.Ne.

Literatur: *Choi, S.-Y.; Stahl, D.; Whinston, A.:* The Economics of Electronic Commerce, Indianapolis 1998. *Shapiro, C.; Varian, H.:* Information Rules: A Strategic Guide to the Network Economy, Boston 1999. *Weiber, R.:* Der virtuelle Wettbewerb, Wiesbaden, 2000. *Zerdick, A.; Picot, A.; Schrappe, K.; Artopé, A.; Goldhammer, K.; Lange, U.T.; Vierkant, E.; López-Escobar, E.; Silverstone, R.:* Die Internet-Ökonomie. Strategien für die digitale Wirtschaft, European Commincation Council Report, Berlin u.a. 1999.

DIMA

vom → *Deutschen Direktmarketing Verband e.V. DDV* veranstalteter größter europäischer Kongress zum Themenkreis → Direktmarketing mit integrierter Fachmesse. 1998 wurden insgesamt über 11.500 Besucher gezählt.

DIN → Deutsche Industrienorm

DIN-ISO 9000

Die DIN ISO 9000 ff. verkörpern das zentrale Normenwerk im Bereich der betrieblichen → Qualitätssicherung. Hierbei handelt es sich um Verfahrensnormen, das heißt Beschreibungen von Tätigkeiten, Verfahren und Prozessen. Durch die → Zertifizierung soll den Nachfragern, Kapitalgebern, Zulieferern etc. die → Qualität der Produkte und Prozesse dokumentiert werden. Darüber hinaus existieren weitere Standards, wie die DIN 55350 und die DIN 40041. Beide Normen betreffen die Festlegung relevanter Begriffe aus dem Bereich der Qualitätssicherung und die Auflistung von Merkmalen der Zuverlässigkeit einer Leistung. Die DIN ISO 8402 und die DIN ISO 10011–1 bis 10011–3 liefern einen Leitfaden für die Planung und Kontrolle von Maßnahmen zur Sicherung der Zwecktauglichkeit eines Erzeugnisses. Die Norm DIN ISO 9000–1 stellt im Wesentlichen einen Leitfaden zur Auswahl und Anwendung der Standards DIN ISO 9001 bis 9004 dar. Der Hauptzweck der DIN ISO 9000–2 besteht darin, dem Anwender einen Überblick über den Zusammenhang der Regeln 9001 bis 9004 sowie Präzision, Klarheit und Verständnis bei deren Umsetzung zu verschaffen. Die DIN ISO 9000–3 spiegelt die beachtliche Bedeutung von Softwareprodukten wider und gibt Empfehlungen für den Gebrauch der DIN ISO 9001 in dieser Branche. Dagegen liefert die DIN ISO 9000–4 Maßnahmen zur Verbesserung der Zuverlässigkeit, die einen wichtigen Aspekt der Qualitätssicherung repräsentieren. Die DIN ISO 9001 beschreibt im Kern einen Ansatz zur Sicherung der Qualität in den Unternehmensbereichen Design, Entwicklung, Produktion, Montage und Kundendienst.

Auch der Standard DIN ISO 9002 enthält grundsätzlich ein Modell zur Qualitätssicherung, das sich allerdings in seiner Reichweite auf die Funktionen Produktion und Montage beschränkt. Dagegen zielt die DIN ISO 9003 lediglich auf die Gewährleistung der Qualität bei der Endprüfung ab und steht damit für ein nicht mehr zeitgemäßes Konzept der Sicherstellung der Bedürfnisgerechtigkeit eines Guts. Im Unterschied zu den Standards DIN ISO 9001 bis 9003 vermittelt die Norm DIN ISO 9004-1 Anhaltspunkte für den wirkungsvollen Einsatz eines Systems der Qualitätssicherung. Ganz speziell um die Qualität von Dienstleistungen geht es im Standard DIN ISO 9004-2, während DIN ISO 9004-3 Ratschläge für einen Hersteller von verfahrenstechnischen Erzeugnissen liefert. Im Mittelpunkt des Entwurfs für DIN ISO 9004-4 steht eine praxisnahe Darstellung verschiedener Techniken zur Verbesserung der Produktqualität.

Die eigentliche Zertifizierung von Aktivitäten zur Sicherung der Produktqualität betrifft lediglich die Standards DIN ISO 9001 bis 9003. Solche Zertifikate erteilen die mit einer entsprechenden Akkreditierung ausgestatteten Unternehmen. Derzeit gibt es etwa 30 Systemzertifizierer, von denen die Deutsche Gesellschaft zur Zertifizierung von Qualitätsmanagementsystemen, der Germanische Lloyd und verschiedene TÜV-Gesellschaften die bekanntesten sind. Da immer mehr Kunden von ihren Lieferanten einen Qualitätsnachweis verlangen, sind mittlerweile über 4.000 Unternehmen im Besitz eines Zertifikats nach DIN ISO 9000 ff.

Trotz der weiten Verbreitung dieser Normen in der betrieblichen Praxis dient eine solche Zertifizierung allenfalls als Grundlage für die → Qualitätspolitik. Dies liegt vor

allem an der begrenzten Ausrichtung dieser Standards auf betriebliche Abläufe, ohne Berücksichtigung von Marktgegebenheiten.
An.He./F.H.

Literatur: *Homburg, C.; Becker, J.*: Zertifizierung von Qualitätssicherungsstrategien nach DIN ISO 9000 ff., in: Wirtschaftswissenschaftliches Studium, Vol. 24 (1996), S. 444-450.

Dinks

in der → Allenbacher Werbeträger-Analyse (AWA) ausgewiesene Zielgruppe der Doppelverdiener-Haushalte ohne Kinder („double income, no kids"), die 1999 ca. 14,47 Mio Personen (22,7% der über 14-Jährigen) umfasste.

Direct Banking

Direct Banking stellt, ähnlich wie das → Direktmarketing, keine Methode, sondern einen eigenständigen Vertriebsweg bzw. ein selbständiges Vertriebsinstrument dar, bei dem ein Kreditinstitut mit dem Kunden in unmittelbaren Kontakt tritt (→ Bankvertrieb). Die Gewinnung und Betreuung von Kunden sowie die Kommunikation und Geschäftsabwicklung erfolgen direkt per Brief, Telefon bzw. Telefax und Personal Computer. Dabei kann zwischen einer funktionalen und institutionellen Sichtweise unterschieden werden.
Die funktionale Sichtweise des Direct Banking umfasst die Durchführung von Bankgeschäften über einen der angeführten medialen Vertriebswege (→ Multiple-Channel-Vertrieb). Die institutionelle Betrachtung des Direct Banking stellt hingegen auf die ausschließliche Ausrichtung eines Kreditinstitutes (→ Direktbanken) auf diese Form des Vertriebs ab.
Direct Banking ist somit eine Form des Finanzvertriebs, bei der an der Schnittstelle Bank/Kunde ein oder mehrere Medien zwischengeschaltet sind. Dies sind Brief (→ Banking by mail), Telefon (→ Telefon Banking) und Telefax sowie Personal Computer über geschlossene Netze (→ Online-Banking) oder offene Netze (→ Internet Banking). O.B.

Literatur: *Krauser, R.*: Direct Banking, Stuttgart 1998. *Pischulti, H.*: Direktbank-Geschäft, Frankfurt 1997. *Prätsch, J.; Sievert, R.*: Filialbanken und ihr Direktbankangebot, in: Bank Magazin, Nr. 6, 1997, S. 24-26.

Direct Costing

→ Deckungsbeitragsrechnung

Direct Mail → Adressierte Werbesendung

Direct Marketing Association (DMA)

amerikanische Direktmarketing Vereinigung mit Sitz in New York. Anschrift: *Direct Marketing Association (dma)*, 1120 Avenue of the Americas, New York, NY 10036-6700, Telefon: 212-768-7277; *www.the-dma.org* (s. auch → *Deutschen Direktmarketing Verband e.V. DDV*).

Direct-Response-Marketing
→ Direct-Responsewerbung

Direct-Responsewerbung

Begriff für Werbeaktivitäten im Rahmen des → Direktmarketing, die sich zunächst der Massenmedien bedienen, um im zweiten Schritt einen gezielten, individuellen Kontakt herzustellen. Dabei wird dem Kunden/Interessenten im Rahmen des (massenmedialen) Erstkontakts die Möglichkeit zu einer unmittelbaren Rückantwort (→ Response) gegeben. Varianten sind:
– Anzeigen mit Responseelement (*Direct-Response-Anzeige*)
– Pressebeilagen oder -beihefter mit Responseelement
– Plakat und Außenwerbung mit Responseelement
– Funk- und TV-Werbung mit Responseelement (*Direct-Response-Spot*)

Als primäres Ziel gilt die Herstellung eines individuellen, persönlichen Kontakts. Darüber hinaus schwanken die Ansprüche zwischen der simplen Generierung neuer Adressdaten bis zur Anregung einer sofortigen Bestellung. Zentrale Bedeutung kommt in jedem Fall dem Responsemittel zu, das dem Empfänger die Möglichkeit einer direkten Anwort und damit des Einstiegs in ein → Dialogmarketing des Anbieters ermöglicht. Vorwiegend eingesetzte Varianten sind im Printbereich → Coupon-Anzeigen, Anzeigen mit → Beihefter oder Anzeigen mit aufgeklebter Postkarte (→ Tip-on-Card) sowie → Pressebeilagen oder -beihefter mit Responseelement. Hinzu treten einfache Formen unter Verwendung von Telefon-/ Fax-Nummern bzw. Kontaktadressen. In Außenwerbung wie in der Funk- und TV-Werbung bedient man sich vorwiegend der Einblendung von Telefonnummern. Der Übergang zum → Telefonmarketing ist in den letztgenannten Fällen fließend. N.G.

Direktbanken

Abb. 1: Gründung von Direktbanken

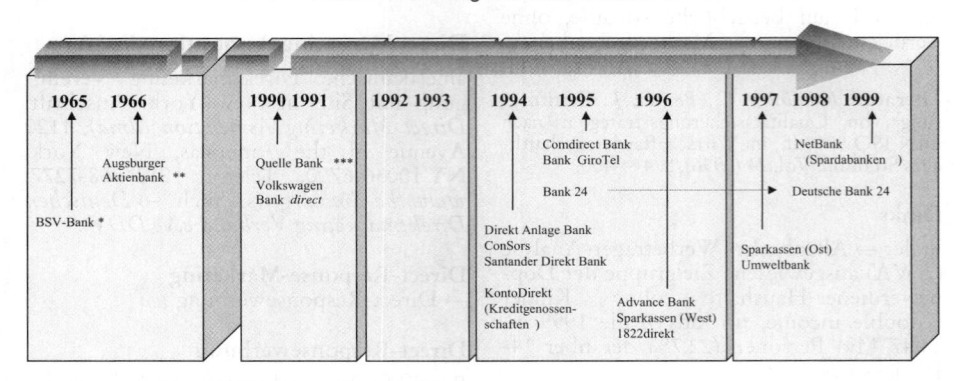

1965	1966	1990	1991	1992	1993	1994	1995	1996	1997	1998	1999
BSV-Bank *	Augsburger Aktienbank **	Quelle Bank *** Volkswagen Bank direct					Comdirect Bank Bank GiroTel Bank 24 Direkt Anlage Bank ConSors Santander Direkt Bank KontoDirekt (Kreditgenossen- schaften)		Advance Bank Sparkassen (West) 1822direkt	NetBank (Spardabanken) Deutsche Bank 24 Sparkassen (Ost) Umweltbank		

* seit 1/1993 Allgemeine Deutsche Direktbank
** seit 2/1999 Allianz Vermögens-Bank
*** seit 5/1999 Entrium Direct Bankers

Direktbanken

Direktbanken sind Kreditinstitute, die den institutionellen Ansatz des → Direct Banking verfolgen. Sie besitzen einen eigenen Marktauftritt mit einer eigenständigen Organisation sowie einer entsprechenden Produkt- und Preispolitik. Ihre Geschäftsfelder liegen im Wesentlichen im Privatkundengeschäft. Der Vertrieb von Finanzdienstleistungen erfolgt ausschließlich über Direct mailing (→ Banking by mail), → Telefon Banking und/oder → Online Banking. Direktbanken bieten an 7 Tagen in der Woche 24 Stunden lang direkten Kundenkontakt und verzichten völlig auf → Bankzweigstellen.

1965 wurde als Tochter der Bank für Gemeinwirtschaft die Bank für Sparanlagen und Vermögensbildung (heute Allgemeine Deutsche Direktbank) als erste deutsche Direktbank gegründet und 1966 trat die Augsburger Aktienbank (heute Allianz Vermögens-Bank) als zweite deutsche Direktbank an den Markt. Nach einer Zeitspanne von 24 Jahren setzte ab 1990 in Deutschland eine Gründungswelle von Direktbanken ein *(Abb. 1)*.

Neben der Bedarfsdeckung der Kunden des eigenen Instituts besteht die Vertriebsstrategie der Direktbanken primär in der Akquisition von Neukunden. Ein erheblicher Anteil des Kundenpotentials wurde von den Sparkassen sowie den Volksbanken und Raiffeisenbanken rekrutiert.

Die Direktbanken in Deutschland verfolgen unterschiedliche Grundphilosophien *(Abb. 2)*, die in unmittelbarem Kontext mit ihrer Produktpolitik stehen.

Mitte 1999 haben die Direktbanken rund 3 Mio. Kunden *(Abb. 3)* und besitzen gemes-

Abb. 2: Grundphilosophien von Direktbanken

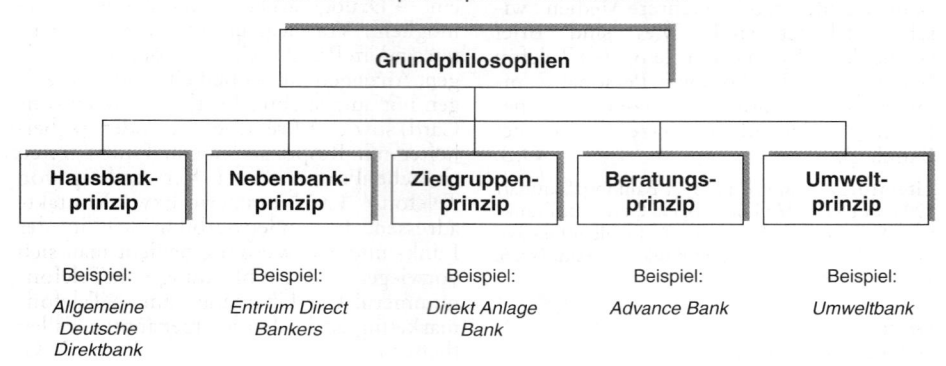

Grundphilosophien

Hausbank- prinzip	Nebenbank- prinzip	Zielgruppen- prinzip	Beratungs- prinzip	Umwelt- prinzip
Beispiel: Allgemeine Deutsche Direktbank	Beispiel: Entrium Direct Bankers	Beispiel: Direkt Anlage Bank	Beispiel: Advance Bank	Beispiel: Umweltbank

Abb. 3: Direktbanken und ihre Kunden

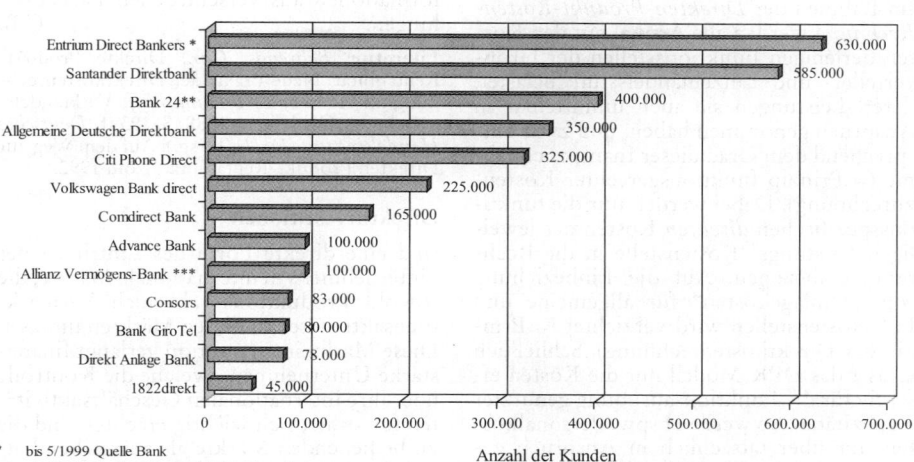

Bank	Anzahl der Kunden
Entrium Direct Bankers *	630.000
Santander Direktbank	585.000
Bank 24**	400.000
Allgemeine Deutsche Direktbank	350.000
Citi Phone Direct	325.000
Volkswagen Bank direct	225.000
Comdirect Bank	165.000
Advance Bank	100.000
Allianz Vermögens-Bank ***	100.000
Consors	83.000
Bank GiroTel	80.000
Direkt Anlage Bank	78.000
1822direkt	45.000

* bis 5/1999 Quelle Bank
** ab 10/1999 in Deutsche Bank 24 AG integriert
*** bis 2/1999 Augsburger Aktienbank

sen an den Bankverbindungen einen Marktanteil von ca. 4%. Aus heutiger Sicht ist davon auszugehen, dass die Kundenzahl der Direktbanken bis zum Jahr 2003 jährlich um 30% wachsen wird.

Die nach dem Nebenbank- und Zielgruppenprinzip konzipierten Institute werden sich erfolgreich am Markt etablieren, während die anderen Institute in der jetzigen Form kaum Bestand haben dürften. Von Marktforschungsinstituten wird das Marktpotential der Direktbanken auf 10 bis 15% der Bankkunden eingestuft. O.B.

Literatur: *Pischulti, H.:* Direktbank-Geschäft, Frankfurt 1997. *Wings, H.:* Digital Business in Banken, Wiesbaden 1999.

Direkte Produkt-Rentabilität (DPR)

Bei der in der Nahrungsmittelwirtschaft von Handel und Industrie gemeinsam entwickelten DPR-Rechnung handelt es sich um ein EDV-gestütztes System der Direktkostenrechnung, das *artikelgenaue* Ergebnisse und Planungsdaten bereitstellen soll. Den Kern des Systems bildet der „Direkte Produkt-*Profit*" (DPP), der im Handelsunternehmen anfallende Deckungsbeitrag jedes einzelnen Artikels (→ Deckungsbeitragsrechnung im Handel).

Der Direkte-Produkt-Profit errechnet sich in retrograder Schrittfolge, indem von dem um die Mehrwertsteuer sowie etwaige Nachlässe und Erlösschmälerungen bereinigten Verkaufspreis eines Artikels nacheinander der Netto-Netto-Einstandspreis und die Direkten-Produkt-Kosten (DPK) als dem einzelnen Artikel zurechenbarer Teil der Handlungskosten abgezogen werden.

Das Zwischenergebnis dieser Rechnung vor Abzug der Direkten Produkt-Kosten ist identisch mit der als Stückspanne verstandenen → Handelsspanne. Das Endergebnis, der Direkte Produkt-Profit (DPP), stellt einen Deckungsbeitrag zur Deckung der nicht-zurechenbaren Handlungskosten und des Gewinns dar.

Die „Direkte Produkt-*Rentabilität*" (DPR) wird aus dem DPP abgeleitet. Sie errechnet sich als Produkt aus Umsatz-Profitabilität (= DPP in Prozent des Einstandspreises) und Lagerumschlagshäufigkeit und zeigt als relative Größe den Direkten Produkt-Profit eines Artikels in Prozenten des im durchschnittlichen Lagerbestand dieses Artikels gebundenen Kapitals.

Die Besonderheit der DPP-Rechnung liegt darin, dass sie sich von dem in Handelsbetrieben mit ihrem extrem hohen Anteil an Fixkosten gebräuchlichen Verfahren löst, – abgesehen von den Warenkosten – alle Kosten generell als nicht direkt zurechenbare Gemeinkosten zu behandeln und dem einzelnen Artikel mit Hilfe mehr oder weniger globaler Zuschlagssätze auf den als Einzelkosten geltenden Wareneinsatz zuzurechnen.

Im Rahmen der *Direkten-Produkt-Kosten-Rechnung* werden alle Artikel mit den Kosten derjenigen Funktionsstellen der Großverteiler- und Einzelhandelsstufe belastet, deren Leistungen sie auch unmittelbar in Anspruch genommen haben, und zwar entsprechend dem Grad dieser Inanspruchnahme (= Prinzip funktionsgerechter Kostenzurechnung). Dabei werden nur die funktionsspezifischen *direkten* Kosten der jeweiligen Leistungs-/Kostenstelle in die Rechnung einbezogen. Auf die Einbeziehung sog. „Umlagekosten" für allgemeine und Hilfskostenstellen wird verzichtet (= Prinzip der Direktkostenrechnung). Schließlich erfasst das DPR-Modell nur die Kosten effektiv für die Funktionsausübung genutzter Kapazitäten. So werden bspw. Personalkosten nur über tatsächlich in Anspruch genommene Zeiten und Raumkosten nur über wirklich genutzte Palettenplätze im Lager oder Kontaktstrecken in den Warenträgern eines Marktes verrechnet (= Prinzip der Nutzkosten-Verrechnung).

Diesen Grundsätzen entsprechend, werden in die Rechnung auf der Großverteilerstufe die Kosten der Disposition, der Warenannahme, des Ein- und Umlagerns, des Kommissionierens, des Transports und des Leerguthandlings einbezogen. Auf der Einzelhandelsstufe erfasst man die Kosten der Disposition, der Warenannahme, des Lagerhandlings, des Transports der Waren ans Regal, des Öffnens der Colli und der Preisauszeichnung, des Einräumens der Waren in die Regale, des Wegräumens von Packmaterial und Transportbehältern sowie die Kosten für das Kassieren, das Leerguthandling, die Entsorgung des Verpackungsmaterials und die Pfandabwicklung.

Für DPR-Rechnungen sind vielfältige artikelspezifische Informationen – von den Artikelabmessungen über die Paletten-, Packungs- und Gebindearten bis zum Liefersystem, die Zahl der Frontstücke, die Lieferkonditionen, Einstands- und Verkaufspreise – sowie die Kostenstruktur und -abhängigkeiten im Handelsbetrieb darstellende Produktivitäts- und Wertdaten erforderlich. Für diese Zwecke müssen in den Kostenstellen der Handelszentralen und in den Märkten aufwendige Zeitmessungen und Arbeitsablaufstudien durchgeführt werden, dazu Flächen-, Volumen- und Kontaktstreckenvermessungen sowie schließlich die Sammlung von Daten aus dem Rechnungswesen und ergänzender Informationen aus verschiedenen Fachabteilungen.

C.B.

Literatur: *Behrends, Chr.:* Direkte Produkt-Rentabilität. Neue Praxis der Direktkostenrechnung im Handel, in: *Trommsdorff, V.:* Handelsforschung, Heidelberg 1988, S. 193 ff. *Deutsches Handelsinstitut (DHI)* (Hrsg.): Auf dem Weg zur Direkten Produkt-Rentabilität, Köln 1992.

Direktinvestitionen

sind eine direkte Form des Eintritts eines Unternehmens in internationale Märkte, die sowohl Produktions- als auch Vermarktungsaktivitäten in diesen Märkten umfasst. Diese Markteintrittsoption verlangt finanzstarke Unternehmen, welche die Kontrolle über ihre internationalen Geschäftsaktivitäten für strategisch wichtig erachten und die zu bedienenden Märkte als ausreichend attraktiv einschätzen, um das damit verbundene Kapitalrisiko zu rechtfertigen. Direktinvestitionen können einseitig in Form von Neugründungen oder Akquisitionen erfolgen, sind aber auch als Gemeinschaftsinvestitionen in Form der Vergabe von Venture Capital an innovative Partner im Auslandsmarkt oder als → Joint Ventures möglich.

Direktkommunikation

ist Teil des → Direktmarketing und umfasst außer den Instrumenten der → Direktwerbung auch die → persönliche Kommunikation sowie eine unmittelbar an Einzelpersonen gerichtete Öffentlichkeitsarbeit (→ Public Relations).

Direktmarketing

ist ein Teil des → Marketing und bezeichnet die Herstellung unmittelbarer *informationeller* (→ Direktkommunikation) und/oder *liefermäßiger* (→ Direktvertrieb) Beziehungen zum Kunden. Im Gegensatz zum Massenmarketing wird beim Konzept des Direktmarketing der einzelne Kunde in den Mittelpunkt der Bemühungen gestellt (→ One-to-one-Marketing). Nutzen und Ziele des Direktmarketing für Unternehmen liegen in der verbesserten Möglichkeit

- des Aufbaus einer dauerhaften Kundenbeziehung (→ Beziehungsmarketing),
- einer gewinnorientierten Mittelallokation und geringerer Streuverluste durch genauere Selektion der Zielpersonen,

Direktmarketing

- der schnellen Reaktion auf Kundenbedürfnisse, -anfragen, -bestellungen und -reklamationen,
- eines persönlichen und bedarfsgerechten Informations- und Leistungsangebotes (→ Individualisierung),
- des Dialogs mit den einzelnen Kunden (→ Dialogmarketing) und
- genauerer Erfolgskontrolle durch → Response-Messung.

Das Direktmarketing hat im letzten Jahrzehnt einen außerordentlichen Aufschwung erfahren (z.B. Verdreifachung der Aufwendungen für → Direktwerbung zwischen 1988 und 1999). Die Gründe liegen einerseits in den geänderten Rahmenbedingungen, wie z.B. Verschärfung des Wettbewerbs, Sättigungserscheinungen der Märkte, differenzierteren Kundenwünschen und Übersättigung bei der Massenwerbung (→ Informationsüberlastung); auf der Suche nach neuen Wettbewerbsvorteilen bietet sich dann u.a. ein stärkeres Eingehen auf den einzelnen Kunden an.

Die Gründe liegen aber auch in den neuen *informationstechnologischen Möglichkeiten* eines stärkeren Eingehens auf den Einzelkunden; dies wird deutlich, wenn man die klassischen und die neuen Instrumente des Direktmarketing einer systematischen Analyse unterzieht. Diese Instrumente lassen sich nach drei Kriterien untergliedern:

- nach der Art des Kundenkontaktes,
- nach dem Grad der Kundenaktivierung, sowie
- nach der Phase im Interaktionsprozess.

Nach der *Art des Kundenkontaktes* wird unterschieden zwischen dem

- direkten persönlichen,
- dem direkten nicht persönlichen und
- dem medialen Kontakt (*Abb. 1*).

Instrumente des direkten persönlichen Kontakts sind vor allem das persönliche Gespräch (jede Art von → Verkaufsgespräch, Außendienstbesuch, → Call Center-Kontakt, Messegespräch, Informationsveranstaltung, → Events) und das aktive und passive → Telefonmarketing. Instrumente des direkten, nicht persönlichen Kontakts sind neben dem → Werbebrief andere Werbedrucksachen wie Prospekt und → Katalog. Der mediale Kontakt zeichnet sich durch den breit streuenden Charakter der Medien (→ elektronische Medien oder Printmedien) aus. Diese haben nur dann Direktmarketing-Charakter,

Abb. 1: Elemente und Weiterentwicklung des Direktmarketing

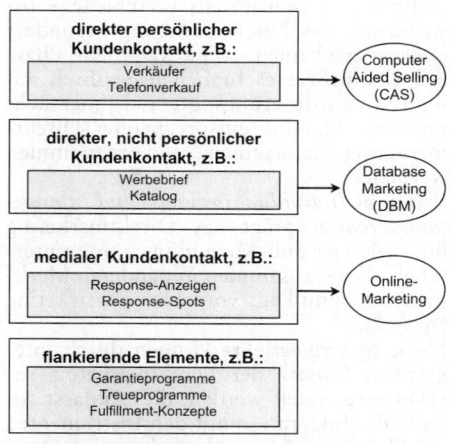

direkter persönlicher Kundenkontakt, z.B.:	
Verkäufer Telefonverkauf	→ Computer Aided Selling (CAS)
direkter, nicht persönlicher Kundenkontakt, z.B.:	
Werbebrief Katalog	→ Database Marketing (DBM)
medialer Kundenkontakt, z.B.:	
Response-Anzeigen Response-Spots	→ Online-Marketing
flankierende Elemente, z.B.:	
Garantieprogramme Treueprogramme Fulfillment-Konzepte	

(Quelle: *Link/Schleuning*, 1999, S. 77)

wenn sie mittels eines *Response-Elements* (z.B. Angabe der Telefonnummer) auf die direkte Rückkopplung mit dem Einzelkunden abzielen. Solche Response-Elemente können in Zeitungen, Zeitschriften, Anzeigenblättern, Beilagen, Plakaten, Fernsehen und Radio zum Einsatz kommen. Auf allen drei vorgenannten Kontaktebenen können Individualität, Schnelligkeit und Kosten der in Richtung Einzelkunde ablaufenden Kommunikations- und Leistungsprozesse durch den Einsatz Kundenorientierter Informationssysteme (→ Database-Marketing) verbessert werden. Auch der Einsatz des Internet im Rahmen des → Online-Marketing stellt bei voller Ausschöpfung seines Potentials Direktmarketing dar: Online Marketing ist von seinem Potential her auf Response und Interaktion angelegt; insofern kommt es bei richtiger Ausschöpfung dieses Potentials immer zu unmittelbaren informationellen (oder gar liefermäßigen) Beziehungen zwischen Anbieter und Kunde und damit zu Direktwerbung (oder gar Direktvertrieb).

Für die → Kundenzufriedenheit und → Kundenbindung haben auch die in *Abb. 1* als „flankierende Elemente" bezeichneten Instrumente Bedeutung.

Nach dem *Grad der Kundenaktivierung* ergibt sich eine Einteilung in das

- passive,
- das reaktionsorientierte sowie
- das interaktionsorientierte Direktmarketing (→ Dialogmarketing).

Direktmarketing-Agentur

Die verschiedenen *Phasen des Interaktionsprozesses* (Vorkaufphase, Kaufphase, Nachkaufphase) lassen jeweils verschiedene Instrumente des Direktmarketing besonders effektiv erscheinen. Somit kann jede Phase des Kaufprozesses branchenspezifisch auf ihr Individualisierungspotential untersucht und eine Planung entsprechender Direktmarketing-Maßnahmen vorgenommen werden.

Das hohe *Individualisierungs- und Interaktionspotential* prägt das Direktmarketing über alle vier Sub-Mixe hinweg und unterscheidet es – zusammen mit anderen Merkmalen – signifikant vom Massenmarketing (*Abb. 2*).

Hohe Synergieeffekte können durch integrativen Einsatz der Direktmarketing-Instrumente erzielt werden; dies umfasst sowohl die Integration mit den Instrumenten des Massenmarketing als auch die Integration innerhalb der Instrumente des Direktmarketing (→ Integrierte Kommunikation).

Besondere Bedeutung im Direktmarketing kommt dem → Datenschutz und anderen rechtlichen Regelungen zur Direktansprache des Einzelkunden im Rahmen von Werbe- oder Verkaufsaktivitäten zu. Datenschutzregelungen sind sowohl hinsichtlich Erhebung und Verarbeitung als auch im Hinblick auf Weitergabe und Nutzung der Daten zu beachten. J.Li.

Literatur: *Dallmer, H.* (Hrsg.): Handbuch Direct Marketing, 7. Aufl., Wiesbaden 1997. *Link, J.; Brändli, D.; Schleuning, C.; Kehl, R.E.* (Hrsg.): Handbuch Database-Marketing, 2. Aufl., Ettlingen 1997. *Belz, C.* (Hrsg.): Strategisches Direct Marketing, Wien 1997. *Link, J.; Schleuning, C.:* Das neue interaktive Direktmarketing, Ettlingen 1999.

Direktmarketing-Agentur

auf das → Direktmarketing, insbesondere die → Direktwerbung spezialisierte → Werbeagentur. Das Feld der angebotenen Dienstleistungen ist breit und reicht von ausgewählten Spezialservices (z.B. → Telefonmarketing, → Adressmanagement) bis hin zu Full-Service-Angebot von Konzeption, Text, Produktion und Streuung der Direktwerbemittel. Je nach Größe und Kompetenz werden zum Teil auch Leistungen von → Adressverlagen, die Bearbeitung des Rücklaufs (→ Response) oder das gesamte Database-Management übernommen. Im Vergleich zur klassischen Werbung ist der Wettbewerb härter, weil die Erfolge des Direktmarketing (→ Direktmarketingerfolg) für die Auftraggeber leichter nachprüfbar sind. N.G.

Direktmarketing-Ausbildung

Das stürmische Wachstum des → Direktmarketing und insbesondere der → Direktwerbung haben einen Nachwuchsbedarf produziert, der mehr und bessere Ausbildungsplätze für alle Werbe- und Marketingberufe erfordert. Die Zahl der Werbefachakademien stieg von 1988 bis 1998 von 20 auf 35. Besonders bekannt sind die Direktmarketing-Ausbildungsgänge an der Bayerischen Akademie der Werbung (BAW) und an der Deutschen Direktmarketing Akademie (DDA). 1987 wurde der BAW-Ausbildungsgang in München geschaffen; Abschluss dieses achtmonatigen Wochenendlehrgangs ist der "Direktmarketing Fachwirt BAW". 1994 wurde auf Initiative des → Deutschen Direktmarketing-Verbandes (DDV) die DDA mit den Standorten Frankfurt, Hamburg, Düsseldorf und Berlin gegründet. J.Li.

Literatur: *Deutscher Direktmarketing Verband* (Hrsg.): Who´s who im Direktmarketing, Jahrbuch 2000, Wiesbaden 1999.

Direktmarketing-Dienstleister

Immer weniger Unternehmen, die Direktmarketing einsetzen, übernehmen die gesamten im Rahmen der Planung, Steuerung und Kontrolle anfallenden Tätigkeiten selbst. Auch im Hinblick auf die Komplexität oder auf Grund der Möglichkeit der Partizipation von Größeneffekten lohnt sich oft die Beauftragung externer Dienstleister. Neben der → Deutschen Post AG als quasi *Allround*-Dienstleister bieten – unterschieden nach drei Schwerpunktbereichen – vor allem folgende Spezialisten ihre Unterstützungsleistungen an:

(1) *Kreation/Konzept*: klassische → Werbeagentur, → Direktmarketing-Agenturen, → Tele(fon)marketing –Agenturen, Online-Agenturen

(2) → *Adressmanagement*: → Adressverlage, → Adressenvermittler (engl. Listbroker), Listcompiler

(3) *Produktion/Fulfillment*: Produktionsagenturen; Lettershops.

Direktmarketingerfolg

Im → Direktmarketing lässt sich eine → Erfolgsanalyse wegen des direkten → Response relativ einfach durchführen. Dies ist

Abb. 2: Vergleich Direkt- und Massenmarketing

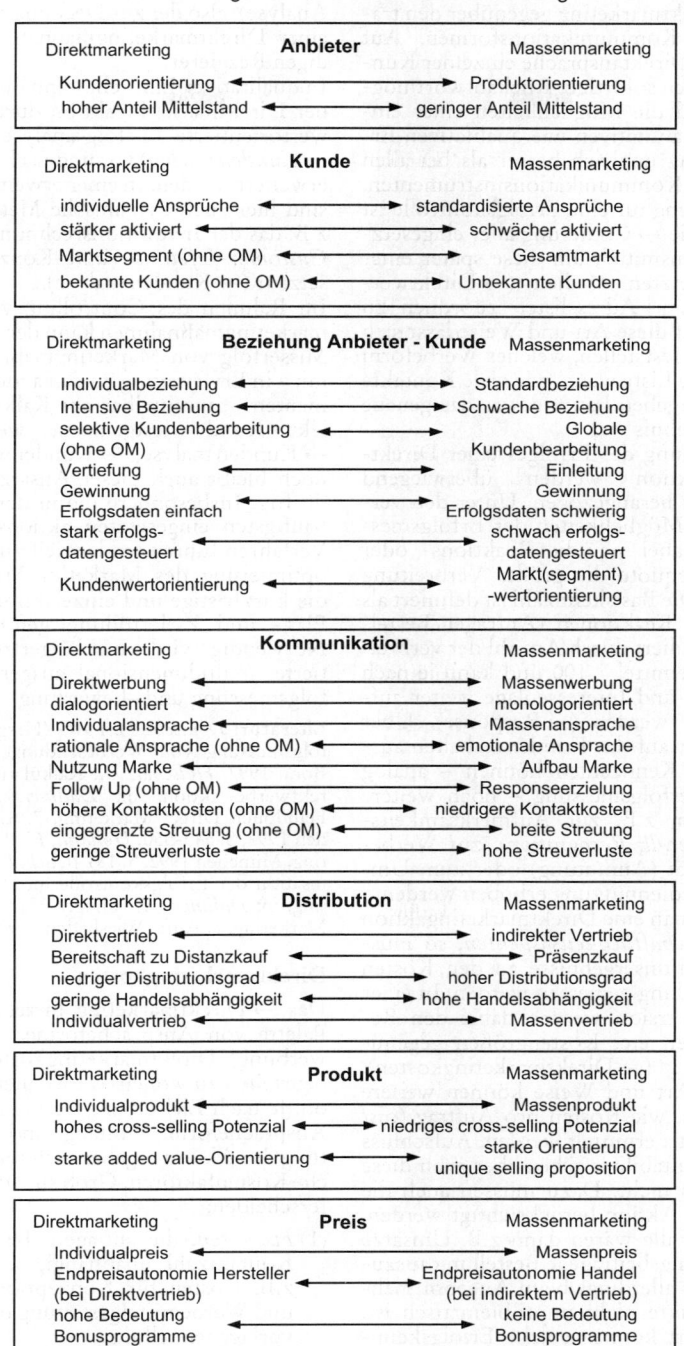

Direktmarketing	**Anbieter**	Massenmarketing
Kundenorientierung	← →	Produktorientierung
hoher Anteil Mittelstand	← →	geringer Anteil Mittelstand

Direktmarketing	**Kunde**	Massenmarketing
individuelle Ansprüche	← →	standardisierte Ansprüche
stärker aktiviert	← →	schwächer aktiviert
Marktsegment (ohne OM)	← →	Gesamtmarkt
bekannte Kunden (ohne OM)	← →	Unbekannte Kunden

Direktmarketing	**Beziehung Anbieter - Kunde**	Massenmarketing
Individualbeziehung	← →	Standardbeziehung
Intensive Beziehung	← →	Schwache Beziehung
selektive Kundenbearbeitung (ohne OM)	← →	Globale Kundenbearbeitung
Vertiefung Gewinnung	← →	Einleitung Gewinnung
Erfolgsdaten einfach	← →	Erfolgsdaten schwierig
stark erfolgs- datengesteuert	← →	schwach erfolgs- datengesteuert
Kundenwertorientierung	← →	Markt(segment) -wertorientierung

Direktmarketing	**Kommunikation**	Massenmarketing
Direktwerbung	← →	Massenwerbung
dialogorientiert	← →	monologorientiert
Individualansprache	← →	Massenansprache
rationale Ansprache (ohne OM)	← →	emotionale Ansprache
Nutzung Marke	← →	Aufbau Marke
Follow Up (ohne OM)	← →	Responseerzielung
höhere Kontaktkosten (ohne OM)	← →	niedrigere Kontaktkosten
eingegrenzte Streuung (ohne OM)	← →	breite Streuung
geringe Streuverluste	← →	hohe Streuverluste

Direktmarketing	**Distribution**	Massenmarketing
Direktvertrieb	← →	indirekter Vertrieb
Bereitschaft zu Distanzkauf	← →	Präsenzkauf
niedriger Distributionsgrad	← →	hoher Distributionsgrad
geringe Handelsabhängigkeit	← →	hohe Handelsabhängigkeit
Individualvertrieb	← →	Massenvertrieb

Direktmarketing	**Produkt**	Massenmarketing
Individualprodukt	← →	Massenprodukt
hohes cross-selling Potenzial	← →	niedriges cross-selling Potenzial
starke added value-Orientierung	← →	starke Orientierung unique selling proposition

Direktmarketing	**Preis**	Massenmarketing
Individualpreis	← →	Massenpreis
Endpreisautonomie Hersteller (bei Direktvertrieb)	← →	Endpreisautonomie Handel (bei indirektem Vertrieb)
hohe Bedeutung Bonusprogramme	← →	keine Bedeutung Bonusprogramme

(Quelle: *Link/Schleuning*, 1999, S. 107 ff.)

Direktmarketingkosten

ein häufig hervorgehobener Leistungsvorteil des Direktmarketing gegenüber den traditionellen Kommunikationsformen. Auf Grund der Direktansprache einzelner Kunden und deren sofortiger Rückantwortmöglichkeit sind die Möglichkeiten einer eindeutigen quantitativen wie qualitativen Erfolgsmessung ungleich besser als bei allen anderen Kommunikationsinstrumenten. Voraussetzung für eine Erfolgskontrolle ist allerdings die → Codierung aller eingesetzten Reaktionsmittel, um diese später einer der eingesetzten Medien (→ Direktwerbung) bzw. → Adresslisten zuordnen zu können. Auf diese Art und Weise lässt sich dann genau feststellen, welches Werbeform bzw. welche Liste wann, wie viele Kontakte von wem ergeben hat und was das genaue Kontaktergebnis war.

Zur Ermittlung des Erfolges einer Direktmarketingaktion werden überwiegend *Kennzahlen* herangezogen. Unter den verschiedenen Möglichkeiten der Erfolgsmessung hat dabei v.a. die Reaktions- oder → Responsequote die größte Verbreitung gefunden. Die Basiskennzahl ist definiert als Anzahl der Reaktionen (Anfragen/Bestellungen) dividiert durch Anzahl der verbreiteten Werbemittel * 100 und kann je nach Zielsetzung und Interessenlage weiter aufgeschlüsselt werden (→ Response). Über diese primär auf das Kundenverhalten ausgerichteten Kennzahlen können – analog zur Werbeerfolgsmessung – noch weitere Kenngrößen, z.B. zur Aufmerksamkeitsleistung (*Recall*; *Recognition*), zur Werbemittelqualität (Anmutung) oder zum Umfang der Mediennutzung erhoben werden.

Betrachtet man die Direktmarketingaktion unter *Wirtschaftlichkeitsaspekten*, so müssen die Aktionsergebnisse an den Kosten der Aussendung gemessen werden. In einer einfachen Version werden dabei den Responsequoten etc. Kostengrößen gegenübergestellt (→ Direktmarketingkosten). Auf diese Art und Weise können weitere Kennzahlen, wie Kosten pro Auftrag (*cost per order*) etc. ermittelt werden. Aufschluss über die Rentabilität geben aber auch diese Kennziffern nicht. Dazu müssen auch die Erträge der Aktion berücksichtigt werden. In diesem Falle wären dann z.B. Umsätze oder Deckungsbeiträge je Bestellung auszuweisen, was allerdings beim Angebot mehrerer Produkte nicht unproblematisch ist. Als Planwert können solche Erfolgskennziffern natürlich auch herangezogen werden zur Ermittlung der *erforderlichen (kritischen) Reaktionsquote* (→ Break-even-Analyse), also der zur Deckung aller Kosten einer Direktmarketingmaßnahme notwendigen Reagierer.

In qualitativer Hinsicht kann der Erfolg einer Direktmarketingaktion durch kundenwertorientierte Erfolgsanalysen (mittels → *Kundenscoring*) vor und nach der Aktion erweitert werden. In einer erweiterten Form sind hier auch dynamische Methoden, wie z.B. das der Investitionsrechnung entlehnte *Customer-Lifetime-Value*-Konzept einsetzbar (→ Kundenanalyse).

Im Rahmen des Controlling von Direktmarketingmaßnahmen kann der Erfolg oder Misserfolg von Marketingmaßnahmen damit – in Erweiterung zu den anderen Instrumenten – unmittelbar am Kalkulationsobjekt Kunde festgemacht werden (s.a. → Kundenanalyse, → Kundenwert). Dennoch bleibt auch dieser Ansatz ausbaubedürftig. Insbesondere die in der Praxis am häufigsten eingesetzten aktionszentrierten Verfahren führen tendenziell zu einer Suboptimierung des Marketing-Mix, da eher die kurzfristige und einzelaktionsbezogene Plan- und Zielerfüllung gefördert wird. Notwendig wird eine längerfristig orientierte, multidimensional ausgerichtete Erfolgsmessung und –bewertung. N.G.

Literatur: *Deutsche Post AG* (Hrsg.): Werbeerfolgsmessung von Werbesendungen, Studie 4, Bonn 1997. *Hölscher, U.*: Kalkulation einer Direktwerbe-Aktion, in: *Dallmer, H.* (Hrsg.): Handbuch Direct Marketing, 7. Aufl., Wiesbaden 1997, S. 543-550. *Holland, H.*: Direktmarketing, München 1992, S. 181 ff. *Schaller, G.*: Organisation der Erfolgskontrolle im Direct Marketing, in: *Dallmer, H.* (Hrsg.): Handbuch Direct Marketing, 7. Aufl., Wiesbaden 1997, S. 579-589.

Direktmarketingkosten

Das → Direktmarketing bietet eine breite Palette von Ansprachformen (→ Direktwerbung). Direktmarketingkosten pauschal beurteilen zu wollen, wäre daher Spekulation. Je nach Zielsetzung, Art der gewählten Ansprachform, Umfang und Ausgestaltung der Aktion ergeben sich unterschiedliche Kostenfaktoren. Grob sind dabei zu unterscheiden:

(1) *Fixkosten*, die auflagen- bzw. von der Kontaktzahl unabhängig anfallen, wie z.B. Kosten für Konzeption, Kreation und Werbemittelgestaltung oder Druckvorlagenerstellung.

(2) *Variable Kosten*, die mit der Auflage bzw. der Anzahl der Kontakte schwan-

ken, wie Kosten für Adressanmietung, Database-Arbeiten; Werbemittelproduktion, → Lettershop, Porto, Telefongebühren etc.

Die im Vergleich z.B. zur klassischen Mediawerbung höheren Kosten je hergestelltem Kontakt machen eine konsequente Direktmarketing-Planung und Erfolgskontrolle erforderlich (→ Direktmarketingerfolg). Zur *Kostenkalkulation* im Vorfeld der Aktion bietet es sich auf jeden Fall an bei den jeweiligen → Direktmarketing-Dienstleistern Vergleichsangebote bezüglich der relevanten Kostenkategorien einzuholen. Wichtige Voraussetzung: Alle Anbieter erhalten eine gleich lautende Angebotsanfrage mit detaillierten, nach einzelnen Arbeitsschritten aufgeschlüsselten Kalkulationspositionen.

Zur *Kostenkontrolle* werden in den meisten Fällen *Kostenkennziffern* (*Cost per ...*) herangezogen. Die bekanntesten in diesem Zusammenhang sind:

(1) *Cost per Contact* (CPC) als Gesamtkosten einer Aktion/Aussendung dividiert durch Anzahl hergestellten Kontakte * 100;

(2) *Cost per Interest* (CPI) als Gesamtkosten einer Aktion/Aussendung dividiert durch Anzahl der Interessenten/Anforderungen * 100;

(3) *Cost per Order* (CPO) als Gesamtkosten einer Aktion/Aussendung dividiert durch Anzahl der Aufträge * 100.

Die Kosten pro Bestellung sind ein variables Datum und gehen über die der beiden anderen Kennziffern hinaus. Zusätzlich sind zu berücksichtigen: Kosten eines evtl. *Follow-ups* (→ adressierte Werbesendung), Kosten des → Fulfillment und Kosten für Retouren. N.G.

Literatur: *Bruns, J.:* Direktmarketing, Ludwigshafen 1998, S. 120 ff. *Hölscher, U.:* Kalkulation einer Direktwerbe-Aktion, in: *Dallmer, H.* (Hrsg.): Handbuch Direct Marketing, 7. Aufl., Wiesbaden 1997, S. 543-550.

Direkt Response-Radio
→ Hörfunkwerbung

Direktversicherer

Anbieter von Versicherungs- und anderen Finanzdienstleistungen, die ihre Leistungen ohne eigenen Außendienst im Wege des → Direkt-Marketing vertreiben (→ Versicherungs-Marketing). Die Neukundengewinnung erfolgt über gemietete Adresslisten oder spezielle Aktionen zur Interessentenakquisition, z.B. Couponwerbung. Die Bestandswerbung nutzt insb. die Möglichkeiten des → Cross Selling sowie der → Freundschaftswerbung und der → Anschlusswerbung.

Direktvertrieb

Unter Direktvertrieb wird der Vertrieb eines Konsumgutes unmittelbar vom Hersteller an den Konsumenten ohne Einschaltung von Handelsbetrieben verstanden (→ Vertriebswegepolitk). Problematisch wird diese Definition in Bezug auf das → Multi-Level-Marketing als Sonderform des Direktvertriebs. Im Multi-Level-Marketing bedienen sich die Unternehmen selbständiger Händler, um ihre Produkte „direkt" abzusetzen. Das Multi-Level-Marketing wird zum Direktvertrieb gezählt, obwohl eine Stufe selbständiger Händler eingeschaltet ist. Beim direkten Absatz werden keine Handelsbetriebe in den Distributionsweg eingeschaltet, sondern Absatzorgane des Herstellers erfüllen bei der Distribution an Endverbraucher sowohl Groß- als auch Einzelhandelsaufgaben. Dazu gehören das Fabrikverkaufslager, die herstellereigenen Filialgeschäfte, der Herstellerdirektversand und der persönliche Verkauf bzw. der Direktvertrieb (vgl. *Abb.*).

Direktabsatz und Direktvertrieb

```
Absatzwegeentscheidung
Indirekter Absatz
Direkter Absatz
    Fabrikverkauf
    Herstellereigene Filialgeschäfte
    Herstellerdirektversand
    Direktvertrieb (Persönlicher Verkauf)
Erscheinungsformen des Direktvertriebs
    Klassischer Vertreterverkauf
    Heimdienste
    Mobile Verkaufsstellen
    Heimvorführungen
Die Formen der Außendienstorganisation
    Klassischer Direktvertrieb
    Multi-Level-Marketing
    Lineage Program
```

Traditionell spielt der direkte Absatz bei Investitionsgütern eine dominierende Rolle, doch durch die stärker werdenden Konflikte im Absatzkanal, die sich unter dem Stich-

Direktvertrieb

wort → Nachfragemacht zusammenfassen lassen, entschließen sich auch viele Konsumgüterhersteller, den Handel auszuschalten bzw. zu umgehen und somit ihre Waren direkt abzusetzen (→ Machtpolitik im Absatzkanal). Darüber hinaus führt das zunehmende → Online-Marketing und → Electronic Shopping im → E-Commerce zur Zunahme des elektronischen Direktvertriebs.

Der Begriff des Direktvertriebs wird sehr unterschiedlich verwandt; eine Klärung soll anhand ausgewählter Kriterien vorgenommen werden.

Bei der Entscheidung, die der Hersteller im Hinblick auf die Absatzalternativen seiner Produkte zu treffen hat, bildet die erste Ebene die Entscheidung zwischen direktem und indirektem Absatz. Dies betrifft das Vertriebssystem einer Unternehmung.

Hat sich der Hersteller für den direkten Absatz entschieden, hat er anschließend die Angebotsform festzulegen. Eine Angebotsform ist die Art und Weise eines Anbieters, in der er an die Letztverbraucher herantritt, wobei zwischen Anbieter- und Nachfragerperspektive zu unterscheiden ist.

Aus Anbietersicht liegt Direktvertrieb vor, wenn der Hersteller direkt, d.h. ohne die Einbeziehung des selbständigen Handels an den Nachfrager absetzt. Diese Sichtweise bezieht sich auf das Vertriebssystem eines Unternehmens.

Die Nachfragerperspektive ist im Wesentlichen dadurch charakterisiert, dass die Art und Weise des Vertriebs von Konsumgüterherstellern betrachtet wird. Hier steht die Frage im Mittelpunkt, wie Nachfrager verschiedene Vertriebsaktivitäten von Herstellern einschätzen und auf diese unterschiedlichen Vertriebsaktivitäten reagieren. Direktvertrieb ist der persönliche Verkauf von Konsumgütern und Dienstleistungen in der Wohnung des Kunden oder in ähnlicher Umgebung. Entscheidend ist hier neben dem Ort der persönliche Verkauf vom Hersteller an den Letztverbraucher. So lässt sich eine Vertriebsform umso eher dem Direktvertrieb zuordnen, je intensiver der persönliche Kontakt ist.

Das besondere Charakteristikum des Direktvertriebs liegt in der Bedienung des Kunden bei ihm zu Hause. Diese Art des Verkaufs erscheint dem Kunden immer direkt; gleich, ob der Hersteller selbst oder ein Absatzmittler bzw. -helfer die Waren persönlich anbietet. Deshalb soll die enge und formale Definition des Direktvertriebs insofern erweitert werden, dass auch der Absatz von Waren vom Hersteller an den Kunden über selbständige Händler (→ Multi-Level-Marketing), die natürlich eine Absatzstufe darstellen, als Direktvertrieb im weiteren Sinne verstanden werden.

Mit Hilfe des Direktvertriebs können grundsätzlich alle Konsumgüter abgesetzt werden, doch eignet sich der Direktvertrieb besonders für erklärungs-, beratungs- und demonstrationsbedürftige Produkte. Nur durch die Demonstration der besonderen Eigenschaften von beispielsweise sog. Mitläuferartikeln wird ein potentieller Kunde auf dieses Produkt aufmerksam. In einem Regal könnten die Vorteile eines solchen Produktes gegenüber Konkurrenzangeboten nicht zum Ausdruck gebracht werden. Direktvertrieb bietet also die Möglichkeit der Differenzierung vom Wettbewerb durch die Demonstration bzw. das Vorführen eines Produktes und dessen Eigenschaften.

Neben dem klassischen Vertreterverkauf kann der Direktvertrieb auch durch → Verkaufsmobile, Heimvorführungen oder Sammelbestellersysteme realisiert werden.

Heimvorführungen, auch *Partygeschäfte* genannt, sind vor allem durch das Unternehmen „Tupperware" bekannt geworden. Auf der Party einer freiwilligen Gastgeberin, die Getränke bereitstellt und für die Einladung der Gäste zuständig ist, werden von Beraterinnen die Produkte präsentiert. Am Ende der Veranstaltung nimmt die Beraterin Bestellungen entgegen. Die bestellten Waren werden zu einem späteren Zeitpunkt an die Gastgeberin ausgeliefert, die deren Verteilung übernimmt. Die Gastgeberin wird mit einem Geschenk für ihre Mühe belohnt. Neben dem Warenverkauf ist es das Ziel der Partys, neue Gastgeberinnen und Beraterinnen zu gewinnen. Kritiker dieses Systems bemängeln, dass es einen psychologischen Druck zum Kauf auf die Teilnehmer ausüben kann.

Im klassischen Direktvertrieb werden vorwiegend Außendienstmitarbeiter als → Handelsvertreter oder Kommissionäre haupt- oder nebenberuflich beschäftigt; überwiegend findet man Handelsvertreter im Nebenberuf.

Der Außendienstmitarbeiter ist die Schlüsselfigur im Hinblick auf den Erfolg eines Direktvertriebsunternehmens. Aus dem → Außendienst ergeben sich die spezifischen Stärken und Schwächen des Direktvertriebs.

Die Strukturierung, Organisation und Steuerung des Außendienstes hat somit entscheidenden Einfluss auf die Sicherstellung des Markterfolges.

Wie die gesamte geschäftliche Tätigkeit in Deutschland unterliegt auch der Direktvertrieb den Bestimmungen des Gesetzes gegen den unlauteren Wettbewerb (UWG). Sittenwidrigkeit liegt nach der Generalklausel des UWG unter anderem bei Pyramiden- und Schneeballsystemen vor. In diesem Zusammenhang ist die Zulässigkeit von Multi-Level-Marketing-Systemen problematisch. Das Gesetz über den Widerruf von Haustürgeschäften und ähnlichen Geschäften (HaustürWG), das am 1. Mai 1986 in Kraft getreten ist, betrifft ausschließlich den Direktvertrieb. Das Gesetz fordert ein einwöchiges Widerrufsrecht bei Haustürgeschäften. Nach § 1 Abs. 1 HaustürWG wird ein Vertrag erst dann wirksam, wenn er nicht innerhalb einer Woche annulliert wird.

Aus der Sicht des Unternehmens liegen die Vorteile des Direktvertriebs in der Unabhängigkeit von Handelspartnern, der freien Entscheidung über die Einführung innovativer Leistungen, der hohen Flexibilität durch rasche Rückkopplung vom Markt und somit optimaler Berücksichtigung der Käuferwünsche bei der Produktentwicklung. Neue Märkte können erschlossen werden, indem bei Konsumenten, die ohne unmittelbare Anregung nicht kaufen würden, durch die Präsentation ein Bedarfsbewusstsein entwickelt wird. Der Direktvertrieb bietet gute Voraussetzungen für den Aufbau einer Stammkundschaft, gute Bedingungen für eine schnelle Marktdurchdringung und die Möglichkeit der Produktdarbietung im Umfeld der Verwendung. Die Kunden sind nicht an die Öffnungszeiten des Einzelhandels gebunden.

Diesen Vorteilen stehen folgende Nachteile gegenüber: Hohe Kommunikationskosten, hohe Schulungskosten für die Mitarbeiter und schwierige Steuerung der Vertriebsmitarbeiter, die meist als selbständige Handelsvertreter für das Unternehmen arbeiten und somit nicht weisungsgebunden sind. Weitere Nachteile sind schärfere gesetzliche Regelungen im Vergleich zu anderen Vertriebsformen.

Unüberlegte Käufe vonseiten des Kunden werden oft dem Außendienstmitarbeiter angelastet. Der Käufer kann sich vor allem von einem Vertriebsmitarbeiter, der dominierend oder manipulierend vorgeht, zu einem Fehlkauf verleiten lassen, der dann widerrufen wird. Bei Fehlkäufen im Handel dagegen wird der Kunde in der Regel selten die Schuld beim Verkäufer suchen. Oft wird die vom Verkäufer ausgehende Initiative auch als Belästigung und risikoreich empfunden, während klassische Werbung als eher unbedenklich eingestuft wird.

Die Hauptprobleme für Direktvertriebsunternehmen liegen neben dem schlechten Image bei der Bevölkerung in der hohen Fluktuationsrate der Vertriebsmitarbeiter und der schwierigen Rekrutierung leistungsfähiger Mitarbeiter, da der Erfolg der Unternehmen im Wesentlichen von der Kompetenz seiner Vertriebsmitarbeiter abhängt.

Der Direktvertrieb bietet dem Kunden einen bequemen Einkauf, eine intensive und individuelle Beratung und die Möglichkeit der Erprobung von Produkten in ihrem realen Umfeld. Der Direktvertrieb ermöglicht weiterhin das Kennenlernen interessanter Innovationen, bietet außerordentliche Garantieleistungen, Einräumung von Absatzkrediten, erweiterte Widerrufs- und Rücktrittsrechte, die im stationären Handel nicht möglich sind, sowie eine umfassende Kundenpflege.

Als nachteilig werden neben dem schlechten Ruf dieser Vertriebsform von den Kunden die mangelnde Vergleichbarkeit mit anderen Produkten, das zum Teil ungünstige Preis-Leistungs-Verhältnis, das dominierende Verhalten des Verkäufers, der Überraschungseffekt bei unangekündigten Vertreterbesuchen sowie der aus dem isolierten, individuellen Geschäftskontakt resultierende psychische Zwang genannt.

Spezifische Aspekte ergeben sich beim → Bank- und → Versicherungsbetrieb.

H.H.

Literatur: *Holland, H.*: Der Direktvertrieb im Business to Consumer-Bereich, in: *Pepels, W.* (Hrsg.): Absatzpolitik, München 1998, S. 55–79.

Direkt-Werbesendung
→ Adressierte Werbesendung

Direktwerbung
bezeichnet im Rahmen des → Direktmarketing die Herstellung unmittelbarer informationeller Beziehungen zum Kunden. Eine Abgrenzung muss in zweierlei Hinsicht – zur Öffentlichkeitsarbeit (→ Public Relations) und zum → Persönlichen Verkauf – erfolgen: Da es sich gleichzeitig um eine Unterform der → Werbung handelt, müssen

Disaggregationsstrategie

produktbezogene (also nicht unternehmungsbezogene) Ziele verfolgt werden. Da der Persönliche Verkauf als gesondertes Instrument im Kommunikations- und Distributions-Mix angesehen wird, scheidet auch die face-to-face-Kommunikation aus. Als der Direktwerbung zugehörig verbleibt also der Einsatz von

- Werbedrucksachen (→ adressierte bzw. → unadressierte Webesendung),
- Massenmedien mit Responseelementen (→ Direct-Responsewerbung),
- telefonischen Kontakten (→ Telefonmarketing). Sowie
- interaktiven Diensten (→ Online-Marketing).

Diese Instrumente haben im letzten Jahrzehnt außerordentliche Zuwächse erzielt; insgesamt ist es zwischen 1988 und 1998 fast zu einer *Verdreifachung* der Aktivitäten und Aufwendungen gekommen (*Abb. 1*).

Abb. 1: Aufwendungen für Direktwerbung in Deutschland (Angaben in Mrd. Euro)

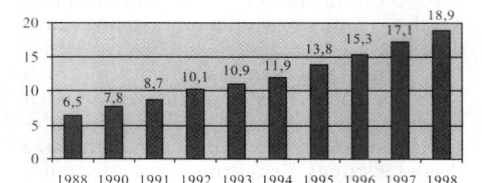

Jahr	1988	1990	1991	1992	1993	1994	1995	1996	1997	1998
Mrd. €	6,5	7,8	8,7	10,1	10,9	11,9	13,8	15,3	17,5	18,9

(Quelle: *Deutscher Direktmarketing Verband*, 1998; Deutsche Post AG, 1999)

Bei einer Betrachtung der einzelnen Instrumente stechen hinsichtlich der Absolutbeträge zwar die adressierten Werbesendungen und Responseanzeigen, hinsichtlich der Zuwächse aber die elektronischen Medien – interaktive Dienste sowie Responsespots – hervor (*Abb. 2*). Als genereller Trend – und gleichzeitig als wichtiges Abgrenzungskriterium gegenüber der Massenwerbung – sei auf die zunehmenden *Individualisierungs-* und *Interaktionstendenzen* in der Direktwerbung verwiesen. Individualisierung bei Werbebriefen ist auf der Basis von → Kundendatenbanken bzw. im Rahmen des → Database-Marketing in unterschiedlich großem Umfang realisiert. Nun erlauben es die neuen Kombinationsmöglichkeiten von Informations- und Drucktechnologie aber auch, Prospekte und Kataloge als Unikate zu drucken, deren Inhalt spezifisch auf die Interessen und Bedürfnisse des einzelnen Kunden abgestimmt ist (→ Personalisierung).

Ein weiteres Kennzeichen der modernen Direktwerbung gegenüber der Massenwerbung ist die hohe *Dialogorientierung*. Neben einer ausgeprägten inhaltlichen Interaktivität, wie sie die Individualisierung repräsentiert, kommt es in der Direktwerbung auch zu einer immer rascheren Interaktion im Sinne eines → Dialogmarketing. Eine hohe zeitliche Interaktivität wird vor allem durch Telefonmarketing, interaktive Dienste und TV-Spots realisiert.
Weitere Unterschiede der Direktwerbung gegenüber der Massenwerbung betreffen die eingegrenzte Streubreite der Werbung, die damit in Zusammenhang stehenden geringeren Streuverluste, die oft höheren Kontaktkosten sowie die – vermehrt rationale – Art der Ansprache der Umworbenen.

J.Li.

Literatur: *Dallmer, H.* (Hrsg.): Handbuch Direct Marketing, 7. Aufl., Wiesbaden 1997. *Link, J.; Brändli, D.; Schleuning, C.; Kehl, R.E.* (Hrsg.): Handbuch Database-Marketing, 2. Aufl., Ettlingen 1997. *Holland, H.:* Direktmarketing, München 1992. *Bruns, J.:* Direktmarketing, Ludwigshafen 1998. *Link, J.; Schleuning, C.:* Das neue interaktive Direktmarketing, Ettlingen 1999.

Disaggregationsstrategie
→ Entflechtungsstrategie

Disc-by-Mail-Befragung

Bei der Disc-by-Mail-Befragung (DBM) wird der Fragebogen auf CD-ROM oder auf Diskette gespeichert, postalisch verschickt und kann anschließend vom Befragten offline beantwortet und per beiliegendem Rückumschlag zurückgeschickt werden. Die DBM eignet sich dabei insbesondere für komplexe Befragungen, für die eine → E-Mail-Befragung nicht in Frage kommen, jedoch muss, ähnlich der postalischen Befragung, mit einer relativ geringen Rücklaufquote gerechnet werden.

Discountability → Discounting

Discount Broker

Im → Finanzdienstleistungswettbewerb aktive → Broker, die bei den durch sie vermittelten bzw. abgeschlossenen Wertpapiergeschäften lediglich Abwicklungs- aber keine Beratungsleistungen erbringen. Die Geschäftsabwicklung erfolgt ausschließlich über Telefon, Telefaxgerät, offene oder ge-

Abb. 2: Direktwerbung-Aufwendungen für einzelne Instrumente (Angaben in Mrd. Euro)

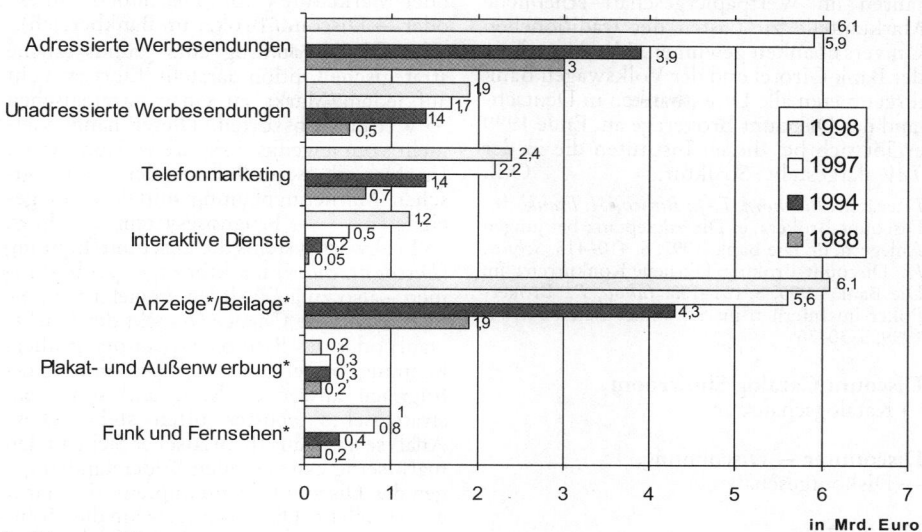

	1998	1997	1994	1988
Adressierte Werbesendungen	6,1	5,9	3,9	3
Unadressierte Werbesendungen	1,9	1,7	1,4	0,5
Telefonmarketing	2,4	2,2	1,4	0,7
Interaktive Dienste	1,2	0,5	0,2	0,05
Anzeige*/Beilage*	6,1	5,6	4,3	1,9
Plakat- und Außenwerbung*	0,2	0,3	0,3	0,2
Funk und Fernsehen*	1	0,8	0,4	0,2

in Mrd. Euro

* mit Response-Element

(Quelle: *Deutscher Direktmarketing Verband*, 1998; *Deutsche Post AG*, 1999)

schlossene Netze. Discount Broker unterhalten keine Zweigstellen. Dadurch sind die Transaktionskosten für die Kunden erheblich günstiger. Das Discount-Broker-Geschäft wurde in den USA entwickelt und von den deutschen → Direktbanken übernommen. Weltgrößter Discount Broker ist das Brokerunternehmen Charles Schwab, das über Internet weltweit seine Dienste anbietet. Marktführer in Deutschland ist ConSors, eine 1994 von der SchmidtBank als Discount Broker gegründete → Direktbank.

Struktur der deutschen Discount Broker

	Kundenzahl	Durchschnittliches Depotvolumen	Durchschnittliche Transaktionszahl pro Kunde und Jahr	Teilnahme am Xetra-Handel
Allgemeine Deutsche Direktbank	20.246	8.780 €	Keine Angabe	Nein
Allianz Vermögens-Bank*	6.100	46.150 €	13	Ja
Bank 24	100.000	Keine Angabe	Keine Angabe	Ja
Comdirect Bank	183.000	24.380 €	22	Ja
Consors Discount Broker	135.000	30.800 €	35	Ja
Direkt Anlage Bank	91.575	45.000 €	22	Ja
Entrium Direct Bankers **	Keine Angabe	Keine Angabe	Keine Angabe	Nein
1822 direkt	6.500	36.900 €	12	Ja

* bisher Augsburger Aktienbank   ** bisher: Quelle Bank AG

Discount Catalog Showroom

Discount Broker werden in den nächsten Jahren im Wertpapiergeschäft erhebliche Marktanteile zu Lasten der traditionellen Universalbanken gewinnen. Mit Ausnahme der Bank Girotel und der Volkswagen Bank direct bieten alle Direktbanken in Deutschland das Discount Brokerage an. Ende 1999 ergibt sich bei diesen Instituten die in der *Tab.* dargestellte Struktur. O.B.

Literatur: *Eichhorn, F.-J.; Binsch, M; Frank, M.:* Discount-Brokerage: Die Akzeptanz bei jungen Anlegern, in: Die Bank, 1997, S. 410–413. *Schütt, H.:* Discount-Broking: Die neue Konkurrenz, in: Die Bank, 1995, S. 101–105. *Jakob, R.:* Broker-Poker im Internet, in: Schweizer Bank, Nr. 11, 1999, S. 30–36.

Discount Catalog Showroom
→ Katalogschauraum

Discounter → Discounting,
→ Diskontgeschäft

Discounting

preisbetonte → Marketingstrategie, die sich als enge Verzahnung der strategischen Bausteine Preisführerschaft, Leistungsvereinfachung sowie Kostenführerschaft auffassen lässt. Die → Preisführerschaft zielt aus strategischer Sicht darauf ab, bei den Kunden durch die Ausgestaltung der → Preispolitik die Wahrnehmung als preisgünstigster und preisehlicher Anbieter auf dem Markt zu etablieren (→ Preisimage, → Preisehrlichkeit). Bei dem Baustein der Leistungsvereinfachung handelt es sich um eine → Convenience-Strategie mit der Idee, den Kunden in möglichst effizienter Weise das Durchlaufen des gesamten Prozesses der Leistungsinanspruchnahme – von der Vorkauf- bis zur Nachkaufphase – zu ermöglichen (→ Lean Consumption). Mit → Kostenführerschaft verfolgt man schließlich das Ziel, dauerhaft der kostengünstigste Anbieter des entsprechenden Marktes zu werden. Die drei strategischen Bausteine werden auf der Mittelebene durch (organisatorisches) Lernen integriert; ihre Koordination auf der Zielebene erfolgt durch Gewinnwachstum. Diesem konsequent marketingstrategisch ausgerichteten Verständnis zufolge handelt es sich also nicht um das „klassische" → Diskontgeschäft, bei einem Discounter folglich auch nicht zwingend um ein Unternehmen des (Lebensmitteleinzel)Handels (Fach-, Groß-, Partiediscounter), sondern um jedes Unternehmen, das die Prinzipien des Discounting ständig und systematisch anwendet – unabhängig von seiner Branche oder Marktstufe (z.B. „Discount-Airlines" oder → Discount Broker im Bankbereich). Obwohl Discounting eine grundsätzliche strategische Option darstellt, führt es nicht auf jedem Markt zu einem strategischen → Wettbewerbsvorteil. Dieser hängt vielmehr vom jeweiligen situativen Kontext ab. Insofern gilt es, im Rahmen der → strategischen Marketingplanung mittels eines geeigneten → Prognosesystems bzw. → Frühwarnsystems die Discount-Eignung (*Discountability*) marktbezogen zu bestimmen – also zu analysieren, inwiefern auf einem Markt die Chance (Aspekt der Marktwahl) oder das Risiko (Aspekt der Früherkennung) besteht, dass sich Discounting erfolgreich anwenden lässt, und somit ein strategisches Fenster offen steht. Diese Analyse kann aus theoretischer Sicht an den marktseitig existierenden Widerständen gegen das Discounting anknüpfen: Ein Markt eignet sich für Discounting, wenn die Mobilitätsbarrieren der zu dieser Strategie gehörigen, (noch) unbesetzten → strategischen Gruppe kein prohibitiv hohes Ausmaß aufweisen (→ Markteintritt).
Die Ausbreitung des Discounting auf einem Markt folgt keinem Determinismus, wie es das Modell der → Betriebsformendynamik im Einzelhandel nahe legt. Als strategisches Handeln im Kräftefeld des → strategischen Dreiecks angelegt, hängt der Ausbreitungsverlauf vielmehr wettbewerbsseitig vom Zeitpunkt des Auftritts effektiver Gegenstrategien ab, kundenseitig dagegen von dem Ausmaß, in dem das Leistungsangebot der Discounter bei deren Markauftritt in Anspruch genommen wird (→ Adoptionsprozess, → Diffusionsprozess). A.Ha.

Literatur: *Haas, A.:* Discounting. Konzeption und Anwendbarkeit des Discount als Marketingstrategie, Nürnberg 2000.

Discountmarkt → Diskontgeschäft

Disintermediation

bezeichnet im Rahmen des → E-Commerce die Umgehung bzw. Ausschaltung von → Absatzmittlern und → Absatzhelfern und deren Ersatz durch eine direkte (elektronische) Geschäftsbeziehung zwischen Anbieter und Nachfrager.
Insbesondere mit der Verbreitung von Informations- und Kommunikationssystemen und der → Digitalisierung der Märkte hat die Disintermediation an Bedeutung ge-

wonnen, da sich die Marktprozesse hinsichtlich ihrer Einschränkungen in Raum und Zeit lösen und ein → Direktvertrieb effizient gestaltet werden kann. Dies gilt v.a. für „execution-driven markets", bei denen die Ausführung der Transaktion im Mittelpunkt steht und die Informationsphase weitgehend weggelassen werden kann, da das notwendige Wissen bereits vorhanden ist (s.a. → Mehrkanalsystem).

Im Zuge der Spezialisierung und Vernetzung der Wertschöpfung in den elektronischen Märkten folgt der Disintermediation wiederum eine Re-Intermediation, bei denen sich Mittler in informatorischen Teilfunktionen spezialisieren und somit den Markt noch effizienter machen. B.Ne.

Literatur: *Konsynski, B.R.:* Thinking of Linking: Managerial Perspectives on Electronic Linkages Across Organizations, in: Scientific Research on EDI 1992. *Picot, A.; Bortenlänger, C.; Röhrl, H.:* Organization of Electronic Markets: Contributions from the New Institutional Economics, in: The Information Society, Vol. 13, Nr. 1, S. 107-123. *Zbornik, S.:* Elektronische Märkte, elektronische Hierarchien, elektronische Netzwerke: Koordination des wirtschaftlichen Leistungsaustausches durch Mehrwertdienste auf der Basis von EDI und offenen Kommunikationssystemen, Konstanz 1996.

Disjunkte Klassifikation
→ Clusteranalyse

Disjunktives Modell
→ Entscheidungsregeln bei Kaufentscheidungen

Diskontgeschäft

mitunter nur noch schwer abgrenzbare → Betriebsform des Einzelhandels (vgl. → Fabrikladen, → Off-Price-Store), die entsprechend den strategischen Prinzipien des → Discounting ein enges, auf raschen Umschlag ausgerichtetes Warensortiment unter weitgehendem Verzicht auf Kundendienstleistungen zu vergleichsweise niedrigen Preisen anbietet. Das Diskontgeschäft – bei qualifizierter Spezialisierung im Warenangebot (namentlich im Non-Food-Bereich, *Tab. 1*) häufig auch als *Fachdiscounter* bzw. *Markendiscounter* bezeichnet – hat seine weiteste Verbreitung im Lebensmitteleinzelhandel gefunden, was zugleich erklären mag, weshalb sich die berichtenden Institute der Marketing- und Handelspraxis im Rahmen ihrer Erhebungen fast ausschließlich am Typ des Lebensmittelanbieters orientieren (vgl. die *Discountmärkte* bei A.C.Nielsen, Frankfurt a.M., und die *Discounter* im Rahmen der Strukturuntersuchungen des EHI-EuroHandelsinstituts, Köln, bzw. der GfK Panel Services Consumer Research und IRI/GfK Retail Services, Nürnberg): Danach gehören die Diskontgeschäfte zu jenen Einzelhandelstypen, die ihre Stellung im Branchenmarkt nach Anzahl und Umsatz systematisch auszubauen vermochten; entsprechendes wird auch für die Zukunft erwartet (vgl. *Tab. 2* sowie → SB-Laden, *Tab. 2* und *Tab. 3*).

Tab. 1: Anteil der Discounter am Einzelhandelsumsatz

Bereich	1995 (%)	2010 (%)
U.-Elektronik	30–33	40
Lebensmittel	30–32	40
Computer	27-28	35
Drogerie	18–20	35
Bau- u. Heimwerkerbedarf	9–10	20
Schuhe	4-5	20
Textilien	5-7	19
Möbel	5-6	19

(Quelle: *BBE-Unternehmensberatung*, Köln)

Gleichwohl verbirgt dieser Befund, dass sie dabei ihr Leistungsprofil verändert haben (und weiterhin verändern werden): Die Erhöhung der Artikelzahl, die Aufnahme von Warengruppen, die bislang als nicht discountfähig galten, wie insbesondere Frischwaren bei teilweiser Umstellung des Verkaufsprinzips auf Bedienung, sowie die Ausdehnung der Verkaufsflächen sind hierfür ebenso kennzeichnend wie die Etablierung des neuen Typs *Großdiscounter*, der seine Wettbewerbskraft unter Beibehaltung des klassischen Discountprinzips (umschlagstarke Artikel, Dauerniedrigpreise) im wesentlichen über eine grundsätzlich erweiterte Angebotskapazität nach Sortiment (2500–3000 Artikel) und Verkaufsfläche (700–1000 qm) entfalten soll. Diskontgeschäfte rücken damit zwangsläufig in die ‚Nähe' bereits praktizierter Angebotskonzepte (vgl. → Supermarkt, soweit preisaktiv, → Verbrauchermarkt, → SB-Center, → Fachmarkt), was wiederum nicht nur die Markt- und Wettbewerbsverhältnisse im Lebensmitteleinzelhandel weiterhin verändern dürfte, sondern auch die hiervon unmittelbar betroffenen Handelsunternehmen zum Überdenken ihrer künftigen Profilie-

Diskrete Variable

Tab. 2: Die Entwicklung der Discounter im Lebensmitteleinzelhandel in Deutschland

Stichtag	Geschäfte		Verkaufsfläche		Umsatz	
1.1. bzw. Jahr	Anzahl	%	Mio. qm	%	Mrd. DM	%
1991	7.695	9,0	2,99	13,9	48,5	23,4
1992	8.388	10,0	3,34	14,8	53,0	24,8
1993	9.342	11,6	3,80	16,5	56,6	26,3
1994	10.073	12,9	4,12	17,7	59,8	27,6
1995	10.630	13,9	4,38	18,9	63,8	29,3
1996	11.580	15,3	4,71	19,9	65,8	30,0
1997	12.220	16,4	4,94	20,6	68,2	30,9
1998	12.813	17,5	5,32	21,9	69,7	31,2
1999*)	13.135	18,1	5,55	22,6	–	–

*) vorläufige Zahlen
(Quelle: *EHI-EuroHandelsinstitut*, Köln)

rungschancen und zu einer entsprechend strategisch fundierten Neupositionierung ihres betrieblichen Erscheinungsbildes zwingt. H.-J.Ge.

Literatur: *Diller, H.*: Discounting. Erfolgsgeschichte oder Irrweg? in: *Beisheim, O.* (Hrsg.): Distribution im Aufbruch. Bestandsaufnahme und Perspektiven, München 1999, S. 351–372.

Diskrete Variable

in der Statistik gebräuchlicher Begriff für eine veränderliche Größe, die im Gegensatz zur kontinuierlichen Variablen nur eine begrenzte, nicht mehr weiter teilbare Zahl von Ausprägungen aufweist.

Diskriminanzanalyse, multiple (MDA)

Verfahren der Dependenzanalyse in der → Multivariatenanalyse. Mit Hilfe der MDA versucht man Unterschiede zwischen zwei oder mehreren a priori definierten Gruppen von Untersuchungseinheiten (Objekte/Subjekte) auf zwei oder mehrere metrische Merkmalsvariablen zurückzuführen. Ein alternativer Modellierungsansatz zur Zwei-Gruppen DA ist die → logistische Regression. Als grundlegende Fragestellungen für die Anwendung der MDA gelten:

1. Gibt es signifikante Unterschiede zwischen den Gruppen und welche unabhängigen Variablen (diskriminierende Variablen) bzw. welche Linearkombination von unabhängigen Variablen (Diskriminanzfunktionen) trägt wie stark zu einer möglichst optimalen Trennung der Gruppen bei (Diagnose)?
2. Welcher Gruppe lassen sich neu zu klassifizierende Objekte/Subjekte aufgrund ihrer Merkmalsausprägungen zuordnen (→ Klassifikation)?
3. Lässt sich eine räumliche Abbildung von Gruppen durch Cluster oder ihre Zentroide aufgrund von Einstellungsurteilen oder anderen Merkmalen im Diskriminanzraum durchführen (→ Positionierung)?

Das Grundprinzip der MDA besteht darin, eine kanonische Diskriminanzfunktion als Linearkombination der Merkmalsvariablen zu bestimmen, mit deren Hilfe eine möglichst gute Trennung der definierten Gruppen erzielt werden kann. Die Diskriminanzfunktion hat folgende mathematische Form:

(1) $Y = b_0 + b_1 X_1 + b_2 X_2 + \ldots + b_J X_J$

Y = Diskriminanzvariable (kanonische Variable)
X_j = Merkmalsvariable j ($j = 1, 2, \ldots, J$)
b_j = Diskriminanzkoeffizient für die j-te Merkmalsvariable
b_0 = Konstantes Glied.

Das Zielkriterium der MDA ist, über die Gruppierungsvariable Y die Diskriminanzfunktionen zu finden, die den Abstand zwischen den Gruppen maximieren. Das Diskriminanzkriterium ist demzufolge definiert als das Verhältnis der Abweichungsquadrate zwischen den Gruppen, d.h. die S̲treuung der jeweiligen Gruppenmittelwerte $\bar{Y}_g$ vom Gesamtmittelwert $\bar{Y}$ zu den Abweichungsquadraten in den Gruppen ($g = 1, \ldots, G$), d.h. die Streuung der → Diskriminanzwerte Y_{gi} innerhalb der G̲ruppen um ihr eigenes Gruppenmittel $\bar{Y}_g$. Dieses soll maximiert werden. Die mathematische Form ist demnach

$$\Gamma = \frac{\sum_{g=1}^{G} I_g (\overline{Y}_g - \overline{Y})^2}{\sum_{g=1}^{G} \sum_{i=1}^{I_g} (Y_{gi} - \overline{Y}_g)^2} = \frac{\text{Streuung zwischen den Gruppen}}{\text{Streuung in der Gruppe}} = \frac{SS_B}{SS_W} \to Max$$

$\overline{Y}$ = Gesamtmittel über alle Elemente
$\overline{Y}_g$ = Mittlerer Diskriminanzwert (Zentroid) in Gruppe g ($g = 1,...,G$)
$\overline{Y}_{gi}$ = Diskriminanzwert von Element i in Gruppe g
I_g = Fallzahl in Gruppe g ($g = 1,...,G$).

Die Optimierung der MDA erfolgt über die Bestimmung der Diskriminanzkoeffizienten b_j, die das Kriterium Γ erfüllen. Ersetzt man die unbekannten Diskriminanzwerte Y_i der Elemente in den Gruppen in der Zielfunktion durch die Diskriminanzfunktion, ergibt sich für das Kriterium Γ in Matrixschreibweise folgende Form:

(2) $\dfrac{\underline{b}' \underline{B} \underline{b}}{\underline{b}' \underline{W} \underline{b}}$

Dabei sind $\underline{B}$ und $\underline{W}$ Kreuz-Produkt-Summen-Matrizen und $\underline{b}$ ist der Spaltenvektor der gesuchten Diskriminanzkoeffizienten. Die Maximierung der Zielfunktion erfolgt über eine vektorielle Differentation nach $\underline{b}$:

(3) $\left(\underline{W}^{-1} \underline{B} - \Gamma \underline{I} \right) \underline{b} = \underline{0}$,

wobei $\underline{I}$ als *Einheitsmatrix* bezeichnet wird. Die Diskriminanzkoeffizienten ergeben sich über den zum größten → Eigenwert λ = max $\{\Gamma\}$ zugehörigen Eigenvektor $\underline{b}$ der Matrix ($\underline{W}^{-1}\underline{B}$) mit der Normierung ($\underline{b}'\underline{b} = 1$).
Bei G Gruppen und J Merkmalsvariablen lassen sich maximal Min $\{G-1, J\}$ Diskriminanzfunktionen bilden. Die Vorgehensweise der Diskriminanzanalyse verdeutlicht die *Abbildung*.

A = Käufer des Produkts A
B = Käufer des Produkts B
X_1, X_2 = Merkmalsvariablen (Einstellung, Einkommen)
Y = Diskriminanzachse
A', B' = Häufigkeitsverteilungen von A, B
$\overline{Y}_A$ = Mittlerer Diskriminanzwert (Zentroid) von Gruppe

Multiple Diskriminanzanalyse

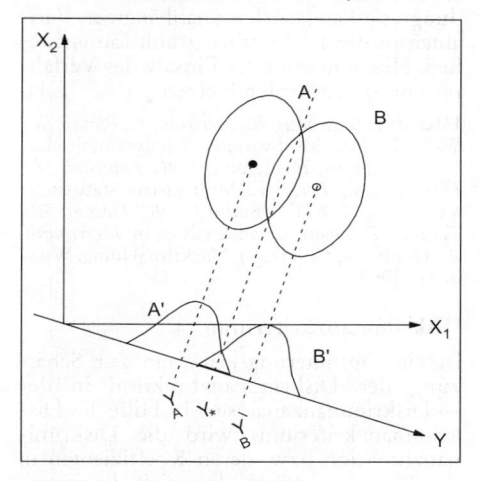

$\overline{Y}_B$ = Mittlerer Diskriminanzwert (Zentroid) von Gruppe
Y^* = kritischer Diskriminanzwert

Als *Gütemaß* der Diskriminanzfunktion wird üblicherweise der *kanonische Korrelationskoeffizient C* verwendet. Er ist als Wurzel des Verhältnisses von erklärter Streuung zur Gesamtstreuung definiert und auf Werte zwischen Null und eins normiert. Der Koeffizient lässt sich über die Eigenwerte berechnen:

$$C = \sqrt{\frac{\lambda}{1+\lambda}}$$

mit λ als Eigenwert der Diskriminanzfunktion.
Die statistische Signifikanzprüfung der Diskriminanzfunktion erfolgt im Allgemeinen über die Testgröße → Wilks' Lambda (Λ), dem Quotienten aus nichterklärter Streuung und Gesamtstreuung.
Teststatistiken liegen für Wilks' Λ als Chi^2-Approximation oder als → F-Approximation vor. Als Testgröße für die Signifikanz zusätzlicher Trennkraft von Merkmalsvariablen in der Diskriminanzfunktion eignet sich eine F-Approximation der Mahalanobis Distanz, einem verallgemeinerten Distanzmaß der Diskriminanzanalyse. Dieser Test kann den zusätzlichen Beitrag einer Variablen zur Distanz zwischen den Gruppenzentroiden testen.
Neuere methodische Entwicklungen in der Diskriminanzanalyse richten sich in erster

Diskriminanzkriterium

Linie auf die Probleme, die bei der Verwendung von kategorialen unabhängigen Variablen in der Diskriminanzfunktion entstehen. Hinzu kommt der Einsatz des Verfahrens in → neuronalen Netzen. L.H.

Literatur: *Backhaus, K.; Erichson, B.; Plinke, W.; Weiber, R.:* Multivariate Analysemethoden, 8. Aufl., Berlin, Heidelberg 1996. *Fahrmeir, L.; Hamerle, A.; Tutz, G.:* Multivariate statistische Verfahren, 2. Aufl., Berlin 1996. *Decker, R.; Temme, T.:* Diskriminanzanalyse, in: *Herrmann, A.; Homburg, C.* (Hrsg.): Marktforschung, Wiesbaden 1999.

Diskriminanzkriterium

ist ein Optimierungskriterium zur Schätzung der Diskriminanzfunktion in der → Diskriminanzanalyse. Mit Hilfe des Diskriminanzkriteriums wird die Diskriminanzfunktion bzw. deren Koeffizienten in der Weise geschätzt, dass sich die untersuchten Gruppen bzgl. mehrerer Merkmalsvariablen maximal unterscheiden. L.H.

Diskriminanzwert

bezeichnet den Wert, den die Diskriminanzfunktion in der → Diskriminanzanalyse durch die Linearkombination einer Mehrzahl von Variablen zu einer einzigen Variable liefert. Dadurch lässt sich eine Menge von Variablen durch eine einzige Variable ersetzen und ein Objekt entsprechend charakterisieren. Diskriminanzwerte dienen auch der graphischen Darstellung von Objekten in → Positionierungsmodellen. L.H.

Diskriminierung

Unter Diskriminierung versteht man im → Wettbewerbsrecht die sachlich nicht gerechtfertigte unterschiedliche Behandlung im geschäftlichen Verkehr. Das Diskriminierungsverbot des § 20 Abs. 1 GWB schränkt den Grundsatz der Vertragsfreiheit zugunsten der Wettbewerbsfreiheit ein. Das GWB kennt aber kein allgemeines Diskriminierungsverbot, sondern richtet sich grundsätzlich nur an marktbeherrschende Unternehmen und marktstarke Unternehmen (→ Nachfragemacht). Adressaten sind nicht nur Unternehmen auf der Anbieter-, sondern auch auf der Nachfragerseite. Erfasst sind sowohl diskriminierende Eingriffe durch tatsächliches Handeln, wie bspw. → Preisdifferenzierung, wie auch die Verweigerung zum Abschluss eines Lieferungsvertrages. Bei Verweigerung der Belieferung kann sich ein → Kontrahierungszwang ergeben. Durch die zweite GWB-Novelle 1973 wurden als Normadressaten über den Kreis der marktbeherrschenden Unternehmen hinaus auch relativ marktstarke Unternehmen dem Diskriminierungsverbot unterworfen, d.h. auch solche Unternehmen, von denen Anbieter oder Nachfrager einer bestimmten Art von Waren oder gewerblichen Leistungen in der Weise abhängig sind, dass ausreichende und zumutbare Möglichkeiten, auf andere Unternehmen auszuweichen, nicht bestehen (§ 26 Abs. 2 S. 2 GWB a.F.). Die Hersteller berühmter Markenartikel sollten gegenüber Händlern, die, um wettbewerbsfähig zu sein, diese Artikel in ihrem Sortiment führen müssen, einer Lieferpflicht unterworfen werden.

Der Gesetzgeber hat den Belieferungszwang in der fünften GWB-Novelle 1990 eingeschränkt und nur noch zugunsten kleiner und mittlerer Unternehmen aufrechterhalten. Der Gesetzgeber ging davon aus, dass „bei den heutigen (gemeint: 1989) Marktrealitäten im Verhältnis zwischen nicht markbeherrschenden Herstellern in der Industrie und großen Unternehmen des Handels" eine Belieferungspflicht nicht mehr zugunsten großer Unternehmen notwendig sei (Begr. RegE, BT-Drucks. 11/4610, S. 11 ff.). Mit diesem Inhalt ist die Vorschrift in der 6. GWB-Novelle 1998 aufrechterhalten worden; sie findet sich jetzt in § 20 Abs. 2 GWB. Die Diskriminierung ist nur verboten, wenn sie ohne sachlich gerechtfertigten Grund erfolgt. Nach ständiger Rechtsprechung des BGH muss bei der Frage der Grundlosigkeit in jedem Einzelfall eine umfassende Interessenabwägung unter Berücksichtigung der auf die Freiheit des Wettbewerbs gerichteten Zielsetzung des GWB erfolgen. Dabei geht die Rechtsprechung von dem Grundsatz aus, dass jedes Unternehmen in der Gestaltung seiner Absatzorganisation und Gestaltung seiner Preise grundsätzlich frei ist. Sachliche Gründe können in Gesetzesverstößen des unterschiedlich behandelten Unternehmens liegen, in abfälligen Äußerungen über das marktstarke Unternehmen, in mangelnden Leistungen und in schwerwiegenden Vertragsverletzungen. Niedrigpreispolitik ist grundsätzlich kein sachlich gerechtfertigter Grund. In der Praxis spielt besonders die sog. Rabatt- und Konditionenspreizung eine Rolle. Eine Diskriminierung wird nur dann von § 26 Abs. 2 GWB erfasst, wenn sie gegenüber gleichartigen Unternehmen erfolgt. Die Gleichartigkeit ist anhand der unternehmerischen Tätigkeiten und der wirtschaftlichen Funktionen der auf ihre Gleichartigkeit zu prüfenden Unternehmen zu ermitteln, wobei es auf die speziellen Tätigkeiten und Funktionen der Unternehmen ankommt. H.-J.Bu.

Displays

sind Vorrichtungen, auf denen im Handel Produkte präsentiert werden (→ Merchandising). Dabei sind Displays, auf denen Ware permanent präsentiert wird, zu unterscheiden von Displays, die in Aktionen der → konsumentengerichteten Verkaufsförderung eingesetzt werden. Letztere sind oft besonders aufwendig gestaltet und greifen gegebenenfalls das Thema der Verkaufsförderungsaktion (→ Themenaktionen) auf. Typischerweise werden sie für → Zweitplatzierungen verwendet, d.h. sie werden an einem anderen als dem normalen Regalplatz des Produktes aufgestellt. Sie sollen dann bei den Konsumenten im Geschäft besondere Aufmerksamkeit erregen.

Mögliche Gestaltungsformen sind unter anderem Bodenverkaufsständer, Thekendisplays, Schütten und Displays mit Bewegung. Displays werden häufig vom Herstellerunternehmen zur Verfügung gestellt (→ Handels-Promotions) und sind dann auf die Marke abgestimmt, für die eine Verkaufsförderungsaktion durchgeführt werden soll. Einige Handelsunternehmen verwenden dagegen nur ihre eigenen Displays, um die → Corporate Identity des Handelsunternehmens zu fördern. K.G.

Dispositionsregeln → Bestelldoktrin

Dissimulation

Fehlerquelle in → Befragungen, die auftritt, wenn die Befragten absichtlich bestimmte Meinungen und Verhaltensweisen verschleiern.

Dissonanztheorie

Kognitive Dissonanzen sind z.B. dann zu erwarten, wenn „starke" Raucher auf die Hauptursache des Lungenkrebses hingewiesen werden oder wenn stolze Käufer bei prestigeträchtigen, hochpreisigen Produkten gezwungen werden, sich selbst und anderen gegenüber einen Fehlkauf zuzugestehen. Mit der kognitiven Dissonanz ist jedenfalls ein erkannter bzw. ein empfundener Widerspruch zwischen einzelnen Wahrnehmungen und Überzeugungselementen (Kognitionen) gemeint. Sind viele Kognitionen miteinander unvereinbar, so handelt es sich um eine kognitive Kakophonie.

Dissonanzen sind v.a. nach einer Kaufentscheidung zu erwarten (→ Nachkaufverhalten); erstens als schmerzliche Erkenntnis, auf die Vorteile der nicht gewählten Alternative(n) verzichten zu müssen, zweitens als Folge von Enttäuschungen mit dem gekauften Gut (im Rahmen eigener Erfahrungen), drittens nach kritischen Kommentaren oder Hinweisen seitens Dritter (Glaubwürdigkeit und Kompetenz vorausgesetzt) und viertens nach ansprechenden Werbekontakten, welche die Vorzüge konkurrierender Angebote herausstellen. Dissonanzen können aber auch vor einer Kaufentscheidung auftreten! Hierbei ist v.a. an Attacken gegen vorgefasste und geliebte Meinungen, Einstellungen bzw. Erwartungen zu denken.

Ganz allgemein gesprochen: Das Auftreten und die Stärke einer kognitiven Dissonanz hängen davon ab, inwieweit eine Person in Konflikte, v.in Widersprüche gerät, bei denen ihr Selbstwert, ihr Selbstverständnis, ihre Kompetenz auf dem Spiele steht. Je bedeutsamer und je resistenter die in Konflikt geratenen Überzeugungen sind, desto stärker werden die kognitive Dissonanz und das Streben nach einer Dissonanzreduktion ausfallen. Im einzelnen lassen sich folgende dissonanzbegünstigende Faktoren herausstellen:

(1) das Festgelegtsein auf die widersprüchlichen bzw. attackierten Positionen,

(2) die Freiwilligkeit, mit der eine Position eingenommen wurde, und damit letztlich auch die persönliche Verantwortung,

(3) das Ego-Involvment bzw. das Einbezogensein des Selbstverständnisses, des Selbst-Wertes, des Kompetenzempfindens,

(4) die subjektive Toleranz gegenüber Ungereimtheiten bzw. das personale Konsonanz- oder Gleichgewichtsstreben und

(5) das eigene Zutun in Sachen Dissonanzvermeidung, etwa dergestalt, dass per aktives oder passives Verhalten versucht wird, jene Situationen zu meiden, die Widersprüche aufdecken oder produzieren könnten, und jene Kontakte zu suchen, die eine (Selbst-) Bestätigung versprechen.

Kognitive Dissonanzen, die ex definitione als unangenehm erlebt werden, lassen sich – ganz allgemein gesprochen – auf folgende Weise reduzieren:

(1) durch die Änderung von Kognitionen bzw. Überzeugungen, z.B. das Infragestellen bislang nicht hinterfragter Überzeugungen und die Änderung von Zielen, Wünschen und Ansprüchen,
(2) durch das Hinzufügen neuer Kognitionen, den Einbezug bestätigender oder rechtfertigender Aspekte in die Problemdefinition, und
(3) die Elimination dissonanter Elemente, das Abtrennen unangenehmer Problemaspekte oder das Verdrängen unliebsamer Feststellungen.

All diese Reaktionsmöglichkeiten können von einer Verhaltensänderung oder einer Veränderung der (Lebens-)Situation begleitet sein. Im Zweifel wird jene Dissonanzreduktion präferiert und realisiert, die bei vergleichbarem Erfolg den geringsten Aufwand verursacht oder bei vergleichbarem Aufwand den größten Dissonanzabbau erwarten lässt.

Die Marketing-Relevanz der kognitiven Dissonanz wird am deutlichsten, wenn wir konkrete Formen der Dissonanzreduktion ins Auge fassen. Zu diesen zählen im Bereich des Käuferverhaltens u.a. folgende:

(1) die Neigung der Käufer, das gekaufte Produkt bzw. die gewählte Marke aufzuwerten und – was weniger stark ausgeprägt ist – die nicht gewählten Alternativen abzuwerten,
(2) die Tendenz, bestätigende bzw. rechtfertigende Hinweise, Informationen oder Argumente zu präferieren bzw. zu akzeptieren (→ Informationsverhalten), und
(3) die Neigung, Hinweise auf Vorteile nicht gewählter, konkurrierender Marken zu meiden, es sei denn, dass eine Auseinandersetzung mit solchen Informationen die Rechtfertigung des eigenen Kaufverhaltens zu erleichtern bzw. zu stärken verspricht.

Marketing kann demnach über eine Steuerung der Dissonanzentstehung und des Dissonanzabbaus unterschiedliche Ziele verfolgen. Es liegt z.B. nahe, dissonanzerzeugte Aufwertungseffekte kurz nach dem Kauf zu fördern, indem die Kunden rechtzeitig und gezielt über das Verkaufspersonal, die Werbung oder über Beipackzettel in ihrer Wahl bestärkt werden (→ Nachkaufmarketing). Analog dazu lassen sich die Dissonanzen von Kunden konkurrierender Anbieter als Anknüpfungspunkt nutzen, wenn Markenwechseltendenzen zugunsten eigener Angebote gefördert werden sollen, obgleich dies i.d.R. schwieriger sein dürfte als die Umwerbung eigener Kunden. Vielversprechend dürften auch jene Versuche sein, die darauf abzielen, die vorerst noch zweifelnden Käufer zu aktiven Meinungsführern und damit zu unbezahlten, im sozialen Umfeld aber besonders glaubwürdigen Werbehelfern zu machen.
G.S.

Literatur: *Festinger, L.:* Theorie der kognitiven Dissonanz, Berlin 1978. *Raffée, H.; Sauter B.; Silberer, G.:* Theorie der kognitiven Dissonanz und Konsumgüter-Marketing, Wiesbaden 1973. *Schuchard-Ficher, C.:* Ein Ansatz zur Messung von Nachkauf-Dissonanz, Berlin 1979. *Silberer, G.:* Dissonanz bei Konsumenten, in: *C. Graf Hoyos; W. Kroeber-Riel; L. von Rosenstiel; B. Strümpel* (Hrsg.): Grundbegriffe der Wirtschaftspsychologie, München 1980, S. 344-351.

Distanz, kulturelle

mit der → psychischen Distanz eng verwandtes Konstrukt. Anders als jenes wird es aber nicht auf individueller Ebene, sondern auf Landesebene gemessen, d.h. es erfasst den Unterschied zwischen zwei → Kulturen. Der bekannteste Operationalisierungsansatz stammt von *Kogut/Singh* (1988). Diese haben den „Index der kulturellen Distanz" (*Kogut/Singh*-Index) entwickelt, der auf den Kulturdimensionen von *Hofstede* beruht. Mittlerweile rekurriert eine Vielzahl von Forschern auf dieses Maß, das sich nach folgender Formel berechnet:

Kogut/Singh-Index		
CD_{ju}	=	$\sum\{(I_{ij} - I_{iu})^2/V_i\}/4$, wobei
CD_{ju}	=	Kultureller Unterschied zwischen Land j und Land u,
I_{ij}	=	Index der i-ten Kulturdimension (nach *Hofstede*) in Land j,
I_{iu}	=	Index der i-ten Kulturdimension (nach *Hofstede*) in Land u,
V_i	=	Varianz des Indexes der i-ten Kulturdimension.

S.M./M.Ko.

Literatur: *Kogut, B.; Singh, H.:* The Effect of National Culture on the Choice of Entry Mode, in: Journal of International Business Studies, Vol. 19 (1988), No. 3, S. 411–432. *Müller, S.; Kornmeier, M.:* Interkulturelles Marketing, München 2002.

Distanz, psychische

bislang überwiegend metaphorisch genutztes Konzept, welches allerdings nicht einheitlich definiert wird. Im Wesentlichen versteht man darunter all jene Faktoren, welche den Fluss von Informationen zwischen Individuen, Institutionen, Märkten und Ländern beeinträchtigen. Obwohl zahlreiche Autoren den Stellenwert dieses Konzepts erkannten, liegen bislang nur wenige Vorschläge zur Operationalisierung vor. Nach *Müller* (1991) zählt die psychische Distanz bzw. Nähe im Kontext des Interkulturellen Marketing (→ Marketing, interkulturelles) zusammen mit den Konstrukten Flexibilität sowie Risikowahrnehmung und Risikobereitschaft zu den psychographischen und primär sozialwissenschaftlich begründeten Persönlichkeitsfaktoren von Auslandsorientierung. Dieses Konstrukt ist Bestandteil eines von der „Uppsala-Schule" konzipierten, aber nicht hinreichend konkretisierten Modells der Exportentscheidung. Daneben finden sich in der Literatur Vorschläge zur Operationalisierung von Distanz, wobei vorzugsweise die (wahrgenommene) Ähnlichkeit bzw. Unähnlichkeit von Märkten sowie die Vertrautheit mit Auslandsmärkten als Surrogate dienen. S.M./M.Ko.

Literatur: *Müller, S.:* Die Psyche des Managers als Determinante des Exporterfolges: Eine kulturvergleichende Studie zur Auslandsorientierung von Managern aus sechs Ländern, Stuttgart 1991.

Distanzhandel (Fernhandel, Überseehandel) → Außenhandel, institutioneller

Distanzindex

Zur Beurteilung von Verschiedenheiten von zwei und mehreren Objekten oder Objektklassen verwendet man in der → Clusteranalyse unterschiedliche Bewertungsindizes. So bezeichnet man einen Index $d(i,j)$, der die Verschiedenheit zweier Objekte i und j misst, als Distanzindex auf Objektpaaren. Dabei fordert man $d(i,i) = 0$ für alle Objekte und $d(i,j) = d(j,i) \geq 0$ für je zwei Objekte. Die Eigenschaft „i und j sind ähnlicher als $\hat{i}$ und $\hat{j}$" wird durch $d(i,j) < d(\hat{i},\hat{j})$ ausgedrückt. Distanzindizes werden entweder direkt erhoben, indem man Objekte paarweise vergleicht oder sie werden geeignet aus den Merkmalsausprägungen der Objekte berechnet. Sind die Ausprägungen a_{ik} aller Merkmale k bei allen Objekten i mindestens intervallskaliert, so ist

$$d(i,j) = \left(\sum_{k=1}^{m} |a_{ik} - a_{jk}|^p \right)^{1/p}$$

ein sinnvoller Distanzindex. Für $p = 1$ erhält man die City-Block-Distanz, für $p = 2$ die euklidische Distanz. Zur Bewertung der Verschiedenheit innerhalb von Objektklassen verwendet man einen Index h mit $h(K) < h(L)$, wenn die Klasse K homogener zusammengesetzt ist als L. Beispiele für $h(K)$ sind:

$$\sum_{i,j \in K} d(i,j), \quad \frac{1}{|K|^2} \sum_{i,j \in K} d(i,j), \quad \max_{i,j \in K} d(i,j)$$

Die Verschiedenheit zwischen zwei elementfremden Klassen wird durch einen Index v bewertet, wobei $v(K,L) < v(\hat{K},\hat{L})$ durch „K und L sind ähnlicher als $\hat{K}$ und $\hat{L}$" erklärt wird. Beispiele für $v(K,L)$ sind etwa die bei → agglomerativen Clusteranalysen verwendeten Indizes

$\min_{i \in K, j \in L} d(i,j)$ (→ Single Linkage),

$\max_{i \in K, j \in L} d(i,j)$ (→ Complete Linkage Verfahren),

$\dfrac{1}{|K||L|} \sum_{i \in K, j \in L} d(i,j)$ (→ Average Linkage Verfahren).

Zur Bewertung einer Klassifikation κ benutzt man einen Index $b(\kappa)$, bspw.

$$\sum_{K \in \kappa} h(K) \text{ oder } \max_{K \in \kappa} h(K).$$

Für die spezielle Wahl von h ergibt sich damit das bekannte → Varianzkriterium.

O.O.

Literatur: *Bausch, T.; Opitz, O.:* PC-gestützte Datenanalyse mit Fallstudien aus der Marktforschung, München 1993.

Distribuierender Großhandel (Grossierer)

Distribuierende Großhandelsbetriebe konzentrieren ihre Tätigkeit überwiegend auf die Absatzseite, indem sie produktions- und transportorientierte Großmengen in bedarfsgeeignete Kleinmengen transformieren. Infolgedessen tätigt der Grossierer seine Umsätze i.d.R. mit Einzelhandelsbetrieben, gewerblichen Verwendern und Großverbrauchern. Demgegenüber steht der *Zentralgrossierer* (Zentralgroßhandel) als ein an zentralen Marktplätzen tätiger Großhandelsbetrieb, der seine Waren hauptsächlich an andere Großhandelsbetriebe absetzt.

K.Ba.

Distributionsdichte

ist wie der → Distributionsgrad eine als Quotient formulierte Ziel der → Vertriebswegepolitik, das den zahlenmäßigen Umfang der Marktpräsenz eines Produktes oder einer gewerblichen Leistung kennzeichnet. Der Zähler enthält die Zahl der Geschäfte, die über ein bestimmtes Merkmal verfügen, wie z.B. Bedienungsintensität, Breite und Tiefe des Sortiments, Standortlage. Der Nenner besteht aus einer nichtabsatzmittlerbezogenen Größe, wie z.B. Fläche eines Absatzgebietes, Einwohnerzahl, Zahl der Haushalte.

H.Schr.

Distributionsgrad

ist wie die → Distributionsdichte ein als Quotient formuliertes Ziel der → Vertriebswegepolitik, das die Intensität der Marktpräsenz auf der letzten Stufe des Vertriebsweges beschreibt. Sowohl Zähler als auch Nenner bestehen hier aus einer absatzmittlerbezogenen Größe. Es ist gängig, den Distributionsgrad als Quotient aus der Anzahl der Einkaufsstätten z.B. einer Branche, eines Betriebstyps oder eines Absatzgebietes, die das betreffende Produkt tatsächlich führen, und der Gesamtheit aller Einkaufsstätten dieser Branche, dieses Betriebstyps oder dieses Absatzgebietes zu bilden. Darüber hinaus kann es zweckmäßig sein, den Distributionsgrad unter Berücksichtigung der Erwartungshaltung der Konsumenten zu ermitteln: Dies ist dann die Wahrscheinlichkeit, mit der ein Konsument in einer Einkaufsstätte, die nach seinen Vorstellungen das Produkt führen müsste, die Ware tatsächlich erwerben kann.

Beide Arten von Distributionsgraden lassen sich als numerische oder gewichtete Größen bestimmen. Die *numerische Distribution* ist definiert als die Anzahl der Geschäfte, die Marke führen, prozentuiert auf die Gesamtzahl aller einschlägigen Geschäfte (z.B. aller Lebensmitteleinzelhandelsgeschäfte). Die *gewichtete Distribution* gibt Aufschluss über die Bedeutsamkeit der Handelsbetriebe, die für den Absatz der betrachteten Herstellermarke gewonnen werden konnten. Sie zeigt, welchen Prozentanteil jene Geschäfte, die die Marke führen, am gesamten Warengruppenumsatz aller einschlägigen Geschäfte haben.

Ein Beispiel für den *ungewichteten (numerischen)* Distributionsgrad ist der Quotient aus der Anzahl der Geschäfte, die ein bestimmtes Produkt führen, und der Gesamtheit aller Geschäfte, die die Warengruppe gelistet haben, zu der dieses Produkt gehört. Um den tatsächlichen Einfluss der produktführenden Geschäfte und damit die Bedeutung der Absatzmittler für den Hersteller zu berücksichtigen, lassen sich *gewichtete* Distributionsgrade berechnen, z.B. als Quotient aus dem Warengruppenumsatz der produktführenden Einzelhandelsunternehmungen und dem Warengruppenumsatz der entsprechenden Einzelhandelsunternehmungen, die diese Warengruppe führen.

Numerischer und gewichteter Distributionsgrad

numerischer Distributionsgrad:
= $\dfrac{\text{Zahl der die Marke X führenden Geschäfte} \times 100}{\text{Zahl der die entsprechende Warengruppe führenden Geschäfte}}$
gewichteter Distributionsgrad in Bezug auf den **Gesamtumsatz:**
= $\dfrac{\text{Umsatz der die Marke X führenden Geschäfte} \times 100}{\text{Umsatz der die entsprechende Warengruppe führenden Geschäfte}}$
gewichteter Distributionsgrad in Bezug auf den **Warengruppenumsatz:**
= $\dfrac{\text{Warengruppenumsatz der die Marke X führenden Geschäfte} \times 100}{\text{Warengruppenumsatz der die entsprechende Warengruppe führenden Geschäfte}}$

(Quelle: In Anlehnung an *Becker, J.*, Marketing-Konzeption, 6. Aufl., München 1998, S. 67 f.)

Das Marktforschungsinstitut A.C. Nielsen unterscheidet vier Formen des Distributionsgrades, jeweils numerisch und gewichtet: führend, nicht vorrätig (Artikel zwar geführt, aber am Beobachtungstag nicht vorrätig), einkaufend und verkaufend.

Je größer der Quotient aus gewichtetem und numerischen Distributionsgrad ist, desto größer ist auch die Bedeutung der belieferten Einzelhandelsunternehmungen hinsichtlich des Marktanteils. H.Schr.

Literatur: *Stern, W.E.:* Einzelhandelspanel, in: Marketing Enzyklopädie, München 1974, S. 525-539. *Günther, M.* u.a.: Marktforschung mit Panels, Wiesbaden 1998.

Distributionskosten

→ Vertriebskosten, die für die Distribution, d.h. die Warenverteilung im physischen und i.w.S. auch im akquisitorischen Sinne anfallen; insb. sind dies Kosten der → Marketing-Logistik (Transport, Lagerung, Versandpackung) und der Kundenbetreuung (→ Akquisitionskosten). In der Praxis wird der Begriff meist i.e.S. als Synonym für die → Logistik-Kosten gebraucht.

Distributionslogistik
→ Marketing-Logistik

Distributions-Mix → Distributionspolitik

Distributionspolitik, Distributions-Mix

Teil des → Marketing-Mix, der alle Entscheidungen und Tatbestände umfasst, welche den → Verkauf, die Vertriebswege und die Verteilung der hergestellten Güter und Dienstleistungen (→ Marketing-Logistik) an nachfolgende Wirtschaftsstufen betreffen. Ihr kommt damit die Aufgabe zu, eine Leistung vom Ort ihrer Entstehung unter Überbrückung von Raum und Zeit an jene Stelle(n) heranzubringen, wo sie in den Verfügungsbereich des Käufers übergehen. Vor allem im Konsumgütermarketing ist hierfür die Einschaltung des → Groß- und → Einzelhandels oft unverzichtbar, um die Feindistribution wirtschaftlich zu bewältigen und den Kontakt zum Kunden herzustellen. Dabei entsteht vertikaler → Wettbewerb mit den Handelsbetrieben um die um Markt erzielbare Wertschöpfung, der im Rahmen eines systematisch geplanten → vertikalen Marketing bewältigt werden muss. Spezielle Marketingbemühungen gegenüber dem Handel werden dabei gelegentlich als → Trade-Marketing bezeichnet.

Die Aktionsinstrumente bzw. Unterbereiche des Distributions-Mix lassen sich wie in der *Abbildung* dargestellt untergliedern. Von zentraler Bedeutung ist in der Industrie die → Vertriebswegepolitik einschließlich der Wahl der → Verkaufsorgane, die → Verkaufs- und Außendienstpolitik, das → Computer Aided Selling (CAS) und der

```
┌─────────────────────────────────────────────────────────────┐
│         Aktionsbereiche der Distributionspolitik            │
└─────────────────────────────────────────────────────────────┘
           │                                    │
┌──────────────────────┐           ┌──────────────────────┐
│ Gestaltung der       │           │ Gestaltung der       │
│ physischen           │           │ physischen           │
│ Warenverteilungs-    │           │ Warenverkaufs-       │
│ prozesse             │           │ prozesse             │
└──────────────────────┘           └──────────────────────┘

├─ Standortpolitik                  ├─ Vertriebswegepolitik
│   ├─ Unternehmensstandort         │   ├─ Selektionsentscheidung
│   └─ innerbetrieblicher           │   ├─ Akquisitionsentscheidung
│      Standort                     │   └─ Koordinationsentscheidung
│                                   │
├─ Lieferpolitik                    ├─ Verkaufs- und
│   ├─ Lieferbereitschaft           │  Außendienstpolitik
│   └─ Lieferservice                │   ├─ Strukturierung
│                                   │   ├─ Steuerung
│                                   │   ├─ Selektion
│                                   │   └─ Schulung
│
└─ Marketinglogistik
    ├─ Warenlogistik
    ├─ Informationslogistik
    └─ Geldlogistik
```

→ E-Commerce, der → persönliche Verkauf, das → vertikale Marketing und die → Marketing-Logistik. Im Dienstleistungs- und Handelssektor spielen darüber hinaus auch die → Standortpolitik für den Absatzerfolg eine wichtige Rolle.

Zunehmend strategische Probleme zusätzlich zu den vielfältigen operativen Aufgaben stellen sich in der → Marketing-Logistik, wo es generell darum geht, einen Kompromiss zwischen Lieferbereitschaft und -service für die Kunden einerseits und den → Logistik-Kosten andererseits zu finden. Im Zeichen des → Beziehungsmarketing gewinnt ferner der direkte Kundenkontakt durch diverse Maßnahmen des → Direktmarketing erheblich an Bedeutung. Selbst Massengüterhersteller können heute nicht mehr auf eine möglichst detaillierte Information über ihre Kunden verzichten und müssen deshalb darauf auch distributionspolitisch reagieren (s.a. → Supply Chain Management). Von einem funktionsfähigen Distributionssystem können erhebliche akquisitorische Wirkungen ausgehen, die zu Wettbewerbsvorteilen gegenüber Konkurrenten führen, so z.B. kurze Lieferzeiten, hohe Termintreue, hohe Lieferqualität, geringe Lieferrisiken, jederzeitige Bestellmöglichkeit und gute fachliche Beratung in einem persönlich angenehmen Kaufgespräch.

Um die Aufgaben der Distribution zu bewältigen, werden zunehmend computergestützte Informationssysteme eingesetzt (→ Informations-Logistik, → Warenwirtschaftssysteme). Die Nutzung des → Internets als Vertriebsweg führt zum → E-Commerce und → Online-Marketing. Dadurch kommt es nicht selten zu strategisch schwierig zu kontrollierendem, → mehrgleisigen Vertrieb.

Der strategische Charakter der Distributionspolitik zeigt sich auch darin, dass andere wichtige absatzpolitische Entscheidungsbereiche durch Festlegungen im distributionspolitischen Bereich geprägt werden. So bestimmt die Wahl der Letztverkaufsstelle (z.B. im → Exklusivvertrieb) stark die Produkt- und Verpackungsgestaltung sowie die Preis- und Kommunikationspolitik (→ Preisdurchsetzung). Der Stellenwert ergibt sich aber auch aus dem hohen Anteil der → Vertriebskosten an den gesamten Marketingkosten, die durch distributionspolitische Entscheidungen verursacht werden. Im ständigen Bemühen um Lean Marketing gilt es deshalb alle Entscheidungsbereiche immer wieder nach Rationalisierungpotenzialen zu hinterfragen, zumal die Personalintensität des Vertriebs den Einsatz moderner Kommunikations- und Präsentationstechniken kostenpolitisch nahe legt.

H.D.

Literatur: *Ahlert, D.:* Distributionspolitik, 3. Aufl., Stuttgart 1996. *Nieschlag, R.; Dichtl, E.; Hörschgen, H.:* Marketing, 18. Aufl., Berlin 1997.

Distributionspolitik, steuerliche Aspekte

Sowohl die Gestaltungsformen der aquisitorischen wie der physischen Distribution lösen eine Vielzahl unterschiedlicher steuerlicher Konsequenzen aus, deren systematische Ermittlung und Kalkulisierung bis heute noch nicht umfassend gelungen ist. Im Einzelnen können steuerliche Folgen insbes. folgender Distributionsgestaltungen festgestellt werden:

Besonderheiten der Besteuerung von Handelsbetrieben, eigenen Vertriebsgesellschaften, eigenen Verkaufsniederlassungen und unternehmensinternen Vertriebseinrichtungen. Wesentliche steuerliche Aspekte sind hier der Zeitpunkt der Gewinnrealisation (bereits beim Verlassen der Vermögenssphäre des Produktionsunternehmens, nicht jedoch bei eigenen inländischen Betriebsstätten), die Höhe der steuerlich anerkannten Verrechnungspreise (bei inländischen und ausländischen Geschäftsbeziehungen), die Bedeutung von Standorten (Hebesatzunterschiede, internationales Steuergefälle), die „Zerlegung" des Steuermehrbetrages bei Betriebsstätten und bei Organschaft, sowie generell die Behandlung von → Vertriebsgesellschaften, → Vertriebskosten und → Reisekosten. Besondere Bedeutung gewinnt → E-Commerce.

Besonderheiten der Besteuerung bei der Einschaltung von Absatzhelfern:

1. Handelsvertreter, Aspekte der Rechnungslegung und Besteuerung; → Kommission.
2. Besonderheiten der Besteuerung bei eigenen und fremden Transporten und Lagerhaltungen; → Vertriebskosten; Vorratsbewertung.
3. Besonderheiten der Besteuerung bei der administrativen Bewältigung der Distribution; → Rechnung; → Kaufvertrag.

R.F.

Literatur: *Feuerlein, H.-D.:* Die Beziehungen zwischen absatzpolitischen Entscheidungen und der Besteuerung; Düsseldorf 1981. *Rose, G.:* Betriebswirtschaftliche Steuerlehre, 3. Aufl., Wiesbaden 1992.

Distributionsquote → Distributionsgrad

Distributor

anglo-amerik. Großhändler (→ Außenhandel, institutioneller). Eine der Auslandsniederlassung eines Exporteurs ähnliche, v.a. im US-Markt gebräuchliche Form des → internationalen Vermittlungshandels, welche eine Zwischenform von Eigen- und Vermittlungshandel darstellt (→ Handelsvertreter). Die Erzeugnisse des Exporteurs werden in einem (zumeist) begrenzten Absatzgebiet weiterverkauft.

Diversifikation

Gemäß der die → Wachstumsstrategien eines Unternehmens charakterisierenden Produkt-Markt-Matrix (*Ansoff*) bietet bei Diversifikation ein Unternehmen neue Produkte auf bisher nicht bearbeiteten Märkten an. Sie wählt damit die schwierigst und risikoreichste Wachstumsstrategie, was nur bei Ausschöpfung aller anderen Wachstumsoptionen sinnvoll ist.

Die wichtigsten *Absichten der Diversifikation* sind zu sehen:

- im *Größenwachstum* des Unternehmens: Diversifikation gilt als typische Wachstumsform großer Unternehmen, die gezielt finanzielle Ressourcen zum Ausbau neuer Produkte in neuen Märkten nutzen,
- in der *Reduzierung des Marktrisikos*: Unternehmen können durch Diversifikation Abhängigkeiten bspw. von einem Markt minimieren,
- in der Begegnung eines *Abfalls der Wachstumskurve* der ganzen Branche, Stagnation oder Rückgang der Nachfrage,
- im Ausweichen vor einer Beeinträchtigung durch technisch und finanziell zu starke *Konkurrenten*,
- im Ausgleich *zyklische Nachfragefrageschwankungen* bei unstabilen Bedarfsnachfrage,
- in einer Reduzierung der *Abhängigkeit von Lieferanten*,
- in einer *Reinvestition von Gewinnen*, wobei die Diversifikation als Mittel der Kapitalanlage dient (→ Akquisitionsstrategie),
- in einem Ausbau der *Machtposition*,
- in der Ausnutzung von → Synergien zwischen verschiedenen Geschäftsfeldern.

Unterschieden werden drei *Arten der Diversifikation*:

(1) *Horizontale Diversifikation*, d.h. die Erweiterung des bisherigen Produktionsprogramms um Produkte derselben Produktionsstufe einer Branchenkette, für die in der Regel die gleichen o.Ä. Abnehmer in Frage kommen (z.B. Herrenausstatter *Boss*, der sein Produktprogramm der Herrenkollektion um die Damenkollektion ergänzt hat). Unternehmen versprechen sich von dieser Strategie die Ausschöpfung von Synergievorteilen insbesondere im Beschaffungs-, Produktions- und Absatzbereich. Als Risiken sind die Gefahr der leichten Nachahmbarkeit seitens der Konkurrenz und die verstärkte Abhängigkeit des Unternehmens von der angestammten Branche zu sehen.

(2) *Vertikale Diversifikation*, d.h. Integration von Produkten, die der vor- (*Rückwärtsintegration*) oder nachgelagerten Wertschöpfungsstufe (*Vorwärtsintegration*) zu zuordnen sind (z.B. hat *Ford* ist durch die Übernahme des Autoservicedienstleisters Kwik Fit/Pit Stopp vorwärts integriert). Die Ausnutzung von vertikalen Synergiepotenzialen ist das Ziel der vertikalen Integration. Risiken sind in Form von Inflexibilitäten der Gesamtorganisation durch die neue Unternehmensgröße zu sehen.

(3) *Laterale Diversifikation*, hierbei stehen die neuen Produkte in keinem Zusammenhang zu dem bisherigen Angebot (z.B. Autovermietungsfirma Sixt, die auch Reisen anbietet). Synergieeffekten sind bei der lateralen Strategieoption nicht zu erwarten. Vielmehr stehen finanzwirtschaftliche und risikopolitische Ziele im Vordergrund. Oftmals diversifizieren Unternehmen in Wachstumsbranchen (z.B. Mannesmann Anfang der 90er-Jahre in den Mobilfunk), so dass dann Konglomerate entstehen.

In der amerikanischen Literatur werden Diversifikationsarten z.T. anders abgegrenzt. Hier werden

(1) die konzentrische (technische und/oder marketingmäßige Ähnlichkeit mit der bestehenden Produktlinie),
(2) die *horizontale* (technologisch neue Produkte für alte Kunden) und
(3) die konglomerative Diversifikation (neue Produkte für neue Kunden) unterschieden.

Mit der Rückbesinnung des → strategischen Marketing auf die Bedeutung von → Wettbewerbsvorteilen sowie der Unternehmen

Diversifikation im Handel

auf ihre → Kernkompetenzen hat insbesondere die laterale Diversifikation, aber auch die vertikale Diversifikation an Bedeutung verloren. Viele Unternehmen trennen sich sogar im Sinne der → Entflechtungsstrategie von Diversifikationsfeldern und konzentrieren sich auf ihr eigentliches Geschäft. Oftmals werden diese Teilbereiche auch über einen Börsengang an Anteilseigner veräußert.

Prinzipiell sind Diversifikationen zumeist mit erheblichen Kosten, großem Zeitaufwand, Finanzbedarf und Risiko sowie Organisationsaufwand verbunden. Daher bedarf es vorab einer gesonderten aus der Perspektive der → Wettbewerbstrategie abgeleiteten Prüfung (→ Market Due Diligence). Die wichtigsten Realisierungsformen der Diversifikation sind der Eigenaufbau, die → Kooperation in Form der Lizenzübernahme (→ Lizenzen), Zukauf von Handelsware oder → Joint Ventures sowie die Akquisition (→ Akquisitionsstrategie). Gesamtwirtschaftlich können Diversifikationen negative Folgen haben. Wettbewerbsbeschränkende Wirkungen sind in der Ausdehnung marktbeherrschender Stellungen, der Behinderung, Disziplinierung oder Verdrängung von Konkurrenten, in Kopplungs- und reziproken Geschäften, in der die Selektion nach Leistungsfähigkeit gefährdenden Ausgleichskalkulation und der Erhöhung von → Markteintrittsbarrieren zu sehen. R.N.

Literatur: *Ansoff, H.I.:* Strategic Management, London 1979. *Welge, M.K.; Al-Laham, A.:* Planung, Wiesbaden 1992. *Kirsch, W.:* Beiträge zum Management strategischer Programme, München 1991. *Kreikebaum, H.:* Strategische Unternehmensplanung, Stuttgart 1991.

Diversifikation im Handel

zählt zu den Wachstumsstrategien der Programm- und/oder Institutionenvariation von Handelsunternehmen (→ Handelsstrategien). Mit → Diversifikation bezeichnet man neue Produkte oder Leistungsprogramme, mit denen das Unternehmen auf von ihm bisher nicht bearbeiteten Märkten tätig wird. Dieser Programmerweiterung steht die Spezialisierung als Programmeinschränkung gegenüber. Zur Diversifikation gehören alle neuen Geschäftsfelder, die außerhalb der Kernwertschöpfung des Handels liegen, so z.B. die Produktherstellung, die Touristik bis hin zur Gastronomie. Der Diversifikationsgrad ist die Intensität, mit der eine Tätigkeit in einem neuen Bereich aufgenommen wird. Je nach der Nähe des neuen Marktes zu den bisherigen Aktivitäten werden unterschieden: horizontale, vertikale oder laterale Diversifikation.

Eine *horizontale Diversifikation* liegt vor, wenn das Handelsunternehmen auf der gleichen Wirtschaftsstufe (d.h. auf der Handelsstufe) bleibt, dort aber entweder:

1. das Warenangebot erweitert (Hinzunahme neuer Teilsortimente, z.B. ein Textilhaus eröffnet eine Schuhabteilung). Diese → *Sortimentspolitik* kann auch Dienstleistungen (→ Dienstleistungserweiterung) oder z.B. unterschiedliche Sortimentstypen bei Filialunternehmen beinhalten;

2. den bisherigen Betriebstyp in eine neue Branche positioniert (*Branchenpolitik*, z.B. ein Textilfachgeschäft entwickelt ein Schuhfachgeschäft), d.h. Diversifikation als Ausbrechen aus den angestammten Branchen in benachbarte oder neue Branchen;

3. einen für das Unternehmen neuen Betriebstyp als Zusammenfassung neuer Sortimente entwickelt (*Betriebstypenpolitik* (→ Betriebstypeninnovation), z.B. ein Textilhaus filialisiert über Boutiquen, oder die Gründung von Cash-and-carry-Betrieben durch Lebensmittelgroßhändler);

4. eine sinnvolle Kombination der Varianten vornimmt (z.B. ein Textilhaus entwickelt einen neuen Schuhdiscountbetrieb). Bei dieser Sichtweise sind die Grenzen der Diversifikation und der Angebotsentwicklung fließend.

Bei einer *vertikalen Diversifikation* wird das Handelsunternehmen in einer vor- oder nachgelagerten Stufe tätig (Ausdehnung der Leistungstiefe), z.B. in Form eigener Produktionsbetriebe.

Eine *laterale (heterogene, gemischte) Diversifikation* liegt vor, wenn ein Handelsunternehmen in Tätigkeitsgebieten aktiv wird, die in keinem sachlichen Zusammenhang zu den bisherigen stehen (Eindringen in bisher fremde Marktbereiche), z.B. wenn ein Warenhaus im Immobilien- oder Bankengeschäft tätig wird bzw. ein Reisebüro oder eine Autovermietung betreibt (*Diversifikation i.e.S.*).

Ziele der Diversifikation sind u.a.:

– die Sicherung des Unternehmenswachstums, wenn in den angestammten Tätig-

keitsfeldern keine ausreichende Expansion mehr erreicht wird,
- die Verringerung des unternehmerischen Risikos durch Risikostreuung,
- die Verbesserung der Rentabilität durch neue Investitionen,
- die bessere Auslastung von vorhandenen Kapazitäten, z.B. der Vertriebsorganisation oder der EDV-, Lager- und Transportorganisation.

Als Vorteile einer Diversifikation im Handel sind u.a. zu nennen:
- die Ausnutzung des Managements und sonstiger Faktoreinsatzkapazitäten für mehrere Leistungsprogramme und Betriebstypen,
- die Erlangung von Einkaufsvorteilen, wenn gleiche Hersteller für unterschiedliche Betriebstypen liefern,
- die Anpassung an neue Nachfrage- oder Beschaffungsalternativen.

Als Nachteile lassen sich u.a. nennen die möglichen Reibungsverluste oder die Gefahr einer Imageverwässerung.   B.T./J.Z.

Literatur: *Ansoff, I.*: Strategies for Diversification, in: Harvard Business Review, Vol. 35 (1957), Nr. 5, S. 113–124. *Barth, K.*: Betriebswirtschaftslehre des Handels, 4. Aufl., Wiesbaden 1999, S. 142–143. *Müller-Hagedorn, L.*: Der Handel, Stuttgart, Berlin, Köln 1998, S. 202–204. *Tietz, B.*: Der Handelsbetrieb, 2. Aufl., München 1993, S. 247–253.

Diverting

Als Diverting bezeichnet man es, wenn → Handels-Promotions eine Verschiebung der Liefermengen eines Herstellers zwischen verschiedenen Händlern zur Folge haben. Handels-Promotions führen dann dazu, dass einige Händler Rabatte nicht nutzen, um günstig an Konsumenten weiterzuverkaufen (→ Pass-Through), sondern um die Ware günstig an andere Händler abzugeben, welche sie sonst auf anderem Wege gekauft hätten. Für den Hersteller bedeutet dies einen Verlust, da die Handels-Promotion zu keinem echten Mehrabsatz führt. Ignoriert ein Hersteller Diverting, so überschätzt er also die Profitabilität seiner Handels-Promotions.

Divisionalisierung

Form der Unternehmensorganisation, bei der die Tätigkeitsgebiete eines Unternehmens in relativ autonome, nach dem Prinzip von Profit-Centers agierende Sparten aufgegliedert wird. Unterhalb der Spartenleitung findet man meist eine funktionale Organisation, wobei einige, meist im Verwaltungsbereich angesiedelte Funktionen auf zentraler Ebene verbleiben. Insofern handelt es sich bei der Divisionalisierung um eine dezentralisierte Organisation.

Im Zusammenhang mit der Entwicklung des → strategischen Marketing wurden viele Spartenorganisationen in Geschäftsbereichorganisationen nach dem Muster → strategischer Geschäftseinheiten umgewandelt, um den Interdependenzen zwischen den verschiedenen Sparten unternehmensstrategisch Rechnung tragen zu können (s.a. → Marketingorganisation).

Divisionskalkulation
→ Kalkulationsverfahren,
→ Kostenwerte in der Preiskalkulation

Divisive Clusteranalyse

Divisive Verfahren der Clusteranalyse ermitteln eine hierarchische Klassifikation nach folgendem Prinzip:
Bei einer disjunkten Klassifikation $\kappa =\{K_1,...,K_s\}$ (→ partitionierende Clusteranalyse) wird eine Klasse $K_j \to \to$ gesucht, die sich „optimal" in zwei Teilklassen K_{j1} und K_{j2} zerlegen lässt. Für einen vorgegebenen Bewertungsindex der Form $v(K,L)$ (→ Distanzen) sucht man eine Klasse K_j mit der Unterteilung in K_{j1} und K_{j2}, sodass der Wert max K_{j1}, K_{j2} $v(K_{j1}, K_{j2})$, für alle Klassen K_j betrachtet, maximal wird. Verfahrensvarianten ergeben sich je nach Festlegung von v.

Offenbar kann man dabei mit einer Klassifikation starten, die als einzige Klasse die gesamte Objektmenge enthält. Der Aufspaltungsprozess kann solange durchgeführt werden, bis sich einelementige Klassen ergeben.

Die im Rahmen von divisiven Verfahren zu lösenden Optimierungsprobleme sind meistens sehr schwierig, der Rechenaufwand ist i.a. wesentlich höher als bei Verfahren der → agglomerativen Clusteranalyse. Ein Optimum kann allenfalls für jede einzelne Aufspaltungsstufe erreicht werden, da einmal vorgenommene Zerlegungen nicht mehr rückgängig gemacht werden. Gelegentlich wird man daher stufenweise → Austauschverfahren verwenden.   O.O.

DMA
→ Direct Marketing Association (DMA)

DMV

→ Deutscher Marketing-Verband e.V.

Dokumente im internationalen Warenverkehr

sind die Grundlage verschiedener Zahlungskonditionen (→ Außenhandelsfinanzierung).

a) *Verladepapiere*; Grundsätzlich unterscheidet man zwischen Verladepapieren, welche die Ware repräsentieren (Traditions- oder Dispositionspapiere) und solchen, welche lediglich den Versand der Ware nachweisen.

- Das *Konnossement (Bill of Lading, Schiffsfrachtbrief)* ist in der Seeschifffahrt gebräuchlich. Namens-(auf den Empfänger lautend), Order- (an Empfänger oder „an Order") oder Inhaber-(selten) Konnossement sind die Optionen. Das Namenskonnossement wird nicht durch Indossierung sondern durch Zession (Abtretungserklärung) übertragen.

Daneben existieren weitere Konnossementformen:
- Rektakonnossement = Namenskonnossement ohne Zusatz „oder Order";
- Bordkonnossement = das Datum der Anbord-Verbringung der Ware ist mit dem Ausstellungsdatum des Konnossements identisch.
- Übernahmekonnossement (received for shipment bill of lading) bestätigt lediglich die Warenübernahme, ist jedoch keine Bestätigung über die tatsächliche Verschiffung;
- Durchkonnossement (through bill of lading) sind im gebrochenen Verkehr (Combined transport) üblich;
- Direktkonnossement (straight bill of lading) erlaubt keine Umladung [in USA und Kanada wird als straight bill of lading das reine Namenskonnossement bezeichnet];
- Das Kurzkonnossement (short form bill of lading [seit 1975]) enthält nicht den vollen Text der Transportbedingungen sondern die Regelungen, die bei der Reederei eingesehen werden können (Transportrichtlinien).

b) Die *Handelsfaktura (commercial invoice)* ist die ordnungsgemäß ausgestellte Rechnung des Lieferanten.

c) Die *Konsulatsfaktura* ist die Faktura des Konsulats des Importlandes und bestätigt die Übereinstimmung des Fakturenbetrages mit dem Handelswert der Ware im Exportland.

d) Das *Ursprungszeugnis* dient dem Nachweis der Herkunft der Ware. Die Ursprungserklärung EUR.2 ist ein vereinfachtes Dokument, das vom Exporteur ausgestellt wird. Daneben ist auch die Handelskammer des Exportlandes mit der Ausstellung von Ursprungszeugnisses befasst.

e) *Versicherungsdokumente* beurkunden den Abschluss eines Versicherungsvertrages zum Schutz der Ware während des Transports.

f) *Spediteurdokumente*
- FCR Forwarder Certificate of Receipt (Übernahme- und Versandbescheinigung)
- FCT Forwarders Certificate of Transport beinhaltet die Verpflichtung zur Auslieferung der Ware am Bestimmungsort. Das FCT ist begebbar.
- FWR FIATA Warehouse Receipt ist ein 1975 eingeführter Lagerschein, der negotiabel ist, wenn er den entsprechenden Vermerk trägt (Achtung auf jeweils nationales Recht).
- SDT Shippers Declaration for the Transport of Dangerous Goods ist ein Dokument für Gefahrenguttransporte, das der Auftraggeber und nicht der Spediteur ausstellt.
- FBL Negotiable FIATA Combined Transport Bill of Lading (seit 1972) ist ein Durchkonnossement. Sofern der Spediteur in die Funktion des Multimodal Transport Operator (MTO) eintritt, trägt er die Verantwortung für das Gut und den Transport.

g) *Orderlagerschein (Delivery Order)* wird von Treuhandgesellschaften ausgestellt, die sich mit der Weiterleitung von Warensendungen befassen. Es berechtigt den Begünstigten, seinen angeführten Anteil an der Gesamtmenge der Ware in Empfang zu nehmen.

H.Ma.

Dokumenten-Inkasso

Form der Zahlungsabwicklung im Exportgeschäft. Im Gegensatz zum (Dokumenten-) → Akkreditiv händigt der Exporteur oder Verkäufer die Ware nur bei entsprechender Gegenleistung aus (Zug-um-Zug-Geschäft). Seine Hausbank zieht den Gegenwert den von ihm eingereichten Lieferdokumente vom Importeur oder dessen

Bank ein. Die zwischengelagerte Ware kann danach vom Importeur übernommen werden. Für den Importeur ergibt sich das Risiko, die Ware erst nach Bezahlung inspizieren zu können während das Risiko für den Exporteur recht gering ist. B.I.

Dollar-Metrik-Skala
Skalierungsverfahren zur Messung der Präferenzdifferenzen von Stimuluspaaren auf einer geldwertgleichen Skala. Im Rahmen eines Paarvergleichs bewerten die Testpersonen ihre Präferenzdifferenzen in Geldeinheiten (z.B. $ oder Euro), indem sie z.B. angeben, wie viel $ das höher präferierte Produkt mehr kosten darf, ohne dass sich die Präferenz verändert.

Domain-Hamstern → Internet-Recht, → Public domains

Dominanzeffekt, asymmetrischer
Die traditionelle Vorstellung von Konkurrenzbeziehungen zwischen Produkten in einem Markt geht davon aus, dass eine Innovation die → Marktanteile der existierenden Produkte – möglicherweise proportional zu ihren eigenen Marktanteilen – reduziert (Luce-Modell). Empirische Untersuchungen zeigen jedoch, dass ein neues Produkt (decoy), das in den Eigenschaftsausprägungen von einem bereits existierenden Produkt (target) dominiert wird, den Marktanteil des targets gegenüber einem Konkurrenten erhöht; das decoy-Produkt selbst erzielt aufgrund der Dominanzbeziehung keinen nennenswerten Marktanteil.
Eine Erklärung dieses asymmetrischen Dominanzeffekts wird darin gesehen, dass das decoy-Produkt die Spannweite der Eigenschaftsausprägungen der vorhandenen Produkte im → Produktmarktraum bei derjenigen Eigenschaft erhöht, bei der die target-Alternative dem Konkurrenten unterlegen ist. Unter der Annahme, dass sich der Teilnutzen einer Eigenschaftsausprägung aus dem Abstand zu den vorliegenden Extremwerten im Produktmarktraum ergibt, steigt dadurch der Teilnutzen der target-Alternative bei dieser Eigenschaft (value-shift-Modell). Eine weitere Erklärung sieht das target-Produkt bei Existenz der decoy-Alternative als Kompromisslösung zwischen target und Konkurrent. Empfinden Entscheider eine „extremeness aversion" erscheint das target-Produkt dadurch attraktiver. Ferner lässt sich die Wahl der target-Alternative aufgrund der Dominanzbeziehung zum decoy-Produkt leichter rechtfertigen. Diese prozeduralen Überlegungen bei der Lösung des Entscheidungsproblems verleihen der target-Alternative einen zusätzlichen Nutzen (value-added-Modell).
Insgesamt zeigt der asymmetrische Dominanzeffekt, dass die → Präferenzen der Nachfrager vor allem in ungewohnten Produktbereichen stark kontextabhängig sind.
H.P.

Literatur: *Simonson, I.; Tversky, A.*: Choice in Context: Tradeoff Contrast and Extremeness Aversion, in: Journal of Marketing Research, Jg. 39, Using Judgments to Understand Decoy Effects in Choice, in: Organizational Behavior and Human Decision Processes, Jg. 67 (1996), S. 326-344.

Doppelleser → Leserschaftsforschung

Doppelpostkarte (Faltbriefsendung; Selfmailer)
Kombination einer werblich bedruckten Postkarte (Angebotskarte) mit einer Antwortkarte. Instrument der → Direktwerbung und kostengünstige Spezialvariante der → adressierten Werbesendung. Aus einem Stück Karton bestehend und so gefaltet, dass beide Teile gleich groß sind. Rückantwortkarte meist schon personalisiert.

Doppelte Kodierung, duale Kodierung
im Rahmen der → Imagery-Forschung entwickelte Hypothese der Informationsverarbeitung, nach der bildliche und verbale Informationen in zwei voneinander unabhängigen, aber miteinander verknüpften Gedächtnissystemen (dem verbalen System und dem Imagerysystem) verarbeitet werden (→ Gedächtnistheorien). Ist eine Information in beiden Systemen gespeichert, erhöht sich die Erinnerungsleistung. Allgemein gesagt: Je konkreter bildliche und verbale Informationen sind, desto größer ist die Wahrscheinlichkeit, dass sie doppelt – verbal und bildlich – kodiert und gespeichert werden. Darauf aufbauend kann man eine Gedächtnishierarchie entwickeln: Reale Objekte werden besser erinnert als Bilder. Bilder werden besser erinnert als konkrete Worte. Konkrete Worte werden besser erinnert als abstrakte Worte. Diese Gedächtnishierarchie wurde in einer Vielzahl von Untersuchungen bestätigt, die Aufgabenteilung der Hirnhälften wird auch durch die Hemisphärenforschung belegt. Deshalb

wird es in der Werbung zunehmend wichtiger, zur Vermittlung der Schlüsselbotschaft → Bildkommunikation einzusetzen.

G.M.-H./F.-R.E.

Literatur: *Paivio, A.:* Imagery and Verbal Processes, New York u.a. 1971. *Ruge, H.-D.:* Die Messung bildhafter Konsumerlebnisse, Heidelberg 1988. *Kroeber-Riel, W.:* Bildkommunikation, München 1993.

Dorfman-Steiner-Theorem

marginalanalytische Formulierung der Bedingungen des optimalen → Marketing-Mix. Das Dorfman-Steiner-Theorem geht von einer Unternehmung aus, die die Höhe des Produktpreises, das Niveau der Produktqualität, ausgedrückt durch einen Index, und die Höhe des Werbebudgets so festsetzen möchte, dass der Gewinn maximal wird. Es wird eine Gewinnfunktion aufgestellt, die die Umsatzerlöse, die Produktionskosten und die Absatzkosten enthält. Die Erlöse ergeben sich durch Multiplikation des Preises mit der Absatzmenge. Diese wiederum ist als → Marktreaktionsfunktion mit den unabhängigen Variablen Preis, Qualitätsindex und Werbebudget formuliert. Die Produktionskosten sind eine Funktion der Absatzmenge und des Qualitätsniveaus, Absatzkosten fallen in Höhe der Werbeausgaben an.

Durch Nullsetzen der partiellen Differentialquotienten des Gewinns nach den drei Marketingvariablen erhält man das Gewinnmaximum. Das zugehörige optimale Marketing-Mix ist dadurch gekennzeichnet, dass die Preiselastizität der Nachfrage gleich dem Grenzerlös der Werbung und gleich dem Produkt aus der Qualitätselastizität der Nachfrage und dem Preis-Kosten-Verhältnis ist. Diese als Dorfman-Steiner-Theorem bekannte Formel ist nicht leicht durchschaubar. Man kann nachweisen, dass sie mit der folgenden, leichter nachvollziehbaren Allokationsregel identisch ist: Das Optimum ist erreicht, wenn eine zusätzliche Geldeinheit, die in das Marketing-Mix investiert wird, einen gleich hohen Grenzerlös bringt, gleichgültig, in welches Instrument sie investiert wird.

Das Modell von *Dorfman* und *Steiner* beruht auf sehr restriktiven Prämissen. Es ist begrenzt auf das Monopol, es schließt → Ausstrahlungseffekte aus, es unterstellt stetig differenzierbare Marktreaktionsfunktionen und ignoriert alle Probleme ihrer empirischen Ermittlung. Es kann deshalb nur die logische Struktur der Optimierung des Marketing-Mix transparent machen, jedoch nicht als praktische Entscheidungshilfe dienen.

K.P.K.

Literatur: *Dorfman, R.; Steiner, P.O.:* Optimal Advertising and Optimal Quality, in: American Economic Review, Jg. 44 (1954), S. 826–836.

Dot.Com

bezeichnet umgangssprachlich Startup-Unternehmen, deren → Geschäftsmodell auf einer Tätigkeit im Internet basiert. Die Bezeichnung „Dot.Com" hat dabei ihren Ursprung aus der Adressierung kommerzieller US-amerikanischer Internet-Angebote, die mit „.com" gekennzeichnet sind.

Doubletten-Abgleich bzw. -Eliminierung

beschreibt die Beseitigung von in einem Adressenbestand vorhandenen Doppeladressen, die auf Grund unterschiedlicher Erfassung, Schreibfehlern oder Mehrfacheinsendungen entstanden sind. Ziel ist die Vermeidung einer Mehrfachansprache einzelner Empfänger im Rahmen des → Direktmarketing (s.a. → Adressmanagement). Mithilfe geeigneter Abgleichverfahren lassen sich so vorhandene Adressbestände nach vorgegebenen Suchkriterien auf identische Adressen gegenprüfen. Heute werden dazu meist Computerprogramme eingesetzt. Die klassische Form des Adressabgleichs ist das *Match-Code-Verfahren*, das auf dem Vergleich bestimmter, vom Nutzer vorzugebender Adressbestandteile (z.B. die ersten beiden Buchstaben des Vornamens, die ersten vier Buchstaben des Familiennamens, die PLZ, die ersten vier Buchstaben der Straße, sowie die Hausnummer) basiert. *Phonetisch orientierte Verfahren* berücksichtigen darüber hinaus oder stattdessen den Gleichklang von Namen und Begriffen und arbeiten nach dem Prinzip, dass gleich klingende Namen auch gleiche Adressen sind, dazu werden Silben in mathematische Codes übersetzt und diese dann verglichen. Moderne Varianten beherrschen darüber hinaus noch die *Fuzzy-Logic* und ziehen so nach dem ersten Durchlauf automatisch zusätzliche Beurteilungskriterien hinzu. Der Adressenabgleich gehört heute zum Standardangebot aller → Adressverlage und → Adressenvermittler.

N.G.

Literatur: *Zehetbauer, E.* (Hrsg.): Das große Handbuch für erfolgreiches Direktmarketing, Landsberg a.L. 1995, Teil 5.2.4, S. 9 ff.

Download

Bei einem Download werden Programme oder Dateien von einem Server abgerufen und auf den eigenen Computer übertragen. Im Internet wird dazu häufig FTP eingesetzt. Bei den heutigen Browser ist FTP integriert, so dass durch Anklicken des entsprechenden → Links automatisch der Download einer Datei gestartet werden kann. B.S./K.S.

Doxologie

aus dem Griechischen (Doxa = Meinung) abgeleiteter, nicht mehr üblicher Begriff für die demoskopische → Marktforschung.

DPR → Direkte Produkt-Rentabilität

Drehbuch → TV-Spot

Dreiecksgeschäft

Variante des → Kompensationsgeschäfts, bei der drei Unternehmen auftreten, die in einer Art „Ringtausch" jeweils einem Partner Realgüter liefern und von einem anderen Partner Realgüter empfangen.

Dreimodale Faktorenanalyse

Verfahren der Hauptkomponentenanalyse bzw. Faktorenanalyse zur simultanen Analyse von dreidimensionalen, dreimodalen Daten. Die Modalität eines Datenkörpers betrifft die inhaltlich verschiedenen Bestimmungsgrößen eines Datenkörpers. Die Dimensionalität eines Datenkörpers korrespondiert hingegen mit der Anzahl der Indizes des Datenkörpers (→ N-Wege-Analyse).

Das Modell der dreimodalen Komponentenanalyse nach *Tucker* wird Tucker3-Modell genannt und hat die folgende Grundstruktur:

$$x_{ijk} = \sum_{p=1}^{P}\sum_{q=1}^{Q}\sum_{r=1}^{R} a_{ip} b_{jq} c_{kr} g_{pqr} + e_{ijk}$$

Die Koeffizienten a_{ip}, b_{jq} und c_{kr} sind Elemente der $(I \times P)$-, $(J \times Q)$- und $(K \times R)$-dimensionalen Komponentenmatrizen **A**, **B** und **C**. Ihre Interpretation ist vergleichbar der allgemeiner → Hauptkomponentenanalysen bzw. → Faktorenanalysen. ist ein Element der so genannten Kernmatrix **G**. Die Dimensionalität der Kernmatrix entspricht der des ursprünglichen Datenkörpers, wobei die Anzahl der Komponenten der Matrizen **A**, **B** und **C** die Größe der Kernmatrix als eine $(P \times Q \times R)$-dimensionale Matrix festlegt. Die Kernmatrix enthält die Informationen darüber, wie die einzelnen Komponenten der Matrizen **A**, **B** und **C** miteinander verknüpft sind. Das Element der Kernmatrix g_{pqr} misst folglich den Zusammenhang zwischen der p-ten Komponente der Matrix **A**, der q-ten Komponente der Matrix **B** und der r-ten Komponente der Matrix **C**. Der Wert g_{pqr}^2 gibt an, welchen Beitrag die Kombination der p-ten Komponen-

Das Grundprinzip des Tucker3-Modellansatzes

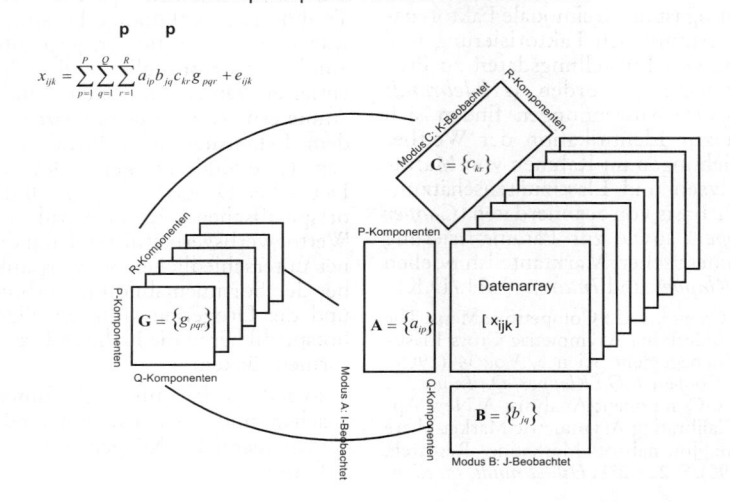

Drittländerhandel

te des ersten Modus mit der q-ten Komponente des zweiten Modus und der r-ten Komponente des dritten Modus an der gesamten Varianzerklärung des Modells hat, da die Summe der quadrierten Kernmatrixelemente gleich der erklärten Varianz in den Beobachtungen ist. gibt die Abweichung bei der Anpassung von x_{ijk} durch die drei Komponentenmatrizen und der Kernmatrix an. Im Allgemeinen wird die Datenmatrix nicht in die maximale Anzahl an Komponenten I, J und K, sondern nur in P, Q und R Komponenten mit P < I, Q < J und R < K dekomponiert. Die Festlegung der Größen von P, Q und R erfolgt unter dem Gesichtspunkt der Bedeutsamkeit der Komponenten und der erklärten Varianz in den Daten. Die Anwendung der dreimodalen Faktorenanalyse kann mit verschiedenen Programmsystemen erfolgen. Zur vollständigen Analyse des dreidimensionalen, dreimodalen Datenkörpers ist z.B. der TUCKLALS3-Algorithmus geeignet, der im Programm 3WAYPACK von *Kroonenberg* implementiert ist. Er verwendet einen alternierenden Kleinste-Quadrate Algorithmus, der folgende Verlustfunktion

$$\text{TUCKALS3}(\mathbf{A}, \mathbf{B}, \mathbf{C}, \mathbf{G}_1, \ldots, \mathbf{G}_R)$$
$$= \sum_{i=1}^{I}\sum_{j=1}^{J}\sum_{k=1}^{K}\left(x_{ijk} - \sum_{p=1}^{P}\sum_{q=1}^{Q}\sum_{r=1}^{R} a_{ip}b_{jq}c_{kr}g_{pqr}\right)^2$$
$$= \sum_{k=1}^{K}\left\|\mathbf{X}_k - \mathbf{A}\sum_{r=1}^{R}c_{kr}\mathbf{G}_r\mathbf{B}'\right\|^2$$

mit $\|\cdot\|^2$ als quadrierte euklidische Norm einer Matrix minimiert.

Im Marketing ist die dreimodale Faktorenanalyse zur simultanen Faktorisierung und Clusterung von Einstellungsdaten zu Produkten eingesetzt worden (*Hildebrandt* und *Klapper*). Anwendungen finden sich außerdem zur Identifikation der Wettbewerbsbeziehungen im Rahmen von Marktanteilsanalysen und Elastizitätenschätzungen auf der Basis von Scannerdaten (*Cooper* und *Klapper*) sowie zur Parametrisierung von asymmetrischen Marktanteilsmodellen (*Cooper*, *Klapper* und *Inuoe*). L.H./D.KL.

Literatur: *Cooper, L.G.:* Competitive Maps: The Structure Underlying Asymmetric Cross Elasticities, in: Management Science, Vol. 34 (1988), S. 707-723. *Cooper, L.G.; Klapper, D.; Inoue, A.:* Competitive-Component Analysis: A New Approach to Calibrating Asymmetric Market-Share Models, in: Journal of Marketing Research, Vol. 33 (1996), S. 224-238. *Hildebrandt, L.; Klapper, D.:* Möglichkeiten zur Analyse dreimodaler Daten für die Marktforschung mit Komponentenanalyse, in: Marketing ZFP, 21. Jg. (1999), S. 313–327. *Klapper, D.:* Die Analyse von Wettbewerbsbeziehungen mit Scannerdaten, Heidelberg 1998. *Kroonenberg, P.M.:* 3WAYPACK user's manual, version 2, Rijks Universiteit Leiden, 1996. *Tucker, L.R.:* Some mathematical notes on three-mode factor analysis, in: Psychometrika, Vol. 31 (1996), No. 3, S. 279-311.

Drittländerhandel → Transithandel

Drittpersonentechnik

Form der projektiven → Befragung, bei Themen, über die ein Befragter vermutlich ungerne in Ichform Auskunft gibt. Man verwendet deshalb fingierte Dialoge oder Aussagen von Figuren („Sprechblasentechnik"), zu denen der Befragte Stellung beziehen soll (→ Dialogfrage).

Drogeriemärkte → Drogerien, → Fachmarkt

Drogerien

→ Betriebsform des Einzelhandels und Anbieter eines vergleichsweise breiten Sortiments an Haushaltsartikeln, Wasch- und Putzmitteln, Körperpflegemitteln und Kosmetika, Kindernähr- und Pflegemitteln sowie Tiernahrung. Nach dem erklärten Selbstverständnis ihrer verbandsmäßig organisierten Interessenvertretung wollen Drogerien vermehrt als → Fachgeschäfte im Schönheits- und Gesundheitsmarkt sowie im Freizeitmarkt der Amateur-Fotografie auftreten, um sich so vor allem durch sortimentspolitische Kompetenz, qualifiziertes Trading up, fachkundige Beratung und gewährte Serviceleistungen gegenüber den – zumindest ursprünglich – eher diskontorientierten *Drogeriemärkten* und anderen Anbietern von *Drogeriewaren*, wie z.B. dem Lebensmitteleinzelhandel, abzugrenzen („Leitbild Drogerie des Verbandes Deutscher Drogisten"). Je nach den standortspezifischen Kundenstrukturen und Wettbewerbsverhältnissen kann dies mit einer unterschiedlichen Schwerpunktsetzung bei der Sortimentsbildung verbunden sein und die Drogerien vom jeweiligen Angebotsprofil her in die Nähe anderer Betriebsformen rücken:

– so z.B. in dem für → Parfümerien typischen und stark expandierenden Sortimentsbereich „Körperpflege, Kosmetik, Düfte";

Drogerien und Drogeriemärkte in Deutschland

	Drogerien[1])	Drogerie-märkte[2])
Verkaufsstellen 01.01.1999	6.550	10.830
Veränderung 1999:1998 (%)	-3,7	8,4
Umsatz 1998 (Mrd. DM)	4,15	16,35
Veränderung 98:97 (%)	-3,5	8,3

(Quelle: *IRI / GfK Retail Services*, Nürnberg)

[1]) ohne Parfümerien und Drogerie- bzw. Parfümerieabteilungen der Konzernwarenhäuser;
[2]) davon (Anzahl / Umsatz in %) Schlecker (60 / 44); dm (4 / 13) und Ihr Platz (6 /10)

- so aber auch, was die Warengruppe „Gesundheit" betrifft, zu der die diätetischen Lebensmittel, Schonkost und Spezialdiätetika der verschiedensten Anwendungsgebiete sowie – als wichtigster Umsatzträger – die freiverkäuflichen Arzneimittel auf der Basis pflanzlicher Wirkstoffe gehören (→ Apotheken, → Bioläden, → Reformhäuser).
- Darüber hinaus ist eine systematische Ausweitung der unternehmensspezifischen Angebotskapazitäten nach Sortiment und Verkaufsfläche zu beobachten, was sich sowohl im abnehmenden Bestand herkömmlich dimensionierter Drogerien als auch in den diesbezüglichen Wachstumsraten der *Drogeriemärkte* (als spezieller Erscheinungsform der Fachmärkte) bei zugleich vermehrter Akzeptanz des Fachhandelskonzeptes zeigt und insofern auch für den Drogerieeinzelhandel die nach wie vor zunehmende Marktbedeutung des Betriebstyps → Fachmarkt signalisiert (vgl. *Tab.*). H.-J.Ge.

Drop shipment → Factor, internationaler

DRP → Direkte Produkt-Rentabilität

Drugstore
US-amerikanische → Betriebsform des Einzelhandels, die Arzneimittel, Gesundheits- und Körperpflegemittel sowie ein Teilsortiment an Food- und Non-Food-Artikeln des täglichen Bedarfs, wie Süßwaren, Getränke, Zeitschriften, Zeitungen, Papierwaren, Geschenkartikel u.dgl.m. anbietet. Die zunehmend als → Filialunternehmen geführten Drug Stores weisen im Einzelfall jedoch erhebliche Unterschiede im Leistungsprofil auf: so z.B. was den uneinheitlichen Stellenwert der verschreibungspflichtigen Arzneimittel im Sortiment betrifft, aber auch die in jüngerer Zeit verstärkt zu beobachtende Ausweitung der Angebotskapazitäten nach Sortiment und Verkaufsfläche meint, ob nun in Gestalt der „*Super-Drugstores*" oder im Sinne der aus dem Zusammenschluss konventioneller (US-) Supermärkte und Drug Stores entstandenen „*Food/Drug-Combos*" bzw. „*Combination Stores*". Die NACDS – National Asssocciation of Chain Drug Stores beziffert die Anzahl der im US-Drug-Einzelhandel tätigen Absatzmittler für 1998 mit rd. 52.000, wobei auf die Einbetriebsunternehmen („Independently owned, single drug store") mit sinkender Tendenz rd. 21.000 entfallen, während die filialmäßig geführten Betriebe der über 130 Unternehmen ihres Mitgliederkreises mit mindestens 4 Filialen („Retail chain community pharmacy companies") inzwischen auf mehr als 31.000 bei einem Jahresumsatz von rd. 135 Mrd. US-Dollar angewachsen sind, ob nun in Gestalt der „Traditional Chain Drug Stores" (19.000), der „Supermarket pharmacies" (7.000) oder der „Mass Merchant or Discount Pharmacies" (5.000). Es gilt insofern zu beachten, dass der landesübliche Sammelbegriff „*Pharmacies*" weder mit dem Leistungsprofil von → Apotheken anderer Länder assoziiert werden darf noch als Abgrenzung gegenüber den vorrangig in Europa etablierten Einzelhandelsbetriebstypen des Gesundheits- und Körperpflegemittelmarktes,wie → Drogerien, → Parfümerien und → Reformhäusern, zu begreifen ist. H.-J.Ge.

Dual Mediation Model (DMM)
ist die Bezeichnung für ein → Werbewirkungsmuster, welches sich auf gering produktinvolvierte Werbeadressaten mit geringer Produktklassenvertrautheit bezieht. Es lässt sich als verbal-qualitatives → Werbewirkungsmodell grob wie in der *Abbildung* zu diesem Stichwort veranschaulichen.
Im DMM wird unterstellt, dass die *Einstellung zur Werbung für ein Produkt (Marke)* die *Einstellung zum Produkt (Marke)* auf zwei Pfaden beeinflusst: Einerseits direkt wie im → Affect Transfer Model (ATM), andererseits über die *produktbezogenen Eigenschaftskenntnisse*, die bei positiver Wer-

Das Dual Mediation Model (DMM)

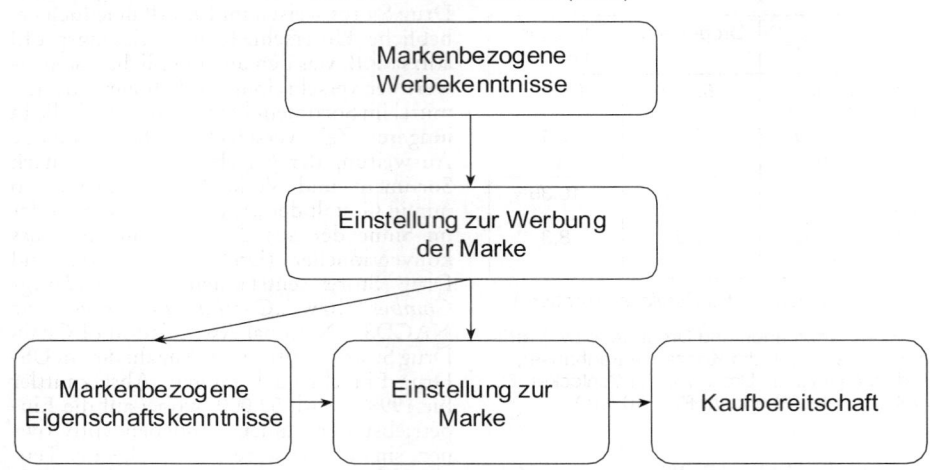

```
           Markenbezogene
           Werbekenntnisse
                 │
                 ▼
         Einstellung zur Werbung
              der Marke
           │          │
           ▼          ▼
Markenbezogene    Einstellung zur    Kaufbereitschaft
Eigenschaftskenntnisse → Marke    →
```

(Quelle: *Steffenhagen, H.*, Wirkungen von Werbung – Konzepte, Erklärungen, Befunde, Aachen 1996, S. 131)

beeinstellung des Adressaten umfassender oder positiver ausfallen mögen. Als Begründung wird angeführt, positive emotionale Reaktionen gegenüber dem Werbemittel würden die Bereitschaft begünstigen, dieser als positiv empfundenen Informationsquelle auch Behauptungen über das Produkt zu entnehmen. Unter Umständen schließt der Adressat dabei von angenehmen Eindrücken aus dem Werbemittel auf im Werbemittel überhaupt nicht angesprochene Produkteigenschaften. Zeigt man Konsumenten beispielsweise eine Anzeige für Papiertücher, in welcher ein flauschiges Kätzchen abgebildet ist, schließen die Werbeadressaten von der Flauschigkeit des Kätzchens auf die Weichheit des Papiertuches.

Zur Gültigkeit des DMM wie auch des ATM wurden eine Reihe empirischer Studien durchgeführt; sie deuten auf ein besseres Abschneiden des DMM als des ATM hin.

H.St.

Literatur: *Mitchell, A. A.; Olsen, J.C.:* Are Product Attribute Beliefs the Only Mediator of Advertising Effects on Brand Attitude?, in: Journal of Marketing Research, Vol. 18 (1981), S. 318-323. *MacKenzie, D.B.; Lutz, R.J.; Belch, G.E.:* The Role of Attitude toward the Ad as a Mediator of Advertising Effectiveness: A Test of Competing Explanations, in: Journal of Marketing Research, Vol. 23 (1986), S. 130-143. *Mayer, H.; Pusler, M.:* Erklärung persuasiver Wirkungsmechanismen auf der Basis der Einstellung zur Anzeige (A_{ad}): Eine modellprüfende Studie, in: Werbeforschung & Praxis, Jg. 40 (1995), Heft 4, S. 113-122.

Dual Scaling

ist ein der → Korrespondenzanalyse verwandtes Verfahren, das sich wie diese der → Singular Value Decomposition Methode zur geometrischen Analyse von Reihen und Spalten einer Datenmatrix bedient. L.H.

Literatur: *Nishisato, S.:* Analysis of Categorial Data: Dual Scaling and its Applications, Toronto 1980.

Dual Sourcing → Sourcing-Konzepte

Duale Abfallwirtschaft

Damit wird im Rahmen der Aufgaben der → Redistribution ein Entsorgungssystem umschrieben, bei dem neben die öffentliche Müllabfuhr, deren Aufgabe sich auf das Einsammeln nicht mehr wiederverwendbarer Abfälle beschränkt, eine privatwirtschaftliche Initiative tritt, welche dafür Sorge zu tragen hat, dass recyclebare Materialien im Hausmüll, insb. also der Verpackungsmüll, direkt bei den Haushalten oder an Sammelstellen abgeholt werden. Von großer Relevanz ist ein solches Duales System für Hersteller und v.a. Handel nun deshalb, weil der Gesetzgeber den Unternehmen damit die Möglichkeit eingeräumt hat, sich durch Errichtung eines privaten Abholsystems von der Rücknahmepflicht für Verkaufsverpackungen im oder am Laden zu befreien. Hierzu muss sich der Händler an einem System beteiligen, welches sicherstellt, dass Verpackungen direkt bei den Haushalten (Holsysteme) oder über das Sammeln in Containern in der Nähe der Haushalte (Bringsysteme) bzw. eine Kombination beider Arten erfasst, sortiert und wieder verwertet werden. Zur Umsetzung der Rechtsverordnung haben die Betroffenen bereits am 28. September 1990 als eine Art Selbsthilfeorganisation die „Duales System Deutschland, Gesellschaft für Abfallvermeidung und Sekundärrohstoffgewinnung mbH" gegründet. Deren erklärtes Ziel ist es, innerhalb der vorgegebenen Fristen ein flächendeckendes, haushaltsnahes, privatwirtschaftliches Erfassungssystem aufzubauen. Dem seit 1997 als Aktiengesellschaft strukturierten Unternehmen gehören im Jahr 2000 rund 600 Firmen aus Handel und Industrie als Aktionäre an. Als Zeichen dafür, dass eine Verpackung im Rahmen des Dualen Systems entsorgt werden kann, wurde der sog. → Grüne Punkt eingeführt.

Literatur: *Duales System Deutschland AG* (Hrsg.): Komm' zum Punkt! Eine Information für Verbraucher, Bonn 2000.

Duale Kodierung → Doppelte Kodierung

Duale Organisation

Duale Organisationsformen liegen vor, wenn eine primäre Organisationsstruktur durch eine zweite Organisationsgliederung überlagert wird, ohne dass zusätzliche Stellen geschaffen, sondern indem Mitarbeiter in Doppelfunktion in zwei Aufgabenbereiche integriert sind. Duale Organisationsstrukturen wurden insb. im Zusammenhang mit der Implementation der strategischen Planung entwickelt. Sie stellen dort eine effizientere Lösung als zusätzliche, vom Tagesbetrieb losgelöste Planungsstäbe dar. Ein für die Organisation entscheidender Aspekt ist die Ergänzung bzw. Überlagerung der traditionellen Inside-out-Orientierung der Unternehmensplanung durch eine Outside-in-Betrachtungsweise. Darüber hinaus erzwingt der auf Synergien und Wettbewerbsvorteile abzustellende Prozess der strategischen Planung ein ganzheitlicheres organisatorisches Konzept zur Zielverwirklichung (→ Marketing-Implementation).
Die simultane Realisation verschiedener Organisationsprinzipien durch Überlagerung, also ein „sowohl – als auch" statt eines „entweder – oder", ist freilich nicht nur bei der Organisation der strategischen Planung angebracht. Sie findet sich mit ebensolcher Berechtigung, z.B. in der → Verkaufsorganisation, wo regionale und kundenbezogene Strukturen immer häufiger verknüpft werden, ohne dass es zu neuen Organisationsebenen im formellen Sinne kommt, die den zunehmenden Flexibilitätserfordernissen diametral entgegenstünden. Insofern können als Charakteristika der dualen Organisation folgende Punkte genannt werden:

(a) Die Implementierung zusätzlicher Planungsebenen, etwa in Form → strategischer Geschäftseinheiten, d.h. Produkt-Markt-Kombinationen mit Erfolgspositionen bzw. Wettbewerbsbedingungen und gewissen Synergiepotentialen.

(b) Diese strategischen Geschäftseinheiten überlappen die herkömmlichen Organisationsstrukturen, die z.B. funktional oder divisional ausgerichtet sein können.

(c) Man kann darin auch eine Form der Rezentralisierung der im Wege der Divisionalisierung u.U. zu stark autonomisierten Unternehmensorganisation sehen.

(d) Das Konzept der dualen Organisation verzichtet dabei weitgehend auf eine Stellenvermehrung und -spezialisierung und weist stattdessen einzelnen Mitarbeitern verschiedene fokussierte Aufgaben, z.B. sowohl operative als auch strategische Funktionen zu (Doppelfunktionalität). Damit sollen die negativen Folgen der Spezialisierung, etwa die Entfremdung zwischen strategisch und operativ agierenden Stellen und somit eine schlechtere Durchsetzbarkeit von Strategien sowie unrealistische Zielvorgaben vermieden werden (→ Teamorganisation).

(e) Diese aufbauorganisatorischen Tendenzen werden begleitet von einem entsprechend kooperativen, auf jegliche Legitimationsgewalt verzichtenden → Führungsstil und von entsprechend differenzierten Informationssystemen.

Zu den sehr beliebten Hilfsmitteln der dualen Organisation gehören u.a. die → Qualitätszirkel (s.a. → Qualitätsmanagement).

H.D.

Literatur: *Diller*, H.: Entwicklungstrends und Forschungsfelder der Marketingorganisation, in: Marketing-ZFP, 13. Jg. (1991), S. 156-163. *Grün, O.*: Duale Organisation, in: *Kern*, W. (Hrsg.): Handwörterbuch der Produktionswirtschaft, Stuttgart 1989, Sp. 304-316.

Due Diligence → Market Due Diligence

Duft

Aufgenommene Duftmoleküle lösen neben physiologischen Vorgängen auch psychische Prozesse aus. Dies geschieht unmittelbar, da die Wahrnehmung von Düften direkt – im Gegensatz zu Reizen anderer Sinnesmodalitäten – mit der innersten Schaltzentrale des Gehirns, dem limbischen System, in Verbindung steht. Düfte beeinflussen die → Aktivierung, → Emotionen, → Motivationen und die Steuerung vegetativer Vorgänge. Das hohe Wirkungspotential von Gerüchen ist u.a. durch die entwicklungsgeschichtlich frühe Entstehung des Geruchsinns zu erklären. Er ist älter als der optische und akustische Sinn (→ nonverbale Kommunikation). Die Entwicklung des Menschen zu einem audio-visuell geprägten Lebewesen hat Düfte jedoch zu unbewussten Entscheidungskriterien werden lassen. Für den Aufbau von individuellen Duftpräferenzen sind individuelle Erfahrungen notwendig, um Düfte als mehr oder weniger angenehm zu bewerten. Neben den eigenen Dufterlebnissen sind auch Faktoren wie Alter und Geschlecht sowie kulturelle Rahmenbedingungen von Bedeutung.

Bei der Anwendung von Duftstoffen im Marketing ist zu beachten, dass von den ca. 500.000 bekannten Duftnoten nur ca. 1/5 als angenehm empfunden wird. Duft als absatzpolitisches Instrument kann insbesondere folgende Funktionen erfüllen:

(1) *Akquisitorische Funktion*:
Düfte können verschiedene kommunikative Aufgaben, insb. Kontaktanbahnung, Erlebniswirkung, Präferenzbildung und Auslösen von Kaufinteresse (→ Werbeziele), unterstützen. Als atmosphärische Klimareize können Düfte die Präsentation der Produkte anreichern und lebendiger erscheinen lassen, ihre Erlebniswirkung kann dazu beitragen, dass die Kunden das Leistungsangebot und die Qualität insgesamt positiver erleben und beurteilen. Die aktuellen praktischen Einsatzfelder von Düften im Marketing umfassen neben dem Kosmetikbereich gezielte Maßnahmen in den Produktbereichen Aromastoffe, Aerosole (Haushaltssprays, technische Sprays), Haushaltsprodukte (Reinigungs- und Pflegemittel), Papier- und Schreibwaren (Microscent-Duftbeschichtung für Werbemittel, Packungsetiketten, Bücher oder Glückwunschkarten), sowie zur Maskierung von unerwünschten Eigendüften von Produkten (z.B. Schaumgummi, der nach Fisch riecht).

(2) *Informierende Funktion für Kunden*:
Düfte können Signalwirkungen auslösen, im Verkaufsgeschäft bspw. auf bestimmte Produkte bzw. Verkaufsabteilungen hinweisen, und somit die Orientierung der Kunden erleichtern. Der Einsatz von emotional überraschenden Duftreizen, z.B. in Warenhäusern und Verbrauchermärkten, kann die Informationsaufnahme von Konsumenten in gewissem Rahmen lenken und fördern.

(3) Unterstützende und verstärkende Funktionen im → *Marketing-Mix*:
Durch den Einsatz von Düften kann der Wirkungsgrad anderer Gestaltungsmittel erhöht werden. Synergetische Effekte lassen sich zudem durch einen synästhetischen Mix verschiedener, aufeinander abgestimmter Reize unterschiedlicher Modalität erzielen. Diese Ansprache mehrerer Sinne kann vor allem Erlebniswirkungen erheblich unterstützen und verstärken. S.B.

Literatur: Knoblich, H.; Scharf, A.; Schubert, B.: Marketing mit Duftstoffen, 4. Aufl., München, Wien 1999. Stöhr, A.: Air-Design als Erfolgsfaktor im Handel, Wiesbaden 1998.

Duftlackinsertion

In manchen Zeitschriften mögliche Sonderinsertionsform, bei der Duftstoffe mikroverkapselt und als Tiefdruckfarbe direkt auf die Anzeige gebracht werden. Dort können sie durch Rubbeln aktiviert und als multisensuales Stilmittel insb. im → Erlebnismarketing eingesetzt werden (→ Duft).

Dummy-Variablen-Regression

ist eine spezielle Form der → Regressionsanalyse, bei der die 1_m Ausprägungen der m-ten unabhängigen Variablen in 1_{m-1} Dummy-Variablen (0–1) transformiert werden. Der Parameterwert der L_m-ten Dummy-Variable ist durch die entsprechenden Werte der übrigen Dummy-Variablen bestimmt. Die 0–1-Dummy-Variablen-Regression ist formal identisch mit der → Varianzanalyse. L.H.

Dumping

Ist der geforderte Preis für ein bestimmtes Gut im Ausland niedriger als im Inland, so spricht man von Dumping. Grundsätzlich handelt es sich dabei um einen Fall der geographischen → Preisdifferenzierung im

→ Internationalen Preismanagement. Diese kann, durch unterschiedliche Wettbewerbsbedingungen auf zwei Märkten gerechtfertigt sein. Die faire Konkurrenz auf einem ausländischen Wettbewerbsmarkt muss hierdurch nicht zwingend beeinträchtigt werden. Jedoch hat die Dumping-Problematik insbesondere im Handel zwischen westlichen Industriestaaten und Entwicklungsländern eine politische Dimension erhalten. Sie impliziert dann eine Unterbietung des Marktpreises im Einfuhrstaat, die dem Exporteur keine Kostendeckung mehr gewährleistet.

Ein Unternehmen kann Dumping betreiben, wenn es zumindest teilweise Kontrolle über die Preise seiner Produkte auf Auslandsmärkten ausübt, es die Arbitragegefahr entsprechend ausschließen kann und die Preiselastizität auf Auslandsmärkten höher als auf dem Inlandsmarkt ist. Die Motive für Dumping können der zyklische Ausgleich von Nachfragerückgängen (cyclical dumping), der schnelle Eintritt in einen Auslandsmarkt (penetration dumping), die Abschreckung potentieller Konkurrenten auf bestimmten Märkten (defensive dumping) oder die Verdrängung bestehender Wettbewerber (predatory dumping) sein.

Zur Feststellung von Dumpingfällen existieren internationale Richtlinien. Nach diesen wird bei Dumpingklagen der Vergleich angestellt, ob der Ausfuhrpreis einer Ware niedriger ist als ihr normaler Wert (GATT, Art. VI, Abs. 1). Als normaler Wert wird dabei grundsätzlich der Preis einer Ware auf dem Markt ihres Ursprungslandes herangezogen. Ist ein solcher Preis nicht zu ermitteln, wird der Ausfuhrpreis derselben Ware in ein Drittland betrachtet. Kann auch darauf nicht zugegriffen werden, dienen die Herstellkosten der Ware im Exportland als Basis. Diesen wird eine angemessene Spanne für Marketingkosten und Gewinn zugeschlagen.

Die EG-Kommission hat seit 1990 103 Dumping-Verfahren gegen Unternehmen angestrengt, die Waren im Wert von 4.9 Mrd. DM in der EG zu „Schleuderpreisen" auf den Markt gebracht haben. Die Produkte kamen insb. aus dem asiatischen Raum und betrafen v.a. Textilien, chemische Produkte oder Eisen- und Stahlerzeugnisse. In den markantesten Fällen sind Strafzölle bis über 30% verhängt worden.

Unternehmen selbst müssen keine aktive Dumpingpolitik betreiben, um sich entsprechenden Vorwürfen auszusetzen. So ist ein Unternehmen, das eine differenziertes, den jeweiligen Marktverhältnissen angepasstes → internationales Preismanagement verfolgt, quasi ständig dem Risiko ausgesetzt, dass der Auslandspreis den Inlandspreis unterschreitet. Viele Unternehmen gehen zudem auf Exportgeschäfte ein, bevor die Nachfragebedingungen im Zielmarkt oder die → Wechselkurse bekannt sind. Dies ist nicht zuletzt bei der gleichzeitigen internationalen Markteinführung neuer Produkte der Fall, bei der die Preiserfahrung des Anbieters naturgemäß zunächst gering ist. Wird andererseits das Dumping vom Hersteller aktiv betrieben, muss es nicht zwangsläufig offen zu Tage treten. Entspricht etwa der dem Importeur vom Exporteur in Rechnung gestellte Preis dem Inlandspreisniveau, verkauft der Importeur die Ware aber zu einem niedrigeren, den Dumpingtatbestand erfüllenden Preis und vergütet schließlich der Exporteur dem Importeur die entgangenen Erträge, so handelt es sich um verstecktes Dumping.

Zur Abwehr von Dumping haben die großen Industrienationen weitgehend vergleichbare juristische Systeme entwickelt. Auch die Staaten Osteuropas sowie zahlreiche Entwicklungsländer arbeiten an derartigen Verfahrenswerken. In der Regel werden Dumpingverfahren aufgenommen, wenn ein Unternehmen, ein Wirtschaftszweig oder eine staatliche Stelle Nachteile durch niedrige Preise ausländischer Wettbewerber erleidet, sich benachteiligt fühlt und eine entsprechende Klage bei den zuständigen nationalen Behörden einreicht. Innerhalb der EU ist Dumping durch die Verordnung Nr. 2176/84 (ABl EG 1984 Nr. L 201/1 und L 227/35) vom 23. Juli 1984 geregelt. Sie ersetzt die bis dahin bestehenden nationalen Regelungen. Antragstelle ist die EU-Kommission in Brüssel. Kommen die Instanzen zu dem Ergebnis, dass ein Dumpingfall vorliegt, so wird ein provisorischer Antidumping-Zoll, maximal in der Höhe der Dumpingspanne, erhoben.

Angesichts der heute existierenden rechtlichen Bestimmungen ist es aus Unternehmenssicht einer eingehenden Prüfung auszusetzen, ob bewusst eine Dumping-Preisstrategie verfolgt werden soll. Die möglichen Vorteile einer solchen Praxis sind mit den monetären und außermonetären Nachteilen eventueller Antidumping-Sanktionen abzugleichen. B.I./H.Ma.

Durbin-Watson-Test

Literatur: *Kostecki, M. M.*: Marketing Strategies between Dumping and Anti-Dumping Action, in: European Journal of Marketing, Vol. 25, No. 12, S. 7-19.

Durbin-Watson-Test → Autokorrelation

Durchfrachtkonnossement (Through Bill of Lading)
Dokument der Seereederei über den Transport im gebrochenen Verkehr vom Verschiffungshafen bis zum Endhafen oder Endplatz der Ware unter Benutzung mehrerer Verkehrsmittel (→ Dokumente im internationalen Warenverkehr).

Durchfrachtrate
auch Durchrate genannt, eine Frachtnotierung für den kombinierten Durchfrachtverkehr (→ Durchfrachtkonnossement).

Durchfuhrhandel → Transithandel

Durchgängige Produktkalkulation
→ Preiskalkulation

Durchgangslager → Depot

Durchschleußhandel → Transithandel

Durchschnittskontakt
Begriff aus der → Leserschaftsforschung: Durchschnittliche Anzahl der Kontakte mit einem Werbeträger (oder einer Werbeträger-Kombination) bezogen auf alle Personen, die insgesamt von dem Werbeträger bzw. der Kombination erreicht werden, also mindestens einen Kontakt gehabt haben. Wegen der meist beträchtlichen Streuung der Kontaktwerte ist die Aussagekraft des Durchschnittskontaktes begrenzt.

Durchsichtfenster
Variante der → Schaufenstergestaltung, bei der fehlende Fensterrückwände den Blick in den Verkaufsraum freigeben und die Schaufensterfläche – als begehbare Schaufenster (*Walk-In-Windows*) – weitgehend zur Verkaufsfläche machen. Ihre besonderen Vorteile gegenüber traditionellen Schaufenstern sind, dass sie den Kunden erlauben, sich bereits draußen genau über das Geschäft zu informieren (wenn es sich nicht über mehrere Etagen erstreckt), was ihre Schwellenangst mindert. Andererseits steigen allerdings die Anforderungen an die → Ladengestaltung. Man sollte bei Durchsichtfenstern insb. die Ladenrückwand optisch betonen, um den Blick der Passanten tief in das Ladeninnere „hineinzulocken". Dass Durchsichtfenster „Öffentlichkeit" herstellen, kann – muss aber nicht – von den gerade einkaufenden Kunden als Nachteil empfunden werden.
Möglicherweise sind Durchsichtfenster ein vertretbarer Kompromiss angesichts hoher Opportunitätskosten der Schaufensterwerbung: Die knappe und damit teure Verkaufsfläche wird vergrößert, ohne dass auf eine „Zurschaustellung" der Waren verzichtet werden muss. H.Sch.

Literatur: *Schmalen, H.*: Zur Effizienz der Schaufensterwerbung, in: Jahrbuch der Absatz- und Verbrauchsforschung, 29. Jg. (1983), S. 67-80. *Schmalen, H.*: Kommunikationspolitik, 2. Aufl., Stuttgart 1992.

Düsseldorfer Palette
→ Palette, Palettenlager

Dustbin-Check
Form der → Beobachtung, bei der Haushaltsmüll auf die Auftrittshäufigkeiten bestimmter Marken o.Ä. untersucht wird.

Duty-Free-Shop
Verkaufsstätte des → Einzelhandels, die an zolltechnisch bzw. einfuhrrechtlich privilegierten Standorten, wie z.B. auf Flughäfen und auf Schiffen, ein von Zöllen und anderen Einfuhrabgaben befreites Warensortiment, wie insbesondere Zigaretten, Spirituosen, Parfüms und Kosmetika, den Reisenden anbietet. Als Betreiber fungieren nicht nur entsprechend spezialisierte Handelsunternehmen und Schiffsausrüster, sondern auch Unternehmen der Luft- und Schiffsverkehrswirtschaft, wie die Flughafengesellschaften, Linien- und Charter-Fluggesellschaften und Fähr-Reedereien. Das mit der Einführung des EG-Binnenmarktes vorgesehene Verbot des zollfreien Verkaufs von Reiseproviant für Reisen innerhalb der EG zum 1. Juli 1999 dürfte für die Betreiber mit erheblichen Einnahmeverlusten verbunden sein, ein Faktum, das allein auf den Flughäfen für die Monate bis Jahresende 1999 mit Einbußen an Umsatzpachten von 80 Mio. DM beziffert wird (Quelle: Arbeitsgemeinschaft Deutscher Verkehrsflughäfen). Gleichwohl versprechen sich die Shop-Betreiber durch eine veränderte Angebotskonzeption und Neupositionierung ihres Marktauftritts den Ertragsausfall

nachhaltig kompensieren zu können: so z.B. die *Gebr. Heinemann KG, Hamburg*, die mit geschätzten 1,3 Mrd. DM Jahresumsatz und 60 Shops auf deutschen Flughäfen als Europas größter Duty-Free-Anbieter gilt, und die auch weiterhin zollfreie Waren für Reisende ins außereuropäische Ausland führen wird (*Duty Free*), schwerpunktmäßig jedoch das Warenangebot unter dem Motto *Travel Value* auf hochwertige Konsumgüter, wie Parfüms, Kosmetik, Accessoires und Mode umzustellen gedenkt. Inzwischen wird das *Travel-Value-Konzept* auch von den anderen Shop-Betreibern umgesetzt und durch Plakate, Displays und Sticker mit dem Slogan „*Don't pay more! Travel Value & Duty Free!*" auf allen deutschen Flughäfen, teils auch im europäischen Ausland (Österreich, Belgien, Spanien), kommuniziert. H.-J.Ge.

DVB

Digital Video Broadcast: Standard für digitale Fernsehangebote, der u.a. eine Verknüpfung von TV- und Internet-Technologie ermöglicht. DVB baut auf dem MPEG-Standard zur Komprimierung von Audio- und Videodaten auf.

DVD-ROM (Digital Versatile Disc-Read Only Memory)

Die DVD-ROM wird wie die → CD-ROM aus Polycarbonat gepresst. Die DVD-ROM hat mit 1,2 mm dieselbe Dicke wie eine CD-ROM, sie besteht aber grundsätzlich aus zwei jeweils 0,6 mm dicken Scheiben, die miteinander verklebt sind und bis zu zwei Informationsebenen enthalten können (*dual sided, dual layer disc*). Die darauf eingeprägten Pits sind zudem bedeutend kleiner und enger angeordnet als bei einer CD-ROM. Durch den Einsatz zweier Laser mit einer Wellenlänge von 650 und 635 Nanometer sind Speicherkapazitäten von bis zu 17 GByte möglich. Aufgrund von Weiterentwicklungen in der Fabrikationstechnik, bei den digitalen Codierungs- und Kompressions-Algorithmen sowie Player-Mechanismen ist mit der DVD-ROM ein Datenträger entstanden, auf dem mehrere Video- und Audiosequenzen von hoher Qualität untergebracht werden können. Die Produktion von mehrsprachigen Anwendungen auf einem Datenträger ist ohne Probleme möglich. Die Einsatzbereiche der DVD-ROM im Marketing sind grundsätzlich mit denen der → CD-ROM vergleichbar. Th.W.

Literatur: *Silberer, G.* (Hrsg.): Interaktive Werbung, Stuttgart 1997.

DWG

Deutsche Werbewissenschaftliche Gesellschaft mit Sitz in Bonn (Adenauerallee 118; Tel: 0228/94913-0), die sich insb. um den Transfer von Erkenntnissen der Marketingwissenschaft in die Werbewirtschaft bemüht und dafür u.a. (zusammen mit der österreichischen Schwestergesellschaft WWG) die Zeitschrift „Werbeforschung & Praxis (2000: 45. Jg.) herausgibt.

Dynamic Capability-Ansatz
→ Marketing-Theorie

Dynamik der Betriebsformen des Handels
→ Betriebsformendynamik im Einzelhandel

Dynamische Website

„Intelligente" Internetseite, die erst zum Abfragezeitpunkt auf dem Server generiert wird. Dynamische Websites überwinden die Nachteile der rein layoutorientierten Internet-Sprache HTML und sind u.a. in der Lage, auf Online-Eingaben des Users zu reagieren.

Dyopol → Preistheorie

E

EAN → Artikelnummerierungssysteme, → Scanner

EBA-CBA-Design → Experiment

EBM (Einheitlicher Bewertungsmaßstab)
Begriff aus dem → Medizin-Marketing. Die Kassenärztlichen Vereinigungen (KVen) und die Krankenkassen der gesetzlichen Krankenversicherung (GKV) vereinbaren jährlich ein Honorarbudget für die Kassenärzte. Um dieses Budget leistungsorientiert auf die Praxen der Kassenärzte verteilen zu können, wurden die in der GOÄ/GOZÄ verzeichneten ärztlichen Einzelleistungen mit Punkten bewertet. Am Ende eines Quartals werden die von allen Kassenärzten in Rechnung gestellten Punkte, soweit die Leistungen von den Kassen erstattet werden, addiert und das Honorarbudget durch die Gesamtpunktzahl dividiert. Das Ergebnis ist der Punktwert in DM. Die Punktzahl jeder Praxis wird mit diesem Punktwert multipliziert. Das Ergebnis ist das Praxishonorar.
Dieses Verfahren bringt für die Praxen der Kassenärzte eine beträchtliche Unsicherheit mit sich. Die Ärzte wissen meist erst etwa zwei Monate nach Ablauf eines Abrechnungsquartals, wie hoch der Punktwert ist und welches Honorar sie zu erwarten haben. Abschlagszahlungen können diese Unsicherheit nicht kompensieren. W.Oe.

E-Branding
ist ein Begriff aus dem → Online-Marketing und bezeichnet die → Markenpolitik im elektronischen Markt. Das E-Branding unterliegt den gleichen Richtlinien wie die Markenpolitik traditioneller Marken. Feine Unterschiede ergeben sich in der Funktion der Marke, die im elektronischen Markt eine besondere Bedeutung für die Orientierung im Internet (Orientierungsfunktion), das Finden (Auffindbarkeitsfunktion) und die Auswahl von Produkten (Vertrauensfunktion) hat. Ferner wird die Marke durch das Internet „erlebbar" (Erlebnisfunktion), was neue Nutzenpotenziale birgt, mit denen sich das Unternehmen differenzieren kann. B.Ne.

Literatur: *Dudenhöffer, F.:* Automarken auf dem Weg ins Internet-Zeitalter, in: Jahrbuch der Absatz- und Verbrauchsforschung, Heft 3, 1999, S. 264-283. *Wirtz, B.:* Die Website als Erfolgsfaktor in der Markenführung, in: planung & analyse, Nr. 1, 2000, S. 16-20.

Eckartikel → Preistypen

Eckartikeleffekt → Preiswahrnehmung

Ecology Pull / Push
→ Ökologisches Marketing

E-Commerce (Electronic Commerce)
Der Begriff „Electronic Commerce" (kurz E-Commerce) wird nicht einheitlich verwendet. Zudem wird mitunter das, was mit „Electronic Commerce" gemeint ist, mit Hilfe anderer Begriffe, wie z.B. „Electronic Business", „Web-Commerce", „Internet Commerce", „Virtueller Handel" oder „Digital Commerce", beschrieben. Recht allgemein kann unter „Electronic Commerce" die digitale Anbahnung, Aushandlung und/oder Abwicklung von Transaktionen zwischen Wirtschaftssubjekten verstanden werden (*Clement/Peter/Preiß*, 1998, S. 49). Im Kern ist damit die Durchführung von Transaktionen über das Internet gemeint. E-Commerce ist damit ein Unterbereich des → E-Business.
Aufgrund des enormen Nutzerwachstums des → Internet und der wachsenden Vielfalt spezifischer Dienstleistungen auf → elektronischen Marktplätzen ist davon auszugehen, dass die ökonomische Bedeutung von Electronic Commerce in Zukunft noch erheblich zunehmen wird, auch wenn sich die euphorischen Prognosen zur Jahrtausendwende (noch) nicht bestätigten.
Um einen umfassenden Überblick über die Einsatzmöglichkeiten zu bekommen, bietet sich eine Unterteilung nach jenen drei großen Marktparteien an, die grundsätzlich miteinander Geschäfte abwickeln können, nämlich (*Hermanns/Sauter*, 1999, S. 22 ff.). Konsumenten (Consumer), Unternehmen

E-Commerce (Electronic Commerce)

(Business) und Öffentliche Institutionen (Administration).

Die *Abbildung* veranschaulicht die darauf aufbauenden Geschäftsfelder des E-Commerce.

Dabei wird nach allen Experteneinschätzungen der Bereich *Business-to-Business (BtB)* zukünftig die größte Bedeutung gewinnen. Dies hängt nicht zuletzt damit zusammen, dass darunter der gesamte → elektronische Einkauf von Unternehmen, auch als „Electronic Procurement" bezeichnet, zusammengefasst wird. Dort ergeben sich beträchtliche Einsparpotenziale, deren Erschließung vom Wettbewerb quasi erzwungen wird. Des Weiteren wird gerade in diesem Bereich die Bedeutung → elektronischer Marktplätze noch erheblich an Bedeutung gewinnen.

Obwohl das Umsatzvolumen des BtB-Bereichs zukünftig deutlich über dem des Bereichs *Business-to-Consumer (BtC)* liegen wird, steht Letzterer zurzeit noch im Zentrum der wissenschaftlichen und managementorientierten Betrachtungen (vgl. stellvertretend für viele *Albers et al., 1999*). Unter diesen Bereich fallen beispielsweise Elektronische Shopsysteme (→ Electronic Shopping) und virtuelle Malls (z.B. www.shopping24.de), über die u.a. Bücher, CDs, Computer-Hardware und Software, Blumen, Aktien oder Lebensmittel vertrieben werden. Aus nahe liegenden Gründen hat insbesondere der Bereich Erotik eine Führerschaft in der multimedialen Aufbereitung seiner Inhalte übernommen.

Vor allem virtuelle → Auktionen (z.B. www.ricardo.de) und Kleinanzeigenmärkte haben bislang den Bereich *Consumer-to-Consumer (CtC)* geprägt. In jüngster Zeit treten verstärkt → virtuelle Communities zum netzwerkartigen Informationsaustausch unter Konsumenten hinzu.

Große Bedeutung wird zukünftig darüber hinaus dem gesamtem Bereich *Administration* zukommen. So wird heute schon die Forderung zur Abgabe der Steuererklärung über das Internet erhoben (*Consumer-to-Administration*), während die Abwicklung von Unterstützungsleistungen (*Administration-to-Consumer*) heute noch nicht im Mittelpunkt steht. Aufgrund der hohen Verfügbarkeit von Internetanschlüssen in vielen Unternehmen und den damit verbundenen Verbesserungsmöglichkeiten wird der Druck auf die Bereiche Administration-to-Business und Business-to-Administration sicherlich schon in Kürze erheblich zunehmen. Gleiches dürfte für den Bereich Administration-to-Administration gelten.

Die Frage nach der Bedeutung des Internet stellt sich heute eigentlich schon nicht mehr. Vielmehr haben vor allem die meisten Unternehmen erkannt, dass kein Weg mehr am Internet vorbeiführt. Deswegen stellt sich für die Unternehmen heute die Frage, wie sie das Internet im Rahmen von → Online-

Teilbereiche des E-Commerce

Anbieter der Leistung

		Nachfrager der Leistung		
		Consumer	Business	Administration
	Consumer	Consumer-to-Consumer z.B. Internet-Kleinanzeigenmarkt	Consumer-to-Business z.B. Jobbörsen mit Anzeigen von Arbeitssuchenden	Consumer-to-Administration z.B. Steuerabwicklung von Privatpersonen (Einkommensteuer etc.)
	Business	Business-to-Consumer z.B. Bestellung eines Kunden in einer Internet-Shopping-Mall	Business-to-Business z.B. Bestellung eines Unternehmens bei einem Zulieferer per EDI	Business-to-Administration z.B. Steuerabwicklung von Unternehmen (Umsatzsteuer, Körperschaftsteuer etc.)
	Administration	Administration-to-Consumer z.B. Abwicklung von Unterstützungsleistungen (Sozialhilfe, Arbeitslosenhilfe etc.)	Administration-to-Business z.B. Beschaffungsmaßnahmen öffentlicher Institutionen im Internet	Administration-to-Administration z.B. Transaktionen zwischen öffentlichen Institutionen im In- und Ausland

(Quelle: *Hermanns/Sauter*, 1999)

Marketing am besten für ihre Zwecke einsetzen können.
Die grundsätzlichen Optionen in der → *Online-Marketingstrategie* bestehen darin,

(a) das Internet als die bisherigen Kommunikationsmedien lediglich *ergänzendes Kontaktmedium* zu benutzen, indem entsprechende Homepages, → elektronische Produktkataloge, → Chatrooms etc. eingerichtet werden, die eine – möglichst interaktive – elektronische Kommunikation mit den Kunden erlauben;
(b) einen *zusätzlichen Vertriebskanal (Online-shop)* zu eröffnen, der die herkömmlichen Absatzkanäle ergänzt (→ Mehrkanal-Systeme; → Vertriebswegepolitik);
(c) neue → *Geschäftsmodelle* mit → *virtuellen Wertschöpfungsketten* zu betreiben, was herkömmlich als „New Economy" bezeichnet wird (z.B. → Electronic Banking, → Infomediäre).

Nicht unerheblich für die zukünftigen Chancen und Risiken des E-Commerce sind die Entwicklungen im → *Internet-Recht*, mit denen den medienspezifischen Rechtsproblemen von Anbietern und Nachfragern Rechnung zu tragen versucht wird. Anbieterseitig spielen auch *steuerliche Aspekte* eine gewisse Rolle (→ E-Commerce, steuerliche Aspekte)
E-Commerce muss, um erfolgreich zu sein, die spezifischen *Nutzenpotenziale* des Mediums Internet nutzen, insb. dessen → Interaktivität, inkl. der damit erzeugbaren → Individualität im Leistungsangebot, der → Multimedialität und der Globalität. Für → elektronische Produkte besteht mit dem Internet auch ein besonders kostengünstiger und bequemer „physischer" Vertriebsweg per → *Download* offen (→ Digitalisierung). Dabei bietet die globale Verfügbarkeit des Internet einerseits denjenigen Unternehmen große Chancen, die dieses Medium rechtzeitig in angemessener Form in ihrem Unternehmen einsetzen. Die Anytime- and Anywhere-Eigenschaft des Internet führt aber auch dazu, dass viele Unternehmen in Zukunft noch stärker einem globalen Wettbewerbsdruck ausgesetzt sind, und zwar auch dann, wenn sie das Internet nicht oder nur wenig für sich selbst nutzen. Insb. werden der → *Zeitwettbewerb* beschleunigt, die Serviceansprüche der Kunden hinsichtlich Informationsversorgung und individueller Behandlung wachsen und der Druck auf die Vertriebskosten zunehmen.

E-Commerce wird in der Mehrzahl der Märkte die herkömmlichen Formen des Geschäfts nicht verdrängen, wenngleich mehr oder minder bedrängen. In vielen Märkten wird es zur komplementären Verknüpfung des neuen Mediums mit den alten kommen, z.B. im Konsumgüterhandel in Form der Vorinformation im Netz und der Besichtigung und ggf. auch dem Kauf vor Ort („*Brick and Click*"-*Modell*")

B.S./M.S./H.D.

Literatur: *Albers, S.; Clement, M.; Peters, K.; Skiera, B.* (Hrsg.): eCommerce. Einstieg, Strategie und Umsetzung im Unternehmen, Frankfurt am Main 1999. *Clement, M.; Peters, K.; Preiß, F.J.:* Electronic Commerce, in: *Albers, S.; Clement, M.; Peters, K.* (Hrsg.): Marketing mit Interaktiven Medien. Strategien zum Markterfolg, Frankfurt am Main, 1998, S. 49-64. *Hermanns, A.; Sauter, M:.* Electronic Commerce. Grundlagen, Potentiale, Marktteilnehmer und Transaktionen, in: *Hermanns, A.; Sauter, M.* (Hrsg.): Management-Handbuch Electronic Commerce, München 1999, S. 13-30.

E-Commerce, steuerliche Aspekte

Rein inländischer elektronischer Handel löst keine neuen Steuerprobleme aus. Problematisch sind die grenzüberschreitenden Geschäfte im E-Commerce. Sowohl für das Inbound-Geschäft (Aktivitäten ausländischer Unternehmen in Deutschland) wie auch für das Outbound-Geschäft (Aktivitäten deutscher Unternehmen im Ausland) bieten sich die Möglichkeiten des Direktgeschäfts (Import bzw. Export), der Begründung einer Inlands- bzw. Auslandsbetriebsstätte und die Gründung von ausländischen Personen- und Kapitalgesellschaften. Grundsätzlich treten in diesen Fällen die für internationale Geschäftsaktivitäten üblichen Steuerfolgen ein, in Abhängigkeit von den nationalen Regelungen für transnationale Aktivitäten, von etwaigen Doppelbesteuerungsabkommen und den Besonderheiten für Steueroasen (z.B. beschränkte oder unbeschränkte Steuerpflicht, Freistellung, Anrechnung, Gewinnabgrenzung, Verrechnungspreisbestimmung u.a.) abgesehen.

Unklar ist jedoch bisher, ob die Einrichtung eines Servers oder die Nutzung eines Webhosters allein die Kriterien einer Betriebsstätte i.S.d § 12 AO bzw. der DBA (§ 5 OECD-MA) erfüllt. Kritisch sind vor allem die Merkmale „Verfügungsmacht" (wird beim normalen Webhosting verneint; bei Eigentum oder Miete des Servers bejaht),

„feste Geschäftseinrichtung" (wird bei dediziertem Internetserver im Rechenzentrum bejaht). Seit der BFH einem vollautomatischen Rohrleitungssystem ohne Personal die Betriebsstätteneigenschaft zugebilligt hat (BFH 30.10.96, BStBl 1997 II, 12), steht auch ein vollautomatisches webshopping der Betriebsstättendefinition offen. Selbst wenn eine Betriebsstätte abgelehnt wird, ist noch zu prüfen, ob ein gleichzustellender „ständiger Vertreter" (§ 13 AO) vorliegt. Dies käme in Betracht, wenn der Webhoster mit Geschäftsbesorgung im fremden Interesse betraut ist (z.B. Backoffice-Funktionen übernimmt). Streitig ist auch, ob die zusätzliche abkommensrechtlichen Betriebsstättenkriterien bei einem reinen Internet-Server ohne Personal und Räume erfüllt werden (Kommentierung zu § 5 OECD-MA wird z.Z. überarbeitet). Nicht streitig ist, dass auch neben einer inländischen Betriebsstätte (z.B. für Wartung, Hot-Line) auch Geschäfte getrennt über den ausländischen Server abgewickelt werden können, ohne dass diese der Betriebsstätte oder einer inländischen Kapitalgesellschaft zugeordnet werden müssen (sog. Infektion durch Direktgeschäfte). Entsprechende Überlegungen sind auch beim outbound-Geschäft anzustellen.

Neben den ertragsteuerlichen Fragen ergeben sich beim E-Commerce, besonders beim download-Handel, auch *umsatzsteuerliche* Probleme, die bis heute noch nicht befriedigend gelöst wurden. Beim in- und outbound-Geschäft ist zwischen Geschäften zwischen Deutschland und den EU-Staaten sowie sog. Drittländern zu unterscheiden. Entscheidend ist der Ort der Lieferung bzw. Leistung (zu Einzelheiten s. §§ 3, 3a UStG → Umsatzsteuer). Die Finanzverwaltung qualifiziert den Software-Download als sonstige Leistung (§ 3a Abs. 4 Nr. 5 UStG, nicht unproblematisch). Softwarevertrieb an inländische Endverbraucher ist derzeit im Inland wohl nicht steuerbar, wenn die Leistung durch ein ausländisches Unternehmen oder durch die Auslandsbetriebsstätte eines inländischen Unternehmens erbracht wird.

Da bisher nur unverbindliche Vorstellungen über die Besteuerung von Gewinnen und Umsätzen im Electronic Commerce und deren Aufteilung auf die beteiligten Fisken vorliegen, sind bestehende Regelungen anzuwenden. Nach OECD-Papieren soll E-Commerce einerseits nicht durch zusätzliche Besteuerung behindert werden, andererseits soll keine Steueroase im Internet entstehen. Nach ECOFIN-Grundsatz 1 soll es nicht zu zusätzlichen Belastungen des E-Commerce mit direkten und indirekten Steuern kommen (Prinzip der Steuerneutralität). Nach den ECOFIN-Grundsätzen 2 und 3 soll eine Leistung, bei der einem Empfänger ein Produkt über ein elektronisches Netz in digitaler Form zur Verfügung gestellt wird, als sonstige Leistung anzusehen sein, die am Verbrauchsort besteuert werden soll. Neue EU-Vorschläge unterscheiden zwischen business-to-business-Umsätzen (Ursprungslandprinzip) und business-to-consumer-Umsätzen (Verbrauchsortbesteuerung). Über die Infomationsbeschaffung über den Abnehmer, die Beteiligung Dritter (Provider, Banken), die papierlose Rechnungserstellung und die steuerlichen Pflichten der Beteiligten sowie die Behandlung von Anbietern aus Drittländern u.v.m. besteht zurzeit noch Unklarheit. R.F.

Literatur: http://www.oecd.org/daf/fa/E_COM. http://www.wto.org/wto/ecom. Beschluss ECOFIN-Rat v. 6.7.1998, DB 1998, S. 1591. *Doernberg, R.; Hinnekens, L.:* Electronic Commerce and International Taxation, The Hague, London, Boston 1999. *Europäische Kommisssion:* Indirekte Steuern und elektronischer Zahlungsverkehr, Arbeitspapier vom 8.6.99 (XXI/1201/99 final). OECD, The Challenge to Tax Authorities and Taxpayers..., Electronic Commerce: A Discussion Paper on Taxation Issues, Paris 1997. OFD Düsseldorf Vfg. V. 11.1.1999, DStR 1999, S. 238. OFD Koblenz Vfg. V. 29.9.1998, DStR 1998, S. 1797. *Pinkernell, R.:* Ertrag- und umsatzsteuerrechtliche Behandlung des grenzüberschreitenden Softwarevertriebs über das Internet, StuW 1999, S. 281. *Welnhofer, M.:* Neue Entwicklungen bei der ust-lichen Behandlung des elektronischen Geschäftsverkehrs ..., DStR 1998, S. 1539.

Economies of scale

Kostenersparnisse, die bei wachsender Ausbringungsmenge entstehen. Sie werden auch als Skalenerträge, Skaleneffekte, Betriebsgrößenersparnisse oder Massenproduktionsvorteile bezeichnet. Beispielsweise sinken die anteiligen Entwicklungskosten für ein neues PKW-Modell in Höhe von insgesamt 2 Mrd. Euro von 2.000 Euro pro Auto bei 1 Mio auf 1.000 Euro bei 2 Mio Stück Absatz, was in dieser Industrie zur Beliebtheit der → Plattformstrategie erheblich beigetragen hat.

Economies of scale entstehen durch Fixkostendegression, produktivitätssteigernde Spezialisierung, Lernprozesse (→ Erfahrungskurve) oder Kapazitätsgrößenvorteile, woraus ein degressiver Verlauf der Kurve der langfristigen Durchschnittskosten folgt. Je stärker dieser Degressionseffekt ausgeprägt ist, desto größer ist der Kostennachteil, den Unternehmen suboptimaler Größe gegenüber Firmen hinnehmen müssen, die Skaleneffekte nutzen können (→ Größenwettbewerb). Hohe Economies of scale stellen daher eine → Markteintrittsbarriere dar. Darüber hinaus können diese Effekte preispolitisch sowohl ausgenutzt (→ Preisstrategie bei Erfahrungskurven) als auch durch eine → Penetrationsstrategie und das darüber induzierte Wachstum verstärkt werden.

Economies of scope

Die auch als Verbund- oder Diversifikationsvorteile bezeichneten Economies of scope stellen als Pendant zum Konzept der → Economies of scale auf die Breite der Produktpalette eines Unternehmens ab. Economies of scope liegen vor, wenn zwei (oder mehr) verschiedene Produkte bei gleichen Mengen von einem Unternehmen kostengünstiger produziert werden als von zwei (oder mehreren) separaten Unternehmen; sie beruhen auf der Ausnutzung von → Synergien – z.B. beim Image (→ Markenpolitik) oder in der Grundlagenforschung (→ FuE-Strategien). In den letzten Jahren wurden ihnen im Zuge der Geschäftskonzentration auf → Kernkompetenzfelder weniger Bedeutung zugemessen. Allerdings werden sie innerhalb der eingeengten Geschäftsbereiche um so intensiver nutzbar, wenn z.B. der internationale „Roll-out" von Produktinnovationen für verschiedenen Produkte in gleicher Weise betrieben werden kann.

ECR-Board Europe

Aus einem Kooperationsprojekt zwischen Wal-Mart/USA und Procter & Gamble zur Verbesserung der Information und Logistik wurde Anfang der 90er-Jahre eine → ECR (Efficient Consumer Response)-Initiative entwickelt, um breitflächig dieses Gedankengut einer verbesserten Zusammenarbeit zwischen Handel und Industrie zu penetrieren. 1994 wurde durch die Gründung des ECR Europe Excecutive Boards der ECR-Gedanke international institutionalisiert. Ende 1999 waren 17 Länder im Board vertreten → CCG. B.H.

ECR (Efficient Consumer Response)

ECR (Efficient Consumer bzw. Customer Response), wörtlich übersetzt „effiziente Antwort auf die Kundennachfrage", ist ein ganzheitlicher Ansatz von Konsumgüterhandel und -industrie, durch intelligente Formen der → vertikalen Kooperation Kundenbedürfnisse besser, schneller und zu geringeren Kosten zu befriedigen. Ineffiziente Wertschöpfungsketten und traditionell auf Konfrontation basierende Schnittstellen sollen beseitigt und durch wachstumsorientierte, unternehmensübergreifende Strategien kundengerechte Sortimente und Lösungen zu geringstmöglichen Kosten erarbeitet werden.

Der Begriff hat seinen Ursprung im → Quick Response System der US-amerikanischen Textilindustrie und wurde dort Anfang der 90er-Jahre auf die Konsumgüterbranche adaptiert. Mitte 1994 griffen führende Händler und Hersteller (u.a. *Coca Cola, Unilever, Mars, Procter & Gamble, Royal Ahold, Tesco, Rewe, Karstadt*) unter Begleitung verschiedener Verbände (AIM, CIES, EAN International und Eurocommerce) den Gedanken in Europa auf und gründeten die „ECR Europe Initiative". Von Anfang an stand dabei eine Realisierung von partnerschaftlichen Prinzipien an der Schnittstelle Handel/Industrie, verbunden mit der klaren Ausrichtung an Käuferbedürfnissen, im Vordergrund.

Als wesentliche *Bausteine* bzw. *Basisstrategien* von ECR werden typischerweise die Bereiche

– Effizienter Warennachschub (*Efficient Replenishment*)
– Effiziente Sortimente (*Efficient Assortment*)
– Effiziente Verkaufsförderung (*Efficient Promotions*) und
– Effiziente Produktentwicklung und -einführung (*Efficient Product Introduction*)

unterschieden (vgl. *Abb.*).

Neuere Entwicklungen fassen den Begriff weiter und beinhalten auch so genannte Enablers (gemeinsame Standards und Messverfahren) sowie Integrators, d.h. Konzepte wie CPFR (Collaborative Planning, Forecasting and Replenishment) und Überlegungen zum E-Business.

Der Schwerpunkt von ECR Europe hat sich zunehmend von Logistikthemen (z.B. Efficient Replenishment, Efficient Unit Loads, Integration von Logistikdienstleistern) über

ECR (Efficient Consumer Response)

ECR-Bausteine

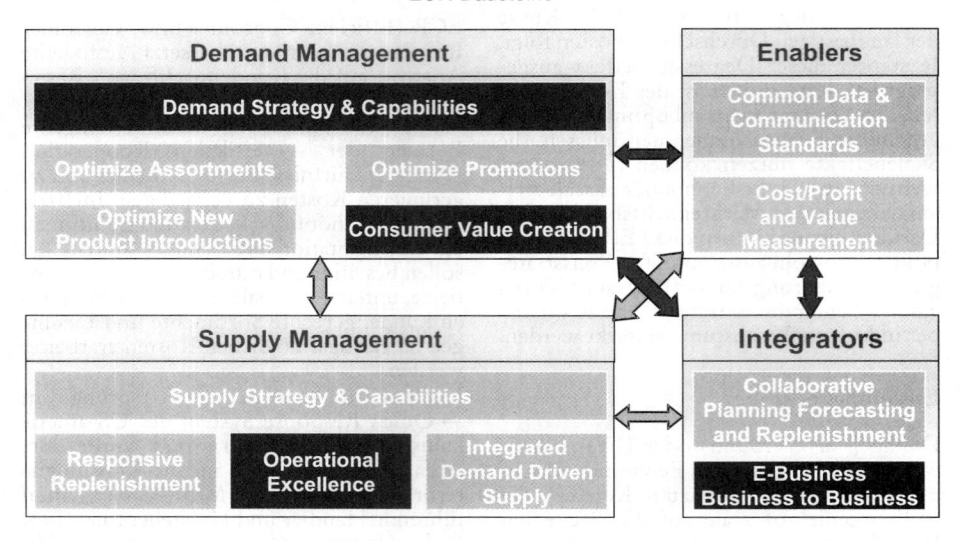

Demand Management	Enablers
Demand Strategy & Capabilities	Common Data & Communication Standards
Optimize Assortments / Optimize Promotions / Optimize New Product Introductions / Consumer Value Creation	Cost/Profit and Value Measurement

Supply Management	Integrators
Supply Strategy & Capabilities	Collaborative Planning Forecasting and Replenishment
Responsive Replenishment / Operational Excellence / Integrated Demand Driven Supply	E-Business Business to Business

Demand Side-Projekte, d.h. den marketingorientierten Elementen von ECR (insbesondere → Category Management, Effiziente Verkaufsförderung und Consumer Value Management), hin zu ganzheitlichen Betrachtungen der Wertschöpfungskette entwickelt. Hierbei spielen neue Technologien, globale Standards und die Entstehung von web-basierten → elektronischen Marktplätzen sowohl auf Handelsseite, wie Globalnetexchange (GNX) oder Worldwide Retail Exchange (WWRE), als auch auf Herstellerseite, wie Transora.com und CPGMarkets, eine entscheidende Rolle (→ Elektronischer Einkauf).

ECR hat in einschlägigen Untersuchungen der letzten Jahre kontinuierlich einen Spitzenplatz belegt, wenn nach den Top-Themen der Industrie gefragt wurde. Einsparungspotenziale von über 6% vom Umsatz und vielfach erzielte Umsatzzuwächse von über 10% durch Category Management haben dazu geführt, dass sich führende Unternehmen konsequent nach ECR-Prinzipien organisieren und vielfältige Anstrengungen unternehmen, durch enge, firmenübergreifende Zusammenarbeit diese Potenziale zu realisieren. Gleichzeitig wird vielfach beklagt, dass die Geschwindigkeit, mit der ECR-Konzepte implementiert werden, deutlich hinter den Erwartungen bleibt, und die Bereitschaft zum erforderlichen Informationsaustausch nach wie vor beschränkt ist. Als Hauptfaktoren für eine erfolgreiche ECR-Implementierung, die solche Barrieren überwinden können, werden meist genannt:

- Commitment des Top Managements
- Hohe fachliche Qualifikation aller beteiligten Mitarbeiter
- Geeignete Infrastruktur (insb. Organisation und Informationssysteme)
- Fähigkeit zum umfassenden Change Management
- Lösung des immanenten Verteilungsproblems (d.h. wer profitiert von den Einsparungen: Handel, Industrie oder Verbraucher?)

Nach wie vor wird auch die unzureichende Einbindung des Mittelstands als Problem gesehen, das den Konzentrationsprozess der Branche weiter beschleunigt.
Wie nahezu alle Bereiche der Wirtschaft wird auch ECR zunehmend von den Entwicklungen im Zusammenhang mit dem Internet beeinflusst. Dies gilt insbesondere für Initiativen wie ECR Europe, das sich als Plattform für neue Konzepte, die den Kunden in den Mittelpunkt stellen und Grundsatzarbeit leisten, versteht. Als Motor der gedanklichen Weiterentwicklung der Branche sind Themen wie Global Marketplaces und B2B Exchanges für die beteiligten Unternehmen von größter Bedeutung. Aus diesem Grund wurde auch die *Global Commerce Initiative (GCI)* gegründet, in der weltweite Standards, z.B. für Produktklassifikationen und Datenformate, entwickelt

werden. Nahezu alle führenden Unternehmen auf Handels- und Herstellerseite sind in den verschiedenen Gremien vertreten, um die Voraussetzungen für umfassende Kooperationen und effizienten Informationsaustausch über Ländergrenzen hinweg zu schaffen.

Die Messlatte für alle Initiativen wird letztlich sein, ob es gelingt, im branchenübergreifenden Wettbewerb um den „share of wallet", also den Geldbeutel des Kunden, zu gewinnen. Statt einer Umverteilung eines immer kleiner werdenden Kuchens muss es primäres Ziel sein, die gesamte Branche stark zu machen und dadurch langfristiges, profitables Wachstum zu erreichen. G.Ha.

Literatur: *von der Heydt, A.* (Hrsg.): Handbuch Efficient Consumer Response, München 1999. *Ahlert D.; Borchert, St.* (Hrsg.): Prozessmanagement im vertikalen Marketing: efficient consumer response in Konsumgütermärkten, Berlin, Heidelberg, New York 2000.

E-CRM (Electronic Customer Relationship Management)

bezeichnet das systematische → Customer Relationship Management über direkte, elektronische Interaktionskanäle wie z.B. das Online-Angebot, mobile Mehrwertdienste (→ SMS oder → WAP) oder sonstige interaktive Sprachdienste und ist als strategische Ausrichtung des → E-Commerce anzusehen.

Das E-CRM zeichnet sich durch kundeninitiierte Interaktionen und eine automatisierte → Personalisierung von Inhalten und Produktangebot aus. Dies bedeutet, dass alle Instrumente im Rahmen des E-CRM auf der Grundlage eines Informations- und Entscheidungssystems beruhen, welches weitgehend automatisiert und selbststeuernd implementiert ist und folgende Prozesse unterstützt:

- Integrierte Informationserfassung durch implizites Beobachten (→ Tracking) und explizite Befragungen und Nutzerregistrierung
- Verbraucheranalyse, Segmentierung und Zuordnung zu Kundenprofilen in Echtzeit durch Methoden des → Information Filtering, v.a. des Collaborative Filtering, sowie regelbasierte Systeme

- Selektion und Empfehlung von Inhalten und Produkten (→ Recommender System)
- Individuelle Anpassung von Inhaltspräsentation (Content Customization) und Produktangebote
- Kontrolle und Adaption der Profilierungsmethoden durch Rückkoppelung

Neben den technisch-konzeptionellen Merkmalen unterscheidet sich das E-CRM von den anderen CRM Maßnahmen durch die kundeninitiierten Maßnahmen und der daraus erteilten Erlaubnis des Kunden, die Informationen über den Kunden für das Marketing zu nutzen (→ Permission Marketing). R.St.

Literatur: *Reichhardt, C.:* One-to-One-Marketing im Internet, Wiesbaden 2000. *Seybold, P.B.:* Customers.com. How to create a profitable business strategy for the Internet and beyond, New York 1998.

EDA (Elektrodermale Aktivität)
→ Hautwiderstandsmessung

EDDI (Erfolg durch Direktmarketing)

prämiert seit 1993 erfolgreiche *Gesamtstrategien* (nicht: Kampagnen; → Deutscher Dialogmarketing Preis) von Direktmarketing-Unternehmen. Kriterien: überdurchschnittliche Markterfolge, überdurchschnittliche konzeptionelle Leistung sowie innovative Ansätze im Direktmarketing. Verleihung jährlich durch den → *Deutschen Direktmarketing Verband e.V. DDV* im Rahmen der Fachmesse → DIMA.

EDI → Electronic Data Interchange

EDIFACT (Electronic Data Interchange for Administration, Commerce and Transport)

ist seit 1988 ein branchenunabhängiger, international definierter (International Standardization Organisation) Standard des → Electronic Data Interchange. EDIFACT standardisiert sachlich und logisch den Aufbau von Nachrichten zweistufig nach Syntaxregeln und Nachrichtenaufbau. Aufgrund der unterschiedlichen Anforderungen verschiedener Branchen in Bezug auf den Austausch von Geschäftsdaten ist EDIFACT heute eher als Basisnorm zu verstehen, aus der sich unterschiedliche Branchenstandards entwickelt haben (vgl. *Abb.*).

EDIFACT-Branchenstandards

Standard	Branche
EANCOM	Konsumgüterwirtschaft
EDITEX	Textilbranche
EDIFASHION	Modische Bekleidung
EDIFICE	Elektroindustrie
EDI-BHB	Heimwerker-, Bau- und Gartenmärkte
EDIWHITE	Haushaltsgeräte (weiße Ware)
LOGIFURN	Möbelbranche
CEFIC	Chemische Industrie
UNSM	Transportwirtschaft

Auf Basis dieser Branchenstandards können die unterschiedlichsten Geschäftsprozesse zwischen Händler und Hersteller auf der Basis definierter Nachrichtenstandards abgewickelt werden. Diese Standards eignen sich vor allem für den Austausch strukturierter, operativer Daten zur Kopplung von Informationssystemen, wobei die Notwendigkeit der Konvertierung dieser Daten in EDIFACT-Formate die Flexibilität des gesamten Prozesses sehr einschränkt. Diesbezüglich eignet sich zunehmend die Internet-Technologie (→ Internet) als mögliche Alternative für den flexiblen Austausch auch wenig strukturierter Geschäftsdaten, was in der zunehmenden Verbreitung unternehmensinterner Intranets und institutionenübergreifender Extranets zum Ausdruck kommt. Dieser offene Standard der Internet-Technologie ist speziell für kleinere Unternehmen geeignet, da er flexibler, schneller implementierbar und billiger als der EDIFACT-Standard ist, wodurch weitere Effizienzsteigerungspotenziale im Informationsmanagement im Rahmen des → Supply Chain Managements realisiert werden können.   J.Z.

Literatur: *Hess, O.*: Internet, Electronic Data Interchange (EDI) und SAP R/3 – Synergien und Abgrenzungen im Rahmen des Electronic Commerce, in: *Hermanns, A.; Sauter, M.* (Hrsg.): Management-Handbuch Electronic Commerce, München 1999, S. 185-196. *Kloth, R.*: Waren- und Informationslogistik im Handel, Wiesbaden 1999.

EDL → Lebensstilkonzept

EDR → Hautwiderstandsmessung

Edutainment → Multimedia

EEG

Mittels Elektroenzephalogramm (EEG), einem aus der klinischen Psychologie stammenden Verfahren, werden v.a. in der experimentellen, z.T aber auch schon in der kommerziellen Marktforschung (→ Beobachtung), die je nach → Aktivierung unterschiedlichen elektrischen Potenziale des Gehirns mittels am Kopf angebrachter Elektroden gemessen (Hirnstrommessung). Basis der Anwendung dieses Verfahrens im Marketing ist die Annahme, → Emotionen würden sich in physiologischen Aktivitäten des Gehirns äußern, sodass aufgrund einer Veränderung des Potenzials auf die Intensität von Emotionen geschlossen werden könne. Im EEG kommt das jeweilige Aktivierungsniveau – z.B. im Gefolge eines externen Reizes (Anzeigen, Spots etc.) – in den charakteristischen Verlaufsformen der Hirnstrompotentiale (Amplitude, Frequenz) zum Ausdruck: Delta-Wellen (geringe Frequenz, hohe Amplitude) sind Ausdruck eines extrem niedrigen Aktivierungsniveaus; Theta-Wellen stehen für geringe Aktiviertheit; Alpha-Wellen treten im Zustand der Entspannung auf; Beta-Wellen (hohe Frequenz, geringe Amplitude) signalisieren hohe Aktiviertheit. Da weiterhin eine positive Korrelation zwischen Aktiviertheit einerseits und Aufnahme, Verarbeitung und Speicherung von Reizen andererseits anzunehmen ist, indiziert das Aktivierungsniveau das Niveau der Kommunikationswirkung.   W.L.

Effektivgeschäft

Variante des Börsenhandels (→ Warenbörsen), welche auf einer sofortigen Übertragung der Verfügungsrechte beruht. Da mit der Eigentumsübertragung meist auch eine sofortige Lieferung einhergeht, dient das Effektivgeschäft insbesondere der Befriedigung eines aktuellen Bedarfs.   W.H.E.

Efficient Consumer Response → ECR

Efficient Pricing → Category Pricing

Efficient Product Introduction

ist der auf Neuprodukteinführungen bezogene Teil des → ECR, bei dem es insb. darum geht, über die scannergestützte Absatzbeobachtung im Handel möglichst rasch Aufschluss über die erfolgreichsten Produktvarianten (Packungsgrößen, Geschmacksrichtungen etc.) von neuen Produkten zu erlangen, um Marketing und Vertrieb entsprechend anzupassen.

Efficient Promotion

Teilbereich des → ECR-Konzepts, bei dem es um die nachfragerechte Ausgestaltung von Verkaufsförderungsaktionen geht (s.a. → Category Management).

Efficient Replenishment

Teilbereich des → ECR-Konzepts, bei dem es um die bedarfs- und zeitgenaue Zulieferung von Waren geht (s.a. → Supply Chain Management).

Efficient Store Assortment

Teilbereich des → ECR-Konzepts, bei dem es um die nachfragerechte Ausgestaltung des Sortimentes geht (s.a. → Sortimentspolitik; → Category Management).

Eff-Kurve

vom Spiegel-Verlag aufgrund eigener Mediaanalysen entwickeltes Modell der → Werbewirkung mit Bekanntheit, Image und Wissenskomponenten als abhängiger und dem Werbedruck (Impact) als unabhängiger Variable.

EFT → Electronic Funds Transfer

EFTS

Abk. für Electronic Funds Transfer Systems. Bezeichnung für die beleglose Abwicklung des Zahlungsverkehrs durch elektronische bzw. automatische Datenverarbeitung auf der Basis moderner Kommunikationssysteme. Der Geldbetrag für erhaltene Waren oder Dienstleistungen wird zum Zeitpunkt der Zahlung automatisch vom Konto des Zahlungspflichtigen (Kunde, Käufer) auf das Konto des Zahlungsempfängers (Händler, Dienstleister) übertragen.

J.W.

EG-Kartellrecht

Zum Schutz vor Wettbewerbsverfälschungen durch das Verhalten privater Unternehmen enthalten Art. 81 ff. EG-Vertrag (EGV) ein Verbot wettbewerbsbeschränkender Vereinbarungen, Beschlüsse und Verhaltensweisen, welche geeignet sind, den Handel zwischen den Mitgliedstaaten zu beeinträchtigen (Kartellverbot) sowie ein Verbot des Missbrauchs einer marktbeherrschenden Stellung. Nach Art. 81 EGV sind im Bereich des Gemeinsamen Marktes alle Vereinbarungen zwischen Unternehmen, Beschlüsse von Unternehmensvereinigungen und abgestimmte Verhaltensweisen, die den Handel zwischen den Mitgliedstaaten zu beeinträchtigen geeignet sind und eine Beschränkung des Wettbewerbs innerhalb des gemeinsamen Marktes bezwecken oder bewirken, verboten, insb. die unmittelbare oder mittelbare Festsetzung der An- oder Verkaufspreise, die Einschränkung oder Kontrolle der Erzeugung, des Absatzes, der technischen Entwicklung oder der Investitionen, die Aufteilung der Märkte oder Versorgungsquellen, die Anwendung unterschiedlicher Bedingungen bei gleichwertigen Leistungen gegenüber Handelspartnern, wodurch diese im Wettbewerb behindert werden, sowie → Koppelungsgeschäfte. Während das deutsche → GWB lediglich Kartellverträge allgemein verbietet (§ 1 GWB), vertikale Verträge jedoch nur für bestimmte Fälle (§§ 14 ff. GWB), verbietet Art. 81 Abs. 1 EGV wettbewerbsbeschränkende Abreden jeder Art (horizontale und vertikale Absprachen).

Das Verbot umfasst nicht nur Verträge, sondern auch aufeinander → abgestimmte Verhaltensweisen. Solche liegen, wie der Europäische Gerichtshof entschieden hat, vor bei einer Koordinierung zwischen Unternehmen, die zwar noch nicht zum Abschluss eines Vertrages gediehen ist, jedoch bewusst eine praktische Zusammenarbeit an die Stelle des mit Risiken verbundenen Wettbewerbs treten lässt; Indiz kann dafür ein → Parallelverhalten sein.

Die Anwendung der Wettbewerbsregeln des EGV setzt voraus, dass die wettbewerbsbeschränkenden Maßnahmen geeignet sein müssen, den Handel zwischen den Mitgliedstaaten zu beeinträchtigen. In diesem Merkmal kommt die Aufgabe der Wettbewerbsregeln des EGV zum Ausdruck, Wettbewerbsbeschränkungen, die den zwischenstaatlichen Wirtschaftsverkehr nachteilig beeinflussen, möglichst zu beseitigen, auch wenn diese auf privaten Absprachen, insb. Kartellen und sonstigen Praktiken beruhen. Damit soll das in Art. 3 Buchst. g EGV festgelegte grundlegende Vertragsziel, Errichtung eines Systems, das den Wettbewerb innerhalb des gemeinsamen Marktes vor Verfälschungen schützt, erreicht werden. Das Kartell muss nicht die Wettbewerbsbeschränkung zum Zweck haben. Es genügt, wenn es – auch nur mittelbar – geeignet ist, den zwischenstaatlichen Handel zu beeinträchtigen. Eine Eignung zur Beeinträchtigung des zwischenstaatlichen Handels besteht nicht nur bei Vereinbarungen über den grenzüberschreitenden Waren- oder Dienstleistungsverkehr (wie z.B. bei Export- oder Importverboten). Sie kann auch bei mittelbaren Rückwirkungen auf Export oder Import gegeben sein (z.B. kann ein Vertriebsvertrag oder ein Bezugsvertrag, z.B. ein Bierlieferungsvertrag, zusammen mit gleichartigen Verträgen anderer Unternehmen im Bündel zur Errichtung von Handelsschranken beitragen). Die Zwischenstaatlichkeitsklausel, die ohnehin außerordentlich weit ausgelegt wird, bewirkt also keineswegs, dass nationale Sachverhalte nicht dem EG-Kartellrecht unterliegen. Vielmehr können auch rein nationale Kartelle oder Vertriebssysteme eine gemeinschaftswidrige Abschottung der nationalen Märkte bewirken. Die Beeinträchtigung muss aber spürbar, d.h. von einem quantitativen Mindestausmaß sein.

Die Kommission hat ihre Vorstellungen zur Spürbarkeit in einer Bekanntmachung über Vereinbarungen von geringer Bedeutung, die nicht unter Art. 81 Abs. 1 EWGV fallen (sog. *Bagatellbekanntmachung*, neu gefasst am 19.12.1997), festgelegt. Danach liegt keine Spürbarkeit vor, wenn bei horizontalen Vereinbarungen der Marktanteil aller beteiligten Unternehmen für diese Waren oder Dienstleistungen nicht mehr als 5 % ausmacht. Für Vereinbarungen zwischen Unternehmen unterschiedlicher Wirtschaftsstufen (vertikale Vereinbarungen) liegt die Marktanteilsschwelle bei 10%. Wichtige Hinweise über die Zulässigkeit einzelner Kooperationsformen enthält noch die Bekanntmachung der Kommission vom 29.07.1968 über Vereinbarungen, Beschlüsse und aufeinander abgestimmte Verhaltensweisen, die eine zwischenbetriebliche Zusammenarbeit betreffen (sog. Kooperationsbekanntmachung). Gewerbliche Schutzrechte (z.B. Patent- oder Warenzeichen) dürfen nicht dazu benutzt werden, den Import von Waren zu behindern, die aufgrund eines Lizenzvertrages oder durch den Erwerb eines gleich lautenden Schutzrechtes in anderen Staaten hergestellt wurden. Vereinbarungen und Beschlüsse, die gegen Art. 81 Abs. 1 EGV verstoßen, sind nichtig, soweit sie aufgrund ihres Zwecks oder ihrer Wirkung unter das Kartellverbot fallen (Art. 81 Abs. 2 EGV). Art. 81 Abs. 3 EGV sieht die Möglichkeit vor, wettbewerbsbeschränkende Vereinbarungen, Beschlüsse oder Abstimmungen vom Kartellverbot durch Einzelfreistellung oder → Gruppenfreistellung auszunehmen. Die Einzelfreistellung wird durch Anmeldung bei der EG-Kommission beantragt. Die näheren Einzelheiten regelt die Verordnung Nr. 17 vom 06.02.1962 (sog. Kartellverordnung). Die angemeldeten Vereinbarungen und Beschlüsse genießen kraft der Anmeldung Freiheit vor Verfolgung durch Bußgeld und haben die Chance, mit zivilrechtlicher Wirkung rückwirkend zum Datum der Anmeldung freigestellt zu werden. Besondere Privilegien genießen die sog. Alt-Anmeldungen, die vor dem 31.01.1963 eingereicht wurden. Sie begründen eine vorläufige zivilrechtliche Wirksamkeit, die durch spätere Verbotsentscheidungen nicht mehr für die Vergangenheit genommen werden kann (sog. vorläufige Gültigkeit). Gruppenfreistellungen bewirken eine automatische Freistellung ohne Anmeldung. Keine Freistellung stellt das bloße Negativattest nach Art. 2 VO 17/62 dar. Danach kann die Kommission auf Antrag feststellen, dass nach den ihr bekannten Tatsachen für sie kein Anlass zum Einschreiten besteht.

Art. 82 EGV verbietet die missbräuchliche Ausnutzung einer beherrschenden Stellung auf dem Gemeinsamen Markt oder auf einem wesentlichen Teil desselben durch ein oder mehrere Unternehmen, soweit diese dazu führen kann, den Handel zwischen den Mitgliedsstaaten zu beeinträchtigen. Regelbeispiele für einen solchen Missbrauch nennt Art. 82 Abs. 2 EGV: Erzwingen unangemessener Einkaufs- oder Verkaufspreise oder sonstiger Geschäftsbedingungen, Einschränkung der Erzeugung, des Absatzes oder der technischen Entwicklung zum Schaden der Verbraucher, Wettbewerbsbenachteiligung von Handelspartnern durch Anwendung unterschiedlicher Bedingungen bei gleichwertiger Leistung oder Zwang zur Abnahme zusätzlicher Leistungen, die weder sachlich noch nach Handelsbrauch in Beziehung zum Vertragsgegenstand stehen. Die Kommission kann Unternehmen durch Entscheidung verpflichten, Zuwiderhandlungen abzustellen, sie kann auch ohne Verbotsentscheidung (auch für die Vergangenheit) Bußgelder verhängen. Durch die Verordnung Nr. 4064/89 vom 21.12.1989, die zum 21.09.1990 in Kraft getreten ist, ist nunmehr die europäische → Fusionskontrolle detailliert geregelt. Die EG-Fusionskontrolle gilt für alle Zusammenschlüsse von gemeinschaftsweiter Bedeutung. Die Vorschriften des EG-Kartellrechtes haben nach der Rechtsprechung des Europäischen Gerichtshofes Vorrang vor dem nationalen Recht, wenn die nationalen kartellrechtlichen Vorschriften und ihre Anwendung die einheitliche Anwendung des EG-Kartellrechtes beeinträchtigen würden. Vorrang des Gemeinschaftsrechts bedeutet nicht, dass auf denselben Sachverhalt nicht EG-Kartellrecht und nationales Recht nebeneinander angewendet werden dürfen. Bei Konflikten zwischen beiden Rechtsordnungen setzt sich aber aufgrund der Vorrangregel das EG-Kartellrecht durch.

H.-J.Bu.

Literatur: *Langen, E.; Bunte, H.-J.*: Kommentar zum deutschen und europäischen Kartellrecht, 9. Aufl., Neuwied u.a. 2000.

EG-Marktordnungen

Marktordnungen für Agrarprodukte dienen ursprünglich dem Ziel der Preisstabilisierung auf Märkten, die durch starke Preisschwankungen (preisunelastische Nachfrage, witterungs- oder dispositionsbedingte Unterschiede der Angebotsmenge) gekennzeichnet sind (→ Agrarmarketing). Darüber hinaus sind Marktordnungen aber längst zu Instrumenten der Preis- und Einkommenspolitik zugunsten der Landwirtschaft weiterentwickelt worden. Sie bedienen sich dafür → Marktinterventionen in Form staatlicher Preis- und/oder Mengenregulierung und/oder direkter Transferzahlungen auf dem Inlandsmarkt und im Außenhandel mit Agrarprodukten.
In der EU sind die früheren nationalen Marktordnungen durch einheitliche Regelungen für die gesamte EU abgelöst:
(1) Für etwa 70% der Agrarproduktion in der EU gelten Marktordnungen mit Interventionssystem auf dem Binnenmarkt sowie ein Außenhandelsschutz gegenüber Drittländern (variable Abschöpfungen bei der Einfuhr, Exporterstattungen bei der Ausfuhr). Dieser Marktordnungstyp wird z.B. bei Getreide, Butter, Magermilchpulver, Zucker, Rindfleisch angewandt – mit abnehmender Bedeutung zugunsten von Direktzahlungen (Flächen- und Tierprämien).
(2) Für rund 25% der Agrarproduktion beschränken sich die EG-Marktordnungen auf den Außenhandelsschutz. Hierzu gehören die Marktordnungen für Schweinefleisch, Eier und Geflügel, Qualitätsweine, Blumen und zahlreiche Obst- und Gemüsearten.
(3) Für eine Reihe von Produkten gilt nur ein niedriger Außenhandelsschutz (vor allem aufgrund von GATT-Vereinbarungen). Für Ölsaaten und Körnerleguminosen gelten flächenbezogene Ausgleichszahlungen. In anderen Fällen (z.B. Flachs, Hanf, Hopfen) werden Beihilfen für Erzeuger und Verbraucher gezahlt.
(4) Die bisher genannten drei Marktordnungstypen können mit Mengenbegrenzungen gekoppelt werden. Um bei Überschreiten des vollen Selbstversorgungsgrades der EU die teure Überschussverwertung zu drosseln, werden die für die Landwirtschaft wirksamen Preisgarantien oder Beihilfen auf bestimmte Mengen pro Betrieb (Quoten für Zuckerrüben, Milch) oder in der EU insgesamt begrenzt. Es wird versucht, dadurch das Marktgleichgewicht herzustellen und die Kosten der Überschussproduktion zu limitieren.

Die Spannungen zwischen den interventionistischen Markteingriffen und der ordnungspolitischen Grundkonzeption der Wirtschaftspolitik stellen die EG-Marktordnungen immer wieder in den Mittelpunkt ordnungspolitischer Diskussionen.

O.St.

EHASTRA

Im dreijährigen Rhythmus durchgeführte *Einzel*H*Andels*STR*uktur*A*nalyse* aller Angebotsstellen von Presseerzeugnissen in Deutschland, im Jahre 1999 119.995 an der Zahl. Erhoben werden z.B. Ortsgröße, Geschäftstyp, Bedienungsform, Umsätze sowie angebotene Zeitschriften bzw. Druckerzeugnisse, unterteilt in 43 Gattungen (für die EHASTRA 2000 wird der Merkmalskatalog überarbeitet und ausgeweitet). Die Ergebnisse erlauben Vergleiche, etwa über den Zusammenhang zwischen der Verkäuflichkeit von Zeitschriftengattungen und Geschäftsart, die die Vertriebsarbeit von Pres-

EHI (EuroHandelsinstitut e. V.)

segrosso und Verlagen erleichtern (→ Verlagsmarketing). A.K.

EHI (EuroHandelsinstitut e. V.)

Der EHI e. V. als Handelsforschungsinstitut ist seit 1993 Rechtsnachfolger der 1951 gegründeten RGH (Rationalisierungs-Gemeinschaft des Handels) und des 1957 gegründeten ISB (Institut für Selbstbedienung), die 1988 zum DHI (Deutsches Handelsinstitut) fusionierten. Träger bzw. ordentliche Mitglieder sind Handelsverbände und namhafte Handelsunternehmen. Darüber hinaus wird das Institut durch über 400 Firmen der Nahrungsmittel-, der Packmittel-, der Informationswirtschaft und des Ladenbaus unterstützt. Als kommerzielle Einheit fungiert die EHI GmbH u. a. als Verlag, Beratungsunternehmen und Träger der weltweit größten Investitionsgütermesse des Handels, der → EuroShop; als Beteiligungsholding die EHI Verwaltungs-GmbH, die 50% der Anteile der CCG und 50% der Anteile der ORGAINVENT hält. Desweiteren ist das EHI Koordinationsstelle der → EUREP und der ISSO, einem weltweiten Verbund von Handelsforschungsinstituten. Anschrift: Spichernstraße 55, 50762 Köln. Internet http://www.ehi.org. B.H.

Eichgesetz

Das Eichwesen (das eichamtliche Prüfen und Stempeln von Messmitteln) ist gesetzlich normiert im Gesetz über Mess- und Eichwesen vom 22.02.1985 (BGBl I, Seite 410) mit Durchführungsverordnungen. Das Eichgesetz bezweckt als Ordnungsrecht der Wirtschaft zum einen den Schutz der Verbraucher und der Verkäufer, damit auch die Sicherung der Lauterkeit des Wettbewerbs, zum anderen die Sicherheit und Gesundheit der Bürger. Das Eichgesetz enthält in seinen §§ 1–13 ein System, nach dem alle Messgeräte für den geschäftlichen und amtlichen Verkehr, das Verkehrswesen, für die Heilkunde und die Herstellung von Arzneimitteln einer Zulassung bedürfen, wobei eine Bauartzulassung erteilt werden kann. In den §§ 14-19 Eichgesetz sind Regelungen für sog. Fertigpackungen und deren → Preisauszeichnung sowie Schankgefäße vorgesehen. Der dritte Abschnitt des Gesetzes regelt das Recht der öffentlichen Waagen und die öffentliche Bestellung der Wäger. Verstöße gegen das Eichgesetz stellen eine Ordnungswidrigkeit dar. H.-J.Bu.

Eigenabsatz

strategische Entscheidung eines Handelsbetriebes, mit Hilfe eines eigenen Absatzapparates – ähnlich wie beim → Direktvertrieb der Industrie – alle Absatzaktivitäten selber auszuführen, statt sie z.B. → Rack Jobbern zu überlassen.

Eigenadressen → Adresslisten

Eigengeschäft → Fremdgeschäft

Eigenhändlersystem → Depotsysteme

Eigenmarken

Eigenmarken sind Marken eines Herstellers, die er für die an einen Kunden gelieferten Produkte exklusiv verwendet. Marketingträger ist also im Gegensatz zu → Handelsmarken der Hersteller, nicht das Handelsunternehmen. Ein Produkt wird auf diese Weise unter einer Vielzahl von Marken vertrieben. Bei Tafelschokolade kommt dies auch heute noch oft vor. Die angestrebten Ziele sind im Grunde die gleichen wie bei den Handelsmarken. Gegenüber den Handelsmarken haben die Eigenmarken an Boden verloren. W.Oe.

Eigenmarketing → Selbstmarketing

Eigenschaftsraum

Der Eigenschaftsraum basiert auf dem Konzept der relevanten → Produkteigenschaften von Lancaster, dem die Vorstellung zugrunde liegt, der Nachfrager bewerte Eigenschaften von Produkten, also die Mengen von objektiven, in Gütern enthaltenen Eigenschaften (→ Käuferverhalten). Beispielsweise lässt sich ein Pkw durch objektiv feststellbare Werte für den Luftwiderstandsbeiwert, die PS-Zahl, den Kraftstoffverbrauch und die Höchstgeschwindigkeit kennzeichnen. Dem Modell liegt die Prämisse zugrunde, ein Individuum handle rational und sei daher bestrebt, den Gesamtnutzen der konsumierten Güter zu maximieren. Die Budgetrestriktion fungiert wie im neoklassischen Ansatz als Nebenbedingung. Die *Konsumtechnologie* B dient dazu, die über Eigenschaften definierte Nutzenfunktion mit der über Gütermengen spezifizierten Budgetrestriktion zu verknüpfen. Dabei stellt B eine Matrix dar, deren Elemente angeben, wie viel eine Mengeneinheit des Guts i von der Eigenschaft j enthält (B = [b_{ij}]). Multipliziert man den Vektor der

Produktmengen $(x_1, ..., x_n, ..., x_N)$ mit der Matrix der Konsumtechnologie (B), ergibt sich der Vektor jener Merkmalsmengen, die in der betrachteten Gütermenge enthalten sind und in der Nutzenfunktion bewertet werden: $(y_1, ..., y_m, ..., y_M) = (x_1, ..., x_n, ..., x_N) \cdot (b_{ij})$

Abb. 1

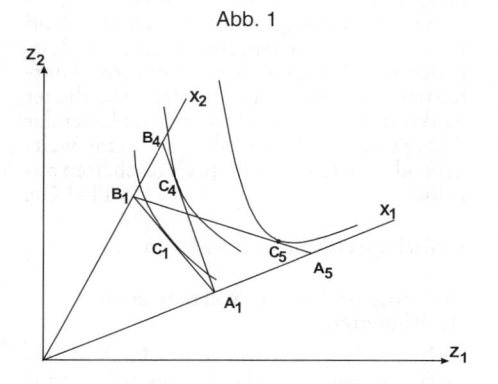

Abb. 1 zeigt die Produkte x_1 und x_2, die aus der Sicht eines Nachfragers die charakteristischen Eigenschaften z_1 und z_2 aufweisen. Für jede beliebige Menge eines Guts bleibt das Verhältnis von z_1 und z_2 (Eigenschaftsmischung) gleich. Aufgrund des begrenzten Einkommens (Budgetrestriktion) ist es dem Konsumenten jedoch nicht möglich, jede beliebige Merkmalskombination zu kaufen. Daher erwirbt ein nach Nutzenmaximierung strebender Verbraucher jene Eigenschaftsmischung, die er sich unter Berücksichtigung der Budgetrestriktion gerade noch leisten kann. Hierbei kommt entweder Gut x_1 mit der Eigenschaftskombination A_1, Erzeugnis x_2 mit der Merkmalsmischung B_1 oder ein aus x_1 und x_2 bestehendes, auf der Budgetgerade angesiedeltes Bündel (z.B. C_1) in Betracht. Welches Produkt beziehungsweise welche Produktkombination das Individuum auswählt, hängt von seinem Präferenzgefüge ab, das die Indifferenzkurve zum Ausdruck bringt. Im Beispiel greift der Nachfrager zu einem aus Produkt x_1 und x_2 zusammengesetzten Bündel (vgl. Punkt C_1).

Aufgrund einer Modifikation des Erzeugnisses x_1 beim Merkmal z_1 (z.B. 90 PS anstatt wie bisher 70 PS) verschiebt sich die Effizienzgerade von A_1B_1 nach A_5B_1. Der Punkt C_5 bringt die von der Person nach der Produktmodifikation bevorzugte Attributskombination zum Ausdruck. Durch diese produktpolitische Aktivität erhält der Nachfrager bei gegebenem Einkommen und konstanten Güterpreisen eine größere Eigenschaftsmenge.

Bei der Einführung eines neuen Produkts x_3 (vgl. *Abb. 2*) liegt es nahe, zwei produktpolitische Handlungsoptionen voneinander zu unterscheiden: Ist das neue Erzeugnis unterhalb von A_1B_1 angesiedelt (z.B. in D_3), bleibt der Nachfrager bei dem bislang aus x_1 und x_2 zusammengesetzten Bündel. In diesem Fall dominiert jede aus x_1 und x_2 bestehende Kombination alle aus x_3 und x_1 beziehungsweise x_3 und x_2 resultierenden Pakete. Liegt das neue Gut hingegen oberhalb von A_1B_1 (z.B. in D_2), erscheint eine Kombination aus x_3 und x_1 beziehungsweise x_3 und x_2 effizienter als das aus x_1 und x_2 konstruierte Bündel.

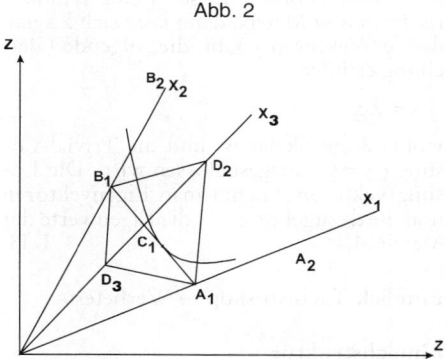

Abb. 2

Einige kaum haltbare Prämissen schränken die Erklärungskraft dieses Ansatzes ein: Aller Erfahrung nach liefern Auskunftspersonen keine objektive Einschätzung von Produktmerkmalen. Folglich trägt ein Ansatz, der auf objektiv messbaren Merkmalen beruht, dem individuellen Wahrnehmungsvermögen nur in seltenen Fällen Rechnung. *Lancaster* geht davon aus, dass die Nutzenfunktion einen monoton steigenden Verlauf besitzt. Hiernach erhöht sich der Nutzen, den ein Gut stiftet, mit zunehmendem Merkmalswert. Ein konvexes Indifferenzkurvensystem dieser Art widerspricht der Erkenntnis, dass mehr nicht in jedem Falle auch besser ist. Urteile von Probanden über Merkmalsausprägungen unterliegen sowohl inter- als auch intraindividuellen Veränderungen. Insofern erscheint die Annahme kaum zutreffend, dass alle Nachfrager dieselben Beurteilungskriterien anlegen. Ein

Eigenverbrauch

gemeinsamer Eigenschaftsraum existiert nur für Güter, die der gleichen Produktgruppe angehören. Dies lässt sich damit begründen, dass Auskunftspersonen die Alternativen unterschiedlicher Produktgruppen (z.B. Erfrischungsgetränke, Schokoriegel, Waschmaschinen und Fernsehgeräte) hinsichtlich verschiedener Eigenschaften beurteilen. An.He./F.H.

Literatur: *Brockhoff, K.*: Produktpolitik, 4. Aufl., Stuttgart 1999. *Herrmann, A.*: Produktmanagement, München 1998.

Eigenverbrauch → Umsatzsteuer

Eigenwert

ist im Rahmen der → Multivariatenanalyse ein Indikator für den erklärten Varianzanteil in einer symmetrischen Matrix durch einen Faktor. Formal: Es sei $\underline{A}$ eine symmetrische $m \times m$ Matrix, dann lässt sich zeigen, dass es Vektoren $\underline{x}$ gibt, die folgende Gleichung erfüllen

$$\underline{A}\,\underline{x} = \lambda\,\underline{x}$$

wobei λ ein Skalar ist und die Trivial-Lösung ($\underline{x} = \underline{0}$) ausgeschlossen wird. Die Lösungsvektoren $\underline{x}$ nennt man Eigenvektoren und die dazugehörigen λ die Eigenwerte der Matrix $\underline{A}$. L.H.

Einblick-Tachistoskop → Werbetests

Einfachstruktur

Prinzip von *Thurstone* für die Struktur einer Faktorladungsmatrix in der → Faktorenanalyse. Sie dient als Ansatzpunkt für die → Rotation. Eine Einfachstruktur liegt dann vor, wenn die Faktoren Untermengen von Variablen zusammenfassen, die von anderen Faktoren nicht geladen werden. *Thurstone* versprach sich von dieser Rotation eine gewisse Methodenunabhängigkeit der wahren Lösung. Einfachstrukturen können über orthogonale oder oblique Rotationen sowie über die *Procrustes-Rotation*, d.h. Rotation auf eine Zielstruktur oder über die → Konfirmatorische Faktorenanalyse geschätzt werden. L.H.

Einfuhrumsatzsteuer → Umsatzsteuer

Einführungsrabatt → Rabatte

Einheitenlager → Depot

Einheitspreisgeschäft

historisch bedeutsame → Betriebsform des Einzelhandels, die als Mittel- bis Großbetrieb ein breites und flaches Sortiment qualitativ vergleichsweise geringwertiger Waren des täglichen Bedarfs in wenigen festen Preisstufen (Einheitspreisen) bei insgesamt niedrigem Preisniveau vorwiegend in → Selbsbedienung anbot. In Deutschland wurden die Einheitspreisgeschäfte seit Mitte der 30er-Jahre vor dem Hintergrund mittelstandspolitisch motivierter staatlicher Sanktionen sowie marktseitig nachlassender Akzeptanz des Preisstellungssystems weitgehend von den → Kleinpreisgeschäften abgelöst. H.-J.Ge.

Einheitspreislinie → Preislagen

Einigungsstellen für Wettbewerbsstreitigkeiten

meist an den Industrie- und Handelskammern angesiedelte Schlichtungsstellen ohne Rechtsprechungsbefugnis, deren Aufgabe es ist, im Vorfeld gerichtlicher Auseinandersetzungen Streitfälle des → Wettbewerbsrechts zu behandeln und zu einem Vergleich zu führen.

Einkäufer → Buying Center

Einkaufsatmosphäre

subjektive → Anmutung eines Ladenlokales beim Kunden, die durch die → Ladengestaltung und insb. die → Warenpräsentation bestimmt wird. Insb. bei einer erlebnisorientierten Ladengstaltung ist die Schaffung einer angenehmen, ja faszinierenden Einkaufsatmosphäre, eine zentrale Zielsetzung (→ erlebnisbetonte Einkaufsstätten).
Die Gestaltungsmöglichkeiten bewegen sich dabei grundsätzlich in einem Spannungsfeld zwischen aktivierenden und beruhigenden Stimuli, das betriebsindividuell auszuloten ist, jedoch nie in unangenehme Hektik bzw. Öde ausarten darf. Die Gestaltung der Einkaufsatmosphäre hat deshalb einerseits den Prinzipien der Klarheit und Übersichtlichkeit des Ladens Rechnung zu tragen, andererseits aber auch für Anregungen zu sorgen, die eine gewisse emotionale Betroffenheit und ein entsprechendes Identifikationspotenzial bei den Zielgruppen auslösen.
Dazu werden bewusst alle menschlichen Sinne durch spezifische Stimuli angeregt:

Einkaufsatmosphäre

(1) Visuelle Stimuli gehen insb. von der Warenpräsentation, der Raumarchitektur, der Ladenmöblierung und der Lichtgestaltung aus (→ Visual Merchandising).

(2) Auditive Stimuli werden bewusst durch Hintergrundmusik, aber auch durch entsprechende Schalldämpfungs- bzw. -verstärkungstechniken gesetzt.

(3) Olfaktorische Stimuli stammen vom „Raumklima", d.h. der Raumtemperatur, -feuchtigkeit etc., aber auch vom Bodenbelag, der durch seine taktile Ausstrahlung starken Einfluss auf das (unbewusste) „Ladenklima" nimmt.

(4) Die soziale Stimmung im Laden wird insb. durch den Auftritt des Verkaufspersonals, z.B. dessen äußeres Erscheinungsbild und die Art der Kundenansprache, aber auch durch das Publikum im Laden selbst geprägt.

Typische Erscheinungsformen für stimulierende Ladenkonzepte sind z.B. Themenbereiche, Farbzonen, Faszintationspunkte (z.B. Brunnenanlagen, Kunstobjekte, überraschende Ausblicke ins Freie etc.), Ruhezonen und Großbilddarstellungen.

Andererseits kann die Klarheit und Übersichtlichkeit des Ladens durch erkennbare Gliederungsprinzipien, großzügige Verkehrswege, klar abgetrennte Abteilungen, → Shop-in-the-Shop Aufbau, Kundenleitsysteme, z.B. mit Abteilungspiktogrammen, optische Transparenz des Ladens, z.B. durch eine ansteigende Optik nach dem Arenaprinzip, Beschränkung bei der Anzahl und Vielfalt der Displays und nicht zuletzt durch sachkundiges Personal verbessert werden.

Die konkrete Ausgestaltung hat dabei insb. auf die jeweiligen Zielgruppen des Geschäftes Rücksicht zu nehmen. Etwa ein Drittel der Kundschaft präferiert ein eher erlebnisbetontes Ladendesign, wobei jüngere und hedonistisch orientierte Verbraucher in dieser Gruppe überproportional vertreten sind. Grenzen ergeben sich auch aus der wirtschaftlichen Tragfähigkeit bestimmter Raumgestaltungskonzepte und aus baupolizeilichen oder anderen verwaltungstechnischen Richtlinien.

Die Wirkungsdimensionen der Einkaufsatmosphäre sind aus dem in der *Abb.* dargestellten Polaritätenprofil ableitbar, das darüber hinaus zeigt, wie sich die Anmutung

Anmutungsprofile der Einkausatmosphäre in zwei Geschäften

dynamisch	träge
stimulierend	monoton
erfreulich	mißgestimmt
gelassen	angespannt
übersichtlich	unübersichtlich
neuartig	veraltet
voller Überraschung	immer das gleiche
voller Leben	etwas tot
interessant	uninteressant
voller Abwechslung	langweilig
vielfältig	einheitlich
beeindruckend	läßt mich kalt

——— : erlebnisorientiertes Testgeschäft
- - - - - : nicht-erlebnisorientiertes Kontrollgeschäft

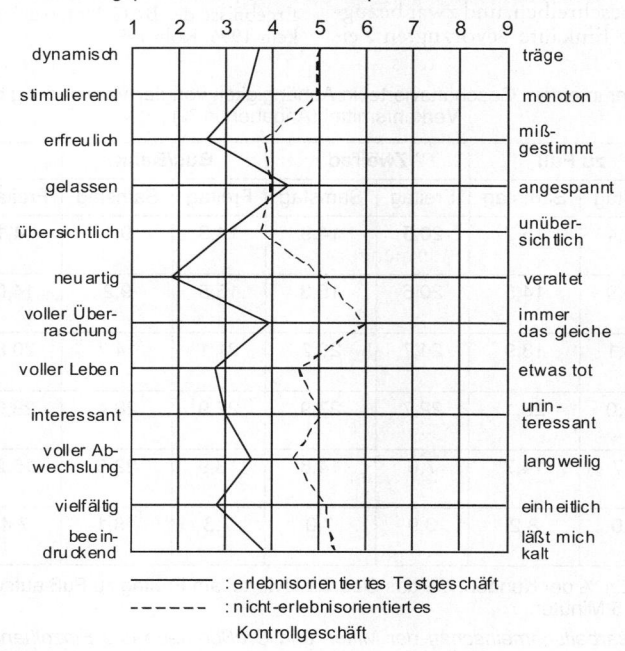

(Quelle: *Diller/Kusterer*, 1986)

Einkaufsbetrag

zweier unterschiedlich gestalteter Geschäfte gleichen Typs voneinander unterscheiden kann. Zur Messung der Einkaufsatmosphäre werden neben solchen semantischen Differentialen zunehmend Bilderskalen eingesetzt, welche die emotionalen Komponenten der Einkaufsatmosphäre eher zu erfassen vermögen (→ Skalierungstechnik). Theoretische Basis der Messmodelle ist ein deskriptives umweltpsychologisches Verhaltensmodell von *Mehrabian* und *Russell* (1987). H.D.

Literatur: *Diller, H.; Kusterer, M.:* Erlebnisbetonte Ladengestaltung im Einzelhandel. Eine empirische Studie, in: *Trommsdorff, V.* (Hrsg.), Handelsforschung 1986, Jahrbuch der Forschungsstelle für den Handel (FfH) e.V., Heidelberg 1986, S. 109-123. *Frehn, M.:* Wenn der Einkauf zum Erlebnis wird, Wuppertal 1998. *Schemann, T.:* Erlebnismarketing im Warenhaus, Bochum 1996.

Einkaufsbetrag → Einkaufshäufigkeit

Einkaufsbon → Einkaufshäufigkeit

Einkaufsdauer (Verweildauer)

Das → Einkaufsverhalten der Verbraucher lässt sich in *zeitlicher* Hinsicht in mehreren Dimensionen beschreiben, und zwar bezüglich der für die Einkäufe bevorzugten Zeiten (→ Einkaufszeit), bezüglich der → Einkaufshäufigkeit und bezüglich der Einkaufsdauer (Verweildauer). Die Verweildauer in einer Einkaufsstätte gibt die Zeit an, die sich ein Kunde pro Einkaufsakt in einer Einkaufsstätte aufhält. Sie wird im Handelsbetrieb meist im Zusammenhang mit → Kundenlaufstudien erhoben und als Kontrollgröße verwendet, um die Eignung bestimmter Maßnahmen, insb. im Rahmen der Ladengestaltung, zu überprüfen (→ Handels-Controlling). Zwischen der Verweildauer und der Zahl der gekauften Artikel bzw. dem Einkaufsbetrag wird häufig ein positiver Zusammenhang vermutet (→ Impulsive Kaufentscheidung).

Die Verweildauer in einem Geschäftsviertel gibt die Zeit an, die sich ein Kunde pro Einkaufsvorgang in einem Geschäftsviertel (Einkaufsstraße, Einkaufszentrum, etc.) aufhält. Die *Tabelle* zeigt die Ergebnisse der → Kundenverkehrsanalyse, die die Verweildauer in einem Geschäftsviertel in Abhängigkeit von dem zum Erreichen des Geschäftsviertels verwendeten Verkehrsmittel dokumentiert. L.M.-H.

Literatur: *Bundesarbeitsgemeinschaft der Mittel- und Großbetriebe des Einzelhandels e.V.* (Hrsg.): Der Druck auf den Einzelhandel hält an. Ergebnisse der BAG-Untersuchung Kundenverkehr 1996, Köln 1997.

Verweildauer in einem Geschäftsviertel in Abhängigkeit von der Verwendung bestimmter Verkehrsmittel (Angaben in %)

Verweil-dauer	zu Fuß		Zweirad		Bus/Bahn		PKW	
	Freitag	Samstag	Freitag	Samstag	Freitag	Samstag	Freitag	Samstag
bis 15 Min.	22,4	15,7	20,5	14,9	14,3	9,1	14,1	8,3
16 bis 30 Min.	20,9	14,5	20,6	15,3	15,5	9,2	14,0	8,3
31 bis 60 Min.	23,1	18,9	24,7	20,2	21,1	14,7	20,8	13,5
1 bis 2 Std.	22,0	28,1	22,7	27,9	27,9	28,4	28,6	28,1
2 bis 4 Std.	7,7	14,7	7,6	14,8	13,9	22,5	15,2	25,4
über 4 Std.	4,0	8,2	3,9	7,0	7,3	16,1	7,4	16,4

Lesebeispiel: 22,4 % der Kunden, die das Geschäftsviertel am Freitag zu Fuß aufsuchten, verweilten dort bis zu 15 Minuten.

(Quelle: *Bundesarbeitsgemeinschaft der Mittel- und Großbetriebe des Einzelhandels e.V.* 1997, S. 41)

Einkaufsgemeinschaft

In der ursprünglichen Form stellen Einkaufsgemeinschaften – oftmals auch als Einkaufsverbände bezeichnet – den Zusammenschluss von Einzelhändlern (ein Verbundgruppentyp) zum Zweck der Erzielung von Bündelungseffekten auf der Beschaffungsseite und somit zur Stärkung ihrer Wettbewerbsfähigkeit dar. Im Unterschied zu → freiwilligen Ketten sind die Mitgliedsunternehmen dieses Verbundgruppentyps nur auf einer Handelsstufe angesiedelt (→ horizontale Kooperation im Handel). Die Initiative zu ihrer Gründung ging vom Einzelhandel aus, mittlerweile gibt es diesbezüglich auch Bestrebungen des Großhandels. Einkaufsgemeinschaften können hinsichtlich ihrer Warensortimente differenziert werden. So lassen sich

- Spezialeinkaufsverbände, z.B. für einzelne Warengruppen;
- Sortimentseinkaufsverbände für branchenübliche Sortimente;
- Mehrbrancheneinkaufsverbände für Waren mehrerer Branchen unterscheiden.

Einkaufsgemeinschaften schaffen sich kooperativ eine Zentrale, die Beschaffungs-, Dispositions-, aber auch Lageraktivitäten übernimmt. Sie treten in den meisten Branchen auf und betreiben Lagergeschäfte bei eigenen Zentrallagern oder eigenen Importlagern. Unterschieden werden diesbezüglich:

1. das → *Streckengeschäft*,
2. das *Eigengeschäft*,
3. das *Handelsvertreter- und Kommissionsgeschäft* und
4. das → *Fremdgeschäft*, welches ferner unterteilt werden kann in:
   - das *Empfehlungsgeschäft*, d.h. die Empfehlung von Lieferanten und Waren durch die Gemeinschaft;
   - das *Abschlussgeschäft*, d.h. der Abschluss von Rahmenverträgen durch die Gemeinschaft mit einer Abnahmeverpflichtung bestimmter Waren;
   - das → *Delkredereschäft*, d.h. die Übernahme der Ausfallbürgschaft durch die Gemeinschaft;
   - das *Zentralregulierungsgeschäft*, d.h. die Bezahlung der Mitgliederrechnungen durch die Gemeinschaft.

Mittlerweile ist eine weitgehende Neuorientierung von Einkaufsgemeinschaften eingetreten, die über die traditionelle Warenbeschaffung hinausgeht. Sie versuchen Degressionseffekte in anderen Feldern zu realisieren, beispielsweise durch die gemeinsame Durchführung von Werbeaktivitäten und betriebswirtschaftlichen Support-Aktivitäten in den Bereichen Warenwirtschaft, Buchhaltung, Personalaus- und -weiterbildung; außerdem wird der Aufbau europäischer Allianzen angestrebt. Durch die Gesamtheit der Bündelungs-, Degressions- und Kompetenzverstärkungseffekte sollen strukturelle Nachteile im Vergleich zu Filialunternehmen kompensiert werden. Neuere Bestrebungen der Effizienz- und Effektivitätssteigerung zielen auf eine neue Arbeitsteilung der Wertschöpfungsketten und entsprechende Anpassung der Entscheidungsstrukturen und -prozesse zwischen der Verbundgruppenzentrale und den Partnern vor Ort ab.

Zusammenschlüsse selbständiger mittelständischer Einzelhändler zu einer Einkaufsgemeinschaft sind häufig in der Rechtsform der eingetragenen Genossenschaft (eG) anzutreffen, ferner als Kapital- (GmbH und AG) und Personengesellschaften.

Rechtliche Aspekte

Die Rechtsprechung geht davon aus, dass die mit Einkaufskooperationen verbundenen Regelungen oder Folgewirkungen (Verzicht auf eigenständige Einkaufsverhandlungen, Vereinheitlichung des Nachfrageverhaltens der Anschlussunternehmen, Verringerung der Ausweichmöglichkeiten der Anbieter) i.d.R. eine spürbare Beschränkung des Nachfragewettbewerbs bedeuten. Damit fallen Einkaufsgemeinschaften grundsätzlich unter das Kartellverbot des § 1 GWB. Sicher gilt dies für Einkaufskooperationen mit einem – unmittelbar vereinbarten oder sich mittelbar aus Sanktionen für den Fall des Nichtbezugs ergebenden – Bezugszwang, aber wohl auch für solche ohne einen Bezugszwang. § 4 Abs. 2 GWB stellt Kooperationen kleiner und mittlerer Unternehmen zum gemeinsamen Einkauf von Waren oder zur gemeinsamen Beschaffung gewerblicher Leistungen vom Kartellverbot des § 1 GWB frei, wenn nicht ein über den Einzelfall hinausgehender Bezugszwang begründet wird und die Kooperation dazu dient, die Wettbewerbsfähigkeit der beteiligten Unternehmen zu verbessern. Die Vorschrift ist geprägt vom Gedanken des strukturellen Nachteilsausgleichs kleiner und mittlerer Unternehmen. Sie bezieht sich nur auf Beschaffungsaktivitäten. Die

Streitfrage zu § 5 c GWB a.F., ob eine Legalisierung auch für gemeinsame Vermarktungsaktivitäten möglich ist, wollte der Gesetzgeber der 6. GWB-Novelle dahin entscheiden, dass eine Ausdehnung des Verbundes nicht möglich ist, wenn dies einer „allmählichen Filialisierung nahe kommt". Die kleinen und mittleren Unternehmen sollten ihre spezifische Stärke, auf Veränderungen der Marktbedingungen flexibel zu reagieren, behalten und auf der Verkaufsseite (Marketing und Vertrieb) nicht in eine zu starke Abhängigkeit von der Kooperationszentrale geraten. Die Beteiligung von Großunternehmen an einer Einkaufskooperation ist nach § 4 Abs. 2 GWB möglich, wenn diese erforderlich ist, um die Wettbewerbsfähigkeit von kleinen und mittleren Unternehmen zu verbessern. Eine Kooperation nur von Großunternehmen ist nicht nach § 4 Abs. 2 GWB freistellbar.

B.T./J.Z./ H.-J.Bu.

Literatur: *Olesch, G.*: Zur Dynamik der Verbundgruppen des Handels, in: *Olesch, G.* (Hrsg.): Kooperation im Wandel, Frankfurt a.M. 1998, S. 9-23. *Tietz, B.*: Der Handelsbetrieb, 2. Aufl., München 1993, S. 261–264. *Zentes, J.*: Kooperative Wettbewerbsstrategien im internationalen Konsumgütermarketing, in: *Zentes, J.* (Hrsg.): Strategische Partnerschaften im Handel, Stuttgart 1992, S. 24-26.

Einkaufsgenossenschaft

Erscheinungsform der → Einkaufsgemeinschaft in der Rechtsform einer eingetragenen Genossenschaft.

Einkaufshäufigkeit

Das → Einkaufsverhalten der privaten Haushalte lässt sich in verschiedenen Dimensionen beschreiben, so auch anhand der Einkaufshäufigkeit. Sie gibt an, wie häufig in einer bestimmten Zeitspanne bestimmte Güter (einzelne Artikel, Artikel aus einer Produkt- oder Warengruppe) gekauft werden oder wie häufig Käufe in einer bestimmten Verkaufsstelle oder einer Gruppe von Verkaufsstellen getätigt werden. Die Einkaufshäufigkeit kann sich also auf Artikel oder auf Artikelgesamtheiten und / oder auf Einkaufsstätten bzw. Einkaufszentren beziehen. Anstelle der Einkaufshäufigkeit kann auch die Zeit zwischen zwei Einkäufen ermittelt werden.

Auf die Häufigkeit des Einkaufs wirken sich die Verbrauchs- und Verwendungsgewohnheiten der Konsumenten und die pro Einkaufsakt gekaufte Menge eines Gutes (→ Einkaufsmenge) und seiner Substitute aus: beide Größen können Ziel der Absatzpolitik von Hersteller und Handel sein. Angaben über die Einkaufshäufigkeit können verschiedenen Quellen entnommen werden:

- In der → „Typologie der Wünsche" finden sich Hinweise, wie häufig Produkte einer Warengruppe gekauft werden.
- Den → Verbraucherpanels können die Häufigkeit des Kaufs einer Marke, die Zahl der Besuche in einer Einkaufsstätte und die Zeit, die zwischen zwei Besuchen vergeht, entnommen werden.
- Die → „Verbraucheranalyse" gibt Hinweise, wie viele Konsumenten innerhalb der letzten drei bzw. zwölf Monate in bestimmten Filialunternehmen eingekauft haben.
- In der → Kundenverkehrsanalyse der BAG werden die Verbraucher gefragt, wann sie das Geschäftsviertel und die Einkaufsstätte, in der die Befragung stattfindet, zum letzten Male vor der Befragung besucht haben.

Einkaufshäufigkeit und Einkaufsbetrag stehen in einem gegenseitigen Abhängigkeitsverhältnis. Es ist zu erwarten, dass mit abnehmender Einkaufshäufigkeit der Einkaufsbetrag, also der in einer Handelsunternehmung bei einem Einkaufsakt verausgabte Geldbetrag, steigt. Der Einkaufsbetrag pro Einkaufsakt wird bestimmt durch:

- die Menge, die von einem Artikel gekauft wird,
- dem Preis pro Packungseinheit eines Artikels,
- die Zahl der gemeinsam gekauften Artikel.

In der Praxis werden folgende Kennzahlen ermittelt (s.a. → Category Management):

- der durchschnittliche Einkaufsbetrag pro Kunde, („*Einkaufsbon*"),
- der durchschnittliche Einkaufsbetrag pro Besucher,
- der durchschnittlich erlöste Artikelpreis.

Während die auf Befragungen basierenden o.g. Studien den Einkaufsbetrag vor allem in Abhängigkeit von Kundenmerkmalen untersuchen, weisen → *Betriebsvergleiche* den durchschnittlichen Umsatz pro Kauf in einer Periode aus (vgl. z.B. die Angaben in den Betriebsvergleichsdaten des → Instituts für Handelsforschung an der Universität zu Köln). *Tab. 1* zeigt, wie sich der durchschnittliche Einkaufsbetrag pro Besucher in einem Geschäft im Zeitablauf entwickelt hat:

Tab. 1: Umsatz je Besucher in einem Geschäft (Durchschnitt der drei Befragungstage der BAG-Kundenverkehrsanalyse*)

	1984	1988	1990	1992	1996
nominal	7,52	7,93	8,13	9,41	9,97
real (in Preisen v. 1984)	7,52	7,72	7,67	8,33	8,54

* Auswahl der Betriebe nicht identisch

(Quelle: *Bundesarbeitsgemeinschaft der Mittel- und Großbetriebe des Einzelhandels* 1997, S. 33)

Der Einkaufsbetrag je Besucher ist gegenüber 1984 nominal um 32,6 Prozent gestiegen, real um 13,6 Prozent.

In einem Verbraucherpanel der Gesellschaft für Konsumforschung wurde ermittelt, dass ein Haushalt zur Versorgung mit Gütern des täglichen Bedarfs durchschnittlich 240 mal in 13 verschiedenen Geschäften einkauft und dabei durchschnittlich 11,1 Euro pro Einkauf bezahlt. Differenziert nach einzelnen Betriebsformen ergibt sich das in *Tab. 2* dargestellte Bild. L.M.-H.

Literatur: *Axel Springer Verlag, Verlagsgruppe Bauer* (Hrsg.): VerbraucherAnalyse 99, Hamburg 1999. *Bundesarbeitsgemeinschaft der Mittel- und Großbetriebe des Einzelhandels* (Hrsg.): Der Druck auf den Einzelhandel hält an, Ergebnisse der BAG-Untersuchung Kundenverkehr 1996, Köln 1997. *Gesellschaft für Konsumforschung* (Hrsg.): GfK Panel Services Consumer Research 1998, Nürnberg 1999. *TdW Intermedia GmbH & Co. KG* (Hrsg.): Typologie der Wünsche, Offenburg 1999.

Einkaufskontor

Eine Form der → horizontalen Kooperation ungebundener oder einer → vertikalen Kooperationsform angehörender Handelsunternehmen zur Rationalisierung der Beschaffung und zur Ausnutzung von Preisvorteilen (→ Beschaffungskooperation). Die primär von der Funktion her zentral-, großhandels- und einkaufsorientierten Kontore und Einkaufsgesellschaften werden vom → Großhandel, aber teilweise auch von Verbundgruppen oder Verbundgruppenmitgliedern oder von Einzelhandelsgruppen getragen. Einkaufskontore sind eine oft mit → Delkredere und → Zentralregulierung ausgestattete Beschaffungsinstitution v.a. zur internationalen Beschaffung.

Ein Einkaufskontor übernimmt für die Mitgliedsunternehmen oft die Durchführung von Börsen und Ausstellungen. Die angeschlossenen Unternehmen müssen zur Sicherheit der Leistungsvoraussetzungen des Kontors folgende Leistungen erbringen: Konzentration in der Warenbeschaffung, Verkaufsförderung, geeignetes sonstiges Leistungsprogramm, v.a. geeignete Betriebstypen.

Bei fast allen Einkaufskontoren bringt die hybride Mitgliederstruktur von Warenhäusern, freiwilligen Ketten und Verbundgruppen Probleme mit sich, die auf der Marktseite zahlreiche regionale Überschneidungen bewirken, v.a. auch bei den Eigenmarken

Tab. 2: Das Einkaufsverhalten eines durchschnittlichen deutschen Haushaltes zur Versorgung mit Gütern des täglichen Bedarfs

Betriebsform	Häufigkeit der Einkäufe je Betriebsform	Anzahl der Einkaufsstätten je Betriebsform	Ausgaben pro Einkauf (Euro)
Verbrauchermarkt	55	2,7	18,9
Discounter	56	2,4	12,8
Supermarkt	37	1,6	10,7
Kauf- und Warenhaus	6	0,5	11,2
Drogerie / Parfümerie	17	1,7	7,7
Bäcker /Metzger	57	1,5	5,1
gesamt	240	13	11,1

(Quelle: GfK Panel Services Consumer Research, 1998)

Einkaufskooperation

und bei den Gattungsmarken. Als Problem stellen die Einkaufskontore fest, dass bestimmte Mitgliedsunternehmen trotz Übernahme der Delkredehaftung bei den Herstellern Sonderbedingungen, z.B. Skonti, und dies trotz Nichteinhaltung der Zahlungsfristen erreichen. B.T./J.Z.

Literatur: *Tietz, B.*: Der Handelsbetrieb, 2. Aufl., München 1993, S. 266-270.

Einkaufskooperation

Einkaufskooperationen sind Formen der → Beschaffungskooperation von zwei oder mehr Unternehmen der gleichen Stufe der Wertschöpfungskette. Die Zusammenarbeit kann dabei vom losen Informationsaustausch (bspw. über Lieferanten und Konditionen) bis zur Gründung einer gemeinsamen Tochtergesellschaft („Einkaufs-GmbH") reichen. Hauptaufgabe ist neben dem Know-how-Austausch insbesondere die Bündelung des Einkaufsvolumens der beteiligten Unternehmen (→ Einkaufskontor). Dadurch erhöht sich die Marktmacht der Kooperierenden, was sich insbesondere in günstigen Einkaufskonditionen („Mengenrabatte") niederschlägt. M.E.

Literatur: *Arnold, U.; Eßig, M.*: Einkaufskooperationen in der Industrie, Stuttgart 1997. *Eßig, M.*: Cooperative Sourcing. Erklärung und Gestaltung horizontaler Beschaffungskooperationen in der Industrie, Frankfurt/M. u.a. 1999.

Einkaufslistenverfahren
→ Werbewirkungskontrolle

Einkaufsmenge

Das → Einkaufsverhalten der privaten Haushalte lässt sich in zahlreichen Dimensionen charakterisieren; mit Aussagen zur Einkaufsmenge wird erfasst, welche Mengen von einzelnen Artikeln von einem Käufer in einer Zeitspanne oder pro Einkaufsakt gekauft werden (*quantitativer Aspekt*). Empirisch hat sich gezeigt, dass bei sehr vielen Produkten die sog. 20:80-Regel gilt, d.h., dass 20% der Käufer eines bestimmten Produktes 80% der insgesamt verkauften Menge erwerben; diese Käufer werden auch als Intensivkäufer („*heavy user*") bezeichnet. Die Einkaufsmenge pro Einkaufsakt hängt auch von der → Einkaufshäufigkeit ab. Aggregiert man über die bei einem Einkauf in einem Geschäft gleichzeitig gekauften Güter, erhält man den Einkaufsbetrag oder -bon, der im Handelsbetrieb häufig als Erfolgs- und Kontrollgröße herangezogen wird (→ Einkaufshäufigkeit). Empirische Angaben über die Einkaufsmengen finden sich – von den firmeninternen Statistiken abgesehen – in Verbraucherpanels, in → Einzelhandelspanels und in den Wirtschaftsrechnungen des Statistischen Bundesamtes (Fachserie 15).

Die Einkaufsmenge lässt sich in gewissen Grenzen z.B. durch die → Verpackungsgestaltung, die → Warenpräsentation oder durch Mengenrabatte beeinflussen. Wichtige Einflussgrößen auf die Einkaufsmenge sind unter anderem die Haushaltsgröße, das Alter, die zu überbrückende Distanz zwischen Wohnung und Einkaufsstätte, die → Einkaufszeit und das verfügbare Verkehrsmittel (vgl. *Tab.*). L.M.-H.

Literatur: *Bundesarbeitsgemeinschaft der Mittel- und Großbetriebe des Einzelhandels* (Hrsg.): Der Druck auf den Einzelhandel hält an, Ergebnisse der BAG-Untersuchung Kundenverkehr 1996, Köln 1997. *Günther, M.; Vossbein, U.; Wildner, R.*: Marktforschung mit Panels. Arten, Erhebung, Analyse, Anwendung, Wiesbaden 1998.

Einkaufsmotive → Motivation, Motiv

Einkaufspassage

großdimensionierter räumlicher Verbund von Einzelhandels- und Dienstleistungsbetrieben unterschiedlicher Branchenzugehörigkeit an zentralen Standorten in Groß- und Mittelstädten (City-Lagen), der nach Bauform und Funktionalität zwar an die traditionsreichen Vorbilder aus dem 19. Jahrhundert anzuknüpfen versucht (z.B. Paris, Mailand, Brüssel und London), gleichwohl aber zwischenzeitlich im Zusammenhang mit den städtebaulichen Bemühungen um die Revitalisierung der innerstädtischen Geschäftszentren sowie vor dem Hintergrund des gewandelten Konsum- und Freizeitverhaltens der Verbraucher vielfältige Modifikationen erfahren hat (s.a. → Shopping Center):

So soll die Einkaufspassage – als ein in anspruchsvoller Architektur überdachter und künstlich beleuchteter oder durch transparente Giebelkonstruktion in Tageslicht getauchter attraktiver Durchgang durch einen Gebäudekomplex zwischen zwei und mehr verkehrs- bzw. passantenreichen Straßen – nach wie vor eine Atmosphäre vermitteln, die zum Flanieren und Verweilen vor den Schaufenstern sowie zum Betrachten der ausgestellten Waren anregt. Die hierfür notwendige Großzügigkeit der baulichen Ge-

Einkaufspassage

Verteilung der Einkaufsbeträge (in %) (BAG-Untersuchung Kundenverkehr 1996)

Einkaufs-betrag	Einkaufsbetrag pro Person in Abhängigkeit vom Tag der Befragung		Einkaufsbetrag pro Person in Abhängigkeit von der Herkunft des Befragten (Samstag)		Einkaufsbetrag pro Person in Abhängigkeit vom Alter des Befragten			Einkaufsbetrag pro Person in Abhängigkeit vom verwendeten Verkehrsmittel des Befragten		
	Freitag	Samstag	Umland	Stadt	bis 25	26–50	ab 51	Pkw	Zweirad	ÖV	zu Fuß
bis 25,– DM	44,5	36,0	30,0	41,0	51,0	36,0	43,0	32,0	51,0	46,0	53,0
26,– DM bis 50,– DM	23,6	21,7	21,0	22,0	22,0	24,0	21,0	22,0	23,0	23,0	21,0
51,– DM bis 100,– DM	16,5	18,9	20,0	18,0	14,0	19,0	17,0	20,0	14,0	16,0	14,0
101,– DM bis 250,– DM	9,9	13,9	17,0	12,0	9,0	13,0	11,0	15,0	8,0	10,0	8,0
über 250,- DM	5,6	9,8	12,0	7,0	4,0	8,0	8,0	11,0	4,0	5,0	4,0

(Quelle: *Bundesarbeitsgemeinschaft der Mittel- und Großbetriebe des Einzelhandels* (Hrsg.), Der Druck auf den Einzelhandel hält an, Ergebnisse der BAG-Untersuchung Kundenverkehr 1996, Köln 1997, S. 36-39)

staltung geht ihr jedoch heutzutage häufig ab, ob nun aufgrund flächenökonomischer, in Sonderheit renditesichernder Planungsvorgaben oder wegen des Sachzwangs, sich in gegebene Stadtgrundrisse und Grundstücksverhältnisse einfügen zu müssen.

Auch hinsichtlich des Leistungsprofils der standortlich kooperierenden Betriebe stehen in historischer Analogie weniger die quantitative als vielmehr die qualitative Bereicherung des Konsumgüterangebots im Vordergrund des Planungsinteresses, was insofern die Einkaufspassage auch heute noch zur Domäne von → Fachgeschäften und → Spezialgeschäften macht. Hinzu kommen allerdings gegenwärtig in verstärktem Maße betont ansprechend gestaltete Einkaufsstätten, wie → Markthallen, Frischezentren, Gourmetmärkte, gastronomische Einrichtungen und andere Dienstleistungsbetriebe, namentlich des Freizeitmarktes, die mit ihrem Angebot dem wachsenden Bedürfnis der Konsumenten nach animativem Einkaufserlebnis und urbaner Freizeitqualität entgegenkommen (→ Urban Entertainment Center).

Es verwundert daher nicht, wenn die Etablierung neuer Einkaufspassagen in Deutschland in der jüngeren Vergangenheit einen geradezu boomartigen Verlauf genommen hat. Die Vielgestaltigkeit der architektonischen Umsetzungsmöglichkeiten und die dem praktizierten Handelsmarketing häufig eigene akquisitorisch-assoziative Verfremdung umgangssprachlicher Begriffsinhalte haben allerdings dazu beigetragen, dass aus der Bezeichnung „Passage" nicht ohne weiteres auf die Art der Baulichkeit geschlossen werden kann. Entsprechendes gilt für die innerstädtische Einzelhandelsagglomeration *Galerie*, mit der die Handelspraxis keineswegs nur Mehrstöckigkeit i.S.v. Verteilung der Betriebe auf mehrere Verkaufsebenen assoziiert. Im internationalen Sprachgebrauch werden die Begriffe „Galleria", „Colonade", „Arkaden" und „Bazar" ohnehin teilweise synonym verwendet.

Vor diesem Hintergrund haben die berichtenden Institute der empirischen Handelsforschung in Deutschland, wie z.B. das Institut für Gewerbezentren, Bad Urach, und das EHI-EuroHandelsinstitut, Köln, für ihre diesbezüglichen Dokumentationen begriffskonstitutive Erhebungskriterien entwickelt:

– zum einen im Verhältnis der Passagen zu den Galerien (Passage: fußläufig nutzbare Verbindung von zwei Verkehrszonen;

Tab. 1: Galerien, Passagen und kleinere Einkaufscenter in Deutschland

	Galerien	Passagen[x)]	kl. Einkaufscenter unter 10.000 qm VKF
Erfasste EH-Agglomerationen	49	194	257
Verkaufsfläche je Objekt (qm)	10.648	5.509	6.721
Zahl der Mieter je Objekt	43	24	22
Größe je Ladenlokal (qm)	246	225	275
PKW-Stellplätze je 100 qm VKF	4,5	3,9	4,6

[x)] nur Handel, Gastronomie und Dienstleister
(Quelle: *EHI-EuroHandelsinstitut*, Köln)

Galerien: Präsenz der Betriebe auf drei oder mehr Verkaufsebenen);
– zum anderen was die Abgrenzung gegenüber den sonstigen damit noch nicht erfassten geplanten innerstädtischen Einzelhandelsagglomerationen betrifft, so weit sie von der Dimensionierung ihrer Verkaufsflächen her nicht bereits zu den → Einkaufszentren mit mehr als 10.000 qm gerechnet werden müssen („Kleinere Einkaufscenter").

Tab. 2: Galerien (G), Passagen (P) und kleinere Einkaufscenter (E) in Köln

seit	EH-Agglomeration	Ladenlokale	
		Zahl	qm
1930 P	Stollwerkpassage	5	170
1964 E	Kölner Ladenstadt	39	4.850
1975 E	Bazaar de Cologne	29	2.050
1988 P	Neumarkt Passage	17	5.320
1990 E	Zollstockarkaden	15	4.020
1992 G	Olivandenhof	40	7.500
1993 E	Sommershof	20	2.600
1996 E	WDR Arkaden	11	1.840
1998 G	Galerie Wiener Platz	35	10.600
1998 G	Neumarkt Galerie	56	16.100

(Quelle: *EHI-EuroHandelsinstitut*, Köln)

Der inzwischen erreichte Stand (1998) der in 227 Städten dokumentieren Passagen, Galerien und kleineren Einkaufszentren wird vom EHI-EuroHandelsinstitut, Köln, mit 500 Objekten angegeben (vgl. *Tab. 1* und *Tab. 2*). H.-J.Ge

Literatur: *Lauter, W.*: Passagen, Dortmund 1984. *Falk, B.*: Das Große Handbuch Shopping-Center, Landsberg/Lech 1998.

Einkaufsstättentreue

Mit dem Begriff der Einkaufsstättentreue (Firmentreue) wird das → Einkaufsstättenwahlverhalten der Konsumenten im Zeitverlauf erfasst. Nach einer weiten Definition liegt Einkaufsstättentreue dann vor, wenn ein Käufer dasselbe Geschäft wiederholt aufsucht bzw. seine Einkäufe bevorzugt in einem Geschäft tätigt (Overt Behavior). In einer engeren Definition wird zusätzlich gefordert, dass dieses Wiederholungsverhalten nicht zufällig oder aufgrund mangelnder Alternativen zustande gekommen sein dürfe, sondern auf eine positive Einstellung des Käufers zu dem Geschäft zurückzuführen sein müsse. Treue Kunden werden auch als *Stammkunden* bezeichnet, wobei die Stammkundenbildung gelegentlich als ein Ziel des → Handelsmarketing herausgestellt wird, auf das vielfältige Maßnahmen ausgerichtet sind (z.B. Erhebungen der → Kundenzufriedenheit bzw. der Reklamationen, → Kundenbindungsprogramme, → Bonusprogramme, → Beschwerdemanagement, → Direktwerbung).

Die Messung der Firmentreue bezieht sich i.d.R. auf die weite Definition, wobei das wiederholte Aufsuchen eines Geschäftes bzw. die dort getätigten Käufe auf unterschiedliche Weise operationalisiert werden können. Vor jeder Messung ist festzulegen,
– für welche Zeitperiode die Einkaufsstättenwahl der Konsumenten beobachtet werden soll,
– auf welche Ware sich der Kauf beziehen soll (einzelne Marken, Käufe in bestimmten Produktgruppen),

– ob unter einer Einkaufsstätte ein einzelnes Verkaufslokal, irgendeine Niederlassung eines Filialbetriebes oder ein zu einer bestimmten Betriebsform oder einer anderen Gruppe gehörendes Geschäft verstanden werden soll und
– welche Aspekte des Einkaufsverhaltens (Besuch, Kauf) bei der Messung berücksichtigt werden sollen.

Es existieren insb. folgende Messansätze, die sich z. T. an den Verfahren der Konzentrationsmessung oder der Messung von Produkt- bzw. Markentreue (→ Kundenbindung) orientieren:

1. Das *Konzept der Kaufüberschneidungen*: Wird für einen Zeitabschnitt nur ermittelt, ob in ausgewählten Einkaufsstätten Käufe getätigt wurden, dann lassen sich ähnlich zur Mediaforschung Überschneidungstabellen erstellen.

2. Das *Reihenfolgekonzept*: Es wird festgehalten, in welchen Geschäften der Konsument in einer bestimmten Periode eingekauft hat bzw. welche Geschäfte er besucht hat. Es wird von absoluter Treue gesprochen, wenn die betrachtete Person ausschließlich in einem Laden gekauft hat. Geteilte Treue liegt vor, wenn der Konsument abwechselnd im Laden A und im Laden B eingekauft hat (ABABABAB). Beim Reihenfolgekonzept wird nicht berücksichtigt, welche Mengen der Konsument jeweils gekauft hat und wie häufig er die jeweilige Einkaufsstätte aufgesucht hat bzw. welche Zeitabstände zwischen den Einkäufen liegen.

3. Das *Anteilskonzept* bezieht sich auf den Kaufumfang. Zur Messung der Firmentreue werden die Ausgaben, die der Konsument für eine Ware X im Geschäft A tätigt, auf die Gesamtausgaben für diese Ware bezogen. Bei diesem Messverfahren wirkt sich die Häufigkeit des Besuchs einer Einkaufsstätte nicht auf die Firmentreue aus. Ein Konsument, der zehnmal ein Geschäft besucht und jeweils eine Packungseinheit der Ware kauft ist genauso treu, wie jemand bei einmaligem Besuch zehn Packungseinheiten kauft.

4. Das *Konzept der unmittelbar aufeinander folgenden Käufe (Besuche)*: Nach diesem Konzept werden die in einer Kaufsequenz unmittelbar aufeinander folgenden Käufe in der selben Einkaufsstätte zur Grundlage des Treueindexes. Bezeichnet A einen Kauf im Geschäft A, X einen Kauf im Geschäft X, dann liegt bei der Sequenz XAAXAAXAAX ein Treueindex für A von 33 % vor, weil bei neun paarweisen Vergleichen der unmittelbar aufeinander folgenden Käufe dreimal nacheinander in A gekauft worden ist.

Die für die Ermittlung der Einkaufsstättentreue notwendigen Daten entstammen entweder Käuferbefragungen oder Panelaufzeichnungen.

Die *Tabelle* gibt Hinweise auf die Marken- und Einkaufsstättentreue eines Haushaltes in ausgewählten Warengruppen.

Ein durchschnittlicher Haushalt erwirbt demnach in 2,3 verschiedenen Einkaufsstätten 3,0 verschiedene Eiscreme-Marken; alleine 74 Prozent seines gesamten Bedarfs an Eiscreme deckt er in einer einzigen Einkaufsstätte.

Durchschnittliche Anzahl der Marken und Einkaufsstätten eines Haushaltes und seine Bedarfsdeckungsrate innerhalb der Ersteinkaufsstätte in einzelnen Warengruppen

Warengruppe	Anzahl der Marken	Anzahl der Einkaufsstätten	Bedarfsdeckungsrate innerhalb der Ersteinkaufsstätte
Konfitüre	3,5	2,8	69 %
Kaffee	3,3	3,6	65 %
Sekt	3,2	2,7	67 %
Zahncreme	3,1	2,8	66 %
Eiscreme	3,0	2,3	74 %
Waschmittel	2,6	2,6	70 %
Spülmittel	2,3	2,3	70 %

(Quelle: *Goerdt, T.*, Die Marken- und Einkaufsstättentreue der Konsumenten als Bestimmungsfaktoren des vertikalen Beziehungsmarketing, Nürnberg 1999, S. 62, 65.)

Einkaufsstättenwahlverhalten

Zur Erklärung der Einkaufsstättentreue wird auf sozioökonomische Merkmale (Alter, Zugehörigkeit zu sozialen Schichten) auf Persönlichkeitsmerkmale (Kontaktbedürftigkeit) und auf die Neigung zum gewohnheitsmäßigen Verhalten (→ habitualisierte Kaufentscheidung) bzw. zur Abwechslung (→ Variety Seeking) zurückgegriffen. Einen Überblick über käuferverhaltenstheoretische Ansätze zur Erklärung und Messung von Einkaufsstättentreue gibt Jungwirth. L.M.-H.

Literatur: *Goerdt, T.*: Die Marken- und Einkaufsstättentreue der Konsumenten als Bestimmungsfaktoren des vertikalen Beziehungsmarketing, Nürnberg 1999. *Heinemann, M.*: Einkaufsstättenwahl und Firmentreue des Konsumenten, Wiesbaden 1976. *Jungwirth, G.*: Geschäftstreue im Einzelhandel. Determinanten – Erklärungsansätze – Messkonzepte, Wiesbaden 1997.

Einkaufsstättenwahlverhalten

Im → Einkaufsverhalten privater Verbraucher können verschiedene Aspekte unterschieden werden. Bei der Wahl der Einkaufsstätte sind zwei Aspekte von besonderem Interesse:

a) Rein *geographisch*: An welchen Standorten liegen die Handelsbetriebe, die von einem Verbraucher bevorzugt werden (z.B. in der Nähe des Wohnortes oder der Arbeitsstätte, in einer Innenstadtlage, in einer Randlage, in einem Shopping-Center usw.) bzw. welche Entfernungen überbrückt der Verbraucher, um seine Einkäufe durchzuführen?

b) Nach der bevorzugten *Betriebsform*: Welchen *Geschäftstyp* bevorzugt der Verbraucher? Dabei können Geschäftstypen nach zahlreichen Kriterien gebildet werden, wobei aber insbesondere die Einteilung nach sog. → Betriebsformen (Betriebstypen) von Bedeutung ist. Beispiele für Betriebstypen sind das Fachgeschäft, der Fachmarkt, das SB-Warenhaus, der Discounter.

Wird eine Abfolge von Einkäufen betrachtet, spricht man von der → Einkaufsstättentreue.

Eine geographische Kennzeichnung des Einkaufsstättenwahlverhaltens setzt zunächst voraus, dass die immense Anzahl von konkreten Standorten (jeder Handelsbetrieb verfügt ja über einen individuellen Standort) nach abstrakten Kriterien klassifiziert wird. Einige Klassifikationen sind in *Tab. 1* aufgeführt.

Insbesondere durch die Motorisierung breiter Bevölkerungsschichten, die steigenden Mieten in der City und die Parkplatznot in den Innenstadtbezirken bedingt, verlagerten sich die Einkäufe der Verbraucher von den traditionellen Standorten auf die sog. „grüne Wiese". Tietz (1991) nennt für 1989 folgende Umsatzrelationen:

1. Primäres Ladeneinzelhandelsnetz in Innenstädten und Wohnsiedlungen, ergänzt um innenstadtorientierte Shopping-Center 380 Mrd. DM.
2. Sekundäres Ladennetz an autokundenorientierten Standorten am Rande oder außerhalb von Siedlungsgebieten (vor allem Verbrauchermärkte, SB-Warenhäuser, Fachmärkte und Shopping-Center auf der grünen Wiese) 110 Mrd. DM.
3. Tertiäres Netz des Versandhandels und des Direktvertriebs 40 Mrd. DM.

Schon durch das Aufkommen immer neuer Betriebstypen bedingt, verschieben sich fortlaufend die Marktanteile einzelner Geschäftstypen. Die einzelnen Geschäftstypen (Betriebstypen, Betriebsformen) werden dabei im Regelfall anhand ihrer Absatzpolitik unterschieden (Art der Preispolitik, Breite und Tiefe des Sortimentes und anderes). Einen groben Eindruck von dem Wettbewerb der verschiedenen Betriebstypen um Marktanteile vermitteln die in *Tab. 2* wiedergegebenen Daten aus dem A. C. Nielsen Homescan Single Source Haushaltspanel.

Die Angaben aus dem Haushaltspanel zeigen unter anderem, dass 96,4 Prozent der Haushalte in Deutschland im Jahr 1997 mindestens einmal einen Verbrauchermarkt besucht haben. Durchschnittlich tätigte 1997 jeder Haushalt 58 Besuche in einem Verbrauchermarkt und verausgabte dort insgesamt rund 1243 Euro. Im Mittel entfielen somit auf jeden einzelnen Einkaufsakt 21,5 Euro. Insgesamt besuchte ein durchschnittlicher Haushalt 4,9 Geschäfte innerhalb der Betriebsform des Verbrauchermarktes.

Mit der Wahl eines bestimmten Geschäftes entscheidet der Verbraucher gleichzeitig über den präferierten geographischen Standort und über die sonstigen Merkmale der Betriebsform. Er hat die zu den einzelnen Geschäften zu überbrückende Entfernung gegenüber anderen Unterschieden zwischen den Geschäften, etwa in der Preispolitik oder in der Auswahl, abzuwägen. Es ist Gegenstand der sog. → Gravitationsmo-

Tab. 1: Klassifikationen von Standortlagen

A. Statistisches Bundesamt (Handels- und Gaststättenzählung 1993):	lfd. Nr.
1. Im Zentrum der Stadt/Gemeinde und zwar	
1.1 in einer Fußgängerzone	1
1.2 in der übrigen Innenstadt (bzw. in einer Innenstadt ohne Fußgängerzone)	2
2. In einem Nebenzentrum der Stadt/Gemeinde (Hauptgeschäftslage in Stadtteilen bzw. Vororten) und zwar	
2.1 in einer Fußgängerzone	3
2.2 im übrigen Nebenzentrum (bzw. in einem Nebenzentrum ohne Fußgängerzone)	4
3. In einem Wohngebiet	5
4. Außerhalb der geschlossenen Besiedlung	6
5. In keiner der genannten Lagen (z.B. Industrie- und Gewerbegebiete, Ausfallstraßen)	7
B. Immobilienbörsen und Makler:	**lfd. Nr.**
I a hervorragende Innenstadtlage	1
I b sehr gute Innenstadtlage	2
I c gute Innenstadtlage	3
II a sehr gute Vorortlage	4
II b gute Vorortlage	5
C. Sonstige Klassifikationen:	
a) HDE:	City/Vorort/Randlage Kerngebiet/Randgebiet/außerhalb des Wohngebietes Hauptverkehrslage in der Innenstadt Mittlere Verkehrslage in der Innenstadt Hauptverkehrslage der Vororte oder Außenbezirke (Untergliederung für Orte mit über 100.000 Einwohnern)
b) Ifo-Institut:	Zwischenstädtisch/am Ortsrand/Wohnviertel/City Orte im Einzugsgebiet Orte im Einzugsgebiet größerer Städte Orte, die nicht im Einzugsgebiet größerer Städte liegen Hauptgeschäftslage/Nebengeschäftslage/Streulage
c) BAG:	Hauptgeschäftszentrum/Innenstadt/Stadtteilzentren
d) nach einer Klassifikation der Raumordnung:	Kernstadt/Ergänzungsgebiet/verstädterte Zone/Randzone/Satellitenzone/Trabantenzone/Nachbarstadtzone
e) IfH:	– Unterscheidet zunächst zwischen Lagen in der Innenstadt bzw. Ortszentrum und Lagen in einem Stadtteil bzw. einem Vorort. – Innerhalb dieser Lagen wird nach Hauptverkehrslage, Nebenverkehrslage mit hoher Kundenfrequenz, Nebenverkehrslage mit niedriger Kundenfrequenz und Lage, in der Kundenfrequenzunterschiede kaum feststellbar sind, unterschieden. – Unabhängig von der Geschäftslage, muss erhoben werden, ob sich das Geschäft in einem Einkaufszentrum befindet oder nicht.

(Quelle: In Anlehnung an *Müller-Hagedorn, L.*, Der Handel, Stuttgart 1998, S. 295)

delle den Einfluss der Entfernung auf die Einkaufsstättenwahl zu thematisieren. Mit Hilfe des → Familienlebenszykluskonzeptes wird herausgearbeitet, warum Verbraucher, die sich in unterschiedlichen Lebensphasen befinden, verschiedene Betriebstypen bevorzugen. Die Präferenz für bestimmte Betriebstypen wird in den käuferverhaltenstheoretischen Modellen, vor allem aber mit dem → Geschäfts- oder → Preisimage (beide i.S.v. → Einstellungen) erklärt. Neuerdings wird auch versucht, die Austauschraten zwischen einzelnen Merkmalen (ein Mehr in einer Beziehung ist gegen ein Weniger in einer anderen Beziehung abzuwägen) mit Hilfe der → Conjoint-Analyse zu ermitteln. L.M.-H.

Einkaufssyndikat

Tab 2: Einkaufsverhalten der Konsumenten für schnelldrehende Konsumgüter (Deutschland 1997)

Betriebsform bzw. Aldi	Verbraucher-markt	Discounter ohne Aldi	Aldi	Supermarkt	Drogeriemarkt/ Drogerie	Durchschnitt
Anteil der Haushalte, die mind. einen Besuch im Jahr getätigt haben.	96,4 %	83,6 %	71,5 %	83,0 %	85,5 %	84,0 %
Durchschnittliche Gesamtausgaben je Haushalt und Jahr in Euro	1243,2	526,4	428,8	434,5	136,8	553,9
Durchschnittliche Anzahl der Besuche je Haushalt im Jahr	58	40	23	35	16	34,4
Durchschnittliche Ausgaben je Einkauf in Euro	21,5	13,1	18,8	12,5	8,4	14,9
Durchschnittliche Anzahl besuchter Geschäfte je Betriebsform je Haushalt im Jahr	4,9	3,1	1,0	2,7	3,1	3,0

(Quelle: A.C. Nielsen GmbH (Hrsg.), Homescan, 1997; Universen 1998, Frankfurt a.M. 1998, S. 44-46)

Literatur: *A.C. Nielsen GmbH (Hrsg.):* Universen '98, Frankfurt a. M. 1998. *Goerdt, T.:* Die Marken- und Einkaufsstättetreue der Konsumenten als Bestimmungsfaktoren des vertikalen Beziehungsmarketing, Nürnberg 1999. *Heinemann, G.:* Betriebstypenprofilierung und Erlebnishandel, Wiesbaden 1989. *Heinemann, M.:* Einkaufsstättenwahl und Firmentreue des Konsumenten, Wiesbaden 1976. *Müller-Hagedorn, L.:* Der Handel, Stuttgart 1998. *Tietz, B.:* City Studie. Marktbearbeitung und Management für die Stadt, Landsberg/Lech 1991.

Einkaufssyndikat → Außenhandel, institutioneller

Einkaufsverbund

→ Einkaufsgemeinschaft, → Einkaufskontor, → Verbundgruppen des Einzelhandels

Einkaufsverhalten

Mit Einkaufsverhalten sind im Rahmen der Theorien zum → Käuferverhalten jene Verhaltensweisen privater → Haushalte gemeint, durch die einerseits eine Verpflichtung zur Zahlung des Preises und andererseits ein Zugang von Gütern und Dienstleistungen begründet wird. Dagegen bezieht sich das *Konsumverhalten* auf den Ver- oder Gebrauch von Gütern oder Dienstleistungen, gleichgültig ob sie durch Kauf, Schenkung, Eigenerstellung oder auf andere Weise verfügbar wurden.
Die Einkäufe von privaten Haushalten lassen sich unter verschiedenen Aspekten betrachten (vgl. *Tab.*). So hat das Einkaufsverhalten zunächst einmal einen *qualitativen Aspekt* (→ Ausgabenstruktur); das ist die Frage danach, welche Güter gekauft werden. Je nach Aggregationsebene lassen sich folgende Sachverhalte aufzählen:

– Sparen oder Konsumieren,
– Anteil der Ausgaben, der auf einzelne Warenbereiche entfällt, z.B. Wohnen, Ernährung, Kleidung, Bildung und Unterhaltung, Ferienreisen, einzelne Geldanlagemöglichkeiten (z.B. Wertpapiere, Versicherungen),
– Anteil der Ausgaben, der auf einzelne Produktgruppen entfällt,
– Anteil der Ausgaben, der auf einzelne Produkte entfällt.

Der *qualitative Aspekt* äußert sich aber auch in einer Reihe von anderen Sachverhalten: Markierte versus anonyme Ware, Ware im oberen oder im unteren Qualitäts- bzw. Preisbereich, traditionelle Artikel oder Neueinführungen?
Eine Analyse des Einkaufsverhaltens kann auch danach erfolgen, welche Mengen von einzelnen Artikeln oder Produkten gekauft werden (→ Einkaufsmengen) und inwieweit diese Käufe simultan getätigt werden (→ Verbundkauf).
Für den Einzelhandel ist es wichtig zu wissen, welche Einkaufsstätten die Verbraucher für ihre Einkäufe bevorzugen, z.B. solche in räumlicher Nähe zu ihrem Wohnort,

Einzelne Aspekte des Kauf- und Konsumverhaltens

Aspekte des Kauf- und Konsumverhaltens	Einzelne Fragestellungen (Beispiele)
Qualitativer Aspekt	Trend zu hohen Qualitäten? Bevorzugung von Markenartikeln? Inanspruchnahme neuer Dienstleistungen? Verstärkte Eigenproduktion oder Kauf von „Fertig"-Produkten (z.B. komplette Möbeleinrichtungen, Lebensmittel, Pauschalangebote der Touristik)?
Quantitativer Aspekt	Rückgang der Ausgaben für Lebensmittel? Wachsende Ausgabenanteile für Freizeit? Übergang zu kleineren Packungsgrößen?
Räumlicher Aspekt	Ausmaß, in dem die Verkaufsstellen in Wohnortnähe, in den Innenstädten oder auf der „grünen Wiese" bevorzugt werden? Wachsende Chancen für Heimdienste, Versandhandel und den Internethandel?
Personeller Aspekt	Wer führt die Einkäufe durch? Welchen Einfluss werden einzelne Mitglieder einer Lebensgemeinschaft auf die Kaufentscheidungen nehmen? Welche Arbeitsteilung wird realisiert werden?
Zeitlicher Aspekt	Verringern sich die Ausschläge saisonal bedingter Nachfrageschwankungen? Wird in der Zukunft häufiger oder seltener eingekauft werden? Steigt die Bedeutung der ersten Tage in einer Woche als Einkaufstag?

Heimdienste, solche in großflächigen Verteilzentren, in erlebnisorientierten Verkaufsstellen oder im Internet? Die *Wahl der Einkaufsstätte* umschließt zwei wichtige Teilaspekte, zum einen die bevorzugte Betriebsform, zum anderen die Frage, welche Entfernung der Käufer bei seinen Einkäufen zurücklegt bzw. zurückzulegen bereit ist (→ Einkaufsstättenwahlverhalten).

In *personeller Hinsicht* interessieren der Einfluss einzelner Personen und die Rollenverteilung in einzelnen Verbrauchsgemeinschaften (um nicht nur die traditionellen Formen der Familie oder des Haushaltes zu benennen), so z.B., wer die Einkäufe durchführt (vgl. hierzu → Käufer, → kollektive Kaufentscheidung).

Mit *dem zeitlichen Aspekt* des Einkaufens wird erfasst, wann Einkäufe durchgeführt werden (an welchen Stunden eines Tages, an welchen Tagen innerhalb einer Woche oder Monats, in welchen Monaten; → Einkaufszeit). Der zeitliche Aspekt äußert sich aber auch in der → Einkaufshäufigkeit und der → Einkaufsdauer.

Werden zeitliche, quantitative und qualitative Aspekte miteinander verknüpft, so können Angaben darüber gemacht werden, wie treu sich eine Person gegenüber einer Marke oder einer Einkaufsstätte verhält (→ Einkaufsstättentreue).

Einkaufsverhalten wird nicht nur beschrieben, sondern im Rahmen theoretischer Modelle wird auch ihr Zustandekommen erklärt.

Eine Darstellung und Analyse des Simulationsmodells von *Amstutz*, des Recipe Modells von *Rao* und des Wartezeit- und Einkaufshäufigkeitsmodells findet sich bei *Heinemann*. *Goerdt* beschäftigt sich mit der Integration von Modellen der Einkaufsstättenwahl und der Markenwahl. In Lehrbüchern zum Käuferverhalten wird nicht nur auf das Einkaufsverhalten von Konsumenten, sondern auch auf das → organisationale Beschaffungsverhalten von Handelsunternehmen und Betrieben eingegangen (z.B. bei *Meffert*).

L.M.-H.

Literatur: *Goerdt, T.*: Die Marken- und Einkaufsstättetreue der Konsumenten als Bestimmungsfaktoren des vertikalen Beziehungsmarketing, Nürnberg 1999. *Heinemann, M.*: Einkaufsstättentreue und Firmentreue der Konsumenten, Wiesbaden 1976. *Meffert, H.*: Marketingforschung und Käuferverhalten, 2. Aufl., Wiesbaden 1992. *Müller-Hagedorn, L.*: Der Handel, Stuttgart 1998. *Schmitz, C.A.; Kölzer, B.*: Einkaufsverhalten im Handel, München 1996.

Einkaufszeit

Die Frage, wann Konsumenten ihre Einkäufe durchführen, zielt auf die *zeitliche* Komponente des → Einkaufsverhaltens der privaten Haushalte ab. Die Zeitangaben können sich auf die persönliche Lebensphase des Käufers (Familienlebenszykluskonzept) oder auf die Kalenderzeit (Abschnitte eines Jahres, eines Monats, einer Woche oder eines Tages) beziehen.

Einkaufszeit

Tab. 1: Informationsquellen zur Abbildung der zeitlichen Aspekte des Kaufverhaltens

Informationsquellen	Angaben					
	zum Umsatz des Einzelhandels bzw. zu den Aufwendungen der privaten Haushalte mit Bezug auf			zur Zahl der Besucher mit Bezug auf		
	Artikel (Marke)	Warenbereiche	institut. Handel	Abteilung	Geschäfte	Geschäftszentren
Wirtschaftsrechnungen (Statistisches Bundesamt, Fachserie 15)		Monatsausweis				
Verbraucherpanels	Tagesausweis					
Einzelhandelspanels	zweimonatlich					
Statistisches Bundesamt, Fachserie 6 (Handel, Gastgewerbe, Reiseverkehr)			Monatsausweis			
Betriebsvergleiche (z.B. Institut für Handelsforschung)			Monatsausweis			
Kundenverkehrsanalysen (z.B. der BAG)					alle vier Jahre	alle vier Jahre
Kundenlaufstudien		X		X		
Unternehmens- bzw. geschäftsinterne Erfassung von Scannerdaten	X					

(Quelle: In Anlehnung an *Müller-Hagedorn, L.*, Der Handel, Stuttgart 1998, S. 301)

Tab. 1 verdeutlicht, dass verschiedene Informationsquellen Angaben liefern, wann die Verbraucher die Verkaufsstellen des stationären Einzelhandels aufsuchen und wann sie ihre Einkäufe tätigen. Die Angaben zu den getätigten Käufen können sich dabei auf einzelne Artikel (Marken) oder auf Aggregationen von Artikeln (z.B. Warengruppen, Sortimente eines Einzelhandelsgeschäftes) beziehen; die Angaben zum Besuch sind in ähnlicher Weise differenziert, je nachdem ob der Besuch einer bestimmten Abteilung eines Einzelhandelsbetriebes, des Einzelhandelsbetriebes insgesamt oder einer Agglomeration von Einzelhandelsbetrieben (innerstädtisches Einkaufszentrum, Nebengeschäftszentrum, Shopping-Center) erhoben wurde.

Inwieweit die Nachfrage nach Produkten *saisonalen Schwankungen* unterliegt, kann den Wirtschaftsrechnungen des Statistischen Bundesamtes (Fachserie 15) entnommen werden. Dort werden die monatlich von den Haushalten nachgefragten Mengen oder die Ausgaben pro Monat ausgewiesen. In *Abb. 1* sind beispielhaft die Aufwendungen des Haushaltstyps II für Eis und Marmelade im Jahr 1998 dargestellt.

Während die Wirtschaftsrechnungen des Statistischen Bundesamtes sich auf den Monat als Berichtsperiode beziehen, können die Käufe mit dem Verbraucherpanel „taggenau" erfasst werden; → Einzelhandelspanels berichten zumeist über Zweimonatsperioden.

Angaben über die Entwicklung des Umsatzes von Einzelhandelsunternehmungen im Jahresverlauf können dem Berichtssystem des Statistischen Bundesamtes und den → Betriebsvergleichen entnommen werden. Das Statistische Bundesamt beschreibt in der Fachserie 6 (Handel, Gaststätten, Reiseverkehr) die Umsatzentwicklung im Einzelhandel im Jahresverlauf. *Abb. 2* zeigt beispielhaft die Umsatzanteile von Einzelhandelsunternehmungen aus den Bereichen am Beispiel von Bekleidung und Lebensmitteln im Jahresverlauf.

Einkaufszeit

Abb. 1: Entwicklung der Aufwendungen des Haushaltstyps 2 für Speiseeis und Marmelade je Haushalt und Monat im Jahresverlauf 1998 (früheres Bundesgebiet, Angaben in Euro)

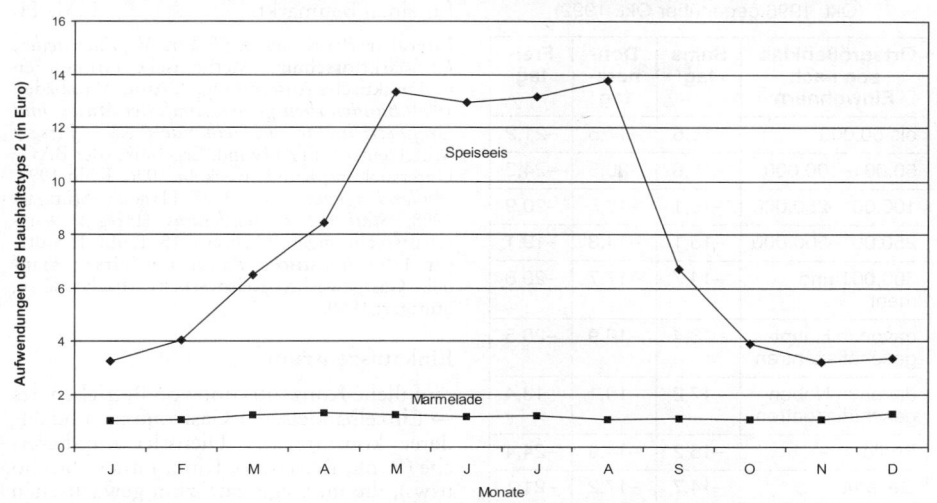

(Quelle: *Statistisches Bundesamt* (Hrsg.), Fachserie 15, Reihe 1, 1998, Stuttgart 1999, S. 74 f.)

Abb. 2: Umsatzanteil der einzelnen Monate (1997) am Einzelhandelsjahresumsatz ausgewählter Branchen

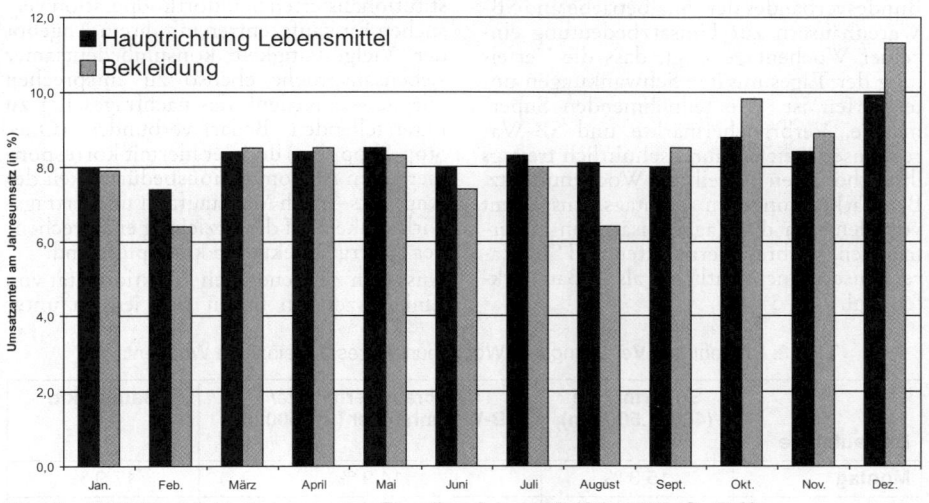

(Quelle: *BAG* (Hrsg.), Vademecum des Einzelhandels 1998, Köln 1998, S. 42 f.)

Die Bundesarbeitsgemeinschaft der Mittel- und Großbetriebe des Einzelhandels (BAG) ermittelt in der → Kundenverkehrsanalyse Frequenzdaten (Zahl der Besucher pro Zeitspanne) und Informationen über die Einkaufsbeträge in den in diesen Erhebungen untersuchten Einkaufszentren und in den an der Untersuchung beteiligten Betrieben. Die Kundenverkehrsanalyse 1996 hat unter anderem ergeben, dass gegenüber 1992 die Zahl der Besucher der Zentren an allen Beobachtungstagen rückläufig gewesen ist. *Tab. 2* zeigt, dass der Besucherrückgang von der Ortsgrößenklasse abhängt.

Einkaufszentrum

Tab. 2: Veränderung der Besucherzahl (in %)
in Geschäftsvierteln
(Okt. 1996 gegenüber Okt. 1992)

Ortsgrößenklassen nach Einwohnern	Samstag	Donnerstag	Freitag
bis 50.000	−15,5	−17,5	−21,2
50.001–100.000	−15,6	−20,5	−24,3
100.001–250.000	−15,1	−16,5	−20,9
250.001–500.000	−13,1	−14,3	−19,1
500.001 und mehr	−14,7	−17,7	−20,8
davon in Hauptgeschäftszentren	−13,4	−16,9	−20,5
davon in Nebengeschäftszentren	−17,2	−19,1	−18,4
Berlin	−16,2	−14,9	−24,4
Gesamt	−14,7	−17,2	−21,1

(Quelle: *Bundesarbeitsgemeinschaft der Mittel- und Großbetriebe des Einzelhandels*, 1997, S. 12)

Eine Umfrage unter den Mitgliedern des Bundesverbandes der Filialbetriebe und SB-Warenhäusern zur Umsatzbedeutung einzelner Wochentage zeigt, dass die Verteilung der Tagesumsätze Schwankungen unterworfen ist. Die teilnehmenden Supermärkte, Verbrauchermärkte und SB-Warenhäuser erzielen durchschnittlich freitags ihren höchsten Anteil am Wochenumsatz, Baumärkte hingegen montags. Insgesamt verteilen sich die Tagesumsätze in Supermärkten, Verbrauchermärkten und SB-Warenhäusern uneinheitlicher als in Baumärkten (vgl. *Tab. 3*).

Aufschluss über die Bedeutung einzelner Tagesstunden vermittelt beispielhaft *Abb. 3* für einen Baumarkt. L.M.-H.

Literatur: *Berekoven, L.; Eckert, W.; Ellenrieder, P.:* Marktforschung. Methodische Grundlagen und praktische Anwendung, 8. Aufl., Wiesbaden 1999. *Bundesarbeitsgemeinschaft der Mittel- und Großbetriebe des Einzelhandels e.V.* (Hrsg.): Mittelzentren im Aufwind. Ergebnisse der BAG-Untersuchung Kundenverkehr 1996, Köln 1997. *Müller-Hagedorn, L.:* Der Handel, Stuttgart 1998. *Statistisches Bundesamt* (Hrsg.): Wirtschaftsrechnungen, Fachserie 15, Reihe 1, Stuttgart 1999. *Statistisches Bundesamt* (Hrsg.): Handel, Gastgewerbe, Reiseverkehr, Fachserie 6, Stuttgart 1999.

Einkaufszentrum

räumliche Konzentration von Betrieben des → Einzelhandels, der Gastronomie und anderer konsumnaher Dienstleistungsbereiche (Bank, Reisebüro, Kino, Fitness-Studio usw.), die im Gegensatz zum gewachsenen Geschäftszentrum einer Stadt aufgrund zentraler Planung als funktionelle Einheit an bestimmten Standorten verwirklicht worden ist.
Als spezifische Erscheinungsform einer institutionalisierten Standortkooperation versuchen Einkaufszentren mit ihrem Angebot der Vielgestaltigkeit konsumbedeutsamer Lebensansprüche ebenso zu entsprechen wie sie – eingedenk des nachfrageseitig zu unterstellenden Bedarfsverbundes (One-Stop-Shopping) und der hiermit korrespondierenden Agglomerationsbedürftigkeit des Angebots – nach Marktauftritt und Ertragswirksamkeit auf die Erzielung entsprechender Synergieeffekte hin konzipiert sind.
Aussagen zur generellen Funktionalität von Einkaufszentren haben sich jedoch unter

Tab. 3: Prozentuale Verteilung des Wochenumsatzes auf einzelne Wochentage

Einkaufstage	Supermärkte (400–1.500 qm)	Verbrauchermärkte/ SB-Warenhäuser (> 1.500 qm)	Baumärkte
Montag	15,3 %	14,9 %	17,9 %
Dienstag	14,6 %	13,2 %	15,4 %
Mittwoch	14,8 %	13,5 %	15,2 %
Donnerstag	16,6 %	16,9 %	16,1 %
Freitag	22,8 %	24,0 %	17,8 %
Samstag	15,9 %	17,5 %	17,6 %

(Quelle: *Bundesverband der Filialbetriebe und Selbstbedienungs-Warenhäuser* (Hrsg.), Ergebnisse einer Umfrage unter BFS-Mitgliedsunternehmen im Jahre 1997)

Abb. 3: Relativer Kundenanteil in einem Baumarkt im Tagesverlauf

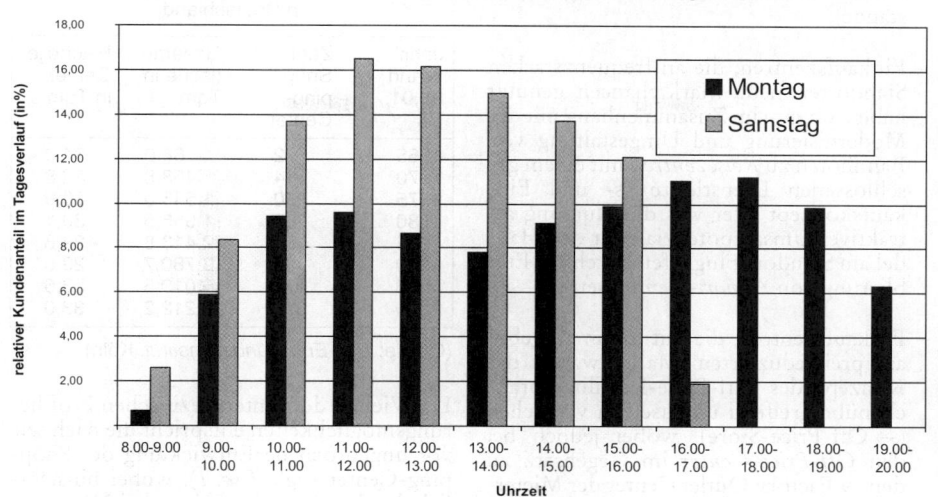

Anmerkung: Öffnungszeiten am Montag von 8.00 Uhr bis 20.00 Uhr und am Samstag von 8.00 Uhr bis 17.00 Uhr

(Quelle: Untersuchung des *Instituts für Handelsforschung*, Köln 1999)

dem Eindruck der Dynamisierungstendenzen im Handel als außerordentlich mehrdeutig erwiesen, sodass es zur Konkretisierung der empirischen Erscheinungsformen funktional angemessener Abgrenzungskriterien bedarf. Hierzu zählen insbesondere

- der *Standort* (integriert / nicht-integriert, Innenstadt, Stadtteil, „grüne Wiese"),
- die *Größe* (Gesamtfläche, Mietflächen, Verkaufsflächen),
- die *Anbieter* (Mieterstruktur, Branchenmix, Sortimentsprofil),
- die *Positionierung* (Versorgungszentralität, Zielgruppe, Erlebniswert),
- das *Management* (Trägerschaft, Koordinationsleistungen, Marktauftritt) und
- die *Bauart* (bauliche Einheit, Baukörper, Baustil).

Bei der Vielzahl der vor diesem Hintergrund denkbaren Varianten im Marktauftritt von Einkaufszentren, sei ihrer empirischen Bedeutung gemäß allein auf folgende Realisationsformen der Einzelhandelspraxis hingewiesen:

- Einkaufszentren, die nach den Erhebungskriterien der berichtenden Institute der Handelspraxis entweder erst mit einer Mindestmietfläche von 10.000 qm in Abgrenzung gegenüber den entsprechend kleiner dimensionierten Passagen, Galerien, Einkaufshöfen usw. als → *Shopping-Center* erfasst werden (EHI-Euro-Handelsinstitut, Köln, s.a. → Einkaufspassage, *Tab. 1* und *Tab. 2*), teils jedoch bereits bei 5.000 qm vermietbarer Fläche und mindestens 10 Einzelhandels- bzw. Dienstleistungsbetrieben als solche gelten (International Council of Shopping Center, ICSC-Europe, London);
- Einkaufszentren, die je nach Leistungsangebot und Versorgungszentralität in *Nachbarschaftszentren, Gemeinde-* bzw. *Stadtteilzentren* oder *Regionale Shopping-Center* zu differenzieren sind, ohne jedoch von ihrer (deutlich kleineren) Dimensionierung her mit den US-amerikanischen *Neighbourhood Center, Community Center* oder *Regional Center/Super-Regional Center* identisch zu sein;
- Einkaufszentren, die mit ihrer räumlichen Basis in integrierten Lagen als *City-Center* nach Marktauftritt und Wettbewerbsumfeld anderen Rahmenbedingungen zu entsprechen haben, als dies beim Shopping-Center mit dezentraler Standortbindung („grüne Wiese") der Fall ist;
- Einkaufszentren, die ihren Anspruch auf branchenübergreifende Fachkompetenz mit einem entsprechend ausgewiesenen Mietermix dokumentieren (z.B. *Fachmarktzentren*) oder aber vom Waren- und Dienstleistungsangebot spezifischer Themenbereiche her signalisieren (z.B. *Öko-Themen-Center* für umweltorientierte Angebote oder *Design-Center* für

Einkommen

Design-Möbel und Einrichtungsgegenstände);

- Einkaufszentren, die an frequenzstarken Standorten neue Marktchancen genutzt haben, ob nun im Zusammenhang mit der Modernisierung und Umgestaltung von Bahnhöfen zu *Reisezentren* mit einem geschlossenen Dienstleistungs- und Einkaufskonzept oder was die Nutzung attraktiver Umsatzpotenziale für den Handel am Standort Flughafen durch die Etablierung von *Airport-Center* betrifft;

- Einkaufszentren, die mit ihrem Angebot an preisreduzierten Markenwaren das Konzept des Off-Price-Retailing branchenübergreifend umzusetzen versuchen (→ Off-Price-Store), wobei jedoch bei den *Off-Price-Center* im Gegensatz zu den → Factory Outlet Center der Mietermix weitgehend nicht von Herstellern sondern von Einzelhändlern repräsentiert wird; schließlich

- Einkaufszentren, die mit einer überdurchschnittlichen Ausprägung der Bereiche Freizeit und Unterhaltung unabhängig vom Standort als → *Urban-Entertainment-Center* bezeichnet werden, worauf und in welcher Gewichtung sich die Entertainment-Komponenten auch immer beziehen mögen (nach den Erhebungskriterien des EHI-EuroHandelsinstituts, Köln, mindestens 4 der folgenden Angebote: Bowling/Kegelbahn(-Center), Billard-/Dartstudio, Discothek, Erlebnisgastronomie, Fitness-/Sportstudio, Kino(-Center), Sauna/Solarium, Spielsalon/Spielhalle, Tanzschule/Ballettschule, Theater/Kabarett oder (seltener auch) Ausstellungen/Museen, Jugendclub, Spielbank, Tenniscourt, Veranstaltungs- und Freizeitflächen).

Tab. 1: Entwicklung der Shopping-Center in Deutschland

Jahr/Stand 01.01.	Zahl der Shopping-Center	Gesamtfläche in Tqm	Fläche je Center in Tqm
1965	2	68,0	34,0
1970	14	458,8	32,8
1975	50	1.545,0	30,9
1980	65	1.956,5	30,1
1985	81	2.413,8	29,8
1990	93	2.780,7	29,9
1995	179	6.019,5	33,6
2000	279	9.212,2	33,0

(Quelle: *EHI-EuroHandelsinstitut*, Köln)

Der Vielfalt der centerspezifischen Profilierungsmöglichkeiten entspricht die nach wie vor ungebrochene Entwicklung der Shopping-Center (vgl. *Tab. 1*), wobei hinsichtlich der Standortorientierung bei Neueröffnungen immer mehr die Innenstadtlagen gewählt werden (vgl. *Tab. 2*). H.-J.Ge.

Literatur: *Steinecke, A.* (Hrsg.): Erlebnis- und Konsumwelten, Oldenburg 2000. *Böhler, T.*: City-Center. Erfolgsfaktoren innenstädtischer Einkaufszentren, Wiesbaden 1990.

Einkommen → Haushalt, privater

Einkommenselastizität der Nachfrage
→ Nachfrage

Einrichtungskosten

Kostenkategorie im Handel, die alle mit der Ladeneinrichtung verbundenen Aufwendungen umfasst (Ladenmöbel, Beleuchtung, Einkaufswagen etc.).
Nach einer Erhebung des → EHI aus dem Jahre 1998 betragen die mit der Neueinrichtung verbundenen Kosten z.B. für den Geschäftstyp „Supermarkt" je Quadratmeter Verkaufsfläche 816,42 DM. Daraus ergeben

Tab. 2: Shopping-Center nach Standortlagen in Deutschland

Standort	Eröffnung 1964–1995 (%)	Eröffnung 1996–1997 (%)	Eröffnung 1998–1999 (%)	Insgesamt (%)
Innenstadt	34,6	26,3	53,3	35,5
Stadtteil	40,3	57,9	36,7	42,3
Grüne Wiese	25,1	15,8	10,0	22,2
Gesamt	100,0	100,0	100,0	100,0

(Quelle: *EHI-EuroHandelsinstitut*, Köln)

sich für einen durchschnittlichen Supermarkt mit 713 qm Verkaufsfläche Kosten i.H.v. rd. 600.000,- DM. Hinzu kommen noch die Kosten für Nebenflächen, die i.d.R. wesentlich geringer ausfallen. Mehr als die Hälfte der Einrichtungskosten für die Verkaufsflächen von Supermärkten entfallen auf Warenträger, Kühlsysteme und Bedienungstheken. H.D.

Literatur: *Jansen, H.:* Was kostet die Ladeneinrichtung?, in: Stores & Shops 2/1998, S. 12ff.

Einsatzstoffe-Marketing

Einsatzstoffe sind im Gegensatz zu Rohstoffen (→ Rohstoff-Marketing) ver- oder bearbeitete Rohstoffe, die Ausgangspunkt weiterer Produktionsprozesse sind, in Folgeprodukte eingehen, in diesem Zusammenhang im Gegensatz zum → Teile-Marketing mehr oder weniger starken Veränderungen unterworfen werden und über Halbfabrikate zu Fertigfabrikaten werden. Dabei kann sich der Verarbeitungsgrad der Einsatzstoffe sehr stark unterscheiden, wobei dieser tendenziell mit steigender Individualisierung zunimmt (→ Produktgeschäft).

Die Produktion von Einsatzstoffen kann auf zweierlei Weise erfolgen. Zum einen können diese in einem „herkömmlichen" Produktionsprozess entweder aus Rohstoffen oder aus Einsatzstoffen vorgelagerter Verarbeitungsstufen gewonnen werden. Zum anderen erfährt die Rückgewinnung zunehmend an Bedeutung (→ Recycling).

Die *Marktbedingungen* auf Einsatzstoffmärkten ähneln vielfach denen der Rohstoffmärkte, was teilweise globalen Wettbewerb begünstigt (→ Global Sourcing). Die Nachfrager sind hinsichtlich ihrer Branchenherkunft sehr heterogen und stehen vielfach vertikal integrierten größeren Anbietern gegenüber. Ein nicht unbeachtlicher Teil der Austauschprozesse wird über den → Produktionsverbindungshandel abgewickelt.

Für Einsatzstoffmärkte ist eine ausgeprägte Polarisierung zwischen → *Commodities* einerseits und *Spezialitäten* andererseits charakteristisch. Gründe für den Commodity-Status sind bei Einsatzstoffen ein niedriger Verarbeitungsgrad, eine Homogenisierung der Produkte durch den Wettbewerb, Recycling-Prozesse, aus denen Einsatzstoffe resultieren, sowie Vermarktungsgründe (z.B. Standardisierungsprozesse). Ältere Produkte wachsen in die Commodity-Position hinein und verlieren ihren Spezialitätencharakter. Hinsichtlich der Ausgangssituation für das Marketing ähneln sich die Bedingungen auf Einsatzstoff- und auf Rohstoff-Märkten, so dass sich auch die Vermarktung ähnlich gestaltet. Besonderheiten gegenüber dem Rohstoff-Marketing sind insbesondere in dem größeren Spielraum für einzelbetriebliche Aktivitäten, der größeren Bedeutung der Produktdifferenzierung sowie der Preispolitik und der besseren Differenzierungsmöglichkeit durch Dienstleistungen zu sehen.

Spezialitäten sind dahingehend zu unterscheiden, ob sie entweder eine wesentlich verbesserte Problemlösung für traditionelle Anwendungsbereiche darstellen oder ob gänzlich neue Verwendungsbereiche erschlossen werden. → „Neue Werkstoffe" bieten hier die Möglichkeit, den Spezialitäten-Status auf beiden Wegen zu erreichen. Prinzipiell können aber auch traditionelle Einsatzstoffe bei entsprechenden Verwendungseigenschaften Spezialitäten darstellen. Verfolgt man diesen Gedanken weiter, so ergeben sich für Spezialitätenanbieter grundsätzlich vier verschiedene Betätigungsfelder (vgl. Abb. 1), je nachdem, ob die Spezialität einen hohen oder niedrigen Novitätsgrad aufweist bzw. ob mit einem gegebenen Produkt alte oder neue Verwendungsbereiche abgedeckt werden.

Abb. 1: Strategische Optionen von Einsatzstoff-Anbietern

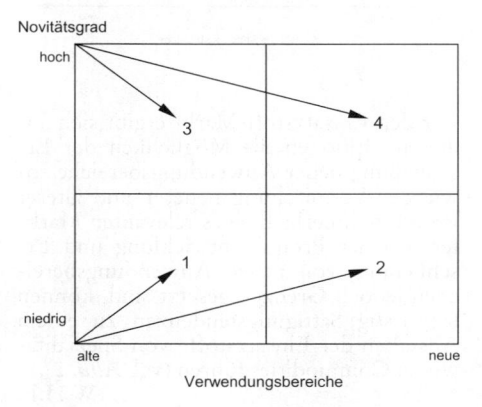

Das grundsätzliche Vorgehen eines Anbieters ist davon abhängig, ob er mit einem älteren oder neueren Produkt am Markt auftritt. Davon abhängig ist die Entscheidung zu treffen, welche Verwendungsbereiche

Einschaltquote

abgedeckt werden sollen. Die *Abb. 1* bietet hierzu vier Alternativen. Die erste Alternative eignet sich für ältere Spezialitäten mit einer verteidigungsfähigen Alleinstellung und attraktiver Stammkundschaft. Liegen diese Bedingungen nicht vor, kann durch Alternative 2 eine Erschließung neuer Anwendungsgebiete mit dem potentiellen Ziel einer „Renaissance alter Werkstoffe" angestrebt werden. Diese Vorgehensweise kann sich auch für klassische Commodities eignen. Anbieter „Neuer Werkstoffe" wählen Alternative 3 oder 4, je nachdem inwieweit sie in Konkurrenz zu älteren Einsatzstoffen stehen (Verdrängungsstrategie) bzw. neue Märkte zu erschließen versuchen.

Eine anders gelagerte Strategiealternative insbesondere für Einsatzstoffanbieter stellt das → mehrstufige Marketing dar.

Abb. 2: Einsatzstoffmärkte im Zeitablauf

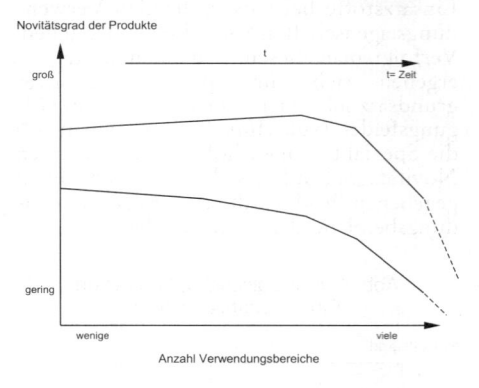

Für den Einsatzstoff-Markt ergibt sich aus diesen Optionen die Möglichkeit der Erschließung neuer Anwendungsbereiche sowie der Vermischung neuerer und älterer Produkte innerhalb eines relevanten Marktes. Da der Produktentwicklung und Erschließung von neuen Anwendungsbereichen jedoch Grenzen gesetzt sind, können langfristig Sättigungstendenzen zu einem Absinken der Einsatzstoffe von Spezialitäten zu Commodities führen (vgl. *Abb. 2*).

W.H.E.

Literatur: *Engelhardt, W.H.; Günter, B.:* Investitionsgüter-Marketing, Stuttgart 1981. *Rudolph, M.:* Mehrstufiges Marketing für Einsatzstoffe. Anwendungsvoraussetzungen und Strategietypen, Frankfurt a.M. 1989.

Einschaltquote

Mit der Einschaltquote wird in der → Hörer- und → Fernsehforschung gemessen, wie viel Prozent der Haushalte gemessen an der Gesamtzahl aller Radio- bzw. Fernsehhaushalte ein bestimmtes Programm oder eine Sendung eingeschaltet haben. Gemessen werden die Fernseheinschaltquoten in der Bundesrepublik mit dem GfK-Meter. Bei ihrer Berechnung wird die tatsächliche Einschaltdauer zur maximal möglichen Einschaltdauer im betrachteten Zeitintervall bzw. während einer Sendung in Beziehung gesetzt. Für jeden Haushalt, der zum sog. Fernsehpanel gehört und somit mit einem GfK-Meter ausgestattet ist, erhält man einen Quotienten, dessen Wert zwischen 0 und 1 liegt. Nach entsprechender Gewichtung wird eine Summierung der Quotienten aller Panelhaushalte vorgenommen. Durch Prozentuierung auf Basis aller Fernsehhaushalte erhält man schließlich die Einschaltquote.

Sender	1999	2000
ARD	14,8	14,7
ZDF	13,1	13,2
RTL	14,1	13,6
SAT. !	10,4	10,0
PRO7	8,2	8,0
RTLII	4,0	4,8
VOX	2,9	2,9
KABEL 1	5,5	5,6
SUPER RTL	2,7	2,8

(Quelle: *AGF/GfK-Fersehforschung, PC#TV, Media Control*)

Einschaltquoten werden in Bezug auf Programmdaten ausgewiesen, und zwar sowohl basierend auf Sendungen wie auch auf beliebigen anderen Zeitintervallen als Messperiode. So wertet z.B. die GfK-Fernsehforschung täglich sowohl die Einschaltquoten für Programme der Fernsehsender und nach Viertelstunden aus. In der *Tabelle* sind für die Jahre 1999 und 2000 die durchschnittlichen Einschaltquoten pro Tag zusammengefasst.

B.Sa.

Einseitiger Test → Signifikanztests

Einstandspreis

in der → Handelskalkulation und im → Beschaffungsmarketing übliche Bezeichnung für den Einkaufspreis einer Ware, d.h. dem vom Lieferanten „ab Lager" in Rechnung gestellten Nettopreis, zzgl. der vom Abnehmer zu tragenden und einem Artikel eindeutig zurechenbaren Bezugskosten abzüglich aller zurechenbaren Rabatte. Der Einbezug von Skonti ist betriebswirtschaftlich insoweit nicht sinnvoll, als damit zusätzliche Kapitalkosten des Beschaffers in Kauf genommen werden müssen.

Wegen der Zurechenbarkeit der Rabatte und anderer, oft artikelunspezifischer Preisnachlässe, wie Boni, Listungsgebühren oder Werbekostenzuschüsse, die heute weitgehend ihre Funktionsbindung verloren haben, ist die Operationalisierung, etwa bei Auseinandersetzungen um → Unter-Einstandspreisverkäufe, strittig. H.D.

Einstellung

In der Theorie des → Käuferverhaltens und in der Marktforschung wird den „Einstellungen" eine außerordentlich große Bedeutung zugeschrieben. Hierfür sind folgende Gründe maßgebend:
Einstellungen werden als zentrale Einflussgrößen des Käuferverhaltens eingestuft; es wird von der *E-V-Hypothese* gesprochen, womit auf die Bedeutung der Einstellung für das Käuferverhalten abgestellt wird (E = Einstellung, V = Verhalten).
In der praktischen Marktforschung nehmen Studien zum → Image von Produkten oder Unternehmungen einen breiten Raum ein. Da der Begriff Image zunehmend mit dem Begriff Einstellung gleichgesetzt wird, liefert die Einstellungstheorie das theoretische Fundament für Imageanalysen.
Da Einstellungen bereits seit Jahrzehnten im Mittelpunkt des Forschungsinteresses der Sozialpsychologie stehen (schon z. Z. des zweiten Weltkrieges führten *Hovland* und seine Mitarbeiter in den sog. Yale-Studies groß angelegte Untersuchungen zur Wirkung persuasiver Kommunikation auf die Einstellungen von Empfängern durch, umso eine wirksame Gegenpropaganda gegen die faschistische Massenpropaganda entwickeln zu können), konnte in der Theorie des Käuferverhaltens auf einem bereits errichteten theoretischen Fundament aufgebaut werden. Gegenstand der Einstellungsforschung sind v. a. die inhaltliche Präzisierung des Begriffs, also die definitorische Abgrenzung, die Entwicklung von Messverfahren, die Überprüfung, inwieweit Einstellungen das Konsum- und Kaufverhalten tatsächlich beeinflussen, und die Frage, wie sich Einstellungen herausbilden bzw. wovon ihre Änderung abhängig ist.

Bei der Vielzahl ähnlich erscheinender Begriffe, wie z.B. Meinungen, Wissen, Überzeugungen, Werte, Werthaltungen, muss zunächst begriffliche Klarheit herbeigeführt werden. Der folgenden Darstellung liegt eine Sichtweise zugrunde, nach der Einstellungen als organisierte und erlernte Bereitschaften relativ dauerhafter Natur verstanden werden, in einer spezifischen Weise auf ein Einstellungsobjekt zu reagieren und damit das Verhalten zu steuern (zu dirigieren). Auf die Merkmale dieser Definition wird im Folgenden eingegangen:

(1) Einstellungen können sich auf verschiedene *Objekte* beziehen. Im Marketing sind das häufig einzelne Marken oder einzelne Unternehmungen, letztere entweder in ihrer Gesamtheit oder in einzelnen Teilen (z.B. Warengruppen). Bezugsobjekt einer Einstellung können aber auch Einstellungen gegenüber bestimmten Verhaltensweisen sein. Dies würde dann bspw. bedeuten, nicht die Einstellung gegenüber „Wein von der Mosel" zu ermitteln, sondern die Einstellung gegenüber der Verhaltensweise „Gästen Wein von der Mosel anzubieten". Die Bezugsobjekte einer Einstellungsmessung können also unterschiedlich spezifisch sein. Allgemein fordert das hierauf bezogene Spezifitätsprinzip, dass Einstellungen und zu prognostizierende bzw. zu erklärende Verhaltensweise gleich spezifisch definiert werden sollen, damit die Möglichkeiten zur Vorhersage des Verhaltens verbessert werden.

(2) Wenn die Einstellung als *Antwortbereitschaft* definiert wird, dann ist dies ein Hinweis darauf, dass Einstellungen nicht das beobachtbare Verhalten selbst erfassen, sondern dass hiermit ein hypothetisches (theoretisches) Konstrukt gemeint ist; gelegentlich wird auch davon gesprochen, mit Einstellungen würde die „latente Struktur" erschlossen. Einstellung und Verhalten werden also als getrennte Größen gesehen, wobei jedoch nach der E-V-Hypothese die Kenntnis der Einstellung erlaubt, das Verhalten zu prognostizieren.

(3) Einstellungen sind *organisiert* und *durch Erfahrung erworben*. Zwar wird in der Psychologie die Frage aufgeworfen, ob Einstel-

Einstellung

lungen (z.B. eine konservative Haltung) nicht auch vererbt werden können, für Anwendungen des Konzepts im Bereich des Marketings dürfte jedoch der Fall, dass Einstellungen erlernt sind, von ausschlaggebender Bedeutung sein. Die „Organisation" der Einstellungen äußert sich darin, dass Personen über eine Vielzahl von Einstellungen verfügen, die untereinander so verknüpft sein können, dass die Änderung einer Einstellung dazu führen kann, dass auch andere Einstellungen kovariieren. Diese Beziehungen sind Gegenstand der verschiedenen → Konsistenztheorien (Theorien des kognitiven Gleichgewichts), wozu insb. die Balancetheorie von *Heider*, das Prinzip der Kongruenz von *Osgood* und *Tannenbaum* und die Theorie der → kognitiven Dissonanz von *Festinger* gehören.

(4) Der *dirigierende (direktive) Einfluss* der Einstellung richtet sich nicht nur auf das Wahlverhalten (entsprechend der E-V-Hypothese, also z.B. Kauf dieser oder jener Marke, Aufsuchen dieser oder jener Einkaufsstätte), sondern beeinflusst auch das Wahrnehmungsverhalten. Einstellungen lenken also das Verhalten auf bestimmte Verhaltensweisen.

(5) Bei den *Reaktionen* einer Person auf das zu beurteilende Objekt ist in erster Linie die affektive Reaktion eines Subjektes zu nennen. Es handelt sich dabei um eine Bewertung des Objektes, indem das Subjekt seine Gefühle bezüglich des Objektes ausdrückt, ob es also für oder gegen das Objekt ist (Werturteil, gefühlsmäßige Reaktion). In weit gefassten Sichtweisen von der Einstellung werden neben diesen affektiven Reaktionen auch kognitive und konative Reaktionen mit eingeschlossen. Bei den *kognitiven Reaktionen* geht es um jene Wissensbestandteile, die ein Subjekt dem Objekt der Einstellung zuordnet (manchmal werden diese auf die verhaltensrelevanten, die sog. *salienten Merkmale* begrenzt); bei den *konativen Reaktionen* wird erfasst, inwieweit ein Subjekt bereit ist, bestimmte Handlungen mit Bezug zu dem Objekt der Handlung durchzuführen (z.B. eine bestimmte Marke zu kaufen, eine bestimmte Einkaufsstätte aufzusuchen). Im Rahmen der *kognitiven Einstellungsmodelle* wird v. a. die kognitive Komponente mit der affektiven verknüpft. Es sind zahlreiche Modellvarianten entwickelt worden, die inzwischen Eingang in die Lehrbücher gefunden haben, so insb. das *Modell von Rosenberg*, das *Modell von Fishbein* und das *adequacy-importance-Modell*, das *adequacy-value-Modell* sowie das *Idealpunktmodell von Trommsdorff* (vgl. z.B. *Müller-Hagedorn*, 1986, 1998; *Kroeber-Riel/Weinberg*, 1999).

Das Rosenberg-Modell lässt sich formalisiert wie folgt darstellen:

$A_j = \sum V_{ij} \cdot I_{ij}$

A_j = Einstellung von Person j zu einem Objekt (i.S. der affektiven Reaktion).

I_{ij} = die wahrgenommene Instrumentalität; sie soll wiedergeben, ob nach Ansicht der befragten Person das Objekt zu dem Ziel (Wert) i hinführt bzw. die Zielerreichung beeinträchtigt. Diese Größe wird als kognitive Komponente der Einstellung bezeichnet und verlangt eine Beurteilung der Objekte in Bezug auf ihren Zielerreichungsbeitrag.

V_{ij} = die Zielwichtigkeit (Wertwichtigkeit); sie lässt erkennen, welche Werte (Ziele) dem Subjekt j wichtig sind. Wichtig sind Ziele dann, wenn sie als Quelle der Befriedigung angesehen werden. Diese Größe wird auch als motivationale Komponente bezeichnet, weil sie das aus den Motiven abgeleitete, individuelle Zielsystem des Subjektes widerspiegelt.

Das Modell lässt deutlich werden, warum im Marketing die Einstellung häufig auch als *„Index der subjektiv wahrgenommenen Instrumentalität"* (*Howard/Sheth*) bezeichnet wird. Die Modellvarianten unterscheiden sich in der Definition der auf der „rechten Seite" des Modelles aufgeführten differenzierten Vorstellungen über das Objekt.

In empirischen Untersuchungen ist überprüft worden, ob sich die theoretische Mutmaßung erhärtet, dass ein Subjekt ein Objekt umso positiver beurteilt, je mehr es den Eindruck hat, dass das Objekt über Eigenschaften verfügt, mit denen die persönlichen Ziele erreicht werden können. Dieser Zusammenhang ist keineswegs selbstverständlich, was deutlich wird, wenn man sich die Annahmen des Modells vor Augen führt. So wird unterstellt, dass ein Weniger in einer Eigenschaft durch ein Mehr in einer anderen Eigenschaft ausgeglichen werden kann (kompensatorisches Modell). Es wird weiterhin unterstellt, dass die für die Verhaltenssteuerung wichtigen (salienten) Teilurteile (und nur diese) zu addieren sind und dass sie voneinander unabhängig sind. Die Modelle bieten dem Marketingplaner den Vorteil, dass sie nicht nur summarisch Auskunft über die affektive Einstellung geben, sondern auch Hinweise auf die detaillierten Vorstellungen liefern, Erkenntnisse, die für die Produkt- und die Werbeplanung genutzt werden können.

Während zwischen der affektiven Einstellung gegenüber einem Objekt und den detaillierten Vorstellungen über das Objekt häufig enge Zusammenhänge beobachtet werden konnten, hat sich die E-V-Hypothese als zu starke Vereinfachung erwiesen. Antizipierte Bedingungen der Kaufsituation, soziale Einflüsse (z.B. soziale Zwänge) und weitere individuelle Einflüsse verbieten es, generell davon auszugehen, dass das Verhalten den Einstellungen folgt. In vielen Fällen konnte beobachtet werden, dass eine Person nicht so handelte, wie es ihren Einstellungen entsprach. In der Theorie hat das dazu geführt, die E-V-Beziehung anzureichern, indem u. a. die konative Komponente mit einbezogen wurde (so in dem sog. erweiterten Fishbein-Modell von *Fishbein* und *Ajzen*, 1975).

(6) Einstellungen sind relativ *stabil*; mit diesem Kennzeichen werden sie von kurzfristig schwankenden Stimmungen und von → Emotionen abgegrenzt. Die Veränderung von Einstellungen ist Gegenstand der *Theorien des Einstellungswandels*.

Für das Marketing ist von besonderer Bedeutung, wie Einstellungen *gemessen* werden. Wie auch bei anderen → hypothetischen Konstrukten (intervenierenden Variablen, latenten Variablen) können diese aus verschiedenen beobachtbaren Größen erschlossen werden. Die *Abb.* zeigt, dass hierfür insb. verbale Äußerungen in Frage kommen (eine ausführliche Darstellung verschiedener Messmethoden findet sich bei *Silberer*, 1983).

In der Marktforschung werden Einstellungsmessungen im Rahmen von Imageanalysen häufig mit → Semantischen Differentialen durchgeführt oder auf die erwähnten kognitiven Einstellungsmodelle gestützt. Bei dem Semantischen Differential soll der Befragte auf Rating-Skalen angeben, wie das Objekt in vorgegebenen Eigenschaften zu beurteilen ist. Bei den Eigenschaften handelt es sich um Begriffe metaphorischer Bedeutung, die also in einem übertragenen Sinn auf die zu untersuchenden Objekte anwendbar (z.B. kalt – warm), also nicht objektspezifisch sind. Da dieses Analyseinstrument wenig geeignet ist, Hinweise auf konkrete Marketingmaßnahmen zu liefern, ist es in den Hintergrund gerückt.

Bei Einstellungsmessungen, die sich auf die kognitiven Einstellungsmodelle stützen, werden ebenfalls im Regelfall Rating-Skalen verwendet. Die Objekte sind hierbei jedoch nicht nach allgemeinen, sondern nach objektspezifischen Kriterien zu beurteilen. Das erfragte Urteil kann sich je nach zugrunde liegendem Modell auf verschiedene Sachverhalte beziehen, insb. auf die Meinung der Verbraucher,

– inwieweit ein Produkt bestimmte Eigenschaften aufweist,
– inwieweit sie meinen, dass das Produkt ihnen hilft, bestimmte persönliche Ziele zu erreichen,
– inwieweit ein bestimmter Sachverhalt als gegeben angesehen wird und wie er persönlich beurteilt wird.

Schematische Darstellung der Einstellung (nach *Rosenberg* und *Horland*, 1960)

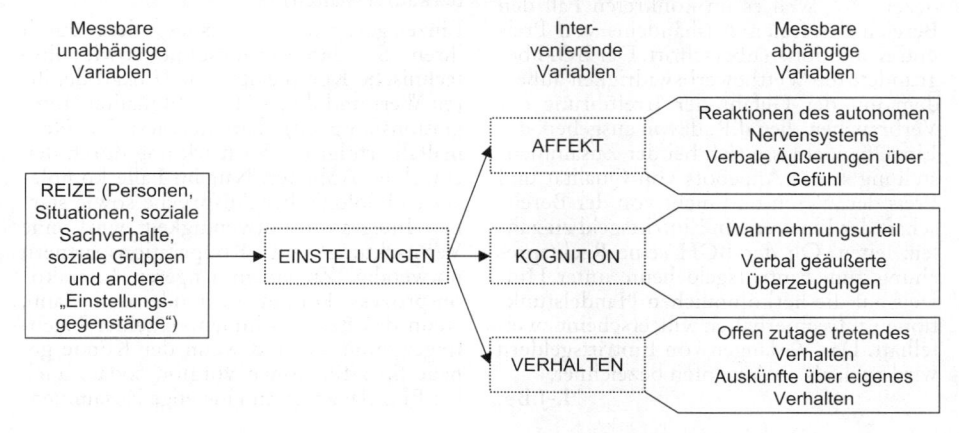

Messbare unabhängige Variablen		Intervenierende Variablen	Messbare abhängige Variablen
REIZE (Personen, Situationen, soziale Sachverhalte, soziale Gruppen und andere „Einstellungsgegenstände")	EINSTELLUNGEN	AFFEKT	Reaktionen des autonomen Nervensystems Verbale Äußerungen über Gefühl
		KOGNITION	Wahrnehmungsurteil Verbal geäußerte Überzeugungen
		VERHALTEN	Offen zutage tretendes Verhalten Auskünfte über eigenes Verhalten

Einthemenbefragung

Neben diesen auf Rating-Skalen gestützten Verfahren sind weitere Erhebungstechniken entwickelt worden, wovon v.a. Paarvergleichstests Beachtung gefunden haben, die zu Ähnlichkeitsdaten führen, die mit Hilfe der metrischen und nichtmetrischen Skalierung (→ Mehrdimensionale Skalierung) ausgewertet werden. L.M.-H.

Literatur: Kroeber-Riel, W.; Weinberg, P.: Konsumentenverhalten, 7. Aufl., München 1999. *Müller-Hagedorn, L.:* Das Konsumentenverhalten, Wiesbaden 1986. *Müller-Hagedorn, L.:* Der Handel, Stuttgart u. a. 1998. *Silberer, G.:* Einstellungen und Werthaltungen, in: *Irle, M.* (Hrsg.): Marktpsychologie als Sozialwissenschaft, Göttingen 1983, S. 533-625.

Einthemenbefragung
→ Mehrthemenumfrage

Eintrittsgelder

sind Entgelte, die ein Handelsunternehmen von einem Lieferanten zur Anbahnung der Geschäftsbeziehung, für die Aufnahme der Ware in sein Sortiment oder zur Erhaltung oder Erweiterung der Geschäftsbeziehung verlangt. Solche finanziellen oder geldwerten Sonderleistungen sind heute üblich und werden in vielen Spielarten verlangt und angeboten. Sie sind frei aushandelbar und damit grundsätzlich zulässig, verstoßen nach den Wettbewerbsregeln des Markenverbandes aber gegen die Grundsätze eines leistungsgerechten Wettbewerbs. Nach dem → Sündenregister gefährdet das Fordern von Eintrittsgeldern den Leistungswettbewerb. Der BGH hatte 1977 ein Eintrittsgeld als wettbewerbswidrig nach § 1 → UWG bezeichnet, weil es im konkreten Fall den Bereich des freien Aushandelns von Preis und Konditionen überschritt. Der BGH begründete die Wettbewerbswidrigkeit außerdem mit der Gefahr der Irreführung der Verbraucher, die i.d.R. davon ausgehen, der Einzelhandel lasse sich bei der Zusammenstellung seines Angebots von Qualität und Preis der Waren und nicht von der Bereitschaft der Lieferer, ein Eintrittsgeld zu zahlen, leiten. Ob der BGH seine Rechtsprechung zum Eintrittsgeld heute unter Hinweis auf die herkömmlichen Handelsfunktionen aufrechterhalten will, erscheint zweifelhaft. Das Verlangen von Eintrittsgeldern wird auch als → Anzapfen bezeichnet.

H.-J.Bu.

Einzelaggregate-Marketing

Die Einzelaggregate stellen einen Teilbereich des Anlagen-Marketing dar, der dadurch gekennzeichnet ist, dass die Vermarktung isoliert und nicht innerhalb eines Anlagenverbunds erfolgt. Einzelaggregate unterscheiden sich von den Teilen (→ Teile-Marketing) dadurch, dass sie einen höheren Fertigungsgrad erreicht haben und als selbständiger Potenzialfaktor eingesetzt werden können. Daneben ist ihr Einsatz innerhalb eines größeren Systems (→ Systemgeschäft) möglich. Büromaschinen, Nutzfahrzeuge, isoliert einsetzbare Werkzeugmaschinen, aber auch elektrotechnische Apparaturen stellen Beispiele für diesen Teilbereich des → Investitionsgütermarketing dar. Die Vermarktung von Einzelaggregaten erfolgt zum größeren Teil innerhalb des Produkt- und Seriengeschäfts, wobei aber technische und wirtschaftliche Komplexität zu einer Einzelfertigung und anlagentypischen Vermarktung beitragen können.

Die vorwiegend mittelständischen Anbieter weisen meist einen hohen Spezialisierungsgrad hinsichtlich der Produkte, aber teilweise auch hinsichtlich der Abnehmer auf. Die Fertigung erfolgt zumeist in kleiner Losgröße für Nachfrager, die für die Anbieter zumeist wesentlich leichter identifizierbar sind als dies bei Teilen oder Einsatzstoffen häufig der Fall ist. Bei Einzelaggregaten ist zu berücksichtigen, dass neben Erstkäufen auch Wiederholungskäufe zwecks Ersatz oder Erweiterung getätigt werden. In diesen Fällen kann die Nachfrage in gewissen Grenzen zeitlich aufgeschoben werden, so dass sich daraus – in Verbindung mit unterschiedlichen Konjunkturlagen – starke Nachfrageschwankungen ergeben (→ Wiederkaufverhalten).

Einzelaggregate sind insbesondere durch ihren Standardisierungsgrad sowie ihre technische Komplexität, ihre Losgröße, ihren Wert und ihre → Integralqualität (Integrationsfähigkeit) charakterisiert. Im Normalfall erfolgt die Vermarktung durch den einzelnen Anbieter. Nur im Falle komplexer technologischer Ansprüche sowie starker Integrationsnotwendigkeit wird eine Vermarktung mit Kooperationspartnern notwendig. Zu einem längeren Interaktionsprozess kommt es tendenziell dann, wenn das Bestellvolumen einzelner Nachfrager zunimmt und wenn der Kunde genaue Spezifikationen vorgibt, sodass auch bei Einzelaggregaten eine enge Zusammenarbeit von Herstellern und Verwendern erforderlich wird. Ein analoger Effekt geht von der Art der Verwendung des Produkts aus. Im Falle der Einbeziehung des Einzelaggregats in eine Großanlage oder in ein System kann der Anbieter von Einzelaggregaten als Kooperationspartner des Systemträgers auftreten und diesen mitunter bei der Systemvermarktung unterstützen (→ Zulieferpyramide). Andernfalls kann der Anbieter aber auch in die Rolle des Komponentenlieferanten mit geringem Einfluss auf das Gesamtgeschäft abgedrängt werden. Dieser Status kann allenfalls befriedigen, wenn dadurch die Marktstellung nicht verschlechtert wird. Auch wenn das Einzelaggregat als isoliert arbeitender Potenzialfaktor eingesetzt wird, ergeben sich durch Ersatzteillieferungen, Wartungs- und Reparaturleistungen und durch Kommunikation der technischen Weiterentwicklung engere Beziehungen zwischen dem Aggregatehersteller und dem Verwender.

Die → *Qualität* ist unter den Wettbewerbsparametern von sehr großer Bedeutung, zumal Einzelaggregate nicht selten ein beachtliches Wertvolumen erreichen, welches erhebliche Investitionsrisiken bedingt. Insbesondere mit steigendem Homogenitätsgrad gewinnt der Preis an Bedeutung, während der Stellenwert von Flexibilität und begleitenden Dienstleistungen mit zunehmender Heterogenität steigt.

Grundlegende *Strategieausrichtungen* für Anbieter von Einzelaggregaten sind die → Standardisierung, die Individualisierung und als Kompromiss die Teilstandardisierung. Dabei wird die Strategiewahl mitunter davon beeinflusst, in welcher Weise die Zielgruppen definiert worden sind. Bei einer sehr weiten Abgrenzung von Zielgruppen ist, gegebene Potenziale vorausgesetzt, eher eine Standardisierung angebracht, da die Anforderungen ansonsten sehr leicht zu komplex werden. Bei relativ starker Technologieposition des Aggregateherstellers wird diese hingegen eher zu einer Individualisierung führen, sofern dadurch keine allzu starke Kostensteigerung bewirkt wird, wohl aber die Erlössituation wesentlich verbessert werden kann. Die Marktzyklusphase des Einzelaggregats wirkt insofern auf die Strategiewahl ein, als mit zunehmendem Alter des Produktes eine Individualisierung allenfalls noch in Teilbereichen möglich ist und somit eine Standardisierung vielfach geeigneter erscheint.

Die *Individualisierungsstrategie* basiert auf spezifischen Kundenbedürfnissen und vorhandenem Know-how zur Individualisierung. Das zentrale Instrument zur Individualisierung stellt die → Produktpolitik dar, die aber von den anderen Instrumenten unterstützt werden muss. Innerhalb der Produktpolitik setzen viele Maßnahmen im Bereich Technologie mit dem Ziel permanenter Produktneu- und -weiterentwicklung an (→ Innovationsmanagement). Neben der Entwicklung neuer Aggregate kann eine Leistungssteigerung vorhandener Aggregate v.a. durch den Einsatz → Neuer Werkstoffe oder leistungsfähigerer Betriebsstoffe bei demselben Aggregat erfolgen. Des weiteren kann durch technologisches Know-how gezielt an Maßnahmen zur Verbesserung von Fertigungsverfahren bei Kunden mitgearbeitet werden, bei denen die betreffenden Maschinen eingesetzt werden. Ferner können Aggregate entwickelt werden, die einen Baustein für moderne Systemtechnologien darstellen, so dass auf diese Weise gezielt Zukunftsmärkte erschlossen werden können. Basis solcher Bausteinlösungen ist eine hohe Integralqualität. Für alle technologischen Neuheiten oder Verbesserungen gilt, dass ihr Einsatz sorgfältig innerhalb der Zeitstrategie geplant werden muss.

Produktbezogene, → begleitende Dienstleistungen (added value) sind ein weiterer Faktor, mit dem eine Individualisierung erreicht werden kann. Ihr Einsatz ist insbesondere bei hohen Marktwiderständen von großer Bedeutung für den Erfolg, wobei nicht nur Pre-Sales-Services, sondern auch After-Sales-Services der Beseitigung dieser Widerstände dienen.

Basis einer konsequenten *Standardisierungsstrategie* sind einheitliche oder vereinheitlichungsfähige Kundenbedürfnisse. Die Strategie fußt auf einem bewussten Setzen von Standards im Markt bzw. der Orientierung an bereits vorliegenden Normungen oder Standardisierungen. Hierbei werden die Ziele verfolgt, Kostensenkungspotenziale durch Vereinheitlichungen zu erschließen sowie festgestellte Verwendungsrisiken durch ausgereifte Konstruktionen zu senken. Die Konzeption von Einzelaggregaten mit größerer Anwendungsbreite kann als eine gleichgerichtete Maßnahme betrachtet werden, wobei fertigungstechnisch meist ein Übergang von der Klein- zur Großserienfertigung mit dem Ziel einer Produktion von Universalmaschinen vollzogen wird. Beglei-

Einzelhandel

tet werden die genannten Maßnahmen von einer Betonung der preislichen Wettbewerbsfähigkeit, wobei allerdings aggressive Preise allenfalls dann eingesetzt werden sollten, wenn zu erwartende Erfahrungskurveneffekte genutzt werden können.

Eine *Teilstandardisierung* bietet sich dann an, wenn eine Individualisierung entweder nicht erwünscht oder nicht erreichbar ist, aber eine Differenzierung in Teilbereichen möglich erscheint. In diesem Fall bietet es sich an, eine konsequente Standardisierung von ausgereiften Konstruktionsbestandteilen des Einzelaggregats vorzunehmen, wobei auch eine Materialstandardisierung möglich ist. Hierbei gilt es, standardisierte Elemente nach individuellen Kundenwünschen zu kombinieren, so dass das Kombinations-Know-how und die Integralqualität des Beschaffungsmaterials von zentraler Bedeutung sind. Ferner können Teilqualitäten erreicht oder beibehalten werden, die zumindest noch partiell eine Abhebung von der Konkurrenz zulassen. W.H.E.

Literatur: *Backhaus, K.:* Industriegütermarketing, 6. Aufl., München 1999. *Engelhardt, W.H.; Günter, B.:* Investitionsgüter-Marketing, Stuttgart 1981. *Kapizza, R.:* Interaktionsprozesse im Investitionsgüter-Marketing, Würzburg 1987.

Einzelhandel

nennt man den → Handel im Rahmen der Distribution von Konsumgütern, so weit er die Beschaffung und den Absatz von Handelswaren und sonstigen Leistungen in eigenem Namen für eigene Rechnung oder für fremde Rechnung an private Haushalte zum Gegenstand hat (*Einzelhandel im funktionellen Sinne*). Der Kreis der möglichen Funktionsträger ist insofern nicht von vornherein auf jene Institutionen und Organisationen zu beschränken, die hierin den ausschließlichen oder überwiegenden Inhalt ihrer Geschäftstätigkeit erblicken, auch wenn dies im Sprachgebrauch der Marketing- und Handelspraxis (vor dem Hintergrund der empirisch-statistischen Zweckmäßigkeit gemäß dem Schwerpunktprinzip der amtlichen Statistik) üblicherweise geschieht (*Einzelhandel im institutionellen Sinne*).

Der Einzelhandel ist eine der bedeutendsten Branchen der deutschen Wirtschaft, was sich sowohl in der absatzseitigen *Versorgungsleistung* gegenüber den Konsumenten mit Gütern der Lebenshaltung und Daseinsvorsorge manifestiert (*Tab. 1*) als auch in der *Vertriebsleistung* zum Ausdruck kommt, die er für die ihm (beschaffungsseitig) vorgelagerten Wirtschaftsstufen erbringt (*Tab. 2*). Dabei leitet sich der distributionswirtschaftliche Wertschöpfungsbeitrag des Einzelhandels aus seiner Stellung als Absatzmittler in der → Handelskette und der damit verbundenen *Bipolarität seiner Marktbeziehungen* ab:

– mit welchen betriebsübergreifend gültigen *theoretischen Erklärungsansätzen* das auch immer verdeutlicht werden kann (z.B. mit der Wahrnehmung von Handelsfunktionen, der Generierung von

Tab. 1: Einzelhandelsumsatz 1997 nach Warengruppen in Deutschland

Warengruppe	Einzelhandelsumsatz	
	Mill. DM	%
Nahrungsmittel, Getränke und Tabakwaren	205.149	34,4
Arzneimittel; medizinische, orthopädische und kosmetische Artikel	64.238	10,8
Textilien, Bekleidung, Schuhe; Lederwaren	102.786	17,3
Möbel, Haushaltsartikel, Beleuchtungsartikel, Heimtextilien, Teppiche, nicht elektrische Haushaltsgeräte	64.572	10,9
Elektrische Haushaltsgeräte, Rundfunk- und Fernsehgeräte, Magnetbänder, CDs	28.344	4,8
Metallwaren, Anstrichmittel, Glas, Heimwerkerbedarf, Sanitärkeramik, Baustoffe	25.763	4,4
Bücher, Zeitungen, Schreibwaren, Büromöbel, Büromaschinen, Computer, Software	25.606	4,3
Sonstige Waren	79.993	13,1
Insgesamt[x)]	596.451	100

[x)] Ohne Einzelhandel mit Kfz und ohne Tankstellen

(Quelle: *Statistisches Bundesamt*, Wiesbaden)

Tab. 2: Bezugswege im Einzelhandel 1997 in Deutschland

Waren wurden bezogen…	Anteil am Warenbezug in %
Großhandelsunternehmen	61,9
Industrie- und Handwerksunternehmen	23,7
land- und forstwirtschaftlichen Unternehmen	0,9
anderen Lieferanten	3,7
inländische Lieferanten insgesamt	90,2
Lieferanten mit Sitz in der Europäischen Union	6,0
Lieferanten mit Sitz außerhalb der Europäischen Union	3,8
ausländischen Lieferanten insgesamt	9,8
Warenbezug insgesamt[x] in %	100,0
in Mrd. DM	427,2

[x] Ohne Einzelhandel mit Kfz und ohne Tankstellen
(Quelle: *Statistisches Bundesamt*, Wiesbaden)

Märkten (→ Markt), der Reduzierung von Transaktionskosten, der Rollenzuweisung als → Gatekeeper), bzw.
– mit welchen *leistungswirtschaftlichen Anforderungen der Marktpartner* sich das im unternehmensspezifischen Einzelfall auch immer belegen lässt (z.B. *absatzseitig* mit einem anspruchsgerechten Marktauftritt und einer konsumbedeutsamen Problemlösungskompetenz sowie *beschaffungsseitig* mit dem intendierten Verfügbarkeitsgrad des Angebots und dem marktstrategischen Stellenwert als Absatzmittler; s.a. → Vertikales Marketing).

Der Einzelhandel unterliegt aufgrund seiner Mittlerposition wie kaum ein anderer Wirtschaftszweig den vielfältigen Einflüssen der *Wirtschaftsdynamik*, auf die es in ebenso vielfältiger Weise jeweils angemessen zu reagieren gilt. Die sich derzeit darstellende Struktur ist insofern nur das vorläufige Ergebnis eines *permanenten Strukturwandels*, der vor allem durch folgende – hier nur stichwortartig zu skizzierende – Phänomene gekennzeichnet ist:

– die *Vielfalt der Institutionen und Typen im Einzelhandel* (*Tab. 3*) mit ihren jeweils unterschiedlichen Leistungsprofilen im Marktauftritt (→ Angebotstypen im

Tab. 3: Institutionen und Typen des Einzelhandels

Stationärer Einzelhandel
Ladengeschäfte: Apotheke, Bioladen, Boutique, Convenience Store, Diskontgeschäft, Drogerie, Drugstore, Duty-Free-Shop, Fabrikladen, Fachgeschäft, Fachmarkt, Gemischtwarengeschäft, Handwerkshandel, Katalogschauraum, Kaufhaus, Kleinpreisgeschäft, Off-Price-Store, Parfümerie, Reformhaus, SB-Laden, SB-Markt, SB-Warenhaus, Spezialgeschäft, Supermarkt, Verbrauchermarkt, Warenhaus
Sonstiger stationärer Einzelhandel: Ab-Hof-Verkauf, Handel vom Lager, Kiosk, Tankstellenshop, Warenautomat

Ambulanter und halbstationärer Einzelhandel
Hausierhandel, Heimdienst, Markthalle, Markthandel, Straßenhandel, Verkaufsfahrten, Verkaufswagen, Wochenmarkt

Organisationssysteme des Einzelhandels
Filialsysteme: Filialunternehmen, Regiebetriebe
Vertikale Verbundsysteme: Verbundgruppen
Horizontale Verbundsysteme: Einkaufspassagen, Einkaufszentrum, Factory-Outlet-Center, Gemeinschaftswarenhaus, Shop-in-the-shop

Distanzhandel
Versandhandel: Universal-/Sortimentsversandhandel, Spezial-/Fachversandhandel
Elektronischer Handel: Offline-Handel, Online-Handel

Einzelhandel

Tab. 4: Bruttoinlandsprodukt, private Konsumausgaben und Einzelhandelsumsatz in Deutschland

1999		in Mrd. DM	1997	1998	1999	2000[2]
			Veränderungen zum Vorjahr in %			
Bruttoinlandsprodukt	nominal	3.871,6	+2,2	+3,2	+2,3	+3,8
	real[1]	3.728,3	+1,5	+2,2	+1,4	+2,5
Konsumausgaben der privaten Haushalte und Organisationen ohne Erwerbscharakter	nominal	2.236,3	+2,5	+3,2	+2,8	+3,7
	real[1]	2.119,7	+0,7	+2,3	+2,0	+2,1
Einzelhandelsumsatz	nominal	974,3	−0,4	+1,5	+1,3	+1,5
	real[1]	936,8	−0,9	+1,1	+0,9	+0,5
Umsatz des Einzelhandels im engeren Sinn[3]	nominal	722,0	−1,4	+1,1	+0,7	+0,7
	real[1]	707,7	−2,1	+0,5	+0,7	0,0

[1] In Preisen von 1995; [2] Prognose; [3] ohne Apotheken, Kfz-, Brennstoff-, Kraftstoffhandel

(Quelle: *Statistisches Bundesamt*, Wiesbaden; *ifo-Institut für Wirtschaftsforschung*, München; *HDE-Hauptverband des deutschen Einzelhandels*, Köln)

Einzelhandel, → Betriebsform im Einzelhandel, → Betriebsformendynamik im Einzelhandel, → Lebenszykluskonzept im Einzelhandel);

– die *Ausweitung des Angebots im Einzelhandel*, wenn auch (vor dem Hintergrund des sinkenden Anteils des Einzelhandels am privaten Verbrauch (*Tab. 4*) und/oder der Nachfrageverschiebungen innerhalb des Einzelhandelsangebots) weniger um jene Bereiche, die bereits in der Vergangenheit zum typischen Warenkorb des Einzelhandels gehörten, sondern vermehrt um Sortimente, die dem Wandel der konsumbedeutsamen Lebensäußerungen zu entsprechen versuchen (z.B. Freizeitbereich, Telekommunikation, konsumnahe Dienstleistungen);

– die *Standortdynamik im Einzelhandel* (→ Standort im Handel), wobei durch Neuansiedlung und Ausbau der jeweils gegebenen räumlichen Basis trotz sinkender Flächenproduktivität die Verkaufsflächen weiterhin expandieren, wenn auch angebots- wie lagemäßig in disproportionaler Weise (z.B. die zunehmende Bindung der Einzelhandelsumsätze an stadtperipheren Standorten (*Tab. 5*) bei wiedervereinigungsbedingten Sonderentwicklungen im Verhältnis des ost- zum westdeutschen Einzelhandel, die duale Entwicklung bei der Standortwahl von → Einkaufszentren bzw. bei der Erschließung neuer Standorte durch Flächenumwidmungen im Innenstadtbereich und an dezentralen Standorten);

Tab. 5: Umsatzstruktur im Einzelhandel nach örtlicher Lage in Deutschland

Örtliche Lage	Einzelhandelsumsatz (in %)	
	1993	2010
Zentren (Fußg. Zone)	47,9 (16,6)	44 (16)
Nebenzentren (Fußg. Zone)	19,7 (2,1)	18 (4,5)
Wohngebiet	12,7	11
außerhalb geschl. Besiedlung	19,7	27

(Quelle: *HDE-Hauptverband des Deutschen Einzelhandels*, Köln; *Deutsche Grundbesitz*, Eschborn)

– die *Konzentration im Einzelhandel* (→ Nachfragemacht), die sowohl mit einem generellen Bedeutungszuwachs typischer Großbetriebsformen und entsprechenden Terrainverlusten der Klein- und Mittelbetriebe verbunden ist als auch im Anstieg der Beteiligungs- und Fusionsaktivitäten zum Ausdruck kommt, und namentlich den Lebensmittelbereich mit dem höchsten Konzentrationsgrad ausweist (*Tab. 6*);

– die → *Kooperation im Handel*, die bei aller Vielfalt ihrer möglichen Erscheinungsformen (z.B. partielle / totale K., horizontale / vertikale K., funktionelle / institutionelle K., Intrasystem / Intersystem-K.) am konsequentesten im Marktauftritt der → Verbundgruppen und

Tab. 6: Die größten Handelsunternehmen der Lebensmittelbranche 1998 in Deutschland (Top 20)

Rang	Unternehmen	Umsatz Mrd. DM.	%
1	Metro-Gruppe, Köln	66,8	19,3
2	Rewe-Gruppe, Köln	48,0x)	13,9
3	Edeka/AVA-Gruppe, Hamburg	44,7	12,9
4	Aldi-Gruppe, Essen/Mühlheim	35,3x)	10,2
5	Tengelmann-Gruppe, Mühlheim	26,3	7,6
Σ	TOP 5	221,1	63,8
6	Lidl&Schwarz-Gruppe, Mühlheim	21,0x)	6,1
7	Karstadt, Essen	20,0x)	5,8
8	SPAR-Gruppe, Schenefeld	18,8	5,4
9	Schlecker, Ehingen	7,1x)	2,0
10	Dohle-Gruppe, Siegburg	5,9	1,7
Σ	TOP 10	293,9	84,7
11	Globus, St. Wendel	5,9	1,7
12	Lekkerland, Frechen	4,2	1,2
13	Douglas, Hagen	3,9	1,1
14	Norma, Nürnberg	3,9x)	1,1
15	Bartels-Langness-Gruppe, Kiel	3,3x)	1,0
Σ	TOP 15	315,1	90,8
16	Wal-Mart (D)/Wertkauf, Karlsruhe	2,8x)	0,8
17	Coop Schleswig-Holstein, Kiel	2,2	0,6
18	Woolworth, Frankfurt am Main	2,2	0,6
18	Müller, Ulm	2,2	0,6
20	dm, Karlsruhe	2,1	0,6
Σ	TOP 20	326,6	94,2
Σ	TOP 30	340,8	98,2
Σ	TOP 50	346,9	100,0

x) Schätzung
(Quelle: *Lebensmittel Zeitung, M+M EUROdATA*, Frankfurt am Main)

Franchisesysteme (*Tab. 7*) sowie in den ausdrücklich stufenübergreifend institutionalisierten Wertschöpfungspartnerschaften im Hersteller-Händler-Verhältnis verwirklicht worden sind; schließlich
– die → *Internationalisierung im Einzelhandel*, was nicht nur die mit der fortschreitenden Globalisierung der Wettbewerbsräume sich verschärfenden Verwertungsbedingungen auf den heimischen Einzelhandelsmärkten und die hiermit verbundenen Selektionsrisiken meint, sondern auch die zunehmend im Ausland wahrgenommenen Marktchancen durch international aktive Einzelhandelsunternehmen beinhaltet (*Tab. 8*).

Die Phänomene des Strukturwandels im Einzelhandel sind auf *Bestimmungsgründe* zurückzuführen, die bereits vom jeweils gewählten Erklärungsansatz sich als außerordentlich heterogen darstellen, wobei dabei im Einzelnen auch immer gedacht werden mag:

– an die *volkswirtschaftlichen*, in Sonderheit *konjunkturellen Rahmenbedingungen*, von denen ein unmittelbarer Einfluss auf den Bestand und die (räumliche) Präsenz der Einzelhandelsbetriebe ausgeht, die aber auch vom Konsumklima her Chancen und Risiken branchenspezischer Geschäftspolitik aufzeigen;
– an die *wettbewerbsbezogenen Entwicklungen innerhalb des Einzelhandels*, die zu einem verstärkten Ausleseprozess und zu entsprechenden Marktanteilsverschiebungen zugunsten bestimmter Betriebsformen und Angebotstypen geführt haben (vgl. *Tab. 1*);
– an die *konsumseitig zu beobachtenden Veränderungstendenzen* hinsichtlich der Verbrauchsstrukturen, des bedarfsspezifischen → Einkaufsverhaltens und der in-

Einzelhandel

Tab. 7: Franchising im deutschen Einzelhandel 1996/97

Branchengruppe	Franchise-systeme	Franchise-betriebe	Jahresumsatz je Franchise-Betrieb in 1.000 DM[x]
Wohnung, Bau und Garten	50	2.760	1.970
Bekleidung, Uhren und Schmuck	49	1.572	940
Nahrungs- und Genussmittel	26	2.089	460
Körperpflege und Gesundheit	18	1.305	650

[x] Gewichteter Durchschnitt, soweit Angaben verfügbar
(Quelle: *Institut der deutschen Wirtschaft*, Köln; *Handelsjournal*, Köln)

dividuellen Bevorzugung bestimmter Betriebsformen und deren Leistungsprofile (→ Einkaufsstättenwahlverhalten);
– an die *unternehmensübergreifend konzipierten Wertschöpfungsketten* im System der Konsumgüterdistribution und die damit verbundene Neubestimmung (auch) der einzelhändlerischen Funktionen und ihrer Umsetzungsmöglichkeiten (→ Vertikale Kooperation im Handel); schließlich
– an die *bauplanungsrechtlichen Gegebenheiten* mit ihren alimentierenden und/oder restriktiven Einflüssen auf die Ansiedlungspolitik großflächiger Einzelhandelsinstitutionen (→ Baunutzungsverordnung).

Der hier nur umrissartig angesprochene Katalog möglicher Bestimmungsgründe ließe sich nach Art, Umfang und Differenzierungsgrad noch erheblich erweitern, was gleichwohl das Risiko seiner nur partiellen Gültigkeit allenfalls vermindern, nicht jedoch grundsätzlich ausschließen würde. Soll mit den Bestimmungsgründen nicht nur das nachgezeichnet werden, was sich in der Vergangenheit an empirischen Gegebenheiten darstellen lässt sondern zugleich Erklärungshypothesen für aktuelle oder gar künftige Einzelhandelsstrukturen gewonnen werden, bietet es sich an, die möglichen Begründungszusammenhänge auf drei – wenn auch wechselseitig miteinander verknüpfte – Aspekte zurückzuführen:

(1) Einzelhandelsstrukturen sind ein *Ergebnis interessengeleiteter Entscheidungen*. Alles, was vor dem Hintergrund unternehmenspolitisch relevanter Zielkategorien, wie Unternehmenssicherung, Ertragserzielung, Ökonomisierung usw. an Erfolg versprechenden Umsetzungspotentialen erkannt und genutzt wird, erlangt insofern strukturprägende Bedeutung; vgl. z.B.

– die unternehmensspezifische Erweiterung der Angebotskapazitäten zur Wahrnehmung von Größen- und Wachstumsvorteilen (beschaffungs- und absatzseitige Skalenerträge, konkurrenzgerichtete Verkaufsflächenexpansion);
– die überbetriebliche Zentralisierung von Entscheidungsfindung und -umsetzung durch Beteiligung und Zusammenschluss (Konzentration, Marktstellung);
– die zwischenbetriebliche Leistungsverbindung zur Erzielung von Synergieeffekten (Kooperation, Wertschöpfungspartnerschaft);
– die Optimierung der warenwirtschaftlichen Informations-, Planungs-, Dispositions- und Abrechnungsprozesse (Wa-

Tab. 8: Auslandsaktivitäten führender deutscher Handelsunternehmen/-gruppen 1998

Unternehmen	Umsatzanteil[x] Stammland	Auslandsaktivitäten Europa
Metro	(66)	F (6), I (4), Rest 24: A/B/CH/CZ/DK/E/GB/GR/H/L/NL/P/PL/RO
Rewe	(79)	A (15), CZ (1), H (2), I (1), Rest 2: E/F/PL/SK
Edeka	–	A/CZ/DK/F/NL/PL
Tengelmann	(83)	A (4), I (5), NL (4), Rest 4: CZ/E/H/PL
Aldi	(71)	A (6), B (5), F (5), NL (5), GB (5), DK/I
Lidl&Schwarz	(79)	E (3), F (10), I (3), GB (2), A/B/CZ/NL/P/GR

[x] ( ) Prozentanteil am Gesamtumsatz
(Quelle: *EHI-EuroHandelsinstitut*, Köln; Geschäftsberichte; *M+M EUROdATA*, Frankfurt am Main)

renwirtschaftssysteme, Handels-Controlling).

(2) Einzelhandelsstrukturen sind ein *Ergebnis marktorientierter Unternehmensführung* (→ Handelsmarketing). Alles, was in der ständigen Auseinandersetzung mit dem als marketingrelevant erachteten Umfeld der Erlangung von Wettbewerbskraft dient und zur entsprechenden Profilierung zwingt, erlangt insofern strukturprägende Bedeutung; vgl. z.B.

- den zunehmend wertbetonten Marktauftritt im Einzelhandel nach Angebot und Betriebsform (→ Discounting);
- die Neubestimmung des Preis-Leistungs-Verhältnisses im Einzelhandel durch verstärkte emotionale Konditionierung seines Marktauftritts (→ erlebnisbetonte Einkaufsstätten);
- die Ausweitung des einzelhändlerischen Leistungsversprechens um Dimensionen der Einkaufserleichterung und des Bequemlichkeitsbedarfs (*Convenience-Orientierung*; s.a. → Lean Consumption);
- die verstärkte Einbindung des Einzelhandels in standortspezifische Begegnungsstätten und Erlebniswelten mit hohem Unterhaltungswert (*Entertainment-Orientierung*).

(3) Einzelhandelsstrukturen sind ein *Ergebnis gesellschaftlichen Wirtschaftens*. Alles, was Unternehmen vor dem Hintergrund der bereichsspezifisch (!) entwickelten Zielvorstellungen und sanktionierten Optionen nach Maßgabe ihrer einzelwirtschaftlichen (!) Interessenlage und Gestaltungskraft umzusetzen vermögen, erlangt insofern strukturprägende Bedeutung; vgl. z.B.

- die Beschäftigungsentwicklung sowie den Wandel der Personalstrukturen und Qualifikationsprofile im Einzelhandel (*Arbeitswelt*);
- die Struktur und Dynamik der privaten Nachfrage sowie die Determinanten der → Kundenzufriedenheit einschl. der Funktionalität des → Beschwerdemanagements im Einzelhandel (*Verbrauchssphäre*);
- die Umweltbelastungseffekte distributionswirtschaftlicher Aktivitäten und die Erscheinungsformen ökologischer Handlungsorientierungen im Einzelhandel (*Natürliche Umwelt*; → Ökologisches Marketing);
- die Dynamisierung der konzentrationsbedingten Liefer- und Leistungsbeziehungen sowie der Marktzutrittsschranken für potentielle Konkurrenten im Einzelhandel (→ Wettbewerbsdynamik);
- die verstärkte Abwicklung von Geschäftsprozessen im virtuellen Raum der elektronischen Märkte bzw. die zunehmend differenzierende Erschließung von → *E-Commerce-Optionen* im Einzelhandel (*Technik*);
- die Erweiterung bzw. Modifzierung des Planungs- und Handlungsrahmens im Einzelhandel um stadtentwicklungspolitische Anliegen bei der Institutionalisierung von → Stadtmarketing- und City-Management-Projekten (*Urbaner Lebensraum*).

Einzelhandelsstrukturen lassen sich insofern mit Zielvorstellungen in Verbindung bringen, die ebenso einzel- wie gesamtwirtschaftliche bzw. gesellschaftliche Gestaltungsaufgaben reflektieren. „Unterschiedlichkeit" der Zielvorstellungen bedeutet aber nicht deren „Gleichrangigkeit". Vielmehr können sich im Zeitablauf die Prioritäten verschieben, was zugleich nahe legt, Einzelhandelsstrukturen auch als Ausdruck der jeweils akzeptierten oder für schutzwürdig gehaltenen Rangfolge derartiger Zielvorstellungen zu begreifen. Ein hiervon abstrahierender Hinweis auf empirische Sachverhalte würde Einzelhandelsstrukturen – aktuell wie perspektivisch – nur sehr bedingt erklären helfen. H.-J.Ge.

Literatur: *Barth, K.:* Betriebswirtschaftslehre des Handels, 4. Aufl., Wiesbaden 1999. *Beisheim, O.* (Hrsg.): Distribution im Aufbruch: Bestandsaufnahme und Perspektiven, München 1999. *Schenk, H.-O.:* Marktwirtschaftslehre des Handels, Wiesbaden 1991. *Tietz, B.:* Binnenhandelspolitik, 2. Aufl., München 1993.

Einzelhandelspanel

Form des → Handelspanel, bei der Informationen über den Abverkauf von Produkten (Food und Nonfood) auf Einzelhandelsebene, insbes. im Lebensmitteleinzelhandel (LEH), gewonnen werden. I.d.R. erfolgt bei dieser Untersuchungsvariante keine Eingrenzung auf bestimmte Branchen oder Warengruppen, sondern es wird ein möglichst breites Spektrum anvisiert. Die Informationen ermöglichen die Bewertung der wichtigsten Entwicklungen für alle Einzelartikel, Marken, Warengruppen und Marktsegmente. Beobachtbar sind die Märkte und Produkte wahlweise zweimonatlich, monatlich oder sogar wöchentlich. Die Wochendaten sind die Grunddaten für die Bewertung der Handelswerbung wie kurzfristige Preissenkungen, → Displays, Anzeigen in Handzetteln und Tageszeitungen. Seit Ende der neunziger Jahren werden die Daten primär über das → Scanner-Panel erfasst. Einzelhandelspanel werden in Deutschland u.a. von → AC Nielsen und der → GfK angeboten. S.S.

Einzelhandelszentralität

in der Standortforschung (→ Standort im Handel) benutzte Kennziffer zur Bestimmung von Marktgrenzen und zur Erfassung von Kaufkraftsträmen. In Fällen, wo keine räumlich differenzierten Umsatzwerte vorliegen, schlägt *B. Tietz* dafür den Quotienten aus den Beschäftigten je 1.000 Einwohner im Teilgebiet und den Beschäftigten je 1.000 Einwohner im Gesamtgebiet als Kennziffer für die Einzelhandelszentralität vor.

Einzelkostenrechnung
→ Deckungsbeitragsrechnung

Einzelmarkenstrategie
→ Markenpolitik

Einzeltest → Produkttest

Einzelverkauf

Lieferung einer → Zeitung oder → Zeitschrift an nichtständige Wiederverkäufer gegen Rechnung unter Abzug der nicht verkauften Exemplare.

Einzugsgebiet → Standort im Handel

Eisbrecherfrage

Fragenform bei → Befragungen, die am Beginn des Interviews der Auflockerung der Atmosphäre und der Überbrückung der anfänglichen Befangenheit der Befragten dienen soll. Dazu werden als Einleitungsfragen Themen von möglichst allgemeinem Interesse angesprochen, sodass man vermutlich das Interesse des Befragten findet. Ungeeignet sind kontroverse oder emotional stark besetzte Themen. Eisbrecherfragen sind nicht selten sog. „Wegwerffragen", weil ihre Ergebnisse inhaltlich gar nicht interessieren bzw. nicht aussagefähig sind.

Elaboration Likelihood Model (ELM)

ist die Bezeichnung für ein von *R.E. Petty* und *J. Cacioppo* entwickeltes verbal-qualitatives → Werbewirkungsmodell im Sinne eines → Werbewirkungsmusters, in welchem bedingte Aussagen über die mögliche Einstellungswirkung der Werbung (aber auch der Einstellungswirkung persönlicher Kommunikation) getroffen werden. Mit ihrem Modell unterscheiden die Autoren zwei „Routen", auf denen bei Werbeadressaten eine Einstellungsbeeinflussung als möglich erscheint: die „zentrale" und die „periphere" Route. Sie unterscheiden sich in der auf die Botschaft gerichteten Verarbeitungswahrscheinlichkeit (elaboration likelihood) der Adressaten beim Werbekontakt.

Bei schwacher Motivation und Fähigkeit der Adressaten, die Botschaft zu verarbeiten (= niedrige Verarbeitungswahrscheinlichkeit infolge flüchtiger Befassung mit der Botschaft) greift die *periphere Route*. Auf dieser ist eine Einstellungsbeeinflussung möglich, allerdings nur mit einem verhältnismäßig „schwachen" Einstellungsergebnis. Dies folgt aus der geringen Auseinandersetzung des Adressaten mit dem dargebotenen Werbereiz. Die Beschäftigung mit dem Werbereiz besteht z.B. in emotionalen Vorgängen oder einer oberflächlichen Auseinandersetzung mit auftretenden Personen bzw. mit der puren Anzahl der im Werbemittel enthaltenen Argumente. Auch mag die Tatsache eines positiven Testurteils oder ein eingeblendetes Gütesiegel von den Adressaten als ein einstellungsfördernder „Schlüsselreiz" empfunden werden. Für das Ergebnis eines solchen Werbekontakts entscheidend ist bei dem auf der peripheren Route niedrigen Involvement des Adressaten nicht, was gesagt oder gezeigt wird, sondern *wie* es gesagt bzw. präsentiert wird.

Die *zentrale Route* kommt zum Zuge, wenn die zu beeinflussende Person stark motiviert ist (= mit hohem Involvement angetroffen wird) und fähig ist, die gelieferten Informationen zu verarbeiten. Als mögliches Ergebnis der auf dieser Route ablaufenden, ausführlicheren Verarbeitungsprozesse ergeben sich „starke" Einstellungen, die für den Werbetreibenden positiv oder negativ ausfallen können. Welches dieser Resultate sich einstellt, hängt insbesondere von der Ausgangshaltung des Adressaten ab, z.B. aufgrund vorhandener Verwendungserfahrung, und von der Art der getroffenen Aussagen. H.St.

Literatur: *Petty, R.E.; Cacioppo, J.*: Attitude and Persuasion: Classic and Contemporary Approaches, Dubuque 1981. *Petty, R.E.; Cacioppo, J.*: Communication and Persuasion. Central and Peripheral Routes to Attitude Change, New York 1986.

Elastizität

beliebte Kennziffer im Marketing, bei der die relative Veränderung einer abhängigen Größe (Zähler) zur relativen Veränderung der sie beeinflussenden unabhängigen Variablen (Nenner) in Beziehung gesetzt wird. Mathematisch exakt wäre eine infinitesimale Veränderung der beeinflussenden Größe („Punktelastizität"), für die i.d.R. jedoch keine empirischen Daten zur Verfügung stehen. Man benutzt deshalb ersatzweise die „Bogenelastizität", z.B. eine einprozentige Veränderung. Eine Elastizität von +2 sagt dann aus, dass eine Veränderung der Einflussgröße um 1% eine Veränderung der abhängigen Größe von 2% nach sich zieht. Bei → Marktreaktionsfunktionen variiert die Elastizität i.d.R. in Abhängigkeit vom Niveau der unabhängigen Variablen. Eine Ausnahme stellen multiplikative Funktionen dar, die isoelastisch sind, also an allen Funktionsstellen gleiche Elastizität aufweisen.

Häufige Anwendungsformen von Elastizitäts-Kennzahlen sind die → Preiselastizität und die Werbeelastizität.

Electronic Banking

Electronic Banking als Teilbereich des → Direct Banking kann aufgeteilt werden in das Electronic Banking i. e. S. als → Online Banking (→ T-Online Banking / → Internet Banking) und POS-Banking sowie in das Electronic Banking i.w.S. in Form der Kundenselbstbedienung mittels Selbstbedienungsgeräten.

Sprachlich ist der Terminus Electronic Banking gleichzusetzen mit dem „Betreiben von Bankgeschäften unter Electronic-Einsatz". Üblicherweise werden unter Electronic Banking jedoch nur diejenigen Leistungen der Bank gefasst, bei denen der Technikeinsatz im direkten Kundenkontakt ohne unmittelbare Einbeziehung von Mitarbeitern erfolgt. Bei dieser Definition wird das gesamte Spektrum des EDV-gestützten bankinternen Geschehens außer Acht gelassen, das aufgrund steigender technischer Integrationsvorgänge nicht mehr vom Geschehen an der Kunde-Bank-Schnittstelle zu trennen ist. O.B.

Literatur: *Wings, H.*: Digital Business in Banken, Wiesbaden 1999.

Electronic Bill Presentation and Payment (EBPP)

bezeichnet die elektronische Rechnungsstellung und Fakturierung über ein elektronisches Netzwerk und ist eine Form der Ausgestaltung des → Electronic Business. Die Kalkulation und Zustellung der Rechnung erfolgt dabei vollständig auf elektronischem Weg, z.B. mit EDI bzw. → XML-EDI bei Geschäftskunden oder über das Internet bei Privatkunden. Neben der „Bill Presentation" umfasst das Konzept auch die elektronische Abwicklung des Zahlungsverkehrs durch Electronic Cash (→ Elektronisches Geld), Kreditkarte oder elektronischen Lastschriftverfahren. B.Ne.

Electronic Business

bezeichnet i.w.S. die elektronische Abwicklung und Unterstützung aller Wertschöpfungsprozesse im Unternehmen durch den Einsatz elektronischer Informations- und Kommunikationstechnologien. Ziel dieser Maßnahmen ist die Flexibilisierung der betrieblichen Kommunikations-, Kooperations- und Koordinationsprozesse.
Als Oberbegriff beinhaltet dies sowohl die elektronischen Beschaffungsprozesse (vgl. → Supply Chain Management) als auch elektronischen Produktions- und Administrationsprozesse (sog. Online Transaction Processing) sowie die elektronischen Vertriebs- und Kundenmanagementprozesse (vgl. → E-Commerce und → E-CRM). I.e.S. umfasst der Begriff nur die Virtualisierung der Produktions- und Administrationsprozesse. Die *Abbildung* zeigt die Ansatzpunkte des E-Business in seiner weiten Definition.
Die Einführung von Electronic Business geht vielfach mit einer umfassenden Neuausrichtung und Optimierung der Geschäftsprozesse und IT-Strukturen (sog. *Business Alignment*) einher. Obwohl Ansätze zum Electronic Business mit dem → Electronic Data Interchange (EDI) schon seit Mitte der Achtziger bestehen, hat erst die Internet-Technologie aufgrund ihrer Kostenvorteile den Durchbruch für die → Digitalisierung der Geschäftsprozesse geschaffen. B.Ne.

Literatur: *Rayport, J.F.; Sviokla, J.J.*: Die virtuelle Wertschöpfungskette. Kein fauler Zauber, in: Harvard Business Manager, 18. Jg., Heft 2 (1996), S. 104-113. *Picot, A.; Reichwald, R.; Wigand, R.T.*: Die grenzenlose Unternehmung, 3. Aufl., Wiesbaden 1998.

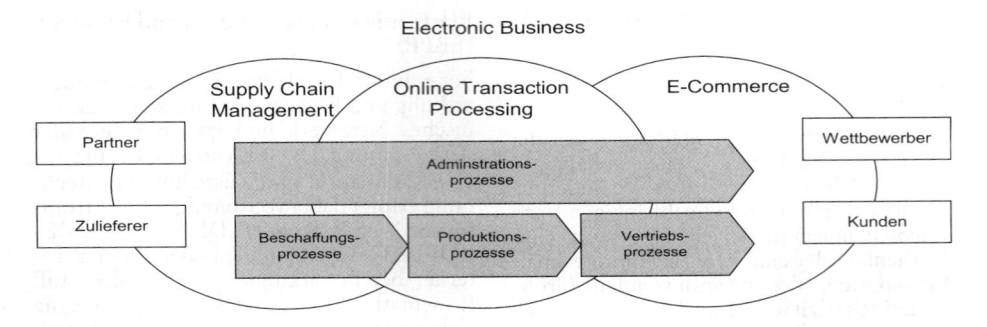

Electronic Commerce → E-Commerce

Electronic Data Interchange (EDI)

EDI kennzeichnet die automatisierte unternehmensübergreifende Übermittlung strukturierter und normierter Geschäftsdaten (z.B. Aufträge, Rechnungen oder Lagerbestände) ohne Doppelerfassung zwischen den beteiligten Unternehmen bzw. deren Computersystemen unter Anwendung offener elektronischer Kommunikationsverfahren (→ Elektronische Vernetzung). EDI-Systeme sind interorganisatorischer Natur und können entweder bilateral oder multilateral aufgebaut sein.

Insbesondere die ex ante Schaffung einheitlicher Datenaustauschformate (branchenspezifischer oder -übergreifender, nationaler oder internationaler Art; → EDIFACT) für den standardisierten operativen Geschäfts- und Dokumentenverkehr hat zu einer wesentlichen Effizienzsteigerung in der Informationslogistik im Sinne einer Gesamtsystemoptimierung beigetragen. Dies ist insbesondere für zeitkritische Transaktionen mit starkem Routinecharakter und hohem Datenvolumen interessant. Neuere Entwicklungen beinhalten interaktives EDI sowie die Verknüpfung mit Internet-Diensten (→ Internet).

Vorteile von EDI sind die Vermeidung mehrfacher Datenerfassung (deshalb geringerem Fehlerrisiko) und unnötiger Papierflut, wodurch die Informationsbereitstellung wesentlich beschleunigt wird. Neben diesen Qualitäts-, Kosten- und Zeiteffekten operativer Art sind auch strategische Effekte bei der Bewertung des Nutzens dieser Technologie zu beachten, wie die *Abbildung* zeigt. J.Z.

Literatur: *Hess, O.:* Internet, Electronic Data Interchange (EDI) und SAP R/3 – Synergien und

Operative und strategische Effekte des EDI

Operative Effekte	Strategische Effekte
Kosteneffekte	*Intraorganisatorisch*
– Wegfall der Daten-Mehrfacherfassung – Reduktion von Übermittlungs-, Personal- sowie administrativer Kosten	– Reduktion von Lagerbeständen – Steigerung der Planungs- und Dispositionssicherheit – Entlastung des Personals – Realisierung neuer Logistik- und Controllingkonzepte – Schnellere Auftragsabwicklung – Bessere Kontrolle der Warenbewegungen
Zeiteffekte	
– Beschleunigung der Datenübertragung und interner Abläufe – Ständige Erreichbarkeit und Überwindung der Zeitzonen	
	Interorganisatorisch
Qualitätseffekte	– Beschleunigung der Geschäftsabwicklung – Intensivierung des Lieferantenkontaktes – Neue Kooperationsformen – Angebot neuer Leistungen – Beschleunigung des Zahlungsverkehrs
– Keine Fehler manueller Datenerfassung – Aktuellere Daten – Überwindung von Sprachbarrieren und Vermeidung von Missverständnissen	

Abgrenzungen im Rahmen des Electronic Commerce, in: *Hermanns, A.; Sauter, M.* (Hrsg.): Management-Handbuch Electronic Commerce, München 1999, S. 185-196. *Neuburger, R.*: Electronic Data Interchange, Wiesbaden 1994. *Scheckenbach, R.*: EDI im Unternehmen. Vom notwendigen Übel zum echten Gewinn, in: Beschaffung Aktuell, o.Jg., 1995, Nr. 10, S. 36-37.

Electronic Diary → Panel

Electronic Finance
Electronic Finance oder Electronic Banking beinhaltet zunächst die durch die neuen Medien vereinfachte Zahlungsabwicklung. Homebanking ermöglicht hierbei die Erledigung aller Geldgeschäfte von zu Hause oder vom Büro aus über das Internet oder Telefon/Fax. Darüber hinausgehend erlaubt Electronic Finance die Entwicklung völlig neuer Beziehungsmodelle zwischen Bank und Kunden. Eine Homebanking-Anwendung kann die Funktion eines → Internet-Portals übernehmen und dem Kunden bei seinen Internetgeschäften jeweils passende Finanzprodukte bzw. die Abwicklung des transaktionsbedingten Zahlungsverkehrs anbieten. Auf diesem Wege eröffnen sich für Banken neue Möglichkeiten der → Kundenbindung und des → Mass Customization. B.S./M.S.

Electronic Funds Transfer (EFT)
ist das auf einem EDI-Standard (→ Electronic Data Interchange) basierende Konzept für den Bereich der Abwicklung des Zahlungsverkehrs zwischen Handelsunternehmen, Herstellern und Banken. Bei diesem System wird der gesamte Zahlungs- und Abrechnungsvorgang zwischen Händler und Hersteller unter Einbeziehung der Banken automatisiert und elektronisch vollzogen.
Nach Übermittlung der Rechnung durch den Hersteller sowie deren Prüfung wird im System des Händlers zum Zeitpunkt der Fälligkeit eine entsprechende Zahlungsanweisung an die Bank des Händlers ausgelöst. In deren System wird dadurch wiederum die Überweisung dieses Betrages an die Herstellerbank initiiert. Die Systeme beider Banken (Interbankverkehr) generieren daraufhin eine Zahlungs- bzw. Empfangsbestätigung und übermitteln diese in die jeweiligen Systeme des Händlers bzw. des Herstellers.
Darüber hinaus sind auch bargeldlose Zahlungstransaktionen von Kunden, z.B. über EC- oder Kreditkarte, und deren Übermittlung an die entsprechenden Finanzdienst-leister über bereits seit längerer Zeit existierende Standards durchführbar. Dieser Funktion kommt zukünftig eine wachsende Bedeutung zu, insbesondere durch den intensivierten Aufbau von Prozessketten des → E-Commerce. J.Z.

Literatur: *ECR Europe*: Efficient Replenishment and EDI – Efficient Replenishment Techniques, London 1996, S 14-16. *Zentes, J.*: Tendenzen der Entwicklung von Warenwirtschaftssystemen, in: *Zentes, J.* (Hrsg.): Moderne Warenwirtschaftssysteme im Handel, Berlin u.a. 1985, S. 1–22.

Electronic Mail (Telebox, elektronische Post)
Übertragung von Nachrichten mit Hilfe eines Computers, Fernschreibers, Teletex oder Bildschirmtext zu einem dafür eigens eingerichteten Zentralspeicher.

Electronic Mall → Virtuelle Mall

Electronic Prototyping (Virtual Prototyping)
ist ein Verfahren des → Innovationsmanagements und bezeichnet die Entwicklung eines digitalen Prototyps durch iterative Simulation und die Anwendung von Virtual-Reality-unterstützten → Konzepttests, noch bevor ein physischer Prototyp erstellt wird. Das Electronic Prototyping ist somit auch ein Form des → Electronic Business.
Als anschauliches Beispiel des Electronic Prototyping gilt die Entwicklung der Boeing 777, welche das erste Flugzeug war, das hundertprozentig auf dem Computer konzipiert wurde. Ziel der Boeing-Ingenieure war ein Flugzeug, das bei geringeren Betriebskosten schneller und weiter fliegen kann als die Wettbewerber-Modelle. Um dieses Ziel zu erreichen, setzte Boeing konsequent Computer-Aided-Design-Systeme ein, die innerhalb der gesamten Produktlinie eines Flugzeugtyps digitale Produktdefinitionen erlauben. Die digitale Systemintegration von 3 Mio. Einzelteilen der Boeing 777 gestattete es, die Anzahl der Design-Wechsel, Konstruktionsfehler und die Nachbesserungszeiten erheblich zu reduzieren.
Mit der vollständigen Virtualisierung des Planungs- und Konstruktionsprozesses bietet das Electronic Prototyping gegenüber dem → Rapid Prototyping den Vorteil, dass sich in kürzerer Zeit wesentlich mehr Alternativen durchspielen lassen. Darüber hinaus erlaubt Electronic Prototyping die Durchführung von Testverfahren, die in physi-

Electronic Shopping

schen Umgebungen nur sehr aufwendig zu realisieren wären. B.Ne.

Electronic Shopping

Einkauf von Produkten, also von Gütern und Dienstleistungen unter Inanspruchnahme elektronischer Medien durch Endkonsumenten (Business-to-Consumer; → E-Commerce). Bei gewerblichen Einkäufern wird von Electronic Procurement oder → elektronischem Einkauf gesprochen. Neben dem Einkauf über das Internet fallen auch der Kauf über das traditionelle Fernsehen („Teleshopping") und das interaktive Fernsehen unter den Begriff des Electronic Shopping.

Die wesentlichen Nutzenpotenziale für den Käufer sind in der Zeitersparnis und Bequemlichkeit beim Einkauf, der Möglichkeit zum Preisvergleich und zur größerer Markttransparenz und bei bestimmten Zielgruppen auch der unterhaltende und multimediale Charakter der Darstellung (→ Multimedia). Nachteilig werden vor allem die mangelnde physische Warenpräsenz zur Qualitätsprüfung, die noch immer unsicheren Zahlungsweisen (→ Elektronisches Geld) und der oft noch mangelhafte → Zustellservice empfunden. Für kleinere Einkäufe lohnen im Übrigen oft die fixen Zustellgebühren nicht. Einzelne Anbieter experimentieren deshalb mit neuen Zustelldiensten, etwa Abholpunkten an Bürohäusern oder Tankstellen (→ Shopping Box). Die Entwicklung des Electronic Shopping wird deshalb je nach Produktgattung sehr differenziert verlaufen. In vielen Fällen bleibt der physische Warenkontakt und ggf. auch der persönliche Rat des Verkäufers unersetzlich, weshalb dann elektronischer und stationärer Einkauf kombiniert werden („Brick and Click-Modell"), so z.B. im Autohandel. Ausschlaggebend dafür ist einerseits das Produktinvolvement des Käufers (→ Involvement) und andererseits das subjektive → Kaufrisiko. Kombiniert man beide Faktoren, so ergibt sich eine Vierfelder-Tafel (vgl. Abb.).

Involvement	niedrig	hoch
hoch	❷	❸
niedrig	❶	❹

Kaufrisiko

Die Neigung zum elektronischen Kauf*abschluss* nimmt mit zunehmenden Kaufrisiko und Involvement grundsätzlich ab. Insofern eignen sich v.a. Produktarten bzw. Kaufsituationen im 1. Quadranten (z.B. Bücher, CD´s etc.) für einen elektronischen Absatz. Allerdings kann das Internet auch in den Feldern 2, 3 und 4 als willkommenes *Informations*medium dienen. In das Feld 2 fallen z.B. Kosmetikartikel, in das Feld 4 Haushaltsgroßgeräte. Wie der Wein- und der PC-Markt deutlich machen, geraten aber auch immer mehr Produkte aus dem Sektor 4 in den Focus der Online-Käufer.

Die ursprüngliche Entwicklung des Electronic Shoppings im Internet wurde stark durch den Verkauf von Bücher, CDs und elektronischer Artikel über Internetshops geprägt (z.B. amazon.com oder cd-now.com). Inzwischen haben sich auch alternative Einkaufsformen wie → *Internet-Auktionen* und *Power-Shopping*, d.h. Bündelung von Endnachfragern zur Erzielung von Mengenrabatten im Wege entsprechende Marktplattformen, etabliert. Internet-Auktionen eröffnen den Konsumenten die Möglichkeit auf den Preis direkt einzuwirken. Zusätzlich bieten unterschiedliche Auktionsformen wie live moderierte Auktionsveranstaltungen oder so genannte Reverse-Auctions (bzw. Dutch Auctions) ein attraktives Einkaufsumfeld. *„Power-Shopping"* greift den traditionellen Gedanken von Einkaufsgemeinschaften für die Online-Welt auf. Dabei ermöglicht der dezentrale Charakter des Internet das Zusammenbringen vieler Konsumenten mit komplementären Kaufwünschen innerhalb kürzester Zeit und geringeren Kosten. Dadurch wurde der Gedanke von → *Einkaufsgemeinschaften* wieder belebt. Beispiele für Power-Shopping-Anbieter sind letsbuyit.com oder primus-online.de.

Ein nicht zu unterschätzender Qualitätsfaktor ist die einfache und schnelle → Navigation durch das immer unüberschaubarere Informationsdickicht des Internet. Dies ist auch ein Grund dafür, daß → Suchmaschinen und andere → Interne-Portale, insb. → virtuelle Malls, entscheidenden Einfluss auf die Kaufprozesse im electronic shopping nehmen. B.S./M.S./H.D.

Electronic Teller

Intelligente, elektronische, multifunktionale Geräte der → Kundenselbstbedienung in Banken, die dem als berechtigt identifizierten Kunden (PIN) ermöglichen, Bankgeschäfte zu tätigen. Electronic Teller ist ein Oberbegriff bzw. eine Erweiterung zu den transaktionsorientierten Selbstbedienungsgeräten in Kreditinstituten, wobei nicht nur transaktionsorientierte Leistungen (→ Geldausgabeautomat), sondern auch kommunikationsorientierte Vorgänge Bestandteil der Electronic Teller sind. Wesentliches Unterscheidungskriterium gegenüber den reinen Transaktionsgeräten ist die Integration intelligenter Systeme (z.B. Expertensysteme) in die Softwareumgebung. O.B.

Elektrodermale Reaktion (EDR)

Die Messung der elektrodermalen Reaktion (Hautwiderstandsmessung) ist neben dem → EEG die am häufigsten benutzte Methode zur Erfassung der → Aktivierung. Auf psychische Erregungen, die z.B. mit bestimmten Werbemittelentwürfen als äußeren Reizen einhergehen, reagieren insbesondere die Schweißdrüsen der Hand und der Fußsohlen, wodurch es zu einer Veränderung des Hautwiderstandes kommt. Die Spannungsverschiebung wird mittels angebrachter Elektroden erfasst. Die Validität der Ergebnisse kann durch mehrere Störvariablen (Anzahl der Schweißdrüsen, Gesundheitszustand des Probanden, schlechte Haftung der Elektroden etc.) eingeschränkt sein. H.Bö.

Literatur: *Kroeber-Riel, W.; Weinberg, P.:* Konsumentenverhalten, 7. Aufl., München 1999, S. 66 ff.

Elektroenzephalogramm → EEG

Elektromyographie (EMG)

im Rahmen der experimentellen Marktforschung v.a. zur Erfassung der → Aktivierung herangezogenes Verfahren zur Registrierung von Muskeltonusveränderungen auf elektro-physiologischem Wege. Elektromyographische Messungen informieren also über den Zustand des Muskels und des Motoneurons während eines Bewegungsvollzuges. Ausgangspunkt ist, dass sich mit zunehmender Muskelarbeit die gesamte elektrische Aktivität erhöht. Das Erscheinungsbild dieser Potenziale ist von drei Größen bestimmt: von der Intensität der elektrischen Veränderungen in jeder gereizten Muskelfaser, von der Anzahl der tätigen Muskelfasern und vom Grad der Gleichzeitigkeit ihrer Reizung.
Im Marketing werden elektromyographische Verfahren zur Messung von nicht-kognitiven Reaktionen eingesetzt. Im Vergleich zu anderen physiologischen Methoden (z.B. → Elektrodermale Reaktion) haben sie den Vorzug, neben der Intensität auch Richtung und Erlebnisqualität von Emotionen zu bestimmen. Z. B. gelang es *Cacioppo/Petty* (1981) durch Messung der elektrischen Aktionspotenziale unterschiedlicher Gesichtspartien, positive und negative Reaktionen auf kommunikative Reize zu qualifizieren. W.L.

Elektronische Geldbörse

Alle deutschen Banken und Sparkassen haben seit Ende 1996 ihre → eurocheque- und

Einsatzmöglichkeiten der elektronischen Geldbörse

Zielgruppe	Leistungen
Autofahrer	Ticketloses Parken durch Speicherung der Ein- und Ausfahrtzeit
Öffentlicher Nahverkehr	Zahlungsmittel an Fahrscheinautomaten Elektronischer Fahrschein
Automatenbenutzer	Zahlungsmittel an Automaten für Zigaretten, Süßigkeiten, Getränke etc.; Einlösung von Bonuspunkten
Handelskunden im Kleingeldbereich	Zahlungsmittel im Handel Handelsbonifizierung
Nutzer von öffentlichen Einrichtungen	Zahlungsmittel Elektronische Eintrittskarte
Touristen	Zahlungsmittel, Elektronischer Fahrschein im öffentlichen Nahverkehr, Eintrittskarte für öffentliche Einrichtungen, Hotelkarte
Schüler/Jugendliche/ Senioren	Zahlungsmittel, Elektronischer Fahrschein, Ermäßigte Eintrittskarte für öffentliche Einrichtungen

Kundenkarten mit einem Chip versehen. Dieser kann einen bestimmten Geldbetrag (max. 200 Euro) auf der Karte speichern, der für Zahlungen kleinerer Beträge an Ladenkassen, Parkautomaten, in Bussen oder Straßenbahnen *(Abb.)* gedacht ist.

Geplant ist auch ein Anschluss an das Internet (→ Internet-Geld). Die Zahlung erfolgt offline und ohne die Verwendung der Geheimzahl (PIN). Der Chip übernimmt damit die Funktion einer elektronischen Geldbörse. O.B.

Literatur: *Slavik, A.*: Chancen für die elektronische Geldbörse, in: Bank Magazin, Nr. 4, 1999, S. 88-89.

Elektronische Marktplätze

Elektronische Marktplätze sind nach *Segev/Gebauer/Färber* (1999) virtuelle Plätze beim → E-Commerce, wo sich Käufer und Verkäufer zum Austausch von Produkten, also Gütern und Dienstleistungen, treffen. Diese bewusst weit gefasste Definition trifft auf eine Vielzahl von Angeboten im Internet zu. Folglich bietet sich eine weitergehende Strukturierung und Einteilung von Marktplätzen an. *Schmid* (1998) schlägt eine Klassifizierung anhand der von einem Marktplatz erfüllten Phasen der Markttransaktion vor (siehe *Abb.*).

Phasen der Markttransaktion

Wissen → Absicht → Vereinbarung → Abwicklung

Jede Markttransaktion beginnt mit der *Wissensphase*, während der sich die Marktteilnehmer mit den notwendigen Informationen versorgen. Marktplatzbetreiber unterstützen die Wissensphase, indem sie Informationen einer semantischen und qualitativen Prüfung unterziehen und für eine strukturierte und kommentierte Bereitstellung dieser Informationen sorgen. Die Mehrzahl der Marktplätze (z.B. www.metalsite.net oder www.mysap.com) unterstützen die Wissensphase ebenso wie → Internet-Portale (z.B. www.yahoo.com).

Die *Absichtsphase* einer Markttransaktion ermöglicht den Anbietern und Nachfragern ihre jeweiligen Gebote bzw. Gesuche der anderen Marktseite mitzuteilen. Hierfür müssen die Gebote und Gesuche so beschrieben sein, dass die jeweils andere Marktseite alle notwendigen Informationen zum Abschluss eines Kaufvertrages erhält. Darüber hinaus muss eine zweifelsfreie und beglaubigte Identifikation der Anbieter und Nachfrager möglich sein. Beispiele sind u.a. → elektronische Produktkataloge (z.B. www.foodtrader.com).

Das Kernstück der *Vereinbarungsphase* ist die Herstellung gültiger (d.h. in rechtlicher Hinsicht) und sicherer (d.h. beweisbarer und damit einklagbarer) Kaufverträge. Ein elektronischer Kontrakt muss Käufer, Verkäufer, Preis und Konditionen in eindeutiger Weise enthalten und soll die Basis für die nachfolgende Abwicklung bilden. Ein Beispiel für die Gewährleistung der Vereinbarungsphase ist die Strombörse Nordpool (www.nordpool.com), die immer als Gegenpartei bei einem Kauf-/Verkaufsvertrag auftritt.

Der Zweck der *Abwicklungsphase* ist die Abwicklung eines elektronischen Kaufvertrages (Warentransport, Zahlungsverkehr). Bietet ein elektronischer Marktplatz die Abwicklungsphase an, so interagieren Käufer und Verkäufer jeweils nur mit dem Marktplatz (Zahlung gegen Ware bzw. Ware gegen Zahlung) und alle anderen Dienste werden vom Marktplatz übernommen. Beispiele sind Telekommunikationsbörsen, die gehandelte Sprachminuten sofort über eigene Switches freischalten (z.B. www.band-x.com). Bisher erfüllen nur sehr wenige elektronische Marktplätze alle Phasen der Markttransaktion. B.S./M.S.

Literatur: *Schmid, B.F.*: Elektronische Märkte. Merkmale, Organisation und Potentiale, in: *Hermanns, A., Sauter, M.* (Hrsg.): Management Handbuch Electronic Commerce, München, 1998, S. 31-48. *Segev, A.; Gebauer, J.; Färber, F.*: Internet-based Electronic Markets, Working Paper, 98-WP-1036, Haas School of Business, University of California at Berkeley, Berkeley 1999.

Elektronische Media-Analyse (E.M.A.)

Die Elektronische Media-Analyse (E.M.A.) ist als Pendant zur Media-Analyse (MA) inhaltlich eine Reichweitenuntersuchung, die sich grundsätzlich mit der Erhebung von Verbreitung und Nutzung elektronischer Medien, wie Fernsehen und Radio, beschäftigt.

Zum Aufbau des Standardpanels der → GfK Fernsehforschung wurde 1983/1984 eine E.M.A. durchgeführt. Als Grundgesamtheit umfasste die E.M.A. 1983/1984 die deutsche, in Privathaushalten lebende Wohnbevölkerung der Bundesrepublik Deutschland einschließlich Berlin-West. Die Sollstichprobe (→ Stichprobe) der E.M.A. umfasste 11.000 Fälle. Dabei wurde eine untere Stichprobengröße pro Bundesland und Sendegebiet von n = 625 Fällen vorgesehen. Diese Basisstichprobe wurde – außer in Bremen, Baden-Württemberg und Bayern – um disproportionale Aufstockungen erhöht, damit auch für kleinere Sendegebiete zuverlässige Aussagen getroffen werden konnten. Die 11.000 Fälle der Basisstichprobe zuzüglich von 4.075 Fällen in regionaler Aufstockung ergaben den Netto-Stichprobenansatz der E.M.A. 1983/1984 von 15.075 Fällen. Zur Feldarbeit wurden insgesamt acht komplette ADM-Stichproben und weitere zwölf Teilstichproben sowie partielle Ergänzungen aus dem Ziehungsband der → AG.MA eingesetzt. Vorgegeben war dabei eine Sample-Point-Besetzung von fünf Fällen. Unter Berücksichtigung der Gesamtstichprobe bedingt dieses eine Stichprobensteuerung auf 3.015 → Sample Points. Die Bestimmung der in die Untersuchung gelangenden Haushalte erfolgte nach einem dreistufig geschichteten Random-Stichprobenverfahren.

Stufe 1:
Auswahl der 3.015 Sample Points auf der Basis der verwendeten Stichproben des → ADM-Mastersamples.

Stufe 2:
Begehung und Adressenauflistung in den ausgewählten Sample Points auf der Basis vorgegebener Stadtadressen / Begehungsvorschriften zur systematischen Auflistung von jeweils 35 Haushalten pro Sample Point.

Stufe 3:
Auswahl der Zielpersonen auf der Grundlage der jeweils im Sample Point ermittelten Haushaltsadressen. Dabei belief sich der Brutto-/Nettoansatz pro Sample Point auf 7/5 Fälle. Die Auswahl der Zielpersonen im Haushalt erfolgte nach dem → Schwedenschlüssel-Verfahren.

Die Erfahrungen und Ergebnisse aus der E.M.A. 1983/1984 fanden unmittelbar Niederschlag in den Konstruktionsmerkmalen des Fernsehpanels. Zum Aufbau des Fernsehpanels BRD-Ost und damit zur Bestimmung der für die Untersuchung relevanten Haushalte wurde im Herbst 1990 eine Elektronische Media-Analyse-Ost durchgeführt. Als → Grundgesamtheit umfasste die E.M.A.-Ost wiederum die deutsche, in Privathaushalten lebende Wohnbevölkerung. Bei einem analogen Vorgehen zur E.M.A. 1983/1984 und zur → MA wurden in insgesamt 8.800 Haushalten Interviews durchgeführt.

Elektronische Produkte

bezeichnen digitalisierte Produkte und Dienstleistungen (s.a. → Digitalisierung). Grundsätzlich sind Informationen, die in Form von Text, Bild oder Ton vorliegen, digitalisierbar. Aufgrund ihrer direkten Zustellbarkeit via Internet eignen sich elektronische Produkte im besonderen Maße für den → E-Commerce. Ob ein Produkt für den Verkauf über interaktive Medien geeignet ist, hängt jedoch nicht nur von seinem Informationscharakter, sondern auch von dem Grad des Selbstbedienungscharakters, der Erklärungsbedüftigkeit u.a. ab. *Software* liegt immer in digitalisierter Form vor und kann somit direkt über autorisierte → Downloads an den Käufer versendet werden (z.B. www.mcaffe.com). Beim *Online-Publishing* als Sonderform des *Electronic Publishing* handelt es sich um elektronisch vervielfältigte Veröffentlichungen über Datennetze (Internet oder LANs). Beispiele hierfür sind die vielfältigen WWW-Angebote von Zeitschriften und Zeitungen. E-Books (portable Handgeräte mit einer Speicherkapazität für ganze Bücher) und die Entwicklung von elektronischer Tinte werden die Präsentationsmöglichkeiten elektronischer Veröffentlichungen vom stationären PC entkoppeln. Mit dem *MP3-Verfahren* (Motion Picture Expert Group Audio Layer 3), das die digitale Kompression von Audiodaten ohne nennenswerten Qualitätsverlust ermöglicht, sind die Voraussetzungen für den Online-Verkauf von *Musikstücken* als elektronisches Produkt geschaffen. Problematisch ist jedoch der Schutz der digitalisierten Musiktitel vor den unbefugten Weiterverkauf durch Dritte. Im *Dienstleistungsbereich* bieten sich Auskunftsdienste, Finanzdienstleistungen und Reisebuchungsmöglichkeiten für die Umsetzung als elektronische Produkte an (→ Electronic Banking, → Internet Banking). M.Y.

Literatur: *Albers, S.; Clement, M.; Peters, K.* (Hrsg.): Marketing mit interaktiven Medien,

Frankfurt a.M. 1998. *Silberer, G.* (Hrsg.): Interaktive Werbung, Stuttgart 1997.

Elektronischer Einkauf (Electronic Purchasing)

Unter elektronischem Einkauf versteht man Informations- und Kommunikationssysteme zur Unterstützung aller oder einzelner Phasen des Beschaffungsprozesses. Neben dem → Online-Marketing handelt es sich dabei um die wichtigste marktbezogene Anwendungsform des → E-Commerce und um ein heute unverzichtbares Element im → Supply-Chain-Management. Entsprechend den Phasen der Beschaffungstransaktion werden elektronische Systeme zur Bedarfsanalyse, zur Beschaffungsmarktanalyse, zur Lieferantenanalyse und -auswahl sowie zur Abwicklung und Kontrolle von Beschaffungsprozessen unterschieden. Im Rahmen der Bedarfsanalyse wird der Einkauf insbesondere durch innerbetriebliche EDV-Systeme elektronisch unterstützt. Derartige Systeme sind das elektronische Bestandsmanagement (Lagerüberwachung etc.), elektronische Stücklisten, elektronische Materialbeschreibungen und automatisierte Materialschlüsselungssysteme. Mit Hilfe von anwendungsorientierten Softwarelösungen kann die Beschaffung vor der Markt- und Lieferantenanalyse bereits Sortimente und Mengen (bspw. im Rahmen von elektronischen → ABC-Analysen) automatisiert planen. Die Beschaffungsmarktanalyse umfasst insbesondere die Auswahl geeigneter Regionalmärkte im Rahmen des → Global Sourcing und die Beurteilung der jeweiligen Wettbewerbsverhältnisse. Hier können elektronische Datenbanken, die offline (CD-ROM) oder on-line (via Internet) verfügbar sind, wertvolle Hilfestellung leisten. Diese allgemeinen Datenbanken werden im Rahmen der Lieferantenanalyse durch → elektronische Produktkataloge unterstützt. In derartigen Katalogen stellen Lieferanten Informationen über ihr gesamtes Leistungsangebot zur Verfügung. Diese Produktinformationen sind von der Beschaffung mit allgemeinen Lieferanteninformationen zu ergänzen und im Rahmen der elektronischen Beschaffung in ein DV-gestütztes Lieferantenbewertungssystem einzustellen (→ Lieferantenpolitik). Die Grundstruktur eines derartigen Bewertungssystems ist in vielen Standardsoftwarepaketen (bspw. SAP R/3 Modul MM) bereits enthalten und ermöglicht ein Objektivierung der Lieferantenauswahlentscheidung. Sind elektronische Kataloge vorhanden, so ist damit auch eine automatisierte Bestellabwicklung möglich. Gegebenenfalls kann sogar der Bedarfsträger direkt über einen Internet/Intranetbasierten Katalog bestellen. Die Verbreitung derartiger elektronischer Bestellkataloge wird durch die Standardisierung der Datenschnittstellen (bspw. der Standard BMEcat des Bundesverbandes Materialwirtschaft, Einkauf und Logistik e.V.) weiter gefördert. Im Rahmen von so genannten *„Reverse Auctions"* schreiben Unternehmen im Internet ihre Bedarfe aus und fordern Lieferanten zu Angeboten auf. Den Zuschlag erhält der Lieferant mit der niedrigsten Preisstellung. Im Rahmen von *Computer Integrated Procurement (CIP)* werden alle Teilsysteme des elektronischen Einkaufs integriert. Dadurch ist eine vollkommen automatisierte Abwicklung von Bestellungen möglich; manuelle Einkaufsaktivitäten entfallen weitgehend. Insbesondere bei reinen Wiederholungskäufen von Standardgütern oder beim C-Teile-Management sind derartige Lösungen ökonomisch sinnvoll. Bedarfe werden bspw. durch elektronische Lagerüberwachungssysteme bei Unterschreitung eines Sicherheits- bzw. Meldebestandes erkannt und die Bestellung automatisch ausgelöst. U.A.

Literatur: *Arnold, U.:* Nutzung elektronischer Märkte für die Beschaffung, in: *Nagel, K.; Erben, R.F.; Piller, F.T.* (Hrsg.): Produktionswirtschaft 2000. Perspektiven für die Fabrik der Zukunft, Wiesbaden 1999, S. 285-299. *Weid, H.:* Wettbewerbsvorteile durch Electronic Data Interchange (EDI). Analyse betrieblicher Effekte des Einsatzes zur zwischenbetrieblichen Kommunikation zwischen Lieferant und Abnehmer, München 1995.

Elektronischer Markt → Marketspace

Elektronischer Produktkatalog

Elektronische Produktkataloge, also virtuelle Verzeichnisse und Darstellungen des Leistungsangebotes, sind Teil des → Computer Aided Selling (CAS) und dienen der elektronischen Präsentation von von Gütern und Dienstleistungen. Ein elektronischer Produktkatalog kann für das Internet konzipiert oder auf Basis einer Datenträgerlösung (z.B. CD-ROM) in der „realen" Welt (z.B. auf Messen) eingesetzt werden. Sie können somit die eigenständige Information und Bestellung des Kunden sowie den Vertriebsmitarbeiter im Kundengespräch unterstützen (→ Elektronische Marktplätze). Die

Hauptvorteile gegenüber Papierkatalogen liegen in der multimedialen Darstellung (→ Virtual Reality), in komfortablen Recherchefunktionen, den fehlenden Kapazitätsbeschränkungen hinsichtlich der möglichen darstellbaren Produktvarianten und in bequemen bzw. direkten Bestellmöglichkeiten. Dabei bieten elektronische Produktkataloge den großen Vorteil, dass eine Prüfung der Zulässigkeit eines vom Kunden selbst konfigurierten Produktes möglich ist. Dies ermöglicht es beispielsweise PC-Händlern wie Dell (www.dell.com) oder Herstellern von Internet-Routern wie CISCO (www.cisco.com) erhebliche Kosten einzusparen. Elektronische Produktkataloge werden durch standardisierte Shoplösungen (z.B. www.intershop.de oder www.beans.de) bei den meisten Business-to-Consumer Angeboten im → E-Commerce eingesetzt (z.B. www.bol.de). Im Bereich Business-to-Business werden Elektronische Produktkataloge beim → elektronischen Einkauf eingesetzt. Anbieter wie CommerceOne (www.commerceone.com) bieten Softwarelösungen an, mit deren Hilfe ein industrieller Einkäufer aus den Angeboten konkurrierender Lieferanten die für ihn optimale Bestellung auswählen kann. In Verbindung mit → Elektronischen Marktplätzen können elektronische Produktkataloge eine größere Auswahl an alternativen Produkten bieten und so einen Zusatznutzen für die einkaufenden Unternehmen generieren. B.S./M.S.

Elektronisches Geld

umfasst alle Systeme, die zur lokalen Aufbewahrung von Geld dienen und nicht auf der Transformation konventioneller Zahlungsinfrastrukturen in den virtuellen Bereich des → Internet beruhen, wie etwa kreditkartengestützte Verfahren. Beim e.G. muss eine Bitfolge (Token) existieren, die in sich einen Geldwert repräsentiert. Diese Systeme werden häufig auch als digitales Geld oder *Cybergeld* bezeichnet. Dabei handelt es sich um Währungssurrogate, d.h. virtuelles Geld für das Internet. Dieses virtuelle Geld lässt sich zum Beispiel auf der Festplatte speichern und von dort an jede Adresse im Internet versenden, um Waren oder Serviceleistungen direkt mit dem Abruf zu bezahlen. (→ E-Commerce). Spezielle Verschlüsselungsverfahren wie SET gewähren Sicherheit und verhindern die unerlaubte Vervielfältigung der Währung.

Ein System, was hingegen nur die Übertragung oder den Tausch von Geld unterstützt und somit kein elektronisches Geld im engeren Sinne darstellt, wird korrekterweise als elektronisches Zahlungssystem bezeichnet.

Das elektronische Geld hat derzeit Schwierigkeiten, sich gegenüber der weit verbreiteten Kreditkartenzahlung durchzusetzen. Eine Reihe unterschiedlicher Lösungen sind im Versuchsstadium, andere schon auf dem Markt verfügbar. Gerade für das Internet als Plattform vielfältiger Marktprozesse, sollte ein leistungsfähiges Zahlungsverfahren geschaffen werden, das für einen möglichst hohen Grad an Synchronisation des jedem Güter- und Dienstleistungsgeschäfts parallel laufendem Geldtransferprozesses sorgt. Bei der Ausgestaltung der Funktionalitäten und der Eigenschaften, hat es sich stark am konventionellen Bargeld zu orientieren. Eine erfolgreiche Einführung von elektronischen Zahlungsverkehrsfaszilitäten setzt einheitliche und sicherheitstechnisch einwandfreie Standards voraus. J.W.

Literatur: *Böhle, K.; Riehm, U.:* Blütenträume – Über Zahlungssysteminnovationen und Internet-Handel in Deutschland, Karlsruhe 1998.

Elektronische Unterschrift

oder auch digitale Signatur genannt ist ein Verfahren, das die Eigenschaften der eigenhändigen Unterschrift im Bereich elektronischer Dokumente nachbildet. Dabei wird durch kryptographische Verfahren erreicht, dass ein elektronisch signiertes Dokument nur von dem Inhaber der elektronischen Unterschrift erstellt werden kann, es also fälschungssicher ist und die Herkunft der (elektronischen) Unterschrift zweifelsfrei nachweist. J.W.

Elektronische Vernetzung

Unter elektronischer Vernetzung (EDI, → Electronic Data Interchange) wird der automatisierte Datenaustausch zwischen Geschäftspartnern verstanden, wobei die Daten ohne Medienbruch per Datenfernübertragung vom Anwendungssystem des Senders zum Anwendungssystem des Empfängers übermittelt werden. Die bekannteste Form elektronischer Vernetzung ist EDIFACT (→ Electronic Data Interchange For Administration, Commerce And Transport). Unabhängig von der technischen Übertragung wird durch EDIFACT sowohl für den Datenträgeraustausch als auch die Datenfernübertragung die internationale Weiterverarbeitung für eingegangene Bestellungen, Anfragen, Rechnungen, Mahnungen etc. ermöglicht, ohne die bisher eingesetzten Verarbeitungsprogramme grundsätzlich zu ändern. Hierzu sind Programme (EDIFACT-Konverter) erforderlich, die die Daten vom internen Format automatisch in das EDIFACT-Format konvertieren. Als ausführende Instanz von EDIFACT fungiert ein EDIFACT-Gremium nebst Arbeitsgruppen, das von der EU und der UNO unterstützt wird.

Vorteile der elektronischen Vernetzung sind v. a. in der Zeitersparnis und der Reduktion von Aufwand und Fehleranfälligkeit bei der Datenübertragung zu sehen. Darüber hinaus ermöglicht sie auch eine Erweiterung der Dienstleistungspalette für Kunden (z.B. Bereitstellung umfangreicherer Informationen), die Festigung der Geschäftsbeziehung durch Verknüpfung mit Geschäftsprozessen des Kunden sowie die Reorganisation interner und externer Abläufe. J.Mey.

Literatur: *Deutsch, M.*: Unternehmenserfolg mit EDI. Strategie und Realisierung des elektronischen Datenaustausches, Braunschweig u.a. 1994.

Elektronische Warensicherung

aufgrund der kontinuierlichen Zunahmen des → Ladendiebstahls ständig wichtigere Einrichtungen zur Überwachung und/oder Sicherung von Waren im Einzelhandel. Es lassen sich drei Systemtypen unterscheiden: (1) *Raumüberwachungssysteme*, z.B. Fernsehkameras (auch Blindkameras); Die Wirkung dieser Geräte ist jedoch zweifelhaft, da sie leicht zu entdecken sind und die Abschreckungsdauer nur kurze Zeit anhält.
(2) *Direktsicherungssysteme*, d.h. Magnetetiketten oder -anhänger, die vorwiegend bei höherpreisigen Gütern (Textilien, Unterhaltungselektronik etc.) direkt am Produkt angebracht werden. Die Akzeptanz ist wegen relativ hoher Stückzahlen und Manipulationsproblemen sowohl von Seiten des Personals als auch der Kunden begrenzt.
(3) Elektronische *Komplettsicherungssysteme*, i.d.R. dünner Metallstreifen am Produkt, deren Entwertung an der Kasse erfolgt. Der Vorteil dieser Systeme liegt in der geringen Größe und den damit verbundenen vielfältigen Einsatzmöglichkeiten sowie den relativ niedrigen Stückkosten. Darüber hinaus erfüllen diese Systeme am ehesten die Anforderungen des Handels nach einem Baukastensystem, selbstbedienungsgerechter Sicherung, personalfreundlicher Technik, Sabotagesicherheit und branchenspezifischer Ausgestaltung. H.D.

Elektronische Zahlungssysteme
→ Electronic Funds Transfer (EFT)

Elementenpsychologie

ist der älteste theoretischer Ansatz zur psychologischen Erklärung der → Wahrnehmung (s.a. → Werbepsychologie). Andere Ansätze sind die → Ganzheitspsychologie und die → Gestaltpsychologie. Die Elementenpsychologie geht davon aus, dass die einzigen Einflussfaktoren auf die Wahrnehmung die Reize der äußeren, physikalischen Welt sind. Nach ihrer Auffassung ist das Ganze gleich der Summe aller Teile und kann nie mehr sein. Beziehungen zwischen den Elementen werden außer Acht gelassen. Das Wahrnehmungsbild wird demnach gebildet aus der Summe der Empfindungen, die sich aus kleinsten Elementen, wie aus Stückchen eines Mosaiks, zusammensetzt. Werden Reize in gleichmäßigen Schritten gesteigert, so steigt die Intensität der Wahrnehmung keinesfalls in gleichen, sondern in immer kleiner werdenden Schritten. Ein Ergebnis des elementenpsychologischen Ansatzes für die Werbepsychologie ist die „*Quadratwurzelregel*" für die Größe einer → Anzeige: Die Wirkung einer neunfach vergrößerten Anzeige z.B. entspricht demnach nur der dreifachen Wirkung der ursprünglichen Anzeige. Da nach dieser Wahrnehmungstheorie nur der physikalische Reiz für die Werbewirkung von Bedeutung war, empfahl man den Werbungtreibenden, möglichst reizstarke Werbemittel zu verwenden: groß, bunt, laut, oftmals wiederholen. Der daraus resultierende → Werbestil wurde nicht zu Unrecht als „Holzhammerreklame" bezeichnet. Kritik: Der Reiz-Reaktionsmechanismus, den diese Theorie unterstellt, ist nicht generell gültig: So hängt die Wirkung einer Anzeige nicht nur von ihrer Größe, sondern auch von der Qualität der Gestaltung ab.
G.M.-H./F.-R.E.

Ellbogenkriterium

Mit dem Ellbogenkriterium werden Klassifikationsergebnisse (→ Clusteranalysen) in Abhängigkeit verschiedener Klassenzahlen s bewertet. Wird ein Austauschverfahren für verschiedene s durchgeführt, so ergeben sich i.a. auch unterschiedliche Bewertungen b der Ergebnisse. Man betrachtet nun b in Abhängigkeit von s und stellt die Werte b(s) graphisch dar (*Abb. 1*). An der Stelle s* ergibt sich ein auffälliger Knick oder Ellbogen. Bei weiterer Vergrößerung von s* wird keine wesentliche Verkleinerung von b erreicht, sodass die Wahl von s* als Klassenzahl vernünftig erscheint.

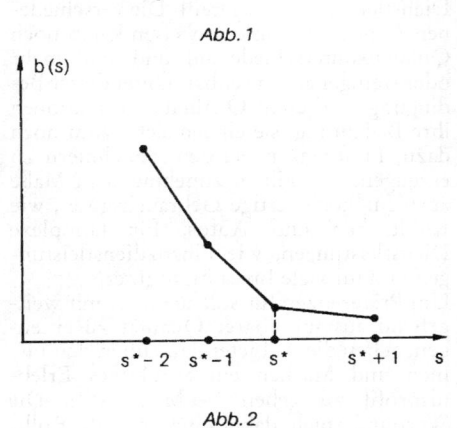

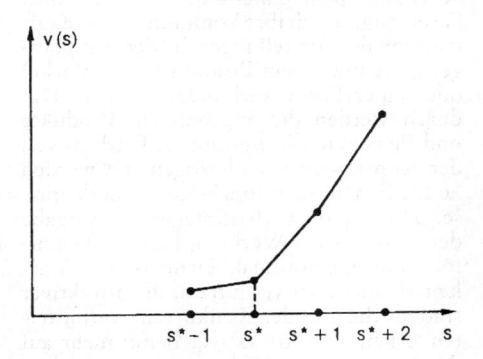

Abb. 1

Abb. 2

Ein entsprechendes Vorgehen empfiehlt sich auch bei → hierarchischen Clusteranalysen, insb. bei der Anwendung von agglomerativen Verfahren. An die Stelle von b tritt dann der auf der jeweiligen Fusionsstufe ermittelte Wert $v(K_i, K_j)$, der im Gegensatz zu b i.a. mit s wächst. Stellt man v in Abhängigkeit von s graphisch dar, so ergibt sich ein Bild der in *Abb. 2* dargestellten Form. O.O.

E-Mail-Befragung

Spezielle Form der Online-Befragung (→ Online-Marktforschung), bei der der Fragebogen dem Befragten in einer E-Mail integriert zugeschickt wird. Daher kann die Beantwortung der Fragen offline und zeitlich unabhängig erfolgen und erzeugt dadurch weniger Kosten beim User im Vergleich zur Online-Befragung. Jedoch eignen sich E-Mail-Befragungen letztlich nur für relativ unkomplizierte Befragungen, da die Möglichkeiten der E-Mail-Fragebogenkonstruktion relativ beschränkt sind. Voraussetzung ist das Vorliegen eines E-Mail-Adressenpools, da das anonyme Versenden von E-Mails eine verschwindend geringe Rücklaufquote erzeugt.

Im Unterschied zur → E-Mail-Befragung wird bei der Befragung per Attachement der Fragebogen als separate Datei, die der E-Mail angehängt wird (sog. Attachment), verschickt und kann vom Befragten dann offline beantwortet werden. Die Befragung per Attachment kombiniert daher die größeren technischen Möglichkeiten der Online-Befragung (→ Online-Marktforschung) mit den geringen Kosten der E-Mail-Befragung. Zu beachten ist dabei die Größe der versandten Datei, um eine Verminderung der Akzeptanz durch zu lange Downloadzeiten zu vermeiden. Ein spezifisches Problem stellt die hauptsächlich auf Angst vor Computer-Viren basierende mangelnde Akzeptanz von Attachments dar. Daher kommt als mögliche Alternative u.a. auch die → Disc-by-Mail-Befragung in Betracht. S.S.

Emanzipations- und Anpassungskonzepte

Sie stellen Basisstrategien im → Zuliefergeschäft dar. Emanzipationskonzepte verlangen die Übernahme einer Führungsrolle, z.B. beim Durchsetzen von neuen Technologien für Komponenten oder bei der Neugestaltung der Industriestruktur, z.B. als System- oder Modullieferant (→ Zulieferpyramide). Anpassungskonzepte, auch Adapter-Strategie genannt, beinhalten ein eher reaktives Verhalten der Unternehmung, die sich an Industrie- und Technologieveränderungen flexibel anpaßt, die sich bereits in der Branche durchgesetzt haben. M.M.

Emergenzprinzip → Strategieforschung

Emic

Gegensatz zu „etic". Die häufig offene Grundsatzfrage, ob relevante Konstrukte bzw. Phänomene, wie → interkulturelle Kompetenz, Intelligenz etc. „ethisch" kulturfrei oder „emisch" kulturspezifisch sind, geht auf den Linguisten Pike zurück. Er bezeichnete Laute, die nur in einer bestimmten Sprache auftreten, als „Phonemics", universell präsente Töne hingegen als „Phonetics". In der Persönlichkeitsforschung und psychologischen bzw. personalwirtschaftlichen Diagnostik reichen die Versuche „kulturfreie" Intelligenztests zu entwickeln, noch weiter zurück. Die interkulturelle Marketingforschung formte aus diesen linguistischen Termini das Begriffspaar „emic/etic". S.M./M.Ko.

Literatur: *Pike, K.L:* Language in Relation to a Unified Theory of the Structure of Human Behavior, The Hague 1967. *Douglas, S.P.; Craig, C.S.:* International Marketing Research, Englewood Cliffs 1983, S. 131–148.

Emotionale Werbung (erlebnisbetonte Werbung, Lebensstilwerbung)

dient dem Ziel, emotionale Erlebnisse zu vermitteln. In der kommerziellen Werbung geht es v.a. darum, in den Empfängern emotionale Marken- und Firmenerlebnisse auszulösen. Die emotionale Werbung gehört zum → Erlebnismarketing.

Erlebnisse unterscheiden sich von einem emotionalen Wahrnehmungsklima, das wesentlich zum Gefallen und zur Akzeptanz von Marketingmaßnahmen beiträgt, dadurch, dass man ganz zusätzlich zu einer positiven, aber unspezifischen Klimawirkung bestimmte Qualitäten an eine Marke oder ein Unternehmen knüpfen will: Die frische und exotische Seife *Fa*, die seriöse und vertrauensvolle *Württembergische Versicherung* oder das Erlebnis von Freiheit und Abenteuer bei der *Marlboro*-Zigarette. Beispiel: Die Werbung für einen Jeep sprach das emotionale Bedürfnis nach Unabhängigkeit und Eskapismus an. Sie enthielt folgenden Appell: „Mit einem Jeep kann man dem Alltag entfliehen und sich in unberührte ruhige Landschaften flüchten, zu sich selbst finden und frei von Zwängen die Unabhängigkeit genießen." Der Jeep kann durch eine solche Werbung zu einem Auto werden, das Unabhängigkeitserlebnisse vermittelt und dadurch besondere Anziehungskraft erhält (→ Means-End-Theorie). Informationen über die Technik des Autos tauchen in der Werbung nur am Rande auf, sie sind auch bei mehr oder weniger austauschbaren Geländewagen entbehrlich. Durch die Konsumgüterwerbung werden v.a. folgende Erlebnisse vermittelt: soziales Glück, insbes. Freundschaft und Erotik, Unabhängigkeit, Männlichkeit, Weiblichkeit, Aktivität, Sportlichkeit, Urlaub, Genuss, Natur, Gesundheit, Frische, Geborgenheit, Sicherheit, Prestige, Tradition (genauere Erlebnisdarstellung in *Kroeber-Riel/Weinberg*, 1999).

Aufgaben der emotionalen Werbung: Auf gesättigten Märkten sind viele Produkte und Dienstleistungen ausgereift. Die verschiedenen Angebote (Marken) weisen kaum noch Qualitätsunterschiede auf und sind mehr oder weniger austauschbar. Unter dieser Bedingung verlieren Qualitätsinformationen ihre Bedeutung; sie eignen sich kaum noch dazu, Präferenzen bei den Abnehmern zu erzeugen. Das gilt in zunehmendem Maße auch für hochwertige Gebrauchsgüter, wie Kühltruhen und Autos, für komplexe Dienstleistungen, wie Finanzdienstleistungen und für viele Investitionsgüter.

Um Präferenzen für solche Güter mit weitgehend austauschbarer Qualität zu erzeugen, gehen die Anbieter dazu über, den Firmen und Marken ein attraktives Erlebnisprofil zu geben (→ Medienstil). Die Werbung spielt dabei eine zentrale Rolle. Sie erzeugt durch ihre kommunikative Kraft emotionale Vorstellungen in den Empfängern, die mit einem Produkt (einer Marke) oder einer Firma verbunden werden. Dadurch werden die angebotenen Produkte und Firmen in die emotionale Erlebniswelt der Konsumenten einbezogen; sie werden zu Medien für emotionale Konsumerlebnisse. Die wettbewerbsstrategische Aufgabe der emotionalen Werbung besteht demzufolge darin, emotionale Firmen- oder Markenerlebnisse zu vermitteln, die attraktiver sind als die von der Konkurrenz vermittelten Erlebnisse. Attraktiver heißt: mehr auf den Lebensstil der Zielgruppen eingestellt. Dies gilt nicht nur für Konsumgüter, sondern zunehmend auch für Dienstleistungen. Selbst das bislang verschonte Reservat der Investitionsgüter wird davon erfasst. So entführt *Singapore Airlines* die Kunden durch die Werbung in die exotische Welt asiatischer Länder, die *Volksbanken* und *Raiffeisenbanken* werben mit dem Schlüsselbild des freien Wegs für die Unterstützung der persönlichen Unabhängigkeit und Freiheit ihrer Kunden, denen sie die Probleme von der Seite räumen wollen, die *Doka*-Schalungstechniker werben mit einer perfekten Schale für ihre Produkte. Inhaltsanalysen der Werbung weisen nach, dass informative Werbung in hoch entwickelten In-

Emotionale Werbung (erlebnisbetonte Werbung, Lebensstilwerbung)

dustriegesellschaften (Wohlstandsgesellschaften) in zunehmendem Maße durch emotionale Werbung ersetzt wird. Die Werbung folgt damit zugleich dem Trend zur zunehmenden Erlebnisorientierung der Konsumenten in diesen Gesellschaften.

Im Hinblick auf diese Entwicklung erhalten innovatorische Erlebnisprofile für die langfristige Durchsetzung auf dem Markt immer mehr Bedeutung. Viele Unternehmen sind allzu häufig auf die technische Weiterentwicklung ihres Angebots fixiert, statt sich darum zu bemühen, ihr Angebot emotional anziehend zu machen und auf den erlebnisbetonten Lebensstil der Konsumenten abzustimmen (→ Medienstil).

Wirksame Erlebnisprofile erfordern ein professionelles strategisches und technisches Vorgehen: Bei den *strategischen Überlegungen* geht es v.a. darum, ein Erlebniskonzept zu finden, das für die Positionierung der Firma oder Marke geeignet ist. Danach ist die Werbestrategie zu bestimmen, die eine wirksame Umsetzung dieses Konzeptes ermöglicht.

Die Entwicklung eines emotionalen Firmen- oder Markenprofils gehört zu den strategischen Aufgaben (und Kompetenzen) eines Unternehmens und sollte nicht auf eine Agentur übertragen werden. Sie erfordert einen systematischen Forschungs-

Drei Arten emotionaler Werbung

und Entwicklungsprozess, der wie die Entwicklung von neuen Produkten mehrere Phasen von der Suchphase bis zur Entscheidung über das Erlebnisprofil umfasst (*Kroeber-Riel*, 1989; *Esch*, 1998). Dabei ist die Suchphase besonders wichtig: Wenn in dieser Phase nicht hinreichend viele kreative Ideen und Anregungen für mögliche Erlebniskonzepte hervorgebracht werden, ist die Gefahr groß, dass das entwickelte Erlebnisprofil stereotyp und austauschbar wird. Beim Suchen nach emotionalen Erlebniskonzepten für eine Firma oder Marke kann man sich die Erkenntnisse der modernen Verhaltensforschung zunutze machen. Danach gibt es drei Erlebnisbereiche (= Suchgebiete):

– biologisch vorprogammierte Erlebnisse,
– kulturell geprägte Erlebnisse,
– zielgruppenspezifische Erlebnisse.

Emotionale Werbung (erlebnisbetonte Werbung, Lebensstilwerbung)

Durch ein systematisches und sozialtechnisch gestütztes Suchen in diesen drei Bereichen lassen sich neue Erlebniskonzepte für das Marketing finden. Die *Abbildung* verdeutlicht die drei Erlebnisbereiche durch Anzeigenbeispiele.

Anmerkung zur *Abb.*: Die Werbung für *Martell* appelliert mit der abgebildeten Körpersprache an biologisch vorprogrammierte Erlebnisse, die *Metaxa*-Werbung spricht mit dem Mittelmeerbild kulturell geprägte Gefühle an und die *Cola*-Werbung löst zielgruppenspezifische (Sport-)Erlebnisse aus.

Appelle an biologisch vorprogrammierte Erlebnisse wirken kulturübergreifend (auch wenn die Art und Weise, wie sie vermittelt werden, kulturabhängig ist). Es handelt sich i.a. um die Abbildung von emotionalen *Schlüsselreizen*, auf welche die Empfänger mehr oder weniger automatisch und oft wenig bewusst reagieren (→ Bildkommunikation). Beispiele sind Bilder von Tierbabys oder von emotionaler Körpersprache (wie Augensprache). Eine Vielzahl von emotional stark wirksamen Reizen haben dagegen eine kulturell beschränkte Reichweite. Beispiel: Bilder, die das Mittelmeerschema ansprechen, lösen in den Bewohnern Nordeuropas tiefe Sehnsüchte aus, lassen aber die Bevölkerung in anderen Gebieten kalt. Zielgruppenspezifische Erlebnisse sind solche, die die Vorliebe von einzelnen Bevölkerungsgruppen ansprechen, wie Sporterlebnisse.

Hat man in der Suchphase hinreichend viele Erlebniskonzepte gefunden, so sind die für das Marken- oder Firmenprofil geeigneten Erlebnisse nach folgenden Kriterien auszuwählen:

1. Sind die in Frage kommenden emotionalen Erlebnisse für die Produkte und Dienstleistungen geeignet, stehen sie in Einklang mit der Unternehmensphilosophie?
2. Sprechen die Erlebnisse die Zielgruppen an, liegen sie langfristig im Lebensstiltrend?
3. Bieten die Erlebnisse eine klare Abgrenzung zur Konkurrenz?
4. Lassen sich die Erlebnisse auch durch andere Marketing-Instrumente (wie Design oder Promotion) umsetzen?

Der nächste Schwerpunkt der strategischen Arbeit besteht darin, für die (verbalen) Erlebniskonzepte emotional wirksame Bilder zu finden, insbes. strategische Schlüsselbilder für die integrierte Kommunikation im Sinne der → Corporate Communication. Emotionale Erlebnisse lassen sich am besten durch Bilder vermitteln. Deswegen ist die emotionale Werbung dann besonders erfolgreich, wenn es ihr gelingt, klare und anziehende innere Bilder (Gedächtnisbilder) für eine Marke oder Firma zu erzeugen. Beispiele dafür sind die inneren Bilder von *Marlboro* oder *Milka*.

Der Aufbau eines klaren und wettbewerbsstarken Marken- oder Firmenbildes setzt voraus, dass die in der Werbung verwendeten Bilder nicht austauschbar sind. Die Benutzung von häufig benutzten stereotypen und austauschbaren Bildern ist ein Grundübel der emotionalen Werbung. Sie kommt oft dadurch zustande, dass die Unternehmen zu wenig in den kreativen Entwicklungsprozess (v.a. in die Suchphase) investieren oder die von der Marktforschung zutage geförderten Erlebnisklischees der Konsumenten aufgreifen.

Technik der Erlebnisvermittlung: Die Vermittlung emotionaler Erlebnisse durch die Werbung erfolgt v.a. durch eine Sozialtechnik, die emotionale Konditionierung genannt wird: Zeigt die Werbung immer wieder ein Marken- oder Firmenangebot in einem emotional wirksamen Umfeld, so werden im Laufe der Zeit emotionale Vorstellungen mit der Marke oder Firma verbunden. Auf diese Weise ist es sogar möglich, die Einstellung zu einer Marke oder Firma ohne Informationen über ihre sachlichen Eigenschaften zu verändern (*Kroeber-Riel/Esch*, 2000).

Unzureichender Erfolg der emotionalen Werbung geht meistens auf Verstöße gegen die sozialtechnischen Regeln der Konditionierung zurück:

1. Die benutzten emotionalen Reize sind nicht stark genug. Auf der operationalen Ebene bedeutet das: Die von der Werbung benutzten Bilder gehen nicht unter die Haut.
2. Emotionaler Reiz und Marke (Firma) werden nicht gleichzeitig dargeboten. Ihre Verknüpfung wird dann vom Konsumenten nicht genügend wahrgenommen.
3. Es wird mit zu wenig Gleichmaß und Wiederholung geworben, insbes.: Die Bildmotive sind zu uneinheitlich und werden zu häufig gewechselt.
4. Die durch die Konditionierung vermittelten Eindrücke stehen im Widerspruch zu

anderen emotionalen Eindrücken, die durch das Marketing vermittelt werden.

Moderne → Expertensysteme tragen dazu bei, die strategischen und sozialtechnischen Mängel der emotionalen Werbung zu verhindern. Diese Systeme ermöglichen es, Expertenwissen für die Gestaltung und Kontrolle der emotionalen Werbung in den Unternehmen einzusetzen (→ computergestützte Werbung). W.K.-R./F.-R.E.

Literatur: *Esch, F.-R.:* Entwicklung von Werbekonzeptionen, in: *Diller, H.* (Hrsg.): Marketingplanung, 2. Aufl., München 1998, S. 359–398. *Kroeber-Riel, W.; Weinberg, P.:* Konsumentenverhalten, 7. Aufl., München 1999. *Kroeber-Riel, W.:* Das Suchen nach Erlebniskonzepten für das Marketing. Grundlagen für den sozialtechnischen Forschungs- und Entwicklungsprozess, in: *Specht, G.; Silberer, G.; Engelhardt, H.* (Hrsg.): Marketing-Schnittstellen, Stuttgart 1989, S. 247-263. *Kroeber-Riel, W.; Esch, F.-R.:* Strategie und Technik der Werbung, 5. Aufl., Stuttgart 2000. *Leiss, W.; Kline, St.; Jhally, S.:* Social Communication in Advertising, 2. Aufl., Toronto, New York 1997. *Weinberg, P.:* Erlebnismarketing, München 1992.

Emotionen

Emotionen zählen zu denjenigen Konstrukten in der Psychologie, über die die vielfältigsten Definitionsvorschläge vorliegen (*Plutchik*, 1990). Die Anzahl der verschiedenen Begriffsbestimmungen ist auch ein Indiz dafür, dass das Zustandekommen von Emotionen nicht endgültig geklärt ist, wenngleich die Emotionsforschung schon über 100 Jahre alt ist. Vielen Definitionen ist gemeinsam, dass eine Emotion ein subjektives Ereignis darstellt, also eine innere Erregung (→ Aktivierung) ist, die mehr oder weniger bewusst angenehm oder unangenehm erlebt wird und mit neurophysiologischen Vorgängen sowie häufig mit beobachtbarem Ausdrucksverhalten (Gestik und Mimik, → nonverbale Kommunikation) einhergeht (*Kroeber-Riel/Weinberg*, 1999, S. 100).

Emotionen sind abzugrenzen von den Begriffen „Stimmung" und „Affekt". *Stimmungen* werden als lang anhaltende diffuse Emotionen beschrieben, die als Dauertönungen des Erlebens bzw. als Hintergrunderlebnisse umschrieben werden. Sie beziehen sich nicht auf bestimmte Sachverhalte, können jedoch Informationsverarbeitungsprozesse einfärben (→ Stimmungsforschung).

Im deutschsprachigen Raum werden „*Affekte* als grundlegende, kurzfristig auftretende Gefühle der Akzeptanz oder der Ablehnung eines Sachverhaltes verstanden, sowie als Emotionen, die kognitiv wenig kontrolliert werden und inhaltlich kaum differenziert sind" (*Kroeber-Riel/Weinberg*, 1999, S. 100). Im angloamerikanischen Raum wird der Ausdruck „affect" dagegen als Oberbegriff für die mentalen Prozesse Emotionen, Stimmungen und Einstellungen genutzt. Der Begriff „primary affects" bezieht sich auf die angeborenen Emotionen, wie Überraschung, Wut oder Freude; mit dem Ausdruck „social affects" werden häufig jene Gefühle bezeichnet, die zwar auch biologisch programmiert sind, sich aber erst bei der Interaktion mit anderen Individuen ergeben können, wie beispielsweise Scham- und Schuldgefühle oder Stolz (*Buck*, 1988).

Im Marketing gewinnt die Analyse emotionaler Vorgänge an Bedeutung, zum einen da Konsumenten sich selten im Sinne des neoklassischen ökonomischen Ansatzes „rational" verhalten und vielfach impulsiv entscheiden, zum anderen da die Emotionalisierung des Konsums (→ Erlebnismarketing, → emotionale Werbung) in Zeiten technisch austauschbarer Produkte und gesättigter Märkte häufig zum entscheidenden Erfolgsfaktor wird. Emotionen spielen somit im Marketing eine zentrale Rolle und haben unterschiedliche Funktionen: Sie können als Folge der Marketingpolitik betrachtet werden, sie können die Ursache eines Entscheidungsverhaltens (sowohl im Konsumgüter- und Dienstleistungssektor als auch im Business-to-Business-Bereich) sein und sie können als intervenierende Variable (mediators and moderators) verstanden werden. Hier wird beispielsweise der Einfluss der Emotionen auf die kognitive Informationsverarbeitung (s. a. → Elaboration Likelihood – Modell), auf Gedächtniswirkungen oder auf die Willensstärke bei der Zielerreichung untersucht.

Grundsätzlich lassen sich die konkurrierenden *Theorien* zur Entstehung von Emotionen zwei Lagern zuordnen. Die eher naturwissenschaftlich orientierte Betrachtungsweise stellt die biologische Programmierung des emotionalen Verhaltens und die Aktivierungstheorie in den Vordergrund („Emotionen als biologische Funktionen des zentralen Nervensystems"), die so genannten „*Appraisal-Theories*" setzen auf der subjektiven Erlebnisebene an und erklären Emotionen über kognitive Interpretationsvorgänge. Diese beiden unterschiedlichen wissenschaftlichen Betrachtungsweisen basieren auf folgenden, heute als „historisch" zu bezeichnenden Emotionstheorien: Die älteste Theorie, von *William James* (1884) und *Carl Lange* (1885), ging davon aus, dass bestimmte Stimuli physiologische Veränderungen hervorrufen, wie beispielsweise Beschleunigung der Herzschlagrate, Schwitzen, Muskelanspannungen oder mimisches und gestisches Ausdrucksverhalten, und dass diese Veränderungen als Quelle des subjektiven Gefühls anzusehen seien. Dabei müsse dieser körperlichen Reaktion keine intervenierende Kognition vorausgehen, d.h. mit anderen Worten, *James* und *Lange* waren der Auffassung, dass die körperliche Reaktion die Emotion sei. Der Mensch sei traurig, weil er weine, der Mensch sei glücklich, weil er lache, nicht anders herum. Die „James-Lange Theorie" wurde von *Cannon* (1927) heftig kritisiert, der argumentierte, dass Stimuli nicht direkt physiologische Veränderungen hervorrufen, sondern dass diese nur über kognitive Prozesse erzeugt werden könnten. Der attributionstheoretische Ansatz von *Schachter* und *Singer* (1962) geht davon aus, dass Individuen ihren physiologisch bedingten inneren Erregungszuständen plausible Ursachen zuordnen, also innere Erregungen in der einen Situation als Freude, in einer anderen als Ärger erleben. Dieser Ansatz lenkt die Aufmerksamkeit auf das Zusammenspiel von gedanklichen Vorgängen und physiologischen Prozessen. Wenngleich die Versuchsergebnisse von *Schachter* und *Singer* in weiteren empirischen Untersuchungen nicht repliziert werden konnten und weder die Theorie von *James/Lange* noch die konkurrierende von *Cannon* aufgrund jüngerer neurophysiologischer Erkenntnisse aufrechterhalten bleiben kann, so stellt diese historische Auseinandersetzung heute die Verständnisbasis für die immer noch kontrovers geführte Diskussion dar, ob und inwieweit kognitive Vorgänge Bestandteile von Emotionen sind. In der wissenschaftlichen Literatur wird diese Diskussion unter dem Stichwort „*Zajonc-Lazarus*"-Debatte geführt.

Lazarus (1991) zählt zu den Befürwortern der kognitiv ausgerichteten Emotionstheorien. Im Mittelpunkt steht der sogenannte „*Appraisal-Prozess*" (zu Deutsch: Einschätzungs- oder Bewertungsprozess), was bedeutet, dass ein Individuum erst dann eine Emotion erleben kann, wenn es ein bestimmtes Ereignis (eine Episode oder eine unerwartete Stimuluskonstellation) bewertet und interpretiert. Diese Bewertung kann mehr oder weniger bewusst erfolgen. Wesentlich ist bei dem „Appraisal-Vorgang" vor allem, dass der durch ein Ereignis ausgelöste Zustand mit einem erwünschten Zustand verglichen wird („goal congruence"). Dabei kann eine Emotion nur dann zustande kommen, wenn das Individuum ein bestimmtes Interesse an dem Ereignis hat („goal relevance") und zur gleichen Zeit bewertet, inwieweit das Ereignis den erwünschten Zustand fördert oder bedroht. Eine bekannte Appraisal-Theorie stammt von *Roseman* (1991), der fünf Dimensionen unterscheidet, nach denen die Bewertung eines Ereignisses vorgenommen werden kann: Jedes Ereignis kann danach

- als Motiv konsistent (positive Emotion) bzw. inkonsistent (negative Emotion) erlebt werden,
- Appetenz oder Aversion (z.B. bei Vorliegen einer Belohnung oder Abwesenheit einer Bestrafung) erzeugen,
- selbst oder durch andere Personen bzw. Umstände verursacht („agency") werden, wobei
- die Ursache mehr oder weniger sicher eingeschätzt werden kann,
- und mit unterschiedlicher Intensität verarbeitet werden kann. Damit ist gemeint, dass man mit manchen Gefühlen leichter als mit anderen „fertig wird" („Coping-Potential").

Beispielsweise kommt Stolz dann zustande, wenn ein Individuum seine eigene Leistung in einem positiven Licht sieht, also den Eindruck hat, ein bestimmtes Ziel erreicht zu haben. Diese positive Emotion ist „motivkonsistent" und anziehend (eine Belohnung steht in Aussicht) oder eine Bestrafung wird vermieden, sie ist selbst verursacht und kann mit einem hoch oder niedrig ausgeprägten Coping-Potential verbunden sein. Traurigkeit kann entstehen, wenn ein Individuum einen bedeutsamen Verlust erlebt, von dem es weiß, dass nichts getan werden kann, um ihn rückgängig zu machen. Dieser Verlust wird negativ erlebt (motivinkonsistent), den Umständen und nicht dem eigenen Verschulden zugeschrieben (wie z.B. bei Schuldgefühlen) und das Individuum wird schnell mit diesem Erlebnis fertig. Somit können nach *Roseman* mittels unterschiedlicher Kombinationen der fünf genannten Dimensionen die Emotionen

Überraschung, Hoffnung, Freude, Erleichterung, Angst, Traurigkeit, Abneigung, Zuneigung, Ekel, Frustration, Ärger, Scham und Schuldgefühle, Stolz und Bedauern kategorisiert werden. Beispielsweise sind die Gefühle Freude und Erleichterung in Bezug auf vier Dimensionen identisch, unterscheiden sich jedoch darin, dass Freude entsteht, wenn eine Belohnung winkt, während Erleichterung erlebt wird, wenn eine Bestrafung ausbleibt. Die Appraisal-Theorie von *Roseman* kann gleichfalls zur Generierung von Hypothesen eingesetzt werden, die erklären sollen, wann welche Emotionen zu erwarten sind. Den Appraisal-Theorien wird außerdem eine hohe Erklärungskraft zugesprochen, wenn es darum geht, das Erreichen von Zielvorstellungen im Marketing zu analysieren (→ Motivation, → Motiv). Ziele werden hier definiert als interne Repräsentationen von erwünschten Zuständen. Immer dann, wenn ein Individuum ein Ziel nicht erreichen kann, reagiert es mit einer emotionalen Reaktion, die in Stärke und Qualität von dem Konfliktbewältigungspotential des Individuums abhängig ist.

Ein großer Kritikpunkt an den kognitiv-orientierten Emotionstheorien lautet, dass in vielen Reizsituationen Erregungsmuster ausgelöst werden, die von vornherein – ohne subjektive Interpretation – in einer spezifischen Weise erlebt werden und das Verhalten bestimmen (*Zajonc*, 1998). Die *biologisch-orientierten Emotionstheorien* (auch evolutionäre Theorien genannt) gehen davon aus, dass die grundlegenden, sogenannten „primären Emotionen" in den Erbanlagen des Menschen verankert sind. Zu den 10 angeborenen Emotionen zählen nach *Izard* (1994) Interesse, Freude, Überraschung, Kummer, Zorn, Ekel, Geringschätzung, Furcht, Scham und Reue. Alle Emotionen gehen mit einem spezifischen mimischen Ausdrucksverhalten einher. Individuelle oder soziokulturelle Einflüsse können allerdings das subjektive Erleben und das Ausdrucksverhalten der primären Emotionen modifizieren. Die biologische Programmierung erklärt, warum unterschiedliche Individuen auf bestimmte emotionale Stimuli (z.B. Schlüsselreize) gleich reagieren und warum emotionale Konditionierung beispielsweise in der Werbung gelingt.

Ein weiterer Kritikpunkt an den kognitiven Emotionstheorien lautet, dass hier die Auffassung vertreten wird, Emotionen könnten aufgrund gedanklicher Vorgänge entstehen, auch ohne die Beteiligung aktivierender Prozesse. Für die biologisch-orientierten Emotionstheorien steht dagegen die → Aktivierung im Mittelpunkt der Forschung. Emotionen werden als biologische Funktionen des Nervensystems betrachtet, die ohne aktivierende Prozesse nicht möglich sind. Diese Auffassung erfährt Unterstützung durch die Erkenntnisse der modernen Gehirnforschung, die zeigt, dass die Aktivierungssysteme Zellen für einströmende Signale sensibilisieren und dass über spezielle Nervenbahnen das mit den Emotionen einhergehende mimische Ausdrucksverhalten, d.h. die Funktionsbereitschaft bzw. -tätigkeit der entsprechenden Muskeln, Organe bzw. Drüsen, erzeugt wird. Die bisherige Gehirnforschung kommt zudem zu der Erkenntnis, dass der Hypothalamus homöostatische Emotionen und Motivationen reguliert, die durch interne Reizungen wie Hormone, Blutzucker etc. ausgelöst werden, während das limbische System für Emotionen zuständig ist, die durch externe Reize erzeugt werden.

Die Verfahren zur *Messung der Emotionen* im Marketing (z.B. Werbewirkungsmessungen, Wirkung räumlicher Umwelten) können in drei Gruppen unterteilt werden:

– subjektive Erlebnismessungen,
– psychobiologische Messmethoden,
– Analyse der Mimik und Gestik.

Die Auswahl eines Messinstrumentes ist dabei von der theoretischen Perspektive abhängig. So wählen kognitiv-orientierte Emotionsforscher vor allem „Protokolle-lauten-Denkens", also (Selbst-)Beschreibungen von subjektiven Erlebnissen. Darüber hinaus existieren diverse standardisierte verbale Skalen mit unterschiedlicher Item-Länge. Zu den bekanntesten Skalen zählen die *Differentielle Emotionsskala (DES)* von *Izard* (1994) und die *Pleasure-Arousal-Dominance-Skala* von *Mehrabian/Russell* (1977). Daneben können auch nonverbale Skalen eingesetzt werden, z.B. Bilderskalen zur Messung von Stimmungen und Emotionen (*Gröppel*, 1991) oder → *Programmanalysatoren*, die die spontanen emotionalen Eindrücke während einer Programmdarbietung feststellen können (*Kroeber-Riel/Weinberg*, 1999, S. 106 ff.).

Die *psychobiologischen Verfahren* sowie die Beobachtung des Ausdrucksverhaltens werden vor allem von den biologisch-orientierten Emotionstheoretikern eingesetzt. Psychobiologische Messungen (z.B. Messung des Blutdrucks, der Atmung oder des

Empathie

Hautwiderstandes) werden verwendet, um die Intensität der emotionalen Erregung zu messen. Diese Verfahren sind sehr zuverlässig, geben jedoch keine Auskunft über die Richtung und Art der Emotion. Die Messung des Ausdrucksverhaltens umfasst die Analyse der Gesichts- und Körpersprache, wobei die Mimik verschiedene Arten von Emotionen ausdrücken kann, während die Körpersprache vor allem die Intensität der empfundenen Gefühle widerspiegelt. Mit Hilfe des FACS und FAST-Systems können die unterschiedlichen mimischen Reaktionen entschlüsselt werden, die instinktiv und reflexartig als Teil des Emotionsprozesses auftreten (*Bekmeier*, 1989). So zeigt das Individuum bei Überraschung aufgerissene Augen, bei Freude bewegen sich die Mundwinkel nach oben. A.G.-K.

Literatur: *Bekmeier, S.*: Nonverbale Kommunikation in der Fernsehwerbung, Heidelberg 1989. *Buck, R.*: Human Motivation and Emotion, 2. Aufl., New York et al. 1988. *Gröppel, A.*: Erlebnisstrategien im Einzelhandel, Heidelberg 1991. *Izard, C.E.*: Die Emotionen des Menschen. Eine Einführung in die Grundlagen der Emotionspsychologie, 3. Aufl., Weinheim 1994. *Kroeber-Riel, W.; Weinberg, P.*: Konsumentenverhalten, 7. Auflage, München 1999. *Lazarus, R.S.*: Emotion and Adaption, New York 1991. *Roseman, I.J.*: Appraisal Determinants of Discrete Emotions, in: Cognition and Emotion, Vol. 5 (1991), S. 161–200. *Zajonc, R.B.*: Emotions, in: The Handbook of Social Psychology, ed. by *Gilbert, D.T; S.T. Fiske and G. Lindzey*, Boston 1998, S. 591–632.

Empathie

Einfühlungsvermögen. Im Gegensatz zur Sympathie (griech. syn = mit, pathein = leiden) verlangt die Empathie kein *mit*-leiden, sondern nur die Fähigkeit, sich die emotionale Situation des Gegenübers vorzustellen (s.a. → Perspektivenübernahme). Diese Fähigkeit ist eminent wichtig im → Beziehungsmarketing, um sich gedanklich in die Lage der Kunden versetzen zu können und so die Innensicht (aus der Perspektive des Unternehmens) durch die Außensicht (aus jener der Kunden) ersetzen zu können. Sie spielt ebenfalls eine Schlüsselrolle in allen kommunikativen Prozessen, von der → internen Kommunikation, über die Beschwerde-Politik bis zur → Krisenkommunikation. P.F.

Empfehlungen

sind im → Wettbewerbsrecht rechtlich unverbindliche Erklärungen, durch die jemand ein bestimmtes Marktverhalten als für einen anderen gut oder vorteilhaft bezeichnet und es ihm deshalb anrät, nahe legt oder vorschlägt. Der Empfehlung wohnt das Bestreben inne, den Willen dessen, an den sie gerichtet ist, zu beeinflussen. Die Empfehlung ist demgemäß einerseits durch ihre rechtliche Unverbindlichkeit gekennzeichnet, zum anderen durch die mit der Abgabe verbundene Erwartung, dass der Empfänger aus wirtschaftlichen, gesellschaftlichen oder sonstigen Gründen Empfehlungen Folge leistet. Eine Empfehlung kann ausdrücklich, aber auch mündlich oder durch schlüssiges Verhalten ausgesprochen werden. Den Empfehlungen kommt in der Wirtschaftspraxis eine erhebliche Bedeutung zu. Empfehlungen haben eine den Wettbewerb berührende Auswirkung, die gefährlich ist, weil sie dazu eingesetzt werden kann, Verbote des GWB oder Verfügungen der Kartellbehörden zu umgehen.

Das → GWB geht in § 22 von einem grundsätzlichen Verbot von Empfehlungen aus, sofern diese zur Umgehung eines der Verbote des GWB oder einer aufgrund des GWB erlassenen Verfügung der Kartellbehörden durch gleichförmiges Verhalten der Empfehlungsempfänger führen. Ausnahmen vom Empfehlungsverbot sind als Ausnahmen von dem grundsätzlichen Empfehlungsverbot geregelt. Dabei sind die *Mittelstandsempfehlungen*, die unverbindliche vertikale → *Preisempfehlung*, die *Normen- und Typenempfehlungen* und die *Konditionenempfehlungen* zu erwähnen. Für diese erlaubten Empfehlungen gilt nach § 22 Abs. 2 Nr. 2 GWB einheitlich, dass sie als unverbindlich bezeichnet werden müssen und dass sie der Missbrauchsaufsicht durch die Kartellbehörde unterliegen. Empfehlungen können nach § 22 Abs. 6 GWB für unzulässig erklärt werden, wenn die Empfehlung die Freistellung missbraucht. Ausnahmen vom Empfehlungsverbot sind: *Mittelstandsempfehlungen*, die nach § 22 Abs. 2 GWB zugelassen sind. In der Mittelstandsempfehlung kann jedes Verhalten im Wettbewerb aufgegriffen werden. Sie sollen kleinen und mittleren Unternehmen einen strukturellen Nachteilsausgleich gegenüber Großunternehmen verschaffen. Die Mittelstandsempfehlung muss demgemäß dazu dienen, die Leistungsfähigkeit der Beteiligten gegenüber Großunternehmen zu fördern und dadurch die Wettbewerbsbedingungen zu verbessern, wobei ausreicht, dass die Empfehlung im Ganzen konkurrenzför-

dernden Charakter gegenüber den Großunternehmen hat.
Normen- und Typenempfehlungen sind nach § 22 Abs. 3 Nr. 1 GWB zugelassen und beziehen sich auf die einheitliche Anwendung von Normen und Typen. Wie im Rahmen von § 2 Abs. 1 GWB sind Normen Bestimmungen über die Beschaffenheit von Einzelwaren bzw. Einzelleistungen und Typen Bestimmungen über die Beschaffenheit von Fertigerzeugnissen. Diese Empfehlungen spielen in der Praxis keine große Rolle.
Unverbindliche → *Preisempfehlungen* sind nach § 23 GWB für Markenwaren zugelassen. Preisempfehlungen für gewerbliche Leistungen sind verboten.
Konditionenempfehlungen dürfen nach § 22 Abs. 2 Nr. 2 GWB von Wirtschaftsverbänden ausgesprochen werden, wenn sie lediglich die einheitliche Anwendung allgemeiner Geschäfts-, Lieferungs- und Zahlungsbedingungen einschließlich der Skonti zum Gegenstand haben. Auf Preise oder Preisbestandteile dürfen sich die empfohlenen Bedingungen nicht beziehen. Konditionenempfehlungen beziehen sich regelmäßig auf → Allgemeine Geschäftsbedingungen. Die Kartellbehörden berücksichtigen bei der Missbrauchsaufsicht das AGB-Gesetz.

H.-J.Bu.

Empfehlungsgeschäft
→ Einkaufsgemeinschaft

Encodierung
Um das Ziel der Werbung – die Beeinflussung von Kunden – zu erreichen, muss die → Werbebotschaft erst verschlüsselt, d.h. in Worte und Bilder gefasst und in Werbemitteln (z.B. Anzeigen, Fernsehspots) umgesetzt werden. Die größte Schwierigkeit beim Encodieren einer Werbeidee liegt darin, sie so zu verschlüsseln, dass die Empfänger sie schnell und richtig decodieren, d.h. nicht missinterpretieren können (→ Decodierung). Deshalb sollten Werbemittel vor dem Einsatz auf ihr Verständnis geprüft werden. → Werbetests sollten dabei die natürlichen Bedingungen bei der Aufnahme von Werbung, insbesondere das Low-Involvement-Verhalten, berücksichtigen. Ansonsten sind Rückschlüsse auf das Verständnis unter realen Bedingungen nur sehr eingeschränkt möglich.

G.M.-H./F.-R.E.

Encoding → Prospecttheorie

Endlichkeitskorrektur
Bei nicht „unendlichen" → Stichproben bzw. bei → Ziehen ohne Zurücklegen ändert sich mit jedem Zug die Auswahlwahrscheinlichkeit der verbliebenen Elemente; zur Berücksichtigung dient die Endlichkeitskorrektur, mit dem „Korrekturfaktor":

$$\sqrt{\frac{N-n}{N-1}}$$

(N = Umfang der Grundgesamtheit, n Umfang der Stichprobe)
Bei kleinen Auswahlsätzen (Faustregel: unter 5%) wird meist von der Korrektur abgesehen, da sie praktisch bedeutungslos, d.h. der Faktor nahe 1, ist.

M.H.

Endzifferneffekt → gebrochene Preise

Energie-Marketing
Energie kann in unterschiedlicher Weise Vermarktungsobjekt sein. Zum einen besteht die Möglichkeit, die Vorstufen der verwendungsfähigen Energie, zu denen die Primär- und Sekundärenergieträger gehören, als solche zu vermarkten. Hierbei ist zu beachten, dass die in diesen Energieträgern gebundene Energie nicht ohne Vornahme von Umwandlungsprozessen (analog zu den Verarbeitungsstufen i.S. des Commodity Approach) einer Verwendung zugeführt werden kann. Zum anderen kann die Energie als Endenergieträger vermarktet werden. In diesem Fall liegt die Energie in einem meist unmittelbar verwendungsfähigen Zustand vor. Allenfalls müssen zur Verwendung noch Umspannungsmaßnahmen (z.B. von Hoch- in Niedrigspannung) vorgenommen werden.
Das Marketing von Primär- und Sekundärenergieträgern verläuft nahezu identisch mit dem → Rohstoff-Marketing. Ein großer Teil der Energieträger ist *leitungsgebunden* (z.B. Strom, Gas). Daraus ergibt sich für die Anbieter die Notwendigkeit des Aufbaus eines Leitungsnetzes.
Insbesondere beim Netzaufbau müssen von Seiten der Anbieter die rechtlichen Rahmenbedingungen beachtet werden, die den Energieversorgungsunternehmen v.a. im Bereich Strom eine Versorgungspflicht auferlegen. Die hohen mit der Bereitstellung eines Leitungsnetzes verbundenen Investitionen machen den Aufbau von Konkurrenznetzen in den meisten Fällen unwirtschaft-

Energie-Marketing

lich (→ Konzession, → Demarkation, → Common Carriage).
Durch die Deregulierung haben sich in jüngerer Zeit wesentliche strukturelle Veränderungen ergeben. Heute ist ein Unbundling von Erzeugung, Verteilung und Vertrieb möglich, was den Wettbewerb insbesondere bei Erzeugung und Vertrieb verstärkt hat. In der Verteilung herrscht noch das natürliche Monopol vor. Zweitnetze sind aus wirtschaftlichen Gründen noch die absolute Ausnahme.
Die Anbieter von Energieträgern sind dadurch gekennzeichnet, dass es sich in vielen Fällen um große und vertikal integrierte Konzerne handelt, die insbesondere auf der internationalen Förder-/Produktions- und Handels- sowie auf der nationalen Stufe, hingegen etwas seltener auf der regionalen Stufe agieren. Auf lokaler Ebene sind meist kleinere Anbieter zu finden. Hier zeigen sich deutliche Konzentrationsbewegungen, die sich vermutlich noch verstärken werden. Der Wettbewerb zwischen den Unternehmen war in der Vergangenheit durch Kartelle und Gebietsmonopole wesentlich eingeschränkt, was aber durch die Deregulierung des Energiesektors weitgehend beseitigt wurde.
Die Nachfrage betrifft sowohl konsumtive als auch investive Verwendungen. Innerhalb des → Investitionsgütermarketing ist die investive Nachfrage von primärem Interesse. Diese hat Bedarf nach Kraft, Licht und Wärme, wobei – ebenso wie im konsumtiven Bereich – saisonale und Tag-/Nacht-Schwankungen der Nachfrage auftreten und eine Kapazitätsorientierung an der Spitzenlast erfordern. Hierzu ist eine umfassende Bereitstellungsleistung erforderlich.
Die frühere Unterscheidung der Nachfrager nach Tarifkunden und Sonderabnehmern ist weitgehend obsolet, weil in zunehmendem Maße die Mehrzahl der Abnehmer nach individuellen Verträgen und Preisvereinbarungen strebt. Bei den konsumtiven Verwendern sowie bei den gewerblichen Klein- und Kleinstabnehmern finden sich aber noch immer tarifbezogene Verträge (→ Tarife). Der Trend geht jedoch zur → Mass Customization und damit zu einer modularisierten Vertrags- und Preisgestaltung. Großabnehmer (Key Accounts), die meist die Möglichkeit eigener Energieerzeugung sowie der freien Lieferantenauswahl besitzen, verfügen als Sonderabnehmer mit individueller Vertragsgestaltung

über flexibel auszugestaltende Verträge. Die heute mögliche Trennung von Erzeugung, Verteilung und Vertrieb der Energie ermöglicht den Handel mit Energie und lässt ganz neue Vermarktungsstrukturen entstehen (z.B. Energiebroker).
Als *Kernproblemfelder* der Energiewirtschaft erweisen sich:
1. Die Deregulierung hat zwar den früher sehr engen Rechtsrahmen insbes. im Bereich leitungsgebundener Energie gesprengt, dennoch bestehen noch immer rechtliche Regelungen, die dem Energiesektor eine Sonderstellung geben. Daneben spielen politische Einflüsse noch immer, wenn auch zum Teil in veränderter Form, eine große Rolle (→ Öko-Steuer, Preispolitik der Erzeugerländer).
2. Im Gegensatz zu bspw. Wind- und Solarenergie ergibt sich für viele Energieträger das Problem der quantitativ nur begrenzten Verfügbarkeit, d.h. *Erschöpfbarkeit der Ressourcen* (z.B. Kohle, Öl, Gas). Hieraus resultiert sowohl die Notwendigkeit eines gesamtwirtschaftlich verantwortungsvollen Umgangs mit knappen Ressourcen als auch die einzelwirtschaftliche Konsequenz einer grundlegenden Umorientierung mit dem Ziel einer Energieträgervermarktung unter Einsparungsgesichtspunkten (→ Demarketing). Eine andere Möglichkeit der Schonung begrenzt vorhandener Ressourcen besteht darin, verstärkt die Vermarktung von regenerierbaren Energieträgern voranzutreiben. Hierbei besteht jedoch gegenwärtig das Problem, dass solche regenerierbaren Energieträger nicht in vergleichbarem Umfang und zu vergleichbarem Aufwand wie erschöpfbare Ressourcen einsetzbar sind (→ Ökologisches Marketing).
3. Hohe → Markteintrittsbarrieren, die aus dem hohen Kapitalbedarf resultieren. Das gilt insbesondere für die Erzeugung und die leitungsgebundene Verteilung, weniger für den Vertrieb.
4. Ein sehr *geringer Wirkungsgrad* der Energie als eines der zentralen technischen Probleme der Energiewirtschaft. Ursächlich dafür sind Umwandlungs- und Leitungsverluste. Umwandlungsverluste sind eine Folge meist mehrfacher Transformation der Energieträger, während Leitungsverluste den Sachverhalt bezeichnen, dass Energie durch die räumliche und zeitliche Distanz zwischen Energieeinspeisung in das Netz und Entnahme aus dem Netz verloren geht. Der Wirkungsgrad ist insofern auch ein

Marketing-Problem, als durch Verbesserungen im Bereich der Prozesstechnologie dieser erhöht werden kann und somit der Erlangung komparativer Vorteile gegenüber anderen Energieträgern bzw. Energien dienen kann.

5. Das Problem der *Distribution der Energieträger*, welches sich v.a. bei der leitungsgebundenen Energie stellt und die Einbeziehung indirekter Vertriebswege bis in jüngster Zeit behinderte (s.a. → Produktionsverbindungshandel). Auf diesem Sektor sind noch weitere einschneidende Veränderungen zu erwarten (z.B. Stromkauf mit Chipkarte und Einsatz neuer Vertriebswege).

Während bis zur Deregulierung die Möglichkeiten der Preispolitik bei Energieträgern durch die Tarifbindung in weiten Bereichen eingeschränkt waren, hat sich dies grundlegend gewandelt. Die → Preispolitik ist heute in weiten Bereichen des Energie-Marketing der absolut dominante marketingpolitische Parameter. Die Distributionspolitik, die eine einwandfreie Versorgung der Nachfrager gewährleisten soll, wird in den Industrieländern weitgehend als Selbstverständlichkeit vorausgesetzt. Eine gewisse absatzpolitische Rolle kann den Dienstleistungen zukommen, die sich v.a. auf Fragen der Anwendungstechnik, der Wartung und mitunter der Beratung mit dem Ziel der Energieeinsparung beim Kunden beziehen. W.H.E.

Literatur: *Engelhardt, W.H.; Günter, B.:* Investitionsgütermarketing, Stuttgart 1981. *Laker, M.* (Hrsg.): Marketing für Energieversorger, Frankfurt/Main 2000. *Witt, F.-J.:* Strategien des Energieträger-Marketing bei Substitutionstendenzen und ordnungspolitischen Reformen im Energiebereich, Bochum 1983.

Engel-Blackwell-Kollat-Modell

älteres Prozessmodell der → Kaufentscheidung, in dem die Entscheidungsphasen Problemerkenntnis, Informationssuche, Alternativenbewertung, Entscheidung (Wahl) und Ergebnisse unterschieden werden (→ Kaufentscheidungsprozessforschung). Das Modell bietet, ohne empirisch verankert zu sein, eine gute Orientierung über die Einflußgrößen, die bei der Kaufentscheidung relevant sind. Bei einer Verwendung für prognostische Aussagen muss jedoch beachten werden, dass man über die Vernetzung der intervenierenden Variablen zwischen Reiz und Entscheidung noch zu wenig weiß (→ S-O-R-Modell). Ergebnisse sollten daher nicht überbewertet werden.

Engelsches Gesetz → Agrarmarketing

Englertsche-Formel

in der Praxis z.T. übliche Faustregel zur Bewertung von Anzeigenpreisen, wonach das Quadrat des Bruttoseitenpreises nicht größer als die 15fache Auflage sein sollte.

Englische Auktion → Auktionen

Entdeckungsschwelle
→ unterschwellige Werbung

Entertainment und Marketing

Unsere Vorfahren mussten sich noch selber amüsieren. Die Bereitschaft und Fähigkeit ist vielen Menschen aber abhanden gekommen. Der Weg war frei für (professionelle) Anbieter. Und spätestens seit Homer forderte, man möge ihm doch, wenn er schon Geschichten erzählt, auch etwas Essen reichen, war die Unterhaltung ein „Geschäft": das „show business" war geboren. Damit aber nicht genug. Denn die Prinzipien, Gestaltungselemente und Schemata der Unterhaltung – oder genauer: des Unterhaltens – findet man heute in vielen anderen Bereichen: in Gerichts- und Hörsälen, in Warenhäusern, Kirchen und Parlamenten.

Ihren Ausgangspunkt hat diese Tendenz, die Idee des Entertainment und die Prinzipien der Show auf weitere Bereiche zu übertragen, in unserer nach außergewöhnlichen Lebenswelten und Ereignissen mit hoher Anziehungskraft für relativ viele Menschen suchenden Gesellschaft. *Roland Hitzler* hat diese Logik auf folgende prägnante Formel gebracht „Ein bisschen Spaß muss sein". Er macht dabei deutlich, dass sich angebotskonsumierende Akteure vor allem daran orientieren, dass auf jeden Fall ein bisschen Spaß (dabei) sein muss. Die Auswirkungen einer solchen Grundhaltung sind gravierend: viele Anbieter müss(t)en sich einer neuen Herausforderung stellen; der „Entertainment-Faktor" (*Wolf*), also die Fähigkeit zu unterhalten bzw. „unterhaltsam zu sein", wird zu einer entscheidenden Erfolgsgröße für zahlreiche Angebote. Solche aktuellen Forderungen sind auch heftiger Kritik ausgesetzt. Allen voran der Medienökologe *Neil Postman*, der die allmähliche Zerrüttung der Gesellschaft durch den erwerbsmäßigen Illusionismus beschreibt und vor dem totalen Entertainment warnt.

Neben dem angesprochenen branchenübergreifenden Aspekt des Entertainment ge-

Entertainment und Marketing

winnt auch der *institutionelle Aspekt* zunehmend an Bedeutung. Die Entertainment-Branchen – z.B. Sport, Film, Fernsehen – gelten als zentrale Bereiche der Informationsgesellschaft.

Betrachten wir nun einige zentrale Besonderheiten von Entertainment-Leistungen und ihre Konsequenzen für das Marketing:

(a) Die zentrale Bedeutung von „Stars"
Vor dem Hintergrund der nicht mehr zu bewältigen Flut an Informationen und Angeboten gilt die Aufmerksamkeit der Kunden als eine zentrale knappe Ressource der Ökonomie und als wesentliches Ziel eines (Entertainment-)Marketing. Abzulesen sind Aufmerksamkeit und damit Ruhm, Prominenz, Beachtung und Ansehen insbesondere an sog. *Bestsellerlisten*, die als bedeutendes Informations-Instrument der Entertainment- bzw. Aufmerksamkeitsgesellschaft verstanden werden können. Dabei wird deutlich, dass sich trotz – oder wegen – der Vielfalt an angebotenen Informationen die Aufmerksamkeit des Publikums auf einige wenige Angebote konzentriert. In Anlehnung an einen alten ABBA-Song bezeichneten die beiden amerikanischen Ökonomen *Robert H. Frank* und *Philip J. Cook* unsere Gesellschaft deswegen als die „*Winner-Take-All Society*". Oder anders formuliert: „Attention economy is a star system". Begründet werden kann das Star-Prinzip in der ungenügenden Substituierbarkeit unterschiedlicher Anbieter; Zuschauer, Rezipienten oder Nachfrager bewerten der Leistungen der „Unterhaltungsstars" mit *progressiven* Maßstäben. Das heisst bspw., dass ein Konzert mit den „Drei Tenören" zwei Konzerten mit halb so bekannten Künstlern vorgezogen wird.

Als adjunktive Inputfaktoren prägen Stars Entertainment-Leistungen ganz maßgeblich; ihre Mitwirkung, Einflussnahme und Leistung ist in hohem Maße für die aquisitorische Wirkung eines Unterhaltungsangebotes verantwortlich.

(b) Unterhaltungsleistungen als Dienstleistungen und Informationsprodukte
Viele Entertainment-Leistungen – z.B. Spielfilme, Konzerte oder Fußball-Spiele – können zunächst einmal als zeitraumbezogene, prozedurale (Dienst-)Leistung interpretiert werden, bei denen weniger das Leistungsergebnis, als vielmehr der Prozess der Leistungserbringung zählt. Der primäre Nutzen einer Unterhaltungs-Dienstleistung besteht dabei in der unmittelbaren, quasi konsumtiven Verwertung eines eingebrachten Zeitbudgets, also in der Attraktivität der Verwendung der Zeit: Der Kunde stellt Zeit zur Verfügung; der Anbieter füllt diese i.d.R. mit kreativ-gestalterischen Leistungen aus. Das konkrete Angebot für den Endkunden ist also zumeist eine → Dienstleistung; die Prinzipien des → Dienstleistungs-Marketing sind übertragbar. Fragen mit denen man sich in diesem Zusammenhang auseinander zu setzen hat, sind bspw. die räumliche Gestaltung des Leistungsumfeldes (z.B. Kino- oder Stadion-Atmosphäre), Zusatzservices, das Management der Interaktivität (z.B. gegenseitige Stimulierung der „externen Faktoren") und auch Möglichkeiten des Zugangs (Vorbuchungssysteme) (s.a. → Veranstaltungsmarketing).

Neben einem solchen Verständnis des Entertainment-Angebotes als Dienstleistung können Unterhaltungsleistungen aber auch als → Information bzw. → Informationsprodukt interpretiert werden. In diesem Zusammenhang betrachten wir die Unterhaltungsleistung als ein öffentliches Gut, das über verschiedene Verwertungsstufen ausgewertet werden kann (siehe c). Aus der Tatsache, dass die Grenzkosten der Leistungserstellung in Bezug auf einen zusätzlichen Abnehmer annähernd gleich Null sind, resultiert die Vorgabe, den Umsatz zu maximieren, was meist einher geht mit der Forderung, den Absatzraum möglichst weit auszudehnen, möglichst viele Kunden in den Prozess zu integrieren und aufbauend auf der Originalleistung weitere – quasi abgeleitete bzw. transformierte – Leistungen zu erstellen bzw. zu ermöglichen. „Technisch" gesehen geschieht dies durch die Vergabe von Rechten an den jeweiligen „content".

(c) „Exploitation" als zentrale Strategie
Im Entertainment-Business geht es nicht alleine darum, einzelne Leistungen wie etwa Bücher oder Filme zu produzieren; entscheidend für den Erfolg ist die Frage, ob es gelingt, starke Marken aufzubauen, zu pflegen und auszuschöpfen. Entertainmentmarken wie News Corp´s „The X-Files", Time Warner´s „Batman", MGM´s „James Bond" oder auch „Derrick" (ZDF Enterprises) und „Kommissar Rex" (SAT.1) gelten als „lump of content ... which can be exploited trough film, broadcast and cable television, publishing, theme parks, music, the Internet and merchandising" (→ Licensing, → Merchandising).

Eine solche „Potenzialausschöpfung" oder „Exploitation" bedeutet letztlich, dass mehrere Rechte bezüglich eines Objektes vergeben werden. Dabei geht es insbesondere um zwei Ziele: Zum einen sollen die „abgeleiteten" Leistungen – wie etwa „Merchandising-Produkte" oder das „Buch zum Film" – der kommunikativen Flankierung eines Original-Objektes bzw. eines Themas und einer Marke dienen, sollen also Aufmerksamkeit erzeugen, unterstützen und verstärken. Zum anderen liegt im Absatz dieser Rechte selbst ein zusätzliches Erlös- und Gewinnpotenzial, das – solange die Erlöse die Transaktionskosten übersteigen und negative Verbundeffekte ausgeschlossen werden können – positive Auswirkungen auf die Gewinnsituation hat.

Als populäre Anwendungsfelder einer solchen Exploitationsstrategie gelten das *„windowing"* und die *„brand extensions":* Der Ausdruck *„windowing"* bezeichnet die Auswertung einer Information bzw. eines Programmes in unterschiedlichen Kanälen zu unterschiedlichen Zeiten. Windowing ist also der Weg, wie die Unterhaltungs-Industrie den Charakter des *Öffentlichen Gutes* einer Information ausschöpft und versucht, Erlöse und Gewinne eines Programmes über unterschiedliche Plattformen zu maximieren (vgl. hierzu *Abb.*). Im Fall der brand extensions geht es darum, interessante und innovative Verwertungsideen und – daran anschließend – geeignete Rechte-Nehmer bzw. Lizenzpartner zu finden, die eine Unterhaltungsmarke nutzen, um ihre eigenen Angebote „aufzuwerten". Wie können uns eine solche Strategie als ein Rad vorstellen, mit der Marke als der Nabe und den einzelnen Rechten als den Speichen der Auswertung.

C.Bl.

Literatur: *Blümelhuber, C.:* Marketing in der Unterhaltungs"industrie", in: *Meyer, A.* (Hrsg.): Handbuch Dienstleistungs-Marketing, 2. Band, Stuttgart 1998, S. 1753–1776. *Franck, G.:* Ökonomie der Aufmerksamkeit, München, Wien 1998. *Frank, R.; Cook, P.:* The Winner-Take-All-Society, New York u.a. 1996. *Vogel, H.:* Entertainment industry economics, 3.Aufl., Cambridge 1994. *Wolf, M.J.:* The Entertainment Economy, New York 1999.

Entflechtungsstrategie

Bei der Entflechtungsstrategie, auch als Disaggregationsstrategie bezeichnet, werden vormals vertikal oder horizontal integrierte Unternehmen (z.B. Mineralölunternehmen, Elektrizitätsversorgungsunternehmen) insb. im Interesse einer Fokussierung auf → Kernkompetenzen, in Teileinheiten zerlegt und getrennt geführt bzw. verkauft (→ Akquisitionsstrategie). Es entstehen somit autonome, rechtlich selbständige Organisationseinheiten, die ihre Leistung dem

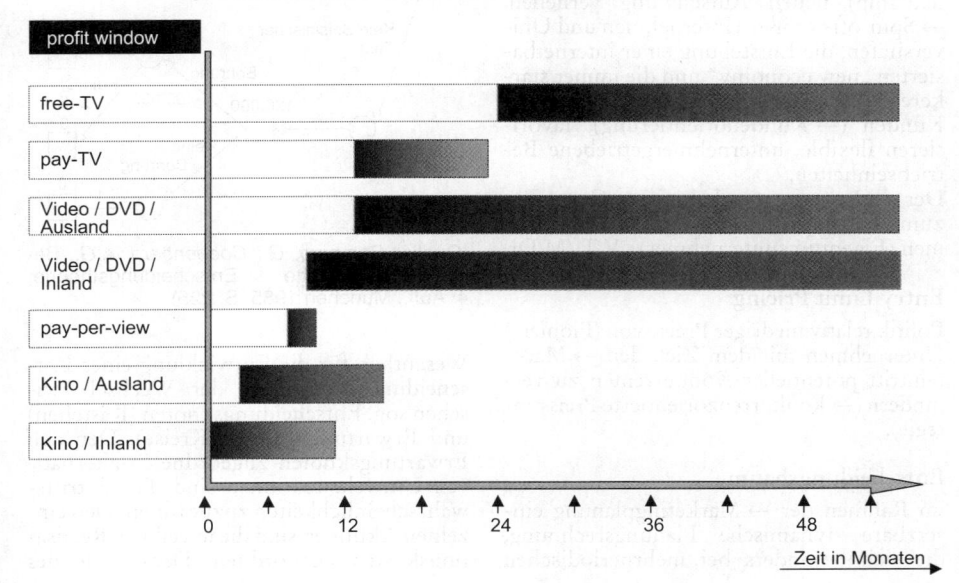

Abfolge unterschiedlicher profit windows eines amerikanischen Spielfilms

Entgelt

Gesamtmarkt anbieten. Zielsetzung der Entflechtungsstrategie ist die Ausnutzung von Effizienz- und Flexibilitätsvorteilen kleinerer Organisationseinheiten. In diesem Zusammenhang wird auch von „Mittelstandisierung" von Großunternehmen gesprochen.

Entgelt → Preis

Entgeltpolitik → Preispolitik

Entlastungsstreben → Preisinteresse

Entlastungstechnik
→ Verkaufsargumentation

Entrepreneur
in Anlehnung an Schumpeters Pionierunternehmer Personen, die als innovative Unternehmer und Gründer auftreten. Sie erkennen und nutzen sich bietende wirtschaftliche Erfolgschancen und gehen unternehmerische Risiken ein. Kennzeichen dieser Persönlichkeiten sind hohe Leistungsmotivation, Teamgeist, Selbstsicherheit, Erfahrungen in der betreffenden Branche, Wagemut und eher intuitive als analytische Entscheidungen. Die Umorientierung innerhalb der Managementtheorien vom Reengineering und Kostenabbau, hin zu einer wachstums- und innovationsorientierten Unternehmensführung, hat in den 90er-Jahren dem Unternehmertum (Entrepreneurship) neuen Aufschwung verliehen. → Spin-offs großer Unternehmen und Universitäten, die Entstehung einer internetbasierten „new economy" und die immer stärkere Fokussierung auf die Bedürfnisse der Kunden (→ Kundenorientierung), favorisieren flexible, unternehmergetriebene Betriebseinheiten.
Der Entrepreneur arbeitet im Gegensatz zum → Intrapreneur im eigenen Unternehmen (Eigentumsunternehmer). V.T./M.Dr.

Entry Limit Pricing
Politik relativ niedriger Preise von (Pionier-)Unternehmen mit dem Ziel, den → Markteintritt potentieller Konkurrenten zu verhindern (→ konkurrenzorientierte Preisstrategie).

Entscheidungsbaum
im Rahmen der → Marketingplanung einsetzbare dynamische Planungsrechnung, die sich besonders bei mehrperiodischen oder komplexen Planungsproblemen als eine hilfreiche Technik erwiesen hat. Dabei wird das Planungsproblem anhand eines Baumdiagramms visualisiert, wobei die Äste die Handlungsalternativen bzw. Umweltkonstellationen und die Verzweigungsknoten die Handlungsergebnisse repräsentieren, denen jeweils Eintrittswahrscheinlichkeiten zugeordnet werden (vgl. *Abb.*).

Beispiel eines Entscheidungsbaums

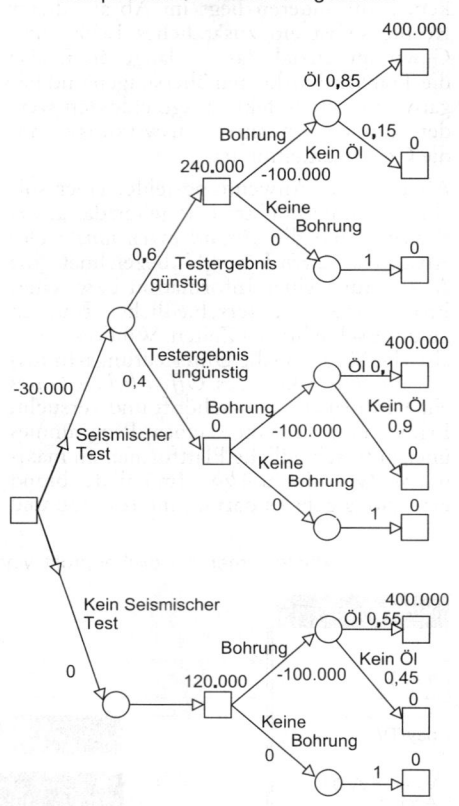

(Quelle: *Bamberg, G.; Coenenberg, A.G.*, Betriebswirtschaftliche Entscheidungstheorie, 4. Aufl., München 1985, S. 225)

Wesentlich für die Entwicklung eines Entscheidungsbaumes ist der Wechsel zwischen sog. Entscheidungsknoten (Kästchen) und Erwartungsknoten (Kreise). Den den Erwartungsknoten zugeordneten alternativen Umweltsituationen sind die Eintrittswahrscheinlichkeiten zuzuordnen. Den einzelnen Aktionen sind die jeweiligen Realisationskosten zuzuordnen. Dem Ende des

Baumes (rechte Seite) sind die erwarteten Erträge des gesamten Pfades zuzurechnen. Im Wege einer einfachen Rückwärtsrechnung („Roll-Back-Analyse") kann die optimale Alternative ermittelt werden; bei den Erwartungsknoten wird zu diesem Zweck jeweils der höchste Erwartungswert, bei den Entscheidungsknoten jeweils das Maximum gewählt. F.B.

Literatur: *Diller, H.*: Marketingplanung, 2. Aufl. München 1998, S. 233–245.

Entscheidungsnetz → Verbale Protokolle

Entscheidungsorientierter Ansatz
→ Marketing-Theorie

Entscheidungsregeln bei Kaufentscheidungen → Kaufentscheidungsheuristiken

Entscheidungsunterstützungssysteme (EUS)
computerbasierte Systeme zur Unterstützung der Entscheidungsfunktion im Bereich der → Marketingplanung. Sie gehen insofern über die reine Speicherung und Bereitstellung entscheidungsrelevanter Daten, wie es durch informationsorientierte Systeme erfolgt, hinaus (→ Marketing-Informationssystem).
Bei den Entscheidungsunterstützungssystemen unterscheidet man drei Entwicklungsstufen: datenbasierte Systeme (Decision Support Systems), wissensbasierte Systeme (→ Expertensysteme) und integrierte Systeme.
Die konzeptionellen Grundlagen der *datenbasierten Systeme* sind in den 70er-Jahren gelegt worden, nachdem mit dem Konzept des → Decision Calculus ein wegweisender Beitrag zur Förderung der Modellakzeptanz im Marketing geleistet worden war. Ziel des Einsatzes von datenbasierten Systemen ist die Unterstützung von Entscheidungsträgern bei der Bearbeitung von nur gering strukturierten Entscheidungsproblemen durch die Erweiterung ihrer kognitiven Fähigkeiten (Intelligenzverstärkerfunktion). Dazu wird dem Benutzer angeboten, Daten aus einer Datenbank für seine Problemstellungen abzurufen sowie diese mit bestimmten Methoden nach Wahl des Nutzers aufzubereiten und/oder in Entscheidungsmodelle einzubringen, wobei der Nutzer stets eigenes Erfahrungswissen über relevante Zusammenhänge einbringen kann (z.B. über Parametereingaben bei → Marktreaktionsfunktionen). Ein datenbasiertes System besteht also formal aus vier Komponenten: einer Datenbank, einer Modellbank, die die bekanntesten Modelle zur Beschreibung und Lösung von Marketingproblemen enthält, einer Methodenbank, in der insb. statistische Verfahren zur Aufbereitung und Analyse von Daten enthalten sind (→ Multivariatenanalyse) und einer Benutzerschnittstelle, durch die der Marketingmanager mit dem System in Dialog tritt.
Wissensbasierte Systeme stellen eine jüngere Entwicklungsstufe der Entscheidungsunterstützungssysteme dar. Es ist ihr Ziel, das Fachwissen, die Erfahrungen und die Problemlösungsstrategien von Experten auf einem eng umfassten Gebiet zu kodifizieren und durch Softwaresysteme einem breiteren Personenkreis zur Verfügung zu stellen. Expertensysteme sind also Intelligenzmultiplikatoren. Dabei stehen eher qualitative Wissensinhalte, Erfahrungen und → Heuristiken im Vordergrund. Die zugrunde liegenden Problemstellungen entziehen sich typischerweise einer Modellierung.
Neuere Entwicklungen zielen darauf ab, informationsorientierte, datenbasierte sowie wissensbasierte Systeme zu sog. *integrierten Entscheidungsunterstützungssystemen* (IEUS) zu verknüpfen. Dafür ist eine leistungsfähige Computerunterstützung bis hin zu → Data Warehouse-Architekturen unerlässlich. J.L./A.Ha.

Literatur: *Mülder, W.; Weis, H.Ch.*: Computerintegriertes Marketing, Ludwigshafen 1996.

Entsorgung
Steigende Umweltanforderungen (→ Ökologisches Marketing) erfordern in zunehmendem Maße ein umfassendes Entsorgungskonzept (s.a. → Nachkaufmarketing). Insbesondere für die Anbieter → „Neuer Werkstoffe" müssen diese Konzepte spätestens zum Zeitpunkt der Markteinführung entwickelt worden sein, da ansonsten gravierende Umsatzeinbußen bis hin zum Produktionsverbot drohen. „Neue Werkstoffe" ohne schlüssiges Entsorgungskonzept führen oft zu Imageschäden bei den Anbietern und begünstigen eine Renaissance alter Werkstoffe. Ganz allgemein lässt sich sagen, dass aus der Entsorgung im weitesten Sinne neue Geschäftsfelder entstanden sind bzw. entstehen könnten. Für viele Unternehmungen liegen diese Aufgaben zu weit von ihrem Kerngeschäft entfernt, sodass eine Outsourcing-Entscheidung nahe liegt. W.H.E.

Entsorgungsnutzen

ist das von Konsumenten subjektiv wahrgenommene und bewertete Maß für die Fähigkeit von Produkten, nach ihrem Ge- oder Verbrauch umwelt- und gesundheitsfreundlich entsorgt werden zu können (→ Nutzen). Der Bedeutungszuwachs des Entsorgungsnutzens ist durch das Kreislaufwirtschaftsgesetz (1996) entstanden. Dabei wird die Beurteilung des Entsorgungsnutzens insofern erschwert, als der Umfang möglicher Ent- oder Belastungen durch Recyclingverfahren oder Enddeponierung für den Konsumenten kaum oder gar nicht einschätzbar ist.

Eng mit dem Begriff des Entsorgungsnutzens verknüpft ist der Begriff der *ökologischen Qualität*, mit der sämtliche umwelt- und gesundheitsrelevanten Funktionen von Ge- und Verbrauchsgütern erfasst werden (→ Ökologisches Marketing). Mit steigender Bedeutung der ökologischen Qualität eines Produktes für den Konsumenten übt auch der zu erwartende Entsorgungsnutzen einen stärkeren Einfluss auf das Kaufentscheidungsverhalten der Konsumenten aus. Unternehmen können diesen verhaltenstheoretischen Zusammenhang dann akquisitorisch nutzen, wenn es ihnen gelingt, eine hohe ökologische Qualität ihrer Produkte zu entwickeln (→ Neuproduktentwicklung) und diese glaubhaft zu kommunizieren (→ Nachkaufmarketing). K.J.

Literatur: *Hansen, U.:* Absatz- und Beschaffungsmarketing des Einzelhandels, 2. Aufl., Göttingen 1990. *Jeschke, K.:* Nachkaufmarketing. Kundenzufriedenheit und Kundenbindung auf Konsumgütermärkten, Frankfurt am Main, New York 1995.

Entwicklung
→ Forschung und Entwicklung

Entwicklungsprognose
→ Absatzprognose

Entwicklungspsychologie
→ Werteforschung

EPG (Electronic Programme Guide)

Electronic Programme Guides sind elektronische Programmführer, die den gestiegenen Informations- und Selektionsbedarf der Zuschauer im Zeitalter des → Interaktiven Fernsehens decken sollen. Über eine Benutzeroberfläche lassen sich Datenbanken mit Programminformationen durchsuchen.
Th.W.

Literatur: *Keil, K.*: Interaktives Fernsehen, in: *Albers, S.; Clement, M.; Peters, K.* (Hrsg.): Marketing mit Interaktiven Medien, Frankfurt am Main 1998, S. 33–48.

Episodentest

Die psychologische Grundlagenforschung geht von der Überlegung aus, dass bestimmte Gegenstände und Übergruppen von Gegenständen in ihren Beziehungen zueinander in *„mental maps"* (geistigen Landkarten) gelernt und abgespeichert sind. Die mental maps bilden die Basis, um im Rahmen des → Category Management verbrauchergerechte Episoden von Sortimenten und Artikeln zusammenzustellen. Denn nicht (nur) der Einkaufszettel bestimmt den Einkaufsablauf, sondern Warenplatzierung und Sortimentsablauf können Kunden-Bedarfskreisen mehr oder weniger gut entsprechen. So stehen beim Lebensmitteleinkauf häufig bestimmte Mahlzeiten im Vordergrund, z.B. das Abendessen als warme Familienmahlzeit. Am gedanklichen Einkaufsende stehen Bedarfsartikel, die nicht unbedingt einer konkreten Mahlzeit zugeordnet werden können. Sind Start- oder Abschluss-Sortimente einer Episode zu früh oder zu spät platziert, wird für den Kunden der Einkaufsablauf unlogisch. Er vergisst Artikel oder bricht den Einkauf zu früh ab. Insofern ist die Erforschung der mental maps wichtig für die → Ladengestaltung. Die Analyse von Episoden und Episoden-Abläufen zielt dabei darauf ab, Verstöße gegen Kunden-Bedarfskreise aufzudecken. Dabei werden für jede Episode durch Expertenschätzung und Abverkaufszahlen „Leitartikel" ermittelt. Diese Leitartikel werden durch Zuordnungsverfahren und Einschätzverfahren miteinander in Beziehung gesetzt, um daraus ein Abbild der „episodischen" Gedächtnisstruktur zu gewinnen. N.W.

EPRG-Paradigma

Von *H. V. Perlmutter* mit einem verhaltensorientierten Ansatz empirisch ermittelte Grundorientierungen im → Internationalen Marketing (s.a. → Marketing, interkulturelles). Demnach finden sich zum einen Unternehmen mit *ethnozentrischer* Orientierung. Sie konzentrieren sich stark auf den Heimatmarkt und passen ihr Leistungsprofil den Erfordernissen fremder Ländermärkte nicht oder kaum an. Geschehnisse auf Auslandsmärkten werden entsprechend auch nach heimatlichen Wertkriterien beurteilt mit den entsprechenden Konsequenzen im Verhältnis zwischen Zentrale und Mitarbeitern vor Ort bzw. zwischen dem Unternehmen und seinen Kunden, die nach ihren eigenen Wertmustern urteilen und handeln.

Polyzentrisch ausgerichtete Unternehmen sind hingegen bereit, einzelne Ländermärkte mit ihren Spezifika unterschiedlich zu behandeln. In diesem Fall wird in der Regel ein differenziertes Marketing (→ Standardisierung und Differenzierung) angewandt. Dies impliziert den Verzicht auf Realisierung von Integrationsvorteilen zugunsten von Flexibilität und lokaler Akzeptanz. Es wird also eher auf Erlöserhöhung als auf Kostenreduzierung abgezielt. Eine Variante der polyzentrischen Orientierung ist die *regiozentrische* Ausrichtung, bei der Regionen als Bündel von homogenen Ländermärkten anstatt einzelne Ländermärkte im Fokus stehen und entsprechend diese Regionen differenziert bearbeitet werden.

Die *geozentrische* Unternehmung schließlich richtet ihre Aktivitäten am Weltmarkt aus. Dabei werden Ressourcen global eingesetzt und Marketingaktivitäten integriert, also ländermarktübergreifend konzipiert. Diese auch als Konzept der globalen Rationalisierung bezeichnete Strategie sieht eine Streuung der Wertschöpfungsaktivitäten vor, wobei jeweils Standorte mit bestimmten Kompetenzen für gewisse Aktivitäten verantwortlich zeichnen (vgl. bspw. → Lead-Country-Konzept).

Literatur: *Perlmutter, H.V.*: The Tortuos Evolution of the Multinational Corporation, in: Columbia Journal of World Business, 4/1969.

EQS (Equations based language)

Programm zur Parameterschätzung für die Kausalanalyse mit Strukturgleichungsmodellen (*Bentler*). Alternativer Ansatz zum Programm → LISREL, hat aber bisher im Marketing nur wenig Beachtung gefunden, obwohl es flexibler handhabbar ist. EQS ermöglichte als erstes Programm verteilungsfreie Schätzer (ADF, Asymptotically Distribution Free), z.B. über WLS.

Die Programmierung erfolgt in enger Anlehnung an die Pfadmodell-Darstellung (→ Pfadanalyse), wobei für jede abhängige Variable nur eine einfache lineare Gleichung spezifiziert wird. Die allgemeine Modellgleichung von EQS hat die Form

$\eta = \beta\,\eta + \gamma\,\xi$

ξ = dem Vektor der unabhängigen Variablen

η = dem Vektor der abhängigen Variablen

β = der Matrix der Koeffizienten für die Beziehung zwischen den abhängigen Variablen

γ = der Matrix der Koeffizienten für die Beziehung zwischen unabhängigen und abhängigen Variablen

Es müssen insgesamt nur drei Parametermatrizen geschätzt werden. Das Programm liegt als Windows-Version 6.0 vor. L.H.

Literatur: *Bentler, P.M.*; *Wu, E.J.C.*: EQS for Windows. Users Guide, Encino 1995. *Browne, M.W.*: Asymptotically Distribution Free Methods in the Analysis of Covariance Structures, in: British Journal of Mathematical and Statistical Psychology, Vol. 37 (1984), S. 62–83.

Equity-Theorie → Gerechtigkeitstheorie

Equivalent billings → Werbeagentur

Ereignisgraph

Darstellungsform eines Netzplans (→ Netzplantechnik im Marketing), bei der den Knoten des Graphen die zeitlichen Anfangs- und Endpunkte der Tätigkeiten, d.h. die Ereignisse zugeordnet werden.

ERFA-Gruppe

ursprünglich auf Initiative des Rationalisierungskuratoriums der deutschen Wirtschaft (RKW) unter Betreuung der regionalen Industrie- und Handelskammern gebildeten Gruppen von Betriebsangehörigen mehrerer Unternehmen, z.T. auch Branchen, die in regelmäßigen Sitzungen Erfahrungs- und Informationsaustausch zu betriebswirtschaftlichen Fragen, u.a. auch zu Fragen des Marketing betreiben.

Erfahrungsgüter

→ Informationsökonomik

Erfahrungskurve, Lernkurve

Konzept des → strategischen Marketing, das die Beziehung zwischen der kumulierten Produktionsmenge und den realen (inflationsbereinigten) Stückkosten darstellt. Das Konzept der Erfahrungkurve besagt,

Erfolgsanalyse

dass bei jeder Verdoppelung der kumulierten Produktionsmenge eines Produktes die Herstellkosten um einen bestimmten Prozentsatz, die sog. Lernrate, sinken. Für die Erfahrungskurve ergibt sich damit ein expotentiell abnehmender Verlauf (vgl. *Abb.*). Die mit zunehmender Produktionsmenge sinkenden Stückkosten resultieren aus einer gesteigerten Effizienz bzw. aus einer zunehmenden „Erfahrung" (aus Lerneffekten) auf allen Ebenen der Leistungserstellung (Einkauf, Fertigungsablauf, Fertigungsqualität etc.; → Marketingprozesse). Die in empirischen Studien gemessenen Lernraten rangieren üblicherweise zwischen 15% und 30%. Nicht in allen Branchen ist mit Erfahrungskurveneffekten zu rechnen. Dort, wo Erfahrungskurveneffekte vorliegen, haben sie jedoch einen großen Einfluss auf die optimale Preisstrategie (→ Preisstrategie bei Erfahrungskurven); zudem können sie Marketingstrategien nachhaltig absichern, wie dies etwa durch die → Kostenführerschaft im Falle des → Discounting geschieht. Mathematisch lässt sich der Zusammenhang zwischen den Stückkosten und der kumlierten Produktionsmenge folgendermaßen darstellen:

$k_t = k_0 (Q_t / Q_0)^X$ mit

k_0 = Kosten der Startmenge bzw. Pilotproduktion

Q_t = kumulierte Produktionsmenge

Q_0 = Startmenge bzw. Pilotproduktion

x = Stückkostenelastizität bzgl. der kumulierten Produktionsmenge.

Die *Stückkostenelastizität* bezüglich der kumulierten Produktionsmenge gibt an, um wie viel Prozent die Stückkosten sinken, wenn die kumulierte Produktionsmenge um ein Prozent steigt. Sie wird in diesem Modell als konstant angenommen, d.h. der relative Rückgang der Stückkosten (k_t) aufgrund einer Veränderung der kumulierten Produktionsmenge (Q_t) ist stets gleich; die absolute Kostendegression wird dagegen mit steigendem Q_t immer geringer. Erfahrungskurveneffekte sind kein Automatismus, sondern das Ergebnis einer zielgerichteten Unternehmens- bzw. → Marketingstrategie (s.a. → konkurrenzorientierte Preisstrategie). Das volle Potential kann nur dann realisiert werden, wenn alle Mitarbeiter im Unternehmen ständig nach Quellen neuer Kostensenkungen Ausschau halten. Praktisch kann dies verwirklicht werden durch eine ständige Weiterbildung der Mit-

Erfahrungskurve mit 30%-iger Lernrate

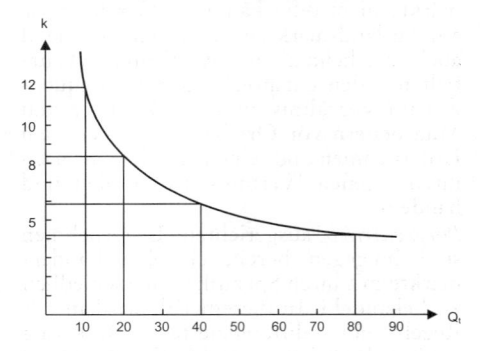

arbeiter, Einrichtung von → Qualitätszirkeln und einem betrieblichen Vorschlagswesen sowie einer verstärkten Bewusstseinsbildung/Motivation auf allen Stufen der Leistungserstellung.

In der neueren betriebswirtschaftlichen Forschung wurde deutlich gemacht, dass die kostensenkenden Effekte der Erfahrungskurve in Wirklichkeit aus verschiedenen Quellen stammen. So entwickelten *Kloock/Sabel* (1993) eine 9-Felder-Tafel, wobei u.a. an der Produktions-Hardware ansetzende economies und an der Software ansetzende „savings" sowie die beiden Effekte vereinende „total cost reductions" differenziert werden. Bei einperiodiger Betrachtung lassen sich Economies of stream (Auslastung gegebener Kapazitäten), → Economies of scale (Größendegression durch Erweiterungsinvestitionen) und → Economies of scope (Auflagendegression) unterscheiden. Im Rahmen der savings lassen sich „repetitives Lernen" (durch Nutzung des Know-hows), „Erprobungslernen" (durch Variation des Know-how) bzw. „Übertragungslernen" (durch Transfer von Know-how) unterscheiden.

H.S./G.T

Literatur: *Boston Consulting Group:* Perspectives on Experience, Technical Report, Boston 1972. *Ghemawat, P.:* Building Strategy on the Experience Curve, in: Harvard Business Review, Vol. 63 (1985), S. 143–149. *Kloock, J.; Sabel, H.:* Economies und Savings als grundlegende Konzepte der Erfahrung, in: ZfB, 63. Jg. (1993), Heft 3, S. 209–233. *Simon, H.:* Preismanagement, 2. Aufl., Wiesbaden 1991.

Erfolgsanalyse

Im Marketing-Bereich beinhalten Erfolgsanalysen eine rückblickende Untersuchung absatzwirtschaftlicher Kosten- und Leis-

Dimensionen der Erfolgsanalyse im Marketing

Erfolgsanalyse der **Aktivitäten** (wie Kommunikations-, Preis, und Distributionsmaßnahmen)

Kombination: Erfolgsbeiträge bestimmter Maßnahmen in Bezug auf einzelne Absatzsegmente

Kombination: Erfolgsbeiträge von Maßnahmen, die durch bestimmte Organisationseinheiten veranlaßt worden sind

Erfolgsanalyse nach **organisatorischen Zuständigkeitsbereichen** (wie Verkaufsbüros, Product Management)

Kombination: Erfolgsbeiträge von Absatzsegmenten, nach organisatorischen Zuständigkeitsbereichen untergliedert

Erfolgsanalyse nach **Produkt-Markt-Beziehungen** (nach sog. Absatzsegmenten wie z.B. Produkten, Kundengruppen, Verkaufsgebieten)

(Quelle: In Anlehnung an *Köhler, R.,* 1992, Sp. 1272)

tungsbeziehungen oder Aufwands- und Ertragsrelationen. Liegen als Vergleichsmaßstab geplante Sollgrößen vor, so wird aus der Erfolgs*analyse* eine Erfolgs*kontrolle* im strengen Sinne. Sie ist dann Bestandteil der → Ergebniskontrolle im Marketing, die aber neben erfolgsrechnerischen Datenauswertungen auch noch die Überprüfung nichtmonetärer Handlungsresultate und Zielvorgaben enthält.

Üblicherweise wird in die Marketing-Erfolgsanalyse nur der betriebszweckbedingte, in Geldeinheiten ausgedrückte Güterverzehr und Wertzugang einbezogen (Kosten- und Leistungsrechnung). Neutrale Aufwendungen und Erträge werden i.d.R. nicht in den Ansatz gebracht. Es kann aber vorkommen, daß zum Marketing-Bereich gehörende Organisationseinheiten in ihren Dispositionen so weitgehend verselbständigt sind, daß in ihre Periodenerfolgsanalyse auch neutrale Erfolgsbestandteile (z.B. Zinsen aus Kapitalanlagen) gesondert mit eingerechnet werden. Dies mag etwa für dezentrale Verkaufsniederlassungen gelten.

Die allgemeinste Form der Erfolgsanalyse ist die Ermittlung des insgesamt erzielten betrieblichen Periodenerfolgs nach dem sog. *Gesamtkostenverfahren.* Unter Marketing-Gesichtspunkten ergeben sich hieraus im Zeitreihenvergleich lediglich gewisse Einblicke in die Entwicklung des Verhältnisses zwischen Umsatzerlösen und Bestandsveränderungen der Erzeugnisse (z.B. eigentlich ungewollten Bestandserhöhungen) sowie pauschale Hinweise auf die Entwicklung der Vertriebskosten (→ Kostenkontrolle).

Demgegenüber haben Analysen nach dem sog. Umsatzkostenverfahren den Vorteil, dass damit zugleich eine Aufgliederung des gesamten Periodenerfolgs nach Produkten oder Produktgruppen geschieht (hier: Umsatzerlöse minus Kosten nur der verkauften Erzeugnisse.

Die Anforderungen des Marketing an informative Erfolgsrechnungen gehen allerdings

Erfolgsfaktoren

noch weiter. Als Gewinn- oder Verlustquellen interessieren nicht nur Produkte, sondern auch andere Ausschnitte aus den gesamten Produkt-Markt-Beziehungen wie z.B. Aufträge, Kunden(gruppen), Absatzwege, Verkaufsgebiete (→ Absatzsegmentrechnung; → Kundenerfolgsrechnung). Ebenso kommen rechnerische Erfolgsaufgliederungen nach bestimmten Organisationseinheiten des Marketing-Bereichs in Betracht, wenn diese als Profit Center geführt werden. Vereinzelt gibt es auch Versuche zur Abgrenzung des Erfolgsbeitrags bestimmter absatzpolitischer Maßnahmen (→ Wirkungskontrolle).

Die *Abb.* kennzeichnet die drei möglichen Dimensionen der Erfolgsanalyse im Marketing (Produkt-Markt-Beziehungen, organisatorische Zuständigkeitsbereiche und absatzwirtschaftliche Aktivitäten) sowie rechnerisch durchführbare Kombinationen. Um bei diesen vielfältigen Untersuchungsgegenständen der Marketing-Erfolgsanalyse willkürliche Gemeinkostenschlüsselungen zu vermeiden, begnügt man sich zweckmäßigerweise mit Bruttoerfolgsrechnungen. Dabei werden der jeweiligen Gewinn- oder Verlustquelle nur die eindeutig zurechenbaren Erlöse und Kosten zugeordnet (→ Deckungsbeitragsrechnung). R.K.

Literatur: *Köhler, R.:* Marketing, Überwachung des, in: *Coenenberg, A.G.; v. Wysocki, K.* (Hrsg.): Handwörterbuch der Revision, 2. Aufl., Stuttgart 1992, Sp. 1269-1284.

Erfolgsfaktoren

sind die zentralen Untersuchungseinheiten in der empirischen → Strategieforschung für die Unternehmens- und Marketingplanung. Der Erfolgsfaktorenansatz beruht auf der Annahme, dass für jede betriebliche Planungseinheit (das Unternehmen als Ganzes, eine Geschäftseinheit oder ein Produkt) wenige, aber grundlegende Einflussgrößen existieren, die für den Erfolg oder Misserfolg dieser Planungseinheit entscheidend sind. Die Identifikation dieser Faktoren ist Ziel der Erfolgsfaktorenforschung. Als eigenständige Teilbereiche haben sich neben der industriellen Erfolgsfaktorenforschung die Forschungszweige zu den → Neuprodukterfolgsfaktoren und den Handelserfolgsfaktoren etabliert.

Erfolgsfaktoren sollen der Planung von → Wettbewerbsstrategien und der Entwicklung und Sicherung von unternehmensspezifischen → Wettbewerbsvorteilen dienen. In den Anfängen der Erfolgsfaktorenforschung ging man von der Existenz genereller, branchenübergreifender Gesetzmäßigkeiten aus. Heute besteht weitgehend Einigkeit darüber, dass es zwar Erfolgsfaktoren mit relativ großer Reichweite gibt, dass Richtung und Stärke ihres Einflusses aber von den Situations- und Kontextbedingungen der Planungseinheiten abhängig sind.

Forschungsergebnisse über Erfolgsfaktoren beruhen sowohl auf Studien über Einzelunternehmen als auch auf breit angelegten Quer- und Längsschnittanalysen von Unternehmensdaten. Je nach Art der analysierten Einflussgrößen werden qualitative und quantitative Erfolgsfaktoren unterschieden. Potentielle qualitative Erfolgsfaktoren sind z.B. Unternehmenskultur oder Führungsstil, während quantitative Erfolgsfaktoren durch Indizes bestimmte Merkmale des innerbetrieblichen Leistungseinsatzes und der außerbetrieblichen Rahmenbedingungen erfassen. Zu den möglichen innerbetrieblichen Erfolgsfaktoren sind sowohl allgemeine betriebswirtschaftliche Planungsgrößen (wie Kapitalstruktur, Grad der vertikalen Integration, Ausgaben für Forschung und Entwicklung etc.) zu zählen, als auch die strategisch wirksamen Bestandteile des absatzpolitischen Instrumentariums (z.B. angestrebte Qualitätsposition, Preislevel und Werbeintensität). Als außerbetriebliche Erfolgsdeterminanten werden dagegen die Wettbewerbsstruktur, der Markteintritt von Konkurrenten, das Marktwachstum aber auch Marketingergebnis-Faktoren wie die erreichte Image- oder Marktposition angesehen.

Die grundlegenden Hypothesen zum Einfluss von Erfolgsfaktoren finden sich v.a. in drei Quellen. Den wohl bedeutsamsten Beitrag lieferten die Befunde der → PIMS-Forschung mit den in *Buzzell* und *Gale* (1987) dokumentierten Ergebnissen genereller und wirtschaftszweigbezogener quantitativer Analysen potentieller Erfolgsfaktoren. Aus Marketingsicht konnten insb. Wirkungshypothesen zur (relativen) Produkt- und Servicequalität, zu Marketingausgaben, sowie der Erfolgswirkung des Marktanteils formuliert werden.

Den Einfluss von qualitativen Faktoren auf den Unternehmenserfolg stellen die Studien von *Peters* und *Waterman* (1984) heraus. Fallstudien von 75 amerikanischen Unternehmen führten zu acht Maximen einer erfolgreichen Führung. Hierzu gehören u.a.

Primat des Handelns, → Kundennähe, Freiraum für Unternehmertum, sichtbar gelebtes Wertsystem etc., die als Erfolgsdeterminanten ermittelt wurden. Obwohl z. T. vage formuliert und auch durch die Realität teilweise widerlegt, fanden diese Faktoren besonders in der Planungspraxis große Beachtung.

Die dritte Quelle versucht Erfolgsfaktoren als von Managern subjektiv empfundene kritische Größen oder Basisbedingungen des Erfolgs bei der Implementierung von Strategien zu identifizieren. Dieser von *Rockart* und *Bullen* (1986) verfolgte Ansatz ist nicht primär ausgerichtet auf die Aufdeckung von Erfolgsfaktoren großer Reichweite, sondern verbindet das Erfolgsfaktorenkonzept mit dem Problem des Designs strategischer Informations- und Entscheidungssysteme.

Befunde der Erfolgsfaktorenforschung haben maßgeblich die Entwicklung von strategischen Planungsmodellen und hier insb. der Portfolioansätze vorangetrieben. Die PIMS-Forschung selbst entwickelte das sog. PAR Modell zur Überprüfung der strategischen Erfolgsposition von Geschäftseinheiten.

Die anfänglich geradezu euphorisch aufgenommenen Befunde der Erfolgsfaktorenforschung mit ihren Katalogen von Erfolgsdeterminanten werden heute kontrovers diskutiert. Die Gründe hierfür liegen zum einen in der Überinterpretation der Befunde der PIMS-Forschung. Zu nennen sind Probleme wie z.B. die Annahme einer Kausalität zwischen Marktanteil und dem Erfolgsindikator ROI auf Grund von Korrelationen, der Nichtberücksichtigung von Messfehlern in Bilanzdaten und Managementurteilen und der Vernachlässigung von nicht messbaren Faktoren, wie z.B. Managementqualität. Insbesondere der ressourcenorientierte Ansatz (*Penrose* 1959; *Montgomery*, 1995; *Bamberger/Wrona*, 1996) unterstreicht die Bedeutung einzigartiger, unbeobachtbarer Einflussgrößen wie z.B. nicht-explizierbares Wissen, komplexe organisatorische Fähigkeiten oder Kernkompetenzen für den Unternehmenserfolg. Die Operationalisierung dieser „invisible assets" stellt allerdings für die Forschung derzeit noch ein weitgehend ungelöstes Problem dar; methodische Weiterentwicklungen auf dem Gebiet der Paneldatenanalyse erlauben jedoch die Kontrolle derartiger Variablen in der quantitativen Erfolgsfaktorenforschung. Zum anderen beruhen die Ergebnisse der meisten Erfolgsfaktorenstudien auf relativ einfachen Modellen. Die Kombination von Panelmodellen und Ansätzen der Strukturgleichungsmethodologie (z.B. → LISREL, Mplus), wie sie z.B. in den Arbeiten von *Hildebrandt/Annacker* (1996) sowie *Annacker* (2000) zu finden ist, ermöglicht hier die Abbildung komplexer statischer/dynamischer Wirkungsstrukturen zwischen den potentiellen Erfolgsfaktoren und multiplen Erfolgskriterien, sowie die Kontrolle von Messfehlern. L.H.

Literatur: *Annacker, D.*: Die Berücksichtigung unbeobachtbarer Einflussgrößen in der strategischen Erfolgsfaktorenforschung, Dissertation, Humboldt-Universität zu Berlin 2000. *Bamberger, I.; Wrona, T.*: Der Ressourcenansatz und seine Bedeutung für die Strategische Unternehmensführung, in: ZfbF, 48. Jg. (1996), S. 130–153. *Buzzell, R.D.; Gale, B.T.*: „The PIMS-Principles" Linking Strategy to Performance, New York 1987. *Hildebrandt, L.*: Wettbewerbssituation und Unternehmenserfolg, in: ZfB, 62. Jg. (1992), S. 1069-1084. *Hildebrandt, L.; Annacker, D.*: Panelanalysen zur Kontrolle „unbeobachtbarer" Einflussgrößen in der Erfolgsfaktorenforschung, in: ZfB, 66. Jg. (1996), S. 1409-1426. *Montgomery, C.A.*: Resource-Based and Evolutionary Theories of the Firm: Towards a Synthesis, Boston 1995. *Penrose, E.T.*: The Theory of the Growth of the Firm, New York 1959. *Peters, T.J.; Waterman, R.H.*: Auf der Suche nach Spitzenleistungen, 5. Aufl., München 1984. *Rockart, J.F.; Bullen, C.V.*: The Rise of Managerial Computing, Homewood, Ill. 1986.

Erfolgsrechnung im Handel

Unternehmungsrechnung im Rahmen des rechnungstechnischen Informationssystems, welche der Unternehmungsführung zur Steuerung und Kontrolle der handelsbetrieblichen Tätigkeiten dient. Im Bereich des Handels-Controlling übernimmt v.a. die kurzfristige, abteilungsbezogene Erfolgsrechnung eine betriebliche Regelfunktion, indem sie als mitschreitende Kontrolle mit Hilfe von Soll-Ist-Vergleichen auf der Basis des aus der Zielkonzeption abgeleiteten Kennzahlsystems über die Kosten-, Ertrags- und Leistungsverhältnisse der Handelsunternehmung informiert.

Beispielhafte Darstellung der kurzfristigen Erfolgsrechnung bei filialisierenden Handelsunternehmungen mit Hilfe der Deckungsbeitragsrechnung auf der Basis relativer Einzelkosten:

Ergebniskontrolle

Erlöse der Periode x
./. artikelspezifische Einzelkosten

= artikelspezifischer DB (I)
./. artikelgruppenspezifische Einzelkosten

= artikelgruppenspezifischer DB (II)
./. Einzelkosten der jeweiligen Verkaufsabteilungen

= abteilungsbezogener DB (III)
./. Einzelkosten der jeweiligen Filiale

= Filial-Deckungsbeitrag (IV)
etc.

Neben der Erfolgsrechnung ist im Handel die Wirtschaftlichkeitsrechnung zusammen mit der Produktivitätsrechnung ein wichtiger Bestandteil des Instrumentariums der → Erlös-Abweichungsanalyse. Sie findet gleichermaßen als Planungs- und Kontrollmodell Anwendung, indem sie dem Vergleich vergangener Perioden, dem Vergleich zwischen Soll- und Ist-Werten sowie dem Vergleich der verschiedenen Abteilungen bzw. Filialen einer Handelsunternehmung im Hinblick auf eine effiziente Aufgabenerfüllung dient.

Ein weiteres Instrument zur Generierung quantitativer Informationen stellt die *retrograde Gewinnplanung* dar. Mit Hilfe dieses Planungs- und Budgetierungssystems werden aus dem ROI über Kapitalumschlag und Umsatzrendite zunächst absolute Bestandsgrößen als Bilanzwerte sowie absolute Aufwands- und Ertragsgrößen als Werte für die Erfolgsrechnung ermittelt. Diese Größen der prospektiven Unternehmungsrechnung können im Rahmen einer analytischen Präzisierung zu Abteilungsergebnissen fortentwickelt und zu spezifischen Abteilungsrentabilitäten verdichtet werden.

Zur Veranschaulichung der quantitativen Analyse im Rahmen der Erfolgs- und Wirtschaftlichkeitsrechnungen sowie der retrograden Gewinnplanung bedient man sich spezifischer Kennzahlen (→ Kennzahlensystem) sowie → Betriebsvergleichen. So lassen sich bspw. mit Hilfe der retrograden Gewinnplanung Steuerungs- und Leistungskennzahlen formulieren, welche durch ein System handelsbetrieblicher Kennzahlen flankiert werden und eine zielorientierte Personal- und Raumleistung sowie die Bandbreite des zu steuernden Warenumschlags projektieren. K.Ba.

Ergebniskontrolle

Im Marketing-Bereich dient die Ergebniskontrolle dem Vergleich absatzwirtschaftlicher Sollergebnisse mit dem Ist zwecks Abweichungsanalyse und Auswertung für nachfolgende Planungen (s.a. → Erlös-Abweichungsanalyse). Es handelt sich um ein Aufgabengebiet, das zunehmend dem → Marketing-Controlling zugeordnet wird.

Die *Ergebniskontrolle* ist von *Ablaufkontrollen* zu unterscheiden, bei denen die korrekte Ausführung einer Handlung nach bestimmten Vorgaben überwacht wird (z.B. die Einhaltung von Besuchsnormen im Verkaufsaußendienst). Liegen keine Sollgrößen als Vergleichsmöglichkeit vor, so wird nicht im strengen Sinne von Kontrolle, sondern von *Ergebnisanalyse* (oder speziell im kosten- und erlösrechnerischen Zusammenhang von → Erfolgsanalyse) gesprochen.

Die Anforderungen an Ergebniskontrollen im Marketing lassen sich nach drei Gesichtspunkten differenzieren:

– nach dem Kontrollobjekt,
– nach der Art der Ergebnisgrößen,
– nach dem strategischen oder operativen Untersuchungszusammenhang.

Marketing-Kontrollobjekte sind zum einen bestimmte Ausschnitte aus den betrieblichen Produkt-Markt-Beziehungen, für die sich Teilergebnisse gesondert ermitteln lassen, so dass ein tiefergehender Einblick als bei ausschließlicher Gesamtbetrachtung des Periodenergebnisses ermöglicht wird. Es kann sich dabei um Produkte oder Produktgruppen, Kunden(gruppen), Absatzwege, Verkaufsgebiete und Auftragsarten sowie Auftragsgrößen handeln (→ Absatzsegmentrechnung; → Kundenerfolgsrechnung).

Zum anderen kommen organisatorische Zuständigkeitsbereiche, nämlich absatzwirtschaftliche *Profit Center*, wie auch die Ergebnisse bestimmter Maßnahmen (→ Wirkungskontrolle) als Untersuchungsgegenstände in Betracht. Diese verschiedenen Kontrolldimensionen werfen in je eigener Weise Probleme der Zurechenbarkeit von Teilergebnissen auf. Besonders schwierig ist diese nachträgliche Zuordnung in Bezug auf einzelne Maßnahmen des gesamten Marketing-Mix.

Aufschlussreich erscheint eine Kombination verschiedener Kontrollobjekte, um Ergebnisbeiträge unter mehreren Einflussgesichtspunkten zu überprüfen. Dies ist z.B.

der Fall, wenn der Perioden-Deckungsbeitrag einer bestimmten Produktgruppe nach Verkaufsgebieten aufgeteilt wird oder wenn versucht wird, das Profit-Center-Ergebnis von Verkaufsbüro X nach Kundengruppen der betreffenden Region aufzugliedern. Diese *mehrdimensionale Ergebniskontrolle* setzt eine verfeinerte Datenorganisation (→ Deckungsbeitragsrechnung) und Datenverknüpfungen voraus, wie sie durch den heutigen Entwicklungsstand der Informatik erleichtert werden.

Nach der *Art der Ergebnisgrößen* sind monetäre und nichtmonetäre Soll-Ist-Vergleiche zu unterscheiden. Die erfolgsrechnerische Kosten- und Erlöskontrolle ist ein typisches Beispiel für die Überprüfung monetärer Ergebnisse (s.a. → Kostenkontrolle). Im Marketing-Bereich spielen aber auch nichtmonetäre Ziele und dementsprechende Ergebniskontrollen eine wesentliche Rolle. Dies gilt z.B. für die Überwachung von Marktpenetrationsgraden, Wiederkaufraten oder Distributionsindices. Insofern ist der Begriff der Ergebniskontrolle im Marketing weitergespannt als der Gegenstand der → Erfolgsanalyse.

Üblicherweise knüpfen Ergebniskontrollen an Vorgabegrößen aus *der operativen Planung* an (→ Marketingplanung). Immer mehr wird aber auch die Wichtigkeit strategischer Kontrollen erkannt, mit denen überwacht wird, ob die aktuell erreichten Zwischenergebnisse im Einklang mit längerfristigen Vorhaben und mit der entsprechenden mehrperiodigen Zielleitlinie stehen. R.K.

Literatur: *Köhler, R.:* Marketing, Überwachung des, in: *Coenenberg, A.G.; v. Wysocki, K.* (Hrsg.): Handwörterbuch der Revision, 2. Aufl., Stuttgart 1992, Sp. 1269-1284.

Erinnerung (Recall)

Ziel vieler Werbebotschaften ist es, dass die Empfänger bestimmte Informationen lernen (→ Werbeziele). Diese Lernleistung kann man durch Messung der Erinnerung oder der Wiedererkennung der Werbebotschaft oder einzelner Elemente erfassen (s.a. → Bekanntheitsgrad). Zur Messung der Erinnerung stehen der Werbewirkungsforschung sog. → Recall-Tests in zwei Varianten zur Verfügung:

- Freie Wiedergabe (Free oder Unaided Recall)
- Gestützte Wiedergabe (Aided Recall)

Beim *Free Recall-Test* werden die Auskunftspersonen aufgefordert, das Gelernte frei, ohne jede Gedächtnisstütze, wiederzugeben. Nicht gemessen werden beim Recall-Test passive Gedächtnisreste, also vage Erinnerungsbilder, die im Augenblick der Befragung nicht bewusst sind. Mit dem *Aided Recall-Test* können dagegen sowohl aktive als auch passive Gedächtnisinhalte gemessen werden. Bei diesem Verfahren wird den Auskunftspersonen durch Vorgabe von Produktkategorie, Markennamen oder -symbolen geholfen, sich zu erinnern. Diese Form der Erinnerungsmessung wird bspw. beim → Impact-Test verwendet. Die Kritik an der Messung von Erinnerung und Wiedererkennung ist in der Werbeforschung relativ groß. Recall- und → Recognition-Tests reichen nicht aus, um den Werbeerfolg zu ermitteln, da die gemessenen Gedächtnisleistungen nur unzureichend mit den kaufrelevanten Änderungen des Verhaltens verknüpft sind. Solche Messungen lassen noch keinen Aufschluss über → Einstellungen (Images) und Kaufabsichten zu.

G.M.-H./F.-R.E.

Erlebnisbetonte Einkaufsstätten

Ausprägung des → Erlebnismarketing im Handel, bei der insb. mit der → Ladengestaltung, dem → Merchandising und der → Handelswerbung als Marketing-Instrumenten operiert wird. Erlebnisbetonte Einkaufsstätten zielen auf die Vermittlung von Einkaufserlebnissen bei hedonistisch orientierten Kunden. In Zeiten zunehmender Marktsättigung findet man immer mehr Märkte, auf denen die Geschäfte einander stark ähneln und in denen die gleiche Ware zum vergleichbaren Preis angeboten wird. Viele Praktiker fürchten, dass der Preiswettbewerb und die Gefahr der Ausschaltung profilschwacher Einzelhandlungen wachsen werden.

Kaufen und Konsum sind auch Vorgänge, die den Konsumenten erfreuen und die er in Anbetracht der zunehmenden Freizeit auch genießen kann (s.a. → Entertainment und Marketing). Die Umweltpsychologie hilft dem Handel, Einkaufserlebnisse zu messen. Sie lassen sich auf den psychischen Dimensionen Lust bzw. Vergnügen und Erregung erfassen und charakterisieren das Verhalten im Laden. Eine erlebnisorientierte Ladenatmosphäre wirkt aktivierend und verlängert die Verweildauer im Geschäft.

Erlebnisbetonte Werbung

Mögliche Erlebnistrends der Zukunft sind:

1. Trend zur Individualisierung des Konsums

Es sind Betriebstypen denkbar, die atmosphärisch die Individualität besonders betonen, z.B. durch Erlebniswerte wie Jugendlichkeit, Rustikalität oder Avantgarde. Ein Beispiel zur Avantgarde: Hausgeräte werden in moderne Wohnwelten integriert, um Bestandteile eines anspruchsvollen Lebensstils zu sein. In Zukunft wird man eine Vielzahl parallel verlaufender Bestrebungen nach Individualität beobachten können. Es gibt nicht mehr *den* Individualisten!

2. Trend zur Natürlichkeit

Aus dem Trend zur Natürlichkeit lassen sich einfache Gestaltungsempfehlungen ableiten, z.B. hinsichtlich Farben, Design und Gestaltungsmittel. Dazu können Betriebstypen passen, die Erlebniswerte wie Tradition, Stil oder Ästhetik vermitteln. Es kommt darauf an, Produkte als selbstverständliche, moderne Technik bei natürlichen Lebensansprüchen zu positionieren. Dazu gehören auch ein schlichtes Design und einfache Bedienbarkeit.

3. Trend zur Kommunikation

Dieser zentrale Trend erfordert besondere Maßnahmen hinsichtlich Verkäuferschulungen, um nicht nur mit Produktvorteilen zu argumentieren, sondern um den Kunden zu zeigen, welchen Beitrag das Produkt für seine Lebensqualität leistet. Sodann geht es um die Schaffung von Ruhezonen zur Förderung der Kommunikation unter Kunden, die Ansprache des Familiensinns der Verbraucher, sei es durch familiär ausgerichtete Angebote, sei es durch Förderung des Einkaufs in der Familie usw. Man vergleiche hierzu die Shopping-Malls in USA, die das Stadtleben in künstlerische Innenwelten verlegen. Ferner kennt man in den USA die Möglichkeit, seinen persönlichen Verkäufer zu „mieten", der bei der Auswahl berät, den Einkauf von Geschenken organisiert usw.

Besondere Aufmerksamkeit verdienen bestimmte Zonen wie z.B. die Außengänge, die Wartezonen im Bereich der Bedienungsabteilungen, die Stirnseiten der Gondeln, der Kassenbereich sowie der Checkout. Sie sind für gezielte Gestaltungsaktionen besonders geeignet, weil der Konsument hier verweilt, teils entspannt ist und umherschaut. Auch die Imagery-Forschung (→ Bildkommunikation) bestätigt, dass Konsumenten über ein „inneres Bild" von ihrer Einkaufsstätte verfügen, in dem die Randgebiete besonders prägnant sind und sich für die Vermittlung von Einkaufserlebnissen besonders eignen. P.W.

Literatur: *Bost, E.:* Ladenatmosphäre und Konsumentenverhalten, Heidelberg 1987. *Gröppel, A.:* Erlebnisstrategien im Einzelhandel, Heidelberg 1991. *Patt, P.-J.:* Strategische Erfolgsfaktoren im Einzelhandel, Frankfurt 1988. *Weinberg, P.:* Erlebnisorientierte Einkaufsstättengestaltung im Einzelhandel, in: Marketing-ZFP, 8. Jg. (1986), S. 97 – 102.

Erlebnisbetonte Werbung

übernimmt im Rahmen des → Erlebnismarketings die Aufgabe, das Angebot in der emotionalen Erlebnis- und Erfahrungswelt der Konsumenten zu positionieren (Emotionale Werbung). Sie nutzt die Erkenntnisse aus der → nonverbalen Kommunikation.

Es empfiehlt sich, zur Darstellung emotionaler Erlebnisse bevorzugt auf Personen zurückzugreifen (→ Personendarstellungen in der Werbung). Mimik und Gestik sind prägnante Indikatoren, um Emotionen auszudrücken, und sie werden einfach und relativ eindeutig vom Empfänger der Werbung dechiffriert. Die Verquickung von Werbebotschaften mit Erlebnisinhalten in Low-Involvement-Medien wie Fernsehen, Anzeigen und Kino dürfen nicht zu Informationsüberlastungen führen, wozu die nonverbale Umsetzung maßgebend beiträgt.

Die Wirkung eines Erlebniskonzeptes hängt also entscheidend von seiner visuellen Umsetzung ab nach dem Motto „Ein Bild sagt mehr als tausend Worte." Visuelle Markenbilder wirken mehr als Worte, und diese wiederum stärker als Texte in Werbebotschaften. Besonders empfehlenswert ist die Konzeption von → Schlüsselbildern (→ Bildkommunikation; → Medienstil) (*Kroeber-Riel*, 1993), welche den langfristigen visuellen Auftritt festlegen. Es handelt sich dabei um Leitbilder, die den Erlebniskern bilden und nonverbal werblich kommuniziert werden. Ihre Festlegung ist mehr eine strategische Aufgabe als ein Gestaltungsproblem. P.W.

Literatur: *Bekmeier, S.:* Nonverbale Kommunikation in der Fernsehwerbung, Würzburg 1989. *Bekmeier, S.:* Emotionale Bildkommunikation mittels nonverbaler Kommunikation, in: *Forschungsgruppe Konsum und Verhalten* (Hrsg.): Konsumentenforschung, München 1994, S. 89-105. *Kroeber-Riel, W.:* Strategie und Technik der Werbung, 2. Aufl., Stuttgart 1993.

Erlebnisbezogenes Design

Instrument des → Erlebnismarketing. Es ist nicht nur das Ergebnis einer kreativen Leistung, sondern erfordert auch verhaltenswissenschaftliche Erkenntnisse (→ Produktdesign). Designer müssen sich auch als Sozialtechniker begreifen, die Umwelten für spezielle Zielgruppen schaffen. Dazu liefert die → Konsumentenforschung viele Beiträge.

Das Design eines Produktes umfasst die gesamte sinnlich wahrnehmbare Gestaltung durch Form und Farbe, Geruch, Geschmack und Geräusch. Designer konzentrieren sich noch zu stark am visuellen Erscheinungsbild, ein erlebnisbezogenes Design sollte alle Sinne des Konsumenten ansprechen. Erste Ansätze zeigen der Einsatz von Duftstoffen, Videotechnik, Lasertechnik u.A.m.

Das Streben nach funktionalem Design und schöner Form hat häufig zu langweiligen und austauschbaren Produkten geführt. Das gilt für die Architektur ebenso wie für industrielle Produkte. Hinzu kommt, dass die Formgebung sich nach übereinstimmenden Klischees richtet, da Designer offensichtlich über Leitbilder verfügen, was bei der Gestaltung guter und schöner Formen „in" ist. Ein erlebnisbetontes Produktdesign ist in der Lage, Präferenzen beim Verbraucher und damit auch eine attraktive Umwelt zu schaffen. Die Umweltpsychologie lehrt uns, dass die Anziehungskraft von Produkten und die Präferenzen der Konsumenten für eine Marke auch von Erlebniswirkungen geprägt werden. Und dazu reichen funktionale und nur schöne Formen nicht aus. Vielmehr sind folgende Anforderungen an eine erlebnisbezogene Produktgestaltung zu stellen:

– Erlebnisbezogenes Design bedingt die Orientierung an den Lebensstilen und Lebensgewohnheiten der Verwender.
– Erlebnisbezogenes Design soll mehrere Sinne beim Verwender ansprechen (nicht nur das Auge).
– Erlebnisbezogenes Design als Marketing-Instrument weist enge Beziehungen zur → Kommunikationspolitik auf.

Beispiele: Braun und Lamy haben aus der Gestaltung ihrer Produkte eine Unternehmensphilosophie aufgebaut. Rowenta positioniert Hausgeräte (Toaster, Kaffeekanne) als Teil des Frühstückserlebnisses durch Anpassung des Designs an Farben und Dekors ausgewählter Essservice. Martini & Rossi nutzt die Verpackung als verlängerten Arm der Medienwerbung am POS durch Abbildung von Motiven aktueller Anzeigenkampagnen.

Andere Beispiele liefern Armbanduhren und Brillen: Eine Armbanduhr wie die Swatch geht vom Bedürfnis der Konsumenten nach Abwechslung und modischem Auftritt aus. Diese Uhr ist nicht nur ein Zeitmesser, sondern auch und v.a. ein → nonverbale Kommunikation. In vergleichbarer Weise entwickelt sich die Brille durch neues Design von der bloßen (und austauschbaren) Sehhilfe zum Bestandteil des gesamten kommunikativen Eindrucks einer Person.

Im Zuge dieser Designbemühungen werden Bügeleisen zu bunten und spaßigen Haushaltsgeräten, bebilderte Kühltruhen zu lustbereitenden und appetitanregenden Nahrungsspendern.

Die Devise für das erlebnisbetonte Design heißt: Alle Sinne des Konsumenten ansprechen! Multisensuale Wirkungen erzeugen!

P.W.

Literatur: *Mehrabian, A.*: Räume des Alltags oder wie die Umwelt unser Verhalten bestimmt, Frankfurt a.M., New York 1978.

Erlebnisgesellschaft

es handelt sich um eine Gesellschaft mit hedonistisch und sensualistisch orientierten Menschen, für die Genuss, „Ausleben" von Emotionen und bewusste Selbstverwirklichung hohen Stellenwert im Wertesystem besitzen (→ Wertewandel). Empirische Analysen in verschiedenen Warenbereichen zeigen, dass das Segment der „Erlebniskäufer" zwischen 15 und 40% des Gesamtmarktes umfasst (z.B. *Diller*, 1990, *Gröppel*, 1991). Soziodemographische Schwerpunkte sind dabei kaum auszumachen. Die Erlebnisorientierung zeigt sich in den verschiedenen Marktsegmenten in ganz unterschiedlichen Verhaltensweisen.

Voraussetzungen bzw. Bedingungen für die Entwicklung von Erlebnisstrategien sind also v.a. die aktuellen Wertetrends in der Gesellschaft. Viele Forscher sehen in der zunehmenden Erlebnis- und Genussorientierung, im Gesundheits- und Umweltbewusstsein sowie der ansteigenden Wertschätzung der Freizeit und der Zunahme des Freizeitbudgets den grundlegenden Wertewandel in der heutigen Gesellschaft. Die Marktkommunikation der Zukunft wird somit vor allem durch die Erlebnisorientierung beeinflusst. Die Erlebnisqualität

Erlebnismarketing

wird zum bedeutendsten Kaufkriterium. Dies führt zum → Erlebnismarketing. Sehr häufig existieren Motivkonflikte zum → Preisinteresse, da der Erlebniskauf i.d.R. mit höheren Preisen als der Versorgungskauf verknüpft ist.
I.R.

Literatur: *Diller, H.:* Zielgruppen für den Erlebnishandel. Eine empirische Studie, in: *Trommsdorff, V.* (Hrsg.): Handelsforschung 1990, Wiesbaden 1990, S. 139–156. *Gröppel, A.:* Erlebnisstrategien im Einzelhandel, Heidelberg 1991. *Kroeber-Riel, W.; Weinberg, P.:* Konsumentenverhalten, 7. Aufl., München 1999. *Opaschowski, H.W.:* Freizeitökonomie: Marketing von Erlebniswelten, Opladen 1995. *Schulze, G.:* Die Erlebnisgesellschaft, 7. Aufl., Frankfurt am Main 1997.

Erlebnismarketing

spezifische Präferenzstrategie (→ Preis-Qualitäts-Strategie), bei der Werte der → Erlebnisgesellschaft in den Mittelpunkt des Leistungsprogramms gerückt und das Marketing-Mix entsprechend erlebnisorientiert ausgestaltet wird.

Bei Erlebniswerten handelt es sich um sinnliche Konsumerlebnisse, die in der Gefühls- und Erfahrungswelt der Konsumenten verankert sind und einen realen Beitrag zur Lebensqualität leisten. Erlebniswerte kommen im Bedürfnis der Konsumenten nach emotionaler Anregung zum Ausdruck, das durch entsprechend ausgestattete bzw. positionierte Produkte und durch → Ladengestaltung befriedigt werden kann. Als Gestaltungsmittel dafür dienen insb.:

- → erlebnisbezogenes Design,
- → erlebnisbetonte Werbung,
- → erlebnisbetonte Einkaufsstätten, insb.
    - → Visual Merchandising und
    - → Eventmarketing,
- → erlebnisorientierte Verkaufsgespräche.

Typische *Erlebniswerte* im Erlebnismarketing sind Gesundheit, Genuss, Aktives Leben, Luxus, Natürlichkeit, Sportlichkeit, Professionalität, Nostalgie, Ästhetik und alle anderen vordringlich emotional besetzten Konsumwelten und Life-Styles, die bei der jeweiligen Zielgruppe eine gefühlsmäßige Faszination auslösen können.

Der sensualistische Konsument bevorzugt Bilder zur schnellen und bequemen Informationsaufnahme. Daraus folgt, dass das Erlebnismarketing sich v.a. der → Bildkommunikation bedient. Alle Instrumente des Marketing sind darauf auszurichten, dass der Konsument bildhaft erreicht wird. Das gilt auch für die bildhafte Sprache und die Angebotspräsentation im Einzelhandel (→ Visual Merchandising).

Ein zentrales Phänomen ist die → Informationsüberlastung in Gesellschaft und Wirtschaft. Damit wächst die Bedeutung der visuellen Kommunikation: Bilder (und i.w.S. alles visuell Erlebbare) sind die stärksten Mittel für emotionales Erleben. Immer mehr Märkte erreichen die Sättigungsphase (→ Marktsättigung). Die Produkte sind ausgereift, die konkurrierenden Anbieter unterscheiden sich kaum voneinander, ihre Produkte werden austauschbar. Werbung und Produktdesign müssen zur Imageprofilierung verstärkt auf visuelle Erlebnisstrategien zurückgreifen, denn bei der heute vorhandenen Erlebnisorientierung kann man sich besonders mittels der von den Produkten bzw. den Geschäften vermittelten Konsumerlebnisse profilieren.

Konsumenten kennen sich auf gesättigten Märkten ausgereifter Produkte aus. Die sachliche Produktqualität ist für sie zu einer Selbstverständlichkeit geworden, das funktional orientierte Informationsbedürfnis nimmt ab. Konsumenten mit einem geringen → Involvement sind in besonderer Weise der visuellen Kommunikation zugänglich, da dazu keine gedanklichen Anstrengungen notwendig sind. Die visuelle Kommunikation wirkt weitgehend automatisch und birgt deshalb auch höhere Akzeptanzchancen bzw. weniger Reaktanzrisiken in sich (→ Nonverbale Kommunikation). Erlebnisprofile als gestaltete Erlebniswerte sind das Ergebnis kreativer Leistungen, weniger das Ergebnis der Marktforschung. Maßgebend sind Determinanten der Lebensqualität. Dazu zählen Lebensstandard, Lebensfreude, Genuss, Familie und Kommunikation.

Bei der Festlegung der einzelnen Erlebnisse, die bildlich und sprachlich das Erlebnisprofil bilden, müssen folgende Punkte geprüft werden:

– Entsprechen die Erlebnisse den *Lebensstiltrends*, um die *Zielgruppe* langfristig anzusprechen?

– Welche Erlebniswerte erlauben heute eine *Abgrenzung zur Konkurrenz* und erschweren morgen eine einfache Imitation?

– Eignen sich die Erlebnisse zur *umfassenden Umsetzung* durch möglichst viele Marketing-Instrumente? Es reicht nicht aus, nur mittels Werbung ein Erlebnisprofil aufzubauen.

- Eignen sich die Erlebnisse für eine *praktikable Umsetzung* oder stellen sie besondere Ansprüche an die Unternehmen und Agenturen?
- Können Produktinformationen und emotionale Ansprache *glaubwürdig* und einfach *verständlich* so aufeinander abgestimmt werden, dass ein *unverwechselbares Erlebnisprofil* entsteht?

Die Prüfung dieser Fragen ist schwierig und überwiegend nur qualitativ im Team möglich. Ein → Konzepttest innerhalb der Marktforschung ist immer dann schwierig, wenn originelle und ungewöhnliche Konzepte vorliegen.

Bei der Generierung von geeigneten Erlebnissen kann man mehrstufig vorgehen (*Kroeber-Riel* 1993):

Die Sammlung möglichst vieler Ideen für Erlebnisse erfolgt mehr oder weniger intuitiv. Man kann einerseits von aktuellen Wertetrends ausgehen und andererseits vom Produkt mit seinem konkreten → Marktraum. Gefragt sind vor allem Phantasie und die Fähigkeit, sich vom Alltäglichen zu lösen.

Ungeeignete Erlebnisse müssen im nächsten Schritt ausgesondert werden. Dazu zählen einerseits Erlebnisse, die negative Assoziationen (wie z.B. Angst) auslösen können und andererseits solche, die nicht der Unternehmensphilosophie (→ Corporate Identity) entsprechen. Die Festlegung eines Erlebnisprofiles erfolgt langfristig, sodass eine sorgfältige Prüfung der passenden Ansätze unerlässlich ist. Erlebniskompetenz erlangt man nicht durch kurzfristige, flüchtige oder diffuse Profile. P.W.

Literatur: *Diller, H.:* Zielgruppen für den Erlebnishandel. Eine empirische Studie, in: *Trommsdorff, V.* (Hrsg.): Handelsforschung 1990, Wiesbaden 1990, S. 139-156. *Gröppel, A.:* Erlebnisstrategien im Einzelhandel, Heidelberg 1991. *Konert, F.-J.:* Vermittlung emotionaler Erlebniswerte – Eine Marketingstratgie für gesättigte Märkte, Würzburg 1986. *Kroeber-Riel, W.:* Strategie und Technik der Werbung, 2. Aufl., Stuttgart 1993. *Kroeber-Riel, W.:* Erlebnisbetontes Marketing, in: *Belz, Chr.* (Hrsg.): Realisierung des Marketing, Savosa, St. Gallen 1986, S. 1137-1151. *Weinberg, P.:* Nonverbale Marktkommunikation, Heidelberg 1986. *Weinberg, P.:* Erlebnismarketing, München 1992.

Erlebnisorientierte Verkaufsgespräche

Technik des → Erlebnismarketing im Rahmen von → Verkaufsgesprächen, das von zentraler Bedeutung für die Vermittlung von Einkaufserlebnissen ist. Es kommt darauf an, den Kunden verbal und nonverbal in die Erlebniswelt einzuführen.

Konsumenten kaufen keine Waren oder Dienstleistungen an sich, sondern deren Nutzen. Sinnvoll ist es deshalb, den Erlebniswert des Produktes für das Einkaufserlebnis im Geschäft zu nutzen, indem auf die Ansprüche an die Lebensqualität des Kunden eingegangen wird (falsch: was leistet das Produkt, richtig: wozu nutzt es ihm, weshalb geht er hierher und nicht zur Konkurrenz?).

In der *Eröffnungsphase*, also zu Beginn des Verkaufsgespräches, wird es darauf ankommen, den Kunden in eine angenehme Stimmungslage zu versetzen. Dazu helfen positive Verstärker, wie Lob und Komplimente, sowie aktives Zuhören. Darunter versteht man die Strategie, wichtige Informationen des Gesprächspartners zu bestätigen und zusammenzufassen. In diese Phase gehört auch der Einstieg in die Erlebniswelten, die Produkt und Einkaufsstätte gemeinsam vermitteln wollen. Der Kunde fühlt sich dann verstanden, anerkannt und ermuntert, seine Wünsche zu konkretisieren.

In der *Angebotsphase* wird man dem Kunden die verkaufsrelevanten, produktbezogenen Informationen vermitteln. Hierzu gibt es bewährte Strategien, die gute Verkäufer kennen, auf die hier jedoch nicht eingegangen werden soll (→ Verkaufsargumentation). Erlebnisstrategien sind in dieser Verkaufsphase von untergeordneter Bedeutung.

Die *Abschlussphase* wird bekanntlich eingeleitet, sobald der Kunde verbale bzw. nonverbale Abschlusssignale erkennen lässt. Wichtig ist es für den Verkäufer, derartige Abschlusssignale nicht durch erneute Argumente abzuschwächen, sondern durch erneuten Rückgriff auf die Erlebnisstrategie den Kaufabschluss zu erleichtern. Der Kunde wird in seiner Entscheidung bestärkt, wenn er seine Kaufentscheidung eingebettet sieht in übergeordnete Kriterien seiner Lebensqualität, die die Erlebnisorientierung beim Einkauf steuern. P.W.

Literatur: *Klammer, M.:* Nonverbale Kommunikation im Verkauf, Würzburg 1989.

Erlös → Umsatz

Erlös – Abweichungsanalyse

1. Definition

Mit Hilfe einer Erlös-Abweichungsanalyse als Hilfsmittel des → Marketing-Controlling soll versucht werden, Abweichungen zwischen einem Ziel-Erlös und einem realisierten IST-Erlös aufzudecken und durch Ursachen zu erklären. Damit werden zum einen Korrekturinformation zur Verbesserung von Schwachstellen und zum anderen Information zur Leistungsbewertung von Erlösverantwortlichen (z.B. Produktmanager oder Gebietsverkaufsleiter) bereitgestellt.

2. Vergleichsgrundlagen

Der Informationsgehalt einer Erlös-Abweichungsanalyse hängt zunächst von der Vergleichsgrundlage ab. Existiert für den Erlös keine Planvorgabe, so kann für den Vergleich zum IST-Erlös auch der bisherige Erlöswert herangezogen werden. Dieser Vergleich (IST zu BISHER) ist immer dann sinnvoll, wenn das eingesetzte Marketing-Mix und die Marktbedingungen einigermaßen konstant waren, sodass Erlösunterschiede auf Veränderungen der Effektivität des eingesetzten Marketing-Mix zurückgeführt werden können. Gilt diese Konstanz jedoch nicht, so kann nur mit Erlösen unter vergleichbaren Bedingungen oder mit Sollerlösen für ein Sollmarketing-Mix verglichen werden. Erlöse unter vergleichbaren Bedingungen können von ähnlichen Wettbewerbsunternehmen oder vergleichbaren Produkten bzw. Geschäftsfeldern herangezogen werden. Hierdurch kann man aber nicht die Frage beantworten, ob generell effizient gearbeitet wurde. Voraussetzung für die Abweichungsanalyse auf der Basis von Sollwerten ist eine in sich konsistente und plausible Planung des Sollerlöses auf der Basis eines bestimmten Sollmarketing-Mix.

3. Abweichungsursachen

(a) *Traditionell errechnete Symptome:* Aufbauend auf den Ideen der Kosten-Abweichungsursachenanalyse werden auch bei der Erlösabweichungsanalyse ein Preis- und Mengeneffekt ausgerechnet. Der *Preiseffekt* wird als Differenz des IST-Preises zum Sollpreis bewertet mit der Sollmenge definiert. Er soll angeben, ob die Preispolitik effektiv war. Der *Mengeneffekt* stellt dann analog die Differenz aus IST- und Sollmenge bewertet mit dem Sollpreis dar. Damit soll ausgesagt werden, ob sich nicht nur der wertmäßige Umsatz, sondern auch der mengenmäßige Absatz positiv entwickelt hat. Da aber Menge und Preis nicht unabhängig voneinander sind, sondern die Menge vom Preis abhängt, stellen der *Preis-* und *Mengeneffekt* nur Symptome, aber keine eigentlichen Abweichungsursachen dar.

(b) *Markt- und unternehmensbedingte Abweichungsursachen*: Das Ziel der Bereitstellung von Korrektur- und Bewertungsinformationen wird nur dann erfüllt, wenn der Teil der Erlösabweichung ermittelt wird, der auf das eigene Handeln zurückgeht. Einem Produktmanager kann nicht die Entwicklung des Marktvolumens und des Branchenpreises zugerechnet werden. Er ist lediglich für den erzielte wertmäßigen Marktanteil verantwortlich. *Albers* (1989) definiert deshalb einen *wertmäßigen Marktvolumeneffekt* als Differenz aus IST- zu sollwertmäßigem Marktvolumen (Mengenmäßiges Marktvolumen multipliziert mit dem Branchenpreis) bewertet mit dem Sollwertmäßigen Marktanteil (Relativer Preis (Unternehmen zu Branche) mal mengenmäßiger Marktanteil). Um diesen Effekt muss die Leistung des Erlösverantwortlichen korrigiert werden. Verantwortlich ist ein Produktmanager für den wertmäßigen Marktanteilseffekt, der sich als Differenz aus IST- zu Sollwertmäßigem Marktanteil bewertet mit dem Sollwertmäßigen Marktvolumen ergibt.

(c) *Marketingbedingte Abweichungsursachen:* Sie lassen sich nur erkennen, wenn man eine → Marktreaktionsfunktion unterstellt. Bei Einbeziehung von Konkurrenzreaktionen ist eine Funktion des mengenmäßigen Marktanteils in Abhängigkeit vom eigenen Preis relativ zum Branchenpreis angebracht. Auf dieser Basis lässt sich errechnen, welche Erlösabweichung dadurch hätte zustandekommen müssen, dass der Erlösverantwortliche nicht den Plan-Preis, sondern einen abweichenden IST-Preis gewählt hat. Diese *Realisationsabweichung* ist definiert als Differenz des eigentlichen wertmäßigen Marktanteils (= IST-Preis relativ zum Sollbranchenpreis mal dem daraus sich ergebenen wertmäßigen Marktanteil) zum entsprechenden Sollmarktanteil bewertet mit dem Sollwertmäßigen Marktvolumen.

(d) Aufgrund der Verwendung einer Reaktionsfunktion des Marktanteils gelingt es auch, den *Effekt der Konkurrenzreaktion* zu isolieren. Dieser bestimmt sich als Differenz des errechneten wertmäßigen Marktanteils (= IST-Preis relativ zum IST-Branchenpreis mal dem sich dabei ergebenen wertmäßigen Marktanteil) zum eigentlichen wertmäßigen Marktanteil bewertet mit dem Sollwertmäßigen Marktvolumen. Der bisher durch diese beiden Ursachen nicht erklärte Teil der Erlösabweichung muss als *Marketing-Effektivitätsabweichung* (= Differenz aus tatsächlichem errechneten wertmäßigen Marktanteil bewertet mit dem Sollwertmäßigen Marktvolumen) interpretiert werden, da sie nur auf eine Veränderung der Effektivität der eingesetzten Marketing-Instrumente zurückgeführt werden kann.

(e) *Hierarchisch bedingte Abweichungsursachen*: Erlösabweichungen beziehen sich meist nicht nur auf ein einzelnes Produkt oder einzelnen Kunden, sondern auf Produktgruppen bzw. Produktfamilien mit vielen Varianten und Kundengruppen bzw. Verkaufsgebiete. In diesem Fall können für die Errechnung der Erlösabweichungen nur Mittelwerte für die Preise über alle Produktvarianten oder Kunden zugrunde gelegt werden. Dabei besteht die Gefahr, dass man auf der Basis der Mittelwerte keine nennenswerten Abweichungen feststellt, obwohl sich erhebliche Verschiebungen innerhalb der einzelnen Produktvarianten und Kunden ergeben haben mögen. Diese kann man durch Errechnung einer *Produkt-Mix-Abweichung* und einer *Kunden-Mix-Abweichung* sichtbar machen. Beide sind definiert als Differenzen der Summe der jeweiligen Erlösabweichungen pro Produktvariante bzw. Kunde zu der entsprechenden Erlösabweichung auf der Basis des Mittelwertes.

(f) *Deckungsbeitrags-Abweichungen*: Hat man Erlösabweichungen berechnet, so ist es prinzipiell auch möglich, bei Zuordnung der entsprechenden Kosten Deckungsbeitragsabweichungen zu bestimmen. Dabei muss untersucht werden, inwieweit Kosten auch von den Marketing-Entscheidungen beeinflusst werden. Hier ist in erster Linie an die Marketing-Budgets und in zweiter Linie an die Stückkosten in Abhängigkeit von der Menge, die wiederum vom Marketing abhängt, zu denken.

4. Methoden der Abweichungsursachen-Analyse
Aufgrund der multiplikativen Verknüpfung von Preis und Menge bzw. Marktanteil und Marktvolumen können Abweichungsursachen nicht unabhängig voneinander isoliert werden. Vielmehr entsteht ein *Interaktionseffekt*, wenn sich sowohl der Preis (bzw. Marktanteil) als auch die Menge (bzw. Marktvolumen) gegenüber der Vergleichsgrundlage geändert haben. Je nach Art der Zurechnung dieses Interaktionseffektes unterscheidet man drei Methoden der Abweichungsursachen-Analyse:

a) Schlägt man den Interaktionseffekt dem ersten isolierten Einzeleffekt zu, so geht man nach der in der Praxis gebräuchlichen *kumulativen Methode* vor.

b) Insbesondere beim Vergleich IST zu BISHER ist eine *symmetrische Methode* vorgeschlagen worden, bei der der Interaktionseffekt zu gleichen Teilen auf die Einzeleffekte verteilt wird. Beide Methoden besitzen erhebliche methodische Schwächen, sodass *Kloock* (1988) die

c) *differenziert-kumulative Methode* empfiehlt, bei der der Interaktionseffekt gesondert ausgewiesen und interpretiert wird.
S.A.

Literatur: *Albers, S.:* Ein System zur IST-SOLL-Abweichungsursachenanalyse von Erlösen, in: Zeitschrift für Betriebswirtschaft, 59. Jg. (1989), S. 637-654. *Albers, S.:* Ursachenanalyse von marketingbedingten IST-SOLL-Deckungsbeitragsabweichungen, in: Zeitschrift für Betriebswirtschaft, 62. Jg. (1992), S. 199-223. *Albers, S.:* A Framework for Analysis of Profit Contribution Variance Between Actual and Plan, in: International Journal of Research in Marketing, Vol. 15 (1998), S. 109-122. *Kloock, J.:* Erfolgskontrolle mit der differenziert-kumulativen Abweichungsanalyse, in: Zeitschrift für Betriebswirtschaft, 58. Jg. (1988), S. 423-434. *Powelz, H.J.:* Gewinnung und Nutzung von Erlösinformationen, in: ZfB, 54. Jg. (1984), S. 1090-1115.

Erlösschmälerung

In der betriebswirtschaftlichen Erfolgsrechnung (→ Marketing-Controlling) werden zur Gewinnermittlung von den bei der Fakturierung erfassten (Plan-)Umsätzen (Erlösen) die jeweils relevanten Kosten subtrahiert. Zuvor jedoch sind die Umsätze um die zwischen Rechnungsstellung und Verrechnung aufgetretenen Erlösschmälerungen zu korrigieren, die keinen Kostencharakter tragen, weil kein Werteverzehr i.S. der Kostendefinition vorliegt. Dazu zählen insb. Erlösberichtigungen in Form von Retouren, Boni, Skonti, Debitorenausfälle und zurückgesandten Verpackungen sowie Erlösminderungen in Form diverser → Rabatte, die den Erlös bei Vorliegen der Rabattierungsbedingungen vermindern. In der Praxis zählt man dazu auch sämtliche weiteren preismindernden Leistungen, wie z.B. Regalprämien, Werbekostenzuschüsse u.Ä.

Eröffnungsrabatt

Zuwendungen an bestimmte Abnehmer, obwohl es sich hierbei z.T. eigentlich um Kosten handelt (→ Konditionenpolitik). Der um die Erlösschmälerungen verminderte Bruttoumsatz wird *Nettoerlös* bzw. (zur Kennzeichnung dafür, dass alle Abzüge berücksichtigt sind) *Netto-Netto-Erlös* genannt. Die Mehrwertsteuer ist keine Erlösschmälerung, sondern von vornehrein nur durchlaufender Posten. Trotzdem wird der um die Mehrwertsteuer verminderte Erlös gelegentlich ebenfalls (fälschlich) als Nettoerlös bezeichnet. H.D.

Eröffnungsrabatt

Ein Unternehmen, das ein Geschäft neu eröffnet, kann hierfür mit einem Eröffnungsangebot werben, das grundsätzlich zulässig ist. Das Publikum sieht in der Ankündigung von Eröffnungspreisen den Hinweis, dass auf eine begrenzte Zeit das gesamte oder nahezu das gesamte Warenangebot mit besonderen Einkaufsvorteilen angeboten wird. Rabattrechtlich (→ Rabattgesetz) ergeben sich nur dann Probleme, wenn der Eindruck besonderer Preisvorteile für bestimmte Personen erweckt wird. Kann aber jedermann während der Eröffnungszeit die Preisvorteile erwarten, so sieht der Verkäufer den herabgesetzten Preis für diese Zeit als den Normalpreis an. H.-J.Bu.

Erotischer Appell

ein besonders im Bereich der Anzeigen- und Plakatwerbung häufig eingesetzter inhaltlicher Gestaltungsfaktor, über dessen Anwendung im Rahmen der Festlegung einer → Werbegestaltungsstrategie entschieden werden muss.
Unter erotischen Appellen ist nicht nur der Einsatz mehr oder weniger nackter (zumeist weiblicher) Modelle zu verstehen, sondern der Begriff umfasst den Einsatz jeglicher sexuell ansprechender Gestaltungselemente (z.B. Darstellung von Zärtlichkeiten, romantischer Texte). Erotische Reize lösen i.d.R. starke Emotionen aus und haben ein entsprechend hohes Aktivierungspotential. Da diese Reaktion weitgehend automatisch abläuft, verringert sich die Aktivierungswirkung erotischer Appelle auch bei mehrmaliger Darbietung kaum. Allerdings besteht die Gefahr, dass die Aufmerksamkeit vom beworbenen Produkt abgelenkt wird und sich völlig auf den auslösenden Reiz richtet. Dies gilt besonders, wenn der Zusammenhang zwischen dem erotischen Gestaltungselement und dem Produkt nicht nachvollziehbar ist. Sofern dieser Zusammenhang nicht besteht, kann der Einsatz erotischer Reize auch negative Effekte auf das Produktimage haben.
Die Wirkung erotischer Werbung hängt sicherlich auch von der Zielgruppe ab, da geschlechts- und altersspezifische Unterschiede hinsichtlich der Einstellung gegenüber erotischer Werbung bestehen. Dies zeigt sich z.B. deutlich in der Diskussion über die Frauenfeindlichkeit sexuell ansprechender Werbung. E.T.

Ersatzbedarf → Bedarf

Erstattungsprinzip

Begriff aus dem → Medizin-Marketing. Der Arzt stellt seine Leistungen dem Patienten in Rechnung. Der reicht die Rechnung bei seiner Krankenkasse zur Erstattung ein. Auch Mitglieder der gesetzlichen Krankenkassen können das Erstattungsprinzip wählen. Die Krankenkasse erstattet jedoch nur den Betrag, den sie dem Arzt bei Anwendung des → Sachleistungsprinzips vergütet hätte, nicht den vollen Rechnungsbetrag. Die Differenz muss der Patient selbst tragen. W.Oe.

Erstbedarf → Bedarf

Erstkäuferanzahl

insb. im Rahmen der Erfolgsbeurteilung neuer Produkte zur Charakterisierung der Marktpenetration wichtiges → Marketingziel: Anzahl der Kunden, die bis zum Betrachtungszeitpunkt mindestens einmal gekauft haben; wird im Gegensatz zum → Feldanteil absolut nach Personen gemessen (→ Käuferreichweite, → Diffusionsprozess).

Erstmarkenpräferenz
→ First Choice Buyer

Ertragsmanagement → Yield Mangement

Erwartungseffekte
→ Preiserwartungseffekte

Erweiterungsbedarf → Bedarf

Erweiterungssysteme → Systemgeschäft

Erzeugerbeihilfen → EG-Marktodnungen

Erzeugerorganisationen

besondere Form des mehrstufigen, indirekten Absatzes im → Agrarmarketing. Sie stellen horizontale → Kooperationen von Erzeugern im agrarwirtschaftlichen Sektor dar. Bei ihnen handelt es sich um juristische Personen mit frei wählbarer Rechtsform. Die Anerkennung einer Erzeugerorganisation ist nach europäischem Recht an die Erfüllung spezifischer Kriterien gebunden und ermöglicht den Anspruch auf öffentliche Fördermittel. Erzeugerorganisationen sollen die Erzeugung und den Absatz der Mitglieder den Erfordernissen des Marktes anpassen. Durch die Bündelung einzelner Unternehmensfunktionen soll die Leistungs- und Wettbewerbsfähigkeit der am Zusammenschluss beteiligten Unternehmen gesteigert werden. Insofern stellen Erzeugerorganisationen ein Marktordnungs-Instrument dar. Erzeugerorganisationen können für Obst und Gemüse, Fischereierzeugnisse und Erzeugnisse der Aquakultur sowie für Hopfen gebildet werden. Für Erzeugerorganisationen von Obst und Gemüse sind die Bestimmungen der VO (EG) Nr. 2200/96, für Erzeugerorganisationen von Fischereierzeugnissen und Erzeugnisse der Aquakultur sind die Bestimmungen der VO (EWG) Nr. 3759/92 und für Erzeugerorganisationen von Hopfen sind die Bestimmungen der VO (EWG) Nr. 1696/71 maßgeblich.

Erzeugerorganisationen gilt es von so genannten *Erzeugergemeinschaften* abzugrenzen. Letztere erhalten die staatliche Anerkennung, wenn sich ihre Tätigkeit nur auf ein Agrarerzeugnis oder eine Gruppe verwandter Erzeugnisse beschränkt, die in einer Liste im Anhang des Gesetzes zur Anpassung der landwirtschaftlichen Erzeugung an die Erfordernisse des Marktes (Marktstrukturgesetz [MStrG]) aufgeführt sind. Die Vorschriften des Marktstrukturgesetzes nehmen Obst-, Gemüse- und Fischereierzeugnisse, Erzeugnisse der Aquakultur sowie Hopfen ausdrücklich aus. Gemäß § 11 Absatz 4 des Marktstrukturgesetzes (BGBl. I 1990, S. 2138) unterliegen anerkannte Erzeugerorganisationen ebenso wie Erzeugergemeinschaften nicht § 1 des Gesetzes gegen Wettbewerbsbeschränkungen (GWB). Die Marktordnungen für Obst und Gemüse, Hopfen sowie Fischereierzeugnisse verlangen im Gegensatz zum Marktstrukturgesetz zwingend eine eigene Geschäftstätigkeit der Erzeugerorganisationen. Im Gegensatz zu Erzeugergemeinschaften haben Erzeugerorganisationen das Recht, Marktrücknahmen durchzuführen.

Die *Aufgaben* von Erzeugerorganisationen bestehen in der Förderung der Vermarktung der Erzeugung der Mitglieder, in der Regulierung der Erzeugerpreise sowie in der Förderung umweltgerechter Wirtschaftsweisen, Anbau- und Produktionstechniken. Erzeugerorganisationen realisieren die gemeinsame Nutzung von Aufbereitungs- und Logistikressourcen und unterstützen die Einführung von Marketingkonzepten. Erzeugerorganisationen übernehmen darüber hinaus für ihre Mitglieder Handelsfunktionen, insbesondere auf der Erfassungsstufe. Dazu zählt das Sammeln und Zusammenstellen großhandelsfähiger Partien, die Kundenakquisition und die Abwicklung der Verkäufe. Ferner bieten sie ihren Mitgliedern Dienstleistungen wie Lagerung, Aufbereitung, Sortierung, Verpackung, Transport, anbautechnische und betriebswirtschaftliche, insbesondere marketingorientierte Beratungen an. Die Bereitschaft der Erzeuger zu kooperieren erklärt sich vor allem durch die Chancen zur Verbesserung der Kreditwertschöpfung, zur Verminderung des Marktrisikos sowie zur technischen und qualitativen Produktionsbeeinflussung. A.He.

Literatur: *Bundesregierung* (Hrsg.): Gesetz zur Anpassung der landwirtschaftlichen Erzeugung an die Erfordernisse des Marktes (Marktstrukturgesetz [MStrG]), In: Bundesgesetzblatt 1990, Teil I, S. 2135-2140. *Europäische Gemeinschaften* (Hrsg.): Verordnung (EWG) Nr. 1696/71 des Rates vom 26. Juli 1971 über die gemeinsame Marktorganisation für Hopfen, in: Amtsblatt der Europäischen Gemeinschaften Nr. L 175 vom 04.08.1971. *Europäische Gemeinschaften* (Hrsg.): Verordnung (EWG) Nr. 3759/92 des Rates vom 17. Dezember 1992 über die gemeinsame Marktorganisation für Fischereierzeugnisse und Erzeugnisse der Aquakultur, in: Amtsblatt der Europäischen Gemeinschaften Nr. L 388 vom 31.12.1992. *Europäische Gemeinschaften* (Hrsg.): Verordnung (EG) Nr. 2200/96 des Rates vom 28. Oktober 1996 über die gemeinsame Marktorganisation für Obst und Gemüse, in: Amtsblatt der Europäischen Gemeinschaften Nr. L 297 vom 21.11.1996. *Bundesministerium für Ernährung, Landwirtschaft und Forsten* (Hrsg.): Die europäische Agrarreform, Bonn 1996.

Eskin-Modell

von *Gerd J. Eskin* 1973 vorgestelltes Prognosemodell für neue Produkte, das wie das → Parfitt-/Collins-Modell den mikroanalytischen Prognosemodellen zuzurechnen ist. In der Klasse der Modelle der Neuproduktprognose wird es zu den Varianten auf der Basis von Paneldaten gezählt, die explizit das Wiederkaufverhalten von Konsumenten erfassen (Wiederkaufmodell). Im Gegensatz zum Parfitt-Collins-Ansatz wird hier die Gesamtabsatzmenge pro Periode in Erst- und Wiederkaufmenge aufgespalten, wobei Letztere wiederum nach der Häufigkeit des Wiederkaufs sowie nach zwischen den Wiederkaufakten liegenden Intervallen differenziert wird. Inzwischen liegen empirische Befunde zur Validität des Modells sowie Erfahrungen im Hinblick auf dessen Übertragungsmöglichkeiten auf das Einkaufsverhalten des Handels vor. P.H.

Literatur: *Eskin, G.J.:* Dynamic Forecasts of New Product Demand Using a Depth-of-Repeat Model, in: Journal of Marketing Research, Mai 1973, S. 115 ff. *Kalwani, M.U.; Silk, A.J.:* Structure of Repeat Buying for New Packaged Goods, in: Journal of Marketing Research, August 1980, S. 316 ff. *Voigt, R.W.:* Die Diagnose und Kontrolle des Einführungserfolges neuer Konsumgüter im Lebensmittelhandel, Bochumer Wirtschaftswissenschaftliche Studien Nr. 94, Bochum 1983.

ESOMAR (European Society for Opinion and Marketing Research)
→ Marktforschungsverbände

Etat-Direktor
Mitarbeiter einer → Werbeagentur, der bei Linienorganisation den → Kontaktern vorgesetzt ist (→ Werbeberufe). Im Fall einer Projektgruppenorganisation der Agentur hat er die Leitungsfunktion in einer oder in mehreren Projektgruppen inne. Er vertritt den Standpunkt seiner Kunden innerhalb der Agentur und umgekehrt, die Agentur gegenüber ihren Kunden. Er ist letztverantwortlich für die Gewinnung von Neukunden, die Pflege bestehender Kundenbeziehungen und die reibungslose Abwicklung der Werbekampagnen.

Ethnozentrische Orientierung
→ EPRG-Schema

Ethnozentrischer Konsum
Aus der Soziologie auf den Konsum übertragenes Konzept. Bezeichnet das Phänomen, dass manche Konsumenten bei Kaufentscheidungen das Herkunftsland (→ Country of Origin-Effekt) des Produktes als Kriterium einbeziehen und dabei den Kauf ausländischer Produkte vermeiden. Gründe hierfür liegen in der Überzeugung, dass der Kauf ausländischer Waren für die eigene Nation oder z.B. Unternehmen des eigenen Landes negative Folgen haben könnten. Im Extremfall entscheidet sich der Konsument sogar für ein Produkt mit niedrigerer Qualität und höherem Preis als bei Alternativen wenn es heimischer Fertigung entstammt. Zur Messung der ethnozentrischen Tendenz von Konsumenten wurde die sog. CETSCALE entwickelt. Während Konsumenten-Ethnozentrismus eine ungerichtete negative Einstellung gegenüber allen ausländischen Produkten bezeichnet, spricht man bei Ablehnung von Produkten eines bestimmten Herkunftslandes von Konsumenten-Animosität (z.B. Ablehnung deutscher Produkte durch israelische Konsumenten oder japanischer Produkte durch chinesische Konsumenten). Dieses Verhalten basiert auf konkreten negativen Erfahrungen mit dem betreffenden Land. B.I.

Literatur: *Sharma, S.; Shimp, T.A.; Shin, J.:* Consumer Ethnocentrism, in: Journal of the Academy of Marketing Science, Vol. 23 (1995).

Etic → emic

EU → Europäische Union

EUREP (Euro Retailer Produce Working Group)
Die EUREP ist eine Gruppe von großen internationalen Lebensmittelketten, deren Obst- und Gemüseeinkäufer sich seit 1997 treffen, – ab 1998 mit dem → EHI als Sekretariat – um für die landwirtschaftliche Vorstufe des Handels vertraglich eine „gute Agrarpraxis (GAP)" zu definieren und abzusichern. Die EUREP kann einerseits als proaktives Krisenmanagement, aber andererseits auch als erste Stufe eines länderübergreifenden Agrarmarketings verstanden werden. B.H.

Euro
Name der gemeinsamen Währung, welche sich die teilnehmenden Mitgliedsstaaten („Euroland") der → Europäischen Union gegeben haben. Das Euroland umfasst zunächst Deutschland, Frankreich, Spanien, Italien, Belgien, Niederlande, Luxemburg, Österreich, Finnland und Irland. Griechenland tritt am 1.1.2001 bei. Der Euro existiert seit 1.1.1999 als Buchgeld im Zahlungsverkehr. Seit diesem Zeitpunkt fungieren die

früheren nationalen Währungen lediglich noch als nicht-dezimale Untereinheiten der gemeinsamen europäischen Währung. Der amtliche Umrechnungskurs Euro/D-Mark steht fest. Er enthält fünf Stellen hinter dem Komma: 1 Euro = 1,95583 D-Mark.
Zum 1.1.2002 erfolgt die Einführung des Euro als Papier- und Münzgeld. Ab diesem Zeitpunkt kann in Geschäften, an Automaten etc. in Euro bezahlt werden. Die Herausgabe wird i.d.R. in Euro erfolgen. Am 28.2.2002 beendet der Einzelhandel die Entgegennahme der bisherigen DM-Münzen und -Scheine. Die Währungspolitik wird seit 1.1.1999 durch die Europäische Zentralbank mit Sitz in Frankfurt a.M. bestimmt. Ihr oberstes Ziel ist die Sicherung der Preisstabilität, also des Geldwertes. B.I.

Eurocheque-Karte

Der eurocheque und die ihn garantierende eurocheque-Karte waren das erste grenzüberschreitende Zahlungsverkehrsprodukt der europäischen Geldinstitute im in den sechziger Jahren neu entwickelten Privatkundengeschäft. Eurocheque und eurocheque-Karte wurden zu einer der ersten Marken im Bereich der Geldinstitute. Im Startjahr des eurocheques (1969) nahmen 14 Länder am eurocheque-System teil. Ende 1999 hat das eurocheque-System 46 teilnehmende Länder und ist in nahezu allen Ländern Europas präsent. Das Volumen grenzüberschreitender eurocheque-Zahlung hatten 1988 mit 6,7 Mrd. Euro seinen Höhepunkt und brachte es 1998 noch auf 2,6 Mrd. Euro.
Ursprünglich als reine Garantiekarte (max. 200 Euro) konzipiert, hat sich die eurocheque-Karte zwischenzeitlich zu einer Legitimations- und Zahlungskarte (→ elektronische Geldbörse, → Kundenselbstbedienung in Banken) entwickelt. Alle eurocheque-Karten sind heute mit der Maestro-Funktion, einer weltweiten Debitfunktion zur bargeldlosen Zahlung an POS-Terminals und zum Bargeldbezug an → Geldausgabeautomaten ausgestattet. Sie wurde ende 1998 auf 3,5 Mio. Maestro-Terminals und 440.000 Geldausgabeautomaten akzeptiert.
O.B.

EuroCommerce

Auf Initiative europäischer Spitzenverbände des Handels wurde 1993 in Brüssel EuroCommerce als gemeinsame Plattform gegründet. EuroCommerce koordiniert zurzeit die Verbandsarbeit aus 24 Ländern, d.h. der Kreis der Mitglieder geht über die Zahl der EU-Länder hinaus. Teilweise wird die Mitgliedschaft jedoch auch nur durch einzelne Unternehmen oder dem Status eines „Affiliated Members" gehalten. Anschrift: Rue Froissart 123–133, B-1040 Brüssel.
B.H.

Eurodata TV

Eurodata TV ist ein Tochterunternehmen der französischen Fernsehforschungs-Firma Médiamétrie. Eurodata TV führt sendungsbezogene Daten zur Fernsehnutzung aus den nationalen Forschungssystemen von über 25 Ländern zusammen und hat für die → Arbeitsgemeinschaft Fernsehforschung die Verwertung von Daten zur Fernsehnutzung außerhalb Deutschlands übernommen. Es können jedoch auch deutsche Interessenten bei Eurodata TV Daten über die Fernsehnutzung in anderen Ländern beziehen.

Euro-Filialist
→ Internationalisierung im Handel

Euro-Key-Account-Management
→ Key-Account-Management

EURO-Label

Einheitlich gestaltetes System zur → Warenkennzeichnung, das nach der EURO-Norm EN 60456 und entsprechenden Richtlinien der EU zu gestalten ist (s. *Abb.*). Diese Produktinformation besteht aus zwei Teilen, dem EURO-Label, das auf den Produkten in farbigem Format angebracht ist und dem EURO-Datenblatt, das sich meist in begleitendem Prospektmaterial findet.
Das Label informiert über die wichtigsten technisch-ökonomischen Merkmale eines bestimmten Produktes, indem es einige Merkmale in ihrer Position auf Wertskalen wiedergibt – z.B. Energieverbrauch auf einer Skala von A (gering) bis G (hoch) – andere in ihrem unmittelbaren technischen Maßen – z.B. Wasserverbrauch in Litern. Das EURO-Datenblatt ist sehr viel umfang- und detailreicher und bietet eine Fülle von Einzelinformationen. Das EURO-Label ist für schnelle Orientierung geschaffen, das EURO-Datenblatt eher zur Information des Experten. Label und Datenblatt sind vorerst für die sog. Weiße Ware (elektrotechnische Haushaltsgeräte) konzipiert, eine Ausdehnung auf andere Produktkate-

Euro-Logistik

Energie

Hersteller
Modell

Niedriger Energieverbrauch

A
B
C
D
E
F
G

Hoher Energieverbrauch

Energieverbrauch kWh
(für Waschen und Trocknen
der vollen Waschkapazität bei 60°C)

Waschvorgang (allein) kWh

Der tatsächliche Energieverbrauch hängt
von der Art der Nutzung des Gerätes ab

Waschwirkung
A: besser   G: schlechter
Schleuderdrehzahl (U/min)

Füllmenge   Waschen
(Baumwolle) kg   Trocknen

Wasserverbrauch (total) *l*

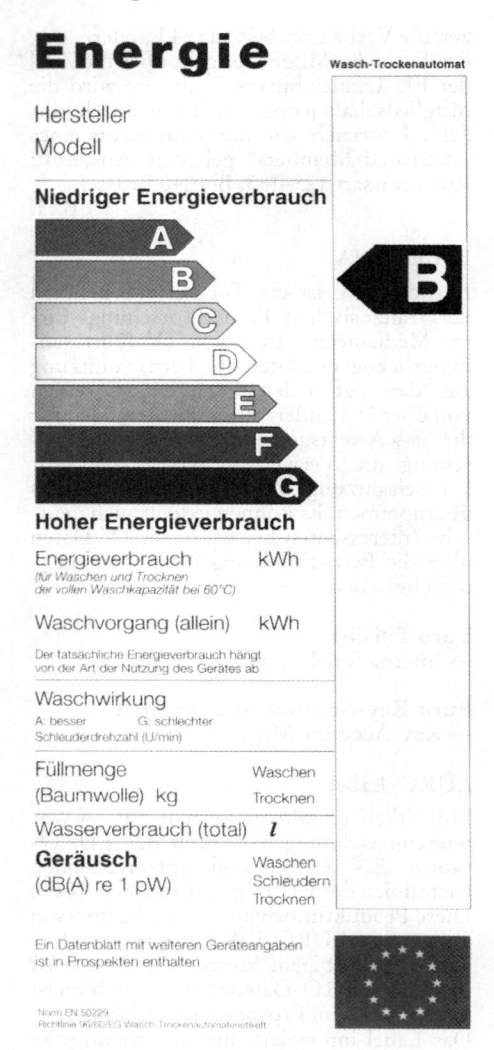

Geräusch   Waschen
(dB(A) re 1 pW)   Schleudern
                    Trocknen

Ein Datenblatt mit weiteren Geräteangaben
ist in Prospekten enthalten

Norm EN 50229
Richtlinie 96/60/EG Wasch-Trockenautomatenetikett

Wasch-Trockenautomat

gorien ist vorgesehen. Die Anwendung ist zunächst freiwillig, zu späterem Zeitpunkt obligat. E.K.

Euro-Logistik

Im → Europäischen Binnenmarkt wurden aus bislang durch eine Vielzahl von Barrieren abgetrennten nationalen Teilmärkten z.T. recht heterogene Regionen desselben Marktes. Bedingt durch diese Entwicklungen waren die ehemals separaten Märkte mit unterschiedlichen Qualitätsstandards, Produktspezifikationen, Kosten, Preise, etc. einem hohen Anpassungsdruck ausgesetzt.

Der damit verbundene Wandel verlangte von allen Beteiligten einen erheblichen Zuwachs an Flexibilität. Vor allem im Bereich der → Marketing-Logistik schlugen sich die strategischen Neuorientierungen der Unternehmen besonders markant nieder. Denn es galt, länderübergreifend ähnliche Zielgruppen zu identifizieren, um eine europaweite und gleichzeitig zielgruppengerechte Marktbearbeitung zu ermöglichen.
Die Beschaffungs- und Distributionsstrukturen von Industrie und Handel sowie die Leistungsstrukturen von Logistik-Unternehmen wurden im Europäischen Markt von Grund auf überdacht und neu konzipiert (vgl. *Abb.* 1).
Heute versuchen viele Industrieunternehmen, durch eine zunehmende Auslagerung der Produktion von Komponenten auf Spezialisten ihre Produktionskosten zu senken und ihre Flexibilität im Markt zu erhöhen. Gleichzeitig wird die Suche nach den geeignetsten Lieferanten bis hin zu einem → Global Sourcing in geographischer Hinsicht immer weiter ausgedehnt. Der Europäische Markt fördert die logistisch brisante Kombination aus Fertigungsdesintegration, Global Sourcing und Just-in-Time, indem er die länderübergreifende Arbeitsteilung erleichtert, die Transaktionskosten (Kosten der Inanspruchnahme des Marktes) senkt, dabei Standortvorteile (z.B. Ressourcenzugang, Lohnniveau) verstärkt marktwirksam werden lässt und den Wettbewerb verschärft.
Die politischen Weichenstellungen in Gestalt eines Abbaus von Grenzkontrollen und einer Beseitigung von nichttarifären Handelshemmnissen schufen für eine solche Entwicklung jedoch nur die notwendigen Voraussetzungen. Die hinreichenden Bedingungen muss die Logistik schaffen, wobei Industrie und Verkehrswirtschaft gemeinsam an der Entwicklung neuer Strukturen arbeiten müssen.
Der Wegfall von Grenzkontrollen führte bei grenzüberschreitenden Transporten zu einem teilweise beträchtlichen Zeit- und Kostengewinn. Regionale Produzenten haben daraufhin einen Teil ihrer Kosten- und Servicevorteile verloren. Als Folge der Märkteintegration ist die Nachfrage nach Transporten gestiegen und hat sich dabei gleichzeitig strukturell verschoben: An die Stelle von Teil- und Komplettladungen zur Auffüllung ausländischer Läger sind zunehmend Stückgutsendungen für die Direktbelieferung ausländischer Kunden getreten.

Der Europäische Markt hat den Trend zu einer Zentralisierung der Warenverteilung gefördert → Depotplanung, → selektive Lagerhaltung).

Abb. 1: Von nationalen zu europäischen Logistikstrukturen

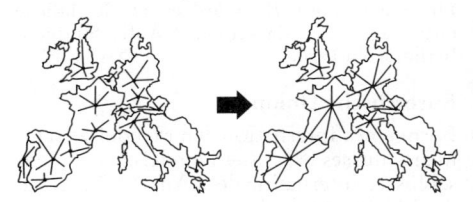

Ohne flächendeckende, länderübergreifende Strukturen für den Austausch von Gütern und Informationen (→ Informations-Logistik), die ein Höchstmaß an Zuverlässigkeit, Flexibilität und Transparenz zu möglichst niedrigen Kosten gewährleisten, bleibt Euro-Logistik ein frommer Wunsch. Hier sind insb. → Logistik-Dienstleister gefordert, ihr Dienstleistungsangebot an die Erfordernisse des Binnenmarktes anzupassen. Dabei wird sich zeigen, ob dieses Angebot durch den Ausbau bestehender Verkehre (Rastersysteme) erreicht werden kann oder ob sich der Übergang zu stark zentralisierten „Nabe- und Speiche"- Systemen mit einer begrenzten Anzahl von Verkehrsknoten und weitgehend strahlenförmigen Relationen durchsetzt (vgl. *Abb. 2*).

Abb. 2: Von gewachsenen Rasterstrukturen zu „Nabe und Speiche"-Strukturen

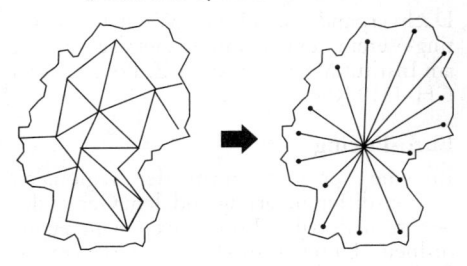

Die „Nabe- und Speiche" („hube and spoke") – Struktur ermöglicht eine hohe Auslastung der Transportkapazitäten auch bei Verkehren in und von strukturschwächeren Regionen, obwohl infolge der zahlreichen Dreiecksverbindungen zwischen den Quell- und Zielgebieten die Verkehrsleistung steigt. Die Entwicklung flächendeckender, innovativer Logistikstrukturen sowie der Zwang zur Kostendegression über hohe Auslastung (Marktanteile) führt einerseits zu Konzentrationsprozessen in der Logistikbranche, andererseits aber auch zu mannigfaltigen Formen der Kooperation.

W.De./R.A.

Literatur: *Delfmann, W.*: Unternehmenssicherung und Unternehmensentwicklung durch den Aufbau integrierter Logistiksysteme im offenen europäischen Markt, in: *Elschen, R.* (Hrsg.): Unternehmenssicherung und Unternehmensentwicklung, Stuttgart 1996, S. 55-71.

Euro-Margerite → Umweltzeichen

Euromoney-Index → Länderselektion

Europäischer Binnenmarkt

Mit dem 1. Januar 1993 schufen die Mitgliedsstaaten der → Europäischen Union einen gemeinsamen Binnenmarkt. Im Jahr 2001 umfasste er 385 Mio. Konsumenten aus 15 Staaten. Dieser gemeinsame Markt ist durch vier bereits im EWG-Vertrag von 1957 genannte, jedoch bis dahin nicht realisierte Grundfreiheiten gekennzeichnet. Es handelt sich um die Freizügigkeit von Bürgern der EU-Staaten, um freien Warenaustausch, um Dienstleistungs- und Niederlassungsfreiheit sowie um die Freiheit des Kapitalverkehrs.

Die damit verbundene Reduktion von Handelshemmnisse und die (allerdings in praxi weiterhin unvollkommene) Harmonisierung der nationalen Wirtschaftsgesetze der Mitgliedsstaaten führten aus Unternehmensperspektive primär zu einer Reduktion von Kosten der Absatztätigkeit im EU-Raum. Von besonderer Bedeutung ist dabei das Standardisierungspotenzial im Bereich der → Produktpolitik, welches sich aus der Gültigkeit einheitlicher Normen und Qualitätsvorschriften auf den jeweiligen nationalen Teilmärkten ergibt. Nach Studien der EU-Kommission ergaben sich so z.B. in der Automobilindustrie durch einheitliche Genehmigungsverfahren 10%-ige Einsparungen bei Entwicklungskosten. Die Kosteneinsparungen im europäischen Raum sollten es Unternehmen dabei auch erlauben, Wettbewerbsvorteile auf nicht-europäischen Absatzmärkten zu erreichen. Inwiefern dieses Ziel realisiert wurde, lässt sich schwer beurteilen, da die Effekte des Binnenmarktes nur schwer von anderen Einflüssen (wie etwa der allgemeinen Konjunk-

Europäischer Preiskorridor

turlage oder technischen Entwicklungen) isolieren lässt.

Anteil deutscher Waren an den Gesamtimporten ausgewählter EU-Staaten

Staat	Rang 1999	Anteil in %
Österreich	1	42
Dänemark	1	22
Schweden	1	21
Niederlande	1	19
Italien	1	19
Belgien	1	18
Frankreich	1	17
Spanien	2	16
Portugal	2	15
Finnland	1	15
Vereinigtes Königreich	2	12

(Quelle: Statistisches Jahrbuch)

Zudem hat sich für zahlreiche Unternehmen, im Gegenzug zu der realisierten Erleichterung des Marktzutritts innerhalb der EU, durch den Eintritt von Konkurrenzunternehmen aus EU-Staaten in den Heimatmarkt der Wettbewerb im jeweiligen Heimatmarkt verschärft. Dennoch gelingt es deutschen Unternehmen weiterhin, ihre traditionell starke Stellung im Binnenmarkt zu verteidigen. Wie die *Tabelle* zeigt, nehmen Importe aus Deutschland auf allen nationalen Märkten des Binnenmarktes gemessen an den Gesamtimporten den ersten oder zweiten Rang ein. B.I.

Literatur: *Weindl, J.:* Europäische Union. Institutionelles System, Binnenmarkt sowie Wirtschafts- und Währungsunion auf der Grundlage des Maastrichter Vertrages, München 1999.

Europäischer Preiskorridor
→ Euro-Pricing

Europäisches Markenamt

Aufgrund eines Vorschlags der EG-Kommission im Jahre 1988 hat der Europäische Rat eine Gemeinschaftsmarken-Verordnung (GemMVO) verabschiedet, die im März 1994 in Kraft getreten ist (→ Markenrecht). Bei der *Gemeinschaftsmarke* handelt es sich um eine in allen EU-Mitgliedstaaten gültige, einheitliche Marke. Sie kann seit 1996 durch eine (natürliche oder juristische) Person durch eine einzige Anmeldung beim europäischen Markenamt mit Sitz in Alicante (Spanien) beantragt werden. Bislang musste der Markenschutz für jedes Land separat beantragt werden. M.B.

Literatur: *Ahlert, D.; Schröder, H.*: Rechtliche Grundlagen des Marketing, 2. Aufl., Stuttgart, Berlin, Köln 1996.

Europäische Union

Form eines Internationalen Handelszusammenschlusses (→ Handelszusammenschlüsse, internationale). Am 1.1.2001 hat die EU 15 Mitgliedstaaten in Nord-, West- und Südeuropa (Deutschland, Österreich, Italien, Frankreich, Belgien, Niederlande, Luxemburg, Finnland, Schweden, Dänemark, Großbritannien, Irland, Spanien, Portugal und Griechenland). Zudem werden den Beitrittsverhandlungen mit verschiedenen ost- und südeuropäischen Staaten geführt. Die EU verfügt über einen gemeinsamen Binnenmarkt und hat sich mit dem → Euro eine gemeinsame Währung gegeben (Wirtschafts- und Währungsunion). Für die meisten der Mitgliedsstaaten stellt die EU den bedeutendsten Wirtschaftsraum dar. Die Anteil der Lieferungen in die EU liegt je nach Land zwischen 45 und 90% der Gesamtausfuhr. Die Bundesrepublik verkauft über 60% der Exporte in EU-Staaten, davon beinahe ein Viertel an Frankreich als wichtigstem Handelspartner. B.I.

European Marketing Confederation (EMC)

Dachverband von 12 europäischen Marketing-Vereinigungen mit Generalsekretariat am Institut Markt-Praxis A-Z, Postfach 198 CH-4310 Rheinfelden.

Euro-Pricing

ist eine spezielle Form der regionalen → Preisdifferenzierung und dem Gebiet des → internationalen Preismanagement zuzuordnen. Unter Euro-Pricing bzw. Euro-Preisstrategie versteht man eine europaweit koordinierte → Preispolitik. Als Folge der Euro-Einführung, der modernen Transport- und Informationstechnologien sowie der politischen Entwicklungen werden bisher weitgehend getrennte nationale Märkte einander ähnlicher und die Barrieren zwischen ihnen niedriger, so dass eine nach Ländern differenzierende Preispolitik, d.h.

national optimale Preise, immer schwieriger durchsetzbar wird. Dies gilt besonders prägnant für den → europäischen Binnenmarkt, mit dessen Errichtung die Aufrechterhaltung der teilweise enormen Preisunterschiede schwieriger werden. Für viele Produkte ist deshalb eine europaweit koordinierte Preispolitik notwendig.

Der Handlungsbedarf wird durch Preisunterschiede in Europa verursacht, die bei manchen Produkten immer noch weit über 100% liegen. So verkauft Perrier in 1999 sein Mineralwasser in Österreich zum dreifachen Preis wie in Frankreich. Ein Ford Mondeo ist in Italien 28% teurer als in Portugal. Die länderspezifischen Preise sind aus Unternehmenssicht sinnvoll, da Unterschiede in → Käuferverhalten, → Kaufkraft, Wettbewerb, Distribution etc. zur → Preisdifferenzierung und Gewinnmaximierung genutzt werden. Doch durch den Euro sind solche Preisunterschiede sehr viel transparenter geworden. Hinzu kommt, dass durch den Wegfall des Wechselkursrisikos (→ Marketingrisiken) *Grau-* und → *Parallelimporte* immer attraktiver werden. International operierende Händler kaufen zunehmend in Niedrigpreisländern ein und umgehen so die → Preisstrategie der Hersteller. Angesichts dieser Entwicklung erscheint vielen Unternehmen die Festlegung eines europäischen Einheitspreises als einfachste Lösung für die genannten Preisprobleme. Die Unternehmen befinden sich jedoch in dem Dilemma, einerseits die gewinnmaximalen Preisdifferenzen zwischen den Ländern aufrecht zu erhalten, andererseits aber das europäische „Horror-Szenario", d.h. das Abrutschen aller Preise auf das niedrigste Europaniveau, zu verhindern. Um dieses Dilemma zu lösen, empfiehlt sich als Euro-Preisstrategie die Bestimmung eines „Europäischen Preiskorridors", d.h. eines Preisintervalls mit Preisober- und -untergrenze, innerhalb dessen sich sämtliche europäischen Länderpreise befinden sollten. Zur Ermittlung dieses europäischen Preiskorridors sind folgende vier Schritte notwendig:

1. Bestimmen der optimalen Länderpreise
Die Ausgangsbasis bilden die optimalen Preise pro Land. Sie werden aus der länderspezifischen → Preis-Absatzfunktion ermittelt. Sie kann mit Hilfe von historischen Marktdaten, Expertenschätzungen oder geschätzt werden. Liegen die länderspezifischen Preis-Absatzfunktionen vor, so können unter Berücksichtigung der Produktkosten für jedes einzelne Land die optimalen Länderpreise berechnet werden (→ Preistheorie).

2. Abschätzen des Handlungsbedarfs
Die Marktreaktionen (Gefährdungspotenzial durch Parallelimporte und → Großhandel) auf die Preisdifferenzen bei den optimalen Länderpreisen und der damit verbundene Handlungsbedarf sollten vom Preismanager (→ Preisorganisation) qualitativ und quantitativ abgeschätzt werden. Der Handlungsbedarf ist abhängig von Wirkung und Umfang von Parallelimporten, von Möglichkeiten der → Produktdifferenzierung und von der Macht internationaler Einkäufer (→ Marktmacht).

3. Bestimmen des Euro-Preiskorridors
Liegt ein europäisches Preisproblem vor (z.B. hohe Verluste durch Parallelimporte),

Anwendungsbeispiel für die Ermittlung des optimalen Preiskorridors

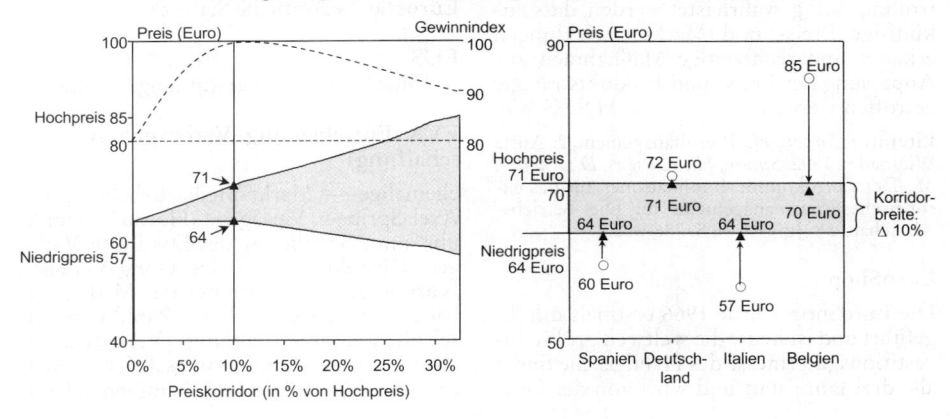

EuroShop

so müssen in einigen Ländern die Preise erhöht und in anderen Ländern die Preise gesenkt werden. Die europäischen Landespreise sind so zu optimieren, dass sie sich innerhalb eines bestimmten, vordefinierten Preiskorridors befinden. Die Ermittlung des optimalen Preiskorridors soll an einer Anwendung aus dem Sanitärbereich skizziert werden (*Abb. 1*). Der deutsche Hersteller sah seinen heimischen Hochpreis- und Volumenmarkt durch Parallelimporte aus Italien und Spanien bedroht, da Preisdifferenzen von bis zu 33% bestanden. Die Festlegung eines optimalen Preiskorridors führte gegenüber der Einheitspreisbildung zu einer Gewinnsteigerung von 25%. Die linke Seite der *Abb.* zeigt die Auswirkungen der gewählten Korridorbreite auf den Gewinn, die rechte Seite beschreibt die ursprüngliche und die sich nach Festlegung der Korridorbreite auf 10% ergebende → Preispositionierung für den Sanitärhersteller.

Als Faustregel für die Praxis gilt: Die Preisspanne des Preiskorridors, d.h. die Preisdifferenz zwischen höchsten und niedrigsten Landespreis, sollte gerade unterhalb der → Arbitragekosten liegen. Die Grenzen des Preiskorridors sind verbindliche Preisvorgaben für die einzelnen Länder. Generell sollten bei der Festlegung des Euro-Preiskorridors die großen Volumenmärkte in Europa das Preisniveau bestimmen. Es kann sogar sinnvoll sein, einen kleinen tiefpreisigen, weit außerhalb des Preiskorridors liegenden Markt gar nicht mehr zu bedienen, um ein Abrutschen der Preise auf den profitablen Volumenmärkten zu verhindern.

4. Einführung eines europaweiten Preiscontrollings
Durch die Einführung eines → Preiscontrollings soll gewährleistet werden, dass zukünftige Preis- und Marktentwicklungen erkannt und rechtzeitige Maßnahmen zur Anpassung der Preis- und Produktstrategie getroffen werden. H.S./G.Wü.

Literatur: *Simon, H.:* Preismanagement, 2. Aufl., Wiesbaden 1992. *Simon, H.; Lauszus, D.; Kneller, M.:* Der Euro kommt. Implikationen für das europäische Preismanagement, in: Die Betriebswirtschaft, 58. Jg. (1998), S. 786-802.

EuroShop

Die EuroShop wurde 1966 erstmals durchgeführt und ist heute die weltweit größte Investitionsgütermesse des Handels. Sie findet alle drei Jahre statt und wird von der Düsseldorfer Messegesellschaft und dem → EHI organisiert. 1999 hatte sie eine Netto-Quadratmeterfläche von 96.000 qm, 1.592 Aussteller und 97.000 Fachbesucher, die mit über 50 Prozent aus dem Ausland kamen. Internet http://www.euroshop.de
B.H.

Euro-Socio-Styles

sind ein von der → GfK international konzipiertes Instrument zur → Marktsegmentierung und Definition von → Zielgruppen auf Basis sozio-kultureller Forschung. Nach dem → Lebensstil-Konzept werden 14 homogene Verbrauchertypen definiert und empirisch aufgefunden (vgl. *Abb.*), die in verschiedenen europäischen Ländern in mehr oder minder großer Zahl gleichermaßen auftreten

Euro-Socio-Styles liefern damit ein komplexes, multidimensionales Portrait einzelner Zielgruppen, die somit greif- und verstehbar werden. Mentalitätsbedingte Unterschiede zwischen den Ländern und Regionen werden durch unterschiedliche prozentuale Verteilungen reflektiert. Eine kurze Fragenbatterie erlaubt es, jede Person einem Euro-Socio-Style zuzuordnen. Diese Verknüpfung gewährt dann Zugriff auf alle bisher erhobenen quantitativen wie qualitativen Daten zu den Euro-Socio-Styles, der auch Aussagen über Werte, Einstellungen und Emotionen berücksichtigt. Anwendungsbereiche des Konzeptes sind neben Positionierungsanalysen (→ Positionierung) und Potenzialhochrechnungen die strategische Zielgruppenplanung, die Neuproduktentwicklung, die → Mediaplanung sowie die Kommunikations- und Produktoptimierung. S.S.

Eurostat → Amtliche Statistik

EUS
→ Entscheidungsunterstützungssystem

EVA (Entscheidung, Verbrauch, Anschaffung)

ehemalige → Markt-Media-Erhebung des Axel Springer Verlages („Hörzu", „Funkuhr") mit Beteiligung des Das Beste-Verlages, Düsseldorf, und des Gong-Verlages, Nürnberg, die Daten über das Medienverhalten in ausgewählten Publikumszeitschriften Markenbindung, Verbrauchsintensität, und Anschaffungsabsicht sowie Entscheidungsträger bei Familieneinkauf-

Position der 14 Euro-Socio-Styles

ICH-ORIENTIERUNG
eigene Person steht im Mittelpunkt: Vorrang emotionaler Wahrnehmungen, des materiellen Vermögens, Reaktion auf äußere Reize

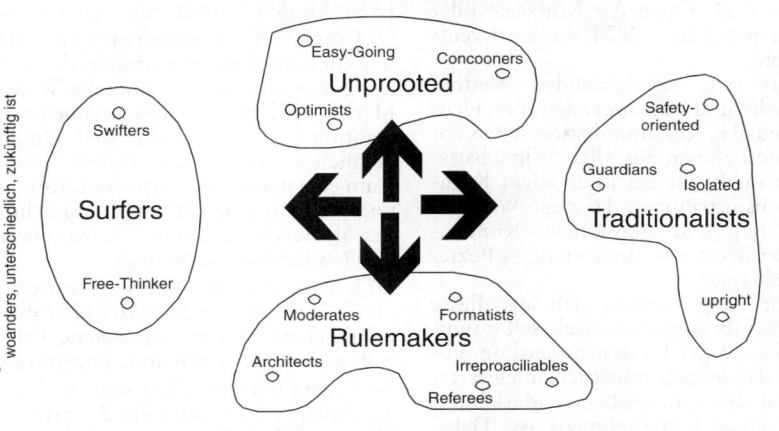

GEGENWARTSORIENTIERUNG
innovativ, beweglich, interessiert, all das zu erforschen, zu entdecken, was woanders, unterschiedlich, zukünftig ist

VERGANGENHEITSORIENTIERUNG
konservativ, traditionalistisch, sicherheitsorientiert, Bewahrung des bisher Erreichten, Rückzug auf die familiäre Kleingruppe

Unprooted: Easy-Going, Concooners, Optimists
Surfers: Swifters, Free-Thinker
Traditionalists: Safety-oriented, Guardians, Isolated, upright
Rulemakers: Moderates, Formatists, Architects, Irreproaciliables, Referees

GESELLSCHAFTSORIENTIERUNG
Gesellschaft steht im Mittelpunkt: Vorrang der Vernunft, der Abstraktion von Werten und Ideen, Suche nach der moralischen wie intellektueller Strenge, nach Organisation und Disziplin

© GfK AG, Lebensstilforschung

entscheidungen bei einer Vielzahl von Dienstleistung, Verbrauchs- und Gebrauchsgütern ermittelte. Die Untersuchung wurde 1977, 1979 und 1980 durchgeführt und zu letzt 1982 wiederholt. Seit 1983 ist die Erhebung in die → Verbraucheranalyse (VA) integriert.

Event-Food

Marketing-Instrument zur Markenpflege (→ Markenpolitik). Hierbei werden Nahrungs- und Genussmittel für Veranstaltungen (Events) zu Marketing- und insbesondere zu Kommunikationszwecken entwickelt und eingesetzt. Z.B. lancierte *Danone* zur Fußball-Europameisterschaft 1998 eine speziell verpackte Produktvariante, und viele Sektproduzenten brachten zur Jahrtausendwende Sondervarianten ihrer Marken auf den Markt. Durch den direkten Bezug der Nahrungs- bzw. Genussmittel auf die Art des Events, zieht es die Aufmerksamkeit der Besucher auf sich. Entscheidend ist die Produkt-Event-Affinität. Hierbei werden mit Hilfe von Befragungen und multivariater Analysen (z.B. → Korrespondenzanalyse) zu bestimmten Events Produkte kreiert oder zu geplanten oder vorhandenen Produkte Events gesucht. Die gezielte Ansprache des menschlichen Geschmacks- und Geruchssinnes ist eine kognitiv-affektive Unterstützung zur Imagebildung der Produktmarke bzw. des Unternehmens. Ein Event-Food muss mehrere Anforderungskriterien erfüllen:

- einfaches Handling,
- Aufgriff aktueller Konsumtrends,
- Unverderblichkeit während des Vertriebs und der Lagerung sowie
- die Nutzung bekannter Produktarten (geeignet sind vor allem Erfrischungsgetränke, Süßwaren und Molkereiprodukte). S.S./M.R.-L.

Event-Marketing

beinhaltet die zielorientierte, systematische Planung, konzeptionelle und organisatorische Vorbereitung, Realisierung sowie Nachbereitung von Events. *Events* bilden den inhaltlichen Kern des Event-Marketing und können als inszenierte Ereignisse in Form von Veranstaltungen und Aktionen verstanden werden, die dem Adressaten (Kunden, Händler, Meinungsführer, Mitarbeiter) firmen- oder produktbezogene Kommunikationsinhalte erlebnisorientiert vermitteln und auf diese Weise der Umset-

Event-Marketing

zung der Marketingziele des Unternehmens dienen. Events, die dieser Zielstellung dienen, werden zur inhaltlichen Abgrenzung von sonstigen erlebnisorientierten Veranstaltungen (z.B. Open-Air-Konzerte oder Opernfestspiele) auch als Marketing-Events bezeichnet.

Angesichts sich verschärfenden Wettbewerbsdrucks und zunehmenden Versagens massenmedialer Kommunikation sehen vor allem Unternehmen aus allen Wirtschaftsbereichen im Event ein innovatives Kommunikationsinstrument, das neue Wege zu Kundendialog und emotionaler Kundenbindung eröffnet (→ Medienstil, → Beziehungsmarketing).

Event-Marketing versteht sich aus dieser Perspektive als organisatorisch selbständiges Arbeitsfeld der Unternehmenskommunikation, das jedoch inhaltlich integrierter Bestandteil des ganzheitlichen Marketingkonzepts eines Unternehmens ist. Dabei muss das Event-Marketing in seinen Kommunikationsinhalten synergisch mit den anderen Kommunikationsinstrumenten, wie klassischer Werbung, PR oder Sponsoring verzahnt sein (→ Integrierte Kommunikation). Dies ist nur erreichbar, wenn Events in ihrer strategischen Dimension verstanden werden, die deutlich über das häufig in der Unternehmenspraxis verfolgte operative Ziel der Kundenunterhaltung hinausgeht. In diesem Sinn agiert Event-Marketing auf zwei Zielebenen:

- *Operative Ziele*, die sich vorrangig auf kurzfristige Wirkungen richten, sind die Anzahl der Eventteilnehmer, die Relation tatsächliche Teilnehmer zu eingeladenen Teilnehmern, die Direktkontakte zwischen Eventteilnehmern und Unternehmen, der Grad emotionaler Aktivierung, die Intensität der Interaktion und die Dialogbereitschaft der Teilnehmer.
- *Strategische Ziele* richten sich auf die mittel- und langfristig positive Beeinflussung der Markenbekanntheit und der Einstellung zur Marke, die Verfestigung emotionaler Markenbilder, emotionaler Kundenbindung und letztlich Kaufinteresse und Kaufbereitschaft.

Als innovatives Kommunikationsinstrument zeichnet sich Event-Marketing durch eine Reihe von *Merkmalen* aus:

(1) Events sind vom Unternehmen initiierte *Veranstaltungen ohne vordergründigen Verkaufscharakter*, d.h. nicht Verkaufsförderung oder kurzfristiger Verkaufserfolg sind Ziele des Event-Marketing, sondern die emotionale Bindung des Teilnehmers an die mit dem Unternehmen bzw. der Marke verbundene Erlebniswelt. Nur dann ist der Event für den Konsumenten glaubwürdig.

(2) Events setzen Botschaften der Marketingkommunikation in tatsächlich *erlebbare Ereignisse* um. Die symbolische Welt einer Marke wird für den Eventteilnehmer zur emotional erlebten Markenwelt. Durch tatsächliches Erleben und eigene Erfahrung kann eine deutlich intensivere Einstellungs- und Verhaltensbeeinflussung erreicht werden als durch massenmediale Kommunikation (→ Erlebnismarketing).

(3) Events sind *interaktionsorientiert*, d.h. die Teilnehmer werden aktiv über die Verhaltensebene in die dargebotene Erlebniswelt einbezogen (→ Kundenintegration).

(4) Events unterscheiden sich bewusst von der Alltagswirklichkeit der Zielgruppe und bieten auf diese Weise *Abwechslungspotential* für den Teilnehmer, das zur → *Aktivierung* führt. Deren Intensität liegt in der Größe der Differenz zum Alltagserleben und im Gelingen einer zielgruppenfokussierten emotionalen Umsetzung der Kommunikationsinhalte begründet.

(5) Events werden *zielgruppenfokussiert* ausgerichtet. Dadurch wird mit dem Event ein hoher Grad an Individualität und infolgedessen auch eine hohe Kontaktintensität erreicht. Dialogische Kommunikation mit den Mitgliedern der Zielgruppe wird möglich (→ Dialogmarketing). Streuverluste, wie für massenmediale, monologisch orientierte Kommunikation typisch, werden deutlich eingeschränkt.

(6) Events sind Bestandteil des Konzepts der → *Integrierten Kommunikation*. Aus dieser Perspektive ist Event-Marketing inhaltlich gebunden. Die konzeptionelle Vorbereitung sowie die Planung und Organisation der Durchführung von Events ist allerdings eine eigenständige Aufgabe, die einer professionellen Bearbeitung bedarf.

Die *Veranstaltungsformen*, die durch das Event-Marketing entwickelt wurden, sind vielgestaltig. Eine Systematisierung kann in drei Dimensionen erfolgen: dem Erlebnisrahmen bzw. Erlebnisbereich, aus dem den Eventteilnehmern emotionale und physische Reize dargeboten werden, die Art der Interaktion als Feld der aktiven Einbeziehung des Teilnehmers in die Eventinszenierung sowie die Zugehörigkeit der Teilnehmer zur Eventzielgruppe.

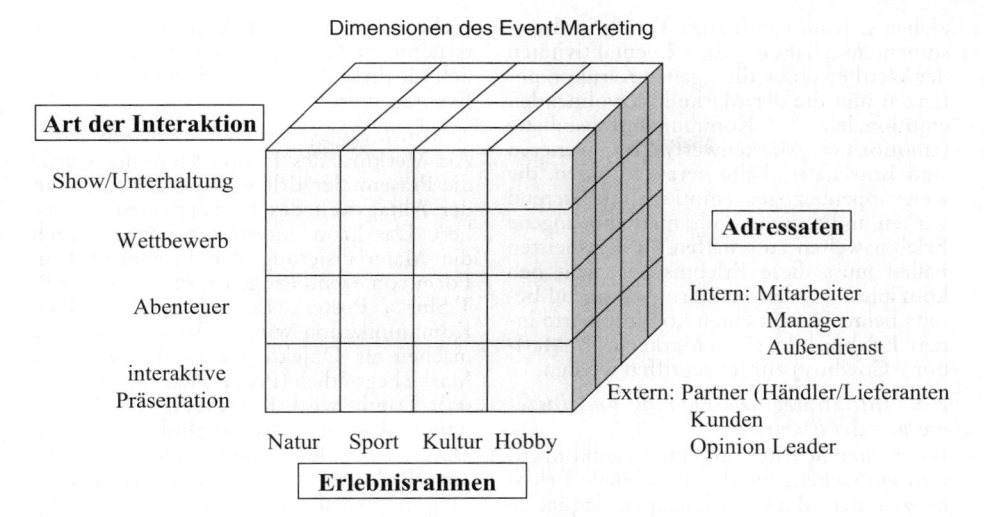

Dimensionen des Event-Marketing

Art der Interaktion
- Show/Unterhaltung
- Wettbewerb
- Abenteuer
- interaktive Präsentation

Erlebnisrahmen: Natur, Sport, Kultur, Hobby

Adressaten
- Intern: Mitarbeiter, Manager, Außendienst
- Extern: Partner (Händler/Lieferanten), Kunden, Opinion Leader

In der Marketingpraxis wird vorrangig nach dem Zielgruppenbezug unterschieden in

- Events, die auf einen breiten öffentlichen Teilnehmerkreis gerichtet sind (sog. *Public Events*) und in deren Mittelpunkt Endkonsumenten oder Meinungsführer und Medienvertreter als Multiplikatoren stehen, und
- auf einen genau bestimmten, eingeschränkten Teilnehmerkreis gerichtete Events (sog. *Corporate Events*), zu denen vorrangig Händler und Franchisenehmer, der Aussendienst sowie Manager und Mitarbeiter des eventveranstaltenden Unternehmens eingeladen werden.

Nach einer Marktanalyse (*Zanger* 1999) sind die am häufigsten durchgeführten Typen von Marketing-Events im Bereich *Public Events* auf die Präsentation der emotionalen Erlebniswelt einer Marke (z.B. Abenteuertouren, Sportwettbewerbe, Road Shows) oder die interaktive Markteinführung neuer Produkte gerichteten Veranstaltungen, bei denen die Aktivierung der Eventteilnehmer unter Verwendung von Elementen aus den Bereichen Kultur, Sport und Abenteuer erreicht wird.

Im Bereich *Corparate Events* werden Präsentations-, Informations- und Motivationsveranstaltungen erlebnisorientiert durchgeführt (z.B. Neuproduktvorstellungen, Kick-off-Meetings zum Start von Projekten, Händler- und Aussendienstwettbewerbe, Firmenkonferenzen und -galas, Incentiv-Reisen für Manager und Mitarbeiter). Zur Eventinszenierung werden Elemente aus den Bereichen Kultur, Natur und Sport eingesetzt. Eine aktive Einbeziehung der Eventteilnehmer wird häufig über Wettbewerbe erreicht.

Als Sonderform gewinnen *Messeevents* an Bedeutung, die sowohl für einen öffentlichen Teilnehmerkreis als auch für Fachbesucher veranstaltet werden können.

Eine hohe Aktivierung junger Zielgruppen erreichen z. Z. *Internetevents* und Events, die das Internet in die Inszenierung einbinden.

Event-Marketing ist ein interdisziplinäres Aufgabenfeld, das ein effizientes Zusammenwirken verschiedener Partner erfordert. Eventveranstaltende Unternehmen kooperieren mit Marketing-Eventagenturen, die neben der Eventkonzeption für die Eventidee und deren Inszenierung verantwortlich zeichnen. I.d.R. übernehmen die Eventagenturen auch die Organisation des Events und die Koordination der Spezialisten, wie z.B. Location-Anbieter, Licht-, Ton- und Bühnentechniker, Künstler oder Catering.

Zur *Implementierung eines Event-Marketing-Konzeptes* erscheinen die folgenden sechs Schritte für den Eventerfolg notwendig:

1. Schritt: Situationsanalyse und massenmediale Vorbereitung

Den Ausgangspunkt der Implementierung von Eventstrategien bildet die Zielgruppenbestimmung, deren exakte Beschreibung angesichts der zunehmenden Fragmentarisierung der Märkte erfolgsentscheidend ist. Weitere interne und externe Analysen beziehen sich auf langfristige Trends im Konsumentenverhalten, die Eventaktivitäten der Wettbewerber, die eigenen Kernkompetenzen und die der Marke innewohnenden emotionalen Kommunikationsinhalte (emotionaler Markenwert). Im weiteren sind Botschaftsinhalte herauszufinden, die zielgruppenbezogen emotional aktivierend wirken und geeignet sind, markenbezogene Erlebniswelten zu schaffen. In den meisten Fällen muss diese Erlebniswelt nicht neu konzipiert werden, sondern es kann auf bereits beim Konsumenten konditionierte innere Erlebnisbilder von Marken (z.B. Marlboro-Cowboy) zurückgegriffen werden.

2. Schritt: Strategische Planung und Inszenierung des Events
Im zweiten Schritt wird eine Eventkonzeption entwickelt, die die emotionale Erlebniswelt der Marke zielgruppenadäquat in Szene setzt. Der Event wird ein umso größeres Aufmerksamkeits-, Aktivierungs- und Erinnerungspotential bei der Zielgruppe besitzen, je deutlicher sich die Inszenierung vom bisher Erlebten abhebt. Voraussetzung dafür ist eine innovative Eventidee. Dabei geht es um Exklusivität und Originalität sowie die Differenzierung gegenüber dem Wettbewerb. Im weiteren muss die Eventidee in ein kreatives Konzept unter Beachtung der Stimmigkeit mit der Kommunikationsstrategie des Unternehmens umgesetzt werden. Besondere Beachtung ist der Vielfältigkeit der im Einzelnen zu konzipierenden Aktivitäten und der Interdiziplinarität der beteiligten Partner zu schenken. Für Public Events ist es besonders typisch, dass die tatsächliche physische Aktion nur für einen Bruchteil der Zielgruppe realisierbar ist. Deshalb kann z.B. über breitgestreute Bewerbungsaktionen um die Eventteilnahme die potentielle Möglichkeit des aktiven Mitwirkens am Event grundsätzlich für große Teile der Zielgruppe eröffnet werden.

3. Schritt: Operative Vorbereitung und Durchführung des Events
Neben der strategischen Planung des Marketing-Events ist vor allem ein professionelles Management bei der operativen Vorbereitung und Durchführung erforderlich. Das schließt die Auswahl und vertragliche Bindung von Locations und geeigneten Event-Dienstleistern, die massenmediale Vorbereitung der Zielgruppenansprache und die operative Steuerung des Gesamtablaufs sowie solcher Einzelbereiche wie Licht- und Tontechnik, Special-Effects, Entertainment, Catering usw. ein. Verantwortlich für diese Aufgaben zeichnet i.d.R. eine Eventagentur.

4. Schritt: Objektivation der Erlebniswelt
Als Merkmal des Event-Marketing wurde die Präsenz der Erlebniswelt der Marke in der Alltagswelt des Konsumenten formuliert. Das kann unterstützt werden durch die Materialisierung der Erlebniswelt in Form von eventbezogenen Produkten (z.B. T-Shirts, Poster). Die Ebene der reinen Kommunikation wird verlassen. Produkte machen als Objekte die Erlebniswelt der Marke begreiflich (Prozess der Objektivation). Damit wird Kommunikationspolitik unmittelbar in Produktpolitik umgesetzt. Durch diese Objektivation wird die Erlebniswelt aktualisiert und breiten Kreisen der Zielgruppe real zugänglich.

5. Schritt: Herstellen der massenmedialen Publikumsplattform
Durch die Schaffung einer massenmedialen Plattform für die Publikation von erlebnissynchronen Konsumentenreaktionen und die Nachbereitung von Events in Form von Erlebnisberichten, persönlichen Erfahrungen mit der Marke, Fragen an den Hersteller usw. wird es möglich, die Zielgruppe im großen Maßstab kommunikativ einzubinden. Dadurch wird eine hohe Aktualität der Marke im Alltag der Zielgruppe erreicht. Event-Marketing leistet somit einen wichtigen Beitrag zur Umsetzung erlebnisorientierter Marketingstrategien.

6. Schritt: Erfolgskontrolle
Der Erfolg von Marketingevents kann am Grad der Erreichung der geplanten Ziele gemessen werden. Dabei geht es sowohl um den Nachweis der operativen Wirksamkeit von Eventstrategien in Bezug auf Kontaktziele und Aktivierung als auch um die strategische Wirksamkeit für Bekanntheit, Image und emotionale Bindung. Methodisch können sowohl quantitative als auch qualitative Methoden der Erfolgsbewertung zum Einsatz kommen. C.Z.

Literatur: *Nickel, O.* (Hrsg.): Eventmarketing, München 1998. *Zanger, C.; Sistenich, F.:* Eventmarketing. Bestandsaufnahme, Standortbestimmung und ausgewählte Ansätze zur Erklärung eines innovativen Kommunikationsinstrumentes, in: Marketing – ZFP, 18. Jg (1996), S. 233–242. *Zanger, C.:* Events – ein Markt etabliert sich, in: Event Partner, Heft 6 (1999), S. 86-99.

E-V-Hypothese → Einstellung

Evoked Set

kennzeichnet als frühes Konzept des Alternativenbewußtseins im → Kaufentscheidungsprozess die vom Käufer spontan erinnerte und für relevant erachtete Alternativenmenge für einen Produktkauf. Es kann damit auch als Ausdruck des → Preisinteresses angesehen werden. Bei der Ladenwahl spricht man auch von → Store-Set. Bei der Weiterentwicklung des Konzepts wurde feiner in *awareness* set (bekannte Marken) und → *consideration* set bzw. *relevant set* (ernsthaft in Erwägung gezogene Marken) sowie *inept set* (bekannte, aber inakzeptable Marken) unterschieden. Neuerdings wird auch vom loyalty set als Menge der immer wieder gekauften Marken gesprochen.

Exhaustive Klassifikation
→ Clusteranalyse

Existenzgründung
→ Gründungsmarketing

Exklusivvertrieb

Wenn sich der Hersteller im Rahmen der → Vertriebswegepolitik dazu entschließt, über die qualitative Selektion (→ Selektivvertrieb) hinaus den Kreis der Absatzmittler unter rein quantitativen Gesichtspunkten zu beschränken, so spricht man von exklusivem Vertrieb. Dies bedeutet, dass zwar eine größere Zahl von Händlern die qualitativen Anforderungen des Vertriebs erfüllt, der Hersteller aber darauf verzichtet, alle diese Händler zu beliefern.

Die bewusste Einschränkung der Erhältlichkeit einer Ware kann Teil des Nutzens sein, den die Verbraucher mit dem Produkt verbinden sollen. Durch Exklusivvertrieb lässt sich der Intrabrand-Wettbewerb auf der Händlerstufe abschwächen oder ganz unterbinden, insbesondere dann, wenn der Hersteller seinen Händlern für einen bestimmten Absatzbezirk die Alleinvertriebsberechtigung (→ Gebietsschutz) einräumt. Die Händler erhalten damit den Anreiz, sich nachhaltig für diese Produkte einzusetzen. Denn anders als universell oder teilweise auch selektiv vertriebene Produkte sind exklusiv vertriebene Marken weniger dem Risiko ausgesetzt, dass ihr Markenwert durch Preiskämpfe beeinträchtigt wird und dadurch das Absatzförderungsinteresse der Händler sinkt.

Der Entscheidung des Hersteller, einen Händler von der Belieferung auszuschließen, sind jedoch rechtliche Grenzen gezogen, die insb. im Verbot der → Diskriminierung nach § 20 I, II GWB liegen. H.Schr.

Experiment

Ein Experiment dient im Rahmen der → Marktforschung der Überprüfung einer Kausalhypothese, wobei eine oder mehrere unabhängige Variable(n) (Experimentfaktor(en)) durch den Experimentator bei gleichzeitiger Kontrolle aller anderen Einflussfaktoren variiert werden, um die Wirkung der unabhängigen auf die abhängige(n) Variable(n) messen zu können.

Dieses Forschungsdesign dient mithin der Aufdeckung von Ursache-Wirkungsbeziehungen und ist durch Vorliegen präziser Forschungsziele und die Kontrolle von Störfaktoren gekennzeichnet. Zumeist interessiert die Auswirkung von Marketingmaßnahmen (unterschiedliche Produktvarianten, Verpackungsentwürfe, Preise, Werbespots etc.) auf das Kaufverhalten (Aufmerksamkeitswirkung, Erinnerungswirkung, Einstellungen, Kaufabsichten, gekaufte Menge etc.), wobei Ergebnisfälschungen durch Störungen (Konkurrenzmaßnahmen, Wetter, Händlerempfehlungen usw.) ausgeschaltet werden sollen.

Zur Kontrolle der Störfaktoren stehen verschiedene Möglichkeiten zur Verfügung. Die gebräuchlichste Lösung besteht darin, dass neben der Experimentgruppe eine Kontrollgruppe eingeführt wird, die der Experimentgruppe im Idealfall völlig gleicht. Die Experimentgruppe wird dem experimentellen Stimulus (sog. Treatment, z.B. einem neuen Werbespot) ausgesetzt, die Kontrollgruppe aber nicht (sie bekommt z.B. das übliche Werbefernsehprogramm vorgeführt). Das Experimentdesign hat demnach folgendes Aussehen:

EG: M_1 x M_2
KG: M_3 – M_4

Hierbei sind

EG = Experimentgruppe
KG = Kontrollgruppe
M_1, M_3 = Messungen der abhängigen Variablen vor Durchführung des Experiments
M_2, M_4 = Messungen der abhängigen Variablen nach Durchführung des Experiments.

Die Logik dieses Designs liegt darin, dass man die Einflüsse der Störvariablen weder quantifizieren noch verhindern kann. Da

Experiment

Experiment- und Kontrollgruppe jedoch völlig gleich sind, schlagen sich Störgrößen in beiden gleichermaßen nieder. Bezeichnet man mit X den Einfluss des Experimentstimulus und mit A, B., C. ..., Z die Einflüsse der Störgrößen, so gilt für die Differenz der Vorher-Nachher-Messung in der Experimentgruppe:

EG = $(M_2 - M_1)$ = X + A + B + C + ... + Z

In der Kontrollgruppe werden nur die Störvariablen wirksam:

KG = $(M_4 - M_3)$ = A + B + C + ... + Z.

Zieht man nun die Differenz der Kontrollgruppe von der Differenz der Experimentgruppe ab, so erhält man die Wirkung des Experimentstimulus:

Experimentwirkung = $(M_2 - M_1) - (M_4 - M_3)$ = X

Die Richtigkeit dieser Annahme hängt nun weitgehend davon ab, ob die beiden Gruppen völlig vergleichbar sind. Um diese Vergleichbarkeit zu gewährleisten, wird in echten (klassischen) Experimenten das Zufallsprinzip (Randomisierung) angewandt, d.h. die Auswahl der Experimentteilnehmer, ihre Zuweisung auf die Gruppen und die Bestimmung der Experiment- bzw. Kontrollgruppe wird nach dem Zufallsprinzip vorgenommen („statistisch kontrolliertes Experiment"). Kennzeichnet man die Einhaltung der Randomisierung mit (R), so gibt es mehrere gebräuchliche Experimentdesigns, bei denen die Kontrollbedingungen in ausreichendem Maße erfüllt sind (in anderen Fällen → Quasi-Experimente):

(1) Vorher-Nachher-Messung mit Kontrollgruppe

EG: (R) M_1 x M_2
KG: (R) M_3 – M_4

Verwendet man die ebenfalls weit verbreiteten Bezeichnungen für EG = E; KG = C; M_1 und M_3 = B (Before) und M_2, M_4 = A (After), so lautet die Bezeichnung der Versuchsanordnung auch *EBA/CBA-Design*. Dieses Design ist dann anzuwenden, wenn nicht sicher ist, dass die beiden Gruppen vor der Durchführung des Experiments hinsichtlich der Ausprägung der unabhängigen Variablen völlig gleich sind (z.B. können unterschiedliche Bekanntheitsgrade oder Einstellungen vorliegen, sodass diese Unterschiede bei der Berechnung der Experimentwirkung berücksichtigt werden).
Jedoch hat diese Versuchsanordnung auch Nachteile, wenn nämlich die Vorhermessung eine Sensibilisierung der Versuchspersonen auslöst und durch diesen Testeffekt die Experimentergebnisse verzerrt werden (z.B. durch die Vorhermessung des Bekanntheitsgrades von Marken, sodass anschließend vorgeführte Werbespots aufmerksamer betrachtet werden).

(2) Nachher-Messung mit Kontrollgruppe

EG: (R) x M_1
KG: (R) M_2

Dieses *EA/CA-Design* hat den Vorteil, dass ein möglicher Testeffekt vermieden wird. Allerdings muss dabei die Randomisierungsbedingung auch strikt erfüllt sein (genügend große Stichproben und sorgfältige Zufallsauswahl), da nur dann von einer Vergleichbarkeit der Gruppen auszugehen ist und die Vorhermessung entfallen kann. Die Experimentwirkung folgt hier aus $M_2 - M_1$.

(3) Randomisiertes faktorielles Design

Bei → faktoriellen Designs werden zwei oder mehr Experimentvariablen („Faktoren") zugleich variiert, wobei jede Variable in mehreren Ausprägungen vorliegen kann. Ein 2x2-faktorielles Design liegt z.B. vor, wenn zwei Maßnahmen (z.B. Packung und Preis) in je zwei Ausprägungen überprüft werden:

Packungen \ Preise	Y_1	Y_2
X_1	M_1	M_2
X_2	M_3	M_4

Die Bildung einer zusätzlichen Kontrollgruppe kann entfallen, da durch Differenzenbildung mögliche Störeinflüsse, die bei strikter Randomisierung bei allen vier Gruppen gleichermaßen wirken, wegfallen. Die Wirkungsunterschiede der jeweiligen Treatments können entweder aus der Differenz $M_1 - M_3$ oder aus $M_2 - M_4$ errechnet werden, die Wirkungsunterschiede der Preise folgen entweder aus $M_1 - M_2$ oder aus $M_3 - M_4$. Man bezeichnet diese Wirkungen als Haupteffekte, die jedoch nur dann die gleichen Wirkungen der Preise bei unterschiedlichen Packungen (bzw. die gleichen Packungswirkungen bei unterschiedlichen Preisen) aufweisen, wenn keine Interaktionseffekte vorliegen. In diesem Falle hängt nämlich die jeweilige Preiswirkung ganz davon ab, mit welcher Packung er kombiniert wird. Gleiches gilt dann auch für die Wirkung der jeweiligen Packung.

Werden zweifaktorielle Designs bei r Stufen (Ausprägungen) des ersten und s Stufen des zweiten Faktors angewandt, so liegt ein r x s-faktorielles Design vor. Desweiteren können auch mehrere Experimentvariablen mit mehreren Stufen herangezogen werden. Da hierdurch die notwendigen Gruppenzahlen rasch anwachsen, manche Kombinationen nicht von Interesse sind und die gleichmäßige Besetzung der Gruppen nach dem Zufallsprinzip schwierig wird, verwendet man hier verschiedene Varianten unvollständiger Designs, die den Erhebungsaufwand dadurch reduzieren, indem sie auf bestimmte Kombinationen der Experimentfaktoren verzichten (→ Block-Design; → Lateinisches Quadrat). H.Bö.

Literatur: *Böhler, H.:* Marktforschung, 2. Aufl., Stuttgart u.a. 19992, S. 33-53. *Churchill, G. A.:* Marketing Research, 7. Aufl., Chicago u.a. 1999, S. 140–182.

Experimentelles Design

stellt einen Versuchsplan zum Test signifikanter Unterschiede in Bezug auf die abhängige(n) Variable(n) zwischen unterschiedlichen Kategorien eines oder mehrerer Faktoren dar (→ Experiment). Die Schätzung möglicher Faktoreffekte erfolgt mit Hilfe der → Varianzanalyse. Bekannte experimentelle Designs sind vollständige → faktorielle Designs sowie das → Lateinische Quadrat. Reduzierte Designs zur Schätzung eines nicht-saturierten Modells für Versuche mit mehreren Faktoren, z.B. nur Haupteffekte, werden fraktionelle experimentelle Designs genannt. Die Entwicklung von Versuchsplänen ist ein Standardproblem in der → Conjoint Analyse und experimentellen Forschung. L.H.

Literatur: *Green, P.E.; Tull, D.S.; Albaum, G.:* Research for Marketing Decisions, 5. Aufl., Englewood Cliffs 1988.

Expertenbefragung → Befragung

Expertensysteme

sind ein Teilbereich der → Entscheidungsunterstützungssysteme, die auch im Marketing zum Einsatz kommen.

Im Gegensatz zu herkömmlichen Computerprogrammen können Expertensysteme als Teilgebiet der künstlichen Intelligenz schlecht strukturierte Probleme lösen, zu denen keine Lösungsalgorithmen bestehen. Expertensysteme verarbeiten – vereinfacht ausgedrückt – keine Daten i.e.S. sondern Wissen.

Expertensysteme bestehen aus den in *Abb. 1* dargestellten Komponenten. Kern-

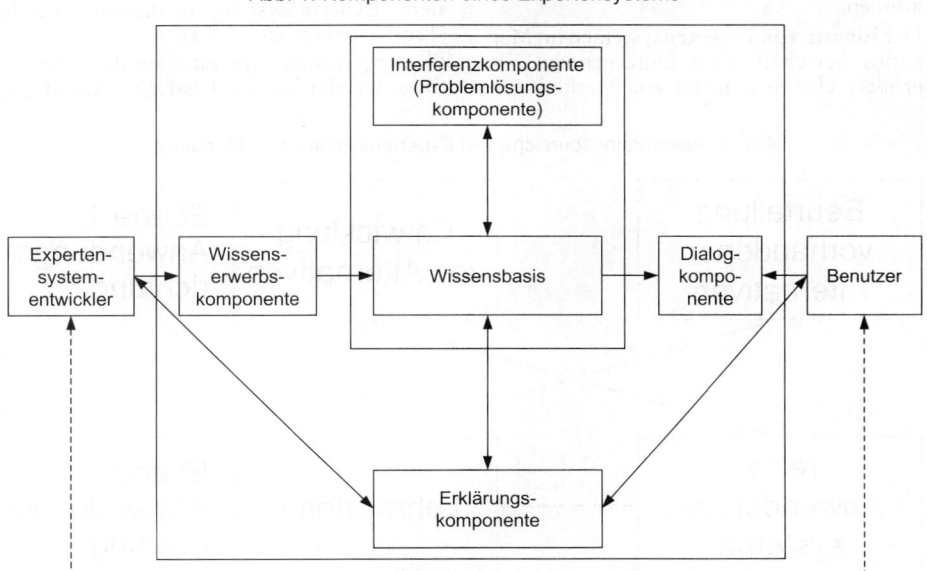

Abb. 1: Komponenten eines Expertensystems

elemente sind die Wissensbasis und die Inferenzkomponente. Die *Wissensbasis* besteht aus Fakten und Regeln, die allgemein zugängliches Fachwissen und Daumenregeln des(r) Experten beinhalten. Die *Inferenzkomponente* ist der dem Expertensystem zugrunde liegende Problemlösungsmechanismus. Sie leitet aus der Wissensbasis und den von den Benutzern eingegebenen fallspezifischen Daten schrittweise Schlussfolgerungen bis zu einer Lösung ab. Zur Eingabe, Ergänzung und Modifikation von Wissen in das Expertensystem dient die *Wissenserwerbskomponente*. Die Erklärungskomponente erläutert die Vorgehensweise des Expertensystems bei der Problemlösung.

Der Marketingbereich ist eine geeignete Wissensdomäne für Expertensysteme, da er sich in klar abgrenzbare Teilbereiche, bspw. nach den Subinstrumenten des Marketing-Mix, aufteilen lässt. Eine Vielzahl der Fragestellungen tritt immer wieder auf, sodass eine Optimierung und Versachlichung der Entscheidungen durch den Einsatz von Expertensystemen sinnvoll ist und den hohen finanziellen und personellen Einsatz bei der Entwicklung eines solchen Systems rechtfertigen kann. Schließlich existiert im Marketingbereich häufig nur vages und unvollständiges Wissen über bestimmte Sachverhalte. Gerade für solche Problemstellungen empfiehlt sich der Einsatz von Expertensystemen, die auch dieses Wissen verarbeiten können.

Der Einsatz von Expertensystemen im Marketing verschafft dem Unternehmen eine größere Unabhängigkeit von Marketingexperten, deren Zeit knapp und deren Einsatz teuer ist. Expertenwissen kann zum gleichen Zeitpunkt an unterschiedlichen Orten benutzt werden. Einmal vorhandenes Wissen kann nicht – wie bei einem Wechsel oder Ausscheiden eines Marketingexperten – verloren gehen. Zudem bearbeiten Expertensysteme Probleme unabhängig von einer persönlichen Tagesform oder von persönlichen Neigungen, wie das bei Marketingexperten der Fall sein kann. Letztendlich können Expertensysteme teures Expertenwissen an Marketing-Novizen vermitteln.

Trotz des großen Nutzens von Expertensystemen für das Unternehmen können Expertensysteme den Marketingexperten nicht ersetzen. Die Kreativität der Marketingexperten, ihr gesunder Menschenverstand und ihre Fähigkeit, sich vollkommen veränderten Situationen anzupassen und neue problemadäquate Lösungen zu entwickeln, können durch Expertensysteme noch nicht geleistet werden. Grundsätzlich kann man die Anwendungen im Marketing wie in *Abb. 2* dargestellt klassifizieren.

In den Bereich der Beurteilung vorhandener Alternativen fallen v.a. Beratungs- und Diagnosesysteme. Diese können sich auf alle Marketingteilgebiete beziehen (vgl. *Dekker/Gaul*, 1990). Dem Entwicklungsbereich sind v.a. Such- und Planungssysteme zuzuordnen. Suchsysteme unterstützen die Generierung neuer Ideen im Marketing. Es existieren bislang jedoch nur wenige realisierte Expertensysteme in diesem Bereich (*Esch/Kroeber-Riel*, 1994).

Planungssysteme unterstützen den Marketinganwender bei der Festlegung künftiger

Abb. 2: Anwendungsbereiche von Expertensystemen im Marketing

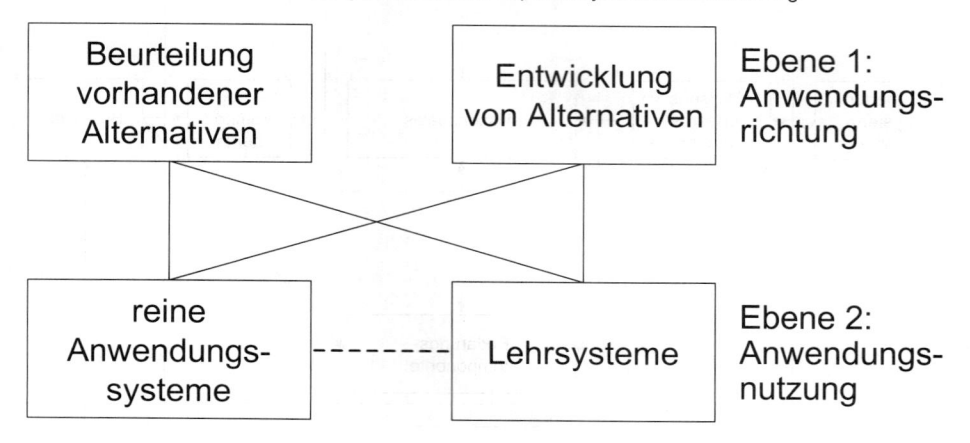

Beurteilung vorhandener Alternativen	Entwicklung von Alternativen	Ebene 1: Anwendungsrichtung
reine Anwendungssysteme	Lehrsysteme	Ebene 2: Anwendungsnutzung

bereichsspezifischer Marketingaktivitäten. So kann man sich u.a. Planungssysteme zur Optimierung des Einsatzes der verschiedenen Marketing-Mix-Instrumente vorstellen. In dem Bereich der Mediaplanung wurden schon einige Expertensysteme realisiert. Lehrsysteme dienen der Mitarbeiterschulung. Anwendungssysteme werden dagegen von den Benutzern zur Problemlösung eingesetzt. Anwendungssysteme können, sofern sie mit entsprechenden Erklärungskomponenten und -hilfen ausgerüstet sind, auch als Lehrsysteme verwendet werden.

Probleme bei der Entwicklung von Expertensystemen im Marketing treten im Wesentlichen bei der Wissensakquisition, bei der Wissensstrukturierung und der Gestaltung der Benutzeroberfläche auf. Des Weiteren können durch eine nicht problemadäquate Auswahl der Expertensystemsoftware erhebliche Entwicklungsprobleme entstehen.

Bei der *Wissensakquisition* ist es oft schwierig, das benötigte Hintergrundwissen und die verwendeten Lösungsmechanismen eines Marketingexperten vollständig zu erfassen, da dieser sich seiner Vorgehensweise häufig nicht bewusst ist bzw. nur wenig operationale Wirkungszusammenhänge darlegt. Teilweise besteht auch eine psychologische Hemmschwelle zur Darlegung des gesamten Expertenwissens. Daneben kann es zwischen Marketingexperten und Wissensingenieur (Expertensystementwickler) aufgrund unterschiedlicher Wissensstände zu Missverständnissen kommen, die erhebliche Auswirkungen auf die spätere Leistungsfähigkeit des Expertensystems haben können.

Ziel der *Wissensstrukturierung* ist die Umsetzung des relevanten Marketingwissens in eine klare, pragmatische und aussagekräftige Struktur, die durch die eingesetzte Expertensystemsoftware repräsentiert werden kann. Problematisch hierbei ist, dass das vorhandene Wissen oft nur in allgemeiner und noch nicht hinreichend operationalisierter Form vorliegt und häufig nur Teilbereiche der Wissensdomäne abdeckt. Wichtige Fragen der Wissensstrukturierung betreffen u.a. die Unterteilung des relevanten Wissens in einzelne Wissensbausteine, die weitere Operationalisierung der einzelnen Wissensbausteine, die Bedeutung einzelner Einflussgrößen für den jeweiligen Wissensbaustein, kompensatorische versus nichtkompensatorische Einflussgrößen eines Wissensbausteins usw.

Im Rahmen der Wissenstrukturierung spielt die Behandlung unsicheren Wissens ebenfalls eine wichtige Rolle. Dabei muss man unterscheiden zwischen der Antwortunsicherheit des Benutzers, der Gewichtungsunsicherheit in Bezug auf den Einfluss einer oder mehrerer unabhängiger Variablen auf eine abhängige Variable und die Hypothesenunsicherheit, die auf die Verarbeitung von nicht bzw. nur ansatzweise abgesicherten Wissens abzielt. In der Literatur wird v.a. der Gewichtungsunsicherheit Beachtung geschenkt. Als Lösungsansätze dienen u.a. mathematisch-statistische Lösungsansätze oder Fuzzy-Set-Logic-Ansätze.

Weitere Probleme bei der Wissensstrukturierung entstehen aufgrund mangelnder Abstimmung des Wissens mit den Möglichkeiten der Expertensystemsoftware. Bei der Auswahl der Expertensystemsoftware müssen die grundlegenden Problemlösungskonzepte bekannt sein. Oft treten auch weitere – nicht von Anfang an absehbare – Probleme bei der Wissensstrukturierung auf, die mit der vorhandenen Expertensystemsoftware nicht abgebildet werden können. Es empfiehlt sich daher, eine Expertensystemsoftware mit möglichst breiten und umfassenden Anwendungsmöglichkeiten auszuwählen (hybride Expertensystem-Shell).

Der Einsatz von Expertensystemen in der Marketingpraxis ist oft durch eine mangelnde Akzeptanz potentieller Anwender gefährdet. Diese hängt v.a. von drei Bedingungen ab: von der Akzeptanz des hinter dem Expertensystem stehenden Experten, von der Bereitschaft der potentiellen Benutzer, solche Systeme zu nutzen und schließlich von der Benutzerfreundlichkeit der Systeme. Die Bereitschaft potentieller Benutzer kann durch frühzeitige Aufklärung über Zweck und Einsatzbereich des Expertensystems als Hilfe des Benutzers sowie durch eine Orientierung an Benutzerbedürfnissen und durch eine Einbindung des Benutzers in den Entwicklungsprozess gesteigert werden. Nachträgliche Anpassungsversuche sind oft nur sehr schwer realisierbar.

Daneben ist die *Gestaltung der Benutzeroberfläche* von größter Bedeutung für die Akzeptanz des Gesamtsystems. Es ist wichtig, eindeutige und klar formulierte Fragen und Textausdrucke zu verwenden, aber auch Erklärungsmöglichkeiten für verwendete Fachbegriffe zu bieten.

Eine ansprechende und abwechslungsreich gestaltete Aufbereitung der Benutzeroberfläche durch Texthervorhebungen, Graphi-

Exploitationsstrategie

ken etc. beugt der Monotonie vor und beeinflusst somit ebenfalls die Akzeptanz.

F.-R.E.

Literatur: *Alpar, P.:* Expert Systems in Marketing, Arbeitspapier Nr. 86-19, Department of Information and Decision Sciences, College of Business, University of Illinois, Chicago 1986. *Decker, R.; Gaul, W.:* Einige Bemerkungen über Expertensysteme für Marketing und Marktforschung, in: Marketing ZFP, 12. Jg. (1990), Nr. 4, S. 257 – 271. *Esch, F.-R.; Kroeber-Riel, W.:* Expertensysteme für die Werbung, München 1994. *Esch, F.-R.; Muffler, T.:* Expertensysteme im Marketing, in: Marketing ZFP, 11. Jg. (1989), Nr. 3, S. 145 – 152.

Exploitationsstrategie
→ Entertainment und Marketing

Explorative Forschung

Untersuchungsdesign der → Marktforschung, insb. bei sog. → Leit- oder Pilotstudien sowie in der wissenschaftlichen Marketingforschung, das bei geringem Kenntnisstand zur Gewinnung zusätzlicher Einsichten herangezogen wird. Es dient der Konkretisierung von Marketing-Entscheidungsproblemen, der Präsizisierung der durch weitere Marktforschung zu beschaffenden Informationen, gibt Anhaltspunkte für die weitere Abwicklung von Marktforschungsprojekten und erlaubt die Prioritätensetzung für die Projektauswahl. Als Erhebungsmethoden kommen v.a. die → Sekundärforschung und die → Befragung von Experten in Frage.

Bei Explorationen mit Tests der → Signifikanz sollte dem Fehler 2. Art (ß-Fehler) besonderes Augenmerk gewidmet und das → Signifikanzniveau entsprechend abgesenkt werden. H.Bö.

Exponentielle Glättung

univariates → Prognoseverfahren, das 1959 von *Brown* entwickelt wurde und auf zwei Überlegungen beruht:

(1) Berücksichtigung des aktuellen Prognosefehlers bei der folgenden Prognose,
(2) Vergangene Zeitreihenwerte sollen gem. ihres „Alters" für die Prognose ein abnehmendes Gewicht erhalten.

Bezeichnen wir mit x_t und $\hat{x}_t$ den wahren bzw. prognostizierten Zeitreihenwert für die Periode t und mit e_t den Prognosefehler dieser Periode, so setzt sich nach (1) der Prognosewert für t+1 aus dem alten Prognosewert $\hat{x}_t$ und einem Bruchteil α des Prognosefehlers $e_t = x_t - \hat{x}_t$ wie folgt zusammen:

$$\hat{x}_{t+1} = \hat{x}_t + \alpha(x_t - \hat{x}_t) \qquad (0 < \alpha \le 1)$$

Durch Umformulierung ergibt sich die Grundgleichung der exponentiellen Glättung:

$$\hat{x}_{t+1} = \alpha x_t + (1-\alpha)\,\hat{x}_{t+1} \qquad (0 < \alpha \le 1)$$

Man kann hieraus die Gleichung ableiten (vgl. *Hansmann*, 1983, S. 29):

$$\hat{x}_{t+1} = \alpha \sum_{i=0}^{t-1}(1-\alpha)^i\, x_{t-i} + (1-\alpha)^t\, \hat{x}_1$$

aus der hervorgeht, dass die Gewichte $\alpha(1-\alpha)^i$ der Zeitreihenwerte x_{t-i} mit wachsendem Alter exponentiell abnehmen, wie nach Überlegung (2) gefordert.

Das Verhalten des Prognoseverfahrens wird von der Wahl des *Glättungsparameters* α bestimmt. Hohe Werte von α führen zu niedrigerer Gewichtung der Vergangenheitswerte (was bei einem Strukturbruch angemessen wäre), während niedrige α-Werte den letzten Zeitreihenwert gegenüber der „Vergangenheit" vernachlässigen (bei einem einmaligen „Ausrutscher" angebracht). In der Praxis werden üblicherweise α-Werte zwischen 0,05 und 0,25 angewendet.

Das hier beschriebene Grundmodell der exponentiellen Glättung ist nicht für die Prognose geeignet, wenn die zugrunde liegende Zeitreihe einen Trend aufweist. In diesem Fall verwendet man die exponentielle Glättung zweiter Ordnung (bei linearem Trend), die die Prognosewerte noch einmal glättet und zu folgender Prognosegleichung führt (vgl. *Hansmann*, 1983, S. 34 ff.):

$$\hat{x}_{t+1} = 2\,S_t^1 - S_t^2 + \alpha/(1-\alpha)\cdot(S_t^1 - S_t^2)$$

Dabei gilt

$$S_t^1 = \alpha x_t + (1-\alpha)\,S_{t-1}^1 \qquad \text{(1. Glättung)}$$

$$S_t^2 = \alpha S_t^1 + (1-\alpha)\,S_{t-1}^2 \qquad \text{(2. Glättung)}$$

Die exponentielle Glättung wird in der Praxis häufig angewandt, da die Verfahrensschritte leicht durchschaubar sind, das Verfahren leicht programmierbar ist und durch einen einzigen Parameter (α) gesteuert werden kann.

Dem stehen als Nachteile gegenüber, dass außer der Zeit kein weiterer Einflussfaktor berücksichtigt wird, der Glättungsparameter α nicht objektiv bestimmt werden kann und die exponentielle Gewichtung der Zeitreihenwerte nicht immer problemangemessen ist. K.-W.H.

Literatur: *Brown, R.G.*: Smoothing, Forecasting and Prediction of Discrete Time Series, Englewood Cliffs 1963. *Hansmann, K.-W.*: Kurzlehrbuch Prognoseverfahren, Wiesbaden 1983.

Export

Die Vornahme von Exporten bildet die erste Stufe der → Internationalisierungsstrategie. Export (Ausfuhr) bezeichnet (a) Waren und/oder Dienstleistungen, welche ins Ausland verbracht wurden, (b) das Ausfuhrgeschäft selbst (→ Außenhandelsgeschäft). Beim Erwerb von Vermögen im Ausland (→ Direktinvestitionen) handelt es sich um Kapitalexport. Von der Warenseite her spricht man von sichtbarem Export, bei Dienstleistungen von unsichtbarem Export. Der direkte Export umfasst insb. Investitionsgüter (etwa Industrie-, Hafen- und Kraftwerksanlagen, Werkzeugmaschinen, Industriegüter zur Gestaltung der Infrastruktur). Daneben werden Konsumgüter (Ge- und Verbrauchsgüter) infolge der zunehmenden Industrialisierung direkt exportiert. Der Kontakt mit den ausländischen Abnehmern wird selbst hergestellt (→ Anlagengeschäft).

Bei indirektem Export erfolgt der Absatz an den ausländischen Bezieher in erster Linie durch entsprechende Institutionen (→ Außenhandel, institutioneller). Der Ausfuhrhändler befasst sich teils mit bestimmten Ländern oder Ländergruppen, für die er besondere Erfahrung und Beziehungen besitzt, teils mit dem Export spezieller Industrieerzeugnisse und zum nicht geringen Teil auch mit dem Export verschiedenster Waren. Neben der Einschaltung des Ausfuhrhandels kommt auch die Vermittlung durch den überseeischen Importeur oder den → Großhandel in Betracht, der als Eigenhändler in gleicher Weise wie der Exporthandel dem Hersteller die Bemühung um den letzten Abnehmer sowie das Kreditrisiko abnimmt. H.Ma.

Exportförderung, staatliche

Die meisten Länder, so auch die Bundesrepublik Deutschland, gewähren insb. für mittelständische Unternehmen in bestimmten Fällen Unterstützung bei der Auslandsmarktbearbeitung. In der Bundesrepublik erstrecken sich diese Hilfen auf

- Informationen und Beratung durch die → Bundesstelle für Außenhandelsinformationen sowie durch Kammern und Fachverbände (→ Auslandsmarktforschung)
- die staatliche → Exportkreditversicherung
- die Gewährung von Exportkrediten durch die Kreditanstalt für Wiederaufbau sowie die → AKA-Ausfuhrkredit-Gesellschaft mbh,
- Darlehn zur Finanzierung von Direktinvestitionen in Entwicklungsländern,
- Exportgarantien und Bürgschaften für Exportkredite durch die Bundesländer.

Aufgrund der unterschiedlichen Intensität der Exportförderung in einzelnen Staaten wird häufig der Vorwurf der internationalen Wettbewerbsverzerrung erhoben. L.K.

Exportgroßhandel → Außengroßhandel

Exportjobber → Jobber

Exportkalkulation

Die internationale Preispolitik kann grundsätzlich auf dieselben kalkulatorischen Methoden (→ Preiskalkulation) zurückgreifen, wie im nationalen Geschäft. Verbreitet sind in der Praxis der Exportwirtschaft jedoch insbesondere kostenorientierte Schemata. Gründe hierfür liegen einerseits in dem somit möglichen Verzicht auf aufwendige Preismarktforschung in Auslandsmärkten und den damit verbundenen Kosteneinsparungen, andererseits in der einfachen unternehmensinternen Vertretbarkeit und Durchsetzbarkeit kostendeckender Preise gegenüber dem Controlling und der Geschäftsleitung.

Erschwert wird die internationale Preiskalkulation hingegen dadurch, dass zusätzliche Kosten anfallen und zudem Risiken entstehen, die im nationalen Geschäft nicht zu berücksichtigen sind. Besonders bedeutsam sind hier:

- Beschaffungs- bzw. absatzakquisitorische Zusatzkosten zur Überwindung von Außenhandelsbarrieren, etwa für die

Exportkalkulation

Beispielhafte Darstellung einer auf den INCOTERMS aufbauenden Exportkalkulation

Von den Selbstkosten eines Unternehmens ausgehende, stufenweise Kalkulation der zusätzlich Kosten des Exports per Seefracht	Im Außenhandel gebräuchliche Klauseln der INCOTERMS
SELBSTKOSTEN AB WERK	
• Exportverpackungskosten	
VERKAUFSWERT AB WERK	EX MILL
• Transportkosten bis Abgangsbahnhof	FOR: Free Alongside Rail
VERKAUFSWERT FREI WAGGON	
• Transportkosten bis Bahnhof Verschiffungshafen	FAS: Free Alongside Ship
VERKAUFSWERT FREI VERSCHIFFUNGSHAFEN	
• Hafenlagerkosten • Hafenspeditionskosten • Hafengebühr • Ausfuhr- und Zollabfertigungen • Kaiumschlagskosten	FOB: Free On Board
VERKAUFSWERT FREI SEESCHIFF IM VERSCHIFFUNGSHAFEN	
• Seefrachtkosten • Seeversicherungskosten • Kontraktabwicklungskosten	CIF: Cost Insurance Freight
VERKAUFSWERT FREI SEESCHIFF IM BESTIMMUNGSHAFEN	
• Kaiumschlagskosten • Einfuhr- und Zollabfertigungskosten • Hafengebühr • Hafenspeditionskosten • Hafenlagerkosten • Kommissionskosten • Zahlungsabwicklungskosten • Finanzierungskosten • Risikoversicherungskosten	CIF & CI landed: Cost Insurance Freight Commission Interest landed
VERKAUFSWERT FREI BESTIMMUNGSHAFEN	

Ausstellung von Ausfuhrlizenzen, für die Einhaltung länderspezifischer Qualitätsbestimmungen, für die Ausstellung erforderlicher Begleitpapiere etc.

– Kosten der Auftragsbearbeitung und –abwicklung von Auslandsgeschäften, etwa für den Einsatz besonders qualifizierter Mitarbeiter.

– Kosten aus speziellen logistischen und vertraglichen Erfordernissen, z.B. besondere Verpackungen, Verkehrsmittel etc.

– Kosten aus speziellen güterwirtschaftlichen Risiken, insbesondere durch Abschluss von Transport- und Lagerversicherungen

– Kosten aus speziellen finanzwirtschaftlichen Risiken, zu deren Deckung zum einen die kurzfristige (Dokumenteninkasso, Dokumentenakzept, Letter of Credit), zum anderen die mittel- bis langfristige Außenhandelsfinanzierung (Lieferanten- und Bestellerkredite) herangezogen wird. Hinzu kommen Kurssicherungskosten bei Währungsrisiken.

Durch die Vielzahl der zusätzlichen Kostenquellen sowie durch deren Unbestimmtheit entstehen im internationalen Marketing Kalkulationsrisiken. Zusätzliche Kosten können bspw. durch unerwarteten Informationsbedarf, erforderliche Produktmodifikationen oder Reisespesen entstehen. Pro-

gnoseprobleme ergeben sich im Auslandsgeschäft aufgrund einer häufig schlechten Informationslage. So führen hohe Inflationsraten im Bestimmungsland, Lieferverzögerungen oder Haftungs- und Gewährleistungsansprüche leicht zu Kostenüberschreitungen.
Das Management wird durch diese Risiken verleitet, im Zweifel zu hohe Wertansätze zu wählen und Risikozuschläge zu berücksichtigen, wodurch andererseits die Marktakzeptanz der angebotenen Güter und Leistungen gefährdet wird (Preiseskalationsrisiko). Dies lässt es nicht ratsam erscheinen, derartige Kosten, etwa in Form eines entsprechenden Außenhandelsgemeinkostenzuschlags, pauschal einzubeziehen. Vielmehr wird es erforderlich, diese besonderen Kosten des Exports separat in speziellen Exportkalkulationen zu planen, zu verrechnen und zu erfassen.
Andererseits existieren international weit verbreitete Usancen zur Fixierung von Abgabepreisen an ausländische Abnehmer. Deren auch vertragswirksame Regelung ist in den International Commercial Terms (→ INCOTERMS) kodifiziert. Einhergehend damit haben sich besondere Formen der Exportkalkulation herausgebildet (vgl. *Abbildung*). Prinzipiell knüpft eine derartige Exportkalkulation, wie dies die Abbildung beispielhaft für den Versand von Gütern per Seefracht erläutert, an den kalkulierten Selbstkosten der zu exportierenden Erzeugnisse an und fügt diesen – stufenweise den Exportweg nachgehend – die zusätzlichen Kosten des Außenhandels hinzu. Die INCOTERMS können also im Rahmen der internationalen Preispolitik dazu herangezogen werden, die Außenhandelskalkulation zu gliedern. B.I.
Literatur: *Diller, H.*: Die Preispolitik der internationalen Unternehmung, in: WiSt, 16. Jg. (1987), S. 269-275. *Diller, H.*: Preispolitik, 3. Aufl., Stuttgart 2000, S. 348-351.

Exportkartell
Zusammenschluss mehrerer Unternehmen zum Zwecke des → Exports (→ Außenhandel, institutioneller; → Kartell).

Exportkreditversicherung
in der Bundesrepublik zur Bearbeitung und für den Abschluss von Ausfuhrgarantien sowie Bürgschaften zur Absicherung von wirtschaftlichen und politischen → Auslandsrisiken sowie des Wechselkursrisikos gegründete HERMES-Kreditversicherungs AG (→ Exportförderung, staatliche). In anderen OECD-Ländern existieren ähnliche Einrichtungen.

Exportmarkt → Markttypologie

Exportmarktforschung
→ Auslandsmarktforschung

Exportmesse
→ Messen und Ausstellungen

Exportniederlassung
→ Außenhandel, institutioneller

Exportring
→ Außenhandel, institutioneller

Exportstreckengroßhandel
Im Gegensatz zum internationalen Lagergeschäft wird die Ware nicht in das Lager des Zwischenhändlers, sondern direkt an den Endabnehmer geliefert (→ Außenhandelsgeschäft, → Außenhandel, institutioneller).

Exportvereinigung
→ Außenhandel, institutioneller

Exportvertreter
→ internationaler Vermittlerhandel

Exportwerkhandelsgesellschaft
→ Außenhandel, institutioneller

Exposé
→ TV-Spot

Exposure-Effekt
im angloamerikanischen auch *Mere-Exposure-Effect* genannt – bezeichnet das Phänomen, dass ein positives Gefühl gegenüber einer Sache (z.B. beworbenes Produkt) allein auf die Vielzahl erlebter Kontakte mit dieser Sache zurückgeführt werden kann (→ Frequenzeffekte). Dem Exposure-Effekt zufolge kann es somit gelingen, in beiläufigen Lernprozessen durch pure Wiederholung von Werbeanstößen ein Produkt den Adressaten so „vertraut" zu machen, dass mit ihm positive Gefühle wie Mögen oder Sympathie verbunden werden. H.St.

Extensive Kaufentscheidungen
sind die → Kaufentscheidungen, die durch umfassende, zum großen Teil bewusst ab-

Externe Kosten (soziale Kosten, volkswirtschaftliche Kosten)

laufende Problemlösungsprozesse gekennzeichnet werden können.

Externe Kosten (soziale Kosten, volkswirtschaftliche Kosten)

sind Kosten, die nicht von den verursachenden Wirtschaftsakteuren getragen, sondern Dritten bzw. der Allgemeinheit aufgebürdet werden. Entstehen bei der Produktion von Gütern z.B. Lärm- oder Schadstoffemissionen, so gehen diese Belastungen nicht in die Kostenrechnung der Betriebe ein, sondern werden der Allgemeinheit auferlegt. Dadurch entsteht auch eine volkswirtschaftliche Fehllenkung zu Gunsten umweltschädlicher Güter (z.B. Lkw- statt Bahnverkehr). Ihr kann durch entsprechende Besteuerung oder Regulierungen entgegengewirkt werden.

Externe Nutzen (externe Ersparnisse, volkswirtschaftliche Ersparnisse, external economies)

sind Vorteile, die einem Wirtschaftssubjekt zufallen, die nicht von diesem selbst, sondern von anderen Wirtschaftsakteuren verursacht bzw. finanziert werden. So gelingt es z.B. manchen Unternehmen, im Wettbewerb von öffentlichen Infrastruktur-Investitionen wie Flughäfen oder Straßenbau zu profitieren, ohne dass sie dafür eigene Leistungen erbringen.

Extranet

Mit einem Extranet können externe Rechner, mit einem → Intranet verbunden werden. Der jhj Datentransfer erfolgt über das → Internet, wobei durch kryptische Verfahren Datensicherheit gewährleistet werden kann. Mit einem Extranet können vor allem weit entfernte Firmen-Filialen, wie auch Lieferanten und Kunden, mit dem Intranet der Firma verbunden werden.

B.S./K.S.

Extrapolationsmethode
→ Trendextrapolationsmethode

Eye balling → Meta-Analyse

F

Fabrikladen (Factory Outlet)
Verkaufsstellen von Industrieunternehmen (→ Direktvertrieb), in denen eigene Erzeugnisse – oft in unmittelbarer Nähe der Produktionsstätten – mit vergleichsweise hohen Preisabschlägen dem Endverbraucher bzw. -verwender meist in Selbstbedienung zum Kauf angeboten werden. Das Warenangebot besteht größtenteils aus Lagerüberhängen, Auslaufmodellen, Artikeln zweiter Wahl, Retouren des Einzelhandels u.dgl.m., wobei branchenmäßig die Bereiche Bekleidung, Schuhe, Hausrat und Nahrungsmittel dominieren.

Fabrikläden sind insofern auch als der Versuch zahlreicher Markenartikelhersteller zu werten, sich von bestimmten waren- und ertragswirtschaftlichen Abhängigkeiten im traditionell mehrstufig strukturierten Distributionssystem des Konsumgütermarktes zu ‚befreien', namentlich wenn man die marktstrategischen (‚rollenspezifischen'!) Entscheidungskalküle im → Beschaffungsverhalten des institutionellen Einzelhandels bedenkt. Das verbindet sie mit dem US-amerikanischen Vertriebstyp *Factory outlet* bzw. *Manufacturer's outlet*, auch wenn sie hinsichtlich des marketingbedeutsamen Umfeldes und der jeweils realisierten betrieblichen Leistungsprofile kaum vergleichbar erscheinen. Zu denken ist etwa:
– an die vertriebspolitische Funktionalität der Factory outlets im Rahmen des *Off-Price-Retailing* im Allgemeinen sowie im Verhältnis zu den → Off-Price-Stores im Besonderen oder
– an die Dimensionierung ihrer Angebots- und Flächenkapazitäten, namentlich was ihre branchengleiche/-ungleiche Agglomeration an Off-Price-Standorten bzw. ihre räumlich intergrierte Zusammenfassung zu → Factory-Outlet-Center betrifft.

Über den empirischen Stellenwert der Fabrikläden in Deutschland lassen sich kaum hinreichend fundierte, geschweige denn repräsentative Aussagen treffen, da sie von der Handelsstatistik weder als *Vertriebstyp* der Hersteller noch als *Einkaufsstätte* für Konsumenten gesondert erfasst werden. So realisieren sie zwar direkte Umsatzbeziehungen zwischen Industrieunternehmen und Letztverbrauchern, was aber auch für andere betriebliche Erscheinungsformen des industriellen Direktvertriebs gilt, wie insbesondere für die in der Regie der Hersteller betriebenen, vom Leistungsprofil aber eher mit → Fachgeschäften des Einzelhandels gleichzusetzenden Verkaufsfilialen (z.B. *Nordsee, Salamander, Benetton*), vom *Belegschaftshandel* und sonstigen Varianten des *Grauen Marktes* einmal abgesehen.

Es kann daher nicht verwundern, wenn diesbezügliche Angaben lediglich die Ergebnisse überschlägiger Berechnungen wiedergeben; so z.B. zuletzt für 1997 mit über 1.500 Fabrikverkaufseinrichtungen, die von Markenartikelherstellern unterschiedlichster Größenklassen betrieben wurden und sich vorrangig auf folgende Branchen verteilten: Bekleidung (40%), Haushaltsartikel (13%), Nahrungsmittel (13%) und Schuhe (8%). In der Regel am Stammsitz der Produktionsunternehmen angesiedelt, blieb ihre Marktwirksamkeit bei vergleichsweise niedrigem Niveau der Umsatzanteile regional begrenzt. Fabrikläden mit einem Markenartikelangebot hoher Ausstrahlungskraft und einem entsprechend überregionalen Einzugsbereich blieben die Ausnahme: so z.B. *WMF* in Geislingen, *Puma* in Nürnberg, *Salamander* in Kornwestheim, *Hugo Boss* in Metzingen und *Esprit* in Ratingen (Quelle: BAG-Bundesarbeitsgemeinschaft der Mittel- und Großbetriebe des Einzelhandels, Berlin). Über die aktuelle Präsenz von Fabrikverkaufsläden informieren spezielle Führer z.B. *Waldmüller*, 2000.

H.-J.Ge.

Literatur: *Waldmüller, H.*: Schnäppchenführer Deutschland 2000. Fabrikverkauf. Die Top-Marken; Stuttgart 2000.

Face Lift → Modellwechsel

Face to Face Interview
Art der → Befragung, bei der ein Interviewer den Haushalt bzw. eine Person persönlich und nicht nur telefonisch oder schriftlich befragt.

Face to Face Werbung → Werbung

Facettentheorie

Modell zur Gliederung eines Untersuchungsbereiches in den Sozialwissenschaften in Populations- und semantisch-inhaltliche Facetten. Diese dienen zur Ableitung von Ähnlichkeits- oder Zusammenhangshypothesen aufgrund von Merkmalskombinationen der Stimuli. Die Facettentheorie geht auf *Guttmann* zurück und ist Basis zur Konstruktion von Befragungsitems. Das definitorische System der Facettentheorie soll den Untersuchungsbereich explizieren und eine sinnvolle Replikation und Prüfung von Untersuchungen und Untersuchungsergebnissen ermöglichen.

Die Facettenstruktur eines Untersuchungsbereiches wird durch die Formulierung eines sog. *Mapping-Sentence* verdeutlicht. Diese hat folgende Form

$$P \times S \mid \to R$$

mit P, der Definition der Population, $S = A_1 \times A_2 \times \ldots \times A_n$, dem Karthesischen Produkt der A_k Inhaltsfacetten und R, dem Antwortbereich. Die Elemente des karthesischen Produkts der Facetten bilden die Grundlage zur Bildung oder Selektion von Items.

Die Ähnlichkeit von Items in ihrer Facettenstruktur erlaubt das Aufstellen von Hypothesen über ihren Zusammenhang (Kontiguität) bzw. ihre Distanz (→ Distanztheorie, Distanz-Modell). Variablen, die in ihrer Facettenstruktur ähnlicher sind, sollten auch auf der empirischen Ebene ähnlicher sein. Bei einem Drei-Facetten Design mit je zwei Elementen (a_i, b_j, c_k; $i, j, k = 1, 2$) würde das Kontiguitätsprinzip folgende Relation bedeuten:

$$r(a_1b_1c_1; a_1b_1c_1) > r(a_1b_1c_1; a_2b_2c_2).$$

Auf diese Weise lassen sich die Variablen ordnen. Das Ergebnis eines Facettendesigns liefert Hypothesen über die Konfiguration einer MDS-Lösung (→ Konfirmatorische MDS) oder die Struktur eines Faktormodells (→ Konfirmatorische Faktorenanalyse). Eine typische Anwendung der Facettentheorie findet sich in den Hypothesen der Multitrait-Multimethod-Matrix (→ Kausalanalyse). L.H.

Literatur: *Borg, I.; Shye, S.*: Facet theory: Form and content, Newbury Park 1995.

Face validity → Validität

Fachdiscounter → Diskontgeschäft

Fachgeschäft

→ Betriebsform des → stationären Einzelhandels mit der nach traditionellem Verständnis ein klein- bis mittelgroßer Einzelhandelsbetrieb mit sortimentspolitischer Beschränkung auf branchenspezifische und/oder bedarfsgruppenorientierte Warenkreise einschließlich diesbezüglicher Dienstleistungen assoziiert wird. Gleichwohl hat die Bezeichnung „Fachgeschäft" mit der ihr inhärenten Kompetenzaussage inzwischen an betriebsformenspezifischer Eindeutigkeit eingebüßt:

– So z.B. was die *Identität der Fachsortimente* und die hieraus abzuleitende warenmäßige Spezialisierung betrifft, die angesichts einer zunehmend differenzierenden Konsumgüternachfrage durchaus unterschiedliche und im Zeitablauf wechselnde Konkretisierungen möglich macht;

– so aber auch hinsichtlich der *Qualität des einzelhändlerischen Angebots*, die mit den Stichworten „große Auswahl im Rahmen eines tiefgestaffelten Sortiments", „fachkundige Beratung und Bedienung", „umfangreicher Kundendienst" und „angemessene Geschäftsausstattung und Warenpräsentation" ein Leistungsprofil charakterisiert, das – zumindest der Intention nach – auch bei anderen Betriebsformen unterstellt werden darf (z.B. → Kaufhaus, → Fachmarkt) bzw. in Kooperation mit Fachgeschäften auf eigener Verkaufsfläche umgesetzt werden soll (→ Shop-in-the-shop);

– so letztlich auch in Bezug auf die *betriebswirtschaftlich-rechtliche Konstitution* der Fachgeschäfte, für die zwar nach wie vor „mittelständische Strukturen" und der Typ des „Eigentümerunternehmers" vorherrschend sein mögen, die aber vom Kunden „nur" als – wie auch immer – leistungsfähige Einkaufsstätten erfahren werden, was insofern ebenso für Verkaufsstellen von → Filialunternehmen zu gelten hätte.

Entsprechend schwierig – da mit z.T. erheblichen Interpretationsspielräumen verbunden – gestalten sich die Möglichkeiten, ein hinreichend repräsentatives Abbild vom Facheinzelhandel in Deutschland zu gewinnen: So werden die Fachgeschäfte in der Handels- und Gaststättenzählung 1993 nicht als eigenständige Betriebsform ausgewiesen,

Fachgeschäft

sondern in Abgrenzung von → Kaufhäusern, → Warenhäusern, → Verbrauchermärkten, → Fachmärkten, → Supermärkten und sonstigen → SB-(Lebensmittel-) Märkten den sog. „Ladengeschäften anderer Art" zugeordnet (→ Stationärer Einzelhandel), so weit sie „spezialisierten Nicht-Lebensmittelhandel" betreiben oder überwiegend Nahrungsmittel und Getränke im Angebot führen, ohne jedoch nach Verkaufsfläche und Bedienungsform den eingangs erwähnten Betriebsformen zu entsprechen.

Darüber hinaus weisen Fachgeschäfte hinsichtlich der Bedeutung als einzelhandelsrelevante Einkaufstätte zwar in der Regel hohe Akzeptanzraten auf; gleichwohl müssen derartige Aussagen auch vor dem Hintergrund der jeweils als gültig erachteten Bedarfsfelder, Betriebsformenkategorien und anderer, dem jeweiligen Untersuchungsdesign zugrunde liegenden Annahmen gewürdigt werden – so z.B. wenn in diesbezüglichen empirischen Untersuchungen u.a. auf die tendenziell abnehmende Marktbedeutung dieser Betriebsform hingewiesen wird (vgl. → Angebotstypen im Einzelhandel, *Tab.*).

Schließlich wird für die Fachgeschäfte in der jüngeren Vergangenheit stets eine mehr oder weniger anhaltend unbefriedigende Ertragsentwicklung ermittelt – so zumindest der jährliche Betriebsvergleich der Einzelhandelsfachgeschäfte des Instituts für Handelsforschung an der Universität zu Köln, an dem 1998 insgesamt 4.127 Betriebe aus 41 Branchen beteiligt waren (ohne Warenhäuser, Großfilialbetriebe, Versandhandel sowie besonders strukturierte Branchen, wie z.B. der Kraftfahrzeughandel und die Tankstellen). Dass dabei die Gesamt- und Branchendurchschnittswerte so manche Sonderentwicklung statistisch nivellieren, dürfte ebenso einsichtig sein, wie dies angesichts der situativ wie perspektivisch sich darstellenden Wettbewerbsbedingungen und Marktkonstellationen zu einer entsprechend differenzierenden Analyse nach Maßgabe der erfassten Bedarfsfelder, Betriebsgrößen, Standortwertigkeiten, Kostenstrukturen und anderer marktwirksamer

Handelsspanne, Kosten und Betriebsergebnisse der Fachgeschäfte des Einzelhandels in Deutschland in % des Umsatzes

	1992[1)]	1993[1)]	1994[1)]	1995[1)]	1996[1)]	1997[1)]	1998[2)]
Gesamtspanne[3)]	39,4	40,6	40,9	41,3	41,6	41,7	41,6
./. Mehrwertsteuerinkasso	10,7	11,2	11,2	11,2	11,2	11,2	11,5
= Betriebshandelsspanne	28,7	29,4	29,7	30,1	30,4	30,5	30,1
./. Steuerlich abzugsf. Kosten davon	25,1	26,4	27,1	27,8	27,9	28,5	27,8
Personalkosten	12,7	13,6	14,0	14,4	14,6	14,8	14,2
Miete oder Mietwert	3,3	3,5	3,7	3,8	4,0	4,2	4,2
Gewerbesteuer	4,4	0,3	0,3	0,3	0,2	0,2	0,2
Kosten für Werbung	1,5	1,5	1,6	1,7	1,7	1,7	1,7
Abschreibungen	1,3	1,4	1,5	1,4	1,4	1,4	1,4
Zinsen für Fremdkapital	1,2	1,3	1,2	1,3	1,2	1,3	1,2
sonstige Kosten	4,7	4,8	4,8	4,9	4,8	4,9	4,9
= Steuerl. Betriebsergebnis	3,6	3,0	2,6	2,3	2,5	2,0	2,3
./. Unternehmerlohn	3,9	3,9	4,0	4,1	4,1	4,2	4,3
./. Zinsen für Eigenkapital	0,5	0,5	0,5	0,5	0,5	0,5	0,5
= Betriebswirtschaftliches Betriebsergebnis	– 0,8	– 1,4	– 1,9	– 2,3	– 2,1	– 2,7	– 2,5
davon Lebensmitteleinzelhandel	– 2,7	– 2,9	– 2,7	– 3,0	– 3,3	– 4,3	– 4,1
Facheinzelhandel ohne Lebensmitteleinzelhandel	+ 0,2	– 0,5	– 1,5	– 2,0	– 1,4	– 1,8	– 1,8

[1)]Alte Bundesländer; [2)]Alte und neue Bundesländer; [3)]Differenz zwischen Wareneinsatz (ohne Vorsteuer) und Umsatz (einschließlich Mehrwertsteuer)
(Quelle: *Institut für Handelsforschung*, Köln)

Fachhandelspanel

Leistungsparameter herausfordert (vgl. *Tab.*). H.-J.Ge.

Fachhandelspanel

Untersuchungsvariante des → Handelspanels, bei der eine Eingrenzung auf bestimmte Branchen der Warengruppen stattfindet, um den Herstellern spezifische Informationen über ihre → Branche oder Warengruppe zu liefern und durch Forschungsaktivitäten auf der Fachhandelsebene eine Erhöhung der Marktabdeckung für bestimmte Artikel zu erreichen, die auch über den Lebensmitteleinzelhandel vertrieben, aber im „normalen" Handelspanel nicht erfasst werden. Durchgeführt werden Fachhandelspanels u.a. in folgenden Bereichen bzw. Absatzukanälen: Papier, Büro, Schreibwaren, Apotheken, Drogerien, Parfümerien, Bäkkereien, Kiosken.

Fachmarkt

großflächige → Betriebsform des → stationären Einzelhandels, die vielfach an verkehrsorientierten Standorten auf meist ebenerdiger Verkaufsfläche ein (warenbzw. bedarfsbezogen unterschiedlich) spezialisiertes Sortiment im Non-Food-Bereich in großer Breite und Tiefe überwiegend in Selbstbedienung anbietet, wobei allerdings die genannten Strukturmerkmale sowohl von den jeweiligen ‚Schwellenwerten' her als auch hinsichtlich ihrer Kombinationsmöglichkeiten branchenspezifisch z.T. erheblich variieren können.

Den Ergebnissen der Handels- und Gaststättenzählung 1993 sind keine Angaben zur anteiligen Marktbedeutung der Fachmärkte im Einzelhandel zu entnehmen, da der Erhebungsvordruck für die befragten Unternehmen diese Betriebsform zwar ausdrücklich aufführt, auf eine Veröffentlichung der diesbezüglichen Befragungsergebnisse aber mangels zweifelsfreier Abgrenzung gegenüber den anderen dort genannten Ladengeschäften verzichtet wird (vgl. → Stationärer Einzelhandel, *Tab.*). Unstritig ist hingegen, dass die Entwicklung der Fachmärkte in Vergangenheit und Gegenwart von außerordentlichen Wachstumsraten geprägt ist (vgl. → Angebotstypen im Einzelhandel, *Tab.*). Gleichwohl gilt es dabei in mehrfacher Hinsicht zu differenzieren:

So was den warenbereichs- und/oder bedarfsfeldspezifischen Stellenwert dieser Betriebsform in der Konsumgüterdistribution betrifft, da hinsichtlich der jeweils realisierten Marktanteile und künftigen Entwicklungspotentiale drei Gruppen von Fachmärkten zu unterscheiden sind (vgl. *Tab. 1*):

(1) Fachmärkte mit einem bereits derzeit hohen Marktanteil bei nach wie vor zu erwartenden Anteilsgewinnen (z.B. Bau- und Heimwerkermärkte, Drogeriemärkte, Gartencenter),

(2) Fachmärkte, die demgegenüber noch vergleichsweise niedrige Marktanteile aufweisen, bei denen aber weiterhin mit hohen Wachstumsraten gerechnet wird (z.B. Unterhaltungs-/Kommunikationselektronik, Spielwaren, Autoteile und –zubehör);

(3) Fachmärkte, die zwar noch ausgeprägter im unteren Marktanteilsbereich angesiedelt sind, für die jedoch vor dem Hintergrund branchenspezifischer Marktkonstellationen, namentlich was das Verhältnis zu den traditionellen Anbietern auf der Einzelhandelsstufe betrifft, eher niedrige, zumeist jedoch keine starken oder überproportionalen Zuwachsraten prognostiziert werden (z.B. Bekleidungsfachmärkte, Sport-Fachmärkte, Büro-Fachmärkte).

Darüber hinaus wird mit der Bezeichnung „Fachmarkt" zwar eine spezifische Sortimentskompetenz bei zugleich angemessener Präsentations-, Beratungs- und Dienstleistungsqualität zum Ausdruck gebracht; den Fachmarkt insofern von reinen Discountern oder Lagerhaltungsbetrieben abzugrenzen (→ Diskontgeschäft, → Off-Price-Store, → Handel vom Lager), erweist sich als konsequent (vgl. hierzu das sog. „Kölner Urteil" vom 13.01.1987 – 31 0 39/84 – des Landgerichts Köln). Andererseits zeichnen sich in der Fachmarktbranche gewisse Polarisierungstendenzen ab, nämlich das Trading down einerseits (i.S.v. „Discountorientierten Fachmärkten") und das Trading up andererseits (i.S.v. „Serviceorientierten Fachmärkten"), die im Einzelfall – namentlich was die preisaktiven Erscheinungsformen betrifft – zwar bestimmte Leistungsparameter bereits etablierter Betriebsformen in den Vordergrund rücken, ohne jedoch deswegen das Leistungsprofil eines Fachmarktes an sich prinzipiell aufzugeben.

Schließlich werden künftig mit der räumlichen Basis von Fachmärkten nicht nur verkehrsorientierter Standorte vergleichsweise hoher Zentralität zu assoziieren sein, sondern – je nach Sortiment und Kundenzielgruppe – vermehrt auch die City-, City-Rand- und Stadtrandlagen in Mittel- und

Oberzentren sowie die räumliche Agglomeration von Fachmärkten unterschiedlicher Branchen und Leistungsprofile in Gestalt der *Fachmarktzentren* (→ Einkaufszentrum).

Tab. 1: Marktanteile der Fachmärkte nach Branchen/Märkten in Deutschland

Branche/Markt	1997		2001[1]	
	Marktvolumen des Gesamtmarktes[2] Mrd. DM	Marktanteil der Fachmärkte %	Marktvolumen des Gesamtmarktes[2] Mrd. DM	Marktanteil der Fachmärkte %
Augenoptik	5,170	0,3	5,540	0,5
Aftermarket für PKW-Komp.	30,850	4,9	30,480	7,1
DIY insgesamt	196,339	18,2	202,104	19,4
– Kernsortiment	91,025	31,8	94,108	33,5
– Erweiterungssortiment	105,314	6,5	107,996	7,2
Bekleidung	68,200	8,0	71,280	9,0
Bürowirtschaft (PBS u. BBO)	102,220[3]	0,2[3]	135,960	1,1
Drogeriewaren	38,700	30,0	43,200	36,0
Elektrohausgeräte	18,039[3]	11,3[3]	18,935	12,4
– Weiße Ware	13,625	11,6	14,436	12,5
– Elektrokleingeräte	4,414	10,4	4,499	12,2
Garten	19,800	30,7	21,035	34,5
Heimtiernahrung/-zubehör	4,711	3,4[4] bzw. 7,3[5]	5,105	5,3[4] bzw. 8,5[5]
Raumausstattung (textile)	21,350	21,0	21,470	25,0
Schuhe	14,470	17,0	14,855	19,0
Spielwaren	5,975	14,8	6,205	16,5
Sportwaren	9,275	5,0	9,625	5,6
Unterhaltungselektronik[6]	20,361[3]	18,3[3]	18,985	20,5

[1] Prognose; [2] zu Endverbraucherpreisen incl. MwSt.; [3] für 1996; [4] Zoo-Fachmärkte; [5] Futtermittel-Fachmärkte; [6] ohne Kommunikationselektronik

(Quelle: *BBE-Unternehmensberatung*, Köln)

Tab. 2: Baumarkt-Betreiber (Top-Ten 1999)

Betreiber	Brutto-Umsatz gesamt Mrd. DM	Umsatz Ausland Mrd. DM	Anzahl Märkte gesamt
1. Obi	7,7	1,4	433
2. Praktiker	5,7	0,5[1]	319
3. Bauhaus	4,2[2]	1,2[2]	170
4. Zeus (Baufuchs, Bauklotz u.a.)	4,0[3]	–	238
5. Rewe (Toom)	3,2	–	285
6. Hagebau	2,85[4]	0,1	345
7. Hornbach	2,7[5]	0,5[5]	77
8. AVA (Marktkauf, dixi)	1,8	–	128
9. Max Bahr	1,5[5]	–	75
10. Hellweg	1,3	–	76

[1] Nettoerlöse; Gesamterlöse netto: 4,9 Mrd. DM lt. Praktiker; [2] geschätzt; [3] Außenumsatz incl. kleinere Fachgeschäfte; [4] nur Baumärkte, ohne klassischen Baustoffhandel; Gesamtumsatz: 5,2 Mrd. DM; [5] Prognose für 1999/2000

(Quelle: *BBE-Unternehmensberatung*, Köln (Unternehmensangaben))

Fachmesse

Als Betreiber von Fachmärkten fungieren in der Regel → Filialunternehmen und → Verbundgruppen des Einzelhandels (→ Regiebetrieb), z.T. auch des Großhandels, die im Fachmarktkonzept – teils ausschließlich, teils in Ergänzung und/oder Diversifizierung ihrer traditionellen betriebsformenspezifischen Betätigungsfelder – ein zukunftsträchtiges Markt- und Ertragspotential zur Sicherung ihres Unternehmensbestandes erblicken (zu den Top-Ten der Baumarkt-Betreiber vgl. *Tab. 2*). H.-J.Ge.

Fachmesse → Messen und Ausstellungen

Fachpromotor → Buying Center

Fachsortiment

Das Fachsortiment, in reinster Ausprägung das Spezialsortiment, bietet einen Ausschnitt aus i.d.R. einem Branchensortiment und ist mehr tief als breit (z.B. Herren- oder Damen-Oberbekleidung, Sportbekleidung – mit Sportgeräten auch branchenübergreifend –, Wein und Spirituosen).

Fachversandhandel
→ Spezialversandhandel

Fachwerbung

Im Gegensatz zur → Publikumswerbung spricht man von Fachwerbung, wenn ein Anbieter seine Werbemaßnahmen auf ein abgegrenztes Publikum von Weiterverkäufern oder gewerblichen Abnehmern richtet.

Fachzeitschriften

sind periodisch erscheinende Publikationen für eine funktions- oder branchenbestimmte Zielgruppe, der mit diesem Medium die Möglichkeit geboten wird, den Informations-, Kenntnis- und Bildungsstand zu erweitern und zu vertiefen. Medienstatistische Schwierigkeiten bei der Abgrenzung zu → Publikumszeitschriften ergeben sich v.a. bei den → Spezialzeitschriften und den → Zielgruppenzeitschriften, deren spezifische Thematik und Aufmachung der Fachzeitschrift sehr ähnlich sein können.
I.a. ist unter Fachzeitschriften zwischen → Abonnementszeitschriften, Fachzeitschriften im Plan- und → Wechselversand und → Kennzifferzeitschriften zu unterscheiden.
Als → Werbeträger sind Fachzeitschriften für Fachwerbungtreibende v.a. durch eine hohe Zielgruppenreichweite ohne große → Streuverluste interessant. Da sie seit jeher ein internationales Medium sind, tragen sie durch Informationen über die Angebotspalette ins Ausland auch wesentlich zu den Exportchancen der deutschen Wirtschaft bei. Empirische Studien zeigen hohe Aufmerksamkeit für Anzeigen in Fachzeitschriften, allerdings wegen der spürbaren Konkurrenz zum → Internet auch abnehmende Reichweiten. E.L.

Literatur: *ZAW* (Hrsg.): Werbung in Deutschland 2000, Bonn 2000.

Fachzeitschriftenanalyse

Erscheinungsform der → Leserschaftsforschung zur Analyse von → Fachzeitschriften und deren Publikum. Dazu werden ergänzend zum ZAW-Rahmenschema für Analysen von Werbeträgern vom → ZAW und dem → Arbeitskreis Anzeigen-Marketing-Fachzeitschriften (→ AMF) spezielle Soll- und Muss-Vorschriften für die Analyse von Fachzeitschriften aufgestellt. Diese beziehen sich v.a. auf die Anlage von Nutzerstruktur- und Reichweitenanalysen der Fachzeitschriften.

Facial-Action-Coding-System

bezeichnet ein Analyseverfahren im Rahmen der → Nonverbalen Kommunikationsforschung zur Beschreibung und Interpretation der → Gesichtssprache. Das von den amerikanischen Psychologen *Paul Ekman* und *Wallace Friesen* entwickelte, elementaristische Notationsverfahren beschreibt die Mimik unter Berücksichtigung der zugrunde liegenden Muskelveränderungen. Von einer anatomischen Analyse der Gesichtsaktivitäten ausgehend, haben *Ekman/Friesen* 33 visuell unterscheidbare Bewegungseinheiten (Action Units) des Ausdrucks feststellen können. Diese Action Units bilden die Ausgangsbasis des Notationssystems und lassen sich als anatomisch begründete, kleinste Einheiten des mimischen Verhaltens definieren. In empirischen Studien gelang es *Ekman/Friesen* weiterhin, die für bestimmte Emotionen typischen Muskelaktivitäten einzugrenzen und mit Hilfe ihres Notationssystems zu beschreiben. Genaue Deskriptionen des äußeren Erscheinungsbildes bestehen für die Emotionen „Freude", „Überraschung", „Angst", „Ekel", „Ärger" und „Traurigkeit". Obwohl das Facial-Action-Coding-System hinsichtlich der Forschungsökonomie äußerst aufwendig ist, bietet das Analyse-System gegenüber den bislang klassischen Verfahren der nonverbalen Kommunikationsforschung verschiedene Vorzüge (vgl. *Bekmeier*, 1989). Daher wurden inzwischen einige Vorschläge zur Vereinfachung des Notationssystems entwikkelt. Zum einen versucht man die Anzahl der zu beobachtenden Action Units zu reduzieren, indem man die Aufmerksamkeit nur auf eine spezielle Auswahl relevanter Emotionseinheiten fokussiert. Hier ist insbesondere das auf emotionale Mimiken spezialisierte „Emotional Facial-Action-Coding-System" (EmFACS) zu nennen. Zum anderen wird versucht, das Bewegungsverhalten automatisch (computerisiert) zu erfassen. Ein gelungenes Beispiel ist das „Züricher Verfahren" von *Kaiser*, der für die Kodierung der Gesichtssprache ein automatisches Notationssystem entwickelt hat, das die innervierten Muskeln objektiv und vollständig erfassen kann. S.B.

Literatur: *Bekmeier, S.*: Nonverbale Kommunikation in der Fernsehwerbung, Würzburg 1989. *Ekman, P.; Rosenberg, E.* (Hrsg.): What the Face Reveals, New York, Oxford. 1997. *Scherer, K. R.; Ekman, P.* (Hrsg.): Handbook of Methods in Nonverbal Behavior Research, Paris 1982.

Facing → Kontaktstrecke

Factoring

Das Factoring als Element der → Absatzfinanzierung beinhaltet vertragliche Vereinbarungen zwischen einem Unternehmer und einem speziellen Finanzierungs- oder Kreditinstitut (Factor), in denen die Kundenforderungen des Unternehmens aus Lieferungen und Leistungen vor ihrer Fälligkeit unter Übernahme gewisser Dienstleistungsfunktionen (Debitorenbuchhaltung, Mahnwesen, Inkasso) an den Factor verkauft werden. Übernimmt dieser auch das Risiko des Forderungsausfalls (Delkredere-Risiko), so ist echtes Factoring gegeben. Factoring ohne Delkredereübernahme, das rein rechtlich als Kreditgeschäft gesehen werden kann, spielt eine untergeordnete Rolle.

Im Rahmen des Factoring-Vertrages werden dem Factor sämtliche Forderungen an die Debitoren, für die ein festes Warenkreditlimit vereinbart wird, zum Kauf angeboten. Die Vertragslaufzeiten betragen meistens zwei Jahre. Die Forderungshöhe wird im Normalfall um einen Sperrbetrag von 10 bis 20% seitens des Factors reduziert. Nach dem Eingang der jeweiligen Forderung gelangt der Rechnungsbetrag abzüglich Sperrbetrag/Sicherheitseinbehalt (z.B. für Mängelrügen, Warenretouren, Skonti, Rabatte) zur Auszahlung. Die für den Lieferanten anfallenden Factoring-Kosten ergeben sich aus Factoring-Gebühr für die Inanspruchnahme der Dienstleistungen, Zinsen auf die Vorschüsse und ggf. Delkredere-Gebühr.

In Abhängigkeit davon, ob dieser Vertrag für den Kunden nach außen hin erkennbar ist, wird das offene (notifizierte) Factoring, bei dem Rechnungen eine an das Factoring-Institut gerichtete Zahlungsaufforderung enthalten, unterschieden vom stillen (nicht notifizierten) Factoring, das zunächst den üblichen Zahlungsweg zum Lieferanten vorsieht und bei dem die Zahlungen anschließend vom Lieferanten an den Factor weitergeleitet werden müssen.

Die absatzfinanzierende Bedeutung des Factoring für den Klienten (Lieferanten) liegt darin, dass er seinem Kunden günstigere Konditionen und Zahlungsziele (z.B. Lieferantenkredite) anbieten kann, weil mit Hilfe eines Factors ein schnellerer, beim echten Factoring auch weniger risikoreicher Forderungsausgleich mit der Folge von Liquiditätsverbesserungen erzielt wird. Die Zahl der Forderungsausfälle sollte abnehmen, da der Factor als Spezialist häufig besser in der Lage ist, laufend Bonitätsüberprüfungen und Überwachungen der Debitoren vorzunehmen. Ein weiterer Vorteil ist die Unabhängigkeit von der Einhaltung der Zahlungsziele durch die Abnehmer, die in Zeiten von Hochzinsphasen oder bei schlechtem Geschäftsverlauf verstärkt den Lieferantenkredit in Kauf nehmen.

Im Gegensatz zu Factoring-Gesellschaften, die i.d.R. aufgrund eines Rahmenvertrages alle Forderungen eines Klienten übernehmen, sind im Export-Geschäft auch einzelne Forderungen Geschäftsgrundlage. Beim Export-Factoring wird die Delkrederefunktion stets vom Factor übernommen. Die Forfaitierung unterscheidet sich vom Export-Factoring dahingehend, dass nur erstklassige, gesicherte, eher mittel- und langfristige Forderungen ohne Übernahme der Dienstleistungsfunktion vom Forfaitisten übernommen werden.

Factoring-Verträge sollten nur bei Mindestumsätzen von 1 Mio. Euro, festem gewerblichen Kundenstamm, begrenzten Zahlungszielen von 90 Tagen (bzw. 120, max. 180 Tagen) und Forderungen aus voll erfüllten Lieferungen und Leistungen abgeschlossen werden. P.B.

Factor, internationaler

Literatur: *Hagenmüller, K.F.; Sommer, H.J.; Brink, U.:* Factoring-Handbuch, 3. Aufl., Frankfurt 1997. *Wöhe, G.; Bilstein, J.:* Grundzüge der Unternehmensfinanzierung, 8. Aufl., München 1998.

Factor, internationaler

im → Außenhandel eine Mittelsperson (oder Unternehmen), die sich in die Finanzierung von Exportgeschäften einschaltet. Gegen Verschiffungsdokumente (→ Dokumente im internationalen Warenverkehr) gestattet er dem Exporteur, eine Tratte auf ihn zu ziehen und verkauft die Waren im Auftrage des Exporteurs an dessen Kunden, denen er Kredite einräumt. Hierfür übernimmt er das → Delkredere. Diese Art von Bevorschussung hängt mit der Problematik des → Akkreditivs in den USA zusammen. Der Factor unterscheidet sich vom Vertreter (nach angloamerikanischem Recht) dadurch, dass er in eigenem Namen handelt und die Ware in Besitz hat. Der Factor gewährt in beschränktem Umfang Kredite durch Beleihung des Warenlagers (inventory loans) und durch die Finanzierung (Forderungshändler) des Streckengeschäftes (drop shipment).
Heute wird der Forderungsverkauf (→ Factoring) im internationalen Geschäft zunehmend durch internationale Factoring-Banken abgewickelt. H.Ma.

Factory outlet → Fabrikladen

Factory-Outlet-Center

räumlicher Verbund von Direktverkaufseinrichtungen verschiedener Produktionsuntenehmen, die an verkehrsorientierten dezentralen Standorten ein Angebot preisreduzierter (Marken-) Ware führen, das zum größten Teil aus Überschussproduktion, Auslaufmodellen, Musterkollektionen, Waren zweiter Wahl u.dgl.m. besteht und vom Branchenmix her folgende Bedarfsbereiche umfasst: Designermode, Schuhe, Sport, Accessoires, Kosmetik, Haushalts- und Hobbyartikel. Die im Vergleich zu den → Fabrikläden deutlich anspruchsvoller gestalteten Einkaufsstätten eines Factory-Outlet-Center (FOC) werden i.d.R. ergänzt um Anbieter konsumnaher Dienstleistungen, zumeist auch um gastronomische Einrichtungen im Fast-Food-Sektor sowie um Freizeitanlagen der verschiedensten Art.
FOC setzen insofern bewusst auf die erhöhte Anziehungskraft des sog. One-Stop-Shopping (Mehrbranchenorientierung), verbinden dies aber konzeptionell mit den attraktivitätssteigernden Effekten einer betont wertbezogenen Angebotskompetenz (→ Discounting) und zielgruppengemäßen Emotionalisierng der Einkaufsatmosphäre. Als (Kern-)Ziel-gruppe gilt der mit „neuem Preisbewusstsein" ausgestattete Kundentyp des „cleveren Verbrauchers" (→ Smart Shopper), der eingedenk seines mittleren bis hohen Einkommens nicht unbedingt billig einkaufen muss, d.h. keine „billigen Marken" sondern „Marken billig" kaufen möchte, und dies nach Möglichkeit im Zusammenhang mit der Nutzung vielfältiger Freizeitangebote (→ Preisinteresse).
In den USA haben die FOC seit ihrer Etablierung als spezifische, da herstellerseitig geprägte Variante der → Einkaufszentren geradezu boomartige Zuwachsraten verzeichnen können: So repräsentieren die ca. 330 FOC mit ihrer durchschnittlichen Größe von 13.500 qm nur das vorläufige Ergebnis eines von 1990 – 1997 jährlichen Flächenwachstums von durchschnittlich 15% bei einer Gesamtfläche von über 4,5 Mio. qm (Quelle: BAG-Bundesarbeitsgemeinschaft der Mittel- und Großbetriebe des Einzelhandels, Köln).
In Europa, namentlich mit Schwerpunkt in Großbritannien und Frankreich, hat sich die Zahl der FOC von 4 (1990) auf 61 (1999) erhöht (Quelle: Institut für Gewerbezentren, Starnberg). Demgegenüber befinden sich in Deutschland entsprechende Projekte teils in Bau, überwiegend jedoch noch im Planungsstadium (vgl. *Tab.*). Hintergrund hierfür sind die stadt- und raumentwicklungspolitischen Bedenken gegenüber großdimensionierten Angebotsformen des Konsumgüterhandels an dezentralen Standorten, wonach aufgrund der sortimentsbezogen hohen Reichweite negative Auswirkungen auf den innerstädtischen Einzelhandel und die urbane Qualität der Städte befürchtet werden (→ Baunutzungsverordnung). Entsprechend umfassend und prozessual langwierig gestaltet sich die Überprüfung der Standortverträglichkeit in jedem Einzelfall (vgl. in diesem Sinne auch die städtebauliche Sondervorschrift des § 11 III BauNVO in Verbindung sowohl mit der Entschließung der Ministerkonferenz für Raumordnung „Factory-Outlet-Center" vom 03. Juni 1997 als auch mit dem Beschluss des Deutschen Bundestages zur Ansiedlung großflächiger Einzelhandelsbetriebe vom 13. November 1997). H.-J.Ge.

Fahrbare Zweigstellen

FOC-Planungen in Deutschland

PLZ	Gemeinde	Bezeichnung/ Typ	Fläche in qm[2]	Zahl der Outlets
01705	Freital/Sachsen	textiles City-FOC	15.000 VKF	40–60
04103	Leipzig-City/Sachsen	Städtisches Kaufhaus	8.000 VKF	30
04177	Leipzig-City/Sachsen	Kaufhaus Held	7.500 VKF	•
04229	Leipzig-Plagwitz/Sachsen	Elsterpark	•	•
04720	Döbeln/Sachsen	N.N.	10.000 VKF	•
06188	Landsberg/S.-Anhalt	N.N.	9.000 VKF	•
08107	Kirchberg/Sachsen	FOC Oelsnitz	5.500 VKF	•
14624	Dallgow/Elstal/Brandenburg	N.N.	12.000 VKF	70
14641	Wustermark/Brandenburg	B 5-DOC	11.500 VKF	50
14974	Ludwigsfelde/Brandenburg	City-FOC	15.000 VKF	50
15749	Ragow/Brandenburg	Berlinera Village	23.000 GF	120
16515	Oranienburg/Brandenburg	Louise-Henriette-C.	3.500 VKF	23
16727	Eichstädt/Brandenburg	N.N.	20.000 GF	50
18057	Rostock/MVP	Portcenter	11.000 VKF	•
18196	Beselin-Kessin/MVP	The Factory	12.500 VKF	•
24223	Raisdorf/Schl.-Holstein	Ostseepark	13.000 VKF	60
29614	Soltau/Niedersachsen	N.N.	20.000 VKF	80–100
41836	Hückelhoven/NRW	City-FOC	15.000 VKF	60–70
47051	Duisburg/NRW	Multi Casa	•	•
47169	Duisburg-Marxloh/NRW	N.N.	•	•
47799	Krefeld/NRW	Cityrand-FOC	1.000 VKF	•
50170	Kerpen/NRW	FOC-Sindorf	•	•
56850	Hahn/Rheinland-Pfalz	FOC Hahn	6.000 VKF	•
59065	Hamm/NRW	City-FOC	•	•
65556	Limburg/HES	City-FOC	•	•
66482	Zweibrücken/Rh.-Pfalz	DOC Zweibrükken	38.000 GF	160
78052	Villingen/B.-Württ.	N.N.	6.000 VKF	•
95152	Selbitz/Hof/BAY	N.N.	8.000 VKF	50
96160	Geiselwind/BAY	N.N.	•	•
97877	Wertheim/BAY	N.N.	10.000 GF	50

[1] Stand November 1998; [2] VKF=Verkaufsfläche, GF= Geschäftsfläche
(Quelle: *EHI-EuroHandelsinstitut*, Köln; *GMA – Gesellschaft für Markt- und Absatzforschung*, Ludwigsburg)

Facts and Figures

In den → Public Relations gängige übersichtliche Kurzzusammenfassung wichtiger Daten einer Organisation. Antworten auf aktuelle Fragen werden in einer Q + A-List behandelt.

Fahrbare Zweigstellen

Mit der Expansionsphase im Zweigstellenbereich einhergehend, wurden von den Kreditinstituten fahrbare Zweigstellen (mobile Zweigstellen) als örtlich ungebundene Betriebseinheiten in Betrieb genommen. Hauptzweck war die Betreuung von Kunden (Abwicklung von Routinegeschäften) in kleinen Orten in denen sich stationäre Geschäftsstellen nicht lohnten (Marktbetreuungsmotiv), an bestimmten Wochentagen zu festgelegten Zeiten. Die erste fahrbare Zweigstelle wurde 1958 im Sparkassensektor in Betrieb genommen. Ihre Blütezeit erlebten die fahrbaren Zweigstellen Ende der siebziger Jahre mit rund 600 fahrbaren Stellen.

Veränderte Zahlungsgewohnheiten, der Ausbau des → Electronic Banking, das veränderte Nachfrageverhalten der Kunden und Kostenüberlegungen haben deutlich gemacht, dass fahrbare Zweigstellen den besonderen Möglichkeiten einer wirtschaftlichen und kundenfreundlichen Zweigstellenarbeit in der heutigen Zeit auch im Ansatz nicht gerecht werden. In der Konsequenz wird sich der Trend zur Schließung der Ende 1999 noch ca. 250 von Kreditinstituten unterhaltenen fahrbaren Zweigstellen weiter beschleunigen. O.B.

Literatur: *Betsch, O.:* Fahrbare Zweigstellen – heute noch aktuell?, in: bank und markt, 6. Jg. (1977), Nr. 6, S. 24-27. *Betsch, O.:* Strukturwandel und Wettbewerb am Bankenmarkt, Stuttgart 1988.

Fairness → Gerechtigkeitstheorie, → Preisfairness

Fairness-Konzept
→ Kundennutzenkonzept, preisstragisches

Fakten-Reagierer
→ Organisationales Beschaffungsverhalten

Faktorenanalyse
Verfahren der Interdependenzanalyse in der → Multivariatenanalyse, das in seiner traditionellen Form von metrischen Daten ausgeht. Die Faktorenanalyse hat zum Ziel, Basisdimensionen bzw. Faktoren zu ermitteln, die die Kovarianz in den Daten erzeugt haben. Die Faktoren werden als hypothetische nicht direkt beobachtbare Größen aufgefasst, die den beobachteten Merkmalsvariablen zugrundeliegen.
Schematisch lässt sich das Ziel der Faktorenanalyse wie in *Abb. 1* darstellen. Die durchgezogenen Linien geben an, für welche beobachteten Variablen ein Faktor ursächlich ist, d.h. mit welchen Variablen er am stärksten korreliert.

Abb. 1: Grundidee der Faktorenanalyse

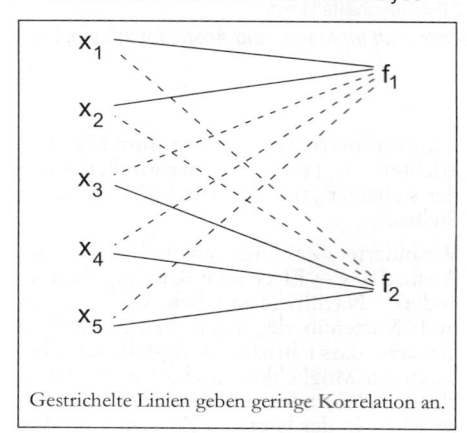

Gestrichelte Linien geben geringe Korrelation an.

Geht man von einer $n \to p$ (Objekte/Personen → Merkmalsvariablen)-Matrix aus, so kann die Faktorisierung über Personen (Q-Analyse) oder über Merkmalsvariablen (R-Analyse) erfolgen.
Der Faktorenanalyse liegt ein Bündel von Modellansätzen zugrunde, mit denen über unterschiedliche Annahmen und Schätzmethoden Faktoren extrahiert werden können. Die wichtigsten Verfahren sind die traditionelle sog. „Common Factor" Analyse, hier bezeichnet als „Hauptfaktorenanalyse", die → Hauptkomponenten-Analyse und die → Maximum-Likelihood(ML)-Faktorenanalyse. Die beiden erstgenannten Verfahren unterscheiden sich in den Annahmen und der Modellstruktur. Das dritte Verfahren beruht auf einer → ML (Maximum-Likelihood) Schätzung und erlaubt einen Test der Faktorstruktur. Werden statt ein oder zwei Modi drei Modi untersucht, spricht man von einer → Dreimodalen Faktorenanalyse. Die gebräuchlichste Methode ist die *Hauptfaktorenanalyse*. Das Modell geht davon aus, dass jeder Beobachtungswert x_{ik} einer Merkmalsvariablen i gemessen bei einem Stimulus (Objekt/Person) k durch eine lineare Kombination der Einflüsse von q gemeinsamen Faktoren f und einem variablenspezifischen Einzelrestfaktor u_{ik} beschrieben wird. Die Gewichte der Faktoren werden über die Koeffizienten λ ausgedrückt. Im Falle standardisierter Merkmalsvariablen (z_{ik}) lautet das allgemeine Modell

(1) $z_{ik} = \lambda_{i1}f_{1k} + \lambda_{i2}f_{2k} + ... + \lambda_{iq}f_{qk} + e_i u_{ik}$

Unter Vernachlässigung des Personenindex und einigen Annahmen über u_{ik} ergibt sich das vereinfachte Modell der Faktorenanalyse

(2) $z_i = \sum_{r=1}^{K} \lambda_{ir} f_r + e_i$

bzw. in Matrixschreibweise

$\underline{z} = \underline{\Lambda}\,\underline{f} + \underline{e}$,

wobei f_r der r-te gemeinsame (*common*) Faktor ist, und e_i Resteinflüsse erfasst, die nur auf die jeweilige Beobachtungsvariable x_i wirken. Die Varianz von e_i wird als *uniqueness* oder Residual-Varianz ψ_{ei} und λ_{ij} als *Ladung* eines Faktors j auf der Beobachtungsvariablen i bezeichnet. $\underline{\Lambda}$ ist dann die p × k Matrix der → Faktorladungen, $\underline{z},\underline{e}$ sind (1 → p) Spaltenvektoren und $\underline{f}$ ist ein Spaltenvektor mit k Faktoren.
Das Schätzproblem der Faktorenanalyse besteht darin, die Parametermatrizen der Faktorladungen und Fehlervarianzen so zu bestimmen, dass sie die Kovarianzmatrix der Ausgangsdaten reproduzieren können. Für die Schätzung werden üblicherweise Annahmen getroffen, dass die Faktoren und

Residuen voneinander und untereinander unabhängig sind und dass die Faktoren auf Einheitsvarianz standardisiert sind. In Kovarianztermen ausgedrückt ergibt sich dann das sog. *Fundamentaltheorem der Faktorenanalyse* mit

(3) $\mathrm{E}(\underline{zz}') = \mathrm{E}[(\underline{\Lambda f} + \underline{e})(\underline{\Lambda f} + \underline{e})']$
$\underline{\Sigma} = \underline{\Lambda \Phi \Lambda}' + \underline{\Psi}$,

wobei $\underline{\Phi}$ als Einheitsmatrix vorliegt und $\underline{\Psi}$ die Diagonalmatrix mit den Residualvarianzen der Beobachtungsvariablen ist. Gesucht ist nun die Faktorladungsmatrix $\underline{\Lambda}$, die die Kovarianzmatrix $\underline{\Sigma}$ bestmöglichst erzeugt. Im traditionellen Fall geht man von der Unabhängigkeit der Faktoren aus und die reduzierte Kovarianzmatrix $\underline{\Sigma}_s$ berechnet sich bei Minimierung von $\underline{\Psi}$ über:

(4) $\underline{\Sigma}_s = \underline{\Lambda \Lambda}'$

Die Vorgehensweise der Faktorenanalyse lässt sich in vier Schritte zerlegen (vgl. Abb. 2). Zuerst ist es notwendig, einen Schätzwert für den Varianzteil in den Beobachtungsvariablen, der durch die gemeinsamen Faktoren erklärt wird (→ Kommunalität), zu finden. Die reduzierte Kovarianzmatrix ($\underline{\Sigma}_s$) enthält die durch die gemeinsamen Faktoren erklärte Varianz auf der Hauptdiagonalen, die Kommunalitäten, und dient zur Schätzung der Faktorladungen. Das Faktorenproblem bezeichnet dann die Festlegung der Anzahl der zu extrahierenden Faktoren in $\underline{\Lambda}$ über einen → Scree-Test oder das → Kaiserkriterium. Das Rotationsproblem beschreibt die Drehung einer Faktorlösung, z.B. in eine interpretationsfähige sog. → Einfachstruktur $\underline{\Lambda}^R$. Gefordert ist, dass die Faktoren auf wenigen Variablen hoch, auf allen anderen niedrig laden. Die Faktorladungen λi können als Korrelationskoeffizienten oder Pfadkoeffizienten interpretiert werden (→ Pfadanalyse). Die quadrierten Koeffizienten λ_i^2 geben den Anteil der Varianz in den Beobachtungsvariablen an, der auf die Faktoren zurückzuführen ist.

Abb. 2: Schritte der Faktorenanalyse

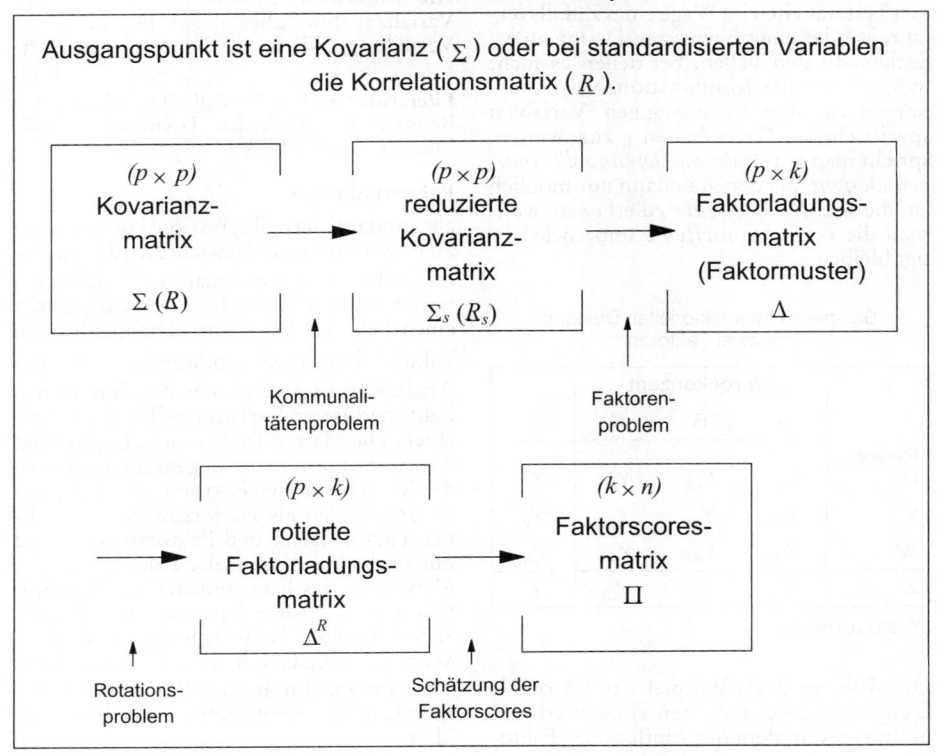

Ausgangspunkt ist eine Kovarianz ($\underline{\Sigma}$) oder bei standardisierten Variablen die Korrelationsmatrix ($\underline{R}$).

$(p \times p)$ Kovarianzmatrix $\Sigma (R)$ → $(p \times p)$ reduzierte Kovarianzmatrix $\Sigma_s (R_s)$ → $(p \times k)$ Faktorladungsmatrix (Faktormuster) Λ

↑ Kommunalitätenproblem ↑ Faktorenproblem

$(p \times k)$ rotierte Faktorladungsmatrix Λ^R → $(k \times n)$ Faktorscoresmatrix Π

↑ Rotationsproblem ↑ Schätzung der Faktorscores

Faktorielles Design

Das traditionell explorierende Verfahren ist durch die Schätzung der Faktorstruktur mit der Maximum-Likelihood Methode auch als → Konfirmatorische Faktorenanalyse durchführbar. Die Möglichkeit theorietestender Faktorenanalysen bieten Programme der → Strukturgleichungsmethodologie (SEM) wie → LISREL, → AMOS, → CALIS oder → EQS. L.H.

Literatur: *Lawley, D.N.; Maxwell, A.E.:* Factor Analysis as a Statistical Method, London 1971. *Überla, K.:* Faktorenanalyse, Berlin 1977. *Reyment, R.A.; Jöreskog, K.G.; Marcus, L.F.:* Applied Factor Analysis in the Natural Sciences, Cambridge 1993.

Faktorielles Design

Form eines kontrollierten → Experiments, bei dem ein (einfaktorielles Design) oder mehrere (mehrfaktorielles Design) experimentelle Größen mit Hilfe der → Varianzanalyse auf ihre Einflussstärke auf eine abhängige Größe systematisch untersucht werden. Dabei wird versucht, das Zusammenspiel der unabhängigen Testvariablen durch entsprechende Zuordnung aller Kombinationsmöglichkeiten zu verschiedenen Testeinheiten im Wege eines Zufallsverfahrens oder eines bewussten Design abzudecken. In den Fällen, bei denen es nicht möglich ist, alle Kombinationen der Ausprägungen aller unabhängigen Variablen spezifischen Testeinheiten zuzuweisen, spricht man von *fraktionellen unvollständigen Designs*, bei denen es dann nur möglich ist, die sog. *Haupteffekte* zu erfassen, während die *Interaktionseffekte* unberücksichtigt bleiben.

Beispiele eines faktoriellen Designs
mit zwei Faktoren

Region	Werbekonzept			
	A	B	C	Σ
U	Y_{ua}	Y_{ub}	Y_{uc}	$Y_{u.}$
V	Y_{va}	Y_{vb}	Y_{vc}	$Y_{v.}$
W	Y_{wa}	Y_{wb}	Y_{wc}	$Y_{w.}$
Σ	$Y_{.a}$	$Y_{.b}$	$Y_{.c}$	$Y_{..}$

(*Y*: z.B. Umsatz)

Die *Abb.* zeigt als Beispiel das faktorielle Design mit zwei Faktoren eines Werbeexperimentes, in dem der Einfluss der Faktoren Werbekonzept und Region auf die Markenbekanntheit gemessen werden soll.
Bei zwei Faktoren mit jeweils drei Kategorien sind damit unterschiedliche Kombinationen der Faktorkategorien notwendig. Ein faktorielles Design erlaubt die Schätzung von Haupteffekten und Wechselbzw. Interaktionseffekten. Das dazugehörige varianzanalytische Modell hat die folgende Gestalt:

$$y_{ijk} = \mu + \alpha_i + \beta_j + (\alpha\beta)_{ij} + \varepsilon_{ijk}$$

mit

y_{ijk} = k-ter beobachteter Wert für die i-te Kategorie des Faktors 1 und j-te Kategorie des Faktors 2

μ = globaler Mittelwert

α_i = Effekt der Kategorie i des Faktors 1, $i = 1, ..., N_i$ (hier $N_i = 3$)

β_j = Effekt der Kategorie j des Faktors 2, $j = 1, ..., N_j$ (hier $N_j = 3$)

$(\alpha\beta)_{ij}$ = Interaktionseffekt zwischen der i-ten Kategorie des Faktors 1 und der j-ten Kategorie des Faktors 2

ε_{ijk} = Störterm.

Die einzelnen Effekte werden in der Varianzanalyse über einen F-Test (→ F-Verteilung, F-Test) auf Signifikanz geprüft. L.H.

Literatur: *Green, P.E.; Tull, D.S.; Albaum, G.:* Research for Marketing Decisions, 5. Aufl., Englewood Cliffs 1988.

Faktorladungen

als standardisierte Regressionskoeffizienten zu interpretierende Gewichte λ_{ir} der Faktoren in der → Faktorenanalyse. Sie geben an, wie stark eine beobachtete Variable durch einen Faktor erklärt wird. Die quadrierten Faktorladungen λ_{ir}^2 repräsentieren bei der Analyse von Korrelationen den durch einen Faktor erklärten Varianzanteil in einer Variablen. Die Matrix der Faktorladungen zeigt das *Faktormuster*. Im Gegensatz dazu wird die Korrelation der Faktoren mit den Ausgangsvariablen als *Faktorstruktur* bezeichnet. Faktormuster und Faktorstruktur sind nur im Falle orthogonaler Faktoren gleich. Meist wird das Faktormuster zur Interpretation der Faktoren herangezogen. Als akzeptabel gelten Faktorladungen mit einem Wert $\lambda_{ir} > 0{,}50$, d.h. es wird mindestens 25% Varianz durch einen Faktor in der entsprechenden Beobachtungsvariablen erklärt. L.H.

Faktorwerte, Faktorscores
Werte der Untersuchungsobjekte/-subjekte auf den hypothetischen Faktoren in der → Faktorenanalyse. Sie können in der traditionellen Analyse über ein Regressionsmodell ermittelt werden, bei dem die Faktorladungen und die objektspezifischen Variablenausprägungen additiv miteinander verknüpft werden. L.H.

Fakt-Tabelle → Data Warehouse

Faktura → Rechnung

Fakturierung → Auftragsabwicklung

Fallzahl
Von einer absoluten Fallzahl spricht man, wenn die nicht hochgerechnete Anzahl der Erhebungseinheiten (Personen/Haushalte) einer → Stichprobe dargestellt wird. Auswertungen auf regionaler Basis oder für bestimmte → Zielgruppen sind nur ab einer bestimmten Mindestfallzahl als valide zu bezeichnen.

Fälscherfrage → Fragebogenfälschung

Falsifikation
wissenschaftstheoretischer Begriff für die Widerlegung einer Hypothese im Wege der empirischen Überprüfung (→ Hypothesenprüfung). Gemäß der v.a. von *Karl Popper* geprägten Theorie des kritischen Rationalismus, der eng mit dem logischen Empirismus verknüpft ist, kann eine Hypothese nie verifiziert, sondern nur falsifiziert werden. Je mehr Falsifikationsversuche eine Hypothese erfolgreich überstanden hat, umso bewährter hat sie zu gelten. Falsifizierte Hypothesen sind nicht sofort zu verwerfen, da sie möglicherweise auf einen begrenzteren Aussagenbereich („Reichweite") eingeschränkt werden können (s.a. → Marketing-Wissenschaft).

Famab → Messen und Ausstellungen

Familienlebenswelten
Von Prof. *Kleinig* (Hamburg) in Zusammenarbeit mit der *GfK Panel Services* entwickeltes Verfahren zur Segmentierung von Haushalten (→ Marktsegmentierung). Die Haushalte werden nach zwei Dimensionen unterteilt: Die erste Unterteilung erfolgt nach der sozialen → Schicht, die auf einer Einteilung von Berufen in soziale Schichten beruht, wobei für die Zuordnung der aktuelle oder (bei Rentnern) der letzte Beruf des Hauptverdieners ausschlaggebend ist. Gegenüber einer Schichtenbildung unter Verwendung des Einkommens ergeben sich zwei Vorteile: Der generelle „Fahrstuhleffekt" wird vermieden, der bei allgemein wachsenden Einkommen zu einer Verschiebung der Besetzungszahlen führt. Zudem sind die Daten international besser vergleichbar. Die zweite Unterteilung erfolgt nach dem → Familienlebenszyklus. Insgesamt ergeben sich so 11 Familienlebenswelten:

1. Studierende/Auszubildende mit eigenem Haushalt
2. Aufsteiger/Singles/ → Dinks
3. Mittelschichtfamilien mit Kindern
4. Arbeiterfamilien mit Kindern
5. Mittelschichtfamilien ohne Kinder
6. Berufstätige Alleinlebende
7. Arbeiterfamilien ohne Kinder
8. Arbeitslosenfamilien
9. Mittelschichtrentnerfamilien
10. Arbeiterrentnerfamilien
11. Allein stehende Ältere

Für die Zuordnung zu den Lebenswelten 1, 2 und 6 ist die soziale Schicht ohne Bedeutung.

Die Bedeutung der Familienlebenswelten ergibt sich daraus, dass jede Lebenswelt mit einer spezifischen Kombination von Vor- und Nachteilen versehen ist. So haben Mittelschichtfamilien mit Kindern zwar einen guten Lebensstandard realisiert, häufig kollidieren jedoch berufliche und familiäre Anforderungen. Der Druck, vieles gleichzeitig realisieren zu können führt dann häufig zu Fluchtphantasien. Dagegen führt bei den Arbeiterfamilien die schlechte materielle Lage sowie die häufige Angst um den Arbeitsplatz zu einer ganz anderen Form von Stress.

Die Familienlebenswelten sind in verschiedenen Instrumenten der GfK verfügbar, z.B. den Haushaltspanels der GfK Panel Services und können dort zur weiteren Erklärung des Kaufverhaltens herangezogen werden. Die geschilderte gemeinsame Problemlage jeder Familienlebenswelt führt dazu, dass dieses Instrument in vielen Fällen zu sehr trennscharfen Segmenten führt.
R.Wi.

Familienlebenszyklus

Im Marketing lässt wird das der Theorie zum → Käuferverhalten zurechenbare Konzept des Familienlebenszyklus als Instrument zur → Marktsegmentierung und Zielgruppenformulierung verwendet. Nach ihm wird das Leben eines Konsumenten in verschiedene Abschnitte eingeteilt, denen bestimmte Konsummuster zugeordnet werden (→ Kohortenanalyse).

Ursprünglich schlugen *Lansing* und *Morgan* (1955) vor, die wichtigen Abschnitte des Lebens einer normalen Familie in sieben Phasen zu unterteilen (vgl. *Tab. 1*). Sie kommen zu dieser Einteilung, da sie meinen, gewisse Ereignisse im Leben, wie insb.

- die Aufnahme des Studiums (bzw. einer Berufstätigkeit) und der damit verbundene Auszug aus dem Elternhaus,
- die Heirat oder
- das Ableben eines Ehepartners

stellten Wendepunkte in der Lebensgestaltung dar.

Für die einzelnen Phasen zeigen sie zunächst, wie sich die Höhe des verfügbaren Einkommens ändert (wechselnde Zahl von Erwerbstätigen bzw. Einkommensbeziehern in einem Haushalt, unterschiedliche Einkommen nach Art und Höhe, z.B. Transferzahlungen, Zinsen, Kapitalerträge). Des Weiteren wurde nachgewiesen, wie sich die Verwendung des Einkommens in den Lebenszyklusphasen unterscheidet. Besonders wichtig war die Beobachtung, dass mit dem Lebenszykluskonzept Unterschiede im Konsumverhalten besser deutlich gemacht werden konnten, als wenn nur einzelne soziodemographische Angaben (wie z.B. das Alter) verwendet worden wären. Das Lebenszykluskonzept verbindet einzelne soziodemographische Angaben zu einem vorstellbaren und interpretierbaren Ganzen.

In der Zwischenzeit liegt das Familienbenszykluskonzept in zahlreichen Varianten vor (vgl. den Überblick bei *Müller-Hagedorn*, 1984). Die Varianten unterscheiden sich

- in der Art der verwendeten Variablen (verschiedene soziodemographische Variablen oder auch andere Merkmale, wie z.B. die Zahl der Bekannten oder die Zahl der sozialen Kontakte),
- die Zahl der bei jeder Variablen unterschiedenen Kategorien,
- die Anzahl der berücksichtigten Merkmalskombinationen.

Die verschiedenen Modellvarianten können in formaler und inhaltlicher Hinsicht beurteilt werden. In formaler Hinsicht wird gewünscht, dass möglichst viele Verbraucher einer der im Konzept vorgesehenen Lebenszyklusphase zugewiesen werden können (Reichweitenkriterium), dass die Verbraucher innerhalb einer Lebenszyklusphase möglichst homogen sind, sich aber deutlich von Verbrauchern in einer anderen Lebenszyklusphase unterscheiden (Reinheitskriterium) und dass die Zahl der Phasen der betrieblichen Planungssituation angemessen ist (Verwertungskriterium). In inhaltlicher Hinsicht geht es darum, Hinweise zu liefern, warum die ausgewählten Variablen und die zugrundegelegten Merkmalsausprägungen geeignet sein sollten, Kaufverhalten zu erklären.

Für das Lebenszyklusphasenkonzept spricht:

(1) Das Konsumverhalten ist von der Fähigkeit, Konsumausgaben zu tätigen, abhängig. Dieser finanzielle Spielraum richtet sich nicht nur nach dem Alter, sondern insbe-

Tab. 1: Die sieben Lebensphasen nach Lansing und Morgan

Lebensphasen*	Nr.
1. Jung, alleinstehend	1
2. Verheiratet	
2.1 Jung, verheiratet, keine Kinder (Jung-Verheiratete)	2
2.2 Jung, verheiratet, jüngstes Kind unter sechs	3
2.3 Jung, verheiratet, jüngstes Kind sechs oder darüber	4
2.4 Älter, verheiratet, mit Kindern	5
2.5 Älter, verheiratet, ohne Kinder	6
3. Älter, alleinstehend	7

* „Jung" bedeutet: Haushaltsvorstand ist unter 45 Jahre; „älter" bedeutet: Haushaltsvorstand ist 45 Jahre oder darüber; „Kinder" sind Kinder bis zu 18 Jahren

sondere auch nach dem Familienstand und der Anzahl der Kinder.

(2) Das Konsumverhalten ist teilweise durch die Lebensumstände unabänderlich fixiert; so benötigen z.B. Familien mit kleinen Kindern Produkte zur Ernährung und Pflege der Kleinkinder.

(3) Das Konsumverhalten ist teilweise durch die sich in einzelnen Lebensabschnitten individuell bildenden Präferenzen bestimmt. Das ist das bislang am schlechtesten belegte Argument.

Insgesamt lässt sich sagen, dass die Gründe (Entwicklung des finanziellen Spielraumes, durch die Lebensumstände erzwungene Bedürfnisse und im Zeitablauf eintretender Bedürfniswandel) dafür sprechen, Lebenszyklusphasen als erklärende Größen für das Konsumverhalten zu verwenden. Nach Beachtung dieser Kriterien und aufgrund der Erfahrungen aus mehreren empirischen Studien empfiehlt *Müller-Hagedorn* ein zehnphasiges Konzept (vgl. *Tab. 2*).

In der → Allensbacher Werbeträger-Analyse werden sechs Phasen unterschieden (die Werte in Klammern geben den Anteil der deutschen Bevölkerung über 14 Jahre an, der sich 1998 in den jeweiligen Phasen befunden hat):

1. Junge Unverheiratete (19%),
2. Junge Verheiratete/Paare ohne Kinder (8,3%),
3. Junge Familie (9,2%),
4. Familie mit (nur) älteren Kindern (10,1%),
5. Erwachsenenhaushalte (37,4%),
6. Ältere Unverheiratete (16%).

Die Zugehörigkeit zu einer Lebenszyklusphase hat Einfluss auf die Höhe der Ausgaben für einzelne Produktgruppen (wie Möbel, Autos, Haushaltsgeräte; → Ausgabenstruktur). Das Konzept ist nicht herangezogen worden, um die Markenwahl zu erklären. *Müller-Hagedorn* (1978) hat gezeigt, dass Konsumenten in verschiedenen Lebenszyklusphasen unterschiedliche Einzelhandelsbetriebsformen bevorzugen, womit eine unterschiedliche Wertschätzung der absatzpolitischen Instrumente der Einzelhandelsbetriebe einhergeht. Es zeigte sich bei vielen Warengruppen, dass die Warenhäuser bei Käufern aus den ersten Lebenszyklusphasen besonders beliebt sind, dass der Verbrauchermarkt besonders stark die Verbraucher aus den mittleren Lebenszyklusphasen anspricht und dass das Fachgeschäft überdurchschnittlich viele Käufer unter den Verbrauchern aus den hohen Lebenszyklusphasen anzieht (vgl. für die Warengruppe Lebensmittel die *Abb.*).

Für das Konsumgütermarketing hat *Welzel* gezeigt, wie das Lebenszykluskonzept zur Prognose der allgemeinen Produktverwendung und der Bevorzugung eines Geschäftstyps herangezogen werden kann (1980, S. 207–212). Er zeigt auch beispielhaft auf, wie sich Hinweise für den Einsatz

Tab. 2: Lebenszyklusphasen nach *Müller-Hagedorn*
(die ursprünglichen Phasen 5 und 9 haben sich als bedeutungslos erwiesen)

18-34 Jahre	35-54 Jahre	55-64 Jahre	≥ 65 Jahre
1 Einpersonen-Haushalte, ledig/geschieden, keine Kinder	6 Mehrpersonen-Haushalte, verheiratet keine Kinder	10 Mehrpersonen-Haushalte, verheiratet mit oder ohne Kinder	11 Mehrpersonen-Haushalte, verheiratet keine Kinder
2 ohne eigenen Haushalt, mit oder ohne Kinder	7 Mehrpersonen-Haushalte, verheiratet mit 1-2 Kindern		12 Einpersonen-Haushalte leidig/verwitwet keine Kinder
3 Mehrpersonen-Haushalte, verheiratet, keine Kinder	8 Mehrpersonen-Haushalte, verheiratet mit ≥ drei Kinder		
4 Mehrpersonen-Haushalte, verheiratet mit 1-2 Kindern			

Fan-Club

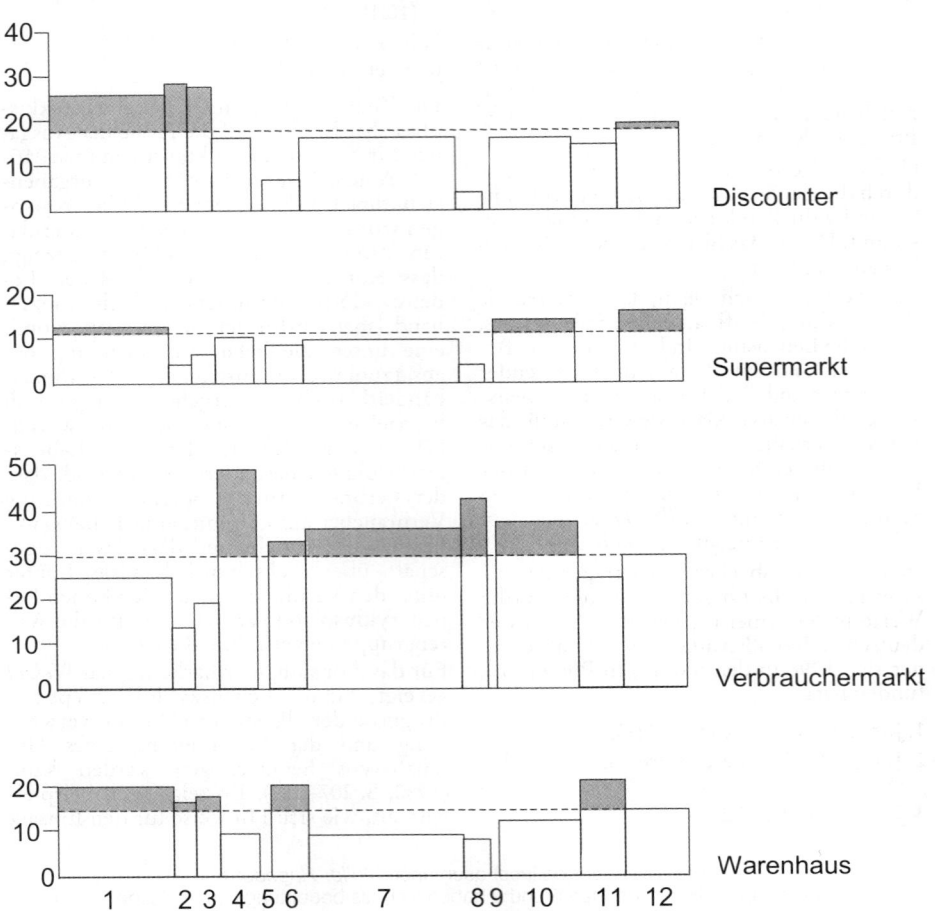

Die Käuferschaft einzelner Betriebsformen nach Lebenszyklusphasen (Anteil der Befragten in %)

des absatzpolitischen Instrumentariums gewinnen lassen.

Kleining und Prester (1999) erweitern die traditionellen Lebenszykluskonzepte um die Art der Erwerbstätigkeit des Haupteinkommensbeziehers. Die Autoren sprechen nicht mehr von Lebenszyklen, sondern von Lebenswelten, die sich zum einen durch die Abfolge der Familienformen, zum anderen durch den mit der Berufstätigkeit verbundenen Sozialstatus charakterisieren lassen.

L.M.-H.

Literatur: *Institut für Demoskopie Allensbach* (Hrsg.): AWA'98, Berichtsband I. Marktstrukturen, Allensbach 1998. *Kleining, G.; Prester, H.-G.:* Familien-Lebenswelten. Eine neue Marktsegmentierung von Haushalten, in: Jahrbuch der Absatz- und Verbrauchsforschung, 45. Jg. (1999), S. 4-25. *Lansing, J. B.; Morgan, J. N.:* Consumer Finances over the Life Cycle, in: *Clark, L. H.* (Hrsg.), Consumer Behavior, Vol. II, New York 1955, S. 36-51. *Müller-Hagedorn, L.:* Der Handel, Stuttgart u.a. 1998, S. 321–326. *Müller-Hagedorn, L.:* Die Erklärung von Käuferverhalten mit Hilfe des Lebenszykluskonzeptes, in: Wirtschaft und Studium, 13 Jg. (1984), S.561–569. *Müller-Hagedorn, L.:* Bevorzugte Betriebsformen des Einzelhandels und das Lebenszykluskonzept, in: Zeitschrift für betriebswirtschaftliche Forschung, 30. Jg. (1978), S. 106-124. *Welzel, H.:* Die Verwendbarkeit von Konsumententypologien für Marketingentscheidungen, Weinheim 1980.

Fan-Club → Kundenclub

FAQ (Frequently Asked Questions)

bezeichnet einen elektronischen Mehrwert-Service im → Internet, der eine Liste mit

Antworten zu häufig gestellten Fragen zu einem Produkt oder einer Dienstleistung bietet. Die FAQ-Listen haben ihren Ursprung in der nicht–kommerziellen Nutzung des Internet und der Verbreitung von Shareware-Produkten, deren Serviceleistungen zur Steigerung der Nutzungsqualität ohne Aufwand geleistet werden mussten. Für das → Nachkaufmarketing bieten FAQ-Listen neben dem bereitgestellten qualitativen Mehrwert der Web-Site auch einen Nutzen für den Kundenservice durch die Verlagerung der Hilfestellung durch einen Service-Mitarbeiter auf die „Selbsthilfe" des Kunden. B.Ne.

Farbwahrnehmung → Gedächtnistheorie

Farbzyklen → Mode

FAS
Abk. f. Free Alongside Ship (→ INCOTERMS)

Fassadengestaltung
Instrument der → Handelswerbung, der → Ladengestaltung i.w.S., aber auch der → Corporate Identity-Politik von Industrie-, Handels- und Dienstleistungsunternehmen.
Fassade und Schaufenster entscheiden über den ersten Eindruck eines Geschäfts (*Fernwirkung*). Die → Schaufenstergestaltung dient der Nahinformation von Passanten, die Fassade soll das Geschäft auch auf größere Entfernung sofort erkennbar bzw. wiedererkennbar machen.
Nur wenigen Unternehmen ist es bisher durch ein „einmaliges" werbliches Erscheinungsbildes gelungen, sich gegenüber allen Mitbewerbern positiv und alleinstellend abzugrenzen. Das jeweilige Defizit innerhalb der Corporate Identity, die gesetzlichen Beschränkungen (baurechtliche, denkmalschützerische Vorschriften) in der Umsetzung, sowie die einseitige Nutzung der Fassade für Preisplakatierung sind die häufigsten Ursachen.
Die Fassade soll auf vorbeifahrende Autofahrer und entfernte Passanten wirken und deutlich signalisieren, was der Kunde von dem Geschäft erwarten darf (Ware, Qualität, Preis, Service). Sie soll → Aufmerksamkeit erregen und sich im Erscheinungsbild von der Konkurrenz abheben. Sie soll dem → Geschäftsimage angepasst sein. (Die gestochene Fassade einer Großbank passt nicht auf einen schmuddeligen Tante-Emma-Laden). Zu viele Informationen behindern sich dabei gegenseitig.
Die meisten Betrachter befassen sich nicht aufmerksam mit der Werbebotschaft auf der Fassade, sondern überfliegen sie zufällig in Sekundenbruchteilen. Die Information muss deswegen einfach, prägnant und durchschaubar sein (Schrift und Logo groß und deutlich, klare Farben). Farben und einfache Farbkombinationen können schnell aufgenommen werden, wenn sie großflächig dargeboten werden. Schnell identifiziert werden können einfache Zeichen oder Symbole. Sie vermitteln nicht nur einen großen Wiedererkennungswert sondern gleichzeitig konkrete Stimmung. Der Betrachter „fühlt", was er beim Kauf der Ware erwarten darf. Am längsten und aufwendigsten ist die Verarbeitung schriftlicher Information, weil sie in mehreren Stufen verläuft (Analyse, Synthese). Schriftliche Botschaften sollten deshalb auf der Fassade auf ein Minimum reduziert werden.
Wo baulich möglich, sollte die Gesamtfassade in den Gestaltungsprozess einbezogen werden. In der Regel verengen baurechtliche Vorschriften allerdings die Möglichkeiten der Fassadengestaltung auf die Anbringung des Logos. Im Einzelnen stehen folgende Gestaltungsmittel zur Verfügung:

(1) Schriftzug/Logo
Wichtigstes Element der Fassade ist der Schriftzug, das Logo bzw. die Verkaufsstellen-Bezeichnung. Er darf nicht zu klein oder zu niedrig angebracht werden. Um eine spontane Identifizierung zu gewährleisten, gehört der Schriftzug stets nach oben, und zwar so plakativ wie möglich. Auch aus einer Entfernung von 50 Metern muss er noch gut zu erkennen und zu lesen sein.

(2) Figur-Grund-Differenzierung
Die Figur-Grund-Differenzierung besagt, dass sich Werbebotschaften umso besser und lesbarer vom Fassadenuntergrund trennen, je größer die Tonwert-Unterschiede sind (→ Wahrnehmung). Ungünstig wäre bspw. ein dunkelgrüner Schriftzug auf einer hellgrünen Fassadenfläche. Wenn auf die Farbbeschaffenheit der Fassade nicht eingewirkt werden kann, sollte der Schriftzug in ein entsprechendes weißes oder auch farbiges Feld gestellt werden.

(3) Technische Möglichkeiten

Die Technik für die Fassadengestaltung ist hoch entwickelt. Bei Neon- und Diakästen ist die Beleuchtung der Schriftzüge bereits integriert, bei traditionellen, handwerklichen Gestaltungen muss für eine gute Außenbeleuchtung gesorgt werden. In den letzten Jahren setzten sich elektronische Medien wie Laufbänder, LCD-Anzeigen und Videotechniken immer stärker durch (→ Lichtwerbung). Sie ermöglichen eine variable Fassadengestaltung.

(4) Die Fassade mit Durchsicht in den Laden

Das wichtigste Medium zur Anwerbung neuer Kunden ist die Verkaufsstelle selbst. Kein anderes Medium ist in der Lage, die Einkaufswirklichkeit originalgetreuer zu beschreiben.
Damit Blickberührungen mit Passanten erfolgen können, muss die Fassadengestaltung die gewünschten Einblickmöglichkeiten gewährleisten. Jedes störende Element in Blickhöhe (Plakate, Spiegelungen) verringert die Werbewirkung der Verkaufsstelle. Bei verschiedenen Fassaden-Beobachtungen hat sich gezeigt, dass nur wenige Passanten (1–9%) die plakatierten Preisbotschaften lesen. Dagegen versuchen viele, in die Verkaufsstellen hineinzusehen.

(5) Fassade als Werbefläche

Mit der Fassade stehen der Handelswerbung hoch qualifizierte großformatige Werbeflächen zur Verfügung. Die Leistung des Geschäftes kann v.a. mit plakativen/bebilderten Werbebotschaften, in denen alle wichtigen Einkaufsmotive enthalten sind, angesprochen werden. Zu diesem Werbebotschaften-Mix gehören selbstverständlich auch Preis-Leistungs-Versprechen. Doch um Preisaggressivität zu signalisieren, sind vier bis acht Plakate je nach Größe der Fassadenfläche sowie der Verkaufsstelle ausreichend (→ Plakatwerbung). N.W.

Literatur:. *Richter, H.*: Die Gestaltung und die wirtschaftliche Bedeutung der Werbung im Überblick, in: *Tietz, B.* (Hrsg.), Die Werbung, Band 2, Landsberg a.L. 1982. *Schwanzer, B.*: Die Erlebniswelt von Geschäften und Schaufenstern, Wien 1988.

Feasibility-Studie

Durchführbarkeitsstudie bezüglich der Realisierbarkeit einer Verfahrenstechnik, einer Produktionsanlage oder eines (meist technischen) Projekts, die auch im → Innovationsmanagement Anwendung findet. Hierbei wird ein umfassendes Modell des künftigen Betriebs entwickelt. Neben der Überprüfung der technischen und wirtschaftlichen Durchführbarkeit werden computergestützt alternative Modellansätze durchgespielt und unter Berücksichtigung der vorgegebenen Randbedingungen die Optimallösung selektiert.
In entwickelten Ländern befasst sich die Feasibility-Studie überwiegend mit der Einfügung des geplanten Industrieprojekts in das bestehende System sowie mit der Prognostizierung der Wirtschaftlichkeit. In Entwicklungsländern kommen ergänzend Untersuchungen bezüglich der örtlichen, regionalen und nationalen Wirtschaftsstruktur hinzu, da durch die Implementierung eines Betriebes stärkere Auswirkungen auf die jeweilige Volkswirtschaft zu erwarten sind. Die Kosten für eine Feasibility-Studie liegen erfahrungsgemäß bei ein bis zwei Prozent der zu erwartenden Investitionssumme. H.Gu.

Features → Handzettel, Beilagen, Inserate

Fechnersche Lageregel → Schiefe

Fechnersches Gesetz → Psychophysik

Federation of European Direct Marketing (FEDMA)

Interessenvereinigung europäischer → Direktmarketing betreibenden Unternehmen mit Sitz in Brüssel. Gegründet 1991 vom → *Deutschen Direktmarketing Verband e.V. DDV* in Zusammenarbeit mit den anderen Direct Marketing Verbänden der EU, um der Notwendigkeit Rechnung zu tragen, mit dem Lobbying bereits im Vorfeld entstehender Rahmenrichtlinien auf EU-Ebene anzusetzen.

Anschrift: *Federation of European Direct Marketing (FEDMA)*, Avenue de Tervuren, 439, 1150 Brussels, Belgium, Telefon: +32 2 779 42 68 oder +32 2 778 99 20; *www.fedma.org*

Feedback-Diagramm (Netzwerk-Analyse)

Feedback-Diagramme dienen z.B. im Rahmen der → strategischen Marktforschung oder in → Frühwarnsystemen zur gesamtheitlichen Darstellung von Modellzusammenhängen. Um sie überschaubar zu halten, wurden sie in ihrer Komplexität hochgradig reduziert. Die Überschaubarkeit der Modellkonstruktionen wird hier als Einstieg in das vernetzte Denken betrachtet. Anhand solcher Netzwerke können Prozesse organisatorischen Lernens einer Gruppe von Entscheidungsträgern zu ihrem Entscheidungsfeld institutionalisiert werden. So lassen sich z.B. alternative Auswirkungen bestimmter schwacher Signale auf das Variablensystem der Unternehmung simulieren.

Zeitverhalten der Feedback-Kreisläufe

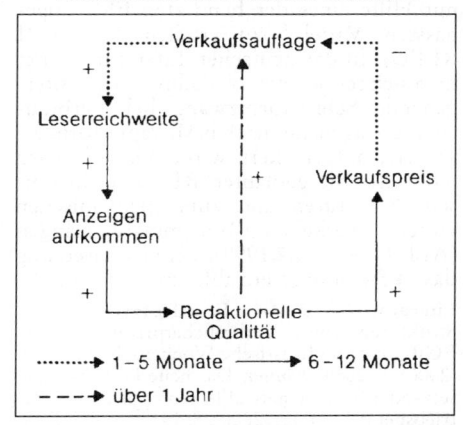

```
                    ·········▶ Verkaufsauflage ◀·······
              +    :                                  |
              :    |                                  |
        Leserreichweite                               |
              +    |                                  |
              ▼    |          +     Verkaufspreis
          Anzeigen |                      ▲
         aufkommen |                      |
              |    |                      |
              +    |                      +
              ▼    ▼                      |
                    ▶ Redaktionelle ──────
                        Qualität
         ········▶ 1 – 5 Monate      ───▶ 6 – 12 Monate
         - - - ▶ über 1 Jahr
```

(Quelle: *Gomez, P.*, Frühwarnung in der Unternehmung, Bern 1983, S. 30)

In einem Feedback-Diagramm werden die Variablen, die die Zielsetzungen der am Entscheidungsfeld beteiligten Interessensgruppen beeinflussen, verkettet und in ihren Rückwirkungen untersucht. Ausgangspunkt ist ein Grundkreislauf („Angebot" und „Nachfrage") um den herum sich die weiteren Variablennetze aufbauen. Die Verknüpfungen der Variablen müssen dann noch in ihrer Intensität, Richtung und Reichweite beurteilt werden. Einen einfachen Kreislauf eines Verlagsunternehmens zeigt die *Abbildung*. G.M.

Fehlartikel → Sortimentskontrolle

Fehlauswahl → Informationsökonomik

Fehler 1./2. Art → Signifikanzniveau

Fehlermöglichkeits- und -einflussanalyse (FMEA)

formalisiertes Verfahren zur Risikoanalyse im Rahmen der (Neu-) Produktplanung (Konstruktions-FMEA) und Prozessgestaltung (Prozess-FMEA). Ziel des Verfahrens ist die Erkennung potenzieller Fehler und Schwachstellen sowie die Abschätzung der Wahrscheinlichkeit ihres Auftretens. Darauf aufbauend werden Maßnahmenschwerpunkte gesetzt und entsprechende Ressourcenallokationen vorgenommen. Hierzu bedient sich die FMEA sog. Risikoprioritätszahlen, die sich auf Basis identifizierter potenzieller Schwachstellen aus der Multiplikation der ermittelten Punktwerte für (1.) die Wahrscheinlichkeit des Auftretens des Fehlers, (2.) das mutmaßliche Ausmaß damit in Verbindung stehender Schäden und Folgekosten und (3.) die Wahrscheinlichkeit der Identifikation des Fehlers nach dessen Auftreten ergibt. Die FMEA gilt als Instrument der Fehlerprävention und unterstützt sowohl die → Qualitätssicherung als auch die → Qualitätsverbesserung. J.F.

Fehlerrechnung → Stichprobe, → Zufallsfehler, → Stichprobenfehler

Fehlerspanne

oft als Bezeichnung für das Intervall einer Schätzung (→ Zufallsfehler) gebraucht.

Fehlmenge, → Sicherheitsbestand, → Servicegrad

Fehlverkauf

Ein im Sortiment geführter Artikel ist zum Zeitpunkt der Nachfrage durch einen Kunden nicht vorrätig (Fehlbestand, out of stock) und kann nicht verkauft werden. Ursache des Fehlbestandes können Lieferschwierigkeiten des Herstellers oder Dispositionsfehler im Handelsunternehmen sein (→ Servicegrad, → Sicherheitsbestand). Gegensatz: Nichtverkauf.

Fehlverkaufsstatistik → Limitrechnung

Feldanteil (Marktpenetration)

→ Marketing-Kennzahl zur Charakterisierung der Reichweite oder Marktpenetration einer Marke in der relevanten Käuferschaft (s.a. → Parfitt-Collins-Modell, → Diffusionstheorie): Anzahl der Abnehmer, die eine Marke mindestens einmal gekauft haben, dividiert durch die Anzahl der maximal möglichen Abnehmer (→ Marketingziele). Für den letztendlichen Erfolg einer neuen Marke muss auch die → Wiederkaufrate berücksichtigt werden.

Feldarbeit

Unter Feldarbeit ist der gesamte Tätigkeitsbereich der Außenorganisation eines Marktforschungsinstituts zusammengefasst. Darunter fallen die gesamten Anwerbeaktivitäten, wie Begehung der vorgegebenen Wahlstimmbezirke, Befragung der Haushalte, Rücklieferung der Erhebungsunterlagen an die Institute etc. Die Feldarbeit ist zentrale Grundlage der Anwerbeaktivitäten.

Feldexperiment → Marktexperiment

Feldforschung → Primärforschung

Feldorganisation → Interviewer

Feldtheoretisches Modell von Spiegel
→ Kaufmodell

Fencing → Yield Management,
→ Preissegmentierung

Fernabsatz (FA)

Als FA-Geschäft wird nach dem EU-Recht jeder zwischen einem Anbieter und einem Verbraucher geschlossene Vertrag bezeichnet, der im Rahmen eines für den Fernabsatz organisierten Vertriebs- bzw. Dienstleistungssystems des Anbieters geschlossen wird, wobei dieser für den Vertrag bis zu dessen Abschluss ausschließlich Fernkommunikationstechniken (FKT) verwendet. Zur FKT gehört dabei jedes Kommunikationsmittel, das ohne gleichzeitige körperliche Anwesenheit des Anbieters und des Verbrauchers für den Fernabsatz einer Dienstleistung zwischen diesen Parteien eingesetzt werden kann. Diese Definitionen werden übereinstimmend verwendet in der EU-Richtlinie über den Fernabsatz von Gütern an Endverbraucher (RLG, ABl. 97/7 v. 1997, L 144) und in dem 2. Richtlinienentwurf über den Fernabsatz von Finanzdienstleistungen (RLFD, Kom (1999) 385 endg.; auch veröffentl. in http://europa.eu.int/ geninfo/query.de.htm.). Die RLG wird durch einen deutschen Gesetzentwurf umgesetzt, den der Bundesrat am 25.2.2000 gebilligt hat, und der am 27.6.2000 als Fernabsatzgesetz in Kraft getreten ist (BGBl.I, 897). Es gilt eine 2-jährige Gewährleistungsfrist bei FA-Käufen und -Werklieferungsveträgen (statt bisher 6 Monate, § 477 BGB) und ein Nachbesserungsrecht, das neben die bisherigen Rechte der Wandlung, Minderung und Ersatzlieferung treten wird. Hinzukommt ein 14-tägiges Rücktrittsrecht, das dem Zweck verbesserter grenzübergreifender Marktvergleichung dient. Nach der RLFD soll die Rücktrittsfrist – bei gleichem Binnenmarktzweck – zwischen 2–4 Wochen betragen. Zudem soll der Internet-Vertragsschluss per Mausklick erleichtert werden. Die Vertragsinformationen sind „auf klare und verständliche Weise mit Hilfe eines der benutzten FKT angepassten Mittels" zu erteilen Art. 3 II RLFD). In der deutschen Literatur streitet man sich schon jetzt, ob dadurch der weitergehende Schriftformzwang bei Verbraucherverträgen, der nach h.M. Papierform erfordert, aufgelockert wird. Klarheit wird wohl erst die geplanten RL für elektronische Signaturen und zum elektronischen Geschäftsverkehr im Binnenmarkt bringen (ABl. C 30 v. 5.2.1999), deren Umsetzung das → Signaturgesetz ablösen wird. H.He.

Literatur: *Bülow; Arzt*: Fernabsatzverträge und Strukturen eines Verbraucherprivatrechts im BGB, in: Neue Juristische Wochenschrift, 53. Jg. (2000), S. 2049. *Tonner:* Das neue Fernabsatzgesetz-oder System statt „Flickenteppich", in: Betriebsberater, 33. Jg. (2000), S. 1413.

Fernabsatzgesetz → Fernabsatz

Fernsehen

audiovisueller → Werbeträger zur Verbreitung und Darbietung von Inhalten visueller und akustischer Art (→ Fernsehwerbung). Es ist zwischen öffentlich-rechtlichen und privaten Fernsehträgern zu unterscheiden. Erfolgt die Übertragung ohne Verbindungsleitung oder längs bzw. mittels eines Leiters, so wird Fernsehen zum Rundfunk gezählt.

Die Attraktivität des Mediums spiegelt sich in der von der → GfK-Fernsehforschung ermittelten Nutzungsdauer wieder. So wurde 1999 eine durchschnittliche Nutzungsdauer von 185 Minuten pro Tag ermittelt. Erwachsene ab den 14. Lebensjahr sehen dabei mit 198 Minuten doppelt so viel fern wie Kinder mit durchschnittlich 97 Minuten. (s. *Tab.*).

Als Werbemedium profitiert das Fernsehen vom Trend zur → Bildkommunikation. Bei der Gestaltung von → TV-Spots ist allerdings auch ein zunehmendes Meideverhalten gegenüber TV-Werbung (→ Zapping, → Flipping) zu beobachten. Durch die Zunahme der Brutalität und Sexualität in den Fernsehprogrammen gerät das Fernsehen

Sehdauer in Minuten pro Tag, Jahresdurchschnittswerte

	1995	1996	1997	1998	1999
Zuschauer gesamt	174	183	183	188	185
Kinder 3–13 Jahre	95	100	95	99	97
Erwachsene ab 14 Jahre	186	195	196	201	198

ferner immer häufiger in die öffentliche Kritik. Der Trend zur emotionalen Veränderung von Menschen, besonders von Jugendlichen, hervorgerufen durch eine Überhäufung von Wahrnehmungsimpulsen, wird immer stärker. B.Sa.

Literatur: *ZAW* (Hrsg.): Werbung in Deutschland 2000, Bonn 2000.

Fernsehforschung (kontinuierliche)

Die Fernsehforschung dient der repräsentativen Ermittlung der Sehbeteiligung des Mediums → Fernsehen. Von 1963 bis 1974 erfolgte die Messung der Fernsehnutzung durch Infratam in Wetzlar. Es war kein Zufall, dass der Startschuss für die Fernsehforschung in der Bundesrepublik Deutschland mit dem Sendebeginn des ZDF (am 1.4.1963) zusammenfiel. Vielmehr waren ARD und ZDF daran interessiert, von vornherein ein Messsystem und damit eine „einheitliche Währung" sowohl für die Programmplanung als auch für die Werbung zu haben. Diese erste kontinuierliche quantitative Zuschauerforschung mit mechanisch ermittelten Messdaten erfasste zunächst nur die Geräteeinschaltungen – somit konnte also nur das Sehverhalten des gesamten Panelhaushalts gemessen werden. Der Wechsel zu Teleskopie in Bonn-Bad Godesberg im Jahr 1975 brachte mit der Messung des personenbezogenen Sehverhaltens durch das Knopfdruck- oder → Push-Button-Verfahren und durch die elektronische Erfassung und Übermittlung der Daten eine wichtige Weiterentwicklung. Mit der Übergabe dieses von ARD und ZDF gemeinsam vergebenen Forschungsauftrages an die → GfK Fernsehforschung erfolgte zu Beginn des Jahres 1985 ein weiterer wichtiger Schritt – die Fernsehforschung in der Bundesrepublik Deutschland wird seitdem auf einem nochmals erweiterten und verbesserten Niveau durchgeführt. Seit Juli 1991 werden auch die Daten zur Fernsehnutzung aus den neuen Bundesländern im System ausgewiesen. Mit der dritten Vertragsperiode zwischen → Arbeitsgemeinschaft Fernsehforschung AGF und → GfK Fernsehforschung, die 1995 startete, war ein neues Messsystem (→ GfK-Meter) sowie das Ausländer-Panel Vertragsbestandteil. Im Laufe der Jahre 1996, 1997 wurde der Basisvertrag um die Ausweisung der Ballungsräume und die Panelaufstockung (→ Panel) erweitert.

Fernsehforschungspanel
→ TAM (TV Audience Measurement)

Fernsehpanel

Das Fernsehpanel (→ Panel) ist ein nach statistischen Methoden ausgewählter repräsentativer Kreis von Haushalten, dessen Fernsehnutzungsverhalten kontinuierlich von der → GfK Fernsehforschung per Metermessung (→ GfK-Meter) ermittelt wird und als Grundlage zur Ermittlung der Sehbeteiligung bzw. der → Einschaltquoten dient.

Fernsehwerbung (TV-Werbung)

Form der elektronischen → Werbung mittels → TV-Spot im → Fernsehen durch Kommunikation mit dem Werbesubjekt über Bild und Ton, einzeln oder in Kombination.
Gesetzlich geregelt ist die Fernsehwerbung durch den Rundfunkstaatsvertrag sowie den Werberichtlinien der Landesmedienanstalten. Die wesentlichen Bestimmungen beziehen sich dabei auf die Bereiche Werbeinhalte, die Kennzeichnung von Werbung, das Einfügen von Werbung und der Dauer der Werbung. Als Beispiele für das umfangreiche Regelwerk zur Fernsehwerbung kann u.a. angeführt werden:

– Werbung darf im Fernsehen nur in Blöcken gesendet werden.
– Werbung und Werbetreibende dürfen das übrige Programm inhaltlich und redaktionell nicht beeinflussen.
– Schleichwerbung und unterschwellige Werbetechniken sind verboten.

Weiterhin gilt ein Verbot für Zigarettenwerbung durch das Lebensmittelgesetz, Verbote nach den Bestimmungen des Heilmittelwerbegesetzes, Werbung für politische Zwecke (ausgenommen genehmigter Wahlsendungen der Parteien vor Wahlen) sowie religiöse und weltanschauliche Überzeugungen.

Gegenüber den anderen Medien zeichnen sich die stärkere gesetzliche Einengung, die hohen Kosten für die Herstellung und Verbreitung von TV-Spots sowie die Oligopol-Situation der Fernsehanstalten nachteilig aus. Eine hohe → Werbewirkung und → Reichweite aufgrund der hohen Gerätedichte rechtfertigt die relativ hohen Kosten. Die Vorteile liegen v.a. bei der Bewegtheit der Bilder, die im Vergleich zu stehende Bildern eine höhere Aufmerksamkeit beim Betrachter auslöst, und der hohen Erreichbarkeit bestimmter Zielgruppen. Da durch das Aufkommen der privaten Fernsehveranstalter immer mehr Programme zur Verfügung stehen, bedingt eine hohe Nutzerfluktuation ein Absinken massenmedialer Leistung. Trotz der wachsenden Zahl von Fernsehprogrammen dehnt sich die Nutzungsdauer nicht viel weiter aus.

Wie in den Jahren zuvor, konnte auch 1999 wieder ein Umsatzzuwachs im Werbefernsehen verzeichnet werden (s. *Tabelle*). Die erhöhten Werbeumsätze gehen vor allem auf drei Ursachen zurück:

– Die Liberalisierung einzelner Wirtschaftsbereiche, wie etwa in der Telekommunikation, haben eine deutliche Auswirkung auf deren Werbepräsenz im Fernsehen;
– gestiegene Preise für die Einschaltung von Spots;
– durch die größere Palette an Angeboten im Bereich Sponsoring und Sonderwerbeformen konnten neue Werbekundenkreise erschlossen werden.

Werbung gehört bei der Mehrheit der Zuschauer zum heutigen Fernsehalltag, sie wird also generell akzeptiert. Eindeutig negativ ist nur das Urteil über die Unterbrecherwerbung, während Werbung zwischen Sendungen wenig stört (→ Advertorial, → Bildkommunikation).

Literatur: *Hofsümmer, K.-H; Horn, I.:* Werbung in Deutschland – akzeptiert und anerkannt, in: Media-Perspektiven 9/1999, S. 442–446, ZAW (Hrsg.): Werbung in Deutschland 2000, Bonn 2000.

Fernseh-Zuschauerforschung

Beinhaltet im Rahmen von → Standardinformationsdiensten der → Marktforschung die sekundengenaue Erfassung des TV-Nutzungsverhaltens aller Mitglieder eines Haushalts einzeln (→ Zuschauerstatistik). Die eingesetzte Technologie ermöglicht es pro Fernsehgerät, Satellitenreceiver oder Videorecorder bis zu 199 Kanäle zu unterscheiden. Sie erkennt und erfasst auch die Nutzung von Teletext-Seiten, Telespielen und anderen in modernen Fernsehgeräten enthaltenen Aktivitätsmöglichkeiten.

Nettoumsätze des Werbefernsehens 1995–1999

	1995	1996	1997	1998	1999
ARD	301,8	300,4	308,1	352,3	359,0
DSF	70,0	100,0	125,0	146,0	189,8
Kabel 1	151,0	207,0	263,0	316,0	380,0
n-tv	–	–	–	–	123,3
Pro 7	1333,9	1459,4	1580,0	1619,0	1659,0
RTL	1960,1	2051,0	2238,0	2340,0	2434,0
RTL II	326,5	403,9	407,0	417,0	444,0
SAT. 1	1623,8	1654,9	1661,0	1778,0	1846,0
Super RTL	–	54,5	102,9	124,0	163,0
VOX	113,0	189,0	255,8	298,1	324,4
ZDF	345,1	348,0	308,0	311,9	314,7
Sonstige private Fernsehveranstalter	116,8*	128,8*	189,4*	202,6*	207,2*
Gesamt	6342,0	6896,9	7438,2	7904,9	8444,4

* teilweise nach Schätzung des ZWA
(Quelle: ARD-Werbung SALES & Services, ZDF-Werbefernsehen, Verband Privater Rundfunk und Telekommunikation (VPRT), RTL, SAT. 1, DSF, Pro 7, Kabel 1, RTL II und Super RTL, n-tv, Vox, Viva, Viva 2 und tm3)

Seit dem 1.1.1985 erfolgt die Messung für die in der → AG.MA zusammengeschlossenen Auftraggeber durch die Nürnberger Gesellschaft für Konsum-, Markt-, und Absatzforschung (→ GfK). Zunächst bekam die GfK den Auftrag von ARD und ZDF TV-Zuschauerreichweiten zu ermitteln. 1988 schlossen sich öffentlich-rechtliche und private Sender in der Arbeitsgemeinschaft Fernsehforschung (AGF) zusammen. 1999 wurde der Vertrag zwischen der AGF und GfK um weitere fünf Jahre verlängert. Der AGF gehören zurzeit die Sendefamilien ARD, ProSieben, RTL, SAT.1, TM3 und ZDF an. Das technische Messsystem hat einer Reihe von Anforderungen Genüge zu leisten, die sich aus einer verschärften Wettbewerbssituation, die in Einzelbereichen zu sinkenden → Reichweiten führt, der Einbeziehung zusätzlicher Nutzungsmöglichkeiten des Fernsehapparates (z.B. Videorecorder, Textinformationssysteme, Telespiele) und des Internets sowie einer Regionalisierung und Internationalisierung (Satellitenprogramme) ableiten lassen.
Während die Basis-Stichprobe im Jahr 1985 noch 2.200 Haushalte umfasste, werden die Messungen inzwischen auf der Basis von 5.640 repräsentativ ausgewählten Haushalten vorgenommen. Die Trennung zwischen dem so genannten Deutschen Panel (5.200 Haushalte) und dem Ausländerpanel (440 Haushalte) wurde zum 31. Dezember 1999 eingestellt, so dass seit 2000 ein neues integriertes Panel sowohl die Deutschen als auch sonstige EU-Nationalitätengruppen umfasst. Im Fernsehpanel wird die Anzahl der EU-ausländischen Haushalte proportional zum Bevölkerungsanteil in der Bundesrepublik Deutschland abgebildet. Um die Panel-Struktur repräsentativ zu halten, werden pro Jahr bis zu 15% der Panel-Haushalte ersetzt (künstliche → Panelsterblichkeit bzw. Panelrotation). Als Basisstruktur dient die jeweils der neuesten Media-Analyse zugrunde liegende Bevölkerungsstruktur. Als Äquivalent für seine Mitarbeit erhält jeder Panel-Haushalt die jährliche Fernsehgebühr erstattet. Haushalten ohne Telefon wird auf Kosten der GfK ein Telefon eingerichtet.
Außer in Deutschland betreiben GfK-Tochterunternehmen mit ähnlichen, den jeweiligen Bedürfnissen der nationalen Fernsehmärkte angepassten Systemen Fernsehzuschauerforschung in Belgien, Frankreich, den Niederlanden, Österreich und der Schweiz.

Die über den TV-Meter ermittelten Daten werden jede Nacht über Modem und Telefonleitungen in das GfK-Rechnersystem überspielt und für die Nutzung aufbereitet. Alle großen Fernsehsender, Werbe- und Mediaagenturen sowie einige der bedeutenden Werbung treibenden Unternehmen beziehen die Daten zur Fernsehnutzung täglich online von der GfK und werten diese selbst aus.
Zur Analyse der Daten hat die GfK im Auftrag der AGF das Client-Server-Softwarepaket pc#tv entwickelt, das eine individuelle Datenanalyse und Berichterstellung ermöglicht. GfK-Fernsehzu-schauerdaten gelten in der Fachwelt derzeit als die „Währung" der Mediaplanung. Allerdings bieten auch andere Marktforschungsinstitute entsprechende Services an, z.B. AC Nielsen sein → TAM (TV Audience Measurement). S.S.

Fernwirkung → Fassadengestaltung

Fertigpackungsverordnung
→ Warenkennzeichnung

Fertigungstiefe
Unter Fertigungstiefe versteht man den im eigenen Unternehmen erzeugten Wertschöpfungsanteil am Umsatz. Sie liegt in der deutschen Automobilindustrie z.B. unter 50%, d.h. 50% des Umsatzes fließen wegen entsprechender Zulieferungen verschiedenen Vorlieferanten aller Vorstufen zu.
Marketingrelevanz erfährt die Fertigungstiefe v.a. wegen der negativen Korrelation mit der → Flexibilität und der besseren Nutzbarkeit von Spezialisierungsvorteilen bei Auslagerungen bestimmter Produktionsprozesse auf Zulieferer, die wiederum Wettbewerbsvorteile schaffen können. Dies gilt selbst für innerbetriebliche Dienstleister wie Werbe- oder Strategieabteilungen, die z.T. bewusst verselbständigt werden, um sie dem Marktdruck auszusetzen.
Der Trend entwickelt sich in Richtung Senkung der Fertigungstiefe, solange die damit verbundene Erhöhung der Transaktionskosten die Vorteile nicht überkompensiert. In jedem Fall erhöhen sich die Anforderungen an das → Beschaffungsmarketing und das → Beziehungsmanagement. Andererseits ergeben sich bei den Zulieferern entsprechende Chancen im → Teile-Marketing bis hin zum sog. → Co-Workership, bei dem Zulieferer als Systemlieferanten und

Festangebot

nicht mehr nur als Einzelteilelieferanten (z.B. ganze Autotür statt Autofenster) fungieren. H.D.

Festangebot → Angebotsformen

Festpreis → Preissicherung

FfH – Institut für Markt- und Wirtschaftsforschung GmbH

1929 als *Forschungsstelle für den Handel Berlin (FfH) e.V.* mit materieller und ideeller Unterstützung der deutschen Handelsorganisationen in der Rechtsform eines eingetragenen Vereins gegründetes unabhängiges wissenschaftliches Institut. Es betreibt empirische Wirtschaftsforschung mit dem Schwerpunkt Handel. Das Spektrum der Arbeiten reicht von Betriebsvergleichen für verschiedene Wirtschaftsbereiche über Markt- und Standortanalysen für Handelsunternehmen bis zur Bearbeitung grundsätzlicher wirtschaftspolitischer Fragestellungen im Auftrag des Bundesministeriums für Wirtschaft, von Imageuntersuchungen für Unternehmen bis zu Branchenuntersuchungen im Auftrag von Verbänden. Das Institut führt bei seinen Untersuchungen sowohl bundesweit als auch regional Umfragen bei Haushalten und Unternehmen durch.

Das Schwergewicht der Arbeiten liegt zwar im Handel, die FfH GmbH ist aber auch für andere Wirtschaftszweige tätig: Sie führt z.B. Betriebsvergleiche für Hotels durch, untersucht die Auswirkungen von Messe-, Ausstellungs- und Kongressveranstaltungen auf bestimmte Wirtschaftsregionen und beschäftigt sich mit Wirtschaftsstrukturuntersuchungen für Städte und Gemeinden.

Veröffentlichungen: Schriftenreihe der Forschungsstelle für den Handel (bis 1984), Jahrbuch „Handelsforschung" (seit 1986 jährlich, jeweils mit einem Schwerpunktthema der Handelsforschung), „FfH Mitteilungen" (vierteljährlich, kostenlos, mit Berichten über Forschungsvorhaben des Instituts, Ergebnissen von Betriebsvergleichen etc.).

Geschäftsführer: *Rolf Spannagel*, Abteilungen: Handels- und Absatzforschung, Betriebsvergleich. Umsatz 1999: 1,2 Millionen DM. Beschäftigte: 8, davon 5 Wissenschaftler. Anschrift: Verbändehaus, Am Weidendamm Ecke Planckstraße, 10117 Berlin, Tel. (030) 86 30 94 0, Fax (030) 86 30 94 44, E-mail: ffhmafo@csi.com R.Sp.

Field Warehousing

Beleihung von Warenlägern, → International Factor

Figur-Grund-Differenzierung
→ Gedächtnistheorie

Filialisierung → Handelsstrategien

Filialunternehmen im Einzelhandel

Konzentrationsform in Gestalt standortlich getrennter Einzelhandelsbetriebe (Mehrbetriebsunternehmen), deren Leistungsverbindung auf kapitalwirtschaftlicher bzw. eigentumsrechtlicher Verflechtung beruht und deren Leistungsprofil von einer entsprechend überbetrieblich autorisierten Willensbildung und Durchsetzungsmöglichkeit geprägt wird.

Filialunternehmen sind insofern nicht ohne weiteres mit bestimmten Betriebsformen des → Einzelhandels in Verbindung zu bringen und/oder als branchenspezifische Erscheinungsform des → stationären (Lebensmittel-) Einzelhandels zu betrachten, obgleich dies die referierten Erhebungsergebnisse der empirischen Handelsforschung möglicherweise nahe legen: So z.B. mit der Kategorisierung der Betriebsformen durch das Ifo-Institut für Wirtschaftsforschung, München (vgl. → Betriebsformen im Einzelhandel, *Tab. 1*); so aber auch mit der Erfassung der → SB-Läden, → SB-Märkte, → Supermärkte und → Discounter als SB-Filialen im Rahmen des Betriebsvergleichs der Filialbetriebe durch das Euro-Handelsinstitut, Köln (vgl. *Tab. 1*).

Filialunternehmen sind vielmehr Ausdruck eines – ebenso betriebsformen- wie branchengenerell nachweisbaren – Bemühens von Einzelhandelsunternehmen, durch zielbezogene Anpassung der händlerischen Leistungsbereitschaft an die jeweiligen Marktgegebenheiten und -möglichkeiten über die Filialisierung Größenvorteile bzw. Synergieeffeke zu erzielen. Das betrifft insb.

– die grundsätzlich gegebene Effizienzsteigerung eines arbeitsteilig betriebenen Handelsmanagements,
– die losgrößenabhängigen Beschaffungsvorteile im Warengeschäft sowie
– die betriebstypengestützte Erschließung von Wachstums- und Ertragspotentialen im Sinne der Marktdurchdringung und Marktentwicklung.

Tab. 1: Ausgewählte Leistungskennziffern der SB-Filialen der Filialbetriebe 1997 in Deutschland

Leistungskennziffern	SB-Läden bis 249 qm	SB-Märkte 250 – 399 qm	Supermärkte ab 400 qm	Discounter	Gesamt
Umsatz je Betrieb pro Jahr in 1.000 DM	1.861	4.472	7.699	4.155	6.209
Verkaufsfläche je Betrieb in qm	147	350	888	467	701
Umsatz je qm Verkaufsfläche in DM pro Jahr	12.667	12.768	8.913	8.947	9.254
Zahl der durchschnittlichen beschäftigten Personen	5,3	12,9	19,5	5,5	12,3

(Quelle: *EuroHandelsinstitut*, Köln (EHI-Betriebsvergleich der Filialbetriebe))

Tab.2: Ein- und Mehrbetriebsunternehmen im Einzelhandel in Deutschland

Unternehmen[1]		Einbetriebsunternehmen		Mehrbetriebsunternehmen	
Anzahl[2]	Umsatz[3] Mio. DM	Anzahl %	Umsatz %	Anzahl %	Umsatz %
388.414	684.871	92,4	39,0	7,6	61,0

[1] ohne Kfz-Handel und Tankstellen; [2] Stichtag: 30.04.1993; [3] Geschäfts- oder Kalenderjahr 1992
(Quelle: *Statistisches Bundesamt*, Wiesbaden (Handels- und Gaststättenzählung 1993))

Tab.3: Verkaufsstellen marktbedeutender Handelsunternehmen 1998 in Deutschland (Top 10)

Unternehmen	Anzahl der Verkaufsstellen	
1. Metro-Gruppe, Köln	1.805	davon 300 Gastronomiebetriebe
2. Rewe-Gruppe, Köln	6.158	davon 472 Reisebüros
3. Edeka/Ava-Gruppe, Hamburg	3.388	
4. Aldi-Gruppe, Essen/Mülheim	3.263	
5. Tengelmann-Gruppe, München	6.005	
6. Lidl&Schwarz-Gruppe, Neckarsulm	2.078	
7. Karstadt, Essen	670	davon 190 Gastronomiebetriebe
8. SPAR-Gruppe, Schenefeld	1.648	
9. Schlecker, Ehingen	6.905	davon 19 Fleischfilialen und 2 Baumärkte
10. Dohle-Gruppe, Siegburg	363	davon 2 Gastronomiebetriebe und 3 Tankstellen

(Quelle: Lebensmittel Zeitung, *M+M EUROdATA*, Frankfurt am Main)

Dass derartige Intentionen im Einzelhandel bereits erfolgreich umgesetzt worden sind und dabei insb. die Filialunternehmen dieses Handelszweiges einen hohen Stellenwert in der Konsumgüterdistribution erringen konnten, belegen empirisch-statistische Befunde in eindrucksvoller Weise:

- so z.B. hinsichtlich der anteiligen Bedeutung der Mehrbetriebsunternehmen (Unternehmen mit mindestens 2 Arbeitsstätten) für den Gesamtumsatz des Einzelhandels, die den Ergebnissen der Handels- und Gaststättenzählung 1993 zufolge mit 61 % (bei nur rd. 8 % des Unternehmensbestandes) beziffert wird (vgl. *Tab. 2*);

- so aber auch, was die entsprechenden Angaben für die Filialunternehmen im sog. „nichtspezialisierten Einzelhandel" betrifft (Wirtschaftsgruppe 52.1), zu dem u.a. die Betreiber von Supermärkten sowie großflächige Betriebsformen wie → Kaufhäuser, → Warenhäuser, → Verbrauchermärkte oder → SB-Warenhäuser zählen, und die sogar 85 % des Gesamtumsatzes realisierten.

Wird damit nicht nur die generelle Marktbedeutung der Mehrbetriebsunternehmen unterstrichen, so gilt das insb. für die 254 Großunternehmen des Einzelhandels mit 50 und mehr Arbeitsstätten, von denen wiederum mehr als die Hälfte (132) zur o.g. Wirtschaftsgruppe gehörten; ein Befund, der im übrigen auch durch jüngere Erhebungen zur Gruppenstruktur und zu den Vertriebslinien (Anzahl der Outlets) deutscher Handelsunternehmen tendenziell bestätigt wird (vgl. *Tab. 3*). H.-J.Ge.

Fill-in-Brief → Werbebrief.

Filmlets → Kinowerbung

Filmwerbung → Kinowerbung

Filter-Agenten → Informations-Agenten

Filterfragen (Gabelungsfragen)
haben im Rahmen der Gestaltung des → Fragebogens die Aufgabe, den Kreis der Befragten auf diejenigen einzuschränken, die Gegenstand der Untersuchung sind (z.B. auf eine bestimmte Zielgruppe, deren Kaufverhalten Gegenstand der Untersuchung ist, etwa: „Besitzen Sie eine Mikrowellengerät?"). Bei Gabelungsfragen werden den dadurch gebildeten Gruppen jeweils andere Fragen gestellt.

Financial Engineering
die Planung und Ausarbeitung von maßgeschneiderten Finanzierungskonzepten für Aufträge durch Erschließung und Kombination aller zweckadäquaten Finanzierungsalternativen als Grundvoraussetzung für die Durchführung komplexer → Anlagengeschäfte. Die Erstellung dieser Finanzierungskonzepte muss dabei unter Berücksichtigung der engen Beziehungen zwischen finanzwirtschaftlichen und leistungswirtschaftlichen Entscheidungen erfolgen (→ Dienstleistungen).
Der Stellenwert des Financial Engineering für den Marketingerfolg im Anlagengeschäft wird besonders sichtbar in den Fällen, in denen bereits in der Ausschreibung eines Projektes Hinweise enthalten sind, nach denen Anbieter den Vorzug erhalten, die eine mittel- oder langfristige Finanzierung anbieten und vermitteln können. Schließlich ist in einzelnen Fällen die Abgabe einer Finanzierungsofferte sogar Voraussetzung für die Berücksichtigung eines Angebotes, d.h. ihr Fehlen führt zum Ausschluss des Anbieters aus dem Bieterkreis. Verlangen nach Zahlungszielen von bis zu 10 Jahren nach Auftragserfüllung sowie nach zusätzlicher Finanzierung von lokalen Infrastrukturmaßnahmen („lokale Kosten") im Kundenland in den einzelnen Branchen sind keine Ausnahme.
Diese Voraussetzungen machen es notwendig, aus einer Vielzahl von Quellen und unter Heranziehung einer Vielzahl von Beteiligten ein komplexes Finanzierungspaket zu „konstruieren". Beispiele hierfür sind → Kofinanzierung, → Betreibermodelle oder → Kompensationsgeschäfte. K.B.

Literatur: Backhaus, K.: Industriegütermarketing, 6. Aufl., München 1999. *Isselstein, T.; Schaum, F.:* Auftragsfinanzierung und Financial Engineering, in: *Kleinaltenkamp, M.; Plinke, W.* (Hrsg.), Auftrags- und Projektmanagement, Berlin et al. 1998, S. 161–226.

Financial Services
Amerikanische Bezeichnung für → Finanzdienstleistungen, wobei sie im deutschsprachigen Raum als Oberbegriff für Produktinnovationen, steigende Beratungsqualität, neue Vertriebsmethoden sowie den verstärkten Einsatz elektronischer Medien im → Finanzdienstleistungswettbewerb und → Bankmarketing verwendet wird. Die Financial-Services-Entwicklung wird in Deutschland durch den Anstieg des privaten Geldvermögens (Ende 1999 über 3 Bill. Euro) und die bestehende Substitutionskonkurrenz im Finanzdienstleistungsbereich stark beeinflusst.
Hinter Financial Services verbirgt sich die Philosophie, den Kunden während seiner verschiedenen Lebensphasen zu betreuen und ihm einen umfassenden Service mit verschiedenen Finanzdienstleistungen anzubieten. Dieser Weg wurde zunächst von den traditionellen Finanzdienstleistern bestritten. Zwischenzeitlich bieten auch Nichtbanken derartige Dienstleistungen an. So z.B. Fluggesellschaften und Einzelhandelsunternehmen, wenn sie → Kreditkarten ausgeben, oder Autokonzerne, wenn sie eigene Absatzbanken (→ Autobanken) und Leasinggesellschaften gründen. Waren- und Versandhäuser offerieren über eigene Tochtergesellschaften oder Kooperationen mit Kreditinstituten Financial Services. Das Angebot von Financial Services durch Nichtbanken dient vor allem der intensiveren Nutzung des Kunden- und Mitarbeiterpotentials, der Kundenbindung sowie der Ver-

folgung eines One Stop Shopping-Konzeptes. Das Gesamtangebot an Financial Services wird als → Allfinanz-Angebot bezeichnet. O.B.

Finanzdienstleistungen

sind die Dienstleistungen, die im → Finanzdienstleistungswettbewerb von Banken, Versicherungen und anderen Anbietern entwickelt und am Markt angeboten werden. Die wichtigsten Finanzdienstleistungen sind die Abwicklung und Dokumentation des Zahlungsverkehrs (Transaktionen), die Beratung und Hilfe bei der Vermögensbildung und -sicherung (Kapitalanlagen), die Gewährung und Vermittlung von Krediten (Finanzierungen) und die Transformation von Risiken (Versicherungen und Garantien). Finanzdienstleistungen werden von Privatkunden (→ Haushalten und Einzelpersonen) und institutionellen Kunden (Unternehmen und nicht erwerbswirtschaftlichen Institutionen) nachgefragt.

Die Märkte für Finanzdienstleistungen sind nach Jahrzehnten einer eher stetigen Entwicklung in schnellem Wandel begriffen. Dafür gibt es mehrere Ursachen. Erstens haben Deregulierung und Globalisierung der Finanzmärkte zur Folge, dass früher voneinander abgeschottete Teilmärkte (etwa die für Kapitalanlagen und Versicherungen) zusammengewachsen und neue Wettbewerber auf den Plan getreten sind: ausländische Finanzdienstleister, aus Fusionen und Übernahmen hervorgegangene Anbieter, Near- und Non-Banks wie Kapitalanlagegesellschaften, Versandhändler und Automobilhersteller. Zweitens haben die modernen Informations- und Kommunikationstechniken eine Automatisierung vieler Finanzdienstleistungen (z.B. durch Geldautomaten oder Kreditkarten) gefördert und neue Vertriebswege (z.B. Telefon Banking, Online -Banking) eröffnet. Drittens sind v.a. die Privatkunden in ihren Dispositionen über Geld anspruchsvoller, informierter und kritischer als früher geworden (→ Anlegerverhalten). Viertens ist das Marktvolumen der meisten Finanzdienstleistungen stark gewachsen, v.a. solche der Vermögensbildung und -sicherung wie Kapitalanlage, Vermögensverwaltung, private Finanzplanung und Altersvorsorge. Das große und weiter wachsende Potential dieses Marktes zeigt sich an der Entwicklung des privaten Geldvermögens, das im Jahre 1990 3,2 Bill. DM und betrug und für 1998 auf 5,7 Bill. DM geschätzt wird.

Die Attraktivität dieses Marktes, aber auch seine Unübersichtlichkeit und Dynamik, stellen hohe und ganz neue Anforderungen an das Marketing für Finanzdienstleistungen (→ Bankmarketing). K.P.K.

Literatur: *Bitz, M.:* Finanzdienstleistungen, 2. Aufl., München, Wien 1995. *Maier, M.:* Finanz-Dienstleistungen im Privatkundengeschäft: Dynamik im Markt und Marketing, in: *Meyer, A.* (Hrsg.): Handbuch Dienstleistungs-Marketing, Stuttgart 1998.

Finanzdienstleistungswettbewerb

Weltweit vollzieht sich ein Strukturwandel im Finanzdienstleistungsgewerbe. Die Globalisierung und Deregulierung der Finanzmärkte, der technologische Innovationsdruck und das veränderte Kundenverhalten erhöhen den Wettbewerb und zwingen die Banken zu Anpassungsstrategien. In den letzen zehn Jahren haben fundamentale ökonomische Entwicklungen die traditionelle Rolle des Bankensystems als Finanzintermediäre untergraben. Der Siegeszug der „free market philosophy" hat in allen OECD-Ländern zu einer Liberalisierung des internationalen Kapitalverkehrs und zu Deregulierungen des Bankensektors geführt.

Die traditionellen Kreditinstitute in Deutschland treten heute weitgehend konform am Markt auf, was zu einem typischen Verdrängungswettbewerb geführt hat. Die Markteintrittsbarrieren für neue Mitwettbewerber sinken permanent und die neuen Medien (→ Electronic Banking) ermöglichen es, neue Wege des Vertriebs ohne kostenintensives Zweigstellennetz (→ Bankzweigstellen) zu erschließen. So stehen Kreditinstitute in zunehmendem Maße im Wettbewerb zu Non- und Near-Banks, wie etwa → Strukturvertrieben, Kartengesellschaften (→ Kreditkarten), Fonds-Boutiquen, Anlage- und Vermögensberatern (→ Investment Banking), Industrieunternehmen (→ Autobanken), Netzbetreibern und dem Handel, die sich durch andere Strukturen und Verhaltensweisen vielfach kundenfreundlicher präsentieren als Kreditinstitute. Hinzu kommen als Mitwettbewerber Versicherungen, Bausparkassen und Investmentgesellschaften sowie → Direktbanken. Die herkömmlichen Grenzen zwischen Kreditinstituten, Versicherungsunternehmen und sonstigen Finanzdienstleistern verschwimmen immer mehr. Große Fi-

Finanzdienstleistungswettbewerb

nanzdienstleistungsgruppen sind über Eigengründungen, Beteiligungen oder Kooperationen im Bank-, Bauspar- und Versicherungsgeschäft (→ Allfinanz) tätig. Gleichzeitig werden die Bankprodukte (→ Bankproduktpolitik) immer homogener, können leichter und schneller imitiert werden und die Transparenz des Marktes steigt.

Die Beziehung zwischen Banken und Kunden in Deutschland wird häufig als „close-knit-relationship" bezeichnet. Diese Bezeichnung darf aber nicht als Umschreibung des → Hausbankprinzips Missverstanden werden. Die enge Hausbankbeziehung hat in Deutschland an Bedeutung verloren. Stattdessen rückt das → Transactional Banking verstärkt in den Vordergrund. Die Tendenz der Bankkunden, mit mehreren Finanzdienstleistern zusammenzuarbeiten, nimmt ebenso wie die Bereitschaft zum Bankwechsel zu.

Ferner geht eine festzustellende Veränderung im Anlageverhalten eindeutig zu Lasten der Kreditinstitute. Konnten 1970 die Kreditinstitute noch 56% des Geldvermögensbestandes für sich verbuchen, so hat sich dies bis zum Jahre 1998 auf 37% reduziert. Gewinner waren dabei eindeutig die Wertpapieranlage, aber auch in geringerem Umfang die Versicherungen. 1999 konnten die Kreditinstitute lediglich noch 13% der Neuanlage gewinnen, während 20% in den Versicherungsbereich und 56% in Wertpapiere geflossen sind *(Abb.)*. Auch hier wird die Beziehung Bank-Kunde lockerer. Darüber hinaus bilden die zukünftigen Erben eine neue Anspruchsgesellschaft, die von den Banken deutlich höhere Service-, Beratungs- und Betreuungsqualität fordert.

Außerdem sind traditionelle Bankdienstleistungen nicht länger ein Luxusgut, sondern ein normales Gut. Banken werden sich deshalb in Zukunft auf ein langsameres Wachstum einstellen müssen. Auch hierdurch wird sich der Wettbewerb unter den Finanzdienstleistern verschärfen. Darüber hinaus zeichnen sich durch die Innovationen in der Informationstechnologie, der Telekommunikation bis hin zur Multimediaanwendung oder durch Chipkarten Entwicklungen ab, welche die Ausgangsbasis im Finanzdienstleistungswettbewerb völlig neu definieren (→ Online-Marketing).

O.B.

Literatur: *Betsch, O.*: Entwicklung und Perspektiven des Privatkundengeschäfts, in: Finanzierung-Leasing-Factoring, 46. Jg. (1999), S. 99-106.

Veränderung im Anlageverhalten

Struktur des privaten Geldvermögens

Geldvermögensbestand		-neubildung
265 Mrd. Euro (1970)	2.987 Mrd. Euro (1998)	124 Mrd. Euro (1998)
Bankeinlagen: 56%	37%	13%
Bausparen: 8%	3%	2%
Versicherungen: 16%	19%	20%
Wertpapiere: 14%	31%	56%
Sonstige: 6%	10%	9%

Jochimsen, R.: Finanzplatz Deutschland vor großen Herausforderungen, in: *Süchting, J.; Heitmüller, H.-M.* (Hrsg.): Handbuch des Bankmarketing, 3. Aufl., Wiesbaden 1998.

Finanzierung im Anlagengeschäft
→ Financial Engineering,
→ Projektfinanzierung

Finanz-PR → Investor Relations

Finite Mixture Modelle
Eines der grundlegenden Ziele des Marketing ist die Segmentierung des Marktes in homogene Marktsegmente. Diese Segmente sind häufig nicht direkt beobachtbar, sondern auf eine oder mehrere Hintergrundvariablen zurückzuführen. Das Ergebnis ist, dass eine Stichprobe von Untersuchungseinheiten aus einer Mischung von unbekannten Populationen besteht. Die Klasse der Finite Mixture Modelle erlaubt es, latente Gruppen oder Segmente aufzudecken und die Parameter der Dichtefunktion, die den beobachteten Daten in jeder Gruppe zugrunde liegt, zu schätzen.
Einfache Modelle mit gemischten Verteilungen finden sich z.B. bei Segmentierungen mit der *Latent Class Analyse*. Komplexere Ansätze beruhen auf dem Einsatz von generalisierten linearen Modellen mit Mischverteilungen, die eine Vielzahl von Modelltypen (z.B. lineare Regression, → Logit-Modell, → Probit-Modell) umfassen. Sie liefern die Möglichkeit, die Zugehörigkeit einer Beobachtung aufgrund einer Kombination von beobachtbaren und unbeobachtbaren Merkmalen einem Subsample zuzuordnen und für jedes Subsample z.B. eine getrennte Schätzung von Parametern durchzuführen.
Eine Software für generalisierte Mixture Regressionsmodelle entwickelten *Wedel* und *DeSarbo* mit dem Programm GLIMMIX (Generalized Linear Model Mixture). Der Modellansatz ist für die Anwendung in der → Strukturgleichungsmethodologie erweitert worden und kann z.B. mit der Software MECOSA geschätzt werden. Das Modell mit beobachtbaren kontinuierlichen Zufallsvariablen y_i und kontinuierlichen und/oder Dummy Regressoren x_i ist wie folgt definiert

$$h(y_i, x_i) = f(y_i|x_i) g(x_i)$$

wobei $h(y_i, x_i)$ eine multivariate Dichtefunktion für identisch und unabhängig verteilte Daten ist, $g(x_i)$ ist eine beliebige marginale Verteilung der Regressorvariablen und die bedingte Dichtefunktion $f(y_i|x_i)$ ist spezifiziert über:

$$f(y_i|x_i) = \sum_{g=1}^{G} w_g f_g(y_i|x_i)$$

Die Mischkomponenten werden mit g bezeichnet, wobei die Anzahl der Komponenten unbekannt ist. Die Mischwahrscheinlichkeiten w_g sind kleiner 1 und ergeben in der Summe 1. Für die gruppenspezifisch bedingten Verteilungen wird eine multivariate Normalverteilung

$$f(y_i|x_i) = \Phi(y_i, \mu_{ig}, \Sigma_g)$$

mit dem Erwartungswert μ_{ig} und der Kovarianzmatrix Σ_g angenommen. Der bedingte Mittelwert für die unterschiedlichen Gruppen wird als Reduced-Form Regressionsmodell parametrisiert mit:

$$E(y_i|x_i, g) = \mu_{ig} = \gamma_g + \Pi_g x_i$$

Der Vektor γ_g enthält die Regressionskonstanten, die Matrix Π_g die Regressionskoeffizienten. Daneben lässt sich die Kovarianzmatrix Σ_g schätzen, die Grundlage zur Schätzung eines Strukturgleichungsmodells für jedes Subsample ist. L.H./D.A.

Literatur: *Wedel, M.; DeSarbo, W.S.*: A Review of Recent Developments in Latent Class Regression Models, in: *Bagozzi, R.P.* (Hrsg.): Advanced Methods of Marketing Research, Cambridge 1994. *Arminger, G.; Stein, P.; Wittenberg, J.*: Mixtures of Conditional Mean- and Covariance-Structure Models, in: Psychometrika, Vol. 64, No. 4 (1999), S. 475-494. *Görz, N.; Hildebrandt, L.; Annacker, D.*: Analyzing Multigroup Data with Structural Equation Models, in: *Gaul, D.; Decker, R.* (Hrsg.): Classification and Information Processing at the Turn of the Millenium, Heidelberg 2000.

Firewall
Ein elektronisches Sicherheitssystem, das das interne Netzwerk (→ Intranet) vor unerlaubten Zugriffen von außen schützt. Dabei vergleicht die Firewall die IP-Adresse des Rechners, von dem aus der Zugriff erfolgt, mit einer Liste erlaubter IP-Adressen. Nur wenn die IP-Adresse zulässig ist, wird der Zugriff auf das Netzwerk gestattet.
B.S./K.S.

Firma

Firma

ist im Handelsrecht der Handelsname des Kaufmannes, unter dem der Kaufmann im Handel sein Geschäft betreibt, unterzeichnet und unter dem er klagen und verklagt werden kann (§ 17 HGB). In der Umgangssprache wird der Begriff Firma häufig fälschlicherweise mit dem des Unternehmens oder des Betriebes gleichgesetzt. Nur ein Kaufmann darf eine Firma führen (§ 4 Abs. 1 HGB). Ein Kaufmann kann für jedes seiner möglicherweise verschiedenen Handelsgeschäfte jeweils eine Firma führen, Handelsgesellschaften dürfen dagegen nur eine Firmenbezeichnung führen (Grundsatz der Firmeneinheit). Zweigniederlassungen können durch besondere Zusätze als solche bezeichnet werden. Die Firma muss gemäß § 29 HGB im Handelsregister eingetragen und bekannt gemacht werden (Grundsatz der Firmenöffentlichkeit). Änderungen oder das Erlöschen der Firma sind gleichfalls eintragungspflichtig. Die Firma muss i.d.R. erkennen lassen, wer der Inhaber des Unternehmens ist (Grundsatz der Firmenwahrheit). Deshalb ist, von Ausnahmen abgesehen, bei der Einzelfirma der Familienname und ein Vorname des Inhabers zu führen, bei der OHG und KG mindestens der Name eines persönlich haftenden Gesellschafters und ein Zusatz, der das Vorhandensein einer Gesellschaft andeutet. Bei der Firma einer Kapitalgesellschaft muss der Gegenstand des Unternehmens oder die Person eines Gesellschafters ersichtlich sein. Zusätze dürfen zu keiner Täuschung führen. Verschiedene Firmen am gleichen Ort müssen nach § 30 HGB deutlich voneinander unterscheidbar sein (Grundsatz der Firmenausschließlichkeit). Die zuerst eingetragene Firma wird gegen eine spätere geschützt. Bei Wechsel des Inhabers, Namensänderung des Inhabers und Veräußerung des Geschäftes darf unter bestimmten Voraussetzungen die frühere Firma fortgeführt werden (§§ 21–24 HGB: Grundsatz der Firmenbeständigkeit). Dies steht in gewissem Widerspruch zum Grundsatz der Firmenwahrheit und erkennt an, dass die Firma für den Ruf und die Geschäftsbeziehungen des Unternehmens von großer wirtschaftlicher Bedeutung sein kann. Neben diesem formellen Firmenrecht steht der materielle Firmenschutz, der durch das subjektive Recht des Inhabers an der Firmenkennzeichnung gewährt wird. Das → Kennzeichenrecht des Firmeninhabers entsteht außerhalb und unabhängig von der Handelsregistereintragung; seine Schutzvoraussetzungen bestimmen sich ausschließlich nach den materiellen Kriterien der Entscheidungskraft und Verkehrsgeltung. H.-J.Bu.

Firmenimage

Das Firmenimage kennzeichnet das „Bild", das sich jemand von einer Firma macht. Es repräsentiert vereinfachend die subjektiv wahrgenommenen bedeutsamen Merkmale, die einer Firma zugeschrieben werden (→ Image). Es ist als mentale Repräsentation verknüpft mit dem Firmenzeichen bzw. der Firmenmarke (→ Marken).
Das Firmenimage spielt eine wichtige Rolle beim Kontakt mit allen Bezugsgruppen einer Unternehmung. Mit → Public Relations, → Werbung und anderen Kommunikationsmaßnahmen versucht man deshalb, ein möglichst prägnantes und im Sinne der → Corporate Identity ganzheitlich konzipiertes Firmenimage in die Öffentlichkeit zu tragen. Im Handel spricht man vom → Geschäftsimage.
Die Bilanzierung des Firmenimage-Wertes (→ Markenwerts) ist stark beschränkt.

Firmenwerbung → Werbestrategie

First Choice Buyer

auch als *Erstmarkenpräferenz* bezeichnete Kennzahl zur → Markentreue bzw. → Kundenbindung aus Panelanalysen, die angibt, bei wieviel Prozent der Käufer es einer bestimmten Marke gelingt, die (pro Periode) am meisten präferierte Marke zu sein.

First-to-Market-Strategie
→ Technologie-Strategien

Fishbein-Modell → Einstellung

Fitmaße

Indizes, die eine Aussage über die Güte der Anpassung eines Modells der → Multivariatenanalyse an die empirischen Daten ermöglichen. Sie kommen primär in Modellen zur Anwendung, bei denen die Qualität der Daten strenge statistische Tests nicht zulässt. Hier werden sie häufig als ergänzende Indizes zur Beurteilung der internen Validität eines Modells verwendet. Typische Anwendungsbereiche sind die Modelle der → Kausalanalyse, die → Mehrdimensionale Skalierung (MDS) und → Faktorenanalyse.
L.H.

Fixiertes System
→ Preisbildung

FKM (Gesellschaft zur freiwilligen Kontrolle der Messezahlen)
→ Messepolitik (Aussteller)

Flächenauswahl („area sampling")
Spezifische Variante der → Klumpenauswahl als → Auswahlverfahren für → Stichproben. Das Gesamtgebiet wird in (nummerierte) Flächen (z.B. Land- oder Wahlkreise) zerlegt, wovon Einzelne „per Zufall", meist nach dem Verfahren der → Zufallszahlenauswahl, ausgewählt werden. Innerhalb dieser sind dann sämtliche Elemente zu erheben. Unterteilt man die ausgewählten Flächen dagegen weiter, liegt eine mehrstufige Flächenstichprobe vor.
Das Verfahren bietet insb. bei nationalen Umfragen Kosteneinsparungen und leichtere Steuerung des Interviewereinsatzes, da sich die Erhebung auf weniger regionale Einheiten konzentriert. Das mögliche Auftreten von Klumpeneffekten ist zu kontrollieren. M.H.

Flächenproduktivität
in der → Erfolgsrechnung im Handel verwendete → Marketing-Kennzahl die angibt, wie viel Umsatz pro Zeiteinheit und Quadratmeter Verkaufsfläche erzielt worden ist. Dazu wird der Umsatz pro Periode durch die reine Verkaufsfläche dividiert.

Flame
bezeichnet ein gegen alle Konventionen (vgl. → Netiquette) verstoßender Artikel im → Usenet mit inadäquatem Inhalt für die themenbezogene Ausrichtung der Diskussion. Der strikte Verhaltenskodex des Usenet empfiehlt die Ahndung eines Flames mit einer → Mailbombe. B.Ne.

Flat-rate → Nicht-lineare Preise

Flexibilität
Wegen der zunehmenden Umwelt- und → Marktdynamik und des sich gleichzeitig vergrößernden → Zeitwettbewerbs kommt der Flexibilität als → Marketingziel eine steigende strategische Bedeutung zu. Denn durch diese Entwicklungen wird das Konzept stabiler Markt- und Branchenstrukturen, wie sie die klassische → Branchenstrukturanalyse unterstellt, hinfällig. Vielmehr entsteht auf immer mehr Märkten ein → Hyperwettbewerb, in dem strategische → Wettbewerbsvorteile ebenso rasch erworben werden, wie sie verloren gehen

Marketing-Flexibilität

Flexibilitäts-objekte \ Flexiblitätsdimensionen	"Schubladen-Flexibilität"	"Mittelflexibilität"	
		Funktionale Flexibilität	temporale Flexibilität
Marketing-Planung/Kontrolle	Schubladenpläne	Portfolio-Analyse	EDV-gestützte Planungssysteme
Marketing-Mix	Neuprodukte auf Vorrat	Integralqualität	entwicklungsfähige Produkte
Marketing-organisation	Krisenstäbe	flexible Organisationstruktur	Organisationsentwicklung
Marketing-Personal	"Personalvorrat"	Personal mit konzeptioneller Kompetenz	lernfähiges Personal

Flipping

(→ Marketingrisiken). Während intraorganisatorisch speziell das → Innovationsmanagement auf diese Herausforderungen reagieren muss, führt die Vielzahl der im Wettbewerb benötigten → Kompetenzen in Verbindung mit den dafür notwendigen, nicht selten erheblichen (finanziellen) Ressourcen interorganisatorisch zur Bildung → strategischer Allianzen und Netzwerke. Intraorganisatorisch steht die Steigerung der Flexibilität häufig im Mittelpunkt des → Prozessmanagement von → Marketingprozessen.

Unternehmerische Flexibilität beruht einerseits

- auf der Verfügbarkeit verschiedener Mittel für unterschiedliche Umweltsituationen („Schubladen-Flexibilität")
- und andererseits auf der Flexibilität dieser Mittel („Mittelflexibilität"). Letztere beinhaltet wiederum eine funktionale Dimension i.S. von Anpassungsfähigkeit an verschiedene Aufgaben und eine temporale Dimension i.S. von Anpassungsfähigkeit im Zeitablauf (s. *Tab.*).

Im Marketing spielen diese Flexibilitätsarten insb. bei der → Marketingplanung, der Gestaltung des → Marketing-Mix, der → Marketingorganisation und dem → Personalmarketing eine Rolle. Entsprechende Beispiele enthält die *Tabelle*.   P.G.

Flipping

anders als beim → Zapping, mit dessen Hilfe sich der Fernsehzuschauer den in das Programm eingestreuten Werbespots zu entziehen sucht, bedient sich der Flipper der Fernbedienung, um fortwährend zu prüfen, ob nicht etwa auf einem anderen Kanal eine Sendung läuft, die ihn mehr interessiert als die, die er soeben angesehen hat. Die durch das übergroße paradoxerweise gesteigerte Angst bzw. Sorge vieler Zuschauer „etwas zu verpassen", führt zunehmend dazu, dass Regisseure und Cutter versuchen, durch schnelle Schnittfolgen das flüchtige Interesse des Durchschnittszuschauers zu gewinnen und zu erhalten. Eine Umfrage des amerikanischen Marktforschungsinstituts *Simmons* hat ergeben, dass 18% der Erwachsenen zum Kreis der Zapper gehören und 34% dem Flipping frönen. Insb. die 18- bis 24-jährigen erliegen dieser Versuchung (56%).

Flop

gescheiterte Einführung eines neuen Produktes, die i.d.R. daran gemessen wird, ob die → Innovation ein Jahr nach der Einführung noch am Markt ist. Der Anteil der Flops an der Gesamtzahl Erneuerungen heißt Flop-Rate (s.a. → Innovationsmanagement).

Flyer → Mailingbeilage.

Flyers

Zielgruppe der hedonistisch orientierten, jüngeren und karriereorientierten Konsumenten („fun loving youth en route to success"), die für das → Erlebnismarketing von besonderer Bedeutung sind.

FMEA

→ Fehlermöglichkeits- und -einflussanalyse

FOB

Abk. f. Free on Board (→ INCOTERMS)

Fokalpunkttheorie

In einem Koordinationsspiel (→ Spieltheorie) mit mehreren möglichen Gleichgewichten kann ein Fokalpunkt andere Gleichgewichtslösungen dominieren. Ein Fokalpunkt stellt eine Lösungsmöglichkeit dar, dem die reale Welt selbst eine Alleinstellung zuordnet, der also nicht durch formale Analyse selbst generiert werden muss. Fokalpunkte weisen eine höhere Auswahlwahrscheinlichkeit als andere Punkte auf und können eine Art selbsterfüllende Prophezeiung darstellen. Der Vorteil der Fokalpunkttheorie gegenüber anderen Gleichgewichtskonzepten ist, dass weniger auf die Hyperrationalität der Akteure gesetzt wird als in Signalspielen (→ Signaling, → Cheap Talk) und zusätzlich kulturelle und psychologische Effekte Einfluss auf die Lösung nehmen.

Durch → Werbung (→ Werbeökonomie) kann ein Produkt „markiert" werden (→ Marken), um aus Sicht der Konsumenten einen derartigen Fokalpunkt bei der Produktauswahl zu erreichen, so dass das Produkt mit einer höheren Wahrscheinlichkeit vor den Substitutionsgütern ausgewählt wird. Je größer die Anzahl der als Fokalprodukte umworbenen Güter allerdings ist, umso geringer wird die Fokalpunktwirkung des einzelnen Produktes und es sinkt die

Wahrscheinlichkeit für jedes umworbene Produkt, aus der Menge aller relevanten Produkte ausgewählt zu werden (→ Werbewettbewerb). Als Beispiel mag die zunehmende Markierung der Biersorten als „Premiumbiere" dienen. Je höher die Werbeaufwendungen sind, desto größer ist die Wahrscheinlichkeit, dass das umworbene Produkt beim Konsumenten eine Fokalpunktstellung einnimmt. Bekannte Fokalpunkte mit längerfristiger Wirkung aus der Werbung stellen der „*Marlboro Cowboy*" oder die „*Lila Kuh*", aber auch Slogans wie „*Clausthaler: Nicht immer – aber immer öfter*" dar.
E.L.

Literatur: *Lehmann, E.*: Asymmetrische Information und Werbung, Wiesbaden 1999.

Fokusgruppen

spezielle Marktforschungstechnik, in der eine Gruppe Menschen angehalten ist, ungezwungen und nicht standardisiert über ein Objekt, einen Sachverhalt oder verschiedene Meinungen zu diskutieren. Dabei variieren Gruppengröße, Qualifikation der Teilnehmer, Diskussionsdauer und Diskussionshäufigkeit (einmalig vs. mehrmalig) mit dem Diskussionsgegenstand (→ Gruppeninterview). Dies können z.B. neue Produkte, Werbemaßnahmen oder andere Marketing-Mix-Bestandteile sein. Durch die (gewollte) Abschweifung vom exakten Thema erhofft man sich neben einer Evaluierung des Untersuchungsgegenstandes oft auch kreative und innovative Einfälle (wie bei ähnlichen Kreativitätstechniken, z.B. → Brainstorming).

Anfänglich wurden Fokusgruppen nur als einfache, schnelle und billige Erhebungsmethode gesehen, in der irgendeine Gruppe (bevorzugt zuhause) befragt wurde. Heute investiert man dagegen viel Zeit und Geld in die Auswahl der Gruppenmitglieder und des Moderators, welcher die Diskussion leiten soll. Dieser sollte zum einen die Fähigkeit besitzen, zu erkennen, ob eine Diskussion das Thema voll erfasst hat. Weiterhin sollte er psychologische Kenntnisse besitzen, um zu erkennen, welche Motive bzw. welcher Wahrheitsgehalt hinter den Aussagen steckt. Häufig wird in der Praxis der Fehler gemacht, ein Fokusgruppeninterview als Instrument für die Generierung neuer Konzepte heranzuziehen. Dies geht aber über die Möglichkeiten (der kritischen Evaluation und kreativen Anregung) hinaus.

Literatur: *Greenbaum, T.L.*: The Handbook for Focus Group Research, Lexington, MA 1993.

Foldertest

spezielle Form des Anzeigen-Tests, in dem eine Mappe mit Anzeigen oder Anzeigen-Entwürfen durchgeblättert und danach Fragen zu diesen Anzeigen oder den darin vorgestellten Produkten gestellt werden (→ Werbetests).

Im Einzelnen werden der Anzeigen-Erinnerungswert, der Produkt-Erinnerungswert, der Markenerinnerungswert, der Bilderinnerungswert, der Texterinnerungswert, eine allgemeine Bewertung und ein Polaritätenprofil des Anzeigenimages erhoben.

Die Grenzen des Verfahrens liegen in der künstlichen Begegnung mit der Werbung und den daraus folgenden Verzerrungen. Die Vorteile in der schnellen und einfachen Handhabung. Der Folder-Test ist deshalb besonders für den Pretest von Anzeigen geeignet.

Folgegeschäfte → Preisbündelung

Folgeinnovation → Innovation

Follow-the-free-Strategie

bezeichnet man eine insbesondere im → Online-Marketing eingesetzte langfristige → Preisstrategie, die gezielt extrem niedrige Angebotspreise oder den kostenlosen Vertrieb von Produkten einsetzt, um kurzfristig eine hohe Marktpenetration zu erreichen, während die Rendite langfristig durch Folgegeschäfte erzielen soll.

Durch den schnellen Aufbau eines hohen Diffusionsgrades soll zum einen das Vertrauen der Kunden für das entsprechende Produkt aufgrund des hohen Marktanteils gestärkt werden. Zum anderen verfolgt die Strategie, insbesondere beim Einsatz für → Kritische-Masse-Systeme mit positiven Netzeffekten, wie z.B. Telekommunikationsdienste, das Ziel, den Nutzen des Produktes durch die hohe Verbreitung zu steigern. Ziel ist eine „Fesselung" des Kunden durch einen Lock-in-Effekt, bei dem das Produkt durch seine hohe Verbreitung als Standard definiert wurde und die Wechselkosten für den Kunden unverhältnismäßig hoch sind.

Die Rendite soll bei dieser Strategie durch den Verkauf sowohl komplementärer Produkte als auch qualitativ veränderter Produktvarianten im Zeitablauf ergeben. Als Beispiel sind hier die Betreiber einer → Virtual Community zu nennen, die kostenlos

Informationen rund um ein bestimmtes Thema bereitstellen und damit eine Interessengemeinschaft aufzubauen, die aus Provisionsgeschäften mit dem Verkauf von Produkten rund um das thematisierte Kundenbedürfnis refinanziert werden soll. Als Beispiel für die aus dem Verkauf von veränderten Produktvarianten finanzierte Strategie sind Softwarehersteller zu nennen, die ein qualitativ anspruchsloses Produkt kostenlos vertreiben und die Rendite mit dem Verkauf des qualitativ hochwertigeren Produktes erwirtschaften.

Wichtige Voraussetzung bei der Follow-the-free-Strategie sind niedrige (gegen Null tendierende) variable Einzelkosten für die Vervielfältigung und den Vertrieb des Produktes. Weiter darf der Preis des Gutes nicht als Qualitätsindikator im Markt bewertet werden. Ferner muss das Unternehmen mit ausreichenden finanziellen Ressourcen ausgestattet sein, um den langfristig angestrebten Return of Investment ohne Liquiditätsengpässe zu erreichen. B.Ne.

Literatur: *Diller, H.:* Preispolitik, Stuttgart, 2000, S. 267. *Shapiro, C.; Varian, H.:* Information Rules: A Strategic Guide to the Network Economy, Boston 1999. *Skiera, B.:* Wie teuer sollen die Produkte sein?, in: *Albers, S.; Clement, M.; Peters, K.:* eCommerce: Einstieg, Strategie und Umsetzung im Unternehmen, Frankfurt 1999, S. 95-105.

Follow-the-Leader-Strategie
→ Technologie-Strategien

Follow Up → Nachfasswerbung

Force-Fit → Synektik

Foreign earnings-Trade
→ Dienstleistungs-Marketing, interkulturelles

FORELAND-Informationssystem
→ Länderselektion

Forensische Marktforschung
spezielle → Marktforschung für Rechtsgutachten, die nach § 402, 1 der Zivilprozessordnung als Sachverständigenbeweis v.a. zu Fragen der → Verkehrsauffassung und der Meinungen bestimmter Verkehrskreise im Rahmen von Wettbewerbsprozessen (→ UWG) zugelassen sind.

Forfaitierung

Ankauf einer meist durch Wechsel unterlegten Forderung eines Exporteurs aus einem Ausfuhrgeschäft unter Verzicht des Rückgriffs des Forderungsankäufers (Forfaiteur) auf den Forderungsverkäufer (Forfaitist). Der regresslose Verkauf der Ausfuhrforderung hat zur Folge, dass für den Exporteur die mit der Forderung verbundenen Risiken entfallen, er also nur noch für den rechtlichen Bestand der Forderung haftet. Über den Wegfall des Delkredere-, Zinsänderungs- sowie des bei Fremdwährungsgeschäften bestehenden Wechselkursrisikos hinaus bietet der Forderungsverkauf dem Exporteur weitere Vorteile: So entbindet die Forfaitierung den Exporteur von der Eintreibung der Forderung und dem damit verbundenen Aufwand, seine Bilanz wird entlastet, der Liquiditätsspielraum wird erhöht und ggf. die Inanspruchnahme bestehender Kreditlinien zurückgeführt. Faktisch ist die Nutzung dieses Finanzierungsinstruments jedoch eingeschränkt. So setzt die Forfaitierung i.d.R. eine erstklassige Bonität der Schuldner voraus. Darüber hinaus ist eine Forfaitierung mit relativ hohen Kosten verbunden. Diese ergeben sich aus den Refinanzierungskosten, einer Risikoprämie, den Abwicklungskosten und der Zinsspanne des Forfaiteurs sowie einer eventuellen Bereitstellungsprovision und der Wechselsteuer bei Unterlegung der Forderung mit einem Wechsel. Weiterhin muss die Forderung auf eine Währung lauten, die dem Forfaiteur eine fristenkongruente Refinanzierung erlaubt. D.h. es muss sich um Hartwährungsforderungen handeln (→ Außenhandelsfinanzierung). K.B.

Literatur: *Keßler, H. J.:* Internationale Handelsfinanzierung: Strategien für Auslandsfinanzierungen und Handel, Wiesbaden 1996. *Voigt, H.; Müller, D.:* Handbuch der Exportfinanzierung, 4. Aufl., Frankfurt a.M. 1996.

Formalziel

→ Marketingziel, das im Gegensatz zu Sachzielen keinen unmittelbaren Zweck-Mittel-Bezug zur Leistungserstellung und -verwertung besitzt, sondern definitionslogisch aus allgemeinen Oberzielen wie der Kapitalrentabilität abgeleitet wird. Daraus ergeben sich bei entsprechender Differenzierung formal-logisch geschlossene Zielhierarchien und entsprechende → Kennzahlensysteme.

Formatanzeige

eine → Anzeige, die an zwei Seiten von Text umgeben ist und oft als einzige Anzeige am Rande steht, weswegen sie oft auch als Eckanzeige bezeichnet wird.

Forschung und Entwicklung (FuE)

betreffen Aktivitäten und Prozesse, die zu neuen materiellen und/oder immateriellen Gegenständen führen sollen. FuE ermöglichen neues natur- und ingenieurwissenschaftliches Wissen und eröffnen neue Anwendungsmöglichkeiten für vorhandenes Wissen. FuE umfassen Grundlagenforschung (GF), Technologieentwicklung (TE), → Vorentwicklung (VE) und Produkt- und Prozessentwicklung (PPE). GF ist auf die Gewinnung neuer wissenschaftlicher oder technischer Erkenntnisse und Erfahrungen gerichtet, ohne überwiegend an der unmittelbaren praktischen Anwendbarkeit orientiert zu sein. Unter TE sind alle Aktivitäten zur Gewinnung und Weiterentwicklung von Wissen und Fähigkeiten zu verstehen, die der Lösung praktischer Probleme in der Technik dienen sollen. Ziel der TE sind der Aufbau und die Pflege technologischer Leistungspotenziale. Aufgabe der VE ist die anwendungsorientierte Weiterentwicklung von Technologien, die Prüfung der technischen Umsetzbarkeit neuer Technologien in Produkte und Produktionsprozesse, die Definition grundsätzlicher Produktkonzepte sowie die Erbringung von Funktionsnachweisen durch den Bau von Prototypen. Die PPE hat die Aufgabe, unmittelbar ein konkretes Produkt und/oder einen konkreten Prozess auf der Basis von Wissen und Fähigkeiten aus der GF, der TE und der VE einerseits und aus dem Bereich der Anwendungsfelder und Märkte andererseits hervorzubringen. Ergebnis der PPE ist ein unmittelbar produzierbares und vermarktungsfähiges Produkt.

FuE-Management ist Teil des → Innovationsmanagements (IM) im weiten Sinne, das mit der GF beginnt und mit der Markteinführung endet (vgl. *Bild*). Im engeren Sinne bezieht sich das IM auf die PPE, das Anfahren der Produktion und die Einführung des neuen Produkts in den Markt. Der Begriff *Angewandte Forschung* entspricht weitgehend der TE, reicht aber in die VE hinein.

FuE ist mit *Risiken* verbunden. *Technische Risiken* betreffen die Frage, ob für das gestellte Problem eine technische Lösung gefunden werden kann. Wird nicht die gegebene Aufgabe gelöst, aber ein grundsätzlich verwertbares technisches Resultat erzielt, so wird dabei vom *Serendipitätsrisiko* gesprochen. Aus der Gefahr, vorgegebene FuE-Zeiten zu überschreiten, entstehen *Zeitrisiken*. Die *Kostenrisiken* betreffen die Gefahr der Überschreitung vom Markt erlaubter

Abgrenzung der Komponenten des FuE-Managements

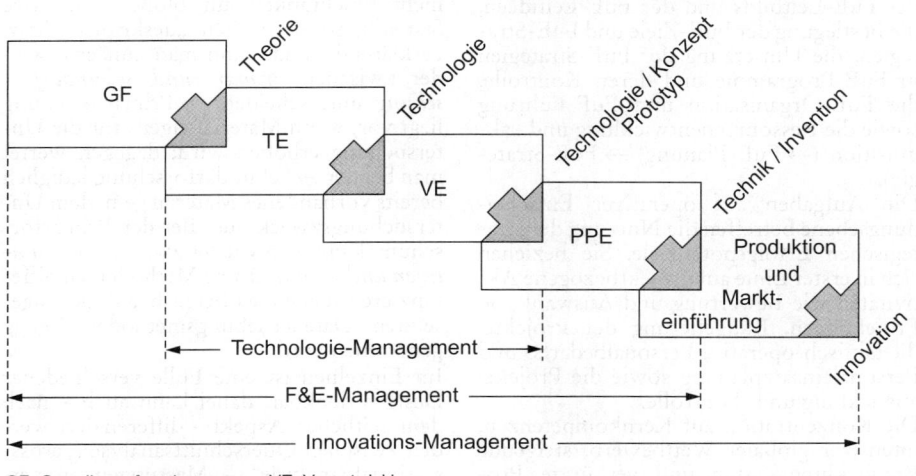

GF: Grundlagenforschung VE: Vorentwicklung
TE: Technologieentwicklung PPE: Produkt- und Prozeßentwicklung

(Quelle: *Specht/Beckmann,* 1996, S. 18.)

Kosten des Produkts und/oder der Nichteinhaltung budgetierter FuE-Kosten. Das ökonomische *Verwertungsrisiko* resultiert aus der Möglichkeit, dass das FuE-Ergebnis den Anforderungen des Marktes nicht entspricht. Die verschiedenen Risiken verstärken sich wechselseitig.

Zentraler Zweck des FuE-Managements ist es, Methoden zur Senkung der Risiken und zur Erhöhung der Chancen von FuE-Vorhaben zu finden und FuE zu steuern. Ansatzpunkte sind z.B. eine konsequente Kunden- und Wettbewerbsorientierung, eine systematische, Markt- und Technikaspekte integrierende → FuE-Planung, → Simultaneous Engineering mit überlappenden Aktivitäten, die Konzentration auf → Kernkompetenzen und die Kooperation mit Partnern, ein systematisches, interdisziplinäres Projektmanagement, eine flexible, integrierte Projektprogrammplanung, ein systematisches → Wissensmanagement u.a. zur Förderung des Lernens und ein effizientes Dokumentenmanagement, eine gezielte → Patent- und Lizenzpolitik, kontinuierliches Streben nach Verbesserungen (Kaizen) und die Schaffung einer innovationsfördernden → Marketingkultur.

Die *Aufgaben des FuE-Managements* sind strategischer und operativer Art. Auf beiden Ebenen geht es um Planung, Organisation, Personalführung, Durchsetzung und Kontrolle. Zu den strategischen Aufgaben gehören die strategische → Früherkennung, die strategische Analyse, die Bestimmung des FuE-Leitbilds und der FuE-Leitideen, die Festlegung der FuE-Ziele und FuE-Strategien, die Umsetzung der FuE-Strategien in FuE-Programme und deren Kontrolle, die FuE-Organisation und FuE-Führung sowie die Ressourcenentwicklung und -akquisition (→ FuE-Planung, → FuE-Strategie).

Die Aufgaben auf operativer Entscheidungsebene betreffen die Nutzung der strategischen Erfolgspotenziale. Sie beziehen sich in erster Linie auf projektbezogene Aktivitäten wie Bewertung und Auswahl von Projektideen, Budgetierung der Projekte, die taktisch-operative Personalbedarfs- und Personaleinsatzplanung sowie die Projektabwicklung und -kontrolle.

Die Konzentration auf Kernkompetenzen, intensiver globaler Wettbewerb, steigende Entwicklungskosten und verkürzte Produktlebenszeiten führen generell zu verstärkter *Kooperation* mit externen FuE-Partnern, die unterschiedliche Formen annehmen kann. Sie reichen von nicht-vertraglichen über austauschvertragliche (z.B. durch Know-how-Verträge, Vertrags- oder Auftragsforschung) bis hin zu gesellschaftsvertraglichen Kooperationsformen (z.B. in Form von Joint Ventures). G.Sp.

Literatur: *Specht, G.; Beckmann, Chr.:* F&E-Management, Stuttgart 1996.

Forschungsdesign

Begrifflich kann man unter (Markt-) Forschungsdesign die grundsätzliche Anlage von Untersuchungen im Rahmen der → Marktforschung verstehen, die maßgeblich ist für die Art und Weise der Datengewinnung und -analyse. Die verschiedenen Arten lassen sich in experimentelle und deskriptive Forschungsdesigns unterteilen. Nicht selten wird die → explorative Forschung als eine dritte Gruppe hinzugefügt.

Experimentelle Designs – speziell dann, wenn es sich um „echte" und nicht nur „quasi-experimentelle" handelt – sind offenbar die Einzigen, die im strengen Sinne die Zurechnung von Wirkungen gestatten (→ Experiment, → faktorielles Design). Gelegentlich wird hierfür auch die Bezeichnung „kausal" benutzt. Sie ist jedoch missverständlich; so handelt es sich bei der oft so genannten → Kausalanalyse gerade nicht um „echte" Experimente.

Bei den *deskriptiven Designs*, die bei → Stichproben auch Überlegungen der → Inferenzstatistik einschließen, sich also nicht beschränken auf bloße deskriptive Statistik, sondern auch „deskriptiv" i.S.v. „erklärend" sind, kann man zunächst wieder zwischen *Primär- und Sekundärforschung* unterscheiden: → Primärforschung liegt vor, wenn Material eigens für die Untersuchung erhoben wird; dagegen wertet man bei der → Sekundärforschung lediglich bereits vorhandenes Material gem. dem Untersuchungszweck aus. Bei der Primärforschung kann man wieder zwischen *qualitativen und quantitativen* Methoden zu differenzieren suchen, wobei insb. auf die eingesetzten Datenerhebungsmethoden Bezug genommen wird.

Im Einzelnen ist eine Fülle verschiedener Designs denkbar; dabei kann auch – nach dem zeitlichen Aspekt – differenziert werden zwischen Querschnittsanalyse („cross-sectional analysis" – Messungen an verschiedenen Elementen zum gleichen Zeitpunkt) und Längsschnittanalyse („longitudinal analysis" – Messungen an den gleichen

Elementen zu verschiedenen Zeitpunkten) und Hybridstudien mit Kombination von Längs- und Querschnittsdaten. M.H.

Literatur: *Green, P.E.; Tull, D.S.:* Methoden und Techniken der Marketingforschung, Stuttgart 1982. *Hüttner, M.:* Grundzüge der Marktforschung, 6. Aufl., München 1999.

Forschungsstelle für den Handel Berlin
→ FfH

Fortschrittsvergleich
→ Vergleichende Werbung

Forward-Buying

Unter Forward-Buying versteht man die Lagerhaltung des Handels in Folge von → Handels-Promotions. Der Handel nutzt einen Rabatt des Herstellers nicht, um ihn in Form von Händler-Promotions an die Konsumenten weiterzugeben (→ Pass-Through), sondern um günstig einzukaufen, die Ware auf Lager zu legen und später zum regulären Preis an die Konsumenten zu verkaufen. Für den Hersteller bedeutet dies einen Verlust, da seine Handels-Promotion nicht zu echtem Mehrabsatz führt, sondern nur zu einer Verschiebung der Lieferungen an den Handel über die Zeit.

Fourt-Woodlock-Modell

Marktdurchdringungsmodell, das zur Absatzprognose von Neuprodukten herangezogen wird. Charakteristisch ist die Unterteilung des Absatzes in Erstkäufe und Wiederkäufe mehrerer Ordnungen, die sukzessive prognostiziert werden. Der Prognose der Erstkäufe in der Periode t, Y(t), liegt die Vorstellung zugrunde, dass ein in jeder Periode konstanter Anteil r der potentiellen Erstkäufer das Produkt erwirbt. Unter potentiellen Erstkäufern ist in diesem Zusammenhang der Anteil der Gesamtbevölkerung zu verstehen, der im Laufe der Zeit einen Erstkauf vornehmen wird. Über eine geometrische Reihe lässt sich so ein Zusammenhang zwischen der Anzahl M der potentiellen Erstkäufe und der Größe Y(t) formulieren:

$$Y(t) = rM(1-r)^{t-1} \qquad (0 \le r \le 1)$$

Zur Bestimmung der Parameter r und M sind spezielle Schätzverfahren heranzuziehen. Die Berechnung der Anzahl der Wiederkäufe erfolgt unter der Annahme, dass ein stets konstanter Anteil der Erstkäufer einen (Wiederkauf erster Ordnung) bzw. mehrere Wiederkäufe (Wiederkäufe höherer Ordnung) durchführt. Aus den so prognostizierten Erst- und Wiederkäufen kann auf den Absatz des Neuprodukts geschlossen werden.
Problematisch bei der Ermittlung der Wiederkaufraten ist die Wahl der Zeiträume, die den Käufern zur Wiederholung ihres Kaufes eingeräumt werden. Die Prognosegüte kann durch eine Verfeinerung der Schätzgleichung für die Anzahl der Erstkäufe erhöht werden, genügt jedoch i.d.R. auch dann nur den Anforderungen eines kurzfristigen, rollierenden Einsatzes. K.-W.H.

F.P.A. → Versicherungsklauseln

Frachtführer → Logistik-Dienstleister

Fragebogen

Im Fragebogen wird die Marktforschungsfrage, die den Anlass zur → Befragung lieferte, in eine Sprache und Form übersetzt, die auf den Befragtenkreis zugeschnitten ist (s.a. → Messung). Neben Fragen, die sich auf den Untersuchungsgegenstand beziehen, enthält der Fragebogen u.a. eine Reihe klassifikatorischer Fragen (z.B. zum Alter, Beruf, Einkommen, Haushalt etc.), die bei der Auswertung häufig als Splitvariablen verwendet werden. Um die gewünschten Antworten zu erhalten, müssen zusätzlich Fragen aufgenommen werden, die die Befragten zur Mitarbeit motivieren, ihre Auskunftsfähigkeit durch zusätzliche Hinweise erhöhen und störende Einflüsse vorausgegangener Fragen ausschalten. Fragebögen werden bei standardisierten Befragungen eingesetzt, gleichgültig, ob die Befragung mündlich, schriftlich, telefonisch, per Btx oder computergestützt (-gesteuert) durchgeführt wird. Hinsichtlich der Fragebogengestaltung sind v.a. die Probleme der Fragenformulierung und der Antwortmöglichkeiten sowie der Fragebogenlänge und der Reihenfolge der Befragung zu beachten. In der Praxis hat sich für die Fragenreihenfolge das folgende Schema bewährt:

– *Kontaktfragen* (Abbau von Misstrauen, „Eisbrecherfragen", Motivierung)
– *Sachfragen* (beziehen sich auf den eigentlichen Untersuchungszweck)
– *Kontrollfragen* (Überprüfen vorher gegebener Antworten)
– *Fragen zur Person* (gehören an das Ende, um nicht den Eindruck eines Verhörs zu erwecken).

Fragebogen

Bei den Sachfragen ist, soweit möglich, durch thematische Abwechslung, unterschiedliche Fragetechniken und Antwortmöglichkeiten eine mögliche Monotonie der Befragung zu vermeiden. Besteht zudem die Gefahr, dass vorangegangene Fragen die weiteren Angaben der Auskunftsperson in eine bestimmte Richtung lenken, so sollten *Pufferfragen* eingeschoben werden, die solche → Halo- bzw. → Konsistenzeffekte vermeiden helfen. Bei → Mehrthemenumfragen lassen sich Ausstrahlungseffekte durch Mischen der Themenbereiche verhindern.
Gerade durch die abwechslungsreiche Gestaltung der Fragen und Themen und Einsatz moderner → Skalierungstechniken lässt sich die Auskunftsbereitschaft und die Auskunftsfähigkeit der Befragten steigern, sodass auch bei längeren Interviews kein Abbruch seitens des Befragten erfolgt. Maßgeblich für die maximale Dauer von Befragungen ist neben der Fragebogenlänge aber auch der Schwierigkeitsgrad der Themenstellung und das Interesse an der Thematik.
Da die Praxis für die Fragebogengestaltung lediglich grobe Anregungen geben kann, ist vor der Haupterhebung in jedem Falle die probeweise Überprüfung des Fragebogens in einer Voruntersuchung erforderlich. Hinsichtlich der Fragenformulierung ist insb. die *Verständlichkeit* der Fragen zu beachten. Die Fragen sollten einfach, klar und präzise sein, Doppelbedeutungen und Suggestionen sind zu vermeiden und stets ist sicherzustellen, dass die Befragten auch das notwendige Wissen haben, d.h. nicht überfordert werden. Bei den Antwortmöglichkeiten sind geschlossene und offene Fragen zu unterscheiden. *Offene* Fragen erlauben es den Auskunftspersonen, ihre Antworten selbst zu formulieren. Sie werden zu Beginn der Befragung als Kontaktfragen und bei Sachfragen eingesetzt, wenn es um die Ermittlung des Wissensstands von Befragten geht (z.B. „Welche Schaumbadmarken sind Ihnen bekannt?"). Darüber hinaus finden sie bei → projektiven Tests Anwendung. Bei *geschlossenen* Fragen werden die Antworten entweder schon in die Fragen eingebaut, in Form einer Antwortliste oder als Antwortkärtchen vorgelegt. Die einfachste Form der Antwortvorgabe ist die Antwortdichotomie („Ja-Nein-Fragen"), wobei noch eine neutrale Kategorie („Keine Antwort", „Weiß Nicht") aufgenommen werden kann. Bei Erhebungen, in denen das Antwortspektrum durch die *Alternativfrage* zu sehr eingeengt wird, verwendet man stattdessen *Multiple-Choice-Fragen*, bei denen aus mehreren Alternativen eine oder mehrere Nennungen gewählt werden können oder es werden intensitätsmäßig abgestufte Antworten als Skalenfrage (z.B. „sehr gut", „gut", „schlecht", „sehr schlecht") vorgegeben.
Klare Formulierungen und Antwortvorgaben drängen den → Interviewereinfluss zurück, beschleunigen die Abwicklung des Interviews und die Auswertung. Letzteres insb. dann, wenn hinter den Antworten schon die Zahlencodes zur Übertragung in die EDV aufgeführt sind (z.B. Antwort: Ja = 0, Nein = 1, Weiß nicht = 2).
Eine abgesicherte Theorie der Wirkung ganz bestimmter Frageformen existiert bis heute nicht, sodass nach wie vor das – von Faustregeln der Praxis geleitete – sprachliche Einfühlungsvermögen eine wichtige Rolle spielt. Die am häufigsten genannten Regeln lauten:

1. Die Fragen sind so kurz und einfach wie möglich in der Umgangs- bzw. Fachsprache der Befragten zu formulieren.
2. Die Fragen müssen präzise, semantisch eindeutig und logisch klar sein (keine Vermischung verschiedener Fragenaspekte).
3. Die Fragen dürfen Wissensstand, Bildungsniveau und Erinnerungsfähigkeit nicht überfordern.
4. Die Fragen müssen möglichst konkret sein, damit sie einheitlich interpretiert werden.
5. Die Fragen dürfen nicht suggestiv oder stereotyp sein, sondern sollten möglichst neutral gehalten werden.
6. Der Fragebogen sollte eine motivierende Dramaturgie haben und das v.a. am Anfang und Ende häufig geringere Interesse steigern bzw. stützen. Jegliche Monotonie ist zu vermeiden.

Die maximale Länge des Fragebogens hängt stark vom Thema, der Befragtengruppe und insb. der abwechslungsreichen Fragebogengestaltung ab. 90 Minuten werden häufig als absolute Obergrenze genannt. Meist versucht man sich auf max. 45 bis 60 Minuten zu beschränken. Für Passanten- oder Kundenbefragungen gelten 15 Minuten schon als Maximum. H.Bö.

Literatur: *Böhler, H.:* Marktforschung, 2. Aufl., Stuttgart u. a. 1992, S. 89-92. *Churchill, G.A.:* Marketing Research, 7.Aufl., Chicago usw. 1999,

S. 328-373. *Hüttner, M.:* Grundzüge der Marktforschung, 5.Aufl., Berlin, New York 1997, S. 99-123.

Fragebogencodierung

Die Fragebogencodierung ist die Umsetzung der Antworten aus dem → Fragebogen in ein Zahlencodesystem. Somit ist die Fragebogencodierung Grundlage der Informationsspeicherung und -verarbeitung aus den Fragebogen.

Fragebogenfälschung

Erfahrungsgemäß kommt es → Befragungen immer wieder dazu, dass Interviewer einen Fragebogen teilweise oder vollständig selber ausfüllen und das Interview entweder überhaupt nicht oder nur teilweise durchführen. Nach einem Erfahrungssatz des Instituts für Demoskopie in Allensbach ist damit zu rechnen, dass monatlich 3% der eingesetzten Interviewer dieser Versuchung erliegen.
Seriöse Institute bemühen sich deshalb sowohl darum, der Fragebogenfälschung durch entsprechende Auswahl nicht nur monetär motivierter Interviewer, durch handhabbare Fragebogen und Beschränkung des Zeitdrucks für den Interviewer solchen Fälschungen vorzubeugen, als auch darum, Fälschungen zu erkennen. Dazu dienen u.a. sog. Fälscherfragen, die auf Informationen Bezug nehmen, die ein wirklicher Befragter nicht erkennen kann, sondern nur ein Interviewer, ferner durch Nachfragen bei Befragten oder duch Plausibilitätskontrollen hinsichtlich der Konsistenz der Fragenbeantwortung (s.a. → Interviewereinfluss).

Fragebogenrücklauf

Anzahl oder Anteil der bei schriftlichen → Befragungen zurückgesandten Fragebögen. Mangelhafter Rücklauf führt zu verminderter Repräsentanz der Ergebnisse, sobald die Grundgesamtheit der Befragung heterogen zusammengesetzt ist und nicht damit zu rechnen ist, dass sich die nicht zurückgesandten Fragebogen zufällig, d.h. unsystematisch, über die Grundgesamtheit verteilen (→ Non-Response-Problem).
Für einen mangelhaften Rücklauf können verschiedene Ursachen verantwortlich sein:
- abwesende, verreiste, verzogene oder verstorbene Adressaten,
- antwortunfähige Adressaten, z.B. sprachunkundige Ausländer,
- antwortunwillige Adressaten, die aus mangelndem Interesse, Misstrauen oder Bequemlichkeit heraus die Auskunft verweigern.

Zur Verbesserung des Fragebogenrücklaufs gibt es verschiedene organisatorische und technische Möglichkeiten:
- telefonische Vorankündigungen
- Begleitschreiben mit persönlicher Anrede, Zusicherung von Anonymität, Beschreibung des Befragungszwecks und „Dank im Voraus"
- äußerlich attraktive Gestaltung des Fragebogens (Farbe, Format, Länge)
- Beifügung eines frankierten Rückumschlags bzw. (kostengünstiger) eines Umschlags mit dem Vermerk „Gebühr bezahlt Empfänger"
- schriftliche oder telefonische Nachfassaktionen
- Koppelung der Befragung mit Gewinnanreizen.

Über die Wirkungen dieser Anreize gibt es divergierende wissenschaftliche Befunde.
Die durchschnittliche Rücklaufdauer beträgt i.d.R. zwischen einer und zwei Wochen, wobei die sog. → „Halbwertzeit" meist bei 10 bis 14 Tagen liegt. Die Rücklaufquoten selbst erreichen i.d.R. selten Werte über 40%, häufig sogar nur unter 30%, sodass das Repräsentanzproblem keineswegs zu vernachlässigen ist. H.D./S.S.

Literatur: *Schmalen, H.:* Fragebogenrücklauf und Gewinnanreiz, in: Marketing-ZfP, 11. Jg. (1989), S. 187-193. *Schneider, W. P.A.:* Promised Incentives-Zu den Auswirkungen materieller Anreize auf die Teilnahmebereitschaft an schriftlichen Befragungen, in: Planung & Analyse, Heft 4/1995, S. 73-75.

Fraktil

Bei der Durchführung statistischer Tests werden zu einem vorher festgelegten → Signifikanzniveau α Fraktilswerte der Verteilungsfunktion der Testprüfgröße benötigt. Bei einer stetigen Verteilungsfunktion, wie bspw. der → Normalverteilung oder der → t-Verteilung, gilt für das α-Fraktil x_α der Verteilungsfunktion F der Zusammenhang: $F(x_\alpha) = \alpha$, d.h. die Wahrscheinlichkeit, bei der durch F festgelegten Verteilung einen x-Wert kleiner gleich x_α zu beobachten, ist gleich α. Für stetige Verteilungsfunktionen bedeutet dies, dass die Fläche von $-\infty$ bis x_α unter der zugehörigen Dichtefunktion genau α ergibt. Bei um 0 symmetrisch verlaufenden Dichtefunktionen gilt daher auch, dass das (1-α)- Fraktil $x_{1-\alpha}$ einer solchen Verteilung identisch zum negativen α-Fraktil ist ($x_{1-\alpha} = -x_\alpha$). Bei einer diskreten Zufallsvariablen X erhält man nur für wenige α-Werte Zahlen x_α mit der Eigenschaft $F(x_\alpha) = \alpha$, und x_α ist dadurch nicht eindeutig bestimmt. Um die Existenz für alle α zwischen 0 und 1 zu sichern, wird deshalb üblicherweise als definitorische Eigenschaft von Fraktilswerten x_α gefordert, dass die Wahrscheinlichkeit des Ereignisse $X \leq x_a$ mindestens α und die Wahrscheinlichkeit des Ereignisses $X \geq x_a$ mindestens 1-α beträgt; Eindeutigkeit ist dadurch allerdings nicht immer gewährleistet. Bei einem Signifikanztest mit diskret verteilter Teststatistik benötigt man jedoch einen etwas anders definierten Wert, nämlich den – stets eindeutig bestimmten – maximalen x-Wert aus dem Wertebereich der Teststatistik, für den $F(x) \leq \alpha$ gilt (mit F gleich Verteilungsfunktion der Teststatistik bei Gültigkeit der Nullhypothese). Ist bei einem solchen Test wie etwa dem → Vorzeichentest, dem → Wilcoxon Rangsummentest oder dem → Wilcoxon Vorzeichen- Rangtest vom α-Fraktil die Rede, ist daher stets dieser Wert gemeint. T.B./M.MB.

Fraktionelle faktorielle Designs

Ein → faktorielles Design bestimmt Anzahl und Art der Teststimuli (→ Vollprofil-Verfahren) in der → Conjoint Analyse. Liegt ein vollständiges faktorielles Design zugrunde, ergeben sich für m Merkmale mit jeweils n_i Ausprägungen insgesamt $\prod_{i=1}^{m} n_i$ Teststimuli, wenn jede Ausprägung eines Merkmals mit jeder Ausprägung aller übrigen Merkmale kombiniert wird. Mit zunehmender Merkmals- und Ausprägungszahl wächst die Menge der Teststimuli erheblich an. Für bspw. nur 4 Merkmale mit jeweils 4, 3, 3 und 3 Ausprägungen sind bereits 4x3x3x3=108 verschiedene Teststimuli notwendig. Ein solches Design erlaubt zwar die Schätzung der Haupteffekte und aller Interaktionseffekte zwischen den Merkmalsausprägungen, überfordert aber die Urteilsfähigkeit und -willigkeit der Testpersonen. Durch fraktionelle faktorielle Designs wird daher die Stimuluszahl reduziert. Für Modelle, die nur Haupteffekte berücksichtigen, werden sog. orthogonale Haupteffekt-Designs erstellt. Solche Designs werden als symmetrisch bezeichnet (→ Lateinisches Quadrat), wenn jedes Merkmal die gleiche Zahl an Ausprägungen besitzt. Anderenfalls liegt ein asymmetrisches Design vor. Für das Beispiel mit 4 Eigenschaften mit jeweils 4, 3, 3, 3 Ausprägungen kann durch den Einsatz eines (asymmetrischen) fraktionellen faktoriellen Designs die Zahl der Teststimuli auf 18 reduziert werden. L.H.

Literatur: *Addelman, S.:* Orthogonal Main-Effect Plans for Asymmetrical Factorial Experiments, in: Technometrics, Vol. 4 (February 1962), S. 21–46. *Green, P.E.:* On the Design of Choice Experiments involving Multifactor Alternatives, in: Journal of Consumer Research (1974), 1, S. 61–8.

Frame-Struktur

bezeichnet man die Struktur einer → Web-Site, deren Darstellungsfläche sich aus mehreren Teilfenstern (sog. Frames) zusammensetzt. Jedes der Teilsegmente wird durch eine einzelne HTML-Datei repräsentiert.

Framing

Art der Argumentationsstrategie im Rahmen der Formulierung einer → Werbebotschaft. Werbung kann positiv argumentieren, indem sie z.B. den Konsumenten durch den Kauf eines Produktes einen spezifischen Nutzen oder positive Konsequenzen verspricht. Sie kann aber auch negativ argumentieren, indem z.B. unerwünschte Konsequenzen thematisiert werden, die sich durch den Kauf eines Produktes vermeiden lassen (z.B. „Sie verschenken ..., wenn Sie X nicht kaufen" oder „Ich bin doch nicht blöd ..."). Empirische Untersuchungen zeigten, dass positiv formulierte Anzeigen tendenziell besser beurteilt werden als negativ formulierte. Auch das Urteil über das jeweilige Produkt sowie die geäußerten Kaufabsichten fallen besser aus. Für Probanden mit niedrigerem Bildungsgrad ergaben sich jedoch auch gegensätzliche Befunde.

Literatur: *Smith, G.E.:* Framing in Advertising and the Moderating Impact of Consumer Education, in: Journal of Advertising Research, Vol. 36 (5/1996), S. 49-64.

Franchising

Franchising wird vom Deutschen Franchise-Verband folgendermaßen definiert (*Deutscher Franchise-Verband e.V.*, 1999): „Franchising ist ein vertikal-kooperativ organisiertes Absatzsystem rechtlich selbständiger Unternehmen auf der Basis eines vertragli-

chen Dauerschuldverhältnisses. Dieses System tritt am Markt einheitlich auf und wird geprägt durch das arbeitsteilige Leistungsprogramm der Systempartner sowie durch ein Weisungs- und Kontrollsystem eines systemkonformen Verhaltens. Das Leistungsprogramm des Franchise-Gebers ist das Franchise-Paket. Es besteht aus einem Beschaffungs-, Absatz- und Organisationskonzept, dem Nutzungsrecht an Schutzrechten, der Ausbildung des Franchise-Nehmers und der Verpflichtung des Franchise-Gebers, den Franchise-Nehmer aktiv und laufend zu unterstützen und das Konzept ständig weiterzuentwickeln. Der Franchise-Nehmer ist im eigenen Namen und für eigene Rechnung tätig; er hat das Recht und die Pflicht, das Franchise-Paket gegen Entgelt zu nutzen. Als Leistungsbeitrag liefert er Arbeit, Kapital und Information."
Im Zusammenhang mit den Begriffen Franchise-Geber und Franchise-Nehmer spricht man oft auch von Kontraktgeber (franchisor) und Kontraktnehmer (franchisee). Die Intensität der Verbindung zwischen beiden Parteien wird durch den Umfang der Dienstleistungen im Rahmen des Franchisesystems bestimmt. Gegenüber klassischen Kooperationsformen ist das Vertragssystem flexibel und dynamisch gestaltet, damit technologische Veränderungen bei den Waren und Wandlungen im Verhalten der Konsumenten berücksichtigt werden können. Die Nutzungsrechte des Franchise-Pakets umfassen u.a. die Benutzung einer Marke oder des Firmennamens, die Erzeugung und/oder den Vertrieb einer Ware bzw. einer Warengruppe, die Anwendung eines Produktionsverfahrens oder einer Rezeptur (z.B. für Gerichte in Gaststätten), die Nutzung eines bestimmten Absatzprogramms. Zu beachten ist, dass Franchisepakete nicht nur Waren und technologische Verfahren (Warenkontrakte), sondern darüber hinaus ein auf alle Elemente abgestimmtes Marketing-Mix beinhalten (→ Handelsstrategien).
Vertikale Warenkontraktsysteme können ein- und mehrstufig sein, so z.B. im Autozubehör- und im Automobilhandel (Mehrstufigkeit: Händler – Unterhändler). Während Warenkontrakte überwiegend zwischen Produzenten und Groß-/ Einzelhändlern geschlossen werden, sind Absatzprogrammkontrakte (meist Konsumgüter und Dienstleistungen) zwischen Systemzentralen, oft mit den Funktionen von Groß- und Einzelhändlern, verbreitet.

Die ersten klassischen Franchisesysteme entstanden gegen Ende des 19. Jahrhunderts in den USA, so die Systeme von *Singer Sewing Machines*, *Coca Cola*, *General Motors* und *Rexall*. Weitere Entstehungsländer des Franchising und der Sitz der großen internationalen Zentralen sind vor allem Kanada, Japan, Frankreich und Großbritannien. Heute zählen zu den Hauptbranchen des Franchising im internationalen Bereich Spezialrestaurants, Hotels und Autovermietungssysteme. Aufgrund der vergleichbaren Struktur und der unterschiedlichen Abgrenzung des Franchising in den einzelnen Ländern (aufgrund unterschiedlichen Begriffsverständnisses) können hierzu auch die Vertriebssysteme der Automobilindustrie, der Getränkeindustrie und der Mineralölgesellschaften gezählt werden. Mittlerweile wird Franchising vorwiegend im mittelständischen Bereich der Wirtschaft, insbesondere im Sektor Handel und Dienstleistungen angewandt.
Da das Franchising auf einer vertraglichen Vereinbarung basiert, ist es notwendig, seine wettbewerbsrechtliche Handhabung zu beachten, zumal nach EU-Recht (Artikel 85 EG-Vertrag) wettbewerbsbeschränkende Vereinbarungen grundsätzlich verboten sind. Durch die → Gruppenfreistellungsverordnung (Verordnung (EWG) Nr. 4087/88 der Kommission) werden Franchisevereinbarungen unter bestimmten Bedingungen von der Anwendung dieses Artikels freigestellt. Diese Gruppenfreistellungsverordnung bietet für Unternehmen im EU-Binnenmarkt den Vorteil der Rechtssicherheit, so dass eine Genehmigung in den einzelnen Mitgliedstaaten bei Einhaltung der in der Gruppenfreistellungsverordnung aufgeführten Bedingungen nicht erforderlich ist. Mit dem endgültigen Auslaufen der Gruppenfreistellungsverordnung zum 1. Juni 2000 (Übergangszeitraum bis Ende 2001) soll diese in eine neue Verordnung übergehen, in der die EG-Wettbewerbsvorschriften gebündelt und vereinfacht werden. Inwiefern dabei eine Reform der Gruppenfreistellungsregelung bzgl. des Franchising stattfindet, ist noch ungeklärt.
Die *Ziele* und *Instrumente* des Franchising im Handel sind je nach Weite der Auslegung des Begriffes und damit der Abgrenzung zu anderen Kontraktsystemen unterschiedlich. Die Abgrenzung zu den → Wachstumsstrategien der Filialisierung und Akquisition resultiert aus dem kooperativen Charakter des Franchising. Im Ver-

Franchising

gleich zu traditionellen kooperativen Handelssystemen, wie den → freiwilligen Ketten und den → Einkaufsgemeinschaften, besteht der Unterschied in der Stellung der Vertragspartner und der Intensität der vertraglich vereinbarten Zusammenarbeit, weniger in den Kostenstrukturen und damit der Gewinnverteilung. Beim Franchising sind die Beratungs- und Betreuungsdienste stärker ausgeprägt; die Verträge werden stärker eingehalten, das System wird straffer geführt. Darüber hinaus gehen der Prozess der Willensbildung und die Entwicklung eines Franchise-Systems von der Zentrale aus (top-down), während diese bei horizontalen Kooperationsformen von den Partnern stärker beeinflusst werden (bottom-up). Der Erfolg des Franchisesystems beruht auf einer geschickten Abgrenzung der Partner, bei der der Kontraktnehmer selbständig bleibt und im Rahmen des Vertrages alle Möglichkeiten hat, durch eigene Initiative sein Geschäft auszubauen. Gemeinsamkeiten zwischen den aufgezeigten Kooperationsformen sind im Prinzip der Funktionsdelegation zu sehen, d.h. die Funktionen des gesamten Systems werden jeweils den Gliedern oder Stufen zugewiesen, die sie am besten wahrnehmen können.

Eine Abgrenzung zu so genannten franchisenahen Kooperations- und Vertragskonzepten ist einzelfallbezogen vorzunehmen. Zu derartigen franchisenahen Konzepten zählen u.a. Lieferungsverträge (z.B. der Brauereien), das → Lizenzgeschäft (z.B. in der Textilbranche), → Depotsysteme (z.B. Kosmetikdepots sowie Kaffeedepots), Vertragshändlersysteme (z.B. in der Automobilindustrie), franchisenahe Kooperationsmodelle (z.B. Verbundmodelle im Lebensmitteleinzelhandel) und herstellerorientierte Kooperationsalternativen (Konzepte des → Kontraktmarketing; Warenabsatz gestützt auf → Rahmenlieferungsverträgen, die für eine bestimmte Anzahl von Fällen oder eine Zeitspanne gelten und die Dauerhaftigkeit des Absatzes fördern).

Vorteile für den Franchisegeber sind zu sehen in der relativ schnellen und risikobegrenzten Multiplikation eines standardisierten Konzeptes i.S. einer Expansion (→ Wachstumsstrategie), die relativ geringen Anfangsinvestitionen (Kapitalbeteiligung des Franchisenehmers), die niedrige Bindung von Managementkapazitäten vor Ort, Marktausschöpfung, Personalgewinnung und Diversifikationsmöglichkeiten.

Der *Franchisenehmer* hingegen profitiert von fremden Erfahrungen und kann damit sein unternehmerisches Risiko verringern. Wesentliche Vorteile lassen sich zusätzlich durch die Wahrung der unternehmerischen Selbständigkeit, die breite Palette an Unterstützungsleistungen durch die Systemzentralen (u.a. Einkaufsvorteile, Personalausbildung und Werbung) und die Garantie des → Gebietsschutzes im eigenen Absatzmarkt herausstellen.

Ein Handelsunternehmen kann im Rahmen der Franchisestrategie zwischen verschiedenen *Optionen* wählen. Entsprechend können die *Formen des Franchising* nach unterschiedlichen Kriterien systematisiert und zum Teil auch kombiniert werden:

(1) *Leistungsprogramm*: Breite des Angebotspaketes. Das Handels- und Dienstleistungsfranchising rangiert aufgrund der Abhängigkeit von der Qualität, dem Entwicklungsstand des Know-hows und der Kommunikationspolitik des Systemträgers als höchste Form des Franchising. Sachmittel- und kapitalintensive Bereiche sind u.a. Hotels, Gastronomie, Autovermietung und Handel.

(2) *Kombinationen von Waren- und Leistungsprogrammen*: Beispielsweise Computer- und Software-Vertrieb oder Direct-Mailing-Agenturen usw.

(3) *Systemträger*: Systemträger können auf allen Wirtschaftsstufen liegen, wobei allerdings die Grenzen verschwimmen. Als Beispiele sind zu nennen Hersteller, Großhändler, Dienstleistungs- und Einzelhandelsunternehmen.

(4) *Betriebs- und Abteilungsfranchising*: Das Abteilungsfranchising umfasst die Vergabe von Shop-in-the-Shop-Konzepten im Gegensatz zu gesamten Betriebskonzeptionen.

(5) *Einfach- und Mehrfachfranchising*: Ein Franchisenehmer kann einem oder mehreren Systemen angehören.

(6) *Filialisiertes Franchising*: Die Anzahl der von einem Franchisenehmer betreuten Betriebe.

(7) *Hybride Franchisesysteme*: Der Systemträger verfolgt eine Doppelstrategie von Filialisierung und Franchising.

(8) *Direktes und indirektes Franchising*: Es kann ein direkter Kontrakt zwischen dem Franchisegeber und -nehmer vorliegen, oder es kann ein Masterfranchiser, eine Tochtergesellschaft des Systemträgers oder ein Joint Venture von zwei Unternehmen dazwischen geschaltet sein.

(9) *Auslandsfranchising*: Das Franchisesystem kann ausschließlich national oder international ausgerichtet sein. Internationale Systeme haben eine breite und wachsende Bedeutung. B.T./J.Z.

Literatur: *Deutscher Franchise Verband e.V.*: 1999, Internet. *Tietz, B.*: Der Handelsbetrieb, 2. Aufl., München 1993, S. 274-278. *Tietz, B.*: Handbuch Franchising, 2. Aufl., Landsberg a.L. 1991. *Tietz, B.; Mathieu, G.*: Das Franchising als Kooperationsmodell für den mittelständischen Groß- und Einzelhandel, Köln 1979. *Zentes, J.*: Grundbegriffe des Marketing, 4. Aufl., Stuttgart 1996, S. 127.

Franchising, bilanzielle und steuerliche Aspekte

Gewinnsteuerlich (ESt, KSt, GewESt) stellen die vertraglichen Franchise-Entgelte beim Frachisegeber Betriebseinnahmen, beim Franchisenehmer Betriebsausgaben dar. Handelsrechtlich dürften beim Franchisegeber Umsatzerlöse i.S.d. § 277 Abs. 1 HGB vorliegen (→ Umsatzerlöse).
Die Rechte und Pflichten aus Franchiseverträgen sind bei beiden Vertragspartnern bilanziell nicht zu berücksichtigen, wenn sie ausgeglichen sind, insbes. wenn kein Verlust droht (Nichtbilanzierung schwebender Geschäfte). Droht ein Verlust, so ist nach Handelsrecht eine Drohverlustrückstellung anzusetzen (§ 249 Abs. 1 HGB). Steuerlich besteht hierfür allerdings ein Passivierungsverbot (§ 5 Abs. 4a EStG). Eine Rückstellung für ungewisse Verbindlichkeit kann in Betracht kommen, wenn ein Vertragspartner mit der Erfüllung seiner Leistungsverpflichtungen im Rückstand ist.
Bei Vorauszahlungen der Franchisegebühren über den Bilanzstichtag hinaus für einen bestimmten Zeitraum ist beim Franchisenehmer ein aktiver RAP, beim Franchisenehmer ein passiver RAP zu bilden. Einstiegsgebühren sind beim Geber aktiv, beim Empfänger passiv abzugrenzen und über die Mindestvertragslaufzeit zu verteilen.
Ein Bilanzansatz für einen immateriellen Vermögenswerts kommt nur bei entgeltlichem Erwerb handelsrechtlich als Aktivierungswahlrecht in Betracht, steuerbilanziell besteht allerding Aktivierungspflicht. Das bedeutet, dass z.B. die Konzeptionskosten (Franchising-Know-how in Handbüchern) – sofern das Know-how nicht von einem Dritten als Gegenstand des Rechtsverkehrs entgeltlich erworben wurde – sofort abziehbarer Aufwand und Betriebsausgabe darstellt. Allenfalls kann handelsrechtlich eine Aktivierung als Geschäftserweiterungsaufwand in Betracht kommen (§ 269 HGB).
Bei grenzüberschreitenden Franchiseverträgen ist nach dem OECD-Musterabkommen festgelegt, dass Lizenzgebühren (weite Fassung) nur in dem Staat zu besteuern sind, in dem der Empfänger der Zahlung ansässig ist (Art. 12 OECD Muster DBA).
Umsatzsteuerlich stellt die vom Franchisegeber gewährte entgeltliche Überlassung der Franchisekonzeption eine sonstige Leistung der Franchisegebers dar, die bei ihm mit ihrem Entgelt der normalen USt-Belastung unterliegt. Entsprechend steht dem Franchisenehmer der Abzug der in der Rechnung ausgewiesenen Vorsteuern (§15 UStG) zu. Dies gilt jedenfalls bei inländischen Franchiseverhältnissen. R.F.

Literatur: *Katz*: Aktuelle handels- und steuerrechtliche Probleme des Franchising; Jahrbuch Franchising 1994/1995, S. 86. *Marx, F.J.*: Bilanzierungsprobleme des Franchising, in: DStR 1998, S. 1441.

FRAP-Analyse → Kontaktpunktanalyse

Freebies

Ursprünglich eine Spezialform von → Kundenzeitschriften, die nicht von selbständigen Verlagen, sondern von Handelsunternehmen selbst als exklusive Hauszeitschrift kostenlos an die Kunden verteilt wurden. Die Bedeutung des Begriffs hat sich im Laufe der Zeit ausgeweitet und bezieht sich heute u.a. auf kostenlos im Internet zur Verfügung gestellte Downloads jeglichen Formats.

Freecall 0800 (Toll-Free-Number)

für das → Direktmarketing wichtiges Dienstleistungsangebot der deutschen Telekom AG. 0800-Nummern können von Anrufern *kostenfrei* angerufen werden. Die Gesprächsgebühren werden vom Anschlussinhaber übernommen. Der Service wird v.a. im Rahmen des → Telefonmarketing genutzt, um die Reaktionsbereitschaft der Adressaten zu erhöhen, weil der Service mehr Bequemlichkeit, Schnelligkeit und geringere Kosten bietet. Insbesondere zur Bestellannahme und zur Neukundengewinnung kann sich dieser → Action-getter lohnen. Nach Angaben der Telekom laufen in den USA derzeit (2000) an Werktagen 40% der Anrufe über gebührenfreie Rufnummern, in Deutschland erst ca. 5%. Die 0800-Nummern lösen seit 1998 die 0130-Nummern ab. B.Sa.

Free lancer → Werbemittler

Free-Ride-Offer → Billing Insert

Freie Berufe → Marketing für freie Berufe

Freihafen → Zollgebiet

Freihandelszone
→ Internationale Handelszusammenschlüsse

Freihändige Vergabe
Bei einer freihändigen Vergabe erfolgt eine Auftragsvergabe nach freiem Ermessen eines öffentlichen Nachfragers (→ Marketing für öffentliche Betriebe). Dabei soll „möglichst" eine formlose Preisermittlung durchgeführt werden. Freihändige Vergaben können u.a. veranstaltet werden, wenn eine bereits durchgeführte → Ausschreibung kein annehmbares Ergebnis erbracht hat, bei Angebotsmonopolen, bei Leistungen, die unter Patent- oder Musterschutz stehen, wenn eine Geheimhaltung erforderlich ist. R.B.

Freiheitsgrade
Begriff der → Inferenzstatistik, der die maximale Zahl der in der → Prüfverteilung frei variierbaren Variablen kennzeichnet und damit die Gesamtzahl der nicht mit Sicherheit voraussagbaren Ausprägungen der Prüfvariablen angibt.
Die Kenntnis der zur Verfügung stehenden Freiheitsgrade ist für all jene → Signifikanztests wichtig, bei denen eine Verteilung herangezogen wird, die mit den Freiheitsgraden (FG, df – „degree of freedom") variiert. So muss bei der Wahl eines Signifikanztests dessen Beschreibung auch entnommen werden können, wie hoch die Anzahl der Freiheitsgrade im gegebenen Falle ist. Allgemein gilt: Stichprobenumfang abzüglich der aus der Stichprobe geschätzten Parameter. M.H.

Freiwillige Kette (Freiwillige Gruppe, Handelskette)
„Form der → (vertikalen) Kooperation, bei der Groß- und Einzelhandelsunternehmen (...) meist gleichartiger Branchen zur gemeinsamen Durchführung unternehmerischer Aufgaben vorwiegend unter einheitlichem Organisationszeichen zusammenarbeiten." (*Ausschuss für Begriffsdefinitionen aus der Handels- und Absatzwirtschaft*, 1995, S.38).

Im Vergleich zu den → Einkaufsgemeinschaften wird die freiwillige Kette von zwei Handelsstufen getragen. Die Initiative geht dabei im Wesentlichen vom Großhandel aus, der mit den beteiligten Einzelhändlern meist nur lose Verträge eingeht. Die an die freiwillige Kette angeschlossenen Unternehmen bleiben juristisch und kapitalmäßig selbständig, es gilt das Prinzip des → Gebietsschutzes. Ist nur ein Großhändler vorhanden, spricht man meist von freiwilligen Gruppen, sind mehrere Großhändler und ihre Einzelhändler angeschlossen, von freiwilligen Ketten. Oft haben sich nationale und internationale Zentralen entwickelt, deren Aufgaben heute jedoch teilweise wieder auf Regionen zurückgegliedert sind.

Die Großhändler bzw. die Zentrale der freiwilligen Kette übernehmen neben der Auftragsabwicklung beim Einkauf weitere Aktivitäten für die angeschlossenen Einzelhandelsbetriebe. Die freiwilligen Ketten sind häufig bereits in der Aufbauphase eher absatzorientiert als primär einkaufsorientiert. Sie umfassen vielfach ein umfassendes Dienstleistungssystem für die Einzelhandelskunden und können heute eher als Voll-Service-Ketten bezeichnet werden. Zu diesen Tätigkeiten gehören z.B. Beratungs- und Weiterbildungsangebote, Buchführung und Datenverarbeitung. Die Sortiments-, Preis- und Kommunikationspolitik werden mit den Einzelhandelsbetrieben abgestimmt. Die Selektion der Einzelhandelsunternehmen erfolgt durch mehr oder minder strenge Aufnahmebedingungen, so z.B. Mindestgeschäftsflächen, Mindestsortimente oder Mindestumsätze.

Heute bestehen faktisch kaum noch Unterschiede zwischen Einkaufsgemeinschaften und freiwilligen Ketten. Beide Typen sind im Vergleich zum → Franchising Systeme, die einem ständigen Anpassungs- und Wandlungsprozess unterliegen, weil die angeschlossenen Großhändler sich unterschiedlich entwickeln und die Konzepte der Systemzentrale nur bedingt anerkennen.
B.T./J.Z.

Literatur: *Ausschuss für Begriffsdefinitionen aus der Handels- und Absatzwirtschaft* (Hrsg.): Katalog E – Begriffsdefinitionen aus der Handels- und Absatzwirtschaft, 4. Ausg., Köln 1995, S. 38. *Tietz, B.*: Der Handelsbetrieb, 2. Aufl., München 1993, S. 264-266. *Zentes, J.*: Grundbegriffe des Marketing, Stuttgart 1996, S. 127-128.

Freizeichen → Markenrecht

Fremdadressen → Adresslisten, → Adressverlage, → Adressenvermittler

Fremdbezug → Beschaffungsmarketing

Fremdenverkehr → Tourismus

Fremdenverkehrsstatistik
→ Tourismusstatistik

Fremdenverkehrsverein
→ Tourismusorganisationen

Fremdenverkehrswerbung
→ Tourismuswerbung

Fremdgeschäft
Handel der Beschaffungszentrale einer → Einkaufsgemeinschaft oder eines Großhändlers in fremdem Namen und für eigene oder fremde Rechnung. Käufer der Waren sind die Mitgliedsunternehmen oder die beauftragenden Einzelhandelsunternehmen. Es handelt sich ausschließlich um eine vermittelnde Tätigkeit, d.h. der Absatz der Ware wird getätigt ohne das Eigentum an der Ware entsteht. Beim Fremdgeschäft lassen sich das → *Delkredeegeschäft*, das reine *Vermittlungsgeschäft* und das *Kommissionsgeschäft* unterscheiden. Das Kommissionsgeschäft stellt hierbei eine Zwischenform dar, da der Geschäftsabschluss durch den Handelsbetrieb als Kommissionär erfolgt, d.h. auf eigenen Namen und auf fremde Rechnung.
Gegenbegriff zum Fremdgeschäft ist das *Eigengeschäft*. Dieses ist dadurch gekennzeichnet, dass in diesem Fall der Handelsbetrieb das Geschäft sowohl auf eigenen Namen als auch auf eigene Rechnung tätigt.
J.Z.

Fremdkompensation
Form des → Kompensationsgeschäftes, bei dem ein Partner die gelieferte Kompensationsware nicht in seinem Leistungsprogramm verwendet, sondern weiterveräußert.

Frequent-Shopper-Programm
Frequent Shopper- oder Loyalitätsprogramme sind ein auf einzelne Kunden oder Kundengruppen abstellendes Marketinginstrument, mit dem bestimmte Anbieter Viel- oder Oftkäufer (im stationären Einzelhandel) bzw. Viel- oder Oftbesteller (im Versandhandel) für ihr loyales Kaufverhalten belohnen. Generell werden mit derartigen Programmen, die oft mit → Bonus-Programmen (Bp. Lufthansa: Miles and more) verknüpft sind, drei verschiedene Marketing-Funktionen verfolgt: Sie sollen erstens für potentielle Neukunden einen Zusatznutzen schaffen und damit für höhere Attraktivität als beim Wettbewerber sorgen (*„Akquisitionsfunktion"*). Gleichzeitig ist ein attraktives Bonusprogramm auch ein wichtiges Element zur Bindung und Abschottung besonders häufig kaufender (*„frequent-shoppers"*), also i.d.R. umsatzstarker Kunden nach dem Muster → nicht-linearer Preise (*„Kundenbindungsfunktion"*). Dazu wird das Prämien- bzw. Belohnungssystem so ausgestaltet, dass es besonders für Vielkäufer interessant erscheint (z.B. progressiver Verlauf der Prämierung). Schließlich übernimmt ein Bonusprogramm eine *„Marketing-Informationsfunktion"*, zu deren Erfüllung eine Kunden-Datenbank, die bspw. auf elektronischen Erfassungssystemen (Scannerkassen) basieren kann, in ein entsprechendes Bonusprogramm integriert ist. Die Erfassung, Analyse und Umsetzung der so generierten Kundeninformationen in das Marketing wird nicht zuletzt mit dem Ziel verfolgt, Kunden zu identifizieren, zu selektieren und gezielt anzusprechen.

Frequenzeffekte
der Werbung zeigen auf, wie viele Werbekontaktwiederholungen einer Person mit gewissen Werbemitteln unter empfängerspezifischen Randbedingungen zu welcher Art von → Werbewirkung im Gedächtnis dieser Person führen. Mit Frequenzeffekten befasst sich insbesondere die → Lerntheorie, von welcher ausgewählte Konzeptionen auf das Lernen von Werbung übertragen werden können. Gewisse Typen von Lernkurven (z.B. konkave versus s-förmige Kurven) werden deshalb auch als spezielle → Werbewirkungsfunktionen verstanden. Der → Wear-Out-Effekt, → Exposure-Effekt und die emotionale Konditionierung (→ emotionale Werbung) sind spezielle Erscheinungsformen eines Frequenzeffekts in der Werbung.
H.St.

Freundschaftswerbung
Spezialvariante der → Kundenempfehlung zur → Adressengewinnung für das Direktmarketing, bei dem vorhandene Kundenbeziehungen durch Prämien oder sonstige Anreize motiviert werden, aus ihrem

persönlichen Umfeld neue Kunden bzw. Interessenten zu gewinnen. Die Freundschaftswerbung ist i.d.R. deutlich kostengünstiger als die Adressanmietung von Spezialdienstleistern und birgt erfahrungsgemäß auch deutlich höhere → Responsequoten. Allerdings ist ein derartiges Verfahren nicht beliebig oft multiplizierbar und sollte sensibel gehandhabt werden, um Reaktanzen und Imageschäden im Kundenbestand bzw. bei den Umworbenen zu vermeiden.

N.G.

Friedman-Test

stellt ein → verteilungsfreies Testverfahren zum Vergleich der Wirkungen von k ($k \to 2$) unterschiedlichen Behandlungen dar. Er geht von verbundenen Stichproben (→ Stichprobe, verbundene) und Daten mit mindestens ordinalem Messniveau aus. Zu jeder Behandlungsmethode werden n Werte erhoben, entweder indem jede von n zufällig ausgewählten Untersuchungseinheiten mit allen k Behandlungen konfrontiert wird, oder – und dies ist der wichtigere Anwendungsfall – indem n aus je k Untersuchungseinheiten bestehende, in sich möglichst homogene Blöcke die Stichprobe bilden, und jede Behandlung j innerhalb von Block i ($i = 1,...,n$) an genau einer Untersuchungseinheit angewandt wird. Will man bspw. die Wirkungsweise verschiedener Preisniveaus auf die Wiederkaufhäufigkeit eines Produktes untersuchen, stellen die Preise die verschiedenen Behandlungen dar. Je k Kunden, deren Wiederkaufrate vor der Preisveränderung möglichst ähnlich war, werden dann zu einem Block zusammengefasst. In solchen Anwendungsfällen ist der Friedman Test als verteilungsfreies Analogon zum F-Test auf Gleichheit der Effekte bzgl. eines Faktors in der zweifachen → Varianzanalyse einzustufen. Insgesamt liegen beim Friedman-Test also $n \cdot k$ Beobachtungswerte x_{ij} als Realisierungen von Stichprobenvariablen X_{ij} vor, wobei zwischen Stichprobenvariablen, die zu unterschiedlichen Blöcken gehören, Unabhängigkeit besteht. Die x_{ij} lassen sich zunächst im in der *Abbildung* dargestellten Rechteckschema zusammenfassen.

Anschließend werden sie in eine Rangtabelle übergeführt. Dazu werden die Beobachtungswerte innerhalb jeder Zeile der Größe nach geordnet und ihnen die Ränge 1 bis k zugeordnet. Damit wird jeder Realisation x_{ij} ein Rangwert r_{ij} als Realisation der Zu-

Darstellung der Untersuchungsergebnisse

Block	Behandlung			
	1	2	...	k
1	x_{11}	x_{12}	...	x_{1k}
2	x_{21}	x_{22}	...	x_{2k}
.	.	.	...	.
.	.	.	...	.
.	.	.	...	.
n	x_{n1}	x_{n2}	...	x_{nk}

fallsvariablen R_{ij} zugeordnet. Sie ersetzen im obigen Rechteckschema die ursprünglichen Beobachtungswerte. Jede Zeile stellt eine Permutation der Zahlen 1 bis k dar. Das Tableau kann nun zur Überprüfung der Hypothesen

H_0: Die k Behandlungen führen zu identischen Effekten

H_1: Mindestens zwei der k Behandlungen führen zu unterschiedlichen Effekten

herangezogen werden. Liegen keine Unterschiede zwischen den Effekten vor, sind die je Spalte zu erwartenden Rangsummen identisch. Man wählt daher als Prüfgröße eine gewichtete Abweichungsquadratsumme zwischen den Rangsummen der Effekte und der unter H_0 zu erwartenden Spaltensumme:

$$F_k = \frac{12}{nk(k+1)} \sum_{j=1}^{k} \left(R_j - n\frac{(k+1)}{2} \right)^2$$

mit $R_j = \sum_{i=1}^{n} R_{ij}$

Die Verteilung der Testfunktion F_k ist kombinatorisch für feste k und n exakt zu ermitteln und für kleine n und k bspw. in *Büning/Trenkler* (1994) vertafelt. Für größere n und k lässt sich die Verteilung von F_k durch eine → Chi-QuadratVerteilung mit $k-1$ Freiheitsgraden approximieren. Die Nullhypothese wird zum → Signifikanzniveau α verworfen, wenn die aus den Stichprobenrealisationen berechnete Prüfgröße größer gleich dem $(1-\alpha)$- Fraktil der exakten Verteilung von F_k oder größer gleich dem $(1-\alpha)$-Fraktil der Chi-Quadrat Verteilung mit $k-1$ Freiheitsgraden ist. T.B./M.MB.

Literatur: *Büning, H.; Trenkler, G.:* Nichtparametrische statistische Methoden, 2. Aufl., Berlin, NewYork 1994.

Frischdienst → Broker

Frischwarensortimente

Warenbereiche im Lebensmittelhandel, die in natürlichem Zustand – Obst und Gemüse – oder lediglich bearbeitet – Frischfleisch, Molkereiprodukte, Backwaren, Tiefkühlkost – angeboten werden. Die Frischwarensortimente sind pflegebedürftig – bis hin zur Kühlung – und verursachen einen hohen Handlingaufwand. Sie werden z.T. auch in Bedienung angeboten. Gegensatz: → Trockensortiment.

Frühwarnsysteme

sind ein besonders wichtiger Teil der → strategischen Marktforschung. Wer Frühwarnsysteme fordert, geht von der Annahme aus, dass es Ereignisse bzw. Entwicklungen im sozioökonomischen Umfeld des Unternehmens gibt, die dem laufenden Beobachtungsspektrum des Unternehmens entgehen bzw. zu spät erfasst werden könnten. Mit dem Einsatz von Frühwarnsystemen sollen Veränderungen möglichst frühzeitig erfasst werden. Durch den zeitlichen Vorlauf dieser „schwachen Signale" (*Ansoff* 1976) zu zukünftigen Entwicklungen und Ereignissen soll der „Manövrierspielraum" des Unternehmens bei seinen Entscheidungen erhöht werden. Es sollen dem Informationsstand entsprechende, abgestufte Reaktionen ermöglicht werden.

Ein Frühwarnsystem ist immer auch ein „Krisenvermeidungssystem". Mit dem Begriff der Frühaufklärung (*Müller* 1980) soll zusätzlich darauf hingewiesen werden, dass man generell zukünftige, für das Unternehmen relevante Entwicklungen antizipieren möchte, egal ob es sich nun um Gefahren oder Gelegenheiten handelt, zumal in einem frühen Stadium oft nicht bestimmbar ist, ob nun eine Gefahr oder eine Gelegenheit vorliegt. Die Gefahren/Gelegenheiten werden dann an den Stärken/Schwächen des Unternehmens relativiert, um daraus Aufschluss zu bekommen, ob es sich für das betrachtete Unternehmen um eine Chance oder um eine Bedrohung handelt (→ Stärken-Schwächen-Analyse, Ressourcenanalyse).

Die Konzeption eines Frühwarnsystems hängt von zwei Parametern ab: dem zu definierenden Aufgabenspektrum des Systems sowie dem Zustand des sozioökonomischen Umfeldes. Hat man es mit einem relativ einfach strukturierten und stabilen Umfeld zu tun, so kann man sich i.a. der herkömmlichen Prognosetechniken bedienen. Die zu beobachtenden Größen lassen sich über die am Anfang von Kausalketten stehenden Indikatoren in ihrer Entwicklung vorhersagen. Das Problem ist aber, dass immer weniger Umfelder diese Eigenschaften aufweisen. Man hat es mit diskontinuierlichen und abrupten Veränderungen in immer komplexer werdenden Systemen zu tun (→ Marktdynamik). Die klassischen Prognosetechniken werden nicht ausreichend sein, da sich die Zukunft weitestgehend losgelöst von den Strukturen der Vergangenheit entwickelt.

Hinsichtlich des *Beobachtungsspektrums* gibt es Systemausprägungen, die keine Begrenzungen ihres Beobachtungsspektrums aufweisen, andere sind fokussiert auf bestimmte Beobachtungsbereiche (z.B. politische Lage in den Exportländern) oder Themen bzw. Phänomene (z.B. das Waldsterben). Objekt von Frühwarnsystemen kann das die Frühwarnung betreibende Unternehmen selbst sein oder aber mit dem Betreiber in irgendeiner Form verbundene Unternehmen (z.B. Insolvenzprognosen der Banken bei ihrer Kundschaft). Frühwarnsysteme können betrieblich organisiert sein, es gibt aber auch überbetriebliche Varianten (z.B. Verband der amerikanischen Lebensversicherer). Neben diesen eher einzelwirtschaftlichen Systemausprägungen gibt es noch gesamtwirtschaftliche (z.B. „Geschäftsklima"-Vorlaufindikator des Ifo-Instituts).

Systeme der operativen Frühaufklärung beziehen sich primär auf die in den kurzfristigen Steuerungsinstrumenten der Unternehmen (z.B. Bilanz und G+V) zum Ansatz kommenden Erfolgsgrößen. Man sucht nach den oben angesprochenen Kausalketten, aus denen sich – möglichst quantitativ erfassbare – Vorlaufindikatoren für die kritischen Erfolgsgrößen des Geschäfts ableiten lassen. Diese Systeme sind weitgehend automatisiert, womit sie gegenüber strukturellen Verwerfungen gefährdet sind. Die sind z.B. dann gegeben, wenn die unterstellten kausallogischen Zusammenhänge sich als instabil erweisen oder die Auswahl der Indikatoren nicht mehr die treibenden Kräfte der Geschäftsentwicklung abbilden.

Grundlegender Ansatz der strategischen Frühaufklärung ist das Konzept der schwachen Signale (*Ansoff* 1976): Annahme ist, dass es zu den meisten Veränderungen auch vorlaufende Hinweise gibt. Gelingt es diese frühzeitig zu erfassen, so können strategi-

sche Überraschungen vermieden werden. Die Wahrscheinlichkeit, dass man auf eine neue Entwicklung stößt, wächst über die Zeit, da dann die Hinweise zu einer neuartigen Entwicklung häufiger auftreten.
Problematisch dabei ist es allerdings, dass (1) diese schwachen Signale meist in nur äußerst schlecht strukturierter Form vorliegen. Vage Vermutungen und Spekulationen zu oft extrem hypothetischen Zusammenhängen, die einen sehr breiten subjektiven Interpretationsraum zulassen, dominieren. Hinzu kommt (2), dass die Quellen solcher Informationen keineswegs wohl definiert sind. Im Prinzip ist jede Art von Quelle denkbar und besonders überraschend sind oft Ereignisse aus bislang wenig einflussreichen und dadurch kaum beobachteten Umfeldsegmenten. Doch selbst dann, wenn es gelungen sein sollte, die schwachen Signale zu erfassen, ist es (3) alles andere als geklärt, über welche Methoden die gewonnenen Informationen weiterverarbeitet werden können. Es handelt sich meist um qualitative Methoden. Trotz starker Reduktion der Problemkomplexität versucht man mit diesen Methoden der Vernetztheit des Problemfeldes gerecht zu werden (z.B. → Szenario-Technik, → Feedback-Diagramm). Teilweise werden diese Methoden aber auch durch quantitative Verfahren unterstützt, wie etwa die → Cross-Impact-Analyse.
Grundsätzlich lassen sich zwei Basisaktivitäten voneinander abgrenzen (*Krystek/Müller-Stewens*, 1993): das „*Scanning*" und das „*Monitoring*". Unter einem „Scanning" ist der Prozess der ungerichteten Suche (360-Grad-Radar) zu verstehen. Vom Scanner werden holistische, intuitive Fähigkeiten verlangt. Beim „Monitoring" wurde ein bestimmtes Problemfeld/Phänomen schon abgegrenzt und man versucht es nun analytisch tiefer zu durchdringen.
Die *Strategische Frühaufklärung* muss in engem Zusammenhang mit der Strategienentwicklung in Unternehmen gesehen werden: Sie kann Quelle aus der Organisation emergierenden strategischer Initiativen sein; sie kann auch (wenn sie z.B. auf die Annahmen der Strategien ausgerichtet ist; → Strategisches Controlling) Auslöser ad hoc initiierter strategischer Planungsprozesse sein („*Strategic Issue Management*"; *Ansoff* 1980).
Auch wenn es vielleicht den Anschein hat, dass die methodischen Probleme die Haupthindernisse hinsichtlich der Verwirklichung einer Frühwarnung darstellen, so dürften die größten Probleme viel eher von ihrer organisatorischen Verankerung ausgehen. Man betrachtet die Frühwarnung als etwas delegierbares und zu großen Teilen auch automatisierbares. Keine Führungskraft kann jedoch der Aufgabe entbunden werden, nach schwachen Signalen Ausschau zu halten, und sie im eigenen Kontext zu interpretieren. Es geht um die Sensibilisierung des Managements gegenüber der eigenen Zukunft. G.M.-S.

Literatur: *Ansoff, H.I.*: Managing surprise and discontinuity – strategic response to weak signals. Die Bewältigung von Überraschungen – Strategische Reaktionen auf schwache Signale, in: Zeitschrift für betriebswirtschaftliche Forschung 1976, S. 129-152. *Ansoff, H.I.*: Strategic issue managment, in: Strategic Management Journal 1980, S. 131-148. *Müller, G.*: Strategische Frühaufklärung, München 1980. *Krystek, U.; Müller-Stewens, G.*: Frühaufklärung: Die Sensibilisierung des Managements gegenüber potentiellen Veränderungen des Umfeldes, Stuttgart 1993.

FTP (File Transfer Protocol)

repräsentiert ein Übertragungsprotokoll der → Internet-Technik und dient zum Austausch von Dateien zwischen zwei Computern, die über das Internet miteinander verbunden sind (s.a. → Download).

FuE-Balkendiagramm
→ FuE-Organisation

FuE-Budget

im Rahmen der → Budgetierung festgesetzter Planansatz für Ausgaben in → Forschung und Entwicklung. Die wichtigsten Einflussgrößen auf das FuE-Budget sind die Unternehmensstrategie, die Wettbewerbssituation, der Reifegrad einer Techologie, die Technologiedynamik, die bestehende FuE-Kapazität, die finanziellen Ressourcen des Unternehmens und Vergangenheitswerte.
Der FuE-Anteil am Umsatz ist sehr unterschiedlich. Im Durchschnitt der Industrie liegt er bei ca. 3,5%. Ist der Anteil mehr als doppelt so hoch, so wird von hochtechnischen Unternehmen gesprochen. Der Verlust von Kompetenz beim Abbau von FuE-Kapazität, der hohe Anteil relativ fixer Personalkosten in FuE und die finanziellen, personellen und sonstigen Barrieren bei einer Erhöhung des FuE-Budgets begünstigen eine Orientierung am FuE-Budget der vorangegangenen Periode.

Die Planungsverfahren sind unterschiedlicher Art. *Die Top-Down-Ansätze* leiten die Höhe der FuE-Mittel aus übergeordneten aggregierten Daten ab. Zu unterscheiden ist zwischen isolierten und integrierten Top-Down-Verfahren. Bei der isolierten FuE-Budgetplanung anhand von Budgetierungsregeln und Kennziffern bleiben Interdependenzen innerhalb der FuE sowie zwischen der FuE und anderen Unternehmensbereichen weitgehend unberücksichtigt. Praktisch relevante Regeln sind z.B. die Fortschreibung des vorangegangenen FuE-Budgets, die Orientierung an Konkurrenzbudgets, das FuE-Budget als fester Anteil am Umsatz oder am Gewinn.

Bei den mathematisch-formalen Ansätzen, die als integrierte Budgetierungsansätze bezeichnet werden, wird der produktions- und der finanzierungstheoretische Ansatz unterschieden. Beim *produktionstheoretischen* Ansatz werden FuE-relevante Produktionsfunktionen nach einzelnen Produktionsfaktoren partiell abgeleitet, um auf dieser Basis eine optimale Faktoreinsatzmenge für alle Produktionsfaktoren zu ermitteln. Das zu deren Finanzierung erforderliche Kapital bestimmt den Umfang des FuE-Budgets. Die Programmstruktur der FuE bleibt bei diesem Ansatz unberücksichtigt. Der *finanzierungstheoretische* Ansatz berücksichtigt die Folgekosten von FuE (z.B. neues Fertigungsverfahren) explizit durch die Bildung unternehmens- und branchenspezifischer Erfahrungswerte für den Zeitpunkt und die Höhe der Folgeinvestition. Schrittweise wird ein vorläufig festgelegtes FuE-Budget dahingehend überprüft, ob der zukünftige Finanzbedarf den in Zukunft vorhandenen Finanzmitteln entspricht. Liegt der Bedarf über/unter den zur Verfügung stehenden Mitteln, so wird das vorläufige FuE-Budget so lange verringert/erhöht, bis sich beide Größen decken.

In *Bottom-Up-Ansätzen* ergibt sich die Höhe des FuE-Budgets durch Summierung der Kosten für laufende und geplante FuE-Projekte. Im Gegensatz zu den Top-Down-Ansätzen, bei denen das FuE-Budget der Projektprogrammplanung als zu verteilendes Fixum fest vorgegeben ist, bildet das FuE-Budget in Bottom-Up-Ansätzen ein Ergebnis der Projektprogrammplanung. Ein spezielles Bottom-Up-Verfahren ist das Zero-Base-Budgeting. Grundgedanke des Zero-Base-Budgeting in FuE ist, dass alle Komponenten eines FuE-Budgets in jeder Periode von Grund auf überprüft und neu begründet werden müssen.

Ein Budgetierungsansatz, der Top-Down- und Bottom-Up-Elemente kombiniert, ist das *Gegenstromverfahren*. Mit der Top-Down-Komponente dieses Budgetierungssystems wird das FuE-Budget aus einer Lückenplanung abgeleitet (→ Gap-Analyse). Parallel wird ein Bottom-Up-Verfahren zur Bestimmung des erforderlichen FuE-Budgets durchgeführt. Hierfür kann ein Projektprogrammportfolio eingesetzt werden (→ Portfolio-Analyse). Sodann werden die Top-Down- und Bottom-Up-Budgetansätze verglichen. Stimmen beide Ansätze in der Höhe und der Grobstruktur weitgehend überein, so entspricht das ermittelte Budget den Anforderungen. Andernfalls müssen die Abweichungen systematisch auf ihre Ursachen hin analysiert werden. Korrekturen führen Schritt für Schritt zu der angestrebten Übereinstimmung der Budgetansätze. G.Sp.

Literatur: *Brockhoff, K.:* Forschung und Entwicklung, Planung und Kontrolle, 5. Aufl., München, Wien 1999.

FuE-Controlling

umfasst alle → Controlling-Aktivitäten, mit denen eine ergebnisorientierte Ausrichtung und Koordination der Potentiale und -Prozesse von → FuE *unterstützt* werden können. Soll die Effektivität und Effizienz von FuE gemessen werden, so ist zu prüfen, ob deren Ergebnisse den Leistungsanforderungen und Preiserwartungen der Kunden gerecht werden, relativ niedrige Entwicklungskosten und relativ kurze Entwicklungszeiten erreicht, geplante Entwicklungszeiten eingehalten werden können, der Entwicklungsprozess an Veränderungen von Technologien und Kundenerwartungen angepasst werden kann und das einzelne FuE-Ergebnis positive Ausstrahlungseffekte auf andere FuE-Projekte aufweist. Grundsätzlich kann die Effizienz von FuE an Input-, Prozess- und/oder an Output-Indikatoren gemessen werden.

Das strategische Controlling betrifft den Aufbau langfristiger Leistungs- und Erfolgspotentiale des Unternehmens. Das operative Controlling ist auf die mittel- und kurzfristige Effektivität und Effizienz von FuE-Bereichen und -Prozessen ausgerichtet.

Zu den *regelmäßigen Aufgaben* eines FuE-Controllings gehören die Mitarbeit bei der

FuE-Förderung

FuE-Projektprogrammplanung, bei der Bewertung von FuE-Anträgen, in der Projektplanung, bei der Kapazitätsbelegungs- und Maßnahmenplanung, in der Budgetplanung und -kontrolle, bei der Verfolgung von Kosten und Terminen in Projekten, bei der Ermittlung von Projektergebnissen, bei der Erstellung und Überwachung von Kennzahlen und bei der Informationsversorgung. Wichtige *fallweise Aufgaben* sind die Konzeption, Implementierung und Weiterentwicklung eines projekt- und bereichsbezogenen FuE-Planungs-, Steuerungs- und Kontrollsystems, sowie die Mitarbeit bei betriebswirtschaftlichen Sonderaufgaben.

Zur Erfüllung seiner Aufgaben nutzt das FuE-Controlling Informations- und Kommunikationstechnologien sowie spezifische Informationssysteme und Analysewerkzeuge. Im Mittelpunkt stehen Projekt-Informationssysteme, deren Kern das Dokumentations- und Berichtswesen ist. Es folgt dem Grundsatz, dass alle wichtigen Projektergebnisse und projektbezogenen Entscheidungen dokumentiert und über das Berichtswesen kommuniziert werden. *Standardisierte Berichte* wie bspw. Projektstatus- und Projektfortschrittsberichte dienen der regelmäßigen Dokumentation der Projektentwickung. *Sonderberichte* werden in unregelmäßigen Abständen z.B. aufgrund unvorhergesehener Zielabweichungen erstellt oder im Rahmen von Projekt-Reviews und -Audits erarbeitet.

Die wichtigsten Instrumente des FuE-Controllings sind Balkendiagramme, Meilenstein- und Netzpläne, Meilenstein-Trendanalysen, FuE-Benchmarking, Break-Even-Time-Analyse und FuE-Projektdeckungsrechnungen, Target Costing und die Prozesskostenrechnung. G.Sp.

Literatur: *Bürgel, H. D.; Haller, Chr.; Binder, M.:* F&E-Management, München 1996. *Specht, G.; Beckmann, Chr.:* F&E-Management, Stuttgart 1996.

FuE-Förderung

betrifft alle Aktivitäten öffentlicher und gemeinnütziger Institutionen, die auf die Unterstützung von → Forschung und Entwicklung in privaten Unternehmen ausgerichtet sind. I.w.S. geht es um die Schaffung günstiger Rahmenbedingungen für FuE (z.B. Wirtschafts- und Finanzpolitik, Bildungssystem, Rechtsordnung, Innovationsklima); FuE-Förderung i.e.S. betrifft die direkte und indirekte finanzielle Unterstützung von FuE.

FuE-Förderung wird zur Steigerung der internationalen Wettbewerbsfähigkeit und aus struktur- und wettbewerbspolitischen Gründen betrieben. Ein mögliches Ziel ist z.B. die Verstärkung der Stellung von Klein- und Mittelbetrieben.

Durch die *direkte institutionelle* Förderung werden Mittel für staatliche Forschungseinrichtungen sowie große Forschungsfonds (z.B. Deutsche Forschungsgemeinschaft) bereitgestellt, von deren Arbeit private Unternehmen einen Nutzen haben. Durch die *direkte projektorientierte* Förderung wird eine Korrektur ausschließlich marktorientierter FuE-Entscheidungen der Unternehmen angestrebt. Sie wird eingesetzt, wenn das technisch-wissenschaftliche und das wirtschaftliche Risiko hoch, der finanzielle Einsatz für die Unternehmen groß ist und Marktanreize für die Entwicklung neuer Technologien fehlen. Eine *indirekt spezifische* Förderung liegt vor, wenn der Staat keinen Einfluss auf die Inhalte einzelner Vorhaben nimmt, aber gezielt bestimmte Technologien fördert. Im Rahmen der *reinen oder globalen indirekten* FuE-Förderung vergibt die öffentliche Hand Subventionen unabhängig vom Inhalt der FuE-Vorhaben.

Informationen über FuE-Förderprogramme sind bei Ministerien, Industrie- und Handelskammern, Banken, Universitäten und freien Beratern erhältlich. G.Sp.

FuE-Kompetenz

Die FuE-Kompetenz eines Unternehmens kennzeichnet dessen Fähigkeit, die Tätigkeiten und Prozesse im Rahmen der → Forschung und Entwicklung sowohl in fachlicher als auch in organisatorischer Hinsicht effektiv und effizient zu gestalten (→ FuE-Organisation).

In fachlicher Hinsicht wird die FuE-Kompetenz wesentlich durch das zum jeweiligen Zeitpunkt im Unternehmen verfügbare FuE-relevante Wissen bestimmt. Dieses Wissen bildet dabei nicht nur die Grundlage für die jeweils aktuellen Forschungs- und Entwicklungsaktivitäten, sondern ist auch die Voraussetzung für eine erfolgreiche Übernahme und Integration von neuem Wissen aus unternehmensexternen Quellen. Die Wissensbasis ist wiederum das langfristige Resultat der bisherigen Aktivitäten und Erfahrungen in den angestammten Geschäftsfeldern des Unternehmens sowie von erfolgreich durchgeführten Akquisitionen. Somit kann sie in der Regel kurzfristig weder von Dritten imitiert noch vom Unternehmen selbst grundlegend verändert werden und stellt damit sowohl die Basis für die Kernkompetenzen eines Unternehmens als auch eine Richtungsvorgabe für zukünftige Aktivitäten dar.

In organisatorischer Hinsicht wird die FuE-Kompetenz durch die Effektivität und Effizienz der FuE-Organisation des Unternehmens geprägt. In diesem Zusammenhang spielen zum einen die Integration des FuE-Bereichs in die Aufbauorganisation, die Gestaltung von Schnittstellen zu angrenzenden Funktionsbereichen und die Innenstrukturierung des FuE-Bereichs eine Rolle. Zum anderen nimmt die ablauforganisatorische Gestaltung der FuE-Aktivitäten Einfluss auf die Flexibilität und Qualität der Leistungserbringung.

Eine hohe FuE-Kompetenz eines Unternehmens äußert sich nach innen unter anderem in einer schnellen und zuverlässigen Umsetzung von Ideen in entsprechende Produkte (→ Innovation) und damit in einer verbesserten Anpassungsfähigkeit an veränderte Umweltbedingungen. Nach außen bildet sie zugleich einen wichtigen Faktor für die von Dritten wahrgenommene → Kompetenz und Innovationsfähigkeit eines Unternehmens. J.A.

FuE-Kooperationen
→ Forschung und Entwicklung

FuE-Lücke, strategische → FuE-Budget

FuE-Netzpläne
→ FuE-Controlling, FuE-Organisation

FuE-Organisation
betrifft die auf FuE-Ziele ausgerichtete, grundlegende Potenzial- (Aufbauorganisation) und Aktionsstruktur (Ablauforganisation) für die Erfüllung von Aufgaben in der → Forschung und Entwicklung. Organisieren bedeutet i.d.R. Reorganisation und Organisationsentwicklung (→ Marketingorganisation, → Innovationsorganisation).

Die *Ablauforganisation* von FuE umfasst die Gestaltung der Arbeitsabläufe und Prozesse und speziell die Folge von Aktivitäten im Innovationsprozess. Hilfsmittel für die Arbeitsablaufplanung, die Kapazitäten- und Terminplanung sind Gantt-Diagramme (meist Balkendiagramme), Netzpläne, Projektmanagement-, Groupware- und Workflow-Softwareprogramme.

Die *Aufbauorganisation* von F&E setzt sich aus der Primär- und der Sekundärorganisation zusammen. Die *Primärorganisation* regelt die hierarchisch-funktionale Einbindung des FuE-Bereichs in das Gesamtunternehmen und die Strukturen innerhalb des FuE-Bereichs. Hierarchisch-funktional ist in der Praxis die *Kombination* aus einer relativ kleinen zentralen FuE-Organisationseinheit und mehreren dezentralen FuE-Organisationseinheiten am weitesten verbreitet. Damit kann sowohl den langfristigen Kompetenzzielen des Unternehmens als auch den Anforderungen nach Marktnähe und Flexibilität entsprochen werden, wenn die Koordination funktioniert. Bei der Innenstrukturierung des FuE-Bereichs ist i.d.R. eine Gliederung nach den Aufgabenfeldern Technologie-, Vor- und Produkt- und Prozessentwicklung mit überlappenden Labors zweckmäßig, wobei speziell innerhalb der Vorentwicklung und in der Produkt- und Prozessentwicklung eine Gliederung nach Produkt- und Kundengruppen mit Matrixstrukturen und zentralen Dienstleistungstellen dominiert.

Die *Sekundärorganisation* besteht aus interdisziplinären befristeten und unbefristeten Teams (→ Teamorganisation). Kernsysteme der Sekundärorganisation sind *Projektgruppen*, die durch eine zeitlich befristete, kontinuierliche Zusammenarbeit von Personen mit unterschiedlicher Qualifikation gekennzeichnet sind. Projekte werden bei relativ umfangreichen, komplexen und innovativen Aufgaben mit *definierten Zielen* eingesetzt. Innerhalb der Projekte sind flache Hierarchien und offene Strukturen üblich. Das *Bild* beschreibt die Elemente einer FuE-Organisation, die durch die Kombination von Primär- und Sekundärorganisation gekennzeichnet ist.

Bei der Bewertung von Organisationskonzepten für FuE müssen verschiedenartige Kriterien herangezogen werden, da die Organisation die Motivation, Qualität, Produktivität, Kosten, Flexibilität, Prozessgeschwindigkeit und sonstige FuE-Ziele beeinflusst. G.Sp.

Literatur: *Specht, G.; Beckmann, Chr.:* F&E-Management, Stuttgart 1996.

FuE-Planung

Primär- und Sekundärorganisation für ein Technologiemanagement

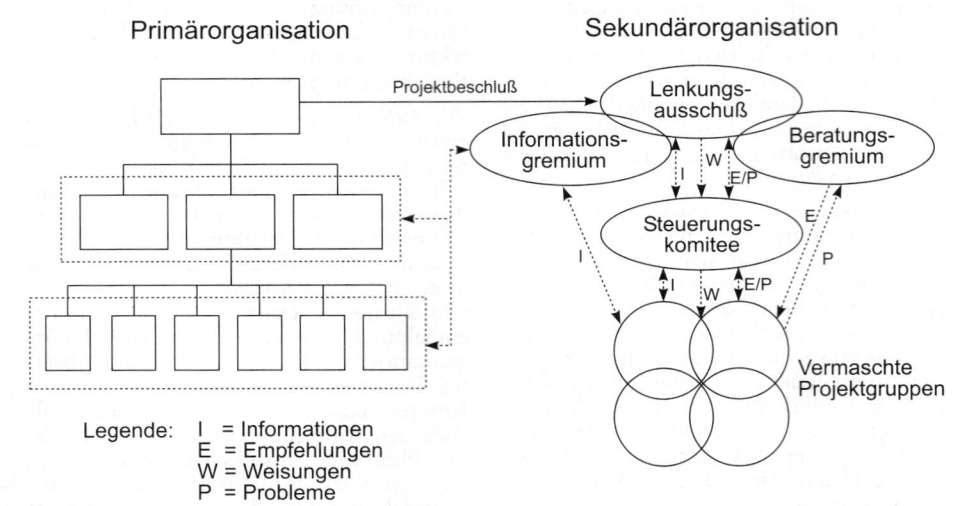

Legende:
I = Informationen
E = Empfehlungen
W = Weisungen
P = Probleme

(Quelle: *Specht/Beckmann*, 1996, S. 269.)

FuE-Planung
betrifft die systematische gedankliche Vorwegnahme zukünftiger Aktivitäten und Ereignisse in → Forschung und Entwicklung. Zu unterscheiden sind eine strategische und eine operative Planungsebene. Die strategische Planung betrifft die Grundsatz- und Rahmenplanung sowie die langfristig wirksamen Handlungsparameter. Die operative Planung füllt den strategischen Rahmenplan aus, hat einen höheren Detaillierungsgrad und betrifft mittlere und kurze Fristen.
Strategische FuE-Planung basiert auf der FuE-Politik, in der die FuE-politischen Grundsätze und Leitbilder formuliert werden. Es geht um die generelle Orientierung der FuE-Aktivitäten, die Grundzüge der Personalpolitik in FuE-Bereichen, die grundsätzliche Lösung von Finanzierungsfragen im Blick auf FuE, die Grundzüge der Patentpolitik sowie die Stellung von FuE im Gesamtunternehmen. Schwerpunkte der strategischen Planung von FuE sind Selektions-, Kompetenz-, Quellen-, Timing- und daraus abgeleitete Budget- und Investitionsentscheidungen (→ Technologie-Strategien).
Eine strategische Ebene weisen auch die Problemfelder Organisation und Führung der FuE auf, nämlich aufbau- und ablauforganisatorische Regelungen der FuE, die Gestaltung des Planungs- und Kontrollsystems, die interfunktionale Kooperation, der Führungsstil sowie das Motivations- und Anreizsystem. Inhaltlich überschneiden sich strategische FuE-Planung und das → Technologiemanagement relativ stark.
Zur Realisierung der strategischen FuE-Planung sollten Richtlinien entworfen und die wesentlichen Inhalte der Planung in ihrem zeitlichen Ablauf aufgezeigt werden (vgl. *Abb.*).
Wichtige Instrumente im Bereich der strategischen Planung sind darüber hinaus spezifische Prognosetechniken (z.B. → Szenario-Technik), Technologietrendkurven (z.B. → S-Kurve) sowie FuE-Portfolios (→ Technologie-Portfolio).
In der *operativen Planung* von FuE geht es um Budgetierungsfragen, den Personalbedarf und die Personalbereitstellung für die FuE, um Verfahren der Projektbewertung, um die Projektabwicklung (parallel und/oder sequentiell), um Verfahren der Projektablaufplanung (z.B. Netzplantechnik, Balkendiagramme), um konkrete Forschungs- und Entwicklungsprogramme innerhalb des Zeithorizonts der taktischen/operativen Planung sowie um konkrete Maßnahmen aufbau- und ablauforganisatorischer Unterstützung dieser FuE-Aktivitäten.
Zweckmäßig ist es, wenn das Globalziel der Entwicklung in einzelne, etappenweise zu erreichende Teilziele zerlegt wird. Dies

Ablauf der strategischen F&E-Planung in einem multinationalen Unternehmen

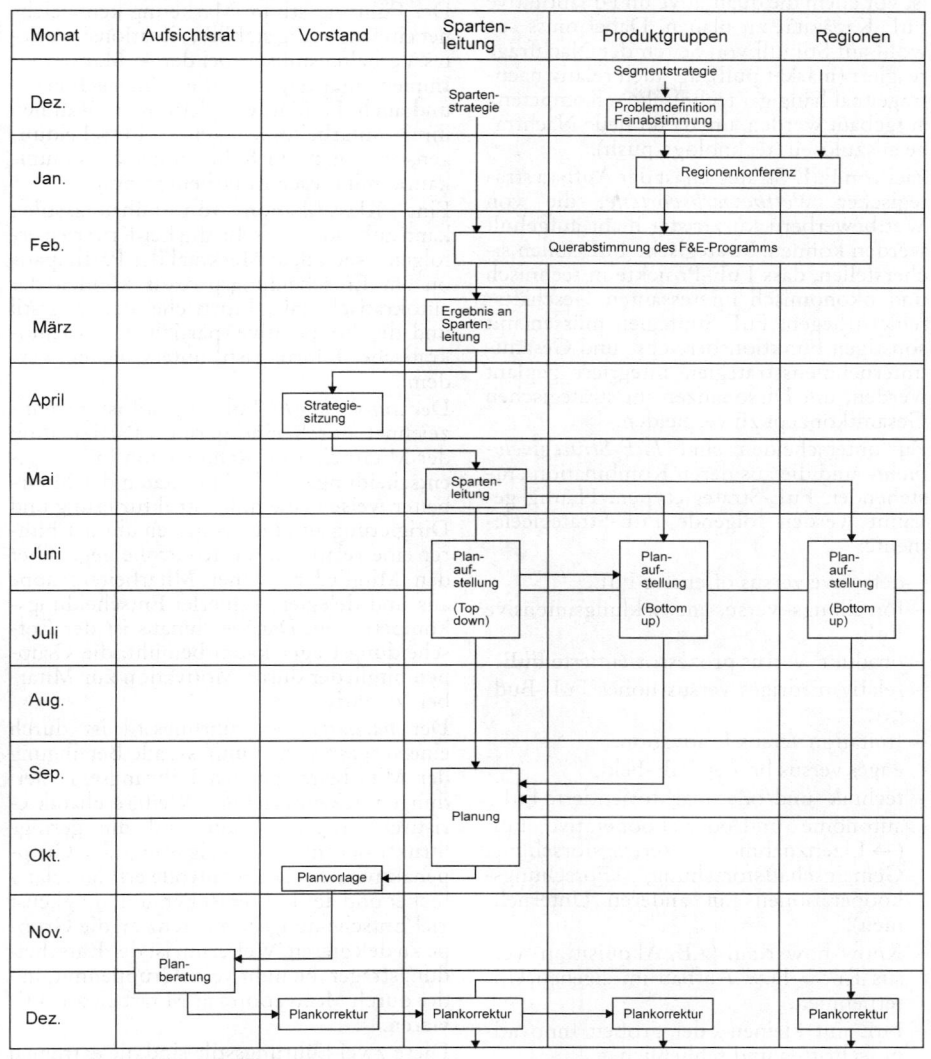

Monat	Aufsichtsrat	Vorstand	Sparten-leitung	Produktgruppen	Regionen
Dez.			Spartenstrategie	Segmentstrategie → Problemdefinition Feinabstimmung	
Jan.				Regionenkonferenz	
Feb.				Querabstimmung des F&E-Programms	
März			Ergebnis an Spartenleitung		
April			Strategiesitzung		
Mai			Spartenleitung		
Juni			Planaufstellung (Top down)	Planaufstellung (Bottom up)	Planaufstellung (Bottom up)
Juli					
Aug.					
Sep.			Planung		
Okt.		Planvorlage			
Nov.	Planberatung				
Dez.		Plankorrektur	Plankorrektur	Plankorrektur	Plankorrektur

(Quelle: *Brockhoff*, 1999, S. 242)

führt zur Unterscheidung einzelner Meilensteine im Prozess der Abwicklung eines FuE-Projekts. Solche Meilensteine sind zugleich eine Voraussetzung für eine Kontrolle der Erreichung definierter Teilziele, die normalerweise in einem Pflichtenheft festgelegt sind. Bei positivem Ausgang einer Meilensteinkontrolle erfolgt eine sogenannte Freigabeentscheidung für die Bearbeitung des FuE-Projekts im nächsten Prozessschritt. G.Sp.

Literatur: *Brockhoff, K.:* Forschung und Entwicklung, Planung und Kontrolle, 5. Aufl., München, Wien 1999.

FuE-Risiko
→ Forschung und Entwicklung,
→ Marketingrisiken

FuE-Strategien

sind grundsätzliche Regelungen der FuE auf lange Sicht; sie bestimmen den Aktivitäts-

Fuhrparkplanung

rahmen und die Stoßrichtung. Strategisch ist vor allem die qualitative und quantitative FuE-Kapazität zu planen. Dabei muss sowohl auf Stimuli von Seiten der Nachfrage reagiert (market pull), als auch relativ nachfrageunabhängig technische Kompetenz aufgebaut werden, um damit neue Nachfrage auszulösen (technology push).

Ziel von FuE-Strategien ist der Aufbau strategischer *Wettbewerbsvorteile*, die von Wettbewerbern kurzfristig nicht aufgeholt werden können. Strategische FuE sollen sicherstellen, dass FuE-Projekte in technisch und ökonomisch interessanten Geschäftsfeldern liegen. FuE-Strategien müssen mit sonstigen Funktionsbereichs- und Gesamtunternehmensstrategien integriert geplant werden, um Dissonanzen im strategischen Gesamtkonzept zu vermeiden.

Zu unterscheiden sind *FuE-Strategieelemente* und die aus deren Kombination entstehenden FuE-Strategietypen. Häufig genannt werden folgende FuE-Strategieelemente:

- defensive versus offensive FuE,
- forschungs- versus entwicklungsintensive FuE,
- produkt- versus prozessorientierte FuE,
- relativ niedriges versus hohes FuE-Budget,
- Imitation versus Innovation,
- enges versus breites FuE-Feld,
- technik- und/oder marktorientierte FuE,
- autonome und/oder kooperative FuE (→ Lizenznahme, Vertragsforschung, Gemeinschaftsforschung, Forschungskooperationen mit anderen Unternehmen),
- Know-how-Kauf (z.B. Akquisition) versus Know-how-Aufbau im eigenen Unternehmen,
- FuE mit kleinen oder großen Innovationsschritten und schließlich
- FuE mit oder ohne Patentierung des neuen Wissens (→ Patentpolitik).

Eine generelle Aussage über die Zweckmäßigkeit der einen oder anderen FuE-Strategie ist nicht möglich. Die Wahl der FuE-Strategie muss der gegebenen internen und externen Situation angepasst sein (→ Technologie-Strategien). G.Sp.

Literatur: *Specht, G.; Beckmann, Chr.:* F&E-Management, Stuttgart 1996.

Fuhrparkplanung → Transportplanung

Führungsstil im Marketing

Der Führungsstil im Marketing kennzeichnet ein langfristig stabiles, situationsinvariates Verhaltensmuster bei der → Marketing-Implementation, das die Unternehmens- und auch die Marketingleitung im Rahmen ihrer mitarbeiterbezogenen Entscheidungen, aber auch im Rahmen der Kommunikation mit diesen Mitarbeitern prägt.

Eine Klassifikation von Führungsstilen kann anhand unterschiedlicher Kriterien erfolgen. Nach dem Merkmal der Partizipation am Entscheidungsprozess können der autokratische (absolutistische) Führungsstil und der kooperative, partizipative (demokratische) Führungsstil unterschieden werden.

Der *autokratische* Führungsstil ist gekennzeichnet durch eine geringe Partizipation der Mitarbeiter im Rahmen von Führungsentscheidungen. Die Aktivitäten der Mitarbeiter weisen eine hohe Strukturierung und Dirigierung auf. Des Weiteren übt der Führer eine relativ starke Kontrolle gegenüber den Mitgliedern seiner Mitarbeitergruppe aus und delegiert keinerlei Entscheidungskompetenzen. Darüber hinaus ist der Entscheidungsträger kaum bemüht, die Gruppenmitglieder durch Motivation zur Mitarbeit zu aktivieren.

Der *partizipative* Führungsstil ist durch eine ausgesprochen umfassende Beteiligung der Mitarbeiter an den Führungsentscheidungen gekennzeichnet. Weitere charakteristische Eigenschaften sind die geringe Strukturierung und Dirigierung der Gruppenaktivitäten. Die Kontrolle erfolgt relativ locker und der Führer ist bemüht, möglichst viel Entscheidungskompetenz an die Gruppe zu delegieren. Weiterhin ist der Entscheidungsträger bemüht, die Gruppenmitglieder durch Motivation zur Mitarbeit zu aktivieren.

Diese zwei Führungsstile sind die extremen Ausprägungen potentiellen Führungsverhaltens. Dabei geht das unterschiedliche Führungsverhalten nahezu fließend ineinander über. Die Eignung der Führungsstile wird wesentlich von den Situationsbedingungen bestimmt.

Schließlich muss betont werden, dass mit der Ausrichtung der Strategieimplementierung auf die Prozesse der Unternehmung und über die Unternehmensgrenzen hinweg auch der Führungsstil der mit der Strategieimplementierung betrauten Entscheidungsträger anzupassen ist. Dabei wird sich weniger der Umfang des Führungsbedarfs verändern, sondern vielmehr der Inhalt und die Art, wie Führung erfolgreich ausgeübt wird. Entscheidende Elemente sind in diesem Zusammenhang übergeordnete Werte, klare Ziele und offene Kommunikation. Insgesamt muss der Entscheidungsträger verstärkt die Fähigkeit zur Zusammenarbeit aufweisen. Er muss neben den dafür erforderlichen Persönlichkeitsmerkmalen auch fachlich eine hohe Qualifikation besitzen, da Entscheidungsträger in prozessgetriebenen Organisationen unterschiedliche Disziplinen auch außerhalb des eigenen Erfahrungsschwerpunktes soweit verstehen müssen, um eine effektive Kommunikation und ein Zusammenführen der einzelnen Spezialbeiträge zu einem gemeinsamen Fortschritt zu gewährleisten. M.Be./M.Ho.

Literatur: *Staehle, W.H.:* Management. Eine verhaltenswissenschaftliche Perspektive, 8. Aufl., München 1999. *Steinmann, H.; Schreyögg, G.:* Management. Grundlagen der Unternehmensführung: Konzepte – Funktionen – Fallstudien, 4. Aufl., Wiesbaden 1997.

Führungstraining

dient der Verbesserung der Menschenführung und wurde insofern Bestandteil der Weiterbildung im Marketing-Management. Seine Bedeutung bekommt das Führungstraining aus der Tatsache, dass der größte Teil der Führungspersonen, insb. im Mittel-Management, keine oder ungenügende Ausbildung und Anleitung zur Mitarbeiterführung erhalten, bevor sie, z.B. als Aufsteiger, ihre Position übernehmen. So wird z.B. ein erstklassiger Verkäufer als Verkaufsleiter zunächst eher drittklassig sein.

Führungstraining wird, mit unterschiedlichen Inhalten, beim Training von Inhaber/Geschäftsführung und Prokuristen, über Abteilungsleiter bis zu Meistern und Vormännern angewendet. Eine Führungskraft führt mindestens drei, durchschnittlich fünf bis zehn Mitarbeiter.

Wichtige Ziele des Führungstrainings sind:
- Verbesserung der Mitarbeiterleistung durch Motivation
- Verbesserung der Mitarbeiterleistung durch Erhöhen der Mitarbeiterzufriedenheit (= Abbau von Demotivatoren)
- Leistungssteigerung durch Verbesserung der betriebsinternen Kooperation
- Zeitliche Entlastung der Führungskräfte:

in unteren Organisationsebenen auch:
- Verbesserung der Identifikation der Führungskräfte zum Unternehmen und zur Aufgabe;
- Erhöhung der Bereitschaft, Aufgabenverantwortung zu übernehmen.

Die angewandten Methoden entsprechen denen des → Verkaufstrainings. Sie werden ergänzt durch Führungs- und Entscheidungsspiele und Strategie-Workshops. Auch der Arbeitsablauf entspricht dem des Verkaufstrainings, ergänzt durch die Entwicklung unternehmensspezifischer Maßnahmen zur Kontrolle des Transfers in die Praxis und der Wirkungen.

Wichtige Inhalte/Themen des Führungstraining sind Gruppensoziologie, Motivationstheorien, Eigen- und Fremdmotivation, Abbau von Demotivatoren, Mitarbeiteranleitung/-förderung, Delegation und Kontrolle, Kooperationsförderung, Zeit-Management, Umgang mit Stress. Je nach Ergebnis der Analyse werden im Führungstraining auch Vortragstechniken (Rhetorik), Verhandlungstechniken, Entlohnungssysteme, Anreizsysteme, Einstellungs- und Entlassungsgespräche, Kritikgespräche und das Informationsverhalten behandelt.

Hinsichtlich der theoretischen Grundlagen stützt sich das Verkaufstraining auf Erkenntnisse der Psychologie, der Soziologie und der Pädagogik. Bevorzugte Theorien der letzten Jahrzehnte waren:

- ab 1960 Soziale Interaktion nach *Fischer, Schoch, Webster*
- ab 1965 Verhaltensgrundsätze nach *Skinner, Crowder* u.a.
- ab 1970 → Transaktionsanalyse nach *Berne, Harris* u.a.
- ab 1970 Kinesik (→ Körpersprache) nach *Birdwhistell, Parloff, Fast* u.a.
- ab 1970 Lernverhalten nach *Vester* u.a.
- ab 1972 Bedürfniserwartungen nach *Maslow*
- ab 1975 Gehirnstruktur nach *McLean, Schirm, Schoemen*
- ab 1975 Gruppensoziologie nach *Lakin, Liebermann, Taylor, Cartwright* u.a.
- ab 1975 Sensitivity nach *Gibb, Schmidbauer* u.a.
- ab 1980 → Neurolinguistik (NLP) nach *Bandler* und *Grinder*
- ab 1985 Gehirngerechtes Lernen nach *V. Birkenbihl*. M.M.-M.

Fulfillment

Sammelbegriff des → Direktmarketing, unter dem alle Aufgaben subsumiert werden, die durch Reaktion der Nachfrager auf eine Direktmarketingaktion ausgelöst werden. Das Fulfillment in diesem Sinne umfasst einerseits *kundengerichtete Aktivitäten*, wie die Bestellabwicklung und der Warenversand, das Einleiten von → Nachfasswerbung oder die Retourenabwicklung. Andererseits existieren auch *interne Aufgaben*, wie z.B. die → Auftragsabwicklung, die Eingabe der für die Erfolgsanalyse notwendigen Daten und das Auswerten von → Responsequoten oder die Erfassung bzw. Aktualisierung der Kundendaten (→ Database-Marketing). Die zeitnahe und sorgfältige Erledigung der Anforderungen gilt insbesondere bei den kundengerichteten Tätigkeiten als kritischer Erfolgsfaktor. Insbesondere die informationelle Sofortversorgung des Kunden, z.B. in Form einer Vorabinformation bei Lieferverzögerungen, gehört mittlerweile zu den vom Kunden erwarteten Standards. Heutzutage sind Fulfillment-Leistungen auch fester Bestandteil des Servicespektrums vieler → Direktmarketing-Dienstleister (*externes Fulfillment*). Insbesondere für kleinere Unternehmen lohnt sich die Inanspruchnahme dieses Service auf Grund eigener Know-how-Defizite und der von den Spezialisten erzielbaren Größeneffekte. N.G.

Full-Service-Agentur → Werbeagentur

Fundraising (Spendenmarketing)
Fundraising beinhaltet die Beschaffung von Finanzmitteln durch Hilfswerke und andere Nonprofit-Organisationen (Sport-, Freizeitorganisationen, Parteien usw.), ohne eine äquivalente Gegenleistung erbringen zu müssen. Fundraising gehört zum Beschaffungsmarketing in Nonprofit-Organisationen (→ Verbands-Marketing). Während sich einzelne Hilfswerke ausschließlich über Fundraising finanzieren, dürfte diese Finanzierungsart bei den Hilfswerken im Schnitt etwa einen Drittel der verfügbaren Mittel generieren.
Die wichtigste Fundraising-Zielgruppe sind mit Abstand Privatpersonen, wobei in den angelsächsischen Ländern das Spendenaufkommen traditionell höher ist als in den deutschsprachigen Gebieten. Dies hängt mit dem Ausbau des Sozialstaates, der rechtlichen Stellung der Kirchen, Spitäler usw. zusammen. Das am häufigsten verwendete Fundraising-Instrument sind Direct-Mail-Aktionen, zunehmend sind auch Telefon-Fundraising, Legatsmarketing, Bußgeldmarketing wichtig. Dem Datenbank-Management kommt im Fundraising eine zentrale Bedeutung zu. Vielfach werden solche Dienste von den Spendenorganisationen eingekauft. Unternehmen sind als Spender weit weniger wichtig als allgemein angenommen wird. Neben Kleinspendern werden eher einzelne klar umrissene Projekte unterstützt. Zunehmend setzen Hilfswerke Soziosponsoring-Methoden ein (→ Sponsoring), um den Unternehmungen für ihre Unterstützung eine Gegenleistung auf der PR- und Werbe-Ebene bieten zu können.
R.P.

Literatur: *Urselmann, M.*: Fundraising, Bern, Stuttgart, Wien 1999.

Fungibilität
Vertretbarkeit (Austauschbarkeit) von Waren (→ Commodity, → Warenbörse)

Funktionalmarkt-Konzept
In der Innovationsgeschichte lassen sich zwei Beobachtungen ausmachen: Produktentwicklungen, denen man eine glänzende Zukunft bescheinigte, wurden zu grandiosen Flops (z.B. die Elektronische Großrundstrickmaschine von *Sulzer-Morat* oder das Überschallflugzeug *Concorde*.) Zum anderen sind viel versprechende Innovationen durch die Marktforschung bzw. das Marketing etablierter Firmen totgesagt worden – man überließ damit in vielen Fällen „Newcomern" das Feld (z.B. lehnte der *Kodak*-Konzern lehnte *Edwin Lands* Polaroid-Erfindung ab: Sie sei fraglos ein geniales Spielzeug – aber ohne jede Verkaufschance.)
Die Gründe für die beiden Beobachtungen liegen in konzeptionellen Unzulänglichkeiten konventioneller Planungsinstrumentarien. Die *Funktionalmarkt-Konzeption* soll einige dieser Mängel beheben. Sie soll zum einen helfen, die von prinzipiellen Innovationen ausgehenden Substitutionsgefahren für vorhandene Technologien bzw. Märkte frühzeitig zu erkennen und zum anderen die Chancen mit neuen oder auch schon bestehenden Technologien auf vorhandenen oder völlig neuen Märkten auszuschöpfen (→ Technologiemanagement).
Die Funktionalmarkt-Konzeption ermittelt mit Hilfe einer „funktionalen Analyse" sog. Isomorphien, d.h. „innere" Zusammenhänge von Problemen und Lösungen. Durch Funktionalisierung werden äußerlich (phä-

nomenologisch) unterschiedliche Lösungen und Probleme vergleichbar gemacht. Bspw. erfüllt ein mechanischer Schlüssel grundsätzlich die gleiche Funktion wie eine Chipkarte – nämlich die der Codierung und Zugangsbeschränkung.

Die zur Marktbeschreibung herangezogenen funktionalen Kriterien erlauben es, über bestehende, historisch gewachsene Branchengrenzen hinauszublicken und systematisch mögliche Innovations- bzw. Aktionsrichtungen aufzuzeigen. Man kann eine Wirkung (Problemlösung) fixieren und deren Ursachen (Technologien) variieren oder umgekehrt eine Ursache (neues technisches Potential) fixieren und nach möglichen Anwendungen Ausschau halten.

Die funktionale Betrachtung erlaubt es, entlang der Bewegungsgesetze der technischen Entwicklung – Bedarfsinduktion bzw. market pull und autonome Induktion oder Potentialinduktion bzw. technology push – isomorphe Anwendungen zu eruieren und so den Funktionalmarkt als Summe aller (funktional-äquivalenten) Anwendungen mit gleichem Funktionsprinzip zu konstruieren. Die so konstruieren Funktionalmärkte können dann aus Chancen- und/oder Bedrohungsperspektive näher untersucht werden.

Eine Funktionalmarktanalyse läuft üblicherweise in drei Phasen ab: In der *Explorationsphase* werden auf Basis einer funktionalen Beschreibung mögliche Bedarfsfelder gesucht und beschrieben, in denen aktuell und vor allem zukünftig ein entsprechender Funktionsbedarf existiert. Man ermittelt entweder für ein technologisches Potential dessen *potentiellen Gesamtmarkt*, d.h. alle möglichen Anwendungen, oder sucht für ein Kundenproblem nach unterschiedlichen, funktional-äquivalenten Problemlösungspotentialen.

Im Rahmen der *Bewertung* wird die technische, integrale und ökonomische Eignung des Potentials relativ zu den jeweiligen Problemlösungsalternativen im Anwendungskontext bestimmt. Die Bewertung erfolgt anhand der Indikatoren *Technologieattraktivität* und *Ressourcenstärke* (→ Technologie-Portfolio).

Im Rahmen der *Strategieformulierung* sind diejenigen Funktionalmärkte zu selektieren, auf denen das Unternehmen mit seinem technologischen Potential aktiv werden will. Durch ein Handlungsprogramm werden attraktive Funktionalmärkte aus dem potentiellen Gesamtmarkt selektiert, erschlossen und als potentieller Eigenmarkt bearbeitet. E.W.

Literatur: *Pfeiffer, W.; Weiß, E.; Volz, T.; Wettengl, S.*: Funktionalmarkt-Konzept zum strategischen Management prinzipieller technologischer Innovationen, Göttingen 1997. *Pfeiffer, W.; Metze, G.; Schneider, W.; Amler, R.*: Technologie-Portfolio zum Management strategischer Zukunftsgeschäftsfelder, 6. Aufl., Göttingen 1991.

Funktionenorientierter Ansatz
→ Marketingtheorie

Funktionenschöpfung
→ Bedienungsgroßhandel

Funktionsrabatt → Rabatte

Funktionstest

schließt sich beim → Innovationsmanagement in der Testphase dem → Konzepttest an. Hier werden Konsumenten Prototypen oder einzelne Teile der späteren Produkte vorgestellt. Ihr Urteil zu den technologisch-funktionalen Produkteigenschaften wird erfragt. Man unterscheidet *Einzeltests* (nur das eigene Produkt wird getestet) und *Mehrfachtests* (simultaner oder sukzessiver Vergleich des eigenen Produktes mit Wettbewerbsprodukten). Beim *Volltest* wird die Gesamtwirkung des Produktes geprüft, beim *Partialtest* lediglich Komponenten. Beim Substitutionsverfahren variiert man einzelne Produkteigenschaften und lässt sie beurteilen. Beim *Eliminationsverfahren* werden Komponenten (z.B. Markenname, Preis) anonymisiert (Blindtest). Bei einer Überlegenheit des eigenen Produktes gegenüber von z.B. 60:40 Punkten i.d.R. weitere Schritte der Neuproduktentwicklung freigegeben. V.T./S.H.

Fusionen → Akquisitionsstrategie

Fusionskontrolle

Der Schutz des freien Wettbewerbs vor Beschränkungen erfordert eine Kontrolle von Unternehmenszusammenschlüssen. Mit der Fusionskontrolle wird demgemäß das Ziel verfolgt, schädliche, wettbewerbsbeschränkende Unternehmenskonzentration zu verhindern, die einen freien Wettbewerb ausschließt. Die Fusionskontrolle wurde im Geltungsbereich des → GWB durch die zweite GWB-Novelle vom 03.08.1973 eingeführt und in den folgenden Novellen 1976, 1980, 1989 und 1998 jeweils verschärft. Zusammenschlüsse sind nach dem GWB grundsätzlich zulässig, anders als Kartelle, die grundsätzlich verboten sind (§ 1 GWB). Zusammenschlüsse werden einer staatlichen Kontrolle daraufhin unterworfen, ob eine marktbeherrschende Stellung entsteht oder verstärkt wird. Ist dies der Fall, so können sie verboten werden. Das GWB sah zunächst im Schwerpunkt nur eine nachträgliche Prüfung von vollzogenen, aber anzeigepflichtigen Zusammenschlüssen vor. Mit der 6. GWB-Novelle 1998 wurde – wie im → EG-Kartellrecht – eine allgemeine präventive Kontrolle mit einer Anmeldepflicht vor Vollzug eingeführt. Die sog. Aufgreifschwelle für die Anmeldepflicht wurde auf einen Gesamtumsatz der beteiligten Unternehmen von 1 Mrd. DM angehoben. Die Prüfung durch das Bundeskartellamt endet mit einer Freigabe oder einer Untersagung; möglich ist jetzt auch eine Freigabe mit Auflagen oder Bedingungen.

In der Praxis kommt der Fusionskontrolle eine ständig wachsende Bedeutung zu. Dies zeigt sich einmal in den veröffentlichten Zahlen in den Tätigkeitsberichten des Bundeskartellamtes. Zahlreiche Zusammenschlussvorhaben werden aber schon nach einem informellen Verfahren aufgegeben (sog. Vorfeldwirkung der Fusionskontrolle). Auf europäischer Ebene findet eine Fusionskontrolle nach der Verordnung Nr. 4064/89 über die Kontrolle von Unternehmenszusammenschlüssen statt. H.-J.Bu.

Future Exchange

engl. für Warenterminbörse (→ Warenbörse)

Futurologie

Wissenschaft von der Zukunft, die sich mit sehr langfristigen Prognosen beschäftigt. Im Allgemeinen setzt man die Grenzen zwischen Langfristprognose und Futurologie bei 10 Jahren an. Futurologische Prognosen werden fast ausschließlich mit der → Szenario-Technik erarbeitet und können einen Prognosehorizont von bis zu 200 Jahren aufweisen (vgl. *Hermann Kahn*, The Next 200 Years, New York 1976). Ihr prognostischer Wert ist in der Wissenschaft umstritten. K.-W.H.

Fuzzy-Clusteranalyse

Aufgabe der Fuzzy-Clusteranalyse bei vorgegebener Klassenzahl s ist die Bestimmung von Zugehörigkeitsgraden p_{ij} der Objekte i ε N zu den Klassen K_j mit $p_{ij} \geq 0$ und $\Sigma p_{ij} = 1$. Man ordnet einer Klassifikation K= $\{K_1,…,K_s\}$ eine Matrix

$$P = \begin{pmatrix} p_{11} & \cdots & p_{1s} \\ \cdot & & \cdot \\ \cdot & & \cdot \\ \cdot & & \cdot \\ p_{n1} & \cdots & p_{ns} \end{pmatrix}$$

zu, deren i-te Zeile die Zugehörigkeitsgrade des Objektes i zu den Klassen enthält und deren j-te Spalte die Zugehörigkeitsgrade aller Objekte zur Klasse K_j angibt. Ein Objekt i heißt Kernobjekt der Klasse K_j für $p_{ij} \approx 1$, Randobjekt von K_j für $p_{ij} \approx 0$.

Zur Bewertung der Klassenzuordnung durch P benutzt man ein modifiziertes → Varianzkriterium

$$b(P) = \sum_{i=1}^{n} \sum_{j=1}^{s} p_{ij}^2 \sum_{k=1}^{m} (a_{ik} - z_{jk})^2$$

wobei der gewichtete Mittelwert

$$z_{jk} = \frac{\sum_{i=1}^{n} p_{ij}^2 a_{ik}}{\sum_{i=1}^{n} p_{ij}^2}$$

als Zentrum der Klasse K_j bezüglich Merkmal k zu interpretieren ist.
Damit kann man folgendes Iterationsverfahren durchführen:

1) Wähle eine Startlösung P^0.
2) Berechne ein Zentrensystem $Z^0 = (z_{jk})_{s,m}$ nach der o.a. Formel.
3) Berechne eine verbesserte Startlösung P^1 mit

$$p_{ij} = \frac{(1/\sum_{k} a_{ik} \; z_{jk})^2}{\sum_{\tau=1}^{s}(1/\sum_{k} a_{ik} \; z_{jk})^2)}$$

4) Durch Wiederholung von 2) und 3) erhält man eine Folge
$(P^0,Z^0),(P^1,Z^1),(P^2,Z^2),…$ mit
$b(P^0) > b(P^1) > b(P^2) > …$

O.O.

Literatur: *Bock, H.H.*: Clusteranalyse mit unscharfen Partitionen, in: Studien zur Klassifikation, Band 6, Frankfurt a.M. 1979.

F-Verteilung; F-Test

Die F-Verteilung als spezifische linksschiefe, eingipflige Wahrscheinlichkeitsverteilung für → Signifikanztests wurde von *R.A. Fisher* im Zusammenhang mit der Entwicklung der → Varianzanalyse konzipiert. Sie ist gekennzeichnet durch jeweils zwei Freiheitsgrade („Zähler"- und „Nenner"-Freiheitsgrade) und deshalb schwierig zu tabellieren. Sie stellt im Grunde nichts anderes dar als die Verteilung des Quotienten aus den beiden Varianzen (als Quadrat der Standardabweichung) aus zwei – unabhängigen – Stichproben. Mit ihrer Hilfe wird deshalb z.B. überprüft, ob die beiden Stichproben einer gemeinsamen – normalverteilten – Grundgesamtheit entstammen (Test auf Varianzhomogenität).

Als Quotient von Quadraten befindet sich die Verteilung selbst auf der „quadratischen Ebene" und hat demgemäß keinen „negativen Ast", beginnt also bei 0 (bis ∞). Ist der „Zähler-Freiheitsgrad" 1, so entspricht die F-Verteilung der Verteilung von $t\Sigma$; mit wachsendem „Nenner-Freiheitsgrad" strebt demgemäß die Verteilung auch gegen die von z^2 (mit z für die Standard-Normalverteilung).

Daraus folgt auch, dass der F-Test in diesen Fällen anstelle des t-Tests benutzt werden kann. Sein Anwendungsbereich geht jedoch weit darüber hinaus. M.H.

G

Gabelungsfragen → Filterfragen

Gabor-Granger-Test → Preistests

Gadget → Handlungsauslöser

Gain-and-Loss-Analyse

bei der Auswertung von → Haushaltspanels mögliche Analyse von Käuferwanderungen, bei der überprüft wird, welche Käufer(typen) von einer Periode zur anderen die Marke gewechselt haben. Erhoben werden dabei sowohl die Richtung der Käuferwanderungen als auch die Intensität. Gain-and-Loss-Analysen sind gleichzeitig Grundlage für verschiedene Modelle der → Markenwahlentscheidung, z.B. → Markoff-Modelle der Markenwahl, da sie Aussagen über die → Wiederkaufrate zulassen.

Galerie → Einkaufspassage

GAN (Generalized Activity Networks)

Methode der → Netzplantechnik im Marketing, die als vereinfachte Variante von → GERT konzipiert wurde.

Ganzheitspsychologie

theoretischer Ansatz zur psychologischen Erklärung der → Wahrnehmung (s.a. → Werbepsychologie). Andere Ansätze sind die → Gestaltpsychologie und die → Elementenpsychologie. Der Leitsatz der Ganzheits- und auch der Gestaltpsychologie – im Gegensatz zur Elementenpsychologie – lautet: „Das Ganze ist mehr als die Summe seiner Teile." Psychische Prozesse und damit auch Wahrnehmungen sind nicht nur Summe der Empfindungen, sondern vielmehr strukturierte Gestalten. *Gestalten* sind Wahrnehmungsgegenstände, die sich in ihrer Ausprägung (Prägnanz) unterscheiden. Stärker als die Gestaltpsychologie hebt die Ganzheitspsychologie die Bedeutung der Gefühle hervor. Gefühle wirken auf alle psychischen Funktionen, insb. aber auf die Wahrnehmung. Nach ganzheitspsychologischer Auffassung entsteht das Wahrnehmungsbild aus ersten gefühlsmäßig gefärbten Anmutungen. Bewusste Wahrnehmungen sind demnach nicht plötzlich vorhanden, sondern entstehen allmählich. Man spricht dabei von *Aktualgenese*, dem Entstehungsprozess der Wahrnehmung. Spontane Anziehung oder Abstoßung, für die man auch nach langem Nachdenken keine Erklärung findet, haben in diesen Anmutungen möglicherweise ihre Begründung. Im Bereich der Werbung empfiehlt es sich daher, schon die erste, gefühlsmäßige Anmutung eines Werbemittels zu testen. Ein mögliches Testgerät dafür ist das → Tachistoskop. G.M.-H./F.-R.E.

Ganzstelle

Anschlagstelle für die → Außenwerbung, die ausschließlich einem einzigen Werbetreibenden vorbehalten ist.

Gap-Analyse

Planungsmethode in der → Strategischen Marketingplanung, die methodisch auf → Trendextrapolationen beruht. Dabei möchte man in Erfahrung bringen, wie die Situation in der Zukunft aussieht, wenn alles „wie bisher weiterläuft", wobei das Gap dann als strategische Lücke zu interpretieren ist. Die Vorgehensweise wird in der *Abbildung* verdeutlicht.

Man baut also auf historischen Werten des Beurteilungskriteriums auf, nimmt eine Trendextrapolation vor und stellt ihr zum einen diejenigen Werte gegenüber, die sich aufgrund schon beschlossener Strategien abzeichnen, selbst wenn man alle noch nicht ausgeschöpften Potentiale dieser Strategie („operative Lücke") ausschöpft, und zum anderen diejenigen, die man als langfristige Zielprojektion vorgegeben hat. Aus der Differenz zwischen den Zielwerten und den Planwerten ergibt sich die sog. strategische Lücke, die durch entsprechende → Wachstumsstrategien gefüllt werden muss. Die Gap-Analyse wird häufig als Einstieg in umfangreichere Planungsverfahren angewandt. F.B./H.D.

Gap-Modell

Das Konzept der Gap-Analyse

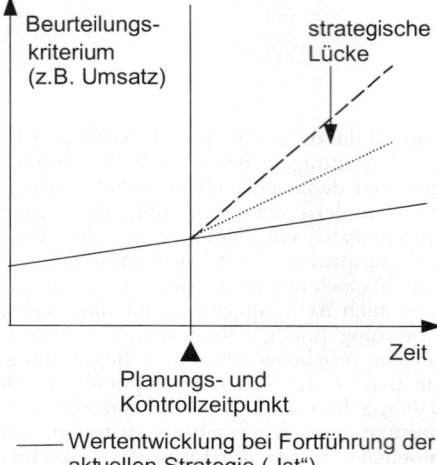

[Diagramm: Beurteilungskriterium (z.B. Umsatz) auf der y-Achse, Zeit auf der x-Achse; strategische Lücke; Planungs- und Kontrollzeitpunkt]

— Wertentwicklung bei Fortführung der aktuellen Strategie („Ist")

- - - Wertentwicklung nach Zielvorstellungen („Soll")

······ Wertentwicklung bei Ausschöpfung aller Reserven bei aktueller Strategie

Gap-Modell

im → Dienstleistungs-Marketing entwickeltes Modell der subjektiv empfundenen → Dienstleistungsqualität, bei dem – ganz im Sinne des → Confimation-Disconfirmation-Ansatzes – verschiedene Diskrepanzen (gaps = Lücken) definiert werden, die für die Unzufriedenheit der Kunden verantwortlich sein können. In der von *Parasuranam, Zeithaml* und *Berry* schon 1984 vorgestellten Form (vgl. *Abb.*) entscheidet letztlich Gap 5 (wahrgenommene vs. erwartete Dienstleistung) über die Kundenzufriedenheit. Ausschlaggebend für diese Diskrepanz sind freilich vier andere Gaps, nämlich fehlerhafte Wahrnehmungen des Managements über die Kundenerwartung (Gap 1), fehlerhafte Umsetzung der wahrgenommenen Erwartungen in Qualitätsspezifikationen (Gap 2), fehlerhafte Produktion der Dienstleistung (Gap 3) und/oder Aufbau falscher Qualitätserwartungen beim Kunden (Gap 4).

Die Nummerierung der Gaps folgt der Reihenfolge, in der solche Qualitätslücken in praxi zu vermeiden bzw. abzustellen sind. Das Modell hilft damit unmittelbar bei der Implementation eines erfolgreichen → Qualitätmanagements, nicht nur im Dienstleistungssektor, wo es empirisch validiert wurde, sondern auch darüber hinaus.

H.D.

Literatur: *Parasuranam, A.; Zeithaml, V.A.; Berry, L.L.*: A Conceptual Model of Service Quality and its Implications for Future Research, in: Journal of Marketing, Vol. 49 (1985), No. 3, S. 41–50. *Benkenstein, M.; Weichelt, K.*: Divergenzen der Qualitätswahrnehmung zwischen Kunden und Mitarbeitern, in: *Bruhn, M.; Stauss, B.* (Hrsg.): Dienstleistungsmanagement. Jahrbuch 2000, Wiesbaden 2000, S. 47–72.

Garantieleistungen, freiwillige

(z.B. im Bereich von Ersatz-, Reparatur- oder Wartungsleistungen) gehen über die gesetzlich vorgeschriebenen Gewährleistungsverpflichtungen von Hersteller- oder Handelsunternehmen (BGB §§ 459-492, 633, 640) hinaus. Sie werden dem Käufer einer Leistung auf Basis separater Garantieverträge gewährt und können sich auf verschiedene Leistungskomponenten (→ Qualitätsgarantie), aber auch den Preis (→ Preisgarantien) beziehen.

Freiwillige Garantieleistungen intensivieren den Kundenkontakt innerhalb der → Nachkaufphase. Ihr Ziel ist es, die Produkt-, Marken- oder Geschäftsstättentreue von Konsumenten durch großzügige Garantiezusagen zu verstärken, um das Ausmaß der erzielten → Kundenbindung zu steigern (→ Beziehungsmarketing). Für den Kunden sinken Informationskosten und Kaufrisiko (→ Informationsökonomik).

Das akquisitorische Potenzial freiwilliger Garantieleistungen wird insbes. durch deren inhaltlichen und zeitlichen Umfang im Vergleich zu Wettbewerbern sowie die Schnelligkeit und Qualität der Leistungserbringung bestimmt. Im Bereich technisch komplexer und hochwertiger Gebrauchsgüter werden freiwillige Garantiezusagen zur Sicherung einer langfristigen Nutzungsdauer und vollen Funktionstüchtigkeit der Produkte gewährt. Die zunehmende technische Ausreifung langlebiger Gebrauchsgüter hat diesen Entwicklungsprozess begünstigt. Auch auf Ebene des Einzelhandels finden sich vielfältige Formen freiwilliger Garantieleistungen (z.B. in Form von Preisgarantien, Qualitäts- bzw. Frischegarantien etc.). Sie erweitern das akquisitorische Potenzial von Geschäftsstätten und erhöhen die Bindung der Kunden an die Standorte des Handelsunternehmens.

K.J.

Gatekeeper

Gap-Modell der Dienstleistungszufriedenheit von *Parasuranam* et al.

KUNDE

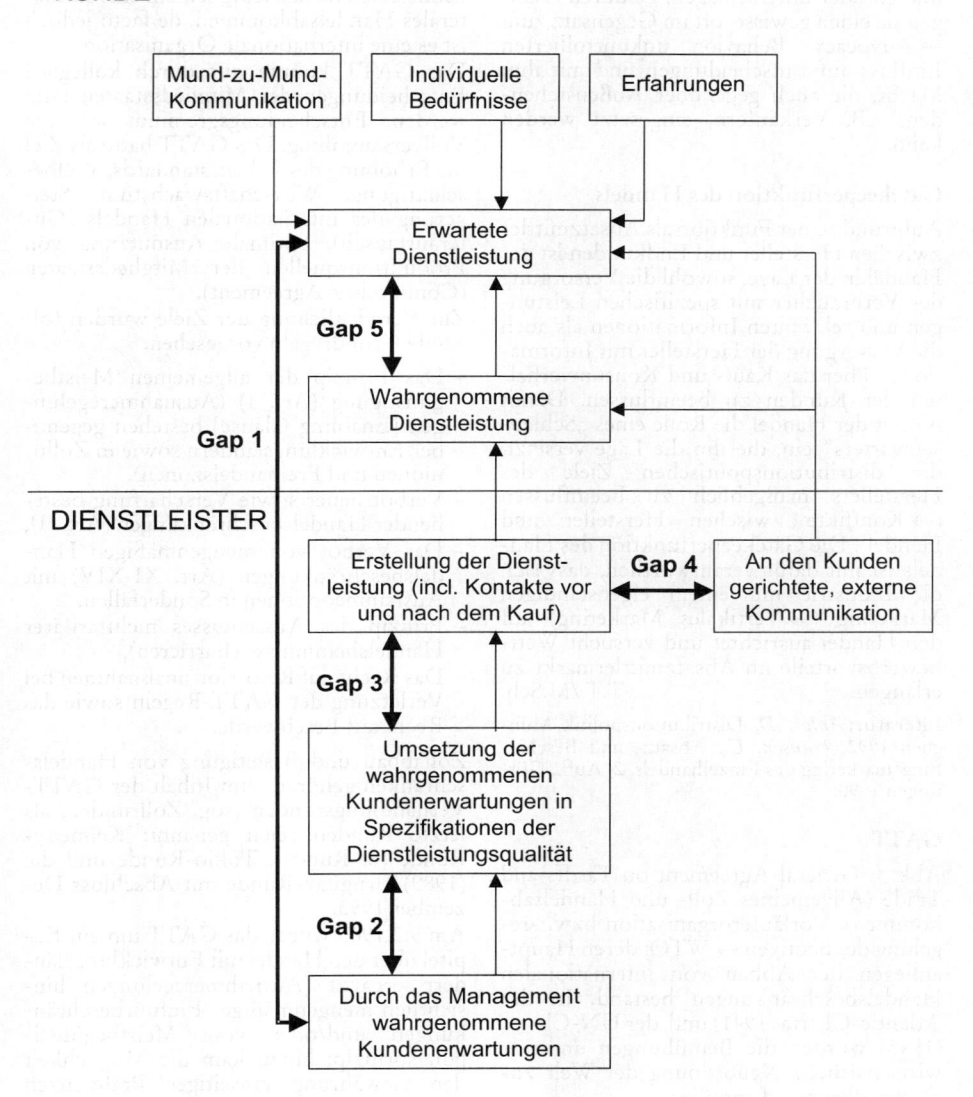

- Mund-zu-Mund-Kommunikation
- Individuelle Bedürfnisse
- Erfahrungen

→ Erwartete Dienstleistung

Gap 5

Wahrgenommene Dienstleistung

Gap 1

DIENSTLEISTER

Erstellung der Dienstleistung (incl. Kontakte vor und nach dem Kauf) ← Gap 4 → An den Kunden gerichtete, externe Kommunikation

Gap 3

Umsetzung der wahrgenommenen Kundenerwartungen in Spezifikationen der Dienstleistungsqualität

Gap 2

Durch das Management wahrgenommene Kundenerwartungen

Literatur: *Ahlert, D.; Flocke, H.J.:* Rechtliche Aspekte der Kundendienstpolitik, in: *Meffert, H.* (Hrsg.): Kundendienstmanagement. Entwicklungsstand und Entscheidungsprobleme der Kundendienstpolitik, Frankfurt a.M. 1982, S. 237-293. *Jeschke, K.:* Nachkaufmarketing. Kundenzufriedenheit und Kundenbindung auf Konsumgütermärkten, Frankfurt a.M., New York 1995.

Gästebefragungen
→ Reiseverhaltensforschung

Gastronomie → Verpflegungsbetrieb

Gatekeeper

Entscheidungsbeteiligte in der Unternehmensorganisation, im → Buying Center oder in Netzwerken, die den Informationsfluss kontrollieren, indem sie relevante Informationen filtern, kanalisieren, transformieren oder unterschlagen. Dadurch erlangen sie einen gewisse, oft im Gegensatz zum → Advocacy Behavior unkontrollierten Einfluss auf Entscheidungen und mit ihm Macht, die auch gegenüber Außenstehenden, z.B. Verkäufern, eingesetzt werden kann.

Gatekeeperfunktion des Handels

Aufgrund seiner Funktion als Absatzmittler zwischen Hersteller und Endkunden ist der Handel in der Lage, sowohl die Versorgung der Verbraucher mit spezifischen Leistungen und relevanten Informationen als auch die Versorgung der Hersteller mit Informationen über das Kauf- und Konsumverhalten der Kunden zu beeinflussen. Damit nimmt der Handel die Rolle eines „Schleusenwärters" ein, die ihn die Lage versetzt, die distributionspolitischen Ziele des Herstellers maßgeblich zu beeinflussen (→ Konflikte zwischen Hersteller und Handel). Die Gatekeeperfunktion des Handels ist mit dafür verantwortlich, dass sich die Industrie mit einem eigenständigen Marketing (→ Vertikales Marketing) auf den Handel ausrichtet und versucht Wettbewerbsvorteile im Absatzmittlermarkt zu erlangen. T.T./M.Sch.

Literatur: *Ahlert, D.:* Distributionspolitik, München 1992. *Hansen, U.:* Absatz- und Beschaffungsmarketing des Einzelhandels, 2. Aufl., Göttingen 1990.

GATT

Abk. f. General Agreement on Tariffs and Trade (Allgemeines Zoll- und Handelsabkommen), Vorläuferorganisation bzw. -regelung der heutigen → WTO, deren Hauptanliegen der Abbau von internationalen Handelsbeschränkungen bestand. In der Atlantic-Charta (1941) und der UN-Charta (1945) wurden die Bemühungen um eine wirtschaftliche Neuordnung der Welt zunächst allgemein formuliert.

Die handelspolitischen Abschnitte der Welthandels-Charta (Havanna-Charta) wurden am 30.10.1947 in Genf als GATT von 23 Mitgliedsstaaten angenommen. Das GATT trat am 1.1.1948 in Kraft und gehört zu den Sonderorganisationen der UN mit Sitz in Genf. Inzwischen gehören mehr als 90 Staaten, davon ca. zwei Drittel Entwicklungsländer sowie einige Ostblockstaaten als Vertragsparteien dieser Institution an (weitere 30 Länder wenden die GATT-Bestimmungen an ohne Mitglieder zu sein) Es handelt sich formal lediglich um ein multilaterales Handelsabkommen, de facto jedoch ist es eine internationale Organisation.

Das GATT konnte nur durch kollegiale Entscheidungen der Mitgliedsstaaten tätig werden. Entscheidungsgremium war die Vollversammlung. Das GATT hatte als Ziel die Erhöhung des Lebensstandards, Vollbeschäftigung, Wirtschaftswachstum, Steigerung des internationalen Handels (Güteraustausch), optimale Ausnutzung von Produktionsquellen der Mitgliedsstaaten (Commodity-Agreement).

Zur Verwirklichung der Ziele wurden folgende Grundregeln vorgesehen.

– Das Prinzip der allgemeinen Meistbegünstigung (Art. I) (Ausnahmeregelungen [Enabling Clause] bestehen gegenüber Entwicklungsländern sowie in Zollunionen und Freihandelszonen).
– Verbot neuer sowie Verschärfung bestehender Handelsbeschränkungen (Art. II),
– Das Verbot von mengenmäßigen Handelsbeschränkungen (Art. XI-XIV) mit Ausnahmeoptionen in Sonderfällen.
– Prinzip des Ausschlusses nichttarifärer Handelshemmnisse (Barrieren).
– Das Recht auf Retorsionsmaßnahmen bei Verletzung der GATT-Regeln sowie das Recht auf Beschwerde.

Zollabbau und Beseitigung von Handelsschranken gehören zum Inhalt der GATT-Verhandlungsrunden (sog. Zollrunden, als letzte Runden seien genannt: Kennedy-Runde [6. Runde], Tokio-Runde und die (1989) Uruguay-Runde mit Abschluss Dezember 1993.

Am 9.2.1965 wurde das GATT um ein Kapitel über den Handel mit Entwicklungsländern ergänzt (Ausnahmeregelungen hinsichtlich mengenmäßiger Einfuhrbeschränkungen und/oder vom Meistbegünstigungsprinzip; hinzu kam die Möglichkeit der Gewährung einseitiger Präferenzen ohne Gegenleistung zugunsten der Entwicklungsländer.

Ferner enthält das GATT Kodices über

– Regierungskäufe (Vermeidung von Diskriminierung ausländischer Anbieter),
– Anti-Dumping (Dumping),
– technische Handelshemmnisse in Form von Normen (Nichtdiskriminierung ausländischer Waren, internationale Angleichung von Normen- und Kennzeich-

nungssystemen, Transparenz bestehender Vorschriften),
- Zollwerte (Einheitlichkeit der Ermittlung des Zolleinfuhrwertes),
- Importlizenzen (Vereinfachung von Antragsverfahren),
- Schutzklausel (escape clause nach Art. XIX zum Schutz existentiell bedrohter inländischer Anbieter). H.Ma.

Literatur: *Dam K.W.*: The GATT: Law-the International Economic Organization, Chicago u.a. 1970. *Heiduk G.*: Die weltwirtschaftlichen Ordnungsprinzipien von GATT und UNCTAD, Baden-Baden 1973. *Adebahr H.; Maennig W.*: Außenhandel und Weltwirtschaft, Berlin 1987.

Gattungsmarken → No Names

GCSC (German Council of Shopping Centers)
1993 wurde der German Council of Shopping Centers gegründet. Die 200 Mitglieder sind entweder Shopping-Betreiber oder an Shopping-Centers interessierte Berater etc. In erster Linie informiert der GCSC über nationale und internationale Entwicklungen im Shopping-Centerbereich. International kooperiert der GCSC mit dem ICSC (International Center of Shopping Centers). Anschrift: Völklinger Straße 4, 40219 Düsseldorf B.H.

Gebietsmarketing → Standortmarketing

Gebietsschutz
Ein Hersteller oder Lieferant räumt bei der → Vertriebswegepolitik im Rahmen einer → vertikalen Kooperation einem Groß- oder Einzelhandelsunternehmen bzw. einem Handelsvertreter ein alleiniges Vertriebs- oder Vertretungsrecht in einem fest abgegrenzten Gebiet ein (räumliches Ausschließlichkeitsrecht). Nach der Intensität des Konzeptes ist zu unterscheiden zwischen:
(1) dem *relativen Gebietsschutz*: Eine Lieferung anderer Alleinvertriebshändler an andere Abnehmer in das geschützte Gebiet ist zulässig;
(2) dem *absoluten Gebietsschutz*: Hier ist die o.g. Lieferung nicht zulässig. Der absolute Gebietsschutz muss spezielle vertragliche Klauseln über die Belieferung der unmittelbaren und mittelbaren Kunden nach Regionen und Kundentypen beinhalten. Dies wird durch Gebietsbindungen und Querlieferungsverbote erreicht.

Gemilderte Formen des absoluten Schutzes werden durch die Vereinbarungen von Ausgleichszahlungen und Übergrenzprovisionen sichergestellt. Durch dieses flexible Vorgehen werden Lieferungen in andere Gebiete bzw. an andere Abnehmertypen nicht ausgeschlossen, jedoch hinsichtlich des Deckungsbeitrages mehr oder minder stark beschnitten. Empfänger dieser Ausgleichszahlungen ist der alleinvertriebsberechtigte Partner bzw. der Hersteller. Gebietsschutz ist vorzufinden (→ Selektivvertrieb):
- beim *Alleinvertretungsvertrag* (zwischen Hersteller und Handelsvertreter),
- beim *Allein- oder Exklusivvertrieb* (zwischen Hersteller und Vertragshändlern),
- beim → *Franchising* (zwischen Kontraktgeber und Kontraktnehmer). B.T./J.Z.

Gebrauchsanweisung (Gebrauchsanleitung, Bedienungsanleitung)
ist ein Kommunikatonsinstrument, das im Rahmen der Kaufentscheidung (z.B. als Grundlage der → Produktdemonstration und Kaufberatung durch Kundenberater), hauptsächlich jedoch in der → Nachkaufphase als Instrument der → Nachkaufkommunikation (→ Nachkaufmarketing) von Unternehmen zum Einsatz kommt. Zunehmende Kundendienstkosten im Bereich technisch komplexer Gebrauchsgüter, ein verstärktes Qualitätsbewusstsein der Konsumenten und v.a. die Verschärfung der → Produkthaftung haben in jüngster Vergangenheit das Marketinginteresse an der Gebrauchsanweisung wieder erwachen lassen. Die primäre Aufgabe der Gebrauchsanweisung besteht darin, den Anwendern erklärungsbedürftiger Produkte schnell und unkompliziert eine sichere Gebrauchsfähigkeit zu ermöglichen, den zuverlässigen langfristigen Gebrauchserhalt eines dauerhaften Konsumgutes zu gewährleisten sowie gegebenenfalls auf Möglichkeiten seiner Weiterverwendung oder umweltfreundlichen Entsorgung hinzuweisen. Gebrauchsanweisungen üben damit einen wesentlichen Einfluss auf das Ausmaß des wahrgenommenen → Gebrauchs- und → Entsorgungsnutzens und in Folge auf die → Kundenzufriedenheit des Konsumenten aus.
Gebrauchsanweisungen erfüllen ihre Aufgaben durch eine Reihe ineinander greifender Funktionen: Mit Hilfe der Aktivie-

rungs- und Motivationsfunktion wird die generelle Aufmerksamkeit des Konsumenten und sein zweckgerichtetes Interesse zur Lektüre der Gebrauchsanweisung geweckt. Im Mittelpunkt der Informationsfunktion steht der Auf- und Ausbau von → Konsum-Kompetenz der Kunden. Die Informationsfunktion vermittelt dem Produktnutzer das Wissen zur produktgerechten Ingebrauchnahme, Instandsetzung, Pflege und Entsorgung sowie darüber hinaus Informationen zu produktbegleitenden Serviceleistungen (→ Nachkauf-Service) der Unternehmen oder relevanten Ergänzungsprodukten (→ Cross Selling). Die Bestätigungsfunktion reduziert existente Nachkaufdissonanzen durch eine positive Hervorhebung des Kaufentscheids (→ Dissonanztheorie).

Unternehmen können mit Hilfe einer leistungsfähigen Gebrauchsanweisung durch die Prävention unsachgemäßer Produktnutzungen eine substanzielle Reduktion ihrer Fehlerkosten (→ Qualität) i.S. der Senkung von Garantie- bzw. Beschwerdehandlungskosten (→ Beschwerdemanagement) erzielen. Darüber hinaus bieten Gebrauchsanweisungen im Rahmen ihrer Akquisitionsfunktion die Möglichkeit, neben dem Wiederkauf auch Folgekäufe der Produktverwender durch den Hinweis auf Zusatz- oder Sonderausstattungen zum Produkt vorzubereiten.

Alle Funktionen der Gebrauchsanweisung werden in ihrer Leistungsfähigkeit durch die formale und inhaltliche Gestaltung der Gebrauchsanweisung bestimmt. Im Mittelpunkt steht dabei die Forderung nach einem der *Verwenderlogik* folgenden systematischen, vollständigen und verständlichen Aufbau von Text, Abbildungen, Typografie und Layout. Dabei sind zielgruppenrelevante Faktoren wie z.B. Konsum-erfahrungen, Nutzungsintensitäten und Lernvermögen bzw. Auffassungsgabe der potenziellen Produktnutzer zu berücksichtigen. Empirische Untersuchungen haben gezeigt, das bildgestützte Textversionen bei den Produktanwendern die größten Lern- und Anwendungserfolge erzielen. K.J.

Literatur: *Petersen, D.; Gebert, B.:* Gebrauchsanweisungen. Ein Baustein des Marketing, in: Harvard Manager, 7. Jg. (1985), Nummer 3, S. 69-75.

Gebrauchsgüterpanel

eine Form des → Panels, bei der sich die zu untersuchenden Warengruppen auf Gebrauchsgüter (z.B. Waschmaschinen, Toaster, etc.) erstrecken. Entsprechend den durchschnittlichen Einkaufsabständen bei solchen Produkten erfolgt die Abfrage in größeren Intervallen (z.B. halbjährlich).

Gebrauchsmuster

schützen ähnlich wie Patente technische Erfindungen, die weltweit neu und gewerblich anwendbar sind. Anders als bei Patenten kann ein Gebrauchsmuster nicht für Verfahren, chemische Stoffe, Stoffe ohne feste Gestalt, Nahrungs-, Genuss- und Arzneimittel, elektrische Schaltungen und unbewegliche Sachen vergeben werden, sondern nur für sich in einer Raumform verkörpernde Arbeitsgeräte oder Gebrauchsgegenstände. Die Größe des erfinderischen Schrittes ist in der Regel kleiner als beim Patent. Die Schutzdauer beträgt drei Jahre, mit Verlängerung maximal 10 Jahre. Die Anmeldung erfolgt schneller als beim Patent, nämlich nach etwa zwei Monaten. Patent- und Gebrauchsmusteranmeldungen erfolgen deshalb häufig gleichzeitig, um während der Dauer des Patenterteilungsverfahrens einen Gebrauchsmusterschutz zu besitzen. Das Gebrauchsmuster wird lediglich registriert, nicht wie beim Patent geprüft. Der Schutz ist nicht so weitgehend wie beim Patent. Rechtsgrundlage ist das Gebrauchsmustergesetz (GebrMG). G.Sp.

Gebrauchsnutzen

ist ein Maß zur Bewertung der subjektiven Bedürfnisbefriedigung, die Konsumenten bei Inanspruchnahme von Gebrauchsgütern und den sie begleitenden sekundären Serviceleistungen erzielen (→ Nutzen). Das Ausmaß des Gebrauchsnutzens resultiert vorrangig aus der gebrauchstechnischen Qualität von Produkten. Darunter wird allgemein die Summe spezifischer Funktionsqualitäten (z.B Gebrauchsfähigkeit, Sicherheit oder Haltbarkeit) verstanden, in denen sich die Eignung eines Gebrauchsgutes für die beabsichtigten Gebrauchszwecke der Konsumenten widerspiegelt (→ Produktgestaltung).

Der Begriff des Gebrauchsnutzens ist eng mit dem Begriff des → Grundnutzens verwandt. Er umfasst im Gegensatz zum → Zusatznutzen vorrangig objektive Qualitätsurteile der Konsumenten, die auch auf Basis technischer Messungen intersubjektiv überprüfbar sind. Der Gebrauchsnutzen bestimmt die seitens der Konsumenten empfundene Nachkaufqualität von Produkten (→ Nachkaufmarketing). Insbesondere im Bereich technisch komplexer Gebrauchsgüter führt die Angleichung der Funktionsqualitäten (*Produkthomogenität*) dazu, dass der Gebrauchsnutzen zunehmend durch ästhetische, ökologische (→ Entsorgungsnutzen) sowie soziale Nutzenkomponenten dominiert wird. K.J.

Literatur: *Hansen,* U.: Absatz- und Beschaffungsmarketing des Einzelhandels, 2. Aufl., Göttingen 1990. *Jeschke, K.:* Nachkaufmarketing. Kundenzufriedenheit und Kundenbindung auf Konsumgütermärkten, Frankfurt a.M., New York 1995.

Gebrochene Preise

sind kurz unter vollen DM- bzw. Euro-Beträgen angesiedelte Preisstellungen im Gegensatz zu sog. Glattpreisen. Man erhofft sich von ihnen eine bessere → Preiswahrnehmung, insb. wenn damit → Preisschwellen unterschritten werden.

Gebrochener Verkehr

Verwendung mehrerer Transportmittel (→ Durchfrachtkonnossement).

Gebührenordnung für Ärzte (GOÄ) und Zahnärzte (GOZÄ)

Sind preispolitische Regelwerke im → Medizin-Marketing. In der GOÄ und GOZÄ sind alle Einzelleistungen für Beratung, Diagnose und Therapie aufgeführt und in DM bewertet. Die Methode des EBM baut auf den Gebührenordnungen für Ärzte auf, bewertet die Einzelleistungen aber nach Punkten. Seit geraumer Zeit werden ergänzend zu den Gebührenordnungen auch Fallpauschalen (Pauschalhonorar für eine bestimmte, häufig vorkommende Operation z.B.) oder Honorare für Leistungskomplexe (für häufig vorkommende und standardisierbare Leistungskomponenten) vereinbart. Die Zersplitterung der ärztlichen Dienstleistung in eine Vielzahl von Einzelleistungen macht die Gebührenordnungen für Ärzte und Zahnärzte intransparent, erschwert für Patienten die Übersicht und erschwert die Kontrolle abgerechneter Leistungen. Die Gebührenordnungen lassen kaum eine positive „Honoraroptik" zu und sind schwer mit einer wirkungsvollen Marketing-Konzeption zu vereinbaren (→ Medizin-Marketing).
W.Oe.

Gebührenvereine → Abmahnung

Geburtstagsverfahren

spezifisches → Auswahlverfahren für Zufallsstichproben. Die Auswahl erfolgt hierbei nach dem Geburtstag (evtl. auch dem -monat – nicht aber etwa dem -jahr!) der einzelnen Personen. Besonders häufig angewandt wird die „Geburtstagsregel" im Rahmen der → mehrstufigen Auswahl, bei der Auswahl von Personen aus Haushalten: Es ist die Person zu befragen, die als Erste im Jahr Geburtstag hat bzw. die mit dem niedrigsten der Zahlen zwischen 1 und 31 oder auch die, die – vom Befragungstag gerechnet – als letzte Geburtstag hatte bzw. als nächste haben wird. M.H.

Gedächtnisbilder → Bildkommunikation

Gedächtnisebenen → Psychophysik

Gedächtnistheorien

Das Gedächtnis wird häufig durch seine Fähigkeit definiert, Ereignisse zu behalten und mehr oder weniger originalgetreu zu reproduzieren. Dies ist aber eine zu enge Betrachtungsweise, denn das menschliche Gedächtnis ist mehr als ein Ablage- und Speichersystem. Es ist produktiv. Die Speicherinhalte werden ständig verändert, z.B. durch neue Verknüpfungen, autonomes Vergessen, Umorganisationen und Rekonstruktionen (→ Kognitive Prozesse). Impulse kommen hierfür von verschiedenen psychischen Prozessen, mit denen das Gedächtnis untrennbar verbunden ist, z.B. dem Wahrnehmen (→ Wahrnehmung), Lernen (→ Lerntheorie), Denken sowie den aktivierenden Prozessen (→ Aktivierung).

Behalten und Vergessen stehen im Mittelpunkt der Gedächtnisforschung. Diese Themen haben auch für das Marketing die größte Bedeutung.

Das *Behalten* wurde zunächst auf relativ einfache assoziative Verknüpfungen zurückgeführt, die durch Assoziationsgesetze erklärt werden, z.B. durch das Gesetz der Ähnlichkeit (ähnliche Reize werden assoziiert), das Gesetz des Kontrastes (Kontrastreize werden assoziiert, z.B. schwarz/weiß) und das Gesetz der Kontinuität (Reize in räumlicher oder zeitlicher Beziehung werden assoziiert). An die Stelle von einfachen Assoziationsbeziehungen sind heute vernetzte assoziative Verknüpfungen getreten. Es wird davon ausgegangen, dass Wissen in solchen kognitiven Netzwerken gespeichert, verändert und ergänzt wird. Genauer:

Die kognitiven *Netzwerke* bestehen aus einer Menge von Knoten und gerichteten Verbindungslinien. Die Knoten stehen meistens für Begriffe (→ sematisches Netzwerk), in anderen Modellen aber auch für Ereignisse oder Bildelemente. Die Verbindungslinien, die nach Art, Richtung und Intensität unterschiedlich sein können, geben die Beziehungen zwischen den Knoten wieder, beispielsweise Relationen zwischen Objekten und Objekteigenschaften oder zwischen Ereignissen und Ursachen. Durch → Wahrnehmung, Denken oder andere kognitive Prozesse werden Teile des Netzwerkes aktiviert und gelangen dadurch ins Bewusstsein. Die Aktivierung bleibt nicht punktuell begrenzt. Es wird ein Prozess der sich *ausbreitenden Aktivierung* eingeleitet, d.h., der angeregte Knoten aktiviert mit abgeschwächter Wirkung weitere mit ihm assoziativ verbundene Knoten.

Die → Aktivierung ist der Basisprozess des Behaltens. Dadurch erhöht sich die Sensitivität für spätere Aktivierungen, d.h. Begriffe, Ereignisse und Zusammenhänge, die häufig wiederholt oder – noch besser – mit denen sich das Individuum intensiv beschäftigt, werden danach leichter aktiviert. Konkret: Das Individuum erinnert sich an wiederholt aktivierte Begriffe und Ereignisse schneller. Daher kommt es in der Werbung darauf an, durch gezielte Aktivierung (z.B. durch Wiederholungen) → Schlüsselinformationen (z.B. Bilder, Begriffe, Melodien oder Slogans) so in die Netzwerke zu verankern, dass sie leicht aktiviert werden. Die Schlüsselinformationen müssen in ein geeignetes assoziatives Umfeld eingebettet werden. Über die Schlüsselinformationen werden dann im Rahmen der sich ausbreitenden Aktivierung geeignete Produktvorstellungen angeregt und auf diese Weise bewusst. Es sind Sozialtechniken zur Förderung dieser Lernprozesse entwickelt worden.

Neben dem Behalten ist das *Vergessen* von Gedächtnisinhalten intensiv untersucht worden. Es werden vor allem zwei Theorien diskutiert: die *Theorie des autonomen (spontanen) Verfalls* und die *Interferenztheorie*. Nach der Theorie des autonomen Verfalls ist das Vergessen ein passiver Vorgang, der im Wesentlichen von der Zeit abhängt. Erinnerungen verblassen im Laufe der Zeit. In der Interferenztheorie wird unterstellt, dass das Vergessen ein aktiver Vorgang ist, der im Wesentlichen von dem vorher (proaktive Hemmung) und nachher (retroaktive Hemmung) gelernten Material abhängt. Diese beiden Theorien werden häufig gegenübergestellt. Es spricht aber viel dafür, dass es keine alternativen, sondern sich ergänzende Theorien sind. Die Theorie des autonomen Verfalls wird im Marketing wenig beachtet. Vergessenskurven in quantitativen Marketingmodellen basieren manchmal darauf. Die Interferenztheorie wird dagegen häufig zu Erklärungen herangezogen. In der Werbung sind Ähnlichkeitsinterferenzen eine wichtige Ursache für das Vergessen von wahrgenommenen Werbeanzeigen. Ähnlicher Anzeigenaufbau, ähnliche Texte und ähnliche Hintergrundmotive führen zu Verwechslungen und schlechten Erinnerungen.

Behalten und Vergessen sind zentrale Gedächtnisfunktionen. Darauf konzentrierte sich die Gedächtnisforschung lange. Inzwischen dominiert ein umfassenderer Ansatz. Das Gedächtnis wird als ein Teil der menschlichen Informationsverarbeitung verstanden. Diese Betrachtungsweise hat zu einem *Speichermodell des Gedächtnisses* geführt, dem die Anlehnung an die technische Informationsverarbeitung anzusehen ist (→ Informationsverhalten). Der Wahrnehmungsprozess und das Gedächtnis werden, wie das in der Datenverarbeitung üblich ist, in Speicher zerlegt und durch Informationsflüsse verbunden. Bei der menschlichen Informationsverarbeitung fließen die Umweltinformationen zunächst in modalspezifische sensorische Speicher, in denen sie kurzfristig aufbewahrt werden. Diejenigen Informationen, auf die die → Aufmerksamkeit gerichtet ist, werden in das Kurzzeitgedächtnis übertragen, alle anderen gehen verloren. Das *Kurzzeitgedächtnis* zeichnet sich vor allem dadurch aus, dass in ihm Informationen kognitiv verarbeitet werden können. Sie werden beispielsweise miteinander sowie mit Erfahrungen verglichen und verknüpft. Es hat eine eng begrenzte Kapazität. Die Informationen werden hier nur einige Sekunden gespeichert. Allerdings kann die Speicherzeit durch Memorieren (inneres Wiederholen) verlängert werden. Das Ausmaß des Memorierens bestimmt die Menge an Informationen, die in das *Langzeitgedächtnis* überführt werden. Der Begriff Langzeitgedächtnis weist auf eine kennzeichnende Eigenschaft dieses Gedächtnisses hin: Hier werden Informationen so gespeichert, dass sie langfristig reproduzierbar bleiben.

Das Speichermodell ist wissenschaftlich nicht mehr haltbar, aber für viele praktische Fragestellungen noch immer ein brauchbarer Rahmen. Damit können bspw. → Werbewirkungen und die Entstehung von → Markenbekanntheit detailliert beschrieben werden. Was wird an diesem Modell kritisiert? Es unterscheidet streng zwischen verschiedenen Gedächtnissen. Es gibt keine scharfe Trennung zwischen Kurz- und Langzeitgedächtnis. Der Übergang ist fließend. Dies ist eine zentrale Annahme der *Theorie der Verarbeitungstiefe* (levels-of-processing approach). Sie geht davon aus, dass bei der menschlichen Informationsverarbeitung die wahrgenommenen Informationen nicht eine Serie von unterschiedlichen Gedächtnissen durchlaufen, sondern eine Hierarchie von Verarbeitungsprozessen. Das Behalten hängt nicht von der Dauer des Memorierens ab. Es wird nur dann verbessert, wenn die Inhalte in einer tiefen und bedeutungshaltigen Art und Weise verarbeitet werden. Verarbeitungstiefe wird durch kognitive Verarbeitungsleistungen erreicht, z.B. Anreicherung und Reinterpretation. Wenn bspw. ein Bild intensiv interpretiert und kunsthistorisch eingeordnet wird, erreicht man Verarbeitungstiefe. Dadurch werden Details langfristig behalten. Dagegen ist die Verarbeitungstiefe flach, wenn das dargestellte Bildmotiv nur oberflächlich betrachtet wird. Entsprechend hinterlassen Werbeanzeigen bei flüchtiger Wahrnehmung flache Eindrücke, die schnell vergessen werden. Beschäftigt sich der Werbeempfänger näher mit den Werbeargumenten, ist die Erinnerungsleistung wesentlich größer. Es muss daher versucht werden, den Werbeempfänger zu einer positiven Auseinandersetzung mit der Werbebotschaft anzuregen und einen Dialog mit ihm aufzubauen.

Die Theorie der Verarbeitungstiefe unterscheidet nicht mehr zwischen verschiedenen Gedächtnissen. Es muss aber zwischen verschiedenen Funktionsbereichen unterschieden werden. Insbesondere gibt es neben dem Langzeitgedächtnis, so etwas wie ein Arbeitsgedächtnis. Durch verschiedene Mechanismen wird es ermöglicht, dass hier der Bestand einer begrenzten Informationsmenge aufrecht erhalten und – daher kommt der Name – bearbeitet werden kann. Informationen werden bspw. miteinander und mit Erfahrungen verglichen und verknüpft. Worin unterscheidet sich das Arbeitsgedächtnis vom Kurzzeitgedächtnis der Speichermodelle? Im Gegensatz zum Kurzzeitgedächtnis und den Annahmen des Speichermodells wird in der Theorie der Verarbeitungstiefe jedoch nicht angenommen, dass Informationen im Arbeitsspeicher gewesen sein müssen, um in das Langzeitgedächtnis zu gelangen. Der Lernerfolg wird – wie schon beschrieben – von der Verarbeitungstiefe bestimmt, nicht von der Verweildauer im Arbeitsgedächtnis.

Im Langzeitgedächtnis sind alle möglichen Erfahrungen gespeichert, z.B. Erlebnisse, Bilder, Daten (z.B. → Preiskenntnisse) und Erkenntnisse. Allgemein ausgedrückt: Dort wird Wissen repräsentiert. In den letzten Jahren hat man sich intensiv mit der Frage beschäftigt, wie Wissen im Gedächtnis repräsentiert wird. Auch bei dieser Frage muss zwischen einem Arbeits- und einem Langzeitgedächtnis unterschieden werden. Repräsentationen im Arbeitsgedächtnis werden *Oberflächenrepräsentationen* und diejenigen im Langzeitgedächtnis *Tiefenrepräsentationen* genannt. Die Oberflächenrepräsentation entspricht dem bewussten Vorstellungsbild. Sie kann mit dem Bildschirm eines Computers verglichen werden. Aus den Tiefenstrukturen des Langzeitgedächtnisses und aus gerade wahrgenommenen Inhalten werden Vorstellungen auf die Oberfläche projiziert.

Wichtiger als die Frage nach der Oberflächenrepräsentation ist die Frage nach der Wissensrepräsentation im Langzeitgedächtnis. Am häufigsten werden zwei Formen genannt, das analoge und das propositionale Repräsentationssystem. Bei den *analogen Repräsentationssystemen* wird davon ausgegangen, dass die kognitiv gespeicherten Objekte denjenigen Objekten ähnlich (analog) sind, die sie repräsentieren. Mit diesem System kann in der Wissenschaft gut gearbeitet werden, wenn es um bildhaft-anschauliches Wissen geht. Bei den *proportionalen Repräsentationssystemen* wird davon ausgegangen, dass Wissen in Wissenseinheiten (= Propositionen) gespeichert ist, die durch Netzwerke miteinander verbunden sind. Diese Systeme finden in der Wissenschaft insbesondere zur Rekonstruktion des sprachlich-begrifflichen, aber auch des als episodisch umschriebenen Wissens Verwendung. Oben wurde schon darauf hingewiesen, wie man sich das Behalten in diesen Netzwerken vorstellt.

Für das Marketing haben die skizzierten psychologischen Gedächtnistheorien ihre Leistungsfähigkeit bewiesen. In den letzten

Jahren ist ein weiteres Gebiet erschlossen worden. Ergebnisse aus neurowissenschaftlichen Untersuchungen werden stärker beachtet. Bspw. hat man sich im Marketing mit den Funktionen der Gehirnhälften beschäftigt. In diesem Zusammenhang wird der Begriff „Hemisphärentheorie" verwendet. Danach verarbeitet die *rechte Hemisphäre* holistische (ganzheitliche) Informationsformen, z.B. Bilder, das räumliche Vorstellungsvermögen, Musikeindrücke, Gefühle und Träume. Sie ist emotional ausgerichtet und zur gleichzeitigen Verarbeitung von Informationen befähigt. Die *linke Hemisphäre* ist Träger der sequentiell ablaufenden logisch-analytischen Informationsverarbeitung, insbesondere der Sprachwahrnehmung und der rationalen Denkoperationen. Diese Forschungsergebnisse sind für die Grundlagenforschung wichtig. Sie weisen bspw. darauf hin, dass in der Werbung zwischen emotionaler und informativer Beeinflussung unterschieden werden muss (→ emotionale Werbung) und heben die Bedeutung von → Musik und → Bildkommunikation, aber auch der → dualen Kodierung für die Werbung hervor. G.B.

Literatur: *Albert, D.; Stapf, K.H.* (Hrsg.): Gedächtnis, Göttingen 1996. *Neumaier, M.:* Image-Design, Wiesbaden 2000.

Gedehntes Lesen

Begriff aus der → Leserschaftsforschung: Nutzung einer Zeitschrift über einen längeren Zeitraum als den des Erscheinungsintervalls hinweg. Oft bei Titeln ohne unmittelbare Aktualität zu beobachten.

Gefangenendilemma (Prisoner's dilemma)

Dieses Spiel dient als Grundlage zur Charakterisierung einer Vielzahl von Spielsituationen im Rahmen der → Spieltheorie. Die „Cover-Story" wurde von *Luce* und *Raiffa* (1957) beschrieben: „Zwei Verdächtige werden in Einzelhaft genommen. Keinem kann eine Schuld direkt nachgewiesen werden. Vor dem Gerichtstermin werden die zwei Verdächtigen getrennt voneinander darauf hin gewiesen, dass jeder zwei Möglichkeiten hat, und zwar das Verbrechen zu gestehen oder zu leugnen. Wenn beide Spieler leugnen, werde man sie wegen eines kleineren Deliktes (illegaler Waffenbesitz) anklagen. Gesteht einer von beiden, so tritt die Kronzeugenregelung in Kraft und der Geständige wird nach kurzer Zeit frei gelassen, gegen den anderen wird die Höchststrafe verhängt. Gestehen beide, so werden sie eine hohe Strafe erhalten, allerdings nicht die Höchststrafe".

Die Gefangenen wählen nun ihre Strategie gleichzeitig, ohne die Wahl des Mitspielers zu kennen. Eine Kommunikation zwischen beiden oder gar eine bindende Absprache ist nicht möglich. Offensichtlich ist, dass die Strategiekombination „Leugnen" für beide Gefangenen besser wäre als „Gestehen". Diese Wahl würde man als „kollektiv rational" bezeichnen. Allerdings wäre unter den beschriebenen Bedingungen „Leugnen" keine „individuell rationale" Strategie, da kein bindender Vertrag abgeschlossen werden kann, der zusichert, dass der Mitspieler ebenfalls leugnet. Die Lösung muss derart gestaltet sein, dass sie sich von selbst durchsetzt, so dass kein Spieler ein Eigeninteresse daran hat, von dieser einmal gewählten Lösung abzuweichen. Offensichtlich ist es individuell rational zu gestehen. Gestehen ist also eine Strategie, die für beide Spieler dominant ist, unabhängig davon, was der andere Spieler wählt. Das Gefangenendilemma beschreibt folglich Situationen, in denen die kollektive Rationalität, also die Maximierung beider Interessen gemeinsam, durch die individuelle Rationalität verdrängt wird, wenn keine bindenden Absprachen getroffen werden können. Dies ist der Fall, wenn sich zwei Firmen, wie *Coca Cola* und *Pepsi Cola* im → Werbewettbewerb befinden, sich aber beide Firmen besser stellen würden, wenn sie die Werbeinvestitionen gemeinsam absprechen und reduzieren würden. Die beiden Firmen befinden sich dann in einer Art „Gefangenendilemma". E.L.

Literatur: *Aumann, R. J.; Hart S.* (Hrsg.): Handbook of Game Theory, Amsterdam 1992 (Band I) und 1994 (Band II). *Gibbons, R.:* A Primer in Game Theory, New York 1992. *Holler, M.J.; Illing G.:* Einführung in die Spieltheorie, 3. Aufl., Heidelberg 1996. *Luce, R.D.; Raiffa, H.:* Games and Decision, New York 1957.

Gefühlsbetonte Werbung

Im → Werberecht übliche Bezeichnung für (sittenwidrige) → emotionale Werbung. In der Werbung dürfen selbstverständlich zum Absatz von Waren und gewerblichen Leistungen Gefühle angesprochen werden und – bspw. in Sympathie, Glück, Sonnenschein und Liebe – als emotionsanregender Werbeappell eingesetzt werden (s.a. → Suggestivwerbung). Die Rechtsprechung bezeichnet das Schaffen positiver Stimmungen und das Ansprechen von Gefühlsregungen des Umworbenen als nicht grundsätzlich wettbewerbswidrig. Die Grenze zur Wettbewerbswidrigkeit ist dann überschritten, wenn in der Werbung ohne sachliche Bezugnahme auf die angebotene Ware oder Leistung, ihre Eigenschaften, Qualität, Preiswürdigkeit oder sonstige Besonderheiten zielbewusst bei dem Umworbenen Gefühle, z.B. Mitleid, erregt werden, um diese Gefühle im eigenen wirtschaftlichen Interesse als entscheidendes Kaufmotiv auszunutzen. Hierin wird eine unsachliche Beeinflussung des Kunden gesehen (→ Kundenfang). Die unzulässige gefühlsbetonte Werbung setzt die menschliche Eitelkeit, die Hilfsbereitschaft, das Mitleid, die Barmherzigkeit, aber auch die Angst vor schlechten Entwicklungen (z.B. Inflation) und Katastrophen als Mittel ein, um vom Produkt abzulenken und einen unsachlichen, vom Gefühl betonten Kaufentschluss herbeizuführen. Wettbewerbswidrig ist bspw. der planmäßige Einsatz schwer Sprachbehinderter in der Zeitschriftenwerbung im Haus-zu-Haus-Geschäft, die sich nur durch Vorzeigen einer Schrifttafel verständlich machen können. Für Blindenware darf nur in begrenztem Umfang unter Hinweis auf die Beschäftigung von Blinden oder die Fürsorge für sie hingewiesen werden (vgl. Blindenwaren-Vertriebsgesetz). Ähnliches gilt für die Schwerbeschädigten-Waren (vgl. Schwerbeschädigtengesetz).

Häufig wird gefühlsbetonte Werbung v.a. mit dem Hinweis betrieben, dass der Umworbene, wenn er sich im Sinne der Werbung entscheidet, etwas Positives für die Umwelt tut. Hier wird appelliert an das soziale Verantwortungsgefühl; das schlechte Gewissen der Bürger wird bezüglich des Umweltschutzes für eigene Werbezwecke ausgenutzt. Bspw. wurde die Erklärung eines Autohändlers, für jeden gekauften Wagen einen Baum zu stiften, als wettbewerbswidrig angesehen. Werbung mit der Angst wird ebenfalls als wettbewerbswidrig betrachtet, wenn zur Steigerung des eigenen Umsatzes Angstgefühle hervorgerufen oder bestehende Angstgefühle bestärkt werden. Dies gilt besonders, wenn die Angstgefühle in Bezug auf die eigene Gesundheit geschürt werden („Beugen sie einer Katastrophe vor"). Besorgnis um die Erhaltung der Gesundheit verbunden mit fachlicher Unkenntnis kann besonders für Waren und Leistungen, die die Gesundheit fördern sollen, ausgenutzt werden. H.-J.Bu.

Gegendarstellung

Das für die → Public Relations bedeutsame Gegendarstellungsrecht der Landespressegesetze gibt den von Medienberichten betroffenen Personen oder Stellen die Möglichkeit, über sie veröffentlichte, angeblich unwahre Tatsachen richtig zu stellen. Gegendarstellungsfähig sind nur Tatsachenbehauptungen; Werturteile berechtigen indessen nicht zur Gegendarstellung. Gegenpartei ist der für den ursprünglichen Medienbericht verantwortliche Redakteur oder Verleger. Gegendarstellungen sind sowohl gegen redaktionelle Artikel als auch gegen Anzeigen möglich. P.F.

Gegengeschäfte (Countertrade)

sind kommerzielle Transaktionen, bei denen durch einen Vertrag oder durch eine Reihe von untereinander abhängigen Verträgen festgelegt wird, dass die Bezahlung einer Leistung zusätzlich zu oder an Stelle von finanziellen Gegenleistungen durch die Lieferung von Gütern und/oder Dienstleistungen erfolgt. 20 bis 30% des internationalen Handels werden in Form solcher Gegengeschäfte abgewickelt.

Beim klassischen *Barter* tauschen zwei Geschäftspartner auf Basis eines Vertrages in kurzer Zeit Güter oder Dienstleistungen mit gleichem Wert gegeneinander aus ohne dass dabei Zahlungen erfolgen. Von Regierungen unterzeichnete Clearing-Account Barter Abkommen ermöglichen eine Gegenverrechnung von Leistungen verschiedener Unternehmen ihrer Länder ohne Bezahlung und ohne direkten Geschäftszusammenhang.

Kompensationsgeschäfte, → *Parallelgeschäfte* und → *Offset-Geschäfte* beruhen auf mehreren Verträgen, sind zumeist auf länger als ein Jahr ausgelegt und schließen teilweise oder auch vollständige Bezahlung der erbrachten Leistungen mit ein.

Bei *Kompensationsgeschäften* verpflichtet sich der Lieferant, entsprechend der vereinbarten Kompensationsquote einen Teil des Preises in Form von nicht-monetären Gegenleistungen zu akzeptieren. Beim *Buyback-Geschäft* bezieht sich die Gegenabnahmeverpflichtung auf die mit einer gelieferten Anlage produzierten Güter (→ Financial Engineering).

→ *Parallelgeschäfte* sind eine indirekte Form von Gegengeschäften, bei denen sich der Lieferant in einem zusätzlichen Vertrag dazu verpflichtet, bestimmte Arten von Gütern im Wert eines vertraglich festgesetzten Prozentsatzes innerhalb eines bestimmten Zeitraumes vom Kunden zu kaufen. *Offset-Geschäfte* werden zwischen einem Unternehmen und einer Regierung abgeschlossen. Die Regierung ist nur dann bereit, einen bestimmten Auftrag (z.B. Waffen oder Infrastrukturprojekte) zu vergeben, wenn das Lieferunternehmen sich zu Technologietransfer durch Produktion von Komponenten oder Ausrüstung im Käuferland, zur Vergabe von Aufträgen an lokale Firmen und zu langfristigen Parallelgeschäften bereit findet.

Gegengeschäfte ermöglichen Entwicklungsländern, denen es an Vermarktungs-Know how, internationaler Wettbewerbsfähigkeit ihrer Produkte und Kapital mangelt, den Zugang zu technischem Know-how, internationalen Märkten und wichtigen Kapitalgütern. Für Lieferanten bringen Gegengeschäfte Risiken bzgl. Wert, Qualität, Eigentum, und Wiederverkäuflichkeit der eingetauschten Produkte mit sich. Sie stellen andererseits aber eine Möglichkeit dar, lokale Zollbarrieren zu umgehen und ansonsten aufgrund von Devisenknappheit und Zahlungsbilanzproblemen verschlossene Märkte zu öffnen. H.Mü.

Gehäuftes Lesen

Begriff aus der → Leserschaftsforschung: Nutzung mehrerer verschiedener Ausgaben einer Zeitschrift innerhalb eines Erscheinungsintervalls. Abonnenten sind anfällig für gehäuftes Lesen, da das Interesse an der Zeitschrift und der Liefertermin oft nicht zusammenpassen. Die verschiedenen Exemplare werden gesammelt und innerhalb eines Erscheinungsintervalles gelesen.

Gehirnforschung → Gedächtnistheorie

Gelbe Seiten

von der → DeTeMedien zusammen mit örtlichen Verlagen als Werbeträger angebotenes Branchen-Fernsprechbuch, das in Zusammenarbeit mit Verlagen alljährlich neu zusammengestellt und der werbetreibenden Wirtschaft als → Werbemittel angeboten wird. Es gehört zu den bedeutsamsten Werbeträgern der Adressbuchwerbung (→ Adressbücher).

Geldausgabeautomat

Geldausgabeautomaten (GAA, cash dispenser) werden zur rationellen Abwicklung des Barauszahlungsverkehrs von Kreditinstituten im Rahmen der → Kundenselbstbedienung in Banken eingesetzt. Der GAA ermöglicht grundsätzlich während 24 Stunden am Tag und 7 Tagen in der Woche die Bargeldbeschaffung durch Bankkunden. Neben der Eingabe einer persönlichen Identifikationsnummer (PIN) benötigen die Kunden eine gültige → eurocheque-Karte oder eine Kundenkarte ihrer Bank, die in den GAA eingeführt wird. Der Einsatz der Geldausgabeautomaten beschränkt sich bislang i.d.R. auf die Auszahlung vom eigenen Girokonto, teilweise auch vom Sparkonto des Kunden. Meist sind Geldausgabeautomaten als Monofunktionsgeräte konzipiert, eine Integration der Funktion Geldausgabe ist jedoch auch in Multifunktionsgeräte möglich. In Deutschland stehen den Bankkunden Mitte 1999 rund 44.000 Geldausgabeautomaten zur Verfügung *(Tab.)*.

Die Banken unterhalten die Geräte „outdoor" oder „indoor". Im ersten Fall ist das Gerät für den Kunden an der Außenwand der Bank, in einem Vorraum oder einem Drittstandort installiert.

Die Spitzenverbände der Banken und die Postbank haben 1979 eine „Vereinbarung für das institutsübergreifende Geldausgabeautomaten-System" getroffen. Danach kann jeder Bankkunde alle installierten Geldausgabeautomaten benutzen und nicht nur die seiner kontoführenden Bank. Seit einigen Jahren ist dieses System auch interna-

Geldausgabeautomaten in Deutschland

Jahr	1991	1992	1993	1994	1995	1996	1997	1998
Zahl der GAA in Deutschland	13.800	19.000	25.000	29.400	35.700	37.600	41.400	44.000
EC-Karten (Mio.)	30,3	33,4	35,3	36,6	37,7	39,3	40,8	43,1

tional in Zusammenarbeit der meisten europäischen Länder in Kraft. O.B.

Geld-zurück-Garantie → Preisgarantie

Gelegenheitsverkehr → Transportplanung

Gemeinsame Erklärung → Sündenregister

Gemeinsamer Binnenmarkt
→ Handelszusammenschlüsse, internationale

Gemeinschaftsforschung
→ FuE-Strategien

Gemeinschaftsmailing (Partnerschaftsmailing, Verbundmailing, Coop-Mailing)

Zusammenfassung → adressierter Werbesendungen unterschiedlicher, i.d.R. nichtkonkurrierender Unternehmen mit sich ergänzenden Angeboten zu einer Aussendungseinheit (→ Syndication). Gegenteil: *Solomailing*. Grundvoraussetzung für die gemeinsame Aussendung ist das Vorhandensein einer gemeinsamen Zielgruppe. Auf diese Weise lassen sich bei sämtlichen Fixkosten, wie Konzept, Produktion, → Adressierung und Porto Kostendegressionseffekte erzielen. Aber auch die Abwicklung von Anfragen und Bestellungen kann z.B. über eine gemeinsame Antwort- bzw. Bestellkarte gebündelt werden. Aus Sicht des Kunden interessant ist sicherlich der Sortimentverbund der Anbieter. Spezialform: → Card-Deck bzw. Coupon-Booklet. N.G.

Literatur: *Tongits, L.*: Verbundformen im Direct Marketing, in: *Dallmer, H.* (Hrsg.): Handbuch Direct Marketing, 7. Aufl., Wiesbaden 1997, S. 202–212.

Gemeinschaftsmarke

von mehreren selbständigen Unternehmen in → Kooperation vertriebene → Hersteller- oder → Handelsmarke (→ Markenartikel). Der Begriff ist abzugrenzen von der Europäischen Gemeinschaftsmarke (→ Europäisches Markenamt).

Gemeinschaftsnutzung
→ Konsum ohne Eigentum

Gemeinschaftspraxis → Arztpraxis

Gemeinschaftstest → Stiftung Warentest

Gemeinschaftswarenhaus

räumlicher und organisatorischer Verbund von → Fach- und → Spezialgeschäften des → stationären → Einzelhandels einschließlich sonstiger Dienstleistungsbetriebe, die auf vergleichsweise ausgedehnten Verkaufsflächen ‚unter einem Dach' an zentralen, innerstädtischen Standorten ein insgesamt nach Breite und Tiefe ähnlich branchenheterogenes Sortiment hoher Artikelzahl anbieten, wie dies für → Warenhäuser im Allgemeinen (noch) typisch ist.

Gemeinschaftswarenhäuser nehmen insofern im Spektrum der betrieblichen Erscheinungsformen des Einzelhandels eine Zwischenstellung ein,

– da sie einerseits die marktwirksamen Synergieeffekte der zwischenbetrieblichen und innerbetrieblichen Standortkooperation zu nutzen trachten, ob nun im Sinne einer branchenungleichen Agglomerationsform, wie z.B. → Einkaufspassagen, oder im Rahmen der verkaufsflächeninternen Standortplanung gemäß dem → Shop-in-the-shop-Prinzip,

– andererseits jedoch auf eine besondere Kennzeichnung und geschäftsflächenbezogene Separierung der beteiligten Unternehmen zugunsten eines einheitlichen (hier: betriebsformenspezifischen, da warenhausähnlichen) Gesamteindrucks verzichten.

In der Bundesrepublik Deutschland haben sich die ersten Gemeinschaftswarenhäuser Anfang der 70er-Jahre etabliert. Gleichwohl blieb ihnen in der Folgezeit der Markterfolg als eigenständige Kooperationsform weitgehend versagt, sodass ihr Verbreitungsgrad allenfalls schätzungsweise unter Einbeziehung ähnlicher Erscheinungsformen, wie *Gemeinschaftskaufhäuser*, *Ladenkooperationen* und *SB-Gemeinschaftswarenhäuser*, erfasst werden konnte, so zuletzt für 1988 mit etwa 30 Objekten. Hinzu kommen die ohnehin gegebenen (und offenbar auch wahrgenommenen) Möglichkeiten einer Neupositionierung im Sinne der ‚konzeptionellen Verschmelzung' mit zwischenzeitlich erfolgreicheren Einzelhandelskonzepten, wie mit innerstädtischen → Einkaufszentren und → SB-Warenhäusern (Quelle: Institut für Gewerbezentren, Bad Urach).
H.-J.Ge.

Gemeinschaftswerbung

Form der → vertikalen oder → horizontalen Kooperation im Bereich der → Werbung. Die Gemeinschaftswerbung umfasst verschiedene Varianten, die in der *Abb.* aufgegliedert werden.

Die Gemeinschaftswerbung spielt rein quantitativ in Deutschland und der Schweiz eine eher untergeordnete Rolle, wobei in den letzten Jahren eine eher steigende Tendenz zu verzeichnen ist. Man schätzt ihren Anteil auf etwa 5 bis 10% der Werbeausgaben, wobei insbesondere Dienstleistungen sowie landwirtschaftliche Erzeugnisse und Nahrungs- bzw. Genussmittel in Gemeinschaftswerbe-Aktionen beworben werden.

Die Realisierbarkeit und Effizienz von Gemeinschaftswerbung hängt im Wesentlichen von drei Faktoren ab (*Purtschert*, 1988):

(1) Gruppenstruktur
(2) Bedrohung durch die Umwelt
(3) Produktcharakteristik

ad (1): In atomistisch oder oligopolistisch strukturierten Gruppen lässt sich die Organisation der Gemeinschaftswerbung leichter bewerkstelligen als in heterogenen Gruppen. Als optimal werden 5 bis 18 Mitglieder angesehen. Die Vielzahl der Anbieter in atomistisch strukturierten Märkten verhindert meist eine spontane Kooperation, da das Eigennutzstreben der Anbieter im Vordergrund steht. Da jedoch die Organisation der Gemeinschaftswerbung über große Verbände realisiert wird, in welchen das einzelne Mitglied nicht direkt über solche Sachfragen mitbestimmen kann, kommen paradoxerweise gerade in atomistisch strukturierten Märkten Gemeinschaftswerbeaktionen zustande (vgl. Landwirtschaftswerbung in Deutschland, Österreich und der Schweiz). Diese Großverbände erhalten nicht selten staatliche Zuschüsse für Gemeinschaftswerbekampagnen. Bei oligopolistischer Struktur, z.B. in der Fotoindustrie oder Brauwirtschaft, ist Gemeinschaftswerbung auch häufig vertreten, weil die Organisierbarkeit der Gruppe ebenfalls gegeben ist. Allerdings müssen auch die Produktcharakteristika für eine solche Werbung geeignet sein.

ad (2): Der Wille zur Kooperation kann durch besondere Umstände besonders gefördert werden. Meistens handelt es sich um äußeren Druck, z.B. neue Wettbewerber, Substitutionskonkurrenz oder eine allen Anbietern erkennbare Bedrohung aus der Umwelt. Gelegentlich stemmen sich die Anbieter auch im Wege der Gemeinschaftswerbung gegen neue Trends im Konsumverhalten oder in der Legislative.

ad (3): Für Gemeinschaftswerbung eignen sich besonders solche Produkte, die keine großen Möglichkeiten zur sonstigen Differenzierung bieten. Dies trifft z.B. auf viele

Formen der Gemeinschaftswerbung

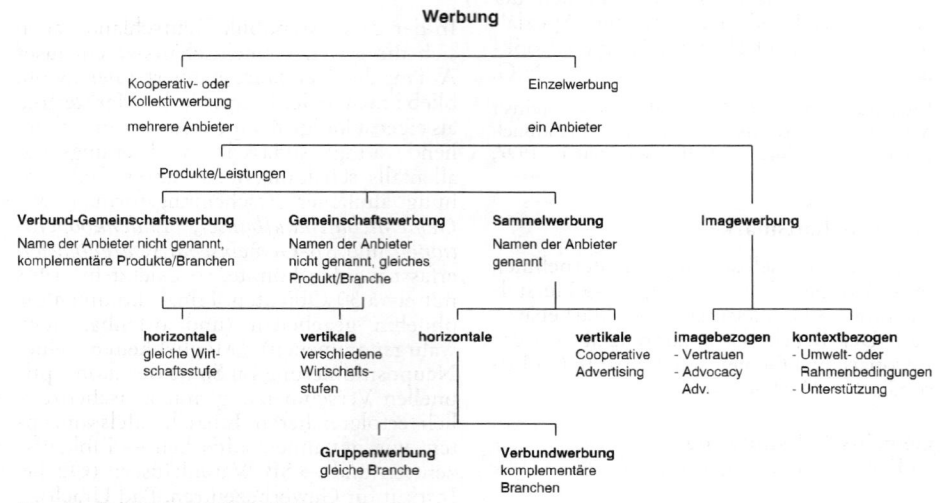

Werbung
- Kooperativ- oder Kollektivwerbung (mehrere Anbieter)
- Einzelwerbung (ein Anbieter)

Kooperativ- oder Kollektivwerbung:
- Produkte/Leistungen
  - **Verbund-Gemeinschaftswerbung**: Name der Anbieter nicht genannt, komplementäre Produkte/Branchen
    - horizontale: gleiche Wirtschaftsstufe
  - **Gemeinschaftswerbung**: Namen der Anbieter nicht genannt, gleiches Produkt/Branche
    - vertikale: verschiedene Wirtschaftsstufen
    - horizontale → Gruppenwerbung: gleiche Branche
  - **Sammelwerbung**: Namen der Anbieter genannt
    - vertikale: Cooperative Advertising
    - horizontale → Verbundwerbung: komplementäre Branchen

Einzelwerbung:
- **Imagewerbung**
  - imagebezogen: Vertrauen, Advocacy Adv.
  - kontextbezogen: Umwelt- oder Rahmenbedingungen, Unterstützung

(Quelle: *Purtschert*, 1988, S. 522)

landwirtschaftliche Produkte, auf Grundstoffe (z.B. Gips, Holz) oder auf Verarbeitungsmaterialien wie Wolle oder Leinen zu. Je größer der Heterogenisierungsspielraum der Produktpolitik, umso eher werden die Unternehmen nach Marktnischen streben, die eine eigene Profilierung im Wege der Individualwerbung ermöglichen. Die Gemeinschaftswerbung kann hier nur einen Vorentscheid zugunsten der Produktgruppe fördern, danach versucht die Individualwerbung des einzelnen Anbieters den definitiven Kaufentscheid auf das eigene Angebot zu lenken. Diese Konstellation bewirkt, dass Unternehmen ihre Werbemittel vor allem für die Individualwerbung einzusetzen trachten, was zu einer suboptimalen Alimentierung der Gemeinschaftswerbung führt. Ein geeignetes Feld für Gemeinschaftswerbung sind Imagewerbekampagnen für eine gesamte Branche (vgl. Gemeinschaftswerbung der deutschen chemischen Industrie, Gemeinschaftswerbung der Schweizer Banken). Auch hinter diesen Kampagnen stehen starke Verbände.

Rechtliche Aspekte
Werbung für das eigene Unternehmen wird im Wettbewerbsrecht als wesentliches Kriterium der unternehmerischen Betätigung angesehen. Rechtliche oder faktische Beschränkungen der eigenen Werbung und Werbetätigkeit zugunsten einer Gemeinschaftswerbung berühren die wettbewerbliche Handlungsfreiheit der beteiligten Unternehmen, so dass entsprechende Vereinbarungen zwischen Unternehmen als verbotene Kartellvereinbarungen i.S. von § 1 GWB anzusehen sind. Für mittelständische Unternehmen ergibt sich auch hier eine Möglichkeit der Verpflichtung zur gemeinschaftlichen Werbung, z.B. Herausgabe eines Gemeinschaftskataloges oder -prospektes oder Schaltung gemeinsamer Zeitungsanzeigen, auch unter Angabe des Verkaufspreises für die in die Gemeinschaftswerbung einbezogenen Artikel im Rahmen eines sog. Mittelstandskartells nach § 4 Abs. 1 GWB, oder einer sog. Mittelstandsempfehlung nach § 22 Abs. 2 Nr. 1 GWB.

Eine Gemeinschaftswerbung ohne Beschränkungen für die eigene Werbung ist als grundsätzlich zulässig anzusehen. Hierzu rechnen alle Formen der reinen Aufmerksamkeitswerbung, z.B. für die Umweltverträglichkeit oder den gesellschaftlichen Nutzen chemischer Produkte, die gemeinsame Bedarfsdeckungswerbung oder die gemeinschaftliche Werbung für eine → Kollektivmarke. Zur zulässigen Gemeinschaftswerbung gehören ferner gemeinschaftliche Branchenausstellungen, Messestandsgemeinschaften und die Herausgabe gemeinsamer Kundenzeitschriften. Wenn in der Gemeinschaftswerbung mit einheitlichen Preisen geworben wird, ergeben sich Bedenken daraus, dass der Preis auf einer verbotenen Vereinbarung, Abstimmung oder → Empfehlung beruht.

R.P./H.D./ H.-J.Bu.

Literatur: *Müller, R.:* Gemeinschaftswerbung, München 1974. *Purtschert, R.:* Möglichkeiten und Grenzen der Gemeinschaftswerbung, in: ZfB, 58. Jg. (1988), Heft 4, S. 521–534)

G·E·M (Gesellschaft zur Erforschung des Markenwesens) e.V.

Die G·E·M ist eine interdisziplinär zusammengesetzte Vereinigung unter dem Dach des → Markenverbands, die sich der Erforschung der wissenschaftlichen Grundlagen des Markenwesens (Markenführung und Markentechnik) widmet. Die G·E·M fördert Wissens- und Erfahrungsaustausch zwischen Unternehmenspraxis und Wissenschaft.
Anschrift: Schöne Aussicht 59, 65193 Wiesbaden, Tel. 0611/5867-0, Fax: 0611/5867-27.

Gemischtwarengeschäft

→ Betriebsform des → stationären Einzelhandels, die zunächst einmal den Typ des „Mehrbranchengeschäfts" schlechthin repräsentiert, im Sprachgebrauch der Handelspraxis jedoch überwiegend mit jenen klein- bzw. mittelgroßen Einzelhandlungen in Verbindung gebracht wird, deren Sortiment am kurzfristig nicht aufschiebbaren Bedarf der Bevölkerung in ländlich und kleinstädtisch geprägten Einzugsgebieten ausgerichtet ist (Nahrungs- und Genussmittel, Textilien, Hausrat, Schreibwaren u.dgl.m.). Gleichwohl haben es die attraktiveren Angebotsprofile anderer Betriebsformen und die erhöhte Mobilität der Verbraucher zwischenzeitlich bewirkt, dass den Gemischtwarengeschäften in zunehmendem Maße die Existenzbasis entzogen wurde. Dieser, in Teilregionen Deutschlands vielfach belegbare betriebsformenspezifische Abschmelzungsprozess lässt sich allerdings insgesamt nur unzureichend dokumentieren, da die Handels- und Gaststättenzählung 1993 zwar ausdrücklich Betriebsformen mit

Generalhandel

„Waren verschiedener Art" erfasst, dabei aber die Gemischtwarengeschäfte u.a. in Abgrenzung gegenüber den → Kaufhäusern, → Warenhäusern, → SB-Warenhäusern, → Verbrauchermärkten und → Supermärkten der Erhebungskategorie „Andere Art von Ladengeschäften" zuordnet, die u.a. auch für die → Fachgeschäfte und → Spezialgeschäfte vorgesehen ist (vgl. → Stationärer Einzelhandel, *Tab.*). H.-J.Ge.

Generalhandel

neben dem → Spezialhandel Konzept zur Erfassung des → Außenhandels. Der Generalhandel misst die Warenströme, die – nach Ausschaltung des → Transithandels und des Zwischenauslandsverkehrs – die Grenzen des Erhebungsgebietes überschreiten. Beim Import wird die unmittelbare Wareneinfuhr sowie die Einfuhr auf Lager zum Zeitpunkt der Einlagerung erfasst. Beim → Export umfasst der Generalhandel neben der Ausfuhr aus dem → Zollgebiet auch die Wiederausfuhr ausländischer Waren aus dem Lager zum Zeitpunkt der Ausfuhr.
Der Unterschied zwischen dem Generalhandel und dem Spezialhandel beruht auf der verschiedenen Nachweisung des Lagerverkehrs. H.Ma.

Generalisierung

Grundbegriff von → Lerntheorien. Er bezeichnet die Tatsache, dass Verhaltensweisen, die in einem Lernprozess mit einer bestimmten Reizsituation gekoppelt wurden, nicht nur durch diese, sondern auch durch ähnliche Reizsituationen hervorgerufen werden können. D.h., dass man auf ähnliche Reize gleich reagiert (Reizgeneralisierung). Von Reaktionsgeneralisierung spricht man, wenn auf gleiche Reize ähnlich reagiert wird. Typisch ist die Verallgemeinerung des Preisurteils über ein Geschäft (→ Preiswahrnehmung) auf einzelne Artikel oder Teilsortimente. Komplementär zur Reizgeneralisierung ist die Reizdiskriminierung, d.h. die Unterscheidung von Objekten aufgrund spezifischer Lernprozesse. Solche Generalisierungen lassen sich für Marken positiv durch Transfer der gelernten Markeninhalte (Markennamen, -zeichen, -image) auf andere Produkte nutzen. F.-R.E.

Generalunternehmerschaft

Form der → Anbietergemeinschaft, insb. im → Anlagengeschäft, bei der ein Anbieter mit dem Kunden die Gesamtleistung kontrahiert. Der Anbieter, der als Generalunternehmer, Prime oder General Contractor bezeichnet wird, vergibt dann in eigenem Namen Unteraufträge an weitere Lieferanten (Subcontractors), ohne dass zwischen Unterlieferanten und Kunden ein Vertragsverhältnis entsteht. Der Generalunternehmer haftet also gegenüber dem Kunden im sog. „Außenverhältnis" allein für die gesamte Erbringung der vertragsgemäßen Gesamtleistung (inklusive der von den Unterlieferanten zu erbringenden Teilleistungen). Bedingt durch die Haftungssituation wird der Generalunternehmer i.d.R. versuchen, die besonderen Risiken an seine Unterlieferanten weiterzugeben, obwohl diese von den Regelungen des Kundenvertrages eigentlich nicht betroffen sind. K.B.

Generica

aus dem Pharma-Marketing übernommenes Synonym für Produkte, die sich auf die Grundsubstanz beschränken, z.B. → No Names.

Generic Marketing → Marketing

Generische Werbung

Spezielle Art der → Werbung, die zum Instrumentalbereich der → Kommunikationspolitik zählt und zur Beeinflussung von (potentiellen) Käufern und zur Auslösung oder Stärkung von Präferenzen bei den Umworbenen eingesetzt wird. Während die traditionelle Werbung den Absatz bestimmter *Güter eines Unternehmens* vorbereitet und diese Güter durch Marken- oder Herkunftsbezeichnungen o.Ä. heterogenisiert, unterbleibt bei der generischen Werbung diese Heterogenisierung. Vielmehr bereitet generische Werbung bewusst den Absatz einer *Gruppe von homogenen Gütern für eine offene Anzahl von Unternehmen* und die Bildung von Präferenzen nur für diese Gütergruppe vor (z.B. „Fleisch aus deutschen Landen"). Daher erfordert diese Form der → Gemeinschaftswerbung kooperatives Vorgehen verschiedener Unternehmen und sonstiger Institutionen, die unmittelbar oder mittelbar an einem (Mehr-) Absatz der beworbenen Güter Interesse haben und ihr Eigeninteresse dem gemeinsamen Ziel der Absatzförderung unterordnen. Im Hinblick auf ihre Inhalte, Finanzierung und Organisation ist die generische Werbung institutionenübergreifend angelegt. A.Sc.

Geo-Codierung
→ Mikrogeographische Segmentierung

Geometrisches Mittel → Mittelwerte

Geozentrische Orientierung
→ EPRG-Schema

Gerechtigkeitstheorie (equity theory, justice theory)

Grundlegender motivationstheoretischer Ansatz zur Erklärung des Verhaltens von Individuen. Ursprüngliches Anwendungsfeld der Theorie war die Reaktion von Mitarbeitern auf als „ungerecht" empfundene Entlohnung durch den Arbeitgeber (*Adams*). Wichtige Erklärungsansätze liefert die Gerechtigkeitstheorie im Marketing u.a. für die Preisverhaltenstheorie (→ Preistheorie) und die → Kundenzufriedenheitsforschung.
Im Kontext der → Kundenzufriedenheit ist die Kernüberlegung der Gerechtigkeitstheorie, dass die Bewertung einer Transaktion durch einen Konsumenten von dem wahrgenommenen Verhältnis der Aufwendungen und Erträge beider Austauschparteien (= Verkäufer/Käufer) bestimmt wird. Grundsätzlich wird zwischen zwei Ebenen des Vergleichsprozesses unterschieden. Der Konsument wendet zunächst eine *Integrationsregel* an, bei der (a) für jede der beiden Parteien das Input-Output-Verhältnis bestimmt wird und (b) beide Input-Output-Verhältnisse miteinander verglichen werden. Dieser Vergleich wird anschließend unter Zugrundelegung einer *Distributionsregel* hinsichtlich seiner „Gerechtigkeit" bewertet. In der traditionellen Gerechtigkeitstheorie wird davon ausgegangen, dass der Konsument (bzw. Arbeitnehmer) jede Art der Abweichung beider Input-Output-Verhältnisse als ungerecht einstuft. In der neueren Gerechtigkeitsforschung wird hingegen zwischen zwei Typen von Distributionsregeln differenziert. Während bei der *Fairness-Regel* analog zur traditionellen Theorie jede Abweichung als ungerecht angesehen wird, bewertet der Konsument bei der *Präferenz-Regel* Abweichungen zu seinen Gunsten als positiv und empfindet entsprechend Zufriedenheit („Egoismus-Hypothese").
In inhaltlicher Hinsicht gilt, dass Gerechtigkeit nicht nur die Verteilung des Outputs einer Transaktion zum Gegenstand hat, sondern auch die Frage mit einbezieht, auf welche Art und Weise die Verteilung erreicht wurde. Es wird i.d.R. zwischen drei Arten von Gerechtigkeit unterschieden: einer *ergebnisbezogenen* Gerechtigkeit („distributive justice"), einer *prozessbezogenen* Gerechtigkeit („procedural justice") und einer *interaktionsbezogenen* Gerechtigkeit („interactional justice"). Th.H.-T.

Literatur: *Adams, J.S.*: Toward an Understanding of Inequity, in: Journal of Abnormal and Social Psychology, Vol. 67 (1963), S. 422–436. *Blodgett, J.G.; Hill, D.J.; Tax, S.S.*: The Effects of Distributive, Procedural, and International Justice on Postcomplaint Behavior, in: Journal of Retailing, Vol. 73 (1997), No. 2, S. 185-210. *Oliver, R.L.; Swan, J.E.*: Consumer Perceptions of Interpersonal Equity and Satisfaction in Transactions: A Field Survey Approach, in: Journal of Marketing, Vol. 53 (1989), April, S. 21–35.

GERT (Graphical Evaluation and Review Technique)

Methode der → Netzplantechnik, die eine Weiterentwicklung von → PERT darstellt. GERT ist durch einen doppelt-stochastischen Ansatz gekennzeichnet, d.h. sowohl die Struktur als auch die Zeitdauer eines Netzplans werden als Zufallsvariablen behandelt.

Geschäftsbericht

Broschüre, in der das Ergebnis des vergangenen Geschäftsjahres einer Organisation in Text, Bild und Zahlen ausführlich dargestellt wird. Mit meist hoher Auflage und großer Reichweite stellt er eines der wichtigsten Mittel der → Public Relations dar. Er transportiert über seine Bedeutung als Kanal der → Investor Relations hinaus auch die zentralen Corporate Values und die USPs der Organisation. P.F.

Geschäftsbezeichnung

nach § 16 → UWG rechtlich gegen Nachahmung und Verwechslung geschützte Bezeichnung für ein Geschäftsunternehmen (→ Markenrecht).

Geschäftsbeziehung

ist jede aus ökonomischen Motiven heraus aufrecht erhaltene Folge von Interaktionen zwischen zwei wirtschaftlich tätigen Organisationen oder Personen und Gegenstand des → Beziehungsmarketing. Geschäftsbeziehungen (GB) unterscheiden sich von Einzeltransaktionen durch folgende Merkmale:

Geschäftsbeziehung

– *mehrmalige, nicht zufällige Interaktion* (Informationskontakt, Kaufprozess, Kaufabschluss, Zahlungsverkehr etc.) zwischen einem Anbieter und einem Nachfrager, wobei gilt: je intensiver die Interaktion, desto intensiver die GB. Der anonyme Wiederkauf einer Zigarettenmarke (→ Markentreue) führt zwar z.B. zur wiederholten Interaktion, aber wegen der geringen Intensität nur zu schwachen GB. Häufig werden solcher Art Wiederkäufe („Produkttreue") deshalb aus der Definition von GB ebenso ausgeschlossen wie rein private Beziehungen zwischen zwei Personen, auch wenn diese Rollenträger in Unternehmen sind („Personentreue").

– *zeitliche Struktur*: GB entwickeln sich im Zeitablauf, was z.B. im Modell des → Kundenlebenszyklus abgebildet wird. Sie entstehen z.T. strategisch geplant (z.B. in → Strategischen Allianzen), z.T. schleichend durch wiederholte Einzelentscheidung für einen Anbieter (*Plinke* 1996). Sie bauen dann auf den Erfahrungen vergangener Interaktionen auf und schaffen für beide Seiten ein mehr oder minder hohes → Creeping Commitment, zu der Beziehung zu stehen und nicht zu anderen Anbietern bzw. Kunden zu wechseln. Dieses Commitment erzeugt kundenseitig → Kundenbindung. Je höher die Kundenbindung ausfällt, desto intensiver sind die GB und der Beziehungserfolg des Anbieters.

– *freie formale Struktur*: GB sind nicht zwingend an bestimmte formale Kontaktstrukturen, wie z.B. Verträge oder Kommunikationsnetze, gebunden, können aber durch solche Strukturen stark gefördert und abgesichert werden (→ Vertragsphasen). Je stärker die Integration der Geschäftspartner durch vertragsrechtliche oder technisch-organisatorische Verbindungen der Geschäftspartner vorangetrieben wird, desto enger wird die Beziehung (→ Kundenintegration). GB können im Übrigen sowohl zwischen Personen (in ihrer Rolle als Geschäftsleute) und/oder zwischen Organisationen bestehen und mehrere Personen mit einschließen (→ Buying Center). Dies erschwert dann allerdings die eindeutige Messung der → Beziehungsqualität.

– *Mehrschichtigkeit*: Durch die Mehrmaligkeit der Interaktion, die damit i.d.R. verknüpften persönlichen Kontakte und die Erfahrungen hinsichtlich Zuverlässigkeit und Abhängigkeiten entstehen unterschiedliche, analytisch trennbare Beziehungsebenen, die Ansatzpunkte für das Beziehungsmarketing liefern. Im beziehungssoziologisch orientierten → Beziehungsebenmodell von *Diller* werden z.B. eine Sach-, Emotions-, Organisations- und Machtebene unterschieden.

– *Vertrauen*: GB lassen im Laufe der Zeit die Erfahrungen im Umgang mit dem Geschäftspartner wachsen und senken damit das → Kaufrisiko des Käufers, aber auch das Verkaufsrisiko des Anbieters. Daraus erwachsen ökonomisch relevante Vorteile hinsichtlich der Informationskosten (→ Informationsökonomik) und entsprechende → Wechselbarrieren.

– *Bindung*: Durch spezifische Investitionen in die GB, z.B. individuelle Beratungsleistungen, kommunikative Vernetzung oder gemeinsame Produktentwicklung, entsteht in GB mehr oder minder starke ein- oder gegenseitige Bindung (lock-in-Effekt), ebenso durch die mit der Zeit steigenden Opportunitätskosten eines Partnerwechsels (Such-, Informations- und Kontrollkosten etc.). Diese kann sich auch als Zwang herausstellen, wenn neue, attraktivere Partner zur Verfügung stehen, aber die Wechselkosten einen Wechsel unattraktiv oder sogar (z.B. bei Verträgen) unmöglich machen (→ Beziehungsrisiken).

Die *Intensität und Qualität einer GB* kann von gegenseitiger Kenntnis, über gegenseitige Anerkennung, „normalen" Geschäftsverkehr, starke Präferenz des Geschäftspartners („Geschäftsfreundschaft"), gegenseitige Unterstützungsbereitschaft („Geschäftspartnerschaft") oder sogar Identifikation („Fan-Kunde", → Strategische Allianz) bis (im Ausnahmefall) hin zur Aufopferungsbereitschaft für den Geschäftspartner („Clan") reichen. Mit zunehmender Intensität der GB kommen dabei immer mehr Beziehungsebenen ins Spiel. Die Beziehungskomplexität steigt, und die GB nimmt immer mehr Merkmale der → Kooperation an (s.a. → Beziehungsqualität). H.D.

Literatur: *Diller, H.; Kusterer, M.*: Beziehungsmanagement. Theoretische Grundlagen und empirische Befunde, in: Marketing-ZFP, 10. Jg. (1988), Heft 3, S. 211–220. *Diller, H.*: Geschäftsbeziehungen als Gegenstand der Konsumentenforschung, in : *Forschungsgruppe Konsum und Verhalten* (Hrsg.), Konsumentenforschung, München 1994, S. 201–214. *Plinke, W.*: Grundlagen des Geschäftsbeziehungsmanagements, in: *Kleinaltenkamp, M.; Plinke, W.* (Hrsg.): Geschäftsbeziehungsmanagement, Berlin u.a. 1996, S.3–19.

Geschäftsempfehlungen → Referenzen

Geschäftsimage

bestimmte subjektive Vorstellungen einzelner Personen (-gruppen), im Regelfall der Verbraucher, über die zur Beurteilung anstehenden Geschäfte. → Images sind mithin subjektive Abbilder von Geschäften anhand der für die Einkaufsstättenwahl relevanten Merkmale.

Der Begriff ist durch folgende Merkmale gekennzeichnet:

(1) Die Vorstellungen können sich einmal auf ein einzelnes konkretes Geschäft, auf Teile eines solchen Geschäftes (z.B. auf einzelne Abteilungen), auf die Verkaufsstellen einer bestimmten Unternehmung, auf Einzelhandelsgeschäfte einer bestimmten Betriebsform (z.B. der Verbrauchermärkte, der Warenhäuser) oder auf andere Gruppierungen von Einzelhandelsgeschäften beziehen (z.B. die Geschäfte in der Innenstadt).

(2) Mit dem Hinweis auf die „subjektiven" Vorstellungen soll herausgehoben werden, dass Gegenstand von Imagemessungen nicht die objektiven Gegebenheiten sind (z.B. die tatsächliche Preispolitik), sondern die Vorstellungen der jeweils befragten Personen über die das Geschäft kennzeichnenden Gegebenheiten.

(3) Wird das Geschäftsimage nur eindimensional erhoben, geht es um ein zusammenfassendes Urteil des Verbrauchers, inwieweit er ein Geschäft als für ihn geeigneten Einkaufsort ansieht. Wird das Geschäftsimage mehrdimensional erhoben (das ist bei Imageanalysen der Regelfall), dann ist sicherzustellen, dass alle Vorstellungen, die die Einkaufsstättenwahl eines Verbrauchers beeinflussen, berücksichtigt werden. Dies ist ein nicht zu unterschätzendes praktisches Problem, zu dessen Lösung verschiedene Verfahren eingesetzt werden. In Theorie und Praxis sind Kataloge entwickelt worden, die 6 bis 30 verschiedene Items enthalten.

(4) Entsprechend der Einstellungstheorie (→ Einstellung) können die erhobenen Vorstellungen der Verbraucher sich darauf beziehen, was die Verbraucher über das zu beurteilende Geschäft wissen (kognitive Komponente), auf die Wichtigkeit einzelner Sachverhalte (z.B. die Freundlichkeit des Personals), was auch als motivationale Komponente bezeichnet wird, auf die Eignung des Sachverhaltes für das Erreichen der persönlichen Ziele (wahrgenommene Instrumentalität bzw. affektive Komponente) oder auf die Bereitschaft, in Bezug auf das Objekt der Imagemessung in bestimmter Weise zu handeln (intentionale Komponente). Die Entscheidung, was erhoben werden soll, richtet sich nach dem käuferverhaltenstheoretischen Modell, auf das die Erhebung aufbaut.

(5) Im Regelfall werden die Vorstellungen erhoben, indem Statements vorgegeben werden (z.B. „Geschäft A hat eine große Auswahl") und das Ausmaß der Zustimmung mit Hilfe von → Ratingskalen erfasst wird. Vereinzelt sind auch nonverbale Imageanalysen (→ Bilderskalen) empfohlen worden (*Schenk*, 1988).

(6) Meistens wird untersucht, wie aktuelle und potentielle Kunden ein Geschäft beurteilen; es ist aber auch denkbar, die Vorstellungen anderer Personengruppen zu ermitteln, z.B. von Personen auf dem Arbeitsmarkt.

Das Geschäftsimage wird seit langem als zentrale Einflussgröße auf die → Einkaufsstättenwahl angesehen, sowohl was die präferierte Betriebsform als auch was die konkrete Geschäftswahl betrifft. *Heinemann* (1976) hat die älteren Modelle (von *Sprowls/Asimow*, *Amstutz* und *Allvine*) zusammenfassend dargestellt und ist dabei auch auf die Methodik der Image-Analyse eingegangen. Später wurde dem theoretischen und erhebungstechnischen Unterbau von Imageanalysen größere Aufmerksamkeit geschenkt. Dabei wurde das Image eines Geschäftes in Teilaspekte zerlegt, wobei die Begriffe „Preisgünstigkeit" und „Preiswürdigkeit" (von *Müller-Hagedorn* (1986) in seinem „Trierer Modell zur Einkaufsstättenwahl und Preisbeurteilung (TREP)" auch als „Urteil über die Günstigkeit eines Einkaufs" bezeichnet) besondere Beachtung fanden (vgl. auch *Diller*, 1991). Es wurde untersucht, in welchem Verhältnis einzelne Images zueinander stehen, und von welchen Größen sie abhängen. Empirische Studien von *Lenzen* (1984) haben bestätigt, dass zwischen der Preiswürdigkeit (= Geschäftsimage) und der bevorzugten Einkaufsstätte hohe und signifikante Zusammenhänge bestehen.

Das Geschäftsimage bestimmt maßgeblich auch den Firmenwert und zählt insofern zu den Wertpotentialen eines Unternehmens (→ Wertorientierung im Marketing, → Geschäftswert, bilanzielle und steuerliche Aspekte).

L.M.-H.

Geschäftsmodell

Literatur: *Diller, H.:* Preispolitik, 2. Aufl., Stuttgart u.a. 1991. *Deppisch, C. G.:* Dienstleistungsqualität im Handel, Wiesbaden 1997. *Heinemann, M.:* Einkaufsstättenwahl und Firmentreue des Konsumenten, Wiesbaden 1976. *Lenzen, W.:* Die Beurteilung von Preisen durch Konsumenten, Frankfurt a.M., Thun 1984. *Müller-Hagedorn, L.:* Das Konsumentenverhalten, Wiesbaden 1986. *Schenk, H.-O.:* Standortkontrolle durch nonverbale Imageanalyse, in: *Trommsdorff, V.* (Hrsg.): Handelsforschung 1988, Heidelberg 1988, S. 65-79.

Geschäftsmodell

definiert und strukturiert die grundsätzliche Art und Form der angestrebten Wertschöpfung eines Unternehmens. Es beinhaltet dazu die Beschreibung der stattfindenden Austauschprozesse, der Rollen der beteiligten Interaktionspartner, der Nutzenfaktoren für die Geschäftspartner und der zu realisierenden Erlösquellen.

Geschäftsmodelle lassen sich mit Hilfe einer Analyse der → Wert(schöpfungs)kette systematisch identifizieren. Hierbei ist festzustellen, welchen Teilprozess der betrieblichen Wertschöpfung das jeweilige Modell unterstützt und wie das Austauschverhältnis zwischen den Interaktionspartnern strukturiert ist.

Der Begriff der Geschäftsmodelle findet v.a. bei der Beschreibung neuer Unternehmenstypen im → Electronic Commerce seine Anwendung (→ virtuelle Wertschöpfungskette). Hier lassen sich eine Vielzahl von unterschiedlichen Klassifikationen aufzählen. Eine amerikanische Einteilung unterscheidet neun verschiedene Geschäftsmodelle im Electronic Commerce:

- Das *Manufacturer Model* repräsentiert den (elektronischen) → Direktvertrieb eines Herstellers an den Endkunden und basiert auf der Ausschaltung der Handelsstufe.
- Das *Merchant Model* stellt ein klassisches Handelsgeschäft in elektronischer Form dar, das durch Sortimentsgestaltung Mehrwert schafft.
- Beim *Brokerage Model* erzielt der Betreiber seine Erlöse durch die Vermittlung von Transaktionen zwischen einem Anbieter und einem Nachfrager.
- Das *Advertising Model* repräsentiert den werbefinanzierten Ansatz des klassischen Mediengeschäftes und bietet kostenlose Inhalte und Produkte im Austausch gegen die Bereitschaft, Werbung zu konsumieren.
- In dem *Affiliate Model* wird das → Affiliate Programm als Geschäftsmodell institutionalisiert, das auf der Vermittlung von Kundenkontakten basiert.
- Das *Infomediary Model* (s.a. → Infomediäre) bietet wie das Advertising Model kostenlose Inhalte und Produkte im Austausch gegen persönliche Daten des Kunden.
- Das *Community Model* nutzt die Netzwerkeffekte und Loyalität von Interessensgemeinschaften und refinanziert sich durch das ökonomische Potential der Bündelung von Kundenbedürfnissen.
- Das *Subscription Model* basiert auf einem Einheitspreis für beliebig viele Einheiten eines Gutes (Pauschalpreis) und bietet somit eine nutzungsunabhängige Bezahlung von Dienstleistungen oder Informationen.
- Dagegen ist das *Utility Model* das Gegenstück zum Subscription Model, denn es basiert auf der nutzungsabhängigen Bezahlung von Dienstleistungen oder Informationen.

Die aufgeführten Geschäftsmodelle treten meist nicht in Reinform auf, sondern werden miteinander kombiniert. Auch unterliegen die Modelle einer ständigen Weiterentwicklung, weshalb sich auch keine feststehende Klassifikation postulieren lässt.

B.Ne.

Literatur: *Timmers, P.:* Business Models for Electronic Markets, in: *Gadient, Y.; Schmid, B.; Selz, D.:* EM – Electronic Commerce in Europe. EM – Electronic Markets, Vol. 8, Nr. 2, 07/1998. *Choi, S.-Y.; Stahl, D.; Whinston, A.:* The Economics of Electronic Commerce, Indianapolis 1998.

Geschäftsprozesse → Marketingprozesse

Geschäftstreue → Einkaufsstättentreue

Geschäftstypen

Da Vermarktungsprozesse in der Realität heterogen sind, sehen sich → Marketingwissenschaft und -lehre dem Problem gegenüber, dass zwar einerseits über den betrieblichen Einzelfall hinausgehende Gestaltungsempfehlungen für den Einsatz von Marketing-Strategien und -Instrumenten abgeleitet werden sollen, die Gestaltungsempfehlungen jedoch andererseits in hohem Maße von der jeweiligen Vermarktungssituation abhängen und daher kaum allgemeingültig formuliert werden können. Dieses Dilemma versucht das Marketing durch die

Bildung von Geschäftstypen abzuschwächen. Unter Geschäftstypen werden (relativ) homogene Gruppen von Vermarktungssituationen verstanden, die auf der einen Seite gewisse Generalisierungen in Bezug auf das Marketingverhaltensprogramm von Anbietern erlauben und bei denen der Generalisierungsgrad der Aussagen auf der anderen Seite nicht so hoch ist, dass er für praktische Zwecke unbrauchbar ist (→ Marketing-Theorie).

Geschäftstypenansätze sind in der Vergangenheit vor allem im Bereich des → Investitionsgütermarketing entwickelt worden, da Industriegütermärkte in besonderem Maße durch heterogene Vermarktungsprozesse gekennzeichnet sind. Entsprechend den in diesen Ansätzen berücksichtigten Marktparteien ist zwischen angebotsorientierten, nachfrageorientierten und marktseiten-integrierenden Ansätzen zu unterscheiden.

Angebotsorientierte Geschäftstypenansätze

Bei angebotsorientierten Geschäftstypenansätzen werden Vermarktungsprozesse zu Typen zusammengefasst, die für den Anbieter zu ähnlichen (häufig internen) Problemstellungen führen. Einen der ersten angebotsorientierten Geschäftstypenansätze hat – allerdings nicht aus einer Marketing-Zielsetzung heraus – *Riebel* (1965) vorgelegt. Er unterscheidet zwischen den Typen der *Markt-* und der *Kundenproduktion*. Während bei ersterer produziert wird, ohne dass bereits konkrete Kundenbestellungen vorliegen, ist Kennzeichen der Kundenproduktion, dass die zu fertigende Leistung zwischen Anbieter und Nachfrager ausgehandelt wird, und die Produktion daher erst nach der Kundenbestellung erfolgt.

Einen anderen angebotsorientierten Ansatz hat *H.W. Engelhardt* mit einigen seiner Schüler entwickelt. Aufbauend auf Vorarbeiten des von ihm geleiteten Arbeitskreises „Marketing in der Investitionsgüter-Industrie" der Schmalenbach-Gesellschaft (*Arbeitskreis*, 1975) haben *Engehardt/ Kleinaltenkamp/Reckenfelderbäumer* (1993) eine umfassende Leistungstypologie vorgelegt, die auf den Unterscheidungsmerkmalen „Leistungserstellungsprozess" (integrative, unter Einbeziehung des Kunden oder autonome, ohne Einbeziehung des Kunden vorgenommene Leistungserstellung) und „Leistungsergebnis" (materielles oder immaterielles Leistungsergebnis) aufbaut.

Nachfrageorientierte Geschäftstypenansätze

Anders als bei angebotsorientierten Ansätzen werden bei nachfrageorientierten Geschäftstypenansätzen die Vermarktungsprozesse zusammengefasst, die kundenseitig zu ähnlichen Verhaltensweisen im Beschaffungsprozess führen. Einen der ersten Versuche, aus einer nachfrageorientierten Typologie Marketingprogramme für Anbieter abzuleiten, hat *Backhaus* (1982) in den 80er-Jahren vorgelegt. Er unterscheidet Vermarktungsprozesse danach, ob es sich hierbei für die Nachfrager um *Individual-* (geringe Wiederholungshäufigkeit) oder *Routinetransaktionen* (hohe Wiederholungshäufigkeit) handelt, und entwickelt hierauf aufbauend für diese Typen konkrete Gestaltungsempfehlungen für das Marketing.

Einen informationsökonomisch begründeten, ebenfalls nachfrageorientierten Ansatz haben Mitte der 90er-Jahre *Weiber/Adler* (1995) vorgelegt. Bei dieser Typologie werden Vermarktungsprozesse dann zu Geschäftstypen zusammengefasst, wenn sie in den Augen der Nachfrager über einen ähnlichen Anteil an Such-, Erfahrungs- und Vertrauenseigenschaften verfügen.

Marktseiten-integrierende Geschäftstypenansätze

Kennzeichen marktseiten-integrierender Ansätze ist der Versuch, die Anbieter- und Nachfragerperspektive zum Zwecke der Typologiebildung zusammenzuführen. In marktseiten-integrierenden Ansätzen wird davon ausgegangen, dass sich sinnvolle Transaktionstypologien nur dann bilden lassen, wenn nicht Effizienz- (angebotsorientierte Ansätze) oder Effektivitätsüberlegungen (nachfrageorientierte Ansätze) dominieren, sondern beide Dimensionen zugleich beachtet werden.

Nachdem in den 70er und 80er-Jahren eine Vielzahl angebots- und nachfrageorientierter Ansätze entwickelt worden sind liegen in der Zwischenzeit auch eine Reihe marktseiten-integrierender Geschäftstypenansätze vor. *Plinke* (1997) hat beispielsweise auf Basis transaktionskostenökonomischer Überlegungen einen marktseiten-integrierenden Geschäftstypenansatz entwickelt. Er kommt zu dem Ergebnis, dass Anbieter und Nachfrager entweder ihr Verhalten auf die Einzeltransaktion ausrichten können (Transaction Selling und Transaction Buying) oder aber bei der Beurteilung von Transaktionen spätere Folgetransaktionen

Geschäftstypen

berücksichtigen können (Relationship Selling und Relationship Buying). Sofern Transaction Buying (Relationship Buying) und Transaction Selling (Relationship Selling) aufeinander treffen, spricht *Plinke* von *Transaction Marketing (Relationship Marketing)* (vgl. *Abb. 1*).

Abb. 1: Der Marktseiten-integrierende Ansatz von *Plinke* (1997)

		Volumen	
		niedrig	hoch
Häufigkeit Unsicherheit Spezifität	niedrig	Transaction Marketing	
	hoch		Relationship Markting
		Typ 1	Typ 2

Schließlich haben auch *Backhaus/Aufderheide/Späth* (1994) auf Basis der Transaktionskostentheorie einen marktseiten-integrierenden Geschäftstypenansatz entwickelt, den *Backhaus* (1999) in späteren Arbeiten fortgeführt hat. In diesem Ansatz werden Geschäftstypen danach unterschieden, ob Quasirenten innerhalb des Vermarktungsprozesses auftreten, die das Verhalten der Marktpartner in der Transaktion steuern. In Abhängigkeit davon, ob und ggf. auf welcher Marktseite Quasirenten auftreten, differenziert *Backhaus* (1999) zwischen den in *Abb. 2* dargestellten Geschäftstypen (→ Zuliefergeschäft, → Systemgeschäft, → Anlagengeschäft und → Produktgeschäft). K.B.

Literatur: Arbeitskreis „Marketing in der Investitionsgüterindustrie" der Schmalenbach-Gesellschaft: Systems Selling, in: ZfbF, 27. Jg. (1975), S. 753-769. *Backhaus, K:* Investitionsgüter-Marketing, 1. Aufl., München 1982. *Backhaus, K.:* Industriegütermarketing, 6. Aufl., München 1999. *Backhaus, K.; Aufderheide, D.; Späth, M.:* Marketing für Systemtechnologien, Stuttgart 1994. *Engelhardt, H.W.; Kleinaltenkamp, M.; Reckenfelderbäumer, M.:* Leistungsbündel als Absatzobjekte. Ein Ansatz zur Überwindung der Dichotomie von Sach- und Dienstleistungen, in: ZfbF, 45. Jg. (1993), S. 395-426. *Plinke, W.:* Grundlagen des Geschäftsbeziehungsmanagements, in: *Plinke, W.; Kleinaltenkamp, M.* (Hrsg.): Geschäftsbeziehungsmanagement, Berlin et al. 1997, S. 1–62. *Riebel, P.:* Typen der Markt- und Kundenproduktion in produktions- und absatzwirtschaftlicher Sicht, in: ZfbF, 17. Jg. (1965), S. 663-685. *Weiber, R.; Adler, J.:* Informationsökonomisch begründete Typologisierung von Kaufprozessen, in: ZfbF, 47. Jg. (1995), S. 43-65.

Abb. 2: Der Marktseiten-integrierende Ansatz von *Backhaus* (1999)

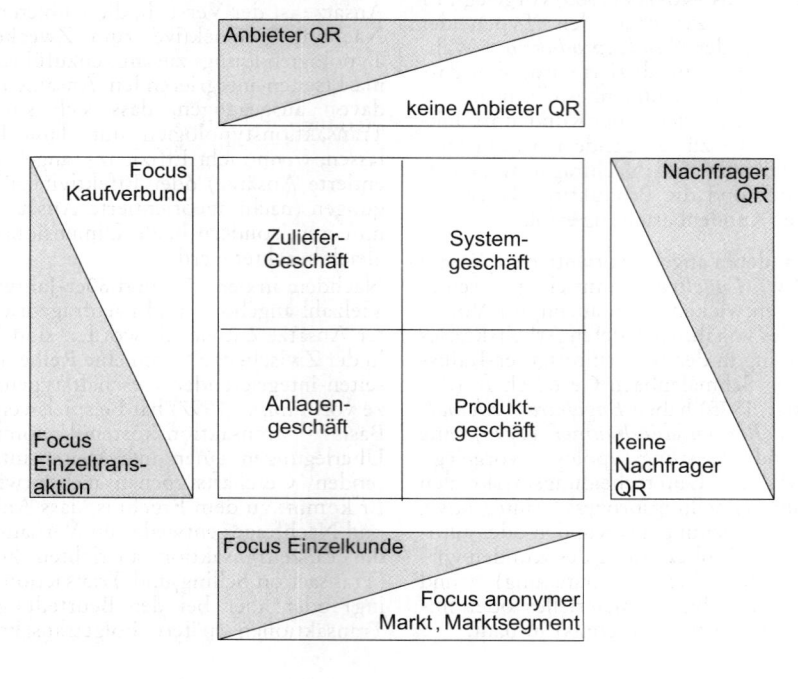

	Focus Einzelkunde	Focus anonymer Markt, Marktsegment
Focus Kaufverbund	Zuliefer-Geschäft	System-geschäft
Focus Einzeltransaktion	Anlagen-geschäft	Produkt-geschäft

(Anbieter QR / keine Anbieter QR; Nachfrager QR / keine Nachfrager QR)

Geschäftswert, bilanzielle und steuerliche Aspekte

Geschäftswert (Firmenwert, good will, Faconwert) ist der Differenzbetrag zwischen dem Ertrags- bzw. Gesamtwert eines Unternehmens bzw. den für ein(en) Unternehmen(santeil) gezahlten Übernahmepreis und der Summe der Zeitwerte (steuerlich: Teilwerte) des Vermögens abzüglich der Summe der Zeitwerte (Teilwerte) der Schulden. Im *positiven* Geschäftswert kommen die besonderen Gewinnchancen („Übergewinn") eines Unternehmens zum Ausdruck, die auf dem Ruf des Unternehmens, dem Kundenstamm, der Absatzorganisation, der Qualität der Unternehmensleitung und der Mitarbeiter, dem Know-how, dem Standort, den langfristigen Geschäftsbeziehungen, der Marktstellung u.v.m., letztlich den Gewinnchancen beruhen. Zu unterscheiden ist der durch eigene Aufwendungen geschaffene *originäre* Geschäftswert vom *derivativen* Geschäftswert, der (z.B. anlässlich des Unternehmenskaufs) gegen Entgelt erworben wurde. Ist die o.g. Differenz negativ, d.h. der Übernahmegegenwert ist niedriger als der Stichtagswert des Vermögens abzüglich der Schulden, so liegt ein *negativer* Geschäftswert (badwill) vor, dessen Ursachen eine schlechte Ertragslage, drohende Verluste, besondere Übernahmebelastungen oder andererseits auch ein günstiger Kauf aufgrund von Zufall, Macht oder Zwangslage sein können.

Nach deutschem Handelsbilanzrecht besteht ein *Aktivierungswahlrecht* für einen erworbenen (derivativen) positiven Geschäftswert (§ 255 Abs. 4 HGB), für den selbstgeschaffenen (originären) Geschäftswert besteht ein *Aktivierungsverbot* (§§ 248 Abs. 2). Wird vom Aktivierungswahlrecht Gebrauch gemacht, so muss er mit mindestens 25% in den vier Folgejahren abgeschrieben werden oder auf die voraussichtliche Nutzungsdauer verteilt werden (§ 255 Abs.4 HGB). Wertmaßstab für die Erstaktivierung ist der Unterschiedsbetrag zwischen der Übernahmegegenleistung und dem Zeitwert des übertragenen Reinvermögens. Für einen negativen erworbenen Geschäftswert kann nach Abstockung aller nichtmonetären Vermögenswerte und Aufstockung bestimmter Passiva u.U. ein passiver Sonderposten gebildet werden (str.).

Nach *internationalen Rechnungslegungsstandards* besteht für einen internally generated *goodwill* ebenfalls ein Bilanzierungsverbot (IAS 38.36; APB 16.90, 17.1), ein erworbener positiver Geschäftswert muss hingegen aktiviert werden; für einen negativen Geschäftswert bestehen nach IAS und US-GAAP passive Abgrenzungspflicht mit oder ohne vorherige Buchwertabstockung über lange Zeiträume (IAS 22.49; APB 16.91).

In der deutschen *Steuerbilanz* besteht ebenfalls ein Aktivierungsverbot für den originären Geschäftswert, ein entgeltlich erworbener (derivativer) positiver Geschäftswert muss jedoch aktiviert werden (§ 5 Abs. 2 EStG); die steuerliche Abschreibung ist mit 15 Jahren fest normiert (§ 7 Abs. 1 S. 3 EStG). Wertmaßstab für die Erstaktivierung sind die Anschaffungskosten, die dem Mehrbetrag aus der Differenz zwischen der Übernahmegegenleistung und dem zu Teilwerten bewertetem Reinvermögen entsprechen. Teilwertabschreibungen kommen nur in Betracht, wenn sich der Unternehmenskauf dauerhaft als Fehlentscheidung erweist; der niedrigere Teilwert ist nach einer „anerkannten Berechnungsmethode" (direktes oder indirektes Verfahren) zu schätzen. Für einen negativen Geschäftswert kann nach BFH-Rechtsprechung ein passiver Sonderposten zur langfristigen Erfolgsabgrenzung gebildet werden (BFH v. 21.4.94, BStBl. II, 745).

Auch in der erbschafts-/ schenkungsteuerlichen *Vermögensaufstellung* ist ein derivativer Geschäftswert anzusetzen und wie in der Steuerbilanz zu bewerten (§ 109 Abs. 4 BewG). R.F.

Literatur: *Federmann, R.:* Bilanzierung nach Handelsrecht und Steuerrecht, 11. Aufl., Berlin 2000. Kommentare zum HGB, EStG und BewG sowie zu IAS und US-GAAP.

Geschenke → Werbegeschenke

Geschichtete Auswahl („stratification sampling")

Spezifisches → Auswahlverfahren für Zufallsstichproben, das sich besonders anbietet, wenn die Grundgesamtheit sehr inhomogen ist, aber leicht unterteilbare und in sich homogenere Untergruppen aufweist. Aus jeder dieser Untergruppen („Schichten") werden dann echte Zufallsstichproben gezogen. Der Vorteil dieses Vorgehens liegt in einem geringeren Zufallsfehler bzw. einem reduzierbaren Stichprobenumfang wegen der geringeren Varianz in den Untergruppen. Bei gleichem bzw. unterschiedli-

Geschlossene Frage

chem Auswahlsatz pro Schicht spricht man von proportionaler bzw. disproportionaler (optimaler) Schichtung. Das Verfahren wird oft mit einer → mehrstufigen Auswahl kombiniert. M.H.

Geschlossene Frage

Frageform im Rahmen von → Befragungen, bei der die Antwortmöglichkeiten für den Befragten vorgegeben sind. Dabei lassen sich → Alternativfragen und Auswahlfragen unterscheiden. Besonders bei komplexeren Zusammenhängen besteht die Gefahr, durch unvollständige Vorauswahl der Antwortmöglichkeiten einen systematischen Fehler zu erzeugen.

Geschmacksmusterrecht

Das Gesetz betreffend das Urheberrecht an Mustern und Modellen (Geschmacksmustergesetz) vom 11.01.1876 regelt im Einzelnen die Geschmacksmusterfähigkeit von Erzeugnissen, die Anmeldung, Niederlegung und Eintragung der Muster, die Wirkungen und den Schutz des Geschmacksmusters sowie die damit zusammenhängenden Verfahren. Das Geschmacksmuster ist ein ähnlich wie das → Urheberrecht ausgestaltetes gewerbliches Schutzrecht zur ausschließlichen Nutzung. Gegenstand des Geschmacksmusters sind ästhetisch wirkende, gewerblich verwertbare neue Muster und Modelle, die zum Zweck der Verwendung für gewerbliche Erzeugnisse in plastischer oder flächiger Form verkörpert sind. Das Geschmacksmuster muss neu, eigentümlich und geeignet sein, den ästhetischen Formensinn anzusprechen. Der Unterschied zum Urheberrecht liegt in der Qualität der schöpferischen Leistung, d.h. in dem geringeren Grad der schöpferischen Leistung, die aber andererseits das Können eines Durchschnittsgestalters auf dem jeweiligen Fachgebiet übertreffen muss.

Das Geschmacksmuster erstarkt erst durch ordnungsgemäße Anmeldung und Niederlegung des Musters oder Modells beim zuständigen Musterregister zum absoluten Recht. Das Geschmacksmuster gewährt dann den Schutz gegen unbefugte Nachbildung; der Urheber des Geschmacksmusters hat damit die ausschließliche Befugnis zur gewerblichen Vervielfältigung und Verbreitung. Das Geschmacksmusterrecht ist übertragbar und vererblich. Gegen Verletzung eines Geschmacksmusters ist der Urheber durch Unterlassungs-, Beseitigungs- und Schadensersatzansprüche geschützt. Der Verletzte kann auch die Zahlung einer angemessenen Lizenzgebühr verlangen. Ferner stehen dem Verletzten Ansprüche auf Vernichtung und Überlassung rechtswidrig hergestellter und verbreiteter Nachbildungen und dazu bestimmter Vorrichtungen zu. Die Schutzdauer des Geschmacksmusters beträgt i.d.R. drei Jahre, beginnend mit dem Tag der Anmeldung. Die Schutzdauer kann auf höchstens 20 Jahre verlängert werden. Das Geschmacksmuster erlischt mit Ablauf der Schutzdauer und mit Verzicht des Berechtigten. Das Haager Abkommen über die internationale Hinterlegung gewerblicher Muster oder Modelle vom 06.11.1925 ist in der Bundesrepublik Deutschland am 01.08.1984 in Kraft getreten. Es ermöglicht den Angehörigen eines Vertragsstaates den Schutz von Mustern oder Modellen in allen anderen Vertragsstaaten durch eine internationale Hinterlegung beim internationalen Büro der Weltorganisation für geistiges Eigentum (WIPO) in Genf. Die durch die Hinterlegung entstehenden Rechte richten sich nach den jeweiligen nationalen Gesetzen. H.-J.Bu.

Literatur: *Hubmann*, Gewerblicher Rechtsschutz, 6. Aufl., München 1998.

Gesellschaft der PR-Agenturen e.V. (GPRA)

Unternehmensverband selbständiger Deutscher Public-Relations-Agenturen, die sich als eine Art Gütegemeinschaft versteht und für die Aufnahme bestimmte Qualitätskriterien vorschreibt. Dazu zählen u.a. mindestens fünfjährige leitende Funktion des Inhabers oder Geschäftsführers der PR-Agentur, qualifizierte PR-Leistungen, mindestens 5 Beschäftigte und feste Verträge mit Kunden.

Die GPRA-Agenturen sind i.d.R. Full-Service-Agenturen und erkennen die im „Code d'Athénes" festgelegten internationalen Verhaltensregeln für die Öffentlichkeitsarbeit an. Anschrift: GPRA e.V., Schillerstr. 4, D-60313 Frankfurt am Main, Telefon: 069/20628, Telefax: 069/20700, E-Mail: info@gpra.de

Gesellschaft für Warenkennzeichnung

→ Gesellschaft zur Konformitätsbewertung (DINCERTCO)

Gesellschaft Werbeagenturen (GWA)

Vereinigung der großen und umsatzstarken Werbeagenturen mit Full-Service-Angebot in Deutschland. GWA-Agenturen haben sich einem Ehrenkodex unterworfen, der u.a. zur Werbung nach den Grundsätzen der Klarheit und Wahrheit und den Vorschriften des Gesetzgebers verpflichtet. Gleichzeitig wird die Unabhängigkeit von Werbeträgern und Werbemittelherstellern und Objektivität bei der Auftragsbearbeitung garantiert. Tarife und Rechnungen von Dritten werden offen gelegt. Adresse: Gesamtverband Werbeagenturen GWA, Friedensstraße 11, 60311 Frankfurt am Main, Telefon: 069/256008-0, Telefax: 069/236883, E-Mail: info@gwa.de.

Gesellschaftsorientiertes Marketing
→ Marketing-Ethik

Gesellschaft zur Konformitätsbewertung mbH (DIN CERTCO)

bisher bekannt als „Deutsche Gesellschaft für Warenkennzeichnung mbH", ist die Zertifizierungsorganisation des Deutschen Instituts für Normung e.V.. DIN CERTCO hat die Aufgabe, Systeme der → Warenkennzeichnung zu schaffen, zu verwalten und zu kontrollieren. Sie hat die Nutzungsrechte für das 1972 geschaffene DIN-Prüf- und Überwachungszeichen sowie den DIN-Zeichen.
Adresse: Burggrafenstraße 6, 10787 Berlin, Tel: +49 (0)30 26 01–21 08, Fax: +49 (0)30 26 01–16 10, www.dincertco.de, e-mail: zentrale@dincertco.de   B.Sa.

Gesetz der fallenden Nachfrage
→ Preis-Absatzfunktion

Gesetz gegen den unlauteren Wettbewerb → UWG

Gesetz gegen Wettbewerbsbeschränkungen → GWB

Gesichtssprache

Erscheinungsform der → Nonverbalen Kommunikation, die insb. im → Verkaufsgespräch, aber auch in der → Werbung mit Massenmedien eine wichtige Rolle spielt. Die Gesichtssprache des Menschen beinhaltet ein Zusammenspiel von statischen und motorischen Ausdruckserscheinungen. *Statische Signale* beziehen sich auf die physiognomische Struktur des Gesichts und erfahren im Laufe eines Lebens keine wesentlichen Änderungen mehr. Aufgrund der Physiognomie des menschlichen Gesichts werden vor allem Persönlichkeitsattributionen vorgenommen. Zu den strukturellen Aspekten des Gesichts zählen beispielsweise die Form der Lippen (in der Regel werden dünne Lippen mit einer gewissenhaften Persönlichkeit verbunden) oder der Stirn (eine hohe Stirn gilt weithin als Zeichen von Intelligenz). Im Sinne einer stereotypen Wahrnehmung können diese Ausdruckscharakteristika sehr frühzeitig die Einschätzung einer fremden Person beeinflussen und somit entscheiden, ob beispielsweise ein Verkäufer als relevanter Interaktionspartner akzeptiert oder abgelehnt wird.

Motorische Veränderungen des Gesichts werden als *Mimik* definiert. Die äußerst differenzierte und komplexe Muskulatur des Gesichts erlaubt eine große Anzahl von unterschiedlichen Mimiken, die vor allem im Bereich der emotionalen Kommunikation von großer Bedeutung sind. Die Kommunikation von → Emotionen kann sich auf verschiedene Inhalte beziehen:

– Kommunikation der *emotionalen Befindlichkeit* des Ausdrucksträgers. Bspw. gibt es zu den emotionalen Gesichtsausdrücken wie Lachen oder Weinen bislang noch keine vergleichbaren Kommunikationsalternativen.

– Kommunikation von *zwischenmenschlichen Einstellungen*. So kann ein „freundliches Anlächeln" als Hinweis auf eine sympathische Einschätzung des Interaktionspartners gelten.

– Kommunikation eines *unmittelbaren Feedbacks* in Interaktionssituationen. Der Botschaftsadressat kann durch ein bestätigendes Lächeln schon während des Botschaftsempfangs die positive Aufnahme der Information signalisieren.

Der postulierte Zusammenhang zwischen Mimik und Emotion ist allerdings nicht immer stringent. Einerseits existieren Gesichtsausdrücke, die unabhängig von Emotionen sind (z.B. Zublinzeln), andererseits werden im sozialen Lernprozess vom Individuum Darbietungsregeln erworben, die den Gesichtsausdruck kontrollieren und steuern. So können mittels der Mimik Emotionen abgeschwächt, verstärkt, neutralisiert, oder auch maskiert werden. Zur Analyse der Gesichtssprache wurde von *Ekman/Friesen* das → Facial-Action-Coding-System entwickelt. Hierbei handelt es sich

Gestaltgesetz

um ein Notationsverfahren, bei dem aufgrund der Identifikation der beim Ausdruck beteiligten Muskelveränderungen auf die dahinter stehenden Emotionskategorien geschlossen wird.
S.B.

Literatur: Bekmeier, S.: Nonverbale Kommunikation in der Fernsehwerbung, Würzburg 1989. *Ekman, P.* (Hrsg.): Emotion in the Human Face, Paris 1982. *Ekman, P.; Rosenberg, E.* (Hrsg.): What the Face Reveals, New York, Oxford 1997.

Gestaltgesetz → Gedächtnistheorie

Gestaltpsychologie

theoretischer Ansatz zur psychologischen Erklärung der → Wahrnehmung (s.a. → Werbepsychologie). Andere Ansätze sind die → Ganzheitspsychologie und die → Elementenpsychologie. Der Leitsatz der Gestalt- und auch der Ganzheitspsychologie – im Gegensatz zur Elementenpsychologie – lautet: „Das Ganze ist verschieden von der Summe seiner Teile." Psychische Prozesse und damit auch Wahrnehmungen sind nicht nur Summe der Empfindungen, sondern vielmehr strukturierte Gestalten. „Gestalten" sind Wahrnehmungsgegenstände, die sich in ihrer Ausprägung (Prägnanz) unterscheiden. Je prägnanter die Gestalt (regelmäßig, einfach, symmetrisch), desto schneller die Wahrnehmung. Die von der gestaltpsychologischen Forschung aufgestellten Regeln zur Wahrnehmungsorganisation können in *Gestaltgesetze* und *Gruppierungsgesetze* unterschieden werden. Gruppierungsgesetze beziehen sich auf Beziehungen mehrerer Bildelemente auf Basis ihrer mehr oder weniger ähnlichen Gestalt oder vorhandener räumlicher Relation. Wichtige Gruppierungsgesetze sind das *Gesetz der Ähnlichkeit* sowie das *Gesetz der Nähe* (→ Wahrnehmung). Die Gestaltgesetze beschreiben hingegen die Wahrnehmung prägnanter Gestalten. In der Werbung und der Produktgestaltung sollte bei optischen Gestaltungsmitteln besonders auf Einfachheit (Regelmäßigkeit, Geschlossenheit und Symmetrie), Einheitlichkeit (farblich und graphisch wenig strukturiert) und Kontrast (flächig aufgetragene Farben, die sich deutlich voneinander abheben) geachtet werden. Dies umso mehr, da visuelle Eindrücke Wahrnehmungen anderer Qualität z.B. Geruch und Geschmack und damit die gesamte Qualitätswahrnehmung beeinflussen können (Irradiationen).
G.M.-H./F.-R.E.

Gestik → Körpersprache

Getränke-Abholmärkte
→ Handel vom Lager

Gewährleistung → Kaufvertrag

Gewerbe

ist die erlaubte, auf eine gewisse Dauer angelegte, auf Gewinnzielung gerichtete selbständige Tätigkeit (§ 1 Gewerbeordnung). Ausgenommen sind die Betriebe der sog. Urproduktion (Bergbau, Landwirtschaft, Jagd, Fischerei, Garten- und Obstbau, Viehzucht), die Dienstleistungsberufe, die eine höhere Bildung erfordern und durch die persönliche Tätigkeit des Ausübenden geprägt sind (Ärzte, Rechtsanwälte, Architekten, Schriftsteller) und die Wahrnehmung öffentlicher Aufgaben (Notar). Für die Gewerbe (i.e.S.) gilt das Gewerberecht, das in der Gewerbeordnung und den gewerberechtlichen Nebengesetzen niedergelegt ist, für Handelsgewerbe das Handelsgesetzbuch. Bei den Gewerben wird unterschieden zwischen ortsgebundenem, stehendem Gewerbe und dem Reisegewerbe.
Nach dem Grundsatz der *Gewerbefreiheit* (§ 1 Gewerbeordnung, Art. 12 Grundgesetz) ist nach Abschaffung der Zünfte jedermann der Betrieb und die Fortführung eines Gewerbes gestattet; danach darf der Beginn und die Fortsetzung des Gewerbebetriebes nur den gesetzlich festgelegten Beschränkungen (v.a. Gewerbeerlaubnis, Konzession) unterworfen werden. Mit dem rechtmäßigen Beginn eines Gewerbes entsteht das Recht am eingerichteten und ausgeübten Gewerbebetrieb als sonstiges Recht i.S.v. § 823 Abs. 1 BGB, dessen Verletzung bei einem unmittelbaren, betriebsbezogenen Eingriff zu einem Schadensersatzanspruch führen kann; das Recht am eingerichteten und ausgeübten Gewerbebetrieb unterfällt auch der Eigentumsgarantie des Art. 14 Grundgesetz, bedeutet aber keine grenzenlose Freiheit.
Unter *Gewerbeaufsicht* versteht man die staatliche Aufsicht über die Gewerbe durch das Recht der Gewerbezulassung und Gewerbeuntersagung, v.a. die Überwachung der Einhaltung des Arbeitsschutzrechtes. Ausgeübt wird die Gewerbeaufsicht durch die Gewerbeaufsichtsämter, in einigen Berufszweigen durch Sonderaufsichtsbehörden. Die Gewerbeausübung kann zum Schutz der Allgemeinheit oder der im Be-

trieb beschäftigten Personen wegen fehlender Zuverlässigkeit des Gewerbetreibenden oder seines Betriebsleiters untersagt werden. Die Zuverlässigkeit fehlt, wenn aufgrund festgestellter Tatsachen keine Gewähr für die künftige ordnungsgemäße Gewerbeausübung besteht. H.-J.Bu.

Gewerbezentrum
Oberbegriff für alle gewachsenen oder geplanten → Agglomerationen von Gewerbebetrieben, z.B. → Einkaufszentren.

Gewichtete Distribution
→ Distributionsgrad

Gewinn
Differenz zwischen den bewerteten Leistungen (Erlösen) und den Kosten, im Marketingkontext meist gleichbedeutend mit → Deckungsbeitrag verwendet (→ Marketingziele, → Marketing-Controlling).

Gewinnschwelle → Break-even-Analyse

Gewinnspiele, Preisausschreiben
zählen zu den Maßnahmen der → konsumentengerichteten Verkaufsförderung. Sie werden von Herstellern oder Händlern veranstaltet und versprechen Konsumenten bei Teilnahme eine Gewinnmöglichkeit. Von einem *Leistungspreisausschreiben* spricht man, wenn die Teilnehmer eine Aufgabe lösen müssen, von einem *Glückspreisausschreiben*, wenn dies nicht der Fall ist. Diese und andere Gestaltungsmöglichkeiten von Gewinnspielen sind in der *Abb.* zusammengefasst.

Arten von Gewinnspielen

- Leistungs- versus Glückspreisausschreiben
- Bekanntgabe der Teilnahmebedingungen
  - Am Point-of-Sale
  - Über andere Medien
- Teilnahme
  - Telefonisch
  - Schriftlich
- Geld- versus Sachpreise
- Anzahl und Wert der Preise

Das *Ziel* von Gewinnspielen ist, Werbung für das Aktionsprodukt bzw. das Aktionsgeschäft zu betreiben. Im Rahmen der Gewinnspielteilnahme sollen sich die Konsumenten mit dem Produkt/dem Geschäft auseinandersetzen. So sollen die Bekanntheit des Produktes gesteigert und gegebenenfalls sein Image beeinflusst werden. Inwieweit diese Ziele tatsächlich erreicht werden und ob Gewinnspiele im Vergleich zu anderen Werbemedien vorteilhaft sind, ist jedoch noch weitgehend unerforscht.

Neuerdings werden Gewinnspiele von vielen Unternehmen im Internet eingesetzt. Ein großer Vorteil gegenüber traditionellen Medien besteht hier in den geringen Kosten der Durchführung von Gewinnspielen. Aus Herstellersicht entfallen vor allem die Kosten für den Druck von Teilnahmekarten, die Schaltung von Werbung und die Gewinnung der Mitarbeit des Handels. Außerdem erlaubt das Medium Internet aufgrund seiner Multimedialität eine besonders aufwendige und interessante Gestaltung der zu lösenden Aufgabe. Im Gegensatz zu traditionellen Gewinnspielen können bewegte Bilder und Ton eingesetzt werden, um unterhaltsame Spiele zu entwickeln. Gewinnspiele gelten daher im Internet als geeignetes Mittel, um neue Kunden auf die Webseiten zu bringen, die sich dann – so die Hoffnung – auch mit dem Angebot des Veranstalters auseinander setzen.

Rechtliche Aspekte:
Gewinnspiele werden wettbewerbsrechtlich nicht generell für unzulässig gehalten, insb. nicht, wenn die Zielrichtung eines Gewinnspiels allein darin liegt, das Publikum auf eine bestimmte Ware aufmerksam zu machen und sie bekannt zu machen. Gewinnspiele sind dann wettbewerbswidrig, wenn besondere Umstände hinzutreten. Solche besonderen Umstände sind: die Teilnahme am Gewinnspiel wird unmittelbar mit dem Absatz der Ware oder Dienstleistung gekoppelt; das Publikum wird durch den – bezogen auf den Wert der vertriebenen Ware – besonderen Wert der Gewinne übertrieben angelockt; es wird über Form, Zeitpunkt und Umfang der in Aussicht gestellten Verlosung und über die Gewinnchancen getäuscht; es wird ein rechtlicher, moralischer oder psychologischer → Kaufzwang ausgeübt. Als wettbewerbswidrig behandelt die Rechtssprechung auch den Fall, dass der Bezug der Ware oder die Inanspruchnahme einer Dienstleistung zwar nicht Voraussetzung zur Teilnahme an dem Gewinnspiel ist, die Umstände der Ausgestaltung des Gewinnspiels jedoch dazu führen, dass sich der Teilnehmer des Gewinnspiels in einer psychologischen Zwangslage befindet, die ihn veranlasst, aus moralischen

GfK

Gründen wenigstens in einem gewissen Umfang einen Kauf zu tätigen oder eine Dienstleistung in Anspruch zu nehmen. Ein Verstoß gegen § 1 → UWG wird speziell angenommen, wenn das Gewinnspiel so angelegt ist, dass der Kunde, um teilnehmen zu können, das Geschäft des Veranstalters betreten muss, bspw. um sich einen Teilnahmeschein zu holen. Es wird angenommen, dass sich beim Abholen oder Abgeben der Lose im Ladengeschäft für den Kunden ein wettbewerbswidriger psychologischer Kaufzwang ergibt (→ Kundenfang).

H.-J.Bu./K.G.

Literatur: *Stottmeister, G.*: Der Einsatz von Preisausschreiben im Marketing. Ausprägungen, Wirkungen und Wirkungsmessung, Heidelberg 1988.

GfK

Die GfK (Gesellschaft für Konsum-, Markt- und Absatzforschung) ist das größte → Marktforschungsinstitut in Deutschland (Stand 2000) und wurde 1934 von *Ludwig Ehrhard, Wilhelm Vershofen, Erich Schäfer* und *Georg Bergler* als Institut an der damaligen Handelshochschule (heute WiSo-Fakultät) in Nürnberg gegründet. Vorläuferorganisation war das schon 1925 ins Leben gerufene Institut für Wirtschaftsbeobachtung der deutschen Fertigware. 1945 machte sich insb. *Georg Bergler* um den Wiederaufbau des Instituts verdient. Seit Mitte 1999 hat sich die GfK mit dem Gang an die Börse eine neue Plattform zur Beschaffung von Eigenmitteln am Kapitalmarkt eröffnet. Seit Anfang 2000 gehört die GfK dem M-Dax an und zählt zu den Top 100 der im amtlichen Börsenhandel notierten Unternehmen Deutschlands.

Weltweit sind im Jahr 2000 ca. 3650 Mitarbeiter für die GfK tätig, davon etwa 2350 außerhalb Deutschlands in 43 Ländern in Europa, Asien und der pazifischen Region sowie Amerika. Der Weltumsatz der Gruppe, welcher sich im Zeitraum von 1988-1998 verdreifacht hat, betrug 1998 621 Mio. DM, wovon 306 Mio. DM auf Auslandsaktivitäten entfielen.

Auf Basis von Joint Ventures und Allianzen mit einer Reihe von Marktforschungsunternehmen bietet die GfK Gruppe in fast 90 Ländern Business Information Services an. Als global agierendes Marktforschungsunternehmen steht die GfK im Hinblick auf Wissensproduktion und modernes Wissensmanagement in vorderster Linie. Mit dem Know-how ihrer Mitarbeiter sowie mithilfe ihrer Services und Software schafft sie aus Fakten und Einzelinformationen qualifiziertes, für Unternehmens-, Marketing- und Absatzplanung unentbehrliches Marketingwissen.

Die GfK hat ihre Dienstleistungen in vier Geschäftsfelder gegliedert, die den Anforderungen der Klienten folgend auch in unterschiedlicher Weise international bzw. global ausgerichtet sind:

(1) Im Geschäftsfeld ‚*Consumer Tracking*' bietet die GfK europaweit sowohl kontinuierliche als auch für besondere Zwecke konzipierte Erhebungen an, die Einkaufsentscheidungen und -verhaltensweisen von Verbrauchern erheben und analysieren.

(2) Im Geschäftsfeld ‚*Non-Food-Tracking*' geht es um die kontinuierliche und systematische Beobachtung der Absatzentwicklungen in Märkten für technische Gebrauchsgüter und Dienstleistungen in 40 Ländern weltweit.

(3) Das Geschäftsfeld ‚*Medien*' liefert Informationen sowohl qualitativer als auch quantitativer Art zur Nutzung sowohl der etablierten wie auch der neuen Medien. Das sind einerseits Fernsehen und Hörfunk sowie die Printmedien und andererseits alle gängigen Online- und Offline-Medien.

(4) Im Geschäftsfeld ‚*Ad Hoc Forschung*' werden teils standardiserte, teils maßgeschneiderte Services zu Marketingfragen verschiedenster Art angeboten. Die Informations- und Beratungsleistungen beinhalten alle nur denkbaren Aspekte des Marketing-Mix, die von Tests zu ersten Produkt- und Geschäftsideen bis hin zur kontinuierlichen Kontrolle der Effizienz des Werbemitteleinsatzes reichen.

Die Business Information Services der GfK Gruppe bieten folglich Verbraucher- und Handelsinformationen zu einer Vielzahl von Konsumentenmärkten für Verbrauchs- und Gebrauchsgüter sowie Dienstleistungen. Das Leistungsangebot beinhaltet neben der Gewinnung, Analyse und Bewertung von Marktinformationen auch die Entwicklung, Bereitstellung und Pflege von Software, die Kunden für Marktanalysen, Managementinformationen und Marktbearbeitung nutzen können.

Zu den ältesten Markenprodukten der GfK zählen die → GfK-Kaufkraftkennziffern und die → Konsumklimaforschung. Aber auch die Weiterentwicklung und Pflege der über viele Jahre erprobten GfK Services hat seit langem höchste Priorität. GfK-Marken sind bspw. → Criterion®, GfK Loyalty^{Plus}, GfK CatmanGuide oder der → GfK Price Challenger. Das Instrument *GfK Loyality^{Plus}* ist ein Service-Paket zur → Kundenzufriedenheitsforschung. Der *GfK CatmanGuide* ist ein Instrument für das → Category Management und liefert zum einen Leistungsanalysen für Produktkategorien in einer Einkaufsstätte, zum anderen Optimierungsvorschläge zur Sortimentsgestaltung, Promotion und Einführung neuer Produkte jeweils auf der Ebene einzelner Einkaufsstätten.

Des Weiteren wurden mit Hilfe der teilweise über Jahrzehnte eingesetzten Markeninstrumente *Datenbanken* aufgebaut, in denen die Informationen archiviert sind, so z.B. für das GfK-Werbetracking-System ATS*®, für das Werbepretestinstrument → AD*VANTAGE und für das Werbedokumentationssystem GfK Digi*base®. Bei dem *GfK-Werbetracking-System ATS*®*, handelt es sich um einen international bewährten Werbeindikator, der als strategisches Planungsinstrument zur effizienten Werbeerfolgskontrolle eingesetzt werden kann. D.h. ein Markenartikelhersteller kann die Performance seiner Werbeauftritte im Markt zeitnah und detailliert bewerten lassen. Das Werbedokumentationssystem *GfK Digi*base*→ hingegen ist eine Datenbank mit mehr als 100.000 Print-Anzeigen und 35.000 TV-Spots. Die Daten sind via CD-ROM oder ISDN-Übertragung abrufbar. Es lassen sich gezielt Informationen wie bspw. Erscheinungsdatum, Länge oder Format eines Werbeauftritts aber auch nach Produktgruppen, Produktfamilien oder Wirtschaftsbereichen suchen.

Den Schwerpunkt im Leistungsangebot der GfK bilden jedoch die GfK Panel Services. Methodisch fundierte und mit modernster Software entwickelte Instrumente für Standard- und Sonderanalysen der kontinuierlich erhobenen Daten in Verbraucher-, → Handels- und TV-Panles erlauben es, Informationen für vielfältige unternehmerische Entscheidungen von großer Tragweite aufzubereiten und zu nutzen. Ein Meilenstein in der GfK Panelforschung war die Errichtung des in den 50er-Jahren gegründeten, heute GfK ConsumerScan genannten Verbraucherpanels. Die GfK war einer der Pioniere, die dieses neue Verfahren in Europa einrichteten und entwickelten. Sie gehörte zu den Initiatoren, die in den 60er-Jahren das erste internationale Panel, das Euro-Panel, ins Leben riefen. Heute erfasst die GfK zusammen mit dem britischen Unternehmen *Taylor Nelson SOFRES* die Einkaufsgewohnheiten von 70.000 Haushalten in 26 Ländern Europas. Neben dem Verbraucherpanel verfügt die GfK über ein weltweit in 40 Ländern bestehendes → Handelspanel für technische Gebrauchsgüter und Dienstleistungen, das die GfK 1970 als erstes Institut erfolgreich einrichtete und mit dem sie seit 30 Jahren die Entwicklung des Absatzes in verschiedenen Handelsformen ermittelt, dokumentiert und analysiert. Vermehrt werden hier auf Scannertechnik basierende Messgeräte eingesetzt. Seit 1998 wurde daneben *aTRACKtive*, eine Spezialsoftware für Sonderauswertungen von kontinuierlich erhobenen Informationen, eingeführt. Im Rahmen der → Fernseh-Zuschauerforschung und -Reichweitenmessung wird seit 1985 das Fernsehverhalten der deutschen Bevölkerung untersucht. Dazu eingesetzte Methoden und Technologien wurden maßgeblich von der GfK mit entwickelt und gelten weltweit als führend. Ferner hat das unter dem Namen Business Solutions & Processing firmierende, in Kooperation mit dem Software Anbieter *Oracle* laufende Projekt, zum Ziel, → Data Warehouses und mikrogeografische Informationssysteme für neue individualisierte Formen des → Direktmarketings und für den E-Commerce zu entwikkeln. Hinzu kommt des Weiteren die Entwicklung von E-Business-Systemen in den Geschäftsfeldern ‚Non-Food-Tracking' und ‚Consumer Tracking', über die via Internet Services an Kunden geliefert und neuartige Leistungen für Zielgruppen, die mit Standardangeboten bisher nicht angesprochen wurden, offeriert werden. Ein weiteres Produkt ist *ENCODEX* – eine Art Schnittstelle für den weltweiten E-Commerce mit technischen Gebrauchsgütern. Es handelt sich hierbei um ein E-Commerce konzipiertes Dienstleistungssystem, das die Kommunikation zwischen Herstellern und Händlern vereinheitlicht und standardisiert. Seit 1997 gibt es den *GfK-Online-Monitor*, dieser liefert Informationen über die Größe und Struktur des www in Europa, eine zweimal im Jahr durchgeführte repräsentative Befragung zur Nutzung des Internets. Seit 1999 hat die GfK Gruppe vermehrt neue Produkte und Services für das Internet und den E-Commerce entwickelt. Diese bieten über die Standardservices hinaus Dienste zur Datensammlung und -übertra-

gung via Internet, E-Commerce-Studien („E-Commerce in Europa 2000") zu neuen Formen des Marketing und der Kommunikation sowie Plattformen für neue E-Services. Weitere neue Projekte sind der Ausbau von Online-Befragungsmethoden, über die man Internetnutzer zu unterschiedlichsten Themen befragen kann. Mit dem Anfang 2000 abgeschlossenen Lizenzvertrag über die Verwendung der Online-Befragungssoftware *Confirm* ist es möglich, auf Basis des gleichen technischen Standards weltweit Erhebungen aller Art via Internet durchzuführen.
Anschrift: GfK AG, Nordwestring 101, D-90319 Nürnberg; Tel. 0911/395-0; http://www.gfk.de S.S.

GfK BehaviorScan

In Hassloch bei Ludwigshafen seit 1985 installierter → Mini-Testmarkt mit der Möglichkeit, komplette Marketingmix-Szenarien einschließlich TV-Werbung in realistischer Situation zu testen (→ Testmarkt, → Split Cable Experiment).

Das Testsystem besteht aus:

- 3000 Testhaushalten, die in ihrer soziodemografischen Struktur dem Durchschnitt von Deutschland entsprechen. Die Haushalte sind mit einer Identifikationskarte im Scheckkartenformat ausgerüstet, die sie an der Kasse der kooperierenden Geschäfte vorzeigen (→ Scanner-Panel).
- Der Technik zur Überblendung regulärer Werbung durch Testwerbung. Hierzu sind 2000 der 3000 Testhaushalte mit speziellen Mikrocomputern ausgerüstet. Beliebig viele davon werden über einen Datenkanal in einem GfK-Studio in Hassloch so vorprogrammiert, dass sie bei einem entsprechenden Impuls aus dem Studio das jeweils angeschlossene Fernsehgerät in der Wohnung des Testhaushalts vom vorgegebenen Kanal, dessen Werbung überblendet wird, auf einen eigens eingerichteten GfK-Kanal umschalten, auf dem die Testwerbung gezeigt wird (*Targetable TV-Technik*).
- Sechs kooperierende Geschäfte, die mit Scannerkassen ausgerüstet sind und die eine Distribution spezieller Testprodukte sowie die Durchführung von Instore-Promotions ermöglichen. An der Kasse werden sowohl die Abverkaufsdaten der Geschäfte als auch die Einkaufsdaten der Haushalte über die vorgezeigte Identifikationskarte erfasst (→ Single Source Panel).
- Daneben erhalten die Haushalte wöchentlich ein Exemplar einer Fernsehzeitschrift, in die sich spezielle Testanzeigen zum Test von Printwerbung einbinden lässt.

Kern der Analyse sind die Einkaufsdaten der Haushalte. Wichtig sind der Anteil der kaufenden Haushalte (Käuferkreis als Ausdruck des Probierinteresses), die Zahl der Kaufakte je Käufer (Wiederkauf als Ausdruck der Zufriedenheit), die gekaufte Menge je Kaufakt. Damit und mit weiteren Daten des Marketingplans für die Einführung wie z.B. die Distributionsentwicklung des Testprodukts sowie mit Daten der Warengruppe aus dem Gesamtmarkt zum Ausgleich regionaler Einflüsse lassen sich die Abverkäufe auf dem nationalen Markt prognostizieren.

Anwendungsbereiche sind der Test von Neuprodukteinführungen (→ Neuproduktabsatzprognose) und Relaunches einschließlich der damit verbundenen Instore-Promotions (Werbedamen, Displays, Regalstopper etc.) sowie der Test von Werbekampagnen und Werbedruckalternativen.
R.Wi.

GfK *Criterion*®

ist ein Marktforschungsinstrument der → GfK zur Beurteilung von Produktkonzepten (→ Innovationsmarketing). Die Konzeptideen werden in ihren Frühphasen mit Hilfe von persönlich durchgeführten Interviews und einem anschließenden Vergleich der gewonnen Daten mit den Ergebnissen anderer Studien bewertet. Ideen mit einem hohen Potenzial werden daraufhin auf ihre Akzeptanz beim Kunden getestet. Hieraus ergeben sich wichtige Benchmarks und Ansatzpunkte zur Konzeptionsoptimierung neuer Produkte.

GfK Digi*Base → GfK

GfK Fernsehforschung

Die GfK Fernsehforschung ist ein im Jahr 1984 gegründeter Geschäftsbereich der GfK AG – beide mit Sitz in Nürnberg. Die GfK Fernsehforschung erhebt kontinuierlich seit 1.1.1985 die Daten zur Fernsehnutzung. Auftraggeber ist die → Arbeitsgemeinschaft Fernsehforschung. Mit ihren ca. 60 Mitarbeitern erhebt die GfK Fernsehforschung im Jahre 1998 Daten in 5200 Haushalten des ihres Fernsehpanels.

GfK Kaufkraftkennziffern

von der → GfK auf Basis des Nettoeinkommens aus der Lohn- und Einkommensstatistik berechnete Kennziffer für die → Kaufkraft unterschiedlicher Gebiete, die in Prozent der Durchschnittskaufkraft ausgewiesen wird. Bei der Berechnung, die für jede Gemeinde einzeln vorgenommen werden muss, wird die Lohn- und Einkommensstatistik über mehrere Sonderauswertungen um die sog. Transferleistungen ergänzt. Berücksichtigt werden hierbei regional unterschiedliche Steuersätze, landwirtschaftliche Vergünstigungen, Sozialfürsorge, Renteneinkommen sowie Einkommensmillionäre. Die Kennzahlen werden zu sog. *Kaufkraftkarten* aufbereitet. Die allgemeine Kaufkraft, als Summe aller Nettoeinkünfte, stellt den wichtigsten Indikator für das Konsumpotenzial der Wohnbevölkerung dar. S.S.

GfK Markensimulator

Von der GfK seit 1991 angebotenes → Marketingmix-Modell, das auf traditionellen Handelspaneldaten oder → Scannerpaneldaten beruht. Dabei wird die Datenbasis pro Periode in 15 bis 30 Segmente unterteilt, die sich aus dem Schnittpunkt von Organisationsform (z.B. Tengelmann) und Geschäftstyp (z.B. Verbrauchermarkt – Supermarkt – Discounter) ergibt. Bei den Scannerdatenmodellen werden die Daten von 52 bis 104 Wochen herangezogen, so dass ca. 1000 bis 2000 Datenpunkte zur Verfügung stehen. Bei den auf traditionellen Handelspaneldaten beruhenden Modellen werden 12 2-Monatsperioden verwendet. Hier stehen i.a. ca. 300 Datenpunkte zur Verfügung. Der Marktanteil für die untersuchte Marke wird nun über einen speziellen Regressionsansatz mit dem Marketingmix dieser Marke und der Konkurrenzmarken verknüpft (→ Marktreaktionsfunktionen). In der Regel wird dabei ein Bestimmtheitsmaß von 75% bis 95% erzielt. 5 bis 15 Variablen erweisen sich dabei i.a. als signifikant. Bei den Scannderdatenmodellen werden Konkurrenzvariable häufig als gewichteter Durchschnitt der Konkurrenzmarken gebildet, wobei sich die Gewichte durch die Optimierung der Abweichungsquadratsumme der modellierten von den tatsächlichen Marktanteilen ergibt.

Da der Markensimulator auf der Analyse von Geschäftsdaten beruht, ist er insbesondere geeignet, die Einflussgrößen abzubilden, die in den Geschäften selbst wirken (Distribution, Preis, Promotion). Er ist nur bedingt geeignet, den Einfluss kommunikativer Maßnahmen abzubilden. R.Wi.

GfK-Meter
→ Fernseh-Zuschauerforschung

GfK-Online-Monitor → GfK

GfK Optimizer

Von der GfK europaweit angebotene spezielle Form der → Conjoint-Analyse, die eine Optimierung von Produkten und Services bezüglich ihrer Eigenschaften einschließlich des Preises erlaubt. Besonderes Kennzeichen des Optimizer ist seine einfache Fragestellung, die es erlaubt, Problemstellungen mit weniger als 5 Eigenschaften auch telefonisch abzufragen. R.Wi.

GfK Price Challenger

Von der GfK 1998 entwickelte verbesserte Version des „Brand-Price-Trade-Off" (BP-TO) zur Preisfindung für etablierte Produkte.

Die Datenerhebung wird im Studio oder in der Wohnung der (typischerweise 300 bis 500) Testpersonen auf dem Wege einer → Computergestützten Befragung durchgeführt. Zu Beginn des Interviews werden pro Testperson die Produkte der Warengruppe ermittelt, die für einen Kauf in Frage kommen (→ relevant set). Diese Produkte werden dann mit zufällig variierten Preisen 10 bis 12 mal gezeigt, wobei die Testperson jeweils einen oder mehrere Artikel auswählt, die sie in dieser Situation kaufen würde.

Die Daten werden verwendet, um mit Hilfe eines logistischen Attraktionsmodells folgende Parameter zu schätzen:

– Pro Testperson und Produkt im relevant Set einen Wert, der den *Nutzen* des Produkts für diese Person abbildet. Damit wird die Ableitung von *Preisreaktionsfunktionen* möglich.
– Pro Produkt einen → *Preisschwellenparameter*, der angibt, um wie viel Prozent der Preis des Produkts in der Wahrnehmung des Verbrauchers durch das Überschreiten der Preisschwelle steigt.

GfK Werbeindikator

– Einen Parameter pro Test für die generelle Preissensibilität der Warengruppe (→ *Preisinteresse*).

Die Form des Interviews mit gleich bleibenden Produkten bei wechselnden Preisen führt wie beim traditionellen BPTO dazu, dass die Bedeutung des Preises im Laufe des Interviews an Bedeutung gewinnt und die konstanten Elemente wie Produkt und Marke an Bedeutung verlieren. Daher wird der letztgenannte Parameter so verändert, dass die durchschnittliche Preiselastizität des gesamten Tests der durchschnittlichen Preiselastizität des ersten Preisspiels entspricht. Damit vermeidet das Instrument die zum Teil deutliche Überschätzung der Preiselastizität beim traditionellen BPTO.

Der Kunde erhält seine Daten zusammen mit einem PC-Programm, das im Rahmen der abgefragten Preisgrenzen eine Simulation beliebiger Preissituationen erlaubt und darüber hinaus die simultane Optimierung mehrerer Preise bezüglich Gesamtumsatz oder gesamten Deckungsbeitrag dieser Produkt erlaubt. R.Wi.

GfK Werbeindikator

Von der GfK angebotenes → Werbetracking-System. Dabei werden in regelmäßigen Abständen (i.d.R. 2 bis 6 mal pro Jahr) etwa 200 bis 400 Verwender bzw. einer Kategorie mit einem gleich bleibenden Fragebogen zur Werbung in dieser Kategorie befragt (Wellenbefragung).

Frageninhalte sind zur Aufmerksamkeitswirkung (z.B. gestützte und ungestützte Werbeerinnerung, erinnerte Inhalte und Medien, Zuordnung Slogan zu Hersteller) und zur Kommunikationsleistung (z.B. Einstellungen und Images der Marke, Änderungen der Kaufmotivation, Markenpräferenz und Kaufabsicht).

Die Auswertung erfolgt, indem die Werbeausgaben zur Veränderung der Leistungswerte in Beziehung gesetzt werden. Dabei werden Niveauhöhe (erreichter durchschnittlicher Wert), Sensibilität (Änderungen bei einer Steigerung der Werbeausgaben bzw. bei einer Werbepause) und der langfristige Trend (auf- oder abwärts gerichtet) untersucht. Die Werte lassen sich mit ähnlichen Kampagnen, die in einer Datenbank gespeichert sind, vergleichen. Das Instrument gibt damit Hinweise, wann eine Kampagne aufgrund von Abnutzungseffekten ersetzt werden sollte. R.Wi.

GHR (Galvanische Hautreaktion)
→ Hautwiderstandsmessung

Giffen-Effekt

spezieller Nachfrageeffekt für sog. → inferiore Güter, bei denen die Preiselastizität der Nachfrage positiv ausfällt, weil mit steigenden Preisen höherwertige Güter durch inferiore Güter substituiert werden.

Gimmick → Handlungsauslöser.

Give-Away

kostenlose und wegen rechtlicher Beschränkungen geringwertige → Produktzugabe, die als → Werbegeschenk zur Sympathieförderung eingesetzt wird.

Glättungsparameter
→ Exponentielle Glättung

Glaubwürdigkeit

ist als Konstrukt der → Werbewirkungsforschung eine vom Empfänger einer → Werbebotschaft subjektiv wahrgenommene Eigenschaft der Informationsquelle. Mit zunehmender Glaubwürdigkeit eines Kommunikators erhöht sich die Wahrscheinlichkeit, dass eine Kommunikation (Werbung) wirksam wird. Die beiden wichtigsten Komponenten der Glaubwürdigkeit sind das *Ansehen*, das ein Kommunikator als Experte genießt sowie seine *Vertrauenswürdigkeit*. Der Kommunikator gewinnt sein Expertentum aufgrund von Erfahrungen und speziellen Kenntnissen, die ihm zugesprochen werden. Als Indikator dafür wird u.a. sein Alter herangezogen.

Die Wurzeln der wahrgenommenen Vertrauenswürdigkeit sind schwieriger zu bestimmen; sie reichen vom physischen Erscheinungsbild bis zum sozialen Status (→ Meinungsführer) und umfassen auch seine wahrnehmbaren Kommunikationsabsichten. So wirken als neutral eingestufte Kommunikatoren vertrauenswürdiger als berufsmäßige „Manipulatoren" wie Verkäufer und Vertreter (→ Personendarstellung in der Werbung). Allerdings lässt die Behinderung des Kommunikationserfolges durch nichtglaubwürdige Quellen im Zeitablauf nach, ihre Kommunikationswirkung steigt im Nachhinein. Das wird v.a. darauf zurückgeführt, dass man bei fortlaufender Kommunikation nach einiger Zeit nicht mehr weiß, ob eine Information von einer

glaubwürdigen oder einer unglaubwürdigen Quelle stammt („*Sleeper-Effekt*").
G.M.-H./F.-R.E.

Glaubwürdigkeitsziffer
→ Nachfrageschätzung

Gleichgewichts-Marketing → Marketing

Gleichgewichtspreis → Preistheorie

Gleichteile-Strategie → Plattformstrategie

Gleitender Durchschnitt
Arithmetisches Mittel der n letzten Zeitreihenwerte eines Prognosegegenstandes. Der Gleitzeitraum n muss so gewählt werden, dass durch Saison- oder Konjunkturzyklen (vgl. → Saisonverfahren) keine Verzerrungen entstehen. Ziel des gleitenden Durchschnitts ist die Ausschaltung systematischer oder zufallsbedingter Unregelmäßigkeiten im Verlauf einer Zeitreihe. Gelingt dies, kann damit auch der Trend einer Zeitreihe sichtbar gemacht und eine entsprechende Trendprognose für den nächsten Zeitraum abgegeben werden. Zur kurzfristigen Prognose kann die → exponentielle Glättung herangezogen werden (→ Qualitative Prognoseverfahren).

Gleitklausel → Preissicherung

Gleitkurve
in der → Preistheorie unterstellte konjekturale, d.h. nach Konkurrenzreaktion gültige → Preis-Absatzfunktion für ein Gut i, wenn man von folgendem Anbieterverhalten ausgeht: Bei Veränderung der Konkurrenzpreise im Oligopol verschiebt sich die Preis-Absatzfunktion bei steigendem (sinkendem) Preisniveau am Markt nach rechts unten (links oben), behält aber bei unveränderter Präferenzverteilung auf alle Anbieter ihre doppelt gekrümmte Form bei (vgl. Abb. 3 → Preistheorie). Die reaktionsfreien Zonen liegen auf der Gleitkurve HH'. Sie stellen den monopolistischen Spielraum dar, der umso größer wird, je ausgeprägter das durch Standort-, Produkt-, Service- und andere Vorzüge des Unternehmens gebildete akquisitorische Potential ausfällt, je servicebewusster die Nachfrager sind, je unvollkommener die Preis- und Qualitätstransparenz ist und je langsamer die Nachfrager auf Preisveränderungen reagieren.

Gliederungszahlen
sind → Marketing-Kennzahlen, die Teilgrößen in Beziehung setzen zu Gesamtgrößen, wobei die Teilgrößen in mengentheoretischer Sicht eine echte Untermenge der jeweiligen Gesamtgröße sind. Beispiel: Anteil der Kreditverkäufe an allen Verkäufen.

Global Area Network
Weltweite Kommunkationsverbindungen zwischen der Zentrale internationaler Organisationen und Unternehmen, die über Standleitungen und gemietete Satellitenkanäle jederzeit alle Formen der Telekommunikation nutzen können.

Global Branding
→ Markenpolitik, internationale

Global Commerce Initiative (GCI)
1999 entstand die Idee zu einer Global Commerce Initiative (GCI). Ausgangspunkt ist die Globalisierung des Handels einerseits, der andererseits geradezu atomistische länderspezifische Standards und Normungen entgegenstehen. Technischer Treiber dieser Initiative sind das → Internet und die hieraus entstehenden internationalen Plattformen, da diese optimal nur genutzt werden können, wenn eine globale Harmonisierung der Standards und Normen erfolgt.
Weltweite Player etablierten Arbeitsgruppen mit den bedeutendsten Handel- und Industrieunternehmen, um definierte elektronische Geschäftsprozesse zu vereinfachen und weltweit zu standardisieren, damit über das Internet ein globaler Datenaustausch ermöglicht wird. Bilaterale Vereinbarungen sollen durch globale technische Absprachen ersetzt werden. Weltweite Rationalisierungspotentiale im elektronischen Datenverkehr sollen auf diesem Wege für die gesamte Supply Chain erschlossen werden.
Die Arbeitsgruppen werden paritätisch zwischen Handel und Industrie, den fünf Kontinenten und den vorhandenen Standardisierungsorganisationen besetzt. Die ersten Aktivitäten konzentrieren sich auf EDI, → Extranets der Industrie, Produktidentifikationssysteme, intelligente Produktauszeichnung und eine globale Scorecard.
B.H.

Globaler Handel (Globalhandel)
→ Außenhandel

Globalisierung

Prozess, durch den Märkte und Produktion in verschiedenen Ländern zunehmend miteinander verknüpft werden (→ Globalisierungsthese). Er äußert sich in internationalem Handel mit Gütern und Dienstleistungen sowie in der weltweiten Bewegung von Kapital, Technologie und Humanressourcen. Die Ursprünge reichen bis in die Anfänge der Industrialisierung zurück.

Dieser Prozess wird zumindest teilweise von nationalen Regierungen und supranationalen Organisationen initiiert und kontrolliert, welche daran arbeiten, protektionistische Maßnahmen um nationale Volkswirtschaften herum abzubauen. Daneben fungieren die modernen Mittel der Kommunikationstechnologie und der Logistik als Treiber. Diese ermöglichen es nicht nur multinationalen Unternehmen, sondern in wachsendem Umfang auch kleinen und mittelständischen Betrieben, global zu agieren.

Zu den Auswirkungen der Globalisierung zählt die Öffnung von Ländermärkten und der dadurch induzierte Eintritt ausländischer Anbieter. Die Wettbewerbsintensität erhöht sich und bestehende nationale Wettbewerbskulturen sind Modifikationsdruck ausgesetzt. Das Auftreten großer, weltweit tätiger Konzerne führt zu der Entstehung globaler Machtzentren, die nicht mehr mit nationalen Regierungen identisch sind und nicht durch Wahlen legitimiert sind. Die Kontrollspanne der nationalen Instanzen wird hierdurch reduziert. Zudem stehen Nationen verstärkt untereinander im Wettbewerb, um Investitionen multinationaler Unternehmen anzuziehen, wobei Faktoren wie das jeweilige Steuersystem, die Bildungspolitik oder Subventionen zentrale Aspekte darstellen.

Umstritten ist, ob die Globalisierung auch eine langfristige Homogenisierung nationaler kultureller Systeme mit sich bringt und zu einer weltweiten Vereinheitlichung des Konsumentenverhaltens führt. Die Vertreter dieser → Globalisierungsthese bejahen dies und postulieren ein zunehmendes Potential für die → Standardisierung des internationalen Marketing.

Zwischenstufen auf dem Weg zu einer potentiellen vollkommenen Globalisierung der Wirtschaft stellen → internationale Handelszusammenschlüsse (z.B. → Europäische Union, → NAFTA, Mercosur) dar. Diese zielen auf eine Liberalisierung von Güter- und Kapitalströmen auf regionaler Ebene ab. B.I.

Literatur: *Häfner, A.:* Konsequenzen der Globalisierung für das Internationale Marketing, Pforzheim 2000. *Berthold, N.:* Globalisierung der Wirtschaft. Ursachen – Formen – Konsequenzen, Berlin 1999.

Globalisierungsstrategie

Bei der Globalisierungsstrategie handelt es sich um eine Variante der → Wettbewerbsaber auch der internationalen Standardisierungs- bzw. Differenzierungsstrategie eines Unternehmens (→ Internationales Marketing). Bei → Globalisierung des Marketing ergeben sich (nahezu) identische Auftritte in allen wesentlichen Ländermärkten (→ Länderselektion), wobei von einer globalen Branche oder von einem globalen Markt ausgegangen wird (→ Globalisierungsthese). Die Strategie zielt auf die Realisierung von spezifischen Größenvorteilen durch einen weltweit einheitlichen Auftritt (z.B. *Becks*), entsprechend einheitlich werden die Marketing-Instrumente geplant, umgesetzt und kontrolliert. Grundlage ist die Annahme, dass sich Märkte von selbst globalisieren und dadurch die Standardisierung von Produkten und ihr Auftritt weltweit möglich und notwendig sind. Global tätige Unternehmen streben eine weltweite Standardisierung sowohl nach außen (Marketing-Mix) als auch nach innen (Aufbau- und Ablauforganisation) an. R.N./H.D.

Globalisierungsthese

In einem viel beachteten Artikel stellte *Theodor Levitt* (1983) die provokative These auf, dass grundlegende Veränderungen in der Marketingumwelt der Unternehmen dazu führen, dass Barrieren zwischen nationalen Märkten bedeutungslos werden und Unternehmen künftig auf grenzenlosen, also globalen Produktmärkten agieren.

Levitt begründet seine Vorhersagen mit Entwicklungen im Bereich der Technik, welche Kommunikation, Transport und Reisen erheblich erleichtert. Dies führe in der Konsequenz zu einer „global converging commonality", einer Annäherung von Denk- und Verhaltensweisen der Konsumenten. Ländermarktspezifische oder regionale Präferenzen für bestimmte typische Güter oder Dienstleistungen verschwinden folglich. Zeitliche Divergenzen zwischen nationalen Produktlebenszyklen würden abgebaut.

Konsequenterweise bedienten Unternehmen den globalen Markt mit einheitlichen, standardisierten Produkten (→ Standardisierung und Differenzierung). Dies erhöhe die wirtschaftliche Effizienz, da Kostendegressions- und Lerneffekte genutzt werden. Für die Grundausrichtung bedeute dies, dass multinationale Unternehmen zu globalen unternehmen werden.

Der Artikel *Levitt's* und die darin aufgestellte Globalisierungsthese war von Beginn an stark umstritten. Befürworter argumentieren in der Regel mit technologisch entwickelten Gebrauchsgütern (Fotoapparaten, Videorekordern etc.), Gegner häufig mit klassischen Verbrauchsgütern des täglichen Bedarfes wie etwa Nahrungsmitteln, um die Aussagen zu stützen oder anzugreifen. In der Praxis ist der Grad der Globalisierung von Produktmärkten recht unterschiedlich vorangeschritten, sodass in der Tat branchenbezogene Analysen im Rahmen der strategischen Umweltanalyse für Planungsobjekte (z.B. strategische Geschäftseinheiten) anzustellen sind. B.I.

Literatur: *Levitt, T.*: The Globalization of Markets, in: Harvard Business Review, May-June 1983. *Douglas, S.P.; Wind, Y.*: The Myth of Globalization, in: Columbia Journal of World Business, 1987.

Global-Key-Account-Management
→ Key-Account-Management

Global Player

Unternehmen, die den Weltmarkt als ihren Markt betrachten und deshalb einen bedeutenden Teil ihrer Unternehmenswerte weltweit erwirtschaften (→ Globalisierung). Dabei sind die Länder der → Triade bevorzugte Beschaffungs- und Absatzmärkte. Von einem Global Player im engeren Sinne spricht man aber erst dann, wenn das Unternehmen zumindest zwei der Triade-Märkte (Europa, Japan, USA) systematisch bearbeitet. Neben ihrer wirtschaftlichen Bedeutung (z.B. Nachfragepotential) tragen weitere Faktoren zur Vorrangstellung der Triade-Märkte bei, v.a. der technologische Stand der Industrie sowie die Qualität der Arbeitskräfte, aber auch die Stabilität der politisch-rechtlichen Verhältnisse und die im Vergleich zu Entwicklungsländern wesentlich größere Sicherheit. S.M./M.Ko.

Global Sourcing
→ Sourcing-Konzept für den Aufbau eines weltumfassenden Beschaffungsnetzwerks. Auf Basis von Preis-, Qualitäts- und Logistikvergleichen wird bei den weltweit besten Zulieferanten eingekauft. In global orientierten Unternehmen ist das Global Sourcing zur Realisierung von Beschaffungs- und Einkaufsvorteilen essentiell.

GLS-(Generalized Least Squares) Schätzung

Verallgemeinerung der klassischen → Kleinst-Quadrat-Methode. Kommt zur Anwendung bei komplexeren linearen Gleichungssystemen, wenn z.B. Wechselwirkungen und zirkuläre Beziehungen existieren. Voraussetzung ist die Identifizierbarkeit eines solchen Gleichungssystems. Das Schätzmodell lässt → Heteroskedastizität und → Autokorrelation der Residuen zu, indem die Annahme

$$E(\underline{\varepsilon}\,\underline{\varepsilon}') = r^2 \underline{I}$$

aufgegeben wird. Stattdessen wird die Annahme über die Kovarianzmatrix der Fehlerterme erweitert zu

$$E(\underline{\varepsilon}\,\underline{\varepsilon}') = r^2 \underline{V}$$

wobei die Korrelation r^2 als unbekannt angenommen wird, aber $\underline{V}$ eine bekannte positiv definite symmetrische Matrix ist. Zur Schätzung wird angenommen, dass eine nichtsinguläre Transformationsmatrix $\underline{T}$ existiert, für die gilt

$$\underline{T}\,\underline{T}' = \underline{V}^{-1}.$$

Mit dieser Matrix ist das Ausgangsmodell zu transformieren und es gilt

$$E(\underline{\varepsilon}\,\underline{\varepsilon}') = E(\underline{T}\,\underline{\varepsilon}\,\underline{\varepsilon}'\,\underline{T}') = r^2 \underline{I},$$

so dass die traditionelle → Kleinst-Quadrat-Methode angewandt werden kann und → BLUE-Schätzer erzeugt werden können. Tatsächlich ist eine Matrix $\underline{V}$ selten bekannt, so dass iterativ nur über einen Schätzer von $\underline{V}$ die Regressionskoeffizienten $\underline{b}$ konsistent geschätzt werden können.

Die WLS-Schätzung wurde von *Browne* zur Anwendung auf Variablen ohne Normalverteilungsannahme im Rahmen der Kovarianzstrukturanalyse erweitert und bildet z.B. die Grundlage zur Schätzung von Strukturgleichungsmodellen (SEM) mit EQS. L.H.

Literatur: *Browne, M.W.*: Asymptotically Distribution Free Methods for the Analysis of Covariance Structures, in: British Journal of Mathematical and Statistical Psychology, Vol. 37 (1984), S. 62–83. *Kmenta, J.:* Econometrics, 2. Aufl., Michigan 1997.

GMK → Just-in-Time-Logistik

Go-between-man
→ internationaler Vermittlerhandel

Gombeeman

aus dem Pidgin-English für „go-between-man" geformte Bezeichnung für Ramschaufkäufer; s.a. → internationaler Vermittlerhandel.

Gompertzfunktion

Prognosefunktion für langfristige Prognosen (→ Wachstums- und Sättigungsfunktionen), die nach dem im 19. Jahrhundert lebenden österreichischen Statistiker Gompertz benannt ist. Sie beruht – ähnlich der → logistischen Funktion – auf der Annahme, dass das Wachstum einer Zeitreihe x(t) proportional ist

a) dem zum Zeitpunkt t erreichten Niveau x(t) und

b) der *logarithmischen* Differenz von absolutem

c) Sättigungsniveau S und dem Niveau x(t).

Aus dieser Annahme ergibt sich als Gleichung der Gompertz-Funktion

$$x(t) = S \cdot e^{-e^{-at-C}} \quad (e = 2{,}71828\ldots)$$

mit den aus Vergangenheitsdaten zu schätzenden Parametern S, a und C. Die folgende Graphik zeigt die tatsächliche und die prognostizierte Zeitreihe des Pkw-Bestandes je 1000 Erwachsene in der BRD mit den geschätzten Parametern S = 670,25 a = 0,083 und C = -1,293 der Gompertz-Funktion.

K.-W.H.

Gondelkopf-Platzierung
→ Zweitplatzierung

Go-No-Entscheidung
→ Innovationsmanagement, → DEMON

Goodness of Fit → Fitmaße

Goodwill → Geschäftswert

Goodwill-Transfer → Programmpolitik

Gossen'sche Gesetze

1854 von *Hermann H. Gossen* formulierte Gesetzmäßigkeiten: Nach dem *ersten Gesetz* (Gesetz des abnehmenden Grenznutzens, Sättigungsgesetz, Gesetz der Bedürfnissättigung) nimmt der Grenznutzen eines

Gompertzfunktion am Beispiel der Entwicklung der Pkw-Dichte in Deutschland

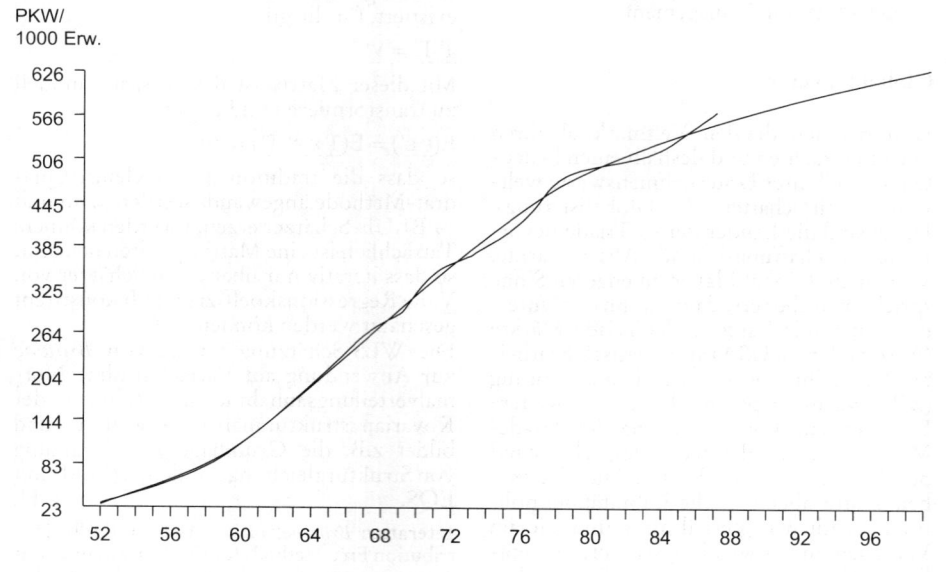

Gutes mit steigendem Verbrauch ständig ab, weil das mit dem Gut befriedigte Bedürfnis sukzessive an Intensität verliert, bis schließlich eine Bedarfssättigung eingetreten ist.

Nach dem *zweiten Gossen'schen Gesetz* (Gesetz vom Ausgleich der gewogenen Grenznutzen, Genussausgleichsgesetz) verteilt ein rationaler Entscheider ein gegebenes Einkommen so auf die verschiedenen Güter, dass die gewichteten Grenznutzen aller Güter gleich sind.

Das erste Gossen'sche Gesetz wird zur Begründung der fallenden Nachfrage bei steigendem Preis herangezogen (→ Preis-Absatzfunktion).

GPRS

General Paket Radio Service: Moderner Standard für digitale Mobilfunk-Netze mit einer Bandbreite von bis zu 100 Kbits/s (vgl. auch → Mobile Commerce, → GSM, → WAP). Verbindungsaufbau und Datenübermittlung funktionieren mit GPRS wesentlich schneller als mit dem älteren GSM-Standard. Dadurch ergeben sich vielfältige mobile multimediale Verwendungsmöglichkeiten, wie z.B. Videokonferenzen über ein portables Notebook.

Grafik-Designer

für die graphische Gestaltung von Werbematerial verantwortliche Person, die in einer → Werbeagentur angestellt ist oder mit Auftraggebern auf Vertragsbasis freiberuflich zusammenarbeitet (→ Werbeberufe). Die Arbeit des Grafik-Designers geht über die eines → Layouters insoweit hinaus, als er nicht nur die Elemente eines → Werbemittels arrangiert und graphisch darstellt, sondern oftmals auch das Werbemittel selbst plant, die Schrifttypen aussucht, die visuellen Elemente entwirft und zur Ausführung vorbereitet.

Grant element

kalkulatorischer Wert („Schenkungsanteil") der Begünstigung von Auslandskrediten im Rahmen der staatlichen → Exportförderung im Vergleich zu normalen Krediten.

Graphentheorie

mathematische Disziplin, die in verschiedensten Wissenschaften angewendet wird (Chemie, Elektrotechnik, Soziologie etc.) und auch für die Beschreibung und Lösung von Problemen der → Netzplantechnik hilfreich ist. Die Graphentheorie kann als der Teil der Mengenlehre gesehen werden, der die binären Relationen (Verbindungen, Beziehungen) einer abzählbaren Menge mit sich selbst behandelt.

Grauer Markt → Markttypologie

Grauimporte → Parallelimporte

Gravitationsmodell

Im → Handelsmarketing dienen Gravitationsmodelle zur Abgrenzung bzw. zur Erklärung der Größe des Einzugs-(Markt-)gebietes von Einzelhandelszentren und damit zur Erklärung des → Einkaufsstättenwahlverhaltens der Konsumenten in räumlicher Hinsicht. Die Modelle wollen also nicht die Anziehungskraft einzelner Standorte innerhalb eines Zentrums erklären, sondern beziehen sich auf die Anziehungskraft ganzer Zentren, Geschäftsagglomerationen oder Regionen (sog. Abgrenzung von Makromarktgebieten). Die Abgrenzung des Marktgebietes ist bei der Bewertung von Standortlagen im Einzelhandel (→ Standort im Handel) von zentraler Bedeutung.

In den deterministischen Modellen (Gravitationsmodelle i.e.S.) wird die Grenze zwischen den Absatzreichweiten zweier Geschäftszentren jeweils so bestimmt, dass ein Konsument mit Wohnort an einem bestimmten geographischen Ort entweder Kunde des einen oder des anderen Zentrums ist, während bei den probabilistischen Modellen ermittelt wird, mit welcher Wahrscheinlichkeit er seine Einkäufe in dem einen und dem anderen Einkaufszentrum tätigen wird.

Die Gravitationsmodelle haben ihre Wurzel in einer Aussage *Newtons* (1687), nach der die Gravitationskraft zweier Körper davon abhängt, über welche Masse die beiden Körper verfügen und wie groß die Entfernung zwischen ihnen ist. In den Sozialwissenschaften wurden die „Körper" als Städte oder Regionen interpretiert, die „Massen" als die Anzahl der Bewohner dieser Städte und die „Gravitationskraft" als die Stärke der Kontaktaufnahme zwischen den Bewohnern der Städte oder Regionen. Das ursprünglich für die Physik formulierte Gesetz lautet dann in seiner sozialen Variante: „Die Anzahl der Interaktionen der Bewohner des Ortes i mit den Nachbargebieten j ist umso größer, je größer die Bevölkerung

Gravitationsmodell

der Nachbargebiete j ist und je geringer die Entfernung zu diesen Gebieten ist." *Reilly* hat diese allgemeinen gravitätstheoretischen Überlegungen bereits 1931 auf das → Einkaufsverhalten von Konsumenten übertragen, indem er die Anziehungskraft zweier Geschäftszentren auf ein zwischen ihnen liegendes Wohngebiet zueinander in Beziehung gesetzt hat und so zu dem sog. „Gesetz der Einzelhandelsgravitation" kam: Die relative Anziehungskraft eines Geschäftszentrums auf einen Verbrauchsort ist proportional zur Größe des Handelsortes (gemessen an seiner Einwohnerzahl) und umgekehrt proportional zur Entfernung zwischen dem Standort des Verbrauchers und dem Handelsort, wobei diese Entfernung mit einem warengruppenspezifischen Parameter λ zu gewichten ist. Das Verhältnis der Umsätze der beiden Handelsorte kann nach *Reilly* mithilfe der folgenden Gleichung wiedergegeben werden.

$$\frac{U_1}{U_2} = \frac{B_1}{B_2} \cdot \left(\frac{d_{i2}}{d_{i1}}\right)^\lambda$$

U_j = Umsatzanteil eines Verbrauchsortes, der in Einkaufsort j (j = 1, 2) verausgabt wird,
B_j = Bevölkerungszahl in Ort j,
d_{ij} = Distanz zwischen Verbrauchsort i und Einkaufsort j,
λ = Gewichtungsparameter für das Distanzverhältnis.

Mit dem warengruppenspezifischen Parameter λ wird erfasst, dass die Verbraucher in bestimmten Warengruppen eher bereit sind, größere Entfernungen zu überbrücken, so dass hier die Entfernung in geringerem Maß das Einzugsgebiet begrenzt.

Werden nur zwei Handelszentren in die Analyse einbezogen, lässt sich die Grenze der Einzugsbereiche leicht mit Hilfe der Gleichung 1 bestimmen: Zum Marktgebiet eines Handelsortes gehören die Bewohner der Orte, die von keinem anderen Standort stärker angezogen werden als vom betrachteten Handelsort. Bei einer größeren Anzahl von Handelszentren muss das Modell modifiziert werden (*K. Schöler*, 1981, S. 152 ff.).

Während *Reilly* die Konsumenten eines Wohnortes im Rahmen eines Paarvergleiches eindeutig einem der beiden betrachteten Einzelhandelsstandorte zuordnet, bestimmt *Huff* in seinem probabilistischen Modell die Wahrscheinlichkeit, mit der die Bewohner eines Versorgungsortes alternative Einkaufsorte aufsuchen. Die Wahrscheinlichkeit hängt analog zu den deterministischen Ansätzen von der Distanz zwischen Wohnort und Einkaufsorten sowie von der Attraktivität der Einkaufsorte ab.

Die Gravitationsmodelle, insbesondere das Gesetz von *Reilly*, sind vielfach Gegenstand der wissenschaftlichen Diskussion gewesen. Zum Ersten wurde versucht, *Reillys* Gesetz der Einzelhandelsgravitation nicht mit einem Hinweis auf *Newtons* physikalische Aussage zu begründen, sondern es wurde gezeigt, dass es einem nutzentheoretischen Kalkül des Konsumenten entspricht, die Attraktivität einzelner Einkaufsorte gegen die Mühen (Kosten), diese zu erreichen, abzuwägen. Zum Zweiten wurden für die empirische Überprüfung des Gesetzes sehr unterschiedliche Operationalisierungen für die beiden Determinanten der Attraktivität eines Handelszentrums vorgeschlagen. Die *Tabelle* zeigt einige Varianten.

Determinanten der Attraktivität eines Handelszentrums

Operationalisierungsmöglichkeiten bei Gravitationsmodellen		
für das Ausmaß der Interaktion	für die Bedeutung des Ortes j	für die Entfernung von i nach j
Einzelhandelsumsatz in j mit Konsumenten aus i	Größe der Bevölkerung Innerurbane Gesamtausgaben Höhe des Umsatzes in bestimmten Warenbereichen Beschäftigte im Einzelhandel Beschäftigte im Banksektor Vorhandene Verkaufsfläche	Geographische Entfernung Benötigte Zeit, um die Entfernung zu überbrücken Kosten der Raumüberbrückung

Schließlich wurde drittens auch der funktionale Zusammenhang zwischen der Anziehungskraft und den erklärenden Variablen modifiziert. Beispielhaft sei hier das Modell von *Fickel* genannt, das der Standortbewertung durch die Gesellschaft für Konsumforschung zugrunde liegt. Das Grundmuster, wonach der relative Umsatzanteil eines Geschäftszentrums an den Ausgaben der Bewohner eines Ortes, von der Attraktivität dieses Zentrums und von der zu überbrückenden Entfernung abhängt, blieb jeweils erhalten. L.M.-H.

Literatur: *Fickel, F.W.*: Die ökonometrische Methode zur Marktgebietsabgrenzung von Einkaufszentren, in: Jahrbuch der Absatz- und Verbrauchsforschung, 25. Jg. (1979), S. 204-225. *Müller-Hagedorn, L.*: Handelsmarketing, 2. Aufl., Stuttgart u.a. 1993, S. 128-45. *Müller-Hagedorn, L.*: Der Handel, Stuttgart u.a. 1998, S. 389-402. *Schöler, K.*: Das Marktgebiet im Einzelhandel, Berlin 1981.

Grenzabsatz → Preistheorie

Grenzanbieter → Preistheorie

Grenzerlös
in der → Preistheorie benutzte Größe, welche die Veränderung des Erlöses (Umsatzes) bei Veränderung des Preises um eine (streng genommen: infinitesimal kleine) Einheit angibt. Bei linearer → Preis-Absatzfunktion ist die Grenzerlösfunktion ebenfalls linear und schneidet die Preisachse beim halben Höchstpreis. Mathematisch ausgedrückt ist die Grenzerlösfunktion die erste Ableitung der Erlösfunktion.

Grenzkostenkalkulation
→ Preiskalkulation

Grenzrate der Substitution
Differentialquotient, der die Menge eines Gutes B angibt, auf die ein Nachfrager verzichten muss, um durch eine entsprechende Erhöhung der Nachfragemenge des Gutes A denselben Nutzen wie bei unveränderten Nachfragemengen bezüglich A und B zu erzielen. Es handelt sich also um das Austauschverhältnis für infinitesimal kleine Mengenverschiebungen in der Nachfragestruktur zweier Güter. Das zweite → Gossen'sche Gesetz besagt, dass zur Aufrechterhaltung des Nutzenniveaus bei gleichmäßiger Verringerung der Nachfrage eines Gutes eine steigende Menge des Substitutionsgutes erforderlich ist.

Griechisch-lateinisches Quadrat
spezielle Untersuchungsanordnung bei → Experimenten, bei der vier experimentelle Faktoren so miteinander kombiniert werden, dass die Effekte aller vier Faktoren sichtbar werden. Es handelt sich um eine Ausweitung des → lateinischen Quadrats.

Großdiscounter → Diskontgeschäft

Großhandel
Dem → Handel fällt die Aufgabe zu, die bestehenden Spannungen zwischen Produktion und Konsumtion in zeitlicher, räumlicher, qualitativer und quantitativer Hinsicht auszugleichen (→ Handelsfunktionen). Im Rahmen dieser Aufgabenerfüllung wird zwischen funktionalem und institutionalem Handel unterschieden. Charakteristisch für den Großhandel im funktionalen Sinne ist die wirtschaftliche Tätigkeit der Beschaffung und des Absatzes von Waren an Produzenten, Weiterverarbeiter, gewerbliche Verwender, Wiederverkäufer und Großverbraucher sowie der Umschlag von i.d.R. relativ großen Mengen pro Verkaufsakt. Demgegenüber steht der institutionale Großhandel, der nur jene marktlichen Transaktionsprozesse erfasst, welche von solchen Betrieben durchgeführt werden, die sich auf den Großhandel im funktionalen Sinne spezialisiert haben. Die Spezialisierung auf den funktionalen Großhandel determiniert die Position der Betriebe in der Distributionskette.

Im Großhandel existiert eine Vielzahl von → Handelsbetriebstypen, weil die Handelsbetriebe auf der Großhandelsstufe ihre Distributionsaufgaben im Hinblick auf den Umfang, die Intensität der Funktionenausübung und die Art der Kombination der Betriebsfaktoren menschliche Arbeitskraft, Betriebsmittel und Ware auf höchst unterschiedliche Weise wahrnehmen. Des Weiteren sind die Grenzen zwischen den einzelnen Betriebstypen und teilweise auch zwischen den Wirtschaftsstufen, insb. zwischen Groß- und → Einzelhandel, fließend. Dieser Tatbestand macht es äußerst problematisch, die Vielfalt von Ausprägungsformen in solcher Weise zu klassifizieren, dass ein exaktes und überschneidungsfreies System von Betriebstypen des Großhandels entsteht (vgl. *Abb. 1*).

Seit längerer Zeit vollzieht sich im Großhandelssektor ein tief greifender Verände-

Großhandel

Abb. 1: Klassifikation von Betriebstypen/Ausprägungsformen des Großhandels

Klassifikation aufgrund...	Betriebstypen/Ausprägungsformen
...der regionalen Ausrichtung	Binnengroßhandel, Außengroßhandel, Importgroßhandel Exportgroßhandel, Transitgroßhandel, Länderspezialist Länderuniversalist
...der Intensität der Funktionserfüllung A) Zeit-/Raumüberbrückung B) Bedarfsanpassungs-/Marktausgleichsfunktion	 Lagergroßhandel, Streckengroßhandel, Zustellgroßhandel Bedienungsgroßhandel
...der Sortimentsdimensionierung	Spezialgroßhandel Sortimentsgroßhandel

...des Schwerpunktes der Markttätigkeit	A) Kollektierender Großhandel
	  1) Detailkollekteur
	  2) Grossokollekteur
	B) Distribuierender Großhandel
	  1) Grossierer
	  2) Zentralgrossierer (=Zentralgrosshandel)

...von Kooperationsformen	A) Vertikaler Verbund
	  1) Vorwärts integrierender Großhandel
	    a) Freiwillige Ketten
	    b) Franchising
	    c) Rack Jobber (= Regalgroßhändler)
	  2) Rückwärtsintegrierender Großhandel
	B) Horizontaler Verbund
	Großhandelszentrum

...von Sonderformen	Großhandelsspediteur Systemlogistiker

rungsprozess, der durch Konzentrations-, Kooperations- und Ausschaltungstendenzen gekennzeichnet ist. Trotzdem zeigen seit 1991 Betriebsvergleiche eine Verschlechterung der Betriebsergebnisse.

Der derzeitige und zukünftige Wettbewerb im Großhandel wird durch Großbetriebe und Verbundsysteme determiniert, die sich im Zuge von Fusions- und Expansionsbestrebungen konstituiert und eine Vielzahl von kleinen und mittleren Betrieben aus der Distributionskette eliminiert haben (→ Kooperation im Handel).

Diese Tendenz hat viele Betriebe zu → Kooperationen sowohl auf horizontaler Ebene mit anderen Unternehmungen des Großhandels als auch vertikal mit Lieferanten und/oder Abnehmern veranlasst, um durch entsprechende Betriebsgrößen Ökonomisierungsmaßnahmen zur Stärkung ihrer Wettbewerbsfähigkeit zu realisieren. In der tief greifenden Struktur- und Kooperationsdynamik und der Intensivierung und Systematisierung von Kooperationskonzepten, insb. in der Vertikalisierung, liegt jedoch für den Großhandel auch ein erhebliches Gefahrenpotenzial, aus einigen Bereichen der Handelskette ausgeschaltet zu werden. So haben bereits einige Verbundgruppen und filialisierende Unternehmungen des Einzelhandels den Großhandel integriert. Weiterhin ist zu beobachten, dass Betriebe des Groß- und Einzelhandels vielfach die Art und Weise der Funktionenwahrnehmung assimiliert haben, so z.B. beim Cash & Carry-Großhandel (→ Selbstbedienungsgroßhandel). Durch nicht ausreichende Zugangskontrollen und durch Deckung des privaten Bedarfs der gewerblichen Verwender konnte der Cash & Carry-Großhandel nicht unerhebliche Einzelhandelsumsätze tätigen, woraufhin die Rechtsprechung juristische Sanktionen verhängte (z.B. Bruttopreisauszeichnung, Toleranzgrenze, Einkaufsausweise). Seitens der Industrie ist eine verstärkte Übernahme der funktionalen Großhandelstätigkeit zu konstatieren, so z.B. beim Spezialproduktionsverbindungshandel und Produktionswarengroßhandel im Investitionsgüterbereich. Insb. der → Streckengroßhandel ist auf Grund seiner Konzentration auf die dispositive akquisitorische Distribution von Ausschaltungstendenzen bedroht. Außerdem zeigen sich Ansätze einer vertieften Kooperation von Herstellern und Speditionen, wobei letztere weitgehend klassische Großhandelsfunktionen substituieren (→ Systemlogistiker). Teilweise wird der Großhandel von der Dispositionsfunktion zurückgedrängt und fast ausschließlich auf die Logistikfunktion beschränkt, wie z.B. bei einigen Getränkefachgroßhandlungen. In diesem Fall spricht man auch vom → Großhandelsspediteur.

Abb. 2: Umsatz, Anzahl der Unternehmen und Anzahl der Beschäftigten im Zeitraum von 1994 - 1997

	Umsatz in Mio. DM	Anzahl der Großhandelsunternehmen	Beschäftigte in Großhandelsunternehmen
1994	1 059 777	92 828	1 327 682
1995	1 084 922	85 436	1 295 705
1996	1 069 112	78 997	1 258 787
1997	1 093 435	74 970	1 250 131

(Quelle: Statistisches Bundesamt)

Neben dieser problematischen Entwicklung ist seit einiger Zeit eine Diskussion darüber in Gang geraten, ob es generell noch zweckmäßig sei, zwischen Groß- und Einzelhandel zu unterscheiden.

Diese veränderten Rahmenbedingungen erzeugen im Großhandel erheblichen Anpassungsdruck, dem die Unternehmungen nur durch flexible und innovative Funktionenprofile im Hinblick auf eine Betriebstypendiversifikation und insb. durch ein intensives → Handelsmarketing und eine stärkere Kundenorientierung begegnen können. Hinsichtlich der zukünftigen Unternehmungspolitik der Großhandelsbetriebe zeichnen sich folgende Tendenzen ab:

Die Unternehmungen werden sich zunehmend spezialisieren. Zum einen erfolgt dies in Bezug auf regionale Teilmärkte, z.B. durch Filialisierung, dort, wo es für die Industrie zu aufwendig wäre, selbst Distributionsaufgaben zu übernehmen. Hier erwachsen dem Großhandel gute Möglichkeiten, sich durch ein geschicktes Regionalmarketing zu profilieren. Zum anderen können sich die Betriebe bei der Wahrnehmung ihrer Handelsfunktionen intensiver spezialisieren, hier insb. im Kommunikations-, Dispositions- und Logistikbereich sowie bei Service- und Beratungsleistungen. Wegen der zunehmenden Internationalisierung der Warenströme können Großhandelsbetriebe mit hinreichenden Kapital- und Managementkapazitäten diese Profilierungsstrategien aber auch multinational durchsetzen. Unabhängig vom Marktareal ist es für eine Verbesserung der verfallenden Betriebsergebnisse zwingend erforderlich, die jeweilige Kundenstruktur sowie die → Kundenzufriedenheit zu analysieren; denn erst die Untersuchung und Bewertung (→ Kundenwert) einzelner Kunden bzw. von Kundengruppen ermöglicht es dem Großhandel, den zum Teil höchst differenten Kundenwünschen durch möglichst flexible Funktionenprofile zu entsprechen. Dabei bildet das jeweilige Nachfragepotenzial die Basis bei der Ermittlung des Kundenwertes, der als Steuergröße für die Intensität und Individualität beim Einsatz marketingpolitischer Instrumente zu begreifen ist.

Schließlich eröffnet sich auf dem Sektor der Informations- und Kommunikationssysteme ein erhebliches Chancenpotenzial, welches der Großhandel in den Bereichen der Sortimentsoptimierung, Lagerhaltung und -automation, Lieferfähigkeit und –schnelligkeit (→ Just-in-Time-Logistik), Disposition, Distribution und Logistik sowie der Kundenakquisition, -betreuung und -bindung nutzen und in seine Marketingstrategien integrieren kann. Besonders der → E-Commerce, welchem insb. im Business-to-Business-Bereich enorme Wachstumspotenziale attestiert werden, sollte nicht nur als Informations- oder Bestell-Plattform für den Kunden genutzt, sondern darüber hinaus auch als Werkzeug zur Optimierung warenwirtschaftlicher Prozesse auf der Absatz- und Beschaffungsseite begriffen werden. Dadurch kann sich der Großhandel zu einem → Informationsbroker entwickeln, der dann z.B. via → Internet oder EDI (→ Electronic Data Interchange) die jeweiligen inner- und zwischenbetrieblichen Transaktionsprozesse online koordiniert und beschleunigt. Damit stärkt der Großhandel als Informations- und Methodenspezialist seine Rolle als Transaktionskostenreduzierer, was den Ausschaltungstendenzen entgegenwirkt. K.Ba./R.Kl.

Literatur: *Barth, K.:* Betriebswirtschaftslehre des Handels, 4. Aufl., Wiesbaden 1999. *Müller-Hagedorn, L.:* Ansatzpunkte zur Steigerung der Wettbewerbsfähigkeit des Großhandels, in: Mitteilungen des Instituts für Handelsforschung an der Universität zu Köln, Heft 2 1999, S. 21–35. *Dohet-Gremminger, A.:* Marktstrategien im Großhandel, Wiesbaden 1997.

Großhandelsmarketing

Ausprägungsform des → Handelsmarketing, die jedoch in mehrfacher Hinsicht von diesem abzugrenzen bzw. gegenüber diesem zu konkretisieren ist. Grundsätzlich erfährt das Marketing des → Großhandels eine Eingrenzung, weil es auf gewerbliche Abnehmergruppen ausgerichtet und dem business to business-Bereich zuzuordnen ist (→ Investitionsgütermarketing). Bei den Kunden des Großhandels handelt es sich überwiegend um Organisationen aus den Bereichen → Einzelhandel, Industrie (→ Produktionsverbindungshandel), Handwerk, Großhandel, Freie Berufe sowie aus der Land- und Forstwirtschaft. Eine Konsequenz aus dem → Organisationalen Beschaffungsverhalten ist, dass sämtliche Großhandelskunden ihrem Lieferanten, zumindest dem Namen nach, *bekannt* sind. Von daher unterscheidet sich die Situation des Großhandels von derjenigen vieler Einzelhandelsunternehmen, die in der überwiegenden Mehrzahl der Fälle einem Markt aus anonymen Endkunden gegenüberstehen. Diese Kundenkenntnis bietet sich als Ansatzpunkt für ein → Database-Marketing des Großhandels und eine darauf basierende Kundenbindungspolitik (→ Kundenbindung) an. Marktseitige Sättigungstendenzen in vielen Branchen lassen zudem eine grundsätzliche Ausrichtung vieler Lieferanten an den Prinzipien des → Beziehungsmarketing sinnvoll erscheinen.

Charakteristisch für viele Großhandelsbranchen ist die Reise- und Besuchstätigkeit von Außendienstmitarbeitern (→ Verkaufs- und Außendienstpolitik). Dabei steht der persönliche Kontakt (→ Persönlicher Verkauf) zwischen den Vertretern eines Anbieterunternehmens und Mitarbeitern der Kundenseite (→ Buying Center) im Mittelpunkt mehr oder minder regelmäßig stattfindender Interaktionen, die ihrerseits anbieterseitig initiiert und gesteuert werden können.

Hinsichtlich der vom Großhandel zu erbringenden *Distributionsleistungen* kommt Fragestellungen nach der Reaktions- und Liefergeschwindigkeit sowie nach der generellen Lieferqualität Bedeutung zu (→ Lieferservice). Während der Lager- und → Zustellgroßhandel die Warendistribution eigenverantwortlich durchführt, gehen Logistikfunktionen im → Streckengroßhandel auf Hersteller, Speditionen oder andere → Logistik-Dienstleister über. Im → Bedienungsgroßhandel verlagern sie sich hingegen direkt auf den Kunden. Zusätzlich zur Anlieferung von Waren in der Niederlassung eines Abnehmers findet teilweise auch eine Bereitstellung der Leistungen vor Ort (z.B. auf Baustellen etc.) statt. Im Allgemeinen lässt sich für die Logistikleistungen des Großhandels ein Trend zu immer kürzeren Reaktionszeiten bis hin zur → Just-in-Time-Logistik beobachten.

Als handelstypisch zu beurteilen sind die Differenzierungsmöglichkeiten (→ Differenzierungsstrategie) der Großhandelsunternehmen über ihr → Sortiment (→ Sortimentspolitik). Auch Möglichkeiten zur Differenzierung über die Produktpolitik unterliegen vergleichsweise engen Grenzen. Neben dem Angebot von → Handelsmarken sind hierbei insbesondere Formen der – jedoch nur beschränkt möglichen – Warenmanipulation (An- und → Umarbeitung) hervorzuheben. Nicht zuletzt die derart eingeschränkten Differenzierungsmöglichkeiten gegenüber dem Wettbewerb sind als eine Ursache für den Bedeutungszuwachs bei ergänzenden Service- und Dienstleistungen auszumachen. Deren Angebot erstreckt sich von vergleichsweise produktnahen (z.B. Produktschulungen sowie Montage- und Wartungsdiensten) bis hin zu mehr oder minder produktfremden Dienstleistungen (bspw. in Form einer Marketing- oder EDV-Beratung). Neben den Differenzierungsoptionen gegenüber dem horizontalen Wettbewerb wirkt sich die Bereitstellung und Erbringung dieser Leistungen zugleich auf das → Vertikale Marketing aus, weil mit diesen eine erhöhte Einschaltungsattraktivität des Großhandels erzielt werden kann, die ihrerseits der latenten Gefahr einer Umgehung der gesamten Wirtschaftsstufe entgegenwirkt.

Die → *Preispolitik* des Großhandels ist erneut Besonderheiten unterworfen. So ist die eigentliche Preisfestsetzung häufig das Ergebnis aus vorausgehenden Verhandlungen, wobei insbesondere Rabatte und Boni als

Gegenstand dieser Interaktionen identifiziert werden können. Die Bedeutung der Preispolitik des Großhandels resultiert u.a. auch daraus, dass sich die Höhe der Preise der bezogenen Produkte und Leistungen unmittelbar auf die wirtschaftliche Situation der Großhandelskunden auswirkt. Insofern ist ein gewisser „Zwang" zu einer kostengünstigen Materialbeschaffung auf Kundenseite erkennbar. Diese Feststellung gilt insbesondere in jenen Fällen, in denen Großhandelskunden sich an → Ausschreibungen beteiligen und bereits von daher strikten absatzseitigen preispolitischen Restriktionen im Rahmen ihrer eigenen Angebotserstellung unterliegen.

Die → *Kommunikationspolitik* des Großhandels bedient sich in erster Linie Formen einer personalisierten und der persönlichen Kundenansprache. Dazu zählen, zusätzlich zur Ansprache durch Mitarbeiter des Außen- und Innendienstes, Maßnahmen des → Direktmarketing. Hervorzuheben sind hierbei insbesondere Mailings sowie Angebotsformen, die sich zur Datenübermittlung eines Faxgerätes bedienen. Ein weiteres häufig anzutreffendes Kommunikationsinstrument stellen → Kataloge dar. Diese können sowohl gedruckt als auch auf CD-ROM zum Einsatz kommen. Klassische FFF-Werbung wird seitens des Großhandels demgegenüber kaum eingesetzt. Im Rahmen einer Sprungkommunikation spricht er vereinzelt jedoch Endabnehmer direkt an. Diese können sich zunächst in den Ausstellungsräumen des Großhandels informieren. Die eigentliche Materialbeschaffung erfolgt im Anschluss daran jedoch durch das mit der Ausführung der Arbeiten beauftragte Unternehmen (Handwerksunternehmen, Architekturbüro etc.).

In jüngerer Zeit werden die klassischen Kommunikationsinstrumente zusehends durch elektronische Nachrichten (e-mail) ergänzt. Diese eröffnen einem Anbieterunternehmen Möglichkeiten, umfangreiche digitale Informationen über Verteilerlisten (→ Mailing Liste) an einen theoretisch beliebig großen Kundenkreis kostengünstig und in Echtzeit zu versenden. Insgesamt ist zu erwarten, dass dem → Online-Marketing auch im Marketing des Großhandels in Zukunft ein hoher Stellenwert zukommen wird. Möglichkeiten zur Automatisierung von Standard-Bestellprozessen können in diesem Rahmen beispielsweise zur Entlastung von Mitarbeitern des Großhandelsunternehmens von zeitraubenden Routinetätigkeiten führen und entsprechende Kapazitäten freisetzen. W. Ti.

Literatur: *Dohet-Gremminger, A.:* Marktstrategien im Großhandel, Wiesbaden 1997. *Kysela, K.D.:* Großhandelsmarketing, Bergisch-Gladbach 1994.

Großhandelspanel

Form des → Handelspanels, bei der sich der Untersuchungsbereich auf den → Großhandel beschränkt. Die Panelforschung auf Großhandelsebene ist insb. aus zwei Gründen interessant: Erstens trägt sie zur Erhöhung der Marktabdeckung (→ Coverage-Effekt) bei, indem bspw. Packungsgrößen ermittelt werden, die direkt zum Verbraucher oder Großverbraucher abfließen, also im Einzelhandel nicht erhältlich sind. Zweitens tragen Großhandelspanels dazu bei, Warenbewegungen auf dieser Handelsstufe in Erfahrung zu bringen (z.B. Schnelligkeit des Warenflusses in den Einzelhandel). Dennoch erfassen die Institute in den Großhandelsbetrieben bei weitem nicht den für ein Handelspanel üblichen Datenumfang. Erfasst werden lediglich Einkäufe und Verkaufspreise. Es wird unterstellt, dass es zu keiner Lagerhaltung kommt, Bestandsinformationen werden somit nicht erfasst.

In Deutschland wurde erstmals 1968 von → AC Nielsen ein Lebensmittel-Sortiments- Großhandelspanel etabliert. Seitdem hat es weitere Entwicklungen gegeben: So existieren inzwischen Cash & Carry-Panel sowie Untersuchungen im Fachgroßhandel (z.B. KFZ-Zubehörpanel oder Elektro-Großhandelspanel). L.B./S.S.

Literatur: *Günther, M.; Vossebein, U.; Wildner, R.:* Marktforschung mit Panels, Wiesbaden 1998.

Großhandelsspediteur

Betrieb des → Großhandels, welcher ausschließlich Aufgaben der Lagerhaltung und des Transports der Ware (Logistik) im Auftrag des Herstellers erfüllt, ohne selbst dispositive Funktionen, z.B. als Broker oder → Systemlogistiker, zu übernehmen. Diese Beschränkung des Großhandels auf die Logistikfunktion resultiert aus dem vermehrt zu beobachtenden Bestreben der Industrie, den Großhandel in ihre eigenen Vertriebssysteme zu integrieren bzw. in eigener Regie funktionale Großhandelstätigkeiten zu übernehmen, was dazu führt, dass der institutionale Großhandel weiter zurückgedrängt wird. K.Ba.

Großhandelszentrum

Horizontaler Verbund unterschiedlicher → Sortimentsgroßhandlungen. Ziel ist es, die Attraktivität des Standortes zu erhöhen, was zum einen dadurch erreicht wird, dass durch die Konzentration verschiedener branchenübergreifender Sortimente an einem Ort (*Sortimentsgravitation*) die gewerblichen Verwender im Zuge eines One-Stop-Shopping einen umfassenden Bedarf abdecken und damit ihre Beschaffung rationalisieren können. Zum anderen forciert diese Kooperationsform für die integrierten Großhandelsbetriebe die Realisation von Kostenvorteilen durch gemeinsamen Einkauf und durch gemeinsame Nutzung zentraler Einrichtungen im Bereich der EDV, des Lagers und des Transports.

Eine spezielle Form des Großhandelszentrums bildet das *Trade Mart*, bei dem im Rahmen ständiger Messen oder Ausstellungen Warenmuster gezeigt werden, Informationsgespräche geführt und Bestellungen aufgegeben werden können. Physische Warenprozessleistungen finden i.d.R. nicht statt, sondern nur dispositive Einkaufs- und Verkaufstätigkeiten. Ein Beispiel sind *Modezentren*. Im Großhandelszentrum treten synergetische Effekte auf, welche die Position der verbundenen Großhandelsbetriebe im Wettbewerb, insb. mit Großbetriebsformen, stärken. K.Ba.

Grossierer
→ Distribuierender Großhandel

Gross-Income → Werbeagentur

Großkundenmanagement
→ Key-Account-Management

Großmarkt

rechtlich-wirtschaftlich und administrativ-organisatorisch eigenständige regelmäßige Vermarktungsveranstaltung insb. bei Agrarprodukten, wo selbstvermarktende Erzeuger („Erzeugergroßmarkt") oder Importeure und Großhändler („Versorgungsgroßmarkt") ihre Waren an Wiederverkäufer, Großabnehmer oder Gewerbetreibende absetzen.

Grossokollekteur
→ Kollektierender Großhandel

Großverbrauchernachlass

Nach § 9 Nr. 2 → Rabattgesetz dürfen Sondernachlässe oder Sonderpreise an Personen gewährt werden, die aufgrund eines besonderen Lieferungs- oder Leistungsvertrages Waren oder gewerbliche Leistungen in solchen Mengen abnehmen, dass sie als Großverbraucher anzusehen sind. Der Großverbrauchernachlass ist ein Unterfall des Mengenrabatts (→ Rabatte). H.-J.Bu.

GRP (Gross Rating Point)

bezeichnet in der → Hörer- und → Zuschauerforschung ein Maß für die Bruttoreichweite eines Mediums. GPR ist die Summe aller Kontakte ohne Berücksichtigung von Überschneidungen in Prozentwerten.

Grundgesamtheit

Die Grundgesamtheit („Universum", „Population") ist die Menge jener Elemente, die im Rahmen einer Untersuchung nicht mehr weiter differenziert werden und die deshalb im Rahmen einer → Stichprobe überhaupt zur Auswahl stehen. In einer recht frühen Phase des Marktforschungsprozesses (→ Marktforschung) bedarf es also ihrer Abgrenzung. Bei Verbraucherbefragungen in der Marktforschung werden z.B. nicht selten als untere Altersgrenze 14 Jahre, als obere 80 Jahre festgelegt; auch Ausländer bleiben oft (zweckmäßigerweise?) ausgeschlossen.

Die Festlegung der Grundgesamtheit ist für die Wahl des → Auswahlverfahrens bei Stichproben wichtig, da dort bei Zufallsstichproben alle Elemente zumindest symbolisch präsent sein müssen. Weite Abgrenzungen können den Stichprobenaufwand überproportional steigern, wenn man sich dann nicht für ein → Abschneideverfahren entscheidet. Andererseits leidet die Aussagefähigkeit bei Einschränkung der Grundgesamtheit u.U. erheblich. Auch strenge Auswahlverfahren können Ungenauigkeiten bei der Abgrenzung der Grundgesamtheit also nicht heilen. M.H.

Grundlagenforschung
→ Forschung und Entwicklung

Grundnutzen

Der Grundnutzen bezieht sich auf die physikalisch-chemisch-technischen, also funktionalen Merkmale eines Produkts. Zusatznutzen erbringt ein Erzeugnis dann, wenn es z.B. durch seine Markierung oder im Wege der Werbung seelisch-geistige Bedürfnisse, wie Prestige, Selbstbestätigung, Selbstachtung etc., befriedigt.

Die Zweiteilung ist sprachlich irreführend, weil der Zusatznutzen bei vielen Erzeugnissen, z.B. Schmuck, Kleidung, nicht zusätzlich zu sehen ist, sondern im Zentrum der Bedürfnisbefriedigung steht. Daher wäre es zweckmäßig zwischen einem Ver- oder Gebrauchsnutzen und einem Imagenutzen zu unterscheiden, sofern der Gebrauchsnutzen keinen Imagenutzen vermittelt. Darüber hinaus spielt bei vielen Gütern, z.B. die Automobile von Smart, der Erlebnisnutzen eine zentrale Rolle. Hier geht es allein um den Nutzen, der aus dem Kaufakt stammt, losgelöst von der eigentlichen Tauglichkeit und Leistungsfähigkeit des Produkts.

An.He./F.H.

Grundpreis → Unit Pricing

Gründungsmarketing

bezeichnet Regeln und Handlungen zur systematischen Gestaltung von Tauschbeziehungen vor, während und in der ersten Zeit nach einer Unternehmensgründung. Eine Gründung liegt vor, wenn jemand anderen (Finanzamt, Ordnungsamt, potentiellen Kunden etc.) signalisiert, dass er von nun an Leistungen (Sachen und/oder Dienste) auf Märkten gegen Entgelt anbietet.

Mit einer Gründung verbinden sich u.a. spezifische Tauschbeziehungen mit Kunden, Lieferanten, Banken, Mitarbeitern und Personen aus dem persönlichen Umfeld, wie z.B. Familie oder Freundeskreis. Aus seiner „Vision" des Unternehmens und seinen Oberzielen (Selbstverwirklichung, Einkommenserzielung etc.) leitet der Gründer für diese Tauschbeziehungen Unterziele ab: Er muss z.B. (1) herausfinden, was seine Kunden erwarten, sie zum Erstkauf bewegen und dann an sich binden, (2) seine Lieferanten dazu bringen, ihn mit den gewünschten Gütern zu den gewünschten Bedingungen zu beliefern, (3) Kapitalgeber zur Bereitstellung von Mitteln zu akzeptablen Bedingungen veranlassen, (4) evtl. Mitarbeiter gewinnen, motivieren und an das Unternehmen binden sowie (5) Unterstützung für sein Vorhaben in der Familie und im Freundeskreis finden.

Für alle (Teil-)Tauschbeziehungen kann die allgemeine Konzeption der → Marketingplanung, bestehend aus (1) Analyse der Ausgangssituation und Prognose der Entwicklungen, (2) Zielformulierung, (3) Strategieentwicklung und (4) Instrumenteneinsatz, konkretisiert und regelmäßig angewendet werden.

In Bezug auf die Kunden gilt: In der Analyse der Ausgangssituation sind die eigenen Möglichkeiten, die Bedürfnisse der Kunden zu befriedigen, die aktuellen Erwartungen der Kunden, die Aktivitäten der Konkurrenten und die Rahmenbedingungen, z.B. rechtliche Bestimmungen und Stand der Technik zu untersuchen. Gleichzeitig ist die zukünftige Entwicklung dieser Größen zu prognostizieren. Aus diesen Untersuchungen sind die Ziele für den Eintritt und die Zeit danach zu formulieren (etwa Bekanntheit, Marktanteil, Stückgewinn). Für die Erreichung der Ziele ist eine Strategie festzulegen, etwa im Sinne der Schaffung einer Alleinstellung durch die möglichst weitgehende Ausrichtung auf die individuellen Wünsche der Kunden oder das fortwährende Angebot innovativer Leistungen. Hier können allgemeine Erkenntnisse zu → Markteintrittsstrategien genutzt werden. Sofern dieser Rahmen festgelegt ist, sind alle → Marketing-Instrumente (Produkt, Kommunikation etc.) darauf auszurichten, z.B. in Form einer auf Individualisierung oder Innovation ausgerichteten Kommunikation. Mit dem Markteintritt kommen die Instrumente zum Einsatz. Nach dem Eintritt ist regelmäßig die Angemessenheit der Strategie und des Instrumenteneinsatzes zu prüfen – als Einstieg in einen neuen Zyklus der Anwendung der Marketingkonzeption.

In Bezug auf Kapitalgeber gilt: Wenn er nicht genügend Eigenkapital hat, muss sich der Gründer fragen, was er Kapitalgebern (Banken, Risikokapitalgeber) in Bezug auf Verzinsung und Sicherheiten zu bieten hat, welche Erwartungen und welche Alternativen dieser hat und welche rechtlichen Rahmenbedingungen, z.B. in Bezug auf die Ansprüche und Rechte des Kapitalgebers bestehen. Ebenso ist die zukünftige Entwicklung dieser Größen abzuschätzen. Sodann sind die Ziele, etwa in Bezug auf die Struktur und die Höhe, die Verzinsung und die Laufzeit der zu beschaffenden Mittel zu formulieren. Hierauf ist die Strategie – etwa „Niedrigrisikostrategie" mit geringem Risiko und niedrigem Zins für den Anleger oder „Hochrisikostrategie" mit hohem Risiko und hohen Chancen – zu entwickeln. Darauf sind alle Instrumente, etwa dem Kapitalgeber angebotene Form der Beteiligung, Art

Grüner Punkt

und Höhe der Verzinsung und Kommunikation, z.B. sehr sachlich oder euphorisch, auszurichten.

Analog ist bei den anderen Tauschpartnern vorzugehen. Je nach Einschätzung des Gründers ist dabei mehr oder weniger Aufwand zu betreiben. Eine pauschale Empfehlung hierfür und die inhaltliche Ausgestaltung der Elemente der Marketingkonzeption für die einzelnen Tauschpartner kann hier nicht gegeben werden. Die Konkretisierung muss situativ erfolgen. Die meisten Elemente der Marketingkonzeption sind der Planung zuzurechnen. Dies bedeutet, dass sie zum schon vor der eigentlichen Gründung bewältigt werden müssen und immer wieder zu durchlaufen sind, um das Unternehmen auf Kurs zu halten bzw. neuen Entwicklungen anzupassen. Ein wichtiges Planungs- und Kommunikationsinstrument (insbesondere in Richtung der Kapitalgeber) ist der Unternehmens- bzw. Businessplan, der im Grunde eine detaillierte Analyse und Prognose des Unternehmens und seiner Märkte darstellt. R.Pa.

Literatur: *Klandt, H.:* Gründungsmanagement, München, Wien 1999. *Müller, A.; Glauner, W.:* Die Unternehmerelite. Wachstumsstrategien erfolgreicher Entrepreneure, Wiesbaden 1999.

Grüner Punkt

kennzeichnet alle Verpackungen, die im Rahmen des Systems der → Dualen Abfallwirtschaft erfasst werden. Antragsteller für die Nutzung des Zeichens Grüner Punkt auf einer Verpackung ist i.d.R. der Konsumgüterhersteller, der sog. Abfüller. Unternehmen, die sich am Dualen System beteiligen, können gegen ein Nutzungsentgelt bei der Trägerorganisation das Recht erwerben, ihre Verpackungen mit dem Zeichen zu versehen. Maßstab für das Nutzungsentgelt ist die Anzahl der jährlich im deutschen Markt abgesetzten Verpackungen und das Volumen der befüllten Verpackung. Der Grüne Punkt stellt somit das Kernstück der Finanzierung des Dualen Abfallsystems dar. Daneben soll er dem Verbraucher als Hinweis dienen, die Verpackung nach Gebrauch dem Erfassungssystem zuzuführen, er erleichtert als Materialkennzeichen die Sortierung der Stoffe und lässt sich wirkungsvoll als Nutzenargument im Rahmen der Marketingaktivitäten einsetzen. Voraussetzung einer Vergabe durch die Trägerorganisation ist jedoch, dass eine Abnahme- und Verwertungsgarantie für das jeweilige Material besteht. R.H.

Literatur: *Duales System Deutschland AG* (Hrsg.): Komm zum Punkt ! Eine Information für Verbraucher, Bonn 2000.

Gruppenfreistellung

Wettbewerbsbeschränkende Vereinbarungen, Beschlüsse oder Verhaltensweisen können nach den Vorschriften des EG-Kartellrechts einzeln oder gruppenweise vom Kartellverbot des Art. 81 Abs. 1 EGV freigestellt werden, wenn diese zur Verbesserung der Warenerzeugung oder Warenverteilung oder zur Förderung des technischen oder wirtschaftlichen Fortschritts beitragen, wenn die Verbraucher an dem anfallenden Gewinn angemessen beteiligt werden und den beteiligten Unternehmen weder unnötige Beschränkungen auferlegt noch Möglichkeiten eröffnet werden, für einen wesentlichen Teil der betreffenden Waren den Wettbewerb auszuschalten (Art. 81 Abs. 3 EGV). Eine gruppenweise Freistellung (Gruppenfreistellung) erlaubt generell - abstrakt bestimmte - wettbewerbsbeschränkende Vereinbarungen für Gruppen von Verträgen.

Gruppenfreistellungen sind bisher v.a. ergangen für → Selektivvertriebs- und → Alleinbezugsvereinbarungen (mit besonderen Vorschriften für Bierlieferungs- und Tankstellenverträge), für Vertriebs- und Kundendienstvereinbarungen über Kraftfahrzeuge, für Franchiseverträge, für Spezialisierungsvereinbarungen, für Forschungs- und Entwicklungsgemeinschaften, für Techologietransferverträge und für die Versicherungswirtschaft. Zum 1.6.2000 wurden die Gruppenfreistellungsverordnungen für Alleinvertriebs- und Alleinbezugsverträge und für Franchiseverträge abgelöst durch die Gruppenfreistellung für vertikale Vereinbarungen, die erstmals auch Regelungen für den → Selektivvertrieb enthält.

H.-J.Bu.

Literatur: *Bunte; Sauter*: EG-Gruppenfreistellungsverordnungen, 1988.

Gruppeninterview

Variante des → Tiefeninterviews, bei der mehrere Personen zugleich interviewt werden. Der Moderator regt die Gruppenmitglieder an, über ein Thema (z.B. Kauf im Versandhandel, eine Werbeanzeige etc.) zu diskutieren und steuert das Gespräch eher zurückhaltend anhand eines Gesprächsleitfadens. Der Umfang der erzielbaren Informationen hängt insb. von diesem Leitfaden und der Fähigkeit des Moderators ab, die Teilnehmer zu stimulieren und sie dazu zu bewegen, die Gedanken anderer aufzugreifen und darüber zu sprechen. Gruppeninterviews können zwischen 30 Minuten und zwei Stunden dauern und sollten sinnvollerweise durch Videokameras aufgezeichnet werden, da dies die Auswertung erleichtert. Aufgrund der mangelnden Repräsentativität und der Auswertungsprobleme solcher nichtstandardisierter Befragungen eignet sich diese Methode v.a. für die → explorative Forschung, wenn es um die Präzisierung der Forschungsfrage, Anregungen zur Fragebogengestaltung, Ideengewinnung für neue Produkte usw. geht (s.a. → Focusgruppen).

Gruppen, strategische
→ Konkurrenzforschung

Gruppe, soziale
Mehrzahl von Personen, zwischen denen über einen längeren Zeitraum wechselseitige Beziehungen bestehen, die von einem System informeller Regeln „gesteuert" werden (→ sozialer Einfluss). Mitglieder einer Gruppe verstehen sich als soziale Einheit (Wir-Gefühl, Identität), werden in ihrem Verhalten von gemeinsamen Normen bestimmt, verfolgen sehr ähnliche Werte und Ziele und unterliegen einer sozialen Ordnung, die ihre Positionen in der Gruppe sowie ihre Tätigkeiten durch soziale → Rollen festlegt. Primärgruppen (z.B. Familie, → peer group) besitzen relativ geringe Mitgliederzahlen und sind durch intensive, oft emotionale Beziehungen geprägt, während Sekundärgruppen (z.B. Verbände, Parteien) oft größeren Umfang und lockere Bindungen unter den Mitgliedern aufweisen.
Bezugsgruppen nennt man jene, an deren Werten, Einstellungen, Kenntnissen, Verhaltensweisen sich das Individuum ausrichtet. Sie setzen Normen, die das Verhalten lenken und liefern Informationen für wirkungsvolle Urteile in den Situationen, in denen dem Individuum eigene Sachkompetenz fehlt und ihm objektive Vergleichsmaßstäbe bzw. Sachinformationen nicht zugänglich sind. Unter Bezugsgruppeneinfluss werden v.a. Güter öffentlich sichtbaren Konsums (→ demonstrativer Konsum) gekauft und jene, deren Erwerb nicht unter den Sachzwängen des Alltags erfolgt, die man gemeinhin auch Luxusgüter nennt. In der Werbung für derartige Güter kann darauf verwiesen werden, dass sie von Angehörigen relevanter Bezugsgruppen positiv beurteilt und vielfach gekauft werden. Reichen die Mittel des einzelnen nicht aus, sich ein Konsumniveau zu leisten, wie er es an Bezugsgruppen beobachtet, so kann er diesen Umstand als relative Benachteiligung (relative Deprivation) empfinden.   E.K.

Literatur: *Kroeber-Riel, W.; Weinberg, P.:* Konsumentenverhalten, 7. Aufl., München 1999.

GSM
Global System for Mobile Communication: Älterer Standard für digitale Mobilfunk-Netze mit einer relativ beschränkten Bandbreite von 9.600 bits/s, wodurch die Übermittlung graphischer Informationen stark beeinträchtigt wird (vgl. auch → Mobile Commerce, → WAP, → GPRS).

GS-Zeichen → Warenkennzeichnung

GUI (Graphical User Interface)
bietet dem Nutzer eines komplexen Produktes eine grafische Benutzeroberfläche mit Symbolen für verschiedene Arbeitsmittel und Programme zur Handhabung des Gerätes. Zusätzlich enthält es die Bedien- und Anzeigeelemente eines Programms oder Betriebssystems, die dem Anwender die Benutzung wesentlich erleichtern sollen (s.a. → Konsum-Kompetenz).   B.Ne.

Gültigkeit → Validität

Gutenberg-Modell → Marketing-Theorie

Güterverkehrssystem
→ Transportplanung

Gütesicherungsinstitutionen
Träger freiwilliger Systeme der → Warenkennzeichnung und → Normung. Es handelt sich um Kooperationen verschiedener Unternehmen (Gütegemeinschaften) oder um herstellerneutrale, von Verbänden getragene quasi-öffentliche oder öffentliche Träger. In Deutschland gehören dazu das Deutsche Institut für Normung e.V. (→ Deutsche Industrienorm DIN), der Verein Deutscher Ingenieure (VDI), der Verband Deutscher Elektrotechniker (VDE) sowie der Technische Überwachungsverein (TÜV). International bedeut-

Gütezeichen

sam ist die ISO (International Standards Organization).

Gütezeichen → Warenkennzeichnung

Guttman-Skala → Skalierungstechnik

GWA → Gesellschaft Werbeagenturen

GWB
Das Gesetz gegen Wettbewerbsbeschränkungen (GWB), in der Umgangssprache auch Kartellgesetz, wurde am 27.07.1957 verkündet und trat am 01.01.1958 in Kraft. Das GWB will die Freiheit des Wettbewerbs gewährleisten, um eine freiheitliche Ordnung der sozialen Beziehungen aller Marktbeteiligten zu gewährleisten. Mit dieser Zielsetzung wird es als Grundgesetz der sozialen Marktwirtschaft angesehen. Das Gesetz geht in wirtschaftspolitischer Hinsicht von dem Gedanken aus, dass ein freier und wirksamer Wettbewerb den größten Nutzeffekt für die Gesamtwirtschaft, insb. für die Verbraucher, gewährleistet. Dort, wo der Wettbewerb Garant für optimale Leistungsfähigkeit und allgemeine Wohlstandsförderung ist, will das GWB ihn vor Beschränkungen bewahren und strukturell sichern. Das GWB sucht den freien Wettbewerb vor Beschränkungen jeder Art zu schützen, die sich in seinem Geltungsbereich auswirken, und zwar auch dann, wenn sie außerhalb dieses Geltungsbereiches veranlasst wurden (§ 130 Abs. 2 GWB).
Seit der 6. GWB-Novelle findet das Gesetz auf die gesamte deutsche Wirtschaft Anwendung. Das GWB wurde bis 1998 sechsmal geändert, 1966, 1973, 1976, 1980, 1989 und 1998. Besondere Bedeutung kommt der zweiten Novelle zu, die die Eingriffsmöglichkeiten gegenüber marktbeherrschenden und marktmächtigen Unternehmen verstärkte, insb. eine vorbeugende → Fusionskontrolle einführte, ferner die → Preisbindung für Markenwaren abschaffte und zur Durchführung des Verbotes wettbewerbsbeschränkender Verträge auch ein Verbot aufeinander → abgestimmter Verhaltensweisen einführte. Die 6. GWB-Novelle 1998 brachte gesetzestechnisch einen völlig neuen und klareren Gesetzesaufbau, inhaltlich viele Neuregelungen und insbesondere die Einfügung des Vergaberechts (§§ 97-129), das in zwei Abschnitte unterteilt ist, nämlich das Vergabeverfahren des öffentlichen Auftraggebers und das Nachprüfungsverfahren.

Das Gesetz gliedert sich in sechs große Teile:

1. Wettbewerbsbeschränkungen (§§ 1–47);
2. Kartellbehörden (§§ 48-53 → Kammergericht, → Kartellsenat);
3. Verfahren (§§ 54-96);
4. Vergabe öffentlicher Aufträge (§§ 97-129);
5. Anwendungsbereich des Gesetzes (§ 130);
6. Übergangs- und Schlussbestimmungen (§§ 131).

Kernstück des Gesetzes sind naturgemäß die Vorschriften über Wettbewerbsbeschränkungen, die den Wettbewerb sicherstellen sollen. Dabei unterscheidet das Gesetz vier Tatbestandsgruppen: Kartellverträge, Kartellbeschlüsse und abgestimmtes Verhalten (§§ 1–13 GWB → Kartell, → Fusionskontrolle, → Gruppenfreistellung, → Missbrauchsaufsicht); Vertikalvereinbarungen (§§ 14-18 GWB); marktbeherrschende Unternehmen (§§ 19-23 GWB); Sonderregeln für bestimmte Wirtschaftsbereiche (§§ 29-31 GWB).   H.-J.Bu.

Literatur: *Bunte, H.-J.:* Wettbewerbs- und Kartellrecht, 1980. *Emmerich:* Kartellrecht, 6. Aufl., 1990. *v. Gamm:* Kartellrecht, 2. Aufl., 1990. *Immenga; Mestmäcker:* GWB-Kommentar, 3. Aufl., München 2001.

G-Wert → Außenwerbeforschung

H

Haager Musterabkommen

ist ein für den → Markenschutz wichtiges internationales Vertragswerk vom 6.11.1925 (1984 in seiner letzten Fassung von 1960 in Kraft getreten) und befasst sich im Rahmen des weltweiten gewerblichen Rechtsschutzes mit einer internationalen Hinterlegung gewerblicher Muster oder Modelle. Das Instrument wird von der → WIPO verwaltet. Seit dem 1.7.1988 müssen alle Geschmacksmuster zentral beim Deutschen Patentamt in München angemeldet werden (s.a. → Markenrecht). M.B.

Literatur: *Gerstenberg, E.:* Geschmacksmustergesetz, Heidelberg 1988.

Habitualisierte Kaufentscheidungen

sind typisch für → Kaufentscheidungen im Zusammenhang mit dem sich häufig wiederholenden Erwerb von Gütern des täglichen Bedarfs. Das Ausmaß der damit verbundenen Informationsbeschaffung und Informationsverarbeitung ist sehr gering. Häufig beschränkt sich der Konsument darauf, die gleiche Marke immer wieder zu kaufen (→ Markentreue). Andere Spielarten habituellen Verhaltens bestehen darin, dem Bedürfnis nach Abwechslung entsprechend von Fall zu Fall wechselnde Produkte aus einer Gruppe akzeptierter Marken auszuwählen (→ Variety seeking) oder jeweils die Marke zu wählen, die im Sonderangebot ist (→ Preispräferenzen).

Derartige Kaufgewohnheiten können durch die Sammlung positiver Erfahrungen mit bestimmten Produkten, durch die Vermeidung von → Kaufrisiken, die mit einem → Markenwechsel verbunden sind, und durch die Übernahme von Verhaltensmustern von anderen Personen entstehen.

A.Ku.

Literatur: *Assael, H.:* Consumer Behavior und Marketing Action, 5. Aufl., Cincinnati 1995. *Dietrich, M.:* Konsument und Gewohnheit, Heidelberg, Wien 1986.

Halbwertzeit

spezifischer Erfahrungswert, der im Rahmen der Messung des → Direktmarketingerfolges herangezogen wird, um einen verlässlichen Schätzwert für den Gesamtrücklauf (→ Responsequote; → Response) zu erhalten. Dazu kumuliert man (bei zeitgleichem Postausgang aller Sendungen) in einer Eingangsstatistik die Anzahl der täglichen Rückläufe bis einschließlich des zweiten Tages nach dem maximalen Rücklauf (wobei von einer kontinuierlichen Zunahme der Rückläufer bis eben zu jenem Maximum und anschließendem Rückgang ausgegangen wird). Die Verdopplung dieser Zahl ergibt dann den gesuchten Schätzwert bei einer Toleranz +/- 5%. N.G.

Halo-Effekt

bei der Gestaltung des → Fragebogens zu berücksichtigender Ausstrahlungseffekt vorhergehender Themen bzw. Fragen, sodass die Gedanken des Befragten systematisch in eine bestimmte Richtung gedrängt werden und die nachfolgenden Antworten verzerren. Halo-Effekte lassen sich durch die Einschiebung von → Pufferfragen oder durch → Mehrthemenumfragen abbauen.

H.Bö.

Handel

Handel umfasst i.w.S. den Austausch von Waren und Diensten zwischen Wirtschaftspartnern. I.e.S. beschränkt er sich auf den Handel mit Waren und heißt dann Warenhandel. Im institutionellen Sinne umfasst der Handel alle Handelsbetriebe des → Groß- oder → Einzelhandels auf allen → Handelsstufen. Sie zählen zum tertiären Bereich, d.h. zu den Dienstleistungsbetrieben (→ Dienstleistungen).

In der Absatzlehre stand der Handel lange Zeit im Mittelpunkt der Betrachtung (→ Handelsforschung). Dabei entwickelte man den funktionalen Handelsbegriff als wirtschaftliche Tätigkeit der Beschaffung und des Absatzes von Gütern ohne wesentliche Be- und Verarbeitung. Ferner differenzierte man verschiedene → Betriebsformen und Betriebstypen des Groß- bzw. Einzelhandels. Besonders intensiv wurden ferner sog. → Handelsfunktionen untersucht und in entsprechende Funktionskataloge eingebettet. Ein weiteres Thema der

Handelsbetriebslehre war die Entwicklung von Handelsbetriebsfaktoren.

Die Erstarkung des Handels im Absatzkanal vom Erfüllungsgehilfen zum Marketingführer führte zu einem eigenständigen → Handelsmarketing, dem die Industrie ein → vertikales Marketing, das auf die Handelsbetriebe gerichtet ist, gegenüberstellte.

H.D.

Handel, internationaler (Welthandel, Globalhandel, multinationaler Handel, transnationaler Handel)

Die Entwicklung des → Welthandelsvolumens (quantitativ erfasste zwischenstaatliche Handelsbeziehungen) wird weitgehend von der Weltwirtschaftsordnung beeinflusst. Der Welthandel ist grundsätzlich liberal und marktwirtschaftlich orientiert, doch können die Freihandelsdoktrin oder Formen des Protektionismus (→ GATT, → WTO, → Handelszusammenschlüsse, int.) die Außenhandelsverflechtungen beeinflussen.

Der → Außenhandel von Nationen (bi- oder multilateral) bzw. der gesamte Welthandel unterliegen strukturellen und konjunkturellen Wandlungen. Hinzu kommen unterschiedliche Entwicklungslinien der Low Developed Countries (LDC's), Newly Industrialized Countries (NIC's) sowie der High Developed Countries (HDC's).

Unsicher ist die Einstufung der ehemaligen COMECON-Länder, welche 1989 evolutorisch (mit Ausnahme des Umsturzes in Rumänien) den Weg zu mehr Liberalismus im politischen System erreicht haben. Inwieweit in Zukunft der → institutionelle Außenhandel von dieser Entwicklung betroffen sein wird, lässt sich derzeit nicht abschätzen.

Verschiebungen der relativen internationalen Wettbewerbspositionen ergeben sich ferner aus Art und Intensität von Forschung und Entwicklung (Research and Development), des Technologietransfers sowie External Ecnomies of Scale (und deren Bewertung).

Eine besondere Rolle spielt im Zusammenhang mit künftigen internationalen Wettbewerbspositionen die internationale Energiepolitik (neben Commodities im Bereich der Roh- und Grundstoffe). In diesem Zusammenhang kommt den Erdöl exportierenden Ländern sowie den erdölabhängigen Ländern welthandelspolitische Bedeutung zu.

Zu den einzelwirtschaftlichen Aspekten vgl. → Internationalisierung im Handel. H.Ma.

Handelsbetrieb

Institution im Absatzkanal, deren Tätigkeit ausschließlich oder überwiegend darin besteht, Güter zu beschaffen und abzusetzen, ohne diese wesentlich durch Be- oder Verarbeitung zu verändern (→ Großhandel, → Einzelhandel).

Handelsbetriebstypen

→ Angebotstypen des Einzelhandels

Handelsbrauch, internationaler (Trade Usage, Internationaler Handelsbrauch, usage de commerce)

unterscheidet sich von nationalem Handelsbrauch durch seine internationale Gültigkeit und hat den Stellenwert von Gewohnheitsrecht, d.h. es handelt sich um etwas Faktisches, dem der Normcharakter fehlt. Nicht-kodifizierte Handelsbräuche unterscheiden sich dadurch von kodifizierten Handelsklauseln (→ INCOTERMS), dass sie aus der Verkehrssitte unter Kaufleuten entstanden sind. Sie haben Ihre Bedeutung hinsichtlich konkludenter Handlung (Bestätigungsschreiben, Schweigen etc.); überdies gibt es branchenmäßige Unterschiede.

H.Ma.

Handelscontrolling

Führungskonzeption, welche die zielorientierte Koordination von Informationen zur Planung, Steuerung und Kontrolle der funktionalen Teilbereiche der Handelsunternehmung (Beschaffung und Absatz) zum Gegenstand hat. Die primäre Aufgabe des Handelscontrolling besteht in der Erstellung der erfolgswirtschaftlich ausgerichteten Gesamtplanung und Plankontrolle sowie der damit verbundenen Datenerfassung, -aufbereitung und -präsentation. Damit dient Controlling dem Management bei der Entscheidungsvorbereitung und -unterstützung. Das Ziel dieser Führungskonzeption ist eine aktive und zukunftsorientierte Steuerung der Unternehmung zur Sicherung und zum Ausbau seiner Marktposition (→ Handelsmarketing). Für eine problemadäquate Aufgabenerfüllung steht dem Controlling-Bereich im Handel ein Instrumentarium zur Verfügung, welches sich vornehmlich aus innerbetrieblichem Datenmaterial, wie es das Rechnungswesen liefert, rekrutiert. Dazu zählen insb. Wirtschaftlichkeits-, → Deckungsbeitrags- und → Erfolgsrechnungen, → Budgetierungs- und Limitplanungssysteme (→ Limitrechnung) sowie spezifische Prognose-, Planungs- und Kontrollverfahren. Daneben kommen Projektionsverfahren und Modellrechnungen zur Anwendung. Ebenso werden externe Informationsquellen wie die → amtliche Statistik oder → Betriebsvergleiche genutzt. Mit Hilfe dieses Instrumentariums sollen die Faktoren der handelsbetrieblichen Leistungserstellung Personal, sachliche Betriebsmittel (insb. Raum) und Ware einer Leistungs- und Produktivitätsmessung zugänglich gemacht sowie deren Einfluss auf die Zielgrößen Gewinn, Umsatz, Kosten und → Handelsspanne analysiert werden. Für den Controlling-Bereich bedeutet dies, dass Probleme in quantitativen Größen darzustellen sind.

Der Controllingprozess der Informationsgewinnung und -verarbeitung ist in Analogie zu einem kybernetischen Regelkreis in die drei interdependenten Phasen Planung, Steuerung und Kontrolle zu unterteilen. Die Planung umfasst alle Ressorts der Handelsunternehmung. Ziel ist es, knappe Ressourcen optimal auf die einzelnen betrieblichen Teilbereiche zu verteilen und die divergierenden Interessen der Verantwortungsträger auf das Gesamtziel hin zu koordinieren. Die sich anschließende Steuerung legt die zukünftigen Verhaltensmuster der Handelsunternehmung in zeitlicher, quantitativer und qualitativer Hinsicht fest. Sie konkretisiert sich in rentabilitätsorientierten Sollvorgaben für die verschiedenen Teilbereiche. Bereits während der Realisierung der durch Planung und Steuerung festgelegten Unternehmungsaktivitäten setzt die Kontrollphase ein, innerhalb derer dem Controlling die Aufgabe zukommt, das praktizierte Verhalten im Hinblick auf die Zielerreichung zu überwachen (mitschreitende Verhaltenskontrolle). Nach Abschluss der Wirtschaftsperiode, welche Gegenstand der handelsbetrieblichen Planung war, wird der durch die Sollvorgaben spezifizierte Plan-Zustand mit dem tatsächlich eingetretenen Ist-Zustand verglichen (Ergebniskontrolle bzw. Soll-Ist-Vergleich). Die Kontrolle bildet somit die Grundlage für eine intensive Analyse der Abweichungen und deren Ursachen im Hinblick auf die Preise und den Verbrauch an Betriebsfaktoren sowie den Auslastungsgrad der Abteilungskapazitäten (feedback). Zum anderen werden die gewonnenen Informationen genutzt, um zukünftige Aktivitäten zu antizipieren und im Bedarfsfall Gegensteuerungsmaßnahmen einzuleiten bzw. Anpassungsentscheidungen vorzunehmen. Damit dienen sie wiederum als zukünftige Planungsgrundlage (feedforward). Nicht zuletzt werden durch solche Kontrollinformationen auch entsprechende Lernvorgänge bei den Führungsinstanzen ausgelöst, aufgrund derer zukünftige Entscheidungen verbessert werden können.

Durch die Entwicklung moderner Informations- und Kommunikationstechniken, insb. durch die Schaffung der technischen Voraussetzungen zur Realisierung integrierter Handelsinformationssysteme (insb. → Data Warehouse, OLAP-Engines und → Data Mining) haben sich völlig neue Perspektiven für ein effizientes Handelscontrolling im Hinblick auf Entscheidungs- und Kontrolltechniken sowie auf den Prozess der Informationsgewinnung und -verarbeitung ergeben. K.Ba./R.Kl.

Literatur: *Ahlert, D.:* Warenwirtschaftsmanagement und Controlling in der Konsumgüterindustrie, in: *Ahlert, D.; Olbrich, R.:* Integrierte Warenwirtschaftssysteme und Handelscontrolling, 3. Aufl., Stuttgart 1997, S. 3–112. *Kloth, R.:* Waren- und Informationslogistik im Handel, Wiesbaden 1999. *Barth, K.:* Betriebswirtschaftslehre des Handels, 4. Aufl., Wiesbaden 1999.

Handelsforschung

Forschung über und für den Handel. Sie kann sich auf Betriebe, Betriebs- oder Verbundgruppen oder auf gesamtwirtschaftliche Probleme beziehen. Aus betrieblicher Sicht stehen die Beschreibung, Erklärung, Vorhersage oder Entscheidungsvorbereitung in allen Managementbereichen im Vordergrund des Interesses. Die spezifischen Marketingprobleme werden überwiegend in der → Marketing-Wissenschaft behandelt.

Die Handelsforschung strebt v.a. eine Verbesserung der Kenntnisse über die Position des betrachteten Unternehmens gegenüber Lieferanten, Konkurrenten und Kunden an. Nach wie vor hohe praktische Bedeutung haben inner- und zwischenbetriebliche Vergleiche, wie sie etwa vom → Institut für Handelsforschung durchgeführt werden.

Aus gesamtwirtschaftlicher Sicht werden auch Analysen, Beurteilungen und Veränderungsvorschläge zur → Binnenhandelspolitik der Handelsforschung zugeordnet. Zunehmende Bedeutung erlangt auch die

Handelsfunktionen

Abb. 1: Schema der retrograden Gewinnplanung

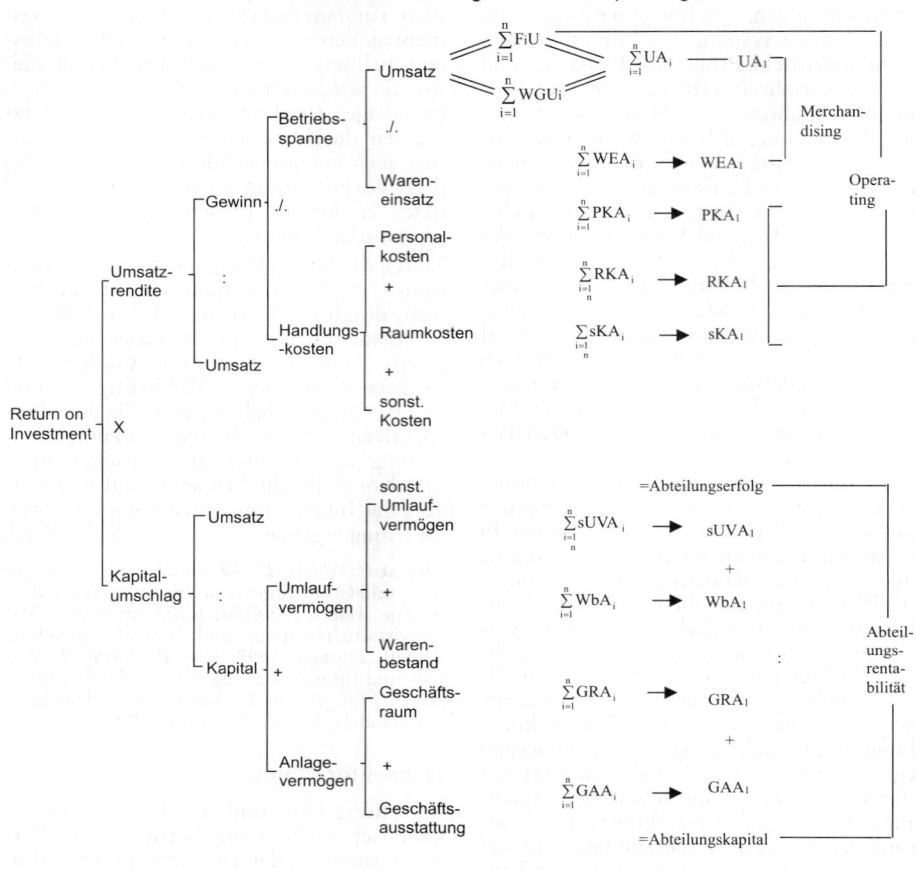

[Schema zeigt die Aufschlüsselung des Return on Investment in Umsatzrendite (Gewinn/Umsatz) und Kapitalumschlag (Umsatz/Kapital), mit weiterer Aufteilung in Betriebsspanne, Handlungskosten, Umlaufvermögen und Anlagevermögen, jeweils mit Summenzeichen über Filialen und Abteilungen:]

- Umsatz: $\sum_{i=1}^{n} FiU$ / $\sum_{i=1}^{n} WGU_i$
- Wareneinsatz: $\sum_{i=1}^{n} UA_i \rightarrow UA_1$
- $\sum_{i=1}^{n} WEA_i \rightarrow WEA_1$
- Personalkosten: $\sum_{i=1}^{n} PKA_i \rightarrow PKA_1$
- Raumkosten: $\sum_{i=1}^{n} RKA_i \rightarrow RKA_1$
- sonst. Kosten: $\sum_{i=1}^{n} sKA_i \rightarrow sKA_1$
- sonst. Umlaufvermögen: $\sum_{i=1}^{n} sUVA_i \rightarrow sUVA_1$ = Abteilungserfolg
- Warenbestand: $\sum_{i=1}^{n} WbA_i \rightarrow WbA_1$
- Geschäftsraum: $\sum_{i=1}^{n} GRA_i \rightarrow GRA_1$
- Geschäftsausstattung: $\sum_{i=1}^{n} GAA_i \rightarrow GAA_1$ = Abteilungskapital

Zuordnungen: Merchandising, Operating, Abteilungsrentabilität

Zeichenerklärung:

- U = Umsatz
- F = Filiale
- A = Abteilung
- WE = Wareneinsatz
- WG = Warengruppe
- PK = Personalkosten
- sK = sonstige Kosten
- sUV = sonstiges Umlaufvermögen
- Wb = Warenbestand
- GR = Geschäftsraum
- GA = Geschäftsausstattung

Warengruppenziele: Gruppenspannen

Leistungskennzahlen: Personalleistung, Raumleistung, Warenumschlag

Abteilungs- und Filialziele: Definierte Abteilungs- und Filialdeckungsbeiträge und Produktivitätskennzahlen

(Quelle: *Barth, K.*, Betriebswirtschaftslehre des Handels, Wiesbaden 1999, S. 387)

mikro- oder makro-ökonomische Außenhandelsforschung.

Träger der Handelsforschung sind insb. verschiedene Universitäts-Lehrstühle und -Institute, privatwirtschaftliche oder halbstaatliche Institute wie das → IfH, die → FfH sowie verschiedene → Handelsverbände bzw. -organisationen mit dem → EHI als Dachorganisation.   B.T.

Handelsfunktionen

1. Die klassische Funktionenlehre

Die Lehre von den Handelsfunktionen wurde zu Beginn des vergangenen Jahrhunderts entwickelt; v.a. um den jahrhundertealten Vorwurf der „Unproduktivität" des Handels und die Ausbeutung durch überhöhte → Handelsspannen zu entkräften.

Abb.2: Beispiele handelsbetrieblicher Kennzahlen

Warenwirtschaftliche Kennzahlen:

$$\frac{\text{Umsatz}}{\text{durchschnittlicher Warenbestand}} = \text{Umschlaghäufigkeit oder Warenumschlag}$$

$$\frac{\text{Umsatz des Artikels x}}{\text{durchschnittlicher Lagerbestand des Artikels x}} = \text{Umschlaghäufigkeit des Artikels x oder Artikelerfolgszahl}$$

$$\text{Aufschlagspanne} \times \text{Umschlaghäufigkeit} =$$

$$\frac{\text{Warenrohertrag} \times 100}{\text{Umsatz zu EKP}} \times \frac{\text{Umsatz zu EKP}}{\text{durchschnittlicher Warenbestand zu EKP}} = \text{Bruttonutzen oder Umschlagnutzen}$$

Personalkennzahlen:

$$\frac{\text{Umsatz}}{\text{Mitarbeiter}} = \text{Mitarbeiterproduktivität}$$

$$\frac{\text{bediente Kunden}}{\text{Mitarbeiter}} = \text{Kundenkontakte}$$

Kundenorientierte Kennzahlen:

$$\frac{\text{Einkaufsbetrag}}{\text{Kunde}} \text{ oder } \frac{\text{Umsatz}}{\text{Kunde}} = \text{Einkaufsbon}$$

$$\frac{\text{Kunden}}{\text{Zeiteinheit (z. B. Stunde, Tag, Woche etc.)}} = \text{Kundenfrequenz}$$

Verkaufsflächenkennzahlen:

$$\frac{\text{Umsatz}}{\text{Geschäftsfläche}} = \text{Flächenproduktivität}$$

z. B. Umsatz bezogen auf
- Gesamtunternehmung
- Filiale
- Abteilung
- qm
- (Kassenplatz)

$$\frac{\text{Warenrohertrag} - \text{Personalkosten} - \text{Raumkosten}}{\text{in Anspruch genommene Verkaufsfläche (in qm)}} = \text{Flächenrentabilität}$$

$$\frac{\text{Deckungsbeitrag}}{\text{in Anspruch genommene Verkaufsfläche (in qm)}} = \text{Flächenrentabilität}$$

Rentabilitätskennzahlen:

$$\frac{\text{Erfolg}}{\text{Kapital}} = \text{Kapitalrentabilität}$$

z. B. Erfolg der
- Gesamtunternehmung
- Filiale
- Abteilung

bezogen auf das in dem jeweiligen Teilbereich eingesetzte Kapital

Kennzahlen zur Spannenrechnung:

$$\frac{\text{Betriebskosten} + \text{Plangewinn}}{\text{Umsatz}} = \text{Betriebsspanne oder Abschlagspanne}$$

Umrechnung Abschlagspanne / Aufschlagspanne und vice versa:

$$\frac{100 \times \text{Abschlagspanne}}{100 - \text{Abschlagspanne}} = \text{Aufschlagspanne}$$

$$\frac{100 \times \text{Aufschlagspanne}}{100 + \text{Aufschlagspanne}} = \text{Abschlagspanne}$$

Handelsfunktionen

Erstellt wurden Kataloge von Handelsfunktionen, mit deren Hilfe man versuchte, den sich aus vornehmlich immateriellen Leistungen ergebenden, gesamtwirtschaftlichen *Wertschöpfungsbeitrag des Handels* sichtbar zu machen. Gleichzeitig bemühte man sich, die Kosten und Risiken der Funktionswahrnehmung quantitativ zu erfassen und den einzelnen Gliedern der gesamtwirtschaftlichen Distributionskette zur Rechtfertigung von Distributions- bzw. Handelsspannenaufschlägen möglichst genau zuzurechnen. Permanente Veränderungen der Funktionsinhalte und vor allem der Funktionswahrnehmung durch die Glieder der Distributionskette verhindern allerdings längerfristig gültige, allgemein anerkannte Funktionenkataloge und darauf basierender Spannenaufteilungen. Die Erkenntnisse der Handelsfunktionenlehre lassen sich jedoch sinnvoll nutzen, um erstens die *gesamtwirtschaftliche Zusammenarbeit* bei der Steuerung vertikaler Distributionsprozesse zu optimieren (→ vertikales Marketing, → ECR) und um zweitens einzelbetriebliche Konzepte des Beschaffungs- und Absatzmarketing (→ *Handelsmarketing*) von Handelsbetrieben zu fundieren, weil die Handelsfunktionen hierbei als *Nutzenangebote* für die Kunden interpretiert werden können, die vom Handelsbetrieb zu einem überzeugenden Leistungsprofil zusammenzufügen sind. Dies gilt ganz besonders für neue → Geschäftsmodelle im → E-Commerce.

2. Distributionsfunktionen – Handelsfunktionen

Zwischen der Naturordnung, d.h. der Erzeugung von Produkten, und der von der Kultur geformten Bedarfsordnung bestehen Spannungen, deren Ausgleich die Kernaufgabe der gesamtwirtschaftlichen Distributionswirtschaft ist. Objekte sind Produkte der *Versorgung* einerseits sowie Güter der *Entsorgung* andererseits, jeweils verbunden mit den entsprechenden *Geldzahlungen*. Die zur Steuerung des Güter- und Geldkreislaufes erforderlichen *Informationen* sind das Resultat einer Vielzahl von *Kommunikationsbeziehungen* zwischen allen Gliedern der Distributions- und Redistributionskette (vgl. *Abb. 1*).

Handelsbetriebe erbringen im Distributionsprozess vornehmlich *immaterielle Leistungen*, die darauf ausgerichtet sind, fremderstellte Sachleistungen (Güter, Verpackungen), mit eigenerstellten → Dienstleistungen zu kombinieren und diese gegen Entgelt auf von ihnen geschaffenen (meist lokalen) Märkten anzubieten. Während man sich früher nahezu ausschließlich auf die Untersuchung der materiellen Güterprozesse konzentrierte, gewinnen heute im beginnenden Zeitalter des → E-Commerce Zugang und Steuerung von Informationen ein herausragendes Interesse. Aus dieser Sicht sind Handelsfunktionen diejenigen Teile der gesamtwirtschaftlichen Distributionsfunktionen, die Unternehmen des institutionellen Handels übernehmen.

3. Die gesamtwirtschaftlichen Distributionsfunktionen

Zentrale *Informationsquellen* sind die → Scannerkassen des stationären Handels, da hier täglich die aktuellen Daten über das lokale → Einkaufsverhalten der Letztverbraucher erfasst werden. An deren Stelle treten zukünftig die Computer der virtuellen Händler, die in ihren Netzen das Nachfrage- und Einkaufsverhalten (weltweit) dokumentieren.

Zwischen Produktion – Verbrauch – Verwertung bestehen räumliche, zeitliche, quantitative und qualitative *Spannungen*, die sich auf alle drei Elemente der Distributionswirtschaft beziehen: Die Handelsobjekte (Waren, Dienstleistungen, Rechte sowie Abfall), die Entgeltobjekte (Zahlungsmittel sowie Zahlungsansprüche und -verbindlichkeiten, Steuern, Gebühren) sowie die Daten/Informationen.

Der Ausgleich dieser Spannungen ist Aufgabe der gesamtwirtschaftlichen Distribution (→ Absatzwirtschaft). Umschrieben wird sie mit der sog. Urfunktion der Distributionswirtschaft, der in jeder Wirtschaft zu erfüllenden Ausrichtungs- oder Umgruppierungsfunktion. Der Spannungsausgleich wird bewirkt, indem einerseits das oft nach produktionstechnischen Gesichtspunkten konzipierte Produktangebot bedarfs- und verwertungsgerechter und andererseits die nach Situationen, Personen bzw. Institutionen höchst differenzierte Nachfrage produktions-, distributions- und ebenso verwertungsgerechter ausgerichtet wird.

Anschaulicher werden die zum Spannungsausgleich möglichen Maßnahmen durch eine Systematisierung der gesamtwirtschaftlichen Distributionsfunktionen, die sich aus einer Gegenüberstellung der Dimensionen der Spannungen und der Elemente der Distributionswirtschaft in Form einer Matrix ergeben (vgl. *Abb. 2*).

Distributionsfunktionen werden in einer arbeitsteiligen Wirtschaft ganz oder teilweise von allen Beteiligten übernommen: den Erzeugern bzw. Produzenten, den Verwendern bzw. Verbrauchern, den Verwertern – das sind alle Unternehmen der Abfallwirtschaft einschließlich staatlicher, kommunaler Stellen – sowie schließlich sämtlichen Organisationen der Absatzwirtschaft, z.B. Groß- und Einzelhandelsbetrieben, Im- und Exporteuren, Lagerhaltern, Spediteuren, Reedern etc. Sie alle betreiben in einer arbeitsteiligen Wirtschaft „Handel im funktionellen Sinn". Wer welche Funktionen und mit welcher Intensität übernimmt, ist aus marktwirtschaftlich ökonomischer Sicht Ergebnis eines gesamtwirtschaftlichen Ökonomisierungsprozesses, d.h. derjenige wird langfristig einzelne Aufgaben übernehmen, der die höchste Ausrichtungsleistung zu den geringstmöglichen Kosten zu erbringen vermag. Die dadurch bewirkte Ökonomisierung der Distribution ist eine zentrale Voraussetzung für die optimale Versorgung einer Volkswirtschaft mit Gütern und Dienstleistungen. Außerdem sichert ein leistungsfähiges Distributionssystem die internationale Wettbewerbsfähigkeit.

Vom Prinzip gesamtwirtschaftlicher Ökonomisierung abweichende Funktionsaufteilungen können dann auftreten, wenn z.B. marktmächtige Glieder der Distributionskette kostenintensive Funktionen auf schwächere Marktpartner abwälzen oder aufgrund ordnungspolitischer Vorstellungen die Wahrnehmung einzelner Funktionen bestimmten (oft staatlichen) Organen zugewiesen wird bzw. vorbehalten bleibt.

Über die inhaltliche Interpretation der Ausrichtungsfunktion hinsichtlich einer Optimierung von Warenprozessen, Reduzierung von Schnittstellenproblemen sowie der Kostenübernahme wird zurzeit innerhalb des Partnerschaftskonzeptes (→ ECR) kontrovers diskutiert. Angestrebt wird eine Optimierung von Logistikprozessen im Rahmen von → Supply Chain Management und → Efficient Replenishment. Ebenso umstritten sind die Funktionsaufteilungen bei der inhaltlichen Ausgestaltung des → Category Management – insbesondere zur Beantwortung der Frage: Wer wird Category Captain? Eine Antwort darauf wird nur dann zufrieden stellend gefunden werden, wenn eine stufenübergreifende Optimierung der Informationsprozesse im Rahmen von → Electronic Data Interchange (EDI) gefunden und installiert wird. Voraussetzung dazu ist eine die Ausrichtungsfunktion effizient ausfüllende Organisation. Schließlich werden auch die Geldprozesse mit Einrichtung von EDI, electronic cash und self scanning verbunden mit self banking neu ausgerichtet (→ Electronic Banking). Völlig neue Lösungen sind bei der Ausrichtungsfunktion zur Steuerung von Redistributionsprozessen zu erwarten, die weit über die bisherige Lösung mittels des → Grünen Punktes und des Dualen Systems hinausgehen.

4. Die einzelwirtschaftlichen Handelsfunktionen

Bei dieser Sichtweise geht es um die Abgrenzung derjenigen Funktionen, die Handelsbetriebe (d.h. Unternehmen, die ausschließlich oder überwiegend Handel im funktionellen Sinn betreiben) im gesamtwirtschaftlichen Distributionsprozess übernehmen. Handelsfunktionenkataloge i.d.S. sind demgemäß Zusammenstellungen von einzelbetrieblichen Beschaffungs- und Absatzaufgaben. Derartige Funktionenschemata wurden u.a. vorgetragen von *Oberparleiter, Hellauer, Seyffert, Buddeberg, Hoppmann, Marré, Sundhoff, Behrens, C.W. Meyer, Kern, Kuhlmeier* und *Hansen*.

Handelsbetriebe in Marktwirtschaften sind Institutionen, die aus der Vielfalt gesamtwirtschaftlicher Distributionsfunktionen diejenigen auswählen, die eine höchstmögliche Erfüllung der jeweiligen einzelbetrieblichen Zielsetzungen versprechen. Gemäß divergierender Zielsetzungen unterscheiden sich die Handelsbetriebe in der quantitativen sowie qualitativen Funktionenkombination und der Intensität der Funktionenwahrnehmung. Darauf beruht die in der Realität anzutreffende Vielfalt von → Betriebsformen des Handels, und dieser Befund erklärt die permanenten, höchst dynamischen Wandlungsprozesse im Handel (→ Dynamik der Betriebsformen).

Die einzelwirtschaftlichen Funktionenkataloge können als theoretische Basis für eine Systematisierung der Instrumente des → Handelsmarketing herangezogen werden. Diese werden als gedankliche Zusammenfassungen von Aktionsbereichen des Handelsmanagements aufgefasst, innerhalb derer Entscheidungen zur Gestaltung der Absatz- und Beschaffungsmärkte getroffen werden. Mit den Entscheidungen des Beschaffungs- und Absatzmarketing streben einzelne Handelsbetriebe primär die Erfül-

Handelsfunktionen

Abb. 1. Spannungen zwischen Produktion und Konsum

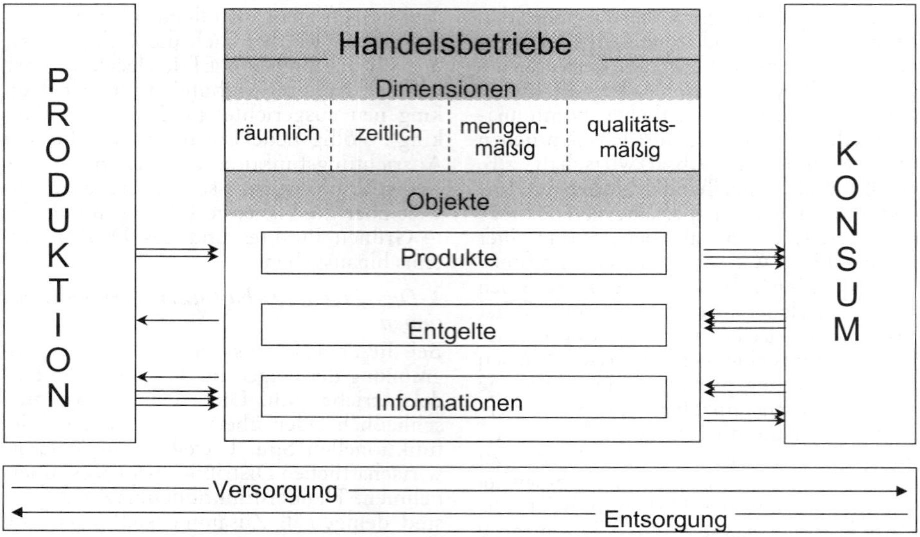

PRODUKTION → Handelsbetriebe (Dimensionen: räumlich, zeitlich, mengenmäßig, qualitätsmäßig; Objekte: Produkte, Entgelte, Informationen) → KONSUM

Versorgung →
← Entsorgung

lung der von ihnen autonom gesetzten Unternehmensziele an. Gleichzeitig erfüllt ein Handelsbetrieb mit diesen Entscheidungen auch seine von ihm übernommene Ausrichtungsfunktion im gesamtwirtschaftlichen Distributionsprozess. In Marktwirtschaften wird angenommen, dass die einzelwirtschaftliche Funktionswahrnehmung im Rahmen des Beschaffungs- und Absatzmarketing dann zu einer optimalen Versorgung der Bevölkerung führt, wenn unter den Unternehmen des institutionellen und funktionellen Handels ausreichender Wettbewerb besteht.

In *Zentralverwaltungswirtschaften* ist die Funktionenübernahme durch Handelsbe-

Abb. 2. Systematik von Distributionsfunktionen

Prozess-beziehungen	Dimensionen			
	Raum	Zeit	Quantität	Qualität
Realgüter-strom	Hersteller — Handelsgüter → Verbraucher			
	Warentransporte von Ort zu Ort	Vorratshaltung	Sammeln, Aufteilen, Umpacken, Kommissionieren	(Aus-)Sortieren, Manipulieren, Markieren, Sortimentieren, Zusatzleistungen
Nominalgüter-strom	Hersteller ← Zahlungsmittel — Verbraucher			
	Übermitteln der Zahlungsmittel von Ort zu Ort	Vorfinanzieren des Herstellers, Kreditieren des Verbrauchers	Sammeln, Aufteilen der Zahlungsbeträge und -belege	Umwandeln der Zahlungsmittel und der Sicherungsformen
Informations-strom	Hersteller ⇄ Informationen ⇄ Verbraucher			
	Übermitteln von Informationen von Ort zu Ort	Speichern, Vordisponieren	Sammeln von Informationen, Aufteilen von Kommunikationsmitteln	Verdichten, Kommentieren, Interpretieren, Ergänzen, Prognostizieren

triebe anders geregelt: Mangels einzelbetrieblicher Zielsetzungen werden Handelsbetrieben als Gliedern der Distributionswirtschaft gesamtwirtschaftlich als notwendig erachtete Aufgaben zugewiesen und den Handelsbetrieben die Erfüllung dieser Funktionen als Zielsetzung vorgegeben. Genannt werden: Versorgungsfunktion (Zirkulationsfunktion), Funktion der Bedarfsforschung, Funktion der Bedarfslenkung, Funktion der Produktionslenkung und schließlich eine ideologische Funktion.

B.Tr.

Literatur: *Gümbel, R.:* Handel, Markt und Ökonomik, Wiesbaden 1985. *Hansen, U.:* Beschaffungs- und Absatzmarketing des Einzelhandels, 2. Aufl., Göttingen 1990. *Marré, H.:* Funktionen und Leistungen des Handelsbetriebes, Köln, Opladen 1960. *Müller-Hagedorn, L.:* Der Handel, Stuttgart u.a. 1998. *Schenk, H.O.:* Geschichte und Ordnungstheorie der Handelsfunktionen, Berlin 1970. *Treis, B.:* Institutionen- und Funktionenlehre des Handels, 2. Aufl., Göttingen 1997.

Handelshaus, internationales

Außenhandelsbetrieb, der sich institutionell dem → Außenhandelsgeschäft widmet (→ Außenhandel, institutioneller). Durch die Institutionalisierung und Etablierung auf internationalen Märkten begründen internationale Handelshäuser ihren Ruf als Spezialisten oder Generalisten. Ihre strategische Positionierung ist häufig durch die Warenart als Länderspezialist (→ Commodity), durch die Ausrichtung nach bestimmten Regionen oder Wirtschaftssystemen als Länderspezialisten oder nach ihrer Marketing-Orientierung als Kontraktspezialisten (z.B. im Countertrade; → Kompensationsgeschäfte) gekennzeichnet (→ Sogo Shosha). H.Ma.

Handelshemmnisse
→ GATT, → WTO,
→ Handelszusammenschlüsse

Handelshochschule
→ Marketing-Wissenschaft

Handelskalkulation

Kalkulationen sind *Kostenträger*rechnungen zur Ermittlung der Kosten betrieblicher Leistungen mit Hilfe verschiedener → Kalkulationsverfahren. Für Handelsbetriebe ergeben sich aus der Eigenart ihrer Leistungen sowohl bei der Definition von Kostenträgern als auch hinsichtlich geeigneter Verfahren der Kostenträgerrechnung spezifische Besonderheiten gegenüber der in der Industrie.

(1) Kostenträger im Handelsbetrieb

Üblicherweise werden als Kostenträger betriebliche Leistungen definiert, denen gleichzeitig die Funktion eines „Umsatz- oder Erlösbringers" zukommt, sodass man als Leistungsergebnis den Saldo beider Kategorien errechnen kann. Für den Handel kann von einer solchen Identität jedoch nicht ausgegangen werden, Handelsleistungen konkretisieren sich nämlich nicht in Sachgütern, in denen die bei Aufwand von Menschen- und Maschinenarbeit eingesetzten Werkstoffe aufgehen. Sie bestehen vielmehr in spezifischen Dienstleistungen, die am „Regiefaktor Ware" (*Buddeberg*) durch Kombination der Elementarfaktoren „menschliche Arbeitsleistung" und „sachliche Betriebsmittel" erbracht werden. Ergebnis dieses Kombinationsprozesses und somit Leistungseinheiten eines Handelsbetriebes sind nicht die Waren, die am Markt als „Erlösbringer" einen Preis erzielen, sondern bestimmte Dienstleistungen, die in den verschiedenen Spezifikationen der → Handelsfunktionen beschrieben werden.

Da die Abnehmer – zumindest im Einzelhandel – kaum bereit sind, für eine – zudem oft von Kunde zu Kunde ungleiche und damit auch unterschiedliche Kosten hervorrufende – Kombination von Handels(dienst)leistungen neben dem Kaufpreis der Ware gesondert einen – zwangsläufig unterschiedlichen – Preis zu entrichten, ist die Identität von Kostenträger und Erlösbringer nicht zu realisieren. Kostenverursachend sind die verschiedenen handelsspezifischen Dienstleistungen, erlösbringend die nach dem Einkauf auf dem Beschaffungsmarkt später meist substantiell unverändert verkauften Waren.

In der Kalkulationspraxis des Handels versteht man unter einem Kostenträger einfach ein „Rechenobjekt, das letztlich die im Betrieb angefallenen Kosten übernehmen – also „tragen" – und ... aus dem Markt an den Betrieb zurückvergüten soll" (*Nowak*). Man definiert daher ganz pragmatisch die gehandelten Waren auch als Kostenträger. Der mit einer bestimmten Ware realisierte Leistungserfolg bestimmt sich dann durch die Differenz zwischen ihrem Einstandspreis und ihrem Verkaufspreis, der sog. → Handelsspanne, die somit als Entgelt für die an jedem Stück dieser Ware im Durchschnitt erbrachte Handelsleistung anzuse-

Handelskalkulation

hen ist, deren Kosten decken und darüber hinaus einen Gewinn ermöglichen soll.

(2) Probleme und Verfahren der Kostenträgerrechnung

Die Aufgabe der Kalkulation im Handelsbetrieb besteht folgerichtig darin, die Kosten den Kostenträgern/Erlösbringern „Ware" zuzurechnen, um die für die Kostendeckung erforderlichen Handelsspannen zu ermitteln. Das für diese Zwecke geforderte Prinzip der Verursachungsgerechtigkeit ist bei einem Verständnis der Kausalität als Ursache-Wirkungs-Zusammenhang (causa efficiens) allerdings nur für die Verrechnung variabler Kosten geeignet, also von Leistungskosten, die in direkter Abhängigkeit vom Umfang der handelsbetrieblichen Leistung anfallen, die letztlich ihr Maß in der Höhe des mengen- und wertmäßigen Umsatzes findet.

Da nach heute herrschender Lehre auch der Einstandswert der verkauften Waren als „Warenkosten" in die Gesamtkosten eines Handelsbetriebes einbezogen und nicht mehr um die Kostenrechnung herumgeführt wird, ist aufgrund der dominierenden Bedeutung dieser Position die Kostenstruktur eines Handelsbetriebes weitgehend durch variable Bestandteile mit Einzelkostencharakter geprägt.

Die Problematik der restlichen Kostenarten, der sog. „*Handlungskosten*", die für Personal, Lager- und Verkaufsraum, Fuhrpark usw. anfallen, liegt dagegen in ihrem überwiegenden Fixkostencharakter. Werteverzehr entsteht hier nicht in Abhängigkeit vom Leistungsumfang, sondern bereits durch die geschaffene Leistungsbereitschaft. Kosten fallen also auch dann an, wenn gar keine Umsatzleistungen erbracht werden, außerdem häufig für mehrere Waren oder Warengruppen gemeinsam. Sie können daher einzelnen umgesetzten Waren im Sinne eines Ursache-Wirkungs-Zusammenhanges kaum verursachungsgerecht zugerechnet werden. Will man trotzdem alle Kosten den Waren als Kostenträgern zuordnen, d.h. eine artikelbezogene Vollkostenrechnung realisieren, so werden – im Unterschied zu den als Einzelkosten den Kostenträgern direkt zugerechneten Warenkosten – die Handlungskosten üblicherweise als Gemeinkosten indirekt, d.h. mit Hilfe einer Schlüsselung auf die verschiedenen Waren verteilt.

Der Verzicht auf von „empirisch nicht nachweisbaren Visionen oder normativen Vorstellungen" (Tietz) niemals gänzlich freien Schlüsselungen der Gemeinkosten führt zwangsläufig zu Teilkostenrechnungen, die als → Deckungsbeitrags-, → Deckungsbudget- oder Direkt-Kosten-Rechnungen (→ Direkte Produkt-Rentabilität (DPR)) in der Handelspraxis zunehmend an Bedeutung gewinnen. Der Begriff Teilkostenrechnung signalisiert dabei allerdings keineswegs den Verzicht auf Vollkostendeckung über die Preise, sondern lediglich den Verzicht auf ein mehr oder weniger problematisches Verfahren, alle Kosten den verschiedenen Waren als Kostenträgern „indirekt" zuzurechnen.

(3) Inhalt und Richtung der Kalkulation

Außer nach den angewandten Kalkulationsverfahren können Handelskalkulationen unterschieden werden nach dem Inhalt der Kalkulation und der Rechnungs*richtung*.

Im Inhalt einer Kalkulation drückt sich aus, welche kostenrelevanten Funktionsbereiche in die Betrachtung einbezogen werden. So kennt man sog. *Bezugskalkulationen*, die entweder vom Listenpreis eines Lieferanten ausgehen und die Einstandskosten erfassen, um den Einstandspreis einer Ware zu ermitteln, oder aber – vom als gegeben angenommenen Einstandspreis rückschreitend – Kosteninformationen für die Fixierung des Preis*gebotes* für eine Ware auf dem Beschaffungsmarkt bereitstellen.

Absatzkalkulationen dagegen liefern – je nach Rechnungsrichtung – aus den betrieblichen Kosten gewonnene Daten als eine der Grundlagen für die auf dem Absatzmarkt zu stellende Preisforderung oder aber für die Ermittlung der Akzeptanzschwelle von Einstandspreisen bzw. der Kostenbelastbarkeit einer Ware bei bereits fixierten oder vom Markt vorgegebenen Verkaufspreisen.

Gesamtkalkulationen schließlich umgreifen sowohl die Beschaffung als auch den Absatz als handelsbetriebliche Funktionsbereiche im Rahmen einer umfassenden warenbezogenen Kostenträgerstückrechnung.

Die *Rechnungsrichtung* als Merkmal einer Handelskalkulation sei am Beispiel der Absatzkalkulation verdeutlicht. Sie geht entweder *progressiv* vom Listenpreis des Lieferanten aus, errechnet unter Berücksichtigung aller Rabatte, Boni und sonstiger Vergünstigungen einerseits und des Bezugskosten andererseits den Einstandspreis der Ware, die „Warenkosten" also, und schreitet durch globalen oder differenzierten Zuschlag der Handlungskosten (Kosten-plus-

Kalkulation) bis zum Selbstkostenwert oder
– bei Berücksichtigung eines bestimmten
Gewinnzuschlages und der Mehrwertsteuer
– sogar bis zur Verkaufspreisforderung vor.
In ihrer *retrograden* Variante gelangt die
Kalkulation, in entgegengesetzter Richtung
rückschreitend, von einem im Markt gegebenen oder planend angenommenen Verkaufspreis unter Berücksichtigung der gleichen Positionen – vor allem über einfache
oder differenzierte Abschläge für die Handlungskosten – letztlich bis zu den maximal
vertretbaren Warenkosten, dem Wareneinsatz, und ermittelt dabei gleichzeitig die bei
dem jeweiligen Verkaufspreis mögliche Belastbarkeit der Ware mit Kosten- und Gewinnpositionen.

Diesem Prinzip folgend werden einer Ware
als Kostenträger Gemeinkosten nur in dem
Maße angelastet, das sie aufgrund ihrer
Spanne, der positiven Differenz zwischen
gegebenem Verkaufspreis und Wareneinsatz, tragen kann, ohne das angestrebte Ergebnis zu unterschreiten (→ Ausgleichskalkulation).   C.B.

Literatur: *Ruberg, C.:* Kostenprinzip und Wertprinzip bei der Kalkulation im Einzelhandel; in:
Zeitschrift für handelswissenschaftliche Forschung, NF 1. Jg. (1949), S. 193 ff. *Vormbaum, H.:* Kalkulationsarten und Kalkulationsverfahren, 4. Aufl., Stuttgart 1977.

Handelskette

Inbegriff des distributionswirtschaftlich angezeigten ‚Weges', den stofflich unverändert bleibende Produkte (Handelswaren)
zwecks Konsumwirksamkeit vom Erzeuger
zum Verwender nehmen und der in diesem
Zusammenhang sich prinzipiell anbietenden Funktions- bzw. Umsatzträger des
Handels (vgl. *Tab.*); zugleich ein am Institut
für Handelsforschung der Universität zu
Köln (*Seyffert*, 1972) entwickeltes Systematisierungsschema (*Handelskettendarstellung*), das mit Hilfe graphischer Symbole
(*Handelskettensymbole*) die Absatzwege
von Konsumgütern bzw. die diesbezüglichen warenspezifischen Distributionsvorgänge unter dem Gesichtspunkt der hieran
beteiligten Institutionen statistisch-deskriptiv zu erfassen und zu analysieren versucht
(*Handelskettenanalyse*), namentlich was die
im stufenübergreifenden Wertschöpfungsprozess anfallenden Distributionskosten
betrifft (*Handelskettenspanne*).

Im Gegensatz hierzu bezeichnet der Begriff
„Handelskette" – zumindest umgangssprachlich – alle jene mehrbetrieblich agierenden Unternehmen des → Einzelhandels,
die in der Art ihres verkaufsstellenbezogenen Marktauftritts eine jeweils identische
Organisationszugehörigkeit erkennen lassen, und zwar unabhängig davon, ob es sich
im Einzelfall um eine Konzentrationsform
(→ Filialunternehmen im Einzelhandel)
oder um eine Kooperationsform handelt
(→ Verbundgruppen des Einzelhandels).
                                            H.-J.Ge.

Handelsklassen

Für zahlreiche Agrarprodukte und Lebensmittel – vor allem für Frischprodukte wie
Obst und Gemüse – gelten für das → Agrarmarketing obligatorische Handelsklassenregelungen.
Die Handelsklassen legen Normen fest
(„Standardisierung"), die vor allem bei Obst

Ableitung der Gliederung des Handels aus der Handelskette

1. Erzeuger	Erzeugerhandel			
2. Detailkollekteur	Kollektierende Binnenhandelsglieder	Binnengroßhandel		
3. Grossokollekteur				
4. Mittelbarer Exporteur	Außenhandelsglieder	Außenhandel	Großhandel	Zwischenhandel
5. Transitär				
6. Mittelbarer Importeur				
7. Zentralgrossierer	Distribuierende Binnenhandelsglieder	Binnengroßhandel		
8. Grossierer				
9. Detailleur	Einzelhandel			
10. Verwender	Verwenderhandel			

Handelsklauseln

und Gemüse vornehmlich auf äußeren Merkmalen wie Größe und Farbe basieren. Das Marktangebot muss laufend nach diesen Handelsklassen unterteilt („Klassifizierung") und gekennzeichnet sein. Durch die Standardisierung werden vergleichbare Partien geschaffen, dies fördert die Markttransparenz. Die Einteilung des Marktangebotes nach Handelsklassen erleichtert die Befriedigung differenzierter Verbraucherwünsche, die sich auf unterschiedliche Qualitäten (und damit Preisabstufungen) des gleichen Produktes richten. Außerdem leisten Handelsklassen einen Beitrag zur Rationalisierung des Warenflusses, da die Zuordnung der Ware zu Handelsklassen mit klar definierten Abgrenzungskriterien die Verständigung der Marktpartner auch ohne Inaugenscheinnahme der Ware ermöglicht.

Die Handelsklassen sind in der Bundesrepublik Deutschland entweder in Verordnungen festgelegt, die aufgrund des deutschen Handelsklassengesetzes erlassen sind, oder sie gelten aufgrund von EG-Verordnungen für die gesamte Europäische Gemeinschaft. O.St.

Handelsklauseln

In → Kaufverträgen zwischen Kaufleuten übliche Formelbegriffe für die Regelung bestimmter Vertragsbestandteile, insb. → Allgemeine Geschäftsbedingungen über die Lieferung und Zahlung und → Logistikkonditionen. Sie sind v.a. im → Außenhandel weit verbreitet (→ Dokumente im internationalen Warenverkehr).

Handelslogistik

beinhaltet die integrierte Planung, Abwicklung, Gestaltung und Kontrolle sämtlicher Waren- und Informationsströme (→ Electronic Data Interchange) zwischen Herstellern, Handelsunternehmen und Endverbrauchern. Primäre Teilbereiche der Handelslogistik sind die Beschaffungs- und Distributionslogistik; ihre Aufgaben umfassen Auftragsabwicklung, Lagerhaltung, Kommissionierung und Transport (→ Marketing-Logistik).

Zur Handelslogistik gehören die Errichtung nachfragesynchroner Belieferungssysteme (→ ECR, → Quick Response Systeme) sowie der Aufbau von bestandslosen Warenverteilzentren (Transit-Terminals). Generelles Ziel dabei sind Bündelungseffekte bei der Warenbelieferung sowie die Realisierung von Just-in-time-Konzepten (Fließsysteme, Just-in-Time(JiT)-Systeme, → Just-in-Time-Logistik), um eine möglichst zeitnahe Versorgung der Verkaufsstätten zu gewährleisten und Läger auf den verschiedenen Prozessstufen zu vermeiden. Neuere Entwicklungen im Bereich der Handelslogistik sind die direkte Warenabholung bei den Lieferanten, Outsourcing (z.B. von Zentrallagerung, Warenabholung oder Filialbelieferung) und → Cross Docking. J.Z.

Literatur: *Kotzab, H.*: Neue Konzepte der Distributionslogistik von Handelsunternehmen, Wiesbaden 1997. *Zentes, J.*: Effizienzsteigerungspotentiale kooperativer Logistikketten in der Konsumgüterwirtschaft, in: *Isermann, H.* (Hrsg.): Logistik, Landsberg a.L. 1994, S. 349-360.

Handelsmakler

sind selbständige Kaufleute, die in ihrer Rolle als unternehmungsfremde → Verkaufsorgane in keinem dauerhaften, festen Vertragsverhältnis zu einem bestimmten Auftraggeber stehen (§§ 93 ff. HGB). Ihre Aufgabe besteht darin, einen Vertragsabschluss in die Wege zu leiten, wobei sie sowohl für den Käufer als auch für den Verkäufer tätig sein können. Der Handelsmakler besitzt keine Inkassovollmacht, ist beiden Parteien gleichermaßen verpflichtet und haftet jeder Partei für von ihm verschuldete Schäden. H.Schr.

Handelsmakler, internationaler (Jobber, Broker, Distributor, Sensale)

vermittelt – im Gegensatz zum Zivilmakler – Geschäfte zwischen Exporteuren und Importeuren. Es besteht kein dauerndes Vertragsverhältnis. Dennoch werden im Erfolgsfalle Wiederholungsaufträge platziert. Internationale Makler sind selbständige Kaufleute nach jeweils gültigem nationalen Recht. Sie sind Spezialisten für bestimmte Länder und/oder Produkte (Leistungen). Ihr Interesse konzentriert sich auf die Maklerfunktion, welche aber auch von anderen Institutionen im internationalen Geschäft (→ Handel, internationaler) ausgeübt wird. Für die erfolgreiche Geschäftsvermittlung erheben sie die Maklerprovision, welche die spezifischen Risiken (→ Internationales Marketing, → Marketingrisiken) abdeckt.

Im Bereich internationaler Marktveranstaltungen (→ Warenbörsen, → Auktionen, internationale Submissionen oder → Tender), aber auch im Verkehr zwischen internationalen Kontoren, internationalen Syndikaten und mit Regierungsinstanzen ist der internationale Makler involviert.

Die Haftung bezieht sich auf schuldhaftes Verhalten gegenüber beiden Parteien. Häufig sind im internationalen Geschäft zwei internationale Makler, für jede Partei einer, tätig, welche für den gemeinschaftlichen Interessenausgleich sorgen. H.Ma.

Handelsmarken

Handelsmarken sind die → Markenartikel des Handels. Für sie gelten die gleichen Regeln und Merkmale wie für Markenartikel der Hersteller, mit zwei Ausnahmen:

1. Die → Marketing-Führerschaft liegt beim Handelsunternehmen. Es muss – mit allen Chancen und Risiken – die Handelsmarke schaffen, markieren und in den Markt einführen, bzw. für sie einen Markt aufbauen, wenn es sich um eine echte Innovation handelt. Die erste Halbfett-Margarine z.B. war eine Handelsmarke („Die Leichte" von Wertkost von der Edeka). Es gibt also auch Innovationen unter den Handelsmarken.
2. Die Handelsmarke hat nur eine begrenzte, eingeschränkte Distribution, eingeschränkt auf das Handelsunternehmen oder die Handelsgruppe, die sie geschaffen haben.

In der Praxis werden mehrere *Typen* von Handelsmarken unterschieden:

– *Firmen- oder Sortimentsmarken,* deren Träger aus ganz unterschiedlichen Sortimentsbereichen stammen (z.B. „Revue"/ Quelle; „Elite"/Karstadt).
– *Warengruppen- oder Segmentmarken*: Hierbei handelt es sich um → Dachmarken; ihr Name enthält oft den Unternehmensnamen oder Teile von ihm. Die „EKA"-Gewürze der Edeka sind ein Beispiel dafür.
– *Individual- oder Solitärmarken*: Ihr Name wird nur von einem Produkt (u.U. mit mehreren Sorten) getragen und enthält i.d.R. keinen Firmennamen oder Teile von ihm. „Privilég"/Quelle, „Westbury"/C&A, „Hanseaten-Kaffee"/Edeka, sind Beispiele dafür.
– *Preislagen*-Marken, etwa solche der *Einstiegspreislage,* mit denen man sich preispolitisch profilieren und ein Pendant zum Sortiment der Discounter aufbauen möchte. Analog wird mit *Premiumhan-*

delsmarken der direkte Wettbewerb zu führenden Herstellermarken gesucht.

Oft werden in der Praxis die Begriffe „Handelsmarke" und → „Eigenmarke" fälschlicherweise gleichgesetzt. Letztere ist „hoheitlich" eine Herstellermarke, die freilich exklusiv von bestimmten Handelsbetrieben genutzt wird.

Die Marktanteile der Handelsmarken haben sich in den letzten Jahren kontinuierlich erhöht. Nach einer Studie von ACNielsen betragen sie bei gängigen Verbrauchsgütern 1998 im Durchschnitt 14%. Diese Ergebnisse beruhen auf einer Untersuchung von bis zu 57 Warengruppen in 30 Ländern.

Betrachtet man einige Produkt- und Warengruppen, variieren die Marktanteile von Handelsmarken stark:

Haushaltsprodukte	18%
Frischhaltefolien/und -beutel	37%
Insektizide	7%
Körperpflegemittel/Kosmetik	9%
Kosmetiktücher	30%
Deodorants	4%
Lebensmittel	16%
Pommes frites	34%
Gemüsekonserven	33%
Konfitüren, Gelee etc.	32%
Kaugummi	7%
Getränke	11%
Fruchtsaft	20%
Bier	9%

Auf Länderebene verzeichnete die Schweiz wegen der dominanten Marktstellung von Migros mit einer Quote von 54,1 % die höchste Marktpenetration von Handelsmarken, während sie in Brasilien und Argentinien mit jeweils unter einem Prozent am niedrigsten war. Die Marktanteile der Handelsmarken in Deutschland, Frankreich, Spanien und Belgien bewegten sich zwischen 14% und 36%. Aus regionaler Sicht besitzen Handelsmarken in Nordeuropa mit 24,4%, gefolgt von Nordamerika mit 18,7%, die höchsten Marktanteile. Die geringste Penetration wies Osteuropa mit 1,4% auf.

Für ausgewählte *Nonfood-Bereiche* wurden 1999 laut GfK folgende Marktanteile von Handelsmarken festgestellt:

– Farbfernseher	9%
– Personal Computer	31%
– Solo-Kühlgeräte	31%
– Waschmaschinen	30%
– Kaffeemaschinen	11%
– Herrenrasierer	5%

Die Handelsunternehmen und Handelsgruppen verfolgen mit ihren Handelsmarken im Wesentlichen vier *Ziele*:

(1) *Unternehmensprofilierung:* Je mehr Markenartikel ein Sortiment enthält, desto uniformer und austauschbarer wird es im Vergleich zu den Wettbewerbern. Der Anteil von Markenartikeln ist von Branche zu Branche sehr unterschiedlich. An der Spitze dürfte der Lebensmittelhandel stehen, bei dem die Handelsmarken deshalb auch seit langem im Mittelpunkt absatzpolitischer Überlegungen stehen.
(2) → *Kundenbindung* an das Handelsunternehmen ist das zweite Ziel. Sie ist über Markenartikel, die alle vergleichbaren Wettbewerber führen, nicht zu erreichen. Eine Handelsmarke muss dann aber auch so gut sein, dass Nachkäufe sichergestellt sind.
(3) *Preiswettbewerb vermeiden:* Da Markenartikel leicht und mühelos vergleichbar sind, werden sie oft und gern in den Preiskampf einbezogen. Handelsmarken kann man aus dem Preiskampf heraushalten. Und man kann auf diese Weise die Handelsspanne und damit die *Ertragslage* des Unternehmens verbessern.
(4) *Förderung mittelgroßer Hersteller* als Abwehr gegen die großen Unternehmen der Markenartikel-Industrie ist das vierte Ziel. Mit der Schaffung von Handelsmarken können von den Handelsunternehmen Beschaffungsalternativen aufgebaut werden.

Will ein Handelsunternehmen mit seinen Handelsmarken diese Ziele erreichen, dann muss es folgende Voraussetzungen beachten:

1. Die Qualität der Produkte muss hoch sein und ständig kontrolliert werden.
2. Es ist eine gleich bleibende Qualität sicherzustellen.
3. Der Preis sollte geringfügig unter dem vergleichbaren Markenartikel liegen. Keinesfalls sollten Handelsmarken zu Niedrigstpreisen verschleudert werden. Das Produktprofil, das von der Qualität geprägt sein sollte, leidet sonst Schaden.
4. Der Verbraucher muss durch ausreichende und professionell gestaltete Werbung über die Handelsmarken informiert werden. Eine gewisse Markenaura ist auch Handelsmarken förderlich. Dies gilt insb. für Hochpreismarken
5. Das Sortiment, das eine (Dach-) Handelsmarke umfasst, sollte nicht überdehnt werden, um das spezifische Nutzenprofil der Marke nicht zu gefährden.
6. Bei der Präsentation und der Preisgestaltung sollten die unternehmens- bzw. gruppenpolitischen Ziele im Vordergrund stehen, nicht allein die Verbesserung der Handelsspanne.

Die Handelsmarken sind ein eindeutiges Indiz dafür, dass sich der Handel vom Verteiler zum Verkäufer gewandelt hat und dass er ein eigenständiges → Handels-Marketing betreibt.
In besonderem Maße gilt dies für die sog. *Vertikalmarken* von Direktverteibern bzw. Franchisesystemen (z.B. Benetton), bei denen sich Hersteller- und Handelsmarken vereinen, wobei die Initiative z.T. vom Handel (Rückwärtsintegration), z.T. von Herstellern ausging (Vorwärtsintegration).

W.Oe./H.D.

Literatur: *Bruhn, M.*: Bedeutung der Handelsmarke im Markenwettbewerb. Eine Einführung in den Sammelband, in: *Bruhn, M.* (Hrsg.): Handelsmarken, Entwicklungstendenzen und Zukunftsperspektiven der Handelsmarkenpolitik, 2. Aufl., Stuttgart 1997. *Müller-Hagedorn, L.*: Der Handel, Stuttgart, Berlin, Köln 1998.

Handelsmarketing

Handelsbetriebe sind ökonomische, technische, soziale und ökologische Systeme, in denen Unternehmer bzw. Manager sowie Mitarbeiter fremderstellte Sachleistungen bzw. Altprodukte und gebrauchte Verpackungen mit eigenerstellten Dienstleistungen zu marktfähigen Handelsleistungen kombinieren und diese auf selbstgeschaffenen Märkten absetzen. Dabei handelt es sich bei der Versorgung um Absatz-, Beschaffungs-, Konkurrenz- und interne Märkte; bei der Entsorgung um Mehrweg-, Wiederverwendungs-, Verwertungs- bzw. Endlagerungsmärkte. Beim → stationären Einzelhandel sind die Absatzmärkte i.d.R. lokal/regional begrenzt; beim → Versand- oder Internethandel (→ E-Commerce) können Kunden weltweit angesprochen werden.
Handelsmarketing beinhaltet zunächst eine Leitidee für das Handelsmanagement: Marktorientierte Führung von Einzelunternehmen des institutionellen → Groß- oder → Einzelhandels bzw. von kooperativen Gruppen des Handels (*Philosophieaspekt*). Wegen der Vielfalt der Märkte ist ein Kernproblem der Handelsmanager die Findung einer Balance zwischen diesen Märkten, insbesondere zwischen den Absatz- und Beschaffungsmärkten bei den unterschiedlichen Konkurrenzsituationen auf den regio-

Handelsmarketing

nalen Märkten. Forderung ist eine konsequente → Kundenorientierung.

Zweitens umfasst Handelsmarketing die auf Markt- und Unternehmensinformationen basierende, planmäßige/kreative Schaffung eigener Märkte. Zur Realisierung sind die anzustrebenden Markt- und Unternehmensziele zu formulieren, die es mit marktgerichteten, strategischen/taktischen Mittelentscheidungen zu erreichen gilt (*Aktionsaspekt*). Folglich besteht der Handelsmarketing-Management-Prozess aus der → Marktforschung im Handel, die zielorientiert Daten aus der Makro- und Mikroumwelt aufbereitet, den → Marketingzielen, den Markt- und Wettbewerbsstrategien (→ Handelsstrategien), den Instrumenten der Versorgungs- und Entsorgungspolitik sowie den Entscheidungen zur → Marketingorganisation und zur Planung, Realisation sowie Kontrolle (→ Handels-Controlling).

Begrenzt werden die Aktionsmöglichkeiten des Handelsmarketing von den internen Ressourcen (Technologie, Know how, Finanzkraft); die allerdings durch → horizontale und → vertikale Kooperationen vielfach nachhaltig erweitert werden können. Handelsmarketing als Handelsleistung-Märkte-Konzeption veranschaulicht *Abb. 1*.

Typisch für Handelsmarketing ist dessen Einbettung in die Prozesse der Distributionswirtschaft; d.h. bei Entscheidungen des Handelsmarketing sind stets die Entscheidungen sämtlicher Marktpartner im Distributionssystem mit zu berücksichtigen, insbesondere Entscheidungen des Herstellermarketing (→ vertikales Marketing), des → Direktmarketing, des Entsorgungsmarketing (→ Redistribution) sowie die Marketingentscheidungen der verschiedenen → Absatzhelfer. Hinzu kommen kooperative Marketingentscheidungen, sei es von horizontalen Verbundgruppen des Handels (z.B. → Einkaufsgemeinschaften oder –verbände) oder von mehr oder weniger einheitlich geführten vertikalen Distrubtionssystemen (→ Franchising) (*Abb. 2*).

Abb. 1: Elemente der Handelsleistung – Märkte – Konzeption

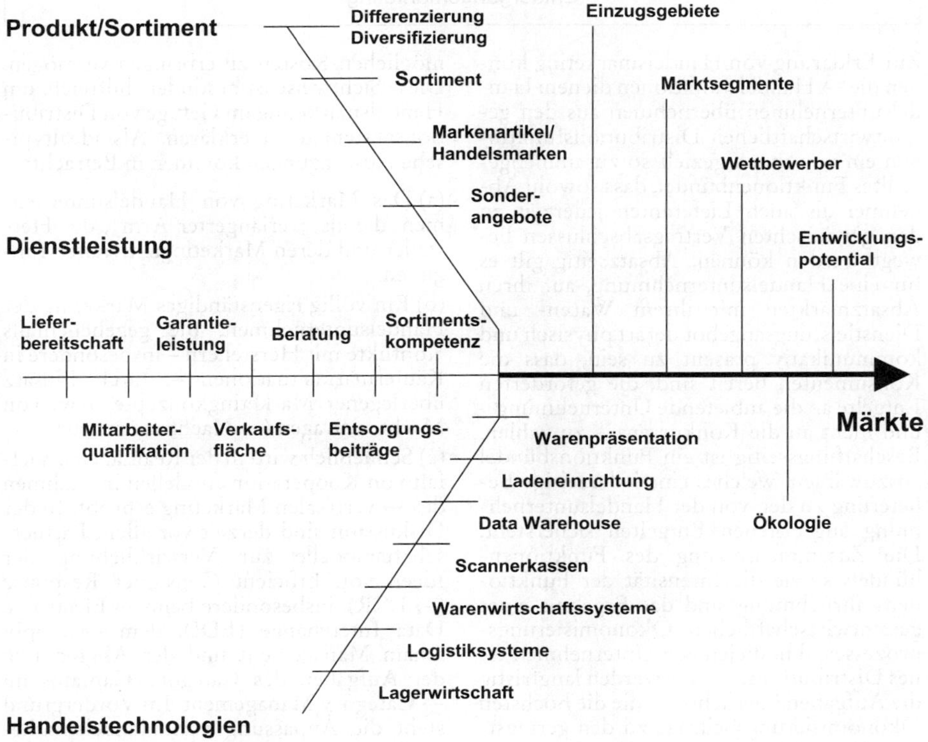

Handelsmarketing

Abb. 2: Handelsmarketing in der Distributionswirtschaft

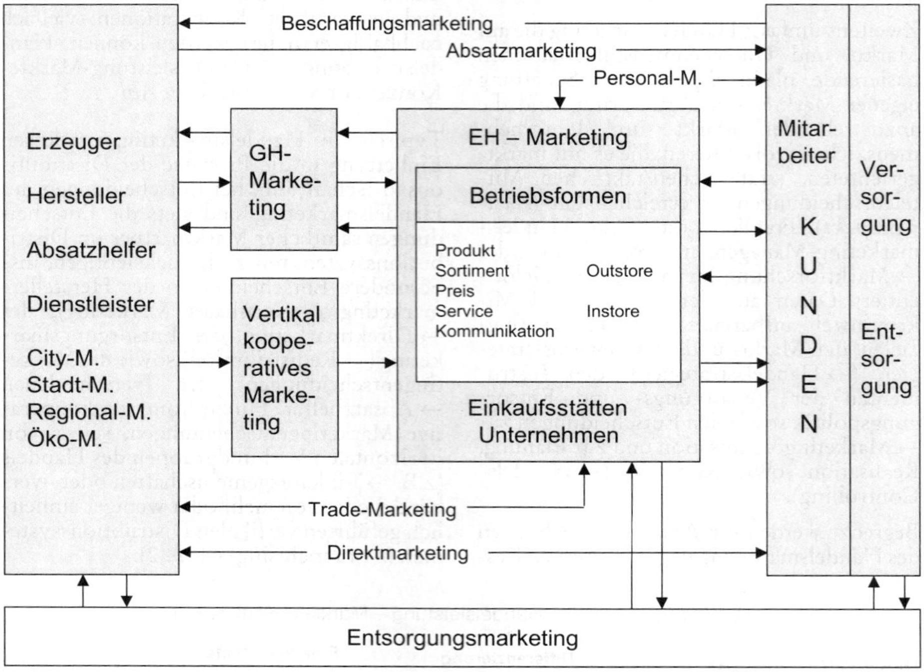

```
┌─────────────┬──── Beschaffungsmarketing ─────────────────┬────────────┐
│             │         Absatzmarketing                    │            │
│             │              ┌── Personal-M. ──┐           │            │
│ Erzeuger    │  ┌──────┐    │ EH – Marketing  │  Mitar-   │ Ver-       │
│             │  │ GH-  │◄──►│ ┌─────────────┐ │  beiter   │ sor-       │
│ Hersteller  │  │Marke-│    │ │Betriebsformen│ │           │ gung       │
│             │◄►│ ting │    │ └─────────────┘ │  K        │            │
│ Absatzhelfer│  └──────┘    │ Produkt         │  U        │            │
│             │              │ Sortiment Outstore│ N       │            │
│ Dienstleister│ ┌──────┐    │ Preis            │  D        │            │
│             │  │Vertikal│   │ Service  Instore │  E       │ Ent-       │
│ City-M.     │  │koope- │◄──►│ Kommunikation   │  N        │ sor-       │
│ Stadt-M.    │  │ratives│   │                 │           │ gung       │
│ Regional-M. │  │Marke- │   │ Einkaufsstätten │           │            │
│ Öko-M.      │  │ ting  │   │ Unternehmen     │           │            │
│             │  └──────┘    └─────────────────┘           │            │
│             │◄──── Trade-Marketing ──────────┘           │            │
│             │◄──── Direktmarketing ──────────────────────►│           │
├─────────────┴────────────────────────────────────────────┴────────────┤
│                         Entsorgungsmarketing                          │
└───────────────────────────────────────────────────────────────────────┘
```

Zur Erklärung von Handelsmarketing können die → Handelsfunktionen dienen: Handelsunternehmen übernehmen aus den gesamtwirtschaftlichen Distributionsfunktionen ein von ihnen gezielt so zusammengestelltes Funktionenbündel, dass sowohl Abnehmer als auch Lieferanten jederzeit zu den gewünschten Vertragsabschlüssen bewegt werden können. Absatzseitig gilt es für eine Handelsunternehmung, auf ihren Absatzmärkten mit ihrem Waren- und Dienstleistungsangebot derart physisch und kommunikativ präsent zu sein, dass die Konsumenten bereit sind, die geforderten Entgelte an die anbietende Unternehmung – und nicht an die Konkurrenz – zu zahlen. Beschaffungsseitig ist ein Funktionsbündel auszuwählen, welches eine jederzeitige Belieferung zu den von der Handelsunternehmung angebotenen Entgelten sicherstellt. Die Zusammensetzung des Funktionenbündels sowie die Intensität der Funktionenwahrnehmung sind das Ergebnis eines gesamtwirtschaftlichen Ökonomisierungsprozesses; d.h. diejenigen Unternehmen eines Distributionssystems werden langfristig die Aufgaben übernehmen, die die höchsten Ökonomisierungsbeiträge zu den geringstmöglichen Kosten zu erbringen vermögen. Diese Sichtweise ist besonders hilfreich, um Handelsmarketing im Gefüge von Distributionssystemen zu erklären. Als idealtypische Ausprägungen kommen in Betracht:

(a) Das Marketing von Handelsunternehmen, die als „verlängerter Arm", der Hersteller und deren Marketingaktivitäten fungieren.

(b) Ein völlig eigenständiges Marketing der Handelsunternehmen, die gegebenenfalls Konflikte mit Herstellern – insbesondere in Käufermarktsituationen – durch Einsatz überlegener Marketingkonzepte bzw. von Macht austragen (→ Nachfragemacht).

(c) Schließlich wird in der Realität eine Vielfalt von Kooperationsmodellen im Rahmen des → vertikalen Marketing erprobt. In der Diskussion sind derzeit vor allem Partnerschaftsmodelle zur Verwirklichung der Ideen von Efficient Consumer Response (→ ECR); insbesondere beim → Electronic Data Interchange (EDI), dem → Supply Chain Management und der Abgrenzung der Aufgaben des Category Captains im → Category Management. Im Vordergrund steht die Anpassung von Handelsmarke-

tingkonzepten an überbetriebliche Erfordernisse der Optimierung von Waren-, Geld- und Informationsprozessen; vor allem die Beseitigung von Schnittstellenproblemen in arbeitsteiligen Distributionssystemen.
Die Notwendigkeit, eigenständige, handelsspezifische Marketing-Konzeptionen zu entwickeln, beruht vor allem auf der derzeit überwiegend anzutreffenden Käufermarkt-Situation, resultierend aus der forcierten Massenproduktion sowie den weltweiten Beschaffungsmöglichkeiten der Handelsunternehmen. Die Reaktionen im Handel sind der Aufbau von Massendistributionssystemen, sei es mittels bundesweiter bzw. internationaler → Filialisierung oder mittels → Franchise- bzw. Kooperationssystemen. Die Marktbearbeitung erfolgt mittels innovativer Betriebsformen des → Discounting, des Convenience Shopping (→ Lean Consumption), des → Versorgungshandels oder → erlebnisbetonter Einkaufsstätten und neuerdings des → E-Commerce.
Alle etablierten → Betriebsformen des Handels sind aufgrund des sich verschärfenden Wettbewerbs zu permanenter Anpassung ihrer Handelsmarketing-Konzeptionen gezwungen (→ Dynamik der Betriebsformen). Gefordert werden immer neue Kombinationen der Produktionsfaktoren (z.B. Waren, Personen, Raum, Betriebsmittel, Kapital, Informationen), die zu kreativen, märktegerechten Bündeln von Handelsfunktionen führen. Derartige, für bestimmte Kundengruppen kreierte Leistungsbündel sind rechtlich gegen Nachahmungen nicht schützbar. Hinzu kommt, dass ein einzelnes Unternehmen des institutionellen Handels aufgrund der mannigfaltigen Möglichkeiten, wie funktioneller Handel in konkreten Situationen ausgeübt wird, seine aktuellen Wettbewerber nur schwer erfassen und marketingpolitisch abschätzen kann. Wegen niedriger → Markteintrittsbarrieren ist darüber hinaus der Kreis potenzieller Wettbewerber kaum eingrenzbar. Hierin liegt der zentrale Grund für die Schärfe und Dynamik des Wettbewerbs im Handel, der sich in mannigfaltigen Marketingaktivitäten zur Profilierung einer Betriebsform auf ihren regionalen Märkten ausdrückt. Handelsmarketing sollte daher in erster Linie ein *strategisches Betriebsformen-Marketing* sein mit dem Ziel, bei den anvisierten Kundengruppen ein unverwechselbares Profil als zu präferierende Einkaufsstätte zu erlangen (→ Handelsstrategien). Die Konzentration des Einsatzes der Marketing-Instrumente auf die gezielte Entwicklung eines attraktiven Einkaufsstättenimages ist wegen der Vielfalt der Imagefaktoren und deren unterschiedlicher Wahrnehmung eine äußerst schwer zu bewältigende Herausforderung des Handelsmarketing (s.a. → Handelspsychologie). Hinzu kommt die Schwierigkeit, bei Filialunternehmen mittels kostengünstiger Standardisierung zentrale Marketingkonzepte effizient durchzusetzen oder eine optimale Marktausschöpfung mittels weitgehender regionaler Differenzierung zu erreichen. Noch weitaus schwieriger werden derartige Probleme zu lösen sein, wenn die → Internationalisierung im Handel noch weiter zunehmen wird. Ähnliche Abstimmungsprobleme entstehen beim Marketing von Kooperativen Gruppen des Handels zur Gestaltung und Steuerung der gruppeninternen Märkte. Besonders konfliktreich ist kooperatives Handelsmarketing für Verkaufsstellenagglomerationen, z.B. in → Einkaufszentren bzw. → Einkaufspassagen, Fußgängerzonen oder der gesamten City. (→ Stadtmarketing).
Da Handelsbetriebe die eingekauften Waren i.d.R. ohne nennenswerte Bearbeitung weiter verkaufen, besteht ein sehr enger Zusammenhang zwischen Beschaffung und Absatz. Ein Grundproblem des einzelbetrieblichen Handelsmarketing ist die Abstimmung zwischen dem kundenorientierten Absatzmarketing und dem lieferantenorientierten → Beschaffungsmarketing. Je nach Marktsituation (→ Verkäufer-, → Käufermarkt) sind unterschiedliche Prioritäten erforderlich. In Großbetrieben des Handels wird durch die Zusammenfassung der Beschaffungs- und Absatzkompetenz im → Category Management versucht, diese betriebsinternen Abstimmungsprobleme besser zu lösen. Dennoch bleiben die Probleme des zentralen Einkaufs in Filialbetrieben bzw. kooperativen Gruppen und dem breitgestreuten regionalen Absatz in den verschiedenen Verkaufsstätten.
Voraussetzung für alle marketingpolitischen Entscheidungen ist eine ausreichende Informationsbasis, insbesondere über das → Einkaufsverhalten der aktuellen und potenziellen Kunden. Dazu dienen die Instrumente der Beschaffungs- und Absatzforschung, deren methodischer Einsatz sich prinzipiell nicht von den anderweitig üblichen Nutzungsmöglichkeiten unterscheidet (→ Marktforschung im Handel). Aufgrund

Handelsmarketing

handelsspezifischer Bedürfnisse wurden allerdings einige Methoden besonders ausgebaut, so z.B. die Standortforschung bei der Gründung von Handelsbetrieben, bei der Suche nach geeigneten Filialstandorten oder zur Bestimmung des Einzugsgebietes bei Abgrenzung des räumlich relevanten Marktes (→ Standort im Handel); die → Kundenlaufstudien zur Festlegung innerbetrieblicher Standorte, das Multi-Moment-Verfahren zur Verbesserung der Personaleinsatzplanung sowie spezielle Methoden zur Ermittlung von Geschäftsstellenbekanntheit, Einkaufsstättenpräferenzen bzw. -treue, → Kundenzufriedenheit, Kundenloyalität, -begeisterung sowie des Image von Betriebsformen bzw. konkreten Verkaufsstellen (→ Imagepolitik). Ferner gibt es spezifische Verfahren des → Handels-Controlling und des → Betriebsvergleichs, deren Aussagekraft mit Einführung von → Warenwirtschaftssystemen verbunden mit Scannerkassen erheblich gesteigert werden konnte. Hinzuweisen ist darüber hinaus auf die zahlreichen Versuche im Handel → Datawarehouse Systeme zu installieren, in denen Waren- und Zahlungsdaten mit Kundendaten (→ Kundenkarte, → Kundenclub) zusammengeführt und kombiniert mit Daten über die Konkurrenz, die wirtschaftliche Entwicklung, aktuelle Trends etc. ausgewertet werden können. Handelsmarketing wird zukünftig wesentlich nachhaltiger datenbasiert sein.

Handelsmarketing lässt sich in mehrere *Stufen* einteilen: Unternehmensgrundsätze, Unternehmenszwecke, Unternehmens-/Marketingziele, Marketingstrategien und die einzelnen Instrumente zur Gestaltung der Handelsmärkte. *Unternehmensgrundsätze* sind übergeordnete Wertvorstellungen, welche zentralen gesellschaftsbezogenen Aufgaben von einem Handelsbetrieb wahrgenommen werden sollen. Dazu zählen die gesamtgesellschaftliche Verantwortung gegenüber den Kunden (Ver-, Entsorgung, Ladenöffnungszeiten) und Lieferanten, die Verantwortung gegenüber den Kapitalgebern und den Mitarbeitern sowie der Existenz der Unternehmung als Einkommensquelle mittelständischer Unternehmer. Die grundsätzlichen Vorgehensweisen, wie die einzelnen gesamtgesellschaftlichen Aufgaben erfüllt werden sollen (*Unternehmenszwecke*), sind die zentralen Eckpunkte der Unternehmensphilosophie: Die Rolle des Unternehmers, die Mitbeteiligung der Mitarbeiter, die Festlegung zielgruppengerechter Kundennutzen, die geographische Ausdehnung, die grundlegende Innovations- und Investitionsbereitschaft sowie der Erhalt von Selbständigkeit bzw. die Kooperations- bzw. Konzentrationsbereitschaft.

Der Idee einer → Balanced Scorecard folgend, verfolgt aus der Finanzperspektive eine Handelsunternehmung erstens Ziele wie Steigerung des Gewinns, der Rentabilität, Erhöhung von Spanne, Rohertrag, Deckungsbeitrag, Betriebsergebnis bzw. Periodenüberschuss oder des Cash Flow. Aus der Marktperspektive werden zweitens Ziele abgeleitet, wie Umsatzerhöhung, Marktanteilssteigerung, Betriebsstättenbekanntheit, Kundenzufriedenheit, Geschäftsstellentreue, Neukundengewinnung, wohnortnahe Ver- und Entsorgung. Zu den Marktzielen zählen ebenso die auf Beschaffungsmärkte ausgerichteten Sollvorgaben, wie die Auswahl des (preis)günstigsten Lieferanten, die Pflege kontinuierlicher Lieferantenbeziehungen, die gezielte Lieferantenförderung etc. Drittens fordert eine interne Perspektive Ziele für eine effiziente Steuerung von Warenprozessen. Zu nennen wären beispielsweise logistische Effizienz, Sortimentsaktualität, Optimierung der Warenpräsenz und Lagervorräte etc. Für den Handel mit seiner Vielzahl an Kundenkontakten ist in diesem Zusammenhang das Ziel Mitarbeiterzufriedenheit von besonders hoher Bedeutung. Schließlich wird als vierte Perspektive die Handelsunternehmung als lernende Organisation gesehen, innerhalb der Ziele, wie Erhöhung der Innovation, Ausbau der Mitarbeiterqualifikation, Verbesserung der internen Kommunikation etc., zu verfolgen sind. Folgt man diesem Konzept, so sind Ziele des Handelsmarketing im engeren Sinne die als Marktziele bezeichneten Sollvorgaben. Diese sollen jedoch Beiträge zur Erreichung der Finanzziele leisten. Gestaltet werden dazu durch Entscheidungen des Handelsmarketing viele interne Waren-, Geld- und Informations-, Innovations- und Lernprozesse.

Zwischen diesen Zielen bestehen vielfältige komplementäre oder konfliktäre Beziehungen, die vom Handelsmanagement je nach konkreter Markt-, Finanz- und Unternehmenssituation unter Berücksichtigung der jeweiligen Mitarbeiterinteressen auszubalancieren sind.

Für die strategische Ausrichtung des Handelsmarketing (→ Handelsstrategien) sind insbesondere die Kunden-, Lieferanten- und konkurrenzorientierte Perspektive sowie die Mitarbeiterperspektive von Wichtigkeit. Gemäß dem Grad der → Marktsegmentierung kommen in Betracht die Monosegment-, die Multisegment- oder die Massenmarktstrategie. Gemäß der Preis-/Leistungspositionierung werden grundsätzlich unterschieden die Präferenzstrategie (→ erlebnisbetonte Einkaufsstätten) oder die Discountstrategie. Die Zunahme → hybrider Käufer führt oft zur Strategie einer Optimierung des Preis-Leistungsverhältnisses. Die verschiedenen Marktarealstrategien sind – zumeist abhängig von der Betriebsgröße und der Angebotsform – ausgerichtet auf lokale, regionale, nationale, internationale oder sogar weltweite Märkte. Aufgrund der noch starken mittelständischen Struktur des Handels sind → Wettbewerbsstrategien im Handelsmarketing häufig auf verschiedene Formen der → Kooperation ausgerichtet. Allerdings sind → Verdrängungsstrategien insbesondere beim Wettbewerb traditioneller Fachhändler in Innenstädten mit Händlern auf der grünen Wiese ebenso zu beobachten.

Das Instrumentarium des Handelsmarketing lässt sich einteilen in:

– *Strukturentscheidungen* mit (langfristig) akquisitorischer Wirkung. Dazu zählen als originäre Entscheidungen die Festlegung der Branche bzw. des Warenkreises, die Bestimmung des Standortes, der Betriebsform bzw. des Betriebstyps sowie die Entscheidung über Filialisierung oder Kooperation. Vielfach wird in diesem Zusammenhang auch die Qualifikation des Verkaufspersonals genannt.

– Als derivative akquisitorische Strukturentscheidungen sind die Größe der Geschäfts- bzw. Verkaufsfläche, die Aufteilung der Verkaufsfläche und die Entsorgungsmodalitäten zu nennen.

Einen Überblick über das Instrumentarium des Handelsmarketing im Einzelhandel vermittelt *Abb. 3*.

In jüngster Zeit ist beim Einsatz dieser Instrumente auch im Handel eine deutliche Verlagerung weg von der Verkaufs- und Kaufphase hin zur Nachkaufphase (→ Nachkaufmarketing) zu beobachten. Durch kontinuierliche Pflege der Kundenbeziehungen wird eine höhere → Kundenbindung und damit eine größere und kontinuierliche Ausgabebereitschaft dieser Stammkunden in dem von ihnen präferierten Einzelhandelsladen erwartet. Über grundlegende Veränderungen des Handelsmarketing mit Vordringen des E-Com-

Abb. 3: Instrumente des Absatzmarketing (Einzelhandel)

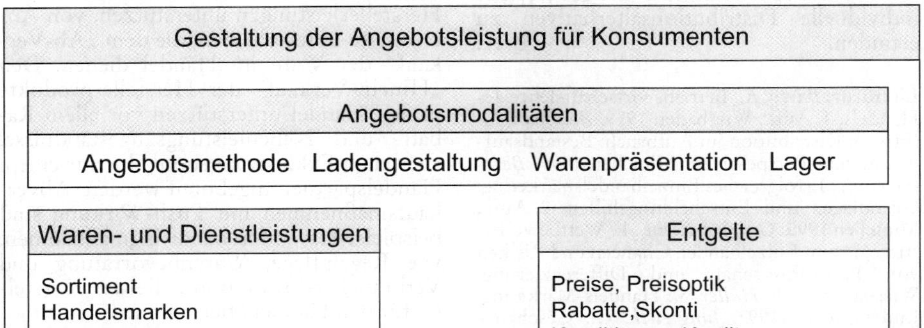

Gestaltung der Angebotsleistung für Konsumenten				
Angebotsmodalitäten				
Angebotsmethode	Ladengestaltung		Warenpräsentation	Lager
Waren- und Dienstleistungen		Entgelte		
Sortiment Handelsmarken Service Ladenöffnungszeiten Entsorgungsleistungen		Preise, Preisoptik Rabatte, Skonti Konditionen, Kredite Pfandzahlungen POS - Banking		
Marktkommunikation				
Medienwerbung	Verkaufsförderung	Persönlicher Verkauf	Beschwerden	Public-Relations
Instrumental – Absatz – Mix - Konzeption				

merce, insbesondere des Internethandels, wird zurzeit intensiv nachgedacht. Insbesondere zwei Problemkreise stehen im Vordergrund des Interesses: Erstens inwieweit werden Hersteller durch Internetangebote → Direktmarketing betreiben und den Handel zu einem logistischen Warenverteiler degradieren oder gar gänzlich ausschalten? Zweitens wird experimentiert, um herauszufinden, inwieweit neue, internetbasierte Kommunikationsformen genutzt werden und sich darüber neue Formen der Abwicklung von Handelsgeschäften entwickeln lassen. Gedacht ist nicht nur an das Warenangebot nun im Internet, sondern an neue Formen der Kommunikation (→ Links, → Banner-Werbung, Price Scouts, → Communities of Interest, → Chat Rooms, → Suchmaschinen etc.), um die Internet-Kunden über die eigenen Portale in die gezielt gestalteten, virtuellen Märkte zu führen (s.a. → Handelswerbung). Hier werden Waren in einem emotional gestalteten Umfeld angeboten, Aktionsseiten angepriesen, Versteigerungen veranstaltet, → Cross Selling-Angebote unterbreitet, zum → Power shopping animiert und umfassende → Payback-Systeme organisiert. Gezahlt wird mit elektronischem Geld und manches herkömmliche Handelsobjekt (z.B. Bücher, CD's, Computersoftware etc.) wird digital übermittelt. Für physisch zu transportierende Güter gilt es, neue individuelle Distributionsalternativen zu erfinden. B.Tr.

Literatur: *Barth, K.:* Betriebswirtschaftslehre des Handels, 4. Aufl., Wiesbaden 1999. *Beisheim, O.* (Hrsg.): Distribution im Aufbruch. Bestandsaufnahme und Perspektiven, München 1999. *Berekoven, L.:* Erfolgreiches Einzelhandelsmarketing: Grundlagen und Entscheidungshilfen, 2. Aufl., München 1995. *Gröppel-Klein, A.:* Wettbewerbsstrategien im Einzelhandel. Chancen und Risiken von Preisführerschaft und Differenzierung, Wiesbaden 1998. *Haller, S.:* Handels-Marketing, Ludwigshafen 1997. *Jungwirth, G.:* Geschäftstreue im Einzelhandel. Determinanten – Erklärungsansätze – Messkonzepte, Wiesbaden 1997. *Müller-Hagedorn, L.:* Handelsmarketing, 2. Aufl., Stuttgart u.a. 1993. *Theis, H.J.:* Handels-Marketing. Analyse- und Planungskonzepte für den Einzelhandel, Frankfurt 1999. *Treis, B.:* Handelsmarketing, 2. Aufl., Göttingen 2000. *Wolf, S.:* Kundenbindung durch Qualitätsmanagement in Einzelhandelsbetrieben, Göttingen 1997.

Handelsmesse
→ Messe- und Ausstellungswirtschaft

Handelsorientierte Anreizsysteme

Entscheidungsbereich der → vertikalen Marketingstrategie (Trade-Marketing). Handelsorientierte Anreizsysteme sind Bündel von Produkten, Dienstleistungen und Services, die ein Industrieunternehmen dem Handel anbietet, um den Absatzmittler zu einem herstelleradäquaten Verhalten zu motivieren (→ vertikales Marketing). Grundsätzlich sind alle Leistungen des Herstellers dazu geeignet, einen Anreiz für den Handel zu bieten. Im Einzelnen lassen sich drei Gruppen von Anreizen unterscheiden (vgl. *Abb.*).

(1) *Pull-Anreize* sind Leistungen des Herstellers, mit denen es ihm gelingt, eine indirekte Wirkung über den Kunden auf den Handel zu erzielen. Solche Anreize besitzen potentiell eine „Sogwirkung" auf den Handel, da sie ihm ein bestimmtes Nachfragepotenzial, eine gewisse Kundenfrequenz in seinen Verkaufsstellen oder eine Imageprofilierung gegenüber seiner Konkurrenz versprechen. Pull-Anreize sind zum Beispiel das Ergebnis erfolgreicher Werbekampagnen oder aber auch Produktinnovationen, die den Kunden dazu motivieren, bestimmte Leistungen im Handel nachzufragen (→ Pull-Strategie).

(2) *Push-Anreize* setzen hingegen direkt beim Handel an. Im Einzelnen sind dabei Instrumente, die den „Hinein-Verkauf" der Herstellerleistungen unterstützen, von Anreizen zu unterscheiden, die dem „Ab-Verkauf" der Ware im Handel dienen. Den „Hinein-Verkauf" der Herstellerprodukte in den Handel unterstützen vor allem Rabatt- und Nebenleistungszugeständnisse, aber auch Exklusivangebote, die nur einem Handelspartner angeboten werden. Abverkaufsmaßnahmen mit Push-Wirkung sind beispielsweise Merchandisingmaßnahmen, wie Regalpflege, Warenbevorratung und Verbraucher-Promotions, die der Hersteller für den Handel übernimmt.

(3) *Kooperations-Anreize* haben in den letzten Jahren an Bedeutung gewonnen. Hierbei bietet der Hersteller dem Handel eine engere → vertikale Kooperation in Projekten an, die für beide Seiten einen Vorteil im Sinne einer Win-Win-Situation versprechen. Ziel ist es, durch die Integration von Hersteller- und Handelsaktivitäten Synergien für beide Seiten zu nutzen und eine einzigartige Problemlösung für den Endkunden zu schaffen. Kooperationsanreize lassen sich grundsätzlich an allen Schnittstellen

von Aktivitäten zwischen Hersteller und Handel generieren. Von besonderer Bedeutung sind dabei zurzeit gemeinsame Projekte (→ Partnerschaftssysteme), die sich auf die gemeinsame Optimierung der Warenwirtschaft und Logistik beziehen, wie z.B. → ECR (Efficient Consmuer Response)- oder → Category Management-Projekte. Ziel des Herstellers muss es dabei sein, die einzelnen Anreize so zu kombinieren, dass es ihm gelingt, sich im direkten Wettbewerb mit seinen Konkurrenten zu differenzieren und einen Wettbewerbsvorteil aufzubauen (→ vertikale Marketingstrategie).

T.T./M.Sch.

Literatur: *Tomczak, T.; Gussek, F.*: Handelsorientierte Anreizsysteme der Konsumgüterindustrie, in: Zeitschrift für Betriebswirtschaft, 1992, Heft 7, S. 783-806. *Tomczak, T.; Schögel, M.; Feige, St.*: Erfolgreiche Markenführung gegenüber dem Handel, in: *Esch, F.-R.* (Hrsg.): Moderne Markenführung, Wiesbaden 1999, S. 847-871.

Handelspanel

Ausprägungsform des → Panels, bei dem die Erhebungen bei einem repräsentativ ausgewählten, im Prinzip gleich bleibenden Kreis von → Absatzmittlern (i.d.R. Einzelhandelsgeschäfte) in regelmäßigen Abständen über einen längeren Zeitraum hinweg zum im Prinzip gleichen Untersuchungsgegenstand durchgeführt werden. Damit liegt der besondere Vorzug des Handelspanels, ähnlich wie beim → Verbraucherpanel, in der dynamischen Betrachtung, also der Verfolgung von Veränderungen und Entwicklungen im Zeitablauf. Grundsätzlich lassen sich zwei verschiedene Ebenen der Handelspanelforschung unterscheiden: erstens auf der Einzelhandels- und zweitens auf Großhandelsebene. Auf der Einzelhandelsebene lassen sich → Einzelhandelspanel und → Fachhandelspanel unterscheiden. Auf der Großhandelsebene spricht man dementsprechend von einem → Großhandelspanel.

Ein Repräsentanzproblem beim Handelspanel ergibt sich aus der in den seltensten Fällen gewährleisteten vollständigen Marktabdeckung (→ Coverage-Effekt). Da die Abnehmer von Panelinformationen (v.a. Markenartikler) naturgemäß Zahlen über ihren gesamten Distributionsbereich wünschen, müsste vom Panel eine entsprechende totale Erfassung gefordert werden. Zwar erfolgt in den Stichprobengeschäften eine vollständige Erhebung aller Artikel der untersuchten Warengruppen (z.B. Markenar-

Anreize eines Herstellers gegenüber dem Handel

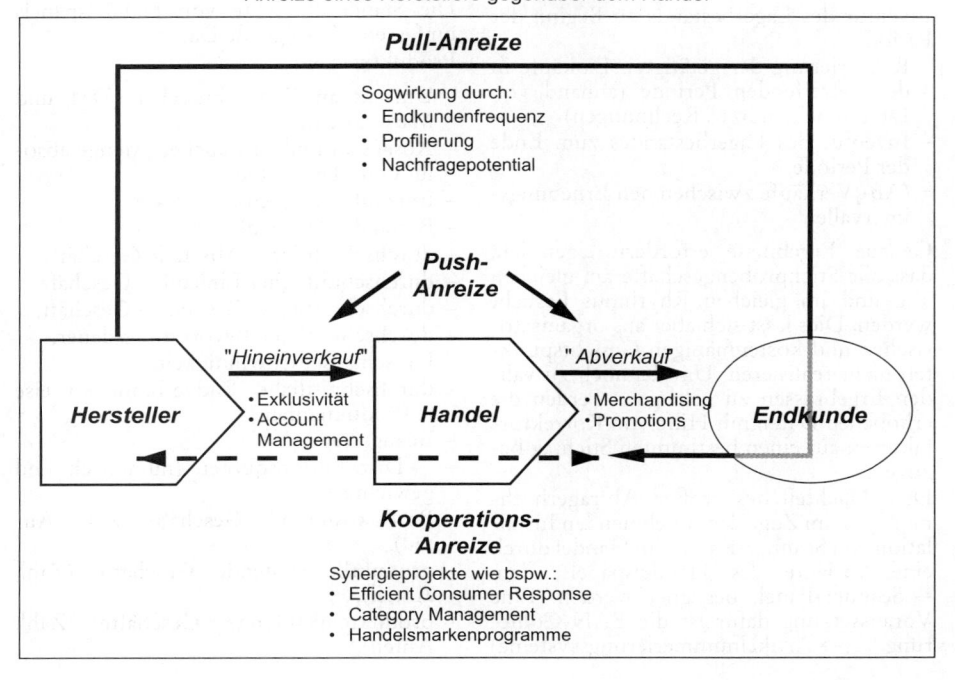

Pull-Anreize

Sogwirkung durch:
- Endkundenfrequenz
- Profilierung
- Nachfragepotential

Push- Anreize

"Hineinverkauf" — "Abverkauf"

Hersteller — • Exklusivität • Account Management — **Handel** — • Merchandising • Promotions — **Endkunde**

Kooperations- Anreize

Synergieprojekte wie bspw.:
- Efficient Consumer Response
- Category Management
- Handelsmarkenprogramme

Handelspanel

tikel, Handelsmarken, No Names), jedoch können vom Handelspanel nicht alle für ein Produkt möglichen Absatzkanäle erfasst werden. So fallen beim Einzelhandelspanel Beziehungskäufe für Letztabnehmer (z.B. beim Großhandel, ab Fabrik) zwangsläufig aus der Erhebung. Umgekehrt muss aus verschiedenen Gründen darauf verzichtet werden, jedem Abwandern bestimmter Gütergruppen in neue, nicht erfasste Verteilerstellen durch eine entsprechende Erweiterung der Grundgesamtheit Rechnung zu tragen. Weitere Einschränkungen resultieren aus einer Vielzahl von Teilnahmeverweigerungen von z.T. marktstarken Handelsunternehmen.

Die Erhebung der Basisdaten erfolgt in den Stichprobengeschäften ohne Scannerkassen i.d.R. im Zweimonatsrhythmus mittels körperlicher Inventur durch fest angestellte Instituts-Mitarbeiter. Registriert werden sowohl Handels- und Herstellermarken als auch markenlose Artikel (No Names). Weiter differenziert wird bei der Aufnahme nach Packungsgrößen, Preisklassen, Geschmacksrichtungen usw.

Erhoben werden jeweils Lagerbestände sowie die An- und Abverkäufe in den interessierenden Warengruppen. Dabei liegt das folgende einfache Erfassungsprinzip zugrunde:

Inventur des Lagerbestands zu Beginn der Periode
+ Registrierung der getätigten Einkäufe in der betreffenden Periode (anhand von Lieferscheinen bzw. Rechnungen)
− Inventur des Lagerbestandes zum Ende der Periode
= (Ab-)Verkäufe zwischen den Erhebungsintervallen

Genaue Ergebnisse erfordern eigentlich, dass alle Stichprobengeschäfte am gleichen Tag und im gleichen Rhythmus besucht werden. Dies lässt sich aber aus organisatorischen und kostenmäßigen Gesichtspunkten nicht realisieren. Um dennoch zu validen Ergebnissen zu gelangen, werden die erhobenen Daten mit Hilfe von Korrekturfaktoren auf einen bestimmten Stichtag bezogen.

Dem Nachteil des großen Abfragerhythmus kann im Zuge der zunehmenden Installation von Scanner-Kassen im Handel durch eine Variante des Handelspanels, dem → Scanner-Panel, begegnet werden. Eine Voraussetzung dafür ist die EAN-Codierung (→ Artikelnummerierungssysteme)

eines jeden Artikels. Der so durchgeführte Datenaustausch vereinfacht die Erhebungsarbeit und macht sie schneller und genauer. Durch diese Art der Abverkaufserfassung erübrigt sich die aufwendige Methode der manuellen Bestandserhebungen. Da der Einzelhandel aber bislang noch nicht durchgängig über eine artikelgenaue Registrierung seiner Bestände und Abverkäufe verfügt, werden sowohl die Inventurmethode als auch die Datenerfassung über Scanner-Kassen eingesetzt. Die Übermittlung der Ergebnisse an den Kunden, die etwa 4 Wochen nach Abschluss der Berichtsperiode vorliegen, erfolgt beim Handelspanel entweder durch einen schriftlichen Bericht, durch mündliche Präsentation oder aber zunehmend durch Datenübermittlung auf elektronischem Wege. Hierbei besteht für die Käufer die Möglichkeit, die Ergebnisse entweder über → Datenträgeraustausch (Magnetbänder, Disketten) vom → Marktforschungsinstitut zu beziehen und sie in ihrem Hause abzurufen, oder es werden für jeden Kunden Datenbanken im Marktforschungsinstitut eingerichtet, von denen die gewünschten Informationen abgerufen werden können.

Die beiden wichtigsten Anbieter von Handelspanel in Deutschland sind → AC Nielsen und die → GfK.

Die Standardberichte von Handelspanels umfassen i.A. folgende Daten:

Produktwerte:

− Umsatz an Endverbraucher (DM und Marktanteil),
− Absatz an Endverbraucher (Menge absolut und Marktanteil),
− Einkäufe (Mengen),
− Bestände (Mengen),
− durchschnittlicher Absatz je Geschäft,
− durchschnittlicher Einkauf je Geschäft,
− durchschnittlicher Bestand je Geschäft,
− durchschnittliche Bevorratungsdauer,
− Umschlagsgeschwindigkeit,
− durchschnittliche Endverbraucherpreise je Produkteinheit,
− Bezugswege,
− → Distributionsquoten (numerisch und gewichtet),
− Produktführende Geschäfte (Zahl, Anteil),
− produktbevorratende Geschäfte (Zahl, Anteil),
− produkteinkaufende Geschäfte (Zahl, Anteil),

Handels-Promotions (Trade Promotions)

- produktverkaufende Geschäfte (Zahl, Anteil).
- Verkaufsförderungswerte (numerisch und gewichtet).

Diese Daten werden im Einzelnen nach einschlägigen Kriterien (z.B. Gebiete, Geschäftstypen, Organisations- und Kooperationsformen, Verkaufsflächengrößenklassen) untergliedert. Zusätzlich können vom Institutsmitarbeiter weitere Beobachtungen durchgeführt werden, z.B. die Verwendung oder Nichtverwendung von Display-Material, die Feststellung des Frischegrades einer Ware (anhand des Verfallsdatums), die Messung der Präsentationsfläche im Regal des Händlers in Zentimetern (Kontaktstreckenuntersuchungen) oder auch der Ermittlung einer eventuellen Zweitplatzierung (Platzierungsanalyse). Solche Sonderanalysen im Handelspanel liefern Herstellern wichtige Hinweise über die Wirksamkeit von durchgeführten Marketing-Maßnahmen. Sie beziehen sich insb. auf folgende Daten

- Distributionswanderung,
- Distributionsüberschneidung,
- Konzentrationsanalysen,
- Hitlisten von Artikeln/Marken,
- Preisklassenauswertungen,
- Preiselastizitäten der Nachfrage,
- Analyse der Außendienstbesuche,
- Sortimentsanalysen,
- Kontaktstreckenanalysen u.a.m.

L.B./S.S.

Literatur: Berekoven, L.; Eckert, W.; Ellenrieder, P.: Marktforschung, 8. Aufl., Wiesbaden 1999.

Handels-Promotions (Trade Promotions) sind Maßnahmen der → Verkaufsförderung, mit denen sich ein Hersteller an den Handel wendet. *Abb. 1* gibt einen Überblick über typische Instrumente, die im Rahmen von Handels-Promotions eingesetzt werden.

Abb. 1: Arten von Handels-Promotions

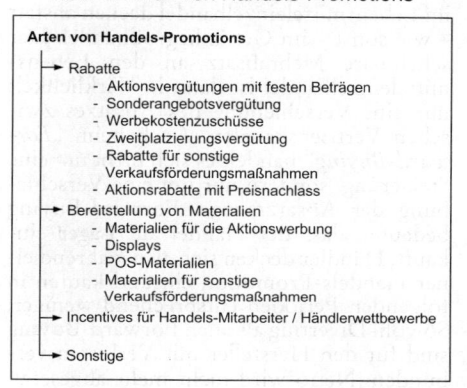

```
Arten von Handels-Promotions
  ► Rabatte
      - Aktionsvergütungen mit festen Beträgen
      - Sonderangebotsvergütung
      - Werbekostenzuschüsse
      - Zweitplatzierungsvergütung
      - Rabatte für sonstige
        Verkaufsförderungsmaßnahmen
      - Aktionsrabatte mit Preisnachlass
  ► Bereitstellung von Materialien
      - Materialien für die Aktionswerbung
      - Displays
      - POS-Materialien
      - Materialien für sonstige
        Verkaufsförderungsmaßnahmen
  ► Incentives für Handels-Mitarbeiter / Händlerwettbewerbe
  ► Sonstige
```

Mit dem Einsatz von Handels-Promotions wollen Hersteller erreichen, dass Händler ihrerseits Verkaufsförderungsaktionen für die Konsumenten (→ Händler-Promotions) durchführen. Werden Handels-Promotions solchermaßen an die Konsumenten „durchgereicht", spricht man von *„Pass-Through"*. Bei der Beurteilung der Vorteilhaftigkeit von Handels-Promotions ist jedoch zu beachten, dass diese auch weitere Wirkungen entfalten können (*Abb. 2*).

Abb. 2: Wirkungen von Handels-Promotions

Wirkungen beim Handel
- Kurzfristige Wirkungen auf die Liefermenge des Aktionsproduktes
  - Umsetzung in Händler-Promotions („Pass-Through")
  - Weiterverkauf an andere Händler („Diverting")
- Langfristige Wirkungen auf die Liefermenge des Aktionsproduktes
  - Lagerhaltung („Forward-Buying")
  - Listung des Aktionsproduktes

Unter *„Diverting"* versteht man das Phänomen, dass ein Händler Ware während einer Handels-Promotion einkauft und sie dann an andere Händler weiterverkauft. Dies kann zum Beispiel bei Getränken beobachtet werden. Bietet ein Getränkehersteller dem Lebensmitteleinzelhandel → Rabatte an, welcher dieser in → Sonderangebote für die Konsumenten umsetzt, so kann dies dazu führen, dass Gaststätten ihren Bedarf im Lebensmitteleinzelhandel decken anstatt – wie sonst – im Getränkegroßhandel. Der scheinbare Mehrabsatz an den Lebensmitteleinzelhandel ist dann in Wirklichkeit nur eine Verschiebung des Absatzes zwischen Vertriebskanälen. Auch beim *„Forward-Buying"* handelt es sich nicht um eine Steigerung, sondern nur um eine Verschiebung der Absatzmenge. Forward-Buying bedeutet, dass der Handel auf Lager einkauft. Händler decken sich also während einer Handels-Promotion ein und kaufen in folgenden Perioden entsprechend weniger. Sowohl Diverting als auch Forward-Buying sind für den Hersteller mit Verlusten verbunden. Netto wird nicht mehr abgesetzt. Vielmehr wird Absatz zu voller Marge durch Absatz ersetzt, bei dem die Marge aufgrund von → Rabatten reduziert ist.

Insbesondere Forward-Buying dürfte in der Praxis häufig auftreten. Statt also Händler-Promotions durchzuführen, kauft der Handel auf Lager. Handels-Promotions können daher ein zweischneidiges Schwert sein. *Abraham/Lodish* (1990) berichten gar, dass nur 16 % der von ihnen in den USA mit Hilfe eines Baseline-Verfahrens (→ Verkaufsförderungs-Erfolgsmessung) analysierten Handels-Promotions profitabel waren.

Dafür, dass Konsumgüterunternehmen dennoch viel Geld für Handels-Promotions aufwenden, werden verschiedene Gründe angeführt, die vor allem auf strategischen Überlegungen basieren (→ vertikales Marketing). Zum einen argumentieren Hersteller, dass über Verkaufsförderungszahlungen an den Handel die Listung der eigenen Produkte gesichert wird (*Abb. 2*). Zum anderen werden Probleme im Wettbewerb mit Konkurrenten befürchtet, wenn einseitig auf Promotions verzichtet wird. K.G.

Literatur: *Abraham, M.M.; Lodish, L.M.*: Getting the Most out of Advertising and Promotion, in: Harvard Business Review, 68. Jg., May – June (1990), S. 51–60. *Blattberg, R.C.; Neslin, S.A.*: Sales Promotion. Concepts, Methods, and Strategies, Englewood Cliffs 1990. *Gedenk, K.*: Erfolgsanalyse und Planung von Verkaufsförderung, erscheint demnächst.

Handelspsychologie

bezeichnet die bewusste Orientierung der handelsbetrieblichen Entscheidungen an psychologischen Erkenntnissen (psychologische Handelsbetriebsführung). Im weiteren Sinn des management-orientierten Verständnisses erfasst der Begriff Handelspsychologie *sämtliche Entscheidungen* eines Handelsunternehmens, eines Handelskonzerns oder einer Verbundgruppe des Handels, die psychologisch abgesichert und/oder evaluiert werden – sozusagen von der Gründung bis zur Aufgabe des Geschäfts. Im engeren Sinn des → Handelsmarketings erfasst der Begriff Handelspsychologie die *Entscheidungen zur Erforschung, Gestaltung und Kontrolle der vier Märkte* eines Handelsunternehmens, -konzerns oder einer Verbundgruppe (Absatzmarkt, Beschaffungsmarkt, Konkurrenzmarkt, interner Markt), die psychologisch abgesichert und/oder evaluiert werden.

Seit dem Altertum ist bekannt, dass zum kaufmännischen Erfolg im Handel stets auch das Wissen (oder Ahnen) der Kundenwünsche, -sehnsüchte und -ängste gezählt hat. Jedoch sind erst seit der systematischen Entwicklung der experimentellen Psychologie durch *Wilhelm Wundt* in Leipzig (1879) sowie der parallel in Russland (Reflexologie) und in den USA (behaviorism) vorgenommenen Forschungen die Erkenntnisgrundlagen der Individualpsychologie, Anfang des 20. Jahrhunderts dann ergänzt der Sozialpsychologie, geschaffen worden, auf welche die moderne Handelsbetriebsführung heute zurückgreifen kann (→ Marketing-Theorie). So kann die Handelspsychologie – unabhängig vom Richtungsstreit in der Psychologie – alle psychologischen Theorieansätze nutzen: Verhaltenstheorie bzw. Behaviorismus, Kognitivismus und Psychoanalyse bzw. Tiefenpsychologie. Als jüngstes Lehrgebäude steht die Handelspsychologie neben zahlreichen Zweiglehren (Jugendpsychologie, forensische Psychologie, klinische Psychologie usw.). Am stärksten verwandt ist sie mit der Wirtschaftspsychologie, die sich jedoch im Wesentlichen auf die drei Teilgebiete Arbeitspsychologie, Organisationspsychologie und → Werbepsychologie beschränkt. Formal stellt Handelspsychologie diejenige Teildisziplin der angewandten Psychologie dar, die sich mit dem Verhalten und Erleben von Menschen im Bereich des Handels befasst. Materiell hat sie es jedoch mit weiterreichenden und spezifischen Problemen zu tun, insbesondere nicht nur mit dem Verhalten und Erleben von Individuen, ihrem inneren Steuerungsmechanismus, ihren Antrieben und Motiven, sondern immer auch mit dem Verhalten und Erleben von Menschengruppen auf den vier Märkten des Handels. Eher ist Handelspsychologie daher als eine moderne Handelsbetriebslehre zu verstehen, die das gesamte Entscheidungsspektrum und das Instrumentarium der Handelsbetriebsführung unter psychologischen Aspekten analysiert.

Die psychologischen Probleme und Implikationen der Außen- und Innenbeziehungen eines Handelsbetriebs – vom Einkäuferverhalten über Warenpräsentation oder → Preisauszeichnung bis hin zu → Ladendiebstahl oder Agoraphobie – lassen sich kaum vollständig erfassen. Eine für praktische Belange hinreichende *Systematik* besteht in der Einteilung der Managementoder der Marketingentscheidungen in *psychotaktische und psychostrategische Entscheidungen*. Damit wird zum Ausdruck gebracht, dass es sich bei den bewusst psychologisch orientierten bzw. abgesicherten Entscheidungen entweder um kurzfristig wirkende, delegierbare, risikoärmere oder um langfristig wirkende, nicht delegierbare, risikoreichere Entscheidungen handelt. Typischerweise fallen überwiegend psychotaktische Entscheidungen im Handel in folgenden Bereichen an: Beschaffungspolitik, → Sortimentspolitik, → Ladengestaltungs-, Präsentations- und Platzierungspolitik, Preispolitik (→ Preispsychologie), Kreditpolitik, Servicepolitik, → Kommunikationspolitik sowie Personalverhaltens- und Arbeitsgestaltungspolitik. Überwiegend psychostrategische Entscheidungen fallen hingegen eher in folgenden Bereichen an: Wahl der Firma, der Betriebsform, der Betriebsgröße, des betrieblichen Standorts und der innerbetrieblichen Standorte, der Organisationsstruktur, der Einrichtungsgestaltung und der Verkaufsform sowie Personalpolitik und Imagepolitik.

Im Sinne der Handelspsychologie werden immer mehr Handelsbetriebe ihre Management- und/oder Marketingentscheidungen psychologisch untermauern, da auf diese Weise neue Marktpotenziale erschlossen und Kundenbindung verbessert werden können. Allerdings ist nicht alles realisierbar, was psychologisch reizvoll erscheint.

Von kognitiven Grenzen, wie z.B. mangelndem psychologischen Bewusstsein, abgesehen, sind auch rechtliche und ethische Grenzen zu beachten. Schließlich stellt sich das Problem der Erfolgs- und Effizienzkontrolle psychotaktischer und -strategischer Entscheidungen. H.-O. S.

Literatur: *Franke, J.; Kühlmann, T.M.*: Psychologie für Wirtschaftswissenschaftler, Landsberg 1990. *Müller-Hagedorn, L.*: Der Handel, Stuttgart, Berlin, Köln 1998. *Schenk, H.-O.*: Handelspsychologie, Göttingen 1995.

Handelsspanne

Als Handelsspanne bezeichnet man generell die Differenz zwischen Verkaufs- und Einstandspreisen der von einem Handelsbetrieb umgesetzten Waren und versteht sie als Entgelt für die Handelsleistung (→ Handelskalkulation). Dabei wird diese Größe in unterschiedlicher Weise differenziert: Sie kann sich als *Betriebshandelsspanne* auf den Gesamtumsatz beziehen, als *Warengruppenspanne* auf den Umsatz einer Warengruppe oder als *Stückspanne* auf das einzelne Stück eines Artikels, wobei sie sich in diesem Fall als Differenz zwischen dessen Einstandspreis und Netto-Verkaufspreis darstellt. So wie nämlich die Vorsteuer als nicht-aktivierungsfähiger Posten nicht in den Einstandspreis eingeht, wird die → Mehrwertsteuer – ihres fehlenden Kostencharakters wegen – weder in den Handlungskosten ausgewiesen noch als Bestandteil des daher „netto" in die Berechnung der Handelsspanne eingehenden Verkaufspreises angesehen.

Aus Sicht eines Handelsbetriebes kann der Einstandspreis der umgesetzten Ware, der sog. „Wareneinsatz", als „durchlaufender Posten" gelten, der zuerst einmal über den Verkaufspreis wieder hereingeholt werden muss. Ausschlaggebend für den Erfolg der handelsbetrieblichen Tätigkeit aber ist erst der darüber hinausgehende Teil des (Netto-)Verkaufspreises, des vom Markt gewährten Entgeltes für die Handelsleistung. Dieses Entgelt, die Handelsspanne also als Differenz zwischen Einstands- und Verkaufswerten der gehandelten Waren, versucht jedes Handelsunternehmen so zu dimensionieren, dass es über die reine Erstattung der Handlungskosten hinausgeht und einen Gewinn einbegreift.

Oftmals wird die Spanne als Prozentwert vom Verkaufs- oder dem Einstandspreis ausgewiesen. Man spricht dann von *Rela-*

tiv- oder *Prozentspannen* und bezeichnet häufig nur die in einem Prozentsatz vom Verkaufswert ausgedrückte *Abschlagspanne* als Handelsspanne, die als Prozentsatz vom Einstandspreis angegebene *Aufschlagsspanne* dagegen als „Kalkulationsaufschlag".

Handelsspannenrechnung
Für eine vom Wareneinsatz ausgehende progressive *Zuschlagskalkulation* (→ Kalkulationsverfahren) dient die Handelsspanne in Form eines prozentualen Kalkulationsaufschlages zur Beaufschlagung der als Einzelkosten geltenden Warenkosten mit den Handlungskosten als Gemeinkosten, um diese der Ware als Kostenträger zuzurechnen. Der Kalkulationsaufschlag wird dabei i.d.R. ermittelt durch Umrechnung der mit Hilfe einer periodenbezogenen Nachkalkulation der zur Deckung aller Handlungskosten erforderlichen Handelsspanne.
Selbst bei Verzicht auf einen globalen Kalkulationsaufschlag für das Gesamtsortiment und Verwendung von nach Warengruppen differenzierten Kalkulationsaufschlägen bleibt dieses Verfahren allerdings mit dem Makel nicht-verursachungsgerechter Kostenzurechnung behaftet, weil die dabei unterstellte strenge Proportionalität der Handlungskosten zum Wareneinsatz den echten Kostenabhängigkeiten nicht Rechnung tragen kann.
Für die gleiche Funktionswahrnahme an gleichartigen Waren werden nämlich bei dieser Vorgehensweise allein aufgrund differierender Einstandswerte unbegründet unterschiedliche Kostenbelastungen vorgenommen. Hier liegt – neben anderen Mängeln – der entscheidende Schwachpunkt der Handelsspannen-Kalkulation. Durch die Berechnung der → Direkten Produkt-Rentabilität wird neuerdings versucht, diese Mängel zu überwinden.
Wenn allerdings der Kalkulationsaufschlag aus einer aufgrund marktbezogener Überlegungen vorgegebenen Handelsspanne abgeleitet wird und nicht der Zurechnung von Handlungsgemeinkosten, sondern der artikelbezogenen Spezifizierung von → Deckungsbudgets dienen soll, kann die Handelsspannenrechnung im Rahmen einer → Ausgleichs- oder Mischkalkulation durchaus sinnvoll genutzt werden.
Bei vom Markt vorgegebenen Preisen wird für die Spannenbetrachtung letztendlich die *retrograde* Blickrichtung erzwungen. Dann gilt es, mit Hilfe der Kostenträgerrechnung festzustellen, ob aus der gegebenen Handelsspanne die Handlungkosten und der geplante Gewinn gedeckt werden. Aus den Ergebnissen solcher Kontrollrechnungen leiten sich für ein Handelsunternehmen ggfs. bedeutsame sortiments- und beschaffungspolitische Entscheidungen ab. C.B.

Literatur: *Sundhoff, E.:* Die Handelsspanne, Bd. 2 der Schriften zur Handelsforschung, hrsg. von R. *Seyffert,* Köln, Opladen 1953.

Handelsstrategien

sind unter Berücksichtigung von externen und internen Daten verfolgte Ziele und die zur Zielerreichung erforderlichen Instrumente von Handelsunternehmen (s.a. → Handelsmarketing, → Marketingstrategien im Handel).
Bei Handelsbetrieben beruht jede eigene Marktaktivität und damit auch die Zweckmäßigkeit der Unternehmenspolitik auf zwei fundamentalen Festlegungen, das sind

– der Zielmarkt auf der Absatzseite: Welches sind die angestrebten Kunden?
– der Zielmarkt auf der Beschaffungsseite: Welches sind die angestrebten Lieferanten?, d.h. die → Positionierung gegenüber den Kunden und Lieferanten.

Man kann im Hinblick auf die Marktbearbeitung mindestens zwei Konzepte unterscheiden:

1. die Definition der Zielgruppe und die Konstruktion der Unternehmenspolitik im Hinblick auf die Zielgruppe, z.B. *Benetton;*
2. die Konstruktion einer Marktbearbeitungsformel und die Suche der Zielkunden aufgrund dieser Formel, z.B. *Aldi.*

Aufgrund der Zielmarktstrategie lassen sich mindestens folgende Marktbearbeitungskonzepte unterscheiden:

– die *Ubiquitärstrategie* mit dem Streben zur Bedienung aller potentiellen Märkte und damit aller potentiellen Kunden;
– die *Selektivstrategie* mit der bewussten Beschränkung auf einen Teil des Marktes und damit auf eine Auswahl von Kunden.

Beide Strategien können wie folgt gegliedert werden:

– die Strategie der *Unterschiedslosigkeit* und damit Gleichbetreuung und -behandlung aller Kunden;
– die Strategie der *Differenzierung* und damit der unterschiedlichen Betreuung von Kunden, d.h. die Segmentierungsstrategie.

Kundendifferenzierung oder –segmentierung ist auch stets Leistungsprogramm-Mix-Differenzierung. Die Zielmarktfestlegung bedeutet stets auch eine Positionierung gegenüber den Konkurrenten in ihrer Eigenschaft als Absatzmarktkonkurrenten wie auch Beschaffungsmarktkonkurrenten. Komplexe Marktziele liegen dem → Trading Up oder → Trading Down und dem → Sidegrading zugrunde.
Nach den betrieblichen Funktionen lassen sich die Handelsstrategien u.a. einteilen in:

- Leistungsprogrammstrategien,
- grundstrukturpolitische Strategien, z.B. bezüglich Betriebstyp, Standort, Branche,
- marktpolitische Strategien, z.B. bezüglich Sortiment, Warenpräsentation, Ladengestaltung,
- Managementstrategien,
- Planungs- und Kontrollstrategien,
- Informations- und Kommunikationsstrategien, so bezüglich der → Warenwirtschaftssysteme (WWS), → Scanner.

Weitere ausgewählte Handelsstrategien sind:

- → Kooperation,
- → Diversifikation,
- → Betriebstypeninnovation,
- → Profilierungsstrategie,
- → Marktsegmentierung. B.T./J.Z.

Literatur: *Ahlert, D.:* Distributionspolitik, 3. Aufl., München 1996. *Belz, C.* (Hrsg.): Realisierung des Marketing. Marketing in unterschiedlichen Situationen von Märkten und Unternehmen, 2 Bde., Savosa, St. Gallen 1986. *Drexel, G.:* Strategische Unternehmensführung im Handel, Berlin, New York 1981. *Hansen, U.:* Absatz- und Beschaffungsmarketing des Einzelhandels, 2. Aufl., Göttingen 1990. *Tietz, B.:* Der Handelsbetrieb, 2. Aufl., München 1993. *Tietz, B.:* Binnenhandelspolitik, 2. Aufl., München 1993.

Handelsstufe

In die vertikale Absatzkette von Gütern zwischen Herstellern und Verwendern können mehrere Betriebe des → Handels nacheinander eingeschaltet sein, was Handelsstufen schafft. Insb. innerhalb des → Großhandels können mehrere Handelsstufen aufeinander folgen. Handelsunternehmen können im Rahmen ihrer strategischen Positionierung – ähnlich wie industrielle Hersteller bei der Wahl der Fertigungstiefe – frei darüber entscheiden, welche und wie viele dieser Handelsstufen sie besetzen wollen. Sie legen damit den vertikalen Integrationsgrad ihres Geschäftes fest.

Handelsverbände

Die Handelsverbände sind die politischen Interessenvertreter von Einzel- und Großhandelsbetrieben auf nationaler und internationaler Ebene. Dachverband des Deutschen Handels ist die 1999 gegründete Bundesvereinigung der Deutschen Handelsverbände (→ BDH). Als bedeutendster einer Vielzahl weiterer Einzelverbände mögen die → BAG und der → GCSC eingestuft werden.
International ist in Brüssel der Handel in der → EuroCommerce organisiert.
Schnittstellen zur → Handelsforschung sind in erster Linie die → BBE und das → IfH (beide vorwiegend national) und das → EHI (zunehmend international).
Die Interessen des Deutschen Handels gegenüber der Markenartikelindustrie werden in der → CCG als Clearingstelle und die gegenüber der Landwirtschaft in der → ORGAINVENT kanalisiert.
Als weitere Plattformen dienen den Handelsverbänden im internationalen Bereich die → AIDA, die → CIES und das → ECR-Board Europe. B.H.

Handelsvereinigung, internationale
→ institutioneller Außenhandel

Handelsvertreter

sind selbständige Gewerbetreibende, die *fortlaufend* damit beauftragt sind, im Namen und für Rechnung ihres Auftraggebers (Hersteller, Großhandelsunternehmungen, Importeure etc.) Produkte abzusetzen. Aufgrund ihrer rechtlichen Selbständigkeit zählen sie zu den unternehmungsfremden → Verkaufsorganen, die im Rahmen der → Vertriebswegepolitik eingesetzt werden.
Nach der Vollmacht, die dem Handelsvertreter erteilt wird, unterscheidet man zwischen *Vermittlungsvertreter* und *Abschlussvertreter*, d.h. Handelsvertreter ohne und mit Abschlussvollmacht. Der Vermittlungsvertreter kann lediglich Angebote unterbreiten und Bestellungen entgegennehmen (Absatzanbahnung). Der Kaufvertrag kommt erst zustande, wenn die Unternehmung, für die der Handelsvertreter tätig ist, den Auftrag bestätigt.
Nach dem vertretenen Sortiment wird in *Einfirmen-* und *Mehrfirmenvertreter* unterteilt. Letzterer vertritt die Produkte mehrerer Firmen, zwischen denen i.d.R. keine Konkurrenzbeziehungen bestehen. Handelsvertreter übernehmen oft umfassende

Handelswerbung

weitere Funktionen, wie z.B. Lagerhaltung, Kundendienstleistungen, technische Beratung sowie Repräsentation bei Messen und Ausstellungen.

Zwischen der auftraggebenden Unternehmung und dem Handelsvertreter wird ein Handelsvertretungsvertrag über *Geschäftsbesorgungen* abgeschlossen (§§ 84 ff. HGB), wobei von wesentlicher Bedeutung für beide Parteien die rechtlichen Fragen der Kündigung (§§ 89, 89a HGB) sowie der ggf. bestehende → *Ausgleichsanspruch* des Handelsvertreters bei Beendigung des Vertragsverhältnisses (§ 89b HGB) sind. Der Ausgleichsanspruch liegt in dem akquisitorischen Potential begründet, das der Handelsvertreter während seiner Tätigkeit für seinen Auftraggeber aufgebaut hat. Die Voraussetzung auf eine Ausgleichszahlung fehlt beispielsweise dann, wenn diejenigen Kunden, die der Handelsvertreter während des Vertragsverhältnisses geworben hat, ihm zur Konkurrenzunternehmung folgen. Mit der Umsetzung der EG-Richtlinie von 1986 in das deutsche Handelsvertreterrecht 1990 ist für die im Ausland tätigen Handelsvertreter eine bedeutende Änderung eingetreten: Unter der Voraussetzung, dass die Vertragsparteien die Anwendbarkeit deutschen Rechts vereinbaren, kann der Ausgleichsanspruch eines nicht im Inland ansässigen Handelsvertreters – anders als nach altem Recht – nicht mehr ausgeschlossen werden, wenn dieser zumindest einen Teil seiner Tätigkeit innerhalb der EU ausübt (§ 92c HGB). H.Schr.

Handelswerbung

Bei der Handelswerbung handelt es sich um eine Spielform der → Werbung. Im Gegensatz zur Werbung im Industrie- bzw. Herstellerbereich, wo die Profilierung eines Produktes oder einer Produktfamilie sowie die Imagestärkung in der Regel im Mittelpunkt stehen, konzentriert sich die Handelswerbung primär auf die Profilierung der Betriebsstätten (→ Handelsmarketing) sowie die Hervorhebung der Handelsleistung (→ Handelsfunktion). 1999 tätigten deutsche Handelsunternehmen Brutto-Medieninvestitionen in Höhe von ca. 1,9 Mrd. DM, was ihnen den vierten Rang der werbetreibenden Unternehmen einbrachte. Der Schwerpunkt der Handelswerbung liegt mit 77% traditionell bei den Tageszeitungen (→ Anzeigen). Bei diesen Zahlen ist zu berücksichtigen, dass die Investitionen in Werbung per Anzeigenblätter nicht erfasst wurden.

Der Handelswerbung kommt neben der Informationsfunktion auch eine motivierende Funktion zu, deren Ziel es ist, die Nachfrage der Umworbenen im Einzugsgebiet möglichst effizient auf die Betriebsstätte zu lenken (Erhöhung des „share of wallet"). Wenn Handelsunternehmen über ein deckungsgleiches Angebot (Sortiment, Ladendesign, Service etc.) wie ihre Konkurrenten verfügen, die Einzigartigkeit als Differenzierungskriterium wegfällt, führt dies zu einer geringen → Einkaufsstättentreue und einer erhöhten Preissensibilität der Kunden. Der Schaffung eines eigenständigen und für die Kunden relevanten Images mit Hilfe der Werbung kommt angesichts der herrschenden Wettbewerbssituation eine wachsende Bedeutung zu. Die angestiegene Zahl von Kommunikationsappellen (→ Informationsüberlastung) hat jedoch dazu geführt, dass Rezipienten nur noch einen winzigen Teil der ihnen dargebotenen Informationen aufnehmen und verarbeiten können (*Esch* 1999, S. 803 ff.).

Informatorische Grundlagen

Bei der → Werbeplanung in einem Handelsunternehmen lassen sich die in *Abb. 1.* dargestellten Ablaufschritte unterscheiden. Werbung verkörpert niemals einen Selbstzweck, sondern soll einen Beitrag zur Erreichung übergeordneter Markt- und Unternehmensziele leisten. Um dies sicherzustellen, müssen alle relevanten Plandaten erfasst und analysiert werden (→ Werbeanalyse). Nachdem mikrogeographische Aspekte wie die Abgrenzung des relevanten Markteinzugsgebietes (→ Standort im Handel) und der Konsumentenbedarf erhoben sind, sind die Nachfrageverhältnisse zu betrachten. Hier ist eine Analyse der Kundenstruktur für eine zielgruppengerechte Werbung ebenso unerlässlich, wie eine detaillierte Analyse des → Einkaufsstättenwahlverhaltens sowie des Verhaltens der Konsumenten während der Einkaufssituation (→ Einkaufsverhalten). Die Analyse der relevanten Konkurrenzverhältnisse und der beschaffungswirtschaftlichen Daten sowie der Einbezug von marketingkonzeptbezogenen, leistungserstellungsbezogenen und finanzwirtschaftlichen Daten runden die Analyse der ökonomischen Werbeplandaten ab. Zudem sind die rechtlichen Rahmenbedingungen für die Planung von werbepolitischen

Maßnahmen und die Mediadaten (→ Mediaanalyse) von herausragender Bedeutung.

Phase der Zielplanung
Um werbliche Aktionen zu koordinieren, zu kommunizieren, zu steuern und schließlich den Zielerreichungsgrad zu kontrollieren, ist die Vorgabe von expliziten ökonomischen und außerökonomischen Zielen nötig (→ Werbeziele) (vgl. *Abb. 2:* Systematik der Werbeziele des Handels). Den wichtigsten ökonomischen Zielen von Handelsunternehmen, wie beispielsweise der Gewinnung von Marktanteilen, dem Umsatzwachstum oder der Deckungsbeitragsverbesserung, stehen außerökonomische Ziele, wie die Steigerung der Bekanntheit, der Sympathie, des Images oder der Besucherfrequenz gegenüber. Von einigen Ausnahmen abgesehen, beschränken sich die meisten Handelsunternehmen auf eine kurzfristige Ausrichtung ihrer werblichen Aktivitäten, mit dem vorrangigen Ziel, Aktualität durch Angebots- und Preiswerbung zu generieren. Dies führt allerdings zu einer weiteren Homogenisierung des Angebots. Auf das Potenzial einer langfristig ausgerichteten Werbung, die auf eine Stärkung des Images sowie eine Profilierung gegenüber den Konkurrenten abzielen könnte (→ Profilierungsstrategie im Handel), wird hingegen oft verzichtet (*Theis,* 1999, S. 690–695, *Tietz,* 1995, S. 441).

Abb. 1: Der Ablauf der Werbeplanung im Handel

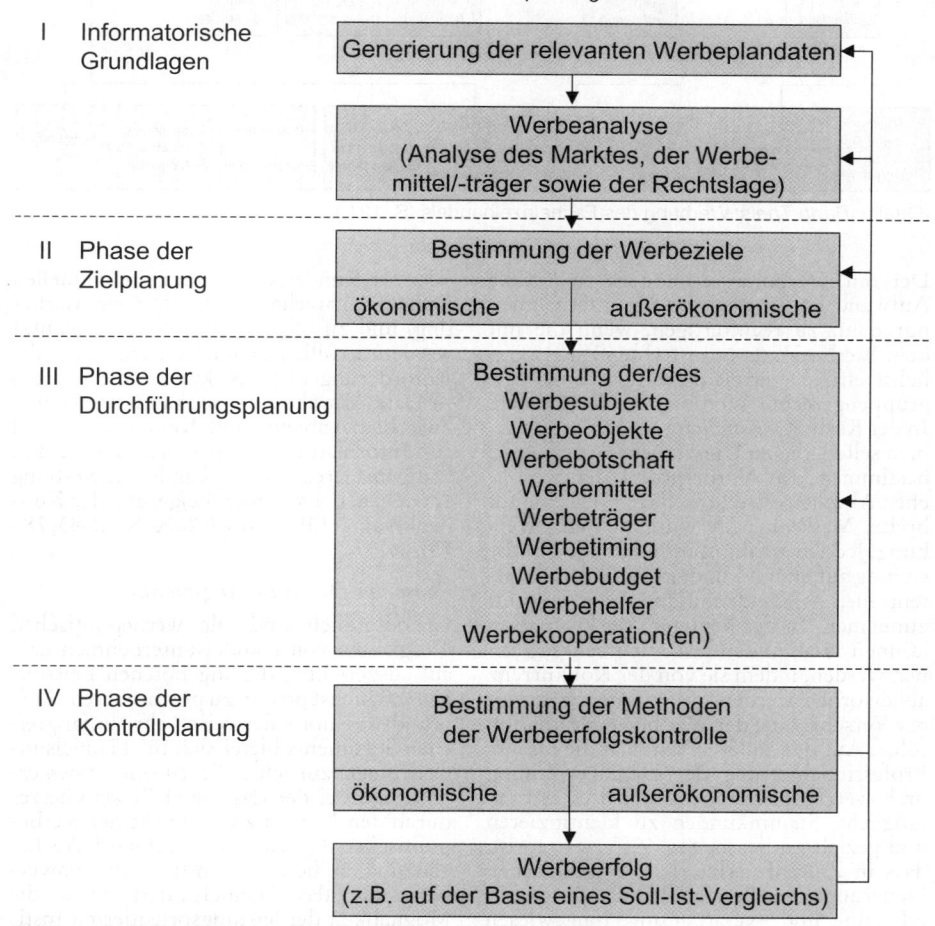

I	Informatorische Grundlagen	Generierung der relevanten Werbeplandaten
		Werbeanalyse (Analyse des Marktes, der Werbemittel/-träger sowie der Rechtslage)
II	Phase der Zielplanung	Bestimmung der Werbeziele
		ökonomische / außerökonomische
III	Phase der Durchführungsplanung	Bestimmung der/des Werbesubjekte Werbeobjekte Werbebotschaft Werbemittel Werbeträger Werbetiming Werbebudget Werbehelfer Werbekooperation(en)
IV	Phase der Kontrollplanung	Bestimmung der Methoden der Werbeerfolgskontrolle
		ökonomische / außerökonomische
		Werbeerfolg (z.B. auf der Basis eines Soll-Ist-Vergleichs)

(Quelle: *Barth/Theis*: Werbung des Facheinzelhandels, S. 18.)

Handelswerbung

Abb. 2: Die Systematik der Werbeziele des Handels

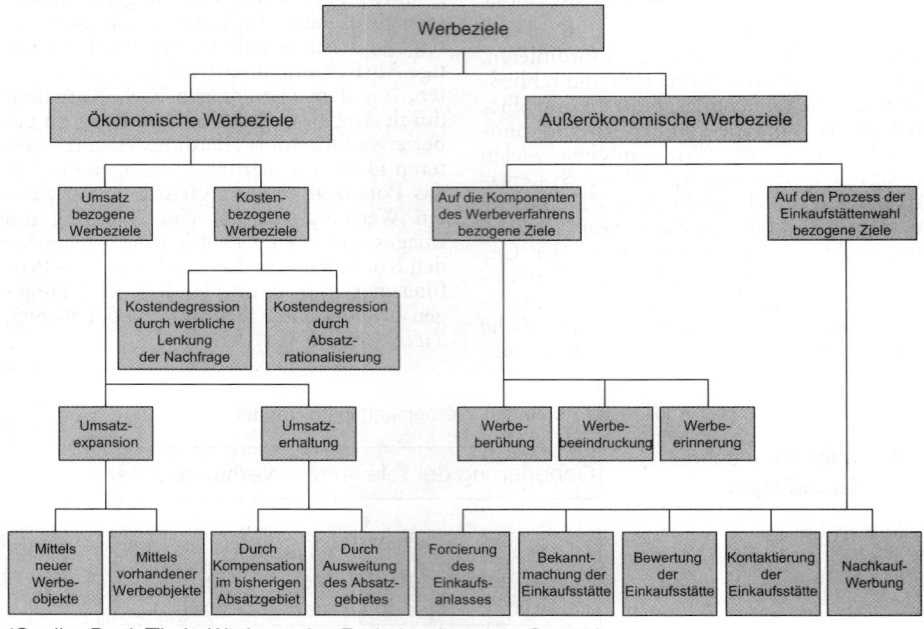

- Werbeziele
  - Ökonomische Werbeziele
    - Umsatzbezogene Werbeziele
      - Umsatzexpansion
        - Mittels neuer Werbeobjekte
        - Mittels vorhandener Werbeobjekte
      - Umsatzerhaltung
        - Durch Kompensation im bisherigen Absatzgebiet
        - Durch Ausweitung des Absatzgebietes
    - Kostenbezogene Werbeziele
      - Kostendegression durch werbliche Lenkung der Nachfrage
      - Kostendegression durch Absatzrationalisierung
  - Außerökonomische Werbeziele
    - Auf die Komponenten des Werbeverfahrens bezogene Ziele
      - Werbeberührung
        - Forcierung des Einkaufsanlasses
      - Werbebeeindruckung
        - Bekanntmachung der Einkaufsstätte
        - Bewertung der Einkaufsstätte
      - Werbeerinnerung
        - Kontaktierung der Einkaufsstätte
    - Auf den Prozess der Einkaufsstättenwahl bezogene Ziele
      - Nachkaufwerbung

(Quelle: *Barth/Theis:* Werbung des Facheinzelhandels, S. 121.)

Der mit Werbung verbundene finanzielle Aufwand ist für das Handelsunternehmen nur dann zu rechtfertigen, wenn die mit dem Werbeeinsatz angestrebten Ziele möglichst effizient erreicht werden. Eine zielgruppengerechte Werbung ist unerlässlich. In der Realität versuchen Handelsunternehmen selten, die zu Umwerbenden gezielt zu bestimmen. Im Vordergrund der werblichen Aktivitäten steht vielfach noch eine auf breite Massenmärkte ausgerichtete Werbung. Jedoch wird insbesondere die Fokussierung auf Stammkunden (→ Einkaufsstättentreue, → Kundenbindung) in Zukunft zunehmen. In der heutigen Marktsituation können Neukunden fast nur noch gewonnen werden, indem sie von der Konkurrenz abgeworben werden, was wiederum zu einer Verschärfung der Wettbewerbssituation führt. Auf der anderen Seite hat die rasante Professionalisierung der Datengewinnung und -verarbeitung dem Handel es erst ermöglicht, Stammkunden zu identifizieren und gezielt zu bearbeiten. Zu erwarten ist, dass in Zukunft verstärkt die technischen Neuerungen im Bereich der Kundendatenerhebung und -verarbeitung, hingewiesen sei hier beispielsweise auf Scannerkassen oder → Kundenkarten, zur individuellen Kundenansprache (→ One-to-One Marketing) und zur eigenen Profilierung genutzt werden. Erfüllen Handelsunternehmen die Anforderungen eines kundenfokussierten → Data Warehouses, so kann ein Dialog zwischen Anbieter und Kunde, bestehend aus Information und personalisierter, d.h. bedürfnisgerechter Kundenumwerbung entstehen, der zu einer Steigerung der Kundenloyalität führt (*Busch* 2000, S. 42–43, 78–79).

Phase der Durchführungsplanung

Grundsätzlich sind alle werbepolitischen Tätigkeiten von Handelsunternehmen darauf ausgerichtet, die angebotenen Leistungen möglichst positiv zu positionieren. Aufgrund des normalerweise sehr umfangreichen Sortiments bietet sich für Handelsunternehmen zunächst die *Institutionenwerbung* an, bei der das Geschäft als Ganzes durch den Namen zum Objekt der werbepolitischen Aktivitäten erklärt wird. Als Ergänzung zu dieser reinen Institutionenwerbung hat das Handelsunternehmen die Möglichkeit der leistungsorientierten Institutionenwerbung, bei der auch das geführte

Sortiment, Qualität, spezifische Dienstleistungen und entgeltpolitische Aktionsparameter wie etwa der Preis beworben werden können. Eine weitere Chance besteht in der Bewerbung der *Ladenpersönlichkeiten* einzelner Betriebsstätten, denen ein eigenständiges, charakteristisches Image zu verleihen ist. Mehr und mehr Handelsunternehmen bewerben auch ihre eigenen und zunehmend wichtiger werdenden → *Handelsmarken*, welche ihnen neben einer Profilierung und Differenzierung gegenüber der Konkurrenz auch eine größere Unabhängigkeit von den Werbezielen der Herstellerunternehmen ermöglichen.

Einem Handelsunternehmen steht eine Vielzahl von alternativen → Werbebotschaften zur Verfügung, die mit Hilfe unterschiedlicher inhaltlicher und formaler Gestaltungsaspekte von → Werbemitteln an die Umworbenen heran getragen (→ Werbeträger) werden können. Die folgenden Werbemittel und -träger sind hervorzuheben:

- Printwerbung (Werbemittel: z.B. → Anzeigen, → Beilagen, → Prospekte oder → Kataloge; Werbeträger: z.B. Tageszeitung, Zeitschriften oder Adressbücher),
- Werbung am → POS (z.B. → Schaufensterwerbung oder Verkaufsraumwerbung),
- → Außenwerbung (z.B. Außenfrontwerbung, Litfasssäulen oder Verkehrsmittelwerbung),
- → Direktwerbung (z.B. Werbebriefe oder E-mails an ausgewählte Empfängerzielgruppen),
- → Film-, Funk- und → Fernsehwerbung,
- → Messen und Ausstellungen,
- → Banner-Werbung und → online-Werbung auf Internetseiten.

Die Wahl und die Kombination der einzusetzenden Werbemittel und -träger muss jedes Handelsunternehmen unter Berücksichtigung der jeweiligen Werbeziele und Rahmenbedingungen treffen.

Neue Technologien werden die Kommunikationsbeziehung zwischen Händler und Kunde verändern. Eine der Innovationen liegt in der Interaktionsmöglichkeit begründet: Die → Multimedia-Kommunikation ermöglicht ein → Dialogmarketing. Ein Vergleich von klassischen und Neuen Medien zeigt, dass Letztere geringere Kosten für eine zielgruppenspezifische Konsumentenansprache verursachen, weshalb sie für Handelsunternehmen eine höhere Medieneffizienz aufweisen (*Busch* 2000, S. 23–26). Zu erwarten ist, dass Handelsunternehmen in der Zukunft Teile ihrer heute verwendeten Werbemittel und -träger gegen interaktive Instrumente eintauschen.

Um das → Werbebudget festzulegen, bedient sich der überwiegende Teil der Handelsunternehmen heuristischer Methoden, bei denen es sich zumeist um Erfahrungssätze oder einfach strukturierte Entscheidungsregeln handelt. So orientiert sich im Facheinzelhandel immer noch ein Großteil der Betriebe bei der Festlegung des Werbebudgets an der Konkurrenz oder am Umsatz der Vorjahre. Bezüglich der Streuung des Werbebudgets in zeitlicher Hinsicht (→ Werbetiming) ist davon auszugehen, dass die durch den Einsatz von Neuen Medien zunehmende Dynamisierung der Handelswerbung auch Auswirkungen auf das Werbetiming haben wird. So sollte beispielsweise der Dekorationszyklus der Schaufenster von Betriebsstätten mit den Werbeaussagen in → Direct Mailings und auf Internetseiten abgeglichen bzw. integriert festgelegt werden.

Zunehmend wichtiger werden auch Werbekooperationen (→ Gemeinschaftswerbung) zwischen Handelsunternehmen und Herstellern (Händlerhilfen, → vertikale Kooperationen), die darauf abzielen, den Absatz der Produkte in den Betriebsstätten zu erhöhen. → Horizontale Kooperationen zwischen Handelsunternehmen dienen tendenziell der Absatzvorbereitung bzw. der Erhaltung oder Erweiterung des Marktes.

Phase der Kontrollplanung

Die Kontrolle des Werbeerfolgs als letzte Phase des Werbeprozesses ist auch die Basis für die Disposition neuer Maßnahmen. Vor der effektiven Realisierung der Werbung sollte das Handelsunternehmen den potenziellen Zielerreichungsgrad der Kampagne ermitteln sowie formale und inhaltliche Mängel beheben (Werbeerfolgsprognose mit Hilfe von → Werbetests). Während sowie im Anschluss an die Kampagne ist eine ökonomische bzw. außerökonomische Werbeerfolgskontrolle (→ Werbewirkungskontrolle) quasi als Rückkopplung durchzuführen, die den Werbeerfolg messen und Gestaltungshinweise für künftige Werbemaßnahmen geben soll. Die Messung des ökonomischen Werbeerfolgs, der der Beurteilung der durch Werbemaßnahmen verursachten Umsatz-, Gewinn- und Marktanteilsveränderungen dient, ist nicht unproblematisch, da der Beitrag der Werbung als ein Teil der konzertierten Marketingaktivitäten eines Handelsunternehmens nur schwer zu quantifizieren ist. Eine häufig gewählte Alternative bieten daher auf den außerökonomischen, d.h. nichtmonetären Werbeerfolg ausgerichtete Methoden, wie → Erinnerungs-, → Recognition- oder → Einstellungsmessungen.   T.T./I.Schm.

Literatur: *Barth, K.; Theis, H.J.:* Werbung des Facheinzelhandels, Wiesbaden 1991. *Berekoven, L.:* Erfolgreiches Einzelhandelsmarketing: Grundlagen und Entscheidungshilfen, 2. Aufl., München 1995. *Busch, A.:* Kommunikation im Einzelhandel, Herausforderungen – Reserven – Ansätze, Diss., St. Gallen 2000. *Esch, F.R.:* Strategien und Techniken zur Gestaltung der Handelswerbung. in: *Beisheim, O.:* Distribution im Aufbruch, Bestandsaufnahme und Perspektiven, München 1999. *Theis, H.J.:* Handels-Marketing, Analyse- und Planungskonzepte für den Einzelhandel, Frankfurt a.M. 1999. *Tietz, B.:* Der Handelsbetrieb, 2. Aufl., München 1995.

Handelszusammenschlüsse, internationale

sind politisch gesteuerte regionale Gruppierungen nationaler Märkte mit dem Ziel des Abbaus von Handelshemmnissen. Es lassen sich sechs Stufen unterscheiden.

Die *Präferenzzone*, als einfachstes Modell der Integration von Ländermärkten, wird von zwei oder mehr Ländern konstituiert, welche sich für den Handel mit bestimmten Gütern Vorzugsbedingungen (z.B. niedrige Zollsätze) gewähren. Mitgliedsstaaten einer *Freihandelszone* beschließen den (weitgehenden) Abbau bestehender Handelsschranken, ohne Beschränkung auf bestimmte Produkte (z.B. → NAFTA). Werden neben dem Abbau interner Handelshemmnisse auch einheitliche Außenzölle der Mitgliedsstaaten gegenüber Drittländern vereinbart, so spricht man von einer *Zollunion*. Der *gemeinsame Markt* umfasst neben freien Güterströmen zwischen den Ländermärkten auch die Liberalisierung des Verkehrs weiterer Produktionsfaktoren (Niederlassungsfreiheit für Unternehmen, Mobilität von Arbeitskräften, freier Kapitalverkehr). Bei einer zusätzlichen Harmonisierung der Wirtschaftspolitik der Mitgliedsstaaten wird von einer *Wirtschaftsunion* (z.B. → Europäische Union) gesprochen. Betroffen sind u.a. die Wettbewerbs-, Steuer-, Beschäftigungs-, Regional-, Verkehrs- sowie Industriepolitik. Eine Wirtschaftsunion wird dabei sinnvoll durch eine *Währungsunion* (→ Euro) begleitet, da z.B. eine gemeinsame Währungspolitik feste Paritäten zwischen den nationalen Währungen sowie deren freie Konvertibilität voraussetzt. Werden alle wirtschaftspolitischen Entscheidungs- und Handlungskompetenzen auf gemeinsame Institutionen der Mitgliedsstaaten (= supranationale Behörden) übertragen, und sind somit divergierende Wirtschaftspolitiken faktisch unmöglich, handelt es sich um einen *einheitlichen Wirtschaftsraum*.

Wichtige internationale Handelszusammenschlüsse sind die → Europäische Union, die → NAFTA, → Mercosur sowie die → ASEAN. Die *Abbildung* zeigt einige aktuelle und in Verhandlung befindliche Abkommen.   B.I.

Literatur: *Backhaus, K.; Büschken, J.; Voeth, M.:* Internationales Marketing, 3. Aufl., Stuttgart 2000. *Dieckheuer, G.:* Internationale Wirtschaftsbeziehungen, 3. Aufl., München 1995.

Handel vom Lager

→ Betriebsform des → stationären Einzelhandels und/oder → Großhandels, die in dieser (im Handelszensus noch mit dem Zusatz „Lagerplatz" versehenen) Bezeichnung zwar einen ersten Hinweis auf Gemeinsamkeiten im Leistungsprofil hinsichtlich der Geschäftsflächendimensionierung, des Bedienungsprinzips und der Verkaufsatmosphäre geben mag, gleichwohl je nach gewählten Branchen- bzw. Sortimentsschwerpunkt sehr unterschiedliche handelsbetriebliche Erscheinungsformen umfasst:

– so z.B. jene des *Brennstoffhandels*, die mit rd. 2/3 des Gesamtumsatzes als Haupbeteiligte des Handels vom Lager gelten können (Kohle, Koks, Briketts, Brenntorf, Brennholz, Heizöl und Flüssiggas);
– so aber auch was den *sonstigen Einzelhandel vom Lager* betrifft, der zwar nur mit dem restlichen Drittel am Umsatzvolumen beteiligt ist, dafür aber rd. 3/4 aller Arbeitsstätten unterschiedlichster Sortimentsausrichtung repräsentiert (Getränke, Werkzeuge, Baustoffe, Wohnmöbel, Installationsbedarf für Gas, Wasser und Heizung, Lacke und Farben, Blumen und Pflanzen, Sämereien, zoologischer Bedarf, lebende Tiere).

Da die amtliche Statistik auf eine entsprechend spezifizierende Aufteilung der Sortimentsinhalte verzichtet (vgl. *Tab. 1*), ist man im Einzelfall auf die branchenbezogenen Erhebungsergebnisse anderer berichtender Institute angewiesen, wie z.B. hinsichtlich der *Getränkeabholmärkte* (vgl.

Händler-Promotions (Retailer Promotions)

Aktuelle und geplante Handelszusammenschlüsse

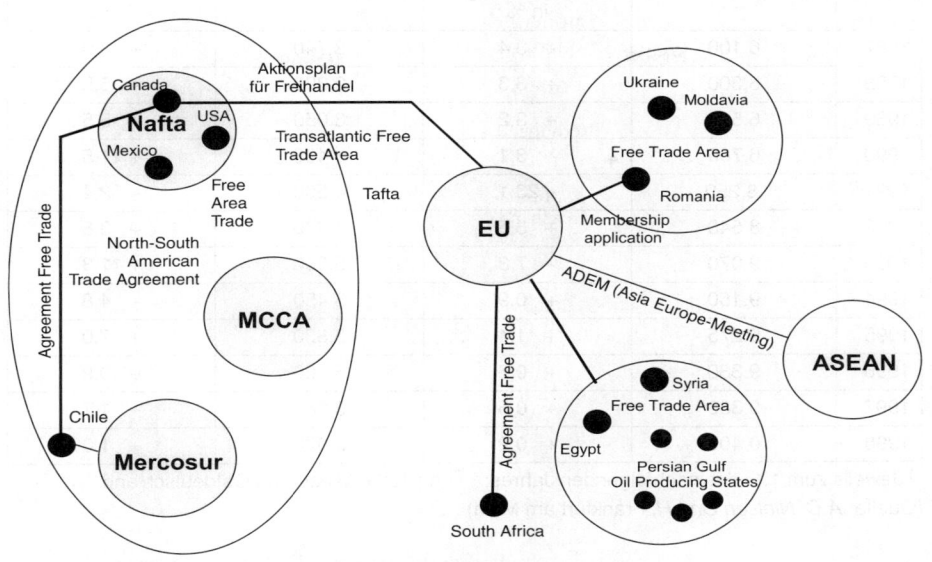

(Quelle: *Backhaus, K.; Büschken, J.; Voeth, M.*, S. 251)

Tab. 1: Einzelhandel vom Lager nach Wirtschaftszweigen in Deutschland

Wirtschafts-zweig	Unter-nehmen	Arbeits-stätten	Beschäf-tigte	Umsatz 1992		
	Anzahl			Insgesamt Mio. DM	aus Einzel-handel %	aus Groß-handel %
	am 30.4.1993					
Einzelhandel v. Lager m. Brennstoffen	3.500	3.940	19.466	14.175,1	80,2	19,1
Sonst. Einzelhandel v. Lager	12.232	12.604	31.900	6.943,8	79,4	17,1
	15.732	16.544	51.366	21.118,9	79,6	17,5

(Quelle: *Statistisches Bundesamt*, Wiesbaden (Handels- und Gaststättenzählung 1993))

Tab. 2). Hinzu kommt, dass die Arbeitsstätten des Einzelhandels vom Lager in ihrer Marktbedeutung als bedarfsspezifische Einkaufsstätten des Verbrauchers ohnehin nicht losgelöst betrachtet werden dürfen vom diesbezüglichen Stellenwert branchenmäßig ähnlich orientierter → Fachgeschäfte und → Fachmärkte. H.-J.Ge.

Händleraktionen → Händler-Promotions

Händler-Club → Kundenclub

Händlermesse
→ Messen und Ausstellungen

Händler-Promotions (Retailer Promotions)
sind Maßnahmen der → Verkaufsförderung, mit denen sich ein Händler an die Konsumenten wendet. Sie werden häufig

Händlerseminare

Tab.2: Getränkeabholmärkte in Deutschland

Jahr	Anzahl[1]	Veränderung in %	Umsatz in Mio. DM	Veränderung in %
1987	6.100	+ 3,4	2.740	+ 3,9
1988	6.300	+ 3,3	2.890	+ 5,5
1989	6.500	+ 3,2	3.050	+ 5,5
1990	6.700	+ 3,1	3.400	+ 11,5
1991[2]	8.250	+ 23,1	4.500	+ 32,4
1992	8.540	+ 3,5	4.670	+ 3,8
1993	9.070	+ 7,3	5.200	+ 11,3
1994	9.150	+ 0,9	5.450	+ 4,8
1995	9.275	+ 1,4	5.830	+ 7,0
1996	9.330	+ 0,6	5.880	+ 0,9
1997	9.380	+ 0,5	5.980	+ 1,7
1998	9.400	+ 0,2	5.920	− 1,0

[1] Jeweils zum 1.1. des nachfolgenden Jahres; [2] Ab 1991: West- und Ostdeutschland
(Quelle: *A.C. Nielsen GmbH*, Frankfurt am Main)

mit → Verbraucher-Promotions zusammengefasst zu → Verkaufsförderung, konsumentengerichteter.

Händlerseminare

werden als Form von → Händler-Promotions der Industrie angeboten, um Groß- und Einzelhändler bzw. deren Personal zu schulen und zu motivieren. Solche Seminare können im Werk des Herstellers oder in speziellen Schulungszentren durchgeführt werden. Im Rahmen des → vertikalen Marketing können Händlerseminare dazu genutzt werden, gemeinsame Ziele von Händlern und Herstellern zu ermitteln.

Händler-Wettbewerbe

sind ein wesentlicher Aktionsparameter der von der Industrie betriebenen → Händler-Promotions. Um die Verkaufsanstrengungen des Handels bzw. des Handelspersonals zu stimulieren, werden Wettbewerbe durchgeführt. Händler-Wettbewerbe sind i.d.R. so aufgebaut, dass der Handel bestimmte messbare Ziele (z.B. einen gewissen Umsatz für eine bestimmte Marke) erreichen muss, um eine Prämie oder einen Geld- oder Sachpreis (→ Incentive) für den geleisteten Einsatz zu erhalten (s.a. → Verkaufswettbewerbe, → Bonus-Programme).

Handlungsauslöser (Action-Getter)

Sammelbegriff für alle Maßnahmen im Rahmen der → Direktwerbung, die darauf abzielen, den Adressaten zum → Response, also einer Antwort oder Bestellung zu bewegen (s. auch → Responsemittel). Handlungsverstärker sind somit alle positiv, vertrauensstärkenden Elemente, die dafür sorgen, dass am Ende die Summe der kleinen JA's zum Angebot größer ist als die der NEIN's. Häufig angewendete Instrumente hierfür sind:
- *Werbegeschenke* (*Free-gift* bzw. *Give-away*);
- *Gadgets*: i.d.R. dreidimensionale aufgespendete Muster, Münzen oder andere *fassbare* Vorteile;
- *Gimmicks*: Blickfang (*Eye-catcher*), der die Aufmerksamkeit auf ein bestimmtes Element legt;
- *Gratis-Angebote*: Warengutscheine oder Zugaben;
- *Proben*: Ansichtsbestellung (*Free-trial-offer*);
- *Gewinnspiele:* Preisausschreiben, Gratisverlosungen (engl.: *Sweepstakes*), Wettbewerbe;
- Angabe eines *Zeit-* oder *Mengenlimits* („*Bestell-Limit-Technik*");
- *Umtausch-* oder *Rückgabegarantien*;

- *Erweiterte Zahlungsbedingungen*: Nachnahme, Teilzahlungen;
- *Last-minute-Letter* bzw. *Testimonials*: Experten-Gutachten, Prominentenwerbung oder Kundendankschreiben (s. a. → Nachfaßwerbung);
- *Life Letters/Statements*: Spezialwerbemittel zur Untermauerung bzw. Ergänzung eines Angebots, bestehend aus unterstützenden Zusatzargumenten einer auf Grund seiner Stellung oder Autorität anerkannten Person;
- Spezielle *Vorformulierungen* („*Hiermit bestelle ich ...*");
- *Bestellhilfen*: technische Varianten und Möglichkeiten mit zum Teil spielerischen Ansätzen, die dem Kunden den Bestellvorgang erleichtern bzw. positiv aufladen (Vordrucke, Klebe- bzw. Bestellmarken (→ Token), Rubbelfelder, Bingocard-Technik, Lose, bereits eingetragene Schnäppchen usw.);
- *Hero-Artikel/Order-Starter*: Attraktive Artikel eines Sortiments, die z.B. zum Selbstkostenpreis angeboten bzw. im Bestellfeld schon vorgedruckt sind;
- *Geschwindigkeitsprämien*;
- *Portofreie Rückantwort*;
- *Service 130-* bzw. → *Freecall 0800-Angebote*.

Schon oft konnte mit Tests ermittelt werden, wie bestimmte Handlungsauslöser ein mehrfaches an Response bewirkten, allerdings stark abhängig von den jeweiligen Rahmenbedingungen. Überhaupt hängt die Wahl des „richtigen" Handlungsauslösers von vielen Kriterien ab (Zielgruppe; Angebotsleistung; eingesetztes Werbemittel etc.) und sollte daher vorher möglichst auch einem vergleichenden Pre-Test unterzogen werden. Auch ist eine juristische Beurteilung angebracht, um wettbewerbswidriges Verhalten im Vorhinein auszuschließen (z.B. bei Gewinnspielen oder Zugaben). Üblicherweise wird in der Praxis je Werbesendung ein Mix aus zwei bis drei der genannten Handlungsauslöser eingesetzt. Allerdings sollte auch über die Möglichkeit nachgedacht werden, Teile der genannten Instrumente gezielt als *Rücklauffilter* einzusetzen, z.B. um nicht ernsthaft interessierten Adressaten kleine Hürden aufzubauen. So kann es beispielsweise durchaus sinnvoll sein, an Stelle einer generellen Freimachung von Rückumschlägen solche mit „*Bitte freimachen, falls Marke zur Hand*"-Aufdruck zu verwenden bzw. gebührenpflichtige Telefon-Hotlines (→ Telefonmarketing) einzusetzen. N.G.

Handlungskosten → Handelskalkulation

Handwerkshandel

Ausdruck der Einzelhandels- und/oder Großhandelstätigkeit von Handwerksbetrieben, indem in Ergänzung zum selbsterstellten Sach- und Dienstleistungsangebot auch Erzeugnisse anderer Produzenten verkauft werden, die hinsichtlich ihrer Verwendungsreife bzw. Konsumwirksamkeit außer handelsüblicher Manipulierung keiner weiteren Ver- oder Bearbeitung durch das Handwerk bedürfen (*Handelswaren*). Inwieweit Handwerksbetriebe deswegen bereits als relevante Leistungs- und Funktionsträger des → Einzelhandels gelten können, bestimmt sich erst nach Maßgabe ihrer jeweiligen Kundenstruktur und Leistungsprofile:

Dominiert der Absatz an private Haushalte (*Konsumentenorientiertes Handwerk*) und vollzieht sich der Leistungsübergang an – wie auch immer – betrieblich verselbständigten und standortlich fixierten Einkaufsstätten (*Ladenhandwerk*, wie z.B. Bäcker, Fleischer, Augenoptiker, Uhrmacher, Gold- und Silberschmiede), wird dies generell zu unterstellen sein, namentlich was die Wettbewerbsbeziehungen im Verhältnis zu den → Fach- und → Spezialgeschäften und anderen → Betriebsformen des → stationären Einzelhandels, wie insbesondere des Lebensmitteleinzelhandels betrifft (z.B. → Diskontgeschäft, → Supermarkt, → Verbrauchermarkt, → SB-Warenhaus).

Sind demgegenüber die handwerklichen Dienstleistungen (einschl. Reparaturen, Installation und Montage) und ein damit korrespondierender hoher Anteil an Handelswaren umsatzprägend, wird dies eher zu verneinen sein (vgl. z.B. Fliesenleger, Kraftfahrzeugmechaniker, Elektroinstallateure, Frisöre).

Hierüber ebenso problemspezifisch angemessene wie empirisch abgesicherte Aussagen treffen zu können, scheitert häufig an den Unzulänglichkeiten der Amtlichen Statistik:

- so insbesondere hinsichtlich der Aktualität der Erhebungstatbestände (vgl. Stichtag und Berichtszeitraum der letzten Totalerhebung im Handwerk: *Handwerkszählung 1995*);

Handwerkshandel

Tab. 1: Umsatzarten in ausgewählten Zweigen des konsumnahen Handwerks in Deutschland

Handwerkszweig	Insgesamt 1994 Mrd. DM ohne Umsatzsteuer	Handwerks- umsatz %	Handels- umsatz %	Übriger Umsatz %
Bäcker	25,1	84,4	13,9	1,7
Konditoren	3,2	75,7	7,9	16,4
Fleischer	37,2	73,7	24,2	2,1
Augenoptiker	6,4	76,7	•	•
Uhrmacher	2,2	16,5	83,2	0,3
Kraftfahrzeugmechaniker	142,9	26,4	71,5	2,1
Elektroinstallateure	45,8	83,7	11,6	4,8
Fliesenleger	9,6	83,4	16,4	0,3
Friseure	9,4	94,2	5,4	0,5
Handwerk insgesamt	800,6	74,6	22,5	2,8

(Quelle: *Statistisches Bundesamt*, Wiesbaden (Handwerkszählung 1995)

– so aber auch, was das Abgrenzungskonzept der Handwerkszählung betrifft, das hinsichtlich der Kategorisierung der Umsätze keineswegs immer echte Einzelhandelsumsätze erfasst und diesbezügliche Doppelzählungen nicht auszuschließen vermag (vgl. *Tab. 1*).

Gleichwohl lassen das Leistungsprofil und die Marktstellung von Handwerkszweigen im Prozess der Konsumgüterdistribution es mitunter gerechtfertigt erscheinen, derartigen Relativierungsmöglichkeiten im Aussagengehalt amtlicherseits erhobener Daten nur nachrangige Bedeutung beizumessen und – wie im Falle der Bäcker und Fleischer – auf entsprechende Aktualisierungen bzw. Strukturanalysen der Fachverbände zurückzugreifen (vgl. *Tab.2*). Dabei wurde für diese beiden Handwerkszweige in der jüngeren Vergangenheit stets ein vergleichsweise hoher, wenn auch leicht rückläufiger Stellenwert in der Lebensmitteldistribution ermittelt. Hierfür dürfte u.a. der Konkurrenzdruck alternativer Absatzwege maßgeblich gewesen sein (so z.B. bei den Unternehmen des Bäckerhandwerks: Industrievertrieb, Lebensmitteleinzelhandel, landwirtschaftliche Direktvermarktung, → Tankstellenshop, → Convenience Stores, Bahnhofshops). Andererseits haben die damit verbundenen Herausforderungen auch dazu angeregt, mit veränderten Leistungsprofilen im Marktauftritt neue Absatzpotentiale zu erschließen (so z.B. die Unternehmen des Fleischerhandwerks zusätzlich zum klassi-

Tab. 2: Das Bäcker- und Fleischerhandwerk nach Anzahl der Betriebe und Umsatz in Deutschland

Handwerkszweig	1988[1]	1996	1997	1998
Das Bäckerhandwerk				
Bäckereifachgeschäfte	40.300	47.116	47.156	47.206
davon				
– selbständige Betriebe	25.500	23.016	22.256	21.406
– Filialen	14.800	24.100	24.900	25.800
Gesamtumsatz (Mrd. DM o. MWSt)	18,61[2]	26,00	26,30	26,51
Das Fleischerhandwerk				
Fleischerfachgeschäfte (Metzgereien)	32.750[2]	32.747	32.554	32.400
davon				
– selbständige Betriebe	25.750	21.837	21.505	21.160
– Filialen	7.000[2]	10.910	11.049	11.240
Gesamtumsatz (Mrd. DM o. MWSt)	32,0	36,9	38,10	36,16

[1] Alte Bundesländer;   [2] Schätzung

(Quelle: *Zentralverband des Deutschen Bäckerhandwerks*, Bad Honnef; *Deutscher Fleischerverband*)

schen Thekenverkauf: Party- und Plattenservice, Lieferungen an Großverbraucher, → Verkaufswagen/Verkaufsmobile im Tourendienst bzw. Verkauf auf → Wochenmärkten, Fleischerimbiss). H.-J.Ge.

Handzettel, Beilagen, Inserate (Features)

sind Medien der → Aktionswerbung, welche wiederum zur → konsumentengerichteten Verkaufsförderung zählt. Handzettel/Beilagen/Inserate werden vor allem im Lebensmitteleinzelhandel eingesetzt, aber auch in anderen Branchen, beispielsweise von Möbelhäusern. Von Inseraten spricht man, wenn eine Anzeige direkt in einer Tageszeitung oder einem Anzeigenblatt erscheint. Beilagen sind einer Tageszeitung beigefügt, und Handzettel werden unabhängig von einer Zeitung an Haushalte verteilt. Beilagen und Handzettel werden verschiedentlich auch unter dem Begriff der „Prospekte" zusammengefasst.

Handzettel/Beilagen/Inserate werden traditionell eingesetzt, um auf → Sonderangebote aufmerksam zu machen. Dabei bewerben Händler vor allem solche Produkte, von denen sie sich eine besondere Anlockwirkung für ihr Geschäft versprechen. Da dies in Deutschland häufig Fleischprodukte sind, bezeichnet man Handzettel/Beilagen/Inserate in der Praxis oft als „Schweinebauch-Anzeigen". Handzettel/Beilagen/Inserate können aber auch unabhängig von Sonderangeboten eingesetzt werden. So findet man gelegentlich Anzeigen, die Dauerniedrigpreis-Produkte (→ Dauerniedrigpreis-Strategie) in den Vordergrund stellen.

Handzettel/Beilagen/Inserate sind insbesondere aus Sicht des Einzelhandels interessant, da sie Konsumenten zu Hause erreichen und die Verbraucher somit motivieren können, das werbende Geschäft aufzusuchen (→ Handelswerbung). Ein Händler kann so kurzfristig einen Geschäftswechsel der Konsumenten erreichen, wobei die Konsumenten im werbenden Geschäft möglicherweise nicht nur Artikel aus der Handelswerbung kaufen, sondern auch Verbundkäufe tätigen. Langfristig können Handzettel/Beilagen/Inserate zudem das Geschäftsimage beeinflussen. Hersteller unterstützen den Handel beim Einsatz von Handzetteln/Beilagen/Inseraten durch → Werbekostenzuschüsse, da sie sich vor allem einen Markenwechsel der Verbraucher erhoffen, wenn ihr Produkt beworben wird.

Eine Befragung der Zeitungs-Marketing-Gesellschaft (ZMG) von 1997 zeigte, dass Beilagen (in Tageszeitungen) von 27 % der Konsumenten häufig und von 37 % gelegentlich genutzt werden. Bei verschiedenen Formen von Handzetteln (separat an Haushalte verteilte Aktionswerbung) liegt bei 13 – 16 % der Konsumenten eine häufige und bei 30 – 33 % eine gelegentliche Nutzung vor. Dabei treten nur vergleichsweise geringe Unterschiede in der Nutzungsintensität zwischen verschiedenen Branchen (z.B. Lebensmittel, Unterhaltungselektronik, Bekleidung) auf. Die ZMG-Studie zeigt weiterhin, dass ein Drittel der Befragten Beilagen häufig bzw. gelegentlich aufbewahrt und dass 42 % schon einmal eine Beilage mit ins Geschäft genommen haben. Allgemein ist die Nutzung von Handzetteln/Beilagen/Inseraten umso intensiver, je größer das Involvement der Konsumenten, das heisst das momentane Interesse an der Produktkategorie, und je häufiger in dem werbenden Geschäft eingekauft wird. K.G.

Literatur: *Schmalen, H.; Lang, H.:* Nutzung der Beilagenwerbung des Einzelhandels für Kaufentscheidungen. Theoretische und empirische Analyse, Jahrbuch der Absatz- und Verbrauchsforschung, 36. Jg. (1997), S. 401–418. *Zeitungs-Marketing-Gesellschaft (ZMG)* (Hrsg.): Werbung – mit und ohne Werbeträger, Frankfurt a.M. 1998.

Haptik

beschreibt die Lehre vom Tasten und charakterisiert die Wahrnehmung von Reizen über den Tastsinn (→ Nonverbale Kommunikation). Der Tastsinn lässt sich in zwei Sinne unterteilen, den *Hautsinn*, der auch als kutaner oder taktiler Sinn bezeichnet wird, und den *Muskel-* oder *Bewegungssinn*, der auch als *kinästhetischer Sinn* bezeichnet wird. Rein taktile Sinneseindrücke entstehen durch Stimulation der Haut durch äußere Einflüsse, wobei die gereizten Körperstellen – ohne Bewegung – im Sinne eines „passiven Tastens" eine Berührungswahrnehmung auslösen. Als Beispiele können das Berühren der Haut mit einer Zirkelspitze ebenso wie das regungslose Genießen eines Sonnenbades im warmen Sand am Meer genannt werden.

Der *Bewegungssinn* erhält seine Informationen über statische und dynamische Körperstellungen durch körpereigene Rezeptoren, die sich in Muskeln, Sehnen und Gelenken befinden. Diese Vorgänge des „aktive Tastens" können zur Ergänzung der visuellen Wahrnehmung genutzt werden. Kinästhetische Empfindungen entstehen z.B., wenn man ein Goldstück in der Hand wiegt, um dessen Gewicht beurteilen zu können.

Die meisten alltäglichen Tasterfahrungen in Kommunikationssituationen oder beim Ge- oder Verbrauch von Produkten beinhalten beide – taktile und kinästhetische – Reizkategorien.

In der persönlichen Kommunikation können haptische Signale automatische emotionale Assoziationen auslösen und infolgedessen die Einschätzung und Beurteilung des Gesprächspartners erheblich beeinflussen. Hier gibt es bewährte Strategien, die gute Verkäufer kennen und beachten sollten. Beispielsweise kann ein Händedruck zur Begrüßung für den Erfolg oder Misserfolg eines Gesprächs ausschlaggebend sein. Wird er zu lasch ausgeführt, schreibt man dem Geber schnell negative Eigenschaften wie Desinteresse und Lustlosigkeit zu. Ist er hingegen zu kräftig, führt dies zu negativen Einschätzungen wie Brutalität und Rücksichtslosigkeit.

Auch in unpersönlichen, massenmedialen Kommunikationssituationen wie z.B. der → Werbung ergeben sich Anknüpfungspunkte für den Einsatz haptischer Reize. Da Werbung überwiegend über visuelle und akustische Reize wirkt, müssen hier haptische Reize über bildliche oder sprachliche Brücken in haptische Sinneseindrücke transformiert werden. Als bildliche Brücke kann z.B. in der Werbung gezeigt werden, wie die Hand der Hausfrau über frisch gewaschene, weiche Wäsche streicht. Auch mittels Sprache können haptische Erlebnisse ausgelöst werden, wenn bspw. in der Radio-Werbung auf das „schäfchenweiche Fell" des „Sanso-Schafes" hingewiesen wird.

Der Einsatz der haptischen Gestaltung im → Produktdesign beinhaltet die Verwendung von speziellen Materialien sowie deren Gestaltung in guten und schönen Formen und Farben, die erwünschte Berührungsqualitäten besitzen. Bislang steht jedoch die visuelle Formgebung von Produkten im Vordergrund. Haptische Wahrnehmungsprozesse finden nur selten Berücksichtigung, obwohl sie jede Produktberührung automatisch begleiten und effiziente Möglichkeiten der Angebotsprofilierung und -differenzierung erkennen lassen. Erste Ansätze hierzu zeigen sich in dem Einsatz besonderer Formen der Verpackung, bei denen das eigenständige Verpackungsdesign die Einprägsamkeit und Wiedererkennbarkeit der Marke verstärken. Klassische Beispiele sind die WC-Ente mit der originellen Gestaltung des Flaschenhalses, der an den Hals einer Ente erinnert, oder das Flaschendesign der Coca-Cola-Flasche mit „Hüftschwung". S.B.

Literatur: *Esch, F.-R.*: Wirkung integrierter Kommunikation. Ein verhaltenswissenschaftlicher Ansatz für die Werbung, Wiesbaden 1998. *Meyer, S.*: Der Beitrag haptischer Reize des Produktdesigns zur Positionierung von Produkten, Wiesbaden 2000.

Hard Selling
→ Soft-Selling, → Verkaufstechniken

Harvard-Konzept
von den Amerikanern *Fisher* und *Ury* im Rahmen eines größeren Forschungsprojektes an der Harvard-University entwickelte Methode zur Realisierung eines sachbezogenen → Verhandlungsstils, der nach den Erkenntnissen des Projektes, aber auch nach den Modellen der Spieltheorie zu höheren Erfolgen führt als ein kompetitiver oder altruistischer Verhandlungsstil.

Fisher und *Ury* entwickelten dafür vier Regeln:

Die erste Regel besagt, dass Menschen und Probleme getrennt zu behandeln sind. Dies trägt der Erkenntnis Rechnung, dass die beiden wichtigsten Komponenten einer Verhandlung, nämlich der Verhandlungsgegenstand und der Verhandlungsprozess, über die Emotionen der beteiligten Personen interdependent sind. V.a. sind die Verhandlungsgegenstände selbst sind nicht vom Wohl der Verhandlungsführenden in der konkreten Situation zu trennen. In diesem Zusammenhang sind alle Maßnahmen wichtig, die es der Gegenseite erlauben, ihr „Gesicht zu wahren", in ihren Emotionen und Vorstellungen verstanden zu werden und für jene Fälle, in denen man anderer Meinung ist, die grundsätzliche Akzeptanz der Person zu signalisieren.

Die zweite Regel fordert, dass nicht einzelne Positionen bezüglich Art und Ausprägung des Verhandlungsgegenstandes Ausgangspunkt der Lösung sein sollen, sondern die dahinterstehenden Interessen in den Mittelpunkt zu rücken sind. Mit dieser Regel wird auf das Phänomen Bezug genommen, dass es jeder Verhandlungsseite häufig nicht vollständig gelingt, aus ihren jeweiligen grundlegenden Bedürfnissen und Interessen, die der Art und der Ausprägung nach angemessene Zielvorstellung bezüglich der möglichen Verhandlungsgegenstände zu deduzieren. Dies führt häufig zu einer Festlegung auf ganz konkrete Positionen, die einer Übereinkunft im Wege stehen, obwohl dahinterliegende Bedürfnisse durchaus durch die Wahl anderer Verhandlungsgegenstände und anderer Ausprägungsgrade für diese Verhandlungsgegenstände in Übereinstimmung zu bringen wäre. Da dieses für beide Seiten gilt, ist es umso wichtiger, bei diesem Deduktionsprozess gemeinsam vorzugehen und die Kreativität beider Seiten zu nutzen.

Die dritte Regel zielt darauf ab, vor einer Entscheidung oder einer Festlegung in der Verhandlung verschiedene Wahlmöglichkeiten zu entwickeln. Häufig lässt sich ein vermeintliches Nullsummenspiel in eine Situation verwandeln, in der beide Seiten ihren Nutzen vergrößern können, indem der zur Verfügung stehende Verhandlungsbereich in seiner Art und seinem Umfang entscheidend verändert wird, d.h. neue Verhandlungsgegenstände auf der Grundlage beider Interessenlagen entdeckt werden. Häufig führt es zu einer Nutzenmehrung beider Seiten, wenn man von einer mechanischen 50/50-Aufteilung der Verhandlungsbereiche für die einzelnen Verhandlungsgegenstände absieht und einer variablen Aufteilung entsprechend des tatsächlichen Nutzens der beiden Verhandlungsparteien den Vorzug gibt.

Damit in Zusammenhang steht auch die vierte Regel, die verlangt, die Diskussion und die Beurteilung von Fakten im Rahmen der einzelnen Verhandlungsschritte auf objektiven Kriterien aufzubauen. Die Beurteilungskriterien dürfen nicht von den Werthaltungen und dem bloßen Willen der beteiligten Seiten abhängen, sondern müssen irgendwie übergeordneten, neutralen Maßstäben wie z.B. solchen des Marktes, von Experten oder von Rechtsnormen genügen. Dies entspricht v.a. dem Grundsatz, Verhandlungsergebnisse nicht durch einseitige Willensdurchsetzung, auch nicht in der verdeckten Form der Bewertung, zu erzwingen. H.Ba.

Literatur: *Fisher, R.; Ury, W.:* Das Harvard-Konzept, 17. Aufl., Frankfurt a.M. 1998.

Harvesting-Strategie
→ Konkurrenzorientierte Preisstrategie

Häufigkeitsverteilung
Kommen in einer statistischen Gesamtheit vom Umfang N h_1 Elemente mit der Ausprägung x_1, h_2 Elemente mit der Ausprägung x_2, ..., h_k Elemente mit der Ausprägung x_k vor, so bezeichnet man die h_i (i = 1,2...,k) als absolute Häufigkeiten (Anzahlen). Als relative Häufigkeiten (Anteile) erhält man: $f_i = h_i / N$ (i = 1,2...,k).

Die Darstellung der Merkmalsausprägungen x_i mit den dazugehörigen Häufigkeiten h_i bzw. f_i in tabellarischer oder graphischer Form bezeichnet man als Häufigkeitsverteilung.

Bei der Analyse von Anteilen sollten der Klarheit halber die absoluten Werte jeweils zusätzlich angegeben werden. Auf Prozentangaben auf Gesamtheiten unter 100 sollte möglichst verzichtet werden.

Zusätzliche Aufschlüsse erbringt die Berechnung der kumulierten Häufigkeiten, die sich dann ergeben, wenn man alle Elemente der Größe nach ordnet und von Größenstufe zu Größenstufe fortschreitend die Anzahl der Fälle addiert. Man erhält dadurch die sog. *Verteilungsfunktion*. Sie lässt Aussagen über die Anteile der Fälle bis zu bestimmten Grenzwerten zu bzw. über die Grenzwerte selbst. Mehrfachnennungen erbringen naturgemäß auch kumulierte Werte über 100 %. Will man dies vermeiden, muss jede einzelne Antwort als 0/1 Variable codiert werden, was dann auch eine systematische Auswertung von Mehrfachantworten auf bestimmte Muster hin (z.B. Gruppierungen von Antworten bzw. Antwortern) zulässt. Für derartige Analysen stehen spezielle Programme (z.B. "Mehrfachantworten" in SPSS) zur Verfügung.

Häufigkeitsverteilungen lassen sich auch für Kombinationen verschiedener Ausprägungen verschiedener Variablen aufstellen. Sie werden dann in zwei- oder mehrdimensionalen → Kreuztabellen dargestellt.

Einen komprimierten Eindruck von der Häufigkeitsverteilung erhält man durch Berechnung statistischer Kennwerte über die zentrale Tendenz (insb. Mittelwerte) und die Streuung bzw. Schiefe der Verteilung (→ Streuungsmaße):

Gelegentlich empfiehlt es sich, bei schwacher Besetzung einzelner Ausprägungen mehrere Ausprägungen zu Ausprägungsklassen zusammenzufassen, wodurch die Skala des Merkmals vergröbert wird.

H.D./P.H.

Literatur: *Bleymüller, J.; Gehlert, G.; Gülicher, H.:* Statistik für Wirtschaftswissenschaftler, 12. Aufl., München 2000. *Kriz, J.:* Methodenkritik empirischer Sozialforschung, Stuttgart 1981.

Haupteffekte

Haupteffekte → Experiment

Hauptgemeinschaft des Deutschen Einzelhandels e.V. (HDE) → HDE

Hauptkomponentenanalyse

Verfahren, das der → Faktorenanalyse zugerechnet wird. Es dient dazu, aus einer vorliegenden Korrelationsmatrix Hauptkomponenten (bzw. Faktoren) derart zu extrahieren, dass die von ihnen erklärte Varianz maximiert wird. Im Gegensatz zur Hauptfaktorenanalyse wird bei der Schätzung immer von einer nicht reduzierten Korrelationsmatrix (→ Kommunalität gleich eins) ausgegangen, d.h. die Varianz in den Daten wird nur durch gemeinsame Faktoren erklärt. Das mathematische Problem der Hauptkomponentenanalyse ist die Transformation der Korrelationsmatrix der p Ausgangsvariablen $(x_1,...,x_p)$ in eine Menge von neuen (maximal p) hypothetischen Variablen $(f_1,...,f_p)$, die orthogonal aufeinander stehen. In der Notation der Faktorenanalyse führt dies zu einem Modell der Form

$$\underline{\Sigma} = \underline{\Lambda}\,\underline{\Lambda}' + \underline{\Psi}$$

mit $\underline{\Sigma}$ der bekannten Kovarianzmatrix (Korrelationsmatrix), $\underline{\Lambda}$ den Matrizen der unbekannten Ladungen der Hauptkomponenten und $\underline{\Psi}$ der Matrix der Residualvarianzen. Das Gleichungssystem ist durch die Restriktion eindeutig lösbar, so dass die Summe der Quadrate der Ladungen der ersten Hauptkomponente ein Maximum der Varianz erklärt, die zweite Hauptkomponente das Maximum der Restvarianz usw.

Das Schätzproblem wird so zu einem Eigenwertproblem, das über die Technik der Lagrange Multiplikatoren gelöst werden kann. Jeder → Eigenwert entspricht dem Anteil der Gesamtvarianz, der durch eine Hauptkomponente erklärt wird. Der dazugehörige Eigenvektor enthält die Ladungen der Hauptkomponente (des Faktors). Die Größen der Eigenwerte geben Auskunft über die Wichtigkeit der Hauptkomponenten bei Erklärung der Ausgangsmatrix. Die Ladungen entsprechen den Korrelationen der Hauptkomponente mit den Merkmalsvariablen. L.H.

Literatur: *Reyment, R.A.; Jöreskog, K.G.; Marcus, L.F.:* Applied Factor Analysis in the Natural Sciences, Cambridge 1993. *Fahrmeir, L.; Hamerle, A.; Tutz, G.:* Multivariate statistische Verfahren, 2. Aufl., Berlin 1996.

Hauptmusterung → Musterung

Hauptnutzen → Nutzen

Hausbank-Prinzip

Unter einer Hausbank versteht man diejenige Bank, mit der ein Bankkunde, vor allem Firmenkunden, den größten bzw. wesentlichen Teil seiner Bankgeschäfte tätigt. Als Hausbank-Prinzip (→ Relationship Banking) wird die traditionell enge Beziehung zwischen Banken und Bankkunden, wie sie ursprünglich für das deutsche Bankwesen typisch war, bezeichnet. In jüngerer Zeit erodiert dieses Prinzip und weicht dem → Transactional Banking (Deal based Banking). O.B.

Haushaltdirektwerbung (Briefkastenwerbung)

→ unadressierte, inhaltsgleiche Werbesendung (Prospekt, Handzettel, Anzeigenblatt etc.), die nicht von der Post, sondern von privaten Verteilunternehmen an Haushalte zugestellt wird. Wichtigster Anwender ist der Einzelhandel, der v.a. von der hohen Abdeckung der Haushalte, wie auch den relativ geringen Streukosten profitiert (→ Handelswerbung). Einige Verteilunternehmen bieten mittlerweile verschiedene Selektionsmethoden an, nach denen nur bestimmte Straßenzüge oder Nachbarschaften für die Verteilung ausgewählt werden (→ mikrogeografische Segmentierung). Die schriftliche Werbung kann durch persönliche Kontaktaufnahme (*„ring and leave"*) ergänzt werden. In jüngster Zeit stark an Bedeutung gewonnen haben v.a. die → Anzeigenblätter. N.G.

Haushalt, privater

eine oder mehrere Personen mit eigener Wohnung und (finanziellen) Mitteln zur Bestreitung des Lebensunterhalts. Der Mehrpersonenhaushalt stellt eine *soziale* → *Gruppe* mit spezifischen Einflüssen auf das Kaufverhalten dar (→ *kollektive Kaufentscheidung*). Die personale Zusammensetzung eines Haushalts kann beliebig sein oder kurzfristiger Zwecksetzung folgen („Wohngemeinschaft"), die früher häufigste Form, der Familienhaushalt (mind. ein Erwachsene mit mind. einem Kind), hat zahlenmäßig an Bedeutung verloren. Haushalte werden im Marketing häufig als Verbrauchseinheiten betrachtet. Die entsprechenden Statistiken (vgl. z.B. *Tab. 1*) dienen

Tab. 1: Zahl der Privathaushalte und Verteilung der Haushaltsgrößen in der BRD

	Zahl der Privathaushalte insgesamt in Tsd.	davon Haushalte mit ... Pers. in v.H. und absolut (in Tsd.)				
		1 Pers.	2 Pers.	3 Pers.	4 Pers.	5 und mehr Pers.
Bundesrepublik Deutschland 1998	100,0 37532	35,4 13297	33,0 12389	15,0 5643	12,1 4527	4,5 1676

(Quelle: *Statist. Bundesamt*)

zur Abschätzung des Marktpotentials von Konsumgütern.
Haushalte werden in verschiedenen Teilbereichen der Wirtschaftswissenschaft untersucht. Die mikroökonomische Theorie des Haushalts betrachtet (private) Haushalte als Einzelwirtschaften, die Produktionsfaktoren anbieten, Konsumgüter nachfragen und dabei ein maximales Nutzenniveau anstreben. Sie erzielen Einkommen durch die Bereitstellung von Arbeit, Kapital und Boden für den Produktionsprozess, sparen einen Teil davon und verwenden den Rest zum Kauf von Konsumgütern. Die moderne → Haushaltswissenschaft entwickelt praktische Empfehlungen für eine ökonomische Haushaltsführung. Sie orientiert sich dabei sowohl an sozialpsychologischen Erklärungen des Verhaltens der Haushaltsmitglieder als auch am betriebswirtschaftlichen Modell, nach dem der private Haushalt eine soziale, wirtschaftliche und technische Einheit mit dem Ziel der Eigenbedarfsdeckung ist.
In westlichen Industriegesellschaften ist eine starke Abnahme der durchschnittlichen Haushaltsgröße von z.B. in Deutschland 2,99 in 1950 auf 2,19 Personen in 1999 zu verzeichnen, die auf mehrere Entwicklungen gleichzeitig zurückzuführen ist (vgl. *Tab. 2*): Abnahme der Drei-Generationen-Haushalte und Zunahme der Zwei-Generationen-, insb. der Ein-Generation-Haushalte, Abnahme der durchschnittlichen Zahl der Kinder pro Familie und starke Zunahme der Einpersonenhaushalte von jüngeren (Singles) und älteren, alleinlebenden Menschen. Mit zunehmender Haushaltsgröße steigt das Haushaltseinkommen degressiv und sinkt das Pro-Kopf-Einkommen gleichfalls degressiv. Letztere Erscheinung wird als eine wichtige Motivation für die Zunahme der Haushalte mit einem oder keinem Kind angesehen. Die Abfolge typischer Lebensabschnitte eines Familienhaushalts wird als → Familienlebenszyklus bezeichnet.
An das Marketing der Unternehmen stellt dieser Strukturwandel besondere Anforderungen. Auf der einen Seite steigt der Bedarf an bestimmten Haushaltseinrichtungen und speziellen Produkten wie Fertigmenüs, auf der anderen Seite wächst die Vielfalt und die Dynamik der Lebensformen und Lebensstile. Das erfordert ein immer feiner ausdifferenziertes und damit teureres Marketing.

K.P.K/E.K.

Haushaltsbuchforschung

zu Zwecken der → amtlichen Statistik vom Statistischen Bundesamt durchgeführtes → Verbraucherpanel, bei dem eine reprä-

Tab. 2: Mehrpersonenhaushalte nach Haushaltsgröße und Zahl der Kinder im Haushalt in Tsd., BRD 1998

Haushalte mit ... Personen	ohne Kinder	mit ... Kindern unter 18 Jahren				mit Kinder über 18 Jahren
		1	2	3	4 und mehr	
2	10961	718				711
3	283	2980	315			2064
4	37	815	2924	71		680
5 und mehr	6	214	297	792	249	118
insgesamt	11287	4727	3536	863	249	3573

(Quelle: *Statist. Bundesamt*)

Haushaltsbudget

sentative Stichprobe von Haushalten nach der Tagebuchmethode über die Haushaltseinnahmen und -ausgaben nach Mengen, Verwendungszweck und aufgewendeten Beträgen Buch führt. Die Ergebnisse fließen in die sog. „Wirtschaftsrechnung ausgewählter privater Haushalte" ein.

Haushaltsbudget → Budget

Haushaltspanel

eine Form des → Panels, bei der Haushalte die Befragungseinheiten darstellen und Informationen über deren gesamte Einkäufe gewonnen werden.

Haushaltsstichprobe

→ Stichprobe, bei der → Haushalte die Auswahleinheit darstellen. Daraus wird eine uneingeschränkte Zufallsauswahl vorgenommen. Personen in kleineren Haushalten sind also „überrepräsentiert" (vgl. auch → Auswahl mit ungleichen Wahrscheinlichkeiten, → Hochrechnung).

Haushaltswissenschaft

bisher im deutschen Sprachraum relativ unterentwickelte und kaum institutionalisierte Teildisziplin der Wirtschaftswissenschaften, die sich in beschreibender, erklärender und z.T. auch empfehlender Form mit den Strukturen von und den wirtschaftlichen Prozessen in privaten → Haushalten beschäftigt. Haushalte werden dabei als spezielle Betriebe, nämlich als solche zur Eigenbedarfsdeckung, interpretiert.

Ein eher *makroökonomischer* Zweig der Haushaltswissenschaft beschäftigt sich mit der (statistischen) Struktur und Dynamik der Haushalte infolge des gesellschaftlichen Wandels und den daraus resultierenden Rückwirkungen, insb. auf die Versorgung (→ Binnenhandelspolitik), die Organisation der Verbraucherinteressen (→ Verbraucherpolitik) und den rechtlichen → Verbraucherschutz.

Im *mikroökonomischen* Ansatz wird das marginalanalytische Denken der Mikroökonomik auf die Entscheidungssituation von Haushalten übertragen und nach dem Nutzenmaximum bei der Güterbeschaffung gefragt. Dieses ist unter den Prämissen rationalen Verhaltens dann erreicht, wenn die Grenzraten der Substitution den umgekehrten Preisrelationen der Güter entsprechen. Ansatzweise existiert auch eine Theorie der Haushaltsproduktion (→ Käuferverhalten).

Im *informationsökonomischen* Ansatz (z.B. von *Stigler*) steht das auch für das Marketing hochinteressante → Informationsverhalten von Haushalten unter ökonomischen Aspekten im Mittelpunkt. Hier gibt es Berührungspunkte zur institutionenökonomischen → Informationsökonomik.

Im *ökotrophologischen* Ansatz geht es um die optimale Haushaltsführung einschl. der Haushaltstechnik. Er hat enge Bezüge zur → Verbraucherpolitik und → Verbrauchererziehung.

Insbesondere im Zusammenhang mit der Erforschung des Verhaltens von und in Haushalten überschneidet sich die verhaltenswissenschaftlich (sozio-ökonomisch) orientierte Haushaltswissenschaft stark mit der → Konsumentenforschung und der Theorie des → Käuferverhaltens, insb. hinsichtlich → sozialer Einflüsse und → kollektiver Kaufentscheidungen, weist allerdings andere erkenntnisleitende Interessen auf. Im Gegensatz zur Perspektive des → Marketing geht es hier nämlich um die Problembewältigung in (nicht mit) Haushalten bei Verwertung der Arbeitskraft, beim Kauf von Gütern und Dienstleistungen und beim Umgang mit Geldmitteln. Als generelles Oberziel wird dabei meist die Maximierung der Wohlfahrt bzw. Lebensqualität postuliert, was freilich erhebliche Operationalisierungsprobleme mit sich bringt. Darüber hinaus haben die realitätsfremden Prämissen insb. der mikroökonomischen Haushaltstheorie zu der geringen Integration in das Marketing beigetragen, sodass die relevanten Forschungen heute ganz überwiegend innerhalb des Marketing stattfinden. H.D.

Literatur: *Egner, H.:* Der Haushalt. Eine Darstellung seiner volkswirtschaftlichen Gestalt, Berlin 1952. *Kuhlmann E.:* Verbraucherpolitik, München 1990. *Tschammer-Osten, B.:* Haushaltswissenschaft, Stuttgart, New York 1979.

Hausierhandel

Form des → ambulanten Handels, bei der Händler (Hausierer) ihre mitgeführten Waren (Kleinbedarf der Haushaltungen) von Ort zu Ort bzw. Haus zu Haus ziehend zum Kauf anbieten. Hausierhandel als selbständiger Handel – insofern nicht zu verwechseln mit dem persönlichen Verkauf von Waren- und Dienstleistungen in der Wohnung, in wohnungsnaher oder -ähnlicher Umgebung durch Außendienstmitarbeiter im Rahmen von → Direktvertriebs-

Systemen im Konsumgüter- und Dienstleistungsbereich – stellt in Deutschland nur noch eine Randerscheinung dar; allenfalls dort, wo es an sortimentsspezifischen Angebotskapazitäten des → stationären und halbstationären → Einzelhandels mangelt, vermag er eine gewisse Marktbedeutung zu erlangen. H.-J.Ge.

Haustürverkauf

eine Form des → Persönlichen Verkaufs, bei der Wanderhändler (→ Hausierhandel), → Verkaufsfahrer (s.a. → Verkaufswagen), → Reisende und/oder → Handelsvertreter von Unternehmen des → Direktvertriebs in der Wohnung des Konsumenten Leistungen wie Markenkosmetika, Staubsauger, Versicherungen zum Direktverkauf demonstrieren (→ Verkaufsdemonstration) und verkaufen.
Diese Geschäfte werden rechtlich erst wirksam, wenn der Kunde sie nicht binnen Wochenfrist schriftlich widerruft. Das Widerrufsrecht des Kunden entfällt allerdings, wenn

- die mündlichen Verhandlungen im Hause des Kunden auf dessen vorhergehende Bestellung geführt worden sind,
- die Leistung beim Geschäftsabschluss unmittelbar erbracht und bezahlt wird, ohne dass das Entgelt 80 DM übersteigt,
- der Kunde in Ausübung selbständiger Erwerbstätigkeit abschließt,
- der Anbieter nicht geschäftsmäßig handelt und/oder
- es sich um den Abschluss von Versicherungsverträgen handelt. A.B.

Literatur: *Baumbach, A.; Hefermehl, W.:* Wettbewerbsrecht, 22. Aufl., München 2001.

Haus-TV

Eigener Fernsehkanal eines Unternehmens oder einer Organisation, über Kabelnetz, Satellit oder als verschlüsselter Teil zu gewissen Tageszeiten im Rahmen eines öffentlich empfangbaren Kanals. Wegen der stark emotionalisierenden Wirkung des Fernsehens, der Schnelligkeit der Distribution sowie des Echtheitseindrucks (→ Fernsehen) kann Haus-TV wichtige Botschaften intern sehr einprägsam übermitteln. Ein weiterer Vorteil besteht in der Möglichkeit zur interaktiven Kommunikation, indem über Satellit Dialoge (z.B. zwischen CEO und Mitarbeitenden) geführt werden können. Hauptnachteile sind hoher Produktionsaufwand und Kosten sowie die zeitliche Absorbierung der Mitarbeitenden beim Betrachten. P.F.

Hauszeitung

Interne Zeitung oder Zeitschrift in einem Unternehmen oder einer Organisation zur Information der Mitarbeitenden. Bei entsprechender Ausgestaltung der Berichterstattung kann sie einen Beitrag zur Identifikation des Personals mit der Organisation im Sinne der Schaffung einer → Marketingkultur zu leisten.

Hautsinn → Haptik

Hautwiderstandsmessung (EDR, PGR, HGR, GHR)

ist die v.a. zur experimentellen Messung der → Aktivierung herangezogene Veränderung des elektrischen Hautwiderstands infolge von Veränderungen des emotionalen Status einer Person (→ elektrodermale Reaktion, man spricht auch von PGR (psychogalvanische Reaktion), HGR (hautgalvanische Reaktion) oder GHR (galvanische Hautreaktion)): Mit zunehmender Aktivierung verstärkt sich die Schweißdrüsentätigkeit, wodurch der Hautwiderstand geringer wird. Die Messung erfolgt über am Körper befestigte Elektroden, wobei die aufgenommenen bioelektrischen Impulse zu einem Polygraphen weitergeleitet werden, der die Reaktionen aufzeichnet.
EDR-Ergebnisse lassen zwei Interpretationen zu: Die gemessene Aktivierung zeigt die Leistungsfähigkeit des Individuums bzw. emotionales Verhalten an.
Basis für die Anwendung im Marketing ist der sich in Form eines umgekehrten U's darstellende Zusammenhang zwischen Aktivierung und Leistung („Yerkes-Dodson-Gesetz"): Je stärker ein Reiz aktiviert, umso besser wird er aufgenommen, verarbeitet und erinnert. EDR-Messungen zeigen besonders gut phasische Aktivierungsprozesse (kurze Schwankungen im Aktivierungsniveau, die als Reaktionen auf einzelne Reize auftreten, im Gegensatz zur tonischen Aktivierung, die den allgemeinen Erregungszustand beschreibt und sich nur langsam ändert).
Hautwiderstandsreaktionen treten bereits bei geringen Veränderungen des emotionalen Erregungszustandes auf, die für das Individuum kaum merklich sind (kaum willentliche Beeinflussung). Die Ergebnisse

Havarie

lassen lediglich Rückschlüsse auf die Intensität der Emotion bzw. Aufmerksamkeit zu; nicht abgeleitet werden können im Gegensatz zur → Elektromyographie Aussagen über ihre Qualität (Ablehnung/Zustimmung). W.L.

Havarie

Begriff aus dem Auslandsgeschäft. Bei der großen Havarie (Havarie grosse) handelt es sich im Gegensatz zur besonderen Havarie (particular average) nicht um Schäden durch Naturereignisse, sondern um Schäden und Aufwendungen, welche vom Kapitän veranlasst werden, um Schäden vom Schiff abzuwenden (s.a. → Versicherungsklauseln, englische). H.Ma.

Hazardmodelle

sind ökonometrische Verfahren, mit deren Hilfe das Adoptionsverhalten (→ Adoptionsprozess) und der Diffusionsverlauf (→ Diffusionsprozess) auf individueller Ebene empirisch untersucht werden können. Bisher dominieren in der empirischen Adoptions- und Diffusionsforschung aggregierte Ansätze, die den zeitlichen Verlauf von Penetrationsraten mit Hilfe von → Diffusionsmodellen erklären wollen, welche zumeist alle auf dem Bass-Modell basieren und den S-förmigen Verlauf durch ansteigende Adoptionsraten in Abhängigkeit von der bisherigen Penetration und später durch abnehmende Adoptionsraten aufgrund des Abnehmens des Restmarktpotentials erklären (vgl. *Abb.* 1). Mit diesen Modellen ist es jedoch nicht möglich, Gründe für die Adoption einer Innovation zu berücksichtigen. Dies kann bei den traditionellen Modellen vom Typ Bass dazu führen, dass sich die Diffusion quasi naturgesetzlich ergibt, während auf individueller Ebene vielfältige Gründe die Ausbreitung einer → Innovation stören können. Die Heterogenität der potenziellen Adopter wird bei diesen aggregierten Modellen nicht berücksichtigt.
Bei statischen Modellen wie der logistischen Regression oder der Diskriminanzanalyse kann die Heterogenität der potenziellen Adopter erfasst werden. Aber auf ihrer Basis sind nur Aussagen bezüglich der Adoptionsgründe und -barrieren zum Befragungszeitpunkt möglich. Aussagen über die Ausbreitung der Innovation im Zeitablauf können nicht getroffen werden.

Abb. 1: Modelltypen der Adoptionstheorie

	Statisch	**Dynamisch**
Aggregiert	Querschnittsanalyse	Bass-Modell/ Generalized-Bass-Modell
Individuell	Logistische Regression	Hazard-Modelle

Hazard-Modelle vereinen die Vorteile beider Ansätze: Sie sind dynamisch und erfassen die Heterogenität von Adoptern (→ Adoptertypologien). Die Dynamik wird erfasst, indem explizit die Zeitdauer jedes potenziellen Übernehmers bis zum Eintreten des Ereignisses Adoption in Abhängigkeit von den Adoptionsdeterminanten analysiert wird. Im Gegensatz zur linearen Regression können Hazard-Modelle zensierte Beobachtungen (Beobachtungen, bei denen die Übernahme noch nicht stattgefunden hat) berücksichtigen, so dass diese Beobachtungen nicht aus der Analyse ausgeschlossen werden müssen. Die Heterogenität der potenziellen Adopter wird durch die Adoptionsdeterminanten berücksichtigt. Die Ausprägungen dieser Determinanten sind von den individuellen Eigenschaften der potenziellen Übernehmer, ihrer Beurteilung der Innovation und ihrem bisherigen Nutzungsverhalten abhängig.
Um mit Hazard-Modellen das Adoptionsverhalten zu erklären und zu prognostizie-

Abb. 2: Charakteristik von Hazardmodellen

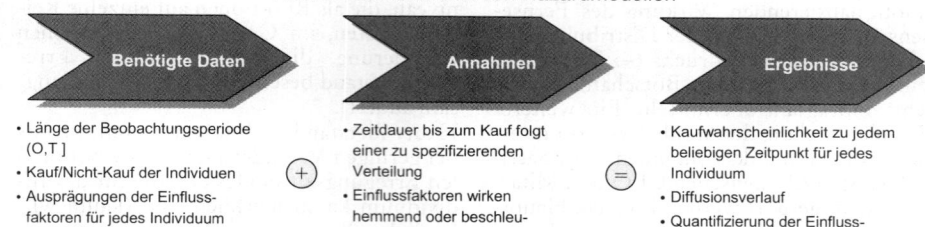

Benötigte Daten		Annahmen		Ergebnisse
• Länge der Beobachtungsperiode (0,T) • Kauf/Nicht-Kauf der Individuen • Ausprägungen der Einflussfaktoren für jedes Individuum	+	• Zeitdauer bis zum Kauf folgt einer zu spezifizierenden Verteilung • Einflussfaktoren wirken hemmend oder beschleunigend	=	• Kaufwahrscheinlichkeit zu jedem beliebigen Zeitpunkt für jedes Individuum • Diffusionsverlauf • Quantifizierung der Einflussfaktoren

ren, ist zu erheben, ob das Ereignis der Innovationsübernahme bei den einzelnen Individuen eingetreten ist. Bei den Individuen, bei denen das Ereignis bereits eingetreten ist, muss zusätzlich die Zeitdauer von der Markteinführung bis zur Innovationsübernahme erhoben werden. Diese Zeitdauer – auch Episodenlänge genannt – wird dann in einen funktionellen Zusammenhang mit Einflussfaktoren gestellt, die wiederum die subjektive Wahrnehmung der Innovation sowie individuelle Charakteristika der Entscheider wiedergeben können. Zusätzlich können hierbei die Werte der Einflussvariablen zeitveränderlich sein, so dass auch in diesem Bereich die Dynamik des Übernahmeprozesses abgebildet werden kann. Im Gegensatz zur logistischen Regression können mit diesem dynamischen Ansatz nicht nur die Übernahmewahrscheinlichkeiten zu einem bestimmten Zeitpunkt angegeben werden, sondern diese Wahrscheinlichkeiten können für jedes Individuum zu jedem beliebigen Zeitpunkt berechnet werden. Die Übertragung der ermittelten Zusammenhänge zwischen Zeitdauer bis zur Übernahme sowie der Einflussfaktoren für den Beobachtungszeitraum erlaubt zudem eine Prognose der zukünftigen Adoptionswahrscheinlichkeiten. Neben der Abbildung der Mikro-Ebene kann durch die Aggregation dieser individuellen Wahrscheinlichkeiten auch die Makro-Ebene, der Diffusionsverlauf über die Zeit, dargestellt werden. Für die Optimierung der Marketing-Politik können die quantifizierten Adoptionsdeterminanten genutzt werden. Th.L.

Literatur: *Allison, P.D.:* Survival Analysis Using the SAS System: A Practical Guide, 1995. Cary, N.C.; *Litfin, T.:* Adoptionsfaktoren: Eine empirische Analyse am Beispiel eines innovativen Telekommunikationsdienstes, Wiesbaden 2000.

HDE (Hauptgemeinschaft des Deutschen Einzelhandels e. V.)

Die HDE wurde 1919 gegründet. Die wesentlichen Träger sind einerseits 12 Landes- sowie 30 Bundesfachverbände. Die HDE ist der Spitzenverband des deutschen Einzelhandels. Er vertritt die Einzelhandelsinteressen gegenüber den Organen und Institutionen der Bundesrepublik sowie dem Deutschen Bundestag, dem Bundesrat, der Bundesregierung, den Bundesministerien, den Organen der Europäischen Gemeinschaft, internationalen Organisationen, Parteien, Gewerkschaften und den übrigen gesellschaftlichen Gruppen, in Spitzengremien der deutschen Wirtschaft, in Selbstverwaltungsorganisationen und in internationalen Handelsorganisationen. Anschrift: Handelshaus, Am Weidendamm 1 a, 10117 Berlin. B.H.

HDTV (High Definiton Television)

Hochauflösendes Fernsehen; während bisher das Fernsehbild aus 625 Zeilen besteht, wird bei HDTV die Zeilenanzahl auf 1250 verdoppelt; dadurch werden schärfere und flimmerfreie Bilder möglich.

Headline

Schlagzeile in → Anzeigen und anderen Werbemitteln, die den Leser so in Bann ziehen soll, dass er dem weiteren Text des Werbemittels seine Aufmerksamkeit zuwendet. Damit unterscheidet sich die Headline (Schlagzeile) vom Werbeslogan, der als Konstante möglichst die gesamte Werbung eines Werbetreibenden prägen soll.
Die Headline ist in die → Werbegestaltungsstrategie einzupassen, zumal ihr für die Anmutung und Verständlichkeit der gesamten Werbebotschaft eine zentrale Bedeutung zuwächst.
Als Beurteilungskriterien für Headlines dienen der Schwierigkeitsgrad der verwendeten Wörter (gemessen an deren Benutzungshäufigkeit, die in entsprechenden Wörterbüchern nachzuschlagen ist), die sog. Satztiefe und das Auftreten semantischer Brüche, wenn durch die Trennung verschiedener Headline-Elemente der Gesamtsinn auseinander gerissen wird.
Bei größeren Anzeigenkampagnen empfiehlt es sich, Inhalt und Platzierung von Headlines durch Werbepretests sowie Verfahren der → Blickregistrierung sorgfältig zu überprüfen.

Hedge-Geschäft → Warenbörse

Hedonische Preise

im Rahmen der → Preis- bzw. Nutzentheorie entwickeltes Konzept zur Bemessung des Geldwertes einzelner Produktattribute. Gedankliche oder empirische Grundlage ist ein Regressionsmodell, bei dem die Teilattribute als Einflussfaktoren auf den Marktpreis modelliert werden, der entsprechend der unterschiedlichen Qualität (im vollkommenen Markt) variiert. Steigt der Produktpreis mit dem Vorhandensein eines bestimmten Qualitätsmerkmals bzw. einer be-

Hedonismus

stimmten Qualitätsstufe, so kann der Anstieg als impliziter Preis dieser Teilqualität interpretiert werden. Die Technik wird auch zur Bereinigung von Preisindizes von Qualitätsanhebungen im Interesse eines Langfristvergleichs angewandt. H.D.

Literatur: *Weber, M.*: Der Marktwert von Produkteigenschaften, Berlin 1986.

Hedonismus

im Rahmen des → Wertewandels sich verstärkende Werthaltung bestimmter Bevölkerungskreise, die von Genussorientierung, Sinnlichkeit, Diesseitigkeit und Lebens- sowie Konsumfreude charakterisiert ist. Hedonismus steht damit im Gegensatz zum (protestantistischen) *Puritanismus (Verzichtsethik)*, der lange Zeit die Werthaltung der Menschen prägte. Demzufolge sind die dem Hedonismus anhängenden Verbraucher („Hedonisten") die zentrale Zielgruppe für das → Erlebnis-Marketing (s.a. → Sinus-Lebensstilwelten). Sie ist überproportional bei jüngeren und wohlhabenderen Menschen vorzufinden und vereinigt derzeit ca. 20 – 30% der Käuferschaft auf sich, kommt aber nicht in allen Produktmärkten gleichermaßen zum Tragen. Vielmehr tendiert ein Teil der Verbraucher zu hybriden Kaufverhalten (→ hybrider Käufer), zumal das frei verfügbare Einkommen zu durchweg (teurem) hedonistischen Kaufverhalten nicht ausreicht.

Heimdienste → Verkaufswagen

Hemisphärentheorie
→ Gedächtnistheorie

Herkunftsbezeichnung

Produktnamen oder Packungsinformationen, die Hinweise auf die geographische Herkunft eines Produktes geben, dürfen ebenso wenig wie Werbeaussagen einen nicht unbeachtlichen Teil der beteiligten Verkehrskreise falsche Vorstellungen über die Herkunft der Ware vermitteln. Ansonsten verstoßen sie gegen § 3 → UWG bzw. § 4 → Warenzeichenrecht.
Die Abgrenzung der Herkunftsangaben von Gattungsbezeichnungen ist z.T. sehr schwierig und hat zahlreiche Prozesse nach sich gezogen. Viele ursprünglich geographische Herkunftsbezeichnungen erlangten im Laufe der Zeit den Charakter von Gattungsbezeichnungen (z.B. Pilsener Bier, Kölnisch Wasser etc.). Ausländische Herkunftsbezeichnungen, die nicht unter einem besonderen Schutz von entsprechenden Staatsverträgen stehen, werden insb. dann zu Gattungsbezeichnungen, wenn die Abnehmer darin keine geographischen Herkunftshinweise mehr erkennen. In Zweifelsfällen müssen entlokalisierende Zusätze (z.B. Allgäuer Emmentaler) gemacht werden, um eine Irreführung auszuschließen. Zur Untermauerung entsprechender Klagen wird i.a. auf die → forensische Marktforschung zurückgegriffen.

Herkunftsland-Effekt
→ Country of Origin-Effekt

Hermeneutik

ist ein auch in der → Marketing-Wissenschaft verbreitetes Wissenschaftsverständnis und i.e.S. die Kunst, Texte zu interpretieren, i.w.S. das Verstehen des Sinnzusammenhangs von Lebenssituationen bzw. Ereignissen oder Artefakten aller Art (z.B. Kunstwerke) aus der eigenen Wissenschafts-, Lebens- bzw. Objekterfahrung heraus. Seit *W. Dilthey* wird die Hermeneutik vorzugsweise in den Geisteswissenschaften, aber auch in den historischen Wissenschaften angewandt. Ihre Verfechter, z.B. *H.-G. Gadamer*, betrachten die Hermeneutik als eine Methode, „die absolute Wahrheit" zu finden. Dem widerspricht insbesondere der kritische Rationalismus (→ induktiver Ansatz). In der betriebswirtschaftlichen Forschung sowie in der Unternehmenspraxis (z.B. Auffinden von Problemlösungen bei betriebswirtschaftlichen Entscheidungen) übernimmt die Hermeneutik eine gewisse Funktion im sog. Entdeckungszusammenhang. S.M./M.Ko.

Literatur: *Raffée, H.*: Gegenstand, Methoden und Konzepte der Betriebswirtschaftslehre, in: *Bitz, M.; Dellmann, K.; Domsch, M.; Egner, H.* (Hrsg.): Vahlens Kompendium der Betriebswirtschaftslehre, Bd. 1, 2. Aufl., München 1989, S. 1–46.

HERMES-Versicherungs AG
→ Exportförderung, staatliche,
→ Exportkreditversicherung

Heroe-Werbung

Form der Produktwerbung, bei der das Produkt in den Mittelpunkt gestellt und „heldenhaft" dramatisiert wird (häufig in der Automobilwerbung). Produkt-Heroe-Werbung ist Ausfluss eines stark produktbezogenen Denkens, das im Rahmen der modernen Added-Value-Konzepte mit Dienstleistungsangeboten rund um das Produkt anzureichern ist bzw. entsprechende Informationen anzubieten hat.

Herstellermarke

Der traditionelle → Markenartikel wird herkunftsbedingt, und um sich gegenüber anderen Ausprägungen der Markierung unternehmerischer Erzeugnisse abzugrenzen, auch als Herstellermarke bezeichnet. Wurden die 50er-Jahre noch von den Herstellermarken, die Vorzüge wie etwa gleichbleibende hohe Qualität, Überallerhältlichkeit und einheitliche Preisgestaltung für sich beanspruchen, dominiert, so stehen diese inzwischen im vertikalen Markenwettbewerb mit → Handelsmarken. M.B.

Heterogener Markt → Markttypologie

Heteroskedastizität

liegt vor, wenn in einem linearen Regressionsmodell die Annahme konstanter Varianz der Störterme (*Homoskedastizität*) verletzt ist, d.h. es gilt dann

$$E\left(\varepsilon_i^2\right) = \sigma_i^2$$

Sie tritt ein, wenn die Störterme der Gleichung von Beobachtung zu Beobachtung variieren, häufig mit wachsenden Werten der abhängigen Variablen oder bei Zunahme von Messfehlern bei mehrmaligen Beobachtungen einer Untersuchungseinheit. Durch Heteroskedastizität verlieren die geschätzten Koeffizienten bei einer Kleinsten-Quadrate Schätzung ihre → BLUE-Eigenschaften. Die Standardfehler der Regressionskoeffizienten vergrößern sich und verzerrte Konfidenzintervalle entstehen. Zum Aufdecken von Heteroskedastizität kann die visuelle Inspektion des Scatterplots der Residuen herangezogen werden. Testmöglichkeiten zum Nachweis von Homoskedastizität entwickelten *Goldfeld* und *Quandt*. L.H.

Literatur: Goldfeld, S.M.; Quandt, R.E.: Some Tests for Homoscedasticity, in: Journal of the American Statistical Society, Vol. 60 (1965), S. 539-547.

Heuristik

der Wissenschaftstheorie entlehnter Begriff im Rahmen der Entwicklung von → Modellen und → Entscheidungsunterstützungs-Systemen für die → Marketingplanung. Im Gegensatz zu Optimierungsmodellen bieten Heuristiken nicht die Möglichkeit zur Ableitung optimaler Entscheidungen, sondern „lediglich" allgemeinere Hinweise auf richtige Lösungswege und Erfolg versprechendes Suchverhalten. Ein typisches Beispiel sind *Checklisten*, die systematisch Hinweise auf wichtige Problemaspekte geben. Besonders einfache Heuristiken nennt man *Faustregeln*. Heuristiken lassen sich auch im Rahmen der → Marketingwissenschaft durchaus erfolgreich einsetzen, wenn sichergestellt ist, dass sie einen echten Informationsgehalt aufweisen und von den Nutzern akzeptiert werden.

Heuristische Prognosen

Sammelbegriff für zweckmäßige, methodisch erarbeitete → Prognoseverfahren ohne schematisches → Prognosemodell. Sie zeichnen sich durch folgende Eigenschaften aus:

- Die der Prognose zugrunde liegende Theorie ist nur schwach ausgebildet und enthält viele subjektive, d.h. nicht nachprüfbare Elemente.
- Die statistisch-mathematischen Prognoseinstrumente treten in ihrer Bedeutung zurück.
- Der Einsatz von Experten, deren spezielle Erfahrungen für die Prognose nutzbar gemacht werden, ist stark verbreitet.

Diese Eigenschaften legen es nahe, heuristische Prognoseverfahren v.a. für langfristige Prognosen und in der → Futurologie einzusetzen. Aber auch im kurzfristigen Bereich prognostiziert man häufig heuristisch, wenn die Beschaffung von quantitativen Daten (Zeitreihen) zu zeitaufwendig oder kostspielig ist.

Aus der Fülle von heuristischen Prognoseverfahren seien folgende erwähnt:

1. Die → *Szenario-Technik* ist eine (grobe) Beschreibung der zukünftigen Entwicklung des Prognosegegenstandes bei alternativen Rahmenbedingungen.
2. *Expertenbefragungen* mit herkömmlichen Methoden der → Befragung. Auf diese Weise kommen viele Prognosen in der Unternehmenspraxis zustande. So wird z.B. die Entwicklung auf dem Absatzmarkt häufig durch Befragen von Vertriebsleitern oder Handelsvertretern,

die die Kundenwünsche aus eigener Erfahrung kennen, prognostiziert.
3. Bei der → *Delphi-Methode* handelt es sich um eine Expertenbefragung in Gruppenform, bei der die Experten untereinander anonym bleiben.
4. *Analogieschlüsse*: Hierbei wird unterstellt, dass die Entwicklung auf einem Markt analog der Entwicklung auf einem anderen Markt vonstatten geht, allerdings mit zeitlicher Verzögerung. So wurde z.B. die Verbreitung von Fernsehgeräten in Deutschland prognostiziert, indem man die Entwicklung in den USA mit einem Abstand von 15 Jahren zugrunde legte, also eine Analogie vermutete.

Ein besonders schwieriges Feld heuristischer Prognosen ist die → Technologiefolgenabschätzung. K.-W.H.

Literatur: *Brockhoff, K.*: Prognoseverfahren für die Unternehmensplanung, Wiesbaden 1977. *Hansmann, K.-W.*: Kurzlehrbuch Prognoseverfahren, Wiesbaden 1983.

HGR → Hautwiderstandsmessung

Hidden Action → Principal-Agent-Theorie

Hidden Champion Strategie

Die Hidden Champion Strategie umschreibt die → Wettbewerbsstrategie der so genannten „heimlichen Gewinner" (*Simon*, 1996). Bei diesen Unternehmen handelt es sich um mittelständische, deutsche Unternehmen, die in ihrem Markt trotz eher geringer Unternehmensgröße (→ Größenwettbewerb) Weltmarktführer sind und wirtschaftlich besonders erfolgreich agieren. Die Strategie dieser Unternehmen lässt sich nach *Simon* in 10 Punkten zusammenfassen:

1. Vorgabe eines klaren und ehrgeizigen Zieles, idealerweise Nr. 1 im eigenen Marktsegment zu werden bzw. zu sein (→ Marktnische),
2. Enge Marktdefinition und Konzentration auf → Kernkompetenzen,
3. Globale Orientierung im Sinne einer weltweiten Vermarktung (→ Globalisierung),
4. Sehr große → Kundennähe i.S.v. wertorientiert, nicht preisorientiert,
5. Kontinuierliche → Innovation in Produkt und Prozess,
6. Gleichwertige Antriebskräfte Markt und Technik (→ Marketingkultur),
7. Klare → Wettbewerbsvorteile in Produkt und Services,
8. Vertrauen auf eigene Stärken,
9. Mehr Arbeit als Köpfe und sorgfältige Auswahl der Mitarbeiter,
10. Gelebte Führung – autoritär in den Grundsätzen, partizipativ in den Details.

R.N.

Literatur: *Simon, H.*: Die heimlichen Gewinner, Frankfurt a.M. 1996.

Hidden Characteristics
→ Principal-Agent-Theorie

Hidden Information
→ Principal-Agent-Theorie

Hierarchische Clusteranalyse

Aufgabe der hierarchischen Clusteranalyse ist die Bestimmung einer hierarchischen Klassifikation κ mit den Eigenschaften $K_i \neq \emptyset$, $K_i \subset N$, sowie $K_i \cap K_j = \emptyset$ oder $K_i \subset K_j$ oder $K_j \subset K_i$ für $K_i, K_j \in \kappa$. Betrachtet man zwei Klassen, so ist entweder die eine in der anderen enthalten oder die Klassen enthalten keine gemeinsamen Objekte.
Für $N = \{1,2,3,4,5\}$ ist bspw.

$\kappa = \{\{1\},\{2\},\{3\},\{4\},\{5\},\{1,2\},\{3,4\},\{3,4,5\},N\}$

eine hierarchische Klassifikation oder Hierarchie, die man mit Hilfe eines Dendrogramms übersichtlich darstellen kann. Geht man von einelementigen Klassen aus und fasst schrittweise Klassen zusammen, bis man nur noch eine Klasse hat, so spricht man von einem agglomerativen Verfahren (→ agglomerative Clusteranalyse). Geht man von der Objektmenge N aus und vergrößert die Klassenzahl durch schrittweises Aufspalten von Klassen, so spricht man von einem divisiven Verfahren (→ divisive Clusteranalyse). O.O.

High-Assay-Verfahren

von der amerikanischen Werbeagentur *Young & Rubicam* entwickeltes iteratives Modell der → Mediaplanung (Streuplanung), bei dem auf Basis von Daten der → Mediaanalyse für eine spezifizierte Zielgruppe sukzessiv die jeweils besten Medien ausgesucht und anschließend durch Überprüfung der Überschneidungen und möglicher Rabattkombinationen angepasst werden (s.a. → Mediaselektionsmodelle).

High Spending → Werbestrategie

Hirnstrommessung → EEG

Histogramm
Form der graphischen → Datenpräsentation bei Häufigkeitsverteilungen mit Klassen. Die einzelnen Merkmalsklassen werden auf der Abszisse abgetragen, wobei bei unterschiedlich breiten Klassen auch unterschiedlich breite Skalenabstände gewählt werden sollten. Die Häufigkeiten der Merkmalsklassen werden auf der Ordinate eingetragen und in Form von Säulen graphisch dargestellt. Die Höhe jeder Säule gibt dann die Zahl oder den relativen Anteil der Beobachtungen in jedem Klassenintervall an.

Hit
bezeichnet im → Online-Marketing den Abruf eines Elementes bei einem Web-Server und galt in den Anfängen der Werbemessung im Internet als zentrale Kennzahl. Als einzelne Hits werden sowohl der Abruf einer HTML-Datei als auch jedes einzelne Bild oder sonstiges eingebundene Element gezählt. Enthält eine Web-Seite fünf Bilder und einen Text, so werden beim Aufruf der Seite sechs Hits erzeugt. Die Anzahl der Hits ist daher nur eingeschränkt ein Indikator für die Nutzung einer → Web-Site und nicht für die → Mediaanalyse im Internet geeignet, da sie nicht zum Vergleich unterschiedlicher Online-Werbeträger herangezogen werden kann. B.Ne.

Hochdruckverkauf → Verkaufsabschluss

Hochrechnung
Bei der Hochrechnung handelt es sich um den Rückschluss von der → Stichprobe auf die → Grundgesamtheit: Während die Stichprobe im Idealfall ein Miniaturbild, eine Verkleinerung der Grundgesamtheit darstellt, wird durch die Hochrechnung die (Wieder-)Vergrößerung erreicht. Allerdings ist eine Umrechnung dabei nicht immer erforderlich. So kann bei der uneingeschränkten Zufallsauswahl eine direkte Schätzung der Anteils- oder Mittelwerte der Grundgesamtheit aus den entsprechenden Werten der Stichprobe erfolgen (→ Stichprobe und das dort gegebene Beispiel). Anders verhält es sich etwa in Bezug auf die Ermittlung von Totalwerten; zumindest dann spricht man von „Hochrechnung".
Bezüglich der Hochrechnungsverfahren kann man zwischen „freier" und „gebundener" Hochrechnung unterscheiden. Während die freie Hochrechnung ohne Heranziehung zusätzlicher Informationen – also nur mittels der aus der Stichprobe selbst gewonnenen – erfolgt, sind die verschiedenen Unterformen der gebundenen Hochrechnung dadurch gekennzeichnet, dass zusätzliche Informationen, Basiswerte (Zahlen einer früheren Periode bzw. eines früheren Zeitpunktes, der Basis-Zeit), verwandt werden. Die Ausnutzung dieser Basiswerte geschieht dabei in verschiedener Weise, mittels Differenzenbildung (Differenzenschätzung), durch multiplikative Verknüpfung (Verhältnisschätzung) und schließlich – am aufwendigsten, sicher aber auch informativsten – durch Berücksichtigung der Unterschiede in den individuellen Werten zwischen Basis- und Beobachtungszeit (Regressionsschätzung).
Im Unterschied dazu geht es bei der Gewichtung um die Abstimmung mit – irgendwie bekannten – „Randwerten" der Grundgesamtheit („Anpassung"). Lediglich eine Umgewichtung stellt die Transformation von einer → Haushalts- in eine → Personenstichprobe – und umgekehrt – dar. Dabei wird bloß die → Auswahl mit ungleichen Wahrscheinlichkeiten wieder rückgängig gemacht.
Verzerrungen bei der Zufallsauswahl können v.a. durch die Ausfälle entstehen. Solche sind auf recht verschiedene Gründe zurückzuführen. Man kann sie in zwei großen Gruppen zusammenfassen: die unechten oder stichprobenneutralen und die echten oder nichtneutralen Ausfälle (→ Non-Response-Problem). Zu den Ersteren gehören die nicht zur Grundgesamtheit zu zählenden Personen – z.B. Ausländer, Personen außerhalb der Altersgrenzen -, nicht (mehr) existierende Haushalte usw. Ihre Elimination stellt quasi eine Bereinigung dar und führt zu den „eligibles", die insgesamt die Netto-Stichprobe ausmachen:

Bruttostichprobe
./. stichprobenneutrale Ausfälle

Nettostichprobe
./. echte Ausfälle

auswertbare Interviews/Fragebögen („Ausschöpfung"; s.a. → Ausschöpfungsquote)

Die Beseitigung der durch Ausfälle entstandenen Verzerrungen wird auch → Redressment genannt. Insgesamt kann die Gewich-

Hochregallager

tung in mehreren Schritten erfolgen; beim → ADM-Master-Sample sind dies z.B.

1. Korrektur der Abweichungen vom haushaltsproportionalen Ansatz: Gewichtung der Haushaltsstichprobe nach Bundesländern usw.;
2. Transformation der Haushalts- in eine Personenstichprobe;
3. Gewichtung der Personenstichprobe nach z.B. Alter und Geschlecht.

Etwas strittig ist – bezüglich 1 und 3 – die Form der Anpassung. Früher dominierte eher die Methode des „Doppelns und Streichens": doppelte Aufbereitung einzelner Elemente bei Untererfassung und zufälliges Herausgreifen und Ausschluss von der Aufbereitung bei Übererfassung. Dieses führt aber zu einer Veränderung der Fallzahlen (mit „künstlichen" Fällen). Heute wird dagegen mehr die proportionale Anpassung oder „faktorielle Transformation", also letztlich – ähnlich der Verhältnisschätzung bei der gebundenen Hochrechnung – die Multiplikation mit einem Veränderungssatz, vorgezogen. M.H.

Literatur: *Behrens, K.; Löffler, U.:* Aufbau des ADM-Stichprobensystems, in: *ADM; AG.MA* (Hrsg.): Stichprobenverfahren in der Umfrageforschung, Opladen 1999. *Schaefer, F.* (Bearb.): Muster-Stichproben-Pläne, *ADM* (Hrsg.): München 1979. *Statistisches Bundesamt* (Hrsg.): Stichproben in der amtlichen Statistik, Stuttgart 1960.

Hochregallager → Depot

Hochschulmarketing
Hochschulen finden sich in den vergangenen Jahren auch in Deutschland zunehmend in einem Wettbewerb um Studierende und Geldmittel. Ein vielversprechender Ansatz zur Sicherung der Wettbewerbsfähigkeit besteht darin, den Marketinggedanken in den Bereich der Hochschule zu übertragen und ihn in Gestalt eines spezifischen Hochschulmarketing an die Charakteristika der Institution anzupassen. Hochschulmarketing lässt sich dabei als erfolgsorientiertes Management von Austauschvorgängen der Hochschule mit verschiedenen Marktpartnern definieren.

Im Rahmen der *Analysefunktion* des Hochschulmarketing muss zunächst ermittelt werden, auf welchen Märkten die Hochschule gegenwärtig agiert. Dazu gilt es zu klären, welche Produkte und Dienstleistungen die Hochschule erstellt und an welche Kunden sich diese Angebote richten. Weiterhin muss festgestellt werden, welche anderen Institutionen diese Leistungen anbieten und somit Wettbewerber der Hochschule auf einem oder mehreren Märkten darstellen. Grundsätzlich kann zwischen drei unterschiedlichen Absatzmärkten unterschieden werden, auf denen eine Hochschule Leistungen anbietet (vgl. *Abb.*): (a) Lehr- und Ausbildungsleistungen an Studierende (Ausbildungsmarkt), (b) Wissensleistungen an die „Scientific Community" und andere Auftraggeber (Wissensmarkt) und (c) Absolventen an gewerbliche und nicht-gewerbliche Institutionen (Arbeitsmarkt). Jeder der genannten Märkte lässt sich in eine Vielzahl von Teilmärkten untergliedern, auf denen die einzelnen Fakultäten der Hochschule ihre Leistungen offerieren.

Im Rahmen der *Planungsfunktion* kommt der Entwicklung eines konsistenten Zielsystems eine Schlüsselrolle für ein leistungsfähiges Hochschulmarketing zu; es bildet die Grundlage für alle weiteren Aktivitäten. Bei der Zielfestlegung bestehen für Hochschulen zwei Schwierigkeiten: Zum einen existiert eine Vielzahl von gesellschaftlichen Anspruchsgruppen, deren Interessen bei der Zielbestimmung zu berücksichtigen sind und die untereinander Widersprüche aufweisen. Strittig ist insbesondere, was unter einer hohen Ausbildungsqualität zu verstehen ist und wie die geistigen und ökonomischen Ressourcen über Fächer und Forschungsfelder zu verteilen sind. Zum anderen handelt es sich bei Hochschulen um „loosely coupled systems" (*Weick*); die Fakultäten, Institute und Lehrstühle weisen ein (grundgesetzlich garantiertes) hohes Maß an Eigenständigkeit auf, was die gemeinsame Zielfestlegung erschwert. Auf der Grundlage der Zielfestlegung, die abgestimmt für die Hochschule insgesamt als auch für jeden Fachbereich erfolgen sollte, müssen dann Strategien entwickelt und eine leistungsfördernde Organisationsstruktur konzipiert werden. Im Rahmen der Strategieentwicklung muss für jeden Fachbereich eine Soll-Positionierung festgelegt werden, die grundsätzliche Aussagen über (a) die Zielgruppe (Ausbildungsmarkt: lokale, regionale, nationale, internationale Studierende; Wissensmarkt: nationale/internationale, praxis-/theoretisch orientierte Journals) und (b) die Qualität und Menge des anzubietenden Leistungsangebotes beinhaltet. Auf der Grundlage einer solchen → Positionierung müssen Entscheidungen bezüglich der bestehenden Leistungen (unverän-

Hochschulmarketing

Die Märkte und Stakeholder von Hochschulen

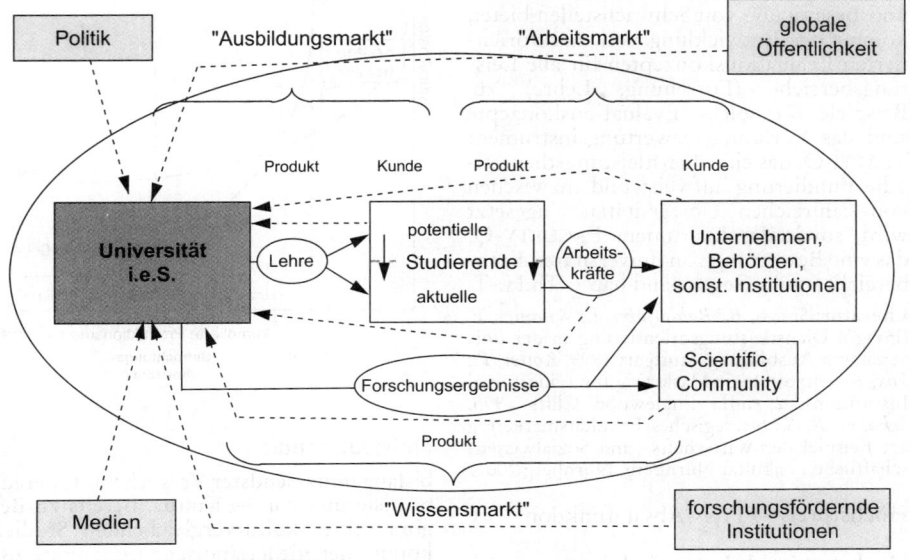

```
    Politik      "Ausbildungsmarkt"      "Arbeitsmarkt"           globale
                                                                  Öffentlichkeit

                         Produkt    Kunde    Produkt         Kunde
                                         potentielle
         Universität           →  Studierende  → Arbeits-  →  Unternehmen,
           i.e.S.       Lehre                     kräfte      Behörden,
                                          aktuelle            sonst. Institutionen

                                                              Scientific
                              Forschungsergebnisse            Community
                                          Produkt

    Medien         "Wissensmarkt"                      forschungsfördernde
                                                       Institutionen
```

---------- = Ansprüche von Stakeholdern

derte Weiterführung, qualitative Veränderung, Einstellung) und möglicher neuer Leistungsangebote getroffen werden. Im Hinblick auf den Umgang mit Studierenden muss zudem zwischen einer transaktions- und einer beziehungsbezogenen Strategie gewählt werden; im Fall von Letzterer steht (in Anlehnung an die Erkenntnisse des → Beziehungsmarketing) die Loyalität der Studierenden zur Hochschule im Zentrum der Bestrebungen. Im Hinblick auf die Entwicklung einer leistungsfähigen Organisation der Hochschule müssen die vorhandenen Prozesse und Strukturen auf ihre Marktorientierung hin geprüft und entsprechend angepasst werden; dauerhafte Wettbewerbsvorteile können hier vor allem durch ein hohes Maß an organisationaler Lernfähigkeit erzielt werden. Analog zum → Corporate Identity-Ansatz kommt auch der Entwicklung einer starken Universitäts-/Fachbereichskultur eine wichtige Aufgabe zu; hier können die US-amerikanischen Universitäten als Vorbild genommen werden.

Im Rahmen der *Durchführungsfunktion* des Hochschulmarketing müssen die Marketing-Instrumente den Besonderheiten des Umfeldes der Hochschule angepasst und aufeinander abgestimmt zum Einsatz gelangen. Der Produktpolitik kommt die Aufgabe zu, bestehende Lehr- und Forschungsprojekte entsprechend den Positionierungszielen der Hochschule zu gestalten und neue Leistungsangebote zu entwickeln. Die Kommunikationspolitik muss zum Aufbau einer zielkonformen Hochschulidentität beitragen und bei Kunden wie Stakeholdern Bekanntheit und Zustimmung schaffen sowie Vertrauen vermitteln. In der Distributionspolitik gilt es zu entscheiden, ob Lehrleistungen nur stationär oder auch (unter Nutzung des Internet) visuell angeboten werden sollen; mit Letzterem geht eine Aufhebung der Raumgrenzen in Bezug auf die Zielgruppe einher. Während preispolitische Überlegungen auf Grund der vorhandenen staatlichen Preisbindung (noch) keine zentrale Bedeutung besitzen, kommt auf Grund des Dienstleistungscharakters der Institution Hochschule dem Faktor Personal eine wichtige Rolle zu. Hier bedarf es einer zielgerichteten Selektion neuer und des systematischen Einsatzes vorhandener Ressourcen. Weitere Herausforderungen liegen in der Entwicklung von an Marketingzielen orientierten Anreizmechanismen.

Im Rahmen der *Kontrollfunktion* des Hochschulmarketing bedarf es einer systematischen und regelmäßigen Überprüfung sowohl der Ist-Leistungen als auch der formulierten Soll-Vorgaben. Große Bedeutung

Höchstpreis

für ein leistungsfähiges Hochschulcontrolling, das die Möglichkeit zur Identifikation und Beseitigung von Schwachstellen bietet, kommt der Entwicklung von marktorientierten Evaluationskonzepten für alle Leistungsbereiche (Forschung, Lehre) zu. Beispiele für solche Evaluationskonzepte sind das Vorlesungsbewertungsinstrument TEACH-Q, das eine dienstleistungstheoretische Fundierung aufweist und inzwischen von zahlreichen Universitäten eingesetzt wird, sowie das Instrument FACULTY-Q, das eine Bewertung von universitären Fachbereichen zum Gegenstand hat. Th.H.-T.

Literatur: *Stauss, B.; Balderjahn, I.; Wimmer, F.* (Hrsg.): Dienstleistungsorientierung in der universitären Ausbildung, Stuttgart 1999. *Kotler, P.; Fox, K.F.A.*: Strategic Marketing for Educational Institutions, 2. Aufl., Englewood Cliffs 1995. *Schober, K.-S.*: Strategisches Fakultätsmarketing am Beispiel der Wirtschafts- und Sozialwissenschaftlichen Fakultät Nürnberg, Nürnberg 2001.

Höchstpreis → Preis-Absatzfunktion

Höchstpreisauktion → Auktionen

Höcker-Effekt

Der „Höcker-Effekt" steht als ein allgemein beobachtbares Innovationshemmnis im Zusammenhang mit Entscheidungen, von einer etablierten auf eine neue Technologie überzugehen (→ Technologiemanagement). Typischerweise sind Kosten und Leistung einer jungen, neuen Technologie gegenüber einer etablierten zunächst unterlegen. Ob in diese neue Technologie investiert wird, hängt dabei von einer Reihe von zu lösenden Bewertungsproblemen ab (z.B. Expertenproblem, Know-how- und Informationsdefizite, Risikoungleichgewichte, Mängel des Rechnungswesens – und vor allem vom zugrundegelegten Betrachtungshorizont.
Die *Abbildung* zeigt den typischen „Höcker-Effekt". *Kurzfristig-statisch* betrachtet bietet die neue Technologie T_2 wegen der neu aufzubauenden Erfahrung keine Kostenvorteile und damit keinen Anreiz zu einem Übergang. Unter *längerfristiger* Perspektive hingegen erweist sich die neue Technologie T_2 infolge Erfahrungsgewinne und Leistungsverbesserungspotentiale als deutlich vorteilhaft. Insofern ist der Kostenhöcker als Investition zu sehen. Für Qualitätsüberlegungen gilt dieser Zusammenhang analog. E.W.

Literatur: *Weiß, E.*: Management diskontinuierlicher Technologie-Übergänge, Göttingen 1989.

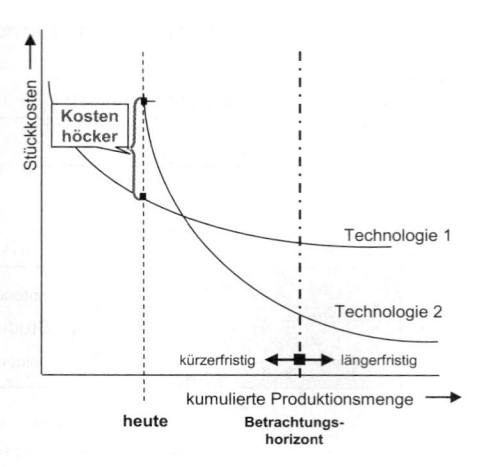

Hofstede-Studie

bislang umfassendster Versuch zur Operationalisierung von → Kultur. Bereits zu Beginn seiner kulturvergleichenden Studien konnte der niederländische Organisationswissenschaftler *Geert Hofstede* auf eine Datenbank zurückgreifen, in welcher die Ergebnisse von Mitarbeiterbefragungen erfasst waren: Informationen aus 72 IBM-Niederlassungen in 40 Ländern, u.a. zu (arbeitsbezogenen) Wertvorstellungen. Erst später dehnte *Hofstede* die Erhebung auf 50 Länder sowie drei Regionen aus. Die beiden ersten Erhebungswellen wurden in den Jahren 1968 und 1972 durchgeführt, wozu der Fragebogen in 20 Sprachen zu übersetzen war. Gegenstand der Studie, an der 116.000 Probanden aus 38 Berufssparten teilnahmen, waren vier Bereiche: Zufriedenheit/Unzufriedenheit (,satisfaction'), subjektive Wahrnehmung (,perception'), persönliche Ziele und Einstellungen (,personal goals and beliefs'), demographische Daten (,demographics').
Mit Hilfe multivariater Analysemethoden wertete *Hofstede* die erhobenen Daten aus, um sie schließlich faktorenanalytisch auf vier Dimensionen zu reduzieren, welche zusammen 49% der Gesamtvarianz erklären:

– Power Distance (→ Machtdistanz),
– Individualism (→ Individualismus),
– Masculinity (→ Maskulinität),
– Uncertainty Avoidance (→ Ungewissheitsvermeidung).

Die fünfte Dimension wurde in einer gesonderten Untersuchung ermittelt, um den von

Kritikern beklagten ‚cultural bias' (Vernachlässigung sog. asiatischer Werte) des ursprünglichen Konzepts zu korrigieren. Sie lässt sich durch Fleiß und Durchhaltevermögen (= Ausdruck von langfristiger Orientierung) einerseits sowie durch Traditionsbewusstsein, Erfüllung sozialer Verpflichtungen und „Wahrung des Gesichts" (= kurzfristige Orientierung) andererseits beschreiben. Allerdings finden sich in der Literatur wiederholt Hinweise darauf, dass zwei der Kulturdimensionen das Kriterium der Unabhängigkeit nicht erfüllen. Machtdistanz sowie Individualismus/Kollektivismus korrelieren sehr hoch; mit Hilfe der Faktoranalyse lässt sich zeigen, dass beide auf einem Faktor laden.

Immer mehr Forscher belassen es mittlerweile nicht mehr nur dabei, die Arbeit von *Hofstede* zu würdigen oder zu kritisieren, sondern begreifen diese Studie als → Paradigma bzw. → Wissenschaftsprogramm, um den Einfluss der Kultur auf ein konkretes Forschungsobjekt (z.B. Verhalten von Mitarbeitern aus verschiedenen Kulturen, Prozess der Strategieformulierung bzw. Entscheidungsfindung, Konsumentenverhalten) beurteilen und erklären zu können. Der interdisziplinäre Ansatz dieses Kulturkonzepts ist einzigartig und wird v.a. darin deutlich, dass nicht nur Forscher aus dem Human Resource-Management, aus den Organisationswissenschaften oder aus dem Marketing darauf zurückgreifen, sondern z.B. auch Wissenschaftler aus verschiedenen Bereichen der Psychologie, nicht zuletzt natürlich aus der interkulturellen Psychologie und der Sozialpsychologie. S.M./M.Ko.

Literatur: *Hofstede, G.*: Culture's Consequences: International Differences in Work-related Values, Beverly Hills, CA 1980. *Hofstede, G.*: Cultures and Organizations: Software of the Mind, London 1991. *Müller, S.; Kornmeier, M.*: Interkulturelles Marketing, München 2002. *Søndergaard, M.*: Hofstede's Consequences: A Study of Reviews, Citations and Replications, in: Organization Studies, Vol. 15 (1994), No. 3, pp. 447–456.

Holdup → Principal-Agent-Theorie

Holländische Auktion → Auktionen

Homepage
Start- und Begrüßungsseite eines Internetauftritts (→ Online-Marketing). Von der Homepage gelangt man über → Links oder Navigationssysteme zu den anderen Seiten des Web-Angebots. Da die Homepage dem Besucher den ersten Eindruck von dem Internetauftritt des Anbieters vermittelt, muss vor allem diese besonders gut gestaltet sein und das Interesse des Besuchers wecken.
B.S./K.S.

Home-Scanner-Panel
auf Scanner-Technik basierende Form des → Panels, bei dem die Panelteilnehmer die EAN-Codes (→ Artikelnummerierungssysteme) der gekauften Produkte zu Hause an einem stationären oder mobilen Terminal registrieren und anschließend über entsprechende Telefonmodems direkt an die → Marktforschungsinstitute weiterleiten. Derartige Panels erfordern allerdings Investitionen in Millionenhöhe, weshalb sie von A.C. Nielsen und im Gefolge von der GfK erst zu Beginn der 90er-Jahre in die Wege geleitet wurden. Probleme bereitet zudem die erforderliche manuelle Eingabe der Preise und der jeweiligen Einkaufsstätte sowie die Erfassung der nicht EAN- bzw. UPC-gekennzeichneten Produkte.

Home-Shopping → Electronic Shopping

Home-Use-Test → Testmarktsimulator

Homoskedastizität → Heteroskedastizität

Hörerforschung
Hörerforschung als Teil der → Werbeträgerforschung umfasst die Untersuchung der Größe und Zusammensetzung der Hörerschaft von Hörfunkprogrammen sowie der Einstellungen und Bedürfnisse der Hörer, deren Hörgewohnheiten und der Intensität der Nutzung einzelner Hörfunkprogramme.
Von zentraler Bedeutung für die → Mediaplanung ist die → Reichweite einzelner Hörfunkprogramme. Dabei werden in der → Hörfunkwerbung die folgenden speziellen Reichweitenmaße unterschieden:
Technische Reichweite: Anzahl der Personen, die im Ausstrahlungsgebiet eines Hörfunkprogramms leben und Empfangsgeräte besitzen, um das Programm zu empfangen.
Weitester Hörerkreis (WHK): Dazu zählen alle Personen, die ein Radioprogramm innerhalb der letzten 14 Tage mindestens einmal gehört haben. Der WHK beschreibt damit die Hörerschaft, die maximal mit einer Werbefunk-Kampagne erreicht werden kann.

Hörfunkspot-Gestaltung

Hörer pro Tag (HpT): Alle Personen, die an einem durchschnittlichen Sendetag das angegebene Radioprogramm gehört haben.
Hörer pro Stunde: Alle Personen, die an einem durchschnittlichen Sendetag das angegebene Programm zu einer bestimmten (werbeführenden) Stunde gehört haben.
Hörer pro Durchschnittsstunde: Anzahl der Hörer, die bei einer Belegung des jeweiligen Programms durchschnittlich erreicht werden. Berechnet als Mittelwert aller Stunden mit Werbung des jeweiligen Programms innerhalb des Zeitraums 06.00 – 18.00 Uhr. Werbezeiten, die außerhalb dieses Zeitraums liegen, werden nur einzeln dargestellt und gehen nicht in die Berechnung der Durchschnittsstunde mit ein.
Hördauer in Minuten: Die Hördauer gibt an, wie viele Minuten ein Bundesbürger im Durchschnitt pro Tag Radio hört. Dieser Wert wird in Minuten und gerundet angegeben. Er wird programmbezogen gebildet aus der Summe der gehörten Viertelstunden (in Minuten) und anschließender Division durch die Gesamtzahl der Befragten, d.h. in diese Rechnung gehen sowohl die Hörer als auch die Nicht-Hörer mit ein.
Verweildauer in Minuten: Dieser Wert gibt an, wie lange im Durchschnitt ein Programm von seinen Hörern pro Tag genutzt wird und beschreibt die Hördauer der Hörer. Er wird programmbezogen gebildet aus der Summe der gehörten Viertelstunden (in Minuten) und anschließender Division durch alle Hörer des betreffenden Programms, d.h. die Nicht-Hörer werden nicht miteinbezogen.
Marktanteil in Prozent: Der Anteil der Hördauer eines Programms an der gesamten Hördauer, berechnet als Verhältnis genutzter Zeit eines Senders an der gesamten Nutzungszeit.
Die wichtigste Datenerhebung, die in der Bundesrepublik Deutschland den Leistungsnachweis für den Hörfunk erbringt, ist die jährlich durchgeführte → Media-Analyse (MA) der Arbeitsgemeinschaft Media-Analyse e.V. (AG.MA).
Die Hörfunknutzung wird seit 1987 anhand einer *Tagesablaufbefragung* (Stichtagsbefragung) erfasst. Im Tagesablauf wird die Radionutzung anhand von Leittätigkeiten in Viertelstunden für den Zeitraum 5.00 bis 24.00 Uhr „Gestern" erhoben. Neben der Erfassung des Radiohörens wird im Tagesablauf auch die Nutzung von Komplementärmedien (TV, Video, Schallplatten, Kassetten, CD und PC) erfasst.

Bis Frühjahr 1999 wurde diese Befragung persönlich-mündlich (face-to-face) durchgeführt. Im Herbst 1999 wurde die Erhebung der Radionutzung in der MA auf die → CATI-Technik umgestellt.
Neben der MA werden zusätzlich verschiedene Untersuchungen durchgeführt, die ebenfalls Indikatoren der Radionutzung erheben, nämlich sog. regionale E.M.A.s (Elektronische Medienanalysen) oder sog. Trendstudien.
Diese von den Landesrundfunkanstalten und vielen Privatsendern eingesetzten Instrumentarien wurden für die strategische Programmplanung entwickelt und beinhalten meist qualitative Befragungsschwerpunkte. Diese Untersuchungen wurden von Beginn an telefonisch durchgeführt.
Darüber hinaus gibt es weitere Erhebungstechniken, die in der Hörerforschung eingesetzt werden: Insbesondere in den angelsächsischen Ländern ist die Datenerhebung mittels Tagebuch (Diary) ein anerkannter Standard. Mittels Zufallsauswahl werden Haushalte ausgewählt, die für einen gewissen Zeitraum (z.B. 7 Tage) ihre Mediennutzung (Radio- und/oder Fernsehnutzung) detailliert in einem Tagebuch festhalten sollen. Tagebucherhebungen erlauben differenzierte Überschneidungs- und Längsschnittanalysen. Ein Nachteil besteht darin, dass die Auskunftspersonen ihre Tagebücher unterschiedlich sorgfältig führen und die Sorgfalt mit zunehmender Erhebungsdauer nachlässt.
In der Testphase befinden sich Ansätze, die Nutzung von Radioprogrammen mittels passiv-elektronischer Messverfahren, so genannter *Audiometer* bzw. *Radiometer*, zu erheben. Die Vorteile einer passiv-elektronischen Reichweitenmessung liegen vor allem in einer von der Erinnerungsleistung und Motivation unabhängigen Messung der Radionutzung. Nutzungszeiten und -dauern können genauer quantifiziert werden als bei den Erinnerungstechniken. Nachteile liegen in der mangelnden Repräsentativität einer Radiometerstichprobe und der Verlagerung der erinnerten Radionutzung auf eine technisch registrierte Aufzeichnung von Radiowellen. D.M.

Hörfunkspot-Gestaltung

Gestalterische Umsetzung von Botschaften zur Ausstrahlung im Bereich → Hörfunkwerbung mit Hilfe von akustischen Gestaltungselementen wie Sprache, Musik und

Geräusche in radioadäquaten Darstellungs- und Präsentationstechniken.

Der Einsatz der *Sprache* bei der Radiospot-Gestaltung dient dabei einerseits der Übermittlung von Informationen, die aufgrund der Medienspezifika des Hörfunks leicht verständlich sein müssen, und ist andererseits ein notwendiges stilistisches Mittel, um Emotionen, Gedanken und Handlungen des Hörers zu lenken (→ Werbegestaltungsstrategie). Mit dem gezielten Einsatz besonderer sprachlicher Gestaltungsmittel (z.B. Leitwörter, Sprichwörter und Redensarten, stilistischer Zweideutigkeiten, Verse und Reime, Dialekte und Akzente, Stimme und Sprachführung/Betonung) kann Aufmerksamkeit erregt werden und/oder das Erinnern von Spotinhalten besonders gefördert werden. So zeigen z.B. Ergebnisse der Imageryforschung, dass einzelne Wörter oder andere konkrete sprachliche Reize („Verbalreize") durchaus geeignet sein können, Gedächtnisbilder, d.h. visuelle und akustische Vorstellungen, bei den Hörern auszulösen.

Die → *Musik* ist im Wesentlichen ein illustratives und stimulierendes Element in Radiospots. Musikalische Gestaltungsmittel (→ Jingle, → Werbegesang, Hintergrundmusik, musikalische Signets) unterstützen verbale Aussagen und spielen eine wichtige Rolle z.B. bei der „Markierung" von Markenspots. Häufig ist die Musik das entscheidende Element beim Visual Transfer von TV in Radio (z.B. löst der Bacardi-Song im Radio die aus TV bekannte Bacardi Bildwelt aus).

Geräusche stellen zum einen ein atmosphärisches Element von Radiospots dar, das ein emotionales Klima schafft und gewünschte Stimmungen erzeugen kann, und sind zum anderen durch die Präsentation von Geräuschkulissen notwendig, um eine „bildliche Vorstellung" von Orten oder Erlebnissituationen in Spots zu erzeugen, und schaffen so eine gewisse „Realitätsnähe" der Spots.

Die besten Voraussetzungen für eine wirksame Hörfunkwerbung bietet der kombinierte Einsatz informativer und emotionaler Darstellungstechniken (→ integrierte Kommunikation). Dabei werden die Hörer einerseits mit Argumenten angesprochen, um auf ihre Ratio einzuwirken sowie ihren Wissensstand zu erhöhen, andererseits wird versucht, sie z.B. durch den Einsatz musikalischer Elemente sowie durch den Einsatz von Humor, erotischen Elementen und/ oder sozial-emotionalen Appellen gefühlsmäßig an das Werbeobjekt zu binden.

Bei der Hörfunkspot-Gestaltung kommen ferner u.a. die folgenden alternativen Präsentationstechniken in Betracht:

Präsenterspot-Technik: Die Kommunikationsbotschaft wird von einem Sprecher in einem nachrichten-ähnlichen Stil dargeboten, wodurch positive Glaubwürdigkeitseffekte angestrebt werden.

Dialog- und *Slice-of-Life-Technik*: Mittels eines Dialogs oder anhand einer Lebensszene (z.B. Familie beim Frühstück) werden die Vorteile des Werbeobjekts „aus dem Leben gegriffen" präsentiert. Dabei kommt es darauf an, den Dialog bzw. die Lebensszene so natürlich und ungekünstelt darzustellen, dass sich die Hörer in die Situation einfühlen können und die Aussagen der handelnden Personen glaubwürdig erscheinen. Empirische Ergebnisse zeigen, dass Slice-of-life-Spots in Bezug auf das Erinnerungsvermögen der Hörer anderen Präsentationstechniken z.T. weit überlegen sind.

Testimonial- und *Leitbild-Technik*: Zufriedene Konsumenten, von den Hörern als fachkundig empfundene Personen (Präsenter, z.B. Ärzte, Wissenschaftler, Vertreter des Unternehmens), Vertreter von Institutionen (z.B. Stiftung Warentest) oder Personen des öffentlichen Lebens (Celebreties, z.B. bekannte Sportler oder Musiker) bestätigen, quasi als Zeugen, die Eigenschaften des ausgelobten Kommunikationsobjekts (→ Personendarstellung in der Werbung).

Entscheidend für die Wirksamkeit eines Radiospots ist die Befolgung der „KISS-Regel" (keep-it-simple-&-stupid) sowie die Präsentation eines relevanten Benefits (what's in for me) und letztlich eine gute, differenzierende Gestaltungs-Idee. D.M.

Hörfunkwerbung

Übertragung von Werbebotschaften an Werbesubjekte mit Hilfe des → Werbeträgers Hörfunk (Kabel- und Satellitenhörfunk). Trotz verstärkter Konkurrenz durch andere elektronische Medien (TV, Internet) konnte Radio in den letzten Jahren seine starke Position als Massenmedium behaupten und sogar noch ausbauen. So stieg die tägliche Reichweite von 78,5% in 1989 auf 82,2 % im Jahre 1999 und die Hördauer erhöhte sich in der gleichen Zeit um 23 Minuten auf 179 Minuten. Die gestiegene Zahl der Radioprogramme von 140 auf 246 in diesen 10 Jahren trug wesentlich zu dieser

Hörfunkwerbung

Entwicklung bei. Diese veränderte Radiolandschaft bietet mit zielgruppenspezifischen Spartensendern der verschiedensten Programm- und Musikfarben bis hin zu massenattraktiven Pop- und Servicewellen ein vielfältiges Angebot für den Rezipienten und damit auch für den Werbemarkt.

Die große Bedeutung, die dem Hörfunk als Kommunikationsmedium bei den Rezipienten zukommt, steht derzeit allerdings noch im krassen Gegensatz zur Bedeutung des Hörfunks als Werbemedium: Mit 1,89 Mrd DM Brutto-Werbeaufwendungen in 1999 und einem prozentualen Anteil von 6% der gesamten Brutto-Werbeaufwendungen fällt der Hörfunkanteil vergleichsweise gering aus. Die im Vergleich zum Gesamtmarkt hohen Steigerungen der Werbeeinnahmen von Hörfunk für 1999 (+ 14%, Gesamtmarkt: + 6%) lassen jedoch hoffen, dass Radio an Bedeutung im Media-Mix gewinnt. Die im Fernsehbereich auftretenden steigenden Kosten und trotz Vielzahl von Kanälen ein erhöhter Mangel an guten Platzierungsmöglichkeiten könnten diese Entwicklung zusätzlich fördern. Die verstärkten Werbemaßnahmen im Radio von Werbetreibenden aus dem Telekommunikationsbereich und der Energieversorgung, deren Zielgruppen (eher jung, eher männlich) besonders gut mit Radio zu erreichen sind, zeigen ebenfalls in die positive Richtung.

Radio ist als Werbeträger unter Berücksichtigung seiner spezifischen Qualitäten für viele Zwecke und Werbeziele einsetzbar:

Reichweite: Radio ist ein Werbeträger mit hohen Reichweitenleistungen, die zudem noch sehr schnell aufgebaut werden (→ Hörerforschung). Radiowerbung wird daher im Mediamix oft unterstützend zu langsamer wirkenden Werbeträgern, wie z.B. Publikumszeitschriften, zur schnellen Erschließung von Zielgruppenpotenzialen und/oder als Aktionsmedium zur kurzfristigen Werbedrucksteigerung eingesetzt.

Untersuchungen haben gezeigt, dass Hörfunkwerbung auch geeignet sein kann, die Erinnerung an Werbeauftritte und deren Inhalte in anderen Werbemedien wachzuhalten oder gar zu reaktivieren (z.B. vermag Hörfunkwerbung Fernsehspots multisensorisch zu reaktivieren, sog. „Visual-Transfer-Effekt"). Auch deshalb wird Hörfunkwerbung von Werbetreibenden häufig im Rahmen von Erinnerungs- und Aktualisierungswerbemaßnahmen eingesetzt (→ Hörfunkspot-Gestaltung).

Nutzerstruktur: Die strukturellen Vorteile des Werbeträgers Radio liegen auch darin, dass junge Erwachsene zwischen 14 und 49 Jahren, die so genannte werberelevante Zielgruppe, durch Radiowerbung überproportional erreicht werden. Die differenzierte Angebotsstruktur erlaubt darüber hinaus eine gezielte Ansprache unterschiedlichster Zielgruppen.

Nutzerbindung: Radio ist ein Medium mit starker Nutzerbindung. Im Gegensatz zu Fernsehen, dessen Nutzungsverhalten eher vom jeweiligen Programmangebot bestimmt wird, bleibt der Radiohörer „seinem" Programm treu. So hat sich die Anzahl der durchschnittlich gehörten Radioprogramme trotz extrem steigenden Angebots nicht erhöht und lag 1999 täglich bei durchschnittlich 1,4 gehörten Programmen. Die Polarität zwischen konstanter Mediennutzung und steigendem Angebot zeigt aber auch, dass eine treffsichere Mediaplanung aufwendiger gestaltet werden muss als noch vor 10 Jahren.

Breite tageszeitliche Steuerung: Hörfunkwerbung bietet eine breite tageszeitliche Steuerungsmöglichkeit. Fast 100% aller bundesdeutschen Haushalte sind mit Radiogeräten ausgestattet. Über 45% aller Erwachsenen ab 14 Jahren leben in Haushalten mit mehr als 4 Radiogeräten. Zwei Drittel haben einen PKW, der mit Autoradio ausgestattet ist. Radio begleitet so die Menschen während des ganzen Tagesablaufs. Radiowerbung kann durch die Mediaplanung tageszeitlich sehr differenziert eingesetzt werden – von der Prime-Time beim Frühstück bis zur Drive-Time beim abendlichen Berufsverkehr.

Regionale Steuerungsmöglichkeiten: Die Vielzahl der Radioprogramme, die in den letzten 10 bis 12 Jahren on air gegangen sind, haben das Werbeträgerangebot verändert. So stehen den 246 in der Mediaanalyse erhobenen Sendern 127 Werbeträgerangebote (66 Einzelsender und 61 Radiokombinationen) im Jahr 1999 gegenüber. *Radiokombinationen* sind Zusammenschlüsse von Einzelsendern, die den Werbetreibenden eine gemeinsame Buchung, Abrechnung und Rabattierung erlauben und neben diesen administrativen Vorteilen oft auch einen Preisvorteil bieten. Von national flächendeckenden Angeboten über teilnationale und regionale Angebote bis hin zu zielgruppenspezifischen Paketen werden die Kombinationsangebote den unterschiedlichsten Abforderungen der Mediaplanung gerecht.

Wirtschaftlichkeit: Von den klassischen Werbeträgern hat der Hörfunk die niedrigsten absoluten Einschaltkosten, die in Abhängigkeit von der Größe der Sendegebiete und der im Rahmen der → Hörerforschung ermittelten tageszeitlich unterschiedlichen Reichweite 1999 zwischen durchschnittlich 60 DM (Private Lokalfunksender) und über 3.500 DM (WDR Eins Live) schwanken. Unter Zugrundelegung des Tausend-Hörer-Preises erweist sich der Hörfunk im Media-Vergleich als das wirtschaftlichste Medium innerhalb der klassischen Werbeträger.

Die *Preisgestaltung* für Radiowerbung orientiert sich an der Nachfrage der Werbezeiten, die sich ihrerseits an der Erreichbarkeit von Zielpersonen, sprich: der Werbeträgerreichweite, bemisst. Die reichweitenstärksten, gefragtesten und damit auch teuersten Sendezeiten liegen in den Morgenstunden, ca. zwischen 7 und 9 Uhr. Mittagszeiten und der frühe Nachmittag sind in der Regel preiswerter, mit geringerer Reichweitenleistung, während für die „Drive-Time" während des nachmittäglichen Berufsverkehrs wieder erhöhte Reichweiten und auch Preise zu verzeichnen sind. Ab ca. 18 Uhr lässt die Reichweitenleistung des Radios nach – ab hier dominiert das Fernsehen die Mediennutzung.

Über 90% des Werbemarktes werden von zwei Radiovermarktern umgesetzt. Die Radio Marketing Service GmbH (RMS) wurde 1990 von landesweiten Privatsendern gegründet und vermarktet die Mehrzahl der Privatsender in Deutschland. Die Vermarktungsgesellschaft der öffentlich-rechtlichen Sender, die ARD-Werbung SALES & SERVICES GmbH, vermarktet nationale und z.T. regionale Werbeangebote der ARD und seit 1998 auch private nationale und regionale Angebote. Weitere Werbezeitenvermarkter sind neben den regionalen Tochtergesellschaften der ARD-Sender die französische NRJ („Energy")-Gruppe und Studio Gong.

Rechtliche Rahmenbedingungen der Hörfunkwerbung finden sich in den Bestimmungen des Rundfunkstaatsvertrags der Länder und in den jeweiligen Landesrundfunk- bzw. Landesmediengesetzen der Bundesländer (→ Werberecht). Darüber hinaus sind auch spezialgesetzliche Regelungen zur Werbung sowie zum → Wettbewerbsrecht zu beachten.

Arten der Hörfunkwerbung
Die Normalform der Hörfunkwerbung sind vorproduzierte Spots mit der Standard-Spotlänge von 30 Sekunden, die entweder in speziellen Tonstudios oder im Kundenauftrag bei den Hörfunkanbietern produziert werden. Die Kosten für Spotkonzeption und –produktion eines sendereifen 30-Sekunden-Hörfunkspots variieren je nach Aufwand der Produktion. Bereits für unter 1.000 DM lassen sich einfache Radiospots produzieren. Neben der Ausstrahlung von 30-Sekunden-Spots werden von den Sendern in Art und Umfang unterschiedliche *Sonderformen* der Hörfunkwerbung angeboten (→ Hörfunkspot-Gestaltung). Am stärksten verbreitet sind:

Werbekurz-/Langsendung: Integration der Werbeaussagen als eigenständige Sendung in ein redaktionelles Umfeld, z.B. in Form von sog. „*Infomercials*". Das klassische Spotformat von 30 Sekunden wird i.d.R. deutlich überschritten; die Sendung muss daher eindeutig erkennbar werblichen Inhalt haben und als Werbesendung akustisch vom redaktionellen Programm getrennt sein.

Livespot: Der Moderator einer redaktionellen Sendung übermittelt live, sozusagen „vom Blatt", die Werbebotschaft des Werbetreibenden (attraktiv z.B. bei prominenten Moderatoren und/oder im Bereich der Sportberichterstattung).

Programm-Spot/anmoderierter Spot: In die vom Kunden gebuchte Werbezeit wird live eine An- und/oder Abmoderation integriert (z.B. „Und nun sagt Ihnen Fa. XY, wo Sie noch günstiger einkaufen können…"). Aufgrund der staatsvertraglich vorgeschriebenen Trennung von Werbung und Programm muss gerade bei dieser Sonderwerbeform darauf geachtet werden, dass die werbliche Aussage eindeutig als solche erkennbar wird.

Sponsoring-Spot (Patronatssendung): „Sponsoring ist der Beitrag einer natürlichen oder juristischen Person oder einer Personenvereinigung, die an Rundfunktätigkeit oder an der Produktion audiovisueller Werke nicht beteiligt ist, zur direkten oder indirekten Finanzierung einer Sendung, um den Namen, die Marke, das Erscheinungsbild einer Person, ihre Tätigkeit oder ihre Leistung zu fördern" (vgl. § 7 Abs. I Staatsvertrag über den Rundfunk im vereinten Deutschland). Mit anderen Worten: Der Werbungtreibende unterstützt einen redaktionellen Beitrag/eine Sendung und erhält im Gegenzug dafür

Horizontale Kooperation im Handel

eine Nennung im Vor- bzw. Abspann der Sendung (Diese Sendung wird/wurde Ihnen präsentiert mit freundlicher Unterstützung von Firma XY).
Promotion-Beiträge: In eine redaktionelle Sendung wird ein speziell konzeptioniertes Gewinnspiel integriert. Der Werbungtreibende unterstützt das Spiel, indem er die Gewinne stellt und/oder die Produktionskosten ganz oder teilweise übernimmt. Im Gegenzug werden Firma und/oder Marke im Rahmen des Spielablaufs besonders herausgestellt.
Direct Response Radio (DRR): Bei DRR werden Produkte oder Dienstleistungen in Radiospots zur direkten Bestellung per Telefon oder per Post offeriert. Diese Werbeform ist in der Regel in weniger ausgelasteten und damit preiswerten Sendezeiten angesiedelt, was für Sender und Kunden Vorteile bieten kann. Der Sender erhält bei DRR vom Werbungtreibenden i.d.R. ein gewisses Fixum, bezogen auf die Rückläufe (=Responses) der eingeschalteten Spots. Je nach Art der offerierten Ware oder Dienstleistung erfolgt die Abrechnung auf Basis CPO (=Cost per Order), bezogen auf die Anzahl der Warenbestellungen, auf Basis CPI/CPR (Cost per Inquiry/Cost per Response), bezogen auf die Anzahl der Interessenten/Anrufe, oder auf Basis CPS (Cost per Subscription), bezogen auf die Anzahl der Bestellungen, z.B. im Abonnementbereich. Zum Teil verlangt der Sender vom Werbungtreibenden vorab eine Garantiesumme, die nach Kampagnenablauf mit den tatsächlichen Umsätzen verrechnet wird.
Syndication / Syndicated Radio: Eine Sonderwerbeform, die in den USA aufgrund der Vielzahl an Lokal-Stationen stärker verbreitet ist als in Deutschland. Beim Syndicated Radio werden der ausstrahlenden Station von einem Spezialmittler komplett und professionell vorproduzierte Sendungen zur Verfügung gestellt. Die Bandbreite der angebotenen Formate reicht von Hitparaden der unterschiedlichsten Musikrichtungen über Sportreportagen, Comedyshows, Nachrichten- und Boulevardmagazine bis hin zu Horoskopen, Esoterik und Lebensberatung. D.M.

Horizontale Kooperation im Handel

Bei horizontalen → Kooperationen arbeiten zwei Unternehmen, unter Umständen auch aktuelle oder potentielle Konkurrenten zusammen, um eine stärkere Position (bessere Leistungsfähigkeit) gegenüber anderen Konkurrenten oder auch den vor- und/oder nachgelagerten Wirtschaftsstufen zu erreichen. Diese vertraglich geregelte Zusammenarbeit zweier oder mehrerer rechtlich und wirtschaftlich selbständiger Betriebe der gleichen Wirtschaftsstufe beruht auf freiwilliger Basis. Gegenbegriff zur horizontalen Kooperation ist die → vertikale Kooperation.
Horizontale Kooperationen sind sowohl auf der Großhandelsstufe (absatz- oder beschaffungsorientiert) als auch auf der Einzelhandelsstufe zu finden. Bedeutende Formen im Handel sind → Einkaufsgemeinschaften, → Einkaufsgenossenschaften und → Einkaufskontore.
Im Handel wurde das Prinzip der Kooperation bereits in den 20er-Jahren des letzten Jahrhunderts verwirklicht, als sich selbständige Groß- und Einzelhändler zu ersten Einkaufsverbänden zusammenschlossen. Die treibenden Kräfte waren zunächst Vorteile eines gemeinsamen Wareneinkaufs. In den 60er- und 70er-Jahren konnten sich freiwillige Zusammenschlüsse mittelständischer Handelsunternehmen auf nationaler Ebene erfolgreich am Markt behaupten, indem sie ihre Zusammenarbeit – über den Einkauf hinaus – auch auf Bereiche wie Marketing, Kommunikation und Logistik ausgedehnt haben (Verbundgruppen). Zur Ausschöpfung von Effizienzsteigerungspotenzialen finden sich bei diesen Verbundgruppen zunehmend kooperative Logistikkonzepte, gerade im Bereich von Lager- und Transportaktivitäten, um die Einkaufskonditionen der angeschlossenen Einzelhändler weiter zu verbessern. B.T./J.Z.

Literatur: *Tietz, B.*: Handbuch Franchising. Zukunftsstrategien für die Marktbearbeitung, Landsberg a.L. 1987. *Zentes, J.*: Horizontale Kooperationen in der Distributionslogistik, in: *Arnold, D.* et al. (Hrsg.): Handbuch Logistik, Heidelberg u.a. 2001.

Hotellerie → Beherbergungsbetrieb

House of Quality (HQ)

Zentraldokument im → Quality Function Deployment (→ Qualitätstechniken, → Qualitätsverbesserung). Das HQ stellt eine Matrix dar, die sowohl in der Produktplanung als auch in der Teile-, Prozess- und Fertigungsplanung und somit in allen Phasen der Produktentwicklung eingesetzt werden kann. Sie dient dem Ziel, die Kundenanforderungen so genau wie möglich zu erfassen und unter Berücksichtigung von Konkurrenzangeboten eine Leistungskonzeption zu entwickeln, die sich durch ihre Kundenorientierung von den Wettbewerbern abhebt und somit die Grundlage für die Erzielung von Wettbewerbsvorteilen legt. Im Rahmen einer Gegenüberstellung von Kundenanforderungen („Voice of the Customer") und technischen Umsetzungsmöglichkeiten („Voice of the Engineer") soll eine durchgehende Kundenorientierung des Entwicklungsprozesses bewirkt werden, bei der jedem Kundenwunsch eine Lösung zugeordnet werden muss. Ein Abweichen oder sogar ein kritisches Hinterfragen von Kundenwünschen ist innerhalb dieses Verfahrens in seiner ursprünglichen Form nicht vorgesehen, so dass das Hauptziel in einer möglichst weitgehenden Anpassung an die vorliegenden Marktverhältnisse besteht.

Ein typisches HQ im Rahmen der Produktplanung, dem bevorzugten Einsatzfeld des HQ, ist der *Abbildung* zu entnehmen. Die daraus zu entnehmende Vorgehensweise der Qualitätsplanung stellt sich wie folgt dar:

1. Ermittlung der Kundenanforderungen an eine neu zugestaltende Leistung, und zwar unabhängig davon, ob es sich um eine Dienst- oder Sachleistung handelt: Bei der Ermittlung ist die Verlässlichkeit erhobener Kundeninformationen unbedingt sicherzustellen, da sonst alle folgenden Planungsschritte von unzutreffenden Weichenstellungen ausgehen. Die Erhebung kann sich am repräsentativen Bedarf eines Marktsegmentes, aber auch an so genannten „Lead Usern" orientieren und schließt die Gewichtung einzelner Anforderungen aus Kundensicht mit ein.

2. Den produktbezogenen Anforderungen werden Problemlösungen gegenübergestellt, die eine möglichst vollständige Erfüllung der Anforderungen gewährleisten.

3. Innerhalb der Beziehungsmatrix der *Abb.* wird geprüft, ob allen Anforderungen des Kunden durch die Leistungsmerkmale entsprochen werden kann. Lücken lassen sich ebenso wie eine wirtschaftlich zumeist nicht vertretbare Übererfüllung von Nachfragerwünschen erkennen, was Änderungen in Stufe 2 erfordert.

4. Es wird geprüft, ob und inwieweit ein Leistungsmerkmal auf die Wirksamkeit ei-

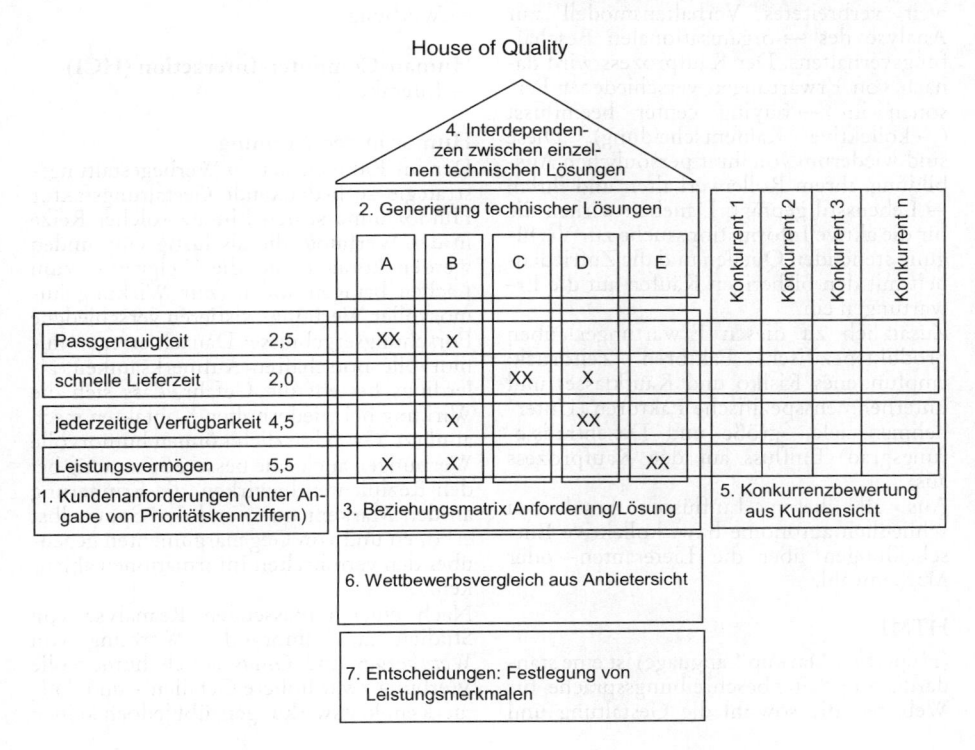

nes anderen Einfluss nimmt, wobei sowohl Verstärkungs- als auch Kompensationseffekte denkbar sind. Daher wird unter Zuhilfenahme des „Dachteils" der Matrix geprüft, ob unter Berücksichtigung aller Interdependenzen auch tatsächlich eine vollständige Erfüllung der Kundenanforderungen möglich ist.
5. Um Wettbewerbsvorteile realisieren zu können, ist zu untersuchen, wie die Konkurrenzangebote aus Nachfragersicht beurteilt werden. Dabei ist erneut auf die Gewichtung einzelner Anforderungen aus Kundensicht Rücksicht zu nehmen, um insbesondere durch Stärken im Bereich irradiierender Faktoren (→ Irradiation) die Kunden zu binden.
6. Nach einem Vergleich der Leistungsmerkmale aller relevanten Anbieter eines Marktes erfolgt schließlich eine Festlegung aller produktbezogenen Details der zu entwickelnden Marktleistung.
Trotz der hohen Komplexität hat sich das HQ im Rahmen der Produktentwicklung als unverzichtbares Instrument erwiesen.
J.F.

Howard/Shet-Modell
weit verbreitetes Verhaltensmodell zur Analyse des → organisationalen Beschaffungsverhaltens. Der Kaufprozess wird danach von Erwartungen verschiedener Personen im → buying center beeinflusst (→ kollektive Kaufentscheidung). Diese sind wiederum von ihrer persönlichen Ausbildung, ihrem Rollenverhalten und ihrem → Lebensstil geprägt. Daneben wirken die für die aktive Informationssuche zur Verfügung stehenden Quellen und die Zufriedenheit mit den bisherigen Käufen auf die Erwartungen ein.
Zusätzlich zu diesen Erwartungen üben produktspezifische Faktoren (Zeitdruck, empfundenes Risiko und Kaufklasse) und unternehmensspezifische Faktoren (Unternehmensziele, -größe und Dezentralisierungsgrad) Einfluss auf den Kaufprozess aus.
Aus all diesen Einflüssen resultieren schließlich autonome bzw. kollektive Entscheidungen über die Lieferanten- oder Markenwahl.

HTML
(Hypertext Markup Language) ist eine standardisierte Seitenbeschreibungssprache für Websites, die sowohl die Gestaltung und den Inhalt der Websites, als auch Links zu eigenen oder fremden Seiten definiert (→ Internet-Technik). HTML-Dokumente können mit jedem Texteditor erstellt werden, spezielle HTML-Editoren wie z.B. der „Dreamweaver" von Macromedia oder „Frontpage" von Microsoft erleichtern das Erstellen jedoch erheblich. Der Funktionsumfang von HTML beeinflusst heute noch in großem Maße den Einsatz des Marketing im Internet. Da die Sprache → XML mehr Möglichkeiten als HTML bietet, könnte diese HTML zukünftig stärker ersetzen.
B.S./K.S.

HTTP (Hypertext Transfer Protocol)
repräsentiert das Übertragungsprotokoll für vernetzte und multimedial gestaltete → HTML-Dateien im World Wide Web (vgl. → Internet).

Hube & Spoke-System
→ Transportplanung, → Euro-Logistik

Huckepackverkehr
→ Transportplanung

Huckepackwerbung
→ Werbung

Human-Computer-Interaction (HCI)
→ Interaktivität

Humor in der Werbung
Der im Rahmen der → Werbegestaltungsstrategie zu bedenkende Gestaltungsfaktor Humor umfasst den Einsatz solcher Reize in der Werbung, die als lustig empfunden werden können und die Zielgruppe zum Lachen bringen sollen. Zur Wirkung humorvoller Werbung existieren verschiedene Forschungsergebnisse: Danach erregen humorvolle Botschaften Aufmerksamkeit, allerdings besteht die Gefahr, dass sich die Wirkung bei wiederholten Kontakten rasch abnützt. Grundsätzlich können humorvolle Werbungen auch eine bessere Stimmung bei den Rezipienten bewirken, die Erinnerung an den Markennamen und den Spot selbst erhöhen und von Gegenargumenten gegenüber den vermittelten Informationen ablenken.
Nach einer umfassenden Reanalyse von Studien zu humorvoller Werbung von *Weinberger* und *Gulas* erzielt humorvolle Werbung zwar höhere Gefallens- und Aufmerksamkeitswirkungen, übt jedoch keinen

Einfluss auf das Verständnis der Werbebotschaft und auf Persuasionswirkungen aus. Im Gegenteil: Manchen Untersuchungen zufolge verschlechterte sich sogar das Verständnis der Werbebotschaft bei humorvollen Spots. Zudem kann humorvolle Werbung auch durchaus auf → Reaktanz stoßen und als verrückt empfunden werden. Humor sollte deshalb mit Bedacht eingesetzt werden. Die besten Wirkungen sind dabei bei wenig involvierten Konsumenten und Produkten, denen man geringes Produktinteresse entgegenbringt, zu erwarten. Beim Einsatz von Humor empfiehlt sich eine Beziehung zwischen Humor und Marke bzw. Werbebotschaft herzustellen, statt diese unverknüpft nebeneinander zu präsentieren.
E.T./F.-R.E.

Literatur: *Weinberger, M.G.; Spotts, H.E.; Campbell, L.; Parsons, A.L.:* The Use and Effect of Humor in Different Advertising Media, in: Journal of Advertising Research, Vol. 35 (1995), No. 3, S. 44–56. *Weinberger, M.G.; Gulas, C. S.:* The Impact of Humor in Advertising: A Review, in: Journal of Advertising, Vol. 21 (1992), No. 4, S. 35–59. *Alden, D.L.; Hoyer, W.D.:* An Examination of Cognitive Factors Related to Humourousnes in Television Advertising, in: Journal of Advertising, Vol. 22 (1993), No. 2, S. 29–37. *Moser, K.:* Die Wirkung unterschiedlicher Arten humoriger Werbung, in: Jahrbuch der Absatz- und Verbrauchsforschung, 40. Jg. (1994), Heft 2, S. 199-214.

HVL (Hauptverband des Deutschen Lebensmittel-Einzelhandels e.V.) → BVL

Hybride Conjoint-Analyse
→ Conjoint-Analyse

Hybrider Käufer
Bei der → Kaufentscheidung, der → Einkaufsstätten- und der → Preislagenwahl eines Käufers spielt zunehmend das genaue Abwägen zweier Aspekte eine wichtige Rolle:
Das in Aussicht genommene *Produkt* könnte für den Käufer *wichtig* sein, weil es einen hohen privaten Nutzen für ihn selbst hat (hedonistische Komponente), im Zusammenhang mit der Errichtung seiner Konsumfassade eine Rolle spielt (soziale Komponente) oder z.B. an eine ihm wichtige Person verschenkt werden soll (situative Komponente). Ist ein Produkt in diesem Sinne wichtig, das *Produktinvolvement* also hoch, dann wird man Markenartikel bevorzugen, sich anderenfalls mit No-names zufrieden geben.
Ferner könnte der *Kauf* selbst mit einem merklichen *Risiko* verbunden sein: Oft fehlen dem Käufer Übersicht und Erfahrung in dem ins Auge gefassten Produktfeld; zusätzlich können ihm die Produkte in Konfiguration, Bedienung und/oder Wartung sehr kompliziert erscheinen (funktionale Komponente). Eine soziale Komponente im Kaufrisiko ist ebenfalls denkbar: Viele Käufer sind bei der Ausrichtung ihres Lebensstils im sozialen Umfeld unsicher. Ihr Kaufrisiko besteht dann darin, sich „Sanktionen" ihres sozialen Umfelds auszusetzen, wenn sie dort mit ihren Einkäufen auf Unverständnis und Ablehnung stoßen. Ist der Kauf in diesem Sinne risikobehaftet, das *Kaufinvolvement* also hoch, dann fördert dies die Bereitschaft, Auswahl, Beratung und Service in Anspruch zu nehmen, um über verbesserte Information und/oder emotionale Unterstützung das wahrgenommene Risiko abzumildern: Damit man durch den Kauf der „Hardware" Produkt kein Geld hinauswirft, ist man bereit, zunächst für die „Software" Einkaufskomfort mehr auszugeben. Kaufrisiko schafft folglich Preisbereitschaft; empfindet man hingegen kein Kaufrisiko, dominiert die Sparorientierung.
Aus diesen Überlegungen lassen sich drei bedeutende Einkaufsstrategien ableiten: Ist ein Produkt für den Käufer wichtig und empfindet er außerdem ein merkliches Kaufrisiko, dann bevorzugt er bekannte Marken und sucht – preisbereit – nach Auswahl, Beratung und Service (*Teuer-Kauf*). Erachtet er hingegen das Produkt zwar als wichtig, spürt aber kein Kaufrisiko, weil er genau weiß, was er will oder sein soziales Umfeld von ihm erwartet, dann wird er wiederum Markenprodukte bevorzugen, dabei aber auf einen günstigen Preis achten (*Preiswert-Kauf, Schnäppchenjagd*). Schließlich erscheinen dem Käufer manche Produkte zwar als notwendig, letztlich aber als unwichtig, weshalb er sich mit No-names zufrieden gibt. Empfindet er außerdem kein nennenswertes Kaufrisiko, dann wird er auch keinen Wert auf Einkaufskomfort legen und versuchen, möglichst billig einzukaufen (*Billig-Kauf*).
Je nach Rahmenbedingungen kauft folglich ein und derselbe Kunde preisbereit (Teuer-Kauf) oder preisbewusst (Preiswert- bzw. Billigkauf), was man auch als hybrides – zwitterhaftes -Verhalten bezeichnen kann.

Niemand ist folglich ausschließlich Schnäppchenjäger, wie uns manche plakativen Konsumententypologien (→ „Smart shopper") glauben machen wollen. Die Schnäppchenjagd ist nur eine – wenn auch wichtige – Facette des hybriden Käufers.

H.Sch.

Literatur: *Schmalen, H.:* Das hybride Kaufverhalten und seine Konsequenzen für den Handel, in: Zeitschrift für Betriebswirtschaft (ZfB), 64. Jg. (1994) Heft 10, S. 221–1240. *Schmalen, H.:* Handel zwischen Gestern und Morgen. Ein Spannungsfeld von Kunden, Konkurrenz und Gesetzgeber, in: *Beisheim, O.:* Distribution im Aufbruch, München 1999. *Schmalen, H.; Lang, H.:* Hybrides Kaufverhalten und das Definitionskriterium des Mehrproduktfalls, in: Marketing ZFP, 20 Jg. (1998), Heft 1, S. 5-13.

Hybride Wettbewerbsstrategie

generische → Wettbewerbsstrategie, welche die Strategie der Kostenführerschaft und die der Differenzierung (= generische Wettbewerbsstrategien nach *M.E. Porter*) miteinander kombiniert, um einen strategischen → Wettbewerbsvorteil auf- und auszubauen. Damit ähnelt der Ansatz der hybriden Wettbewerbsstrategie dem der → Outpacing-Strategie. Im Vergleich zu letzterem werden jedoch beide strategischen Stoßrichtungen nicht sequentiell im Wechsel, sondern integriert verfolgt.

Während die Anwendung hybrider Wettbewerbsstrategien für Unternehmen das Risiko birgt, als strategische „Generalisten" gegenüber denjenigen Unternehmen, die als „Spezialisten" (primär) entweder die Kostenführerschaft oder die Differenzierung verfolgen, ins Hintertreffen zu geraten (sog. „*stuck in the middle*"- bzw. „*Zwischen den Stühlen*"-Position), kann deren Kombination im Erfolgsfall zu niedrigen Kosten bei gleichzeitig hohen Preisen und damit zu überdurchschnittlichen Gewinnen führen (*Konzentrationsthese* versus *Simultaneitätsthese*). Aus theoretischer Sicht greift die Konzentrationsthese immer dann, wenn Kostenreduktion zwingend die Differenzierungsmöglichkeiten, z.B. bzgl. der Qualität, verringert oder aber Differenzierung zwangsläufig mit Kostensteigerung einher geht. Angesichts moderner Produktionstechnologien (z.B. flexible Fertigungssysteme) und Managementkonzepte (z.B. → Lean Marketing) sowie der Möglichkeit, sich durch → begleitende Dienste und Services (→ Servicepolitik) zu differenzieren, sind derartige Zusammenhänge jedoch häufig nicht mehr gegeben, da durch eine entsprechende Gestaltung der → Marketingprozesse (z.B. durch → Simultaneous Engineering) die flexible, schnelle (→ time-to-market) und qualitativ hochwertige (→ Total Quality Management) Befriedigung differenzierter Bedürfnisse bei gleichzeitig hoher Produktivität ermöglicht wird.

Empirisch existieren sowohl Belege für die Konzentrations- als auch für die Simultaneitätsthese. Gerade jüngere Studien sprechen jedoch für den Vorteil hybrider Wettbewerbsstrategien: Während Analysen auf Basis der → PIMS-Datenbank zeigen, dass Vorteile in der Produktqualität zu einer Erhöhung des Marktanteils führen, durch die sich Erfahrungskurveneffekte (→ Erfahrungskurve) und so letzlich eine günstigere Kostenposition realisieren lassen, stützt eine andere aktuelle Untersuchung die Vermutung, dass Unternehmen, die hybride Wettbewerbsstrategien verfolgen, ihre Gewinnziele besser erreichen als diejenigen, die sich auf eine der beiden Strategien konzentrieren.

A.Ha.

Literatur: *Jenner, Th.*, Hybride Wettbewerbsstrategien in der deutschen Industrie. Bedeutung, Determinanten und Konsequenzen für die Marktbearbeitung, in: Die Betriebswirtschaft, 60. Jg. (2000), S. 7-22.

Hyperlink → Link

Hypermedialität

bezeichnet im → Online-Marketing die Verknüpfung von multimedialen Informationsbausteinen, wie z.B. die Verknüpfung zweier informationstragender → HTML-Seiten mit Hilfe eines Hyperlinks (→ Link). Im Gegensatz zur → Multimedialität werden also nicht nur mehrere Medien kombiniert, sondern darüber hinaus zu einem Netzwerk an Informationen organisiert.

Die Hypermedialität ist wesentliches Merkmal des → Internet, des → elektronischen Marktes und der marketingpolitischen Möglichkeiten des → interaktiven Marketing. Durch die netzwerkartige, nicht-lineare Informationspräsentation bestimmt der Rezipient, welche Information er in welcher Reihenfolge konsumieren möchte. Dies hat Einfluss auf die Ausgestaltung der marketingpolitischen Prozesse und der Kommunikation in diesem Medium. Die gezielte Benutzerführung (auch „Navigation") erlangt eine hohe Bedeutung bei der Beeinflussung der Informationsaufnahme des Re-

zipienten durch den Informationsbereitsteller. Ferner ermöglicht eine semantisch gut gegliederte, hypermediale Struktur dem Rezipienten, ein ganzheitlicheres Bild von der dargestellten Thematik zu erhalten.
B.Ne.

Literatur: *Blumstängel, A.:* Entwicklung hypermedialer Lernsysteme, Berlin, 1998. *Nelson, T.H.:* The Heart of Connection: Hypermedia Unified by Transclusion, in: Communications of the ACM, Vol. 38 (1995), No. 8, S. 31–33.

Hypertext

ist die Bezeichnung für die Verknüpfung von textuellen Informationseinheiten als spezielle Form der → Hypermedialität.

Hyperwettbewerb

Das Konzept des Hyperwettbewerbs geht auf *D'Aveni* (1995) zurück. Dieser entwickelt seinen strategischen Ansatz für ein „hyperkompetitives" Umfeld (→ Wettbewerbsdynamik). Die Zielrichtung liegt hierbei in einer Veränderung von → *Wettbewerbsspielregeln* insbesondere auch für erfolgreiche Unternehmen. Dies ist gemäß seines Konzeptes notwendig, da Wettbewerbsvorteile ständig durch Konkurrenten bedroht und neutralisiert werden. Hierbei werden die Spielregeln permanent verändert, um den Konkurrenten immer wieder zu neuen Verhaltensweisen zu zwingen. Maßgebliche Erfolgsfaktoren dieses Ansatzes sind Schnelligkeit, Flexibilität und Überraschung, um langfristig auf dynamischen Märkten erfolgreich zu sein. R.N.

Literatur: *D'Aveni, R.A.:* Hyperwettbewerb, Frankfurt a.M. 1995.

Hypothesenprüfung

Der Ablauf statistischer → Signifikanztests im Rahmen der → Inferenzstatistik lässt sich grob in die Schritte Hypothesenformulierung, Festlegung des → Signifikanzniveaus, Wahl einer geeigneten Testfunktion, Bestimmung des Verwerfungsbereichs und Entscheidungsfindung auf Basis der Realisation des Testfunktionswertes einteilen. Entscheidend ist die Einhaltung der Reihenfolge des Testablaufes. Insb. muss die Hypothesenformulierung vor der Analyse des vorliegenden Datenmaterials erfolgen (*Bamberg/Baur* (1998), S. 179).
Man unterscheidet bei der Hypothesenformulierung hinsichtlich ihres Inhaltes zwei Grundtypen: Einerseits kann sich die Hypothese auf einen unbekannten Parameter beziehen, wie etwa auf den Erwartungswert oder die Varianz der unbekannten Verteilung einer Grundgesamtheit; im mehrdimensionalen Fall kann auch ein Vergleich mehrerer Erwartungswerte oder Varianzen Inhalt der Hypothesen sein. Man spricht bei Testverfahren dieses Hypothesentyps von parametrischen Tests. Andererseits kann sich die Hypothese auf die gesamte Gestalt der Verteilung des Untersuchungsmerkmals bzw. der Untersuchungsmerkmale erstrecken. Es handelt sich dann um → nichtparametrische Testverfahren. Bei der Hypothesenbildung werden zwei sich ausschließende Alternativen formuliert, nämlich die Nullhypothese H_0 und die Gegen- oder Alternativhypothese H_1. Im letzten Schritt des Testablaufes, der Entscheidungsfindung, können nun zwei Fehlertypen auftreten. Einerseits kann die Nullhypothese verworfen werden, obwohl sie wahr ist (Fehler 1. Art), und andererseits kann der Test zu keiner Ablehnung der Nullhypothese führen, obwohl die Gegenhypothese wahr ist (Fehler 2. Art). Da es i.d.R. nicht möglich ist, die Wahrscheinlichkeiten für beide Fehlerarten simultan durch vorgegebene Schranken zu begrenzen, sorgt man primär dafür, dass die maximale Wahrscheinlichkeit für den Fehler 1. Art (höchstens) gleich einem vorgegebenen Wert α – dem Signifikanzniveau – ist, und versucht dann, unter Einhaltung dieser Vorschrift die Wahrscheinlichkeit für den Fehler 2. Art möglichst klein zu halten. Um die Einhaltung des Signifikanzniveaus gewährleisten zu können, muss die Verteilung der gewählten Testfunktion unter Gültigkeit der Nullhypothese (zumindest approximativ) berechenbar sein. Aufgrund der unsymmetrischen Behandlung des Fehlers 1. bzw. 2. Art kann die Ablehnung von H_0 als statistische Bestätigung von H_1 (bei vorgegebener Fehlerwahrscheinlichkeit α) interpretiert werden, Nichtablehnung von H_0 dagegen ist nicht entsprechend als Bestätigung von H_0 anzusehen. Denjenigen Tatbestand, den man statistisch bestätigen will, formuliert man daher nach Möglichkeit als Gegenhypothese. T.B./M.MB.

Literatur: *Bamberg, G.; Baur, F.:* Statistik, 10. Aufl., München, Wien 1998.

Hypothesentheorie der Wahrnehmung

im Rahmen der Theorie der → Wahrnehmung entwickeltes Konzept, das die Abhängigkeit der menschlichen Wahrnehmung von bestimmten Erwartungen (Hy-

Hypothetische Konstrukte

pothesen) postuliert, die dann in der Realität bestätigt oder widerlegt werden. Wahrnehmung beinhaltet insofern die Aufklärung von Unstimmigkeiten zwischen diesen Hypothesen und der Informationsaufnahme. Aufgrund der Tendenz zur Vermeidung von → Dissonanzen wird postuliert, dass positiv eingeschätzte Reize eher wahrgenommen werden als negativ eingeschätzte. Die Theorie geht auf die sog. Social-Perception-Forschung, insb. auf *L. Postman* und *J. Brunner,* zurück.

Hypothetische Konstrukte

umschreiben in der Theorie des → Käuferverhaltens bestimmte Phänomene und Vorgänge, die als existent angenommen, jedoch nicht vollständig beobachtbar sind. Sie besitzen heuristischen Wert und können somit bestimmte Messungen und Untersuchungen stimulieren. Sie entsprechen weitgehend den → theoretischen Konstrukten.

Hysterese

Hysterese beschreibt ein Phänomen, bei dem eine Wirkung zurückbleibt, nachdem die Ursache dieser Wirkung verschwunden ist. Ein bekanntes Beispiel aus der Physik hierfür ist die Magnetisierung von Metall. Auch im Marketing kann Hysterese beobachtet werden, ohne dass bisher allerdings die präzisen Voraussetzungen und Steuerungsmöglichkeiten für derartige Effekte systematisch untersucht worden sind. Ein typisches Beispiel war die dauerhafte Erhöhung des Marktanteils der Zigarettenmarke West von ca. 0,6 % auf ca. 10 % nach einer Preissenkung infolge von Steuererhöhungen, auf welche die Wettbewerber nur zögerlich folgten. Obwohl der Preisabstand im Verlauf der Preisauseinandersetzungen wieder auf das Ursprungsniveau zurückging, blieb die Marktanteilserhöhung dauerhaft bestehen. Darin ist auch der Unterschied zu Beharrungseffekten als Teil von → Carry-Over-Effekten zu sehen, bei denen ein Stimulus zwar in Folgeperioden noch weiterwirkt, aber eben mit abnehmender Wirkung bis zu dem Punkt, wo das Ausgangsniveau wieder erreicht wird. Eine Variante der Hysterese stellt der bekannte Pioniereffekt (→ Pionierstrategie) dar, bei dem der erste Anbieter eines neuen Produktes am Markt einen dauerhaften Wettbewerbsvorteil genießt.

Eine explorative, mit Fallstudien arbeitende Studie von *Simon* (1994) zeigt, dass starke Veränderungen („Schocks") beim Stimuluseinsatz erforderlich sind, um Hysterese zu erzeugen. Weiterhin begünstigen erhöhte Aufmerksamkeit in der Zielgruppe oder eine ungewöhnliche Marktsituation das Auftreten solcher Effekte. Meistens ist die Veränderung nicht nur einzelner, sondern mehrerer Marketing-Instrumente notwendig, wobei dem Preis eine besonders wichtige Rolle zuzukommen scheint. Insbesondere der erstmalige oder ungewohnte Einsatz eines Marketing-Instruments begünstigt Hysterese, ebenso das Fehlen oder die Verzögerung einer Konkurrenzreaktion.

Auch *negative Hystereseeffekte* lassen sich beobachten, z.B. dann, wenn ein Unternehmen zu spät auf Wettbewerberangriffe reagiert und die Kunden bereits abgewandert sind und nicht mehr gänzlich zurückgewonnen werden können. Erklärungsansätze für Hystereseeffekte können in Trägheitseffekten (Kundentreue, habitualisiertes Kaufverhalten, Scheu vor Adoption von Innovationen etc.), dem (latenten) Stau von nichterkannten Unzufriedenheiten, die durch eine bestimmte Aktion eines Marktakteurs handlungsaktiv gemacht werden sowie durch lerntheoretische Ansätze (Speicherung im Langzeitgedächtnis) gesehen werden. H.D.

Literatur: *Simon, H.:* Hysterese im Marketing und Wettbewerb, in: ZfB, 65. Jg. (1995), Heft 12, S. 1155-1163.

I

IBFN (Integriertes Breitbandfernmeldenetz)
Übertragungsform für alle Arten der Telekommunikation auf der Basis von Glasfaserkabeln.

ICR → Chat

Idealvektormodell → Kaufmodell

Idea Map
Von der Firma *Moskowitz Jacobs* (USA) entwickelte spezielle Form der → Conjoint Analyse, die in Deutschland von der GfK vertrieben wird. Im Gegensatz zum traditionellen Conjoint ist Idea Map auch für Produkte geeignet, die spontan und ohne Abwägung einzelner Eigenschaften gekauft werden, wie dies bei den Gütern des täglichen Bedarfs in der Regel der Fall ist.
Dabei werden der Testperson mit einem speziellen PC-Programm in rascher Folge ca. 80 bis 100 Produkte gezeigt, die durch unterschiedliche Verpackungen, Werbeaussagen, Bilder etc. beschrieben werden. Die Testperson gibt jeweils nur auf einer Skala an, ob sie dieses Konzept mag oder nicht. Durch ein Simulationsprogramm lassen sich daraus optimale Produktkonzepte ermitteln. R.Wi.

Identifikation
Problem der eindeutigen Schätzung von Parametern in den simultanen Gleichungsmodellen der Ökonometrie und den Strukturgleichungsmodellen der → Kausalanalyse. Identifikation ist gesichert, wenn in jedem Teilmodell oder jeder Gleichung genügend unabhängige Information vorliegt, um jeden Parameter eindeutig zu bestimmen.
Eine notwendige Bedingung für die Identifizierbarkeit der Gleichung eines linearen Gleichungssystems ist, dass mindestens G-1 Variablen a priori ausgeschlossen sind (G = Anzahl endogener Variablen). Diese Bedingung wird *Abzähl-Regel* bezeichnet. Eine notwendige und hinreichende Bedingung für die Identifizierbarkeit ist die Erfüllung der Rang-Bedingung, d.h. es liegt für jeden Parameter mindestens eine unabhängige Gleichung vor. Die Kriterien hat die Ökonometrie formalisiert (*Kmenta*). In Strukturgleichungsmodellen ist das Problem komplexer, da sowohl die Identifikation für die Faktorenstruktur als auch für die Beziehungen zwischen den Faktoren gesichert sein muss. Die vorliegende Software, wie z.B. → LISREL, liefert Hilfskriterien zum Identifikationsstatus der Modelle. L.H.

Literatur: *Kmenta, J.*, Elements of Econometrics, 2. Aufl., Michigan 1997. *Bollen, K.A.*, Structural Equations with Latent Variables, New York 1989, Kap. 4 sowie S. 326-331.

Identifikationsschwelle
→ unterschwellige Werbung

Identifikationstest
spezifischer → Werbetest, bei dem aus einem Werbemittel einzelne Bestandteile, z.B. Wörter, Sätze, Bilder, Markenzeichen etc., entfernt bzw. abgedeckt werden und dann überprüft wird, ob das Werbemittel wiedererkannt bzw. richtig (z.B. einem bestimmten Hersteller) zugeordnet werden kann.

Identitätsanalyse
Begriff aus der → Fernsehforschung. Die Identitätsanalyse berechnet die identische Seherschaft zweier zeitlich auseinander liegender Sendungen oder Zeitintervalle. Dabei werden mehrere Sendungen oder Zeitintervalle jeweils paarweise untersucht.

IfH (Institut für Handelsforschung an der Universität zu Köln)
Das 1929 von *Rudolf Seyffert* gegründete Institut für Handelsforschung hat seit 1949 unter den Direktoren *Seyffert* (bis 1963), *Sundhoff* (1963–1979), *Klein-Blenkers* (1980–1990) und *Müller-Hagedorn* (ab 1991) die Hauptrichtung seiner Forschungstätigkeit dem Betriebsvergleich im Handel zugewendet.
Die Betriebsvergleichsarbeiten finden seit ihrem Beginn intensive Unterstützung durch die Verbände des Handels, die Wirtschaftsministerien des Bundes und des Landes Nordrhein-Westfalen sowie durch alle Mitglieder der Förderungsgesellschaft aus

Vereinigungen und Betrieben. 1990 nahmen rd. 10.000 Betriebe am Betriebsvergleich teil, und zwar aus 83 Branchen des Groß- und Einzelhandels, aus 5 Wirtschaftsgruppen der Handelsvertreter und 5 weiteren Branchen. Durch ständige Bemühungen um inhaltliche Fortentwicklung der Betriebsvergleichsarbeiten ist das Institut auf diesem Gebiet heute auch aus internationaler Sicht führend.

Der Schwerpunkt der Auswertungen des Betriebsvergleichs liegt auf der Erstellung von Vergleichsmaterial für die beteiligten Betriebe. Daneben stehen zahlreiche Auswertungsergebnisse als empirische Grundlage für sonstige Zwecke zur Verfügung. So wurde das Betriebsvergleichsmaterial vom Institut sowie vom Handels- und Absatzseminar der Universität zu Köln für fortführende Untersuchungen der Leistungs- und Ertragszusammenhänge im Handel herangezogen. Es dient ferner in breitem Umfange z.B. als Datenmaterial für Betriebsberatungen sowie für Erfahrungsaustauschgruppen. Schließlich nutzen staatliche und verbandliche Stellen die veröffentlichten Betriebsvergleichsergebnisse vielfältig als Informationsquelle zur Dokumentation und Beurteilung der betriebswirtschaftlichen und gesamtwirtschaftlichen Lage der erfassten Wirtschaftsbereiche und Branchen.

Neben dem Betriebsvergleich als Hauptaufgabe wendet das Institut sich punktuell auch mehreren anderen Forschungsbereichen zu, die meist aus aktuellen Problemen der Handelspraxis erwachsen.

Das Institut veröffentlicht die Forschungsergebnisse in folgenden Organen:

(1) Mitteilungen des Instituts für Handelsforschung

Die monatlich erscheinende Zeitschrift, die 1990 ihren 42. Jahrgang erreichte, enthält erstens die periodische Berichterstattung über die Ergebnisse der fortlaufend durchgeführten Betriebsvergleichsarbeiten, zweitens Informationen über den Stand der Untersuchung bei einmaligen größeren Forschungsvorhaben, drittens die Wiedergabe der Resultate von kleineren Forschungsarbeiten und viertens namentlich gezeichnete Aufsätze einzelner Autoren, die sich mit inhaltlichen und methodischen Fragen aus den Bereichen der Distribution und des Handels befassen.

(2) Sonderhefte der Mitteilungen des Instituts für Handelsforschung

Die Sonderhefte der Mitteilungen des Instituts für Handelsforschung erscheinen in zwangloser Folge und enthalten Forschungsberichte oder Ergebnisse von Sonderuntersuchungen, deren Umfang über den üblichen Rahmen der monatlich erscheinenden Institutsmitteilungen hinausgeht.

(3) Beiträge des Instituts für Handelsforschung zur Dokumentation der betriebswirtschaftlichen Situation im Groß- und Einzelhandel

In zwangloser Folge veröffentlichte Sonderauswertungen von Betriebsvergleichszahlen, die vorwiegend den Charakter einer zahlenmäßigen Dokumentation haben.

(4) Schriften zur Handelsforschung

begründet von *R. Seyffert*, herausgegeben von *F. Klein-Blenkers* in Gemeinschaft mit *E. Sundhoff, R. Nieschlag, K. Barth und K. Rohl*.

In unregelmäßiger Folge erscheinende Buchreihe mit Forschungsergebnissen sowie Forschungsarbeiten, die in den sonstigen Instituten und Seminaren der Herausgeber entstanden sind.

(5) Schriften zur Geschichte der Betriebswirtschaftslehre

(herausgegeben von *F. Klein-Blenkers*)

Institutsdirektor ist seit 1991 Prof. Dr. *L. Müller-Hagedorn*, als Institutsgeschäftsführer fungiert Dr. R. Menge.

Institutsanschrift: Institut für Handelsforschung an der Universität zu Köln, Säckinger Str. 5, 50935 Köln, Tel. 0221/94 36 07-0, Fax. 0221/94 36 07-99, e-mail: ifh-koeln@t-online.de.

IGEL (Individuelle Gesundheitsleistungen)

Zur Ergänzung ihres Leistungsangebots haben die niedergelassenen Ärzte in einer sog. IGEL-Liste alle zweckmäßigen, empfehlenswerten und teilweise bereits von den Patienten nachgefragten ärztlichen Leistungen, die von den gesetzlichen, teilweise auch von den privaten Krankenkassen nicht versichert sind, zusammengefasst. Dazu gehören z.B. Ernährungsberatung, Beratung über Sport, Beratung und Impfungen vor Auslandsreisen, Naturheilverfahren. Das sind Wachstums-Segmente im Leistungsangebot (→ Medizin-Marketing).

Illustrationsbrief → Direct Mail

Illustrierte (aktuelle Illustrierte, illustrierte Zeitschrift)

eine üblicherweise in wöchentlichem Rhythmus erscheinende → Publikumszeitschrift, deren Erscheinungsbild und redaktionelle Gestaltung in starkem Maße durch das Bildmaterial geprägt wird. Für breit streuende Werbekampagnen sind sie wegen ihrer hohen Auflage und zusätzlichen Verbreitung in → Lesezirkeln besonders gut geeignet.

Image

Gesamtheit aller subjektiven Ansichten und Vorstellungen einer Person von einem Gegenstand, also das „Bild", das sich ein Konsument von einem Meinungsgegenstand macht. Es entwickelt und verfestigt sich im Zeitablauf durch persönliche Erfahrungen oder durch Kommunikation teils bewusst, teils unbewusst und steuert dann selbst die Wahrnehmung und Interpretation der Umwelt („Orientierungsfunktion"). Wegen der Subjektivität der menschlichen → Wahrnehmung weicht dieses Bild z.T. erheblich von der objektiven Realität ab, bestimmt aber das Denken und Handeln der Marktteilnehmer. Daraus ergibt sich die zentrale Bedeutung des Image für das Marketing (→ Imagepolitik) und für die Erklärung des → Käuferverhaltens in der → Konsumentenforschung.

Als *Gegenstand* von Images kommt all das in Betracht, über das der Mensch Gefühle, Meinungen und Werturteile äußern kann. Aus der Sicht des Marketing kann sich das Image sowohl auf Produkte und Dienstleistungen (Generic oder Product Image; z.B. Image von Pflanzenschutzmitteln) als auch auf Unternehmen (→ Firmenimage, → Geschäftsimage) oder Marken (→ Markenimage), aber auch Teilbereiche des Marketing-Mix (z.B. → Preisimage) beziehen.

In der *Imagetheorie* lassen sich ökonomische, gestaltpsychologische und einstellungsorientierte Erklärungsansätze unterscheiden: Die ökonomische Imagetheorie sieht das Image als ganzheitliches, objektbezogenes Konzept. Das Image dient dazu, Markterfolge, die nicht durch objektive Faktoren (wie z.B. Preis, technische Qualität etc.) bestimmt werden können, zu erklären. Gestaltpsychologisch orientierte Ansätze betrachten das Image als ganzheitliches, unthematisches Eindruckssystem (→ Gestaltpsychologie). Alles, was sich ein Individuum in Bezug auf ein Objekt einbildet oder vorstellt, ist Grundlage der Imagebildung. Bei den einstellungsorientierten Ansätzen wird Image als mehrdimensionales Einstellungskonstrukt aufgefasst, das sich aus affektiven, kognitiven und konativen Komponenten zusammensetzt. Neuerdings wird der Imagebegriff in der Marketing-Wissenschaft zunehmend durch den schärfer operationalisierten Einstellungsbegriff ersetzt. Begrifflich wird das Image deshalb oft synoym mit → Einstellungen verwendet, im Sinne der subjektiven Eignung eines Gegenstands zur Befriedigung einer Motivation.

Zur *Imagemessung* kommen demnach ähnliche Messungen in Frage wie zur Einstellung. Grundsätzlich lassen sich dekompositionelle und kompositionelle Verfahren differenzieren. Im erstgenannten Fall werden Pauschalurteile, bspw. zu Marken einer Produktkategorie, angegeben, die eine Rangfolge der Marken ergeben. Daraus werden in einem zweiten Schritt mehrdimensionale Abbildungen der Marken errechnet. Bei kompositionellen Verfahren werden einzelne (emotionale und kognitive) Produktmerkmale getrennt erfragt und die Einzeleindrücke anschließend zu einem Gesamtwert zusammengefasst. Neuere Verfahren auf Basis der Kausalanalyse ermöglichen neben der Erfassung des Images zur eigenen Marke auch die Erfassung der Images von Wettbewerbsmarken und der Wechselwirkungen zwischen diesen Images und den diese Images prägenden Eindruckswerten. Neuerdings bieten sich auch Methoden der → nonverbalen Imagemessung an.

H.K./F.-R.E.

Literatur: *Trommsdorff, V.; Paulssen, M.:* Messung und Gestaltung der Markenpositionierung, in: *Esch, F.-R.* (Hrsg): Moderne Markenführung, 2. Aufl., München 2000. *Kroeber-Riel, W.; Weinberg, P.:* Konsumentenverhalten, 7. Aufl., München 1999. *Trommsdorf, V.:* Image als Einstellung zum Angebot, in: *Hoyos, Graf C.; Kroeber-Riel, W.; Rosenstiel, L.v.; Strümpel, B.* (Hrsg.): Grundbegriffe der Wirtschaftspsychologie, München 1980, S. 117-127. *Bergler, R.:* Psychologie des Marken- und Firmenbildes, Göttingen 1963. *Spiegel, B.:* Die Struktur der Meinungsverteilung im sozialen Feld, Bern u.a. 1961.

Imagebroschüre → Public Relations

Imagepolitik

fasst alle absatzpolitischen Maßnahmen zusammen, die darauf gerichtet sind, einem Unternehmen, einem Produkt, einer Marke

Imagepolitik

oder einem Unternehmen ein bestimmtes → Image zu verleihen bzw. ein vorhandenes Image zu verändern. Grundlage für den Aufbau, die Stärkung oder die Veränderung eines Images bildet die → Positionierung. Als Maßnahmen zur Umsetzung einer Sollpositionierung kommen alle für die Konsumenten sichtbaren Marketing-Maßnahmen in Frage. Diese reichen von der → Produktgestaltung, der → Preispolitik, der → Werbung, → Public Relations, → Events bis zur Wahl bestimmter Absatzwege bzw. Handelsbetriebsformen (→ Geschäftsimage). Als Zielsetzung verfolgt man eine Übereinstimmung der Idealvorstellungen der Konsumenten mit dem Image der eigenen Marke. Man erwartet sich dadurch, dass die eigenen Marken gegenüber anderen Marken vorgezogen werden, je mehr die eigenen Marken diesen Idealvorstellungen entsprechen und je weiter konkurrierende Marken von dieser Idealvorstellung entfernt sind (→ Kaufmodelle).

Die verschiedenen Aktionsmöglichkeiten sind auf Basis der angestrebten Positionierung zu gestalten und abzustimmen. Will man beispielsweise das Image einer exklusiven Marke aufbauen, böten sich u. a. der Einsatz berühmter Persönlichkeiten in der Werbung, ein Premium-Preis und selektive Distributionswege sowie eine Verpackung, die durch die Farben gold und schwarz Exklusivität konnotiert, an. Grundsätzlich ist davon auszugehen, dass von diesen einzelnen Gestaltungsmaßnahmen Ausstrahlungseffekte auf andere Maßnahmen (→ Irradiationseffekte) ausgehen (z.B. hoher Preis = gute Qualität). Umgekehrt führt ein positives Image auch immer zu einer besseren Einschätzung einzelner Produkteigenschaften (→ Halo-Effekt).

Das Markenimage dient – neben der Markenbekanntheit – nicht zuletzt zum Aufbau eines → Markenwerts. Liegt ein hoher Markenwert vor, kann dieser kapitalisiert werden durch einen Imagetransfer bzw. durch Markenerweiterungen. Hier werden bestehende Markenimages auf andere Produkte übertragen (z.B. *Milka*, *Nivea*, *adidas*). So wird unter der Marke Joop! aufgrund von Imagetransfers neben Kleidung auch Uhren, Brillen, Parfum usw. vermarktet. Dies kann auf dem Wege des → Marken-Licensing erfolgen. Erwartet werden positive → Ausstrahlungseffekte des Markenimages auf andere Produkte. Gefahren stehen vor allem in einer mangelnden Übereinstimmung zwischen Markenimage und neuer Produktgruppe und in negativen Rückkopplungseffekten des neuen unter der Marke geführten Produkts und der Stammarke (→ Markenpolitik).

Der Aufbau eines Images durch Maßnahmen der Imagepolitik setzt folgende Anforderungen voraus:

– Das Image muss zu dem Angebot im weitesten Sinne *passen*: Es müssen also Imagemerkmale vermittelt werden, die man auch *glaubhaft belegen* kann.
– Das Image muss für die Kunden *relevant* sein, d.h. deren *Wünsche* und *Bedürfnisse* treffen. Dies müssen nicht nur vorhandene Bedürfnisse sein. Es können auch völlig neue Bedürfnisse sein, die bei den Konsumenten geweckt werden.
– Das Image muss von den Konsumenten auch *subjektiv wahrgenommen* werden. Viele Maßnahmen der Imagepolitik bringen zwar wohlklingende Konzeptpapiere hervor, scheitern jedoch an deren Umsetzung. Deshalb werden von den Konsumenten viele Positionierungen für ein Angebot nicht korrekt wahrgenommen. Die Maßnahmen der Imagepolitik sind deshalb an den aktuellen Markt- und Kommunikationbedingungen wie der → Informationsüberlastung auszurichten.
– Das Image muss eine *Abgrenzung von der Konkurrenz* ermöglichen. Die Imagepolitik zielt in der Regel auf die eigenständige Stellung eines Angebots ab. Imitationsstrategien (Me-Too-Strategien) verfolgen hingegen die Anlehnung an einen starken Konkurrenten.
– Das Image muss *langfristig* verfolgt werden (Kontinuität). Der Aufbau eines Images setzt Lernprozesse voraus. Je geringer das → Involvement der Konsumenten, desto mehr konsistente Wiederholungen sind für den Aufbau eines Images erforderlich. Diese Wiederholungen dienen auch dem ständigen Wiederauffrischen des Images zu einem Angebot, was bei der herrschenden Informationsüberlastung zwingend erforderlich ist (→ integrierte Kommunikation).

Der Prozess der imagepolitischen Entscheidungsfindung umfasst folgende Phasen:

– Imagesensibilisierung
– Imageerhebung: Feststellung der Ist-Positionierung
– Festlegung von Imagezielen
– Sollimage-Bestimmung

– Imageorientierte Maßnahmenauswahl und -durchführung
– Imagekontrolle

Die Sensibilisierung für imagepolitische Überlegungen resultiert aus Änderungen im situativen Umfeld des Unternehmens. Umfeldinduzierte Änderungen können von der Konkurrenz, den Verwendern oder den eingeschalteten Absatzmittlern ausgehen. Neuprodukteinführungen, Angebotsmodifikationen oder auch technische → Innovationen durch die Konkurrenz, Absatzrückgänge, Imageverschlechterungen, Einstellungs- und Wertewandel beim Verwender sowie Orderrückgang oder mangelnde Unterstützung im Handel legen die Überprüfung von Produkt-, → Marken-, → Firmen- und → Käuferimage nahe. Sensibilisierungsursachen im Unternehmen selbst können Veränderungen im Zielsystem oder bei den Strategien sein.

Bei der Ermittlung der Ist-Positionierung, also dem bislang erzielten Images für ein Angebot, sind auch die Images des Wettbewerbs und die Idealvorstellungen der Konkurrenten zu ermitteln. Oft werden die Ergebnisse der Anschaulichkeit halber in einem so genannten Positionierungsmodell dargestellt. Zu den Erhebungsmethoden siehe → Image, → Einstellung, Positionierung. Aufgrund der wachsenden Bedeutung der → Bildkommunikation und des Aufbaus innerer Markenbilder werden Imagemessungen zunehmend durch bildliche Messungen ergänzt.

Bei der Bestimmung der Imageziele ist deren Einordnung in die Zielhierarchie einer Unternehmung zu berücksichtigen. Imageziele stellen quasi eine Operationalisierung ökonomischer → Marketingziele dar. Inhaltlich konkretisieren sich Imageziele in sog. Sollimages. Analytische Hilfsmittel dazu bieten → Positionierungsmodelle.

Imageorientierte Marketingentscheidungen gehen der konkreten Planung, Realisation und Kontrolle des → Marketing-Mix mit seinen einzelnen Submixbereichen voraus. Aus dem Sollimage für ein Angebot leiten sich die konkret zu ergreifenden Maßnahmen im Marketing-Mix ab.

Nach der Umsetzung imageorientierter Maßnahmen ist ein Soll-Ist-Vergleich zum Image durchzuführen, d.h. die Zielerreichung zu kontrollieren. Diese Kontrollmessung sollte diagnostischen Charakter haben, damit Imageschwächen und -stärken detailliert ermittelt werden und entsprechende therapeutische Maßnahmen zur Verbesserung des Images in die Imageplanung einfließen können. F.-R.E.

Literatur: *Hätty, H.*: Der Markentransfer, Heidelberg 1989. *Trommsdorff, V.*: Image als Einstellung zum Angebot, in: *C. Hoyos et al.* (Hrsg.): Wirtschaftspsychologie in Grundbegriffen, München 1987, S. 117-128. *Esch, F.-R.*: Moderne Markenführung, 2. Aufl., Wiesbaden 2000. *Kroeber-Riel, W.; Weinberg, P.*: Konsumentenverhalten, 7. Aufl., München 1999. *Esch, F.-R.*: Markenpositionierung als Grundlage der Markenführung, in: *Esch, F.-R.* (Hrsg.): Moderne Markenführung, München 2000.

Imagepositionierung → Positionierung

Image-Reagierer
→ Organisationales Beschaffungsverhalten

Imagery-Forschung
→ Bildkommunikation,
→ Werbepsychologie

Imagery-Produkte
Im Rahmen der Präferenzforschung/Nutzentheorie unterschiedene Produktkategorie, die sich in der Wahrnehmung der Konsumenten durch stark subjektive, in psychologischen Dimensionen verankerte Merkmale, wie Prestige, Design oder Life-Style, unterscheiden und deshalb bevorzugt durch MDS-Verfahren (→ Mehrdimensionale Skalierung) empirisch abgebildet werden.

Literatur: *Aust, E.*: Simultane Conjointanalyse, Benefitsegmentierung, Produktlinien- und Preisgestaltung, Frankfurt 1996, S. 28.

Imagetransfer → Programmpolitik

IMAX-Kino → Kinowerbung

Imitationskoeffizient
Bestandteil des Grundmodells der → *Diffusionstheorie*. Danach wird die Anzahl der potentiellen Käufer eines neuen Produktes in einer Periode t (= Diffusionsrate) dadurch bestimmt, dass das bis dahin noch nicht ausgeschöpfte Marktpotential mit einer Funktion g (t) multiplikativ verknüpft wird, die den Anteil angibt, der in t die → *Innovation* erstmals kauft. Dieser Anteil setzt sich zusammen aus (1) Innovatoren, die ausschließlich durch externe Einflussfaktoren beeinflusst werden (= Innovatorennachfrage) und (2) aus Imitatoren, die durch die persönliche Kommunikation mit

den bisherigen Käufern zur *Adoption* (→ Adoptionsprozess) veranlasst werden. Diese so genannte Imitatorennachfrage wird ermittelt, indem das bisher ausgeschöpfte Marktpotential mit dem Imitationskoeffizienten multipliziert wird. Demgemäß ist der Imitationskoeffizient ein Maß für die Kommunikation zwischen bisherigen Käufern und Nichtkäufern und gibt den Anteil des bereits ausgeschöpften Marktpotentials einer Innovation wieder, der in der Periode t potentielle Übernehmer zur Adoption der Innovation veranlasst. K.-W.H.

Literatur: *Mahajan, V.; Peterson, R.*, Models for Innovation Diffusion, Beverly Hills, London, New Delhi 1985.

Imitationsstrategie

Form der → Wettbewerbs- sowie der → Markteintrittsstrategie, die auf der Nachahmung der Strategie eines Wettbewerbers beruht. Diese auch als *"me-too"-Strategie* bezeichnete Strategie gewinnt mit zunehmendem Reifegrad einer Branche an Bedeutung, da mit zunehmender Erfahrung erfolgreiche Strategien nachgeahmt werden und schlechte aufgegeben werden. Eine Imitationsstrategie ist risikoreich, da man im Wettbewerb austauschbar wird und damit rasch unter Preisdruck gerät. Andererseits kann man sich an bei Wettbewerbern bewährte Vorgehensweisen anschließen und dadurch Risiken auch vermindern (s.a. → Benchmarking). In modischen und designorientierten Branchen wird dieser Vorteil besonders wichtig, weshalb Imitationsstrategien dort bis hin zur rechtwidrigen → Markenpiraterie und zur Verletzung von Gebrauchsmuster-Rechten weit verbreitet sind.

Imitatoren → Diffusionsprozess

Immersion

ist ein im Zusammenhang mit → virtueller Realität gebräuchliches Konstrukt aus der Kommunikationsforschung und bezeichnet den Grad der psychischen Eingebundenheit eines Benutzers in ein Medium. Indizien für die Eingebundenheit sind psychische Zustände wie Glück, Trauer, Angst, Freude, Spannung oder Erschrecken, die durch das Medium hervorgerufen werden.

Das Zustandekommen der Immersion hängt von drei verschiedenen Faktoren ab:

(1) Immersion ist vom *Individuum* abhängig. Das Gefühl der Eingebundenheit erfolgt nur, wenn sich der Rezipient auf das Medium einlässt, sich konzentriert und den Inhalt versteht.

(2) Der zweite bestimmende Faktor ist der übertragene *Inhalt* und das → *Involvement*, das dieser Inhalt auf den Rezipienten auslöst. Im Falle eines Spielfilms hängt die Immersion deshalb u. a. von der Handlung, der Kulisse und der Schauspielern ab.

(3) Dritter Faktor ist die Art der Präsentation und der direkte Einbezug des Rezipienten in die Kommunikation des Mediums, also der → *Interaktivität*. In einem Kino mit Großleinwand und Surround-Sound wird bei demselben Film stärkere Immersion erzeugt als am heimischen Fernseher. Die Immersion wird potenziert, wenn zusätzliche Sinne des Rezipienten eingebunden werden. In Erlebnisparks werden deshalb so genannte *"Joy-Rides"* angeboten, die zusätzlich zu Film und Ton eine Bewegungssimulation anbieten. Der Besucher spürt dadurch die Bewegung eines virtuellen Vehikels. Wichtig ist dabei, dass die Bewegungssimulation synchron zur Kamerafahrt des Films abläuft.

Die derzeit maximal mögliche Interaktivität und damit erzeugte Immersion bietet die → virtuelle Realität. Durch die Verwendung eines Datenhelms wird der Benutzer vollständig von der realen Umwelt abgeschnitten und in die virtuelle Welt integriert.

Anders als bei Filmen, deren Perspektive von einem Regisseur vorgegeben wird, wird die virtuelle Welt individuell vom Benutzer gesteuert. Auch der Benutzer selbst, samt Teilen seiner Körperbewegungen, kann in der virtuellen Welt als so genannter *Avatar* repräsentiert werden. B.Ne.

Literatur: *Biocca, F.; Delaney, B.*: Immersive virtual reality technology, in: *Biocca, F.; Levy, M.* (Hrsg.): Communication in the age of virtual reality, Hillsdale 1995, S. 57-124.

IMP

Das von dem früheren „Institut für Markt und Preis" entwickelte und seit über 20 Jahren von der GfK angebotene Instrument erfasst die Handelsinsertionen in Tageszeitungen, Handzetteln und Kundenzeitschriften. Es wird berichtet, welches Handelsunternehmen wann, in welcher Größe welches Produkt zu welchem Preis angeboten hat. Darüber hinaus werden auch Gestaltungsmerkmale der Anzeige (z.B. mit oder ohne Produktabbildung) berücksichtigt. R.Wi.

Impact
Fachterminus für die Wirk- oder Durchschlagskraft eines → Werbemittels bzw. einer Werbebotschaft, der v.a. für die → TV-Werbung benutzt wird. Der Impactwert ist dort der in Prozent ausgedrückte Anteil an Personen, die zur Schaltzeit (Werbeblock) ferngesehen haben und die außer dem Markennamen zumindest ein sujetspezifisches Bild- oder Textelement reproduzieren können und dadurch „beweisen", die Werbeeinschaltung gesehen oder gehört zu haben. Der *Impacttest* wurde von Gallup und Robinson entwickelt und soll die Stärke des Werbeeindruckes bei den Umworbenen messen. Erhoben und in die Impactanalyse einbezogen werden dabei:
- spontane und gestützte Markenerinnerung (→ Recall-Test),
- übermittelte Bild- und Textelemente,
- übermittelte Werbebotschaft,
- assoziatives Umfeld und
- Gesamtakzeptanz der Spots. G.Sch.

IMP-Group
→ Interaktionstheorie, → Netzwerkansatz

Implementierung
→ Marketing-Implementation

Importgroßhandel → Außengroßhandel

Importmesse
→ Messen und Ausstellungen

Importquote
→ Internationales Preismanagement

Importring
Form der → Kooperation zum gemeinsamen Import von Waren (→ Außenhandel, institutioneller).

Importvertreter
→ internationaler Vermittlerhandel,
→ Handelsvertreter

Impulsartikel
Artikel, die der Verbraucher, wenn er sie sieht, spontan, d.h. ohne vorherige Planung, kauft (→ impulsive Kaufentscheidungen). I.d.R. sind das Artikel, die nicht unbedingt gebraucht werden, die aber die Lebensqualität erhöhen (z.B. Süßwaren). Impulskäufe sind insb. bei Selbstbedienung möglich, können aber auch vom Verkäufer induziert werden. Ob ein Artikel impulsiv gekauft wird, hängt wesentlich von seinem Aussehen oder seiner Verpackung und seiner Präsentation ab (→ Visual Merchandising, → erlebnisorientierte Verkaufsgespräche). Gegensatz: → Mussartikel.

Impulsive Kaufentscheidungen
sind → Kaufentscheidungen, bei denen das Ausmaß kognitiver Steuerung sehr gering und der Einfluss von → Emotionen, die durch eine Reizsituation hervorgerufen werden, stark ist. Impulskäufe sind ungeplant und laufen sehr schnell ab. Impulskäufe können fast alle Arten von Gütern und Dienstleistungen betreffen, stellen aber bei höherwertigen Produkten (z.B. Fernsehgeräte, Urlaubsreisen) eher den Ausnahmefall dar. Einen hohen Anteil von Impulskäufen findet man v.a. bei nicht gewohnheitsmäßig gekauften Produkten (z.B. Süßigkeiten, Bekleidung). In dieser Produktkategorie werden nach verschiedenen Untersuchungen bis zu 50 % aller *Marken*käufe ungeplant vollzogen, wobei der Impulskaufanteil bezogen auf die Produktart deutlich darunter liegt (bei etwa 10 %). Mindestens ebenso wichtig wie die Produktart ist für das Auftreten impulsiven Kaufverhaltens die Stärke der am Verkaufsort wirkenden Reize (z.B. durch → Warenpräsentation, → Ladengestaltung, Visual Merchandising).
Impulskäufe werden einerseits dadurch erleichtert, dass heute wegen der Ausbreitung von Schecks, Kreditkarten etc. Einkäufe immer weniger durch die jeweilige Verfügbarkeit von Bargeld beeinflusst werden, und andererseits dadurch beschränkt, dass dafür nur die frei verfügbaren Einkommensteile zur Verfügung stehen. A.Ku.

Literatur: *Kroeber-Riel, W.; Weinberg, P.:* Konsumentenverhalten, 7. Aufl., München 1999. *Rook, D.:* The Buying Impulse, in: Journal of Consumer Research, Vol. 14 (1987), S. 189-199.

Inbound-Calls → Call Center

Incentive
Die Begriffe → Verkaufswettbewerb und Incentive werden im Sprachgebrauch der Praxis bisweilen synonym verwendet. Präziser definiert sind unter Incentives Veranstaltungen mit Wettbewerbscharakter zu verstehen, bei denen für eine bestimmte

Gruppe von Mitarbeitern (z.B. den Außendienst) Preise ausgesetzt werden, die für diese einen besonderen, z.B. ideellen Wert besitzen (engl. „incentive" = Anreiz, Ansporn). I.d.R. wird Geldprämien im Gegensatz zu immateriellen Anreizen (z.B. Reisen) eine eher geringere Wertigkeit zugemessen.
Incentives müssen Ausnahme, d.h. dürfen nicht die Regel sein. Die Zielsetzungen sollten so festgelegt sein, dass ein Großteil der Mitarbeiter nach Abschluss des Wettbewerbes mit dem Ergebnis zufrieden ist. Sie müssen kurz und für die Mitarbeiter überschaubar bleiben.
Die Wirkung von Incentives als Instrument der → Außendienststeuerung hängt stark von individuellen Faktoren des jeweiligen Mitarbeiters ab. So sprechen jüngere Mitarbeiter auf Incentives sehr viel stärker an als ältere. T.T.

Literatur: *Walosek, P.; Huse, K.:* Wie wirksam ist „Zuckerbrot"?, in: absatzwirtschaft, 1989, Heft 12, S. 138-141.

INCOTERMS (International Commercial Terms)

Aufgrund des ständigen Wandels der Praxis sowie der Tatsache, dass die meisten am → internationalen Handel beteiligten Länder keine Vorschriften über den grenzüberschreitenden Warenverkehr erlassen haben, hat die Internationale Handelskammer in Paris 1936 eine Reihe internationaler Regeln zur Auslegung von Vertragsformeln herausgegeben. Weitere Revisionen der INCOTERMS wurden 1953, 1967, 1974, 1976 und 1980 vorgenommen, wobei auch die Bedeutung geändert wurde.
Die erste Veröffentlichung 1923 (Trade terms) beinhaltete eine Listung von gebräuchlichen Handelsklauseln (→ Internationale Usance), 1928 wurden bereits die Auslegungsverschiedenheiten in mehr als 25 Ländern dargestellt. Bis 1953 bemühte man sich nicht um die Vereinheitlichung oder Kodifizierung sondern um die Herausarbeitung der Unterschiede zwischen den einzelnen Auslegungen.
Seit 1953 (Tagung in Wien) wurden solche Vertragsformulierungen aufgenommen, über die sich bereits eine herrschende Meinung gebildet hatte. In diesen internationalen Regelungen wird

- die Lieferung durch Lieferort und Lieferart bestimmt. Ferner werden die Abnahme der Ware und die Zahlung des Kaufpreises geregelt. Nicht geregelt werden Fragen des Eigentums, der Zahlungsmodalität oder Mängelrüge.
- Regelung des Gefahrenübergangs wie Ort und Zeitpunkt, bei welchen der Käufer zur Zahlung verpflichtet wird, auch wenn die Ware verloren geht, ging oder beschädigt wurde.
- Die Kostenregelung betrifft nicht nur die Aufteilung der Transportkosten zwischen Käufer und Verkäufer, sondern auch sämtliche Nebenkosten.
- Regelungen über den Transport betreffen die Warenbeförderung, wobei die Verantwortung des Lieferers vom Werk bis zum benannten Bestimmungsort zunimmt. Damit sind u.U. auch Nebenleistungen wie Verzollung, Prüfung etc. verbunden. Hierzu gehört auch die Erledigung von Formvorschriften und die Übernahme von Nebenspesen. Hier ist besonders die Beschaffung verschiedener Dokumente (Ausfuhrlizenz, Ursprungszeugnis, Konsularfaktura etc.) gemeint sowie die Entrichtung von Zöllen, Gebühren, Steuern und sonstigen Abgaben.

Die gebräuchlichsten INCOTERMS sind:

- ab Werk, ex works
- frei benannter Ort
- FAS – Free Alongside Ship (benannter Verschiffungshafen)
- FOB – Free on Board (benannter Verschiffungshafen)
- CIF – Cost, Insurance and Freight (benannter Bestimmungshafen)

Wegen der zunehmenden Bedeutung der Luftfracht werden die INCOTERMS um entsprechende Klauseln ergänzt (FOB-AER, CIF-AER). Die letzte Revision der Incoterms fand im Jahr 2000 statt.

H.Ma.

Literatur: *Bredow J.; Seiffert B.:* Incoterms 1990, Wegweiser durch die Praxis, Bonn 1994. *Bredow J.; Seiffert B.:* Incoterms 2000, Bonn 2000 (in Vorbereitung). *Marschner H.:* Lieferungs- und Zahlungsbedingungen, in: *Macharzina, K.; Welge, M. K.* (Hrsg.): Handwörterbuch Export und internationale Unternehmung, Enzyklopädie der Betriebswirtschaftslehre, Bd. XII, Stuttgart 1989, Sp. 1312–1322.

Indentgeschäft

Begriff aus dem → Internationalen Vermittlerhandel (engl. einzahnen, einkerben); Vertrag und Duplikat befanden sich ursprünglich auf einem Blatt, welches durch unregelmäßiges Trennen ihre Zusammengehörigkeit durch Aneinanderlegen nachweisen konnte. Im Gegensatz zum *Ordergeschäft*, bei welchem die Initiative zum Vertragsabschluss vom ausländischen Besteller ausgeht, initiiert beim *Offertengeschäft* der Exporteur die Vertragsverhandlung.

Das Indentgeschäft als Ordergeschäft besonderer Art hat langjährige Tradition. Früher im Außenhandel zwischen Europäern bzw. Amerikanern und Asiaten üblich, ist es seit der größeren politischen Unabhängigkeit der asiatischen Staaten seltener geworden. Der reine Indent ist ein Kaufantrag mit genau fixierten Bedingungen, den ein überseeischer (z.B. asiatischer) Interessent (Indentgeber) an den Indentnehmer, einen Importeur in seinem eigenen Land (manchmal auch an eine Auslandsvertretung, z.B. des deutschen Exporteurs) richtet. Der Indentnehmer leitet ihn an einen Exporteur (Produzent oder Händler) im Exportland weiter. Dieser erklärt innerhalb einer vorgesehenen Frist, ob er den Indent annimmt oder ablehnt.

Das Pro-forma-Indent ist ein unverbindlicher Kaufantrag, mit dessen Hilfe der Indentnehmer unter verschiedenen Exporteuren das günstigste Angebot auswählt.

Cif-Indent beinhaltet bei überseeischen Exporteuren die Preisstellung nach Cif (→ INCOTERMS), daher → Cif-Agent, welcher eine Provision (Commission-Indent) erhält. H.Ma.

Index der Skalierbarkeit
→ Law of Comparative Judgement

Indexzahlen

sind → Marketingkennzahlen, bei denen die Werte einer bestimmten Kennzahl zu unterschiedlichen Zeitpunkten zueinander in Beziehung gesetzt werden. Meist werden Indexzahlen als Prozentwerte im Hinblick auf eine gewisse Basis zum Ausdruck gebracht. (z.B. Lebenshaltungskostenindex Basis: Vorjahresmonat).

Indifferenzkurve

in der mikroökonomischen Theorie entwickelte Darstellung der → Präferenzen einer Person bzw. eines Haushalts bezüglich der Gütermengen von zwei substitutiven Gütern oder Güterarten. Da nach den → Gossen'schen Gesetzen der Grenznutzen eines Gutes mit zunehmender Menge abnimmt, ergeben sich beim Abgleich des Nutzens zweier Güter(mengen) Kurven für jene Punkte, die den geometrischen Ort jeweils gleichen Nutzens darstellen (vgl. *Abb.*). Jede Indifferenzkurve entspricht einem unterschiedlichen Nutzenniveau. Die Krümmung der Indifferenzkurven gibt Auskunft über die Substituierbarkeit der Güter. Die zur Verfügung stehenden Geldmittel lassen sich bei bekannten Preisrelationen der beiden Güter durch die sog. Budgetgerade darstellen. Sie gibt an, welche Güterkombinationen maximal mit dem gegebenen Budget möglich sind. Die optimale Kombination ergibt sich am Tangentialpunkt der Budgetgeraden mit der Indifferenzkurve auf dem höchstmöglichen Nutzenniveau.

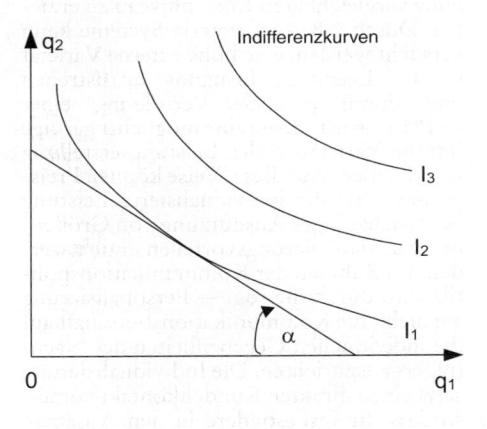

Indikator → Operationalisierung

Indikator-Methode

einfaches → kausales Prognoseverfahren, mit dem die Entwicklung einer zu prognostizierenden ökonomischen Größe auf die ihr zeitlich vorauseilende Entwicklung einer anderen ökonomischen Größe (des Leitindikators) ohne Verwendung eines mathematischen Modells zur Prognose benutzt wird. So kann z.B. der Geschäftsklimaindex des IFO-Instituts für die verarbeitende Industrie, der die Geschäftserwartungen einer repräsentativen Stichprobe von Unternehmen für die nächsten sechs Monate widerspiegelt, als Leitindikator des Umsatzes der verarbeitenden Industrie verwandt werden, da die geschäftlichen Erwartungen von den Auftragseingängen beeinflusst werden, die ihrerseits den tatsächlichen Umsätzen erheblich vorauseilen können. K.-W.H.

Individualisierung

stellt ein Handlungsprinzip im → Beziehungsmarketing dar, bei dem eine gezielte Anpassung des unternehmerischen Leistungsangebotes an die individuellen Bedürfnisse und Besonderheiten eines Kunden erfolgt. Durch Individualisierung können Differenzierungsvorteile im Wettbewerb erreicht werden, wobei aber die aus der Individualisierung resultierenden Kostensteigerungen zu beachten sind. Durch den Einsatz neuer Informationstechnologien ist es bei Verfolgung des Ansatzes der → Mass Customization möglich, Individualisierungsvorteile auf einem bei Massenfertigung vergleichbaren Kostenniveau zu erzielen. Durch z.B. → Cafeteria-Systeme kann versucht werden, eine hohe externe Varietät in der Leistungserbringung anzustreben und durch parallele Verfolgung einer → Plattformstrategie eine möglichst geringe interne Varietät in der Leistungserstellung zu erreichen. Auf diese Weise können Preisprämien für die individualisierte Leistung bei gleichzeitiger Ausnutzung von Größen- und Standardisierungsvorteilen erzielt werden. Im Rahmen der Kommunikationspolitik wird durch die sog. → Personalisierung versucht, die Kommunikationsbotschaft auf die individuellen Gegebenheiten des Nachfragers auszurichten. Die Individualisierung setzt einen direkten Kundenkontakt voraus, so dass ihr insbesondere in den Ansätzen des → Direktmarketing, des → Beziehungsmarketing und des → Interaktiven Marketing eine hohe Bedeutung beizumessen ist.

R.Wei.

Literatur: *Jacob, F.:* Produktindividualisierung, Wiesbaden 1995. *Weiber, R.:* Der virtuelle Wettbewerb, Wiesbaden 2000.

Individualismus vs. Kollektivismus

In der → *Hofstede-Studie* operationalisierte Kulturdimension, welche bislang am häufigsten in der Managementliteratur aufgegriffen wurde. Sie gibt an, in welchem Maße der Einzelne seine Identität aus sich selbst heraus oder aber aus seiner Zugehörigkeit zu sozialen Gruppen, dem Kollektiv, entwickelt (vgl. *Abb.*).

In Unternehmen manifestiert sich Individualismus z.B. in dem Streben nach Autonomie, der Ergebnisverantwortung des Einzelnen oder der Akzeptanz individueller, leistungsbezogener Entlohnung. In kollektivistischen Ländern haben im Arbeitsleben hingegen Solidarität oder gruppenorientierte Entlohnungssysteme Vorrang.

S.M./M.Ko.

Individualpanel

eine Form des → Panels, bei der bei Einzelpersonen regelmäßig Informationen über deren persönlichen Bedarf gewonnen werden.

Individualtransaktion

Art des (Investitionsgüter-)Geschäfts, bei dem die Geschäftspartner, im Gegensatz zu Routinetransaktionen, in individuelle Verhandlungen treten (→ Investitionsgütermarketing, → Anlagengeschäft).

Individualwerbung → Werbung

Symptome von Individualismus und Kollektivismus

Individualismus	Kollektivismus
• Erziehung zu „Ich-Bewusstsein"	• Erziehung zu „Wir-Bewusstsein"
• Persönliche Meinung wird vertreten	• Meinung durch Gruppe vorbestimmt
• Verpflichtung gegenüber sich selbst (Vorrang von Eigeninteresse, Selbstverwirklichung, Schuld)	• Verpflichtung gegenüber Familie und Bezugsgruppe (Vorrang von Harmonie, Respekt, Scham)
• Lernen, wie man lernt	• Lernen, wie man etwas tut
• Universalismus: Werte und Normen gelten für alle gleichermaßen	• Partikularismus: unterschiedliche Werte und Normen je nach ‚In'- oder ‚Out group'-Zugehörigkeit
• Zweckbezogene Beziehung (z.B. Arbeitgeber – Arbeitnehmer)	• Moralisch fundierte Beziehung (z.B. Arbeitgeber – Arbeitnehmer)
• Aufgaben dominieren die zwischenmenschlichen Beziehungen	• Zwischenmenschliche Beziehungen dominieren die Aufgaben
Bsp.: Australien, Großbritannien, USA	Bsp.: Ecuador, Guatemala, Panama

INDSCAL

ist ein Computer-Programm zur → Mehrdimensionalen Skalierung, das unter den Positionierungsmethoden zu den nicht-aggregierenden Verfahren zählt und eine → N-Wege-Analyse ermöglicht. Der Begriff „N-Wege" bezieht sich in der MDS auf das Aggregationsniveau der Daten. Eine Input-Datenmatrix der Ähnlichkeiten besitzt in Gestalt der Zeilen und Spalten immer zwei „Wege" (N=2). Man spricht von Mehr- oder N-Wege-Daten, wenn N größer oder gleich drei ist. Drei-Wege-Daten liegen dann vor, wenn die Information einer Datenmatrix, z.B. über die Befragung mehrerer Personen, repliziert wird. Für diesen Fall lassen sich individuelle Unterschiede zusätzlich in der Lösung einer MDS berücksichtigen. L.H.

Literatur: *Cox, T.F.; Cox, M.A.A.*: Multidimensional Scaling, London 1994.

Induktiver Ansatz

auch in der → Marketing-Wissenschaft verbreiteter Ansatz der → Wissenschaftstheorie; i.w.S. Methode der Beweisführung durch Nachweis ähnlicher Beispiele; i.e.S. wissenschaftliche Methode, die vom Einzelfall auf das Allgemeine, Besondere schließt. Wie *K. R. Popper* zeigte, lassen sich (in den Sozialwissenschaften) auch zahlreiche Einzelbeobachtungen nicht generalisieren und zu Gesetzmäßigkeiten verdichten. Die Tatsache, dass man bislang nur weiße Schwäne gesehen habe, lasse keineswegs den Schluss zu, dass alle Schwäne weiß seien (= deterministisch). Da damit jedoch die Wahrscheinlichkeit, „dass Schwäne weiß sind", sehr groß ist (= stochastisch), genießt die Induktion in Bezug auf die Generalisierung empirisch beobachteter Einzelfälle eine große heuristische Bedeutung. Da aus wissenschaftstheoretischer Sicht empirische Beobachtungen prinzipiell nicht geeignet sind, allgemeine Aussagen (Hypothesen, Theorien) endgültig zu bestätigen (= Verifikation), forderte *Popper*, wissenschaftliche Aussagen müssen so formuliert sein, dass sie falsifizierbar sind, d.h. an der Realität scheitern können („*Popper*-Kriterium"). Bestätigt sich eine aus vorhandenen oder spekulativ gewonnenen Theorien abgeleitete Hypothese, wenn man sie empirisch, d.h. an der Realität überprüft, wird der Geltungsbereich der Hypothese bzw. der entsprechenden Theorie größer, scheitert sie, wird er kleiner. Weil man nicht ausschließen kann, dass selbst „gute" Theorien „irgendwann" falsifiziert werden, ist es nicht möglich, nomologische Aussagen endgültig zu verifizieren (= Asymmetrie von Verifikation und Falsifikation). S.M./M.Ko.

Literatur: *Raffée, H.*: Grundprobleme der Betriebswirtschaftslehre, Göttingen 1974. *Popper, K.R.*: Logik der Forschung, 10. Aufl., Tübingen 1994.

Induktivstatistik → Inferenzstatistik

Industriegütermarketing
→ Investitionsgütermarketing

Industriemesse
→ Messen und Ausstellungen

Industriestandard → Standards

Inept Set → evoked set

Inertia

stellt in der → Korrespondenzanalyse ein Maß der Streuung der individuellen Punktprofile um ihr durchschnittliches Profil dar. Bezogen auf die Zeilen- oder Spaltenpunkte unterscheidet man Zeilen- und Spalten-Inertia.

Inertia-Effekt

betr. die im Rahmen der → Dissonanztheorie beschriebene Gesetzmäßigkeit, dass die Glaubwürdigkeit bzw. empirische Erhärtung von Informationen, die die eigene Einstellungsposition oder die präferierte Hypothese untermauern, überschätzt wird. Umgekehrt tendieren viele Probanden dazu, den „Wert" entgegengerichteter Informationen zu unterschätzen.

Inert Set → Präferenzpolitik

Inferenzstatistik

Bei der Inferenz- oder *schließenden Statistik*, auch als Induktiv- und beurteilende Statistik bezeichnet, geht es – im Unterschied zur beschreibenden Statistik (→ Datenanalyse) – um den Schluss von der → Stichprobe auf die → Grundgesamtheit („Repräsentationsschluss"). Dies setzt das Vorliegen einer Zufalls- oder Wahrscheinlichkeits-Stichprobe voraus (→ Auswahlverfahren und -techniken). Dabei können, in einer gewissen „Drehung" des Problems, zwei Aufgaben unterschieden werden:

Inferenzstatistik

(1) das Schätzen der Parameter der Grundgesamtheit,
(2) die → Hypothesenprüfung über Gegebenheiten in der Grundgesamtheit.

Zu 1: Zum Schätzen der – unbekannten – „wahren Werte" der Grundgesamtheit werden Schätzer (estimators) benötigt, die auf Daten aus der Stichprobe beruhen. Im Laufe der Zeit sind sehr viele verschiedene solcher „Schätzer" entwickelt worden. Dabei stehen nicht selten für einen Parameter der Grundgesamtheit mehrere davon zur Verfügung (so für das arithmetische Mittel der Grundgesamtheit das arithmetische Mittel der Stichprobe, aber auch z.B. deren Median). Es bedarf deshalb gewisser Kriterien, etwa:

- *Erwartungstreue* („Unverzerrtheit"); der Schätzer soll keinen „systematischen Fehler" (bias) aufweisen
- *Effizienz* (möglichst kleine Varianz)
- *Konsistenz* (mit zunehmendem Stichprobenumfang geringer werdender Zufallsfehler)
- *Suffizienz* (möglichst alle relevante Informationen der Stichprobe nutzend)
- *Robustheit* bzw. *Resistenz*: „Unempfindlichkeit" gegenüber Ausreißern.

Es ist leicht ersichtlich, dass diese Kriterien nicht widerspruchsfrei sind: So ist das arithmetische Mittel $\bar{x}$ der Stichprobe zwar z.B. ein erwartungstreuer und auch effizienter Schätzer für den Parameter μ der Grundgesamtheit (Stichprobe und das dort entwickelte Beispiel für die Intervallschätzung), aber sehr empfindlich gegenüber Ausreißern; der Median ist i.d.S. „robust" (und auch erwartungstreu), aber nicht effizient. Damit hängt es letztlich von der Gewichtung der Kriterien ab, welche Stichproben-Kennwerte für die Parameterschätzung Verwendung finden (sollen). Während die traditionelle Inferenzstatistik sehr großen Wert auf die „Erwartungstreue" legte, tritt in neuerer Zeit das letzte Kriterium in den Vordergrund: ständig neue „robuste Schätzer" werden entwickelt.

Zu 2: In Übereinstimmung mit modernen wissenschaftstheoretischen Auffassungen mag die „Definition und Klärung des Problems" in der Weise, dass Schätzungen für die „wahren Werte" der Grundgesamtheit erfolgen (und diese den weiteren Analysen zugrunde gelegt werden), als nicht hinreichend erscheinen; vielmehr wird man das Aufstellen und Testen von Hypothesen fordern. Das Ziel der Hypothesen-Tests ist es, eine Entscheidung darüber herbeizuführen, ob die aufgestellte Hypothese abzulehnen (zu „verwerfen") ist oder nicht. Diese Entscheidung kann wegen des Zufallsfehlers aber nicht mit „Sicherheit" erfolgen, sondern nur mit einer gewissen Wahrscheinlichkeit. Diese ist, genau wie bei der Parameter-Schätzung, vorher aufgrund von außerstatistischen Erwägungen festzulegen. Im Unterschied zur Parameter-Schätzung verwendet man hierfür jedoch üblicherweise nicht die Vertrauens-, sondern die → Irrtumswahrscheinlichkeit.

In diesem Sinne sind alle statistischen Tests Hypothesen-Tests (und i.w.S. auch Signifikanz-Tests). Es hat sich jedoch eingebürgert – schon wegen der unterschiedlichen Anlage in Bezug auf das Interesse an der Verwerfung der Nullhypothese – zwischen → Anpassungstests einerseits und → Signifikanztests andererseits zu unterscheiden. Letztere beziehen sich vielfach auf die Prüfung der Signifikanz von Parametern; sie sollen eine Entscheidung darüber ermöglichen, ob Unterschiede zwischen dem postulierten „wahren Wert" und dem Stichprobenergebnis nur „dem Zufall geschuldet" oder aber – mit einer bestimmten Wahrscheinlichkeit – „überzufällig", statistisch gesichert, signifikant sind; man spricht dann auch von Parametertests. Allerdings können sich Tests auch – „bivariat" – auf die Unterschiede zwischen zwei oder – multivariat – mehreren Stichproben beziehen (→ Stichproben, verbundene; → Stichproben, unabhängige). Dabei bedient man sich gewisser → Prüfverteilungen und kommt so zu verschiedenen bekannten Tests (→ t-Test, F-Test), die sich aber jeweils auf verschiedene Maßzahlen beziehen können. (So gibt es eben einen „t-Test" für das arithmetische Mittel, aber auch z.B. den Regressionskoeffizienten.) Sind keine Verteilungsannahmen erforderlich, so spricht man auch von → nonparametrischen Tests.

Arten statistischer Tests

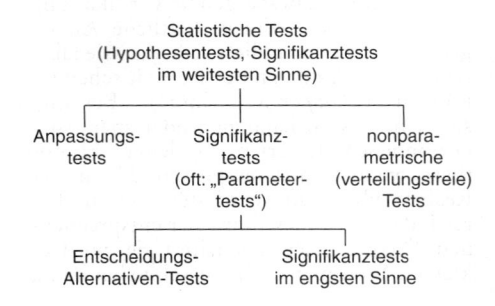

Statistische Tests
(Hypothesentests, Signifikanztests
im weitesten Sinne)

- Anpassungstests
- Signifikanztests (oft: „Parametertests")
  - Entscheidungs-Alternativen-Tests
  - Signifikanztests im engsten Sinne
- nonparametrische (verteilungsfreie) Tests

Die angedeutete Unklarheit über die verschiedenen Arten von Tests wird dadurch verschärft, dass sich die Testtheorie, speziell bezüglich der Signifikanztests, aus verschiedener Richtung entwickelt hat: durch *R.A. Fisher* einerseits und *Neymann/Pearson* andererseits. Letztere ist mehr „entscheidungsorientiert" und formal dadurch charakterisiert, dass es sich bei der alternativen Hypothese um einen bestimmten Wert handelt („einfache Hypothese"). So kann z.B. der Behauptung des Herstellers, der Schlechtanteil der gesamten Lieferung betrage 3%, die des Abnehmers, er sei 5%, gegenüberstehen; die „Entscheidung" soll aufgrund der Entnahme einer Stichprobe erfolgen. Diese Form – in der *Abbildung* als „Entscheidungs-Alternativen-Test" bezeichnet – erlaubt zwar die exakte Berechnung des „Fehlers 2. Art" (→ Signifikanzniveau), ist in der Praxis aber (früher oft Ausnahme: Statistische Qualitätskontrolle bzw. Abnahmeprüfung) eher selten. Meist wird als Alternative eine zusammengesetzte Hypothese – im Beispiel etwa, der Schlechtanteil sei größer als 3% (ohne dies zu spezifizieren), vielfach aber: der „wahre Wert" sei nicht 0, sondern entweder größer bzw. kleiner oder einfach „ungleich" 0 – verwandt und dies als „Signifikanztest" (quasi im engsten Sinne) bezeichnet. M.H.

Literatur: *Bohley, P.:* Statistik, 6. Aufl., München 1996. *Hartung, J.; Elpelt, B.; Klösener, K.-H.:* Statistik, 12. Aufl., München 1999. *Hüttner, M.:* Grundzüge der Marktforschung, 6. Aufl., München 1999. *Sachs, L.:* Angewandte Statistik, 9. Aufl., Berlin 1999.

Inferiore Güter

in der Theorie der → Nachfrage benutzter Begriff für Güter, die im Vergleich zu anderen, substitutiven Gütern als weniger begehrenswert empfunden werden. Insoweit es das verfügbare Einkommen zulässt, werden sie deshalb durch die höherwertigen Güter ersetzt. Ein typisches Beispiel ist die Nachfrage nach privaten Verkehrsmitteln (Fahrrad, Motorrad, Auto). Eine Analyse der Inferiorität ist insb. dann angebracht, wenn – etwa rezessionsbedingt – mit drastischen Einkommensveränderungen bei den Abnehmern gerechnet werden muss.
Für inferiore Güter gilt der sog. → Giffen-Effekt.

Infobrief

ist ein Angebot der → Deutschen Post AG zur kostengünstigen Versendung kleinerer Mengen inhaltsgleicher → adressierter Werbesendungen. Ab einer Mindestmenge von 50 Stück können hier Mailings zu deutlich günstigeren Portokosten (ca. 30% Rabatt z.B. auf Standardbrief 20g) aufgebracht werden (→ Portooptimierung). Die Briefe müssen den Vermerk „Entgelt bezahlt" und „Infobrief" aufweisen; zudem muss eine Einlieferungsliste ausgefüllt werden.

Infomat

Abkürzung für Informationsautomat. Multimediales → Kiosksystem der Kaufhof Warenhaus AG.

Infomediäre

Der Begriff „Infomediäre" (engl. Infomediaries) geht auf *Hagel/Singer* (1999) zurück. Infomediäre sollen die persönlichen Daten der Internet-Nutzer aus elektronischen Märkten in deren Sinne verwalten, d.h. die Nutzer können das Ausmaß der Preisgabe von Daten und den Schutz ihrer Privatsphäre selbst festlegen. Infomediäre treten als Vermittler zwischen Unternehmen und Konsumenten auf. Der Vorteil für die Internetnutzer besteht darin, dass er generell anonym bleiben kann. Er hat aber die Möglichkeit, interessierten Firmen oder Web-Site-Betreibern für eine Gegenleistung (Rabatt, Geld, personalisiertes Produkte) persönliche Vorlieben oder Adressinformationen mitzuteilen. Es finden sich immer mehr Firmen im Internet, z.B. *www.privaseek.com* oder *www.lume-ria.com*, die diese Idee kommerziell umsetzen. B.S./M.S.

Literatur: *Hagel, J.I.; Singer, M.:* Net Worth. Shaping Markets When Customers Make the Rules, Boston, Mass. 1999.

Infomercials → Zapping

Infopost

ist ein Angebot der → Deutschen Post AG zur kostengünstigen Versendung inhaltsgleicher → adressierter Werbesendungen ab einer Mindestmenge von 4.000 Stück. Der Vorteil: deutlich günstigere Portokosten (bis zu 70% Rabatt im Vergleich zum Normaltarif). Damit liegen die Aufwendungen noch deutlich unter denen des → Infobrief (→ Portooptimierung). Es müssen allerdings auch bestimmte Kriterien der Post bzgl. Mindestmengen je Leitregion, Vorsortierung, → Adressierung oder in formaler Hinsicht erfüllt werden. Da die Bedingungen für Infopost sehr komplex sind, empfiehlt sich die Zusammenarbeit mit einem darauf spezialisierten Unternehmen, z.B. einem → Lettershop. Von der Abgabe bis zur Auslieferung benötigt die Infopost etwa vier Tage.

Information

In wissenschaftlichen Ausführungen lassen sich unterschiedliche Definitionen des Begriffs der Information finden. In der betriebswirtschaftlichen Forschung kann *Wittmanns* Definition "Information ist *zweckorientiertes Wissen*, das zur Erreichung eines Zweckes, nämlich einer möglichst vollkommenen Disposition, *eingesetzt wird*" (*Wittmann*, 1959, S. 14) als allgemein akzeptiert angesehen werden. Informationen besitzen sowohl als Produkt als auch als Produktionsfaktor *besondere Eigenschaften*: Immaterialität, Möglichkeit der Mehrfachnutzung, damit verbundene Gefahr der Diffusion, Ubiquität, Problematik der Eigentumsrechte, *Informationskosten*, die von Beschaffung, Produktion, Nutzung und Weiterleitung von Informationen abhängig sind und → *Informationswert*, der von der Art der Verwendung abhängig ist und durch Hinzufügen, Selektieren, Verdichten, Konkretisieren oder Weglassungen verändert werden kann (→ Informationsmanagement, wettbewerbsorientiertes).
In der → Konsumentenforschung wird der Informationsbegriff meist weiter gefaßt und umfaßt jedwede (auch nicht zweckgerichtete), interpretierte Wahrnehmung des Konsumenten (→ Informationsverhalten).
C.McL.

Literatur: *Witte, E.:* Das Informationsverhalten in Entscheidungsprozessen, Tübingen 1972. *Bode, J.:* Der Begriff der Information in der Betriebswirtschaftslehre, in: zfbf, 49. Jg. (1997), S. 449-468.

Information Acceleration

Marktforschungsverfahren im → Innovationsmanagement für Produkte mit sehr hohem Neuigkeitsgrad in einem sehr frühen Produktentwicklungsstadium. Das Ziel ist es, die Testpersonen so real wie möglich in das zukünftige (Kauf-)Umfeld zu versetzen. Hierzu werden verschiedene Szenarien entwickelt, durch entsprechende Marketing Mixe hinterlegt und multimedial umgesetzt. Diese sollen dazu führen, dass die Testpersonen sowohl sich selbst in der Zukunft sehen als auch das zukünftige Umfeld des Testproduktes kennen. Diese Eigenschaft von Information Acceleration wird „Future Conditioning" genannt. Die Testpersonen müssen nicht alle Informationsquellen nutzen, sondern können sich wie im realen Leben entscheiden, welche Informationsquellen vor der Kaufentscheidung verwendet werden. Dies gibt der Testperson die Möglichkeit der aktiven Suche nach Informationen und Kontrolle über die Informationsbeschaffung. Studien indizieren, dass die Konsumenten ihre Informationssuche selbständig optimieren. Diese Eigenschaften werden auch mit „Full Information" und „User Control" beschrieben.
Dieses Verfahren ermöglicht sehr flexibel den Test verschiedener Szenarien, Marketing Mixe und Produktkonzepte. Hauptvorteil bei der Durchführung von Information Acceleration ist, dass noch keine voll funktionsfähigen Prototypen vorhanden sein müssen (→ Rapid Prototyping).
V.T./M.Dr.

Literatur: *Urban, G.; Hauser, J.; Qualls, W.; Weinberg, B.; Bohlmann, J.; Chicos, R.:* Information Acceleration: Validation and Lessons From the Field, in: Journal of Marketing Research, Vol. 34 (1997), S. 143-153.

Information-Display-Matrix (Informationstafel)

ist eine der Prozessverfolgungstechniken im Rahmen der → Kaufentscheidungsprozessforschung, bei der das Informationsangebot einer Entscheidungssituation in einer zweidimensionalen Matrix mit Alternativen (Produkten) und Eigenschaften dargestellt wird, die auch um eine dritte Dimension mit unterschiedlichen Informationsquellen erweitert werden kann. Jedes Feld dieser Matrix enthält die durch Zeile und Spalte festgelegte Information, die von der jeweiligen Versuchsperson einzeln abgerufen werden kann. Art, Menge und Reihenfolge der Informationsaufnahme wird von der Versuchsperson bestimmt und für Auswertungszwecke protokolliert. Während man früher mit Tafeln arbeitete, die in jedem Matrixfeld mit Fächern versehen waren, aus denen Informationskarten entnommen werden konnten, verwendet man heute meist Computer, bei denen die zum Informationsabruf dienende Matrix auf einem Bildschirm präsentiert wird und die Versuchs-

person durch entsprechende Eingaben die gewünschte Information anfordern kann.
Im Zentrum der Auswertung steht die *Analyse von Transitionen*. Damit sind die Übergänge von einem Informationszugriff zum nächsten gemeint, von denen vier Verschiedene auftreten können (s.a. → Kaufentscheidungsheuristiken):

- gleiche Alternative und gleiche Eigenschaft bei Schritt n und Schritt n+1 der Informationsaufnahme
- gleiche Alternative, aber verschiedene Eigenschaften bei n und n+1,
- verschiedene Alternativen, aber gleiche Eigenschaft bei n und n+1,
- verschiedene Alternativen und verschiedene Eigenschaften bei n und n+1.

Die Berechnung von Anteilen der vier Typen von Transitionen an der Informationsaufnahme einer Versuchsperson führt u.a. zu Aussagen über die Anteile → attributweiser und → alternativenweiser Informationsaufnahme. A.Ku.

Literatur: Jacoby, J; Jaccard, J.; Kuß, A.; Troutman, T.; Mazursky, D.: New Directions in Behavioral Process Research – Implications for Social Psychology, in: Journal of Experimental Social Psychology, Vol. 23 (1987), S. 146-175. *Kuß, A.*: Information und Kaufentscheidung, Berlin, New York 1987. *Payne, J.; Bettman, J.; Johnson, E.*: The Adaptive Decision Maker, Cambridge 1993.

Information Filtering

Ist ein Anwendungsbereich von → Expertensystemen, bei dem Informationen aus einer Informationsmenge nach bestimmten Mustern oder aufgrund einer Korrelation mit Vergleichsdaten extrahiert werden.
Das Information Filtering wird im Marketing insbesondere bei der → Personalisierung von elektronischen Inhalten im Rahmen des → E-CRM eingesetzt. Hierbei unterstützt es die automatische Segmentierung von Nutzern und die Zusammenstellung eines individuell angepassten Leistungsangebot (Individualisierung). Die Unterscheidungsmerkmale der eingesetzten IV-Systeme für das Marketing liegen im Wesentlichen in der Problemlösungskomponente und der Dialogkomponente der Systeme.
Hinsichtlich der Problemlösungskomponente lassen sich grundsätzlich zwei methodische Ansätze unterscheiden: die regelbasierten Systeme und Collaborative Filtering Systeme.
Ein *regelbasiertes System* beruht auf einem „Top-Down"-Ansatz, bei dem die Problemlösungskomponente durch das Unternehmen a priori implementiert wird. Es basiert auf vordefinierten Geschäftsregeln mit einer „Wenn-Dann"-Logik, welche den Kunden anhand seines Nutzerverhaltens definierten Segmenten oder Nutzergruppen zuordnet und wiederum anhand der festgelegten Eigenschaften einer Gruppe Inhalte und Produkte empfehlen kann. So kann z.B. ein regelbasiertes System einen Internet-Nutzer als Premium-Kunden oder Studenten identifizieren und unterschiedliche Produktkategorien empfehlen. Mit dem regelbasiertem System können jederzeit neue Inhalte und Produkte durch bestehende Regeln den passenden Nutzern und Kunden zugeordnet werden. Ändert sich aber das Nutzungsverhalten oder die Präferenzen eines definierten Segmentes, muss das Regel-Set überarbeitet werden.
Die geringe Anpassungsfähigkeit des Systems ist der wesentliche Unterschied zum *Collaborative Filtering* (auch „Social Filtering" genannt), dem zweiten Ansatz des „Information Filtering". Hierbei werden die Inhalte oder Produkte, die einem Nutzer empfohlen werden, aufgrund registrierter Empfehlungen anderer Nutzer extrahiert. Auf der Grundlage von beobachtetem Nutzungsverhalten werden für den einzelnen Nutzer *„Affiliate Groups"* ermittelt, zu denen große Ähnlichkeiten bestehen. Aus den aggregierten Präferenzdaten der Vergleichsgruppen werden dem Nutzer in Echtzeit Inhalte oder Produkte vorgeschlagen. Beim Collaborative Filtering spricht man auch vom „Buttom-Up"-Ansatz, denn die Methode beruht einzig und allein auf den Bewertungen und Präferenzen, die ein einzelner Nutzer offen legt. Bei einer Veränderung der Bedürfnisstruktur der Nutzer korrigiert sich das System nach diesem Ansatz selbstständig und basiert damit auf einem adaptiven Lernprozess. Die Expertensysteme des Collaborative Filtering verwenden i.d.R. → Neuronale Netze, Fuzzy Logic und genetische Algorithmen, um die Ähnlichkeit zwischen den Individuen zu bestimmen.
Sonderformen des Collaborative Filtering sind das *Psychographic Filtering* und das *Adaptive Filtering*. Das Psychographic Filtering ergänzt die Nutzungsanalyse um eine direkte Abfrage der Einstellungen und Präferenzen. Das Adaptive Filtering bildet das Profil über einen sukzessiven Lernprozess. Neben einer → Clickstream Analyse, die das individuelle Informationsverhalten aus-

Information Highway (auch: Information Superhighway; Datenautobahn) 640

wertet, berücksichtigt dieses Verfahren noch einzelne, direkte Bewertungen von Inhalten, die während der Nutzung einzeln erfasst wurden.

Die Dialogkomponente eine Information Filtering Systems im e-CRM bezeichnet man als sog. → *Recommender Systems* (Empfehlungssystem). Es bietet das sichtbare Ergebnis der Personalisierung und ergänzt das elektronische Leistungsangebot um die individuelle Informations- und Sortimentsgestaltung. R.St.

Literatur: *Strauß, R. E.; Schoder, D.*: Wie werden Produkte den Kundenwünschen angepasst?, in: *Albers, S.; Clement, M.; Peters, K.; Skiera, B.* (Hrsg.): eCommerce, Frankfurt 1999, S. 109-121. *Seybold, P. B.*: Customers.com. How to create a profitable business strategy for the Internet and beyond, New York 1998.

Information Highway (auch: Information Superhighway; Datenautobahn)

Verwendung von Hochgeschwindigkeitsdatennetzen zum effizienten elektronischen Informationsaustausch. Der Information Highway soll z.B. interaktives Fernsehen und Video-On-Demand ermöglichen. In den USA wird der Information Highway durch ein Regierungsprogramm gefördert. Mit der Verwendung der ATM-Technologie („Asynchronous Transfer Mode", Breitband-ISDN) werden zurzeit wichtige Schritte in Richtung Information Highway vollzogen. B.S./K.S.

Information overload
→ Informationsbeschaffung von Konsumenten

Informations-Agenten

Informations-Agenten sind Instrumente im → E-Commerce, die eine über das Angebot von Suchmaschinen hinausgehende Suche erlauben. Informations-Agenten sollen eine „intelligente" Suche ermöglichen, indem beispielsweise auch die Bedeutung eines Textes miterfasst werden kann. Informations-Agenten gehören der Kategorie der *Software-Agenten* an. Software-Agenten sind Programme, die im Auftrag eines Benutzers selbständig bestimmte Aufgaben erfüllen. Software-Agenten sind dahingehend charakterisiert, dass sie immer einen Auftraggeber haben, dessen Aufgaben sie autonom ausführen. Aus diesem Grund muss ein Software-Agent durch Schnittstellen kommunikationsfähig und in der Lage sein, Ereignisse in seiner Umwelt wahrzunehmen. Insbesondere muss ein Softwareagent die wahrgenommenen Ereignisse interpretieren können und folglich über (künstliche) Intelligenz verfügen. Weitere Arten von Software-Agenten sind die den Informations-Agenten verwandten *Filter-Agenten*. Diese extrahieren aus großen Datenmengen eine kleine, für den Benutzer relevante Teilmenge gemäß dessen individuellen Präferenzen. Die gefilterten Informationen werden nutzerspezifisch aufbereitet und eignen sich daher besonders zur Individualisierung von Angeboten. *Erinnerungs-Agenten* suchen das Internet oder bestimmte Internet-Angebote nach neuen oder veränderten Informationen ab. Beispielsweise kann sich der Nutzer informieren lassen, wenn der Preis eines gewünschten Produktes reduziert wurde (z.B. „Preisalarm" bei *www.myworld.de*). *Shopbots* sind Informations-Agenten, die das WorldWideWeb nach gewünschten Produkten und Sonderangeboten durchsuchen und die Suchergebnisse in der Regel als Vergleichslisten mit Anbietern, Preisen und weiteren Informationen anzeigen. B.S./M.S.

Literatur: *Clement, M.; Runte, M.*: Intelligente Software-Agenten. Implikationen für das Marketing im eCommerce, Manuskripte aus den Instituten für Betriebswirtschaftslehre der Universität Kiel, Nr. 498, Kiel 1999.

Informationsbeschaffung von Konsumenten

spezifischer Prozess im → Informationsverhalten, der hauptsächlich im Zusammenhang mit extensiven und limitierten Kaufentscheidungen stattfindet. Bei → habitualisierten Kaufentscheidungen wird i.d.R. nur eine im Gedächtnis gespeicherte Information (z.B. Markenname des bisher verwendeten Produkts) abgerufen, die die anstehende Entscheidung determiniert; mit → impulsiven Kaufentscheidungen ist kaum Informationsaufnahme und -verarbeitung verbunden. Die Informationsbeschaffung dient den Konsumenten zum Erwerb des als notwendig erachteten Wissens über die zu kaufenden Produkte bzw. die in Frage kommenden Einkaufsquellen.

Man unterscheidet dabei

– *aktive* und *passive* Informationsaufnahme,

– *interne* (Abruf im Gedächtnis gespeicherter Informationen) und *externe* Informationssuche (Benutzung anderer Informationsquellen, z.B. Verkäufer, Testberichte, Packungsaufschriften, Internet)

Wesentliche Merkmale der externen Informationssuche von Konsumenten lassen sich durch folgende fünf Aspekte charakterisieren:

(1) Art und Menge der betrachteten Alternativen

Meist wird nur eine relativ kleine Teilmenge (oft nur 2 – 3, max. ca. 10 Alternativen) der in einem Markt angebotenen Produkte in den Entscheidungsprozess einbezogen (→ consideration set). Manchmal werden mehrphasige Informationsaufnahmestrategien benutzt, um aus einer Vielzahl von Produkten diejenigen auszuwählen, die bestimmten Anforderungen genügen (z.B. hinsichtlich einer Preisgruppe), damit im Fortgang des Entscheidungsprozesses über diese Alternativen weitere Informationen beschafft und verarbeitet werden können.

(2) Art und Menge der betrachteten Produkteigenschaften

Zur Art der Produkteigenschaften, über die Informationen beschafft werden, lassen sich wenig generelle Aussagen machen, da diese natürlich stark von der Produktgruppe abhängen, innerhalb derer eine Auswahl getroffen wird. Der Preis von Produkten als die einzige Art von Informationen, die wohl bei allen Kaufentscheidungen eine Rolle spielt, gehört allgemein zu den am stärksten beachteten Eigenschaften (→ Preisinteresse). Daneben kann man meist beobachten, dass → Schlüsselinformationen – wenn sie zur Verfügung stehen – relativ stark genutzt werden.

Hinsichtlich der Anzahl der von Konsumenten üblicherweise betrachteten Produkteigenschaften kann man sagen, dass diese fast immer nur ein (oftmals kleiner) Teil der Anzahl von Eigenschaften ist, über die Informationen erhältlich sind.

(3) Art der genutzten Informationsquellen

Die Informationsquellen bei Kaufentscheidungen lassen sich zunächst in die drei Arten

– *direkte* Betrachtung/Untersuchung von Produkten durch den Konsumenten selbst (z.B. Probefahrt vor einem Autokauf),
– *neutrale* Dritte, also Personen oder Institutionen, die keine Vor- oder Nachteile von der Kaufentscheidung des Konsumenten haben (z.B. → Stiftung Warentest), und

– *anbieterbestimmte* Informationsquellen, also Personen oder Institutionen, die Vorteile von der Beeinflussung des Konsumenten durch Informationen erwarten (z.B. Verkäufer)

unterteilen.

Durch die Ausbreitung der Nutzung des → Internets haben sich neuartige und weitergehende Informationsmöglichkeiten ergeben. Hier mischen sich Angebote aus neutralen und anbieterbestimmten Informationsquellen. Einige fortschrittliche Formen der elektronischen Präsentation von Informationen kommen der direkten Betrachtung von Produkten nahe, wenn z.B. eine Rundum-Ansicht von Urlaubsquartieren oder zu verkaufenden Immobilien ermöglicht wird.

Eine Besonderheit elektronischer Informationsquellen besteht darin, dass teilweise Selektions- und Sortiermöglichkeiten für die verfügbaren Informationen angeboten werden. Dadurch wird dem Nutzer die gezielte Informationssuche und der Vergleich von Angeboten (z.B. durch Sortierung von Angeboten des gleichen Produkts nach Höhe des verlangten Preises) deutlich erleichtert.

Die *Erfassung bzw. Messung* der Informationsbeschaffung lässt sich grundsätzlich durch Befragung und Beobachtung durchführen. Eine Beobachtung mag im Labor oder im Geschäft leicht gelingen; ansonsten bleibt oft nur die Möglichkeit, das Informationsbeschaffungsverhalten sowie das aktive Wissen (Erinnerung) und passive Wissen (Wiedererkennungsleistungen) zu erfragen. Bei der Nutzung elektronischer Informationsangebote besteht prinzipiell die Möglichkeit, Verlauf und Intensität dieser Nutzung zu protokollieren.

Mit den *Determinanten* der Informationsbeschaffung verbinden sich zahlreiche theoretische Ansätze, etwa die Theorie des wahrgenommenen → Kaufrisikos, das Kosten-Nutzen-Konzept, die → Dissonanztheorie oder der → Involvement-Ansatz. Die wichtigsten Determinantengruppen werden dabei jeweils nur z.T. angesprochen; es handelt sich dabei um die folgenden Ursachen-Gruppen:

– *Personale Faktoren*, wie Quellenkenntnisse (z.B. Wissen um Internet-Adressen) und Informationspräferenzen, aber auch das Vertrauen in diverse Informationsquellen und die verfügbare Kaufkraft bei der Informationsabgabe gegen Entgelt,

Informationsbroker (Informationsmakler)

– *Produktbezogene Faktoren*, wie etwa Marken-Remmisse oder Produkterfahrung.
– *Situative Faktoren*, wie die Zugänglichkeit von Informationsquellen, deren Zugehen auf den Verbraucher und die für die Informationsaufnahme gewährte Zeit.

Vor diesem Hintergrund sind Einflussgrößen wie das Produktinteresse (Produkt-Involvement) nichts anderes als das Zusammenwirken bzw. die Interaktion personaler und produktbezogener Faktoren.

(4) Menge der verwendeten Einzelinformationen

Einschlägige Untersuchungen zeigen übereinstimmend, dass für die verschiedensten Kaufentscheidungen nur ein kleiner Teil der verfügbaren Informationen genutzt wird. Der Hauptgrund dafür liegt in der Begrenzung der menschlichen Informationsverarbeitungskapazität. Daran entzündete sich auch eine heftige Fachdiskussion in den 70er und 80er-Jahren, die *Information-Overload-Kontroverse*. Danach hat sich die Möglichkeit einer → Informationsüberlastung von Konsumenten, d.h. einer Verschlechterung von Entscheidungen durch die Aufnahme einer die Verarbeitungskapazität überschreitenden Informationsmenge, klar bestätigt. I.d.R. wird diese Überlastung aber durch die Beschränkung auf eine geringe Zahl von Informationen vermieden. Als Einflussfaktoren der Anzahl extern aufgenommener Einzelinformationen sind v.a. die Menge und Art (z.B. → Schlüsselinformationen) im Gedächtnis vorhandener (interner) Informationen, die Wichtigkeit einer Kaufentscheidung, die Komplexität einer Entscheidung (Anzahl betrachteter Alternativen und als relevant angesehener Produkteigenschaften), die jeweiligen Fähigkeiten einer Person zur Informationsverarbeitung und der Aufwand (Zeit, Geld, Anstrengungen) für die Informationsbeschaffung zu nennen. Die bei vielen elektronischen Informationsangeboten gegebenen Selektions- und Sortierhilfen verringern das Problem der Informationsüberlastung und ermöglichen durch gezielte Suchmöglichkeiten angesichts beschränkter Verarbeitungskapazität die Konzentration auf relevante Attribute bzw. Alternativen bei einer Entscheidung.

(5) Reihenfolge der Aufnahme der Einzelinformationen

Die Reihenfolge der Informationsaufnahme erlaubt Schlüsse auf die angewandten → Kaufentscheidungsheuristiken. Beispielsweise kann man bei → attributweiser Informationsaufnahme wohl ausschließen, dass die verschiedenen Alternativen zunächst einzeln beurteilt werden und dann eine Entscheidung getroffen wird. Daneben kann die Reihenfolge des Abrufs von Informationen auch als Indikator für deren wahrgenommene Wichtigkeit verwendet werden, da viele Menschen dazu neigen, auf die für sie bedeutsamsten Produktmerkmale zuerst zu achten.

A.Ku.

Literatur: *Alba, J.; Lynch, J.; u.a.:* Interactive Home Shopping: Consumer, Retailer, and Manufacturer Incentives to Participate in Electronic Marketplaces, in: Journal of Marketing, Vol. 61 (1997), No. 3, S. 38-53. *Kroeber-Riel, W.; Weinberg, P.:* Konsumentenverhalten, 7. Aufl., München 1999. *Newman, J.:* Consumer External Search – Amount and Determinants, in: *Woodside, A.; Sheth, J.; Bennett, P.* (Hrsg.): Consumer and Industrial Buying Behavior, New York, Oxford, S. 79-94. *Payne, J.; Bettman, J.; Johnson, E.:* The Adaptive Decision Maker, Cambridge 1993.

Informationsbroker (Informationsmakler)

für die → Sekundärforschung bedeutsame Vermittler zwischen Erstellern und Nutzern von → Datenbanken, die die Funktion von Informationsgroßhändlern besitzen. Es handelt sich hier um öffentlich geförderte Stellen, privatwirtschaftliche Broker, Auskunfteien und Banken. Sie übernehmen Recherchen im Auftrag ihrer Kunden.

Informations-Logistik, warenbegleitende

befasst sich als Teil bzw. Dimension der → Marketing-Logistik mit der Steuerung und Kontrolle von Strukturen und Prozessen für die Übertragung und Verarbeitung aller Informationen eines Unternehmens. Die in der Informations-Logistik geschaffenen Strukturen und Prozesse bilden Informationssysteme, die ein geordnetes Gefüge zwischen Menschen, Technik, Aufgaben und organisatorischen Regelungen schaffen. Aus der Hierarchie der im Allgemeinen computerbasierten Informationssysteme umfasst die warenbegleitende Informations-Logistik die Ebene der Administrations- und Dispositionssysteme in Abgrenzung zur Ebene der Führungssysteme. Neben der Aufgabe, eine Infrastruktur für Informationsverarbeitung und Kommunikation zu schaffen (Logistik für Informationen), liefert die Informations-Logistik die für die Bereitstellung von Gütern im Beschaffungs-, Produktions- und Distributionsprozess erforderlichen Informationen (Informationen für Logistik). Streng genommen reicht für diese Aufgabe die Betrachtung einer warenbegleitenden Informations-Logistik nicht aus. Jedem Warenfluss steht ein auslösender Informationsfluss gegenüber (→ Auftragsabwicklung), ebenso sind warenvorauseilende Informationsflüsse eine wichtige Koordinationshilfe, die die Potenziale moderner Kommunikationstechnologie nutzt.

Im Rahmen der aktuell immer stärkeren Abkehr von einer Funktionsspezialisierung im Unternehmen hin zu einer Prozessorientierung, die sich an den sachlogischen Verknüpfungen der zu verrichtenden Aufgaben orientiert, kommt der Informationslogistik eine überragende Rolle zu. Sie schafft die Grundlage der informatorischen Kopplung der mit den Warenflüssen verbundenen Einheiten. Dies geschieht auf drei Ebenen:

- funktionsintern
- funktionsübergreifend
- unternehmensübergreifend

Funktionsintern besteht bspw. innerhalb des Marketing die Aufgabe, den Preis-, den Kommunikations-, den Distributions- und den Produktbereich miteinander abzustimmen. Die funktionsübergreifende Integration in der Informations-Logistik findet ihren Niederschlag in Konzepten der *Computer Integrated Logistics* (CIL), bei der in und zwischen allen Funktionsbereichen der Logistik auf sämtliche Datenbestände systemweiter Zugriff besteht. Unternehmensübergreifende Informationsflüsse manifestieren sich in der Auftragsabwicklung zwischen Produzenten, Handel und Abnehmern.

Ausgangspunkt einer wettbewerbsfähigen warenbegleitenden Informations-Logistik ist die Codierung der mit einer Sendung verbundenen Informationen bzgl. Sendungsinhalt, Eigenschaften und Sendungsziel in einer für die Informationstechnologie interpretierbaren Form. Dies kann in Form eines „sprechenden" Barcodes oder wiederverwendbaren Speicherchips, eines sog. Transponders, auf der Versandeinheit erfolgen. Ebenso besteht die Möglichkeit, die erforderlichen Informationen verteilt im Informationssystem eines Unternehmens zu hinterlegen und für die warenempfangende Stelle durch eine identifizierende Nummerierung auf der Versandeinheit die Zuordnung von Ware und Information möglich zu machen. Auf dieser Basis kann dem Empfangsort bereits vor Eintreffen einer Sendung mittels *elektronischem Datenaustausch* (EDI, electronic data interchange) diese avisiert werden und dort eine entsprechende Planung erfolgen. Eingelesen werden den Informationen am Empfangsort im optimalen Fall erneut technikbasiert, z.B. mit Hilfe von Scannern. Die in unmittelbarer Verbindung mit den Warenbewegungen stehende Erfassung der Informationen eröffnet die Möglichkeit, sämtliche dispositiven Aufgaben auf Basis dieser Daten durchzuführen und auch strategische Entscheidungen durch eine Analyse verlässlicher operativer Daten zu treffen.

→ Warenwirtschaftssysteme des Handels sind ein Beispiel für eine solche geschlossene Informationskette, wenn diese Systeme bereits die Abverkaufsdaten per Scanner erfassen und auch die Warenbewegungen der anderen Stufen der → Distributionslogistik mittels mobiler Datenerfassung und Kommunikation unterstützen (→ ECR, Efficient Customer Response).

Voraussetzung für die Realisierung einer solchen funktions- und unternehmensübergreifenden Informationskette ist die *Standardisierung der Formate* für eine computergestützte Kommunikation. Dies gilt für die Barcodes als Träger der Information ebenso wie für die auszutauschenden Nachrichten. Einen hohen Verbreitungsgrad hat der auf Verbrauchsverpackungen im Konsumgüterbereich aufgebrachte EAN 13 Barcode, der jedoch als lediglich identifizierender Code nicht in der Lage ist, den Ansprüchen der Steuerung von Logistiksystemen gerecht zu werden. Erforderlich ist hierzu eine Erweiterung, die sich im EAN 128 Code niedergeschlagen hat (→ Artikelnummerierungssysteme). Grundlage für den elektronischen Datenaustausch ist die Standardisierung der Datenübertragung. Das Projekt EDIFACT (electronic data interchange for administration, commerce and transport) der Wirtschaftskommission der Vereinten Nationen für Europa (UN/ECE) legt international Form und Aufbau für Geschäftsformulare (Rechnung, Bestellschein, Auftragsbestätigung, Lieferabruf, u.a.) einheitlich fest. Im Zusammenhang mit der Entwicklung des Internets zeichnen sich weitere Fortschritte auf dem Gebiet der Kommunikationsstandards ab, die eine weitere Verbreitung der unternehmensübergreifenden Kommunikation fördern.

Informationslogistik sollte für die beschriebenen Aufgaben anstreben, Informationen möglichst frühzeitig in einem allgemein verständlichen Format für einen medienbruchfreien Transport in und zwischen Unternehmen zu erfassen, um einen schnellen und fehlerfreien Güterstrom zu gewährleisten.

Die für die Abwicklung von warenbegleitenden Informationsflüssen geltenden Prinzipien bilden auch für Systeme die Leitlinie, die ausschließlich der Abwicklung von Informationsflüssen dienen. Dies ist z.B. im Banken- oder Touristikbereich der Fall. Mit SWIFT oder AMADEUS sind dort Systeme implementiert, die gesamte Unternehmensnetze verbinden. Im Rahmen des → E-Commerce wird der Aufbau solcher Netze weiter intensiviert und bis hin zum Endverbraucher ausgedehnt.

Die bisherigen Darstellungen der Funktionen, Aufgaben und Formen der Informations-Logistik zeigen, dass verschiedene informationslogistische Subsysteme miteinander verknüpft werden müssen. Dabei geht es vor allem um die Gestaltung der Schnittstellen zwischen z.T. sehr unterschiedlich ausgeprägten elektronischen Informationssystemen. Ziel ist es, einen Datenverbund aufzubauen, der es den beteiligten logistischen Systemen ermöglicht, auf dieselben Daten zurückzugreifen. Die grundsätzlichen Probleme, die beim Aufbau eines logistischen Datenverbundes gelöst werden müssen, lassen sich in folgender Weise zusammenfassen:

- Einheitliche Datenstrukturen und Formulare zur Standardisierung der Datenerfassung und der Datenauswertung.
- Datensicherheit und Datenschutz als Grenzen eines ungehinderten Datenzugriffs.
- Kompatibilität von Hard- und Software unterschiedlicher Informationsnutzer.

W.De./J.R.

Literatur: *Böhnlein, M; Ulbrich vom Ende, A.:* XML – Extensible Markup Language, in: Wirtschaftsinformatik, 41. Jg. (1999), S. 274-276. *Delfmann, W.:* Organisation globaler Versorgungsketten, in: *Glaser, H. et al.* (Hrsg.), Organisation im Wandel der Märkte, Wiesbaden 1998. *Delfmann, W.:* ECR – Efficient Consumer Response, in: DBW, 59. Jg. (1999), S. 565-568. *Kloth, R.:* Waren- und Informationslogistik im Handel, Wiesbaden 1999. *Schwarzer, B.; Krcmar, H.:* Wirtschaftsinformatik, Stuttgart 1996.

Informationsmanagement, wettbewerbsorientiertes

Ein marketing- oder wettbewerbsorientiertes Informationsmanagement betrifft nicht allein die Abbildung und Steuerung des Unternehmensgeschehens durch betriebliche Informationssysteme (Aspekt der *Informationsverarbeitung*), sondern beinhaltet auch die klassischen Informationsaufgaben des Marketing im Sinne der *Informationsgewinnung* (Marktforschung) und der *Informationsübertragung* (Kommunikationspolitik). Entsprechend verfolgt ein idealtypisches Informationsmanagement das Ziel, die unternehmerische Effektivität und Effizienz zu verbessern, in dem die im Marktprozess gewonnenen Informationen unmittelbar in die Steuerung der Unternehmensprozesse einfließen und die so erzielten Unternehmensergebnisse ohne Reibungsverluste wieder in den Marktprozess zurückgespielt werden. Es ergeben sich somit drei Phasen, die auch als *Informations-Dreisprung* bezeichnet werden (vgl. *Abb.*):

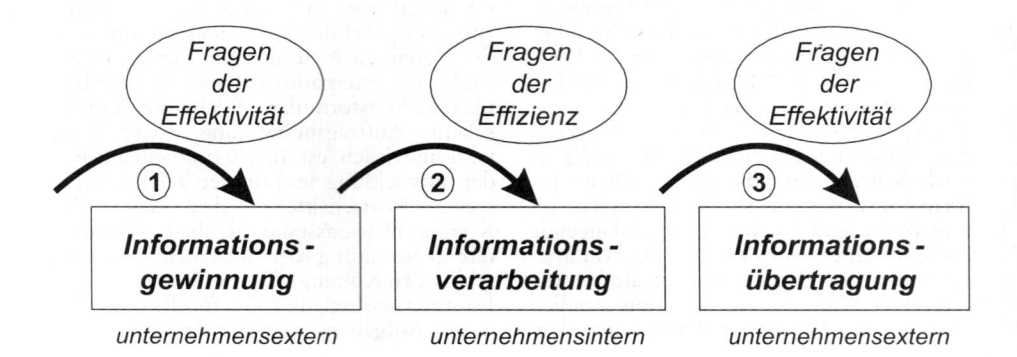

Die Phase der *Informationsgewinnung* kann dabei mit der Situationsanalyse im Rahmen des klassischen Marketing-Konzeptionierungsprozesses gleichgesetzt werden. Die Informationen über den Markt, und hier insbesondere über die Nachfrager und die Konkurrenz, zeigen, wie sich das Unternehmen *effektiv* im Markt engagieren kann. Im Rahmen der *Informationsverarbeitung* werden demgegenüber die unternehmensinternen Informationsprozesse sowie deren Verbindung mit dem Unternehmenswissen (→ Knowledge Management) zur Verbesserung der Effizienz betrachtet. Die *Informationsübertragung* versucht schließlich eine informatorische Platzierung des Leistungsangebots im Markt sicherzustellen.

Ziel eines wettbewerbsorientierten Informationsmanagement ist es somit, die Effizienz und die Effektivität der unternehmerischen Leistungsangebote bzw. der Leistungserstellung zu verbessern, was freilich auch trotz hohem Technologieeinsatz misslingen kann (→ Produktivitätsparadoxon). Allerdings können die Informationsaktivitäten auch eigenständige → Informationsprodukte hervorbringen. Die drei Phasen des *Informations-Dreisprungs* spiegeln gleichzeitig auch zentrale Aspekte eines → virtuellen Wertschöpfungsprozesses wider.

Ein umfassendes Informationsmanagement beschränkt sich nicht auf das Unternehmen selbst, sondern bezieht auch die verschiedenen Stakeholder eines Unternehmens mit ein. So beschreibt das Konzept der → Customer Integration u. a. die informatorische Einbindung des Nachfragers in die Leistungserstellung (→ Kundenintegration), das Konzept des Lean Management eine solche Integration der Zulieferer (→ Co-Makership) und das → ECR-Konzept die informationsbasierte Zusammenarbeit zwischen Hersteller und Handel. Ebenso stellen → virtuelle Unternehmen eine Kooperationsform dar, die auf einem temporär gemeinsamen Informationsmanagement beruht. R.Wei./C.McL.

Literatur: *Picot, A.; Franck, E.:* Die Planung der Unternehmensressource Information (I+II), in: WISU, 17. Jg. (1988), S. 544-549 und S. 608-614. *Weiber, R.; Kollmann, T.:* Wertschöpfungsprozesse und Wettbewerbsvorteile im Marketspace, in: *Bliemel, F.; Fassott, G.; Theobald, A.* (Hrsg.): Electronic Commerce, 2. Aufl., Wiesbaden 1999, S. 47-62. *Weiber, R:,* Der virtuelle Wettbewerb, Wiesbaden 2000.

Informationsmesse → Messen und Ausstellungen

Informationsökonomik

In den letzten Jahren hat die ökonomische Theorie eine Entwicklung genommen, die ihr mehr als früher eine integrierende Rolle für viele empirisch orientierte Disziplinen der Betriebswirtschaftslehre zu übernehmen erlaubt. Für das Marketing erscheinen insbesondere die *Informationsökonomik* und die → *Institutionenökonomik* (hier v.a. die → Transaktionskostentheorie) im Hinblick auf die untersuchten Gegenstände und die verwendeten Konstrukte wie auf den Leib geschneidert. Ob hiermit tatsächlich ein Erkenntnisfortschritt verbunden ist oder lediglich bekannte Erklärungsmuster anhand bisher unbekannter Begrifflichkeiten neu aufbereitet werden, hängt u. a. von der Anwendbarkeit auf Marketingphänomene und dem Potential zur Integration anderer Marketing-Forschungsansätze ab.

Die Informationsökonomik unterscheidet fünf Gruppen von Modellansätzen: Suchkostenansätze, Qualitätsunsicherheitsansätze, Verhaltensunsicherheitsansätze, Markt-Effizienz-Ansätze und wohlfahrtsökonomisch orientierte Ansätze, wovon nur die ersten drei für die Übertragung auf Marketingfragestellungen in Betracht kommen.

Im Rahmen der *Suchkostenansätze*, wird versucht, das Informationsbeschaffungsverhalten von Nachfragern in Bezug auf die Preise und/oder die Qualität von Gütern bei existierender Preis- bzw. Qualitätsstreuung zu beschreiben. Diese Forschung erbrachte Ergebnisse wie: Das Informationsbeschaffungsverhalten der Nachfrager hängt ab von den Suchkosten und der Verteilung der Größen, nach denen gesucht wird. Ist z.B. die Spannweite der Preise einer Produktgattung sehr weit, so werden Nachfrager weniger Preiskenntnisse haben. Bei steigenden Suchkosten nimmt der Suchumfang ab, und bei zunehmender Höhe des Anteils der Ausgaben für das gesuchte Gut an den Gesamtausgaben des Suchenden sinken die relativen Kosten der Suche und steigt deshalb der Suchumfang.

Im Falle von Qualitätsstreuung ist eine Suchkostenanalyse nur in Bezug auf die Sucheigenschaften von Gütern sinnvoll. Der Begriff der *Sucheigenschaft* (*search quality*) geht ebenso wie der der *Erfahrungseigenschaft* (*experience quality*) auf *Nelson* zurück. Er unterscheidet je nach Dominanz der einen oder anderen Eigenschaftsart Suchgüter (*search goods*) und Erfahrungsgüter (*experience goods*). Während bei Sucheigenschaften die Möglichkeit besteht, die Qualität bereits vor dem Kauf zu bestimmen, ist dies bei Erfahrungseigenschaften erst nach dem Kauf und Konsum des Gutes möglich. *Darby/Karni* führen zu-

Informationsökonomik

sätzlich den Begriff der *Vertrauenseigenschaft* (*credence quality*) ein. Vertrauenseigenschaften sind solche Gütermerkmale, deren Qualität sich auch nach dem Kauf und Konsum nicht beurteilen lässt. Eine Beurteilung wäre nur unter Aufwendung unverhältnismäßig hoher Informationskosten möglich. Diese informationsökonomische Eigenschaftseinteilung hat inzwischen breiten Eingang in die Marketingtheorie gefunden.

In *Qualitätsunsicherheitsansätzen* wird Fragestellungen nachgegangen, die sich aus der Existenz von Erfahrungs- und Vertrauenseigenschaften beim Austausch von Gütern auf Märkten ergeben, deren Qualität bereits zum Kaufzeitpunkt gegeben ist und unter den verkauften Exemplaren auch über den gesamten Beobachtungszeitraum hinweg nicht variiert. Im Kern geht es um das Problem der *Fehlauswahl* (*adverse selection*) und Lösungsmechanismen zu deren Vermeidung. Betrachtungszeitpunkt ist in allen Ansätzen, auch in denen, die speziell den Fall mehrmals wiederkehrender Käufe behandeln, der des Erstkaufs.

Das Problem der *Fehlauswahl* wurde erstmals von *Akerlof* im Jahre 1970 behandelt. Am Beispiel von Gebrauchtwagen zeigte er, dass Märkte, auf denen die Möglichkeit der Informationsübertragung zwischen den Marktseiten nicht besteht, zusammenbrechen können. Sind die potenziellen Käufer nicht in der Lage, die heterogene Qualität der einzelnen Gebrauchtwagen zu unterscheiden, so stellt sich am Markt ein Preis ein, der dem Durchschnitt der Preise entspricht, die bei Bekanntheit der Qualität der Gebrauchtwagen zu erzielen wären. Da die Anbieter überdurchschnittlicher Qualität aber nur diese Durchschnittspreise erzielen können, haben sie keinen Anreiz, ihren Wagen auf diesem Markt anzubieten. Sie treten aus dem Markt aus. Unter der Annahme, dass die Nachfrager dies perzipieren, bricht der Markt im Extremfall zusammen (Marktversagen).

Für die Marketing-Praxis ist wichtig, wie sich dieses Problem der Fehlauswahl durch ein *Signalisieren* (*signaling*) der überdurchschnittlich guten Anbieter abschwächen bzw. überwinden lässt. Vor allem für die Marketing-Variablen Preis, Aufwand für nicht über Produkteigenschaften informierende Werbung, Garantie und Marke wurde gezeigt, dass sie als Qualitätssignale fungieren können. → Garantien signalisieren eine hohe Qualität allerdings nur für Erfahrungs-, nicht aber für Vertrauenseigenschaften, denn der Eintritt des Garantiefalls (mangelnde Qualität) lässt sich bei Vertrauenseigenschaften praktisch nicht feststellen. Dem → Preis kommt weiterhin eine Signalwirkung ausschließlich für den Fall mehrmals wiederkehrender Käufe zu. Diese sind auch für die Signalwirkung des Werbeaufwands wichtig, stellen hier aber keine notwendige Bedingung dar. Notwendig für die Signalwirkung des Werbeaufwands ist demgegenüber bei Vorliegen von Wiederholungskäufen (ähnlich wie bei Garantien), dass die beworbenen Güter eine Dominanz im Bereich der Erfahrungs- und nicht der Vertrauenseigenschaften besitzen.

Hinsichtlich des Preises als Signal kann keine eindeutige Aussage darüber abgeleitet werden, ob ein hoher oder ein niedriger Einführungspreis hohe Qualität signalisieren. Beim Werbeaufwand ist dies möglich (s.a. → Werbeökonomie): Umfangreiche Investitionen in nicht informative Werbung signalisieren den Nachfragern gute Qualität. Diese Signalwirkung besteht bei informativer Werbung nicht, denn der Nachfrager kann die Qualitätsinformation allein bei Sucheigenschaften, nicht aber bei Erfahrungs- und Vertrauenseigenschaften nachprüfen. Informative Werbung bezüglich der Qualität von Erfahrungs- und Vertrauenseigenschaften muss deshalb von vornherein als unglaubwürdig angesehen werden. Aus einer hohen Investition in informative Werbung kann der Nachfrager wegen dieses gegenläufigen Effekts nicht eindeutig auf eine hohe Angebotsqualität schließen. In allen Signalmodellen wird unterstellt, den Nachfragern sei die negative Beziehung zwischen den Signalisierungskosten und der Leistungsfähigkeit (Qualität) aufgrund ihrer Markterfahrung bekannt.

Im Gegensatz zum *Signaling*, bei dem die Initiative von der besser informierten Seite ausgeht, ist beim so genannten *Screening* die schlechter informierte Seite aktiv. Dieser Begriff steht neben generellen Informationsbeschaffungsaktivitäten insbesondere für die Formulierung von Vertragsbedingungen, die sich von Anbietern unterdurchschnittlicher Qualität nicht oder nur mit hohem Aufwand, von Anbietern überdurchschnittlicher Qualität dagegen relativ einfach erfüllen lassen. *Screening* ist in dieser Hinsicht als Spiegelbild des *Signaling* anzusehen. Die Bedingungen können in unterschiedlicher Abstufung in Verträge eingebracht und den Nachfragern zur Auswahl

angeboten werden. Jeder Nachfrager entscheidet sich dann für den Vertrag, der seinen Charakterisitika am besten entspricht. Große Bedeutung hat dieses Modell der *Selbsteinordnung (self selection)* beim Marketing von Versicherungen.
In den als *Verhaltensunsicherheitsansätze* bezeichneten Studien geht man der Frage nach, was einen Anbieter veranlassen kann, überhaupt ein Gut hoher Qualität zu produzieren. Unternehmen haben nämlich bei Gütern mit Dominanz im Bereich der Erfahrungs- oder Vertrauenseigenschaften in bestimmten Fällen durchaus einen Anreiz, solche niedriger anstatt hoher Qualität herzustellen. Die hier gegebene Problematik *moralischer Wagnisse (moral hazard)* wird in diesem Zusammenhang in der Literatur sowohl für den Fall des einmaligen als auch des mehrmaligen Kaufs analysiert.
Für den Fall des einmaligen Kaufs untersucht man dabei insbesondere, wie sich die Möglichkeit der Existenz einer beispielsweise durch → Warentests gut informierten Nachfragergruppe auf die angebotene Qualität auswirkt. Zentrales Ergebnis der Modelle ist die Aussage, dass mit einem steigenden Anteil informierter Nachfrager an der Gesamtzahl der Nachfrager auch die Wahrscheinlichkeit für den positiven Zusammenhang zwischen Preis und Qualität zunimmt. Aus Angst vor einem Nichtkauf der informierten Nachfrager hat der Anbieter einen immer geringer werdenden Anreiz, niedrige anstatt hohe Qualität zu produzieren. Die nicht informierten Nachfrager profitieren demnach von einem staatlichen oder privaten Informationsangebot, das andere Nachfrager berücksichtigen.
Im Fall des mehrmaligen Kaufs geht es vor allem darum, welche Auswirkungen die *Reputation* eines Herstellers (z.B. in Form eines guten Markenimage) auf die Angebotsqualität im Zeitverlauf hat. Hier können wir das folgende Ergebnis festhalten: Ist die abdiskontierte Qualitätsprämie, die der Anbieter aufgrund seiner Reputation erzielen kann, größer als die Kostenersparnis durch eine Qualitätsreduktion, dann wird der Anbieter aus Angst vor der Bestrafung durch die Nachfrager (die dann nicht mehr bei ihm kaufen, zumindest aber nicht mehr bereit sind, weiterhin eine Qualitätsprämie zu bezahlen) seine Qualität beibehalten.
Die Erkenntnisse aus den Suchkosten-, Qualitätsunsicherheits- und Verhaltensunsicherheitsansätzen der Informationsökonomik lassen sich auf verschiedene Fragen des Marketing bei einer Vielzahl von Gütern anwenden. *Kaas* beschreibt Marketing deshalb konsequent als Bewältigung von Informations- und Unsicherheitsproblemen auf Märkten und spricht von Screening und Signaling zwischen Partnern und Rivalen.
In Frage kommen für eine Anwendung Güter, deren Kauf mit einem mittleren bis hohen wahrgenommenem Risiko verbunden ist. Dieses wahrgenommene Risiko bewirkt i.d.R. ein hohes emotionales und kognitives → Involvement, das Voraussetzung für einen extensiven, durch einen Kosten-Nutzen-Abgleich gekennzeichneten Kaufentscheidungsprozess ist, der dem in der Informationsökonomik angenommenen (Maximierung des erwarteten Nettonutzens) am nächsten kommt.
Güter mit einer Dominanz im Bereich der Sucheigenschaften, die sich für eine Anwendung eignen, sind z.B. Schmuck, Unterhaltungselektronik, langlebige Haushaltsgüter, Kleidung oder standardisierte Investitionsgüter. Unter den Erfahrungsgütern eignen sich Dienstleistungen von Anwälten, Steuerberatern, Zahnärzten, Finanzberatern, die Autoreparatur oder auch individuell erstellte Investitionsgüter und Dienstleistungen, die selten erworben werden und/oder von hohem Wert sind (sog. Quasi-Vertrauensgüter), für eine Anwendung. Als Güter mit einer Dominanz im Bereich der Vertrauenseigenschaften, auf die sich informationsökonomische Erkenntnisse anwenden lassen, sind die Leistungen eines Arztes im Falle eines nicht fachkundigen Patienten, ökologische Produkte, die Glaubenslehre von Kirchen, Erweiterungs- und Verkettungssysteme oder Dienstleistungen wie die Unternehmensberatung oder die Telefonseelsorge zu nennen. H.B./T.B.

Literatur: *Bayón, T.:* Neuere Mikroökonomie und Marketing. Eine wissenschaftstheoretisch geleitete Analyse, Wiesbaden 1997. *Kaas, K.-P.:* Marketing als Bewältigung von Informations- und Unsicherheitsproblemen im Markt, in: Die Betriebswirtschaft, 50. Jg. (1990), S. 539-548. *Williamson, O.E.:* Die ökonomischen Institutionen des Kapitalismus – Unternehmen, Märkte, Kooperationen, Tübingen 1990.

Informationspolitik

bezeichnet die Gesamtheit aller Normen, nach welchen sich die Informationsabgabe einer Organisation im Rahmen der → Public Relations an ihre internen und externen → Zielgruppen richtet. Sie bildet einen fundamentalen Teil des → PR-Konzepts. Hier

Informationsprodukte

kann zwischen einer aktiven und einer reaktiven Haltung des Informationstreibenden unterschieden werden, je nachdem, wie stark er eigeninitiativ oder auf Anforderung von Dritten informiert. Darüber hinaus lässt sich zwischen einer offenen und einer verschlossenen Haltung des Absenders differenzieren, abhängig davon, wie viel Transparenz er zu schaffen bereit ist. P.F.

Informationsprodukte

bezeichnen vor allem beim → E-Commerce bedeutsame Leistungsbündel, deren Kernleistung knappe und handelbare Informationen sind. Aufgrund der wachsenden wirtschaftlichen Bedeutung von Informationsprodukten haben sich verschiedene Berufsgruppen auf den Handel dieses Guts spezialisiert (Informationsbroker; Informationsagenten; → Infomediäre). Bedeutendes Problem bei der Vermarktung von Informationsprodukten ist die Bestimmung des → *Informationswerts*, der wiederum durch drei zentrale Qualitätsdimensionen (Inhalt, Form und Zeit) begründet wird. Die *Qualität* des Inhalts wird dabei durch die Vollständigkeit der Recherche, die Integrität der herangezogenen Quellen sowie durch Akkuratheit der Verarbeitung und Relevanz der gewonnen Informationen beschrieben. Die *Form* bezieht sich wiederum auf die Art der Präsentation der Information und wird an ihrer Klarheit, Verständlichkeit und Kompatibilität mit vorhandenen Informationssystemen gemessen. Die *Zeit* als Qualitätsaspekt resultiert schließlich aus der Aktualität der genutzten Daten und Quellen sowie der Zeitigkeit der Distribution des Informationsproduktes. C.McL.

Literatur: *Freiden, J.; Goldsmith, R.; Takacs, S.; Hofacker, C.:* Information as a product: not goods, not services; in: Marketing Intelligence & Planning, Vol. 16 (1988), Heft 3, S. 210–220.

Informationsstil → Medienstil

Informationssucher → Verbraucherinformation

Informationstafel
→ Information-Display-Matrix

Informationsüberlastung

kennzeichnet den Anteil der von dem Empfängern nicht beachteten Informationen an den insgesamt verfügbaren bzw. angebotenen Information. Beispiel: Jemand kauft eine Zeitschrift, liest von 200 Seiten nur 10 Seiten und wirft die Zeitschrift weg: Dann wird von der insgesamt verfügbaren Information nur 5 % aufgenommen. Der Rest ist überschüssige, nicht beachtete Information. Der Informationsüberschuss beträgt 95 %. Der so berechnete Informationsüberschuss ist Ausdruck der modernen Informationsgesellschaft. Ursache für den gegenwärtigen Informationsüberschuss ist das rasante Wachstum des Informationsangebotes, das die Zunahme des Informationskonsums weit übertrifft: In den letzten zwei Jahrzehnten ist das Informationsangebot jährlich um 8 bis 9 % gestiegen, der Informationskonsum aber kaum mehr als 3 %.

Das Institut für Konsum- und Verhaltensforschung der Universität des Saarlandes hat ein Schätzmodell entwickelt und kam für das Jahr 1984 zu den in *Tab. 1* wiedergegebenen Ergebnissen. Danach wird für die Bundesrepublik Deutschland ein durchschnittlicher Informationsüberschuss von 98,1 % ausgewiesen (*Kroeber-Riel*, 1987, *Brünne/Esch/Ruge*, 1987).

Tab. 1: Informationsüberlastung in der BRD

Informationsüberlastung durch die vier Leitmedien:	
Rundfunk	99,4%
Fernsehen	96,8%
Zeitschriften	94,1%
Zeitungen	91,7%
Gesamtgesellschaftliche Informationsüberlastung	98,1%

Die Berechnung des Informationsüberschusses geht von den schriftlichen, bildlichen und akustischen Informationseinheiten aus, die den Konsumenten im Durchschnitt täglich zur Verfügung stehen, bspw. durch die Zeitungen und Zeitschriften, die sie an einem Tag in die Hand nehmen. Diesem verfügbaren Informationsangebot wird die tatsächlich aufgenommene bzw. beachtete Informationsmenge gegenübergestellt (die Daten stammen aus Untersuchungen über die Mediennutzung in Deutschland).

In Deutschland werden weniger als 2 % der angebotenen Information genutzt, der Rest landet auf dem Müll. Dieser Sachverhalt kann nicht ohne weiteres negativ bewertet werden: So wie hoch entwickelte Industriegesellschaften im Konsumgüterbereich immer mehr Müll erzeugen, so erzeugen sie auch im Informationsbereich mehr Müll.

Darin spiegelt sich die zunehmende Auswahl an Gütern und Informationen in einer Gesellschaft wider.
Die Informationsüberlastung kann man demzufolge gesamtgesellschaftlich als relativ unproblematisch ansehen. Sie erweist sich aber auf der Ebene des einzelnen Informationsangebotes (einer einzelnen Anzeige, eines Fernsehspots usw.) als wichtiges betriebswirtschaftliches Problem: Durch die zunehmende Informationsüberflutung wächst die *Informationskonkurrenz*. Für einen einzelnen Anbieter wird es immer schwieriger – und teurer, in dieser Informationskonkurrenz zu bestehen und seine Informationen an den Mann zu bringen.
Informationsüberflutung durch die Marktkommunikation: Bisher wurden nur Ergebnisse für die durch Massenmedien gestreute Werbung ermittelt. Es kann aber davon ausgegangen werden, dass für andere Formen der Marktkommunikation, wie Schaufenster oder Prospekte, ähnliche Werte gelten: Die Werbung verursacht einen Informationsüberschuss von ungefähr 95 % (*Kroeber-Riel/Esch*, 2000).
Für die Anzeigenwerbung in Publikumszeitschriften gelten folgende Durchschnittswerte: Um das durchschnittliche bildliche und sprachliche Informationsangebot einer Anzeige aufzunehmen, sind 35 bis 40 Sekunden Betrachtungszeit erforderlich. Die tatsächliche Informationsbeachtung dauert jedoch nur knapp 2 Sekunden. Weniger als 95 % der angebotenen Werbeinformation wird nicht aufgenommen.
Die niedrigen Werte für die beachteten Werbeinformationen streuen in den verschiedenen Branchen absolut gesehen nur wenig (*Tab. 2*). Sie liegen selbst bei der Anzeigenwerbung in Fachzeitschriften nicht viel höher. So beträgt die Betrachtungszeit von Pharmaanzeigen in der Ärzte Zeitung durch Ärzte nur knapp drei Sekunden. Da in diese Anzeigen aber noch wesentlich mehr Information hineingepackt wird als in die Anzeigen der Publikumszeitschriften, liegt die Informationsüberlastung noch höher als dort. Entsprechende Überlegungen dürften für Anzeigen in den meisten Fachzeitschriften (auch der Investitionsgüterindustrie) gelten.
Die Informationsüberlastung durch die elektronischen Medien macht wahrscheinlich mehr als 95 % aus. (Genaue Berechnungen liegen nicht vor.)
Wie dramatisch die Entwicklung verläuft, verdeutlichen die folgenden Zahlen über die Zunahme der Anzeigenwerbung – der auf der Konsumentenseite eine kaum wachsende bzw. stagnierende Informationsnachfrage gegenübersteht: Die Anzeigenseiten in Publikumszeitschriften haben sich in den 15 Jahren von 1970 bis 1998 von 85.000 auf rund 302.000 jährlich fast vervierfacht. Die Zahl der täglich gesendeten Werbespots ist von ungefähr 200 Spots im Jahr 1989 auf 5.350 im Jahr 1998 gestiegen. Würde man alle Spots, die täglich gesendet werden, hintereinander schalten, könnte man bereits 33 Stunden am Stück Werbefernsehen schauen. Einer Prognose der Zeitungsgruppe Bild zufolge wird sich die Fernsehwerbung bis zum Jahr 2010 knapp vervierfachen.

Ein Ende dieser dramatischen Entwicklung ist noch nicht in Sicht, im Gegenteil: Klassische Medien werden durch neue Angebote wie das Internet noch zusätzlich ergänzt, jedoch nicht ersetzt, sodass die Informationsflut weiter steigt. Hingegen sind den Informationsverarbeitungskapazitäten der Konsumenten enge Grenzen gesetzt, sodass die Informationsschere zwischen Angebot und Nachfrage künftig noch weiter auseinander klaffen wird.

Auswirkungen der Informationsüberflutung: Die wachsende Informationsüberflutung führt zu einem Abstumpfen gegenüber den dargebotenen Informationen. Das bedeutet: Das Informationsinteresse lässt nach, die Informationen werden flüchtiger und v.a. bruchstückhafter aufgenommen (→ Informationsverhalten). Das hat zu entsprechenden Anpassungsprozessen in der Kommunikation geführt. Diese lassen sich

Tab. 2: Tatsächliche Informationsbeachtung – mittlere Betrachtungsdauer von Anzeigen

Produktbereich	Betrachtungszeit in Sekunden	Zahl der getesteten Anzeigen
Fluglinien	2,0	9
Mode, Bekleidung	1,9	18
Fotogeräte	1,9	8
PKW	1,8	15
Banken, Bausparkassen	1,7	9
Alkoholische Getränke	1,6	21
Zigaretten	1,3	22

Informationsüberlastung

an den Veränderungen des → Medienstils in den letzten Jahrzehnten ablesen:

1. Die sprachlichen Informationen werden so gestaltet, dass sie leichter aufgenommen werden können (kürzere Sätze, konkretere Ausdrucksweise).
2. Sprachliche Informationen werden in zunehmendem Maße durch Bilder ersetzt. Der Anteil visueller und akustischer Bilder an der Informationsvermittlung nimmt ständig zu.
3. Die Informationen werden in allen Medien aktivierender dargeboten, denn in der wachsenden Informationskonkurrenz können sich nur solche Informationen durchsetzen, die stärker aktivieren als die konkurrierenden Informationen.

Dabei ist zu beachten, dass Aufnahme und gedankliche Verarbeitung von Bildern weniger gedankliche Anstrengung erfordern und wesentlich schneller ablaufen als die sprachliche Informationsvermittlung. Die → Bildkommunikation ist deswegen besser auf das (flüchtige) Informationsverhalten bei Informationsüberflutung abgestimmt.

In der Werbung wird diese Entwicklung besonders deutlich sichtbar. Ein paradigmatisches Beispiel bietet der Vergleich von Anzeigen und Fernsehwerbung aus den 1960er-Jahren und von heute. In *Abb. 1* werden dazu zwei *Bauknecht*-Anzeigen wiedergegeben. Wie in diesen Anzeigen ist in den meisten Branchen die durchschnittliche Anzahl von Wörtern pro Anzeigenseite zurückgegangen. Es gibt nur wenige Ausnahmen hierzu, wie etwa die Computerbranche. Neuere Anzeigen werden bildhafter, plakativer und aufreizender gestaltet.

Sozialtechnische Folgerungen: Wer wirksam kommunizieren will, muss seine Kommunikation den veränderten Kommunikationsbedingungen anpassen. Ein großer Teil der gegenwärtigen Kommunikation leidet darunter, dass er nicht auf die Informationsüberflutung und die flüchtige und bruchstückhafte Informationsaufnahme der Empfänger abgestimmt ist.

Die gegenwärtige und die weiter zunehmende Informationsüberflutung erfordert eine weitgehende

– bildliche,
– aktivierende,
– hierarchische

Kommunikation: Die Verwendung von Bildern ermöglicht einen auffälligen und besonders schnellen Informationstransfer. Die aktivierende Darbietung sorgt dafür, dass die angebotene Information in der Informationsflut sichtbar wird. Der hierarchische

Abb. 1

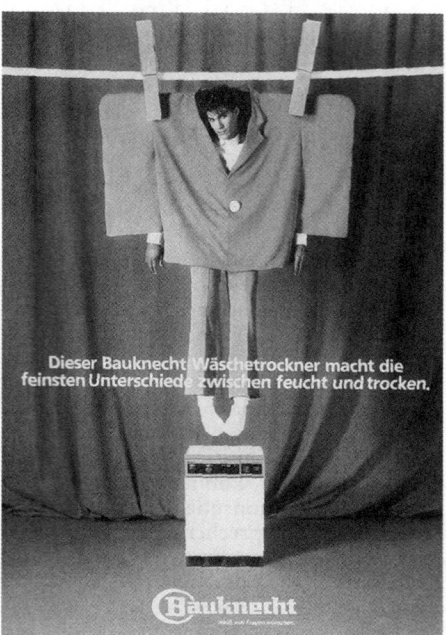

Aufbau der Kommunikation dient dazu, die wesentlichen Botschaften auch bei flüchtiger Betrachtung zu vermitteln.

Unter *hierarchischer Kommunikation* versteht man Folgendes: Die Informationen, die vermittelt werden sollen, sind nach ihrer Bedeutung bzw. Wichtigkeit zu ordnen. Die wichtigste Information muss so dargeboten werden, dass sie vom Empfänger als Erstes aufgenommen wird. Das bedeutet: Sie muss möglichst durch das Bild wiedergegeben oder (wie der Markenname) in das Bild einbezogen und/oder durch eine aktivierende Gestaltung besonders hervorgehoben werden. In der Anzeigenwerbung eignet sich besonders die Headline dazu, die Aufmerksamkeit auf die Schlüsselbotschaft zu lenken. Als Nächstes sind die zweitwichtigsten Informationen dem Empfänger nahe zu bringen usw. Diese hierarchische Darbietung hat den Vorteil, dass bei einem Abbruch des Kommunikationskontaktes – mit dem fast immer gerechnet werden muss – wenigstens die Schlüsselinformationen überkommen. Vom Abbruch des Kontaktes werden dann stets die weniger wichtigen Informationen betroffen (im einzelnen *Kroeber-Riel/Esch*, 2000).

Es gibt nur wenige Anzeigen in der Werbung, die so aufgebaut sind. Oft wird das Bild nur als Blickfang benutzt (es hat keinen Bezug zur Werbebotschaft) oder die Headline enthält nur unwichtige Informationen (wie das bei Rätselanzeigen der Fall ist); fast immer wird der Text nicht gegliedert. Ein Beispiel bietet *Abb. 2* Gerade die fehlende Textstruktur verhindert ein schnelles und selektives Lesen, auf das der informationsüberlastete Leser angewiesen ist.

Dem Prinzip der hierarchischen Informationsdarbietung ist auch bei der Informationsvermittlung durch elektronische Medien zu folgen. Auch hier nimmt der Empfänger die dargebotenen Informationen nur sehr selektiv auf. Durch Darbietung von visuellen und akustischen Bildern, durch die Platzierung und die aktivierende Verpackung der Informationen ist dafür Sorge zu tragen, dass die Schlüsselinformationen in der Informationsflut nicht untergehen.

W.K.-R./F.-R.E.

Literatur: *Brünne, M.; Esch, F.-R.; Ruge, H.-D.:* Berechnung der Informationsüberlastung in der Bundesrepublik Deutschland, Arbeitspapier des Instituts für Konsum- und Verhaltensforschung an der Universität des Saarlandes, Saarbrücken 1987. *Kroeber-Riel, W.:* Informationsüberlastung durch Massenmedien und Werbung in Deutschland, in: DBW Die Betriebswirtschaft, 47. Jg. (1987), Nr. 3, S. 257–264. *Kroeber-Riel, W.:* Kommunikation im Zeitalter der Informationsüberlastung, in: Marketing ZFP, 10. Jg. (1988), Nr. 3, S. 182–189. *Kroeber-Riel, W.; Esch, F.-R.:* Strategie und Technik der Werbung, Stuttgart 2000. Zeitungsgruppe Bild, Quo Vadis Werbung?, in: Marketing Journal, 1997, Heft 6, S. 272–273.

Abb. 2

Informationsverhalten

Da Kaufentscheidungen entscheidend von der Kenntnis des Güterangebots abhängen, bedarf es im Marketing einer sorgfältigen Analyse des Informationsverhaltens als Teilbereich des → Käuferverhaltens von Konsumenten.

Während sich die ältere Absatzforschung auf die Wirkung der Werbung konzentriert, interessiert sich die heutige → Kaufentscheidungsprozessforschung für sämtliche Informationsaktivitäten bei → Kaufentscheidungen. Dabei dominiert die Vorstellung, dass jedes Verhalten und damit auch das Kaufentscheidungsverhalten als eine Art Informationsverhalten angesehen und analysiert werden muss.

Informationsverhalten

Thematisiert wird das Informationsverhalten von Konsumenten und Entscheidungsträgern neben der betriebswirtschaftlichen Absatzforschung in der volkswirtschaftlichen Analyse des privaten Haushalts, der → Konsumentenforschung, der Psychologie und der verbraucherpolitisch orientierten Forschung (→ Verbraucherpolitik). Die einschlägigen Arbeiten wurden dabei seit den 70er-Jahren besonders stark vorangetrieben. Über den Stand der Forschung informieren v.a. *Kroeber-Riel/Weinberg* (1999) und *Payne/Bettman/Johnson* (1993).

Muster und Dimensionen des Informationsverhaltens

Grundlegende Muster des Informationsverhaltens sind das engagierte, aktive (Informations-)Verhalten (high involvement) einerseits und das periphere bzw. passive, eher reaktive und verkürzte (Informations-)Verhalten (low involvement) andererseits. Solche Verhaltensmuster hängen mit Produkt-Involvement eng zusammen; dennoch sei zwischen dem *Informations-Involvement* und dem *Produkt-Involvement* streng unterschieden (→ Involvement).

Bei näherer Betrachtung und Beschreibung des Informationsverhaltens sollten ohnehin mehrere Dimensionen Beachtung finden, v.a. Folgende:

- die *Aktivitätsdimension* bzw. die Unterscheidung, ob der Konsument agiert (z.B. als Informationssucher im Internet) oder reagiert (z.B. als Werbeempfänger),
- die *Extensität* des Informationsverhaltens (insb. der Aufwand an Zeit und die genutzte Informationsmenge),
- die *Intensität* des Informationsverhaltens, nicht nur der Aktivierungsgrad und die Informationsverarbeitungstiefe, sondern auch die Emotionalität („heißes" vs. „kaltes" Informationsverhalten),
- die *Trägerschaft* bzw. die Anzahl der beteiligten Personen, da Kaufentscheidungen von unterschiedlich vielen Personen getroffen werden können und
- der *Bezug auf Kaufentscheidungsphasen*, wobei zumindest die Vorkaufphase und die oft vernachlässigte Nachkaufphase (→ Nachkaufverhalten) zu unterscheiden sind.

Elemente des Informationsverhaltens

Zu den Elementen des Informationsverhaltens, die in jeder Kaufentscheidungsphase auftreten können, zählen die Beschaffung, die Aufnahme, die Verarbeitung, die Speicherung und „Nutzung" von Informationen.

(1) → Informationsbeschaffung

Externe Informationen werden entweder gesucht oder mehr oder weniger zufällig aufgenommen. Entfällt eine Informationssuche, so kann dennoch eine selektive Zuwendung zu relevanten Informationen bzw. Informationsquellen, eine Art → Orientierungsreaktion, stattfinden. Dabei macht es einen grundlegenden Unterschied, ob Informationen abgerufen werden müssen (Passivinformationen) oder ob diese dem potentiellen Nutzer mehr oder weniger unaufgefordert zugeleitet werden (Aktivinformationen). Die Ersten sind für die Konsumentenaufklärung durch Drittinstitutionen, Letztere für die Werbung durchaus typisch. Bei der Nutzung elektronischer Informationsquellen (z.B. Internet) mischen sich oftmals aktive und passive Informationsaufnahme.

Informationsbeschaffungsaktivitäten können im Falle eines Beschaffungserfolges sowohl zu internen Wissenszuwächsen (→ Produktwissen) als auch zur Erweiterung des externen Informationsstocks führen, z.B. dann, wenn Prospekte, Kataloge, Testhefte etc. aufbewahrt werden oder der wiederholte Zugriff zu elektronisch gespeicherter Information (z.B. mit Hilfe von „bookmarks") erleichtert wird. Dementsprechend gestalten sich die Zugriffsmöglichkeiten für andere, an der Kaufentscheidung ebenfalls beteiligte Personen.

Mehrphasige Informationsaufnahmestrategien sind dadurch gekennzeichnet, dass die Informationsbeschaffung in verschiedenen Abschnitten eines Kaufentscheidungsprozesses nach unterschiedlichen Mustern erfolgt. Typisch ist eine Kombination von → attributweiser und → alternativenweiser Informationsaufnahme. Eine mehrphasige Informationsaufnahmestrategie lässt auf eine kombinierte Anwendung von → Kaufentscheidungsheuristiken bei einem Konsumenten schließen.

Derartige Kombinationen dienen oftmals der Vereinfachung von Kaufentscheidungen. Ein Beispiel dafür ist die Anwendung der Kaufentscheidungsheuristik der aspektweisen Elimination, die mit attributweiser Informationsaufnahme verbunden ist, in einer frühen Phase eines Entscheidungsprozesses zur Selektion einer kleinen Zahl von Alternativen, die dann z.B. unter Anwendung der linear-kompensatorischen Heuristik, die u.a. durch alternativenweise Informationsaufnahme charakterisiert wird, detaillierter beurteilt werden.

(2) Informationsaufnahme
Informationsaufnahme und Informationsbeschaffung sind zwar eng verknüpft, können aber dennoch zeitlich auseinander fallen. Grundsätzlich gilt: Von den verfügbaren Informationen werden i.d.R. nur mehr oder minder große Teile genutzt; die Informationsaufnahme ist selektiv. Sie erfolgt zudem mit unterschiedlichen Bewusstheitsgraden, wobei von aufgaben- und situationsspezifischen Wahrnehmungsschwellen auszugehen ist (→ Wahrnehmung).

Bei der Aufnahme visueller Botschaften wird zwischen Bildern und Texten v.a. deswegen unterschieden, weil die Bildaufnahme weitaus schneller erfolgt als die Textaufnahme. Müssen Bild und Text gleichzeitig wahrgenommen werden, so z.B. bei Sendungen in audiovisuellen Medien, so ist mit Behinderungen zu rechnen, wenn Bilder und Text nicht harmonieren bzw. thematisch auseinander fallen (→ Bildkommunikation, → Nonverbale Kommunikation).

Für die Messung von Informationsaufnahme stehen spezielle Instrumente zur Verfügung. Zu ihnen zählen die → Blickregistrierung (mittels spezieller Kamera-Techniken) sowie der Einsatz der → Information-Display-Matrix. Beide Verfahren erlauben es, die Reihenfolge der Informationsaufnahme festzustellen. Orientierungsreaktionen sind allen Varianten der Beobachtung zugänglich, Aufnahmeerfolge bzw. Wissenszuwächse oder Einstellungsänderungen natürlich auch der Befragung. Die Reihenfolge und Intensität der Nutzung elektronisch gespeicherter Informationen (z.B. im Internet) kann vom Informationsanbieter oder über den vom Informationsnachfrager genutzten Rechner protokolliert werden.

Faktoren, welche über den Umstand und den Erfolg einer Informationsaufnahme entscheiden, sind v.a. Folgende:

a) *Informationseigenschaften* wie die Menge, die Relevanz, die Benutzerfreundlichkeit und die Modalität der dargebotenen Informationen,
b) *Situationsmerkmale* wie die zur Verfügung stehende Zeit (Zeitdruck) und ablenkende oder störende Ereignisse sowie
c) *Dispositionen* und *Fähigkeiten* der Informationsnutzer, v.a. das Informationsinteresse, spezielle Aufnahmefähigkeiten (etwa die Übung beim Lesen komplexer Texte), Vorkenntnisse, welche das Wiedererkennen erleichtern, und Abwehrhaltungen, die keineswegs bewusst sein müssen, und dennoch bereits über die vorbewusste Informationsselektion wirksam werden.
d) *Hilfsmittel* zur Auswahl und Aufbereitung von elektronisch gespeicherten Informationen (z.B. Möglichkeiten zur Angabe von Auswahlkriterien oder zur graphischen Ergebnisdarstellung).

Angesichts der heutigen → Informationsüberlastung liegt es nahe, dem Marketing nicht nur eine Mengenbeschränkung, sondern auch den Einsatz von aktivierenden (emotiven) und leicht wahrzunehmenden Informationen zu empfehlen. (→ Medienstil; Analoges sollte auch für die „neutrale" → Verbraucherinformation gelten).

(3) Informationsverarbeitung
Informationsverarbeitung findet bereits bei der Informationsaufnahme statt; sie erfolgt aber auch im Anschluss daran, sei es kurz nach der Informationsaufnahme oder später. Die Informationsverarbeitung erfolgt i.d.R. nicht ohne Rückgriff auf vorhandenes Vorwissen, den sog. *Informationsstock*, speziell das Produktwissen, so dass meist neue und alte Information verknüpft wird.

Zu den grundlegenden Mechanismen der Informationsverarbeitung zählen

(1) der Aufbau von Kognitionen (Wissenselementen),
(2) die Verknüpfung von Kognitionen, etwa die Verknüpfung von Eigenschaften und Gütern sowie die Zuweisung von Ursachen zu Ereignissen und Verhaltensweisen und
(3) das Unterscheiden von Sachverhalten (Dissoziieren), etwa das Differenzieren bei zuvor verallgemeinerten Sachverhalten (→ Gedächtnis, → Kommunikation, → Einstellung).

Die Informationsverarbeitung von Konsumenten entspricht auch bei extensiven Kaufentscheidungen höchstens in Ausnahmefällen den in der normativen Entscheidungstheorie entwickelten Prinzipien. Wegen der beschränkten menschlichen Informationsverarbeitungskapazität tritt an die Stelle einer möglichst vollständigen Auswertung verfügbarer Informationen im Sinne des Rationalprinzips typischerweise die Anwendung von Kaufentscheidungsheuristiken. Möglichkeiten zur Vereinfachung von Kaufentscheidungen bestehen u.a. darin,

– die Ansprüche an das Ergebnis eines Kaufentscheidungsprozesses zu senken,

Informationsverhalten

indem man nicht nach einer optimalen, sondern nur nach einer befriedigenden Alternative sucht (begrenzte Rationalität),
- nur wenige besonders wichtige Produkteigenschaften zu beachten,
- nur eine Teilmenge der angebotenen Produkte zu betrachten, die auf Grund von Vorinformationen akzeptabel sind (→ consideration set) oder nach einem Sortiervorgang bei einem elektronischen Informationsangebot übrig bleiben (z.B. Produkte in einer vorgegebenen Preisspanne),
- in einem mehrphasigen Entscheidungsprozess zunächst – z.B. nach dem Prinzip der aspektweisen Elimination – wenige in Frage kommende Alternativen auszuwählen, die dann – z.B. entsprechend dem linear-kompensatorischen Modell – näher untersucht werden.

Wegen der heutigen Informationsflut einerseits und des menschlichen Strebens nach Entlastung andererseits neigen die Konsumenten oft dazu, sich die Informationsverarbeitung möglichst zu vereinfachen. Dies erfolgt in erster Linie über den Rückgriff auf relativ aussagekräftige, aber wenig komplexe Informationen von möglichst vertrauenswürdigen Informanten. Von daher erklärt sich sowohl der vergleichsweise starke Einfluss privater Quellen (Freunde, Bekannte, Kollegen etc.; s.a. → Kundenempfehlung) als auch die Präferenz für sog. → *Schlüsselinformationen* („*chunks*"), welche eine Art Informationsverdichtung darstellen und über mehrere Merkmale zugleich Auskunft geben, so z.B. das Qualitätsurteil der → Stiftung Warentest, den Namen eines renommierten Anbieters (→ Markenartikel) oder die Preislage als Hinweis auf das Qualitäts- und Prestigeniveau einer Marke. Dabei kommt es nicht so sehr auf den objektiven Informationsgehalt an, sondern auf die subjektiv zugeschriebene Aussagekraft der Schlüsselinformation, welche sich häufig aus eigenen und tradierten Erfahrungen heraus aufbaut und nicht selten durch Werbung gepflegt bzw. stabilisiert wird.

Die Informationsverarbeitung ist einer unmittelbaren Beobachtung nicht zugänglich. *Messungen* müssen daher auf Indikatoren zurückgreifen, die am Verarbeitungsprozess oder am Verarbeitungsresultat festmachen. Zu den prozessorientierten Messmethoden zählen z.B. → Verbale Protokolle (Think-a-loud-Technik) und die Beobachtung der Mimik, zu den ergebnisorientierten Verfahren die Methoden der Erinnerungsmessung und die der Einstellungsmessung – Letztere dann, wenn Einstellungsänderungen auf Informationseffekte hindeuten sollen.

Die *Einflussfaktoren* der Informationsverarbeitung sind recht zahlreich. Zu den wichtigsten zählen:

(1) Kognitive Fähigkeiten und kognitive Muster (Schemata; → Gedächtnistheorien)

(2) die Verfügbarkeit von Informationen und deren Verarbeitungsfreundlichkeit (z.B. Verständlichkeit, graphische Aufbereitung, Angebot von Suchhilfen)

(3) die → Stimmungslage des Rezipienten (so sollen bei positiver Stimmung durchaus auch weniger gute Argumente wirksam werden),

(4) das → Involvement bzw. der Aktivierungsgrad, welche v.a. die Verarbeitungstiefe determinieren, und

(5) situative Faktoren wie z.B. störende, ablenkende Einflüsse, aber auch Möglichkeiten der Speicherung.

Der Kaufentscheidungsforschung zufolge entscheiden die persönlichen Gewohnheiten, die verfügbaren Kenntnisse und die Eigenschaften der angebotenen Güter mit darüber, ob der Konsument eher alternativenzentriert oder eher attributzentriert vergleicht, bewertet und beurteilt. Erklärungsrelevant ist nicht zuletzt die Unterscheidung zwischen der Vorkaufsphase und der Nachkaufsphase, weil in Letzterer das Rechtfertigungsmotiv ungleich stärker zum Tragen kommt (→ Nachkaufkommunikation). Ähnliches gilt für die Beachtung jener Informationen, die für den Verbrauch, den Gebrauch, die Instandhaltung und die Beseitigung von Produkten wichtig bzw. nützlich sein können.

(4) Informationsspeicherung
Bei der internen Speicherung von beschafften, aufgenommenen und verarbeiteten Informationen bietet die Gedächtnistheorie u.a. ein → *Mehrspeichermodell* an, das zwischen folgenden Subsystemen unterscheidet:

– dem sensorischen Speicher (*Ultrakurzzeitgedächtnis*), primär für die Informationseinspeisung und den Informationstransfer zuständig,

- dem Arbeitsspeicher (*Kurzzeitgedächtnis*), in dem Wahrnehmungsinhalte verarbeitet werden und dem trotz geringer Speicherkapazität hohe Verarbeitungsfähigkeiten zugeschrieben werden, und
- dem *Langzeitgedächtnis*, das über rigidere Verarbeitungsmechanismen, aber sehr große Speicherkapazitäten verfügt.

Was über eine längere Zeit hinweg gespeichert wird, lässt sich als passives Wissen über Wiedererkennungsmethoden und als aktives Wissen über Erinnerungsfragen ermitteln. Gespeicherte innere Bilder sollten dabei z.B. über das Erkennen und Einordnen von Bildvorlagen ebenso modalspezifisch erfasst werden wie das Abspeichern von Melodien, Gerüchen und taktilen Erfahrungen.

Eine Speicherung von Informationen darf am ehesten dann erwartet werden, wenn

(1) eine entsprechende Absicht besteht,
(2) die Information problemrelevant und die Problemlösung noch offen ist,
(3) eine intensive Informationsverarbeitung stattfand,
(4) die Informationen stimmig, sinnvoll und prägnant sind (eine gute Gestalt aufweisen) und
(5) wiederholt dargeboten werden.

Die *externe* Informationsspeicherung kann beim Kauf nicht minder wichtig sein (z.B. bei einem Testheft, das zu Hause gelesen wird, oder beim wiederholten Zugriff zu bestimmten Internet-Angeboten). Durch die Ausbreitung und Erleichterung des Zugangs zu den äußerst umfangreichen und vielfältigen Informationsangeboten im Internet werden Bemühungen um die Lagerung von Unterlagen (Prospekte, Testhefte etc.) nach und nach obsolet.

(5) Informationsnutzung
Intern und extern abgespeicherte Informationen werden beim Kaufentscheid auf unterschiedlichste Weise, z.T. auch unbewusst genutzt. Die Forschung hat sich zwar primär mit dem Informationseinfluss auf die Produktbewertung befasst, doch geht die kaufbezogene Informationsnutzung darüber hinaus.

Sie umfasst auch die Beurteilung von Anbietern, seien es Hersteller, die bestimmte Produkte führen bzw. nicht führen, die Beurteilung anderer Marketing-Instrumente (Preise, Produktdarbietung, Service, Werbung), die Artikulation von Wünschen und → Preisbereitschaften, die Art und Weise der Produktverwendung und des Produkterlebens nach dem Kauf, in dieser Phase außerdem die Artikulation von Unzufriedenheit und Kritik gegenüber dem Anbieter und Dritten sowie die Inanspruchnahme von Serviceleistungen und Garantieversprechen (→ Kundenkompetenz, → Nachkaufverhalten).

Informationen werden jedenfalls nicht nur dann wirksam, wenn sie bewusst genutzt werden, da sie auch über Einstellungseffekte das Kauf- und Konsumverhalten steuern. Dies ist v.a. bei Low-Involvement-Käufen zu beachten.

Bleibt abschließend noch auf die kaufunabhängige Informationsnutzung hinzuweisen, zumal ihr eine enorm hohe Marketingrelevanz zukommen kann. Dabei ist v.a. an die → Meinungsführer bzw. an die → Mund-Werbung zu denken. Das Bemühen, interessante, witzige Werbung zu machen, dient nicht selten auch dem Ziel, die produktbezogene Privatkommunikation zu steuern bzw. unbezahlte Werbung zu initiieren. Solche Effekte entstehen allerdings auch unabhängig davon, ob entsprechende Ziele verfolgt werden. Jedenfalls sollten bei einer Analyse des Informationsverhaltens von Konsumenten keineswegs nur die intendierten, sondern stets auch die unbeabsichtigten Informationswirkungen interessieren.
A.Ku./G.S.

Literatur: *Alba, J.; Lynch, J.; u.a.:* Interactive Home Shopping: Consumer, Retailer, and Manufacturer Incentives to Participate in Electronic Marketplaces, in: Journal of Marketing, Vol. 61 (Juli 1997), No. 3, S. 38-53. *Hoffman, D.; Novak, T.:* Marketing in Hypermedia Computer-Mediated Environments: Conceptual Foundations, in: Journal of Marketing, Vol. 60 (Juli 1996), No. 3, S. 50–68. *Kroeber-Riel, W.; Weinberg, P.:* Konsumentenverhalten, 7. Aufl., München 1999. *Payne, J.; Bettman, J.; Johnson, E.:* The Adaptive Decision Maker, Cambridge 1993. *Raffée, H.; Silberer, G.* (Hrsg.): Informationsverhalten des Konsumenten, Wiesbaden 1981.

Informationswert

Da die Informationsbeschaffung im Rahmen der → Marktforschung Kosten verursacht, wird sie selbst zum Entscheidungsproblem: Es muss entschieden werden, wie lange bzw. in welchem Umfang Informationen einzuholen sind. Grundsätzlich scheint dies einfach: Nach dem marginalanalytischen Prinzip ist der Informationsbeschaffungsprozess solange fortzusetzen, bis die Kosten der zusätzlichen Information

Informationswert

gleich ihrem Nutzen („Wert") werden. Damit rückt das Problem des Informationswertes in den Vordergrund.

Die Lösung dieses Problems ist am weitesten durchgearbeitet im Bayes'schen Ansatz („Bayesian Approach"): Der englische Geistliche Bayes entwickelte in seiner 1763 erschienenen Schrift „An Essay toward Solving a Problem in the Doctrine of Chance" eine Formel (Bayes'sches Theorem), die es ermöglicht, aus den bedingten Wahrscheinlichkeiten eines Ereignisses (Wahrscheinlichkeit für ein Ereignis – A –, unter der Bedingung, dass ein anderes – B – bereits eingetreten ist) quasi umgekehrt auf die Wahrscheinlichkeit des Ereignisses zu schließen, dessen Eintreten die Bedingung darstellt, nämlich die von B (unter der Bedingung, dass A eingetreten ist).

Die Nutzung des „Bayes'schen Theorems" für das vorliegende Problem erfolgt in drei Schritten:

1. Zunächst wird eine *a-priori-Analyse* durchgeführt.
Dazu gehört:
– Definition der verfügbaren (Handlungs-) Alternativen a_i.
– Definition der möglichen Umweltzustände s_j.
– Durch die Bewertung (mit Ein- und Auszahlungen oder Opportunitätskosten – „entgangener Gewinn") ergibt sich eine Entscheidungsmatrix.
– Den einzelnen Umweltzuständen werden – i.d.R. subjektive – Wahrscheinlichkeiten zugeordnet; das Ergebnis ist ein „Erwartungswert" für jede Alternative; die mit dem höchsten (bei der Zahlungs-Matrix) wird präferiert.

Als Entscheidungsregel dient also „Maximierung des Erwartungswertes". Beispiel: Der Einfachheit halber seien nur 2 Alternativen betrachtet: Einführung eines neuen Produkts (a_1), Beibehaltung des alten (a_2). Der Umweltzustand s_1 ist dadurch charakterisiert, dass mit einer „günstigen" Entwicklung des Marktanteils gerechnet wird, bei s_2 dagegen mit einer „ungünstigen". Die Zahlungsmatrix sei wie folgt geschätzt (in Klammern die a-priori-Wahrscheinlichkeiten):

	s_1 (p = 0,3)	s_2 (p = 0,7)
a_1	5	–3
a_2	3	–1

Damit ergeben sich folgende Erwartungswerte:

a_1: $(5 \cdot 0{,}3) + (-3 \cdot 0{,}7) = -0{,}6$
a_2: $(3 \cdot 0{,}3) + (-1 \cdot 0{,}7) = 0{,}2$

Somit wäre Alternative 2, also die Beibehaltung des alten Produkts – oder, anders ausgedrückt: der Verzicht auf die Einführung eines neuen –, zu bevorzugen.

2. Die a-priori-Analyse wird ergänzt durch eine *a-posteriori-Analyse*. Das bedeutet, dass nunmehr die bedingten Wahrscheinlichkeiten herangezogen werden. Dieser Schritt dient der „Verbesserung" der a-priori-Wahrscheinlichkeiten und sollte im Grunde mittels empirischer Daten (statt bloßer Schätzungen) erfolgen.

Im Beispiel soll so vorgegangen werden, dass die Ein- und Auszahlungen für die Alternative „Beibehaltung des alten Produkts" gleich 0 gesetzt werden und die Daten für die Alternative 1 (Produkteinführung) quasi nur die Differenzen zu Alternative 2 darstellen. Insofern gelten auch die Wahrscheinlichkeiten nur für die Alternative „Produkteinführung" und können – da diese nur „Annahme" oder „Ablehnung" (des neues Produkts) heißen – mittels der Binominalverteilung, aufgrund einer empirischen Befragung, berechnet werden. Angenommen, diese erbringe, dass 8 von 10 insgesamt Befragten a_1 präferieren. Aus der Formel für die Binominalverteilung ergibt sich dann als bedingte („conditional") Wahrscheinlichkeit für s_1 0,121 und s_2 0,0106. Multipliziert man dies mit den ursprünglichen Wahrscheinlichkeiten, so resultiert die „joint probability". Dividiert man jede Einzelne davon durch ihre Summe, so erhält man – entsprechend dem „Bayes'schen Theorem" – schließlich die a-posteriori-Verteilung:

	a-priori Verteilung	conditional probability	joint probability	a-posteriori Verteilung
s_1	0,3	0,1210	0,0363	0,83
s_2	0,7	0,0106	0,0074	0,17
Σ	1,0		0,0437	1,0

Der Erwartungswert ist nunmehr ein anderer. Stellt man nur auf die Alternative 1 ab, setzt also die Ein- und Auszahlung für a_2 gleich 0 (was angesichts dessen, dass als Indikator für die „wahren" Umweltzustände nur die „Adoption" des neuen Produktes verwandt wurde, plausibel erscheint), so ergibt sich:

(5 · 0,83) + (-3 · 0,17) = 3,64.

Im Vergleich zu 0 wäre also jetzt die Alternative 1 vorzuziehen. Dasselbe Resultat folgt allerdings auch dann, wenn man die Art der eingeholten Information als adäquates Indiz für die „wahren" Umweltzustände in Bezug auf beide möglichen Handlungsalternativen ansieht und demgemäß auf die oben wiedergegebene Zahlungsmatrix abstellt. Das ergibt:

für a_1 3,64, gem. oben

für a_2 (3 · 0,83) + (-1 · 0,17) = 2,32

3. Daraus resultiert auch die Möglichkeit, den Wert zusätzlicher Informationen abzuschätzen, mittels der *prae-posteriori-Analyse*. Hierzu ist zunächst der „erwartete Wert vollkommener Information" („Expected Value of perfect Information" = EVI) zu berechnen. Er bezeichnet die Größe, die aus der Differenz des Wertes resultiert, der sich ergibt, wenn der Entscheidende weiß, welche Reaktionen auf seine Maßnahmen eintreten und dem Auszahlungserwartungswert der optimalen Entscheidung bei unvollkommener Information. Im Beispiel folgt:

EVI = [(5 · 0,3) + (-1 · 0,7)] − [(3 · 0,3) + (-1 · 0,7)] = 0,8 − 0,2 = 0,6

Der EVI-Wert stellt also quasi die „Kosten der Ungewissheit" dar. Damit bildet er zugleich die Obergrenze für die Kosten zusätzlicher Information. Die Frage lautet also, ob tatsächlich zusätzliche Informationen eingeholt werden sollen, um eine a-posteriori-Analyse durchführen und damit möglicherweise die Entscheidung verbessern zu können. Dies eben ist Aufgabe der prae-posteriori-Analyse; sie ist also, wie auch schon die Bezeichnung andeutet, vor der Beschaffung weiterer Informationen vorzunehmen.

Das Problem dabei liegt darin, dass man gerade nicht weiß, wie die zusätzlichen Informationen lauten werden. Folglich muss für jeden Fall – bei festgelegtem Stichprobenumfang – eine besondere Analyse durchgeführt werden; daraus ist ein Gesamt-Resultat abzuleiten. Im obigen Beispiel von n = 10 wäre also die Berechnung jeweils vorzunehmen für x von 0, 1, ..., 10. Der jeweils optimale (Erwartungs-) Wert müsste sodann, in der üblichen Weise, mit der dazugehörigen Wahrscheinlichkeit multipliziert und darüber summiert werden. Das Ergebnis dieser Berechnungen ist der „erwartete Wert der Stichprobeninformation" („Expected value of Sample Information" = ESI). Subtrahiert man davon die Kosten der Stichprobe, so erhält man den „erwarteten Nettogewinn der Stichprobe" („Expected Net Gain of the Sample" = ENGS); ist dieser größer als 0, so lohnt sich die zusätzliche Beschaffung von Informationen.

Allerdings war hierbei ausdrücklich von einem festgelegten Stichprobenumfang ausgegangen worden. Gerade aber die erforderliche Größe der Stichprobe zur Gewinnung weiterer Informationen ist ebenfalls zu bestimmen. Damit ist im Grunde die prae-posteriori-Analyse für verschiedene Stichprobenumfänge (mit der Beschränkung lediglich der Obergrenze der Kosten durch den EVI-Wert!) durchzuführen. Zugleich ist damit eines der vielen Probleme der – als rein formales Kalkül zweifellos bestechenden – Bayes-Analyse angesprochen.

Damit im Zusammenhang steht, dass die Alternativen und vor allem auch die Umweltzustände gewissermaßen „diskretisiert", auf einige wenige reduziert werden. Noch allgemeiner: Während die „klassische Statistik" quasi nur eine bestimmte Hypothese testet, müssen bei der Bayes-Statistik sämtliche Alternativen und Umweltzustände nicht nur expliziert, sondern zusätzlich auch noch – mit Ein- und Auszahlungen – bewertet werden. Der Informationsbedarf ist also beträchtlich.

Schätzungen sind v.a. auch für die a-priori-Wahrscheinlichkeiten notwendig. Rein subjektive Wahrscheinlichkeitsaussagen sind aber an die Person des Analytikers gebunden und nicht intersubjektiv nachvollziehbar. Ähnliche Probleme können auch bei der a-posteriori-Analyse entstehen: Wie schon das Beispiel zeigte, ist es oft nicht leicht, die den bedingten Wahrscheinlichkeiten zugrunde zu legenden Daten, als „Signal" für den wahren Umweltzustand, hinreichend exakt zu bestimmen. Es bleibt schließlich durchaus offen, ob das der Bayes'schen Analyse inhärente Konzept des „Informationswertes" nicht zu eng ist: Informationen vermögen auch anderen Zwecken als bloß Entscheidungen zu dienen. Sie

Infotainment

können darüber hinaus auch Anlass für das Erkennen neuer Umweltzustände und/oder Alternativen sein (und damit über die „Revision" von Wahrscheinlichkeiten hinausgehen). Schließlich ist fraglich, ob die „Maximierung des Erwartungswertes" überhaupt bz. durchweg eine sinnvolle Entscheidungsregel darstellt. M.H.

Literatur: *Hüttner, M.*: Informationen für Marketing-Entscheidungen, München 1979, S. 13 ff.

Infotainment → Multimedia, → Entertainment und Marketing

Ingredient Branding

Ausprägung der → Markenpolitik im mehrstufigen → Rohstoff-, → Einsatzstoffe- oder → Teile-Marketing, also bei investiven Verbrauchsgütern. *Ingredient Brands* (begleitende Vorproduktmarken, Komponentenmarken) sind → Markenartikel, mit denen Pull-Effekte zur Erzeugung von Nachfrage nach einem in der Wertkette vertikal vorgelagerten (Vor-) Produkt oder einer (Vor-)Leistung auf Seiten des Endkonsumenten erzeugt werden sollen, die von der Rohstoff- oder Komponentenebene initiiert wird (z.B. Marke *Pentium* von Intel: „*Intel Inside*" oder Textilien mit „*Sympatex*").

Im Gegensatz zum → Co-Branding beschränkt sich Ingredient Branding ausschließlich auf *vertikale* → Kooperationen und stellt im Kern eine Markenstrategie eines bestimmten Vorlieferanten (im Gegensatz zur von mehreren Lieferanten getragenen Gütezeichen (→ Warenkennzeichen)) dar („*Vorwärts-Branding*"). Dieser möchte sich damit beim Endkunden profilieren und dadurch wiederum seine Unabhängigkeit von den unmittelbaren Kunden mindern (→ vertikales Marketing). Die Bereitschaft bei diesen Abnehmern findet er dann, wenn seine Produkte einen positiven → Imagetransfer auf deren Produkte bewirken. Einigen Herstellern, wie z.B. *Shimano* oder *Intel*, ist dies mit ihrer ausgeprägten → Pull-Strategie recht gut gelungen.

Allerdings gibt es auch Fälle des sog. *inversen Ingredient Branding*, bei denen die Initiative von Unternehmen der nachgelagerten Branchenstufe ausgeht, die auf diese Weise vom Image der Vorstufen-Marke partizipieren möchten („*Rückwärts-Branding*"). Dies ist z.B. im Textilbereich häufig der Fall (*Goretex, Dralon*).

Voraussetzung für ein erfolgreiches Ingredient Branding auf Seiten des Vorlieferanten sind

– hinreichende → Integralqualität
– überragende Produktkompetenz
– hohe Werbeinvestitionen zu Erhöhung des Bekanntheitsgrades und zur Imagegestaltung
– Synergieeffekte in der gemeinsamen Markenkommunikation
– Hoher Anteil von Erfahrungs- oder Vertrauenseigenschaften beim Endprodukt.
– gutes → Beziehungsmanagement zwischen den Beteiligten.

Ansonsten gelten die Regeln der → Markenpolitik. H.D.

Literatur: *Engelhardt, W.*: Mehrstufige Absatzstrategien, in: ZfbF – Kontaktstudium, 28. Jg. (1976), S. 77-90. *Freter, H.; Baumgarth, C.*: Ingredient Branding. Begriff und theoretische Begründung, in: *Esch, F.-R.* (Hrsg.): Moderne Markenführung, Wiesbaden 1999, S. 289-315.

Inhaltsanalyse (Content-Analyse)

Erhebungsverfahren der → Marktforschung, bei dem Mitteilungen jeglicher Art in möglichst objektiver, systematischer und quantitativer Form auf ihren manifesten Inhalt hin analysiert werden. Das Verfahren entstammt der empirischen Sozialforschung und dient dort insb. dazu, über die Beobachtung der Kommunikation nicht direkt beobachtbare Einstellungen, Meinungen und andere hypothetische Konstrukte zu erschließen.

Wichtigstes Element der Inhaltsanalyse ist das zur objektiven Erhebung der Kommunikationsinhalte verwendete Kategoriensystem. Die Kategorien müssen so genau umschrieben sein, dass verschiedene Forscher, die den gleichen Inhalt analysieren, zu gleichen Resultaten gelangen können. Dabei gilt es, alle maßgebenden Inhalte in die Analyse mit aufzunehmen und keinen Freiraum für die subjektive Auswahl „relevanter" Inhaltselemente zu lassen.

Charakteristisch für die Inhaltsanalyse ist ferner die quantitative Aufbereitung in Form von Häufigkeits- und Kontigenzanalysen für bestimmte Kommunikationsinhalte, z.B. Begriffe, Wortformen (Adjektive, Substantive etc.), Begriffswelten usw. Dieser quantitativen Analyse folgt i.d.R. eine qualitative Bewertung.

Hauptanwendungsgebiet der Inhaltsanalyse im Marketing ist die Kommunikations- und Werbeforschung, etwa wenn Anzeigen oder andere Werbemittel inhaltsanalytisch aufbereitet werden.

Literatur: *Klingemann, H.D.* (Hrsg.): Computergestützte Inhaltsanalyse in der empirischen Sozialforschung, Frankfurt a.M. 1984.

Inhome-Scanning → Panel

In-home-selling

ist eine Form der Datenerhebung, die u.a. für einen dynamischen → Preistest eingesetzt wird. Den Befragten werden in diesem Fall zu Hause, d.h. in der ihnen vertrauten Umgebung, verschiedene Marken mit einem dazugehörigen Preis vorgestellt. Daraufhin werden Sie vom Interviewer gebeten, eine der Marken zu wählen bzw. anzugeben, welche sie kaufen würden. Es handelt sich also um einen simulierten „Verkauf" an die Befragten zu Zwecken der Marktforschung (s.a. → Testmarktsimulator).

S.M./I.M.

Inhouse Banking

Speziell internationale Großunternehmen sind dazu übergegangen, ihre Finanzabteilungen zu finanzwirtschaftlichen „service centers" auszubauen. Die vormals von Banken erbrachten Leistungen, wie etwa solche im Bereich des → Cash- und Währungsmanagements, werden dem zum Konzern gehörenden Unternehmen „inhouse" unter Umgehung der Banken angeboten. O.B.

Injektion

Begriff aus der → Fernsehforschung. Im Anschluss an die jährliche Strukturerhebung im Fernsehpanel wird eine Injektion durchgeführt. Da in der Strukturerhebung, wie bei jeder anderen Befragung auch, Lücken durch Nichtbeantwortung entstehen können, hat das Injektionsverfahren deren Auffüllung zur Aufgabe. Durch die Anwendung von mathematischen Algorithmen wird versucht, im Falle mit Feldern „keine Angabe" die tatsächlichen Gegebenheiten möglichst genau zu rekonstruieren. Im Konkreten wird hier eine Paarbildung zwischen möglichst ähnlichen Personen bzw. Haushalten durchgeführt. Der Donor (gebende/r Person/Haushalt) gibt dann seine entsprechende Merkmalsausprägung an den Rezipienten (nehmende/r Person/Haushalt) weiter, um die Lücken in diesem Datensatz zu füllen.

Inkassovergütung
→ Zahlungskonditionen

Inmarkt Express

Von der GfK international angebotenes PC-Programm zur Auswertung von Handels- und Verbraucherpaneldaten beim Kunden. Die Daten sind nach Artikel (alle Einzelartikel und beliebige Zusammenfassungen), Perioden (zeitliche Unterteilung), Fakts (Bedeutung der Zahl, z.B. Distribution) und Segmente (z.B. Gebiete, Geschäftstypen etc.) organisiert und lassen sich in beliebiger Form tabellarisch darstellen. Darüber hinaus sind Berechnungen (z.B. Zuwachsraten) und grafische Darstellungen der Daten möglich.
Inmarkt Express hat die Daten in aggregierter Form abgelegt, d.h. es sind nicht mehr die Daten von einzelnen Haushalten oder einzelnen Geschäften gespeichert, sondern nur von ganzen Segmenten. Bezüglich technischer Gebrauchsgüter sind wegen der Vielzahl der einzelnen Modelle häufig nur Zusammenfassungen von Artikeln hinterlegt. Dies ermöglicht einen sehr schnellen Tabellenaufbau, verhindert aber, dass Sonderanalysen gerechnet werden können, die einen Zugriff auf die Rohdaten erforderlich machen. R.Wi.

INMARKT (- System)

INMARKT war ein von der → GfK Fernsehforschung entwickeltes dialogorientiertes und auf aggregierten Daten basierendes Datenbanksystem zur Auswertung und Datenhaltung in der → Fernsehzuschauerforschung, bei dem der Nutzer online mit dem Großrechner der → GfK Fernsehforschung in Nürnberg verbunden war. Auswertungen zur Fernsehnutzung konnten je nach Zugangslizenz für zahlreiche Zielgruppen und Gebiete getätigt werden.
Das System war in so genannte Aggregationsstufen gegliedert: INMARKT I enthielt Werte für Sendungen und Werbeblöcke (auch Programmcode – Programmcodierung der AGF). INMARKT I wurde am 31.06.1997 eingestellt. Das Ersatzsystem ist INMARKT II, welches Werte für Zeitabschnitte (Viertel-, Halbstunden usw.) im Monatsschnitt lieferte. INMARKT II wurde am 30.06.1998 eingestellt. Das Ersatzsystem ist Quick-INMARKT, das nur vorläufig gewichtete Daten für Sendungen und Werbung enthielt. Quick-INMARKT wurde im November 1996 durch pc#tv ersetzt.

Innendienst

Innendienst → Verkaufsabteilung

Innerbetrieblicher Standort
→ Warenpräsentation

Innere Bilder → Bildkommunikation

Innovation

Aus betriebswirtschaftlicher Perspektive sind Innovationen Neuerungen für ein Unternehmen in Form von Prozessen im Unternehmen (*Prozess-Innovation*) oder von Produkten am Markt (*Produkt-Innovationen*). Aus Marketingsicht ist der Innovationsbegriff folgendermaßen zu spezifizieren:

Produkt- und Verfahrensinnovationen
Ergebnisse (Produkte) und Prozesse dahin (Verfahren) lassen sich theoretisch trennen, in der Praxis nicht immer. In der Industrie wird aus der Produktinnovation eines Herstellers ggf. eine Verfahrensinnovation beim Verwender. Dienstleistungsangebote können gleichzeitig Produkt und Verfahren sein. Prozess-Innovationen können auch Veränderungen im menschlichen Verhalten sein, z.B. als organisatorische Regeln oder als umweltorientiertes Konsumentenverhalten. Solche Innovationen werden als *Sozial-Innovationen* bezeichnet. Produkt-Innovationen dienen v.a. dem Ausbau oder der Verteidigung der Wettbewerbsposition, Verfahrens-Innovationen der Produktivitätssteigerung. Im Marketing geht es meist um erstere, weshalb wir im Folgenden den kürzeren Ausdruck Innovation bzw. Innovations-Management verwenden, wenn Produktinnovationen (Innovations-Management) gemeint sind.

Subjektiv, nicht absolut:
Auch etwas (anderen Anbietern und Zielgruppen) schon Bekanntes kann aus der Sicht des Unternehmers bzw. seiner Kunden eine Innovation sein, z.B. die Einführung eines Vitamin-C-Präparates durch einen Pharma-Hersteller. Innovationen müssen bloß subjektiv, aus der Sicht der Betroffenen, neu sein, denn es kommt aus betrieblicher Sicht auf das Management von Innovationen an. Spezifische Innovationsprobleme, wie Entwicklung, Test und Markteintritt, sind unabhängig davon, ob andere Unternehmen oder Zielgruppen schon damit vertraut sind. Sie müssen hier und heute gemanagt werden.

Phasenverlauf:
Während *Inventionen* punktuelle Ereignisse sind, laufen Innovationen in der Zeit ab. Es ist sinnvoll, den Ablauf mehr oder weniger fein in Phasen zu unterteilen, da während dieser Phasen unterschiedliche Ziele, Probleme und Lösungsverfahren dominieren (vgl. unten).

Basis- und Folge- bzw. Verbesserungsinnovation:
Nach absolutem Neuigkeitsgehalt können Innovationen danach unterschieden werden, ob sie einen technologischen Durchbruch markieren oder nur etwas verbessern bzw. neu anwenden. Basis-Innovationen sind z.B. Düsenantrieb, Mikroprozessor und Bildplatte. Folge-Innovationen sind z.B. Modellwechsel bei Autos oder Leistungssteigerungen von Computern. Es gibt viele Zwischenformen, die nicht zuletzt von → Innovationszyklen und den mit ihnen verbundenen Innovationswiderständen (→ S-Kurve) geprägt werden.

Radikal- und Inkremental-Innovationen
Je ungewohnter eine Innovation für ein Unternehmen und je größer die Umstellung ist, desto „radikaler" ist sie. Dies ist bei Diversifikationen der Fall, d.h. wenn sich das neue Produkt stark von dem bisher angebotenem Programm unterscheidet, wenn sowohl ein neuer Markt bedient wird als auch eine dem Unternehmen neue und unvertraute Technologie enthalten ist. Inkremental-Innovationen sind Routineerneuerungen mit vergleichsweise geringer *Innovationshöhe*, z.B. wenn ein vorhandenes Produkt nur im Design oder in der Verpackung geändert wird.

Innovationen beinhalten besondere Chancen, aber auch Risiken und bedürfen deshalb eines besonderen → Innovations-Managements. V.T.

Literatur: *Brockhoff, K.; Chakrabarti, A.K.; Hauschildt, J.:* The Dynamics of Innovation, Berlin, Heidelberg 1999. *Trommsdorff, V.:* Fallstudien zum Innovationsmarketing, München 1995. *Trommsdorff, V.:* Käuferverhalten und Innovationsmanagement,. in: *Forschungsgruppe Konsum und Verhalten* (Hrsg.): Konsumentenforschung, München 1994, S. 445-459.

Innovationshöhe

Ausmaß der Neuheit einer → Innovation aus Abnehmersicht im Sinne der Verbesserung des Preis-Nutzen-Verhältnisses im Vergleich zur bisherigen Problemlösung bzw. zum Wettbewerb.

Innovationsmanagement

Innovationsmanagement beinhaltet die Bewältigung von Problemen bei der Einführung und Durchsetzung von → Innovationen im Markt, aber damit auch im Unternehmen selbst, z.B. bei der Durchsetzung eines neuen Produktes in der Produktions- oder Vertriebsabteilung. Es umfasst somit alle strategischen und operativen Pläne und Maßnahmen, die mit der technisch-wirtschaftlichen und sozialtechnischen Entwicklung Einführung und Durchsetzung unternehmenssubjektiv neuer Produkte verbunden sind. Typisch für das Innovationsmanagement sind schwierige, weil schlecht strukturierte und sehr unsichere Entscheidungen sowie komplizierte und sensible Kommunikations- und Beeinflussungsprozesse. Innovationsmanagement ist keine klassische Unternehmensfunktion, sondern eine Querschnittsfunktion mit Einfluss auf die Führung des ganzen Unternehmens. Sie wird hier v.a. im Hinblick auf Produktinnovationen behandelt.

1. Bedeutung

Der Stellenwert des Innovationsmanagement hat stark zugenommen, was sich u.a. aus Stellenausschreibungen, Forschungsprojekten, Publikationen, Seminarangeboten und neuen Studiengängen entnehmen lässt. Gründe für die zunehmende Wichtigkeit des Innovationsmanagements liegen zumindest in folgenden drei Faktoren:

(a) Beschleunigte Technologieentwicklung: Durch Erfolge in der naturwissenschaftlichen Grundlagenforschung sind in kurzer Zeit diverse *Basisinnovationen* zustande gekommen, die viele Anwendungen in ganz unterschiedlichen Technologien finden können und zahlreich Folgeinnovationen ausgelöst haben. Eine neue Technologie (noch) nicht einzuführen, kann die Wettbewerbsfähigkeit stark beeinträchtigen (→ Zeitwettbewerb; → Time-to-Market; → Leapfrogging). Neue Technologien bedeuten neue Chancen aber auch Kosten und Risiken (→ S-Kurve). Sie erhöhen die Nachfrage nach Innovationsmanagement.

(b) Verschärfter Wettbewerb: Die Internationalisierung der Märkte, der steigende Konzentrationsgrad der Wirtschaft, → Marktsättigung und → Marktstagnation sowie die damit verbundene steigende Wettbewerbsintensität vermindern die Möglichkeiten des Wachsens durch → Marktpenetration oder → Produktdifferenzierung. Eine günstigere Wettbewerbsposition kann man mit Produktinnovationen, zur Kostensenkung und Qualitätsverbesserung aber auch mit Prozessinnovationen erzielen. Letzteres ist wiederum Innovations-Stimulanz für Anbieter von Industriegütern, also für Produktinnovationen. Aktives Innovieren ist sowohl für einzelne Unternehmen als auch für ganze Branchen die Alternative zur Schrumpfung bzw. Aufgabe (→ Stay-or-Exit-Entscheidung). Die Wirtschaft ist sich der Herausforderungen des Marktes und der Technologie immer mehr bewusst; Lieferanten, Wettbewerber und Kunden werden selbst zu Innovatoren. Das verstärkt den Druck zum Innovationsmanagement beim einzelnen Unternehmen.

(c) Verstärkte Reaktion: Vielen mit Innovationen verbundenen strategischen Maßnahmen, wie Großinvestitionen und Akquisitionen, Standortverlagerungen und Bauvorhaben, stellen sich massive Widerstände entgegen. So hat das gestiegene Umwelt- und Gesundheitsbewusstsein bewirkt, dass die Anforderungen an neue Produkte schärfer geworden sind. Es wurden Umweltauflagen und Produkthaftungsrecht verschärft. Auch die vollen Regale des Handels (→ Vertikales Marketing) und andere Faktoren machen es nicht mehr so einfach wie früher, mit einem neuen Markt am Markt anzutreten. Wo die Schwierigkeiten mit Innovationen wachsen, braucht man verstärkt professionelles Innovationsmanagement.

2. Zusammenhang mit Strategie und Technologie

Produktinnovationen sind eine attraktive Alternative der → Wettbewerbsstrategie. Durch innovative Produkte kann das Unternehmen langfristige Kundenpräferenzen aufbauen und dem Preiswettbewerb ausweichen. Produktinnovationen erfordern selbst strategische Entscheidungen zwischen

- hochrangiger (Präferenz-) und breiter (Mengen-) Strategie,
- industrieweiter oder segmentspezifischer Marktdefinition (→ Funktionalmarkt-Konzept),
- standardisierten Produkten und individuellen Lösungen,
- technologischer Führer- und Folgerolle (→ Technologie-Strategie),
- konservativer und innovativer Produktstrategie.

Neue Produkte benötigen in ihrem Produktlebenszyklus (→ Lebenszyklus) eine Anlaufzeit von mehreren Jahren, bis sie den

Aufwand für Forschung und Entwicklung (FuE) und für den Markteintritt wieder hereingeholt haben und endlich zum Gewinn beitragen. Reife Produkte müssen Mittel für Produktinnovationen erwirtschaften. Die → Innovationsrate eines Unternehmens ist finanziell, organisatorisch und personell begrenzt.

Konkurrierende Innovationsprojekte müssen unter strategischen Gesichtspunkten ausgewählt werden. Das → strategische Marketing beeinflusst deshalb das Innovationsmanagement durch Festlegung der Mischung aus bewährten und einträglichen Geschäftsfeldern, Märkten und Technologien einerseits und finanzbedürftigen Neuentwicklungen andererseits.

Innovationsmanagement ist zu einem Teil → Technologiemanagement. Entsprechend eng sind die Zusammenhänge zwischen Innovationsarten und Technologiebegriffen: unter einer Technologie ist grundsätzlich ein komplexes System von technischen Problemlösungen zu verstehen. Technologie verhält sich zur Technik wie Methodologie zur Methodik, nämlich wie Denkansatz zu Maßnahme. *Basistechnologien* sind technische Grundprinzipien, die allgemein bekannt, in verschiedenen Branchen verbreitet und schon wettbewerbsneutral sind. Bedeutende Verbesserungen sind nicht mehr zu erwarten. *Schlüsseltechnologien* bilden die Front der Technikentwicklung, sind meist patentrechtlich geschützt und bieten Verbesserungspotenziale. Sie sind über die Branchen hinweg noch wenig verbreitet. Innerhalb einer Branche geht von Schlüsseltechnologien starker Wettbewerbsdruck aus. *Schrittmachertechnologien* sind potentielle Schlüsseltechnologien, stehend in einer frühen Entwicklungsphase, haben sie viel Wettbewerbspotential und können Wettbewerbsstrukturen gründlich verändern.

Innovationsstrategien sind an sich einzigartig, weshalb es unzählige Einzelstrategien gibt. Andererseits strebt die Betriebswirtschaftslehre nach Strategieempfehlungen in Form von Normstrategien. Eine Grundlage dazu sind empirische Strategieklassifikationen, wie die von *Cooper* (1985):

Technologieinduzierte Strategie: starke FuE-Orientierung, hoher produkttechnischer Standard, hoher Neuheits- und Komplexitätsgrad, hohes Produktrisiko, mangelhafte Nutzung von Synergieeffekten, ungenügende Marktorientierung; höchste Floprate.

Ausgewogene Fokus-Strategie: Hoher Technologiestandard, hohe Produktqualität, gezielte Nutzung von Stärken, intensives Marketing, Eintritt in attraktive Wachstumsmärkte mit geringer Wettbewerbsintensität; erfolgreichste Strategie.

Strategie mit geringem technologischen Risiko: Nachahmung auf der Basis von Reifentechnologien bei schwacher Übereinstimmung mit vorhandenem Produktprogramm; dennoch Wettbewerbsvorteile, u.a. durch hohe Qualität.

Strategie geringen Kapitaleinsatzes: Geringste FuE-Intensität, ungeplante Diversifikation in neue Märkte; meist kleine Firmen; → Me-too-Produkte, aber geeignete Vertriebswege und angemessene Marktforschung; hohe Floprate, geringer Beitrag neuer Produkte zum Gesamtumsatz.

Hochriskante Diversifikationsstrategie: Größte FuE-Intensität, aber schwaches FuE-Management, dadurch wenig innovative Produkte. Aktiv auf vielen unterschiedlichen wettbewerbsintensiven Märkten; wenig Orientierung an vorhandenen Stärken und am Markt. Hohe Floprate, geringe Innovationsrate.

3. Innovationsmanagement in Phasen

Innovationen können operativ als Projekte verstanden werden. So kommen Ansätze des → *Projektmanagements* in Betracht, z.B. Innovationsteams oder Netzplantechnik. Für Produktinnovationen besonders relevant ist der Phasenansatz. In einem großen Zweiphasenschema werden Ideengenerierung und Ideendurchsetzung unterschieden. Für differenzierte Analysen werden die Phasen weiter unterteilt, hier in Ideengenerierung, Selektion, technische Realisation, Test, Markteintritt. Die Phasen sind idealtypisch definiert; in der Praxis laufen die Arbeiten teilweise parallel oder in Schleifen ab (→ *simultanous engineering*). In jeder Phase besteht das Kernproblem in der möglichst frühen Entscheidung, eine Innovationsalternative bzw. das gesamte Innovationsprojekt weiter zu fördern oder sofort abzubrechen, bevor noch mehr Zeit und Geld in den voraussichtlichen Flops investiert wird. Neben diesen sog. *Go-No-Entscheidungen* sind in den einzelnen Phasen viele Steuerungsentscheidungen zu treffen. Hierzu wurden eine Reihe von Entscheidungsmodellen, z.B. → STEAM, → DEMON, → SPRINTER, → PROPOSAS oder → SERVASSOR entwickelt, die sich aber in der Praxis bisher kaum durchgesetzt haben. Lediglich die verschiedenen Methoden der → Positionierung und die darauf aufbauenden Entscheidungsmodelle, wie PERZEPTOR oder → PROPOSAS fanden eine gewisse Verbreitung in der Praxis.

(a) Ideengenerierung
Der Anstoß zu einem neuen Produkt kann aus dem Unternehmen bzw. aus der dort vorangetriebenen Technologie („*Technologie-Push-Innovation*") oder von Außen bzw. aus dem Markt kommen, den man entsprechend systematisch untersucht (sog. „*Markt-Pull-Innovation*"). Z.B. können potentielle Kunden Bedarf für Verfahrensinnovationen artikulieren, auf den hin das Produkt entwickelt wird. Zur internen Ideengewinnung ist → Kreativität gefragt. Kreativität ist nicht nur eine persönliche Anlage, sondern auch eine lehr- und lernbare Eigenschaft. Ansatzpunkt der individuellen, sozialen, institutionellen und kulturellen Förderung sind → Kreativitätstechniken oder allgemeine, zur Steigerung der → Innovationsneigung geeignete Maßnahmen, wie persönliche Freiräume, Vermeidung von Kreativitätshemmnissen und Anreize für Kreativität durch → Teamorganisation, Vorschlagswesen, → Qualitätszirkel u.a.m. Insgesamt tragen solche Maßnahmen zur innovativen → Corporate Identity bei.

(b) Selektion
Ziel der ersten Auslese vorliegender Innovationsideen (screening) ist die Konzentration auf potentiell erfolgreiche Ideen. Besonders Innovationen mit hohem Neuigkeitsgrad sind schwierig zu beurteilen. Hier besteht die Gefahr, dass nur scheinbar erfolglose oder nur heute noch nicht erfolgreiche Ideen frühzeitig verloren gehen. Daher sollte die Möglichkeit vorgesehen werden, auf eine zunächst ausgeglichene Idee zurückzukommen. Die verbleibenden Produktideen werden auf Wirtschaftlichkeit hin analysiert, wobei die Wertanalyse (aus der Sicht des Kunden) hervorzuheben ist (→ Qualitätstechniken; → House of Quality). Es werden Marktdaten gesammelt, Investitionsrechnungen angestellt (→ Produktkostenkalkulation) und die Durchführbarkeit der Innovation mit vorhandenen oder beschaffbaren Ressourcen wie Personal, Lizenzen oder Werkstoffen untersucht (→ Feasibilitystudie, → Höckereffekt).

(c) Technische Realisation
Aus der Unternehmensstrategie sind Vorgaben für die Intensität und Dauer der FuE-Projekte abzuleiten (→ FuE-Planung, → Technologie-Strategie). Daneben ist der Informationsimport aus der technischen Umwelt von Bedeutung (→ Technologietransfer). Er kann durch informellen Austausch mit externen Institutionen erfolgen oder durch vertraglich vereinbarte Formen der Know-how-Überlassung, z.B. → Lizenzpolitik. → Patente sollen die unerwünschte Nutzung eigener Know hows unterbinden, besonders wenn sonst keine Geheimhaltung gewährleistet ist und Wettbewerber das Produkt mit der neuen Technologie analysieren und nachbauen können.

(d) Test
Teilweise überlappend mit anderen Phasen sind die Akzeptanz bzw. das Marktpotential der Innovation abzuschätzen. Dazu gibt es eine diagnostische und eine prognostische Gruppe von Methoden. Zu den diagnostischen Methoden gehören die Wertanalyse aus Kundensicht (→ Qualitätstechniken), der → Konzepttest und der → Funktionstest. Manchmal lässt man Zielpersonen Stichproben das Produkt und seine Eigenschaften beurteilen, um auch schon vor dem Markteintritt Diskrepanzen zum tatsächlichen Kundenbedarf zu entdecken und evtl. zu beseitigen. Zu den prognostischen Methoden gehören Preisbereitschaftstests, Verkaufstest im Laden (→ Storetest) und Hochrechnungen von echten → Markttests oder simulierten Teilmärkten (→ Testmarktsimulation). Reale Markttests sind teurer, aber nicht immer besser. Dem Realitätsvorteil steht u.a. das Risiko gegenüber, dass Wettbewerber auf die geplante Einführung aufmerksam werden und die Ergebnisse beeinträchtigen können. In Investitionsgütermärkten spielen Tests eine geringe Rolle. Ansätze zeigen sich aber bei *Probeinstallationen*, bei potenziellen Kunden, in der Auswertung von Anfragen auf wissenschaftliche Publikationen über die Innovation und in Akzeptanzbeobachtungen auf Messen.

(e) Markteintritt
In der Markteintrittsphase sind die → Marketing-Instrumente untereinander und im bezug auf die mit der Innovation verfolgten Strategie abzustimmen (→ Marketing-Mix). Zu den entscheidenden → Neuprodukterfolgsfaktoren gehören nach diversen empirischen Befunden das Preis-Nutzen-Verhältnis aus Kundensicht (Innovationshöhe), das relativ zum Wettbewerb oder zur bisherigen Problemlösung zu messen ist

Innovationsneigung

(→ Preispositionierung, → Preisstrategie). Da es periodenübergreifende → Preisänderungswirkungen, → Preiserwartungs- und → Carry-over-Effekte des Einführungspreises gibt, können u. U. auch verschiedene → Preisstrategien im Lebenszyklus vorausgeplant werden. Ein weiteres für den Markterfolg besonders wichtiges Marketing-Instrument von Innovationen ist die Qualität der Marketingkommunikation: Erfolgreiche Innovationen stiften Kundennutzen und machen dies den Zielgruppen bewusst. Je größer die Innovationshöhe eines neuen Produktes ist, desto weniger ist es in einem bestehenden Markt einzuordnen. Hier muss professionelle Marketingkommunikation ansetzen. Erst wenn Produktvorteile als solche von potentiellen Kunden wahrgenommen werden, kommen auch Marktanteile zustande. Zur Marketingkommunikation gehört nicht nur die Werbung, sondern alle für die Innovation wesentlichen Kommunikationsaufgaben, z.B. die interne Überzeugungsarbeit (→ internes Marketing), Verhandlungsgeschick beim Aufbau des Vertriebsnetzes, das Verstehen der Kundenprobleme und das Abschätzen von Marktpotentialen (s.a. → Gründermarketing).

Die beiden Hauptfaktoren des Innovationserfolges (relativer Nutzen und Marktkommunikation) spiegeln sich in den beiden unmittelbaren dynamischen Determinanten der Marktanteilsentwicklung wider, der Erstkäuferrate und der Wiederholkaufrate. Die Erstkäuferrate hängt primär von der Marketingkommunikation ab, die Wiederholkaufrate vom relativen Nutzen. Beide Determinanten finden sich in den wichtigsten Modellen zur → Neuproduktprognose.
V.T.

Literatur: *Cooper, R.G.:* Winning at new products, Reading, Mass. u.a. 1986. *Brockhoff, K.:* Management von Innovationen, Wiesbaden 1996. *Hauschildt, J.:* Innovationsmanagement, 2. Aufl., München 1997. *Pleschak, F.; Sabisch, H.:* Innovationsmanagement, Stuttgart 1996. *Trommsdorff, V.:* Fallstudien zum Innovationsmarketing, München 1995. *Trommsdorff, V.:* Käuferverhalten und Innovationsmanagement, in: *Forschungsgruppe Konsum und Verhalten* (Hrsg.): Konsumentenforschung, München 1994, S. 445-45.

Innovationsneigung

Wesentlicher Faktor bei der Entstehung und Verbreitung von → Innovationen ist die Einstellung der Mitarbeiter sowohl auf Seiten der Unternehmensleitung als auch auf Seiten der Arbeitnehmer. Aus Sicht des Unternehmens bedeutet Innovationsneigung die Bereitschaft, Innovationen selbst zu produzieren. Mögliche Indikatoren hierfür sind der FuE-Aufwand oder die Zahl der Patentanmeldungen eines Unternehmens. Ferner zeigt sich die Innovationsneigung in der Bereitschaft, Investitionen in neuartige Maschinen und Anlagen zu tätigen. Wesentliche Voraussetzung für beide Formen der Innovation ist die Bereitschaft der Mitarbeiter, sich auf neuartigen Gebieten zu betätigen bzw. mit neuen Technologien umzugehen; dies kann durch eine umfangreiche Informationspolitik gefördert werden.
M.Re.

Innovationsorganisation

(1) Innovation und organisatorisches Dilemma

Die Aufgaben, die das Management in einem Innovationsprozess zu bewältigen hat, sind typischerweise besonders komplex, unklar gegliedert, und sie treffen auf vielfältige Widerstände. Die organisatorischen Rahmenbedingungen eines Innovationsprozesses sollten auf diese Besonderheiten abgestimmt sein. Um die Einführung einer Neuerung zu erleichtern, müssen also Strukturen gefunden werden, die mit Komplexität und Unklarheit vereinbar sind und die Innovationswiderstände abbauen helfen. Dazu gehören die nachstehend skizzierten Konzepte: Projektmanagement, Innovationsteams, eine den Erfordernissen des Innovationsprozesses angepasste Art der Kommunikation und Information, innovativer Führungsstil, das richtige Anreizsystem und alles in allem eine innovationsfreundliche Unternehmenskultur.

Die einzelnen Phasen des Innovationsprozesses unterscheiden sich nach Komplexität, Formalisierung und Standardisierung. Am Anfang, in der Phase der Ideengenerierung, wird v.a. Kreativität benötigt, später ist es am wichtigsten, das Neue durchzusetzen und die Umsetzung zu kontrollieren. Kreativität entfaltet sich am besten ohne die Zwänge einer straffen organisatorischen Struktur, Durchsetzung und Kontrolle verlangen aber klar abgesteckte Kompetenzen und Regelungen. Deshalb spricht man vom organisatorischen Dilemma des Innovationsmanagement. Der Ausweg, ein Innovationsvorhaben am Anfang locker, später straff zu organisieren (loose-tight-Regel), ist nicht unumstritten.

(2) Projektmanagement
Während Routineaufgaben am besten funktional organisiert sind, haben Projekte Querschnittscharakter, denn die Projektarbeit muss von mehreren Funktionen unterstützt werden. Das Projekt sprengt den üblichen Kompetenz-, Hierarchie- und Kommunikationsrahmen, der für standardisierte Entscheidungen und Abläufe geschaffen wurde. Als Hilfsmittel für das Projektmanagement stehen Methoden der Planung, Durchführung, Kontrolle und Dokumentation zur Verfügung, so zur Aufgabenzerlegung und -verknüpfung das → Lastenheft, zur Zeit- und Kostenplanung die → Netzplantechnik.
Ein Innovationsvorhaben kann grundsätzlich als Projekt definiert werden. So liegt es nahe, die Methoden des → Projektmanagements auch auf Innovationsprozesse anzuwenden. Ihnen fehlen allerdings oft die klaren Aufgaben-, Kosten- und Terminvorgaben, die bei einer Projektbeschreibung üblich sind. Diese Eigenarten müssen im Innovations-Projektmanagement berücksichtigt werden. Unter der Bezeichnung → FuE-Controlling werden entsprechende Methoden bereitgestellt.

(3) Innovationsteam
Entsprechend der Querfunktionsidee werden Innovationsprojekte am besten als Team organisiert (→ Teamorganisation): Mitarbeiter aus verschiedenen Funktionen und Hierarchieebenen werden partiell oder (für die Projektlaufzeit) vollständig für die Projektarbeit freigestellt. Bei Produktinnovationsprojekten empfiehlt sich zumindest die Beteiligung von Marketing/Vertrieb, Entwicklung und Produktion. Dadurch können besonders kritische Schnittstellenfunktionen von vornherein überbrückt werden. Wenn das Team nach Funktion, Hierarchie und Persönlichkeit heterogen zusammengesetzt ist, hilft das, Abteilungsegoismen, Statusdenken und Sprachbarrieren zu überwinden, wie sie zwischen Technikern und Wirtschaftlern typisch sind. Heterogenität fördert auch die Identifikation der Mitarbeiter mit dem Innovationsprojekt.
Inwieweit es sinnvoll ist, ein Innovationsteam in die bestehende Organisation einzugliedern, hängt v.a. von der Unternehmensgröße ab. In kleineren Unternehmen mit wenigen Hierarchiestufen sollte eine umfassende Aktivierung und Integration der Organisationsmitglieder in den Innovationsprozess realisiert werden. Dagegen empfiehlt sich bei größeren Unternehmen mit eher starren und bürokratischen Organisationsstrukturen die Bildung kleinerer organisatorischer Untereinheiten. Dadurch werden dynamische Strukturen geschaffen und die im Innovationsprozess nötige Flexibilität gesichert.
Die Umsetzung dieses Gedankens ist in jüngerer Zeit durch verschieden Ansätze des *Venture-Management* bekannt geworden. Dazu bedient man sich der Gründung neuer Gliedbetriebe oder selbständiger Unternehmen durch eine Muttergesellschaft. Beim internen Venture-Management bleibt die neugegründete Einheit ein Teil der Muttergesellschaft. Dagegen entstehen beim externen Venture-Management rechtlich selbständige Gründungseinheiten. In beiden Fällen werden die Vorteile eines großen Unternehmens wie technologisches Knowhow, Marktkenntnis, Finanzstärke etc. mit den Vorteilen kleinerer Organisationseinheiten kombiniert.

(4) Kommunikationsstruktur und Informationsaustausch
Information und Kommunikation haben einen hohen Stellenwert im Innovationsprozess. Die Anregungen zu einer Innovation können unterschiedlichen Quellen entstammen. Dies sind zum einen externe Quellen wie Kunden, Konkurrenten, soziales Umfeld etc. Externe Informationen stehen z.B. in Form von Datenbanken in großer Menge zur Verfügung. Um diese quantitativen Informationen in qualitative umzusetzen, d.h. auf den tatsächlichen Informationsbedarf abzustimmen, werden *Gatekeeper* eingesetzt. Ihre Aufgabe besteht darin, Verbindung zu externen Quellen herzustellen und alle Informationen so aufzubereiten, dass keine Informationsüberflutung stattfindet. Diese Funktion kann von verschiedenen Personen übernommen werden, so z.B. von einem Vorstandsassistenten oder einer Chefsekretärin.
Neben den Anstößen von außen produzieren Mitarbeiter – beispielsweise der FuE-Abteilung – ständig neue Ideen. Damit kreative Ideen entstehen und sich entfalten können, darf die Kommunikation unter den Mitarbeitern und auch zwischen verschiedenen Hierarchiestufen nicht zu stark reglementiert sein. Es gibt viele Beispiele für originelle und erfolgreiche Produktideen, die durch informale Kommunikation zwischen Mitarbeitern entstanden sind. Während die in den anfänglichen Phasen des Innovati-

onsprozesses erforderliche Kreativität ein hohes Maß an Kommunikationsfreiheit erfordert, findet im weiteren Phasenverlauf ein allmählicher Übergang zu gezielter Informationsversorgung statt. Dadurch werden die Kosten überflüssiger Kommunikation minimiert. Erfolgreiche Innovationsprozesse zeichnen sich dadurch aus, dass die Informationen nicht nur von oben nach unten, sondern auch umgekehrt fließen.

(5) Führungsstil und Mitarbeiterbeteiligung
Die Gestaltung einer innovationsförderlichen Organisation hängt eng zusammen mit der Wahl eines entsprechenden → Führungsstils. Vereinfachend kann der Begriff Führungsstil durch den Grad der Beteiligung von Mitarbeitern an Entscheidungen erklärt werden. Entsprechend dieser Unterscheidung lassen sich verschiedene Ausprägungen beobachten, die jedoch nicht absolut differenzierbar sind, sondern ein Kontinuum darstellen. Dieses Kontinuum reicht von autoritärem Führungsstil, bei dem keine oder nur sehr geringe Mitarbeiterbeteiligung vorliegt, bis hin zu kooperativen Führungsstil, der die Einbeziehung der Mitarbeiter in die Entscheidungsfindung vorsieht.
Innerhalb des Innovationsprozesses eignet sich der autoritäre Führungsstil nicht. Vor allem die Phase der Ideengenerierung sollte durch einen hohen Partizipationsgrad gekennzeichnet sein. Im weiteren Phasenverlauf nimmt die Konkretisierung der Aufgaben und damit auch die Notwendigkeit der Entscheidungszentralisation theoretisch zu. Bislang existieren jedoch keine empirisch abgesicherten Erkenntnisse über die Eignung mehr oder weniger autoritärer und partizipativer Führungsstile für einzelne Phasen, weil diese Eignung auch von vielen anderen Faktoren abhängig ist.
Innovationsmanager müssen häufig Fähigkeits- und Willensbarrieren der Mitarbeiter überwinden. Einen Ansatz zur Bewältigung dieses Problems liefert das *Promotorenmodell* nach Witte. Bei Promotoren handelt es sich um Personen im Unternehmen, die den Innovationsprozess aktiv fördern. Witte unterscheidet zwischen Machtpromotoren, die ihr hierarchisches Potential einsetzen, um psychische Widerstände zu überwinden, und Fachpromotoren, die den Innovationsprozess durch objektspezifisches Fachwissen fördern. Diese Form der Arbeitsteilung erfordert enge Kommunikationsbeziehungen zwischen den Mitwirkenden. Neuere Ansätze stellen neben Macht- und Fachpromotor noch einen Prozessmotor, der die Verbindung zwischen beiden herstellt und für einen reibungslosen Ablauf des Innovationsprozesses sorgt.

(6) Mitarbeitermotivation und Anreizsystem
Wesentliche Träger der Innovationen im Unternehmen sind die Mitarbeiter. Aufgabe der Unternehmensleitung ist es daher, die Mitarbeiter zu motivieren und Anreize zur Beteiligung am Innovationsprozess zu schaffen. Dies dient zum einen der Förderung von Kreativität und Ideenproduktion. Zum anderen werden Innovationswiderstände, die sich aus Angst vor Neuem ergeben, abgebaut. Für Mitarbeiter mit innovativen Aufgabenstellungen bieten sich neben den eher konventionellen Möglichkeiten (wie monetäre Belohnung und Aufstiegsmöglichkeiten) v.a. Maßnahmen an, die die intrinsische Motivation fördern. Dazu zählen anspruchsvolle Aufgaben, ein hohes Maß an Eigenverantwortlichkeit, Zusammenarbeit mit qualifizierten Kollegen, Weiterbildungsangebote etc.

(7) Innovationsfreundliche Unternehmenskultur
Die Fähigkeit eines Unternehmens, Innovationen hervorzubringen und durchzusetzen, hängt zum großen Teil von einer innovationsfreundlichen Unternehmenskultur ab. Die Unternehmenskultur kennzeichnet das von allen Mitgliedern eines Unternehmens gemeinsam wahrgenommene Werte- und Normengefüge der Organisation. Sie beeinflusst Organisationsstrukturen, Führungsstil und Mitarbeiterverhalten. Als innovationsförderlich gelten Merkmale wie Handlungsorientierung, hohe Selbstverantwortung der Aufgabenträger, ungehinderter Informationsfluss, Anerkennung der einzelnen Mitarbeiter, kurze Entscheidungswege und wenige Hierarchiestufen sowie vorgelebte unternehmerische Grundwerte. Dabei muss das Top-Management den Innovationsprozess zu jedem Zeitpunkt und in allen Aufgabenbereichen unterstützen.
V.T./M.Re.

Literatur: *Gaitanides, M.; Wicher, H.:* Strategien und Strukturen innovationsfähiger Organisationen, in: ZfB, 56. Jg. (1986), S. 385-403. *Little, A.D.:* Innovation als Führungsaufgabe, Frankfurt a.M., New York 1988. *Gmeiner, T.:* Innovationsmanagement mit Teamstrukturen, Aachen 1997. *Hauschildt, J.:* Innovationsmanagement, 2. Aufl., München 1997.

Innovationsrate

Eine Innovationsrate gibt die Häufigkeit von Neuerungen innerhalb einer Produktgruppe, eines Unternehmens, eines Industriezweigs oder einer Volkswirtschaft an. Zur Vergleichbarkeit einzelner Industrien muss z.B. die absolute Zahl der Innovationen innerhalb der letzten Betrachtungsperiode (meist 1 oder 5 Jahre) ins Verhältnis zur Größe der Industrie, gemessen z.B. an der Beschäftigtenzahl gesetzt werden. Eine oft verwendete weitere Kennzahl ist der prozentuale Umsatzanteil neuer Produkte am Gesamtumsatz innerhalb eines bestimmten Zeitraums. Innovative Unternehmen erreichen hier Werte über 50%, wobei die Innovationshöhe aber auch sehr niedrig liegen kann. M.Re.

Innovationsteams
→ Innovationsorganisation

Innovations-Timing
→ Technologie-Strategien

Innovationswiderstand → S-Kurve

Innovationszyklus

Nach der These des russischen Nationalökonomen *Kondratieff* vollzieht sich der wirtschaftliche Wandel in Zyklen von ca. 40 – 60 Jahren. Entsprechend der Interpretation *Schumpeters* beginnt jeder Zyklus mit einer Aufschwungphase, die durch eine Serie komplementärer technisch-wirtschaftlicher → Innovationen bzw. Inventionen ausgelöst wird. Dadurch können ganze Industriebereiche geschaffen oder grundlegend verändert werden. Wesentliche Voraussetzungen für die Entstehung solcher Innovationsschübe sind das Vorhandensein von Innovationsfeldern mit großem technisch-wirtschaftlichen Synergiepotential, die Verfügbarkeit ausreichender Sach- und Humankapitalbestände, ein zügiger → Technologietransfer, die Existenz risikofreudiger Unternehmer sowie eine ausreichende gesellschaftliche Akzeptanz.

Ist die Innovation Gewinn bringend, folgen Imitatoren und die Preise der Investitionsgüter zur Produktion der Innovation steigen (→ Diffusionsprozess). Außerdem sinken die Marktpreise der neuen Güter. Dadurch kommt der Aufschwung zum Stehen und es entstehen Überkapazitäten, die schließlich zum Abschwung und zur „schöpferischen Krise" führen, in der der Druck auf die Unternehmer steigt, wiederum innovativ tätig zu werden.

Bei einer langfristigen empirischen Betrachtung beobachtet *Hallier* für den europäischen Handel seit 1800 jeweils 25-jährige Innovationszyklen (→ Betriebsformendynamik im Einzelhandel). M.R./B.H.

Literatur: *Schumpeter, J. A.:* Konjunkturzyklen, 2 Bd., Göttingen 1961. *Bauer, H. J.; Hallier, B.:* Kultur und Geschichte des Handels, Köln 1999.

Innovatoren → Diffusionsprozess

Inokulationstheorie

auf *William J. McGuire* zurückgehende sozialpsychologische Theorie, die im Marketing im Zusammenhang mit der Diskussion → zweiseitiger Argumentation von Bedeutung ist. Sie besagt, dass es zur „Abhärtung" von Einstellungen gegenüber potentiellen Einflüssen anderer Kommunikatoren am wirksamsten sei, positive und negative Aspekte eines Meinungsgegenstandes im Wege der zweiseitigen Argumentation, d.h. unter Nennung aller Pro- und Contra-Argumente darzustellen (s.a. → Einstellung)

In-Pack

Der Begriff „In-Pack" bezieht sich auf Instrumente der konsumentengerichteten Verkaufsförderung (→ Verkaufsförderung, konsumentengerichtete), die im Gegensatz zu On-Packs *in* der Verpackung des Produktes eingesetzt werden. Dies können → Coupons sein, die einen Preisnachlass auf später zu kaufende Produkte gewähren. Auch → Warenproben und Zugaben können als „In-Packs" verteilt werden. K.G.

Inserat → Anzeige (Inserat, Accounce)

Insertionsnachweis

Beleg für die Bewerbung eines Artikels durch einen Handelsbetrieb, die zu bestimmten → Marktbearbeitungskonditionen seitens des Herstellers berechtigt.

Inserts → Mailingbeilage (Package Inserts)

Insourcing → Sourcing-Konzepte

Institute Cargo All Risks
→ Versicherungsklauseln, englische (Institute Cargo Clauses)

Insitute of London Underwriters
→ Versicherungsklauseln, englische (Institute Cargo Clauses)

Institut Européen Interregional de la Consommation (I.E.I.C.)
→ Verbraucherorganisationen und -institutionen

Institut für Handelsforschung → IfH

Institutionaler Großhandel
→ Großhandel

Institutionenökonomik

Sammelbegriff für alle Theorieansätze der neueren Mikroökonomik, welche die Erklärung und Gestaltung von Institutionen mit Hilfe des analytischen Instrumentariums der neoklassischen Mikroökonomik zum Gegenstand haben. Die Institutionen einer Marktwirtschaft, z.B. Unternehmen, werden nicht wie in der neoklassischen Mikroökonomie als Black Box vernachlässigt, sondern explizit als Beherrschungs- und Überwachungssysteme (*governance structure*) problematisiert. Der Institutionenbegriff umfasst dabei neben der Unternehmung und ihren organisatorischen Regelungen den Markt, das Geld, die Sprache sowie soziale Normen und rechtliche Einrichtungen wie beispielsweise Verfassungen, Vertragsformen oder das Eigentum. Institutionen werden deshalb auch als evolutorisch gewachsene oder bewusst geschaffene Einrichtungen bezeichnet, die gleichsam die Infrastruktur einer arbeitsteiligen Wirtschaft bilden und so die Koordination der Dispositionen der Wirtschaftssubjekte in einer hoch entwickelten Wirtschaft ermöglichen.

Die Neue Institutionenökonomik wird in zwei Forschungsrichtungen eingeteilt: *Institutional Environment* und *Institutional Arrangement*. Gegenstand der Arbeiten zum *Institutional Environment* bilden Institutionen, die Rahmenbedingungen für das Zusammenleben in einer Gesellschaft darstellen. *Williamson* unterscheidet die → Public-Choice-Theorie (Ökonomische Theorie der Politik) und die → Property-Rights-Theorie (Theorie der Verfügungsrechte). In der Public-Choice-Theorie steht das Verhalten der Träger des politischen Willensbildungsprozesses und als Folge davon das Zustandekommen politischer Entscheidungen im Vordergrund der Betrachtung. Ziel der Arbeiten zur Property-Rights-Theorie ist es, das Zustandekommen von Verfügungsrechtsstrukturen zu erklären, die Wirkungen dieser institutionellen Rahmenbedingungen auf die Wohlfahrt einzelner Wirtschaftssubjekte und ökonomischer Systeme zu untersuchen und Hinweise zur Gestaltung entsprechender Rechtsstrukturen zu erteilen.

Der Forschungsrichtung der *Institutional Arrangement* lassen sich zwei Ansätze subsumieren: die → Transaktionskostentheorie und die → Prinzipal-Agenten-Theorie. Untersuchungsobjekt der Transaktionskostentheorie ist die situationsadäquate, optimale Koordination wirtschaftlicher Leistungsbeziehungen durch Märkte, Unternehmen und Hybridformen (Kooperationen). Zentrales Effizienzkriterium ist die Höhe der sog. Transaktionskosten, die sich bei der Nutzung dieser Koordinationsformen als institutionelle Regelungen des Austauschs von Verfügungsrechten (Transaktionen) ergeben. Ziel ist es, in einer bestimmten Situation diejenige Koordinationsform zu bestimmen, die bei gegebenen Produktionskosten die geringsten Transaktionskosten verursacht. Im Falle der Prinzipal-Agenten-Theorie geht es im Kern um die Frage nach optimalen Anreizsystemen in Auftragsbeziehungen, die durch ein Informationsdefizit des Auftraggebers (Prinzipal, z.B. Vertriebsleiter) gegenüber dem Auftragnehmer (Agent, z.B. Reisender) gekennzeichnet sind. Anreizsysteme nehmen hierbei i.d.R. die Form einer ergebnisabhängigen Entlohnungsfunktion an, die etwaige Information zum Verhalten des Agenten berücksichtigt. Mit den Ansätzen der Institutionenökonomik lassen sich zahlreiche Marketingphänomene theoretisch behandeln. Das Potential zur Integration anderer Marketingforschungsansätze ist als vergleichsweise groß zu bezeichnen. H.B./T.B.

Literatur: *Bayón, T.:* Neuere Mikroökonomie und Marketing. Eine wissenschaftstheoretisch geleitete Analyse, Wiesbaden 1997. *Kaas, K.-P.:* Kontrakte, Geschäftsbeziehungen, Netzwerke. Marketing und Neue Institutionenökonomik, ZfbF Sonderheft 35, Düsseldorf 1995. *Williamson, O.E.:* Die ökonomischen Institutionen des Kapitalismus – Unternehmen, Märkte, Kooperationen, Tübingen 1990.

Instore-Banking → Bankingshops

In-Supplier

im → Zuliefergeschäft und im → Beschaffungsmarketing gebräuchliche Bezeichnung für Vorlieferanten, die bereits über Geschäftsbeziehungen mit dem Beschaffer verfügen, sodass sie bei Zufriedenheit des Abnehmers nur unter besonderen Anstrengungen von einem „Out-Supplier" (ohne bisherige Lieferungen) aus der Geschäftsbeziehung verdrängt werden können. Die Erringung des In-Supplier-Status stellt deshalb ein vordringliches Ziel im → Teile- und → Einzelaggregate-Marketing dar.

Die Problematik langfristiger → Geschäftsbeziehungen im → Zuliefergeschäft liegt in der Spezifität der Leistungen und engen Bindung nach Vertragsschluss (→ Kundenbindung). Diese erschwert es dem In-Supplier, aus der Geschäftsbeziehung auszusteigen, sowie einem Out-Supplier, in eine bestehende Beziehung einzubrechen. M.M.

Intangibilität

ist der aus der Immaterialität resultierende Mangel an Vorstellbarkeit (intellektuelle I.) bzw. an materieller Greifbarkeit (physische I.) von → Dienstleistungen. Sie bewirkt u.a. die typische Intransparenz der → Dienstleistungsqualität.

Integralqualität

Die Integralqualität ist ein insbesondere bei der Vermarktung von Anlagen und Systemtechnologien außerordentlich wichtiger Aspekt, der die Nahtstellenprobleme beim Einsatz von Anlagen und Systemen betrifft (→ Investitionsgütermarketing). Schnittstellenprobleme resultieren v.a. daraus, dass die zur Erstellung einer einsatzfähigen Einheit erforderlichen Teile, Baugruppen und Einzelaggregate nicht so konstruiert sind, dass sie ohne weiteres miteinander kombiniert bzw. in die übergeordnete Einheit integriert werden können, sodass erst Montageprozesse eine problemadäquate Einpassung der Komponenten in das System gewährleisten können. Die Verbesserung der Integralqualität macht häufig bereits bei Konstruktion und Entwicklung der Potentialfaktoren eine enge Zusammenarbeit von Anbieter und Verwender notwendig.

Integralqualität spielt wegen der Auflösung herkömmlicher Wertketten aber auch im Konsumgütermarketing immer mehr eine Rolle, etwa beim → Co-Branding oder bei → Systemmarken (s.a. → Kompatibilität).
W.H.E.

Integrierte Kommunikation

ist die Abstimmung aller kommunikativen Maßnahmen eines Unternehmens bzw. einer Marke von der Verpackung bis zur Werbung. Sie ist im Rahmen der übergeordneten → Kommunikationsstrategie (Werbestrategie) zu betrachten.

Ziele der integrierten Kommunikation
Durch die zunehmende → Informationsüberlastung kommt es zu nachlassenden Wirkungen der einzelnen Kommunikationskontakte. Beispiel: Nach Angaben der GfK, Nürnberg, sank die Werbeerinnerung an 150 in der Datenbank gespeicherten Werbekampagnen von 18 % im Jahr 1985 auf 12 % im Jahr 1993, und dies bei etwa gleich gebliebenen Werbeausgaben. Ursache ist einerseits die nachlassende Aufmerksamkeit und Aufnahmebereitschaft der Empfänger und andererseits die zunehmende Informationskonkurrenz. Immer mehr Botschaften und Handlungsappelle ringen um einen Platz im Gedächtnis der Empfänger.

Die Kommunikation ist deswegen mehr als früher auf Strategien und Techniken angewiesen, die darauf abzielen, die nachlassende Wirkung von Einzelkontakten auszugleichen. Eine vorrangige Lösung ist die integrierte Kommunikation: Sie erreicht durch Abstimmung der kommunikativen Maßnahmen, dass die von einem Kommunikationsmittel hervorgerufenen Kontaktwirkungen die Wirkungen von anderen Kommunikationsmitteln verstärken oder ergänzen. Beispiel: Fernsehspot und Verpackung von *Cliff*-Duschgel hinterlassen den gleichen werblichen Eindruck (Klippenspringer, Frische) und verstärken das gleiche Markenerlebnis.

Integrierte Kommunikation ist ein beliebtes Schlagwort in der Praxis, sie wird allerdings kaum vollzogen: Fast immer hinterlassen die verschiedenen Kommunikationsmittel für ein Unternehmen oder eine Marke unterschiedliche Wirkungen: Die Fernsehwerbung vermittelt andere bildliche und sprachliche Botschaften als die Printwerbung, Verpackung und Prospekte hinterlassen wieder andere Wirkungen, der Auftritt am POS sieht noch einmal anders aus usw. Ein Beispiel dazu bietet *Abb. 1*.

Die Kommunikation löst auf diese Weise zahlreiche, voneinander unabhängige Eindrücke aus, die vom Empfänger immer wieder neue und unterschiedliche Lernleistungen verlangen. Dadurch wird die kommunikative Kraft des Unternehmens zersplittert,

Integrierte Kommunikation

Abb. 1

[Werbeanzeige Martell: "Schön, daß es diesen Augenblick gibt. Martell" – J. & F. Martell seit 1715]

eine klare Profilierung des Unternehmens erschwert oder verhindert. Eine Integration der kommunikativen Maßnahmen erleichtert dagegen die Profilierung und kommunikative Durchsetzung des Unternehmens im Wettbewerb.

Strategisches Vorgehen

Für die Abstimmung der kommunikativen Maßnahmen eines Unternehmens ist es zweckmäßig, zwischen Mitteln und Dimensionen der integrierten Kommunikation zu unterscheiden (*Abb. 2*). Integrationsmittel beziehen sich auf die formale Vereinheitlichung sowie die inhaltliche Abstimmung der kommunikativen Maßnahmen. Bei den Dimensionen geht es um die Kontinuität, d.h. die Integration der Maßnahmen im Zeitablauf sowie um die Abstimmung zwischen den unterschiedlichen Kommunikationsmitteln.

Zu den Kommunikationsmitteln zählen nicht nur die Mittel der Marktkommunikation, die hier im Vordergrund stehen – wie Printwerbung und elektronische Werbung, Verpackung, Auftritt am Verkaufsort, auf Messen und Ausstellungen usw. – sondern auch die Mittel der übrigen Unternehmenskommunikation vom Geschäftsbericht bis zur Personalanzeige.

Teilweise wird auch die geographische Abstimmung der Kommunikationsmaßnahmen betont. Eine solche geographische Abstimmung ist jedoch primär nur dann möglich, wenn länderübergreifend die gleiche → Positionierung für ein Unternehmen bzw. eine Marke verfolgt werden kann. Der Druck zur geographischen Abstimmung wächst allerdings, weil die Zielgruppen eines Anbieters immer häufiger in mehreren geographischen Gebieten mit der Kommunikation Kontakt bekommen (→ Internationale Kommunikationspolitik).

Die *formale Vereinheitlichung* des kommunikativen Auftritts ist die erste Stufe der integrierten Kommunikation. Sie besteht in einer formalen – visuellen oder akustischen – Vereinheitlichung, die auf den ersten Blick erkennen lässt, wer der Kommunikator (Firma, Marke) ist. So gehört bspw. zum einheitlichen Erscheinungsbild von *Coca-Cola* die rote und weiße Farbe, der typische Schriftzug und die prägnante Flaschenform, die neuerdings auch auf den *Coca-Cola*-Dosen abgedruckt wird. Dieses Erscheinungsbild bestimmt den gesamten Auftritt von *Coca-Cola* vom roten Weihnachtstruck, über Lizenzprodukte bis zur

Abb. 2: Mittel und Dimensionen der integrierten Kommunikation

Mittel zur Integration / Dimensionen der Intragration	formale Integration		inhaltliche Integration		
	„klassische" formale Mittel (Corporate-Design-Maßnahmen)	Präsenzsignale, Wort-Bild-Zeichen	durch Sprache	durch Bilder	
			Slogan	gleicher Bildinhalt	Schlüsselbild
zeitlich					
zwischen den eingesetzten Kommunikationsmitteln					

Preisliste, den POS-Maßnahmen und der Werbung.

Solche klassischen Merkmale des → Corporate Design müssen auf den ersten Blick wahrnehmbar sein, damit sie als Integrationsklammer wirksam werden. Positives Beispiel hierfür ist *Nivea* mit dem prägnanten Farbcode blau und weiß und dem ebenso klaren Schrifttyp. Oft werden formale Mittel eingesetzt, die bei der herrschenden Informationsüberflutung für wenig involvierte Konsumenten kaum sichtbar werden. Neben CD-Merkmalen können auch Präsenzsignale (visuelle Hinweisreize) als Gedächtnisanker für die Marke verwendet werden, wie das *Lacoste*-Krokodil oder das *Michelin*-Männchen. Diese visuellen Hinweisreize ermöglichen einen leichteren Zugriff auf die Marke im Gedächtnis der Konsumenten als abstrakte Markenlogos (→ Bildkommunikation).

Eine solche formale Vereinheitlichung fördert in erster Linie die Wahrnehmung und gedankliche Präsenz der Firma oder Marke (aber nicht die Wahrnehmung der dazu gehörenden Botschaft). Sie ist dann ausreichend,

– wenn man unter einer Marke bzw. einem Unternehmen primär immer wieder verschiedene Produkte und Dienstleistungen kommunizieren möchte (Beispiel: *Deutsche Telekom*; *Sixt*);
– wenn es nur um die Markenaktualisierung in Produktbereichen mit extrem geringem Produktinvolvement geht (→ Involvement) und die Bekanntheit alleine schon kaufrelevant sein kann (Beispiel: *Chiquita* = Banane);
– wenn innerhalb eines Unternehmens eine formale Klammer für unterschiedlich positionierte Geschäftsbereiche oder Marken gebildet werden soll (*Esch*, 1999).

Für die Durchsetzung einer bestimmten informativen oder emotionalen Botschaft, insb. für die langfristige Positionierung einer Marke oder Firma, reicht die formale Vereinheitlichung nicht aus, da unter einem gleich bleibenden Erscheinungsbild ganz unterschiedliche Inhalte, z.B. widersprüchliche Marken- oder Firmenerlebnisse, vermittelt werden können. Erst eine *inhaltliche Abstimmung* der Kommunikation ermöglicht es, dass die Kommunikation bei der Vermittlung von informativen oder emotionalen Eindrücken immer wieder „in die gleiche Kerbe haut". Erst dann verstärkt der Kontakt eines Kommunikationsmittels die Botschaft, die auch die anderen Kommunikationsmittel vermitteln. Das läuft auf eine verstärkte Frequenz der dargebotenen Botschaft hinaus.

Hierzu bieten sich verschiedene Möglichkeiten an, die sich hinsichtlich ihrer integrativen Kraft unterscheiden. In der Praxis werden häufig *Slogans* zur inhaltlichen Integration eingesetzt. Sowohl praktische Marktforschungsergebnisse als auch experimentelle Untersuchungen belegen allerdings, dass die Integrationskraft von Slogans bei der herrschenden kommunikativen Flut stark eingeschränkt ist. Slogans wirken im Rahmen der Massenkommunikation vor allem dann, wenn sie

– in elektronischen Medien kommuniziert werden,
– mit einprägsamen Jingles unterlegt sind (Bsp.: *McDonald's*),
– prägnant und bildhaft formuliert sind („Auf diese Steine könne sie bauen: Schwäbisch-Hall") (*Esch*, 1999).

Neben sprachlichen Integrationsklammern kann man auch bildliche Integrationsklammern wie die semantische Bildintegration und Schlüsselbilder einsetzen. Bei der *semantischen Bildintegration* wird der Positionierungsinhalt immer durch verschiedene Bildmotive vermittelt, die diesen Inhalt wiedergeben. Beispiel: AEG positioniert seine Haushaltsgeräte als umweltfreundliche Produkte. Entsprechend werden in der Kommunikation immer natürliche Bildmotive verwendet: ein Reh im Wald, eine Wiesenlandschaft, Bäume im Wind usw.

Schlüsselbilder stellen den visualisierten Kern einer Positionierungsbotschaft dar. Das visuelle Grundmotiv bleibt demnach immer gleich, wobei die einzelnen Bildelemente Bedeutungsträger der Positionierungsbotschaft sind. Beispiel: Die gesamte Kommunikation der deutschen Genossenschaftsbanken ist zur langfristigen Positionierung darauf abgestimmt, den gleichen emotionalen Eindruck zu hinterlassen. Dazu dienen das Schlüsselbild vom freien Weg und die dazugehörende Programmformel „Wir machen den Weg frei" (*Abb. 3*): Das Firmenerlebnis „Wir machen den Weg frei" wird durch alle Kommunikationsmittel der Bankengruppe wie Schaufenster und Displaymaterial, Prospekte, Fernsehspots, Anzeigen in Tageszeitungen und Illustrierten, auch durch PR-Maßnahmen, Mitarbeiterschulung usw. vermittelt: Dabei wird immer wieder der freie Weg durch Variation

Integrierte Kommunikation

Abb. 3

des Schlüsselbildes inszeniert. Bspw. wird in der Printwerbung einmal eine freie Straße gezeigt – mit oder ohne Menschen – die in den Horizont führt, ein anderes Mal eine gerade Brücke, ein Kanal, der sich bis an den Horizont erstreckt, ein Feldweg, eine Spur durch den Schnee usw.

Weitere Beispiele für Schlüsselbilder aus dem Konsumgüterbereich sind das Bild der maritimen Welt mit dem grünen Schiff von *Beck's* Bier oder der *Marlboro*-Cowboy, der für Abenteuer und Freiheit von *Marlboro* steht. Neuen Erkenntnissen zufolge wirken Schlüsselbildintegrationen stärker als eine Integration durch Slogans.

Die zeitliche Abstimmung, d.h. die zeitliche Kontinuität, unterbindet einen zu kurzatmigen Auftritt der Firma oder Marke. Eine verbreitete strategische Schwäche der Werbung liegt darin, dass Bildmotive und sprachliche Formeln zu häufig gewechselt werden. Sie vermitteln dann immer wieder andere und oft inkonsistente Eindrücke bei den Empfängern. Gerade bei wenig involvierten Konsumenten, wie man sie in der Massenkommunikation antrifft, sind jedoch für das erstmalige Lernen einer Schlüsselbotschaft mit einer Marke viele möglichst konsistente Wiederholungen erforderlich. Zudem müssen einmal gelernte Markeninhalte auch immer wieder aufgefrischt werden, damit Konsumenten auf diese gespeicherten Informationen zugreifen können. Ansonsten kann es zu Gedächtnisüberlagerungen aufgrund von Konkurrenzwerbung oder wegen unpassender eigener kommunikativer Maßnahmen kommen.

Bei der Abstimmung zwischen den unterschiedlichen Kommunikationsmitteln ist rechtzeitig der modalitätsspezifische Transfer der Integrationsklammern zu berücksichtigen. Hierzu empfiehlt sich das Fernsehen als Leitmedium zu nutzen, da dadurch bereits frühzeitig dem Transfer visueller in akustische Modalitäten Rechnung getragen wird. Ein solcher Transfer ist wichtig, da akustische Klammern zwischen Fernseh- und Radiowerbung bewirken, dass die Konsumenten beim Hören des Radiospots nochmals die Bilder des Fernsehspots vor ihrem inneren Auge ablaufen lassen. Durch solche Abstimmungsmaßnahmen können Radiospots ähnlich gute Wirkungen erzielen wie Fernsehspots.

Sozialtechnische Hinweise

Wie bereits dargestellt wurde, lassen sich die bildlichen Eindrücke der verschiedenen Kommunikationsmittel am besten aufeinander abstimmen, wenn die gesamte Kommunikation auf ein Schlüsselbild ausgerichtet wird. Das Schlüsselbild enthält diejenigen Bildelemente, die man als wesentlichen und immer wiederkehrenden Kern der Werbebotschaft auffassen kann.

Es ist zweckmäßig, diese Bildelemente schriftlich festzulegen. Ein solches „*Imagerypapier*" hat z.B. die amerikanische *Wells Fargo Bank* formuliert. Es gibt zugleich die Bedeutung der Bildelemente für die Positionierung der Bank an: Das Schlüsselbild der *Wells Fargo Bank* umfasst hauptsächlich eine Postkutsche mit wilden Pferden, die durch eine raue Umgebung gelenkt wird. Das Bild der Postkutsche drückt aus, dass die Bank den Kunden zum Ziel befördert, die raue Umgebung weist darauf hin, dass die Bank auch mit Schwierigkeiten fertig wird usw. Dieses Schlüsselbild ist seit vielen Jahren der gemeinsame Nenner für die gesamte Kommunikation der Bank (im Einzelnen: *Kroeber-Riel/Esch*, 2000).

Damit ein Schlüsselbild eine solche Integrationsfunktion übernehmen kann, müssen Wahl und Gestaltung des Schlüsselbildes wichtige sozialtechnische Anforderungen erfüllen, insb.:

- Eigenständigkeit des Schlüsselbildes,
- Variationsfähigkeit des Schlüsselbildes,
- Umsetzung des Schlüsselbildes in verschiedene Medien,
- Abstimmung von Schlüsselbild und Schlüsseltext (Headline).

Zum sozialtechnischen Hintergrund dieser Anforderungen ist Folgendes zu bemerken: Die Eigenständigkeit des Schlüsselbildes sorgt dafür, dass sich Kommunikationsinhalt und Kommunikator (Firma, Marke) auch bei flüchtigen Kontakten besser einprägen. Sie wird durch ein Bildmotiv erreicht, das sich deutlich von den in der Werbung verbreiteten, insb. von den durch die Konkurrenz benutzten Bildmotiven abhebt.

Eigenständigkeit wird selbst bei Bildmotiven möglich, die eigentlich austauschbar sind. Sie entsteht dadurch, dass man ein auffallendes unterscheidbares Detail in ein (im Übrigen austauschbares) Bild einfügt. Beispiele: das grüne Schiff von *Beck's* Bier oder die lila Kuh von *Milka* in Bildern, die im Übrigen stereotyp sind und von ähnlichen Bildmotiven kaum auseinander gehalten werden können.

Erklärungsbedürftig ist noch die Abstimmung von Schlüsselbild und Schlüsseltext. Nach neueren Erkenntnissen ist es zweckmäßig, das Bild und die dazugehörige Sprachformel bzw. Headline aufeinander abzustimmen. Eine solche Abstimmung („framing") verstärkt das Erinnerungsvermögen an die Botschaft. (Ein Beispiel bietet die in *Abb. 2* wiedergegebene Kampagne der Genossenschaftsbanken).

W.K.-R./F.-R.E.

Literatur: *Kroeber-Riel, W.; Esch, F.-R.*: Strategie und Technik der Werbung. Verhaltenswissenschaftliche Ansätze, 5. Aufl., Stuttgart 2000. *Esch, F.-R.*: Wirkung integrierter Kommunikation, 2. Aufl., Wiesbaden 1999. *Thorson, E.; Moore, J.*: Integrated Communication, Mahwah, New Jersey 1996. *Bruhn, M.*: Integrierte Unternehmenskommunikation. Ansatzpunkte für eine strategische und operative Umsetzung integrierter Kommunikationsarbeit, 2. Aufl., Stuttgart 1994.

Interaktionsansatz
→ Investitionsgütermarketing

Interaktionseffekte
→ Experiment

Interaktionstheorie
Forschungsansatz in der Theorie des → organisationalen Beschaffungsverhaltens und des → Beziehungsmarketing, in dem das Transaktionsgeschehen prozessual als gegenseitige (interdependente) Beeinflussung und individuelle Reaktion auf Agieren des Transaktionspartners interpretiert wird (s.a → Individualisierung). Systemtheoretisch betrachtet entsteht zwischen den Mitgliedern des → Selling Center und des → Buying Center ein sog. *Transaction Center* (*Backhaus*, 1999, S. 135). Man unterscheidet dyadische, multipersonale, personale und organisatorische Varianten des Interaktionsansatzes (*Kern*, 1990).

Wichtigstes Ergebnis der personalen dyadischen Ansätze ist die *Ähnlichkeitshypothese*, nach welcher der Interaktionserfolg von der Ähnlichkeit der beiden Partner im Hinblick auf demographische, psychische und Persönlichkeits-Merkmale abhängt. Es gibt demnach nicht „den" guten Verkäufer, sondern nur den für spezifische Verhandlungspartner optimalen. Wichtig für den Geschäftserfolg ist ferner ein kongruentes Rollenverhalten, weshalb die Rollenerwartungen im Zweifelsfalle zunächst abgeklärt werden sollten.

Multipersonale Interaktionsansätze fokussieren insb. Rollen- und Machtkonflikte im Transaction Center. In organisationalen Interaktionsmodellen wird die Betrachtung auf das Interaktionsgeschehen zwischen zwei Organisationen ausgeweitet, was zu ähnlichen Konzepten wie in der Theorie des Beziehungsmarketing führt.

Im → Netzwerkansatz der *IMP-Group* wird das Interaktionsgeschehen – ähnlich wie im Modell von *Kirsch/Kutschker* – als vom Transaktionsgeschehen, der aktuellen Aufgabenumwelt, aber auch der im Lauf der Zeit entwickelten Beziehungsatmosphäre bedingt modelliert und in Form von Fallstudien studiert (→ Geschäftsbeziehungen, → Beziehungsqualität).

Die Interaktionsansätze erbringen insgesamt interessante Aufschlüsse zum Verständnis von Marktprozessen bei Investitionsgütern, erbringen aber wegen der Interdependenz des Wirkgefüges wenig Ansätze zu normativen Aussagen für das → Investitionsgütermarketing. H.D.

Literatur: *Backhaus, K.*: Industriegütermarketing, 6. Aufl., München 1999. *Kern, E.*: Der Interaktionsansatz im Investitionsgütermarketing, Berlin 1990. *Kirsch, W.; Kutschker, M.*: Das Marketing von Investitionsgütern. Theoretische und empirische Perspektiven eines Interaktionsansatzes, Wiesbaden 1978.

Interactive Home Shopping

ist eine Form des → E-Commerce und umfasst diejenigen Business-to-Consumer-Transaktionen, bei denen zumindest alle Phasen der akquisitorischen Distribution über ein interaktives Medium wie das → Internet abgewickelt werden; das interaktive Medium wird durch den Verbraucher von zu Hause oder seinem Arbeitsplatz aus genutzt. Interactive Home Shopping kann als eine neue → Betriebsform des Einzelhandels verstanden werden, die mit den traditionellen Betriebsformen (z.B. → Warenhaus, → Fachgeschäft, Versandhandel) konkurriert (→ Betriebsformendynamik im Einzelhandel). Auch wenn die heutige Bedeutung des Interactive Home Shoppings noch gering ist, wird ihm in 15 Jahren ein überragender Marktanteil von 50% des gesamten deutschen Einzelhandelsumsatzes vorausgesagt. L.M.-H.

Literatur: *Alba, J.; Lynch, J.; Weitz, B. et al.*: Interactive Home Shopping: Consumer, Retailer, and Manufacturer Incentives to Participate in Electronic Marketplaces, in: Journal of Marketing, Vol. 61 (1997), H. 3, S.38-53. *Dach, Chr.*: Zukünftige Marktanteile des Interactive Home Shoppings (IHS) und der traditionellen Betriebsformen des Einzelhandels, in: *Müller-Hagedorn, L.* (Hrsg.): Internet im Handel und in ausgewählten Dienstleistungsbereichen. Empirische Befunde, Analysen, Hintergründe, Köln 1999, S. 71–117.

Interaktives Fernsehen

Das interaktive Fernsehen ermöglicht dem Zuschauer, gespeicherte Informationen unterschiedlicher Kommunikationsmodi (Text, Bild, Ton und Video) individuell bei verschiedenen Sendern über einen Rückkanal auszuwählen, eigene Informationen anzubieten und mit anderen Teilnehmern medienvermittelt zu kommunizieren. In dieser Form existieren bisher in Deutschland lediglich Anwendungen im Rahmen von Pilotprojekten (z.B. der *Bertelsmann Broadband Group* in Hamburg). Die Übertragung von Videodaten erfordert den Einsatz von ADSL-Anschlüssen oder TV-Kabel-Netzen mit Rückkanal-Fähigkeit (→ Breitbandkommunikation). Zuschauer können somit Filme individuell und zeitunabhängig abrufen sowie mit Funktionen wie Pause, Vor-, Rück- und Schnelldurchlauf bedienen (Video-on-Demand). Als weitere *On-Demand-Services* bieten sich News-, Education- und Games-on-Demand an. *Home- und Communication-Services* wie Shopping, Banking, Booking, Multimedia-Mail und Bildtelefonie sind ebenfalls möglich. Zur Nutzung dieser Anwendungen ist eine Set-Top-Box erforderlich. Th.W.

Literatur: *Heinemann, C.*: Werbung im interaktiven Fernsehen, Wiesbaden 1997. *Keil, K.*: Interaktives Fernsehen, in: *Albers, S.; Clement, M.; Peters, K.* (Hrsg.): Marketing mit Interaktiven Medien, Frankfurt a.M. 1998, S. 33–48.

Interaktives Marketing

Ansatz des → Beziehungsmarketing, bei der die Interaktion mit dem Kunden das zentrale Handlungsprinzip für die Gestaltung der operativen Marketingaktivitäten darstellt (→ Interaktivität). Die rasanten Entwicklungen im Bereich der Informations- und Kommunikationstechnologien, deren schnelle Diffusion und die zunehmende Bedeutung sog. virtueller Marktplätze (→ Marketspace), eröffnen die Möglichkeit einer effektiveren und effizienteren Individualkommunikation mit den Kunden. Im Interactive Marketing steht der Informationsaustausch zwischen Anbieter und dem einzelnen Kunden im Vordergrund der Betrachtungen, der sich durch vier zentrale Aspekte charakterisieren lässt:

(1) Durch einen *multimedialen Informationsaustausch* kommt es zu einem Wechsel von einer ein- zu einer mehrdimensionalen Medienkommunikation. Informationen können durch die quasi simultane Nutzung von sich ergänzenden Medienbausteinen effektiver vermittelt werden, so dass auch komplexe Inhalte dem Nachfrager zugänglich gemacht werden können, was eine effektive Steigerung der Intensität der → Kundenbindung zur Folge hat.

(2) Durch den *digitalisierten Informationsaustausch* im Marketspace lassen sich Informationsangebote individuell selektieren und zielbezogen auswerten. Auf diese Weise wird jeder Kommunikationsteilnehmer

zu einer eigenen Zielgruppe bzw. Zielperson, was nicht nur hohe Streuverluste und Medienineffektivität vermeidet, sondern auch neue Segmentierungüberlegungen im Marketing erfordert.

(3) Durch den *interaktiven Informationsaustausch* erfolgt ein Wechsel von einer passiven zu einer aktiven Kommunikation, bei der nicht nur Informationen vom Unternehmen an die Marktteilnehmer verteilt werden, sondern die Marktteilnehmer sich die gewünschten Informationen auch beim Unternehmen beschaffen können.

(4) Die Interaktivität in der multimedialen Kommunikation führt quasi zwangsläufig auch zu einem *individualisierten Informationsaustausch*. Durch den "quasi-persönlichen" Kontakt zwischen Anbieter und Nachfrager wird die Ausgestaltung individuell, d.h. an den jeweiligen Bedürfnissen der einzelnen Kontaktperson ausgerichtet. Die über das interaktive Marketing gewonnenen Informationen bilden die Basis zur → Individualisierung des unternehmerischen Leistungsangebotes und eröffnen dadurch neue Chancen zur Realisierung von Vorteilspositionen im Wettbewerb. Das Interactive Marketing ist deshalb auch eng mit der → Mass Customization verbunden, wobei jedoch die Initialzündung zur Leistungserstellung nicht mehr durch den Anbieter in Form der Antizipation zukünftiger Marktbedürfnisse erfolgt, sondern unmittelbar vom Einzelkunden ausgeht. Im Extremfall bedeutet dies, dass jeder Nachfrager sein individuelles Produkt erhält (Einzelproduktion).

Aus der Interaktion mit dem Kunden - die über das Internet theoretisch 24 Stunden am Tag, 7 Tage pro Woche und 365 Tage im Jahr möglich ist - resultieren auch neue Ansatzpunkte zur interaktiven Ausgestaltungen der Marketing-Instrumente. Im Bereich der Produkt- und Preispolitik spielt dabei insbesondere der Ansatz der → Customer Integration eine grosse Rolle, während bei der Kommunikations- und Distributionspolitik dem → Direktmarketing eine besondere Bedeutung beizumessen ist. Das Interactive Marketing kann insgesamt dem → One-to-One-Marketing untergeordnet werden und liefert dort einen wesentlichen Beitrag zur Individualisierung der Austauschbeziehung zwischen Anbieter und Nachfrager. R.Wei.

Literatur: *Weiber, R.; Kollmann, T.:* Interactive Marketing – von der medialen Massen- zur multimedialen Einzelkommunikation, in: *Link, J.* et *al.* (Hrsg.): Handbuch Database Marketing, Ettlingen 1997, S. 533-555. *Weiber, R.:* Der virtuelle Wettbewerb, Wiesbaden 2000.

Interaktivität

ist ein Begriff der → Interaktionstheorie und bezeichnet die Eigenschaft eines Prozesses, der sich durch das aufeinander bezogene Handeln zweier Subjekte kennzeichnet. Wesentliche Eigenarten des Prozesses sind die inhaltliche, zeitliche und sequentielle Kontrolle durch die Subjekte und die prinzipielle Möglichkeit der Subjekte, die Rollen wechseln zu können. Die Interaktivität beschreibt dabei den Grad der Kontrolle und Einflussmöglichkeiten der Subjekte auf den Prozess.

Im Marketing wird der Begriff der Interaktivität insbesondere auf den Kommunikations- und Informationsprozess angewendet. Besondere Bedeutung findet der Begriff für das Marketing in elektronischen Märkten, wo die Interaktion zwischen Unternehmen und Kunden technisch vermittelt ist, und die Interaktivität den Grad der Mensch-Maschine-Interaktion beschreibt, welche die direkte, persönliche → Kommunikation substituiert (→ Interaktives Marketing).

Im Rahmen der Theorie zur Mensch-Maschine-Interaktion (engl. *"Human-Computer-Interaction"*, *HCI*) werden verschiedene Stufen der Interaktivität unterschieden:

- *"Ein-Aus-Interaktivität"* liegt vor, wenn der Nutzer nur die Entscheidungsfreiheit über Abbruch des Prozesses besitzt.
- Bei der *"Start-Interaktivität"* besteht die Möglichkeit, sich durch bestimmte Vorabinformationen offen zu halten, ob man das angebotene Programm nutzen möchte oder nicht.
- Mit der *"Menü-Interaktivität"* kann der Nutzer verschiedene, vorgegebene Ablaufstrukturen wählen.
- Die *"Steuerungs-Interaktivität"* eröffnet dem Nutzer die Möglichkeit, innerhalb eines komplexen Informationsprogramms selbst zu navigieren. Neben Wiederholungen, Vor- und Zurückspringen ist dabei auch die zielgerichtete und selektive Suche nach bestimmten Themen und das Abrufen von Hilfsfunktionen oder Empfehlungen möglich.
- Die höchste Stufe der Interaktivität wird erreicht, wenn der Nutzer *direkte und individuelle Einflussmöglichkeiten* besitzt und damit in der Lage ist, den Ablauf des

Interbrand-Modell

Prozesses vollständig seinen eigenen Wünschen entsprechend auszugestalten.

Die Interaktivität ist ein konstituierendes Merkmal von hypermedialen Strukturen. Sie bietet für das Unternehmen eine neue Form des Marketing, das → interaktive Marketing, und erzielt beim Nutzer den Effekt des Medieninvolvements und der → Immersion. B.Ne.

Literatur: *Haack, J.*: Interaktivität als Kennzeichen von Multimedia und Hypermedia, in: *Issing, L.; Klimsa, P.* (Hrsg.): Information und Lernen mit Multimedia, 2. Aufl., Basel 1997, S. 151–165. *Preece, J.; Sharp, H.; Benyon, D.; Holland, S.; Carey, T.*: Human-Computer Interaction, New York 1994.

Interbrand-Modell → Markenwert

Interbrand-Verfahren

Praxisorientiertes Verfahren der Ermittlung des → Markenwertes internationaler Marken (→ Markenpolitik, internationale). Es basiert auf einem Punktbewertungsmodell. Betrachtet werden sieben Faktoren: Markenführerschaft, Markenstabilität, Markt, Internationalität, Trend der Marke, Marketing-Unterstützung sowie rechtlicher Schutz der Marke. Jeder der sieben Faktoren wird wiederum über eine Mehrzahl von Teilkriterien bestimmt. Die Gewichtung der Faktoren ist unterschiedlich. Der Gesamtpunktwert wird zur Ermittlung des Markenwertes mit dem durchschnittlichen Gewinn der letzten drei Jahre multipliziert. B.I.

Inter-cultural-Forschungsansatz

untersucht die Antezedenzen und Konsequenzen der Interaktion von Unternehmen, Managern, Käufern, Verkäufern und „Stakeholder" aller Art mit unterschiedlichem kulturellen Hintergrund. Hierbei kann es sich um klassische Variablen wie Risikobereitschaft, Akzeptanz, Kauf-/ Preisbereitschaft etc. handeln, weiterhin um Konflikte, Vorurteile, Gesprächstechniken u.a., aber auch um Rituale, → Symbole in der Werbung etc. Nicht zuletzt ist hierbei das Aufeinandertreffen von Produkten bzw. die Leistungen, die von Angehörigen einer Kultur hergestellt wurden, mit Nachfragern, die einer anderen Kultur entstammen, von Interesse. Der interkulturelle ist vom → Cross-cultural-Forschungsansatz abzugrenzen. S.M./M.Ko.

Literatur: *Usunier, J.-C.; Walliser, B.*: Interkulturelles Marketing. Mehr Erfolg im internationalen Geschäft, Wiesbaden 1993.

Interessengruppe

Lose oder organisierte Gruppe von Menschen oder Organisationen, die durch gemeinsame Anliegen verbunden sind. Interessegruppen sind in den → Public Relations, speziell im Stakeholder Management insofern als → Zielgruppen von besonderer Bedeutung, als sie oft bestrebt sind, die Öffentlichkeit, Parteien, Behörden, Regierungen und die Rechtsprechung zum Vorteil ihrer Einzelinteressen zu beeinflussen. Zu diesem Zweck stellen sie ihre Interessen oft als gesamtgesellschaftliche dar oder schieben moralische Werte vor materielle Forderungen. Interessengruppen setzen häufig Mittel der → Propaganda ein. Die → Massenmedien kritisieren oft Interessengruppen, sind jedoch selbst eine solche. P.F.

Interface-Funktion

→ Marketing-Koordination

Interferenzeffekt

heißt der störende Einfluss der Konkurrenzwerbung auf Lernprozesse, welche von einer Kampagne bei den Werbeadressaten bewirkt werden sollen (→ Werbeeffekte). So wird etwa das Lernen von Markenbekanntheit oder von Markeneigenschaften (Assoziationslernen) durch gleichzeitig den Adressaten erreichende, u.U. ähnlich gestaltete Werbeanstöße behindert. H.St.

Interferenztheorie → Gedächtnistheorie

Interkulturelle Kompetenz

spezielle, mit Blick auf die Internationalisierung bzw. → Globalisierung der Unternehmenstätigkeit definierte Erscheinungsform des personalwirtschaftlichen Kriteriums „soziale Kompetenz", das neben dem „harten" (z.B. Intelligenz, berufsbezogene Fähigkeiten und Fertigkeiten) als „weiches" Anforderungsprofil gilt. Allgemein versteht man darunter die Fähigkeit, mit Angehörigen anderer Kulturen, z.B. in einer interkulturellen Verhandlungssituation, effektiv und angemessen zu interagieren. In diesem Sinn werden z.B. Entsandte danach bewertet, inwieweit es ihnen gelingt, einerseits die eigenen Ziele sowie die ihres Unternehmens zu erreichen (= Effektivität). Andererseits sollten interkulturell kompetente Mitarbeiter in der Lage sein, zugleich auch die Ziele der Interaktionspartner zu achten sowie sozio-kulturelle Regeln und Normen, die in dessen Augen wichtig sind, zu befolgen bzw. zu achten (= Angemessenheit).

Zu den partialanalytischen Erklärungsansätzen gehört der attributionstheoretische Ansatz. Gemäß der Theorie der korrespondierenden Schlussfolgerungen suchen Menschen in einer für sie erklärungsbedürftigen Situation nach den mutmaßlichen Ursachen (= Erklärung). In interkulturelle Interaktionen kommt es zwangsläufig häufig zu solchen erklärungsbedürftigen Situationen, da die Interaktionspartner entsprechend ihrer jeweiligen kulturspezifischen Sozialisation denken, fühlen und handeln – und damit nicht immer in einer kompatiblen Weise. Attribuieren die Beteiligten kulturelle Unterschiede als Ursache des „erklärungsbedürftigen", womöglich „störenden" oder „verletzenden" Verhaltens des anderen (= isomorphe Attribution), so können sie darauf angemessen reagieren und mithin effektiv interagieren. Betreiben sie jedoch Personen-Attribution, schreiben sie also ungewöhnliche bzw. störende Verhaltensweisen des Interaktionspartners diesem individuell zu, so sind Konflikte wahrscheinlich. Scheinbares Desinteresse am Verhandlungsgegenstand in der Frühphase einer Verhandlung bspw. erscheint dann als persönlich zu verantwortende Unfreundlichkeit oder als sachlich begründetes Desinteresse am Verhandlungsgegenstand (z.B. Gründung eines Joint Ventures) und nicht als Ausdruck einer kulturell bedingt andersartigen Auffassung über den normalen Ablauf von Verhandlungen (z.B. in der Frühphase geht es ausschließlich darum, dass die Beteiligten sich vorher kennen lernen und persönliche Beziehungen begründen; s.a. Geschäftsbezeichnungen, internationale).

Im Zuge der in den fünfziger Jahren einsetzenden, zunächst empirizistischen, später stärker theoretisch begründeten empirischen Forschung wurde interkulturelle Kompetenz als mehrdimensionales, multifaktorielles Konstrukt konzeptionalisiert. Auf der Basis einer kritischen Literaturübersicht identifizierten *Müller/Gelbrich* (1999) 16 Faktoren interkultureller Kompetenz (vgl. *Abb.*).

Da Kommunikationswissenschaftler nicht nur die Mehrzahl der partiellen Erklärungsansätze formuliert, sondern phasenweise auch das gesamte Forschungsgebiet dominiert haben, sprechen insbesondere angelsächsische Autoren vielfach auch von *interkultureller Kommunikationskompetenz*.

Modell zum Einfluss interkultureller Kompetenz auf den Auslandserfolg

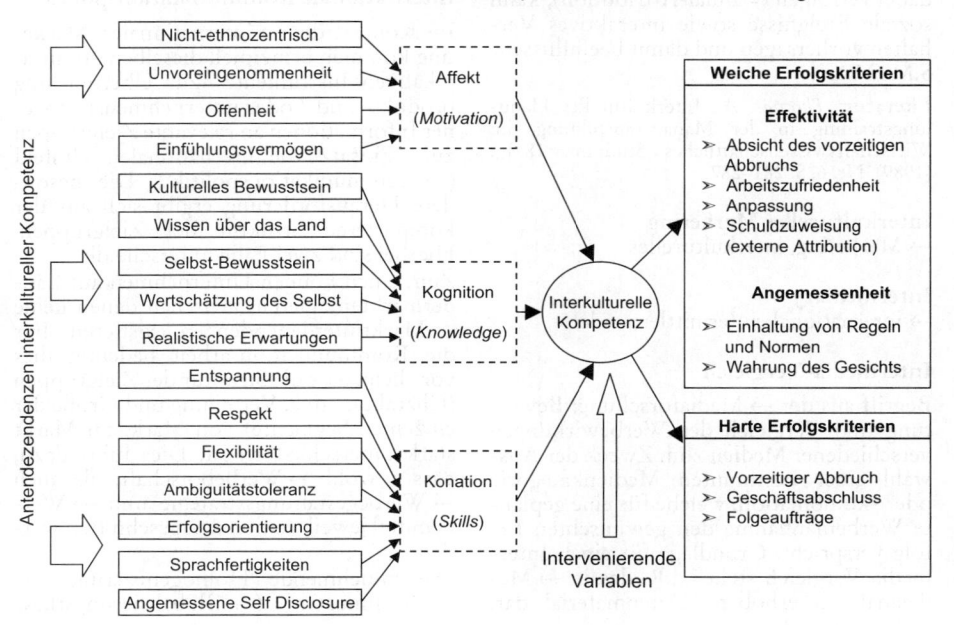

Interkulturelles Dienstleistungs-Marketing

Begründet wird dies mit der These, interkulturelle Interaktion sei ihrem Wesen nach nichts anderes als Kommunikation zwischen Vertretern verschiedener Kulturen.
S.M./M.Ko.

Literatur: *Müller, S.; Gelbrich, K.:* Interkulturelle Kompetenz und Erfolg im Auslandsgeschäft. Status quo der Forschung, in: zfbf, 52. Jg. (2000).

Interkulturelles Dienstleistungs-Marketing
→ Dienstleistungsmarketing, interkulturelles

Interkulturelles Handlungstraining

soll Entsandte in die Lage versetzen, unter sog. fremdkulturellen Bedingungen eines Auslandseinsatzes die erforderliche Anpassungsleistung ('adjustment') zu erbringen (→ Interkulturelle Kompetenz). Aufgabe dieses Trainings ist es, Einsichten, Kenntnisse und Fertigkeiten länder- bzw. kulturspezifisch in zehn relevanten Verhaltensbereichen zu vermitteln (z.B. die Fähigkeit, Normen zu erkennen, die für angemessenes soziales Verhalten, etwa gegenüber Vorgesetzten, älteren Personen etc., bedeutsam sind. Dahinter steht folgende Überlegung: Nur wer eine zutreffende Vorstellung davon besitzt, warum sich z.B. Verhandlungspartner in einer bestimmten Weise verhalten (= Kausal-Attribution) und welche Ziele sie dabei verfolgen (= Final-Attribution), kann soziale Ereignisse sowie interaktives Verhalten vorhersagen und damit beeinflussen.
S.M./M.Ko.

Literatur: *Thomas, A.:* Interkulturelles Handlungstraining in der Managerausbildung, in: Wirtschaftswissenschaftliches Studium, 18. Jg. (1989), Nr. 6, S. 281–287.

Interkulturelles Marketing
→ Marketing, interkulturelles

Intermediary
→ internationaler Vermittlerhandel

Intermedia-Vergleich

Begriff aus der → Mediaforschung: Bewertung und Vergleich der Werbewirkungen verschiedener Medien zum Zweck der Auswahl einer bestimmten Medienkategorie oder -kombination, welche für eine geplante Werbemaßnahme den gewünschten Erfolg verspricht. Grundlage für einen Intermedia-Vergleich stellt i.d.R. das in → Mediaanalysen erhobene Datenmaterial dar.

Problematisch erscheint dabei die Vergleichbarkeit der verschiedenen Medien. Auch mit Hilfe von Gewichtungen der verschiedenen Medienkontakte ist es bisher nicht gelungen, z.B. einen Kontakt mit dem Medium Fernsehen einem Kontakt mit dem Medium Radio oder Zeitung vergleichbar zu machen. Diese Tatsache lässt sich auf die verschiedenen Funktionen, Nutzerstrukturen, Kosten, Reichweiten und Werbeanteile der Medien zurückführen. Die medienspezifischen Charakteristika überlagernd, wird v.a. auch der jeweiligen Werbemittelgestaltung, dem beworbenen Gegenstand und der ausgewählten Zielgruppe ein maßgeblicher Einfluss auf die Werbewirkung zugesprochen.

Der Vergleich von Werbeträgern innerhalb einer Medienart wird als → Intramediavergleich bezeichnet.

International Branding
→ Markenpolitik, internationale

International Code of Advertising Practice
→ Werbeselbstkontrolle

Internationale Handelszusammenschlüsse
→ Handelszusammenschlüsse, internationale

Internationale Kommunikationspolitik

Im Kontext des → internationalen Marketing kommen prinzipiell dieselben kommunikativen Instrumente zur Übermittlung produkt- und / oder unternehmensbezogener Informationen an relevante Zielgruppen zum Einsatz wie im nationalen Umfeld (→ Kommunikationspolitik.). Die besondere Herausforderung ergibt sich aus der komplexeren Struktur der Zielgruppen. Hierbei sind zwei Fälle unterscheidbar:
Zum einen können Unternehmen auf Ländermärkten agieren, zwischen denen keine → Marktinterdependenzen existieren. Für die Kommunikationsarbeit bedeutet dies vor allem, dass die Struktur der Zielgruppen (Charakteristika, Verteilung und Größe der einzelnen Segmente) von Markt zu Markt stark unterschiedlich ist. Dies führt dazu, dass sowohl → Werbebotschaft, als auch → Werbegestaltungsstrategie und → Werbemittel jeweils national zugeschnitten werden.
Die zunehmende Homogenisierung der Konsummuster (→ Globalisierungsthese

von Levitt) zumindest gewisser nationaler Marktsegmente führt jedoch zunehmend dazu, dass Unternehmen sich einer internationalen Zielgruppenstruktur gegenüber sehen, welche die Bildung länderübergreifender Cluster (→ Länderselektion) zulässt. Beispiele für solche Teilsegmente nationaler Märkte, welche sich in Teilen ihres Konsumverhaltens zunehmend angleichen, sind Führungskräfte der Wirtschaft oder Jugendliche.

Dabei bleibt jedoch zu beachten, dass diese Tendenzen häufig nicht produktunabhängig sind. Die Homogenisierung betrifft also in der Regel nicht alle Lebensbereiche der entsprechenden Zielgruppen, sondern lediglich Entscheidungs- und Verwendungsmuster für bestimmte Objekte. Von dieser Teilhomogenisierung abstrahieren internationale Life-Style-Konzepte. Diese definieren internationale Marktsegmente. Es wird dabei unterstellt, dass Konsumenten, welche einem Segment zugehören, unabhängig von ihrer Nationalität einen vergleichbaren Lebensstil aufweisen. Entsprechend werden diese Segmente als Zielgruppen für internationale Kampagnen herangezogen. Beispielhaft für diesen Segmentierungsansatz stehen die Euro-Styles.

Die Herausforderung für das Marketing liegt angesichts dieser komplexen Marktstrukturen in der Generierung einer internationalen Kommunikationspolitik, welche einerseits die durch eine länderübergreifende Standardisierung der Kommunikation erzielbaren Kostenvorteile ausschöpft, andererseits aber den nationalen Erfordernissen und Rahmenbedingungen Rechnung trägt.

Dabei ist einerseits die Problematik zu lösen, die Zuordnung bestimmter Informationen zu Nationalitäten zu gewährleisten. Dies trifft auf den Fall zu, dass zumindest gewisse Zielgruppen nicht international integriert erreicht werden sollen, sondern mit angepassten Inhalten oder Gestaltung angesprochen werden. In Regionen, in den starke Spill-over-Effekte auftreten, besteht die Gefahr, dass entsprechende Zielgruppen nicht ausschließlich mit den für sie vorgesehenen Medien, also nationalen Werbemitteln, in Kontakt kommen, sondern dass sie auch ausländische TV-Programme, Radiosender etc. empfangen. Diese Gefahr besteht zum einen im grenznahen Raum, steigt aber durch die zunehmende Verbreitung von Kabel-, Satelliten- und Internetempfang auch in anderen Bereichen an. Problematisch ist dies, da die Zielgruppen dann mit unterschiedlich gestalteten Werbemitteln konfrontiert werden, was die beabsichtigte → Werbewirkung gefährdet und langfristig zu negativen Image-Effekten (→ Imagepolitik) führen kann. Daher wird auch in der Zusammenarbeit mit Werbeagenturen zunehmend auf eine Bündelung der Arbeit bei international vertretenen Agenturen gesetzt. Diese bearbeiten entsprechende Aufträge entweder in der Zentrale oder in Abwandlung des → Lead-Country-Konzepts nach dem → Lead-Agency-Konzept.

Andererseits müssen bei standardisierten Kampagnen nationale Restriktionen, etwa im rechtlichen Bereich oder in der Verfügbarkeit von Medien, in die Planung einbezogen. So ist das → Werberecht selbst in wirtschaftlich stark integrierten Räumen wie der → Europäischen Union noch immer nicht harmonisiert. Zwar sind entsprechende Vorhaben in Teilbereichen, etwa in der → vergleichenden Werbung, in Vorbereitung, doch sind andere Regelungen davon nicht betroffen.

Angesichts dieser komplexen Rahmenbedingungen für die klassische Werbung auf internationalen Märkten setzen große Unternehmen auf alternative Kommunikationsformen (→ Kommunikations-Mix), welche den Aufbau eines international einheitlichen Firmenimages erlauben. Insbesondere das → Sponsoring sportlicher oder kultureller Veranstaltung mit internationalem Publikum hat stark an Bedeutung gewonnen. Der Grund hierfür liegt in dem hohen Abstraktionsgrad der Kommunikation. Das Kommunikationsziel liegt beim Sponsoring nicht in der kurzfristigen Absatzförderung eines bestimmten Produktes, sondern in dem mittel- bis langfristigen Aufbau eines starken Unternehmensimages. Es ist daher nicht auf die Formulierung von Werbebotschaften und deren Umsetzung in Bild bzw. Ton angewiesen, sondern beschränkt sich auf die Präsentation eines Firmen- oder Warenzeichens in Verbindung mit dem zugehörigen Unternehmens- oder Produktnamen. B.I.

Literatur: *Schnauffer, R.*: Internationale Kommunikationspolitik, Wiesbaden 1999. *Streich, M.*: Internationale Werbeplanung, Heidelberg 1997.

Internationale Marketingorganisation und -koordination

Die Organisation der Marketing- und Vertriebsaktivitäten im → Internationalen Marketing kann grundsätzlich nach denselben Prinzipien vorgenommen werden, wie im rein nationalen Fall (→ Marketingorganisation; → Marketing-Koordination), wobei die regionale Gliederung überwiegt. Von besonderer Bedeutung ist jedoch die Koordination im Sinne der Kompetenzverteilung zwischen Managern aus Zentrale und Landesgesellschaften. Lösungsmöglichkeiten liegen auf einem Kontinuum mit den Endpunkten Zentralisierung sowie Dezentralisierung der Entscheidungsbefugnisse.

Die zu verteilenden Kompetenzen umfassen sämtliche Aspekte der Marketingpolitik für den Zuständigkeitsbereich der jeweiligen Niederlassung (i.d.R. einen Ländermarkt, jedoch sind auch regionale Verantwortungsbereiche denkbar), also etwa Produkteigenschaften, → Markenname, → Preis- und → Konditionenpolitik oder → Werbestrategie. Dabei sind die Freiheitsgrade für eine Überlassung von Kompetenzen in den Niederlassungen durch das Ausmaß der internationalen → Standardisierung und Differenzierung, welche als strategische Entscheidung von der Geschäftsleitung vorgelagert getroffen werden muss, abhängig.

Hat sich die Geschäftsleitung für eine standardisierte Ausrichtung des Marketing entschieden (→ EPRG-Schema), so liegt zunächst eine Zentralisierung der Entscheidungsbefugnisse nahe, um die Einheitlichkeit des Instrumenteneinsatzes zu gewährleisten. In diesem Fall liegt auch die Ergebnisverantwortung bei der Muttergesellschaft, die nur in bestimmten Fällen, z.B. zur Realisierung von Sonderprojekten, die Landesgesellschaften mit einbindet. Letzteren kommen somit prinzipiell ausschließlich exekutive Aufgaben zu. Vorteile dieser Organisationsform liegen in der klaren Strukturierung und in der damit häufig verbundenen Prozesseffizienz. Hingegen wird mittelfristig die Motivation der Mitarbeiter in den Landesgesellschaften nicht gefördert. So sind kaum Innovationsimpulse zu erwarten, da diese im Grunde nicht vorgesehen sind.

Zur Ausschöpfung des Potentials der Mitarbeiter vor Ort kann daher eine graduelle Dezentralisierung der Kompetenzen vorgenommen werden. Eine solche Ausrichtung ist eher bei poly- oder regiozentrischer Orientierung der Unternehmung zu erwarten. Man erhofft sich dadurch den Erhalt und den Ausbau der lokalen Kompetenz, welche zum einen bei differenzierter Ländermarktbearbeitung erforderlich ist, da die nationalen Gegebenheit hier bestimmend für die nationale Marketingkonzeption sind und das Fachwissen der Mitarbeiter vor Ort Bedeutung hat. Hingegen führt eine dezentrale Lösung leicht zu einem Auseinanderdriften der Marketingkonzeptionen, da die Landesgesellschaften dann i.d.R. Ergebnisverantwortung haben. Das Management der Niederlassung strebt folglich nicht eine übergreifende internationale, sondern eine nationale Optimierung der Erfüllung der → Marketingziele an.

Um dem Zentralisierungs-Dezentralisierungs-Dilemma zu entkommen, wurden verschiedene Lösungen entwickelt, welche die Vorteile der Extremformen zu vereinen versuchen. Neben dem → Lead-Country-Konzept sind dies insb. *internationale Marketingkomitees*, welche für die übergreifende Steuerung der Aktivitäten auf den bearbeiteten Ländermärkten verantwortlich sind. Das Komitee setzt sich aus Marketingmanagern der betroffenen Landesgesellschaften zusammen. Es kann weltweite oder regionale Verantwortlichkeit haben, etwa für das Euro-Marketing. Die Hauptaufgabe des Komitees liegt in der Abstimmung der jeweils in den Ländermärkten zu ergreifenden Maßnahmen. Insbesondere wenn ein Unternehmen eine Strategie der Standardisierung verfolgt, ist dies von Bedeutung, um die Einhaltung der übergreifenden strategischen Vorgaben zu gewährleisten. Die Unternehmenszentrale fungiert bei diesem Konzept hauptsächlich als Serviceeinheit, die bspw. Marktforschungsdienste übernimmt.

Der Komitee-Ansatz versucht die Vorteile einer zentralen Entscheidungsfindung mit der Nutzung von in den Landesgesellschaften vorhandenem Marketing-Know-how zu verbinden. Problematisch sind hingegen die unklaren Entscheidungsbefugnisse bei Konflikten sowie Ineffizienzen, die sich aus der Tatsache ergeben, dass die Verantwortlichen in ihrer normalen Tätigkeit geographisch entfernt voneinander sind und daher informelle Wege der Abstimmung schwerer zu gehen sind. B.I.

Literatur: *Rall, W.*: Organisatorische Anforderungen an ein globales Marketing, in: BFuP 5/91, S. 426-435. *Bukhari, I.*: Europäisches Brand Management. Entwicklung und Umsetzung erfolgreicher europäischer Marketingkonzepte, Wiesbaden 1999. *Brielmaier, A.*: Euro Key Account Management, Nürnberg 1998.

Internationale Markteintrittsoptionen

Wahlmöglichkeiten für die Form des Eintritts in neue Ländermärkte. In manchen Ländern ist eine Auswahl der Markteintrittsform nicht möglich, weil diese rechtlich vorgeschrieben ist (z.B.: → Joint Venture). Wo eine Wahlmöglichkeit besteht, kann die Auswahl auf Basis von fünf Kategorien von Entscheidungskriterien (*Abb. 1*) getroffen werden. Die Entscheidungsträger haben zu diesem Zweck einen unternehmensspezifischen Katalog von sinnhaften Beurteilungskriterien zu erstellen. Können „knock-out"-Kriterien festgelegt werden, geht der Entscheidungsprozess rascher von statten. Die damit stark verminderte Anzahl möglicher Markteintrittsformen wird anhand des erstellten Kriterienkataloges beurteilt. Die am günstigsten erscheinende Option, die sich auch in der vorliegenden Makro-Umwelt implementieren lässt, wird gewählt.

Die verfügbaren Markteintrittsoptionen können danach klassifiziert werden, ob sich das Unternehmen selbst um Geschäftsaktivitäten im zu bearbeitenden Markt kümmern muss oder diese Aktivitäten Partnern im Heimmarkt oder im Gasthmarkt überlässt, und danach, ob es sich bei diesen Tätigkeiten ausschließlich um Vermarktung oder um eine Kombination von Produktion und Vermarktung handelt (*Abb. 2*).

Die verschiedenen Markteintrittsoptionen sind durch unterschiedliche Niveaus an Kontrolle des Unternehmens über seine → Wertschöpfungskette und an im Gegenzug dafür einzugehenden Risiken (z.B. Währungsrisiko, Kapitalrisiko, Warenübernahmerisiko) gekennzeichnet. H.Mü.

Internationale Marktforschung

→ Auslandsmarktforschung

Internationale Messe

a) Über den nationalen Markt (→ Messen und Ausstellungen) hinaus reichendes Marketing-Instrument, welches ursprünglich für Handel und Gewerbe, heute auch für Industrie und Dienstleistungsunternehmen zunehmend an Bedeutung gewinnt. Rund

Abb. 1: Beurteilungskriterien für Markteintrittsoptionen

Kriterien	Elemente
Firmenspezifische Kriterien	Unternehmensleitbild Wettbewerbsstrategie Persönliche Ressourcen Finanzielle Ressourcen Akzeptiertes Kapitalrisiko
Merkmale des Marktes	Beeinflussungsmöglichkeit Verfügbarkeit von Informationen Marktwiderstand Ressourcenkontrolle Marktvolumen Stellung im Lebenszyklus
Betrachtung des Produktes	Grad an Kundenzufriedenheit Produkteinsatz
Bedingungen des lokalen Unternehmensumfeldes	Wettbewerb Vertriebskanäle
Makro-Umwelt	Geographische Distanz Kapitalrisiko Währungsrisiko Technologisches Niveau Infrastruktur Politische Situation Gesetzliche Restriktionen Handelsbarrieren Kulturelles Umfeld

Internationaler Vermittlerhandel

Abb.2: Markteintrittsoptionen

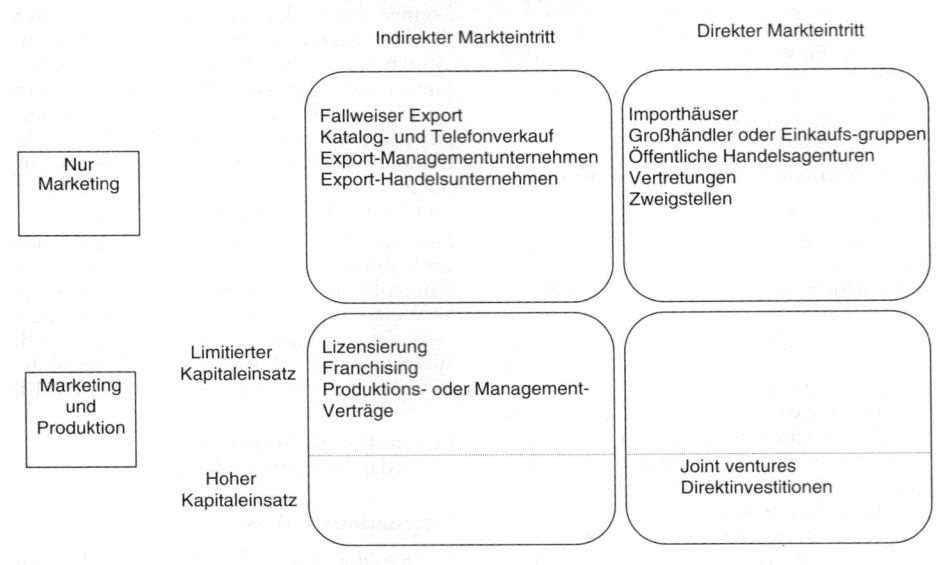

	Indirekter Markteintritt	Direkter Markteintritt
Nur Marketing	Fallweiser Export Katalog- und Telefonverkauf Export-Managementunternehmen Export-Handelsunternehmen	Importhäuser Großhändler oder Einkaufs-gruppen Öffentliche Handelsagenturen Vertretungen Zweigstellen
Marketing und Produktion — Limitierter Kapitaleinsatz	Lizensierung Franchising Produktions- oder Management-Verträge	
Hoher Kapitaleinsatz		Joint ventures Direktinvestitionen

zwei Drittel aller internationalen Messen finden in Europa statt, davon wiederum ca. 70 % in Deutschland.

b) Hilfsbetrieb im internationalen Handel, der durch seine Ausgestaltung Bedeutung erlangt hat. Messen sind Verkaufsveranstaltungen mit Marktcharakter. Auf internationalen Messen haben nur gewerbliche Einkäufer als Nachfrager Zutritt. I.d.R. handelt es sich um internationale Fachmessen, welche entweder einem Wirtschaftszweig, einer Branche oder einem umfassenden Thema (z.B. Kommunikation) gewidmet sind.

c) Messen, die dem zuständigen internationalen Verband angeschlossen und von ihm genehmigt sind (Union de Foires Internationales – UFI, Paris). H.Ma.

Internationaler Vermittlerhandel

Der Internationale Vermittlerhandel wird dem institutionellen Außenhandel (→ Außenhandel, institutioneller) zugeordnet. Zum internationalen Vermittlerhandel (Internationale Markthelfer, internationale Absatzmittler, internationale Marktmittler) zählen (in Abhängigkeit der durch jeweils nationales Recht geprägten Erscheinungsformen) der *Internationale Handelsvertreter* (Agent, International Agent Middleman, Intermediary, Indentnehmer), der *internationale Kommissionär*, der *internationale Makler* sowie Handelsorganisationen, die sich mit diesen Funktionen ganz oder teilweise beschäftigen. Darüber hinaus haben sich den wirtschaftlichen und geographischen Erfordernissen entsprechend neuere Formen im internationalen Vermittlerhandel herausgebildet. Differenzierte Formen des *„Go between man"* (etwa → Consulting Engeneers) sowie verschiedene Internationale Dienstleistungsunternehmen (Vermittlungsdienste, internationales Factoring) gewinnen zunehmend an Bedeutung im internationalen Vermittlungsgeschäft. Andere Formen sind kaum noch bekannt (*Shroff, Banto, Gombeeman, Fostook, Comprador*).

Die wirtschaftliche Tätigkeit des internationalen Vermittlerhandels besteht (wie die Handelsvermittlung im Binnenhandel) darin, Handelsware in eigenem oder fremdem Namen aber für fremde Rechnung zu vermitteln.

Im internationalen Geschäft werden Zentralregulierungs- und/oder Delkrederefunktionen übernommen. Mischformen zwischen Kaufmannshandel als Eigenhandel sowie besonderen Formen des Vermittlungshandels sind üblich. Auch andere Trägerschaften des Handels (Industriehandel, Handel der Banken, Konsumentenhandel, Staatshandel) betreiben den internationalen Vermittlungshandel.

Der *Internationale Handelsvertreter* (Auslandsvermittler, Internationale Handelsagentur) arbeitet in fremdem Namen und für fremde Rechnung. Seine Bedeutung ist länderweise unterschiedlich. So vermag er kraft → internationaler Usance oder gesetzlicher Regelung den institutionellen Großhandel in manchen Staaten zu umgehen oder auszuschalten. Der internationale Handelsvertreter ist selbständiger Kaufmann und damit vom angestellten Auslandsreisenden zu unterscheiden.

Der *Exportvertreter* mit Sitz im Exportland (Exportagent, Auslandsverkaufsvertreter) übernimmt beim indirekten Export die kollektivierende Funktion (meist aus dem Binnenland, aber auch aus Drittländern; → Transithandel).

Der Exportvertreter im Importland vermittelt als *Platzvertreter* (*Locovertreter*) für Gewerbe und Industrie zwischen ausländischem Importeur oder dem Exportgroßhandel.

Im internationalen Vertretungsgeschäft sind Einfirmenvertreter und Mehrfirmenvertreter sowie Vermittlungsvertreter und Abschlussvertreter zu unterscheiden.

Der Generalvertreter kann im Binnenland erforderlichenfalls Subvertreter (Untervertreter, Regionalvertreter) ernennen. Exportvertreter haben für exportwillige Einzelwirtschaften Bedeutung, welche über keine Möglichkeiten zum direkten Export oder indirektem Export verfügen.

Exportvertreter können mit der Befrachtung, Abfertigung oder Ausrüstung von Schiffen, gegebenenfalls auch mit der Buchung von Schiffspassagen (*Schiffsmakler, Shipping agent*) befasst sein. Meist ist ihr Standort in letzteren Fällen ein Hochseehafen (*Seehafenvertreter*).

Der Exportvertreter im Ausland wird dem direkten Export zugeordnet. Er ist, den jeweiligen länderspezifischen rechtlichen Gegebenheiten nach, selbständiger Kaufmann. Für den Vertretungsvertrag ist immer das jeweilige Landesrecht zu beachten, in dem der Vertreter die Vertretung ausübt. Wird der Vertretungsvertrag für länderübergreifende Regionen errichtet, kommt als Rechtsgrundlage u.U. auch internationales Zivilrecht in Betracht. Neben Importhändlern und Kommissionären (Konsignataren) haben internationale Vertretungen (internationale Repräsentanten, International Repräsentatives) vor allem für die Exporteure Bedeutung, welche weder an Letztverbraucher verkaufen können, noch Direktinvestitionen (internationale Handelstochter, Exportniederlassung) tätigen können.

Als Überseevertreter fungieren heute neben kleinen selbständigen Handelsvertretern auch bedeutende Handelshäuser, welche nicht nur das Vertretungsgeschäft sondern auch Eigengeschäfte betreiben, woraus sich Interessenskonflikte ergeben können.

Der *Cif-Agent* ist eine Sonderform des Exportvertreters im direkten Export, der häufig für mehrere Auftraggeber auf vertraglicher Grundlage Geschäftsabschlüsse tätigt.

Der *internationale Kommissionär* (*Konsignatar*) arbeitet im eigenen Namen für Rechnung des Exporteurs (Kommittenten, Konsignanten). Das Kommissionsgeschäft (Konsignationsgeschäft) kann auf fester, langfristiger Zusammenarbeit beruhen oder sich lediglich auf die Abwicklung eines bestimmten Geschäftes erstrecken.

Das Rechtsverhältnis der Vertragspartner richtet sich nach jeweils gültigem nationalem Recht. Der Kommittent tritt gegenüber Dritten zurück, da der Kommissionär in eigenem Namen handelt.

Der Kommissionär kann im Innenverhältnis in dauernder enger Verbindung mit seinem Kommittenten stehen, obwohl er nach außen selbständig auftritt. In diesem Fall ist er als internationaler Kommissionsagent sowohl Vertreter als auch Kommissionär.

Der internationale Verkaufskommissionär tritt sowohl als Importeur aber auch als Transithändler in Erscheinung. Von seinem Standort aus hilft er einen begrenzten Importmarkt (Generalimporteur) oder eine geographische Region für das internationale Geschäft zu erschließen. Der Exporteur trägt i.d.R. beim Kosten und Gefahren auch das Risiko des Konsignationslagers. Im Normalfall wird der Kommissionär den Drittkontrahenten zur Wahrung seines eigenen Marketing-Know-how (Problem der Funktionsausschaltung) nicht namentlich preisgeben. Damit haftet er selbst für die Erfüllung. Wird der Drittpartner genannt und übernimmt der Kommissionär die Forderungshaftung, steht ihm die Delkredereprovision zu. Kommt die Ausführung im Falle eines internationalen Kommissionsgeschäftes aus Verschulden des Kommittenten nicht zustande, steht ihm die Kommissionsprovision (commission) trotzdem zu. Im Übrigen kommen die Vertragsvereinbarungen sowie eingeführter Handelsbrauch zum Tragen. Weitere Regelungen betreffen gesetzte Preislimits. Ferner kann der internationale Verkaufskommissionär die Ware in

Internationale Schiedsgerichtsbarkeit

sein Eigentum übernehmen (*Selbsteintrittsrecht*).

Dem internationalen Einkaufskommissionär erteilt der ausländische Importeur den Auftrag, bestimmte Waren zu beschaffen. Dabei kann vereinbart werden, ob der Kommissionär die Ware zu einem bestimmten Höchstpreis (Limit) oder zum bestmöglichen Preis („Bestens") einkaufen soll. Der internationale Einkaufskommissionär hat für ordnungsgemäße (seemännische, seetüchtige) Verpackung sowie Transport (Verschiffung) zu sorgen. Das Selbsteintrittsrecht steht dem internationalen Einkaufskommissionär nur zu, wenn es sich um die Beschaffung von Waren mit notierten Preisen (→ Warenbörse, sonstige Preisfestsetzungen) handelt.

Confirming houses sind selbständige Handelshäuser in Großbritannien. An sie wenden sich hauptsächlich Importeure aus den Commonwealth-Ländern, welche die genauen europäischen Einkaufsquellen nicht kennen. Die Confirming houses wiederum kaufen nicht nur in England sondern auch im Ausland (internationaler Transithandel) ein.

Der *Internationaler Handelsmakler* (Jobber, Broker, Distributor, Sensale) – vermittelt – im Gegensatz zum Zivilmakler – Geschäfte zwischen Exporteuren und Importeuren. Es besteht kein dauerndes Vertragsverhältnis. Dennoch werden im Erfolgsfalle Wiederholungsaufträge platziert. Internationale Makler sind selbständige Kaufleute nach jeweils gültigem nationalem Recht. Sie sind Spezialisten für bestimmte Länder und/oder Produkte (Leistungen). Ihr Interesse konzentriert sich auf die Maklerfunktion, welche aber auch von anderen Institutionen im internationalen Geschäft (internationaler Handel) ausgeübt wird. Für die erfolgreiche Geschäftsvermittlung erheben sie die Maklerprovision, welche die spezifischen Risiken (internationale Marktforschung, Beratung, Interessensvertretung) abdeckt.

Im Bereich *internationaler Marktveranstaltungen* (internationale Warenbörsen, internationaler Auktionen, internationaler Einschreibungen, internationaler Submissionen aber auch im Verkehr zwischen internationalen Kontoren, internationalen Syndikaten und mit Regierungsinstanzen ist der internationale Makler involviert.

Die Haftung bezieht sich auf schuldhaftes Verhalten gegenüber beiden Parteien. Häufig finden sich im internationalen Geschäft zwei internationale Makler, für jede Partei einer, tätig, welche für den gemeinschaftlichen Interessensausgleich sorgen.   H.Ma.

Internationale Schiedsgerichtsbarkeit

Das auf Erfahrung und Kompetenz begründete Ansehen des 1923 gegründeten Schiedsgerichtshofs der *Internationalen Handelskammer (International Chamber of Commerce-ICC)* nimmt aufgrund der Beilegung von über 6000 internationalen Handelsstreigikeiten weltweit zu.

Seit In-Kraft-Treten der ICC-Schiedsverfahrensordnung von 1975 ist eine spürbare Zunahme der Zahl der Schiedsverfahren zu registrieren. Parteien aus 89 Ländern, etwa ein Drittel davon Entwicklungsländer, sowie eine zunehmend juristisch geprägte Einstellung sind Kennzeichen der Schiedsverfahren.

Die Internationale Handelskammer empfiehlt allen Parteien, die auf die Schiedsgerichtsbarkeit der ICC in Verträgen mit Partnern im Ausland Bezug nehmen wollen, eine Standardklausel, in welcher auf die Vergleichs- und Schiedsgerichtsordnung der ICC verwiesen wird. Die letzte Fassung datiert vom 1.1.1988.

Die *Vergleichsordnung* der ICC sieht die Einbringung eines Schlichtungsantrages durch eine Vertragspartei vor, das Sekretariat des Schiedsgerichtshofes unterrichtet die Gegenseite und räumt 14 Tage als Frist zur Stellungnahme ein, ob Letztere am Schlichtungsverfahren teilzunehmen bereit ist. Der Vergleich endet mit:

a) Vereinbarung zwischen den Parteien,
b) Erfolglosigkeit des Schlichtungsverfahrens,
c) wenn eine Partei den Schlichtern mitteilt, das Verfahren nicht fortführen zu wollen.

Die *Schiedsgerichtsordnung* sieht die monatliche Tagung des Schiedsgerichtshofes vor. Der Schiedsgerichtshof entscheidet die Streitfälle nicht selbst, sondern ernennt Einzelschiedsrichter oder drei Schiedsrichter, sofern die Parteien nichts anderes bestimmt haben. Schiedsklage und Klageantwort sind von den Parteien einzubringen, wobei dem Beklagten die Möglichkeit der Widerklage eingeräumt wird. Bei fehlender Schiedsgerichtsvereinbarung müssen beide Parteien dem Verfahren zustimmen. Der Schiedsspruch muss dem Schiedsgerichtshof vorgelegt werden. Er ist endgültig und somit unverzüglich zu erfüllen.

Nationale Handelskammern (z.B. Stockholm, Zürich, Wien etc.) fördern die Schiedsgerichtsbarkeit bzw. übernehmen diese zwischen Parteien aus verschiedenen Staaten. Darüber hinaus stellen auch zahlreiche andere Instituionen Verfahrensvorschläge für die internationale Schiedsgerichtsbarkeit zur Verfügung, z.B. die UNCITRAL-(United Nations Commission on International Trade Law) oder die ECE-(Economic Commission for Europe) der Vereinten Nationen. H.Ma.

Literatur: *Gottwald P.*: Internationale Schiedsgerichtsbarkeit, Bielefeld 1997. *Lionnet K.*: Handbuch der internationalen und nationalen Schiedsgerichtsbarkeit, Stuttgart 1996. *Lörcher H.*: Das Schiedsverfahren national/ international nach neuem Recht, München 1998. *Strieder J.*: Rechtliche Einordnung und Behandlung des Schiedsrichtervertrages, Köln u.a. 1984. *Schütze R.A.; Tscherning D.; Wais W.*: Handbuch des Schiedsverfahrens, Berlin, New York 1985. *International Chamber of Commerce* (Hrsg.): ICC Vergleichs- und Schiedsgerichtsordnung, Paris 1988.

Internationales Marketing

Nach dem in der Vergangenheit die Sättigung der Inlandsmärkte für die Unternehmen der hauptsächliche Grund zur Internationalisierung war (→ Wachstumsstrategie), so sind es heute vor allem die zunehmende Marktintegration der Ländermärkte durch wegfallende Handelshemmnisse und neue Kommunikations- und Vertriebstechnologien, die ein „Going International" auslösen und neue *internationale* Marketingaufgaben erzeugen. Dem Internationalen Marketing liegen Problembereiche und Besonderheiten zu Grunde, die sowohl im nationalen Kontext (Risiko, Unsicherheit, Komplexität) als auch im grenzüberschreitenden Kontext auftreten können. Zum letzteren zählt vor allem das Problem einer Koordination der nationalen Marketingaktivitäten im Sinne einer gegenseitigen Abstimmung der marktbezogenen Strategien und Maßnahmen auf Ländermärkten, die gegenseitige Abhängigkeiten („Rückkopplungen") aufweisen. Internationales Marketing wird verstanden als:

– das Management (Analyse, Planung und Kontrolle) marktbezogener Rückkopplungen,
– die gegenseitige Abstimmung der nationalen Marketingaktivitäten (*grenzüberschreitende* Probleme beim Eintritt und der anschliessenden Bearbeitung),
– mit dem Ziel der Ertragsoptimierung über alle bearbeiteten Ländermärkte hinweg.

Abb. 1 zeigt die Aufgabenbereiche des Internationalen Marketings im Zusammenhang.

Abb. 1: Positionierung der Aufgabenbereiche im Internationalen Marketing

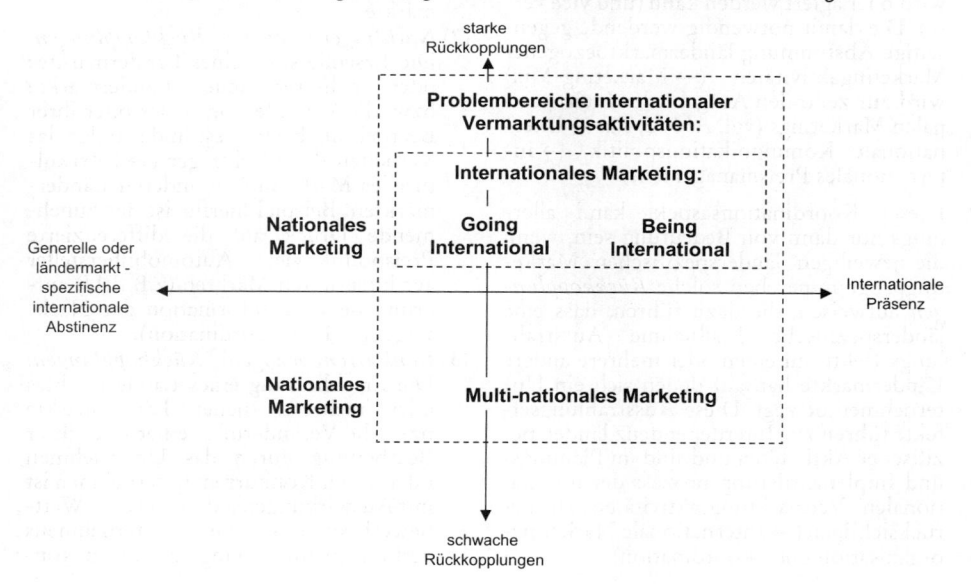

Internationales Marketing

Abb. 2: Koordinationsaufgaben der internationalen Unternehmung

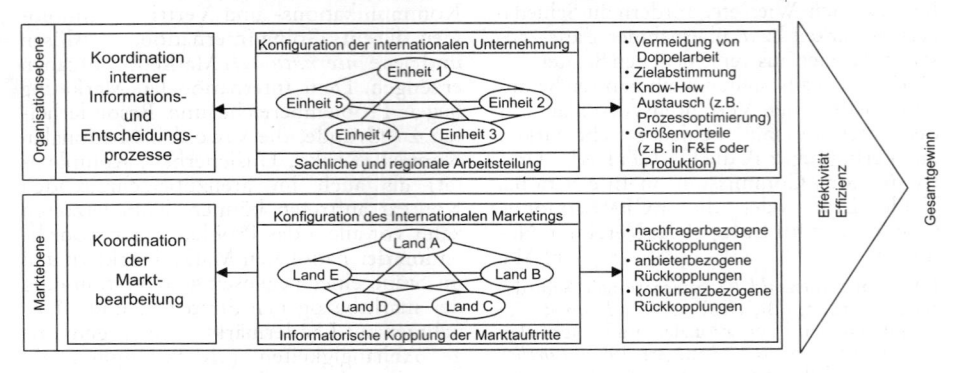

Organisationsebene: Koordination interner Informations- und Entscheidungsprozesse ↔ Konfiguration der internationalen Unternehmung (Einheit 1, Einheit 2, Einheit 3, Einheit 4, Einheit 5) — Sachliche und regionale Arbeitsteilung → • Vermeidung von Doppelarbeit • Zielabstimmung • Know-How Austausch (z.B. Prozessoptimierung) • Größenvorteile (z.B. in F&E oder Produktion)

Marktebene: Koordination der Marktbearbeitung ↔ Konfiguration des Internationalen Marketings (Land A, Land B, Land C, Land D, Land E) — Informatorische Kopplung der Marktauftritte → • nachfragerbezogene Rückkopplungen • anbieterbezogene Rückkopplungen • konkurrenzbezogene Rückkopplungen

→ Effektivität / Effizienz → Gesamtgewinn

Gegenstand des Internationalen Marketings ist somit die Koordination der Bearbeitung der jeweiligen Ländermärkte. Das Problem der Koordination im Internationalen Marketing setzt dabei an der Erreichung gesamtunternehmensbezogener Ziele an, wobei der Ausgangspunkt zwischen den einzelnen Ländermärkten auftretende Rückkopplungen sind, die eine gegenseitige Abstimmung der Marketingaktivitäten erfordern. Diese Rückkopplungen führen dazu, dass die Freiheitsgrade bei der Marktbearbeitung und deren Ergebnisse in den einzelnen Ländermärkten nicht unabhängig voneinander sind. Das Agieren auf einem Ländermarkt beeinflusst dann die Art und Weise, wie auf anderen Ländermärkten agiert wird oder agiert werden kann (und vice versa). Die damit notwendig werdende gegenseitige Abstimmung ländermarktbezogener Marketingaktivitäten (→ Marketing-Mix) wird zur zentralen Aufgabe des Internationalen Marketings (vgl. *Abb. 2*; s.a. → Internationale Kommunikationspolitik, → Internationales Preismanagement).

Dieser Koordinationsaspekt kann allerdings nur dann von Bedeutung sein, wenn die jeweiligen länderspezifischen Marketingprogramme eben solche *Rückkopplungen* aufweisen, die dazu führen, dass eine länderspezifische Maßnahme Ausstrahlungseffekte auf einen oder mehrere andere Ländermärkte hat, auf denen sich ein Unternehmen bewegt. Diese Ausstrahlungseffekte führen zur Interdependenz länderspezifischer Aktivitäten und sind im Planungs- und Implementierungsprozess der internationalen Vermarktungsaktivitäten zu berücksichtigen (→ Internationale Marketingorganisation und –koordination).

Rückkopplungen erzeugen Abhängigkeiten zwischen Ländermärkten in Bezug auf deren Bearbeitung („Wie wir in den USA am Markt agieren können, hängt davon ab, was wir in Europa tun!") und können auf folgende Ursachen zurückgeführt werden (vgl. auch *Abb. 3*):

(1) *Anbieterbezogene Rückkopplungen*: Die Erschliessung eines Ländermarktes oder mehrerer neuer Ländermärkte bzw. die Veränderung seiner oder ihrer Bearbeitung verändert die Freiheitsgrade bei der Marktbearbeitung anderer Ländermärkte. Beispiel hierfür ist die Veränderung ländermarktübergreifender Kostenpositionen durch Fixkostendegression bei der Erschließung neuer Ländermärkte.

(2) *Nachfragerbezogene Rückkopplungen*: Die Erschliessung eines Ländermarktes oder mehrerer neuer Ländermärkte bzw. die Veränderung seiner oder ihrer Bearbeitung beeinflusst in der Folge das Verhalten der Nachfrager (→ Interkulturelles Marketing) in anderen Ländermärkten. Beispiel hierfür ist die zunehmende Druck auf die differenzierte Preispolitik vieler Automobilhersteller auf integrierten Märkten (z.B. EU) aufgrund besserer Information der Nachfrager (→ Preiskoordination).

(3) *Konkurrenzbezogene Rückkopplungen*: Die Erschliessung eines Ländermarktes oder mehrerer neuer Ländermärkte bzw. die Veränderung seiner oder ihrer Bearbeitung durch das Unternehmen oder durch Konkurrenzunternehmen ist mit Auswirkungen auf die relative Wettbewerbssituation des Unternehmens verbunden und zwingt dieses zu kon-

kurrenzinitiierten Anpassungen des Marktauftritts in anderen Ländermärkten (→ Wettbewerbsstrategie).

Abb. 3: Rückkopplungen und Koordination im Internationalen Marketing

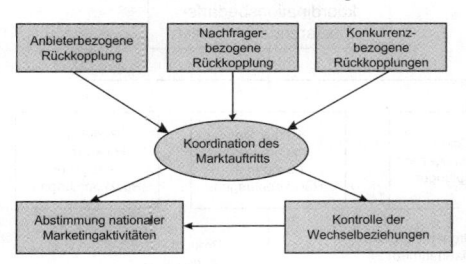

Im Rahmen der Erschliessung ausländischer Märkte (→ Markteintritt) werden Unternehmen erstmals auf Auslandsmärkten aktiv oder vergrößern die Anzahl der bearbeiteten Ländermärkte. Hierbei sind interdependente Initialentscheidungen in Bezug auf die Marktauswahl und die Markterschliessung zu treffen. Die *Marktauswahl* bezieht sich auf die Selektion geeigneter Auslandsmärkte, die *Markterschliessung* auf die Wahl geeigneter Erschliessungsstrategien. Letztere lassen sich darüber hinaus in zeitliche (Timing des Markteintritts) und sachliche Erschliessungsstrategien (Wahl der Organisationsform für das Auslandsgeschäft, erstmalige Festlegung der → Marketing-Instrumente auf den neuen Ländermärkten) unterteilen.

Zunehmende Interdependenz der Ländermärkte erzeugt einen kontinuierlichen Koordinationsbedarf innerhalb der Bearbeitung von Ländermärkten. Auf diesen Koordinationsbedarf kann ein Unternehmen reagieren, indem es die Marktbearbeitung kontinuierlich an die sich verändernden Rahmenbedingungen (zunehmende anbieter-, nachfrager- und konkurrenzbezogene Rückkopplungen) anpaßt oder versucht, auf das Ausmaß der Rückkopplungen selbst Einfluss zu nehmen. Während es sich bei der Reaktion auf die Interdependenzen um eine reine *Anpassungsstrategie* handelt, lässt sich die Einflussnahme auf den Interdependenzgrad selbst als *Strategie des Gegensteuerns* kennzeichnen.

Anpassungsmaßnahmen sind demnach *koordinationsbedarfsdeckende* Maßnahmen, die die länderspezifische Marktbearbeitung im Hinblick auf die neuen Marktbedingungen optimieren, indem entweder eine Anpassung der Marketing-Instrumente vorgenommen wird oder aber die Anpassung über die Marktein- und -austrittszeitpunkte erfolgt. Die Anpassung an den wachsenden Interdependenzgrad von Märkten stellt eine *Reaktion* auf sich verändernde nachfrager- und anbieterbezogene Rückkopplungen dar. Das Ausmaß bzw. die Entwicklung der Rückkopplungen zwischen den bearbeiteten Ländermärkten wird dabei als gegeben und vom Anbieter unveränderlich betrachtet. Die Strategie des Gegensteuerns fußt hingegen auf der Annahme, dass der Interdependenzgrad der bearbeiteten Ländermärkte beeinflussbar ist. Auf der Grundlage dieser Annahme werden Ansätze verfolgt, um den Interdependenzgrad zielgerichtet zu verändern (*koordinationsbedarfsreduzierende* Maßnahmen). Dieser Strategieansatz ist daher als *Aktion* im Hinblick auf die Veränderungen der nachfrager-, anbieter- und konkurrenzbezogenen Rückkopplungen zu kennzeichnen. *Abb. 4* zeigt eine Systematisierung für Koordinationsstrategien.

Die *Anpassung* an eine zunehmende Marktintegration erfolgt zunächst auf der Ebene der klassischen Marketing-Instrumente. Hier geht es um die Frage, in welchem Maße vor allem Preis- und Produktpolitik zu standardisieren sind. Wichtig ist hierbei die optimale Ausnutzung ländermarktspezifischer Zahlungsbereitschaften vor dem Hintergrund unterschiedlicher Präferenzen der Nachfrager. Die Erzielung maximaler Ergebnisse bedingt einen Anpassungspfad, in dem zwar das Marketing-Instrumentarium zunehmend, aber in aller Regel nicht vollkommen vereinheitlicht wird. Zur Vermeidung notwendiger, aber ergebnisschmälernder Anpassungsmaßnahmen kann es erforderlich werden, aus Ländermärkten, die starke Verzerrungen in Preis- und Qualitätsstruktur erzeugen, auszutreten.

Das *Gegensteuern* bezieht sich auf den Versuch, aus der Integration von Ländermärkten resultierende, für das Unternehmen negative Effekte zu kompensieren. So ist zu prüfen, ob Arbitrage durch Einflussnahme auf das Vertriebssystem die Grundlage entzogen werden kann (*angebotssteuernde Maßnahmen*). Produkte können z.B. durch Markierung so differenziert werden, dass das Interesse jenseits der Ländergrenze daran erlischt. Begleitend sind oft organisatorische Anpassungen erforderlich, um die internen, zumeist ländermarktbezogenen Entscheidungsprozesse stärker den Bedin-

Internationales Preismanagement

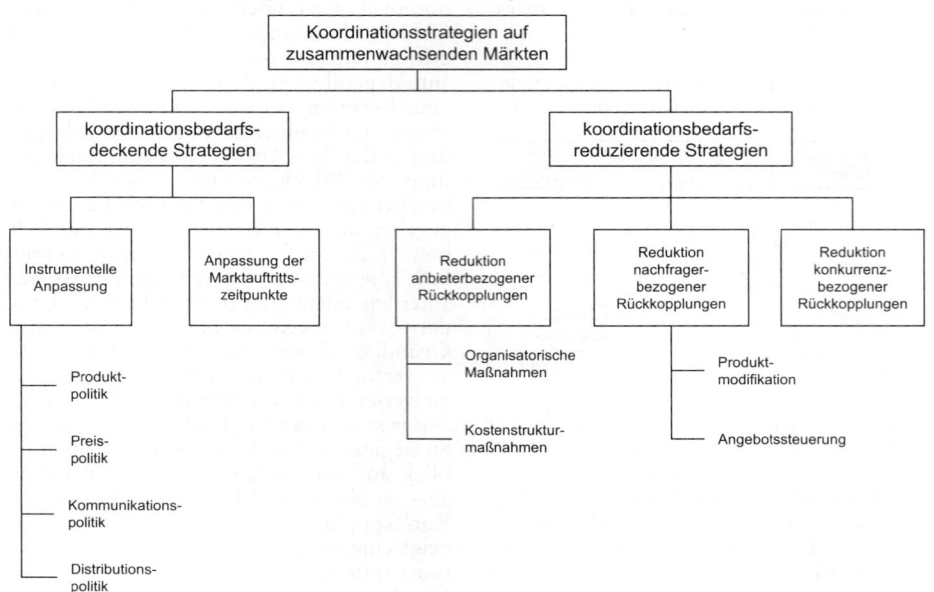

Abb. 4: Systematisierung von Koordinationsstrategien auf zusammenwachsenden Märkten

```
                    Koordinationsstrategien auf
                    zusammenwachsenden Märkten
                      |
        ┌─────────────┴─────────────┐
   koordinationsbedarfs-       koordinationsbedarfs-
   deckende Strategien         reduzierende Strategien
        |                              |
   ┌────┴────┐              ┌──────────┼──────────┐
Instrumentelle  Anpassung der    Reduktion      Reduktion       Reduktion
Anpassung       Marktauftritts-  anbieter-      nachfrager-     konkurrenz-
                zeitpunkte       bezogener      bezogener       bezogener
                                 Rückkopplungen Rückkopplungen  Rückkopplungen
```

- Produktpolitik
- Preispolitik
- Kommunikationspolitik
- Distributionspolitik

- Organisatorische Maßnahmen
- Kostenstrukturmaßnahmen

- Produktmodifikation
- Angebotssteuerung

gungen intergrierter Märkte anzupassen. Hier reicht das Spektrum notwendiger Maßnahmen von der stärkeren Integration ländermarktbezogener Marketingentscheidungen (Informationsaustausch, verzahnte Entscheidungsprozesse) bis hin zur Zentralisierung strategisch wichtiger Marketingaufgaben. J.Bü.

Literatur: *Backhaus, K.; Büschken, J.; Voeth, M.:* Internationales Marketing, 3. Aufl., Stuttgart, 1999. *Meffert, H.; Bolz, I.:* Internationales Marketing-Management, 3. Aufl., Stuttgart 1998. *Herrmanns, A.; Wißmeier, U.K.:* Internationales Marketing-Management, München 1995.

Internationales Preismanagement

ist dem Gebiet des → Internationalen Marketing zuzuordnen und hat zur Aufgabe, den besonderen Bedingungen einzelner Märkte/Länder durch unterschiedliche Preise (→ Preisdifferenzierung) gerecht zu werden. Die zunehmende wirtschaftliche Verflechtung der Welt verändert auch die Rolle des internationalen Preismanagement. Hierbei gibt es zwei gegenläufige Trends. Zum einen steigt die Bedeutung der internationalen → Preispolitik für ein Unternehmen, wenn der Anteil der Auslandsumsätze zunimmt. Zum anderen werden als Folge der → Globalisierung (internationale Angleichung der Konsumgewohnheiten, sinkende Handelsbarrieren, sinkende Transportkosten, Angleichung von Normen, steigende Informationstransparenz) bisher weitgehend getrennte nationale Märkte einander ähnlicher und die Barrieren zwischen ihnen niedriger (→ Preiskoordination). Dies bewirkt, dass eine Preisdifferenzierung nach Ländern immer schwieriger durchsetzbar wird. Vertreter der → Globalisierungsthese wie *Levitt* oder *Ohmae* prophezeien für die Zukunft sogar weltweit einheitliche Preise für globale Produkte.

Das internationale Preismanagement wird von verschiedenen Faktoren beeinflusst. Hierzu zählen:

1. Inflation: Die Inflationsraten weichen je nach Ländern und Zeitverlauf mehr oder weniger stark voneinander ab. *Tab. 1* gibt einen Eindruck dieser Variationsbreite. Derartige Unterschiede in den Inflationsraten machen es notwendig, die Preise im Zeitverlauf länderspezifisch anzupassen. Dabei können sowohl Häufigkeit als auch Höhe der Preisanpassung von Land zu Land verschieden sein. Problematisch sind unterschiedliche Inflationsraten dann, wenn in bestimmten Ländern Preiskontrollen existieren und damit notwendige Preiserhöhungen nicht durchgesetzt werden können. Solche Preiskontrollen sind gerade in Hochinflationsländern üblich.

Internationales Preismanagement

Tab. 1: Inflationsraten in ausgewählten Ländern und im Zeitablauf

Land	Inflationsrate 1990	Inflationsrate 1993	Inflationsrate 1998
Deutschland	2,7%	4,5%	0,9%
Frankreich	3,4%	2,1%	0,8%
Großbritannien	9,5%	1,6%	3,4%
Japan	3,1%	1,3%	0,6%
USA	4,8%	3,0%	1,6%
Portugal	13,3%	6,5%	2,8%

2. *Wechselkurse*: Wechselkurse und insb. ihre Veränderungen spielen im internationalen Preismanagement eine wichtige Rolle. Um diesen Aspekt näher zu untersuchen, betrachten wir eine deutsche Firma, die das Ziel verfolgt, ihren Gewinn in € zu maximieren. Sie exportiere nach USA, wobei der US-Verkaufspreis ihres Produktes in $ festzulegen sei. Steuern, Zölle, zusätzliche Exportkosten etc. werden der besseren Überschaubarkeit wegen nicht berücksichtigt. Es gebe zudem keine Interdependenzen (z.B. → Parallelimporte) zwischen deutschem und amerikanischem Markt, es liege also vollständige Markttrennung vor. Wir unterstellen lineare → Preis-Absatz- und Kostenfunktionen. Da der US-Preis in $ ausgedrückt wird, lautet die Preis-Absatzfunktion in USA

(1) $q = a - b \cdot p_\$$,
 mit q Absatz in USA
 $p_\$$ Preis in $
 a,b Parameter.

Alle Kosten mögen dagegen in Euro anfallen, wobei die lineare Kostenfunktion

(2) $C_€ = C_{fix} + k_q$,

mit C_{fix} als Fixkosten und k_q als variablen Stückkosten in Euro gelte. Hieraus ergibt sich die €-Gewinnfunktion

(3) $G_€ = (a - b \cdot p_\$)(w : p_\$ + k_q) - C_{fix}$,
 mit w Wechselkurs [€/$].

Nach Ableitung und Umformung erhält man als Formel für den optimalen US-Preis

(4) $p_\$^* = \frac{1}{2}(a/b + k/w)$.

Der Unterschied zur üblichen Formel für den optimalen Preis besteht darin, dass die in Euro bemessenen variablen Stückkosten durch Division mit dem Wechselkurs w in $ transformiert werden. Der Bruch a/b hat die Dimension $ und drückt den → Maximalpreis in $ aus. Aus (4) wird deutlich, dass Wechselkursänderungen einen umso stärkeren Einfluss auf den optimalen Preis haben, je größer die variablen Stückkosten im Verhältnis zum Maximalpreis sind. Bei Grenzkosten von Null hat der Wechselkurs keinen Einfluss auf den Optimalpreis, da dann nur der Maximalpreis entscheidend ist. Leitet man den optimalen $-Preis nach dem Wechselkurs w ab, so ergibt sich

(5) $\dfrac{dp_\$^*}{dw} = -\dfrac{k}{2} w^{-2}$

Der optimale $-Preis sinkt also mit steigendem Wechselkurs w. Das Absinken des Preises ist dabei jedoch nicht proportional zum Wechselkursanstieg, sondern wegen des Exponenten -2 deutlich unterproportional.

3. *Parallelimporte:* Eines der größten Probleme im internationalen Preismanagement sind → Parallelimporte (graue Märkte), die dann entstehen, wenn die Preisdifferenzen identischer Produkte zwischen Länder (signifikant) größer sind als die → Arbitragekosten. Ein Instrument, um die Gewinneinbußen aus Parallelimporten zu beschränken bzw. Parallelimporte zu verhindern, bieten internationale Preisrahmen (auch Preiskorridore genannt), d.h. Preisvorgaben, die von keinem Land verlassen werden dürfen (→ Euro-Pricing; → Preiskoordination). Es handelt sich hierbei um einen Kompromiss zwischen der Einheitspreisbildung (ein internationaler Einheitspreis) und der Setzung unabhängiger Landespreise. Wir zeigen dies an einem Beispiel mit zwei Ländern A und B. Die Preis-Absatzfunktionen sind linear und besitzen die Form:

Land A: $q_A = 100 - 10\, p_A$.
Land B: $q_B = 100 - 6{,}67\, p_B$.

Die in den Ländern abgesetzten Mengen werden mit q und die Preise mit p bezeichnet. Es werden Grenzkosten k von 5 Dollar in beiden Ländern unterstellt. Der Wechselkurs sei 1 und stabil, so dass er keine Rolle spielt. Bei einer zunächst unabhängigen Betrachtung der Länder liegt der gewinnmaximale Preis in Land A bei 7,50 Dollar (= ½ (10 + 5)) und in Land B bei 10 Dollar (= ½ (15 + 5)). Die Preisdifferenz von 2,5 Dollar

Internationales Preismanagement

bestimmt die Korridorbreite des Preises zwischen den beiden Ländern und beträgt somit – je nach Betrachtung – 33,3% bzw. 25%. Die Gewinne betragen G_A = 62,50 Dollar sowie G_B = 166,50 Dollar und damit in der Summe 229 Dollar. Bei Einheitspreisbildung resultiert eine Preis-Absatzfunktion von

Q_{A+B} = 200 – 16,67 p.

Der optimale Einheitspreis liegt bei 8,50 Dollar (= $^1/_2$ (12 + 5)). Der Gesamtgewinn beträgt 204,05 und ist um 10,9% geringer als bei der Preisdifferenzierung. Das Beispiel zeigt, dass eine Preisdifferenzierung einen höheren Gewinn als ein Einheitspreis bewirkt. Voraussetzung ist jedoch, dass die Länder A und B unabhängig betrachtet werden können. Diese Unabhängigkeit trifft aber i.d.R. nicht zu. Eine differenzierende internationale Preispolitik wird primär durch zunehmende Parallelimporte oder zunehmende Handelsmacht internationaler Zentraleinkäufer unterlaufen (→ Marktmacht). Dies führt zu einem Abgleiten des Preises in beiden Ländern auf 7,50 Dollar. Die Absatzmenge steigt dann zwar auf 75 Einheiten, der Gewinn hingegen sinkt auf 187,40 Dollar und liegt sogar 8,1% unter dem Gewinn bei Einheitspreis. Ein Mittelweg besteht darin, einen Preisrahmen vorzugeben. Wir drücken den Preisrahmen hier als Anteil r (in Prozent aus), um den der höhere Preis unterschritten werden darf. Mittels eines Lagrange-Ansatzes bestimmen wir die optimalen Preise für beide Länder. Aus dem Optimierungsansatz ergibt sich:

(6) p_B^* = $^1/_2$ [(1-r) ($b_A k_A + a_A$) + $b_B k_B + a_B$] / (b_A (1-r)Σ + b_B)

Den Preis für das niedrigpreisigere Land A erhält man einfach durch Multiplikation von p_B^* mit (1-r):

(7) p_A^* = (1-r) p_B^*.

Tab. 2 zeigt für unser numerisches Beispiel die resultierenden Optimalwerte in Abhängigkeit vom Preisrahmen. Je nach Weite des Preisrahmens wird ein geringerer oder größerer Teil des gesamten Gewinnpotentials realisiert. Wenn wir z.B. einen Preisrahmen von 15% zulassen, werden 97,9% des Gewinnpotentials ausgeschöpft.

Den Preisrahmen wird man in der Praxis knapp unterhalb der Arbitragekosten setzen, so dass das gewünschte Ziel, Parallelimporte zu unterbinden, gerade erreicht wird.

4. Staatliche Eingriffe: Sie spielen beim grenzüberschreitenden Handel eine weitaus größere Rolle als im Binnenmarkt. Viele dieser Eingriffe haben direkte Auswirkungen auf die Preispolitik, hierzu zählen u.a. Steuern, Zölle, Anti-Dumping-Maßnahmen und Quoten.

a.) Steuern: Neben dem hier nicht weiter betrachteten, wichtigen Aspekt der allgemeinen Unternehmensbesteuerung (z.B. für die Standortwahl) nimmt der Staat durch die Erhebung von Mehrwert- und etwaigen Verbrauchsteuern direkten Einfluss auf die vom Konsumenten zu zahlenden Endpreise. Der inländische Bruttopreis ist für den Konsumenten der Maßstab für seine Kaufentscheidung. Für ein Unternehmen besteht zum einen das Problem, die landesspezifischen Preise optimal an die Binnennachfrage anzupassen, und zum anderen, die sich aus den optimalen Bruttopreisen ergebenden Nettopreisdifferenzen zu koordinieren. Offensichtlich ist, dass hohe Steuersätze Druck auf die Nettopreise ausüben. Vor dem Hintergrund von Harmonisierungsbestrebungen bezüglich der europäischen Steuergesetzgebung (z.B. der Vereinheitlichung der Mehrwertsteuersätze) müssen die Unternehmen rechtzeitig ihre Nettopreise anpassen, um nicht Preisspielräume zu verschenken.

Tab. 2: Optimale Preise und Gewinne bei unterschiedlichen Preisrahmen

Preis-rahmen	Preise		Absatzmengen		Gewinne		Ge-samt-gewinn	Gewinn-entgang in %
r	p_A	p_B	q_A	q_B	G_A	G_B		
0,00	8,50	8,50	15,0	43,3	52,5	151,6	204,1	10,9
0,05	8,35	8,78	16,5	41,4	55,3	156,6	211,9	7,5
0,10	8,18	9,08	18,2	39,4	58,0	160,9	218,9	4,4
0,15	7,98	9,39	20,2	37,4	60,2	164,0	224,2	2,1
0,20	7,75	9,69	22,5	35,4	61,8	165,9	227,7	0,6
0,25	7,50	10,00	25,0	33,3	62,5	166,5	229,0	0,0

b.) Importzölle: Sind methodisch wie Steuern zu behandeln. Sie können als Stück- oder als Wertzoll angelegt sein. Der Wertzoll wird typischerweise als Prozentsatz des Importwertes erhoben. Der wichtigste Unterschied zwischen Zoll und Steuer ist wettbewerblicher Art. Während eine Steuer alle konkurrierenden Produkte in einem Land gleich behandelt, trifft der Zoll nur die importierten Produkte und verschlechtert somit deren Wettbewerbsposition im Vergleich zu den einheimischen Erzeugnissen.

c.) Anti-Dumping-Zölle: Um einen Sonderfall des Importzolles handelt es sich beim so genannten Anti-Dumping-Zoll. Es gibt zahlreiche unterschiedliche Definitionen von → Dumping. Die heute allgemein akzeptierte Definition spricht von Dumping, wenn ein Preis unterhalb des „normalen Exportpreises", in den auch exportspezifische Kosten und eine Gewinnspanne einzukalkulieren sind, oder unterhalb der Herstellkosten im Ursprungsland liegt. Zudem muss der Wirtschaft im Zielland ein Schaden entstehen. Unter Marketingaspekten ist diese Definition nicht akzeptabel, da es aus vielerlei Gründen (→ Marktdynamik, → nicht-lineare Preisbildung, → Marktsegmentierung) optimal sein kann, im Ausland Preise zu fordern, die unterhalb der Preise im Heimatmarkt oder sogar unterhalb der Stückkosten liegen. Ein Unternehmen, das im Sinne dieser Definition Dumping betreibt, geht das Risiko ein, einen Anti-Dumping-Zoll zu provozieren. Solche Zölle gibt und gab es sowohl in Europa als auch in USA gegen zahlreiche japanische und koreanische Produkte (u.a. Schreibmaschinen, Kugellager, elektronische Chips).

d.) Importquoten: Eine weitere staatliche Eingriffsform zur Begrenzung von Importen sind Quoten. Es handelt sich hierbei in der Regel um Höchstmengen. Gelegentlich beziehen sich die Quotenvorgaben auch auf Marktanteile (z.B. dürfen japanische Autos in Frankreich inoffiziell einen Marktanteil von 3% nicht überschreiten). Eine Höchstmenge macht nur Sinn, wenn sie geringer ist als die Importmenge, die sich bei freiem Handel ergeben würde. Unter diesen Bedingungen ist es optimal, den Preis genau so anzusetzen, dass die Höchstmenge gerade erreicht wird. Hierzu ist allerdings die Kenntnis der → Preis-Absatzfunktion erforderlich. Ein bekanntes Beispiel sind die Höchstzahlen für japanische Autoimporte im amerikanischen Markt. Die Japaner setzten hier offenbar genau die Preise, die zu den entsprechenden Absatzmengen führten. Die Gewinneinbußen hielten sich damit in Grenzen. Zwei für die japanischen Importeure angenehme Nebeneffekte kamen hinzu. Zum einen wirkten die Quoten wie ein Kartell zwischen den etablierten japanischen Anbietern, da auch die Marktanteile festgeschrieben wurden. Zum anderen wurden kleine, preisaggressive japanische Hersteller aus dem amerikanischen Markt herausgehalten, da sie gemäß ihrer schwachen Marktausgangsposition nur geringe Quoten erhielten.

Einflussfaktoren für die Preisfindung auf internationalen Märkten

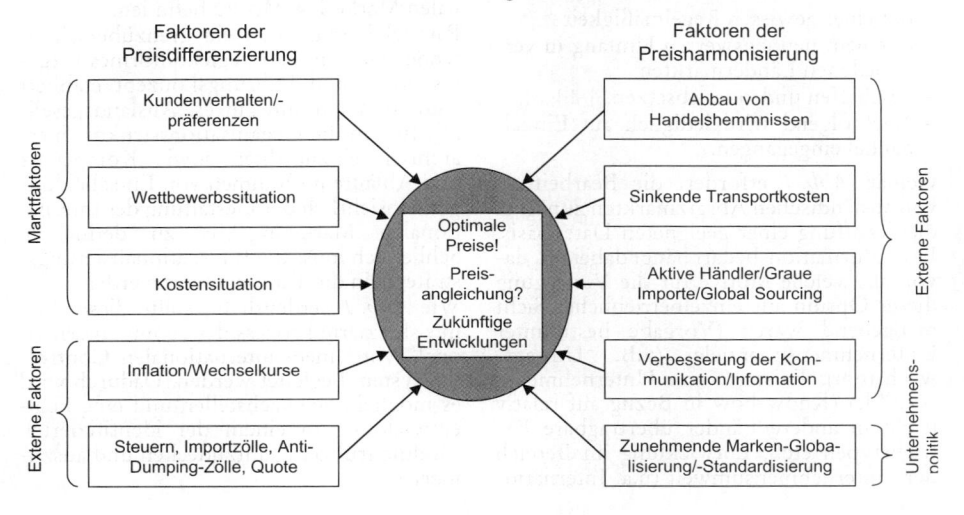

Faktoren der Preisdifferenzierung

- Kundenverhalten/-präferenzen
- Wettbewerbssituation
- Kostensituation
- Inflation/Wechselkurse
- Steuern, Importzölle, Anti-Dumping-Zölle, Quote

Marktfaktoren / Externe Faktoren

Optimale Preise! Preisangleichung? Zukünftige Entwicklungen

Faktoren der Preisharmonisierung

- Abbau von Handelshemmnissen
- Sinkende Transportkosten
- Aktive Händler/Graue Importe/Global Sourcing
- Verbesserung der Kommunikation/Information
- Zunehmende Marken-Globalisierung/-Standardisierung

Externe Faktoren / Unternehmenspolitik

Die *Abb.* fasst die verschiedenen Einflussfaktoren für die Preisfindung auf internationalen Märkten zusammen. H.S./G.Wü.

Literatur: *Simon, H.:* Preismanagement, 2. Aufl., Wiesbaden 1992. *Simon, H.; Lauszus, D.; Kneller, M.:* Der Euro kommt: Implikationen für das europäische Preismanagement, in: Die Betriebswirtschaft, 58. Jg. (1998), S. 786-802.

Internationales Zoll- und Handelsabkommen → GATT

Internationale Usance (Trade Usage, Internationaler Handelsbrauch, usage de commerce)

unterscheidet sich von nationalem Handelsbrauch durch seine internationale Gültigkeit und hat den Stellenwert von Gewohnheitsrecht, d.h. es handelt sich um etwas Faktisches, dem der Normcharakter fehlt. Dennoch gelten derartige Handelsbräuche wie jeweils nationales kodifiziertes Recht. Bei Differenzen aus Handelsverträgen (→ Schiedsgerichtsbarkeit, internationale) kommt ihnen ähnliche Bedeutung zu, wie im Markenrecht der Verkehrsgeltung.

Nicht-kodifizierte Verkehrsbräuche unterscheiden sich von kodifizierten Handelsklauseln (→ INCOTERMS) dass sie aus der Verkehrssitte unter Kaufleuten entstanden sind. Sie haben Ihre Bedeutung hinsichtlich konkludenter Handlung (Bestätigungsschreiben, Schweigen etc. überdies gibt es branchenmäßige Unterschiede). H.Ma.

Internationalisierung im Handel

liegt vor, wenn Handelsbetriebe Waren
- mit einer gewissen Regelmäßigkeit
- in einem nennenswerten Umfang in verschiedenen Ländermärkten
- beschaffen und/oder absetzen.
- Nachfolgend wird lediglich auf Einzelhandel eingegangen.

Gemäß *Abb. 1* erfordert die Bearbeitung von ausländischen Absatzmärkten zunächst die Schaffung einer geeigneten Datenbasis. Der Informationsbedarf hängt dabei u.a. davon ab, welche Motive für die Verfolgung dieser Option aus einzelbetrieblicher Sicht maßgebend waren (Vorgabe bestimmter Unternehmensoberziele (z.B. Umsatzwachstum), Existenz von Unternehmensspezifika (Know-how in Bezug auf relativ leicht in andere Länder übertragbare Betriebstypen etc.), Entwicklung im Bereich der Unternehmensumwelt (u.a. Internationalisierung von Wettbewerbern) usw.). Sollte die Initialzündung z.B. davon ausgelöst worden sein, dass der Hauptwettbewerber erfolgreich ins Ausland vorgestoßen ist, dann ergeben sich daraus u.a. Konsequenzen für die Auswahl der Länder, die in eine systematische Bewertung der Chancen und Risiken für ein eigenes Auslandsengagement aufzunehmen sind.

Die Internationalisierung in der Unternehmensstrategie wird im Einzelhandel in der Regel auf Länder-, Betriebstypen-, Verkaufsstellen- und Warengruppenebene verankert. Konkret geht es dabei u.a. um die Klärung folgender Sachverhalte:

- Welche Länder sollen mit welchen Betriebstypen bearbeitet werden?
- Inwieweit wird ein Betriebstyp länderübergreifend einheitlich positioniert?
- Soll in bestimmten Warengruppen eines Einzelhandelsunternehmens die Handelsmarkenpolitik europaweit und in allen Betriebstypen vorangetrieben werden und gegebenenfalls wie?

Nach der Festlegung der strategischen Stoßrichtung sollten die Handelsmarketingkonzepte für die einzelnen Ländermärkte entworfen werden. Auf der einen Seite geht es hierbei um die Selektion von Ländern bzw. attraktiven Regionen innerhalb der Länder, die Festlegung des Angebots, mit dem man die Marktbearbeitung aufnimmt, die Form des Markteintritts und das Timing. Auf der anderen Seite hat man die Grundsatzentscheidung zwischen standardisierter oder differenzierter Marktbearbeitung zu fällen und über die Ausgestaltung des internationalen Marketing-Mix zu befinden.

Parallel hierzu muss ein grenzüberschreitendes ziel- und strategiekonformes Organisations- und Führungskonzept etabliert werden. Weiterhin gilt es, Auslandsgesellschaften in die Organisationsstruktur hierarchisch einzuordnen sowie Kompetenz und Abläufe im Rahmen von Entscheidungen hinsichtlich der Gestaltung des internationalen Marketing-Mix zu definieren. Schließlich muss die Internationalisierungsstrategie in die Tat umgesetzt werden.

Wie *Abb. 1* verdeutlicht, sollte dieser hier nur skizzierte Prozess des „going international" von einem internationalen Controllingsystem begleitet werden. Dadurch wird es möglich, Schwachstellen und eine Fehlentwicklung in einem der identifizierten Module frühzeitig aufzudecken und auszumerzen.

Abb. 1: Entscheidungstatbestände und Problemfelder im Rahmen der absatzmarktbezogenen Internationalisierung von Einzelhandelsbetrieben

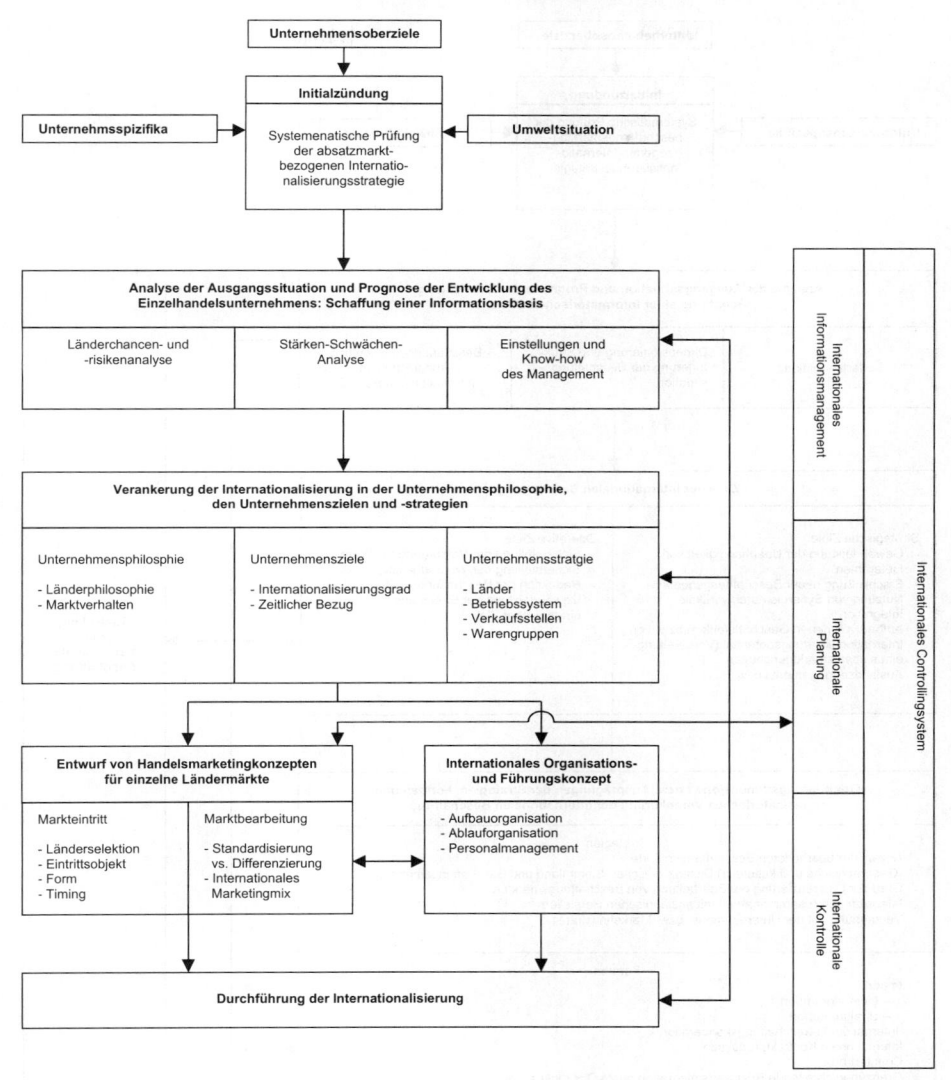

Wesentliche Orientierungsebenen und Prozesse der *internationalen Beschaffungspolitik* enthält *Abb. 2* Mit Blick auf den ermittelten Bedarf, die Besonderheiten der jeweiligen Warenkategorien (Haltbarkeit, Transportfähigkeit usw.) und die daraus abgeleiteten Anforderungen an in Frage kommende Lieferanten, Transportmittel usw. müssen in einem weiteren Schritt die im internationalen Umfeld vorhandenen Beschaffungsquellen identifiziert und vergleichend bewertet werden. Die zentrale Aufgabe besteht dabei darin, die Struktur und Entwicklung des internationalen Beschaffungsmarktes mit Blick auf die Unternehmensziele zu analysieren (vgl. *Abb. 2.*), die dem internationalen Einkauf zugrunde liegen, und geeignete Strategien der Bearbeitung (z.B. Segmentierung des Beschaffungsmarktes, Single Sourcing) zu entwickeln.

Die Festlegung der konkreten Ziele, die der internationalen Beschaffung zugrunde lie-

Internationalisierung im Handel

Abb. 2.: Die beschaffungsmarktbezogene Internationalisierung von Einzelhandelsbetrieben im Überblick

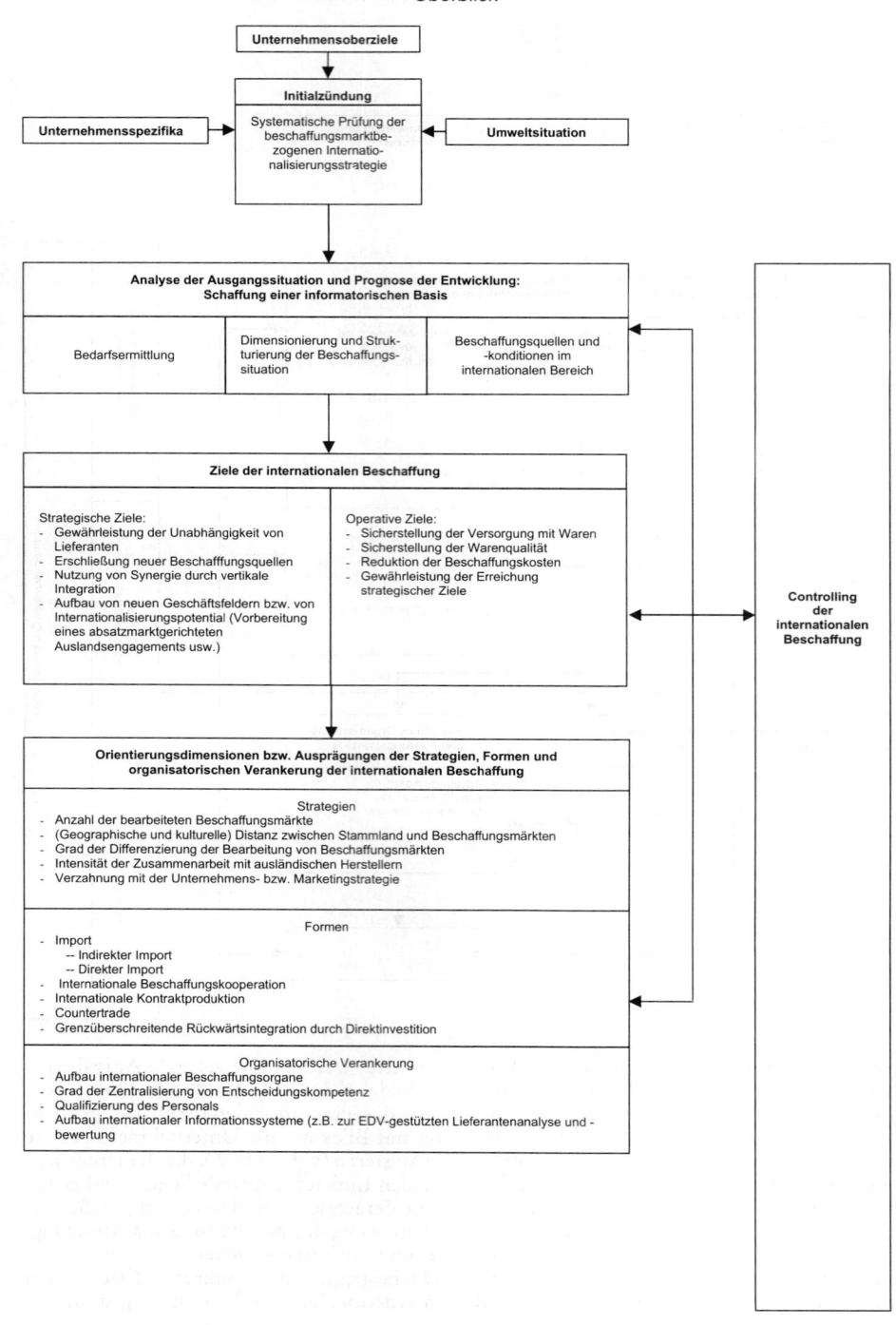

```
                          ┌─────────────────────────┐
                          │ Unternehmensoberziele   │
                          └───────────┬─────────────┘
                                      ▼
                          ┌─────────────────────────┐
                          │     Initialzündung      │
┌──────────────────────┐  │ Systematische Prüfung   │  ┌──────────────────┐
│ Unternehmensspezifika├─▶│ der beschaffungsmarkt-  │◀─│ Umweltsituation  │
└──────────────────────┘  │ bezogenen Internatio-   │  └──────────────────┘
                          │ nalisierungsstrategie   │
                          └───────────┬─────────────┘
                                      ▼
```

Analyse der Ausgangssituation und Prognose der Entwicklung: Schaffung einer informatorischen Basis

Bedarfsermittlung	Dimensionierung und Strukturierung der Beschaffungssituation	Beschaffungsquellen und -konditionen im internationalen Bereich

Ziele der internationalen Beschaffung

Strategische Ziele:
- Gewährleistung der Unabhängigkeit von Lieferanten
- Erschließung neuer Beschaffungsquellen
- Nutzung von Synergie durch vertikale Integration
- Aufbau von neuen Geschäftsfeldern bzw. von Internationalisierungspotential (Vorbereitung eines absatzmarktgerichteten Auslandsengagements usw.)

Operative Ziele:
- Sicherstellung der Versorgung mit Waren
- Sicherstellung der Warenqualität
- Reduktion der Beschaffungskosten
- Gewährleistung der Erreichung strategischer Ziele

Orientierungsdimensionen bzw. Ausprägungen der Strategien, Formen und organisatorischen Verankerung der internationalen Beschaffung

Strategien
- Anzahl der bearbeiteten Beschaffungsmärkte
- (Geographische und kulturelle) Distanz zwischen Stammland und Beschaffungsmärkten
- Grad der Differenzierung der Bearbeitung von Beschaffungsmärkten
- Intensität der Zusammenarbeit mit ausländischen Herstellern
- Verzahnung mit der Unternehmens- bzw. Marketingstrategie

Formen
- Import
  -- Indirekter Import
  -- Direkter Import
- Internationale Beschaffungskooperation
- Internationale Kontraktproduktion
- Countertrade
- Grenzüberschreitende Rückwärtsintegration durch Direktinvestition

Organisatorische Verankerung
- Aufbau internationaler Beschaffungsorgane
- Grad der Zentralisierung von Entscheidungskompetenz
- Qualifizierung des Personals
- Aufbau internationaler Informationssysteme (z.B. zur EDV-gestützten Lieferantenanalyse und -bewertung)

Controlling der internationalen Beschaffung

gen, bestimmt die Gestaltung der grenzüberschreitenden Beschaffungsstrategie. Seit Beginn der 90er-Jahre im Industriebereich verstärkt diskutierte Optionen bilden das → Global Sourcing und das → Single Sourcing. In *Abb. 2* sind einige Orientierungsdimensionen einer internationalen Beschaffungsstrategie aufgeführt. Im Zuge einer zu erwartenden Ausweitung der absatzmarktbezogenen Auslandstätigkeit rückt dabei die adäquate Verzahnung des grenzüberschreitenden Einkaufs mit der Unternehmens- bzw. Marketingstrategie in den Brennpunkt des Interesses.

Im Zuge der Erschließung ausländischer Beschaffungsmärkte stellt sich für einen Einzelhandelsbetrieb das Problem, ob er den Import von Waren in Eigenverantwortung bewerkstelligen (direkter Import, Übernahme der Importgroßhandelsfunktion durch den Einzelhandelsbetrieb), ob er sich dazu des Außengroßhandels (indirekter Import) oder ob er sich anderer Formen des grenzüberschreitenden Einkaufs bedienen soll (vgl. *Abb. 2.*). Wie die Auslandsbeschaffung am besten organisiert wird, hängt vor allem von folgenden Kriterien ab:

- Wertmäßiges Beschaffungsvolumen, Häufigkeit der Bestellungen und Kosten der Inanspruchnahme von Beschaffungsintermediären,
- Probleme bei der Kontaktaufnahme mit einzelnen ausländischen Lieferanten (Sprachbarrieren, kommunikationstechnologische Schwierigkeiten, rechtliche Restriktionen etc.),
- Nutzung der Sortimentsbildungsfunktion von Außengroßhandelsbetrieben, d.h. Beschaffung unterschiedlicher Waren von Produzenten aus mehreren Ländern, sowie
- Vertrautheit mit den Geschäftsgepflogenheiten im Beschaffungsmarkt und den Modalitäten des Warenimports (inkl. Produkthaftung).

Insbesondere bei direktem Import wird ein Einzelhandelsbetrieb die Errichtung von Einkaufsbüros in wichtigen Beschaffungsmärkten und/oder die Einschaltung von Einkaufsagenten, speziellen Dienstleistern (z.B. Broker), in den Transaktionsprozess erwägen. Möglicherweise können Einkaufsbüros als Außenstellen neben beschaffungsbezogenen Aufgaben Repräsentationsfunktionen übernehmen und als Früherkennungsinstanz für das internationale Absatzmarketing fungieren.

Die organisatorische Implementierung der internationalen Beschaffung setzt eine entsprechende Ausstattung (Mitarbeiter, Sachmittel usw.) und Ansiedlung internationaler Beschaffungsorgane (Einkaufsrepräsentanzen, Beschaffungskooperationen etc.) an geeigneten Orten, Festlegung des Grades der Zentralisierung von Entscheidungskompetenz, Bestimmung der erforderlichen Qualifikation des mit internationalen Beschaffungsentscheidungen betrauten Personals und den Aufbau eines Informationssystems, das den internationalen Einkauf (z.B. Bildung von internationalen Lieferantendatenbanken für die Bearbeitung von Beschaffungsmärkten und die Bewertung von Lieferanten) unterstützt (vgl. *Abb. 2.*), voraus. Idealerweise wird der Prozess der beschaffungsmarktbezogenen Internationalisierung von einem Controlling begleitet, das u.a. auf die Einhaltung von Beschaffungsrichtlinien abzielt. Das Augenmerk des Beschaffungscontrollers muss auch auf die reibungslose Verzahnung von nationalen und internationalen Beschaffungsaktivitäten gerichtet sein, und zwar vor allem dann, wenn diese jeweils von unterschiedlichen in- und ausländischen Organen wahrgenommen werden.

Sofern ein Handelsunternehmen sowohl auf der Absatz- als auch der Beschaffungsseite grenzüberschreitende Aktivitäten entfaltet, potenzieren sich die damit verbundenen Steuerungsprobleme. Man denke dabei nur an Anbieter des Lebensmitteleinzelhandels, die

- mit mehreren Betriebstypen und
- mit auf verschiedenen Ländermärkten jeweils unterschiedlichen Eintrittsstrategien und divergierenden Marketingkonzepten tätig werden sowie
- die in den einzelnen Ländern benötigten Waren sowohl international als auch national ordern.

Wenn dann noch berücksichtigt wird, dass im konkreten Einzelfall eine Anpassung des Absatzmarketing (Sortiments-, Kommunikations-, Preispolitik etc.) und damit auch des Beschaffungsmarketing an regionale Besonderheiten, die in einem Land herrschen, notwendig ist, werden die hohen Anforderungen an das Controlling eines international agierenden Einzelhandelsunternehmens deutlich. M.Li.

Literatur: *George, G.*: Internationalisierung im Einzelhandel, Berlin 1995. *Lingenfelder, M.*: Die Internationalisierung im europäischen Einzel-

Internationalisierungsstrategie

handel, Berlin 1996. *Zentes, J.; Swoboda, B.* (Hrsg.): Globales Handelsmanagement, Frankfurt a.M. 1998.

Internationalisierungsstrategie

bezeichnet den Leitrahmen eines Unternehmens für seine Aktivitäten in Bezug auf die Internationalisierung der Geschäftätigkeit (→ Internationales Marketing). Der Leitrahmen enthält die mit der Internationalisierung angestrebten Ziele, die zu bedienenden Produktmärkte und Regionen (Markt-Portfolio), die dabei einzusetzenden Technologien, die bevorzugte Art des Wettbewerbs, das spezifische Wettbewerbsverhalten des Unternehmens sowie die Verteilung seiner Ressourcen nach Zweck und Zeit.
Für die Internationalisierung des Markt-Portfolios gibt es drei Möglichkeiten. *Produktmarkt-Penetration* bedeutet die Bearbeitung eines Produktmarktes in einer begrenzten Anzahl von Regionen. *Regionale Expansion* nennt man die Bedienung eines Produktmarktes in bisher unbearbeitet gebliebenen Regionen. *Diversifikation* bietet sich an, wenn bisher bediente Märkte stagnieren und neue Produktmärkte in neuen Regionen wesentlich attraktiver erscheinen. Mangel an Erfahrung in diesen Märkten und an Synergie mit bestehenden Aktivitäten lassen allerdings eine derartige Entwicklung des Markt-Portfolios äußerst riskant erscheinen.
Die Festlegung des Wettbewerbsverhaltens im Rahmen der Internationalisierung eines Unternehmens kann mehr zu *Konfrontation* (→ Wettbewerbsstrategie) oder zu *Kooperation* (→ Joint Ventures, → Strategische Allianzen, → Strategische Kooperationen) tendieren.
Die Ressourcenverteilung bestimmt, wie viel der verfügbaren Ressourcen des Unternehmens für welche Kombination von Markt- und Technologie-Portfolio im Zeitablauf eingesetzt werden sollen. Unternehmen mit wenig Erfahrung im internationalen Geschäft tendieren zu *konzentrischer Expansion*. Sie treten zuerst in vermeintlich ähnliche Nachbarregionen ein, von wo sie – im Falle des Erfolges – dann weiter expandieren. Wenn in globalen Produktmärkten rasch ein erheblicher Marktanteil erzielt werden soll, ist *Plattform-Expansion* angesagt. Das Unternehmen wird in allen Märkten der Triade gleichzeitig tätig und expandiert von dort in benachbarte Märkte. Sind Entfernungen für die physische → Distribution einer Leistung von geringer Bedeutung, kann sich ein Unternehmen für *fokussierte Expansion* entscheiden. D.h., es bearbeitet Produktmärkte und Regionen nach der Reihenfolge ihrer Attraktivität (→ Länderselektion) in einer zeitlich festgelegten Abfolge. Die Art der Marktbearbeitung wird durch die bevorzugte Markteintrittsoption festgelegt. H.Mü.

International Retailing

1. (brit.engl.) Der Begriff umfasst Internationale Einzelhandelsaktivitäten von Großbetriebsformen im Handel, sowohl auf Beschaffungs- und Absatzseite, aber auch alle anderen relevanten Funktionsbereiche, wie Finanzierung, Controlling, Logistik, Personalwirtschaft (Human Ressource Management), Informatik (Decision Suppurt Systems) oder Finanzwirtschaft.
2. (am.engl.) In dieser weiteren Auslegung werden alle Marktaktivitäten subsummiert, welche von Massendistributionssystemen gesetzt werden: Neben internationalen Einzelhandelsaktivitäten sind auch die internationale Verbreitung von System-Gastronomie (Mc Donald), Urlaubs- und Erholungs-Dienstleistungen (System-Hotelerie, Fun-Parks), Bankdienstleistungen (Bank-Filial-Systeme) oder sonstige Dienstleistungs-Systeme (Frisör- und Körperpflege, Reparatur-Systeme etc.) erfasst. H.Ma.

Literatur: *Sternquist B.:* International Retailing, New York 1998. *Akehurst G.; Alesander N.* (Hrsg.): The Internationalisation of Retailing, London 1996.

Interne Kommunikation

Kommunikation innerhalb einer Organisation und Teilbereich der → Public Relations (s.a. → Internes Marketing). Im engeren Sinn werden damit auch die internen Informationsmittel und deren Inhalt gemeint. Interne Kommunikation trägt wesentlich zur guten Motivation der Mitarbeitenden bei und ist die Basis der effizienten Umsetzung von strategischen und operativen Entscheidungen in Organisationen. Die interne Kommunikation prägt das → Corporate Identity und die → Organisationskultur stark. Häufig verwendete Kanäle der internen Kommunikation sind etwa: die synchrone Kommunikation (von Mensch zu Mensch zu gleicher Zeit) in Form eines direkten Gesprächs, in Form von Referaten, über → Haus-TV oder Gespräche (z.B.

Teamsitzung, Ausbildung), sowie die Hotline; die asynchrone Kommunikation (zeitverschoben) mittels persönlicher Brief, Flugblatt, E-Mail, → Intranet, schwarzes Brett, → Hauszeitung, CD-ROM oder Tonkassette. Der internen Information gebührt immer ein – mindestens knapper – zeitlicher Vorsprung gegenüber der externen Kommunikation, da es auf Mitarbeitende stark entmotivierend wirkt, aus den Massenmedien zu erfahren, was im eigenen Unternehmen läuft. Einzig bei börsenrelevanten Tatsachen ist zu beachten, dass alle → Stakeholder zur gleichen Zeit informiert werden. P.F.

Interne Kunden-Lieferanten-Beziehungen

sind im Rahmen der Prozessorganisation entstehende Übergänge einzelner Prozesse von einer Stelle bzw. Abteilung zu einer anderen innerhalb ein und des selben Unternehmens (→ Marketing-Schnittstellen). Z.B. kann das → Produktmanagement bei der Leistungsdefinition (→ Marketingprozesse) als Ideenlieferant für die Entwicklungsabteilung fungieren, welche wiederum exakte Beschaffungspläne für den Einkauf und Fertigungspläne für die Produktion festzulegen hat. Die in internen Kunden-Lieferanten-Beziehungen gewählte neue Perspektive liegt darin, dass die Beziehung zwischen solchen Wertschöpfungspartnern nicht mehr hierarchisch, sondern nach den Anreizmechanismen des Marktes geregelt wird. Hierzu muss den Inputempfängern das Recht der Qualitätskontrolle und ggf. -zurückweisung bis hin zum Recht des Fremdeinkaufs eingeräumt werden. Insofern muss es sich bei den In- bzw. Outputs zwischen den Schnittstellen um prinzipiell marktfähige Güter handeln. Der interne Lieferant kann dann dazu gedrängt bzw. gezwungen werden, die Bedürfnisse seiner internen Kunden richtig zu identifizieren, u.U. bereits sogar vor deren Äußerung zu antizipieren und schließlich bestmöglich zu erfüllen. Dies zwingt ihn wiederum dazu, die begrenzten Ressourcen effektiv und effizient einzusetzen, was Kreativität und Innovation im Unternehmen fördert. Andererseits wird der interne Kunde dazu veranlasst, den Outputs vorgelagerten Teilprozessen ähnliche Aufmerksamkeit zu schenken wie externen Beschaffungsgütern (→ Beschaffungsmarketing). Er wird gezwungen, seinen Bedarf exakt zu spezifizieren, ggf. alternative Anbieter zu vergleichen und eine begründete Auswahl zu treffen sowie die erhaltene Leistung explizit zu beurteilen.

Implementationsschritte interner Kunden-Lieferanten-Beziehungen

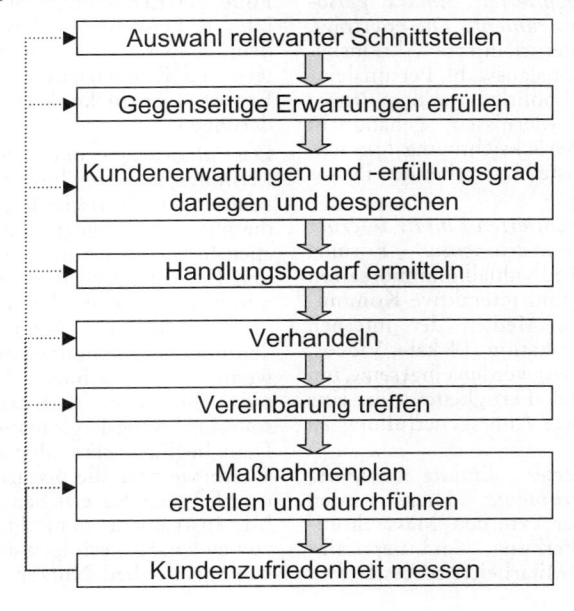

- Auswahl relevanter Schnittstellen
- Gegenseitige Erwartungen erfüllen
- Kundenerwartungen und -erfüllungsgrad darlegen und besprechen
- Handlungsbedarf ermitteln
- Verhandeln
- Vereinbarung treffen
- Maßnahmenplan erstellen und durchführen
- Kundenzufriedenheit messen

Internes Marketing

Die *Abbildung* gibt einen Überblick über die hierbei zu durchlaufenden Arbeitsschritte. H.D.

Literatur: *Töpfer, A.*: Anforderungen des Total Quality Management an Konzeption und Umsetzung des Internen Marketing, in: *Bruhn, M.* (Hrsg.): Internes Marketing. Integration der Kunden- und Mitarbeiterorientierung, Wiesbaden 1995, S 545-573. *Brockhoff, K.*: Schnittstellen-Management, Stuttgart 1989. *Buchholz, W.; Werner, H.*: Strategien und Instrumente zur Verkürzung der Produktentwicklungsdauer, in: DBW, 57. Jg. (1997), H. 5, S. 694-721.

Internes Marketing

umfasst die planvolle Gestaltung unternehmensinterner Austauschbeziehungen. Dabei lassen sich hinsichtlich des internen Austauschpartners drei Varianten unterscheiden: das personalorientierte interne Marketing, das Marketing interner Leistungen und das kooperationsinterne Marketing.

1. Das *personalorientierte interne Marketing* bezieht sich auf die Gestaltung der Austauschbeziehungen mit den Mitarbeitern zu absatzmarktorientierten Zwecken. Es dient dazu, Marktziele zu erreichen, indem kundenorientierte Mitarbeiter gewonnen, entwickelt und an das Unternehmen gebunden werden. Hierfür stehen Instrumente zur Verfügung, die sich drei Gruppen zuordnen lassen.

– *Absatzmarktorientierter Einsatz personalpolitischer Instrumente*. Dieser erfolgt, wenn mitarbeiterorientierte Aktionsbereiche wie Personalauswahl, Personaleinsatz oder Entgeltpolitik unter dem Primat von Markterfordernissen gehandhabt werden (z.B. Berücksichtigung kundenorientierter Einstellungen bei der Personalauswahl).

– *Absatzmarktorientierten Einsatz interner Kommunikationsinstrumente*. Formen der internen Individualkommunikation (wie Trainings und interaktive Kommunikation) sowie Medien der internen Massenkommunikation (Plakate, Videos, Hauszeitschriften) werden eingesetzt, um Fähigkeiten und Fertigkeiten für eine kundenorientierte Aufgabenerfüllung zu vermitteln.

– *Personalorientierter Einsatz externer Marketing-Instrumente*. Hier werden Maßnahmen der externen Massenkommunikation (Werbung, Garantiepolitik) zugleich an die Mitarbeiter adressiert mit dem Ziel, Markt- und Kundenorientierung als Denkhaltung durchzusetzen und zu stärken.

2. Das *Marketing interner Leistungen* umfasst zwei Spielarten: Das kundenorientierte Prozessmanagement und das abteilungs- bzw. funktionsorientierte Leistungsmarketing.

Im *kundenorientierten Prozessmanagement* werden innerbetriebliche Leistungsprozesse, ausgehend von den Kundenanforderungen an das Leistungsergebnis, abteilungsübergreifend konzipiert und somit Ketten innerbetrieblicher Kunden-Lieferanten-Beziehungen geschaffen. Wesentliche Ziele sind die Ausrichtung von Geschäftsprozessen auf Markterfordernisse, die interne Durchsetzung kundenorientierten Denkens, der Abbau von Interabteilungskonflikten, die rationale Abwicklung von Leistungsprozessen sowie die Verkürzung von Durchlauf- und Markteinführungszeiten. Um diese Ziele zu erreichen, kommt ein spezifisches Instrumentarium zum Einsatz: Eine phasenorientierte Leistungsplanung, in der die Schnittstellen und Verantwortungsübergänge definiert werden; eine innerbetriebliche Kontraktpolitik, die dafür sorgt, dass zur Verkettung der Teilprozesse Vereinbarungen über Leistungsumfang, Gütekriterien und Sanktionen bei Zielverfehlungen festgelegt werden; eine abnehmerorientierte Marktforschung, mit deren Hilfe die Erwartungen und Zufriedenheit interner Leistungsabnehmer gemessen werden; kooperative Teams zwischen Anbietern und Kunden zur Transformation der Erwartungen in konkrete Leistungsanforderungen.

Das *abteilungs- oder funktionsbezogene Leistungsmarketing* besteht darin, dass einzelne organisatorische Einheiten, vor allem die mit einem abgegrenzten innerbetrieblichen Servicespektrum (z.B. IT, Forschung und Entwicklung), ihre Leistungsangebote mittels eines spezifischen Instrumentariums im Unternehmen „vermarkten". Die Bedeutung dieses Ansatzes steigt immer dann, wenn innerbetriebliche Leistungsanbieter angesichts der Alternative des „outsourcing" unter Legitimationsdruck stehen. Dann beginnen sie analog zu ihren externen Wettbewerbern die Bedürfnisse ihrer internen Kunden zu erheben und Marketing-Mix-Instrumente in modifizierter Form anzuwenden. Sie verfolgen damit die Ziele, einen spezifischen Nutzen für Kunden und

Gesamtunternehmen nachzuweisen, ihre Wettbewerbsposition gegenüber externen Anbietern zu stärken, die Inanspruchnahme der Leistungen durch interne Kunden zu erhöhen und ihre Ressourcensituation durch Erlangung angemessener Gegenleistungen zu verbessern.

3. Das *kooperationsinterne Marketing* betrifft die Gestaltung von Austauschbeziehungen zu Mitgliedern einer organisatorischen Unternehmensverbindung. Es ist vor allem dort von Bedeutung, wo Kooperationsformen mit räumlich dezentraler Leistungserstellung bzw. rechtlich unabhängigen Teileinheiten bestehen und die jeweiligen Subsysteme zu einem einheitlichen Marktverhalten bewegt werden müssen (→ Marketing-Koordination, → Interne Kunden-Lieferanten-Beziehungen). Hier ist das absatzmarktorientierte Marketingkonzept das ,Produkt', das von den Mitgliedern/Subsystemen angenommen werden soll. Zu diesem Zweck wird eine Reihe von Instrumenten eingesetzt, zu denen finanzielle Anreize (Rabatte, direkte Finanzhilfen), warenwirtschaftliche Leistungen (etwa in den Bereichen Bestellwesen, Lagerhaltung), Informationsleistungen (mediale oder persönliche Kommunikation) und Instrumente der Beziehungspflege (Incentives) gehören. Mit zunehmendem Selbständigkeitsgrad der Subsysteme werden die Grenzen zwischen internem und externem Marketing fließend.

In komplexen Unternehmen bzw. Unternehmensverbindungen stellen die drei Formen des internen Marketing keine Alternativen dar, sondern sind gleichermaßen relevant, so dass sich hohe Anforderungen an eine konzeptionelle Integration ergeben.

B.St.

Literatur: *Bruhn, M.* (Hrsg.): Internes Marketing, 2. Aufl., Wiesbaden 1999. *Stock, R.*: Der Zusammenhang zwischen Mitarbeiter- und Kundenzufriedenheit, Wiesbaden 2001.

Internet Auktionen

sind eine Sonderform der → Auktionen, bei denen durch ein stark formalisiertes und geregeltes Handelsverfahren auf einer → Online-Plattform der Verkaufspreis zwischen einem oder mehreren Anbietern eines Gutes und einem oder mehreren Nachfragern ermittelt wird.

Die Besonderheiten der Internet Auktion liegen in den niedrigen Eintrittsschwellen, der höheren Markttransparenz und der Automatisierung des Preisbildungsprozesses.

Hinzu kommt, dass es für Internet Auktionen wettbewerbsrechtlich auch gestattet ist, neuwertige Produkte zu verkaufen. Dies bedeutet, dass sich die Internet Auktion als automatisierte Verhandlungsform mit hohem Erlebnischarakter als generelles Verkaufsformat für den Online Vertrieb anbietet.

B.Ne.

Literatur: *Beam, C.; Segev, A.*: Automated Negotiations, in: Wirtschaftsinformatik, 39. Jg. (1997) 3, S. 263–268. *Skiera, B.*: Auktionen, in: *Albers, S.; Clement, C.; Peters, K.* (Hrsg.): Marketing mit interaktiven Medien, Frankfurt/M. 1998, S. 297-310.

Internet Banking

Die Entwicklung des Internet Banking verlief in drei Phasen. Die Aufbauphase bestand darin, Information über das Unternehmen und seine Leistungen über das → Internet zur Verfügung zu stellen. In der zweiten Phase wurde der interaktive Kontakt zwischen dem Kunden und dem Kreditinstitut realisiert. Die dritte Phase beinhaltet die vollständige Abwicklung der Bankgeschäfte über das Internet. Daraus können unterschiedliche Internet Bankingbegriffe abgeleitet werden.

Internet Banking i.e.S. umfasst das Angebot und die Nutzung von statischen und dynamischen beziehungsweise interaktiven Informationen von Kreditinstituten (Phase 1 und 2), die über das Internet realisiert werden. I.w.S. umfasst es darüber hinaus die Abfrage von persönlichen Informationen und die Durchführung von Transaktionen (Phase 3) über das Medium Internet und ist hinsichtlich der dritten Phase dem Terminus → Online Banking gleichzusetzen.

Ende 1999 sind weltweit ca. 4000 Institute im Internet vertreten, davon entfallen auf Deutschland 1.137 Institute, die sich auf die einzelnen Sektoren der Kreditwirtschaft gem. *Abb. 1* verteilen.

Das Internet Banking ist gegenüber dem → T-Online Banking durch eine offene Struktur gekennzeichnet. Die Übertragungseinrichtungen stehen nicht unter einer einheitlichen Verantwortung, der Zugang ist nicht an bestimmte Voraussetzungen gebunden und wird nicht kontrolliert. Im Ergebnis bedeutet dies, dass alle Daten im Internet unverschlüsselt kursieren und somit auch vertrauliche Informationen wie Kontonummern oder persönliche Geheimnummern von Unbefugten gelesen werden können. Um das Sicherheitsproblem im Internet zu lösen, haben sich die deutschen Kre-

Internet Banking

Abb. 1: Deutsche Kreditinstitute im Internet

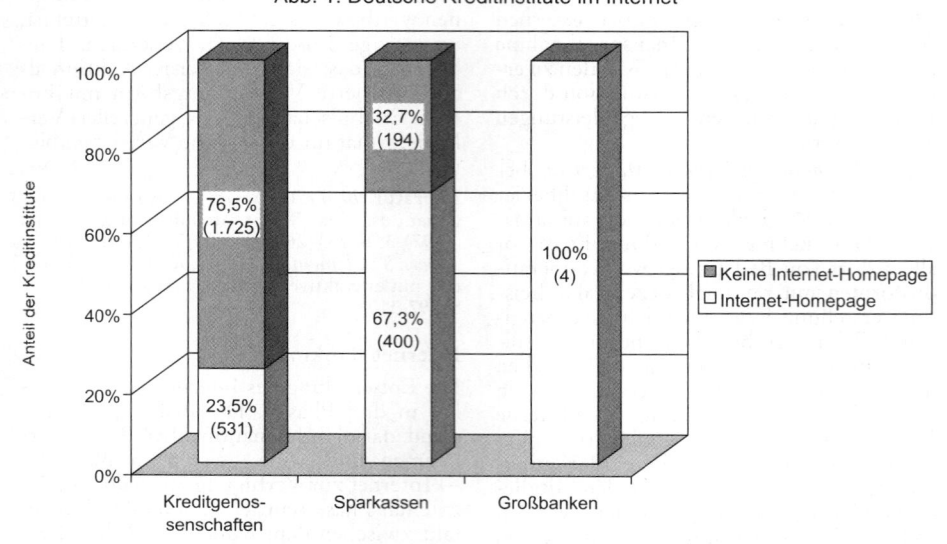

Kreditgenossenschaften: Internet-Homepage 23,5% (531), Keine Internet-Homepage 76,5% (1.725)
Sparkassen: Internet-Homepage 67,3% (400), Keine Internet-Homepage 32,7% (194)
Großbanken: Internet-Homepage 100% (4)

ditinstitute 1997 verpflichtet, das Homebanking Computer Interface (HBCI) als neuen verbindlichen Standard für die Erledigung von Bankgeschäften anzuwenden. Das HBCI System besitzt folgende Eigenschaften: Standardisierung und Erweiterbarkeit, Sicherheit, Multibankfähigkeit, Transportmedien- und Endgeräte-Unabhängigkeit, Ablösung des PIN/TAN-Verfahrens durch die elektronische Signatur, Investitionssicherheit durch ständige Neuentwicklung auf einer einheitlichen Basis und nicht zuletzt Internationalität.

In der siebten W3B-Umfrage Ende 1998 wurden 16.755 deutschsprachige WWW-Nutzer über ihr Interesse und ihre Bereitschaft befragt, Bankgeschäfte über das Internet abzuwickeln *(Abb. 2)*.

Nach dieser Studie sind 71,9 % der Befragten an der Durchführung von Online Banking interessiert. Des Weiteren können sich 44,8 % den Kauf von Aktien und 35,5 %

Abb. 2: Durchführung von Bankgeschäften im Internet

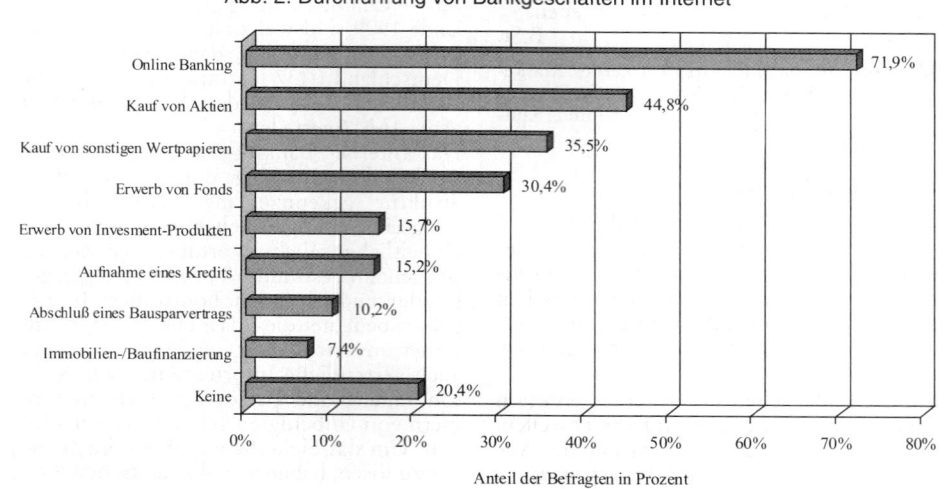

- Online Banking: 71,9%
- Kauf von Aktien: 44,8%
- Kauf von sonstigen Wertpapieren: 35,5%
- Erwerb von Fonds: 30,4%
- Erwerb von Invesment-Produkten: 15,7%
- Aufnahme eines Kredits: 15,2%
- Abschluß eines Bausparvertrags: 10,2%
- Immobilien-/Baufinanzierung: 7,4%
- Keine: 20,4%

Anteil der Befragten in Prozent

Abb. 3: Nutzung von Internet-Banking in Deutschland

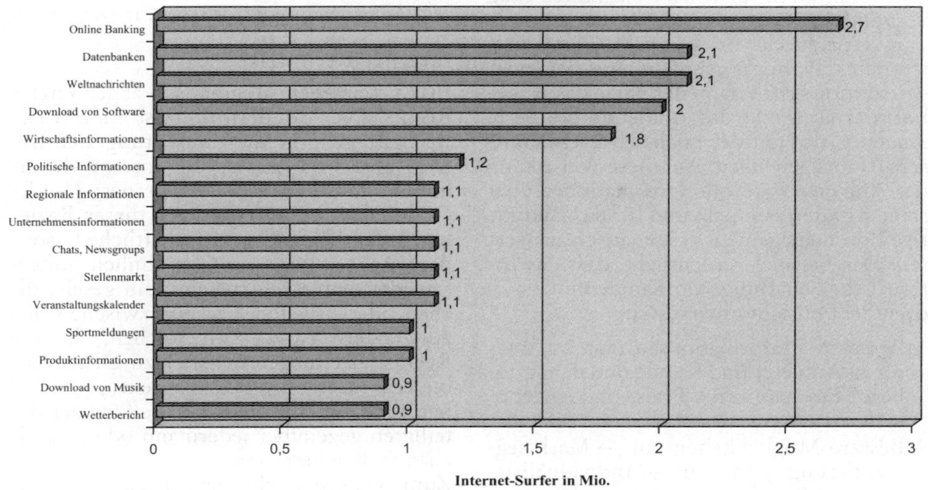

Kategorie	Internet-Surfer in Mio.
Online Banking	2,7
Datenbanken	2,1
Weltnachrichten	2,1
Download von Software	2
Wirtschaftsinformationen	1,8
Politische Informationen	1,2
Regionale Informationen	1,1
Unternehmensinformationen	1,1
Chats, Newsgroups	1,1
Stellenmarkt	1,1
Veranstaltungskalender	1,1
Sportmeldungen	1
Produktinformationen	1
Download von Musik	0,9
Wetterbericht	0,9

den Kauf von sonstigen Wertpapieren über das Internet vorstellen. An dem Erwerb von Fonds zeigen 30,4 % und am Kauf von anderen Investment-Produkten über das Internet 15,7 % der Befragten Interesse. Schließlich wären 15,2 % zur Aufnahme eines Kredits, 10,2 % zum Abschluss eines Bausparvertrags und 7,4 % zum Abschluss einer Immobilien- oder Baufinanzierung bereit. Dem gegenüber lehnen 20,4 % der Befragten die Abwicklung von Bankgeschäften über das Internet gänzlich ab.

Von den Mitte 1999 insgesamt ca. 10 Mio. Internet-Surfern in Deutschland wird Online-Banking am häufigsten in Anspruch genommen *(Abb. 3)*.

Internet Banking wird mittel- bis langfristig das wichtigste Instrument des Direct Banking werden und einen weiteren Abbau von → Bankzweigstellen und Bankmitarbeitern forcieren. O.B.

Literatur: *Fuchs, K.:* Internet-Trends und Bankpolitik im Privatkundengeschäft, in: Bankarchiv, Nr. 12, 1998, S. 925–941. *Rapp, A.:* Internet-Banking und Electronic Commerce – moderne Elemente eines Multi-Channel-Vertriebssystems, in: *Betsch, O.; van Hooven, E.; Krupp, G.* (Hrsg.): Handbuch Privatkundengeschäft, Frankfurt a.M. 1998.

Internet-Geld → Elektronisches Geld

Internet-Portale

Wörtlich bezeichnet der Begriff „Portal" (lat.) einen hervorgehobenen Eingang zu bedeutenden Gebäuden. Auf das Internet übertragen stellt ein Internet-Portal den Zugang zu einem großem Netzwerk (Internet/Intranet) dar, das den Besuchern von → elektronischen Marktplätzen eine Orientierung innerhalb des Netzwerkes bietet. Die Entwicklung der Web-Portale geht auf die → Suchmaschinen zurück, welche eine Such- und Verweisfunktion für die Inhalte im Internet bzw. World Wide Web anbieten. Die erste Suchmaschine entstand bereits 1994 mit der Linksammlung Yahoo! (www.yahoo.com). Neben den Suchmaschinen bieten zunehmend auch andere Anbieter wie → Online-Dienste oder Browser-Hersteller (www.netscape.com oder www.microsoft.com) die Portalfunktionen Zugang und Orientierung im Internet an. Internet Portale bieten zunehmend über den reinen Informationscharakter hinausgehende Funktionen wie Produktkauf an und entwickeln sich in Richtung → Elektronischer Marktplätze. B.S./M.S.

Internet-Pricing

ist eine neue Form der → Preispolitik, die durch die technische Innovation → Internet entstanden ist. Das Internet ermöglicht Anbietern Informationen/Daten über ihre Kunden (→ Preisbereitschaften, → Präferenzen, → Preiselastizitäten, Kaufverhalten etc.) zu sammeln und diese als Basis für die Preispolitik zu nutzen. So können z.B. Internet-Nutzer für bestimmte Flüge ihre

Internet-Recht (IR)

Preisbereitschaften im Internet abgeben und somit ihren für einen bestimmten Flug verbundenen Kundennutzen quantitativ zum Ausdruck bringen (→ Kundenbestimmtes Pricing). Ähnlich wie bei einer → Auktion erhält dann derjenige das Angebot, der aus Sicht des Anbieters das beste Angebot, das mit der höchsten Preisbereitschaft, abgegeben hat. Auf diese Weise kann der Anbieter wertvolle Informationen über seine Kunden sammeln und für das zukünftige Preismanagement systematisch auswerten. Das Beispiel verdeutlicht, dass das Internet die Schaffung von Kundennutzen in dreierlei Hinsicht unterstützt:

1. Besserer Informationsaustausch zwischen Anbieter und Kunde und damit höhere Transparenz der Preise und Angebote.
2. Bessere Möglichkeiten zur → Marktsegmentierung und zur → Individualisierung des Angebotes.
3. Stark reduzierte Transaktionskosten (z.B. in Verkauf und Auftragsbearbeitung).

Die durch das Internet generierten Daten und Informationen unterstützen den Anbieter, um den Preis für einen Kunden individuell zu gestalten (*One-to-One-Pricing*). Besucht z.B. ein Kunde die Webpage eines Anbieters, so wird er durch seine IP-Adresse (→ TCP/IP) identifiziert. Aus der Datenbank können die bisherigen Daten über diesen Kunden geladen werden (z.B. bisherige Anfragen, zu welchen Preisen gekauft bzw. nicht gekauft wurde), um Angebote und Preise dann individuell entsprechend der bisherigen Verhaltensmuster so festzulegen, dass die Kaufwahrscheinlichkeit unter Berücksichtigung von Deckungsbeitragsaspekten maximal ist. Besucht man z.B. den Internet-Buchhändler *Amazon.com*, nachdem man dort als Kunde registriert ist, wird man automatisch mit Namen begrüßt. Basierend auf die bisherigen Käufe werden Buchtipps gezeigt sowie individualisierte Angebote gemacht. Wählt der Kunde ein Buch aus, so wird dieses schnell und preisgünstig (teilweise bis zu 20% günstiger als im Fachhandel) geliefert. Das Internet vereinfacht die Implementierung von → Preisstrategien enorm. → Preisänderungen können schnell und nahezu kostenfrei umgesetzt werden. Durch diese radikale Vereinfachung der Implementierungen von Preisstrategien mit Hilfe des Internet kann der Anbieter erhebliche Ergebnisverbesserungen erzielen. H.S./G.Wü.

Literatur: *Simon, H.; Schumann, H.; Butscher, S.A.:* Pricing im Internet: Das Zeitalter des Echtzeit-Pricing, in: Absatzwirtschaft, 1999, S. 48-54.

Internet-Recht (IR)

IR ist kein rechtsdogmatisch abgegrenztes Rechtsgebiet, sondern umfasst einfach alle Rechtsfragen, die die Einrichtung, den Betrieb und die Nutzung der Internet-Kommunikationsdienste (→ Internet, → E-Commerce) betreffen und in dieser Beziehung rechtliche oder wirtschaftliche Besonderheiten aufweisen. Gewöhnlich unterscheidet man Rechtsregeln zum geschäftlichen oder privaten *Verkehr* zwischen den Anwendern (user) von solchen, die die Rechtsbeziehungen der *user* zu Diensteanbietern (acess provider/content provider) betreffen, und die die *Rechtsstellung* der Beteiligten gegenüber jedermann oder staatlichen Stellen betreffen.

Zum Verkehrsrecht gehört zunächst das Recht der *Vertragsanbahnung*. Diese kann via Internet über eine Internet-Seite oder per e-mail erfolgen. Während über e-mail bindende Angebotserklärungen möglich und üblich sind, herrscht bei Vertragsinformationen auf der Internet-Seite die Ansicht vor, dass der für Angebote notwendige Rechtsbindungswille fehlt, weil der Adressatenkreis zu unbestimmt ist. Deshalb liegt insoweit lediglich eine Aufforderung zur Abgabe von Willenserklärungen vor (invitatio ad offerendum). Kommt später – mit oder ohne Internet-Kommunikation – ein Vertrag zustande, so werden unwidersprochene Versprechungen der Internet-Seite zum Vertragsbestandteil, da die Auslegung des Vertragsinhalts die Angaben der invitatio zu berücksichtigen hat. Sogar Eigenschaftszusicherungen können so begründet sein, sodass beim Kauf neben der Wandelung, Minderung und Ersatzlieferung auch verschuldenunabhängige Ansprüche auf Ersatz, sog. Mangelfolgeschäden, gegeben sind. Haftungsausschlüsse sind insoweit meist weder in → Allgemeinen Geschäftsbedingungen (AGBs) noch in Individualverträgen zulässig.

Der *Vertragsschluss* per Internet-Mausklick wirft nur dann besondere Probleme auf, wenn der Anbieter widerruft, bevor die Annahmeerklärung erfolgt (s. § 147 II BGB), oder wenn Schriftform erfordert wird (z.B. Bürgschaft, § 766 BGB; Versicherungsvertrag mit Verbraucherinformation, § 5a VVG; Vertragsabänderungen bei vereinbarter Schriftform). Das Signaturgesetz v.

22.7.1997 (BGBl. I, 1870; → Signaturgesetz) hat daran nichts geändert, weil danach nicht die Erfordernis eigenhändiger Unterschrift i.S. § 126 I BGB ersetzt worden ist. Oft wird aber übersehen, dass für die „bloß" vertraglich erforderte Schriftform gelockerte Anforderungen gelten (§ 127 BGB). Außerdem kommt es auf die Wahrung der Schriftform bei der sog. Widerrufsbelehrung zum Versicherungsvertragsschluss immer dann nicht an, wenn die nach § 5a VVG vorgeschriebene Verbraucherinformation zuvor – allerdings entgegen bisher noch überwiegender Meinung – durch downloading formwirksam übermittelt wurde (→ Call Center-Recht). Klärung wird vom Europarecht her erwartet, das den Internet-Vertragsschluss v.a. deshalb fördert, weil auf diese Weise der Binnenmarkt gefördert werden kann (→ Fernabsatz).

Zur *Rechtsstellung* der Beteiligten gewinnt die Abgrenzung von *Tele- und Mediendiensten* (→ Telefonverkauf/Telekommunikationstechniken) v.a. insofern Bedeutung, als für das sog. Teleshopping unterschiedliche Gesetzgebungs- und Verwaltungszuständigkeiten begründet werden (→ Fernabsatz). Nach Art. 73 Nr.7 GG hat der Bund die ausschließliche Gesetzgebungskompetenz für die Tele-Individualkommunikation (s. Teledienstegesetz als Teil des IuKDG v. 22.7.1997, BGBl. I, 1870), während die Massenkommunikation via Rundfunk, Fernsehen, BTX etc. nach Art. 30, 70 in die Zuständigkeit der Länder fällt. Man unterscheidet Verteil- und Zugriffsdienste, wie pay-TV und pay per view, einerseits, die Ländersache sind, von Abrufdiensten, wie die meisten gegenwärtig angebotenen Dienste des Internet-Verkehrs, die der Bundeskompetenz unterfallen. Bei kombinierten Diensten wie einer Unternehmenshomepage, die nebenher auch elektronische Pressemitteilungen abrufbar macht, differenziert man nach dem dominierenden Nutzungszweck.

Urheberrechte an Datenbanken sind auch für das Internet-Recht wichtig, weil deren Schutz vor Vervielfältigungen zum gewerblichen oder privaten Gebrauch (§ 87c I Nr. 1 UrhG) auch bei Einspeisung in eine web-Seite gilt (Ausnahmen s. §§ 23, 87c I Nr.2 UrhG). Besonders problematisch ist hierzu wie zum Folgenden der international-rechtliche Schutz. – *Marken- und Kennzeichenrechte* werden v.a. bei Vergabe von → public domains relevant. Außerdem können → Namens- und → Persönlichkeitsrechte verletzt sein, wenn public domains vergeben werden, die aus wesentlichen Namensteilen bestehen oder Verwechslungs- und Verwässerungsgefahren verursachen (insbes. das sog. Domain-Hamstern).

Beim → *Wettbewerbs- und Kartellrecht* geht es hauptsächlich um Probleme der Internet-Werbung und der räumlichen Marktabgrenzung. Bei Werbemaßnahmen via Internet unterscheidet man analog der Telefonwerbung zwischen verbotener aktiver und zulässiger passiver Werbung gegenüber Kunden, zu denen bereits eine Geschäftsbeziehung besteht (→ Direktmarketing). Gewisse Unterschiede ergeben sich aber daraus, dass es für die Zulässigkeit passiver Werbung nicht unbedingt einer ausdrücklichen Aufforderung des Kunden bedarf, werbliche Informationen übermittelt zu bekommen. Auch schlüssiges Verhalten genügt, sodass es auf die Umstände des Internet-Kontakts zum Absender der Werbung ankommt. –Für die kartellrechtliche Marktabgrenzung kommt es auf die Nachfragesicht an (sog. Bedarfsmarktkonzept), sodass die bloße Angebotsausweitung per Internet noch keine globalen Märkte schafft. Aber v.a. bei elektronischer Abrufbarkeit des angebotenen Wirtschaftsgutes (z.B. Internet-Zeitschriften) kommen beträchtliche und sehr schnelle Marktausweitungen in Betracht.

Für den *Datenschutz* im Internet-Verkehr ist schon dadurch eine neue qualitative Dimension erreicht, dass neben dem Bundesdatenschutzgesetz einige Spezialgesetze und Verordnungen mit Vorrang anwendbar sind (TelekommunikationsG v. 1996, TeledienstedatenschutzG v. 1997, Telekommunikationsdiensteunternehmen-DatenschutzVO v. 1996, EU-Richtl. zum ISDN-Datenschutz v. 1997). Personenbezogene Daten müssen erweitert zugelassen werden, soweit dies nach der Zweckbestimmung der Internet-Kommunikation zwingend erfordert wird. Sog. Bestandsdaten, die die Begründung, Ausgestaltung und Änderung des Vertragsverhältnisses mit den Providern betreffen, unterliegen einem strengen Zweckbindungsgrundsatz und dürfen für Werbungs- und Marktforschungszwecke nur bei ausdrücklicher Einwilligung des Nutzers verwendet werden. Ähnliche Regelungen gelten für Verbindungs- und Abrechnungsdaten. H.He.

Internet (Technik)

Literatur: *Bullinger; Mestmäcker:* Multimediadienste, Baden-Baden 1997. *Kröger; Gimmy* (Hrsg.): Handbuch zum Internet-Recht, Berlin u.a. 2000. *Lehmann, M.* (Hrsg.): Internet- und Multimediarecht (Cyberlaw), Stuttgart 1997. *Schneider* (Hrsg.): Handbuch des EDV-Rechts, Köln 1997. *Schwarz* (Hrsg.): Internet und Recht, Stadtbergen 1998.

Internet (Technik)

Das Internet ist ein weltweites Netz von Rechnern, die über verschiedene Kommunikationswege mit unterschiedlicher → Bandbreite vernetzt sind. Die dabei verwendete Software baut auf weltweite Standards (sog. Protokolle) auf, die die Kommunikation unterschiedlicher Rechner mit unterschiedlichen Betriebssystemen ermöglichen. Die Datenübertragung im Internet geschieht auf Basis des TCP/IP-Protokolls. Auf dieses Protokoll bauen die verschiedenen Dienste auf, für die jeweils ein eigenes Protokoll definiert ist. So wird z.B. der Austausch oder Download von Dateien und Programmen über das Internet über das File Transfer Protocol (FTP) geregelt.

Das oft mit dem Internet gleichgesetzte World Wide Web benutzt das → Hypertext Transfer Protokoll HTTP zur Übertragung von → HTML-Dokumenten. In HTML-Dokumenten können Informationen grafisch dargestellt und durch JAVA oder → Javascript mit interaktiven Inhalten versehen werden (→ Multimedia). Durch → Links kann man zu anderen HTML-Dokumenten mit weiterführenden Informationen gelangen, für die der → Link ein Stichwort darstellt. Dieser Vorgang wird auch mit „Surfen" bezeichnet. Viele Webseitenanbieter stellen ausführliche Linklisten zur Verfügung, die das Auffinden von Informationen zu für sie wichtigen Themen erleichtern. Eine weitere Möglichkeit, Links zu einem Thema zu finden, stellen → Suchmaschinen dar. Viele Internet-Provider bieten deshalb auf ihrer Startseite neben einer ausführlichen Linksammlung auch eine Suchmaschine an. Durch die Verwendung von → Cookies ist es zusätzlich möglich, personalisierte Startseiten anzubieten, die dem Benutzer einen direkten Einstieg zu den für ihn interessanten Themen bieten (→ E-CRM). Sind sensible Daten (z.B. Kreditkartennummern) über das Internet zu übertragen, bietet sich das von Netscape entwickelte Protokoll HTTPS an, das die Daten verschlüsselt überträgt. Da HTTPS eine Kombination aus HTML und SSL ist, braucht man zum Aufrufen von HTTPS-URLs einen Browser, bei dem SSL implementiert ist.

Ein weiterer wichtiger Dienst des Internet ist der Austausch von Nachrichten (E-Mails) zwischen zwei oder mehreren Internet-Benutzern. Für die Übertragung von Emails gibt es zwei Protokolle: beim POP (Post Office Protocol) werden die Nachrichten auf dem Server in einer Mailbox zwischengespeichert, was den Abruf per Modem ermöglicht, während beim SMTP (Simple Mail Transfer Protocol) die Nachrichten direkt übertragen werden.

Die *Anwendungen* des Internet im Marketing finden sich im → Online-Marketing bzw. → E-Commerce. B.S./K.S.

Interne Überschneidung

→ kumulierte Leserschaft

Interstitial (Unterbrecher-Werbung)

ist eine besondere Form der → Online-Werbung. Die Interstitials unterbrechen die Nutzung eines Netzes oder Dienstes (Telefon oder Internet) mit der Einblendung bzw. Einspielung von Werbung. Sie kommen damit dem Werbeblock in der TV- bzw. Hörfunkwerbung gleich. Ihr Einsatz und ihre Wirkung ist aber im Internet umstritten, da sie die Nutzung und damit den Nutzen des Medium stark vermindern. Interstials werden z.T. von Netzbetreibern oder → Service-Providern genutzt, die die Konsumption der Werbung als Gegenleistung für eine kostenlose Nutzung des Netzes ansehen. B.Ne.

Intervallprognose

quantitative → Absatzprognose, die einen Bereich der Zahlengeraden abdeckt, z.B. die Aussage: „Der Marktpreis von Produkt X wird Ende 1990 zwischen 7 und 8 DM liegen."

Intervallschätzung → Stichprobe,
→ Inferenzstatistik

Intervallskala → Skalenniveau

Intervenierende Variable

im Rahmen von verhaltenswissenschaftlichen Marketing-Modellen (→ Käuferverhalten) benutzte Variablen, die sich im Sinne des S-O-R-Paradigmas (→ Behaviorismus) auf → theoretische Konstrukte, wie Aktivierung, Einstellung oder Aufmerksamkeit beziehen, die „innerhalb" der Person stattfinden, also zwischen Stimulierung und Reaktion einer Person liegen.

Interview → Mündliche Befragung

Interviewer

in der → Marktforschung eingesetzte Person für → mündliche Befragungen, die meist nebenberuflich arbeitet und von Marktforschungsinstituten in sog. Feldorganisationen ausgebildet, eingesetzt und kontrolliert wird. Große Institute besitzen überregionale Feldorganisationen mit hauptberuflichen Regionalleitern, deren Aufgabe es ist, die Interviewer zu führen und den → Interviewereinfluss möglichst niedrig zu halten. Zum Teil wird die Feldorganisation aber auch zentral vom Institut geführt.

Als idealer Interviewer gilt in der Praxis der „kontaktfähige Pedant" (Noelle-Neumann), dem die Kommunikation zwar leicht fällt, der aber andererseits sich strikt an – z.T. auch nicht einsichtig erscheinende – Vorgaben des Befragungsleiters bzw. → Fragebogens hält.

Als Organisationsprinzipien einer Feldorganisation gelten:
- Sicherung der Invarianz (alle Interviewer sollten sich möglichst einheitlich verhalten),
- „Neutralisierung" des Interviewers (Ausschaltung möglichst aller Umstände, die den Interviewereinfluss erhöhen könnten),
- Rigorose Kontrolle des Interviewerstabes z.B. durch Verwendung fingierter Adressen, stichprobenartige Überprüfungen oder statistische Kontrollen,
- Selektion von Interviewern, die sich als unzuverlässig oder „übererfahren" erwiesen haben.

H.D.

Interviewereinfluss (Interviewer-Bias)

systematische Verzerrung der Ergebnisse von → mündlichen Befragungen dadurch, dass der → Interviewer unbewusst (allein durch sein Auftreten, sein Aussehen, seine Sprechweise und sein Aufzeichnungsverhalten) oder bewusst (durch Auswahl der Befragten, unsachgemäße Frageformulierung, Hinweise zur Beantwortung oder sogar Fälschung von Fragebögen) die Ergebnisse der Befragung beeinflusst (→ systematischer Fehler). Die Schwierigkeiten, solche Verfälschungen auszuräumen, ergeben sich allein schon aus der Vielzahl der Einflussfaktoren, die während der Befragung das Verhalten von Interviewer und Befragten beeinflussen (Alter, Ausbildung, Geschlecht, Persönlichkeitsmerkmale, beobachtbares Verhalten etc. der Gesprächspartner).

Um den Interviewereinfluss einzuschränken, empfiehlt sich zunächst eine weitgehende Standardisierung des → Fragebogens und eine sorgfältige Auswahl, Schulung und konkrete Instruktion zur Abwicklung der Befragung. Praktisch bewährte Mittel, v.a. gegen Interviewfälschungen, sind ferner die Verwendung fingierter Kontrolladressen, die stichprobenartige Überprüfung durch Nachfasstelefonate oder -besuche, bei denen nach den Themen der Befragung gefragt wird sowie statistische Kontrollen auf systematische Abweichungen in den Ergebnissen best. Interviewer vom Gesamtmittel. Schließlich wirkt die Reduzierung der Interviewaufträge erfahrungsgemäß positiv auf die Zuverlässigkeit der Befragungen. Der Interviewereinfluss ist bei mündlicher (insb. nichtstandardisierter) Befragung am höchsten, lässt sich bei → telefonischen Befragungen durch die Anonymität der Beteiligten und Überwachung der Interviewer stärker eingrenzen und wird bei → schriftlicher bzw. bei computergestützter Befragung fast völlig vermieden.

Spezialuntersuchungen im Zusammenhang mit den von sechs verschiedenen Interviewerstäben erhobenen Mediaanalyse-Daten haben gezeigt, dass die für best. Zeitschriften ermittelten Reichweiten je nach Institut erheblich unterscheiden. So schwankte der Indexwert für die Reichweite der Illustrierten „Die Bunte" 1992 von 74 bis 126. Analysen zeigten, dass die Reichweite mit der demographischen Ähnlichkeit (insb. Bildungsgrad) von Befrager und Befragten steigen. Ältere männliche Interviewer erreichen höhere „Reichweiten" (bedingt durch bessere Akzeptanz beim Befragten).

H.Bö.

Interviewerleitfaden

Grobe Skizze der Themenbereiche und der Gesprächsführung bei nichtstandardisierten → Befragungen, insb. → Tiefen- und → Gruppeninterviews, wobei die Reihenfolge und endgültige Formulierung der Fragen von Fall zu Fall variiert.

Intramedia-Vergleich

Auswahl eines → Werbeträgers innerhalb einer bestimmten Werbekategorie im Gegensatz zum → Intermedia-Vergleich, bei dem verschiedene Werbeträgergattungen gegenübergestellt werden. Da innerhalb einer Werbeträgergattung die qualitativen Merkmale oftmals nur geringe Unterschiede aufweisen, beschränkt man sich in der Praxis häufig auf Kosten- und Reichweitenvergleiche (s.a. → Mediaanalyse).

Intranet

Internet-Plattform eines Unternehmens oder einer Organisation, die zum Zwecke der Unternehmenskommunikation betrieben und durch Verschlüsselung nur einem definierten Kreis von Personen zugänglich gemacht wird, z.B. Mitarbeitenden und Wiederverkäufern. Das Intranet ermöglicht eine sehr schnelle, asynchrone, weltweite Verbreitung wichtiger Nachrichten über eine ganze Organisation hinweg. P.F.

Intrapreneur

im Gegensatz zum → Entrepreneur im Unternehmen angestellter Manager, der wie er innovativ denkt und sich bietende Chancen erkennt. Er arbeitet nach der Devise, man brauche nicht Unternehmer zu sein, um sich unternehmerisch zu verhalten; wichtige Figur im Innovationsteam.

Invention → Innovation

Inventurdifferenz → Ladendiebstahl

Investitionsausschuss → Buying Center

Investitionsgütermarketing (Industriegütermarketing)

Investitionsgüter sind Leistungen, die von Organisationen (Nicht-Konsumenten) beschafft werden, um mit ihrem Einsatz (Ge- oder Verbrauch) weitere Güter für die Fremdbedarfsdeckung zu erstellen oder um sie unverändert an andere Organisationen weiterzuveräußern, die diese Leistungserstellung vornehmen. Wesentliche Merkmale der Abgrenzung von Investitionsgütern gegenüber Konsumgütern sind demnach der Nachfrager (Konsument/Nicht-Konsument) und der Verwendungszweck (Konsum/Leistungserstellung). Nach dieser Definition ist es für das Verständnis des Investitionsgütermarketing besonders wichtig, dass Investitionsgüter über Märkte und nicht über stoffliche oder technische Gütereigenschaften definiert werden.

Investitionsgütermärkte sind Nachfrager oder Gruppen von Nachfragern, die zur Lösung eines bestimmten Problems der Leistungserstellung für die Fremdbedarfsdeckung Güter beschaffen (dazu gehören auch öffentliche Nachfrager), um sie unverändert an andere Nachfrager weiter zu veräußern, die ihrerseits Güter für die Fremdbedarfsdeckung erstellen (→ Produktionsverbindungshandel). Die gesamtwirtschaftliche Bedeutung der Investitionsgütermärkte ist aus deutscher Sicht sehr hoch. Mehr als zwei Drittel des Bruttozialprodukts der Bundesrepublik Deutschland entfallen auf Nicht-Konsumgütermärkte *(Engelhardt / Günter*, 1981).

Investitionsgütermarketing ist eine Managementkonzeption von Anbietern auf Investitionsgütermärkten (→ Marketing). Im Wettbewerb der Anbieter um die Nachfrager können nur diejenigen Anbieter auf Dauer überleben, denen es gelingt, das Problem des Nachfragers besser zu lösen als alle anderen Anbieter. Besser zu sein heißt, in den Augen des Nachfragers einen höheren Nutzen zu stiften und/oder ein geringeres Opfer zu verlangen als alle anderen vom Nachfrager in Betracht gezogenen Anbieter. Der Vorsprung eines Anbieters vor seinen Wettbewerbern ist sein komparativer Konkurrenzvorteil (KKV; → Wettbewerbsvorteil). Investitionsgütermarketing ist eine Managementkonzeption, die darauf gerichtet ist, alle Aktivitäten eines Anbieters von Investitionsgütern auf das Kaufverhalten des oder der Nachfrager auszurichten (→ Kundenorientierung), um gegenüber den Wettbewerbern strategisch günstige Marktpositionen zu erreichen und Markttransaktionen erfolgreich abwickeln zu können. Investitionsgütermarketing ist das Management von komparativen Konkurrenzvorteilen auf Investitionsgütermärkten. In diesem Sinne ist Investitionsgütermarketing zunächst eine Denkhaltung, die bei allen Analyse- und Entscheidungsprozessen von einer grundsätzlichen Marktorientierung (Kunden- und Wettbewerbsorientierung) ausgeht. Dieses Postulat richtet sich an alle Funktionsbereiche des Unternehmens, insb. → Forschung und Entwicklung, Produktion und Vertrieb. Investitionsgütermarketing ist weiterhin eine Technik der Erforschung (→ Marktforschung, → Marketing-Controlling) und Gestaltung

(→ Marketing-Mix) von Märkten. Schließlich ist Investitionsgütermarketing eine Führungsfunktion, die alle Funktionsbereiche des Unternehmens im Hinblick auf die Schaffung und Durchsetzung von komparativen Konkurrenzvorteilen koordiniert. Investitionsgütermarketing ist eine Querschnittsfunktion im Unternehmen, bei der der integrative Aspekt dominiert. Insofern ist Investitionsgütermarketing nicht gleichzusetzen mit dem Vertrieb, der einen eigenen Funktionsbereich darstellt.
Besonderheiten des Investitionsgütermarketing ergeben sich aus den Besonderheiten der Investitionsgütermärkte. Zwischen Konsumgütermärkten und Investitionsgütermärkten bestehen graduelle und kategoriale Unterschiede. Die Nachfrage nach Investitionsgütern ist eine *abgeleitete Nachfrage*. Sie ergibt sich aus der Nachfrage der nachgelagerten Marktstufen. Die Marketingplanung eines Anbieters von Investitionsgütern muss deshalb grundsätzlich die Marketingplanung der Nachfrager (bzw. der Nachfrager der Nachfrager usw.) einbeziehen.
Nachfrager auf Investitionsgütermärkten sind Organisationen. Ihre Kaufentscheidungen sind durch → organisationales Beschaffungsverhalten und formalisierte Kaufprozesse gekennzeichnet (→ Beschaffungsmarketing). Professionelle Einkäufer sind im Rollenverbund mit verschiedensten Beeinflussern (→ Buying Center) an der Kaufentscheidung beteiligt. Zusammen mit anderen Organisationen, die auf den Käufer einwirken (Drittparteien), stellt sich die Nachfrage auf Investitionsgütermärkten häufig als komplexes multiorganisationales Netzwerk von → Geschäftsbeziehungen dar. Dazu gehört insb. auch die die Einflussnahme staatlicher Einrichtungen auf die Beschaffung von Investitionsgütern.
Der *Kaufprozess* auf Investitionsgütermärkten weist Besonderheiten auf (→ Kaufentscheidung). Je nach Wert des Kaufgegenstandes, Neuartigkeit der Problemdefinition aus der Sicht des Käufers und je nach Grad des organisationalen Wandels beim Nachfrager stellt sich der Kaufprozess als Problemlösungsprozess unterschiedlicher Intensität und Komplexität dar (*Kirsch/ Kutschker*, 1978). Das eine Extrem ist vollständige Routinisierung durch computergestützte Vernetzung von Lieferant und Abnehmer (z.B. Kaufvorgänge im Rahmen von Just-In-Time-Lieferbeziehungen), das andere Extrem ist ein hochkomplexer Problemlösungsprozess, der im industriellen → Anlagengeschäft bis zu mehreren Jahren dauern kann. Der Kaufprozess lässt insb. bei komplexen Beschaffungsvorgängen eine deutliche Phasenstruktur der Aufgaben erkennen.
Anbieter von Investitionsgütern stehen vor anderen Vermarktungsaufgaben als Anbieter von Konsumgütern. Insbesondere der Einfluss der Technik auf den Marktprozess sowie häufig starke ökonomische Zwänge aufgrund hoher absoluter und relativer Fixkosten sind hervorzuheben. Das Anbieterverhalten weist dementsprechend Besonderheiten auf. Die klassischen Instrumente des Marketing-Mix erfahren unterschiedliche Akzentuierungen. Die Produktpolitik steht häufig vor der Aufgabe, nachfragerindividuelle Problemlösungen hervorzubringen (→ Individualisierung). Neuere Entwicklungen der Fertigungstechnologie (Computer-Integrated Manufacturing) begünstigen diesen Trend auf Investitionsgütermärkten. → Egänzende Dienstleistungen (added value) spielen im Rahmen der Produktpolitik eine besondere Rolle. Dazu gehört eine breite Palette, die von Engineering-, Software-Engineering-, Beratungs- und Finanzierungsleistungen (→ Financial Engineering), Risikoübernahmen, Vermittlungen bis hin zu Managementverträgen für den Betrieb von Anlagen reicht. Im Rahmen der Kommunikationspolitik ist die Bedeutung und die Ausprägung von → Messen und Ausstellungen als Besonderheit hervorzuheben. Der Vertrieb technischer Güter wird auf Investitionsgütermärkten überwiegend von Ingenieuren durchgeführt („Technischer Vertrieb"), dem → Direktvertrieb kommt eine überragende Bedeutung zu. Die Preis- und Kontrahierungspolitik ist durch etliche Besonderheiten gekennzeichnet (→ Angebotspreiskalkulation im Anlagengeschäft, → Finanzierung im Anlagengeschäft, → Submissionspreisbildung, → Kompensationsgeschäft).
Generell spielen auf Investitionsgütermärkten aufgrund technischer und ökonomischer Zwänge horizontale Kooperationen zwischen Herstellern (→ Konsortium) und → Strategische Allianzen mit globaler Markterfassungsstrategie eine erhebliche Rolle.
Die Marktbeziehungen zwischen Anbietern und Nachfragern von Investitionsgütern sind ebenfalls häufig durch enge Zusammenarbeit gekennzeichnet (→ Beziehungsmarketing). Eine solche → vertikale Koope-

ration vollzieht sich zunächst im Hinblick auf die Eröffnung und die Abwicklung von Markttransaktionen. Dabei geht es um die Klärung des Investitions- und des Kaufproblems, um die Spezifikationen der Problemlösung sowie um die Klärung der Austauschbedingungen. Die Transaktionsbeziehungen zwischen Hersteller und Verwender weisen kooperative und konfliktäre Komponenten auf. Über die einzelne Markttransaktion hinaus sind aber auch Kooperationen in Form von dauerhaften → Geschäftsbeziehungen (Kunden- und Lieferantentreue) sowie enge sachliche Kooperationen zwischen Anbietern und Nachfragern insb. im Bereich der Produktentwicklung (→ FuE-Kooperation), der vertikalen Arbeitsteilung (Make-Or-Buy-Entscheidungen, → Co-Makership, → Just-In-Time-Verträge) sowie bei gemeinsamen Markterschließungsstrategien (Value-Adding-Partnerschaften) ein Charakteristikum von Investitionsgütermärkten.

Marktprozessbesonderheiten auf Investitionsgütermärkten liegen in einer vergleichsweise hohen Markttransparenz, die durch die Professionalität der Marktteilnehmer sowie durch die mitunter sehr geringe Zahl von Marktteilnehmern begünstigt wird.

Die Eigenständigkeit des Investitionsgütermarketing als wissenschaftlicher Teildisziplin im Rahmen der → Marketingwissenschaft ergibt sich aus den Besonderheiten des Forschungsgegenstandes, d.h. aus den Merkmalen der Investitionsgütermärkte. Das Auswahlkriterium, anhand dessen die Eigenständigkeit des Investitionsgütermarketing als Teil der Marketing-Lehre bestimmt wird, ist der Zweck der Aussagen. Hier wird die Managementaufgabe des Schaffens und Durchsetzens von komparativen Konkurrenzvorteilen als Bezugspunkt zu Grunde gelegt.

Eine sinnvolle Gliederung der Entscheidungstatbestände und Entscheidungsaufgaben des Investitionsgütermarketing hat sich an den Kriterien möglichst hoher Allgemeingültigkeit und möglichst hoher Aussagefähigkeit im Hinblick auf konkrete Handlungssituationen zu orientieren. Daraus ist die Forderung abzuleiten, möglichst homogene Gruppen von Entscheidungstatbeständen und Entscheidungsaufgaben zu bilden. Dazu können die folgenden drei Dimensionen herangezogen werden:

1. Phasen und Teilaufgaben des Marketing-Prozesses im Investitionsgütermarketing
2. Die Transaktionssituation aus der Sicht des Nachfragers: → Geschäftstypen im Investitionsgütermarketing
3. Die Transaktionssituation aus der Sicht des Anbieters: Fokus der Erfassung der Wettbewerbssituation im Investitionsgütermarketing

Der → *Marketingprozess* lässt sich allgemein beschreiben als Abfolge verschiedener Phasen, in denen unterschiedliche Teilaufgaben zu bewältigen sind:

- Analyseaufgabe: Analyse von Markt, Umfeld und Unternehmen
- Strukturierungsaufgabe: Strategische Entscheidungen, Zielentscheidungen, Entscheidungen über die grundsätzliche Vorgehensweise
- Gestaltungsaufgabe: Feinabstimmung der Vorgehensweise, Implementierung, Koordinierung
- Kontrollaufgabe: Leistungsfeedback und Neuabstimmung.

Dieser gedankliche Rahmen zur Beschreibung und Erklärung des Marketingprozesses entspricht der generell gültigen Phasenstruktur komplexer Entscheidungen und erfüllt damit die Forderung nach Allgemeingültigkeit. Er ist jedoch kaum aussagefähig im Hinblick auf eine konkrete Handlungssituation. Situative Determinanten müssen hinzutreten, um homogene Gruppen von Entscheidungstatbeständen und Entscheidungsaufgaben zu bilden.

Die Berücksichtigung der Transaktionssituation aus der Sicht des Nachfragers führt zur Bildung von → *Geschäftstypen*. Die Gliederung der Entscheidungstatbestände im Investitionsgütermarketing ist in der Literatur traditionell nach Güterarten erfolgt (→ Commodity Approach). *Copeland* (1924) verwendet die folgende Güterunterscheidung:

- Installations (Maschinen, Gebäude usw.)
- Accessory Equipment (Kleinere Anlagegüter, Zubehör usw.)
- Operating Supplies (Betriebsstoffe)
- Fabricating Materials and Parts (Halbfabrikate und Teile)
- Primary Materials (Rohstoffe).

Aufgrund der Annahme, dass sich die Problemkategorien des Investitionsgütermarketing v.a. güterspezifisch gruppieren und darstellen lassen, ergibt sich ein entsprechendes Design güterspezifischer Marketingkonzeptionen (vgl. → Einzelaggregatmarketing, → Teile-Marketing, → Rohstoff-Marketing, → Einsatzstoff-Marketing, → Energie-Marketing). Maßgebend für die Bildung von homogenen Gruppen von Entscheidungstatbeständen dürfen jedoch nicht primär technische Merkmale der Güter bzw. ihr Verwendungszweck sein, sondern die den Gruppen zu Grunde liegenden Gemeinsamkeiten hinsichtlich des Beschaffungs- und Absatzprozesses. Damit wird der Austauschprozess, die Markttransaktion, zum entscheidenden Kriterium für die Gliederung des Investitionsgütermarketing.

Die konsequente Ausformulierung von Geschäftstypen, die sich an Merkmalen der Transaktionssituation des Nachfragers orientieren, ist die auch in der Praxis anzutreffende Einteilung von *Backhaus* in die unterschiedlichen Problemkategorien bei Transaktionen im → Produktgeschäft, im → Systemgeschäft, im → Zuliefergeschäft und im → Anlagengeschäft (→ Geschäftstypen). Nicht güterspezifische, sondern kaufproblemspezifische Merkmale bestimmen hier die Einteilung. In diesem Sinne ist ein *Produktgeschäft* dadurch gekennzeichnet, dass der Nachfrager ein überwiegend aus Massen- und Serienproduktion stammendes Investitionsgut als *Stand-Alone-Produkt* für die Lösung seines Problems als geeignet ansieht (→ Produkt-/Seriengeschäft). Ein *Systemgeschäft* liegt dann vor, wenn ein Nachfrager aufgrund technologischer Bedingungen zur Lösung seines Problems zunächst eine Entscheidung über die Systemarchitektur zu treffen hat, die zukünftige, sukzessive zu treffende Kaufentscheidungen für Einzelprodukte innerhalb des Systems vorstrukturiert. Im Rahmen eines *Anlagengeschäfts* werden ebenfalls komplexe Systeme vermarktet, jedoch verfolgt der Nachfrager eine projektorientierte Strategie zur Lösung seines Investitionsproblems. Mit der Realisation der Anlage ist das Projekt abgeschlossen.

Die dritte Gliederungsebene des Investitionsgütermarketing ist die der *Transaktionssituation aus der Sicht des Anbieters*. Wie der Nachfrager, so definiert auch der Anbieter seine Transaktionssituation. Für ihn stellt sich die Transaktionssituation als Wettbewerbssituation dar. Durch sein Verhalten dem Nachfrager gegenüber entscheidet der Anbieter in der Transaktion selbst mit über Erfolg oder Misserfolg, d.h. über das Vorhandensein oder Nichtvorhandensein eines komparativen Konkurrenzvorteils. Es ist (explizit oder implizit) Bestandteil der strategischen Ausrichtung des Anbieters, wie er die Wettbewerbssituation fokussiert. Ein Anbieter muss als Grundlage der Planung seiner Marketingstrategie die »Arena« definieren, in der er sich in einem konkreten Fall bewegt. Die Arena als Schauplatz des Wettbewerbs und damit des Kampfes um komparative Konkurrenzvorteile ist im Investitionsgütermarketing gegenüber dem Konsumgütermarketing differenziert zu betrachten. Es sind zu unterscheiden:

– Marketing auf anonymen Märkten bzw. Marktsegmenten
– Marketing in längerfristigen Geschäftsbeziehungen
– Marketing beim einzelnen Auftrag.

Je härter der Wettbewerb unter den Anbietern ist und je größer die Chancen sind, die in einer → Differenzierungsstrategie liegen, desto stärker wird der Anbieter den anonymen Markt segmentieren. Je wichtiger individuelle Kunden aufgrund des in Zukunft zu erwartenden Geschäftsvolumens sind, desto eher wird der Anbieter bereit sein, Vorleistungen (Investitionen) für diesen Kunden zu erbringen und eine für diesen Kunden maßgeschneiderte Marketingkonzeption zu entwickeln. Je bedeutsamer ein individueller Auftrag für den Anbieter ist, desto eher wird er auch beim Einzelauftrag individualisierte Leistungen erbringen. Die Unterscheidung von Transaktionssituationen in die beschriebenen drei Ebenen stellt auf Differenzierungsvorteile ab. Im Kern geht es dabei um ein Abwägen der Differenzierungsvorteile und der Nachteile steigender Transaktionskosten im Kampf um günstige KKV-Positionen. Die relative Bedeutung eines Auftrags, einer Geschäftsbeziehung mit einem Kunden oder einer bestimmten Kundengruppe gibt letztlich den Ausschlag für das Ausmaß an Individualisierung und Differenzierung des Marketingprozesses.

Die Transaktionssituation lässt sich aus Nachfrager- wie aus Anbietersicht zur Bildung von homogenen Gruppen, die sich durch ähnliche Marketingprozesse auszeichnen, heranziehen (vgl. *Abb. 1*). Jedes der neun Felder beschreibt einen spezifischen Typ von Marketingprozess. Es liegt nahe, aufgrund der beschriebenen Merkmale der Transaktionssituation aus Nachfrager- und Anbietersicht zunächst die Felder 1.1, 2.2 und 3.3 als sinnvolle Markterfassungsstrategien aus Anbietersicht zu beschreiben. Die Merkmale korrespondieren in diesen Feldern. Jedoch können auch in allen anderen Feldern KKV-Positionen erreicht werden, sodass in jedem Falle neu geprüft werden muss, in welchem Feld sich der ziel- und situationsadäquate Marketingprozess findet. Zwei Beispiele: Ein Hersteller von Industrieanlagen kann durchaus erwägen, Anlagen „von der Stange" als undifferenziertes Leistungspaket zu vermarkten (1.3); für einen Hersteller von Gütern, die im Produktgeschäft nachgefragt werden, kann es von strategischer Bedeutung sein, ein Geschäftsbeziehungsmarketing im Sinne des → Key-Account-Management zu betreiben (2.1).

Mit der Definition der beiden Dimensionen Transaktionssituation aus Nachfragersicht und Transaktionssituation aus Anbietersicht ist ein situativer Raster gegeben, der es erlaubt, im Einzelfall die Marketingaufgabe zu spezifizieren und einen bestimmten Typ von Marketingprozess aussagefähig zu beschreiben.

Abb. 1: Transaktionsmerkmale des Investitionsgütermarketing

Geschäftstyp Wettbewerbsfokus	Produktgeschäft	Systemgeschäft	Anlagengeschäft
Marketing auf anonymen Märkten	1.1	1.2	1.3
Marketing in längerfristigen Geschäftsbeziehungen	2.1	2.2	2.3
Marketing beim einzelnen Auftrag	3.1	3.2	3.3

Forschungsansätze im Investitionsgütermarketing müssen über die traditionellen Ansätze in der Marketinglehre hinausgehen. Die Paradigmata des SR- und des SOR-Ansatzes sind für die Erforschung des Konsumgütermarketing entwickelt worden. Sie beschreiben die Realität des Marketing durch Modelle, die das individuelle Kaufverhalten als Reaktion (Response) auf Verhaltensweisen (Stimuli) des Anbieters sowie der Umwelt darstellen. Individuelle Erklärungsmuster des Kaufverhaltens werden zu → Marktreaktionsfunktionen aggregiert. Die implizite Annahme dieser Ansätze ist ein passives, rein reaktives Käuferverhalten.

Die Realität der Investitionsgütermärkte lässt eine generelle Übernahme des SOR-Ansatzes in eine Theorie des Investitionsgütermarketing als nicht sinnvoll erscheinen, weil gerade die starke wechselseitige Beeinflussung der Teilnehmer auf Investitionsgütermärkten eine dominierende Besonderheit darstellt. Aus diesem Grund ist nach ersten Versuchen in der amerikanischen Literatur, den SOR-Ansatz auf das Investitionsgütermarketing zu übertragen, die Notwendigkeit interaktiver Ansätze für eine Modellierung von Marktprozessen auf Investitionsgütermärkten herausgestellt worden (vgl. insb. *Kirsch/Kutschker*, 1978; *Gemünden*, 1981; *Backhaus*, 1997).

→ *Interaktionsansätze* im Investitionsgütermarketing gehen auf die soziologischen Ansätze der → Austauschtheorie zurück und erklären den Verlauf und das Ergebnis von Markttransaktionen (als Spezialfall von Austauschprozessen) aus den Interaktionen der beteiligten Parteien. Diese Perspektive wird einem großen Teil der Marktprozesse auf Investitionsgütermärkten gerecht. Allerdings kann zum einen keine generelle Adäquanz des Interaktionsparadigmas für die Erklärung von Marktprozessen auf Investitionsgütermärkten festgestellt werden, zum anderen muss die Eignung des Interaktionsparadigmas für eine Managementperspektive in Frage gestellt werden. Wenn nämlich nicht nur das Verhalten des Nachfragers aus dem Verhalten des Anbieters, sondern das Verhalten des Anbieters umgekehrt auch aus dem Verhalten des Nachfragers erklärt wird, dann ist im Rahmen eines solchen Erklärungsmodells kein Platz mehr für normative Aussagen, z.B. über empfehlenswerte Strategien, Maßnahmen und Verhaltensweisen von Anbietern auf Investitionsgütermärkten. Der Interaktionsansatz ist für eine managementorientierte Lehre vom Investitionsgütermarketing wegen seiner Ausrichtung auf Anbieter- und Nachfragerverhalten zwar fruchtbar, aber er ist allein nicht hinreichend. Vielmehr macht erst eine Integration von SOR-Ansatz und Interaktionsansatz den Weg zu einer umfassenden Beschreibung des Investitionsgütermarketing als Teil der Marketingwissenschaft frei.

Das Schaffen und Durchsetzen von komparativen Konkurrenzvorteilen als Funktion des Marketing lässt sich zweckmäßig in systematischer Betrachtungsweise als *Regelkreis* beschreiben (vgl. *Abb. 2*). Die Elemente des Marketingsystems sind der Marke-

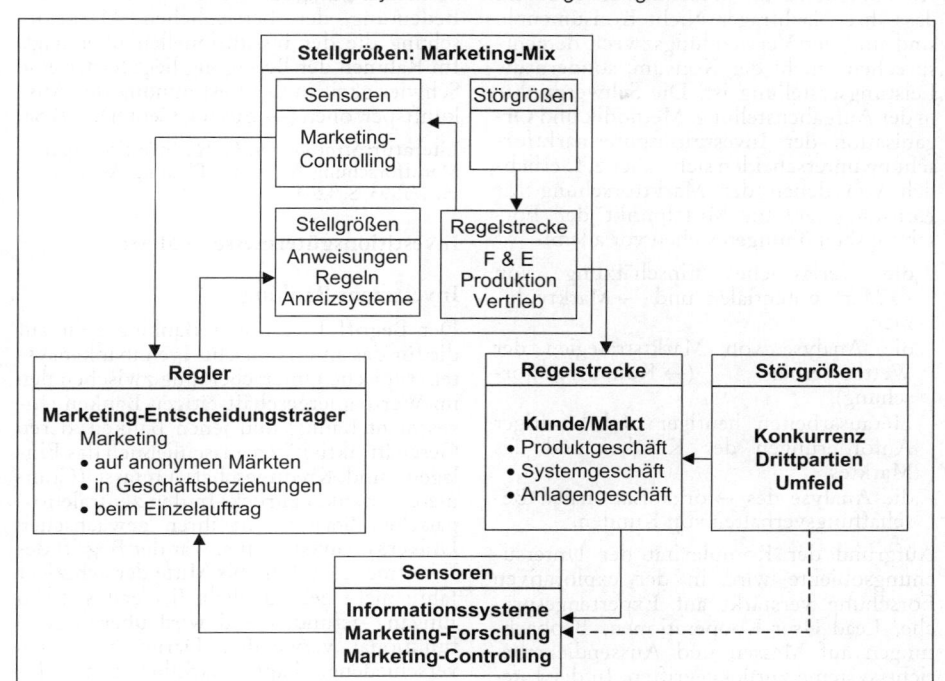

Abb. 2: Das System des Marketing-Management

[Diagramm: Regelkreis-Darstellung des Marketing-Management mit Stellgrößen (Marketing-Mix), Sensoren, Marketing-Controlling, Regelstrecke (F&E, Produktion, Vertrieb), Regler (Marketing-Entscheidungsträger: Marketing auf anonymen Märkten, in Geschäftsbeziehungen, beim Einzelauftrag), Regelstrecke (Kunde/Markt: Produktgeschäft, Systemgeschäft, Anlagengeschäft), Störgrößen (Konkurrenz, Drittparteien, Umfeld) und Sensoren (Informationssysteme, Marketing-Forschung, Marketing-Controlling).]

ting-Entscheidungsträger, der als Regler fungiert, das Marketing-Mix als Stellgröße, das Verhalten des bzw. der Nachfrager in Abhängigkeit vom Marketing-Mix sowie der Umwelteinflüsse als Regelstrecke sowie die Marketing-Information als antizipatives und reaktives Feedback-Element. Dieses ist eine realitätsnahe Beschreibung des Marketingprozesses, die allen neun Feldern in *Abb. 1* gerecht wird. Die Interaktionsprozesse zwischen Anbieter und Nachfrager in der Markttransaktion werden auf diese Weise explizit erfasst. Der Gegensatz zwischen SOR-Paradigma und Interaktionsparadigma wird aus einer Managementperspektive aufgehoben. Das Systemmodell des Marketingprozesses ist als SOR-Ansatz mit Feedback zu interpretieren.

Der Regelkreis des Marketingprozesses enthält in sich einen zweiten, inneren Regelkreis, der die Abstimmung und Ausrichtung aller betrieblichen Funktionen auf das Erreichen von KKV-Positionen beschreibt. Damit wird die doppelte Integrationsaufgabe des Investitionsgütermarketing erkennbar: Die Suche nach und die Definition von KKV-Positionen sowie die interne Sicherung des Schaffens und Durchsetzens dieser Positionen. Vor dem Hintergrund der besonderen Merkmale von Markttransaktionen auf Investitionsgütermärkten tritt diese Janusköpfigkeit als besonderes Merkmal des Investitionsgütermarketing hervor.

W.P.

Literatur: *Backhaus, K.:* Investitionsgütermarketing, 6. Aufl., München 1999. *Engelhardt, W. H.; Günter, B.:* Investitionsgüter-Marketing. Anlagen, Einzelaggregate, Teile, Roh- und Einsatzstoffe, Energieträger, Stuttgart u.a. 1981. *Gemünden, H.-G.:* Innovationsmarketing. Interaktionsbeziehungen zwischen Hersteller und Verwender innovativer Investitionsgüter, Tübingen 1981. *Kirsch, W.; Kutschker, M.:* Das Marketing von Investitionsgütern. Theoretische und empirische Perspektiven eines Interaktionsansatzes, Wiesbaden 1978. *Kleinaltenkamp, M.; Plinke. W.* (Hrsg.): Strategisches Business-to-Business Marketing, Berlin u.a. 2000. *Dies.* (Hrsg.): Geschäftsbeziehungsmanagement, Berlin u.a. 1997.

Investitionsgütermarktforschung

Planung, Beschaffung und Aufbereitung von Informationen für Marketingentscheidungen im → Investitionsgütermarketing. Investitionsgüter unterscheiden sich von

Konsumgütern im Wesentlichen dadurch, dass ihre Nachfrager Nicht-Konsumenten sind und der Verwendungszweck dementsprechend nicht der Konsum, sondern die Leistungserstellung ist. Die Schwerpunkte in der Aufgabenstellung, Methodik und Organisation der Investitionsgütermarktforschung unterscheiden sich daher z.T. erheblich von denen der Marktforschung für Konsumgüter. Im Mittelpunkt der Forschungsbemühungen stehen vor allem:

- die verlässliche Einschätzung von → Marktpotentialen und → Marktvolumen,
- die Analyse von Marktstrategien der Wettbewerber (→ Konkurrenzforschung),
- Herausarbeiten heutiger und künftiger Anforderungen der Kunden und des Marktes,
- die Analyse des → organisationalen Beschaffungsverhalten von Kunden.

Aufgrund der Komplexität der Untersuchungsobjekte wird in der explorativen Forschung verstärkt auf Expertengespräche, Lead-User-Kooperationen, Beobachtungen auf Messen und Aussendienstberichtssysteme zurückgegriffen. In der Literatur häufig angeführte Experimente sind die Präsentation von Dummys auf Messen oder der probeweise Einsatz von Alternativprodukten (s.a. → Electronic Prototyping). In der deskriptiven Forschung wird hauptsächlich auf sekundärstatistische Daten zurückgegriffen. Die wichtigsten Quellen hierfür stellen die → Amtliche Statistik, → Datenbanken sowie Veröffentlichungen von Verbänden und Wirtschaftsorganisationen dar. So können beispielsweise durch die Ermittlung der derivativen Nachfrage mittels Sekundärdaten, Rückschlüsse auf das Marktpotential bestimmter Investitionsgüter gezogen werden. Die dominierende Rolle der Sekundärdaten erklärt sich v.a. dadurch, dass in den meisten Fällen nicht die Voraussetzungen für repräsentative Primärerhebungen gegeben sind.

Bezüglich der Investitionsgütermarktforschung gestaltet es sich oftmals als problematisch, geeignete Interviewer auszuwählen. Da standardisierte Befragungen aufgrund der oftmals äußerst komplexen Sachverhalte ungeeignet sind, werden fachlich kompetente Interviewer (Experten) benötigt, die folglich meist Unternehmensangehörige des Investitionsgüteranbieters sind. Die Vermutung lieg daher nahe, dass mit zunehmender technischer Komplexität die Bedeutung der betrieblichen Marktforschung die der institutionellen übersteigt. Im Rahmen der Befragung liegt ferner eine Schwierigkeit in der Bestimmung der Auskunftspersonen (→ Buying Center). B.Sa.

Literatur: *Strothmann, K.-H.:* Investitionsgüter-Marktforschung heute, in: Planung & Analyse, H. 4/1993, S. 42–47.

Investitionsgütermesse → Messe

Investment Banking

Der Begriff Investment Banking geht auf die für das amerikanische Trennbankensystem typische Unterscheidung zwischen den im Wertpapiergeschäft tätigen Banken (Investment Banks) und jenen Banken, deren Geschäftsaktivitäten ausschließlich das Einlagen- und Kreditgeschäft umfasst (Commercial Banks) zurück. In den zentraleuropäischen Staaten mit ihren gewachsenen Universalbanksystemen war der Begriff des Investment Banking bis Mitte der achtziger Jahre nicht gebräuchlich, hat erst seitdem Eingang gefunden und wird überwiegend funktional verwendet. Darunter werden verschiedene kapitalmarktbezogene Finanzdienstleistungen subsumiert, bei denen im Gegensatz zum Commercial Banking insbesondere Provisionserträge generiert werden.

Im Allgemeinen werden folgende Aktivitäten bzw. Geschäftsfelder dem Investment Banking zugerechnet:

- Emission und Platzierung von Finanzinstrumenten
- Handel von Finanzinstrumenten auf eigene und fremde Rechnung
- Wertpapierverwaltung
- Portfoliomanagement
- Beratungsleistungen in den Bereichen Fusion (Mergers & Acquisitions), Börseneinführung, Venture Capital, Management von Zins-, Währungs- und Kursrisiken (→ Financial Engineering, → Corporate Finance).

Kennzeichnend für das Investment Banking ist, dass Aktivitäten in diesen Geschäftsfeldern organisatorisch zusammengefasst werden und eine entsprechende Spezialisierung vorgenommen wird. O.B.

Literatur: *von Rosen, R.; Seifert, W.G.* (Hrsg.): Die Übernahme börsennotierter Unternehmen, Frankfurt 1999. *Scott-Quinn, B.:* Investment Banking. Theory and Practice, London 1990.

Investor Relations

Jener Teil der → Public Relations, der sich mit dem wirtschaftlichen Ergebnis eines Unternehmens sowie Vorgängen, die einen Einfluss auf dessen Bilanz und Erfolgsrechnung haben können, beschäftigt. Dazu gehören insbesondere das Vierteljahres-, Halbjahres- und Jahresergebnis, Fusionen, Firmenkäufe und –verkäufe, Teil-Ausgliederungen, Restrukturierungen, Arbeitsplatzabbauten, strategische Allianzen sowie weitere börsenrelevante Tatsachen. Wegen des steigenden Interesses an Aktien im breiten Publikum und des Stellenwerts des Shareholder Value kommt den Investor Relations im Rahmen der PR-Bemühungen eine zunehmende Bedeutung zu. Zielgruppen der Investor Relations sind Anleger, v.a. Großanleger wie Versicherungen, Banken, speziell Analysten, und Finanzjournalisten. Im Rahmen der Investor Relations geht es primär um die Pflege des Aktienkurses eines Unternehmens, indem sie dieses den Anlegern als attraktive Investitionsmöglichkeit präsentiert. Durch die Investitionen der Zielgruppen erlangt das Unternehmen günstiges Eigen- oder Risikokapital. Bei Vernachlässigung dieser Aufgabe könnte der Aktienkurs sinken und das Unternehmen würde riskieren, zu einem billigen Übernahmekandidaten zu werden. Wichtige Instrumente der Investor Relations sind der → Geschäftsbericht, die Jahrespressekonferenz, Analysten-Briefings sowie Präsentationen vor Anlegervertretern und Analysten an wichtigen Finanzplätzen im Rahmen von sog. *Road Shows*. P.F.

Involvement

bezeichnet in der Theorie des → Käuferverhaltens den Grad der persönlichen Betroffenheit von einem Thema. Involvement ist → Aktiviertheit, → Motivation zur Suche, Aufnahme, Verarbeitung und Speicherung von Information über den betreffenden Gegenstand. Aktiviertheit ist im Gegensatz zu Involvement nicht notwendig auf ein bestimmtes Thema gerichtet. Involvement ist als Konstrukt der Theorie des Käufer- und insb. des → Informationsverhaltens außerordentlich fruchtbar zur Beschreibung, Erklärung, Prognose und Beeinflussung des Verhaltens von Zielkunden und anderen Rezipienten. Je höher das aktuelle Involvement einer Person, desto größer ist die Wahrscheinlichkeit und Intensität der Informationsaufnahme und des entsprechenden Verhaltens (→ Werbeinvolvement). Das Involvementniveau wird hier auf einem Kontinuum von „Low" bis „High" angegeben. Es werden aber auch Low- und High-Involvement-Prozesse kategorisch unterschieden: Unter High-Involvement setzt man sich aktiv und kritisch mit der Information auseinander, unter Low-Involvement wird man passiv und beiläufig informiert („berieselt") und produziert kaum kritische kognitive Reaktionen, so dass es hier auf Einfachheit und Häufigkeit der Stimulierung ankommt, nicht auf Stärke und Qualität der Botschaft.

Diese eindimensionale Sicht beschreibt als wichtigste Dimension die Stärke des Involvement, nicht seine Einflussfaktoren, die für eine gezielte Anwendung der Involvementtheorie im Marketing (Anpassung an Involvement-Segmente und Beeinflussung des Involvement) bekannt sein müssen. Diese mehrdimensionalen Determinanten des Involvement werden nach marketingrelevanten Bereichen gegliedert: Produkt, Zielperson, Medium, Botschaft und Situation:

Produktinvolvement:

Das Involvementniveau ist von Eigenschaften des betreffenden Produkts abhängig, insbesondere – über die mit dem Kauf verbundenen Kosten (Preis und Folgekosten), Qualitäten und Bindungen – von dem wahrgenommenen produktstpezifischen finanziellen und sozialen Risiko eines Fehlkaufs. Die produktspezifischen Determinanten wirken zwar nicht direkt, sondern über individuelle Dispositionen wie Risikoneigung, produktspezifische Expertise und Lebensstil, aber durchschnittlich betrachtet kann man doch High-involvement- von Low-involvement-Produkte unterscheiden, z.B. Versicherung, Wohnung, Auto, Urlaubsreise einerseits, Verbrauchsgüter des täglichen Bedarfs andererseits.

Personenspezifisches Involvement:

Verschiedene Personen können durch persönliche Eigenschaften (Kenntnisse, Motive, Einstellungen, Werte usw.) verschieden stark involviert sein. Je stärker das Thema zentrale Dispositionen berührt, umso höher ist das personenspezifische Involvement. So sind etwa Numismatiker gegenüber Briefmarken hoch involviert, andere Personen überhaupt nicht, ökologisch hoch motivierte Personen sind bei Lebensmitteln besonders involviert, usw. Das bietet interessante Ansatzpunkte für die Marktsegmentierung.

Medieninvolvement:
Das Kommunikationsmedium und die Kommunikationsform haben einen Einfluss auf das Involvement. So sind Medien mit der Möglichkeit passiver Informationsaufnahme (Plakat, Banden, Radio, Fernsehen) eher für Low-Involvement-Kommunikation geeignet. Die meisten Printmedien, die persönliche Beratung und manche Events sind dagegen aufgrund der notwendigen aktiven Beteiligung eher für High-Involvement-Kommunikation geeignet. Zusätzlich hängt das Involvement auch vom Kontext der betreffenden Botschaft ab.

Botschaftsinvolvement:
Eine Botschaft ist subjektiv mehr oder weniger interessant, nicht nur wegen des Inhalts, sondern auch wegen des Unterhaltungs- und ästhetischen Wertes. So aktivieren Bilder stärker als Texte, biologische (angeborene) Reaktionen auf bestimmte Stimuli sind stärker als soziale (erlernte). Manche der Botschaftseigenschaften sind schwer von denen zum Medieninvolvement abzugrenzen, und wieder gibt es Interdependenzen mit anderen Involvementdeterminanten, insbesondere mit Produkt- und Zielpersoneneigenschaften.

Situationsinvolvement:
Entscheidend für die situative Höhe des Involvement ist, ob sich die Person gerade in einem Kaufprozess befindet oder nicht. Im Kaufprozess ist man bei High-Involvement-Produkten hoch involviert, längere Zeit davor aber gering. Bei selten gekauften High-Involvement-Produkten sind also nur sehr wenige Zielpersonen zum Zeitpunkt einer Werbeschaltung hoch involviert und können deshalb nur durch Low-Involvement-Werbung beeinflusst werden. Je näher der Entscheidungszeitpunkt, desto höher das Involvement. Nach einem High-Involvement-Kauf kommt es oft zur → kognitiven Dissonanz, die das hohe Involvement noch einige Zeit aufrecht erhält. Unabhängig von der Ausprägung der anderen Involvementdeterminanten ist das Involvementniveau außerdem abhängig von sonstigen situationsspezifischen Bedingungen, z.B. von Ablenkung oder Müdigkeit.

Aufgrund der genannten Eigenschaften und Determinanten von Involvement ist die angemessene Gestaltung der Werbebotschaft und die Mediaselektion erfolgskritisch (→ Emotionale Werbung, → Werbestrategie). Außerdem führt die zunehmende Produkthomogenität zu abnehmendem Involvement. Allgemein muss der steigenden Kommunikationskonkurrenz und der Informationsflut tendenziell mit solcher Kommunikation begegnet werden, die wenig Anspruch an das Involvement der Zielpersonen stellt. Auch um hohe Streuverluste von High-Involvement-Werbung zu vermeiden, geht die Tendenz in Richtung Low-Involvement-Werbung. Allerdings stößt steigende Frequenz und Aufdringlichkeit von (Low-Involvement-)Werbung zunehmend auf Werbevermeidung und Nichtbeachtung. Die Lösung dieses Dilemmas wird durch Sonderformen der Werbung (Gewinnspiele, Events, Sponsoring, Productplacement usw.) und durch die neuen interaktiven Medien mit zunehmend individualisierter Ansprache unterstützt. V.T.

Literatur: *Trommsdorff, V.:* Konsumentenverhalten, 3. Aufl., Stuttgart u.a. 1998. *Kapferer, J.N.; Laurent, G.:* Consumer Involvement Profiles, in: JAR, Vol. 25 (1985), S. 41–53.

IPA-Methode

eine nach dem Institute of Practioners in Advertising benannte Methode zur Erhebung der Leser pro Nummer (→ Leserschaftsforschung). Mit der Frage: „Wann haben Sie den Titel... zuletzt gelesen oder durchgeblättert?" wird versucht, den Umfang der Leserschaft und somit die → Reichweite des Mediums zu erfassen.

IRC (Internet Relay Chat)

ist gleichsam eine spezielle Form des Online Chat als auch ein Dienst im → Internet, der synchrone Kommunikation mit anderen Teilnehmern in Echtzeit ermöglicht.
IRC verfolgt das Prinzip der → Bulletin Board Systeme, wo sich der Nutzer direkt an einen den Dienst betreibenden Server anmelden muss und dort in einen virtuellen Raum mit anderen angemeldeten Nutzern in Kontakt treten kann. Im Gegensatz zum Bulletin Board System erfolgt die Verbindung der Rechner aber beim IRC über das Internet-Protokoll.
Der Dienst ist textbasiert und bedarf einer speziellen Software zur Nutzung. IRC ist technisch vom webbasierten Online Chat zu unterscheiden, der zumeist nicht auf der Client-Server-Architektur des IRC beruht.
B.Ne.

Irradiation

Verzerrungseffekte in der → Wahrnehmung, bei dem eine Eigenschaft, z.B. die Innenfarbe eines Kühlschranks, auf eine andere, z.B. die Kühlleistung, ausstrahlt. Wird das gesamte → Image von der Wahrnehmung eines Merkmals dominiert, spricht man von *Attributdominanz*.

Irreflexität → Messung

Irreführende Werbung

ist als Tatbestand des → Werberechts das Hervorrufen oder Bestätigen eines falschen, d.h. der Realität nicht entsprechenden Eindrucks mittels Werbung. Irreführungen in der Werbung schädigen die Verbraucher, die im Vertrauen auf die Richtigkeit der Werbeaussagen ihre Konsumentscheidungen treffen. Die auf Irreführungen zurückzuführenden Einstellungs- und Verhaltenswirkungen führen auch zu einer Verzerrung der Marktprozesse und somit zu einer Schädigung der Wettbewerber und zu einer Beeinträchtigung der Institution Wettbewerb selbst. Diese Negativwirkungen begründen die Notwendigkeit von rechtlichen Regelungen zur Verhinderung bzw. Ahndung irreführender Werbung.
In Deutschland stellt der § 3 des → UWG die wesentliche Rechtsgrundlage dar. Danach sind irreführende Angaben geschäftlicher Art, v.a. über die Beschaffenheit (→ Beschaffenheitsangaben), den Ursprung, die Herstellungsart oder die Preisbemessung von Waren oder gewerblichen Leistungen, verboten. Angaben i.S. des § 3 sind nachprüfbare Aussagen über geschäftliche Verhältnisse in Wort und Bild. Für die rechtliche Beurteilung einer Angabe ist die sog. → Verkehrsauffassung entscheidend. Irreführung liegt vor, wenn ein nicht unerheblicher Teil der Zielgruppe die Werbung in einem Sinne versteht, der den tatsächlichen Verhältnissen nicht entspricht. Bei der Ermittlung des Verständnisses wird ein Durchschnittsmaßstab bezüglich Aufmerksamkeit, Erfahrung, Sachkenntnis und Intelligenz der Adressaten und die Situation eines flüchtigen Lesens oder Hörens zu Grunde gelegt. Der zu schützende Personenkreis ist nicht grundsätzlich prozentual fixiert, sondern wird von Fall zu Fall festgelegt; vielfach werden Anteile von ca. 15 – 25 % Irregeführter eines Verkehrskreises als kritischer Wert angesehen. Irreführend ist eine Angabe in jedem Fall, wenn der falsche Eindruck durch eine objektiv falsche Behauptung erweckt wird. Irreführende Werbung liegt aber auch vor, wenn die Verkehrskreise mit einer objektiv richtigen Angabe unrichtige Vorstellungen verbinden.
Zu den wesentlichen Fallgruppen der irreführenden Werbung gehören:

(1) *Blickfangwerbung*: Als Blickfang besonders herausgestellte Angaben können irreführend wirken, wenn sie bei isolierter Betrachtung einen Eindruck erwecken, der nachhaltig von dem abweicht, der unter Berücksichtigung des übrigen Inhalts der werblichen Ankündigung entsteht.

(2) *Irreführung durch Verschweigen*: Das Verschweigen einer für den Kaufentschluss wesentlichen Tatsache kann irreführend sein, z.B. wenn eine Aufklärungspflicht seitens des Anbieters besteht.

(3) *Werbung mit Selbstverständlichkeiten*: Werbebehauptungen, die Umstände hervorheben, die bei allen Erzeugnissen dieser Art vorliegen müssen, sind irreführend, auch wenn die Angaben objektiv richtig sind.

(4) → *Alleinstellungswerbung*: Die Behauptung einer Spitzenstellung ist irreführend, wenn sie nicht nachweislich wahr ist.

Die Vorschriften des § 3 UWG werden durch den § 4 UWG (Strafbare Werbung) ergänzt. Hier werden vorsätzlich unwahre und zur Irreführung geeignete werbliche Angaben, die sich an einen größeren Personenkreis richten, unter Strafe gestellt.
Ansprüche auf Unterlassung einer irreführenden Werbung nach § 3 UWG können gem. § 13, II UWG erhoben werden von Gewerbetreibenden, die Waren oder gewerbliche Leistungen gleicher oder verwandter Art vertreiben, rechtsfähigen Verbänden zur Förderung gewerblicher Interessen (Wirtschaftsverbänden), Verbraucherverbänden sowie Industrie- und Handelskammern oder Handwerkskammern. Geschädigte Mitbewerber können darüber hinaus Schadensersatz verlangen (§ 13, VI), wenn der Werbetreibende wusste oder wissen musste, dass die von ihm gemachten Angaben irreführend sind. Der einzelne Konsument hat weder Unterlassungs- noch Schadensersatzanspruch (→ UWG). Liegen die Voraussetzungen des § 4 vor, kann der getäuschte Abnehmer vom Vertrag zurücktreten (§ 13a).
Es ist – auch im Zusammenhang mit der EU-weiten Neuregelung des Irreführungsrechts – umstritten, ob die derzeitige Regelung Irreführungen in der Werbung effizi-

Irrtumswahrscheinlichkeit

ent zu verhindern vermag. Während die Werbewirtschaft auf den – auch im internationalen Maßstab – hohen Stand der Wettbewerbs- und Werbekontrolle verweist, verlangen Vertreter der Verbraucherpolitik zusätzliche Vorschriften (z.B. Beweislastumkehr, Bündelung von Schadensersatzansprüchen, Verschärfung des Werbestrafrechts).

Marketingwissenschaftlich steht die Entwicklung von Verfahren zur Operationalisierung und Messung von Irreführungen im Zentrum des Interesses. Basis dafür ist v.a. die Theorie der → Wahrnehmung mit den dazugehörigen Spezialgebieten, z.B. der Produkt- und der → Preiswahrnehmung. Dabei werden teilweise auch Irreführungen durch Werbung berücksichtigt, die wettbewerbsrechtlich weitgehend unbeachtlich sind. Dazu gehören:

- Irreführungen bezüglich Produktverwendungsmöglichkeiten, z.B. über die Eignung des Produktes, bestimmte soziale Bedürfnisse zu befriedigen,
- Irreführungen über Bedürfnisse, Normen und Rollenerwartungen in ihrer Eigenschaft als Qualitätsbewertungskriterien und
- Irreführungen über die Quelle der werblichen Information. B.St./I.M.

Literatur: *Schräder, K.; Hohl, P.:* Wettbewerbsrecht und Werbung, Freiburg usw. 1999. *Baumbach, A.; Hefermehl, W.:* Wettbewerbsrecht, 22. Aufl., München 2000. *Ludwig, B.:* Irreführende und vergleichende Werbung in der Europäischen Gemeinschaft, Baden-Baden 1995. *Dedler, K.; Grunert, K.G.:* Die Diagnose irreführender Werbung: Auf der Suche nach einer praktikablen Messmethode, in: Jahrbuch der Absatz- und Verbrauchsforschung, 27. Jg. (1981), Nr. 4, S. 305-328. *Raffée, H. u.a.:* Irreführende Werbung, Wiesbaden 1976.

Irrtumswahrscheinlichkeit

gibt im Rahmen der → Inferenzstatistik die Wahrscheinlichkeit dafür an, dass das Resultat überhaupt nicht zutrifft, bei der Intervallschätzung also etwa den Prozentanteil der Fälle, in denen der unbekannte wahre Wert der Grundgesamtheit nicht vom Intervall umschlossen wird. Das Komplement zu 1 bzw. 100 ist die → Vertrauenswahrscheinlichkeit, bei → Signifikanztests spricht man auch von → Signifikanzniveau.

ISB (Institut für Selbstbedienung)
→ EHI

ISDN (Integrated Services Digital Network)

ist ein Dienst in → Kommunikationsnetzen und ein Standard für die digitale Telekommunikation. Ein ISDN-Anschluss bietet 2 B-Kanäle für die Sprach- oder Datenkommunikation mit je 64 Kbit/s Transferrate. Damit lassen sich an einem Netzanschluss gleichzeitig 2 Kommunikationsverbindungen (z.B. eine Telefonverbindung und eine Verbindung zum Online-Provider) aufbauen. A.V./B.Ne.

I-Skala → Skalierungstechnik

Isochronen → Standort im Handel

Isogewinnlinien-Modelle → Preistheorie

Item → Operationalisierung

Itembatterie

Gruppe von Fragestellungen zur Erhebung bestimmter mehrdimensionaler → theoretischer Konstrukte (z.B. → Einstellungen) im → Fragebogen.

Iterierte Minimaldistanzpartition

Begriff aus der → Clusteranalyse. Ausgangspunkt ist eine disjunkte Klassifikation $\kappa^0 = \{K_1^0,...,K_s^0\}$, die entweder zufällig gewählt oder geeignet berechnet wird (→ partitionierende Clusteranalyse). Für einen vorgegebenen Bewertungsindex der Form $v(\{i\},K)$ (→ Distanzindex) sucht man verbesserte Klassifikationen $\kappa^1, \kappa^2,...$, indem man für jedes Objekt i die Klasse K sucht, die den Wert $v(\{i\},K)$ minimiert. Aus κ^v entsteht κ^{v+1} durch

$$K_j^{v+1} = \{i \in N : \min_K v(\{i\},K) = v(\{i\},K_j^v)\},$$
j=1,...,s.

Dabei können mehrere Objekte die Klasse wechseln. Man erhält oft bereits nach wenigen Schritten die Identität $\kappa^v = \kappa^{v+1}$ und bricht das Verfahren ab. Das Verfahren hat jedoch einige Nachteile. Das Verfahren kann in einen Zyklus münden, gelegentlich wird auch die Klassenzahl verringert. Ferner verzichtet man auch auf einen Index der Form $b(\kappa^v)$ (→ Distanzindex), der die Klassifikation explizit bewertet. Da die iterierte Minimaldistanzpartition jedoch i.a. schnell in die Nähe einer günstigen Lösung führt, empfiehlt es sich, dieses Verfahren zunächst auf κ^0 anzuwenden und anschließend ein → Austauschverfahren zu nutzen. O.O.

IVW

Abkürzung für die *Informationsgemeinschaft zur Feststellung der Verbreitung von Werbeträgern e.V.* 1949 als Tochterorganisation des → ZAW gegründet, besteht die Hauptaufgabe des IVW darin, objektive Daten über die Verbreitung von Werbeträgern zu beschaffen. Ursprünglich als Einrichtung zur Auflagenkontrolle von Printmedien geschaffen, wurde der Tätigkeitsbereich der IVW im Laufe der Jahrzehnte auf weitere Medien, wie etwa Plakatanschlag, Verkehrsmittelwerbung, Filmtheater, Funkmedien, elektronische Datenträger und Online-Medien, ausgedehnt, für die jeweils spezielle Richtlinien gelten. Ein spezielles IVW-Signet zu tragen ist berechtigt, wer sich den Prüfungen und Kontrollen des IVW unterwirft.

Literatur: *Wollemann, H.:* Die IVW – Aufgaben und Bedeutung, hrsg. vom IVW, Bonn.

IVW-Verfahren

bezeichnet die objektiven Messverfahren der Informationsgemeinschaft zur Feststellung der Verbreitung von Werbträgern (→ IVW) zur Messung von Werbeträgerleistungen. Die Verfahren der neutralen Instanz haben auch im → Online-Marketing eine wichtige neue Bedeutung erhalten, da hier lange Zeit eine hohe Intransparenz in den Angaben der Werbeträger gegeben war, welche mit der Einführung eines definierten Messverfahren der IVW verringert werden konnte.

Das Messverfahren von Online-Medien der IVW weist sowohl Page-Impressions als auch → Visits aus. Die Messung erfolgt durch den Aufruf eines Server-seitigen Programms, der die Zählung des Seitenzugriffes erzwingt, auch wenn diese Seite bereits im lokalen Cache des Browsers oder dem des Proxy-Servers vorliegt. Aus den erhobenen Daten ermittelt das Verfahren den Clickstream und identifiziert einzelne Browsertypen. B.Ne.

J

Jahresbericht → Geschäftsbericht

Jahresgespräche
sind eine spezifische Verhandlungssituation zwischen Hersteller und Handel im → vertikalen Marketing. Während in verschiedenen Branchensituationen (z.B. in der Automobilindustrie) längerfristige Absprachen über die Zusammenarbeit zwischen Hersteller und Handel bestehen, erhält die Industrie in der Zusammenarbeit mit dem Einzelhandel in der Konsumgüterindustrie oftmals nur einmal im Jahr die Möglichkeit, über die Aktivitäten im Absatzkanal zu verhandeln (→ Koordination im vertikalen Marketing). Die Verhandlungssituation wird dabei maßgeblich von der → Marketingführerschaft im Absatzkanal beeinflusst. Durch seine → Gatekeeperfunktion ist der Handel heute vielfach in der Lage, die Verhandlungsinhalte zu diktieren und beschränkt sich dabei häufig auf die Aushandlung günstiger Einkaufskonditionen und setzt damit die Industrie maßgeblich unter Druck. T.T./M.Sch.

Jahrespressekonferenz
→ Investor Relations

Jahreswagen → Rabattgesetz

Ja: Nein-Fall → Variable-Menge-Fall

JAVA
Plattformunabhängige objektorientierte Programmiersprache, die es erlaubt, Webseiten mit verschiedenen, auch interaktiven Spezialeffekten auszustatten (→ Internet). Die zur Ausführung von JAVA-Programmen benötigte „Java Virtual Machine" ist heute in den meisten Browsern integriert. Da sich JAVA-Programme nahezu auf jedem Computer ausführen lassen, wird JAVA auch in Haushalts- und Unterhaltungsgeräten eingesetzt. Vor allem in Verbindung mit → JINI könnten sich völlig neue Möglichkeiten für das Marketing ergeben. B.S./K.S.

JAVA-Script
ist eine von Netscape in Zusammenarbeit mit Sun Microsystems entwickelte Scriptsprache, die es ermöglicht, → HTML-Dokumente mit interaktiven Inhalten zu versehen (→ Internet-Technik). JAVA-Script hat technisch mit der Programmiersprache JAVA wenig gemeinsam. JAVA-Script-Codes können nicht alleine ausgeführt werden, sie laufen innerhalb anderer Anwendungen (z.B. in → Browsern) ab. Aus Marketingsicht ist JAVA-Script vor allem deswegen interessant, weil es eine höhere Interaktion mit dem Nutzer ermöglicht. B.S./K.S.

Jingle
Kombination einer Kurzmelodie mit verbalen Stimuli, die sich von Slogans eigentlich nur durch ihre musikalischen Elemente unterscheidet. Jingles stellen eine besonders häufig verwendete Gestaltungsform in der → Hörfunkwerbung dar und übernehmen in Hörfunkspots eine „Signalfunktion". Am Spotanfang eingesetzt, tragen Jingles zur Erkennung und Identifizierung des umworbenen Werbeobjekts bei. Sie erhöhen das Aktivierungsniveau der Hörer, können aber auch als Spannungsauslöser fungieren.
Im Rahmen von Hörfunkspots eignen sich Jingles besonders zur werblichen Herausstellung des Unternehmensnamens und zur gestalterischen Umsetzung weitgehend unthematisierter Marktleistungen von Unternehmen. R.Hi.

JINI
(Java Intelligent Network Infrastructure) ist eine auf JAVA basierende Technologie, die den Aufbau von Netzwerken vereinfachen soll (→ Internet-Technik). Mit JINI können sowohl Computer als auch vernetzte Unterhaltungs- und Haushaltsgeräte ohne vorherige Konfiguration vernetzt werden. Die JINI-Technologie folgt dabei einem radikal dezentralen Ansatz, bei dem die Kontrolle über das ganze Netzwerk verteilt ist und keine Zentrale existiert. Die Besonderheiten für das Marketing bestehen darin, dass Marketing auf wesentlich dezentralen Einheiten erfolgen kann. Dies bedeutet bei-

Jobber

spielsweise, dass individuelle Werbung auf dezentralen Einheiten wie Toastern, Mikrowellengeräten, Druckern oder PCs erfolgen kann. Des Weiteren könnten möglicherweise so genannte PDAs („Personal Digital Assistants") Preisverhandlungen und Zahlungsanweisungen selbständig mit mobilen Terminals, die z.B. in Bussen und Bahnen oder öffentlichen Einrichtungen wie Theatern oder Museen installiert sind, durchführen.   B.S./K.S.

Jobber

ursprünglich im angloamerikanischen Börsenhandel üblicher Begriff; im → internationalen Handel versteht man darunter Gelegenheitshändler, die meist geschlossene Partien aufkaufen und sie entweder en bloc oder in kleineren Mengen weiterverkaufen (s.a. → Partiegeschäft). Wesentlich für die Geschäftstätigkeit sind entweder Überschussproduktionen oder durch den Jobber veranlasste Auftragsfertigung. Im Gegensatz zum → Distributor ist das Absatzgebiet nicht beschränkt. Typisch für den Jobber ist das → Streckengeschäft (Exportstreckengeschäft). Die Finanzierung erfolgt im internationalen Geschäft über Factoring.   H.Ma.

Jointspace

Stimuli und Präferenzen der Urteilspersonen einer → Mehrdimensionalen Skalierung (MDS) werden in einer gemeinsamen räumlichen Darstellung vereint (→ Positionierung). Bei der Erzeugung eines Wahrnehmungsraums unterscheidet man zwischen interner und externer Präferenzanalyse. Bei der internen Präferenzanalyse (→ Unfolding) sind sowohl Wahrnehmungsraum als auch Präferenzraum unbekannt und werden unter zu Grundelegung eines Präferenzmodells gemeinsam geschätzt. Die externe Präferenzanalyse verwendet als Ausgangsbasis die bekannten Stimuluskoordinaten des Wahrnehmungsraumes und ermittelt auf dieser Basis die Präferenzparameter der Urteilspersonen. Zur Anwendung kann das Programm → PREFMAP eingesetzt werden.   L.H.

Joint Venture

→ Kooperation von zwei oder mehr rechtlich selbständigen Unternehmen, die entweder ein gemeinschaftlich geführtes Unternehmen gründen, in das sie Kapitalanteile oder Vermögenswerte einbringen, oder eine vertragliche Bindung miteinander eingehen. Ziel der Kooperation bei internationalen Joint Ventures ist zumeist die Verknüpfung der Marktkenntnis, Ressourcen (z.B. niedrige Arbeitskosten, Zugang zu knappen natürlichen Ressourcen oder Subventionen) und Fähigkeiten (z.B. Beziehungen zu wichtigen Interessenträgern) des Gastlandunternehmens mit Fähigkeiten des ausländischen Investors (z.B. Produktions- oder Management-Know how, internationale Distribution).
Die Partnerwahl ist entscheidend für den Erfolg eines Joint Ventures. Eine vor der Vertragsunterzeichnung gemeinsam erstellte Studie sollte sicherstellen, dass

- die Partner aus der Kooperation höheren Nutzen ziehen als aus individuellen Aktivitäten,
- das gemeinsame Interesse und gegenseitiges Verständnis eine enge Koordination der Ziele zulassen,
- Transparenz der Berichtssysteme für den jeweils anderen Partner sichergestellt ist,
- die Managementverantwortlichkeit und Gewinn- bzw. Verlustaufteilung sowie Finanzströme in Fremdwährungen eindeutig geregelt sind.

Nur einander gegenseitig ergänzende Fähigkeiten sowie eine stabile wechselseitige Abhängigkeit der Partner können die ansonsten häufig rasche Übernahme des Joint Ventures durch einen der Partner verhindern.   H.Mü.

Joy-Rides → Immersion

J-Skala → Skalierungstechnik

Jubiläumsverkauf

Nach § 7 Abs. 3 Nr. 2 UWG sind Jubiläumsverkäufe als beliebte Formen der → Verkaufsförderung vom allgemeinen Verbot der → Sonderveranstaltungen ausgenommen, wenn sie anlässlich der Feier des Bestehens eines Unternehmens im selben Geschäftszweig nach Ablauf von jeweils 25 Jahren stattfinden. Die Dauer von Jubiläumsverkäufen ist – wie die von → Schlussverkäufen – auf 12 Werktage beschränkt. Die Werbung für Jubiläumsverkäufe unterliegt den allgemeinen Schranken, sie darf also nicht irreführend oder in sonstiger Weise wettbewerbswidrig sein. Auch gelten die Beschränkungen der → Zugabeverordnung und des → Rabattgesetzes. Unzulässig ist es, Anpreisungen vorzunehmen, die beim Publikum den irrigen Eindruck eines Jubiläumsverkaufes erwecken, ohne dass die Voraussetzung des § 7 Abs. 3 Nr. 2 UWG vorliegt, z.B. die Werbung mit „Jubiläumsangebot" oder „Jubiläumspreisen".

H.-J.Bu.

Jugendmarkt

Im Marketing beliebte → Zielgruppe. Unter Jugend werden hier im engeren Sinne die 14- bis 19-Jährigen, im weiteren Sinne die 14- bis 29-Jährigen verstanden. Die Altersgrenzen verschwimmen zunehmend. Kinder werden früher „Jugendliche" und diese lassen sich mit dem Erwachsenwerden Zeit. In den letzten Jahren ist der bevölkerungsproportionale und absolute Rückgang des Anteils der Unter-30-Jährigen weitergegangen. Nur Ausländergruppen zeigen überproportional hohe Geburtenraten.

Die „jungen Märkte" zeigen trotzdem keinen Rückgang, weil die Lebensspanne, die man „Jugend" nennt, sich schon seit den 60er-Jahren ständig verbreitert hat – ein Prozess, der allen Anzeichen nach noch nicht abgeschlossen ist. Er entsteht sowohl durch früheren Eintritt in die Jugendphase, als auch durch Verlängerung des Lebensabschnitts, in dem ein jugendlicher Lebensstil praktiziert wird. Nach der Shell-Jugendstudie des Instituts Psydata liegt die Jugendphase heute zwischen 16 und 32 Jahren. Nach eigenen Erkundungen weiten wir den Zeitraum auf 12 bis 34 Jahre aus. Dabei ist die Geschlechterdifferenzierung zu beachten: Die frühreifen Mädchen fühlen sich schon mit 12 bis 13 Jahren als „junge Mädchen" und nicht mehr als Kind. Das subjektive Erwachsensein hängt u.a. von der finanziellen Etablierung und dem Familienstand ab. Ein jugendlicher Lebensstil kann sich jedoch mit den frühen Phasen des Etabliertseins überlappen – ein Trend, der in den 90er-Jahren rasch zunahm.

Ein deutlicher psychologischer Trend ist der zunehmende Realismus und Pragmatismus mit ausgeprägten, auf das Materielle gerichteten Motivationen. Sie führen zu einem engagierten Leistungsstreben mit der Zielsetzung, sich eine materielle Grundlage zu sichern. Dahinter steht das Streben nach Lebensqualität im Sinne von Erlebnisvielfalt, Spaß und Genuss, aber auch Geborgenheit und Sicherheit.

Abb. 1: Entwicklung der Altersgruppen 14 – 39 J. und 40 J. und älter in Deutschland

Potential in Mio.

Jahr	14-39 J.	40 J. und älter
1992	35,64	27,24
93	35,87	26,7
94	36,32	26,41
95	36,65	26,31
96	37,12	26,01
96	37,13	26
97	37,42	25,84
97	37,42	25,83
98	37,74	25,76

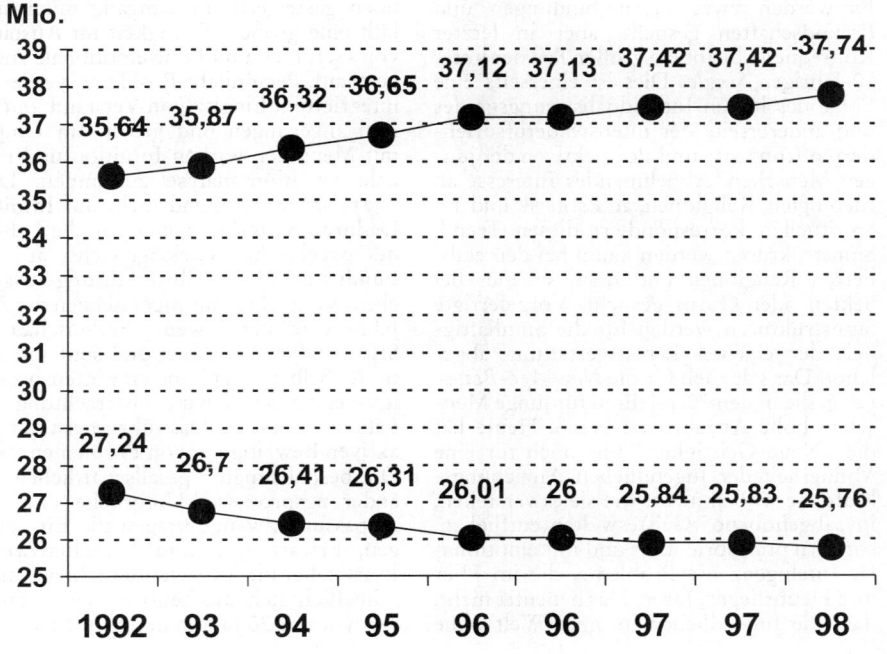

Jugendmarkt

Abb. 2: Dinge und Ereignisse, für die man sich begeistern kann
Altersgruppe 14 – 29 Jahre (n=654)

Rangreihe	%		%		%		%
Coca-Cola	38	Swatch	27	Amnesty International	17	Ikea	15
Nike	38	Sony	26			Rotes Kreuz	14
Levis	34	Mercedes	26	International	17	Zivildienst	12
McDonalds	33	Greenpeace	24	Marlboro	16	NATO	12
BMW	33	Audi	20	Nokia	16	Bundeswehr	11
Formel-1-Rennen	33	SOS-Kinderdorf	20	Davidoff	16	Lucky Strike	10
Adidas	32	Boss	18	Aldi	16	Kirche, Religion	9
Fußball WM/		Joop	18	Nobelpreis	16	UNO	8
Champions		ADAC	17	Jil Sander	15		
League	27			Armani	15		
				Nivea	15		

(Quelle: *BAT / Freizeit-Forschungsinstitut,* 10/1999)

Die reale *Kaufkraft* der jüngeren Haushalte und das Brutto-Geldvermögen liegen im Verhältnis zu anderen Altersklassen (→ Seniorenmarkt) am niedrigsten (*Abb. 2*). Die Spannung zwischen dem breiten Bedarfsspektrum und der noch geringen Kaufkraft kann die Leistungsbereitschaft zum Leistungsdruck werden lassen. Wegen der hohen Lebenserwartung der Elterngeneration wird die Jugendgeneration erst zu Erben, wenn der Zenit des Lebens überschritten ist. Eine gewisse Konfliktspannung zwischen den „reichen Alten" und den leistungsstarken Jungen lässt sich nicht ausschließen.

Es werden zwar Partnerbindungen und Freundschaften gesucht, aber in letzter Konsequenz bleibt ein großer Teil der unter 30-Jährigen *Single*. Dies ist einerseits eine Folge des hohen Individualisierungsgrades und andererseits der intensiv berufsorientierten Konzepte und Perspektiven der jungen Menschen. Abnehmendes Interesse an Ideologien, Religionen, an Esoterik und am Spirituellen korrespondiert diesen Trend. Sinnstrukturen werden kaum bei den etablierten Religionen und noch seltener bei Sekten oder Gurus gesucht. Vorgefertigte Sinnstrukturen werden für die Sinnhaftigkeit der eigenen Lebensgestaltung abgelehnt. Das gilt auch für die *New Age-Bewegung,* die in den 70er-Jahren für junge Menschen hohe Attraktivität besaß. Heute hat die „Neue Geistigkeit" nur noch für eine Minderheit der Jugendlichen Anziehungskraft. Sie wollen nicht, wie sie es verstehen, in „abgehobene" Geisteswelten entfliehen, sondern praxisorientiert und mit emotionaler Intelligenz die Probleme, die im Hier und Heute liegen, lösen. Das bedeutet nicht, dass die Jugendlichen in einer Welt ohne Werte leben. Ihr gesellschaftliches Engagement ist zwar gering, aber im engeren sozialen Raum bemühen sie sich um Werte der Mitmenschlichkeit, die in der Auseinandersetzung mit der Realität als kompensatorische Gegenwelt zum Durchsetzungszwang und zum alltäglichen Wettbewerb erlebt werden, z.B. um Hilfsbereitschaft, Zuwendung und Treue im Familien- und Freundeskreis.

Die Jugend in der Wissensgesellschaft ist trotz ihres Pragmatismus, Materialismus und Egozentrismus nicht emotional verarmt. Die *gefühlsmäßige Erlebnisfähigkeit* hat sich im Gegenteil in den 90er-Jahren noch gesteigert. Im Umgang miteinander fällt eine große Leichtigkeit im Austausch von Gefühlen und hohe emotionale Intelligenz auf. Persönliche Probleme werden mit integriertem Einsatz von Verstand *und* Gefühl angegangen und gelöst. Im Umgang mit Menschen wirken Intuition und rationale Situationsanalyse zusammen. Dabei setzt man zunehmend mehr auf Intuition. Dadurch wird die jugendtypische Labilität des psychischen Gleichgewichts aus dem Fundus positiver Selbsterfahrung ausgeglichen. Verglichen mit Jugendlichen der 70er-Jahre wird dabei wenig Seelenschau und Selbstanalyse betrieben und statt introvertierter Selbstversenkung eine intensive intuitiv-verstandes-gemäße Betrachtung der Fakten eingesetzt. Das führt meist zur proaktiven Bewältigung von Problemen.

Die beschleunigten gesellschaftlichen Veränderungsprozesse, Umbrüche und neue Anpassungszwänge prägen die Einstellungen, Erwartungen und Verhaltensweisen. Es ist daher nicht verwunderlich, wie unterschiedlich sich die heutige Jugend zu der von vor nur 20 Jahren darstellt. Erstaunlich ist eher, dass die derzeitige Jugendgeneration sich in dieser Welt entschlossen einrichtet, die Schuld für Probleme nicht der Gesellschaft gibt, weder jammert noch klagt, sich nicht regressiv verweigert oder aggressiv die Revolution versucht. Die jungen Menschen „kommen zurecht", sparen und planen und setzen ihre Kräfte, wenn es sein muss, auch bis zur Erschöpfung ein. Im Gegenzug dazu verlangen sie eine offene Gesellschaft mit einer Fülle an Perspektiven für Beruf und Freizeit.

Als Marktteilnehmer sind die Jugendlichen, in ihren finanziellen Grenzen, begeisterte Konsumenten. Konsumgüter sind wichtige Bausteine für individuelle Lebensgestaltung. Die Konsumfreude führt aber nicht zum kritiklosen Einkauf, sondern wird durch eine ausgesprochene Preissensibilität und ein hohes Preis-Leistungs-Bewusstsein gesteuert. Die pragmatisch realistische Bewertung der Angebote macht die Jugend zu kritischen, bewussten Konsumentscheidern. Für das → Online-Marketing ist die besondere Aufgeschlossenheit der → Computerkids-Generation für elektronische Medien besonders wichtig.

Die jungen Marktteilnehmer differenzieren sich in viele Gruppen und Grüppchen ohne konstante Zugehörigkeiten. Während es in vorherigen Jugendgenerationen noch so etwas wie „Nachahmungsindividualisten" gab, also solche, die sich gern individuell verhalten wollten, aber im Konsumbereich einem jugendlichen Mainstream folgten, sind die heutigen Jugendlichen zunehmend „echte" Individualisten. Sie versuchen herauszufinden, was sie ganz persönlich wirklich wollen und setzen es in der Stilisierung ihrer Person und ihres Lebensumfeldes um. Dabei spielen Gruppeninteressen und -normen eine wechselnde Rolle, aber eher im Sinne von Abhebung als von Anpassung. Mobilität bestimmt die Gruppendynamik im Jugendalter – je jünger, desto schneller wandeln sich die Gruppenzugehörigkeiten. Erst ab Eintritt in den Beruf, also je nach Ausbildungsgang zwischen 16 bis 29 Jahren, festigen sich die temporären Zugehörigkeiten. Dann werden auch Markenbindungen dauerhafter.

Die in der Gesellschaft allgemein hohe Preissensibilität und die intensive Beachtung des Kosten-Nutzen-Verhältnisses beim Einkauf ist bei der Jugend stärker wirksam als bei den Erwachsenen und nimmt bei Beginn eigener Erwerbstätigkeit noch zu. Man achtet auf den Pfennig, sucht preiswerte Reiseangebote im Internet und kauft bei ALDI und IKEA. Trotzdem folgt man auch Konsummoden, wie z.B. gegen Ende der 90er-Jahre Prosecco) und kauft Luxusprodukte – nicht als Regelausstattung des Lebensstils, sondern als Highlights in einem weitgehend vernünftig und clever orientierten Leben. Das gilt sowohl in der Mode, in der Designer-Jeans mit billigen Tops kombiniert werden, wie auch beim Essen und Trinken, bei dem McDonalds und der Pizza-Laden ebenso frequentiert werden, wie In-Lokale und Gourmet-Gaststätten (→ hybrider Käufer). Diese Flexibilität wird von den Jugendlichen bewusst gepflegt. Sie genießen ihre Wahlfreiheit und die Möglichkeit, genau das zu tun, was sie gerade gern möchten. Treu bleibt man bei den ganz festen, ganz persönlich fundierten Beziehungen – zu Menschen wie zu Marken.

Das vom Programatismus und von der Individualisierung gesteuerte Verhalten findet sich auch gegenüber dem *Markenartikel*. Marken sind von großem Interesse, insofern sie ein zum Wunschspektrum passendes Lebensgefühl oder eine entsprechende Nutzenerwartung enthalten. Aus einer langen Liste von Vorgaben von Dingen, für die man sich begeistern kann, wählten die 14- bis 29-Jährigen vorwiegend bekannte Marken aus. Bei der kritischen und z.T. sogar pessimistischen Haltung der Jugendlichen gegenüber Marketing und werblicher Kommunikation (→ Werbekritik) wird der Marke eingeräumt, dass ihre Botschaften und Versprechungen konkreter, solider und verlässlicher sind, als markenlose Artikel. Das bedeutet aber nicht die Ablehnung von kleineren, unbekannten und weniger profilierten Marken. Wenn Produktversprechen und Preis stimmen, d.h. das Versprechen ins eigene Lebenskonzept paßt, wird das Andersartige oder Neuartige gerne probiert. Gründe für zeitweise intensive Markenbindungen sind Erlebnisse der Einmaligkeit, der genauen Deckung mit ganz individuellen Wünschen, oder ein Kultanspruch als Kristallisationspunkt von Wunschstrukturen. Solche Bindungen wandeln sich mit wechselnder Gruppenzugehörigkeit und zunehmender Individualisierung der Persönlichkeit.

Jugendliche haben eine unersättliche Neulust. Diese Neulust wir u.a. durch die Eröffnung internationaler Konsumhorizonte angeregt. Die einigermaßen gut verdienenden jungen Leute nehmen spontan Verlockun-

gen an, wie ein billiges Einkaufswochenende in New York, einen einwöchigen Last-Minute-Trip nach Sri Lanka oder ein Schlemmerwochenende in Frankreich.
Für alle Jugendlichen wird der Konsum immer mehr zum *Event*. Einkaufen bedeutet nur beim Grundbedarf Beschaffung, sonst vorwiegend Erlebnis. Märkte voll bunter Bewegung, mit vielfältigen Reizstrukturen, voller differenzierter, optischer, akustischer und Duftreize sind attraktiv und ihr Besuch ein Freizeitvergnügen. Straßen, in denen sich Laden an Laden reiht, und dazwischen Snacks aller Arten und aus allen Nationen angeboten werden, erzeugen Einkaufsspaß und bieten einen Trip in eine Erlebniswelt. Daher zieht es viele junge Menschen zunehmend in die Städte. Zum Anreiz trägt auch bei, dass in Einkaufszonen der Stadt das Publikum bunt und gemischt und vom Banker bis zum Punker, von der Schickeria bis zu den Straßenmusikanten durcheinander quirlt.
Die grüne Wiese ist dagegen einerseits gut für den funktionalen Einkauf und sollte Convenience und Preisgünstigkeit überzeugend verbinden. Dazu gehört auch der reichliche Parkraum. Andererseits sucht man „draußen" auch den Erlebnispark mit Einkaufsmöglichkeiten. Der Samstag, und wenn es in Deutschland möglich würde, auch mal der Sonntag, gehört dem Einkauf mit Eventcharakter.
Auch die *Werbung* wird durch Eventeigenschaften attraktiv und sollte möglichst witzig, neuartig, schlagfertig und „auf dem Punkt" sein. Das sachliche Kalkül der Jugend bedeutet nicht den Vorzug trockener, unflexibler und unkreativer Verstandeswelten, sondern die gelungene Realisierung von Wunschwelten. Es geht dem Jugendlichen darum, die Fülle der Wünsche zu organisieren, dass sie bezahlbar werden. Darin entwickeln sie sich zur Meisterschaft. Mit anderen Worten: Events, die zum Selbstzweck werden und den praktischen Nutzen nicht mitliefern, verpuffen, während diejenigen, die Lebenslust, Neugier und Kauflust stimulieren und die Befriedigung der Gelüste einfach und preiswert vorhalten, bei den Jugendlichen von heute und morgen große Erfolgschancen haben werden.   C.L.

Jugend-Media Analyse (JMA)

von der Arbeitsgemeinschaft Leseranalyse Jugendpresse in unregelmäßigen Abständen veröffentlichte → Mediaanalyse, die spezifisches Nutzungsverhalten gegenüber bestimmten Jugendzeitschriften und das Konsumverhalten der Jugendlichen untersucht.

Junge Märkte → Wettbewerbsstrategie

Just-in-Time → Sourcing-Konzepte

Just-in-Time-Logistik

Hauptziel der Just-in-Time-Logistik (JiT-Logistik) ist eine nachfragesynchrone Bedarfsdeckung, unabhängig davon, auf welcher Stufe der logistischen Kette ein Bedarf entsteht (→ Marketing-Logistik). Die Bedarfsdeckung erfolgt dabei nicht aus spekulativen Lagerbeständen auf der vorgelagerten Stufe der logistischen Kette, sondern es werden kleinste Lose (im Extremfall die Losgröße 1), die in entsprechend hoher Frequenz nachfragesynchron beschafft, produziert und distribuiert werden, angestrebt. Im Unterschied zur kundenorientierten Einzelfertigung setzt eine bestandsarme JiT-Logistik die Existenz von Rahmenabkommen voraus, die (qualitativ) die Anzahl möglicher Material- oder Produktarten vollständig determinieren und darüber hinaus (quantitativ) die zwischen den Transaktionspartnern auszutauschenden Mengen für bestimmte Perioden grob konkretisieren. Als letztes JiT-Spezifikum ist die Zeitsensibilität der Nachfrage zu nennen. Sie gibt Auskunft darüber, wie lange ein Nachfrager in der Logistik-Kette auf die Bereitstellung des Produktes oder Materials durch die vorgelagerte Stufe der Logistik-Kette zu warten bereit und in der Lage ist. Diese aus auftragsabwicklungs-, produktions- und transportbedingten Elementen bestehende Lieferzeit (→ Lieferservice) variiert kontextabhängig von wenigen Augenblicken bis zu wenigen Tagen. Über die zeitliche Toleranzgrenze, bis zu der noch von JiT-Konzepten gesprochen werden kann, herrscht derzeitig noch Uneinigkeit.
Die Verwirklichung von JiT-Prinzipien macht i.d.R. eine *Neuorganisation der Material- und Informationsflüsse* erforderlich. JiT-Logistik ist eng verbunden mit dem risikostrategischen *Prinzip des „postponement"*. Demzufolge ist jede Produktdifferenzierung (Änderung in Form und Identität) ebenso wie jede Ortsveränderung bis zum spätest möglichen Zeitpunkt aufzuschieben, also tendenziell an das Ende der logistische Kette. JiT-Logistik ist damit auf eine zeitorientierte Wirtschaftlichkeit, also

Kombination der ABC- und XYZ-Analyse

Vorhersage- genauigkeit	Wertigkeit		
	A	B	C
X	hoher Verbrauchswert hohe Vorhersage- genauigkeit stetiger Verbrauch	mittlerer Verbrauchswert hohe Vorhersagegenau- igkeit stetiger Verbrauch	niedriger Verbrauchswert hohe Vorhersage- genauigkeit stetiger Verbrauch
Y	hoher Verbrauchswert mittlere Vorhersage- genauigkeit halbstetiger Verbrauch	mittlerer Verbrauchswert mittlere Vorhersage- genauigkeit halbstetiger Verbrauch	niedriger Verbrauchswert mittlere Vorhersage- genauigkeit halbstetiger Verbrauch
Z	hoher Verbrauchswert mittlere Vorhersage-
genauigkeit stochastischer Verbrauch	mittlerer Verbrauchswert mittlere Vorhersage- genauigkeit stochastischer Ver- brauch	niedriger Verbrauchswert mittlere Vorhersage- genauigkeit stochastischer Verbrauch

Besonders geeignet für JIT-Logistikkonzepte

auf eine flexible Anpassung von Leistungs- und Lieferfähigkeit der Unternehmung an dynamische Markterfordernisse ausgerichtet.
Ansatzpunkte für die Realisierung der JiT-Logistik liegen vornehmlich in der Reduzierung der Zeiten von der Auftragsannahme bis zur Auslieferung sowie in der Verringerung von Beständen in der logistischen Kette. Diese Ziele sind aber nicht unabhängig voneinander, sondern vielmehr in ihren Wechsel- und Folgewirkungen zu betrachten. Eine Reduzierung von Beständen führt zu kürzeren Durchlaufzeiten, erhöht aber gleichzeitig das Produktions- oder Nachfrageausfallrisiko. Zudem ermöglichen verkürzte Durchlaufzeiten verminderte Prognosezeiträume. Daneben verdecken hohe Lagerbestände störanfällige Prozesse, unabgestimmte Kapazitäten und Ausschuss. Diese Probleme können durch ein dem JiT-Prinzip entsprechendes Absenken der Bestände auf allen Stufen des Logistikkanals sichtbar werden.
Just-in-Time ist auf solche Materialien und Produkte zu beschränken, die aufgrund ihrer Wert- oder Verbrauchsstruktur eine derartige Logistik-Konzeption wirtschaftlich vertretbar erscheinen lassen (→ Selektive Lagerhaltung). Neben der konventionellen → ABC-Analyse nach der Wertstruktur dienen auch Kriterien wie erwarteter Beschaffungswert, erwartete Wiederbeschaffungszeit, erwarteter technischer Fortschritt, erwartete Produktionswirkungen der Identifizierung JiT-geeigneter Objekte. Maßgebliches Kriterium ist das Wert-Mengenverhältnis. Tendenziell bieten sich eher hochwertige Teile der A- und evtl. B-Kategorie an. Obwohl sie lediglich einen geringen Teil der gesamten Produktpalette ausmachen, entstehen im Fall ihrer spekulativen Lagerung hohe Kapitalbindungskosten. Mit Hilfe einer systematischen Analyse der Wiederbeschaffungszeiten können auch solche Teile, deren Wiederbeschaffung nur kurze Zeiträume in Anspruch nimmt, als JiT-geeignet herauskristallisiert werden.
JiT-Logistik setzt eine gewisse Kontinuität im Sinne geringer Änderungssprünge der Produkte hinsichtlich ihrer Beschaffungs-, Produktions- und Distributionsstruktur voraus. Die Verbrauchsstruktur der Produkte kann mit Hilfe einer → XYZ-Analyse ermittelt werden. Danach weisen X-Produkte einen deterministischen, vorsehbaren Verbrauch bei höchster Prognosegenauigkeit auf. Sie sind besonders JiT-geeignet. Produkte, die unregelmäßig benötigt werden, sog. Z-Produkte, können dagegen nicht Just-in-Time beschafft oder distribuiert werden (vgl. *Abb. 1*).
Eine weitere Analysemöglichkeit ist z.B. die *GMK-Analyse*, die Produkte in große, mitt-

lere und kleine Teile differenziert und damit Ansatzpunkte für die Ermittlung des Wertvolumenverhältnisses liefert. Eine Kombination der Einzelanalysen ermöglicht zuverlässige Aussagen über die Eignung bestimmter Produkte für die Anwendung einer JiT-Logistik.

Der *JiT-Produktanalyse* muss sich die Identifizierung JiT-geeigneter Transaktions-/ Kooperationspartner anschließen. Hierzu zählt neben der Auswahl JiT-geeigneter Zulieferer auch die Auswahl JiT-geeigneter Logistik-Unternehmen (→ Logistik-Dienstleister). Der Trend zur Schnittstellenreduktion geht einher mit der Bestrebung der Transaktions-/Kooperationspartner, sich langfristig vertraglich zu binden, so dass alle Beteiligten Vorteile aus der Realisierung der JiT-Logistik ziehen können. Die wesentlichen Analysekriterien beziehen sich auf Einzelaspekte des → Lieferservice, da im Falle qualitäts-, mengen- und terminungenauer Lieferungen infolge der reduzierten Lagerbestände auf keine oder nur auf geringe Reservebestände zurückgegriffen werden kann und somit Produktions- oder Nachfrageausfälle auf nachgelagerten Stufen der Logistik-Kette unvermeidlich sind. Insofern wird auch ein Logistikketten integrierendes → Qualitätsmanagement zur Voraussetzung für die Realisierung einer JiT-Logistik.

Die *Auswirkungen* einer JiT-Logistik sind zunächst in einer Umschichtung der Kapitalbindung vom Umlaufvermögen ins Anlagevermögen zu sehen. Dies kann dadurch erklärt werden, dass die Warenbestände in JiT-Logistiksystemen auf ein Minimum reduziert werden und dass zur Realisierung einer JiT-Logistik i.d.R. hochautomatisierte und somit kapitalintensive Produktions-, Kommissionier-, Umschlags-, Transport- und v.a. auch Transparenz schaffende Informationssysteme (→ Informations-Logistik) installiert werden müssen. Ein weiteres Phänomen von JiT-Systemen ist die zunehmende Sensibilität. Zwar führt die Einführung von JiT-Logistik zu einer in Grenzen höheren Flexibilität, jedoch stößt diese schnell an ihre Grenzen, wenn der für das Funktionieren des Systems unabdingbare Material- und Informationsfluss ins Stocken gerät oder fehlerhafte Elemente enthält. Insofern ist es fraglich, ob beim Auftreten derartiger Störungen JiT-Logistiksysteme eine hinreichende Robustheit aufweisen. Die für die Implementierung von JiT-Systemen notwendige durchgängige Planung aller Material- und Informationsflüsse begünstigt in der Praxis zwei Entwicklungen. Einerseits kommt es zu Konzentrationsprozessen und andererseits zum Aufbau umfangreicher Kooperationsformen. Beiden ist gemeinsam, dass sie eine Komplexitätsreduktion i.S. einer Minimierung der Schnittstellen im Logistiksystem anstreben. W.De./R.A.

Literatur: *Schönsleben, P.:* Integrales Logistikmanagement, 2. Aufl., Berlin u.a. 2000. *Wildemann, H.:* Das Just-in-Time-Konzept. Produktion und Zulieferung auf Abruf, 3. Aufl., St. Gallen 1992.

K

Kaffeefahrten
→ Verkaufsfahrten (Kaffeefahrten)

Kaiserkriterium
Kriterium zur Bestimmung der Anzahl von Faktoren in einer → Faktorenanalyse. Danach werden nur die Faktoren mit → Eigenwerten größer als eins berücksichtigt. Der Eigenwert ist ein Index für die erklärte Varianz in den Beobachtungsvariablen. Bei der Analyse von standardisierten Variablen gilt, dass Faktoren mit Eigenwerten kleiner eins weniger Varianz repräsentieren als eine Einzelne der Beobachtungsvariablen. L.H.

Kaiteilschein → Außenhandelsgeschäft

Kaizen
japanischer Begriff, wird übersetzt mit „Veränderung zum Besseren/Guten" oder auch „immer besser". Im Rahmen des → Qualitätsmanagements Teilbereich der → Qualitätsverbesserung, und zwar im Sinne inkrementaler Verbesserungen. Kaizen ist als ein Denkansatz zu verstehen, der darauf beruht, dass jeder Mitarbeiter in der Unternehmung möglichst jederzeit nach Verbesserungen bezüglich der Produkte, Prozesse und Arbeitsbedingungen streben sollte (Prinzip des kontinuierlichen Verbesserungsprozesses). J.F.

Kalibrierung
Zuordnung von festen Maßeinheiten zu einer Skala. Ein Thermometer besitzt bspw. einen exakt kalibrierten Null- und Siedepunkt.

Kalkulationsgruppen
Im Rahmen der → Handelskalkulation werden selten alle Artikel eines Sortiments mit dem gleichen Aufschlagsatz kalkuliert werden. Es wird vielmehr nach Umsatzanteil, Umschlagshäufigkeit, Volumen und damit Platzbedarf, Handlingaufwand, Intensität der Kaufgewohnheit und damit Werbeaufwand des einzelnen Artikels oder einer bestimmten Artikelgruppe differenziert kalkuliert. Daraus ergibt sich die für die → Sortimentskontrolle wichtige Gliederung eines Sortiments nach Kalkulationsgruppen, deren Aufschlüsselung interessante Einblicke in die Ertragsstruktur des Sortiments gewährt.

Kalkulationsverfahren
In Abhängigkeit vom Fertigungstyp (von der Einproduktmassenfertigung bis zur Einzelfertigung mit umfassendem Produktprogramm) und von der Anzahl der Fertigungsstufen sowie von der Komplexität der Erzeugnisse werden für die → Preiskalkulation unterschiedliche Kalkulationsverfahren benötigt. Die Ausgestaltung der Methoden unterscheidet sich vor allem danach, inwieweit hinsichtlich der Kalkulationszwecke leistungsorientiert kalkuliert werden muss. Geht man von den Anforderungen der → Deckungsbeitragsrechnung aus, ist das Kalkulationsanliegen, lediglich die relevanten Einzelkosten exakt dem Kalkulationsobjekt zuzuordnen. Dagegen benötigt man für die Unterstützung der Preisbildung und ándere Bewertungsaufgaben die vollen Selbstkosten der Produkte.

Die Praxis wendet für die auf Kosten beruhende Preiskalkulation sehr unterschiedliche Kalkulationsverfahren an, die in der *Abbildung* im Überblick dargestellt sind. Der Einsatz eines Verfahrens hängt dabei u.a. von der Anzahl der zu kalkulierenden Produktarten, der Anzahl der Funktionsbereiche und Fertigungsstufen, dem Auf- und Ausbau der Kostenstellenrechnung, davon, ob eine Trennung von Kostenträgereinzelkosten und Kostenträgergemeinkosten existiert, und von der Art und Weise der Verrechnung bzw. der Verteilung der Kosten auf unterschiedliche Produktarten ab.

Das den unterschiedlichen Formen der *Divisionskalkulation* immanente Grundprinzip sieht vor, dass die während einer Abrechnungsperiode angefallenen und für diesen Zeitraum erfassten Gesamtkosten eines Einproduktunternehmens durch die innerhalb dieser Periode insgesamt ausgebrachte Menge (Leistung) dividiert werden. Auf diese Weise werden Periodenkosten direkt in Stückkosten umgerechnet, ohne dass es

Kalkulationsverfahren

Bedeutsame Kalkulationsverfahren im Überblick

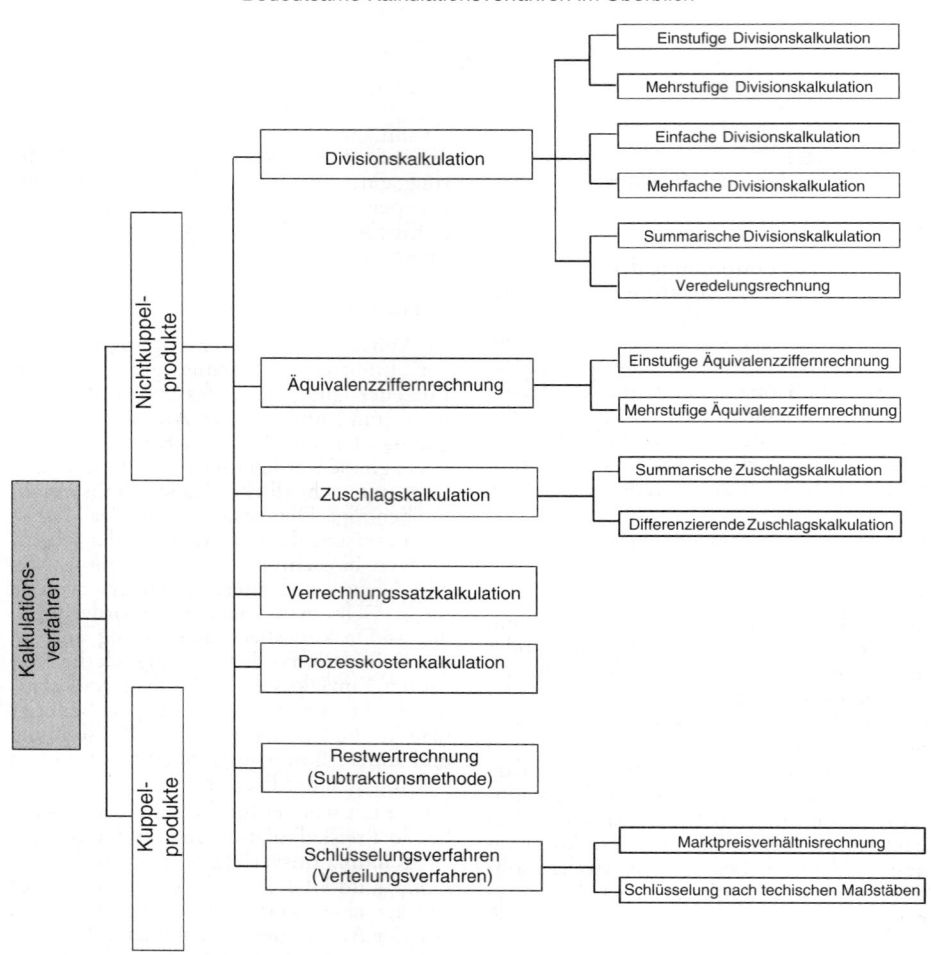

- Kalkulationsverfahren
  - Nichtkuppelprodukte
    - Divisionskalkulation
      - Einstufige Divisionskalkulation
      - Mehrstufige Divisionskalkulation
      - Einfache Divisionskalkulation
      - Mehrfache Divisionskalkulation
      - Summarische Divisionskalkulation
      - Veredelungsrechnung
    - Äquivalenzziffernrechnung
      - Einstufige Äquivalenzziffernrechnung
      - Mehrstufige Äquivalenzziffernrechnung
    - Zuschlagskalkulation
      - Summarische Zuschlagskalkulation
      - Differenzierende Zuschlagskalkulation
    - Verrechnungssatzkalkulation
    - Prozesskostenkalkulation
  - Kuppelprodukte
    - Restwertrechnung (Subtraktionsmethode)
    - Schlüsselungsverfahren (Verteilungsverfahren)
      - Marktpreisverhältnisrechnung
      - Schlüsselung nach techischen Maßstäben

einer zwischengeschalteten Auftrags- oder Serienabrechnung bedarf. Prinzipiell sieht die Divisionskalkulation keine Trennung zwischen Kostenträgereinzelkosten und Kostenträgergemeinkosten vor.

Im Gegensatz zu dieser als einfache Divisionskalkulation zu bezeichnenden Variante wird die mehrfache Divisionskalkulation in Mehrproduktunternehmen angewendet. Dabei werden für verschiedene gleichartige Abrechnungsbereiche parallel mehrere Divisionskalkulationen durchgeführt. Schwierigkeiten treten dabei dann auf, wenn Verwaltungskosten und andere Kosten, die für die parallel eingerichteten Produktionslinien gemeinsam anfallen, den Abrechnungsbereichen anteilig anzurechnen sind. Diese Aufgabe übersteigt das methodische Leistungsvermögen der Divisionskalkulation.

Weiterhin sind die einstufige und die mehrstufige Divisionskalkulation zu unterscheiden. Letztere berücksichtigt Lagerbestände, die sich durch unterschiedliche Beschaffungs-, Produktions- und Absatzmengen ergeben. Die Anwendung des Verfahrens zwingt jedoch zumindest zu einer rudimentären Kostenstellenbildung, die die Voraussetzung dafür ist, dass die Kosten für die einzelnen separat abzurechnenden Unternehmensbereiche getrennt erfasst werden. Somit können für die Bereiche Beschaffung, Fertigung und Vertrieb getrennte Divisionskalkulationen durchgeführt werden, wodurch die in diesen Bereichen angefallenen Kosten pro Mengeneinheit bestimmt werden können. Eine gesonderte Bestandsführung muss die Mengendifferenzen zwischen Beschaffungs-, Produktions- und Absatzbereich festhalten.

Eine andere Unterscheidung der Verfahren der Divisionskalkulation setzt an der Behandlung einzelner Kostenarten(gruppen) an. Die als *Veredelungskalkulation* zu bezeichnende Variante bestimmt die Kosten des Rohstoffeinsatzes unmittelbar für das absatzfähige Endprodukt. In den fertigungsstufenbezogenen Divisionskalkulationen gehen demzufolge nur die Kosten der Be- und Verarbeitung als Fertigungskosten ein. Ist jedoch der Rohstoffeinsatz für ein Endprodukt aufgrund von unvorhersehbaren und nicht abzuschätzenden Mehr- oder Minderverbräuchen nicht ermittelbar, können im Wege einer summarischen Divisionskalkulation, die auf eine getrennte Behandlung einzelner Kostenarten verzichtet, die Stückkosten mittels Division der Gesamtkosten eines Abrechnungsbereiches durch die ausgebrachte Menge ermittelt werden.

Die *Äquivalenzziffernrechnung* als weiteres Kalkulationsverfahren ist zwar im Gegensatz zur Divisionskalkulation explizit auf Betriebe der Mehrproduktfertigung ausgerichtet, aufgrund der Gemeinsamkeiten beider Verfahren wird sie aber mitunter auch als Variante der Divisionskalkulation bezeichnet. Die Äquivalenzziffernrechnung wenden Betriebe an, die in Sortenfertigung mehrere material- und/oder fertigungswirtschaftlich relativ eng miteinander verwandte Varianten einer Erzeugnisart herstellen. Das Verfahren unterstellt, dass die Herstellung der sich nur geringfügig voneinander unterscheidenden Produktsorten zwar keine identische, aber in aller Regel doch eine sehr ähnliche Kostenstruktur aufweist. Durch die Einführen von Gewichtungs- bzw. Umrechnungsfaktoren (Äquivalenzziffern), die die Kostenrelationen zwischen den unterschiedlichen Sorten ausdrücken sollen, kann man die Gesamtkosten einer Periode auf die einzelnen Produktsorten verteilen und schafft dadurch die Voraussetzungen für die Anwendung des Grundprinzips der Divisionskalkulation. Die Ermittlung der Äquivalenzziffern bildet das Kernproblem. Ausgangsbasis sind meist die in der Vergangenheit gesammelten Erfahrungen, produktionstechnische Berechnungen oder auch Plausibilitätsüberlegungen. Je nach dem, welche Gründe für eine unterschiedliche Kostenverursachung durch verschiedenartige Produktsorten ausschlaggebend sind, kommen für die Bestimmung von Äquivalenzziffern v.a. Merkmale der Produktabmessung (Länge, Breite, Stärke), Produktgewicht, physikalische Größen, Arbeitszeiten, Maschinenzeiten, Durchlaufzeiten sowie monetäre Größen in Betracht. Ähnlich wie bei der Divisionskalkulation lassen sich auch bei der Äquivalenzziffernrechnung einstufige und mehrstufige Varianten unterscheiden.

Ein in der Praxis sehr weit verbreitetes Kalkulationsverfahren ist die *Zuschlagskalkulation*, die auch für Mehrproduktbetriebe mit unterschiedlichen Erzeugnisarten, die in Serien- oder Einzelfertigung hergestellt werden, geeignet ist. Von den bisher genannten Verfahren unterscheidet sich die Zuschlagskalkulation v.a. durch die Differenzierung zwischen Kostenträgereinzelkosten und Kostenträgergemeinkosten. Während die Einzelkosten den Kostenträgern direkt zugerechnet werden, lastet man die Gemeinkosten, die für mehrere Kalkulationsobjekte gemeinsam entstehen und auch bei Anwendung genauester, aufwendigster Erfassungsmethoden nicht für die einzelnen Kalkulationsobjekte separat erfasst werden können, den einzelnen Produkten mit Hilfe prozentualer Zuschlagssätze an. Je größer dabei der als Kostenträgereinzelkosten identifizierte Teil der Gesamtkosten ist, desto höher ist auch die Genauigkeit der Kalkulation. Die direkt von der Kostenartenrechnung in die Kostenträgerrechnung zu übernehmenden Einzelkosten bilden die Basis für das Zuschlagen der Kostenträgergemeinkosten. Das Grundschema der Zuschlagskalkulation unterscheidet dabei insb. zwischen Material-, Fertigungs- und Vertriebseinzelkosten, die unmittelbar für die einzelnen zu kalkulierenden Kostenträger erfasst werden. Hinzu kommen fallweise Sondereinzelkosten der Fertigung und des Vertriebs. Materialeinzelkosten werden demgemäß prozentual mit Materialgemeinkosten, Fertigungseinzelkosten prozentual mit Fertigungsgemeinkosten beaufschlagt. Dagegen werden die Verwaltungs- und Vertriebsgemeinkosten üblicherweise als prozentualer Zuschlag auf die Herstellkosten in Ansatz gebracht. Dieses grundsätzliche Vorgehen wird in der Praxis auf vielfältige Weise modifiziert. So ist bspw. die *summarische Zuschlagskalkulation* dadurch ge-

Kalkulationsverfahren

kennzeichnet, dass sie auf eine Kostenstellenrechnung verzichtet. Die den Kostenträgern nicht direkt zurechenbaren Kosten werden lediglich gesamtunternehmensbezogen erfasst. Dies impliziert für sämtliche Kostenträger und Unternehmensbereiche die selbe proportionale Beziehung zwischen Kostenträgereinzelkosten und Kostenträgergemeinkosten. Die *differenzierende Zuschlagskalkulation* hingegen setzt eine Untergliederung des Unternehmens in einzelne Kostenstellen voraus. Bereits bei der Erfassung der Primärkosten wird festgehalten, in welchen bzw. für welche Kostenstellen die zu den Kostenträgergemeinkosten gezählten Kostenarten angefallen sind. Die Erfassung sämtlicher den Kostenträgern nicht direkt zurechenbaren Werteverzehre für einzelne Kostenstellen ermöglicht ein Rechnen mit kostenstellenbezogenen Gemeinkostenzuschlägen. Dabei besteht die Möglichkeit, Kostenstellen bis hin zu einzelnen Kostenplätzen differenziert abzugrenzen.

Modifikationen des Grundschemas sind auch aufgrund leistungswirtschaftlicher oder organisatorischer Besonderheiten oder auch aufgrund besonderer Rechnungszwecke möglich. So ist bspw. der Aufbau solcher Kalkulationen in den Leitsätzen für die Preisermittlung aufgrund von Selbstkosten (→ LSP (Leitsätze für Preisermittlung aufgrund von Selbstkosten)) gesetzlich geregelt und somit für Leistungen, die durch öffentliche Auftraggeber nachgefragt werden, vorgegeben. Weiterhin werden Differenzierungen nach Funktionsbereichen eines Unternehmens vorgenommen. Diesbezüglich werden je nach Bedarf Einzel- und Gemeinkosten für Forschung und Entwicklung und für die Logistik im Kalkulationsschema vorgesehen. Bedingt durch die Intensivierung der Marketingaktivitäten erlangen → Vertriebskosten immer mehr an Gewicht. Für die Zwecke eines → Marketing-Controlling ist es deshalb unabdingbar, Einzel- und Gemeinkosten des Vertriebs möglichst differenziert zu erfassen und zu kalkulieren. Für Unternehmen mit einem hohem Exportanteil wiederum werden Varianten der → Exportkalkulation bedeutsam.

Gegen die Zuschlagskalkulation ist kritisch einzuwenden, dass nur selten die in den Zuschlagssätzen unterstellte proportionale Beziehung zwischen Einzel- und Gemeinkosten besteht. Besonders deutlich wird dies am Zuschlag von Vertriebsgemeinkosten auf die Herstellkosten. Weiterhin kann eingewendet werden, dass nach diesem Verfahren die Erhöhung von Einzelkosten automatisch zu einer Erhöhung von Gemeinkosten führt, und zwar auch dann, wenn sich die Inanspruchnahme der Potenziale überhaupt nicht ändert. So bilden bspw. für die Fertigungsgemeinkosten in aller Regel die leicht erfassbaren Fertigungslöhne die Zuschlagsbasis. Mit zunehmender Mechanisierung und Automatisierung der Produktionsprozesse hat sich allerdings in vielen Industriebetrieben der Anteil der Fertigungslöhne an den Fertigungskosten so stark verringert, dass die Lohnzuschlagssätze mitunter bis auf 1000 % gestiegen sind. Daraus folgt, dass sich schon aus verhältnismäßig kleinen Erfassungsmängeln u.U. erhebliche Kalkulationsfehler ergeben.

Diesen Mängeln Rechnung tragend, werden mehr und mehr Varianten der *Verrechnungssatzkalkulation* eingeführt. Für die Verrechnungssatzkalkulation ist kennzeichnend, dass die Kosten einzelner Kostenstellen oder Kostenplätze proportional zu deren Leistungsvolumen verrechnet werden. Man bezieht die kostenstellenbezogen erfassten Kosten auf die Kostenstellenleistung und ermittelt so leistungsbezogene Verrechnungssätze. Eine spezielle Variante stellt die *Maschinenstundensatzrechnung* dar. Dabei werden die in den Fertigungshauptkostenstellen angefallenen Kosten zur Maschinenleistung in Bezug gesetzt. In der Kalkulation werden die zur Herstellung eines Produktes erforderlichen Maschinenstunden mit dem für diese Maschine ermittelten Verrechnungssatz bewertet. Derzeit sind Bemühungen erkennbar, das Grundprinzip der primär auf den Produktionsbereich abstellenden Maschinenstundensatzrechnung auch auf andere Unternehmensbereiche, wie z.B. Einkaufs- oder Beschaffungsbereich, Verkaufs- und Vertriebsbereich oder auch auf den Verwaltungsbereich, zu übertragen.

Ebenfalls dem Anliegen einer stärkeren Berücksichtigung von Leistungsbeziehungen bei der Produktkalkulation zuzuordnen ist der amerikanische Ansatz des *Activity-Based-Costing* bzw. im deutschsprachigen Raum der *Prozesskostenrechnung*. Dieses Konzept will nicht nur betriebsabrechnerische Kostenumlagen und Kostenverteilungen konsequent vermeiden, sondern auch pauschale und differenzierende Kostenzuschläge im Rahmen der Produktkalkulation. Gestützt auf möglichst umfassend aufgedeckte Beziehungen zwischen Ressourcen,

Prozessen, Hauptprozessen und Produkten sollen, soweit dies mit wirtschaftlich vertretbarem Aufwand möglich ist, prozessvolumenproportionale Produktkostenkalkulationen realisiert werden.

Die Befürworter der Prozesskostenrechnung betonen zu Recht, dass ein durchaus beachtlicher Teil der indirekten Bereiche faktisch doch produktbezogen tätig ist. Dies trifft auf spezifische Produktentwicklungen zu: Konstrukteure erstellen produktspezifische Konstruktionszeichnungen, die Arbeitsvorbereitung legt Stücklisten und Arbeitspläne für Erzeugnisse an, Fertigungsaufträge beziehen sich auf Produktarten. Demgemäß besteht prinzipiell die Möglichkeit, die Tätigkeiten solcher Bereiche produktbezogen durch Prozesspläne für produktspezifische Prozesskostenkalkulationen abzubilden. Inzwischen werden solche Vorschläge zur Erhöhung der Kalkulationsgenauigkeit von der Praxis sehr positiv aufgenommen. Industriebetriebe kalkulieren zumindest Teile der Vertriebskosten, der Qualitätssicherungs- und Logistikkosten, der Produktionssteuerungskosten und auch der Beschaffungskosten prozesskostenrechnerisch. Es ist wertvoll, prozessbedingte Ressourcenverbräuche produktspezifisch zu erfassen. Problematisch ist dagegen das anteilige Umrechnen der vollen Kosten einzelner Ressourcen und Ressourcenbereiche auf Prozessvolumina und von diesen aus weiter auf Produktions- und Absatzvolumina.

Die *Kuppelproduktion* erfordert aufgrund der Leistungsverbundenheit ein besonderes Kalkulationsverfahren. Die Kosten eines Kuppelproduktionsprozesses lassen sich nur sämtlichen aus dem Prozess hervorgehenden Produkten (dem Kuppelproduktbündel) gemeinsam zurechnen. Sowohl fixe als auch variable Kosten eines Kuppelproduktionsprozesses sind damit echte Kostenträgergemeinkosten. Obwohl eine Aufteilung der Kosten auf die Kuppelprodukte immer mit Willkür behaftet ist, ist dennoch für Zwecke der Preiskalkulation sowie der Bestandsbewertung eine Aufteilung erforderlich. In der Praxis lassen sich zwei Grundtypen der Kalkulation von Kuppelprodukten unterscheiden. Besteht ein Kuppelproduktbündel aus einem Hauptprodukt und einem oder mehreren Nebenprodukten bzw. Abfallprodukten und richtet sich das Kalkulationsbedürfnis vornehmlich auf das Hauptprodukt, so wendet man die sog. *Restwertrechnung* an. Hierbei werden die Erlöse aus der Verwertung von Neben- oder Abfallprodukten als Kostenminderungen behandelt. Die Differenz zwischen Gesamtkosten des Produktionsprozesses und den Erlösen gibt den verbleibenden Restwert an, der durch das Hauptprodukt noch zu decken ist. Entstehen dagegen als Ergebnis eines Kuppelprozesses mehrere gleich bedeutsame Produkte, so ist es nicht möglich und unter abrechnungstechnischen Gesichtspunkten auch nicht wünschenswert, die gekoppelten Produkte in eine Rangordnung zu bringen. Zur Kalkulation solcher gleichrangiger Kuppelprodukte ziehen Betriebe, die mit der Vollkostenrechnung arbeiten, Schlüsselungsverfahren heran, die man auch *Verteilungsverfahren* nennt. Solche Verfahren sind dadurch gekennzeichnet, dass man die für den Spaltprozess anfallenden Kosten im Verhältnis bestimmter Schlüsselgrößen auf die einzelnen Erzeugnisse aufteilt. Dabei geht man grundsätzlich nach dem Prinzip der Äquivalenzziffernrechnung vor. W.Mä.

Literatur: *Hummel, S.; Männel, W.*: Kostenrechnung 1, Grundlagen, Aufbau und Anwendung, 4. Aufl., Wiesbaden 1986, S. 265-316.

Kammergericht

war im spätmittelalterlichen deutschen Recht das königliche Gericht, das sich 1495 zum Reichskammergericht fortbildete. Das Kammergericht wurde später Oberlandesgericht. Seit 1945 ist es das oberste ordentliche Gericht (West-) Berlins. Der → Kartellsenat des Kammergerichts in Berlin war bis zur 6. GWB-Novelle 1998 für alle Streitigkeiten über Verfügungen des Bundeskartellamtes zuständig. Mit der Sitzverlegung des Bundeskartellamtes nach Bonn (§ 51 Abs. 1 S. 1 GWB) ist die Zuständigkeit des Kartellsenates des Kammergerichts beendet und die Zuständigkeit des OLG Düsseldorf in Kartellverwaltungs- und Bußgeldsachen begründet worden. H.-J.Bu.

Kammlinie → Preistheorie

Kampagne

Unter einer Kampagne versteht man die Gesamtheit von Werbemaßnahmen für beispielsweise ein Produkt in einem bestimmten Zeitraum. Eine Kampagne kann mehrere Medien und Werbeträger umfassen.

Kampagnenkontrolle

Die Kampagnenkontrolle ist ein Ex post-Instrument der Werbeerfolgskontrolle (→ Werbetests), findet also nach der Ausstrahlung von Werbekampagnen statt. Für die abgelaufene Werbekampagne oder Teile davon werden verschiedene Indikatoren berechnet, wie etwa die kumulierte → Reichweite in Millionen und Prozent, Kontaktsumme in Millionen und Prozent, Kontaktverteilung, → Affinität, Kontakthäufigkeit oder Kontaktzahl, Tausendkontaktpreis (TKP).

Kampagnenplanung

Die Kampagnenplanung ist ein Ex ante-Instrument, dient also zur Planung der Zusammensetzung der → Kampagne vor ihrer Ausstrahlung. Zugrundegelegt werden für diese Planung personenindividuelle Mediennutzungsdaten aus der Vergangenheit. Der Planer ermittelt in einem ersten Schritt auf der Basis von Rangreihen die für seine Zielgruppe reichweitenstärksten und/oder kostengünstigsten Werbeumfelder. Diese Werbeumfelder werden anschließend als Belegungseinheiten festgelegt. Belegungseinheiten können z.B. die Werbeblöcke eines Senders in einer bestimmten halben Stunde sein oder die Werbeblöcke im Umfeld der Ausstrahlung einer bestimmten Serie. Für jede Person wird nun anhand der zurückliegenden Daten eine Wahrscheinlichkeit berechnet, mit der sie in jeder dieser Belegungseinheiten an einem durchschnittlichen Tag anzutreffen ist. Diese Wahrscheinlichkeit wird berechnet aus der personenindividuellen Summe gesehener Werbezeit innerhalb einer Belegungseinheit, geteilt durch die Summe der ausgestrahlten Werbezeit innerhalb dieser Belegungseinheit. Mit Hilfe dieser Wahrscheinlichkeitswerte können nun folgende Indikatoren berechnet werden, die dem Planer als Prognose für eine zukünftige Werbekampagne dienen: Kumulierte Reichweite in Millionen und Prozent, Kontaktsumme in Millionen und Prozent, Kontaktverteilung, Tausendkontaktpreis (TKP), Exklusivkontakte.

Kampagnen-Test → Werbetests

Kampfmarke

bezeichnet ein markiertes Produkt, das sich mit seiner Kombination von Produktattributen unmittelbar an Käufer der Marke eines Wettbewerbers wendet (→ Markenpolitik). Es handelt sich also um eine Form der → Imitationsstrategie. Kampfmarken werden von Unternehmen mit einer hohen → Marktaggressivität eingesetzt, um gezielt Wettbewerbsprodukte anzugreifen.

KAMQUAL

von *Diller* (1995, 1996) entwickeltes Konzept der → Kundenzufriedenheitsmessung für das → Key-Account-Management, in dem auf Basis des → Beziehungsebenen-Modells einerseits und des PPE-Ansatzes zur Messung der Qualität von → Dienstleistungen andererseits eine Matrix von Indikatoren zur Erfassung der von Key Accounts empfundenen → Beziehungsqualität entwickelt wird (vgl. *Abb.*).
Diese Indikatoren sind am besten spiegelbildlich (vgl. → Gap-Modell) bei den Key Accounts (empfundene Beziehungsqualität) und den zuständigen Key Accountern (vermutete Beziehungsqualität) per Befragung zu erheben und nach den üblichen Verfahren der → Kundenzufriedenheitsmessung aufzubereiten.
Besonders aussagekräftig sind Ranglisten der besten bzw. am schlechtesten beurteilten Beziehungsaspekte sowie Zufriedenheitsportfolios mit der empfundenen Zufriedenheit als der einen und den zusätzlich erfragten oder rechnerisch durch Regressionsanalyse ermittelten Wichtigkeiten der Teilaspekte als der anderen Portfoliodimension. Durch den nach Beziehungsebenen differenzierten Ansatz ergeben sich vielfältige Ansatzpunkte für das → Beziehungsmarketing, zumal im Key Account Management Schwachpunkte der Beziehung persönlich besprochen und ausgeräumt werden können. H.D.

Literatur: *Diller, H.:* KAMQUAL. Ein Instrument zur Messung der Beziehungsqualität im Key-Account-Management, Arbeitspapier Nr. 42, Lehrstuhl für Marketing an der Universität Erlangen-Nürnberg, Nürnberg 1995. *Diller, H.:* KAMQUAL: Beziehungserfolge realisieren, in: Absatzwirtschaft 39. Jg. (1996), Sondernummer Oktober 1996, S. 174-187.

Kandidatenliste

Bei der Streuplanung (→ Mediaplanung) beginnt man häufig mit einer Vorauswahl der relevanten Medien, die zu einer Liste der relevanten Werbeträger führt. Diese wird Kandidatenliste genannt. Die wichtigsten Kriterien zur Auswahl sind dabei insb. qualitative Merkmale (Darstellungsmöglichkei-

Indikatoren der Beziehungsqualität im KAMQUAL-Modell von *Diller*

	Potentiale	Prozesse	Ergebnisse
aufgabenorientierte Ebene	– Kompetenz – Ausstattung – Verkaufsunterstützung – leistungsfähige Marktforschung	– Preisverhandlungen – Special Makeups – S.P. – Produktentwicklung – Prospektgestaltung – Vor- und Nach-Verkaufsservice – Beschwerdemanagement	– bedürfnisgerechte Produkte – Einhalten von Vereinbarungen – gutes Preis-Leistungsverhältnis – brauchbare Marktdaten
menschlich-emotionale Ebene	– soziale Kompetenz – Freundlichkeit – Ähnlichkeit – Vertrauenswürdigkeit – Kenntnis von persönlichen Daten	– Anteil privater Themen – Anpassung an Kundenstil – Intensität privater Kontakte	– Angenehme Atmosphäre – personen- statt firmenorientiertes Denken
organisatorische Ebene	– organisatorische Struktur – spezielle Ansprechpartner – Entscheidungskompetenz	– Auftragsabwicklung – Kontaktintervalle – Zahlungsabwicklung	– Logistik Effizienz – Zeit – Lieferumfang – Lieferqualität
Machtebene	– Vertrauen – Kompromissbereitschaft – gemeinsame Erfahrungen – ökonomische Bedeutung – Macht – Informationsvorteile	– Vertrauensbildung – Machtgebrauch	– Furcht – Vertrauen – Unabhängigkeit

(Quelle: *Diller*, 1995)

ten etc.), Reichweiten, Zielgruppenaffinitäten und absolute Preise bzw. Tausenderpreise. Für die Werbeträger in der Kandidatenliste können dann verschiedene Mediapläne entwickelt und auf Basis entsprechender → Mediaselektionsmodelle evaluiert werden.

Kannibalisierungseffekt
→ Sortimentsverbund, → Preisvariation

Kanonische Korrelation
generelles Verfahren der → Multivariatenanalyse zur Untersuchung der Beziehung zwischen zwei Sätzen von Variablen. Die → Regressionsanalyse, → Varianzanalyse, → Diskriminanzanalyse und → Faktorenanalyse werden als Spezialfälle der Kanonischen Korrelation aufgefasst. Liegt ein Satz von $z = p+q$ Variablen vor, dann ist das Ziel des Verfahrens eine Linearkombination der p Variablen zu finden, die mit einer Linearkombination der q Variablen maximal korreliert.

Der Modellansatz kann im Marketing zur Anwendung kommen, wenn z.B. der simultane Zusammenhang zwischen Persönlichkeitsvariablen und mehreren Indikatoren einer Kommunikationsmaßnahme gemessen werden soll. Das Verfahren lässt sich durch Kovarianzstrukturmodelle mit → LISREL oder alternativen Softwarepaketen durchführen. Typischer Modellansatz ist das sog. *MIMIC-Modell* (vgl. Abb.).

Hier sind die Parameter γ_1, γ_2, γ_3 identisch mit den Kanonischen Gewichten. Aus den Ladungen γ_{yi} lassen sich über den Kanonischen Korrelationskoeffizienten r_c die Kanonischen Ladungen berechnen. Die Varianz von γ, die durch die y-Variablen erklärt wird, entspricht der quadratischen Kanonischen Korrelation (*Bagozzi*, *Fornell* und *Larker*). L.H.

KANO-Modell

Kanonische Korrelation

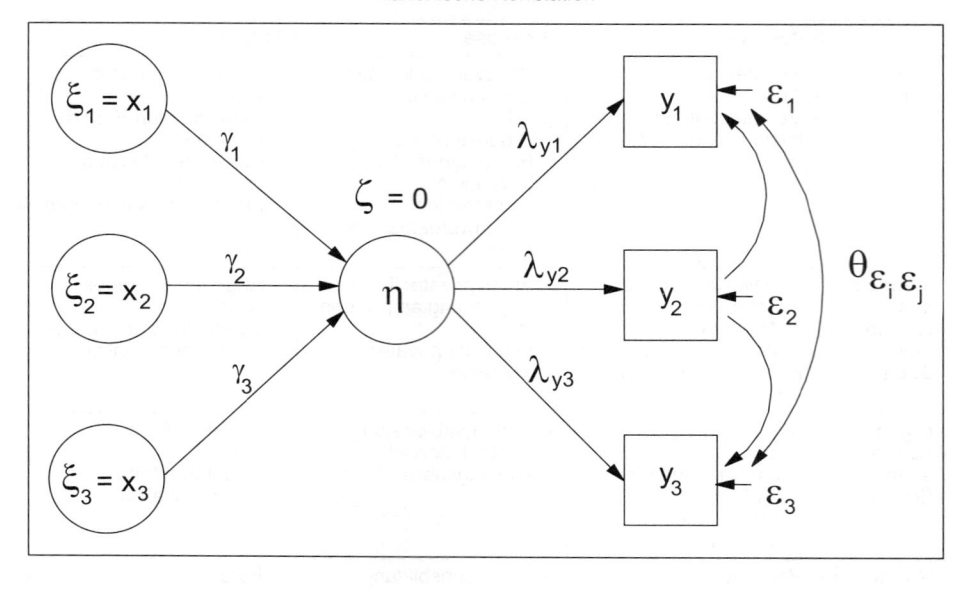

Literatur: *Bagozzi, R.B.; Fornell, C.; Larker, D.F.*: Canonical Correlation as a Special Case of a Structural Relations Model, in: Multivariate Behavior Research, Vol. 16 (1981), S. 437-454.

KANO-Modell

Modell der → Kundenzufriedenheit im → Beziehungsmarketing. Es gründet auf der Annahme, dass die Erfüllung bzw. die Nichterfüllung von Kundenanforderungen an ein Produkt oder eine Dienstleistung nicht stets den gleichen Einfluss auf die Zielgröße Kundenzufriedenheit haben. Vielmehr werden Anforderungstypen gebildet, deren Erfüllungsgrad unterschiedliche Auswirkungen auf die Zufriedenheit hat. Daraus ergeben sich strategische Implikationen für die → Marketingplanung.
Ausgangspunkt der Betrachtung ist das marktübliche Leistungsniveau bezüglich bestimmter Leistungsaspekte, z.B. Lieferpünktlichkeit, Preisniveau, Servicefreundlichkeit etc. (0-Punkt in *Abb. 1*). Das Modell postuliert nun vier Anforderungstypen:
Basisanforderungen („*essentials*") müssen in einem bestimmten Ausmaß erfüllt werden, ansonsten stellt sich beim Kunden starke Unzufriedenheit ein (z.B. Bremsleistung beim Auto). Ihre intensivere Erfüllung führt jedoch kaum zu wachsender Zufriedenheit. Basisanforderungen äußert der Kunde daher in der Regel im Kaufprozess nicht explizit. Dennoch kommt diesem Anforderungstypus eine hohe Bedeutung im Wettbewerb zu. Gelingt es einem Anbieter, durch Innovationen (z.B. neue technologische Lösungen wie ABS) Branchenstandards voranzutreiben, so kann sich das Zufriedenheitsniveau der Kunden von Anbietern, welche diese Standards (noch) nicht erfüllen, stark verschlechtern. Sie werden zu Abwanderungskandidaten.

Bei *Leistungsanforderungen* („*variancers*") variiert die Zufriedenheit proportional mit dem Erfüllungsgrad. Ein höherer Erfüllungsgrad führt zu proportional höherer Zufriedenheit und vice versa (z.B. Höchstgeschwindigkeit des Autos). Im Gegensatz zu den Basisanforderungen als „Musskriterien" werden sie hingegen vom Kunden explizit verlangt („Sollkriterien"). Zudem kann nun der gesamte Wertebereich der Zufriedenheitsskala, von sehr unzufrieden bis sehr zufrieden, erreicht werden.

Begeisterungsanforderungen („*satisfier*") schließlich werden vom Kunden nicht (in diesem Umfang) erwartet und auch nicht formuliert. Folglich führt deren Nichterfüllung nicht zu Unzufriedenheit. Sind sie hingegen erfüllt, so wird der Kunde besonders intensiv zufrieden gestellt (z.B. Laufruhe des Autos). Der Wertebereich der Zufriedenheitsskala wird hier wie bei den Mussan-

Abb. 1: Das Kano-Modell der Kundenzufriedenheit

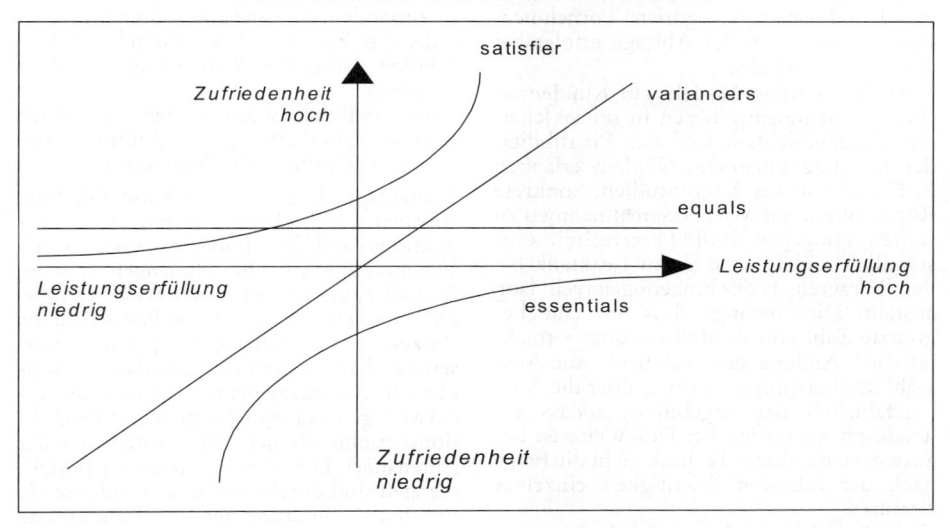

Zufriedenheit hoch — satisfier — variancers — equals — *Leistungserfüllung niedrig* — essentials — *Leistungserfüllung hoch* — *Zufriedenheit niedrig*

forderungen nur zur Hälfte ausgeschöpft, und zwar im positiven Bereich.
Indifferenzanforderungen („equals") sind Leistungsmerkmale, deren Mehr- oder Mindererfüllung der Kunde gleichgültig gegenüber steht. Auch sie werden a-priori nicht erwartet. Im Gegensatz zu den Satisfiern leisten sie bei besserer Erfüllung aber kaum einen Beitrag zur Erhöhung der Zufriedenheit (z.B. Benutzerfreundlichkeit der Betriebsanleitung)..
Eine empirische Zufriedenheitsanalyse auf Basis des Kano-Ansatzes umfasst mehrere Stufen. Zunächst sind die relevanten Anforderungen (Leistungsmerkmale) zu identifizieren, welche vom Kunden wahrgenommen werden. Da eine Kano-Befragung als merkmalsgestützte ex-post-Messung erfolgt, sind die Befragten i.d.R. mit den abgefragten Features vertraut. Die Fragebogenkonzipierung erfolgt auf Basis des Merkmalskatalogs. Die Fragetechnik des Kano-Verfahrens reflektiert die vier Anforderungsklassen. So wird hinsichtlich jedes Produktfeatures sowohl eine funktionale, als auch eine dysfunktionale Frage gestellt (*Abb. 2*). Aus der Kombina-

Abb. 2: Funktionale und dysfunktionale Fragestellung der Kano-Befragung

☞ Funktionale Form der Frage	
Wie beurteilen Sie es, dass ein Auto über Seiten-Airbags verfügt?	○ Das würde mich sehr freuen
	○ Das setze ich voraus
	○ Das ist mir egal
	○ Das könnte ich eventuell in Kauf nehmen
	○ Das würde mich sehr stören
Wie beurteilen Sie es, dass ein Auto nicht über Seiten-Airbags verfügt?	○ Das würde mich sehr freuen
	○ Das setze ich voraus
	○ Das ist mir egal
	○ Das könnte ich eventuell in Kauf nehmen
	○ Das würde mich sehr stören
☞ Dysfunktionale Form der Frage	

Kapazitätsplanung

tion der Antworten lässt sich die Zuordnung zu den Leistungskategorien vornehmen. Eine andere Form der Abfrage erfolgt bei dem → PRC-Modell.

Vorteile des Kano-Modells zur Kundenzufriedenheitsmessung liegen in seiner leichten Verständlichkeit und der Plausibilität der Leistungskategorien. Zudem erlauben es Ergebnisse aus Kano-Studien, konkrete Rückschlüsse auf Marketingmaßnahmen zu treffen. Hingegen ist die Fragetechnik umständlich und führt u.U. zu Reaktanz bei den Befragten, da der Fragebogen recht lang ausfällt. Dies bedingt, dass nur eine begrenzte Zahl von Produktfeatures betrachtet wird. Andererseits entscheidet die Auswahl der Leistungsmerkmale über die Aussagefähigkeit der Ergebnisse, sodass ein Trade-off zu treffen ist. Des Weiteren beantwortet die Kano-Technik nicht die Frage nach der relativen Wichtigkeit einzelner Features.

Das Modell kann aber auch ohne empirische Messung als Checklist für das Qualitätsmanagement gute Dienste leisten, weil es die relative Bedeutung verschiedener Teilattribute für die Kundenzufriedenheit zu hinterfragen hilft. B.I.

Literatur: *Kano, N.*: Attractive Quality and Must-Be Quality, in: Hinshitsu: The Journal of the Japanese Society for Quality Control, April 1984, S.39-48. *Bailom, F.; Hinterhuber, H.; Matzler, K.; Sauerwein, E.*: Das Kano-Modell der Kundenzufriedenheit, in: Marketing ZfP, 18. Jg. (1996), S. 117-126.

Kapazitätsplanung → Yield Management

Kapitalbindung

bezeichnet das Geld-Äquivalent der im Unternehmen vorhandenen Vorräte an Halb- und Fertigprodukten, Teilen, Handelswaren sowie Roh-, Hilfs- und Betriebsstoffen.

Das *Mengengerüst* der Kapitalbindung ergibt sich aus dem physischen Bestand eines *Zeitpunkts* (Momentanbestand, z.B. per ultimo) bzw. *Zeitraums* (Durchschnittsbestand, z.B. eines Quartals).

Der *Momentanbestand* ist stark zufallsabhängig, evtl. auch – im Hinblick auf Bilanzstichtage – gezielt beeinflusst und daher für Zwecke der Beurteilung der Kapitalbindung in Vorräten wenig geeignet. So sind z.B. *Transitvorräte* jeweils nur für kurze Zeit überhaupt physisch „vorhanden".

Der *Durchschnittsbestand* setzt sich zusammen aus

- dem durchschnittlich stets in voller Höhe vorhandenen → *Sicherheitsbestand*,
- der durchschnittlich annähernd in halber Höhe vorhanden *Bestellmenge* (Zyklusvorrat),
- dem zwischen Stationen der logistischen Versorgungskette durchschnittlich bewegten *Transit- oder Prozessvorrat*.

Dementsprechend lässt sich Kapitalbindung abbauen durch *Beschleunigung* von (Produktions- und Transport-)Prozessen, durch *Verringerung* von Bestellmengen (höhere Bestellfrequenz) und durch *Senkung* bzw. *Differenzierung* der Sicherheitsbestände. Prozess-Beschleunigung ist durch verbesserte Ablauforganisation erzielbar (→ Supply Chain Management, → ECR, mit höherwertigen Transportmitteln und Produktionsverfahren höherer Momentankapazität (Intensität). Der Verringerung von Bestellmengen sind durch die daraus resultierende logistische Belastung der Versorgungskette (Disposition, Einkauf, Warenannahme, Transporte usw.) Grenzen gesetzt, weiterhin durch mengenabhängige Einstandspreise (Mindermengen-Zuschläge) und durch kompensatorische Effekte bei → Servicegrad und → Sicherheitsbestand. Ein zu starker, v.a. aber ein undifferenzierter Abbau von Sicherheitsbeständen kann die *Waren-Präsenz* und damit die Marktposition des Anbieters empfindlich schädigen.

Das Wertgerüst der Kapitalbindung ergibt sich aus dem Ansatz von *Einstands-* oder *Verkaufspreisen*. Obwohl im Handel vielfach mit letzteren gerechnet wird, insb. bei der Ermittlung des Kapitalumschlags, ist der Bewertung mit Einstandspreisen der Vorzug zu geben, die den tatsächlichen Einsatz von Kapital (Rentabilitätseffekt) bzw. Finanzmitteln (Liquiditätseffekt) widerspiegeln. K.Z.

Kapitalumschlag

Umsatz je Einheit durchschnittlichen Kapitaleinsatzes im Unternehmen (→ Marketing-Kennzahlen, → Handels-Controlling).

Kartell

ist eine Form der horizontalen Wettbewerbsbeschränkung. Kartelle entstehen durch Vertrag oder Beschluss von Unternehmen, die auf dem gleichen relevanten Markt tätig sind. Ziel der Vereinbarung ist die Beschränkung des Wettbewerbs durch Verzicht auf den autonomen Gebrauch jener Aktionsparameter (Preis, Rabatte, Konditionen, u.a.m.), deren gemeinsame Handhabung durch den Kartellvertrag geregelt ist.

Die rechtliche und organisatorische Selbständigkeit der Kartellmitglieder bleibt dabei erhalten; diese geben aber freiwillig wirtschaftliche Handlungsfreiheit auf, um eine im Ergebnis ungewisse Koordinierung ihrer Aktivitäten über den Markt durch eine kontrollierbar und kalkulierbar werdende Verhaltensabstimmung durch Vertrag zu ersetzen.

Die Möglichkeit der Kartellbildung wird umso günstiger sein,
- je geringer die Zahl der Anbieter,
- je ähnlicher ihre Kostenverläufe,
- je homogener ihr Produktionsprogramm,
- je höher die → Markteintrittsbarrieren und
- je elastischer das Angebot, etwa durch die Möglichkeit des Rückgriffs auf ungenutzte Kapazitäten.

Je niedriger die Markteintrittsbarrieren eines kartellierten Marktes sind, desto größer ist die Wahrscheinlichkeit, dass das hohe Niveau der Kartellpreise Außenseiter anlockt, die diese unterbieten und dadurch das Zerbrechen des Kartells bewirken. Maßnahmen, die der Abwehr dieser Bedrohung dienen, werden als solche des *äußeren Kartellzwanges* bezeichnet:
- Mit den Lieferanten von Rohstoffen und anderen Vorleistungen werden *Verträge* abgeschlossen, die sie *verpflichten*, nur Mitglieder des Kartells zu beliefern. Auch auf den nachgelagerten Produktionsstufen werden derartige Exklusivverträge angestrebt.
- *Treuerabatte* und andere Vergünstigungen sollen gewährleisten, dass die Lieferanten und Abnehmer des Kartells die von ihnen eingegangenen Verpflichtungen einhalten.
- Für den Fall, dass Außenseiter beliefert oder ihnen Waren abgenommen werden, sind *Sanktionen* vorgesehen. Unbotmäßige Lieferanten werden von den Mitgliedern des Kartells boykottiert. Händler, die Produkte von Außenseitern vertreiben, werden nicht mehr beliefert.

Kartelle werden nicht nur durch Außenseiter, sondern auch dadurch bedroht, dass die getroffenen Vereinbarungen von den Mitgliedern selbst missachtet und damit ökonomisch wirkungslos werden.

Vorkehrungen, die darauf abzielen, von derartigen Verstößen abzuhalten, begründen den sog. *inneren Kartellzwang*. Sie sind zumeist bereits im Kartellvertrag enthalten und bestehen v.a. in Sanktionen, die bei Vertragsbruch wirksam werden.

Ist der Kartellvertrag rechtlich zulässig (→ GWB, → EWG-Kartellrecht), können Verstöße gegen seine Bestimmungen mit Hilfe ordentlicher Gerichte geahndet, also etwa verhängte Konventionalstrafen eingeklagt werden.

Wenn das geltende → Wettbewerbsrecht Kartelle verbietet, müssen andere Formen der Sanktion Anwendung finden. Die Kartellmitglieder können versuchen, gegen Vertragsbrüchige aus ihrem Kreis einen Boykott zu organisieren oder sie durch das Unterbieten ihrer Preise vom Markt zu verdrängen. Bleiben derartige Versuche erfolglos, zerfällt das Kartell. Auch die übrigen Kartellmitglieder müssen dann gegen die im Kartellvertrag getroffenen Vereinbarungen verstoßen, wollen sie nicht Gefahr laufen, durch das Festhalten am überhöhten Kartellpreis fortwährend Absatz einzubüßen.

Je nach Art der Aktionsparameter, deren Einsatz Gegenstand der getroffenen Vereinbarung ist, werden als Arten (Formen) des Kartells u.a. Preis-, Mengen-, Konditionen- und Produktionskartelle unterschieden. Auch ist vielfach der Versuch unternommen worden, nach dem Grad der bewirkten Wettbewerbsbeschränkung Kartelle niederer Ordnung (Beispiele: Konditionen-, Normen-, oder Typenkartelle) von wettbewerbspolitisch stärker Bedenken weckenden Kartellen höherer Ordnung (z.B. Preiskartell; Syndikat) abzugrenzen. Am Ziel der Kartellvereinbarung knüpfen Bezeichnungen wie Strukturkrisen-, Import- und Exportkartell an.

Seit In-Kraft-Treten des GWB hat sich die Bedeutung der Kartelle als zuvor typische Form der Wettbewerbsbeschränkung mehr und mehr vermindert. Diese Entwicklung ist nicht nur auf das im GWB erstmals im deutschen Wettbewerbsrecht ausgesprochene grundsätzliche Kartellverbot zurückzuführen; sie ergibt sich vielmehr auch als Folge einer zunehmenden Internationalisierung der Märkte, der kurzen Fristigkeit einzelner Produkt(lebens)zyklen, einer gewachsenen Bedeutung von → Produktdifferenzierung und → Diversifikation und des Übergangs von der funktionalen zur divisionalen Organisationsstruktur in den Unternehmen. Auch kann das Kartellverbot

Kartellsenat

dazu geführt haben, dass das Kartell vielfach durch andere Formen der Verhaltensabstimmung ersetzt worden ist – Strategien der Wettbewerbsbeschränkung, die wie das bewusste → Parallelverhalten wettbewerbsrechtlich gar nicht oder wie das formlos aufeinander → abgestimmte Verhalten nur selten erfolgreich geahndet werden können.

H.-J.Bu.

Literatur: *Cox, H.; Jens, U.; Markert, K.* (Hrsg.): Handbuch des Wettbewerbs, München 1981. *Rittner, F.:* Einführung in das Wettbewerbs- und Kartellrecht, Heidelberg 1981.

Kartellsenat

Spezialspruchkörper bei den Oberlandesgerichten nach § 91 GWB, der ausschließlich für die Entscheidung über Maßnahmen und Verfügungen der Kartellbehörden, deren Bußgeldbescheide sowie für die Entscheidung über die Berufung und Beschwerde gegen Entscheidungen des Landgerichts in bürgerlichen Rechtsstreitigkeiten nach dem → GWB zuständig ist. Sind Verfügungen des Bundeskartellamts im Streit, so ist der Kartellsenat des Oberlandesgerichts Düsseldorf zuständig. In 3 Bundesländern mit mehreren Oberlandesgerichten wurde die ausschließliche Zuständigkeit eines einzigen Oberlandesgerichts begründet (OLG Celle, OLG Düsseldorf, OLG München). Kartellsenat ist nach § 94 GWB außerdem der Spezialspruchkörper beim Bundesgerichtshof zur Entscheidung über Rechtsmittel in Kartellsachen.

H.-J.Bu.

Kartengesellschaft → Kreditkarte

Karten-Zahlungssysteme

Umfassender Terminus für Systeme, welche Zahlungsakte ermöglichen, die der Verbraucher nicht mit Bargeld oder Scheck, sondern mit einer Karte bewirkt (→ Electronic Funds Transfer, → Kreditkarte). Kartenart (→ Kundenkarte, ec-Karte, → Kreditkarte) und verwendete Technik (Magnetstreifen und/oder Chip; Übertragungsart der mit dem Zahlungsvorgang verbundenen Daten) variieren dabei von System zu System.

Kassenorganisation im Handel

Gestaltungsbereich der → Ladengestaltung i.w.S., die sich wiederum in die Kassenanordnungsregelung, die Bestimmung der optimalen Kassenzahl und die Auswahl der Kassentechnik untergliedern lässt.

Hinsichtlich der Kassenanordnung unterscheidet man zentrale und dezentrale Checkouts, wobei vor allen bei Selbstbedienungsgeschäften das Zentralkassensystem dominiert, während in Waren- und Kaufhäusern oft dezentrale Kassen für bestimmte Warengruppen oder Verkaufsinseln gewählt werden. Gelegentlich findet sich auch eine Kombination aus dezentralen und zentralen Kassen, z.B. für Inkassoberechtigte → Shop-in-the-Shops oder → Rack Jobber. Die Bestimmung der optimalen Kassenzahl ist interdependent mit der Besetzung der Kassen, einem Problem der Personaleinsatzplanung. Im Lebensmittelhandel gilt heute als Faustregel, dass je 100 – 150 qm Verkaufsfläche eine Kasse einzurichten ist. Einflussfaktoren auf die Kassenzahl sind aber auch der erwartete Umsatz, die Zahl der Kunden und deren durchschnittliche Einkaufsbons, die von der Kassentechnik abhängige maximale Checkout-Leistung und die Kassierleistung des Kassenpersonals. Angesichts zunehmend kritischeren Einkaufsverhaltens sinken die noch akzeptablen Warteschlangen vor den Kassenstellen ab.

Hinsichtlich der Kassentechnik greift man überwiegend auf → Scannerkassen, z.T. auch im Self-Scanning-Verfahren, zurück, die sowohl den Kassenablauf beschleunigen als auch die Möglichkeit zu geschlossenen → Warenwirtschaftssystemen bieten. Vorläufer dieser Kassensysteme sind sog. PLU-Kassen (→ Price-look-up-Verfahren), bei denen nicht alle, sondern insb. die Frischwarenpreise in einem zentralen Datenspeicher gespeichert sind und von der Kasse aus abgerufen werden können. Beim Self-Scanning erfolgt ein Durchschleusen der mit Codes versehenen Ware durch einen Scannertunnel am Checkout durch den Kunden selbst.

H.D.

Kassenplatzierung
→ Zweitplatzierung, Sonderplatzierung

Kassentechnik → Scanning

Katalog

Übersicht über das Angebot an Waren und Dienstleistungen eines Unternehmens im Rahmen der → Direktwerbung. Neben Produktbeschreibungen und –abbildungen enthält er Preisangaben sowie Informationen über Lieferungs- und Zahlungsbedingungen und Serviceleistungen. Die Abgren-

zung zu einem Prospekt oder einer Broschüre ist nicht eindeutig vorzunehmen. In der Praxis versteht man unter einem Prospekt oder einer Broschüre eine werbliche Druckschrift, die keinen vollständigen Überblick über die gesamte Leistungspalette des Anbieters gibt, sondern ein Teilsortiment ausführlicher darstellt.
In einem Prospekt lassen sich einige wenige oder auch nur ein einziges Angebot umfassend präsentieren. Dieses Angebot wird ausführlich mit allen Details und Vorteilen vorgestellt. Der Katalog gibt im Gegensatz zum Prospekt oder zur Broschüre einen Überblick über die gesamte Angebotspalette oder zumindest über einen bedeutenden Teil davon. Trotz der darzustellenden Warenfülle ist dabei die Beschreibung der einzelnen Angebote oft sehr ausführlich.
Durch die → Katalogwerbung können verschiedene Aufgaben im Marketing-Mix des Unternehmens übernommen werden. Kataloge dienen vor allem als Verkäufer oder als Vor-Verkäufer und weniger den Zielen der klassischen Werbung. Im → Versandhandel hat der Katalog die Aufgabe eines Direktvertriebsinstruments mit integrierten Bestellmöglichkeiten. Er soll somit die Angebote unmittelbar verkaufen. Die Kunden wählen aus dem Katalog Produkte aus, die sie dann schriftlich oder telefonisch bestellen.
Dagegen liegt die Aufgabe der Kataloge von Reiseveranstaltern überwiegend im Vor-Verkauf. Sie bereiten den Verkauf vor, ohne dass die Möglichkeit gegeben wird, direkt aus dem Katalog eine Pauschalreise schriftlich oder telefonisch zu buchen. Der Katalog dient der Information des Kunden, der die für ihn passenden Reiseangebote auswählt und dann im Reisebüro den eigentlichen Kaufabschluss tätigt. Aber auch in der Reisebranche gibt es Kataloge oder Prospekte mit einer direkten Buchungsmöglichkeit. Vor allem preisaggressive Anbieter geben die Kostenvorteile dieses direkten Verkaufs an die Kunden weiter und verzichten auf den Aufbau eines Netzes von stationären Reisebüros.
Die Versandhändler setzen die unterschiedlichsten Katalogarten ein, die sich nach ihrem Sortimentsinhalt und Umfang in drei Kategorien einteilen lassen. Der *Universalkatalog* ist in seiner großen Sortimentsbreite mit dem Angebot eines Warenhauses vergleichbar. Die Gültigkeitsdauer beträgt im Allgemeinen ein halbes Jahr. Der Sommerkatalog erscheint üblicherweise im Januar und der Winterkatalog im Juli. Für die halbjährige Gültigkeitsdauer wird von den Anbietern eine Preisstabilität garantiert.
Der *Spezialkatalog* ist wegen seiner schmalen aber tiefen Sortimentsstruktur mit einem Fach- oder Spezialgeschäft vergleichbar. Neben den Spezialkatalogen der großen Sortimentsversender gibt es in Deutschland gefördert durch das Internet, das die Einstiegsbarrieren für neue Anbieter gesenkt hat, unzählige Spezialversender, die sich zum Teil auf sehr enge Sortimente konzentrieren.
Der *Impulskauf-* oder *Neuheiten-Katalog* greift aus unterschiedlichsten Produktgruppen interessante Angebote heraus, die als Geschenkartikel oder für den Impulskauf geeignet sind. Einige Versender haben sich auf diese Neuheiten-Kataloge konzentriert.
Durch → *Elektronische Produktkataloge* können die Vorteile aller Katalogarten kombiniert und ein Höchstmaß an Aktualität erreicht werden. Zahlreiche Kataloge, vor allem im Business-to-Business-Bereich werden als CD-ROM erstellt. Damit lassen sich Produktions- und Versandkosten reduzieren. Private Kunden verfügen nicht immer über die technische Ausrüstung zum Lesen von CD-ROMs und bevorzugen das Blättern in einem gedruckten Katalog. Langfristig wird sich die Online-Nutzung des elektronischen Kataloges durchsetzen, den der Versender in das Internet stellt und jederzeit aktualisieren kann.
Die großen Sortimentsversender produzieren neben ihrem Hauptkatalog eine → *Katalog-Palette* unterschiedlicher Kataloge, um den verschiedenen Kundensegmenten ein auf die Zielgruppe zugeschnittenes Angebot unterbreiten zu können. Eine Aufgabe des Katalog-Marketing ist es, die einzelnen Kataloge hinsichtlich der Sortimente und der Platzierung am Markt zu optimieren. Technisch ist es möglich, individuelle Kataloge zu erstellen, die auf das jeweilige Kaufverhalten des Kunden ausgerichtet sind und somit Produktionskosten einsparen. Einem Kunden können so nur solche Sortimente angeboten werden, für die dieser einen Bedarf hat. Allerdings hat es sich gezeigt, dass ein solcher „abgespeckter" Katalog an Attraktivität verliert und die Sortimentskompetenz des Versenders darunter leidet.
Genau wie bei allen anderen Medien muss auch die → Kataloggestaltung optimiert werden, um die Ziele der Katalogwerbung zu erreichen. Dazu sind das Layout, die

Kataloggestaltung

Texte sowie die Auswahl und Verteilung der Angebote auf die Seiten des Kataloges festzulegen. H.H.

Literatur: *Holland, H.*: Direktmarketing, München 1993. *Muldoon, K.*: Handbuch Katalogmarketing, Landsberg a.L. 1996.

Kataloggestaltung

Durch eine optimale Kataloggestaltung sollen die Ziele der → Katalog-Werbung erreicht werden, die v. a. im Verkauf oder Vor-Verkauf der angebotenen Produkte liegen. Das Erscheinungsbild eines → Kataloges ist abhängig vom Sortimentsinhalt und der Kundenzielgruppe.

Durch ein ansprechendes Katalog-Layout mit entsprechenden Katalog-Texten soll im Rahmen der Kataloggestaltung erreicht werden, dass sich der Leser mit dem Katalog beschäftigt. Ein Katalog setzt sich aus mehreren Bestandteilen zusammen, die die Orientierung erleichtern oder eine Dramatisierung des Katalogaufbaus bewirken.

Dramatisierung eines Versandhandelskataloges

- Titel
- Begrüßung, Verzeichnis
- Waren-Auftaktseiten
- Einstiegsthema
- Stopperseiten
- Serviceseiten
- Inhaltsverzeichnis
- Rücktitel

Die Auftaktseiten nach der Katalog-Titelseite und einer kurzen Begrüßung sowie einem Verzeichnis der Produktgruppen beinhalten häufig, wie auch das Einstiegsthema, aufmerksamkeitserregende, neue oder modische Artikel zum Aufbau des Images des Kataloges. Die letzten Seiten (Nicht-Angebots-Seiten) enthalten eine Bestellanleitung sowie eine Übersicht über die Serviceleistungen wie telefonische Bestellmöglichkeit, Teilzahlungs-Angebote, technischer Kundendienst, Maßtabellen, Garantien, Rückgabemöglichkeiten und ein Schlagwortverzeichnis.

V.a. bei den umfangreichen Hauptkatalogen der Sortimentsversender wird eine Dramatisierung des Katalog-Aufbaus angestrebt, um die anfängliche Spannung beim Durchblättern des Kataloges aufrechtzuerhalten. Diese Dramatisierung wird bspw. durch den Einbau von „Stopperseiten" erreicht, die durch besondere Angebote und ein auffallendes Layout mit einer plakativen Headline (z.B. „Sonderleistung") das übliche System der Warenpräsentation durchbrechen. Der Rücktitel ist im Allgemeinen neben dem Titel die verkaufsstärkste Seite.

Kataloge, bei denen eine Dramatisierung durch redaktionelle Teile angestrebt wird, nennt man *Magalog* (von Magazin und Katalog). Flip-over-Kataloge oder *Wende-Kataloge* lassen sich wenden und von hinten nach vorn betrachten; sie bieten sich an, wenn das Sortiment aus zwei heterogenen Produktgruppen wie Bekleidung und Hartwaren besteht. Andere Möglichkeiten der Dramatisierung sind in die Kataloge eingestreute Gewinnspiele, die aber die Gefahr bergen, zu stark vom eigentlichen Angebot abzulenken. Eine shop-in-the-shop-Philosophie, bei der Artikel nach Warengruppen oder Zielgruppen zusammengefasst werden, erleichtert eine Gliederung des Kataloges und gibt Orientierungshilfen.

Bei der Katalog-Optimierung wird die Anzahl und Verteilung der Artikel auf jede Seite festgelegt, wobei eine artikel- und seitenbezogene Deckungsbeitragsrechnung zur Kontrolle und Feinsteuerung dient. Die Innenseiten werden mit Hilfe von psychologischen Erkenntnissen über das Leseverhalten optimiert. Der am stärksten beachtete Bereich einer Doppelseite liegt auf der rechten Seite im oberen Drittel (→ Werbegestaltungsstategie). Artikel, die der Anbieter fördern will, sollten an dieser Stelle platziert werden. Auch eine größere oder auffallende Abbildung mit plakativer Headline führt zu einer Bestellsteigerung. Besonders preisgünstige Artikel werden durch eine Herausstellung des Preises markiert. Dazu wird der Preis in großen Zahlen, durch auffallende Farben, durch Farbhintergründe oder durch besondere Symbole (Preis-Labels) hervorgehoben. Dies dient dem Aufbau eines Images als preisgünstiger Anbieter. Dem Produkt und der Zielgruppe angepasste Fotos mit einer ansprechenden und lesbaren Typographie der Texte bei guter Druck- und Papierqualität sind Voraussetzungen für erfolgreiche Kataloge. Niedrigpreisige Kataloge werden mit deutlich gesenkten Anforderungen an die Druck- und Papierqualität produziert, um Kosten zu sparen und ein Discount-Image aufzubauen.

Neben der Dramatisierung des Kataloges zur Aufrechterhaltung der Spannung und des Interesses beim Durchblättern werden zur Erhöhung der Reaktionsquote unterschiedliche handlungsauslösende Faktoren

(Action-Getter) im Katalog-Package eingesetzt. Die Wahrnehmungspsychologie und Experimente mit Blikkaufzeichnungskameras, die den Blickverlauf beim Betrachten einer Katalogseite aufzeichnen, liefern Erkenntnisse zur Verteilung von Abbildungen und Texten auf Seiten bzw. Doppelseiten. Der Blick des Betrachters wird durch die graphische Gestaltung so gelenkt, dass er möglichst alle Angebote und Texte wahrnimmt. Zur optimalen Verteilung der Angebote auf die Katalogseiten haben Experimente gezeigt, dass die durchschnittliche Betrachtungszeit pro Seite oder Doppelseite schnell abnimmt, wenn die Anzahl der Artikel zu groß wird. I.a. sind die Kataloggestalter bemüht, etwa sieben Artikel auf einer Seite zu platzieren, wobei diese Anzahl bei bestimmten Sortimenten (z.B. Bücher oder Computerzubehör) auch wesentlich größer sein kann.

Die meisten Kataloge werden den Kunden in einem *Package* zugesandt. Auch der Versandumschlag, der Brief und die Bestellkarte müssen bei der Kataloggestaltung berücksichtigt werden, so dass ein „roter Faden" den Kunden durch das Package führt. Der Umschlag erweckt Neugierde und verleitet zum Öffnen, der Brief weist auf den besonderen Nutzen des Kataloges für den Kunden hin, und der Katalog führt schließlich zum Ausfüllen der Bestellkarte und damit zum Kauf.

Die besondere Bedeutung des Katalog-Packages erwächst aus der Möglichkeit der → Personalisierung und individuellen Kundenansprache (→ Individualisierung). Während der Katalog aus Kostengründen nur in Ausnahmefällen durch den Aufdruck des Kundennamens personalisiert wird, ist im Brief eine individuelle Ansprache des Kunden unter Beachtung seines bisherigen Kaufverhaltens möglich (→ Direktmarketing). Im Brief und in einer Beilage lassen sich Bestellanreize, sog. → Handlungsauslöser (*Action-Getter*), sowie Verkaufswettbewerbe für Sammelbesteller abdrucken. Die → Responserate lässt sich bspw. durch folgende Action-Getter steigern: Geschenke, early birds („Die ersten 10 Besteller erhalten ..."), Preisausschreiben, Sweepstakes („Sie können schon gewonnen haben"), Sonderangebote, Valuta-Angebote („Jetzt kaufen, später bezahlen").

Neben dem Katalog-Layout sind die Katalog-Texte bei der Kataloggestaltung, zu entwickeln. Die Katalog-Abbildungen werden eher wahrgenommen und sind i. a. für den Erfolg entscheidender als die Texte, denen die Aufgabe zukommt, die wichtigsten Warenbeschreibungen und für die Bestellung relevanten Informationen wie Bestellnummer, Preis, Größe, Material, Farbe aufzuführen. Je nach Katalog-Art, Sortiment und Zielgruppe ist das Verhältnis von Abbildungen zu Texten sehr unterschiedlich. Von den Modekatalogen mit kurzen, oft auch emotionalen Texten bis zum Spezialkatalog für elektronische Bauteile mit ausführlichen, sehr sachlich technischen Texten sind alle Zwischenstufen möglich.

Durch die Bildung von Profit Centers in den Einkaufsabteilungen, die jeweils die Verantwortung für einige Seiten des Kataloges tragen, wird eine Optimierung der Katalogrentabilität angestrebt. Für alle Artikel und Katalogseiten werden Umsätze und Deckungsbeiträge prognostiziert und kontrolliert. Die Einkaufsabteilung wird für jede Seite des Kataloges, auf der sie ihre Waren platzieren will, mit einem bestimmten Betrag belastet. Die Versandhäuser haben durch diese Technik wertvolle Erfahrungen für die Artikelauswahl und das Katalog-Layout gewonnen. Neben der Katalog-Optimierung ist die Auswahl der optimalen Zielgruppe und die Wahl des richtigen Versandzeitpunktes für den Erfolg entscheidend.

Der Katalog-Titelseite wird beim Prozess der Katalog-Optimierung eine besondere Beachtung geschenkt, da der Titel bei der Katalog-Werbung besondere Aufgaben zu erfüllen hat. Die Titelseite dient als Katalog-Öffner und soll den Betrachter anregen, sich mit dem vorliegenden Katalog zu beschäftigen. Sie muss durch die Gestaltung und durch den Abdruck des Firmenlogos den Anbieter erkennen lassen. Bei vielen Katalogen ist auf dem Titel bereits das erste Angebot abgebildet. Der Titel stellt die beste Verkaufsseite dar, wenn das Angebot so ausgewählt wurde, dass es die Unternehmensphilosophie verdeutlicht und der Zielgruppe entspricht. Erfahrungsgemäß verkauft die Titelseite zwei- bis dreimal besser als die Innenseiten.

Neben der Funktion als Katalog-Öffner oder als Verkaufsseite hat sich die Image-Funktion des Katalog-Titels durchgesetzt. Der Titel differenziert die Kataloge, verdeutlicht den Zielgruppenbezug und versucht eine Atmosphäre zu schaffen, die auf die angebotenen Waren ausstrahlt. Häufig finden sich bei den Universalversendern Fotos von jungen Familien, mit denen sich die

Katalogkommission

Kunden identifizieren können, oder auch Filmstars, die den hohen Anspruch der angebotenen Mode und Internationalität vermitteln. Bei Katalogen für gewerbliche Kunden ist das Serviceangebot oft so wichtig, dass es bereits auf dem Katalog-Titel dargestellt wird.

Da viele Leser den Katalog von hinten nach vorn durchblättern, oder ihn umgekehrt liegend aufbewahren, muss die letzte Umschlagseite mit der gleichen Sorgfalt gestaltet werden wie der Titel.

Durch *Desktop-Publishing* verwischen die Grenzen zwischen den Kreativarbeiten und der Druckvorbereitung. Sowohl die Texte als auch die Abbildungen und Fotos werden in Desktop-Publishing-Dateien erstellt und können am Computer für den Druck vorbereitet werden. Digitalisierte Fotos lassen sich so den spezifischen Anforderungen anpassen und Texte können ohne großen Aufwand verändert werden. H.H.

Literatur: *Holland, H.*: Direktmarketing, München 1993.

Katalogkommission
→ Marketing-Wissenschaft

Katalog-Package → Kataloggestaltung

Katalog-Palette

Gesamtheit aller → Kataloge, mit denen ein Anbieter seine Produkte im Rahmen der → Katalog-Werbung präsentiert. Die großen Sortimentsversender nutzen unterschiedliche Kataloge, um den verschiedenen Kundentypen ein zielgruppengerechtes Angebot zu machen. Sie versenden bspw. an ausgewählte Kundengruppen neben ihren Hauptkatalogen Modekataloge mit junger Mode, mit anspruchsvoller Mode, mit Kindermode, sowie Kataloge mit Heimwerkerbedarf, Freizeitartikeln, Möbeln und Geschenkartikeln.

Ein Sortimentsversender wie der Otto-Versand produziert in einer Saison (Halbjahr) etwa ein Dutzend verschiedener Kataloge, von denen einige mehrmals in der Saison erscheinen. Durch eine entsprechende Positionierung dieser Spezialkataloge wird eine Abdeckung aller wichtigen Zielgruppen erreicht. Der Versand dieser Spezialkataloge erfolgt an Kunden, die anhand des → Database-Marketing selektiert werden.
H. H.

Katalogschauraum

auch *Catalog Showroom* oder *Discount-Catalog-Showroom*, US-amerikanische → Betriebsform des Einzelhandels seit Mitte der 60er-Jahre, die an verkehrs- und kostengünstig gelegenen Standorten dem – durch Katalogeinsicht bzw. Besichtigung im Ausstellungsraum sowie teilweise auch vom Bedienungspersonal – vorinformierten Kunden ein begrenztes Sortiment an Waren guter Qualität – meistens Markenartikel aus dem Hartwarenbereich – zu extrem niedrigen Preisen zur sofortigen Mitnahme ab Lager anbietet. Zu den bevorzugten Warengruppen gehören Uhren/Schmuck, Haushaltswaren/Einrichtungsbedarf, Elektrogeräte/Unterhaltungselektronik und Sportartikel/Spielzeug.

In Deutschland hat sich der Katalogschauraum als eigenständiger Betriebstyp bislang nicht durchsetzen können, wenn man einmal von wenig erfolgreichen Pilotprojekten bzw. Experimenten mit Schauräumen in → Verbrauchermärkten absieht. Auch werden ihm für die Zukunft nur geringe Chancen eingeräumt:

– so aufgrund spezifischer Nachteile (z.B. hohe Herstellungskosten des Katalogs; Preis- und Sortimentsstarrheit durch Kopplung an den Katalog; Zwang zur permanenten Warenpräsenz bzw. dezentralen Vorratslagerhaltung);
– so aber auch unter Hinweis auf das mit den Verhältnissen in den USA nur bedingt vergleichbare einzelhandelsrelevante Wettbewerbsumfeld (z.B. Marktposition des Vesandhandels).   H.-J.Ge.

Katalog-Werbung

Unter Katalog-Werbung sind alle werblichen Maßnahmen eines Unternehmens zu verstehen, bei denen → Kataloge als Kontaktinstrumente zu den Kunden eingesetzt werden. In einigen Unternehmen ist es üblich, die Werbung für Kataloge – also die Gewinnung von Interessenten, die Kataloge anfordern – als Katalog-Werbung zu bezeichnen. Hier sollen dagegen die Aufgaben des Kataloges als Werbemittel dargestellt werden.

Kataloge können verschiedene Aufgaben im Marketing-Mix übernehmen, sie dienen weniger den Zielen der klassischen Werbung (z.B. Image- und Bekanntheitsgradverbesserung) sondern v. a. als Verkäufer oder als Vor-Verkäufer. Der Katalog verkauft also entweder als Direktvertriebsinstrument mit integrierten Bestellmöglichkeiten (→ Versandhandel) oder er bereitet – wie die Kataloge der Reiseveranstalter – den Verkauf vor.

Im Intermediavergleich bietet der Katalog eine Reihe von Vorteilen: Er lässt viel Platz und gestalterischen Spielraum, schafft eine sehr hohe Kontaktqualität und dient nicht selten sogar als Informationsspeicher der Kunden, an dem andere Angebote gemessen werden. Der subjektive Informationswert von Katalogen ist so groß, dass manche Versender ihre Kataloge gegen Entgelt, das bei Bestellung angerechnet wird, vertreiben. Damit wird gleichzeitig das Problem der hohen Produktions- und Vertriebskosten abgeschwächt. Ein weiterer, v.a. in inflationären Zeiten gewichtiger Nachteil ist die Notwendigkeit einer Preisfestschreibung während der Gültigkeitsdauer oder u. U. auch ein schneller Aktualitätsverlust.

Die unterschiedlichen Gruppen von Aussendern (Handel, Business-to-Business, Dienstleister) nutzen die Katalog-Werbung zu verschiedenen Zwecken. Im Handel dominieren Kataloge zum direkten Verkauf. Im → Versandhandel stellen die Kataloge das wichtigste und oft auch einzige Verkaufsinstrument dar. Warenhäuser nutzen Katalog-Werbung als Verkäufer oder Vor-Verkäufer, und auch kleinere Einzelhändler setzen gelegentlich Kataloge oder Prospekte ein, die sie von Vorlieferanten zur Verfügung gestellt bekommen.

Im Business-to-Business-Bereich werden Kataloge zur Unterstützung des Außendienstes versandt. Die Investitionsgüterindustrie nutzt die Katalog-Werbung, um ihre Produkte vorzustellen und damit den Außendienst zu entlasten und seinen Besuch vorzubereiten.

Auch bei Dienstleistungsunternehmen dient der Katalog selten dem direkten Verkauf. Reiseveranstalter oder Finanzdienstleister stellen ihre Angebotspalette in Katalogen dar, die der Information des interessierten Kunden dienen und den Verkauf vorbereiten. H.H.

Literatur: *Holland, H.*: Direktmarketing, München 1993.

Kauf → Kaufentscheidung

Kaufabsicht

Begriff, der dafür steht, dass die Entscheidung für ein Produkt gefallen ist, aber diese Entscheidung noch nicht realisiert ist, d.h. der entsprechende Einkauf noch nicht getätigt wurde. *Howard* (1994, S. 41) definiert eine Kaufabsicht als „geistigen Zustand, der den *Plan* eines Kunden reflektiert, eine festgelegte Menge einer bestimmten Marke in einem festgelegten Zeitraum zu kaufen." Es gibt unterschiedliche Auffassungen ob für eine Kaufabsicht die Festlegung auf eine bestimmte Marke immer notwendig ist. Gelegentlich kann es vorkommen, dass man sich auf eine geringe Zahl von Marken festlegt und die letztendliche Entscheidung erst im Geschäft trifft (z.B. nach Maßgabe verfügbarer Produkte oder anhand eines Preises).

Für anwendungsorientierte Fragestellungen ist es wichtig zu wissen, wie stark der Zusammenhang zwischen (geäußerten) Kaufabsichten und tatsächlichen Käufen ist. In entsprechenden Studien zeigte sich, dass die Messung von Kaufabsichten nur *bedingt* zur Prognose von Kaufverhalten geeignet ist, da einerseits ein Teil von Kaufabsichten nicht realisiert wird und andererseits ein erheblicher Teil von Käufen ohne vorherige Kaufabsicht getätigt wird.

Dennoch sind gemessene Kaufabsichten ein – allerdings selbstverständlich fehlerbehafteter – Indikator für zukünftiges individuelles Kaufverhalten. Je besser die Korrespondenz zwischen der Messung der Absichten (z.B. bezogen auf eine bestimmte Marke) und dem Verhalten (z.B. Kauf dieser Marke) und je geringer der zeitliche Abstand zwischen Absichtsmessung und Verhalten ist, desto besser sind Kaufabsichten als Indikator für Kaufverhalten geeignet. Unabhängig davon können z.B. Veränderungen von Bedürfnissen, Veränderung der äußeren (z.B. finanziellen) Umstände oder neue Informationen über Produkte dazu führen, dass Kaufabsichten später nicht realisiert werden. A.Ku.

Literatur: *Howard, J.*: Buyer Behavior in Marketing Strategy, 2. Aufl., Englewood Cliffs, N.J. 1994.

Kauf auf Probe (Kauf zur Probe)

ist ein spezieller Typ des Kaufvertrags (§ 495 BGB) mit hohem akquisitorischen Potenzial. Unternehmerische Leistungen, insbes. Sachgüter, werden durch den Interessenten ohne jede Kaufverpflichtung erst nach eingehender Prüfung innerhalb einer vereinbarten Frist erworben (*Billigungsfrist* § 496 BGB). Je nach Produkttyp und psychologischer Disposition empfinden Konsumenten bei Kaufentscheidungen ein un-

Kaufbereitschaft

terschiedliches Maß an ökonomisch, sozial und funktional bedingten → Kaufrisiken. Der Kauf auf Probe reduziert die kaufhemmenden Risikoempfindungen der Konsumenten. Insbes. in der Einführungsphase innovativer, technisch-komplexer Produkte durch Herstellerunternehmen sowie im → Versandhandel hat der Kauf auf Probe als preispolitisches Marketing-Instrument hohe Bedeutung (→ Nachkaufmarketing). Potenzielle Käufer können sich mit dem Leistungsprofil des Produktes vertraut machen und auf Grund fehlender vertragsrechtlicher Verpflichtungen das Kaufrisiko reduzieren. Erfahrungsgemäß verhindert der schon mit der Rückgabe eines Produktes bzw. mit der Abbestellung verbundene zeitliche, ökonomische und psychologische Aufwand bei vielen Probekäufern eine Ausübung ihres Rückgaberechts. Vor diesem Hintergrund birgt der Kauf auf Probe auch für die Anbieter i.d.R. nur geringe kostenwirtschaftliche Risiken. K.J.

Kaufbereitschaft → Preistest

Kaufeintrittsmodelle

prognostizieren die Entscheidung des Konsumenten, zu einem Zeitpunkt oder in einem Zeitraum ein Produkt einer bestimmten Produktklasse zu kaufen. Während man sich bei bereits auf dem Markt eingeführten Produkten auf Vergangenheitsdaten stützen kann, ist die Kaufeintrittsprognose für Neuprodukte, also die Prognose der Marktdurchdringung, wesentlich schwieriger durchzuführen. Die bekanntesten Modelle für diesen Problemkreis sind

- → Fourt-Woodlock-Modell,
- → Parfitt-Collins-Modell,
- → STEAM.

Kaufentscheidung

nennt man die Auswahl einer von mehreren Arten der Verwendung finanzieller Mittel. Im Marketingbereich bezeichnet man als *Kauf* den freiwilligen Austausch von Geld gegen Sachgüter, Dienstleistungen, Rechte und Vermögenswerte durch Personen, Personengruppen und Organisationen. Diese Definition umfasst also z.B. den Abschluss von Miet- und Versicherungsverträgen, die Buchung von Reisen und den Erwerb von Aktien. Ausgeschlossen sind Leistungen, die man unentgeltlich erhält (z.B. Geschenke) oder unfreiwillig gegen Entgelt in Anspruch nimmt (z.B. Ausstellung eines Personalausweises gegen eine Gebühr). Im üblichen allgemeinen Sprachgebrauch wird mit dem Begriff Kauf meist der Erwerb von Eigentumsrechten assoziiert (→ Kaufvertrag). Im Rahmen der → Konsumentenforschung wird aber nicht zwischen Entscheidungen, die zu Eigentumsübertragungen führen, und solchen, die dieses nicht tun, unterschieden.

Bei der Betrachtung von Kaufentscheidungen lassen sich mehrere grundlegende Aspekte unterscheiden, die man gleichzeitig als aufeinander folgende Schritte einer Kaufentscheidung ansehen kann:

- Welcher Teil der zur Verfügung stehenden finanziellen Mittel soll zum jeweiligen Zeitpunkt für Käufe ausgegeben (konsumiert) werden, welcher Teil soll zurückgehalten (gespart) werden? (*Budgetentscheidung;* s.a. → Ausgabenstruktur)
- Für welche Art von Leistungen (z.B. Lebensmittel oder Bekleidung; Computer oder PKW) sollen die verfügbaren finanziellen Mittel verwendet werden? (*Produktwahl*)
- Welche der innerhalb einer ausgewählten Art von Leistungen angebotenen Marken soll gekauft werden? (→ *Markenwahlentscheidung*)
- Welche Menge der ausgewählten Marke soll beschafft werden? (*Mengenwahl, Pakkungsgrößenwahl;* → *Einkaufsmenge*)
- Zu welchem *Zeitpunkt* soll der Kauf erfolgen? (→ Einkaufszeit)
- Soll der Kauf durch Bestellung und spätere Lieferung (→ *Versandhandel, Online-Anbieter*) oder durch Einkauf im → stationären Einzelhandel erfolgen?
- Bei welchem Anbieter soll gekauft werden? (→ *Einkaufsstäätenwahlverhalten*)

Im Marketingbereich und in der → Kaufentscheidungsprozessforschung konzentrierte sich das Interesse bisher auf den dritten und den letzten Aspekt. Das liegt einerseits daran, dass Markenwahlentscheidungen bzw. die Einkaufsstättenwahl für das (Handels-)Marketing die größte Relevanz haben, da Marketingaktivitäten eher auf die Konkurrenz zwischen verschiedenen Anbietern bezogen sind als auf grundlegendere Konsumentscheidungen. Andererseits sind Produktgruppenentscheidungen und → Preislagenwahl wesentlich komplexer und damit auch schwieriger zu beobachten als die Markenwahl innerhalb einer Pro-

duktgruppe, weil bei ersteren die Zahl möglicher Alternativen fast unbegrenzt ist und diese Alternativen untereinander schlecht vergleichbar sind. Die Budgetentscheidung (Konsum oder Sparen) ist bisher hauptsächlich Gegenstand volkswirtschaftlicher Betrachtungen. Durch die Entwicklung der Internet-Technologie seit der zweiten Hälfte der 90er-Jahre ist neuerdings der sechste Aspekt (Bestellung über Versand/Internet oder Einkauf im Ladengeschäft) in Praxis und Wissenschaft stark beachtet worden.
Kaufentscheidungen können sich im Hinblick auf verschiedene Merkmale stark voneinander unterscheiden. Besondere Beachtung in einschlägigen Untersuchungen haben folgende Gesichtspunkte gefunden:

- Konsumgüter/Investitionsgüter (→ Organisationales Beschaffungsverhalten)
- Dauer des Kaufentscheidungsprozesses (von wenigen Sekunden bis zu Monaten oder Jahren)
- Neuartigkeit der Kaufentscheidung für den Käufer (erstmalige Auswahl oder → Wiederkaufverhalten; selten auftretende oder Routine-Entscheidung)
- Wichtigkeit der Kaufentscheidung für den Käufer (→ Involvement)
- Ausmaß der Informationsbeschaffung und -verarbeitung bei der Kaufentscheidung (→ Informationsverhalten)
- Anzahl der an einer Kaufentscheidung beteiligten Personen (→ Buying Center).

Um trotz der Komplexität und Vielfalt in der Realität auftretender Kaufentscheidungen diese wenigstens annähernd beschreiben und verstehen zu können, nimmt man (teilweise recht grobe) Vereinfachungen vor und konzentriert die Betrachtung auf die wesentlichsten Aspekte der interessierenden Verhaltensweisen. Zu diesen Vereinfachungen gehört die Identifizierung und Charakterisierung gewisser *Grundtypen von Kaufentscheidungen*.
Die am längsten etablierte und heute noch gängigste Typologie der Kaufentscheidungen von Konsumenten geht auf Katona, der die Unterscheidung von *extensiven* („*echten*") und *habitualisierten* Kaufentscheidungen eingeführt hat, *Howard/Sheth*, die als dritten Typ die *limitierten* Entscheidungen hinzugefügt haben, und *Kroeber-Riel/Weinberg*, die die Typologie um die *Impulskäufe* erweitert haben, zurück.
Extensive Kaufentscheidungen können durch umfassende, zum großen Teil bewusst ablaufende Problemlösungsprozesse gekennzeichnet werden. Sie treten v.a. auf, wenn Konsumenten für sie neuartige Produkte kaufen. In diesen Situationen liegen wenig Informationen und Erfahrungen hinsichtlich des betreffenden Produkts vor. Selbst Entscheidungskriterien müssen oftmals neu entwickelt werden. Deshalb wird eine vergleichsweise umfangreiche Informationsbeschaffung, die auch mit externer Informationssuche verbunden ist, und detaillierte Informationsverarbeitung unter Verwendung von → Kaufentscheidungsheuristiken notwendig.

→ *Habitualisierte Kaufentscheidungen* sind typisch für den sich häufig wiederholenden Erwerb von Gütern des laufenden Bedarfs. Das Ausmaß der damit verbundenen Informationsbeschaffung und Informationsverarbeitung ist gering. Häufig beschränkt sich der Konsument darauf, die gleiche Marke immer wieder zu kaufen (→ Markentreue).

Limitierte Kaufentscheidungen sind hinsichtlich des damit verbundenen Ausmaßes kognitiver Steuerung zwischen extensiven und habitualisierten Kaufentscheidungen anzusiedeln. Sie finden v.a. im Zusammenhang mit Käufen statt, bei denen schon Erfahrungen aus früheren ähnlichen Käufen vorliegen, aus denen wiederum bewährte Entscheidungskriterien resultieren. In der Kaufsituation muss unter Verwendung dieser Kriterien nur noch eine Auswahl unter den verfügbaren Alternativen getroffen werden.

Bei → *impulsiven Kaufentscheidungen* ist das Ausmaß kognitiver Steuerung sehr gering und der Einfluss von Emotionen, die durch eine Reizsituation hervorgerufen werden, stark. Impulskäufe sind ungeplant und laufen sehr schnell ab.

Abb. 1: Unterschiedliches Ausmaß kognitiver Steuerung bei verschiedenen Arten von Kaufentscheidungen

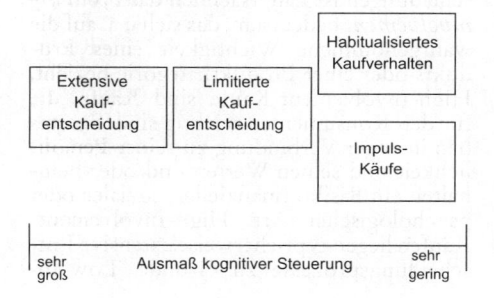

Kaufentscheidung

Neben der Neuartigkeit einer Kaufentscheidung begünstigen u.a. die Faktoren
- geringer → Zeitdruck bei der Kaufentscheidung,
- große wahrgenommene Unterschiede zwischen den zur Auswahl stehenden Alternativen und
- große Bedeutung des Kaufs für den Konsumenten

das Auftreten extensiver Kaufentscheidungen. Extensive Kaufentscheidungen finden bei Konsumenten nur relativ selten und vor allem bei hohem Produktinvolvement statt (s.u.). Typische Fälle sind der erstmalige Kauf eines Kfz oder die Beschaffung einer Stereoanlage durch einen daran besonders interessierten Käufer.

Abb. 2: Wiederholter Kauf der gleichen Marke und Informationsverarbeitung bei verschiedenen Arten von Kaufentscheidungen

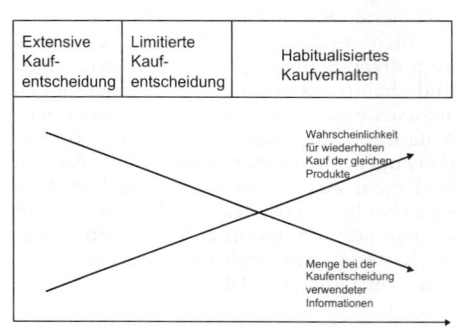

Seit einiger Zeit wird das → *Involvement* als wesentlicher Erklärungsfaktor des Konsumentenverhaltens betrachtet. Involvement ist nach Anteil der Grad wahrgenommener persönlicher Wichtigkeit und/oder persönlichen Interesses, der durch einen Stimulus (oder Stimuli) in einer bestimmten Situation hervorgerufen wird. Für Kaufentscheidungen ist hauptsächlich das *Produktinvolvement* bedeutsam, das sich u.a. auf die wahrgenommene Wichtigkeit eines Produkts oder einer Produktkategorie bezieht. High-Involvement-Käufe sind Käufe, die für den Konsumenten wichtig sind. Sie stehen in enger Verbindung zu seiner Persönlichkeit und seinen Werten und/oder beinhalten ein Risiko finanzieller, sozialer oder psychologischer Art. High-Involvement-Käufen liegen typischerweise extensive Entscheidungsprozesse zu Grunde. Low-Involvement-Käufe sind Käufe, die für den Konsumenten nicht so wichtig sind und mit denen er nur ein geringeres (finanzielles, soziales, psychologisches) Risiko verbindet. Die mit diesen Käufen verbundenen Informationsverarbeitungs- und Entscheidungsprozesse sind i.d.R. begrenzt, teilweise kaum wahrnehmbar.

Einen besonderen Charakter haben Kaufentscheidungen im Rahmen → organisationalen Beschaffungsverhaltens. Derartige Kaufentscheidungen unterscheiden sich von denen von Konsumenten typischerweise durch folgende Gesichtspunkte:

Abgeleiteter Bedarf: Die Nachfrage im jeweiligen Markt resultiert aus der Nachfrage in konsumnäheren Märkten.

Feste Geschäftsbeziehungen: In organisationalen Märkten findet man häufig längerfristig gewachsene und dauerhafte Geschäftsbeziehungen an Stelle von einzelnen Kaufentscheidungen (→ Beziehungsmanagement).

Direkte Marktkontakte: Wegen der oftmals relativ geringen Zahl von Nachfragern und der großen Bedeutung einzelner Geschäftsbeziehungen für Anbieterunternehmen spielen direkte Marktkontakte (z.B. über → persönlichen Verkauf) bei organisationaler Beschaffung eine größere Rolle als bei Kaufentscheidungen von Konsumenten.

Fundierte und formalisierte Kaufentscheidungen: Ein großer Teil organisationaler Kaufentscheidungen wird unter Beteiligung einschlägig spezialisierter Fachleute durchgeführt. Häufig existieren auch festgelegte Regeln (Entscheidungskriterien, Beteiligte etc.) für den Ablauf dieser Prozesse (→ Beschaffungsverhalten).

Mehr-Personen-Entscheidungen: Bei organsationaler Beschaffung spielen Mehr-Personen-Entscheidungen (Gremien-Entscheidungen) eine weitaus größere Rolle als bei Konsumenten.

Lang dauernde Kaufentscheidungsprozesse: Vor allem wegen der Beteiligung mehrerer Personen und der vielfachen Interaktionen (Verhandlungen) zwischen Anbietern und Nachfragern dauern organisationale Kaufentscheidungen oft länger als die von Konsumenten. A.Ku.

Literatur: *Kroeber-Riel; W.; Weinberg, P.:* Konsumentenverhalten, 7. Aufl., München 1999. *Kuß, A.; Tomczak, T.:* Käuferverhalten, 2. Aufl., Stuttgart 2000. *Payne, J.; Bettman, J.; Johnson, E.:* The Adaptive Decision Maker, Cambridge 1993.

Kaufentscheidungsheuristiken

Kaufentscheidungsheuristiken sind gegenüber der angesichts begrenzter menschlicher Informationsverarbeitungskapazität nur in Ausnahmefällen auftretenden vollständigen Informationsverarbeitung vereinfachte Vorgehensweisen bei → Kaufentscheidungen. Eine Charakterisierung der im Rahmen der → Kaufentscheidungsprozessforschung untersuchten gängigen Heuristiken geht auf *Wright* zurück und ist von *Bettman* und später von *Bettman/Johnson/Payne* erweitert worden. Danach lassen sich die verschiedenen Heuristiken durch folgende Merkmale kennzeichnen und abgrenzen:

(1) *Kompensatorisch oder nichtkompensatorisch:* Kompensatorische Heuristiken basieren auf der Annahme, dass Nachteile einer zur Auswahl stehenden Alternative hinsichtlich einzelner Eigenschaften durch Vorteile bei anderen Eigenschaften kompensiert werden können (Beispiel: „Auto x ist teuer, hat aber eine hohe Lebensdauer"). Dagegen kann bei nichtkompensatorischer Vorgehensweise die Schwäche einer Alternative im Hinblick auf eine Eigenschaft schon dazu führen, dass jene nicht gewählt wird (Beispiel: „Auto x hat nur einen kleinen Kofferraum und kommt deswegen nicht in Frage").

(2) *Alternativenweises oder attributweises Vorgehen:* Bei alternativenweisem Vorgehen werden alle relevanten Eigenschaften einer Alternative (eines Produkts) betrachtet bevor die nächste Alternative mit ihren Eigenschaften herangezogen wird. Attributweises Vorgehen bedeutet dagegen, dass die in Frage kommenden Alternativen im Hinblick auf ein Attribut (z.B. den Preis) verglichen (und gegebenenfalls aussortiert) werden bevor das nächste Attribut verwendet wird.

(3) *Quantitative oder qualitative Verarbeitung der Einzel-Informationen:* Als quantitativ werden Heuristiken bezeichnet, bei denen Rechenoperationen unterstellt werden, beispielsweise die additive Zusammenfassung von Einzel-Bewertungen zu einem Gesamturteil über ein Produkt oder die Gewichtung von Einzel-Bewertungen (also deren Multiplikation mit Gewichtungsfaktoren). Mit qualitativer Verarbeitung sind einfache Vergleiche von Informationen gemeint.

(4) *Bildung eines Gesamturteils über jede Alternative oder nicht :* Bei manchen Heuristiken wird unterstellt, dass jede Alternative bewertet und dann diejenige mit dem günstigsten Ergebnis ausgewählt wird. Andere Heuristiken legen einen (Aus-)Sortiervorgang zugrunde, bei dem einzelne Alternativen aus dem Entscheidungsprozess schon ausgeschieden werden, wenn sie bestimmten Minimalanforderungen bei einem Attribut nicht entsprechen. Hier kommt also kein Gesamturteil zustande und die letztendlich ausgewählte Alternative muss nicht unbedingt die im Hinblick auf alle relevanten Eigenschaften beste sein.

Im Folgenden werden die in der Konsumentenforschung gängigsten Entscheidungsheuristiken dargestellt und anhand der vorstehend skizzierten Merkmale gekennzeichnet.

Linear kompensatorische Heuristik
Hierbei der werden alle zur Auswahl stehenden Alternativen einzeln (alternativenweises Vorgehen) hinsichtlich der relevanten Eigenschaften bewertet. Die Einzelbewertungen werden dann additiv zu einem Gesamturteil über eine Alternative verknüpft (quantitative Verarbeitung). Die Alternative, der dabei der höchste Wert zugeordnet wird, gilt als die Beste und wird präferiert. Mit dieser Heuristik ist also eine direkte Bewertung jeder Alternative verbunden. In der Regel werden die Einzelbewertungen (vor der Verknüpfung zu einem Gesamturteil) noch entsprechend der subjektiv wahrgenommenen Wichtigkeit der jeweiligen Merkmale gewichtet. Auf die enge Verwandtschaft des linear kompensatorischen Modells mit dem für die Einstellungsforschung wichtigen Fishbein-Modell sei hingewiesen.

Additive Differenzheuristik
Hierbei werden Paarvergleiche von Alternativen dergestalt durchgeführt, dass die Paare hinsichtlich der verschiedenen relevanten Eigenschaften (attributweises Vorgehen) verglichen und die Differenzen der Einzelbewertungen festgehalten werden. Diese Differenzen können mit der subjektiv wahrgenommenen Bedeutung der verschiedenen Eigenschaften gewichtet und dann additiv zusammengefasst werden (quantitative Verarbeitung). In Abhängigkeit vom Vorzeichen des Ergebnisses wird die eine oder die andere Alternative präferiert. Da sich Vor- und Nachteile ausgleichen können, handelt es sich um eine kompensatorische Heuristik. Die sich ergebenden Gesamturteile sind immer nur relativ, also bezogen auf die jeweils andere Alternative.

Kaufentscheidungsheuristiken

Dieser Prozess des Paarvergleichs kann mehrmals nacheinander durchgeführt werden, um aus einer größeren Zahl von Alternativen eine auszuwählen. Dabei wird die in einem Paarvergleich bessere Alternative in einem nächsten Vergleich einer weiteren verbliebenen Alternative gegenübergestellt. Auf diese Weise soll die Beste der zur Verfügung stehenden Alternativen ausgewählt werden.

Attribut-Dominanzheuristik
Diese Heuristik kann man sich als Vereinfachung des additiven Differenzmodels vorstellen. Hier werden nicht Abstände der betrachteten zwei Alternativen hinsichtlich verschiedener Eigenschaften im Kalkül verwendet, sondern nur noch ordinale Paarvergleiche vorgenommen. Es wird also lediglich beachtet, ob die eine oder die andere Alternative bezüglich einer Eigenschaft überlegen ist. Ein Weg, auf dieser Grundlage eine Präferenz für eine der Alternativen zu bilden, besteht darin, einfach abzuzählen, bei welcher die Mehrheit der Vorzüge liegt.

Konjunktive Heuristik
Hierbei wird für jede relevante Eigenschaft ein akzeptables Minimal-Niveau festgelegt. Jede Alternative, die den so bestimmten Anforderungen nicht bei allen Merkmalen entspricht, wird aus dem Entscheidungsprozess ausgeschieden. Deswegen ist diese Heuristik nicht kompensatorisch. Es wird auch kein Gesamturteil gebildet; das Vorgehen ist alternativenweise. Es kann vorkommen, dass nach der Untersuchung aller wichtigen Eigenschaften noch mehrere akzeptable Alternativen übrig bleiben. Häufig wird angenommen, dass bei einer solchen Vorgehensweise die erste Alternative gewählt wird, die hinsichtlich aller Anforderungen zufrieden stellend ist, und dann der Auswahlprozess abgebrochen wird.

Lexikographische Heuristik
Man geht bei der lexikographischen Heuristik davon aus, dass zunächst alle beachteten Eigenschaften in eine ihrer Bedeutung entsprechenden Rangfolge gebracht werden. Dann beginnt die Beurteilung durch einen Vergleich aller Alternativen bezüglich des ersten (wichtigsten) Merkmals (attributweises Vorgehen). Die dabei am besten abschneidende Alternative wird gewählt, unabhängig von den Ausprägungen der anderen (weniger wichtigen) Eigenschaften (qualitative Verarbeitung, nicht kompensatorisch, kein Gesamturteil). Ein Beispiel für diese Vorgehensweise wäre die Entscheidung ausschließlich nach dem Preis („Kaufe die billigste Marke", s.a. → Preisbeurteilung). Werden im ersten Schritt mehrere Alternativen gleich bewertet, so wird für eine Auswahl unter diesen die nächstwichtige Eigenschaft herangezogen usw. Das Wahlkriterium lässt sich kaum exakt beschreiben, da man nicht einschätzen kann, ob die am Ende des Entscheidungsprozesses übrig bleibende Alternative die insgesamt (also bezüglich aller Eigenschaften) beste oder nur insgesamt befriedigend ist.

Sequentielle Elimination
Bei der sequentiellen Elimination verbinden sich Elemente der konjunktiven und der lexikographischen Heuristik. Man geht dabei davon aus, dass der Konsument hinsichtlich jeder relevanten Eigenschaft bestimmte Minimal-Niveaus festlegt. Zunächst findet ein Vergleich hinsichtlich einer Eigenschaft statt, bei dem alle Alternativen, die der entsprechenden Anforderung nicht gerecht werden, aussortiert werden (nichtkompensatorische Heuristik, qualitative Verarbeitung). Die verbleibenden Alternativen werden dann bezüglich einer anderen Eigenschaft beurteilt und gegebenenfalls aussortiert usw. Die Vorgehensweise orientiert sich also an den Attributen; ein Gesamturteil wird nicht gebildet. Eine spezielle Form dieser Heuristik stellt die *„aspektweise Elimination"* (*Tversky*) dar, bei der von einer Betrachtung der verschiedenen Eigenschaften in der Reihenfolge ihrer Bedeutung ausgegangen wird.

Häufigkeitsheuristik
Diese recht einfache Heuristik beruht darauf, dass Konsumenten nur die Anzahl positiver und negativer Eigenschaften eines Produkts gegeneinander abwägen (kompensatorisch) und so zu einem Gesamturteil über jede Alternative gelangen. Voraussetzung dafür ist beim Konsumenten die Fähigkeit, Ausprägungen von Produkteigenschaften als positiv bzw. negativ einschätzen zu können, also entsprechende Grenzwerte zu kennen (z.B. Benzinverbrauch unter oder über 10 Liter). Die Kennzeichnung des Häufigkeitsmodells hat schon angedeutet, dass alternativenweises Vorgehen unterstellt und von quantitativer Verarbeitung (Zählung) ausgegangen wird.

In der *Übersicht* werden die Charakterisierungen der dargestellten Heuristiken anhand der erläuterten Merkmale zusammengestellt.

Merkmale verschiedener Wahlheuristiken
(in Anlehnung an *Bettman/Johnson/Payne,* 1991, S. 61)

Heuristik	Kompensatorisch oder nichtkompensatorisch	Attributweises oder alternativenweises Vorgehen	Quantitative oder qualitative Verarbeitung	Gesamturteil ja oder nein
Linear kompensatorische Heuristik	kompensatorisch	alternativenweise	quantitativ	Ja
Additive Diffenzheurristik	kompensatorisch	attributweise	quantitativ	Ja
Attribut Dominanzheuristik	kompensatorisch	attributweise	quantitativ	Ja
Konjunktive Heuristik	nichtkompensatorisch	alternativenweise	qualitativ	Nein
Lexikographische Heuristik	nichtkompensatorisch	attributweise	qualitativ	Nein
Sequentielle Elimination	nichtkompensatorisch	attributweise	qualitativ	Nein
Häufigkeitsheuristik	kompensatorisch	alternativenweise	quantitativ	Ja

Beachtenswert ist noch, dass in vielen Fällen von Konsumenten so genannte *mehrphasige Strategien* angewandt werden, d.h. innerhalb eines Entscheidungsprozesses wird nacheinander nach mehreren Heuristiken verfahren. Insbesondere bei komplexen Aufgaben (zahlreiche Alternativen und Eigenschaften) geht man oftmals so vor, dass mit einer Heuristik (z.B. sequentielle Elimination) zunächst die Anzahl der in Frage kommenden Alternativen auf eine überschaubare Teilmenge reduziert und dann mit einer anderen Heuristik (z.B. linear kompensatorisches Modell) die verbliebenen Alternativen genauer beurteilt werden. In der Literatur liegen einige Untersuchungsergebnisse zur Anwendung von Wahlheuristiken vor:

– Bei Entscheidungsproblemen mit *großer Zahl von Alternativen* werden eher Vorgehensweisen angewandt, bei denen das Problem (zunächst) durch Elimination weniger geeigneter Alternativen vereinfacht wird („Framing"; s.a. → Prospect-Theorie,). Die (komplexen) kompensatorischen Heuristiken spielen hier eine geringe Rolle.
– → *Zeitdruck* bei einer Kaufentscheidung wird u.a. durch die Anwendung nichtkompensatorischer – also das Problem vereinfachender – Heuristiken anstelle von kompensatorischen begegnet.

– Übersichtliche und leicht verständliche („benutzerfreundliche") *Informationspräsentation* führt zu intensiverer Informationsnutzung.
– Personen mit besser entwickelten *kognitiven Fähigkeiten* wenden stärker als andere komplexere Heuristiken an.

Derartige Untersuchungsergebnisse enthalten auch wichtige Hinweise für die benutzerfreundliche Gestaltung von Informationsangeboten im Internet und anderen elektronischen Medien.   A.Ku.

Literatur: *Bettman,J.; Johnson, E.; Payne, J.:* Consumer Decision Making, in: *Robertson, T.; Kassarjian, H.* (Hrsg.): Handbook of Consumer Behavior, Englewood Cliffs, N.J. 1991. *Kroeber-Riel, W.; Weinberg, P.:* Konsumentenverhalten, 7. Aufl., München 1999.

Kaufentscheidungsprozessforschung

Die Methoden der Erforschung von → Kaufentscheidungen beziehen sich wegen der besseren empirischen Zugänglichkeit hauptsächlich auf → limitierte und → extensive Kaufentscheidungen. Ein großer Teil ist auf die → Informationsbeschaffung von Konsumenten gerichtet, weil diese Rückschlüsse auf die Phase des Kaufentscheidungsprozesses zulässt, in der Kriterien aufgestellt, Bewertungen vorgenommen, Alternativen verglichen werden etc., und weil diese Phase im Vergleich zu anderen

Käufer

Abschnitten von Entscheidungsprozessen gut beobachtbar ist, da sie häufig mit physischen Aktivitäten (z.B. Augenbewegungen, Zugriff zu gedruckten oder am Bildschirm abrufbaren Informationen) verbunden ist. Man geht dabei von einer typischen Reihenfolge von Kaufentscheidungsprozessphasen aus. Ein einfaches Schema dafür umfasst die Schritte

- Problemerkenntnis (Feststellung eines Bedarfs)
- Informationsbeschaffung (Aufnahme von Informationen aus verschiedenen Informationsquellen)
- Informationsverarbeitung (Bewertung von Alternativen anhand der aufgenommenen Informationen)
- Kaufentscheidung (Ergebnis der Informationsverarbeitung).

Zur Untersuchung von Kaufentscheidungsprozessen von Einzelpersonen bedient man sich heute kaum noch der in anderen Bereichen der → Marktforschung gängigen Befragungsmethode, da sich deren Validität hier als zu gering gezeigt hat. Das liegt vor allem daran, dass bei einer Befragung vor einer Kaufentscheidung der tatsächliche von dem geplanten und beim Interview beschriebenen Entscheidungsprozess deutlich abweichen kann, bzw. dass bei nachträglicher Befragung das Erinnerungsvermögen von Auskunftspersonen nicht ausreicht, um alle relevanten Einzelheiten eines Kaufentscheidungsprozesses zu berichten. Deswegen werden für diesen Untersuchungszweck hauptsächlich die sog. *Prozessverfolgungstechniken* eingesetzt, deren Grundidee darin besteht, die einzelnen Schritte bei der Informationsbeschaffung und -verarbeitung während eines (oftmals simulierten) Kaufentscheidungsprozesses zu beobachten und zu protokollieren. Varianten sind die → Information-Display-Matrix, das → Blickregistrierungsverfahren und → verbale Protokolle. Die beiden erstgenannten Methoden sind nur auf die Informationsbeschaffung gerichtet, während durch verbale Protokolle Elemente aus beiden Phasen erhoben werden.

Bei einigen speziellen Fragestellungen, insb. zur Messung des mit einer Entscheidung (oder Teilen davon) verbundenen Umfangs kognitiver Prozesse verwendet man gelegentlich *Reaktionszeitmessungen*, bei denen also die Zeit zwischen der Stimuluspräsentation und der Reaktion einer Versuchsperson darauf gemessen wird.

Kaufentscheidungsprozessphasen

Problemerkenntnis → Informationsaufnahme ↔ Informationsverarbeitung → Kaufentscheidung

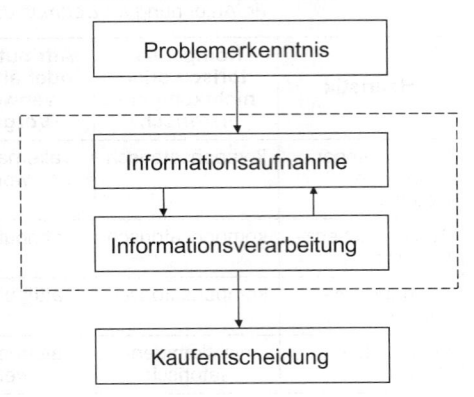

Für die Untersuchung der Kaufentscheidungen, an denen mehrere Personen beteiligt sind (z.B. bei der industriellen Beschaffung oder in Familien) können die oben genannten Techniken kaum angewandt werden. Dazu bedient man sich nach wie vor trotz der erwähnten Probleme hauptsächlich der Befragungsmethode. Zur Beschreibung → organisationaler Beschaffungsprozesse wird gelegentlich eine spezielle recht komplexe Befragungsmethode angewandt, bei der auf der Grundlage von Interviews mit mehreren Personen, die an einer Entscheidung beteiligt waren, und im Dialog mit diesen Personen eine Flussdiagramm entwickelt wird, das den Entscheidungsprozess möglichst exakt wiedergeben soll. Im Sonderfall der Analyse von Kaufentscheidungen, die weitgehend anhand von Schriftstücken (z.B. Angeboten, Briefwechsel, Protokollen) nachvollziehbar sind, kann eine *Dokumentenanalyse* vorgenommen werden. A.Ku.

Literatur: *Kuß, A.:* Information und Kaufentscheidung, Berlin, New York 1987. *Payne, J.; Bettman, J.; Johnson, E.:* The Adaptive Decision Maker, Cambridge 1993.

Käufer

Das → Einkaufsverhalten privater Haushalte weist zahlreiche Aspekte auf; mit dem *personellen Aspekt* wird erfasst, wer in einem Haushalt den Einkauf durchführt und ob an den Einkäufen mehrere Personen beteiligt sind und. Als Käufer werden die Personen bezeichnet, die die finanzielle Verpflichtung eingehen, mit der Güter oder Dienstleistungen erworben werden. Der Käufer eines Gutes muss nicht mit dem Ver-

Tab. 1: Anteil von Männern bzw. Frauen an der Käuferschaft

	Anteil der Käufer			
	Variante 1		Variante 2	
	Männer	Frauen	Männer	Frauen
Fruchtsäfte, -saftgetränke, -nektare	21,1	32,4	37,2	62,8
Mineralwasser	33,2	40,3	42,9	57,1
Cola-Getränke	13,1	10,3	53,4	46,6
Süßwaren	13,7	21,5	36,7	63,3
Bier*	67,6	37,9	61,9	38,1
Wein*	28,1	27,9	47,7	52,3
Sekt*	15,6	18,7	43,1	56,9
Schokoriegel*	32,5	42,0	41,4	58,6
Pralinen*	24,3	36,4	37,8	62,2
Pizza*	48,5	45,0	49,5	50,5
Fertiggerichte (Mikrowelle)*	17,4	13,9	53,4	46,6

Variante 1: Anzahl der Personen, die das Produkt mindestens einmal in der Woche (bei Produkten mit einem * einmal im Monat) kaufen, bezogen auf die Gesamtzahl der Männer bzw. Frauen.
Variante 2: Anteil der Männer bzw. Frauen an der Gesamtzahl der Personen, die das Gut mindestens einmal wöchentlich (bei Produkten mit einem * mindestens einmal im Monat) kaufen.

(Quelle: *TdW Intermedia GmbH* (Hrsg.), Typologie der Wünsche Intermedia 1999/2000,Offenburg 1999.)

wender des Gutes identisch sein (Kauf für Dritte wegen gemeinsamer Haushaltsführung, Kauf im Auftrag Dritter, Geschenke). Die Frage, welche Rolle einzelne Familienmitglieder beim Kaufentscheid spielen (→ kollektive Kaufentscheidung), ist losgelöst von der Frage, wer die Käufe durchführt, zu sehen.
Aus Marktforschungsuntersuchungen ist bekannt, wie die Struktur der Käufer bei einzelnen Gütern aussieht. *Tab. 1* zeigt beispielhaft, wie viel Frauen bzw. Männer die angegebenen Produkte kaufen.

Für Bier gilt beispielsweise, dass es von 67,6 % aller Männer und 37,9 % aller Frauen mindestens einmal im Monat erworben wird. Insgesamt sind 61,9 % der Bier-Käuferschaft männlich und 38,1 % weiblich.

Auch in → Kundenlaufstudien werden häufig Angaben zum Zusammenhang von Kaufverhalten und Käuferstruktur erhoben. *Tab. 2* zeigt Ergebnisse aus einer Studie des ISB zum Kundenverhalten in einem SB-Warenhaus. Danach kaufen 74,6% aller Kunden alleine ein, die meisten sind weib-

Tab. 2: Durchschnittliche Einkaufsbeträge und durchschnittliche Artikelzahl nach Käufergruppen in einem SB-Warenhaus (1985)

	Männliche Kunden	Weibliche Kunden	Paare	Sonstige Gruppen
Anteil an den Kunden insgesamt (in %)	30,8	43,8	12,0	13,4
Durchschnittliche Einkaufsbeträge (in DM)	39,44	49,07	73,51	62,59
Durchschnittlich gekaufte Artikelzahl	11,9	20,6	25,9	24,7
Durchschnittlicher Artikelpreis (in DM)	3,30	2,37	2,82	2,52

(Quelle: *Institut für Selbstbedienung und Warenwirtschaft* (Hrsg.), Kundenlaufstudie in einem SB-Warenhaus, Köln 1986, S. 16, 20, 26, 32.)

Käuferimage

lich. Männer kaufen nur für relativ geringe Beträge und nur relativ wenige Artikel. Zur näheren Charakterisierung der Käufer einer Warengruppe werden in Verbraucherpanels und Werbeträgeranalysen soziodemographische Merkmale erhoben (Alter, Schulbildung, Beruf, Haushaltseinkommen, Haushaltsgröße und die Größe des Wohnortes). L.M.-H.

Literatur: *Bänsch, A.*: Käuferverhalten, 8. Aufl., München, Wien 1998. *Institut für Selbstbedienung und Warenwirtschaft* (Hrsg.): Kundenlaufstudie in einem SB-Warenhaus, Köln 1986. *TdW Intermedia GmbH* (Hrsg.): Typologie der Wünsche Intermedia 1999/2000, Offenburg 1999.

Käuferimage

subjektives Vorstellungsbild vom typischen Käufer einer Marke oder eines Produktes. Es ist bei der → Imagepolitik von Bedeutung, da es meist eng mit dem → Image der Marke oder des Produktes assoziiert ist.

Das Käuferimage wird zum einen geprägt durch die tatsächlichen Käufer, zum anderen durch prototypische Käufer, die als Identifikationsfiguren und Vorbilder v.a. in der Produkt- und Markenwerbung eingesetzt werden (→ Bezugsgruppen, Bezugsperson). Häufig sind sie durch ein charakteristisches Set von Merkmalen, z.B. Life-styles charakterisiert. Das Käuferimage und das damit assoziierte → Markenimage wird durch Sympathie bzw. Antipathie der Zielgruppe gegenüber diesen typischen Käufern bestimmt. Das kann dazu führen, dass ein Produkt lediglich aufgrund des assoziierten Käuferimages abgelehnt wird.

Andererseits werden v.a. prestigeträchtige Produkte oft bes. deshalb gekauft, um ein Zugehörigkeitsgefühl zur höheren sozialen Gruppe auszudrücken und soziale Anerkennung oder Bewunderung zu ernten (→ Gruppe, soziale) (s.a. → Personendarstellungen in der Werbung).

Käufermarkt → Markttypologie

Käuferreichweite

→ Marketing-Kennzahl zur Charakterisierung der Marktpenetration eines Produktes oder einer Einkaufsstätte. Sie gibt an, welcher Anteil der relevanten Marktgesamtheit (meist Bundesbürger) ein Produkt in der Betrachtungsperiode zumindest einmal gekauft bzw. eine Einkaufsstätte zumindest einmal besucht hat.

Käufertypologie

→ Marktsegmentierungsmerkmale,
→ Verlagstypologien

Käuferverhalten, Konsumentenverhalten

ist das Verhalten von privaten → Haushalten und (natürlichen) Personen im Zusammenhang mit dem Kauf und Konsum von Waren und Dienstleistungen. Das Käuferverhalten bildet zusammen mit dem → organisationalen Beschaffungsverhalten von Unternehmen und nicht erwerbswirtschaftlichen Institutionen die Nachfrageseite einer Marktwirtschaft. Erkenntnisse über das Käuferverhalten sind damit für den Staat und für die Unternehmen von großer Wichtigkeit. Der Staat und seine Institutionen benötigen sie als Grundlage für die Wirtschafts- und Sozialpolitik, insbesondere für die → Verbraucherpolitik, die Unternehmen brauchen sie für die Planung, Organisation und Kontrolle des → Marketing.

Das Studium des Käuferverhaltens hat einen festen Platz in den Wirtschaftswissenschaften und wird darüber hinaus in Disziplinen wie Soziologie, Psychologie und Haushaltswissenschaft gepflegt (→ Marketing-Theorie). Darüber hinaus werden von wirtschaftswissenschaftlichen Forschungsinstituten und von der amtlichen Statistik regelmäßig Daten über das Käuferverhalten erhoben, z.B. über Einkommen, Konsum und Sparen. Schließlich geben viele Unternehmen erhebliche Summen für → Marktforschung aus, um Informationen über ihre (potentiellen) Kunden zu bekommen.

Das Ziel der Erforschung des Käuferverhaltens ist letztlich die Erklärung, Prognose und Beeinflussung von → Kaufentscheidungen. Eine Kaufentscheidung setzt sich aus mehreren Teilentscheidungen zusammen. Diese Entscheidungen, bei denen es auch um Risiko- und Rendite-Überlegungen geht (→ Anlegerverhalten), bestimmen neben der Höhe des Budgets auch seine Verteilung über die Zeit und beeinflussen die langfristigen Konsumpläne. Die finanziellen Dispositionen der Konsumenten sind deswegen nicht nur für die Anbieter von → Finanzdienstleistungen bedeutsam, sondern auch für die → strategische Marketingplanung von Unternehmen, die hochwertige Gebrauchsgüter und Dienstleistungen verkaufen.

Die *Theorien* des Käuferverhaltens lassen sich zwei großen Bereichen zuordnen, die wenig Gemeinsamkeiten aufweisen. Die *Volkswirtschaftslehre* hat eher analytisch-normative Theorien des Käuferverhaltens geschaffen, die die optimale Allokation eines gegebenen Budgets für Konsumzwecke zu bestimmen suchen. In der traditionellen mikroökonomischen Haushaltstheorie geht es dabei um nutzenmaximale Gütermengen, in der *„neuen Nachfragetheorie"* von *Kelvin Lancaster* kommt es dem Haushalt auf eine optimale Kombination von Gütereigenschaften an. Die Theorie der Haushaltsproduktion von *Gary Becker* betrachtet den Haushalt nicht nur als ein konsumierendes, sondern auch als ein produzierendes Wirtschaftssubjekt. Er konsumiert „elementare Güter" wie Freizeitgenuss oder gesunde Ernährung, die er selbst herstellt, indem er am Markt gekaufte Güter unter Verwendung von Humankapital (z.B. sportliche Fertigkeiten) und Zeit weiterverarbeitet. Während alle diese Theorien auf den Prämissen des vollkommenen Marktes (→ Markttypologie) beruhen, werden in einer neueren, institutionenökonomischen Interpretation des Konsumentenverhaltens unvollkommene Information, begrenzte Rationalität und opportunistisches Verhalten der Akteure auf beiden Seiten des Marktes unterstellt. Das hat zur Folge, dass Markttransaktionen Kosten verursachen und dass marktergänzende und marktersetzende Institutionen wie z.B. Unternehmen, Verträge, private und öffentliche Gütesiegel entstehen. Unter diesen Umständen hängt die Kaufentscheidung nicht nur von den Nutzen und den Preisen der Produkte, sondern auch von Transaktionsnutzen und von Transaktionskosten ab (→ Institutionenökonomik). Allen ökonomisch orientierten Theorien des Käuferverhaltens ist gemeinsam, dass sie die Kaufentscheidung als Problem der Budgetaufteilung, als Disposition über knappe Ressourcen – Einkommen und/oder Zeit – ansehen.

In der *Betriebswirtschaftslehre* wird das Käuferverhalten im Hinblick auf die Erfordernisse des Marketing eher anwendungsbezogen und mit einem größeren Pluralismus der Forschungsansätze untersucht. Die betriebswirtschaftliche → Konsumentenforschung ist verhaltenswissenschaftlich, interdisziplinär, explikativ und empirisch ausgerichtet. Verhaltenswissenschaftlich und interdisziplinär heißt, dass sie sich vorwiegend auf Theorien, Hypothesen und Methoden der Psychologie, der Soziologie, der Sozialpsychologie und anderer Verhaltenswissenschaften stützt. Explikativ und empirisch heißt, dass die verhaltenswissenschaftliche Konsumentenforschung nicht das normative, rationale Verhalten studiert, sondern das Käuferverhalten so betrachten und erklären will, wie es tatsächlich ist, und dass die Hypothesen an der Realität geprüft werden sollen. Dabei treten ökonomische Probleme, etwa der Aspekt der Budgetaufteilung, in den Hintergrund, und die Kaufentscheidung wird primär als eine Entscheidung für eine von mehreren Marken oder Varianten eines Produktes angesehen.

Die Forschungskonzeption der Konsumentenforschung orientiert sich am so genannten S-I-R – Modell des Neobehaviorismus (z.T. auch S-O-R-Modell mit O für „Organismus"; → Behaviorismus). Der Kauf eines Produktes wird als Reaktion (R) auf einen Stimulus (S), z.B. auf einen Werbeappell oder eine Produktpräsentation, aufgefasst. Es ist aber keine unmittelbare und eindeutige Reaktion. Sie hängt vielmehr von → „intervenierenden Variablen" ab (I). Das sind nicht beobachtbare Zustände und Vorgänge im Organismus, die zwischen die beobachtbaren Außenreize und Reaktionen treten und diese erklären. In Anlehnung an *Werner Kroeber-Riel* lassen sich zwei Gruppen solcher Größen unterscheiden, die für das Käuferverhalten bedeutsam sind: aktivierende Prozesse (→ Aktivierung) und → kognitive Prozesse. Erstere umfassen → Emotionen, → Motive und → Einstellungen, letztere Vorgänge der Informationsverarbeitung des Konsumenten.

Die intervenierenden Variablen, v. a. Einstellungen und Motive und damit die Kaufentscheidungen der Käufer, werden durch → soziale Einflüsse geformt, verstärkt oder abgeschwächt. Diese äußern sich in kulturellen (→ Kultur) und schichtspezifischen Prägungen des Käuferverhaltens, in der Orientierung des Individuums an sozialen Normen (→ Norm, soziale) und → Bezugsgruppen sowie in seiner Abhängigkeit von den → sozialen Gruppen, denen es angehört, und von den sozialen Rollen (→ Rolle, soziale), denen es gerecht zu werden versucht. Die sozialen Prägungen des Käuferverhaltens werden durch Massenkommunikation und durch → persönliche Kommunikation vermittelt und im Zuge von Lernprozessen (→ Verbrauchersozialisation, → Beobachtungslernen) vom einzelnen übernommen.

In dem skizzierten Rahmen lässt sich das Käuferverhalten auf der Ebene der individuellen Kaufentscheidung (hier liegt der Schwerpunkt der Forschung), als → kollektive Kaufentscheidung, etwa innerhalb der Familie, und, auf hoch aggregierter Ebene, als Teil des Marktprozesses untersuchen.

Auf der *individuellen Ebene* gibt es zahlreiche empirisch gut fundierte Hypothesen über die Determinanten und den Ablauf einer Kaufentscheidung, z.B. über den Einfluss des → Involvements oder die Bedeutung des → Informationsverhaltens. Es sind auch umfassende Modelle der Kaufentscheidung, wie z.B. das → Howard/Sheth-Modell, vorgeschlagen worden, in denen versucht wird, das Ineinandergreifen und die Gesamtwirkung der wichtigsten Determinanten des Kaufverhaltens zu erfassen. Diese Modelle haben sich jedoch in empirischen Tests und in der praktischen Anwendung nicht bewährt. Ein eher deskriptives Konzept der ganzheitlichen Betrachtung von Kaufentscheidungen sind *Typologien*. Die bekannteste knüpft an der Höhe des → Kaufrisikos an, welches seinerseits von der Neuartigkeit eines Kaufs für den Konsumenten, von der Höhe des Preises, von den möglichen Folgen eines Fehlkaufs abhängt. Danach werden teure, selten gekaufte oder sonst wichtige Produkte im Zuge einer → extensiven Kaufentscheidung ausgewählt, die primär kognitiv gesteuert ist. Den Gegenpol bilden geringwertige, häufig gekaufte und vertraute Produkte, für die → habitualisierte Kaufentscheidungen typisch sind, die gleichsam vorprogrammiert sind. Eine dritte Kategorie, die → limitierten Kaufentscheidungen, nehmen in dieser Hinsicht eine Mittelstellung ein. Bei → impulsiven Kaufentscheidungen dominieren dagegen aktivierende Prozesse, solche Käufe sind spontane Reaktionen auf situative Stimuli des POP (Point of Purchase). Neben Hypothesen, Strukturmodellen und Typologien der Kaufentscheidung sind auch mathematische Modelle erarbeitet worden. Dazu gehören Idealpunkt- und Idealvektormodelle (→ Kaufmodelle), die die Präferenzen der Konsumenten in einem mehrdimensionalen Raum subjektiv wahrgenommener Produkteigenschaften darstellen, ferner diskrete Wahlmodelle, die den Kauf oder Nichtkauf eines Produktes als → Logit- oder → Probit-Modelle formulieren, → Markoff-Modelle und Modelle auf der Grundlage künstlicher → neuronaler Netze. Bewertungsprozesse werden von der → Prospect-Theorie behandelt

Bei der Analyse des Käuferverhaltens auf der *aggregierten Ebene* geht es um Marktprozesse, die durch das Käuferverhalten in Gang gesetzt und gehalten werden. Ein Beispiel ist die → Diffusions- und Adoptionstheorie. Ihr Gegenstand ist der Prozess der Ausbreitung neuer Produkte im Markt, sie untersucht die Reihenfolge und das Tempo, in dem einzelne Käuferschichten die Neuerung übernehmen, die Bedeutung von Kommunikation und Imitation, die besonderer Rolle von → Meinungsführern. Diffusionsprozesse lassen sich durch verschiedene Typen von Wachstumsfunktionen quantifizieren (→ Bass-Modell, → Hazard-Modelle), die nach Schätzung der Funktionsparameter zur Prognose verwendet werden können.

Die Konsumentenforschung befasst sich auch mit den *dynamischen Aspekten* des Käuferverhaltens. Erstens ist zu beachten, dass jeder Kauf streng genommen nur eine Episode in einem permanenten Prozess des Kaufens und Konsumierens ist. Er ist das Ergebnis einer vorgelagerten Phase der Informationssuche, und er führt zu einer mehr oder weniger ausgeprägten Phase des → Nachkaufverhaltens, in dessen Verlauf kognitive Dissonanzen (→ Dissonanztheorie) wirksam werden oder Beschwerden (→ Beschwerdeverhalten) geäußert werden. So gesehen ist das Käuferverhalten, vorzugsweise bei häufig gekauften Produkten, ein permanenter Prozess der Erfahrungsbildung und der Anpassung an neue Umweltbedingungen (→ Lerntheorie; → Gedächtnistheorien).

Zweitens verändert sich das Käuferverhalten im Zuge des sozialen Wandels, der in einer offenen, pluralistischen Gesellschaft nie zum Stillstand kommt (→ soziale Einflüsse). Grundlegende Wertorientierungen (→ Wertewandel) verschieben sich, neue → Lebensstile entstehen, früher kaum relevante Bedürfnisse drängen in den Vordergrund, andere verlieren ihre Bedeutung für das Käuferverhalten. Beispiele für solche Entwicklungen sind das Entstehen eines umweltbewussten Verbraucherverhaltens oder der neue → Hedonismus. Auch der technische Fortschritt führt zu Veränderungen und zu neuen Formen des Konsumentenverhaltens. Ein Beispiel ist das Kaufverhalten im Internet, das die Konsumentenforschung mehr und mehr einbeziehen muss (→ Electronic Shopping).

Drittens verändert sich das Käuferverhalten unter dem Einfluss des Marketing der Unternehmen. Die Instrumente, die die Unternehmen im Rahmen ihres → Marketing-Mix einsetzen, sollen ja gerade das Käuferverhalten so beeinflussen, dass die Marketingziele erreicht werden. In der wissenschaftlichen Forschung zum Käuferverhalten und in der praktischen Marktforschung nehmen deswegen Erkenntnisse über die Wirkung der → Marketing-Instrumente breiten Raum ein. Als Beispiele seien Untersuchungen über die Wirkung der Werbung auf die → Präferenzen der Konsumenten oder empirische Ermittlungen zum → Preisverhalten genannt (s.a. → Marktreaktionsfunktionen). K.P.K.

Literatur: *Heath, C.; Soll, J.B.*: Mental budgeting and consumer decisions, in: Journal of Consumer Research, Vol. 23 (June 1996), S. 40–52. *Hruschka, H. u.a.*: Konnexionistische Kaufakt- und Markenwahlmodelle, in: ZfbF, Jg. 50 (1998), S. 596-613. *Kaas, K.P.*: Nachfragemodelle im Marketing. Ein kritischer Vergleich, in: Marketing – ZFP, 9. Jg. (1987), S. 229–236. *Kroeber-Riel, W.; Weinberg, P.*: Konsumentenverhalten, 7. Aufl., München 1999.

Käuferwanderungsanalyse
→ Gain-and-loss-Analyse

Kaufhaus
→ Betriebsform des Einzelhandels, die auf vergleichsweie ausgedehnter Verkaufsfläche ein branchenhomogenes bis branchenheterogenes (Non-Food-)Sortiment unterschiedlicher Tiefe anbietet, wobei die Bereiche Textilien, Bekleidung und Einrichtungsgegenstände im Allgemeinen dominieren. Sortimentsdimension und Betriebsgröße rücken das Kaufhaus insofern in die ‚Nähe' ähnlich strukturierter Betriebsformen. Hierzu gehört einmal das → Warenhaus, dessen Abgrenzung gegenüber dem Kaufhaus – ursprünglich mittelstandspolitisch motiviert („Warenhausbesteuerung") und von der Existenz vier großer Warengruppen im Angebot sowie insbesondere einer Lebensmittelabteilung einschließlich eines Erfrischungsraumes abhängig gemacht – vom Sprachgebrauch der Handelspraxis ohnehin nicht immer nachvollzogen wird (vgl. z.B. „Kaufhaus des Westens" – KaDeWe – als größtes Warenhaus des Kontinents und Berliner „Flaggschiff" des Karstadt-Konzerns). Zum anderen kann das Kaufhaus im Falle der sortimentspolitischen Beschränkung auf branchenspezifische bzw. bedarfsgruppenorientierte Warenkreise (z.B. Möbelhaus, Bekleidungshaus) zu einem quasi großbetrieblich geführten → Fachgeschäft bzw. → Fachmarkt werden, sodass auch von daher eine terminologische Fixierung des Begriffs „Kaufhaus" wenig zweckdienlich erscheint. Die von der amtlichen Statistik (Handels- und Gaststättenzählung 1993) gewählten Abgrenzungskriterien (Warenangebot aus mehreren Branchen ohne Nahrungsmittelabteilung in Bedienung auf mindestens 1000 qm Verkaufsfläche) sind insofern nur aus dem Bemühen heraus zu erklären, statistisch möglichst überschneidungsfreie Erhebungskategorien zu schaffen, auch wenn damit der Betriebsformenwirklichkeit im Einzelhandel nur sehr bedingt entsprochen werden kann. H.-J.Ge.

Kaufintensität
v.a. im Rahmen des → Parfitt-Collins-Modells gebrauchte → Marketing-Kennzahl zur Erfassung der relativen Bedeutung der Intensivkäufer am Umsatz. Sie ist definiert als durchschnittliche Kaufmenge einer Marke i pro Käufer bzw. Haushalt pro Zeiteinheit dividiert durch die durchschnittliche Kaufmenge pro Käufer bzw. Haushalt im Gesamtmarkt (Durchschnitt aller Marken). Die erforderlichen Daten stammen aus Haushaltspanels.

Kaufkraft
Geldbetrag je Einwohner oder Haushalt, der für konsumtive Zwecke in einem bestimmten Zeitraum zur Verfügung steht. Zur Berechnung der Kaufkraft wird auf Basis der Einkommensstatistik folgendes Berechnungsschema verwendet: Verfügbares Einkommen = Bruttoeinkommen + Vermögensverzehr + Kreditaufnahmen – Steuern – Sparbeiträge – Schuldentilgung.
Für die einzelhandelsrelevante Kaufkraft werden darüber hinaus nicht-einzelhandelsrelevante Verbrauchsausgaben (z.B. für Miete, Versorgungsleistungen, Versicherungen, Reiseausgaben etc.) abgezogen. Die sich daraus ergebende Summe entspricht i.a. etwa 50 % der Einkommen. Als frei verfügbare („vagabundierende") Kaufkraft bezeichnet man den Teil des Einkommens, der nicht für bestimmte elementare Bedarfe „verplant" ist und für verschiedene Güterarten verwendet werden kann.
Als Kaufkraftströme einer Region werden die Ausgaben der Bewohner der Teilgebiete dieser Region in den Einzelhandelsbetrieben der einzelnen Teilgebiete verstanden. Dabei lassen sich auch branchenspezifische

Kaufkraftkarte

Analysen durchführen (→ Standort im Handel).
Eine weitere Quelle zur Bestimmung der Kaufkraft stellt die Mehrwertsteuer-Statistik dar. Aussagefähige Statistiken, z.B. Kaufkraftkennzahlen und Kaufkraftkarten werden auch von verschiedenen Marktforschungsgesellschaften, z.B. der → GfK Nürnberg oder → ACNielsen, im jährlichen Turnus erstellt.

Kaufkraftkarte
→ GfK-Kaufkraftkennziffern

Kaufkraftschwelle

im Rahmen der Analyse → inferiorer Güter empirisch zu ermittelnde Einkommensschwelle, jenseits derer der Kauf eines bestimmten Produktes typisch ist. Um Ausreißern keinen verzerrenden Einfluss ausüben zu lassen, verwendet man meist den niedrigsten Einkommenswert bei 95 % der nach Einkommen fallend geordneten Käuferschaft.

Kaufmodell

ist eine theoretische Vorstellung vom → Käuferverhalten, wie sie insb. in → Positionierungsmodellen verwendet wird. Daneben gibt es Modelle, die das Zusammenwirken von Informationsaufnahme, Informationsverarbeitung und Entscheidungshandeln als Prozess darstellen. Durch Marketingmaßnahmen wird versucht, das Prozessergebnis zu beeinflussen (→ Produktpolitik). Kaufmodelle für die Positionierung basieren auf zwei Teilmodellen: einem Präferenzmodell und einem Verhaltensmodell.
Das *Präferenzmodell* erklärt die Bildung von Präferenzen aus nutzenstiftenden Produkteigenschaften. Ein einzelner Käufer bilde sich ein Präferenzurteil U_i über ein Objekt (Produkt) i, i = 1, 2, ..., I, wobei I die Menge der grundsätzlich akzeptablen Produkte (→ Consideration set) ist. U_i ist abhängig von der Ausprägung e_{ij} der j Eigenschaften, j = 1, 2, ..., J, die als voneinander unabhängig, wahrnehmbar, zwischen Produkten differenzierend und als relevant für die Präferenzbildung angenommen werden. Weiter ist die Präferenz von der Gewichtung w_j der Eigenschaften abhängig. Auf die Mitführung eines Index, der die einzelne Person kennzeichnet, kann hier verzichtet werden (→ Eigenschaftsraum).
Es werden nun i.A. drei Präferenzmodelle verwendet, wobei das jeweils vorhergehende im jeweils folgenden Modell als Spezialfall enthalten ist:

– das *(Ideal-)Vektormodell*: $u_i = \sum_{j=1}^{J} w_j e_{ij}$;

– das *Idealpunktmodell*:

$$u_i = f_i \left[\sum_{j=1}^{J} w_j \left(c_j - e_{ij} \right)^2 \right],$$

worin c_j die j-te Koordinatenausprägung einer Idealvorstellung ist, so dass in der eckigen Klammer ein gewichteter euklidischer Abstand steht; andere Abstandsmaße, die beim Verhaltensmodell dargestellt werden, sind grundsätzlich ebenfalls denkbar; f_i ist so zu bestimmen, dass mit zunehmenden Werten des Ausdrucks in der eckigen Klammer eine Reduktion von U_i einhergeht;

– das *Teilpräferenzwertmodell*:

$$u_i = \sum_{j=1}^{J} f_j \left(e_{ij} \right),$$

worin f_j (.) zwischen benachbarten Eigenschaftsausprägungen linearisiert werden kann; hier wird angenommen, dass die Gewichtungen w_j in f_j enthalten sind.
Das Vektormodell entspricht der Annahme, dass eine Zunahme der Ausprägung einer Eigenschaft auch zu einer kontinuierlichen Zunahme der Präferenz führt. Es ist das bevorzugte Modell der Mikroökonomik. Das Idealpunktmodell entspricht der Annahme, dass es eine ideale Eigenschaftsausprägung gibt; entfernt sich eine reale Eigenschaftsausprägung von ihrem idealen Wert, so reduziert dies den Präferenzwert. Das Teilpräferenzwertmodell erlaubt es, beliebigen Eigenschaftsausprägungen auch beliebige Nutzen zuzurechnen, die dann präferenzbildend wirken.
Das *Verhaltensmodell* erklärt, mit welcher Wahrscheinlichkeit eines von mehreren Objekten von einem Käufer ausgewählt werden wird. Die Wahrscheinlichkeit wird von der Distanz der einzelnen Objekte zu einem Idealpunkt abhängig gemacht. Die Distanz wird analog zum Idealpunktmodell als Metrik oder gewichtete Norm dargestellt.

Eine Metrik mit dem Parameter k sei:

$$d_i = \left[\sum_{j=1}^{J} w_j \left| c_j - e_{ij} \right|^k \right]^{1/k};$$

für k = 1 ergibt sich die *city block-Metrik*, für k = 2 die euklidische Metrik, mit der gewöhnlich gearbeitet wird. Für die Kaufwahrscheinlichkeit wird nun angenommen, dass

- mit Sicherheit dasjenige Objekt gekauft wird, für das d_i minimal ist; ein neues Objekt wird also mit Sicherheit dann gekauft, wenn seine Distanz zum Idealprodukt, D, die Bedingung D → min d_i erfüllt, sonst nicht. Man nennt dies das „*single choice axiom*";
- die Kaufwahrscheinlichkeit mit zunehmender Distanz d_i geringer wird, z.B. nach der Funktion d_b^b, mit b < 0. Dann ist die relative Kaufwahrscheinlichkeit

$$\frac{d_b^i}{\sum_{i=1}^{I} d_b^i}.$$

Dies entspricht dem *Wahlaxiom* von *Luce*. Allerdings muss hierbei die nicht immer gegebene Eigenschaft der Unabhängigkeit von irrelevanten Alternativen gelten.

Die Wahrscheinlichkeit nach dem „single choice axiom" bzw. die relative Wahrscheinlichkeit wird in Modellen der optimalen *Produktpositionierung* für jedes Individuum aufgrund der Daten bestimmt. Sie dient der Gewichtung individueller Nachfragemengen in einer Planungsperiode, die z.B. unmittelbar als Zielfunktionskriterium zu maximieren sind. In Vorläufer-Modellen, wie etwa dem *feldtheoretischen Modell* von *B. Spiegel* wurde mit dem inhaltlich verwandten Konzept der *Aufforderungsgradienten* gearbeitet, wobei die jeweilige Nachfragemenge auf eins gesetzt ist.

K.Br.

Literatur: *Böcker, F.:* Präferenzforschung als Mittel marktorientierter Unternehmensführung, in: Zeitschrift für betriebswirtschaftliche Forschung, 38. Jg. (1986), S. 543-547. *Brockhoff, K.:* Produktpolitik, 4. Aufl., Stuttgart 1999, S. 42 ff. *Hermann, A.:* Produktmanagement, München 1998. *Lancaster, K.:* Consumer demand: A new approach, New York, London 1971. *Spiegel, B.:* Die Struktur der Meinungsverteilung im sozialen Feld. Das psychologische Marktmodell, Bern, Stuttgart 1961.

Kaufmodelle, nichtparametrische

Die nichtparametrischen Modellansätze (dazu gehören auch die semiparametrischen) zur Modellierung von Wahlentscheidungen wie „Kauf oder Nichtkauf" stellen eine Alternative zu den parametrischen Modellen (→ Logit- bzw. → Probit-Modell) dar. Hierbei wird i.d.R. die Nutzenfunktion, die im Logit-Ansatz eingeführt wird (*Guadagni* und *Little*) auf eine nicht- bzw. semiparametrische Art spezifiziert:

$E[y|x] = f(x) + \varepsilon$

mit y als Wahlentscheidung, x als erklärende Variable, $f(x)$ als systematischer Nutzenfunktion und ε als Fehlerterm. Die nichtparametrische Formulierung der Nutzenfunktion ($f(x)$) kann u. a. mit Hilfe der nichtparametrischen Dichteschätzung oder auch mit den „Generalized Additive Models" (GAM) erfolgen (*Boztug* und *Hildebrandt*). Durch die Darstellung der Nutzenfunktion in dieser Weise treten die Probleme des Logit-Ansatzes, wie z.B. die IIA-Annahme bzw. die rechentechnisch schwere Handhabung der Probit-Modelle im multivariaten Fall, nicht auf.

L.H./Y.B.

Literatur: *Guadagni, P.M.; Little, J.D.C.:* A Logit Modell of Brand Choice Calibrated on Scanner Data, in: Marketing Science, Vol. 2 (1983), No. 1, S. 203–238. *Boztug, Y.; Hildebrandt, L.:* Nichtparametrische Methoden zur Schätzung von Responsefunktionen, in: *Hippner, H.; Küsters, U.; Meyer, M.; Wilde, K.* (Hrsg.): Handbuch Data Mining im Marketing, Wiesbaden 2000.

Kaufneigung → Präferenzpolitik

Kaufneigungsmodelle

führen die Kaufneigung eines Konsumenten auf eine Reihe von Kaufargumenten, wie z.B. Werbeaussagen, Preis-/Leistungsverhältnis, Produktaufmachung zurück. Dabei wird unterstellt, dass jedes Kaufargument nur zugunsten einer Marke gilt, d.h. das Preis-/Leistungsverhältnis kann bspw. nur bei einer bestimmten Marke am besten sein. Man definiert nun die Kaufwahrscheinlichkeit einer Marke als Anteil derjenigen Kaufargumente, die für diese Marke sprechen. Ein bekanntes Kaufneigungsmodell mit detaillierter Modellstruktur und der Möglichkeit für Simulationsuntersuchungen ist das → Lavington-Modell.

Kaufrisiko

Kognitives Konstrukt im Rahmen der Theorie der → Kaufentscheidung, das als bewährt gelten kann und relativ hohe Erklärungskraft besitzt. Es bezeichnet das Zusammenwirken von zwei Aspekten der bei Kaufentscheidungen empfundenen Ungewissheit: Einerseits geht es um die Unge-

wissheit hinsichtlich des Eintretens bestimmter negativer Konsequenzen einer Entscheidung (Risikoinhalt), andererseits darum wie gravierend diese Konsequenzen sein können (Risikomaß). Das wahrgenommene Kaufrisiko wird als Funktion dieser beiden Komponenten angesehen und deshalb meist dadurch operationalisiert, dass beide separat gemessen und dann multiplikativ verknüpft und aufaddiert werden.
Oftmals werden bestimmte Typen von Kaufrisiken unterschieden, deren Abgrenzung zwar nicht immer ganz eindeutig ist, die aber Aufschluss über Einflussfaktoren des insgesamt wahrgenommenen Risikos geben können:

– *funktionelles Risiko* (Funktionsfähigkeit des zu kaufenden Produkts)
– *finanzielles Risiko* (Angemessenheit des Preises und Tragbarkeit der finanziellen Belastungen)
– *physisches Risiko* (mögliche Gesundheitsgefährdungen durch das Produkt; s.a. → Produkthaftung, → Rückrufaktion)
– *psychologisches Risiko* (persönliche Identifizierung mit dem Produkt)
– *soziales Risiko* (soziale Akzeptanz des Produkts).

Durch die vorstehend genannten Arten von Kaufrisiken deutet sich schon an, dass der Preis eines Produkts (→ Preisrisiko), die Möglichkeit zur Qualitätsbeurteilung vor dem Kauf anhand sichtbarer Eigenschaften und die Relevanz des Produkts im Zusammenhang sozialer Anerkennung als situationsspezifische Einflussfaktoren des wahrgenommenen Kaufrisikos anzusehen sind. Hinzu kommen die Neuartigkeit eines Produkts und das Ausmaß wahrgenommener qualitativer Unterschiede bei alternativen Angeboten. Hinsichtlich persönlichkeitsspezifischer Einflussfaktoren sind am ehesten das Selbstvertrauen und die einschlägige Erfahrung des Konsumenten zu nennen, die mit zunehmender Ausprägung zu geringerer Risikowahrnehmung führen.

Sofern das Kaufrisiko ein tolerierbares Ausmaß übersteigt, versuchen die Konsumenten das Risiko zu reduzieren. Dafür bestehen u.a. folgende Möglichkeiten:

– Beschaffung von zusätzlichen Informationen über das Produkt (Reduktion der Ungewissheit; s.a. Informationsverhalten) bzw. Rückgriff auf sicherheitsrelevante Schlüsselinformationen wie die Marke, den Hersteller bzw. Händler, die Art des Marktauftritts etc.
– Kauf zunächst geringer Mengen
– Wiederholter Kauf bewährter Marken (→ Markentreue, → Wiederkaufverhalten)
– Beachtung von Kaufrücktrittsmöglichkeiten und Garantieleistungen
– → preisorientierte Qualitätsbeurteilung, d.h. Präferenz teurerer Produkte zur Vermeidung von Qualitätsrisiken.
– Hinausschiebung oder Verzicht auf den Kauf.

Damit deuten sich auch bereits die vielfältigen Möglichkeiten von Anbietern an, durch Reduzierung oder Ausschluss von subjektiv wahrgenommenen Kaufrisiken den Kaufentschluss zu stärken und die Präferenz auf die eigenen Leistungen zu lenken, z.B.

– ausreichende Produktinformation und -deklaration,
– Produktdemonstration,
– → Produkthaftung
– → Garantieleistungen,
– → Preisgarantien,
– Preisrechtfertigung durch hohe Qualität,
– Kaufrücktritts- und Rückgaberechte,
– Probekauf,
– Vertrauenserweckende Werbung und Beratung,
– Einsatz von → Meinungsführern und → Testimonials.

Wichtig ist dabei stets die subjektive Interpretation der mit einem Kauf verbundenen Risiken u.U. erheblich abweichen kann.

A.Ku./H.D.

Literatur: *Kroeber-Riel, W.; Weinberg, P.*: Konsumentenverhalten, 7. Aufl., München 1999.

Kaufscheinhandel

Absatz durch Hersteller- oder Handelsbetriebe an Konsumenten, die sich durch ein Ausweispapier (Kaufschein, Einkaufsberechtigungsschein etc.) legitimieren. Nach dem UWG zulässig sind Kaufscheine nur dann, wenn sie zu einem einmaligen Einkauf berechtigen und für jeden Einkauf einzeln ausgegeben werden. Damit wird das sog. Unterkundengeschäft möglich, bei dem meist kleinere Handelsgeschäfte (z.B. im Möbelhandel) und Handwerker ihren Kunden Kaufscheine zur Verfügung stellen, um sich beim Großhandel oder Herstellerbetrieb informieren und beraten lassen zu können.

Kaufsimulation
→ Testmarktsimulator, Simulierter Testmarkt (STM)

Kauftyp
Das → organisationale Beschaffungsverhalten unterscheidet sich in Abhängigkeit von verschiedenen situativen Umständen z.T. erheblich. In der Theorie des → Investitionsgütermarketing wurden deshalb analog zur → Kaufentscheidungsprozessforschung für private Käufe Kauftypen gebildet, die diese Umstände idealtypisch berücksichtigen. Die Bildung solcher Kauftypen erfolgt vorwiegend nach dem Wert des Kaufgegenstandes, dem Kaufanlass, dem Wiederholungsgrad und der jeweiligen Produkttechnologie.
Der *Wert des Kaufgegenstandes* bestimmt das finanzielle → Kaufrisiko und mit ihm die Intensität, die Multipersonalität und die Zeitdauer der Entscheidungsprozesse. Die Spiegel-Untersuchung ergab für Projekte von ca. 50.000 DM vier, von 1500.000 DM acht, von über 200.000 12 und von über 400.000 DM 20 Wochen.
Der *Kaufanlass* bzw. der Wiederholungsgrad der Kaufentscheidung bestimmen die Neuheit des Beschaffungsproblems, den Informationsbedarf und das Ausmaß der Alternativenabwägung. Es wird z.B. zwischen Erst-, Ersatz- und Erweiterungsinvestitionen unterschieden. Bei Ersteren kommt es mangels Erfahrung der Beschaffer zu ausführlicheren Informationsbemühungen und ausführlichen Abwägungen zwischen den Lieferanten. Bei Wiederbeschaffungen hat der einmal gewählte Lieferant („In-Supplier") bessere Chancen, zumindest wenn der Kunde mit seinen Leistungen zufrieden ist, da dann weniger Umschau nach alternativen Anbietern gehalten wird. Auch bei modifizierten Wiederkäufen – etwa auf Grund neuer technischer Entwicklungen – ist eine deutlich geringere Lieferantentreue zu beobachten als beim identischen Wiederkauf, der zunehmend habitualisiert ablaufen kann und immer häufiger automatisiert sowie über Nutzung Internet-basierter Systeme erfolgt (→ Elektronischer Einkauf; → Beschaffungsmarketing).
Vor allem in technologisch schnelllebigen Märkten nimmt auch die Entwicklung der *Produkttechnologie* Einfluss auf das Kaufverhalten. Erwarten Käufer z.B. einen schnellen Technologiewechsel, warten sie mit dem Kauf u.U. bis zur nächsten Technologiegeneration (→ Leapfrogging). Bei neuen Technologien steht der Käufer auch bei Wiederkäufen oft in der Situation des Erstkaufs und ist auf intensive Information und Beratung angewiesen.

Literatur: *Backhaus, K.*: Industriegütermarketing, 6. Aufl., München 1999. *Spiegel-Verlag* (Hrsg.): Der Entscheidungsprozess bei Investitionsgütern, Hamburg 1982. *Robinson, P.; Faris, C.; Wind, Y.*: Industrial Buying and Creative Marketing, Boston, Mass. 1967.

Kaufüberschneidung
→ Einkaufsstättentreue

Kaufverbund
→ Sortimentsverbund, → Verbundkauf

Kaufvertrag, bilanziell und steuerlich
Rechtlich ist der Kaufvertrag ein gegenseitiger Vertrag, durch den sich der Verkäufer zur Übereignung einer Sache oder eines sonstigen Gegenstandes (insbes. Verschaffung eines Rechts) oder einer Sachgesamtheit, der Käufer zur Zahlung des vereinbarten Preises (in Geld) verpflichtet (§§ 433 ff. BGB). Bei Fehlerhaftigkeit des Kaufgegenstandes trifft den Verkäufer die Pflicht zur *Gewährleistung* (Minderung, Wandelung, Schadensersatz), häufig erfolgt eine Einschränkung durch Allgemeine Geschäftsbedingungen und Freizeichnungsklauseln (Wirksamkeit nach AGB-Gesetz). Das Kaufobjekt kann ein ganz bestimmter Gegenstand sein (Spezieskauf) oder auch nur der Gattung nach bestimmt sein (Gattungskauf). Nach dem Zeitpunkt der Entrichtung des Kaufpreises werden Barkauf und Kredit-/Zielkauf unterschieden; wird der Kaufpreis in Raten entrichtet, liegt ein Abzahlungsgeschäft vor. Beim Kauf auf Probe (§ 495 BGB) steht die Billigung des gekauften Gegenstandes im Belieben des Käufers, während bei Kauf nach Probe die Eigenschaften der Probe – auch ohne gesonderte Vereinbarung – als zugesichert gelten (§ 494 BGB). I.d.R. geht die Gefahr mit der Übergabe der Sache auf den Käufer über, beim Versendungskauf schon mit der Übergabe an den Beförderer (§§ 446 f. BGB). Sonderregeln gelten für den Kauf unter Kaufleuten (sog. Handelskauf §§ 373 ff. HGB). Kaufverträge über Grundstücke bedürfen der notariellen Beurkundung (§ 313 BGB).
Bilanziell sind abgeschlossene Ein- und Verkaufskontrakte, die noch von keiner Seite erfüllt sind, noch nicht zu berücksichtigen, es sei denn, ein Verlust droht (Grund-

Kaufwiderruf

satz der Nichtbilanzierung sog. schwebender Geschäfte). Eine Gewinnrealisierung durch Einbuchung der Kaufpreisforderung hat jedoch beim Verkäufer dann zu erfolgen, wenn er seine Leistungspflicht erfüllt hat und ein nennenswertes Abnahmerisiko nicht besteht. Beim Kauf von Sachen führt die Erlangung der Verfügungsmacht (unmittelbarer oder mittelbarer Besitz) dazu, dass der Käufer wirtschaftlicher Eigentümer wird (BFH v. 3.8.1988, BStBl. 1989 II 21). Beim Versendungskauf, auch mit Rücktrittsrecht, ist die Gewinnrealisierung mit dem Zeitpunkt der Lieferung anzunehmen; für die etwaige Rücknahmegarantie ist eine Rückstellung zu bilden. Beim Kauf auf Probe ist der Gewinn regelmäßig erst mit Ablauf der Rückgabefrist verwirklicht, sofern nicht eine vorherige ausdrückliche Billigung durch den Käufer erfolgte.

Umsatzsteuerlich ist nicht der Abschluss des Kaufvertrages, sondern die Verschaffung der Verfügungsmacht oder die Bewirkung der sonstigen Leistung (beim Rechtskauf) maßgeblich (§ 3 UStG). zu Besonderheiten der Umsatzbesteuerung → Umsatzsteuer; zum Kommissionsgeschäfts siehe → Kommission. R.F.

Literatur: *Federmann, R.:* Bilanzierung nach Handelsrecht und Steuerrecht, 11. Aufl., Berlin 2000. *Palandt, O.:* Bürgerliches Gesetzbuch, Kommentar, 58. Aufl., München 1999.

Kaufwiderruf → Direktvertrieb, → Haustürverkauf, → Fernabsatz

Kaufzeitungen (Straßenverkaufszeitungen)

→ Zeitungen, die im Gegensatz zu den Abonnementszeitungen meist als Boulevardzeitungen im Einzelverkauf vertrieben werden.

Kaufzwang

Art des → unlauteren Wettbewerbs in Form des → Kundenfangs, bei der der Kunde entgegen dem das Zivilrecht beherrschenden Grundsatz der Vertragsfreiheit gegen seinen Willen gezwungen wird, einen Vertrag abzuschließen. Es wird zwischen moralischem und psychologischem Kaufzwang unterschieden. Bei beiden Arten wird ein Druck auf den Kunden ausgeübt, sodass der Kunde gegen seinen eigenen Willen einen Vertrag abschließt. Vom Kaufzwang spricht man auch bei sublimen Formen der Verpflichtung; unlauterer Wettbewerb liegt vor, wenn der Kunde, würde er sich völlig frei entscheiden können, das Produkt gar nicht, nicht zum jetzigen Zeitpunkt oder nicht zu den geforderten Konditionen abnehmen würde. Beispiele für Kaufzwang, der gegen § 1 UWG verstößt, sind: unbestelltes Zusenden von Waren, Vertreterbesuche, Werbefahrten (→ Verkaufsfahrten (Kaffeefahrten)), Überrumpelung. H.-J.Bu.

Kausalanalyse

umfasst als theorietestende → Multivariatenanalyse ein Bündel von Verfahren zur Prüfung von Abhängigkeitsstrukturen. Die zugrunde liegende Methodik wird u. a. als Strukturgleichungs-Methodologie, Kovarianzstrukturanalyse oder als Linear Structural Relations (LISREL) Modeling bezeichnet. In der Literatur hat sich heute die Abkürzung SEM (Structural Equation Modeling) durchgesetzt. Methodischer Kern des SEM ist ein faktorenanalytischer Ansatz (→ Faktorenanalyse), der das Testen von Beziehungsstrukturen auf der Ebene von Faktoren (Strukturgleichungen) ermöglicht.

Die Vorgehensweise beim Einsatz der Methodologie kann als ein generelles Paradigma für die Überprüfung sozialwissenschaftlicher Hypothesen verstanden werden (→ Marketing-Wissenschaft). Eine verbal formulierte „Kausaltheorie", d.h. eine Menge von „wenn-dann" oder „je-desto" Aussagen über Variablenbeziehungen ist in ein → Pfaddiagramm zu übersetzen. Dieses muss die Richtung der angenommenen Beziehungen zwischen den Variablen widerspiegeln. Das dabei abgebildete theoretische Modell wird in ein System von linearen Gleichungen überführt, dessen Struktur anhand von empirischen Daten zu testen ist. Über das SEM wird geprüft, ob die theoretisch angenommenen Beziehungen und die geschätzten Modell-Parameter mit den Daten konsistent sind. Eine angenommene Modellstruktur wird als nicht falsifiziert betrachtet, wenn das Modell die Kovarianzen der Daten angemessen reproduziert.

Im Marketing werden Kausalanalysen meist mit dem Programm → LISREL (*Jöreskog* und *Sörbom*) durchgeführt. Methodische Alternativen sind die Programme → AMOS, CALIS und → EQS. LISREL geht im allgemeinsten Fall von $z \cdot (z + 1)/2$ Kovarianzen als Dateninput für eine kausalanalytische Studie aus. Ein typisches LIS-

REL-Modell besteht aus einer Ineinanderschachtelung von Faktormodellen durch → multiple Regressionsmodelle, die auf substantiellen Hypothesen beruhen. Die Modellteile, die beobachtbare Variablen mit den hypothetischen Faktoren (Konstrukten) in Beziehung setzen, bilden → Konfirmatorische Faktormodelle. Die um die Messfehler bereinigten Varianzen und Kovarianzen der Faktoren sind dann Grundlage für den simultanen Test der postulierten Kausalstruktur zwischen den Konstrukten.

Mit der Modellstruktur wird eine Analogie zu den wissenschaftstheoretischen Konzepten hergestellt, die zwischen empirischer Sprache (Ebene der Beobachtungsvariablen) und theoretischer Sprache (Ebene der latenten Variablen oder Konstrukte) unterscheiden (vgl. *Abb. 1*). Die Vorteile der Anwendung von LISREL und anderen Programmen zur Kausalanalyse liegen in

– der Berücksichtigung von Messfehlern in den Variablen durch die Faktormodelle,
– der Möglichkeit der Schätzung von direkten und indirekten Einflüssen auf der Ebene der Faktoren (Konstrukte) und
– dem expliziten Test von multivariaten „kausalen" Hypothesenstrukturen.

Marketinganwendungen der Kausalanalyse mit SEM finden sich v. a. in den Studien der Kunden- und → Konsumentenforschung, die mit messfehlerbehafteten Befragungsdaten arbeiten. Ein klassisches Modell ist die kausalanalytische Validierung von Einstellungsmessungen mit der MTMM-Matrix. Daneben werden ganzheitliche Mess- und Kausalhypothesentests bei Kausalmodellen mit Querschnittsdaten durchgeführt. Vermehrt wird die Kausalanalyse auch zur Analyse oder Bewertung ökonomischer Sachverhalte, wie der unternehmensbezogenen Erfolgsfaktorenforschung, eingesetzt. Typische Beispiele sind Kausalanalysen auf der Basis von PIMS-Daten mit multiplen Indikatoren. *Abb. 2* zeigt ein Beispiel aus dem → PIMS-Programm zur Strategieforschung.

Die Koeffizienten γ und β zeigen die relative Stärke der direkten kausalen Wirkungen bei Kontrolle von Drittvariablen-Einflüssen. Die indirekten Effekte lassen sich über die Multiplikation von standardisierten Koeffizienten (z.B. $\gamma_{21} \times \beta_{32}$) berechnen (→ Pfadanalyse).

Andere Anwendungsbereiche von Kausalmodellen liegen in der experimentellen Forschung, der Analyse von Zeitreihen- und

Abb. 1: Ein einfaches Zwei-Indikatoren-Zwei-Konstrukt-Kausalmodell

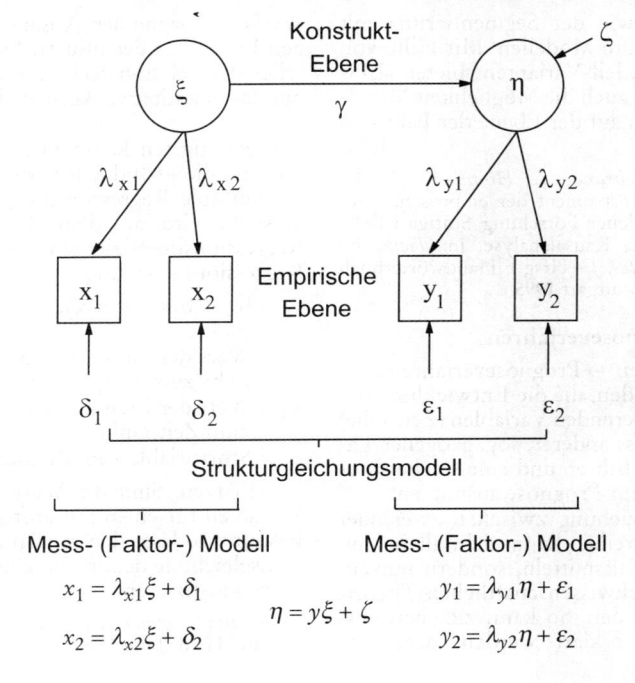

$$x_1 = \lambda_{x1}\xi + \delta_1$$
$$x_2 = \lambda_{x2}\xi + \delta_2$$
$$\eta = \gamma\xi + \zeta$$
$$y_1 = \lambda_{y1}\eta + \varepsilon_1$$
$$y_2 = \lambda_{y2}\eta + \varepsilon_2$$

Kausale Prognoseverfahren

Abb. 2: Pfaddiagramm eines Kausalmodells mit PIMS-Hypothesen

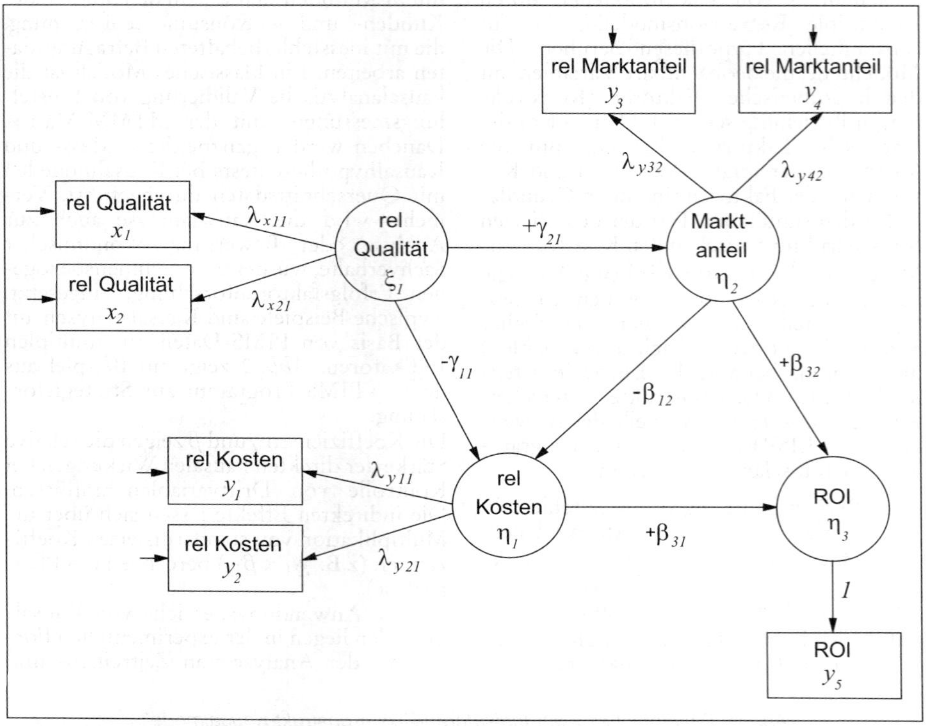

Paneldaten sowie der Segmentierung mit → Finite Mixture Modellen. Mit Hilfe von speziellen Modell-Varianten bieten LISREL und EQS auch die Möglichkeit Mittelwertstrukturen auf der Ebene der Faktoren zu analysieren. L.H.

Literatur: *Hildebrandt, L.; Homburg, C.*: Die Kausalanalyse. Instrument der empirischen betriebswirtschaftlichen Forschung, Stuttgart 1998. *Hildebrandt, L.*: Kausalanalyse, in: *Tietz, B.; Köhler, R.; Zentes, J.* (Hrsg.): Handwörterbuch des Marketing, Stuttgart 1995.

Kausale Prognoseverfahren

Zu den kausalen → Prognoseverfahren zählen alle Methoden, die die Entwicklung der zu prognostizierenden Variablen (Zeitreihe) auf den Einfluss anderer, sog. exogener Variablen zurückführen und eine solche Kausalbeziehung zur Prognose ausnutzen.

Die Kausalbeziehung zwischen zwei oder mehreren Zeitreihen kann nicht allein mit statistischen Hilfsmitteln, sondern nur auf Basis einer fachwissenschaftlichen Theorie festgestellt werden. So kann z.B. betriebswirtschaftlich erklärt werden, dass eine Werbekampagne den Absatz des beworbenen Produktes beeinflusst. Mit der statistischen Korrelationsrechnung ermittelt man nur das quantitative Ausmaß dieses Einflusses.

Die wichtigsten kausalen Prognoseverfahren sind die → Indikator-Methode und v.a. die multiple Regressionsprognose, mit der versucht wird, aus dem Datenmaterial die Regressionskoeffizienten b_i (i=0,1,...,n) der Regressionsgleichung

$$y_t = b_o + b_1 x_{1t} + b_2 x_{2t} + ... + b_n x_{nt} + e_t$$
$$(t=1,...,T)$$

y_t = Wert der zu prognostizierenden Zeitreihe zum Zeitpunkt t

x_{it} = Wert der i-ten kausalen Einflussgröße zum Zeitpunkt t

e_t = Störvariable zum Zeitpunkt t

zu schätzen. Sind die Werte der kausalen Variablen für einen zukünftigen Zeitpunkt bekannt, so lässt sich mit Hilfe der Regressionsgleichung der entsprechende Wert von y prognostizieren. K.-W.H.

Literatur: *Schneeweiß, H.*: Ökonometrie, 4. Aufl., Heidelberg 1990.

Abb. 1: Ein RoI-Kennzahlensystem (rechnerisch orientiertes Kennzahlensystem)

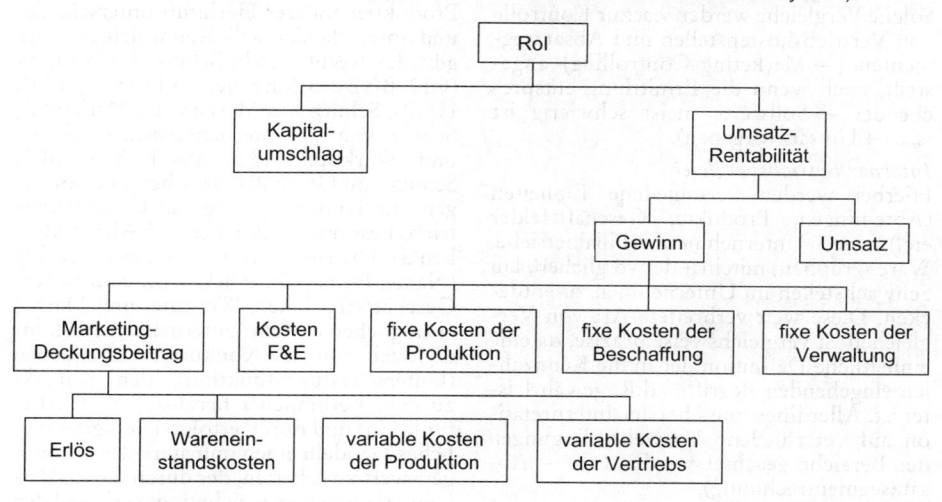

```
                              RoI
                   ┌───────────┴───────────┐
              Kapital-                Umsatz-
             umschlag               Rentabilität
                                ┌───────┴───────┐
                             Gewinn           Umsatz
              ┌──────────┬────────┼──────────────┐
       Marketing-      Kosten   fixe Kosten der  fixe Kosten der   fixe Kosten der
      Deckungsbeitrag   F&E       Produktion       Beschaffung       Verwaltung
         ┌────┴────┐                 │                │
       Erlös  Warenein-        variable Kosten  variable Kosten
              standskosten      der Produktion    der Vertriebs
```

KDD → Data Mining

K1-Wert

Begriff aus der → Leserschaftsforschung: Durchschnittliche Leserschaft einer Zeitschrift, errechnet aus den Angaben zur Lesehäufigkeit und des Weitesten Leserkreises.

Keiretsu → Beschaffungskooperation

Kennzahlensystem

beinhalten → Marketing-Kennzahlen, die aus der Verknüpfung zweier oder mehrerer Kennzahlen entstehen. Dabei kann die Struktur der Systeme entweder durch rechentechnische Verknüpfungen oder durch sachliche Zusammenhänge begründet sein. Bei der rechentechnischen Verknüpfung wird eine Ausgangskennzahl (Spitzenkennzahl) in zwei oder mehr Unterkennzahlen, die jeweils ein Element der Spitzenkennzahl aufnehmen, aufgefächert; bei den sachlichen Verknüpfungen bestehen logische Beziehungen (vgl. *Abb. 1 und 2*).
Einzelkennzahlen liefern Einzelinformationen, geschickt aufgebaute Kennzahlensysteme helfen die hinter den einzelnen Daten stehenden Sachverhalte und Zusammenhänge aufzudecken und wirken somit der Gefahr einer rein punktuellen Analyse entgegen. Die zweckmäßige Gestaltung von Kennzahlensystemen hängt von der Struktur des Systems der → Marketingziele ab.

F.B./N.K.

Abb. 2: Ein Deckungsbeitrag-Kennzahlensystem (sachlogisch orientiertes Kennzahlensystem)

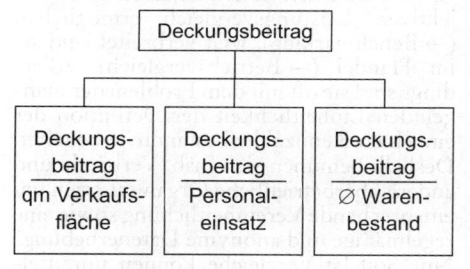

```
                 Deckungsbeitrag
        ┌───────────────┼───────────────┐
    Deckungs-        Deckungs-        Deckungs-
    beitrag           beitrag          beitrag
    qm Verkaufs-    Personal-         ∅ Waren-
    fläche          einsatz           bestand
```

Kennzahlenvergleich

Vergleich einzelner → Marketing-Kennzahlen oder ganzer → Kennzahlensysteme. Sie erhöhen die Aussagekraft von Kennzahlen oft erheblich, wobei folgende Formen von Vergleichen zu unterscheiden sind:

Zeitvergleich

Vergleiche zwischen den Werten zweier Perioden, meist Ist- zu Vorjahresperiode, sind weit verbreitet; sie lassen Entwicklungen im Zeitablauf deutlich werden und dienen somit als Indikatoren für Trendänderungen. Wie alle Zeitreihendaten (→ Zeitreihenprognose) unterliegen sie der Schwierigkeit einer Differenzierung zwischen zufälligen und überzufälligen Veränderungen. Sie sind als Frühindikatoren (→ Frühwarnsysteme) von erheblichem Wert.

Soll-Ist-Vergleich
Solche Vergleiche werden v.a. zur Kontrolle von Vertriebskostenstellen und Absatzsegmenten (→ Marketing-Controlling) angestellt, auch wenn die Ermittlung entsprechender → Sollwerte meist schwierig ist (s.a. → Umsatzvorgaben).

Interner Betriebsvergleich
Hierbei werden verschiedene Einheiten (Abteilungen, Produkte, Geschäftsfelder etc.) eines Unternehmens (Filialbetriebe, Warengruppen) miteinander verglichen, um Schwachstellen im Unternehmen zu entdecken. Diese weit verbreitete Art von Vergleichen ist vergleichsweise präzise, da eine einheitliche Definition der in die Kennzahlen eingehenden Begriffe i.d.R. gewährleistet ist. Allerdings muss bei der Interpretation auf verschiedene Umweltbedingungen der Bereiche geachtet werden (s.a. → Absatzsegmentrechnung).

Externer Betriebsvergleich
Vergleiche zwischen verschiedenen Unternehmen sind für die Unternehmensführung von hohem Erkenntniswert, da sie einen objektiven Leistungsvergleich ermöglichen (→ Benchmarking); weit verbreitet sind sie im Handel (→ Betriebsvergleich). Allerdings sind sie oft mit dem Problem der mangelnden Einheitlichkeit der Definition der einzelnen Kennzahlenbestandteile behaftet. Deshalb bemühen sich insb. Verbände und andere überbetriebliche Organisationen um entsprechende Vereinheitlichung sowie eine regelmäßige und anonyme Datenerhebung. Nur Soll-Ist-Vergleiche können unmittelbar als Basis für eine irgendwie geartete abschließende Beurteilung dienen, da bei anderen Vergleichen die Vergleichsdaten in keiner Weise als „richtig" einzustufen sind (meist Durchschnittswerte). Der Vergleich von Unternehmen oder Unternehmensteilen hinsichtlich verschiedener Kennzahlen öffnet aber dennoch meist wichtige Ansatzpunkte für tiefgreifende Analysen des Marketinggeschehens. Kennzahlenvergleiche sind somit ein wichtiges Instrument der → Marketingplanung und des → Marketing-Controlling. Die richtige Deutung der einzelnen Kennzahlen verbleibt freilich letztlich immer dem Entscheidungsträger.
F.B.

Kennzeichenschutz

Das Recht des Kennzeichenschutzes umfasst alle Bezeichnungen und Merkmale, durch die ein Unternehmen sich durch seine Produkte von anderen Unternehmen oder Produkten anderer Herkunft unterscheidet und unterscheiden will. Kennzeichenschutz gibt das Recht durch: Schutz des Namens (§ 12 BGB), Schutz der → Firma (§ 17 ff. HGB), Schutz von Marken (§ 3 MarkenG), Schutz von → Unternehmenskennzeichen und Werktiteln (§ 5 Abs. 1 MarkenG), Schutz von Geschäftsabzeichen und sonstigen zur Unterscheidung des Geschäftsbetriebs bestimmten Zeichen (§ 5 Abs. 2 MarkenG). Die subjektiven Kennzeichenrechte (Name, Firma, Unternehmenskennzeichen, Geschäftsabzeichen, Werktitel und Marke) ermöglichen es dem Unternehmen, sich individuell von der Konkurrenz abzuheben (Unterscheidungsfunktion), den Kontakt zu dem Verbraucher herzustellen (Werbefunktion) und durch erfolgreiches geschäftliches Handeln einen immateriellen Vermögenswert zu schaffen, der durch die im Verkehr erlangte Kennzeichnungskraft und den guten Ruf des Zeichens verkörpert wird (Wertfunktion).

Zwei Arten von Kennzeichenrechten sind grundsätzlich zu unterscheiden: Die Waren- und Dienstleistungsbezeichnungen und die Unternehmensbezeichnungen. Die Waren- und Dienstleistungsbezeichnungen beziehen sich auf Waren und Dienstleistungen. Sie unterscheiden sich in der Art ihrer Entstehung (eingetragene Marke, benutzte Marke, notorisch bekannte Marke). Die Unternehmenskennzeichnungen (geschäftliche Bezeichnung) individualisieren das Unternehmen als solches (Name/Firma, Unternehmenskennzeichen, Geschäftsabzeichen). Name und Firma weisen auf den Inhaber des Unternehmens als Rechtssubjekt hin, Unternehmenskennzeichen und Geschäftsabzeichen dagegen auf das Geschäft als solches oder dessen Teile, also auf das Rechtsobjekt.

Allgemeine Grundsätze zum Kennzeichenrecht lassen sich kaum entwickeln. Schutzfähig sind nur solche Kennzeichnungen, die einen bestimmten Gegenstand – das Unternehmen, den Inhaber oder die Produkte – eindeutig kennzeichnen und im Geschäftsverkehr von anderen unterscheiden können. Alle Wortkennzeichen haben ihrem Wesen nach eine natürliche Unterscheidungskraft. Nicht unterscheidungskräftige Bezeichnungen oder Firmenbestandteile, ebenso der Schutz der Ausstattung und des Geschäftsabzeichens verlangen dagegen Verkehrsgeltung, um schutzfähig zu sein. Grundsatz ist: Mangelnde Unterscheidungskraft verlangt

Verkehrsgeltung. Stehen sich zwei Kennzeichnungen gegenüber, die gleich oder verwechslungsfähig sind, so ist der Konflikt grundsätzlich nach dem Prioritätsprinzip (Grundsatz des Zeitvorrangs) zu lösen. Das jüngere Recht muss gegenüber dem älteren Recht weichen.

Für den Kennzeichenschutz ist die → Verwechslungsgefahr von großer Bedeutung, da sie den Schutzumfang bestimmt. Unter Verwechslungsgefahr versteht man die Gefahr der Irreführung eines nicht unerheblichen Teils der angesprochenen Verkehrskreise über das gekennzeichnete Unternehmen bzw. die Herkunft seiner Produkte. Ob Verwechslungsgefahr gegeben ist, wird danach bestimmt, ob nach der Verkehrsauffassung der Gesamteindruck der Kennzeichnung so ähnlich ist, dass ein nicht unerheblicher Teil der angesprochenen Verkehrskreise annimmt, sie würden aus einem Geschäftsbetrieb stammen (→ Nachahmung). Zwischen Bekanntheitsgrad des Kennzeichens und der Verwechslungsgefahr besteht eine Wechselwirkung: Je bekannter ein Kennzeichen ist, desto eher wird von der Rechtsprechung Verwechslungsgefahr angenommen. Bei Zeichen mit geringer Kennzeichnungskraft reichen bereits kleine Abweichungen aus, um eine Verwechslungsgefahr auszuschließen. Auch spielt die Branchennähe oder Branchenferne für die Beurteilung der Verwechslungsfähigkeit eine Rolle: Je weiter die Tätigkeitsgebiete der Unternehmen auseinander liegen, desto stärker muss die Kennzeichnungskraft des Kennzeichens sein, damit noch eine Verwechslungsgefahr angenommen werden kann. Die Schutzdauer ist beim Kennzeichenschutz zeitlich nicht begrenzt. Kennzeichenschutz besteht grundsätzlich, solange das Zeichen im Geschäftsverkehr gebraucht wird. Kennzeichen mit fehlender Unterscheidungskraft stehen und fallen mit dem Erfordernis der Verkehrsgeltung. Die Verletzung des Kennzeichenschutzes führt zu einem → Unterlassungsanspruch. Daneben kann aber auch ein Löschungsanspruch sowie ein Schadensersatzanspruch in Betracht kommen. H.-J.Bu.

Kennzifferzeitschriften

sind in der Praxis meist technisch-industrielle → Fachzeitschriften, deren wesentlich redaktioneller Bestandteil Produktinformationen sind. Mindestens 75% aller Anzeigen und Informationen tragen eine Kennziffer. Die Leser können aus der Zeitschrift eine an den Kennzifferdienst gerichtete Postkarte ausschneiden oder ausreißen, auf der sie die Kennziffern derjenigen redaktionellen Beiträge oder Anzeigen ankreuzen, über die sie nähere Informationen erhalten möchten. Über den Kennzifferndienst der Zeitschrift erhält der Werbungtreibende den direkten Kontakt zu den Interessenten seines Produktes oder seiner Leistung.

Mindestens 75% der Auflage müssen gem. Arbeitskreis Kennzifferzeitschriften an qualifizierte, d.h. dem Namen und der Position innerhalb einer Firma bekannte Empfänger gerichtet sein, außerdem muss ein Resonanznachweis durch einen Leserdienst (Anfragekarten) erfolgen. Kennzifferzeitschriften werden meist gratis vertrieben und ausschließlich durch Anzeigenwerbung finanziert. E.L.

KEP-Dienstleister
→ Logistik-Dienstleister

Kernkompetenzen

innerhalb des → Resource-based View verankertes Konzept des → strategischen Marketing, welches auf bestimmte unternehmensinterne Potentiale als die eigentlichen Quellen strategischer → Wettbewerbsvorteile abstellt. Unter Kernkompetenzen versteht man dabei ein komplexes Bündel unterschiedlicher, strategisch relevanter Unternehmensfähigkeiten und -technologien, das einen besonderen Kundennutzen generiert und den Zugang zu einem breiten Spektrum an Märkten ermöglicht. Mit dem Konzept der Kernkompetenzen erfolgt also ein Brückenschlag vom Ressourcenbereich zum Markt- und Wettbewerbsumfeld des Unternehmens.

Da das Entstehen und Nutzen von Kernkompetenzen keinem Automatismus folgt, bedarf es eines entsprechend ausgestalteten Kompetenz-Managements. Dessen Aufgabe besteht darin, vor dem Hintergrund der unternehmensspezifischen Stärken und Schwächen, insbesondere des unternehmenseigenen Wissens (→ Wissensmanagement), (potentielle) Kernkompetenzen zu identifizieren und mittels adäquater Kompetenzstrategien auf- und auszubauen, um die sich dadurch ergebenden Potentiale im Sinne einer Inside-out-Perspektive durch geeignete → Marketingstrategien zu erschließen.

Die Identifikation von Kernkompetenzen kann intern gemäß der prozessorientierten

Kernprozesse

Sichtweise des Marketing (→ Marketingprozesse) an der jeweils dominanten Funktion ansetzen. Danach lassen sich Kreationskompetenzen (Neuschaffung materieller und immaterieller Ressourcen), Implementationskompetenzen, Ausführungskompetenzen (Fokus: Güte der Leistungserstellung und -erbringung) und Kommunikationskompetenzen unterscheiden, deren auch zukünftige strategische Bedeutung durch die Lernfähigkeit des Unternehmens als eine Art Meta-Kompetenz sichergestellt werden muss. Zur Identifikation „externer" Kompetenzen können alle gemeinhin als strategisch relevant erachteten Elemente, insbesondere Kundenbedürfnisse und Produkteigenschaften, und Beziehungen zum Ausgangspunkt der Analyse werden. Zur Erhebung und Auswertung der benötigten Informationen lassen sich dabei die diversen Methoden des → Marketing-Controlling sowie der → Marktforschung heranziehen.

Die Entwicklung von Kernkompetenzen beinhaltet neben den Chancen auch nicht zu unterschätzende Risiken (z.B. Kompetenzlücken, -erosion, -obsoleszenz), die durch die langfristigen Festlegungen, den in der Regel hohen Kapitaleinsatz sowie die möglichen Lock-in-Effekte (→ Kundenbindung) noch verstärkt werden. Um derartige Gefahren frühzeitig zu antizipieren, ist der Einsatz strategischer → Frühwarnsysteme erforderlich. A.Ha.

Literatur: *Bouncken, R.B.*: Dem Kern des Erfolges auf der Spur? State of the Art zur Identifikation von Kernkompetenzen, in: Zeitschrift für Betriebswirtschaft, 70. Jg. (2000), S. 865-885.

Kernprozesse → Marketingprozesse

Kernsortiment

Sortiment, das im Gegensatz zum → Zusatzsortiment ständig geführt wird. Man bezeichnet es auch als Standardsortiment, *Seyffert* spricht von der Sortimentsmitte.

Key Account

„Schlüsselkunde", d.h. Kunde mit → Nachfragemacht gegenüber dem Lieferanten und wiederkehrendem Bedarf, weshalb die Marktbeziehungen über Einzeltransaktionen hinausgehen und längerfristige Geschäftsbeziehungen mit mehreren Transaktionen, die in einem inneren Zusammenhang stehen, sowie ein entsprechendes → Beziehungsmarketing begründen.

Die Abgrenzung von Key Accounts kann nach unterschiedlichen, die Nachfragemacht begründenden Kriterien, insb. Umsatz- oder Deckungsbeitrag(spotential), Know-how, absatzstrategische Bedeutung etc. erfolgen. Methoden zur Abgrenzung von Key Accounts sind Kunden-ABC-Analysen sowie Kundenportfolios (→ Kundenanalyse).

Key Accounts sind sowohl im Investitionsgüter- als auch im vertikalen Marketing der Service- und Konsumgüterindustrie zunehmend Gegenstand eigener Stellen bzw. Abteilungen, dem sog. → Key Account-Management. H.D.

Key Account-Management, elektronisches

Variante des → Key Account-Management, in der → E-Commerce in persönlich geprägte Key Account-Management-Prozesse zur Unterstützung strategischer Key Account-Management-Ziele integriert wird.

Interaktionsprozesse zwischen Anbieter und Key Account können nach dem → Beziehungsebenenmodell generell in vier verschiedene Beziehungsebenen eingeteilt werden. Die *Abbildung* zeigt daran angelehnt Key Account-Management-Prozesse am Beispiel des Systemgeschäfts.

Betrachtet man nun die Einsatzmöglichkeiten von E-Commerce im *Key Account*-Management, bieten sich insbesondere die sachliche und die organisatorische Ebene an (siehe graue Unterlegung in der Abbildung). Generell können hierbei zwei Einsatzformen von E-Commerce, die Prozessunterstützung und die Prozesssubstitution, unterschieden werden: Während persönlich ablaufende *Key Account*-Management-Prozesse bei der elektronischen *Substitution* ersetzt werden, bleiben sie bei der elektronischen *Unterstützung* erhalten.

Typische Beispiele für elektronische Werkzeuge zur *Prozessunterstützung* sind Projekt- oder Dokumenten-Management-Systeme, die insbesondere bei komplexen, wenig standardisierbaren *Key Account*-Management-Prozessen genutzt werden (z.B. einmalige, komplexe Projekte im System- oder Anlagengeschäft).

Im Rahmen der elektronischen *Substitution* von *Key Account*-Management-Prozessen können dem *Key Account* bspw. mittels einer Internet-basierten, kundenindividuellen Web-Site vielfältige Informationen und Funktionen zur Verfügung gestellt werden:

Key Account-Management, elektronisches

Key Account-Management-Prozesse am Beispiel des Systemgeschäfts

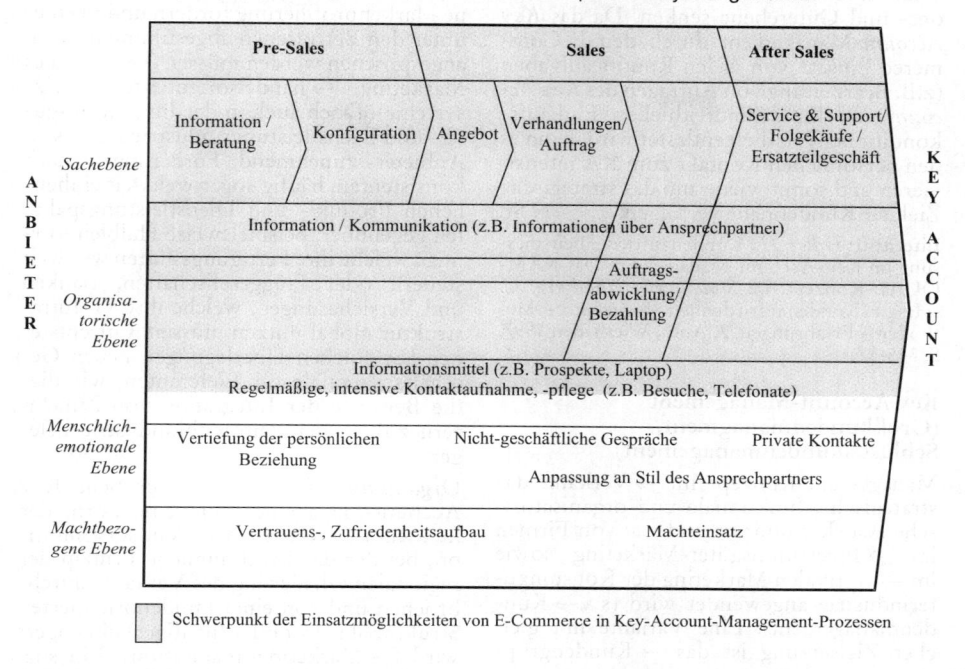

ANBIETER		Pre-Sales			Sales		After Sales		KEY ACCOUNT
	Sachebene	Information / Beratung	Konfiguration	Angebot	Verhandlungen/ Auftrag		Service & Support/ Folgekäufe / Ersatzteilgeschäft		
	Organisatorische Ebene	Information / Kommunikation (z.B. Informationen über Ansprechpartner)							
					Auftragsabwicklung/ Bezahlung				
		Informationsmittel (z.B. Prospekte, Laptop) Regelmäßige, intensive Kontaktaufnahme, -pflege (z.B. Besuche, Telefonate)							
	Menschlich-emotionale Ebene	Vertiefung der persönlichen Beziehung		Nicht-geschäftliche Gespräche			Private Kontakte		
				Anpassung an Stil des Ansprechpartners					
	Machtbezogene Ebene	Vertrauens-, Zufriedenheitsaufbau			Machteinsatz				

☐ Schwerpunkt der Einsatzmöglichkeiten von E-Commerce in Key-Account-Management-Prozessen

In der Pre-Sales-Phase kann sich der Kunde z.B. über für ihn individuell ausgesuchte und ggf. speziell konfigurierte Produkte informieren; in der Sales-Phase kann er das von ihm gewünschte Produkt zu kundenindividuellen Einkaufskonditionen bestellen; in der After-Sales-Phase schließlich findet er elektronische Supportwerkzeuge vor, die ihm nach Erhalt des bestellten Produkts Unterstützung leisten (z.B. Trouble-Shooting-Tools, Bestandsmanagement-Tools). Meistens handelt es sich bei den elektronischen Informationen bzw. Funktionen um solche, die vom Anbieter bzw. Key Account-Manager gemeinsam mit dem Key Account festgelegt und erst im Anschluss daran elektronisch zur Verfügung gestellt werden. Dadurch wird zum einen gewährleistet, dass der *Key Account* die für ihn interessanten Informationen selbst bestimmt. Zum anderen kommt dabei die Integration der elektronischen Kundenbeziehung in die persönliche zum Ausdruck.
Grundsätzlich eignet sich die elektronische Unterstützung v.a. dann mehr als die elektronische Substitution von *Key Account*-Management-Prozessen, wenn diese sehr komplex, erklärungsbedürftig, wenig standardisierbar und wenig vorhersehbar sind.

Dies ist insbesondere dann der Fall, wenn die Produkte bzw. Leistungen des Anbieters hoch komplex, kundenindividuell ausgestaltbar, hochpreisig und ggf. wenig kompatibel zu anderen Produkten sind.
Der Einsatz von E-Commerce kann sowohl für den *Key Account* als auch für den Anbieter vorteilhaft sein. Wesentliche *Kundennutzenpotenziale* sind die Beschleunigung von Geschäftsprozessen und die Reduktion von Prozesskosten in der Beschaffung des *Key Account*-Unternehmens, die Individualisierung der Kundenbeziehung, die Aktualität der Informationen und der orts- und zeitunabhängige Zugriff auf Informationen. Auf der Anbieterseite können insbesondere *strategische Ziele* des *Key Account*-Management unterstützt werden. Durch das Anbieten kundenindividueller Informationen (z.B. vorselektierte Pre-Sales-Informationen) kommt es aufgrund der Individualisierung zu mehr Kundennähe und -bindung. Wird die Web-Site des Anbieters mit dem Beschaffungssystem des *Key Accounts* (z.B. SAP/R3) elektronisch verbunden, kommt es zur Integration bzw. Verflechtung der Wertschöpfungsketten von Anbieter und Key Account. Aufgrund der Elektronisierung können die Geschäftspartner ferner

Transaktionskosten v.a. auf der Informations- und Güterebene senken. Da das *Key Account*-Management durch den E-Commerce-Einsatz von vielen Routineaufgaben (z.B. Bearbeitung von Anfragen des *Key Accounts* zu kundenindividuellen Einkaufskonditionen) zeitlich entlastet wird, kann es den persönlichen Kontakt zum KA intensivieren und somit wiederum das strategische Ziel der Kundennähe verfolgen.   N.St.

Literatur: *Diller, H.*: Kundenzufriedenheitsmessung im Key-Account-Management: Das KAMQUAL-Konzept, in: *Simon, H.; Homburg, C.* (Hrsg.): Kundenzufriedenheit. Konzepte − Methoden − Erfahrungen, 2. Aufl., Wiesbaden 1997, S. 345-371.

Key Account-Management (Großkundenmanagment, Schlüsselkundenmanagement)

Management-Konzept im → Verkauf, das strategische, funktionale und organisatorische Aspekte umfasst und v.a. von Firmen im → Investitionsgüter-Marketing sowie im → vertikalen Marketing der Konsumgüterindustrie angewendet wird (s.a.→ Kundenmanagement). Eine Variante mit gleicher Zielsetzung ist das → Kundengruppenmanagement.

Strategisch geht es beim Key Account-Management darum, diejenigen → Key Accounts, d.h. Schlüsselkunden mit besonderer Absatzbedeutung etwa als → OEM, nachfragemächtige Absatzmittler oder als → lead user im High-Tech-Marketing, zu identifizieren, bei welchen durch den Aufbau eines systematischen → Beziehungsmarketing mehr → Kundennähe erzeugt werden kann, um dem Trend zur → Individualisierung des Marketing Rechnung zu tragen. Weil eine solche Individualisierungsstrategie im Regelfall zu hohen Investitionskosten führt, ist die → Kundenanalyse erfolgskritisch. Key Account-Management ist auf strategischer Ebene somit als langfristig orientierte Investition in ausgewählte Geschäftsbeziehungen mit hohem Umsatz- und Ertragspotential zu bezeichnen.

Funktional bedeutet Key Account-Management, bereichsübergreifend und in enger Abstimmung mit dem Kunden umfassende, maßgeschneiderte Problemlösungen zu entwickeln. Ein solches Vorgehen ist z.B. immer stärker in der Lebensmittelindustrie erforderlich, da dort die wenigen großen Handelsketten, Einkaufsgenossenschaften und Warenhauskonzerne inhaltlich differenzierte Marketingkonzepte für ihre eigene Markenprofilierung fordern und in einer unter den Betroffenen abgestimmten Form angesprochen werden müssen (→ vertikales Marketing, → handelsorientierte Anreizsysteme). Doch auch in der Investitionsgüter- und Dienstleistungsindustrie sehen sich Anbieter zunehmend Forderungen nach konsistenten, häufig sogar weltweit einheitlichen Produkt- und Dienstleistungspaketen gegenüber, beispielsweise Halbleiterfirmen, welche ihre Fertigungsstätten weltweit steuern oder Fluggesellschaften, Banken und Versicherungen, welche ihre IT-Infrastruktur global nutzen müssen. Oft entstehen aus solchen Überlegungen neuen Geschäftspotentiale für Lieferanten, wie dies die Beispiele der Integration von Zulieferern z.B. in der Automobilindustrie belegen.

Organisatorisch handelt es sich beim Key Account-Management um eine Form der kundenorientierten → Verkaufsorganisation, bei der das herkömmliche Prinzip der regionalen Gliederung des Verkaufs durchbrochen und von einer kundenorientierten Struktur abgelöst oder (häufiger) überlagert wird (→ Marketingorganisation). Ein sog. Key Account-Manager ist dabei − ähnlich wie ein Produkt-Manager für sein Produkt − für einen oder wenige Key Accounts verantwortlich. Damit soll eine intensivere, der Marktstellung des Key Accounts entsprechende auf organisatorisch höherer (als regional) Ebene angesiedelte Bearbeitung des Kunden erreicht werden. Der Key Account-Manager wird deshalb von Führungsaufgaben gegenüber der Feldorganisation entlastet und als zentraler Verhandlungs- und Koordinationspartner im externen → Schnittstellen-Management installiert.

Sein Aufgabengebiet umfasst insb. folgende Aufgaben (*Diller*, 1988):

− Sammlung und Aufbereitung aller kundenspezifischen Informationen und Aufbau eines kundenorientierten Informationssystems;

− Analyse der Umsatzpotentiale und Deckungsbeiträge des Kunden, des bei ihm erreichten Marktanteils, der relevanten Wettbewerber und Wettbewerbsvorteile;

− Entwicklung kundenspezifischer Strategien, Konzepte und Aktionen;

− Planung und Kontrolle kundenspezifischer Verkaufsziele;

- Aufbau und Pflege der Beziehungen zu Entscheidungsträgern des Kunden;
- Verkaufsverhandlungen und Gesprächsführung mit dem Kunden;
- Weitergabe von Kundenwünschen an interne Stellen, zB. FuE und Überwachung des Auftragsdurchlaufs;
- Durchsetzung und Koordination der Vereinbarungen mit dem Kunden nach innen;
- Überwachung der Einhaltung von Zusagen des Kunden.

Die *organisatorische Einordnung* des Key Account-Managers kann nach dem Stabs-, Matrix- oder Linienprinzip erfolgen, wobei Untersuchungen in der Konsumgüterindustrie (*Diller/Gaitanides*, 1989) gezeigt haben, dass die Effizienz des Key Account-Managers mit zunehmender Kompetenzausstattung und Aufgabenzuweisung steigt. Immer häufiger werden zur Bearbeitung von Key Accounts auch ganze Key Account-Teams eingesetzt. Diese sind multifunktional zusammengesetzt und vereinen die gesamte Kompetenz der anbietenden Firma zugunsten des Key Accounts. In der Praxis bewährt hat sich die Einbindung des lokalen Feldverkaufs, so dass nicht nur die interne Akzeptanz gegenüber dem Key Account-Management erhöht wird, sondern vor allem auch die Beziehungspflege mit Entscheidungsträgern des Key Accounts vor Ort sichergestellt werden kann.

Das Key Account-Management, welches aus dem in den 60er-Jahren in den USA entwickelten Konzept des „National Account Management" entstanden ist, hat seit Beginn der 80er-Jahre in Europa rasche Verbreitung gefunden, insb. in größeren Unternehmen sowohl des Konsumgüter-, Dienstleistungs- als auch Industriegütersektors. 1993 betrug die Diffusionsrate anhand einer Untersuchung von Schweizerischen Großfirmen im Konsumgütersektor 87%, im Dienstleistungssektor 86% und im Industriegütersektor 55% (*Senn* 1997).

Zunehmend werden in der Praxis Varianten wie das *Euro-Key Account-Management* (*Diller*, 1992) und *Global-Key Account-Management* sowie das → *Elektronische Key Account-Management* diskutiert mit dem Ziel, die bisher stark national geprägten Key Account-Management-Programme den Anforderungen des globalen Geschäfts anzupassen. Sowohl Euro-*Key Account*-Management als auch Global-*Key Account*-Management basieren grundsätzlich auf denselben strategischen, funktionalen und organisatorischen Überlegungen wie ein nationale ausgerichtetes *Key Account*-Management. Da aber Key Accounts sowohl auf nationaler wie auch auf internationaler Ebene auftreten können, besteht die Herausforderung in erster Linie in der zweckmäßigen Integration der Anstrengungen auf den verschiedenen Ebenen. Aus diesem Grund werden in der Praxis Key Account-Management-Programme in der Regel jährlich überprüft und aktualisiert. C.S.

Literatur: *Diller, H.:* Key-Account-Management auf dem Prüfstand, Teil 1 bis 4, in: Lebensmittelzeitung, Nr. 30–31/ 1988. *Diller, H.; Gaitanides, M.:* Großkundenmanagement. Überlegungen und Befunde zur organisatorischen Gestaltung und Effizienz, in: DBW (1989), S. 185-197. *Diller, H.:* Euro-Key-Account-Management, in: Marketing-ZFP, 14. Jg. (1992), S.239-245. *Millman, T.:* From National Account Management to Global Account Management in Business-to-Business Markets, in: THEXIS, 16. Jg. (1999), S. 2–9. *Senn, Ch.:* Key Account Management für Investitionsgüter, Wien 1997.

Key Performance Indicators (KPI)
→ Werttreiberanalyse

Key Visuals

Begriff aus der → Bildkommunikation, der auf die in der Werbung für eine Marke bzw. ein Unternehmen immer wiederkehrenden und dadurch das Erscheinungsbild prägenden Schlüsselbilder Bezug nimmt (z.B. Alpenlandschaft und lila Kuh von *Milka*; s.a. → Medienstil).

Kick-off → Event-Marketing

Killerapplikationen

sind Anwendungen bestimmter Techniken, denen von einer Vielzahl von Anwendern ein hohes Nutzenpotential beigemessen wird, wodurch sie in besonderer Weise in der Lage sind, einer Basistechnologie zu einer schnellen Diffusion am Markt zu verhelfen. Insbesondere bei sog. → Kritische Masse-Systemen kann durch Killerapplikationen ein schnelles Erreichen der kritischen Masse ermöglicht werden. Ein typisches Beispiel für eine Killerapplikation ist die E-Mail-Anwendung, die einen entscheidenden Einfluss auf die Anschlusszahlen des Internets nahm. T.R.

Literatur: *Weiber, R.:* Der virtuelle Wettbewerb, Wiesbaden 2000.

Kilokostenmethode
→ Angebotspreiskalkulation im Anlagengeschäft

Kindchenschema
Zu Zwecken der → Aktivierung eingesetztes Motiv (frühkindlicher Kopf mit überproportionalem Hinterkopf und kindlichem Gesichtsausdruck), das als natürlicher Schlüsselreiz zur Weckung der → Aufmerksamkeit in der Werbung benutzt werden kann.

Kinderwerbung
Der Deutsche Werberat hat „Verhaltensregeln für die Werbung mit und vor Kindern in Werbefunk und Werbefernsehen" verabschiedet, die seit 1974 in Kraft sind. Die zentralen Bestimmungen lauten:
„Die Werbung soll sich nicht die natürliche Leichtgläubigkeit der Kinder oder den Mangel an Erfahrung von Jugendlichen zu Nutze machen oder ihr Anhänglichkeitsgefühl ausnutzen. Werbung, die sich an Kinder und Jugendliche wendet, soll in Text und Bild nichts enthalten, was geeignet ist, ihnen geistigen, moralischen oder physischen Schaden zuzufügen."
Maßgebendes Regelwerk im Jahr 2000 ist die Richtlinie 97/36/EG des Europäischen Parlaments die folgende Bestimmungen zur Kinderwerbung beinhaltet:

a) Sie soll keine direkten Kaufappelle an Minderjährige richten, die deren Unerfahrenheit und Leichtgläubigkeit ausnutzen.

b) Sie soll Minderjährige nicht unmittelbar dazu auffordern, ihre Eltern oder Dritte zum Kauf der beworbenen Ware oder Dienstleistung zu bewegen.

c) Sie soll nicht das besondere Vertrauen ausnutzen, das Minderjährige zu Eltern, Lehrern und anderen Vertrauenspersonen haben.

d) Sie soll Minderjährige nicht ohne berechtigten Grund in gefährlichen Situationen zeigen. B.Sa.

Kinesik → Körpersprache

Kinowerbung
Kinowerbung (genauer Film- und Diapositivwerbung) findet durch die Projektion von stehenden oder bewegten Bildern in Verbindung mit entsprechender akustischer Unterstützung in stationären Filmtheatern statt. Man unterscheidet dabei als Werbemittel (vgl. *Abb.*):

Diawerbung: Dabei wird als Werbeträger ein Dia in unterschiedlichen Formaten, stumm oder tönend präsentiert.

Filmwerbung:
- *Dias auf Film* (Kleinstfilme, deren Kürze lediglich Effekte mit Hilfe von Ein- und Überblendungen u. Ä. erlaubt). In vielen Kinos ist die Vorführung von Stand-Dias infolge der Automatisierung der Filmvorführung nicht mehr möglich, weshalb das „Dia auf Film" als abgefilmtes Standbild mit oder ohne Text und Ton das Dia zwar ersetzt, aber wie ein solches wirkt.
- *Filmlets* (Kurzwerbefilm oder auch Kinospot genannt).
- *Werbefilme*.

Vom Fachverband Film- und Diapositivwerbung e.V. werden nach verschiedenen Zielgruppenkriterien bestimmte *Kinotypen* unterschieden:

- City-Theater
- Familientheater
- Action-Kinos
- Studio-Theater bzw. Filmkunst-Kinos
- Programm-Kinos
- Truppen-Kinos
- Autokinos
- Sex- und Porno-Kinos
- Raucherkinos
- Verzehrkinos
- Multiplexkinos
- IMAX-Kinos

Im Jahre 1999 wurden nach Angaben des *Fachverbandes FDW Werbung im Kino e.V.* 337,1 Mio. DM bundesweit für Kinowerbung eingesetzt. Sie vereinigten damit allerdings nur ca. 1 % der gesamten Netto-Werbeeinnahmen für alle Werbeträger in der Bundesrepublik auf sich. Das Produktionsvolumen der Werbefilmproduzenten in Deutschland betrug 1999 500 Mio. DM, wobei – wohl wegen der Tendenz zu Global Advertising – zunehmende Importe feststellbar sind.
Die Besucherzahlen sind seit einigen Jahren relativ konstant mit leicht steigender Tendenz. Nach der ZAW wurden die Filmtheater 1999 von 149 Mio. Menschen besucht. In den 90er-Jahren hat sich die Alterszusammensetzung des Kinopublikums deutlich gewandelt. Während zu Beginn des Jahrzehnts noch mehr als drei Viertel der Eintrittskarten an Besucher unter 30 Jahren verkauft wurden, sind es 1999 nur noch 61

Werbemittel im Kino

Werbemittel	Stand- bzw. Laufzeit in Sekunden	Meter	Mindestabschlusszeit	Schaltkostenbeispiele in einem der drei besten Kinos der Stadt pro Monat in DM		
				Kleinstadt	Mittelstadt	Großstadt
Dia stumm	10		1 Monat	60 bis 100	90 bis 200	190 bis 450
Ton-Dia	20		1 Monat	120 bis 200	180 bis 400	380 bis 900
Dia auf Film	10–20	4,5–9	1 Monat			
Kinospot	13,2–26,4	6–12	12 Monate	bei 20 Sekunden		
				120 bis 280	140 bis 320	250 bis 800
Werbefilm	ab 44	ab 20	1 Woche	abhängig vom Filmtheater, basierend auf von der IVW (Informationsgemeinschaft zur Festestellung der Verbreitung von Werbeträgern e.V.) veröffentlichten Besucherstaffeln der einzelnen Filmtheater. Sie beziehen sich auf jeweils 500 Besucher/Woche bzw. 26.000 Besucher/Jahr. Die Preise beziehen sich auf die Schaltung eines Werbefilms pro Meter und Woche		

Anmerkung: Die Schaltkosten berechnen sich ohne Herstellkosten der Werbemittel

Prozent. In der Altersgruppe der 10- bis 19jährigen liegt die Zahl bei 20 Prozent und von den 20- bis 29-jährigen nutzen dieses Medium sogar 41 Prozent. Die Besucher sind überdurchschnittlich gut gebildet: 47% der Kinogänger können Abitur oder ein Studium vorweisen. Entsprechend verhält es sich beim Haushaltsnettoeinkommen.

Die Kinowerbung weist als → Werbeträger spezifische Vorteile auf:

(1) Sie kann örtlich *sehr gezielt* bis auf das einzelne Filmtheater geplant werden. Selektionsmöglichkeiten sind außerdem nach Theaterkategorie, *Nielsen*-Gebieten, Regionen und Städten gegeben.
(2) Kinowerbung kann sehr *kurzfristig* disponiert werden.
(3) Traditionell wird Kinowerbung mit *Aktionen* im Kino verknüpft, bspw. dem Verkauf von Produkten (Eis, Süßigkeiten, Getränke). Immer häufiger wird das Kino zur Durchführung weiterer Veranstaltungen, wie besonderen Verkaufsförderungsaktionen u. Ä., verwendet.
(4) Die Umworbenen sind im Kino sehr *aufnahmebereit*.
(5) Die Werbebotschaft kann im abgedunkelten Raum durch Bildgröße, -brillanz, Farbigkeit und Tonqualität *optimal dargestellt* werden.

Fast alle der 4.651 Kinos in Deutschland (Stand 1999) übertragen ihre Werbeteile in Ausschließlichkeitsverträgen an eine Werbeverwaltungsfirma, die sich mit der kompletten Abwicklung der Einschaltaufträge für Werbung in ihren Vertragstheatern beschäftigen. Für überregionaler Kinokampagnen werden von Markenartiklern bzw. Werbeagenturen Spezialmittler mit der Planung und Durchführung beauftragt. Diese platzieren die Kinowerbung zu Originalpreisen zentral über die jeweilige Werbeverwaltung in den Kinos.

Der Zentralausschuss der Werbewirtschaft (ZAW) hat für die Werbung in Filmtheatern Allgemeine Geschäftsbedingungen festgesetzt. S.K./I.M.

Literatur: Neckermann, G.: Die Kinobesucher 1999, FFA, Berlin 2000. *Dierks, M.*: Die wirtschaftliche Bedeutung der Werbung in Filmtheatern, in: *Tietz, B.* (Hrsg.): Die Werbung, Bd. 2 – Die Werbebotschaften, die Werbemittel und die Werbeträger, Landsberg a.L., S. 1537-1551. *ZAW*: Werbung in Deutschland, Bonn 2000. *Fachverband Film- und Diapositivwerbung e.V.* (Hrsg.): Werbung im Kino, Hamburg 1990.

Kiosk

→ Betriebsform des Einzelhandels, die (nach der Definition der A.C.Nielsen GmbH, Frankfurt am Main) mindestens Bier und alkoholfreie Getränke führt und bei der die Ware dem Kunden durch ein Fenster oder eine schalterähnliche Öffnung aus dem Verkaufsraum gereicht werden kann; im Ver-

Kiosksysteme

kaufsraum darf nicht die Möglichkeit bestehen, warme Speisen und Getränke im Sitzen zu verzehren. Trotz derartiger begrifflicher Festlegungen stellen die Kioske eine etwas diffuse, in empirisch-statistischer Hinsicht nur unzureichend abgesicherte betriebliche Erscheinungsform dar: Sie wird z.B. von der Marketingpraxis u.a. auch mit „Trink- und Imbisshallen" in Verbindung gebracht (IRI/GfK Retail Services) bzw. beinhaltet in den Amtlichen Zählwerken (Handels- und Gaststättenzählung) als Erhebungstatbestand auch die „festen Straßenverkaufsstände" (vgl. → Stationärer Einzelhandel, *Tab.*), ganz zu schweigen von ihrer gelegentlichen pauschalen Zuordnung zur sog. „händlerischen Subkultur". Die mit dem Strukturwandel im Einzelhandel einhergehende Reduzierung kleinteiliger Angebotsstrukturen, namentlich was die Ausdünnung der Ladennetze im Lebensmitteleinzelhandel betrifft, hat die Kioske für bestimmte Artikelgruppen zu einem nicht zu unterschätzenden Versorgungsträger und Distributionsfaktor werden lassen. Worauf sich das im Einzelfall auch immer beziehen mag,

- auf die nach Maßgabe standortbedingter und saisonaler Erfordernisse flexibel zu gestaltende Sortimentsstruktur, was sie insoweit mit den → Convenience Stores verbindet, oder
- auf den mitunter hohen Stellenwert als produktgruppenspezifischer Absatzmittler, wie z.B. bei Süßwaren für den Fachgroßhandel,

die Kioske haben sich in den vergangenen Jahren trotz aller konzentrationsbedingten Terrainverluste des klein- und kleinstbetrieblichen Einzelhandels am Markt behaupten können. Ihre Zahl wird derzeit für Deutschland (wenn auch unter Einbeziehung der „Trinkhallen") auf rd. 43.000 geschätzt, bei einer betriebsindividuellen Geschäftsfläche von durchschnittlich 20 qm und einem Gesamtumsatz von etwa 12 Mrd. DM pro Jahr (Quelle: Hauptverband des deutschen Einzelhandels, Köln). H.-J.Ge.

Kiosksysteme

Bei Kiosksystemen handelt es sich um rechnergestützte, vernetzungsfähige Informations- und Transaktionssysteme, bei welchen von häufig wechselnden und meist unbekannten Nutzern überwiegend im Stehen und innerhalb einer relativ kurzen Verweildauer Informationen abgerufen oder Transaktionen getätigt werden. Die Systeme sind so ausgelegt, dass sie auch von im Umgang mit Computern ungeübten Personen ohne Bedienungsanleitung genutzt werden können. Die Steuerung der Applikationen erfolgt vorwiegend über intuitiv zu bedienende, berührungsempfindliche Touchscreens oder neuerdings auch über virtuelle Bedienfelder, bei denen die Bewegungen eines Fingers oder einer Hand mittels eines Gestikcomputers registriert werden. Soundkarten, Kartenlesegeräte, (Ticket-) Drucker, Bewegungsmelder oder auch Duftkartuschen lassen sich als weitere Komponenten in Kiosksysteme integrieren und erweitern deren Leistungsspektrum. Eingesetzt werden die Systeme derzeit vorwiegend bei Banken, im Handel, in der Stadt- bzw. Bürgerinformation, in der Touristeninformation sowie auf Messen, Ausstellungen und Events.

Obwohl die oben beschriebenen Merkmale charakteristisch für die derzeit eingesetzten Kiosksysteme sind, bedarf es aufgrund der Vielzahl der Einsatzorte und -ziele sowie der daraus resultierenden in der Praxis eingesetzten Vielzahl an unterschiedlichen Systemen einer weitergehenden Klassifizierung anhand eindeutiger Kriterien.

Kiosksysteme lassen sich anhand der Kriterien Trägerschaft, Leistungsspektrum, Standort, Bedienungsform und Einsatzdauer klassifizieren. Hinsichtlich der *Trägerschaft* wird zwischen privaten, d.h. von einem Anbieter aufgebauten und primär von ihm selbst genutzten, und kooperativen Systemen differenziert, bei welchen mehrere Partner gemeinsam Informations- und Serviceangebote unterbreiten. Innerhalb des *Leistungsspektrums* erfolgt die Abgrenzung von Informations- und Verkaufsterminals, auch „Smart Shops" genannt. Während bei klassischen Informationsterminals die Informationsfunktion im Vordergrund steht, können über Verkaufskiosksysteme direkt Transaktionen getätigt werden. Wenn ein Kiosk für den Point-of-Sale ausgelegt worden ist und am selbigen aufgestellt wird, z.B. in Ladengeschäften, so handelt es sich in Bezug auf den *Standort* um ein Point-of-Sale-System. Steht das System jedoch im Mittelpunkt eines anderweitig induzierten Interesses und partizipiert an dessen Aufmerksamkeit, z.B. auf Messen, Ausstellungen oder auch in Warte- und Empfangshallen, so handelt es sich um ein Point-of-Information-System bzw. Point-of-Interest-System. Nach der *Bedienungsform* lassen sich Selbstbedienungs- von Fremdbedienungsterminals differenzieren. Während bei erstgenannten die individuelle Selektion von Inhalten durch den Kunden erfolgt, erfolgt bei den moderierten Systemen die Nutzung durch Mitarbeiter des Unternehmens. Um jedoch einfache Sachverhalte auch weiterhin ohne fremde Hilfe abrufen zu können, werden moderierte Systeme meist als Mischsysteme angelegt. Bei der *Einsatzdauer* von Kiosksystemen schließlich lassen sich Dauereinrichtungen von zeitlich begrenzten Anwendungen unterscheiden, die insbesondere bei Messeauftritten oder auch bei Events Verwendung finden.

Obwohl sich aufgrund der auch zukünftig zu erwartenden dramatischen Entwicklungen im Telekommunikationsbereich und den daraus resultierenden marketing-relevanten Nutzungspotentialen vernetzte Systeme langfristig als Standard etablieren und Stand-Alone-Lösungen vom Markt verdrängen werden, vermag die Aufnahme des Vernetzungsrades als weiteres Kriterium neben den genannten Kriterien zumindest kurzfristig wichtige Beiträge zur Klassifizierung zu leisten.   L.F.

Literatur: *Silberer, G.*: Kioskwerbung. Potentiale und Herausforderungen eines neuen Werbeträgers, in: Beitrag zur Werbewissenschaft Nr. 4, hrsg. von G. Silberer, Göttingen: Georg-August-Universität, Institut für Marketing und Handel, 1999.

KKD → Data Mining

Klassenzimmerbefragung

spezielle Form der → schriftlichen Befragung, bei der an eine Anzahl in einem Raum versammelter Personen Fragebögen verteilt werden, die dann auszufüllen sind. Anwendungen findet man bei innerbetrieblichen Befragungen, Seminarveranstaltungen etc. Die Zielsetzung liegt in einer höheren Antwortquote als bei üblichen schriftlichen Befragungen und die Vermeidung von Beeinflussungen der Antworten von Seiten Dritter.

Klassifikation

ist die Zuordnung von Elementen mit unbekannter Gruppenzugehörigkeit zu a priori definierten Gruppen, (s.a. → Clusteranalyse, → Produkttypologie), speziell in der multiplen → Diskriminanzanalyse. Ziel der Klassifizierung ist dort die Zuordnung neuer Elemente derart, dass die Wahrscheinlichkeit der Missklassifikation minimiert wird. Zur Klassifizierung bietet die Diskriminanzanalyse drei Zuordnungskonzepte:

(1) Nach dem *Distanzkonzept* wird ein neu einzuordnendes Element i derjenigen Gruppe g zugeordnet, bei der die Distanz zwischen dem Element i und dem Zentroid der Gruppe minimal ist. Als Distanzmaß im Diskriminanzraum mit K Diskriminanzfunktionen dient die quadrierte euklidische Distanz. Im J-dimensionalen Raum der Merkmalsvariablen findet das Quadrat von Mahalanobis-Distanz   (→ Klassifikation) Anwendung.

(2) Das *Wahrscheinlichkeitskonzept* beinhaltet die Anwendung des Bayes-Theorems zur Berechnung von Klassifizierungswahrscheinlichkeiten. Mit den Informationen über die A-priori-Wahrscheinlichkeit und den bedingten Wahrscheinlichkeiten erlaubt das Bayes-Theorem die Berechnung der A-posteriori-Wahrscheinlichkeiten, d.h. die Wahrscheinlichkeit, mit der ein Element i mit einem bestimmten → Diskriminanzwert y_i zu einer bestimmten Gruppe g gehört. Ein neu einzuordnendes Element i wird dann derjenigen Gruppe g zugeordnet, für die die A-posteriori-Wahrscheinlichkeit maximal ist.

(3) Das Konzept der *Klassifizierungsfunktionen* basiert auf den Merkmalswerten über die Diskriminanzfunktion. Für jede Gruppe g werden Klassifizierungsfunktionen bestimmt, das Einsetzen der Merkmalswerte in die Klassifizierungsfunktionen liefert Funktionswerte, aufgrund denen ein Element i der Gruppe g zugeordnet wird, für die der Funktionswert maximal ist.   L.H.

Literatur: *Cacoullos, T.* (Hrsg.): Discriminant Analysis and Applications, New York 1980.

Kleinpreisgeschäft

aus den → Einheitspreisgeschäften hervorgegangene → Betriebsform des Einzelhandels, die auf großdimensionierten, zumeist ebenerdig gelegenen Verkaufsflächen an Standorten mit vergleichweise hoher Zentralität ein Sortiment umschlagsintensiver Artikel des kurz- und mittelfristigen Massenbedarfs der unteren Preislagen überwiegend in → Selbstbedienung anbietet. Kleinpreisgeschäfte operieren insofern mit Leistungselementen, wie sie für den Marktauftritt anderer Betriebsformen, wie den → Kaufhäusern, → Verbrauchermärkten, → SB-Warenhäusern, → Fachmärkten und → Diskontgeschäften teilweise ebenso typisch sind, wenn auch wesentlich erfolgreicher umgesetzt wurden, was zugleich die Bemühungen der Kleinpreisgeschäft-Betreiber erklären mag,

Kleinste-Quadrate Schätzung

Waren- und Kaufhäuser in Deutschland 1998

Unternehmen	Anzahl	Verkaufsfläche Tsd. qm	Umsatz[1] Mrd. DM
Karstadt	180	1.766	11,54
Hertie	32	508	3,36
Kaufhof[2]	143[3]	1.299 }	9,18
Kaufhalle	154[3]		1,70
Woolworth	230[4]	380[5]	2,35
sonstige[6]	49	108	0,45
Waren- und Kaufhausfilialenketten	788	4.061	28,58
Kaufring	445	840	3,80

[1]Ohne Gastronomie; [2]Einschl. Kaufhof Mode&Sport, Horten und Kerber; [3]143 Kaufhalle- und 25 Kaufhof-Filialen wurden zum 01.12.98 auf die Verwertungsgesellschaft Divaco übertragen; [4]Einschl. Österreich, ohne Kleinflächen (bis 500 qm VKF) nach Erhebungen von M+M EUROdATA, Frankfurt am Main, vom März 1999 unterhielt die Deutsche Woolworth GmbH (seit Oktober 1998 zu 90 Prozent im Besitz der Investmentgesellschaft Electra Fleming, Hamburg / London) 206 Kaufhäuser (Woolworth) und 143 Nonfood-Märkte (Mini-Woolworth); [5]Schätzung; [6]Quelle und Kaufring

(Quelle: *EHI-EuroHandelsinstitut*, Köln)

die bestehenden Verkaufstellen entweder über eine Neupositionierung mit einem eigenständig-erfolgreichen Leistungsprofil zu versehen oder aber grundsätzlich zur Disposition zu stellen.

In Deutschland (und Österreich) hat sich der Branchenführer *Woolworth* für eine Reaktivierung seiner Kaufhäuser und „Mini"-Geschäfte entschieden, wobei künftig der Anspruch eines annähernden Vollsortimenters im preisaggressiven Massenmarktgeschäft („Billigimage von Ramschkaufhäusern") aufgegeben werden soll zugunsten eines lediglich Kernsortimente führenden Qualitätsanbieters bei zielgruppenspezifischer und standortgerechter Ausrichtung auf junge, preisbewusste Verbraucher in den Innenstädten.

Demgegenüber haben sich die → Warenhaus-Unternehmen, die traditionell gleichfalls zu den marktbedeutenden Betreibern von Kleinpreisgeschäften gehören (z.B. Karstadt: Kepa, Hertie, Bilka, Kaufhof, Kaufhalle), im Rahmen der Umstrukturierung ihrer Geschäftsfelder weitgehend aus diesem Betriebsformensegment zurückgezogen, sei es durch Aufgabe bzw. Verkauf der entsprechenden Häuser oder durch Umwidmung ihrer Geschäftsflächen am jeweiligen Standort (vgl. *Tab.*). H.-J.Ge.

Kleinste-Quadrate Schätzung

Schätzmethode bei linearen Modellen. Sie beruht auf dem Prinzip, die Summe der quadratischen Abweichungen der Beobachtungswerte von ihrem Mittelwert zu minimieren. Klassischer Anwendungsbereich ist die → Regressionsanalyse. Unter den Annahmen des Regressionsmodells gilt es Schätzwerte für die Parameter zu finden, die bei dem Modell

(1) $y_i = \beta_0 + \beta_1 x_i + \varepsilon_i$ bzw. für die Stichprobe

(2) $y_i = b_0 + b_1 x_i + e_i$

die Summe der quadratischen Abweichungen zwischen Beobachtungswert und Schätzwert für y, also die Summe der quadrierten Differenzen $e_i = y_i - \hat{y}_i$ minimiert. Das Prinzip der Kleinsten-Quadrate:

(3) $\sum_{i=1}^{n} \varepsilon_i^2 = \sum_{i=1}^{n} (y_i - \beta_0 - \beta_1 x_i)^2 \to \underset{\beta_0 \beta_1}{\text{Min}} = S.$

Um die Werte von β_0 und β_1 zu ermitteln, muss S nach β_0 und β_1 differenziert werden:

(4) $\dfrac{\partial S}{\partial \beta_0} = \dfrac{\Sigma \partial (y_i - \beta_0 - \beta_1 x_i)^2}{\partial \beta_0}$

(5) $\dfrac{\partial S}{\partial \beta_1} = \dfrac{\Sigma \partial (y_i - \beta_0 - \beta_1 x_i)^2}{\partial \beta_1}$

Durch Vereinfachung der Gleichungen und Nullsetzen können die sog. Normalgleichungen für Kleinste-Quadrate Schätzer in der Regressionsanalyse gebildet werden:

(6) $\Sigma y_i = b_0 n + b_1 (\Sigma x_i)$

(7) $\Sigma x_i y_i = b_0 (\Sigma x_i) + b_1 (\Sigma x_i^2)$.

Die Gleichungen werden nach b_0 und b_1 aufgelöst, wobei sich b_1 aus

(8) $b_1 = \dfrac{n(\Sigma x_i y_i) - (\Sigma x_i)(\Sigma y_i)}{n(\Sigma x_i^2)(\Sigma x_i)^2}$

bzw. nach Umformung und Vereinfachung aus

(9) $b_1 = \dfrac{\Sigma(x_i - \bar{x})(y_i - \bar{y})}{\Sigma(x_i - \bar{x})^2}$

ergibt. Ist b_1 festgelegt, kann für β_0 der Schätzer b_0 gefunden werden:

(10) $b_0 = \dfrac{1}{n}(\Sigma y_i) - b_1 \dfrac{1}{n}(\Sigma x_i) = \bar{y} - b_1\bar{x}$

b_0 ist hierbei das absolute Glied und b_1 die Steigung der Regressionsgeraden. Geht man zum multiplen Regressionsmodell über, dann ergeben sich die Normalgleichungen mit

(11) $(\underline{X}'\underline{y}) = (\underline{X}'\underline{X})\underline{b}$,

die Matrixelemente haben die Struktur

$$\underline{X}'\underline{y} = \begin{bmatrix} \Sigma\ y_i \\ \Sigma\ x_{i2}y_i \\ \cdot \\ \cdot \\ \cdot \\ \Sigma\ x_{ik}y_i \end{bmatrix} \quad \underline{b} = \begin{bmatrix} b_0 \\ b_1 \\ \cdot \\ \cdot \\ \cdot \\ b_{k-1} \end{bmatrix}$$

$$\underline{X}'\underline{X} = \begin{bmatrix} n & \Sigma\ x_{i2} & \ldots & \Sigma\ x_{ik} \\ \Sigma\ x_{i2} & \Sigma\ x_{i2}^2 & \ldots & \Sigma\ x_{i2}x_{ik} \\ \cdot & \cdot & & \cdot \\ \cdot & \cdot & & \cdot \\ \cdot & \cdot & & \cdot \\ \Sigma\ x_{ik} & \Sigma\ x_{i2}x_{ik} & \ldots & \Sigma\ x_{ik}^2 \end{bmatrix}$$

Die Lösung für $\underline{b}$ ist über die Gleichung (12) zu berechnen

(12) $\underline{b} = (\underline{X}'\underline{X})^{-1}(\underline{X}'\underline{y})$.

Die Kleinste-Quadrate Schätzung liefert → BLUE-Schätzer. L.H.

Literatur: *Kmenta, J.:* Elements of Econometrics, 2. Aufl., Michigan 1997. *Frohn, J.:* Grundausbildung in Ökonometrie, 2. Aufl., Berlin 1995.

Kleinst-Quadrat-Methode → Trendextrapolation

Klumpenauswahl („cluster sampling")
spezifisches → Auswahlverfahren für → Stichproben. Die Gesamtmasse wird in geschlossen zu erfassende, oft regional abgegrenzte Teilmassen („Klumpen", z.B. Wohnblocks, Häuser, Betriebe) zerlegt, aus denen „per Zufall" Einzelne ausgewählt werden. Innerhalb dieser sind dann sämtliche Elemente zu erheben.
Eine besondere Variante der Klumpenauswahl ist die → Flächenauswahl.
Vorteil des Verfahrens ist die u.U. leichtere Verfügbarkeit der Elemente der Grundsamtheit (zunächst nur Gruppen!), Nachteil die Gefahr von sog. *Klumpeneffekten*, d.h. Erhöhungen des → Stichprobenfehlers auf Grund einer untypisch großen Anzahl sehr ähnlicher Elemente in den Klumpen (z.B. Altersheim als Klumpen). M.H.

Klumpeneffekt → Klumpenauswahl

K-Markt → Markttypologie

Know-how-Datenbank
→ Angebotssysteme, computergestützte

Know-how-Lizenz → Lizenz

Know-how-Vertrag, internationaler
→ Außenhandelsgeschäft

Knowledge Management
beschreibt die Gestaltung und Koordination der Ressource Wissen im Unternehmen mit dem letztlichen Ziel, eine effiziente und effektive Leistungserstellung und -vermarktung zu unterstützen bzw. zu ermöglichen (→ Informationsmanagement, wettbewerbsorientiertes → Wissensmanagement). Aufgabe eines Knowledge Management ist es daher, die infrastrukturellen und organisatorischen Voraussetzungen für eine lernende und wissensnutzende Unternehmung zu schaffen. Grundsätzlich können zwei Formen des Wissens unterschieden werden: *Implizites Wissen* beschreibt den Bereich des organisationalen Wissens, der nicht dokumentiert ist und möglicherweise auch nicht in Worte gefasst werden kann. Es handelt sich somit um latentes Wissen, dass im Rahmen von Aktivitäten unbewusst genutzt wird und folglich personengebunden ist. *Explizites Wissen* liegt demgegenüber in Form von Trägermedien vor, ist somit artikuliert und transferierbar. Es ist nicht an eine Person gebunden (disembodied knowledge).
Aufbauend auf dieser Unterteilung zeigen *Nonaka/Takeuchi* für das Knowledge Management insgesamt vier Formen der Wissenskonversion auf, die je nach Ziel verfolgt werden können (vgl. *Abb.*). C.McL.

Koexistenzstrategie

		Zielpunkt	
		implizites Wissen	explizites Wissen
Ausgangspunkt	implizites Wissen	① Sozialisierung	② Externalisierung
	explizites Wissen	④ Internalisierung	③ Kombination

Literatur: *Nonaka, I.; Takeuchi, H.*: Die Organisation des Wissens – wie japanische Unternehmen eine brachliegende Ressource nutzbar machen, Frankfurt a.M. 1997. *Probst, G.; Raub, S.; Romhardt, K.*: Wissen managen, 2. Aufl., Wiesbaden 1998.

Koexistenzstrategie → Marktaggressivität

Kofinanzierung

Die Kofinanzierung ist eine Möglichkeit der → Außenhandelsfinanzierung zur Finanzierung von Entwicklungsprojekten im → Anlagengeschäft und stellt die Verknüpfung eines Darlehns der Weltbank (IBRD) und der regionalen supranationalen Entwicklungsbanken mit Darlehn öffentlicher und privater Institutionen dar. Es handelt sich also um die gemeinsame Ziehungen von Export- und Kapitalhilfekrediten. Grundlegende Voraussetzung einer Kofinanzierung ist die Aufnahme eines Projektes in das Kreditprogramm der Weltbank. Dabei können sich die Impulse für die Projektaufnahme entweder weltbankintern bei routinemäßig durchgeführten Länderanalysen oder aber auch extern durch Vorschlag von Entwicklungsländern oder durch private Unternehmen ergeben.

Vorteile der Kofinanzierung liegen vor allem in der Erweiterung der Finanzierungsbasis für bestimmte Projekte, in ihren günstigen Zinssätzen und den darstellbaren Kreditlaufzeiten. Als nachteilig für den Exporteur wirken sich u. U. die langen Prüfungs- und Vergabezeiträume für derart zu finanzierende Vorhaben und die Beschränkung auf bestimmte Länder und Investitionsprojekte, die der Verfolgung entwicklungspolitischer Zielsetzungen dienen sollen, aus. Weitere Hindernisse stellen das oftmals vorgeschriebene internationale Ausschreibungsverfahren dar sowie die Problematik, dass die Entwicklungsbanken vor Ausschreibungsbeginn feste Zusagen der Exportfinanzierer haben wollen, die oftmals an nicht erbringbaren staatlichen Exportkreditversicherungen scheitern und damit den Gesamtkredit in Frage stellen. K.B.

Literatur: *Klöpper, M.*: Mischfinanzierung und Kofinanzierung als Instrument der Auftragsfinanzierung im industriellen Anlagengeschäft: ein Analyse aus Sicht des deutschen Anlagenexporteurs, in: Hochschulschriften zur Betriebswirtschaftslehre, Bd. 83, München 1990. *Voigt, H.; Müller, D.*: Handbuch der Exportfinanzierung, 4. Aufl., Frankfurt a.M. 1996.

Kognitive Landkarten

beschreiben im Allgemeinen, wie konzeptionelles Wissen im Gedächtnis repräsentiert wird (→ Gedächtnistheorien). Einzelne miteinander verbundene Begriffe (wie z.B. "Marken") werden zu komplexeren, so genannten semantischen Netzen zusammengefasst. Einzelne Konzepte stellen Knoten dar. Durch die Verbindungen zwischen den Knoten wird das semantische Netzwerk strukturiert. Über die Entstehung von Konzepten macht die Wahrnehmungs- und Lernpsychologie Aussagen. Die Fähigkeit zur Konzeptbildung ist eine Eigenschaft höherer Organismen und deren Zentralnervensystem. Für den Menschen stellt sie eine fundamentale Grundlage für die Entwicklung von Sprache und Denken dar, damit auch die Voraussetzung von bewusstem und orientiertem Handeln in realen und virtuellen Welten. Gesichert scheint weiters, dass gegenläufige Prozesse der Generalisation und der Differenzierung durch ihre Wechselwirkung zu sich verbindenden, geordneten und überlagernden Landkartenelementen führen.

Voraussetzung für die Darstellung kognitiver Landkarten ist deren Hervorrufung. Verschiedene Methoden der Markt- und empirischen Sozialforschung sind dafür geeignet. Kognitive Landkarten können mithilfe der Netzwerkanalyse einer weiteren statistisch-mathematischen Untersuchung bezüglich ihrer Strukturen, Prozesse und Eigenschaften zugänglich gemacht werden. Damit ergeben sich auch Zusammenhänge zur Strukturierung von → kausalanalytischen Modellen und Entscheidungskalkülen wie den → Analytisch hierarchischen Prozess (AHP) bzw. ANP. Die Visualisierung von kognitiven Landkarten kann zum einen mittels → Multidimensionaler Skalierung (MDS) vorgenommen werden, zum anderen stehen spezielle grafische Verfahren der Netzwerkanalyse zur Verfügung.

Sowohl zur Auswertung als auch zur Visualisierung werden edv-gestützte Programmpakete eingesetzt.

Im strategischen Bereich werden kognitive Landkarten zur Vorbereitung von und Einsatz bei Entscheidungsstrukturierung und -findung für die → Marketingplanung eingesetzt. Ein viel versprechendes Anwendungsspektrum im Marketing stellt das Konsumentenwissen und dessen Abbildung mittels kognitiver Landkarten dar. Im Speziellen kann es dabei um Marken-Netzwerke, in denen unterschiedliches Markenwissen repräsentiert wird, gehen. Sowohl Bekanntheit als auch Image und die zeitbezogene Analyse der aggregierten und individuellen Lerneffekte nach dem Einsatz von Instrumenten der Marktkommunikation werden damit auf eine qualitativ anspruchsvollere Ebene gestellt. In weiterer Folge ergeben sich neue Ansatzmöglichkeiten für das strategische Markenmanagement und bewusste Gestaltung des Markenwerts.
G.Wüh.

Literatur: *Eden, C.; Ackermann, F.:* Making Strategy. The Journey of Strategic Management, London, Thousand Oaks, New Delhi 1998. *Iacobucci, D.:* Cognitive Networks of Services, in: Journal of Service Research, 1(1) 1998, S. 32–46. *Portugali, J.* (Hrsg.): The Construction of Cognitive Maps, Dordrecht u.a. 1996.

Kognitive Prozesse

„Kognition" steht für „Kennenlernen" und „Erkennen". In der Psychologie werden unter diesem Begriff psychologische Strukturen und Prozesse zusammengefasst, durch die ein Individuum Kenntnisse über sich und seine Umwelt erwirbt. Dieser Kenntniserwerb wird häufig als ein Prozess der Informationsverarbeitung aufgefasst (→ Informationsverhalten). Unter diesem Gesichtspunkt können kognitive Prozesse in Phasen gegliedert werden: Informationsaufnahme, -verarbeitung und -speicherung. Konkreter: Hierzu gehören alle Prozesse, durch die der sensorische Input umgesetzt, reduziert, weiter verarbeitet, gespeichert, wieder hervorgeholt und schließlich benutzt wird. An der Erforschung der kognitiven Prozesse sind verschiedene Arbeitsbereiche der Psychologie beteiligt: → Wahrnehmung, → Aufmerksamkeit, Denken und Lernen (→ Lerntheorie), aber auch Gedächtnisforschung (→ Gedächtnistheorien), Wissenspsychologie und Sprachforschung.

Diese Definition muss durch eine Abgrenzung ergänzt werden: Den kognitiven Prozessen werden häufig emotionale und motivationale (= emotive) Prozesse gegenübergestellt (→ emotionale Werbung). Die einen stehen für Vernunft und Analytik, die anderen für Intuition und Ganzheitlichkeit. Dies ist jedoch lediglich eine definitorische Abgrenzung. Tatsächlich sind kognitive und emotive Prozesse untrennbar miteinander verbunden. Jede Wahrnehmung wird emotional „eingefärbt" (bewertet). Es findet auch ein Informationsaustausch statt. Werte und Urteile, die in kognitiven Strukturen gespeichert sind, werden häufig durch emotionale Prozesse gebildet.

In der → Konsumentenforschung hat man sich intensiv mit kognitiven Prozessen unter dem Gesichtspunkt der menschlichen Informationsverarbeitung beschäftigt. In diesem Rahmen wurden Kaufentscheidungen (→ Kaufentscheidungsheuristiken), Urteilsbildungen und Wirkungsprozesse (→ Werbewirkungsmodelle) untersucht. In den letzten Jahren hat sich das Interesse von den Informationen zum Wissen verlagert. Dies führt zu einer Betonung der Informationsnutzung, denn Informationen werden erst dann zu kognitivem Wissen, wenn sie in kognitiven Prozessen weiterverarbeitet werden und Handlungen beeinflussen können. Wissen führt zu neuen Einsichten und ermöglicht Problemlösungen. In der Wissenspsychologie wird untersucht, wie Wissen, z.B. Produktwissen, im Gedächtnis repräsentiert, verändert und integriert wird (→ Gedächtnistheorien). Dadurch erhält man eine theoretische Basis für zahlreiche Fragestellungen, z.B. für die Imagebildung (→ Image) und die → integrierte Kommunikation.
G.B.

Literatur: *Anderson, J.R.:* Kognitive Psychologie, 2. Aufl., Heidelberg 1996.

Kogut/Singh-Index → Distanz, kulturelle

Kohortenanalyse

ist ein theoretisch begründetes Konzept zur systematischen Analyse zeitlicher Veränderungen in Populationen (→ Datenanalyse). Angewendet auf Marketingfragestellungen besteht ihr retrospektives Ziel darin, bisherige Entwicklungen in den Märkten – d.h. im Verhalten von Nachfragerpopulationen – hinsichtlich ihrer prinzipiellen zeitabhängigen Ursachen und Gesetzmäßigkeiten zu erkennen. Darauf aufbauend ist es das prospek-

Kohortenanalyse

tive Ziel einer Kohortenanalyse, der → strategischen Marktforschung Anhaltspunkte für eine ursachengerechte Prognose der Markt- bzw. Nachfrageentwicklung zu liefern.
Datenbasis einer Kohortenanalyse ist ein *kohortenanalytisches Design* in Form einer sog. Standard-Kohorten-Tabelle. *Abb. 1* verdeutlicht das Prinzip und verwendet fiktive Meßwerte, die bspw. für den Prozentanteil der Käufer (Käuferreichweite) einer bestimmten Produktart oder Marke an allen Personen (Verbrauchern) im Alter zwischen 20 und 80 Jahren stehen und einem Verbraucherpanel (→ Panel) entnommen sein könnten. Neben Daten zum Kaufverhalten selbst (z.B. auch Wiederkaufsraten, Preislagenorientierung, Einkaufsstättenwahl) lassen sich ebenso gut Daten zu nachfragerelevanten Motiven, Einstellungen etc. als „Hintergrundgrößen" heranziehen. Da man die Daten über so lange Zeiträume hinweg nicht immer wieder bei denselben Verbrauchern erheben kann, vergleicht man jeweils repräsentative Stichproben. Für die Kohortenanalyse kommt es dann darauf an, identische Alters- und Periodenintervalle zu bilden. Kohorten definieren sich also nach Geburtszeiträumen; sie sollten mit Blick auf potentielle Kohorteneffekte abgegrenzt werden.
Der Entwicklungsverlauf vorliegender Daten kann theoretisch auf die folgenden drei *zeitbezogenen Veränderungsursachen* zurückgeführt werden:

(1) Alterseffekte
Mit dem natürlichen Reifungs- bzw. Alterungsprozess unterliegen Menschen regelmäßig auch einem psychosozialen Veränderungsprozess, der quasi naturgemäß auftritt. Verhaltensänderungen resultieren dabei schon aus physisch-biologischen Veränderungen, die sich beispielsweise in veränderten Ernährungsnotwendigkeiten niederschlagen. Konsumrelevant sind aber vor allem auch (sozial-)psychologische Veränderungen, die sich in altersstufenspezifischen Einstellungen und Verhaltensweisen ausdrücken. Neben solchen „inneren" Prozessen laufen mit fortschreitendem Alter aber auch typische „äußere" Veränderungen ab. Gemeint ist das im Konzept des → Familienlebenszyklus erfasste Übertreten in wechselnde Haushaltskonstellationen, das auch typische Einkommenssituationen mit sich bringt.

(2) Kohorteneffekte
Für das Kaufverhalten von Konsumenten macht es einen Unterschied, ob sie beispielsweise 1960 zwanzig Jahre alt waren oder ob sie es heute sind. So kommt es, dass die Senioren von heute als „neue Alte" andere Denk- und Konsumverhaltensmuster aufweisen als die Senioren von vor zwanzig

Abb. 1: Hypothetischer Datensatz im Kohortendesign (10-Jahreskohorten im 10-Jahresintervall)

Alters-klassen	Perioden (Meßzeitpunkte)				Kohorten (Geburts-zeitraum)
	1978 (P1)	1988 (P2)	1998 (P3)	2008 (P4)	
20-29 (A1)	10	10	10	10	
30-39 (A2)	15	15	15	15	1979-1988 (C9)
40-49 (A3)	20	20	20	20	1969-1978 (C8)
50-59 (A4)	25	25	25	25	1959-1968 (C7)
60-69 (A5)	30	30	30	30	1949-1958 (C6)
70-79 (A6)	35	35	35	35	1939-1948 (C5)
					1929-1938 (C4)
Kohorten (Geburts-zeitraum)		1899-1908 (C1)	1909-1918 (C2)		1919-1928 (C3)

(Quelle: in Anlehnung an *Reynolds, F.D.; Rentz, J.A.*, Analyzing Changing Consumption Patterns with Cohort Analysis, in: Journal of Marketing Research, Vol. 2 (1983), S. 12–20)

Jahren; sie sind in einer anderen Zeit geboren, herangewachsen und älter geworden und haben im Rahmen ihrer Sozialisation kohortenspezifische Konsumstile entwickelt (→ Seniorenmarkt, → Jugendmarkt). Marktveränderungen können dementsprechend auch durch das Nachwachsen junger Kohorten mit spezifischen Prägungen verursacht werden.

(3) Periodeneffekte
Von Periodeneffekten spricht man, wenn bestimmte Ereignisse alle Personen einer Population unabhängig von ihrem Alter und ihrer Generationszugehörigkeit in gleicher Weise betreffen. Periodeneffekte, wie z.B. einzelne Anbietermaßnahmen, technische Neuerungen oder unterschiedliche ökonomische Rahmenbedingungen, wirken also auf die gesamte Population der potenziellen und aktuellen Nachfrager in derselben Weise ein. Liegen die Daten im Kohortendesign vor, so kann nun der Versuch unternommen werden, den Einfluss dieser drei prinzipiellen Veränderungsursachen sichtbar zu machen. Das Datendesign erlaubt dazu die *Messwertvergleiche* (1) bis (3), wie sie an einem Beispiel in *Abb. 2* gezeigt werden:

Abb. 2: Messwertvergleiche in einem Kohortendesign

Altersgruppen	Zeitpunkte	
	1983	1987
20-24 Jahre	15,4	27,3
25-29 Jahre	18,1	36,7

(Quelle: *Wimmer* (1995), Sp. 1159)

(1) Querschnittsanalyse (cross sectional differences)
Dieser Vergleich wird pro Messzeitpunkt (Periode) zwischen verschiedenen Altersklassen vorgenommen und in der Marktforschung häufig vorschnell im Sinne eines dynamischen Längsschnitts („je älter, desto …") (fehl-)interpretiert. Für Hinweise auf einen Alterseffekt sollte man aber nicht verschiedene Kohorten miteinander vergleichen; das erfordert vielmehr eine …

(2) Längsschnittanalyse (longitudinal differences)
Hier werden pro Kohorte die Messwertunterschiede zwischen verschiedenen Zeitpunkten (Perioden) herangezogen. Sich ergebende Differenzen lassen sich dann allerdings nicht nur auf einen Alterseffekt zurückführen; sie können auch bedingt sein durch einen Periodeneffekt, und das erfordert als Messung eine …

(3) Zeitwandelanalyse (time lag differences)
Testzeitdifferenzen bestehen pro Altersklasse zwischen verschiedenen Messzeitpunkten. Dabei vergleicht man aber zugleich wieder unterschiedliche Kohorten, so dass ein Kohorteneffekt nicht auszuschließen ist.

Bei jedem der drei Messwertvergleiche sind also immer zwei der genannten Veränderungseffekte (bzw. -ursachen) miteinander vermengt (Problem der Konfundierung). Das ist auch logisch zwingend, denn es besteht zwischen den chronologischen Größen A (Altersklasse), P (Messzeitpunkt) und C (Kohorte) die Identitätsbeziehung A = P − C. Dennoch liegt in den gezeigten Analysen der Schlüssel für ein systematisch-differenziertes Verständnis der Ursachen des bisherigen Entwicklungsverlaufes und für eine Prognose der zukünftigen Entwicklung mittels gezielt heranzuziehender → Prognoseverfahren. Um die Bedeutung der einzelnen Veränderungseffekte abzuschätzen, kann man auf statistisch-mathematische Separierungsansätze zurückgreifen. Eine pragmatische Vorgehensweise wird hingegen mit inhaltlich-interpretativen Ansätzen eingeschlagen, zu denen auch die „visuelle Inspektion" graphisch dargestellter Datenmuster eines Kohortendesigns zählt.

Kohortenanalysen liefern dem Marktforscher Antworten auf folgende strategisch relevante *Fragestellungen*:

– Sind Marktveränderungen dadurch bedingt, dass junge Nachfrager mit neuen Konsummustern in die jeweils betrachtete Nachfragerpopulation „hineinwachsen", oder ändert sich die gesamte Nachfragerpopulation in ihrem Konsumverhalten?
– Verändern Nachfrager ihr Konsumverhalten mit dem Älterwerden in immer gleicher Weise, oder hängt dies von den jeweiligen Zeitumständen ab, in denen sie groß geworden sind?

Kohorteneffekt

- Inwieweit wirken sich Altersstrukturveränderungen auf künftige Markt- und Absatzpotentiale aus? Schlagen veränderte Besetzungen der einzelnen Altersgruppen auf Märkte in der Weise durch, dass nachrückende Altersgruppen immer wieder gleiches altersgruppenspezifisches Konsumverhalten aufweisen, oder ist bei nachrückenden Altersgruppen mit kohortenspezifischem Konsumverhalten zu rechnen?
- Zeichnen sich neue, von jungen Kohorten aufgegriffene Konsummuster ab und wie tragfähig sind solche Trends?

F.W./K.We.

Literatur: *Weßner, K.*: Strategische Marktforschung mittels kohortenanalytischer Designs, Wiesbaden 1989. *Wimmer, F.; Weßner, K.*: Strategische Prognose von Markt- und Absatzentwicklungen mit Kohortendesigns, in: Marketing – ZFP, 12. Jg. 1990, S. 169-180. *Wimmer, F.*: Kohortenanalyse, in: *Tietz, B.; Köhler, R.; Zentes, J.* (Hrsg.): Handwörterbuch des Marketing 2. Aufl., Stuttgart 1995, Sp. 1154-1166.

Kohorteneffekt → Kohortenanalyse

Kollektierender Großhandel

Betriebstyp des → Großhandels, welcher sich durch eine intensive Wahrnehmung der Quantitätsfunktion auszeichnet. Der Schwerpunkt der betrieblichen Tätigkeit liegt auf der Beschaffungsseite. Der kollektierende Großhandel nimmt eine Umgruppierung kleiner Erzeugungsmengen in große Verwendungsmengen vor, indem er die oft stark zergliederte Produktion zusammenfasst und an seine Marktpartner auf der Abnehmerseite weiterleitet. Zu differenzieren ist zwischen dem *Detailkollekteur* als Aufkaufhandel mit einem sehr eng begrenzten Warenkreis und dem *Grossokollekteur*, der vornehmlich als landwirtschaftlicher Aufkaufhandel in großen Partien mit spezifischen Manipulationen wie Sortierung und Reinigung agiert.

K.Ba.

Kollektive Kaufentscheidung

→ Kaufentscheidungen, an deren Zustandekommen mehrere Personen beteiligt sind. Untersuchungsergebnisse liegen vor allem über Entscheidungen in Familienhaushalten (→ *Haushalt, privater*) vor. Der Einfluss einzelner Personen auf das Entscheidungsergebnis (z.B. welcher Markenartikel, welches Produkt mit welchen Merkmalen gekauft wird) ist abhängig von ihrem Verhalten in Konfliktsituationen und ihrem Beitrag in den einzelnen Phasen des Entscheidungsprozesses.

Kollektive Kaufentscheidungen führen zu Konflikten, wenn einzelne Mitglieder des Kollektivs (z.B. Familie, → *peer group*) verschiedene Ziele verfolgen, nach Art und Höhe unterschiedlicher Mittel (z.B. Geld, Arbeit, Zeit) einsetzen wollen und/oder verschiedene Wahrnehmungen der Realität besitzen. Die Stärke der Konfliktbereitschaft einer Person ist umso größer (vgl. *Abb. 1*)

- je größer das → Involvement mit dem Entscheidungsobjekt
- je größer die individuelle Nutzensteigerung durch Konfliktaustragung
- je geringer das Bedürfnis nach sozialer Harmonie und

Abb 1.: Bestimmungsgrößen der Konfliktbereitschaft (nach *Seymour/Lessne*)

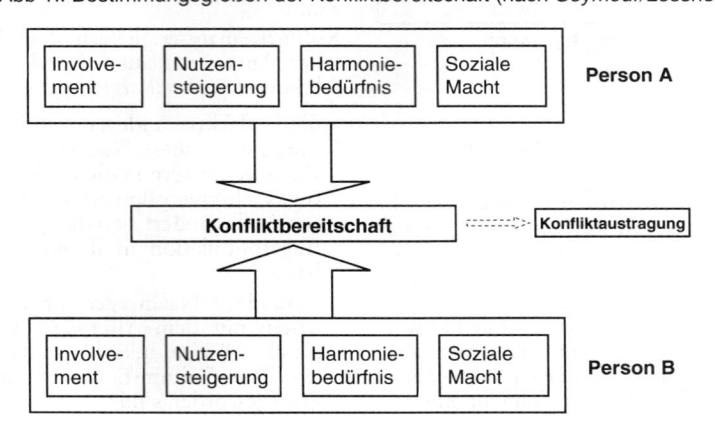

– je größer die soziale Macht (→ *sozialer Einfluss*).

Die Stärke der Konfliktaustragung ist nicht unmittelbar vom Grad der Konfliktbereitschaft abhängig. Die Beteiligten trachten danach, das Verhältnis zwischen erwarteter Nutzensteigerung und den Kosten der Konfliktaktivitäten möglichst günstig zu gestalten. Diese Kosten bestehen z.B. in einem wahrscheinlichen Verlust von Autorität, Zuneigung der anderen, Anerkennung als Experte, aber auch in den Mühen langwieriger und intensiver Auseinandersetzungen (vgl. *Abb. 2*). Die Höhe der aufzuwendenden Kosten und des zu erwartenden Nutzens ist weiterhin abhängig von persönlichen Wirkungsbedingungen – sie sind z.B. für Besitzer hoher Einkommen günstig – sowie von situativen Wirkungsbedingungen – das Kind nutzt das schlechte Gewissen "zeitknapper" Eltern, um „teure" Wünsche durchzusetzen.

Ergebnisse empirischer Untersuchungen bestätigen die dargestellten Modelle, danach

– prägen Eltern die Präferenzen junger Kinder weitgehend
– setzen ältere Kinder und Jugendliche eigene Ziele in steigendem Maße durch und
– beeinflussen von der Familie verfolgte Ziele (z. B. Urlaubsziele)

– ist der Einfluss auf gemeinsame Ziele von Einkommenshöhe, formaler Bildung und Expertentum des einzelnen abhängig.

Es sind vor allem Kompetenz (Wissen, Fähigkeiten), Interesse (Involvement, individueller Nutzen), soziale Position und finanzielle Ressourcen sowie die Gunst der Stunde, die individuellen Einfluss bei Konflikten in kollektiven Kaufentscheidungen bestimmen.

Kollektive Kaufentscheidungen laufen meist als extensive Entscheidungsprozesse ab, die durch mehrere aufeinander folgende Phasen gekennzeichnet sind, z.B. Anregungsphase, Informationsphase, Entscheidungsphase. Bei kollektiven Familienentscheidungen ist die Art der Beteiligung und der *soziale Einfluss* der einzelnen Mitglieder während dieser Phasen unterschiedlich – sie variieren mit der sozialen Position und der sozialen Rolle der Personen sowie der Art der Produkte und ihrer Merkmale. *Abbildung 3* gibt das phasenabhängige Engagement von Mann und Frau (Paare!) beim Kauf von sechs typischen Gütern wieder. Die geknickten Linien repräsentieren die Beteiligung in der Anregungsphase (Kreis), Informationsphase (Knick) und Entscheidungsphase (Pfeil). Im rechten Dreieck sind Entscheidungsprozesse positioniert, bei denen 50 % bis 100 % der Befragten angeben,

Abb. 2: Bestimmungsgrößen der Konfliktaustragung (nach *Corfman/Lehmann*)

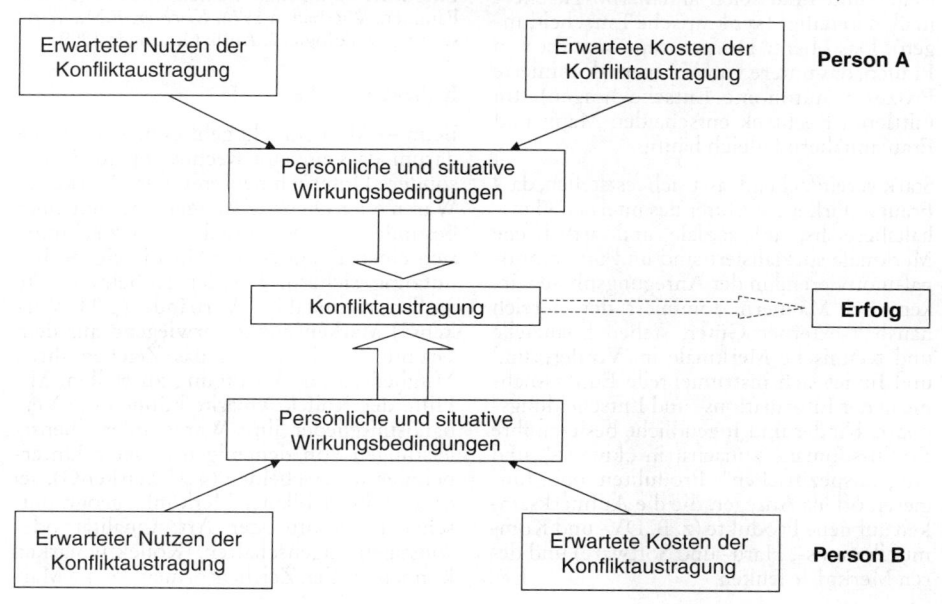

Kollektivmarke

Abb. 3: Beteiligung von Mann und Frau an gemeinsamen Entscheidungen

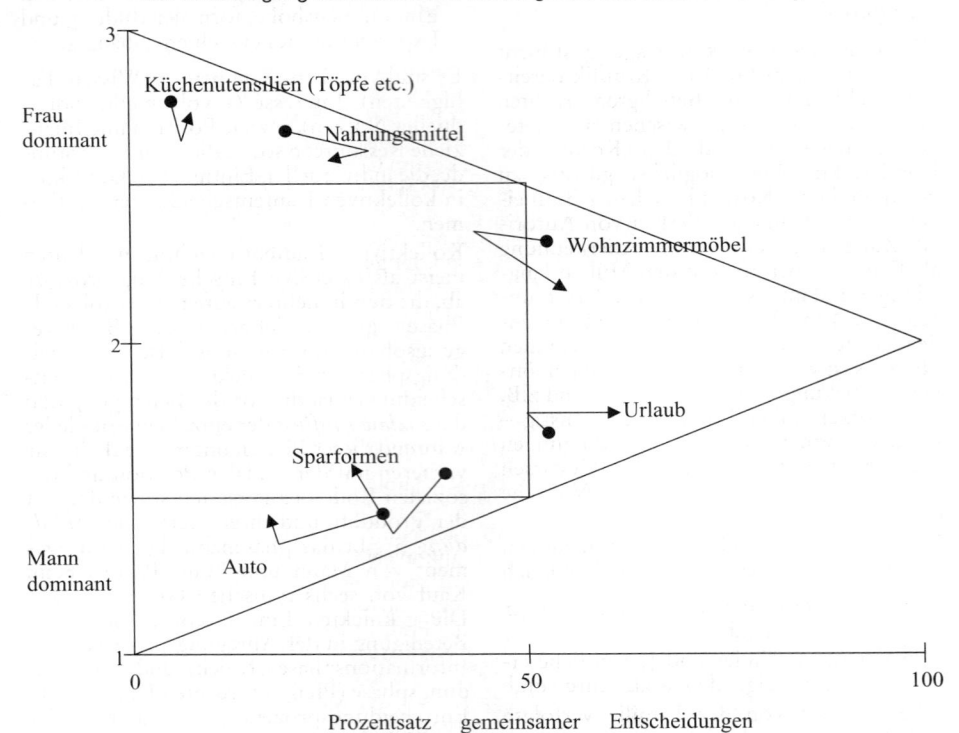

(Quelle: *Kirchler*, 1999)

Mann und Frau seien annähernd gleichermaßen beteiligt (synkratische Entscheidungen). Das obere Dreieck repräsentiert von Frauen, das untere von Männern dominierte Prozesse (autonome Entscheidungen). Im mittleren Rechteck entscheiden Mann und Frau annähernd gleich häufig.

Stark vereinfachend lässt sich feststellen, dass Frauen stärker auf Güter des internen Haushaltsbereichs, auf soziale und ästhetische Merkmale spezialisiert sind und oft emotional-motivierend in der Anregungsphase wirken. Bei Männern dominiert der Bereich haushaltsexterner Güter, stehen finanzielle und technische Merkmale im Vordergrund und findet sich instrumentelle Einflussnahme in der Informations- und Entscheidungsphase. Kinder und Jugendliche besitzen ihre Einflussdomäne zunächst in „kinder-" und „jugendspezifischen" Produkten und fungieren oft als Anreger, die die Aufmerksamkeit auf neue Produkte (z. B. DV- und Kommunikations-, Hard- und Software) und deren Merkmale lenken. EK.

Literatur: *Rufus, R.E.*: Kaufentscheidungen von Familien, Wiesbaden 1976. *Kirchler, E.M.*: Wirtschaftspsychologie, 2. Aufl., Göttingen 1999.

Kollektivmarke

Beim → Markenrecht geht es in erster Linie darum, dass einzelne Rechtssubjekte, insbesondere Unternehmen, mit einer Marke für Waren oder Dienstleistungen oder mit einer besonderen geschäftlichen Bezeichnung sich einen Rechtsschutz für die eigene Benutzung sichern. Bei der Kollektivmarke wollen rechtsfähige Verbände (§ 98 MarkenG) Markenschutz vorwiegend aus dem Grunde begehren, um das Zeichen ihren Mitgliedern zur Verfügung zu stellen. Mit Hilfe der Kollektivmarke können die Verbandsmitglieder ihre Waren oder Dienstleistungen von denjenigen anderer Unternehmen unterscheiden (§ 97 MarkenG), sei es nach betrieblicher Herkunft, geographischer Herkunft oder Art, Qualität oder sonstigen Eigenschaften. Kollektivmarken können in allen Zeichenformen des § 3 Mar-

kenG auftreten. Im Vordergrund stehen Wort-, Bild- und Kombinationszeichen. Kollektivmarken werden in das Register beim Patentamt eingetragen. Es gelten die Vorschriften über individuelle Marken; einige Sonderregeln sind in §§ 98-106 MarkenG enthalten.
Kollektivmarken werden häufig für Genossenschaften auf dem Gebiet der Landwirtschaft und des Weinbaus eingetragen, aber auch für die Schuh-, Textil- und Nahrungsmittelindustrie sowie für andere Wirtschaftszweige. Bekannte Kollektivzeichen sind: „Das Sonnenmännchen, Badischer Wein von der Sonne verwöhnt" ferner das „Deutsche Weinsiegel", „Fleurop". Nach § 99 MarkenG können auch geographische → Herkunftsbezeichnungen als Kollektivmarken schutzfähig sein, wie z.B. „Lübecker Marzipan", „Nürnberger Lebkuchen", „Aachener Printen" usw. Die Kollektivmarke kann auch zur Qualitätsunterscheidung dienen. So können Gütezeichen als Kollektivmarken eingetragen werden. Bekannte Beispiele hierfür sind: das „VDE-Zeichen", das „Wollsiegel", die „RAL-Gütezeichen" usw. (siehe dazu → Warenkennzeichnung). H.-J.Bu.

Kollektivwerbung → Werbung

Kollusionsstrategie → Marktaggressivität

Kolmogoroff-Smirnov Test
eines der bekanntesten → nichtparametrischen Testverfahren, das auch zugleich ein → verteilungsfreies Testverfahren ist. Er liegt in verschiedenen Varianten für Ein- und Mehrstichprobenprobleme vor. Zunächst soll das Einstichprobenproblem und damit der Test auf Anpassungsgüte bezüglich einer in der Nullhypothese genau spezifizierten stetigen → Verteilungsfunktion F_0 im Vordergrund stehen. Handelt es sich bei der zu überprüfenden Verteilung um eine diskrete, ist auf den → Chi-Quadrat Anpassungstest überzugehen. Beim Kolmogoroff-Smirnov Test wird angenommen, dass die Daten $x_1,\ldots, x_n$ kardinales Messniveau besitzen und Realisationen unabhängiger Stichprobenvariablen sind, deren wahre stetige Verteilungsfunktion mit F bezeichnet wird. Die Hypothesen lauten im zweiseitigen Testproblem:

H_0: $F(x) = F_0(x)$ für alle x

H_1: $F(x) = F_0(x)$ für zumindest ein x

Bspw. könnte man sich dafür interessieren, ob die Verteilung der Zeitdauer zwischen dem Kauf und dem Wiederkauf einer Waschmittelmarke einer Normalverteilung mit Mittelwert 40 (Tage) und Varianz 16 (Tage^2) entspricht oder nicht. Beim Kolmogoroff-Smirnov Test können jedoch, anders als beim Chi-Quadrat Anpassungstest, auch einseitige Alternativhypothesen angesetzt werden. Als Teststatistik wird im beidseitigen Fall der größte Abstand zwischen F_0 und der gemäß

$$F_n(x) = \frac{1}{n} \cdot (\text{Anzahl der Beobachtungen} \leq x),$$

$\chi \in N_X,$

definierten empirischen Verteilungsfunktion F_n gewählt; d.h. die Prüfgröße lautet [*Büning/Trenkler* (1994), S. 70]:

$$K_n = \sup_x |F_0(x) - F_n(x)|$$

Die Nullhypothese wird zum → Signifikanzniveau α abgelehnt, wenn der Wert der Prüfgröße das $(1 - \alpha)$ → Fraktil der Verteilung von K_n annimmt oder überschreitet. Die Fraktile der Verteilung von K_n sind für verschiedene α-Werte und $n \leq 40$ bei *Büning/Trenkler* vertafelt. An gleicher Stelle ist auch die Vorgehensweise für einseitige Hypothesen sowie eine Approximationsformel zur Bestimmung der Fraktilswerte für $n > 40$ dargestellt.
Die beschriebene Testprozedur lässt sich sehr einfach auf den Zweistichprobenfall bei zwei unabhängigen Stichproben erweitern. Wieder wird davon ausgegangen, dass die Stichprobenvariablen $X_1,\ldots, X_m$ und $Y_1,\ldots, Y_n$ unabhängig sind und ihnen jeweils eine stetige Verteilungsfunktion F bzw. G zugrundeliegt. Das Testproblem stellt sich in Form der folgenden Hypothesen (zweiseitiger Test) dar:

H_0: $F(z) = G(z)$ für alle z

H_1: $F(z) \neq G(z)$ für mindestens ein z

Es wird somit untersucht, ob die beiden Messreihen Grundgesamtheiten mit identischen Verteilungsfunktionen entstammen. Als Prüfgröße wird nun der größte auftretende Abstand der beiden empirischen Verteilungsfunktionen F_m und G_n gewählt [*Büning/Trenkler* (1994), S. 120)]:

$$K_{m,n} = \max_z |F_m(z) - G_n(z)|$$

Die Nullhypothese wird zum Signifikanzniveau α abgelehnt, wenn die Prüfgröße wert-

Kölner Schule

mäßig größer oder gleich dem $(1 - \alpha)$ → Fraktil der Verteilung von $K_{m,n}$ ist. Die Fraktile der Verteilung von $K_{m,n}$ sind für verschiedene α-Werte und $\max(m,n) \leq 40$ bei *Büning/Trenkler* vertafelt. Für $\max(m,n) > 40$ kann wiederum auf eine im selben Werk beschriebene Approximation der Prüfgrößenverteilung zurückgegriffen werden. T.B./M.MB.

Literatur: *Büning, H.; Trenkler, G.*: Nichtparametrische statistische Methoden, 2. Aufl., Berlin, New York 1994.

Kölner Schule → Konsumentenforschung

Kommissionierlager → Depot

Kommissionierung

Zusammenstellung von Waren nach vorgegebenen Aufträgen innerhalb eines Lagers und ihre Bereitstellung an einem Anstell- bzw. Versandplatz im Rahmen der Distributionslogistik (s.a. → Auftragsabwicklung). Die Ware kann nach folgenden Prinzipien kommissioniert werden:

- kundenbezogen,
- auftragsgrößenbezogen,
- in Abhängigkeit von den einzelnen Teillagern,
- in Abhängigkeit von den einzelnen Artikeln.

Während man bei der kundenbezogenen Kommissionierung jeden Auftrag einzeln bearbeitet, werden die Aufträge bei den übrigen Prinzipien nach unterschiedlichen Kriterien zerlegt und zusammengestellt, d.h. hier liegt eine Serienbearbeitung vor.

Da das Kommissionieren vielfach noch sehr personalintensiv ist, sind solche Verfahren anzuwenden, bei denen die zurückzulegenden Wegstrecken innerhalb des Lagers möglichst gering gehalten werden. Zu den Kommissionierungsverfahren zählen

- das *Ringsammelverfahren*, bei dem alle Waren eines Auftrages auf einem ringförmigen Weg gesammelt werden,
- das *Sternsammelverfahren*, bei dem Teile von Aufträgen parallel oder nacheinander in einzelnen Lagerbereichen unabhängig kommissioniert werden,
- das *Umlaufverfahren*, bei dem Lagereinheiten zu einem Kommissionierplatz und nach der Warenentnahme wieder an den Lagerplatz gebracht werden,
- das *Karussell-* oder *Umwälzverfahren*, das eine Verbindung mit der Umlaufkommissionierung darstellt, da die Ware zusätzlich an einen Stellplatz gebracht wird, an dem sie sich an dem Kommissionierer vorbeibewegt und von diesem gesammelt wird,
- das *Durchlaufverfahren*, bei dem die Lagereinheiten in Durchlaufregalen gelagert und automatisch oder manuell zusammengestellt werden.

In den letzten Jahren wurde die Kommissionierung zunehmend automatisiert, bis hin zu vollautomatischen Hochregallagern. Dies ist wegen des Einzelversands an Endkunden vor allem für die Wirtschaftlichkeit des → E-Commerce von ausschlaggebender Bedeutung. H.Schr.

Literatur: *Tietz, B.*: Der Handelsbetrieb, 2. Aufl., München 1993, S. 709 ff.

Kommissionierungsservice
→ Zustellservice

Kommission Marketing
→ Marketing-Wissenschaft

Kommissionsagent

ist als externes → Verkaufsorgan im Unterschied zum Kommissionär *ständig* damit betraut, im eigenen Namen für Rechnung seines Auftraggebers Waren zu kaufen oder zu verkaufen. Zwar trägt der Kommissionsagent gegenüber den Kunden die sich aus dem Kommissionsagentenvertrag ergebenden Risiken (Außenverhältnis); dagegen übernimmt im Innenverhältnis der Auftraggeber die Risiken für Absatz, Gewährleistung, Garantie, Kreditierung etc. Auf der Basis des Kommissionsagentenvertrages werden z.B. Produkte in der Unterhaltungselektronikbranche (zeitweise Telefunken-GmbH), in der Automobilbranche und von Kaffeeröstern (Tchibo) vertrieben. Der Auftraggeber strebt mit dieser Form des → Direktvertriebes vor allem an, preisaggressive Verhaltensweisen der Absatzmittler zu umgehen. Denn die Kommissionsagenten unterliegen wie die → Handelsvertreter und die → Handelsmakler den Weisungen ihrer Auftraggeber, insbesondere was die Preisgestaltung betrifft. H.Schr.

Literatur: *Martinek, M.*: Handbuch des Vertriebsrechts, München 1996.

Kommissionsgeschäft → Fremdgeschäft

Kommissionsgeschäft, bilanzielle und steuerliche Behandlung

1. *Rechtliche Grundlagen*: Das Kommissionsgeschäft (§ 383 HGB) ist ein Handelsgeschäft, bei dem eine Person (Kommissionär) es gewerbsmäßig gegen Entgelt übernimmt, Waren oder Wertpapiere für Rechnung eines anderen (Kommittent) im eigenen Namen zu kaufen (Einkaufskommission) oder zu verkaufen (Verkaufskommission). Der Kommissionsvertrag ist entweder ein Werkvertrag oder ein Dienstvertrag, der eine Geschäftsbesorgung zum Gegenstand hat. Das Geschäft des Kommissionärs mit dem Dritten heißt *Ausführungsgeschäft*, dessen Ergebnisse werden im sog. *Abwicklungsgeschäft* auf den Kommittenten übertragen. Der Kommissionär ist Kaufmann im Rechtssinne, er ist zur Sorgfalt eines ordentlichen Kaufmanns (§ 384 HGB), zur Einhaltung von Preislimits (§ 386 HGB), Rechnungslegung und Herausgabe des Erlangten verpflichtet (§ 384 Abs. 2 HGB). Seinerseits hat er Ansprüche auf Provision und Aufwendungsersatz, u.U. zur Sicherung ein Pfandrecht (§§ 396 f. HGB) und ein Selbsteintrittsrecht (§§ 400 f. HGB).
2. Die *praktische Bedeutung* des Kommissionsgeschäfts ist branchenspezifisch unterschiedlich (verbreitet z.B. im Antiquitäten-, Buch- und Wertpapiergeschäft), z.T. durch andere Formen des Agenturhandels vermindert, z.T. aber auch wachsend durch die Möglichkeit, die sonst unzulässige Preisbindung der Händler zu ersetzen (z.B. im Rundfunk- und Fernsehhandel).
3. *Bilanzrechtlich und steuerlich* ist zwischen Einkaufs- und Verkaufskommission zu unterscheiden:

a) Einkaufskommission:
Bilanzrechtlich gilt auch für Kommissionsgeschäfte der Grundsatz der Nichtbilanzierung schwebender Geschäfte, es sei denn, ein Verlust droht. Solange also der Dritte seine Waren/Wertpapiere noch nicht geliefert hat und auch die Wiederbeschaffungskosten am Bilanzstichtag nicht niedriger als zurzeit des Geschäftsabschlusses sind, bleibt ein abgeschlossenes, aber noch nicht erfülltes Einkaufskommissionsgeschäft bilanziell unberücksichtigt. Am Bilanzstichtag ist die Kommissionsware in der Bilanz des Kommittenten zu aktivieren, auch wenn sie sich noch beim Kommissionär befindet. Zwar ist der Kommissionär bürgerlich rechtlicher Eigentümer der Ware, doch ist bilanzrechtlich der Kommittent als wirtschaftlicher Eigentümer anzusehen (GoB, § 39 AO), was für die bilanzielle Zurechnung entscheidend ist. Nach Ausführung des Geschäfts entsteht der Provisionsanspruch des Kommissionäres, den dieser als Forderung, die Kommittent als Verbindlichkeit zu passivieren und als Anschaffungsnebenkosten zu aktivieren hat.
Umsatzsteuerlich liegt nach § 3 Abs. 3 UStG beim Kommissionsgeschäft eine Lieferung zwischen Kommittent als Abnehmer und Kommissionär als Lieferer vor. Das Entgelt für die Lieferung des Kommissionärs besteht in der Gegenleistung des Kommittenten (Kaufpreiserstattung, Provision und Aufwandsersatz).

b) Verkaufskommission
Kommissionsware ist in der Bilanz des Kommittenten zu erfassen, denn dieser ist rechtlicher und wirtschaftlicher Eigentümer, auch, wenn sich die Ware beim Kommissionär befindet. Bei Lieferung an den Dritten aktiviert der Kommissionär die Kaufpreis- und Provisionsforderungen und passiviert eine Verbindlichkeit in Höhe des Rechnungsbetrags; Letztere ist als Ertrag auszuweisen. Der Kommittent erfasst zum Lieferzeitpunkt den Warenverkauf durch eine Forderung an den Kommissionär und die aufwandswirksame Provision als Verbindlichkeit.
Umsatzsteuerlich gilt der Kommissionär als Abnehmer einer Lieferung zwischen dem Kommittenten und ihm (§ 3 Abs. 3 UStG), ausgeführt i.d.R. im Zeitpunkt der Warenübergabe an den Kommissionär oder an den Dritten. Eine Abweichung sieht Abschn. 15b Abs. 7 UStR 1996 jedoch für den Fall eines innergemeinschaftlichen Kommissionsgeschäftes vor.   R.F.

Literatur: Bolk, W.; Reiß, W.: Zur umsatzsteuerlichen Behandlung des Kommissionsgeschäftes und seiner Bilanzierung, DStZ 1980, S. 385. *Hottmann, J.:* Kommissionsgeschäfte aus bilanzsteuerrechtlicher und umsatzsteuerrechtlicher Sicht, StBp 1983, S. 221. *Tanski, J.:* Kommissionsgeschäfte, in: *Gnam; Federmann:* Handbuch der Bilanzierung, Loseblatt und CD-ROM, Freiburg 1960 ff., Stichw. 78. *Weiß, M.:* Buchungen beim Kommissionsgeschäft, SteuerStud 1989, S. 184.

Kommissionsgeschäft en gros
→ Partieerfolg

Kommunales Marketing
bezeichnet Regeln und Handlungen für die Gestaltung der Tauschbeziehungen von Kommunalverwaltungen im Sinne des

Kommunales Marketing

Dienstleistungs-Marketing. Kommune oder Gemeinde ist ein Begriff des öffentlichen Rechts für den Zusammenschluss von Menschen, die innerhalb eines bestimmten Gebietes leben. Die Erfüllung die Kommune betreffender Aufgaben nach Vorgaben durch die politischen Entscheidungsträger („Rat") ist Aufgabe der Gemeinde- bzw. Kommunalverwaltung.

Auch wenn sich Kommunalverwaltungen zunehmend als Dienstleistungsunternehmen verstehen, weisen sie signifikante Unterschiede zu privaten Dienstleistungsunternehmen auf: Gemeinwohlorientierung, Behördenfunktion, Rechtmäßigkeit, Leitung durch Volksvertreter. Verwaltungsleistungen werden aber stets auf Märkten erbracht. Es lassen sich immer Tauschbeziehungen aufdecken, auf die Marketing angewendet werden kann. Teilweise handelt es sich allerdings um administrative (durch oder für die Verwaltung erzeugte) Märkte.

Der Tausch kommunaler Verwaltungen findet auf drei Ebenen statt: (1) Verwaltungsinterne Tauschbeziehungen bezeichnen das (gemeinsame) Handeln der Mitarbeiter einer Kommunalverwaltung. Dazu zählen die Aktivitäten innerhalb eines Bereiches (z.B. Mitarbeiter eines Amtes) ebenso wie die Transaktionen zwischen einzelnen Verwaltungsteilen (z.B. Personalamt und Sozialamt). Denn jedes arbeitsteilige Handeln kann als eine Auftraggeber-Auftragnehmer-Beziehung bzw. als ein Austausch von Diensten aufgefasst werden. (2) Intrakommunale Tauschbeziehungen betreffen das Zusammenleben der in einer Kommune zusammengeschlossenen Individuen und privat- und öffentlich-rechtlichen Institutionen, also zum Beispiel die Beziehungen 1. zwischen Bürgern und Kommunalverwaltung, 2. Verbänden und Kommunalverwaltung und 3. privatwirtschaftlichen Unternehmen und Kommunalverwaltung. (3) Interkommunale Tauschbeziehungen beinhalten z.B. das Verhältnis zu übergeordneten Institutionen (Länder und Bund), anderen Gemeinden, Individuen (etwa Touristen) oder privatwirtschaftlichen Unternehmen außerhalb der Gemeindegrenzen. Auch hier besteht auf unterschiedlichem Abstraktionsniveau ein Geben und Nehmen zwischen den Akteuren. So erwarten Touristen ein Erlebnis in der Kommune, die Kommunalverwaltung eine Verbesserung der Einkommenssituation durch die Touristen.

Da die Verwaltung viele kommunale Aufgaben hat, sollte sie über ein entsprechendes professionelles Instrumentarium zur Gestaltung von Tauschbeziehungen verfügen. Selbst im Falle der rein apparativen Nutzung der Verwaltung durch die politischen Entscheidungsträger muss für die Umsetzung der politischen Vorgaben ein angemessenes Instrumentarium vorhanden sein. Auch haben die in einer Verwaltung zusammengeschlossenen Akteure den Wunsch nach einer Verringerung von Einkommensrisiken und werden nach Instrumenten suchen, diese zu erreichen. Marketing kann dazu genutzt werden, indem bei relevanten Zielgruppen Akzeptanz und Loyalität in Bezug auf die Verwaltung erzeugt werden, damit z.B. nicht alle Leistungen privatisiert werden. Zudem lassen sich viele Aufgaben einfacher bewältigen, wenn es im „Netzwerk" Stadt einen geistigen Gleichklang zwischen der Verwaltung und ihren Tauschpartnern gibt.

Häufig wird das Marketing kommunaler Verwaltungen zum Non-Business-Marketing gerechnet. Das ändert aber nichts an der Anwendbarkeit der Erkenntnisse aus anderen Marketingbereichen: Kommunalverwaltungen betreiben z.B. in Bezug auf ihre Leistungen für Bürger und Touristen ein (konsumtives) → Dienstleistungs-Marketing, bei der Vermarktung der Kommune als Wirtschaftsstandort eher ein → Investitionsgütermarketing (für Sachen und Dienste). Auch kann die Kommunalverwaltung → Beziehungsmanagement einsetzen, um ihre Tauschpartner an sich zu binden (und verstärkte Forderungen nach Privatisierungslösungen zu verhindern). In der Verwaltung können die Erkenntnisse des → internen Marketing Anwendung finden.

Das Marketing kommunaler Verwaltungen ist abzugrenzen von Citymarketing, → Standortmarketing und → Stadtmarketing. Citymarketing richtet sich auf den Innenstadtbereich. Es findet seinen konkreten Niederschlag z.B. in Werberingen oder Werbegemeinschaften. Ausgangspunkt ist häufig das Interesse des Handels, seine Absatzsituation zu verbessern. Standortmarketing rückt die Perspektive der Stadt als Standort für Unternehmen als Produktionsort und für Haushalte als Wohnort in den Mittelpunkt. Stadtmarketing bezeichnet das Marketing für die Stadt als Ganzes und erfasst damit die Innenstadt wie auch die Peripherie, alle Akteure und alle Perspektiven, wie Citymarketing und Standortmarketing.

Stadtmarketing stellt die Institution Kommune in den Mittelpunkt der Aktivitäten. Die kommunale Verwaltung kann dabei zahlreiche Beiträge leisten. Hierzu zählen z.B. Initiierung oder Trägerschaft des Stadtmarketing, aber auch ein möglichst positives Image im Umgang mit Unternehmen und Bürgern. Das Marketing kommunaler Verwaltungen hat die Institution Verwaltung und die in ihr arbeitenden Menschen zum Gegenstand. Dabei geht es um die Erreichung der Ziele der Verwaltung, ihrer Mitarbeiter und ihren Beitrag zur Erreichung der Ziele der anderen Akteure. Allerdings wirkt sich das Marketing kommunaler Verwaltungen – wie gezeigt – auch auf das Stadtmarketing aus. R.Pa.

Literatur: *Bogumil, J.; Kißler, L.:* Vom Untertan zum Kunden? Möglichkeiten und Grenzen der Kundenorientierung in der Kommunalverwaltung, Berlin 1995. *Funke, U.:* Vom Stadtmarketing zur Stadtkonzeption, Berlin u.a. 1994. *Palupski, R.:* Marketing kommunaler Verwaltungen, München, Wien 1997.

Kommunalität

Die Kommunalitäten (h_i^2) in einer → Faktorenanalyse geben den durch die gemeinsamen Faktoren erklärten Anteil der Streuung in den Beobachtungsvariablen an. Sie sind i. a. kleiner eins und addieren sich bei orthogonalen Faktoren mit der Residual-Varianz zu eins:

($r_{ii}^2 = 1 = h_i^2 + e_i^2$).

Ein Problem der Faktorenanalyse ist die Schätzung der Kommunalitäten zur Extraktion der → Faktorladungen. Als Schätzwerte werden vorgeschlagen:

(1) das Quadrat der multiplen Korrelation der Variablen mit allen restlichen Variablen,
(2) die höchsten Korrelationskoeffizienten einer Zeile oder Spalte der Korrelationsmatrix oder
(3) die iterative Anpassung, wobei der Iterationsprozess mit einer Eins in der Diagonalen gestartet wird. L.H.

Kommunikation

Der *Begriff* der Kommunikation stammt aus dem Lateinischen communis = gemeinsam ab. Mit ihm bezeichnet man einen Vorgang, der auf bestimmten Gemeinsamkeiten zwischen verschiedenen Subjekten beruht. Gemeinsam haben Kommunizierende eine materielle oder energetische Verbindung zur Übertragung von Signalen sowie eine durch Erwartungen gekennzeichnete Beziehung, aus der Information entsteht. Weiterhin haben sie übereinstimmende Kognitionen und schließlich bestimmte Absichten bezüglich ihren Zustand oder ihr Verhalten. Der *engere Kommunikationsbegriff*, der hier betrachtet wird, bezieht sich auf die Gemeinsamkeiten zwischen verschiedenen Menschen – auf einen sozialen Prozess –, während der *umfassende Begriff* in vielen verschiedenen Bereichen, z.B. auf Prozesse unter Tieren oder lebenden Organismen angewandt wird. Die soziale Kommunikation kann wiederum in *interpersonale (face-to-face)* und *technisch vermittelte Kommunikation*, wie das beispielsweise bei Massen- und Telekommunikation der Fall ist, differenziert werden. Während sich *Massenkommunikation* öffentlich an ein großes, meist anonymes Publikum richtet, ist *Telekommunikation* eine Verbindung zwischen einzelnen oder wenigen Partnern, die in der Regel nicht öffentlich, sondern geschäftlich oder privat ist (→ Bildkommunikation, → Datenkommunikation).

Allgemein ist Kommunikation ein *Prozess* der *Übertragung von Informationen* zwischen *zwei Stellen*. *Informationen* sind dabei sehr weit zu begreifen, d.h. alle Arten von Botschaftsinhalten, von reinen Fakten bis hin zu Gefühlen, sind einzuschließen. Daher werden kognitive Informationen, die z.B. das Wissen über einen Gegenstand vermitteln, und affektive Informationen, die Emotionen ausdrücken, unterschieden. Informationen können in verschiedener Form durch Sprache, Bilder, Musik, Gesten (→ nonverbale Kommunikation), Geruch usw. symbolisiert werden. Als *Kommunikationsstellen* sind der Kommunikator (Sender, Source), der eine Nachricht aussendet, und der Rezipient (Empfänger, Destination), der diese empfängt, gegeneinander abzugrenzen. Im Gegensatz zur *einseitigen Kommunikation*, wie im Fall der Massenkommunikation, wechseln bei *zweiseitiger Kommunikation* die Rollen des Senders und des Empfängers zwischen den Stellen (vgl. auch → Dialog-Marketing; → persönliche Kommunikation). Hier ist eine direkte Rückkopplung möglich und es kommt zu einem Austauschprozess, der auch als → Interaktion bezeichnet wird.

Der *Prozess* der Kommunikation läuft dabei grob in den Schritten der Verschlüsselung der Nachricht durch den Kommunikator, der Übertragung und der Entschlüsselung

Kommunikation

Abb. 1: Die Lasswell-Formel

Who	Says what	In which channel	To whom	With which effect
Communicator	Message	Medium	Receiver	Effect
Kommunikator	Mitteilung	Medium	Rezipient	Wirkung
Kommunikator-forschung	Inhaltsanalyse	Medienkunde	Publikums-forschung	Wirkungs-forschung

(Quelle: *Schulz*, S. 145)

der Botschaft durch den Rezipienten ab. Das grundlegende Modell zur Beschreibung des Kommunikationsprozesses stammt von *Lasswell* (1948). Allerdings ist das Modell nicht als lineares Kommunikationsmodell zu verstehen, sondern es fragt nach den *Komponenten* des Kommunikationsprozesses und identifiziert damit gleichzeitig die wichtigsten Forschungsfelder der Kommunikationswissenschaft (s.a. → Mediaanalyse, → Werbewirkungsforschung). Die *Lasswell-Formel* – Wer sagt was auf welchem Wege zu wem mit welcher Wirkung? – veranschaulicht *Abb. 1*. In späteren Jahren hat es sich schließlich als zweckmäßig erwiesen, die Kommunikationssituation (unter welchen Bedingungen?), die nur implizit in der von *Lasswell* formulierten Formel enthalten ist, mit einzubeziehen.

Das *Shannon-Modell* der Informationstheorie verdeutlicht einen Kommunikationsprozess, bzw. Nachrichten technisch vermittelt (bspw. ein Telefongespräch; vgl. *Abb. 2*). Dabei unterscheidet das Modell auf Kommunikatorseite zwischen der Informationsquelle und dem Sender sowie auf Rezipientenseite zwischen Empfänger und Adressat. Das Modell zeigt auf, dass Mitteilungen für eine Übertragung kodiert werden müssen. Die umgewandelte Mitteilung nennt *Shannon* Signal. Während der Übertragung des Signals kann es schließlich zu Störungen, beispielsweise durch Lärm, kommen. Derartige Störungen stellen in der Praxis ein großes Problem dar, das oft mit weitreichenden und unangenehmen Konsequenzen verbunden ist.

Abb. 2: Das Shannon-Modell zur Informationstheorie

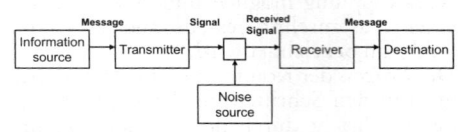

(Quelle: *Shannon/Weaver*, S. 7.)

Schramm (1954) abstrahiert von dem technischen Modell *Shannons* und sieht die Enkodierung und Dekodierung als konstruktive Merkmale *aller* Kommunikationsprozesse an. Beim Gespräch im direkten Kontakt zwischen Personen (interpersonale oder face-to-face-Kommunikation) ist der Kommunikator gleichzeitig Quelle und Enkoder (vgl. *Abb. 3*). Die Mitteilung wird als akustisches Signal durch Schallschwingungen übertragen und der Adressat hat dieses Signal wieder zu dekodieren.

Abb. 3: Das Enkodierungs-/Dekodierungsmodell von *Schramm*

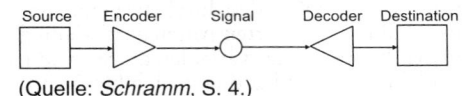

(Quelle: *Schramm*, S. 4.)

Schließlich ist Kommunikation *intentional*, d.h. ein zielgerichteter, zur Verwirklichung bestimmter Absichten und Zwecke bestimmter Vorgang. Dabei verfolgen sowohl der Kommunikator als auch der Rezipient gewisse Ziele, die sich durchaus unterscheiden können. Beispielsweise könnte das Ziel der → Kommunikationspolitik eines Unternehmens sein, mit Hilfe → integrierter Kommunikation einen Kunden zum Kauf eines bestimmten Produktes zu bewegen. Der Rezipient möchte sich dagegen nur informieren oder von verschiedenen Elementen der integrierten Kommunikation, beispielsweise einem Event, unterhalten werden. I.M.

Literatur: *Kübler, H.-D.*: Kommunikation und Massenkommunikation, Münster, Hamburg 1994. *Schramm, W.*: The Process and Effects of Mass Communication, Urbana 1954. *Schulz, W.*: Kommunikationsprozess, in: *Noelle-Neumann, E.; Schulz, W.; Wilke, J.* (Hrsg.): Das Fischer-Lexikon Publizistik Massenkommunikation, Frankfurt a.M. 1994. *Shannon, C.E.; Weaver, W.*: The Mathematical Theory of Communication, Urbana 1949.

Kommunikation, hierarchische
→ Informationsüberlastung

Kommunikations-Analyse

aus der → Brigitte-Frauen-Typologie entwickelte, erweiterte → Verlagstypologie bzw. → Markt-Media-Erhebung der Frauenzeitschrift „Brigitte" (*Gruner + Jahr Verlag*, Hamburg). Die „Kommunikations-Analyse 2000" ist die Beschreibung der Eigenschaften der Verbraucherpersönlichkeit für die Grundgesamtheit der 25,66 Mio. Frauen zwischen 14 und 64 Jahren. Die Hauptaufgabe stellt die Ermittlung des kommunikativen Markenstatus mit den Eckwerten Markenbekanntheit, Markensympathie und Markenverwendung bzw. -besitz („Markendreiklang") für 1119 Marken aus 19 Produktfeldern dar. Als Berührungspunkt von Markenpersönlichkeit und Verbraucherpersönlichkeit misst der Markenstatus das Ergebnis der markenspezifischen Kommunikationsstrategie und zeigt den Grad der Akzeptanz bei den Verbraucherpotentialen. Die quantitativen Ausprägungen der drei Parameter des Markenstatus geben Aufschluss über das Potential einer Marke innerhalb ihres Konkurrenzfeldes. Ihre qualitativen Ausprägungen und somit die Relation der drei Parameter erlauben eine Stärken- und Schwächenanalyse der Markenposition. Mit Hilfe der → Clusteranalyse werden die drei Indikatoren der Verbraucherpersönlichkeit (Aufgeschlossenheit für Marken-Kommunikation, mediale Kommunikation, Produktkommunikationsverhalten der Befragten) zu Typologien verdichtet, die sich hinsichtlich ihrer Markenverwendung stark voneinander unterscheiden. Die unterschiedlichen Kommunikationsaktivitäten der Verbraucher und ihre Auswirkung auf den Gebrauch sind Ursache verschiedener Mediapläne, deren → Reichweiten und Gross-Rating Points (Brutto-Kontakte) untersucht werden.

Kommunikationsbartering, internationales → Werbebartering

Kommunikations-Mix

Mit dem Kommunikations-Mix einer Unternehmung oder Institution sind im Sprachgebrauch von Wissenschaft und Praxis zwei unterschiedliche Bedeutungen verbunden.

(1) Mit „Kommunikations-Mix" kann eine gegliederte Menge kommunikativer Beeinflussungsinstrumente (Kommunikationsinstrumente) gemeint sein, die sich als Bündel nicht nur von anderen Marketing-Instrumenten unterscheiden, sondern auch sachliche Unterschiede zueinander aufweisen. Häufig werden in dieser Menge die Folgenden, gem. einer gewachsenen Klassifikation der Praxis unterscheidbaren (aber inhaltlich nicht überschneidungsfreien) Kommunikationsinstrumente zusammengefasst: Klassische → Werbung, → Außenwerbung, → Direktwerbung, Messekommunikation (→ Messen und Ausstellungen), Point of Sale-Kommunikation (→ Verkaufsförderung), → Sponsoring, → Product Placement, moderne Formen elektronischer Kommunikation, → Persönliche Kommunikation und → Public Relations.

(2) Unter einem „Kommunikations-Mix" kann darüber hinaus auch der qualitativ und quantitativ aufeinander abgestimmte Einsatz einer derartigen Menge kommunikativer Beeinflussungsinstrumente verstanden werden (→ Kommunikationsstrategie, → Kommunikationspolitik). Dieser geplante, durch jeweilige Aktivitätsniveaus dosierte Einsatz mehrerer Kommunikationsinstrumente zur Erreichung gesetzter Ziele wird auch als → *Integrierte Kommunikation* bezeichnet. Im Folgenden wird dieser zweiten Interpretation gefolgt, wobei das o.a. Bündel der Kommunikationsinstrumente zugrunde gelegt wird. Welche Instrumente im Kommunikations-Mix in ein Zusammenspiel gebracht werden, hängt insb. vom jeweiligen Einsatzgebiet (Marktkommunikation, Institutionelle Kommunikation), den verfolgten Kommunikationszielen, den ins Auge gefassten Zielgruppen (z.B. Privatkonsumenten versus gewerbliche Verwender; Industrie, Handel, Freiberufler) und dem verfügbaren Kommunikationsbudget ab.

Die Notwendigkeit, ein Kommunikations-Mix einzusetzen, ergibt sich

– aus der unterschiedlichen Wirksamkeit verschiedener Kommunikationsinstrumente hinsichtlich der Kommunikationsziele und Zielgruppen,

– bei der gleichzeitigen Verfolgung mehrerer, unterschiedlicher Kommunikationsziele,

– der Absicht, gewisse Ziele bei unterschiedlichen Zielgruppen (→ Zielgruppen-Mix) erreichen zu wollen

Kommunikationsnetze

– sowie aus der Absorption unterschiedlich hoher Geldbeträge, wenn verschiedene Kommunikationsinstrumente eingesetzt werden.

Demzufolge knüpfen Entscheidungshilfen zur Festlegung eines ziel- und zielgruppenorientierten Kommunikations-Mix an die Fähigkeit der unterschiedlichen Instrumente an, gewisse Kommunikationsziele in den anvisierten Zielgruppen kostengünstig zu erreichen und bei ihrer Wirkungsentfaltung in einem Wirkungsverbund („synergetisch") zu arbeiten.

Obwohl dazu in der Marketinglehre formale Entscheidungsmodelle unterschiedlicher Komplexität bereitgehalten werden (→ Marketing-Mix), wird die praktische Bewältigung des Entscheidungsproblems mittels modellgestützter Kalküle im Anwendungsfall infolge nicht immer quantifizierbarer Wirkungsprognosen vereitelt.

Deshalb wird das Kommunikations-Mix für einen Planungszeitraum durchweg heuristisch entwickelt. Dabei sind die rechtliche und sachliche Verfügbarkeit gewisser Kommunikationsaktivitäten, grundsätzliche Kommunikationsleistungen unterschiedlicher instrumenteller Aktivitäten (aufgrund der jeweils zu erwartenden Wirkungsbedingungen, Kontakthäufigkeiten, Reichweiten u.a.m.) sowie deren Kosten zu berücksichtigen. Zur Entscheidungsfindung kommen einschlägige Datenbasen, Checklisten und Punktbewertungsverfahren zum Zuge, die allerdings nicht zwingend zu einer eindeutig richtigen Lösung führen.

Die Entwicklung eines zielorientierten Kommunikations-Mix bzw. einer Integrierten Kommunikation hat nicht nur eine entscheidungslogische, sondern auch eine organisatorische Dimension. Häufig scheitert die Integrierte Kommunikation eines Unternehmens oder einer Institution an der gespaltenen Entscheidungskompetenz innerhalb einer Organisation, als deren Folge unabhängig voneinander konzipierte und unzureichend aufeinander abgestimmte Konzepte zum Einsatz einzelner Kommunikationsinstrumente entstehen. H.St.

Literatur: *Tietz, B.:* Das Konzept des integrierten Kommunikations-Mix, in: *Tietz, B.* (Hrsg.): Die Werbung, Band 3, Landsberg a.L. 1982, S. 2265-2297. *Druhn, H.:* Intergrierte Unternehmenskommunikation, 2. Aufl., Stuttgart 1995.

Kommunikationsnetze

beinhalten die Gesamtheit der Kommunikationsendgeräte, der Übertragungsinstallationen sowie die Vermittlungseinrichtungen für mediale Kommunikationsprozesse und lassen sich nach Anschlussnetz und Verbindungsnetz unterscheiden. Während über Ersteres die Endeinrichtungen des Benutzers über Anschlussleitungen (Kupfer-Doppelader, Glasfaser) mit den nächsten Netzknoten des Anschlussbereichs verbunden werden, dient das Verbindungsnetz zur Übertragung der Nachrichten zwischen den Netzknoten. Hinsichtlich der geographischen Ausbreitung sind zudem *Local Area Networks (LAN)*, die nicht über die Grenzen von Gebäuden bzw. Grundstücken hinausgehen, von *Metropolian Area Networks (MAN)* oder *Wide Area Networks (WAN)* zu unterscheiden, die Verbindungen über größere geographische Entfernungen herstellen.

Lokale Netze werden für die innerbetriebliche Daten-, Text und Sprachübertragung eingesetzt. Über eine Vermittlungseinrichtung (Hauptstelle) wird der netzinterne Informationsaustausch sowie der Zugriff auf die Hauptanschlussleitung zu externen Kommunikationsnetzen gesteuert. Eine drahtlose Verbindung zum LAN (Wireless LAN) kann durch Infrarot (IR-LAN) oder Funk (Radio-LAN) realisiert werden. Weitere Möglichkeiten zur mobilen Datenübertragung bietet der europäische Standard für digitale, schnurlose Nebenstellenanlagen DECT (Digital European Cordless Telecommunikation). Damit können auch Rechner an ein LAN angebunden werden, deren Lage keine Anbindung über Koaxial- oder Glasfaserkabel erlaubt.

Die Nutzung der Kommunikationsnetze wird erst durch definierte Kommunikationsdienste ermöglicht. Das *Integrated Services Digital Network (ISDN)* ist ein digitales Netz, das die Abwicklung von unterschiedlichen Diensten wie Telefon, Telefax und Datenübertragung über einer einheitlichen Rufnummer ermöglicht. Beim ISDN unterscheidet man zwischen zwei Anschlussarten – dem Basisanschluss, der als Mehrgeräteanschluss (Betrieb bis zu acht unterschiedlichen Endgeräten innerhalb des Inhouse-Netzes) oder Anlageanschluss (Anschluss an eine PBX-Anlage) implementiert werden kann, und dem Primärmultiplexanschluss, der nur als Anlageanschluss möglich ist.

Mobile Kommunikation wird über den GSM-Standard (Global System for Mobile Communication) abgewickelt. Die D-Netze arbeiten im Bereich 900 MHz (GSM-900-Standard), die E-Netze basieren auf dem GSM-1800-Standard. Zur Teilnahme bedarf es Sende- und Empfangsgeräte, die auf GSM basieren. Der Standard wurde speziell für die Sprachübertragung entwickelt. Es wird jedoch auch eine Datenübertragung bis zu 9.600 Bit/s unterstützt. Für eine schnellere mobile Datenübertragung wurden die High Speed Circuit Switched Data Technologie (HSCSD) und die General Paket Radio Service Technologie (GPRS) entwickelt. Erstere arbeitet leitungsvermittelt, d.h. es werden permanent mehrere GSM-Kanäle belegt, um sie zu einer einzigen Verbindung zu bündeln. Es sind Datenraten bis zu 115,2 kbit/s möglich. GRPS arbeitet paketvermittelt, d.h. es teilt die Daten zunächst in kleine Pakete auf und überträgt sie dann parallel und erreicht somit eine Übertragungsgeschwindigkeit bis 171 kbit/s. Ein evolutionärer Ansatz zur Integration und Weiterentwicklung gegenwärtiger Mobilfunksysteme ist *Universal Mobile Telecommunications Systems (UMTS)*, auch als Mobilfunksystem der dritten Generation (3G) bekannt. Das Verfahren ist ein Kompromiss zwischen den Vorschlägen von Nokia und Ericson (W-DCMA-Gruppe) sowie Siemens, Bosch, Motorola, Alcatel, Nortel, Sony und Italtel (UMZS-Allianz). UMTS ermöglicht die Übertragung von beliebigen Inhalten (Multimedia-Anwendungen, Downloads, Videokonferenzen etc.) mit einer Datenrate von bis zu 2 Mbit/s. Neben der Unterstützung der drahtlosen Multimediakommunikation wird UMTS mit dem Standard IMT-2000 die vollständige Integration des öffentlichen Mobilfunknetzes mit Breitband-ISDN ermöglichen. Nach Auflagen der Regulierungsbehörde für Telekommunikation und Post soll bis Ende 2003 ein Versorgungsgrad von 25 Prozent der Bevölkerung und bis Ende 2005 von 50 Prozent erreicht werden.

Nutzungsgebiete, die über keine terristischen Kommunikationsnetze verfügen, können über satellitenbasierte Kommunikationssysteme (Global Area Networks) erreicht werden, die eine Übertragung von Daten von jedem Punkt der Erde ermöglichen. Ein mögliches Anwendungsgebiet eröffnet sich z.B. im Rahmen des Flottenmanagement. Man unterscheidet geostationäre Satelliten (GEOS) mit einem Orbit von 36.000 km wie INMARSAT und niedrig fliegenden Satelliten (Low Earth Orbit Satellites-LEOS) mit rund 780 km wie z.B. GLOBALSTAR. A.V./B.Ne.

Kommunikationspolitik

Kommunikationspolitik als einer der Hauptbestandteile des → Marketing-Mix umfasst die planmäßige Gestaltung und Übermittlung aller auf den Markt gerichteten Informationen eines Unternehmens zum Zweck der Beeinflussung von Meinungen, Einstellungen, Erwartungen und Verhaltensweisen i.S. des Unternehmens (→ Kommunikation). Zu unterscheiden sind die nachfolgend behandelten taktisch-operativen Instrumente und die → Kommunikationsstrategie.

Erfolgreiches Marketing muss neben einem guten Produkt, der adäquaten Preisfestsetzung und der Verteilung des Produktes auch kommunikative Aufgaben lösen, um über die Existenz des Produktes und seine Vorteile zur Befriedigung von Bedürfnissen zu informieren und den (potentiellen) Kunden zum Kontakt mit dem Anbieter sowie letztlich zum (Wieder-)Kauf zu bewegen (→ Interaktives Marketing). Hierbei lassen sich acht *Instrumente-Gruppen* der Kommunikationspolitik im Sinne der Definition der → Marketing-Instrumente unterscheiden:

(1) Das wichtigste „klassisches" Instrument der Kommunikationspolitik stellt die → *Werbung* dar. Sie verwendet für die ziel- und marktadäquate Verhaltenssteuerung von Konsumenten speziell die sog. Massenkommunikationsmittel.

(2) Eine Sonderrolle spielt die → *Direktwerbung,* etwa im Wege von → Werbebriefen oder Online-Newsdiensten (→ Mailing-Liste), da sie individuell auf den Empfänger ausgerichtet und zur Dialogkommunikation ausgestaltet werden kann.

(3) Im Konsumgüter- und Dienstleistungssektor wird die Werbung häufig von der → *Verkaufsförderung* unterstützt, die am Ort des Verkaufs temporär und aktionistisch unterstützend kurzfristige und unmittelbare Anreize für den Kauf oder Verkauf eines Gutes liefern soll.

(4) Mehr auf das → Firmenimage selbst beziehen sich die → *Public Relations*, d.h. das Werben um öffentliches Vertrauen zum Unternehmen. Sie dient – abgestimmt mit allen anderen Kommunikationsmaßnahmen – auch der Entwicklung einer eindeutigen

Kommunikationspolitik

Unternehmensidentität (→ Corporate Identity).

(5) Fünfter Bereich des Kommunikationspolitik ist der → persönliche Verkauf, in dessen Rahmen die mündliche Präsentation den Kaufabschluss herbeiführen soll. Hierbei besitzt sowohl der → Verhandlungsstil als auch die → nonverbale Kommunikation einen wichtigen Einfluss auf den Kommunikationserfolg (→ persönliche Kommunikation). Insb. → Call-Center übernehmen ferner wichtige Funktionen bei der → Nachkaufkommunikation und im Kundendienst.

(6) Seit einiger Zeit dehnt sich der Rahmen der kommunikationspolitischen Instrumente weiter aus. Zunehmende Bedeutung besitzen sog. *Below-the-line-Aktivitäten*. Darunter sind alle in der offiziellen Mediastatistik (→ IVW) nicht erfassten Werbeaktivitäten, wie Events, → Sponsoring, → Kundenclubs, → Product Placement etc. subsumiert.

(7) Das *Internet* und andere Formen des sog. → *Multimedia* (z.B. → CD-ROM) ermöglichen ebenfalls innovative Kommunikationskonzepte (→ Online-Werbung).

(8) Kommunikative Wirkungen entfalten schließlich auch die Produktverpackung (→ Verpackungsgestaltung), die → Sicherheitskommunikation, z.B. in → Bedienungsanleitungen, das → Produktdesign und gelegentlich auch der Standort eines Unternehmens, sowie insb. das Verhalten der Mitarbeiter im Innen- und Außenbereich der Unternehmung (→ Corporate Behavior).

Die aus Sicht des Anbieters verfügbaren Kommunikationsformen lassen sich auch danach unterteilen, ob der Kontakt zu den Adressaten direkt oder indirekt bzw. durch den Einsatz persönlicher oder nicht-persönlicher Informationsträger zustandekommt (vgl. *Abb*). Davon hängen die Kommunikationskraft, aber auch die Kommunikationskosten entscheidend ab.

Sämtliche kommunikativen Maßnahmen eines Unternehmens müssen nicht nur untereinander zu einem synergiestarken → *Kommunikations-Mix*, sondern auch mit den anderen Marketing-Mix-Bereichen abgestimmt werden, soll sich ein optimaler Marketingerfolg einstellen (s.a. → Integrierte Kommunikation). Zusätzliche Abstimmungsprobleme ergeben sich bei der → Internationalen Kommunikationspolitik. Die relative Bedeutung einzelner Kommunikationsinstrumente und der Kommunikationspolitik insgesamt hängt dabei stark von der Art des Absatzmarktes sowie vom Stellenwert bestimmter Kommunikationsaufgaben ab. Allerdings ist ein Mindestmaß an Kommunikation i.S. eines „Sprachrohrs" für die anderen Marketing-Mix-Faktoren unabdingbar und in Verkäufermärkten als „Bringschuld" des Anbieters zu werten. Freilich geht mit dem Internet die Interaktionshoheit im Kommunikationsprozess immer mehr auf den Empfänger über, der die vom Anbieter permanent und aktuell bereitgestellten Informationen in der Auswahl und der Menge und zu dem Zeitpunkt, den er selbst wünscht, abruft („On-Demand-Kommunikation") (s.a. → Online-Marketing-Strategie).

Die *Wirkung* der Kommunikationspolitik ist durch besonders komplexe Zusammen-

Kommunikationsformen aus Produzentensicht

Informationsträger Kontakt zum Adressaten	Persönlich	Unpersönlich
Direkt	z.B. – Verkaufsgespräch – Händlerseminare – kontaktgespräch auf Messen	z.B. – Werbebriefe – Produktproben – Geschäftsbereiche
Indirekt	z.B. – Vermittlung ovn Produktinformationen über Meinungsführer, Absatzmittler oder -helfer (Architekten, Ärzte, etc.)	z.B. – Anzeigenwerbung – Plakatwerbung – Display bei Verkaufsförderungsaktionen

hänge geprägt, die in der Werbeforschung durch sog. → Werbewirkungsmodelle einzufangen versucht wird. Wichtige Aufschlüsse erbringen auch die Forschungen zum → Käufer- und insb. zum → Informationsverhalten.

Die *relative Bedeutung* der Kommunikationspolitik im Marketing-Mix ist vor allem Im Konsumgüter- und Dienstleistungsmarkt sehr groß. Renommierte Markenartikelhersteller verwenden darauf einen erheblichen Anteil des zur Verfügung stehenden Marketingbudgets. So betragen die Werbeaufwendungen bei bestimmten Produkten, z.B. aus dem Bereich der Körperpflege, bis zu 40 % des Umsatzes, in anderen Produktbereichen sogar noch mehr. Die durchschnittlichen Werbekostenraten liegen freilich weit niedriger, etwa zwischen 4-8% vom Umsatz. Hierbei werden freilich die (erheblichen) Kosten für die persönliche Kommunikation im Verkauf i.d.R. nicht eingerechnet.

Auch *gesamtwirtschaftlich* betrachtet kommt der Kommunikationspolitik ein hoher Stellenwert zu. Im Jahr 1999 betrugen in Deutschland die Werbeinvestitionen (Aufwendungen für Werbehonorare (Agenturen), Werbemittel und Mediennutzung) 61,5 Mrd. DM, davon 44,4 Mrd. für die Medien. Dies entspricht 1,59 bzw. 1,10% vom Bruttoinlandsprodukt. Nicht zu unterschätzen ist in diesem Zusammenhang ihre Aufgabe als Regulativ der Marktwirtschaft. Nur wenn die Käufer und Wettbewerber über das Angebot am Markt hinlänglich informiert sind, kann sich der Wettbewerb entfalten. Andererseits beschränkt der für kommunikationspolitische Maßnahmen notwendige Kapitalbedarf oft den Handlungsspielraum und damit die Wettbewerbsfähigkeit kleiner Anbieter im Markt. Die Rückflüsse aus Kommunikationsinvestitionen – etwa in den Aufbau des Bekanntheitsgrades oder Produktimage – entstehen oft erst nach Jahren. Insb. die Markenbildung ist ihnen damit nur mit hohem Kapitalaufwand möglich. Problematisch ist zum anderen auch die mit der Werbeflut verbundene → Informationsüberlastung beim Konsumenten, die z.T. zu kommunikationsmeidendem Verhalten führt (→ Werbekritik, → Zapping). Dies bedingt für die Kommunikationspolitik ein höheres Qualitätsbewusstsein und sorgfältige Planungsaktivitäten auf der Basis gesicherter Daten (→ Mediaforschung, → Werbewirkung). Die → Bildkommunikation besitzt hier grundsätzlich bessere Wirkungschancen.

H.D.

Literatur: *Bruhn, M.*: Kommunikationspolitik, München 1997. *Köhler, R.*: Marktkommunikation, in: WiSt, 5. Jg. (1976), S. 164 ff. *ZAW* (Hsg.): Werbung in Deutschland, jährlich erscheinender Bericht, Bonn.

Kommunikationsstrategie

ist ein unterschiedlich auslegbarer Oberbegriff zur Kommunikationsarbeit im Rahmen sowohl der (kommerziellen) Marktkommunikation als auch der (nicht-kommerziellen) institutionellen Kommunikation (→ Kommunikations-Mix).

Interpretiert man „Strategie" als bewusstes Prioritätensetzen, so können mit dem Begriff der Kommunikationsstrategie zwei grundsätzliche Bedeutungsrichtungen angesprochen sein:

(1) Priorisierung gewisser *Kommunikationsziele*: Es muss festgelegt werden, mit welcher Vorrangigkeit spezielle Ziele durch Kommunikationsanstrengungen erreicht werden sollen (→ Werbeziele).

(2) Priorisierung gewisser *Kommunikationsanstrengungen*: Es muss festgelegt werden, mit welcher Vorrangigkeit spezielle Kommunikationsanstrengungen zur Zielerreichung ergriffen werden sollen.

Im Rahmen beider Bedeutungsrichtungen eröffnet sich weiterer strategischer Entscheidungsspielraum, wenn auch hinsichtlich der Dimensionen „Art", „Zielpersonenrichtung", „Objektbezug" und „Zeitbezug" der Ziele bzw. Anstrengungen ein Setzen von Prioritäten erwogen wird. Aus diesem Denkrahmen ergeben sich je nach betrachteter Strategiedimension vielfältige Teilaspekte einer Kommunikationsstrategie. Die *Abbildung* schematisiert die verschiedenen Dimensionen und somit Teilaspekte des Begriffs Kommunikationsstrategie.

Bei *zielbezogener* Interpretation der Prioritätsentscheidungen geht es um folgende Teilaspekte einer Kommunikationsstrategie:

– Schwerpunkte hinsichtlich gewisser Zielarten, die mit der Kommunikationsarbeit vorrangig verfolgt werden (Beispiel: → Aktualisierungswerbung versus → Positionierungswerbung; Auslösen von Kaufentschlüssen versus Aufklärung des Kunden);

Denkrahmen zu den Interpretationsmöglichkeiten des Begriffs „Kommunikationsstrategie"

Kommunikationsstrategie als Prioritätenentscheidung bezüglich der Vorrangigkeit	
der verfolgten **Kommunikationsziele**	und/oder der ergriffenen **Kommunikationsanstrengungen**
...in gewisser **Art**,	
...bei gewissen **Zielpersonen**(gruppen),	
...für gewisse **Objekte**,	
...für gewisse **Zeitabschnitte**.	

- Schwerpunkte hinsichtlich gewisser Zielgruppen, bei denen Kommunikationsziele verfolgt werden (Beispiel: Nicht-Verwender zu Kaufinteressenten machen versus Steigerung der Verwendungsintensität bei Verwendern einer Marke);
- Schwerpunkte hinsichtlich der Objekte (z.B. Produkte, Marken, Einkaufsstätten), die Gegenstand der Kommunikationsarbeit sind (Beispiel: Imageveränderung bei einer Markenfamilie versus Imageveränderung bei einer Einzelmarke; Steigerung der Kundenfrequenz eher in Filiale X, weniger in Filiale Y);
- Schwerpunkte hinsichtlich der Zeitabschnitte, in denen Kommunikationsziele verwirklicht sein sollen (Beispiel: Zeitlich punktuelle Bekanntheitsgradspitzen erreichen versus kontinuierliche Bekanntheitsgradhöhe pflegen).

Bei *anstrengungsbezogener* Interpretation der Prioritätsentscheidungen geht es um folgende Teilaspekte einer Kommunikationsstrategie:

- Schwerpunkte hinsichtlich gewisser Arten von Kommunikationsanstrengungen (z.B. Kommunikationsinstrumente), die vorrangig eingesetzt werden (→ Kommunikations-Mix; → Mediastrategie; Beispiel: Reine Printkampagne versus reine TV-Kampagne);
- Schwerpunkte hinsichtlich gewisser → Zielgruppen, auf die ein hoher Teil der Anstrengungen entfällt (Beispiel: Ein großer Teil der Kommunikationsanstrengungen erfolgt verwendergerichtet, ein kleiner Teil erfolgt handelsgerichtet; Pull- versus Push-Strategie);
- Schwerpunkte hinsichtlich der Objekte, für die gewisse Kommunikationsanstrengungen erfolgen (Beispiel: Forcierung spezieller Produkte eines Sortiments; Konzentration der Anstrengungen auf spezielle Standorte bzw. Filialen einer Handelsorganisation);
- Schwerpunkte hinsichtlich der Zeitabschnitte, in denen Anstrengungen ergriffen werden (Beispiel: Zeitlich verteilter versus zeitlich massierter Kommunikationsdruck; → Werbetiming).

Beide Entscheidungsdimensionen sind möglichst konsistent zueinander zu planen, sodass in sich schlüssige Konzeptionen entstehen. Eine konsistente Strategie liegt dann vor, wenn aufgrund zu erwartender Wirkungen und Entwicklungen eigene Anstrengungen zielkonform bzw. Ziele anstrengungskonform geplant werden (s.a. → Werbeplanung, → Mediaplanung).

Kommunikationsstrategien können sich sowohl beim Einsatz einzelner als auch im Zusammenspiel mehrerer Kommunikationsinstrumente niederschlagen. Die hier aufgezeigten Strategiedimensionen sind bei Entscheidungen innerhalb einzelner Kommunikationsinstrumente, wie z.B. der klassischen → Werbung, der → persönlichen Kommunikation usw., als Entscheidungsaufgaben analog anzutreffen. Sie werden dann z.B. als „werbestrategische" oder „verkaufsstrategische" Entscheidungsprobleme bezeichnet. H.St.

Literatur: *Schmidt, R.:* STAR LIGHT: Marktkommunikationsstrategie für ein mittelständisches Invest-Yuter-Unternehmen, in: *Deutsche Marketing Vereinigung* (Hrsg.): Marketing-Erfolg trainieren, Stuttgart 1994, S. 133–158.

Kommunikationsverband.de

ursprünglich unter der Bezeichnung „Bund Deutscher Werbeberater und Werbeleiter" (BDW) bzw. Deutscher Kommunikationsverband 1953 gegründeter Verband von Institutionen und Personen der → Werbewirtschaft. Er versteht sich heute als die gemeinsame Plattform für alle in der Kommunikationsarbeit tätigen Personen, Institutionen und Unternehmen. Der satzungsmäßige Zweck des Verbandes ist, die Interessen der Kommunikationswirtschaft zu vertreten.

Der Verband ist regional untergliedert und mit rd. 3.000 Mitgliedern einer der größten Berufsverbände im Bereich des Marketing. Er besteht aus der Bundesversammlung, dem Präsidium, den Clubs, den regionalen Verbänden und den Fachgruppen/fachlichen

Organisationen. Adresse: Adenauerallee 118, 53113 Bonn, Telefon: ++49 -228/9 49 13-0, Telefax: ++49 -228/9 49 13-13, E-mail: info@kommunikationsverband.de, URL: www.kommunikationsverband.de.

Kommunikationsziele → Werbeziele

Komparativer Konkurrenzvorteil (KKV) → Wettbewerbsvorteil

Kompatibilität

Der Hersteller eines Produktes darf nach der Rechtsprechung des BGH zu § 1 UWG bei der → Produktgestaltung den Gebrauchszweck und die Verkäuflichkeit des Erzeugnisses beachten und dabei auch einem erkannten Kompatibilätsinteresse potentieller Abnehmer Rechnung tragen. Die Befriedigung eines Ersatz- oder Ergänzungsbedarfs durch die Produktion und den Vertrieb von Erzeugnissen, die mit den Konkurrenzprodukten eines Mitbewerbers verbaubar und gegen diese austauschbar (= kompatibel) sind, ist grundsätzlich wettbewerbsrechtlich zulässig, wenn kein Sonderrechtsschutz (Patent, Gebrauchsmuster, Geschmacksmuster) besteht. Dies gilt auch für die Herstellung von kompatiblen Ersatz- oder Zubehörteilen. Kompatibilität als solche begründet keine wettbewerbsrechtliche Unzulässigkeit. Dies gilt auch, wenn der Hersteller mit der Hauptware erst den Markt eröffnet hat. Diese für das → Systemgeschäft wichtigen Grundsätze erfahren eine Einschränkung beim sog. Einschieben in eine fremde Serie. Die Unlauterkeit ist hier nach der Rechtsprechung darin begründet, dass der Nachahmer sein Produkt bei einem fortlaufenden Ergänzungsbedarf in die fremde Serie einschiebt und dadurch den Erfolg der fremden Leistung auf sich ableitet und für sich ausbeutet, obwohl ihm eine Fülle von altenativen Gestaltungen zur Verfügung steht. H.-J.Bu.

Kompensationsartikel → Preistypen

Kompensationsgeschäft (Counter Trade)

Kompensationsgeschäfte (Gegengeschäfte) stellen eine Sonderform betrieblicher Auslandsaktivitäten dar (→ Außenhandelsfinanzierung). Es handelt sich dabei um Geschäfte, bei denen Wirtschaftssubjekte wechselseitig Realgüter (also z.B. Sachgüter und/oder Dienstleistungen) aneinander abgeben, unabhängig davon, ob zusätzliche Zahlungen erfolgen oder nicht. Kompensationsgeschäfte werden hier also auftragsbezogen definiert.

In der Praxis hat sich eine Vielzahl von Kompensationsgeschäftstypen herausgebildet (im internationalen Raum werden diese Geschäfte i.d.R. als Countertrade-Geschäft bezeichnet. Die einfachste Form des Kompensationsgeschäftes besteht in der Vornahme eines reinen Waren-Tauschgeschäftes (Barter), bei dem eine Unternehmung A eine bestimmte Menge eines Realguts an Unternehmung B verkauft und als Gegenleistung eine bestimmte Menge eines anderen Realgutes erhält. Da die Regelung eines Geschäftes und Gegengeschäftes in einem Vertrag die Handhabung von Kompensationsgeschäften erheblich erschwert, vollziehen sich Kompensationsgeschäfte in der Praxis häufig als *Parallelgeschäfte*. Bei Parallelgeschäften (Counterpurchase) werden die Exportlieferung und die entsprechende Gegenabnahmeverpflichtung in zwei getrennten Verträgen geregelt. Damit wird der gesamte Tauschakt in zwei halbe Tauschakte zerlegt, die jeweils durch Geld abgegolten werden. In den vergangenen Jahren haben sich mit zunehmendem Maße komplexere Formen des Countertrade etabliert. Hierzu gehört z.B. das *Buy-Back-Geschäft*, bei sich dem die Gegenabnahmeverpflichtung auf die mit einer Anlage produzierten Güter bezieht.

Die Gründe für die Durchführung von Kompensationsgeschäften sind vielfältig. Sie sind vor allem in der Devisenknappheit einzelner Länder, der Zielsetzung der Export- und Wirtschaftsförderung der beteiligten Länder, der Erlangung von Wettbewerbsvorteilen durch das Angebot von Vermarktungshilfen und dem Fehlen von leistungsfähigen Absatzorganisationen in anderen Ländern zu sehen. K.B.

Literatur: *Schuster, F.:* Countertrade professionell. Barter-, Offset- und Switchgeschäfte im globalen Markt, Wiesbaden 1988.

Kompensationshandel

Ein insbesondere im internationalen Marketing weit verbreitetes Instrument ist der Kompensationshandel, der auf dem Gedanken einer gegenseitigen Belieferung von Transaktionspartnern beruht. Die Initiative hierzu geht vielfach von dem Unternehmen aus, welches im Zuge der Markterschließung neue Abnehmer sucht, die insbesondere aufgrund von Finanzierungsschwierig-

Kompensationskalkulation

keiten sowie aus eigenen Vermarktungsinteressen ihrerseits Produkte ihres Sortiments abgeben. Der Barter sowie das → Dreiecksgeschäft stellen typische Varianten des Countertrade dar, der sowohl in einem einmaligen Güteraustausch als auch in einer langfristigen Lieferbeziehung abgewickelt werden kann. Durch die Gegenlieferung stellt sich die Frage der Eigenverwendung bzw. Fremdvermarktung der Kompensationsware. Um Gegengeschäfte im weiteren Sinne handelt es sich, wenn bestehende Geschäftsbeziehungen dazu verwendet werden, das Anbieter-Nachfrager-Verhältnis wechselseitig auszunutzen, sofern die jeweils angebotenen Güter und Dienstleistungen sich dafür eignen (z.B. Stahlhersteller und Maschinenbauer).

W.H.E.

Literatur: *Schuster, F.:* Gegen- und Kompensationsgeschäfte als Marketing-Instrumente im Investitionsgüterbereich, Berlin 1979. *Schuster, F.:* Countertrade professionell. Barter-, Offset- und Switchgeschäfte im globalen Markt, Wiesbaden 1988.

Kompensationskalkulation
→ Ausgleichskalkulation

Kompensationstechnik
→ Verkaufsargumentation

Kompensatorische Heuristik
→ Kaufentscheidungsheuristiken

Kompetenz

1. Im Rahmen der → Marketingorganisation geregelte Zuständigkeiten bestimmter Stelleninhaber, z.B. → Preisfestsetzungskompetenz;
2. Im Rahmen der Produkt- und Kommunikationspolitik insb. im → Investitionsgütermarketing benutztes Konstrukt zur Kennzeichnung der Fertigkeiten (epistemische K.) und Fähigkeiten (heuristische K.), die einem Unternehmen zugeordnet werden, um Probleme des Kunden zu lösen. Die im Unternehmensimage enthaltenen, subjektiv vom Kunden wahrgenommenen Kompetenzen dienen v.a. bei Erfahrungs- und Vertrauensgütern als Ersatz für direkte Qualitätsprüfungen vor dem Kauf und erlangen deshalb dort erheblichen Einfluss auf die Kaufentscheidung (s.a. → Dienstleistungsqualität). Dies erfordert unternehmensseitig entsprechende Aktivitäten zur Sichtbarmachung und Profilierung der eigenen Kompetenzen, etwa durch eine entsprechende → Imagepolitik, → Kompetenzzentren, → User Groups, → Referenzen und alle Aktivitäten zur Gestaltung der → Corporate Identity.

Im Zeichen der Neuordnung von → Wertschöpfungsketten dienen die sog. → Kernkompetenzen zur Zuweisung bestimmter Prozesse an die Elemente eines Wertkettensystems (s.a. → Systemgeschäft). Dabei handelt es sich oft um spezifische → Prozesskompetenzen, etwa die → FuE-Kompetenz. Im Rahmen des Beziehungsmarketing sind zusätzlich spezielle → Sozialkompetenzen aufzubauen, um die Geschäftsbeziehungen optimal steuern zu können. Das Internationale Marketing erfordert darüber hinaus → interkulturelle Kompetenzen. Schließlich ist zur vollständigen Zufriedenstellung der Kunden auch eine gewisse → Kundenkompetenz erforderlich, die – z.B. durch verständliche Gebrauchsanweisungen gefördert werden kann.

H.D.

Literatur: *Bounken, R.B.:* Dem Kern des Erfolges auf der Spur? State of the Art zur Identifikation von Kernkompetenzen, in: ZfB, 70. Jg. (2000), S. 865-885. *Krüger, W., Homp, C.:* Kernkompetenzen, in: WiSt, 27. Jg. (1998), Heft 10, S. 529-531.

Kompetenzzentren

Unter einem Kompetenzzentrum versteht man eine Einrichtung, in der die Systemphilosophie eines Anbieters oder einer Anbietergemeinschaft und die → Kompetenz zur Implementierung eines solchen Systems verdeutlicht werden soll (→ Systemgeschäft). Dazu werden die verschiedenen Komponenten und Teilsysteme des/der Anbieter so zusammengefügt, dass die Abläufe in einem integrierten Betrieb vom Entwurf bis zum Endprodukt transparent werden.

Je stärker das Leistungsangebot im Systemgeschäft durch zunehmende Anteile von Vertrauensgütern gekennzeichnet ist, umso notwendiger wird es, Medien einzusetzen, die in der Lage sind, den Kompetenzanspruch zu belegen. Da umfassende Referenzsysteme i.d.R. nicht zur Verfügung stehen, bietet es sich an, auf „Modellsysteme" bzw. „Funktionsmodelle" zurückzugreifen. Solche Modelle können als herstellereigene Versuchsanlagen angesehen werden, die es dem Anbieter ermöglichen, anhand von Modellen die Glaubhaftigkeit seiner Aussagen zu belegen – und damit Kompetenz zu beweisen. Sie lassen sich auf → Messen und Ausstellungen präsentieren. Die ins Systemgeschäft drängenden Anbieter haben jedoch erkannt, dass die Periodizität und Diskontinuität von Messen und Ausstellungen nicht ausreichen, um den Kompetenznachweis permanent zu erbringen. Insofern wurden speziell in diesem Geschäft Kompetenzzentren aufgebaut, in denen das Modellsystem permanent zur Demonstration zur Verfügung steht. K.B

Literatur: *Kleinaltenkamp, M.; Rohde, H.*: Mit Kompetenzzentren Barrieren überwinden, in: Absatzwirtschaft, Heft 11, 1988, S. 106 – 115.

Komplementäre Güter
→ Konkurrenzforschung

Komplexitätskosten

Im → Marketing-Controlling relevante Kostenkategorie. Komplexitätskosten entstehen im Marketing vor allem durch Erweiterung der Wertschöpfungstiefe bestimmter Unternehmen (zusätzliche Fixkostenblöcke, vergrößerter Koordinationsaufwand, Beeinträchtigung der Unternehmensflexibilität), durch Ausdehnung des Produktprogramms und der oft dabei bezweckten → Individualisierung des Leistungsangebots (erhöhter Entwicklungs-, Fertigungs-, Vertriebs-, Ersatzteil-, Lagerhaltungs- und Verwaltungsaufwand) sowie in gewissen Fällen durch Zentralisierung funktionaler Aktivitäten (Steigerung des Koordinationsaufwandes). Direkte Komplexitätskosten verändern sich direkt proportional mit der Komplexität, z.B. entsprechend der Vielfalt von Programmen und Wertschöpfungsprozessen. Indirekte Komplexitätskosten treten in Form von Opportunitätskosten auf, indem bspw. Ressourcen zur Bewältigung der Komplexität verwendet werden, obwohl sie anderswo sinnvoller bzw. Gewinn bringender eingesetzt werden könnten (entgangene Deckungsbeiträge; Kannibalisierungseffekte). Nach Schätzungen der Praxis machen die Komplexitätskosten zwischen 20–50% der den einzelnen Produkten nicht zurechenbaren Gemeinkosten aus. K.Sch.

Literatur: *Hungenberg, H.*: Komplexitätskosten, in: *Fischer, T.M.* (Hrsg.): Kostencontrolling. Neue Methoden und Inhalte, Stuttgart 2000, S. 541–552. *John Hagel III*: Managing complexity, in: The McKinsey Quarterly, Spring 1988, S. 2–23.

Komponentenmarke
→ Ingredient Branding

Konditionenempfehlung
→ Empfehlungen

Konditionenpolitik

Als Teilbereich der → Preispolitik umfasst die Konditionenpolitik eine spezielle Gruppe von → Marketing-Instrumenten bzgl. des systematische Verhaltens eines Anbieters bei der Konditionengewährung gegenüber seinen Abnehmern. Dies betrifft sowohl das Verhalten von Herstellerunternehmen als auch das Verhalten von Handelsunternehmen. Die *Abb.* systematisiert die möglichen Marktteilnehmer-Konstellationen der Konditionenpolitik.

Mögliche Marktteilnehmerkonstellationen der Konditionenpolitik

Anbieter als \ Abnehmer als	Absatzmittler (Händler)	Verwender
Hersteller	Handelsgerichtete Konditionen des Herstellers	Verwendergerichtete Konditionen des Herstellers
Absatzmittler (Händler)	Einzelhandelsgerichtete Konditionen des Großhändlers	Verwendergerichtete Konditionen des Einzelhandels

Konditionen sind zwischen Anbieter und Abnehmer vereinbarte, an besondere Umstände gekoppelte abnehmerspezifische Modifikationen der ansonsten üblichen (Standard-) Bemessung von Anbieter-Leistungen und/oder von Abnehmer-Gegenleistungen bei Markttransaktionen. Sie stellen somit eine Form der differenzierten Marktbearbeitung dar und stehen in engem Zusammenhang mit der → Preisdifferenzierung und der → Preisdurchsetzung. Abnehmerspezifische Modifikationen der Standard-Anbieterleistung erfolgen etwa bei der Einräumung spezieller Rechte für den Abnehmer (z.B. Umtausch- oder Rückgaberecht, Garantierechte), der abnehmergerichteten Gewährung spezieller Sach- oder Geldzuwendungen (z.B. Werbekostenzuschüsse, Produktproben) oder der Übernahme spezieller Logistikleistungen seitens des Anbieters (z.B. Erfüllung logistischer Sonderwünsche). Modifikationen der Standard-Gegenleistung eines Abnehmers bestehen z.B. in erhobenen Aufschlägen bzw. gewährten Nachlässen auf den Listenpreis (Preismodifikationen) oder in besonders lang vereinbarten Zahlungsfristen. Die jeweiligen Standards spiegeln sich in den → Listenpreisen wider und ergeben sich aus → Allgemeinen Geschäftsbedingungen oder Branchenusancen.

Abweichungen vom Standard können sowohl für die Anbieter- als auch die Abnehmerseite „nach oben" oder „nach unten" vereinbart werden. Im Rahmen z.B. der Preismodifikationen führt dies somit entweder zu Preisaufschlägen (z.B. Mindermengenzuschlägen, Transportkostenzuschlägen) oder Preisabschlägen (z.B. → Rabatten). Solche monetär präzisierbaren Bestandteile der Konditionengewährung werden durch Rechnungsaufschlag bzw. -abzug oder durch separate Geldzahlungen abgerechnet.

Als Folge der vielfältigen Umstände, unter denen zwischen zwei Transaktionspartnern Abweichungen vom Leistungs- bzw. Gegenleistungsstandard vereinbart werden können, haben sich zahlreiche verschiedene Konditionenarten etabliert. Konditionenarten einer speziellen Marktteilnehmerrichtung lassen sich nach unterschiedlichen Kriterien (Anlässen der Gewährung, Art der Gewährung, Zeitpunkt der Gewährung u. Ä.) gliedern. Im Folgenden seien aufgrund ihres hohen wirtschaftlichen Stellenwerts die handelsgerichteten monetären Herstellerkonditionen näher untergliedert:

(1) *Kaufvolumenkonditionen*, die an ein besonderes mengen- oder wertmäßiges Kaufvolumen eines Abnehmers anknüpfen und im Einzelnen als Mengenrabatte und/oder als Umsatzrabatte auftreten (→ Nicht-Lineare Preise);

(2) *Kaufzeitpunktkonditionen*, die an einen Bestelleingang zu einem für den Anbieter günstigen Zeitpunkt anknüpfen (z.B. Frühbezugsrabatte, Auslaufrabatte; s.a. → Yield Management);

(3) → *Zahlungskonditionen*, die an besondere Vereinbarungen über die Abwicklung von Zahlungsvorgängen anknüpfen (z.B. Gewährung von Skonto, Inkassovergütung);

(4) → *Logistikkonditionen*, die an besondere Vereinbarungen über die physische Distribution auszuliefernder Ware anknüpfen (z.B. Palettenrabatt);

(5) → *Marktbearbeitungskonditionen*, die an besondere Marktbearbeitungsaktivitäten eines Handelspartners für den jeweiligen Hersteller anknüpfen (z.B. Führen des Herstellersortiments, besondere Warenpräsentation, spezielle Werbeaktivitäten);

(6) *Marktinformationskonditionen*, die an besondere Vereinbarungen über die Bereitstellung oder den Austausch von Marktinformationen anknüpfen.

Diese Gliederung lässt sich prinzipiell auch der verwendergerichteten Konditionenpolitik im Konsum- und Investitionsgütermarketing zugrundelegen, wobei als Marktbearbeitungskonditionen z.B. die Werbeprämien für Abonnentenakquisition im → Verlagsmarketing zu betrachten sind.

Anhaltspunkte zur Gewährung einzelner Konditionenarten im Rahmen einer Geschäftsbeziehung ergeben sich aus dem → Konditionensystem des Anbieters bzw. aus den Konditionenforderungen des Abnehmers. Da Anbieter- und Abnehmervorstellungen bezüglich der im Einzelfall zu gewährenden Konditionenhöhe naturgemäß selten harmonieren, resultiert eine Einigung stets auch aus dem machtbedingten Einlenken eines der Beteiligten.

Das Ausmaß der Konditionengewährung eines Anbieters ist von diesem stets mit Blick auf rechtliche Aspekte (→ Rabattgesetz, → Zugabeverordnung, → UWG, → GWB), insbesondere aber unter Berücksichtigung seiner unternehmerischen Zielsetzungen (z.B. Gewinnstreben, Umsatzstreben, Marktanteilsstreben, Liquiditätsstreben, Streben nach Planungssicherheit) zu entscheiden. Systematische Entscheidungshilfen liegen dazu bislang lediglich in partiellen Ansätzen vor. H.St.

Literatur: *Keller, D.:* Herstellerkonditionen und Handelsleistungen. Theoretische Grundlagen und Ansatzpunkte einer Systemgestaltung, Frankfurt a.M. usw. 1991. *Schaal, P.:* Rabatt- und Konditionenpolitik, in: *Poth, L.* (Hrsg.): Marketing, 2. Aufl., Neuwied 1986, Abschnitt 32. *Steffenhagen, H.:* Konditionengestaltung zwischen Industrie und Handel – leistungsbezogen, systematisch, professionell, Wien 1995.

Konditionenspreizung

ergibt sich aus der abnehmerspezifischen, differenzierten Gewährung von Konditionen im Rahmen der → Konditionenpolitik eines Anbieters. Das Ausmaß der Konditionenspreizung eines Anbieters ist quantifizierbar als der Unterschied zwischen dem

niedrigsten und höchsten Konditionenprozentsatz, den ein Anbieter seinen unterschiedlichen Abnehmern bei der Konditionengewährung einräumt. Auf diese Weise wird allerdings lediglich die monetäre Konditionengewährung erfasst. Die Spreizung resultiert entweder aus einem prinzipiengestützten → Konditionensystem oder aus einem machtbedingten Einlenken des Anbieters bei Preisverhandlungen.
Eine starke Konditionenspreizung wird als wettbewerbsrechtlich bedenklich eingestuft, da damit gegen das Verbot der → Diskriminierungs des GWB verstoßen wird, wenn für das Ausmaß der Spreizung kein sachlich rechtfertigender Grund vorliegt. Aus dieser Perspektive erklärt sich das Bemühen vieler Anbieter um Konditionensysteme, in denen die Konditionengewährung an klar abgegrenzte und abgestufte Abnehmerleistungen gekoppelt wird. H.St.

Literatur: *Diller, H.:* Rabattspreizung, in: WiSt, 10. Jg., S. 188-190. *Böger, R.:* Konditionenspreizung der Hersteller gegenüber dem Lebensmittelhandel, Jöllingen 1990.

Konditionensysteme

bilden das Regelungswerk einer systematischen, an Prinzipien orientierten → Konditionenpolitik. In einem Konditionensystem wird von einem Anbieter festgelegt, unter welchen Voraussetzungen welche Konditionen in welcher Form und Höhe an wen gewährt werden sollen. Eine monetäre, mit Warengeschäften gekoppelte Konditionengewährung, die als abnehmerspezifische Preismodifikation (→ Preisdifferenzierung) bei Markttransaktionen interpretiert werden kann, bewirkt die Überführung des → Listenpreises einer Ware in den Nettopreis dieser Ware für den jeweiligen Abnehmer.
Im Einzelnen sind folgende systembildende Gestaltungsentscheidungen zu treffen:

- *Geltungsbereich* des Systems (z.B. für welche Sortimentsteile, für welche Regionen u. Ä.);
- *Anlässe* bzw. *Grundlagen* der Konditionengewährung (z.B. spezielle Konditionenarten für festgelegte Abnehmerleistungen);
- *Höhe* der Konditionengewährung (z.B. Prozentsatz einer Bezugsbasis);
- *Bezugsbasis* der Konditionengewährung (z.B. Listenpreis, durch Vorwegabzüge ermäßigter Listenpreis);
- *Form und Zeitpunkt* der Konditionenabrechnung (z.B. per Rechnungsabzug, separate Geldzahlung; bei jedem Auftrag, am Jahresende);
- *Wertdimension* der Konditionengewährung (z.B. in Geld, in Naturalien);
- *Adressaten* der Konditionengewährung (z.B. Einzelkunden, Zentralen einer Handelsorganisation).

Die schwierigsten Entscheidungen sind hierbei die Kopplung von Konditionenarten an Merkmale oder Verhaltensweisen der Abnehmer sowie die Festlegung der dafür zu bemessenden Konditionenhöhe. Beide Entscheidungen setzen im Rahmen der sog. leistungsorientierten Konditionenbemessung nicht nur eine Erfassung abgestufter Anbieter- und Abnehmerleistungen, sondern auch eine Prognose von Wirkungen der Konditionengewährung auf die Zielerreichung des Anbieters voraus. Letztere ergibt sich als Folge des konditionenbedingten Verhaltens des Abnehmers.

Wichtige Schritte zur Entwicklung eines Konditionensystems für einen Anbieter sind die folgenden:

(1) Diagnose der bislang gewährten Konditionen(arten), aufgegliedert nach Adressaten, Sortimentsteilen etc.;
(2) Kennzeichnung operationaler Grundlagen der Konditionengewährung (z.B. Merkmale von Abnehmern, Abnehmerleistungen für den Anbieter);
(3) Ableitung der zielentsprechenden Konditionenhöhe für einzelne Konditionenarten aufgrund einer Abnehmer-(Leistungs-)Bewertung.

Bei der Konditionensystemgestaltung handelt es sich um ein Entscheidungsproblem mit mehreren Entscheidungsvariablen, mehrfacher Zielsetzung (z.B. lang- und kurzfristiges Gewinnstreben, Umsatzstreben, Streben nach Planungssicherheit, Liquiditätsstreben) und unsicheren, mehrperiodigen Konsequenzerwartungen. Deshalb liegen umfassende Entscheidungshilfen zur Systemgestaltung (noch) nicht vor, jedoch existieren Hilfestellungen zu partiellen Aufgaben wie z.B. Checklists zur Konditionendiagnose, Modelle zur Gewährung von → Rabatten.
An die Stelle eines listenpreismodifizierenden Konditionensystems kann in der Praxis auch ein konditionales *Nettopreissystem* treten, bei dem für jede denkbare Geschäftsbeziehung bzw. Markttransaktion zwischen

Konditionierung (klassische Konditionierung)

dem Anbieter und den Abnehmern ein spezieller Tarif als Nettopreis vorgesehen wird. Bei der Festlegung der Tarife müssten allerdings vielfältige, prinzipiell denkbare Anbieter- und Abnehmerleistungskombinationen im Voraus fixiert und bewertet werden. Dies ist weniger praktikabel als die Fixierung von Prinzipien, nach denen im Einzelfall Leistungsaufteilungen zwischen Anbieter und Abnehmer zu erfassen, zu quantifizieren, zu bewerten und in konditionenbedingte Listenpreismodifikationen zu „übersetzen" sind. Insofern ist das Bemühen vieler Anbieter verständlich, ein prinzipiengestütztes Konditionensystem zu gestalten.

H.St.

Literatur: *Keller, D.:* Herstellerkonditionen und Handelsleistungen. Theoretische Grundlagen und Ansatzpunkte einer Systemgestaltung, Frankfurt a.M. usw. 1991. *Steffenhagen, H.:* Konditionengestaltung zwischen Industrie und Handel – leistungsbezogen, systematisch, professionell, Wien 1995. *Härdtl, G.:* Informationsgrundlagen zur leistungsbezogenen Konditionengewährung. Leistungsindikatoren, Messmöglichkeiten und Informationssysteme, Wiesbaden 1994.

Konditionierung (klassische Konditionierung)

gehört zu den → Lerntheorien. Das zugrunde liegende Prinzip lautet: Wird ein Reiz, der für das Individuum zunächst keine Bedeutung hat und keine Reaktion auslöst (neutraler Reiz), wiederholt kurz vor und während der Darbietung eines anderen Reizes, der aufgrund angeborener Reiz-Reaktions-Verknüpfung eine „unbedingte" Reaktion auslöst (unbedingter Reiz), dargeboten, so löst schließlich auch der ursprünglich neutrale Reiz diese Reaktion aus. Das Individuum hat dann gelernt, auf den ursprünglich neutralen Reiz zu reagieren, der Reiz wurde konditioniert. Grundlage dieses Lernprozesses ist die räumliche und zeitliche Nähe (→ *Kontiguität*) der beiden Reize. Bei Konditionierungen höherer Ordnung werden bereits konditionierte Reize als unbedingte Reize verwandt. Zur Veranschaulichung dient das klassische Experiment von *Pavlow*: Einem Hund wurde Futter, auf das als Reaktion Speichelfluss auftrat, gemeinsam mit dem neutralen Reiz eines Glockentones dargeboten. Nach mehreren Wiederholungen genügte schon die Glocke allein, um die Reaktion Speichelsekretion hervorzurufen.

Die Technik der klassischen Konditionierung wird in der Werbung v.a. zur *emotionalen Konditionierung* von Werbeempfängern benutzt (→ Emotionale Werbung). Die Empfänger von Werbebotschaften sollen dabei lernen, Markennamen mit bestimmten Emotionen zu verknüpfen. In einem inzwischen als klassisch zu bezeichnenden Experiment (HOBA-Experiment) gelang *Kroeber-Riel* der Wirkungsnachweis für das Prinzip der emotionalen Konditionierung im Bereich des Konsumverhaltens. Emotionale Konditionierung ist nach vorliegenden Erkenntnissen besonders erfolgreich, wenn die Produkte nicht erklärungsbedürftig sind oder wenn sachliche Informationen nicht interessieren, weil sie bei sämtlichen Marken als gleich vorausgesetzt bzw. gleich wahrgenommen werden (Low-Involvement-Bedingungen). Von der klassischen Konditionierung ist die instrumentelle oder operante Konditionierung zu unterscheiden, die auf dem Prinzip des Lernens nach dem → Verstärkerprinzip aufbaut.

G.M.-H./F.-R.E.

Literatur: *Kroeber-Riel, W.; Weinberg, P.:* Konsumentenverhalten, 7. Aufl., München 1999.

Konfessionelle Presse

Sammelbezeichnung für Publikationen, die von Kirchen, vornehmlich von den beiden großen christlichen Konfessionen, den ihnen angeschlossenen oder nahe stehenden Verbänden und Gruppen oder auch von kirchlich-profilierten Persönlichkeiten herausgegeben werden. Inhaltlich ist die konfessionelle Presse auf kritische Meinungsbildung über alle bedeutenden kirchlichen und gesellschaftlichen Vorgänge aus christlicher Sicht ausgerichtet und wird fast ausschließlich im Abonnement vertrieben.

Im Fachverband Konfessionelle Presse innerhalb des Verband Deutscher Zeitschriftenverleger (VDZ) sind konfessionelle Verleger beider Konfessionen zusammengeschlossen. Ihm gehören z.Zt. Zeit 41 Mitgliedsverlage mit 140 Titeln und einer verkauften Auflage von rund fünf Millionen an. Der Fachverband vertritt die Interessen von Frauen-, Familien- und Jugendzeitschriften, Kirchengebiets- und Bistumszeitschriften. Der Markt der konfessionellen Zeitschriften ist überwiegend regional organisiert. Die einzelnen Titel stehen nicht im Wettbewerb zueinander. Zur Profilierung der konfessionellen Zeitschriften als → Werbeträger hat vor allem die „KON-

PRESS Anzeigen e.G." mit ihrem Engagement in den führenden neutralen Werbeträgeranalysen beigetragen. Die „KONPRESS" entstand 1970 durch den Zusammenschluss von 44 konfessionellen Wochenzeitungen beider Konfessionen. Die KONPRESS-Werbeträger konzentrieren ihre Leserschaft in den oberen Altersgruppen und verfügen damit über eine reichweitensteigernde Ausgleichsfunktion gegenüber anderen Medien, die dieses Bevölkerungssegment nicht so gezielt erreichen. Die enge Leser-Blatt-Bindung findet ihre Ausprägung in dem hohen Anteil der Kernleserschaft von über 75%. Sie ist besonderer Ausdruck der Leserschaftstreue, die auch mit der hohen Glaubwürdigkeit der Redaktion korrespondiert.
Adresse: Konpress Anzeigen e.G., Kurfürstenwall 19, 45657 Recklinghausen. B.Sa.

Konfidenz → Assoziationsanalyse

Konfidenzintervall (Vertrauensbereich)

gibt im Rahmen der → Inferenzstatistik an, in wie viel Prozent aller Stichproben einer Grundgesamtheit (→ Stichprobenverteilung) erwartet werden kann, dass der – unbekannte – „wahre Wert" der Grundgesamtheit in den Grenzen des Intervalls liegt (→ Vertrauenswahrscheinlichkeit).

Konfiguration

bezeichnet in der → Mehrdimensionalen Skalierung (MDS) die Konstellation aller im Wahrnehmungsraum positionierten Stimuli.

Konfigurator
→ Angebotssysteme, computergestützte

Konfirmatorische Faktorenanalyse (KFA)

Modellansatz der → Faktorenanalyse, bei dem inhaltliche Kriterien die Schätzung der Faktoren bestimmen. Während in der traditionellen (exploratorischen) Faktorenanalyse die Zuordnung der Variablen zu den Faktoren und die Größe der → Faktorladungen das Ergebnis der Analyse sind, das z.T. von der Methode beeinflusst wird, erfolgt in der KFA die Zuordnung der Variablen zu den Faktoren *vor* der Analyse nach inhaltlichen Gesichtspunkten. Der Modellansatz beruht auf der → Maximum-Likelihood-Faktorenanalyse mit der Möglichkeit Restriktionen auf die Parameterstruktur zu legen. In Form eines Pfaddiagramms mit zwei Faktoren lassen sich die Modelle wie in der *Abb.* dargestellt unterscheiden, mit $\underline{x}$ dem Vektor der Beobachtungsvariablen, $\underline{\Lambda}$ der Matrix der Faktorladungen, $\underline{f}$ dem Vektor der Faktoren und $\underline{\varepsilon}$ dem Vektor der Störterme (Residuen).
ϕ steht für die Korrelation zwischen den Faktoren. In der exploratorischen Faktorenanalyse werden alle Faktorladungen (λ_{ij}) der berücksichtigten Faktoren geschätzt. Die Faktoren sind orthogonal, d.h. unabhängig voneinander ($\phi = 0$). Die Konfirma-

Pfaddiagramm mit zwei Faktoren

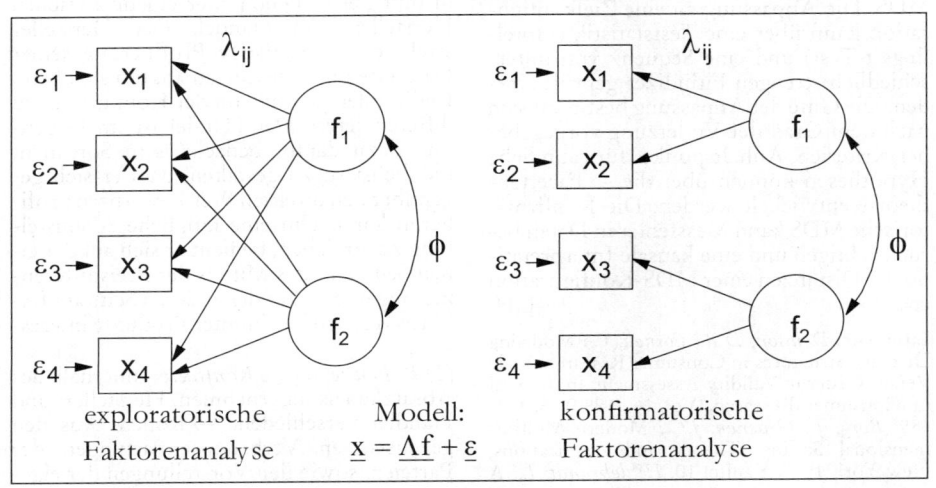

exploratorische Faktorenanalyse

Modell: $\underline{x} = \Lambda \underline{f} + \underline{\varepsilon}$

konfirmatorische Faktorenanalyse

torische Faktorenanalyse schätzt die Faktorladungen nur für die dem Faktor zugeordneten Variablen, während die übrigen Beziehungen Null gesetzt werden. Das Verfahren lässt eine oblique Lösung für die Faktoren ($\phi \neq 0$) zu und schätzt den Parameter für ϕ. Die KFA lässt sich mit Programmen der → Strukturgleichungsmethodologie (SEM) durchführen. Diese liefern Teststatistiken und Fitmaße über die Güte der Anpassung des Modells an die Kovarianzen der Daten. Eine Übersicht findet sich unter der Beschreibung des → LISREL-Ansatzes. L.H.

Literatur: *Hildebrandt, L.; Trommsdorff, V.*: Konfirmatorische Analysen in der empirischen Forschung, in: *Forschungsgruppe Konsum und Verhalten* (Hrsg.): Innovative Marktforschung, Würzburg, Wien 1983, S. 139-160. *Jöreskog, K.G.; Sörbom, D.*: Advances in Factor Analysis and Structural Equation Models, Cambridge 1979. *Hildebrandt, L.; Homburg, C.*: Die Kausalanalyse, Stuttgart 1998.

Konfirmatorische MDS

Algorithmen der → Mehrdimensionalen Skalierung (MDS) zur Einbeziehung von Konfigurationshypothesen und Vermeidung suboptimaler MDS-Lösungen aufgrund von lokalen Minima bei der Optimierung. Hypothesen oder existierende Informationen können als Restriktionen auf die Ordnung der zu schätzenden Distanzen einer MDS-Lösung gelegt und deren Anpassungsgüte an die Distanzhypothesen überprüft werden. Von der existierenden Software eignet sich das Programm KYST zur Durchführung einer Konfirmatorischen MDS. Die Anpassung an eine Zielkonfiguration kann über eine Teststatistik (Hotellings t-Test) und eine Sequenz von unterschiedlich strengen Fitindizes geprüft werden. Die Güte der Anpassung bestimmt sich nach dem Grad der Verletzung vorgegebener Kriterien. Anhaltspunkte für räumliche Hypothesen können über die → Facettentheorie entwickelt werden. Die Konfirmatorische MDS kann Messfehler in Daten berücksichtigen und eine kausale Interpretation der Distanzen einer MDS-Konfiguration erlauben. L.H.

Literatur: *Denison, D.R.; Fornell, C.*: Modeling Distance Structures in Consumer Research: Scale Versus Order in Validity Assessment, in: Journal of Consumer Research, Vol. 16 (1990), S. 479-489. *Borg, I.; Groenen, J.C.*: Modern Multidimensional Scaling. Theory and Applications, New York 1997, Kapitel 10. *Hildebrandt, L.*: A Facet Theoretical Approach for Testing Measurement and Structural Theories. An Application of Confirmatory MDS, in: *Lutz, R.J.* (Hrsg.): Advances in Consumer Research, Vol. XIII, Provo 1986.

Konflikte, soziale

Interessengegensatz zwischen Personen und Gruppen, der aus unvereinbaren Zielen, unvereinbaren Vorstellungen über die Zielverwirklichung (Art des Mitteleinsatzes) und unterschiedlicher Wahrnehmungen der Realität resultieren kann (→ kollektive Kaufentscheidung). Konkurrenz stellt eine gesellschaftlich geregelte Form der Austragung von Zielkonflikten zwischen Wirtschaftseinheiten dar. E.K.

Konflikte zwischen Hersteller und Handel

Die Beziehungen im → vertikalen Marketing sind dadurch gekennzeichnet, dass es sich bei den Beteiligten um rechtlich und wirtschaftlich selbständige Unternehmen handelt, die im Rahmen der Warendistribution an den Endkunden verschiedene Aufgaben übernehmen, dabei aber individuelle Interessen verfolgen. Damit kommt den Konflikten zwischen Hersteller und Handel eine zentrale Bedeutung zu. Im Einzelnen lassen sich die folgenden zentralen Konfliktfelder unterscheiden:

(1) Zielbezogene Konflikte: Beide Parteien verfolgen das Absatzstreben als Ziel ihrer Distributionsbemühungen unter dem Primat der Gewinnmaximierung. Jedoch bestehen innerhalb der jeweiligen Präferenzordnung erhebliche Unterschiede zwischen Hersteller und Handel. Der Hersteller strebt eine langfristige Profilierung seiner Produkte und Leistungen an, um sich beim Endkunden positiv von der Konkurrenz zu differenzieren. Der Handel ist im Gegensatz dazu darauf bedacht, sein Sortiment möglichst so zu gestalten, dass er sich gegenüber den direkten Wettbewerbern profilieren kann. Um eine mögliche Alleinstellung zu erreichen, bedient er sich auf der einen Seite z.B. des Mittels der Preisdifferenzierung und ist auf der anderen Seite am Exklusivvertrieb bestimmter Produkte interessiert.

(2) Rollenbezogene Konflikte: Innerhalb des Absatzkanals übernehmen Hersteller und Händler verschiedene → Rollen. Aus den gegenseitigen Verhaltenserwartungen der Parteien, sowie den Vorstellungen der eige-

nen Funktionen, ergeben sich Rollenkonflikte, wobei der → Gatekeeperfunktion des Handels eine entscheidende Bedeutung zukommt.

Bei der Spezialisierung durch Arbeitsteilung im Absatzkanal entstand ein Rollenbewusstsein, das dem Hersteller eindeutig die Funktion des Marktgestalters zuwies. Er war verantwortlich für die Produktgestaltung, kommunikationspolitische Maßnahmen und nicht zuletzt für die Koordination im Absatzkanal. Die Absatzmittler hatten die Produkte lediglich regional zu verteilen (Großhändler) und den Konsumenten zur Verfügung zu stellen (Einzelhändler).

Heute werden dem Hersteller diese Funktionen nur noch in begrenztem Maße zugestanden, sodass seine Rolle branchenspezifisch eher an die eines Lieferanten erinnert, denn der Handel beansprucht zunehmend die Rolle des Marktgestalters und entfernt sich immer mehr von der bloßen Funktion eines Warenverteilers.

(3) *Informations- und Kommunikationsbezogene Konflikte*: Hersteller und Handel verfügen über verschiedene Arten und Quellen von Informationen. So basieren die Entscheidungen der Hersteller auf Informationen aus der Marktforschung über das Verhalten des Verbrauchers und dessen Einstellungen. Dem gegenüber besitzt der Handel Informationen über den Abverkauf der Leistungen am Verkaufsort (z.B. aufgrund von Scanningdaten). Obwohl die verschiedenen Informationen für beide Seiten von Bedeutung sind, versuchen die Partner ihr Expertenwissen exklusiv selbst zu nutzen, und den Informationsvorsprung als Druckmittel zu verwenden. Doch genau diese Einstellung führt dazu, dass die strategischen Interessen der Hersteller vom Handel oft falsch verstanden werden und durch mangelnde ständige Kommunikation Konflikte entstehen sowie wichtige Informationen im vertikalen Marketing ungenutzt bleiben (s.a. → ECR, → Category Management). T.T./M.Sch.

Literatur: *Steffenhagen, H.*: Konflikt und Kooperation in Absatzkanälen, Wiesbaden 1976.

Konfrontationsstrategie
→ Angriffsstrategie

Kongruenztheorie
im Rahmen der → Dissonanztheorie von *Osgood* und *Tannenbaum* entwickeltes Konzept zur Vorhersage von Einstellungsveränderungen (s.a. → Einstellungen). Sie basiert auf dem allgemeinen, in der Konsistenztheorie entwickeltem Theorem, dass Individuen grundsätzlich danach streben, Kongruenz zwischen ihren Einstellungen herzustellen. Kongruent sind dabei zwei in einer positiven gegenseitigen Beziehung wahrgenommenen Einstellungsobjekte, wenn sie auf einer Skala – meist einem → semantischen Differential – gleich eingestuft werden. Ist die gegenseitige Beziehung negativ, so erzeugen um den Nullpunkt der Skala symmetrische Einstufungen Kongruenz.

Tritt aufgrund neuer Informationen zwischen zwei Einstellungen Inkongruenz auf, so ergeben sich Verschiebungen auf der Beurteilungsskala, die umgekehrt proportional zur Intensität der ursprünglich vertretenen Einstellungen sind. Wird z.B. über die „Stammmarke" eines Konsumenten negativ berichtet, wird sowohl die Haltung zu diesem Produkt negativ beeinflusst als auch die Haltung zur Informationsquelle skeptischer. H.D.

Königsberger System
→ Konsumentenkredite

Konjekturale Strategie
Im Gegensatz zur Autonomiestrategie wird über das strategische Vorgehen bei der konjekturalen Strategie unter Einbezug möglicher Konkurrenzreaktionen entschieden. Konjekturale Marktreaktionsfunktionen beschreiben dabei die Marktergebnisse nach entsprechender Reaktion der Wettbewerber (→ Preistheorie).

Konjunkte Analyse → Conjoint Analyse

Konjunktive Heuristik
→ Kaufentscheidungsheuristiken

Konjunkturprognose → Absatzprognose

Konjunkturzyklus
→ Branchenkonjunktur

Konkordanzkoeffizient (Kendalls W)
bei → Korrelationsanalysen rangskalierter Daten benutztes Maß zur Feststellung der Übereinstimmung zwischen zwei oder mehr Rangreihen, das nach folgender Formel berechnet wird:

$$W = 12 \sum D_i^2 / [k^2(n^3 - N)]$$

Konkurrenz

Dabei gibt k die Anzahl der Rangreihen, die Abweichung der Rangplatzsummen der einzelnen Elemente von der mittleren Rangplatzsumme und N die Zahl der in eine Rangordnung gebrachten Objekte an. Bei vollkommener Übereinstimmung wird W = 1, bei vollkommenem Fehlen von Übereinstimmungen ist W = 0.

Konkurrenz

im institutionellen Sinne die im Rahmen der → Marktabgrenzung festzulegenden Wettbewerber eines Unternehmens am jeweiligen Markt, im funktionalen Sinne die Rivalität dieser Wettbewerber im Wettbewerbsgeschehen.

Auf Vershofen zurückgehend wird bei der *Güterkonkurrenz* zwischen totaler, vertikaler und horizontaler Konkurrenz unterschieden:

Das Konzept der totalen Konkurrenz geht davon aus, dass letztlich alle angebotenen Güter um die am Markt vorhandene Kaufkraft, insbesondere das so genannte frei verfügbare Einkommen, wetteifern. Die vertikale Konkurrenz stellt ebenso wie die horizontale auf die Eignung bestimmter Güter ab, gleiche Bedürfnisse der Nachfrager befriedigen zu können. Der Unterschied zwischen beiden Varianten liegt darin, dass vertikal („sphärisch") konkurrierende Güter als physisch-funktionell ungleichartig eingestuft werden (Beispiel: Bohnenkaffee vs. Instantkaffee), während horizontaler Wettbewerb zwischen Gütern besteht, die sich hinsichtlich dieser Eigenschaften gleichen (Beispiel: Instantkaffee-Marke A und B). Abweichend davon wird im Rahmen des → vertikalen Marketing vertikaler Wettbewerb als Wettbewerb verschiedener Wirtschaftsstufen um das auf nachgelagerten Märkten realisierbare Potenzial verstanden.

Um die Stärke der (vertikalen oder horizontalen) Konkurrenzbeziehungen zu messen, bedient man sich so genannter Kreuzelastizitäten. Betrachtet man beispielsweise, wie die Absatzmenge eines Gutes auf eine Preisänderung bei einem anderen Gut reagiert, so wird der Quotient aus relativer Absatz- und relativer Preisänderung als Kreuzpreiselastizität bezeichnet. Je nachdem, ob diese Indikatoren positive oder negative Werte annehmen, diagnostiziert man substitutive oder komplementäre Güter. Die Beziehungsintensität wird dabei durch die absolute Höhe der Indikatorwerte angegeben. Je weiter also der Wert eines solchen Koeffizienten im positiven Bereich liegt, desto intensiver ist die Konkurrenz zwischen den zugehörigen Gütern.

Zur empirischen Ermittlung derartiger Kreuzelastizitäten wird im einfachsten Fall auf Erfahrungswerte zurückgegriffen, die auf der Auswertung vergangener Abverkaufsdaten beruhen. Sollen solche Auswertungen in ihrer Aussagekraft über die eines ex-post-facto Experiments hinausgehen, kann man sich z.B. kontrollierter Marktexperimente bedienen, wie sie im Rahmen kommerzieller Testsysteme, etwa von der GfK (→ BehaviorScan) oder von Nielsen, angeboten werden.

Insgesamt besitzen Informationen über Substitutionsbeziehungen zwischen Gütern sowohl unter strategischen als auch unter taktischen Gesichtspunkten eine große Bedeutung. Dies gilt gleichermaßen für Hersteller und Händler. Während Hersteller besonderes Augenmerk auf Innovationen und me-too-Produkte legen müssen, spielen substitutionale Verbundenheiten in Handelsbetrieben bei der → Sortimentspolitik, insbesondere bei der → Ausgleichskalkulation, eine wichtige Rolle.

→ Konkurrenzforschung mit Blick auf die *Konkurrenz zwischen Unternehmen* beruht auf dem Grundsatz, dass Erfolg am Markt auf Dauer nur möglich ist, wenn man die Kundenbedürfnisse auf andere Weise erfüllt als es die Wettbewerber tun. Erster Schritt ist die Identifikation der relevanten Konkurrenten. Dies erfordert neben einer zweckmäßigen → Marktabgrenzung die Ausdehnung der Analysen auch auf solche Unternehmen, die den Charakter potentieller Wettbewerber haben, also gegenwärtig noch nicht auf dem relevanten Markt tätig sind, es aber aufgrund konkreter Anhaltspunkte – etwa entsprechender Produkt-Neuentwicklungen – in Zukunft sein dürften (s.a. → Wettbewerbsdynamik). Methodisch stützen lässt sich dieser Prozess z.B. durch das Konzept der → strategischen Gruppen.

Aus der Systematisierung der zur Beurteilung der Wettbewerber erforderlichen Informationen resultieren drei Kategorien: Die erste Kategorie erfasst alle Informationen, die man der *Konkurrenz-Demographie* zurechnen kann, also vor allem Angaben über Gesellschaftsform, Eigentumsverhältnisse, Geschäftsführung, Kapitalverflechtungen, Betriebsgrößenmerkmale (wie z.B. Beschäftigtenzahl, Standortzahl oder Verkaufsfläche), Geschäftsfelder usw.

Unter die zweite Kategorie fallen Informationen, die Aufschlüsse über das *Verhalten* bzw. die *Verhaltensabsichten* der Konkurrenten geben. Dazu zählen neben direkten Hinweisen auf zukünftige Zielsetzungen und Strategien (→ Wettbewerbsstrategien) auch indirekte Aussagen, wie etwa Beurteilungen der Marktlage durch die Konkurrenten. Möglicherweise bietet das bisherige Marktverhalten Ansatzpunkte, um über ‚typische' Aktions- und Reaktionsmuster zu Aussagen über grundsätzliche Verhaltensmerkmale kommen zu können (Aggressivität, Flexibilität, Vergeltungsbereitschaft, Wettbewerbsstil etc.). Gerade in diesem Kontext spielen auch Informationen über die Aufbau- und die Ablauforganisation der Konkurrenten eine große Rolle: Aus der Analyse der Auftragsabwicklung oder des → Beschwerdemanagements lassen sich beispielsweise Erkenntnisse über die Servicebereitschaft bzw. -fähigkeit des Wettbewerber ableiten. Unter strukturellen Aspekten kann etwa die interne Segmentierung und Bildung von Fertigungsinseln oder die Anzahl der Führungsebenen bzw. die Komplexität der Leitungsspannen von Interesse sein.

Zur dritten Kategorie zählen jene Informationen, die über die *Leistungsfähigkeit* der einzelnen Konkurrenten Auskunft geben, d.h. Einblicke in gegenwärtige Stärken und Schwächen ermöglichen. Hierzu gehören Informationen über Marktanteile, Kundenzufriedenheit und -bindung, Kurswert, Qualität des technischen Know-how und der Human Resources, Rentabilität, Cash Flow, Kosten- und Erlösstrukturen, Eigenkapitaldecke, Verschuldungsgrad, Kapazitätsauslastung etc.

Einen Überblick über die zur Informationsbeschaffung zur Verfügung stehenden Quellen bietet die folgende Auswahl:

- Adress- und Börsenhandbücher, Wirtschaftsdatenbanken und Nachschlagewerke, wie z.B. das Handbuch der deutschen Aktiengesellschaften
- Außendienstmitarbeiter
- Ausstellungen
- Betriebsvergleiche, Benchmarking-Clubs
- Firmenpublikationen, wie z.B. Geschäftsberichte, Haus- und Kundenzeitschriften, Werbeschriften, Kataloge und Preislisten
- Handelsregister
- Industrie- und Handelskammern
- Kunden und Lieferanten
- Messen
- Persönliche Kontakte, wie z.B. auf Kongressen, Marktveranstaltungen oder gesellschaftliche Ereignisse
- Publikationen der Tages-, Fach- und Wirtschaftspresse
- Stellenanzeigen
- Testkäufe und (gerade im Einzelhandels- oder Dienstleistungsbereich) Testbesuche
- Veröffentlichungen der Statistischen Ämter, hier insbesondere die Fachserien 2 (Unternehmen und Arbeitsstätten), 4 (Produzierendes Gewerbe) und 17 (Preise) des Statistischen Bundesamtes
- Websites
- Wirtschaftsverbände und -forschungsinstitute

Neben eigenen Beschaffungsbemühungen ist es auch möglich, das gewünschte Material im Wege der Auftragsforschung zu besorgen. Als Auftragnehmer kommen vor allem Auskunfteien, Ausschnittbüros, Marktforschungs- und Warentest-Institute in Betracht. C.F.

Konkurrenzelastizität → Preisstrategie

Konkurrenzforschung (Competitive Intelligence)

umfasst als Teilbereich der → Marktforschung die systematische Erhebung und methodengestützte Auswertung von Daten über Aktionen und Reaktionen konkurrierender Anbieter sowie über deren Auswirkungen auf den Markterfolg eigener Produkte. Grundlegend ist das Phasenkonzept der Marktforschung auf die Konkurrenzforschung anwendbar, wobei sich allerdings hinsichtlich der Problemdefinition eine Besonderheit dergestalt ergibt, dass neben Untersuchungen bei besonderen unternehmerischen Anlässen (wie z.B. Neuprodukteinführungen, der Expansion auf neue Märkte oder der Markteintritt neuer Anbieter) auch das *permanente Monitoring* des Verhaltens der Wettbewerber zum Aufgabenspektrum der Konkurrenzforschung zu zählen ist. Für Letzteres entfällt die Abgrenzung einer expliziten Definitionsphase.

In der Designphase muss der Informationsbedarf des Managements konkretisiert werden. In konkurrenzanalytischen Studien wird dabei vorwiegend auf deskriptive Designs zurückgegriffen. Experimentelle Designs können im Rahmen von Computersimulationen des Wettbewerbsverhaltens eingesetzt werden.

Konkurrenzforschung (Competitive Intelligence)

Die Phase der Datengewinnung gestaltet sich in der betrieblichen Konkurrenzforschung deutlich aufwendiger als in der konsumentenverhaltensorientierten Marktforschung, da konkurrierende Unternehmen, im Gegensatz zu Verbrauchern, ein berechtigtes Interesse an der Geheimhaltung geplanter Aktionen und Reaktionen haben. Da direkte Befragungen somit in der Regel wenig Erfolg versprechen, kommen dem Außendienst, dem Handel sowie den so genannten „Heavy-Usern" herausragende Bedeutung als Quellen bzw. Lieferanten von Primärdaten zu. Besondere Beachtung sollte die systematische Sammlung *strategischer Signale* finden. Erste Anhaltspunkte können sich hier z.B. aus dem Besuch von Fachkonferenzen und Messen sowie der gezielten Auswertung von Unternehmensberichten, Jubiläumsschriften, Internetpräsenzen, Stellenangeboten usw. der Wettbewerber ergeben. Da auch die retrograde Beschaffung geeigneter Daten über das Wettbewerbsverhalten konkurrierender Anbieter oft nur schwer möglich ist, erscheint für eine an den konkreten Informationsbedürfnissen des Marketingmanagements ausgerichtete Konkurrenzforschung die konsequente und systematische Verwaltung der verfügbaren Datengrundlagen unerlässlich. Schon allein aus Kostengründen geht der fokussierten Primärforschung häufig eine globaler angelegte Sekundärdatenanalyse voraus. Obwohl grundsätzlich recht viele und auch unterschiedliche Quellen (z.B. Industrie- und Handelskammern, Industrieverbände sowie statistische Bundes- und Landesämter) zur Verfügung stehen, darf der Informationsgehalt solcher Sekundärdaten aufgrund ihres Aggregationsniveaus für die Konkurrenzforschung nicht überbewertet werden. Aussagen über die Wahrscheinlichkeit einzelner Aktionen oder Reaktionen bestimmter Konkurrenten sind in aller Regel nicht ableitbar. Insgesamt scheinen sowohl die Angebote an Sekundärdaten als auch die Möglichkeiten der Primärdatengewinnung für strategische Fragestellungen besser und reichhaltiger als für den taktischen Informationsbedarf im alltäglichen → Produktmanagement. Eine Ausnahme bilden POS-Scannerdaten, die oftmals neben den unmittelbar produktbezogenen Informationen auch Aufschluss über den Einsatz weiterer Promotion-Instrumente geben können.

Die in der Analysephase der Konkurrenzforschung für Datenauswertungen einsetzbaren Verfahren lassen sich entsprechend der Datenverfügbarkeit in solche für den eher strategischen und solche für den eher taktischen Informationsbedarf unterscheiden.

Verfahren der strategischen Konkurrenzforschung

Hinsichtlich des strategischen Informationsbedarfs wird vielfach auf Expertenurteile zurückgegriffen, wodurch, neben einfachen graphischen Aufbereitungen der Urteile und dem Einsatz von Scoring-Modellen, insbesondere auch Verfahren der Unternehmensplanung zum Einsatz kommen können. Zur Vorbereitung und Absicherung neuer Strategien oder Reaktionen auf besondere Ereignisse können z.B. → Stärken-Schwächen-Analysen durchgeführt werden. Relevante Dimensionen sind hier neben Kapitalausstattung, Kostensituation und Produktionskapazitäten auch Faktoren wie Kundenloyalität, wahrgenommene Produktqualität und Innovationsfähigkeit. Auf den resultierenden Stärken-Schwächen-Profilen aufbauend können dann durch geeignete Auswahl und Gewichtung wettbewerbsrelevanter Dimensionen weiterführende *Analysen der Wettbewerbsfähigkeit* einzelner Konkurrenten durchgeführt werden. Ausgehend von einschlägigen Portfolio-Modellen, wie z.B. der Marktanteil-Marktwachstum-Matrix oder der Marktattraktivität-Wettbewerbsvorteil-Matrix, kann eine Visualisierung und Beurteilung der gegenwärtigen Marktstellung der Konkurrenten sowie deren Entwicklungsmöglichkeiten erfolgen. Zur Identifikation potentieller neuer Wettbewerber bzw. entsprechender Einstiegsfelder ist das ebenfalls aus der strategischen Unternehmensplanung bekannte Schema von Abell einsetzbar. Das auf Porter zurückgehende Konzept der → Wertschöpfungskette ermöglicht zum einen die Abschätzung der Kostensituation einzelner Wettbewerber. Zum anderen liefert es Anhaltspunkte für im Hinblick auf eine bessere Befriedigung der Kundenbedürfnisse gegebenenfalls erforderliche Änderungen innerhalb des „gegnerischen" Wertschöpfungsprozesses. Auf diese Weise wird die *Antizipation strategischer Maßnahmen* der Wettbewerber angestrebt. Neben den „klassischen" Methoden und Modellen der strategischen Unternehmensplanung können in der Konkurrenzforschung aber auch noch andere qualitative Instrumente zum Einsatz kommen. Beispielsweise können durch das sogenannte „Reverse Engineering" Rückschlüsse auf Produkt- und Produktionstechnologien gezogen werden. Auch wird die Anfertigung erwerbsbiographischer Profile des Top-Managements konkurrierender Unternehmen vorgeschlagen, um auf diese Weise typische Reaktionsmuster einzelner Manager zu identifizieren. Unabhängig von der spezifischen Zielsetzung ist grundsätzlich der kombinierte Einsatz mehrerer Verfahren anzuraten, um der Komplexität des Wettbewerbs Rechnung zu tragen.

Verfahren der taktischen Konkurrenzforschung

In der taktischen und damit kurz- bis mittelfristig angelegten Konkurrenzforschung können die bekannten quantitativen Verfahren der multivariaten → Datenanalyse zum Einsatz kommen. Dabei ist grundlegend zwischen der *Analyse der Wettbewerbsstruktur* und der *Analyse des Wettbewerbsverhaltens* zu unterscheiden. Zur Untersuchung der Wettbewerbsstruktur werden häufig Mapping-Verfahren, wie z.B. die → multidimensionale Skalierung, die → Korrespondenzanalyse oder die → Faktorenanalyse, eingesetzt. Auch diskrete (non-spatiale) Wettbewerbs-Mappings, wie z.B. die aus der → Clusteranalyse zu erhaltenden Dendrogramme oder so genannte Kohonen-Netze, sind geeignete Entscheidungsgrundlagen. Mit Hilfe der aus der quantitativen Konsumentenverhaltensforschung bekannten Attraktions- und → Logit-Modelle bzw. den hieraus ableitbaren Kennzahlen (z.B. Kreuzelastizitäten) kann die Intensität von Konkurrenzbeziehungen quantifiziert werden. Die Verfahren der taktischen Wettbewerbsstrukturanalyse beruhen somit weitestgehend auf der Auswertung von Käuferurteilen bzw. des beobachteten Käuferverhaltens. Zur Analyse des Wettbewerbsverhaltens können ökonometrische und zeitreihenanalytische Ansätze herangezogen werden. Grundsätzlich ist zwischen einfachen Wettbewerbsreaktionen (Ein Konkurrent reagiert auf eine aggressive Maßnahme mit dem Einsatz desselben Marketing-Instruments.) und multiplen Wettbewerbsreaktionen (Ein Konkurrent reagiert auf eine aggressive Maßnahme mit dem Einsatz verschiedener Instrumente.) zu unterscheiden. Die einzelnen Maßnahmen werden in so genannten Reaktionsmatrizen zusammengefasst. Verfahren zur Analyse von Wettbewerbsreaktionen in Form des gleichzeitigen Einsatzes mehrerer Marketing-Instrumente können z.B. auf multivariaten Auswahlmodellen basieren.

Charakteristisches Merkmal der praxisrelevanten Verfahren zur Analyse des Wettbewerbsverhaltens ist die Beschränkung auf den behavioristischen Forschungsansatz im Sinne des Stimulus-Response-Paradigma, da den Wettbewerbern zumeist keine Einblicke in unternehmensinterne Entscheidungsvorgänge gewährt werden. In neo-behavioristischen Studien werden aus einer vornehmlich akademischen Perspektive heraus die Determinanten der Wahrnehmungsverzerrungen hinsichtlich des Wettbewerbsgeschehens sowie verspäteter oder irrationaler Wettbewerbsreaktionen untersucht. Eine Sonderform der Konkurrenzforschung bildet die aus der Industrieökonomik übernommene Analyse strategischer Gruppen, die sich durch das Bemühen um die Strukturierung von Unternehmen gemäß geeigneter Strategiemerkmale (vertikale Integration, Breite der Produktpalette, Umfang der F & E-Aktivitäten usw.) auszeichnet. Ziel dieser Analysen ist der Nachweis der Existenz dieser Gruppen und die Erforschung der Auswirkungen der verfolgten Strategien auf den langfristigen Unternehmenserfolg im Sinne des Structure-Conduct-Performance-Paradigma. Zur Abschätzung der Auswirkungen möglicher Aktionen eines Anbieters und korrespondierender Reaktionen der Konkurrenten können Computersimulationen durchgeführt werden.

In der Dokumentationsphase der Konkurrenzforschung ist schließlich auch auf die unternehmensweite Verfügbarkeit der Resultate zu achten, da zumindest größere Konzerne in aller Regel auf mehreren Märkten miteinander konkurrieren. Die Realisation eines eigenständigen computergestützten Competitive Intelligence-Systems oder entsprechender Teilmodule im Rahmen eines → Marketing-Informationssystems (MAIS) ermöglicht einen schnellen Datenzugriff und eröffnet Möglichkeiten der interaktiven Unterstützung in operativen Tätigkeiten (etwa im Außendienstbereich).

Obwohl die Konkurrenzforschung mit Ausnahme der Definitionsphase weitgehend analog zur konsumentenorientierten Marktforschung verläuft und die eingesetzten Verfahren auch teilweise identisch sind, erscheint die systematische Konkurrenzforschung sowohl in der Marketingpraxis als auch in der einschlägigen Lehrbuchliteratur bis dato noch unterrepräsentiert, was z.T. auf die Schwierigkeiten bei der Datengewinnung zurückzuführen sein dürfte. Bedingt durch die Verschärfung des Wettbewerbs auf fast allen bedeutenden Märkten, die zunehmende Forderung nach einer grundsätzlichen Erweiterung der Perspektive des Marketing und der Marktforschung um den Aspekt des Wettbewerbs sowie neue Möglichkeiten der Datenbereitstellung durch Data-Warehouse-Implementationen gewinnt die Konkurrenzforschung in Wissenschaft und Praxis allerdings zunehmend an Bedeutung. Dies führte beispielsweise auch zur Gründung eines eigenen Berufsverbandes der Konkurrenzforscher SCIP (Society of Competitive Intelligence Professionals). R.D./R.Wa.

Literatur: *Brezski E.*: Konkurrenzforschung im Marketing: Analyse und Prognose, Wiesbaden, 1993. *Leeflang, P.S.H.; Wittink, D.R.*: Diagnosing Competition: Developments and Findings, in: *Laurent, G.; Lilien, G.L.; Pras, B.* (Hrsg.): Research Traditions in Marketing, Boston, S. 133–156. *Wagner, R.; Decker, R.*: Remarks on the Behavioristic Analysis of Competitive Reactions, in: OR-Spektrum, Vol. 22 (2000).

Konkurrenzorientierte Preisstrategie

spezieller Aspekt der strategischen → Preispolitik, der sich auf das innerhalb der → Preisstrategie festzulegende preispolitische Verhalten gegenüber den aktuellen und potentiellen Konkurrenten bezieht. Legt man den Bezugsrahmen des → strategischen Dreiecks zugrunde, geht es dabei also nicht um das Schaffen von Kundennutzen, sondern primär um die Beeinträchtigung oder sogar Behinderung der Konkurrenz bzw. den Auf- und Ausbau preisstrategischer → Wettbewerbsvorteile.

Aus einer solchen konkurrenzorientierten Perspektive führt die Preisstrategie – speziell die Preisstellung in der Frühphase der Einführung eines neuen Produktes (→ Preisstrategie im Lebenszyklus) – zu → preisstrategischen Effekten mit zum Teil beträchtlichen Auswirkungen auf Wachstum und Gewinn der Unternehmen. So beeinflusst die Preisstruktur eines Marktes die Gewinnerwartungen potentieller neuer Anbieter – und insofern deren Absicht zum → Markteintritt („Anlockeffekt"). Hohe Preise spannen dabei einen Preisschirm auf. Dieser erlaubt auch Anbietern mit höheren Kosten den Markteintritt und später u.U. sogar Überholmanöver. Allerdings besteht im Falle relativ hoher → Preise immer auch die Gefahr, dass die vorhandenen Anbieter – etwa durch Ausnutzung von → Erfahrungskurven – über ein Preissenkungspotenzial verfügen, die Preissenkung aber erst dann vollziehen, wenn sich der neue Anbieter im Eintrittsprozess befindet oder diesen abgeschlossen hat, so dass er die für die vorangegangenen Investitionen nötigen Erlöse nicht mehr oder nur deutlich schwieriger realisieren kann. Daneben kann der Preis auch proaktiv auf ein sehr niedriges Niveau gesenkt werden, um einen drohenden Markteintritt durch Abschreckung zu verhindern (sog. Entry Limit Pricing). Schließlich kann eine (temporäre) Preisaggression auch im laufenden Wettbewerb einen Behinderungs- oder Verdrängungseffekt auf weniger wettbewerbsfähige Wettbewerber ausüben (→ Marktaggressivität, → Predatory Pricing). Derartige preispolitische Verhaltensweisen setzen allerdings voraus, dass die entstehenden kurzfristigen Gewinneinbußen langfristig durch die Verteidigung der marktbeherrschenden Stellung (→ Marktmacht) mehr als kompensiert werden können.

Ein möglicher Konkurrenzeintritt muss allerdings nicht nur vom Preis abhängen. Im Gegenteil: Viele Unternehmen orientieren sich bei der Markteintrittsentscheidung weniger an momentanen Preisen als vielmehr am potentiellen → Marktwachstum. Der Pionier sieht sich dann der Aufgabe gegenüber, seine Preisstrategie so zu wählen, dass seine Gewinnverluste durch den Markteintritt der Konkurrenten minimiert werden, wobei davon auszugehen ist, dass sich die Newcomer Markteintritte mit aggressiven Preisen erkämpfen (→ Markteintrittsstrategien). Für den Pionier gibt es in dieser Situation grundsätzlich drei Alternativen (vgl. *Abb.*):

– die „vorgezogene" (proaktive) Preissenkung,
– die „nachziehende" (reaktive) Preissenkung und
– die Beibehaltung des hohen Preises.

In den meisten Fällen ist es für den Pionier optimal, während des Zeitraums seiner Monopolstellung zunächst eine → Skimming-Strategie zu verfolgen und dann eine vorgezogene strategische Preissenkung durchzuführen. Diese Strategie stellt einen Kompromiss zwischen kurz- und mittelfristiger Gewinnrealisierung dar. Durch die Skimming-Strategie werden zunächst hohe kurzfristige Gewinne erzielt. Die hohen Preise werden jedoch nicht über den gesamten Monopolzeitraum beibehalten, sondern so rechtzeitig gesenkt, dass noch eine ausreichende Stärkung der Marktposition vor dem Erscheinen der Konkurrenz eintritt. Aufgrund von → Carryover-Effekten bzw. durch Schaffung von auf Erfahrung begründetem Goodwill ergeben sich aus der stärkeren Ausgangsposition höhere Gewinne im Oligopolzeitraum. Darüber hinaus besitzt die vorgezogene Preissenkung einen psychologischen Vorteil (→ Preispsychologie). Man vermeidet unerwünschte Imagewirkungen, die bei einer nachziehenden Preissenkung nicht selten deshalb zustande kommen, weil diese als Indiz für einen überhöhten vorherigen Preis gewertet wird (im Sinne einer Ausnutzung der Monopolstellung). Darüber hinaus beugt man der Gefahr vor, dass ein großer Teil der Nachfrager zum billigeren Newcomerprodukt überwechselt und unter erhöhten Marketinganstrengungen zurückgewonnen werden muss. Zum richtigen Zeitpunkt der vorgezogenen Preissenkung lassen sich nur schwer Aussagen machen. Allgemein gilt: Je schneller der Markt auf die Preissenkung reagiert (→ Preiselastizität), desto später – im Verhältnis zum erwarteten Zeitpunkt des Konkurrenzeintrittes – kann die Preissenkung erfolgen.

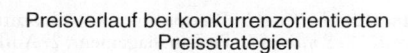

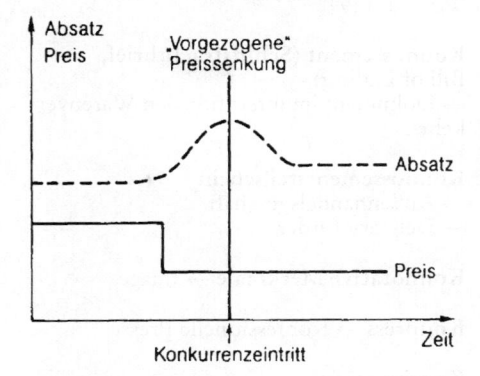

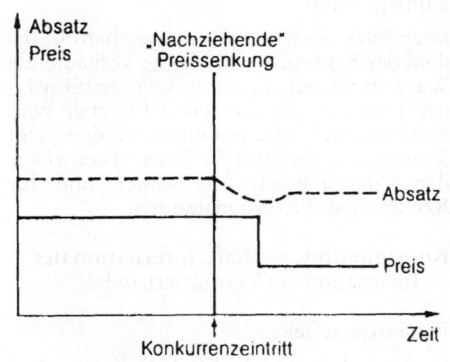

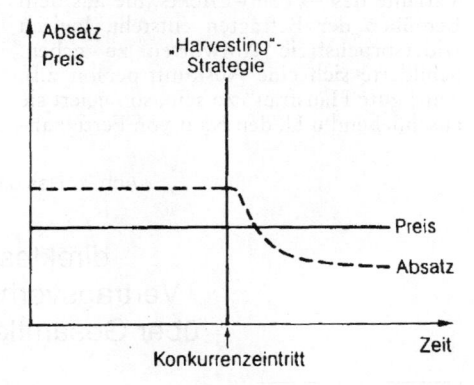

Die nachziehende Preissenkung ist vermutlich nicht selten eine Folge des irrtümlichen Glaubens des Pioniers, den hohen Preis ohne wesentliche Marktanteilsverluste beibehalten zu können. Man realisiert bei dieser Strategie über den gesamten Monopolzeitraum hohe kurzfristige Gewinne, muss jedoch bei einem preisaggressiven Markteintritt der Konkurrenz i.a. empfindliche Marktanteilsverluste in Kauf nehmen. Wie zahlreiche empirische Beispiele aus verschiedenen Branchen zeigen, sind diese auch durch eine nachziehende Preissenkung kaum wieder wettzumachen. Dazu kommen die erwähnten negativen Effekte auf das → Geschäfts- und → Preisimage.

Die Vorteilhaftigkeit einer dauerhaften Beibehaltung des hohen Preises, die mit hoher Wahrscheinlichkeit in eine „Harvesting"- oder „Milking"-Strategie mündet und bei der ein Marktanteilsverlust bewusst in Kauf genommen wird, kann nur im Rahmen der gesamten Unternehmensstrategie beurteilt werden. Sie kann z.B. dann sinnvoll sein, wenn der Konkurrenzeintritt relativ spät im → Lebenszyklus erfolgt und das betreffende Produkt nicht fortgeführt, sondern durch andere, neue Produkte ersetzt werden soll. Dabei sollte sich ein Marktanteilsrückgang beim alten Produkt nicht negativ auf den Start des Folgeproduktes auswirken. Der Preis bildet hierbei ein sehr effizientes Instrument zur Hinaussteuerung des alten Produktes. Die „Harvesting-Strategie" setzt in jedem Fall einen permanenten Fluss von Innovationen zum Ersatz der ausscheidenden Produkte voraus.

H.S./G.T./A.Ha.

Literatur: *Diller, H.:* Preispolitik, 3. Aufl. Stuttgart 2000. *Simon, H.:* Preismanagement, 2. Aufl., Wiesbaden 1991.

Konnossement (Schiffsfrachtbrief, Bill of Lading)
→ Dokument im interntionalen Warenverkehr

Konnossementsteilschein
→ Außenhandelsgeschäft,
→ Delivery Order

Konnotative Merkmale → Image

Konpress → Konfessionelle Presse

Konsignation
Form des → Kommissionsgeschäftes, bei dem der Kommissionär die zu verkaufende Ware zwar auf Lager („Konsignationslager") nimmt, die Kosten dafür aber vom Kommitenten übernommen werden. Der Konsignatar verkauft die Waren ebenso wie der Kommissionär im Namen und für Rechnung des Konsignatanden.

Konsignationsgeschäft, internationales
→ Internationaler Vermittlerhandel

Konsistenzeffekt
Variante des → Halo-Effekts, die aus dem Bemühen der Befragten entsteht, logisch widerspruchsfreie Antworten zu geben. Schilderte sich eine Auskunftsperson z.B. „eine gute Hausfrau" zu sein, so negiert sie anschließend u.U. den Kauf von Fertignahrung, Instant-Kaffee etc. (→ Pufferfragen, → Fragebogen). H.Bö.

Konsistenztheorie → Dissonanztheorie

Konsortialgeschäft
→ Außenhandel, institutioneller

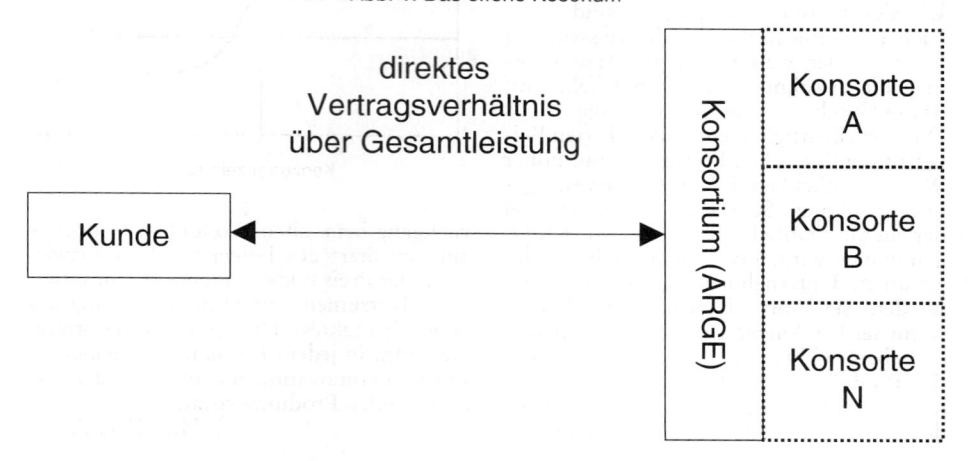

Konsortialvertrag → Konsortium

Konsortium
v.a. im → Anlagegeschäft praktizierte Variante der → Anbietergemeinschaft. Es wird zwischen offenem und stillem Konsortium unterschieden. Ein offenes Konsortium ist der Zusammenschluss von rechtlich selbständigen Unternehmen (Konsorten) zur gemeinsamen Erfüllung einer Gesamtleistung (eines Auftrages). Gegenüber dem Kunden (Außenverhältnis) treten die Konsorten in Form einer Gesellschaft des bürgerlichen Rechts gemeinsam auf. Der Vertrag über die zu erbringende Gesamtleistung wird zwischen dem Kunden und der Gesamtheit der Konsorten geschlossen. Sofern keine expliziten vertraglichen Sonderregelungen bestehen, haftet jeder Konsorte gesamtschuldnerisch, d.h. eine Forderung des Kunden gegenüber dem Konsortium kann in voller Höhe gegenüber jedem Konsorten (einmal) geltend gemacht werden (der dann im Innenverhältnis unter den Konsorten eine entsprechende Umverteilung erreichen kann). Wegen der gesamtschuldnerischen Haftung im Außenverhältnis, die sich i.d.R. im Kundenvertrag auch nicht ausschließen lässt, kommt der Haf-

Abb. 1: Das offene Kosorium

Abb. 2: Das stille Konsortium

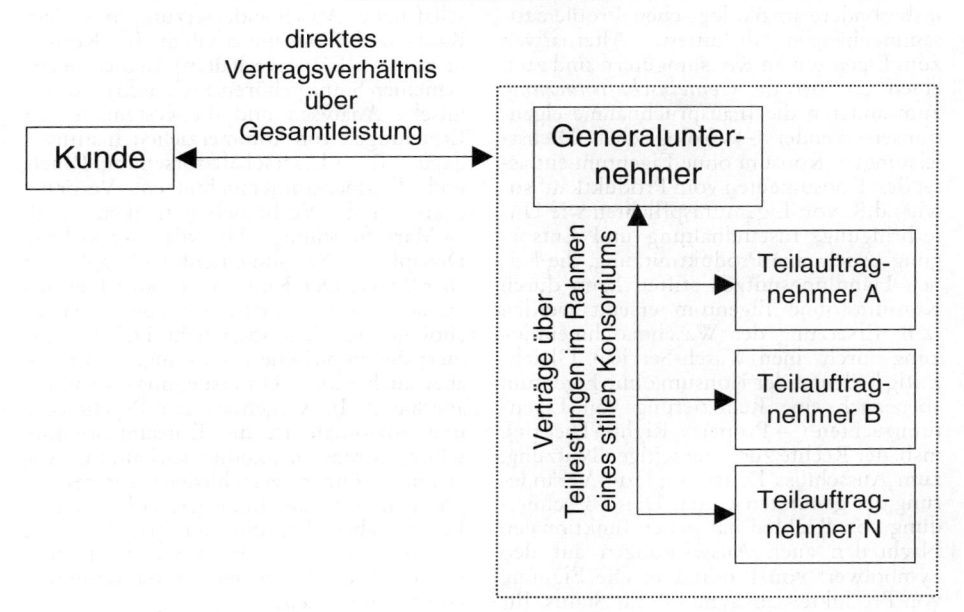

[Diagramm: Kunde ↔ Generalunternehmer (direktes Vertragsverhältnis über Gesamtleistung); Generalunternehmer → Teilauftragnehmer A, Teilauftragnehmer B, Teilauftragnehmer N (Verträge über Teilleistungen im Rahmen eines stillen Konsortiums)]

tungsregelung im Innenverhältnis (der Konsorten untereinander), die im Konsortialvertrag erfolgt, besondere Bedeutung zu. Wichtige Bestandteile eines Konsortialvertrages sind:
- Definition der Liefer- und Leistungsanteile mit evtl. Änderungsregeln
- Haftungs- und Gewährleistungsregeln bei nicht vertragsgemäßer Leistung von Konsorten durch Verzug, Schlecht- oder Nichterfüllung
- Aufgaben, Kosten und Haftung des Federführers, der das Konsortium im Außenverhältnis ggf. vertritt
- Einbringung von Sicherheiten durch die Konsorten
- Risikoabsicherung durch Versicherungen
- Abstimmungsmodalitäten innerhalb des Konsortiums
- Schiedsgericht und Rechtsgrundlagen
- Ziele und Partner des Konsortiums
- Zahlungsmodalitäten
- Terminplanung.

Das *stille Konsortium* ist im Außenverhältnis (Verhältnis zum Kunden) eine → Generalunternehmerschaft. Eine direkte Vertragsbeziehung zum Kunden hat nur der Generalunternehmer. Die Aufträge über zu erbringende Teilleistungen werden jedoch nicht vom Generalunternehmer an Subcontractors vergeben, vielmehr werden alle Teilleistungen im Rahmen eines (stillen) Konsortiums erbracht. Es ist jedoch keinesfalls ein Definitionsmerkmal des stillen Konsortiums, dass die Existenz eines Konsortiums dem Kunden nicht bekannt ist; dies kann, muss jedoch nicht zwingend sein. Das stille Konsortium ist eine reine Innengesellschaft. Das hat zur Folge, dass der im Außenverhältnis gegenüber dem Kunden alleinhaftende formelle Generalunternehmer eine Haftungsweitergabe im Innenverhältnis erreichen kann. Im Innenverhältnis haftet jeder Konsorte für seinen eigenen Liefer- und Leistungsanteil nach den Bedingungen des Kundenvertrages, sofern keine andere vertragliche Regelung vereinbart wurde.

K.B.

Konstant-Summen-Skala
→ Skalierungstechnik

Konstruktvalidität → Validität

Konsum → Käufer

Konsum ohne Eigentum
bezeichnet den Prozess der Bedürfnisbefriedigung mit Hilfe von materiellen Gütern, die sich nicht im individuellen Eigen-

tum der Konsumenten befinden. Er wird insbesondere in ökologischen Problemzusammenhängen diskutiert. Alternativen zum Eigentum an Konsumgütern sind zum einen die private *Gemeinschaftsnutzung*, zum anderen die Inanspruchnahme eigentumsersetzender → ökologischer Dienstleistungen. Konsum ohne Eigentum entlastet den Konsumenten vom Produktkauf sowie i.d.R. von Eigentumspflichten wie Unterbringung, Instandhaltung und Entsorgung. Auch eine Produktnutzung, die keinen Handlungsnutzen stiftet, kann durch Konsum ohne Eigentum ersetzt werden (z.B. Ersetzung der Waschmaschinennutzung durch einen Wasch-Service). Gleichzeitig bedeutet der Konsum ohne Eigentum aber auch eine Reduzierung von Eigentumsrechten (→ Property Rights-Theorie), insb. der Rechte zur jederzeitigen Nutzung, zum Ausschluss Dritter und zur Veränderung der genutzten Güter. Diese Beschneidung von Rechten hat neben funktionalen Nachteilen auch Auswirkungen auf den Symbolwert von Produkten: Die Eignung von Produkten als Symbole für Status, für Zugehörigkeit und Abgrenzung, für persönliche Erinnerung sowie zur Selbstergänzung ist häufig eng mit dem Eigentum verknüpft. Aus diesen Gründen sowie wegen der häufiger anfallenden Transaktionskosten (→ Transaktionskostentheorie) konzentriert sich die Akzeptanz des Konsums ohne Eigentum auf selten genutzte teure Produkte mit geringem Symbolwert.

U.Sch.

Literatur: *Hansen, U.; Schrader, U.*: „Leistungsstatt Produktabsatz" für einen ökologischeren Konsum ohne Eigentum, in: *Steger, U.* (Hrsg.): Handbuch des integrierten Umweltmanagements, München 1997, S. 87-110.

Konsument → Konsumentenforschung

Konsumentenforschung

Konsumenten sind Käufer und Letztverbraucher von wirtschaftlichen Gütern. Dies ist eine traditionelle Auffassung, die ausgeweitet worden ist. Heute werden Konsumenten ganz allgemein als Letztverbraucher von materiellen und immateriellen Gütern aufgefasst. Dazu gehören bspw. auch Wähler, Patienten und Besucher von Volkshochschulen. Eine Bezahlung der Güter und wirtschaftliche Zielsetzungen der Anbieter werden nicht vorausgesetzt.

Konsumentenforschung ist die wissenschaftliche Auseinandersetzung mit dem Kauf- und Konsumverhalten der Konsumenten (→ Käuferverhalten). In diesem allgemeinen Sinne gehören auch mikroökonomische Analysen und die systematischen Erhebungen von kommerziellen Instituten dazu, z.B. → Leserschaftsforschung, Panel- und Testmarktuntersuchungen, Verbraucher- und Verbrauchsstatistiken (vgl. → Marktforschung). Die wissenschaftliche Disziplin „Konsumentenforschung" ist aber enger. Der Konsument wird hier aus verhaltenswissenschaftlicher, vor allem psychologischer Sicht untersucht. Dabei dominiert die empirische Forschung, es werden aber auch andere Untersuchungsmethoden anerkannt. Im Gegensatz zur Psychologie und Soziologie ist die Konsumentenforschung streng anwendungsorientiert. Anwender können verschiedene Interessengruppen sein, z.B. Manager, Politiker und Lehrer, aber dies gilt nur grundsätzlich. Praktisch hat sich die Konsumentenforschung als ein Teilgebiet der Marketingforschung entwickelt.

Wer nach den Wurzeln der Konsumentenforschung sucht, findet viele Anknüpfungspunkte. In der Werbung hat man seit über 100 Jahren die Wirkungen der Werbung auf Konsumenten aus psychologischer Sicht untersucht. Seit der Jahrhundertwende gibt es auch soziologische Beiträge zum Konsumentenverhalten. Am bekanntesten sind die von Veblen. Bei Einzelbeiträgen ist es aber nicht geblieben. Es bildeten sich früh Schulen mit eigenständigem Forschungsprogramm. In den USA die *Michigan Schule* (*Katona, Mueller, Morgan*), in Deutschland die → *Nürnberger Schule* (*Vershofen*) und die *Kölner Schule* mit der „ökonomischen Verhaltensforschung" (*Schmölders, Scherhorn*).

In den USA etablierte sich die Konsumentenforschung – so wie wir sie heute kennen – in den 60er-Jahren mit systematischen Zusammenfassungen von Forschungsergebnissen und Lehrbüchern. In Deutschland ist der Durchbruch Anfang der 70er-Jahre durch die Arbeiten von *Kroeber-Riel* erzielt worden. Zunächst wurden psychologische und sozialpsychologische Forschungsergebnisse sowie Ergebnisse der Kommunikationsforschung auf das Konsumentenverhalten übertragen. Ein besondere Bedeutung hatte dabei die Einstellungsforschung (→ Einstellung). → Emotionen und → Motive wurden beachtet, auf dem Gebiet der

Aktivierungsforschung (→ Aktivierung) intensiv gearbeitet, aber geprägt waren die 70er-Jahre durch eine kognitive Orientierung (→ kognitive Prozesse). Die wichtigste Erklärungsbasis für das Konsumentenverhalten waren Prozesse der kognitiven Informationsverarbeitung (→ Informationsverhalten). Erst gegen Ende der 70er-Jahre wurde die Bedeutung der Emotionen für das Kauf- und Konsumverhalten richtig erkannt und in der Konsumentenforschung angemessen berücksichtigt. Eine zentrale Stellung nahm dabei das Konstrukt *Involvement* ein.

Die intensive Beschäftigung mit Emotionen hat die Aufmerksamkeit auf veränderte Konsumzwecke gelenkt. In den 70er-Jahren wurde ganz allgemein über Lebensqualität geschrieben, in den 80er-Jahren wurde der Konsum unter dem Gesichtspunkt → Hedonismus, Materialismus und Erlebnisorientierung (→ erlebnisbetonte Werbung und → erlebnisbetontes Design) gesehen. Die Hinwendung zu Emotionen bedeutete nicht Abwendung von kognitiven Prozessen. Die Wechselwirkungen zwischen Kognitionen und Emotionen wurden in die Untersuchungen einbezogen und komplexere kognitive Strukturen und Prozesse erforscht. Bspw. wurden die Ergebnisse der Imagery-Forschung (→ Bildkommunikation) rezipiert und auf Fragestellungen der Konsumentenforschung übertragen.

Parallel zur inhaltlichen Ausweitung der Konsumentenforschung in den 80er-Jahren veränderte sich die Wissenschaftsauffassung. Der Kritische Rationalismus wurde zu einer von mehreren Positionen. Die Diskussion mündete in einen Methodenpluralismus. Diese Öffnung und Ausweitung der Konsumentenforschung wurde in den 90er-Jahren zu einer Chance, aber auch zu einem Problem. Man beschäftigte sich mit einem heterogenen Themengebiet und verwendete dabei viele unterschiedliche Methoden. Die Konsumentenforschung ist unübersichtlich geworden und läuft Gefahr, weniger beachtet zu werden. Es wird deutlich, dass integrative Theorien und Modelle benötigt werden. Ansätze sind erkennbar. Dabei geht es nicht nur um verhaltenswissenschaftliche Fragen. An verschiedenen Stellen findet eine Verknüpfung mit verhaltenswissenschaftlichen mit ökonomischen Theorien statt. Die Neue → Institutionenökonomie ist hierfür ein Beispiel. G.B.

Literatur: *Kroeber-Riel, W.; Weinberg, P.:* Konsumentenverhalten, 7. Aufl., München 1999.

Konsumentenkredite

Kreditform, die vom Händler oder Hersteller potentiellen Kunden im Wege der → Absatzfinanzierung zur Erhöhung der Konsumausgaben angeboten wird. Das Anschreibenlassen in Form von Monats- und Wochenrechnungen im Einzelhandel oder Monatskonten, Kleinkredite und Anschaffungsdarlehen, die der Großhandel seinen Kunden offeriert, erlauben i.d.R. unbürokratische Kreditabwicklungen. Daneben bieten Kredit-, Scheckkarten und Kundenkarten dem Kunden unproblematisch Zugang zu Kleinkrediten.

Die häufigste und bedeutendste Form der Konsumentenkredite ist der Teilzahlungskredit; der Kreditnehmer wird zur Entrichtung fester monatlicher Raten, die sich aus Tilgung und Zinszahlung zusammensetzen, an seinen Kreditgeber verpflichtet. Bei dieser Kreditform, die bankmäßig oder auch über Kreditbüros großer Warenhäuser oder private Kreditvermittlungsbüros abgewickelt wird, unterscheidet man drei Formen:

1. Typ A (Königsberger System):
Direkte Kundenfinanzierung durch ein Finanzierungsinstitut in Form von Schecks, die der Kunde bei bestimmten Unternehmen, die keine Mithaftung übernehmen, einlösen kann.

2. Typ B:
Das verkaufende Unternehmen agiert als mithaftender Kreditvermittler, der seinem Kunden nach einer Anzahlung einen Teilzahlungskredit als Buchkredit für die verbleibende Summe gewährt.

3. Typ C:
Wie Typ B, jedoch weisen die Teilzahlungskredite die Form von Wechseln auf. P.B.

Konsumentenmesse → Messe

Konsumentenrente

Begriff aus der mikroökonomischen → Preistheorie, der jenen Betrag kennzeichnet, den ein Nachfrager für ein bestimmtes Gut aufgrund gegebener Marktpreise weniger zu zahlen hat als er aufgrund seiner Präferenzen zu zahlen bereit wäre. Die individuelle → Preisbereitschaft liegt also höher als der Marktpreis. Im Rahmen der → Preisdifferenzierung wird versucht, solche Konsumentenrenten abzuschöpfen.

Konsumentensouveränität
→ Konsumfreiheit

Konsumentenverhalten
→ Käuferverhalten

Konsumerismus (Consumerism)
i.e.S. die soziale Bewegung der Verbraucher in den USA mit dem Ziel, ihre Interessen gegenüber privaten, aber auch öffentlichen Anbietern, über medienwirksame Aktionen, Boykotts oder Mobilisierung der Gesetzgeber durchzusetzen. I.w.S. umfasst dieser Begriff alle Aktivitäten von staatlichen Institutionen, unabhängigen Organisationen oder Unternehmen zum Schutz der Verbraucher vor sie beeinträchtigenden Praktiken der Anbieter (→ Verbraucherpolitik).
Historisch lassen sich drei Wellen in der Konsumerismus-Bewegung der USA ausmachen:
(1) In der zweiten Hälfte des 19. Jahrhunderts stand die Qualität von Nahrungsmitteln im Vordergrund, bei deren industrieller Verarbeitung hygienisch z.T. unhaltbare Zustände herrschten (Fleischindustrie) und deren Konservierung in gesundheitsgefährdender Form (z.B. Obst) erfolgte.
(2) In den 20er und 30er-Jahren des 20. Jahrhunderts richtete sich die Aufmerksamkeit u. a. auf die Qualität von (elektrotechnischen) Haushaltsgeräten und die Möglichkeiten neutraler Warentests. Besondere Beachtung fanden auch Qualitätsprobleme und -prüfungen sowie staatliche Zulassung von Arzneimitteln.
(3) In den 50er Jahren prangerten Verbraucher-„Anwälte" (Vance Packard, Ralph Nader) Praktiken des kommerziellen Marketing und die Unsicherheit mancher Produkte an. John F. Kennedy proklamierte als Präsident die ersten *Verbraucher-„Rechte"* (Recht auf Sicherheit, Recht auf Information, Recht auf Wahlfreiheit, Recht auf Anhörung), denen weitere Rechte folgten.
Viele Maßnahmen des Konsumerismus wurden von privaten Initiativen getragen, die von Verbraucher-Aktivisten („Anwälten") und vielfältigen privaten, gemeinnützigen Vereinigungen ausgingen. Daneben richteten Unternehmen in steigender Zahl → Verbraucherabteilungen (consumer affairs departments) ein, die → Verbraucherinteressen im Unternehmen artikulieren. Darin liegen deutliche Unterschiede des Konsumerismus in den USA zur Verbraucherpolitik in Deutschland. Andere Anliegen werden durch Gesetzgebung und Verwaltungshandeln verwirklicht – insbesondere die Umsetzung der Verbraucher-Rechte.
In den 70er-Jahren waren deutliche Fortschritte in der Realisierung von Verbraucherinteressen erzielt. Gleichzeitig wandelte sich das gesellschaftliche und wirtschaftliche Klima, so dass nicht Regulierung, sondern Deregulierung gefordert wurden. Überdauert haben seitdem (in einer kleinen vierten Welle) u.a. Themen des Umweltschutzes, der Ernährung sowie des Rauchens und des Alkoholkonsums, der Versorgung mit kollektiven Gesundheitsleistungen, der Bildung und Ausbildung, der Versorgung mit öffentlichen Güter, des Verbraucherkredits und der privaten Verschuldung. E.K./B.St.

Literatur: *Aaker, D.A.; Day, G.S.* (Hrsg.): Consumerism Search für the Consumer Interest, 2. Aufl., New York 1974. *Herrmann, R.O.; Mayer, R.H.;* U. S. Consumer Movement: History and Dynamics, in: *Brobeck, S.* (Hrsg.): Encyclopedia of the Consumer Movement, Santa Barbara, CA. 1997, S. 584–601.

Konsumfreiheit
bezeichnet das Recht und die Fähigkeit des individuellen Verbrauchers zu selbstbestimmten Konsumentscheidungen sowie die äußeren Voraussetzungen dazu. Konsumfreiheit stellt ein realitätsnahes Leitbild marktwirtschaftlicher Theorie dar, in dem beide Marktseiten, Anbieter und Nachfrager (Konsumenten), in gegenseitiger Anpassung und Beeinflussung stehen (vgl. *Abb.*). Gegenstück der Konsumfreiheit der Verbraucher ist daher die Wettbewerbsfreiheit der Anbieter. Im extremen Leitbild der *Konsumentensouveränität* bestimmen letztlich die Konsumentenentscheidungen, welche Güter in welchen Mengen erzeugt und angeboten werden. Das andere extreme Leitbild der *Produzentensouveränität* sieht hingegen den Verbraucher in völlig abhängiger Position, dessen Nachfrage vom Marketing der Anbieter bestimmt wird.
Konsumfreiheit lässt sich unter formaler sowie substanzieller Sicht betrachten. Formal gilt es Einschränkungen der individuellen Wahlfreiheit auf ein unbedingt notwendiges Maß zu reduzieren. Nur dort, wo die Entscheidung des einzelnen für ihn selbst, insbesondere aber für die Gesellschaft als Ganzes eindeutig negative Folgen haben kann, ist sie rechtlich einzuschränken. Das gilt für

Positionierung marktwirtschaftlicher Leitbilder

Stellung des Verbrauchers

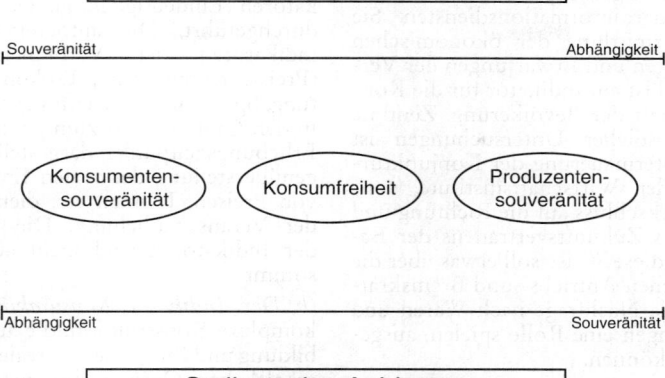

Souveränität —————————————————— Abhängigkeit

(Konsumenten-souveränität)   (Konsumfreiheit)   (Produzenten-souveränität)

Abhängigkeit —————————————————— Souveränität

Stellung des Anbieters

Kauf und Besitz von Drogen und Waffen, für die Nutzung von Kraftfahrzeugen usw. Wichtige Voraussetzung für Entscheidungsfreiheit ist die Möglichkeit eine Wahl zwischen mehreren Alternativen, d.h. Angeboten bzw. Anbietern. Daher ist es Aufgabe staatlicher Wettbewerbspolitik, den Wettbewerb zu fördern bzw. Monopole und marktbeherrschende Stellungen zu verhindern.

Unter substanzieller Sicht eröffnet sich die eher philosophische Frage, inwieweit sich in tatsächlichen Konsumentscheidungen der freie Wille eines Individuums manifestiert. Dabei sind innere und äußere Begrenzungen der Freiheit zu unterscheiden. Innere Beschränkungen ergeben sich z.B. aus geringen Kenntnissen und Fähigkeiten, aber auch aus erlernten Einstellungen auf dem Wege der → Verbrauchersozialisation. Daraus leitet sich die Berechtigung der → Verbraucherinformation, → Verbraucherberatung, → Verbraucheraufklärung und → Verbrauchererziehung ab. Äußere Beschränkungen der Wahlfreiheit resultieren aus dem Einfluss privater Anbieter sowie staatlicher Einrichtungen. Um den Einfluss der Marketingmaßnahmen auf Verbraucherentscheidungen zu begrenzen, sind im Rahmen des → *Verbraucherschutzes* vielfältige rechtliche und administrative Maßnamen ergriffen worden. E.K./B.St.

Literatur: *Meyer-Dohm, P.:* Sozialökonomische Aspekte der Konsumfreiheit, Freiburg, Brsg. 1965. *Kuhlmann, E.:* Verbraucherpolitik, München 1990, S. 27 ff.

Konsumfunktion

mathematisches Modell über die Abhängigkeit des gesamtwirtschaftlichen Konsums von anderen makroökonomischen Größen, insb. vom Einkommen.

Konsumgenossenschaften

sind nach § 5 des Genossenschaftsgesetzes „Vereine zum gemeinschaftlichen Einkauf von Lebensmitteln oder Wirtschaftsbedürfnissen im Großen und Ablass im Kleinen (Konsumvereine)". Sie sind historisch als hilfswirtschaftliche Zusammenschlüsse von privaten Haushalten mit dem Ziel entstanden, die eigenen Mitglieder zu möglichst günstigen Preisen und Bedingungen mit Konsumgütern zu versorgen.

Seit der Aufhebung des Identitätsprinzps für Konsumgenossenschaften, wonach die Mitglieder zugleich die Kunden sind und diese statt eines erwerbswirtschaftlichen Gewinnstrebens ihre Gewinne zur Rücklagenbildung verwenden mussten, dürfen sie ihre Waren auch an Nichtmitglieder verkaufen. Heute sind Konsumgenossenschaften als moderne Betriebform des Groß- und/oder Einzelhandels Träger von Großhandlungen, → Einkaufskontoren, → Supermärkten, → Verbrauchermärkten, → Warenhäusern und sogar von Versandhäusern geworden. E.L.

Konsumgütermarketing → Marketing

Konsumgütermesse → Messe

Konsumklimaforschung

Regelmäßige Befragung einer repräsentativen Bevölkerungsstichprobe im Rahmen von → Standardinformationsdiensten. Sie dient zur Ermittlung der ökonomischen Einschätzungen und Erwartungen der Verbraucher und ist ein Indikator für die Konsumbereitschaft der Bevölkerung. Zentrale Zielsetzung solcher Untersuchungen ist nicht die Untermauerung der Konjunkturprognosen der Wirtschaftsinstitute, sondern der Rückschluss auf die Richtung und Intensität des Zukunftsvertrauens der Befragten. Auf diese Weise soll etwas über die psychologischen Antriebs- und Bremskräfte, die für die Nachfrage nach Waren und Dienstleistungen eine Rolle spielen, ausgesagt werden können.

(1) Erhebung:
Seit 1980 werden monatlich von der → GfK 2500 repräsentativ ausgewählte Personen im Auftrag der Europäischen Union in 12 Fragen nach ihren Einschätzungen zur eigenen und allgemeinen wirtschaftlichen Lage sowie zur Kauf- und Sparsituation befragt. Die Antworten werden jedoch nicht numerisch (Angaben in %-Veränderung), sondern – um die Befragten nicht zu überfordern – auf Ordinalskalenniveau (viel besser, besser, schlechter etc.) erfasst.

(2) Analyse:
Auf Grundlage dieser Daten wurde im Rahmen einer wissenschaftlichen Arbeit ein GfK-eigenes System zur Berechnung und Prognose des privaten Konsum- und Sparverhaltens entwickelt. Hierzu wurden theoretische Ansätze aus Ökonomie und Psychologie sowie empirisch-statistische Analysen verwendet. Herausgearbeitet wurden die Zusammenhänge zwischen den Fragen, die wesentlichen "Key-Faktoren" für das private Konsum- und Sparverhalten, sowie deren Zusammenspiel und ihre "time-leads" (zeitlicher Vorlauf). Die Erkenntnisse und Ergebnisse werden ständig überprüft und gegebenenfalls überarbeitet.

(3) Berechnung:
(a) Die Einzelindikatoren: Aus den Ergebnissen der "Key-Fragen" werden Kontrapositionssalden gebildet, d.h. vom Anteil derjenigen, die optimistisch geantwortet haben, werden diejenigen, die pessimistische Antworten gegeben haben, abgezogen. Damit erhält man numerische Werte für jeden Zeitpunkt. Mit weiteren statistischen Verfahren (Berechnung des relativen Saldos, Glättung, Überprüfung auf Saisonfigur und Standardisierung) werden die erforderlichen Schritte für die Qualifikation als Indikatoren (Eindeutigkeit, glatter Verlauf etc.) durchgeführt. Die aufbereiteten Einzelindikatoren der Verbraucherstimmung (Preis-, Konjunktur-, Einkommenserwartung, Spar- und Anschaffungsneigung) sind in den Grafiken bis zum jeweils aktuellen Erhebungszeitpunkt dargestellt. Die Gegenüberstellung der realen Entwicklungen von Preisen, Löhnen etc. dienen lediglich der Veranschaulichung. Die Werteskalen der Indikatoren sind nicht auf sie abgestimmt.

(b) Der Indikator Konsumklima ist eine komplexe Konstruktion, die auf die Nachbildung und Prognose von realen volkswirtschaftlichen Größen abgestimmt ist. Ihre Grundlage sind Gleichungen aus mehreren Einzelindikatoren mit unterschiedlichen Zusammensetzungen, Gewichten und Zeitvorläufen. Die Gleichungen wurden anhand von Regressionsanalysen ermittelt. Ziel dieser Analysen ist es, für bestimmte reale Größen (in diesem Fall privater Verbrauch) passende Funktionen zu ermitteln, so dass diese ihre Entwicklung abbilden und möglichst vorhersagen können. Deshalb sind Zeitvorläufe durchaus erwünscht (vgl. *Abb*).

(4) Prognosen:
Der im Fall Klimaindikatoren ermittelte "natürliche" Vorlauf der Einzelindikatoren vor der realen Entwicklung ("Stimmung" vor "Handlung") führt beim Konsumklima dazu, dass es jeweils nicht nur bis zum aktuellen Zeitpunkt vorliegt, sondern "automatisch" immer ein Quartal weiter ist. Die längerfristigen Prognosen müssen dagegen zusätzlich unter bestimmten Annahmen durch Projektionen für die Entwicklung der Einzelindikatoren errechnet werden. S.S.

Konsumkompetenz

Summe des Wissens sowie der physischen und sozialen Fertigkeiten des Konsumenten, die seinen Umgang mit dem Produkt in sämtlichen Teilbereichen der Nachkaufphase betreffen. Die Bedeutung des Konstruktes für langfristige Marketingkonzepte wie das → Beziehungsmarketing und das → Nachkaufmarketing resultiert aus der Überlegung, dass der Kunde in seiner Funktion als Co-Produzent (→ Co-Produzenten-Ansatz) das Ausmaß der Wertschöpfung durch sein eingebrachtes Wissen und

GfK-Indikator Konsumklima

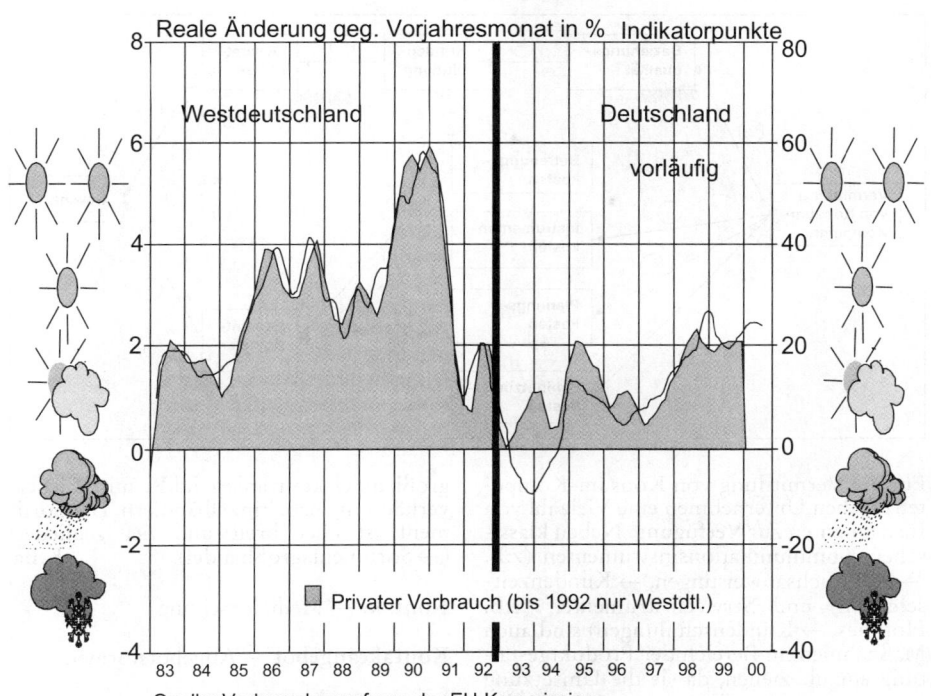

Reale Änderung geg. Vorjahresmonat in % — Indikatorpunkte

Westdeutschland — Deutschland vorläufig

Privater Verbrauch (bis 1992 nur Westdtl.)

Quelle: Verbraucherumfrage der EU-Kommission,
Indikatorberechnung GfK Marktforschung
Privater Verbrauch Stat. Bundesamt, GfK Marktforschung

© by GfK Marktforschung

seine Fertigkeiten in starkem Maße determiniert.
Hinsichtlich der Inhalte von Konsum-Kompetenz kann zum einen zwischen einer fachlichen und einer sozialen Kompetenzkomponente unterschieden werden, zum anderen zwischen verschiedenen Anwendungsbereichen von Konsum-Kompetenz. Die *fachliche Kompetenz* hat jene kognitiven und physischen Fertigkeiten zum Gegenstand, die auf Seiten des Konsumenten vorhanden sein müssen, um den Produktnutzen optimal zu erschließen, etwa bei der Aufzeichnung einer Fernsehsendung mittels Videorecorder. → *Sozialkompetenz* als Element der Konsum-Kompetenz ist vor allem in der Interaktion des Kunden mit Mitarbeitern des Produktherstellers von Bedeutung (z.B. telefonischer Support, Beschwerdeartikulation). Konsum-Kompetenz kann sich auf sämtliche *Phasen des* → *Nachkaufverhaltens* beziehen, so in Gestalt von Vornutzungskompetenzen bei der Installation oder dem Aufbau eines Produktes, in Gestalt von Kompetenzen, die die eigentliche Nutzung des Produktes betreffen, oder auch in Form von Nutzungsbegleitkompetenzen, z.B. bei der Lagerung, Wartung oder Reinigung.
Die systematische Vermittlung von Konsum-Kompetenz ist geeignet, mit der → Kundenzufriedenheit, dem → Vertrauen des Kunden und dessen → Commitment wichtige Dimensionen der → Beziehungsqualität sowie die → Kundenbindung positiv zu beeinflussen; dies wird auch durch empirische Untersuchungen belegt. Im Hinblick auf die ökonomische Attraktivität einer Steigerung der Konsum-Kompetenz der Kunden sind indes auch die Kosten der Kompetenzvermittlung zu berücksichtigen. In der *Abbildung* sind positive und negative Erfolgswirkung einer systematischen Kompetenzvermittlung gegenübergestellt, wobei die Stärke der einzelnen Effekte produktspezifisch variiert.

Konsumpolarisierung

Kosten und Nutzen der Vermittlung von Konsum-Kompetenz

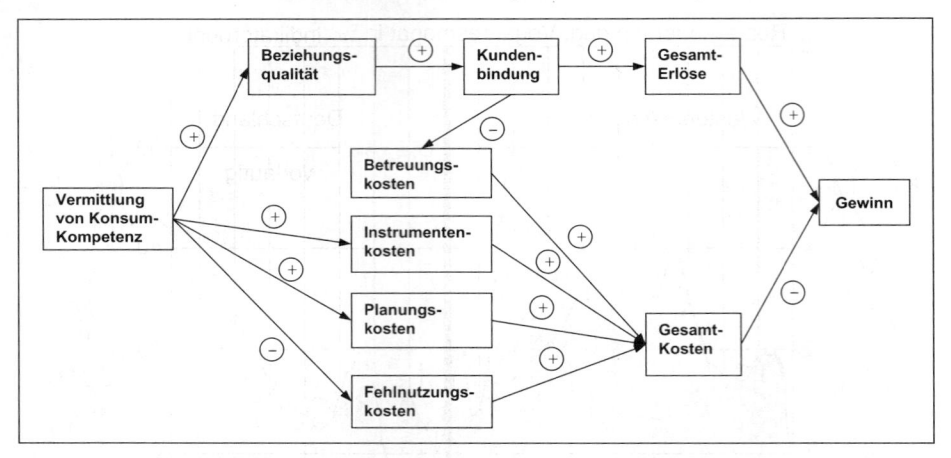

Für die Vermittlung von Konsum-Kompetenz stehen Unternehmen eine Vielzahl von Instrumenten zur Verfügung. Neben klassischen Kommunikationsinstrumenten (z.B. → Gebrauchsanweisungen, → Kundenzeitschriften) und Serviceinstrumenten (z.B. Hotlines, → Kundenschulungen) sind auch Maßnahmen im Bereich der Produktgestaltung einzubeziehen, da sie die Umsetzung zuvor vermittelter Kompetenz-Informationen erleichtern können (z.B. benutzerfreundliches Produktdesign) oder sogar selbst Informationen kundenorientiert vermitteln können (z.B. Build-In-Lernangebote). Th.H.-T.

Literatur: *Hennig-Thurau, Th.:* Konsum-Kompetenz. Eine neue Zielgröße für das Management von Geschäftsbeziehungen, Frankfurt a.M. 1998. *Honebein, P.:* Strategies for Effective Customer Education, Chicago 1997.

Konsumpolarisierung
→ Marktpolarisierung

Konsumquote
Verhältnis des Konsums zum Volkseinkommen.

Konsumrisiko → Rückrufaktion

Konsumtechnologie → Nachfrage

Konsumwarengroßhandel
Betriebstyp des → Großhandels, der durch die Art des Warenkreises determiniert wird, wobei es sich um für den Verbrauch bestimmte Güter handelt. Der Konsumwarengroßhandel kontrahiert i.d.R. mit Wiederverkäufern, insb. Einzelhändlern. Das Sortiment ist eher breit und tief gegliedert (→ Sortimentsgroßhandel). K.Ba.

Kontakt → Mediaforschung

Kontaktangebot → Angebotsformen

Kontaktbewertungskurve
spezifische → Werbewirkungsfunktion, bei der die im Rahmen der → Mediaplanung festzulegende Anzahl der Werbekontakte zu einem Werbewirkungskriterium in Bezug gesetzt wird (→ Kontaktgewichtung).
Die Werbewirkung hängt von der Anzahl der Kontakte mit der Werbebotschaft ab. Durch mehrfache Einschaltung wird einerseits die Wahrscheinlichkeit des Kontaktes an sich erhöht und andererseits wird durch tatsächliche Kontaktwiederholungen ein stärkerer Eindruck hinterlassen. Um einen möglichst guten Streuplan zu finden, ist es daher notwendig, die Werbewirkung in Abhängigkeit von der Kontaktanzahl zu kennen. Die Darstellung dieses Wirkungsverlaufes führt zur sog. Kontaktbewertungskurve.
Größte empirische Relevanz besitzt aufgrund der bisher durchgeführten Untersuchungen die degressive Wirkungskurve. Dieser Verlauf ist sowohl durch lerntheoretische Untersuchungen i.a., als auch durch empirische Studien in Zusammenhang mit der Werbung wiederholt belegt worden. Aber auch für den ertragsgesetzlichen („S-förmigen") Verlauf der Kontaktbewer-

Beispiel einer Kontaktwertungskurve

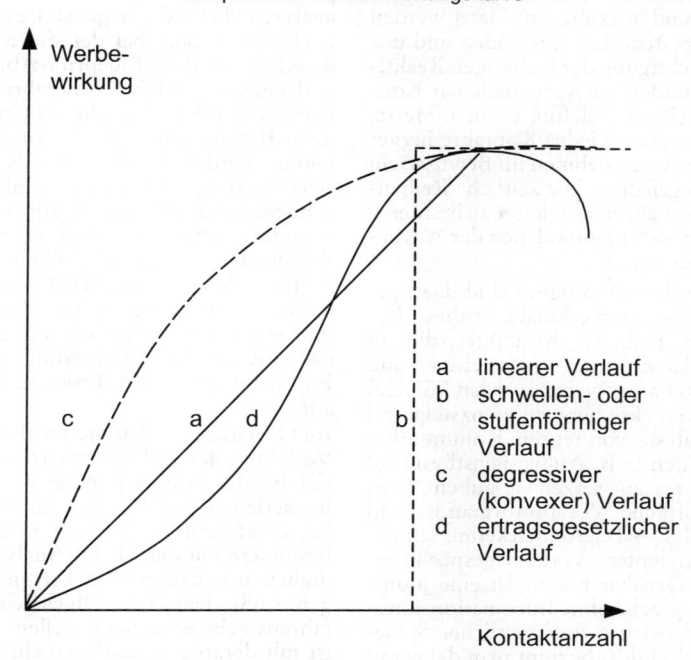

- a linearer Verlauf
- b schwellen- oder stufenförmiger Verlauf
- c degressiver (konvexer) Verlauf
- d ertragsgesetzlicher Verlauf

tungskurve spricht die eine oder andere empirische Studie. Die *Abbildung* zeigt mögliche Formen des Zusammenhangs zwischen Kontaktzahl und Werbewirkung. G.Sch.

Kontakter

Verbindungsperson zwischen → Werbeagentur und Auftraggeber (→ Werbeberufe). Stellt den Kontakt zu potentiellen Kunden her, überwacht die Werbekampagne von ihrer Entstehung bis zur Durchführung und verwaltet das Werbebudget der von ihm betreuten Kunden. Der Kontakter formuliert gemeinsam mit dem Kunden das → Briefing oder die Copy-Platform, sorgt für die termingerechte Erledigung der notwendigen Arbeiten, führt Präsentationen beim Kunden durch und kümmert sich um die reibungslose Abwicklung der Werbekampagne.

Kontaktfrequenz → Mediaanalyse

Kontaktgewichtung

Im Rahmen der Streuplanung (→ Mediaplanung) von Werbemitteln versucht man mittels quantitativer Verfahren einen möglichst optimalen Einsatz von Werbeträger(-kombinationen) unter Berücksichtigung der ermittelten Kontaktmaßzahlen (→ Mediaforschung) und der → Tausender-Preise zu bestimmen. Da aber nicht alle Kontakte gleich viel wert sind, weil z.B. ein bestimmter Zielgruppenkontakt größere → Werbewirkung als ein anderer verspricht, sollten für die Mediaplanung bestimmte Kontakte stärker als andere gewichtet werden. Die Gewichtung erfolgt meist im Hinblick auf drei Wirkungskomponenten: Zielgruppen-, Werbeträger- und Kontaktmengengewichtung. Erstere berücksichtigen die unterschiedliche Attraktivität verschiedener, vom Medium erreichter Zielgruppen. Werbeträgergewichte zielen auf die unterschiedliche Kontaktqualität der Medien. Kontaktmengengewichte sollen den spezifischen, u.U. nicht-proportionalen Wirkungszuwachs der Werbewirkung bei Mehrfachkontakten erfassen.

Kontakthäufigkeit → Mediaanalyse

Kontaktkette

Begriff aus dem → Dialogmarketing, wo der Kontakt mit einer Zielperson bewusst in mehreren Stufen aufgebaut und gepflegt

Kontaktpunktanalyse

werden kann, um die Geschäftsbeziehungen zu festigen und auszubauen. Dazu werden in bewusst gesteuerten Abständen und unter Berücksichtigung der bisherigen Reaktionen des Kunden auf verschiedenen Kontaktkanälen (Brief, Telefon, Besuch, Messe, Event etc.) immer wieder Kontakte hergestellt und das Unternehmen im Bewusstsein des Kunden gehalten. Die zeitliche Reihenfolge der Kontaktinhalte kann sich an entsprechenden → Stufenmodellen der Werbewirkung orientieren.

Für den Erfolg unabdingbar sind dazu geeignete Adressatenmerkmale, insbes. Responsedaten früherer Kontakte, die in → Kundendatenbanken gespeichert und EDV-gestützt ausgewertet werden können. Kontaktketten können effizienzsteigernd wirken, weil sie vor teuren Kommunikationsaktivitäten (z.B. Außendienstbesuche) Responsefilter zu setzen erlauben bzw. durch schriftliche Vorabinformation und nachfolgendes → Telefonmarketing schnellere und effizientere Verkaufsgespräche ermöglichen. Darüber hinaus ist eine multimediale Ansprache ohne Informationsüberlastung und bei gezielter zeitlicher Steuerung möglich. I.d.R. beginnt man dabei mit massenmedialen Kontakten, die zum Response führen sollen. Diese Kontakte werden im weiteren Verlauf durch immer individuellere Ansprachformen vertieft und gepflegt. H.D.

Kontaktpunktanalyse

Im Rahmen der → Kundenzufriedenheitsmessung entwickelter Ansatz zur Erfassung der → Dienstleistungsqualität. Er nimmt auf jene „Momente der Wahrheit" Bezug, in denen Kunden mit einem Aspekt des Dienstleistungsangebots in Berührung kommen und einen Eindruck von dessen Qualität erhalten. Man versucht, solche Kontaktpunkte zu identifizieren, ihren qualitativen Erlebnisgrad zu messen und eine quantitative Kontaktpunkt-Problembewertung vorzunehmen. Zur Identifikation qualitätsrelevanter Kontaktpunkte kommt das sog. *Blue-print-Verfahren* zum Einsatz. Hierbei werden der Dienstleistungsproduktionsprozess systematisch analysiert, in Teilprozesse zerlegt und die Kundenkontaktpunkte in einem Ablaufdiagramm graphisch dargestellt. Ziel der qualitativen Ergebnismessung ist die Ermittlung negativer und positiver Kundenerlebnisse. Dies kann durch Beobachtung (z.B. sog. „silent shopper") durch systematische Teilbeschwerdeanalysen, durch die so genannte sequentielle Ereignismethode, bei der die Kunden gedanklich auf dem Blueprint-Ablaufschema entlanggehen und dabei über ihre Erlebnisse berichten, oder über die → *Critical Incident-Method* erfolgen. Bei letzterem Verfahren werden Kunden mittels standardisierter, offener Fragen zur Schilderung besonders positiver oder negativer Ereignisse veranlasst. Die quantitative Kontaktpunkt-Problembewertung schließlich deckt mit Hilfe der *Frequenz-Relevanzanalyse (FRAP)* von Problemen die Häufigkeit des Auftretens eines negativen Ereignisses und das Ausmaß der Verärgerung anhand von Problemindices und Problemdiagrammen auf.

Im Gegensatz zu den merkmalsorientierten Verfahren der Zufriedenheitsmessung lässt sich bei der Kontaktpunktanalyse das Qualitätserleben von Kunden im Allgemeinen besser erfassen. Andererseits lassen sich insbesondere mit der FRAP-Analyse meist lediglich negative erlebte Ereignisse aufzeigen. Außerdem ist die Objektivität des Verfahrens schwer sicherzustellen. Schließlich ist mit derartigen Analysen ein erheblicher zeitlicher, erhebungstechnischer und damit auch finanzieller Aufwand verbunden.

H.D.

Literatur: *Stauss, B.*: „Augenblicke der Wahrheit" in der Dienstleistungserstellung: Ihre Relevanz und ihre Messung mit Hilfe der Kontaktpunkt-Analyse, in: *Bruhn, M.; Stauss, B.* (Hrsg.): Dienstleistungsqualität. Konzept, Methoden, Erfahrungen, Wiesbaden 1991, S. 345-366.

Kontaktqualität

Zur Messung der Kontaktqualität von Printmedien im Rahmen der → Leserschaftsforschung wurden in einer von den Programmzeitschriften HÖRZU und FUNKUHR in Zusammenarbeit mit der GWA 1984 abgeschlossenen Studie folgende sechs Merkmale mit z.T. mehrfachen Indikatoren herangezogen.

1. Feststellung der Zuwendung zum Medium.
2. Nähe der Zeitschrift (Skala von „steht mir sehr nahe" bis „ist mir sehr fern")
3. Lesemenge
4. Seiten- Mehrfachkontakte
5. Feststellung der Aufgeschlossenheit gegenüber Werbung
6. Produktinteresse und Produktverwendung

Die GWA hat 1988 in Zusammenarbeit mit einigen Verlagen ein weiteres Modell vorgelegt („*KQ-Analyse*"). Es berücksichtigt (auf Basis entsprechender Befragungs-Designs) besonders die Lesemenge und die Seiten-Mehrfachkontakte und erlaubt darauf aufbauend eine Prognose der *Seitenreichweiten* bzw. der Leser pro durchschnittlicher (*LpS*) Seite und der Anzahl der *Seitenkontakte*. Werden durchschnittlich 80% aller Seiten genutzt, verringert sich die üblicherweise ausgewiesene Reichweite um 20%. Andererseits wird sie durch die durchschnittlichen Seiten-Mehrfachkontakte wieder erhöht. Auf diese Weise errechnet sich ein sog. *Seiten-Leser-Index*, der naturgemäß für Programmzeitschriften und für Zielgruppen-Titel mit starker Nutzung deutlich höher ausfällt als für nur flüchtig gelesene Titel. H.D.

Kontaktstrecke

im Wege von → Handelspanels erhobene Länge der Verkaufsregale, die im Einzelhandel für eine bestimmte Marke oder einen Artikel zur Verfügung gestellt wird. Im Rahmen der → Regalflächenoptimierung und der gemeinsamen Bemühungen von Herstellern und Handelsbetrieben um das → Merchandising wurde die Kontaktstrecke zu einem wichtigen verkaufspolitischen Ziel und Erfolgskriterium. Die Gegenüberstellung von Umsatz- und Kontaktstreckenanteilen zeigt u.U. unausgeschöpfte Umsatzpotentiale an. Gelegentlich wird die Kontaktstrecke in sog. „Facings", d.h. mit der Anzahl der nebeneinander platzierten Produktverpackungen gemessen.

Kontaktwahrscheinlichkeit

in → Mediaselektionsmodellen die aufgrund der Lese-, Seh- oder Hörwahrscheinlichkeiten eines Befragten für Titel eines gegebenen Streuplanes errechnete Wahrscheinlichkeit, dass es zu X Kontakten kommt (→ K1-Wert).

Kontaktzahl

Die Kontaktzahl wird im Rahmen der → Kampagnenkontrolle, der → Kampagnenplanung und der Kumulations- und Frequenzanalyse berechnet. Grundlage für die Berechnung der Kontaktzahl ist die kumulierte → Reichweite, also die Anzahl der Personen, die mit den in die Auswertung eingeflossenen Werbeblöcken und/oder Sendungen mindestens einmal Kontakt hatten. Für diese Personen wird nun als Kontaktzahl ermittelt, wie viele Kontakte pro Person im Durchschnitt zustande gekommen sind. Das Produkt aus Kontaktzahl und kumulierte Reichweite ergibt die Kontaktsumme.

Kontiguität

kennzeichnet in der → Attributionstheorie, die die Zuschreibung von Verhaltensursachen zu Handlungen und Empfindungen erklärt, die zeitliche Parallelität verschiedener Erlebnisinhalte. Sie ist in dem linearen Denkstil abendländischer Tradition der vielleicht wichtigste Indikator von Kausalität. So werden etwa Erfolge mit einem neuen Produkt (= Erlebnisinhalt 1) dem seit kurzem für diesen Bereich zuständigen Manager (= Erlebnisinhalt 2) zugeschrieben, obwohl letztlich dessen Vorgänger die Grundlage dafür gelegt hat. Oder man sucht in der Schlechtwetterperiode (= 1) die Ursache für die eigene gedrückte Stimmung (= 2).

Kontingenzanalyse

Die Kontingenzanalyse in der → Multivariatenanalyse dient zur Untersuchung des Zusammenhangs oder der Unabhängigkeit von zwei oder mehreren Variablen. Eine typische Fragestellung ist z.B. die, ob die Wahlentscheidung für ein Produkt (Kauf oder Nichtkauf bzw. Kaufintensität) mit einer kategorialen Größe (Familienzyklus oder Geschlecht) zusammenhängt. Der klassische Test der Kontingenzanalyse prüft, ob die Nullhypothese „Unabhängigkeit" widerlegt werden kann. Allgemein lässt sich das Problem der Kontingenzanalyse an quadratischen Tafeln (2 Variablen) darstellen:

Die x_{ij} ($I = 1,...,I, j = 1,...,J$) werden Zellhäufigkeiten genannt. Die Randsummen x_{i+} bezeichnen die Anzahl der Versuchsobjekte in der i-ten Faktorstufe mit

$$x_{i+} = \sum_{j=1}^{J} x_{ij}, \ x_{+j} = \sum_{i=1}^{I} x_{ij} \text{ bzw.}$$

$x_{i+} = N_i, i = 1,...,I$ und

$$\sum_{i=1}^{I} x_{i+} = \sum_{i=1}^{I} N_i = N = x_{++} = \sum_{j=1}^{J} x_{+j} \text{ mit}$$

N als Stichprobengröße. Die Randsummen werden als zufällig angenommen. Die gemeinsame Wahrscheinlichkeit für das Auf-

		x_{+1}	x_{+2}	...	x_{+J}	x_{++}
		Variable 2				
		Deskriptor z.B. Familienzyklus mit J Kategorien				
		1	2	...	J	
Variable 1 (z.B. Kaufintensität mit I Kategorien)	1	x_{11}	x_{12}	...	x_{1J}	x_{1+}
	2	x_{21}	x_{22}	...	x_{2J}	x_{2+}
	.	.	.		.	.
	.	.	.		.	.
	I	x_{I1}	x_{I2}	...	x_{IJ}	x_{I+}
		x_{+1}	x_{+2}	...	x_{+J}	x_{++}

treten einer Merkmalskombination wird mit

p_{ij} = P (A besitzt Ausprägung A_i,
B besitzt Ausprägung B_j)

bezeichnet, wobei A die Klassifikation nach dem ersten Merkmal und B die Klassifikation nach dem zweiten Merkmal darstellt. Zur Überprüfung der Unabhängigkeit der Merkmale A und B mit der Kontingenzanalyse wird die folgenden Nullhypothese aufgestellt:

H0: $p_{ij} = P(A_i \cap B_j) = P(A_i) \cdot P(B_j) = p_{i+} \cdot p_{+j}$.

Der Erwartungswert m_{ij} der Besetzung der Zelle (i, j) ist definiert als $m_{ij} = p_{ij} \cdot N$, da die Zellhäufigkeiten einer Multinomialverteilung folgen. Unter Annahme der Nullhypothese gilt damit

$m_{ij} = p_{i+} \cdot p_{+j} \cdot N$.

Der geschätzte Wert der Zellbesetzung in der Stichprobe ist dann (unter Annahme der Nullhypothese)

$N \cdot \hat{p}_{ij} = \hat{m}_{ij} = N \cdot \hat{p}_{i+} \cdot \hat{p}_{+j} = N \cdot \dfrac{x_{j+}}{N} \cdot \dfrac{x_{+j}}{N}$

$\Rightarrow \hat{m}_{ij} = \dfrac{x_{j+} \cdot x_{+j}}{N}$.

Über Erwartungswerte kann mit der Chi^2-Statistik geprüft werden, ob Unabhängigkeit vorliegt (Chi^2-Test). Die Statistik ist definiert über

(3) $\chi^2 = \sum_{i,j} \dfrac{(x_{ij} - \hat{m}_{ij})^2}{\hat{m}_{ij}} \approx \chi^2(I-1)(J-1)$

Ist der χ^2-Wert größer als ein theoretischer Chi^2-Wert (bei Berücksichtigung der Freiheitsgrade *I-1*, *J-1*) muss die Hypothese der Unabhängigkeit zurückgewiesen werden.

Der Modellansatz kann auf mehrdimensionale Kontingenztabellen erweitert werden. Die Spezifikation der Kontingenzbeziehungen in einem Modell zum Test der Effekte einzelner Variablen erfolgt über den → Log-linearen Modell-Ansatz. Varianten dieses Ansatzes mit asymmetrischen Beziehungen wie die → Logit- oder → Probit-Analyse ermöglichen die Prognose von Zellbesetzungen aufgrund der Häufigkeiten kategorialer Variablen in einer mehrdimensionalen Kontingenztafel. Die → Korrespondenzanalyse liefert die Möglichkeit, Informationen aus Kontingenztafeln im mehrdimensionalen Raum darzustellen.

L.H./Y.B.

Literatur: *Bishop, Y.; Fienberg, S.E.; Holland, P.W.*: Discrete Multivariate Analysis, 4. Aufl. 1987, Kap. 2. *Fienberg, S.E.*: The Analysis of Cross-Classified Data, Cambridge 1977. *Fahrmeir, L.; Hamerle, A.; Tutz, G.*: Multivariate statistische Verfahren, 2. Aufl., Berlin 1996.

Kontingenztest
→ Chi-Quadrat Unabhängigkeitstest

Kontinuierlicher Verbesserungsprozess
→ Qualitätsverbesserung, → Kaizen

Kontor
→ Außenhandel, institutioneller

Kontrahierungszwang (Abschlusszwang)

ist die Pflicht, ein Vertragsangebot annehmen zu müssen. Der Kontrahierungszwang ist eine scharfe Form der Einschränkung der Vertragsfreiheit. Er ist v.a. im Bereich der sog. Daseinsvorsorge gesetzlich angeordnet, insb. bei Leistungen öffentlicher Träger. Ein Kontrahierungszwang wird ferner für alle

Unternehmen mit einer Monopolstellung angenommen, wenn diese lebensnotwendige Leistungen für die Bevölkerung anbieten. Ein Aufnahmezwang besteht ferner für die Verpflichtung eines Vereins oder Verbandes zur Aufnahme von Beitrittswilligen, wenn es sich um einen Monopolverband oder um einen Verein oder Verband mit einer überragenden Machtstellung handelt.

Ein Kontrahierungszwang wird ferner aus § 20 Abs. 2 GWB hergeleitet, wonach marktbeherrschende Unternehmen andere Unternehmen nicht ohne sachlich gerechtfertigten Grund gegenüber gleichartigen Unternehmen unterschiedlich behandeln dürfen (→ Diskriminierung). Nach der 5. GWB-Novelle 1990 besteht für marktstarke Unternehmen der Kontrahierungszwang nur noch gegenüber kleinen und mittleren Unternehmen, wenn diese als Anbieter oder Nachfrager in einer Weise abhängig sind, dass keine ausreichenden und zumutbaren Ausweichmöglichkeiten bestehen. Der Gesetzgeber hat damit den Kontrahierungszwang für nicht marktbeherrschende, sondern nur relativ → marktstarke Unternehmen eingeschränkt, weil eine Belieferungspflicht zugunsten von Großunternehmen aus heutiger Sicht nicht erforderlich sei; der ökonomische Druck zur möglichst umfassenden Nutzung aller wichtigen Absatzkanäle und das Nachfrageverhalten der Verbraucher hätten die Hersteller von Markenartikeln zunehmend veranlasst, ihre Waren in erheblichem Umfang auch über die Großbetriebsformen des Handels abzusetzen. Aus dem Verbot der Diskriminierung ergibt sich mittelbar eine positive Lieferpflicht, weil die Ablehnung des Vertragsschlusses gegen § 20 Abs. 2 GWB verstößt und das diskriminierte Unternehmen verlangen kann, so gestellt zu werden, als ob die Diskriminierung nicht bestünde. Die Rechtsfolge eines Kontrahierungszwangs besteht darin, dass ein einklagbarer Anspruch auf Abschluss des Vertrages zu angemessenen Konditionen besteht.

H.-J.Bu.

Kontraktgut
→ Principal-Agenten-Theorie

Kontraktmarketing → Franchising,
→ Kooperation im Handel,
→ Vertikale Marketingstrategie

Kontra-Marketing
→ Sozio-Marketing

Kontrasteffekt

Aus der *Adaptionsniveautheorie* abgeleiteter Erklärungsansatz für eine bestimmte Form der → Wahrnehmung und Beurteilung von Reizen. Wie auch nach der späteren → Prospecttheorie orientiert sich die menschliche Wahrnehmung nach der Adaptionsniveautheorie an *Referenzpunkten*. Der Kontrasteffekt beschreibt die Aussonderung von Reizen aus relevanten Urteilsklassen, weil sie wegen ihres großen Abstands zum Referenzpunkt als untypisch angesehen werden. Das Phänomen ist z.B. bei der Preisbeurteilung zu beobachten, wenn außergewöhnlich preisgünstige Schlagerangebote als *atypisch* für das Preisniveau eines Geschäfts angesehen werden. Dagegen werden relativ kleine Unterschiede in der Preisgünstigkeit bestimmter Artikel entsprechend dem jeweiligen Preisimage des Anbieters *assimiliert*.

Literatur: *Diller, H.:* Preispolitik, 3. Aufl., Stuttgart u.a. 2000.

Kontrastgruppenanalyse

Verfahren der → Multivariatenanalyse zur Aufdeckung der zwischen einer abhängigen und mehreren unabhängigen Variablen gegebenen Beziehungsstruktur. Dabei wird durch sukzessive Zweiteilung der Ausgangsgesamtheit versucht, Gruppen von Merkmalsträgern zu bilden, die sich durch bestimmte Kombinationen von Merkmalsausprägungen auszeichnen. Als Trennkriterium fungiert dabei jeweils diejenige unabhängige Variable, die ein Maximum an Erklärungskraft in Bezug auf die abhängige Größe aufweist. Die Methode hat also eine gewisse Ähnlichkeit mit dem Verfahren der → AID.

Kontrolle → Ergebniskontrolle,
→ Marketing-Controlling,
→ Wirkungskontrolle

Kontrollierter Test
→ Test, bei dem die Bedingungen eines echten → Experiments erfüllt sind.

Konvergenzhypothese
→ Globalisierungsthese

Konvergenzvalidität → Validität

Konzentration → Nachfragemacht

Konzentrationsprinzip
→ Abschneideverfahren

Konzentrationsstrategie
→ Marktsegmentierung

Konzepttest
Erscheinungsform von → Produkttests, bei der v.a. erfolgsversprechende Produktideen, aber auch Werbekonzepte durch eine Stichprobe von Verbrauchern beurteilt werden. Zu diesem Zweck werden die Eigenschaften und Vorteile der Neuproduktideen lediglich verbal umschrieben, u.U. ergänzt durch eine Bildvorlage. Die Datenerhebung kann als → Gruppeninterview erfolgen (Gesamturteil über das Konzept, erkannte Produktvorzüge etc.), als schriftliche Befragung oder persönliches Interview abgewickelt werden (Beurteilung der Produkteigenschaften als Basis für ein Positionierungsmodell, Präferenzabfragen, Urteile verschiedener soziodemographischer Marktsegmente etc.) und auch simulierte Einkäufe umfassen (→ Testmarktsimulator, Simulierter Testmarkt (STM)). Allerdings erlaubt der Konzepttest keine exakten Rückschlüsse auf das tatsächliche Produkterlebnis. Eine v.a. in der Automobilindustrie übliche Variante des Konzepttests stellt die *Produktklinik* dar, bei der unter strenger Geheimhaltung in frühen Entwicklungsstadien neue Automodelle vorgeführt und insb. hinsichtlich ihrer Designqualitäten zur Beurteilung gestellt werden. Dabei können auch Vorgänger- oder Konkurrenzmodelle als Vergleichsanker dienen. Der Konzeptest ist die Vorstufe zum → Funktionstest, bei dem es dann auch um die Gebrauchstauglichkeit des Produktes geht. H.Bö.

Konzession
besondere behördliche Erlaubnis zum Betreiben eines Gewerbes, z.B. im Güterfernverkehr oder im Energiebereich. Konzessionsverträge werden z.B. regelmäßig zwischen Energieversorgungsunternehmen (EVU's) und den die Wegehoheit besitzenden Gebietskörperschaften abgeschlossen (→ Energie-Marketing). Dabei gestattet die Gebietskörperschaft einem EVU gegen Zahlung von Konzessionsabgaben die Benutzung öffentlicher Wege zum Zwecke des Leitungsbaus (Gestattungsklausel). Darüber hinaus erklärt sich die Gebietskörperschaft bereit, selbst kein eigenes Versorgungsnetz aufzubauen (Verzichtsklausel).

Die Deregulation beeinflusst auch das Konzessionssystem und kann zu einem weitgehenden Wegfall führen. W.H.E.

Kooperation
Unter Kooperation versteht man jede auf freiwilliger Basis beruhende, vertraglich geregelte Zusammenarbeit rechtlich und wirtschaftlich selbständiger Betriebe zum Zweck der Verbesserung ihrer Leistungsfähigkeit. Man unterscheidet dabei vertikale und horizontale Kooperationen, je nachdem, ob der Kooperationspartner auf vor- bzw. nachgelagerten Wirtschaftsstufen oder auf der selben Stufe angesiedelt ist (s.a. → Kooperation im Handel).
Im Marketing spielen Kooperationen insb. im Bereich von vertraglich geregelten → Vertriebssystemen, bei → Erzeugerorganisationen, → Einkaufsgenossenschaften, → freiwilligen Ketten, beim → Franchising und anderen → Vertragshändlersystemen eine besondere Rolle. Weitere verbreitete Formen der Kooperation betreffen die Werbung (→ Gemeinschaftswerbung), die → Forschung und Entwicklung sowie die → Marktforschung.
Neuerdings gewinnen Kooperationen zusätzlichen Stellenwert im Marketing, weil sie u.U. ein Unternehmen in die Lage versetzen, durch Erschließung bestimmter → Synergien Wettbewerbsvorteile zu erlangen, die anderen Unternehmen nicht zur Verfügung stehen. Daher rührt auch die Bedeutung der sog. → strategischen Allianzen. Voraussetzung für das Gelingen einer Kooperation ist ein professionelles Kooperationsmanagement, bei dem gleichermaßen auf die Kooperationsfähigkeit wie die Kooperationswilligkeit des Kooperationspartners geachtet wird (s.a. → Beziehungsmanagement). Die organisatorische Form der Kooperation reicht von lockeren Absprachen bis zu → Joint Ventures und richtet sich insb. nach den Erfordernissen der Risikoabsicherung. H.D.

Kooperation im Handel
Kennzeichnend für die Kooperation ist die Harmonisierung oder die gemeinsame Erfüllung von betrieblichen Aufgaben durch mehrere rechtlich selbständige Unternehmen. Ihre grundlegenden Merkmale bestehen darin, dass

– sich verschiedene Unternehmen innerhalb der Wertschöpfungskette einzelne

Funktionen teilen oder gemeinsam ausüben, und
- sich die Zusammenarbeit auf ein klar abgegrenztes Leistungsspektrum oder Marktsegment bezieht.

Die Kooperation bildet für die Kooperationspartner eine Möglichkeit, ihr Zielanspruchsniveau gemeinsam besser als bei isolierter Tätigkeit zu erreichen. Die Kooperationspolitik kann auch als *Verbundpolitik* bezeichnet werden. Das Entscheidungszentrum eines solchen Systems ist die Kooperationszentrale, oft spricht man in der Praxis auch von Zentrale oder Gruppenzentrale. Die Mitglieder und die von ihnen getragene Zentrale bilden das Kooperationssystem, das Verbundsystem oder die → Verbundgruppe.

Generell umfassen Kooperationen alle Alternativen harmonisierter Unternehmenspolitik bei rechtlicher Selbständigkeit der Partner. Voraussetzung für Kooperationen ist die Vertragsfreiheit. Diese wird jedoch in Deutschland durch eine Reihe von Gesetzen begrenzt, so durch das Kartellgesetz, da Kooperation stets ein abgestimmtes Marktverhalten der Partner bedeutet. Marketingrelevante Kooperationsfelder sind u.a. die Marktforschung, die Werbung, der Vertrieb, die Beschaffung. Daneben kann sich die Kooperation auch auf Bereiche wie Forschung und Entwicklung, Datenverarbeitung u. Ä. erstrecken.

Kooperationen beruhen auf freiwilliger Basis und können zunächst nach dem Umfang und der Intensität der Zusammenarbeit differenziert werden. Die Kooperationsintensität (Kooperationsgrad) betrifft die Stärke der Zusammenarbeit in einem bestimmten Kooperationsfeld, d.h. ob ein Unternehmen isoliert tätig ist, partiell kooperativ arbeitet oder totale Kooperation mit anderen Unternehmen aufweist. Der unternehmensindividuelle Aktionsspielraum wird entsprechend des jeweiligen Kooperationsgrads ungleich beeinflusst. Die Zusammenarbeit kann z.B. im Vertrieb von losen Rahmenvereinbarungen bis zu straffen Formen des Kontraktvertriebs (→ Kontraktmarketing) reichen.

Gegensatz der Kooperation ist die Konzentration/Fusion, bei der die rechtliche Selbständigkeit der Partner aufgegeben wird. Der Unterschied zwischen Kooperationssystemen und Konzernen besteht in der Möglichkeit eines Partnerunternehmens, aus dem Kooperationssystem im Rahmen der vertraglichen Vereinbarungen ausscheiden zu können. In Kooperationssysteme werden Mitglieder normalerweise mit ihrem Betrieb oder auch Teilbetrieb aufgenommen. Sie stärken das System durch Personal, Sachmittel und Kapital. Beim Verlassen des Systems scheiden sie mit ihrem Eigentum wieder aus.

Bei der Kooperation sind die Ziele der potentiellen und derzeitigen Systemmitglieder und des derzeitigen Verbundsystems, d.h. des Systems selbst, zu unterscheiden. Dabei ist u.a. zu beantworten, welche Ziele durch die Kooperation leichter erreicht werden bzw. welche Unternehmensrestriktionen durch die Kooperation beseitigt werden können. Erforderlich sind die Identifikation des Unternehmens mit den Gruppenzielen und die Identifikation der Verbundgruppe mit den Unternehmenszielen, d.h. eine Zielharmonisierung. Im Rahmen der Kooperationspolitik sind u.a. deshalb vorab Entscheidungen über die Betriebsstruktur, die Größe, den Standort und die angestrebte Zahl der Partner zu treffen.

Kooperationssysteme kann man nach mehreren Kriterien gliedern, z.B. nach den Wirtschaftsstufen der an der Kooperation beteiligten Unternehmen. Hierbei werden unterschieden:
- die → *horizontale Kooperation im Handel*: Zusammenarbeit von Unternehmen der gleichen Wirtschaftsstufe, und
- die → *vertikale Kooperation im Handel*: Zusammenarbeit von Unternehmen verschiedener Wirtschaftsstufen.

Unter Berücksichtigung des Rechtsrahmens und der strukturellen Bedingungen der Gruppen sind im Marketing folgende Alternativen von besonderer Bedeutung, die in großen Systemen auch kombiniert werden können:

(1) *systemträgergeprägte Gruppen mit Exklusivität*, d.h. die Franchisesysteme (→ Franchising), z.B. in der Automobilwirtschaft, Systemgastronomie und bei Fotoartikeln;

(2) *systemträgerbestimmtes Kontraktmarketing* (zwischen Zulieferer und Hersteller oder Hersteller und Handel) ohne Ausschließlichkeit, d.h. für den Partner ist die Kooperation auf einen Teil des Sortiments- und Leistungsprogramms beschränkt, z.B. Vertriebsbindungskonzepte, Agentur- und Kommissionssysteme;

(3) klassische → *Verbundgruppen* mit einer Zentrale:

- einstufige und in der Funktion auch den Großhandel einschließende klassische → Einkaufgemeinschaften des Einzelhandels,
- einstufige Einkaufsgemeinschaften des Großhandels,
- zweistufige → freiwillige Ketten;

(4) die primär auf den Einkauf und damit auf Konditionenverbesserung ausgerichteten → *Kontore* und Verbundgruppen mit teils nur geringer Ausbildung der Zentralfunktionen;
(5) *dienstleistungsorientierte Systeme*, z.B. Gruppierungen von Hotels und Spediteuren;
(6) die *Zuliefererkooperation* zwischen Herstellern.
(7) Weiter sind die primär *horizontalen Gruppierungen* zu nennen, die Abstimmungsmaßnahmen auf einer Stufe zum Gegenstand haben, so z.B. die *Vertriebskooperationen* von Herstellern oder die Unternehmensgruppen und Konzerne mit aufeinander bezogenen Leistungsprogrammen.

Neben dem Intensitätsgrad und den unterschiedlichen Wirtschaftsstufen können Kooperationen nach weiteren Kriterien unterschieden werden, wobei sie in der Realität meist durch eine Kombination aller Merkmale gekennzeichnet sind:

- Kooperationsfelder können die gesamte Wertkette oder nur einzelne Wertschöpfungsaktivitäten umfassen, so die Datenverarbeitung, die Beschaffung, Logistik, den Vertrieb usw.;
- die institutionell-orientierte Differenzierung führt zu unterschiedlichen Formen der Realisierung strategischer Kontrakte, so u.a. Joint Ventures, Lizenzvereinbarungen, Franchising;
- die zeitliche Dauer einer Kooperation reicht von einmaligen bis zu dauerhaften Kooperationen;
- aus einer räumlichen Perspektive können Kooperationen lokal, regional, national oder international ausgestaltet sein;
- die Intensität der Bindung hinsichtlich kontraktfreier (z.B. Erfahrungsaustausch) und kontraktgebundener Kooperationen (z.B. Exklusivvertrieb).

Im Handel haben Kooperationen eine lange Tradition, so vor allem im mittelständischen Handel (z.B. Einkaufsgenossenschaften), und gewinnen darüber hinaus eine wachsende Bedeutung. Die Kooperationspartner erwarten Wettbewerbsvorteile, die durch die Ergänzung individueller Stärken bzw. durch die Kompensation individueller Schwächen erreicht werden sollen. Grundsätzliche Vorteile sind Skalenerträge, der Zugang zu bestimmten Märkten, Ressourcen oder Kenntnissen, die Teilung des Risikos und eine Beeinflussung der Wettbewerbssituation. Zugleich beinhaltet die Kooperation aber ein bestimmtes Maß an Bindung zwischen den Transaktionspartnern, da eine Veränderung der Autonomiegrade eintritt (freiwillige Aufgabe von Freiheitsgraden). Entsprechend können folgende Nachteile entstehen: Koordinationskosten und die Gefahr der Untergrabung der eigenen Wettbewerbsposition.

Horizontale und vertikale Kooperationstypen

Kooperation mit einem ...	Aus der Sicht des ...	
	Herstellers	Handels
Zulieferer/ Hersteller	Zuliefererkooperation Reverse Marketing	Lieferantenkooperation Reverse Marketing Wertschöpfungspartnerschaft Partnering
Händler	Kundenkooperation Trade Marketing Wertschöpfungspartnerschaft Partnering	Horizontale Kooperation Verbundgruppe Einkaufsgemeinschaft Marketingkooperation
Konkurrenten	Horizontale Kooperation Strategische Allianz Joint Venture	

Traditionelle Kooperationen beziehen sich auf operative Dimensionen bzw. Unternehmensfunktionen und sind i.d.R. von einer begrenzten Dauer. Neuere Trends berücksichtigen auch den strategischen Charakter von Partnerschaften; in diesem Fall handelt es sich um strategische Allianzen (horizontale Sichtweise) oder strategische Partnerschaften (vertikale Sichtweise). Eine Übersicht über verschiedene Kooperationstypen zeigt die *Abbildung*. B.T./J.Z.

Literatur: *Porter, M.E.; Fuller, M.B.*: Koalitionen und globale Strategien, in: *Porter, M.E.* (Hrsg.): Globaler Wettbewerb, Wiesbaden 1989, S. 363-

399. *Swoboda, B.:* Wertschöpfungspartnerschaften in der Konsumgüterwirtschaft. Ökonomische und ökologische Aspekte des ECR-Managements, in: WiSt, 26. Jg., 1997, Nr. 9, S. 449-454. *Tietz, B.:* Handbuch Franchising. Zukunftsstrategien für die Marktbearbeitung, 2. Aufl., Landsberg a.L. 1991. *Tietz, B.; Mathieu, G.:* Das Kontraktmarketing als Kooperationsmodell. Eine Analyse für die Beziehungen zwischen Konsumgüterindustrie und Handel, Köln u.a. 1979. *Zentes, J.:* Kooperative Wettbewerbsstrategien im internationalen Konsumgütermarketing, in: *Zentes, J.* (Hrsg.): Strategische Partnerschaften im Handel, Stuttgart 1992, S. 3–31.

Kooperativpromotions
→ Co-Promotions

Koordination im vertikalen Marketing

Die Koordination dient der Abstimmung der Verhaltensweisen von Hersteller und Handel in indirekten Absatzkanälen (→ vertikale Marketingstrategie). Sie kann aufgrund unterschiedlicher Abstimmungsintensitäten zwischen den Marktpartnern stattfinden. Dabei reicht das Spektrum von langfristigen Absprachen über Verträge bis hin zu fallweisen Abstimmungen mit eher kurzfristiger Wirkung. Idealtypisch lassen sich vor dem Hintergrund transaktionskostentheoretischer Überlegungen vier Basisformen der Koordination unterscheiden:

- *marktliche Koordination*: Hersteller und Handel koordinieren ihre Aktivitäten im Distributionssystem über fallweise Verhandlungen (→ Jahresgespräche).
- *marktnahe Koordination*: Hersteller und Handel erfüllen die Aufgaben der Distribution in einer Kooperation. Hierzu gehören Distributionsformen wie → Partnerschaftssysteme.
- *hierarchienahe Koordination*: Der Absatzmittler tritt unter dem Namen oder Markenzeichen des Herstellers auf. Er ist zwar rechtlich selbständig, wirtschaftlich aber vom Hersteller abhängig. Die wichtigsten Formen hierarchienaher Basisformen sind z.B. → Franchisesysteme.
- *hierarchische Koordination*: Der Hersteller übernimmt die distributive Wertschöpfung selbst. Durch den Aussendienst oder eigene Filialen wird der Endkunde direkt erreicht (→ Umgehungsstrategie, → Direktvertrieb).

T.T./M.Sch.

Literatur: *Fischer, M.:* Make or Buy-Entscheidungen im Marketing. Wiesbaden 1993.

Koppelungsgeschäfte

Juristischer Begriff für Angebote oder Verträge, bei denen mehrere Waren oder Leistungen unterschiedlicher Art und Beschaffenheit in der Weise gekoppelt angeboten werden, dass der Erwerb der Waren nur insgesamt möglich ist (s.a. → Produktbündelung). Dabei ist eine Ware als Hauptware, die andere Ware als Zusatzware anzusehen. Bei der *offenen Koppelung* werden neben dem Gesamtpreis auch die Einzelpreise der gekoppelten Waren genannt, bei der *verdeckten Koppelung* wird nur der Gesamtpreis genannt. Meistens wird bei der Koppelung eine für den Kunden attraktive Ware „vorgespannt" (→ Vorspannangebot), um eine nicht attraktive Ware mit zu verkaufen.

Das → GWB geht nach § 16 Abs. 1 Nr. 4 von der grundsätzlichen Zulässigkeit der Koppelung aus und gibt eine Eingriffsbefugnis der Kartellbehörden, wenn die Zweitware sachlich oder handelsüblich nicht zur Erstware gehört. Art. 81 Abs. 1 Buchstabe e EGV (→ EG-Kartellrecht) erwähnt als Beispielsfall unzulässiger Wettbewerbsbeschränkung die an den Abschluss von Verträgen geknüpfte Bedingung, dass die Vertragspartner zusätzliche Leistungen abnehmen, die weder sachlich noch nach Handelsbrauch in Beziehung zum Vertragsgegenstand stehen. Darüber hinausgehend wird sowohl für das deutsche wie für das europäische Kartellrecht angenommen, dass die Koppelung durch ein marktbeherrschendes Unternehmen grundsätzlich verboten ist (§§ 19 und 20 GWB; Art. 82 Abs. 2 Buchstabe d EGV). Daneben können Koppelungsgeschäfte, auch wenn es sich bei dem koppelnden Unternehmen nicht um ein marktbeherrschendes Unternehmen i.S.v. § 19 GWB handelt, wettbewerbswidrig nach § 1 → UWG sein. Die Rechtsprechung stellt dabei v.a. darauf ab, ob dem Kunden durch die Koppelung der Preisvergleich hinsichtlich der einzelnen Waren erschwert oder sogar unmöglich gemacht wird (→ Preisbündelung). Danach wird die offene Koppelung in aller Regel zulässig sein. In der Koppelung kann auch eine verdeckte Zugabe liegen, sodass daneben ein Verstoß gegen § 1 ZugabeVO (→ Zugabeverordnung) gegeben sein kann.

H.-J.Bu.

Kopplungsgeschäft
→ Abschlussbindungen

Körpersprache

Erscheinungsform der → Nonverbalen Kommunikation, die insb. im → Verkaufsgespräch eine wichtige Rolle spielt. Körpersprache lässt sich nach den beteiligten Körperteilen des Menschen zum einen in Gestik und zum anderen in Körperhaltung, -orientierung und -bewegung gliedern.

Unter *Gestik* ist die phänomenal vorübergehende Positionsänderung einzelner Körperteile zu verstehen. Aufgrund der menschlichen Physiognomie sind insbesondere der Kopf, die Hände und Füße in der Lage, eine Vielzahl von Bewegungen durchzuführen. Zweckmäßig ist die Unterscheidung zwischen solchen Gesten, die mit der verbalen Kommunikation verbunden sind, und solchen, die das Individuum auf sich selbst bezieht. Gesten der ersten Art können die Sprache unterstützen, ersetzen, illustrieren, ergänzen, regulieren oder auch akzentuieren. Gesten der zweiten Art nennt man *Adaptoren*. Sie dienen insbesondere dem Ausdruck emotionaler Zustände. Vor allem die Intensität von Emotionen ist durch die Analyse des Bewegungsverhaltens zu erkennen. Dabei wird von der These ausgegangen, dass zwischen Erregungsniveau (Steigerung, Höhepunkt, Abschwächung) und der Häufigkeit von Gesten eine „U-förmige" Beziehung besteht. Danach dienen Gesten bei geringer Erregung der Erhöhung des Erregungsniveaus, während sie bei starker Erregung das Niveau senken.

Die Körpersprache im engeren Sinne umfasst die Körperbewegung, -orientierung und -haltung. Unter *Körperbewegung* werden raum-zeitliche Positionsänderungen des gesamten Korpus verstanden. Die *Körperhaltung* beschreibt die grundsätzliche Anordnung der Körperelemente. Zur Klassifikation der *Körperhaltungskonfigurationen* stehen die drei Grunddimensionen „sitzen, stehen und liegen" zur Verfügung. Die Körperorientierung skizziert die Ausrichtung des Körpers in Bezug auf einen Interaktionspartner. Klassische Verhaltenskategorien in diesem Sinne sind Orientierungsreaktionen, wie das „Zu-" oder „Abwenden" des Körpers.

Die Körperbewegung, -haltung und -orientierung drücken vor allem Einstellungen und Statusrelationen des Individuums aus und helfen den Gesprächsfluss zu regulieren:

Beispielhafte Indikatoren für eine *positive Einstellung* sind direkte Körperorientierung zum Partner, kongruente Körperhaltung zwischen den Interaktionspartnern bzw. Imitation der Körperhaltung des Gesprächspartners.

Als Indikatoren für *Statusrelationen* gelten z.B.: Personen mit niedrigem sozialen Status sitzen gerader, mit Armen und Händen eng am Körper. Statushöhere Personen zeigen eine lässigere oder asymmetrische Körperhaltung zum Gesprächspartner.

Beispiele zur *Gesprächsregulation* sind: Durch die Hinwendung des Körpers kann der Hörer dem Sprecher Aufmerksamkeit signalisieren. Das Aufrichten oder Erheben in Interaktionssituationen signalisieren den Wunsch, die Sprecherrolle zu übernehmen. Die Analyse der Körpersprache erfolgt meist mittels Transkriptions- und Klassifikationsverfahren. Bei Transkriptionsverfahren versucht man, mittels differenzierter Notationssysteme, wie z.B. dem → Berner System, die Bedeutung nonverbaler Signale zu entschlüsseln. Bei Klassifikationsanalysen ordnen die Beobachter das nonverbale Ausdrucksverhalten vorgegebenen Ausdruckskategorien zu, z.B. freudige oder ärgerliche Gestik. S.B.

Literatur: *Argyle, M.*: Körpersprache & Kommunikation, 7. Aufl., Paderborn 1996. *Scherer, K.R.; Wallbott, H.G.* (Hrsg.): Nonverbale Kommunikation. Forschungsberichte zum Interaktionsverhalten, Weinheim, Basel 1984.

Korrelationsanalyse

Verfahren der Datenanalyse zur Messung von Wechselbeziehungen (Korrelation) zwischen sich verändernden Größen. Je nach Anzahl der untersuchten Variablen unterscheidet man zwischen der einfachen (zwei Variablen) und der multiplen Korrelationsanalyse (mehrere Variablen). Als Maß für die Stärke und Richtung des Zusammenhangs dient der *Korrelationskoeffizient*, der den Wert 0 annimmt, falls die Variablen linear unabhängig bzw. unkorreliert sind. Die Variablen sind umso stärker korreliert, je näher der Wert bei ±1 liegt.

Der lineare Korrelationskoeffizient (nach *Bravais-Pearson*) für metrische Variablen zwischen zwei Variablen ist definiert als

$$r_{xy} = \frac{\sum_{i=1}^{n}(x_i - \bar{x}) \cdot (y_i - \bar{y})}{(n-1)s_x \cdot s_y}$$

s_x und s_y stehen für die Standardabweichungen, $\bar{x}$ und $\bar{y}$ für die Mittelwerte der Variablenrealisationen x_i und y_i. Korrelationskoeffizienten, die auf nichtmetrischen Daten beruhen aber ähnliche Eigenschaften wie r_{xy} haben, sind der *Tetrachorische, Polychorische* und *Polyserielle Korrelationskoeffizient* (mit der Annahme kontinuierlicher normalverteilter Variablen aber kategorialer Messung).

Korrelationen sagen noch nichts über den ursächlichen Zusammenhang zwischen zwei Größen aus. Dieser muss substanzwissenschaftlich begründet werden, zumal hinter der Kovarianz zweier Variablen oft eine dritte, moderierende Größe stehen kann (→ Scheinkorrelation). L.H.

Literatur: *Hammann, P.; Erichson, B.*: Marktforschung, 2. Aufl., Stuttgart 1990. *Olsson, U.; Drasgow, F.; Dorans, N.J.*, The Polyseriel Correlation Coefficient, in: Psychometrika, Vol. 47 (1982), S. 337-347.

Korrespondenzanalyse (KA)

deskriptives statistisches Verfahren der → Multivariatenanalyse, das die graphische Abbildung sowohl der Zeilen- als auch der Spaltenmerkmale einer Datenmatrix im selben niedrigdimensionierten Raum ermöglicht und zur Produktpositionierung und Segmentierung eingesetzt werden kann. Im Prinzip ist die KA eine Methode zur visuellen Darstellung der Beziehungen in einer Kontingenztabelle (→ Kontingenzanalyse). Im Gegensatz zu anderen Methoden der räumlichen Abbildung lassen sich über die gemeinsamen Dimensionen für Spalten- und Zeilenmerkmale die Beziehungen innerhalb dieser Kategorien, zusätzlich aber noch die Beziehungen zwischen Merkmalen unterschiedlicher Kategorien aufdecken.

Die KA stellt geringe Anforderungen an die Skalen der Daten. Es können Kontingenztabellen, Häufigkeiten, Rangordnungen, Paarvergleichsdaten und andere kategorielle Daten analysiert werden. Als Input fordert die KA lediglich eine vollständige Datenmatrix mit nichtnegativen Elementen. Als Analysedaten können z.B. Häufigkeitswerte über die Anzahl der Testpersonen verwendet werden, die dem i-ten Produkt die k-te Kategorie der j-ten Eigenschaft zugewiesen haben.

Mathematisch geht das Verfahren von den Zeilenprofilen des durch m Spalten aufgespannten Raumes und von den Spalten-Punktprofilen des n-dimensionier-ten Raumes (Zeilen der Datenmatrix) aus. Hierbei werden aus Gründen der Vergleichbarkeit relative Häufigkeiten zugrundegelegt. Das Ziel der KA besteht darin, die Varianz in Zeilen- (z.B. Produkte) und Spaltenprofilen (z.B. Merkmale) durch möglichst wenige gemeinsame Dimensionen zu erklären. Die Abweichung der Zeilen- bzw. Spalten-Punktprofile von ihrem jeweiligen durchschnittlichen Profil, dem sog. Zentroid, wird als Maß der Varianz in den Inputdaten herangezogen. Dieses Streuungsmaß bezeichnet man in der KA als Inertia, die sich unter Zugrundelegung der [χ^2]-Distanz zwischen Profilpunkten und Zentroid errechnet. Die Total Inertia ist definiert als gewichtete Summe der quadrierten Distanzen zwischen jedem Spalten- sowie Zeilenpunkt und dem jeweiligen Zentroid. Die Zeilen- bzw. Spalten-Inertia beschreibt dagegen den Beitrag des jeweils betrachteten Punktes zur Erklärung der Total Inertia.

Die Lösung kann z.B. durch das Singular Value Decomposition (SVD)-Verfahren ermittelt werden. Es stellt eine Verallgemeinerung der Hauptkomponentenanalyse dar. Die Dimensionen (Hauptkomponenten) werden sukzessive in der Reihenfolge ihres Anteils an der Varianzerklärung extrahiert. Die erste Dimension erklärt den höchsten Anteil der in den Zeilen- bzw. Spalten-Punktprofilen vorhandenen Varianz. Der Anteil der durch eine Hauptachse erklärten Gesamtstreuung wird als Principal Inertia bezeichnet. Im Ergebnis stimmen Total und Principal Inertia für Zeilen- und Spaltenprofile überein, so dass letztlich die Punkte beider Gruppen in einer einzigen graphischen Darstellung veranschaulicht werden können.

Die relativen Positionen der Punkte innerhalb der jeweiligen Gruppe (Zeilen- bzw. Spaltenpunkte) geben die Ähnlichkeiten bzw. Unterschiede wieder, die in Bezug auf die Merkmale der anderen Gruppe bestehen. Die Position eines Zeilenpunktes (z.B. Produkt) liegt dann nahe an einem Spaltenpunkt (z.B. Eigenschaft), wenn die Beziehung zwischen Spalten- und Zeilenpunkt prägnant ist. Allerdings kann der räumliche Zusammenhang zwischen Zeilen- und Spaltenmerkmalen nicht als Distanzen interpretiert werden, da diese explizit nur für Merkmale innerhalb einer Gruppe definiert sind. Im Rahmen der einfachen Korrespondenzanalyse können die Programme „Dual" und „Simca" (*Greenacre*) eingesetzt werden. Eine nichtlineare multivariate Variante, die als Spezialfälle andere Verfahren der Multivariatenanalyse umfasst, stellt die Multiple

Korrespondenzanalyse (MCA) dar. Sie ist besonders für die grafische Repräsentation von komplexen Zusammenhängen zwischen kategorialen Variablen geeignet. L.H.

Literatur: *Backhaus, K.; Meyer, M.*: Korrespondenzanalyse. Ein vernachlässigtes Analyseverfahren nicht-metrischer Daten in der Marketingforschung, in: Marketing-ZFP, Vol. 10 (1988), S. 295–307. *Hoffmann, D.L.; de Leeuw, J.; Arjungi, R.V.*: Multiple Correspondence Analysis, in: *Bagozzi, R. P.* (Hrsg.): Advanced Methods of Marketing Research, Cambridge 1994. *Greenacre, M.J.*: Correspondence Analysis in the Social Sciences: Recent Developments and Applications, London 1994.

Korrespondenzregel
→ Operationalisierung

Kostendämpfung im Gesundheitswesen

Staatliche Reglementierung des Marktes für medizinische Dienstleistungen mit dem Ziel, die Ausgaben der gesetzlichen → Krankenkassen für diese Dienstleistungen nicht stärker steigen zu lassen als das Brutto-Sozialprodukt (→ Medizin-Marketing). Auf diese Weise sollen die Beiträge zur gesetzlichen Krankenversicherung, die ja Lohnnebenkosten sind, stabil gehalten werden. Die wichtigsten Maßnahmen der Kostendämpfung sind:

- die Begrenzung der Honorare für Ärzte – „Deckelung" des Gesamtbudgets und der Praxisbudgets, vgl. → Gebührenordnung;
- Begrenzung der Verschreibung von Medikamenten und Zuzahlung durch die Patienten, vgl. → Zuzahlung;
- Begrenzung der Anzahl der Neuzulassung von Kassenärzten.

Kostenführerschaft

im Bezugsrahmen des → strategischen Dreiecks eine konkurrenzgerichtete, auf direkte → Wettbewerbsvorteile abzielende Komponente mehrdimensionaler → Marketingstrategien, mit der man das Ziel verfolgt, alle existierenden Kostensenkungspotentiale zu identifizieren sowie diese durch strategisches Kostenmanagement zu realisieren, um einen strategischen Kostenvorsprung gegenüber den Konkurrenten zu erlangen, also dauerhaft der kostengünstigste Anbieter des entsprechenden Marktes zu werden. Dabei meint Kostenführerschaft nicht einfach eine reine (u.U. problemlösungsbeeinflussende) Kostensenkung, sondern die Unternehmensstrukturen und -prozesse i.S. des Lean Marketing von all denjenigen Elementen zu befreien, die im Hinblick auf das spezifische Leistungsangebot und dessen Erstellung nicht notwendig sind, deren Kosten also in gewisser Weise einer Verschwendung von Ressourcen gleichkommen.

Auf dem Wege zur Kostenführerschaft gilt es auch den Marketingbereich auf Ineffizienzen hin zu durchleuchten, da dieser aufgrund der nicht selten erheblichen dort anfallenden Kosten inzwischen einen bedeutsamen Hebel für die Kostenposition der Unternehmen darstellt. So ist das Marketing z.B. für die Höhe der → Vertriebs-, → Distributions- und Werbekosten sowie die Kosten für die → Marktforschung oder die Neuproduktentwicklung direkt oder über einen indirekten Einfluss verantwortlich. Entsprechend bieten die diversen → Marketingprozesse zahlreiche Ansatzpunkte zur Effizienzverbesserung. Zudem lassen sich häufig marketingspezifische Synergien ausnutzen – etwa durch Dachmarkenstrategien oder einen von mehreren → strategischen Geschäftseinheiten gemeinsam genutzten → Vertrieb. Schließlich können einzelne Instrumente des → Marketing-Mix sogar zur eigentlichen Triebkraft möglicher Kostenreduktionen werden, wenn z.B. → Penetrationsstrategien oder aggressive → Preisstrategien bei Erfahrungskurven zu schnellem Wachstum und als Folge → Economies of Scale sowie Lerneffekten führen.

Zur Identifikation der Kostensenkungspotentiale bedient man sich der *strategischen Kostenanalyse*. Deren Aufgabe besteht darin, all diejenigen Aktivitätsfelder zu bestimmen, in denen (bedeutsame) relative Kostensenkungspotentiale existieren. Es geht darum, jeden einzelnen Geschäftsbereich gedanklich in die für die Leistungserstellung zentralen Unternehmensaktivitäten zu zerlegen sowie deren Kostenstruktur und Kostenverhalten zu erfassen (→ Kostenkontrolle), permanent zu aktualisieren und den entsprechenden Aktivitäten der Konkurrenten im Rahmen des Cost → Benchmarking vergleichend gegenüberzustellen. Die zur Identifikation der Kostensenkungspotentiale nötigen Daten lassen sich dabei durch die verschiedenen Instrumente des → Marketing Accounting sowie des → Marketing-Controlling gewinnen. Damit die strategische Kostenanalyse Ansatzpunkte für eine substanzielle Beeinflussung der allgemeinen Kostenposition liefert, ist es zweckmäßig, sich auf die Kostenblöcke zu konzentrieren, die einen erheblichen Anteil an den Gesamtkosten aktuell ausmachen oder in Zukunft ausmachen werden.

Hat man die Kostensenkungspotenziale identifiziert, muss man diese in einem nächsten Schritt durch strategisches *Kostenmanagement* möglichst vollständig zu realisieren versuchen, indem man durch das Aufdecken und die gezielte Einflussnahme auf die den Kostenanfall ursächlich determinierenden Faktoren das Kostenniveau, die Kostenstrukturen, die Kostenflexibilität, das Kostenverhalten und die → Komplexitätskosten beeinflusst, Kostentransparenz schafft sowie – als Folge – das Kostenbewusstsein im gesamten Unternehmen verstärkt (→ Preiskultur). Insbesondere Konzepte wie das → Target Pricing können das Marketingmanagement bei diesen Aufgaben wirkungsvoll unterstützen.

Obwohl häufig mit → Preisführerschaft gleichgesetzt, muss Kostenführerschaft nicht auf die → Preispolitik durchschlagen. Vielmehr können die Kostenvorteile auch direkt in Gewinn überführt oder durch diese zukünftige (Re-)Aktionspotenziale aufgebaut werden – nicht zuletzt in Form der auflaufenden finanziellen Mittel. Allerdings besteht insofern eine enge Verbindung von Preis- und Kostenführerschaft, als sich erst durch Letztere – wie etwa im Falle des → Discounting – das kundengerichtete Nutzenversprechen des Preisführers dauerhaft absichern lässt. A.Ha.

Literatur: *Steinmann, H.; Guthunz, U.; Hasselberg, F.:* Kostenführerschaft und Kostenrechnung, in: *Männel, W.* (Hrsg.): Handbuch Kostenrechnung, Wiesbaden 1992, S. 1459-1477.

Kostenkontrolle

Vergleich geplanter und tatsächlich entstandener Kosten. Bestehen keine ausdrücklichen Sollvorgaben, die ja Plankostenrechnung voraussetzen, so handelt es sich um Kosten*analysen* ohne strikten Soll-Ist-Vergleich, die aber (etwa in der Gegenüberstellung mit Zeitreihendaten aus der eigenen Unternehmung oder mit Querschnittsdaten aus Branchenuntersuchungen) ebenfalls eine wichtige Anregungsfunktion für Wirtschaftlichkeitsverbesserungen erfüllen.

Im Marketing-Bereich gliedert sich die Kostenkontrolle (wie in anderen Unternehmensteilgebieten auch) grundsätzlich in die *Kostenarten-*, *Kostenstellen-* und *Kostenträgerkontrolle*. Schwierig gestaltet sich jedoch in manchen Punkten die Abgrenzung von Kosten, die speziell durch Marketing-Aktivitäten entstanden sind, von solchen Kosten, die auf das Zusammenspiel des Marketing mit anderen betrieblichen Funktionsbereichen zurückgehen.

Kostenarten mit eindeutiger Zuordnung zum Marketing-Bereich sind die sog. Sondereinzelkosten des Vertriebs. Auch bei den üblichen sonstigen Kostenarteneinteilungen (Personalkosten, Materialkosten, Transportkosten usw.) gibt es Beträge, die ausschließlich duch die Absatztätigkeit anfallen (wie Gehälter für den Verkaufsinnendienst, Verkaufsförderungsmaterial, Frachten in der Distribution usw.). Dies lässt sich durch entsprechende Kostenstellendeskriptoren verdeutlichen.

Die Bildung von Marketing-*Kostenstellen* dient der genaueren Kontrolle der Kosten nach organisatorischen Entstehungs- und Verantwortungsbereichen. Bei funktionaler Organisationsgliederung bietet sich die Einteilung in sog. Funktionskostenstellen an (wie Stellen für Marktforschung, Werbung, Verkaufsaußendienst usw.). Bei objektorientierter Organisation ist die Kostenstelle nach der Zuständigkeit für eine produkt-, abnehmer-, gebiets- oder projektbezogene Querschnittskoordination definiert (→ Marketing-Koordination; → Marketingorganisation).

Kostenträger sind aus Marketing-Sicht nicht nur die Produkte, sondern im Sinne der → Absatzsegmentrechnung auch Aufträge, Kunden(gruppen), Absatzwege und Verkaufsgebiete. In die entsprechenden Kostenträgerrechnungen werden dann schließlich, um zu einer kosten- und erlösrechnerischen → Erfolgsanalyse zu gelangen, auch jene Kostenarten einbezogen, die nicht speziell durch Marketing-Aktivitäten ausgelöst worden sind, aber dem Kostenträger eindeutig für die Ermittlung von Brutto-Erfolgsgrößen zugerechnet werden können (z.B. Fertigungseinzelkosten).

Bei einer Kostenkontrolle i.e.S., d.h. beim Vergleich von Istgrößen mit einem vorgegebenen Soll, sind in einer Abweichungsanalyse die Ursachen für aufgetretene Differenzen zu klären. Ähnlich wie in der → Erlös-Abweichungsanalyse ist dabei ein Preis- und Mengeneffekt zu unterscheiden und außerdem zu prüfen, ob Plan-Ist-Differenzen durch Vorgänge innerhalb oder außerhalb des Marketing-Bereiches entstanden sind.

Preiseffekte liegen vor, wenn sich die Bewertung des Faktoreinsatzes gegenüber dem Plan verändert hat. Dies kann außerhalb des Einflussbereiches von Marketing-Verantwortlichen liegen, z.B. bei einer Erhöhung der Außendienst-Reisekosten durch eine nachhaltige Benzinpreissteigerung. In anderen Fällen hat die Marketing-Leitung unmittelbar selbst auf die Preiskomponente der Kosten eingewirkt, etwa bei einer Anhebung der Provisionssätze für Reisende.

Mengeneffekte bedeuten, im Vergleich zum Planansatz, einen quantitativen Mehrverbrauch von Kostengütern. Ein Beispiel ist die Zunahme der Werbekosten, wenn eine Werbeanzeige in den ausgewählten Medien öfter geschaltet wird als ursprünglich vorgesehen. Mengenbedingte Kostenabweichungen sind nicht unbedingt als nachteilig einzustufen, sofern sie nämlich auf der Erlösseite zu verbesserten Wirkungen führen. Die Kostenkontrolle ist deshalb durch die → Wirkungskontrolle und durch Untersuchungen der → Deckungsbeitragsrechnung zu ergänzen.

Die Frage, ob Kostenabweichungen durch das Marketing selbst oder durch andere betriebliche Funktionsbereiche veranlasst sind, stellt sich v.a. in der → Absatzsegmentrechnung. Denn in diese Aufgliederung von Ergebnissen nach Produkten, Aufträgen, Kunden oder Verkaufsgebieten gehen auch immer die produktbezogenen Kosten mit ein, die teils absatzwirtschaftlicher Art sind (z.B. die im Prozentsatz nach bestimmten Produkten gestaffelten Umsatzprovisionen des Außendienstes), teils aber im Einflussbereich des Einkaufs, der Fertigung oder der innerbetrieblichen Logistik liegen. Hier ist die Kostenkontrolle durch eine funktionale Einflussanalyse zu ergänzen. R.K.

Literatur: *Homburg, Ch.; Daum, D.:* Marktorientiertes Kostenmanagement, Frankfurt a.M. 1997. *Weigand, Ch.,* Marketing-Kosten, in: *Tietz, B.; Köhler, R.; Zentes, J.* (Hrsg.): Handwörterbuch des Marketing, 2. Aufl., Stuttgart 1995, Sp. 1575-1585.

Kosten-Plus-Kalkulation
→ Preiskalkulation

Kostenwerte in der Preiskalkulation

Kosten ergeben sich stets aus einer Mengen- und einer Wertkomponente. Von der richtigen Erfassung und Zuordnung der Kostengütermenge sei hier ausgegangen. Unter *Kostenwerten* kann man einschlägigen Kostendefinitionen folgend den einem leistungsbedingten Güterverzehr zugeordneten Wert oder Preis verstehen. Prinzipiell ist zu unterscheiden, ob dabei einer bestimmten verbrauchten Ressourcenquante der tatsächliche *Auszahlungsbetrag* etwa für auftragsspezifisch bezogene Komponenten marginalanalytisch zugeordnet wird, ob wegen der Unmöglichkeit oder der Unwirtschaftlichkeit der exakten Zuordnung des Auszahlungsbetrags etwa für auf Lager liegende Roh-, Hilfs- und Betriebsstoffe ein rechnerisch abgeleiteter Wert Anwendung findet, ob eine Bewertung innerbetrieblicher Leistungen ohne Marktpreis erfolgen muss oder ob gar eine Bewertung eines nur fiktiven Ressourceneinsatzes erfolgen soll. Die beiden letzten Bewertungen müssen bzw. können nicht auf Zahlungsvorgänge zurückgeführt werden, sind daher *reine Verrechnungspreise*, die als Fest-, Schätz- und Lenkpreise gebildet werden.

Die unterschiedlichen zur Verfügung stehenden Kostenwerte sind bedeutsam für die auf die Kostenträger zu allozierende *Kostenhöhe* und damit relevant für das Ergebnis der *Preiskalkulation*. Von einer kostenorientierten Preispolitik kann kaum noch ausgegangen werden. Der Ansatz von Kostenwerten wirkt aber über *Kalkulationen der Produkte* mit ihren Haupt- und Nebenleistungen auf die Entscheidungen der Produkt-, Vertriebs-, und Kommunikationspolitik. Dabei ist die Betrachtungen in zwei Richtungen vorzunehmen: Einerseits ergeben sich aus den Anforderungen der Preiskalkulation bedeutsame Vorgaben für die *Gestaltung der laufenden Kostenrechnung* hinsichtlich des Wertansatzes für die Kostenarten. Andererseits kann erst über das Verständnis der Anforderungen der Preiskalkulation eine zielführende *Interpretation der verfügbaren Kosteninformationen* für die Marketingentscheidungen geleistet werden. Zu beachten ist, dass Kostenwerte sowohl für *Istkosten* in der Abrechnungs- und Kontrollfunktion, als auch für *Plan- und Sollkosten* in der Vorgabefunktion zur Unterstützung der Entscheidungsfindung sowie für *Standardkosten* durch Egalisierung verschiedener Einflussfaktoren, etwa von Preis- und Beschäftigungs- und Verbrauchsschwankungen, zur Vereinfachung der Rechnung benötigt werden.

Die Anforderungen der → Preiskalkulation an die Kostenwerte sind eine Funktion sowohl der genaueren *Zwecke der Preiskalku-*

lation als auch deren Anwendungssituation. Zweckbezogen ist für die Preiskalkulation vor allem zu unterscheiden, ob etwa lediglich die Bestimmung einer kurzfristigen → Preisuntergrenze einzelner Aufträge erfolgen soll, ob die Kalkulation längerfristig wirksame Marketingentscheidungen einschließlich der produkt- und preispolitischen Gestaltung fundieren muss oder ob die Höhe der kalkulierten Kosten, wie im Falle öffentlicher Aufträge, unmittelbar den erzielten Erlös und damit das Ergebnis beeinflusst. Im Rahmen der *spezifischen Anwendungssituation* ist insbesondere zu berücksichtigen, inwiefern im Rahmen des Lebenszyklus eine Fortsetzung der Produktion und damit Ersatzbeschaffungen von verbrauchten Repetier- und Potenzialfaktoren geplant sind und eine Dynamisierung der kostenrechnerischen Betrachtung – sei es wegen eines steigenden Preisniveaus oder degressiven Effekten aus Lern- und Erfahrungskurven – zu berücksichtigen ist.
Die richtige Kostenbewertung ist Gegenstand kritischer kostenrechnerischer Diskussionen sowohl auf den Ebenen der prinzipiellen Kostenbewertung als auch der Behandlung einzelner Kostenarten.
Bereits mit der Wahl des *Kostenbegriffs* werden Entscheidungen über die Kostenbewertung präjudiziert. Mit den *pagatorischen Kosten* verbindet man eine Bewertung des Ressourcenverbrauchs zu realisierten oder erwarteten Marktpreisen, also ohne die Möglichkeit weiterer Manipulationen. Unter Verwendung des *wertmäßigen Kostenbegriffs* ist eine Öffnung der Bewertung hin zu unterschiedlichen Zwecken der Kostenrechnung, wie der Vergleichbarkeit, der Lenkung oder der gezielten Beeinflussung von Kalkulationsergebnissen, möglich. Durch die Übernahme des *entscheidungsbezogenen Kostenbegriffs* wird auch die Kostenbewertung streng in den Dienst einer entscheidungssituationsspezifischen Kostenermittlung gestellt, woraus letztlich eine Marktpreisorientierung folgt, da es um die Zuordnung von nichtkompensierten zusätzlichen Ausgaben/Auszahlungen auf die Entscheidungsalternative geht. Dabei können auch Opportunitätskosten zum Einsatz kommen, die nur in Situationen unvereinbarer Alternativen, wie zum Beispiel die Auswahl verschiedener Produktarten im Falle von Engpasskapazitäten, relevant sind. Während der entscheidungsorientierte Kostenbegriff im Falle einer einzelnen Entscheidung niemals falsch sein kann, aber die Datenhaltung in einer sehr differenzierten Grundrechnung erfordert, sind die anderen beiden genereller zu handhaben und unterstützen spezifisch die Kostenrechnungszwecke der Abbildung bzw. Lenkung nach vorheriger Festlegung. Diskutiert wird auch ein *investitionstheoretischer Kostenbegriff*, der eine Bewertung des Ressourcenverbrauchs durch die abdiskontierte zukünftige Auszahlungswirkung vorsieht und zumindest als Anregung für die Prüfung der Notwendigkeit von investitionsrechnerischen Kalkülen zu beachten ist.
Die Konsequenzen von Rechnungszwecken und -situationen auf die Bewertung einzelner *Kostenarten* sind vor allem in Verbindung mit den hohen Freiheitsgraden des wertmäßigen Kostenbegriffs zu betrachten. *Materialkosten* können sowohl aus einer Einzelbewertung als auch aus einer Gruppenbewertung hervorgehen, während erstere eine Zuordnung von Einzelpreisen ermöglicht, erfolgt bei Letzterer zwingend eine künstliche Verrechnungspreisbildung. Diese ist in der Regel mit gewollten Bewertungseffekten verbunden, wie etwa der Berücksichtigung steigender Preise. Entscheidungsbezogen kann etwa im Falle der konstanten Bestandhaltung auch ein Wiederbeschaffungswert eingesetzt werden.
Lohnkosten werden aufgrund ihres sehr regelmäßigen und zeitlich gut abgrenzbaren Anfalls zweckmäßigerweise relativ zahlungsnah bewertet. Allerdings wird oft mit Standardkosten operiert, die sich aus der Abgrenzung unterschiedlicher Lohnaufwandshöhen in unterschiedlichen Monaten und der Entpersonifizierung mittels Durchschnittspreisbildung für Lohnklassen ergeben.
In der Lehrbuchtheorie sowie in der Praxis wird für die Bestimmung von *Abschreibungen* methodisch in der Regel von einer linearen zeitlichen oder leistungsbezogenen Abschreibung mit Ansatz der Wiederbeschaffungswerte für die Ermittlung der Abschreibungssumme wegen der Substanzerhaltung bei steigenden Preisen ausgegangen. Häufig trifft man auch auf eine Abschreibung unter null, d.h., deren Fortgang nach Ablauf der angesetzten Nutzungsdauer, zur Stabilisierung der Kalkulationsbasis. Doch die Abschreibungsbewertung im Dienste der Substanzerhaltungskonzeptionen wird in der Betriebswirtschaftslehre schon seit langem kontrovers diskutiert. Immer häufiger sind bezüglich der Preiskalkulation offenbar entsprechende Ansätze am Markt nicht mehr durchzusetzen. Die Nichtde-

ckung solcher kalkulatorischen Werte stellt zwar prinzipiell Reinvestitionen in Frage, ist aber kein Grund für die Ablehnung der Fortführung der Produktion bis ans Ende der Anlagenlebensdauer. Außerdem zeigt sich, dass die implizite Prämisse der Substanzerhaltungskonzeptionen, in Zeiten von Preissteigerungen Vorsorge für die spätere Beschaffung identischer Ersatzanlagen zu treffen, aus Gründen des technischen Fortschritts an Bedeutung verliert. Aufgrund dieses Trends wäre weniger auf die Rückflüsse zur Wiederbeschaffung bestimmter einzelner Objekte abzustellen, sondern wäre die Verhinderung der Ausschüttung von Scheingewinnen als finanzielle Vorsorge für die Erhaltung der Fähigkeit zur prozesstechnischen Innovation auszurichten. Dazu bietet sich die Einbehaltung explizit zu diesem Zweck kalkulierter Erlösüberschüsse in Höhe der Differenz zwischen den Abschreibungen auf Basis der Wiederbeschaffungs- und der Anschaffungskosten an.

Für Unternehmensvergleiche und die Lenkung mittels Kosteninformationen werden häufig auch das Eigenkapital abdeckende *kalkulatorische Zinsen* angesetzt. Das Problem dabei ist die Uminterpretation von Gewinnen in Kosten und deshalb mögliche Fehlentscheidungen und die Verschätzung steuerlicher Wirkungen durch die diesbezüglich nicht beachtete Divergenz zum externem Rechnungswesen, das nur die Aufwandserfassung von Fremdkapitalzinsen kennt.

Diese Kritik gilt analog auch für weitere *rein kalkulatorische Kosten*, wie Unternehmerlohn, Eigenmieten und Wagniskosten. Die Begründung Betriebsvergleich kann kaum ein Anliegen der Preiskalkulation sein. Für die Berücksichtigung dieser Ansprüche des Unternehmers kann auch eine bestimmte Mindestgewinnhöhe als Deckungslast vorgegeben werden.

Solldeckungsbeiträge sind die generell zu präferierende Lösung, wenn bestimmte Ansprüche an die Erzielung eines Erfolgsbeitrags in der Untersuchung der Preisauskömmlichkeit deren Deckung geprüft werden sollen oder in die Bestimmung kosten- und gewinnorientierter Preise einzubeziehen sind. Deren wertmäßige Höhe sind das Ergebnis von Managemententscheidungen.

J.R.P

Literatur: *Küpper, H.-U.*: Kostenbewertung, in: *Chmielewicz, K.; Schweitzer. M.* (Hrsg.): Handwörterbuch des Rechnungswesens, 3. Aufl., Stuttgart 1993, Sp. 1179–1188. *Schneeweiß, C.*: Kostenbegriffe aus entscheidungstheoretischer Sicht. Überlegungen zu einer Kostenwerttheorie, in: zfbf, 48. Jg. (1996), S. 871–884.

Kovarianzanalyse

stellt im Rahmen der → Varianzanalyse eine Möglichkeit dar, den Einfluss nichtkontrollierbarer Variablen, sog. Kovariaten, auf die Ergebnisse eines → Experiments auszuschalten. Durch die Aufnahme einer Kovariaten in ein einfaktorielles Varianzmodell entsteht das Kovarianzmodell:

$$y_{ij} = \mu + \alpha_j + \beta X_{ij} + \varepsilon_{ij}$$

mit

y_{ij} = Wert der abhängigen Variablen Y bei der i-ten Beobachtung von Kategorie j

μ = globaler Mittelwert

α_j = Einfluss der Faktorkategorie j ($j = 1, ..., n$) auf y

X_{ij} = Wert von x bei der i-ten Beobachtung von Kategorie j

β = Steigungskoeffizient

ε_{ij} = Störterm.

Da es sich bei der Kovariaten X_{ij} um eine metrische Größe handelt, stellt das Kovarianzmodell eine Kombination aus Regression und Varianzanalyse dar. Durch die Aufnahme einer Kovariaten lässt sich die Fehlervarianz verringern und auf diese Weise die Validität der Ergebnisse des Experiments verbessern. Der potentielle Wert einer Kovarianzanalyse beruht auf der Berücksichtigung der Korrelation zwischen Kovariaten und der abhängigen Variable y. Bei der Auswahl der Kovariaten sollte allerdings sichergestellt sein, dass diese nicht durch die Faktorkategorien beeinflusst wird.

L.H.

Literatur: *Fahrmeir, L.; Hamerle, A.; Tutz, G.*: Multivariate statistische Verfahren, 2. Aufl., Berlin 1996. *Green, P.E.; Tull, D.S.; Albaum, G.*: Research for Marketing Decisions, 5. Aufl., Englewood Cliffs 1988.

Kovarianzstrukturen → Kausalanalyse

Koyck-Transformation
→ Carryover-Effekt, → Marketing-Mix

KQ-Analyse → Kontaktqualität

Krankenhaus-Marketing

Begriff Krankenhaus-Marketing: „Krankenhaus-Marketing ist die Konzeption, Planung, Bereitstellung und Kontrolle eines ärztlichen und nicht-ärztlichen Leistungsangebots auf Grundlage der aus der Marktforschung bezogenen Informationen über die Kunden(Patienten)anforderungen und -bedürfnisse sowie der effektive Einsatz der Marketing-Mix-Instrumente, die eine wirksame Versorgung und Information ermöglichen" (*Schmutte* 1998, S. 22). Rechtliche und ethische Rahmenbedingungen machen eine geeignete Anpassung bei der Übertragung von Konzepten des → Dienstleistungs-Marketing aus anderen Branchen erforderlich.

Mit einem Ausgabenanteil von ca. 100 Mrd. DM am Jahresumsatz des Gesundheitswesens in Höhe von ca. 550 Mrd. DM und 1,1 Millionen Mitarbeitern stellt der Krankenhausbereich einen der bedeutendsten Zweige im Dienstleistungssektor in Deutschland dar. Das Bild des Krankenhauses ist heute geprägt von Rationalität und Komplexität der Betriebsabläufe, hervorgerufen durch die extreme Funktionsspezialisierung der Medizin, verbunden mit einer zunehmenden Dominanz der Medizintechnik. Stillschweigend entwickeln sich die Krankenhäuser zu modernen Dienstleistungsunternehmen von beachtlicher Größe, die die Umsätze vieler großer mittelständischer Betriebe übersteigen (→ Medizin-Marketing). Im Zuge des sich verschärfenden Wettbewerbs der Krankenhäuser müssen die Patienten zukünftig verstärkt als Konsumenten mit souveränen Rechten und ihre Bedürfnisse als Nachfrageelemente im marktwirtschaftlichen Sinne wahrgenommen und berücksichtigt werden. Patientenorientierung und → Dienstleistungsqualität des Krankenhauses sind die zentralen zukünftigen Wettbewerbsfaktoren. *Patientenorientierung* heißt, die Patientensicht einzunehmen sowie aus dieser Perspektive heraus das Krankenhaus auf die Anforderungen des Patienten auszurichten und auf diesem Wege die Krankenhausversorgungs- und -behandlungsziele zu realisieren. So verstandene Patientenorientierung ergibt sich fast zwangsläufig aus dem dienstleistungsinhärenten Merkmal (→ Dienstleistung) des zeitlich und räumlich synchron verlaufenden Interaktionsprozesses zwischen dem Patient und den Kontaktfaktoren im Krankenhaus (z.B. Personal). Der Patientenbehandlungs- und -versorgungsprozess ist damit ein wesentlicher Bestandteil des „Krankenhausproduktes". Es gibt unzählig viele, dieser oftmals sehr intensiven und dauerhaften Kontaktsituationen, auch „Augenblicke der Wahrheit" genannt (→ Kontaktpunktanalyse). Ihnen kommt für die Beurteilung des Krankenhauses durch den Patienten entscheidende Bedeutung zu, denn jeder vom Patienten wahrgenommene und erlebte Kontakt mit dem Krankenhausmitarbeiter an der „Patientenfront" beeinflusst seine Gesamtbeziehung zum Krankenhaus und entscheidet letztlich beim Patienten, ob Zufriedenheit herrscht. Die Patientenzufriedenheit (→ Kundenzufriedenheit) gilt als maßgeblicher Indikator für das Qualitätsimage und für das Niveau der Patientenorientierung und als Grundlage und wichtigste Voraussetzung für die Patientenloyalität. Die Wiederwahl des Krankenhauses beim nächsten Krankheitsfall ist durch Unzufriedenheiten in der Patient-Krankenhaus-Beziehung gefährdet. Ausstrahlungseffekte auf die Weiterempfehlungsabsicht in Form einer negativen Mundpropaganda gegenüber dem Bekanntenkreis und anderen Patienten oder Meinungsmultiplikatoren wie bspw. dem eigenen Hausarzt können nicht ausgeschlossen werden. Krankenhausintern muss gleichzeitig für eine kundenorientierte Unternehmensvision und so für eine kundenorientierte Einstellung aller Mitarbeiter gesorgt werden. Da vor allem die Fähigkeiten und das Verhalten des Patientenkontaktpersonals die Qualitätswahrnehmung des Patienten bestimmen, kommt der Gestaltung ausreichender Handlungsspielräume für die Mitarbeiter im Patientenkontakt große Bedeutung zu. Eine institutionalisierte Möglichkeit der Artikulation von Patientenzufriedenheit und -unzufriedenheit ist der Schlüssel und Katalysator im Prozess zu einem patientenzentrierten Krankenhaus.

Im Bereich des externen Marketing ist der Einsatz mancher *Marketing-Instrumente* im Krankenhausbereich nur sehr eingeschränkt möglich. Die *Leistungsprogrammpolitik* spielt hier eine besondere Rolle: Die Wertschöpfungskette des Krankenhauses beginnt beim Patienten, beinhaltet den Prozess der medizinischen Versorgung (Diagnose und Therapie), umfasst alle diesen Leistungsprozess ergebniswirksam ergänzenden Aufgaben (Hotel- und Serviceleistungen) und schließt auch die vor- und nachgelagerten Wertketten der Einweiser (niedergelassene Ärzte, Fachärzte und Rettungsdienste) als „Lieferanten" und Nachsorgeeinrichtungen als „Abnehmer" ein (→ Medizin-Marketing).

Sofern sich das Krankenhaus als Dienstleistungsunternehmen begreift, wird es sich be-

Krankenhaus-Marketing

Der Patientenversorgungs- und -behandlungsprozess als mehrstufige Wertkette

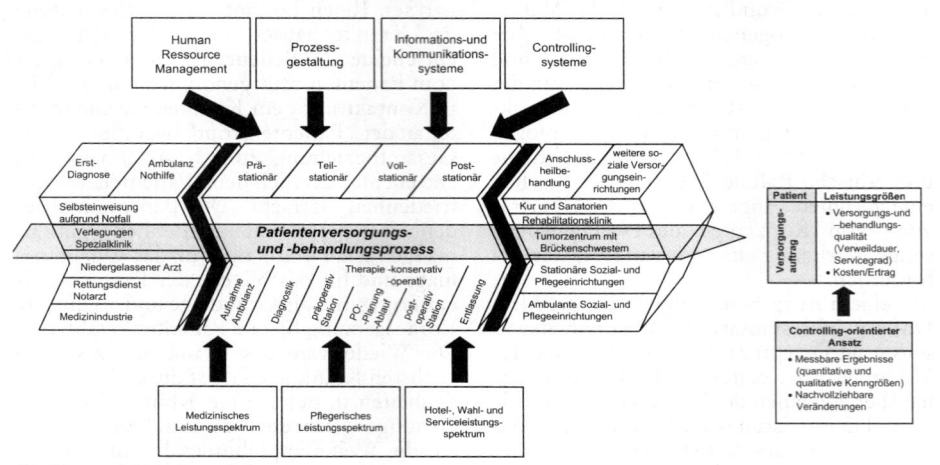

(*Dullinger*, 1998, S. 1813)

mühen, sein medizinisches und nicht-medizinisches Leistungsspektrum an den Bedürfnissen und Erwartungen seiner Kunden bzw. Patienten unter Berücksichtigung des öffentlichen Versorgungsauftrags auszurichten und sich durch spezifische Leistungsangebote von der Konkurrenz abzuheben. Differenzierungsmöglichkeiten ergeben sich durch Spezialisierungen im medizinischen Bereich (bspw. Methodenspezialisierung) sowie zusätzliche Serviceleistungen im außer-medizinischen Bereich als auch durch vertikale Integration und Kooperation mit vor- und nachgelagerten Einrichtungen. Eine konsequente und systematische Umsetzung von Patientenorientierung im Leistungsprogramm kann nicht erst mit der Akutbehandlung kranker Menschen beginnen, sondern sollte die Krankenhäuser zukünftig dazu verpflichten, bereits alle interessierten „Nicht-Erkrankten" ohne klinisch manifeste Symptome im primärpräventiven Sinne durch gesundheitsbildende Angebote (z.B. Wellness-Angebote) zu berücksichtigen und einzubinden. Das *Krankenhaus der Zukunft* könnte somit durch eine enge Vernetzung der Krankenbehandlung mit der Gesundheitsvorsorge und Nachsorge, der Überleitung des Patienten aus der Klinik nach Hause oder in Pflege- und Rehabilitationseinrichtungen als Gesundheitszentrum charakterisiert werden.

Die Gestaltungsmöglichkeiten sind im Bereich der → *Preispolitik* sehr eingeschränkt, da durch die Trennung zwischen Leistungskonsument und -finanzierer für den Patienten die von ihm beanspruchten medizinischen (Grund)leistungen ein und denselben Preis – den monatlichen Beitrag zur Krankenversicherung – kosten.

Im Rahmen aller Kundengewinnungs- und Kundenbindungsmaßnahmen und damit der langfristigen Existenzsicherung des Krankenhauses kommt der → *Kommunikationspolitik* insbesondere → Werbung und Öffentlichkeitsarbeit (→ Public Relations) eine besondere Bedeutung zu. Aufgrund der stark eingeschränkten Werbemöglichkeiten durch Gesetzesvorgaben (Gesetz gegen unlauteren Wettbewerb, Heilmittelwerbegesetz) zielen alle kommunikativen Aktivitäten auf eine sachliche Vertrauen und Seriösität aufbauende Information aller relevanten Zielgruppen über die medizinischen und nicht-medizinischen Leistungen des Krankenhauses. Aus der Vielzahl der Anspruchsgruppen des Krankenhauses gilt besondere Aufmerksamkeit den Schlüsselkunden „Einweiser" – niedergelassene Primärärzte, Fachärzte und Rettungsdienste – sowie Patienten, Krankenkassen und Selbsthilfegruppen. Durch geeignete Informationsleistungen muss den Zielgruppen die Möglichkeit eingeräumt werden, sich vor Inanspruchnahme der Krankenhausleistung über das Leistungsniveau der in Frage kommenden Krankenhäuser einen Eindruck und eine positive Einstellung zu verschaffen. In diesem Zusammenhang darf auch nicht der große Nutzen neuer interaktiver Medien wie der des → Internet für kranke Menschen als Informationsquelle unterschätzt werden; diese Medien können der Anfang für eine "virtuelle Versorgungslandschaft" sein, in der die Patienten vielfältigste Informationsmöglichkeiten und -foren vorfinden und sich bspw. eigenständig in Selbsthilfegruppen organisieren und über ihre Probleme austauschen können. Sorgfältig von der Presse und Verbraucherorganisationen recherchierte Krankenhauslisten (Testergebnisse wie die FOCUS-Ärzteliste 1997 oder den Krankenhaus-Test NRW 1999 von Stiftung Warentest) stellen für Krankenhäuser ein zunehmend wichtiges Marketing-Instrument dar. Sie entsprechen nicht nur dem Wunsch der mündigen Patienten nach mehr Leistungs- und Qualitätstransparenz, sondern erleichtern den Patienten und Einweisern auch die Auswahl eines geeigneten Krankenhauses.

Das Werben um den Patienten, eine hohe Service- und Leistungsqualität und eine professionelle Informationspolitik gegenüber allen relevanten Anspruchsgruppen – auch gegenüber den Mitarbeitern – wird in Zukunft maßgeblich für den wirtschaftlichen Erfolg des Krankenhauses verantwortlich sein. Ein professionelles Marketing – als Denkhaltung und Managementkonzeption – muss damit fest im Krankenhaus institutionalisiert werden. F.D.

Literatur: *Braun, G.* (Hrsg.): Handbuch Krankenhausmanagement, Stuttgart 1999. *Dullinger, F.:* Krankenhaus-Management im Spannungsfeld zwischen Patientenorientierung und Rationalisierung, in: *Meyer, A.* (Hrsg.): Handbuch Dienstleistungs-Marketing, Stuttgart 1998, S. 1801–1830. *Schmutte, A.:* Total Quality Management im Krankenhaus, München 1997.

Krankenkassen/Krankenversicherung

Es gibt zwei Systeme der Krankenversicherung (s.a. → Medizin-Marketing):

(1) Die gesetzliche Krankenversicherung (GKV): Bei ihr müssen sich alle Arbeitnehmer, sofern ihr Monatseinkommen nicht eine bestimmte Grenze übersteigt, versichern. Arbeitnehmer mit höheren Einkommen und Selbständige können sich als freiwillige Mitglieder bei den GKK versichern. Die Beiträge zur GKV sind an die Höhe des Einkommens gebunden. Bei den Pflichtmitgliedern zahlt 50% des Beitrages der Arbeitgeber. Familienmitglieder der Pflichtversicherten sind mitversichert. Innerhalb der GKV findet damit eine Umverteilung statt. Die besser verdienenden subventionieren die weniger verdienenden Mitglieder, die Singles und kinderlosen Ehepaare subventionieren die Familien mit Kindern. Diese Umverteilung stößt heute an ihre finanziellen Grenzen. Durch die Gesundheitsstrukturreform wurde zwischen den verschiedenen Krankenkassen ein Wettbewerb eingeführt. Da jede gesetzliche Kasse jedes Mitglied, gleich ob es sich neu versichern muss oder die Kasse wechselt, aufnehmen muss, können die Kassen nicht mehr die Risiken der bei ihnen versicherten Mitglieder, damit ihre Ausgaben und ihren Beitragssatz steuern. Zur Lösung dieses Problems wurden Ausgleichszahlungen zwischen den Kassen mit überwiegend guten und überwiegend schlechten Risiken im Mitgliederbestand eingeführt. Die GKV arbeitet zum überwiegenden Teil nach dem → Sachleistungsprinzip. Die Ärzte und Kliniken rechnen direkt mit der Kasse des Patienten ab.

(2) Die *private Krankenversicherung* (PKV): Bezieher hoher Einkommen – gleich ob Arbeitnehmer oder Selbständige – und Beamte mit Beihilfeanspruch können sich privat versichern. Man kann eine Krankheitskosten-Vollversicherung oder in Verbindung mit der Mitgliedschaft bei einer GKK oder einem Beihilfeanspruch eine Krankheitskosten-Teilversicherung (Zusatzversicherung) abschließen. Die Prämien richten sich nach dem Umfang der versicherten Leistungen. Es findet also innerhalb der PKV keine Umverteilung statt. Neue Mitglieder mit hohen Risiken müssen einen Prämienzuschlag zahlen. Es wird das → Erstattungsprinzip angewandt. Der Patient erhält vom Arzt eine Rechnung, bezahlt diese und reicht sie dann bei der PKK zur Erstattung ein. Im Falle einer Zusatzversicherung wird die Rechnung erst bei der GKK, dann mit deren Erstattungsvermerk bei der PKK eingereicht. Dieses Verfahren ist für den Versicherten zwar etwas aufwendiger als das Sachleistungsprinzip bei der GKV. Dafür hat er den Vorteil, als Privatpatient behandelt zu werden. W.Oe.

Kreativität

zielgerichtete Fähigkeit von Menschen, vorher nicht bekannte Kompositionen, Produkte oder Problemlösungsideen hervorzubringen. Hierbei können aus anderen Bereichen kommende Aspekte kumuliert, bekannte mit unbekannten Elementen kombi-

Kreativitätstechniken

niert oder gänzlich neue Muster erdacht werden. Kreativität muss nicht unbedingt in konkretes Handeln münden. Die Erkenntnisziele der Kreativitätsforschung sind die kreative Persönlichkeit, die Förderung kreativer Fähigkeiten, kreativitätsfördernde Rahmenbedingungen, das Ergebnis kreativen Schaffens und der kreative Prozess. Zur Förderung von Kreativität dienen verschiedene → Kreativitätstechniken. V.T./S.H.

Kreativitätstechniken

methodische Techniken und Verfahren bei der Suche nach Problemlösungen in schlecht strukturierten Problemsituationen, die also nicht mit Routine und Logik zu lösen sind, da nicht alle Lösungselemente bekannt oder verfügbar sind und insb. Gesetzmäßigkeiten nicht vorhanden oder schwer erkennbar sind. Viele alternativen, sich nicht ausschließende Möglichkeiten sind vorhanden. Die Suche verläuft nach bestimmten Spielregeln, die intuitiven oder systematischen Charakter haben und teils ganzheitlich teils analytisch vorgehen. Die gefundenen Lösungen sind mathematisch nicht als Optimum nachweisbar. Besonders verbreitete Techniken sind die Morphologie, die das → Relevanzbaumverfahren, das → Brainstorming und die → Synektik.
V.T.

Literatur: *Johansson, B.; Boehme, O.J.:* Kreativität und Marketing, 2. Aufl., Bern, Berlin 1997. *Noellke, M.:* Kreativitätstechniken, Planegg 1998.

Kredite

Die „leihweise, zeitlich begrenzte Überlassung von Zahlungsmitteln, Sachgütern oder Dienstleistungen gegen zu erwartende zukünftige Sach- oder Finanzleistungen" erscheint unter den relevanten Begriffsbildungen als die wichtigste Definition des Kreditbegriffes. Voraussetzung für die Kreditvergabe ist das Vertrauen des Kreditgebers in Leistungswillen und Leistungsfähigkeit des Kreditnehmers, die als Kreditwürdigkeit bezeichnet werden.
Kreditgeber können sowohl Banken (z.B. Kontokorrentkredite, Diskontkredite, Darlehen) als auch Privatpersonen, Betriebe (z.B. Schuldscheindarlehen, Obligationen, Lieferantenkredite, Konsumentenkredite) und öffentliche Institutionen sein. Sie ermöglichen es dem Kreditnehmer, leihweise Geld (z.B. Darlehen), Sachgüter (z.B. Lieferantenkredite), Dienstleistungen oder Sicherheiten (z.B. Akzeptkredit, Avalkredit) in Anspruch zu nehmen, wobei die dadurch entstandene Einbuße an anderweitigen Kapitalerträgen beim Kreditgeber durch eine entsprechende Zinszahlung zu kompensieren ist.

Im Rahmen der → Absatzfinanzierung treten Kredite als Finanzierungshilfen in Form von Absatzgeld- oder Absatzgüterkrediten auf, die ein Unternehmen potentiellen Kunden, denen es augenblicklich an der entsprechenden Kaufkraft mangelt, entweder direkt gewährt oder über Kreditinstitute vermittelt. Dabei werden in Abhängigkeit vom Kreditnehmer die → Konsumentenkredite, die an Endverbraucher vergeben werden, von den → Lieferantenkrediten, deren Zielgruppe der Groß- und Einzelhandel ist, unterschieden.

Nach Angaben des Instituts der deutschen Wirtschaft betrugen die gesamten Verpflichtungen der privaten Haushalte 1998 ca. 1,9 Billionen DM, davon entfielen 417 Milliarden DM auf Konsumenten- und 1,5 Billionen DM auf Baukredite. Pro Haushalt entstand so eine durchschnittliche Schuldenbelastung von ca. 50000 DM.

Primärziel der Absatzkreditgeber ist eine Erhöhung des Absatzvolumens. Ferner sollen der zukünftige Absatz und die zeitliche Absatzstruktur gesichert werden. Die zur kurzfristigen Fremdfinanzierung zählenden Absatzkredite können vertraglich geregelt sein oder auch durch ungeplante Zahlungsverzögerungen ohne vertragliche Fixierung entstehen. In beiden Fällen ist eine notwendige Voraussetzung für die Kreditgewährung deren gesicherte Finanzierung, die man in die drei Grundformen Alleinfinanzierung, Refinanzierung und Drittfinanzierung, bei der eine Kreditvermittlung des verkaufenden Unternehmens durch spezielle Kreditinstitute erfolgt, einteilen kann.
P.B.

Literatur: *Berndt, R.:* Marketing 2 – Marketing-Politik, Heidelberg 1990.

Kreditkarte

Eine Kreditkarte berechtigt ihren Inhaber, bei den Vertragsunternehmen des Emittenten bzw. beim Emittenten selbst bis zu einer gewissen Höchstsumme bargeldlos Waren und Dienstleistungen zu beziehen. Kreditkarten werden in Bankenkarten und Travel and Entertainment Cards (T&E Cards) unterschieden (*Abb.*):

Systematisierung von Kreditkarten

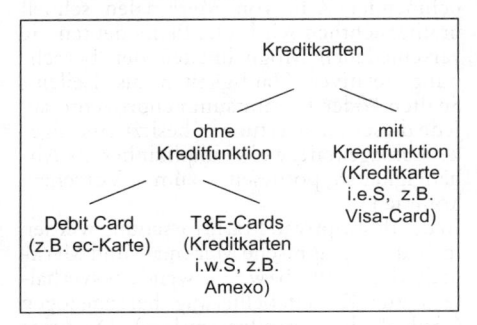

```
                    Kreditkarten
                   /            \
              ohne              mit
         Kreditfunktion    Kreditfunktion
          /       \        (Kreditkarte
   Debit Card   T&E-Cards   i.e.S, z.B.
   (z.B.        (Kreditkarten Visa-Card)
   ec-Karte)    i.w.S, z.B.
                Amexo)
```

Bei *Bankenkarten* sind die Mitgliedsbanken bzw. Sparkassen dazu berechtigt, Kreditkarten zu emittieren, wobei sie die Vorschriften (Operating Regulations) welche von den jeweiligen Kartengesellschaften – wie etwa VISA und Master Card – vorgegeben werden, zu beachten sind. Sie stellen die Kreditkarte i.e.S dar, da sie eine Kreditfunktion beinhalten. Der Emittent der Karte garantiert dem Vertragspartner bis zu einem bestimmten Betrag die Zahlung des Karteninhabers. Der Vertragspartner erhält vom Emittenten den zu bezahlenden Betrag, abzüglich eines Disagios. Der Kartenemittent stellt dem Karteninhaber die Einkaufsbeträge i.d.R. einmal im Monat in Rechnung.

Kartengesellschaften, deren Produkte den *T&E Cards* zuzuordnen sind, betrachten die Kartenausgabe und den Aufbau eines Akzeptanzstellen-Netzwerkes als ihr eigenes originäres Geschäft. Es erfolgt keine Kartenausgabe über Banken. Die Abrechnung der auf dem Kartenkonto aufgelaufenen Umsätze erfolgt mit dem Karteninhaber separat über dessen Bankverbindung. American Express und der Diners Club sind Beispiele für Emittenten von T&E Cards. Bis auf die Kreditfunktion haben diese Karten die gleichen Funktionen wie die Kreditkarten i.e.S. Die Travel- und Entertainment-Karten oder Universalkarten sind die klassische Form der Kreditkarte. Ursprünglich waren sie auf die Bedürfnisse des international reisenden Geschäftsmannes und wohlhabenden Touristen eingestellt. Die Zielgruppe hat sich jedoch in den vergangenen Jahren stark erweitert.

Marktführer in Deutschland ist die Eurocard, die 8,8 Millionen der 16 Millionen Karteninhaber in Deutschland nutzen.   B.Sa.

Kreditsubstitute

Unter Kreditsubstituten subsumiert man Instrumente der → Absatzfinanzierung, die zwar eine erhöhte Liquidität des Kreditsubstitut-Nehmers bewirken, aber nicht in die traditionelle Finanzierungssystematik passen. Hierzu zählen das → Leasing, das → Factoring, die Forfaitierung und Formen der Beteiligungsfinanzierung (→ Beteiligung).

Kreisdiagramm

Form der → Datenpräsentation, bei der die Teile einer Gesamtheit als Sektoren eines Kreises dargestellt sind, sodass die Zentriwinkel die Anteile repräsentieren oder die unterschiedlich großen Flächen mehrerer Kreise unterschiedliche Größen wiedergeben. Im letzteren Fall wird das Kreisdiagramm zum Sonderfall des Flächendiagramms. Kreisdiagramme eignen sich besonders für die Repräsentation von Gliederungszahlen und können im Informationsgehalt zusätzlich angereichert werden, wenn die gesamte Größe des Kreises als Indikator für das Volumen einer Betrachtungsvariablen (z.B. Marktvolumen) herangezogen wird.

Kreislaufwirtschaft
→ Ökologisches Marketing

Kreditkarten, Kartenumlauf und Akzeptanzstellen

Kreditkarten-organisation	Ausgegebene Karten in Deutschland (Mio.)	Ausgegebene Karten weltweit	Akzeptanzstellen in Deutschland (Tsd.)	Akzeptanzstellen weltweit (Tsd.)
American Express	1,2	36	175	3.900
Diners Club	0,3	7	170	3.000
Eurocard/ Mastercard	6,9	240	306	12.700
VISA	3,3	464	246	13.000

Krelle-Hypothese → Preistheorie

Kreuzpreiselastizität
spezifische → Preiselastizität, die angibt, um wie viel Prozent sich der Absatz des Gutes i verändert, wenn der Preis des Produktes j um 1 % verändert wird. Es gilt also:

$\varepsilon_{ij} = (\delta x_i / x_i) / (\delta p_j / p_j) = (\delta x_i \cdot p_j / \delta p_j \cdot x_j)$

Bei konkurrierenden (substitutiven) Gütern nimmt ε_{ij} positive, bei komplementären Gütern negative Werte an. Die Kreuzpreiselastizität wurde von Triffin auch als Instrument zur Charakterisierung der Konkurrenzsituation in marktmorphologischen Modellen vorgeschlagen. Sie wird deshalb auch als *Triffin'scher Koeffizient* bezeichnet. Bei $\varepsilon_{ij} = 0$ liegt dabei die Situation fehlender Konkurrenzgebundenheit (*„Substitutionslücke"*), bei $0 \leq \varepsilon_{ij} \leq \infty$ der Fall heterogener Konkurrenz und bei $\varepsilon_{ij} \to \infty$ der Fall homogener Konkurrenz vor (s.a. → Konkurrenzforschung). H.D.

Kreuztabellierung
Verfahren der → Datenanalyse, bei dem die Auftrittshäufigkeit von Kombinationen bestimmter Merkmalsausprägungen mehrerer Merkmale tabellarisch dargestellt wird. Die *Abbildung* zeigt eine zweidimensionale Kreuztabelle, die bei Aufnahme eines weiteren Merkmals sich spaltenmäßig entsprechend weiter auffächert und damit mit zunehmender Zahl von Merkmalen schnell unübersichtlich wird. Die Pfeile deuten die verschiedenen Möglichkeiten der Berechnung relativer Häufigkeiten als Zeilen-, Spalten- oder Gesamtsummenprozente an. Jede dieser Auswertungen besitzt eine eigene Aussagekraft, wobei implizit bereits Abhängigkeitshypothesen zum Vorschein kommen.

In der deskriptiven Marktforschung werden insb. demographische Merkmale und Merkmale des Kauf- bzw. Verwendungsverhaltens zur Kreuztabellierung herangezogen („Splits" der Grundgesamtheit). Derartige Aufschlüsselungen dienen zum einen der differenzierten Analyse bestimmter Merkmale, zum anderen aber auch zur Entdeckung von Abhängigkeiten und Assoziationen (→ Kontingenzanalyse). Die Analyse kann dabei schnell zu Fehlinterpretationen führen, wenn die moderierende Wirkung von Drittvariablen, die ihrerseits für die Variation einer der beiden oder beide betrachteten Variablen verantwortlich sind, unberücksichtigt bleibt. Diese Gefahr steigt insb. dann, wenn alle in eine Untersuchung aufgenommenen Variablen systematisch kreuztabelliert werden. Auch Kreuztabellierungen sollten deshalb theoriegesteuert vorgenommen und ausgewählt werden.

Kreuztabellierungen entsprechen i.a. dem Denken der Praktiker relativ gut, weil dieses

Zweidimensionale Häufigkeitsverteilung

x \ y	y_1	...	y_1	...	y_s	
x_1	f_{11}	...	f_{11}	...	f_{1s}	$\Sigma f_{1.}$
.	.		.		.	.
.	.		.		.	.
x_k	f_{k1}	...	f_{k1}	...	f_{ks}	$\Sigma f_{k.}$
.	.		.		.	.
.	.		.		.	.
x_r	f_{r1}	...	f_{r1}	...	f_{rs}	$\Sigma f_{r.}$
	$\Sigma f_{.1}$	...	$\Sigma f_{.1}$	...	$\Sigma f_{.s}$	$\sum_{k=1}^{r}\sum_{l=1}^{s} f_{ki}$ $= \sum f_{..} = N$

(Quelle: *Hüttner, M.*, Grundzüge der Marktforschung, 6. Aufl., München 1999, S. 225)

häufig von Durchschnitten ausgeht und das Augenmerk v.a. auf erhebliche Abweichungen von diesem Durchschnitt richtet. Solche Abweichungen werden im Rahmen von Kreuztabellierungen leicht erkenntlich. Andererseits besteht schnell die Gefahr, durch eine zu große Zahl von Kreuztabellierungen den Überblick zu verlieren bzw. auf eine falsche Fährte gelockt zu werden. H.D.

Kreuzvalidität → Validität

Krisenkommunikation

umfasst als Unterbereich der → Public Relations alle Kommunikationsmaßnahmen einer Organisation in einem Krisenfall (Störfall, Unfall, Katastrophe, Verbrechen, große wirtschaftliche Schwierigkeiten, Streik, Boykott usw.). Im Krisenfall ist der von der operativen Führung getrennte Krisenstab für die Bewältigung der Krise zuständig. Wegen des großen Einflusses der Kommunikation, speziell der Massenmedien, auf diesen Prozess, kommt einer professionellen Krisenkommunikation höchste Bedeutung zu. Diese wird unter Anleitung von Spezialisten im Voraus genau vorbereitet und regelmäßig geübt. Die Regeln für den Krisenstab und das Krisenkommunikations-Team, Checklisten und aktuell zu haltende Adressverzeichnisse werden im Krisen-Handbuch zusammengefasst, welches bei Übungen den Mitarbeitenden bekannt gemacht und getestet wird und im Notfall sofort zu den richtigen Maßnahmen anleitet. P.F.

Literatur: *Schönefeld, L.*: Krisenkommunikation in der Bewährung; in: *Rolke, L.*; *Rosema, B.*; *Avenarius, H.* (Hrsg.): Unternehmen in der ökologischen Diskussion, Opladen 1994. *Apitz, K.*: Konflikte, Krisen, Katastrophen. Präventivmaßnahmen gegen Imageverlust, Wiesbaden 1987.

Kriteriumsvalidität → Validität

Kritische Masse-Systeme

stellen im → Systemgeschäft Technologien dar, die auf dem interaktiven Einsatz von Systemgütern basieren und deren Nutzenentfaltung unmittelbar an die Teilnehmerzahl (sog. Installierte Basis) gekoppelt ist. Die Installierte Basis ist in entscheidender Weise dafür verantwortlich, wie groß der erzielbare Nutzen eines Systemgutes ist. Ist der Anwenderkreis zu klein, so besteht die Gefahr, dass auf Grund der geringen Interaktionsbeziehungen der Derivativnutzen für den einzelnen Anwender auf Dauer zu gering ist und er seine Nutzung wieder einstellen wird. In diesem Fall muss davon ausgegangen werden, dass die Systemtechnologie keinen langfristigen Markterfolg erzielen wird. Ist hingegen eine bestimmte Mindestzahl an Anwendern überschritten, so ist auf Grund des erhöhten Derivativnutzens zu erwarten, dass die Anwender die Nutzung der Systemtechnologie beibehalten werden (→ Pinguin-Effekt) und durch den steigenden Derivativnutzen die Systemtechnologie langfristig am Markt Erfolg haben wird. Die Mindestzahl an Anwendern, die erforderlich ist, damit Systemgüter einen ausreichenden Nutzen für eine langfristige Verwendung bei einem Anwenderkreis entwickeln können, wird als *Kritische Masse* bezeichnet, und die entsprechende Systemtechnologien heißt *Kritische Masse-System*. R.Wei.

Kritischer Weg

Folge von Vorgängen im Rahmen eines Netzplans (→ Netzplantechnik im Marketing), die alle eine Pufferzeit von Null besitzen. Eine Verlängerung des kritischen Weges führt also zu einer Verlängerung des Gesamtprojektes.

Kruskal-Wallis Test

Das bekannteste → verteilungsfreie Testverfahren zum Vergleich von k (k > 2) unabhängigen Stichproben stellt der Kruskal-Wallis Test dar. Für verbundene Stichproben sei auf den → Friedman Test verwiesen. Die Stichprobenumfänge n_i der k Stichproben können verschieden groß sein. Der Test bietet sich bspw. zur Überprüfung der Gleichheit der Altersstruktur der Kunden von k Filialen an. Der Test setzt ferner mindestens ordinale Daten innerhalb der Stichproben voraus. Wichtige Annahmen sind außerdem die Unabhängigkeit der Stichprobenvariablen, $X_{i1},...,X_{in_i}$, i = 1,...,k, die eine stetige → Verteilungsfunktion F_i besitzen. Dabei wird meist gefordert, dass sich die F_i nur bzgl. ihrer „Lage" unterscheiden, d.h. dass mit $\mu_i = E(X_{ij})$ gilt:

Jedes $X_{ij} - \mu_i$ (i = 1,...,k; j=1,...,n_i) besitzt dieselbe Verteilung.

Die zu überprüfenden Hypothesen lauten dann wie in der einfachen → Varianzanalyse:

Kuder-Richardson-Formel

$H_0: \mu_i = \ldots = \mu_k$

H_1: mindestens zwei der μ_i sind verschieden

Sind die Stichprobenvariablen normalverteilt, ist die Varianzanalyse als parametrisches Testverfahren dem Kruskal-Wallis Test vorzuziehen.

Zur Bestimmung der Prüfgröße werden alle vorliegenden Beobachtungswerte x_{ij} der Stichprobenvariablen X_{ij} ohne Berücksichtigung der Stichprobenzugehörigkeit i ($i = 1,\ldots,k$) aufsteigend sortiert und entsprechende Ränge R_{ij} vergeben. Der kleinste Beobachtungswert erhält dabei den Rang 1, der größte den Rang $\sum n_i = N$. Als Prüfgröße wählt man die folgende Statistik [Büning/Trenkler (1994), S. 185]:

$$H = \frac{12}{N(N+1)} \sum_{i=1}^{k} \frac{R_i^2}{n_i} - 3(N+1)$$

mit $R_i = \sum_{j=1}^{n_i} R_{ij}$

Die Verteilung der Prüfgröße unter der Annahme der Gültigkeit der Nullhypothese kann mit Hilfe kombinatorischer Überlegungen für kleine k und n_i exakt bestimmt werden.

Für $\min_i \{n_i\} \geq 5$ sollte bereits auf die → Chi-Quadrat-Verteilung mit k-1 Freiheitsgraden zur Approximation der Verteilung von H ausgewichen werden, da die exakte Bestimmung sehr aufwendig ist. Die Nullhypothese wird zum → Signifikanzniveau α verworfen, wenn der Wert der berechneten Prüfgröße das $(1 - \alpha)$ → Fraktil der Chi-Quadrat Verteilung mit k-1 Freiheitsgraden übersteigt. T.B./M.MB.

Literatur: *Büning, H.; Trenkler, G.*: Nichtparametrische statistische Methoden, 2. Aufl., Berlin, New York 1994.

Kuder-Richardson-Formel → Reliabilität

Kulanz → Preisfairness

Kultprodukte
→ Trendprodukte, → Szenemarketing

Kultur
In der → Kulturforschung diskutiertes Konzept, das die Gesamtheit der Denk- und Verhaltensweisen beschreibt, in denen die Individuen eines Kulturkreises, z.B. einer Region (Länder, übernationale Gemeinschaften) oder einer Sprachengemeinschaft, deutliche Übereinstimmungen zeigen (→ sozialer Einfluss). Kultur wird durch Symbole (Schrift, Werke der Bildenden Kunst, Produkte, Werkzeuge) ausgedrückt und tradiert. Untergruppen bilden dabei u.U. → Subkulturen.

Bezogen auf die Unternehmenskultur ergibt sich eine Kulturpyramide, dessen unterste Ebene die einzelne Firma mit ihrer → Corporate Identity und der darauf aufbauenden → Marketingkultur und deren zweite Stufe die Betriebstypenkultur ist, die dann in eine Branchenkultur übergeht und evtl. in einer nationalen Standort-Kultur endet, teilweise aber auch multinationale Cluster bildet.

Kulturelle Werbung → Werbung

Kulturforschung

Kultur ist ein mehrdeutiger, z.B. für das → Interkulturelle Marketing bedeutsamer Begriff, für den in der Vergangenheit zahlreiche Definitionen vorgeschlagen wurden. *A. L. Kroeber* und *C. Kluckhohn* haben 1952 bei der Analyse der einschlägigen Literatur allein für den amerikanischen Sprachraum 164 Vorschläge erfasst. Diese lassen sich einteilen in deskriptive Definitionen, historische Konzepte, normative Konzepte, psychologische Ansätze, strukturalistische Definitionen und genetische Betrachtungsweisen. Davon ausgehend unterschied von *Keller* (1982, S. 114f.) acht Eigenschaften von Kultur:

(1) ein Artefakt, also im Gegensatz zur Natur vom Menschen erschaffen

(2) ein „überindividuelles", von dem Schicksal des Einzelnen unabhängiges kollektives bzw. soziales Phänomen

(3) nicht genetisch determiniert, sondern erlernt

(4) entwickelt als Ausdrucksform und zur Verständigung ein eigenes Zeichensystem, das sich durch Sprache, Kunst, Rituale, Symbole, Mythen etc. vermittelt

(5) erfüllt eine verhaltenssteuernde Funktion (durch Regeln, Normen und Codices, die es erlauben, das Verhalten der Einzelnen aufeinander abzustimmen und an dem kulturellen Selbstverständnis der jeweiligen Gesellschaft auszurichten)

(6) sorgt durch möglichst widerspruchsfreie Überzeugungen und Normen für die

wechselseitige Anpassung ihrer Mitglieder.
(7) strebt aber nicht nur nach interner Konsistenz, sondern auch nach Akkomodation an die sich verändernden äußeren Lebensbedingungen (= dynamische Komponente)
(8) widersteht durch den Prozess des Kulturwandels dem Selektionsdruck und sichert so die Überlebensfähigkeit.
(9) bisweilen wird Kultur mit Hilfe sog. Schichtenmodelle beschrieben bzw. strukturiert. Dabei wird die Analogie zwischen (Landes-)Kultur und Unternehmenskultur sichtbar (*Abb. 1*).

C. *Osgood* hat Anfang der fünfziger Jahre vorgeschlagen, deskriptive (= Percepta) und explikative Kulturelemente (= Concepta) zu unterscheiden (vgl. *Abb. 2*).

Die Frage, wie man „die Kultur" eines Landes, einer Region oder einer sozialen Gruppe operationalisieren kann, ist eines der Schlüsselprobleme der Kulturforschung. Zu den Forschern, die Kulturstudien durchgeführt haben, zählt *Inglehart* (1998), der anlässlich des World Values-Survey (z.B. WVS 1990/1991) Angehörige verschiedener Kulturen bzw. Gesellschaften repräsentativ befragte. Wenig später hat *Trompenaars*

Abb. 1: Kultur als Schichtenmodell

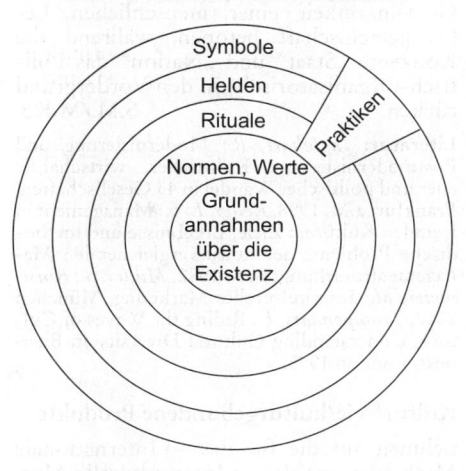

(1993) eine weitere Arbeit vorgelegt. Größte Aufmerksamkeit aber fand die → *Hofstede*-Studie, v.a. in der Literatur zum Interkulturellen Marketing bzw. Management.

Kultur ist u.a. abzugrenzen von den Konzepten Ethno, Gesellschaft, Nation, Volk, Staat und Zivilisation. Vereinfachend lässt sich sagen, dass „Kultur" und „Volk" pri-

Abb. 2: Percepta und Concepta

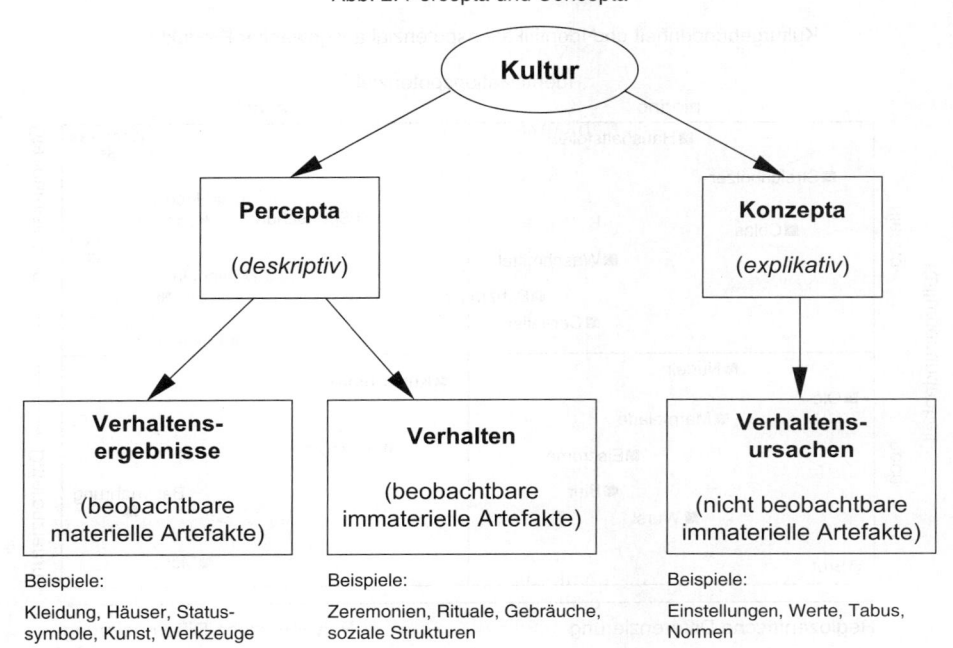

Kultur

Percepta (*deskriptiv*)

Konzepta (*explikativ*)

Verhaltensergebnisse (beobachtbare materielle Artefakte)

Verhalten (beobachtbare immaterielle Artefakte)

Verhaltensursachen (nicht beobachtbare immaterielle Artefakte)

Beispiele: Kleidung, Häuser, Statussymbole, Kunst, Werkzeuge

Beispiele: Zeremonien, Rituale, Gebräuche, soziale Strukturen

Beispiele: Einstellungen, Werte, Tabus, Normen

Kulturfreie/kulturgebundene Produkte

mär den Aspekt der sprachlich-kulturellen Gemeinsamkeit einer menschlichen Lebensgemeinschaft betonen, während die Konzepte „Staat" und „Nation" das Politisch-Organisatorische in den Vordergrund rücken. S.M./M.Ko.

Literatur: *Inglehart, R.*: Modernisierung und Postmodernisierung: Kultureller, wirtschaftlicher und politischer Wandel in 43 Gesellschaften, Frankfurt a.M. 1998. *Keller, E. v.*: Management in fremden Kulturen: Ziele, Ergebnisse und methodische Probleme der kulturvergleichenden Managementforschung, Bern 1982. *Müller, S.; Kornmeier, M.*: Interkulturelles Marketing, München 2002. *Trompenaars, F.*: Riding the Waves of Culture: Understanding Cultural Diversity in Business, London 1993.

Kulturfreie/kulturgebundene Produkte

nehmen auf die für das → Internationale Marketing wie das → Interkulturelle Marketing zentrale Frage → „Standardisierung oder Differenzierung?" Einfluss. Ob mehrere Auslandsmärkte auf vergleichbare Weise bearbeitet und damit ‚economies of scale' erzielt werden können, hängt nicht zuletzt vom Grad der Kulturgebundenheit des Leistungsgegenstandes ab. Die einschlägige Faustformel lautet: Insbesondere dann, wenn es sich um High-Involvement-Produkte handelt, die ein hohes Identifikationspotential besitzen, müssen kulturgebundene Produkte differenziert vermarktet werden, da hier sozio-kulturelle, häufig religiös motivierte Normen die Ge- und Verbrauchsbedingungen prägen. Im Zuge der weltweiten Säkularisierung verlieren diese jedoch an Verbindlichkeit, während die teilweise zu beobachtende Gegenbewegung, der Fundamentalismus, daraus rigide Rituale werden lässt. So hat das in strenggläubigen islamischen Ländern gültige Tabu, das den Verzehr von mit tierischen Fetten zubereiteten Lebensmitteln untersagt, angesichts von modernen Verpackungs-, Kühl- und Lagerungsmethoden (z.B. Kühlschränke) seine ursprüngliche Funktion (Hygienevorschrift, Gesundheitsvorsorge) weitgehend verloren.

Neuere Arbeiten weisen jedoch darauf hin, dass nicht die Produkte an sich kulturgebunden oder kulturfrei sind, sondern in Abhängigkeit von dem Ge-/Verbrauchskontext, in dem sie benutzt bzw. konsumiert werden. Dieser kann stärker (z.B. ein Festessen) oder schwächer (z.B. das Frühstück) von kulturspezifischen Normen und Gepflogenheiten geprägt sein. Nicht Möbel an sich sind ‚culture bound' oder ‚culture free', sondern je nachdem, in welchem Zimmer sie stehen. Das Wohnzimmer etwa wird be-

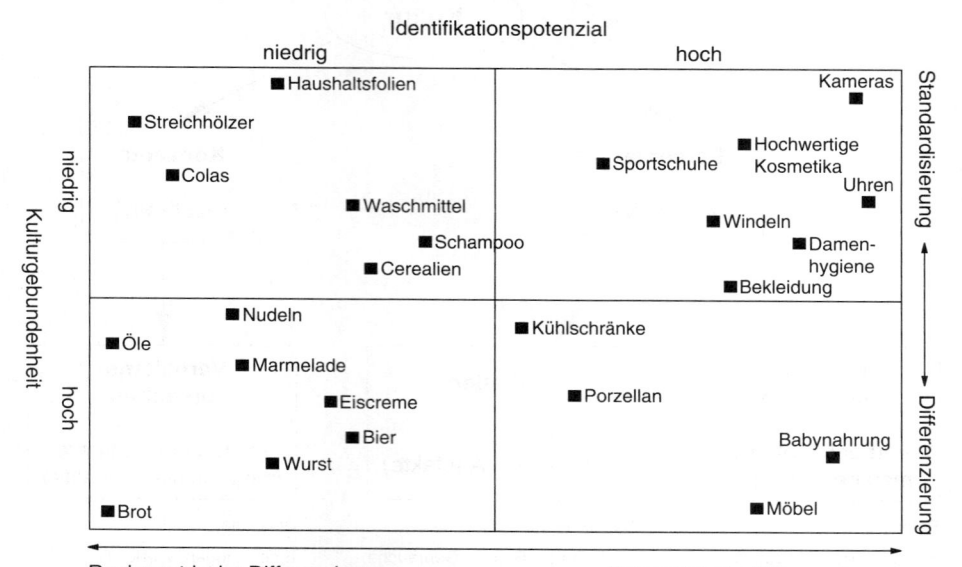

Kulturgebundenheit und Identifikationspotenzial ausgewählter Produkte

vorzugt „traditionell", d.h. im Einklang mit den kulturellen Normen und Gepflogenheiten eingerichtet, während bei der Ausstattung von Kinder-, Gäste- oder Arbeitszimmer funktionelle, unversalistische Kriterien Vorrang haben. S.M./M.Ko.

Literatur: *Djursaa, M.; Kragh, S.U.*: Central and Peripheral Consumption Contexts. The Uneven Globalization of Consumer Behaviour, Discussion Paper, Copenhagen Business School, Copenhagen 1997. *Müller, S.; Kornmeier, M.*: Interkulturelles Marketing, München 2002.

Kulturismus/Universalismus

in den sechziger und siebziger Jahren geführte Diskussion, ob Theorien und Managementtechniken von kulturellen Einflüssen unabhängig und damit generalisierbar und universell anwendbar sind oder den jeweiligen kulturellen Bedingungen angepasst werden müssen. Dieser Vorläufer der im Zuge der → Globalisierung geführten → Standardisierungs-/ Differenzierungs-Debatte blieb u.a. deshalb ohne nachhaltige Konsequenzen, weil die Anhänger der ‚Culture free'-These → Kultur mit Gesellschaft gleichsetzten („Die Gesellschaft ist eine Kultur"), während die Befürworter des ‚Culture bound'-Ansatzes Kultur als ein Teilsystem der Gesellschaft betrachteten („Die Gesellschaft hat eine Kultur").
S.M./M.Ko.

Kumulation → Häufigkeitsverteilung

Kumulierte Leserschaft

Begriff aus der → Leserschaftsforschung: Leserschaft, die mit mehreren Ausgaben eines Titels mindestens einmal erreicht wird. Die unterschiedlich starke Kumulation der Leserschaften einzelner Titel führt zu einer entsprechend unterschiedlichen Verteilung der Kontakte des Werbeträgers.

Kunde

tatsächliche, i.w.S. auch potenzielle Marktpartei auf der Nachfrageseite eines → Marktes, die aus Einzelpersonen, Institutionen oder Organisationen mit mehreren Entscheidungsträgern (→ Buying Center) bestehen kann. Entscheidend ist die Entscheidungskompetenz für bzw. der Entscheidungseinfluss auf die Einkaufsentscheidung. Im Sinne des Marketing entstehen Kundenbeziehungen (→ Geschäftsbeziehung) mit dem ersten Kontakt bzw. dem ersten Geschäftsabschluss (→ Kundenle-benszyklus). Es lassen sich dann verschiedene Kundengruppen unterscheiden:

Potenzielle Kunden sind zwar Bedarfsträger für die von einer Unternehmung angebotenen Güter, haben aber noch nie bei ihr gekauft. *Gelegenheitskunden* stehen bereits in einer → Geschäftsbeziehungen, weisen aber noch keine → Kundenbindung auf. *Neukunden* kaufen zum ersten Mal bei der Unternehmung, *Stammkunden* (gebundene Kunden) zählen dagegen nicht zufällig bereits seit mehreren Perioden zu den Kunden. *Verlorene Kunden* sind Abnehmer, die seit längerer Zeit nicht mehr als Käufer in Erscheinung getreten sind. Für die Unternehmung besonders bedeutsame Kunden werden *Schlüsselkunden* oder → *Key Accounts* genannt.

Die Auswahl und Pflege des Kundenkreises ist Gegenstand der → Kundenpolitik und des → Beziehungsmarketing. Beide zielen auf eine Erhöhung des → Kundenwertes durch Selektion und Abschöpfung solcher Kunden, die hohe direkte oder indirekte Wertschöpfungspotenziale in sich bergen.
H.D.

Kundenanalyse

Eine erste Stufe des → Kundenmanagements, bei der die Untersuchung des Verhaltens von → Kunden und die Bestimmung bzw. Abschätzung des ökonomischen Werts von Stamm-, Neu- und zurückzugewinnenden Kunden erfolgt (→ Kundenwert). Die so erlangten Informationen werden benötigt, um im Rahmen der Kundenplanung knappe Ressourcen in Übereinstimmung mit den Unternehmenszielen geeignet auf Kunden(gruppen) zu verteilen.

Im überwiegend anonymen Konsumgütergeschäft können Markenartikelhersteller derartige Kundenanalysen auf der Basis von zugekauften Paneldaten durchführen, die allerdings die beschriebene Bewertung nicht für einzelne Kunden, sondern nur für Kundensegmente erlauben. Aus diesem Grund bauen Konsumgüterhersteller in jüngster Zeit eigene Kundendatenbanken und kleine Panels auf, um mehr über individuelle Kunden zu erfahren. Dabei erweist sich der Einsatz → Neuer Medien besonders hilfreich. Im Investitionsgütergeschäft, dem Verhältnis von Industrie und Handel sowie in Direktmarketing-Branchen (z.B. Banken, Telekommunikation, Versandhandel, Versicherungen) liegen dagegen Individualdaten

Kundenanzahl

dieser unmittelbaren Geschäftsbeziehungen vor. So können Verhaltensmerkmale wie Auftragsdatum, Bestellhäufigkeit, durchschnittliches Bestellvolumen, Retourenverhalten und Zahlungsgepflogenheiten in multidimensionalen oder relationalen → Kundendatenbanken festgehalten werden. Diese Informationen können als Grundlage einer → ABC-Analyse dienen, aber auch Ausgangspunkt einer → Kundenerfolgsrechnung, einer → Kundenlebenszyklus- oder → Kundenprotfolioanalyse sein. I.w.S. können zur Kundenanalyse auch Kundenbefragungen, etwa zur → Kundenzufriedenheit gezählt werden (s.a. → Kontaktpunktanalyse). M.Kr.

Literatur: *Köhler, R.:* Kundenorientiertes Rechnungswesen als Voraussetzung des Kundenbindungsmanagements, in: *Bruhn, M.; Homburg, C.* (Hrsg.): Handbuch Kundenbindungsmanagement. Grundlagen – Konzepte. Erfahrungen, Wiesbaden, S. 329-357. *Krafft, M.; Albers, S.:* Ansätze zur Segmentierung von Kunden. Wie geeignet sind herkömmliche Konzepte?, erscheint in: ZfB, 52. Jg. (2000).

Kundenanzahl

Anzahl der Abnehmer, die innerhalb einer Periode mindestens einmal gekauft haben (→ Marketingziele). Die Absatzbedeutung kann dabei sehr unterschiedlich ausfallen, weshalb man z.B. Intensivkäufer und Extensivkäufer bzw. Normalkunden und → Key Accounts (Großkunden) unterscheiden sollte. Ferner werden auf Basis von → ABC-Analysen A-, B- und C-Kunden unterschieden.

Kundenbarometer, nationale

Bei nationalen Kundenbarometern bzw. Kundenzufriedenheitsindizes handelt es sich um umfangreiche Messinstrumente, die in regelmäßigen Abständen (zumeist jährlich) unternehmensübergreifend die → Kundenzufriedenheit der Bürger eines Landes mit den angebotenen Produkten und Dienstleistungen erfassen. Hintergrund ist die wachsende Bedeutung, die dem Konstrukt Kundenzufriedenheit sowohl von Unternehmen als auch von Konsumenten (wenngleich aus unterschiedlichen Gründen) beigemessen wird. Kundenbarometer sind sowohl für die Bundesrepublik Deutschland (in Gestalt des „Deutschen Kundenbarometers", ab 1999 „Kundenmonitor Deutschland"), für die USA („American Customer Satisfaction Index") als auch für zahlreiche andere Nationen entwickelt worden (z.B. Schweden, Schweiz, Norwegen, Österreich).

Die Adressaten von nationalen Kundenbarometern sind Unternehmen und Unternehmensverbände, aber auch deren gesellschaftliche Anspruchsgruppen, so z.B. Konsumenten, Medien und nicht zuletzt Träger der Wirtschaftspolitik. Die Messung der Kundenzufriedenheit erfolgt i.d.R. auf der Ebene einzelner Unternehmen, wobei die Ergebnisse dann auf Branchen- als auch auf Länderebene aggregiert werden. Durch ihre wiederholte Durchführung ermöglichen Kundenbarometer sowohl Längsschnittsvergleiche (z.B. die Entwicklung der Kundenzufriedenheit mit dem Unternehmen im Zeitablauf) als auch Querschnittsvergleiche (z.B. Vergleich der Kundenzufriedenheit eines Unternehmens mit anderen Branchenzufriedenheitswerten).

Probleme von nationalen Kundenbarometern sind insbesondere die korrekte Zuordnung von Unternehmen zu Branchen, die für die Bildung von Branchenzufriedenheitswerten notwendig ist, sowie die Validität der Ergebnisse auf Unternehmensebene auf Grund der vergleichsweise geringen Stichprobengröße je Unternehmen. Schließlich besteht das Problem, dass in den meisten Fällen die Messmethodik der Komplexität des Konstruktes → Kundenzufriedenheit nur begrenzt gerecht werden kann.

Th.H.-T.

Literatur: *Bruhn, M.; Murmann, B.:* Nationale Kundenbarometer, Basel 1998. *Hansen, U.; Hennig-Thurau, Th.:* National Customer Satisfaction Indices. A Critical Investigation from an Application Perspective, in: *Kunst, P.; Lemmink, J.; Stauss, B.* (Hrsg.): Service Quality and Management, Wiesbaden 1999, S. 25-53.

Kundenbeirat → Verbraucherbeirat

Kundenbeschwerden
→ Beschwerdemanagement

Kundenbestimmtes Pricing (customer-driven pricing)

ist eine Form des → Internet-Pricing, das dem Kunden ermöglicht, den → Preis für das gewünschte Produkt selbst zu bestimmen bzw. zu beeinflussen. Die *Abbildung* klassifiziert die verschiedenen Formen des kundenbestimmten Pricing mit entsprechenden Internet-Unternehmen (→ Geschäftsmodelle).

Beim reinen kundenbestimmten Pricing gibt der Kunde per Internet an, wie viel er

Klassifikation der Formen des kundenbestimmten Pricing

Keine Preistransparenz — Reines customer-driven pricing (z.B. IhrPreis.de)

Internet-Auktionen (z.B. ebay.de)

Volle Preistransparenz — "Handelsplattformen" (z.B. agorum.com)

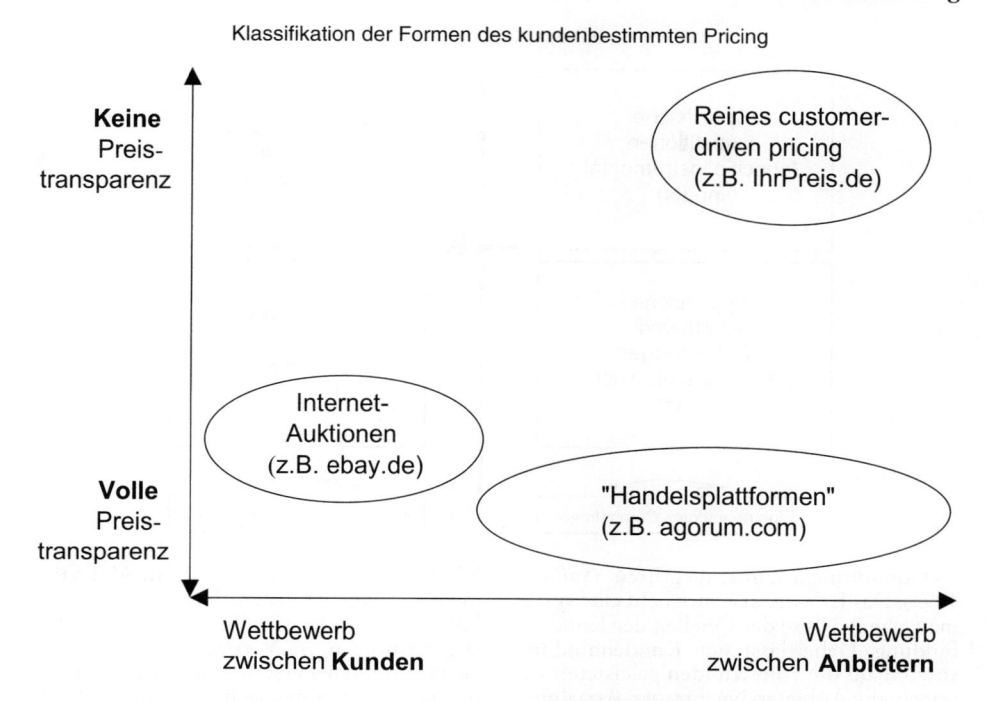

Wettbewerb zwischen **Kunden** — Wettbewerb zwischen **Anbietern**

für ein definiertes Produkt (z.B. eine Flugreise) zu zahlen bereit ist (→ Preisbereitschaft). Die Internetfirma (z.B. IhrPreis.de) ermittelt dann einen Anbieter, der das Produkt zu diesem Preis liefern will. Findet sich ein Anbieter, kommt der Kauf automatisch zustande. Jeder Nachfrager hat pro Produkt nur eine Anfragemöglichkeit und kann durch Angabe seines echten Reservationspreises (auch Prohibitivpreis) seine Chancen auf einen erfolgreichen Kauf erhöhen. So wird die perfekte → Preisdifferenzierung (ersten Grades nach Pigou) erreicht, die die individuelle → Konsumentenrente voll abschöpft ("One-to-One-Pricing"). Gleichzeitig sind die Nachfrager in ihrer Kaufentscheidung völlig frei und segmentieren sich damit selbst (Preisdifferenzierung zweiten Grades nach Pigou). Somit kombiniert kundenbestimmtes Pricing alle Vorteile der Preisdifferenzierung mit einfacher Umsetzung und → Kundenorientierung. Ein weiterer wichtiger Vorteil ist die Möglichkeit für die Anbieter, Sondertarife (z.B. bei verfallsgefährdeten Dienstleistungen im Rahmen von → Yield Management) kundenindividuell anzubieten, ohne die Zahlungsbereitschaft der übrigen Kunden zu zerstören, da keine → Preistransparenz vorliegt.

Bei den unvollkommenen Formen des kundenbestimmten Pricing, wie z.B. bei → Internet-Auktionen, herrscht dagegen volle Preistransparenz und offener Wettbewerb auf Kundenseite. Daher sinkt die Wahrscheinlichkeit, dass Nachfrager tatsächlich ihren → Maximalpreis nennen. F.Bi.

Kundenbindung

Kundenbindung als zentrales Marketingziel im → Beziehungsmarketing ist Ausdruck einer mehr oder weniger *eingeschränkten* Austauschbarkeit potentieller Lieferanten aus der Perspektive des Kunden. Die Bindung an einen bestimmten Lieferanten kann sich dabei auf die angebotene Technologie, auf ein bestimmtes Produkt, auf bestimmte Personen oder aber auf das Anbieterunternehmen als Ganzes beziehen (Jackson 1985, S. 67). Im Ergebnis führt Kundenbindung zu einem Kaufverhalten, das wir als → *Wiederkaufverhalten* bezeichnen können. Eine Analyse der Kundenbindung ist daher geeignet, das Wiederkaufverhalten eines Kunden zu erklären. Sie ist darauf ausgerichtet, die Ursachen nicht zufälliger Wiederholungskäufe darzulegen (s.a. → Kundenverlust-Analyse).

Zur Konzeptualisierung der Kundenbindung wird u.a. auf das Konstrukt des

Kundenbindung

Commitment des Kunden (*Söllner*, 1999)

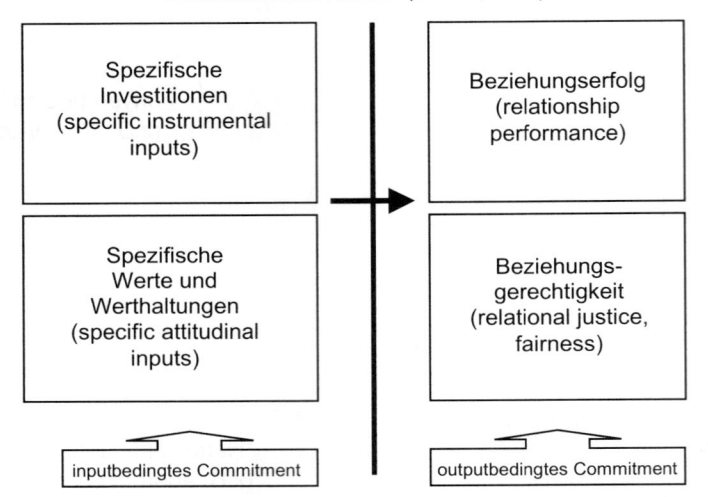

```
┌─────────────────┐              ┌─────────────────┐
│  Spezifische    │              │ Beziehungserfolg│
│  Investitionen  │              │  (relationship  │
│(specific        │──────────▶   │   performance)  │
│ instrumental    │              │                 │
│   inputs)       │              │                 │
└─────────────────┘              └─────────────────┘

┌─────────────────┐              ┌─────────────────┐
│   Spezifische   │              │  Beziehungs-    │
│   Werte und     │              │  gerechtigkeit  │
│  Werthaltungen  │              │(relational      │
│(specific        │              │  justice,       │
│ attitudinal     │              │  fairness)      │
│   inputs)       │              │                 │
└─────────────────┘              └─────────────────┘
   ⎵⎵⎵⎵⎵⎵⎵⎵⎵                        ⎵⎵⎵⎵⎵⎵⎵⎵⎵
 inputbedingtes Commitment        outputbedingtes Commitment
```

→ Commitment zurückgegriffen (*Söllner*, 1993). Das Konstrukt ermöglicht eine systematische Analyse der Quellen der Kundenbindung. Dabei lässt sich Kundenbindung sowohl auf die vom Kunden geleisteten Inputs in die Anbieter-Nachfrager-Beziehung als auch auf die Ergebnisse der Geschäftsbeziehung (Output) zurückführen.

Das *Commitment-Modell* in der *Abbildung* führt die Bindung des Kunden an einen Anbieter auf jeweils zwei Input- und zwei Output-Dimensionen zurück.

Spezifische Investitionen werden vom Kunden als notwendige Voraussetzung zur Erreichung seiner Ziele getätigt. So muss ein industrieller Kunde die Kommunikationswege und andere Schnittstellen zu seinem Zulieferer durch Investitionen schaffen, wenn er die potentiellen Vorteile eines → Single Sourcing auf → Just-In-Time-Basis realisieren möchte. Durch ihre Spezifität stehen diese Investitionen für andere Verwendungszwecke nicht mehr zur Verfügung. Der Kunde ist entsprechend an seinen Lieferanten gebunden („*Lock in-Effekt*").

Spezifische Werte und Werthaltungen umfassen Inputs, die weit weniger bewusste Ressourcenallokationen darstellen als die spezifischen Investitionen. Sie repräsentieren Haltungen, die sich zum Beispiel als → Loyalität und psychologische Bindung gegenüber dem Partner oder als Übereinstimmung mit den Zielen der Geschäftsbeziehung manifestieren. Derartige Bindungen können völlig ungeplant entstehen. Sie können aber auch durch bewusste Maßnahmen geschaffen werden. Nicht selten konkretisieren sich spezifische Werte und Werthaltungen in Vertrauensbeziehungen zu bestimmten Personen im Partnerunternehmen. Sie können sich aber auch auf ein Unternehmen und das, wofür dieses Unternehmen steht, beziehen. In komplexen und risikobehafteten Transaktionen schafft nicht selten erst diese Dimension des Commitment die Voraussetzungen für die Durchführung der Transaktion. Wie bei den spezifischen Investitionen handelt es sich um einen Input, der kaum auf andere Lieferanten übertragbar ist und der daher Kundenbindungen schafft.

Der *Beziehungserfolg* beschreibt das eigentliche Ziel, das ein Kunde durch die Austauschaktivitäten mit dem Lieferanten erreichen will, also die Lösung eines bestimmten Problems. Je größer der Beitrag eines Lieferanten (relativ zu anderen potentiellen Lieferanten) zur Zielerreichung eines Kunden ist, desto stärker ist die Bindung des Kunden an den Lieferanten. Gerade in langfristigen engen Geschäftsbeziehungen spielt dabei aber nicht nur das absolute Ergebnis des Kunden eine Rolle in dessen Bewertung der Geschäftsbeziehung. Zahlreiche Studien weisen heute auch auf die Bedeutung einer „fairen" Aufteilung von Lasten und Nutzen aus einer Geschäftsbeziehung hin. *Beziehungsgerechtigkeit und Fairness* sind daher als die vierte bindende Commitment-Dimension zu betrachten (s.a. → Beziehungsqualität).

Eine Analyse des Commitment veranschaulicht die Kundenbindung, indem sie die → Wechselbarrieren des Kunden sichtbar werden lässt. Als Wechselbarrieren fungieren die in eine konkrete Beziehung geleisteten spezifischen Inputs *(„versunkene" Kosten)* und der Beziehungs-Output, der dem Kunden durch einen Lieferantenwechsel entgehen würde (*Opportunitätskosten*). Hinzu kommen *weitere relevante Kosten* des Wechsels, die sowohl die Kosten der Suche und Verhandlung mit neuen Lieferanten umfassen, als auch die neu zu tätigenden Inputs. Erst wenn der von einem neuen Lieferanten gebotene Nutzen die Wechselkosten des Kunden übersteigt, ist ein Lieferantenwechsel aus der Perspektive des Kunden sinnvoll.

Für einen etablierten Anbieter liegen die Vorteile einer hohen Kundenbindung auf der Hand:

- Kundenbindung *stabilisiert* die Beziehung zum Kunden und sichert dadurch Marktanteile und den Zugang zu wichtigen Ressourcen, insb. zur Kaufkraft des Kunden (s.a. → Abbonnementgeschäft).
- Kundenbindung *erhöht die Rentabilität* des Anbieters. Die Fortsetzung bereits bestehender Anbieter-Nachfrager-Beziehungen ist weit weniger kostspielig für den Anbieter als das Gewinnen ständig neuer Kunden, um abwandernde Kunden zu ersetzen.
- Kundenbindung *schafft Zeit* im Innovationswettbewerb. Vor allem wenn die Kundenbindung auf inputbedingtem Commitment beruht, kann sie temporäre Leistungsdefizite des Anbieters kompensieren und dem Lieferanten dadurch die notwendige Zeit geben, Leistungsdefizite abzubauen.

Den Vorteilen einer hohen Kundenbindung stehen aber auch → Beziehungs*risiken* gegenüber, die eine undifferenzierte Kundenbindungsstrategie gefährlich erscheinen lassen, zumal der Aufbau von Kundenbindung auch auf der Seite des Anbieters im Normalfall erhebliche Anstrengungen erfordert. Durch die folgenden Fragen lassen sich die Risiken einer Kundenbindungsstrategie für den Anbieter sichtbar machen:

- Ist der Kunde überhaupt an einer engen Anbindung an den Lieferanten interessiert (was sind → Kundenbindungsmotive)? Nur wenn dem Kunden durch die Bindung an den Lieferanten Vorteile entstehen – beispielsweise durch eine Reduzierung der eigenen Unsicherheit in einer Transaktion – wird er eine solche Bindung eingehen. Anderenfalls wird er die kostenintensive Kundenbindungsstrategie des Anbieters nicht honorieren.
- Wird der Kunde die ggf. auch auf der Seite des Anbieters auftretende Abhängigkeit in späteren Verhandlungen opportunistisch zu seinem Vorteil ausnutzen (besteht ein *„hold-up"-Risiko*)? Nur wenn der Kunde die vom Anbieter geleisteten Vorleistungen nicht zu seinem Vorteil ausnutzt, werden sich die erhofften Vorteile einer Kundenbindungsstrategie in höheren Gewinnmargen des Anbieters materialisieren.
- Wie hoch ist das *Imitationsrisiko*? Die Imitation der Leistung des Lieferanten durch Wettbewerber kann das Ergebnis einer langfristig geplanten Geschäftsbeziehung gefährden. Eine Analyse des Imitationsrisikos setzt primär an der Höhe der *Wechselkosten* des Kunden und der potentiellen Imitationsdauer (*„response-lag"*) des Wettbewerbers an.
- Besteht ein nennenswertes *Substitutionsrisiko*? Vor allem in einer technologischen Umwelt, die durch eine hohe Dynamik gekennzeichnet ist, öffnen sich den Wettbewerbern immer wieder „Fenster", die ein Aufbrechen einer engen Kundenbeziehung mit einer völlig neuen Problemlösung ermöglichen. Dementsprechend kann die Bereitschaft des Kunden, sich langfristig an einen Anbieter zu binden, gering sein. Die Investitionen des Anbieters in eine Geschäftsbeziehung wären gefährdet. A.S.

Literatur: *Diller, H.:* Kundenbindung als Marketingziel, Marketing-ZFP, 18. Jg. (1996), H. 2, S. 81–94. *Jackson, B.B.:* Winning and Keeping Industrial Customers. The Dynamics of Customer Relationships, Lexington 1985. *Plinke, W.; Söllner, A.:* Kundenbindung und Abhängigkeitsbeziehungen, in: *Bruhn, M.; Homburg, C.* (Hrsg.): Handbuch Kundenbindungsmanagement. Grundlagen – Konzepte – Erfahrungen, 2. Aufl., Wiesbaden 1999, S. 56-79. *Söllner, A.:* Asymmetrical Commitment in Business Relationships, in: Journal of Business Research, Vol. 46 (1999), Nr. 3, S. 219-233.

Kundenbindungs-Controlling

innerhalb des → Beziehungsmarketing angesiedelter Teil des → Marketing-Controlling, das sich mit der Planung, Steuerung und Kontrolle der Kundenbeziehungen beschäftigt und darauf abzielt, besonders attraktive Kunden über einen möglichst langen Zeitraum zu halten. Das Kundenbindungs-Controlling basiert auf zwei Erkenntnissen:

1. Je länger ein Kunden gebunden werden kann, desto höher wird sein → Kundenwert, also der Barwert der Erlöse abzüglich des Barwertes der Aufwendungen für diese Geschäftsbeziehung.
2. Der Aufbau einer → Geschäftsbeziehung stellt eine Investition dar. Diese Investition setzt sich zusammen aus dem Aufwand für die Akquisition, dem Vertragsabschluss und eventuell notwendigen Veränderungen des eigenen Potenzials (Anschaffung von Spezialmaschinen, Einrichtung eines Lagers beim Kunden o.Ä.). Diese Investition lohnt sich nur bei solchen Kunden, die einen entsprechenden Pay-off erwarten lassen.

Die *Abbildung* zeigt den Ablauf des Kundenbindungs-Controlling.

Ausgangspunkt ist die nutzenorientierte → Segmentierung der Kunden. In einem anschließenden Kompetenzcheck wird überprüft, ob das Unternehmen mit seinen derzeitigen Potenzialen und → Kompetenzen in der Lage ist, diese Nutzenvorstellungen der Kunden zu befriedigen. Kompetenzlücken werden dabei identifiziert. Aus der Kenntnis der Nutzenvorstellungen der Kunden werden Szenarien (→ Szenario-Technik) für die zukünftige Entwicklung dieser Segmente (dynamische Marktsegmentierung) erarbeitet. Dem notwendigen Aufwand zur Erschließung der Kompetenzlücken werden die zukünftig möglichen Erlöse aus den verschiedensten Szenarien gegenübergestellt. Daraus ergibt sich eine dynamische Bewertung der Segmente. Im Sinne eines möglichst zielgerichteten Einsatzes der Ressourcen werden die attraktiven Segmente zur Bearbeitung ausgewählt. Es folgt die Planung des → Marketing-Mix, der dahinterliegenden → Marketingprozesse und der → Kommunikationspolitik im Hinblick auf die Erreichung der ausgewählten Segmente. Die Umsetzung der Maßnahmen wird von einer permanenten Erfolgsmessung begleitet. Gegenstand dieser Erfolgsrechnung ist der → Kundenwert, der permanent im Ist und Soll kontrolliert wird. Abweichungen des Kundenwert-Ist vom – Soll werden daraufhin untersucht, wo sie ihre Ursachen haben:

1. Ist die Segmentierung falsch?
2. Erfüllen die Angebote nicht die Nutzenvorstellungen der attraktiven Kunden?
3. Wird noch zu viel in unattraktive Segmente investiert?

M.Pau.

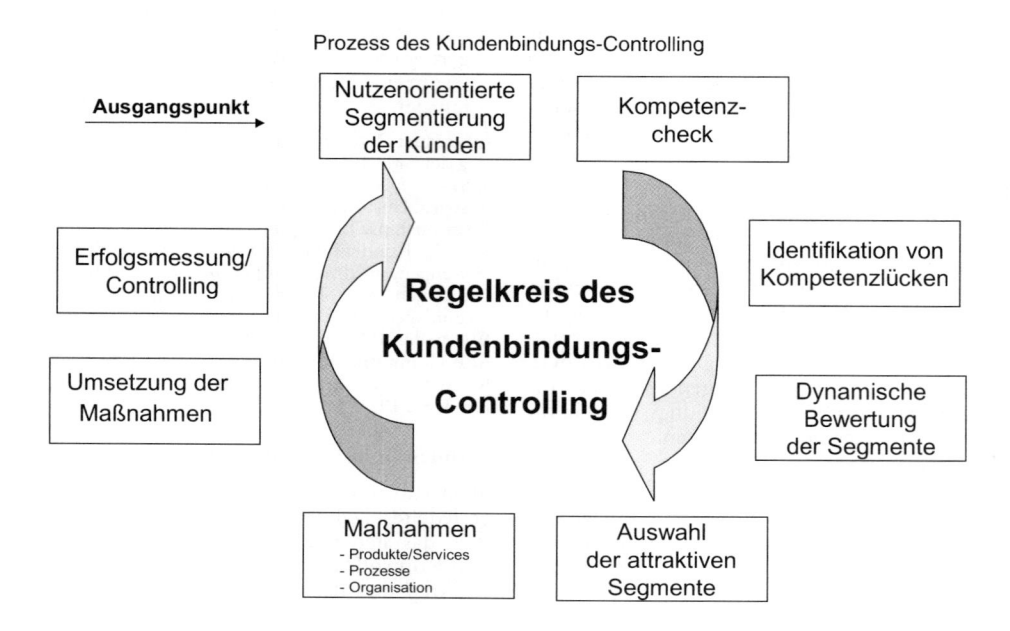

Prozess des Kundenbindungs-Controlling

Kundenbindungsmotive

sind spezifische individuelle Bedürfnisse, die Kunden dazu bewegen bzw. daran hindern, sich an einen Anbieter zu binden, d.h. → Wechselbarrieren (nicht) zu tolerieren und → Kundenbindung (nicht) zu akzeptieren (s.a. → Commitment). Die Durchdringung der Kundenbindung aus Sicht der → Motivationstheorie liefert wegen der Vielzahl relevanter Motive zahlreiche Ansatzpunkte für ein einfühlsames, tatsächlich kundenorientiertes → Beziehungsmarketing (*Diller*, 2000, *Hennig-Thurau et al.*, 2000).

Nach einem Modellierungsansatz von *Diller* (2000) existieren drei Motivambivalenzen, d.h. sich widerstrebende Verhaltenstendenzen:

(1) *Eigennutz*, d.h. Streben nach Erwerb preisgünstiger und preiswürdiger Produkte und Dienste (s.a. → Preisinteresse, → Leistungsmotivation) und gesundes Misstrauen gegenüber den Anbietern, vs. → *Loyalität*, d.h. innere persönliche Verbundenheit, Vertrautheit und Dankbarkeit gegenüber Anbietern (auf der persönlich-emotionalen Beziehungsebene).

(2) *Abwechslungsstreben* (→ variety seeking), d.h. Neugier und Interesse an Neuem, vs. *Kontinuitätsstreben*, d.h. bequemes und routinehaftes Kaufverhalten ohne großen Entscheidungsaufwand und ohne → Kaufrisiko.

(3) *Autonomiestreben*, d.h. Emanzipation von Fremdsteuerung, Unabhängigkeit und Entscheidungsfreiheit, vs. *soziale Integration*, d.h. Wunsch nach sozialer Einbindung, Geselligkeit und gesellschaftlicher Anerkennung

Aus der Motivationstheorie ist bekannt, dass solche Motivkonflikte anbieterseitig durch bestimmte Anreize unschwer in die eine oder andere Richtung beeinflusst werden können. Abb. 1 beim Stichwort → Beziehungsmarketing macht dies an einigen Beispielen deutlich. Insofern hilft die Theorie der Kundenbindungsmotive bei der kundenorientierten Ausgestaltung des Beziehungsmarketing.

Naturgemäß hängt die Stärke der jeweiligen Motivationen sowohl von persönlichen Dispositionen als auch von produktspezifischen und situativen Einflussfaktoren ab. *Diller* (1996) hat ferner darauf hingewiesen, dass in manchen Märkten schon wegen der (teil-)monopolistischen Angebotsstruktur eine unfreiwillige Kundenbindung („Kundenfesselung") existiert. *Bliemel/Eggert* (1998) sprechen hier von einer „Gebundenheit" des Kunden. Davon zu unterscheiden ist *Ver*bundenheit, d.h. die freiwillige Kundenbindung („Loyalität" bei *Diller*). Nur für diese letztgenannte Situationen macht die motivationstheorietische Betrachtung überhaupt Sinn (*Bendapudi /Berry*, 1997). Eine an Bindungsmotiven anknüpfende Segmentationsstudie von *Gwinner et al.* (1998) bei 344 US-Service-Kunden erbrachte vier Gruppen, von denen eine Erste (21%) fast ausschließlich das zusätzliche Maß an Sicherheit und Vertrauen (Kontinuitätsstreben) betonte, während eine Zweite (24%) auch dem sozialen Nutzen und den ökonomischen Effekten eines individualisierten Angebots (Eigennutz) einen gewissen Stellenwert einräumte. Für eine dritte Gruppe (33%) war im Unterschied dazu der Individualisierungsnutzen eher unbedeutend. Die vierte Gruppe (22%) schließlich war von allen drei in dieser Studie unterschiedenen Nutzenkomplexen („confidence"/"special treatment"/"social benefits") dazu verleitet, in engere Geschäftsbeziehungen einzutreten. H.D.

Literatur: *Diller, H.*: Kundenbindung als Marketingziel, in: Marketing-ZFP 18. Jg. (1996), H. 2, S.81–994. *Bendapudi, N.; Berry, L.*: Customer´s Motivations for Maintaining Relationships with Service Providers, in: Journal of Retailing, Vol. 73 (1997), H. 1, S. 15-37. *Gwinner, K.P.; Gremler, D.D.; Bitner, M.J.*: Relational Benefits in Services Industries: The Customer´s Perspective, in: Journal of Academy of Marketing Science, Vol. 26 (1998), H. 2, S. 101–114. *Bliemel, F.; Eggert, A.*: Kundenbindung – eine neue Sollstrategie, in: Marketing-ZFP, 20. Jg. (1998), H. 1, S. 37-45. *Diller, H.*: Customer Loyalty: Fata Morgana or Realistic Goal? Managing Relationships with Customers, in: *Hennig-Thurau, Th.; Hansen, U.* (Hrsg.): Relationship Marketing, Berlin u.a. 2000, S. 29-48. *Hennig-Thurau, Th.; Gwinner, K.P.; Gremler, D.*: Why Customers build Relationships with Companies – and why not, in: *Hennig-Thurau, Th.; Hansen, U.* (Hrsg.): Relationship Marketing, Berlin u.a. 2000, S.361–391.

Kundenchat → Chat

Kundenclub

Kundenclubs sind typische → Marketing-Instrumente des → Beziehungsmarketing und lassen sich als von einem oder mehreren Unternehmen oder anderen Organisationen initiierte, organisierte oder zumindest geförderte Vereinigung von tatsächlichen oder potentiellen Kunden mit einem bestimmten

Kundenclub

Organisationsgrad definieren (*Diller* 1996). Werden sie nur über das Internet als Medium betrieben, handelt es sich auch um → virtuelle Communities.

Im Unterschied zu Kundenclubs geht bei sog. *Fan-Clubs* die Initiative nicht vom Unternehmen selbst, sondern von Privatpersonen aus. Diese können freilich von den Bezugsorganisationen (z.B. Sportverein) entsprechend finanziell oder zumindest ideell gefördert werden. Bei Kundenclubs geht das Engagement der Unternehmen jedoch sehr viel weiter und umfasst auch die organisatorische Trägerschaft und die „Prozesshoheit" über die mit bzw. von den Mitgliedern getragenen Veranstaltungen und Aktivitäten. Gerade durch eine solche aktive Rolle bei der Initiierung oder dem Betrieb des Kundenclubs erbringt das Unternehmen eine zusätzliche Dienstleistung, welche die Präferenzen bei den Kunden für das Unternehmen stärken soll. Damit ist der Charakter des Kundenclubs als absatzpolitisches Instrument i.S. der Marketing-Theorie festgemacht. Seine Zuordnung zu einem der vier instrumentellen Marketing-Mix-Bereiche fällt freilich schwer, weil Kundenclubs in aller Regel Elemente mehrerer Instrumentalbereiche in spezifischer Weise bündeln. *Abb. 1* gibt einen beispielhaften, keineswegs erschöpfenden Eindruck von der Fülle der hierbei einsetzbaren Aktionsparameter.

Kundenclubs sind *Vereinigungen von tatsächlichen oder potentiellen* → *Kunden*. Die möglichen Mitgliederkreise umfassen nicht nur Endverbraucher, sondern z.B. auch gewerbliche Abnehmer oder Absatzmittler („*Händlerclubs*"). Die Vereinigung der Kunden macht nur dann Sinn, wenn sich diese hieraus spezifische *Vorteile* versprechen. Die Palette der hierbei relevanten *Nutzenerwartungen* basiert auf vielerlei Bedürfnissen, die von Streben nach handfesten ökonomischen Vorteilen bis hin zum Wunsch nach Teilnahme an Geselligkeit und Erwerb von Sozialprestige durch die Clubmitgliedschaft reichen (s.a. → Kundenbindungsmotive). Analog zur Unterteilung der Aktionsparameter (*Abb. 1*) könnte man zwischen Produkt-Nutzen, Preis-Nutzen, Kommunikations-Nutzen und Distributions-Nutzen unterscheiden und die mit der Clubmitgliedschaft verbundenen Zusatznutzenelemente (z.B. Erbauungs-Nutzen, Sozial-Nutzen etc.) hinzufügen. Kundenclubs bieten insofern eine Plattform für all jene Menschen, die ihre privaten Sphären mit marktlichen Sphären zu vermischen bereit sind. In einer Zeit, wo viele Menschen versuchen, mit Konsum von Gütern und Dienstleistungen ihre Freizeit zu gestalten und ihre Lebensinhalte zu finden, erscheint dies marktwirtschaftlich und ethisch unbedenklich, obwohl zu hinterfragen bleibt, ob die Steuerungswirkungen von Kundenclubs von allen Club-Mitgliedern durchschaut und bewusst mit den Vorteilen der Club-Mitgliedschaft abgewogen werden.

Der in obiger Definition angesprochene *Organisationsgrad* reicht in praxi von der für den Kunden völlig unverbindlichen, d.h. mit keinerlei Verpflichtungen verbundenen Aufnahme in eine Liste von Personen, wie z.B. bei → Kundenkarten-Systemen, bis hin

Abb. 1: Aktionsparameter für Kundenclubs (Beispiele)

Produkt-Mix	Preis-Mix	Kommunikations-Mix	Distributions-Mix
Spezifische Produktvarianten für Clubmitglieder	Mitgliederrabatte – für Leistungen des Clubbetreibers – für Leistungen Dritter	Clubzeitschriften Mitglieder-Mailings Mitglieder-Treffen	Clubgebundener Zugang zu Leistungsangeboten Zugang zu EDV-Netzen mit Bestellmöglichkeit
Spezielle Serviceleistungen, z.B. Kartenservice für Veranstaltungen	Bonusprogramme für Clubmitglieder	Mitglieder-Events Kostenlose Kataloge/CD-ROM	Zustellservice
Produktschulung	Kundenkarten mit Kreditkartenfunktion	Mitglieder-Online-Dienste	Lagerservice (z.B. Winterreifen)
Höherer Servicestandard	Exklusive Sonderpreis- oder vorgezogene Ausverkaufsaktionen für Mitglieder	Ausstellungen/Messen	
	Sammelrechnungen	Gemeinsame Messebesuche	
		Veranstaltungstreffs	

zu mehr oder minder gravierenden Pflichten kraft Mitgliedschaft, wie z.B. bei der Abnahmeverpflichtung in Buch- und Schallplattenclubs. Formal wird der Organisationsgrad durch juristische Verbindlichkeit kraft Mitgliedschaftsvertrag, durch organisatorische Regelungen hinsichtlich der Struktur des Clubs und dessen Aktivitäten sowie durch die von den Trägern des Clubs bereitgestellten Ressourcen festgemacht. Daraus ergibt sich ein beträchtlicher Gestaltungsspielraum für Kundenclubs, die sich in der Realität in einer entsprechend großen Vielfalt von Erscheinungsformen niederschlägt (vgl. *Wiencke/Koke* 1994). *Geschlossene Kundenclubs* verlangen im Gegensatz zu *offenen* für die Inanspruchnahme von Clubleistungen einen Mitgliedsbeitrag und eine Beitrittserklärung als Gegenleistung. Dies ist nicht nur in Hinblick auf die Kostendeckung durch Mitgliedschaftsbeiträge betriebswirtschaftlich bedeutsam, sondern auch in Hinblick auf die mit offenen Kundenclubs verbundenen Streuverluste bei Kommunikationsmaßnahmen. Derartige Streuverluste entstehen dadurch, dass eigentlich uninteressierte Club-Mitglieder existieren, deren spezielle Ansprache mit Clubaktivitäten wenig Erfolgsaussichten besitzt. Interessante Clubvarianten sind auch solche, bei denen die Mitgliedschaft durch eine bestimmte Anzahl von Käufen erworben wird (z.B. VIP-Clubs der Fluglinien) bzw. eine z.T. nicht unbeträchtliche Aufnahmegebühr anfällt, die Mitglieder dazu drängt, durch gesteigerten (dann meist preisbegünstigten) Einkauf diese Eintrittsgebühr „hereinzuholen". Solche auf rationalen und ökonomisch motivierten Kalkülen aufbauenden Clubkonzepte unterscheiden sich deutlich von jenen, die auf gemeinsamen Produkt- oder damit verbundenen Freizeitinteressen gründen. Freilich lassen sich beide Erscheinungsformen auch bündeln. *Abb. 2* zeigt eine Positionierung verschiedener Kundenclub-Typen in einem zweidimensionalen Positionierungsfeld, bei dem das Ausmaß der „rationalen" Clubvorteile jenen der emotionalen gegenübergestellt wird. Zu *rationalen* Clubvorteilen zählen preisbegünstigte Einkäufe, spezielle Serviceleistungen, spezifische Sortimentsleistungen etc. Zu den *emotionalen* Clubvorteilen zählen insbesondere die Möglichkeit des Austausches zwischen den Club-Mitgliedern, der Stolz auf die Mitgliedschaft im Club, das damit verbundene Prestige oder auch die Möglichkeit, sein hohes Produktinteresse durch zusätzliche Aktivitäten zu befriedigen. Als *Product-Interest-Clubs* bezeichnet man dabei solche Clubs, die für bestimmte Bedarfsbereiche (z.B. junge Mütter-Bedarf) spezifische Angebote machen. *Life-Style-Clubs* bieten dem Kunden die Möglichkeit, dem jeweiligen Wertesystem, z.B. Abenteuer oder Jugendlichkeit, Ausdruck zu verleihen (z.B. *Malboro*-Kundenclub).

Abb. 2: Positionierung verschiedener Clubtypen nach Leistungsprofil

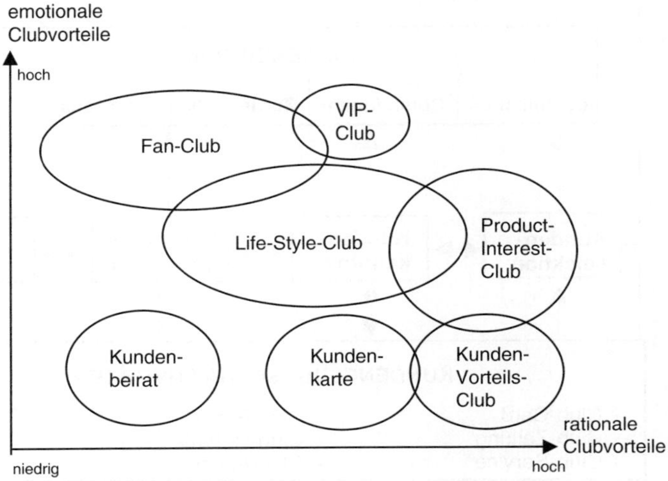

(Quelle: in Anlehnung an *Wienke/Koke,* 1994)

Kundenclub

Die unternehmensseitig mit Kundenclubs verbundenen *Zielsetzungen* hängen im Detail von der jeweiligen Art des Kundenclubs ab. So unterliegt ein reiner Bonus-Club, wie *Miles & More* bei der *Lufthansa*, ganz anderen Wirkungsmechanismen als die von selben Unternehmen betriebenen VIP-Clubs. Im ersten Falle geht es v.a. darum, ökonomische Anreize zum möglichst seltenen Carrier-Wechsel zu setzen, im zweiten darum, eine spezifische Zielgruppe durch Zusatzleistungen in bestimmten Preisklassen zu binden, d.h. eine Preisdifferenzierung durchzusetzen. Bei allen Unterschieden existieren in den verschiedenen Clubarten aber doch gemeinsame Zielkomponenten. Das in *Abb. 3* dargestellte Zielsystem spezifiziert diese Ziele und ordnet sie entsprechend den Zielbeziehungen. Ausgehend von den den Kundenclub konstituierenden Sachaktivitäten an der Basis der Zielpyramide kann man „direkte Effekte" definieren, die zeitlich unterschiedlich gestaffelt eintreten werden. Die mit den Sachaktivitäten verbundenen *Kosteneffekte* werden dabei wegen der (oft erheblichen) Anfangsinvestitionen (Datenbank, Clubkonzept, Startkampagne) den Anfang machen, aber sich auch in Form laufender Kosten fortsetzen. Möglicherweise existieren aber auch *Kosteneinsparungseffekte*, weil z.B. Streuverluste vermieden oder kostengünstigere Zahlungsverfahren realisiert werden können.

Unmittelbar mit der Clubgründung und dem Zufluss von Clubmitgliedern setzt ferner ein *Kundenselektionseffekt* ein, indem Kunden ihre positive Einstellung zum Clubbetreiber oder zumindest zum Clubkonzept durch ihren Clubbeitritt offen legen. Sie sind dann in der Folge auch gezielt ansprechbar. Relativ rasch wird es auch zu einem *Know-how-Effekt* kommen, weil die Unternehmung durch den Eintritt bestimmter Kunden fast zwangsläufig eine bessere *Kundenkenntnis* bezüglich persönlicher Daten, Interessen, Bedarfsstrukturen etc., die sich letztendlich für umfassende → Kundenanalysen nutzen lässt, erhält. Die verbesserte Kundenkenntnis kann dann wiederum dazu benutzt werden, solche Kundenclub-Aktivitäten zu ergreifen, die zur Verbesserung des *Images* der Unterneh-

Abb. 3: Zielsystem von Kundenclubs

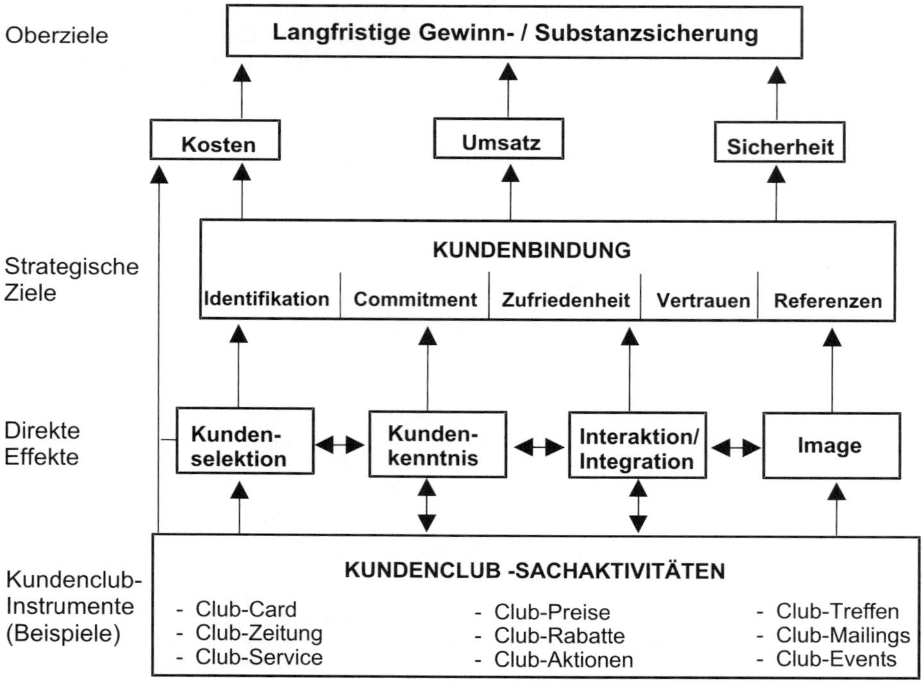

Oberziele	Langfristige Gewinn- / Substanzsicherung → Kosten, Umsatz, Sicherheit
Strategische Ziele	KUNDENBINDUNG: Identifikation, Commitment, Zufriedenheit, Vertrauen, Referenzen
Direkte Effekte	Kundenselektion ↔ Kundenkenntnis ↔ Interaktion/Integration ↔ Image
Kundenclub-Instrumente (Beispiele)	KUNDENCLUB-SACHAKTIVITÄTEN: - Club-Card, - Club-Zeitung, - Club-Service, - Club-Preise, - Club-Rabatte, - Club-Aktionen, - Club-Treffen, - Club-Mailings, - Club-Events

(Quelle: *Diller*, 1996)

mung (*Imageeffekt*), zur intensiveren *Interaktion* der Unternehmung mit den Kunden und schließlich sogar zur stärkeren Integration der Kunden in das Unternehmen beitragen (*Loyalitätseffekt*). Auch eine *Vermarktung der Kundendaten* kann – soweit datenschutzrechtlich zulässig – erwogen werden.

Die direkten Clubeffekte tragen also zur stärkeren → *Kundenbindung* bei. Diese wiederum gibt der Unternehmung mehr Sicherheit gegenüber Angriffen der Wettbewerber und vor Illoyalität der Kunden, erzeugt unmittelbare Umsatzsteigerungen und fördert schließlich die *langfristigen Gewinn- und Rentabilitätsziele*.

Nicht zu gering geschätzt werden sollten aber auch die möglichen *negative Effekte* von Kundenclubs, insb. schnelle negative Mund-zu-Mund-Werbung unter den Clubmitgliedern im Falle bestimmter Fehlleistungen. In manchen Fällen waren Unternehmen mit der Organisation und Abwicklung des Clubbetriebes auch überfordert, wodurch es zu *Kundenenttäuschungen* und *Imageverlusten* kam. H.D.

Literatur: *Bhattacharya, C.B.*: When Customers are Members: Customer Retention in Paid Membership Contexts, in: Journal of the Academy of Marketing Science, Vol. 26, No. 1 (1998), S. 31–44. *Diller, H.*: Fallbeispiel Kundenclub. Ziele und Zielerreichung von Kundenclubs am Beispiel des Fachhandels, Ettlingen 1996. *Holz, St.; Tomczak, T.*: Kundenclub als Kundenbindungsinstrument. Hinweise zur Entwicklung erfolgreicher Clubkonzepte. Ergebnisse eines empirischen Forschungsprojektes, St. Gallen 1996. *Wienke, W.; Koke, D.* (Hrsg.): Cards & Clubs: Der Kundenclub als Dialog-Instrument, Düsseldorf u.a. 1994.

Kundendatenbank (Database)

dient der Speicherung aller spezifischen Merkmale von Einzelkunden im Rahmen des → *Database-Marketing*. In eine Kundendatenbank sollten nicht nur die aktuellen Kunden einer Unternehmung, sondern auch potentielle Kunden (potentielle Verwender, Interessenten, Kunden der Konkurrenz, ehemalige Kunden) aufgenommen werden.

Innerhalb des Informationsspektrums einer Kundendatenbank kann zwischen Grund-, Potential-, Aktions- und Reaktionsdaten unterschieden werden (*Abb.*):

Zu den *Grunddaten* gehören vor allem längerfristig gleich bleibende und weitgehend produktunabhängige Kundendaten. Hierzu zählen zunächst alle auch schon für die konventionelle Kundenkontaktierung erforderlichen Trivialdaten wie Name, Adresse, Anrede, Bankverbindung. Darüber hinaus gilt es, möglichst viele jener Merkmale zu erfassen, die für ein segmentspezifisches Marketing von Bedeutung sein können. Im Hinblick auf Konsumenten gehören zu diesen Daten Merkmale wie Alter, Geschlecht, Einkommen, Beruf, Ausbildungsabschluss etc. Entsprechende Grundmerkmale von Betrieben wären Branche, Mitarbeiterzahl, Umsatz, Bonität, Rechtsform, obere Führungskräfte, Unternehmensverflechtungen, Mitglieder des → Buying Center usw.

Die *Potentialdaten* sollen produktgruppen- und zeitpunktbezogene Anhaltspunkte für das kundenindividuelle Nachfragevolumen liefern. Die zu beantwortende Frage lautet: Welcher produktgruppenspezifische Gesamtbedarf wird zu welchen Zeitpunkten voraussichtlich bei den einzelnen Kunden auftreten? Dieser Bedarf ist dem Anbieter in der Regel nicht a priori bekannt, lässt sich aber oftmals aus einer Kombination von Informationen über bisherige eigene Lieferungen, eigene kundenbezogene Marktanteile bzw. Anteile von Fremdlieferungen sowie über Ausstattungsmerkmale und Pläne der jeweiligen Kunden rekonstruieren:

– Bei Versicherungsunternehmen und Kreditinstituten sowie Anbietern von Kraftfahrzeugen, Maschinen und Geräten aller Art (incl. Hausgeräte) beispielsweise sollten u.a. alle beim aktuellen oder potentiellen Einzelkunden vorhandenen eigenen und Konkurrenzprodukte mit ihren Vertrags-/Leasinglaufzeiten resp. ihrer voraussichtlichen Restnutzungsdauer abgespeichert werden.

– Für Hersteller von Babynahrung, Kinderkleidung, Spielwaren, Sportartikeln usw. kann bereits die routinemäßige Erfassung und Speicherung der demographischen Einzeldaten aller Geburten wertvolle Hinweise auf zukünftigen „zwangsläufigen" – weil altersbedingten – Bedarf bei diesen jeweiligen „Kunden" liefern.

– Für die freien Berufe (Ärzte, Anwälte, Berater, Architekten, Steuerberater u.a.), Handwerker, Händler und Dienstleistungsunternehmen (z.B. Kreditkartenunternehmen, Reisebüros) bietet bereits die einfache Speicherung wichtiger Termine (z.B. nächster Wartungstermin) und

Kundendatenbank (Database)

Merkmale (z.B. bevorzugte Reisegebiete) ihrer Kunden Ansatzpunkte für eine gezielte Wiederaufnahme bzw. Wiederauffrischung des Kontaktes.

Zu den *Aktionsdaten* gehören alle Informationen über kundenbezogene Maßnahmen hinsichtlich ihrer Art, Intensität, Häufigkeit und ihres Zeitpunktes, gegebenenfalls auch

Informationsfelder und -inhalte einer Kundendatenbank

GRUNDDATEN

KONSUMENTEN
FIRMENNAME
ANSCHRIFT
TELEFON, TELEFAX
VERTRIEBSREGION
BETREUENDE GESCHÄFTSSTELLE
KUNDENNUMMER

GEOGRAPHISCHE MERKMALE
SOZIODEMOGRAPHISCHE MERKMALE
PSYCHOGRAPHISCHE MERKMALE
KAUFVERHALTENSMERKMALE
KAUFKRITERIENORIENTIERTE MERKMALE

REGIO-TYP
LIFESTYLE-TYP

UNTERNEHMEN
FIRMENNAME
ANSCHRIFT
TELEFON, TELEFAX
VERTRIEBSREGION
BETREUENDE GESCHÄFTSSTELLE
KUNDENNUMMER

BRANCHE, GESCHÄFTSZWEIG
PRODUKT-/LEISTUNGSPROGRAMM
GRÖSSE (UMSATZ, MITARBEITERZAHL)
BONITÄT
EIGENTUMSVERHÄLTNISSE
UNTERNEHMENSVERFLECHTUNGEN

NAMEN UND ADRESSDATEN DER
FÜHRUNGSKRÄFTE U. ANSPRECHPARTNER
STRUKTUR UND EINFLUSSMERKMALE
DER MITGLIEDER DES BUYING-CENTER
(User, Influencer, Buyer, Decider, Gate-Keeper)

POTENTIALDATEN

PRODUKTGRUPPENSPEZIFISCHER
  GESAMTBEDARF
ZEITPUNKTE KONKRETER
  BEDARFSITUATIONEN

DERZEITIGE GERÄTE/
  MASCHINENAUSSTATTUNG
  (EIGENE UND FREMDE ERZEUGNISSE)
DERZEITIGE LEISTUNGSINANSPRUCHNAME
  (EIGENE UND FREMDE LEISTUNGEN)
DERZEITIGER LAUFENDER BEDARF
  (Z.B. VERBRAUCHSGÜTER)

POSITION IM KUNDEN-PORTFOLIO
KUNDENKLASSIFIZIERUNG
  (Z.B. RFMR-WERT)

AKTIONSDATEN

ART DER UNTERNEHMENSAKTIVITÄTEN:
  MAILING, KATALOG, TELEFONKONTAKT
  AUSSENDIENSTBESUCH
INTENSITÄT
  UMFANG/WERT DER WERBEAKTION BZW.
  DAUER DES KUNDENKONTAKTES
HÄUFIGKEIT DER KONTAKTE/AKTIONEN
ZEITPUNKTE DER KONTAKTE/AKTIONEN
INHALTE DER KONTAKTE/AKTIONEN
  (LEISTUNGS-/INFORMATIONSANGEBOT)

KUNDENBETREUER/-BERATER
  (Telefonkontakter, Außendienstmitarbeiter,
  Key-Account-Manager)

REAKTIONSDATEN

ÖKONOMISCHE DATEN
[NACH AUFTRÄGEN, PRODUKTEN/PRODUKT-
GRUPPEN UND TEILPERIODEN]:
- DECKUNGSBEITRAGSHÖHE
  (ABSOLUT UND IN PROZENT VOM UMSATZ)
- UMSATZHÖHE UND –STRUKTUR
  (PRODUKTE, MENGEN, PREISE)
- HÖHE UND STRUKTUR DES AUFTRAGS-
  EINGANGES UND –BESTANDES
  (PRODUKTE, MENGEN, PREISE)
- ZEITPUNKT DES AUFTRAGS

AUSSERÖKONOMISCHE DATEN:
- KUNDENANFRAGEN
- KUNDENEINSTELLUNGEN
- KUNDENKENNTNISSE

REKLAMATIONEN
RETOUREN
LOST-ORDERS

DAUER DER KUNDENBEZIEHUNG
STUFE DER LOYALITÄTSLEITER

(Quelle: *Link/Hildebrand,* 1993, S. 36.)

ihrer jeweiligen (anteiligen) Kosten. Hierzu zählen sämtliche vom Unternehmen durchgeführte und an den jeweiligen Kunden gerichtete Aktionen wie z.B. Werbebriefe, Katalog-/Prospektzusendungen, Telefonaktionen, Vertreterbesuche, konkrete Angebotserstellungen, Verkaufsförderungsmaßnahmen u.v.m. Die systematische Erfassung aller Aktionen ist zum einen als Grundlage für die Erfolgskontrolle und zum anderen für die Planung zukünftiger Maßnahmen von Bedeutung.

Die *Reaktionsdaten* umfassen Informationen über Verhaltensweisen der Kunden, die Aufschluss geben über die Wirksamkeit der Maßnahmen des eigenen wie der konkurrierenden Unternehmen. Kundenreaktionen können sich sowohl in ökonomischen als auch in außerökonomischen Erfolgsgrößen niederschlagen. Ein ökonomischer Erfolg kann im Falle eines Auftragseingangs verzeichnet werden; hierbei interessieren u.a. Höhe und Struktur von Umsätzen, Deckungsbeiträgen, Auftragseingängen je Kunde, differenziert nach Produkten/Produktgruppen und Perioden. Zu den außerökonomischen Größen rechnen u.a. Kundenanfragen (Kauf-, Produktinteresse), Kundeneinstellungen/-kenntnisse bezüglich Produkte und Unternehmen (auch in Bezug auf Wettbewerber), Reklamationen, Gründe für Angebotsablehnungen.

Für die *Gewinnung* aller dieser Daten kommt den eigenen Organen der Unternehmung – insbesondere solchen mit Kundenkontakt – die größte Bedeutung zu. Empirische Erhebungen in zahlreichen Branchen haben ergeben, dass vor allem Außendienst- und Messekontakte, Anfragen von Kunden sowie Routinekontakte zur Beschaffung von Adressen und Zusatzinformationen bezüglich interessanter Kunden beitragen (s.a. → Adressmanagement, → Datenerfassungssysteme). In bestimmten Branchen kommt auch Responseanzeigen, → Adressverlagen, → Freundschaftswerbung, → Kundenkarten, → Direktmarketing-Agenturen, externen → Datenbanken oder Kundenbefragungen eine wichtige Informationsbeschaffungsfunktion zu.

Kundendatenbanken bilden oft einen integrativen Bestandteil eines → Datawarehouse. J.Li.

Literatur: *Link, J.; Hildebrand, V.:* Database-Marketing und Computer Aided Selling, München 1993. *Link, J.; Hildebrand, V.:* Verbreitung und Einsatz von Database-Marketing und CAS, München 1994. *Link, J.; Brändli, D.; Schleuning, C.; Kehl, R.E.* (Hrsg.): Handbuch Database-Marketing, 2. Aufl., Ettlingen 1997.

Kundendienstpolitik → Servicepolitik

Kundendurchdringungsrate (Share of Customer)

ist der Anteil eines bestimmten Anbieters an der gesamten Nachfrage eines einzelnen Kunden (kundenindividueller Marktanteil) und eine wichtige Orientierungsgröße im → Beziehungs- und → Direktmarketing. Sie entspricht dem → Marktanteil auf aggregierter Ebene und wird auch als Indikator der → Kundenbindung verwendet. Die Gesamtnachfrage des Kunden kann direkt erfragt oder – z.B. über Verbrauchskoeffizienten wie Bedarf pro Mitarbeiter – indirekt geschätzt werden. Für Handelskunden lassen sich → Handelspanels heranziehen. Der Quervergleich bei verschiedenen Kunden erbringt Aufschlüsse über kundenspezifische Absatzpotentiale und Wettbewerbsstärken bzw. -schwächen, die z.B. für Besuchsnormen (→ Besuchsplanung) oder andere Zwecke des → vertikalen Marketing bzw. des → Beziehungsmarketing verwendbar sind. Insofern stellt die Kundendurchdringungsrate insb. Im → Key-Account-Management ein wichtiges → Marketingziel dar.

Kundenempfehlungen

umfassen i.w.S. negative wie positive Meinungsweitergaben eines Kunden über objektive oder subjektiv wahrgenommene Merkmale eines Anbieters in dessen privatem oder geschäftlichem Umfeld. Werden sie vom Kunden selbst, also ohne Zutun des Anbieters vorgenommen, so liegt → *Mund-Werbung* vor. Mund-Werbung ist direkte und private Kommunikation zwischen Kunden, die positive, negative oder auch neutrale werbliche Wirkungen entfaltet. Werden Meinungsweitergaben vom Anbieter initiiert, handelt es sich um → *Referenzen* (Geschäftsempfehlungen), wobei sich direkte und indirekte Formen unterscheiden lassen. Im Investitionsgütersektor werden für innovative Produkte hierfür gerne sog. → Lead User eingesetzt. Eine dritte Form der Kundenempfehlung liegt im Fall der → *Testimonialwerbung* vor, wo die erkennbar entgeltliche Nutzung eines – meist bekannten – Produktnutzers durch den Anbieter zu Werbezwecken allerdings leicht zu

Kundenempfehlungen

verminderter Glaubwürdigkeit führt. Eine Sonderform von Referenzprozessen tritt in → *User Groups* auf, in denen sich die Nutzer bestimmter Produkte bzw. Marken zwecks Interessenaustausch und Interessenvertretung gegenüber dem Anbieter vereinen (s.a. → Kundenclub). Ein Sonderfall des Empfehlungsgeschäftes liegt beim sog. → Multi-Level-Marketing vor. Dort werden bestimmte Personen dazu veranlasst, Unterverkäufer einzustellen, die dieses dann entsprechend wiederholen, sodass *Schneeballsysteme* entstehen. Geht man davon aus, dass die jeweiligen Personen dabei zunächst insbesondere im eigenen Bekanntenkreis akquirieren, kann man darin durchaus eine Variante des → Netzwerk-Ansatzes via Empfehlungen erkennen.

Kundenempfehlungen können vom Empfehlungsgeber *aktiv*, d.h. aus eigenen Antrieb, vermittelt oder *passiv* auf Anfragen eines Empfehlungssuchers abgegeben werden. Beide Formen lassen sich vom Anbieter unterstützen, indem entweder Empfehlungsgeber zu entsprechenden Empfehlungen motiviert oder potentielle Empfehlungsempfänger zur Abfrage von Empfehlungen aufgefordert werden. Hierzu werden vielfältige Instrumente genutzt, u.a. Produktproben, Referenzlisten, Gästebücher, Referenzanlagen, Prämien für neue Kunden, Kundenforen etc. Sie sollen die intrinsische oder extrinsische Motivation zur Weitergabe positiver Empfehlungen (Altruismus, Experten-Selbstwert, eigener Dissonanzabbau, Affiliation) verstärken. Der Empfehlungsgeber übernimmt mit seiner Empfehlung freilich immer auch ein gewisses Risiko mit entsprechenden sozialen Folgekosten. Es verwundert deshalb nicht, dass von vielen Anbietern versucht wird, durch Prämien oder sogar Provisionen größere Empfehlungsbereitschaft zu erzeugen.

Wegen der besonderen → Glaubwürdigkeit privater Meinungen bei hinreichender Kompetenz und Neutralität des Meinungsgebers sind Kundenempfehlungen ein äußerst wirksames und verbreitetes, freilich nur begrenzt steuerbares Mittel der Kommunikation. Es wird insb. im → Beziehungsmarketing favorisiert, weil dort die Vertrauenswürdigkeit des Anbieters von besonderer Bedeutung ist. Nahezu unabdingbar für den Kunden sind Kundenempfehlungen bei Vertrauens- und Erfahrungsgütern, da bei ihnen die Qualität ex ante auf andere Weise nicht oder nur schwer zu beurteilen ist. Daneben nimmt die Bedeutung von Empfehlungen mit dem → Kaufrisiko, also z.B. mit zunehmender Preishöhe, sozialer Auffälligkeit oder technischer Komplexität zu. Aus der Zufriedenheitsforschung ist ferner bekannt, dass die *Weiterempfehlungsbereitschaft* mit der Kundenzufriedenheit überproportional zunimmt, sobald ein Normalniveau der Zufriedenheit überschritten wird, also Kundenbegeisterung auftritt (→ Kano-Modell). *Negative* Erfahrungen mit einem Anbieter führen eher und verbreiteter zu Meinungsweitergaben als positive. Daraus gewinnt das → Beschwerdemanagement seine besondere Bedeutung, weil dort den Kunden ein Ventil zur Bewältigung schlechter Anbietererfahrungen geboten wird.

Theoretisch kann man Referenzen auch als Instrumente zur besseren Ausschöpfung der → Kundenbindung in bestehenden Kundenbeziehungen interpretieren. Weitere theoretische Grundlagen liefert die → Meinungsführer-Theorie, die allerdings bisher eher auf massenmediale Initiativen abstellt. Neuerdings wird das Konzept der „*relationalen Ressourcen*" von Unternehmen vertreten, in dem die Fähigkeiten zur Entwicklung von Referenzbereitschaften als wichtiger Machtfaktor im Wettbewerb betrachtet wird. (*Hunt/Morgan*, 1995). Eine Erscheinungsform der relationalen Macht liegt in der Vorbildfunktion eines Unternehmens für andere Unternehmen (*horizontale* Referenzfunktion) bzw. für Lieferanten oder Kunden (*vertikale* Referenzfunktion). Es handelt sich dabei um die Fähigkeit zur Mobilisierung anderer Akteure im Wirtschaftsgeschehen im Sinne der eigenen Interessen, die dann ihrerseits negative oder positive Auswirkungen auf andere Wirtschaftsteilnehmer auszuüben vermag. Solche *Referenzpotenziale* als Grundlage von Deprivationsmacht im vertikalen Wettbewerb werden u.a. von *Stahl* (1996, S. 155) sowie von *Ahlert* (1991, S. 105) diskutiert. *Ahlert* dehnt seine Perspektive dabei auch auf die sog. Unterstützungsmobilisierung aus, worunter er die Gewinnung und Sicherung jeder Form von Unterstützung aus der Umwelt des Distributionssystems versteht.

H.D.

Literatur:: *Ahlert, D.*: Distributionspolitik, 2.Aufl., Stuttgart u.a. 1991. *Helm, S.*: Kundenempfehlungen als Marketinginstrument, Wiesbaden 2000. *Hummrich, U.*: Interpersonelle Kommunikation im Konsumgütermarketing, Wiesbaden 1976. *Hunt, S.D.; Morgan, R.R.*: The Comparative Advantage Theory of Competition, in:

Journal of Marketing, Vol. 59 (April 1995), S. 1–15. *Stahl, H.K.*: Zero-Migration. Ein kundenorientiertes Konzept der strategischen Unternehmensführung, Wiesbaden 1996.

Kundenerfolgsrechnung

besonders im → Key-Account-Management bedeutsame Variante der → Absatzsegmentrechnung, wobei versucht wird, einzelnen Großkunden oder wichtigen Kundengruppen Erlöse und Kosten verursachungsgerecht zuzuordnen. Die Kundenerfolgsrechnung soll dazu dienen, bestimmte Abnehmer(gruppen) nach ihrem Beitrag zum Periodenergebnis des Anbieterunternehmens beurteilen zu können, um daraus Schlüsse für die weitere Kundenpolitik zu ziehen (→ Kundenwert). Die so gewonnenen Informationen gehen in Kunden-ABC-Analysen, und in die Aufstellung von Kunden-Portfolios, mit ein (→ Kundenanalyse). Im Rechenansatz kommt es darauf an, alle Erlös- und Kostengrößen zu erfassen, die ohne die betreffende Kundenbeziehung nicht entstanden wären. Umgekehrt muss vermieden werden, einem Kunden oder einer Kundengruppe Beträge anteilig zuzurechnen, die sich insgesamt überhaupt nicht verändern würden, wenn der Kundenkontakt nicht bestände (z.B. allgemeine Verwaltungskosten).

Die Kundenerfolgsrechnung ist zweckmäßigerweise nach den Grundsätzen des Rechnens mit relativen Einzelkosten und Deckungsbeiträgen aufzubauen (→ Deckungsbeitragsrechnung). Das einfache Direct Costing reicht dazu nicht aus, da kundenspezifisch pro Periode auch bestimmte Fixkosten zugeordnet werden können (z.B. bei einem Großkunden das Gehalt des entsprechenden Key-Account-Managers).

Die *Abb.* zeigt den Grundaufbau einer entsprechend ausgelegten *Kundendeckungsbeitragsrechnung*. Diese ist mehrstufig aufgebaut, wobei von den kundenbedienten Nettoerlösen pro Periode nur jene variablen Produktkosten abgezogen werden, die durch Käufe des betreffenden Kunden entstanden sind. In einem nächsten Schritt sind Kosten zu subtrahieren, die zwar nicht hinsichtlich der einzelnen Produkte, aber für die Kundenaufträge relative Einzelkosten darstellen (z.B. Versandkosten für die lt. Auftrag kommissionierten Waren). Schließ-

Grundaufbau einer Kundendeckungsbeitragsrechnung

Kunden-Bruttoerlöse pro Periode
- Erlösschmälerungen

= **Kunden-Nettoerlöse pro Periode**
- Kosten der vom Kunden bezogenen Produkte (variable Stückkosten lt. Produktkalkulation, multipliziert mit den Kaufmengen)

= **Kundendeckungsbeitrag I**
- Eindeutig kundenbedingte Auftragskosten (z.B. Vorrichtungen, Versandkosten)

= **Kundendeckungsbeitrag II**
- Eindeutig kundenbedingte Besuchskosten (z.B. Kosten der Anreise zum Kunden)
- Sonstige relative Einzelkosten des Kunden pro Periode (z.B. Gehalt eines speziell zuständigen Key-Account-Managers; Engineering-Hilfen; Mailing-Kosten; Zinsen auf Forderungs-Außenstände; bei Kunden auf der Handelsstufe: Werbekostenzuschüsse, Listungsgebühren und ähnliche Vergütungen)

= **Kundendeckungsbeitrag III**

(Quelle: *Köhler, R.*, 1999, S. 338.)

Kundenerwartungen

lich kommen kundenbedingte Besuchskosten und alle sonstigen relativen Einzelkosten zum Abzug, die bei der Datenerfassung durch entsprechende kundenbezogene Deskriptoren zu kennzeichen sind.
Die Kundendeckungsbeitragsrechnung kann zu einer erweiterten Kundenerfolgsrechnung ausgebaut werden, indem man noch *Prozesskosten* berücksichtigt, die einen Indikator für die Inanspruchnahme betrieblicher Kapazitäten durch den Kunden darstellen. Dabei handelt es sich aber um geschlüsselte fixe Gemeinkosten, die gesondert nach dem Deckungsbeitrag III ausgewiesen werden sollten.
Während die Kundendeckungsbeitragsrechnung i.d.R. der → Erfolgsanalyse für einen abgelaufenen Zeitraum dient, sind *dynamische Kundenerfolgsrechnungen* mehrperiodig und prospektiv angelegt. Sie beruhen auf Schätzungen der Zahlungsströme, die ein Kunde im Laufe einer Geschäftsbeziehung voraussichtlich bewirkt, und auf einer Diskontierung dieser erwarteten Größen (Barwert der künftigen Kundenbeziehung). R.K.

Literatur: *Cornelsen, J.*: Kundenwertanalysen im Beziehungsmarketing, Nürnberg, 2000. *Homburg, Ch.; Daum, D.*: Marktorientiertes Kostenmanagement, Frankfurt a.M. 1997. *Köhler, R.*: Kundenorientiertes Rechnungswesen als Voraussetzung des Kundenbindungsmanagements, in: *Bruhn, M.; Homburg, Ch.* (Hrsg.): Handbuch Kundenbindungsmanagement, 2. Aufl., Wiesbaden 1999, S. 329-357.

Kundenerwartungen

Standard- oder Referenzgrößen, anhand dessen Kunden die Leistungen eines Unternehmens messen. Sie beziehen sich auf subjektive Normvorstellungen bzw. Ideale entsprechend den Bedürfnissen der Kunden (*normative E.*) und/oder auf aus der Erfahrung heraus gewonnener Einschätzungen (*expektatorische E.*). In der Literatur werden zahlreiche Varianten dieser Standards diskutiert (vgl. *Bruhn*, 2000). Gegenstand der Kundenerwartungen sind die Totalleistung oder attributweise aufgesplittete Teilleistungen eines Anbieters bzw. Produktes. Nach dem Conformation-Disconfirmation-Paradigma führt der Vergleich der Erwartungen gegenüber einem Anbieter mit den tatsächlich erfahrenen Leistungen zur jeweiligen Zufriedenheit eines Kunden. Nach dem *Toleranzzonenkonzept* existiert eine Indifferenzzone bezüglich der normativen Erwartungen, nicht lediglich ein fixer Erwartungspunkt bzgl. abstufbarer Leistungsmerkmale. Da Erwartungen zur Vermeidung kognitiver Dissonanzen (→ Dissonanztheorie) gerne an das tatsächlich erlebte Leistungsniveau angepasst werden, ist eine ex-post-Messung oft problematisch. Auch können bessere oder schlechtere Konkurrenzangebote das Erwartungsniveau und damit die Kundenzufriedenheit verschieben. Erwartungen sind deshalb stets dynamisch zu interpretieren und können durch bestimmte Kommunikationsaktivitäten (z.B. Ankündigungen, Werbeversprechen, Referenzen etc.) auch aktiv beeinflusst werden, was oft einfacher fällt als die Revision imagemäßig verfestigter Wahrnehmungen. H.D.

Literatur: *Zeithaml, V.A.; Berry, L.L.; Parasuranam, A.*: The Nature and Determinants of Customer Expectation of Service, in: Journal of the Academy of Marketing Science, Vol. 21 (1993), No. 1, S. 1–12. *Bruhn, M.*: Kundenerwartungen. Theoretische Grundlagen, Messung und Managementkonzept, in: ZfB, 70. Jg. (2000), H. 9, S. 1031–1054.

Kundenfang

Bei der Beurteilung von wettbewerbswidrigem Verhalten (→ unlauterer Wettbewerb) wird aus praktischen Gründen nach Fallgruppen geordnet. Unter dem Stichwort des Kundenfangs werden Fälle zusammengefasst, die schwerpunktmäßig dadurch gekennzeichnet sind, dass die Entscheidungsfreiheit des Kunden mit unverhältnismäßigen Mitteln beeinträchtigt wird. Man spricht davon, dass der Kunde nicht geworben, sondern gefangen wird. Geschützt ist hier die Entscheidungsfreiheit des Kunden (→ Konsumfreiheit); aber unsachliche Beeinflussung des Kunden verfälscht auch den Leistungswettbewerb und betrifft die Mitbewerber. Ein „klassischer" Fall der Unlauterkeit liegt vor bei → irreführender Werbung und bei Irreführung des Kunden über die Ware oder das Unternehmen, belästigenden Werbemethoden wie bspw. dem Anreißen oder unerwünschten Hausbesuchen, besonderen Arten der Wertreklame, der Ausnutzung menschlicher Schwächen und Sehnsüchte, der geschäftlichen Unerfahrenheit und der Gefühlsausnutzung (→ gefühlsbetonte Werbung) sowie dem Autoritätsmissbrauch. Häufig ist eine solche → Suggestivwerbung mit der Schaffung eines → Kaufzwanges verbunden.
Zu unterscheiden ist der rechtliche, psychologische und faktische Kaufzwang. Die Ab-

grenzung zu den zulässigen Einwirkungen auf den Kaufentschluss ist häufig schwierig. Die Werbung bedient sich heute zulässigerweise der Erkenntnisse und Mittel der Verkaufspsychologie, um die Entscheidung der Abnehmer zu beeinflussen (→ emotionale Werbung). Dies geschieht grundsätzlich rechtmäßig. Erst wenn eine besondere Intensität der Einwirkung mit Mitteln, die keinen Bezug zur angeboten Ware oder Leistung haben, erreicht ist, kann von der Anwendung unlauteren Zwanges gesprochen werden. Neben den Situationen, in denen der Kunde kauft, weil ihm ein Nichtkauf peinlich ist, sind v.a. Situationen kritisch zu betrachten, in denen durch Überrumpelung eine Zwangslage geschaffen wird (Beispiel: Werbung am Unfallort für die Erteilung eines Abschlepp- oder Reparaturauftrages oder Mietvertrages über ein Ersatz-Kfz). Erreicht werden soll, die freie Entscheidung des Kunden nicht durch sachfremde Motive beeinflussen zu lassen.

H.-J.Bu.

Kundenfinanzierung
→ Absatzfinanzierung

Kundengruppenmanagement
Vorläufer des → Key-Account-Management, bei dem das übliche regionale Gliederungsprinzip der → Verkaufsorganisation durchbrochen und in sich homogene Gruppen von Kunden, etwa solche gleicher Branche oder Vertriebsform, durch spezielle Betreuer, sog. Kundengruppenmanager, betreut und bearbeitet werden. Dadurch soll den verschiedenen Problempotentialen und/oder der besonderen Marktbedeutung einzelner Abnehmergruppen Rechnung getragen werden. Die Vorteile der Spezialisierung auf Abnehmertypen muss abgewogen werden mit den Nachteilen der überregionalen Tätigkeit und den Abstimmungserfordernissen mit der meist parallel weiter agierenden Feldorganisation. H.D.

Kundenintegration
bezeichnet innerhalb des → Beziehungsmarketing die Tatsache, dass Nachfrager durch die zur Verfügungstellung externer Faktoren in den anbieterseitigen Leistungserstellungsprozess eingreifen und diesen mitgestalten. Grundannahme des Konzeptes der Kundenintegration ist, dass Absatzobjekte immer Leistungsbündel darstellen, deren Teilleistungen durch eine mehr oder weniger starke Integration externer Faktoren gekennzeichnet sind. Somit erfolgt im Rahmen einer jeden Leistungserstellung – auch der von Sachleistungen – ein Minimum an Integration. Mindestens die Bedarfsäußerung stellt einen zu integrierenden externen Faktor dar. Kundenintegration ist mithin ein allgegenwärtiges Phänomen betrieb-

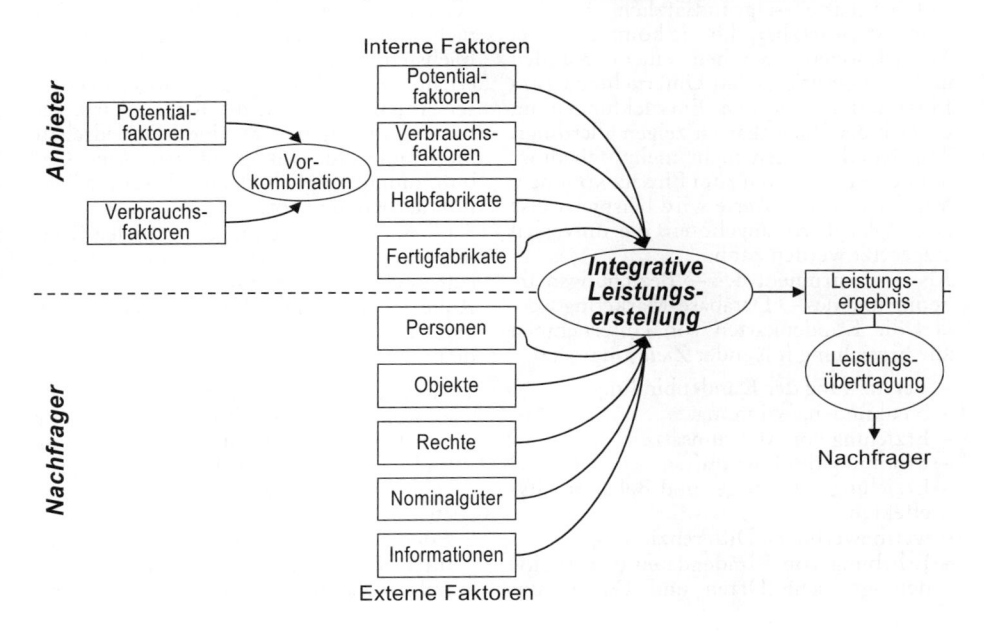

licher Leistungsgestaltung und kein Spezifikum von → Dienstleistungen.
Die integrierbaren externen Faktoren umfassen nicht nur die Person des Kunden, sondern auch sachliche Objekte, Nominalgüter, übertragene Rechte und insbesondere von Kundenseite gegebene Informationen. Diese externen Faktoren werden Teil des gesamten Wertschöpfungsprozesses und können hierdurch auf das Leistungsergebnis Einfluss nehmen *(s. Abb.).* Zentrales Ziel der Kundenintegration ist es, durch die gesteuerte Integration externer Faktoren, Kundenorientierung in unternehmerischen Leistungserstellungsprozessen tatsächlich umzusetzen und – im Sinne einer → Mass Customization – kundenindividuelle Problemlösungen zu schaffen. Eine managementbezogene Weiterführung des Gedankens der Kundenintegration kann im Ansatz der → Customer Integration gesehen werden.   R.Wei./M.Web.

Literatur: *Kleinaltenkamp, M.:* Kundenintegration, in: Wirtschaftswissenschaftliches Studium, 26. Jg. (1997), Heft 7, S. 350–354.

Kundenkarte

Eine Kundenkarte ist ein Identifikationsbeleg, i.d.R. in der Form einer normierten Plastikkarte, den ein Unternehmen oder eine Unternehmensgruppe unter eigenem Namen an Kunden ausgibt. Die Kundenkarte ist demnach – im Gegensatz zur → Kreditkarte – grundsätzlich nur beschränkt einsetzbar, d.h. sie kommt nur bei Transaktionen zwischen einem Kunden und dem emittierenden Unternehmen zum Einsatz. Die jüngsten Entwicklungen im Bereich der Rabattkarten zeigen allerdings, dass Kundenkarten nicht mehr unbedingt nur beim Emittenten zum Einsatz kommen. Mit der Payback-Karte wird beispielsweise eine Rabattkarte angeboten, die universell eingesetzt werden kann.

Als ein Instrument des → Beziehungsmarketing und des → Database-Marketing werden die Kundenkarten von Unternehmen zur Erreichung folgender *Ziele* eingesetzt:
- Verstärkung der Kundenbindung,
- Neukundengewinnung,
- Erzielung von Mehrumsätzen,
- Erhöhung des Filialtraffic,
- Erzielung von Image- und Bekanntheitseffekten
- wettbewerbliche Differenzierung
- Erhebung von Kundendaten (v.a. soziodemographische Daten und Daten zum Kaufverhalten; s.a. → Datenerfassungssysteme)

Ob diese Ziele mit Hilfe einer Kundenkarte erreicht werden können, hängt allerdings von der Akzeptanz des Kunden ab, der von einer Kundenkarte profitieren muss, damit er diese verwendet. Um ihren Kunden einen entsprechenden Nutzen zu bereiten, werden Kundenkarten mit den unterschiedlichsten Funktionen ausgestattet. Ohne Anspruch auf Überschneidungsfreiheit können bei der Vielzahl von Kundenkarten, die derzeit eingesetzt werden, vier wesentliche *Funktionstypen* beschrieben werden *(Abb. 2):*

1. Kredit- und Zahlungsfunktionen (z.B. bargeldloser Zahlungsverkehr, monatliche Summenrechnung, Ratenzahlung, günstige Zinsen auf Kartenkonto etc.)
2. Rabatt- und Bonuspunkte-Programme
3. Praktische Serviceleistungen (z.B. Ansicht der Ware zu Hause, Lieferservice, Service Telefon etc.)
4. Sachgeschenke (Treuegeschenk, Willkommensüberraschung, Geburtstagsüberraschung etc.)

Eine wichtige Entscheidung bei der Kundenkartenemission ist ferner, ob die Karte gebührenpflichtig sein oder dem Kunden kostenlos zur Verfügung gestellt werden sollte. Dass die Erhebung von Gebühren sinnvoll sein kann, deutet eine Studie aus Frankreich an *(Abb. 1).* Dort war der Anteil der Karten, die nach einer bestimmten Zeit nicht mehr benützt wurden, dann am höchsten, wenn die Kundenkarte kostenlos erhältlich war. Wesentlich geringer fiel dieser Anteil aus, wenn die Kundenkarte gebührenpflichtig und an eine Mitgliedschaft im Kundenclub gekoppelt war. Eine Gebühr nimmt möglicherweise also eine Selektion der Kunden vor.

Schließlich spielt die Frage, wie vielen Kunden eine Kundenkarte angeboten werden soll, auch vom Standpunkt der Kosten eine Rolle. Zunächst sind drei *Kostenkategorien* eines Kundenkartensystems zu unterscheiden:

1. *Variablen operativen Kosten,* die etwa entstehen für Einrichtung und Prüfung von Konten und Kreditrahmen, Prüfung und Verarbeitung von Transaktionen, Erstellung und Versand von Abrechnungen etc.
2. *Einmalige Infrastrukturkosten,* wie sie für technische Infrastruktur in der Zentrale und an den Akzeptanzstellen, Kom-

Abb. 1

Prozent-Anteil der Karten, die nach 1, 2, 3 Jahren **nicht** mehr genutzt werden

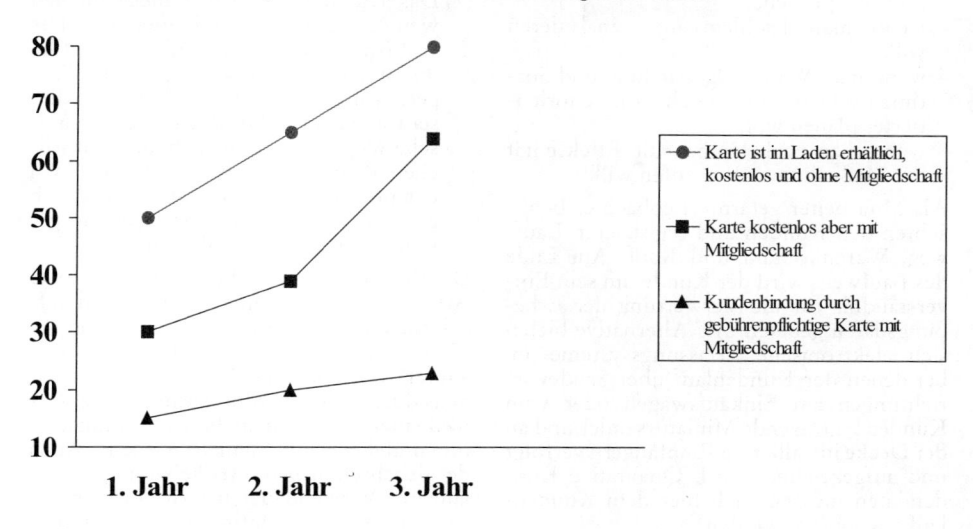

- ● Karte ist im Laden erhältlich, kostenlos und ohne Mitgliedschaft
- ■ Karte kostenlos aber mit Mitgliedschaft
- ▲ Kundenbindung durch gebührenpflichtige Karte mit Mitgliedschaft

Quelle: Caisse Nationale / Points de Vente   LP*international*

munikationseinrichtungen, Arbeitsplatzkosten etc. anfallen.

3. *Laufende Infrastrukturkosten*, beispielsweise für Software-Lizenzen und Software-Anpassung.

Bei der Kostenbetrachtung ist es also wichtig, zwar möglichst viele Kunden mit Kundenkarten auszustatten, aber dennoch sollten die Karteninhaber der favorisierten Zielgruppe des Unternehmen angehören.

Literatur: *Calabretti, T.:* Kundenbindung im Handel durch Kundenkarten, in: *Bruhn, M.; Homburg, C.* (Hrsg.): Handbuch Kundenbindungsmanagement, 2. Aufl., Wiesbaden 1999, S. 589-605.

Kundenkompetenz → Konsumkompetenz

Kundenlaufstudie

Die Kundenlaufstudie ist eine Methode der → Marktforschung im Handel zur biotischen Beobachtung des Kundenverhaltens im Laden mit dem Ziel, die Verkaufsflächenproduktivität zu optimieren (→ Handelsmarketing, → Ladengestaltung).

Eine Kundenlaufstudie wird durchgeführt,

Abb. 2: Karten-Profile

Unternehmen	Zahl der Karten-Inhaber	Gebühren	Technologie	Funktion	Programm der Kundenbindung
Leclerc	4,5 Mio.	kostenlos	Karte mit Strichkode	Sammeln von Punkten	Punkte sammeln auf sämtliche Einkäufe und Produkte
Carrefour-Pass	2 Mio.	40 FF	Chip-Karte	als Kreditkarte	Geschenk-Punkte sammeln, reservierte Sonderangebote nur für Kartenbesitzer
Auchan-Accord	1,4 Mio.	40 FF	Chip-Karte	als Kreditkarte	Geschenk-Punkte sammeln, reservierte Sonderangebote
Géant-Cofinoga	0,5 Mio.	40 FF	Chip-Karte	als Kreditkarte	Firmen-übergreifende Karte (innerhalb der Cofinoga-Gruppe), Geschenk-Punkte sammeln, reservierte Sonderangebote

(Quelle: Points de Vente**Lp***international*)

Kundenlaufstudie

- wenn man wissen will, wie Kunden das Sortiment und das Raumkonzept erleben und akzeptieren,
- wenn man Problemzonen analysieren will,
- wenn man Warenträgerstellung und Sortimentsplatzierung noch kundenorientierter planen will,
- wenn man nach Umbau die Effektivität der Maßnahmen überprüfen will.

Als Mitarbeiter getarnte Beobachter beobachten den Kunden und registrieren Laufweg, Warenkontakt und Kauf. Am Ende des Laufwegs wird der Kunde um sein Einverständnis für die Verwertung der Erhebungsdaten gebeten. Als Alternative bieten sich elektronische Erfassungssysteme an, bei denen der Kundenlauf über Sendevorrichtungen am Einkaufswagen oder vom Kunden zu tragende Miniatursender an der Decke installierten Empfängern verfolgt und aufgezeichnet wird. Qualitative Kundendaten müssen auch hier dem Kundenlauf zugeordnet werden.

Die wichtigsten Erkenntnisse aus bisher durchgeführten Kundenlaufstudien sind:

(1) Über 80 % der Kunden laufen spontan nach rechts („*Rechtslauf*"). Folgt die Wegeführung nicht dem angeborenen und angelernten Rechtslauftrend, sucht sich ein Teil der Kunden eigene Wege. Zwischen 20 bis 30 % des Warenangebots bleibt dadurch „unbegangen" und v.a. ungekauft.

(2) Eine Rechte-Winkel-Optik führt zu „Rennstrecken" im Laden, auf denen sich die Mehrzahl der Kunden bewegt. Die Laufgeschwindigkeit auf diesen Strecken ist überdurchschnittlich.

(3) Abzweigende Gänge werden nur teilweise genutzt, wenn sich der Kunde gegen die Laufrichtung drehen muss.

(4) Laufhindernisse und Laufbarrieren, z.B. zugestellte Gondelköpfe oder ungünstig platzierte Sonderangebote, halten den Kunden ab, Wege zu benutzen und damit Warengruppen kennenzulernen.

(5) Warteschlangen vor Bedienungstheken führen dazu, dass Kundenlaufströme gegeneinander laufen, ja regelrechte Wirbel bilden.

(6) Unübersichtliche Wegeführung und unklare Warenpräsentation können sich auf das Wohlbefinden des Kunden auswirken und dadurch Laufgeschwindigkeit, Aufenthaltsdauer und Einkaufsumfang negativ beeinflussen (Stressreaktionen, erhöhter Puls, Beklemmungsgefühle).

(7) Das Ladeninnere gehört meist zu den weniger frequentierten Raumzonen. Die Auflösung der „Rechte-Winkel-Optik" durch eine dynamisch-organische Wegeführung führt meist zur Belebung dieser toten Zonen. Die dynamisch-organische Wegeführung versucht dem natürlichen Bewegungsbedürfnis des Kunden entsprechend den Verkaufsraum durch zirkuläre, gegen den Uhrzeigersinn gerichtete Wege zu erschließen.

Durch Kundenlaufstudien kann man zwei Arten von Käufern unterscheiden und aufzeigen, was „*Bummelkäufer*" lockt und wo „*Rennkäufer*" zugreifen. Der „Bummelkäufer" honoriert die Attraktivität des Ladens durch eine überdurchschnittliche Verweildauer sowie einen höheren Einkaufsbon und den Kauf von mehr Artikeln. Auch der durchschnittliche Artikelwert steigt bei längerer Verweildauer bis zu einem branchenspezifischen Optimum. Der „Rennkäufer" dagegen wickelt seinen Einkauf in erstaunlicher Geschwindigkeit ab. Jede Behinderung lässt seinen Einkaufsbon kleiner werden.

Der Vergleich der Zahl der Warenkontakte (Kunde fasst Ware an) mit der Zahl der Käufe lässt Rückschlüsse auf die Platzierung, Präsentation und die Richtigkeit der Ware zu. Warenkontakte ohne Kauf zeigen bspw., dass sich der Kunde mit der Ware beschäftigt. Gründe dafür können sein:

- die Ware ist interessant,
- die Wareninformation ist so schlecht zu lesen, dass der Kunde die Ware in die Hand nehmen muss,
- die Ware ist auf den ersten Blick attraktiv, hält aber im Preis nicht, was sie versprochen hat.

An kritischen Punkten im Laden vertiefen deshalb Videoanalysen des konkreten Kundenverhaltens die Kundenlaufstudie. Die Ergebnisse von Kundenlaufstudien werden zudem häufig mit qualitativen Befragungen und Analysen des Warenkorbs (Bonanalysen) verknüpft.

Im Internet erfolgen Kundenlaufstudien in Form sog. → Clickstream-Analysen.

N.W.

Literatur: *Fischer, M.H.*: Die Orientierung im Raume bei Wirbeltieren und beim Menschen, Handbuch der normalen und pathologischen Psychologie, Band 15/2 (1931). *Grüsser, O.J.*: Multimodal structure of the extrapersonal space, in: *A. Hein; M. Jeanneroad:* Spatially oriented behaviour, Berlin, Heidelberg, 1985. *Predtetschenski, W.; Milinski:* Personenströme in Gebäuden, Köln 1971.

Kundenlebenszyklus

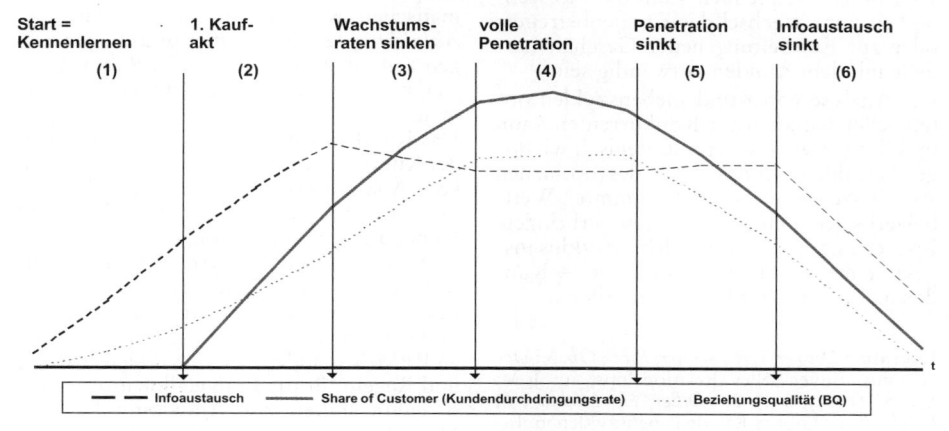

dem Produktlebenszyklus (→ Lebenszyklus, Produktlebenszyklus) angelehntes idealtypisches Modell der Dynamik einer → Geschäftsbeziehung (GB) über die Zeit, das der Unterstützung des → Beziehungsmarketing dient. Die Beziehungsdynamik wird an bestimmten Beziehungsmerkmalen gemessen, wobei sich Umsatz und Absatz wegen der Überlagerung beziehungsexogener Faktoren (Konjunktur, Produkttechnik etc.) weniger eignen als Maßstäbe der → Kundenbindung, z.B. die → Kundendurchdringungsrate (KDR), die Wiederkaufabsicht oder die → Kundenzufriedenheit.

Der dem Produktlebenszyklus angelehnte S-förmige Verlauf (vgl. *Abb.*) lässt sich aus der Theorie der → Geschäftsbeziehungen und des Beziehungsmarketing heraus begründen: Die anfängliche Unkenntnis des Anbieters seitens des Kunden lässt je nach → Kaufrisiko zunächst eine mehr oder minder lange *Vor-Beziehungsphase* (ohne Geschäftsabschlüsse) und ein vorsichtiges Kaufverhalten in der darauf folgenden *Startphase* angebracht erscheinen. Bewährt sich der Anbieter und entsteht Kundenzufriedenheit, kann die Geschäftsbeziehung allerdings intensiviert werden. Dabei entstehen im Laufe der Zeit vor allem wegen spezifischer Investitionen (sunk costs) und wachsender Opportunitätskosten eines Anbieterwechsels bzw. → Quasirenten der GB Bindungskräfte (lock-in-Effekt), was die stetige Aufwärtsentwicklung der GB bis in die *Penetrationsphase* fördert, die mit dem Rückgang der Zuwachsraten eintritt. Dort werden erste Sättigungseffekte wirksam, die sich erst aus dem beschränkten Bedarf des Kunden und dessen Neigung, sich nicht gänzlich von einem einzigen Anbieter abhängig zu machen, ergeben. In der *Reifephase* sind die Wachstumspotentiale ausgeschöpft, das Geschäft bewegt sich mehr oder minder lang auf einem bestimmten Niveau. Eine Erosion der Beziehung und damit die *Krisenphase* des Kundenlebenszyklus können schließlich z.B. durch das Aufkommen von Substitutionsanbietern mit überlegener Technik oder anderen Wettbewerbsvorteilen, Erschöpfung bestimmter kreativer Potentiale des Anbieters (z.B. in Beratungsmärkten) oder steigender Lust des Kunden nach Abwechslung (→ variety seeking) bedingt sein. Gelingt keine Revitalisierung der Beziehung, etwa durch neue personelle Zuständigkeiten oder Geschäftskonzepte, kommt es zur *Trennungsphase* und zum Ende der GB.

Eine *empirische Überprüfung* des Kundenlebenszyklus-Modells ist mangels einschlägiger Daten schwierig und deshalb bisher

Kundenlebenszyklus

Start = Kennenlernen	1. Kaufakt	Wachstumsraten sinken	volle Penetration	Penetration sinkt	Infoaustausch sinkt
(1)	(2)	(3)	(4)	(5)	(6)

--- Infoaustausch ——— Share of Customer (Kundendurchdringungsrate) ······ Beziehungsqualität (BQ)

(1) Vor-Beziehungsphase (keine Geschäfte, nur Info-Austausch)
(2) Startphase
(3) Penetrationsphase
(4) Reifephase
(5) Krisenphase
(6) Trennungs-/Revitalisierungsphase

Kundenmanagement

meist nur am Umsatz- oder Absatzverlauf gemessen worden. In einer Studie von *Diller et al.* (1992) kamen z.B. 26% der 316 untersuchten Kundenbeziehungen eines Industriegüterherstellers dem idealtypischen Zyklusverlauf nahe und weitere 35% bestanden den formalen Test auf logistischen Funktionsverlauf. Nur 17% der Beziehungen wiesen völlig atypische Verläufe auf.
Der Nutzen des Kundenlebenszyklus-Modells liegt erstens in seiner diagnostischen Kraft bei der dynamischen Analyse der → Beziehungsqualität, insb. bei Aggregation über wichtige Kunden(gruppen) hinweg, aber zweitens auch in seinem heuristischen Potential für die Ausgestaltung des → Beziehungsmarketing, das an die spezifischen Merkmale der einzelnen Beziehungsphasen angepasst werden kann. So kommt es in den frühen Phasen besonders auf die umfassende Information des Kunden und den Abbau bzw. die Vermeidung von Misstrauen an. In der Startphase sind überzeugende und auf den Kunden zugeschnittene Leistungen die entscheidenden Zufriedenheits- und damit Beziehungstreiber. Attraktive Angebote zur engeren Zusammenarbeit und Integration (→ Customer Integration) entfalten zusätzliche Bindungskräfte. In der Penetrationsphase kann → Cross Selling zusätzliche Potenziale erschließen. Langfristige Verträge mögen die GB auch rechtlich absichern. In der Reifephase gilt es, die GB vital und für beide Seiten interessant zu halten, z.B. durch gemeinsame strategische Aktivitäten, Weiterbildungsmaßnahmen o.Ä.. In der Krisenphase schließlich kann die Notwendigkeit zum Wechsel des Kundenbetreuers oder zur Erarbeitung neuer Geschäftsmodelle mit dem Kunden notwendig sein.
Die Analyse von Kundenlebenszyklen potenzieller Kunden mit Konkurrenten kann im Übrigen wettbewerbsstrategisch wichtige Aufschlüsse hinsichtlich des optimalen Angriffszeitpunktes auf bestimmter Wettbewerbs-Kunden-Beziehungen erbringen. Insofern stellt der Kundenlebenszyklus insgesamt ein wichtiges Modell der → Kundenanalyse und der Kundenpolitik dar.

H.D.

Literatur: *Dwyer, F.R.; Schurr, P.H.; Oh, S.:* Developing Buyer-Seller Relationships, in: JoM, Vol. 51 (1987), S. 11–27. *Diller, H.; Lücking, J.; Prechtel, W.:* Gibt es Kundenlebenszyklen im Investitionsgütergeschäft? Arbeitspapier Nr. 12 des Lehrstuhls für Marketing an der Universität Erlangen-Nürnberg, Nürnberg 1992. *Press, B.:* Kaufverhalten in Geschäftsbeziehungen, in: *Kleinaltenkamp, M.; Plinke, W.* (Hrsg.): Geschäftsbeziehungsmanagement, Berlin u.a. 1996, S. 63–110. *Werp, R.:* Aufbau von Geschäftsbeziehungen, Wiesbaden 1998.

Kundenmanagement

umfasst die systematische Analyse, Planung und Steuerung von Kundenbeziehungen. Insofern ist dieser Begriff eng verwandt mit dem des → Beziehungsmanagements, beschränkt sich dabei aber nicht auf Business-to-Business-Beziehungen. Zentrales Ziel des Kundenmanagements ist die Maximierung des Kundenlebenszeitwerts (→ Kundenwert). Das Kundenmanagement erstreckt sich dabei auf den gesamten Prozess des → Kundenlebenszyklus, also die Kundenselektion und –akquisition, den Ausbau und die Pflege der Geschäftsbeziehung sowie ggf. deren Beendigung.
Im Rahmen der ersten Stufe der Kundenauswahl und –gewinnung sind potentielle Kunden mit Hilfe von Verfahren der → Kundenanalyse dahingehend zu bewerten, ob ein positiver Kundenlebenszeitwert zu erwarten ist. Zu dieser ersten Stufe zählen auch Maßnahmen der Rückgewinnung von Kunden, die zwischenzeitlich an Wettbewerber verloren gingen. Die Phase der Pflege und des Ausbaus der Geschäftsbeziehung umfasst neben Maßnahmen der → Kundenbindung auch das Cross-Selling und die Nutzung des Referenzpotentials von Kunden. Maßnahmen des De-Marketing, also der geplanten und möglichst friktionslosen Beendigung von Kundenbeziehungen, stellen die letzte Stufe eines systematischen Kundenmanagements dar. Die *Abbildung* fasst die Stufen und die jeweiligen zentralen Maßnahmen im Rahmen des Verlaufs von Kundenbeziehungen zusammen.
Das Kundenmanagement kann im Rahmen der Kunden*analyse* auf ein breites Spektrum von Analyseverfahren zurückgreifen, wie → ABC-Analyse, → Kundenerfolgs- und Kundenlebenszeitrechnungen sowie → Kundenverlust-Analysen. Davon zu unterscheiden ist die Kunden*planung*, die insbesondere Ansätze der Kundenbewertung umfasst (wie → Kundenportfolios, die → RFM-Methode, das → Kunden-Scoring und Regeln für die Budgetallokation). Entscheidungshilfen zur Allokation knapper Mittel liegen in ersten Ansätzen für das Problem der Ressourcenverteilung auf Neu- versus Stammkunden vor (*Blattberg/ Deighton* und *Krafft*) und für die Frage, in

Stufen der Kundenbeziehung — Zentrale Maßnahmen

- Auswahl und Akquisition
  - Kundenanalyse
  - Neukundenakquisition
  - Kundenrückgewinnung
- Pflege und Ausbau
  - Kundenbindung
  - Cross-Selling
  - Referenzpotenzial ausschöpfen
- Beendigung
  - De-Marketing

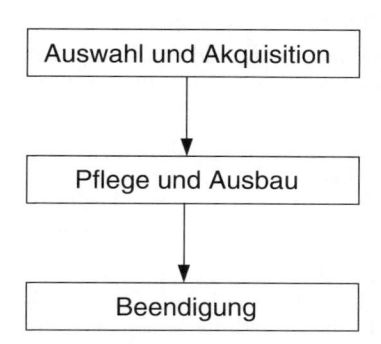

welchem Umfang Mittel auf die Stufen der Kundenbeziehung zu verteilen sind. Im Rahmen der Kunden*steuerung* ist zu überlegen, ob ein → Key-Account- oder Kundengruppenmanagement sinnvoll ist und wie Informationen des Marketing-Controlling und des Marketing-Audit genutzt werden können, um Soll-Ist-Vergleiche und Effizienzkontrollen durchzuführen. M.Kr.

Literatur: Blattberg, R.C.; Deighton, J.: Manage Marketing by the Customer Equity Test, in: Harvard Business Review, 74. Jg. (1996), July/August, S. 136-144. *Krafft, M.:* Kundenbindung und Kundenwert, Habilitationsschrift, Christian-Albrechts-Universität zu Kiel, 1999. *Krafft, M.:* Der Kunde im Fokus. Kundennähe, Kundenzufriedenheit, Kundenbindung – und Kundenwert?, in: Die Betriebswirtschaft, 59. Jg. (1999), S. 511-530.

Kundenmonitor → Kundenbarometer

Kundennähe
Unter Kundennähe versteht man die vollständige Ausrichtung aller Abteilungen eines Unternehmens auf die Erfüllung von Kundenwünschen. Insofern bestehen nachhaltige Überschneidungen mit Konstrukten wie *Markt-* und → *Kundenorientierung* (*Kohli/Jaworski*, 1990).
Populär wurde Kundennähe durch den Bestseller „In Search of Excellence" von *Peters/Waterman*, in dem diese Strategie als ein Element der Unternehmenspolitik besonders erfolgreicher Unternehmen dargestellt wurde. *Peters/Waterman* vertreten die Ansicht, dass Kundenbeziehungen nicht mit dem Abschluss des Kaufvertrages uninteressant werden, sondern die wichtigsten Wettbewerbsvorteile im → Nachkaufmarketing zu erzielen sind. Damit sind insb. → Kundenschulungen, ein schneller und erstklassiger Kundendienst sowie die Behandlung von Beschwerden zur Zufriedenheit der Kunden (→ Beschwerdepolitik) gemeint. Wichtig ist auch das unbedingte Einhalten von Versprechen ohne Rücksicht auf die anfallenden Kosten. *Peters/Waterman* unterstellen, dass Kunden immer hohe Qualitätsstandards bevorzugen. Deshalb sollte ein Unternehmen darauf hinarbeiten, dass unter keinen Umständen ein Kunde mit einem minderwertigen oder unzuverlässigen Produkt bedient wird (→ Qualitätsmanagement). Am besten sollte man alle Produktversprechen mit entsprechenden Garantien unterstützen.
Im Allgemeinen ist eine solche Strategie nur in Segmenten möglich, für die man → Wettbewerbsvorteile besitzt. Erfolgreich wird man damit, weil Individuallösungen als Produktangebote die Wettbewerbsintensität verringern und somit vergleichsweise hohe Deckungsbeiträge zulassen. Wettbewerbsvorteile werden aber nur dann erzielt, wenn das ganze Unternehmen Service, Qualität und Zuverlässigkeit mit wahrer Besessenheit erbringt. Das muss einhergehen mit der Beachtung von Kundenwünschen. Kundenbeschwerden sollten dementsprechend nicht als lästig, sondern als Chance begriffen werden, Schwachstellen zu erkennen und Verbesserungsvorschläge entgegenzunehmen. In vielen Branchen entwickeln Kunden für ihre Lieferanten Produktkonzepte, die das Unternehmen nur aufzunehmen braucht, was entsprechende Sensibilität gegenüber Kunden und auch or-

Kundennähe

ganisierte Informationswege voraussetzt (→ Lead User, → Kundenclub). Im Extrem führt dies zu Beziehungen, die vom Kunden gesteuert werden (→ Kundenmanagement).

Albers/Eggert kritisieren die Popularisierung von Kundennähe als Strategie, da sie keineswegs neu sei, sondern lediglich altbekannte Marketing-Elemente neu bündele, und im Übrigen auch nicht den Erfolg garantiere. Immer wenn die Kunden einen niedrigen Preis attraktiver als hochwertige Qualität einschätzen, können → Discounter mit einer → Niedrigpreisstrategie dominieren. Kundennähe kann auch nicht darin bestehen, dass man eine sehr eng definierte Nische mit einer individuellen Lösung bedient. Die Schwierigkeit besteht vielmehr darin, unter gleichzeitiger Beachtung der Unternehmensziele eine möglichst große Anzahl von Kunden langfristig zufrieden zu stellen, obwohl diese heterogene und sich im Verlaufe der Zeit ändernde Wünsche besitzen.

Heterogene Produktwünsche der Kunden werden am besten durch eine differenzierte Marktbearbeitung erfüllt (→ Marktsegmentierung), die im Extrem zum „Segment of One" führt, also zu maßgeschneiderten Lösungen für einzelne Kunden. Verfügt ein Unternehmen nicht über ein ausreichend differenziertes Produktprogramm, so kann es trotzdem Kundennähe zeigen, wenn es durch eine Strategie der Flexibilität gegenüber Kundenwünschen dazu in der Lage ist, sein Produktprogramm kurzfristig an individuell gegebene Kundenbedürfnisse anzupassen (Sonderwünsche bzw. Umrüstungen; → Individualisierung). Schließlich kann man ein Unternehmen bei sich wandelnden Bedürfnissen nur dann als kundennah bezeichnen, wenn es auf den Wandel schnell und umfassend mit neuen Produkten reagiert. Dazu braucht man organisatorisch eine ausreichende Reagibilität. Ist der Wandel nicht genügend lange im Voraus prognostizierbar, so kann Kundennähe auch nur mit einer Strategie der Flexibilität erreicht werden.

Eine differenzierte Marktbearbeitung wird mit Hilfe einer Differenzierung der Produkt- und Informationspolitik realisiert. Dazu gehören:

(1) das Anbieten von Produkten als Komponenten, die der Kunde sich selbst zusammenstellen kann (PCs von DELL, vgl. www.dell.com; Produktbaukasten),

(2) das Bewusstmachen von Qualitätsunterschieden,

(3) das Anbieten eines großen Leistungsspektrums und

(4) ein differenzierter Kundendienst.

Damit sind heute aufgrund von Computer-Unterstützung, insb. sofern ein modernes Supply Chain Managements vorliegt, kaum nennenswerte Mehrkosten verbunden. Im Rahmen der Informationspolitik bieten sich die Möglichkeiten des → Direktmarketing an. Neue Medien wie das Internet begünstigen eine interaktive und vermehrt kundeninitiierte Kommunikation.

Kundennähe durch → Flexibilität wird vorwiegend durch kurze Lieferzeiten, schnellen Kundendienst und die Möglichkeit der Erfüllung von Sonderwünschen hergestellt. Konzepte wie Just-In-Time (→ Sourcing-Konzepte), Computer Integrated Manufacturing, Lean Management, → Electronic Data Interchange (EDI) oder Efficient Customer Response (ECR) erweisen sich dabei als potentiell hilfreich. Kann man die zukünftige Entwicklung der Kundenwünsche nicht abschätzen, so hilft u.U. Schubladen-FuE, um für jede denkbare Nachfragekonstellation gerüstet zu sein.

Reagibilität gegenüber sich wandelnden Kundenwünschen erfordert neben klassischer Marktforschung auch den Einsatz unkonventioneller Informationsinstrumente. Eine Analyse von Beschwerden kann z.B. Anhaltspunkte für Schwachstellen von Produkteigenschaften geben. Eine → Kundenverlust-Analyse gibt Hinweise darauf, warum das eingesetzte Marketing-Mix nicht effektiv war. Eine gute Schnittstellen-Organisation zwischen Verkaufsaußendienst, Kundendienst und Forschung & Entwicklung (→ FuE-Organisation) sowie gezielte Kundenkontakte aller Mitarbeiter eines Unternehmens mit Kunden können dazu beitragen, dass Kundenwünsche direkt aufgenommen werden und in Produktentwicklungen umgesetzt werden (→ Verkaufsorganisation). Solche Informationen können auch institutionalisiert über → Kundenclubs und Kundenbindungsprogramme gewonnen werden. Schließlich kann ein Unternehmen durch engen Kontakt zu und Entwicklung von zukunftsorientierten Produkten für → Lead User dafür sorgen, dass es immer rechtzeitig über geeignete Produkte für den allgemeinen Markt verfügt. Ausgehend von Überlegungen der Transaktionskostenanalyse und dem Gutenbergschen Begriff des „akquisitorischen Potentials" hat *Homburg* versucht, Kundennähe als Konstrukt zu operationalisieren und zu messen, um die Effekte auf den Unternehmenserfolg untersuchen zu können. Danach ergaben sich zwei zentrale Dimensionen und sieben Sub-Faktoren: *Kundennähe des Leistungsangebots* (Produkt- und Dienstleistungsqualität, Qualität der kundenbezogenen Prozesse, Flexibilität im Umgang mit Kunden und Qualität der Beratung durch Verkäufer) sowie *Kundennähe des Interaktionsverhaltens* (Offenheit im Informationsverhalten gegenüber Kunden, Offenheit gegenüber Anregungen von Kundenseite, Kundenkontakte von nicht im Verkauf tätigem Personal, Qualität der Beratung durch Verkäufer), die sehr stark mit den Überlegungen von *Albers/Eggert* übereinstimmen. *Homburg* kann zeigen, dass die derart gemessene Kundennähe mit einer besseren Durchdringung der Geschäftsbeziehung und einer effizienteren Kosten-Allokation einhergeht.

Während Kundennähe zeitweilig als Selbstzweck angesehen und von Unternehmen mit Nachdruck verfolgt wurde („König Kunde"), wird diese Strategie vermehrt nur als Vorstufe von Kundenzufriedenheit, -loyalität und -bindung aufgefasst (*Krafft* 1999). Als Unternehmenspolitik wird Kundennähe zunehmend von einer systematischen Analyse, Planung und Steuerung individueller Kundenbeziehungen im Rahmen des → Kundenmanagements abgelöst.

S.A./M.Kr.

Literatur: *Albers, S.; Eggert, K.:* Kundennähe – Strategie oder Schlagwort, in: Marketing – ZFP, 10. Jg. (1988), S. 5-16. *Homburg, C.:* Kundennähe von Industriegüterunternehmen. Konzeption – Erfolgsauswirkungen – Determinanten, 2. Aufl., Wiesbaden 1998. *Kohli, A.; Jaworski, B.:* Market Orientation: The Construct, Research, Propositions, and Managerial Implications, in: Journal of Marketing, Vol. 54 (1990), April, S. 1–18. *Krafft, M.:* Der Kunde im Fokus: Kundennähe, Kundenzufriedenheit, Kundenbindung – und Kundenwert?, in: Die Betriebswirtschaft, 59. Jg. (1999), S. 511–530. *Peters, Th.J.; Waterman, R.H.:* In Search of Excellence, Lessons from America's Best-Run Companies, New York et al. 1982.

Kundennutzenkonzept, preisstrategisches

neben dem preisstrategischen Zielkonzept und dem preisstrategischen Wettbewerbs-Konzept das dritte, direkt auf die Kunden zielende Element von → Preisstrategien, welches als ganzheitlicher Entwurf zur Lösung von kundenseitigen Preisproblemen ein möglichst einzigartiges Preisversprechen (→ Unique Price Proposition (UPP)) definiert, das im Wettbewerb profilieren und letztlich → Kundenbindung erzielen kann. Um einen in sich schlüssigen und strategisch schlagkräftigen Marktauftritt zu erreichen, gilt es, das preisstrategische Kundennutzenkonzept auf die unternehmensseitig angestrebten → Marketingziele, insbesondere auf das preisstrategische Zielkonzept, auszurichten sowie – gemäß dem → strategischen Dreieck – an den entsprechenden Konzepten der Konkurrenz zu messen, da auch die Kunden die (Preis)Leistung eines Unternehmens an den Wettbewerbern relativieren. Insofern sind das preisstrategische Kundennutzen- und Wettbewerbs-Konzept eng aufeinander abzustimmen.

Die vielfältigen Gestaltungsmöglichkeiten des → Preis-Mix lassen für Kundennutzenkonzepte einen sehr großen Spielraum. Als Folge gleicht in der Praxis kaum ein Preisauftritt exakt dem anderen, zumal selbst konsequente Imitatoren auf Grund ihrer individuellen Leistungspotentiale stets nicht alle Konzeptbestandteile des Innovators identisch erbringen können. Dennoch lassen sich speziell fünf (branchenübergreifende) Konzepttypen unterscheiden (*Diller*, 2000, S. 384 ff.):

(1) *Niedrigpreis-Konzepte* sind von besonders niedrigen Preisen geprägt (→ Discounting; → Niedrigpreisstrategie; → Preisführerschaft).

(2) *Schnäppchen-Konzepte* versprechen als UPP dagegen besondere Preisgelegenheiten, d.h. Preise, die „normalerweise" nicht gelten. Sie richten sich an den besonders preisinteressierten, aber auch qualitätsbewussten Kundentyp des „Optimierers", der Preisstolz (→ Preiserlebnis) empfindet, wenn er → Sonderangebote und andere, besonders clevere und günstige → Preisaktionen (z.B. Graumarkt-Angebote, Beziehungskäufe, Räumungsverkäufe etc.) wahrnimmt.

(3) Im Rahmen von *Fairness-Konzepten* (→ Preisfairness) bietet ein Unternehmen als UPP ein marktgerechtes Preis-Leistungsverhältnis, ein ehrliches und konsistentes Preisgebaren, es respektiert die Rechte des Kunden und erbringt seine Leistungen zuverlässig und ggf. auch kulant (→ Preisehrlichkeit). Die Problemlösung

Kundenorientierung

solcher Konzepte beim Kunden besteht in → Preistransparenz, Preissicherheit und Preiszuverlässigkeit sowie einem partnerschaftlichen Verhalten des Anbieters, wodurch den Kunden – als Folge des entstehenden → Preisvertrauens – keine Such- und Absicherungskosten vor dem Kauf entstehen. Insofern enthält das Fairness-Konzept auch einen Komfort-Aspekt (→ Lean consumption).

(4) *Value-Konzepte* betonen das Preis-Leistungsverhältnis, also die Preiswürdigkeit des Angebotes, wobei insbesondere die Leistungskomponente zur Differenzierung vom Wettbewerb dient (→ Differenzierungsstrategie). Mit solchen Konzepten will man dem Kunden möglichst viel Gegenwert (z.B. hohe Qualität, → begleitende Dienste („added values") etc.) für den zu entrichtenden Preis, also einen überlegenen Nettokundennutzen bieten. Das Preis-Mix beim Value-Konzept wird folgerichtig von den Leistungskomponenten geprägt, welchen die preispolitischen Instrumente dann entsprechend folgen.

(5) Schließlich offerieren *Premium-Konzepte* den Kunden als UPP eine über das übliche Qualitätsniveau auch angesehener Marken hinausgehende, überragende Leistung, sei es in technischer, geschmacklicher, ästhetischer, modischer, prestigemäßiger oder anderer Hinsicht, für die ein Preis zu bezahlen ist, der oft sogar (deutlich) über das Äquivalent für die funktionale Überlegenheit hinausgeht (→ Preis-Qualitäts-Strategie). Insofern könnte man Premium-Konzepte auch als Hochpreis-Variante von Value-Konzepten betrachten. Die Besonderheit liegt dabei darin, dass der hohe Preis mehr oder minder selbst zum Nutzenmerkmal wird, weil er den Käufer solcher Produkte von der Masse der Käufer abhebt, so dass sich Kunden mit Premium-Konzepten die Chance bietet, sich selbst oder andere zu verwöhnen oder zu bestätigen, Prestige zu gewinnen, seiner Konsumfreude oder seinem Konsum-Purismus (z.B. hinsichtlich Ästhetik oder Geschmack) Ausdruck zu geben oder im Überfluss vorhandenes Geld (mit niedrigem Grenznutzen) durch Raritäten (mit höherem Grenznutzen) einzutauschen.

Entscheidend für den Erfolg eines Kundennutzenkonzepts ist zunächst die Kommunizierbarkeit dieses Nutzens und der geschickte Einsatz der → Kommunikationspolitik durch den Anbieter. Ein weiteres Merkmal erfolgreicher Kundennutzenkonzepte ist deren Originalität, die wiederum eine gewisse → Kreativität des Unternehmens voraussetzt. Je innovativer und unnachahmlicher ein Preiskonzept ausfällt, desto mehr → Aufmerksamkeit und Identifikationspotential erzeugt es nämlich, und umso leichter fällt die Imageprofilierung. Da jedoch auch ein einmal aufgebautes günstiges → Preisimage erodieren bzw. von anderen Anbietern übertroffen werden kann, ist eine ständige Analyse und Kontrolle der Wertvorstellungen und Preisprobleme der Kunden sowie der preispolitischen Aktivitäten der Konkurrenz im Rahmen eines entsprechend ausgestalteten strategischen → Preiscontrollings notwendig.

H.D./A.Ha.

Literatur: *Diller, H.*: Preispolitik, 3. Aufl., Stuttgart 2000.

Kundenorientierung

ist einer der zentralen Schlüsselfaktoren des → Beziehungsmarketing und damit des Unternehmenserfolges. Kundenorientierung schafft nachhaltige Wettbewerbsvorteile durch höhere Kundenbindung. Die Forderung nach Kundenorientierung fand schon in den 50er-Jahren Eingang in das Marketing. Inzwischen haben diverse Managementkonzepte den Gedanken vereinnahmt. So sind auch scheinbar technische Konzepte wie → „Quality Function Deployment" (QFD) oder auch → „Total Quality Management" (TQM) eigentlich Kundenorientierungsprogramme durch ein ganzheitliches Kunden-subjektives Qualitätsverständnis. „Business Reengineering" ist radikales Umformen von Geschäftsprozessen zur besseren Anpassung an die Bedürfnisse des Kunden. Gemeinsames Ziel dieser Anstrengungen ist die → Kundenzufriedenheit. Kundenzufriedenheit führt zu → Kundenbindung (damit zu Wiederkauf, Cross-Buying und Weiterempfehlungen) und bildet Markteintrittsbarrieren gegenüber Wettbewerbern. Da die Gewinnung neuer Kunden wesentlich teurer ist als die Pflege von Stammkunden, sind Kundenzufriedenheit und Kundenbindung unmittelbar erfolgswirksam.

→ Kundennähe wird als Schlüsselfaktor des Unternehmenserfolges bestätigt, z.B. durch eine Meta-Analyse von 40 internationalen Studien der empirischen Erfolgsfaktorenforschung. Kundenorientierte Investitionsgüter-Unternehmen erreichen durch-

schnittlich ein Umsatzwachstum von 10% (nicht kundenorientierte 6%) und eine Kapitalrentabilität von 7 % (5%). Kundenorientierte Unternehmen können bis zu 9% höhere Preise durchsetzen und bis zu 6% höhere Marktanteile erzielen.
Verschiedene Ansätze fokussieren Kundenorientierung explizit:
„Strategie Kundennähe" – Sie definiert Kundennähe aus Anbietersicht über drei Dimensionen: Differenzierung, Reagibilität und Flexibilität. Differenzierung ist die Ergänzung der Produktleistung durch zusätzliche Leistungen zwecks Abdeckung heterogener Kundenwünsche. Reagibilität beschreibt die Fähigkeit des Unternehmens, sein Leistungsangebot kontinuierlich an die sich langfristig ändernden Kundenwünsche anzupassen. Flexibilität ist die entsprechende Fähigkeit zur kurzfristigen Anpassung. Das dreidimensionale Konstrukt wird durch Koordination im Unternehmen und zum Kunden ergänzt, die die Implementierung ermöglicht. Koordinationsaspekte sind die Abstimmung von Strukturen, Prozessen und Maßnahmen.
„Closeness to the Customer" – beschränkt sich auf das Investitionsgüter-Marketing und analysiert Kundennähe aus Sicht der Kunden. Struktur, Systeme und Kultur des Unternehmens werden dafür als erfolgsrelevant angesehen. Die Dimensionen sind 1) Qualität und Flexibilität (Produkte, Dienstleistungen und Logistik), 2) Interaktionsverhalten (Kundenbeteiligung bei der Produktentwicklung, offenes Informationsangebot, Umgang mit Kundenvorschlägen, eigene Vorschläge an die Kunden), 3) Beziehungs-Commitment (Entwicklung einer stabilen Beziehung, Bereitschaft zu kurzfristigem Entgegenkommen, Vertrauen in die Beziehungs-Stabilität), 4) Atmosphäre (affektive Kundenäußerungen, Kundenvertrauen in die Geschäftsbeziehung).
Kundenorientierung ist eine Haltung, die im kundengerichteten Verhalten und Handeln des Mitarbeiters und des ganzen Unternehmens zum Ausdruck kommt. Daher liefert die → Konsumentenforschung Beschreibungen und Erklärungen des Verhaltens von Zielkunden. Sie nutzt dabei vor allem Erkenntnisse und Methoden der Psychologie und Sozialpsychologie. Die Konsumentenforschung schafft damit eine Wissensbasis für kundenorientiertes Denken. Ein der Sozialpsychologie entlehntes Konstrukt zur Einstellung auf die Zielkunden ist die → Perspektivenübernahme. V.T./M.Dr.

Literatur: *Eggert, K.:* Die Strategie Kundennähe. Komponenten, Konzept, Erfolgspotential, Diss., Lüneburg 1993. *Homburg, C.:* Closeness to the Customer, Industrial Markets, in: ZfB, 65. Jg. (1995) 3, S. 309-331. *Trommsdorff, V.:* Kundenorientierung verhaltenswissenschaftlich gesehen, in: *Bruhn, M.; Steffenhagen, H.:* Marktorientierte Unternehmensführung, Festschrift zum 60. Geburtstag von Heribert Meffert, 2. Aufl., Stuttgart 1998, S. 276-293. *Trommsdorff, V.:* Konsumentenverhalten, 3. Aufl., Stuttgart 1998.

Kundenpenetration
→ Kundendurchdringungsrate

Kundenportfolio

Ansatz der Kundenplanung innerhalb des → Kundenmanagements. Ausgehend von individuellen → Kunden-Scorings können bestehende und potentielle Kunden in Portfolios dargestellt werden. Die Bewertung der Kunden erfolgt mit Hilfe der klassischen → Portfolio-Analyse, wobei üblicherweise die Dimensionen Kundenattraktivität und Wettbewerbsposition Verwendung finden.

Beispiel eines Kundenportfolios

I: Starkkunden
II: Entwicklungskunden
III: Abschöpfungskunden
IV: Verzichtskunden

(Quelle: *Krafft/Albers*, 2000)

Die Frage, wie attraktiv Kunden für ein Unternehmen sind, kann anhand von Kriterien wie derzeitige Bedarfsvolumina, deren erwartetes Wachstum, → Preisbereitschaft, Bonität, Ertragskraft/Deckungsbeitrags-Potential, Referenzwert, allgemeine Loyalität usw. beantwortet werden. Zur Wettbewerbs- oder Lieferantenposition werden Merkmale wie der derzeitige Lieferanteil beim Kunden, die bisherige Länge der Geschäftsbeziehung, die → Kundenzufriedenheit oder der zur Zeit bei den Kunden erzielte Deckungsbeitrag gezählt. In der *Abbildung* ist ein konstruiertes Beispiel eines

Kundenproduktion

Kundenportfolios wiedergegeben. Dabei ist die Kreisfläche ein Indikator für das Umsatzpotential des Kunden, die schwarze Fläche spiegelt dagegen den derzeitigen Marktanteil beim Kunden (Lieferanteil) wider. Für jedes Portfolio-Segment lassen sich Normstrategien ableiten, wobei eine einseitige und mechanistische Anwendung dieser Strategien problematisch ist. Insbesondere werden Verbundbeziehungen zwischen Kunden (z.B. Kunden-Netzwerke) vernachlässigt. M.Kr.

Literatur: *Krafft, M.; Albers, S.:* Ansätze zur Segmentierung von Kunden – Wie geeignet sind herkömmliche Konzepte?, erscheint in: Zeitschrift für betriebswirtschaftliche Forschung, 52. Jg. (2000).

Kundenproduktion → Geschäftstypen

Kundenschulung

besitzt als Instrument der → Servicepolitik, speziell des → Nachkauf-Service, eine besondere Bedeutung im Rahmen der Nachkaufbetreuung von Kunden. Im Bereich langlebiger, technisch komplexer und erklärungsbedürftiger Konsumgüter zielt die Kundenschulung darauf ab, den Produktnutzern eine umfassende Gebrauchsfähigkeit und damit den vollen → Gebrauchsnutzen eines Produktes zu erschließen. Kunden werden in ihrer Rolle als Co-Produzenten (→ Co-Produzenten-Ansatz) ernst genommen. Kundenschulungen besitzen als freiwillige unternehmerische Instruktionsleistung einen hohen Profilierungswert und dienen im Wesentlichen der → Kundenbindung. Sie mindern das Risiko unsachgemäßer Produktanwendungen und öffnen dem Kunden zusätzliche Nutzenpotenziale in Form der komponentenweisen Addition zusätzlicher Leistungsangebote (→ Cross Selling).

Kundenschulungen dienen dem gezielten Aufbau der → Konsum-Kompetenz von Kunden (Kompetenzfunktion). Sie beugen sowohl der → Kunden(un)zufriedenheit (Zufriedenheitsfunktion) durch enttäuschte Kundenerwartungen als auch dem Anfall von Service-, Garantie- sowie Beschwerdehandhabungskosten (→ Beschwerdemanagement) vor (Präventionsfunktion). Als Instrument des Dialogs zwischen Unternehmen und Kunden (Dialogfunktion) bieten Kundenschulungen die Möglichkeit, Erfahrungen, Wünsche und Anforderungen von Kunden an das Produkt bzw. seine Anwendungsbereiche direkt zu erfassen.

Kundenschulungen können in Verbindung mit einer direkten oder indirekten Preisstellung durch die Herstellerunternehmen selbst, durch Absatzhelfer oder Absatzmittler sowie durch wirtschaftlich selbstständige Service-Unternehmen angeboten werden. Zielgruppenorientierte Kundenschulungen passen sich jeweils dem Umfang der kundenseitig vorliegenden Konsumkompetenz an und können in Form von Basis- sowie Aufbauschulungen persönlich, video- oder computerbasiert angeboten werden.
K.J.

Literatur: *Jeschke, K.:* Nachkaufmarketing. Kundenzufriedenheit und Kundenbindung auf Konsumgütermärkten, Frankfurt a.M., New York 1995.

Kunden-Scoring

Methode, um bei der Kundenplanung im Rahmen des → Kundenmanagements potentielle und Stammkunden zu beurteilen und knappe Ressourcen geeignet zu verteilen. Es handelt sich dabei um einen mehrdimensionalen Ansatz auf Ebene einzelner Kunden. Dazu wird ein Kriterienkatalog herangezogen und eine einheitliche Bewertungsskala angesetzt (z.B. von 1 Punkt = sehr schlecht bis 5 Punkte = sehr gut). Entscheidend ist, dass die wesentlichen Kriterien für eine wertorientierte Differenzierung von Kunden identifiziert werden können und in den globalen Punktwert je Kunde (Score) eingehen. Die Stärke dieses Verfahrens liegt in der Berücksichtigung zahlreicher Kriterien, die mit unterschiedlichen Gewichten in die Gesamtbewertung einfließen. Bei Betrachtung weniger Individuen ist eine Kundenbewertung auch mit Hilfe von Profilanalysen möglich, die aber eine Gleichgewichtung der Kriterien implizieren und zudem bei zunehmender Anzahl von zu bewertenden Kunden und herangezogenen Kriterien schnell unübersichtlich werden. Stattdessen sollte bei hoher Kundenzahl eine Gewichtung der Bewertungen zu einzelnen Kriterien erfolgen, um darüber zu einem Kundenwert-Index oder Kunden-Score zu gelangen. Wie *Krafft/Albers* zeigen, kann eine annähernd optimale Gewichtung der Kriterien auf der Basis von Elastizitätsüberlegungen erfolgen. Die Vorgehensweise der Scoring-Methode wird in der *Abbildung* skizziert.

Kundenbewertung mit Hilfe des Kunden-Scoring

Punkte / Kriterien	1	2	3	4	5	Gewicht	Wert
Bedarfsvolumen				X		30	120
Wachstum		X				10	20
Preisdurchsetzbarkeit			X			20	60
Kundentreue			X			5	15
Bonität		X				5	10
Lieferanteil					X	10	50
Auftragskontinuität			X			5	15
Lead-User-Funktion	X					5	5
Strategischer Partner	X					5	5
Fit mit Ressourcen				X		5	20
Summe						100	320

(Quelle: *Krafft/Albers*, 2000)

Die so genannte → RFM-Methode ist als Sonderform des Kunden-Scoring anzusehen, da nicht auf qualitative, sondern ausschließlich auf quantitative Absatzdaten zurückgegriffen wird. M.Kr.

Literatur: *Krafft, M.; Albers, S.:* Ansätze zur Segmentierung von Kunden – Wie geeignet sind herkömmliche Konzepte?, erscheint in: Zeitschrift für betriebswirtschaftliche Forschung, 52. Jg. (2000).

Kundenselbstbedienung in Banken

Die Kundenselbstbedienung in Banken als Form des → Bankvertriebs ist gekennzeichnet durch die Verlagerung von Absatzfunktionen vom Leistungsanbieter auf den Leistungsnachfrager. Dabei erfährt die von personalen Beziehungen geprägte Bank-Kunden-Schnittstelle eine Veränderung, da die Selbstbedienungsoption durch den Einsatz von Technik erschlossen, und die rein personale Interaktion zwischen Bank und Kunde durch eine technisch geprägte Interaktion ersetzt wird.

Zu den Instrumenten der Kundenselbstbedienung zählen → Geldausgabeautomaten, Kontoauszugsdrucker, Überweisungsdrucker, Scheckausgabegeräte, Sortenwechsler, → Electronic Teller, Multifunktionsgeräte, Multimediakioske und → Selbstbedienungszweigstellen.

Bei Multifunktionsgeräten werden die selbstbedienungsfähigen Bankleistungen vollständig oder teilweise zur Selbstbedienung an einem einzigen Terminal angeboten. Derzeit sind technisch mehr als fünfzig Funktionen (Abb.) über Multifunktionsgeräte abdeckbar.

In Deutschland stehen den Bankkunden Mitte 1999 rund 44000 Geldausgabeautomaten und etwa 30000 Kontoauszugsdrucker an bankeigenen oder bankfremden Standorten zur Verfügung. In Großstädten und Touristikzentren werden ferner Sortenwechsler und Sorten-Geldausgabeautomaten angeboten. Multifunktionsgeräte und Multimediakioske stellen in Deutschland eher noch die Ausnahme dar, während Ende 1998 in Japan 90 % aller im Einsatz befindlichen Automaten multifunktional waren. Mit weiterer Verbreitung der → Chip-Karte und der → Elektronischen Geldbörse dürfte die Anzahl der Geldausgabeautomaten in Deutschland ihren Kulminationspunkt erreicht haben. Reine → Selbstbedienungszweigstellen konnten sich bislang nur bedingt durchsetzen, werden im Rahmen der Restrukturierung des Bankstellennetzes (→ Bankzweigstellen) aber weiter an Bedeutung gewinnen. O.B.

Kundentreue → Segmenttreue

Kundenumlaufstudie
→ Kundenlaufstudie
→ Sortimentskontrolle

Kundenverkehrsanalyse

Funktionen an Multifunktionsterminals

Kontostand-informaion	Bar	Überweisungen	Aufträge	Anlageberatung Auskünfte	Versicherungen	Immobilien	Kauf
Sichtanzeige	Auszahlung	vom Giro- auf Sparkonto	Zahlungsverkehr	Geldanlage	Urlaubsreiseversicherung	Information	Gold
Kontoauszug	*vom:*	an Dritte	Scheckbuchung	Immobilien	Sach/Kraftfahrzeug	Bausparen Einzahlung	Traveller Cheques
zehn letzten Transaktionen	Giro/Scheckkonto	ausl. Zahlungsverkehr	Kreditantrag	Finanzierungspläne	Leben	Finanzierung	Tickets Bahn/Flug
Analytik	Sparkonto	auf Sonderkonten (etwa Hungerhilfe)	Information/ Besuch	Börse In-/Ausland	Informationen mit follow-up Besuch	Maklerdienste	Telefonieren
Zahlungseingänge	sonstige Konten, z.B. Bauspar	Einzahlung	Kataloge	Steuern		Ferienhäuser	Telekopieren
Zahlungsausgänge	Einzahlung	Stornierungen	Geschäftsinformation	Analytik		Fonds-Angebote	Mailbox
Steuerquittungen	*auf:*	Analytik		Konditionen		Kauf von Fonds-Anleihen	Reisen
Depotauszug/ Stand	Giro/Scheckkonto						Theatertickets, Entertainment
	Sparkonto						
	Fremdwährung/ Sorten an Dritte						
	Sonderkonten						

Kundenverkehrsanalyse

Die Untersuchung Kundenverkehr der Bundesarbeitsgemeinschaft der Mittel- und Großbetriebe des Einzelhandels e.V. ist eine Zeitreihenuntersuchung zum Einkaufsverhalten in den Stadtzentren. Die erste Kundenverkehrsuntersuchung wurde 1965 durchgeführt. Sie wurde in den Jahren 1968, 1971 und 1976 fortgeführt und findet seit 1980 in vierjährigen Abständen statt. Die Untersuchungen werden an den Standorten der Mitglieder der BAG durchgeführt, die sich an der Erhebung beteiligen. Die *Tabelle* gibt einen Überblick über den Umfang der Kundenverkehrsuntersuchung in den einzelnen Jahren der Erhebung.

Das Ziel der Untersuchung besteht darin, den Einzelhandelsbetrieben Informationen über die aus dem Siedlungsverhalten und der wachsenden Mobilität der Verbraucher resultierenden Auswirkungen auf die Standortqualität der Zentren an die Hand

Überblick über die BAG-Untersuchung Kundenverkehr von 1965 bis 1996

	Anzahl der teilnehmenden **Betriebe** (Verkaufsstellen)	In die Untersuchung einbezogene Anzahl der **Städte**	**Gezählte Besucher** (in tausend)	**Befragte Besucher** (in tausend)
1965	149	98	4.700	419
1968	144	96	5.000	469
1971	211	120	9.500	679
1976	335	182	15.300	1083
1980	428	211	20.000	921
1984	588	246	21.900	992
1988	692	ca. 300	21.000	950
1992	735	ca. 400	24.000	790
1996	700	k. A.	20.000	800

(Quelle: *Bundesarbeitsgemeinschaft der Mittel- und Großbetriebe des Einzelhandels e.V.*)

zu geben. Die Einzelhandelsbetriebe sollen in die Lage versetzt werden, Forderungen bezüglich zentren- und verkehrspolitischer Fragen zu formulieren und bei den Kommunen durchzusetzen. Für den einzelnen Betrieb sind die Informationen zum Kaufverhalten der Konsumenten eine der Grundlagen zur Planung der Absatzpolitik. Die Kundenverkehrsuntersuchung umfasst drei voneinander unabhängige Erhebungen, die Besucherzählung, die Besucherbefragung und die Befragung der teilnehmenden Unternehmen. Die Besucherzählung und die Besucherbefragung fanden jeweils am langen Samstag im Oktober sowie am darauf folgenden Donnerstag und Freitag statt. Während die Besucherzählung eine Vollerhebung ist, bei der alle Personen beim Betreten des Betriebes gezählt werden, werden die Fragen zum Einkaufsverhalten nur einem Teil der Besucher beim Verlassen der Einkaufsstätte gestellt. Der nachfolgende Fragebogen zeigt, welche Aspekte des Kaufverhaltens Gegenstand der Besucherbefragung sind:

1. Wo wohnen Sie? (Stadtteil oder Wohngemeinde außerhalb)
2. Von woher kommen Sie in dieses Geschäftsviertel?
3. Mit welchem Hauptverkehrsmittel sind Sie von Ihrer Wohnung hierher gekommen?
4. Wie lange brauchen Sie, um von dort (Frage 2) hierher zu kommen?
5. Wann waren Sie zuletzt zum Einkauf in diesem Haus?
6. Warum waren Sie zuletzt in diesem Geschäftsviertel?
7. Haben Sie heute in unserem Haus eingekauft?
8. Für welchen Betrag schätzungsweise?
9. Wie lange waren Sie ungefähr in diesem Haus?
10. Wie viel Zeit haben Sie heute für Ihren Besuch in diesem Geschäftsviertel eingeplant?
11. Zu wie viel Personen sind Sie hierher gekommen?
12. Wie viele Personen umfasst Ihr Haushalt?
13. Wie viele PKW gehören zu Ihrem Haushalt?
14. Geschlecht des Befragten: ....
15. Alter des Befragten: ....

In der Händlerbefragung werden die teilnehmenden Einzelhandelsbetriebe aufgefordert, Auskunft zur Entwicklung der Verkaufsfläche und des Umsatzes sowie zur Lage des Betriebes zu geben.

Bei der Nutzung der zahlreichen Ergebnisse der Kundenverkehrsanalyse für die Entscheidungsfindung ist zu beachten, dass die Daten nur für Einzelhandelsbetriebe in Zentren und in einem sehr kurzen Zeitraum erhoben wurden. Sowohl der Monat als auch die besonderen Bedingungen an den Tagen, an denen die Erhebung stattfindet, können die Ergebnisse beeinflussen (z.B. das Wetter). Die Repräsentativität der Ergebnisse wird darüber hinaus dadurch eingeschränkt, dass die Befragung nicht bei einer nach dem Zufallsverfahren ausgewählten Stichprobe erfolgt. Da Doppelzählungen nicht auszuschließen sind, besteht die Gefahr, dass die Zahl der Besucher der Zentren zu hoch ausgewiesen wird. Wird eine Person mehrfach befragt, so erhalten ihre Antworten ein höheres Gewicht. Es werden keine Informationen über das Einkaufsverhalten potentieller Kunden gewonnen.

L.M.-H.

Literatur: *Achenbach, C.*: Die Nutzung von Kundenverkehrsuntersuchungen für die standortbezogene Unternehmenspolitik der Warenhäuser. Dargestellt am Beispiel der Kundenverkehrsuntersuchung, Göttingen 1989. *Bundesarbeitsgemeinschaft der Mittel- und Großbetriebe des Einzelhandels e.V.* (Hrsg.): Ergebnisse der BAG-Untersuchung Kundenverkehr 1988, 1992 und 1996, Köln 1989, 1993, 1997. *Schuckel, M.; Sondermann, N.*: Besucherstruktur und Besucherverhalten in der Innenstadt – eine Längsschnittanalyse der BAG – Untersuchungen Kundenverkehr 1976 bis 1996, in: *Müller-Hagedorn, L.* (Hrsg.): Mitteilungen des Instituts für Handelsforschung, 50. Jg. (1998), H. 2, Köln 1998, S. 25-38.

Kundenverlust → Kundenbindung

Kundenverlust-Analyse

Dieses Instrument der → Kundenanalyse wird eingesetzt, um die Abwanderung oder Migration von Kunden sowie deren Determinanten zu bestimmen. Im Projektgeschäft wird mit der Auftrags-Verlustanalyse ein vergleichbares Verfahren eingesetzt. Im Rahmen der Kundenverlust-Analyse bedient man sich insbesondere der Kundenbewegungsbilanz sowie der Kennzahlen Churnrate und „Mittlere Haltbarkeit". In der *Kundenbewegungsbilanz* erfolgt eine Bewertung der Entwicklung des Kundenbestands über die Zeit in absoluter Höhe, d.h. der Anfangsbestand der Kunden zu Jahresbeginn wird um die neu gewonnenen

Kundenwechsel

Kunden erhöht und um die verlorenen Kunden korrigiert. Insbesondere in der Telekommunikationsbranche stellt die *Churnrate* eine geläufige Kennzahl der Kundenverlust-Analyse dar, die zur Quantifizierung der Kundenmigration zwischen Diensteklassen eines Anbieters bzw. des Wechselns von Kunden zur Konkurrenz oder des Ausscheidens aus dem Markt verwendet wird. Diese Kennzahl entspricht dabei dem Quotienten aus der Anzahl aller innerhalb einer Periode beendeten Kundenbeziehungen und der Gesamtzahl aller Kunden des betrachteten Unternehmensbereichs zum Periodenende. Diese Kennzahl, die auch als mittlere Abwanderungsrate oder Kunden-Sterberate bezeichnet wird, stellt zugleich das Komplement zur Kundenbindungsrate dar. Die so genannte *mittlere Haltbarkeit* oder Halbwertzeit von Kundenbeziehungen misst als Kennzahl die durchschnittliche „Lebenserwartung" von Geschäftsbeziehungen. Dabei wird entweder darauf abgestellt, welcher Zeitraum vergeht, bis 50% einer ursprünglichen Kundenkohorte abgewandert sind, oder es wird der Kehrwert der Churnrate gebildet, wobei implizit von einer über die Kundenlebenszeit konstanten Migration ausgegangen wird. Da in der Praxis zumeist nur der gesamte Kundenbestand betrachtet wird, also nicht auf Kundenkohorten (→ Kohortenanalyse) abgestellt wird, kann ein verändertes Bindungs- bzw. Abwanderungsverhalten weder mit der Kundenbewegungsbilanz noch mit Hilfe der Kennzahlen „Churnrate" oder „Mittlere Haltbarkeit" rechtzeitig erkannt werden. Besser geeignet sind Analysen der individuellen Kundenbeziehungen, beispielsweise der Wahrscheinlichkeit, dass ein (bisher treuer) Kunde in der kommenden Periode die Geschäftsbeziehung abbrechen wird. Ein Beispiel dafür ist der Einsatz des NBD/Pareto-Modells zur Bestimmung und Prognose der individuellen Kundenlebenszeit und die Analyse der wesentlichen Determinanten von Geschäftsbeziehungen auf der Basis von → Hazard-Regressionen.

M.Kr.

Kundenwechsel → Kundenbindung

Kundenwert

spezifisches Maß für die ökonomische Gesamtbedeutung eines → Kunden aus Anbietersicht, d.h. dessen direkte und indirekte Beiträge zur Erreichung von Anbieterzielen. In umfassender Begriffsverwendung beinhaltet der Kundenwert somit sämtliche monetären und nicht-monetären Einbußen, die bei Beendigung einer bestehenden Geschäftsbeziehung bzw. Nicht-Zustandekommen einer potenziellen Geschäftsbeziehung entstehen. In derartigen Fällen „verliert" der betroffene Anbieter nicht nur Umsatz- und Kundenerfolgspotenziale, sondern vielmehr auch indirekt-monetäre Kundenwertpotentiale, wie das Cross Selling-, das Referenz- und das Informationspotential (*Abb. 1*).

Der *Cross Sellingwert* ist ein Maß dafür, inwieweit eine bestehende Geschäftsbeziehung auf andere Produkte/ Produktgruppen des Anbieters ausgeweitet werden kann (→ Cross Selling). Derartige Ausweitungen in andere Produktbereiche als den bisherigen verbreitern die ökonomische Basis für Geschäftsbeziehungen und erhöhen den jeweiligen Kundenwert.

Demgegenüber resultiert der *Informationswert* aus der Gesamtheit innovativer und umsetzbarer Informationen, die ein Anbieter vom Kunden erhält („feed back") und die bspw. zur Verbesserung der Produktqualität oder zur Optimierung von Produktions- oder Marketing-/Vertriebsprozessen genutzt werden können. Gerade im Automobilbereich ist die diesbezügliche „Kreativität" aufgrund der „high involvement"-Situation besonders ausgeprägt.

Abb. 1: Kundenwert-Modell

Kunden suchen allerdings nicht nur den direkten Kontakt zum Anbieter, sondern sprechen zudem häufig mit „Ihresgleichen" – z.B. Freunden, Bekannten etc. – über ihre

Erfahrungen mit dem Anbieter bzw. dessen Leistungsangebot und leisten somit → Referenzen (→ Mund-Werbung). Der *Referenzwert* zielt dabei auf die Wirkung von Meinungsführern, potentielle Kunden durch Empfehlungen in ihrer Kaufentscheidung zu beeinflussen. Im Grunde handelt es sich dabei um positive, negative oder neutrale Meinungsäußerungen von Privatpersonen über ein Unternehmen bzw. dessen Leistungsangebot. Das Ausnutzen entsprechender Multiplikatoreffekte dieser besonders vertrauenswürdigen Kommunikation bietet gerade Nischenanbietern – abseits des klassischen Massenmarketing – enorme Wachstumspotentiale.

Je nach ökonomischer „Basisgröße" – Umsatz bzw. Kundenerfolg – lassen sich unterschiedliche Kundenbewertungssysteme unterscheiden: Will man etwa *umsatzbezogene* Kundenwerte ermitteln, so sind sämtliche indirekt-monetären Kundenwertpotentiale im Hinblick auf ihre Umsatzwirkung hin zu monetarisieren. Wird dagegen der Kundenerfolg (Gewinn, DB o.Ä.) als Basisgröße gewählt, so sind ferner sämtliche Kostenwirkungen, die sich ursächlich auf Cross Selling-, Referenz- und Informationsaktivitäten zurückführen lassen, in die Ermittlung *erfolgsbezogener* Kundenwerte einzubeziehen. Bei Langfristbetrachtungen ist zudem die voraussichtliche Beziehungsdauer – z.B. über einen Kundenbindungsindex oder ein kundenbezogener Index der Wechselbereitschaft – zu berücksichtigen (→ Kundenlebenszyklus). In dem Zusammenhang wird gerade in jüngerer Zeit vorgeschlagen, die Dauer von Kundenbeziehungen (Customer Lifetime) implizit aus der Historie der Geschäftsbeziehung abzuleiten, wobei in erster Linie auf den kumulierten Wert bisheriger Transaktionen und deren Häufigkeit abgestellt wird. Aus diesen Transaktionsdaten lässt sich mit Hilfe eines Pareto-Modells eine 'Beziehungswahrscheinlichkeit' dafür bestimmen, dass eine Geschäftsbeziehung (in)aktiv ist. Fällt diese Wahrscheinlichkeit unter einen „kritischen" Wert, dann liegt das Ende der Geschäftsbeziehung vor. Eine erfolgreiche Anwendung dieser Methode liefert *Krafft* (1999).

Auf der Grundlage der gemessenen Kundenwerte öffnet sich dem Marketing-Entscheider nunmehr ein breites Maßnahmenspektrum. Zur optimalen Planung und Steuerung sämtlicher Dimensionen des Kundenwertes bedarf es eines insgesamt abgestimmten Vorgehens, das sich unmittelbar an den drei zentralen Aufgabenbereichen eines Kundenwert-Management festmachen lässt (*Abb. 2*): Die *Priorisierung* von Kundenbeziehungen zielt im ersten Schritt auf eine Kunden-Klassifizierung. Diese kann zum einen mittels eindimensionaler Kundenwert-Rankings (→ ABC-Analysen), zum anderen auf Basis zweidimensionaler → Kundenportfolios bzw. Kunden-Matrizen erfolgen. Unmittelbar daran anknüpfend geht es im zweiten Schritt um die *Diagnose*, d.h. Identifizierung möglicher Stärken und Schwächen innerhalb der Geschäftsbeziehungen. Die dadurch erreichte Transparenz des Kundenwertes und seiner Teilwerte („Treiber") ermöglicht es, Schwachstellen innerhalb von Geschäftsbeziehungen zu identifizieren und fundiert zu analysieren. Die so gewonnenen Erkenntnisse können im dritten Schritt schließlich

Abb. 2: Aufgabenbereiche eines Kundenwert-Management

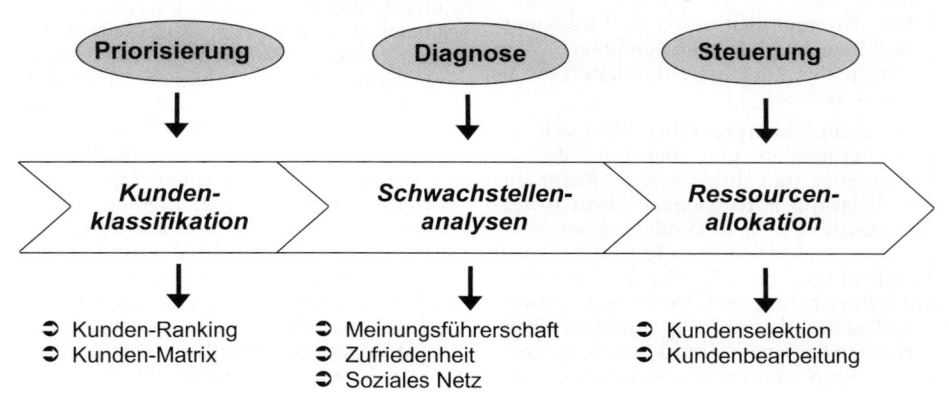

```
   Priorisierung          Diagnose            Steuerung
        ↓                     ↓                   ↓
  ┌──────────────┐  ┌──────────────┐  ┌──────────────┐
  │   Kunden-    │  │ Schwachstellen-│  │  Ressourcen- │
  │ klassifikation│ │   analysen    │  │  allokation  │
  └──────────────┘  └──────────────┘  └──────────────┘
        ↓                     ↓                   ↓
  ⊃ Kunden-Ranking   ⊃ Meinungsführerschaft  ⊃ Kundenselektion
  ⊃ Kunden-Matrix    ⊃ Zufriedenheit         ⊃ Kundenbearbeitung
                     ⊃ Soziales Netz
```

Kundenzeitschriften

zur *Steuerung* der Geschäftsbeziehungen auf Basis der vorab ermittelten Kundenwerte genutzt werden. Mögliche Defizite im direkten Kundenkontakt, im Kundenservice o.Ä. lassen sich so identifizieren und durch entsprechende Maßnahmengestaltung kundenwert-optimal verändern. Im Extremfall würden Kunden, die einen geringen oder gar negativen Kundenwert aufweisen, nicht mehr oder nur noch eingeschränkt bedient werden, vorausgesetzt dem Anbieter steht eine derartige Handlungsoption offen. J.C.

Literatur: *Cornelsen, J.:* Kundenwertanalysen im Beziehungsmarketing, Nürnberg 2000. *Gierl, H.; Kurbel, T.M.:* Möglichkeiten zur Ermittlung des Kundenwertes, in: *Link, J. et al.* (Hrsg.): Handbuch Database Marketing, 2. Aufl., Ettlingen 1997, S. 174-189. *Homburg, C.; Schnurr, P.:* Kundenwert als Instrument der Wertorientierten Unternehmensführung, in: *Bruhn, M. et al.* (Hrsg.): Wertorientierte Unternehmensführung: Perspektiven und Handlungsfelder für die Wertsteigerung von Unternehmen, Wiesbaden 1998, S. 169-189. *Krafft, M.:* Kundenbindung und Kundenwert, Habilitationsschrift, Kiel 1999.

Kundenzeitschriften

Kundenzeitschriften als Instrument der → Kommunikationspolitik von Unternehmen erfreuen sich wegen ihrer Eignung zur Beziehungspflege im → Beziehungsmarketing und → One-to-one-Marketing wachsender Beliebtheit. Experten schätzen die Zahl der 1999 in Deutschland verlegten Titel auf 1800.
Mit der Herausgabe von Kundenzeitschriften verfolgen Unternehmen vornehmlich drei Ziele:

- → Kundenbindung, gerade in wettbewerbsintensiven Märkten (etwa im liberalisierten Markt der Energieversorger)
- Die Aufwertung des → Images in der Öffentlichkeit
- Die Kommunikation von Produktentwicklungen und -anwendungen zum Zweck der Nachfragestimulanz (→ Public Relations).

Vor diesem Hintergrund bemühen sich viele Unternehmen um eine journalistisch hochwertige und differenzierte Ansprache von Zielgruppen. Kundenzeitschriften werden zunehmend auf Kundensegmente fokussiert, beispielsweise Jugendtitel von Krankenkassen und Sparkassen, und zwar unter Einschaltung von Verlagen als professionelle Dienstleister. Alle deutschen Großverlage sowie eine Vielzahl von Spezialverlagen bieten mittlerweile Redaktion, Versand und Anzeigenverkauf von Kundenzeitschriften als Dienstleistung an.
In dem Bemühen um Refinanzierung der Marketingkosten wächst die Zahl von Kundenzeitschriften, die als Werbeträger Anzeigenflächen Dritter anbieten. Hier liegt auch der Grund für die Zunahme der IVW geprüften Titel, deren Zahl allein 1998 um 12 auf 72 stieg. A.K.

Kundenzirkulation → Ladengstaltung

Kundenzufriedenheit

Gegenstand der → Zufriedenheitsforschung, die sich mit der Erfüllung unterschiedlicher Arten von menschlichen Bedürfnissen befasst und eine starke Verankerung in der Organisationspsychologie aufweist. Kundenzufriedenheit kommt seit jeher eine wichtige Rolle im Rahmen eines auf die Erfüllung von Kundenbedürfnissen ausgerichteten Marketingverständnisses zu. Mit der zunehmenden Bedeutung langfristiger → Geschäftsbeziehungen in den 80er-Jahren, wie sie in der Entwicklung und rasanten Verbreitung von Konzepten wie dem → Beziehungsmarketing und dem eng verwandten → Nachkaufmarketing zum Ausdruck gelangt ist, hat die wissenschaftliche wie praktische Auseinandersetzung mit dem Konstrukt, auch außerhalb des Endverbrauchermarketing (→ KAMQUAL) eine weitere starke Intensivierung erfahren.
Unter Kundenzufriedenheit wird im Allgemeinen die emotionale Reaktion eines Kunden auf die von ihm vorgenommene kognitive Beurteilung eines Objektes oder eines Prozesses verstanden. Zufriedenheit weist insofern sowohl eine emotionale als auch eine kognitive Komponente auf. Hinsichtlich der Frage, welche inneren Prozesse dem Zufriedenheitsempfinden des Kunden zugrundeliegen, existieren verschiedene Erklärungsansätze. Während die → Gerechtigkeitstheorie auf Einschätzungen der Verteilung von Kosten und Nutzen zwischen Verkäufer und Käufer abstellt, stehen die Erwartungen und Erfahrungen des Kunden im Zentrum des dominanten *expectation-disconfirmation-(CD-)Paradigmas*. Zufriedenheit entsteht demnach aus dem Vergleich der tatsächlich erhaltenen Leistung mit der erwarteten Leistung: Übersteigen die Erfahrungen die Erwartungen des Kunden, stellt sich Zufriedenheit ein; werden die Erwartungen nicht erfüllt, ist Unzufriedenheit das Resultat. Uneinheitlichkeit herrscht

Abb. 1: Das Expectation-Disconfirmation-Paradigma der Kundenzufriedenheit

```
        Erwartungen des              Erfahrungen des
        Konsumenten                  Konsumenten
        (Soll)                       (Ist)
                    \               /
                     ↘             ↙
                   Abgleich von Erwartungen
                   und Erfahrungen
                   ↙         ↓         ↘
    Negative Diskonfirmation  Konfirmation   Positive Diskonfirmation
    (Soll > Ist)              (Soll = Ist)   (Soll < Ist)
         ↓                       ↓                     ↓
    Unzufriedenheit          Indifferenz         Zufriedenheit
```

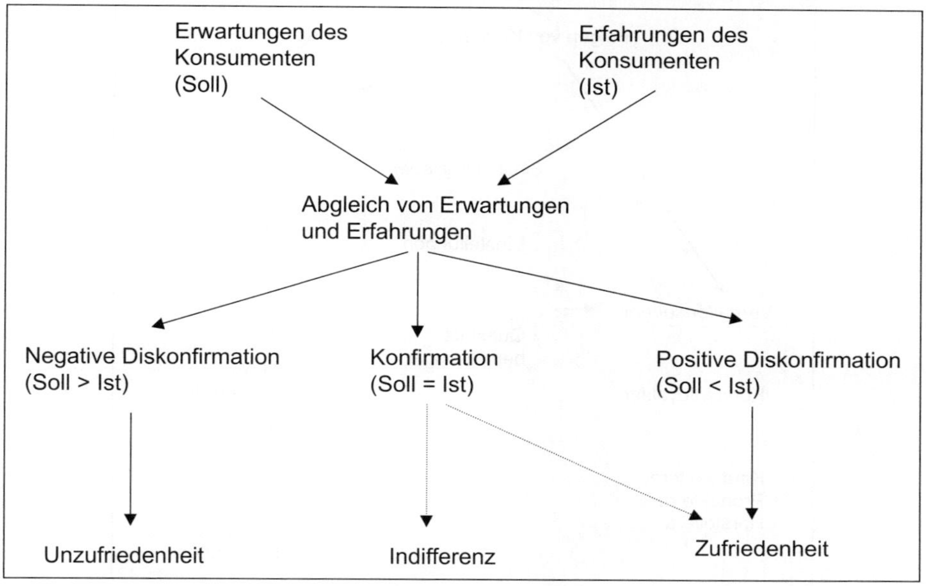

in der Literatur bezüglich der Frage, ob die exakte Erfüllung von Erwartungen bereits Zufriedenheit des Konsumenten begründet, oder ob Zufriedenheit erst im Fall der Übererfüllung von Erwartungen eintritt (*Abb. 1*).

Die Erwartungen des Kunden können unterschiedliche Bezugspunkte aufweisen (z.B. „ideale" Leistung, „angemessene" Leistung, „üblicherweise zu erwartende" Leistung, „best brand"), was erhebliche Konsequenzen für das Maß an empfundener Kundenzufriedenheit hat. Weitgehend akzeptiert ist heute ein situatives Verständnis der Kundenerwartungen, das in Abhängigkeit von Objekt und Umfeld die Existenz verschiedener Bezugspunkte postuliert. Die Interpretation von auftretenden Differenzen zwischen Erwartungen und Erfahrungen durch den Kunden und deren Folgen für das Ausmaß der empfundenen Zufriedenheit wird durch verschiedene Modelle erklärt, die in der → Assimilations-Kontrast-Theorie integriert sind. Die Entwicklung von Zufriedenheit hängt auch von der Art der Leistungsmerkmale ab. In Übertragung von Forschungsergebnissen aus der Arbeitswissenschaft ist hier die Unterscheidung von Penalty- und Reward-Faktoren aussagefähig. Penaltys sind solche Leistungsmerkmale, die zwar (im Fall des Nichtvorhandenseins) Unzufriedenheit verursachen, aber (im Fall des Vorhandenseins) keine Zufriedenheit erzeugen können. Das Fehlen von Rewards hingegen stört den Kunden nicht, während ihre Präsenz Kundenzufriedenheit hervorruft.

Kundenzufriedenheit wird üblicherweise auf den Kauf eines Produktes oder einer Dienstleistung und deren Konsequenzen bezogen (sog. Nachkaufzufriedenheit). Allerdings kann sich Zufriedenheit auch auf die gesamte Geschäftsbeziehung des Konsumenten mit einem Anbieter (Beziehungszufriedenheit), auf die Reaktion eines Unternehmens auf eine Beschwerde des Konsumenten (→ Beschwerdezufriedenheit) oder auf das Marketingsystem als Ganzes (Makrokundenzufriedenheit) beziehen.

Die enorme Bedeutung, die der Kundenzufriedenheit für das Marketing beigemessen wird, resultiert aus den verschiedenen Konsequenzen, die der Erzielung eines hohen Maßes an Zufriedenheit bei den Kunden zugeschrieben werden und die den unternehmerischen Erfolg positiv beeinflussen. Folgende Wirkungen von Kundenzufriedenheit sind zu unterscheiden (*Abb. 2*):

(1) Die Zufriedenheit eines Kunden mit einem getätigten Kauf verbessert auf der *Einstellungsebene* die langfristige Qualitätsbeurteilung des Produktes und des Anbieter-

Kundenzufriedenheit

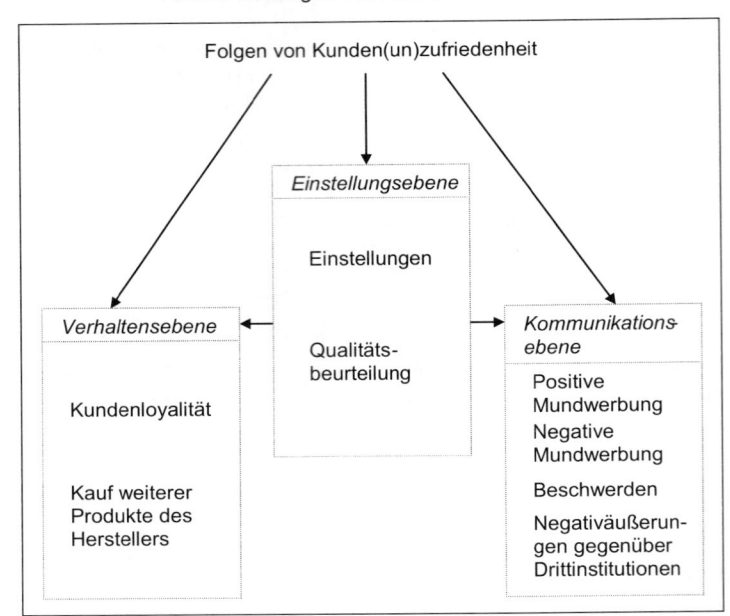

Abb. 2: Wirkungen von Kundenzufriedenheit

```
Folgen von Kunden(un)zufriedenheit

                    Einstellungsebene
                    
                    Einstellungen

  Verhaltensebene   Qualitäts-        Kommunikations-
                    beurteilung       ebene
  Kundenloyalität                     Positive
                                      Mundwerbung
                                      Negative
                                      Mundwerbung
  Kauf weiterer
  Produkte des                        Beschwerden
  Herstellers
                                      Negativäußerun-
                                      gen gegenüber
                                      Drittinstitutionen
```

unternehmens und, damit eng verwandt, die → Einstellung des Kunden gegenüber Produkt bzw. Unternehmen.

(2) Zufriedenheit beeinflusst das Kommunikationsverhalten der Kunden. Auf der *Kommunikationsebene* bewirkt Zufriedenheit, dass Kunden gegenüber anderen bestehenden oder potenziellen Kunden positiv über das erworbene Produkt bzw. dessen Hersteller sprechen (→ Mund-Werbung), während ein hohes Maß an Unzufriedenheit negative Kommunikationshandlungen initiiert. Studien haben gezeigt, dass Kunden von der Möglichkeit der Mund-Werbung besonders im Fall hoher Zufriedenheit oder Unzufriedenheit Gebrauch machen, während bei mittleren Zufriedenheitswerten vergleichsweise wenig über das gekaufte Produkt gesprochen wird. Nachteilig für Unternehmen ist der Tatbestand, dass die Rate der Mund-Werbung in der Regel bei Unzufriedenheit höher ist als bei Zufriedenheit (→ Beschwerdeverhalten). Diese Erkenntnis ist maßgebend für die Entwicklung des → Beschwerdemanagements als Teil des → Nachkaufmarketing, mit dem die Unternehmen versuchen, die Unzufriedenheitsartikulation der Kunden zu kanalisieren und auf sich zu lenken.

(3) Auf der *Verhaltensebene* zeigen zahlreiche Untersuchungen, dass zufriedene Kunden das entsprechende Produkt in stärkerem Maße wiederkaufen als unzufriedene Kunden und ein höheres Maß an Kundenloyalität aufweisen. Unzufriedene Kunden machen hingegen in einer Vielzahl von Fällen von ihrer Möglichkeit des Kaufverzichts Gebrauch und wandern zu anderen Anbietern ab. Darüber hinaus machen zufriedene Kunden auch von anderen Angeboten desselben Herstellers Gebrauch (→ Cross Selling).

Eine nähere Betrachtung des Zusammenhangs von Kundenzufriedenheit und Kundenloyalität als zentraler Erfolgsgröße des → Beziehungsmarketing zeigt, dass dieser Zusammenhang weitaus komplexer ist als üblicherweise angenommen. So belegen verschiedene Studien, dass Kundenzufriedenheit Geschäftsbeziehungen zwar grundsätzlich positiv beeinflusst, aber die Abwanderung von Kunden nur begrenzt verhindern kann. Für diese Erkenntnis werden verschiedene Gründe angeführt. Eine Erweiterung des Zufriedenheitskonstruktes um den Aspekt dynamischer Anspruchsveränderungen des Kunden in Analogie zu den arbeitswissenschaftlichen Studien von *Bruggemann* führt zu einer Unterscheidung von verschiedenen Typen von Kundenzufriedenheit: Während *stabile Zufriedenheit* mit im Zeitablauf konstanten Kundenerwartungen einhergeht und eine hohe Stabilität der Kundenbeziehung impliziert, erfordern *progressiv zufriedene Kunden* eine ständige Verbesserung des Angebotes; *resignativ zufriedene Kunden* „verschönern" sich ihr an sich wenig positives Urteil auf Grund fehlender Alternativen. In beiden letztgenannten Fällen ist der Zusammenhang von Kundenzufriedenheit und Kundenloyalität fragil und bedarf entsprechender Aktivitäten. Zudem kann davon ausgegangen werden, dass die Beziehung zwischen Zufriedenheit und Loyalität nicht linear ist; nach dem Überschreiten eines Schwellenwertes ist eine weitere Steigerung der Loyalität nur noch durch eine überproportionale Erhöhung der Kundenzufriedenheit möglich. Schließlich existieren neben der Kundenzufriedenheit noch weitere Faktoren, die das Ausmaß der Loyalität des Kunden determinieren, so das → Vertrauen des Kunden und sein → Commitment zur Geschäftsbeziehung. Kundenzufriedenheit ist insofern ein Bestandteil des umfassenderen Konstruktes → Beziehungsqualität.

Kundenzufriedenheit muss Gegenstand eines umfassenden Mess- und Managementsystems sein, um den Unternehmenserfolg dauerhaft beeinflussen zu können. Den Ausgangspunkt eines solchen Systems markiert die Ermittlung von Leistungsbestandteilen, die Unzufriedenheit auf Seiten der Kunden hervorrufen und folglich der Erreichung einer höheren Gesamtzufriedenheit im Wege stehen. Die Identifizierung solcher Leistungsmerkmale und deren Beurteilung durch die Kunden ist Gegenstand der → Kundenzufriedenheitsmessung.

Ist die Zufriedenheit der Kunden mit den relevanten Leistungsmerkmalen dem Unternehmen bekannt, erfordert ein systematisches *Kundenzufriedenheitsmanagement* die Beseitigung von bestehenden Zufriedenheitsdefiziten. Ein leistungsfähiges Instrument ist hier das *Zufriedenheits-Wichtigkeits-Portfolio*, das eine Positionierung der Leistungsmerkmale anhand der Ist-Zufriedenheit und der empfundenen Wichtigkeit der Merkmale vornimmt. Wichtige Ansatzpunkte für Verbesserungsmaßnahmen stellen vor allem solche Leistungsmerkmale dar, die von den Kunden als sehr wichtig eingestuft werden, jedoch bisher keine ausreichende Zufriedenheit hervorrufen.

Für die Steigerung der Kundenzufriedenheit ist das marketingpolitische Instrumentarium unter Berücksichtigung seiner langfristigen Beziehungseffekte zu gestalten (→ Kano-Modell). So muss z.B. im Rahmen der → Kommunikationspolitik darauf geachtet werden, dass keine überhöhten Erwartungen der Kunden vor dem Kauf geschaffen werden. Neben der beziehungsorientierten Gestaltung der klassischen „4 P's" wurden spezifische nachkauforientierte Instrumente wie das Beschwerdemanagement oder die Einrichtung von → Kundenclubs entwickelt.

Neben den externen kundengerichteten Maßnahmen wird ein Beitrag zur Kundenzufriedenheit in der Optimierung interner Prozesse gesehen, wie sie im → Internen Marketing angedacht sind. Dabei können personelle und organisationale Aspekte unterschieden werden. Bezüglich des Einflussfaktors Personal zeigen Forschungsarbeiten rund um die → Service Profit Chain, dass Kundenzufriedenheit das Resultat eines komplexen Zusammenspiels verschiedener mitarbeiterbezogener Faktoren ist. So spielen vor allem Motivation und fachliche wie soziale Leistungsfähigkeit eine Schlüsselrolle, wobei die Arbeitszufriedenheit der Mitarbeiter und deren organisationales Commitment als wichtige Voraussetzungen für ein hohes Maß an Motivation und entsprechende Kundenzufriedenheit angesehen werden (*Abb. 3*).

In organisationaler Hinsicht gilt es vor allem, prozessuale und strukturelle Hemmnisse zu beseitigen. Hier zeigt sich die Notwendigkeit einer Verknüpfung des Kundenzufriedenheitsmanagements mit dem Ansatz des → Qualitätsmanagements. Auch kommt der Implementierung von Anreizsystemen, die auf die Höhe der realisierten Kundenzufriedenheit abstellen, im Hinblick auf die angestrebte Motivation der Mitarbeiter Bedeutung zu.

Ein an Kundenzufriedenheit orientiertes Marketingmanagement sollte auf der Basis der Zufriedenheitsmessung zur kontinuierlichen Kontrolle der erreichten Kundenzufriedenheit ein Zufriedenheitsmonitoring bzw. -controlling erhalten.

Th.H.-T./U.H.

Literatur: *Hansen, U.; Schoenheit, I.* (Hrsg.): Verbraucherzufriedenheit und Beschwerden, Frankfurt a.M. 1987. *Simon, H.; Homburg, C.* (Hrsg.): Kundenzufriedenheit. Konzepte, Methoden, Erfahrungen, 2. Aufl., Wiesbaden 1997. *Oliver, R.L.:* Satisfaction: A Behavioral Perspec-

Kundenzufriedenheitsfalle

Abb. 3: Interne Determinanten von Kundenzufriedenheit

```
EXTERNES MARKETING
  INTERNES MARKETING
    Mitarbeiterzufriedenheit
          ↕
    Organisationales    →  Mitarbeitermotivation  →  Kundenzufriedenheit
    Commitment
                           Mitarbeiterfähigkeiten
```

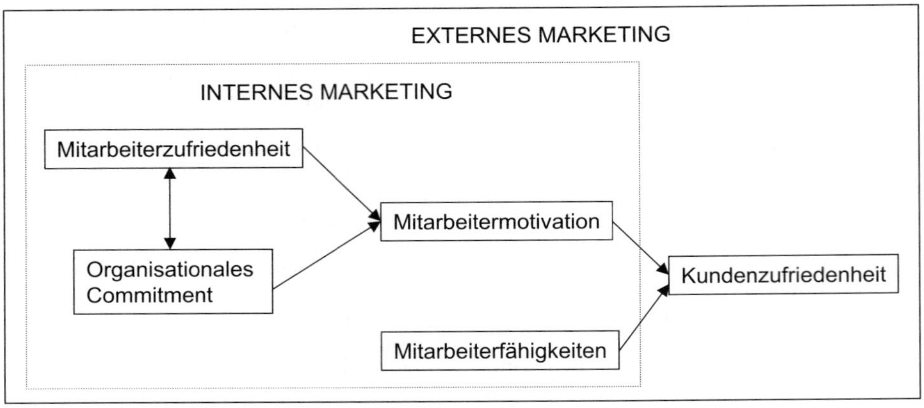

tive on the Consumer, New York 1996. *Stauss, B.:* Kundenzufriedenheit, in: Marketing – ZFP, 21. Jg. (1999), Heft 1, S. 5-24

Kundenzufriedenheitsfalle
→ Beziehungsmarketing

Kundenzufriedenheitsmessung

Gegenstand der Kundenzufriedenheitsmessung ist die Identifikation von Leistungsmerkmalen, die für das Ausmaß der → Kundenzufriedenheit von Bedeutung sind, und die Erfassung der Zufriedenheit der Kunden mit diesen Merkmalen.

Abgesehen von sog. „objektiven" Verfahren, die Kundenzufriedenheit über wenig aufschlussreiche und zudem zweifelhafte Indikatoren wie den Gewinn erfassen, ist grundsätzlich zwischen merkmalsbezogenen und ereignisbezogenen Verfahren der Zufriedenheitsmessung zu unterscheiden.

Merkmalsbezogene Verfahren entsprechen weitgehend dem multiattributiven Ansatz der Einstellungsmessung: Zunächst gilt es, solche Leistungsmerkmale zu identifizieren, die für die Ermittlung der Zufriedenheit des Kunden von Bedeutung sind. Dabei können verschiedene qualitative Verfahren der Marktforschung zum Einsatz gelangen, so z.B. Tiefeninterviews, Gruppendiskussionen und der *Repertory Grid-Ansatz*. Bei letzterem werden die Konsumenten aufgefordert, jeweils drei alternative Angebote zu vergleichen und Unterschiede zwischen den Angeboten zu benennen. Sind die zufriedenheitsrelevanten Merkmale bekannt, muss die Zufriedenheit der Kunden mit diesen Merkmalen eingeholt werden. Dies kann mittels persönlicher, telefonischer oder schriftlicher → Befragung der Zielgruppe erfolgen. Im Anschluss daran wird aus den Merkmalszufriedenheiten die Gesamtzufriedenheit ermittelt, wobei Überlegungen zum Funktionsverlauf angestellt werden müssen. Neben der Möglichkeit einer Gewichtung der einzelnen Merkmale im Hinblick auf ihren jeweiligen Einfluss auf die Gesamtzufriedenheit der Kunden und die Berücksichtigung von Nichtlinearitäten auf Merkmalsebene (Penaltys, Rewards) stellt sich hier vor allem die Frage nach der Art und Weise der Berücksichtigung von Kundenerwartungen. Verschiedene Studien haben gezeigt, dass eine Einbeziehung der Erwartungskomponente im Rahmen der Datenerhebung und deren Berücksichtigung über ein Differenzmodell mit grundlegenden konzeptionellen Problemen verbunden ist (linear-additive Verknüpfung; unterschiedliche Erwartungsstandards), die die Nutzung solcher Differenzmodelle in Frage stellen. Vielmehr erscheint es sinnvoll, die Erwartungen der Kunden in Form einer Resultatsgröße zu berücksichtigen (z.B. „Wie zufrieden sind Sie mit der Freundlichkeit/Unfreundlichkeit des Personals?"). Ein spezifischer merkmalsbezogener Messansatz sind nationale → Kundenbarometer.

Merkmalsbezogene Verfahren sind indes nur begrenzt geeignet, dem komplexen und individuellen Charakter von Kundenunzufriedenheit Rechnung zu tragen. Eine sinnvolle Ergänzung stellen daher *ereignisbezogene Messansätze* dar (→ Kontaktpunktanalyse). Diese Verfahren zur Zufriedeheitsmessung setzen auf einer weniger abstrakten Ebene an: Es wird angenommen, dass es i.d.R. einzelne Erlebnisse des Kunden sind, die sein Zufriedenheitsurteil im Hinblick auf ein Unternehmen oder ein spezielles Produkt bestimmen. Während merkmalsbezogene Ansätze etwa der Freundlichkeit des Servicepersonals einen zeitlich konstanten Wichtigkeitswert zuweisen, gehen ereignisbezogene Ansätze davon aus, dass ein einziges negatives Erlebnis im Hinblick auf die Freundlichkeit die Beziehung gefährden kann. Spezielle Ansätze der Zufriedenheitsmessung sind hier die Methode der kritischen Ereignisse (→ Critical Incident-Technik), das Blueprinting und dessen Erweiterung, die *„Service Map"*. Während beim *Blueprinting* (auch als sequenzielle Ereignismethode bezeichnet) die Interaktion zwischen dem Kunden und dem Kontaktpersonal (Front office-Personal) während der Leistungsinanspruchnahme verfolgt und als Grundlage der Zufriedenheitsmessung verwendet wird, betrachtet das Service Mapping den Konsum einer (Dienst-)Leistung auf drei Prozessebenen: auf der Ebene des Back office, des Kundenkontaktpersonals und auf der Ebene des Kunden. Ereignisbezogene Messansätze können auch für die Entwicklung eines merkmalsbezogenen Messinstrumentes herangezogen werden; dieses sollte auf Grund der Dynamik des Zufriedenheitsempfindens des Konsumenten dem *Prozesscharakter* der betrachteten Leistung und somit den in den jeweiligen Prozessphasen wichtigen Leistungsmerkmalen Rechnung tragen (d.h. z.B. Erfassung der Zufriedenheit eines Hotelgastes mit dem Empfang, dem Zimmerservice, dem Auschecken etc.). Th.H.-T.

Literatur: *Korte, C.:* Customer Satisfaction Measurement, Frankfurt a.M. 1995. *Stauss, B.; Hentschel, B.*: Verfahren der Problemdeckung und –analyse im Qualitätsmanagement von Dienstleistungsunternehmen, in: Jahrbuch der Absatz- und Verbrauchsforschung, 36. Jg. (1990), Heft 3, S. 232–259. *Werner, H.:* Merkmalsorientierte Verfahren zur Messung der Kundenzufriedenheit, in: *Simon, H.; Homburg, C.* (Hrsg.): Kundenzufriedenheit, 3. Aufl., Wiesbaden 1998, S. 145-164.

Kunstsponsoring
→ Sponsoring (Sponsorship)

Kuppelproduktion
Die Kuppelproduktion als typisches Problemfeld im → Rohstoff-Marketing kennzeichnet den Sachverhalt, dass mit der geplanten Produktion eines Gutes unabdingbar in festen oder variierbaren Mengenverhältnissen der Anfall zumindest eines anderen verbunden ist. Dieser Tatbestand hat weitreichende Konsequenzen für das Marketing, da nicht ohne weiteres gewährleistet ist, dass alle im Produktionsprozess entstehenden Güter auch ohne weiteres vermarktet werden können. Vielfach müssen weitere Bearbeitungen vorgenommen werden. Im Falle völlig fehlender Vermarktungsfähigkeit von bestimmten in Kuppelproduktion gewonnenen Gütern entsteht ein Entsorgungsproblem. In vielen Fällen ergibt sich aber eine Verwendungsmöglichkeit, wobei jedoch nicht selten andere Abnehmer als die für das Hauptprodukt in Betracht kommen. Insbesondere in diesem Fall kann sich die Einbeziehung von Absatzmittlern vorteilhaft erweisen (→ Produktionsverbindungshandel). Das Gewicht zwischen den in Kuppelproduktion erzeugten Produkten kann sich im Zeitablauf verschieben. Aus ursprünglichen Nebenprodukten können Hauptprodukte werden. W.H.E.

Kurzzeitgedächtnis → Gedächtnistheorie

KYST → Facettentheorie, → PROFIT

L

Laborexperiment (Labortest)
→ Experimente, die in einem künstlichem Umfeld abgewickelt werden, welches genau die Bedingungen aufweist, die der Durchführende haben will (z.B. die Testküche eines Instituts, simulierte Einkäufe in einem eigens dafür eingerichteten Testgeschäft). Auf diese Weise lassen sich zwar einige Störeinflüsse kontrollieren (z.B. Empfehlungen des Verkaufspersonals, Verkaufsförderungsmaßnahmen der Konkurrenz), andererseits führt die künstliche Situation zu Verhaltensänderungen gegenüber der Realität (z.B. preisbewusstes Einkaufen) (→ Testeffekt). H.Bö.

Labortestmarkt → Testmarktsimulator

Laddering-Technik
Die Laddering-Technik dient zur Erfassung der Nutzenkomponenten und der dahinterstehenden Werthaltungen im Rahmen einer Means End-Analyse (→ Means End-Theorie, → Motivation). Die Methodik besteht darin, mittels mehrerer aufeinander folgender Warum-Fragen dazu, die Vorstellungswelt eines Individuums offen zu legen, angefangen von abstrakten Produkteigenschaften bis zu den terminalen Werthaltungen. In einer ersten Runde geht es um die Beantwortung der Frage, warum die mit dem → Repertory Grid-Verfahren identifizierten konkreten Merkmale für den Probanden bei der Produktwahl eine große Bedeutung besitzen. Die aus den Antworten rekonstruierten abstrakten Attribute bilden den Ausgangspunkt, um in einer zweiten Runde die funktionalen Nutzenkomponenten der vorliegenden Erzeugnisse zu ergründen. In der dritten Runde geht es darum, eine Vorstellung über die mit den betrachteten Marken verknüpften psychischen Nutzenkomponenten zu entwickeln. Diese Befragung wird so lange fortgeführt, bis das Individuum Auskunft über seine instrumentalen und terminalen Werthaltungen gibt. An.He./F.H.

Ladendiebstahl
Diebstahl von ausgelegter Ware durch Kunden während der Geschäftszeit. Die Kriminalstatistik registrierte für 1999 einen Rückgang der Ladendiebstähle. Insgesamt wurden für dieses Jahr 589011 Fälle zur Anzeige gebracht (-9,1% gegenüber 1998). Nach wie vor rechnen Fachleute allerdings mit einer hohen Dunkelziffer. So ist der Ladendiebstahl Hauptursache der durchschnittlichen Inventurdifferenzquote von 1,2% des Einzelhandelsumsatzes. Er verursacht etwa 50% der Inventurdifferenz, also 5 Milliarden DM.
Die Diebstahlsquote schwankt je nach Produktgruppe. So genannte Klaurenner waren Kosmetikartikel mit einem Anteil von 15,04% der sichergestellten Artikel, gefolgt von Textilien mit 14,62%.
Bei mehr als 50% der polizeilich registrierten Diebstähle handelte es sich um Bagatelldelikte, bei denen die entwendeten Gegenstände unter 25 DM wert waren. In drei von zehn vollendeten Ladendiebstählen lag der Schaden zwischen 25 und 100 DM.
Auf Grund der enormen ökonomischen Belastung setzt der Handel zunehmend → elektronische Warensicherung zur Verhinderung des Ladendiebstahls ein. Insgesamt werden jährlich rund 1,5 Milliarden DM in Präventionsmaßnahmen investiert. H.D.

Ladenfunk → Sales Commercial

Ladengestaltung
wichtiges Instrument des → Handelsmarketing mit einer besonders großen Vielzahl von Aktionsparametern, was zu unterschiedlichen Abgrenzungen dieses Instrumentalbereiches führt. I.w.S. umfasst die Ladengestaltung folgende Aktionsbereiche:
(1) Die für die Fernwirkung wichtige → *Fassadengestaltung*, die das Geschäft auch auf größere Entfernung sofort identifizierbar macht und Interesse wecken soll.
(2) Die → *Schaufenstergestaltung*, die zusammen mit der Gestaltung der Eingangszone maßgeblich dafür ist, ob insb. Laufkunden Interesse an einem Geschäftsbesuch

Ladengestaltung

entwickeln und ob Hemmschwellen zum Betreten des Geschäftes entstehen.
(3) Die *Verkaufsraumgestaltung* mit wiederum zwei Unterbereichen:
(a) die *Ladengestaltung i.e.S.* mit den Parametern

- Laden-Layout
- Boden-, Treppen- und Deckengestaltung
- Ladenmöblierung
- Ladendekoration
- Ladenbeleuchtung
- Hintergrundmusik
- Raumklima

(b) → *Warenpräsentation* und → *Visual merchandising*
(4) Die → *Regalflächenoptimierung* in quantitativer Hinsicht, d.h. bezüglich der gesamten Regalbestückung des Ladens und der Zuweisung von Artikeln zu bestimmten Regalplätzen und -flächen.
(5) Die → *Kassenorganisation*

Alle Instrumente sind dabei ähnlich wie in anderen Submixbereichen des Handelsmarketing und in Abstimmung mit diesen zu einem möglichst geschlossenen, Profilierung versprechenden Konzept zu vereinen. Erst dadurch gewinnt die Ladengestaltung ihren strategischen Stellenwert im Rahmen der → Profilierungsstrategie im Handel, und zwar sowohl für → erlebnisbetonte Einkaufsstätten als auch für den → Versorgungshandel. Die Bedeutung ergibt sich dabei v.a. aus der überwiegend unbewussten Wirkung visueller Stimuli auf das Firmenimage und das davon geprägte → Einkaufsstättenwahlverhalten. Wichtige Hintergrundfaktoren sind der steigende Trend zu → impulsiven Kaufentscheidungen, der zunehmende Trend zum Einkauf als Freizeitgestaltung und insb. die → Informationsüberlastung, die im Einzelhandelsmarketing nicht zuletzt durch prägnante Erscheinungsbilder, die sich in inneren Ladenbildern niederschlagen, u.U. überwinden lässt (→ Episodentest). Empirische Untersuchungen haben gezeigt, dass der Ladengestaltung in verschiedenen Branchen die Rolle eines strategischen Erfolgsfaktors zukommt (*Patt*, 1987; *Diller*, 1987).

Entscheidende Rahmendaten der Ladengestaltung sind v.a. die Zielgruppe des Geschäftes, Art und Struktur des Sortimentes, Preisniveau und insb. der Standort und die räumlichen Gegebenheiten, welche oft genug erhebliche Restriktionen für die Ladengestaltung setzen.

Das Zielsystem der Ladengestaltung i.e.S. ist von drei, z.T. konfliktären Zielbündeln geprägt:

(1) Die *Wirtschaftlichkeit* der Ladengestaltung wird sowohl durch die nicht unbeträchtlichen Investitionen in die Ladenausstattung als auch durch die von Ladenmerkmalen stark bestimmten lfd. Kosten (z.B. Belüftung, Beleuchtung, Reinigung, interne Logistik etc.) geprägt. Die Höhe der Einrichtungskosten bei neuer Ladenmöblierung variiert je nach Branche und Betriebstyp. Für Discounter werden für die Ladeneinrichtung beispielsweise 420,00 DM/qm veranschlagt, während bei Supermärkten schon über 800,00 DM/qm investiert wird. Da die Lebenszyklen von Geschäftsausstattungen immer kürzer werden und die → Store Erosion heute bereits häufig nach fünf Jahren einsetzt, beinhaltet die Ladengestaltung oft ein erhebliches Investitionsrisiko. Ein weiterer Wirtschaftlichkeitsaspekt ist die Verhinderung des → Ladendiebstahls, der sich kostenmäßig heute bereits in ähnlicher Größenordnung wie die Werbekosten in der Erfolgsrechnung des Handels niederschlägt.

(2) Ein zweites Zielbündel bezieht sich auf die *Attraktivität* der Ladengestaltung, die sich in einem entsprechenden *Bekanntheitsgrad* und *Einzugsgebiet* niederschlägt, was wiederum entscheidend für die *Kundenzahlen*, die *Verweildauer* der Kunden und den *Anteil der Stammkunden* sein kann. Die Attraktivität kann ihrerseits gefördert werden durch eine möglichst angenehme → *Einkaufsatmosphäre* und durch besondere Zweckmäßigkeit und Bequemlichkeit der Ladengestaltung, etwa hinsichtlich Übersichtlichkeit, Zugänglichkeit der Regale, Kassenabwicklung etc.

(3) Da mit einem Kundenbesuch nicht automatisch Verkäufe verbunden sein müssen, werden *Umsatzziele* zum dritten Zielbereich der Ladengestaltung. Hierbei geht es darum, den Kunden möglichst lange im Geschäft zu halten, mit möglichst vielen Warenbereichen und Artikeln des Sortimentes in Kontakt zu bringen und Impulskäufe auszulösen, die den → Akquisitionsverbund wirksam werden lassen. Besonders problematisch ist dies bei mehrgeschossigen Verkaufsflächen, weil erfahrungsgemäß die oberen Geschosse weit weniger intensiv frequentiert werden.

Grundsätzliche *Gestaltungsmedien* sind das eingesetzte *Material*, die gewählten *Formen* und die verschiedenen *Farben*. V.a. für die Einkaufsatmosphäre sind ferner auditive (→ *Musik*), olfaktorische Reize (→ *Duft*) sowie insb. die natürliche und künstliche *Beleuchtung* von Bedeutung. *Abb. 1* fasst die wichtigsten Instrumente der Ladengestaltung zusammen.

Abb. 1: Instrumentarium der Ladengestaltung

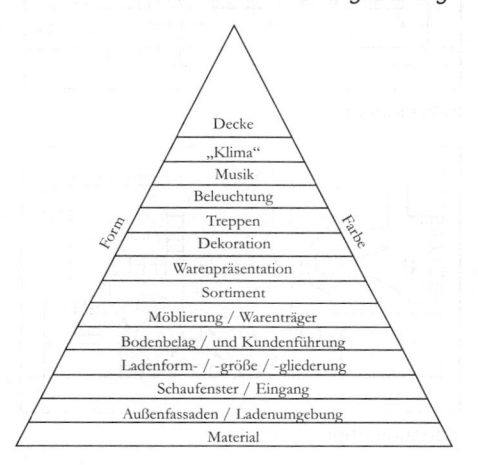

Pyramide (von oben nach unten):
Decke
„Klima"
Musik
Beleuchtung
Treppen
Dekoration
Warenpräsentation
Sortiment
Möblierung / Warenträger
Bodenbelag / und Kundenführung
Ladenform- / -größe / -gliederung
Schaufenster / Eingang
Außenfassaden / Ladenumgebung
Material

(seitlich: Form, Farbe)

Grundlegende Bedeutung besitzt das sog. Laden-Layout, d.h. die durch die Ladenform, -größe und -gliederung sich ergebende Raumarchitektur, die gleichzeitig entscheidenden Einfluss auf den Kundenlauf, d.h. die Stärke der Kundenfrequenzen in verschiedenen Ladenbereichen, nimmt.

Man unterscheidet dabei verschiedene *Funktionszonen*, etwa Warenflächen einerseits und Kundenflächen (Verkehrswege, Ein- und Ausgänge, Treppen, Lifte etc.) andererseits, zu denen noch die übrige Verkaufsfläche (Personal- und Thekenfläche, Kassenanlagen etc.) hinzutritt. Unter gestalterischen Gesichtspunkten werden sog. *Themenzonen* (Flächen mit Warenaufbau unter bestimmten Themen), Dekorationsflächen (z.B. „Alles für den gastlichen Tisch"), Aktionsflächen, auf denen Verkaufsförderungsaktionen, insb. Sonderangebote durchgeführt werden, und Sortimentsflächen, in denen die Ware in der üblichen Größen- oder Modelleinteilung dargeboten wird, unterschieden. Die Kundenflächen werden unterteilt in Frequenzzonen für den schnellen Kundendurchlauf und sog. Auflaufflächen, in denen der Kunde bewusst im Durchschreiten des Landes gebremst werden soll, um auf Waren aufmerksam zu werden und sich mit Ihnen auseinanderzusetzen. Vor allen in großflächigen Handelsbetrieben findet man zunehmend Serviceflächen, z.B. Restaurants oder kleine Cafeterias, Ruhezonen, Grünzonen etc., die das Ambiente im Laden unterstützen und Einkaufsbequemlichkeiten schaffen sollen.

Im Gegensatz zu früheren Jahren verzichtet man immer mehr auf eine starke Beeinflussung der Kundenzirkulation und wählt eine Regalanordnung, die keinen Zwangsablauf der Kundenzirkulation bedingt, sondern einen Individualablauf ermöglicht. *Abb. 2* zeigt einige diesbezügliche Grundprinzipien der Regalanordnung. Das dort charakterisierte Arena-Prinzip bezieht sich auf die Höhe der Warenträger, die dabei so gewählt wird, dass die Warenanordnung zu den hinteren Raumteilen hin optisch ansteigt, was Blickfänge schafft und die Raumtransparenz erhöht.

Was die Warenzuordnung zu den einzelnen Warenflächen angeht, gibt es äußerst unterschiedliche Organisationsprinzipien. Neben einer stark warentypologischen Gliederung, die nach wie vor aus Gründen der leichten Auffindbarkeit von Waren und der Übersichtlichkeit des Sortimentes dominiert, werden zunehmend Verbundplatzierungen unterschiedlicher Warengattungen im Rahmen von Bedarfskreisen und insb. Mehrfachplatzierungen (→ Zweitplatzierung) vorgenommen. Letztere erbringen erfahrungsgemäß hohe Umschlagszahlen, was nicht zuletzt darauf zurückzuführen ist, dass die Kunden hier ein Angebot von besonderer Preisgünstigkeit vermuten (→ Preisoptik). Im Lebensmittelhandel verlegt man nicht selten Warengruppen mit hohem Kontaktpotenzial (z.B. Fleischwaren, Frischeartikel etc.) in abgelegenere Ladenzonen, um die Kundenzirkulation anzuregen. Größeren Einfluss auf die Warenaufteilung nimmt aber sicherlich die interne Warenlogistik, die für eine schnelle Warenbeschickung und -entsorgung verantwortlich ist.

Wenngleich wissenschaftlich nicht immer voll abgesichert, gibt es einige Verhaltensmuster der Kunden bezüglich des Verhaltens im Laden und am Regal, die im Rahmen von → Kundenlaufstudien überprüft und für eine entsprechende Ladengestaltung genutzt werden können. Bewährt scheinen folgende Verhaltensweisen:

Ladengestaltung

Abb. 2: Grundprinzipien der Regalanordnung

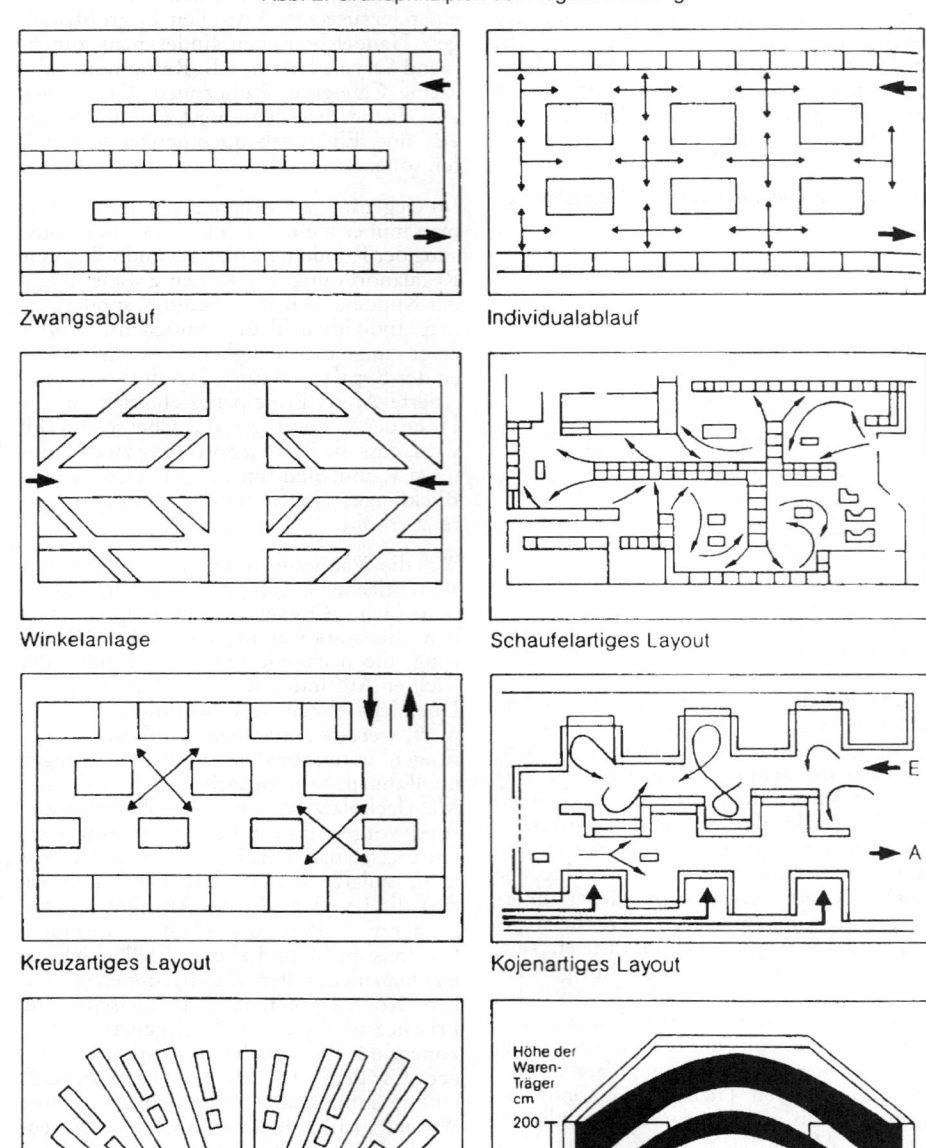

Zwangsablauf

Individualablauf

Winkelanlage

Schaufelartiges Layout

Kreuzartiges Layout

Kojenartiges Layout

Halbkreissystem

Arena-Prinzip

Höhe der
Waren-
Träger
cm
200
140
80

Quelle: *Häusel, H.G.*, Weg von den rechten Winkeln, in: *Lebensmittelzeitung*, Nr. 26 v. 22.6.1984, S. 78, sowie *Müller-Hagedorn/Heidel, B.*, Optimale Verkaufsflächennutzung in Handelsbetrieben, Arbeitspapier Nr. 10, Trier 1986, S. 40.

- Bevorzugung der Außengänge im Laden
- Kundenzirkulation entgegen des Uhrzeigersinns („Rechtsdrall")
- rechte Blick- und Griffrichtung
- geringere Kundenfrequenz mit zunehmender Geschosszahl
- Geschwindigkeitsrhythmus mit relativ schnellem Lauf im ersten und letzten Teil der Einkaufsstrecke und abgesenkter Geschwindigkeit im mittleren Teil.

Naturgemäß wird dieses Verhalten durch die Anordnung der Warengruppen wiederum selbst beeinflusst.

Eine sowohl aus ladenarchitektonischen wie organisatorischen Gründen (→ Rack Jobber) zunehmend gewählte Gestaltungsform ist das → Shop-in-the-shop-Prinzip, bei dem einzelne Sortimentsteile sich optisch deutlich vom Umfeld abheben und abgrenzen. Dadurch kann die Kompetenz für bestimmte Sortimentsbereiche erhöht und die Effizienz des Marketing durch → vertikale Kooperationen verbessert werden. Shop-in-the-Shops lassen sich dabei sowohl für bestimmte Zielgruppen (z.B. „Young fashion") als auch für bestimmte Bedarfskreise (z.B. für Geschenkartikel), für Randsortimente (Süßwaren, Zeitschriften, Reisebüros etc.) oder bestimmte Herstellermarken bilden. Dabei ist freilich darauf zu achten, dass die Prägnanz und Homogenität des gesamten Ladenbildes nicht allzu sehr beeinträchtigt wird.

Organisatorisch wird die Ladengestaltung entweder durch unternehmenseigene Architekten und Dekorationsabteilungen oder durch externe Berater und Zulieferer, z.B. Ladenbauunternehmen, (mit-)betrieben. Auf Professionalität ist dabei immer weniger verzichtbar, weil die Ladengestaltung zu einem der wichtigsten Profilierungsinstrumente im Handelsmarketing geworden ist. Wichtige Impulse für die Ladengestaltung gehen schließlich auch von der Regaltechnik aus. Darüber hinaus bieten moderne → Warenwirtschaftssysteme zunehmend aussagefähigere Informationen für die → Regalflächenoptimierung, die sich insb. auf die artikelspezifischen Kontaktstrecken und Regalflächen bezieht. H.D.

Literatur: *Berekoven, L.:* Erfolgreiches Einzelhandelmarketing, 2. Aufl., München 1995. *Diller, H.:* High touch auf dem Prüfstand, in: Lebensmittelzeitung Nr. 44/1987. *Diller, H.; Kusterer, M.:* Erlebnisbetonte Ladengestaltung im Einzelhandel – eine empirische Studie, in: *Trommsdorff, V.* (Hrsg.): Handelsforschung 1986, Berlin 1986, S. 105-123. *Gröppel, A.:* Instore-Marketing, in: *Tietz, B.; Köhler, R.; Zentes, J.* (Hrsg.): Handwörterbuch des Marketing, 2. Aufl., Stuttgart 1995, Sp. 1020-1030. *Patt, F.-J.:* Strategische Erfolgsfaktoren im Einzelhandel, Frankfurt/Main 1988.

Laden-Layout → Ladengestaltung

Ladenöffnung → Ladenschluss

Ladenschluss

wird in Deutschland durch das → Ladenschlussgesetz (LSchlG) geregelt, das 1956 verabschiedet und 1989 sowie 1996 – begrenzt – novelliert wurde. Einen neuen Schub erhielt die Diskussion im Herbst 1999, als die Landesregierungen von Berlin und Sachsen – unter Berufung auf die Sonderregelung für Fremdenverkehrsorte – großzügig Sonntagsverkäufe und verlängerte Samstagsöffnungen genehmigten. So wurden z.B. die Innenstädte von Berlin, Dresden, Leipzig und Chemnitz zu Ausflugsorten erklärt; eine – an sich erforderliche – Sortimentsbeschränkung gab es freilich – mit Bezug auf § 23 LSchlG („Befristete Ausnahmen") – nicht. Die hierin erkennbare „Aushöhlung" des LSchlG („Löchrig wie ein Schweizer Käse") rief dann gleich alle Befürworter und Kritiker auf den Plan. Strikt gegen jede Änderung der geltenden Regelungen sind – wie schon 1989 und 1996 – die Gewerkschaften: den Leuten fehle nicht die Zeit zum Einkaufen, sondern das Geld. Eine bemerkenswerte Kehrtwendung hat die Hauptgemeinschaft des Deutschen Einzelhandels (HDE) vollzogen: Sie plädiert nun für eine völlige Freigabe der Öffnungszeiten an Werktagen – bei strikter Einhaltung der wenigen Ausnahmen zur Sonntagsruhe. Eine ähnliche Linie vertritt der Deutsche Industrie- und Handelstag (DIHT). Der Deutsche Städtetag spricht sich ebenfalls für eine weitere Liberalisierung aus – allerdings nur zugunsten der Innenstadtgeschäfte: werktags bis 22 Uhr. Die Bundesregierung sieht hingegen Handlungsbedarf allenfalls bei der Samstagsöffnung; eine „Kommerzialisierung des Sonntags" wird von ihr abgelehnt. Auf Basis einer Analyse der 1996er-Liberalisierung empfiehlt das ifo-Institut für Wirtschaftsforschung die völlige Aufhebung der Ladenschlusszeiten an Werktagen und die Übertragung der Entscheidung über Sonntagsöffnungen an kommunale Gebietskörperschaften; tatsächlich nutzt aber nur etwa ein Viertel der Einzelhändler die verlänger-

Ladenschluss

ten Öffnungszeiten des LSchlG in nennenswertem Umfang: insbesondere größere Fachgeschäfte, Lebensmittelsupermärkte und (auch kleinere) Geschäfte in Einkaufszentren und Passagen. Vor allem in kleineren Städten wird die Abendöffnung nur spärlich umgesetzt.

Immer wieder findet sich das Argument, nur ein begrenztes Käufersegment (gut ein Viertel der Bevölkerung) nutze die Abendöffnung: jüngere, berufstätige Verbraucher mit guter Ausbildung und höherem Einkommen, die dann auch bereit seien, höhere Preise zu zahlen. Dies erklärt sich vor dem Hintergrund des → hybriden Käufers: Manche seiner Käufe empfindet er als wichtig und risikobehaftet. Mit einem beträchtlichen Kaufrisiko behaftet sind vor allem Doppelverdiener oder Alleinlebende in anspruchsvollen Berufen: Ihnen fehlt die Zeit zu einer gründlichen Vorabinformation, weshalb sie sich gerne in den Fachgeschäften der Innenstadt beraten lassen. Man sollte ihnen deshalb mit tiefer Auswahl, professioneller Beratung und erweiterten Öffnungszeiten entgegen kommen. Die Kernzielgruppe des Facheinzelhandels – Kunden mit einem hohen Anteil an „Teuer-Käufen" – ist mit 25 bis 30 Prozent nicht sehr groß – aber kaufkräftig und damit ein wichtiges Potenzial. Restriktive Öffnungszeiten verschärfen den Zeitdruck und treiben sie notgedrungen in Verbrauchermärkte, Versandhandel, Urlaubseinkäufe und Internet: Der Innenstadteinkauf ist angesichts umfangreicher Rüstzeiten (Anfahrt, Parkplatzsuche, Rundgang) nicht möglich. Dem wird entgegen gehalten, dass sich – angesichts immer kürzerer Wochenarbeitszeit – die Einkaufsmöglichkeiten zunehmend verbessern. Dies erscheint fraglich, da sich die Einkaufswünsche individualisieren, die Siedlungsstruktur dezentralisiert und die Berufstätigkeit der Frauen zunimmt; zudem ist die Möglichkeit, dass die Kunden ohne Zeitdruck und in entspannter Atmosphäre einkaufen können ein Wert, der zu Recht mit dem Anspruch der Beschäftigten nach regelmäßig frühem Feierabend und langem Wochenende konkurriert.

Nicht stichhaltig ist auch das Argument der Liberalisierungsgegner, das LSchlG diene dem Schutz der Beschäftigten im Einzelhandel. Als Arbeitsschutzgesetz hat es angesichts von Arbeitszeitsgesetzgebung und Tarifverträgen ausgedient. Es gilt grundsätzlich die 37,5-Stunden-Woche; außerdem erhalten die Mitarbeiter für Wochenendarbeit (Sa: 14 bis 16 Uhr) und Spätverkaufszeiten (Mo – Fr: 18.30 bis 20 Uhr) 20 Prozent Lohnzuschlag (ein Samstag/Monat sowie die Adventsamstage bleiben zuschlagsfrei). Die Zuschläge werden in der Regel als Freizeitausgleich – mit entsprechend flexibler Einteilung der Arbeitszeit – abgegolten. Bei darüber hinaus erweiterten (und zulässigen) Öffnungszeiten sind neuerlich Zuschläge fällig: So zahlt Edeka im Münchner Airport Center (MAC) für die Mitarbeiter im Lebensmittelmarkt sonntags 100 %, samstags ab 16 Uhr 50 % und werktags für die Spätschicht von 20 bis 22 Uhr 25 % mehr. Vom Spätdienst „befreit" werden können Beschäftigte mit Kindern unter 15 Jahren oder pflegebedürftigen Angehörigen; auch ehrenamtliche Tätigkeiten, lange Heimfahrten und Weiterbildungswünsche werden anerkannt.

Besonders kontrovers diskutiert wird die generelle Sonntagsöffnung: Die Befürworter verweisen darauf, dass bereits jetzt knapp ein Viertel der Erwerbstätigen zumindest gelegentlich sonntags arbeitet (z.B. bei den Stadtwerken, Krankenhäusern, Medien, aber auch in Gastronomie und Freizeitsektor). Die Tendenz zur Sonntagsöffnung erkennt man auch daran, dass Baden-Württemberg 1998 die Zahl der Ausnahmegenehmigungen um 28 Prozent auf 626 Fälle erhöht hat; in Bayern fallen 450 Orte unter die Fremdenverkehrsregelung. Die Gegner (insbesondere Gewerkschaften und Kirchen) meinen, der Sonntag dürfe nicht zum „Tag des Kaufrausches" werden, und sie berufen sich auf die grundgesetzlich geschützte Sonn- und Feiertagsruhe (Art. 70 GG). Im Kern geht es um ein Abwägen zwischen berechtigten Konsumbedürfnissen der Käufer einerseits und gesellschaftlichen Werten andererseits, wobei freilich der Sonntag seine traditionelle Rolle in weiten Teilen der Bevölkerung eingebüßt hat. Der Sonntagsausflug in die Innenstadt wird gegenwärtig jedenfalls gegenüber dem Ausflug in den Biergarten benachteiligt. Innerhalb der EU ist der Sonntagsverkauf erlaubt in Finnland, Großbritannien („Free for all"), Portugal und Schweden sowie – sofern keine Angestellten betroffen sind – in Belgien und Frankreich (hier vor allem Lebensmittelhändler).

Innerhalb der EU zählt Deutschland – insbesondere werktags – zu den Ländern mit den restriktivsten Öffnungszeiten: So sind Öffnungszeiten bis 22 oder 24 Uhr eher die Regel. Das Argument, von den 76 möglichen Öffnungsstunden würden im Durchschnitt nicht einmal 60 genutzt, trifft nicht: Abgesehen davon, dass viele kleinere Händler ihre Chance für mehr Kundenservice und Kundenbindung leichtfertig ausschlagen („Wollen Sie mir meinen Fernsehabend vermiesen?"), würde eine Freigabe der Öffnungszeiten zusätzliche Differenzierungsmöglichkeiten eröffnen, die – wettbewerbsverzerrend – gegenwärtig nur von Tankstellen, Flug- und Fährhäfen sowie Bahnhöfen genutzt werden dürfen – und auch innovativ genutzt werden. So haben sich (fast) alle Tankstellen zu leistungsfähigen Nachbarschaftsläden mit angeschlossenen Zapfsäulen entwickelt und damit die Rolle der früheren Tante-Emma-Läden übernommen. Zu bedenken ist auch, dass vom LSchlG nicht erfassbare Vertriebswege, wie Versandhandel und Internet, ihren Siegeszug fortsetzen. Die Frage lautet deshalb nicht, ob man durch die Abendöffnung Umsatz gewinnt, sondern durch den Verzicht darauf (weiter) Umsatz verliert. H.Sch.

Literatur: *Enke, M.; Wolf, C.; Wild, U.*: Ladenschluss in Deutschland – Abriss zur Entwicklung und zum Stand der Diskussion, in: Freiberger Arbeitspapiere, Nr. 23 (1999). *Kaapke, A.; Sondermann, N.*: Die Konsequenz der Liberalisierung des Ladenschlussgesetzes von 1996, in: Mitteilungen des IfH, Köln 1999, S. 206-211. *Schmalen, H.*: Handel zwischen Gestern und Morgen. Ein Spannungsfeld von Kunden, Konkurrenz und Gesetzgeber, in: *Beisheim, O.* (Hrsg.): Distribution im Aufbruch, München 1999, S. 469-488.

Ladenschlussgesetz (LSchlG)

Vom 30. Juli 1996 (BGBl. I S. 1186) regelt die Öffnungszeiten im Einzelhandel (→ Ladenschluss). Danach müssen Verkaufsstellen geschlossen sein (§ 3):

– an Sonn- und Feiertagen,
– montags bis freitags bis 6 Uhr und ab 20 Uhr (Bäckereien: bis 5.30 Uhr),
– samstags bis 6 Uhr und ab 16 Uhr (Friedhofsgärtnereien: ab 17 Uhr),
– an den vier aufeinander folgenden Samstagen vor dem 24. Dezember bis 6 Uhr und ab 18 Uhr,
– am 24. Dezember, wenn dieser Tag auf einen Werktag fällt, bis 6 Uhr und ab 14 Uhr.

Die beim Ladenschluss anwesenden Kunden dürfen noch bedient werden.
In den §§ 4 bis 16 finden sich Ausnahmen von den allgemeinen Ladenschlusszeiten. Sie betreffen Apotheken („Dienstbereitschaft" außerhalb der gesetzlichen Öffnungszeiten), Zeitungskioske (erweiterte Öffnung: samstags bis 19 Uhr, sonntags 11 bis 13 Uhr), Tankstellen (Verkauf von „Reisebedarf" außerhalb der gesetzlichen Öffnungszeiten) sowie Warenautomaten (keine Beschränkungen). Weitere Ausnahmen gelten für Verkaufsstellen auf Bahnhöfen und Flughäfen, in Fährhäfen sowie in Kur- und Erholungsorten. So können die Landesregierungen bestimmen, dass in Städten mit mehr als 200 000 Einwohnern Verkaufsstätten in Bahnhöfen an Werktagen von 6 Uhr bis 22 Uhr geöffnet sein dürfen. Auf internationalen Verkehrsflughäfen und in internationalen Fährhäfen sind keine Ladenschlusszeiten vorgeschrieben. In Kur-, Ausflugs-, Erholungs- und Wallfahrtsorten dürfen bestimmte Waren (z.B. Badegegenstände, Devotionalien, frische Früchte, Milch, Süß- und Tabakwaren, Blumen, Zeitungen) an jährlich höchstens 40 Sonn- und Feiertagen bis zur Dauer von 8 Stunden und samstags bis spätestens 20 Uhr verkauft werden; bei Samstagsverkauf muss allerdings an einem anderen Nachmittag derselben Woche ab 14 Uhr geschlossen sein.

Besonderen Regelungen unterworfen ist auch der – grundsätzlich verbotene – Sonntagsverkauf. So können Bäckereien drei Stunden lang öffnen. Ferner dürfen aus Anlass von Märkten und Messen jährlich vier Sonntage „freigegeben" werden, allerdings für höchstens fünf Stunden vor 18 Uhr; am vorausgehenden Samstag müssen freilich die beteiligten Verkaufsstellen ab 14 Uhr geschlossen sein.

Aus Anlass von Messen und Märkten dürfen zudem an jährlich sechs Werktagen Geschäfte bis 21 Uhr geöffnet bleiben.

Weitere Einzelregelungen finden sich in den §§ 18 bis 21.

Die restriktive Handhabung der Sonntagsöffnung erkennt man auch daran, dass der Gesetzgeber in § 17 zum Schutz der Arbeitnehmer die individuelle Arbeitszeit an Sonn- und Feiertagen ausdrücklich regelt: Sie darf acht Stunden nicht überschreiten (in Kur-, Ausflugs-, Erholungs- und Wallfahrtsorten: vier Stunden an höchstens 22 Sonn- und Feiertagen), und es wird – gestaffelt nach Beschäftigungsdauer – ein Freizeitausgleich vorgeschrieben (z.B. bei mehr als drei Stunden Beschäftigung ein halber Werktag derselben Woche); jeder dritte Sonntag muss zudem beschäftigungsfrei bleiben.

Ladentreue

Verstöße gegen das LSchlG werden als Ordnungswidrigkeit mit einer Geldbuße bis zu 5000 DM geahndet; bei einem Verstoß gegen den Arbeitnehmerschutz insbesondere gem. § 17 droht eine Freiheitsstrafe bis zu sechs Monaten (bzw. Geldstrafe bis zu 180 Tagessätzen). H.Sch.

Ladentreue → Einkaufsstättentreue

Lager → Depot

Lagerbestand → Bestelldoktrinen

Lagergeschäft

Grundvariante des → Eigengeschäfts, bei der das Großhandelsunternehmen oder die → Einkaufsgemeinschaft als Beschaffungszentrale die erworbenen Waren auf Lager nimmt. Die Waren können kurzfristig von den Einzelhandelskunden zur Deckung ihres Bedarfs vom Lager abgerufen werden. Dies ist bei Einkaufsgemeinschaften für Bekleidung und Textilien sowie Schuhe und Hartwaren häufig gegeben (Gegensatz: → Streckengeschäft). B.T./J.Z.

Lagergroßhandel

Betriebstyp des → Großhandels, der sich durch eine ausgeprägte Wahrnehmung der Zeitüberbrückungsfunktion in Form der Lagerhaltung auszeichnet, wobei sich die Lagerhaltung auf die physische Präsenz der Ware im Handelsbetrieb bezieht und zeitliche Spannungen zwischen Erzeugung und Verwendung ausgleichen soll. K.Ba.

Lagerhalter → Logistik-Dienstleister

Lagerhaltungsplanung
→ Selektive Lagerhaltung

Lagerkosten → Vorratskosten,
→ Logistik-Kosten

Lagerpolitik → Depotplanung,
→ Vorratspolitik

Lagersortiment

Die Artikel des Lagersortiments sind ständig am Lager bzw. im Verkaufsraum verfügbar. Gegensatz: → Bestellsortiment.

Lagerstandort → Depotplanung

Lagerumschlag

Umsatz je Einheit durchschnittlichen Kapitaleinsatzes im Lager. Insb. im Handel verbreitete → Marketing-Kennzahl (Controlling im Handel, → Sortimentskontrolle).

Lahiri-Verfahren

Spezielles, vom indischen Statistiker *D.B. Lahiri* entwickeltes mehrstufiges → Auswahlverfahren für Stichproben, das die Kumulation von Sekundäreinheiten (Erhebungseinheiten) und die dadurch bedingte Überschreitung des geplanten Stichprobenumfangs vermeidet. Aus der Grundgesamtheit werden Paare von Zufallszahlen x (für die Primäreinheit) und y (für die Anzahl der Sekundäreinheiten) erhoben, wobei $x < N$ und y kleiner gleich der Anzahl der größten Primäreinheit sein darf, ansonsten wird a verworfen und die Ziehung wiederholt, bis die erforderliche Zahl von Primäreinheiten erreicht ist. H.D.

Lambda-Hypothese → Aktivierung

Lancaster-Theorie → Käuferverhalten,
→ Eigenschaftsraum

Lance/Williams-Formel

Um das Gemeinsame bekannter agglomerativer Verfahrensvarianten zur Ermittlung einer hierarchischen Klassifikation (→ Agglomerative Clusteranalyse) herauszufinden, haben *G.N. Lance* und *W.T. Williams* eine Formel entwickelt, die die Verschiedenheit der nach erfolgter Klassenfusion entstandenen neuen Klasse zu jeder anderen Klasse bewertet. Für einen Bewertungsindex der Form v (→ Distanzindex) und die Fusion $K = K_1 \cup K_2$ lautet die Formel

$v(K,L) = v(K_1 \cup K_2, L) = \alpha_{1v}(K_1,L)$
$+ \alpha_{2v}(K_2,L) + \alpha_v(K_1,K_2) +$
$+ \gamma \mid v(K_1,L) - v(K_2,L) \mid$ für alle Klassen L .

Danach hängt die Verschiedenheit v(K,L) der neuen Klasse K zu einer beliebigen anderen Klasse L ab von der Verschiedenheit der Teilklassen K_1 bzw. K_2 zu L, sowie der absoluten Differenz dieser beiden Verschiedenheiten, und schließlich auch von der Verschiedenheit der beiden Teilklassen untereinander. Die *Tab.* zeigt, dass für die relevanten Verfahren die Lance/Williams-Formel bei spezieller Wahl der Parameter $\alpha_1, \alpha_2, \beta, \gamma$ mit $\alpha_1, \alpha_2 > 0$, $\alpha_1 + \alpha_2 \geq 1$, $\beta \leq 0$ erfüllt ist. Th.B.

Verfahren	α_1	α_2	β	γ
Single Linkage	0,5	0,5	0	−0,5
Complete Linkage	0,5	0,5	0	−0,5
Average Linkage	$\dfrac{\mid K_1 \mid}{\mid K_1 \mid}$	$\dfrac{\mid K_1 \mid}{\mid K_1 \mid}$	0	0
Zentroid	$\dfrac{\mid K_1 \mid}{\mid K \mid}$	$\dfrac{\mid K_2 \mid}{\mid K \mid}$	$\dfrac{-\mid K_1 \mid \mid K_2 \mid}{\mid K \mid^2}$	0
Ward	$\dfrac{\mid K_1 \mid + \mid L \mid}{\mid K \mid + \mid L \mid}$	$\dfrac{\mid K_2 \mid + \mid L \mid}{\mid K \mid + \mid L \mid}$	$\dfrac{-\mid L \mid}{\mid K \mid + \mid L \mid}$	0

Länder-Portfolio
Ein zentrales Instrument des Strategischen → Internationalen Marketing stellt die → Portfolio-Analyse dar. Sie soll es den Unternehmen ermöglichen, einen Ausgleich zwischen den sich langfristig auswirkenden → Auslandsrisiken und den sich ergebenden Chancen zu erreichen. Für die in internationalen Märkten agierenden Unternehmen kommt es v.a. darauf an, Prioritäten bei der Marktauswahl zu setzen, Strategien der Markterschließung festzulegen und Entscheidungen über den Marktaustritt aus bestimmten Teilmärkten der Weltwirtschaft vorzusehen. Zum zentralen Instrument des Strategischen Internationalen Marketing haben sich daher weltmarktorientierte Länder-Portfolios entwickelt.
Bei der Aufstellung von Länder-Portfolios werden das Risikopotenzial und die Attraktivität der Märkte gegeneinander abgewogen (*Abb.*). Das Risikopotenzial ergibt sich bei der Aufstellung von Länder-Portfolios v.a. aus den entsprechenden Aktions- und Länderrisiken. Die Marktattraktivität besteht vorrangig aus dem Nachfragevolumen, der verfolgten Wirtschafts- und Entwicklungspolitik sowie den sozio-kulturellen Rahmenbedingungen. H.-G.M.

Weltmarktorientiertes Länder-Portfolio

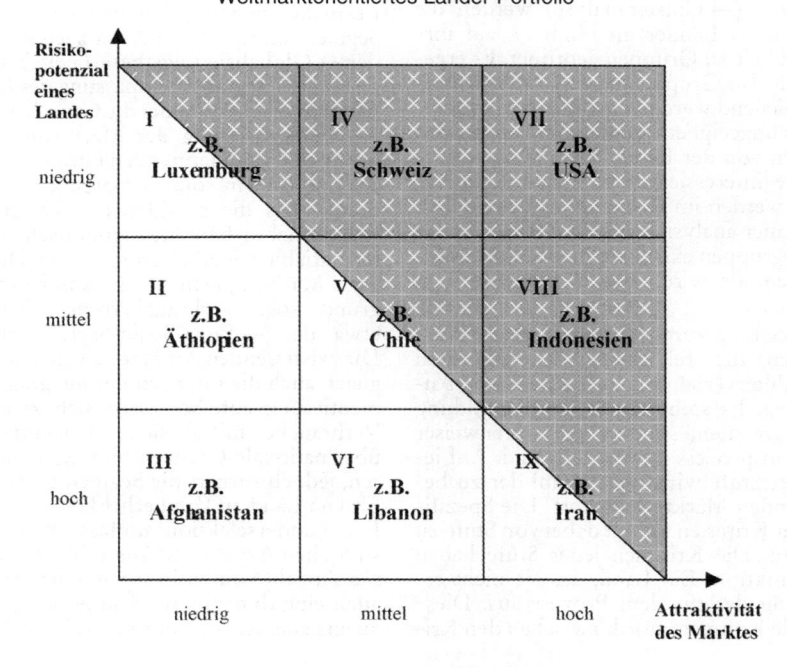

Risikopotenzial eines Landes			
niedrig	I z.B. Luxemburg	IV z.B. Schweiz	VII z.B. USA
mittel	II z.B. Äthiopien	V z.B. Chile	VIII z.B. Indonesien
hoch	III z.B. Afghanistan	VI z.B. Libanon	IX z.B. Iran
	niedrig	mittel	hoch → Attraktivität des Marktes

Länderselektion

strategische Entscheidung, in deren Rahmen eine systematische Auswahl derjenigen Länder(gruppen) zu treffen ist, die das Unternehmen im → internationalen Marketing zu bearbeiten beabsichtigt. Als Entscheidungskriterium dient dabei der jeweils zu erwartende Zielerreichungsbeitrag der einzelnen Ländermärkte, insb. in Bezug auf Umsatz-, Marktanteils- und Rentabilitätsziele. Die Selektion von Auslandsmärkten basiert auf Informationen der → Auslandsmarktforschung. Zur Auswahl werden a-priori festgelegte Kriterien herangezogen. Aus statischer Perspektive umfasst die Länderselektion die Auswahl der Ländermärkte, welche ein Unternehmen kurzfristig mit einem Produkt bzw. Sortiment erschließen will. In dynamischer Sicht ist zu bestimmen, in welcher Reihenfolge die selektierten Ländermärkte erschlossen werden sollen.

Der Prozess der Länderselektion gliedert sich in Grobselektion, Feinselektion sowie internationale Marktsegmentierung. Zum Einsatz kommen dabei sowohl heuristische als auch analytische Verfahren.

Im Rahmen der Grobselektion unterscheidet man zwischen Gruppierungs- und Filterverfahren. Beim Gruppierungsverfahren gehen eine Vielzahl von Variablen gleichzeitig in die Analyse ein. Durch statistische Verfahren (→ Clusteranalyse) werden die betrachteten Länder im Hinblick auf ihre Ähnlichkeit zu Gruppen geordnet. Es ergeben sich also Gruppen von Ländermärkten. Anschließend werden die für den Markteintritt als ungeeignet erachteten Gruppen von Ländern von der Betrachtung ausgeschlossen, die interessierenden Länderkombinationen werden im Rahmen der Feinselektion genauer analysiert. Für die Auswahl der Ländergruppen existieren keine eindeutigen Kriterien. Es wird also nach Plausibilität entschieden.

Im Gegensatz zum Gruppierungsverfahren kommen die relevanten Determinanten beim Filterverfahren sukzessive zur Anwendung. Es steht also nicht die Bildung von Segmenten, sondern ein stufenweiser Selektionsprozess im Vordergrund. Auf jeder Filterstufe wird die Anzahl der zu betrachtenden Märkte reduziert. Die Spezifizität der Kriterien nimmt dabei von Stufe zu Stufe zu. Die Kriterien jeder Stufe haben KO-Funktion. Ein Land, das sie nicht erfüllt, scheidet aus dem Prozess aus. Diese fehlende Kompensatorik zwischen den Kriterien wird teils als Nachteil des Filteransatzes gesehen. Suboptimale Ausprägungen einzelner Variablen können nicht durch überdurchschnittliche Werte bei anderen ausgeglichen werden. Hingegen sind die methodischen Anforderungen beim Filterverfahren geringer. Dies erklärt auch dessen weite Verbreitung in der Praxis.

Nachdem sich im Rahmen der Grobselektion ein begrenzter Kranz von „A-Ländern" herauskristallisiert hat, kommen bei der Feinselektion für jedes Land differenziertere Methoden der Bewertung zum Einsatz, wie z.B. Investitionsrechnung, → Entscheidungsbäume oder → Länder-Portfolios. Zur Informationsgewinnung werden in dieser Phase der Länderselektion i.d.R. durch Primärforschung gewonnene Daten verwendet, während die Grobselektion weitestgehend auf Basis von Sekundärdaten basiert. Hierfür werden von kommerziellen Anbietern auch sog. Country-Ratings erstellt, die auf die Früherkennung von politischen und ökonomischen Risiken abstellen. Am bekanntesten ist der → BERI-Index.

Der abschließende Schritt der Länderselektion ist die internationale Marktsegmentierung. Dabei ist zu entscheiden, ob jeder Markt einzeln betrachtet werden soll (intranationale → Marktsegmentierung) oder ob eine länderübergreifende Bestimmung von homogenen Verbrauchergruppen möglich ist. In diesem Fall spricht man von integraler Segmentierung. Dieser Ansatz leitet sich aus der → Globalisierungsthese *Levitt's* ab. Die zunehmende globale Anpassung des Konsumentenverhaltens bildet die Grundlage einer → Standardisierung der Marketing-Instrumente über Ländergrenzen hinweg. Voraussetzung für ein solches Vorgehen ist allerdings, dass die gebildeten → Zielgruppen sich hinsichtlich marketingpolitisch relevanter Variablen deutlich ähnlich sind. Die integrale Marktsegmentierung kann bspw. aufgrund sog. Verbrauchertypologien, wie etwa der → Euro-Socio-Styles, erfolgen. Die existierenden Ansätze zeigen jedoch zugleich auch die Grenzen der integralen Segmentierung auf. So lassen sich zwar teils Verbraucher mit ähnlichen Charakteristika über nationale Grenzen hinweg identifizieren, jedoch variiert die Segmentgröße dabei oft von Land zu Land erheblich.

Die Länderselektion umfasst neben dem statischen Aspekt der Auswahl einer gewissen Anzahl von zu bearbeitenden Märkten auch eine dynamische Komponente. So ist zu entscheiden, ob der Eintritt in die Märkte

Symptome von langfristiger bzw. kurzfristiger Orientierung

Kurzfristige Orientierung	Langfristige Orientierung
• Tendenz zur absoluten Wahrheit • Normativismus • Ungeduld, kurzfristige Erfolge • Eigene Ziele dominieren, Abneigung gegenüber Fremdbestimmung • Erfüllung sozialer Erwartungen bzw. Verpflichtungen ungeachtet der Kosten • Respekt / Wertschätzung für Tradition und Stabilität • Bewahrung der Traditionen • Hohe Investitionen für schnelle Entwicklung (Verschuldung)	• Viele „Wahrheiten" (abhängig von Zeit, Ort, Gegebenheit) • Pragmatismus • Fleiß, Durchhaltevermögen, Ausdauer, langfristige Zielverfolgung • Bereitschaft, sich einem kollektiven Zweck unterzuordnen • Respekt für soziale Verpflichtungen innerhalb bestimmter Grenzen • Anpassung der Tradition an veränderte Umweltbedingungen • Pragmatische Anpassung an Traditionen • Haushalten zur Zukunftsicherung (Sparen)
Bp.: Großbritannien, Kanada, Pakistan, USA	Bp.: China, Hongkong, Japan, Taiwan

zeitgleich (→ Sprinkler-Strategie) oder sukzessive (→ Wasserfall-Strategie) erfolgen soll. B.I.

Literatur: *Backhaus, K.; Büschken, J.; Voeth, M.:* Internationales Marketing, 3. Aufl., Stuttgart 2000, S. 102–135.

Länderspezialist → Außengroßhandel

Landwirtschafts-Marketing
→ Agrarmarketing

Langfristige vs. kurzfristige Orientierung
bislang am wenigsten erforschte Kulturdimension nach → *Hofstede/Bond*. Mitglieder aus Ländern, welche die in den Lehren von *Konfuzius* vermittelten (sog. → konfuzianischen) Werte vertreten (z.B. Fleiß, Durchhaltevermögen, Ausdauer, Sparsamkeit), gelten als „langfristorientiert", weil diese Werte dazu beitragen, langfristige Ziele zu erreichen. Tradition und Stabilität hingegen sind eher gegenwarts- bzw. vergangenheitsbezogen (= Kurzfristorientierung). Sie ist charakteristisch für Länder, die nicht konfuzianisch geprägt sind (vgl. *Abb.*).
Die Dimension Langfristorientierung korreliert in erheblichem Maße mit → Individualismus/Kollektivismus.   S.M./M.Ko.

Längsschnittsanalyse
→ Forschungsdesign

Lasswell-Formel → Kommunikation

Lastenheft → Pflichtenheft

Last Minute-Letter
spezieller → Werbebrief oder Prospekt, die dazu dienen, aktuelle Sonderangebote oder Neuheiten vorzustellen (s.a. → Handlungsauslöser). Er wird in der Verlags- und Abonnentenwerbung auch als *Publisher's Letter* bezeichnet.

Lateinisches Quadrat
Die Wirkung von experimentell überprüften Marketing-Maßnahmen (Preise, Packungen, Verkaufsförderungsmaßnahmen etc.) hängt insbesondere bei → Storetests oder in Mini → Testmärkten von den Geschäftstypen, Standorten, Perioden u.a.m., in denen sie getestet werden, ab. Um den Einfluss solcher Störgrößen zu erfassen, werden sie im Rahmen von → Experimenten neben dem Experimentfaktor explizit in das experimentelle Design einbezogen. Geht man z.B. von einem Experimentfaktor aus, der in drei Ausprägungen (z.B. drei Packungen A, B, C) überprüft werden soll und spielen der Geschäftstyp und die Perioden eine Rolle, so werden diese beiden Störgrößen ebenfalls in drei intern homogene Blöcke untergliedert (hier drei Geschäftstypen, drei Perioden). Das Lateinische Quadrat, dessen Name von der Bezeichnung der Abstufungen des Experimentfaktors mit lateinischen Buchstaben sowie der analogen Anzahl der Abstufungen der Störvariablen abstammt, hat dann folgendes Aussehen:

Geschäfte Perioden	1	2	3
1	A	B	C
2	B	C	A
3	C	A	B

Die Auswertung mit Hilfe der → Varianzanalyse erlaubt zunächst die Feststellung der Verkaufswirkung der drei Preisforderungen A, B und C, unabhängig von Geschäftstyp und Periode. Daneben können die eventuell unterschiedlichen Wirkungen der drei Perioden sowie der Geschäftstypen erfasst werden. L.H.

Literatur: *Böhler, H.:* Marktforschung, 2. Aufl., Stuttgart u.a. 1992, S. 50–53. *Hammann, P.; Erichson, B.:* Marktforschung, 3. Aufl., Stuttgart 1994, S. 185-193.

Latente Variablen

Variablen im Rahmen der → Multivariatenanalyse, die nicht direkt beobachtbar sind und über Messmodelle, Skalen oder Indizes gemessen werden. Die Konsumentenforschung verwendet für diese Variablen den Begriff → Hypothetische Konstrukte. In die Modelle der → Kausalanalyse gehen latente Variablen oder hypothetische Konstrukte als Faktoren ein. L.H.

Launhardt-Hotelling-Hypothese
→ Preistheorie

Lavington-Modell

→ Kaufneigungsmodell, das das Konsumentenverhalten von Einzelindividuen unter Einbeziehung der gewählten Marketingmaßnahmen beschreibt. Mit dem Modell durchzuführende Simulationsuntersuchungen erlauben sowohl Aussagen über die geeignete Wahl des absatzpolitischen Instrumentariums als auch über den zukünftigen Absatz des Produkts. Die Grundidee des Verfahrens ist es, die Wahrscheinlichkeit des Kaufes einer Marke durch einen Käufer aus einer Vielzahl der ihn beeinflussenden Faktoren zu ermitteln. Dabei wird zwischen Faktoren, die die Prädisposition des Käufers bestimmen, und Faktoren, die unmittelbar vor dem Kauf einwirken, unterschieden. Zu der ersten Gruppe gehören:

– die Preiswirkung des Artikels im Konkurrenzpreisgefüge,
– die Wirkung des Produktgebrauchs, die der Käufer durch die Benutzung des Artikels o.ä. Konkurrenzprodukte erfahren hat,
– die Wirkung der Werbung aller Wettbewerber über alle Werbeträger,
– die Wirkung von Gesprächen, die die Konsumenten untereinander über das Produkt führen.

Zu der zweiten Gruppe gehören:

– die Wirkung der Verpackung im Konkurrenzgefüge,
– die Wirkung der Kaufsituation, die die Verfügbarkeit des Produktes im Vergleich zu den Wettbewerbsprodukten erfasst.

Die quantitative Beschreibung dieser Einzelfaktoren ermöglicht dann die Berechnung der für die Simulation erforderlichen individuellen Kaufwahrscheinlichkeiten. Die spezielle Struktur des Ansatzes beschränkt dessen Anwendbarkeit jedoch auf häufig gekaufte, abgepackte, im Einzelhandel angebotene Verbrauchsgüter. Die Praktikabilität des Modells wird aufgrund der Vielzahl der zu erhebenden Daten eingeschränkt. Problematisch erscheint zudem, dass die Konkurrenzaktivitäten zwar Input des Modells sind, in der Realität aber oft nicht hinreichend genau vorhergesehen werden können. K.-W.H.

Law of Comparative Judgement (Gesetz des Paarvergleiches)

Nach dem „Law of Comparative Judgement" ist es möglich, aus der Verteilung von Alternativurteilen zwischen Paaren von Objekten, die sich auf ein gemeinsames Merkmal beziehen, den subjektiven Größenunterschied verhältnisskaliert zu ermitteln (→ Skalierungstechnik).

Mit dem *Index der Skalierbarkeit* kann überprüft werden, inwieweit die Beobachtungshäufigkeiten aus einem Paarvergleich linear skalierbar und damit reproduzierbar sind. Er zeigt damit auch an, inwieweit das Law of Comparative Judgement im gegebenen Fall angemessen ist.

Man bestimmt hierzu das totale mittlere Quadrat (T), das mittlere Quadrat der Diskrepanzen (D) und das mittlere Quadrat der linearen Komponente (L). Für n Objekte ergibt sich folgender Index der Skalierbarkeit $r_R = [2 \cdot (L-D)] / [n \cdot T]$ bzw. die äquivalente Form $r_R' = [T - D] / T$. Er indiziert das Ausmaß, in dem die reproduzierten Werte, die aus der Anwendung eines linearen Skalierungsmodells hervorgehen, an die empirischen Werte angepasst sind. B.N.

Literatur: *Kaas, K.P.:* Empirische Preisabsatzfunktionen bei Konsumgütern, Berlin u.a. 1977. *Sixtl, F.:* Messmethoden der Psychologie, Weinheim u.a. 1982.

Layouter

Person, mit graphischer Ausbildung, welche die kreativen Elemente, wie z.B. Headline, Text, Illustrationen, Logo, eines Werbemittels in einer solchen Weise graphisch dar- und zusammenstellt, dass der Auftraggeber aus dem Entwurf die endgültige Gestaltung des Werbemittels zu erkennen vermag, und die für die Produktion des Werbemittels Verantwortlichen daraus die notwendigen Informationen für ihre Arbeit erhalten (→ Werbeberufe). Der Drucker muss z.B. Größe und Satztype der Textteile bestimmen können.

Lead-Agency-Konzept

Übertragung des → Lead-Country-Konzepts der → internationalen Marketingorganisation auf Werbeagenturen. Dabei zeichnet nicht die Zentrale der internationalen Werbeagentur für die Betreuung eines auf mehreren Ländermärkten tätigen Kunden verantwortlich, sondern eine Landesgesellschaft der Agentur, welche hierfür aufgrund ihres Kompetenzprofils besonders geeignet ist. B.I.

Lead-Country-Konzept

Form der → Marketing-Koordination im → internationalen Marketing, welche Elemente der Zentralisierung von Marketingentscheidungen einerseits und der Partizipation der Ländergesellschaften andererseits zu vereinen versucht. Dabei erhalten einzelne Tochtergesellschaften die internationale Verantwortung für Produkte oder Produktlinien. Ziel ist es, die Motivation der Manager in den Landesgesellschaften zu sichern und lokales Marketing-Know-how zu nutzen.
Die Auswahl des Lead-Countries erfolgt v.a. unter Potenzialaspekten: Diejenige Unternehmenseinheit, welche über die besten personellen, technischen, logistischen, finanziellen etc. Ressourcen für das Marketing des Produktes bzw. der Linie verfügt, wird mit der Rolle betraut. Kommt dem → Country-of-Origin aus Kundensicht hohe Bedeutung zu, so ist dies ein weiteres Kriterium. Bei entsprechenden Voraussetzungen kann auch die Muttergesellschaft die Lead-Country-Rolle übernehmen.
Problematisch ist hingegen die Komplexitätssteigerung aufgrund der Schaffung zahlreicher Entscheidungszentren, was zu erhöhtem Koordinationsbedarf führt. Hinzu kommt, dass in der Praxis vielfach nur relativ große Landesgesellschaften Lead-Country-Funktionen erhalten. Die Motivationswirkung bleibt daher auf wenige Unternehmensbereiche beschränkt. B.I.

Literatur: *Macharzina, K.; Oesterle, M.-J.:* Organisation des internationalen Marketing-Managements, in: *Hermanns, A.; Wißmeier, U.K.* (Hrsg.): Internationales Marketing-Management, München 1995.

Lead User

Eine konsequente Kundenorientierung bedingt eine nachfrageorientierte Produktentwicklung. Im Investitionsgüterbereich werden deshalb bereits in frühen Phasen der Entwicklung und Konstruktion potentielle Nachfrager in den Entstehungsprozess einbezogen und zu einer kooperativen Produktentwicklung herangezogen. Diese „Lead User" sind Verwender, deren Probleme für die betreffende Branche und eventuell auch darüber hinaus sowohl neu als auch richtungsweisend sind. Daher senken zusammen mit Lead Usern entwickelte Produkte das Fehlschlagrisiko der Produktentwicklung beträchtlich. W.H.E.

Literatur: *Hippel, E. von:* Lead User: A Source of Novel Product Concepts, in: Management Science, 32. Jg. (1986), S. 791–805. *Kirchmann, E.M.W.:* Innovationserfolg durch Innovationskooperation mit Anwendern, in: Marktforschung und Management, 42. Jg. (1998), S. 218-223. *Kleinaltenkamp, M.; Staudt, M.:* Kooperationen zwischen Investitionsgüterherstellern und führenden Anwendern („Lead Usern"), in: *Hilbert J. et al.* (Hrsg.): Neue Kooperationen in der Wirtschaft, Opladen 1991, S. 59-70.

Leaflet

engl. Bezeichnung für Flug- oder Merkblatt, das überwiegend als → unadressierte Werbesendung eingesetzt wird.

Lean Banking

Lean Management kommt aus dem industriellen Bereich und ist ein Ansatz, ein Unternehmen in seinen Strukturen, seinen Geschäftssystemen und Prozessen zu überdenken und neu auszurichten. Zentrale Merkmale sind wertschöpfungsorientiertes Handeln, die stetige Suche nach Verbesserungspotentialen, Kundenorientierung und Teamarbeit. Lean Banking bezeichnet die Übertragung der angeführten industriellen Merkmale auf den Bankensektor. Es äußert sich in der Umsetzung einer marktorientierten Unternehmensorganisation, einer Differenzierung des → Bankvertriebs, einer

Lean Consumption

Straffung der Produktpalette (→ Banksortimentspolitik) und Automation der Prozesse (→ Kundenselbstbedienung). Ziel ist eine Erhöhung der Wettbewerbsfähigkeit durch eine Reduktion der Kosten bei gleichzeitiger Erhöhung des Kundennutzens durch verbesserte Service- und Leistungsqualität. O.B.

Literatur: *Benölken, H.; Wings, H.:* Lean Banking. Wege der Marktführerschaft, Wiesbaden 1994. *Betsch, O.:* Lean-Marketing. Der Weg zur virtuellen Bank, Hamm 1996.

Lean Consumption

spezielle Art des → Käuferverhaltens, das sich als effizientes und effektives, am Kernnutzen ausgerichtetes Einkaufen charakterisieren lässt. Es wird insb. von Zielgruppen mit wenig Zeit und geringem Spaß am Einkauf sowie in Produktbereichen mit niedrigem → Involvement an den Tag gelegt.

Lean Consumption stellt das Ergebnis diverser, auf vielen Märkten beobachtbarer kundenseitiger Entwicklungen im Zuge der → Marktdynamik dar: Neben der im allgemeinen Alltagsstress begründeten steigenden Wertschätzung bequemer Einkaufsmöglichkeiten (→ Convenience-Strategie) kann man einen zunehmend kritischen Konsumenten konstatieren („aufgeklärter Verbraucher"), der sich in Verbindung mit seinen (inzwischen guten) produkt- bzw. leistungsbezogenen Kenntnissen auf die eigene Urteilsfähigkeit verlässt – mit der Folge eines stärker rationalen, am Preis-Leistungsverhältnis ausgerichteten Kaufverhaltens. Damit einher geht eine gewisse Marketingmüdigkeit. Insbesondere gegenüber einer unternehmensseitig häufig (ausschließlich) auf Emotionen ausgerichteten → Kommunikationspolitik steigt die ablehnende Haltung, weswegen die Konsumenten ihre → Kaufentscheidungen vermehrt auf objektive Kriterien statt auf künstlich geschaffene, intangible (Marken)Welten stützen. Zudem findet auf zahlreichen Märkten eine → Marktpolarisierung statt, durch die bei einem Großteil der Verbraucher der Kernnutzen von Leistungen in den Vordergrund rückt. Daneben ist für viele Menschen Zeitknappheit bereits eine Realität. Als Folge steigt die Neigung der Konsumenten, bestimmte Einkäufe möglichst schnell zu erledigen. Die umfangreichen Informationsangebote leisten schließlich einer → Informationsüberlastung der Konsumenten Vorschub, die den Wunsch nach transparenten Informationen weckt.

Die Generierung von → Kundennutzen erfolgt bei den entsprechenden Kunden durch die Entlastung von allen stressfördernden und zeitraubenden Faktoren des Einkaufs. Dafür eignen sich Maßnahmen aus allen Marketing-Mix-Bereichen, z.B. straffe → Sortimente, klare → Preisauszeichnung und → Preisehrlichkeit, übersichtliche → Warenpräsentation, logische → Laden-Layouts, schnellen Kassendurchlauf, unaufdringliche Verkaufsberatung, → Dauerniedrigpreise, Serviceangebote, wie bequeme Parkmöglichkeiten oder Kinderbetreuung, → Electronic Shopping und generell Maßnahmen, die eine angenehme und freundliche Einkaufsatmosphäre schaffen. Solche Maßnahmen lassen sich zu ganzheitlichen marketingstrategischen Konzepten verbinden, wie man sie z.B. mit Fast-food-Konzepten oder dem → Discounting auf den verschiedensten Märkten findet.

A.Ha./H.D.

Literatur: *Diller, H.:* Preisehrlichkeit. Eine neue Zielgröße im Preismanagement des Einzelhandels, in: Thexis, H. 2/1997, S. 16-21. *Haas, A.:* Discounting, Nürnberg 2000.

Leapfrogging-Behavior

beschreibt ein Käuferverhalten, das durch das bewusste Überspringen der gegenwärtig am Markt angebotenen Produktgeneration und die Verschiebung der Kaufentscheidung auf eine zukünftig erwartete, leistungsfähigere Produktgeneration gekennzeichnet ist (→ Innovationsmanagement). Das „Überspringen" von Produktgenerationen ist insbesondere dann festzustellen, wenn
- die technologischen Neuerungen bzw. Produktgenerationen schnell aufeinander folgen (→ Zeitwettbewerb),
- mit der Markteinführung einer neuen Technologe bzw. Produktgeneration bereits die nächste technologische Verbesserung angekündigt wird („Preannouncement-Politik") und
- die Nachfragedringlichkeit gering ist, d.h. der Kauf ohne allzu große Nachteile für den Käufer in die Zukunft verlagert werden kann.

Das Leapfrogging-Behavior wirkt sich tendenziell bremsend auf den → Zeitwettbewerb bzw. einen möglichen „Innovationswettlauf" aus und trägt dazu bei, dass Unternehmen die *Markteinführung* neuer Pro-

dukte nicht mehr weiter in die Gegenwart verlagern, sondern sogar wieder weiter in die Zukunft verschieben (mit verlängernder Wirkung auf die Marktzyklen der derzeit angebotenen Produkte) und auch die *Produktentwicklung* nicht mehr weiter beschleunigen (→ Markteintrittsstrategien).
K.-I.V.

Literatur: *Weiber, R.:* Leapfrogging-Behavior, in: *Zahn, E.* (Hrsg.): Technologiemanagement und Technologien für das Management, Stuttgart 1994, S. 333 ff. *Weiber, R.; Pohl, A.:* Leapfrogging-Behavior. Ein adaptionstheoretischer Erklärungsansatz, in: ZfB, 66. Jg. (1996), S. 1203 ff.

Leasing

Gebrauchsüberlassung von Anlagegegenständen in Form einer mietvertragsähnlichen Vereinbarung (typischer oder atypischer Mietvertrag) durch Finanzierungs- oder Leasinginstitute. Das Leasing ist wirtschaftlich mit einer Kreditfinanzierung vergleichbar, weil es beim Leasing-Nehmer zum einen zu lfd. Auszahlungen während der Nutzungsdauer des Leasingobjektes führt und zum anderen u.U. ohne Kapitaleinsatz dessen Eingliederung in den Produktionsapparat ermöglicht (→ Absatzfinanzierung). Es besitzt deshalb in manchen Bereichen hohe akquisitorische Wirkungen. Verschiedene Kriterien erlauben eine Gruppierung der Leasingformen. Das gebräuchlichste Kriterium ist die Dauer bzw. der Verpflichtungscharakter des Vertrages. Unterschieden werden danach *Operating Leasing:* kurzfristige (evtl. ohne feste Vertragsdauer), jederzeit von beiden Vertragspartnern kündbare Mietverträge, wobei das Investitionsrisiko von der Leasinggesellschaft getragen wird, und *Financial Leasing:* langfristiger, während der Grundmietzeit unkündbarer Vertrag, in dem der Leasing-Nehmer das Investitionsrisiko trägt; im Anschluss an die Grundmietzeit werden häufig Verlängerungsoptionen zu ermäßigtem Mietpreis oder eine Kaufoption angeboten. Nach dem Leasing-Objekt werden zwei Gruppen unterschieden: Konsumgüter-Leasing für Konsumgüter der gehobenen Preisklasse mit längeren Laufzeiten und Investitionsgüter-Leasing (Equipment-Leasing), d.h. Vermietung beweglicher Anlagegüter, Immobilien-Leasing und langfristige Pachtverträge für komplette industrielle Anlagen mit Laufzeiten von 20 – 30 Jahren. Die Stellung des Leasing-Gebers ist ein drittes Unterscheidungskriterium. Man unterscheidet hiernach zwei Formen:

(1) Das Direct-Leasing: Der Leasing-Geber ist der Hersteller des Anlagengutes, das direkt auf den Abnehmer trifft, und

(2) das indirekte Mietgeschäft durch Leasing-Gesellschaften: Der Hersteller verkauft das Investitionsobjekt an die Leasing-Gesellschaft, die mit dem Leasing-Nehmer einen Mietvertrag abschließt. Ist der Hersteller zugleich der Leasing-Nehmer, so wird das als Sale-Lease-Back-Verfahren bezeichnet (s.a. → Pool-Leasing). P.B.

Literatur: *Koinecke, J.:* Handbuch Marketing, Bd. II, Gernsbach 1978. *Süchting, J.:* Finanzmanagement, 4. Aufl., Wiesbaden 1984. *Tietz, B.:* Marketing, 2. Aufl., Düsseldorf 1989.

Lebensmittelkennzeichnung

Die für die → Verpackungsgestaltung und → Preisauszeichnung von Lebensmitteln vorgeschriebene Lebensmittelkennzeichnung richtet sich grundsätzlich nach dem redlichen Handelsbrauch und der allgemeinen → Verkehrsauffassung. Nach der Lebensmittelkennzeichnungsverordnung vom 22.12.1981 sind bei Lebensmitteln in Fertigpackungen anzugeben: Die Verkehrsbezeichnung des Lebensmittels, d.h. die übliche Bezeichnung oder eine Beschreibung des Lebensmittels; der Name und die Anschrift des Herstellers, Verpackers oder eines Verkäufers; das Verzeichnis der Zutaten sowie die Mindesthaltbarkeitsdauer. Daneben sind zahlreiche spezielle Kennzeichnungsvorschriften in anderen lebensmittelrechtlichen Gesetzen und Verordnungen enthalten. Die Lebensmittelverordnung sieht eine Reihe von Erleichterungen, insb. für Kleinstpackungen vor. Andererseits werden bei der Lebensmittelkennzeichnung für gewisse Lebensmittel zusätzliche Angaben verlangt, z.B. für Fleischerzeugnisse. Modifizierte Bestimmungen gelten für Butter, Eierprodukte, Essig, Fruchtsäfte, Fruchtnektar, Hackfleisch, Kaffee, Käse, Kaugummi, Milcherzeugnisse und Konsummilch, Mineralwasser, Schaumwein, Speiseeis und Wein. Bei einigen Lebensmitteln ist zusätzlich zur Angabe des Herstellungs- oder Abpackungsdatums zusätzlich der Hinweis anzubringen „auch bei Kühlung nur begrenzt haltbar". Mengen- und Preisangaben werden auch vom → Eichgesetz tangiert. H.-J.Bu.

Literatur: *Zipfel*: Lebensmittelrecht, Loseblatt, 3. Aufl. *Holthöfer; Nüse; Franck:* Deutsches Lebensmittelrecht, 6. Aufl.

Lebensstil- (Life style-) konzept

Das Lebensstilkonzept lässt sich als ein Partialmodell des → Käuferverhaltens kennzeichnen. Der Lebensstil stellt zugleich eine Gruppe von → Marktsegmentierungsmerkmalen zur Abgrenzung homogener Käuferschichten dar.

Abb. 1: Lebensstil-Bezugsrahmen in Anlehnung an Wind/Green

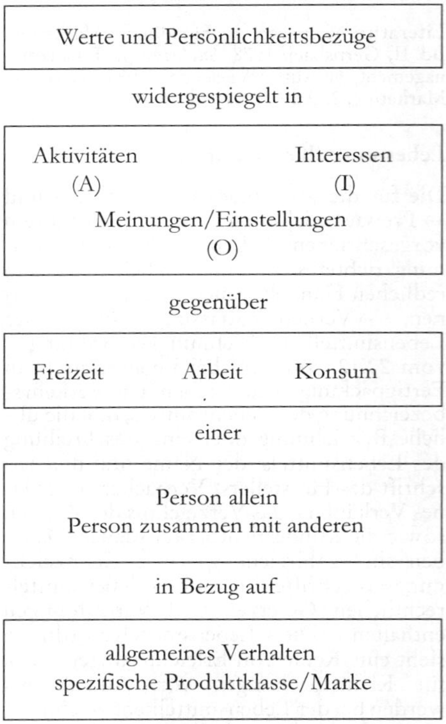

```
┌─────────────────────────────────────┐
│   Werte und Persönlichkeitsbezüge   │
└─────────────────────────────────────┘
            widergespiegelt in
┌─────────────────────────────────────┐
│ Aktivitäten          Interessen     │
│   (A)                  (I)          │
│      Meinungen/Einstellungen        │
│              (O)                    │
└─────────────────────────────────────┘
                gegenüber
┌─────────────────────────────────────┐
│ Freizeit     Arbeit       Konsum    │
│              einer                  │
└─────────────────────────────────────┘
           Person allein
    Person zusammen mit anderen
                in Bezug auf
┌─────────────────────────────────────┐
│     allgemeines Verhalten           │
│  spezifische Produktklasse/Marke    │
└─────────────────────────────────────┘
```

Der Lebensstil kennzeichnet umfassend, wie Menschen leben, ihre Zeit verbringen und ihr Geld ausgeben. *Abb. 1* ordnet diese abstrakte Beschreibung sowie die Vielzahl vorliegender empirischer Untersuchungen in einen Bezugsrahmen. Der sog. *AIO-Ansatz* bildet dabei einen Kernpunkt, d.h. Aktivitäten (activities), Interessen (interests) sowie Meinungen (opinions) und Einstellungen stehen im Mittelpunkt. Deswegen lässt sich das Lebensstilkonzept den psychographischen Erklärungsmerkmalen des Käuferverhaltens (bzw. Segmentierungskriterien) zuordnen. Der Bezugsrahmen verdeutlicht zugleich das Auslegungsspektrum. Das Konzept kann entweder in Bezug auf das allgemeine Verhalten oder aber in Bezug auf eine interessierende Produktklasse ausgelegt werden. Davon hängt auch die Operationalisierung des Konzepts ab (Fragen, Skalen und Statements). Die Lebensstil-Forschung war lange einseitig empirisch orientiert, ein theoretisch abgesichertes Lebensstil-Modell wurde von *Banning* entwickelt.

In Europa haben drei Lebensstilkonzepte eine größere Bedeutung erlangt:

– die *Lifestyle-Typologie* der Werbeagentur Michael Conrad & Leo Burnett, Frankfurt
– die *Euro-Socio-Styles* der Gesellschaft für Konsumforschung (GfK), Nürnberg (→ Euro-Socio-Styles)
– die *RISC-Typen* des Research Institute on Social Change (RISC), Paris.

Der Lifestyle-Indikator von Conrad & Burnett setzt sich beispielsweise aus den folgenden drei Komponenten zusammen: Lebensstil, Psychologie (Persönlichkeitsmerkmale) und Lebenswelt (Werteorientierungen). Parallel werden soziodemographische Merkmale, Käufer- und Verbraucherdaten sowie das Mediaverhalten erfasst. Die Lifestyle-Typologie 1990 wies in den alten Bundesländern zwölf Typen aus (in Klammern: Anteile an der Gesamtbevölkerung West):

Traditionelle Lebensstile:
– „Die aufgeschlossene Häusliche" (10 %)
– „Der Bodenständige" (13 %)
– „Die bescheidene Pflichtbewusste" (14%)

Gehobene Lebensstile:
– „Die Arrivierten" (7%)
– „Die neue Familie" (7%)
– „Die jungen Individualisten" (6%)

Moderne Lebensstile:
– „Die Aufstiegsorientierten" (8%)
– „Die trendbewußten Mitmacher" (5%)
– „Die Geltungsbedürftigen" (7%)

Jugendlich-moderne Lebensstile:
– „Die fun-orientierten Jugendlichen" (7%)
– „Die Angepasste" (8%)
– „Der Coole" (7%).

Einen in der Praxis bedeutsamen Sonderfall des Lebensstilkonzepts stellen die *Milieus des Sinus-Instituts*, Heidelberg, dar. Die Klassifizierung erfolgt dabei durch den klassischen soziologischen Ansatz einer vertikalen Schichtbildung (→ Schicht, soziale) und einer zusätzlichen Berücksichti-

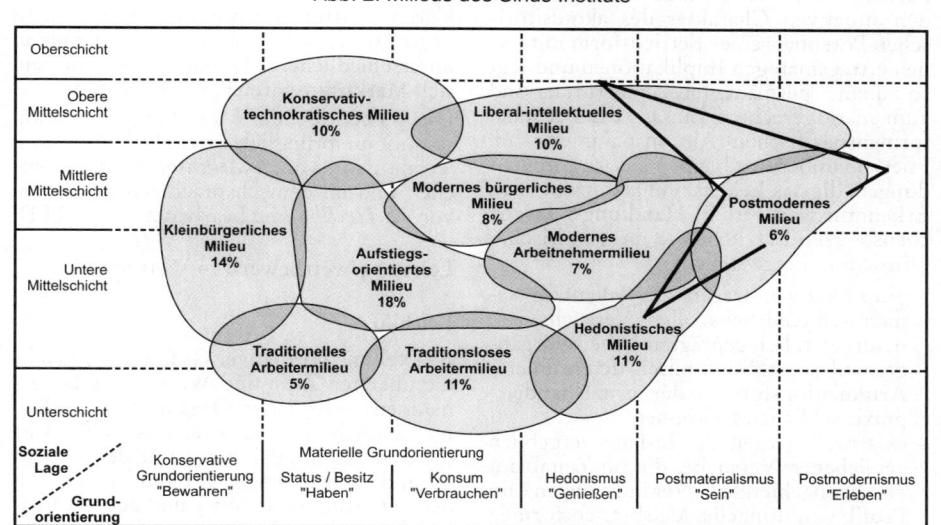

Abb. 2: Milieus des Sinus Instituts

Soziale Lage							
Oberschicht							
Obere Mittelschicht		Konservativ-technokratisches Milieu 10%		Liberal-intellektuelles Milieu 10%			
Mittlere Mittelschicht				Modernes bürgerliches Milieu 8%			Postmodernes Milieu 6%
Untere Mittelschicht		Kleinbürgerliches Milieu 14%	Aufstiegs-orientiertes Milieu 18%		Modernes Arbeitnehmermilieu 7%		
					Hedonistisches Milieu 11%		
		Traditionelles Arbeitermilieu 5%	Traditionsloses Arbeitermilieu 11%				
Unterschicht							
Grundorientierung	Konservative Grundorientierung "Bewahren"	Status / Besitz "Haben"	Konsum "Verbrauchen"		Hedonismus "Genießen"	Postmaterialismus "Sein"	Postmodernismus "Erleben"
		Materielle Grundorientierung					

gung einer Werteorientierung (vgl. Abb. 2). Das „Liberal-Intellektuelle Milieu", „Modernes Arbeitnehmermilieu", das „Hedonistische Milieu" und das „Postmoderne Milieu" stellen die so genannte „Speerspitze des Wandels" dar (zusammen 34% der Befragten). Die Milieus lassen sich nach weiteren Kriterien beschreiben, z.B. Soziodemographie, Lebensziel, Lebensstil und Konsumstil.

Die eher persönlichkeitsorientierte Interpretation in Bezug auf das allgemeine Verhalten gestattet zwar die Erhebung solcher Daten für eine Vielzahl von Anwendungsfällen (z.B. durch Zeitschriftenverlage), allerdings erweisen sich die Beziehungen zum Käuferverhalten vielfach als zu gering. Produktspezifische Lebensstil-Ansätze weisen einen höheren Erklärungsgehalt auf, bedingen dafür aber eine aufwendige anwendungsfallspezifische Erhebung. Es hat sich in vielen Fällen als zweckmäßig erwiesen, den Lebensstil zusammen mit sozio-ökonomischen Erklärungsvariablen sowie Merkmalen des beobachtbaren Kaufverhaltens zu erheben. H.F.

Literatur: *Banning, T.E.*: Lebensstilorientierte Marketing-Theorie, Analyse und Weiterentwicklung modelltheoretischer und methodischer Ansätze der Lebensstil-Forschung im Marketing, Heidelberg 1987. *Drieseberg, T.J.*: Lebensstil-Forschung: Theoretische Grundlagen und praktische Anwendungen, Heidelberg 1995. *Reeb, M.*: Lebensstilanalysen in der strategischen Marktforschung, Wiesbaden 1998. *Michman, R.D.*: Lifestyle Market Segmentation, New York 1991. *Sinus-Institut* (Hrsg.): Die Sinus-Milieus, Heidelberg 1995.

Lebensstilwerbung
→ Emotionale Werbung

Lebenszyklus → Produktlebenszyklus

Lebenszykluskonzept im Einzelhandel
Erklärungsansatz für das Phänomen der → Betriebsformendynamik im → Einzelhandel, der in Analogie zum Konzept des Produktlebenszyklusses auch für die Einzelhandelsinstitution („Retail-Life-Cycle") einen quasi-gesetzlichen, da an die Einhaltung bestimmter Entwicklungsstadien gebundenen Verlauf ihres Marktschicksals unterstellt („Early Growth", „Accelerated Development", „Maturity", „Decline") und nach Maßgabe bestimmter Erfolgsgrößen, wie Marktanteil, Umsatz, Gewinn und Deckungsbeitrag operationalisiert. Im Vergleich zur Theorie des „Wheel of Retailing" (*McNair*, 1931; vgl. → Betriebsformendynamik im Einzelhandel) ist das Konzept des „Institutional Life Cycle in Retailing" (*Davidson* et.al., 1976) von seinem Aussagengehalt her zwar breiter angelegt, da der Markteintritt einer neuen → Betriebsform des Einzelhandels nicht allein auf die Attraktivität im Preis/Leistungsverhältnis sondern auf alle nur denkbaren Konkurrenzvorteile

Leistungsmotivation

zurückgeführt wird. Auch verdeutlicht es den situativen Charakter des akquisitorischen Potentials einer Betriebsform mit seinen ertragsmäßigen Implikationen und regt so zu einer permanenten Überprüfung und zum marktgerechten Einsatz der betriebsformenspezifischen Aktionsparameter an. Hiervon unberührt bleiben jedoch Einwendungen, die das Lebenszykluskonzept nach Erkenntniswert und Handlungsrelevanz ebenso grundsätzlich wie in empirischer Hinsicht in Frage stellen:

– *grundsätzlich*, wegen des (allenfalls semantisch eindrucksvollen) Versuchs, von naturgesetzlich geprägten Lebensvorgängen auf sozialökonomisch determinierte Artikulationsformen der Einzelhandelspraxis schließen zu können;
– *empirisch*, wegen der bislang vergeblich gebliebenen Versuche, die im Zeitablauf zu beobachtenden Veränderungen im Profil von Einzelhandelsbetriebsformen sowohl inhaltlich als auch zeitlich operational nach einem bestimmten Muster für fortschreibungsfähig zu erklären.

Der Wandel im Erscheinungsbild der Betriebsformen im Einzelhandel belegt der „nur" die Art und Weise, wie Unternehmen auf jeweils erkannte Bedingungskonstellationen reagiert haben. Was auch immer an Marktchancen, Markterfordernissen und anderen verhaltensrelevanten Faktoren in der Vergangenheit wirksam gewesen sein mag, in der Gegenwart wirksam zu sein scheint und in der Zukunft möglicherweise wirksam sein wird, von einer Eigengesetzlichkeit oder gar antizipierbaren Zwangsläufigkeit in der Entwicklung derartiger Bedingungen kann nicht die Rede sein; noch viel weniger davon, dass dem Einzelhandelsmanagement damit nur noch bestimmte, da quasi-gesetzmäßig vorgegebene Verhaltensmuster bei der Formulierung bzw. Überprüfung betriebsformenspezifischer Marketingkonzepte verbleiben würden.

H.-J.Ge.

Leistungsmotivation

in der Psychologie entwickeltes hypothetisches Konstrukt für ein → Motiv, das die Unterschiede im Leistungsverhalten von Individuen erklären soll. Es beschreibt den inneren Antrieb, Erfolge zu erzielen bzw. Misserfolge zu vermeiden.
Leistungsmotivationen werden im sozialen Kontext erlernt und prägen das Anspruchsniveau bei Entscheidungen, auch → Kaufentscheidungen. Mit ihnen lässt sich z.B. erklären, warum Konsumbedürfnisse nicht begrenzt sind oder warum Konsumenten in unterschiedlichem Umfang dazu neigen, sich Markttransparenz zu verschaffen.
Die Theorie der Leistungsmotivation stammt ursprünglich von *D. McClelland*, wurde dann von *J. Atkinson* weiterentwickelt und im deutschsprachigen Raum u.a. von *H. Heckhausen* bearbeitet.   H.D.

Leistungswettbewerb → Wettbewerb

Leitbild

Aufstellung normativer Grundsätze, welche die obersten Ziele und Werte eines Unternehmens oder einer Organisation festhalten, ähnlich einer Charta. Das Leitbild ist die erste Konkretisierungsstufe der → Vision und steht im engen Zusammenhang mit der → Corporate Identity und der → Organisationskultur. Vorteile eines Leitbildes sind dessen kulturprägende Wirkung sowie die Zusammenfassung wichtiger Leitgedanken in prägnantem Format. Erst in der aktiven Auseinandersetzung der Führungskräfte und der Mitarbeitenden mit dessen Umsetzung entfaltet es seine Wirkung.   P.F.

Leitbildwerbung
→ Personendarstellung in der Werbung

Leiterfrage

Form der metrischen → Skalierungstechnik, die insb. in der Einstellungsforschung verwendet wird. Dabei wird eine Ratingskala mit zumeist 10 Stufen in Form einer Leiter vorgegeben und der Befragte gebeten, seine Einstufung anhand dieser Stufen vorzunehmen.

Leithändlersystem

bezeichnet eine Form des → vertikalen Marketing, bei der Händler durch die Hersteller nach ihrer Bereitschaft zu intensiver Kooperation ausgewählt werden (→ vertikale Kooperation). Die Leithändler erhalten frühzeitig neue Produkte und geben an den Hersteller Testinformationen über den Abverkauf. Oft gibt es dabei für die Händler Ausschließlichkeitsrechte. Das einfache Leithändlersystem wird nach Bindungsbereitschaft aufgefächert in:

– A-Händler: Hohe Intensität der Kooperation,

- B-Händler: Mittlere Intensität der Kooperation,
- C-Händler: Geringe Intensität der Kooperation. B.T./J.Z.

Leitmesse → Messen und Ausstellungen

Leitstudie („pilot study")

Unter einer Leitstudie versteht man die meist in der Phase der Problemdefinition der → Marktforschung angesiedelte formlose Untersuchung im „vorstatistischen Bereich" (Auswertung von Sekundärmaterial, einzelne Befragungen usw.) zur Klärung des Marktforschungs-Problems und Feststellung der einzelnen Aufgaben im Rahmen der Problemlösung. M.H.

Leitwaren

Leitwaren sind Artikel, die im Mittelpunkt des Interesses des Verbrauchers stehen, entweder weil sie für ihn einen bestimmten Lebensstil symbolisieren und er sie aus Statusgründen kauft, oder weil er an ihnen und ihren Preisen die Leistungsfähigkeit eines Handelsunternehmens misst (→ Sortimentspolitik).

Lernkurve → Erfahrungskurve

Lernrate

gibt an, um wie viel Prozent sich die realen (inflationsbereinigten) Stückkosten bei jeder Verdoppelung der kumulierten Produktionsmenge eines Produktes reduzieren (→ Erfahrungskurve).

Lernstatt → Qualitätszirkel

Lerntheorie

Lerntheorien versuchen, Veränderungen in Verhaltensweisen durch Lernprozesse zu erklären. Lernen kann man demnach als Veränderung von Verhaltensweisen ansehen, das auf Erfahrung (Übung) beruht. Die einzelnen Theorien überschneiden sich und werden eher als sich ergänzend, denn als konkurrierend angesehen. Einen Überblick gibt die *Abb. 1*.

Die S-R-Theorien („klassische" Lerntheorien) stellen das Lernen in Form von – gesetzmäßigen, d.h. gedanklich nicht oder nur wenig kontrollierten – Verknüpfungen zwischen beobachtbaren Reizen (S = Stimulus) und beobachtbaren Reaktionen (R) dar. Zu ihnen zählen das Lernen nach dem Kontiguitätsprinzip und das Lernen nach dem → Verstärkerprinzip. Beide Prinzipien können zur Erklärung des → sozialen Lernens beitragen.

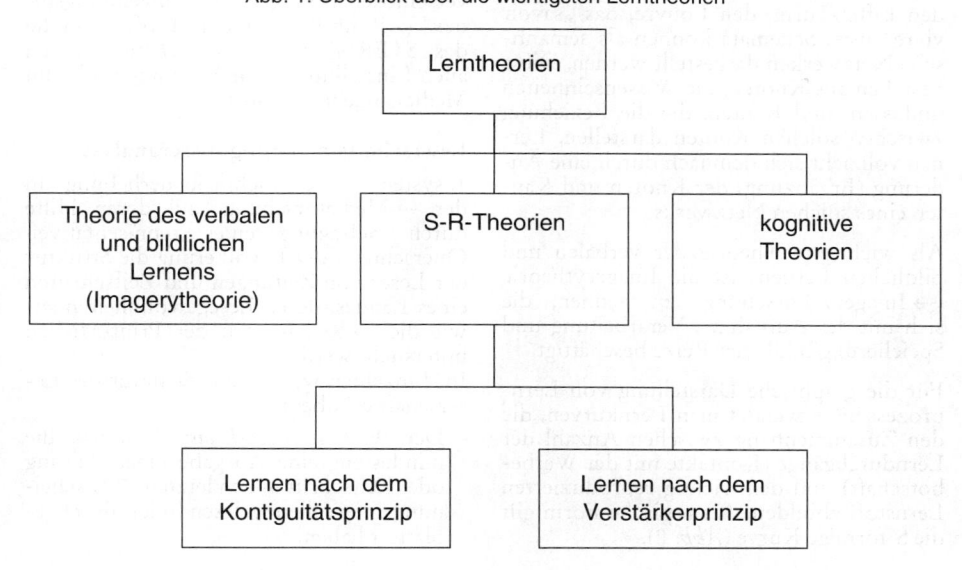

Abb. 1: Überblick über die wichtigsten Lerntheorien

Abb. 2: Lernkurve

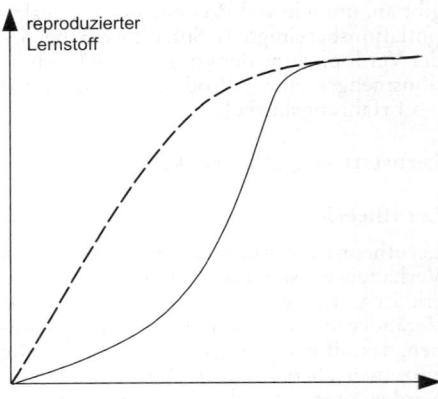

(Diagramm: y-Achse "reproduzierter Lernstoff", x-Achse "Kontaktanzahl", mit S-förmiger Kurve und gestrichelter Kurve)

Nach kognitiven Theorien wird das Individuum durch gedankliche Einsicht dazu befähigt, neue Verhaltensweisen zu finden. Diesen Theorien zufolge ist Lernen als Aufbau von Wissensstrukturen aufzufassen. Demzufolge spielt das vorhandene Wissen eine Schlüsselrolle für das Lernen, konkret für die Aufnahme, Verarbeitung und Speicherung neuer Informationen. Dieses Wissen kann in Form so genannter semantischer Netzwerke oder Schemata beschrieben werden (→ Gedächtnistheorien). *Schemata* sind typische, standardisierte Vorstellungen, die man von Objekten, Ereignissen und Sachverhalten hat. So verbindet man mit dem Schema beispielsweise den Eiffel-Turm, den Louvre, das „savoir vivre" usw. Schemata können als semantische Netzwerken dargestellt werden. Diese bestehen aus Knoten, die Wissenseinheiten umfassen, und Kanten, die die Beziehung zwischen solchen Knoten darstellen. Lernen vollzieht sich demnach durch eine Änderung (Ergänzung) der Knoten und Kanten eines solchen Netzwerks.

Als wichtigste Theorie der verbalen und bildlichen Lernens ist die Imagerytheorie (→ Imagery-Forschung) zu nennen, die sich mit der Aufnahme, Verarbeitung und Speicherung bildlicher Reize beschäftigt.

Für die graphische Darstellung von Lernprozessen verwendet man Lernkurven, die den Zusammenhang zwischen Anzahl der Lerndurchgänge (Kontakte mit der Werbebotschaft) und dem richtig reproduzierten Lernstoff abbilden. Als typische Form gilt die S-förmige Kurve (*Abb. 2*).

Neuere werbepsychologische Untersuchungen konnten allerdings nachweisen, dass Intensität und Wiederholungen allein nicht den Gedächtniswert bestimmen. Die Qualität der Gestaltung ist ebenfalls von Bedeutung.

Die Lerntheorien werden durch andere Bereiche der → Konsumentenforschung ergänzt und überlagert, z.B. die → Gedächtnistheorien oder die Theorie der → Wahrnehmung, insb. im Hinblick auf → Generalisierungen. G.M.-H./F.-R.E.

Literatur: *Bower, G.H.; Hilgard, E.R.:* Theories of Learning, 5. Aufl., Englewood Cliffs 1981. *Schermer, F.J.:* Lernen und Gedächtnis, Stuttgart, 1991. *Kroeber-Riel, W.; Weinberg, P.:* Konsumentenverhalten, 7. Aufl., München 1999.

Leseranalyse bei Entscheidungsträgern in Wirtschaft und Verwaltung (LAE)
→ Mediaanalyse

Leseranalyse medizinischer Fachzeitschriften → Mediaanalyse

Leser-Blatt-Bindung

qualitativer Faktor im Rahmen der → Media-Analyse. Man vermutet, dass die Nutzer verschiedener Werbeträger zu diesen eine unterschiedliche Bindung aufweisen. Diese beeinflusst ihrerseits vermutlich die Intensität des Werbemittelkontaktes.
Die Messung der Leser-Blatt-Bindung erfolgt meist mit Hilfe von Verzichtbarkeits- oder Wertschätzungsskalen, z.T. wird aus verschiedenen Fragen ein „Zuwendungsindex" (z.B. im Rahmen der „Profile"-Studie des STERN) verwendet. Dabei werden auch Einstellungen zur Werbung und zum Medienangebot erhoben.

Leserschaftsforschung, Leseranalyse

1. systematische Stichprobenerhebung in der → Mediaforschung, mit deren Hilfe durch Befragung eines repräsentativen Querschnitts der Bevölkerung die Struktur der Leser von Zeitungen und Zeitschriften eines Landes, deren Lesegewohnheiten sowie die → Reichweiten der Print-Medien untersucht werden.
Im Einzelnen werden zur Struktur des Leserschaft erhoben:
– Der *Weiteste Leserkreis*: Personen, die mindestens eine Ausgabe einer Zeitung oder Zeitschrift in den letzten 12 Erscheinungsintervallen gelesen oder durchgeblättert haben.

- *Fluktuation der Leserschaft*: Personenmäßige Veränderung innerhalb der Gesamtleserschaft, ohne dass sich die Gesamtzahl der Leser ändert. Sie entsteht durch das unterschiedliche Leseverhalten bezüglich der Regelmäßigkeit des Lesens. Die Fluktuation innerhalb der Leserschaft einer Zeitschrift ist umso größer, je kleiner der Anteil der regelmäßigen Leser ist.
- *Leser pro Ausgabe (LpA)*: Die rechnerisch ermittelte Zahl der Personen, die Leser der kleinsten belegbaren Einheit eines Periodikums in ihrem Erscheinungsintervall sind.
- *Leser pro Nummer (LpN)*: Gesamtzahl der Personen, welche eine durchschnittliche Ausgabe einer Zeitschrift lesen oder durchblättern. Der LpN wird ermittelt durch die Feststellung des letzten Lesevorgangs (→ IPA-Methode). Er gibt dabei keine Auskunft darüber, ob es während des Erscheinungsintervalls zu einem oder mehreren Lesevorgängen kommt.
- *Leser pro Exemplar (LpE)*: Personen, die das gleiche Exemplar einer Zeitung oder Zeitschrift lesen. Der Leser pro Exemplar wird nicht direkt erhoben, sondern ist eine rechnerische Größe und ergibt sich aus: LpE = Leser pro Ausgabe (LpA)/ Verbreitete Auflage.
- *Leser pro Seite (LpS)*: Wert, der die Anzahl der Kontakte einer oder mehrerer Personen mit einer ganz bestimmten Seite (Seitenkontakt) oder Doppelseite (Doppelseitenkontakt) in einer Zeitschrift oder einer Zeitung bestimmt. Der durch die → Parallelwelle erhobene Wert lässt Rückschlüsse auf die Wahrscheinlichkeit der Beachtung von Anzeigen zu.

Die Lesegewohnheiten einer Zeitschrift oder Zeitung lassen sich anhand folgender Kriterien prüfen:

- *Lesedauer*: Zeit, in der eine Person eine Ausgabe einer Zeitschrift liest oder durchblättert, wobei die Zeit mehrerer Lesevorgänge addiert wird. Die Lesedauer ist ein Indikator für die Gründlichkeit des Lesens: Je länger die Lesedauer, desto höher ist auch die Werbewirkung der Anzeigen.
- *Lesefrequenz, Lesehäufigkeit*:
  a) Anzahl der Ausgaben einer Zeitschrift oder Zeitung, die eine Person i.A. innerhalb eines bestimmten Zeitraumes liest. Aus den Angaben zur Lesehäufigkeit ergibt sich auch der kumulative Aufbau einer Leserschaft.
  b) Unter Lesehäufigkeit wird zudem die Anzahl der Lesevorgänge verstanden, die ein Leser in einem Heft innerhalb des Erscheinungsintervalles vornimmt.
- *Leseintensität*: Durch Befragung mit Hilfe der → Orginalheftmethode ermittelte Nutzungsintensität eines Druckmediums, die aufgrund der Wiedererkennung von redaktionellen Beiträgen oder auch von Anzeigen durch die Befragten gemessen wird.
- *Lesemuster*: Art des Leseverhaltens, das sich hinsichtlich der Lesehäufigkeit, des Leseortes und der Anzahl der Lesetage unterscheidet. Wichtigste Ausprägungsformen: → Gedehntes Lesen, → Gehäuftes Lesen.

Die verschiedenen *Leserschaftsgruppen* lassen sich unterscheiden nach

- ihrer *Lesehäufigkeit*: Regelmäßige Leser (Kernleser), häufige oder gelegentliche Leser und seltene oder ganz seltene Leser,
- der *Art des Bezuges* der Zeitungen und Zeitschriften:

  a) *A+E-Leser*: Personen, die ein Exemplar einer Zeitschrift lesen, das nicht aus einer Lesemappe stammt, die das Exemplar also im Abonnement, im Einzelverkauf oder kostenlos beziehen

  b) *LZ-Leser*: Leser bei denen der angegebene Lesevorgang mit einem Exemplar der betreffenden Zeitschrift stattfand, das aus einer Lesemappe stammt.

- ihrer *Leser-Blatt-Bindung* (Stärke der Identifikation und Verbundenheit mit einem best. Zeitschriftentitel). Hierbei unterscheidet man Exklusivleser, d.h. Leser, die nur eine Zeitschrift innerhalb einer Lesekategorie lesen, und Doppelleser, d.h. Leser, die verschiedene Titel innerhalb derselben Lesekategorie lesen.

Die Ergebnisse der Leserschaftsforschung liefern der → Mediaplanung wichtige Grundinformationen für den Einsatz von Druckmedien als Werbeträger.

2. Leseranalyse bezeichnete zudem die Arbeitsgemeinschaft Leseranalyse (AGLA) bis zu ihrer Umbenennung in Arbeitsgemeinschaft Media-Analyse (→ AG.MA) im Jahre 1972. M.D.

Literatur: *Börsenverein des Deutschen Buchhandels, Arbeitsgemeinschaft Zeitschriftenverlage* (Hrsg.): Mediabegriffe Fachzeitschriften, neueste Aufl. *Hess, E.-M.*: Leserschaftsforschung in Deutschland, Offenburg 1981.

Lesetage

Kennzahl in der → Leserschaftsforschung, die angibt, an wie viel Tagen ein Leser durchschnittlich eine bestimmte Publikation nutzt. Mit der Zahl der Lesetage wächst die Wahrscheinlichkeit eines Werbemittelkontakts. Die Zahl der Lesetage unterscheidet sich je nach Erscheinungsintervall z.T. sehr deutlich. Vierteljahreszeitschriften weisen i.d.R. erheblich höhere Lesetage als etwa Wochen- oder Tageszeitungen auf.

Leseverhaltensbeobachtung
→ Werbetests

Lesewahrscheinlichkeit

in der → Leserschaftsforschung benutzte Kennziffer für die durchschnittliche Reichweite eines Titels, die sich als Durchschnittswert aller individuellen Lesewahrscheinlichkeiten der befragten Stichprobenmitglieder ermittelt.

Lesezirkel

Leihunternehmen für → Publikumszeitschriften, insb. für → Illustrierte auf Abonnementsbasis, die Verlagen einen Vertriebsweg zur Steigerung von Auflagen und Reichweite eröffnet. Der Lesezirkelunternehmer bezieht eine feste Anzahl von → Zeitschriften und lässt sie als Erstmappen mit meist zwischen 8 bis 12 verschiedenen Titeln zu Lesemappen zusammenheften. Die Abonnenten können diese dann in unterschiedlichen Aktualitätsabstufungen und mit entsprechend abgestuften Bezugsgebühren ausleihen.

Bezieher von Lesezirkeln sind v.a. private Haushalte und Dienstleistungsunternehmen wie Arztpraxen, Frisöre usw. Lesezirkel sind ein deutsches Kuriosum, das in anderen Ländern nicht anzutreffen ist. Als Werbeträger verdienen sie v.a. dadurch Beachtung, weil jedes Exemplar i.d.R. von mehr Menschen gelesen wird, als jedes im Einzelverkauf oder im Abonnement (→ Abonnementgeschäft) bezogene Heft.
E.L.

Lesezirkelwerbung

Lesezirkel werden aufgrund ihrer relativ hohen Reichweite und Nutzungsintensität gleichzeitig als eigenständiges Werbemedium benutzt. Dazu eignen sich Aufkleber auf die Schutzumschläge, Beihefter oder Beilagen. Über spezielle Agenturen für Lesezirkelwerbung lassen sich sowohl genauere Platzierungsvorschriften erfüllen als auch eine differenzierte Streuung auf lokaler, regionaler, überregionaler oder bundesweiter Ebene organisieren.

Letter of Credit → Akkreditiv

Lettershop

sind Dienstleistungsunternehmen oder Abteilungen in Unternehmen im Bereich des → Direktmarketing, welche darauf spezialisiert sind, Direktwerbemittel (v.a. → adressierte Werbesendungen) zu konfektionieren, d.h. versandfertig aufzubereiten. Dies umfasst i.d.R. die Einzelschritte → Personalisierung, Schneiden, Falzen, Kuvertieren, → Adressierung, Frankieren, → Portooptimierung, Sortieren, Zählen, Bündeln und Postausliefern (s.a. → Direktmarketing-Dienstleister). N.G.

Literatur: *Krohne, U.*: Lettershop und Full-Service – Leistungsbeschreibung und effektiver Einsatz im Direct Marketing, in: *Dallmer, H.* (Hrsg.): Handbuch Direct Marketing, 7. Aufl., Wiesbaden 1997, S. 551–564.

Leuchtvitrinen → Lichtwerbung

Leuchtwerbung → Lichtwerbung

Lexikographische Heuristik
→ Kaufentscheidungsheuristiken

Licensing

Beim Licensing werden Rechte, die ein Wirtschaftssubjekt an einem Licensingobjekt hält, an einen Lizenznehmer übertragen. Ziel ist die kommerzielle, gewinnorientierte Nutzung der Popularität des Licensingobjektes. Insofern kann Licensing zur → Produktpolitik bei Konsumgütern gezählt werden, während bei Investitionsgütern von → Lizenzpolitik gesprochen wird. Voraussetzung für die Nutzung dieser Rechte ist die Existenz eines Licensingvertrages, der die Nutzungsbedingungen regelt (s.a. → Lizenzrecht).

Lizenzgeber bzw. –nehmer können sowohl Einzelpersonen als auch Organisationen (i.d.R. Unternehmen) sein. Als Objekte, deren Rechte übertragen werden, kommen sowohl Sachen als auch Ideen und Personen in Frage. Typischerweise beziehen sich Licensingverträge auf eine Kombination aus Urheberrechten, Leistungsschutz-, Geschmacksmuster-, Marken- und Wettbewerbsrechten sowie Rechten am eigenen Bild, Namens- und Persönlichkeitsrechten. Für Licensing-Verträge existieren keinerlei gesetzliche Regelungen. Die Gestaltung bleibt folglich den Vertragsparteien überlassen. Jedoch beziehen sie sich stets nur auf Nutzungsrechte. Eine Eigentumsübertragung ist mit dem Licensing nicht verbunden. Vertragsinhalte sind in der Regel Licensingobjekt, -gebiet, -laufzeit, -gebühr, Garantiesumme, Abrechnungsdatum sowie Urheberrechtsvermerk.

Licensing-Verträge zwischen Lizenzgeber und Lizenznehmer werden häufig von spezialisierten Dienstleistern, so genannten *Licensing-Agenturen* vermittelt. Sie übernehmen die Vermarktung der Nutzungsrechte für den Licensgeber, dem häufig die Kenntnis der Zielmärkte fehlt. Aufgaben sind die Akquisition geeigneter Licensnehmer, deren Beratung, die Vertragsgestaltung und -abwicklung, die Kontrolle der Licensing-Abrechnung, das Inkasso sowie die Qualitätskontrolle. Besonders bedeutsam sind die Beziehungen der Agentur zu den Medien, von denen sich Multiplikatoreffekte erhofft werden.

Zu Konflikten zwischen den am Licensing beteiligten Parteien kann es aufgrund der divergierenden Interessenstrukturen kommen. So verfolgt der Licensgeber tendenziell eher langfristige Ziele. Er ist bestrebt, die Nutzungsdauer seiner Rechte zu maximieren. Entsprechend versucht er, das Licensingobjekt ähnlich wie eine Marke zu pflegen, um dessen Image und Bekanntheitsgrad zu verbessern. Dies spricht für eine strenge Auswahl der Licensnehmer sowie der Produkte, auf die das Nutzungsrecht übertragen werden soll. Zur Sicherstellung dieser Aspekte wird der Licensgeber daher eine eher lange Bearbeitungszeit (Approval-Zeit) fordern. Andererseits ist es in seinem Interesse, ein Mehrfach-Licensing, also die Übertragung der Rechte an demselben Objekt an Partner verschiedener Produktgattungen zu erreichen, um so die Licensing-Umsätze zu maximieren.

Der Licensnehmer hingegen verfolgt kurzfristigere Interessen. Er strebt nach Gewinnmaximierung im Nutzungszeitraum. Langfristige Imageüberlegungen sind aus seiner Perspektive tendenziell von geringerer Bedeutung. Verhaltens- und Gestaltungsvorgaben des Lizenzgebers sowie zu hinterlegende Garantiesummen versucht er zu minimieren. Die Mehrfachvergabe derselben Lizenz kann ihm einerseits durch eventuelle Spill-Over-Effekte entgegen kommen. Andererseits reduziert sie die Originalität des Lizenzthemas und damit u.U. das Umsatzpotenzial für die entsprechenden Produkte.

Die Licensing-Agentur schließlich erfüllt die Aufgabe, die Interessen der Licensing-Partner so weit wie möglich in Übereinstimmung zu bringen. Ihre eigenen Ziele liegen zum einen in der Maximierung der finanziellen Vergütung, die i.d.R. von der Höhe der Licensing-Gebühren prozentual abhängt. Zum anderen strebt die Agentur danach, das Image der Licensingobjekte möglichst auszubauen, um dieselbe Lizenz möglichst häufig und an zahlreiche Lizenznehmer zu vermitteln. Ihre Ziele decken sich tendenziell weitgehend mit denen des Lizenzgebers.

Die wirtschaftliche Bedeutung des Licensing nimmt beständig zu. In den USA wurden 1997 ca. 73 Mrd. US-$ mit Licensingprodukten umgesetzt. Dies ist das 15-fache des Umsatzes des Jahres 1977. Dabei wird der Licensing-Gedanke auf immer neue Objekte übertragen. Gegenstand des Licensing können zum einen reale sowie fiktive Personen sein. Neben verschiedenen Prominenten des Showgeschäfts beziehen sich Lizenzen in der Praxis so hauptsächlich auf die Nutzung von Rechten an *Comic-Figuren*. Darüber hinaus steht beim Licensing die Verwendung von Namen von Personen, Sportvereinen (→ Sport-Marketing), Unternehmen und Produkten im Mittelpunkt. Eng damit verbunden ist auch die Reproduktion von Signets, Logos und anderen bildlichen Zeichen sowie die → Markierung von Konsumgütern oder Dienstleistungen im Rahmen des → Merchandising (*Marken-Licensing*). Im Kunstmarkt werden zudem die Rechte an Fotos, Zeichnungen und Gemälden übertragen, die Filmbranche erteilt Lizenzen für Kleidungsstücke, Dekorationen und Utensilien, die in bestimmten Produktionen verwendet wurden.

Die Umsetzung des Licensing erfolgt über verschiedene Medien. Gemessen am Umsatz kommt dabei dem so genannten *Toy Licensing* über Spielzeug und Spiele die größte Bedeutung zu. Daneben nehmen Textilien und Accessoires sowie Audio-, Video- und Multimedia-Produkte eine wichtige Funktion als Träger von Licensing-Inhalten ein.

Trotz einer generellen Anwendbarkeit des Konzepts in verschiedenen Branchen hat das Licensing seinen Schwerpunkt in der

Lichtbildwand

Konsumgüterindustrie. Grundvoraussetzung für die Anwendung einer Licensing-Strategie ist die Identifikation der Zielgruppe mit den Inhalten des Licensing, etwa den Eigenschaften eines Fußballvereins oder den Charakterzügen eines Schauspielers. Dieses Prinzip bestimmt auch die internationale Übertragbarkeit von Licensing-Themen. Ist der Inhalt auf einem Markt nicht populär, so sind die Erfolgschancen entsprechend gering. Zudem ist auch die Kompatibilität von Thema und Medium zu prüfen, welche die Glaubwürdigkeit des Licensing-Konzepts beeinflusst. Letztlich ist für eine erfolgreiche Realisation auch die distributive Umsetzung bedeutend. Um den Handel, der in der Praxis Licensing-Produkten häufig skeptisch begegnet, zu integrieren, setzen Agenturen daher verstärkt auf *Retail Licensing*. Durch die direkte Vergabe von Lizenzen wird Handelsunternehmen einerseits die Chance zur Profilierung im Wettbewerb über originelle Produkte geboten, andererseits wird deren Gate-Keeper-Funktion ausgeschaltet. B.I.

Literatur: *Böll, K.:* Merchandising und Licensing. Grundlagen – Beispiele – Management, München 1999.

Lichtbildwand → Lichtwerbung

Lichtwerbung (Leuchtwerbung)

Bereich der → Außenwerbung, bei dem selbstleuchtende (Leuchtwerbung) oder beleuchtete bzw. angestrahlte Werbemittel (Lichtwerbung i.e.S.) eingesetzt werden. Die technische Entwicklung (z.B. elektronische Anzeigetafel) erlaubt immer neue Varianten, die von der Wirtschaft wegen der emotionalen Ausstrahlungskraft der Lichtwerbung insb. zur Imagepflege (als Ergänzungsmedium) zunehmend genutzt werden. Nach Angaben des Fachverbandes Lichtwerbung e.V. (FVL) im ZAW belief sich der Lichtwerbe-Umsatz 1999 auf ca. 862 Mio. DM.

Mit der Vielgestaltigkeit verbindet sich häufig eine hohe Aufmerksamkeitswirkung und Erlebnisausstrahlung der Lichtwerbung. Computergesteuerte Lichtbildwände, Farbvideo-Matrix-Anzeigen oder beleuchtete Wartehallen und Stadt-Informationsanlagen („City-Light-Poster") sind dabei besonders aufstrebende Erscheinungsformen der Lichtwerbung. Zur Wirkung dieser zu einem großen Teil → nonverbalen Kommunikation ist relativ wenig bekannt. Der Fachverband Lichtwerbung (Brückenstraße 49, 69120 Heidelberg) bemüht sich durch gelegentliche Studien um mehr Transparenz. Zunehmende Reglementierungen sowie steigendes Energiebewusstsein sind Problempunkte der Lichtwerbung.

Lieferantenabteilung

Form der → Warenpräsentation im Einzelhandel, bei der das Sortiment eines Lieferanten unter dessen Firmennamen oder Marke gebündelt als shop-in-the-shop dargeboten wird. Für Lieferant wie Händler können sich dadurch Profilierungseffekte ergeben, weil die → Kompetenz beider Parteien deutlicher als bei der herkömmlichen produktbezogenen Warengliederung zum Vorschein kommt. Für den Endkunden erschwert sich u.U. aber die gezielte Suche nach bestimmten Artikeln, sodass das Konzept eher für → erlebnisbetonte Einkaufsstätten, z.B. im Bekleidungs- oder Glas- bzw. Prozellansektor, geeignet ist.

Lieferantenauswahl

Aufgrund der Langfristigkeit der Geschäftsbeziehungen, insbesondere im → Zuliefergeschäft, kommt der richtigen Auswahl der Lieferanten große Bedeutung zu (→ Lieferantenpolitik). Je spezifischer die Leistung ist, desto schwieriger wird ein Lieferantenwechsel. I. d. R. vollzieht sich die Auswahl in zwei Schritten: einer Vorauswahlphase und einer Konzeptauswahlphase. In der ersten Phase werden anhand produktbezogener Merkmale (z.B. Qualitätssicherung, Preiswürdigkeit, Termintreue, Standort) und anhand des Leistungspotenzials (z.B. Innovations-, Integrations- und Flexibilitätspotenzial) potenzielle Lieferanten bestimmt. Mit Hilfe von Lieferantenbewertungsmodellen (z.B. Checklistenverfahren, Profilanalyse, Portfoliotechnik) werden am Ende dieser Phase die den Anforderungen entsprechenden Lieferanten selektiert, zwischen denen dann in der zweiten Phase ein Konzeptwettbewerb durchgeführt wird. M.M.

Lieferantenkredit

Beim Lieferantenkredit räumt der Lieferant dem Besteller im Liefergeschäft ein Zahlungsziel ein (→ Absatzfinanzierung). Die Tilgung des Kredites erfolgt gemäß dem vertraglich festgelegten Zahlungsplan, sodass die mit der Übergabe des Exportgutes entstehende Ausfuhrforderung sukzessive

mit dem Eingang der vereinbarten Zielraten beglichen wird (→ Außenhandelsfinanzierung).
Zwecks Refinanzierung seines Ausfuhrgeschäftes wendet sich der Exporteur schließlich häufig – sofern nicht etwa bei verbundenen Konzernunternehmen die Liquidität durch die Konzernobergesellschaften zur Verfügung gestellt wird – an eine Bank. Dieses meist inländische Kreditinstitut vergibt zur Refinanzierung ein Darlehen an den Exporteur. Bezüglich der Tilgung des Bankkredites ist dann regelmäßig vorgesehen, dass diese mit den Zahlungen des Bestellers erfolgen soll. Da das Kreditverhältnis jedoch ausschließlich zwischen dem Exporteur und der Bank besteht, hat der Exporteur die vereinbarten Darlehensraten zu den ursprünglichen Fälligkeiten zu leisten, auch wenn er vom Besteller keine oder nur eine Zahlung in geringerer Höhe als vertraglich vereinbart erhält. Zur Absicherung des Kreditgeschäftes verlangt die Bank i.d.R. die Abtretung der Sicherheiten und Forderungen, die der Exporteur vom Importeur erhalten hat bzw. die im Rahmen des Grundvertrages entstanden sind. Gegebenenfalls werden auch Ansprüche aus Kreditversicherungen an das finanzierende Kreditinstitut abgetreten.
Der Lieferantenkredit war lange Zeit die bedeutendste Form der Exportfinanzierung im längerfristigen Auslandsgeschäft. Er ist aber in den letzten Jahren zunehmend durch den → Bestellerkredit substituiert worden.
K.B.

Literatur: *Voigt, H.; Müller, D.*: Handbuch der Exportfinanzierung, 4. Aufl., Frankfurt a.M. 1996.

Lieferantenpolitik

umfasst alle Maßnahmen im → Beschaffungsmarketing eines Unternehmens, die die quantitativen und qualitativen Aspekte der Transaktionsbeziehungen zu Lieferanten betreffen. Während traditionell die einseitige und kurzfristig orientierte Senkung des Materialeinstandspreises im Vordergrund der Lieferantenpolitik stand, dominieren heute partnerschaftliche Ansätze der Zusammenarbeit mit Lieferanten (→ Beschaffungskooperation). Im Einzelnen gehören zur Lieferantenpolitik folgende Maßnahmen:
– *Lieferantenauswahl* und *-beurteilung*: Die Entscheidung für einen Lieferanten hat zunehmend strategischen Charakter, da Single Sourcing-Beziehungen (→ Single Source-Ansatz), Entwicklungsleistungen und Life Cycle Contracts an Bedeutung gewinnen. Dementsprechend müssen die Beurteilungssysteme weiterentwickelt werden: Zum einen ist die Ausweitung von der ex-ante-Zeitpunktbewertung auf eine kontinuierliche Betrachtung erforderlich, zum anderen müssen die zukünftigen Potenziale eines Lieferanten, bspw. seine Innovationsfähigkeit, berücksichtigt werden.
– *Lieferantenpflege* umfasst alle Maßnahmen, die dazu dienen, das Vertrauensverhältnis zwischen Lieferant und Abnehmer zu verbessern. Dazu gehört bspw. die Einrichtung von „Lieferantenpaten", die nicht dem Einkauf entstammen und dem Lieferanten im Falle von Problemen als Ansprechpartner und Moderator zur Verfügung stehen.
– *Lieferantenwerbung* ist ein Kommunikationsinstrument zur Gewinnung neuer und leistungsfähiger Lieferanten. Neben den traditionellen Kommunikationswegen wie Fachpresse und Messen stehen dafür zunehmend neue Medien wie das Internet zur Verfügung (Einrichtung sog. „Beschaffungs-Homepages" → Elektronischer Einkauf).
– *Lieferantenerziehung* umfasst Maßnahmen zur Belohnung und Sanktionierung von Lieferanten. Ziel ist die Vermeidung von Fehlleistungen bei Lieferanten. Sanktionsmechanismen sind u.a. öffentliche Anerkennung in Form von Preisverleihungen („Supplier Award"), Gewährung von Prämien, Einsatz von Konventionalstrafen, Androhung von Sperrung bzw. Auslistung.
– *Lieferantenförderung* bezeichnet ein ganzes Bündel von Maßnahmen zur aktiven Unterstützung von Lieferanten. Im einzelnen fallen darunter Lieferantenunterstützungen, wie bspw. die Gewährung von Krediten, die Beratung durch Mitarbeiter des abnehmenden Unternehmens, technologische und finanzielle Hilfestellung beim Ausbau von Kapazitäten und der Einführung neuer Produkte bzw. Produktionsmethoden.
U.A.

Lieferbedingungen, internationale
→ INCOTERMS, AFTD

Lieferbereitschaft → Lieferservice,
→ Servicegrad

Lieferfähigkeit → Servicegrad

Lieferflexibilität

Lieferflexibilität → Lieferservice

Liefergenauigkeit → Lieferservice

Lieferservice
Maßstab für die durch die Unternehmung angebotene und erbrachte physische Distributionsleistung. Er beschreibt den Output der → Marketing-Logistik und damit des gesamten logistischen Systems der Unternehmung. Unter dem Begriff Lieferservice ist ein Bündel von Indikatoren unterschiedlicher Dimension zu verstehen. Neben dem Pre-sales-Service (Kundendienst in der Vorverkaufsphase) und dem After-sales-Service (Kundendienst in der Nachverkaufsphase) ist der Lieferservice ebenfalls dem Kundenservice zuzurechnen (→ Servicepolitik, → Kundendienstpolitik).
I.d.R. werden vier Bereiche von Einzelindikatoren unterschieden, deren Ausprägungen gemeinsam das Niveau des → Lieferservice bestimmen (vgl. Abb. 1).

(1) Lieferzeit (Auftragsperiode)
ist die Zeitspanne zwischen dem Ausstellen des Auftrags durch den Kunden bis zum Erhalt der Ware. Die (distributionsabhängige) Lieferzeit setzt sich zusammen aus der Zeit für die Auftragserstellung, die Übermittlung des Auftrags vom Kunden zum Lieferanten, für die Bearbeitung des Auftrags, das Zusammenstellen (Kommissionieren) und Verpacken, die Verladung und den Transport sowie die Einlagerung der Ware beim Kunden. Dabei sind die ablaufbedingten Wartezeiten nicht selten länger als die reinen Ausführungszeiten dieser Teilaufgaben. Der Lieferant kann alle diese Teilzeiten beeinflussen, auch die Zeiten für Tätigkeiten, die nicht von ihm selbst, sondern von einem → Logistik-Dienstleister oder vom Kunden selbst ausgeführt werden. Die bei einer Auftragsfertigung regelmäßig anfallenden Teilzeiten der Fertigung des Produkts (technische und kaufmännische Vorlaufzeit, Beschaffungszeit, Teilefertigungszeit, Montage- und Testzeit) sind nicht Bestandteil der distributionsabhängigen Lieferzeit. Vier wesentliche Einflussgrößen der Lieferzeit lassen sich unterscheiden:

– Die *ablauforganisatorische Regelung* der → Auftragsabwicklung beeinflusst den Zeitraum, der zwischen dem Eingang einer Kundenbestellung und deren Weitergabe an das Lager liegt (auftragsabwicklungsbedingte Lieferzeit).

– Von der verfolgten → *Vorratspolitik* hängt es ab, wie lange ein an den Lagerbereich weitergeleiteter Kundenauftrag auf seine Kommissionierung und Versandvorbereitung warten muss (lagerbedingte Lieferzeit).

– Eine weitere Zeitspanne vergeht mit der *Auslieferung* (transportbedingte Lieferzeit). Sie kann sowohl durch die mangelnde Verfügbarkeit geeigneter Transportmittel als auch durch den eigentlichen Prozess der Raumüberbrückung (Transportgeschwindigkeit) verursacht werden.

– Der *Standort* eines Auslieferungslagers übt einen – mittelbaren – Einfluss auf die Länge der distributionsabhängigen Lieferzeit aus (standortabhängige Lieferzeit). Je kürzer die Entfernung zwischen dem Depot und einem zu beliefernden Abnehmer ist, umso geringer wird der standortbedingte Einfluss auf die Lieferzeit sein (→ Depotplanung).

Letztlich wird die gesamte Lieferzeit durch den kombinierten Einsatz der einzelnen marketinglogistischen Instrumente bestimmt. Einzelne Teilzeiten können dabei substituiert werden. So lässt sich durch die Reduzierung der auftragsabwicklungsbedingten Lieferzeit eine Erhöhung der stand-

Abb. 1: Komponenten des Lieferservices

Lieferservice			
Lieferzeit	Lieferzuverlässigkeit	Lieferungs- beschaffenheit	Lieferflexibilität
– Auftragsabwick- lungsbedingt – Lagerhaltungs- bedingt – Transportbedingt – Standortbedingt	– Arbeitsablauf- bedingt – Lieferbereitschafts- bedingt	– Liefergenauigkeit – Zustand der Lieferung	– Auftrags- modalitäten – Liefermodalitäten

ort- und transportbedingten Lieferzeit ausgleichen.

(2) *Lieferzuverlässigkeit (Liefertreue, Termintreue)* beschreibt die Zuverlässigkeit (Wahrscheinlichkeit), mit der die Lieferzeit eingehalten wird. Die Zuverlässigkeit eines Gesamtsystems hängt von seiner Stufigkeit ab, so ist in einer dreistufigen Kette mit einer Zuverlässigkeit von 92 % pro Stufe die Gesamtzuverlässigkeit des Systems nur noch 78 %. Durch zeitliche Puffer lässt sich die Wahrscheinlichkeit, eine zugesagte Lieferzeit einhalten zu können, erhöhen. Darüber hinaus hängt die Lieferzuverlässigkeit von der *Lieferbereitschaft* ab. Sie misst, inwieweit der Lieferant in der Lage ist, eingehende Aufträge direkt aus einem vorgehaltenen Lagerbestand zu erfüllen. Dabei muss der Kunde nicht unbedingt aus einem Auslieferungslager beliefert werden, u.U. kann auch eine auftragsspezifische Fertigung (→ Just-in-Time-Logistik) in Betracht kommen. Die Lieferbereitschaft wird normalerweise durch Prozentangaben gemessen, denen allerdings sehr unterschiedliche Definitionen zugrunde liegen können. Die folgenden vier Beispiele sollen der Illustration dienen.:

– erfüllte Bestellungen x 100/eingegangene Bestellungen
– gelieferte Menge x 100/nachgefragte Menge
– Wert der gelieferten Menge x 100/Wert der nachgefragten Menge
– Zeitintervalle ohne verlorene Bestellungen x 100/gesamte Anzahl der betrachteten Intervalle.

(3) *Lieferungsbeschaffenheit* erfasst, inwieweit die Lieferung selbst dem Kunden Grund zur Beanstandung gibt. Dabei gibt die *Liefergenauigkeit* an, inwieweit die bestellten Produkte in gewünschter Art und Menge ausgeliefert werden. Mangelnde Liefergenauigkeit führt zur Kundenverärgerung und zu zusätzlichen Kosten für die Behandlung der Kundenbeschwerde und die Rücknahme der Ware (→ Beschwerdemanagement). Der *Auslieferungszustand* hängt davon ab, in welchem Umfang die Verpackung ihrer Schutzfunktion bei der Auslieferung der Güter gerecht wird.

(4) *Lieferflexibilität* beschreibt, inwieweit die Marketing-Logistik auf besondere Bedürfnisse und Wünsche des Kunden einzugehen vermag. Sie hängt im Wesentlichen von drei Einflussfaktoren ab: Die *Modalitäten der Auftragserteilung* beschreiben die Freiräume bei der Gestaltung der Auftragsgröße, der Abnahmemenge, des Zeitpunktes der Auftragserteilung sowie der Art der Auftragserstellung und -übermittlung. Einem allzu großen Freiraum bei den Auftragsmodalitäten steht das Ziel einer Standardisierung der Auftragserstellung und –übermittlung entgegen, das durch die Festlegung von Mindestauftragsgrößen, Mindestabnahmemengen, vorgegebenen Auslieferungszeitpunkten und dergleichen eine Reduktion der Marketing-Logistik-Kosten ermöglicht. Die Auftragsmodalitäten beziehen sich auf die Auftragserstellung und -übermittlung, die *Liefermodalitäten* hingegen auf den Güterfluss. Sie legen insb. die Art der Verpackung, die zu benutzende Transportvariante sowie die Möglichkeit der Lieferung auf Abruf fest. Hierzu gehören auch die Fragen der Abstimmung des Distributionslogistiksystems des Lieferanten mit dem beschaffungslogistischen System der Kunden (Kompatibilität). Zunehmende Bedeutung gewinnt hier die Frage der Benutzung logistischer Einheiten (Paletten, Container) und die Art der Anlieferung, die u.U. Voraussetzung für eine direkte Verzahnung der Distributionslogistik des Lieferanten und der Produktionslogistik des Abnehmers sind. Zur Lieferflexibilität zählt schließlich die *Information des Kunden* über die Liefermöglichkeiten, den Stand der Abfertigung des Auftrages (Statusinformationen), vorauszusehende Lieferverzögerungen und dergleichen.

Die Vieldimensionalität des → Lieferservice macht es erforderlich, die angestrebte Lieferservicepolitik differenziert festzulegen, wie es in der *Abb.* 2 exemplarisch gezeigt ist. Der Wettbewerb wird auf Käufermärkten mit allen Instrumenten der Marketingpolitik ausgetragen. Empirische Untersuchungen zeigen übereinstimmend die große Bedeutung des Lieferservice auf vielen Absatzmärkten von Industrie- und Handelsunternehmen. Er ist nach der Produktqualität der gewichtigste Einflussfaktor der Einkaufsentscheidung. Die eher noch zunehmende Substituierbarkeit der Produkte wird auf vielen Märkten die Bedeutung des Lieferservice noch weiter steigern. Der mit einem Anheben des Lieferserviceniveaus i.A. verbundene überproportionale Anstieg der → Logistik-Kosten zwingt allerdings zu einer differenzierten Lieferservicepolitik. Das gezielte Angebot eines höheren Lieferserviceniveaus kann bspw. auf bestimmte, be-

Liefertreue

Abb. 2: Formulierung einer eigenen Lieferservicepolitik (Beispiel)

Lieferzeit	Die Auslieferung muss innerhalb von 8 Tagen erfolgen – Auftragsübermittlung: 1 Tag – Auftragsbearbeitung: 2 Tage – Kommissionieren und Verpacken: 1 Tag – Verladung und Transport: 4 Tage
Lieferzuverlässigkeit	• Zuverlässigkeit des Arbeitsablaufs. – 95% der Lieferungen innerhalb von 8 Tagen – 100% der Lieferungen innerhalb von 9 Tagen • Lieferbereitschaft: – „A"-Güter: 97% aller Aufträge müssen vom Distributionslager befriedigt werden – „B"-Güter: 85% aller Aufträge müssen vom Distributionslager befriedigt werden – „C"-Güter: 70% aller Aufträge müssen vom Distributionslager befriedigt werden
Lieferbeschaffenheit	• Liefergenauigkeit: 98% aller Aufträge müssen in Art und Menge korrekt sein. • Zustand: Die bei dem Transport beschädigten Produkte dürfen nicht > 3% sein.
Informationen	Verkäufer bzw. Kunden können jeden Tag Aufträge übermitteln. Innerhalb von 4 Std. kann eine verbindliche Auskunft über die Lieferbereitschaft erteilt werden.

sonders wichtige Kunden beschränkt werden. Auf jeden Fall wird die bzgl. des Lieferservice heute vielfach noch undifferenzierte Marketing-Politik überdacht werden müssen.
Eine Messung der mengen- und wertmäßigen Auswirkungen des Lieferservice ist schwierig, da alle absatzpolitischen Instrumente gemeinsam auf die Nachfrage Einfluss nehmen. Es gibt bisher kaum gesicherte Aussagen über die multikausalen Zusammenhänge zwischen dem Einsatz der einzelnen absatzpolitischen Instrumente und der Nachfrage. Die Vorstellung, eine gewinnmaximale Servicestrategie realisieren zu können, ist deshalb nicht operational. Vielmehr kommt es darauf an, den Lieferservice konsistent an der Logistikstrategie und damit der Wettbewerbstrategie auszurichten (→ Marketing-Logistik-Strategie).
W.De./R.A.

Literatur: *Pfohl, H.Ch.:* Logistiksysteme, 5. Aufl., Berlin u.a. 1996.

Liefertreue → Lieferservice

Lieferungsbedingungen
→ Logistikkonditionen

Lieferzeit → Lieferservice

Life Letter → Handlungsauslöser

Life-Spot → Hörfunkwerbung

Life-Style → Lebensstil-(lifestyle) Konzept

Likeability
drückt das Gefallen am Werbemittel aus (Likes/Dislikes, → Werbetests). Verfechter der so genannten „Attitude towards the Ad"- Hypothese sehen einen direkten Zusammenhang zwischen der positiven Bewertung von Werbemitteln und der positiven Bewertung der dort beworbenen Marken.

Likert-Skala → Skalierungstechnik

Likes/Dislikes → Werbetests

Limitierte Kaufentscheidungen
sind → Kaufentscheidungen, die hinsichtlich des damit verbundenen Ausmaßes kognitiver Steuerung zwischen extensiven und habitualisierten Kaufentscheidungen anzusiedeln sind. Sie finden v.a. im Zusammenhang mit Käufen statt, bei denen schon Erfahrungen aus früheren ähnlichen Käufen vorliegen, aus denen wiederum bewährte Entscheidungskriterien resultieren. In der Kaufsituation muss unter Verwendung dieser Kriterien nur noch eine Auswahl

unter den verfügbaren Alternativen getroffen werden.

Limitrechnung

Methode der kurzfristigen Planung, Steuerung und Kontrolle von Beschaffung, Lagerung und Absatz der Handelsware mit dem Ziel einer wirtschaftlichen Abstimmung von Einkauf und Verkauf (→ Handels-Controlling). Die Limitrechnung dient einerseits der Erreichung einer vollständig ertragsorientierten Warenpräsenz, andererseits der Vermeidung kapitalbindender und kostenverursachender Überläger. Ferner trägt die Limitplanung zur Sicherung des finanziellen Gleichgewichts der Unternehmung bei, da dem Einkäufer für seine Dispositionen Einkaufsbudgets vorgegeben werden, welche in Abhängigkeit von der Unternehmungs- und Absatzplanung limitiert sind.

Die Planung des Limits, dessen beherrschendes Regulativ der Lagerumschlag ist, erfolgt auf der Basis des Sollumsatzes, der geplanten Handelsspanne, des Plandurchschnittslagers und des effektiven Warenbestandes. Das Periodenlimit ergibt sich als Differenz aus dem geplanten Wareneinsatz, den Lagerbestandsveränderungen und erteilten, jedoch noch nicht ausgelieferten Aufträgen. Nach Abzug einer bestimmten Limitreserve, die eventuelle Planabweichungen auffangen soll, erhält man das sog. freie Limit, welches das für den Einkäufer verfügbare Einkaufsbudget darstellt. In methodischer Hinsicht differenziert man zwischen dem *Durchschnittslagerverfahren* und dem *Höchstlagerverfahren,* welche sich im Wesentlichen durch die Berechnung der Lagerbestandswerte unterscheiden.

Die Limitplanung kann nicht verhindern, dass falsche Artikel eingekauft werden, die keinen Absatz finden. In diesem Falle bewirkt sie sogar einen kumulativen Prozess, da Limits an den Umsatz geknüpft sind: je weniger man umsetzt, desto niedriger ist das Limit, je geringer das Limit, desto geringer die Lagerhaltung, je geringer die Lagerhaltung, desto geringer die Verkaufsbereitschaft, je geringer die Verkaufsbereitschaft, desto niedriger der Umsatz (vgl. *Tietz,* 1985, S. 687). Es empfiehlt sich deshalb, sog. lebende und tote Lagerbestände zu unterscheiden und das Lager zu Saisonschluss von saisonabhängigen Waren und Ladenhütern zu entlasten, um neue Limits für aktuelle Waren zu ermöglichen.

Beispiel einer Limitplanung nach dem Durchschnittslagerverfahren

Sollumsatz	DM 200.000,–
Handelsspanne 25%	./. DM 50.000,–
geplanter Wareneinsatz	DM 150.000,–
geplanter Warenumschlag	1,5
Plan- Durchschnittslager	DM 100.000,–
Anfangslagerbestand	DM 120.000,–
geplantes Endlager (2 x ⌀ Lager ./. Anfangslager)	./. DM 80.000,–
Lagerbestands-Differenz (hier: Lagerabbau)	DM 40.000,–
geplanter Wareneinsatz	DM 150.000,–
Lagerabbau	./. DM 40.000,–
Auftragsrückstände	./. DM 20.000,–
Periodenlimit	DM 90.000,–
Limitreserve 10%	**DM 9.000,–**
Freies Limit	DM 81.000,–

Eine weitere Ergänzung der Limitrechnung stellt die *Fehlverkaufsstatistik* dar, in der festgehalten wird, in wie vielen Fällen Kunden Waren nachfragen, die nicht im Sortiment („Null-Verkauf") oder am Lager („Fehlverkauf") sind.   K.Ba./H.D.

Literatur: *Hanhardt, E.W.:* Marktgerechte Koordination von Einkauf und Verkauf im Warenhaus, Bern 1967. *Tietz, B.:* Der Handelsbetrieb, 2. Aufl., München 1993. *Toporowski, W.:* Logistik im Handel. Optimale Lagerstruktur und Bestellpolitik einer Filialunternehmung, Heidelberg 1996.

Line Extension

Hohe Investitionen zur Etablierung von Marken haben den Gedanken als nahe liegend betrachtet, unter einer Marke das Programm auszuweiten und damit die Investition mehrfach zu nutzen (→ Programmpolitik). Positive Beispiele sind Dachmarken, wie Nivea, die im Zeitraum von rund 90 Jahren mehr als 90 Produkte unter der Marke führen. Negative Beispiele sind gegeben, wenn eine Marke als monolitischer Markenartikel, z.B. für eine Gruppe Kinderärzte, als Medikament zur Behandlung von Halsentzündungen profiliert ist und auf andere Ärzte für andere Erkrankungen ausgedehnt

Liniendiagramm

werden soll, weil dann die spezifische Kompetenz verwässert wird.
Die Ursache für den Unterschied liegt in der Unterscheidung von Außen- und Innenbetrachtung. Im Falle von Nivea tragen alle Produkte in Außenbetrachtung das Dach „Pflege"; bei dem Medikament besteht nur innen der Zusammenhang des gleichen Wirkprinzips, aber eine andersartige Besetzung der Köpfe.
Will man unter diesem Aspekt Line Extensions betreiben, kann man neben der galenischen Form eines Saftes auch eine Tablette, ein Spray oder/und ein Pflaster anbieten. Sind die Köpfe besetzt, kann man dem Wunsch nach → variety seeking insofern folgen, als man einerseits alle Nutzen unter dieser Marke zunächst zusammenfassen, dann wieder differenzieren und dann schließlich unter einem anderen Aspekt wieder zusammenfassen kann. H.S.

Liniendiagramm

Form der → Datenpräsentation, bei der in ein Koordinatensystem Zeitreihen- oder Funktionsverläufe abgebildet werden. Dabei lässt sich eine arithmetische, logarithmische oder halblogarithmische Skala verwenden.

Link

(Kurzform von Hyperlink) ist eine Verknüpfung auf einer Webseite mit einem anderen Dokument im → Internet. Durch Klicken auf einen Link gelangt man zu dem gewünschten Ziel. Normalerweise sind Links durch Unterstreichen oder andere Farbgebung optisch hervorgehoben. Dadurch dient der Link auch als Querverweis.

Link-Exchange (Cross-Linking)

bezeichnet eine Maßnahme des → Referencing, bei der zwei Online-Angebote durch die Einrichtung von gegenseitigen Hyperlinks vereinbaren, auf den jeweils anderen Online Dienst zu verweisen.

LINMAP

Zu den → Positionierungsmethoden zählende Software. LINMAP schätzt die Parameter eines → Präferenzenmodells mittels mathematischer Programmierung und akzeptiert dabei als Inputdaten nicht nur einfache Paarvergleiche, Rangfolgen, Trade-off-Matrizen sondern auch intervallskalierte Daten in Form von Ratings. Da es aber auf einem nichtmetrischen Optimierungsansatz beruht, ergeben sich aus einem über dem einer Ordinalskala liegenden Datenniveau keine Vorteile. Das Verfahren versucht, die Zahl der Verstöße in der prognostizierten Präferenzrangfolge gegen die beobachtete Präferenzrangfolge (Präferenzurteil) zu minimieren. L.H.

Literatur: *Shocker, A.D.; Srinivasan, V.:* LINMAP (Version III): A FORTRAN IV computer program for analyzing ordinal preference (dominance) judgements and for conjoint analysis, incorporating multistage estimation procedures, in: Journal of Marketing Research (1979), S. 560–1.

LISREL

(Analyse von Linear Structural Relationships) bezeichnet ein komplexes Computerprogramm und einen Modellansatz zur Zerlegung von Kovarianzstrukturen in der → Multivariatenanalyse, das primär zur → Kausalanalyse eingesetzt wird. Das Programm liegt seit 1993 in der achten Version vor und beruht im Kern auf einer Ineinanderschachtelung von Faktoranalyse-Modellen (→ Faktoranalyse), deren Parameter mit → Maximum-Likelihood oder → Kleinst-Quadrate-Methoden geschätzt werden können. Es bietet die Möglichkeit zur Analyse kategorialer Daten (PRELIS), ist grafisch unterstützt und besitzt ein komplexes Modell zur Mehrebenen-Analyse. LISREL stellt einen allgemeinen Ansatz dar, der eine Kovarianzmatrix von Daten als eine Funktion von Parametern eines theoretischen linearen Modells auffasst und verschiedenartige Beziehungen zwischen Beobachtungsvariablen, Faktoren und Fehlerkomponenten gleichzeitig abbilden kann. Die Faktoren repräsentieren nicht direkt beobachtbare → hypothetische Konstrukte oder → latente Variablen.

Ein LISREL-Modell besteht aus drei Teilen, einem exogenen Messmodell, einem endogenen Messmodell und einem Strukturmodell (vgl. *Abb.*).

Für die mathematische → Spezifikation wird angenommen, dass alle Variablen als Abweichungen vom Mittelwert gemessen sind. Dadurch entfallen die Absolutglieder in den Gleichungen. Nach den Konventionen von LISREL 8 für den Ein-Sample-Fall hat das Modell folgende Struktur:
Die Variablen werden unterschieden nach Messungen $\underline{x}' = (x_1, x_2, \ldots, x_p)$ von unabhängigen (exogenen) Konstrukten und Mes-

Elemente des LISREL-Modells

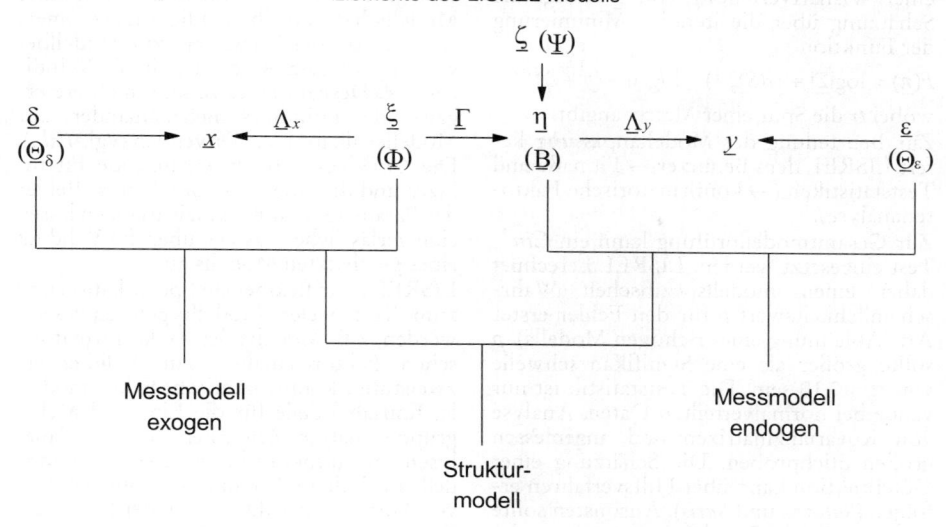

$$\underset{(\underline{\Theta}_\delta)}{\underline{\delta}} \longrightarrow \underline{x} \xleftarrow{\underline{\Lambda}_x} \underset{(\underline{\Phi})}{\underline{\xi}} \xrightarrow{\underline{\Gamma}} \underset{(\underline{B})}{\underline{\eta}} \xrightarrow{\underline{\Lambda}_y} \underline{y} \xleftarrow{} \underset{(\underline{\Theta}_\varepsilon)}{\underline{\varepsilon}}$$

$$\underline{\zeta}\,(\underline{\Psi})$$

Messmodell exogen — Strukturmodell — Messmodell endogen

sungen von abhängigen (endogenen) Konstrukten. Durch zwei Faktormodelle

(1) $\underline{x} = \underline{\Lambda}_x \underline{\xi} + \underline{\delta}$

(2) $\underline{y} = \underline{\Lambda}_y \underline{\eta} + \underline{\varepsilon}$

werden die Beziehungen zwischen den Beobachtungsvariablen ($\underline{x}$, $\underline{y}$) und den Konstrukten ($\underline{\xi}$, $\underline{\eta}$) abgebildet. $\underline{\varepsilon}$ und $\underline{\delta}$ sind die Vektoren der Messfehler von $\underline{y}$ und $\underline{x}$. Die Matrixen $\underline{\Lambda}_y$ ($q \times m$) und $\underline{\Lambda}_x$ ($p \times n$) erfassen die Faktorladungen (Regressionsgewichte) von $\underline{y}$ auf $\underline{\eta}$ sowie $\underline{x}$ auf $\underline{\xi}$. Die kausalen Beziehungen werden durch ein System von linearen Strukturgleichungen auf der Konstruktebene modelliert:

(3) $\underline{\eta} = \underline{B}\underline{\eta} + \underline{\Gamma}\underline{\xi} + \underline{\zeta}$ oder $\underline{\tilde{B}}\underline{\eta} = \underline{\Gamma}\underline{\xi} + \underline{\zeta}$

mit [$\underline{\tilde{B}} = (\underline{O} - \underline{B})$], hier ist $\underline{B}$ die ($m \times m$) Koeffizientenmatrix für die direkten kausalen Beziehungen zwischen endogenen Konstrukten $\underline{\eta}$; und Γ, der ($m \times n$) Koeffizientenmatrix für die direkten kausalen Beziehungen zwischen den exogenen Konstrukten $\underline{\xi}$ und endogenen Konstrukten $\underline{\eta}$; $\underline{\zeta}=$ ($\zeta_1, \zeta_2, ..., \zeta_m$) ist der Zufallsvektor von Residuen in den Kausalbeziehungen.

Zur Lösbarkeit der Gleichungssysteme werden folgende Basis-Annahmen getroffen: $\underline{\varepsilon}$ und $\underline{\delta}$ sind untereinander unkorreliert und unkorreliert mit $\underline{\eta}, \underline{\xi}$ und $\underline{\zeta}$. $\underline{\zeta}$ ist unkorreliert mit den exogenen Konstrukten $\underline{\xi}$ und die Matrix $\underline{I} - \underline{B}$ ist nicht singulär.

Das Programm schätzt Parameter unter Berücksichtigung von Restriktionen und Parametervorgaben in acht Parametermatrizen, die eine vollständige Modellstruktur abbilden. Dies sind neben den Abhängigkeitsbeziehungen in $\underline{\Lambda}_x, \underline{\Lambda}_y, \underline{B}, \underline{\Gamma}$ die spezifizierten Kovariationsbeziehungen in:

$\underline{\Phi}$: der ($n \times n$) Varianz-Kovarianzmatrix der exogenen Konstrukte,

$\underline{\Psi}$: der ($m \times m$) Varianz-Kovarianzmatrix der Fehler $\underline{\zeta}$ in den Strukturgleichungen,

$\underline{\Theta}_\delta, \underline{\Theta}_\varepsilon$: den ($p \times p$), ($q \times q$) Varianz-Kovarianzmatrizen der Fehler $\underline{\delta}, \underline{\varepsilon}$ in den Faktormodellen.

Sofern die Information in den Daten ausreicht, um alle Koeffizienten eindeutig zu bestimmen (→ Identifikation), können → Kleinste-Quadrate Schätzmethoden (ULS, GLS, WLS) oder die → Maximum-Likelihood (ML)-Methode zur Schätzung der Parameter eingesetzt werden. Die ML-Methode verlangt multivariat-normalverteilte Variablen, während die ULS-, GLS- und WLS-Schätzmethoden weniger restriktiv sind. Mit der Version LISREL 8 können über → WLS auch verteilungsfreie Schätzer ermittelt werden (*Jöreskog* und *Sörbom*).

Das Schätzproblem der ML-Schätzung in LISREL besteht darin, über den Parametervektor $\underline{\pi}$ (die unbekannten Parameter der acht LISREL-Matrizen) die Kovarianzmatrix $\underline{\Sigma}$ zu schätzen, die mit größter Wahrscheinlichkeit die empirische Kovarianzmatrix der Daten $\underline{S}$ erzeugt hat. Bei Annahme

LISREL

einer Wishartverteilung von $\underline{S}$ erfolgt die Schätzung über die iterative Minimierung der Funktion

$$F(\underline{\pi}) = \log|\underline{\Sigma}| + tr(\underline{S}\underline{\Sigma}^{-1}) - \log|S| - (p+q)$$

wobei tr die Spur einer Matrix angibt.

Zur Beurteilung der Modellanpassung liefert LISREL dem Benutzer → Fitmaße und Teststatistiken (→ konfirmatorische Faktorenanalyse).

Zur Gesamtmodellprüfung kann ein Chi^2-Test eingesetzt werden. LISREL berechnet dabei einen modellspezifischen Wahrscheinlichkeitswert p für den Fehler erster Art (Ablehnung eines richtigen Modells). p sollte größer als eine Signifikanzschwelle von $\alpha = 0{,}10$ sein. Die Teststatistik ist nur valide bei normalverteilten Daten, Analyse von Kovarianzmatrizen und angemessen großen Stichproben. Die Schätzung einer Gütefunktion kann über Hilfsverfahren erfolgen (*Satorra* und *Saris*). Ansonsten sollte die Statistik als Fitindex interpretiert oder zur Beurteilung alternativer Modellhypothesen als Chi^2-Differenzentest eingesetzt werden. Für explorative Studien liegt ein → Modifikationsindex vor, der angibt, um wie viel sich die Teststatistik verbessert, wenn ein weiterer Parameter geschätzt wird.

Problematisch bei der Anwendung des Chi^2-Tests ist seine Sensitivität gegenüber der Stichprobengröße. Die Zahl der vorgeschlagenen Fitindizes zur Beurteilung eines Modells hat deshalb ständig zugenommen, wie auch die der Vorschläge zur Modellbewertung. Insgesamt liegen mehr als 30 Indizes vor. Deshalb ist es ratsam, mehrere ergänzende Fitindizes nebeneinander zur Modellevaluation zu verwenden (vgl. *Tab.*). Die Chi^2-Teststatistik, ergänzende Fit-Indizes und die Angaben über Standardfehler der Parameter und Residualvarianzen lassen eine verlässliche Aussage über die Validität eines geschätzten Modells zu.

LISREL kann flexibel zur Spezifikation und zum Test vieler Modelltypen eingesetzt werden, z.B. Modelle der → konfirmatorischen Faktorenanalyse zur Validierung; zweistufige konfirmatorische Faktormodelle; Kausalmodelle für die Ein- und Mehrgruppenanalyse; Zeitreihen- und Panelanalysen mit autokorrelierten Residuen; Modelle für höhere Produktmomente und Test von Mittelwertstrukturen auf der Ebene der Faktoren.

Für die Anwender entstehen Probleme dadurch, dass das Programm auch nicht-zulässige Lösungen erzeugt (z.B. negative Varianzen). Dazu besteht die Möglichkeit, dass lokal unteridentifizierte Substrukturen in den Kausalmodellen auftreten können, die nur schwer aufzudecken sind (→ Identifikation). Alternativen zu LISREL sind die Programme → EQS, → AMOS, → CALIS oder auch → MECOSA.   L.H./D.A.

Ausgewählte Fitindizes für Strukturgleichungsmodelle

Fitindex	Definition	Akzeptanzschwellen
χ^2	$(n-1) \cdot F(\underline{S}, \underline{\Sigma})$	$p \geq 0{,}10$
RMSEA	$\sqrt{(\chi^2 - df)/df(n-1)}$	$\leq 0{,}05$
GFI	$1 - \left[tr\left(\underline{S}\underline{\Sigma}^{-1} - \underline{I}\right)^2 / tr\left(\underline{S}\underline{\Sigma}^{-1}\right)^2 \right]$	$\geq 0{,}90$
AGFI	$1 - [(p+q)(p+q+1)/2df] \cdot (1 - GFI)$	$\geq 0{,}90$
NFI	$1 - \left[\chi_m^2 / \chi_0^2\right]$	$\geq 0{,}90$
CFI	$1 - [\max\{\chi_m^2 - df_m, 0\} / \max\{\chi_0^2 - df_0, \chi_m^2 - df_m, 0\}]$	$\geq 0{,}90$

Literatur: *Hildebrandt, L.:* Kausalanalyse, in: *Tietz, B.; Köhler, R.; Zentes, J.* (Hrsg.): Handwörterbuch des Marketing, Stuttgart 1995. *Hildebrandt, L.; Homburg, C.:* Die Kausalanalyse. Instrument der empirischen betriebswirtschaftlichen Forschung, Stuttgart 1998. *Jöreskog, K.G.:* LISREL 8. User's Reference Guide, Chicago 1996. *Satorra, A.; Saris, W.:* Power of the Likelihood Ratio Test in Covariance Structure Analysis, in: Psychometrika, Vol. 50 (1985), No. 1, S. 83-90.

Listbroker → Adressenvermittler

Listcompiler

Spezialdienstleister des → Direktmarketing, dessen Serviceangebot sich auf den Aufbau zur Vermietung geeigneter → Adresslisten konzentriert. Bevorzugt geht es dabei um das Zusammenstellen sog. *kalter* Adressen, wie Fernsprechteilnehmer, Aufgebote, Geburten (siehe auch → Adressenvermittler).

Listenpreis

Ausgangspunkt der → Konditionenpolitik, insbesondere der Rabattgewährung (→ Rabatte) eines Anbieters (s.a. → Preispolitik). Der Listenpreis ist i.A. die höchstwertige Bezugsbasis einzelner Konditionenprozentsätze im Rahmen eines → Konditionensystems. Er kennzeichnet das Standard-Entgelt, welches der Abnehmer für eine in Art und Menge definierte Wareneinheit eines Anbieters zu leisten hat. H.St.

Listung

bedeutet die Neuaufnahme eines Produktes in das Sortiment (die „Sortimentsliste") eines Handelsunternehmens. Die Listung erfolgt bei Großunternehmen zunächst auf der Zentral- bzw. Großhandelsebene (→ Ordersatz). Dies garantiert freilich noch keine Distribution bei allen Filialen bzw. angeschlossenen Geschäften. Hierfür können entsprechend der Beschaffung (→ Beschaffungsmarketing) im Handel vielmehr weitere Anstrengungen erforderlich sein, um auch diese Entscheidungsträger zu überzeugen.

Als Listungskriterien des Handels kommen grundsätzlich quantitative Aspekte (erzielbarer Umsatz bzw. Zusatzumsatz, erzielbare Spanne bzw. Umschlagshäufigkeit, entstehende Kosten) und qualitative Aspekte (Ist die Marke bzw. das betreffende Produkt ein „Muss" für das Handelssortiment? Welchen Beitrag leistet das Produkt zum Image des Handelsunternehmens?) in Frage. Die Gewichtung ist von Branche zu Branche und von Betriebsform zu Betriebsform deutlich unterschiedlich. W.I.

Literatur: *Bauer, H.:* Die Entscheidung des Handels über die Aufnahme neuer Produkte, Berlin 1980.

Listungsrabatt, Listungsvergütung
→ Rabatte

Litfaßsäule

die von dem Berliner Buchdrucker *Ernst Th. Litfaß* (1816-1874) erstmals aufgestellte, zylinderförmige Plakatanschlagssäule, die in der → Außenwerbung Verwendung findet. Fahrbare und feststehende Plakatsäulen haben ihren Ursprung in London und Paris in der 1. Hälfte des 19. Jhr. *Litfaß* erhielt die Konzession für die Aufstellung von 150 Anschlagssäulen nach dem Pariser Vorbild in Berlin, finanziert durch den Zirkusdirektor *Ernst Renz*, der die sog. colonnes affiches in Paris gesehen hatte.

Lizenz

ist die Befugnis, ein gewerbliches Schutzrecht oder ein nicht schutzfähiges Recht eines anderen i.d.R. gegen Entgelt zu nutzen (s.a. → Lizenzrecht). Sie stellt für den Lizenzgeber ein Instrument zur Vermarktung und für den Lizenznehmer ein Mittel zum Erwerb technologischen Wissens dar (→ Lizenzpolitik).

Im Blick auf den Exklusivitätsgrad sind *ausschließliche* und *einfache* Lizenzen zu unterscheiden. Bei einer ausschließlichen Lizenz steht dem Lizenznehmer das alleinige Recht auf Verwertung zu (Nutzung, Unterlizenzen, Benutzungsverbote gegenüber Dritten); bei einer einfachen Lizenz bleibt der Lizenzgeber alleiniger Verfügungsberechtigter, sodass der Lizenznehmer nur das Recht auf Nutzung hat.

Bei den meisten Lizenzen handelt es sich nicht um reine Patent- bzw. Know-how-Lizenzen, sondern um einen zusammengefassten Transfer von patentiertem Wissen und betrieblichem Know-how, so genannte gemischte Lizenzen. Das im Schutzrecht offen gelegte Wissen ist häufig nicht ausreichend, um Technologien optimal zu implementieren. Ein weiteres Unterscheidungskriterium sind die im Lizenzvertrag vorgegebenen Restriktionen. Liegen keine sachlichen, räumlichen oder zeitlichen Restriktionen vor, handelt es sich um eine *unbe-*

Lizenzgeschäft, internationales

schränkte Lizenz, im anderen Fall um eine *beschränkte Lizenz*. Zu den häufigsten Restriktionen gehören die Festlegung des Absatzgebiets, strenge Qualitätsanforderungen bei den erzeugten Produkten, Festlegung der Anwendungsbreite der lizenzierten Technologie sowie Einflussnahme auf die Preisgestaltung.

Die Lizenzgestaltung betrifft vor allem die Leistungen von Lizenzgeber und -nehmer. Der Lizenzgeber hat das lizenzierte technische Wissen zu dokumentieren, zu transferieren und u.U. technischen Service zu leisten. Dabei wird wegen der Gefahr des Scheiterns von Verhandlungen i.d.R. stufenweise vorgegangen. Die Dokumentation enthält eine Beschreibung der lizenzierten Schutzrechte und/oder detaillierte Angaben über das ungeschützte lizenzierte Know-how, z.B. in Form von Konstruktionszeichnungen, Fertigungsunterlagen und Rezepten. Regelungsbedürftig sind speziell Restriktionen, die das Absatzgebiet, die Qualitätsanforderungen an Produkte, die Preisgestaltung, die Produktionsmenge und den Bezug von Rohstoffen betreffen. Restriktionen werden vom Lizenznehmer oft als Beeinträchtigung seiner Marktaktivitäten gesehen und daher als Vertragsbestandteil bei entsprechender Verhandlungsposition nicht akzeptiert.

Hinsichtlich der Leistungen des Lizenznehmers gegenüber dem Lizenzgeber sind monetäre und nicht-monetäre Kompensationen zu unterscheiden. Die Kompensation kann z.B. in Form laufender Gebühren (Royalities), von Pauschalgebühren, von Rücklieferungen oder in Form des Lizenztauschs erfolgen. Die laufenden Gebühren können umsatz-, stück-, einsatz- oder gewinnbezogen geregelt werden. Der Preis der Lizenz orientiert sich am Nutzen auf der Basis von Selbstkosten und Erfolgswerten. Vielfach werden Mindestlizenzgebühren vereinbart.

G.Sp.

Literatur: *Brändel, O.C.:* Technische Schutzrechte, Heidelberg 1995.

Lizenzgeschäft, internationales

Eine Form des Know-how-Geschäftes, bei welchem Patente und deren Auswertung Gegenstand einer Transaktion sind (→ Außenhandelsgeschäft).

Lizenzinformation → Patentinformation

Lizenzpolitik

betrifft die langfristigen Ziele und Strategien der Vergabe und Übernahme von → Lizenzen. Im Rahmen der Lizenzvergabe wird untersucht, wie vorhandenes technisches Wissen wirtschaftlich optimal zu nutzen ist. Einerseits besteht die Chance, Einnahmen zu realisieren, andererseits besteht die Gefahr, einen Wettbewerbsvorteil zu vergeben und Konkurrenten zu stärken. Grundsätzlich stehen dem Lizenzgeber folgende *Strategien* zur Verfügung:

1. Die Technologie wird im eigenen Unternehmen genutzt und nicht lizenziert.
2. Die Technologie wird sowohl vom Unternehmen genutzt als auch lizenziert.
3. Die Technologie wird ausschließlich lizenziert.

Ziele der Lizenzvergabe sind:
– die Erschließung neuer Märkte bei begrenzten finanziellen Ressourcen,
– die Senkung von Transportkosten bei relativ großer geographischer Distanz,
– die Realisierung relativ niedriger Produktionskosten,
– die Sicherung eines kundennahen Services bei relativ niedrigen Servicekosten,
– die Überwindung von Kapazitätsengpässen und eigener Know-how-Defizite in FuE, Fertigung und Marketing,
– die Erschließung von Marktnischen,
– die Überwindung von Schutzzöllen, Einfuhrsperren, Devisentransferregelungen, Local-Content-Vorschriften oder technischer Normen,
– die Unterbindung von Konkurrenzerfindungen, die Umgehung wettbewerbsrechtlicher Marktanteilsbegrenzungen,
– die Senkung des Auslandsinvestitionsrisikos,
– die Förderung des Absatzes komplementärer Produkte,
– die Erzielung von Einnahmen durch Lizenzgebühren,
– die schnelle Amortisation von FuE-Aufwendungen,
– die Verlagerung der Gewinnentstehung in Konzernen sowie
– die Ermöglichung von Gegenlizenzen.

Motive für die Ablehnung einer Lizenzvergabe sind:
– die eingeengten eigenen Verwertungsmöglichkeiten des technischen Wissens,
– die Gefährdung des eigenen Erfinder-Image, die Konkurrenzsituation nach Ablauf des Lizenzvertrags,

- konfliktäre Marketingziele,
- mangelhafte Qualifikation des Lizenznehmers sowie
- ein schlechtes Image des Lizenznachfragers.

Typische Ziele einer Lizenznahme sind:
- der partielle Ersatz eigener F&E,
- die Erschließung eines neuen Markts mit neuen Produkten,
- die weitere Wachstumssicherung,
- die Risikostreuung,
- schnellerer Marktzugang,
- die Überwindung fremder technischer Schutzrechte und
- die Vermeidung von Umgehungsentwicklungen mit dem Risiko rechtlicher Auseinandersetzungen.

Die Lizenznahme kann nicht als genereller Ersatz für interne technologische Kompetenz verstanden werden, da bei zu starker Substitution eigener FuE-Aktivitäten die Gefahr besteht, als Partner für den Lizenzgeber an Attraktivität zu verlieren und in technologische Abhängigkeit zu geraten.
Die Strategie der ausschließlichen Lizenzierung eignet sich grundsätzlich für Spin-off-Erfindungen, d.h. meist zufällige Entwicklungsergebnisse, die außerhalb der eigenen unternehmenspolitischen Zielsetzung liegen oder aus fertigungs- oder vertriebstechnischen Gründen nicht selbst verwendet werden können.
Eine Lizenzvergabe ist schon in der Entwicklungs- und Erprobungsphase einer Technologie möglich. Das Unternehmen spart damit Aufwendungen, die bei der Entwicklung bis zur Produktion oder Marktreife anfallen, muss sich aber auch mit entsprechend niedrigeren Lizenzgebühren begnügen. Der überwiegende Teil der Lizenzangebote bezieht sich auf technisches Wissen, das sich im Stadium der Marktreife befindet.
Die Planung, Durchführung und Kontrolle der Lizenzpolitik erfordert entsprechende *organisatorische Voraussetzungen*. Abhängig von der Unternehmensgröße, dem Umfang lizenzpolitischer Aktivitäten und anderen unternehmensspezifischen Faktoren wird die Lizenzpolitik eigenen oder fremden Aktionsträgern (z.B. Patentanwälten, Maklern, Lizenzagenturen) zugeordnet. Eine eigene Lizenzabteilung kann direkt der Geschäftsleitung unterstellt oder der Marketing-, F&E-, Rechts- oder Patentabteilung angegliedert sein. Letzteres birgt die Gefahr einer im Wesentlichen nur auf die Beilegung von Schutzrechtsstreitigkeiten gerichteten Lizenzpolitik in sich. G.Sp.

Literatur: *Mordhorst, C.F.:* Ziele und Erfolg unternehmerischer Lizenzstrategien, Wiesbaden 1994.

Lizenzrecht

Der Lizenzvertrag ist in Deutschland nicht explizit geregelt. Es gelten die allgemeinen Regelungen bürgerlich-rechtlicher Verträge. Bei der Auslegung von Lizenzverträgen sind die für andere Vertragsarten geltenden Gesetze heranzuziehen (→ Kauf, → Mietkauf). Grenzen der inhaltlichen Gestaltung von Lizenzverträgen setzt das Wettbewerbsrecht, insbesondere die §§ 20 und 21 des GWB. Das Patentrecht beeinflusst Lizenzverträge mittelbar, indem mit der Bestimmung des Inhalts eines Patents (§ 9 PatG) die Grundlage zur wettbewerbsrechtlichen Beurteilung geschaffen wird. Einen Eingriff des Patentrechts in die Vertragsfreiheit stellt die Zwangslizenz dar (§ 15 PatG), die im öffentlichen Interesse möglich ist und speziell im Export (z.B. nach USA) eine nicht unerhebliche Rolle spielt.
Bei internationalen Lizenzverträgen, die ein Schutzrecht enthalten, ist das Recht des Vertragsstaates maßgeblich, der das Schutzrecht erteilt hat. Fehlt eine ausdrückliche Vereinbarung über die anzuwendenden Rechtsnormen, so wird davon ausgegangen, dass für den Vertrag insgesamt das Recht jenes Staates gilt, das das Schutzrecht erteilt hat. Anders lautende Vereinbarungen sind möglich. Zu beachten sind vor allem das Kartell-, Devisen- und Steuerrecht sowie behördliche Genehmigungen beider berührter Vertragsstaaten. Innerhalb der EU ist auch bei Lizenzen Artikel 85 EWG-Vertrag wettbewerbsrechtlich relevant. G.Sp.

Lobbying

Unter Lobbying wird der Versuch zur Beeinflussung von politischen Systemen verstanden (→ Verbands-Marketing). Kotler schlägt vor, diese Tätigkeit als weiteres Instrument in das Marketing-Mix zu integrieren (Politics). In der Praxis delegieren die Unternehmungen den größten Teil der Lobbying-Tätigkeit an spezialisierte Institutionen wie Verbände, Interessengemeinschaften etc.
Als Zielgruppen für das Lobbying werden in den parlamentarischen Systemen im deutschsprachigen Raum strukturell folgen-

de *sechs Teilsysteme* unterschieden, die den politischen Entscheidungsprozess beeinflussen:

1. Im Zentrum steht das *exekutive Teilsystem*, das sind die Regierung und die Verwaltung, als vor- und nachbearbeitende Behörden.
2. Das *parlamentarische Teilsystem* mit einer zweigeteilten Legislative. Hier spielen die politischen Parteien eine tragende Rolle als Brutstationen und Organisatoren der politischen Willensbildung.
3. Das *vorparlamentarische Teilsystem* mit beratenden Kommissionen, Ausschüssen, Expertengruppen, den Verbänden und der Wissenschaft.
4. Das Teilsystem des Vollzugs mit den Ministerien, Ämtern, den Bundesländern und Aufträgen an Dritte, seien sie halbstaatlicher (Kammern) oder privater Natur (z.B. Verbände und andere Organisationen).
5. Das *direkt-demokratische Teilsystem* (Bevölkerung), dem die Wahl des Parlamentes zufällt und das sich zum Teil auch durch Volksabstimmungen artikulieren kann.
6. *Zwischenstaatliche Kooperationen.* Viele Gesetzesvorlagen werden durch Einflüsse internationaler oder supranationaler Organisationen bestimmt (EU, Europarat, OECD etc.). Dieser Einfluss nimmt dauernd zu und betrifft direkt oder indirekt auch Länder, die Nichtmitglieder dieser Organisationen sind.

Um von den Lobbying-Zielgruppen (Politiker, Beamte) die gewünschten Austauschgüter wie Gesetze, finanzielle Transfers und öffentliche Güter zu erhalten, setzen die Interessengruppen den folgenden Gegenleistungs-Mix ein:

1. Information, Expertenwissen
2. Legitimität, Repräsentativität der Organisation
3. Stimmen durch Mobilisierungskraft
4. Monetäre Leistungen
5. Einsatz von oder Verzicht auf Macht (Marktmacht durch Unternehmungen, Demonstrationsmacht durch Gewerkschaften)

Literatur: *Buholzer, R.P.:* Legislatives Lobbying in der Europäischen Union, Bern, Stuttgart, Wien, 1998. *Kotler, Ph.:* Mega-Marketing, in: Harvard Manager, No. 3, 1986, S. 532–539.

Local Area Network (LAN, Inhouse-System)

Neben den öffentlichen Übertragungsnetzen gibt es mittlerweile eine Vielzahl privater → Kommunikationsnetze. Ein LAN ist meist auf ein Gebäude oder einen Gebäudekomplex begrenzt.

Local Content

Wenn ein Unternehmen in einem anderen Land eine Produktionsstätte errichtet, stellt sich regelmäßig die Frage, welcher Anteil an der Wertschöpfung im ersten, zweiten, ..., zehnten, ... Jahr im Gastland erreicht werden kann oder soll. Zunächst handelt es sich dabei lediglich um einen Gradmesser dafür, ab wann ein Hersteller legitimerweise ein Gütesiegel wie beispielsweise das „Made in Germany" für sein(e) Erzeugnis(se) beanspruchen darf. Ab welcher Marke also ist etwa das von einem ostasiatischen Produzenten in einem Mitgliedstaat der EU aus Vorprodukten heimischer Provenienz hergestelltes Gerät der Unterhaltungselektronik ein solches lokaler Herkunft?

Dass dies für dessen Vermarktung einen bedeutsamen Aspekt darstellt, steht außer Frage. Eine von manchen Betroffenen praktizierte Verschleierungstaktik ebenso wie unterschiedliche Zielvorstellungen einzelner Regierungen, v.a. solchen innerhalb der EU, führen immer wieder zu Streitigkeiten, die an für Wettbewerbsfragen zuständigen nationalen oder auch supranationalen Gerichten ausgetragen werden.

Local Content-Vorschriften, die von Regierungen generell oder fallweise erlassen werden, dienen aber auch dazu, die Industrialisierung eines Landes zu fördern und im Gefolge davon Arbeitsplätze zu schaffen, Investoren zu veranlassen, technisches und kaufmännisches Personal heranzubilden, ferner Know-how zu transferieren, Importe zu substituieren, die Infrastruktur zu verbessern usw. Insofern handelt es sich hierbei auch um ein Instrument der wirtschafts- und sozialpolitischen, insbesondere aber der außenhandelspolitischen Steuerung und einen entsprechenden Einflussfaktor auf die → Internationalisierungsstrategie von Unternehmen. E.D.

Location based systems
→ Permission Marketing

Lock in-Effekt → Kundenbindung,
→ Systemgeschäft

Lockvogelangebot
→ Unter-Einstandspreis-Verkäufe

Locogeschäft, Platzgeschäft
→ Außenhandelsgeschäft

Logfile
ist das Protokoll, welches ein Server von der Nutzung seiner im Netz zur Verfügung gestellten Dienste anlegt. Bei einem Internet-Server lässt sich aus dem Logfile eine Statistik über die Zugriffe auf die vom Server angebotene → Web-Site erstellen. Das Logfile erfasst dabei alle erzeugten → Hits und speichert diese zusammen mit der Uhrzeit des Abrufs und den Informationen über den Rechner (sog. Referer), der den Abruf getätigt hat. Die Logfiles dienen als Grundlage der Erfolgsmessung eines Internet-Angebots (vgl. → IVW-Verfahren) und zur Überprüfung sicherheitsrelevanter Aktionen bestimmter Benutzer. B.Ne.

Log-Intervallskala → Skalenniveau

logistics-mission
→ Marketing-Logistik-Strategie

Logistik → Marketing-Logistik

Logistik-Dienstleister
sind Unternehmen der → Marketing-Logistik, deren Basisleistung in der gewerblichen Raum- und Zeitüberbrückung zu sehen ist. Dabei gewinnt die Koordination von Versender- und Empfängerorganisation, insb. bei der Realisation von → Just-in-Time-Konzepten, zunehmend an Bedeutung. Gleichberechtigt neben der reinen Transportleistung stehen Serviceleistungen, wie Beratung, Auftragsabwicklung, Kommissionieren, Inkasso, Finanzierung, Delkredere, Factoring, Kundenbetreuung, Regalpflege (rack-jobbing), Sammeln und Auswerten von Marktinformationen, etc. Das Angebot von Logistik-Dienstleistern kann unterschiedliche Funktionen erfüllen: Physische Funktionen beinhalten als elementare Aufgaben Transport und Lagerung von Material und Produkten, ferner Warenannahme, Eingangskontrolle, Materialpflege, Verpacken und bedarfsgerechte Zusammenstellung (physisches Kommissionieren) und direkte Zuführung zu den Verbrauchsstätten. Ergänzt wird dies durch die Informationsfunktion. Ihr wird eine besondere Bedeutung beigemessen, da zur ganzheitlichen Optimierung von Logistiksystemen eine schnelle und zuverlässige Generierung, Verarbeitung und Weiterleitung der logistisch relevanten Daten und Informationen zu gewährleisten ist. Als Informationsfunktion werden alle Aufgaben zur Steuerung, Dokumentation und Kontrolle der physischen Abläufe verstanden (→ Informations-Logistik). Darüber hinaus erfüllen Logistik-Dienstleister dispositive Funktionen. Diese können durch strategische, unternehmenspolitische und langfristig wirkende Planung gekennzeichnet sein. Die zentrale Funktion, die durch externe Logistikberatung unterstützt werden kann, ist die Planung der Beschaffungs- und Distributionssysteme, die sowohl außer- als auch innerbetriebliche Bereiche umfasst. Im Einzelnen sind hier Standortplanung, Struktur und Prozesse in Transport- und Informationssystemen, Auswahl der Verkehrsträger und die Bevorratungsplanung (Bestandssollwerte, Limits, Sicherheitsbestände, Umschlagshäufigkeiten) zu nennen.

Die logistische Leistungserstellung eines Logistik-Dienstleisters kann unter Einkauf verschiedener Neben- und Zusatzleistungen und in Kooperation von und mit Beratern, Speditionen und Frachtführern erfolgen. Neben horizontaler Kooperation zwischen Unternehmen auf einer Stufe der Logistik-Kette kommt es häufig auch zu einer vertikalen Integration von Logistik-Dienstleistern und industriellen Kundenunternehmen zur Realisierung funktional und territorial umfassender logistischer Problemlösungen (→ Systemlogistiker). Besonders zu erwähnen sind die sog. KEP-Dienstleister (Kurier-, Express- und Paket-Dienste), denn an sie werden meist besonders hohe Anforderungen hinsichtlich des → Lieferservice gestellt. W.De./R.A.

Literatur: Engelsleben, T.: Marketing für Systemanbieter, Wiesbaden 1999. *Niebuer, A.:* Qualitätsmanagement für Logistikunternehmen, Wiesbaden 1996.

Logistik-Kette → Marketing-Logistik

Logistikkonditionen
sind Bestandteile der → Konditionenpolitik eines Anbieters und knüpfen an besondere, von den üblichen Lieferungsbedingungen abweichende Vereinbarungen bezüglich der physischen Distribution auszuliefernder Ware an.

Logistik-Kosten

Logistikkonditionen lassen sich einerseits als Regelungen bezüglich des Lieferorts, der Übernahme der Transportkosten und/oder der Gefahrentragung auf dem Transportweg, andererseits als besondere → Rabatte oder Vergütungen bei speziellen Logistikvereinbarungen zwischen Anbieter und Abnehmer interpretieren. Im ersten Fall gehören sie zur Klasse der sog. *Lieferungsbedingungen*, d.h. solcher Regelungen, deren Standard im Rahmen der → Allgemeinen Geschäftsbedingungen bzw. der → *Handelsklauseln* im Außenhandel fixiert ist. Als Rabatte oder Vergütungen honorieren Logistikkonditionen entweder die besondere Übernahme von Logistikleistungen durch den Abnehmer (z.B. Selbstabholung) oder die besondere Ermöglichung reduzierter Logistikleistungen für den Anbieter (z.B. sortenreine Bestellungen, Auslieferung der Ware an einem zentralen Belieferungspunkt für einen Kunden mit dezentralen Bedarfsstellen, sog. Bezugspunktsystem). Logistikkonditionen werden den Abnehmern i.A. durch Rechnungsabzug vergütet. Bezugspunktkonditionen können immer dann als Mengenrabatte interpretiert werden, wenn die Gewährung eines Mengenrabatts an die gebündelte Auslieferung der bestellten Menge an einem Bezugspunkt gekoppelt ist. H.St.

Logistik-Kosten

sind Teil der → Vertriebskosten. Der Begriff „Logistik-Kosten" bezeichnet den bewerteten Einsatz an Produktionsfaktoren in Logistiksystemen während einer Periode (→ Marketing-Logistik). Die gesamten Kosten eines Logistiksystems ergeben sich als Summe der Kosten der logistischen Subsysteme. In *Abb. 1* sind die wichtigsten Einflussgrößen der Kosten der (marketing-)logistischen Subsysteme aufgeführt. Ihre Ausprägungen bestimmen die Höhe der Logistik-Kosten und gleichzeitig das Service-Niveau, welches das Logistiksystem realisieren kann (→ Lieferservice). Insofern besteht ein Austauschverhältnis zwischen dem angestrebten Lieferserviceniveau und den Logistik-Kosten („Kosten-Service-Trade-off").
Der Anteil der Logistik-Kosten am Umsatz schwankt v.a. in Abhängigkeit von der Branche i.A. zwischen 10 und 25%.
Häufig wird die Höhe der Logistik-Kosten unterschätzt, da nicht alle durch den Ablauf logistischer Prozesse verursachten Kosten als Logistik-Kosten erkannt werden. Sie

Abb. 1: Die wichtigsten Einflussgrößen der Kosten der marketing-logistischen Subsysteme

Kosten der logistischen Subsysteme	ausgewählte Kosteneinflussgrößen
Depotkosten	Anzahl, Standorte, Kapazitäten der Depots, Stufigkeit des Depotsystems, Automatisierungsgrad (Lagertechnik)
Lagerhaltungskosten	Zentralität, Selektivität, Lieferbereitschaft, Umschlagshäufigkeit, Bestellpolitik, Sicherheitsbestände, Wertstruktur
Transportkosten	Lieferfrequenz, Sendungsgröße, Stufigkeit, Gewicht-/Volumen-/Wert-Verhältnis, Tourenlänge, Fuhrparkzusammensetzung, Verkehrsträger, Transportnetz
Verpackungs- und Materialhandhabungskosten	Gefährlichkeit, Standardisierung, Umschlagshäufigkeit, Automatisierungsgrad, Containerisierung
Informationskosten	Automatisierungsgrad, Vernetzung, Auftragsabwicklungsstruktur und -prozess, Informations- und Kommunikationstechnologie

bleiben entweder in Gemeinkostenzuschlägen verborgen, oder es wird nicht das gesamte betriebliche Logistiksystem gesehen, sondern nur ein logistisches Teilsystem. Selbst wenn Logistik-Kosten mehr oder weniger vollständig erfasst werden können, bleibt das Problem der verursachungsgerechten Zurechnung zu logistischen Leistungen offen (→ Lieferservice, → Marketing-Logistik-Controlling).

Steigende Bedeutung für die Entwicklung der Logistik-Kosten hat ferner der Produktionsfaktor Information. Durch den Ausbau computergestützter logistischer Informationssysteme lassen sich Entscheidungsprozesse im Bereich der Logistik und die Kommunikation entlang der Transportkette (→ Transportplanung) verbessern (s.a. → Electronic Business). Ferner werden Informationen zur Steuerung automatisierter Lager-, Umschlags- und Transporttechnik benötigt. Durch die Substitution von Transport- und Lagerkosten durch Informationskosten lassen sich nicht selten die Gesamt-

kosten von Logistiksystemen deutlich reduzieren. Dies liegt v.a. an der steigenden Geschwindigkeit, den wachsenden Speicherkapazitäten und den sinkenden Stückkosten der computergestützten Informationsverarbeitung (→ Informations-Logistik).
Die Bedeutung des Kostensenkungspotenzials der Logistik zeigt sich auch darin, dass die Produktivitätsreserven im Produktionsbereich vielfach bereits erschöpft sind. Möglichkeiten zur Produktivitätssteigerung werden künftig viel mehr im Nicht-Produktionsbereich gesehen, v.a. im Bereich der Verwaltung sowie der Logistik. Rationalisierungsmaßnahmen wie etwa die Standardisierung, die Ausnutzung von Größendegressionseffekten und die Nutzung des technischen Fortschritts bieten im Bereich der Logistik noch große Anwendungschancen.
Die Beurteilung von Logistiksystemen kann deshalb niemals allein anhand der Logistik-Kosten erfolgen. Vielmehr ist zwischen dem Leistungsniveau des Systems, (i.a. Serviceniveau) einerseits und den zu seiner Erreichung aufgewandten Logistik-Kosten andererseits zu unterscheiden. Aus der Vielfalt von Gestaltungsmöglichkeiten der logistischen Subsysteme gilt es zunächst zu bestimmen, welche Kombinationen welche Lieferserviceniveaus aufweisen. Bspw. erreichen u.a. die Kombinationen A, B, C und D in *Abb. 2* alle das Serviceniveau l_1. Sie werden deshalb im Hinblick auf dieses Niveau als effektiv bezeichnet. Bei einem Vergleich der dafür jeweils aufzuwendenden Kosten stellt sich heraus, dass unter allen Kombinationen, die l_1-effektiv sind, die Kombination A die geringsten Kosten aufweist, das Kosten-Leistungs-Verhältnis also am günstigsten ist. Diese Eigenschaft bezeichnet man als Effizienz. Deshalb gilt es stets, die effizienten Kombinationen für unterschiedliche Serviceniveaus zu identifizieren. In *Abb. 2* ist dieser Zusammenhang in stark vereinfachter Form skizziert.
Von großer Bedeutung für derartige Logistikentscheidungen ist das Gesamt- oder Totalkostendenken, weil Logistiksysteme von einer Vielzahl von Kostenkonflikten gekennzeichnet sind. Kostensenkungen in einem Teilsystem bewirken häufig Kostensteigerungen in einem anderen Teilsystem („Kosten-Trade-off"). *Abb. 3* gibt Beispiele für derartige Kostenverläufe in Logistiksystemen wieder. Logistisches Denken setzt die Berücksichtigung der in einem System herrschenden Kostenkonflikte voraus. Die

Abb. 2: Der Unterschied zwischen effektiven und effizienten Logistiksystemen

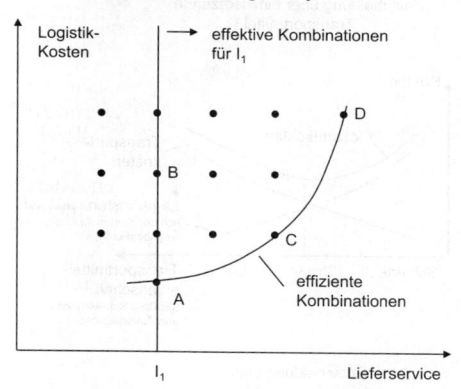

Kenntnis dieser tendenziellen Kostenzusammenhänge liefert Anhaltspunkte für die detaillierte Kostenanalyse in einer konkreten Entscheidungssituation.
Die Struktur der Logistik-Kosten, d.h. das Verhältnis fixer und variabler Kostenanteile, hängt v.a. von dem Anteil selbsterstellter gegenüber fremdbezogenen Logistik-Leistungen ab. Je mehr von einem eigenen und selbst betriebenen Logistiksystem zu einem Fremdbezug logistischer Dienstleistungen (Auslagerung) übergegangen wird (→ Logistik-Dienstleister), desto mehr werden fixe Bestandteile der Logistik-Kosten zu variablen Logistik-Kosten „mobilisiert". Außerdem werden die Logistik-Kosten damit zurechenbar und können als festes Element der Wirtschaftlichkeitsrechnung eingeplant werden, während die Ermittlung der Kosten bestimmter logistischer Leistungen in einem eigenbetriebenen Logistiksystem angesichts der Zurechnungsproblematik mit erheblichen Unsicherheiten behaftet ist (→ Marketing-Logistik-Controlling).
W.De./R.A.

Literatur: *Pfohl, H.-Chr.*: Logistiksysteme, 5. Aufl., Berlin u.a. 1996. *Weber, J.*: Logistikkostenrechnung, Berlin u.a. 1987.

Logistik-Organisation

umfasst die Gestaltung von formalen Aufbau- und Ablaufstrukturen für die dauerhaft unternehmensintern und -extern erfolgenden raum-zeitlichen Transfers von Gütern und Informationen (→ Marketing-Logistik). Aufgaben, die man heute typischerweise der Logistik zuordnet, wurden traditionell den unterschiedlichsten Organisati-

Logistik-Organisation

Abb. 3: Kosten-Trade-off im Logistiksystem

Entscheidung über einzusetzende Transportmittel

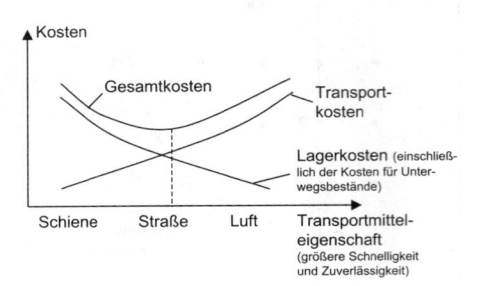

Kosten / Gesamtkosten / Transportkosten / Lagerkosten (einschließlich der Kosten für Unterwegsbestände)
Schiene — Straße — Luft — Transportmitteleigenschaft (größere Schnelligkeit und Zuverlässigkeit)

Entscheidung über die Anzahl der Auslieferungslager

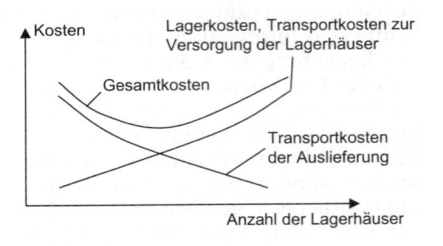

Kosten / Lagerkosten, Transportkosten zur Versorgung der Lagerhäuser / Gesamtkosten / Transportkosten der Auslieferung
Anzahl der Lagerhäuser

Entscheidung über Sicherheitsbestand

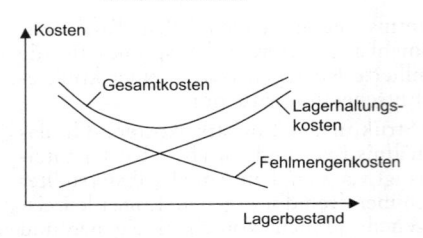

Kosten / Gesamtkosten / Lagerhaltungskosten / Fehlmengenkosten
Lagerbestand

Entscheidung über die zu fertigende Losgröße

Kosten / Gesamtkosten / Lagerhaltungskosten / Rüstkosten
Fertigungslosgröße

---

onsbereichen von Unternehmen zugeordnet (Fragmentierung). Die einzelnen logistischen Entscheidungen wurden selten auf der Grundlage logistischen Denkens getroffen. Vielmehr resultierten sie aus den Zielsetzungen der einzelnen Organisationseinheiten, was zu Zielkonflikten führte.

Die Logistik ist als umfassendes, schnittstellenübergreifendes System zur Steuerung sämtlicher Güter, Waren und Informationsflüsse von der Beschaffung über die Produktion bis zur Auslieferung zu begreifen. Sie ist ein Integrationskonzept und durchdringt als Querschnittsfunktion die klassischen Funktionsbereiche. Logistisches Denken erfordert eine ganzheitliche Betrachtungsweise und geht damit bewusst über die isolierte Optimierung einzelner Funktionsbereiche hinaus (→ Marketing-Logistik; vgl. Abb. 1).

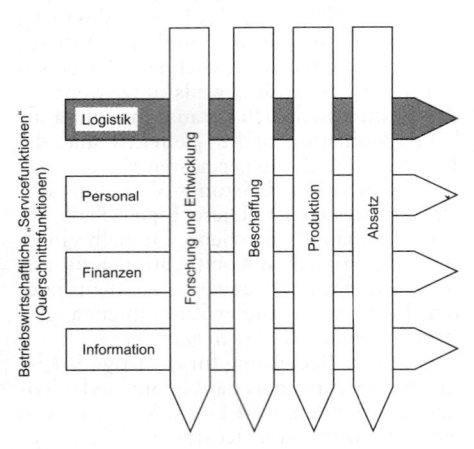

Aus logistischer Sicht problematisch erscheint eine allein an Marketingaspekten ausgerichtete, objektorientierte, nach einzelnen Produktgruppen gegliederte Organisationsstruktur. Bei einem solchen Spartenkonzept werden logistische Teilaufgaben in allen Produktbereichen (Sparten) wahrgenommen. Zahlreiche Synergien, die nicht nur im

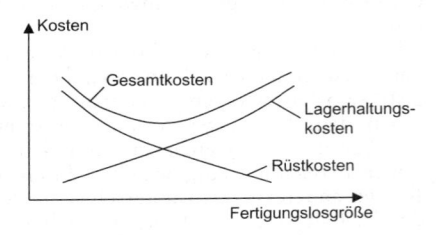

Abb. 1: Logistik als Querschnittsfunktion

betriebswirtschaftliche „Grundfunktionen"

Betriebswirtschaftliche „Servicefunktionen" (Querschnittsfunktionen): Logistik, Personal, Finanzen, Information
Grundfunktionen: Forschung und Entwicklung, Beschaffung, Produktion, Absatz

Bereich des Materialmanagements, sondern auch des Informationsmanagements (→ Informations-Logistik) zwischen den einzelnen Sparten bestehen, können durch konsequente Anwendung des ganzheitlichen, logistischen Denkens erkannt und zum Vorteil des Unternehmens genutzt werden.

Für die Handhabung der Schnittstellenprobleme stehen eine Reihe von strukturellen Koordinationsinstrumenten zur Verfügung: Bei der Logistik-Stabsorganisation besitzt die organisatorische Einheit „Logistik" kein formelles Weisungsrecht. Ihre Interessen können nur über Linieneinheiten vertreten werden, denen sie mit beratender Funktion zugeordnet ist. In praxi ist die Stabslösung im Logistik-Bereich eher die Ausnahme. Als Alternative dazu bietet sich die Bildung von Koordinationsausschüssen an, denen die Mitglieder aus den betroffenen Unternehmensbereichen angehören. Die Logistik-Matrixorganisation ist die häufigste Form bei der organisatorischen Verankerung des Logistik-Managements. Hierbei wird i.d.R. ein Zentralbereich „Logistik" gebildet, der dem Vorstandsressort „Planung und Logistik" mit umfassenden Kompetenzen unterstellt ist. Eine solche „Zentrallogistik" ist dann federführend beim Aufstellen des Jahresproduktionsprogrammes unter den Funktionsbereichen Beschaffung, Produktion und Vertrieb. Die matrixtypische Schnittstelle ergibt sich aus der Zusammenarbeit zwischen dem Zentralbereich „Logistik" und dezentralen Logistik-Einheiten in den Werken oder Sparten. Disziplinarisch sind die dezentralen Logistik-Einheiten häufig der jeweiligen Werks- oder Spartenleitung unterstellt, in fachlicher Hinsicht jedoch der „Zentrallogistik" (Abb. 2).

Abb. 2: Logistik-Matrixorganisation

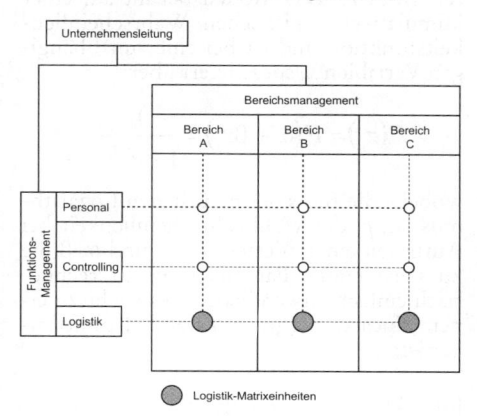

Eine bereichsübergreifende Verankerung der Logistik erscheint immer dann sinnvoll, wenn sich die Kompetenzen der Organisationseinheit „Logistik" auf die Entscheidungsfelder mehrerer Unternehmensbereiche erstrecken. Bereichsinterne Lösungen bieten sich bei Logistik-Einheiten mit Kompetenzen über ein nur relativ enges Spektrum von Logistik-Aufgaben an. Ein typisches Beispiel wäre die Einrichtung eines Logistik-Managements, das lediglich für absatzmarktbezogene Distributionsaufgaben zuständig ist. In diesem Fall liegt die Einordnung in den Absatzbereich nahe. Aber auch eine rein absatzbezogene Logistik-Einheit kann bei überragender Bedeutung der Distributionsfunktion für den Markterfolg aus Gründen der organisatorischen Stärkung der Logistik-Dimension bereichsübergreifend verankert werden.

W.De./R.A.

Literatur: *Pfohl, H.-Ch.:* Logistik, Organisation der, in: Handwörterbuch der Organisation, 3. Aufl., Stuttgart 1992, Sp. 1255-1270. *Pfohl, H.-Ch.; Large, R.:* Gestaltung interorganisatorischer Logistiksysteme auf Grundlage der Transaktionskostentheorie, in: Zeitschrift für Verkehrswissenschaft, 63. Jg., Nr. 1 (1992), S. 15-51.

Logistische Funktion

häufig benutzte Prognosefunktion für langfristige Prognosen (→ Wachstums- und Sättigungsfunktionen). Grundlage der logistischen Funktion ist die Annahme, dass das Wachstum des betrachteten Prozesses, z.B. des Pkw-Bestandes in der BRD, proportional ist

a) dem zum Zeitpunkt t erreichten Niveau $x(t)$ und

b) der Differenz zwischen dem erreichten Niveau $x(t)$ und dem absoluten Sättigungsniveau S.

Quantitativ lautet diese Aussage:

$$\frac{dx}{dt} = ax(t)(S-x(t))$$

wobei a ein Proportionalitätsfaktor und dx/dt das Wachstum pro Zeiteinheit ist. Aus der Wachstumsgleichung ergibt sich durch Integration und nach mehreren Umformungen die Gleichung der logistischen Funktion

$$x(t) = \frac{S}{1 + e^{-aSt-C}} \quad (e = 2{,}71828)$$

Die Parameter S, a und C müssen aus den Vergangenheitsdaten der Zeitreihe geschätzt werden.

Logistische Regression

Die folgende Graphik zeigt die Prognose des Pkw-Bestandes je 1000 Erwachsene in der BRD mit Hilfe der logistischen Funktion, für die folgende Parameter geschätzt wurden:
S = 626   a = 0,00023   C = –2,833

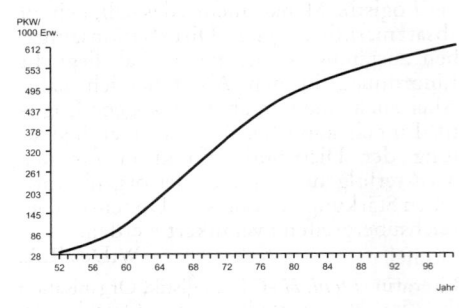

K.-W.H.

Logistische Regression

Spezialfall der → Regressionsanalyse. Die logistische Regression wird auch als Alternativmodell zur Zwei-Gruppen → Diskriminanzanalyse betrachtet. Die abhängige Variable y ist dichotom. In der Regel wird, wie beim → Probit-Modell oder auch → Logit-Modell, von einer latenten Variablen y^* ausgegangen. Dabei ist der Zusammenhang zwischen y und y^* spezifiziert mit $y = 1$, wenn $y^* > 0$, und $y = 0$, wenn $y^* \leq 0$ gilt. Das Erklärungsmodell der latenten Variablen y^* wird als allgemeines Modell formuliert.

$$y_i^* = \beta_0 + \sum_{j=1}^{J} \beta_j x_{ij} + \varepsilon_i$$

mit

y_i^* als latenter Variable der i-ten Beobachtung,

β_j die zu schätzenden Parameter,

x_{ij} die erklärenden Variablen der j-ten Ausprägung der Beobachtung i und

ε_i der Fehlerterm.

Die Wahrscheinlichkeit der Wahl $p_i(y = 1)$ unter der Annahme, dass die Fehlerterme logistisch verteilt sind, ist somit

$$p_i(y=1) = \frac{1}{1 + e^{-\left(\beta_0 + \sum_j \beta_j x_{ij}\right)}}$$

Durch diese Spezifikation der Wahrscheinlichkeit ist gewährleistet, dass $0 \leq p_i \leq 1$ gilt. Alternativ kann das Modell geschrieben werden als

$$Q = \log \frac{p_i(y=1)}{1 - p_i(y=1)} = \beta_0 + \sum_j \beta_j x_{ij}$$

Hierbei wird der Quotient Q auch als Chancenverhältnis bezeichnet

$$\left(Q = \log \frac{p_i(y=1)}{1 - p_i(y=1)} = \log \frac{p_i(y=1)}{p_i(y=0)} \right)$$

Die Schätzung der Parameter β_j erfolgt mit der → Maximum-Likelihood Methode.

L.H./Y.B.

Literatur: *Krafft, M.*: Der Ansatz der logistischen Regression und seine Interpretation, in: ZfB, 67. Jg. (1997), S. 625-642. *Hismer, D.W.; Lemerhow, S.*: Applied Logistic Regression, New York 1989.

Logit-Modell

Modell zur Prognose von Wahlentscheidungen (→ Konsumentenforschung, → Multivariatenanalyse). Es hat insbesondere bei der Analyse von Scanner-Paneldaten große Bedeutung erlangt, um die Wirkung von Marketing-Mix-Variablen auf Produkt-Wahlentscheidungen zu schätzen. Das Logit-Modell ist auch anwendbar zur Schätzung von Zellbesetzungen in Kontingenztafeln als spezieller Fall → Log-Linearer Modelle. Das Modell beruht auf einer kumulativen logistischen Wahrscheinlichkeitsfunktion und ist bei einer unabhängigen Variablen x_i spezifiziert über

$$p_i = F(z_i) = F(\alpha + \beta x_i) = \frac{1}{1 + e^{-z_i}}$$

wobei e die Basis des natürlichen Logarithmus ist, p_i die Wahlwahrscheinlichkeit bei Auftreten eines Wertes von x_i und α, β die zu schätzenden Parameter. Es ist rechnerisch einfach anwendbar, da es leicht zu einem linearen Regressionsmodell umformbar ist:

$$\log \frac{p_i}{1 - p_i} = z_i = \alpha + \beta x_i$$

Die abhängige Variable in der Regressionsgleichung ist der Logarithmus des Verhältnisses der Wahrscheinlichkeiten für die

Wahlalternativen („Log odds"). Sollen mehrere exogene Variablen x_{ij} berücksichtigt werden, ist das Modell auf den multivariaten Zusammenhang zu erweitern. Für die Modellierung einer Wahl zwischen mehreren Alternativen wird das binomiale zum multinomialen Logit-Modell. Wenn bei den auswählenden Individuen das Prinzip der Nutzenmaximierung unterstellt wird, d.h. jedes Individuum entscheidet sich für die Wahlalternative, die seinen Nutzen maximiert, lässt sich das multinomiale auf das binomiale bzw. binäre Logit-Modell zurückführen. Dies geschieht, indem die Alternativen, die nicht den Nutzen maximieren, als Restmenge zusammen gefasst werden. Die Wahlwahrscheinlichkeit für die Alternative i aus der Menge J lautet

$$p_{ij} = \frac{e^{z_i}}{\sum_{j=1}^{J} e^{z_j}} \text{ mit } z_j = \alpha + \beta \, x_j.$$

Hierbei kann z_i mit $z_i = \alpha + \beta x_i$ als lineare Nutzenfunktion für die Alternative i (z.B. *Guadagni/Little*) aufgefasst werden. In diese Nutzenfunktion fließen produktspezifische Größen, wie der Preis oder das Vorhandensein von Handzetteln bzw. Displays, zum Kaufzeitpunkt ein.

Das Logit-Modell basiert auf der IIA-Annahme (Independence of Irrelevant Alternatives), d.h. dass der relative Nutzen einer Alternative gegenüber einer Zweiten unabhängig sein sollte von der Existenz einer Dritten. Zur Verdeutlichung ein Beispiel: Angenommen, es gäbe zwei Alternativen, die aufgrund bestimmter Eigenschaften jeweils von der Hälfte der Individuen gewählt werden. Wird nun eine farbliche Variante der ersten Alternative eingeführt, so bedeutet die IIA-Annahme, dass nun das relative Verhältnis der Nutzen der ersten beiden Alternativen sich gleich verändern und nun 1/3 betragen. Eine Möglichkeit die IIA-Annahme zu umgehen, besteht in einer alternativen Modellwahl. Zum Einen kann ein → Probit-Modell verwendet werden, zum Anderen können → nicht- oder semiparametrische Modellansätze betrachtet werden.

Das Modell kann über eine → Maximum-Likelihood Methode geschätzt werden, diese liefert Signifikanztests für die Parameterwerte. L.H./Y.B.

Literatur: *Aldrich, J.H.; Nelson, F.D.*: Linear Probability, Logit and Probit Models, Beverly Hills 1984. *Guadagni, P.M.; Little, J.D.C.*: A Logit Model of Brand Choice Calibrated on Scanner Data, in: Marketing Science, Vol. 2, No. 3 (1983), S. 203–238. *Urban, D.*: Logit-Analyse, Stuttgart 1993.

Log-Lineare Modelle

Modellansatz der → Multivariatenanalyse zur Untersuchung der Beziehungen zwischen kategorialen Variablen aufgrund der Zellhäufigkeiten in Kontingenztafeln (→ Kontingenzanalyse). Der allgemeine log-lineare Ansatz unterscheidet nicht zwischen unabhängigen und abhängigen Variablen, sondern versucht, durch ein Effekt-Modell die beobachteten Zell-Frequenzen zu approximieren.

Geht man im einfachsten Fall von einer zweidimensionalen Kontingenztafel mit je zwei Kategorien aus, dann nimmt der Schätzer für die Erwartungswerte bei Hypothese der Unabhängigkeit von Zeilen- und Spaltenvariable folgende Form an:

(1) $\hat{m}_{ij} = \dfrac{x_{i+} + x_{+j}}{N}, \; i=1,2, \; j=1,2$.

Durch Verwendung von natürlichen Logarithmen kann die Gleichung für $\hat{m}_{ij}$ in folgender Form dargestellt werden

(2) $\log \hat{m}_{ij} = \log x_{i+} + \log x_{+j} - \log N$

oder vereinfacht in der Notation der Varianzanalyse

(3) $\log m_{ij} = u + u_{1(i)} + u_{2(j)}$

wobei $u = \dfrac{1}{IJ} \sum_{i=1}^{I} \sum_{j=1}^{J} \log m_{ij}$

für den Mittelwert steht und

$u + u_{1(i)} = \dfrac{1}{J} \sum_{j=1}^{J} \log m_{ij}, \; i=1,2,...,I$

$u + u_{2(j)} = \dfrac{1}{I} \sum_{i=1}^{I} \log m_{ij}, \; j=1,2,...,J$

für die Spalten bzw. Reiheneffekte in der Kontingenztafel. Da $u_{1(i)}$ und $u_{2(j)}$ die Abweichungen vom Mittelwert u sind, gilt

Lorenzkurve (Konzentrationskurve)

$\sum_i u_{1(i)} = \sum_j u_{2(j)} = 0$.

Sind die Variablen nicht unabhängig voneinander, muss das Modell einen Interaktionsterm mit berücksichtigen:

(4) $\log m_{ij} = u + u_{1(i)} + u_{2(j)} + u_{12(ij)}$

mit der Annahme

$\sum_{i=1}^{I} u_{12(ij)} = \sum_{j=1}^{J} u_{12(ij)} = 0$.

Die Gleichung stellt ein sog. → saturiertes Modell für eine zwei × zwei Feldertafel dar. Der Ansatz kann auf beliebig große Kontingenztabellen ausgedehnt werden. Ziel der Anwendung log-linearer Modelle ist die Erklärung von Zellfrequenzen mit möglichst einfachen Modellen, d.h. unsaturierten Modellen. Der Modellansatz eignet sich auch zu kausalen Interpretationen. Die Prognose von Zellfrequenzen erlaubt die Analyse mit → Logit-Modellen.

L.H./Y.B.

Literatur: *Fienberg, S.:* The Analysis of Cross Classified Categorial Data, Cambridge 1978. *Magidson, J.:* Multivariate Statistical Models for Categorical Data, in: *Bagozzi, R.P.* (Hrsg.): Advanced Methods of Marketing Research, Cambridge 1994.

Lorenzkurve (Konzentrationskurve)

Form der graphischen → Datenpräsentation zur Darstellung von Konzentrationen. Dazu wird auf der Abszisse der kumulierte Anteil eine Variablen und auf der Ordinate der kumulierte Anteil einer anderen Variablen aufgetragen. Bei Gleichverteilung ergibt sich eine Linie im 45°-Winkel. Je gekrümmter die Kurver verläuft, umso höher ist die Konzentration.
Konzentrationskurven lassen sich u.a. für die Umsatzstruktur- bzw. Auftragsstrukturanalyse heranziehen. Eine spezielle Form stellt die → ABC-Analyse dar.

Loss Leader
→ Unter-Einstandspreis-Verkauf

Lost letter technique
→ Technik der verlorenen Briefe

Lost-Order-Statistik
→ Angebotssysteme, computergestützte

Low context-Kultur
→ Interkulturelles Dienstleistungs-Marketing

Low Interest-Product

unter Bezugnahme auf das → Involvement gebildeter Produkttyp (→ Produkttypologie), bei dem vermutet wird, dass die Verbraucher i.A. gering involviert sind und wenig Interesse aufbringen. Low-Interest-Produkte zählen meist zu → convenience goods. Für diese Produktgattung gilt nach dem → Modell der Wirkungspfade eine unterschiedliche Wirkungskette für die Werbewirkung als für High-Interest-Produkte, bei denen man sehr viel eher mit der Aufmerksamkeit und dem Interesse der Umworbenen rechnen kann.

Low Spending → Werbestrategie

Loyalität

insb. im Zusammenhang mit der → Kundenbindung benutztes → Kundenbindungsmotiv, das die freiwillige, meist auf der persönlich-emotionalen Ebene verankerte Wiederkaufbereitschaft eines Kunden im Gegensatz zur ökonomisch motivierten charakterisieren soll (s.a. → Commitment). Loyalität entsteht aus psychischen und sozialen Motiven heraus, z.B. aus Dankbarkeit oder persönlicher Sympathie sowie Vertrauen in den jeweiligen Anbieter. Sie bewegt sich demnach auf der emotionalen Beziehungsebene (→ Beziehungsebenen-Modell) und kann deshalb auch am ehesten durch individuellere Bedienung und andere persönliche Beziehungsleistungen (Vertrauen, Kulanz, Geschenke etc.) gefördert werden (→ Beziehungsmarketing). *Anderson / Weitz* definieren Loyalität als den „Wunsch, stabile Geschäftsbeziehungen zu entwickeln, die Bereitschaft zu kurzfristigen Opfern zu Gunsten der langfristigen Aufrechterhaltung der Geschäftsbeziehungen und Vertrauen in die Stabilität der Beziehung".

H.D.

Literatur: *Anderson, E.; Weitz, B.:* The Use of Pledges to Build and Sustain Commitment in Distribution Channels, in: JMR, Vol. 29 (Febr. 1992), S. 62–74. *Diller, H.:* Kundenbindung als Marketingziel, in: Marketing-ZFP, 18. Jg. (1996), H. 2, S.81–994.

LpA (Leser pro Ausgabe)
→ Leserschaftsforschung

LpE

In der → Mediaplanung herangezogenes Auswahlkriterium, das die Anzahl der Personen angibt, die das gleiche Exemplar einer Zeitung oder Zeitschrift lesen (→ Leserschaftsforschung). Der Leser pro Exemplar wird nicht direkt erhoben, sondern ist eine rechnerische Größe und ergibt sich aus:
LpE = Leser pro Ausgabe (LpA)/Verbreitete Auflage.
Man verwendet die LpE-Werte mitunter auch dafür,
- Reichweiten bei sich ändernden Auflagen neu zu schätzen oder gar zu korrigieren;
- die Reichweitenmessungen in der Weise zu bewerten, dass man die Auflage als die „härtere Währung" betrachtete.

LpN → Leserschaftsforschung

LSÖ

früher gültige, nunmehr durch die → LSP abgelöste Preisverordnung für öffentliche Aufträge.

LSP (Leitsätze für die Preisermittlung aufgrund von Selbstkosten)

Regelwerk mit 52 Bestimmungen zur → Preiskalkulation bei öffentlichen Aufträgen (→ Preisverordnungen). Dabei wird insb. auf Kriterien für ein geordnetes Rechnungswesen, Mindestgliederungen bei der Preiskalkulation (Fertigungsstoffkosten + Fertigungskosten + Entwicklungs- und Entwurfskosten + Verwaltungskosten + Vertriebskosten = Selbstkosten, + kalkulatorischer Gewinn = Selbstkostenpreis) und auf die wichtigsten Kostenarten inkl. der zulässigen Mengen- und Bewertungsansätze eingegangen. Die LSP ergänzen damit die Verordnung über die Preise bei öffentlichen Aufträgen (VPöA).

Lückentest → Werbewirkungskontrolle

Luftwerbung

Form der → Außenwerbung bei der ein Fluggerät, zumeist ein Motorflugzeug, ein Banner, d.h. ein Transparent, hinter sich herzieht. Dieses kann z.B. als Plakatbanner, Buchstabenbanner oder als *Air-Movie*, das sind kleine auf Schnüren aufgefädelte Plättchen in verschiedenen Farben, ausgeführt sein. Die Größe des Banners ist abhängig von der Motorleistung des Flugzeugs. Seine Höhe beträgt zwischen 1,5 und 4 Meter, seine Länge zwischen 10 und 30 Meter. Die Flughöhe beträgt normalerweise über verbautem Gebiet und über Menschenansammlungen 300 Meter über Grund, mit Sondergenehmigungen manchmal aber auch weniger. Diese Form der Außenwerbung eignet sich besonders für Ankündigungen oder die Steigerung des Bekanntheitsgrades von Namen bei stark frequentierten Veranstaltungen im Freien, aber auch in Skigebieten oder z.B. an Badeseen.

LVPLS (Latent variable path analyses with partial least squares estimation)

Programmsystem zur Schätzung von Modellen mit partieller → Kleinster-Quadrate Schätzung. Es besteht aus mehreren Programm-Modulen zur Analyse von Rohdaten oder Kovarianzmatrizen und erlaubt die Schätzung von Parametern in Pfadmodellen mit → Latenten Variablen. LVPLS ist eine Alternative zu LISREL, wenn mit kleinen Stichproben oder nicht normalverteilten Daten gearbeitet werden muss. Liegt als Version für den Großrechner und als PC-Version vor. L.H.

Literatur: *Lohmöller, J.B.*: LVPLS. Latent Variables Path Analysis with Partial Least Squares Estimation, Zentralarchiv Köln 1984.